LAROUSSE

DICCIONARIO COMPACT

ESPAÑOL INGLÉS

INGLÉS ESPAÑOL

ÍNDICE
CONTENTS

ISBN 2-03-542018-0 (hardback edition)

ISBN 2-03-542017-2 (paperback edition)

Larousse/VUEF, Paris

Distribución/Sales: Houghton Mifflin Company, Boston

ISBN 84-8332-473-3
SPES Editorial, S.L.
Aribau, 197-199, 3ª, 08021 Barcelona

LAROUSSE

CONCISE DICTIONARY

SPANISH ENGLISH

ENGLISH SPANISH

Dirección de la obra
Project Management
José A. Gálvez
Sharon J. Hunter

Redacción
Editors
Joaquín A. Blasco
Dileri Borunda Johnston
Isabel Ferrer Marrades
Ana Cristina Llompart Lucas
Julie Muleba
Victoria Ordóñez Diví
José María Ruiz Vaca
Carol Styles Carvajal
Eduardo Vallejo

Dirección General
Publishing Manager
Janice McNeillie

Informática
Prepress
Clair Cameron
Sharon McTeir

Redacción de la primera edición
Contributors to the first editon

Montserrat Alberte Montserrat
José María Díaz de Mendívil
Elena Estremera Paños
Isabel Ferrer Marrades
Carmen González Bodeguero
Anna Jené Palat
Salut Llonch Soler
Judith Medall Cirera
Victoria Ordóñez Diví
Malihe Forghani-Nowbari
Núria Vilanova Pous

Tom Bartlett
Claire Evans Calder
Margaret Jull Costa
Gilla Evans
Wendy Lee
Hilary Macartney
Hugh O'Donnell
Kathryn Phillips-Miles
Clare Plater
Leane Shanks
Patrick White

A NUESTROS LECTORES

El Diccionario COMPACT LAROUSSE es la herramienta de trabajo ideal para todas las situationes lingüísticas, desde el aprendizaje de idiomas en la escuela y en casa hasta el uso diario en la oficina.

El COMPACT español-inglés está pensado para responder de manera práctica y rápida a los diferentes problemas que plantea la lectura del inglés actual.

Con sus más de 90.000 palabras y expresiones por encima de las 120.000 traducciones, este diccionario permitirá al lector comprender con claridad un amplio espectro de textos literarios y periodísticos, entender documentos comerciales, folletos o manuales, y realizar resúmenes y traducciones con rapidez y corrección.

De entre las características de esta obra, cabe destacar el tratamiento totalmente actualizado de siglas y abreviaturas, nombres propios y términos comerciales e informáticos de uso frecuente.

Gracias al análisis claro y detallado del vocabulario básico, de ejemplos de construcciones gramaticales y modismos, así como de los indicadores de sentido que guían hacia la traducción más adecuada, se ayuda al usuario a escribir en inglés con precisión y seguridad.

Se ha puesto especial cuidado en la presentación de las entradas, tanto desde el punto de vista de su estructura como de la tipografía empleada. Para aquellos lectores que hayan superado el primer nivel de aprendizaje de inglés, pero no aspiren a alcanzar un grado de especialización en esta lengua, el COMPACT es el diccionario ideal.

PREFACE

This new edition continues to be a reliable and user-friendly tool for use in all language situations. It provides accurate and up-to-date information on written and spoken Spanish and English as they are used today and covers all of the most important American and European variants for both English and Spanish.

Its 90,000 words and phrases and 120,000 translations give you access to Spanish texts of all types. The dictionary aims to be as comprehensive as possible in a book of this size, and includes many proper names and abbreviations, as well as a selection of the most common terms from computing, business and current affairs.

Carefully constructed entries and a clear page design help you to find the translation that you are looking for fast. Examples (from basic constructions and common phrases to idioms) have been included to help put a word in context and give a clear picture of how it is used.

The dictionary provides extra help for students of Spanish with the inclusion of boxes on life and culture in Spain and Latin America that appear within the dictionary text itself, and a central section which gives fuller background details on political and cultural life in Spain and Latin America.

ABBREVIATIONS		ABREVIATURAS
abbreviation	*abbr/abrev*	abreviatura
adjective	*adj*	adjetivo
adverb	*adv*	adverbio
Latin American Spanish	*Amér*	español latinoamericano
Andean Spanish	*Andes*	español de los Andes
Argentinian Spanish	*Arg*	español de Argentina
before noun	*antes de s*	antes de sustantivo
article	*art*	artículo
auxiliary	*aux*	auxiliar
Bolivian Spanish	*Bol*	español de Bolivia
Central American Spanish	*CAm*	español de Centroamérica
Caribbean Spanish	*Carib*	español del Caribe
Chilean Spanish	*Chile*	español de Chile
Colombian Spanish	*Col*	español de Colombia
comparative	*compar*	comparativo
conjunction	*conj*	conjunción
continuous	*cont*	continuo
Costa Rican Spanish	*CRica*	español de Costa Rica
Cono Sur Spanish	*CSur*	español del Cono Sur
Cuban Spanish	*Cuba*	español de Cuba
definite	*def*	determinado
demonstrative	*demos*	demostrativo
pejorative	*despec*	despectivo
dated	*desus*	desusado
especially	*esp*	especialmente
exclamation	*excl*	interjeccíon
feminine noun	*f*	sustantivo femenino
informal	*fam*	familiar
figurative	*fig*	figurado
formal	*fml*	formal, culto
inseparable	*fus*	inseparable
generally	*gen*	generalmente
Guatemalan Spanish	*Guat*	español de Guatemala
humorous	*hum*	humorístico
indefinite	*indef*	indeterminado
informal	*inf*	familiar
exclamation	*interj*	interjección
invariable	*inv*	invariable
ironic	*iro/irón*	irónico
literal	*lit*	literal
phrase(s)	*loc*	locución, locuciones
masculine noun	*m*	sustantivo masculino
Mexican Spanish	*Méx*	español de México
noun	*n*	sustantivo
Nicaraguan Spanish	*Nic*	español de Nicaragua
numeral	*num/núm*	número
oneself	*o.s*	
Panamanian Spanish	*Pan*	español de Panamá
pejorative	*pej*	despectivo
personal	*pers*	personal
Peruvian Spanish	*Perú*	español de Perú
phrase(s)	*phr*	locución, locuciones
plural	*pl*	plural

ABBREVIATIONS / ABREVIATURAS

possessive	*poss/poses*	posesivo
past participle	*pp*	participio pasado
preposition	*prep*	preposición
Porto Rican Spanish	*PRico*	español de Puerto Rico
pronoun	*pron*	pronombre
past tense	*pt*	pasado, pretérito
registered trademark	®	marca registrada
relative	*relat*	relativo
River Plate Spanish	*RP*	español del Río de la Plata
noun	*s*	sustantivo
someone, somebody	*sb*	
Scottish English	*Scot*	inglés de Escocia
separable	*sep*	separable
singular	*sg*	singular
slang	*sl*	argot
something	*sthg*	
subject	*subj/suj*	sujeto
superlative	*superl*	superlativo
uncountable noun	*U*	sustantivo 'incontable'
British English	*UK*	inglés británico
Uruguayan Spanish	*Urug*	español de Uruguay
American English	*US*	inglés americano
verb	*vb/v*	verbo
Venezuelan Spanish	*Ven*	español de Venezuela
intransitive verb	*vi*	verbo intransitivo
impersonal verb	*v impers*	verbo impersonal
pronominal verb	*vpr*	verbo pronominal
transitive verb	*vt*	verbo transitivo
vulgar	*vulg*	vulgar
cultural equivalent	≃	equivalente cultural

FIELD LABELS — CAMPOS SEMÁNTICOS

FIELD LABELS		CAMPOS SEMÁNTICOS
administration	**ADMIN**	administración
aeronautics, aviation	**AERON**	aeronáutica
agriculture	**AGR**	agricultura
anatomy	**ANAT**	anatomía
archeology	**ARCHEOL**	arqueología
architecture	**ARCHIT/ARQUIT**	arquitectura
astrology	**ASTROL**	astrología
astronomy	**ASTRON**	astronomía
automobile, cars	**AUT(OM)**	automóviles
biology	**BIOL**	biología
botany	**BOT**	botánica
chemistry	**CHEM**	química
cinema, film-making	**CIN(EMA)**	cine
commerce, business	**COM(M)**	comercio
information technology	**COMPUT**	informática
construction, building	**CONSTR**	construcción
culinary, cooking	**CULIN**	cocina
sport	**DEP**	deporte
juridical, legal	**DER**	derecho
ecology	**ECOLOG**	ecología
economics	**ECON**	economía
school, education	**EDUC**	educación, escuela
electricity, electronics	**ELEC(TR)**	electricidad, electrónica
pharmacology, pharmaceuticals	**FARM**	farmacología, farmacia
finance, financial	**FIN**	finanzas
physics	**FÍS**	física
photography	**FOTO**	fotografía
soccer	**FTBL**	fútbol
geography	**GEOGR**	geografía
geology, geological	**GEOL**	geología
geometry	**GEOM**	geometría
grammar	**GRAM(M)**	gramática
history	**HIST**	historia
industry	**IND**	industria
information technology	**INFORM**	informática
juridical, legal	**JUR**	juridico, derecho
linguistics	**LING**	lingüística
literature	**LITER**	literatura
mathematics	**MAT(H)**	matemáticas
mechanical engineering	**MEC**	mecánica
medicine	**MED**	medicina
metallurgy	**METAL**	metalurgia
weather, meteorology	**METEOR**	meteorología
military	**MIL**	militar
mining	**MIN**	mineralogía
mythology	**MYTH/MITOL**	mitología
music	**MUS/MÚS**	música
nautical, maritime	**NAUT/NÁUT**	náutica
pharmacology, pharmaceuticals	**PHARM**	farmacología, farmacia
photography	**PHOT**	fotografía
physics	**PHYS**	física
politics	**POL(ÍT)**	política
press, journalism	**PRENS**	periodismo
psychology	**PSYCH/PSICOL**	psicología

FIELD LABELS

CAMPOS SEMÁNTICOS

chemistry	**QUÍM**	química
railways	**RAIL**	ferrocarril
religion	**RELIG**	religión
school, education	**SCH**	educación, escuela
sociology	**SOCIOL**	sociología
Stock Exchange	**ST EX**	bolsa
bullfighting	**TAUROM**	tauromaquia
theatre	**TEATR**	teatro
technical, technology	**TECH/TECN**	técnico, tecnología
telecommunications	**TELEC(OM)**	telecomunicaciones
printing, typography	**TYPO**	imprenta
television	**TV**	televisión
university	**UNI**	universidad
veterinary science	**VETER**	veterinaria
zoology	**ZOOL**	zoología

LA ORDENACIÓN ALFABÉTICA EN ESPAÑOL

En este diccionario se ha seguido la ordenación alfabética internacional. Esto significa que las entradas con **ch** aparecerán después de **cg** y no al final de **c**; del mismo modo las entradas con **ll** vendrán después de **lk** y no al final de **l**. Adviértase, sin embargo, que la letra **ñ** *sí* se considera letra aparte y sigue a la **n**.

SPANISH ALPHABETICAL ORDER

The dictionary follows international alphabetical order. Thus entries with **ch** appear after **cg** and not at the end of **c**. Similarly, entries with **ll** appear after **lk** and not at the end of **l**. Note, however, that **ñ** *is* treated as a separate letter and follows **n**.

LOS COMPUESTOS EN INGLÉS

En inglés se llama compuesto a una locución sustantiva de significado único pero formada por más de una palabra; p.ej. **point of view, kiss of life** o **virtual reality**. Uno de los rasgos distintivos de este diccionario es la inclusión de estos compuestos con entrada propia y en riguroso orden alfabético. De esta forma **blood test** vendrá después de **bloodshot**, el cual sigue a **blood pressure**.

ENGLISH COMPOUNDS

A compound is a word or expression which has a single meaning but is made up of more than one word, e.g. **point of view, kiss of life** and **virtual reality**. It is a feature of this dictionary that English compounds appear in the A-Z list in strict alphabetical order. The compound **blood test** will therefore come after **bloodshot** which itself follows **blood pressure**.

PHONETICS

English vowels

[ɪ] pit, big, rid
[e] pet, tend
[æ] pat, bag, mad
[ʌ] run, cut
[ɒ] pot, log
[ʊ] put, full
[ə] mother, suppose

[iː] bean, weed
[ɑː] barn, car, laugh
[ɔː] born, lawn
[uː] loop, loose
[ɜː] burn, learn, bird

English diphthongs

[eɪ] bay, late, great
[aɪ] buy, light, aisle
[ɔɪ] boy, foil
[əʊ] no, road, blow
[aʊ] now, shout, town
[ɪə] peer, fierce, idea
[eə] pair, bear, share
[ʊə] poor, sure, tour

English semi-vowels

[j] you, spaniel
[w] wet, why, twin

English Consonants

[p] pop, people
[b] bottle, bib
[t] train, tip
[d] dog, did
[k] come, kitchen
[g] gag, great
[tʃ] chain, wretched
[dʒ] jet, fridge
[f] fib, physical
[v] vine, live

FONÉTICA

Vocales españolas

[i] piso, imagen
[e] tela, eso
[a] pata, amigo
[o] bola, otro
[u] luz, luna

Diptongos españoles

[ei] ley, peine
[ai] aire, caiga
[oi] soy, boina
[au] causa, aula
[eu] Europa, deuda

Semivocales españoles

[j] hierba, miedo
[w] agua, hueso

Consonantes españoles

[p] papá, campo
[b] vaca, bomba
[β] curvo, caballo
[t] toro, pato
[d] donde, caldo
[k] que, cosa
[g] grande, guerra
[ɣ] aguijón, iglesia
[tʃ] ocho, chusma
[f] fui, afán

[θ]	**think, fifth**	[θ]	cera, paz
[ð]	**this, with**	[ð]	cada, pardo
[s]	seal, peace	[s]	solo, paso
[z]	zip, his	[z]	andinismo
[ʃ]	**sheep, machine**	[x]	gemir, jamón
[ʒ]	usual, measure	[m]	madre, cama
[h]	how, perhaps	[n]	no, pena
[m]	metal, comb	[ŋ]	banca, encanto
[n]	night, dinner	[ɲ]	caña
[ŋ]	sung, parking	[l]	ala, luz
[l]	little, help	[r]	atar, paro
[r]	right, carry	[r]	perro, rosa
		[ʎ]	llave, collar

Los símbolos [ˈ] y [ˌ] indican que la sílaba siguiente lleva un acento primario o secundario respectivamente.

The symbol [ˈ] indicates that the following syllable carries primary stress and the symbol [ˌ] that the following syllable carries secondary stress.

El símbolo [ʳ] en fonética inglesa indica que la **r** al final de palabra se pronuncia sólo cuando precede a una palabra que comienza por vocal. Adviértase que casi siempre se pronuncia en inglés americano.

The symbol [ʳ] in English phonetics indicates that the final **r** is pronounced only when followed by a word beginning with a vowel. Note that it is nearly always pronounced in American English.

CÓMO UTILIZAR ESTE DICCIONARIO LAROUSSE

¿Cómo podemos encontrar la palabra o la expresión que buscamos?

De entrada, hay que preguntarse:

¿Es una palabra o una abreviatura?
¿Es un nombre compuesto?
¿Es una expresión o una locución?
¿Es un verbo con preposición?
¿Es un verbo pronominal?
¿Es una forma verbal irregular?

Palabras y abreviaturas

Por regla general, encontraremos la palabra que buscamos en el lugar que le corresponde en el orden alfabético. Si queremos traducir una palabra española al inglés, miraremos en la parte español – inglés del diccionario y, si ignoramos el sentido de una palabra inglésa, miraremos en la parte inglés – español. La palabra en **negrita** que aparece al principio de cada artículo se llama "entrada".

Las entradas que empiezan con **mayúscula** aparecen después de las que se escriben igual pero empiezan con minúscula.

> **ad** [æd] (*abbr of* **advertisement**) *n* anuncio *m*.
> **AD** (*abbr of* **Anno Domini**) d. C.

Las palabras con **guión, apóstrofo** o **puntos** aparecen después de las que se escriben igual pero sin ninguno de estos signos.

> **its** [ɪts] *poss adj* su, sus *(pl)*; **the dog broke ~ leg** el perro se rompió la pata.
> **it's** [ɪts] = **it is, it has**.

Las entradas con **acento ortográfico** se encuentran después de las que se escriben igual pero sin acento.

> **papa** *f* potato; **no saber ni ~** *fam* not to have a clue.
> ◆ **Papa** *m* Pope.
> **papá** *m fam* dad, daddy, pop *US*; **~ grande**

En algunos casos, la entrada va seguida de un número **superíndice**. Esto quiere decir que, inmediatamente antes o inmediatamente después, hay otra entrada, también con un número, que se escribe igual pero que tiene un significado o una pronunciación completamente distintos. Son lo que llamamos homógrafos. Atención: °tenemos que asegurarnos de que no nos equivocamos de entrada! Hay que prestar mucha atención a la categoría gramatical.

> **sino**[1] *m* fate, destiny.
> **sino**[2] *conj* **-1.** [para contraponer] but; **no lo hizo él, ~ ella** he didn't do it, she did; **no sólo es listo, ~ también trabajador** he's not only clever but also hardworking **-2.** [para exceptuar] except, but; **¿quién ~ tú lo haría?** who else but you would do it?; **no quiero ~ que...**

A veces, encontraremos palabras precedidas por un **rombo negro** (◆), llamadas "subentradas". Los verbos frasales ingleses, así como los verbos pronominales españoles entran dentro de esta categoría.

> ◆ **go after** *vt fus* ir a por OR detrás de.
> ◆ **go against** *vt fus* **-1.** [conflict with, be unfavourable to] ir en contra de **-2.** [act contrary...

Si lo que buscamos es una palabra que posee una forma con **mayúscula** inicial con un sentido distinto al de la forma con minúscula inicial, la encontraremos bajo la forma sin mayúscula pero precedida por un rombo negro.

> **salvador, ra** ◇ *adj* saving. ◇ *m,f* [persona] saviour.
> ◆ **Salvador** *m* **-1.** *RELIG*: **el Salvador** the Saviour **-2.** *GEOGR*: **El Salvador** El Salvador.

Igualmente, si buscamos un nombre que, en plural, tiene un significado distinto del singular (como **padre/padres** en español), la encontraremos bajo la forma en singular: la palabra en plural aparece como subentrada precedida por el símbolo (◆).

> **padre** ◇ *m* [gen & *RELIG*] father; ~ **de familia** head of the family; ~ **espiritual** con...
> ◆ **padres** *mpl* **-1.** [padre y madre] parents **-2.** [antepasados] ancestors, forefathers.

Algunos nombres aparecen directamente en **plural** en la lista alfabética, ya sea porque no existen en singular o porque este último es poco frecuente (**scissors** en inglés, **gafas** en español).

Nombres compuestos

Un nombre compuesto es una expresión que tiene un significado global pero que está formada por varias palabras (p. ej. **billete sencillo** o **joint venture**). En la parte español-inglés, encontraremos estos compuestos en la entrada correspondiente a su primer elemento. Así, **billete sencillo** aparecerá en **billete**. Los distintos nombres compuestos **billete de andén**, **billete de ida**, **billete kilométrico**, etc. aparecen ordenados alfabéticamente, sin tener en cuenta la preposición que los une (por ejemplo **de** en **billete de ida**). En la sección de inglés-español, los compuestos ingleses aparecen en estricto orden alfabético. Así que el compuesto **blood donor** aparece después de **bloodcurdling**, el cual viene después de **blood count**.

> **billete** *m* **-1.** [dinero] note *UK*, bill *US* **-2.** [de rifa, transporte, cine etc] ticket; **'no hay ~s'** *TEATR* 'sold out'; ~ **de andén** platform ticket; ~ **de ida** single (ticket); ~ **de ida y vuelta** return (ticket) *UK*, round-trip (ticket) *US*; ~ **kilométrico** *ticket to travel a set distance*;...

Cuando el compuesto en español está muy lexicalizado, es decir, cuando se considera más una unidad que la suma de dos o más palabras, se trata aparte, precedido por un rombo negro, con el fin de ponerlo en relieve.

> **bóveda** *f ARQUIT* vault.
> ◆ **bóveda celeste** *f* firmament.
> ◆ **bóveda craneal** *f* cranial vault.

Expresiones y locuciones

Deberemos buscar todas las expresiones y locuciones bajo el primer nombre que las forman. Si en la expresión no hay ningún nombre, la buscaremos bajo el verbo. En el interior de cada artículo, las expresiones aparecen en negrita y el símbolo ~ representa la entrada.

> **time** [taɪm] ◇ *n* **-1.** [gen] tiempo *m*; **a good ~ to go** un buen momento de irnos; **ahead of ~** temprano; **in good ~** con tiempo; **on ~** puntualmente; **to take ~** llevar tiempo; **it's (about) ~ to ...** ya es hora de ...; **to get the ~ to do sthg** coger el tiempo para hacer algo; **it's high ~ ...** ya va siendo hora de ...; **to get ~ and a half** recibir el pago establecido más la mitad de éste; **to have no ~ for** no poder con...

Algunas expresiones ya hechas que tienen un valor gramatical global (locuciones), tales como **a pesar de** en español o **in spite of** en inglés, aparecen bajo el primer elemento importante precedidas por el símbolo (◆).

> **spite** [spaɪt] ◇ *n* rencor *m*; **to do sthg out of** *OR* **from ~** hacer algo por despecho. ◇ *vt* fastidiar, molestar.
> ◆ **in spite of** *prep* a pesar de; **I did it in ~ of...**

Este sistema permite poner de relieve la diferencia de sentido y función gramatical entre la locución y la entrada bajo la que aparece.

pesar ◇ *m* **- 1.** [tristeza] grief **- 2.** [arrepentimiento] remorse **- 3.** *loc*: **a ~ mío** against my... ◆ **a pesar de** *loc prep* despite; **a ~ de ...**

Verbos pronominales

La mayoría de los verbos pronominales aparecen bajo la forma principal que les corresponde, precedidos por el símbolo (◆).

conformar *vt* [configurar] to shape. ◆ **conformarse con** *vpr* [suerte, destino] to resign o.s. to; [apañárselas con] to make do with; [contentarse con] to settle for.

Formas irregulares

Si ignoramos a qué infinitivo corresponde una determinada forma verbal, es posible que se trate de una forma irregular. La tabla de conjugación (al final de la obra) nos permitirá encontrar el infinitivo, pero si, además, buscamos la forma en cuestión en el cuerpo del diccionario, también la encontraremos.

obligue *etc* ▷ **obligar**.

Cómo encontrar la traducción correcta

Una vez localizada la palabra o la expresión buscada, es posible que tenga varias traducciones. No importa, encontraremos en el diccionario todos los elementos necesarios para identificar la traducción que estamos buscando.

accept [ək'sept] ◇ *vt* **- 1.** [gen] aceptar **- 2.** [difficult situation, problem] asimilar **- 3.** [defeat, blame, responsibility] asumir, admitir **- 4.** [agree]: **to ~ that** admitir que **- 5.** [subj: machine - coins, tokens] funcionar con, admitir. ◇ *vi* aceptar.

1er Paso Imaginemos que queremos traducir **he accepted the blame.**
Examinemos primero el artículo **accept** de la parte inglés-español.
Tras el número 3, encontraremos la palabra que se utiliza en este sentido.

blame [bleɪm] ◇ *n* culpa *f*; **to take the ~ for** hacerse responsable de; **to be to ~ for** ser el culpable de. ◇ *vt* echar la culpa a, culpar; **to ~ sthg on sthg/sb, to ~ sthg/sb for sthg** culpar algo/a alguien de algo.

2^e^ Paso Pasemos ahora a la segunda palabra que debemos buscar: **blame**. Examinemos el artículo blame.

Atención: Es importante buscar en primer lugar la categoría gramatical correcta. Cada cambio de categoría aparece introducido por un rombo blanco (◇). En este caso debemos buscar en la categoría gramatical n.

3^e^ Paso Al leer las traducciones propuestas para el sentido número 3 de **accept**, encontraremos la palabra que debemos utilizar para describir **culpabilidad**: la traducción será **asumir**.

4^e^ Paso Ahora deberemos aplicar las traducciones elegidas a la frase que queremos traducir: asumió la culpa.

Información de tipo cultural

Con el fin de comprender y hablar mejor una lengua extranjera, es necesario obtener información sobre las especificidades culturales del país en cuestión. Sin embargo, el lugar apropiado para este tipo de información no es el interior de una entrada de diccionario. Así pues, el lector español encontrará en la parte inglés-español unos recuadros que le informarán sobre las particularidades culturales de Gran Bretaña o Estados Unidos.

A LEVEL

Los *A levels* son exámenes que realizan los alumnos en Gran Bretaña (excepto en Escocia) sobre una materia concreta escogida previamente por ellos. Se suelen hacer a los 18 años de edad tras un curso de dos años. Para el acceso a las universidades se requieren habitualmente tres *A levels*; no obstante, mucha gente estudia *A levels* simplemente para mejorar su currículum.

El recuadro de **A levels** nos explica un sistema educativo propio de Gran Bretaña que en España no cuenta con un equivalente.

How to find the word or expression you are looking for:

First ask yourself some basic questions:

Is it a single word, a hyphenated word or an abbreviation?
Is it a compound noun?
Is it a phrase?
Is it a reflexive verb?
Is it a Spanish irregular verb form?

Single words, hyphenated words and abbreviations

As a rule, you can find the word you are looking for in its alphabetical order. If you want to translate an English word into Spanish, you should look on the English–Spanish side of the dictionary, and if you want to know what a Spanish term means, you should look on the Spanish–English side. The word in **bold** at the start of each entry is called the 'headword'.

Entries beginning with a **capital** appear after those spelled the same way but with a small letter.

> **ad** [æd] (*abbr of* **advertisement**) *n* anuncio *m*.
> **AD** (*abbr of* **Anno Domini**) d. C.

Words with a **hyphen**, a **full stop** or an **apostrophe** come after those spelled the same way but without any of these punctuation marks.

> **its** [ɪts] *poss adj* su, sus (*pl*); **the dog broke ~ leg** el perro se rompió la pata.
> **it's** [ɪts] = **it is, it has.**

In some cases, the entry is followed by a number in **superscript**. This means that just before or just after there is another entry, also followed by a number, which is written the same way but which has a completely different meaning or pronunciation. You must take care not to choose the wrong entry.

> **sino**[1] *m* fate, destiny.
> **sino**[2] *conj* **-1.** [para contraponer] but; **no lo hizo él, ~ ella** he didn't do it, she did; **no sólo es listo, ~ también trabajador** he's not only clever but also hardworking **-2.** [para exceptuar] except, but; **¿quién ~ tú lo haría?** who else but you would do it?; **no quiero ~ que...**

You will sometimes see words followed by a grey lozenge, called sub-entries. English phrasal verbs fall into this category.

> ◆ **go after** *vt fus* ir a por OR detrás de.
> ◆ **go against** *vt fus* **-1.** [conflict with, be unfavourable to] ir en contra de **-2.** [act contrary...

> **afternoon** [ˌɑːftəˈnuːn] *n* tarde *f*; **in the ~** por la tarde; **at three in the ~** a las tres de la tarde; **good ~** buenas tardes.
> ◆ **afternoons** *adv US* por las tardes.

If you are looking up a noun which has a form with an initial capital which has a different meaning from the form without a capital, you should look at the form without a capital.

salvador, ra ◇ *adj* saving. ◇ *m,f* [persona] saviour.
◆ **Salvador** *m* **-1.** *RELIG*: **el Salvador** the Saviour **-2.** *GEOGR*: **El Salvador** El Salvador.

If you are looking up a noun which, in the plural, has a different meaning from the noun in its singular form (like **glass/glasses** in English), you will find it under the singular form; the plural form will be there as a sub-entry, indicated by the symbol ◆.

glass [glɑːs] ◇ *n* **-1.** [material] vidrio *m*, cristal *m* **-2.** [drinking vessel, glassful] vaso *m*; [with stem] copa *f* **-3.** *(U)* [glassware] cristalería *f*. ◇ *comp* de vidrio, de cristal.
◆ **glasses** *npl* [spectacles] gafas *fpl*.

Some plural nouns appear as headwords in their own right when they are never or rarely used in the singular (e.g. **gafas** in Spanish, **scissors** in English).

Compound nouns

A compound is a word or expression which has a single meaning but is made up of more than one word, e.g. **point of order, kiss of life, virtual reality, International Monetary Fund**. It is a feature of this dictionary that English compounds appear in the A–Z list in strict alphabetical order. The compound **blood donor** will therefore come after **bloodcurdling** which itself follows **blood count**.

blood count *n* recuento *m* de glóbulos.
bloodcurdling [ˈblʌdˌkɜːdlɪŋ] *adj* espeluznante.
blood donor *n* donante *m OR f* de sangre.

On the Spanish-English side however you should look under the first element of the compound. So, for example, you will find **billete sencillo** at the entry **billete.** If there is more than one compound within an entry they will appear in their alphabetical order within the entry, regardless of any preposition between the two parts of the compound. So at **billete** you will find **billete de ida** after **billete de andén** and before **billete sencillo**.

Some compounds that have distinct meanings from the main entry are treated separately as sub-entries, preceded by a black lozenge.

bóveda *f ARQUIT* vault.
◆ **bóveda celeste** *f* firmament.
◆ **bóveda craneal** *f* cranial vault.

Phrases

If looking for a phrase, you should look first under the noun that is used in the phrase. If there is no noun, then you should look under the adjective, and if there is no adjective, under the verb. Phrases appear in entries in bold, the symbol ~ standing for the headword.

time [taım] <> *n* **-1.** [gen] tiempo *m*; **a good ~ to go** un buen momento de irnos; **ahead of ~** temprano; **in good ~** con tiempo; **on ~** puntualmente; **to take ~** llevar tiempo; **it's (about) ~ to ...** ya es hora de ...; **to get the ~ to do sthg** coger el tiempo para hacer algo; **it's high ~ ...** ya va siendo hora de ...; **to get ~ and a half** recibir el pago establecido más la mitad de éste; **to have no ~ for** no poder con...

spite [spaıt] <> *n* rencor *m*; **to do sthg out of** OR **from ~** hacer algo por despecho. <> *vt* fastidiar, molestar.
◆ **in spite of** *prep* a pesar de; **I did it in ~ of...**

Some very fixed phrases like **in spite of** in English or **a pesar de** in Spanish are entered under the first important element and preceded by ◆.

pesar <> *m* **-1.** [tristeza] grief **-2.** [arrepentimiento] remorse **-3.** ***loc***: **a ~ mío** against my...
◆ **a pesar de** *loc prep* despite; **a ~ de ...**

Reflexive verbs

Spanish reflexive verbs are entered under the main form, after the symbol ◆.

patear <> *vt* [dar un puntapié] to kick; [pisotear] to stamp on. <> *vi* **-1.** [patalear] to stamp one's feet **-2.** ***fam fig*** [andar] to tramp.
◆ **patearse** *vpr* [recorrer] to tramp.

Irregular forms

Irregular forms of nouns, adjectives and verbs appear in the dictionary as entries with cross-references to the main form.

ate [*UK* et, *US* eıt] *pt* ▷ **eat**.

How to find the right translation

Once you have found the word or phrase that you are looking for, there may be several different translations given from which to choose. However, all the necessary information to help you find the right translation is given.

Step 1 Imagine that you want to translate **he accepted the blame** into Spanish.

Go first to the entry **accept** on the English-Spanish side of the dictionary. At sense 3 you will find the verb used in this context: **asumir**.

accept [ək'sept] <> *vt* **-1.** [gen] aceptar **-2.** [difficult situation, problem] asimilar **-3.** [defeat, blame, responsibility] asumir, admitir **-4.** [agree]: **to ~ that** admitir que **-5.** [subj: machine - coins, tokens] funcionar con, admitir. <> *vi* acceptar.

Step 2 Go now to the entry for the second word that needs to be translated, **blame**.

NB It is important first to find the correct grammatical category (each new category is introduced by ◇). **Blame** is a noun in this example and so you should look under the noun category (labelled n).

blame [bleɪm] ◇ *n* culpa *f*; **to take the ~ for** hacerse responsable de; **to be to ~ for** ser el culpable de. ◇ *vt* echar la culpa a, culpar; **to ~ sthg on sthg/sb, to ~ sthg/sb for sthg** culpar algo/a alguien de algo.

Step 3 On examining the noun category, you will find that the translation used is **culpa**.

Step 4 The words selected can now be put together in the phrase to be translated, to give: **asumió la culpa**.

Cultural information

An appreciation of the culture of a foreign country is key to being able to understand and speak its language well. Cultural information on Spain and Latin America is provided in this dictionary in boxes on the Spanish–English side of the dictionary.

As **A levels** are part of an education system unique to the UK, there is no real equivalent in Spanish and a box is required to explain it.

A LEVEL

Los *A levels* son exámenes que realizan los alumnos en Gran Bretaña (excepto en Escocia) sobre una materia concreta escogida previamente por ellos. Se suelen hacer a los 18 años de edad tras un curso de dos años. Para el acceso a las universidades se requieren habitualmente tres *A levels*; no obstante, mucha gente estudia *A levels* simplemente para mejorar su currículum.

TRADEMARKS

Words considered to be trademarks are marked with the symbol ®. However, neither the presence nor the absence of such designation should be regarded as affecting the legal status of any trademark.

NOMBRES DE MARCAS

Los nombres de marca aparecen señalados en este diccionario con el símbolo ®. Sin embargo, ni este símbolo ni su ausencia son representativos de la situación legal de la marca.

SPANISH VERBS

Spanish verbs have a number (from [1] to [81]), which refers to the conjugation table given at the back of the dictionary. This number is not repeated for reflexive verbs when they are subentries.

VERBOS ESPAÑOLES

Los verbos españoles llevan un número (del [1] al [81]) que hace referencia a la tabla de conjugación que aparece al final de la obra. El número no se repite en los verbos pronominales cuando son subentradas.

LISTA DE RECUADROS CULTURALES ESPAÑOLES
LIST OF SPANISH CULTURAL BOXES

REAL ACADEMIA ESPAÑOLA
APERTURA
BONOLOTO
BUP
CASA ROSADA
COMUNIDAD AUTÓNOMA
COU
DÍA DE LOS INOCENTES
DIPUTACIÓN
DNI
DOCTOR
EDUCACIÓN PRIMARIA
ESO
23 F
LA FALANGE ESPAÑOLA
FIESTA MAYOR
FP
FRANQUISMO
GALLEGO
EL GORDO
GUARDIA CIVIL
LICENCIADO
LOTERÍA PRIMITIVA
MATE
MAYAS
LA MONCLOA
MOROS Y CRISTIANOS
20 N
ONCE
PAGA EXTRA
PALACIO DE LA MONEDA
PARADOR NACIONAL
PASO DEL ECUADOR
PICARESCA
LOS PINOS
REYES MAGOS
RODRÍGUEZ
SINCRETISMO
SOBREMESA
TAUROMAQUIA
TRANSICIÓN
TUNA
UVAS DE LA SUERTE
ZARZUELA

LISTA DE RECUADROS CULTURALES INGLESES
LIST OF ENGLISH CULTURAL BOXES

A LEVEL
BEST MAN
BILL OF RIGHTS
BROADSHEET/BROADSIDE
BUILDING SOCIETY
CHURCH OF ENGLAND
THE CITY
CONGRESS
CONSTITUTION
DOWNING STREET
ELECTION
ENGLISH BREAKFAST
FLEET STREET
FOURTH OF JULY
FRATERNITY
GREEN CARD
GUY FAWKES' NIGHT
HALLOWEEN
HOUSE OF COMMONS
HOUSE OF LORDS
L
LABOR DAY
LICENSING HOURS
MEDICARE/MEDICAID
NATIVE AMERICAN
PANTOMIME
PENTAGON
PLEDGE OF ALLEGIANCE
POLITICALLY CORRECT
POPPY DAY
PRIMARIES
PUB
PUBLIC SCHOOL
SAT
SENATE
SUPREME COURT
TABLOID
THANKSGIVING
WALL STREET
WESTMINSTER
WHITEHALL
WHITE HOUSE
WORLD SERIES
YANKEE

ESPAÑOL-INGLÉS

SPANISH-ENGLISH

a¹ *(pl* **aes**), **A** *(pl* **Aes**) *f* [letra] a, A.

a² *prep* (*a + el = al*) **-1.** [periodo de tiempo]: **a las pocas semanas** a few weeks later; **al mes de casados** a month after they were married; **al día siguiente** the following day **-2.** [momento preciso] at; **a las siete** at seven o'clock; **a los 11 años** at the age of 11; **al caer la noche** at nightfall; **al oír la noticia, se desmayó** on hearing the news, she fainted **-3.** [frecuencia]: **40 horas a la semana** 40 hours per *o* a week; **tres veces al día** three times a day **-4.** [dirección] to; **voy a Sevilla** I'm going to Seville; **me voy al extranjero** I'm going abroad; **llegó a Barcelona/la fiesta** he arrived in Barcelona/at the party **-5.** [posición]: **a la puerta** at the door; **está a la derecha/izquierda** it's on the right/left; **a orillas del mar** by the sea **-6.** [distancia]: **está a más de cien km de aquí** it's more than a hundred km from here **-7.** [con complemento indirecto] to; **dáselo a Juan** give it to Juan; **dile a Juan que venga** tell Juan to come **-8.** [con complemento directo]: **quiere a sus hijos/su gato** she loves her children/her cat **-9.** [cantidad, medida, precio]: **a cientos/miles/docenas** by the hundred/thousand/dozen; **a 90 km por hora** (at) 90 km per hour; **¿a cuánto están las peras?** how much are the pears?; **tiene las peras a cien pesetas** she's selling pears for *o* at a hundred pesetas; **ganaron tres a cero** they won three nil **-10.** [modo]: **lo hace a la antigua** he does it the old way; **a lo bestia** rudely; **a lo grande** *fam* in style; **a lo Mozart** in Mozart's style; **a cuadros** checked; **a escondidas** secretly; **poco a poco** little by little; **me quieren como a una madre** they love me like a mother **-11.** [instrumento]: **escribir a máquina** to use a typewriter; **a lápiz** in pencil; **a mano** by hand; **olla a presión** pressure cooker **-12.** *(después de verbo y antes de infin)* [finalidad] to; **entró a pagar** he came in to pay; **aprender a nadar** to learn to swim **-13.** *(después de sust y antes de infin)* [complemento de nombre]: **sueldo a convenir** salary to be agreed; **temas a tratar** matters to be discussed **-14.** *(antes de infin)* [condición]: **a no ser por mí, hubieses fracasado** you wouldn't have done it if it hadn't been for me **-15.** [en oraciones imperativas]: **¡a la cama!** go to bed!; **¡a callar todo el mundo!** quiet, everyone!; **¡a bailar!** let's dance! **-16.** *(antes de 'por')* [en busca de]: **ir a por pan** to go for some bread **-17.** [indica desafío]: **¿a que no lo haces?** I bet you won't do it!

AA *mpl (abrev de* **Alcohólicos Anónimos**) AA.

AA EE *m abrev de* **Ministerio de Asuntos Exteriores.**

ábaco *m* abacus.

abad, desa *m,f* abbot (*f* abbess).

abadía *f* abbey.

abajo ◇ *adv* **-1.** [posición - gen] below; [- en edificio] downstairs; **vive (en el piso de) ~** she lives downstairs; **está aquí/allí ~** it's down here/there; **~ del todo** right at the bottom; **más ~** further down **-2.** [dirección] down; **ve ~** [en edificio] go downstairs; **ha-**

cia/para ~ down, downwards; **calle/escaleras** ~ down the street/stairs; **río** ~ downstream **-3.** [en un texto] below. ◇ *interj*: **¡~ ...!** down with ...!; **¡~ la dictadura!** down with the dictatorship!

◆ **abajo de** *loc prep* less than.

◆ **de abajo** *loc adj* bottom; **el estante de ~** the bottom shelf.

abalanzarse [13] *vpr*: **~ sobre** to fall upon; **~ hacia** to rush towards.

abalear *vt Andes, CAm, Ven* to shoot at.

abalorio *m (gen pl)* **-1.** [cuenta] glass bead **-2.** [bisutería] trinket.

abanderado *m lit & fig* standard-bearer.

abandonado, da *adj* **-1.** [desierto] deserted **-2.** [desamparado] abandoned **-3.** [descuidado - persona] unkempt; [- jardín, casa] neglected; **dejar ~** to abandon.

abandonar *vt* **-1.** [gen] to abandon; [lugar, profesión, cónyuge] to leave **-2.** [desatender - obligaciones, estudios] to neglect.

◆ **abandonarse** *vpr* **-1.** [de aspecto] to neglect o.s., to let o.s. go **-2.** [a una emoción]: **~se a** [desesperación, dolor] to succumb to; [bebida, drogas] to give o.s. over to.

abandono *m* **-1.** [acción - gen] abandonment; [- de lugar, profesión, cónyuge] leaving; [- de obligaciones, estudios] neglect **-2.** [estado] state of abandon **-3.** *DEP*: **ganar por ~** to win by default.

abanicar [10] *vt* to fan.

◆ **abanicarse** *vpr* to fan o.s.

abanico *m* **-1.** [para dar aire] fan **-2.** *fig* [gama] range.

abaratar *vt* to reduce the price of.

◆ **abaratarse** *vpr* to go down in price.

abarcar [10] *vt* **-1.** [incluir] to embrace, to cover; **abarca varios siglos** it covers several centuries; **quien mucho abarca poco aprieta** *proverb* don't bite off more than you can chew **-2.** [ver] to be able to see, to have a view of; **desde aquí se abarca todo el valle** you can see the whole valley from here.

abarque *etc* ▷ **abarcar**.

abarrotado, da *adj*: **~ (de)** [teatro, autobús] packed (with); [desván, baúl] crammed (with); **el cine estaba ~** the cinema was packed.

abarrotar *vt*: **~ algo (de *o* con)** [teatro, autobús] to pack sthg (with); [desván, baúl] to cram sthg full (of).

abarrotería *f CAm, Méx* grocer's (shop) *UK*, grocery store *US*.

abarrotero, ra *m,f CAm, Méx* grocer.

abarrotes *mpl Amér* groceries.

abastecer [30] *vt*: **~ algo/a alguien (de)** to supply sthg/sb (with).

◆ **abastecerse** *vpr*: **~se (de algo)** to stock up (on sthg).

abastecimiento *m* [cantidad] supply; [acción] supplying; **~ de agua** water supply.

abasto *m*: **no dar ~ para hacer algo** to be unable to cope with doing sthg; **no doy ~ con tanto trabajo** I can't cope with all this work.

abatible *adj* reclining; **de alas ~s** gate-legged.

abatido, da *adj* dejected.

abatir *vt* **-1.** [derribar - muro] to knock down; [- avión] to shoot down **-2.** [desanimar] to depress.

◆ **abatirse** *vpr*: **~se (sobre)** to swoop (down on).

abdicación *f* abdication.

abdicar [10] ◇ *vt*: **~ el trono (en alguien)** to abdicate the throne (in favour of sb). ◇ *vi* to abdicate; **~ de algo** *fig* to renounce sthg.

abdomen *m* abdomen.

abdominal *adj* abdominal.

◆ **abdominales** *mpl*: **hacer ~es** to do situps.

abecé *m lit & fig* ABC.

abecedario *m* **-1.** [alfabeto] alphabet **-2.** [libro] spelling book.

abedul *m* birch (tree).

abeja *f* bee; **~ obrera** worker bee; **~ reina** queen bee.

abejorro *m* bumblebee.

aberración *f* aberration; **eso es una ~** that's absurd.

aberrante *adj* aberrant.

abertura *f* opening.

abertzale [aβer'tʃale] *adj & m,f* Basque nationalist.

abeto *m* fir (tree).

abierto, ta ◇ *pp* ▷ **abrir**. ◇ *adj* **-1.** [gen] open; **dejar el grifo ~** to leave the tap on; **llevas la bragueta abierta** your flies are undone; **estar ~ a** to be open to; **bien *o* muy ~** wide open **-2.** *fig* [liberal] open-minded.

abigarrado, da *adj* multi-coloured; *fig* motley.

abisal *adj* [fosa] deep-sea.

abismal *adj* vast, colossal.

abismar *vt* **-1.** [hundir] to engulf **-2.** [abatir]: **~ a alguien en algo** to plunge sb into sthg.

◆ **abismarse** *vpr*: **~se en** [lectura] to be

engrossed *o* absorbed in; [dolor] to abandon o.s. to.

abismo *m* **-1.** [profundidad] abyss; **estar al borde del ~** to be on the brink of ruin **-2.** *fig* [diferencia] gulf; **salvar el ~** to bridge the gulf.

Abiyán Abidjan.

abjurar *culto* <> *vt* to abjure. <> *vi*: **~ de algo** to abjure sthg.

ablandamiento *m* softening.

ablandar *vt* **-1.** [material] to soften **-2.** *fig* [persona] to move; [ira] to calm.

◆ **ablandarse** *vpr* **-1.** [material] to soften, to become softer **-2.** *fig* [persona] to be moved; [ira] to cool off.

ablativo *m* ablative; **~ absoluto** ablative absolute.

ablución *f (gen pl)* ablution.

ablusado, da *adj* loose, baggy.

abnegación *f* abnegation, self-denial.

abnegarse [35] *vpr* to deny o.s.

abobado, da *adj* **-1.** [estupefacto] bewildered **-2.** [estúpido] stupid.

abocado, da *adj*: **~ a** destined *o* doomed to.

abochornar *vt* to embarrass.

◆ **abochornarse** *vpr* to get embarrassed.

abofetear *vt* to slap; **~ la cara a algn** to slap sb in the face.

abogacía *f* legal profession.

abogado, da *m,f* **-1.** lawyer, attorney *US*; **~ defensor** counsel for the defence; **~ del estado** public prosecutor; **~ laboralista** labour lawyer; **~ de oficio** legal aid lawyer **-2.** *fig* [intercesor] intermediary; [defensor] advocate; **~ del diablo** devil's advocate.

abogar [16] *vi* **-1.** *DER* to plead **-2.** *fig* [defender]: **~ por algo** to advocate sthg; **~ por alguien** to stand up for sb.

abolengo *m* lineage; **de (rancio) ~** of ancient lineage.

abolición *f* abolition.

abolicionismo *m* abolitionism.

abolicionista *adj & m,f* abolitionist.

abolir [78] *vt* to abolish.

abolladura *f* dent.

abollar *vt* to dent.

◆ **abollarse** *vpr* to get dented.

abombado, da *adj* buckled *o* bulging outwards.

abominable *adj* abominable.

abominación *f* abomination.

abominar <> *vt* **-1.** [condenar] to condemn **-2.** [detestar] to abhor, to abominate.

<> *vi*: **~ de alguien/algo** [condenar] to condemn sb/sthg.

abonado, da *m,f* [de teléfono, revista] subscriber; [al fútbol, teatro, transporte] season-ticket holder.

abonar *vt* **-1.** [pagar] to pay; **~ algo en la cuenta de alguien** to credit sb's account with sthg **-2.** [tierra] to fertilize.

◆ **abonarse** *vpr*: **~se (a)** [revista] to subscribe (to); [fútbol, teatro, transporte] to buy a season ticket (for).

abonero, ra *m,f Méx* hawker, street trader.

abono *m* **-1.** [pase] season ticket **-2.** [fertilizante] fertilizer **-3.** [pago] payment **-4.** *Méx* [plazo] instalment; **pagar en ~s** to pay by instalments.

abordable *adj* [persona] approachable; [tema] that can be tackled; [tarea] manageable.

abordaje *m NÁUT* boarding.

abordar *vt* **-1.** [embarcación] to board **-2.** *fig* [persona] to approach **-3.** *fig* [tema, tarea] to tackle.

aborigen *adj* [indígena] indigenous; [de Australia] aboriginal.

◆ **aborígenes** *mpl y fpl* [población indígena] indigenous population *(sg)*; [de Australia] aborigines.

aborrecer [30] *vt* [actividad] to abhor; [persona] to loathe.

aborrecible *adj* abhorrent, loathsome.

abortar <> *vi* [*MED* - espontáneamente] to have a miscarriage, to miscarry; [- intencionadamente] to have an abortion. <> *vt fig* [hacer fracasar] to foil.

abortista *adj & m,f* abortionist.

abortivo *m* abortifacient.

aborto *m* **-1.** [*MED* - espontáneo] miscarriage; [- intencionado] abortion **-2.** *fam despec* [persona fea] freak.

abotargarse [16] *vpr* to swell (up).

abotonar *vt* to button up.

◆ **abotonarse** *vpr* to do one's buttons up; [abrigo, camisa] to button up.

abovedado, da *adj* arched, vaulted.

abr. (*abrev de* **abril**) Apr.

abracadabra *m* abracadabra.

abrace *etc v* ▷ **abrazar.**

abrasador, ra *adj* burning.

abrasar <> *vt* **-1.** [quemar - casa, bosque] to burn down; [- persona, mano, garganta] to burn; **murieron abrasados** they were burned to death **-2.** [desecar - suj: sol, calor, lejía] to scorch; [- suj: sed] to parch. <> *vi* [café etc] to be burning *o* boiling hot.

◆ **abrasarse** *vpr* [casa, bosque] to burn

down; [persona] to burn o.s.; [tierra, planta] to get scorched.

abrasivo, va *adj* abrasive.

◆ **abrasivo** *m* abrasive.

abrazadera *f* TECN brace, bracket; [en carpintería] clamp.

abrazar [13] *vt* **-1.** [con los brazos] to hug, to embrace; ~ **fuerte a algn** to hold sb tight **-2.** *fig* [doctrina] to embrace.

◆ **abrazarse** *vpr* to hug *o* embrace (each other).

abrazo *m* embrace, hug; **un (fuerte)** ~ [en cartas] best wishes.

abrebotellas *m inv* bottle opener.

abrecartas *m inv* paper knife, letter opener.

abrelatas *m inv* tin opener *UK*, can opener *US*.

abrevadero *m* [pila] drinking trough; [natural] watering place.

abrevar *vt* to water, to give water to.

abreviación *f* [de texto] abridgement; [de viaje, estancia] cutting short.

abreviado, da *adj* [texto] abridged; [viaje, estancia] interrupted.

abreviar [8] ◇ *vt* [gen] to shorten; [texto] to abridge; [palabra] to abbreviate; [viaje, estancia] to cut short. ◇ *vi*: **para** ~ [al hacer algo] to keep it quick; [al contar algo] to cut a long story short.

abreviatura *f* abbreviation.

abridor *m* **-1.** [abrebotellas] (bottle) opener **-2.** [abrelatas] (tin) opener *UK*, (can) opener *US*.

abrigar [16] *vt* **-1.** [arropar - suj: persona] to wrap up; [- suj: ropa] to keep warm **-2.** *fig* [albergar - esperanza] to cherish; [- sospechas, malas intenciones] to harbour.

◆ **abrigarse** *vpr* **-1.** [arroparse] to wrap up **-2.** [resguardarse]: ~**se de** to shelter from.

abrigo *m* **-1.** [prenda] coat, overcoat **-2.** [refugio] shelter; **al** ~ **de** [árbol] under the shelter of; [peligro, ataque] safe from; [lluvia, viento] sheltered from; [ley] under the protection of.

abrigue *etc* ▻ **abrigar**.

abril *m* April; **tiene 17** ~**es** she is 17 (years of age); *ver también* **septiembre**.

abrillantador *m* polish.

abrillantar *vt* to polish.

abrir ◇ *vt* **-1.** [gen] to open; [alas] to spread; [melón] to cut open **-2.** [agua, gas] to turn on; [luz] to switch on **-3.** [puerta] to unlock, to open; [pestillo] to pull back; [grifo] to turn on; [cremallera] to undo **-4.** [túnel] to dig; [canal, camino] to build; [agujero, surco] to make **-5.**: **abrir el apetito** to whet one's appetite **-6.** [encabezar - lista] to head; [- manifestación] to lead. ◇ *vi* [establecimiento] to open.

◆ **abrirse** *vpr* **-1.** [sincerarse]: ~**se a alguien** to open up to sb, to confide in sb **-2.** [comunicarse]: ~**se (con)** to be more open (with) **-3.** [posibilidades] to open up **-4.** [cielo] to clear **-5.** *fam* [irse] to clear off.

abrochar *vt* [camisa, botón] to do up; [cinturón] to fasten.

◆ **abrocharse** *vpr* to do up; [cinturón] to fasten; **¡abróchate!** [el abrigo] do your coat up!

abrogar [16] *vt* to abrogate, to repeal.

abroncar [10] *vt fam* **-1.** [reprender] to tick off, to tell off **-2.** [abuchear] to boo.

abrótano *m* southernwood.

abrumador, ra *adj* overwhelming.

abrumar *vt* [agobiar] to overwhelm.

abrupto, ta *adj* [escarpado] sheer; [accidentado] rugged.

absceso *m* abscess.

abscisa *f* x-axis.

absentismo *m* **-1.** [de terrateniente] absentee landownership **-2.** [de trabajador]: ~ **laboral** [justificado] absence from work; [injustificado] absenteeism.

ábside *m* apse.

absolución *f* **-1.** DER acquittal **-2.** RELIG absolution.

absolutismo *m* absolutism.

absolutista *adj & m,f* absolutist.

absoluto, ta *adj* [gen] absolute; [silencio, obediencia] total.

◆ **en absoluto** *loc adv* [en negativas] at all; [tras pregunta] not at all; **¿te gusta? — en** ~ do you like it? — not at all; **nada en** ~ nothing at all.

absolver [24] *vt*: ~ **a alguien (de algo)** DER to acquit sb (of sthg); RELIG to absolve sb (of sthg).

absorbente *adj* **-1.** [que empapa] absorbent **-2.** [persona, carácter] demanding **-3.** [actividad] absorbing.

absorber *vt* **-1.** [gen] to absorb **-2.** [ocupar el tiempo de] to take up the time of **-3.** [consumir, gastar] to soak up.

absorción *f* absorption.

absorto, ta *adj*: ~ **(en)** absorbed *o* engrossed (in).

abstemio, mia ◇ *adj* teetotal. ◇ *m,f* teetotaller.

abstención *f* abstention.

abstencionismo *m* abstentionism.

abstenerse [72] *vpr:* ~ **(de algo/de hacer algo)** to abstain (from sthg/from doing sthg); **le han recomendado que se abstenga del alcohol** she has been advised to stay off the alcohol.

abstinencia *f* abstinence.

abstracción *f* **-1.** [gen] abstraction **-2.** [concentración] concentration.

abstracto, ta *adj* abstract.
◆ **en abstracto** *loc adv* in the abstract.

abstraer [73] *vt* to consider separately, to detach.
◆ **abstraerse** *vpr:* ~**se (de)** to detach o.s. (from).

abstraído, da *adj* lost in thought, engrossed.

abstuviera *etc* ▻ **abstenerse.**

absuelto, ta *pp* ▻ **absolver.**

absuelva *etc* ▻ **absolver.**

absurdo, da *adj* absurd; **lo** ~ **sería que no lo hicieras** it would be absurd for you not to do it.
◆ **absurdo** *m:* **decir/hacer un** ~ to say/do something ridiculous.

abubilla *f* hoopoe.

abuchear *vt* to boo.

abucheo *m* booing.

abuelo, la *m,f* **-1.** [familiar] grandfather (*f* grandmother); **¡cuéntaselo a tu abuela!** *fam* pull the other one!; **éramos pocos y parió la abuela** *fam* that was all we needed; **no necesitar abuela** *fam* to be full of o.s. **-2.** [anciano] old person, old man (*f* old woman).
◆ **abuelos** *mpl* grandparents.

abuhardillado, da *adj* attic *(antes de sust).*

abulia *f* apathy, lethargy.

abúlico, ca ◇ *adj* apathetic, lethargic. ◇ *m,f* apathetic *o* lethargic person.

abultado, da *adj* [paquete] bulky; [labios] thick; [cantidad, cifra] inflated.

abultar ◇ *vt* **-1.** [hinchar] to swell **-2.** [suj: lente] to magnify **-3.** [exagerar] to blow up. ◇ *vi* **-1.** [ser muy grande] to be bulky **-2.** [tener forma de bulto] to bulge.

abundancia *f* **-1.** [gran cantidad] abundance; **en** ~ in abundance **-2.** [riqueza] plenty, prosperity; **nadar** *o* **vivir en la** ~ to be filthy rich.

abundante *adj* abundant.

abundar *vi* **-1.** [ser abundante] to abound; **abundaban los niños** there were lots of children there **-2.** [estar de acuerdo]: ~ **en** to agree completely with; [insistir] to go into detail about.

abundoso, sa *adj Amér* abundant.

aburguesado, da *adj* bourgeois.

aburguesarse *vpr* to adopt middle-class ways.

aburrido, da ◇ *adj* **-1.** [harto, fastidiado] bored; **estar** ~ **de hacer algo** to be fed up with doing sthg **-2.** [que aburre] boring. ◇ *m,f* bore.

aburrimiento *m* boredom; **¡qué** ~**!** what a bore!

aburrir *vt* to bore; **me aburre** I'm bored of it.
◆ **aburrirse** *vpr* to get bored; [estar aburrido] to be bored.

abusado, da *adj Méx* astute, shrewd.

abusar *vi* **-1.** [excederse] to go too far; ~ **de algo** to abuse sthg; ~ **del alcohol** to drink too much; ~ **de alguien** to take advantage of sb **-2.** [forzar sexualmente]: ~ **de alguien** to sexually abuse sb.

abusivo, va *adj* [trato] very bad, appalling; [precio] extortionate.

abuso *m* **-1.** [uso excesivo]: ~ **(de)** abuse (of); ~ **de confianza** breach of confidence; ~**s deshonestos** sexual abuse *(U)* **-2.** [escándalo] scandal.

abusón, ona ◇ *adj* self-seeking. ◇ *m,f* self-seeking person.

abyección *f culto* abjection.

abyecto, ta *adj culto* vile, wretched.

a/c *abrev de* **a cuenta.**

a. C. (*abrev de* **antes de Cristo**) BC.

acá ◇ *adv* **-1.** [lugar] here; **de** ~ **para allá** back and forth; **más** ~ closer; **¡ven** ~**!** come here! **-2.** [tiempo]: **de una semana** ~ during the last week; **de un tiempo** ~ recently. ◇ *pron* **-1.** [persona] he (*f* she) **-2.** [cosa] this one.

acabado, da *adj* **-1.** [completo] perfect, consummate **-2.** [fracasado] finished, ruined.
◆ **acabado** *m* [de producto] finish; [de piso] décor.

acabar ◇ *vt* **-1.** [concluir] to finish **-2.** [consumir - provisiones, dinero] to use up; [- comida] to finish. ◇ *vi* **-1.** [gen] to finish, to end; **la espada acaba en punta** the sword ends in a point; **el asunto acabó mal** the affair finished *o* ended badly; **cuando acabes, avísame** tell me when you've finished; ~ **de hacer algo** to finish doing sthg **-2.** [haber hecho recientemente]: ~ **de hacer algo** to have just done sthg; **acabo de llegar** I've just arrived **-3.** [terminar por - persona]: ~ **por hacer algo,** ~ **haciendo algo** to end up doing sthg **-4.** [destruir]: ~ **con** [gen] to destroy; [sa-

lud] to ruin; [paciencia] to exhaust; [violencia, crimen] to put an end to **-5.** [matar]: ~ **con alguien** to kill sb; *fig* to be the death of sb **-6.** *(con adjetivos)* to end up; ~ **loco** to go mad **-7.** *(en frase negativa)*: **no acabo de entenderlo** I can't quite understand it; **no acaba de parecerme bien** I don't really think it's a very good idea **-8.** *loc*: **de nunca** ~ never-ending.
◆ **acabarse** *vpr* **-1.** [agotarse] to be used up, to be gone; **se nos ha acabado el petróleo** we're out of petrol; **se ha acabado la comida** there's no more food left, all the food has gone **-2.** [concluir] to finish, to be over **-3.** *loc*: **¡se acabó!** [¡basta ya!] that's enough!; [se terminó] that's it, then!

acabóse *m fam*: **¡es el ~!** it really is the limit!

acacia *f* acacia.

academia *f* **-1.** [para aprender] school **-2.** [institución] academy.
◆ **Real Academia Española** *f institution that sets lexical and syntactical standards for Spanish.*

> **REAL ACADEMIA ESPAÑOLA**
>
> This official institution, based in Spain but with counterparts in other Spanish-speaking countries, attempts to set lexical and syntactical standards for Spanish-speakers both in Spain and in Latin America. It publishes periodicals, grammars and regularly updated dictionaries.

académico, ca ◇ *adj* academic. ◇ *m,f* academician.

acaecer *v impers culto* to take place, to occur.

acallar *vt* to silence.

acalorado, da *adj* **-1.** [por cansancio] flushed (with effort) **-2.** [por calor] hot **-3.** [apasionado - debate] heated; [- persona] hot under the collar; [- defensor] fervent.

acalorar *vt* **-1.** [dar calor] to (make) warm **-2.** [enfadar]: ~ **a alguien** to make sb hot under the collar.
◆ **acalorarse** *vpr* **-1.** [calentarse] to get hot **-2.** [enfadarse] to get aroused *o* excited.

acampada *f* **-1.** [acción] camping **-2.** [lugar] camp site.

acampanado, da *adj* flared.

acampar *vi* to camp.

acanalado, da *adj* [columna] fluted; [tejido] ribbed; [hierro, uralita] corrugated.

acanalar *vt* **-1.** [terreno] to dig channels in **-2.** [tejado] to corrugate.

acantilado *m* cliff.

acanto *m* acanthus.

acaparador, ra *adj* greedy.

acaparamiento *m* monopolization.

acaparar *vt* **-1.** [monopolizar] to monopolize; [mercado] to corner; **acaparaba las miradas de todos** all eyes were on her **-2.** [guardarse] to hoard.

acápite *m Amér* paragraph.

acaramelado, da *adj* **-1.** [con caramelo] covered in caramel **-2.** *fig* [pegajoso] sickly sweet **-3.** *fig* [cariñoso] starry-eyed; **estaban** ~ they were all lovey-dovey.

acaramelar *vt* to cover in caramel.
◆ **acaramelarse** *vpr* to be starry-eyed.

acariciar [8] *vt* **-1.** [persona] to caress; [animal] to stroke **-2.** *fig* [idea, proyecto] to cherish.
◆ **acariciarse** *vpr* to caress (each other).

acarrear *vt* **-1.** [transportar] to carry; [carbón] to haul **-2.** *fig* [ocasionar] to bring, to give rise to.

acartonarse *vpr fam* to become wizened.

acaso *adv* perhaps; **¿~ no lo sabías?** are you trying to tell me you didn't know?; **por si ~** (just) in case; **¿~ es culpa mía?** is it my fault?
◆ **si acaso** ◇ *loc adv* [en todo caso] if anything. ◇ *loc conj* [en caso de que] if.

acatamiento *m* respect, compliance.

acatar *vt* to respect, to comply with.

acatarrarse *vpr* to catch a cold.

acaudalado, da *adj* well-to-do, wealthy.

acaudillar *vt* to lead.

acceder *vi* **-1.** [consentir]: ~ **(a algo/hacer algo)** to agree (to sthg/to do sthg) **-2.** [tener acceso]: ~ **a** to enter **-3.** [alcanzar]: ~ **a** [trono] to accede to; [poder] to come to; [cargo] to obtain.

accesible *adj* **-1.** [lugar] accessible **-2.** [persona] approachable.

accésit *m inv* runners-up prize, consolation prize.

acceso *m* **-1.** [entrada]: ~ **(a)** entrance (to) **-2.** [paso]: ~ **(a)** access (to); ~ **a Internet** Internet access **-3.** [carretera] access road, ramp *US* **-4.** *fig* & *MED* [de tos] fit; [de fiebre, gripe] bout.

accesorio, ria *adj* incidental.
◆ **accesorio** *(gen pl) m* accessory.

accidentado, da ◇ *adj* **-1.** [vida, viaje] eventful **-2.** [terreno, camino] rough, rugged. ◇ *m,f* injured person, victim.

accidental *adj* **-1.** [no esencial] incidental **-2.** [imprevisto] accidental; [encuentro] chance.

accidentarse *vpr* to be involved in *o* have an accident.

accidente *m* **-1.** [desgracia] accident; ~ **de avión/coche** plane/car crash; ~ **laboral/mortal** industrial/fatal accident; ~ **de tráfico** road accident **-2.** *(gen pl)* [del terreno] unevenness *(U)* **-3.** *GRAM* accidence.

acción *f* **-1.** [gen] action; **entrar en** ~ to go into action; **película de** ~ action film *UK* *o* movie *US* **-2.** [hecho] deed, act; ~ **de gracias** *RELIG* thanksgiving **-3.** *FIN* share; ~ **ordinaria/preferente** ordinary/preference share; **acciones en cartera** shares in portfolio.

accionamiento *m* activation.

accionar *vt* to activate.

accionariado *m* shareholders *(pl)*.

accionista *mf* shareholder.

acebo *m* **-1.** [hoja] holly **-2.** [árbol] holly (bush).

acechanza *f* observation, surveillance.

acechar *vt* **-1.** [vigilar] to observe, to keep under surveillance; [suj: cazador] to stalk **-2.** [amenazar] to be lying in wait for.

acecho *m* observation, surveillance; **estar al** ~ **de** to lie in wait for; *fig* to be on the lookout for.

acedera *f* sorrel.

acéfalo, la *adj* [estado, organización] leaderless.

aceitar *vt* [motor] to lubricate; [comida] to pour oil onto.

aceite *m* oil; ~ **de colza/girasol/oliva** rapeseed/sunflower/olive oil; ~ **de ricino/de hígado de bacalao** castor/cod-liver oil.

aceitera *f* oil can.

◆ **aceiteras** *fpl* cruet *(sg)*.

aceitoso, sa *adj* oily.

aceituna *f* olive; ~ **rellena** stuffed olive.

aceitunado, da *adj* olive.

aceitunero, ra *m,f* **-1.** [campesino] olive picker **-2.** [vendedor] olive merchant.

aceituno *m* olive tree.

aceleración *f* acceleration.

acelerado, da *adj* rapid, quick; *FÍS* accelerated.

acelerador, ra *adj* accelerating.

◆ **acelerador** *m* accelerator.

acelerar ◇ *vt* **-1.** [avivar] to speed up; *TECN* to accelerate **-2.** [adelantar] to bring forward. ◇ *vi* to accelerate.

◆ **acelerarse** *vpr* to hurry up.

acelerón *m*: **dar un** ~ *AUTOM* to put one's foot down.

acelga *f* chard.

acendrado, da *adj* untarnished, pure.

acendrar *vt* **-1.** [metal] to purify **-2.** *fig* [cualidad, sentimiento] to refine.

acento *m* **-1.** [gen] accent; ~ **agudo/circunflejo/grave** acute/circumflex/grave accent; ~ **ortográfico** (written) accent **-2.** [intensidad] stress, accent.

acentuación *f* accentuation.

acentuado, da *adj* **-1.** [con acento gráfico] stressed **-2.** [marcado] marked, distinct.

acentuar [6] *vt* **-1.** [palabra, letra - al escribir] to accent, to put an accent on; [- al hablar] to stress **-2.** *fig* [realzar] to accentuate **-3.** *fig* [intensificar] to increase.

◆ **acentuarse** *vpr* [intensificarse] to deepen, to increase.

acepción *f* meaning, sense.

aceptable *adj* acceptable.

aceptación *f* **-1.** [aprobación] acceptance **-2.** [éxito] success, popularity.

aceptar *vt* to accept.

acequia *f* irrigation channel.

acera *f* **-1.** [para peatones] pavement *UK*, sidewalk *US*; **ser de la otra** ~, **ser de la** ~ **de enfrente** *fam despec* to be one of them, to be queer **-2.** [lado de la calle] side of the street.

acerado, da *adj* **-1.** [cortante] sharp **-2.** [con acero] containing steel **-3.** *fig* [fuerte, resistente] steely, tough **-4.** [mordaz] cutting, biting.

acerar *vt* **-1.** [pavimentar] to pave **-2.** [convertir en acero] to turn into steel **-3.** [recubrir de acero] to steel.

acerbo, ba *adj culto* **-1.** [áspero] bitter **-2.** [mordaz] caustic, cutting.

acerca

◆ **acerca de** *loc adv* about.

acercamiento *m* [de personas, estados] rapprochement; [de suceso, fecha] approach.

acercar [10] *vt* to bring nearer *o* closer; **¡acércame el pan!** could you pass me the bread?

◆ **acercarse** *vpr* **-1.** [arrimarse - viniendo] to come closer; [- yendo] to go over **-2.** [ir] to go; [venir] to come; [a casa de alguien] to come/go round **-3.** [tiempo] to draw nearer, to approach.

acería *f* steelworks *(sg)*.

acero *m* steel; ~ **inoxidable** stainless steel.

acerque *etc* ▷ **acercar**.

acérrimo, ma *adj* [defensor] diehard *(antes de sust)*; [enemigo] bitter.

acertado, da *adj* **-1.** [con acierto - respuesta] correct; [- disparo] on target; [- comentario] appropriate **-2.** [oportuno] good, clever.

acertante ◇ *adj* winning. ◇ *mf* winner.

acertar [19] ◇ *vt* **-1.** [adivinar] to guess

(correctly) **-2.** [el blanco] to hit **-3.** [elegir bien] to choose well. ◇ *vi* **-1.** [atinar]: ~ **(al hacer algo)** to be right (to do sthg) **-2.** [conseguir]: ~ **a hacer algo** to manage to do sthg; **acertaba a pasar por allí** *fig* she happened to pass that way; **no acierto a comprenderlo** I just can't understand it **-3.** [hallar]: ~ **con** to find.

acertijo *m* riddle.

acervo *m* [patrimonio] heritage.

acetato *m* acetate.

acético, ca *adj* acetic.

acetileno *m* acetylene.

acetona *f* acetone.

achacar [10] *vt*: ~ **algo a alguien/algo** to attribute sthg to sb/sthg.

achacoso, sa *adj* **-1.** [persona] frail **-2.** [cosa] faulty, defective.

achampañado, da *adj* sparkling.

achantar *vt fam* to put the wind up.

◆ **achantarse** *vpr fam* to get the wind up.

achaparrado, da *adj* squat.

achaque ◇ ▷ **achacar.** ◇ *m* ailment.

achatado, da *adj* flattened.

achatar *vt* to flatten.

◆ **achatarse** *vpr* to level out.

achicar [10] *vt* **-1.** [tamaño] to make smaller **-2.** [agua - de barco] to bale out; [- de mina] to drain **-3.** *fig* [acobardar] to intimidate.

◆ **achicarse** *vpr* [acobardarse] to become intimidated.

achicharrar ◇ *vt* [chamuscar] to burn. ◇ *vi* [sol, calor] to be scorching.

◆ **achicharrarse** *vpr* **-1.** *fig* [de calor] to fry, to roast **-2.** [chamuscarse] to burn.

achicoria *f* chicory.

achinado, da *adj* **-1.** [ojos] slanting **-2.** [persona] Chinese-looking **-3.** *RP* [como indio] Indian-looking.

achique *etc* ▷ **achicar.**

achispar *vt* to make tipsy.

◆ **achisparse** *vpr* to get tipsy.

achuchado, da *adj fam* hard, tough.

achuchar *vt fam* **-1.** [abrazar] to hug **-2.** *fig* [presionar] to be on at, to badger.

achuchón *m fam* **-1.** [abrazo] big hug **-2.** [indisposición] mild illness; **le dio un** ~ he took sick.

achunchar *vt Andes* [avergonzar] to shame.

◆ **achuncharse** *vpr* [avergonzarse] to be shamed.

achura *m Amér* [intestino] guts *(pl)*.

achurar *vt RP* **-1.** [acuchillar] to stab to death **-2.** [animal] to disembowel.

aciago, ga *adj culto* black, fateful.

acicalado, da *adj* neat and tidy.

acicalar *vt* [arreglar] to do up.

◆ **acicalarse** *vpr* to do o.s. up.

acicate *m* **-1.** [espuela] spur **-2.** *fig* [estímulo] incentive.

acidez *f* **-1.** [cualidad] acidity **-2.** *MED*: ~ **(de estómago)** heartburn.

ácido, da *adj* **-1.** *QUÍM* acidic **-2.** [bebida, sabor, carácter] acid, sour.

◆ **ácido** *m* **-1.** *QUÍM* acid; ~ **clorhídrico/desoxirribonucleico/ribonucleico/sulfúrico** hydrochloric/ribonucleic/sulphuric acid **-2.** *fam* [droga] acid.

acierta *etc* ▷ **acertar.**

acierto *m* **-1.** [a pregunta] correct answer **-2.** [en quinielas] correct entry **-3.** [habilidad, tino] good *o* sound judgment **-4.** [éxito] success.

ácimo = **ázimo.**

acimut (*pl* **acimutes**), **azimut** (*pl* **azimutes**) *m* azimuth.

aclamación *f* [ovación] acclamation, acclaim; **por** ~ unanimously; **entre aclamaciones** to great acclaim.

aclamar *vt* to acclaim.

aclaración *f* explanation.

aclarado *m* rinsing, rinse.

aclarar ◇ *vt* **-1.** [ropa] to rinse **-2.** [explicar] to clarify, to explain **-3.**: ~ **la voz** [carraspeando] to clear one's throat **-4.** [lo oscuro] to make lighter **-5.** [lo espeso - chocolate, sopa] to thin (down); [- bosque] to thin out. ◇ *v impers* **-1.** [amanecer] to get light **-2.** [clarear, despejarse] to clear up.

◆ **aclararse** *vpr* **-1.** [entender] to understand **-2.** [explicarse] to explain o.s. **-3.** [ver claro] to see clearly.

aclaratorio, ria *adj* explanatory.

aclimatación *f* acclimatization.

aclimatar *vt* **-1.** [al clima]: ~ **algo/a alguien (a)** to acclimatize sthg/sb (to) **-2.** [al ambiente]: ~ **algo/a alguien a algo** to get sthg/sb used to sthg.

◆ **aclimatarse** *vpr* **-1.** [al clima]: ~**se (a algo)** to acclimatize (to sthg) **-2.** [al ambiente] to settle in; ~**se a algo** to get used to sthg.

acné *m* acne.

acobardar *vt* to frighten, to scare.

◆ **acobardarse** *vpr* to get frightened *o* scared; ~**se ante** to shrink back from.

acodado, da *adj* [cañería] elbowed.

acodarse *vpr*: ~**se (en)** to lean (on).

acogedor, ra *adj* [país, persona] friendly, welcoming; [casa, ambiente] cosy.

acoger [14] *vt* **-1.** [recibir] to welcome **-2.** [dar refugio] to take in **-3.** *fig* [idea, noticia etc] to receive; [campeonato] to host.

◆ **acogerse a** *vpr* [inmunidad parlamentaria etc] to take refuge in; [ley] to have recourse to.

acogida *f* reception; ~ **familiar** fostering.

acoja *etc* ▷ **acoger.**

acojonante *adj vulg* **-1.** [impresionante] bloody incredible **-2.** [que da miedo] shit scary.

acojonar *vulg* ◇ *vt* **-1.** [asustar] to scare shitless **-2.** [impresionar] to gobsmack. ◇ *vi* [asustar] to be shit scary.

◆ **acojonarse** *vpr vulg* to be shit scared.

acolchado, da *adj* padded.

acolchar *vt* to pad.

acólito *m* **-1.** [seguidor] acolyte **-2.** [monaguillo] altar boy.

acometer ◇ *vt* **-1.** [atacar] to attack; **le acometieron las dudas** he was assailed by doubts **-2.** [emprender] to undertake. ◇ *vi* [embestir]: ~ **contra** to hurtle into.

acometida *f* **-1.** [ataque] attack, charge **-2.** [de luz, gas etc] (mains) connection.

acomodadizo, za *adj* accommodating.

acomodado, da *adj* **-1.** [rico] well-off, well-to-do **-2.** [instalado] ensconced.

acomodador, ra *m,f* usher (*f* usherette).

acomodar *vt* **-1.** [instalar - persona] to seat, to instal; [- cosa] to place **-2.** [adaptar] to fit.

◆ **acomodarse** *vpr* **-1.** [instalarse] to make o.s. comfortable; ~**se en** to settle down in **-2.** [conformarse]: ~**se a** to adapt to.

acomodaticio, cia *adj* [complaciente] accommodating.

acomodo *m* [alojamiento] accommodation.

acompañamiento *m* **-1.** [comitiva - en entierro] cortege; [- de rey] retinue **-2.** CULIN & MÚS accompaniment.

acompañante *mf* [compañero] companion; MÚS accompanist.

acompañar ◇ *vt* **-1.** [ir con]: ~ **a alguien** [gen] to go with *o* accompany sb; [a la puerta] to show sb out; [a casa] to walk sb home; **te acompaño** I'll come with you **-2.** [estar con]: ~ **a alguien** to keep sb company **-3.** [compartir emociones con]: ~ **en algo a alguien** to be with sb in sthg; **lo acompaño en el sentimiento** please accept my condolences **-4.** [adjuntar] to enclose **-5.** MÚS to accompany **-6.** [coexistir con] to accompany **-7.** CULIN: ~ **algo con algo** to serve sthg with sthg. ◇ *vi* [hacer compañía] to provide company.

◆ **acompañarse** *vpr* MÚS: ~**se con** to accompany o.s. on.

acompasado, da *adj* [movimiento] steady, rhythmic; [pasos] measured.

acompasar *vt*: ~ **algo (a)** to synchronize sthg (with).

acomplejado, da ◇ *adj* inhibited, having a complex. ◇ *m,f* inhibited person, person with a complex.

acomplejar *vt* to give a complex.

◆ **acomplejarse** *vpr* to develop a complex.

acondicionado, da *adj* equipped; **estar bien/mal** ~ to be in a fit/no fit state; **aire** ~ air conditioned.

acondicionador *m* **-1.** [de aire] (air) conditioner **-2.** [de pelo] conditioner.

acondicionamiento *m* conditioning, conversion, upgrading.

acondicionar *vt* **-1.** [reformar] to condition, to convert, to upgrade **-2.** [preparar] to prepare, to get ready.

aconfesional *adj* with no official religion.

acongojar *vt* to distress, to cause anguish to.

◆ **acongojarse** *vpr* to be distressed.

aconsejable *adj* advisable.

aconsejar *vt* **-1.** [dar consejos]: ~ **a alguien (que haga algo)** to advise sb (to do sthg); **te aconsejo que vayas al médico** I'd advise you to see a doctor **-2.** [hacer aconsejable] to make advisable.

acontecer *v impers* to take place, to happen.

acontecimiento *m* event; **adelantarse** *o* **anticiparse a los** ~**s** to jump the gun; [prevenir] to take preemptive measures.

acopiar [8] *vt* [juntar] to gather; [acaparar] to buy up.

acopio *m* stock, store; **hacer** ~ **de** [existencias, comestibles] to stock up on; [valor, paciencia] to summon up.

acoplable *adj*: ~ **(a)** attachable (to).

acoplamiento *m* [de piezas] attachment, connection; [de módulo espacial] docking.

acoplar *vt* **-1.** [encajar] to attach, to fit together **-2.** FERROC to couple **-3.** *fig* [adaptar] to adapt, to fit.

◆ **acoplarse** *vpr* **-1.** [adaptarse] to adjust to each other; ~**se a** to adjust to **-2.** [encajar] to fit together.

acoquinar *vt fam* to put the wind up.

◆ **acoquinarse** *vpr fam* to get the wind up.

acorazado, da *adj* armour-plated.

◆ **acorazado** *m* battleship.

acorazar [13] *vt* to armour-plate, to armour.

acordar [23] *vt*: ~ **algo/hacer algo** to agree on sthg/to do sthg.
◆ **acordarse** *vpr*: ~**se (de algo/de hacer algo)** to remember (sthg/to do sthg); ~**se de haber hecho algo** to remember doing sthg.

acorde ◇ *adj* **-1.** [conforme] in agreement **-2.** [en consonancia]: ~ **con** in keeping with. ◇ *m* MÚS chord.

acordeón *m* accordion.

acordonado, da *adj* cordoned off.

acordonar *vt* **-1.** [zapatos] to do *o* lace up **-2.** [lugar] to cordon off.

acornear *vt* to gore.

acorralamiento *m* [de malhechor, animal de caza] cornering.

acorralar *vt lit* & *fig* to corner.

acortar *vt* **-1.** [falda, pantalón etc] to take up; [cable] to shorten **-2.** [plazo,vacaciones] to cut short **-3.** [extensión] to shorten.
◆ **acortarse** *vpr* [días] to get shorter; [reunión] to end early.

acosador, ra *adj* relentless, persistent.

acosamiento *m* harassment.

acosar *vt* **-1.** [hostigar] to harass **-2.** [perseguir] to pursue relentlessly.

acoso *m* **-1.** [hostigamiento] harassment; ~ **sexual** sexual harassment **-2.** [persecución] relentless pursuit.

acostar [23] *vt* **-1.** [en la cama] to put to bed **-2.** NÁUT to bring alongside.
◆ **acostarse** *vpr* **-1.** [irse a la cama] to go to bed **-2.** [tumbarse] to lie down **-3.** *fam* [tener relaciones sexuales]: ~**se con alguien** to sleep with sb.

acostumbrado, da *adj* **-1.** [habitual] usual **-2.** [habituado]: **estamos** ~**s** we're used to it; **estar** ~ **a** to be used to.

acostumbrar ◇ *vt* [habituar]: ~ **a alguien a algo/a hacer algo** to get sb used to sthg/to doing sthg. ◇ *vi* [soler]: ~ **a hacer algo** to be in the habit of doing sthg; **acostumbro a levantarme temprano** I usually get up early.
◆ **acostumbrarse** *vpr* [habituarse]: **terminé acostumbrándome** I got used to it eventually; ~**se a algo/a hacer algo** to get used to sthg/to doing sthg.

acotación *f* **-1.** [nota] note in the margin **-2.** TEATR stage direction.

acotado, da *adj* enclosed.

acotamiento *m* **-1.** [de terreno, campo] enclosing, demarcation **-2.** *Méx* [arcén] hard shoulder.

acotar *vt* **-1.** [terreno, campo] to enclose, to demarcate; *fig* [tema etc] to delimit **-2.** [texto] to write notes in the margin of.

acotejar *vt Amér* to arrange.

ácrata *adj* & *m,f* anarchist.

acre ◇ *adj* **-1.** [olor] acrid, pungent **-2.** [sabor] bitter **-3.** *fig* [brusco, desagradable] caustic. ◇ *m* acre.

acrecentar [19] *vt* to increase.
◆ **acrecentarse** *vpr* to increase.

acreditación *f* [credencial] credential.

acreditado, da *adj* **-1.** [médico, abogado etc] distinguished; [marca] reputable **-2.** [embajador, representante] accredited.

acreditar *vt* **-1.** [certificar] to certify; [autorizar] to authorize **-2.** [confirmar] to confirm **-3.** [dar fama] to be a credit to **-4.** [embajador] to accredit **-5.** FIN to credit.

acreedor, ra ◇ *adj*: **hacerse** ~ **de algo** to earn sthg, to show o.s. to be worthy of sthg. ◇ *m,f* creditor.

acribillar *vt* **-1.** [agujerear] to perforate **-2.** [herir]: ~ **(a)** to pepper *o* riddle (with); ~ **a balazos** to riddle with bullets; **me han acribillado los mosquitos** the mosquitoes have bitten me all over **-3.** *fam fig* [molestar]: ~ **a alguien a preguntas** to pester sb with questions.

acrílico, ca *adj* acrylic.

acrimonia = **acritud**.

acristalamiento *m*: **doble** ~ double glazing.

acristalar *vt* to glaze.

acritud, acrimonia *f* **-1.** [de olor] acridity, pungency; [de sabor] bitterness **-2.** *fig* [mordacidad] venom **-3.** [desavenencia] acrimony.

acrobacia *f* **-1.** [en circo] acrobatics *(pl)* **-2.** [de avión] aerobatic manoeuvre.

acróbata *mf* acrobat.

acrobático, ca *adj* acrobatic.

acrónimo *m* acronym.

acrópolis *f inv* acropolis.

acta *f (el)* **-1.** [de junta, reunión] minutes *(pl)*; **constar en** ~ to be recorded in the minutes; **levantar** ~ to take the minutes **-2.** [de defunción etc] certificate; ~ **notarial** affidavit **-3.**: ~ **(de nombramiento)** certificate of appointment.
◆ **actas** *fpl* minutes.

actitud *f* **-1.** [disposición de ánimo] attitude **-2.** [postura] posture, position.

activación *f* activation.

activar *vt* **-1.** [gen] to activate **-2.** [explosivo] to detonate **-3.** [estimular] to stimulate; [acelerar] to speed up.

actividad *f* [acción] activity; [trabajo] work; **desplegar una gran** ~ to be in a flurry of activity; **en ~** active; **~es extraescolares** extracurricular activities.

activismo *m* activism.

activista *mf* activist.

activo, va *adj* **-1.** [gen & *GRAM*] active **-2.** [trabajador] hard-working **-3.** [que trabaja] working; **en ~** [en funciones] on active service **-4.** [rápido] fast-acting.

◆ **activo** *m FIN* assets *(pl)*; **~ fijo/líquido/financiero** fixed/liquid/financial assets; **~ y pasivo** assets and liabilities.

acto *m* **-1.** [acción] act; **hacer ~ de presencia** to show one's face; **~ reflejo** reflex action; **~ sexual** sexual act, sexual intercourse *(U)*; **~ de solidaridad** show of solidarity **-2.** [ceremonia] ceremony **-3.** *TEATR* act.

◆ **acto seguido** *loc adv* immediately after.

◆ **en el acto** *loc adv* on the spot, there and then; **'fotos de carnet en el ~'** 'passport photos while you wait'; **murió en el ~** she died instantly.

actor, triz *m,f* actor (*f* actress).

actuación *f* **-1.** [conducta, proceder] conduct, behaviour **-2.** [interpretación] performance **-3.** *DER* proceedings *(pl)*.

actual *adj* **-1.** [existente] present, current **-2.** [de moda] modern, present-day **-3.** [de actualidad] topical.

actualidad *f* **-1.** [momento presente] current situation; **de ~** [moderno] in fashion; [de interés actual] topical; **en la ~** at the present time, these days **-2.** [vigencia] relevance to modern society **-3.** [noticia] news *(U)*; **ser ~** to be making the news.

actualización *f* [de información] updating; [de tecnología, industria] modernization; *INFORM* upgrade.

actualizar [13] *vt* [información] to update; [tecnología, industria] to modernize; *INFORM* to upgrade.

actualmente *adv* [hoy día] these days, nowadays; [en este momento] at the (present) moment.

actuar [6] *vi* **-1.** [gen] to act; **~ de** to act as **-2.** *DER* to undertake proceedings.

actuario, ria *m,f* **-1.** *DER* clerk of the court **-2.** *FIN*: **~ de seguros** actuary.

acuarela *f* watercolour.

acuarelista *mf* watercolourist.

acuario *m* aquarium.

◆ **Acuario** <> *m* [zodiaco] Aquarius; **ser Acuario** to be (an) Aquarius. <> *mf* [persona] Aquarius.

acuartelamiento *m* **-1.** [acción] confinement to barracks **-2.** [lugar] barracks *(pl)*.

acuartelar *vt* to confine to barracks.

acuático, ca *adj* aquatic.

acuchillar *vt* **-1.** [apuñalar] to stab **-2.** [mueble, parquet] to grind down.

acuciante *adj culto* urgent, pressing.

acuciar [8] *vt culto* [suj: persona] to goad; [suj: necesidad, deseo] to press.

acuclillarse *vpr* to squat (down).

acudir *vi* **-1.** [ir] to go; [venir] to come **-2.** [recurrir]: **~ a** to go *o* turn to **-3.** [presentarse]: **~ (a)** [escuela, iglesia] to attend; [cita, examen] to turn up (for); *fig* [memoria, mente] to come (to).

acueducto *m* aqueduct.

acuerda *etc* ▻ **acordar**.

acuerdo *m* agreement; **de ~** all right, O.K.; **de ~ con** [conforme a] in accordance with; **estar de ~ (con alguien/en hacer algo)** to agree (with sb/to do sthg); **llegar a un ~, ponerse de ~** to reach agreement; **por común ~** by common consent; **~ marco** framework agreement; **~ de paz** peace agreement.

acuesta *etc* ▻ **acostar**.

acumulación *f* accumulation.

acumulador *m* accumulator.

acumular *vt* to accumulate.

◆ **acumularse** *vpr* to accumulate, to build up.

acunar *vt* to rock.

acuñar *vt* **-1.** [moneda] to mint **-2.** [palabra] to coin.

acuoso, sa *adj* watery.

acupuntor, ra *m,f* acupuncturist.

acupuntura *f* acupuncture.

acurrucarse [10] *vpr* [por frío] to huddle up; [en sitio agradable] to curl up.

acusación *f* **-1.** [inculpación] charge **-2.** [abogado]: **la ~** the prosecution.

acusado, da <> *adj* [marcado] marked, distinct. <> *m,f* [procesado] accused, defendant.

acusador, ra *adj* accusing.

acusar *vt* **-1.** [culpar] to accuse; *DER* to charge; **~ a alguien de algo** [gen] to accuse sb of sthg; *DER* to charge sb with sthg **-2.** [mostrar] to show **-3.** [padecer] to be susceptible to **-4.** [recibo] to acknowledge.

◆ **acusarse** *vpr* **-1.** [mutuamente] to blame one another **-2.** [uno mismo]: **~se de haber hecho algo** to confess to having done sthg.

acusativo *m* accusative.

acusatorio, ria *adj DER* accusatory.

acuse
◆ **acuse de recibo** *m* acknowledgement of receipt.
acusica *mf fam* telltale.
acústico, ca *adj* acoustic.
◆ **acústica** *f* **-1.** [ciencia] acoustics *(U)* **-2.** [de local] acoustics *(pl)*.
adagio *m* **-1.** [sentencia breve] adage **-2.** *MÚS* adagio.
adalid *m* champion.
adaptación *f* **-1.** [aclimatación]: ~ **(a)** adjustment (to) **-2.** [modificación] adaptation.
adaptado, da *adj*: ~ **(a)** suited (to).
adaptador *mf ELECTR* adapter.
adaptar *vt* **-1.** [acomodar, ajustar] to adjust **-2.** [modificar] to adapt.
◆ **adaptarse** *vpr*: ~**se (a)** to adjust (to).
adecentar *vt* to tidy up.
◆ **adecentarse** *vpr* to make o.s. decent.
adecuado, da *adj* appropriate, suitable.
adecuar [7] *vt* to adapt.
◆ **adecuarse a** *vpr* **-1.** [ser adecuado] to be appropriate for **-2.** [adaptarse] to adjust to.
adefesio *m fam* **-1.** [persona fea] fright, sight **-2.** [cosa fea] eyesore, monstrosity.
a. de JC., a.JC. (*abrev de* **antes de Jesucristo**) BC.
adelantado, da *adj* advanced; **llevo el reloj** ~ my watch is fast; **por** ~ in advance.
adelantamiento *m AUTOM* overtaking.
adelantar ◇ *vt* **-1.** [dejar atrás] to overtake **-2.** [mover hacia adelante] to move forward; [pie, reloj] to put forward **-3.** [en el tiempo - trabajo, viaje] to bring forward; [- dinero] to pay in advance **-4.** [conseguir]: **¿qué adelantas con eso?** what do you hope to gain *o* achieve by that? ◇ *vi* **-1.** [progresar] to make progress **-2.** [reloj] to be fast.
◆ **adelantarse** *vpr* **-1.** [en el tiempo] to be early; [frío, verano] to arrive early; [reloj] to gain; ~**se a alguien** to beat sb to it **-2.** [en el espacio] to go on ahead.
adelante ◇ *adv* forward, ahead; **(de ahora) en** ~ from now on, in future; **más** ~ [en el tiempo] later (on); [en el espacio] further on. ◇ *interj*: **¡~!** [¡siga!] go ahead!; [¡pase!] come in!
adelanto *m* advance.
adelfa *f* oleander.
adelgazamiento *m* slimming.
adelgazante *adj* slimming.
adelgazar [13] ◇ *vi* to lose weight, to slim. ◇ *vt* to lose.
ademán *m* [gesto - con manos etc] gesture; [- con cara] face, expression; **en** ~ **de** as if to.
◆ **ademanes** *mpl* [modales] manners.
además *adv* [con énfasis] moreover, besides; [también] also; ~ **de** as well as, in addition to.
adentrarse *vpr*: ~ **en** [jungla etc] to enter the heart of; [tema etc] to study in depth.
adentro *adv* inside; **tierra** ~ inland; **mar** ~ out to sea.
◆ **adentros** *mpl*: **para mis/tus** *etc* ~**s** to myself/yourself *etc*.
adepto, ta ◇ *adj* [partidario] supporting; **ser** ~ **a** to be a follower of. ◇ *m,f*: ~ **(a)** follower (of).
aderezar [13] *vt* **-1.** [sazonar - ensalada] to dress; [- comida] to season **-2.** [adornar] to deck out.
aderezo *m* **-1.** [aliño - de ensalada] dressing; [- de comida] seasoning **-2.** [adorno] adornment.
adeudar *vt* **-1.** [deber] to owe **-2.** *COM* to debit.
◆ **adeudarse** *vpr* to get into debt.
adherencia *f* [de sellos, pegatina] stickiness, adhesion; [de ruedas] roadholding.
adherente *adj* adhesive, sticky.
adherir [27] *vt* to stick.
◆ **adherirse** *vpr* **-1.** [pegarse] to stick **-2.** [mostrarse de acuerdo]: ~**se a** to adhere to **-3.** [afiliarse]: ~**se a** to join.
adhesión *f* [apoyo] support.
adhesivo, va *adj* adhesive.
◆ **adhesivo** *m* **-1.** [pegatina] sticker **-2.** [sustancia] adhesive.
adhiera *etc* ▷ **adherir**.
adhiriera *etc* ▷ **adherir**.
adicción *f*: ~ **(a)** addiction (to).
adición *f* addition.
adicional *adj* additional.
adicionar *vt* to add.
adicto, ta ◇ *adj*: ~ **(a)** addicted (to). ◇ *m,f*: ~ **(a)** addict (of).
adiestramiento *m* training.
adiestrar *vt* to train; ~ **a alguien en algo/para hacer algo** to train sb in sthg/to do sthg.
adinerado, da *adj* wealthy.
adiós ◇ *m* goodbye. ◇ *interj*: **¡~!** goodbye!; [al cruzarse con alguien] hello!
adiposidad *f* adiposity.
adiposo, sa *adj* adipose.
aditamento *m* **-1.** [complemento] accessory **-2.** [cosa añadida] addition.
aditivo *m* additive.
adivinador, ra *m,f* fortune-teller.
adivinanza *f* riddle.
adivinar *vt* **-1.** [predecir] to foretell; [el futuro] to tell **-2.** [acertar] to guess (correctly)

-3. [intuir] to suspect.
◆ **adivinarse** *vpr* [vislumbrarse] to be visible.
adivino, na *m,f* fortune-teller.
adjetivo, va *adj* adjectival.
adjetivo *m* adjective; **~ calificativo/demostrativo/numeral** qualifying/demonstrative/quantitative adjective.
adjudicación *f* awarding.
adjudicar [10] *vt* [asignar] to award.
◆ **adjudicarse** *vpr* [apropiarse] to take for o.s.; **~se un premio** to win a prize.
adjuntar *vt* to enclose.
adjunto, ta ◇ *adj* **-1.** [incluido] enclosed; **~ le remito ...** please find enclosed ... **-2.** [auxiliar] assistant *(antes de sust).* ◇ *m,f* [auxiliar] assistant.
adminículo *m* gadget.
administración *f* **-1.** [suministro] supply; [de medicamento, justicia] administering **-2.** [gestión] administration **-3.** [gerentes] management; [oficina] manager's office.
◆ **Administración** *f* [gobierno] administration; **Administración local** local government; **Administración pública** civil service.
administrador, ra *m,f* **-1.** [de empresa] manager **-2.** [de bienes ajenos] administrator.
administrar *vt* **-1.** [gestionar - empresa, finca etc] to manage, to run; [- casa] to run **-2.** [país] to run the affairs of **-3.** [suministrar] to administer **-4.** [racionar] to use sparingly.
◆ **administrarse** *vpr* [emplear dinero] to organize one's finances.
administrativo, va ◇ *adj* administrative. ◇ *m,f* office clerk.
admirable *adj* admirable.
admiración *f* **-1.** [sentimiento] admiration; **causar ~** to be admired; **sentir ~ por algn** to admire sb **-2.** [signo ortográfico] exclamation mark.
admirador, ra *m,f* admirer.
admirar *vt* **-1.** [gen] to admire; **ser de ~** to be admirable **-2.** [sorprender] to amaze.
◆ **admirarse** *vpr*: **~se (de)** to be amazed (by).
admisible *adj* acceptable.
admisión *f* **-1.** [de persona] admission **-2.** [de solicitudes etc] acceptance; **prueba de ~** entrance exam.
admitir *vt* **-1.** [acoger, reconocer] to admit; **~ a alguien en** to admit sb to **-2.** [aceptar] to accept **-3.** [permitir, tolerar] to allow, to permit.
admón. (*abrev de* **administración**) admin.
admonición *f* warning.
ADN (*abrev de* **ácido desoxirribonucleico**) *m* DNA.
adobar *vt* to marinate.
adobe *m* adobe.
adobo *m* **-1.** [acción] marinating **-2.** [salsa] marinade.
adocenado, da *adj* mediocre, run-of-the-mill.
adocenarse *vpr* to lapse into mediocrity.
adoctrinar *vt* to instruct.
adolecer [30]
◆ **adolecer de** *vi* to suffer from.
adolescencia *f* adolescence.
adolescente *adj & m,f* adolescent.
adonde *adv* where; **la ciudad ~ vamos** the city we are going to, the city where we are going.
adónde *adv* where.
adondequiera *adv* wherever.
adonis *m inv* ***fig*** Adonis, handsome young man.
adopción *f* [de hijo, propuesta] adoption; [de ley] passing.
adoptar *vt* [hijo, propuesta] to adopt; [ley] to pass.
adoptivo, va *adj* [hijo, país] adopted; [padre] adoptive.
adoquín (*pl* **adoquines**) *m* cobblestone.
adoquinado, da *adj* cobbled.
◆ **adoquinado** *m* **-1.** [suelo] cobbles *(pl)* **-2.** [acción] cobbling.
adoquinar *vt* to cobble.
adorable *adj* [persona] adorable; [ambiente, película] wonderful.
adoración *f* adoration; **sentir ~ por alguien** to worship sb.
adorar *vt* **-1.** [reverenciar] to worship **-2.** [pirrarse por] to adore.
adormecer [30] *vt* **-1.** [producir sueño] to lull to sleep **-2.** ***fig*** [aplacar] to calm **-3.** [entumecer] to numb.
◆ **adormecerse** *vpr* to nod off, to drop off.
adormidera *f* poppy.
adormilarse *vpr* to doze.
adornar ◇ *vt* to decorate. ◇ *vi* to serve as decoration.
adorno *m* decoration; **de ~** [árbol, figura] decorative, ornamental; [person] serving no useful purpose.
adosado, da *adj* [casa] semi-detached.
adosar *vt*: **~ algo a algo** to push sthg up against sthg.
adquirir [22] *vt* **-1.** [comprar] to acquire, to

purchase **-2.** [conseguir - conocimientos, hábito, cultura] to acquire; [- éxito, popularidad] to achieve; [- compromiso] to undertake.
adquisición *f* **-1.** [compra, cosa comprada] purchase; **ser una buena/mala ~** to be a good/bad buy **-2.** [obtención] acquisition **-3.** [de costumbres] adoption.
adquisitivo, va *adj* purchasing *(antes de sust).*
adrede *adv* on purpose, deliberately.
adrenalina *f* adrenalin.
Adriático *m*: **el (mar) ~** the Adriatic (Sea).
adscribir *vt* **-1.** [asignar] to assign **-2.** [destinar] to appoint *o* assign to.
◆ **adscribirse** *vpr*: **~se (a)** [grupo, partido] to become a member (of); [ideología] to subscribe (to).
adscrito, ta ◇ *pp* ▷ **adscribir.** ◇ *adj* assigned.
aduana *f* **-1.** [administración] customs *(pl)*; **pasar por la ~** to go through customs **-2.** [oficina] customs (office) **-3.** [derechos] customs duty.
aducir [33] *vt* to adduce.
adueñarse
◆ **adueñarse de** *vpr* **-1.** [apoderarse] to take over, to take control of **-2.** [dominar] to take hold of.
adujera *etc* ▷ **aducir.**
adulación *f* flattery.
adulador, ra ◇ *adj* flattering. ◇ *m,f* flatterer.
adular *vt* to flatter.
adulón, ona *m,f* toady.
adulteración *f* adulteration.
adulterar *vt* **-1.** [alimento] to adulterate **-2.** [falsear] to doctor, to distort.
adulterio *m* adultery.
adúltero, ra ◇ *adj* adulterous. ◇ *m,f* adulterer (*f* adulteress).
adulto, ta *adj & m,f* adult.
adusto, ta *adj* dour.
aduzca *etc* ▷ **aducir.**
advenedizo, za *adj & m,f* parvenu (*f* parvenue).
advenimiento *m* [llegada] advent; [al trono] accession.
adverbial *adj* adverbial.
adverbio *m* adverb; **~ de cantidad/lugar/modo/tiempo** adverb of degree/place/manner/time.
adversario, ria *m,f* adversary.
adversativo, va *adj* adversative.
adversidad *f* adversity.
adverso, sa *adj* [gen] adverse; [destino] unkind; [suerte] bad; [viento] unfavourable.
advertencia *f* warning; **servir de ~** to serve as a warning; **hacer una ~ a alguien** to warn sb.
advertir [27] *vt* **-1.** [notar] to notice **-2.** [prevenir, avisar] to warn; **te advierto que no deberías hacerlo** I'd advise against you doing it; **te advierto que no me sorprende** mind you, it doesn't surprise me.
adviento *m* Advent.
advierta *etc* ▷ **advertir.**
advirtiera *etc* ▷ **advertir.**
adyacente *adj* adjacent.
AEE (*abrev de* **Agencia Espacial Europea**) *f* ESA.
aéreo, a *adj* **-1.** [del aire] aerial **-2.** AERON air *(antes de sust).*
aerobic [ae'roβik] *m* aerobics *(U).*
aerobio, bia *adj* aerobic.
aeroclub (*pl* **aeroclubs**) *m* flying club.
aerodeslizador *m* hovercraft.
aerodinámico, ca *adj* **-1.** FÍS aerodynamic **-2.** [forma, línea] streamlined.
◆ **aerodinámica** *f* aerodynamics *(U).*
aeródromo *m* airfield, aerodrome.
aeroespacial *adj* aerospace *(antes de sust).*
aerofaro *m* beacon *(at airport).*
aerogenerador *m* wind turbine.
aerógrafo *m* airbrush.
aerolínea *f* airline.
aerolito *m* aerolite.
aeromodelismo *m* airplane modelling.
aeromozo, za *m,f Amér* air steward (*f* air hostess).
aeronauta *mf* aeronaut.
aeronáutico, ca *adj* aeronautic.
◆ **aeronáutica** *f* aeronautics *(U).*
aeronaval *adj* air and sea *(antes de sust).*
aeronave *f* [gen] aircraft; [dirigible] airship.
aeroplano *m* aeroplane.
aeropuerto *m* airport.
aerosol *m* aerosol.
aerostático, ca *adj* aerostatic.
aeróstato *m* hot-air balloon.
aerotaxi *m* light aircraft *(for hire).*
aerotransportado, da *adj* airborne.
afabilidad *f* affability.
afable *adj* affable.
afamado, da *adj* famous.
afán *m* **-1.** [esfuerzo] hard work *(U)* **-2.** [anhelo] urge; **tener ~ de algo** to be eager for sth; **~ de conocimiento** thirst for knowledge.
afanador, ra *m,f Méx* cleaner.

afanar *vt fam* [robar] to pinch, to swipe.
◆ **afanarse** *vpr* [esforzarse]: **~se (por hacer algo)** to do everything one can (to do sthg).
afanoso, sa *adj* **-1.** [trabajoso] hard, demanding **-2.** [que se afana] keen, eager.
afasia *f* aphasia.
afear *vt* to make ugly.
afección *f* **-1.** *MED* complaint, disease **-2.** [afecto] affection.
afectación *f* affectation.
afectado, da ◇ *adj* **-1.** [gen] affected **-2.** [afligido] upset, badly affected. ◇ *m,f* [víctima] victim.
afectar *vt* **-1.** [gen] to affect **-2.** [afligir] to upset, to affect badly.
afectísimo, ma *adj* [en cartas]: **suyo ~** yours faithfully.
afectivo, va *adj* **-1.** [emocional] emotional **-2.** [cariñoso] affectionate, loving.
afecto *m* affection, fondness; **sentir ~ por alguien, tenerle ~ a alguien** to be fond of sb.
afectuoso, sa *adj* affectionate, loving.
afeitado *m* **-1.** [de pelo, barba] shave **-2.** *TAUROM blunting of bull's horns for safety reasons.*
afeitar *vt* **-1.** [pelo, barba] to shave **-2.** *TAUROM to blunt bull's horns for safety reasons.*
◆ **afeitarse** *vpr* to shave.
afeite *m* **-1.** [acicalamiento] toilet, washing and dressing **-2.** [cosmético] make-up *(U)*.
afelpado, da *adj* plush.
afeminado, da *adj* effeminate.
◆ **afeminado** *m* effeminate man.
afeminarse *vpr* to become effeminate.
aferrarse *vpr*: **~ a** *lit* & *fig* to cling to.
Afganistán Afghanistan.
afgano, na *adj* & *m,f* Afghan.
afianzamiento *m* [en cargo, liderazgo] consolidation.
afianzar [13] *vt* **-1.** [teoría, diagnóstico] to reinforce **-2.** [objeto] to secure.
◆ **afianzarse** *vpr* to steady o.s.; **~se en algo** [opinión etc] to become sure *o* convinced of sthg; [cargo, liderazgo] to consolidate sthg.
afiche *m Amér* poster.
afición *f* **-1.** [inclinación] fondness, liking; **tener ~ a algo** to be keen on sthg **-2.** [en tiempo libre] hobby; **por ~** as a hobby **-3.** [aficionados] fans *(pl)*.
aficionado, da ◇ *adj* **-1.** [interesado] keen; **ser ~ a algo** to be keen on sthg **-2.** [no profesional] amateur. ◇ *m,f* **-1.** [interesado] fan; **~ al cine** film buff **-2.** [amateur] amateur.
aficionar *vt*: **~ a alguien a algo** to make sb keen on sthg.
◆ **aficionarse** *vpr*: **~se a algo** to become keen on sthg.
afijo, ja *adj* affixed.
◆ **afijo** *m* affix.
afilado, da *adj* **-1.** [borde, filo] sharp; [dedos] pointed **-2.** *fig* [hiriente, mordaz] cutting.
◆ **afilado** *m* sharpening.
afilador, ra ◇ *adj* sharpening. ◇ *m,f* [persona] knifegrinder.
◆ **afiladora** *f* [objeto] grindstone, sharpener.
afilalápices *m inv* pencil sharpener.
afilar *vt* to sharpen.
◆ **afilarse** *vpr fig* to become pointed, to taper.
afiliación *f* **-1.** [acción] joining **-2.** [pertenencia] membership.
afiliado, da *m,f*: **~ (a)** member (of).
afiliarse [8] *vpr*: **~ a** to join, to become a member of.
afín *adj* **-1.** [semejante] similar, like **-2.** [contiguo] neighbouring.
afinar *vt* **-1.** *MÚS* [instrumento] to tune; **~ la voz** to sing in tune **-2.** [perfeccionar, mejorar] to fine-tune **-3.** [pulir] to refine.
afincar [10] *vi* to buy land.
◆ **afincarse** *vpr*: **~se en** to settle in.
afinidad *f* **-1.** [gen & *QUÍM*] affinity **-2.** [parentesco]: **por ~** by marriage.
afinque *etc* ▷ **afincar**.
afirmación *f* statement, assertion.
afirmar *vt* **-1.** [confirmar] to confirm **-2.** [decir] to say, to declare **-3.** [consolidar] to reaffirm **-4.** *CONSTR* to reinforce.
◆ **afirmarse** *vpr* **-1.** [asegurarse] to be confirmed **-2.** [ratificarse]: **~se en algo** to reaffirm sthg.
afirmativo, va *adj* affirmative.
◆ **afirmativa** *f* affirmative.
aflicción *f* suffering, sorrow.
afligir [15] *vt* [afectar] to afflict; [causar pena] to distress.
◆ **afligirse** *vpr* to be distressed.
aflojar ◇ *vt* **-1.** [destensar] to loosen; [cuerda] to slacken **-2.** *fam* [dinero] to fork out. ◇ *vi* **-1.** [disminuir] to abate, to die down **-2.** *fig* [ceder] to ease off.
◆ **aflojarse** *vpr* [gen] to come loose; [cuerda] to slacken.
aflorar *vi* **-1.** *fig* [surgir] to (come to the) surface, to show **-2.** *MIN* to outcrop.
afluencia *f* stream, volume.
afluente *m* tributary.

afluir [51]
◆ **afluir a** *vi* **-1.** [gente] to flock to **-2.** [río] to flow into **-3.** [sangre, fluido] to flow to.
afluya *etc* ▷ **afluir.**
afluyera *etc* ▷ **afluir.**
afma. *abrev de* **afectísima.**
afmo. *abrev de* **afectísimo.**
afonía *f* loss of voice.
afónico, ca *adj*: **quedarse** ~ to lose one's voice.
aforar *vt* TECN to gauge.
aforismo *m* aphorism.
aforo *m* [cabida] seating capacity.
afortunadamente *adv* fortunately.
afortunado, da ◇ *adj* **-1.** [agraciado] lucky, fortunate **-2.** [oportuno] happy, felicitous. ◇ *m,f* [gen] lucky person; [en lotería] lucky winner.
afrancesado, da ◇ *adj* Frenchified. ◇ *m,f* HIST *supporter of the French during the Peninsular War.*
afrenta *f* **-1.** [vergüenza] disgrace **-2.** [ofensa, agravio] affront.
África Africa.
africado, da *adj* LING affricate.
africanismo *m* Africanism.
africano, na *adj & m,f* African.
afro *adj inv* afro.
afroamericano, na *adj* Afro-American.
afrodisiaco, ca *adj* aphrodisiac.
◆ **afrodisíaco** *m* aphrodisiac.
afrontar *vt* **-1.** [hacer frente a] to face **-2.** [carear] to bring face to face.
afrutado, da *adj* fruity.
afuera *adv* outside; **por (la parte de)** ~ on the outside.
◆ **afueras** *fpl*: **las** ~**s** the outskirts.
afuerita *adv Amér fam* right outside.
afusilar *vt Amér fam* to shoot.
agachar *vt* to lower; [la cabeza] to bow.
◆ **agacharse** *vpr* [acuclillarse] to crouch down; [inclinar la cabeza] to stoop.
agalla *f* ZOOL gill.
◆ **agallas** *fpl fig* guts; **tener** ~**s** to have guts.
ágape *m culto* banquet, feast.
agarrada ▷ **agarrado.**
agarradero *m* **-1.** [asa] hold **-2.** *fam fig* [pretexto] pretext, excuse.
agarrado, da *adj* **-1.** [asido]: ~ **(de)** gripped (by); ~**s del brazo** arm in arm; ~**s de la mano** hand in hand **-2.** *fam* [tacaño] tight, stingy.
◆ **agarrado** *m fam* smooch.
◆ **agarrada** *f fam* row, bust-up.
agarrar ◇ *vt* **-1.** [asir] to grab **-2.** [pillar - ladrón, resfriado] to catch; *Amér* [tomar] to take; ~ **la** *fam fig* to get pissed. ◇ *vi* [tinte] to take; [planta] to take root.
◆ **agarrarse** *vpr* **-1.** [sujetarse] to hold on; ~**se de** *o* **a algo** to hold on to *o* clutch sthg **-2.** [pegarse] to stick **-3.** *fam fig* [pelearse] to scrap, to have a fight **-4.** *fig* [pretextar]: ~**se a algo** to use sthg as an excuse.
agarrón *m* **-1.** [tirón] pull, tug **-2.** *fam* [pelea] row, bust-up.
agarrotar *vt* [parte del cuerpo] to cut off the circulation in; [mente] to numb.
◆ **agarrotarse** *vpr* **-1.** [parte del cuerpo] to go numb **-2.** [mecanismo] to seize up.
agasajar *vt* to lavish attention on, to treat like a king; ~ **a alguien con algo** to lavish sthg upon sb.
agasajo *m* lavish attention.
ágata *f (el)* agate.
agazaparse *vpr* **-1.** [para esconderse] to crouch **-2.** [agacharse] to bend down.
agencia *f* **-1.** [empresa] agency; ~ **de noticias** *o* **prensa** news agency; ~ **de aduanas** customs agent's; ~ **inmobiliaria** estate agent's *UK*, real estate office *US*; ~ **matrimonial** marriage bureau; ~ **de publicidad** advertising agency; ~ **de viajes** travel agency **-2.** [sucursal] branch.
agenciar [8] *vt*: ~ **algo a alguien** to fix sb up with sthg.
◆ **agenciarse** *vpr* to get hold of, to fix o.s. up with.
agenda *f* **-1.** [de notas, fechas] diary; [de teléfonos, direcciones] book; ~ **electrónica** electronic organizer **-2.** [de trabajo] agenda.
agente ◇ *mf* [persona] agent; ~ **de policía** *o* **de la autoridad** policeman (*f* policewoman); ~ **de aduanas** customs officer; ~ **de cambio (y bolsa)** stockbroker; ~ **comercial** broker; ~ **secreto** secret agent; ~**s económicos** ECON social partners. ◇ *m* **-1.** [causa activa] agent **-2.** GRAM ▷ **complemento.**
agigantar *vt* to blow up, to magnify.
ágil *adj* **-1.** [movimiento, persona] agile **-2.** [estilo, lenguaje] fluent; [respuesta, mente] nimble, sharp.
agilidad *f* agility.
agilipollado, da *adj vulg* dense.
agilizar [13] *vt* to speed up.
agio *m* ECON agio.
agiotaje *m* ECON agiotage, speculation.
agitación *f* **-1.** [movimiento - de botella] shaking; [- de líquido] stirring; [- de brazos] waving

-2. [intranquilidad] restlessness **-3.** [jaleo] racket, commotion **-4.** [conflicto] unrest.

agitador, ra ◇ *adj* [viento] gusty. ◇ *m,f* agitator.

agitanado, da *adj* gypsy-like.

agitar *vt* **-1.** [mover - botella] to shake; [- líquido] to stir; [- brazos] to wave **-2.** [inquietar] to perturb, to worry **-3.** [alterar, perturbar] to stir up.

◆ **agitarse** *vpr* [inquietarse] to get worried.

aglomeración *f* build-up; [de gente] crowd.

aglomerar *vt* to bring together.

◆ **aglomerarse** *vpr* to amass.

aglutinante *adj* **-1.** [adherente] agglutinant **-2.** LING agglutinative.

aglutinar *vt* **-1.** [pegar] to agglutinate **-2.** MED to bind **-3.** *fig* [aunar, reunir - personas] to unite; [- ideas, esfuerzos] to pool.

agnóstico, ca *adj* & *m,f* agnostic.

ago. (*abrev de* **agosto**) Aug.

agobiado, da *adj*: ~ **(de)** [trabajo] snowed under (with); [problemas] weighed down (with).

agobiante *adj* [presión, trabajo, persona] overwhelming; [calor] oppressive.

agobiar [8] *vt* to overwhelm.

◆ **agobiarse** *vpr* to feel overwhelmed, to let things get one down.

agobio *m* **-1.** [físico] choking, suffocation **-2.** [psíquico] pressure.

agolparse *vpr* **-1.** [gente] to crowd round; [sangre] to rush **-2.** *fig* [problemas] to come to a head.

agonía *f* **-1.** [pena] agony **-2.** [ansia] desperation **-3.** [del moribundo] death throes *(pl)* **-4.** *fig* [decadencia] decline, dying days *(pl)*.

agonizante *adj* dying.

agonizar [13] *vi* **-1.** [expirar] to be dying **-2.** *fig* [extinguirse] to fizzle out **-3.** *fig* [sufrir] to be in agony.

agorafobia *f* agoraphobia.

agorero, ra *m,f* prophet of doom.

agosto *m* **-1.** [mes] August; *ver también* **septiembre -2.** *fig* [cosecha] harvest (time) **-3.** *loc*: **hacer su ~** to line one's pockets.

agotado, da *adj* **-1.** [cansado]: ~ **(de)** exhausted (from) **-2.** [producto] out of stock, sold out **-3.** [pila, batería] flat.

agotador, ra *adj* exhausting.

agotamiento *m* **-1.** [cansancio] exhaustion **-2.** [de producto] selling-out.

agotar *vt* [gen] to exhaust; [producto] to sell out of; [agua] to drain.

◆ **agotarse** *vpr* **-1.** [cansarse] to tire o.s. out **-2.** [acabarse] to run out; [libro, disco, entradas] to be sold out; [pila, batería] to go flat.

agraciado, da ◇ *adj* **-1.** [atractivo] attractive, fetching **-2.** [afortunado]: ~ **con algo** lucky enough to win sthg. ◇ *m,f* [afortunado] lucky winner.

agraciar [8] *vt* **-1.** [embellecer] to make more attractive *o* fetching **-2.** [conceder una gracia] to pardon **-3.** *culto* [premiar] to reward.

agradable *adj* pleasant.

agradar ◇ *vi* to be pleasant; **no me agrada** I don't like it. ◇ *vt* to please.

agradecer [30] *vt* **-1.** [suj: persona]: ~ **algo a alguien** [dar las gracias] to thank sb for sthg; [estar agradecido] to be grateful to sb for sthg **-2.** [suj: cosas] to be thankful for.

◆ **agradecerse** *v impers* to be nice.

agradecido, da *adj* [ser] grateful; [estar] appreciative.

agradecimiento *m* gratitude.

agrado *m* **-1.** [gusto] pleasure; **esto no es de mi ~** this is not to my liking **-2.** [afabilidad] kindness.

agrandar *vt* to make bigger.

agrario, ria *adj* [reforma] agrarian; [producto, política] agricultural.

agravación *f*, **agravamiento** *m* worsening, exacerbation.

agravante ◇ *adj* aggravating. ◇ *m o f* **-1.** [problema] additional problem **-2.** DER aggravating circumstance.

agravar *vt* [situación] to aggravate; [impuestos etc] to increase (the burden of).

◆ **agravarse** *vpr* to get worse, to worsen.

agraviar [8] *vt* to offend.

agravio *m* **-1.** [ofensa] offence, insult **-2.** [perjuicio] wrong.

agredido, da *m,f* victim *(of an attack)*.

agredir [78] *vt* to attack.

agregado, da ◇ *adj* [añadido] added on. ◇ *m,f* **-1.** EDUC assistant teacher **-2.** [de embajada] attaché; ~ **cultural** cultural attaché.

◆ **agregado** *m* **-1.** [añadido] addition **-2.** ECON aggregate.

agregar [16] *vt*: ~ **(algo a algo)** to add (sthg to sthg).

◆ **agregarse** *vpr*: **~se a algo** to join (sthg).

agresión *f* [ataque] act of aggression, attack.

agresividad *f* aggression.

agresivo, va *adj lit* & *fig* aggressive.

agresor, ra *m,f* attacker, assailant.

agreste *adj* **-1.** [abrupto, rocoso] rough, rugged **-2.** [rural] country *(antes de sust)*, rural **-3.** *fig* [basto, rudo] coarse, uncouth.

agriar [9] *vt* -**1.** [vino, leche] to (turn) sour -**2.** *fig* [carácter] to sour, to embitter.
◆ **agriarse** *vpr lit & fig* to turn sour.
agrícola *adj* agricultural; [pueblo] farming *(antes de sust).*
agricultor, ra *m,f* farmer.
agricultura *f* agriculture; ~ **extensiva/intensiva** extensive/intensive farming.
agridulce *adj* bittersweet; CULIN sweet and sour.
agrietar *vt* -**1.** [muro, tierra] to crack -**2.** [labios, manos] to chap.
◆ **agrietarse** *vpr* [la piel] to chap.
agrio, agria *adj* -**1.** [ácido] sour -**2.** *fig* [áspero] acerbic, bitter.
◆ **agrios** *mpl* citrus fruits.
agriparse *vpr Andes, Méx* to catch the flu.
agro *m* farmland.
agronomía *f* agronomy.
agrónomo, ma *m,f* agronomist.
agropecuario, ria *adj* farming and livestock *(antes de sust).*
agrupación *f* -**1.** [asociación] group, association -**2.** [agrupamiento] grouping.
agrupamiento *m* [concentración] grouping.
agrupar *vt* to group (together).
◆ **agruparse** *vpr* -**1.** [congregarse] to gather (round) -**2.** [unirse] to form a group.
agua *f (el)* water; ~ **bendita/dulce/destilada/potable/salada** holy/fresh/distilled/drinking/salt water; ~ **mineral sin gas/con gas** still/sparkling mineral water; **claro como el** ~ as clear as day; **estar con el** ~ **al cuello** to be up to one's neck (in it); **hacerse** ~ **en la boca** to melt in one's mouth; **quedar en** ~ **de borrajas** to come to nothing; **venir como** ~ **de mayo** to be a godsend.
◆ **aguas** *fpl* -**1.** [manantial] waters, spring *(sg)*; ~**s termales** thermal *o* hot springs -**2.** [de río, mar] waters; ~**s territoriales** *o* **jurisdiccionales** territorial waters; ~**s internacionales** international waters -**3.** [de tejado] slope -**4.** [de diamantes, telas] water *(U)* -**5.** *loc*: **hacer** ~**s** NÁUT to leak; *fig* to go under; **nadar entre dos** ~**s** to sit on the fence; **ha roto** ~**s** her waters have broken.
◆ **agua de colonia** *f* eau de cologne.
◆ **agua oxigenada** *f* hydrogen peroxide.
◆ **aguas menores** *fpl* water *(U)*, urine *(U).*
◆ **aguas residuales** *fpl* sewage *(U).*
aguacate *m* -**1.** [fruto] avocado (pear) -**2.** [árbol] avocado.
aguacero *m* shower.
aguachirle *f* dishwater *(U)*, revolting drink.
aguado, da *adj* -**1.** [con demasiada agua] watery; [diluido a propósito] watered-down -**2.** *fig* [estropeado] ruined.
◆ **aguada** *f* ARTE gouache.
aguafiestas *m y f inv* spoilsport.
aguafuerte *m* etching.
aguaitada *f Amér fam* glance; **echar una** ~ **a algo** to have a look at sthg.
aguaitar *vt Amér fam* -**1.** [mirar] to look at -**2.** [acechar] to spy on.
aguamarina *f* aquamarine.
aguamiel *f Amér* [bebida] *water mixed with honey or cane syrup*; *Carib, Méx* [jugo] maguey juice.
aguanieve *f* sleet.
aguantar *vt* -**1.** [sostener] to hold -**2.** [resistir peso] to bear -**3.** [tolerar, soportar] to bear, to stand; **no sé cómo la aguantas** I don't know how you put up with her -**4.** [contener - risa] to contain; [- respiración] to hold -**5.** [esperar tiempo] to hold out for, to wait for.
◆ **aguantarse** *vpr* -**1.** [contenerse] to restrain o.s., to hold o.s. back -**2.** [resignarse]: **no quiere** ~**se** he refuses to put up with it.
aguante *m* -**1.** [paciencia] self-restraint, tolerance -**2.** [resistencia] strength; [de persona] stamina.
aguar [45] *vt* -**1.** [mezclar con agua] to water down -**2.** *fig* [estropear] to spoil, to ruin.
◆ **aguarse** *vpr* to be spoiled.
aguardar *vt* to wait for, to await.
aguardiente *m* spirit, liquor.
aguarrás *m* turpentine.
aguatero *m Amér* water carrier.
aguce *etc* ▻ **aguzar**.
agudeza *f* -**1.** [gen] sharpness -**2.** [dicho ingenioso] witticism.
agudizar [13] *vt* -**1.** [afilar] to sharpen -**2.** *fig* [acentuar] to exacerbate, to make worse.
◆ **agudizarse** *vpr* -**1.** [crisis] to get worse -**2.** [ingenio] to get sharper.
agudo, da *adj* -**1.** [gen] sharp; [crisis, problema, enfermedad] serious, acute -**2.** *fig* [perspicaz] keen, sharp -**3.** *fig* [ingenioso] witty -**4.** GRAM oxytone -**5.** MÚS [nota, voz] high, high-pitched.
agüe *etc* ▻ **aguar**.
agüero *m*: **de buen/mal** ~ that bodes well/ill.
aguerrido, da *adj culto* -**1.** [valiente] battle-hardened -**2.** *fig* [experimentado] veteran *(antes de sust).*

aguijar *vt* [caballo] to spur; [buey] to goad.
aguijón *m* **-1.** [de insecto] sting **-2.** [de planta] thorn **-3.** *fig* [estímulo] spur, stimulus.
aguijonear *vt* **-1.** [espolear]: **~ a alguien para que haga algo** to goad sb into doing sthg **-2.** *fig* [estimular] to drive on.
águila *f (el)* **-1.** [ave] eagle **-2.** *fig* [vivo, listo] sharp *o* perceptive person; **¿~ o sol?** *Méx* heads or tails?
aguileño, ña *adj* aquiline.
aguilucho *m* eaglet.
aguinaldo *m* Christmas box.
agüita *f Chile* herbal tea.
aguja *f* **-1.** [de coser, jeringuilla] needle; [de hacer punto] knitting needle; **~ hipodérmica** hypodermic needle; **es como buscar una ~ en un pajar** it's like looking for a needle in a haystack **-2.** [de reloj] hand; [de brújula] pointer; [de iglesia] spire **-3.** *FERROC* point **-4.** [de tocadiscos] stylus, needle.
◆ **agujas** *fpl* [de res] ribs.
agujerear *vt* to make a hole *o* holes in.
agujero *m* hole; **~ negro** *ASTRON* black hole.
agujetas *fpl*: **tener ~** to feel stiff.
agustino, na *m,f* Augustinian.
aguzar [13] *vt* **-1.** [afilar] to sharpen **-2.** *fig* [apetito] to whet; [ingenio] to sharpen.
ah *interj*: **¡~!** [admiración] ooh!; [sorpresa] oh!; [pena] ah!
ahí *adv* there; **vino por ~** he came that way; **la solución está ~** that's where the solution lies; **¡~ tienes!** here you are!, there you go!; **de ~ que** [por eso] and consequently, so; **está por ~** [en lugar indefinido] he/she is around (somewhere); [en la calle] he/she is out; **por ~, por ~** *fig* something like that; **por ~ va la cosa** you're not too far wrong.
ahijado, da *m,f* **-1.** [de padrinos] godson (*f* goddaughter) **-2.** *fig* [protegido] protégé.
ahijar *vt* to adopt.
ahijuna, aijuna *Amér fam*: **¡~!** wow!
ahínco *m* enthusiasm, devotion.
ahíto, ta *adj* **-1.** *culto* [saciado]: **estar ~** to be full **-2.** *fig* [fastidiado]: **~ (de)** fed up (with).
ahogado, da ◇ *adj* **-1.** [en el agua] drowned **-2.** [falto de aliento - respiración] laboured; [- persona] out of breath; [- grito] muffled **-3.** [estrecho] cramped **-4.** *fig* [agobiado] overwhelmed, swamped. ◇ *m,f* drowned person.
ahogar [16] *vt* **-1.** [en el agua] to drown; [asfixiar] to smother, to suffocate **-2.** [estrangular] to strangle **-3.** [extinguir] to extinguish, to put out **-4.** *fig* [controlar - levantamiento] to put down, to quell; [- pena] to hold back, to contain **-5.** [motor] to flood.
◆ **ahogarse** *vpr* **-1.** [en el agua] to drown **-2.** [asfixiarse] to suffocate **-3.** *fig* [de calor] to be stifled.
ahogo *m* **-1.** [asfixia] breathlessness, difficulty in breathing **-2.** *fig* [angustia] anguish, distress **-3.** *fig* [económico] financial difficulty.
ahogue *etc* ▷ **ahogar**.
ahondar *vi* [profundizar] to go into detail; **~ en** [penetrar] to penetrate deep into; [profundizar] to study in depth.
ahora ◇ *adv* **-1.** [en el presente] now; **~ mismo** right now; **por ~** for the time being; **de ~ en adelante** from now on **-2.** [pronto] in a second *o* moment; **¡hasta ~!** see you in a minute! ◇ *conj* **-1.** [ya ... ya]: **~ habla, ~ canta** one minute she's talking, the next she's singing **-2.** [pero] but, however; **~ que** but, though; **~ bien** but, however.
ahorcado, da *m,f* hanged man (*f* hanged woman).
ahorcar [10] *vt* to hang.
◆ **ahorcarse** *vpr* to hang o.s.
ahorita, ahoritita *adv CAm, Méx fam* right now.
ahorque *etc* ▷ **ahorcar**.
ahorrador, ra ◇ *adj* thrifty, careful with money. ◇ *m,f* thrifty person.
ahorrar *vt* to save.
◆ **ahorrarse** *vpr*: **~se algo** to save *o* spare o.s. sthg.
ahorro *m* **-1.** [gen] saving **-2.** *(gen pl)* [cantidad ahorrada] savings *(pl)*.
ahuecar [10] ◇ *vt* **-1.** [poner hueco - manos] to cup; [- tronco] to hollow out **-2.** [mullir - colchón] to plump up; [- tierra] to hoe. ◇ *vi fam* [irse] to clear off.
◆ **ahuecarse** *vpr fam fig* to puff up *o* swell with pride.
ahuevado, da *adj Andes, CAm fam* [tonto] daft.
ahumado, da *adj* smoked.
◆ **ahumado** *m* smoking.
ahumar *vt* **-1.** [jamón, pescado] to smoke **-2.** [habitación etc] to fill with smoke.
◆ **ahumarse** *vpr* **-1.** [saber a humo] to acquire a smoky taste **-2.** [ennegrecerse de humo] to become blackened with smoke.
ahuyentar *vt* **-1.** [espantar, asustar] to scare away **-2.** *fig* [apartar] to drive away.
AIEA (*abrev de* **Agencia Internacional de Energía Atómica**) *f* IAEA.
aijuna = **ahijuna**.
airado, da *adj* angry.
airar *vt* to anger, to make angry.

◆ **airarse** *vpr* to get angry.
airbag *m* airbag.
aire *m* **-1.** [fluido] air; **al ~** exposed; **al ~ libre** in the open air; **cambiar de ~s** to have a change of scene; **dejar algo en el ~** to leave sthg up in the air; **estar en el ~** to be in the air; **saltar** *o* **volar por los ~s** to be blown sky high, to explode; **tomar el ~** to go for a breath of fresh air. **-2.** [viento] wind; [corriente] draught; **hoy hace (mucho) ~** it's (very) windy today **-3.** *fig* [aspecto] air, appearance **-4.** *fig* [parecido]: **tiene un ~ a su madre** she has something of her mother about her **-5.** *fig* [gracia] grace, elegance **-6.** *loc*: **a mi/tu** *etc* **~** my/your *etc* (own) way.
◆ **aires** *mpl* [vanidad] airs (and graces); **darse ~s** to put on airs.
◆ **aire (acondicionado)** *m* air-conditioning.
aireación *f* ventilation.
airear *vt* **-1.** [ventilar] to air **-2.** *fig* [contar] to air (publicly).
◆ **airearse** *vpr* to get a breath of fresh air.
airoso, sa *adj* **-1.** [garboso] graceful, elegant **-2.** [triunfante]: **salir ~ de algo** to come out of sthg with flying colours.
aislacionismo *m* isolationism.
aislado, da *adj* **-1.** [gen] isolated **-2.** TECN insulated.
aislamiento *m* **-1.** [gen] isolation **-2.** TECN insulation.
aislante *adj* insulating.
aislar *vt* **-1.** [gen] to isolate **-2.** TECN to insulate.
AIT (*abrev de* **Asociación Internacional de Trabajadores**) *f First International Working Men's Association.*
aizkolari *m competitor in the rural Basque sport of chopping felled tree-trunks.*
ajá *interj*: **¡~!** [sorpresa] aha!; *fam* [aprobación] great!
ajar *vt* [flores] to wither, to cause to fade; [piel] to wrinkle; [colores] to make faded; [ropa] to wear out.
◆ **ajarse** *vpr* [flores] to fade, to wither; [piel] to wrinkle, to become wrinkled.
ajardinado, da *adj* landscaped.
ajedrecista *mf* chess player.
ajedrez *m inv* chess.
ajenjo *m* **-1.** BOT wormwood, absinth **-2.** [licor] absinth.
ajeno, na *adj* **-1.** [de otro] of others; **jugar en campo ~** to play away from home **-2.** [extraño]: **~ a** having nothing to do with; **~ a nuestra voluntad** beyond our control **-3.** *fig* [libre]: **~ de** free from.
ajetreo *m* **-1.** [tarea] running around, hard work **-2.** [animación] (hustle and) bustle.
ají *m Andes, RP* chilli (pepper).
ajiaceite *m sauce made from garlic and olive oil.*
ajiaco *m Andes, Carib* chilli-based stew.
ajillo
◆ **al ajillo** *loc adj* CULIN *in a sauce made with oil, garlic and chilli.*
ajo *m* garlic; **~ blanco** CULIN cold garlic soup; **~ tierno** young garlic; **andar** *o* **estar en el ~** *fig* to be in on it.
ajuntarse *vpr fam* to live together.
ajustado, da *adj* **-1.** [ceñido - ropa] tight-fitting; [- tuerca, pieza] tight; [- resultado, final] close **-2.** [justo] correct, right; [precio] reasonable.
◆ **ajustado** *m* fitting.
ajustador, ra ◇ *adj* adjusting. ◇ *m,f* typesetter.
ajustadores *mpl Col, Cuba* bra *(sg).*
ajustar *vt* **-1.** [arreglar] to adjust **-2.** [apretar] to tighten **-3.** [encajar - piezas de motor] to fit; [- puerta, ventana] to push to **-4.** [pactar - matrimonio] to arrange; [- pleito] to settle; [- paz] to negotiate; [- precio] to fix, to agree.
◆ **ajustarse a** *vpr* **-1.** [adaptarse] to adapt to **-2.** [conformarse] to fit in with.
ajuste *m* [de pieza] fitting; [de mecanismo] adjustment; [de salario] agreement; **~ de cuentas** *fig* settling of scores.
al ▷ **a.**
ala *f (el)* **-1.** ZOOL & POLÍT wing; **ahuecar el ~** *fam* to clear off, to hop it; **cortar las ~s a alguien** to clip sb's wings **-2.** [parte lateral - de tejado] eaves *(pl)*; [- de sombrero] brim; [- de nariz] side; [- de mesa] leaf **-3.** DEP winger, wing.
◆ **ala delta** *f* [aparato] hang glider.
alabanza *f* praise.
alabar *vt* to praise.
alabastro *m* alabaster.
alabear *vt* to warp.
◆ **alabearse** *vpr* to warp.
alacena *f* kitchen cupboard.
alacrán *m* [animal] scorpion.
alado, da *adj* **-1.** [con alas] winged **-2.** *fig* [ligero] swift, fleet.
ALALC (*abrev de* **Asociación Latinoamericana de Libre Comercio**) *f* LAFTA.
alambicado, da *adj* elaborate, involved.
alambicar [10] *vt* **-1.** [destilar] to distil **-2.** *fig* [complicar] to over-complicate.
alambique *m* still.
alambrada *f* wire-fence.

alambre *m* wire; ~ **de espino** *o* **púas** barbed wire.

alameda *f* **-1.** [sitio con álamos] poplar grove **-2.** [paseo] tree-lined avenue.

álamo *m* poplar.

alano *m* [perro] mastiff.

alar *m* eaves *(pl)*.

alarde *m*: ~ **(de)** show *o* display (of); **hacer ~ de algo** to show sthg off, to flaunt sthg.

alardear *vi*: ~ **de** to show off about.

alargador, ra *adj* extension *(antes de sust)*.

alargador *m* extension lead.

alargamiento *m* extension, lengthening.

alargar [16] *vt* **-1.** [ropa] to lengthen **-2.** [viaje, visita, plazo] to extend; [conversación] to spin out **-3.** [pasar]: ~ **algo a alguien** to pass sthg (over) to sb.

◆ **alargarse** *vpr* **-1.** [hacerse más largo - días] to get longer; [- reunión] to be prolonged **-2.** *fig* [hacerse muy largo] to go on for ages.

alarido *m* shriek, howl.

alarma *f* **-1.** [gen] alarm; **dar la ~** to raise the alarm; ~ **de coche** car alarm **-2.** *MIL* call to arms.

alarmante *adj* alarming.

alarmar *vt* **-1.** [avisar] to alert **-2.** *fig* [asustar] to alarm.

◆ **alarmarse** *vpr* [inquietarse] to be alarmed.

alarmista *mf* alarmist.

Alaska Alaska.

alazán, ana *adj* chestnut.

alba *f (el)* **-1.** [amanecer] dawn, daybreak; **al ~** at dawn **-2.** [vestidura] alb.

albacea *mf* executor (*f* executrix).

albahaca *f* basil.

albanés, esa *adj & m,f* Albanian.

◆ **albanés** *m* [lengua] Albanian.

Albania Albania.

albanokosovar *adj & m,f* Kosovar Albanian.

albañil *m* bricklayer.

albañilería *f* **-1.** [arte] bricklaying **-2.** [obra] brickwork.

albarán *m* delivery note.

albaricoque *m* apricot.

albatros *m inv* albatross.

albedrío *m* [antojo, elección] fancy, whim; **a su ~** as takes his/her fancy; **libre ~** free will; **a su libre ~** of his/her own free will.

alberca *f* **-1.** [depósito] water tank **-2.** *Méx* [piscina] swimming pool.

albergar [16] *vt* **-1.** [personas] to accommodate, to put up **-2.** [odio] to harbour; [esperanzas] to cherish.

◆ **albergarse** *vpr* to stay.

albergue *m* accommodation *(U)*, lodgings *(pl)*; [de montaña] shelter, refuge; ~ **de juventud** *o* **juvenil** youth hostel.

albino, na *adj & m,f* albino.

albis

◆ **in albis** *loc adv*: **estar in ~** to be in the dark; **quedarse in ~** not to have a clue *o* the faintest idea.

albóndiga *f* meatball.

albor *m* **-1.** [blancura] whiteness **-2.** [luz del alba] first light of day **-3.** *(gen pl) fig* [principio] dawn, earliest days *(pl)*.

alborada *f* **-1.** [amanecer] dawn, daybreak **-2.** *MÚS popular song sung at dawn* **-3.** *MIL* reveille.

alborear *v impers*: **empezaba a ~** dawn was breaking.

albornoz *m* bathrobe.

alborotador, ra ◇ *adj* rowdy. ◇ *m,f* troublemaker.

alborotar ◇ *vi* to be noisy *o* rowdy. ◇ *vt* **-1.** [perturbar] to disturb, to unsettle **-2.** [amotinar] to stir up, to rouse **-3.** [desordenar] to mess up.

◆ **alborotarse** *vpr* [perturbarse] to get worked up.

alboroto *m* **-1.** [ruido] din **-2.** [jaleo] fuss, to-do; **armar un ~** to cause a commotion **-3.** [desorden] mess.

alborozar [13] *vt* to delight.

alborozo *m* delight, joy.

albricias *interj*: **¡~!** great (news)!

albufera *f* lagoon.

álbum (*pl* **álbumes**) *m* album.

albúmina *f* albumin.

albuminoide *adj* albuminoid.

alcabala *f Amér* police checkpoint.

alcachofa *f* **-1.** *BOT* artichoke **-2.** [pieza - de regadera] rose, sprinkler; [- de ducha] shower head.

alcahuete, ta *m,f* **-1.** [mediador] go-between **-2.** [chismoso] gossipmonger.

alcaide *m* prison governor.

alcalde, desa *m,f* mayor (*f* mayoress).

alcaldía *f* **-1.** [cargo] mayoralty **-2.** [lugar] mayor's office **-3.** [jurisdicción] municipality.

álcali *m* alkali.

alcalino, na *adj* alkaline.

alcaloide *m* alkaloid.

alcance *m* **-1.** [de arma, misil, emisora] range; **de corto/largo ~** short-/long-range **-2.** [de persona]: **a mi/a tu** *etc* **~** within my/your *etc* reach; **al ~ de la vista** within sight; **dar ~ a alguien** to catch up with sb; **fuera del ~ de**

beyond the reach of **-3.** [de reformas etc] scope, extent; **de ~** important, far-reaching **-4.** [talento]: **de pocos ~s** slow, dim-witted.
alcancía *f* money box.
alcanfor *m* camphor.
alcantarilla *f* sewer; [boca] drain.
alcantarillado *m* sewers *(pl)*.
alcanzar [13] <> *vt* **-1.** [llegar a] to reach **-2.** [igualarse con] to catch up with **-3.** [agarrar] to take **-4.** [entregar] to pass **-5.** [suj: bala etc] to hit **-6.** [lograr] to obtain **-7.** [afectar] to affect **-8.** [autobús, tren] to manage to catch. <> *vi* **-1.** [ser suficiente]: **~ para algo/hacer algo** to be enough for sthg/to do sthg **-2.** [poder]: **~ a hacer algo** to be able to do sthg.
alcaparra *f* caper.
alcatraz *m* gannet.
alcaucil *m* ***Amér*** [alcachofa] artichoke.
alcayata *f* hook.
alcazaba *f* citadel.
alcázar *m* fortress.
alce ⊳ **alzar.** <> *m* elk, moose.
alcista *adj* FIN bullish; [mercado] bull *(antes de sust)*.
alcoba *f* bedroom.
alcohol *m* alcohol; **~ etílico** QUÍM ethyl alcohol; **~ de quemar** methylated spirits *(pl)*.
alcoholemia *f* blood alcohol level.
alcohólico, ca *adj & m,f* alcoholic.
alcoholímetro *m* **-1.** [para bebida] alcoholometer **-2.** [para la sangre] Breathalyzer® ***UK***, drunkometer ***US***.
alcoholismo *m* alcoholism.
alcoholizar [13] *vt* to turn into an alcoholic.
◆ **alcoholizarse** *vpr* to become an alcoholic.
alcohotest (*pl* **alcohotests**) *m* Breathalyzer® ***UK***, drunkometer ***US***.
alcornoque *m* **-1.** [árbol] cork oak **-2.** [madera] cork, corkwood **-3.** ***fig*** [persona] idiot, fool.
alcotán *m* hobby *(bird)*.
alcurnia *f* lineage, descent.
aldaba *f* **-1.** [llamador] doorknocker **-2.** [pestillo] latch.
aldea *f* small village.
aldeano, na *m,f* villager.
ale *interj*: **¡~!** come on!
aleación *f* **-1.** [acción] alloying **-2.** [producto] alloy; **~ ligera** light alloy.
alear *vt* to alloy.
aleatorio, ria *adj* [número] random; [suceso] chance *(antes de sust)*.
alebrestarse *vpr* ***Col*** [ponerse nervioso] to get nervous.
aleccionador, ra *adj* **-1.** [instructivo] instructive **-2.** [ejemplar] exemplary.
aleccionar *vt* to instruct, to teach.
aledaño, ña *adj* adjacent.
◆ **aledaños** *mpl* surrounding area *(sg)*.
alegación *f* allegation.
alegar [16] *vt* [motivos, pruebas] to put forward; **~ que** to claim (that).
alegato *m* **-1.** DER & ***fig*** plea **-2.** [ataque] diatribe.
alegoría *f* allegory.
alegórico, ca *adj* allegorical.
alegrar *vt* **-1.** [persona] to cheer up, to make happy; **me alegra que me lo preguntes** I'm glad you asked me that; [fiesta] to liven up **-2.** ***fig*** [habitación etc] to brighten up **-3.** ***fig*** [emborrachar] to make tipsy.
◆ **alegrarse** *vpr* **-1.** [sentir alegría]: **~se (de algo/por alguien)** to be pleased (about sthg/for sb) **-2.** ***fig*** [emborracharse] to get tipsy.
alegre *adj* **-1.** [contento] happy **-2.** [que da alegría] cheerful, bright **-3.** ***fig*** [arriesgado] happy-go-lucky **-4.** ***fam*** [borracho] tipsy **-5.** ***fig*** [deshonesto] loose.
alegría *f* **-1.** [gozo] happiness, joy **-2.** [motivo de gozo] joy **-3.** ***fig*** [irresponsabilidad] rashness, recklessness.
alegrón *m* ***fam*** pleasant surprise.
alegue *etc* ⊳ **alegar.**
alejamiento *m* **-1.** [distancia] distance **-2.** [separación - de objetos etc] separation; [- entre personas] estrangement.
Alejandría Alexandria.
alejar *vt* **-1.** [poner más lejos] to move away **-2.** ***fig*** [ahuyentar] to drive out.
◆ **alejarse** *vpr*: **~se (de)** [ponerse más lejos] to go *o* move away (from); [retirarse] to leave.
alelado, da *adj* stupid.
alelar *vt* to daze, to stupefy.
aleluya <> *m o f* hallelujah. <> *interj*: **¡~!** Hallelujah!
alemán, ana *adj & m,f* German.
◆ **alemán** *m* [lengua] German.
Alemania Germany.
alentador, ra *adj* encouraging.
alentar [19] *vt* to encourage.
alergia *f* ***lit & fig*** allergy; **tener ~ a algo** to be allergic to sthg; **~ primaveral** hay fever.
alérgico, ca *adj* ***lit & fig***: **~ (a)** allergic (to).
alero *m* **-1.** [del tejado] eaves *(pl)* **-2.** DEP winger, wing **-3.** AUTOM wing **-4.** ***loc***: **estar en el ~** to

be (hanging) in the balance.
alerón *m* aileron.
alerta <> *adj inv & adv* alert. <> *f* alert; **~ roja** red alert. <> *interj*: **¡~!** watch *o* look out!
alertar *vt* to alert.
aleta *f* **-1.** [de pez] fin; **~ dorsal** dorsal fin **-2.** [de buzo, foca] flipper **-3.** [de coche] wing **-4.** [de nariz] flared part.
aletargar [16] *vt* to make drowsy, to send to sleep.
◆ **aletargarse** *vpr* to become drowsy *o* sleepy.
aletear *vi* to flap *o* flutter its wings.
alevín *m* **-1.** [cría de pez] fry, young fish **-2.** *fig* [persona] novice, beginner.
alevosía *f* **-1.** [traición] treachery **-2.** [premeditación] premeditation.
alevoso, sa *adj* **-1.** [traidor] treacherous **-2.** [premeditado] premeditated.
alfa *(el) f* FÍS & MAT alpha; **~ y omega** beginning and end, alpha and omega.
alfabético, ca *adj* alphabetical.
alfabetización *f* **-1.** [de personas - acción] teaching to read and write; [- estado] literacy **-2.** [ordenación] alphabetization.
alfabetizar [13] *vt* **-1.** [personas] to teach to read and write **-2.** [ordenar] to put into alphabetical order.
alfabeto *m* alphabet; **~ Morse** Morse code.
alfalfa *f* alfalfa, lucerne.
alfanumérico, ca *adj* INFORM alphanumeric.
alfaque *m* sandbank, bar.
alfarería *f* **-1.** [técnica] pottery **-2.** [lugar] potter's, pottery shop.
alfarero, ra *m,f* potter.
alféizar *m* window-sill.
alfeñique *m fam fig* [persona] weakling.
alférez *m* ≃ second lieutenant.
alfil *m* bishop.
alfiler *m* **-1.** [aguja] pin; **~ de gancho** *Andes, RP, Ven* safety pin; **no cabe ni un ~** it's jam-packed; **prendido con ~es** *fig* sketchy **-2.** [joya] brooch, pin; **~ de corbata** tie-pin.
alfiletero *m* pin box.
alfombra *f* [grande] carpet; [pequeña] rug.
alfombrar *vt* to carpet.
alfombrilla *f* **-1.** [alfombra pequeña] rug **-2.** [felpudo] doormat **-3.** [del baño] bathmat **-4.** INFORM: **~ (del ratón)** mouse mat.
alforja *f (gen pl)* **-1.** [mochila] knapsack **-2.** [de caballo] saddlebag.
alga *f (el)* [de mar] seaweed *(U)*; [de río] algae *(pl)*.
algarabía *f* **-1.** [habla confusa] gibberish **-2.** [alboroto] racket.
algarada *f* racket, din.
algarroba *f* **-1.** [planta] vetch **-2.** [fruto] carob *o* locust bean.
algarrobo *m* carob *o* locust tree.
algazara *f* racket, uproar.
álgebra *f (el)* algebra.
algebraico, ca *adj* algebraic.
álgido, da *adj* [culminante] critical.
algo <> *pron* **-1.** [alguna cosa] something; [en interrogativas] anything; **¿te pasa ~?** is anything the matter?; **~ es ~** something is better than nothing; **por ~ lo habrá dicho** he must have said it for a reason; **o ~ así** or something like that **-2.** [cantidad pequeña] a bit, a little; **~ de** some, a little **-3.** *fig* [cosa importante] something; **se cree que es ~** he thinks he's something (special). <> *adv* [un poco] rather, somewhat. <> *m*: **tiene un ~** there's something attractive about him.
algodón *m* cotton; **~ (hidrófilo)** FARM cotton wool *UK*, absorbent cotton *US*; **criado entre algodones** *fig* pampered, mollycoddled.
algodonero, ra *adj* cotton *(antes de sust)*.
algoritmo *m* INFORM algorithm.
alguacil *m* **-1.** [del ayuntamiento] *mayor's assistant* **-2.** [del juzgado] bailiff.
alguacilillo *m mounted official at bullfight*; *ver también* **tauromaquia**.
alguien *pron* **-1.** [alguna persona] someone, somebody; [en interrogativas] anyone, anybody; **¿hay ~ ahí?** is anyone there? **-2.** *fig* [persona de importancia] somebody; **se cree ~** she thinks she's somebody (special).
alguno, na <> *adj antes de sust masculino algún* **-1.** [indeterminado] some; [en interrogativas] any; **¿tienes algún libro?** do you have any books?; **algún día** some *o* one day; **ha surgido algún (que otro) problema** the odd problem has come up **-2.** *(después de sust)* [ninguno] any; **no tengo interés ~** I have no interest, I haven't any interest. <> *pron* **-1.** [persona] someone, somebody; *(pl)* some people; [en interrogativas] anyone, anybody; **¿conocisteis a ~s?** did you get to know any?; **~s de, ~s (de) entre** some *o* a few of **-2.** [cosa] the odd one, some *(pl)*, a few *(pl)*; [en interrogativas] any; **me salió mal ~** I got the odd one wrong.
alhaja *f* **-1.** [joya] jewel **-2.** [objeto de valor] treasure **-3.** *fig* [persona] gem.
alhelí *(pl* **alhelíes***)* *m* wallflower.
aliado, da *adj* allied.
◆ **Aliados** *mpl*: **los Aliados** the Allies.

alianza *f* **-1.** [pacto, parentesco] alliance **-2.** [anillo] wedding ring.
aliar [9] *vt* **-1.** [naciones] to ally **-2.** [cualidades etc] to combine.
◆ **aliarse** *vpr* to form an alliance.
alias ◇ *adv* alias. ◇ *m inv* alias; [entre amigos] nickname.
alicaído, da *adj* **-1.** [triste] depressed **-2.** *fig* [débil] weak.
alicatado *m* tiling.
alicatar *vt* to tile.
alicates *mpl* pliers.
aliciente *m* **-1.** [incentivo] incentive **-2.** [atractivo] attraction.
alícuota *adj* MAT aliquot.
alienación *f* **-1.** [gen] alienation **-2.** [trastorno psíquico] derangement, madness.
alienante *adj* alienating.
alienar *vt* **-1.** [enajenar] to derange, to drive mad **-2.** FILOSOFÍA to alienate.
alienígena *mf* alien.
alienta *etc* ▻ **alentar**.
aliento *m* **-1.** [respiración] breath; **tener mal ~** to have bad breath; **cobrar ~** to catch one's breath; **sin ~** breathless **-2.** *fig* [ánimo] strength.
aligerar *vt* **-1.** [peso] to lighten **-2.** [ritmo] to speed up; [el paso] to quicken **-3.** *fig* [aliviar] to relieve, to ease.
alijo *m* contraband *(U)*; **~ de drogas** consignment of drugs.
alimaña *f* pest *(fox, weasel etc)*.
alimentación *f* **-1.** [acción] feeding **-2.** [comida] food **-3.** [régimen alimenticio] diet **-4.** TECN feed, input.
alimentador, ra *adj* TECN feeding.
◆ **alimentador** *m* TECN feed, feeder; **~ de papel** INFORM paper feed.
alimentar ◇ *vt* [gen] to feed; [motor, coche] to fuel. ◇ *vi* [nutrir] to be nourishing.
◆ **alimentarse** *vpr* [comer]: **~se de** to live on.
alimentario, ria *adj* food *(antes de sust)*.
alimenticio, cia *adj* nourishing; **productos ~s** foodstuffs; **valor ~** food value.
alimento *m* [gen] food; [valor nutritivo] nourishment **~s transgénicos** GM foods.
alimón
◆ **al alimón** *loc adv* jointly, together.
alineación *f* **-1.** [en el espacio] alignment **-2.** DEP line-up.
alineado, da *adj* **-1.** [en el espacio] lined up **-2.** DEP selected.
◆ **no alineado, da** *adj* POLÍT non-aligned.
alineamiento *m* alignment.
◆ **no alineamiento** *m* POLÍT non-alignment.
alinear *vt* **-1.** [en el espacio] to line up **-2.** DEP to select.
◆ **alinearse** *vpr* POLÍT to align.
aliñar *vt* [ensalada] to dress; [carne] to season.
aliño *m* [para ensalada] dressing; [para carne] seasoning.
alioli *m garlic mayonnaise.*
alirón *interj*: **¡~!** hooray!
alisar *vt* to smooth (down).
aliscafo *m* RP hydrofoil.
alisio ▻ **viento**.
aliso *m* alder.
alistamiento *m* enlistment.
alistarse *vpr* to enlist; *Amér* [aprontarse] to get ready.
aliteración *f* alliteration.
aliviar [8] *vt* **-1.** [atenuar] to soothe **-2.** [aligerar - persona] to relieve; [- carga] to lighten.
alivio *m* relief; **¡qué ~!** what a relief!
◆ **de alivio** *loc adj* [terrible] dreadful.
aljibe *m* **-1.** [de agua] cistern **-2.** NÁUT tanker.
allá *adv* **-1.** [espacio] over there; **~ abajo/arriba** down/up there; **más ~** further on; **más ~ de** beyond; **¡~ voy!** I'm coming! **-2.** [tiempo]: **~ por los años cincuenta** back in the 50s; **~ para el mes de agosto** around August some time **-3.** *loc*: **~ él/ella** *etc* that's his/her *etc* problem.
◆ **el más allá** *m* the great beyond.
allanamiento *m* forceful entry; **~ de morada** breaking and entering.
allanar *vt* **-1.** [terreno] to flatten, to level **-2.** *fig* [dificultad] to overcome **-3.** [irrumpir en] to break into.
allegado, da ◇ *adj* close. ◇ *m,f* **-1.** [familiar] relative **-2.** [amigo] close friend.
allende *adv* beyond.
allí *adv* there; **~ abajo/arriba** down/up there; **~ mismo** right there; **está por ~** it's around there somewhere; **hasta ~** up until then.
alma *f (el)* **-1.** [gen] soul **-2.** *fig* [catalizador - de negocio, equipo] backbone; **el ~ de la fiesta** the life and soul of the party **-3.** [de bastón, ovillo] core **-4.** *loc*: **se le cayó el ~ a los pies** his heart sank; **en el ~** truly, from the bottom of one's heart; **ir con el ~ en pena, ser como un ~ en pena** to go about like a lost soul; **llegar al ~ a alguien** to touch sb's heart; **partir el ~ a alguien** to break sb's heart; **sentirlo en el ~** to be truly sorry; **ser un ~ de cántaro** to be thoughtless *o* uncaring; **¡~ mía!** my love!

almacén *m* warehouse.
◆ **(grandes) almacenes** *mpl* department store *(sg)*.
almacenamiento *m* [gen & INFORM] storage.
almacenar *vt* **-1.** [gen & INFORM] to store **-2.** [reunir] to collect.
almendra *f* almond.
almendrado, da *adj* almond-shaped.
◆ **almendrado** *m* CULIN almond paste.
almendro *m* almond (tree).
almíbar *m* syrup.
almibarado, da *adj* **-1.** [con almíbar] covered in syrup **-2.** *fig* [afectado] syrupy, sugary.
almibarar *vt* to cover in syrup.
almidón *m* starch.
almidonado, da *adj* starched.
◆ **almidonado** *m* starching.
almidonar *vt* to starch.
alminar *m* minaret.
almirantazgo *m* **-1.** [dignidad] admiralty **-2.** [de la Armada] Admiralty.
almirante *m* admiral.
almirez *m* mortar.
almizcle *m* musk.
almizclero *m* musk deer.
almohada *f* pillow; **consultarlo con la ~** *fig* to sleep on it.
almohadilla *f* [gen, TECN & ZOOL] pad; [cojín] small cushion.
almohadillado, da *adj* padded.
almohadón *m* cushion.
almoneda *f* **-1.** [venta] sale **-2.** [subasta] auction.
almorávide *adj* & *m,f* Almoravid.
almorrana *f (gen pl)* piles *(pl)*.
almorzar [37] ◇ *vt* **-1.** [al mediodía] to have for lunch **-2.** [a media mañana] to have as a mid-morning snack. ◇ *vi* **-1.** [al mediodía] to have lunch **-2.** [a mañana] to have a mid-morning snack.
almuerzo *m* **-1.** [al mediodía] lunch **-2.** [a media mañana] mid-morning snack **-3.** [desayuno] breakfast.
aló *interj* ***Andes, Carib*** [al teléfono] hello?
alocado, da *m,f* crazy person.
alocución *f* address, speech.
alojamiento *m* accommodation; **buscar ~** to look for accommodation; **dar ~ a** to put up.
alojar *vt* to put up.
◆ **alojarse** *vpr* **-1.** [hospedarse] to stay **-2.** [introducirse] to lodge.
alondra *f* lark.
alopecia *f* alopecia.
alpaca *f* alpaca.
alpargata *f (gen pl)* espadrille.
Alpes *mpl*: **los ~** the Alps.
alpinismo *m* mountaineering.
alpinista *mf* mountaineer.
alpino, na *adj* Alpine.
alpiste *m* **-1.** [planta] canary grass **-2.** [semilla] birdseed.
alquería *f* farmstead.
alquilar *vt* [casa, TV, oficina] to rent; [coche] to hire.
◆ **alquilarse** *vpr* [casa, TV, oficina] to be for rent; [coche] to be for hire; **'se alquila'** 'to let'.
alquiler *m* **-1.** [acción - de casa, TV, oficina] renting; [- de coche] hiring ***UK***, rental ***US***; **de ~** [casa] rented; [coche] hire ***(antes de sust) UK***, rental ***(antes de sust) US***; **tenemos pisos de ~** we have flats to let ***UK***, we have apartments to rent ***US*** **-2.** [precio - de casa, oficina] rent; [- de televisión] rental; [- de coche] hire ***UK***, rental ***US***.
alquimia *f* alchemy.
alquimista *mf* alchemist.
alquitrán *m* tar.
alquitranar *vt* to tar.
alrededor *adv* **-1.** [en torno] around; **mira a tu ~** look around you; **de ~** surrounding **-2.** [aproximadamente]: **~ de** around, about.
◆ **alrededores** *mpl* surrounding area *(sg)*; **en los ~es de Londres** in the area around London.
◆ **alrededor de** *loc prep* around.
alta ▷ **alto**.
altanería *f* haughtiness.
altanero, ra *adj* haughty.
altar *m* altar; **~ mayor** high altar; **conducir** *o* **llevar al ~ a alguien** *fig* to lead sb down the aisle.
altavoz *m* [gen] speaker; [para anuncios] loudspeaker.
alteración *f* **-1.** [cambio] alteration **-2.** [excitación] agitation **-3.** [alboroto] disturbance; **~ del orden público** breach of the peace.
alterar *vt* **-1.** [cambiar] to alter **-2.** [perturbar - persona] to agitate, to fluster; [- orden público] to disrupt **-3.** [estropear] to spoil; [leche] to turn.
◆ **alterarse** *vpr* **-1.** [perturbarse] to get agitated *o* flustered **-2.** [estropearse] to spoil, to go off; [leche] to turn.
altercado *m* argument, row.
alternador *m* ELECTR alternator.
alternancia *f* alternation.
alternar ◇ *vt* to alternate. ◇ *vi* **-1.** [rela-

cionarse]: ~ **(con)** to mix (with), to socialize (with) **-2.** [sucederse]: ~ **con** to alternate with.

◆ **alternarse** *vpr* **-1.** [en el tiempo] to take turns **-2.** [en el espacio] to alternate.

alternativa ▷ alternativo.

alternativamente *adv* [moverse] alternately.

alternativo, va *adj* **-1.** [movimiento] alternating **-2.** [posibilidad] alternative.

◆ **alternativa** *f* **-1.** [opción] alternative; **alternativa de poder** *POLÍT* succession of power **-2.** *TAUROM ceremony in which bullfighter shares the kill with his novice, accepting him as a professional*; **tomar la alternativa** to become a professional bullfighter.

alterne *m practice whereby women encourage people to drink in return for a commission*; **bar de** ~ singles bar.

alterno, na *adj* alternate; *ELECTR* alternating.

alteza *f fig* [de sentimientos] loftiness.

◆ **Alteza** *f* [tratamiento] Highness; **Su Alteza Real** His Royal Highness (*f* Her Royal Highness).

altibajos *mpl* **-1.** [del terreno] unevenness *(sg)* **-2.** *fig* [de vida etc] ups and downs.

altillo *m* **-1.** [armario] *small cupboard usually found above another cupboard* **-2.** [cerro] hillock.

altímetro *m* altimeter.

altiplano *m* high plateau.

altísimo

◆ **Altísimo** *m*: **el Altísimo** the Most High.

altisonante *adj* high-sounding.

altitud *f* altitude.

altivez *f* haughtiness.

altivo, va *adj* haughty.

alto, ta *adj* **-1.** [gen] high; [persona, árbol, edificio] tall; [piso] top, upper; **alta fidelidad** high fidelity; ~**s hornos** blast furnace **-2.** [ruidoso] loud **-3.** [avanzado] late; **a altas horas de la noche** late at night, in the small hours **-4.** *GEOGR* upper, northern.

◆ **alto** ◇ *m* **-1.** [altura] height; **mide dos metros de** ~ [cosa] it's two metres high; [persona] he's two metres tall **-2.** [interrupción] stop; **hacer un** ~ to make a stop **-3.** [lugar elevado] height; **en lo** ~ **de** at the top of **-4.** *MÚS* alto **-5.** *loc*: **pasar por** ~ **algo** to pass over sthg; **por todo lo** ~ [lujoso] grand, luxurious; [a lo grande] in (great) style. ◇ *adv* **-1.** [arriba] high (up) **-2.** [hablar etc] loud. ◇ *interj*: **¡**~**!** halt!, stop!

◆ **alta** *f (el)* **-1.** [del hospital] discharge; **dar de alta** *o* **el alta a alguien** to discharge sb (from hospital) **-2.** [documento médico] certificate of discharge **-3.** [en una asociación] membership; **darse de alta** to become a member.

altoparlante *m Amér* loudspeaker.

altozano *m* hillock.

altramuz *m* lupin.

altruismo *m* altruism.

altruista ◇ *adj* altruistic. ◇ *mf* altruist.

altura *f* **-1.** [gen] height; [en el mar] depth; **volar a gran** ~ to fly at altitude; **ganar** ~ to climb; **tiene dos metros de** ~ [gen] it's two metres high; [persona] he's two metres tall; **Viella está a 1.000m de** ~ Viella is 1,000 metres above sea level **-2.** [nivel] level; **está a la** ~ **del ayuntamiento** it's next to the town hall **-3.** [latitud] latitude **-4.** [valor] value; **a la** ~ **de** on a par with **-5.** *fig* [de persona] stature **-6.** *fig* [de sentimientos, espíritu] loftiness.

◆ **alturas** *fpl* [el cielo] Heaven *(sg)*; **a estas** ~**s** *fig* this far on, this late.

alubia *f* bean.

alucinación *f* hallucination.

alucinado, da *adj* **-1.** *MED* hallucinating **-2.** *fam* [sorprendido] gobsmacked.

alucinante *adj* **-1.** *MED* hallucinatory **-2.** *fam* [extraordinario] amazing.

alucinar ◇ *vi* **-1.** *MED* to hallucinate **-2.** *fam* [equivocarse]: **¡no alucines!** come off it! ◇ *vt fam fig* [seducir] to hypnotize, to captivate.

alucinógeno, na *adj* hallucinogenic.

◆ **alucinógeno** *m* hallucinogen.

alud *m lit & fig* avalanche.

aludido, da *m,f*: **el** ~ the aforesaid; **darse por** ~ [ofenderse] to take it personally; [reaccionar] to take the hint.

aludir *vi*: ~ **a** [sin mencionar] to allude to; [mencionando] to refer to.

alumbrado *m* lighting; ~ **público** street lighting.

alumbramiento *m* **-1.** [iluminación] lighting **-2.** [parto] delivery.

alumbrar ◇ *vt* **-1.** [iluminar] to light up **-2.** [instruir] to enlighten **-3.** [dar a luz] to give birth to. ◇ *vi* [iluminar] to give light.

aluminio *m* aluminium.

aluminosis *f inv CONSTR collapse of buildings as a result of inadequate building materials containing aluminium.*

alumnado *m* [de escuela] pupils *(pl)*; [de universidad] students *(pl)*.

alumno, na *m,f* [de escuela, profesor particular] pupil; [de universidad] student.

alunizaje *m* landing on the moon.
alunizar [13] *vi* to land on the moon.
alusión *f* [sin mencionar] allusion; [mencionando] reference; **hacer ~ a** [sin mencionar] to allude to; [mencionando] to refer to.
alusivo, va *adj* allusive.
aluvión *m* **-1.** [gen] flood **-2.** *GEOL* alluvium.
alvéolo, alveolo *m* **-1.** [de panal] cell **-2.** *ANAT* alveolus.
alza *f (el)* rise; **en ~** *FIN* rising; **fig** gaining in popularity; **jugar al ~** *FIN* to bull the market.
alzacuello *m RELIG* dog collar.
alzado, da *adj* **-1.** [gen] raised **-2.** [comerciante] fraudulent **-3.** [precio] fixed.
◆ **alzado** *m ARQUIT* elevation.
◆ **alzada** *f* **-1.** [de caballo] height **-2.** *DER* appeal.
alzamiento *m* uprising, revolt.
alzar [13] *vt* **-1.** [levantar] to lift, to raise; [voz] to raise; [vela] to hoist; [cuello de abrigo] to turn up; [mangas] to pull up **-2.** [aumentar] to raise **-3.** [construir] to erect **-4.** [sublevar] to stir up, to raise.
◆ **alzarse** *vpr* **-1.** [levantarse] to rise **-2.** [sublevarse] to rise up, to revolt **-3.** [conseguir]: **~se con** [victoria] to win; [botín] to make off with; [premio] to carry off.
a.m. (*abrev de* **ante meridiem**) a.m.
ama ▷ **amo**.
amabilidad *f* kindness; **¿tendría la ~ de ...?** would you be so kind as to ...?
amabilísimo, ma *superl* ▷ **amable**.
amable *adj* kind; **¿sería tan ~ de ...?** would you be so kind as to ...?
amado, da *m,f* loved one.
amaestrado, da *adj* [gen] trained; [en circo] performing.
amaestrar *vt* to train.
amagar [16] ◇ *vt* **-1.** [dar indicios de] to show signs of **-2.** [mostrar intención] to threaten; **le amagó un golpe** he threatened to hit him. ◇ *vi* [tormenta] to be imminent, to threaten.
amago *m* **-1.** [indicio] sign, hint **-2.** [amenaza] threat.
amague *etc* ▷ **amagar**.
amainar ◇ *vt NÁUT* to take in. ◇ *vi* **lit** & **fig** to abate, to die down.
amalgama *f QUÍM* & **fig** amalgam.
amalgamar *vt QUÍM* & **fig** to amalgamate.
amamantar *vt* [animal] to suckle; [bebé] to breastfeed.
amancebamiento *m* living together, cohabitation.
amancebarse *vpr* to live together, to cohabit.
amanecer [30] ◇ *m* dawn; **al ~** at dawn. ◇ *v impers*: **amaneció a las siete** dawn broke at seven. ◇ *vi* [en un lugar] to see in the dawn.
amanerado, da *adj* **-1.** [afeminado] effeminate **-2.** [afectado] mannered, affected.
amaneramiento *m* **-1.** [afeminamiento] effeminacy **-2.** [afectación] affectation.
amanerarse *vpr* **-1.** [afeminarse] to become effeminate **-2.** [volverse afectado] to become affected.
amanita *f* amanita.
amansar *vt* **-1.** [animal] to tame **-2.** **fig** [persona] to calm down **-3.** **fig** [pasiones] to calm.
◆ **amansarse** *vpr* to calm down.
amante *mf* **-1.** [querido] lover **-2.** **fig** [aficionado]: **ser ~ de algo/hacer algo** to be keen on sthg/doing sthg; **los ~s del arte** art lovers.
amanuense *mf* scribe.
amañar *vt* [falsear] to fix; [elecciones, resultado] to rig; [documento] to doctor.
◆ **amañarse** *vpr*: **amañárselas** to manage.
amaño *m (gen pl)* [treta] ruse, trick.
amapola *f* poppy.
amar [1] *vt* to love.
amaraje *m* [de hidroavión] landing at sea; [de vehículo espacial] splashdown.
amaranto *m* amaranth.
amarar *vi* [hidroavión] to land at sea; [vehículo espacial] to splash down.
amargado, da ◇ *adj* [resentido] bitter. ◇ *m,f* bitter person.
amargar [16] *vt* to make bitter; **fig** to spoil, to ruin.
◆ **amargarse** *vpr* [suj: alimento, persona] to become bitter.
amargo, ga *adj* **lit** & **fig** bitter.
amargor *m* [sabor] bitterness.
amargoso, sa *adj* **Amér** bitter.
amargue *etc* ▷ **amargar**.
amargura *f* [sentimiento] sorrow.
amariconado, da *adj* **fam despec** poofy.
◆ **amariconado** *m* **fam despec** pansy.
amarillento, ta *adj* yellowish.
amarillismo *m PRENS* sensationalism.
amarillo, lla *adj* **-1.** [color] yellow **-2.** *PRENS* sensationalist **-3.** [sindicato] conservative.
◆ **amarillo** *m* [color] yellow.
amarilloso, sa *adj* **Amér** yellowish.
amariposado, da *adj* [afeminado] effeminate.
amarra *f* mooring rope *o* line; **largar** *o* **soltar ~s** to cast off.
◆ **amarras** *fpl* **fig** [contactos] connections,

friends in high places.

amarrar *vt* **-1.** *NÁUT* to moor **-2.** [atar] to tie (up); ~ **algo/a alguien a algo** to tie sthg/sb to sthg.

amarre *m* mooring.

amarrete *adj Andes, RP fam pey* mean, tight.

amartillar *vt* [arma] to cock.

amasar *vt* **-1.** [masa] to knead; [yeso] to mix **-2.** *fam fig* [riquezas] to amass.

amasia *f CRica, Méx, Perú* mistress.

amasiato *m Andes, CRica, Méx* living in sin.

amasijo *m fam fig* [mezcla] hotchpotch.

amateur [ama'ter] (*pl* **amateurs**) *adj & m,f* amateur.

amateurismo [amate'rismo] *m* amateur nature.

amatista *f* amethyst.

amazacotado, da *adj* **-1.** [comida] stodgy **-2.** *fig* [pasajeros] packed, crammed.

amazona *f* **-1.** *fig* [jinete] horsewoman **-2.** *MITOL* Amazon.

Amazonas *m*: el ~ the Amazon.

amazónico, ca *adj* [gen] Amazon (*antes de sust*); [tribu, cultura] Amazonian.

ambages *mpl*: **sin** ~ without beating about the bush, in plain English.

ámbar *m* amber.

ambición *f* ambition.

ambicionar *vt* to have as one's ambition.

ambicioso, sa ◇ *adj* ambitious. ◇ *m,f* ambitious person.

ambidextro, tra ◇ *adj* ambidextrous. ◇ *m,f* ambidextrous person.

ambientación *f* **-1.** *CIN, LITER & TEATR* setting **-2.** *RADIO* sound effects (*pl*).

ambientador *m* air freshener.

ambiental *adj* **-1.** [físico, atmosférico] ambient **-2.** *ECOLOG* environmental.

ambientar *vt* **-1.** *CIN, LITER & TEATR* to set **-2.** [animar] to liven up.

◆ **ambientarse** *vpr* to settle down.

ambiente ◇ *adj* ambient. ◇ *m* **-1.** [aire] air, atmosphere **-2.** [circunstancias] environment **-3.** [ámbito] world, circles (*pl*) **-4.** [animación] life, atmosphere **-5.** *Andes, RP* [habitación] room.

ambigüedad *f* ambiguity.

ambiguo, gua *adj* **-1.** [gen] ambiguous **-2.** *GRAM* that may be either masculine or feminine.

ámbito *m* **-1.** [espacio, límites] confines (*pl*); **una ley de ~ provincial** an act which is provincial in its scope **-2.** [ambiente] world, circles (*pl*).

ambivalencia *f* ambivalence.

ambivalente *adj* ambivalent.

ambos, bas ◇ *adj pl* both. ◇ *pron pl* both (of them).

ambulancia *f* ambulance.

ambulante *adj* travelling; [biblioteca] mobile.

ambulatorio *m* state-run surgery *o* clinic.

ameba *f* amoeba.

amedrentar *vt* to scare, to frighten.

◆ **amedrentarse** *vpr* to get scared *o* frightened.

amén *adv* [en plegaria] amen; **en un decir ~** *fig* in the twinkling of an eye; **decir ~ a** *fig* to accept unquestioningly.

◆ **amén de** *loc prep* **-1.** [además de] in addition to **-2.** [excepto] except for, apart from.

amenaza *f* threat; ~ **de bomba** bomb scare; ~ **de muerte** death threat.

amenazar [13] *vt* to threaten; ~ **a alguien con hacerle algo** to threaten to do sthg to sb; ~ **a alguien con hacer algo** to threaten sb with doing sthg; ~ **a alguien con el despido/de muerte** to threaten to sack/kill sb; **amenaza lluvia** it's threatening to rain.

amenidad *f* **-1.** [entretenimiento] entertaining qualities (*pl*) **-2.** [agrado] pleasantness.

amenizar [13] *vt* *fig* to liven up.

ameno, na *adj* **-1.** [entretenido] entertaining **-2.** [placentero] pleasant.

amenorrea *f* amenorrhea.

América America; ~ **del Sur** South America; ~ **Central** Central America.

americana ▷ **americano.**

americanismo *m* **-1.** [carácter] American character **-2.** *LING* Americanism.

americanizar [13] *vt* to americanize.

◆ **americanizarse** *vpr* to become americanized.

americano, na *adj & m,f* American.

◆ **americana** *f* [chaqueta] jacket.

amerindio, dia *adj & m,f* American Indian, Amerindian.

ameritar *vt Amér* to deserve.

amerizaje *m* [de hidroavión] landing at sea; [de vehículo espacial] splashdown.

amerizar [13] *vi* [hidroavión] to land at sea; [vehículo espacial] to splash down.

ametralladora *f* machine gun.

ametrallar *vt* **-1.** [con ametralladora] to machinegun **-2.** [con metralla] to shower with shrapnel.

amianto *m* asbestos.

amigable *adj* amicable.

amígdala *f* tonsil.

amigdalitis *f inv* tonsillitis.
amigo, ga ◇ *adj* **-1.** [gen] friendly **-2.** [aficionado]: ~ **de algo/hacer algo** keen on sthg/doing sthg; ~ **de la buena mesa** partial to good food. ◇ *m,f* **-1.** [persona] friend; **hacerse ~ de** to make friends with; **hacerse ~s** to become friends; ~ **íntimo** close friend **-2.** *fam* [compañero, novio] partner; [amante] lover **-3.** [tratamiento] (my) friend; **Querido ~** [en carta] Dear friend.
amigote, amiguete *m fam* pal, mate *UK*.
amiguismo *m*: **hay mucho ~** there are always jobs for the boys.
amilanar *vt* [asustar] to terrify.
◆ **amilanarse** *vpr* [desanimarse] to be discouraged, to lose heart.
aminoácido *m* amino acid.
aminorar ◇ *vt* to reduce. ◇ *vi* to decrease, to diminish.
amistad *f* friendship; **hacer** *o* **trabar ~ (con)** to make friends (with).
◆ **amistades** *fpl* friends.
amistoso, sa *adj* friendly.
amnesia *f* amnesia.
amnésico, ca ◇ *adj* amnesic. ◇ *m,f* amnesiac.
amniótico, ca *adj* amniotic.
amnistía *f* amnesty; **Amnistía Internacional** Amnesty International.
amnistiar [9] *vt* to grant amnesty to.
amo, ama *mf* **-1.** [gen] owner **-2.** [de criado, situación etc] master (*f* mistress).
◆ **ama de casa** *f* housewife.
◆ **ama de cría** *f* wet nurse.
◆ **ama de llaves** *f* housekeeper.
amodorrado, da *adj* drowsy.
amodorrarse *vpr* to get drowsy.
amoldable *adj* adaptable; **ser ~ a** to be able to adapt to.
amoldar *vt* [adaptar]: ~ **(a)** to adapt (to).
◆ **amoldarse** *vpr* [adaptarse]: **~se (a)** to adapt (to).
amonal *m* ammonal.
amonestación *f* **-1.** [reprimenda] reprimand **-2.** *DEP* warning.
◆ **amonestaciones** *fpl* [para matrimonio] banns.
amonestar *vt* **-1.** [reprender] to reprimand **-2.** *DEP* to warn **-3.** [para matrimonio] to publish the banns of.
amoníaco, amoniaco *m* **-1.** [gas] ammonia **-2.** [disolución] liquid ammonia.
amontonar *vt* **-1.** [apilar] to pile up **-2.** [reunir] to accumulate.
◆ **amontonarse** *vpr* **-1.** [personas] to form a crowd **-2.** [problemas, trabajo] to pile up; [ideas, solicitudes] to come thick and fast.
amor *m* love; ~ **libre/platónico** free/platonic love; **de mil ~es** with pleasure, gladly; **hacer el ~** to make love; **por ~ al arte** for the love of it; **¡por el ~ de Dios!** for God's sake!
◆ **amor propio** *m* pride.
amoral *adj* amoral.
amoralidad *f* amorality.
amoratado, da *adj* [de frío] blue; [por golpes] black and blue.
amoratar *vt* [suj: el frío] to turn blue; [suj: persona] to bruise.
◆ **amoratarse** *vpr* [por el frío] to turn blue; [por golpes] to turn black and blue.
amordazar [13] *vt* [persona] to gag; [perro] to muzzle.
amorfo, fa *adj* **-1.** [sin forma] amorphous **-2.** *fig* [persona] lacking in character.
amorío *m fam* [romance] fling.
amoroso, sa *adj* [gen] loving; [carta, relación] love *(antes de sust)*.
amortajar *vt* [difunto] to shroud.
amortiguación *f* **-1.** [de ruido] muffling; [de golpe] softening, cushioning **-2.** *AUTOM* suspension, shock absorbers *(pl)*.
amortiguador, ra *adj* [de ruido] muffling; [de golpe] softening, cushioning.
◆ **amortiguador** *m AUTOM* shock absorber.
amortiguar [45] *vt* [ruido] to muffle; [golpe] to soften, to cushion.
◆ **amortiguarse** *vpr* [ruido] to die away; [golpe] to be cushioned.
amortizable *adj ECON* [bonos, acciones] redeemable.
amortización *f ECON* [de deuda, préstamo] amortization, paying-off; [de inversión, capital] recouping; [de bonos, acciones] redemption; [de bienes de equipo] depreciation.
amortizar [13] *vt* **-1.** [sacar provecho] to get one's money's worth out of **-2.** [*ECON* - deuda, préstamo] to amortize, to pay off; [- inversión, capital] to recoup; [- bonos, acciones] to redeem; [- bienes de equipo] to depreciate.
amoscarse [10] *vpr fam* to get in a huff.
amotinado, da *adj & m,f* rebel, insurgent.
amotinamiento *m* rebellion, uprising; [de marineros] mutiny.
amotinar *vt* to incite to riot; [a marineros] to incite to mutiny.
◆ **amotinarse** *vpr* to riot; [marineros] to mutiny.
amovible *adj* **-1.** [pieza] detachable **-2.**

[cargo] revocable.

amparar *vt* **-1.** [proteger] to protect **-2.** [dar cobijo a] to give shelter to, to take in.

◆ **ampararse** *vpr* **-1.** *fig* [apoyarse]: **~se en** [ley] to have recourse to; [excusas] to draw on **-2.** [cobijarse]: **~se de** *o* **contra** to (take) shelter from.

amparo *m* [protección] protection; **al ~ de** [persona, caridad] with the help of; [ley] under the protection of.

amperaje *m* amperage.

amperímetro *m* ammeter.

amperio *m* amp, ampere.

ampliable *adj* **-1.** [gen] expandable **-2.** FOT enlargeable **-3.** [plazo] extendible.

ampliación *f* **-1.** [aumento] expansion; [de edificio, plazo] extension; **~ de capital** ECON increase in capital **-2.** FOT enlargement.

ampliadora *f* FOT enlarger.

ampliar [9] *vt* **-1.** [gen] to expand; [local] to add an extension to; [plazo] to extend **-2.** FOT to enlarge, to blow up **-3.** [estudios] to further, to continue.

amplificación *f* amplification.

amplificador *m* ELECTRÓN amplifier.

amplificar [10] *vt* to amplify.

amplio, plia *adj* **-1.** [sala etc] roomy, spacious; [avenida, gama] wide **-2.** [ropa] loose **-3.** [explicación etc] comprehensive; **en el sentido más ~ de la palabra** in the broadest sense of the word **-4.** [mentalidad etc] broad.

amplitud *f* **-1.** [espaciosidad] roominess, spaciousness; [de avenida] wideness **-2.** [de ropa] looseness **-3.** *fig* [extensión] extent, comprehensiveness; **~ de miras** broad-mindedness.

ampolla *f* **-1.** [en piel] blister **-2.** [para inyecciones] ampoule **-3.** [frasco] phial.

ampuloso, sa *adj* pompous.

amputación *f* amputation.

amputar *vt* to amputate.

Amsterdam Amsterdam.

amueblado, da *adj* [apartamento] furnished.

◆ **amueblado** *m* RP room hired for sex.

amueblar *vt* to furnish.

amuleto *m* amulet.

amurallado, da *adj* walled.

amurallar *vt* to build a wall around.

anabolizante ◇ *adj* anabolic. ◇ *m* anabolic steroid.

anacarado, da *adj* pearly.

anacardo *m* cashew.

anacoreta *mf* anchorite, hermit.

anacrónico, ca *adj* anachronistic.

anacronismo *m* anachronism.

ánade *m culto* duck.

anaerobio, bia *adj* anaerobic.

anagrama *m* anagram.

anal *adj* ANAT anal.

anales *mpl lit* & *fig* annals.

analfabetismo *m* illiteracy.

analfabeto, ta *adj* & *m,f* illiterate.

analgésico, ca *adj* analgesic.

◆ **analgésico** *m* analgesic.

análisis *m inv* analysis; **~ clínico** (clinical) test; **~ gramatical** sentence analysis, parsing; **~ de orina** urine analysis; **~ de sangre** blood test.

analista *mf* **-1.** [gen] analyst **-2.** INFORM (computer) analyst; **~ programador/de sistemas** programmer/systems analyst.

analítico, ca *adj* analytical.

◆ **analítica** *f* MED clinical testing.

analizar [13] *vt* to analyse.

analogía *f* similarity; **por ~** by analogy.

analógico, ca *adj* **-1.** [análogo] analogous, similar **-2.** INFORM & TECN analogue, analog **-3.** ▷ **reloj.**

análogo, ga *adj*: **~ (a)** analogous *o* similar (to).

ananá, ananás *m* RP pineapple.

anaquel *m* shelf.

anaranjado, da *adj* orange.

anarco *fam* ◇ *adj* anarchistic. ◇ *mf* anarchist.

anarcosindicalismo *m* anarchosyndicalism.

anarcosindicalista *adj* & *m,f* anarchosyndicalist.

anarquía *f* **-1.** [falta de gobierno] anarchy **-2.** [doctrina política] anarchism **-3.** *fig* [desorden] chaos, anarchy.

anárquico, ca *adj* anarchic.

anarquismo *m* anarchism.

anarquista *adj* & *m,f* anarchist.

anatema *m* [maldición] curse, anathema.

anatomía *f* anatomy.

anatómico, ca *adj* **-1.** ANAT anatomical **-2.** [asiento, calzado] orthopaedic.

anca *f (el)* haunch; **~s de rana** frogs' legs.

ancestral *adj* ancestral; [costumbre] age-old.

ancestro *m* ancestor.

ancho, cha *adj* [gen] wide; [prenda] loose-fitting; **te va** *o* **está ~** it's too big for you; **a mis/tus** *etc* **anchas** *fig* at ease; **quedarse tan ~** not to care less; **lo dijo delante de todos y se quedó tan ~** he said it in front of everyone, just like that.

◆ **ancho** *m* width; **a lo ~** crosswise; **cinco**

metros de ~ five metres wide; **a lo** ~ **de** across (the width of); ~ **de vía** gauge.

anchoa *f* anchovy *(salted)*.

anchura *f* **-1.** [medida] width **-2.** [de ropa] bagginess.

anciano, na ◇ *adj* old. ◇ *m,f* old person, old man (*f* old woman).

◆ **anciano** *m* [de tribu] elder.

ancla *f (el)* anchor; **echar/levar** ~**s** to drop/ weigh anchor.

anclar *vi* to anchor.

áncora *(el) f* anchor.

andadas *fpl*: **volver a las** ~ *fam fig* to return to one's evil ways.

andaderas *fpl* baby-walker *(sg)*.

andador, ra, andarín, ina *adj* fond of walking.

◆ **andadores** *mpl* [para niño] harness *(sg)*.

andadura *f* walking.

ándale *interj CAm, Méx fam* come on!

Andalucía Andalusia.

andalucismo *m* **-1.** [doctrina] *doctrine favouring Andalusian autonomy* **-2.** [palabra] *Andalusian word or expression*.

andaluz, za *adj & m,f* Andalusian.

andamiaje *m* scaffolding.

andamio *m* scaffold.

andanada *f* **-1.** MIL & *fig* broadside **-2.** TAUROM *covered stand in a bullring*.

andando *interj*: **¡**~**!** come on!, let's get a move on!

andante *adj* **-1.** [que anda] walking **-2.** MÚS andante.

andanza *f (gen pl)* [aventura] adventure.

andar [52] ◇ *vi* **-1.** [caminar] to walk; [moverse] to move **-2.** [funcionar] to work, to go; **el reloj no anda** the clock has stopped; **las cosas andan mal** things are going badly **-3.** [estar] to be; ~ **preocupado** to be worried; ~ **mal de dinero** to be short of money; **creo que anda por el almacén** I think he is somewhere in the warehouse; ~ **tras algo/alguien** *fig* to be after sthg/sb **-4.** *(antes de gerundio)*: ~ **haciendo algo** to be doing sthg; **anda echando broncas a todos** he's going round telling everybody off; **anda explicando sus aventuras** he's talking about his adventures; **anda buscando algo** he's looking for sthg **-5.** [ocuparse]: ~ **en** [asuntos, líos] to be involved in; [papeleos, negocios] to be busy with **-6.** [hurgar]: ~ **en** to rummage around in; **¿has andado en mis papeles?** have you been fiddling with my papers? **-7.** *(antes de 'a' y sust pl)* [expresa acción]: **en ese país andan a tiros** in that country they go round shooting one another; ~ **gritando** to be always shouting **-8.** [alcanzar, rondar]: ~ **por** to be about; **anda por los 60** he's about sixty **-9.** *fam* [enredar]: ~ **con algo** to play with sthg **-10.** *loc*: **quien mal anda mal acaba** everyone gets his just deserts. ◇ *vt* **-1.** [recorrer] to go, to travel **-2.** *CAm* [llevar puesto] to wear. ◇ *m* gait, walk.

◆ **andarse** *vpr* [obrar]: ~**se con cuidado/ misterios** to be careful/secretive.

◆ **andares** *mpl* [de persona] gait *(sg)*; **tener** ~**es de** to walk like.

◆ **anda** *interj*: **¡anda!** [sorpresa, desilusión] oh!; [¡vamos!] come on!; [¡por favor!] go on!; **¡anda ya!** [incredulidad] come off it!

andarín, ina = **andador**.

andas *fpl*: **llevar a alguien en** ~ *fig* to be all over sb.

andén *m* **-1.** FERROC platform **-2.** *Andes, CAm* [acera] pavement *UK*, sidewalk *US* **-3.** *Andes, CAm* [bancal de tierra] terrace.

Andes *mpl*: **los** ~ the Andes.

andinismo *m Amér* mountaineering.

andinista *mf Amér* mountaineer.

andino, na *adj & m,f* Andean.

Andorra Andorra.

andorrano, na *adj & m,f* Andorran.

andrajo *m* **-1.** [harapo] rag **-2.** *fig & despec* [persona] good-for-nothing.

andrajoso, sa ◇ *adj* ragged. ◇ *m,f* person dressed in rags.

andrógino, na *adj* androgynous.

◆ **andrógino** *m* hermaphrodite.

androide ◇ *adj* [masculino] masculine. ◇ *m* [autómata] android.

andurriales *mpl* remote place *(sg)*; **¿qué haces por estos** ~**?** what are you doing as far off the beaten track as this?

anduviera *etc* ▷ **andar**.

anécdota *f* anecdote.

anecdotario *m* collection of anecdotes.

anecdótico, ca *adj* **-1.** [con historietas] anecdotal **-2.** [no esencial] incidental.

anegar [16] *vt* **-1.** [inundar] to flood **-2.** [ahogar planta] to drown.

◆ **anegarse** *vpr* **-1.** [inundarse] to flood; **sus ojos se anegaron de lágrimas** tears welled up in his eyes **-2.** [ahogarse] to drown.

anejo, ja *adj*: ~ **(a)** [edificio] connected (to); [documento] attached (to).

◆ **anejo** *m* annexe.

anemia *f* anaemia.

anémico, ca ◇ *adj* anaemic. ◇ *m,f* anaemia sufferer.

anemómetro *m* anemometer.

anémona *f* anemone.
anestesia *f* anaesthesia; ~ **general/local** general/local anaesthesia.
anestesiar [8] *vt* to anaesthetize, to place under anaesthetic.
anestésico, ca *adj* anaesthetic.
◆ **anestésico** *m* anaesthetic.
anestesista *mf* anaesthetist.
Aneto *m*: el ~ Aneto.
aneurisma *m* aneurysm.
anexar *vt* [documento] to attach.
anexión *f* annexation.
anexionar *vt* to annex.
anexionista *mf* annexationist.
anexo, xa *adj* [edificio] connected; [documento] attached.
◆ **anexo** *m* annexe.
anfeta *f fam* pep pill.
anfetamina *f* amphetamine.
anfibio, bia *adj lit & fig* amphibious.
◆ **anfibio** *m* amphibian.
anfiteatro *m* **-1.** CIN & TEATR circle **-2.** [edificio] amphitheatre.
anfitrión, ona <> *adj* host *(antes de sust).* <> *m,f* host (*f* hostess).
ánfora *f (el)* [cántaro] amphora.
ángel *m lit & fig* angel; ~ **custodio** *o* **de la guarda** guardian angel; **tener** ~ to have something special.
angelical *adj* angelic.
ángelus *m inv* RELIG angelus.
angina *f (gen pl)* [amigdalitis] sore throat; **tener** ~**s** to have a sore throat.
◆ **angina de pecho** *f* angina (pectoris).
anglicanismo *m* Anglicanism.
anglicano, na *adj & m,f* Anglican.
anglicismo *m* anglicism.
angloamericano, na *adj & m,f* Anglo-American.
anglófilo, la *adj & m,f* anglophile.
anglófobo, ba *adj & m,f* anglophobe.
anglófono, na, angloparlante <> *adj* English-speaking, anglophone. <> *m,f* English speaker, anglophone.
anglosajón, ona *adj & m,f* Anglo-Saxon.
Angola Angola.
angolano, na *adj & m,f* Angolan.
angora *f* [de conejo] angora; [de cabra] mohair.
angosto, ta *adj culto* narrow.
angostura *f* **-1.** [estrechez] narrowness **-2.** [bebida] angostura.
anguila *f* eel; ~ **de mar** conger eel.
angula *f* elver.
angular *adj* angular.
◆ **gran angular** *m* FOT wide-angle lens.
ángulo *m* **-1.** [gen] angle; ~ **agudo/obtuso/recto** acute/obtuse/right angle; ~ **de mira** [para disparar] line of sight; ~ **de tiro** [para disparar] elevation **-2.** [rincón] corner.
anguloso, sa *adj* angular.
angustia *f* **-1.** [aflicción] anxiety **-2.** PSICOL distress.
angustiar [8] *vt* to distress.
◆ **angustiarse** *vpr* [agobiarse]: ~**se (por)** to get worried (about).
angustioso, sa *adj* [espera, momentos] anxious; [situación, noticia] distressing.
anhelante *adj*: ~ **(por algo/hacer algo)** longing (for sthg/to do sthg), desperate (for sthg/to do sthg).
anhelar *vt* to long *o* wish for; ~ **hacer algo** to long to do sthg.
anhelo *m* longing.
anhídrido *m* anhydride; ~ **carbónico** carbon dioxide.
anidar *vi* **-1.** [pájaro] to nest **-2.** *fig* [sentimiento]: ~ **en** to find a place in.
anilina *f* aniline.
anilla *f* ring.
◆ **anillas** *fpl* DEP rings.
anillo *m* **-1.** [gen & ASTRON] ring; ~ **de boda** wedding ring; **ir** *o* **venir como** ~ **al dedo** *fam* [persona] to be just the right person; [cosa] to be just what one needed; **no se me van a caer los** ~**s** *fam* it won't hurt me (to do it) **-2.** ZOOL annulus.
ánima *f (el)* soul; ~ **bendita** soul in Purgatory.
animación *f* **-1.** [alegría] liveliness **-2.** [bullicio] hustle and bustle, activity **-3.** CIN animation.
animado, da *adj* **-1.** [con buen ánimo] cheerful **-2.** [divertido] lively **-3.** CIN animated.
animador, ra *m,f* **-1.** [en espectáculo] compere **-2.** [en fiesta de niños] children's entertainer **-3.** [en béisbol etc] cheerleader.
animadversión *f* animosity.
animal <> *adj* **-1.** [reino, funciones] animal *(antes de sust)* **-2.** *fam* [persona - basto] rough; [- ignorante] ignorant. <> *mf fam fig* [persona] animal, brute. <> *m* animal; ~ **doméstico** [de granja etc] domestic animal; [de compañía] pet; ~ **de tiro** draught animal.
animalada *f fam fig*: **decir/hacer una** ~ to say/do something mindless.
animalucho *m fig & despec* disgusting creature.
animar *vt* **-1.** [estimular] to encourage; ~ **a**

alguien a *o* para hacer algo to encourage sb to do sthg **-2.** [alegrar - persona] to cheer up **-3.** [avivar - fuego, diálogo, fiesta] to liven up; [comercio] to stimulate.

◆ **animarse** *vpr* **-1.** [alegrarse - persona] to cheer up; [- fiesta etc] to liven up **-2.** [decidir]: **~se (a hacer algo)** to finally decide (to do sthg).

anímico, ca *adj* mental.

ánimo ◇ *m* **-1.** [valor] courage **-2.** [aliento] encouragement; **dar ~s a alguien** to encourage sb **-3.** [intención]: **con/sin ~ de** with/without the intention of; **lo hice sin ~ de ofenderte** I didn't mean to offend you **-4.** [humor] disposition **-5.** [alma] mind. ◇ *interj* [para alentar]: **¡~!** come on!

animosidad *f* animosity.

animoso, sa *adj* [valiente] courageous; [decidido] undaunted.

aniñado, da *adj* [comportamiento] childish; [voz, rostro] childlike.

aniquilación *f* annihilation.

aniquilar *vt* to annihilate, to wipe out.

anís (*pl* **anises**) *m* **-1.** [planta] anise **-2.** [grano] aniseed **-3.** [licor] anisette.

anisete *m* anisette.

aniversario *m* [gen] anniversary; [cumpleaños] birthday.

ano *m* anus.

anoche *adv* last night, yesterday evening; **antes de ~** the night before last.

anochecer [30] ◇ *m* dusk, nightfall; **al ~** at dusk. ◇ *v impers* to get dark. ◇ *vi*: **~ en algún sitio** to be somewhere at nightfall.

anodino, na *adj* **-1.** [sin gracia] dull, insipid **-2.** [insustancial] lacking in substance.

ánodo *m* anode.

anomalía *f* anomaly.

anómalo, la *adj* anomalous.

anonadado, da *adj* **-1.** [sorprendido] astonished, bewildered **-2.** [abatido] stunned.

anonadar *vt* **-1.** [sorprender] to astonish, to bewilder **-2.** [abatir] to stun.

◆ **anonadarse** *vpr* **-1.** [sorprenderse] to be astonished *o* bewildered **-2.** [abatirse] to be stunned.

anonimato *m* anonymity; **permanecer en el ~** to remain nameless; **vivir en el ~** to live out of the public eye.

anónimo, ma *adj* anonymous.

◆ **anónimo** *m* anonymous letter.

anorak (*pl* **anoraks**) *m* anorak.

anorexia *f* anorexia.

anormal ◇ *adj* **-1.** [anómalo] abnormal **-2.** *ofensivo* [deficiente] subnormal. ◇ *mf ofensivo* subnormal person.

anormalidad *f* **-1.** [anomalía] abnormality **-2.** [defecto físico o psíquico] handicap, disability.

anotación *f* [gen] note; [en registro] entry; **~ al margen** marginal note; **~ contable** *COM* book entry.

anotar *vt* **-1.** [apuntar] to note down, to make a note of **-2.** [tantear] to notch up.

◆ **anotarse** *vpr* [matricularse] to enrol.

anovulatorio, ria *adj* anovulatory.

◆ **anovulatorio** *m* anovulant.

anquilosamiento *m* **-1.** [estancamiento] stagnation **-2.** *MED* paralysis.

anquilosarse *vpr* **-1.** [estancarse] to stagnate **-2.** *MED* to become paralysed.

ánsar *m* [ave] goose.

ansia *f (el)* **-1.** [afán]: **~ de** longing *o* yearning for **-2.** [ansiedad] anxiousness; [angustia] anguish; **comer con ~** to eat ravenously.

◆ **ansias** *fpl* [náuseas] sickness *(U)*, nausea *(U)*.

ansiar [9] *vt*: **~ hacer algo** to long *o* be desperate to do sthg.

ansiedad *f* **-1.** [inquietud] anxiety; **con ~** anxiously **-2.** *PSICOL* nervous tension.

ansiolítico, ca *adj* sedative.

◆ **ansiolítico** *m* sedative.

ansioso, sa *adj* **-1.** [impaciente] impatient; **estar ~ por** *o* **de hacer algo** to be impatient to do sthg **-2.** [angustiado] in anguish.

antagónico, ca *adj* antagonistic.

antagonismo *m* antagonism.

antagonista *mf* opponent.

antaño *adv* in days gone by.

antártico, ca *adj* Antarctic.

◆ **Antártico** *m*: **el Antártico** the Antarctic; **el océano Glacial Antártico** the Antarctic Ocean.

Antártida *f*: **la ~** the Antarctic.

ante[1] *m* **-1.** [piel] suede **-2.** [animal] elk, moose.

ante[2] *prep* **-1.** [delante de, en presencia de] before **-2.** [frente a - hecho, circunstancia] in the face of **-3.** [respecto de] compared to; **su opinión prevaleció ~ la mía** his opinion prevailed over mine.

◆ **ante todo** *loc adv* **-1.** [sobre todo] above all **-2.** [en primer lugar] first of all.

anteanoche *adv* the night before last.

anteayer *adv* the day before yesterday.

antebrazo *m* forearm.

antecámara *f* antechamber.

antecedente ◇ *adj* preceding, previous.

◇ *m* **-1.** [precedente] precedent **-2.** *GRAM & MAT* antecedent.

◆ **antecedentes** *mpl* [de persona] record *(sg)*; [de asunto] background *(sg)*; **poner a alguien en ~s de** [informar] to fill sb in on; **una persona sin ~s** a person with a clean record; **~s penales** criminal record *(sg)*.

anteceder *vt* to come before, to precede.

antecesor, ra *m,f* [predecesor] predecessor.

◆ **antecesores** *mpl* [antepasados] ancestors.

antedicho, cha *adj* aforementioned.

antediluviano, na *adj lit & fig* antediluvian.

antefirma *f* title of the signatory.

antelación *f*: **con ~** in advance, beforehand; **con dos horas de ~** two hours in advance.

antemano

◆ **de antemano** *loc adv* beforehand, in advance.

antemeridiano, na *adj* morning *(antes de sust)*.

antena *f* **-1.** *RADIO & TV* aerial ***UK***, antenna ***US***; **estar/salir en ~** to be/go on the air; **~ colectiva** *aerial shared by all the inhabitants of a block of flats*; **~ parabólica** satellite dish **-2.** *ZOOL* antenna.

anteojeras *fpl* blinkers ***UK***, blinders ***US***.

anteojos *mpl* ***Amér*** glasses.

antepasado, da *m,f* ancestor.

antepecho *m* [de puente] parapet; [de ventana] sill.

antepenúltimo, ma *adj & m,f* last but two.

anteponer [65] *vt*: **~ algo a algo** to put sthg before sthg.

◆ **anteponerse** *vpr*: **~se a** to come before.

anteproyecto *m* draft; **~ de ley** draft bill.

antepuesto, ta *pp* ▷ **anteponer**.

anterior *adj* **-1.** [previo]: **~ (a)** previous (to); **el día ~** the day before **-2.** [delantero] front *(antes de sust)*.

anterioridad *f*: **con ~** beforehand; **con ~ a** before, prior to.

anteriormente *adv* previously.

antes *adv* **-1.** [gen] before; **no importa si venís ~** it doesn't matter if you come earlier; **ya no nado como ~** I can't swim as I used to; **mucho/poco ~** long/shortly before; **lo ~ posible** as soon as possible; **mi coche de ~** my old car **-2.** [primero] first; **esta señora está ~** this lady is first **-3.** [expresa preferencia]: **~ ... que** rather ... than; **prefiero la sierra ~ que el mar** I like the mountains better than the sea; **iría a la cárcel ~ que mentir** I'd rather go to prison than lie.

◆ **antes de** *loc prep* before; **~ de hacer algo** before doing sthg.

◆ **antes (de) que** *loc conj* before; **~ (de) que llegarais** before you arrived.

antesala *f* anteroom; **estar en la ~ de** *fig* to be on the verge of; **hacer ~** [esperar] to wait.

antevíspera *f* day before yesterday.

antiabortista ◇ *adj* anti-abortion, pro-life. ◇ *mf* anti-abortion *o* pro-life campaigner.

antiácido, da *adj* antacid.

◆ **antiácido** *m* antacid.

antiadherente *adj* non-stick.

antiaéreo, a *adj* anti-aircraft.

antiarrugas *adj inv* anti-wrinkle.

antibala, antibalas *adj inv* bullet-proof.

antibiótico, ca *adj* antibiotic.

◆ **antibiótico** *m* antibiotic.

antichoc, antichoque *adj* shockproof.

anticiclón *m* anticyclone.

anticipación *f* earliness; **con ~** in advance; **con un mes de ~** a month in advance; **con ~ a** prior to.

anticipado, da *adj* [elecciones] early; [pago] advance; **por ~** in advance.

anticipar *vt* **-1.** [prever] to anticipate **-2.** [adelantar] to bring forward **-3.** [dinero] to pay in advance **-4.** [información]: **no te puedo ~ nada** I can't tell you anything just now.

◆ **anticiparse** *vpr* **-1.** [suceder antes] to arrive early; **se anticipó a su tiempo** he was ahead of his time **-2.** [adelantarse]: **~se a alguien** to beat sb to it.

anticipo *m* **-1.** [de dinero] advance **-2.** [presagio] foretaste.

anticlerical *adj* anticlerical.

anticlericalismo *m* anticlericalism.

anticoagulante *adj & m* anticoagulant.

anticomunismo *m* anti-communism.

anticomunista *adj & m,f* anti-communist.

anticoncepción *f* contraception.

anticonceptivo, va *adj* contraceptive.

◆ **anticonceptivo** *m* contraceptive.

anticonformismo *m* non-conformism.

anticongelante *adj & m* antifreeze.

anticonstitucional *adj* unconstitutional.

anticonstitucionalidad *f* unconstitutional nature.

anticorrosivo, va *adj* anticorrosive.

◆ **anticorrosivo** *m* anticorrosive substance.

anticristo *m* Antichrist.

anticuado, da *adj* old-fashioned.
anticuario, ria *m,f* [comerciante] antique dealer; [experto] antiquarian.
◆ **anticuario** *m* [tienda] antique shop.
anticucho *m Andes* kebab.
anticuerpo *m* antibody.
antidemocrático, ca *adj* undemocratic.
antideportivo, va *adj* unsporting, unsportsmanlike.
antidepresivo, va *adj* antidepressant.
◆ **antidepresivo** *m* antidepressant (drug).
antideslizante *adj* anti-skid; [ruedas] non-skid.
antideslumbrante *adj* anti-dazzle.
antidisturbios *mpl* [policía] riot police.
antidopaje *m* doping tests *(pl)*.
antidoping [anti'ðopin] *adj* doping *(antes de sust)*.
antídoto *m* antidote.
antier *adv Amér fam* the day before yesterday.
antiestético, ca *adj* unsightly.
antifascista *adj & m,f* anti-fascist.
antifaz *m* mask.
antigás *adj inv* gas *(antes de sust)*.
antígeno *m* antigen.
antigripal ◇ *adj* designed to combat flu, flu *(antes de sust)*. ◇ *m* flu remedy.
antigualla *f despec* [cosa] museum piece; [persona] old fogey, old fossil.
antiguamente *adv* [hace mucho] long ago; [previamente] formerly.
Antigua y Barbuda Antigua and Barbuda.
antigubernamental *adj* anti-government.
antigüedad *f* **-1.** [gen] antiquity **-2.** [veteranía] seniority.
◆ **antigüedades** *fpl* [objetos] antiques; **tienda de ~es** antique shop.
antiguo, gua *adj* **-1.** [viejo] old; [inmemorial] ancient **-2.** [anterior, previo] former **-3.** [veterano] senior **-4.** [pasado de moda] old-fashioned; **a la antigua** in an old-fashioned way.
◆ **antiguos** *mpl HIST* ancients.
antihéroe *m* antihero.
antihigiénico, ca *adj* unhygienic.
antihistamínico *m* antihistamine.
antiinflacionista *adj* anti-inflationary.
antiinflamatorio *m* anti-inflammatory drug.
antílope *m* antelope.
antimateria *f* antimatter.
antimilitarismo *m* antimilitarism.
antimilitarista *adj & m,f* antimilitarist.
antimisil *m* antimissile.
antimonopolio *adj inv ECON* antitrust *(antes de sust)*.
antinatural *adj* unnatural.
antiniebla ▻ **faro.**
antioxidante ◇ *adj* anti-rust. ◇ *m* rustproofing agent.
antipapa *m* antipope.
antiparasitario *m* **-1.** *VETER* flea collar **-2.** *TELECOM* suppressor.
antiparras *fpl fam* specs.
antipatía *f* dislike; **tener ~ a alguien** to dislike sb.
antipático, ca ◇ *adj* unpleasant. ◇ *m,f* unpleasant person.
antipirético, ca *adj* antipyretic.
◆ **antipirético** *m* antipyretic.
antípodas *fpl*: **las ~** the Antipodes.
antiquísimo, ma ◇ *superl* ▻ **antiguo.** ◇ *adj* ancient.
antirreflectante *adj* non-reflective.
antirreglamentario, ria *adj DEP* illegal, against the rules.
antirrobo ◇ *adj inv* antitheft *(antes de sust)*. ◇ *m* [en coche] antitheft device; [en edificio] burglar alarm.
antisemita ◇ *adj* anti-Semitic. ◇ *mf* anti-Semite.
antiséptico, ca *adj* antiseptic.
◆ **antiséptico** *m* antiseptic.
antisocial *adj* antisocial.
antiterrorismo *m* fight against terrorism.
antiterrorista *adj* anti-terrorist.
antítesis *f inv* antithesis.
antitetánico, ca *adj* anti-tetanus *(antes de sust)*.
antitético, ca *adj culto* antithetical.
antivirus *m inv* **-1.** *MED* vaccine **-2.** *INFORM* antivirus system.
antojadizo, za *adj* capricious.
antojarse *vpr* **-1.** [capricho]: **se le antojaron esos zapatos** he fancied those shoes; **se le ha antojado ir al cine** he felt like going to the cinema; **cuando se me antoje** when I feel like it **-2.** [posibilidad]: **se me antoja que ...** I have a feeling that ...
antojitos *mpl Méx* snacks, appetizers.
antojo *m* **-1.** [capricho] whim; [de embarazada] craving; **a mi/tu** *etc* **~** my/your *etc* (own) way; **tener un ~** [embarazada] to have a craving **-2.** [en la piel] birthmark.
antología *f* anthology; **de ~** memorable, unforgettable.

antológico, ca *adj* **-1.** [recopilador] anthological **-2.** [inolvidable] memorable, unforgettable.

antónimo *m* antonym.

antonomasia *f*: **por ~** par excellence.

antorcha *f* torch.

antracita *f* anthracite.

ántrax *m inv* anthrax.

antro *m despec* dive, dump.

antropocentrismo *m* anthropocentrism.

antropofagia *f* anthropophagy, cannibalism.

antropófago, ga ◇ *adj* anthropophagous. ◇ *m,f* cannibal.

antropología *f* anthropology.

antropólogo, ga *m,f* anthropologist.

anual *adj* annual.

anualidad *f* annuity, yearly payment.

anuario *m* yearbook.

anudar *vt* to knot, to tie in a knot.

◆ **anudarse** *vpr* **-1.** [atarse] to get into a knot **-2.** [entorpecerse]: **se le anudó la voz** he got a lump in his throat.

anuencia *f culto* consent, approval.

anulación *f* **-1.** [cancelación] cancellation; [de ley] repeal; [de matrimonio, contrato] annulment **-2.** [*DEP* - de un partido] calling-off; [- de un gol] disallowing; [- de un resultado] declaration as void.

anular[1] ◇ *adj* [en forma de anillo] annular. ◇ *m* ▷ **dedo.**

anular[2] *vt* **-1.** [cancelar - gen] to cancel; [- ley] to repeal; [- matrimonio, contrato] to annul **-2.** [*DEP* - partido] to call off; [- gol] to disallow; [- resultado] to declare void **-3.** [reprimir] to repress.

anunciación *f* announcement.

◆ **Anunciación** *f RELIG* Annunciation.

anunciante ◇ *adj* advertising *(antes de sust).* ◇ *mf* advertiser.

anunciar [8] *vt* **-1.** [notificar] to announce **-2.** [hacer publicidad de] to advertise **-3.** [presagiar] to herald.

◆ **anunciarse** *vpr*: **~se en** to advertise in, to put an advert in.

anuncio *m* **-1.** [notificación] announcement; [cartel, aviso] notice; [póster] poster **-2.**: **~ (publicitario)** advertisement, advert; **~s por palabras** classified adverts **-3.** [presagio] sign, herald.

anverso *m* [de moneda] head, obverse; [de hoja] front.

anzuelo *m* **-1.** [para pescar] (fish) hook **-2.** *fam* [señuelo] bait; **picar** *o* **morder el ~** to take the bait.

añadido, da *adj*: **~ (a)** added (to).

◆ **añadido** *m* addition.

añadidura *f* addition; **por ~** in addition, what is more.

añadir *vt* to add.

añejo, ja *adj* **-1.** [vino, licor] mature; [tocino] cured **-2.** [costumbre] age-old.

añicos *mpl*: **hacer** *o* **hacerse ~** to shatter.

añil *adj* & *m* [color] indigo.

año *m* year; **en el ~ 1939** in 1939; **los ~s 30** the thirties; **~ académico/escolar/fiscal** academic/school/tax year; **~ bisiesto/solar** leap/solar year; **~ nuevo** New Year; **¡Feliz Año Nuevo!** Happy New Year!; **~ sabático** sabbatical; **el ~ de la nana** *fam* the year dot.

◆ **años** *mpl* [edad] age *(sg)*; **¿cuántos ~s tienes? — tengo 17 ~s** how old are you? — I'm 17 (years old); **los de 25 ~s** the 25-year-olds; **cumplir ~s** to have one's birthday; **cumplo ~s el 25** it's my birthday on the 25th; **estar entrado** *o* **metido en ~s** to be getting on; **te has quitado ~s de encima** [rejuvenecer] you look much younger.

◆ **año luz** (*pl* **años luz**) *m* light year; **estar a ~s luz de** *fig* to be light years away from.

añoranza *f*: **~ (de)** [gen] nostalgia (for); [hogar, patria] homesickness (for).

añorar *vt* to miss.

aorta *f* aorta.

aovado, da *adj* egg-shaped.

aovar *vi* to lay eggs; [peces] to spawn.

ap. *abrev de* **aparte.**

APA (*abrev de* **asociación de padres de alumnos**) *f Spanish association for parents of schoolchildren,* ≃ PTA.

apabullar *vt* to overwhelm.

◆ **apabullarse** *vpr* to be overwhelmed.

apacentar [19] *vt* to graze.

apache *adj* & *m,f* Apache.

apacible *adj* [gen] mild, gentle; [lugar, ambiente] pleasant.

apacienta *etc* ▷ **apacentar.**

apaciguador, ra *adj* calming.

apaciguar [45] *vt* **-1.** [tranquilizar] to calm down **-2.** [aplacar - dolor etc] to soothe.

◆ **apaciguarse** *vpr* **-1.** [tranquilizarse] to calm down **-2.** [aplacarse - dolor etc] to abate.

apadrinar *vt* **-1.** [niño] to act as a godparent to **-2.** [artista] to sponsor.

apagado, da *adj* **-1.** [luz, fuego] out; [aparato] off **-2.** [color, persona] subdued **-3.** [sonido] dull, muffled; [voz] low, quiet.

apagar [16] *vt* **-1.** [extinguir - fuego] to put out; [- luz] to put off; [- vela] to extinguish **-2.**

[desconectar] to turn *o* switch off; **apaga y vámonos** *fig* we have nothing more to talk about **-3.** [aplacar - sed] to quench; [- dolor] to get rid of **-4.** [rebajar - color] to soften; [- sonido] to muffle.

◆ **apagarse** *vpr* **-1.** [extinguirse - fuego, vela, luz] to go out; [- dolor, ilusión, rencor] to die down; [- sonido] to die away **-2.** [morir] to pass away.

apagón *m* power cut.

apague *etc* ▷ **apagar**.

apaisado, da *adj* oblong.

apalabrar *vt* [concertar] to make a verbal agreement regarding; [contratar] to engage on the basis of a verbal agreement.

Apalaches *mpl*: **los ~** the Appalachians.

apalancar [10] *vt* [para abrir] to lever open; [para mover] to lever.

◆ **apalancarse** *vpr* ***mfam*** [apoltronarse] to install o.s.

apalear *vt* to beat up.

apañado, da *adj* ***fam*** [hábil, mañoso] clever, resourceful; **estar ~** ***fig*** to have had it.

apañar *vt* ***fam*** **-1.** [reparar] to mend **-2.** [amañar] to fix, to arrange.

◆ **apañarse** *vpr* ***fam*** to cope, to manage; **apañárselas (para hacer algo)** to manage (to do sthg).

apaño *m* ***fam*** **-1.** [reparación] patch **-2.** [chanchullo] fix, shady deal **-3.** [acuerdo] compromise.

apapachado, da *adj* ***Méx*** pampered, spoilt.

apapachador, ra *adj* ***Méx*** comforting.

apapachar *vt* ***Méx*** [mimar] to cuddle; [consentir] to spoil.

apapacho *m* ***Méx*** cuddle.

aparador *m* **-1.** [mueble] sideboard **-2.** [escaparate] shop window.

aparato *m* **-1.** [máquina] machine; [de laboratorio] apparatus ***(U)***; [electrodoméstico] appliance; **~ de radio** radio; **~ de televisión** television set **-2.** [dispositivo] device **-3.** [teléfono]: **¿quién está al ~?** who's speaking? **-4.** [avión] plane **-5.** [*MED* - prótesis] aid; [- para dientes] brace **-6.** *ANAT* system **-7.** *POLÍT* machinery **-8.** [ostentación] pomp, ostentation.

aparatoso, sa *adj* **-1.** [ostentoso] ostentatious, showy **-2.** [espectacular] spectacular.

aparcamiento *m* **-1.** [acción] parking **-2.** [parking] car park ***UK***, parking lot ***US***; [hueco] parking place.

aparcar [10] ◇ *vt* **-1.** [estacionar] to park **-2.** [posponer] to shelve. ◇ *vi* [estacionar] to park.

aparcero, ra *m,f* sharecropper.

aparear *vt* [animales] to mate.

◆ **aparearse** *vpr* [animales] to mate.

aparecer [30] *vi* **-1.** [gen] to appear **-2.** [acudir]: **~ por (un lugar)** to turn up at (a place) **-3.** [ser encontrado] to turn up.

◆ **aparecerse** *vpr* to appear.

aparecido, da *m,f* ghost.

aparejado, da *adj*: **llevar ~** [acarrear] to entail.

aparejador, ra *m,f* quantity surveyor.

aparejar *vt* **-1.** [preparar] to get ready, to prepare **-2.** [caballerías] to harness **-3.** *NÁUT* to rig (out).

aparejo *m* **-1.** [de caballerías] harness **-2.** *MEC* block and tackle **-3.** *NÁUT* rigging.

◆ **aparejos** *mpl* equipment ***(U)***; [de pesca] tackle ***(U)***.

aparentar ◇ *vt* **-1.** [fingir] to feign **-2.** [edad] to look. ◇ *vi* [presumir] to show off.

aparente *adj* **-1.** [falso, supuesto] apparent **-2.** [visible] visible **-3.** [llamativo] striking.

aparición *f* **-1.** [gen] appearance **-2.** [de ser sobrenatural] apparition.

apariencia *f* **-1.** [aspecto] appearance; **en ~** apparently, outwardly; **guardar las ~s** to keep up appearances; **las ~s engañan** appearances can be deceptive **-2.** [falsedad] illusion.

aparque *etc* ▷ **aparcar**.

apartado, da *adj* **-1.** [separado]: **~ de** away from **-2.** [alejado] remote.

◆ **apartado** *m* [párrafo] paragraph; [sección] section.

◆ **apartado de correos** *m* PO Box.

apartamento *m* apartment, flat ***UK***.

apartar *vt* **-1.** [alejar] to move away; [quitar] to remove **-2.** [separar] to separate **-3.** [escoger] to take, to select.

◆ **apartarse** *vpr* **-1.** [hacerse a un lado] to move to one side, to move out of the way **-2.** [separarse] to separate; **~se de** [gen] to move away from; [tema] to get away from; [mundo, sociedad] to cut o.s. off from.

aparte ◇ *adv* **-1.** [en otro lugar, a un lado] aside, to one side; **bromas ~** joking apart; **dejar algo ~** to leave sthg aside; **poner algo ~** to put sthg aside; **impuestos ~** before tax **-2.** [además] besides; **~ de fea ...** besides being ugly ... **-3.** [por separado] separately. ◇ *adj inv* separate; **ser caso ~** to be a different matter. ◇ *m* **-1.** [párrafo] new paragraph **-2.** *TEATR* aside.

◆ **aparte de** *loc prep* [excepto] apart from, except from.

apartheid [apar'xeid] *m* apartheid.

apartotel, aparthotel *m* hotel apartments *(pl)*.

apasionado, da ◇ *adj* passionate. ◇ *m,f* lover, enthusiast.

apasionante *adj* fascinating.

apasionar *vt* to fascinate; **le apasiona la música** he's mad about music.
◆ **apasionarse** *vpr* to get excited; **~se por** *o* **con** to be mad about.

apatía *f* apathy.

apático, ca ◇ *adj* apathetic. ◇ *m,f* apathetic person.

apátrida ◇ *adj* stateless. ◇ *mf* stateless person.

apdo. *abrev de* **apartado**.

apeadero *m* [de tren] halt.

apear *vt* **-1.** [bajar] to take down **-2.** *fam* [disuadir]: **~ a alguien de** to talk sb out of.
◆ **apearse** *vpr* **-1.** [bajarse]: **~se (de)** [tren] to alight (from), to get off; [coche] to get out (of); [caballo] to dismount (from) **-2.** *fam* [disuadirse]: **~se de** to back down on.

apechugar [16] *vi*: **~ con** to put up with, to live with.

apedrear ◇ *vt* [persona] to stone; [cosa] to throw stones at. ◇ *v impers* to hail.

apegarse [16] *vpr*: **~ a** to become fond of *o* attached to.

apego *m* fondness, attachment; **tener/tomar ~ a** to be/become fond of.

apelación *f* appeal.

apelar *vi* **-1.** DER to (lodge an) appeal; **~ ante/contra** to appeal to/against **-2.** [recurrir]: **~ a** [persona] to go to; [sentido común, bondad] to appeal to; [violencia] to resort to.

apelativo *m* name.

apellidarse *vpr*: **se apellida Suárez** her surname is Suárez.

apellido *m* surname.

apelmazado, da *adj* **-1.** [jersey] shrunk **-2.** [arroz, bizcocho] stodgy.

apelmazar [13] *vt* **-1.** [jersey] to shrink **-2.** [arroz, bizcocho] to make stodgy.
◆ **apelmazarse** *vpr* **-1.** [jersey] to shrink **-2.** [arroz, bizcocho] to go stodgy.

apelotonar *vt* to bundle up.
◆ **apelotonarse** *vpr* [gente] to crowd together.

apenado, da *adj* ***Andes, CAm, Carib, Méx*** [avergonzado] ashamed, embarrassed.

apenar *vt* to sadden.
◆ **apenarse** *vpr* **-1.** to be saddened **-2.** ***Andes, CAm, Carib, Méx*** [avergonzarse] to be ashamed, to be embarrassed.

apenas *adv* **-1.** [casi no] scarcely, hardly; **~ me puedo mover** I can hardly move **-2.** [tan sólo] only; **~ hace dos minutos** only two minutes ago **-3.** [tan pronto como] as soon as; **~ llegó, sonó el teléfono** no sooner had he arrived than the phone rang.

apencar [10] *vi fam*: **~ con** [trabajo] to take on; [responsabilidad] to shoulder; [consecuencias, dificultad] to live with.

apéndice *m* appendix.

apendicitis *f inv* appendicitis.

Apeninos *mpl*: **los ~** the Appenines.

apenque *etc* ▷ **apencar**.

apercibir *vt* **-1.** [darse cuenta de] to notice **-2.** [amonestar] to reprimand, to give a warning to **-3.** DER to issue with a warning.
◆ **apercibirse de** *vpr* to notice.

apergaminarse *vpr fam* to become wrinkled *o* wizened.

aperitivo *m* [bebida] aperitif; [comida] appetizer.

apero *m (gen pl)* tool; **~s de labranza** farming implements.

aperrearse *vpr fam* to refuse to change one's mind.

apertura *f* **-1.** [gen] opening; [de año académico, temporada] start **-2.** [DEP - en rugby] kick-off; [- en ajedrez] opening (move) **-3.** POLÍT [liberalización] liberalization *(especially that introduced in Spain by the Franco regime after 1970)*.

APERTURA

Apertura is the name given in Spain to the period after 1970 when political changes were introduced by the Franco regime.

aperturismo *m* progressive policies *(pl)*.

aperturista *adj & m,f* progressive.

apesadumbrar *vt* to weigh down.
◆ **apesadumbrarse** *vpr* to be weighed down.

apestar ◇ *vi*: **~ (a)** to stink (of). ◇ *vt* **-1.** [hacer que huela mal] to infest, to stink out **-2.** [contagiar peste] to infect with the plague.

apestoso, sa *adj* foul.

apetecer [30] ◇ *vi*: **¿te apetece un café?** do you fancy a coffee?; **me apetece salir** I feel like going out. ◇ *vt*: **tenían todo cuanto apetecían** they had everything they wanted.

apetecible *adj* [comida] appetizing, tempting; [vacaciones etc] desirable.

apetito *m* appetite; **abrir el ~** to whet one's appetite; **perder el ~** to lose one's appetite;

tener ~ to be hungry.
apetitoso, sa *adj* **-1.** [comida] appetizing **-2.** [oferta, empleo] tempting.
apiadar *vt* to earn the pity of.
◆ **apiadarse** *vpr* to show compassion; **~se de** to take pity on.
ápice *m* **-1.** [pizca] iota; **ni un ~** not a single bit; **no ceder un ~** not to budge an inch **-2.** [vértice - de montaña] peak; [- de hoja, lengua] tip; [- de edificio] top **-3.** [punto culminante] peak, height.
apicultor, ra *m,f* beekeeper.
apicultura *f* beekeeping.
apilar *vt* to pile up.
◆ **apilarse** *vpr* to pile up.
apiñado, da *adj* [apretado] packed, crammed.
apiñar *vt* to pack *o* cram together.
◆ **apiñarse** *vpr* to crowd together; [para protegerse, por miedo] to huddle together.
apio *m* celery.
apisonadora *f* steamroller.
aplacar [10] *vt* to placate; [hambre] to satisfy; [sed] to quench.
◆ **aplacarse** *vpr* to calm down; [dolor] to abate.
aplace *etc* ▷ **aplazar**.
aplanar *vt* to level.
aplaque *etc* ▷ **aplacar**.
aplastante *adj* **fig** [apabullante] overwhelming, devastating.
aplastar *vt* **-1.** [por el peso] to flatten **-2.** [derrotar] to crush.
aplatanado, da *adj fam* listless.
aplatanar *vt fam* to make listless.
◆ **aplatanarse** *vpr fam* to become listless.
aplaudir *vt & vi* to applaud.
aplauso *m* **-1.** [ovación] round of applause; **~s** applause *(U)* **-2.** *fig* [alabanza] applause.
aplazamiento *m* postponement.
aplazar [13] *vt* to postpone.
aplicación *f* **-1.** [gen & INFORM] application **-2.** [decoración] appliqué.
aplicado, da *adj* **-1.** [estudioso] diligent **-2.** [ciencia] applied.
aplicar [10] *vt* [gen] to apply; [nombre, calificativo] to give.
◆ **aplicarse** *vpr* **-1.** [esmerarse]: **~se (en algo)** to apply o.s. (to sthg) **-2.** [concernir]: **~se a** to apply to.
aplique *m* wall lamp.
aplomo *m* composure; **perder el ~** to lose one's composure.
apocado, da *adj* timid.
apocalipsis *m o f inv* calamity.
◆ **Apocalipsis** *m o f* Apocalypse.
apocalíptico, ca *adj* apocalyptic.
apocamiento *m* timidity.
apocarse [10] *vpr* [intimidarse] to be frightened *o* scared; [humillarse] to humble o.s.
apocopar *vt* to apocopate.
apócope *f* apocopation.
apócrifo, fa *adj* apocryphal.
apodar *vt* to nickname.
◆ **apodarse** *vpr* to be nicknamed.
apoderado, da *m,f* **-1.** [representante] (official) representative **-2.** TAUROM agent, manager.
apoderar *vt* [gen] to authorize, to empower; DER to grant power of attorney to.
◆ **apoderarse de** *vpr* **-1.** [adueñarse de] to seize **-2.** *fig* [dominar] to take hold of, to grip.
apodo *m* nickname.
apogeo *m fig* height, apogee; **estar en (pleno) ~** to be at its height.
apolillado, da *adj* moth-eaten.
apolillar *vt* to eat holes in.
◆ **apolillarse** *vpr* to get moth-eaten.
apolítico, ca *adj* apolitical.
apología *f* apology, eulogy; **~ del terrorismo** defence of terrorism.
apoltronarse *vpr* **-1.** [apalancarse]: **~ (en)** to become lazy *o* idle (in) **-2.** [acomodarse]: **~ en** to lounge in.
apoplejía *f* apoplexy.
apoquinar *vt & vi fam* to fork out.
aporrear *vt* to bang.
aportación *f* **-1.** [proporcionamiento] provision **-2.** [contribución] contribution; **hacer una ~** to contribute.
aportar *vt* **-1.** [proporcionar] to provide **-2.** [contribuir con] to contribute.
aposentar *vt* to put up, to lodge.
◆ **aposentarse** *vpr* to take up lodgings.
aposento *m* **-1.** [habitación] room; **retirarse a sus ~s** *desus o hum* to withdraw (to one's chamber) **-2.** [alojamiento] lodgings *(pl)*.
aposición *f* apposition.
apósito *m* dressing.
aposta, apostas *adv* on purpose, intentionally.
apostante *mf* person who places a bet.
apostar [23] ◇ *vt* **-1.** [jugarse] to bet **-2.** [emplazar] to post. ◇ *vi*: **~ (por)** to bet (on); **apuesto a que no viene** I bet he doesn't come.
◆ **apostarse** *vpr* **-1.** [jugarse] to bet; **~se algo con alguien** to bet sb sthg **-2.** [colocarse] to post o.s.

apostas = aposta.
apóstata *mf* apostate.
apostilla *f* note.
apostillar *vt* to annotate.
apóstol *m lit & fig* apostle.
apostolado *m* **-1.** [de apóstol] apostolate **-2.** [de ideales] mission.
apostólico, ca *adj* apostolic.
apostolizar [13] *vt* to convert to Christianity.
apóstrofe *m o f* LITER apostrophe.
apóstrofo *m* GRAM apostrophe.
apostura *f* [garbo] dashing nature.
apoteósico, ca *adj* tremendous.
apoteosis *f inv* [final] grand finale.
apoyacabezas *m inv* headrest.
apoyar *vt* **-1.** [inclinar] to lean, to rest **-2.** *fig* [basar, respaldar] to support.
◆ **apoyarse** *vpr* **-1.** [sostenerse]: **~se en** to lean on **-2.** *fig* [basarse]: **~se en** [suj: tesis, conclusiones] to be based on, to rest on; [suj: persona] to base one's arguments on **-3.** [respaldarse] to support one another.
apoyo *m lit & fig* support.
apreciable *adj* **-1.** [perceptible] appreciable, significant **-2.** *fig* [estimable] worthy.
apreciación *f* [consideración] appreciation; [estimación] evaluation.
apreciar [8] *vt* **-1.** [valorar] to appreciate; [sopesar] to appraise, to evaluate **-2.** [sentir afecto por] to think highly of **-3.** [percibir] to tell, to make out **-4.** [opinar]: **~ que** to consider (that).
aprecio *m* esteem; **sentir ~ por alguien** to think highly of sb.
aprehender *vt* **-1.** [coger - persona] to apprehend; [- alijo, mercancía] to seize **-2.** [comprender] to take in.
aprehensión *f* [de persona] arrest, capture; [de alijo, mercancía] seizure.
apremiante *adj* pressing, urgent.
apremiar [8] ◇ *vt* **-1.** [meter prisa]: **~ a alguien para que haga algo** to urge sb to do sthg **-2.** [obligar]: **~ a alguien a hacer algo** to compel sb to do sthg. ◇ *vi* [ser urgente] to be pressing.
apremio *m* **-1.** [urgencia] urgency **-2.** DER writ.
aprender ◇ *vt* **-1.** [estudiar] to learn **-2.** [memorizar] to memorize. ◇ *vi*: **~ (a hacer algo)** to learn (to do sthg); **¡para que aprendas!** that'll teach you!
◆ **aprenderse** *vpr* **-1.** [estudiar] to learn **-2.** [memorizar] to memorize.
aprendiz, za *m,f* **-1.** [ayudante] apprentice, trainee **-2.** [novato] beginner.
aprendizaje *m* **-1.** [acción] learning **-2.** [tiempo, situación] apprenticeship.
aprensión *f*: **~ (por)** [miedo] apprehension (about); [escrúpulo] squeamishness (about).
aprensivo, va *adj* **-1.** [miedoso] apprehensive **-2.** [escrupuloso] squeamish **-3.** [hipocondríaco] hypochondriac.
apresar *vt* [suj: animal] to catch; [suj: persona] to capture.
aprestar *vt* **-1.** [preparar] to prepare, to get ready **-2.** [tela] to size.
◆ **aprestarse a** *vpr*: **~se a hacer algo** to get ready to do sthg.
apresto *m* size.
apresurado, da *adj* hasty, hurried.
apresuramiento *m* haste.
apresurar *vt* to hurry along, to speed up; **~ a alguien para que haga algo** to try to make sb do sthg more quickly.
◆ **apresurarse** *vpr* to hurry; **~se a hacer algo** to do sthg quickly.
apretado, da *adj* **-1.** [gen] tight; [triunfo] narrow; [esprint] close; [caligrafía] cramped **-2.** [apiñado] packed.
apretar [19] ◇ *vt* **-1.** [oprimir - botón, tecla] to press; [- gatillo] to pull, to squeeze; [- nudo, tuerca, cinturón] to tighten; **el zapato me aprieta** my shoe is pinching **-2.** [estrechar] to squeeze; [abrazar] to hug **-3.** [comprimir - ropa, objetos] to pack tight **-4.** [juntar - dientes] to grit; [- labios] to press together **-5.** *fig* [el paso, la marcha] to quicken **-6.** *fig* [presionar] to press. ◇ *vi* [calor, lluvia] to get worse, to intensify; **~ a correr** *fam* to run off.
◆ **apretarse** *vpr* [agolparse] to crowd together; [acercarse] to squeeze up.
apretón *m* [estrechamiento] squeeze; **~ de manos** handshake.
◆ **apretones** *mpl* [aglomeración] crush *(sg)*.
apretujar *vt* **-1.** [gen] to squash **-2.** [hacer una bola con] to screw up.
◆ **apretujarse** *vpr* [en banco, autobús] to squeeze together; [por frío] to huddle up.
apretujón *m fam* [abrazo] bearhug.
aprieta *etc* ▻ **apretar**.
aprieto *m fig* fix, difficult situation; **poner en un ~ a alguien** to put sb in a difficult position; **verse** *o* **estar en un ~** to be in a fix.
aprisa *adv* quickly.
aprisionar *vt* **-1.** [encarcelar] to imprison **-2.** [inmovilizar - atando, con camisa de fuerza] to strap down; [- suj: viga etc] to trap.
aprobación *f* approval.
aprobado, da *adj* [aceptado] approved.

◆ **aprobado** *m EDUC* pass.
aprobar [23] *vt* **-1.** [proyecto, moción, medida] to approve; [ley] to pass **-2.** [comportamiento etc] to approve of **-3.** [examen, asignatura] to pass.
aprontarse *vpr RP* [prepararse] to get ready; **¡aprontate para cuando llegue tu papá!** just wait till your daddy gets here!
apropiación *f* [robo] theft.
apropiado, da *adj* suitable, appropriate.
apropiar [8] *vt*: ~ **(a)** to adapt (to).
◆ **apropiarse de** *vpr lit & fig* to appropriate.
aprovechable *adj* usable.
aprovechado, da ◇ *adj* **-1.** [caradura]: **es muy** ~ he's always sponging off other people **-2.** [bien empleado - tiempo] well-spent; [- espacio] well-planned **-3.** [aplicado] diligent. ◇ *m,f* [caradura] sponger.
aprovechamiento *m* **-1.** [utilización] use **-2.** [en el estudio] progress, improvement.
aprovechar ◇ *vt* **-1.** [gen] to make the most of; [oferta, ocasión] to take advantage of; [conocimientos, experiencia] to use, to make use of; ~ **que ...** to make the most of the fact that ... **-2.** [lo inservible] to put to good use. ◇ *vi* **-1.** [ser provechoso] to be beneficial; **¡que aproveche!** enjoy your meal! **-2.** [mejorar] to make progress.
◆ **aprovecharse** *vpr*: ~**se (de)** to take advantage (of).
aprovisionamiento *m* supplying.
aprovisionar *vt* to supply.
aproximación *f* **-1.** [acercamiento] approach **-2.** [en cálculo] approximation **-3.** [en lotería] *in lotteries, consolation prize given to numbers immediately before and after the winning number* **-4.** *fig* [de países] rapprochement; [de puntos de vista] converging.
aproximadamente *adv* approximately.
aproximado, da *adj* approximate.
aproximar *vt* to move closer.
◆ **aproximarse** *vpr* to come closer.
aprueba *etc* ▷ **aprobar**.
aptitud *f* ability, aptitude; **tener ~ para algo** to have an aptitude for sthg.
apto, ta *adj* **-1.** [adecuado, conveniente]: ~ **(para)** suitable (for) **-2.** [capacitado - intelectualmente] capable, able; [- físicamente] fit **-3.** *CIN*: ~**/no ~ para menores** suitable/unsuitable for children.
apuesta ▷ **apostar**. ◇ *f* bet.
apuesto, ta *adj* dashing.
apunado, da *adj Andes*: **estar ~** to have altitude sickness.
apunar *vt Andes* to cause to have altitude sickness.
◆ **apunarse** *vpr Andes* to get altitude sickness.
apuntador, ra *m,f* prompter.
apuntalamiento *m lit & fig* underpinning.
apuntalar *vt lit & fig* to underpin.
apuntar ◇ *vt* **-1.** [anotar] to make a note of, to note down; ~ **a alguien** [en lista] to put sb down; **apúntamelo (en la cuenta)** put it on my account **-2.** [dirigir - dedo] to point; [- arma] to aim; ~ **a alguien** [con el dedo] to point at sb; [con un arma] to aim at sb **-3.** *TEATR* to prompt **-4.** *fig* [sugerir] to hint at **-5.** *fig* [indicar] to point out. ◇ *vi* **-1.** [vislumbrarse] to appear; [día] to break **-2.** *fig* [indicar]: ~ **a** to point to, to suggest.
◆ **apuntarse** *vpr* **-1.** [en lista] to put one's name down; [en curso] to enrol **-2.** [participar]: ~**se (a hacer algo)** to join in (doing sthg); **yo me apunto** I'm in.
apunte *m* **-1.** [nota] note **-2.** [boceto] sketch **-3.** *COM* entry **-4.** *TEATR* prompt.
◆ **apuntes** *mpl EDUC* notes; **tomar ~s** to take notes.
apuñalar *vt* to stab.
apurado, da *adj* **-1.** [necesitado] in need; ~ **de** short of **-2.** [avergonzado] embarrassed **-3.** [difícil] awkward.
apurar *vt* **-1.** [agotar] to finish off; [existencias, la paciencia] to exhaust **-2.** [meter prisa] to hurry **-3.** [preocupar] to trouble **-4.** [avergonzar] to embarrass **-5.** [barba] to shave closely.
◆ **apurarse** *vpr* **-1.** [preocuparse]: ~**se (por)** to worry (about) **-2.** [darse prisa] to hurry.
apuro *m* **-1.** [dificultad] fix, difficult situation; **estar en ~s** to be in a tight spot **-2.** [penuria] hardship *(U)*; **pasar ~s** to be hard up **-3.** [vergüenza] embarrassment; **me da ~ (decírselo)** I'm embarrassed (to tell her).
aquaplaning [akwa'planin] *m* aquaplaning.
aquejado, da *adj*: ~ **de** suffering from.
aquejar *vt* to afflict; **le aquejan varias enfermedades** he suffers from a number of illnesses.
aquel, aquella (*mpl* **aquellos**, *fpl* **aquellas**) *adj demos* that, *(pl)* those.
aquél, aquélla (*mpl* **aquéllos**, *fpl* **aquéllas**) *pron demos* **-1.** [ése] that (one), *(pl)* those (ones); **este cuadro me gusta pero ~ del fondo no** I like this picture, but I don't like that one at the back; ~ **fue mi último día en Londres** that was my last day in London **-2.** [nombrado antes] the former; **teníamos un co-**

che y una moto, ésta estropeada y ~ sin gasolina we had a car and a motorbike, the former was out of petrol, the latter had broken down **-3.** [con oraciones relativas] whoever, anyone who; **~ que quiera hablar que levante la mano** whoever wishes *o* anyone wishing to speak should raise their hand; **aquéllos que ...** those who ...

aquelarre *m* coven.

aquella ▷ **aquel**.

aquélla ▷ **aquél**.

aquello *pron demos (neutro)* that; **no consiguió saber si ~ lo dijo en serio** he never found out whether she meant those words *o* that seriously; **~ de su mujer es una mentira** all that about his wife is a lie.

aquellos, aquellas ▷ **aquel**.

aquéllos, aquéllas ▷ **aquél**.

aquí *adv* **-1.** [gen] here; **~ abajo/arriba** down/up here; **~ dentro/fuera** in/out here; **~ mismo** right here; **~ y allá** here and there; **de ~ para allá** [de un lado a otro] to and fro; **por ~** over here **-2.** [ahora] now; **de ~ a mañana** between now and tomorrow; **de ~ a poco** shortly, soon; **de ~ a un mes** a month from now, in a month **-3.** [en tiempo pasado]: **~ empezaron los problemas** that was when the problems started.

◆ **de aquí que** *loc conj* [por eso] hence, therefore.

aquiescencia *f* approval.

aquietar *vt* to calm down.

◆ **aquietarse** *vpr* to calm down.

aquilatar *vt* **-1.** [metales, joyas] to assay **-2.** *fig* [examinar] to assess.

ara *f (el)* **-1.** *culto* [piedra] altar stone **-2.** [altar] altar.

◆ **en aras de** *loc prep culto* for the sake of.

árabe ◇ *adj* Arab, Arabian. ◇ *mf* [persona] Arab. ◇ *m* [lengua] Arabic.

arabesco *m* arabesque.

Arabia Saudí, Arabia Saudita Saudi Arabia.

arábigo, ga *adj* **-1.** [de Arabia] Arab, Arabian **-2.** [numeración] Arabic.

arácnido *m* arachnid.

arado *m* plough.

Aragón Aragon.

aragonés, esa *adj & m,f* Aragonese.

Aral *m*: **el mar de ~** the Aral Sea.

arameo *m* [lengua] Aramaic.

arancel *m* tariff.

arancelario, ria *adj* tariff *(antes de sust)*.

arándano *m* bilberry, blueberry *US*.

arandela *f* TECN washer.

araña *f* **-1.** [animal] spider; **~ de mar** spider crab **-2.** [lámpara] chandelier.

arañar *vt* **-1.** [gen] to scratch **-2.** *fig* [reunir] to scrape together.

arañazo *m* scratch.

arar *vt* to plough.

araucano, na *adj* Araucanian.

arbitraje *m* **-1.** [DEP - en fútbol etc] refereeing; [- en tenis, críquet] umpiring **-2.** DER arbitration.

arbitral *adj* DEP of the referee.

arbitrar ◇ *vt* **-1.** [DEP - en fútbol etc] to referee; [- en tenis, críquet] to umpire **-2.** [medidas, recursos] to bring together **-3.** DER to arbitrate. ◇ *vi* **-1.** [DEP - en fútbol etc] to referee; [- en tenis, críquet] to umpire **-2.** DER to arbitrate.

arbitrariedad *f* **-1.** [cualidad] arbitrariness **-2.** [acción] arbitrary action

arbitrario, ria *adj* arbitrary.

arbitrio *m* [decisión] judgment; **dejar algo al ~ de alguien** to leave sthg to sb's discretion; **libre ~** free will.

◆ **arbitrios** *mpl* [impuestos] taxes.

árbitro *m* **-1.** [DEP - en fútbol etc] referee; **~ asistente** asisstant referee; [- en tenis, críquet] umpire **-2.** DER arbitrator.

árbol *m* **-1.** BOT tree; **~ de Navidad** Christmas tree **-2.** TECN shaft; **~ de levas** camshaft **-3.** NÁUT mast.

◆ **árbol genealógico** *m* family tree.

arbolado, da *adj* **-1.** [terreno] wooded; [calle] tree-lined **-2.** [mar] tempestuous.

◆ **arbolado** *m* woodland *(U)*.

arboladura *f* NÁUT masts and spars *(pl)*.

arbolar *vt* **-1.** [barco] to mast **-2.** [bandera] to raise, to hoist **-3.** [mar] to whip up.

◆ **arbolarse** *vpr* to rear up.

arboleda *f* grove.

arbotante *m* flying buttress.

arbusto *m* bush, shrub.

arca *f (el)* **-1.** [arcón] chest **-2.** [barco]: **~ de Noé** Noah's Ark.

◆ **arcas** *fpl* coffers; **~s públicas** Treasury *(sg)*.

arcabuz *m* arquebus.

arcada *f* **-1.** *(gen pl)* [de estómago] retching *(U)*; **me dieron ~s** I retched **-2.** [ARQUIT - arcos] arcade; [- de puente] arch.

arcaico, ca *adj* archaic.

arcaísmo *m* archaism.

arcángel *m* archangel.

arcano, na *adj* arcane.

◆ **arcano** *m* **-1.** [carta] arcana **-2.** [misterio] mystery.

arce *m* maple.
arcén *m* [de autopista] hard shoulder *UK*, shoulder *US*; [de carretera] verge.
archiconocido, da *adj fam* very well-known.
archiduque, quesa *m,f* archduke (*f* archduchess).
archimillonario, ria *m,f* multimillionaire.
archipiélago *m* archipelago.
archisabido, da *adj* very well-known.
archivador, ra *m,f* archivist.
◆ **archivador** *m* filing cabinet.
archivar *vt* **-1.** [guardar - documento, fichero etc] to file **-2.** *fig* [olvidar - suceso etc] to push to the back of one's mind.
archivo *m* **-1.** [lugar] archive; [documentos] archives *(pl)*; **imágenes de ~** *TV* library pictures **-2.** [informe, ficha] file **-3.** *INFORM* file; **~ batch** batch file.
arcilla *f* clay.
arcipreste *m* archpriest.
arco *m* **-1.** *GEOM* arc **-2.** *ARQUIT* arch; **~ de herradura** horseshoe arch; **~ triunfal** *o* **de triunfo** triumphal arch **-3.** *DEP, MIL & MÚS* bow **-4.** *Amér* [portería] goal, goalmouth.
◆ **arco iris** *m* rainbow.
arcón *m* large chest.
arder *vi* to burn; [sin llama] to smoulder; **~ de** *fig* to burn with; **está que arde** [persona] he's fuming; [reunión] it's getting pretty heated.
ardid *m* ruse, trick.
ardiente *adj* [gen] burning; [líquido] scalding; [admirador, defensor] ardent.
ardilla *f* squirrel.
ardite *m*: **no vale un ~** *fam* it isn't worth a brass farthing.
ardor *m* **-1.** [calor] heat **-2.** [quemazón] burning (sensation); **~ de estómago** heartburn **-3.** *fig* [entusiasmo] fervour.
arduo, dua *adj* arduous.
área *f (el)* **-1.** [gen] area; **~ metropolitana/de servicio** metropolitan/service area; **~ de libre cambio** *ECON* free exchange area **-2.** [medida] area, = *100 square metres* **-3.** *DEP*: **~ (de castigo** *o* **penalti)** (penalty) area.
arena *f* **-1.** [de playa etc] sand; **~s movedizas** quicksand *(U)* **-2.** [para luchar] arena **-3.** *TAUROM* bullring.
arenal *m* sandy ground *(U)*.
arenga *f* harangue.
arengar [16] *vt* to harangue.
arenilla *f* [polvo] dust.
◆ **arenillas** *fpl MED* kidney stones.
arenisca *f* sandstone.
arenoso, sa *adj* sandy.
arenque *m* herring.
arepa *f Carib, Col pancake made of maize flour.*
aretes *mpl Andes, Méx* earrings.
argamasa *f* mortar.
Argel Algiers.
Argelia Algeria.
Argentina Argentina.
argentinismo *m word peculiar to Argentinian Spanish.*
argentino, na *adj & m,f* Argentinian.
argolla *f* **-1.** [aro] (large) ring **-2.** *Andes, Méx* [alianza] wedding ring.
argonauta *m* Argonaut.
argot *m* **-1.** [popular] slang **-2.** [técnico] jargon.
argucia *f* sophism.
argüir [44] ◇ *vt culto* **-1.** [argumentar] to argue **-2.** [demostrar] to prove, to demonstrate **-3.** [deducir] to deduce. ◇ *vi* [argumentar] to argue.
argumentación *f* line of argument.
argumentar *vt* **-1.** [teoría, opinión] to argue **-2.** [razones, excusas] to allege.
argumento *m* **-1.** [razonamiento] argument **-2.** [trama] plot.
arguya *etc* ▷ **argüir**.
arguyera *etc* ▷ **argüir**.
aria *f MÚS* aria.
aridez *f* [gen] dryness; [de zona, clima] aridity.
árido, da *adj* [gen] dry; [zona, clima] arid.
◆ **áridos** *mpl* dry goods.
Aries ◇ *m* [zodiaco] Aries; **ser ~** to be (an) Aries. ◇ *mf* [persona] Aries.
ariete *m* **-1.** *HIST & MIL* battering ram **-2.** *DEP* centre forward.
ario, ria *adj & m,f* Aryan.
arisco, ca *adj* surly.
arista *f* edge.
aristocracia *f* aristocracy.
aristócrata *mf* aristocrat.
aristocrático, ca *adj* aristocratic.
aristotélico, ca *adj & m,f* Aristotelian.
aritmético, ca *adj* arithmetic.
◆ **aritmética** *f* arithmetic.
arlequín *m* harlequin.
arma *f (el)* **-1.** [instrumento] arm, weapon; **presentar/rendir ~s** to present/surrender arms; **~ biológica/nuclear/química** biological/nuclear/chemical weapon; **~ blanca** blade, weapon with a sharp blade; **~ de fuego** firearm; **~ homicida** murder weapon **-2.** *fig* [medio] weapon **-3.** *loc*: **alzarse en**

~s to rise up; ~ **de dos filos** *o* **doble filo** double-edged sword; **ser de ~s tomar** to be sb to be reckoned with, to be formidable.

◆ **armas** *fpl* [profesión] military career *(sg)*.

armada ▷ **armado**.

armadillo *m* armadillo.

armado, da *adj* **-1.** [con armas] armed **-2.** [con armazón] reinforced.

◆ **armada** *f* [marina] navy; [escuadra] fleet.

◆ **Armada** *f*: **la Armada Invencible** the Spanish Armada.

armador, ra *m,f* shipowner.

armadura *f* **-1.** [de barco, tejado] framework; [de gafas] frame **-2.** [de guerrero] armour.

armamentista, armamentístico, ca *adj* arms *(antes de sust)*.

armamento *m* **-1.** [armas] arms *(pl)* **-2.** [acción] armament, arming.

armañac *m* armagnac.

armar *vt* **-1.** [montar - mueble etc] to assemble; [- tienda] to pitch **-2.** [ejército, personas] to arm **-3.** [fusil, pistola] to load **-4.** ***fam fig*** [provocar] to cause; ~ **la** ***fam*** to cause trouble.

◆ **armarse** *vpr* **-1.** [con armas] to arm o.s. **-2.** [prepararse]: ~**se de** [valor, paciencia] to summon up **-3.** *loc*: **se armó la gorda** *o* **la de San Quintín** *o* **la de Dios es Cristo** ***fam*** all hell broke loose.

armario *m* [para objetos] cupboard, closet ***US***; [para ropa] wardrobe ***UK***, closet ***US***; ~ **empotrado** fitted cupboard/wardrobe.

armatoste *m* [mueble, objeto] unwieldy object; [máquina] contraption.

armazón *f* [gen] framework, frame; [de avión, coche] chassis; [de edificio] skeleton.

Armenia Armenia.

armenio, nia *adj & m,f* Armenian.

armería *f* **-1.** [museo] military *o* war museum **-2.** [depósito] armoury **-3.** [tienda] gunsmith's (shop) **-4.** [arte] gunsmith's craft.

armero *m* **-1.** [fabricante] gunsmith **-2.** *MIL* armourer.

armiño *m* [piel] ermine; [animal] stoat.

armisticio *m* armistice.

armonía *f* harmony.

armónico, ca *adj* harmonic.

◆ **armónico** *m* harmonic.

◆ **armónica** *f* harmonica.

armonio *m* harmonium.

armonioso, sa *adj* harmonious.

armonizar [13] ◇ *vt* **-1.** [concordar] to match **-2.** *MÚS* to harmonize. ◇ *vi* [concordar]: ~ **con** to match.

ARN (*abrev de* **ácido ribonucleico**) *m* RNA.

arnés *m* armour.

◆ **arneses** *mpl* [de animales] trappings, harness *(U)*.

árnica *f* arnica.

aro *m* **-1.** [círculo] hoop; *TECN* ring; **los ~s olímpicos** the Olympic rings; **entrar** *o* **pasar por el ~** to knuckle under **-2.** [servilletero] napkin *o* serviette ring **-3.** [alianza] ring **-4.** ***Amér*** [pendiente] earring.

aroma *m* [gen] aroma; [de vino] bouquet; *CULIN* flavouring.

aromático, ca *adj* aromatic.

aromatizador *m* air freshener.

aromatizar [13] *vt* to perfume; *CULIN* to flavour.

arpa *f (el)* harp.

arpía *f* **-1.** *MITOL* harpy **-2.** ***fig*** [mujer] old hag.

arpillera *f* sackcloth, hessian.

arpón *m* harpoon.

arponear *vt* to harpoon.

arquear *vt* [gen] to bend; [cejas, espalda, lomo] to arch.

◆ **arquearse** *vpr* to bend.

arqueo *m* **-1.** [curvamiento] bending; [de cejas, espalda, lomo] arching **-2.** *COM* cashing up **-3.** *NÁUT* registered tonnage.

arqueología *f* archeology.

arqueológico, ca *adj* archeological.

arqueólogo, ga *m,f* archeologist.

arquero *m* **-1.** *DEP & MIL* archer **-2.** [tesorero] treasurer **-3.** ***Amér*** [portero de fútbol] goalkeeper.

arquetipo *m* archetype.

arquitecto, ta *m,f* architect.

arquitectónico, ca *adj* architectural.

arquitectura *f* ***lit & fig*** architecture.

arquitrabe *m* architrave.

arquivolta *f* archivolt.

arrabal *m* [barrio pobre] slum *(on city outskirts)*; [barrio periférico] outlying district.

arrabalero, ra ◇ *adj* **-1.** [periférico] outlying **-2.** [barriobajero] rough, coarse. ◇ *m,f* [barriobajero] rough *o* coarse person.

arracimarse *vpr* to cluster together.

arraigado, da *adj* [costumbre, idea] deeply rooted; [persona] established.

arraigar [16] ◇ *vt* to establish. ◇ *vi* ***lit & fig*** to take root.

◆ **arraigarse** *vpr* [establecerse] to settle down.

arraigo *m* roots *(pl)*; **tener mucho ~** to be deeply rooted.

arrancada *f* sudden start.

arrancar [10] ◇ *vt* **-1.** [desarraigar - árbol] to

uproot; [- malas hierbas, flor] to pull up **-2.** [quitar, separar] to tear *o* rip off; [cable, página, pelo] to tear out; [cartel, cortinas] to tear down; [muela] to pull out, to extract; [ojos] to gouge out **-3.** [arrebatar]: ~ **algo a alguien** to grab *o* snatch sthg from sb **-4.** *AUTOM & TECN* to start; *INFORM* to start up **-5.** *fig* [obtener]: ~ **algo a alguien** [confesión, promesa, secreto] to extract sthg from sb; [sonrisa, dinero, ovación] to get sthg out of sb; [suspiro, carcajada] to bring sthg from sb **-6.** *fig* [mover]: ~ **a alguien de un sitio** to shift sb from somewhere. ◇ *vi* **-1.** [partir] to set off **-2.** [suj: máquina, coche] to start **-3.** [provenir]: ~ **de** to stem from.

◆ **arrancarse** *vpr*: ~**se a hacer algo** to begin *o* start to do sthg.

arranque *m* **-1.** [comienzo] start **-2.** *AUTOM* starter motor **-3.** *fig* [arrebato] fit.

arras *fpl* **-1.** [fianza] deposit *(sg)* **-2.** [en boda] *coins given by the bridegroom to the bride.*

arrasar *vt* to destroy, to devastate.

arrastrado, da *adj fam* miserable, wretched.

arrastrar ◇ *vt* **-1.** [gen] to drag *o* pull along; [pies] to drag; [carro, vagón] to pull; [suj: corriente, aire] to carry away **-2.** *fig* [convencer] to win over, to sway; ~ **a alguien a algo/a hacer algo** to lead sb into sthg/to do sthg; **dejarse ~ por algo/alguien** to allow o.s. to be swayed by sthg/sb **-3.** *fig* [producir] to bring **-4.** *fig* [soportar - vida] to lead; [- deudas, penas] to have hanging over one. ◇ *vi* [rozar el suelo] to drag (along) the ground.

◆ **arrastrarse** *vpr* to crawl; *fig* to grovel.

arrastre *m* **-1.** [acarreo] dragging **-2.** [pesca] trawling **-3.** *Esp fam*: **estar para el ~** to have had it **-4.** *RP fam*: **tener ~** to be popular with members of the opposite sex.

arrayán *m* myrtle.

arre *interj*: **¡~!** gee up!

arrear *vt* **-1.** [azuzar] to gee up **-2.** *fam* [propinar] to give **-3.** [poner arreos] to harness.

arrebatado, da *adj* **-1.** [impetuoso] impulsive, impetuous **-2.** [ruborizado] flushed **-3.** [iracundo] enraged.

arrebatador, ra *adj* captivating.

arrebatar *vt* **-1.** [arrancar]: ~ **algo a alguien** to snatch sthg from sb **-2.** *fig* [cautivar] to captivate.

◆ **arrebatarse** *vpr* [enfurecerse] to get furious.

arrebato *m* **-1.** [arranque] fit, outburst; **un ~ de amor** a crush **-2.** [furia] rage, fury.

arrebujar *vt* **-1.** [amontonar] to bundle (up) **-2.** [arropar] to wrap up (warmly).

◆ **arrebujarse** *vpr* [arroparse] to wrap o.s. up.

arrechar *vt CAm, Col, Méx fam* to make horny, to turn on.

◆ **arrecharse** *vpr CAm, Col, Mex fam* to get horny.

arrecho, cha *adj CAm, Col, Méx fam* horny, randy.

arrechucho *m fam* funny turn.

arreciar [8] *vi* **-1.** [temporal etc] to get worse **-2.** *fig* [críticas etc] to intensify.

arrecife *m* reef.

arredrarse *vpr*: ~ **ante** to be frightened of, to be intimidated by.

arreglado, da *adj* **-1.** [reparado] fixed, repaired; [ropa] mended **-2.** [ordenado] tidy **-3.** [bien vestido] smart **-4.** [solucionado] sorted out **-5.** *fig* [precio] reasonable **-6.** *loc*: **estamos ~s** we're really done for **-7.** : ~ **a algo** in accordance with sthg.

arreglar *vt* **-1.** [reparar] to fix, to repair; [ropa] to mend **-2.** [ordenar] to tidy (up) **-3.** [solucionar] to sort out **-4.** *MÚS* to arrange **-5.** [acicalar] to smarten up; [cabello] to do **-6.** [adornar - cuarto etc] to decorate, to fit out **-7.** *fam* [escarmentar]: **¡ya te arreglaré!** I'm going to sort you out!

◆ **arreglarse** *vpr* **-1.** [apañarse]: ~**se (con algo)** to make do (with sthg); **arreglárselas (para hacer algo)** to manage (to do sthg) **-2.** [acicalarse] to smarten up.

arreglista *mf MÚS* (musical) arranger.

arreglo *m* **-1.** [reparación] mending, repair; [de ropa] mending **-2.** [solución] settlement **-3.** *MÚS* (musical) arrangement **-4.** [acuerdo] agreement; **llegar a un ~** to reach agreement; **con ~ a** in accordance with **-5.** [decoración] decoration, doing up.

arrejuntar *vt fam* [cosas] to put together.

◆ **arrejuntarse** *vpr fam* [amantes] to shack up together.

arrellanarse *vpr* to settle back.

arremangado, da *adj* rolled-up.

arremangar, remangar [16] *vt* to roll up.

◆ **arremangarse** *vpr* to roll up one's sleeves.

arremeter

◆ **arremeter contra** *vi* to attack.

arremetida *f* attack.

arremolinarse *vpr* **-1.** *fig* [personas]: ~ **alrededor de** to crowd around **-2.** [agua, hojas] to swirl (about).

arrendador, ra *m,f* lessor.

arrendamiento, arriendo *m* **-1.** [acción] renting, leasing **-2.** [precio] rent, lease.

arrendar [19] *vt* **-1.** [dar en arriendo] to let, to lease **-2.** [tomar en arriendo] to rent, to lease.
arrendatario, ria ◇ *adj* leasing *(antes de sust).* ◇ *m,f* leaseholder, tenant.
arreos *mpl* harness *(U).*
arrepanchingarse [16] *vpr fam* to stretch out, to sprawl.
arrepentido, da ◇ *adj* repentant. ◇ *m,f* **-1.** [gen] penitent **-2.** POLÍT *person who renounces terrorist activities.*
arrepentimiento *m* regret, repentance.
arrepentirse [27] *vpr* to repent; ~ **de algo/de haber hecho algo** to regret sthg/having done sthg.
arrestado, da ◇ *adj* under arrest. ◇ *m,f* detainee, person under arrest.
arrestar *vt* to arrest.
arresto *m* [detención] arrest; ~ **domiciliario** house arrest.
◆ **arrestos** *mpl* courage *(U).*
arriar [9] *vt* to lower.
arriate *m* (flower) bed.
arriba ◇ *adv* **-1.** [posición - gen] above; *Amér* [encima de] above; [- en edificio] upstairs; **vive (en el piso de)** ~ she lives upstairs; **está aquí/allí** ~ it's up here/there; ~ **del todo** right at the top; **más** ~ further up **-2.** [dirección] up; **ve** ~ [en edificio] go upstairs; **hacia/para** ~ up, upwards; **calle/escaleras** ~ up the street/stairs; **río** ~ upstream **-3.** [en un texto] above; **el** ~ **mencionado ...** the above-mentioned ... **-4.** *loc*: **de** ~ **abajo** [cosa] from top to bottom; [persona] from head to toe *o* foot; **mirar a alguien de** ~ **abajo** [con desdén] to look sb up and down. ◇ *prep*: ~ **(de)** *Amér* [encima de] on top of. ◇ *interj*: **¡~ ...!** up (with) ...! ; **¡~ los mineros!** up (with) the miners!; **¡~ las manos!** hands up!
◆ **arriba de** *loc prep* more than.
◆ **de arriba** *loc adj* top; **el estante de** ~ the top shelf.
arribar *vi* to arrive; NÁUT to reach port.
arribeño, ña *m,f Amér fam* highlander.
arribista *adj* & *m,f* arriviste.
arrienda *etc* ▷ **arrendar**.
arriendo *m* ▷ **arrendamiento**.
arriero, ra *m,f* muleteer.
arriesgado, da *adj* **-1.** [peligroso] risky **-2.** [osado] daring.
arriesgar [16] *vt* to risk; [hipótesis] to venture, to suggest.
◆ **arriesgarse** *vpr* to take risks/a risk.
arrimar *vt* **-1.** [acercar] to move *o* bring closer; ~ **algo a** [pared, mesa] to move sthg up against **-2.** *fig* [arrinconar] to put away.
◆ **arrimarse** *vpr* **-1.** [acercarse] to come closer *o* nearer; **arrimaos que no cabemos** move up or we won't all fit in; **~se a algo** [acercándose] to move closer to sthg; [apoyándose] to lean on sthg **-2.** *fig* [ampararse]: **~se a alguien** to seek sb's protection.
arrinconado, da *adj* **-1.** [en una esquina] in a corner **-2.** [abandonado] discarded, forgotten.
arrinconar *vt* **-1.** [apartar] to put in a corner **-2.** [abandonar] to discard, to put away **-3.** *fig* [persona - dar de lado] to cold-shoulder; [- acorralar] to corner.
arritmia *f* arrythmia.
arrítmico, ca *adj* arrythmic.
arroba *f* [peso] = *11.5 kg*; **por ~s** *fig* by the sackful.
arrobamiento *m* ecstasy, rapture.
arrobar *vt* to captivate.
◆ **arrobarse** *vpr* to go into raptures.
arrocero, ra ◇ *adj* rice *(antes de sust).* ◇ *m,f* rice grower.
arrodillarse *vpr* to kneel down; *fig* to go down on one's knees, to grovel.
arrogancia *f* arrogance.
arrogante *adj* arrogant.
arrogarse [16] *vpr* to assume, to claim for o.s.
arrojado, da *adj* bold, fearless.
arrojar *vt* **-1.** [lanzar] to throw; [con violencia] to hurl, to fling **-2.** [despedir - humo] to send out; [- olor] to give off; [- lava] to spew out **-3.** [echar]: ~ **a alguien de** to throw sb out of **-4.** [resultado] to produce, to yield **-5.** [vomitar] to throw up.
◆ **arrojarse** *vpr* to hurl o.s.
arrojo *m* courage, fearlessness.
arrollador, ra *adj* overwhelming; [belleza, personalidad] dazzling.
arrollar *vt* **-1.** [enrollar] to roll (up) **-2.** [atropellar] to knock down, to run over **-3.** [tirar - suj: agua, viento] to sweep away **-4.** [vencer] to crush.
arropar *vt* **-1.** [con ropa] to wrap up; [en cama] to tuck up **-2.** *fig* [proteger] to protect.
◆ **arroparse** *vpr* to wrap o.s. up.
arrostrar *vt* to face up to.
arroyo *m* **-1.** [riachuelo] stream **-2.** *loc*: **poner a alguien en el** ~ to throw sb out into the street; **sacar a alguien del** ~ to drag sb out of the gutter.
arroz *m* rice; ~ **blanco** white rice; ~ **integral** brown rice; ~ **con leche** rice pudding.
arrozal *m* paddy field, rice field.

arruga *f* **-1.** [en ropa, papel] crease **-2.** [en piel] wrinkle, line.

arrugar [16] *vt* **-1.** [ropa, papel] to crease, to crumple **-2.** [piel] to wrinkle.
◆ **arrugarse** *vpr* **-1.** [ropa] to get creased **-2.** [piel] to get wrinkled **-3.** *fam* [acobardarse]: ~**se ante** to shrink from.

arruinado, da *adj* ruined.

arruinar *vt lit & fig* to ruin.
◆ **arruinarse** *vpr* to go bankrupt, to be ruined.

arrullar *vt* to lull to sleep.
◆ **arrullarse** *vpr* **-1.** [animales] to coo **-2.** *fam fig* [personas] to whisper sweet nothings.

arrullo *m* **-1.** [de palomas] cooing **-2.** [nana] lullaby **-3.** *fig* [de agua, olas] murmur.

arrumaco *m (U) fam*: ~**s** affection, lovey-dovey behaviour.

arrumar *vt Andes, Ven* to pile up.

arrumbar *vt* to put aside.

arrume *m Col, Ven* pile.

arsenal *m* **-1.** [de barcos] shipyard **-2.** [de armas] arsenal **-3.** [de cosas] array **-4.** *fig* [de conocimientos] fount, store.

arsénico *m* arsenic.

art. (*abrev de* **artículo**) art.

arte *m o f (en sg gen m; en pl f)* **-1.** [gen] art; ~ **abstracto/figurativo** abstract/figurative art; ~ **dramático** drama **-2.** [don] artistry **-3.** [astucia] artfulness, cunning; **malas** ~**s** trickery *(U)* **-4.** *loc*: **no tener** ~ **ni parte en** to have nothing whatsoever to do with; **como por** ~ **de birlibirloque** *o* **de encantamiento** *o* **de magia** as if by magic.
◆ **artes** *fpl* arts; ~**s gráficas/plásticas** graphic/plastic arts; ~**s liberales** liberal arts; ~**s marciales** martial arts; ~**s y oficios** ≃ technical college *UK*; **bellas** ~**s** fine arts.

artefacto *m* [aparato] device; [máquina] machine.

arteria *f lit & fig* artery.

arterial *adj* arterial.

arterioesclerosis, arteriosclerosis *f inv* arteriosclerosis.

artesa *f* trough.

artesanal *adj* [hecho a mano] handmade.

artesanía *f* craftsmanship; **de** ~ [producto] handmade.

artesano, na *m,f* craftsman (*f* craftswoman).

artesonado *m* coffered ceiling.

ártico, ca *adj* arctic.
◆ **Ártico** *m*: **el Ártico** the Arctic; **el océano Glacial Ártico** the Arctic Ocean.

articulación *f* **-1.** *ANAT & TECN* joint **-2.** *LING* articulation **-3.** [estructuración] coordination.

articulado, da *adj* articulated.

articular *vt* **-1.** [palabras, piezas] to articulate **-2.** [ley, contrato] to break down into separate articles **-3.** [plan, proyecto] to coordinate.

articulista *mf* feature writer.

artículo *m* **-1.** [gen] article; ~ **definido** *o* **determinado** definite article; ~ **indefinido** *o* **indeterminado** indefinite article; ~ **básico** *ECON* basic product; ~ **de fondo** editorial, leader; ~ **de importación** import; ~ **líder** *ECON* product leader; ~ **de primera necesidad** basic commodity **-2.** [de diccionario] entry.
◆ **artículo de fe** *m RELIG* article of faith; *fig* gospel (truth) *(U)*.

artífice *mf fig* architect.

artificial *adj* artificial.

artificiero *m* **-1.** [pirotécnico] explosives expert **-2.** [desactivador] bomb disposal expert.

artificio *m* **-1.** [aparato] device **-2.** *fig* [falsedad] artifice; [artimaña] trick.

artificioso, sa *adj fig* [engañoso] deceptive.

artillería *f* artillery.

artillero *m* artilleryman.

artilugio *m* gadget, contrivance.

artimaña *f (gen pl)* trick, ruse.

artista *mf* **-1.** [gen] artist **-2.** [de espectáculos] artiste; ~ **de cine** movie actor (*f* actress).

artístico, ca *adj* artistic.

artritis *f inv* arthritis.

artrosis *f inv* arthrosis.

arveja *f Andes, Col, CSur, Ven* pea.

arzobispo *m* archbishop.

as *m* **-1.** [carta, dado] ace **-2.** [campeón]: **un** ~ **del volante** an ace driver; **ser un** ~ to be brilliant.

asa *f (el)* handle.

asado, da ◇ *adj* roasted. ◇ *m* **-1.** roast **-2.** *Col, CSur* [barbacoa] barbecue.

asador *m* **-1.** [aparato] roaster **-2.** [varilla] spit.

asaduras *fpl* offal *(U)*; [de pollo, pavo] giblets.

asaetear *vt* [disparar a] to shoot arrows at; [matar] to kill with arrows.

asalariado, da ◇ *adj* wage-earning. ◇ *m,f* wage earner.

asalariar [8] *vt* to take on.

asalmonado, da *adj* salmon (pink).

asaltante *mf* [agresor] attacker; [atracador] robber.

asaltar *vt* **-1.** [atacar] to attack; [castillo, ciudad etc] to storm **-2.** [robar] to rob **-3.** *fig* [suj: dudas etc] to assail **- 4.** [importunar] to plague.

asalto *m* **- 1.** [ataque] attack; [de castillo, ciudad] storming **- 2.** [robo] robbery **- 3.** DEP round.

asamblea *f* assembly; POLÍT mass meeting.

asar *vt* **- 1.** [alimentos - al horno] to bake; [- a la parrilla] to grill; [- en asador] to roast **- 2.** *fig* [importunar]: ~ **a alguien a preguntas** to plague sb with questions.

◆ **asarse** *vpr fig* to be boiling hot.

ascendencia *f* **- 1.** [linaje] descent **- 2.** [extracción social] extraction **- 3.** *fig* [influencia] ascendancy.

ascendente ◇ *adj* rising. ◇ *m* ASTROL ascendant.

ascender [20] ◇ *vi* **- 1.** [subir] to go up, to climb **- 2.** [aumentar, elevarse] to rise, to go up **- 3.** [en empleo, deportes]: ~ **(a)** to be promoted (to) **- 4.** [totalizar - precio etc]: ~ **a** to come *o* amount to. ◇ *vt*: ~ **a alguien (a)** to promote sb (to).

ascendiente ◇ *mf* [antepasado] ancestor. ◇ *m* [influencia] influence.

ascensión *f* ascent.

◆ **Ascensión** *f* RELIG Ascension.

ascenso *m* **- 1.** [en empleo, deportes] promotion **- 2.** [escalada] ascent **- 3.** [de precios, temperaturas] rise.

ascensor *m* lift *UK*, elevator *US*.

ascensorista *mf* lift attendant *UK*, elevator attendant *US*.

ascético, ca *adj* ascetic.

ascetismo *m* asceticism.

ASCII (*abrev de* **American Standard Code for Information Interchange**) *m* ASCII.

asco *m* [sensación] revulsion; **siento** ~ I feel sick; **¡qué ~ de tiempo!** what foul weather!; **me da** ~ I find it disgusting; **¡qué ~!** how disgusting *o* revolting!; **tener ~ a algo** to find sthg disgusting *o* revolting; **hacer ~s a** to turn one's nose up at; **estar hecho un** ~ *fam* [cosa] to be filthy; [persona] to be a real sight; **ser un** ~ *fam* to be the pits.

ascua *f (el)* ember; **arrimar uno el ~ a su sardina** to put o.s. first, to look after number one; **en** *o* **sobre ~s** on tenterhooks.

aseado, da *adj* [limpio] clean; [arreglado] smart.

asear *vt* to clean.

◆ **asearse** *vpr* to get washed and dressed.

asechanza *f* snare.

asediar [8] *vt* to lay siege to; *fig* to pester, to badger.

asedio *m* siege; *fig* pestering, badgering.

asegurado, da *m,f* policy-holder.

asegurador, ra ◇ *adj* insurance *(antes de sust)*. ◇ *m,f* insurer.

asegurar *vt* **- 1.** [fijar] to secure **- 2.** [garantizar] to assure; **te lo aseguro** I assure you; ~ **a alguien que ...** to assure sb that ... **- 3.** COM: ~ **(contra)** to insure (against); ~ **algo en** [cantidad] to insure sthg for.

◆ **asegurarse** *vpr* **- 1.** [cerciorarse]: **~se de que ...** to make sure that ...; **asegúrate de cerrar la puerta** make sure you close the door **- 2.** COM to insure o.s., to take out an insurance policy.

asemejar

◆ **asemejar a** *vi* to be similar to, to be like.

◆ **asemejarse** *vpr* to be similar *o* alike; **~se a** to be similar to, to be like.

asentado, da *adj fig* [establecido] settled, established.

asentamiento *m* **- 1.** MEC securing **- 2.** [campamento] settlement.

asentar [19] *vt* **- 1.** [instalar - empresa, campamento] to set up; [- comunidad, pueblo] to settle **- 2.** [asegurar] to secure; [cimientos] to lay.

◆ **asentarse** *vpr* **- 1.** [instalarse] to settle down **- 2.** [sedimentarse] to settle.

asentimiento *m* approval, assent.

asentir [27] *vi* **- 1.** [estar conforme]: ~ **(a)** to agree (to) **- 2.** [afirmar con la cabeza] to nod.

aseo *m* **- 1.** [limpieza - acción] cleaning; [- cualidad] cleanliness **- 2.** [habitación] bathroom.

◆ **aseos** *mpl* toilets *UK*, restroom *(sg) US*.

asepsia *f* **- 1.** MED asepsis **- 2.** *fig* [indiferencia] detachment.

aséptico, ca *adj* **- 1.** MED aseptic **- 2.** *fig* [indiferente] detached.

asequible *adj* **- 1.** [accesible, comprensible] accessible **- 2.** [precio, producto] affordable.

aserción *f* assertion.

aserradero *m* sawmill.

aserrar [19] *vt* to saw.

aserto *m* assertion.

asesinar *vt* to murder; [rey, jefe de estado] to assassinate.

asesinato *m* murder; [de rey, jefe de estado] assassination.

asesino, na ◇ *adj lit & fig* murderous. ◇ *m,f* murderer (*f* murderess); [de rey, jefe de estado] assassin; ~ **a sueldo** hired assassin; ~ **profesional** professional killer; ~ **en serie** serial killer.

asesor, ra *m,f* adviser; FIN consultant; ~ **fiscal** tax consultant.

asesoramiento *m* advice; FIN consultancy.

asesorar *vt* to advise; *FIN* to provide with consultancy services.
◆ **asesorarse** *vpr* to seek advice; **~se de** to consult.

asesoría *f* **-1.** [oficio] consultancy **-2.** [oficina] consultant's office.

asestar *vt* [golpe] to deal; [tiro] to fire.

aseveración *f* assertion.

aseverar *vt* to assert.

asexuado, da *adj* sexless.

asexual *adj* asexual.

asfaltado *m* [acción] asphalting, surfacing; [asfalto] asphalt, (road) surface.

asfaltadora *f* (road) surfacer.

asfaltar *vt* to asphalt, to surface.

asfalto *m* asphalt.

asfixia *f* asphyxiation, suffocation.

asfixiante *adj* asphyxiating; *fig* [calor] stifling.

asfixiar [8] *vt* **-1.** [ahogar] to asphyxiate, to suffocate **-2.** *fig* [agobiar] to overwhelm.
◆ **asfixiarse** *vpr* **-1.** [ahogarse] to asphyxiate, to suffocate **-2.** *fig* [agobiarse] to be overwhelmed; [por calor] to be stifling.

asga *etc* ⊳ **asir.**

así ◇ *adv* [de este modo] in this way, like this; [de ese modo] in that way, like that; **era ~ de largo** it was this/that long; **~ es/era/fue como ...** that is how ...; **~ ~** [no muy bien] so so; **algo ~** [algo parecido] something like that; **algo ~ como** [algo igual a] something like; **~ es** [para asentir] that is correct, yes; **y ~ todos los días** and the same thing happens day after day; **~ como** [también] as well as, and also; [tal como] just as, exactly as; **~ no más** *Amér fam* [de repente] just like that. ◇ *conj* **-1.** [de modo que]: **~ (es) que** so **-2.** [aunque] although **-3.** [tan pronto como]: **~ que** as soon as **-4.** *Amér* [aun si] even if. ◇ *adj inv* [como éste] like this; [como ése] like that.
◆ **así pues** *loc adv* so, therefore.
◆ **así y todo, aun así** *loc adv* even so.

Asia Asia.

asiático, ca *adj* & *m,f* Asian, Asiatic.

asidero *m* **-1.** [agarradero] handle **-2.** *fig* [apoyo] support.

asiduidad *f* frequency.

asiduo, dua *adj* & *m,f* regular.

asienta *etc* **-1.** ⊳ **asentar -2.** ⊳ **asentir.**

asiento *m* **-1.** [en casa, teatro] seat; **tomar ~** to sit down; **~ abatible** tip-up seat **-2.** [base] bottom **-3.** [excavación arqueológica] site **-4.** *COM* entry; **~ contable** book entry.

asierra *etc* ⊳ **aserrar.**

asignable *adj*: **~ a** that can be given to.

asignación *f* **-1.** [atribución] allocation **-2.** [sueldo] salary.

asignar *vt* **-1.** [atribuir]: **~ algo a alguien** to assign *o* allocate sthg to sb **-2.** [destinar]: **~ a alguien a** to send sb to.

asignatura *f* *EDUC* subject; **~ pendiente** failed subject; *fig* unresolved matter.

asilado, da *m,f* *person living in an old people's home, convalescent home etc*; **~ político** political refugee.

asilar *vt* [huérfano, anciano] to put into a home; [refugiado político] to grant political asylum to.

asilo *m* **-1.** [hospicio] home; **~ de ancianos** old people's home **-2.** *fig* [amparo] asylum; **~ político** political asylum **-3.** [hospedaje] accommodation.

asimetría *f* asymmetry.

asimilación *f* **-1.** [gen & *LING*] assimilation **-2.** [comparación] comparison **-3.** [equiparación] granting of equal rights.

asimilar *vt* **-1.** [gen] to assimilate **-2.** [comparar] to compare **-3.** [equiparar] to grant equal rights to.
◆ **asimilarse** *vpr* *LING* to become assimilated.

asimismo *adv* [también] also, as well; *(a principio de frase)* likewise.

asintiera *etc* ⊳ **asentir.**

asir [53] *vt* to grasp, to take hold of.
◆ **asirse a** *vpr lit* & *fig* to cling to.

asisito *adv Amér fam* so so.

asistencia *f* **-1.** [presencia - acción] attendance; [- hecho] presence **-2.** [ayuda] assistance; **~ letrada** *o* **jurídica** legal advice; **~ médica** medical attention; **~ pública** social security; **~ sanitaria** health care; **~ social** social work; **~ técnica** technical assistance **-3.** [afluencia] audience **-4.** *DEP* assist.

asistencial *adj MED* healthcare *(antes de sust).*

asistenta *f* cleaning lady.

asistente *mf* **-1.** [ayudante] assistant, helper; **~ personal** *INFORM* personal digital assistant; **~ social** social worker **-2.** [presente] person present; **los ~s** the audience *(sg).*

asistido, da *adj AUTOM* power *(antes de sust)*; *INFORM* computer-assisted.

asistir ◇ *vt* **-1.** [ayudar] to attend to **-2.** [acompañar] to accompany. ◇ *vi*: **~ a** to attend, to go to.

asma *f (el)* asthma.

asmático, ca *adj* & *m,f* asthmatic.

asno *m lit* & *fig* ass.

asociación *f* association; **~ de consumido-**

res consumer association; ~ **de ideas** association of ideas; ~ **de padres de alumnos** parent-teacher association; ~ **de vecinos** residents' association.

asociado, da <> *adj* **-1.** [relacionado] associated **-2.** [miembro] associate. <> *m,f* **-1.** [miembro] associate, partner **-2.** *EDUC* associate lecturer.

asocial *adj* asocial.

asociar [8] *vt* **-1.** [relacionar] to associate **-2.** *COM* to take into partnership.
 ◆ **asociarse** *vpr* to form a partnership.

asociativo, va *adj* associative.

asolar [23] *vt* to devastate.

asomar <> *vi* [gen] to peep up; [del interior de algo] to peep out. <> *vt* to stick; ~ **la cabeza por la ventana** to stick one's head out of the window.
 ◆ **asomarse a** *vpr* [ventana] to stick one's head out of; [balcón] to come/go out onto.

asombrar *vt* [causar admiración] to amaze; [causar sorpresa] to surprise.
 ◆ **asombrarse** *vpr*: ~**se (de)** [sentir admiración] to be amazed (at); [sentir sorpresa] to be surprised (at).

asombro *m* [admiración] amazement; [sorpresa] surprise.

asombroso, sa *adj* [sensacional] amazing; [sorprendente] surprising.

asomo *m* [indicio] trace, hint; [de esperanza] glimmer; **ni por** ~ not under any circumstances.

asonancia *f* assonance.

asonante *adj* assonant.

asorochar *Andes vt* to cause to have altitude sickness.
 ◆ **asorocharse** *vpr* to get altitude sickness.

aspa *f (el)* X-shaped cross; [de molino] arms *(pl)*.

aspaviento *m (gen pl)* furious gesticulations *(pl)*.

aspecto *m* **-1.** [apariencia] appearance; **tener buen/mal** ~ [persona] to look well/awful; [cosa] to look nice/horrible **-2.** [faceta] aspect; **bajo este** ~ from this angle; **en todos los** ~**s** in every respect.

aspereza *f* roughness; *fig* sharpness, sourness; **limar** ~**s** to smooth things over.

áspero, ra *adj* **-1.** [rugoso] rough **-2.** [acre] sour **-3.** *fig* [desagradable] sharp, sour.

aspersión *f* [de jardín] sprinkling; [de cultivos] spraying.

aspersor *m* [para jardín] sprinkler; [para cultivos] sprayer.

aspiración *f* **-1.** [ambición & *LING*] aspiration **-2.** [de aire - por una persona] breathing in; [- por una máquina] suction.

aspirador *m*, **aspiradora** *f* vacuum cleaner, hoover®; **pasar la** ~ to vacuum, to hoover.

aspirante <> *adj* [persona] aspiring. <> *mf*: ~ **(a)** candidate (for); [en deportes, concursos] contender (for).

aspirar <> *vt* **-1.** [aire - suj: persona] to breathe in, to inhale; [- suj: máquina] to suck in **-2.** *LING* to aspirate. <> *vi*: ~ **a algo** [ansiar] to aspire to sthg.

aspirina® *f* aspirin.

asquear *vt* to disgust, to make sick.

asquerosidad *f* disgusting *o* revolting thing.

asqueroso, sa *adj* disgusting, revolting.

asta *f (el)* **-1.** [de bandera] flagpole, mast; **a media** ~ at half-mast **-2.** [de lanza] shaft; [de brocha] handle **-3.** [de toro] horn.

astado *m TAUROM* bull.

asterisco *m* asterisk.

asteroide *m* asteroid.

astigmatismo *m* astigmatism.

astil *m* [de hacha, pico] haft; [de azada] handle.

astilla *f* splinter; **hacer** ~**s** *fig* to smash to smithereens.

astillar *vt* to splinter; [tronco] to chop up.
 ◆ **astillarse** *vpr* to splinter.

astillero *m* shipyard.

astracán *m* astrakhan.

astracanada *f despec* farce.

astrágalo *m* **-1.** *ANAT* astragalus **-2.** *ARQUIT* astragal.

astral *adj* astral.

astringente *adj* astringent.

astro *m ASTRON* heavenly body; *fig* star.

astrofísica *f* astrophysics *(U)*.

astrología *f* astrology.

astrólogo, ga *m,f* astrologer.

astronauta *mf* astronaut.

astronáutica *f* astronautics *(U)*.

astronave *f* spacecraft, spaceship.

astronomía *f* astronomy.

astronómico, ca *adj lit & fig* astronomical.

astrónomo, ma *m,f* astronomer.

astroso, sa *adj* [andrajoso] shabby, ragged.

astucia *f* **-1.** [picardía] cunning, astuteness **-2.** *(gen pl)* [treta] cunning trick.

asturiano, na *adj & m,f* Asturian.

Asturias Asturias.

astuto, ta *adj* [ladino, tramposo] cunning; [sagaz, listo] astute.

asuela *etc* ▷ **asolar**.
asueto *m* break, rest; **unos días de** ~ a few days off.
asumir *vt* **-1.** [gen] to assume **-2.** [aceptar] to accept.
asunceño, ña *adj of or relating to Asunción.*
asunción *f* assumption.
◆ **Asunción** *f*: **la Asunción** RELIG the Assumption.
Asunción GEOGR Asunción.
asunto *m* **-1.** [tema - general] subject; [- específico] matter; [- de obra, libro] theme; **~s a tratar** agenda *(sg)* **-2.** [cuestión, problema] issue **-3.** [negocio] affair, business *(U)*; **no es ~ tuyo** it's none of your business **-4.** *fam* [romance] affair.
◆ **asuntos** *mpl* POLÍT affairs; **~s exteriores** foreign affairs.
asustadizo, za *adj* easily frightened.
asustado, da *adj* frightened, scared.
asustar *vt* to frighten, to scare.
◆ **asustarse** *vpr*: **~se (de)** to be frightened *o* scared (of).
atacante ◇ *adj* attacking. ◇ *mf* [agresor] attacker. ◇ *m* DEP forward.
atacar [10] *vt* **-1.** [gen] to attack; **me ataca los nervios** *fig* it gets on my nerves **-2.** [sobrevenir]: **le atacó la risa/fiebre** he had a fit of laughter/bout of fever **-3.** *fig* [acometer] to set about.
atado *m* bundle.
atadura *f lit* & *fig* tie.
atajar ◇ *vi* [acortar]: ~ **(por)** to take a short cut (through). ◇ *vt* **-1.** [contener] to put a stop to; [hemorragia, inundación] to stem **-2.** *fig* [interrumpir] to cut short.
atajo *m* **-1.** [camino corto, medio rápido] short cut; **coger** *o* **tomar un** ~ to take a short cut **-2.** *despec* [panda] bunch.
atalaya *f* **-1.** [torre] watchtower **-2.** [altura] vantage point.
atañer *vi* **-1.** [concernir]: ~ **a** to concern; **en lo que atañe a este asunto** as far as this subject is concerned **-2.** [corresponder]: ~ **a** to be the responsibility of.
ataque ▷ **atacar**. ◇ *m* **-1.** [gen & DEP] attack **-2.** *fig* [acceso] fit, bout; ~ **cardíaco** *o* **al corazón** heart attack; ~ **de nervios** nervous breakdown.
atar *vt* **-1.** [unir] to tie (up) **-2.** *fig* [relacionar] to link together **-3.** *fig* [constreñir] to tie down; ~ **corto a alguien** *fam* to keep a tight rein on sb.
◆ **atarse** *vpr* **-1.** [comprometerse] to tie o.s. up in knots **-2.** [ceñirse]: **~se a** to become tied to.
atarazana *f* shipyard.
atardecer [30] ◇ *m* dusk. ◇ *v impers* to get dark.
atareado, da *adj* busy.
atascar [10] *vt* to block (up).
◆ **atascarse** *vpr* **-1.** [obstruirse] to get blocked up **-2.** *fig* [detenerse] to get stuck; [al hablar] to dry up.
atasco *m* **-1.** [obstrucción] blockage **-2.** AUTOM traffic jam **-3.** [impedimento] hindrance, obstacle.
atasque *etc* ▷ **atascar**.
ataúd *m* coffin.
ataviar [9] *vt* [cosa] to deck out; [persona] to dress up.
◆ **ataviarse** *vpr* to dress up.
atávico, ca *adj* atavistic.
atavío *m* **-1.** [adorno] adornment **-2.** [indumentaria] attire *(U)*.
ate *m Méx* quince jelly.
ateísmo *m* atheism.
atemorizar [13] *vt* to frighten.
◆ **atemorizarse** *vpr* to get frightened.
Atenas Athens.
atenazar [13] *vt* **-1.** [sujetar] to clench **-2.** *fig* [suj: dudas] to torment, to rack; [suj: miedo, nervios] to grip.
atención ◇ *f* **-1.** [interés] attention; **a la ~ de** for the attention of; **llamar la** ~ [atraer] to attract attention; **llamar la ~ a alguien** [amonestar] to tell sb off; **poner** *o* **prestar** ~ to pay attention; ~ **al cliente** customer service department; ~ **personalizada** personalized service; ~ **psiquiátrica** psychiatric treatment **-2.** [cortesía] attentiveness *(U)*; **en ~ a** [teniendo en cuenta] out of consideration for; [en honor a] in honour of. ◇ *interj*: **¡~!** [en aeropuerto, conferencia] your attention please!
◆ **atenciones** *fpl* attentions, attentiveness *(U)*.
atender [20] ◇ *vt* **-1.** [satisfacer - petición, ruego] to attend to; [- consejo, instrucciones] to heed; [- propuesta] to agree to **-2.** [cuidar de - necesitados, invitados] to look after; [- enfermo] to care for; [- cliente] to serve; **¿le atienden?** are you being served? ◇ *vi* **-1.** [estar atento]: ~ **(a)** to pay attention (to) **-2.** [tener en cuenta]: **atendiendo a** taking into account, bearing in mind **-3.** [responder]: ~ **por** to answer to the name of.
ateneo *m* athenaeum.
atenerse [72]

◆ **atenerse a** *vpr* **-1.** [promesa, orden] to stick to; [ley, normas] to observe, to abide by **-2.** [consecuencias] to bear in mind.
ateniense *adj & m,f* Athenian.
atentado *m*: ~ **contra alguien** attempt on sb's life; ~ **contra algo** crime against sthg; ~ **terrorista** terrorist attack.
atentamente *adv* **-1.** [con atención, cortesía] attentively; **mire** ~ watch carefully **-2.** [en cartas] Yours sincerely *o* faithfully.
atentar *vi*: ~ **contra (la vida de) alguien** to make an attempt on sb's life; ~ **contra algo** [principio etc] to be a crime against sthg.
atento, ta *adj* **-1.** [pendiente] attentive; **estar** ~ **a** [explicación, programa, lección] to pay attention to; [ruido, sonido] to listen out for; [acontecimientos, cambios, avances] to keep up with **-2.** [cortés] considerate, thoughtful.
atenuante *m* DER extenuating circumstance.
atenuar [6] *vt* [gen] to diminish; [dolor] to ease; [luz] to filter.
ateo, a ◇ *adj* atheistic. ◇ *m,f* atheist.
aterciopelado, da *adj* velvety.
aterido, da *adj* freezing.
aterirse *vpr* to be freezing.
aterrador, ra *adj* terrifying.
aterrar *vt* to terrify.
aterrizaje *m* landing; ~ **de emergencia** *o* **forzoso** emergency landing.
aterrizar [13] *vi* **-1.** [avión] to land **-2.** *fig* [persona] to turn up.
aterrorizar [13] *vt* to terrify; [suj: agresor] to terrorize.
◆ **aterrorizarse** *vpr* to be terrified.
atesorar *vt* **-1.** [riquezas] to amass **-2.** *fig* [virtudes] to be blessed with.
atestado *m* official report.
atestar *vt* **-1.** [llenar] to pack, to cram **-2.** DER to testify to.
atestiguar [45] *vt* to testify to.
atezado, da *adj* tanned.
atiborrar *vt* to stuff full.
◆ **atiborrarse** *vpr fam fig*: **~se (de)** to stuff one's face (with).
atice *etc* ▷ **atizar**.
ático *m* [para vivir] penthouse; [desván] attic.
atienda *etc* ▷ **atender**.
atildar *vt* [acicalar] to smarten up.
atinar *vi* [adivinar] to guess correctly; [dar en el blanco] to hit the target; ~ **a hacer algo** to succeed in doing sthg; ~ **con** to hit upon.
atingencia *f Amér* [relación] connection.
atípico, ca *adj* atypical.
atiplado, da *adj* shrill.
atisbar *vt* **-1.** [divisar, prever] to make out **-2.** [acechar] to observe, to spy on.
atisbo *m (gen pl)* trace, hint; [de esperanza] glimmer.
atizador *m* poker.
atizar [13] *vt* **-1.** [fuego] to poke, to stir **-2.** *fig* [sospechas, discordias etc] to fan **-3.** *fam* [puñetazo, patada] to land, to deal.
◆ **atizarse** *vpr fam* [comida, bebida] to guzzle.
atlante *m* ARQUIT atlas, telamon.
atlántico, ca *adj* Atlantic.
◆ **Atlántico** *m*: **el (océano) Atlántico** the Atlantic (Ocean).
atlantismo *m* POLÍT *doctrine followed by NATO.*
atlas *m inv* atlas.
atleta *mf* athlete.
atlético, ca *adj* athletic.
atletismo *m* athletics *(U)*.
atmósfera *f lit & fig* atmosphere.
atmosférico, ca *adj* atmospheric.
atole *m CAm, Méx drink made of corn meal.*
atolladero *m* [apuro] fix, jam; **meter en/sacar de un** ~ **a alguien** to put sb in/get sb out of a tight spot.
atolón *m* atoll.
atolondrado, da ◇ *adj* **-1.** [precipitado] hasty, disorganized **-2.** [aturdido] bewildered. ◇ *m,f* [precipitado] hasty *o* disorganized person.
atolondramiento *m* **-1.** [precipitación] haste, disorganization **-2.** [aturdimiento] bewilderment.
atómico, ca *adj* atomic; [central, armas] nuclear.
atomizador *m* atomizer, spray.
atomizar [13] *vt fig* [fragmentar] to break down (into constituent parts).
átomo *m lit & fig* atom; ~ **gramo** gram atom; **ni un** ~ **de** without a trace of.
atónito, ta *adj* astonished, astounded.
átono, na *adj* atonic.
atontado, da *adj* **-1.** [aturdido] dazed **-2.** [tonto] stupid.
atontar *vt* **-1.** [aturdir] to daze **-2.** [alelar] to dull the mind of.
atormentar *vt* to torture; *fig* to torment.
atornillar *vt* to screw.
atorón *m Méx* traffic jam.
atorrante *adj RP* [holgazán] lazy.
atosigar [16] *vt fig* to harass.
atracadero *m* landing stage.
atracador, ra *m,f* [de banco] armed robber;

[en la calle] mugger.

atracar [10] <> *vi NÁUT:* ~ **(en)** to dock (at). <> *vt* [banco] to rob; [persona] to mug.

◆ **atracarse** *vpr:* ~**se de** to eat one's fill of.

atracción *f* **-1.** [gen] attraction **-2.** [atractivo] attractiveness, charm **-3.** [espectáculo] act **-4.** *fig* [centro de atención] centre of attention **-5.** *(gen pl)* [atracción de feria] fairground attraction.

atraco *m* robbery; ~ **a mano armada** armed robbery.

atracón *m fam* feast; **darse un** ~ to stuff one's face.

atractivo, va *adj* attractive.

◆ **atractivo** *m* [de persona] attractiveness, charm; [de cosa] attraction.

atraer [73] *vt* **-1.** [gen] to attract **-2.** *fig* [ocasionar] to bring.

atragantarse *vpr:* ~ **(con)** to choke (on); **se me ha atragantado este libro/tipo** *fig* I can't stand that book/guy.

atraiga, atrajera *etc* ▷ **atraer.**

atrancar [10] *vt* **-1.** [cerrar] to bar **-2.** [obturar] to block.

◆ **atrancarse** *vpr* **-1.** [encerrarse] to lock o.s. in **-2.** [atascarse] to get blocked **-3.** *fig* [al hablar, escribir] to dry up.

atrapar *vt* **-1.** [agarrar, alcanzar] to catch **-2.** *fam* [conseguir] to get o.s.

atraque *etc* ▷ **atracar.**

atrás <> *adv* **-1.** [detrás - posición] behind, at the back; [- movimiento] backwards; **echarse para** ~ to move backwards; **quedarse** ~ *fig* to fall behind **-2.** [antes] earlier, before. <> *interj:* **¡**~**!** get back!

atrasado, da *adj* **-1.** [en el tiempo] delayed; [reloj] slow; [pago] overdue, late; [número, copia] back *(antes de sust)* **-2.** [en evolución, capacidad] backward.

atrasar <> *vt* to put back. <> *vi* to be slow.

◆ **atrasarse** *vpr* **-1.** [demorarse] to be late **-2.** [quedarse atrás] to fall behind.

atraso *m* **-1.** [del reloj] slowness **-2.** [de evolución] backwardness.

◆ **atrasos** *mpl fam* arrears.

atravesar [19] *vt* **-1.** [interponer] to put across **-2.** [cruzar] to cross **-3.** [perforar] to go through **-4.** *fig* [vivir] to go through.

◆ **atravesarse** *vpr* [interponerse] to be in the way; **se me ha atravesado la vecina** *fig* I can't stand my neighbour.

atrayente *adj* attractive.

atrechar *vi PRico fam* to take a short cut.

atreverse *vpr:* ~ **(a hacer algo)** to dare (to do sthg); ~ **a algo** to be bold enough for sthg; ~ **con alguien** to take sb on; **se atreve con todo** he can tackle anything.

atrevido, da <> *adj* [osado] daring; [caradura] cheeky. <> *m,f* [osado] daring person; [caradura] cheeky person.

atrevimiento *m* **-1.** [osadía] daring **-2.** [insolencia] cheek.

atrezo *m* props *(pl).*

atribución *f* **-1.** [imputación] attribution **-2.** [competencia] responsibility, duty.

atribuir [51] *vt* [imputar]: ~ **algo a** to attribute sthg to.

◆ **atribuirse** *vpr* [méritos] to claim for o.s.; [poderes] to assume; ~**se la responsibilidad** to claim responsibility.

atribular *culto vt* to distress.

◆ **atribularse** *vpr* to be distressed.

atributo *m* attribute.

atril *m* [para libros] bookrest; *MÚS* music stand.

atrincherarse *vpr* **-1.** *MIL* to entrench o.s. **-2.** *fig* [escudarse]: ~ **en** to hide behind.

atrio *m* **-1.** [pórtico] portico **-2.** [claustro] cloister.

atrocidad *f* **-1.** [crueldad] atrocity **-2.** *fig* [necedad] stupid thing.

atrofia *f MED* atrophy; *fig* deterioration.

atrofiar [8] *vt MED* to atrophy; *fig* to weaken.

◆ **atrofiarse** *vpr MED* to atrophy; *fig* to deteriorate.

atronador, ra *adj* deafening.

atropellado, da *adj* hasty.

atropellar *vt* **-1.** [suj: vehículo] to run over **-2.** *fig* [suj: persona] to trample on.

◆ **atropellarse** *vpr* [al hablar] to trip over one's words.

atropello *m* **-1.** [por vehículo] running over **-2.** *fig* [moral] abuse.

atroz *adj* atrocious; [dolor] awful.

ATS (*abrev de* **ayudante técnico sanitario**) *mf qualified nurse.*

atte. *abrev de* **atentamente.**

atuendo *m* attire.

atufar <> *vi* to stink. <> *vt* [suj: olor, humo - persona] to overpower; [- lugar] to stink out.

atún *m* tuna.

aturdido, da *adj* dazed.

aturdimiento *m* **-1.** [desconcierto] bewilderment, confusion **-2.** [irreflexión] thoughtlessness.

aturdir *vt* [gen] to stun; [suj: alcohol] to fuddle; [suj: ruido, luz] to confuse, to bewilder.

◆ **aturdirse** *vpr* [gen] to be stunned; [por alcohol] to get fuddled; [con ruido, luz] to get confused.

aturullar, aturrullar *fam vt* to fluster.
◆ **aturullarse, aturrullarse** *vpr* to get flustered.

audacia *f* [intrepidez] daring.

audaz *adj* [intrépido] daring.

audible *adj* audible.

audición *f* **-1.** [gen] hearing **-2.** *MÚS & TEATR* audition.

audiencia *f* **-1.** [público, recepción] audience; **dar ~** to grant an audience; **índice de ~** audience ratings **-2.** [*DER* - juicio] hearing; [- tribunal, edificio] court; **~ provincial** provincial court; **~ pública** public hearing.

audífono *m* hearing aid.

audiómetro *m* audiometer.

audiovisual *adj* audiovisual.

auditar *vt FIN* to audit.

auditivo, va *adj* ear *(antes de sust)*.

auditor, ra *m,f FIN* auditor.

auditoría *f FIN* **-1.** [profesión] auditing **-2.** [despacho] auditing company **-3.** [balance] audit; **~ externa/interna** external/internal audit.

auditorio *m* **-1.** [público] audience **-2.** [lugar] auditorium.

auge *m* [gen & *ECON*] boom; **estar en (pleno) ~** to be booming.

augurar *vt* [suj: persona] to predict; [suj: suceso] to augur.

augurio *m* omen, sign.

augusto, ta *adj* august.

aula *f (el)* [de escuela] classroom; [de universidad] lecture room; **~ magna** great hall.

aullar *vi* to howl.

aullido *m* howl.

aumentar ◇ *vt* **-1.** [gen] to increase; [peso] to put on **-2.** [en óptica] to magnify **-3.** [sonido] to amplify. ◇ *vi* to increase; [precios] to rise.

aumentativo, va *adj* augmentative.
◆ **aumentativo** *m* augmentative.

aumento *m* **-1.** [incremento] increase; [de sueldo, precios] rise; **ir en ~** to be on the increase; **~ de sueldo** pay rise *o* raise *US* **-2.** [en óptica] magnification.

aun ◇ *adv* even. ◇ *conj*: **~ estando cansado, lo hizo** even though he was tired, he did it; **ni ~ puesta de puntillas llega** she can't reach it, even on tiptoe; **~ cuando** even though; **~ así** even so.

aún *adv* [todavía] still; *(en negativas)* yet, still; **no ha llegado ~** he hasn't arrived yet, he still hasn't arrived.

aunar *vt* to join, to pool.
◆ **aunarse** *vpr* [aliarse] to unite.

aunque *conj* **-1.** [a pesar de que] even though, although; [incluso si] even if **-2.** [pero] although.

aúpa *interj*: **¡~!** [¡levántate!] get up!; **¡~ el Atleti!** up the Athletic!
◆ **de aúpa** *loc adj fam*: **un susto de ~** a real fright; **una caravana de ~** a hell of a queue.

au pair [o'per] *f* au pair.

aupar *vt* to help up; *fig* [animar] to cheer on.
◆ **auparse** *vpr* to climb up.

aura *f (el)* **-1.** [halo] aura **-2.** [viento] gentle breeze.

áureo, a *adj* golden.

aureola *f* **-1.** *ASTRON & RELIG* halo **-2.** *fig* [fama] aura.

aurícula *f* auricle.

auricular ◇ *adj* auricular. ◇ *m* [de teléfono] receiver.
◆ **auriculares** *mpl* [cascos] headphones.

aurora *f* first light of dawn; **al despuntar** *o* **romper la ~** at dawn; **~ boreal** aurora borealis, northern lights *(pl)*.

auscultar *vt* to sound *(with a stethoscope)*.

ausencia *f* absence; **brillar por su ~** to be conspicuous by one's/its absence.

ausentarse *vpr* to go away.

ausente ◇ *adj* **-1.** [no presente] absent; **estará ~ todo el día** he'll be away all day **-2.** [distraído] absent-minded. ◇ *mf* **-1.** [no presente]: **hay varios ~s** there are a number of absentees; **criticó a los ~s** he criticized the people who weren't there **-2.** *DER* missing person.

auspiciar [8] *vt* **-1.** [apoyar] to back **-2.** [patrocinar] to sponsor.

auspicio *m* [protección] protection; **bajo los ~s de** under the auspices of.
◆ **auspicios** *mpl* [señales] omens.

austeridad *f* austerity.

austero, ra *adj* **-1.** [gen] austere **-2.** [moderado] sober.

austral ◇ *adj* southern. ◇ *m* [moneda] austral.

Australia Australia.

australiano, na *adj & m,f* Australian.

Austria Austria.

austríaco, ca *adj & m,f* Austrian.

autarquía *f* **-1.** *POLÍT* autarchy **-2.** *ECON* autarky.

autárquico, ca *adj* **-1.** *POLÍT* autarchical **-2.** *ECON* autarkic.

autenticidad *f* authenticity.

auténtico, ca *adj* [gen] genuine; [piel, joyas]

genuine, real; **un ~ imbécil** a real idiot; **es un tío ~** he's a genuine bloke.

autentificar [10] *vt* to authenticate.

autismo *m* autism.

autista ◇ *adj* autistic. ◇ *mf* autistic person.

auto *m* **-1.** *fam* [coche] car; *CSur* [vehículo] car **-2.** *DER* judicial decree; **~ de procesamiento** indictment **-3.** *LITER* (mystery) play.
◆ **autos** *mpl DER* case documents; **constar en ~s** to be recorded in the case documents.
◆ **auto de fe** *m* auto-da-fé.
◆ **de autos** *loc adj DER*: **la noche de ~s** the night of the crime.

autoabastecimiento *m* self-sufficiency.

autoadhesivo, va *adj* self-adhesive.

autoalimentación *f INFORM* automatic paper feed.

autobiografía *f* autobiography.

autobiográfico, ca *adj* autobiographical.

autobombo *m fam*: **darse ~** to blow one's own trumpet.

autobús *m* bus.

autocar *m* coach.

autocartera *f shares in a company held by that same company.*

autocensura *f* self-censorship.

autocine *m* drive-in (cinema).

autoclave *m* autoclave, sterilizing unit.

autocomplacencia *f* self-satisfaction.

autoconsumo *m*: **para ~** for personal use.

autocontrol *m* self-control.

autocracia *f* autocracy.

autocrítica *f* self-criticism.

autóctono, na ◇ *adj* indigenous, native. ◇ *m,f* native.

autodefensa *f* self-defence.

autodestrucción *f* self-destruction.

autodeterminación *f* self-determination.

autodidacta ◇ *adj* self-taught. ◇ *mf* self-taught person.

autodirigido, da *adj* guided.

autodisciplina *f* self-discipline.

autódromo *m* motor racing circuit.

autoedición *f INFORM* desktop publishing.

autoencendido *m AUTOM* automatic ignition.

autoescuela *f* driving school.

autoestima *f* self-esteem.

autoestop, autostop *m* hitch-hiking; **hacer ~** to hitch-hike.

autoestopista, autostopista *mf* hitch-hiker.

autofinanciación *f* self-financing.

autogestión *f* self-management.

autogobierno *m* self-government, self-rule.

autógrafo *m* autograph.

autómata *m lit & fig* automaton.

automático, ca *adj* automatic.
◆ **automático** *m* [botón] press-stud.

automatismo *m* automatism.

automatización *f* automation.

automatizar [13] *vt* to automate.

automedicarse [10] *vpr* to self-administer medicine.

automotor, triz *adj* self-propelled.

automóvil *m* car *UK*, automobile *US*.

automovilismo *m* motoring; *DEP* motor racing.

automovilista *mf* motorist, driver.

automovilístico, ca *adj* motor *(antes de sust)*; *DEP* motor-racing *(antes de sust)*.

autonomía *f* **-1.** [*POLÍT* - facultad] autonomy; [- territorio] autonomous region **-2.** [de persona] independence **-3.** [de vehículo] range; [de videocámara] recording time; [de pila] battery life; **~ de vuelo** range.

autonómico, ca *adj* autonomous.

autónomo, ma ◇ *adj* **-1.** *POLÍT* autonomous **-2.** [trabajador] self-employed; [traductor, periodista] freelance. ◇ *m,f* self-employed person; [traductor, periodista] freelance.

autopista *f* motorway *UK*, freeway *US*; **~ de peaje** toll motorway *UK*, tollway *US*.

autopropulsado, da *adj* self-propelled.

autopropulsión *f* self-propulsion.

autopsia *f* autopsy, post-mortem.

autor, ra *m,f* **-1.** *LITER* author **-2.** [de crimen] perpetrator; **~ material del hecho** *DER* actual perpetrator of the crime.

autoría *f LITER* authorship; [de crimen] perpetration; [de atentado] responsibility.

autoridad *f* **-1.** [gen] authority; **imponer su ~** to impose one's authority **-2.** [ley]: **la ~** the authorities *(pl)*.

autoritario, ria *adj & m,f* authoritarian.

autoritarismo *m* authoritarianism.

autorización *f* authorization; **dar ~ a alguien (para hacer algo)** to authorize sb (to do sthg).

autorizado, da *adj* **-1.** [permitido] authorized **-2.** [digno de crédito] authoritative.

autorizar [13] *vt* **-1.** [dar permiso] to allow; [en situaciones oficiales] to authorize **-2.** [capacitar] to allow, to entitle.

autorradio *m* car radio.

autorretrato *m* self-portrait.

autoservicio *m* **-1.** [tienda] self-service shop **-2.** [restaurante] self-service restaurant.

autostop = **autoestop.**

autostopista = **autoestopista.**

autosuficiencia *f* self-sufficiency.

autosuficiente *adj* self-sufficient.

autosugestión *f* autosuggestion.

autovacuna *f* autoinoculation.

autovía *f* dual carriageway ***UK***, state highway ***US***.

auxiliar [8] ◇ *adj* [gen & GRAM] auxiliary. ◇ *mf* assistant; ~ **administrativo** office clerk; ~ **de vuelo** air steward (*f* air hostess) (*f* air stewardess). ◇ *vt* to assist, to help.

auxilio *m* assistance, help; **pedir/prestar** ~ to call for/give help; **primeros ~s** first aid *(U)*; **¡socorro, ~!** help! help!

auyama *f* ***Carib, Col*** pumpkin.

av., avda. (*abrev de* **avenida**) Ave.

aval *m* **-1.** [persona] guarantor **-2.** [documento] guarantee, reference; ~ **bancario** banker's reference.

avalancha *f* ***lit*** & ***fig*** avalanche.

avalar *vt* to endorse, to guarantee.

avalista *mf* guarantor.

avance ◇ *v* ▷ **avanzar.** ◇ *m* **-1.** [gen] advance **-2.** FIN [anticipo] advance payment **-3.** [RADIO & TV - meteorológico etc] summary; [- de futura programación] preview; ~ **informativo** news *(U)* in brief.

avanzada ▷ **avanzado.**

avanzadilla *f* MIL advance patrol.

avanzado, da ◇ *adj* **-1.** [gen] advanced **-2.** [progresista] progressive. ◇ *m,f* person ahead of his/her time.

◆ **avanzada** *f* MIL advance patrol.

avanzar [13] ◇ *vi* to advance. ◇ *vt* **-1.** [adelantar] to move forward **-2.** [anticipar] to tell in advance.

avaricia *f* greed, avarice; **la ~ rompe el saco** greed doesn't pay; **ser feo/pesado con ~** to be ugly/boring in the extreme.

avaricioso, sa ◇ *adj* avaricious, miserly. ◇ *m,f* miser.

avariento, ta ◇ *adj* avaricious, miserly. ◇ *m,f* miser.

avaro, ra ◇ *adj* miserly, mean. ◇ *m,f* miser.

avasallador, ra *adj* overwhelming.

avasallar *vt* **-1.** [arrollar] to overwhelm **-2.** [someter] to subjugate.

avatar *m (gen pl)* vagary, sudden change; **los ~es de la vida** the ups and downs of life.

avda. = **av.**

ave *f (el)* **-1.** [gen] bird; ~ **del paraíso** bird of paradise; ~ **rapaz** *o* **de rapiña** bird of prey; **ser un ~ pasajera** *o* **de paso** ***fig*** to be a rolling stone **-2.** ***Amér*** [pollo] chicken.

AVE (*abrev de* **alta velocidad española**) *m* *Spanish high-speed train.*

avecinarse *vpr* to be on the way.

avefría *f* lapwing.

avejentar *culto vt* to age, to put years on.

◆ **avejentarse** *vpr* to age.

avellana *f* hazelnut.

avellano *m* hazel (tree).

avemaría *f (el)* [oración] Hail Mary.

avena *f* **-1.** [planta] oat **-2.** [grano] oats *(pl)*.

avenencia *f* [acuerdo] compromise.

avenida *f* avenue.

avenido, da *adj*: **bien/mal ~s** on good/bad terms.

avenirse [75] *vpr* **-1.** [llevarse bien] to get on (well) **-2.** [ponerse de acuerdo] to come to an agreement; ~ **a algo/a hacer algo** to agree on sthg/to do sthg.

aventajado, da *adj* [adelantado] outstanding.

aventajar *vt* [rebasar] to overtake; [estar por delante de] to be ahead of; ~ **a alguien en algo** to surpass sb in sthg.

aventar [19] *vt* **-1.** [abanicar] to fan **-2.** [trigo] to winnow **-3.** ***Andes, CAm, Méx*** [empujar] to push, to shove; [tirar] to throw.

aventón *m* ***CAm, Méx, Perú***: **dar ~ a alguien** to give sb a lift.

aventura *f* **-1.** [gen] adventure; **correr ~s** to have adventures **-2.** [relación amorosa] affair.

aventurado, da *adj* risky.

aventurarse *vpr* to take a risk *o* risks; **~ a hacer algo** to dare to do sthg.

aventurero, ra ◇ *adj* adventurous. ◇ *m,f* adventurer (*f* adventuress).

avergonzar [38] *vt* **-1.** [deshonrar] to shame **-2.** [abochornar] to embarrass.

◆ **avergonzarse** *vpr*: **~se (de)** [por culpa] to be ashamed (of); [por timidez] to be embarrassed (about).

avería *f* [de máquina] fault; AUTOM breakdown.

averiado, da *adj* [máquina] out of order; [coche] broken down.

averiar [9] *vt* to damage.

◆ **averiarse** *vpr* [máquina] to be out of order; AUTOM to break down.

averiguación *f* investigation; **hacer averi-**

guaciones to make inquiries.
averiguar [45] *vt* to find out.
aversión *f* aversion; **tener ~ a** to feel aversion towards.
avestruz *m* ostrich.
aviación *f* **-1.** [navegación] aviation **-2.** [ejército] airforce.
aviador, ra *m,f* aviator.
AVIANCA (*abrev de* **Aerovías Nacionales de Colombia**) *f Colombian state airline.*
aviar [9] *vt* **-1.** [maleta] to pack; [habitación] to tidy up **-2.** [comida] to prepare.
Aviateca (*abrev de* **Aviación Guatemalteca**) *f Guatemalan state airline.*
avícola *adj* poultry *(antes de sust).*
avicultura *f* poultry farming.
avidez *f* eagerness.
ávido, da *adj*: **~ de** eager for.
avienta *etc* ▻ **aventar**.
avieso, sa *adj* **-1.** [torcido] twisted **-2.** *fig* [malo] evil.
avinagrado, da *adj lit & fig* sour.
avinagrarse *vpr* to go sour; *fig* to become sour.
avío *m* [preparativo] preparation.
◆ **avíos** *mpl* **-1.** *fam* [equipo] things, kit *(U)* **-2.** [víveres] provisions *(pl).*
avión *m* plane, airplane *US*; **en ~** by plane; **por ~** [en un sobre] airmail; **~ nodriza** supply plane; **~ a reacción** jet; **~ de papel** paper aeroplane.
avioneta *f* light aircraft.
avisar *vt* **-1.** [informar]: **~ a alguien** to let sb know, to tell sb **-2.** [advertir]: **~ (de)** to warn (of) **-3.** [llamar] to call, to send for.
aviso *m* **-1.** [advertencia, amenaza] warning; **andar** *o* **estar sobre ~** to be on the alert; **poner sobre ~ a alguien** to warn sb **-2.** *Amér* [anuncio] advertisement, advert; **~ clasificado** classified advertisement **-3.** [notificación] notice; [en teatros, aeropuertos] call; **hasta nuevo ~** until further notice; **sin previo ~** without notice; **~ de vencimiento** *COM* due-date reminder **-4.** *TAUROM warning to matador not to delay the kill any longer.*
avispa *f* wasp.
avispado, da *adj fam* sharp, quick-witted.
avispero *m* **-1.** [nido] wasp's nest **-2.** *fam fig* [lío] mess; **meterse en un ~** to get into a mess.
avistar *vt* to sight, to make out.
avitaminosis *f inv* vitamin deficiency.
avituallamiento *m* provisioning.
avituallar *vt* to provide with food.
avivar *vt* **-1.** [sentimiento] to rekindle **-2.** [color] to brighten **-3.** [fuego] to stoke up.
avizor ▻ **ojo**.
avutarda *f* great bustard.
axial *adj* axial.
axila *f* armpit.
axioma *m* axiom.
ay (*pl* **ayes**) ◇ *m* groan. ◇ *interj*: **¡ ~ !** [dolor físico] ouch!; [sorpresa, pena] oh!; **¡ ~ de ti si te cojo!** Heaven help you if I catch you!
aya ▻ **ayo**.
ayatolá [ajato'la] *m* ayatollah.
ayer ◇ *adv* yesterday; *fig* in the past; **~ (por la) noche** last night; **~ por la mañana** yesterday morning; **antes de ~** the day before yesterday. ◇ *m fig* yesteryear.
ayo, aya *m,f* [tutor] tutor (*f* governess).
ayuda *f* help, assistance; *ECON & POLÍT* aid; **acudir en ~ de alguien** to go to sb's assistance; **~ en carretera** breakdown service; **~ humanitaria** humanitarian aid.
ayudante *adj & m,f* assistant.
ayudar *vt* to help; **~ a alguien a hacer algo** to help sb (to) do sthg; **¿en qué puedo ~le?** how can I help you?
◆ **ayudarse** *vpr*: **~se de** to make use of.
ayunar *vi* to fast.
ayunas *fpl*: **en ~** [sin comer] without having eaten; *fig* [sin enterarse] in the dark.
ayuno *m* fast; **hacer ~** to fast.
ayuntamiento *m* **-1.** [corporación] ≃ town council **-2.** [edificio] town hall *UK*, city hall *US*.
azabache *m* jet; **negro como el ~** jet-black.
azada *f* hoe.
azafata *f*: **~ (de vuelo)** air hostess *UK*, air stewardess; **~ de exposiciones y congresos** hostess; **~ de tierra** stewardess.
azafate *m CAm, Carib, Méx, Perú* [bandeja] tray.
azafrán *m* saffron, crocus.
azahar *m* [del naranjo] orange blossom; [del limonero] lemon blossom.
azalea *f* azalea.
azar *m* chance, fate; **al ~** at random; **por (puro) ~** by (pure) chance.
azaroso, sa *adj* [vida, viaje] eventful.
ázimo, ácimo *adj* [pan] unleavened.
azimut = **acimut**.
azogue *m* mercury.
azor *m* goshawk.
azoramiento *m* embarrassment.
azorar *vt* to embarrass.
◆ **azorarse** *vpr* to be embarrassed.
Azores *fpl*: **las ~** the Azores.
azotaina *f fam* slapping, smacking.

azotar *vt* **-1.** [suj: persona] to beat; [en el trasero] to smack, to slap; [con látigo] to whip **-2.** *fig* [suj: calamidad] to devastate.
azote *m* **-1.** [golpe] blow; [en el trasero] smack, slap; [latigazo] lash **-2.** *fig* [calamidad] scourge.
azotea *f* [de edificio] terraced roof; **estar mal de la ~** *fam fig* to be funny in the head.
azteca ◇ *adj & m,f* Aztec. ◇ *m* [lengua] Aztec.
azúcar *m o f* sugar; **~ blanquilla/moreno** refined/brown sugar; **~ cande** *o* **candi** sugar candy; **~ glas** *o* **de lustre** icing sugar *UK*, confectioner's sugar *US*.
azucarado, da *adj* sweet, sugary.
azucarero, ra *adj* sugar *(antes de sust).*
◆ **azucarero** *m* sugar bowl.
◆ **azucarera** *f* sugar factory.
azucarillo *m* **-1.** *CULIN* lemon candy **-2.** [terrón] sugar lump.
azuce *etc* ▷ **azuzar.**
azucena *f* white lily.
azufre *m* sulphur.
azul *adj & m* blue; **~ celeste/marino/eléctrico** sky/navy/electric blue; **~ turquesa** turquoise.
azulado, da *adj* bluish.
azulejo *m* (glazed) tile.
azulete *m* [para lavar] blue.
azulgrana *adj inv DEP* Barcelona football club *(antes de sust).*
azuzar [13] *vt* **-1.** [animal] to set on **-2.** *fig* [persona] to egg on.

B

b, B *f* [letra] b, B.
baba *f* **-1.** [saliva - de niño] dribble; [- de adulto] spittle, saliva; [- de perro] slobber; **echar ~s** to drool **-2.** [de caracol etc] slime **-3.** *loc*: **se le cae la ~ con su hija** *fam* she drools over her daughter; **tener mala ~** *fam* to be bad-tempered.
babear *vi* [niño] to dribble; [adulto, animal] to slobber; *fig* to drool.
babel *m o f fam fig* bedlam.
babero *m* bib.
babi *m* child's overall.
babia *f*: **estar** *o* **quedarse en ~** to have one's head in the clouds.
babilla *f* stifle.
babilónico, ca *adj* **-1.** *HIST* Babylonian **-2.** [fastuoso] lavish.
bable *m* Asturian dialect.
babor *m*: **a ~** to port.
babosada *f CAm, Méx fam* daft thing.
baboso, sa ◇ *adj* [niño] dribbly; [adulto, animal] slobbering. ◇ *m,f Amér fam* [tonto] twit, idiot.
◆ **babosa** *f ZOOL* slug.
babucha *f* slipper.
baca *f* roof *o* luggage rack.
bacaladero, ra *adj* cod-fishing *(antes de sust).*
◆ **bacaladero** *m* cod-fishing boat.
bacalao *m* [fresco] cod; [salado] dried salted cod; **~ a la vizcaína** *CULIN Basque dish of salt cod cooked in a thick sauce of olive oil, onions, tomato and red peppers*; **~ al pil-pil** *CULIN Basque dish of salt cod cooked slowly in an earthenware dish with olive oil and garlic*; **partir** *o* **cortar el ~** *fam fig* to be the boss.
bacán *RP* ◇ *adj* fine. ◇ *m* toff; **como un ~** like a real gentleman.
bacanal *f* orgy.
bacarrá, bacará *m* baccarat.
bache *m* **-1.** [en carretera] pothole **-2.** *fig* [dificultades] bad patch **-3.** [en un vuelo] air pocket.
bachillerato *m Spanish two-year course of secondary studies for academically orientated 16-18-year-olds*; **~ unificado polivalente** ▷ **BUP.**
bacilo *m* bacillus; **~ de Koch** tubercle bacillus.
bacín *m* chamber pot.
bacinica *f Amér* chamber pot.
backgammon *m inv* backgammon.
backup ['ba'kap] (*pl* **backups**) *m INFORM* back-up.
bacon ['beikon] *m inv* bacon.
bacteria *f* germ; **~s** bacteria.
bacteriano, na *adj* bacterial.
bactericida *adj* bactericidal.
bacteriología *f* bacteriology.
bacteriológico, ca *adj* [guerra] germ *(antes de sust).*
bacteriólogo, ga *m,f* bacteriologist.

báculo *m* **-1.** [de obispo] crosier **-2.** *fig* [sostén] support.
badajo *m* clapper *(of bell)*.
badén *m* **-1.** [de carretera] ditch **-2.** [cauce] channel.
bádminton ['baðminton] *m inv* badminton.
bafle (*pl* **bafles**), **baffle** (*pl* **baffles**) *m* loudspeaker.
bagaje *m fig* background; ~ **cultural** cultural baggage.
bagatela *f* trifle.
Bahamas *fpl*: **las** ~ the Bahamas.
bahía *f* bay.
bailaor, ra *m,f* flamenco dancer.
bailar ◇ *vt* to dance; **que me quiten lo bailado** *fam* no one can take away the good times. ◇ *vi* **-1.** [danzar] to dance; **es otro que tal baila** *fam* he's just the same, he's no different **-2.** [no encajar] to be loose; **los pies me bailan (en los zapatos)** my shoes are too big.
bailarín, ina *m,f* dancer; [de ballet] ballet dancer; **prima bailarina** prima ballerina.
baile *m* **-1.** [gen] dance; ~ **clásico** ballet; ~ **de salón** ballroom dancing **-2.** [fiesta] ball **-3.** *COM*: ~ **de cifras** number transposition.
◆ **baile de San Vito** *m* St Vitus' dance.
bailongo *m fam* dance.
bailotear *vi fam* to boogie, to bop.
bailoteo *m fam* bopping.
baja *f* ▻ **bajo**.
bajada *f* **-1.** [descenso] descent; ~ **de bandera** [de taxi] minimum fare **-2.** [pendiente] (downward) slope **-3.** [disminución] decrease, drop.
bajamar *f* low tide.
bajar ◇ *vt* **-1.** [poner abajo - libro, cuadro etc] to take/bring down; [- telón, ventanilla, mano] to lower **-2.** [descender - montaña, escaleras] to go/come down **-3.** [precios, inflación, hinchazón] to reduce; [música, volumen, radio] to turn down; [fiebre] to bring down **-4.** [ojos, cabeza, voz] to lower. ◇ *vi* **-1.** [descender] to go/come down; ~ **por algo** to go/come down to get sthg; ~ **corriendo** to run down **-2.** [disminuir] to fall, to drop; [fiebre, hinchazón] to go/come down; [Bolsa] to suffer a fall.
◆ **bajarse** *vpr*: ~**se (de)** [coche] to get out (of); [moto, tren, avión] to get off; [árbol, escalera, silla] to get/come down (from).
bajativo *m Andes, RP* [licor] digestive liqueur; [tisana] herbal tea.
bajel *m culto* vessel, ship.
bajero, ra *adj* lower.
bajeza *f* **-1.** [cualidad] baseness **-2.** [acción] nasty deed.
bajial *m Méx, Perú* lowland.
bajío *m* sandbank.
bajista ◇ *adj FIN* bearish; [mercado] bear *(antes de sust)*. ◇ *mf MÚS* bassist.
bajo, ja *adj* **-1.** [gen] low; [persona] short; [planta] ground *(antes de sust)*; [sonido] soft, faint; **en voz baja** in a low voice **-2.** [territorio, época] lower; **el** ~ **Amazonas** the lower Amazon **-3.** [pobre] lower-class **-4.** [vil] base.
◆ **bajo** ◇ *m* **-1.** *(gen pl)* [dobladillo] hem **-2.** [piso] ground floor flat **-3.** [*MÚS* - instrumento, cantante] bass; [- instrumentista] bassist. ◇ *adv* **-1.** [gen] low **-2.** [hablar] quietly, softly. ◇ *prep* **-1.** [gen] under **-2.** [con temperaturas] below.
◆ **baja** *f* **-1.** [descenso] drop, fall; **jugar a la baja** *FIN* to bear the market **-2.** [cese]: **dar de baja a alguien** [en una empresa] to lay sb off; [en un club, sindicato] to expel sb; **darse de baja (de)** [dimitir] to resign (from); [salirse] to drop out (of) **-3.** [por. enfermedad - permiso] sick leave *(U)*; [- documento] sick note, doctor's certificate; **estar/darse de baja** to be on/to take sick leave; **baja por maternidad/paternidad** maternity/paternity leave **-4.** *MIL* loss, casualty.
◆ **bajos** *mpl* [planta] ground floor *(sg)*.
bajón *m* slump; **dar un** ~ to slump; [suj - mercado, producción] to slump; [- persona] to go downhill.
bajorrelieve *m* bas-relief.
bajura ▻ **pesca**.
bala *f* **-1.** [proyectil] bullet; **como una** ~ *fig* like a shot **-2.** [fardo] bale.
◆ **bala perdida** *m fam* ne'er-do-well.
balacear *vt Amér* [tirotear] to shoot.
balacera *f Amér* shootout.
balada *f* ballad.
baladí (*pl* **baladíes**) *adj* trivial.
baladronada *f* boast.
balance *m* **-1.** [*COM* - operación] balance; [- documento] balance sheet; ~ **consolidado** consolidated balance sheet **-2.** [resultado] outcome; **hacer** ~ **(de)** to take stock (of).
balancear *vt* [cuna] to rock; [columpio] to swing.
◆ **balancearse** *vpr* [en cuna, mecedora] to rock; [en columpio] to swing; [barco] to roll.
balanceo *m* **-1.** [gen] swinging; [de cuna, mecedora] rocking; [de barco] roll **-2.** *Amér AUTOM* wheel balance.
balancín *m* **-1.** [mecedora] rocking chair; [en jardín] swing hammock **-2.** [columpio] seesaw

-3. AUTOM rocker arm.

balandrista *mf* yachtsman (*f* yachtswoman).

balandro *m* yacht.

balanza *f* -1. [báscula] scales *(pl)*; ~ **de cocina** kitchen scales; ~ **de precisión** precision balance; **la ~ se inclinó a nuestro favor** the balance *o* scales tipped in our favour -2. COM: ~ **comercial/de pagos** balance of trade/payments.

balar *vi* to bleat.

balarrasa *m* ne'er-do-well.

balaustrada *f* balustrade.

balazo *m* [disparo] shot; [herida] bullet wound.

balbucear, balbucir [79] *vi & vt* to babble.

balbuceo *m* babbling.

balbucir = **balbucear**.

Balcanes *mpl*: **los ~** the Balkans.

balcánico, ca *adj* Balkan.

balcón *m* -1. [terraza] balcony -2. [mirador] vantage point.

balda *f* shelf.

baldado, da *adj* -1. [tullido] crippled -2. [exhausto] shattered.

balde *m* pail, bucket.

◆ **de balde** *loc adv* free (of charge); **estar de ~** [sobrar] to be getting in the way.

◆ **en balde** *loc adv* in vain; **no ha sido en ~** it wasn't in vain.

baldío, día *adj* -1. [sin cultivar] uncultivated; [no cultivable] waste *(antes de sust)* -2. [inútil] fruitless.

baldón *m* insult.

baldosa *f* [en casa, edificio] floor tile; [en la acera] paving stone.

baldosín *m* tile.

balear ◇ *vt Amér* to shoot. ◇ *adj* Balearic. ◇ *mf* native/inhabitant of the Balearic Islands.

Baleares *fpl*: **las (islas) ~** the Balearic Islands.

baleárico, ca *adj* Balearic.

baleo *m Amér* shootout.

balido *m* bleat, bleating *(U)*.

balín *m* pellet.

balístico, ca *adj* ballistic.

◆ **balística** *f* ballistics *(U)*.

baliza *f* NÁUT marker buoy; AERON beacon.

ballena *f* -1. [animal] whale -2. [varilla - de corsé] stay; [- de paraguas] spoke.

ballenato *m* whale calf.

ballenero, ra *adj* whaling *(antes de sust)*.

◆ **ballenero** *m* [barco] whaler, whaling ship.

ballesta *f* -1. HIST crossbow -2. AUTOM (suspension) spring.

ballet [ba'lel] (*pl* **ballets**) *m* ballet.

balneario *m* -1. [con baños termales] spa -2. *Amér* [con piscinas, etc] ≃ lido.

balompié *m* football.

balón *m* -1. [pelota] ball; **echar balones fuera** to evade the issue; ~ **de reglamento** regulation ball -2. [recipiente] bag; ~ **de oxígeno** oxygen bag; *fig* shot in the arm -3. [en tebeos] (speech) balloon.

baloncestista *mf* basketball player.

baloncesto *m* basketball.

balonmano *m* handball.

balonvolea *m* volleyball.

balotaje *m* second round of voting.

balsa *f* -1. [embarcación] raft -2. [estanque] pond, pool -3. *loc*: **ser una ~ de aceite** [mar] to be as calm as a millpond; [reunión] to go smoothly.

balsámico, ca *adj* balsamic.

bálsamo *m* -1. FARM balsam -2. [alivio] balm.

balsero, ra *m,f Cuba refugee fleeing Cuba on a raft.*

Báltico *m*: **el (mar) ~** the Baltic (Sea).

baluarte *m* -1. [fortificación] bulwark -2. *fig* [bastión] bastion, stronghold.

bamba *m* bamba.

bambalina *f* backdrop; **entre ~s** *fig* backstage.

bambolear *vi* to shake.

◆ **bambolearse** *vpr* [gen] to sway; [mesa, silla] to wobble.

bambú (*pl* **bambúes** *o* **bambús**) *m* bamboo.

banal *adj* banal.

banalidad *f* banality.

banalizar [13] *vt* to trivialize.

banana *f Amér* banana.

bananero, ra *adj* banana *(antes de sust)*.

◆ **bananero** *m* [árbol] banana tree.

banano *m* banana tree.

banca *f* -1. [actividad] banking; ~ **electrónica** electronic banking; ~ **en línea** online banking; ~ **telefónica** telephone banking -2. [institución]: **la ~** the banks *(pl)* -3. [en juegos] bank; **hacer saltar la ~** to break the bank -4. [asiento] bench -5. *Andes, RP* [escaño] seat.

bancario, ria *adj* banking *(antes de sust)*.

bancarrota *f* bankruptcy; **en ~** bankrupt; **declararse en ~** to go bankrupt.

banco *m* -1. [asiento] bench; [de iglesia] pew -2. FIN bank; ~ **central/comercial/emisor/industrial/de inversiones** central/commercial/issuing/industrial/investment bank; **Banco Central Europeo** European Central

Bank **-3.** [de peces] shoal **-4.** [de ojos, semen etc] bank **-5.** [de carpintero, artesano etc] workbench.
◆ **banco azul** *m* POLÍT ≃ front bench *UK*.
◆ **banco de arena** *m* sandbank.
◆ **banco de datos** *m* INFORM data bank.
◆ **banco de pruebas** *m* MEC test bench; *fig* testing ground.
◆ **Banco Mundial** *m*: **el Banco Mundial** the World Bank.

banda *f* **-1.** [cuadrilla] gang; ~ **terrorista** terrorist organization **-2.** MÚS band **-3.** [faja] sash **-4.** [cinta] ribbon **-5.** [franja] stripe **-6.** RADIO waveband; ~ **de frecuencias** frequency (band) **-7.** [margen] side; [en billar] cushion; [en fútbol] touchline; **fuera de** ~ out of play; **sacar de** ~ to throw the ball in **-8.** *loc*: **cerrarse en** ~ to dig one's heels in.
◆ **banda ancha** *f* COMPUT broadband.
◆ **banda magnética** *f* magnetic strip.
◆ **banda sonora** *f* soundtrack.

bandada *f* [de aves] flock; [de peces] shoal.

bandazo *m* [del barco] lurch; **dar** ~**s** [barco, borracho] to lurch; *fig* [ir sin rumbo] to chop and change; **dar un** ~ [con el volante] to swerve violently.

bandear *vt* to buffet.
◆ **bandearse** *vpr* to look after o.s., to cope.

bandeja *f* tray; **servir** *o* **dar algo a alguien en** ~ *fig* to hand sthg to sb on a plate; ~ **de entrada** INFORM inbox; ~ **de salida** INFORM outbox.

bandera *f* flag; **jurar** ~ to swear allegiance (to the flag); ~ **blanca** white flag; **estar hasta la** ~ to be packed.
◆ **de bandera** *loc adj fam* [magnífico] fantastic, terrific.

banderilla *f* **-1.** TAUROM banderilla, *barbed dart thrust into bull's back*; *ver también* **tauromaquia** **-2.** [aperitivo] *savoury hors d'œuvre on a stick*.

banderillero, ra *m,f* TAUROM banderillero, *bullfighter's assistant who sticks 'banderillas' into the bull*; *ver también* **tauromaquia**.

banderín *m* **-1.** [bandera] pennant **-2.** MIL pennant-bearer.

banderola *f* pennant.

bandido, da *m,f* **-1.** [delincuente] bandit **-2.** [granuja] rascal.

bando *m* **-1.** [facción] side; **pasarse al otro** ~ to change sides **-2.** [de alcalde] edict.

bandolero, ra *m,f* bandit.
◆ **bandolera** *f* [correa] bandoleer; **en bandolera** slung across one's chest.

bandurria *f small 12-stringed guitar.*

banjo ['banjo] *m* banjo.

Banjul Banjul.

banquero, ra *m,f* banker.

banqueta *f* **-1.** [asiento] stool **-2.** *CAm, Méx* [acera] pavement *UK*, sidewalk *US*.

banquete *m* [comida] banquet; ~ **de boda** wedding breakfast; ~ **eucarístico** holy communion.

banquillo *m* **-1.** [asiento] low stool; ~ **de los acusados** DER dock **-2.** DEP bench.

banquina *f RP* verge.

bañada *f Amér* [acción de bañarse] bath.

bañadera *f Arg* [bañera] bath.

bañado *m RP* marshy area.

bañador *m* [for women] swimsuit; [for men] swimming trunks *(pl)*.

bañar *vt* **-1.** [asear] to bath; MED to bathe **-2.** [sumergir] to soak, to submerge **-3.** [revestir] to coat **-4.** [suj: río] to flow through; [suj: mar] to wash the coast of **-5.** [suj: sol, luz] to bathe.
◆ **bañarse** *vpr* **-1.** [en el baño] to have *o* take a bath, to bathe *US* **-2.** [en playa, piscina] to go swimming.

bañera *f* bathtub, bath.

bañista *mf* bather.

baño *m* **-1.** [acción - en bañera] bath; [en playa, piscina] swim; **darse un** ~ [en bañera] to have *o* take a bath; [en playa, piscina] to go for a swim; ~ **de asiento** hip bath; ~ **de sol** sunbathing *(U)*; **dar un** ~ **a alguien** *fig* to knock the spots off sb **-2.** [bañera] bathtub, bath **-3.** [cuarto de aseo] bathroom **-4.** [vahos] inhalation *(U)* **-5.** [capa] coat.
◆ **baño María** *m* bain Marie.
◆ **baños** *mpl* [balneario] spa *(sg)*.

baptismo *m* baptism.

baptista *adj & m,f* Baptist.

baptisterio *m* baptistry.

baquelita *f* Bakelite®.

baqueta *f* **-1.** [de fusil] ramrod; **tratar** *o* **llevar a la** ~ *fig* to treat harshly **-2.** MÚS drumstick.

baquetear *vi* [equipaje etc] to bump up and down.

bar *m* bar.

barahúnda *f* racket, din.

baraja *f* pack (of cards); **jugar con dos** ~**s** *fig* to play a double game.

barajar *vt* **-1.** [cartas] to shuffle **-2.** [considerar - nombres, posibilidades] to consider; [- datos, cifras] to marshal, to draw on.

baranda, barandilla *f* [de escalera] handrail; [de balcón] rail.

baratija *f* trinket, knick-knack.

baratillo *m* **-1.** [género] junk **-2.** [tienda]

junkshop; [mercadillo] flea market.
barato, ta *adj* cheap.
◆ **barato** *adv* cheap, cheaply; **de ~** for free.
barba *f* beard; **~ incipiente** stubble; **apurarse la ~** to shave close; **dejarse ~** to let one's beard grow; **por ~** [cada uno] per head; **hacer algo en las ~s de alguien** *o* **en sus propias ~s** to do sthg under sb's nose; **reírse de alguien en sus propias ~s** to laugh in sb's face.
◆ **barbas** *fpl* [de pez] barbel *(sg)*.
barbacoa *f* barbecue.
Barbados Barbados.
barbaridad *f* **-1.** [cualidad] cruelty; **¡qué ~!** how terrible! **-2.** [disparate] nonsense *(U)* **-3.** [montón]: **una ~ (de)** tons (of); **se gastó una ~** she spent a fortune.
barbarie *f* **-1.** [crueldad - cualidad] cruelty, savagery; [- acción] atrocity **-2.** [incultura] barbarism.
barbarismo *m* **-1.** [extranjerismo] foreign word **-2.** [incorrección] substandard usage.
bárbaro, ra ◇ *adj* **-1.** HIST barbarian **-2.** [cruel] barbaric, cruel **-3.** [bruto] uncouth, coarse **-4.** *fam* [extraordinario] brilliant, great. ◇ *m, f* HIST barbarian.
◆ **bárbaro** *adv fam* [magníficamente]: **pasarlo ~** to have a wild time.
barbecho *m* fallow (land); **estar en ~** to be left fallow.
barbería *f* barber's (shop).
barbero, ra *m, f* barber.
barbilampiño, ña *adj* smooth-faced, beardless.
◆ **barbilampiño** *m* beardless man.
barbilla *f* chin.
barbitúrico *m* barbiturate.
barbo *m* barbel; **~ de mar** red mullet.
barbotar *vi & vt* to mutter.
barbudo, da ◇ *adj* bearded.
◆ **barbudo** *m* bearded man.
barbullar *vi* to jabber.
barca *f* dinghy, small boat.
barcaza *f* barge.
Barcelona Barcelona.
barcelonés, esa ◇ *adj* of/relating to Barcelona. ◇ *m, f* native/inhabitant of Barcelona.
barco *m* [gen] boat; [de gran tamaño] ship; **en ~** by boat; **~ cisterna** tanker; **~ de guerra** warship; **~ mercante** cargo ship; **~ de vapor** steamer, steamboat; **~ de vela** sailing boat, sail boat **US**.
bardo *m* bard.
baremo *m* [escala] scale.
bario *m* barium.
barítono *m* baritone.
barlovento *m* windward.
barman (*pl* **barmans**) *m* barman, bartender **US**.
barniz *m* [para madera] varnish; [para loza, cerámica] glaze; **~ de uñas** nail varnish.
barnizar [13] *vt* [madera] to varnish; [loza, cerámica] to glaze.
barómetro *m* barometer.
barón, onesa *m, f* baron (*f* baroness).
barquero, ra *m, f* boatman (*f* boatwoman).
barquilla *f* [de globo] basket.
barquillo *m* CULIN cornet, cone.
barra *f* **-1.** [gen] bar; [de hielo] block; [para cortinas] rod; [en bicicleta] crossbar; **la ~** [de tribunal] the bar; **~ de labios** lipstick; **~ de pan** baguette, French stick **-2.** [de bar, café] bar *(counter)*; **~ americana** singles bar; **~ libre** *unlimited drink for a fixed price* **-3.** [para bailarines] barre **-4.** [signo gráfico] slash, oblique stroke **-5.** ***Andes, RP*** [de amigos] gang; **~ brava** ***RP*** group of violent soccer fans **-6.** INFORM: **~ de estado** status bar; **~ de herramientas** tool bar; **~ de menús** menu bar **-7.** *loc*: **sin pararse en ~s** stopping at nothing.
barrabasada *f fam* mischief *(U)*.
barraca *f* **-1.** [chabola] shack **-2.** [caseta de feria] stall **-3.** [en Valencia y Murcia] thatched farmhouse.
barracón *m* large hut.
barranco *m* **-1.** [precipicio] precipice **-2.** [cauce] ravine.
barraquismo *m* shanty towns *(pl)*.
barrena *f* drill; **entrar en ~** AERON to go into a spin; *fig* [persona, gobierno] to totter.
barrenar *vt* **-1.** [taladrar] to drill **-2.** [frustrar] to scupper.
barrendero, ra *m, f* street sweeper.
barreno *m* **-1.** [instrumento] large drill **-2.** [agujero - para explosiones] blast hole.
barreño *m* washing-up bowl.
barrer ◇ *vt* **-1.** [con escoba, reflectores] to sweep **-2.** [suj: viento, olas] to sweep away **-3.** *fam* [derrotar] to thrash, to annihilate. ◇ *vi*: **~ con** [llevarse] to finish off, to make short work of; **~ hacia** *o* **para adentro** *fig* to look after number one.
barrera *f* **-1.** [gen] barrier; FERROC crossing gate; [de campo, casa] fence; **poner ~s a algo** *fig* to erect barriers against sthg, to hinder sthg; **~s arancelarias** tariff barriers **-2.** TAUROM *barrier around the edge of a bull ring* **-3.** DEP wall.

◆ **barrera de seguridad** *f* [en carretera] safety barrier.

◆ **barrera del sonido** *f* sound barrier.

barriada *f* **-1.** neighbourhood, area **-2.** *Amér* [pobre] shanty town.

barrica *f* keg.

barricada *f* barricade.

barrido *m* **-1.** [con escoba] sweep, sweeping *(U)*; **dar un ~ (a algo)** to sweep (sthg); **servir** *o* **valer tanto para un ~ como para un fregado** [persona] to be a jack-of-all-trades **-2.** *TECN* scan, scanning *(U)* **-3.** *CIN* pan, panning *(U)*.

barriga *f* belly; **echar ~** to get a paunch; **rascarse** *o* **tocarse la ~** *fig* to twiddle one's thumbs, to laze around.

barrigazo *m fam*: **darse un ~** to fall flat on one's face.

barrigón, ona ◇ *adj* paunchy. ◇ *m,f* [persona] portly person.

◆ **barrigón** *m* [barriga] big belly.

barril *m* barrel; **de ~** [bebida] draught.

barrilete *m* **-1.** [de revólver] chamber **-2.** *Amér* [cometa] kite.

barrio *m* **-1.** [vecindario] area, neighborhood *US*; **~ comercial/periférico** shopping/outlying district; **~ chino** red light district; **~ latino** Latin Quarter; **mandar a alguien al otro ~** *fam fig* to do sb in, to finish sb off **-2.** *Amér* [arrabal] shanty town.

barriobajero, ra *despec* ◇ *adj* low-life *(antes de sust)*. ◇ *m,f* common person.

barrizal *m* mire.

barro *m* **-1.** [fango] mud **-2.** [arcilla] clay **-3.** [grano] blackhead **-4.** *loc*: **arrastrarse por el ~** to abase o.s.

barroco, ca *adj* **-1.** *ARTE* baroque **-2.** [recargado] ornate.

◆ **barroco** *m ARTE* baroque.

barroquismo *m ARTE* baroque style.

barrote *m* bar.

barruntar *vt* **-1.** [presentir] to suspect **-2.** [ser indicio de] to suggest, to hint at.

barrunto *m* **-1.** [presentimiento] suspicion **-2.** [indicio] sign, indication.

bartola

◆ **a la bartola** *loc adv fam*: **tumbarse a la ~** to lounge around.

bártulos *mpl* things, bits and pieces; **liar los ~** *fam fig* to pack one's bags.

barullo *m fam* **-1.** [ruido] din, racket; **armar ~** to raise hell **-2.** [desorden] mess.

basa *f ARQUIT* base.

basalto *m* basalt.

basamento *m ARQUIT* base, plinth.

basar *vt* [fundamentar] to base.

◆ **basarse en** *vpr* [suj: teoría, obra etc] to be based on; [suj: persona] to base one's argument on.

basca *f* **-1.** *fam* [de amigos] pals *(pl)*, mates *(pl)* **-2.** [náusea] nausea.

báscula *f* scales *(pl)*; **~ de baño/de precisión** bathroom/precision scales.

basculador *m* dumper truck.

bascular *vi* to tilt.

base *f* **-1.** [gen, *MAT* & *MIL*] base; [de edificio] foundations *(pl)*; **~ aérea** air base; **~ espacial** space station; **~ de lanzamiento** launch site; **~ de operaciones** operational base; **~ naval** naval base **-2.** [fundamento, origen] basis; **sentar las ~s para** to lay the foundations of **-3.** [de partido, sindicato]: **las ~s** the grass roots *(pl)*, the rank and file; **de ~** grassroots *(antes de sust)* **-4.** *loc*: **a ~ de** by (means of); **me alimento a ~ de verduras** I live on vegetables; **a ~ de bien** extremely well; **a ~ de trabajar mucho** by working hard.

◆ **base de datos** *f INFORM* database; **~ de datos documental/relacional** *INFORM* documentary/relational database.

◆ **base imponible** *f* taxable income.

BASIC ['beisik] *m INFORM* BASIC.

básico, ca *adj* basic; **lo ~ de** the basics of.

basílica *f* basilica.

basilisco *m*: **ponerse hecho un ~** *fam fig* to go mad, to fly into a rage.

basta *interj*: **¡~!** that's enough!; **¡~ de chistes/tonterías!** that's enough jokes/of this nonsense!

bastante ◇ *adv* **-1.** [suficientemente] enough; **es lo ~ lista para ...** she's smart enough to ... **-2.** [considerablemente - antes de adj o adv] quite, pretty; [- después de verbo] quite a lot; **me gustó ~** I quite enjoyed it, I enjoyed it quite a lot. ◇ *adj* **-1.** [suficiente] enough; **no tengo dinero ~** I haven't enough money **-2.** [mucho]: **éramos ~s** there were quite a few of us; **tengo ~ frío** I'm quite *o* pretty cold.

bastar *vi* to be enough; **basta con que se lo digas** it's enough for you to tell her; **con ocho basta** eight is enough; **baste decir que ...** suffice it to say that ...; **con la intención basta** it's the thought that counts.

◆ **bastarse** *vpr* to be self-sufficient.

bastardía *f* bastardy.

bastardilla ▷ **letra.**

bastardo, da ◇ *adj* **-1.** [hijo etc] bastard *(antes de sust)* **-2.** [animal] crossbred **-3.** *despec* [innoble] mean, base. ◇ *m,f* bastard.

bastidor *m* **-1.** [armazón] frame **-2.** *AUTOM* chassis **-3.** *NÁUT* screw propeller's frame.
◆ **bastidores** *mpl TEATR* wings; **entre ~es** *fig* behind the scenes.
bastión *m lit & fig* bastion.
basto, ta *adj* coarse.
◆ **bastos** *mpl* [naipes] ≃ clubs.
bastón *m* **-1.** [para andar] walking stick **-2.** [de mando] baton; **empuñar el ~** *fig* to take the helm **-3.** [para esquiar] ski stick.
bastonazo *m* blow (with a stick).
basura *f lit & fig* rubbish *UK*, garbage *US*, trash *US*; **tirar algo a la ~** to throw sthg away; **~ radioactiva** radioactive waste.
basurero *m* **-1.** [persona] dustman *UK*, garbage man *US* **-2.** [vertedero] rubbish dump.
bata *f* **-1.** [de casa] housecoat; [para baño, al levantarse] dressing gown, robe *US* **-2.** [de médico] white coat; [de laboratorio] lab coat.
batacazo *m* bump, bang.
batalla *f* battle; **~ campal** pitched battle; **de ~** [de uso diario] everyday.
batallador, ra *adj* battling *(antes de sust)*.
batallar *vi* **-1.** [con armas] to fight **-2.** *fig* [por una cosa] to battle.
batallón *m* **-1.** *MIL* batallion **-2.** *fig* [grupo numeroso] crowd.
batata *f* sweet potato.
bate *m DEP* bat.
batea *f Amér* washing trough.
bateador, ra *m,f* batsman (*f* batswoman).
batear ◇ *vt* to hit. ◇ *vi* to bat.
batería ◇ *f* **-1.** *ELECTR & MIL* battery; **~ solar** solar cell **-2.** *MÚS* drums *(pl)* **-3.** *TEATR* floodlights *(pl)* **-4.** [conjunto] set; [de preguntas] barrage; **~ de cocina** pots *(pl)* and pans **-5.** *loc*: **aparcado en ~** parked at an angle to the pavement. ◇ *mf* drummer.
batiborrillo, batiburrillo *m* jumble.
batido, da *adj* **-1.** [nata] whipped; [clara] whisked **-2.** [senda, camino] well-trodden.
◆ **batido** *m* **-1.** [acción de batir] beating **-2.** [bebida] milkshake.
◆ **batida** *f* **-1.** [de caza] beat **-2.** [de policía] combing, search.
batidor *m* **-1.** [aparato manual] whisk **-2.** [en caza] beater **-3.** *MIL* scout.
batidora *f* [eléctrica] mixer.
batiente *m* **-1.** [de puerta] jamb; [de ventana] frame **-2.** [costa] shoreline.
batín *m* short dressing gown.
batir ◇ *vt* **-1.** [gen] to beat; [nata] to whip; [récord] to break **-2.** [suj: olas, lluvia, viento] to beat against **-3.** [derribar] to knock down **-4.** [explorar - suj: policía etc] to comb, to search.
◇ *vi* [suj: sol, lluvia] to beat down.
◆ **batirse** *vpr* [luchar] to fight.
batiscafo *m* bathyscaphe.
batista *f* batiste, cambric.
baturro, rra ◇ *adj* Aragonese. ◇ *m,f* Aragonese peasant.
batuta *f* baton; **llevar la ~** *fig* to call the tune.
baúl *m* **-1.** [cofre] trunk **-2.** *Arg, Col* [maletero] boot *UK*, trunk *US*.
bautismal *adj* baptismal.
bautismo *m* baptism.
bautista *mf RELIG* Baptist.
◆ **Bautista** *m RELIG*: **Juan el Bautista** John the Baptist.
bautizar [13] *vt* **-1.** *RELIG* to baptize, to christen **-2.** *fig* [denominar, poner mote] to christen **-3.** *fam fig* [aguar] to dilute.
bautizo *m* **-1.** *RELIG* baptism, christening **-2.** [fiesta] christening party.
bauxita *f* bauxite.
bávaro, ra *adj & m,f* Bavarian.
Baviera Bavaria.
baya *f* berry.
bayeta *f* **-1.** [tejido] flannel **-2.** [para fregar] cloth; [de gamuza] chamois.
bayo, ya *adj* bay.
bayoneta *f* bayonet.
baza *f* **-1.** [en naipes] trick **-2.** [ventaja] advantage **-3.** *loc*: **meter ~ en algo** to butt in on sthg; **no pude meter ~ (en la conversación)** I couldn't get a word in edgeways; **no jugó bien su ~** he didn't play his cards right.
bazar *m* bazaar.
bazo *m ANAT* spleen.
bazofia *f* **-1.** [comida] pigswill *(U)* **-2.** *fig* [libro, película etc] rubbish *(U)*.
bazuca, bazooka *m* bazooka.
BCE (*abrev de* **Banco Central Europeo**) *m* ECB.
be *f Amér*: **~ larga** *o* **grande** b.
beatería *f* devoutness.
beatificación *f* beatification.
beatificar [10] *vt* to beatify.
beatitud *f* beatitude.
beato, ta ◇ *adj* **-1.** [beatificado] blessed **-2.** [piadoso] devout **-3.** *fig* [santurrón] sanctimonious. ◇ *m,f* **-1.** *RELIG* beatified person **-2.** [piadoso] devout person **-3.** *fig* [santurrón] sanctimonious person.
bebe, ba *m CSur fam* baby.
bebé *m* baby; **~ probeta** test-tube baby.
bebedero *m* **-1.** [de jaula] water dish **-2.** [abrevadero] drinking trough.

bebedizo *m* [medicinal] potion; [de amor] love potion.
bebedor, ra *m,f* heavy drinker.
beber ◇ *vt* **-1.** [líquido] to drink **-2.** ***fig*** [absorber - palabras, consejos] to lap up; [- sabiduría, información] to draw, to acquire. ◇ *vi* **-1.** [tomar líquido] to drink **-2.** ***fig*** [emborracharse] to drink (heavily) **-3.** [brindar]: ~ **a** *o* **por** to drink to.
bebida *f* drink; **darse** *o* **entregarse a la ~** to take to the bottle; **~ alcohólica** alcoholic drink.
bebido, da *adj* drunk.
bebito, ta *m,f* ***Amér*** little baby.
beca *f* [del gobierno] grant; [de organización privada] scholarship; **~ de investigación** research grant.
becar [10] *vt* [suj: gobierno] to award a grant to; [suj: organización privada] to award a scholarship to.
becario, ria *m,f* [del gobierno] grant holder; [de organización privada] scholarship holder.
becerrada *f* bullfight with young bulls.
becerro, rra *m,f* calf.
bechamel [betʃa'mel], **besamel** *f* béchamel sauce.
bedel *m* janitor.
beduino, na *adj & m,f* Bedouin.
befa *f* jeer; **hacer ~ de** to jeer at.
begonia *f* begonia.
beige [beis] *adj inv & m inv* beige.
béisbol *m* baseball.
beldad *f* ***culto*** fairness, beauty.
belén *m* **-1.** [de Navidad] crib, Nativity scene **-2.** ***fam*** [desorden] bedlam *(U)* **-3.** ***(gen pl) fig*** [embrollo] mess *(U)*.
Belén Bethlehem.
belfo, fa *adj* thick-lipped.
◆ **belfo** *m* horse's lip.
belga *adj & m,f* Belgian.
Bélgica Belgium.
Belice Belize.
beliceño, ña *adj & m,f* Belizean.
belicismo *m* warmongering.
belicista ◇ *adj* belligerent. ◇ *mf* warmonger.
bélico, ca *adj* [gen] war *(antes de sust)*; [actitud] bellicose, warlike.
belicoso, sa *adj* bellicose; ***fig*** aggressive.
beligerancia *f* belligerence.
beligerante *adj & m,f* belligerent.
bellaco, ca *m,f* villain, scoundrel.
belladona *f* belladonna, deadly nightshade.
bellaquería *f* wickedness, roguery.
belleza *f* beauty.
bello, lla *adj* beautiful.
bellota *f* acorn.
bemol ◇ *adj* flat. ◇ *m* MÚS flat; **doble ~** double flat; **tener (muchos) ~es** [ser difícil] to be tricky; [tener valor] to have guts; [ser un abuso] to be a bit rich *o* much.
benceno *m* benzene.
bencina *f* ***Chile*** petrol ***UK***, gas ***US***.
bencinera *f* ***Chile*** petrol station ***UK***, gas station ***US***.
bendecir [66] *vt* to bless.
bendición *f* blessing.
◆ **bendiciones nupciales** *fpl* wedding *(sg)*.
bendiga, bendijera *etc* ▷ **bendecir**.
bendito, ta ◇ *adj* **-1.** [santo] holy; [alma] blessed; **¡~ sea Dios!** ***fam fig*** thank goodness! **-2.** [dichoso] lucky **-3.** [para enfatizar] damned. ◇ *m,f* simple soul; **dormir como un ~** to sleep like a baby.
benedictino, na *adj & m,f* Benedictine.
benefactor, ra ◇ *adj* beneficent. ◇ *m,f* benefactor (*f* benefactress).
beneficencia *f* charity.
beneficiar [8] *vt* to benefit.
◆ **beneficiarse** *vpr* to benefit; **~se de algo** to do well out of sthg.
beneficiario, ria *m,f* [de herencia, póliza] beneficiary; [de cheque] payee.
beneficio *m* **-1.** [bien] benefit; **a ~ de** [gala, concierto] in aid of; **en ~ de** for the good of; **en ~ de todos** in everyone's interest; **en ~ propio** for one's own good **-2.** [ganancia] profit; **~ bruto/neto** gross/net profit.
beneficioso, sa *adj*: **~ (para)** beneficial (to).
benéfico, ca *adj* **-1.** [favorable] beneficial **-2.** [rifa, función] charity *(antes de sust)*; [organización] charitable.
benemérito, ta *adj* worthy.
◆ **Benemérita** *f*: **la Benemérita** *another name for the 'Guardia Civil'*.
beneplácito *m* consent.
benevolencia *f* benevolence.
benevolente, benévolo, la *adj* benevolent.
bengala *f* **-1.** [para pedir ayuda, iluminar etc] flare **-2.** [fuego artificial] sparkler.
benigno, na *adj* **-1.** [gen] benign **-2.** [clima, temperatura] mild.
benjamín, ina *m,f* youngest child.
benzol *m* benzol.
beodo, da *adj & m,f* drunk.

beque *etc* ▷ **becar**.
berberecho *m* cockle.
berenjena *f* aubergine *UK*, eggplant *US*.
berenjenal *m fam* [enredo] mess; **meterse en un ~** to get o.s. into a right mess.
bergantín *m* brigantine.
beriberi *m* beriberi.
berilio *m* beryllium.
Berlín Berlin.
berlina *f* four-door saloon.
berlinés, esa ◇ *adj* of/relating to Berlin. ◇ *m,f* Berliner.
berma *f Andes* hard shoulder *UK*, shoulder *US*.
bermejo, ja *adj* reddish.
bermellón *adj inv* & *m* vermilion.
bermudas *fpl* Bermuda shorts.
Berna Berne.
berrear *vi* **-1.** [animal] to bellow **-2.** [persona] to howl.
berrido *m* **-1.** [del becerro] bellow, bellowing *(U)* **-2.** [de persona] howl, howling *(U)*.
berrinche *m fam* tantrum; **coger** *o* **agarrarse un ~** to throw a tantrum.
berro *m* watercress.
bertsolari *m in Basque culture, poet who extemporizes poems at gatherings and literary competitions.*
berza *f* cabbage.
berzotas *m y f inv fam* thickhead.
besamel = **bechamel**.
besar *vt* to kiss.
◆ **besarse** *vpr* to kiss.
beso *m* kiss; **dar un ~ a alguien** to kiss sb, to give sb a kiss; **comerse a ~s a alguien** to smother sb with kisses.
bestia ◇ *adj* **-1.** [ignorante] thick, stupid **-2.** [torpe] clumsy **-3.** [maleducado] rude. ◇ *mf* **-1.** [ignorante, torpe] brute **-2.** [maleducado] rude person. ◇ *f* [animal] beast; **~ de carga** beast of burden.
bestial *adj* **-1.** [brutal] animal, brutal; [apetito] tremendous **-2.** *fam* [formidable] terrific.
bestialidad *f* **-1.** [brutalidad] brutality **-2.** *fam* [tontería] rubbish *(U)*, nonsense *(U)* **-3.** *fam* [montón]: **una ~ de** tons *(pl) o* stacks *(pl)* of.
bestiario *m* LITER bestiary.
best-seller [bes'seler] (*pl* **best-sellers**) *m* best-seller.
besucón, ona *fam* ◇ *adj* kissy. ◇ *m,f* kissy person.
besugo *m* **-1.** [pez] sea bream **-2.** *fam* [persona] idiot.
besuquear *fam vt* to smother with kisses.
◆ **besuquearse** *vpr fam* to smooch.
beta *adj* beta *(antes de sust)*.
betabel *m Méx* beetroot *UK*, beet *US*.
betarraga *f Chile* beetroot *UK*, beet *US*.
bético, ca *adj* **-1.** [andaluz] Andalusian **-2.** DEP *of or relating to Real Betis Football Club.*
betún *m* **-1.** [para calzado] shoe polish **-2.** QUÍM bitumen; **~ de Judea** asphalt.
bianual *adj* **-1.** [dos veces al año] biannual, twice-yearly **-2.** [cada dos años] biennial.
biberón *m* (baby's) bottle; **dar el ~ a** to bottle-feed.
Biblia *f* Bible; **ser la ~ en verso** *fig* to be endless.
bíblico, ca *adj* biblical.
bibliófilo, la *m,f* **-1.** [coleccionista] book collector **-2.** [lector] book lover.
bibliografía *f* bibliography.
bibliográfico, ca *adj* bibliographic.
bibliógrafo, fa *m,f* bibliographer.
bibliorato *m RP* lever arch file.
biblioteca *f* **-1.** [gen] library; **~ ambulante/pública** mobile/public library **-2.** [mueble] bookcase.
bibliotecario, ria *m,f* librarian.
bicameral *adj* bicameral, two-chamber *(antes de sust)*.
bicarbonato *m* **-1.** FARM bicarbonate of soda **-2.** QUÍM bicarbonate.
bicentenario *m* bicentenary.
bíceps *m inv* biceps.
bicha *f fam* snake.
bicharraco *m fam* **-1.** [animal] disgusting creature **-2.** [persona mala] nasty piece of work.
bicho *m* **-1.** [animal] beast, animal; [insecto] bug **-2.** *fam* [persona mala]: **(mal) ~** nasty piece of work; **~ raro** weirdo; **todo ~ viviente** every Tom, Dick and Harry; **~ malo nunca muere** ill weeds grow apace **-3.** [pillo] little terror.
bici *f fam* bike.
bicicleta *f* bicycle.
bicicletear *vi RP fam to speculate using money owed to someone else.*
bicoca *f fam* [compra, alquiler] bargain; [trabajo] cushy number.
bicolor *adj* two-coloured.
bidé *m* bidet.
bidimensional *adj* two-dimensional.
bidón *m* drum *(for oil etc)*; [lata] can, canister; [de plástico] (large) bottle.
biela *f* connecting rod.
bien ◇ *adv* **-1.** [como es debido, adecuado]

well; **has hecho** ~ you did the right thing; **habla inglés** ~ she speaks English well; **cierra** ~ **la puerta** shut the door properly; **hiciste** ~ **en decírmelo** you were right to tell me **-2.** [expresa opinión favorable]: **estar** ~ [de aspecto] to be nice; [de salud] to be *o* feel well; [de calidad] to be good; [de comodidad] to be comfortable; **está** ~ **que te vayas, pero antes despídete** it's all right for you to go, but say goodbye first; **oler** ~ to smell nice; **pasarlo** ~ to have a good time; **sentar** ~ **a alguien** [ropa] to suit sb; [comida] to agree with sb; [comentario] to please sb **-3.** [muy, bastante] very; **hoy me he levantado** ~ **temprano** I got up nice and early today; **quiero un vaso de agua** ~ **fría** I'd like a nice cold glass of water **-4.** [vale, de acuerdo] all right, OK; **¿nos vamos? —** ~ shall we go? —all right *o* OK **-5.** [de buena gana, fácilmente] quite happily; **ella** ~ **que lo haría, pero no la dejan** she'd be happy to do it, but they won't let her **-6.** *loc*: **¡**~ **por ...!** three cheers for ...!; **¡está** ~**!** [bueno, vale] all right then!; [es suficiente] that's enough; **¡ya está** ~**!** that's enough!; **estar a** ~ **con alguien** to be on good terms with sb; **¡muy** ~**!** very good!, excellent!; **¡pues (sí que) estamos** ~**!** that's all we needed!; **tener a** ~ **hacer algo** to be good enough to do sthg. ◇ *adj inv* [adinerado] well-to-do. ◇ *conj*: ~ **...** ~ either ... or; **dáselo** ~ **a mi hermano,** ~ **a mi padre** either give it to my brother or my father. ◇ *m* good; **el** ~ **y el mal** good and evil; **hacer el** ~ to do good (deeds); **por el** ~ **de** for the sake of; **lo hice por tu** ~ I did it for your own good.

◆ **bienes** *mpl* **-1.** [patrimonio] property *(U)*; ~**es inmuebles** *o* **raíces** real estate *(U)*; ~**es gananciales** shared possessions; ~**es muebles** personal property *(U)* **-2.** [productos] goods; ~**es de consumo** consumer goods; ~**es de equipo** capital goods; ~**es de producción** industrial goods.

◆ **más bien** *loc adv* rather; **no estoy contento, más** ~ **estupefacto** I'm not so much happy as stunned.

◆ **no bien** *loc adv* no sooner, as soon as; **no** ~ **me había marchado cuando empezaron a ...** no sooner had I gone than they started ...

◆ **si bien** *loc conj* although, even though.

bienal ◇ *adj* biennial. ◇ *f* biennial exhibition.

bienaventurado, da *m,f* RELIG blessed person.

bienaventuranza *f* **-1.** RELIG divine vision **-2.** [felicidad] happiness.

◆ **bienaventuranzas** *fpl* RELIG Beatitudes.

bienestar *m* wellbeing.

bienhechor, ra ◇ *adj* beneficial. ◇ *m,f* benefactor (*f* benefactress).

bienintencionado, da *adj* well-intentioned.

bienio *m* **-1.** [periodo] two years *(pl)* **-2.** [en sueldo] two-yearly increment.

bienvenido, da ◇ *adj* welcome. ◇ *interj*: **¡**~**!** welcome!

◆ **bienvenida** *f* welcome; **dar la bienvenida a alguien** to welcome sb.

bies *m inv* bias binding; **al** ~ [costura] on the bias; [sombrero] at an angle.

bifásico, ca *adj* two-phase *(antes de sust)*.

bife *m Andes, RP* steak.

bífido, da *adj* forked.

bifocal *adj* bifocal.

biftec = **bistec**.

bifurcación *f* [entre calles] fork; TECN bifurcation.

bifurcarse [10] *vpr* to fork.

bigamia *f* bigamy.

bígamo, ma ◇ *adj* bigamous. ◇ *m,f* bigamist.

bígaro *m* winkle.

big bang [bigbaŋ] (*pl* **big bangs**) *m* big bang.

bigote *m* moustache; **de** ~**s** *fig* fantastic.

bigotudo, da *adj* with a big moustache.

bigudí (*pl* **bigudís** *o* **bigudíes**) *m* curler.

bikini = **biquini**.

bilateral *adj* bilateral.

biliar *adj* bile *(antes de sust)*.

bilingüe *adj* bilingual.

bilingüismo *m* bilingualism.

bilioso, sa *adj lit & fig* bilious.

bilirrubina *f* bilirubin.

bilis *f inv lit & fig* bile; **tragar** ~ *fig* to bite one's tongue.

billar *m* **-1.** [juego] billiards *(U)*; ~ **americano** ≃ pool; ~ **romano** bar billiards **-2.** [mesa] billiard table **-3.** [sala] billiard hall.

billete *m* **-1.** [dinero] note *UK*, bill *US* **-2.** [de rifa, transporte, cine etc] ticket; **'no hay** ~**s'** TEATR 'sold out'; ~ **de andén** platform ticket; ~ **de ida** single (ticket); ~ **de ida y vuelta** return (ticket) *UK*, round-trip (ticket) *US*; ~ **kilométrico** *ticket to travel a set distance*; ~ **sencillo** single (ticket) *UK*, one-way (ticket) *US* **-3.** [de lotería] lottery ticket.

billetera *f*, **billetero** *m* wallet.

billón *núm* billion *UK*, trillion *US*; *ver también* **seis**.

bimensual *adj* twice-monthly.
bimestral *adj* two-monthly.
bimestre *m* two months *(pl)*.
bimotor ◇ *adj* twin-engine *(antes de sust)*. ◇ *m* twin-engined plane.
binario, ria *adj* [gen & INFORM] binary.
bingo *m* **-1.** [juego] bingo **-2.** [sala] bingo hall **-3.** [premio] (full) house.
binoculares *mpl* binoculars; TEATR opera glasses.
binóculo *m* pince-nez.
binomio *m* **-1.** MAT binomial **-2.** *fig* [de personas] duo.
biocombustible *m* biofuel.
biodegradable *adj* biodegradable.
bioética *f* bioethics.
biofeedback [bio'fidbak] *m inv* PSICOL biofeedback.
biofísico, ca *adj* biophysical.
◆ **biofísica** *f* biophysics *(U)*.
biogenético, ca *adj* genetic.
◆ **biogenética** *f* genetics *(U)*.
biografía *f* biography.
biografiar [9] *vt* to write the biography of.
biográfico, ca *adj* biographical.
biógrafo, fa *m,f* [persona] biographer.
◆ **biógrafo** *m Amér* [cine] cinema.
bioingeniería *f* bioengineering.
biología *f* biology.
biológico, ca *adj* biological.
biólogo, ga *m,f* biologist.
biomasa *f* biomass.
biombo *m* (folding) screen.
biometría *f* biometry.
biónico, ca *adj* bionic.
biopsia *f* biopsy.
bioquímico, ca ◇ *adj* biochemical. ◇ *m,f* [persona] biochemist.
◆ **bioquímica** *f* [ciencia] biochemistry.
biorritmo *m* biorhythm.
biosfera *f* biosphere.
biotecnología *f* biotechnology.
bioterapia *f* biotherapy.
binóculo *m* pince-nez.
bioterrorismo *m* bioterrorism.
biotopo *m* biotope.
bióxido *m* dioxide.
bipartidismo *m* two-party system.
bipartidista *adj* two-party *(antes de sust)*.
bipartito, ta *adj* bipartite.
bípedo, da *adj* biped.
biplano *m* biplane.
biplaza ◇ *adj* two-seater *(antes de sust)*. ◇ *m* two-seater.
bipolar *adj* bipolar.
biquini, bikini *m* [bañador] bikini.
birlar *vt fam* to pinch, to nick.
birlibirloque ▷ **arte**.
Birmania Burma.
birmano, na *adj & m,f* Burmese.
◆ **birmano** *m* [lengua] Burmese.
birome *f RP* Biro®.
birra *f fam* beer.
birreactor, ra *adj* twin-jet *(antes de sust)*.
◆ **birreactor** *m* twin-jet aircraft.
birrete *m* **-1.** [de clérigo] biretta **-2.** [de catedrático] mortarboard **-3.** [de abogados, jueces] *cap worn by judges and lawyers*.
birria *f fam* **-1.** [fealdad - persona] sight, fright; [- cosa] monstrosity **-2.** [cosa sin valor] rubbish *(U)*.
bis (*pl* **bises**) ◇ *adj inv*: **viven en el 150 ~** they live at 150a. ◇ *m* encore. ◇ *adv* MÚS [para repetir] bis.
bisabuelo, la *m,f* great-grandfather (*f* great-grandmother); **~s** great-grandparents.
bisagra *f* hinge.
bisbisar, bisbisear *vt fam* to mutter.
bisbiseo *m* muttering.
bisección *f* bisection.
bisectriz *f* bisector.
bisel *m* bevel.
biselado *m* bevelling.
biselar *vt* to bevel.
bisemanal *adj* twice-weekly.
bisexual *adj & m,f* bisexual.
bisiesto ▷ **año**.
bisílabo, ba *adj* two-syllabled.
bisnieto, ta *m,f* great-grandchild, great-grandson (*f* great-granddaughter).
bisonte *m* bison.
bisoñé *m* toupée.
bisoño, ña *m,f* novice.
bistec, biftec *m* steak.
bisturí (*pl* **bisturíes**) *m* scalpel.
bisutería *f* imitation jewellery.
bit [bit] (*pl* **bits**) *m* INFORM bit.
bitácora *f* binnacle.
bíter, bitter *m* bitters *(U)*.
bituminoso, sa *adj* bituminous.
bizantino, na ◇ *adj* **-1.** HIST Byzantine **-2.** [discusión, razonamiento] hair-splitting. ◇ *m,f* Byzantine.
bizarría *f* **-1.** [valor] bravery **-2.** [generosidad] generosity.
bizarro, rra *adj* **-1.** [valiente] brave, valiant **-2.** [generoso] generous.

bizco, ca ◇ *adj* cross-eyed. ◇ *m,f* cross-eyed person.

bizcocho *m* [de repostería] sponge.

bizquear *vi* to squint.

bizquera *f* squint.

blablablá *m fam* blah, blah, blah.

blanco, ca ◇ *adj* white. ◇ *m,f* [persona] white (person).

◆ **blanco** *m* **-1.** [color] white **-2.** [diana] target; **dar en el ~** *DEP* & *MIL* to hit the target; *fig* to hit the nail on the head **-3.** *fig* [objetivo] target; [de miradas] object **-4.** [espacio vacío] blank (space).

◆ **blanca** *f MÚS* minim; **estar** *o* **quedarse sin blanca** *fig* to be flat broke.

◆ **blanco del ojo** *m* white of the eye.

◆ **en blanco** *loc adv* **-1.** [gen] blank; **se quedó con la mente en ~** his mind went blank **-2.** [sin dormir]: **una noche en ~** a sleepless night.

blancura *f* whiteness.

blancuzco, ca *adj* off-white.

blandengue *adj lit* & *fig* weak.

blandir [78] *vt* to brandish.

blando, da *adj* **-1.** [gen] soft; [carne] tender **-2.** *fig* [persona - débil] weak; [- indulgente] lenient, soft.

blandura *f* **-1.** [gen] softness; [de carne] tenderness **-2.** *fig* [debilidad] weakness; [indulgencia] leniency.

blanqueador, ra ◇ *adj* whitening *(antes de sust).* ◇ *m,f* whitewasher.

blanquear *vt* **-1.** [ropa] to whiten; [con lejía] to bleach **-2.** [con cal] to whitewash **-3.** *fig* [dinero] to launder.

blanquecino, na *adj* off-white.

blanqueo *m* **-1.** [de ropa] whitening; [con lejía] bleaching **-2.** [encalado] whitewashing **-3.** *fig* [de dinero] laundering.

blanquillo *m CAm, Méx* [huevo] egg.

blasfemar *vi* **-1.** *RELIG*: **~ (contra)** to blaspheme (against) **-2.** [maldecir] to swear, to curse.

blasfemia *f* **-1.** *RELIG* blasphemy **-2.** [palabrota] curse **-3.** *fig* [injuria]: **es una ~ hablar así de ...** it's sacrilege to talk like that about ...

blasfemo, ma ◇ *adj* blasphemous. ◇ *m,f* blasphemer.

blasón *m* **-1.** [escudo] coat of arms **-2.** *fig* [orgullo] honour, glory.

bledo *m*: **me importa un ~ (lo que diga)** *fam* I don't give a damn (about what he says).

blenorragia *f* gonorrhœa.

blindado, da *adj* armour-plated; [coche] armoured.

blindaje *m* armour-plating; [de coche] armour.

blindar *vt* to armour-plate.

bloc [blok] (*pl* **blocs**) *m* pad; **~ de dibujo** sketchpad; **~ de notas** notepad.

blocar [10] *vt DEP* to block.

blonda *f* [para tartas etc] doily.

bloomers ['blumers], **blúmers** *mpl Col* knickers.

bloque ◇ *v* ▷ **blocar**. ◇ *m* **-1.** [gen & *INFORM*] block **-2.** *POLÍT* bloc; **en ~** en masse; [votación] block *(antes de sust)* **-3.** *MEC* cylinder block.

bloquear *vt* **-1.** [gen & *DEP*] to block **-2.** [aislar - suj: ejército, barcos] to blockade; [- suj: nieve, inundación] to cut off **-3.** *FIN* to freeze **-4.** *AUTOM* to lock.

◆ **bloquearse** *vpr* [persona] to have a mental block.

bloqueo *m* **-1.** [gen & *DEP*] blocking; **~ mental** mental block **-2.** *ECON* & *MIL* blockade **-3.** *FIN* freeze, freezing *(U)* **-4.** *AUTOM* locking.

blues [blus] *m inv MÚS* blues.

blúmers ◇ *mpl* = **bloomers**. ◇ *m CAm, Carib* knickers.

blusa *f* blouse.

blusón *m* [camisa] long shirt; [de pintor] smock.

bluyín *m*, **bluyínes** *mpl Amér, Andes, Ven* jeans *(pl)*.

boa ◇ *f ZOOL* boa; **~ constrictor** boa constrictor. ◇ *m* [prenda] (feather) boa.

boato *m* show, ostentation.

bobada *f fam*: **decir ~s** to talk nonsense; **hacer ~s** to mess about.

bobalicón, ona *fam* ◇ *adj* simple. ◇ *m,f* simpleton.

bóbilis

◆ **de bóbilis** *loc adv fam* [de balde] for free, for nothing.

bobina *f* **-1.** [gen] reel; [en máquina de coser] bobbin **-2.** *ELECTR* coil.

bobinar *vt* to wind.

bobo, ba ◇ *adj* **-1.** [tonto] stupid, daft **-2.** [ingenuo] naïve, simple. ◇ *m,f* **-1.** [tonto] fool, idiot **-2.** [ingenuo] simpleton.

bobsleigh [boβs'leix] (*pl* **bobsleighs**) *m* bobsleigh.

boca *f* **-1.** [gen] mouth; **~ arriba/abajo** face up/down; **abrir** *o* **hacer ~** to whet one's appetite; **andar** *o* **ir de ~ en ~** to be on everyone's lips; **a pedir de ~** perfectly; **cerrar la ~ a alguien** to make sb shut up; **se fue de la ~** he let the cat out of the bag; **me lo has quitado de la ~** you took the words right out of my mouth; **meterse en la ~ del lobo** to put one's head into the lion's mouth; **no decir esta ~ es mía** not to open one's mouth; **por la ~ muere el pez** silence is golden; **quedarse con la ~ abierta** to be left speechless; **se me hace la ~ agua** it makes my mouth water; **tapar la ~ a alguien** to silence sb **-2.** [entrada] opening; [de cañón] muzzle; **~ del estómago** pit of the stomach; **~ de metro** tube *o* underground entrance *UK*, subway entrance *US*; **~ de riego** hydrant.

◆ **boca a boca** *m* mouth-to-mouth (resuscitation).

◆ **a boca de jarro** *loc adv* point-blank.

bocacalle *f* [entrada] entrance *(to a street)*; [calle] side street; **gire en la tercera ~** take the third turning.

bocadillo *m* **-1.** CULIN sandwich **-2.** [en cómic] speech bubble, balloon.

bocado *m* **-1.** [comida] mouthful; **no probar ~** [por estar desganado] not to touch one's food; [no haber podido comer] not to have a bite (to eat) **-2.** [mordisco] bite.

◆ **bocado de Adán** *m* Adam's apple.

bocajarro

◆ **a bocajarro** *loc adv* [disparar] point-blank; **se lo dije a ~** I told him to his face.

bocamanga *f* cuff.

bocanada *f* [de líquido] mouthful; [de humo] puff; [de viento] gust.

bocata *m fam* sarnie.

bocazas *m y f inv fam despec* big mouth, blabbermouth.

boceto *m* sketch, rough outline.

bocha *f* [bolo] bowl.

◆ **bochas** *fpl* [juego] bowls *(U)*.

bochinche *m fam* commotion, uproar.

bochorno *m* **-1.** [calor] stifling *o* muggy heat **-2.** [vergüenza] embarrassment.

bochornoso, sa *adj* **-1.** [tiempo] stifling, muggy **-2.** [vergonzoso] embarrassing.

bocina *f* **-1.** AUTOM & MÚS horn **-2.** [megáfono] megaphone, loudhailer.

bocinazo *m* AUTOM hoot.

bocio *m* goitre.

bock (*pl* **bocks**) *m* stein.

bocón, cona *m,f Amér fam* bigmouth, blabbermouth.

boda *f* [ceremonia] wedding; [convite] reception; **~s de diamante/oro/plata** diamond/golden/silver wedding *(sg)*.

bodega *f* **-1.** [cava] wine cellar **-2.** [tienda] wine shop; [bar] bar **-3.** [en buque, avión] hold **-4.** *Amér* [colmado] small grocery store **-5.** *Méx* [almacén] store.

bodegón *m* **-1.** ARTE still life **-2.** [taberna] tavern, inn.

bodeguero, ra *m,f* [dueño] owner of a wine cellar; [encargado] cellarman.

bodrio *m fam despec* [gen] rubbish *(U)*; [comida] pigswill *(U)*; **¡qué ~!** what a load of rubbish!

body ['boðil] (*pl* **bodies**) *m* body.

BOE (*abrev de* **Boletín Oficial del Estado**) *m official Spanish gazette.*

bofetada *f* slap (in the face); **dar una ~ a alguien** to slap sb (in the face); **darse de ~s** to come to blows.

bofetón *m* hard slap (in the face).

bofia *f fam*: **la ~** the cops *(pl)*.

boga *f*: **estar en ~** to be in vogue.

bogar [16] *vi* **-1.** [remar] to row **-2.** [navegar] to sail.

bogavante *m* lobster.

Bogotá Bogotá.

bogotano, na *adj* of/relating to Bogotá.

bogue *etc* ▷ **bogar**.

Bohemia Bohemia.

bohemio, mia ◇ *adj* **-1.** [vida etc] bohemian **-2.** [de Bohemia] Bohemian. ◇ *m,f* **-1.** [artista] bohemian **-2.** [de Bohemia] Bohemian.

◆ **bohemia** *f*: **la bohemia** the bohemian lifestyle.

bohío *m Carib* hut.

boicot (*pl* **boicots**) *m* boycott.

boicotear *vt* to boycott.

boicoteo *m* boycotting.

bóiler *m Méx* boiler.

boina *f* beret.

boîte [bwat] (*pl* **boîtes**) *f* nightclub.

boj (*pl* **bojes**) *m* **-1.** [árbol] box **-2.** [madera] boxwood.

bol (*pl* **boles**) *m* bowl.

bola *f* **-1.** [gen] ball; [canica] marble; **~ de cristal** crystal ball; **~ del mundo** globe; **~ de nieve** snowball; **~s de naftalina** mothballs; **convertirse en una ~ de nieve** *fig* to snowball **-2.** *fam* [mentira] fib **-3.** *Amér* [rumor] rumour **-4.** *loc*: **en ~s** *fam* starkers; **no rascar ~** *fam* to get everything wrong.

bolada *f RP fam* opportunity.

bolchevique *adj & m,f* Bolshevik.

bolchevismo *m* Bolshevism.

bolea *f* DEP volley.

bolear *vt Méx* [embetunar] to shine, to polish.

bolera *f* bowling alley.

bolería *f Méx* shoeshine store.

bolero¹ *m* [baile y música] bolero.

bolero², ra *m,f Méx* shoeshine, bootblack *UK*.

boleta *f Amér* [recibo] receipt; *CAm, CSur* [multa] parking ticket; *Cuba, Méx, RP* [para voto] ballot, voting slip.

boletería *f Amér* [de cine, teatro] box office; [de estacíon] ticket office.

boletero, ra *m,f Amér* box office attendant.

boletín *m* journal, periodical; ~ **de noticias** *o* **informativo** news bulletin; ~ **meteorológico** weather forecast; ~ **de prensa** press release; ~ **de subscripción** subscription form; **Boletín Oficial del Estado** *official Spanish gazette*.

boleto *m* **-1.** [de lotería, rifa] ticket; [de quinielas] coupon; ~ **de apuestas** betting slip **-2.** *Amér* [para medio de transporte] ticket.

boli *m fam* Biro®.

boliche *m* **-1.** [en la petanca] jack **-2.** [bolos] ten-pin bowling **-3.** [bolera] bowling alley **-4.** *Amér* [tienda] small grocery store **-5.** *CSur fam* [bar] *cheap bar or café*.

bólido *m* racing car; **ir como un** ~ *fig* to go like the clappers.

bolígrafo *m* ballpoint pen, Biro®.

bolillo *m* **-1.** [en costura] bobbin **-2.** *Méx* [panecillo] bread roll.

bolita *f CSur* [pieza] marble; **jugar a las ~s** to play marbles.

bolívar *m* bolivar.

Bolivia Bolivia.

boliviano, na *adj & m,f* Bolivian.

bollería *f* **-1.** [tienda] cake shop **-2.** [productos] cakes *(pl)*.

bollo *m* **-1.** [para comer - de pan] (bread) roll; [- dulce] bun **-2.** [abolladura] dent; [abultamiento] bump.

bolo *m* **-1.** *DEP* [pieza] skittle **-2.** [actuación] show **-3.** *CAm fam* [borracho] boozer.
◆ **bolos** *mpl* [deporte] skittles.

bolsa *f* **-1.** [gen] bag; ~ **de agua caliente** hot-water bottle; ~ **de aire** air pocket; ~ **de basura** bin liner; ~ **de deportes** holdall, sports bag; ~ **de plástico** [en tiendas] carrier *o* plastic bag; ~ **de viaje** travel bag; ~ **de patatas fritas** packet of crisps **-2.** *FIN*: ~ **(de valores)** stock exchange, stock market; **la** ~ **ha subido/bajado** share prices have gone up/down; **jugar a la** ~ to speculate on the stock market **-3.** *MIN* pocket **-4.** *ANAT* sac **-5.** *RP* [saco de dormir] sleeping bag.
◆ **bolsa de trabajo** *f* employment bureau, labour exchange.

bolsillo *m* pocket; **de** ~ pocket *(antes de sust)*; **lo pagué de mi** ~ I paid for it out of my own pocket; **meterse** *o* **tener a alguien en el** ~ to have sb eating out of one's hand; **rascarse el** ~ *fam* to fork out.

bolso *m* bag; [de mujer] handbag, purse *US*.

boludear *vi RP fam* [decir tonterías] to talk nonsense; [hacer tonterías, perder el tiempo] to mess about *o* around.

boludo, da *m,f RP fam* [estúpido] prat *UK*, jerk *US*; [perezoso] lazy slob.

bomba ◇ *f* **-1.** [explosivo] bomb; ~ **atómica** atom *o* nuclear bomb; ~ **H** *o* **de hidrógeno** H *o* hydrogen bomb; ~ **lacrimógena** tear gas grenade; ~ **de mano** (hand) grenade; ~ **de neutrones** neutron bomb; ~ **de relojería** time bomb; ~ **de humo** *lit* smoke bomb; *fig* smokescreen **-2.** [máquina] pump; ~ **de cobalto** *MED* cobalt bomb; ~ **hidráulica** hydraulic pump **-3.** *fig* [acontecimiento] bombshell; **caer como una** ~ to be a bombshell **-4.** *Chile, Col, Ecuad, Ven* [surtidor de gasolina] petrol station *UK*, gas station *US* **-5.** *loc*: **pasarlo** ~ *fam* to have a great time. ◇ *adj inv fam* astounding.

bombacha *f RP* [braga] knickers *UK*, panties *US*; [pantalón] *loose trousers worn by gaucho*.

bombachos *mpl* baggy trousers.

bombardear *vt lit & fig* to bombard.

bombardeo *m* bombardment; ~ **aéreo** air raid; ~ **atómico** *FÍS* bombardment in a particle accelerator.

bombardero *m* [avión] bomber.

bombazo *m* **-1.** [explosión] explosion, blast **-2.** *fig* [noticia] bombshell.

bombear *vt* [gen & *DEP*] to pump.

bombeo *m* **-1.** [de líquido] pumping **-2.** [abombamiento] bulge.

bombero, ra *m,f* **-1.** [de incendios] fireman (*f* firewoman) **-2.** *Ven* [de gasolinera] petrol-pump *UK* *o* gas-pump *US* attendant.

bombilla *f* light bulb.

bombillo *m CAm, Col, Méx* light bulb.

bombín *m* bowler (hat).

bombita *f RP* light bulb.

bombo *m* **-1.** *MÚS* bass drum; **estar con** ~ *fam fig* to be in the family way **-2.** *fam fig* [elogio] hype; **a** ~ **y platillo** with a lot of hype **-3.** *MEC* drum.

bombón *m* **-1.** [golosina] chocolate **-2.** *fam fig* [mujer] peach.

bombona *f* cylinder; ~ **de butano** (butane) gas cylinder.

bonachón, ona *fam* ◇ *adj* kindly. ◇ *m,f* kindly person.

bonaerense *adj* of/relating to Buenos Aires.

bonancible *adj* [tiempo] fair; [mar] calm.

bonanza *f* **-1.** [de tiempo] fair weather; [de mar] calm at sea **-2.** *fig* [prosperidad] prosperity.

bondad *f* [cualidad] goodness; [inclinación] kindness; **tener la ~ de hacer algo** to be kind enough to do sthg.

bondadoso, sa *adj* kind, good-natured.

bonete *m* [eclesiástico] biretta; [universitario] mortarboard.

bongo, bongó *m* bongo (drum).

boniato *m* sweet potato.

bonificación *f* **-1.** [descuento] discount **-2.** [mejora] improvement.

bonificar [10] *vt* **-1.** [descontar] to give a discount of **-2.** [mejorar] to improve.

bonito, ta *adj* pretty; [bueno] nice.
◆ **bonito** *m* bonito (tuna).

bono *m* **-1.** [vale] voucher **-2.** COM bond; **~ basura/de caja** junk/short-term bond; **~ del Estado/del tesoro** government/treasury bond.

bonobús *m* ten-journey bus ticket.

bonoloto *m* *Spanish state-run lottery.*

BONOLOTO

In this Spanish state-run lottery participants try to guess a combination of six numbers between one and forty-nine. It is drawn four times a week.

bonsai *m* bonsai.

boñiga *f* cowpat.

boom *m* boom.

boquerón *m* (fresh) anchovy.

boquete *m* hole.

boquiabierto, ta *adj* open-mouthed; *fig* astounded, speechless.

boquilla *f* **-1.** [para fumar] cigarette holder **-2.** [de pipa, instrumento musical] mouthpiece **-3.** [de tubo, aparato] nozzle.
◆ **de boquilla** *loc adv fam*: **ser todo de ~** to be all hot air.

borbónico, ca *adj* Bourbon.

borbotear, borbotar *vi* to bubble.

borbotón *m*: **salir a borbotones** to gush out.

borda *f* NÁUT gunwale; **tirar** *o* **echar algo por la ~** *fig* to throw sthg overboard.
◆ **fuera borda** *m* [barco] outboard motorboat; [motor] outboard motor.

bordado, da *adj* embroidered.
◆ **bordado** *m* embroidery.

bordadura *f* embroidery.

bordar *vt* **-1.** [al coser] to embroider **-2.** *fig* [hacer bien] to do excellently.

borde ◇ *adj fam* [antipático] stroppy, miserable. ◇ *mf fam* [antipático] stroppy person. ◇ *m* [gen] edge; [de carretera] side; [del mar] shore, seaside; [de río] bank; [de vaso, botella] rim; **al ~ de** *fig* on the verge *o* brink of.

bordear *vt* **-1.** [estar alrededor de] to border; [moverse alrededor de] to skirt (round) **-2.** *fig* [rozar] to be close to.

bordillo *m* kerb.

bordo
◆ **a bordo** *loc adv* on board.

bordó *RP* ◇ *adj inv* burgundy. ◇ *m inv* burgundy.

boreal *adj* northern.

borgoña *m* burgundy.

bórico *adj* boric.

borla *f* tassel; [pompón] pompom.

borne *m* terminal.

Borneo Borneo.

boro *m* boron.

borrachera *f* **-1.** [embriaguez] drunkenness *(U)*; **agarrar** *o* **Esp coger una ~** to get drunk **-2.** *fig* [emoción] intoxication.

borrachín, ina *m,f fam* boozer.

borracho, cha ◇ *adj* **-1.** [ebrio] drunk **-2.** *fig* [emocionado]: **~ de** drunk *o* intoxicated with. ◇ *m,f* [persona] drunk.
◆ **borracho** *m* [bizcocho] *sponge soaked in alcohol*, ≃ rum baba.

borrador *m* **-1.** [de escrito] rough draft; [de dibujo] sketch **-2.** [goma de borrar] rubber *UK*, eraser *US*.

borraja *f* borage.

borrar *vt* **-1.** [hacer desaparecer - con goma] to rub out *UK*, to erase *US*; [- en ordenador] to delete; [- en casete] to erase **-2.** [tachar] to cross out; *fig* [de lista etc] to take off **-3.** *fig* [olvidar] to erase.
◆ **borrarse** *vpr* **-1.** [desaparecer] to disappear **-2.** *fig* [olvidarse] to be wiped away.

borrasca *f* area of low pressure.

borrascoso, sa *adj* stormy.

borrego, ga *m,f* **-1.** [animal] lamb **-2.** *fam despec* [persona] cretin, moron.

borrico, ca *m,f* donkey; *fig* ass.

borriquero ▷ **cardo.**

borrón *m* blot; *fig* blemish; **hacer ~ y cuenta nueva** to wipe the slate clean.

borroso, sa *adj* [foto, visión] blurred; [escritura, texto] smudgy.

Bosnia Bosnia.

bosnio, nia *adj & m,f* Bosnian.

bosque *m* [pequeño] wood; [grande] forest.

bosquejar *vt* **-1.** [esbozar] to sketch (out) **-2.** *fig* [dar una idea de] to give a rough outline of.

bosquejo *m* **-1.** [esbozo] sketch **-2.** *fig* [de idea, tema, situación] rough outline.

bossa-nova *f* bossa nova.

bostezar [13] *vi* to yawn.

bostezo *m* yawn.

bota *f* **-1.** [calzado] boot; **~s camperas/de montar** cowboy/riding boots; **~s de agua** *o* **de lluvia** wellingtons; **~s de goma** gumboots; **morir con las ~s puestas** *fam* to die with one's boots on; **ponerse las ~s** *fam* [comiendo] to stuff one's face; [ganando dinero] to make a fortune **-2.** [de vino] *small leather container in which wine is kept.*

botadura *f* launching.

botafumeiro *m* censer.

botana *f Méx* snack, appetizer.

botánico, ca ◇ *adj* botanical. ◇ *m,f* [persona] botanist.

◆ **botánica** *f* [ciencia] botany.

botanista *mf* botanist.

botar ◇ *vt* **-1.** *NÁUT* to launch **-2.** *fam* [despedir] to throw *o* kick out **-3.** [pelota] to bounce **-4.** *DEP* [córner etc] to take **-5.** *Andes, CAm, Carib, Méx* [tirar] to throw away. ◇ *vi* **-1.** [saltar] to jump; **está que bota** *fam fig* he/she is hopping mad **-2.** [pelota] to bounce.

botarate *m fam despec* madcap.

botavara *f* boom.

bote *m* **-1.** [tarro] jar; **~ de humo** smoke canister **-2.** [lata] can **-3.** [botella de plástico] bottle **-4.** [barca] boat; **~ salvavidas** lifeboat **-5.** [para propinas] tips box; [fondo común] kitty; **poner un ~** to have a kitty; **hay un ~ de 100.000 euros** the jackpot is 100,000 euros **-6.** [salto] jump; **dar ~s** [gen] to jump up and down; [en tren, coche] to bump up and down **-7.** [de pelota] bounce; **dar ~s** to bounce **-8.** *loc*: **chupar del ~** *fam* to feather one's nest; **tener en el ~ a alguien** *fam* to have sb eating out of one's hand.

◆ **a bote pronto** *loc adv* **-1.** *DEP* on the rebound **-2.** *fig* [sin pensar] off the top of one's head.

◆ **de bote en bote** *loc adv* chock-a-block.

botella *f* bottle; **de ~** bottled; **~ de oxígeno** oxygen cylinder; *Cuba*: **pedir ~** to hitch-hike; **dar ~ a alguien** to give sb a ride, to give sb a lift.

botellazo *m* blow with a bottle.

botellero *m* wine rack.

botellín *m* small bottle.

botica *f desus* pharmacy, chemist's (shop) *UK*.

boticario, ria *m,f desus* pharmacist, chemist *UK*.

botijo *m* earthenware jug.

botillería *f Chile* liquor store.

botín *m* **-1.** [de guerra, atraco] plunder, loot **-2.** [calzado] ankle boot.

botiquín *m* [caja] first-aid kit; [mueble] first-aid cupboard; [enfermería] first-aid post.

botón *m* button; **~ de marcado abreviado** *TELEC* speed-dial button.

◆ **botones** *m inv* [de hotel] bellboy, bellhop *US*; [de oficinas etc] errand boy.

◆ **botón de muestra** *m* sample.

botonadura *f* buttons *(pl)*.

botulismo *m* botulism.

boulder *m DEP* bouldering.

bourbon ['burbon] *m* bourbon.

boutique [bu'tik] *f* boutique.

bóveda *f ARQUIT* vault.

◆ **bóveda celeste** *f* firmament.

◆ **bóveda craneal** *f* cranial vault.

bovino, na *adj* bovine.

◆ **bovinos** *mpl* cattle *(U)*.

box (*pl* **boxes**) *m* **-1.** [de caballo] stall **-2.** [de coches] pit; **entrar en ~es** to make a pit stop **-3.** *Amér* boxing.

boxeador, ra *m,f* boxer.

boxear *vi* to box.

boxeo *m* boxing.

bóxer (*pl* **bóxers**) *m* boxer.

boya *f* **-1.** [en el mar] buoy **-2.** [de una red] float.

boyante *adj* **-1.** [feliz] happy **-2.** [próspero - empresa, negocio] prosperous; [- economía, comercio] buoyant.

boy scout [bois'kaʊt] *m* boy scout.

bozal *m* **-1.** [gen] muzzle **-2.** *Amér* [cabestro] halter.

bracear *vi* **-1.** [mover los brazos] to wave one's arms about **-2.** [nadar] to swim.

bracero *m* day labourer.

braga *(gen pl) f* knickers *(pl)*.

bragazas *m inv fam despec* henpecked man.

braguero *m* truss.

bragueta *f* flies *(pl) UK*, zipper *US*; **tienes la ~ abierta** your flies are undone.

braguetazo *m fam* marriage for money.

braille ['braile] *m* Braille.

brainstorming [breins'tormin] (*pl* **brainstormings**) *m* brainstorming session.

bramán *m* Brahman.

bramanismo *m* Brahmanism.

bramante *m* string.
bramar *vi* **-1.** [animal] to bellow **-2.** [persona - de dolor] to groan; [- de ira] to roar.
bramido *m* **-1.** [de animal] bellow **-2.** [de persona - de dolor] groan; [- de ira] roar.
brandy *m* brandy.
branquia *(gen pl) f* gill.
brasa *f* ember; **a la ~** CULIN barbecued.
brasear *vt* to barbecue.
brasero *m* brazier.
brasier, brassier *m Carib, Col, Méx* bra.
Brasil : **(el) ~** Brazil.
brasileño, ña, brasilero, ra *Andes, CSur, Ven* ◇ *adj* Brazilian. ◇ *m,f* Brazilian.
Brasilia Brasilia.
brassier = **brasier.**
bravata *(gen pl) f* **-1.** [amenaza] threat **-2.** [fanfarronería] bravado *(U).*
braveza *f* bravery.
bravío, a *adj* [salvaje] wild; [feroz] fierce.
bravo, va *adj* **-1.** [valiente] brave **-2.** [animal] wild **-3.** [mar] rough.
◆ **bravo** ◇ *m* [aplauso] cheer. ◇ *interj:* **¡~!** bravo!
◆ **por las bravas** *loc adv* by force.
bravucón, ona *despec* ◇ *adj* swaggering. ◇ *m,f* braggart.
bravuconada *f despec* show of bravado.
bravuconear *vi despec* to brag.
bravuconería *f despec* bravado.
bravura *f* **-1.** [de persona] bravery **-2.** [de animal] ferocity.
braza *f* **-1.** DEP breaststroke; **nadar a ~** to swim breaststroke **-2.** [medida] fathom.
brazada *f* stroke.
brazalete *m* **-1.** [en la muñeca] bracelet **-2.** [en el brazo] armband.
brazo *m* **-1.** [gen & ANAT] arm; [de animal] foreleg; **cogidos del ~** arm in arm; **en ~s** in one's arms; **luchar a ~ partido** [con empeño] to fight tooth and nail; **con los ~s abiertos** with open arms; **quedarse** *o* **estarse con los ~s cruzados** *fig* to sit around doing nothing; **no dar su ~ a torcer** not to give an inch; **ser el ~ derecho de alguien** to be sb's right-hand man (*f* woman) **-2.** [de árbol, río, candelabro] branch; [de grúa] boom, jib **-3.** *fig* [trabajador] hand.
◆ **brazo de gitano** *m* ≃ swiss roll.
◆ **brazo de mar** *m* GEOGR arm *(of the sea).*
brea *f* **-1.** [sustancia] tar **-2.** [para barco] pitch.
brear *vt fam fig* [a palos] to bash in; [a preguntas] to bombard.
brebaje *m* concoction, foul drink.
brecha *f* **-1.** [abertura] hole, opening **-2.** MIL breach **-3.** *fig* [impresión] impression **-4.** *loc:* **estar siempre en la ~** [amigo etc] always to be there (when one is needed); [socio, empleado] to work tirelessly; [deportista, artista] always to be up there with the best.
brécol *m* broccoli.
brega *f* [lucha] struggle, fight.
bregar [16] *vi* **-1.** [luchar] to struggle **-2.** [trabajar] to work hard **-3.** [reñir] to quarrel.
breña *f* scrub.
brete *m* fix, difficulty; **estar en un ~** to be in a fix; **poner a alguien en un ~** to put sb in a difficult position.
bretel *m CSur* strap; **un vestido sin ~es** a strapless dress.
breva *f* **-1.** [fruta] early fig **-2.** [cigarro] flat cigar **-3.** *loc:* **¡no caerá esa ~!** *fam* some chance (of that happening)!
breve ◇ *adj* brief; **en ~** [pronto] shortly; [en pocas palabras] in short. ◇ *f* MÚS breve.
brevedad *f* shortness; **a** *o* **con la mayor ~** as soon as possible.
brevet *m Chile* [avión] pilot's licence *UK o* license *US*; *Ecuad, Perú* [automóvil] driving licence *UK*, driver's license *US*; *RP* [velero] sailing licence *UK o* license *US.*
breviario *m* **-1.** RELIG breviary **-2.** [compendio] compendium.
brezal *m* moorland *(U)*, moors *(pl).*
brezo *m* heather.
bribón, ona *m,f* scoundrel, rogue.
bricolaje *m* D.I.Y., do-it-yourself.
brida *f* **-1.** [de caballo] bridle **-2.** [de tubo] bracket, collar **-3.** MED adhesion.
bridge *m* bridge.
brigada ◇ *m* MIL ≃ warrant officer. ◇ *f* **-1.** MIL brigade **-2.** [equipo] squad, team; **~ antidisturbios/antidroga** riot/drug squad.
brigadier *m* brigadier.
brillante ◇ *adj* **-1.** [reluciente - luz, astro] shining; [- metal, zapatos, pelo] shiny; [- ojos, sonrisa, diamante] sparkling **-2.** [magnífico] brilliant. ◇ *m* diamond.
brillantez *f fig* brilliance.
brillantina *f* brilliantine, Brylcreem®.
brillar *vi lit & fig* to shine.
brillo *m* **-1.** [resplandor - de luz] brilliance; [- de estrellas] shining; [- de zapatos] shine; **sacar ~ a** to polish, to shine **-2.** [lucimiento] splendour, brilliance.
brilloso, sa *adj Amér* shining.
brincar [10] *vi* **-1.** [saltar] to skip (about); **~ de alegría** to jump for joy **-2.** *fig* [enfadarse]: **está que brinca** he's hopping mad.

brinco *m* jump; **en un ~** *fig* in a second, quickly.
brindar ◇ *vi* to drink a toast; **~ por algo/alguien** to drink to sthg/sb. ◇ *vt* to offer.
◆ **brindarse** *vpr*: **~se a hacer algo** to offer to do sthg.
brindis *m inv* toast.
brinque *etc* ▷ **brincar**.
brío *m* [energía, decisión] spirit, verve.
brioso, sa *adj* spirited, lively.
brisa *f* breeze.
británico, ca ◇ *adj* British. ◇ *m,f* British person, Briton; **los ~s** the British.
brizna *f* **-1.** [filamento - de hierba] blade; [- de tabaco] strand **-2.** *fig* [un poco] trace, bit.
broca *f* (drill) bit.
brocado *m* brocade.
brocal *m* curb, parapet.
brocha *f* brush; **~ de afeitar** shaving brush.
brochazo *m* brushstroke.
broche *m* **-1.** [cierre] clasp, fastener **-2.** [joya] brooch; **~ de oro** *fig* final flourish.
brocheta *f* CULIN shish kebab; [aguja] skewer.
broma *f* [ocurrencia, chiste] joke; [jugarreta] prank, practical joke; **en ~** as a joke; **gastar una ~ a alguien** to play a joke *o* prank on sb; **tomar algo a ~** not to take sthg seriously; **~ de mal gusto** bad joke; **~ pesada** nasty practical joke; **ni en ~** *fig* no way, not on your life.
bromear *vi* to joke.
bromista ◇ *adj* fond of playing jokes. ◇ *mf* joker.
bromo *m* bromine.
bromuro *m* bromide.
bronca ▷ **bronco**.
bronce *m* **-1.** [aleación] bronze **-2.** [estatua] bronze (statue).
bronceado, da *adj* tanned.
◆ **bronceado** *m* tan.
bronceador, ra *adj* tanning *(antes de sust)*, suntan *(antes de sust)*.
◆ **bronceador** *m* [loción] suntan lotion; [leche] suntan cream.
broncear *vt* to tan.
◆ **broncearse** *vpr* to get a tan.
bronco, ca *adj* **-1.** [tosco] rough; [paisaje, peñascos] rugged **-2.** [grave - voz] harsh; [- tos] throaty **-3.** *fig* [brusco] gruff, surly.
◆ **bronca** *f* **-1.** [jaleo] row; **armar (una) bronca** to kick up a row; **buscar bronca** to look for trouble **-2.** [regañina] scolding, telling-off; **echar una bronca a alguien** to give sb a row, to tell sb off **-3.** *RP fam* [rabia]: **me da bronca** it hacks me off; **el jefe le tiene bronca** the boss has got it in for her.
bronquial *adj* bronchial.
bronquio *m* bronchial tube.
bronquitis *f inv* bronchitis.
broquel *m* **-1.** [escudo] small shield **-2.** *fig* [amparo] shield.
brotar *vi* **-1.** [planta] to sprout, to bud **-2.** [agua, sangre etc]: **~ de** to well up out of **-3.** *fig* [esperanza, sospechas, pasiones] to stir **-4.** [en la piel]: **le brotó un sarpullido** he broke out in a rash.
brote *m* **-1.** [de planta] bud, shoot **-2.** *fig* [inicios] sign, hint.
broza *f* **-1.** [maleza] brush, scrub **-2.** *fig* [relleno] waffle.
bruces
◆ **de bruces** *loc adv* face down; **se cayó de ~** he fell headlong, he fell flat on his face.
bruja ▷ **brujo**.
brujería *f* witchcraft, sorcery.
brujo, ja *adj* [hechicero] enchanting, captivating.
◆ **brujo** *m* wizard, sorcerer.
◆ **bruja** ◇ *f* **-1.** [hechicera] witch, sorceress **-2.** [mujer fea] hag **-3.** [mujer mala] (old) witch. ◇ *adj inv Méx fam*: **estar bruja** to be broke.
brújula *f* compass.
bruma *f* [niebla] mist; [en el mar] sea mist.
brumoso, sa *adj* misty.
bruñido *m* polishing.
bruñir *vt* to polish.
brusco, ca *adj* **-1.** [repentino, imprevisto] sudden, abrupt **-2.** [tosco, grosero] brusque.
Bruselas Brussels.
brusquedad *f* **-1.** [imprevisión] suddenness, abruptness **-2.** [grosería] brusqueness.
brut *m inv* brut.
brutal *adj* **-1.** [violento] brutal **-2.** *fam* [extraordinario] tremendous.
brutalidad *f* **-1.** [cualidad] brutality **-2.** [acción] brutal act.
bruto, ta ◇ *adj* **-1.** [torpe] clumsy; [ignorante] thick, stupid; [maleducado] rude **-2.** [sin tratar]: **en ~** [diamante] uncut; [petróleo] crude **-3.** [sueldo, peso etc] gross. ◇ *m,f* brute.
bubónica ▷ **peste**.
bucal *adj* oral.
bucanero *m* buccaneer.
Bucarest Bucharest.
buceador, ra *m,f* (underwater) diver.
bucear *vi* **-1.** [en agua] to dive, to swim underwater **-2.** *fig* [investigar]: **~ en** to delve into.
buceo *m* (underwater) diving.

buche *m* **-1.** [de ave] crop **-2.** [de animal] maw **-3.** *fam* [de persona] belly.
bucle *m* **-1.** [rizo] curl, ringlet **-2.** AERON & INFORM loop.
bucólico, ca *adj* **-1.** [campestre] country *(antes de sust)* **-2.** LITER bucolic.
Budapest Budapest.
budín *m* pudding.
budismo *m* Buddhism.
budista *adj & m,f* Buddhist.
buen ▻ **bueno.**
buenamente *adv*: **hice lo que ~ pude** I did what I could, I did as much as I could.
buenas ▻ **bueno.**
buenaventura *f* **-1.** [adivinación] fortune; **leer la ~ a alguien** to tell sb's fortune **-2.** [suerte] good luck.
bueno, na (*compar* **mejor**, *superl m* **el mejor**, *superl f* **la mejor**) *adj (antes de sust masculino:* **buen***)* **-1.** [gen] good **-2.** [bondadoso] kind, good; **ser ~ con alguien** to be good to sb **-3.** [curado, sano] well, all right **-4.** [apacible - tiempo, clima] nice, fine **-5.** [aprovechable] all right; [comida] fresh **-6.** [uso enfático]: **ese buen hombre** that good man; **un buen día** one fine day **-7.** *loc*: **de buen ver** good-looking, attractive; **de buenas a primeras** [de repente] all of a sudden; [a simple vista] at first sight, on the face of it; **estar ~** *fam* [persona] to be a bit of all right, to be tasty; **estar de buenas** to be in a good mood; **estaría ~** *irón* that would really cap it all; **librarse de una buena** to have a narrow escape; **lo ~ es que ...** the best thing about it is that ...; **poner ~ a alguien** *irón* to criticize sb harshly; **por las buenas** willingly.
◆ **bueno** ◇ *m* CIN: **el ~** the goody. ◇ *adv* **-1.** [vale, de acuerdo] all right, O.K. **-2.** [pues] well. ◇ *interj* **Méx** [al teléfono]: **¡bueno!** hello.
◆ **buenas** *interj*: **¡buenas!** hello!; **Col, Méx**: **¿buenas?** [al teléfono] hello.
Buenos Aires Buenos Aires.
buey (*pl* **bueyes**) *m* ox.
bueyada *f* **Amér** drove of oxen.
búfalo *m* buffalo.
bufanda *f* scarf.
bufar *vi* **-1.** [toro, caballo] to snort **-2.** *fig* [persona] to be furious.
bufé (*pl* **bufés**), **buffet** (*pl* **buffets**) *m* **-1.** [en restaurante] buffet **-2.** [mueble] sideboard.
bufete *m* lawyer's practice.
buffer ['bafer] (*pl* **buffers**) *m* INFORM buffer.
buffet = **bufé.**
bufido *m* **-1.** [de toro, caballo] snort **-2.** *fam* [de persona] fit of rage.
bufo, fa *adj* [gen & MÚS] comic.
bufón *m* buffoon, jester.
bufonada *f fig* clowning.
bug [buk] *m* INFORM bug.
buganvilla *f* bougainvillea.
buhardilla *f* **-1.** [habitación] attic **-2.** [ventana] dormer (window).
búho *m* owl.
buhonero, ra *m,f* hawker, pedlar.
buitre *m lit & fig* vulture.
bujía *f* AUTOM spark plug.
bula *f* [documento] (papal) bull.
bulbo *m* ANAT & BOT bulb; **~ raquídeo** rachidian bulb.
buldog (*pl* **buldogs**), **bulldog** (*pl* **bulldogs**) [bul'dog] *m* bulldog.
buldozer (*pl* **buldozers**), **bulldozer** (*pl* **bulldozers**) [bul'doθer] *m* bulldozer.
bulerías *fpl popular Andalusian song and dance.*
bulevar (*pl* **bulevares**) *m* boulevard.
Bulgaria Bulgaria.
búlgaro, ra *adj & m,f* Bulgarian.
◆ **búlgaro** *m* [lengua] Bulgarian.
bulimia *f* bulimia.
bulín *m* **RP** bachelor pad.
bulla *f* racket, uproar; **armar ~** to kick up a racket.
bullabesa *f* CULIN bouillabaisse.
bullanguero, ra ◇ *adj* noisy, rowdy. ◇ *m,f* noisy *o* boisterous person.
bulldog = **buldog.**
bulldozer = **buldozer.**
bullicio *m* [de ciudad, mercado] hustle and bustle; [de multitud] hubbub.
bullicioso, sa ◇ *adj* **-1.** [agitado - reunión, multitud] noisy; [- calle, mercado] busy, bustling **-2.** [inquieto] rowdy, boisterous. ◇ *m,f* boisterous person.
bullir ◇ *vi* **-1.** [hervir] to boil; [burbujear] to bubble **-2.** *fig* [multitud] to bustle; [ratas, hormigas etc] to swarm; [mar] to boil; **~ de** to seethe with. ◇ *vpr* to budge, to move.
bulo *m* false rumour.
bulto *m* **-1.** [volumen] bulk, size; **a ~** approximately, roughly; **hacer mucho ~** to take up a lot of space; **de ~** glaringly obvious; **escurrir el ~** [trabajo] to shirk; [cuestión] to evade the issue **-2.** [abombamiento - en rodilla, superficie etc] bump; [- en maleta, bolsillo etc] bulge **-3.** [forma imprecisa] blurred shape **-4.** [paquete] package; [maleta] item of luggage; [fardo] bundle; **~ de mano** piece *o* item of hand luggage.

bumerán (*pl* **bumeráns**), **bumerang** (*pl* **bumerangs**) *m* boomerang.
bungalow [buŋga'lo] (*pl* **bungalows**) *m* bungalow.
búnquer (*pl* **búnquers**), **bunker** (*pl* **bunkers**) *m* **-1.** [refugio] bunker **-2.** *POLÍT* reactionary forces *(pl)*.
buñolería *f stand or shop selling doughnuts.*
buñuelo *m* [*CULIN* - dulce] ≃ doughnut; [- de bacalao etc] ≃ dumpling; ~ **de viento** doughnut.
BUP *m academically oriented secondary-school course formerly taught in Spain for pupils aged 14-17, now known as the bachillerato.*

BUP

BUP (*Bachillerato Unificado Policalente*) used to be the first stage of Spanish secondary education and it was divided into three academic years, with arts or science options. It was for pupils aged 14-17, and sought to offer an academically orientated course of studies, as opposed to the vocational FP (*Formación Profesional*). It was replaced by ESO (*Educación Secundaria Obligatoria*) between 1998 and 2000.

buque *m* ship; ~ **de carga** cargo ship; ~ **de guerra** warship; ~ **nodriza** supply ship; ~ **de pasajeros** passenger ship, liner; ~ **de vapor** steamer, steamship.
buqué, bouquet [bu'ke] *m* bouquet.
burbuja *f* bubble; **con ~s** fizzy; **hacer ~s** to bubble.
burbujear *vi* to bubble.
burbujeo *m* bubbling.
burdel *m* brothel.
burdeos ◇ *adj inv* maroon. ◇ *m inv* Bordeaux.
Burdeos Bordeaux.
burdo, da *adj* [gen] crude; [tela] coarse.
burgués, esa ◇ *adj* middle-class, bourgeois. ◇ *m,f* member of the middle class; *HIST & POLÍT* member of the bourgeoisie.
burguesía *f* middle class; *HIST & POLÍT* bourgeoisie; **alta** ~ upper middle class; *HIST & POLÍT* haute bourgeoisie.
burla *f* **-1.** [mofa] taunt; **hacer ~ de** to mock **-2.** [broma] joke; **~s aparte** joking aside **-3.** [engaño] trick.
◆ **burlas** *fpl* ridicule *(U)*, mockery *(U)*.
burladero *m TAUROM wooden board behind which bullfighter can hide from bull.*
burlador *m* Casanova, Don Juan.
burlar *vt* [esquivar] to evade; [ley] to flout; **burla burlando** *fig* without anyone noticing.
◆ **burlarse de** *vpr* to mock, to make fun of.
burlesco, ca *adj* [tono] jocular; *LITER* burlesque.
burlete *m* draught excluder.
burlón, ona *adj* **-1.** [bromista] waggish, fond of telling jokes **-2.** [sarcástico] mocking.
buró *m* **-1.** [escritorio] bureau, writing desk **-2.** *POLÍT* executive committee **-3.** *Méx* bedside table.
burocracia *f* bureaucracy.
burócrata *mf* bureaucrat.
burocrático, ca *adj* bureaucratic.
burocratizar [13] *vt* to bureaucratize.
burrada *f* **-1.** [acción, dicho]: **hacer ~s** to act stupidly; **decir ~s** to talk nonsense **-2.** *fam* [cantidad]: **una ~ (de)** tons *(pl)* (of), masses *(pl)* (of).
burrito *m CAm, Méx* burrito.
burro, rra ◇ *adj* [necio] stupid, dim. ◇ *m,f* **-1.** [animal] donkey; **apearse** *o* **bajarse del** ~ *fam* to back down; **no ver tres en un** ~ *fam* to be as blind as a bat **-2.** *fam* [necio] ass, dimwit **-3.** *fam* [trabajador]: ~ **(de carga)** workhorse.
bursátil *adj* stock-market *(antes de sust)*.
bus (*pl* **buses**) *m AUTOM & INFORM* bus.
busca ◇ *f* search; **en ~ de** in search of; **la ~ de** the search for; **andar a la ~** *fig* to find a way of getting by. ◇ *m* ▷ **buscapersonas**.
buscador, ra *m,f* hunter; ~ **de oro** gold prospector.
buscapersonas, busca *m inv* bleeper, pager.
buscapiés *m inv* firecracker, jumping jack.
buscapleitos *m y f inv* troubleseeker.
buscar [10] ◇ *vt* **-1.** [gen] to look for; [provecho, beneficio propio] to seek; **voy a ~ el periódico** I'm going for the paper *o* to get the paper; **ir a ~ a alguien** to pick sb up; **'se busca camarero'** 'waiter wanted' **-2.** [en diccionario, índice, horario] to look up **-3.** *INFORM* to search for **-4.** *fam* [provocar] to push, to try the patience of. ◇ *vi* to look.
◆ **buscarse** *vpr*: **buscársela** to be asking for it.
buscavidas *m y f inv fam* **-1.** [ambicioso] go-getter **-2.** [entrometido] nosy parker *UK*.
buscón, ona *m,f* [estafador] swindler.
◆ **buscona** *f fam despec* [prostituta] whore.
buseca *f RP* tripe stew.
buseta *m Col, CRica, Ecuad, Ven* minibus.
busque *etc* ▷ **buscar**.

búsqueda *f* search.
busto *m* **-1.** [pecho] chest; [de mujer] bust **-2.** [escultura] bust.
butaca *f* **-1.** [mueble] armchair **-2.** [en cine] seat.
butacón *m* large easy chair.
butano *m* butane (gas).
buten ◆ **de buten** *loc adj fam* wicked, terrific.
butifarra *f type of Catalan pork sausage.*
buzo *m* **-1.** [persona] diver **-2.** [chándal] tracksuit; *Arg, Chile, Perú* [lana] sweater, jumper *UK*.
buzón *m* letter box; **echar algo al ~** to post sthg; **~ de sugerencias** suggestion box; **~ de voz** voice mail.
byte [bait] (*pl* **bytes**) *m INFORM* byte.

c, C *f* [letra] c, C.
c., c/ (*abrev de* **calle**) St.
c/ -1. (*abrev de* **cuenta**) a/c **-2.** = **c.**
cabal *adj* **-1.** [honrado] upright, honest **-2.** [exacto] exact; [completo] complete; **a los nueve meses ~es** at exactly nine months.
◆ **cabales** *mpl*: **no estar en sus ~es** not to be in one's right mind.
cábala *f* **-1.** [doctrina] cabbala **-2.** *(gen pl)* [conjeturas] guess; **hacer ~s** to speculate, to guess.
cabalgadura *f* mount.
cabalgar [16] *vi* to ride.
cabalgata *f* cavalcade, procession.
cabalístico, ca *adj* **-1.** [de cábala] cabbalistic **-2.** *fig* [oculto] mysterious.
◆ **cabalística** *f* cabbalism.
caballa *f* mackerel.
caballar *adj* equine, horse *(antes de sust).*
caballeresco, ca *adj* **-1.** [persona, modales] chivalrous **-2.** [literatura] chivalric.
caballería *f* **-1.** [animal] mount, horse **-2.** [cuerpo militar] cavalry.
caballeriza *f* stable.
caballerizo *m* groom, stable lad.
caballero ◇ *adj* [cortés] gentlemanly. ◇ *m* **-1.** [gen] gentleman; [al dirigir la palabra] sir; **ser todo un ~** to be a real gentleman; **'caballeros'** [en aseos] 'gents'; [en grandes almacenes] 'menswear' **-2.** [miembro de una orden] knight; **~ andante** knight errant **-3.** [noble] nobleman.
caballerosidad *f* gentlemanliness.
caballeroso, sa *adj* gentlemanly.
caballete *m* **-1.** [de lienzo] easel **-2.** [de mesa] trestle **-3.** [de nariz] bridge **-4.** [de tejado] ridge.
caballito *m* small horse, pony.
◆ **caballitos** *mpl* [de feria] merry-go-round *(sg).*
◆ **caballito de mar** *m* sea horse.
caballo *m* **-1.** [animal] horse; **montar a ~** to ride **-2.** [pieza de ajedrez] knight **-3.** [naipe] ≃ queen **-4.** *MEC*: **~ (de fuerza** *o* **de vapor)** horsepower **-5.** *mfam* [heroína] smack **-6.** *loc*: **estar a ~ entre dos cosas** to be halfway between two things; **a ~ regalado no le mires el diente** *o* **el dentado** *proverb* don't look a gift horse in the mouth *proverb.*
◆ **caballo de batalla** *m* **-1.** [dificultad, escollo] bone of contention **-2.** [objetivo, obsesión] hobbyhorse.
◆ **caballo de Troya** *m* Trojan horse.
◆ **caballo marino** *m* sea horse.
cabaña *f* **-1.** [choza] hut, cabin **-2.** [ganado] livestock *(U).*
cabaret (*pl* **cabarets**) *m* cabaret.
cabaretera *f* cabaret girl.
cabe *prep culto* near.
cabecear *vi* **-1.** [persona - negando] to shake one's head; [- afirmando] to nod one's head **-2.** [caballo] to toss its head **-3.** [dormir] to nod (off) **-4.** [en fútbol] to head the ball **-5.** [balancearse - coche] to lurch; [- barco] to pitch.
cabecera *f* **-1.** [gen] head; [de cama] headboard **-2.** [de texto] heading; [de periódico] headline **-3.** [de río] headwaters *(pl).*
cabecilla *mf* ringleader.
cabellera *f* long hair *(U).*
cabello *m* hair *(U).*
◆ **cabello de ángel** *m CULIN* pumpkin and syrup preserve.
cabelludo, da *adj* hairy.
caber [54] *vi* **-1.** [gen] to fit; **no cabe nadie más** there's no room for anyone else; **no me cabe en el dedo** it won't fit my finger; **~ por** to go through **-2.** *MAT*: **nueve entre tres caben a tres** three into nine goes three (times) **-3.**

[ser posible] to be possible; **cabe destacar que ...** it's worth pointing out that ...; **cabe preguntarse si ...** one might ask whether ... **-4.** *loc*: **dentro de lo que cabe** as far as possible; **no ~ en sí de gozo/celos** to be beside o.s. with joy/jealousy.

cabestrante, cabrestante *m* capstan.

cabestrillo

◆ **en cabestrillo** *loc adj* in a sling.

cabestro *m* **-1.** [cuerda] halter **-2.** [animal] leading ox.

cabeza *f* **-1.** [gen] head; **~ abajo** upside down; **~ arriba** the right way up; **por ~** per head; **obrar con ~** to use one's head; **tirarse de ~ (a)** to dive (into); **venir a la ~** to come to mind; **~ (lectora)** [gen] head; [de tocadiscos] pickup **-2.** [pelo] hair **-3.** [posición] front, head; **a la** *o* **en ~** [en competición etc] in front, in the lead; [en lista] at the top *o* head **-4.** [ciudad] main town; **~ de partido** ≃ county town **-5.** *loc*: **alzar** *o* **levantar ~** to get back on one's feet, to recover; **andar** *o* **estar mal de la ~** to be funny in the head; **ir de ~ a** to head straight for; **meterle algo en la ~ a alguien** to get sthg into sb's head; **se le ha metido en la ~ que ...** he has got it into his head that ...; **se me pasó por la ~** it crossed my mind; **perder la ~** to lose one's head; **romperse la ~** to rack one's brains; **sentar la ~** to settle down; **se le subió a la ~** it went to his head; **traer de ~ a alguien** to drive sb mad.

◆ **cabeza de ajo** *f* head of garlic.

◆ **cabeza de chorlito** *m* scatterbrain.

◆ **cabeza de familia** *m* head of the family.

◆ **cabeza de lista** *m* POLÍT *person who heads a party's list of candidates.*

◆ **cabeza rapada** *m, f* skinhead.

◆ **cabeza de turco** *f* scapegoat.

cabezada *f* **-1.** [de sueño] nod, nodding *(U)*; **dar ~s** to nod off; **echar** *o* **dar una ~** to have a nap **-2.** [golpe] butt.

cabezal *m* **-1.** [de aparato] head **-2.** [almohada] bolster.

cabezazo *m* **-1.** [golpe - que se da] head butt; [- que se recibe] blow *o* bump on the head **-2.** DEP header.

cabezón, ona ◇ *adj* **-1.** [de cabeza grande] with a big head **-2.** [terco] pigheaded, stubborn. ◇ *m,f* [terco] pigheaded *o* stubborn person.

cabezonería *f* **fam** pigheadedness, stubbornness.

cabezota *fam* ◇ *adj* pigheaded. ◇ *mf* pigheaded *o* stubborn person.

cabezudo, da *fam* ◇ *adj* pigheaded, stubborn. ◇ *m,f* pigheaded *o* stubborn person.

◆ **cabezudo** *m* [en fiesta] *giant-headed carnival figure.*

cabida *f* capacity; **dar ~ a, tener ~ para** to hold, to have room for.

cabildo *m* **-1.** [municipio] ≃ district council **-2.** [de eclesiásticos] chapter **-3.** [sala] chapter-house.

cabina *f* **-1.** [locutorio] booth, cabin; **~ de prensa** press box **-2.**: **~ de proyección** projection room; **~ telefónica** phone box *UK*, phone booth **-3.** [de avión] cockpit; [de camión] cab **~ de mandos** flight deck; **-4.** [vestuario - en playa] bathing hut; [- en piscina] changing cubicle.

cabinero, ra *m,f Col* air steward (*f* air hostess).

cabizbajo, ja *adj* crestfallen, downcast.

cable *m* cable; **echar un ~** *fam fig* to help out, to lend a hand; **televisión por ~** cable television.

cableado, da *adj* INFORM hardwired.

◆ **cableado** *m* INFORM hardwiring.

cablegrafiar [9] *vt* to cable.

cablegrama *m* cablegram, cable.

cablevisión *f* cable television.

cabo *m* **-1.** GEOGR cape **-2.** NÁUT cable, rope **-3.** MIL corporal; **~ primero** *military rank between corporal and sergeant* **-4.** [trozo] bit, piece; [trozo final] stub, stump; [de cuerda] end **-5.** *loc*: **atar ~s** to put two and two together; **no dejar ningún ~ suelto** to tie up all the loose ends; **estar al ~ de la calle** to be well-informed; **llevar algo a ~** to carry sthg out.

◆ **cabo suelto** *m* loose end.

◆ **al cabo de** *loc prep* after.

◆ **de cabo a rabo** *loc adv* from beginning to end.

cabotaje *m* coastal shipping.

Cabo Verde Cape Verde.

cabra *f* **-1.** [animal] goat; **~ montés** wild goat; **estar como una ~** *fam* to be off one's head; **la ~ siempre tira al monte** *proverb* you can't make a leopard change his spots **-2.** [piel] goatskin.

cabrales *m inv Asturian cheese similar to Roquefort.*

cabré ▷ **caber.**

cabrear *vt mfam*: **~ a alguien** to get sb's goat, to annoy sb.

◆ **cabrearse** *vpr mfam*: **~se (con)** to get really narked *UK o* pissed *US* (with).

cabreo *m mfam* rage, fit; **cogerse** *o* **coger un ~** to get really narked *UK o* pissed *US*.
cabrero, ra *m,f* goatherd.
cabrestante *m* = **cabestrante**.
cabría ▷ **caber**.
cabrío ▷ **macho**.
cabriola *f* prance; **hacer ~s** to prance about.
cabrita *f Amér* popcorn.
cabritilla *f* kid, kidskin.
cabrito *m* **-1.** [animal] kid (goat) **-2.** *mfam* [cabrón] bastard, bugger *UK*.
cabro, bra *m,f Chile fam* kid.
cabrón, ona *vulg* ◇ *adj*: **¡qué ~ eres!** you bastard! ◇ *m,f* bastard (*f* bitch).
◆ **cabrón** *m* **-1.** *vulg* [cornudo] cuckold **-2.** [animal] billy goat.
cabronada *f vulg*: **hacerle una ~ a alguien** to be a bastard to sb.
cabronazo *m vulg* bastard.
cabuya *f CAm, Col, Ven* rope.
caca *f fam* **-1.** [excremento] pooh; **hacer ~** to do a pooh **-2.** [cosa sucia] nasty *o* dirty thing **-3.** *fig* [desastre] crap *(U)*.
cacahuate *m CAm, Méx* peanut.
cacahuete *m* **-1.** [fruto] peanut **-2.** [planta] groundnut.
cacao *m* **-1.** [bebida] cocoa **-2.** [semilla] cocoa bean **-3.** [árbol] cacao **-4.** *fam* [confusión] chaos, mess; [jaleo] fuss, rumpus; **~ mental** mental confusion.
cacarear ◇ *vt fam* **-1.** [jactarse de] to boast about **-2.** [pregonar] to blab about. ◇ *vi* [gallo] to cluck, to cackle.
cacatúa *f* **-1.** [ave] cockatoo **-2.** *fam* [mujer vieja] old bat.
cace *etc* ▷ **cazar**.
cacería *f* hunt.
cacerola *f* pot, pan.
cacha *f* **-1.** *fam* [muslo] thigh **-2.** [mango - de cuchillo] handle; [- de pistola] butt.
◆ **cachas** *adj inv fam* [hombre fuerte] he-man; **un tío ~s** a strong man; **estar ~s** to be well-built.
cachalote *m* sperm whale.
cacharro *m* **-1.** [recipiente] pot; **fregar los ~s** to do the dishes **-2.** *fam* [trasto] junk *(U)*, rubbish *(U)* **-3.** [máquina] crock; [coche] banger.
cachaza *f fam*: **tener ~** to be cool.
cachear *vt* to frisk.
cachemir *m*, **cachemira** *f* cashmere.
cacheo *m* frisk, frisking *(U)*.
cachet [ka'tʃe] *m* **-1.** [distinción] cachet **-2.** [cotización de artista] fee.
cachetada *f fam* smack.
cachete *m* **-1.** [moflete] chubby cheek **-2.** [bofetada] slap.
cachetear *vt* to slap.
cachiporra *f* club, cudgel; [de policía] truncheon.
cachirulo *m* **-1.** [chisme] thingamajig **-2.** [pañuelo] *headscarf worn by men as part of traditional Aragonese costume.*
cachivache *m fam* knick-knack.
cacho *m* **-1.** *fam* [pedazo] piece, bit **-2.** *Andes, Ven* [asta] horn.
cachondearse *vpr fam*: **~ (de)** to take the mickey (out of).
cachondeo *m fam* **-1.** [diversión] lark; **irse de ~** to go out on the town **-2.** *despec* [cosa poco seria] joke; **tomarse algo a ~** to treat sthg as a joke.
cachondo, da *fam* ◇ *adj* **-1.** [divertido] funny **-2.** [salido] randy. ◇ *m,f*: **~ (mental)** joker.
cachorro, rra *m,f* [de perro] pup, puppy; [de león, lobo, oso] cub.
cacique *m* **-1.** [persona influyente] cacique, local political boss **-2.** *despec & fig* [despota] despot **-3.** [jefe indio] chief, cacique.
caciquil *adj fig* despotic.
caciquismo *m* caciquism.
caco *m fam* thief.
cacofonía *f* cacophony.
cacofónico, ca *adj* cacophonous.
cacto, cactus (*pl* **cactus**) *m* cactus.
cacumen *m* **-1.** [ingenio] brains *(pl)*, wits *(pl)* **-2.** *fam* [cabeza] nut, head.
CAD (*abrev de* **computer aided design**) *m* CAD.
cada *adj inv* **-1.** [gen] each; [con números, tiempo] every; **~ dos meses** every two months; **~ cosa a su tiempo** one thing at a time; **~ cual** each one, every one; **~ uno de** each of **-2.** [valor progresivo]: **~ vez más** more and more; **~ vez más largo** longer and longer; **~ día más** more and more each day **-3.** [valor enfático] such; **¡se pone ~ sombrero!** she wears such hats!
cadalso *m* scaffold.
cadáver *m* corpse, (dead) body; **antes pasarán por encima de mi ~** over my dead body.
cadavérico, ca *adj* cadaverous; [pálido] deathly pale.
caddy = **cadi**.
cadena *f* **-1.** [gen] chain; **en ~** [accidente] multiple; **tirar de la ~** to pull the chain, to flush the toilet; **~ alimenticia** food chain; **~ de tiendas** chain of stores; **romper sus ~s**

to break out of one's chains **-2.** *TV* channel **-3.** [*RADIO* - emisora] station; [- red de emisoras] network **-4.** [de proceso industrial] line; ~ **de montaje** assembly line **-5.** [aparato de música] sound system **-6.** *GEOGR* range **-7.** *fig* [sujeción] chains *(pl)*, bonds *(pl)*.

◆ **cadenas** *fpl AUTOM* (tyre) chains.

◆ **cadena perpetua** *f* life imprisonment.

cadencia *f* **-1.** [ritmo] rhythm, cadence **-2.** *LITER & MÚS* cadence.

cadencioso, sa *adj* rhythmical.

cadeneta *f* chain stitch.

cadera *f* hip.

cadete *m* **-1.** cadet **-2.** *RP* [recadero] errand boy, office junior.

cadi, caddy (*pl* **caddies**) *m* caddie.

cadmio *m* cadmium.

caducar [10] *vi* **-1.** [carnet, ley, pasaporte etc] to expire **-2.** [medicamento] to pass its use-by date; [alimento] to pass its sell-by date.

caducidad *f* expiry.

caduco, ca *adj* **-1.** [viejo] decrepit; [idea] outmoded **-2.** [perecedero] transitory **-3.** [desfasado] no longer valid **-4.** *BOT* deciduous.

caduque *etc* ⊳ **caducar**.

caer [55] *vi* **-1.** [gen] to fall; [diente, pelo] to fall out; **dejar** ~ **algo** to drop sthg; ~ **bajo** to sink (very) low; **estar al** ~ to be about to arrive **-2.** [al perder equilibrio] to fall over *o* down; ~ **de un tejado/caballo** to fall from a roof/horse **-3.** *fig* [abalanzarse]: ~ **sobre** to fall *o* descend upon **-4.** *fig* [aparecer]: **dejarse** ~ **por casa de alguien** to drop by sb's house **-5.** *fig* [sentar]: ~ **bien/mal (a alguien)** [comentario, noticia etc] to go down well/badly (with sb) **-6.** *fig* [mostrarse]: **me cae bien/mal** I like/don't like him **-7.** *fig* [estar situado]: **cae cerca de aquí** it's not far from here **-8.** *fig* [recordar]: ~ **(en algo)** to be able to remember (sthg); **no caigo** I can't remember.

◆ **caer en** *vi* **-1.** [entender] to get, to understand; [solución] to hit upon **-2.** [coincidir - fecha] to fall on; **cae en domingo** it falls on a Sunday **-3.** [incurrir] to fall into.

◆ **caerse** *vpr* **-1.** [persona] to fall over *o* down; ~**se de** to fall from; ~**se de ingenuo/listo** *fig* to be incredibly naive/clever **-2.** [objetos] to drop, to fall **-3.** [desprenderse - diente, pelo etc] to fall out; [- botón] to fall off; [- cuadro] to fall down **-4.** [falda, pantalones etc] to fall down; **se te caen los pantalones** your trousers are falling down.

café (*pl* **cafés**) ◇ *m* **-1.** [gen] coffee; ~ **solo/con leche** black/white coffee; ~ **instantáneo** *o* **soluble** instant coffee; ~ **americano** large weak black coffee; ~ **expreso** expresso; ~ **irlandés** Irish coffee; ~ **molido** ground coffee **-2.** [establecimiento] cafe. ◇ *adj inv* [color] coffee-coloured.

cafeína *f* caffeine.

cafetal *m* coffee plantation.

cafetera ⊳ **cafetero**.

cafetería *f* cafe.

cafetero, ra ◇ *adj* **-1.** [de café] coffee *(antes de sust)*; [país] coffee-producing **-2.** [bebedor de café] fond of coffee. ◇ *m,f* **-1.** [cultivador] coffee grower **-2.** [comerciante] coffee merchant.

◆ **cafetera** *f* **-1.** [gen] coffee pot **-2.** [en bares] expresso machine; [eléctrica] percolator, coffee machine **-3.** *fam* [aparato viejo] old crock.

cafeto *m* coffee bush.

cafiche *m Andes fam* pimp.

cafre ◇ *adj* brutish. ◇ *mf* brute.

cagado, da *m,f vulg* [cobarde] yellow-belly, chicken.

◆ **cagada** *f vulg* **-1.** [equivocación] cock-up **-2.** [excremento] shit **-3.** [desastre] crap.

cagar [16] *vulg* ◇ *vi* [defecar] to shit, to crap. ◇ *vt* [estropear] to bugger up; ~**la** *fig* to cock it up.

◆ **cagarse** *vpr vulg lit & fig* to shit o.s.

cagón, ona *adj vulg* **-1.** [que caga] shitty **-2.** [miedica] chicken, cowardly.

cague *etc* ⊳ **cagar**.

cagueta *vulg* ◇ *adj* chicken, cowardly. ◇ *mf* coward, chicken.

caído, da *adj* **-1.** [árbol, hoja] fallen **-2.** [decaído] low.

◆ **caída** *f* **-1.** [gen] fall, falling *(U)*; [de diente, pelo] loss **-2.** [de paro, precios, terreno]: **caída (de)** drop (in) **-3.** [de falda, vestido etc] drape **-4.** *loc*: **a la caída del sol** at sunset; **a la caída de la tarde** at nightfall.

◆ **caídos** *mpl*: **los** ~**s** the fallen.

◆ **caída de ojos** *f* droop of one's eyelids.

caiga *etc* ⊳ **caer**.

caimán *m* **-1.** [animal] alligator, cayman **-2.** *fig* [persona] sly fox.

Cairo ⊳ **El Cairo**.

caja *f* **-1.** [gen] box; [para transporte, embalaje] crate; ~ **de zapatos** shoebox; **una** ~ **de cervezas** a crate of beer; ~ **torácica** thorax **-2.** [de reloj] case; [de engranajes etc] housing; ~ **de cambios** gearbox **-3.** [ataúd] coffin **-4.** [de dinero] cash box; ~ **fuerte** *o* **de caudales** safe, strongbox **-5.** [en tienda, supermercado] till; [en banco] cashier's desk **-6.** [banco]: ~ **(de ahorros)** savings bank, ≃ savings and loan association *US* **-7.** [hueco - de escalera] well; [- de chimenea, ascensor] shaft **-8.** *IMPRENTA* case **-9.** [de instrumento musical] body; ~ **de resonancia** sound box; ~ **de ritmos** drum machine **-10.** *COM* [cuenta contable] cash account.

◆ **caja de música** *f* music box.

◆ **caja de reclutamiento, caja de reclutas** *f* recruiting office.

◆ **caja negra** *f* black box.

◆ **caja registradora** *f* cash register.

cajero, ra *m,f* [en tienda] cashier; [en banco] teller.

◆ **cajero** *m*: ~ **(automático)** cash machine, cash dispenser, ATM *US*.

cajetilla *f* **-1.** [de cigarrillos] packet **-2.** [de cerillas] box **-3.** *Amér* [petimetre] fop, dandy.

cajón *m* **-1.** [de mueble] drawer **-2.** [recipiente] crate, case **-3.** *loc*: **eso es de** ~ *fam* that goes without saying.

◆ **cajón de sastre** *m* muddle, jumble.

cajuela *f Méx* boot *UK*, trunk *US*.

cal *f* lime; ~ **viva** quicklime; **cerrar a** ~ **y canto** to shut tight *o* firmly; **dar una de** ~ **y otra de arena** to be inconsistent.

cala *f* **-1.** [bahía pequeña] cove **-2.** [del barco] hold **-3.** [de fruta] sample slice **-4.** *BOT* arum lily **-5.** *fam* [dinero] peseta.

calabacín *m* courgette *UK*, zucchini *US*.

calabaza *f* pumpkin, squash *US*, gourd; **dar** ~**s a alguien** *fam* [a pretendiente] to turn sb down; [en exámenes] to fail sb.

calabobos *m inv* drizzle.

calabozo *m* cell.

calada ▷ **calado**.

caladero *m* fishing grounds *(pl)*.

calado, da *adj* soaked.

◆ **calado** *m* **-1.** *NÁUT* draught **-2.** *AUTOM* stalling **-3.** [bordado] openwork.

◆ **calada** *f* **-1.** [en agua] soaking **-2.** [de cigarrillo] drag; **dar una calada** to take a drag.

calafatear *vt* to caulk.

calamar *m* squid.

calambre *m* **-1.** [descarga eléctrica] (electric) shock **-2.** [contracción muscular] cramp *(U)*.

calamidad *f* calamity; **pasar** ~**es** to suffer great hardship; **ser una** ~ *fig* to be a dead loss.

calamitoso, sa *adj* calamitous.

calandria *f* **-1.** [pájaro] calandra lark **-2.** [para papel y telas] calender.

calaña *f despec*: **de esa** ~ of that ilk.

calar ◇ *vt* **-1.** [empapar] to soak **-2.** *fig* [persona] to see through **-3.** [gorro, sombrero] to jam on **-4.** [tela] to do openwork embroidery on **-5.** [sandía, melón] to cut a sample of **-6.** [perforar] to perforate, to pierce. ◇ *vi* **-1.** *NÁUT* to draw **-2.** *fig* [penetrar]: ~ **en** to have an impact on.

◆ **calarse** *vpr* **-1.** [empaparse] to get soaked **-2.** [motor] to stall.

calato, ta *adj Andes & RP* [desnudo] naked.

calavera ◇ *f* [cráneo] skull. ◇ *m fig* madcap, crazy person.

◆ **calaveras** *fpl Méx* [luces] tail lights.

calcado, da *adj* traced; **ser** ~ **a alguien** to be the spitting image of sb.

calcañal *m* heel.

calcar [10] *vt* **-1.** [dibujo] to trace **-2.** [imitar] to copy.

calcáreo, a *adj* calcareous.

calce ◇ *v* ▷ **calzar**. ◇ *m* **-1.** [cuña] wedge **-2.** *Guat, Méx & PRico DER* footnote.

calceta *f* stocking; **hacer** ~ to knit.

calcetín *m* sock.

calcificarse [10] *vpr* to calcify.

calcinación *f* burning.

calcinar *vt* **-1.** [quemar] to burn, to char **-2.** *TECN* to calcine.

calcio *m* calcium.

calco *m* **-1.** [reproducción] tracing **-2.** *fig* [imitación] carbon copy **-3.** *LING* calque, loan translation.

calcografía *f* chalcography.

calcomanía *f* transfer.

calculador, ra *adj lit & fig* calculating.

◆ **calculadora** *f* calculator; **calculadora de bolsillo** pocket calculator.

calcular *vt* **-1.** [cantidades] to calculate **-2.** [suponer] to reckon; **le calculo sesenta años** I reckon he's about sixty.

cálculo *m* **-1.** [operación] calculation; ~ **mental** mental arithmetic *(U)* **-2.** [ciencia] calculus; ~ **diferencial/infinitesimal/integral** differential/infinitesimal/integral calculus **-3.** [evaluación] estimate; ~ **de probabilidades** probability theory **-4.** *MED* stone, calculus.

caldas *fpl* hot springs.

caldear *vt* **-1.** [calentar] to heat (up) **-2.** *fig* [excitar] to warm up, to liven up.

caldera *f* **-1.** [recipiente] cauldron **-2.** [máquina] boiler; ~ **de vapor** steam boiler.

calderero, ra *m,f* boilermaker.

caldereta *f* [de pescado] fish stew; [de carne] meat stew.

calderilla *f* small change, coppers *(pl) UK*.

caldero *m* cauldron.

calderón *m MÚS* pause.

caldillo *m* stock.

caldo *m* **-1.** [sopa] broth **-2.** [caldillo] stock **-3.** [vino] wine **-4.** [aceite] oil.
◆ **caldo de cultivo** *m* **-1.** *BIOL* culture medium **-2.** *fig* [condición idónea] breeding ground.
caldoso, sa *adj* [sopa] watery; [arroz] soggy.
calé *adj* & *m,f* gypsy.
calefacción *f* heating; ~ **central** central heating.
calefactor *m* heater.
calefón *m CSur* water heater.
caleidoscopio = **calidoscopio**.
calendario *m* calendar; ~ **escolar/laboral** school/working year.
calentador *m* **-1.** [aparato] heater **-2.** [prenda] legwarmer.
calentamiento *m* **-1.** [subida de temperatura] heating; ~ **global** global warming **-2.** [ejercicios] warm-up.
calentar [19] ◇ *vt* **-1.** [subir la temperatura de] to heat (up), to warm (up) **-2.** *fig* [animar] to liven up **-3.** *fig* [pegar] to hit, to strike **-4.** *mfam fig* [sexualmente] to turn on. ◇ *vi* [entrenarse] to warm up.
◆ **calentarse** *vpr* **-1.** [por calor - suj: persona] to warm o.s., to get warm; [- suj: cosa] to heat up **-2.** *mfam fig* [sexualmente] to get randy *UK o* horny.
calentón, ona *m,f mfam* randy *UK o* horny person.
calentura *f* **-1.** [fiebre] fever, temperature **-2.** [herida] cold sore.
calenturiento, ta *adj* **-1.** [con fiebre] feverish **-2.** *fig* [incontrolado] wild; [sexualmente] filthy.
calesa *f* calash.
calesita *f RP* merry-go-round *UK*, carousel *US*.
calibrado *m*, **calibración** *f* **-1.** [gen] calibration **-2.** [de arma] boring.
calibrador *m* callipers *(pl)*.
calibrar *vt* **-1.** [medir] to calibrate, to gauge **-2.** [dar calibre a - arma] to bore **-3.** *fig* [juzgar] to gauge.
calibre *m* **-1.** [diámetro - de pistola] calibre; [- de alambre] gauge; [- de tubo] bore **-2.** [instrumento] gauge **-3.** *fig* [tamaño] size **-4.** *fig* [importancia] importance, significance.
calidad *f* **-1.** [gen] quality; **de** ~ quality *(antes de sust)*; ~ **de vida** quality of life **-2.** [clase] class **-3.** [condición]: **en** ~ **de** in one's capacity as.
cálido, da *adj* warm.
calidoscopio, caleidoscopio *m* kaleidoscope.
calienta ▷ **calentar**.
calientapiés *m inv* foot warmer.
calientaplatos *m inv* hotplate.
caliente ▷ **calentar**. ◇ *adj* **-1.** [gen] hot; [templado] warm; **en** ~ *fig* in the heat of the moment **-2.** *fig* [acalorado] heated **-3.** *mfam* [excitado] randy *UK*, horny.
califa *m* caliph.
califato *m* caliphate.
calificación *f* **-1.** [de película] rating **-2.** *EDUC* mark.
calificado, da *adj* **-1.** [importante] eminent **-2.** [apto] qualified.
calificar [10] *vt* **-1.** [denominar]: ~ **a alguien de algo** to call sb sthg, to describe sb as sthg **-2.** *EDUC* to mark **-3.** *GRAM* to qualify.
calificativo, va *adj* qualifying.
◆ **calificativo** *m* epithet.
caligrafía *f* **-1.** [arte] calligraphy **-2.** [tipo de letra] handwriting.
calígrafo, fa *m,f* calligrapher.
calina *f* haze, mist.
calipso *m* calypso.
cáliz *m* **-1.** *RELIG* chalice **-2.** *ANAT & BOT* calyx.
calizo, za *adj* chalky.
◆ **caliza** *f* limestone.
callado, da *adj* quiet, silent.
callampa *f Chile* [seta] mushroom.
callandito *adv fam* on the quiet.
callar ◇ *vi* **-1.** [no hablar] to keep quiet, to be silent; **quien calla otorga** silence signifies consent **-2.** [dejar de hablar] to be quiet, to stop talking. ◇ *vt* **-1.** [ocultar] to keep quiet about; [secreto] to keep **-2.** [acallar] to silence.
◆ **callarse** *vpr* **-1.** [no hablar] to keep quiet, to be silent **-2.** [dejar de hablar] to be quiet, to stop talking; **¡cállate!** shut up! **-3.** [ocultar] to keep quiet about; [secreto] to keep.
calle *f* **-1.** [vía de circulación] street, road; ~ **arriba/abajo** up/down the street; ~ **de dirección única** one-way street; ~ **peatonal** pedestrian precinct; ~ **sin salida** dead end, blind alley **-2.** *DEP* lane **-3.** *Amér* [callejón] cul-de-sac **-4.** *loc*: **dejar a alguien en la** ~ to put sb out of a job; **echar a alguien a la** ~ [de un trabajo] to sack sb; [de un lugar público] to kick *o* throw sb out; **echarse a la** ~ [manifestarse] to take to the streets; **hacer la** ~ to walk the streets; **llevarse a alguien de** ~ to win sb over; **traer** *o* **llevar a uno por la** ~ **de la amargura** to make sb's life a misery.
callejear *vi* to wander the streets.
callejero, ra *adj* **-1.** [gen] street *(antes de sust)*; [perro] stray **-2.** [persona] fond of being

out and about.

◆ **callejero** *m* [guía] street map.

callejón *m* alley; ~ **sin salida** cul-de-sac; *fig* blind alley, impasse.

callejuela *f* backstreet, side street.

callista *mf* chiropodist.

callo *m* **-1.** [dureza] callus; [en el pie] corn; **dar el** ~ *fam fig* to slog **-2.** *fam fig* [persona fea] sight, fright.

◆ **callos** *mpl* CULIN tripe *(U)*.

callosidad *f* callus, hard skin *(U)*.

calloso, sa *adj* calloused.

calma *f* **-1.** [sin ruido o movimiento] calm; **en** ~ calm; ~ **chicha** dead calm **-2.** [sosiego] tranquility; **perder la** ~ to lose one's composure; **tómatelo con** ~ take it easy **-3.** [apatía] sluggishness, indifference.

calmante ◇ *adj* sedative, soothing. ◇ *m* sedative.

calmar *vt* **-1.** [mitigar] to relieve **-2.** [tranquilizar] to calm, to soothe.

◆ **calmarse** *vpr* to calm down; [dolor, tempestad] to abate.

calmoso, sa *adj* calm.

caló *m* gypsy dialect.

calor *m* **-1.** [gen] heat; [sin quemar] warmth; **entrar en** ~ [gen] to get warm; [público, deportista] to warm up; **hacer** ~ to be warm *o* hot; **tener** ~ to be warm *o* hot; ~ **corporal** body heat; ~ **específico** FÍS specific heat **-2.** *fig* [afecto, entusiasmo] warmth; **al** ~ **de** under the wing of.

caloría *f* calorie.

calórico, ca *adj* caloric.

calorífero, ra *adj* [que da calor] heat-producing.

calorífico, ca *adj* calorific.

calostro *m* colostrum.

calote *m Amér* swindle.

calque *etc* ▷ **calcar**.

calumnia *f* [oral] slander; [escrita] libel.

calumniar *vt* [oralmente] to slander; [por escrito] to libel.

calumnioso, sa *adj* [de palabra] slanderous; [por escrito] libellous.

caluroso, sa *adj* **-1.** [gen] hot; [templado] warm **-2.** *fig* [afectuoso] warm.

calva ▷ **calvo**.

calvados *m inv* Calvados.

calvario *m* **-1.** [vía crucis] Calvary, stations *(pl)* of the Cross **-2.** *fig* [sufrimiento] ordeal.

calvicie *f* baldness.

calvinista *adj* Calvinist.

calvo, va ◇ *adj* bald; **ni tanto ni tan** ~ neither one extreme nor the other. ◇ *m,f* bald person.

◆ **calva** *f* **-1.** [en la cabeza] bald patch **-2.** [en tejido, terreno] bare patch.

calza *f* **-1.** [cuña] wedge, block **-2.** *desus* [media] stocking **-3.** *Col* [empaste] filling *(in tooth)*.

calzado, da *adj* **-1.** [con zapatos] shod **-2.** [ave] feather-legged.

◆ **calzado** *m* footwear.

◆ **calzada** *f* road.

calzar [13] *vt* **-1.** [poner calzado] to put on **-2.** [proveer de calzado] to provide shoes for **-3.** [llevar un calzado] to wear; **¿qué número calza?** what size do you take? **-4.** [poner cuña a] to wedge, to block **-5.** *Col* [empastar] to fill *(a tooth)*.

◆ **calzarse** *vpr* to put on.

calzo *m* [cuña] wedge.

calzón *m* **-1.** *Esp* [deportivo] shorts **-2.** *Andes, Méx, RP* [braga] knickers *UK*, panties *US*.

calzonazos *m inv fam* henpecked husband.

calzoncillo *m (gen pl)* underpants *(pl)*, shorts *(pl) US*.

cama *f* bed; **estar en** *o* **guardar** ~ to be in bed; **hacer la** ~ to make the bed; ~ **individual/de matrimonio** single/double bed; ~ **de agua** water bed; ~ **nido** truckle bed; ~ **turca** divan bed; **hacerle** *o* **ponerle la** ~ **a alguien** *fig* to plot against sb.

camada *f* litter.

camafeo *m* cameo.

camaleón *m lit & fig* chameleon.

camaleónico, ca *adj fig* fickle.

cámara ◇ *f* **-1.** [gen & TECN] chamber; ~ **alta/baja** upper/lower house; ~ **de aire/gas** air/gas chamber; ~ **de Comercio** Chamber of Commerce; ~ **de compensación** clearing house; ~ **frigorífica** cold-storage room; ~ **mortuoria** funeral chamber **-2.** CIN, FOT & TV camera; **a** ~ **lenta** *lit & fig* in slow motion; ~ **digital** digital camera; ~ **oscura** camera obscura; ~ **de seguridad** security camera; ~ **de vídeo** video camera; ~ **web** web camera **-3.** [de balón, neumático] inner tube **-4.** [habitáculo] cabin. ◇ *mf* [persona] cameraman (*f* camerawoman).

◆ **de cámara** *loc adj* MÚS chamber *(antes de sust)*.

camarada *mf* **-1.** POLÍT comrade **-2.** [compañero] colleague.

camaradería *f* camaraderie.

camarero, ra *m,f* **-1.** [de restaurante] waiter (*f* waitress); [de hotel] steward (*f* chambermaid) **-2.** [de rey etc] chamberlain (*f* lady-in-waiting).

◆ **camarera** *f Amér* [azafata] air hostess.
camarilla *f* clique; *POLÍT* lobby, pressure group.
camarón *m* shrimp.
camarote *m* cabin.
camastro *m* ramshackle bed.
cambalache *m fam* **-1.** [trueque] swap **-2.** *RP* [tienda] junk shop.
cambiante *adj* changeable.
cambiar [8] ◇ *vt* **-1.** [gen] to change; **~ libras por euros** to change pounds into euros **-2.** [canjear]: **~ algo (por)** to exchange sthg (for). ◇ *vi* **-1.** [gen] to change; **~ de** [gen] to change; **~ de casa** to move house; **~ de trabajo** to move jobs **-2.** *AUTOM*: **~ de marcha** to change gear.
◆ **cambiarse** *vpr*: **~se (de)** [ropa] to change; [casa] to move; **~se de vestido** to change one's dress.
cambiazo *m fam* **-1.** [cambio grande] radical change **-2.** [sustitución] switch *(in order to steal bag etc)*; **dar el ~** *fig* to do a switch.
cambio *m* **-1.** [gen] change; **a las primeras de ~** at the first opportunity; **~ climático** climate change; **~ de domicilio** change of address; **~ de guardia** changing of the guard **-2.** [trueque] exchange; **a ~ (de)** in exchange *o* return (for) **-3.** [*FIN* - de acciones] price; [- de divisas] exchange rate; **'cambio'** 'bureau de change'; **~ base** base rate **-4.** *AUTOM*: **~ automático** automatic transmission; **~ de marchas** *o* **velocidades** gear change; **~ de sentido** U-turn.
◆ **cambio de rasante** *m* brow of a hill.
◆ **libre cambio** *m* **-1.** *ECON* [librecambismo] free trade **-2.** *FIN* [de divisas] floating exchange rates *(pl)*.
◆ **en cambio** *loc adv* **-1.** [por otra parte] on the other hand, however **-2.** [en su lugar] instead.
cambista *mf* money changer.
Camboya Cambodia.
camboyano, na *adj & m,f* Cambodian.
cambujo, ja *adj Amér* [oscuro] dark.
cambur *m Amér* **-1.** [empleo] job **-2.** [empleado] clerk **-3.** *Ven* banana.
camelar *vt fam* **-1.** [seducir, engañar] to butter up, to win over **-2.** [enamorar] to flirt with.
camelia *f* camellia.
camello, lla *m,f* [animal] camel.
◆ **camello** *m fam* [traficante] drug pusher *o* dealer.
camellón *m Col, Méx* central reservation *UK*, median (strip) *US*.
camelo *m fam* **-1.** [engaño] humbug *(U)* **-2.** [noticia falsa] hoax.
camerino *m* dressing room.
Camerún Cameroon.
camerunés, esa ◇ *adj* of/relating to Cameroon. ◇ *m,f* native/inhabitant of Cameroon.
camilla ◇ *f* [gen] stretcher; [de psiquiatra, dentista] couch. ◇ *adj* ▷ **mesa**.
camillero, ra *m,f* stretcher-bearer.
caminante *mf* walker.
caminar ◇ *vi* **-1.** [a pie] to walk **-2.** *fig* [ir]: **~ (hacia)** to head (for). ◇ *vt* [una distancia] to travel, to cover.
caminata *f* long walk.
camino *m* **-1.** [sendero] path, track; [carretera] road; **~ de herradura** bridle path; **~ de montaña** mountain path; **abrir ~ a** to clear the way for; **abrirse ~** to get on *o* ahead **-2.** [ruta] way; **a medio ~** halfway; **estar a medio ~** to be halfway there; **quedarse a medio ~** to stop halfway through; **~ de** on the way to; **en el** *o* **de ~** on the way; **ir ~ de** to be heading for **-3.** [viaje] journey; **ponerse en ~** to set off **-4.** *fig* [medio] way.
◆ **camino de Santiago** *m* **-1.** *ASTRON* the Milky Way **-2.** *RELIG* Way of St. James, *pilgrimage route to Santiago de Compostela.*
◆ **camino trillado** *m fig* well-trodden path.
camión *m* **-1.** [de mercancías] lorry *UK*, truck *US*; **~ articulado** articulated lorry *UK o* truck *US*; **~ cisterna** tanker; **~ de la mudanza** removal van **-2.** *Cam & Méx* [bus] bus.
camionero, ra ◇ *adj CAm, Méx* bus. ◇ *m,f* lorry driver *UK*, trucker *US*.
camioneta *f* van.
camisa *f* **-1.** [prenda] shirt **-2.** *TECN* lining **-3.** *ZOOL* slough, skin **-4.** *BOT* skin **-5.** *loc*: **jugarse hasta la ~** to stake one's shirt; **meterse en ~ de once varas** to complicate matters unnecessarily; **mudar** *o* **cambiar de ~** to change sides; **no le llega la ~ al cuerpo** she's scared stiff.
◆ **camisa de fuerza** *f* straitjacket.
camisería *f* [tienda] shirt shop, outfitter's.
camisero, ra ◇ *adj* shirt *(antes de sust)*. ◇ *m,f* **-1.** [que confecciona] shirtmaker **-2.** [que vende] outfitter.
camiseta *f* **-1.** [prenda interior] vest *UK*, undershirt *US* **-2.** [de verano] T-shirt **-3.** [*DEP* - de tirantes] vest; [- de mangas] shirt.
camisola *f* **-1.** [prenda interior] camisole **-2.**

Amér DEP sports shirt.
camisón *m* nightdress.
camomila *f* camomile.
camorra *f* trouble; **buscar ~** to look for trouble.
camorrista ◇ *adj* belligerent, quarrelsome. ◇ *mf* troublemaker.
camote *m* ***Andes, CAm, Méx*** [batata] sweet potato.
campal ▷ **batalla.**
campamento *m* camp.
campana *f* bell; **~ de buzo** *o* **de salvamento** diving bell; **~ extractora de humos** extractor hood; **echar las ~s al vuelo** *fam* to jump for joy; **oír ~s y no saber dónde** not to know what one is talking about.
campanada *f* **-1.** [de campana] peal **-2.** [de reloj] stroke **-3.** *fig* [suceso] sensation.
campanario *m* belfry, bell tower.
campanilla *f* **-1.** [de la puerta] (small) bell; [con mango] handbell **-2.** ANAT uvula **-3.** [flor] campanula, bellflower.
campanilleo *m* tinkling *(U)*.
campante *adj fam*: **estar** *o* **quedarse tan ~** to remain quite unruffled.
campaña *f* **-1.** [gen] campaign; **hacer ~ (de/contra)** to campaign (for/against); **de ~** MIL field *(antes de sust)* **-2.** [campo llano] open countryside **-3.** ***RP*** [campo] countryside.
campechano, na *adj fam* genial, good-natured.
campeón, ona *m,f* champion.
campeonato *m* championship; **de ~** *fig* terrific, great.
campero, ra *adj* country *(antes de sust)*; [al aire libre] open-air.
◆ **campero** *m Amér* jeep.
◆ **campera** *f* **-1.** [bota] ≃ cowboy boot **-2.** ***RP*** [chaqueta] jacket.
campesinado *m* peasants *(pl)*, peasantry.
campesino, na ◇ *adj* country *(antes de sust)*, rural. ◇ *m,f* [gen] farmer; [muy pobre] peasant.
campestre *adj* country *(antes de sust)*.
campiña *f* countryside.
camping ['kampin] (*pl* **campings**) *m* **-1.** [actividad] camping; **ir de ~** to go camping **-2.** [lugar de acampada] campsite.
campista *mf* camper.
campito *m Amér* property, estate.
campo *m* **-1.** [gen & INFORM] field; **~ de aviación** airfield; **~ de batalla** battlefield; **~ magnético** magnetic field; **~ de tiro** firing range; **dejar el ~ libre** *fig* to leave the field open **-2.** [campiña] country, countryside; **~ abierto** open countryside; **a ~ traviesa** cross country **-3.** [DEP - de fútbol] pitch; [- de tenis] court; [- de golf] course; **jugar en ~ propio** to play at home **-4.** ***CSur*** [hacienda] cattle ranch **-5.** **Andes** [lugar] room, space.
◆ **campo de concentración** *m* concentration camp.
◆ **campo de trabajo** *m* [de vacaciones] work camp; [para prisioneros] labour camp.
◆ **campo visual** *m* field of vision.
camposanto *m* cemetery.
Campsa (*abrev de* **Compañía Arrendataria del Monopolio de Petróleos, SA**) *f Spanish state petroleum company.*
campus *m inv* campus.
camuflaje *m* camouflage.
camuflar *vt* to camouflage.
can *m* hound, dog.
cana ▷ **cano.**
Canadá: **(el) ~** Canada.
canadiense *adj & m,f* Canadian.
canal ◇ *m* **-1.** [cauce artificial] canal; **~ de riego** irrigation channel **-2.** GEOGR channel, strait **-3.** RADIO & TV channel; **~ por cable** cable channel **-4.** ANAT canal, duct **-5.** [de agua, gas] conduit, pipe **-6. fig** [medio, vía] channel; **~ de comercialización** ECON distribution channel **-7.** [res] carcass; **abrir en ~** to slit open; *fig* to tear apart. ◇ *m o f* [de un tejado] (valley) gutter.
canalé *m* ribbed knitwear.
canalización *f* **-1.** [encauzamiento] piping **-2.** *(gen pl)* [cañería] pipes *(pl)* **-3.** *fig* [orientación] channelling.
canalizar [13] *vt* **-1.** [territorio] to canalize; [agua] to channel **-2.** [cauce] to deepen the course of **-3.** *fig* [orientar] to channel.
canalla *mf* swine, dog.
canallada *f* [acto] dirty trick.
canalón *m* [de tejado] gutter; [en la pared] drainpipe.
canapé *m* **-1.** CULIN canapé **-2.** [sofá] sofa, couch.
Canarias *fpl*: **las (islas) ~** the Canary Islands, the Canaries.
canario, ria ◇ *adj* of the Canary Islands. ◇ *m,f* [persona] Canary Islander.
◆ **canario** *m* [pájaro] canary.
canasta *f* **-1.** [gen & DEP] basket **-2.** [juego de naipes] canasta.
canastilla *f* **-1.** [cesto pequeño] basket **-2.** [de bebé] layette.
canasto *m* large basket.
cancán, cancanes *mf* ***RP*** tights ***UK***, pantyhose ***US***.

cancela *f* wrought-iron gate.
cancelación *f* cancellation.
cancelar *vt* **-1.** [anular] to cancel **-2.** [deuda] to pay, to settle **-3.** *Chile, Ven* [cuenta] to pay.
cáncer *m* MED & *fig* cancer.
◆ **Cáncer** <> *m* [zodiaco] Cancer; **ser ~** to be (a) Cancer. <> *mf* [persona] Cancer, Cancerian.
cancerbero *m* DEP goalkeeper.
cancerígeno, na *adj* carcinogenic.
cancerología *f* oncology.
cancerológico, ca *adj* oncological.
cancerólogo, ga *m,f* cancer specialist, oncologist.
canceroso, sa <> *adj* [úlcera, tejido] cancerous; [enfermo] suffering from cancer. <> *m,f* [enfermo] cancer patient.
canchero, ra *adj RP fam* streetwise, savvy.
canciller *m* **-1.** [de gobierno, embajada] chancellor **-2.** [de asuntos exteriores] foreign minister.
cancillería *f* **-1.** [de gobierno] chancellorship **-2.** [de embajada] chancellery **-3.** [de asuntos exteriores] foreign ministry.
canción *f* song; **~ de cuna** lullaby; **la misma ~** *fig* the same old story.
cancionero *m* songbook.
candado *m* padlock.
candela *f* **-1.** [vela] candle **-2.** *fam fig* [lumbre] light **-3.** *Amér* [fuego] fire.
candelabro *m* candelabra.
candelero *m* candlestick; **estar en el ~** *fig* to be in the limelight.
candente *adj* **-1.** [incandescente] red-hot **-2.** *fig* [actual] burning *(antes de sust).*
candidato, ta *m,f* candidate.
candidatura *f* **-1.** [para un cargo] candidacy; **presentar uno su ~ (a)** to put o.s. forward as a candidate (for) **-2.** [lista] list of candidates.
candidez *f* ingenuousness.
cándido, da *adj* ingenuous, simple.
candil *m* **-1.** [lámpara] oil lamp **-2.** *Méx* [araña] chandelier.
candilejas *fpl* footlights.
candor *m* ingenuousness, simplicity.
candoroso, sa *adj* ingenuous, simple.
caneca *f Col* rubbish bin *UK*, trashcan *US*.
canelo, la *adj* **-1.** [caballo, perro] cinnamon-coloured **-2.** *fam fig* [inocentón] gullible.
◆ **canela** *f* cinnamon; **ser canela fina** *fig* to be sheer class.
canelón *m* CULIN cannelloni *(pl).*
canesú (*pl* **canesúes** *o* **canesús**) *m* **-1.** [de vestido] bodice **-2.** [de blusa] yoke.
cangrejo *m* crab; **~ de río** crayfish.
canguelo *m fam*: **le entró ~** she got the wind up.
canguro <> *m* [animal] kangaroo. <> *mf fam* [persona] babysitter; **hacer de ~** to babysit.
caníbal <> *adj* cannibalistic. <> *mf* cannibal.
canibalismo *m* cannibalism.
canica *f* [pieza] marble.
◆ **canicas** *fpl* [juego] marbles.
caniche *m* poodle.
canícula *f* dog *o* hottest days *(pl).*
canijo, ja <> *adj* sickly. <> *m,f* sickly person.
canilla *f* **-1.** [espinilla] shinbone **-2.** [bobina] bobbin **-3.** *RP* [grifo] tap *UK*, faucet *US* **-4.** *Amér* [pierna] leg.
canillita *m RP fam* newspaper vendor.
canino, na *adj* canine.
◆ **canino** *m* [diente] canine (tooth).
canje *m* exchange.
canjeable *adj* exchangeable.
canjear *vt* to exchange.
cannabis *m inv* cannabis.
cano, na *adj* grey.
◆ **cana** *f* grey hair; **echar una cana al aire** *fig* to let one's hair down.
canoa *f* canoe.
canódromo *m* greyhound track.
canon *m* **-1.** [norma] canon; **como mandan los cánones** according to the rules **-2.** [modelo] ideal **-3.** [impuesto] tax **-4.** MÚS canon.
◆ **cánones** *mpl* DER canon law *(U).*
canónico, ca *adj* canonical; [derecho] canon *(antes de sust).*
canónigo *m* canon.
canonizar [13] *vt* to canonize.
canoso, sa *adj* [pelo] grey; [persona] grey-haired.
cansado, da *adj* **-1.** [agotado] tired; **~ de algo/de hacer algo** tired of sthg/of doing sthg **-2.** [pesado, cargante] tiring.
cansador, ra *adj* & *f Andes, RP* [que cansa] tiring; [que aburre] tiresome, boring.
cansancio *m* tiredness.
cansar <> *vt* to tire (out). <> *vi* to be tiring.
◆ **cansarse** *vpr*: **~se (de)** *lit* & *fig* to get tired (of).

cansino, na *adj* lethargic.
Cantabria Cantabria.
Cantábrico *m*: **el (mar) ~** the Cantabrian Sea.
cántabro, bra *adj & m,f* Cantabrian.
cantaleta *f Amér* nagging.
cantamañanas *m y f inv* unreliable person.
cantante ◇ *adj* singing. ◇ *mf* singer.
cantaor, ra *m,f* flamenco singer.
cantar ◇ *vt* **-1.** [canción] to sing **-2.** [bingo, línea, el gordo] to call (out); **~ victoria** to claim victory; **~ a alguien las cuarenta** to give sb a piece of one's mind. ◇ *vi* **-1.** [persona, ave] to sing; [gallo] to crow; [grillo] to chirp **-2.** *fam fig* [confesar] to talk **-3.** *fam fig* [apestar] to whiff, to pong **-4.** *fam fig* [desentonar] to stick out like a sore thumb **-5. fig** [alabar]: **~ a** to sing the praises of. ◇ *m* LITER poem; **eso es otro ~** that's another story; **~ de gesta** chanson de geste.
cántara *f* large pitcher.
cántaro *m* large pitcher; **a ~s** in torrents; **llover a ~s** to rain cats and dogs.
cantata *f* cantata.
cantautor, ra *m,f* singer-songwriter.
cante *m*: **~ (jondo** *o* **hondo)** flamenco singing; **dar el ~** *fam* to call attention to o.s.
cantegril *m Amér* shanty town.
cantera *f* **-1.** [de piedra] quarry **-2.** *fig* [de profesionales, jugadores] young blood *(U)*.
cantero *m CSur, Cuba* [de flores] flowerbed.
cántico *m* canticle.
cantidad ◇ *f* **-1.** [medida] quantity **-2.** [abundancia] abundance, large number; **en ~** in abundance; **~ de** lots of; **en ~s industriales** in industrial quantities **-3.** [número] number **-4.** [suma de dinero] sum (of money). ◇ *adv fam* really; **me gusta ~** I don't half like it.
cantiga, cántiga *f* ballad.
cantilena, cantinela *f*: **la misma ~** *fig* the same old story.
cantimplora *f* water bottle.
cantina *f* [de soldados] mess; [en fábrica] canteen; [en estación de tren] buffet; [bar] snack bar.
cantinela = **cantilena**.
cantinero, ra *m,f* [de bar] publican.
canto *m* **-1.** [acción, arte] singing **-2.** [canción] song; **~ del cisne** swansong; **~ de sirena** wheedling **-3.** *fig* [alabanza] hymn **-4.** [lado, borde] edge; **de ~** edgeways; **darse con un ~ en los dientes** to consider o.s. lucky; **por el ~ de un duro** by a hair's breadth **-5.** [de cuchillo] blunt edge **-6.** [guijarro] pebble; **~ rodado** [pequeño] pebble; [grande] boulder.
cantón *m* [territorio] canton.
cantor, ra ◇ *adj* singing *(antes de sust)*. ◇ *m,f* singer.
cantoral *m* choir book.
canturrear *vt & vi fam* to sing softly.
canutas *fpl fam*: **pasarlas ~** to have a rough time.
canutillo *m* glass tube.
canuto *m* **-1.** [tubo] tube **-2.** *fam* [porro] joint.
caña *f* **-1.** BOT cane; **~ de azúcar** sugarcane **-2.** [de río, de estanque] reed **-3.** [tuétano] bone marrow **-4.** [de la bota, del calcetín] leg **-5.** *Esp* [de cerveza] half; **una ~** one beer **-6.** *Andes, Cuba, RP* [aguardiente] *type of rum made using sugar cane spirit* **-7.** *loc*: **darle** *o* **meterle ~ a algo** *fam* to get a move on with sthg.
◆ **caña de pescar** *f* fishing rod.
cañabrava *f Cuba & RP kind of cane.*
cañada *f* gorge, ravine.
cáñamo *m* hemp.
cañamón *m* hempseed.
cañaveral *m* reedbed.
cañería *f* pipe.
cañero, ra *m,f Amér* [trabajador] sugar plantation worker.
cañizo *m* wattle.
caño *m* [de fuente] jet.
cañón *m* **-1.** [arma] gun; **~ antiaéreo** anti-aircraft gun; **~ de nieve** snow cannon; HIST cannon **-2.** [de fusil] barrel; [de chimenea] flue; [de órgano] pipe **-3.** GEOGR canyon **-4.** *loc*: **estar ~** *fam* to be gorgeous.
cañonazo *m* **-1.** [disparo de cañón] gunshot **-2.** [en fútbol] powerful shot.
cañonear *vt* to shell.
cañonera *f* gunboat.
caoba *f* mahogany.
caos *m inv* chaos.
caótico, ca *adj* chaotic.
cap. (*abrev de* **capítulo**) ch.
CAP (*abrev de* **Certificado de Aptitud Pedagógica**) *m Spanish teaching certificate needed to teach in secondary education.*
capa *f* **-1.** [manto] cloak, cape; **andar de ~ caída** to be in a bad way; **de ~ y espada** cloak and dagger; **defender a ~ y espada** to defend tooth and nail; **hacer de su ~ un sayo** to do as one pleases **-2.** [baño - de barniz, pintura] coat; [- de chocolate etc] coating **-3.** [estrato] layer; GEOL stratum, layer; **~ atmosférica** atmosphere; **~ de ozono** ozone layer; **~ terrestre** earth's surface; **~ de hielo** sheet of ice **-4.** [grupo social] stratum,

class **-5.** TAUROM cape ; *ver también* **tauromaquia**.
capacho *m* wicker basket.
capacidad *f* **-1.** [gen] capacity; **con ~ para 500 personas** with a capacity of 500 **-2.** [aptitud] ability; **no tener ~ para algo/para hacer algo** to be no good at sthg/at doing sthg.
◆ **capacidad adquisitiva** *f* purchasing power.
◆ **capacidad de decisión** *f* decision-making ability.
◆ **capacidad de trabajo** *f* capacity for hard work.
capacitación *f* training.
capacitar *vt*: **~ a alguien para algo** [habilitar] to qualify sb for sthg; [formar] to train sb for sthg.
capar *vt* to castrate.
caparazón *m lit* & *fig* shell.
capataz *mf* foreman (*f* forewoman).
capaz *adj* **-1.** [gen] capable; **~ de algo/de hacer algo** capable of sthg/of doing sthg **-2.** DER competent **-3.** [atrevido]: **ser ~** to dare; **ser ~ de hacer algo** to bring oneself to do sthg **-4.** [espacioso]: **muy/poco ~** with a large/small capacity; **~ para** with room for.
capazo *m* large wicker basket.
capcioso, sa *adj* [pregunta] trick *(antes de sust)*.
capea *f* TAUROM *bullfight with young bulls*.
capear *vt fig* [eludir] to get out of.
capellán *m* chaplain.
caperuza *f* **-1.** [gorro] hood **-2.** [capuchón] top, cap.
capicúa ◇ *adj inv* reversible. ◇ *m inv* reversible number.
capilar ◇ *adj* **-1.** [del cabello] hair *(antes de sust)* **-2.** ANAT & FÍS capillary. ◇ *m* ANAT capillary.
capilaridad *f* FÍS capillarity, capillary action.
capilla *f* chapel; **~ ardiente** funeral chapel; **estar en ~** *fig* [condenado a muerte] to be awaiting execution; *fam* [en ascuas] to be on tenterhooks.
capirotazo *m* flick.
capirote *m* **-1.** [gorro] hood **-2.** ⊳ **tonto**.
cápita ◆ **per cápita** *loc adj* per capita.
capital ◇ *adj* **-1.** [importante] supreme **-2.** [principal] main. ◇ *m* ECON capital; **~ circulante/fijo/social** working/fixed/share capital; **~ escriturado** declared capital, capital stock; **~ líquido** liquid assets *(pl)*; **~ bajo riesgo** sum at risk; **~ de riesgo** venture capital. ◇ *f* [ciudad] capital; **soy de Barcelona ~** I'm from the city of Barcelona.
capitalidad *f* capital status.
capitalismo *m* capitalism.
capitalista *adj* & *m,f* capitalist.
capitalización *f* capitalization.
capitalizar [13] *vt* **-1.** ECON to capitalize **-2.** *fig* [sacar provecho] to capitalize on.
capitán, ana *m,f* captain; **~ general** MIL ≃ field marshal *UK*, general of the army *US*.
◆ **capitana** *f* NÁUT flagship.
capitanear *vt* **-1.** DEP & MIL to captain **-2.** [dirigir] to head, to lead.
capitanía *f* MIL **-1.** [empleo] captaincy **-2.** [oficina] military headquarters; **~ general** Captaincy General.
capitel *m* capital.
capitolio *m* **-1.** [edificio] capitol **-2.** [acrópolis] acropolis.
capitoste *mf despec* big wheel, big boss.
capitulación *f* capitulation, surrender.
◆ **capitulaciones matrimoniales** *fpl* marriage settlement *(sg)*.
capitular *vi* to capitulate, to surrender.
capítulo *m* **-1.** [sección, división] chapter **-2.** *fig* [tema] subject; **ser ~ aparte** to be another matter (altogether).
capó, capot [ka'po] *m* bonnet *UK*, hood *US*.
capón *m* **-1.** [animal] capon **-2.** [golpe] rap on the head.
caporal *m* MIL ≃ corporal.
capot = **capó**.
capota *f* hood *UK*, top *US*.
capotazo *m* TAUROM *pass with the cape*.
capote *m* **-1.** [capa] cape with sleeves; [militar] greatcoat **-2.** TAUROM cape **-3.** *loc*: **echar un ~ a alguien** to give sb a (helping) hand.
capricho *m* **-1.** [antojo] whim, caprice; **darse un ~** to treat o.s. **-2.** MÚS & ARTE caprice.
caprichoso, sa *adj* capricious.
Capricornio ◇ *m* [zodiaco] Capricorn; **ser ~** to be (a) Capricorn. ◇ *mf* [persona] Capricorn.
cápsula *f* **-1.** [gen & ANAT] capsule **-2.** [tapón] cap.
◆ **cápsula espacial** *f* space capsule.
captar *vt* **-1.** [atraer - simpatía] to win; [- interés]

to gain, to capture **-2.** [entender] to grasp **-3.** [sintonizar] to pick up, to receive **-4.** [aguas] to collect.

◆ **captarse** *vpr* [atraer] to win, to attract.

captura *f* capture.

capturar *vt* to capture.

capucha *f* hood.

capuchino, na *adj* Capuchin.

◆ **capuchino** *m* **-1.** [fraile] Capuchin **-2.** [café] cappuccino.

capuchón *m* cap, top.

capullo, lla *vulg* ◇ *adj* bloody stupid. ◇ *m,f* [persona] prat.

◆ **capullo** *m* **-1.** [de flor] bud **-2.** [de gusano] cocoon **-3.** *fam* [de pena] head.

caqui, kaki ◇ *adj inv* [color] khaki. ◇ *m* **-1.** *BOT* kaki **-2.** [color] khaki.

cara *f* **-1.** [rostro, aspecto] face; **a ~ descubierta** openly; **~ a** [frente a] facing; **~ a ~** face to face; **de ~** [sol, viento] in one's face; **poner ~ de tonto** to pull a stupid face; **tener buena/mala ~** [persona] to look well/awful; **tener ~ de enfadado** to look angry; **tiene ~ de ponerse a llover** it looks as if it's going to rain **-2.** [lado] side; *GEOM* face **-3.** [de moneda] heads *(U)*; **~ o cruz** heads or tails; **echar algo a ~ o cruz** to toss (a coin) for sthg **-4.** *fam* [osadía] cheek; **tener (mucha) ~**, **tener la ~ muy dura** to have a cheek **-5.** [parte frontal] front **-6.** *loc*: **se le cayó la ~ de vergöenza** she blushed with shame; **cruzar la ~ a alguien** to slap sb in the face; **dar la ~ por alguien** to make excuses for sb; **de ~ a** with a view to; **decir algo a alguien en** *o* **a la ~** to say sthg to sb's face; **echar en ~ algo a alguien** to reproach sb for sthg; **hacer ~ a** to stand up to; **por su linda ~**, **por su ~ bonita** because his/her face fits; **romper** *o* **partir la ~ a alguien** to smash sb's face in; **tener dos ~s** to be two-faced; **verse las ~s** [pelearse] to have it out; [enfrentarse] to fight it out.

carabela *f* caravel.

carabina *f* **-1.** [arma] carbine, rifle **-2.** *fam fig* [mujer] chaperone.

carabinero *m* **-1.** [en España] customs policeman **-2.** [en Italia] carabiniere **-3.** *Chile* [policía] military policeman.

Caracas Caracas.

caracol *m* **-1.** [animal] snail **-2.** [concha] shell **-3.** [rizo] curl.

◆ **escalera de caracol** *f* spiral staircase.

◆ **caracoles** *interj desus fam*: **¡~es!** good grief!

caracola *f* conch.

carácter (*pl* **caracteres**) *m* **-1.** [de persona] character; **tener buen/mal ~** to be good-natured/bad-tempered **-2.** [índole] nature; **con ~ de urgencia** as a matter of urgency; **una reunión de ~ privado/oficial** a private/official meeting **-3.** *INFORM* character; **~ alfanumérico** alphanumeric character; **caracteres de imprenta** typeface *(sg)* **-4.** *BIOL* trait.

característico, ca *adj* characteristic.

◆ **característica** *f* characteristic.

caracterización *f* **-1.** [gen] characterization **-2.** [maquillaje] make-up.

caracterizar [13] *vt* **-1.** [definir] to characterize **-2.** [representar] to portray **-3.** [maquillar] to make up.

◆ **caracterizarse por** *vpr* to be characterized by.

caradura *fam* ◇ *adj* cheeky. ◇ *mf* cheeky person.

carajillo *m* coffee with a dash of liqueur.

carajo *mfam* ◇ *m*: **me importa un ~** I couldn't give a monkey's; **irse al ~** to go down the tubes; **¡vete al ~!** go to hell! ◇ *interj*: **¡carajo!** damn it!

caramba *interj*: **¡~!** [sorpresa] good heavens!; [enfado] for heaven's sake!

carámbano *m* icicle.

carambola *f* cannon *(in billiards)*; **por ~** by a fluke.

◆ **carambolas** *interj Amér*: **¡~s!** good heavens!

caramelo *m* **-1.** [golosina] sweet **-2.** [azúcar fundido] caramel; **de ~** *fig* great.

carantoñas *fpl*: **hacer ~ a alguien** to butter sb up.

caraota *f Ven* bean.

caraqueño, ña ◇ *adj* of/relating to Caracas. ◇ *m,f* native/inhabitant of Caracas.

carátula *f* **-1.** [de libro] front cover; [de disco] sleeve **-2.** [máscara] mask.

caravana *f* **-1.** [gen] caravan *UK*, trailer *US* **-2.** [de coches] tailback.

◆ **caravanas** *fpl Amér* [pendientes] earrings.

caravaning [kara'βanin] *m* caravanning.

caray *interj*: **¡~!** [sorpresa] good heavens!; [enfado] damn it!

carbón *m* **-1.** [para quemar] coal; **negro como el ~** [negro] black as coal; [bronceado] brown as a berry; **~ de leña** *o* **vegetal** charcoal; **~ mineral** *o* **de piedra** coal **-2.** [para dibujar] charcoal.

carbonatado, da *adj* carbonated.

carbonato *m* carbonate.

carboncillo *m* charcoal; **al ~** in charcoal.

carbonero, ra ◇ *adj* coal *(antes de sust).* ◇ *m,f* [persona] coal merchant.
◆ **carbonera** *f* **-1.** [lugar] coal bunker **-2.** [de leña] charcoal stack.

carbónico, ca *adj* carbonic.

carbonilla *f* **-1.** [ceniza] cinder **-2.** [carbón pequeño] small coal.

carbonizar [13] *vt* to char, to carbonize; **morir carbonizado** to burn to death.
◆ **carbonizarse** *vpr* to carbonize.

carbono *m* carbon; ~ **14** carbon 14.

carbunclo *m* anthrax.

carburador *m* carburettor.

carburante *m* fuel.

carburar ◇ *vt* to carburate. ◇ *vi fam* to work.

carburo *m* carbide.

carca *fam despec* ◇ *adj* old-fashioned. ◇ *mf* old fogey.

carcaj (*pl* **carcajes**) *m* quiver.

carcajada *f* guffaw; **reír a ~s** to roar with laughter.

carcajearse *vpr* to roar with laughter.

carcamal *mf fam despec* old crock.

carcasa *m* [para teléfono móvil] fascia.

cárcel *f* prison; **estar en la** ~ to be in prison; **meter a alguien en la** ~ to put sb in prison; ~ **de alta seguridad** top security prison.

carcelario, ria *adj* prison *(antes de sust).*

carcelero, ra *m,f* warder, jailer.

carcinoma *m* carcinoma, cancerous tumour.

carcoma *f* **-1.** [insecto] woodworm **-2.** [polvo] wood dust.

carcomer *vt lit & fig* to eat away at.
◆ **carcomerse** *vpr fig* [consumirse] to be eaten up *o* consumed.

carcomido, da *adj* [madera] wormeaten.

cardado *m* **-1.** [de lana] carding **-2.** [del pelo] backcombing.

cardán *m* cardan joint.

cardar *vt* **-1.** [lana] to card **-2.** [pelo] to backcomb.

cardenal *m* **-1.** RELIG cardinal **-2.** [hematoma] bruise.

cardenalicio, cia *adj* cardinal's *(antes de sust).*

cárdeno, na *adj* purple.
◆ **cárdeno** *m* [color] purple.

cardiaco, ca, cardíaco, ca *adj* cardiac, heart *(antes de sust).*

cárdigan, cardigán *m* cardigan.

cardinal *adj* cardinal.

cardiograma *m* cardiogram.

cardiología *f* cardiology.

cardiólogo, ga *m,f* cardiologist.

cardiopatía *f* heart condition.

cardiovascular *adj* cardiovascular.

cardo *m* **-1.** [planta] thistle; ~ **borriquero** cotton thistle **-2.** *fam fig* [persona] prickly customer.

carear *vt* DER to bring face to face.

carecer [30] *vi*: ~ **de algo** to lack sthg.

carencia *f* [ausencia] lack; [defecto] deficiency.

carente *adj*: ~ **de** lacking (in).

careo *m* DER confrontation.

carero, ra *adj fam* pricey.

carestía *f* **-1.** [escasez] scarcity, shortage **-2.** [encarecimiento]: **la ~ de la vida** the high cost of living.

careta *f* **-1.** [máscara] mask; ~ **antigás** gas mask **-2.** *fig* [engaño] front.

carey *m* **-1.** [tortuga] sea turtle **-2.** [material] tortoiseshell.

carga *f* **-1.** [acción] loading; **de ~ frontal** front-loading **-2.** [cargamento - de avión, barco] cargo; [- de tren] freight; [- de camión] load **-3.** [peso] load **-4.** *fig* [sufrimiento] burden **-5.** [ataque, explosivo] charge; ~ **de profundidad** depth charge; **volver a la** ~ *fig* to persist **-6.** [de batería, condensador] charge **-7.** [para mechero, bolígrafo] refill **-8. fig** [componente] charge; **tiene una fuerte ~ emocional** it's heavily charged with emotion **-9.** [impuesto] tax; **~s sociales** social security contributions; ~ **fiscal** tax burden.

cargado, da *adj* **-1.** [abarrotado]: ~ **(de)** loaded (with); **estar ~ de** *fam* to have loads of; **un árbol cargado de fruta** a tree laden with fruit **-2.** [arma] loaded **-3.** [bebida] strong **-4.** [bochornoso - habitación] stuffy; [- tiempo] sultry, close; [- cielo] overcast **-5.**: ~ **de hombros** round-shouldered *(antes de sust).*

cargador *m* **-1.** [de arma] chamber **-2.** [persona] loader; ~ **de muelle** docker, stevedore **-3.** ELECTR charger.

cargamento *m* cargo.

cargante *adj fam fig* annoying.

cargar [16] ◇ *vt* **-1.** [gen] to load; [pluma, mechero] to refill **-2.** [peso encima] to throw over one's shoulder **-3.** ELECTR to charge; INFORM to load **-4.** *fig* [responsabilidad, tarea] to give, to lay upon; ~ **a alguien de deudas** to encumber sb with debts **-5.** *fam fig* [molestar] to annoy **-6.** [producir pesadez - suj: humo] to make stuffy; [- suj: comida] to bloat **-7.** [gravar]: ~ **un impuesto a algo/alguien** to tax sthg/sb **-8.** [importe, factura, deuda]: ~ **algo**

(a) to charge sthg (to); **cárguelo a mi cuenta** charge it to my account. ◇ *vi* **-1.** [recaer]: ~ **sobre alguien** to fall on sb **-2.** [atacar]: ~ **(contra)** to charge.

◆ **cargar con** *vi* **-1.** [paquete etc] to carry away **-2.** *fig* [coste, responsabilidad] to bear; [consecuencias] to accept; [culpa] to get.

◆ **cargarse** *vpr* **-1.** *fam* [romper] to break **-2.** *fam* [suspender] to fail **-3.** *fam* [matar - persona] to bump off; [- animal] to kill **-4.** [de humo] to get stuffy **-5.** [colmarse]: **~se de** to be loaded down with **-6.** *ELECTR* to become charged; *INFORM* to load **-7.** *loc*: **¡te la vas a ~!** *fam* you're in for it!

cargo *m* **-1.** [gen, *ECON & DER*] charge; **con ~ a** charged to; **sin ~** free of charge; **correr a ~ de** to be borne by; **estar a ~ de algo**, **tener algo a ~ de uno** to be in charge of sthg; **las personas a mi ~** the people in my care; **hacerse ~ de** [asumir el control de] to take charge of; [ocuparse de] to take care of; [comprender] to understand; **tener ~ de conciencia** to feel pangs of conscience, to feel remorse **-2.** [empleo] post, position; **alto ~** high-ranking official; **es un ~ público** he holds public office.

cargosear *vt CSur* to annoy, to pester.

cargoso, sa *adj CSur* annoying.

carguero *m* cargo boat.

cariacontecido, da *adj* crestfallen.

cariado, da *adj* decayed.

cariar [8] *vt* to decay.

◆ **cariarse** *vpr* to decay.

cariátide *f* caryatid.

Caribe *m*: **el (mar)** ~ the Caribbean (Sea).

caribeño, ña ◇ *adj* Caribbean. ◇ *m,f* native/inhabitant of the Caribbean Islands.

caricatura *f* caricature.

caricaturesco, ca *adj* caricature *(antes de sust)*.

caricaturista *mf* caricaturist.

caricaturizar [13] *vt* to caricature.

caricia *f* [a persona] caress; [a perro, gato etc] stroke.

caridad *f* charity.

caries *f inv* tooth decay; **tengo dos ~** I have two cavities.

carillón *m* carillon.

cariñena *m wine from Cariñena, in the province of Zaragoza.*

cariño *m* **-1.** [afecto] affection; **tomar ~ a** to grow fond of; **con mucho ~** with great affection **-2.** [cuidado] loving care **-3.** [apelativo] love.

cariñoso, sa *adj* affectionate.

carioca ◇ *adj* of/relating to Rio de Janeiro. ◇ *mf* native/inhabitant of Rio de Janeiro.

carisma *m* charisma.

carismático, ca *adj* charismatic.

Cáritas *f charitable organization run by the Catholic Church.*

caritativo, va *adj* charitable.

cariz *m* look, appearance; **tomar mal/buen ~** to take a turn for the worse/better.

carlinga *f* [*AERON* - para piloto] cockpit; [- para pasajeros] cabin.

carlista *adj & m,f* Carlist.

carmelita *adj & m,f* Carmelite.

carmesí (*pl* **carmesíes**) *adj & m* crimson.

carmín ◇ *adj* [color] carmine. ◇ *m* **-1.** [color] carmine **-2.** [lápiz de labios] lipstick.

carnada *f lit & fig* bait.

carnal *adj* **-1.** [de la carne] carnal **-2.** [primo] first *(antes de sust)*.

carnaval *m* carnival.

carnavalada *f fam* farce.

carnavalesco, ca *adj* carnival *(antes de sust)*.

carnaza *f lit & fig* bait.

carne *f* **-1.** [de persona, fruta] flesh; **en ~ viva** raw; **entrado** *o* **metido en ~s** plump; **ser de ~ y hueso** *fig* to be human **-2.** [alimento] meat; **~ de cerdo** pork; **~ de cordero** lamb; **~ picada** mince; **~ de ternera** veal; **~ de vaca** beef; **poner toda la ~ en el asador** *fig* to go for broke; **ser ~ de cañón** to be cannon fodder; **poner la ~ de gallina a alguien** [de frío] to give sb goose pimples; [de miedo] to give sb the creeps.

◆ **carne de membrillo** *f* quince jelly.

carné (*pl* **carnés**), **carnet** (*pl* **carnets**) *m* **-1.** [documento] card; **~ de conducir** driving licence; **~ de identidad** identity card; **~ de estudiante** student card; **~ de prensa** press pass **-2.** [agenda] notebook.

carnear *vt Andes & RP* to slaughter, to butcher.

carnet *m* = **carné**.

carnicería *f* **-1.** [tienda] butcher's **-2.** *fig* [destrozo] butchery *(U)* **-3.** *fig* [masacre] carnage *(U)*.

carnicero, ra ◇ *adj* [animal] carnivorous. ◇ *m,f lit & fig* [persona] butcher.

◆ **carnicero** *m ZOOL* carnivore.

cárnico, ca *adj* meat *(antes de sust)*.

carnitas *fpl Méx small pieces of braised pork.*

carnívoro, ra *adj* carnivorous.
◆ **carnívoro** *m* carnivore.
carnosidad *f* **-1.** [de una herida] proud flesh *(U)* **-2.** [gordura] fleshy part.
carnoso, sa *adj* fleshy; [labios] full.
caro, ra *adj* **-1.** [precio] expensive **-2.** *culto* [querido] cherished, fond.
◆ **caro** *adv*: **costar** ~ to be expensive; *fig* to cost dear; **vender** ~ **algo** to sell sthg at a high price; *fig* not to give sthg up easily; **pagar** ~ **algo** *fig* to pay dearly for sthg; **salir** ~ to be expensive; *fig* to cost dear.
carolingio, gia *adj & m,f* Carolingian.
carota *mf fam* cheeky so-and-so.
carótida *adj & f* carotid.
carozo *m RP* stone, pit *US*.
carpa *f* **-1.** [pez] carp **-2.** [de circo] big top; [para fiestas etc] marquee **-3.** *Amér* [tienda de campaña] tent.
carpanta *f fam* ravenous hunger.
Cárpatos *mpl*: **los** ~ the Carpathians.
carpeta *f* file, folder.
carpetazo *m*: **dar** ~ **a algo** to shelve sthg.
carpetovetónico, ca *adj* deeply Spanish.
carpintería *f* **-1.** [arte] carpentry; [de puertas y ventanas] joinery **-2.** [taller] carpenter's/joiner's shop.
carpintero, ra *m,f* carpenter; [de puertas y ventanas] joiner.
carraca *f* **-1.** [instrumento] rattle **-2.** *fig* [cosa vieja] old crock.
carrara *m* Carrara marble.
carraspear *vi* **-1.** [hablar ronco] to speak with a hoarse voice **-2.** [toser] to clear one's throat.
carraspera *f* hoarseness.
carrera *f* **-1.** [acción de correr] run, running *(U)* **-2.** DEP & *fig* race; ~ **armamentística** *o* **de armamentos** arms race; ~ **contra reloj** race against the clock; ~ **ciclista** cycle race; ~ **de coches** motor race; ~ **de obstáculos** steeplechase **-3.** [trayecto] route **-4.** [de taxi] ride **-5.** [estudios] university course; **hacer la** ~ **de derecho** to study law (at university) **-6.** [profesión] career; **hacer** ~ [triunfar] to succeed (in life) **-7.** [en medias] ladder *UK*, run *US* **-8.** [calle] street; **hacer la** ~ [prostituirse] to walk the streets.
carrerilla *f*: **coger** *o* **tomar** ~ to take a run-up.
◆ **de carrerilla** *loc adv* by heart.
carreta *f* cart.
carrete *m* **-1.** [de hilo] bobbin, reel; [de alambre] coil **-2.** FOT roll (of film) **-3.** [para pescar] reel **-4.** [de máquina de escribir] spool **-5.** *loc*: **dar** ~ **a alguien** to draw sb out.
carretera *f* road; **viaje por** ~ road journey; ~ **de circunvalación** ring road; ~ **comarcal** ≃ B road *UK*; ~ **de cuota** *Méx* toll road; ~ **nacional** ≃ A road *UK*, state highway *US*; *Méx*: ~ **de cuota** toll road.
carretero, ra ◇ *m,f* [conductor] carter; **fumar como un** ~ *fig* to smoke like a chimney.
◇ *adj Amér* road; **un accidente** ~ a road accident; **tráfico** ~ road traffic.
◆ **carretero** *m Amér* [carretera] road.
carretilla *f* wheelbarrow.
carricoche *m* old car.
carril *m* **-1.** [de carretera] lane; ~ **de aceleración** fast lane; ~ **bici** cycle lane; ~ **bus** bus lane **-2.** [de vía de tren] rail **-3.** [de ruedas] rut.
carrillo *m* cheek; **comer a dos** ~**s** *fig* to cram one's face with food.
carrito *m* trolley *UK*, cart *US*.
carro *m* **-1.** [vehículo] cart; ~ **de combate** MIL tank; **¡para el** ~**!** [espera un momento] hang on a minute! **-2.** [de máquina de escribir] carriage **-3.** *Andes, CAm, Carib, Méx* [automóvil] car **-4.** *Méx*: ~ **comedor** [en tren] dining car, restaurant car.
carrocería *f* bodywork *UK*, body.
carromato *m* **-1.** [carro] wagon **-2.** [coche viejo] old car.
carroña *f* carrion.
carroza ◇ *f* [vehículo] carriage. ◇ *mf fam* [viejo] old fogey.
carruaje *m* carriage.
carrusel *m* **-1.** [tiovivo] carousel, merry-go-round **-2.** [de caballos] mounted patrol.
carta *f* **-1.** letter; **echar una** ~ to post a letter; ~ **certificada/urgente** registered/express letter; ~ **de presentación** letter of introduction; ~ **de recomendación** reference (letter) **-2.** [naipe] (playing) card; **echar las** ~**s a alguien** to tell sb's fortune *(with cards)* **-3.** [en restaurante] menu; ~ **de vinos** wine list **-4.** [mapa] map; NÁUT chart; ~ **astral** star chart **-5.** [documento] charter; ~ **de crédito** COM letter of credit; ~ **de naturaleza** naturalization papers *(pl)*; ~ **de pago** COM receipt; ~ **de trabajo** work permit; ~ **verde** green card; ~**s credenciales** letters of credence **-6.** *loc*: **a** ~ **cabal** through and through; **jugarse la última** ~ to play one's last card; **jugarse todo a una** ~ to put all one's eggs in one basket; **no saber a qué** ~ **quedarse** to be unsure; **poner las** ~**s boca arriba** *o* **sobre la mesa** to put one's cards on the table; **tomar** ~**s en un asunto** to intervene in a matter; **dar** ~ **blanca a algn**

to give sb carte blanche.
◆ **carta de ajuste** *f* test card.
◆ **Carta de Derechos** *f* Bill of Rights.
◆ **Carta Magna** *f* Constitution.

cartabón *m* set square.

cartapacio *m* **-1.** [carpeta] folder **-2.** [cuaderno] note book.

cartearse *vpr* to correspond.

cartel *m* **-1.** [póster] poster; **'prohibido fijar ~es'** 'billposters will be prosecuted' **-2.** [letrero] sign **-3.** *fig* [fama]: **de ~** famous, star *(antes de sust)*; **tener ~** to be all the rage.

cártel *m* cartel.

cartelero, ra *adj* popular, big-name.

cartelera *f* **-1.** [tablón] hoarding, billboard **-2.** PRENS entertainments page; **estar en ~** to be showing; **lleva un año en ~** it's been running for a year.

cartelista *mf* poster artist.

carteo *m* correspondence.

cárter *m* AUTOM housing.

cartera *f* **-1.** [para dinero] wallet **-2.** [para documentos] briefcase; [sin asa] portfolio; [de colegial] satchel; **tener algo en ~** *fig* to have sthg in the pipeline **-3.** *COM, FIN & POLÍT* portfolio; **~ de pedidos** [pedidos pendientes] orders *(pl)* in hand; [pedidos atrasados] backlog; **~ de valores** portfolio **-4.** [bolsillo] pocket flap **-5.** *Andes, CSur* [bolso] handbag *UK*, purse *US*.

carterista *mf* pickpocket.

cartero, ra *m,f* postman (*f* postwoman).

cartesiano, na *adj & m,f* FILOSOFÍA Cartesian.

cartilaginoso, sa *adj* cartilaginous.

cartílago *m* cartilage.

cartilla *f* **-1.** [documento] book; **~ (de ahorros)** savings book; **~ militar** *booklet to say one has completed one's military service*; **~ del paro** ≃ UB40 *UK*, *registration card issued to the unemployed*; **~ de la seguridad social** social security card **-2.** [para aprender a leer] primer **-3.** *loc*: **leerle la ~ a alguien** to read sb the riot act; **no saberse la ~** not to have a clue.

cartografía *f* cartography.

cartógrafo, fa *m,f* cartographer.

cartomancia *f* cartomancy.

cartón *m* **-1.** [material] cardboard; **~ piedra** papier mâché **-2.** [de cigarrillos, leche] carton; [de huevos] box.

cartoné ◆ **en cartoné** *loc adv* bound in boards.

cartuchera *f* cartridge belt.

cartucho *m* **-1.** [de arma] cartridge; **quemar el último ~** *fig* to play one's last card **-2.** [envoltorio - de monedas] roll; [- de avellanas etc] paper cone.

cartujo, ja *adj* Carthusian.
◆ **cartujo** *m* **-1.** [religioso] Carthusian **-2.** *fig* [persona retraída] hermit.
◆ **cartuja** *f* charterhouse.

cartulina *f* card; **~ amarilla/roja** FTBL yellow red card.

casa *f* **-1.** [edificio] house; **~ adosada** semi-detached house; **~ de campo** country house; **~ unifamiliar** *house (usually detached) on an estate*; **se le cae la ~ encima** [se deprime] it's the end of the world for him; **echar** *o* **tirar la ~ por la ventana** to spare no expense; **empezar la ~ por el tejado** to put the cart before the horse; **ser de andar por ~** [sencillo] to be simple *o* basic; **en ~ del herrero cuchillo de palo** *proverb* the shoemaker's wife is always worst shod **-2.** [hogar] home; **en ~** at home; **ir a ~** to go home; **pásate por mi ~** come round to my place; **jugar en ~/fuera de ~** to play at home/away **-3.** [familia] family **-4.** [linaje] house **-5.** [empresa] company; **vino de la ~** house wine; **~ de empeño** *o* **préstamo** pawnshop; **~ de citas** brothel; **~ discográfica** record company **-6.** [organismo]: **~ Consistorial** town hall; **~ de huéspedes** guesthouse; **~ de juego** gambling house; **~ de putas** brothel; **~ de socorro** first-aid post.

CASA ROSADA

Casa Rosada (the 'Pink House') in Buenos Aires, is the name of the Argentine Presidential Palace and the seat of the government.

casaca *f* frock coat.

casación *f* annulment.

casadero, ra *adj* marriageable.

casado, da ◇ *adj*: **~ (con)** married (to). ◇ *m,f* married man (*f* married woman); **los recién ~s** the newly-weds.

casamentero, ra ◇ *adj* matchmaking. ◇ *m,f* matchmaker.

casamiento *m* wedding, marriage.

casanova *m* Casanova.

casar ◇ *vt* **-1.** [en matrimonio] to marry **-2.** [unir] to fit together. ◇ *vi* to match.
◆ **casarse** *vpr*: **~se (con)** to get married (to); **~se por la iglesia/lo civil** to have a church/civil wedding; **no ~se con nadie** *fig* to be totally impartial.

cascabel *m* (small) bell; **poner el ~ al gato** *fig* to dare to go ahead.

cascada *f* [de agua] waterfall; **en ~** one after another.

cascado, da *adj* **-1.** *fam* [estropeado] bust;

[persona, ropa] worn-out **-2.** [ronco] rasping.

cascanueces *m inv* nutcracker.

cascar [10] ◇ *vt* **-1.** [romper] to crack **-2.** *fam* [dañar] to damage, to harm; **~la** *fig* to kick the bucket **-3.** *fam* [la voz] to make hoarse **-4.** *fam* [pegar] to thump. ◇ *vi fam* [hablar] to witter on.

◆ **cascarse** *vpr* [romperse] to crack; **cascársela** *vulg* to jerk off.

cáscara *f* **-1.** [de almendra, huevo etc] shell **-2.** [de limón, naranja] skin, peel **-3.** [de plátano] skin.

cascarilla *f* husk.

cascarón *m* eggshell; **salir del ~** *fig* to leave the nest.

cascarrabias *m y f inv* grouch, misery guts *(sg)*.

casco *m* **-1.** [para la cabeza] helmet; [de motorista] crash helmet **-2.** [de barco] hull **-3.** [de ciudad]: **~ antiguo** old (part of) town; **~ urbano** city centre **-4.** [de caballo] hoof **-5.** [envase] empty bottle **-6.** [pedazo - de objeto] fragment, piece; [- de cebolla] segment.

◆ **cascos** *mpl fam* [cabeza] nut *(sg)*; **calentarse** *o* **romperse los ~s** to rack one's brains; **ser alegre** *o* **ligero de ~s** to be scatterbrained; [auriculares] headphones.

cascote *m* piece of rubble.

caserío *m* **-1.** [pueblecito] hamlet **-2.** [casa de campo] country house.

casero, ra ◇ *adj* **-1.** [de casa - comida] home-made; [- trabajos] domestic; [- reunión, velada] at home; [de la familia] family *(antes de sust)* **-2.** [hogareño] home-loving. ◇ *m,f* **-1.** [propietario] landlord (*f* landlady) **-2.** [encargado] house agent.

caserón *m* large, rambling house.

caseta *f* **-1.** [casa pequeña] hut **-2.** [en la playa] bathing hut **-3.** [de feria] stall, booth **-4.** [para perro] kennel **-5.** *Méx*: **~ de cobro** tollbooth; **~ telefónica** phone box, phone booth *US*.

casete, cassette [ka'sete] ◇ *f* [cinta] cassette. ◇ *m* [aparato] cassette recorder.

casi *adv* almost; **~ me muero** I almost *o* nearly died; **~ no dormí** I hardly slept at all; **~, ~** almost, just about; **~ nunca** hardly ever; **~ nada** hardly anything.

casilla *f* **-1.** [taquilla] box office **-2.** [de caja, armario] compartment; [para cartas] pigeonhole; **~ de correos** *Andes & RP* PO Box **-3.** [en un impreso] box **-4.** [de ajedrez etc] square **-5.** *loc*: **sacar a alguien de sus ~s** to drive sb mad; **salir** *o* **salirse de sus ~s** to fly off the handle.

casillero *m* **-1.** [mueble] set of pigeonholes **-2.** [casilla] pigeonhole.

casino *m* **-1.** [para jugar] casino **-2.** [asociación] (social) club.

casis [ka'sis] *m inv* **-1.** [arbusto] blackcurrant bush **-2.** [fruto] blackcurrant **-3.** [licor] cassis.

caso *m* **-1.** [gen, DER & GRAM] case; **el ~ es que** the fact is (that); **en el mejor/peor de los ~s** at best/worst; **en todo ~** in any case; **~ de conciencia** matter of conscience; **~ de fuerza mayor** force *(U)* of circumstance; **~ clínico** clinical case **-2.** [ocasión] occasion; **en ~ de** in the event of; **en ~ de que** if; **(en) ~ de que venga** should she come; **en cualquier** *o* **todo ~** in any event *o* case **-3.** *loc*: **hacer ~ a** to pay attention to; **hacer ~ omiso de** to ignore; **ir al ~** to get to the point; **no hacer** *o* **venir al ~** to be irrelevant; **ser un ~** *fam* to be a case, to be a right one; **ser un ~ perdido** to be a lost cause; **tú ni ~** take no notice.

caspa *f* dandruff.

Caspio *m*: **el (mar) ~** the Caspian Sea.

cáspita *interj*: **¡~!** *desus* [sorpresa] my word!; [enfado] dash it!

casque *etc v* ▷ **cascar**.

casquete *m* [gorro] skullcap.

◆ **casquete esférico** *m* segment of a sphere.

◆ **casquete polar** *m* polar cap.

casquillo *m* [de munición] case; **~ de bala** bullet shell.

casquivano, na *adj fam* harebrained.

cassette = **casete**.

casta *f* **-1.** [linaje] stock, lineage **-2.** [especie, calidad] breed **-3.** [en la India] caste.

castaña *f* ▷ **castaño**.

castañazo *m fam* bash.

castañetear ◇ *vt* [dedos] to snap. ◇ *vi* [dientes] to chatter.

castañeteo *m* **-1.** [de castañuelas] clacking **-2.** [de dientes] chattering **-3.** [de dedos] snapping.

castaño, ña *adj* [color] chestnut.

◆ **castaño** *m* **-1.** [color] chestnut; **pasar de ~ oscuro** *fig* to be beyond a joke **-2.** [árbol] chestnut (tree); **~ de Indias** horsechestnut (tree) **-3.** [madera] chestnut.

◆ **castaña** *f* **-1.** [fruto] chestnut; **sacarle a alguien las castañas del fuego** *fam* to get sb out of trouble **-2.** *fam* [golpe] thump **-3.** *fam* [borrachera]: **agarrarse una castaña** to get legless.

castañuela *f* castanet; **estar como unas ~s** to be very happy.

castellanizar [13] *vt* to hispanicize.
castellano, na *adj & m,f* Castilian.
◆ **castellano** *m* [lengua] (Castilian) Spanish.
castellano-leonés, esa *adj & m,f* Castilian-Leonese.
casticismo *m* purism.
castidad *f* chastity.
castigador, ra *fam* ◇ *adj* seductive. ◇ *m,f* ladykiller (*f* man-eater).
castigar [16] *vt* **-1.** [imponer castigo] to punish **-2.** *DEP* to penalize **-3.** [maltratar] to damage **-4.** *fig* [enamorar] to seduce.
castigo *m* **-1.** [sanción] punishment; ~ **ejemplar** exemplary punishment **-2.** [sufrimiento] suffering *(U)*; [daño] damage *(U)* **-3.** *DEP* penalty.
castillo *m* **-1.** [edificio] castle; **~s en el aire** *o* **de naipes** *fig* castles in the air; ~ **de naipes** house of cards **-2.** *NÁUT*: ~ **de popa** quarterdeck; ~ **de proa** forecastle.
castizo, za *adj* pure; [autor] purist.
casto, ta *adj* chaste.
castor *m* beaver.
castración *f* castration.
castrar *vt* **-1.** [animal, persona] to castrate; [gato] to doctor **-2.** *fig* [debilitar] to sap, to impair.
castrense *adj* military.
castrista *adj & m,f* Castroist.
casual *adj* chance, accidental.
casualidad *f* coincidence; **fue pura** ~ it was sheer coincidence; **dio la ~ de que ...** it so happened that ...; **por** ~ by chance; **¡qué ~!** what a coincidence!
casualmente *adv* by chance.
casuístico, ca *adj* casuistic.
◆ **casuística** *f* casuistry.
casulla *f* chasuble.
cata *f* tasting; ~ **de vino** wine tasting.
catabolismo *m* catabolism.
cataclismo *m* cataclysm.
catacumbas *fpl* catacombs.
catador, ra *m,f* taster.
catadura *f fig* look, appearance.
catafalco *m* catafalque.
catalán, ana *adj & m,f* Catalan, Catalonian.
◆ **catalán** *m* [lengua] Catalan.
catalanismo *m* **-1.** [palabra] Catalanism **-2.** *POLÍT* Catalan nationalism.
catalejo *m* telescope.
catalepsia *f* catalepsy.
catalítico, ca *adj QUÍM* catalytic.
catalizador, ra *adj* **-1.** *QUÍM* catalytic **-2.** *fig* [impulsor] catalysing *(antes de sust)*.
◆ **catalizador** *m* **-1.** *QUÍM & fig* catalyst **-2.** *AUTOM* catalytic converter.
catalizar [13] *vt* **-1.** *QUÍM* to catalyse **-2.** *fig* [impulsar] to provoke.
catalogación *f* cataloguing.
catalogar [16] *vt* **-1.** [en catálogo] to catalogue **-2.** [clasificar]: ~ **a alguien (de)** to class sb (as).
catálogo *m* catalogue.
Cataluña Catalonia.
catamarán *m* catamaran.
cataplasma *f* **-1.** *MED* poultice **-2.** *fam fig* [pesado] bore.
catapulta *f* catapult.
catapultar *vt* to catapult.
catar *vt* to taste.
catarata *f* **-1.** [de agua] waterfall; **(~s del) Iguazú** the Iguaçu Falls; **(~s del) Niágara** the Niagara Falls **-2.** *(gen pl) MED* cataract.
catarro *m* cold.
catarsis *f inv* catharsis.
catártico, ca *adj* cathartic.
catastro *m* land registry.
catástrofe *f* catastrophe; [accidente] disaster; ~ **aérea** air disaster; ~ **natural** natural disaster.
catastrófico, ca *adj* catastrophic.
catastrofismo *m* [pesimismo] scaremongering, alarmism.
catastrofista *adj & m,f* alarmist.
catavinos *mf inv* wine taster.
catch [katʃ] *m DEP* all-in wrestling.
cátcher ['katʃer] (*pl* **catchers**) *m DEP* catcher.
catchup ['ketʃup], **ketchup** *m inv* ketchup.
cate *m fam* fail.
catear *vt fam* **-1.** *Esp* : **he cateado las matemáticas** I failed *o* flunked *US* maths **-2.** *Amér* [registrar] to search.
catecismo *m* catechism.
cátedra *f* **-1.** [cargo - en universidad] chair; [- en instituto] post of head of department **-2.** [departamento] department **-3.** *loc*: **poner** *o* **sentar** ~ to lay down the law.
catedral *f* cathedral.
catedralicio, cia *adj* cathedral *(antes de sust)*.
catedrático, ca *m,f* [de universidad] professor; [de instituto] head of department.
categoría *f* **-1.** [gen] category; ~ **gramatical** part of speech **-2.** [posición social] standing; **de** ~ important **-3.** [calidad] quality; **de (primera)** ~ first-class.
categórico, ca *adj* categorical.

catequesis *f inv* catechesis.
catequizar [13] *vt* **-1.** [enseñar religión] to instruct in the Christian doctrine **-2.** *fig* [adoctrinar] to convert.
caterva *f* host, multitude.
cateto, ta *despec* <> *adj* uncultured, uncouth. <> *m,f* country bumpkin.
◆ **cateto** *m* GEOM cathetus.
catire, ra *adj Carib* blond (*f* blonde).
cátodo *m* cathode.
catolicismo *m* Catholicism.
católico, ca <> *adj* Catholic; **no estar muy ~** *fam fig* to be under the weather. <> *m,f* Catholic.
catón *m* **-1.** [libro] primer **-2.** *fig* [persona severa] severe person.
catorce *núm* fourteen; *ver también* **seis.**
catorceavo, va *núm* fourteenth; **una catorceava parte** a fourteenth.
catre *m* [cama] camp bed; **irse al ~** *fam* to hit the sack.
catrín, trina *m,f Cam & Méx fam* toff.
caucásico, ca *adj & m,f* Caucasian.
Caucaso *m*: **el ~** the Caucasus.
cauce *m* **-1.** AGR & *fig* channel **-2.** [de río] riverbed; **volver a su ~** to return to normal.
caucho *m* **-1.** [sustancia] rubber; **~ sintético** synthetic rubber; **~ vulcanizado** vulcanized rubber **-2.** [planta] rubber tree.
caudal *m* **-1.** [cantidad de agua] flow, volume **-2.** [capital, abundancia] wealth.
caudaloso, sa *adj* **-1.** [río] with a large flow **-2.** [persona] wealthy, rich.
caudillaje *m* leadership.
caudillo *m* [en la guerra] leader, head.
◆ **Caudillo** *m*: **el Caudillo** HIST *title used to refer to Franco.*
causa *f* **-1.** [origen, ideal] cause; **por una buena ~** for a good cause **-2.** [razón] reason; **a ~ de** because of **-3.** DER case.
causal *adj* causal.
causalidad *f* causality.
causante <> *adj*: **la razón ~** the cause. <> *mf* cause.
causar *vt* [gen] to cause; [impresión] to make; [placer] to give; **~ asombro a alguien** to amaze sb.
causticidad *f lit & fig* causticity.
cáustico, ca *adj lit & fig* caustic.
cautela *f* caution, cautiousness; **con ~** cautiously.
cauteloso, sa <> *adj* cautious, careful. <> *m,f* cautious person.
cauterizar [13] *vt* to cauterize.
cautivador, ra <> *adj* captivating, enchanting. <> *m,f* charmer.
cautivar *vt* **-1.** [apresar] to capture **-2.** [seducir] to captivate, to enchant.
cautiverio *m*, **cautividad** *f* captivity; **vivir en ~** to live in captivity.
cautivo, va *adj & m,f* captive.
cauto, ta *adj* cautious, careful.
cava <> *m* [bebida] cava, *Spanish champagne-type wine.* <> *f* **-1.** [bodega] wine cellar **-2.** [excavación] digging.
cavar *vt & vi* [gen] to dig; [con azada] to hoe.
caverna *f* cave; [más grande] cavern.
cavernícola *mf* caveman (*f* cavewoman).
cavernoso, sa *adj* cavernous; [voz, tos] hollow.
caviar (*pl* **caviares**) *m* caviar.
cavidad *f* cavity; [formada con las manos] cup.
cavilación *f* deep thought, pondering.
cavilar *vi* to think deeply, to ponder.
caviloso, sa *adj* thoughtful, pensive.
cayado *m* **-1.** [de pastor] crook **-2.** [de obispo] crozier.
cayera *etc* ▷ **caer.**
caza <> *f* **-1.** [acción de cazar] hunting; **dar ~ a** to hunt down; **salir** *o* **ir de ~** to go hunting; **~ de brujas** *fig* witch-hunt; **~ furtiva** poaching **-2.** [animales, carne] game; **~ mayor/menor** big/small game. <> *m* fighter (plane).
cazabe *m Amér* cassava bread.
cazabombardero *m* fighter-bomber.
cazador, ra <> *adj* hunting. <> *m,f* [persona] hunter; **~ furtivo** poacher.
◆ **cazadora** *f* [prenda] bomber jacket.
cazadotes *m inv* fortune hunter.
cazalla *f* [bebida] aniseed-flavoured spirit.
cazar [13] *vt* **-1.** [animales etc] to hunt **-2.** *fig* [pillar, atrapar] to catch; [en matrimonio] to trap.
cazo *m* saucepan.
cazoleta *f* **-1.** [recipiente] pot **-2.** [de pipa] bowl.
cazuela *f* **-1.** [recipiente] pot; [de barro] earthenware pot; [para el horno] casserole (dish) **-2.** [guiso] casserole, stew; **a la ~** casseroled.
cazurro, rra <> *adj* [bruto] stupid. <> *m,f* [bruto] idiot, fool.
c/c (*abrev de* **cuenta corriente**) a/c.
CC OO (*abrev de* **Comisiones Obreras**) *fpl Spanish communist-inspired trade union.*
CD *m* **-1.** (*abrev de* **club deportivo**) sports club; [en fútbol] FC **-2.** (*abrev de* **cuerpo diplomático**) CD **-3.** (*abrev de* **compact disc**) CD.
CD-R (*abrev de* **compact disc recordable**) *m* CD-R.

CD-RW (*abrev de* **compact disc rewritable**) *m* CD-RW.
ce *f*: ~ **por be** *fig* in great detail.
CE ◇ *m* (*abrev de* **Consejo de Europa**) CE. ◇ *f* **-1.** (*abrev de* **Comunidad Europea**) EC **-2.** (*abrev de* **constitución española**) *Spanish Constitution.*
cebada *f* barley.
cebador *m* **-1.** [de fluorescente] ballast **-2.** [de pólvora] primer.
cebar *vt* **-1.** [sobrealimentar] to fatten (up) **-2.** [máquina, arma] to prime **-3.** [anzuelo] to bait **-4.** *RP* [mate] to prepare, to brew.
◆ **cebarse en** *vpr* to take it out on.
cebo *m* **-1.** [para cazar] bait **-2.** [para alimentar] feed, food **-3.** *fig* [para atraer] incentive.
cebolla *f* onion.
cebolleta *f* **-1.** BOT spring onion **-2.** [en vinagre] pickled onion; [muy pequeña] silverskin onion.
cebollino *m* **-1.** BOT chive; [cebolleta] spring onion **-2.** *fam* [necio] idiot.
cebón, ona ◇ *adj* fattened. ◇ *m* pig.
cebra *f* zebra.
cebú (*pl* **cebúes**) *m* zebu.
ceca *f* mint.
◆ **Ceca** *f*: **ir de la Ceca a la Meca** *fig* to go here, there and everywhere.
cecear *vi* to lisp.
ceceo *m* lisp.
cecina *f* dried, salted meat.
cedazo *m* sieve.
ceder ◇ *vt* **-1.** [traspasar, transferir] to hand over **-2.** [conceder] to give up; **'ceda el paso'** 'give way'; ~ **la palabra a alguien** to give the floor to sb. ◇ *vi* **-1.** [venirse abajo] to give way **-2.** [destensarse] to give, to become loose **-3.** [disminuir] to abate **-4.** [rendirse] to give up; ~ **a** to give in to; ~ **en** to give up on **-5.** [ensancharse] to stretch.
cedilla *f* cedilla.
cedro *m* cedar.
cédula *f* document; ~ **de citación** summons (*sg*); ~ **de habitabilidad** *certificate stating that a place is habitable*; ~ **hipotecaria** mortgage bond; ~ **(de identidad)** *Amér* identity card; ~ **de vecindad** identity card.
CEE (*abrev de* **Comunidad Económica Europea**) *f* EEC.
cefalea *f* headache, cephalalgia MED.
cefalópodo *m* cephalopod.
cegador, ra *adj* blinding.
cegar [35] ◇ *vt* **-1.** [gen] to blind **-2.** [tapar - ventana] to block off; [- tubo] to block up. ◇ *vi* to be blinding.
◆ **cegarse** *vpr lit & fig* to be blinded.
cegato, ta *fam* ◇ *adj* short-sighted. ◇ *m,f* short-sighted person.
cegué *etc v* ▷ **cegar**.
ceguera *m lit & fig* blindness.
Ceilán Ceylon.
ceja *f* **-1.** ANAT eyebrow; **quemarse las ~s** *fam* to burn the midnight oil; **se le metió entre ~ y ~** *fam* he got it into his head; **tener a alguien entre ~ y ~** *fam* not to be able to stand the sight of sb **-2.** [borde] border, edging **-3.** [MÚS - puente] bridge; [- cejilla] capo.
cejar *vi*: ~ **en** to give up on.
cejijunto, ta *adj* **-1.** [persona] bushy-eyebrowed **-2.** [gesto] frowning.
cejilla *f* MÚS capo.
celada *f* [trampa] trick, trap.
celador, ra *m,f* [de colegio, hospital] porter; [de prisión] warder; [de museo] attendant.
celda *f* cell; ~ **de castigo** solitary confinement cell.
celdilla *f* cell.
celebérrimo, ma *adj* extremely famous.
celebración *f* **-1.** [festejo] celebration **-2.** [realización] holding.
celebrar *vt* **-1.** [festejar] to celebrate **-2.** [llevar a cabo] to hold; [oficio religioso] to celebrate **-3.** [alegrarse de] to be delighted with **-4.** [alabar] to praise, to applaud.
◆ **celebrarse** *vpr* **-1.** [festejarse] to be celebrated; **esa fiesta se celebra el 24 de Julio** that festivity falls on 24th July **-2.** [llevarse a cabo] to take place, to be held.
célebre *adj* famous, celebrated.
celebridad *f* **-1.** [fama] fame **-2.** [persona famosa] celebrity.
celeridad *f* speed.
celeste *adj* **-1.** [del cielo] celestial, heavenly **-2.** ▷ **azul**.
celestial *adj* celestial, heavenly.
celestina *f* lovers' go-between.
celibato *m* celibacy.
célibe *adj & m,f* celibate.
celo *m* **-1.** [esmero] zeal, keenness **-2.** [devoción] devotion **-3.** [de animal] heat; **en** ~ on heat, in season **-4.** [cinta adhesiva] Sellotape® *UK*, Scotch tape® *US*.
◆ **celos** *mpl* jealousy (*U*); **dar ~s a alguien** to make sb jealous; **tener ~s de alguien** to be jealous of sb.
celofán *m* cellophane.
celosía *f* lattice window, jalousie.
celoso, sa ◇ *adj* **-1.** [con celos] jealous **-2.** [cumplidor] keen, eager. ◇ *m,f*

[con celos] jealous person.

celta ◇ *adj* Celtic. ◇ *mf* [persona] Celt. ◇ *m* [lengua] Celtic.

celtíbero, ra, celtibero, ra *adj & m,f* Celtiberian.

céltico, ca *adj* Celtic.

célula *f* cell.

◆ **célula fotoeléctrica** *f* photoelectric cell, electric eye.

◆ **célula fotovoltaica** *f* photovoltaic cell.

◆ **célula madre** *f* stem cell.

celular *adj* cellular, cell *(antes de sust)*.

celulitis *f inv* cellulitis.

celuloide *m* **-1.** *QUÍM* celluloid **-2.** [película] movie, film *UK*.

celulosa *f* cellulose.

cementerio *m* **-1.** [para personas] cemetery, graveyard **-2.** [de cosas inutilizables] dump; ~ **de automóviles** *o* **coches** scrapyard; ~ **nuclear** *o* **radioactivo** nuclear dumping ground.

cemento *m* [gen] cement; [hormigón] concrete; ~ **armado** reinforced concrete.

cena *f* dinner, evening meal; **dar una** ~ to give a dinner party; ~ **de despedida** farewell dinner; ~ **de negocios** business dinner.

◆ **Última Cena** *f*: **la Última Cena** the Last Supper.

cenáculo *m culto & fig* [círculo] circle.

cenador *m* arbour, bower.

cenagal *m* bog, marsh.

cenagoso, sa *adj* muddy, boggy.

cenar ◇ *vt* to have for dinner. ◇ *vi* to have dinner.

cencerro *m* cowbell; **estar como un** ~ *fam fig* to be as mad as a hatter.

cenefa *f* border.

cenicero *m* ashtray.

ceniciento, ta *adj* ashen, ash-grey.

◆ **cenicienta** *f fig* Cinderella.

cenit = **zenit**.

cenital *adj* midday *(antes de sust)*.

cenizo, za *adj* ashen, ash-grey.

◆ **cenizo** *m* **-1.** [mala suerte] bad luck **-2.** [gafe] jinx.

◆ **ceniza** *f* ash.

◆ **cenizas** *fpl* [de cadáver] ashes.

censar *vt* to take a census of.

censo *m* **-1.** [padrón] census; ~ **de población** population census; ~ **electoral** electoral roll **-2.** [tributo] tax **-3.** *DER* lease.

censor, ra *m,f* **-1.** [funcionario] censor **-2.** [crítico] critic.

◆ **censor de cuentas** *m ECON* auditor.

censura *f* **-1.** [prohibición] censorship **-2.** [organismo] censors *(pl)* **-3.** [reprobación] censure, severe criticism.

censurable *adj* censurable.

censurar *vt* **-1.** [prohibir] to censor **-2.** [reprobar] to criticize severely, to censure.

centauro *m* centaur.

centavo, va *núm* hundredth.

◆ **centavo** *m* [moneda - en países anglosajones] cent; [- en países latinoamericanos] centavo; **sin un** ~ penniless.

centella *f* **-1.** [rayo] flash **-2.** [chispa] spark **-3.** *fig* [cosa, persona]: **es una** ~ he's like lightning; **rápido como una** ~ quick as a flash.

centellear *vi* [luz] to sparkle; [estrella] to twinkle.

centelleo *m* [de luz] sparkle, sparkling *(U)*; [de estrella] twinkle, twinkling *(U)*.

centena *f* hundred; **una** ~ **de** a hundred.

centenar *m* hundred; **un** ~ **de** a hundred; **a** ~**es** by the hundred.

centenario, ria *adj* [persona] in one's hundreds; [cifra] three-figure *(antes de sust)*.

◆ **centenario** *m* centenary; **quinto** ~ five hundredth anniversary.

centeno *m* rye.

centésimo, ma *núm* hundredth.

centígrado, da *adj* centigrade.

◆ **centígrado** *m* centigrade.

centigramo *m* centigram.

centilitro *m* centilitre.

centímetro *m* centimetre.

céntimo *m* [moneda] cent; **estar sin un** ~ *fig* to be flat broke.

centinela *m* sentry.

centollo *m* spider crab.

centrado, da *adj* **-1.** [basado]: ~ **en** based on **-2.** [equilibrado] stable, steady **-3.** [rueda, cuadro etc] centred.

central ◇ *adj* central. ◇ *m DEP* central defender. ◇ *f* **-1.** [oficina] headquarters, head office; [de correos, comunicaciones] main office; ~ **telefónica** telephone exchange **-2.** [de energía] power station; ~ **eólica** wind farm; ~ **hidroeléctrica** *o* **hidráulica** hydroelectric power station; ~ **nuclear** nuclear power station; ~ **térmica** thermal power station.

centralismo *m* centralism.

centralista *adj & m,f* centralist.

centralita *f* switchboard.

centralización *f* centralization.

centralizar [13] *vt* to centralize.

centrar *vt* **-1.** [gen & *DEP*] to centre **-2.** [arma]

to aim **-3.** [persona] to steady, to make stable **-4.** [atención, interés] to be the centre of.

◆ **centrarse** *vpr* **-1.** [concentrarse]: **~se en** to concentrate *o* focus on **-2.** [equilibrarse] to find one's feet.

céntrico, ca *adj* central.

centrifugadora *f* **-1.** [máquina centrífuga] centrifuge **-2.** [para secar ropa] spin-dryer.

centrifugar [16] *vt* **-1.** *TECN* to centrifuge **-2.** [ropa] to spin-dry.

centrífugo, ga *adj* centrifugal.

centrípeto, ta *adj* centripetal.

centrista ◇ *adj* centre *(antes de sust).* ◇ *mf* centrist.

centro *m* **-1.** [gen] centre; **ser de ~** *POLÍT* to be at the centre of the political spectrum; **~ docente** *o* **de enseñanza** educational institution; **~ nervioso/óptico** nerve/optic centre; **~ de cálculo** computer centre; **~ de desintoxicación** detoxification centre; **~ de planificación familiar** family planning clinic; **~ social** community centre **-2.** [de ciudad] town centre; **me voy al ~** I'm going to town; **~ urbano** town centre.

◆ **centro comercial** *m* shopping centre.

◆ **centro de atracción** *m* centre of attraction.

◆ **centro de gravedad** *m* centre of gravity.

◆ **centro de mesa** *m* centrepiece.

◆ **centro de salud** *m* health centre.

Centroamérica *f* Central America.

centroamericano, na *adj* Central American.

centrocampista *mf DEP* midfielder.

centuplicar [10] *vt* to increase a hundredfold.

centuria *f* century.

ceñido, da *adj* tight.

ceñidor *m* belt.

ceñir [26] *vt* **-1.** [apretar] to be tight on **-2.** [abrazar] to embrace **-3.** *fig* [amoldar]: **~ a** to keep *o* restrict to.

◆ **ceñirse** *vpr* **-1.** [apretarse] to tighten **-2.** [limitarse]: **~se a** to keep *o* stick to.

ceño *m* frown, scowl; **fruncir el ~** to frown, to knit one's brow.

cepa *f lit & fig* stock; **de pura ~** [auténtico] real, genuine; [pura sangre] thoroughbred.

CEPAL (*abrev de* **Comisión Económica para América Latina**) *f* ECLAC.

cepillado *m* **-1.** [de ropa, pelo, dientes] brush, brushing *(U)* **-2.** [de madera] planing.

cepillar *vt* **-1.** [ropa, pelo, dientes] to brush **-2.** [madera] to plane **-3.** *fam* [birlar] to pinch **-4.** *fam* [adular] to butter up, to flatter.

◆ **cepillarse** *vpr* **-1.** [pelo, dientes] to brush **-2.** *fam* [comida, trabajo etc] to polish off **-3.** *fam* [suspender] to fail **-4.** *mfam* [matar] to bump off **-5.** *vulg* [fornicar] to screw.

cepillo *m* **-1.** [para limpiar] brush; [para pelo] hairbrush; **~ de dientes** toothbrush **-2.** [de carpintero] plane **-3.** [de donativos] collection box, poor box.

cepo *m* **-1.** [para cazar] trap **-2.** [para vehículos] wheel clamp **-3.** [para sujetar] clamp **-4.** [para presos] stocks *(pl).*

ceporro *m fam* idiot, blockhead.

CEPSA (*abrev de* **Compañía Española de Petróleos, SA**) *f Spanish petroleum company.*

CEPYME (*abrev de* **Confederación Española de la Pequeña y Mediana Empresa**) *f Spanish confederation of SME's.*

cera *f* [gen] wax; [de abeja] beeswax; **hacerse la ~ en las piernas** to wax one's legs; **~ depilatoria** hair-removing wax.

cerámica *f* **-1.** [arte] ceramics *(U),* pottery **-2.** [objeto] piece of pottery.

ceramista *mf* potter.

cerbatana *f* blowpipe.

cerca ◇ *f* **-1.** [valla] fence **-2.** [muro] wall. ◇ *adv* near, close; **por aquí ~** nearby; **de ~** [examinar, ver] closely; [afectar, vivir] deeply.

◆ **cerca de** *loc prep* **-1.** [en el espacio] near, close to **-2.** [aproximadamente] nearly, about.

cercado *m* **-1.** [valla] fence **-2.** [lugar] enclosure.

cercanía *f* [proximidad] nearness, closeness.

◆ **cercanías** *fpl* [de ciudad] outskirts, suburbs.

cercano, na *adj* **-1.** [pueblo, lugar] nearby **-2.** [tiempo] near **-3.** [pariente, fuente de información]: **~ (a)** close (to).

cercar [10] *vt* **-1.** [vallar] to fence (off) **-2.** [rodear, acorralar] to surround.

cercenar *vt culto* **-1.** [extremidad] to amputate **-2.** [restringir] to cut back, to curtail.

cerciorar *vt* to assure; **~se (de)** to make sure (of).

cerco *m* **-1.** [gen] circle, ring **-2.** [de puerta, ventana] frame **-3.** [de astro] halo **-4.** [asedio] siege; **poner ~ a** to lay siege to.

cerda *f* ▷ **cerdo.**

cerdada *f fam* dirty trick.

Cerdeña Sardinia.

cerdo, da *m,f* **-1.** [animal] pig (*f* sow) **-2.** *fam fig* [persona] pig, swine.

◆ **cerdo** *m* [carne] pork.

◆ **cerda** *f* [pelo - de cerdo, jabalí] bristle;

[- de caballo] horsehair.
cereal *m* cereal; ~**es** (breakfast) cereal *(U)*.
cerebral *adj* **-1.** [del cerebro] brain *(antes de sust)*, cerebral **-2.** [racional] cerebral.
cerebro *m* **-1.** [gen] brain **-2.** *fig* [cabecilla] brains *(sg)* **-3.** *fig* [inteligencia] brains *(pl)*.
◆ **cerebro electrónico** *m* electronic brain.
ceremonia *f* ceremony.
ceremonial *adj & m* ceremonial.
ceremonioso, sa *adj* ceremonious.
céreo, a *adj* wax *(antes de sust)*.
cereza *f* cherry.
cerezo *m* **-1.** [árbol] cherry tree **-2.** [madera] cherry (wood).
cerilla *f* match.
cerillo *m CAm, Ecuad, Méx* match.
cerner [20], **cernir** *vt* [cribar] to sieve, to sift.
◆ **cernerse** *vpr* **-1.** [ave, avión] to hover **-2.** *fig* [amenaza, peligro] to loom.
cernícalo *m* **-1.** [ave] kestrel **-2.** *fam* [bruto] brute.
cernir = **cerner**.
cero ◇ *adj inv* zero. ◇ *m* **-1.** [signo] nought, zero; [en fútbol] nil; [en tenis] love; **dos goles a** ~ two goals to nil, two nil **-2.** [cantidad] nothing **-3.** *FÍS & METEOR* zero; **sobre/bajo** ~ above/below zero; ~ **absoluto** absolute zero **-4.** *loc*: **ser un** ~ **a la izquierda** *fam* [un inútil] to be useless; [un don nadie] to be a nobody; **partir de** ~ to start from scratch; *ver también* **seis**.
cerque *etc v* ▷ **cercar**.
cerquillo *m Amér* fringe *UK*, bangs *US (pl)*.
cerrado, da *adj* **-1.** [al exterior] closed, shut; [con llave, pestillo etc] locked; ~ **a** closed to **-2.** [tiempo, cielo] overcast; **era noche cerrada** it was completely dark **-3.** [mentalidad, sociedad]: ~ **(a)** closed (to) **-4.** [rodeado] surrounded; [por montañas] walled in **-5.** [circuito] closed **-6.** [curva] sharp, tight **-7.** [vocal] close **-8.** [acento, deje] broad, thick.
cerradura *f* lock.
cerrajería *f* **-1.** [oficio] locksmithery **-2.** [local] locksmith's (shop).
cerrajero, ra *m,f* locksmith.
cerrar ◇ *vt* **-1.** [gen] to close; [puerta, cajón, boca] to shut, to close; [puños] to clench; [con llave, pestillo etc] to lock **-2.** [tienda, negocio - definitivamente] to close down **-3.** [apagar] to turn off **-4.** [bloquear - suj: accidente, inundación etc] to block; [- suj: policía etc] to close off **-5.** [tapar - agujero, hueco] to fill, to block (up); [- bote] to put the lid *o* top on **-6.** [cercar] to fence (off), to enclose **-7.** [cicatrizar] to heal, to close up **-8.** [ir último en] to bring up the rear of **-9.**: ~ **un trato** to seal a deal. ◇ *vi* to close, to shut; [con llave, pestillo etc] to lock up.
◆ **cerrarse** *vpr* **-1.** [al exterior] to close, to shut **-2.** [incomunicarse] to clam up; ~**se a** to close one's mind to; **cerrarse en banda** to close ranks **-3.** [herida] to heal, to close up **-4.** [acto, debate, discusión etc] to (come to a) close.
cerrazón *f fig* stubbornness, obstinacy.
cerril *adj* **-1.** [animal] wild **-2.** *fam fig* [obstinado] stubborn, obstinate; [tosco, grosero] ignorant, rude.
cerro *m* hill; **irse por los** ~**s de Úbeda** to stray from the point.
cerrojazo *m* **-1.** [cierre brusco] slamming **-2.** *fig* [interrupción] sudden interruption.
cerrojo *m* bolt; **echar el** ~ to bolt the door.
certamen *m* competition, contest.
certero, ra *adj* **-1.** [tiro] accurate **-2.** [opinión, respuesta etc] correct.
certeza *f* certainty; **tener la** ~ **de que** to be certain (that).
certidumbre *f* certainty.
certificación *f* **-1.** [hecho] certification **-2.** [documento] certificate.
certificado, da *adj* [gen] certified; [carta, paquete] registered.
◆ **certificado** *m* certificate; ~ **de calidad** quality guarantee; ~ **de depósito** *BANCA* certificate of deposit; ~ **de estudios** school-leaving certificate; ~ **médico** medical certificate; ~ **de origen** *COM* certificate of origin.
certificar [10] *vt* **-1.** [constatar] to certify **-2.** *fig* [sospechas, inocencia] to confirm **-3.** [en correos] to register.
cerumen *m* earwax.
cerval *adj*: **miedo** ~ terror.
cervantino, na *adj* Cervantine.
cervatillo *m* (small) fawn.
cervato *m* fawn.
cervecería *f* **-1.** [fábrica] brewery **-2.** [bar] bar.
cervecero, ra ◇ *adj* beer *(antes de sust)*. ◇ *m,f* [que hace cerveza] brewer.
cerveza *f* beer; ~ **de barril** draught beer; ~ **negra** stout; ~ **rubia** lager.
cervical ◇ *adj* cervical, neck *(antes de sust)*. ◇ *f (gen pl)* back of the neck.
cerviz *f ANAT* nape, back of the neck.
cesante ◇ *adj* **-1.** [destituido] sacked; [ministro] removed from office **-2.** *CSur, Méx* [en paro] unemployed. ◇ *mf* sacked person;

[ministro] person removed from office.
cesantear *vt Chile & RP* to make redundant.
cesantía *f* **-1.** [destitución] sacking; [de ministro] removal from office **-2.** *Chile & RP* [desempleo] unemployment.
cesar ◇ *vt* [destituir] to sack; [ministro] to remove from office. ◇ *vi* **-1.** [parar]: ~ **(de hacer algo)** to stop *o* cease (doing sthg); **no cesaba de llorar** he didn't stop crying; **no cesa de intentarlo** she keeps trying; **sin** ~ non-stop, incessantly **-2.** [dimitir]: ~ **(de** *o* **en)** to resign (from).
cesárea *f* caesarean (section).
cese *m* **-1.** [detención, paro] stopping, ceasing **-2.** [destitución] sacking; [de ministro] removal from office.
Cesid (*abrev de* **Centro Superior de Investigación de la Defensa**) *m Spanish military intelligence and espionage service.*
cesio *m* caesium.
cesión *f* cession, transfer; ~ **de bienes** surrender of property.
césped *m* **-1.** [hierba] lawn, grass *(U)* **-2.** *DEP* field, pitch.
◆ **césped artificial** *m* artificial turf.
cesta *f* basket.
◆ **cesta de la compra** *f* **-1.** *fig* cost of living **-2.** [para compras en Internet] shopping basket.
◆ **cesta de Navidad** *f* Christmas hamper.
cestería *f* **-1.** [oficio] basketmaking **-2.** [tienda] basket shop.
cesto *m* **-1.** [cesta] (large) basket **-2.** *DEP* basket.
cetáceos *mpl* cetaceans.
cetrería *f* falconry.
cetrino, na *adj culto* sallow.
cetro *m* **-1.** [vara] sceptre **-2.** *fig* [reinado] reign **-3.** *fig* [superioridad]: **ostentar el** ~ **de** to hold the crown of.
cf., cfr. (*abrev de* **confróntese**) cf.
cg (*abrev de* **centigramo**) cg.
CH (*abrev de* **Confederación Helvética**) *f* CH.
chabacanada *f* vulgar thing.
chabacanería *f* **-1.** [acción, comentario]: **lo que hizo/dijo fue una** ~ what he did/said was vulgar **-2.** [cualidad] vulgarity.
chabacano, na *adj* vulgar.
◆ **chabacano** *m Méx* [fruto] apricot.
chabola *f* shack; **barrios de** ~**s** shanty town *(sg).*
chabolismo *m* shanty towns *(pl).*
chabolista *mf* shanty town dweller.
chacal *m* jackal.
chacarero, ra *m,f Andes, RP* [agricultor] farmer.
chacha *f* maid.
chachachá *m* cha-cha.
cháchara *f fam* chatter, nattering; **estar de** ~ to have a natter.
chachi *adj inv fam* cool, neat *US.*
chacina *f* cured *o* prepared pork.
chacolí (*pl* **chacolís**) *m light wine from the Basque Country.*
chacota *f*: **tomar algo a** ~ to take sthg as a joke.
chacra *f Andes, RP* farm.
Chad *m*: **el** ~ Chad.
chafar *vt* **-1.** [aplastar] to flatten **-2.** [arrugar] to crease **-3.** *fig* [estropear] to spoil, to ruin **-4.** *fig* [abatir] to depress; **dejar a alguien chafado** to crush sb.
◆ **chafarse** *vpr* [estropearse] to be ruined.
chaflán *m* **-1.** [de edificio] corner **-2.** *GEOM* bevel.
chagra *Amér* ◇ *mf* peasant, person from the country. ◇ *f* farm.
chal *m* shawl.
chalado, da *fam* ◇ *adj* crazy, mad; **estar** ~ **por algo/alguien** *fig* to be crazy about sthg/sb. ◇ *m,f* nutter.
chaladura *f fam* **-1.** [locura] craziness, madness **-2.** [enamoramiento] crazy infatuation.
chalán, ana *m,f fig & despec* shark, wheeler-dealer.
chalana *f NÁUT* barge.
chalar *vt* to drive round the bend.
chalé (*pl* **chalés**), **chalet** (*pl* **chalets**) *m* [gen] detached house (with garden); ~ **adosado** luxury terraced house; ~ **pareado** semi-detached house; [en el campo] cottage; [de alta montaña] chalet.
chaleco *m* waistcoat, vest *US*; [de punto] tank-top; ~ **antibalas** bullet-proof vest; ~ **salvavidas** life jacket.
chalet = **chalé**.
chalupa *f* **-1.** *NÁUT* small boat **-2.** *Méx* [plato] *small tortilla with a raised rim to contain a filling.*
chamaco, ca *m,f Méx fam* kid.
chamán *m* shaman.
chamarileo *m* dealing in second-hand goods.
chamarra *f* sheepskin jacket.
chamba *f CAm, Méx, Perú, Ven fam* odd job.
chambelán *m* chamberlain.
chambergo *m wide-brimmed hat with a*

bell-shaped top.

chambón, bona *m,f Amér fam* sloppy *o* shoddy worker.

chamiza *f* **-1.** [hierba] thatch **-2.** [leña] brushwood.

chamizo *m* **-1.** [leña] half-burnt wood *(U)* **-2.** [casa] thatched hut **-3.** ***fam despec*** [lugar] hovel, dive.

champa *f Cam* **-1.** [tienda de campaña] tent **-2.** [cobertizo] shed.

champán, champaña *m* champagne.

champiñón *m* mushroom.

champú (*pl* **champús** *o* **champúes**) *m* shampoo.

chamuscar [10] *vt* to scorch; [cabello, barba, tela] to singe.

◆ **chamuscarse** *vpr* [cabello, barba, tela] to get singed.

chamusquina *f* scorch, scorching *(U)*; **me huele a ~** ***fam fig*** it smells a bit fishy to me.

chance ◇ *f Amér* opportunity, chance. ◇ *adv Méx* maybe.

chanchada *f Amér* [trastada] dirty trick.

chancho *m Amér* pig (*f* sow).

chanchullero, ra *fam* ◇ *adj* crooked, dodgy. ◇ *m,f* trickster, crook.

chanchullo *m fam* fiddle, racket.

chancla *f* **-1.** ***despec*** [calzado viejo] old shoe **-2.** [chancleta] low sandal; [para la playa] flip-flop.

chancleta *f* low sandal; [para la playa] flip-flop.

chanclo *m* **-1.** [de madera] clog **-2.** [de plástico] galosh.

chándal (*pl* **chandals**), **chandal** (*pl* **chandals**) *m* tracksuit.

changa *f Bol, RP* odd job.

changador, ra *m,f RP* porter.

changarro *m Méx* small store.

changurro *m typical Basque dish of dressed crab.*

chanquetes *mpl* whitebait *(pl)*.

chantaje *m* blackmail; **hacer ~ a** to blackmail; **~ emocional** emotional blackmail.

chantajear *vt* to blackmail.

chantajista *mf* blackmailer.

chantillí, chantilly *m* whipped cream.

chanza *f* joke; **estar de ~** to be joking.

chao *interj fam*: **¡chao!** bye!, see you!

chapa *f* **-1.** [lámina - de metal] sheet, plate; [- de madera] board; **de tres ~s** three-ply **-2.** [tapón] top, cap **-3.** [insignia] badge **-4.** [ficha de guardarropa] metal token *o* disc **-5.** *Col, Cuba, Méx* [cerradura] lock **-6.** *RP* [de matrícula] number plate *UK*, license plate *US*.

◆ **chapas** *fpl* [juego] *children's game played with bottle tops.*

chapado, da *adj* [con metal] plated; [con madera] veneered; **~ a la antigua** ***fig*** stuck in the past, old-fashioned.

◆ **chapado** *m* [metal] plate; [madera] veneer.

chapar *vt* [con metal] to plate; [con madera] to veneer.

chaparro, rra ◇ *adj* short and squat. ◇ *m,f* [persona] short, squat person.

◆ **chaparro** *m* BOT dwarf oak.

chaparrón *m* downpour; ***fam fig*** [gran cantidad] torrent.

chapear *vt* **-1.** [con metal] to plate; [con madera] to veneer **-2.** *Amér* [escardar] to clear with a machete.

chapela *f* beret.

chapista *mf* AUTOM panel beater.

chapopote *m Carib & Méx* bitumen, pitch.

chapotear *vi* to splash about.

chapucear *vt* to botch (up).

chapucería *f* botch (job).

chapucero, ra ◇ *adj* [trabajo] shoddy, sloppy; [persona] bungling. ◇ *m,f* bungler.

chapulín *m Cam & Méx* grasshopper.

chapurrear, chapurrar *vt* to speak badly.

chapurreo *m* jabbering.

chapuza *f* **-1.** [trabajo mal hecho] botch (job) **-2.** [trabajo ocasional] odd job.

chapuzón *m* dip; **darse un ~** to go for a dip.

chaqué (*pl* **chaqués**) *m* morning coat.

chaqueta *f* jacket; [de punto] cardigan; **cambiarse de ~** ***fig*** to change sides.

chaqueteo *m* changing sides.

chaquetero, ra *adj & m,f* turncoat.

chaquetilla *f* short jacket.

chaquetón *m* short coat.

charada *f newspaper puzzle in which a word must be guessed, with its meaning and certain syllables given as clues.*

charanga *f* **-1.** [banda] brass band **-2.** ***fam*** [fiesta] party.

charca *f* pool, pond.

charco *m* puddle; **cruzar el ~** ***fig*** to cross the pond *o* Atlantic.

charcutería *f* **-1.** [tienda] *shop selling cold cooked meats and cheeses,* ≃ delicatessen **-2.** [productos] cold cuts *(pl)* and cheese.

charcutero, ra *m,f owner of 'charcutería'.*

charla *f* **-1.** [conversación] chat **-2.** [conferencia] talk.
charlar *vi* to chat.
charlatán, ana ◇ *adj* talkative. ◇ *m,f* **-1.** [hablador] chatterbox **-2.** [mentiroso] trickster, charlatan **-3.** [vendedor] travelling salesman (*f* travelling saleswoman).
charlatanería *f* **-1.** [locuacidad] talkativeness **-2.** [palabrería] spiel.
charlestón *m* charleston.
charlotada *f* **-1.** [payasada] clowning around *(U)* **-2.** TAUROM slapstick bull-fight.
charlotear *vi* to chat.
charloteo *m* chat, chatting *(U)*.
charnego, ga *m,f pejorative term referring to immigrant to Catalonia from another part of Spain.*
charol *m* **-1.** [piel] patent leather **-2.** [barniz] shiny varnish **-3.** ***Andes*** [bandeja] tray.
charola *f* ***Bol, CAm, Méx*** tray.
charque, charqui *m* ***Andes, RP*** jerked *o* salted beef.
charretera *f* epaulette.
charro, rra ◇ *adj* **-1.** [salmantino] Salamancan **-2.** ***fig*** [recargado] gaudy, showy. ◇ *m,f* Salamancan.
charrúa *Amér adj inv & m y f inv* Uruguayan.
chárter ◇ *adj inv* charter *(antes de sust).* ◇ *m* charter plane.
chasca *f* ***Andes*** [greña] mop of hair.
chascar [10] ◇ *vt* **-1.** [lengua] to click **-2.** [dedos] to snap. ◇ *vi* **-1.** [madera] to crack **-2.** [lengua] to click.
chascarrillo *m* ***fam*** funny story.
chasco *m* **-1.** [decepción] disappointment; **llevarse un ~** to be disappointed **-2.** [burla] trick; **dar un ~ a alguien** to play a trick on sb.
chasis *m inv* **-1.** AUTOM chassis **-2.** FOT plateholder **-3.** ***fam*** [esqueleto] body.
chasque *etc v* ▷ **chascar.**
chasquear ◇ *vt* **-1.** [látigo] to crack **-2.** [la lengua] to click **-3.** ***fig*** [engañar] to play a trick on. ◇ *vi* [madera] to crack.
chasquido *m* [de látigo, madera, hueso] crack; [de lengua, arma] click; [de dedos] snap.
chasquillas *fpl* ***Chile*** fringe *(sg)* ***UK***, bangs ***US***.
chatarra *f* **-1.** [metal] scrap (metal) **-2.** [objetos, piezas] junk **-3.** ***fam despec*** [joyas] cheap and nasty jewellery; [condecoraciones] brass, medals *(pl)* **-4.** ***fam*** [monedas] small change.
chatarrería *f* scrapyard.
chatarrero, ra *m,f* scrap (metal) dealer.
chatear *vi* [en bar] to go out drinking; INFORM to chat.
chateo *m* [en bar] pub crawl, pub crawling *(U)*; **ir de ~** to go out drinking; INFORM chatting.
chato, ta ◇ *adj* **-1.** [nariz] snub; [persona] snub-nosed **-2.** [aplanado] flat **-3.** ***RP*** [mediocre] commonplace. ◇ *m,f* **-1.** [persona] snub-nosed person **-2.** ***fam*** [apelativo] love, dear.
◆ **chato** *m* [de vino] small glass of wine.
chau, chaucito *interj* ***Bol, CSur, Perú fam*** bye!, see you!
chaucha *f* **-1.** ***Andes & RP*** [moneda] coin of little value **-2.** ***Andes*** [patata] early potato **-3.** ***Bol, RP*** [judía verde] green bean.
chauvinismo *m* = **chovinismo.**
chauvinista = **chovinista.**
chaval, la *m,f* ***fam*** kid, lad (*f* lass).
chavalería *f* ***fam*** kids *(pl)*.
chavalo, la *m,f* ***Amér fam*** lad (*f* lass).
chaveta *f* **-1.** [clavija] cotter pin **-2.** ***fam*** [cabeza] nut, head; **perder la ~** to go off one's rocker **-3.** ***Andes*** [navaja] penknife.
chavo, va *fam* ◇ *m* [dinero]**: no tener un ~** to be penniless. ◇ *m,f* ***Méx*** [chico] guy; [chica] girl.
che *interj* ***RP fam*****: ¿como andés, ~?** hey, how's it going?; **¡~, vení para acá!** hey, over here, you!
checo, ca *adj & m,f* Czech.
◆ **checo** *m* [lengua] Czech.
che, ché *interj*: **¡che!** hey!
chef [ʃef] (*pl* **chefs**) *m* chef.
chele, la ***CAm*** ◇ *adj* [rubio] blond (*f* blonde); [de piel blanca] fair-skinned. ◇ *m,f* [rubio] blond(e); [de piel blanca] fair-skinned person.
cheli *m* ***fam*** *modern Spanish slang used by young people.*
chelín *m* shilling.
chelo, la ◇ *adj* ***Amér*** blond (*f* blonde). ◇ *m* MÚS [instrumento] cello. ◇ *mf* MÚS [instrumentista] cellist.
chepa *f* ***fam*** hump.
cheposo, sa ◇ *adj* hunchbacked. ◇ *m,f* hunchback.
cheque *m* cheque ***UK***, check ***US***; **extender un ~** to make out a cheque; **~ en blanco/sin fondos** blank/bad cheque; **~ cruzado** *o* **barrado** crossed cheque; **~ (de) gasolina** petrol voucher; **~ nominativo** cheque in favour of a specific person; **~ al portador** cheque payable to the bearer; **~ de viaje** *o* **de viajero** traveller's cheque; **~ regalo** gift voucher.
chequear *vt* **-1.** MED: **~ a alguien** to

examine sb, to give sb a checkup **-2.** [comprobar] to check.
chequeo *m* **-1.** MED checkup **-2.** [comprobación] check, checking *(U)*.
chequera *f* chequebook *UK*, checkbook *US*.
chévere *adj Andes, CAm, Carib, Méx fam* great, fantastic.
cheviot (*pl* **cheviots**) *m* cheviot.
chic *adj inv* chic.
chica *f* **-1.** [joven] girl **-2.** [tratamiento] darling **-3.** [criada] maid.
◆ **chica de alterne** *f girl who works in bars encouraging customers to drink in return for a commission.*
chicano, na *adj & m,f* Chicano, Mexican-American.
◆ **chicano** *m* [lengua] Chicano.
chicarrón, ona *m,f* strapping lad (*f* strapping lass).
chicha *f* **-1.** *Esp fam* [para comer] meat **-2.** *Esp fam* [de persona] flesh **-3.** *loc*: **no ser ni ~ ni limonada** *o* **limoná** not to be one thing or the other.
chícharo *m Cam & Méx* pea.
chicharra *f* **-1.** ZOOL cicada **-2.** *Méx, RP* [timbre] electric buzzer.
chicharro *m* **-1.** [alimento] pork crackling **-2.** [pez] horse mackerel.
chicharrón *m* [frito] pork crackling.
◆ **chicharrones** *mpl* [embutido] *cold processed meat made from pork.*
chiche *m* **-1.** *Andes & RP* [adorno] adornment **-2.** *CSur* [juguete] toy **-3.** *Cam & Méx mfam* [pecho] tit.
chichón *m* bump.
chichonera *f* helmet.
chicle *m* chewing gum.
chiclé, chicler *m* AUTOM jet.
chico, ca *adj* [pequeño] small; [joven] young; **cuando era ~** when I was little.
◆ **chico** *m* **-1.** [joven] boy **-2.** [tratamiento] sonny, mate **-3.** [recadero] messenger, office-boy.
chicote *m Amér* [látigo] whip.
chifla *f* **-1.** [silbido] whistle **-2.** [burla] mockery.
chiflado, da *fam* ◇ *adj* crazy, mad. ◇ *m,f* nutter.
chifladura *f* **-1.** [locura] madness **-2.** [pasión] craze, craziness *(U)*.
chiflar ◇ *vt fam* [encantar]: **me chiflan las patatas fritas** I'm mad about chips. ◇ *vi* [silbar] to whistle.
◆ **chiflarse** *vpr*: **chiflarse por algo** *o* **alguien** to go crazy about sthg *o* sb.
chiflido *m Amér* whistling.
chigüín, güina *m,f CAm fam* kid.
chihuahua *m* chihuahua.
chiíta *adj & m,f* Shi'ite.
chilaba *f* jellaba.
chilacayote *m Méx* pumpkin, gourd.
chilango, ga *adj Méx* of/from Mexico City.
chile *m* chilli; **~ con carne** CULIN chilli con carne.
Chile Chile.
chileno, na *adj & m,f* Chilean.
chilindrón *m* CULIN *seasoning made of tomatoes and peppers.*
chillar ◇ *vi* **-1.** [gritar - personas] to scream, to yell; [- ave, mono] to screech; [- cerdo] to squeal; [- ratón] to squeak **-2.** [chirriar] to screech; [puerta, madera] to creak; [bisagras] to squeak. ◇ *vt fam* [reñir] to yell at.
chillido *m* [de persona] scream, yell; [de ave, mono] screech; [de cerdo] squeal; [de ratón] squeak.
chillón, ona ◇ *adj* **-1.** [voz] piercing **-2.** [persona] noisy, screeching **-3.** [color] loud, gaudy. ◇ *m,f* noisy person.
chilpayate, ta *m,f Méx* kid.
chilpotle *m Méx* *smoked or pickled jalapeño chilli.*
chimbo, ba *adj Col, Ven fam* [falso] counterfeit; [de mala calidad] lousy.
chimenea *f* **-1.** [hogar] fireplace **-2.** [en tejado] chimney.
chimpancé *m* chimpanzee.
china ▷ **chino.**
China: **(la) ~** China.
chinampa *f Méx* *man-made island for growing flowers, fruit and vegetables, found in Xochimilco, near Mexico City.*
chinchar *vt fam* to pester, to bug.
◆ **chincharse** *vpr fam* to get cross; **ahora te chinchas** now you can lump it.
chinche ◇ *adj fam fig* annoying. ◇ *f* [insecto] bedbug. ◇ *mf fam fig* [persona] pest, pain.
chincheta *f* drawing pin *UK*, thumbtack *US*.
chinchilla *f* chinchilla.
chinchín *m* **-1.** [ruido] noise of a brass band **-2.** [brindis] toast; **¡chinchín!** cheers!; **hacer ~ por alguien** to toast sb.
chinchón *m strong aniseed liquor.*
chinchorro *m* **-1.** *Méx* [red] net **-2.** *Chile & Ven* [hamaca] hammock.
chinchoso, sa ◇ *adj* annoying. ◇ *m,f* pest, pain.

chinchulín *m Andes, RP* *piece of sheep or cow intestine, plaited and then roasted.*
chinero *m* china *o* glass cabinet.
chinga *f Méx mfam* [paliza]: **me dieron una ~** they kicked the shit out of me; [trabajo duro]: **es una ~** it's a bitch of a job.
chingado, da *adj* **-1.** *fam* [enfadado] cheesed off **-2.** *Esp, Méx* [estropeado] bust, knackered *UK* **-3.** *Méx vulg* [jodido] fucking.
◆ **chingada** *f Méx vulg*: **¡vete a la chingada!** fuck off!; **¡hijo de la chingada!** bastard!
chingar [16] ◇ *vt* **-1.** *Esp, Méx mfam* [molestar]: **~ a alguien** to get up sb's nose, to piss sb off **-2.** *mfam* [estropear] to bust, to knacker *UK* **-3.** *Esp, Méx vulg* [acostarse con] to screw, to fuck. ◇ *vi vulg* [fornicar] to screw, to fuck.
◆ **chingarse** *vpr mfam* [beberse] to knock back.
chinita *f* **-1.** *Amér* [criada] maid **-2.** *Chile* [animal] ladybird.
chino, na *adj & m,f* **-1.** Chinese; **engañar a alguien como a un ~** *fig* to take sb for a ride; **trabajar como un ~** *fig* to slave away **-2.** *Andes, RP* [mestizo] person of mixed ancestry.
◆ **chino** *m* **-1.** [lengua] Chinese **-2.** [instrumento] sieve **-3.** [piedra] pebble.
◆ **china** *f* **-1.** [piedra] small stone, pebble; **tocarle a uno la china** to have bad luck **-2.** [porcelana] china **-3.** *fam* [droga] deal, *small amount of hash* **-4.** *Amér* [india] Indian woman **-5.** *Amér* [criada] maid.
◆ **chinos** *mpl* [juego] *game in which each player must guess the number of coins or pebbles in the other's hand.*
chip (*pl* **chips**) *m* INFORM chip.
chipé, chipén *adj inv fam* brilliant, terrific; **ser de ~** to be brilliant *o* terrific.
chipirón *m* baby squid.
Chipre Cyprus.
chipriota *adj & m,f* Cypriot.
chiqueo *m Méx* show of affection.
chiquero *m* TAUROM bull-pen.
chiquilín, lina *m,f RP* small boy (*f* small girl).
chiquillada *f* childish thing.
chiquillería *f* kids (*pl*).
chiquillo, lla *m,f* kid.
chiquitín, ina ◇ *adj* tiny. ◇ *m,f* tiny tot.
chiquito, ta *adj* tiny; **no andarse con chiquitas** *fig* not to mess about.
◆ **chiquito** *m* [de vino] small glass of wine.
chiribita *f* [chispa] spark.
◆ **chiribitas** *fpl fam* [en los ojos] spots in front of one's eyes.
chirigota *f fam* [broma] joke; [en carnavales] *group of disguised people singing satirical songs.*
chirimbolo *m fam* thingamajig, whatsit.
chirimía *f* shawm.
chirimoya *f* custard apple.
chiringuito *m fam* **-1.** [bar] refreshment stall **-2.** [negocio]: **montarse un ~** to set up a little business.
chiripa *f fam fig* fluke; **de** *o* **por ~** by luck.
chirivía *f* BOT parsnip.
chirla *f* small clam.
chirona *f fam* clink, slammer; **en ~** in the clink.
chirriar [9] *vi* [gen] to screech; [puerta, madera] to creak; [bisagra, muelles] to squeak.
chirrido *m* [gen] screech; [de puerta, madera] creak; [de bisagra, muelles] squeak.
chis = **chist**.
chisme *m* **-1.** [cotilleo] rumour, piece of gossip **-2.** *fam* [cosa] thingamajig, thingy.
chismorrear *vi* to spread rumours, to gossip.
chismorreo *m* gossip.
chismoso, sa ◇ *adj* gossipy. ◇ *m,f* gossip, scandalmonger.
chispa *f* **-1.** [de fuego, electricidad] spark; **echar ~s** *fam* to be hopping mad **-2.** [de lluvia] spot (of rain) **-3.** *fig* [pizca] bit; **una ~ de sal** a pinch of salt **-4.** *fig* [agudeza] sparkle.
chispazo *m lit & fig* spark.
chispeante *adj* **-1.** [que chispea] that gives off sparks **-2.** *fig* [conversación, discurso, mirada] sparkling.
chispear ◇ *vi* **-1.** [chisporrotear] to spark **-2.** [relucir] to sparkle. ◇ *v impers* [llover] to spit (with rain).
chisporrotear *vi* [fuego, leña] to crackle; [aceite] to splutter; [comida] to sizzle.
chisporroteo *m* [de fuego, leña] crackling; [de aceite] spluttering; [de comida] sizzling.
chisquero *m* (cigarette) lighter.
chist, chis *interj*: **¡chist!** ssh!
chistar *vi*: **me fui sin ~** I left without a word.
chiste *m* joke; **contar ~s** to tell jokes; **~ verde** dirty joke.
chistera *f* [sombrero] top hat.
chistorra *f* *type of cured pork sausage typical of Aragon and Navarre.*
chistoso, sa ◇ *adj* funny. ◇ *m,f* amusing *o* funny person.
chistu *m* Basque flute.
chistulari *mf* *'chistu' player.*
chita ◆ **a la chita callando** *loc adv fam*

quietly, on the quiet.
chitón *interj*: **¡chitón!** quiet!
chivar *vt fam* to whisper, to tell secretly.
◆ **chivarse** *vpr fam*: **~se (de/a)** [niños] to split (on/to); [delincuentes] to grass (on/to).
chivatazo *m fam* tip-off; **dar el ~** to grass.
chivato, ta *m,f fam* [delator] grass, informer; [acusica] telltale.
◆ **chivato** *m* **-1.** [luz] warning light; [alarma] alarm bell **-2.** *Ven fam* [pez gordo] big cheese.
chivo, va *m,f* kid, young goat; **ser el ~ expiatorio** *fig* to be the scapegoat.
choc (*pl* **chocs**), **choque**, **shock** [tʃok] *m* shock.
chocante *adj* startling.
chocar [10] ◇ *vi* **-1.** [colisionar]: **~ (contra)** to crash (into), to collide (with) **-2.** *fig* [enfrentarse] to clash. ◇ *vt* **-1.** : **~ la mano de alguien** to shake hands with sb; **¡chócala!** put it there! **-2.** [copas, vasos] to clink **-3.** *fig* [sorprender] to startle.
chochear *vi* **-1.** [viejo] to be senile **-2.** *fam fig* [de cariño]: **~ por alguien** to dote on sb.
chochez *f* **-1.** [vejez] senility **-2.** [dicho, hecho]: **decir/hacer chocheces** to say/do senile things.
chocho, cha *adj* **-1.** [viejo] senile **-2.** *fam fig* [encariñado] soft, doting.
◆ **chocho** *m* **-1.** *vulg* [órgano] cunt **-2.** *fam* [altramuz] lupin.
choclo *m Andes, RP* corncob, ear of maize *o* corn *US*.
choclón *m Chile fam* crowd.
chocolate *m* **-1.** [para comer, beber] chocolate; **~ (a la taza)** thick drinking chocolate; **~ blanco** white chocolate; **~ con leche** milk chocolate **-2.** *fam* [para fumar] hash.
chocolatera *f* ▻ **chocolatero**.
chocolatería *f* **-1.** [fábrica] chocolate factory **-2.** [establecimiento] *café where drinking chocolate is served.*
chocolatero, ra *m,f* **-1.** [aficionado al chocolate] chocoholic, person fond of chocolate **-2.** [oficio] chocolate maker *o* seller.
chocolatina *f* chocolate bar.
chófer (*pl* **chóferes**) *m,f* chauffeur.
chollo *m fam* [producto, compra] bargain; [trabajo, situación] cushy number.
cholo, la *m,f Andes sometimes pejorative term for a mestizo who moves to the city from a rural area.*
chomba, chompa *f Andes* sweater.
chompipe *m CAm, Méx* turkey.
chonchón *m Chile* lamp.
chongo *m Méx* [moño] bun.
chopera *f* poplar grove.
chopito *m* CULIN baby squid in batter.
chopo *m* poplar.
chopp *m CSur* [cerveza] (mug of) beer.
choque ◇ *v* ▻ **chocar**. ◇ *m* **-1.** [impacto] impact; [de coche, avión etc] crash; **~ frontal** head-on collision **-2.** *fig* [enfrentamiento] clash; **~ cultural** culture shock **-3.** = **choc**.
choriceo *m fam* [robo] robbery; [timo] rip-off.
chorizar [13] *vt fam* to nick, to pinch.
chorizo *m* **-1.** [embutido] *highly seasoned pork sausage* **-2.** *fam* [ladrón] thief.
chorlito *m* **-1.** ZOOL plover **-2.** ▻ **cabeza**.
choro *m Andes* mussel.
chorra[1] *mfam* ◇ *mf* [tonto] wally, idiot; **hacer el ~** to muck about. ◇ *f* [suerte] luck.
chorrada *f mfam* rubbish *(U)*; **eso es una ~** that's rubbish; **decir ~s** to talk rubbish.
chorrear ◇ *vi* **-1.** [gotear - gota a gota] to drip; [- en un hilo] to trickle **-2.** [brotar] to spurt (out), to gush (out). ◇ *vt* [suj: jersey etc] to drip; [suj: persona] to drip with.
chorreo *m* **-1.** [goteo - gota a gota] dripping; [- en un hilo] trickling **-2.** [brote] spurting, gushing **-3.** [de dinero] trickle.
chorreras *fpl* frill *(sg)*.
chorro *m* **-1.** [de líquido - borbotón] jet, spurt; [- hilo] trickle; **salir a ~s** to spurt *o* gush out; **~ de vapor** steam jet **-2.** *fig* [de luz, gente etc] stream; **tiene un ~ de dinero** she has loads of money; **a ~s** in abundance **-3.** *loc*: **como los ~s del oro** as clean as a new pin.
◆ **chorro, rra**[2] *m,f RP fam* [ladrón] thief.
chotearse *vpr fam*: **~ (de)** to make fun (of).
choteo *m fam* joking, kidding; **tomar algo a ~** to take sthg as a joke.
chotis *m inv dance typical of Madrid.*
choto, ta *m,f* **-1.** [cabrito] kid, young goat **-2.** [ternero] calf.
chovinismo, chauvinismo [tʃoβi'nismo] *m* chauvinism.
chovinista, chauvinista [tʃoβi'nista] ◇ *adj* chauvinistic. ◇ *mf* chauvinist.
choza *f* hut.
christmas = **crismas**.
chubasco *m* shower.
chubasquero *m* raincoat, mac.
chúcaro, ra *adj Andes, CAm, RP fam* [animal] wild; [persona] unsociable.
chuchería *f* **-1.** [golosina] sweet **-2.** [objeto] trinket.
chucho *m fam* mutt, dog.
chueco, ca *adj Amér* [torcido] twisted; *Méx fam* [proyecto, razonamiento] shady; *Amér*

[patizambo] bowlegged.
chufa *f* **-1.** [planta] chufa **-2.** [tubérculo] tiger nut.
chulada *f* **-1.** [bravuconada] swaggering *(U)* **-2.** *fam* [cosa bonita] delight, gorgeous thing.
chulapo, pa, chulapón, ona *m,f* HIST lower-class native of Madrid.
chulear *fam* ◇ *vt*: ~ **a una mujer** to live off a woman. ◇ *vi* [fanfarronear]: ~ **(de)** to be cocky (about).
chulería *f* **-1.** [descaro] cockiness **-2.** [salero] charm, winning ways *(pl)*; **¡qué ~!** that's really nice!
chuleta ◇ *f* **-1.** [de carne] chop; ~ **de cordero** lamb chop **-2.** [en exámenes] crib note. ◇ *mf fam* [chulo] cocky person. ◇ *adj fam* [chulo] cocky.
chullo *m Bol, Perú* woollen cap.
chulo, la ◇ *adj* **-1.** [descarado] cocky; **ponerse** ~ to get cocky **-2.** *fam* [bonito] lovely. ◇ *m,f* **-1.** [descarado] cocky person **-2.** [madrileño] working-class native of Madrid.
◆ **chulo** *m* [proxeneta] pimp.
chumba ▷ **higuera.**
chumbera *f* prickly pear.
chumbo ▷ **higo.**
chuminada *f fam* silly thing.
chungo, ga *adj fam* [persona] horrible, nasty; [cosa] lousy.
◆ **chunga** *f fam*: **tomarse algo a chunga** to take sthg as a joke.
chuño *m Andes, RP* potato starch.
chupa *f fam*: ~ **de cuero** leather jacket.
chupachup® *(pl* **chupachups)** *m* lollipop.
chupado, da *adj* **-1.** [delgado] skinny **-2.** *fam* [fácil]: **estar** ~ to be dead easy *o* a piece of cake.
◆ **chupada** *f* [gen] suck; [fumando] puff, drag.
chupamedias *mf Andes, RP, Ven fam* toady.
chupar *vt* **-1.** [succionar] to suck; [fumando] to puff at **-2.** [absorber] to soak up **-3.** [quitar]: ~ **le algo a alguien** to milk sb for sthg; **chuparle la sangre a alguien** *fig* to bleed sb dry.
◆ **chuparse** *vpr* **-1.** [adelgazar] to get thinner **-2.** *fam* [aguantar] to put up with **-3.** *loc*: **¡chúpate esa!** take that!; **estar para chuparse los dedos** to be absolutely delicious.
chupatintas *m y f inv despec* pen-pusher.
chupe *m Andes & Arg* stew.
chupete *m* dummy *UK*, pacifier *US*.
chupetear *vt* to suck on *o* away at.
chupi *adj fam* great, brill.
chupinazo *m* **-1.** [cañonazo] cannon shot **-2.** [en fútbol] hard kick.
chupón, ona *m,f fam* [gorrón] sponger, cadger.
◆ **chupón** *m Méx* [chupete] dummy *UK*, pacifier *US*.
chupóptero, ra *m,f fam* parasite.
churrería *f shop selling 'churros'.*
churrero, ra *m,f 'churros' seller.*
churrete *m* spurt; [de grasa] stain.
churrigueresco, ca *adj* churrigueresque.
churro *m* **-1.** [para comer] *dough formed into sticks or rings and fried in oil* **-2.** *fam* [fracaso] botch **-3.** *fam* [suerte] fluke, stroke of luck.
churrusco *m* piece of burnt toast.
churumbel *m fam* kid.
chusco, ca *adj* funny.
◆ **chusco** *m fam* bread bun.
chusma *f* rabble, mob.
chut *(pl* **chuts)** *m* kick.
chutar *vi* **-1.** [lanzar] to shoot **-2.** *fam* [funcionar] to work; **esto va que chuta** it's going very well; **con diez euros ya va que chuta** ten euros is more than enough.
◆ **chutarse** *vpr mfam* to shoot up.
chute *m mfam* FTBL shot; [de droga] fix.
chuzo *m*: **llover a ~s, caer ~s de punta** *fig* to rain cats and dogs.
CI *(abrev de* **coeficiente de inteligencia)** *m* IQ.
CIA *(abrev de* **Central Intelligence Agency)** *f* CIA.
cía., Cía. *(abrev de* **compañía)** Co.
cianuro *m* cyanide.
ciático, ca *adj* sciatic.
◆ **ciática** *f* sciatica.
cibercafé *m* cybercafe, Internet cafe.
ciberespacio *m* cyberspace.
cibernético, ca *adj* cybernetic.
◆ **cibernética** *f* cybernetics *(U)*.
cicatería *f* stinginess, meanness.
cicatero, ra ◇ *adj* stingy, mean. ◇ *m,f* skinflint, miser.
cicatriz *f lit & fig* scar.
cicatrización *f* scarring.
cicatrizante ◇ *adj* healing. ◇ *m* healing substance.
cicatrizar [13] ◇ *vi* to form a scar, to heal (up). ◇ *vt fig* to heal.
cicerón *m* eloquent speaker.
cicerone *mf* guide.
cíclico, ca *adj* cyclical.
ciclismo *m* cycling.
ciclista ◇ *adj* cycling *(antes de sust)*. ◇ *mf* cyclist.

ciclo *m* **-1.** [gen] cycle; ~ **vital** life cycle **-2.** [de conferencias, actos] series **-3.** [de enseñanza] stage.
ciclocrós *m* cyclo-cross.
ciclomotor *m* moped.
ciclón *m* cyclone.
cíclope *m* Cyclops.
ciclópeo, a *adj* ***culto*** & ***fig*** [enorme] colossal, massive.
ciclostil, ciclostilo *m* cyclostyle.
cicuta *f* hemlock.
ciega ▻ **cegar**.
ciego, ga ◇ *adj* **-1.** [invidente] blind; **quedarse** ~ to go blind; **a ciegas** ***lit*** & ***fig*** blindly **-2.** ***fig*** [enloquecido]: ~ **(de)** blinded (by) **-3.** [pozo, tubería] blocked (up) **-4.** ***mfam*** [drogado] stoned; **ponerse** ~ **de algo** to get stoned on sthg. ◇ *m,f* [invidente] blind person; **los** ~**s** the blind; **hacerse el** ~ to turn a blind eye.
◆ **ciego** *m* **-1.** ANAT caecum **-2.** ***mfam*** [de droga] trip.
ciegue *v* ▻ **cegar**.
cielo *m* **-1.** [gen] sky; **a** ~ **abierto** [gen] in the open; MIN opencast **-2.** RELIG heaven **-3.** ***fig*** [Dios]: **el** ~ the Good Lord **-4.** [nombre cariñoso] my love, my dear **-5.** [parte superior] roof; ~ **del paladar** roof of the mouth; ~ **raso** ceiling **-6.** *loc*: **me viene caído del** ~ it's a godsend (to me); **clama al** ~ it's outrageous; **como llovido del** ~ [inesperadamente] out of the blue; [oportunamente] at just the right moment; **estar en el séptimo** ~ to be in seventh heaven; **se le juntó el** ~ **con la tierra** he lost his nerve; **mover** ~ **y tierra** to move heaven and earth; **ser un** ~ to be an angel; **ver el** ~ **abierto** to see one's way out.
◆ **cielos** *interj*: ¡~**s!** good heavens!
ciempiés *m inv* centipede.
cien -1. = **ciento -2.**: **poner a alguien a** ~ ***fam*** [excitar] to make sb feel horny.
ciénaga *f* marsh, bog.
ciencia *f* **-1.** [gen] science; ~**s económicas** economics *(U)*; ~**s exactas** exact *o* pure sciences; ~**s naturales/sociales** natural/social sciences; ~**s ocultas** occult sciences **-2.** ***fig*** [habilidad] learning, knowledge; ~ **infusa** ***fig*** intuitive knowledge.
◆ **ciencias** *fpl* EDUC science *(U)*.
◆ **ciencia ficción** *f* science fiction.
◆ **a ciencia cierta** *loc adv* for certain.
cieno *m* mud, sludge.
cientificismo *m* over-emphasis on scientific ideas.
científico, ca ◇ *adj* scientific. ◇ *m,f* scientist.
cientista *mf CSur*: ~ **social** social scientist.
ciento, cien *núm* a *o* one hundred; ~ **cincuenta** a *o* one hundred and fifty; **cien mil** a *o* one hundred thousand; ~**s de** hundreds of; **por** ~ per cent; ~ **por** ~, **cien por cien** a hundred per cent; ~**s de veces** hundreds of times; **a** ~**s** by the hundred; **darle** ~ **y raya a uno** to run rings around sb; **eran** ~ **y la madre** everybody and his dog was there; *ver también* **seis**.
cierna *etc* ▻ **cerner**.
cierne ◆ **en ciernes** *loc adv*: **estar en** ~**s** to be in its infancy; **una campeona en** ~**s** a budding champion.
cierre *m* **-1.** [gen] closing, shutting; [con llave] locking; [de fábrica] shutdown; RADIO & TV closedown; ~ **centralizado** AUTOM central locking; ~ **patronal** lockout **-2.** [mecanismo] fastener; ~ **metálico** [de tienda etc] metal shutter; ~ **relámpago** ***Andes, Arg, Méx*** [cremallera] zip ***UK***, zipper ***US***.
cierto, ta *adj* **-1.** [verdadero] true; **estar en lo** ~ to be right; **lo** ~ **es que ...** the fact is that ... **-2.** [seguro] certain, definite **-3.** [algún] certain; ~ **hombre** a certain man; **en cierta ocasión** once, on one occasion; **durante** ~ **tiempo** for a while.
◆ **cierto** *adv* right, certainly.
◆ **por cierto** *loc adv* by the way.
ciervo, va *m,f* deer, stag (*f* hind).
cierzo *m* north wind.
CIF (*abrev de* **código de identificación fiscal**) *m tax code.*
cifra *f* **-1.** [gen] figure; ~ **de negocios** ECON turnover **-2.** [clave]: **en** ~ in code.
cifrado, da *adj* coded, in code.
cifrar *vt* **-1.** [codificar] to code **-2.** ***fig*** [centrar] to concentrate, to centre.
◆ **cifrarse en** *vpr* to come to, to amount to.
cigala *f* Dublin Bay prawn.
cigarra *f* cicada.
cigarrero, ra *m,f* [persona] cigar maker.
◆ **cigarrera** *f* [caja] cigar case.
cigarrillo *m* cigarette.
cigarro *m* **-1.** [habano] cigar **-2.** [cigarrillo] cigarette.
cigüeña *f* stork.
cigüeñal *m* crankshaft.
cilantro *m* coriander ***UK***, cilantro ***US***.
cilicio *m* hair shirt.
cilindrada *f* cylinder capacity.
cilíndrico, ca *adj* cylindrical.

cilindro *m* [gen] cylinder; [de imprenta] roller.
cima *f* **-1.** [punta - de montaña] peak, summit; [- de árbol] top **-2.** *fig* [apogeo] peak, high point.
cimarrón, ona *m,f Amér* runaway slave.
címbalo *(gen pl) m* cymbal.
cimbreante *adj* swaying.
cimbrear *vt* **-1.** [vara] to waggle **-2.** [caderas] to sway.
cimentación *f* **-1.** [acción] laying of the foundations **-2.** [cimientos] foundations *(pl)*.
cimentar [19] *vt* **-1.** [edificio] to lay the foundations of; [ciudad] to found, to build **-2.** *fig* [idea, paz, fama] to cement, to consolidate.
cimero, ra *adj* **-1.** [alto] topmost **-2.** *fig* [sobresaliente] foremost, most outstanding.
cimienta *etc* ▻ **cimentar**.
cimiento *m (gen pl)* **-1.** CONSTR foundation; **echar los ~s** *lit & fig* to lay the foundations **-2.** *fig* [base] basis.
cimitarra *f* scimitar.
cinabrio *m* cinnabar.
cinc, zinc *m* zinc.
cincel *m* chisel.
cincelar *vt* to chisel.
cincha *f* girth.
cincho *m* **-1.** [cinturón] belt **-2.** [aro de hierro] hoop.
cinco *núm* five; **¡choca esos ~!** *fig* put it there!; **estar sin ~** *fig* to be broke; *ver también* **seis**.
cincuenta *núm* fifty; **los (años) ~** the fifties; *ver también* **seis**.
cincuentenario *m* fiftieth anniversary.
cincuentón, ona *m,f* fifty-year-old.
cine *m* cinema; **hacer ~** to make films; **~ de estreno/de verano** first-run/open-air cinema; **~ de terror** horror films; **~ mudo** silent films *(pl)*; **~ sonoro** talking pictures *(pl)*, talkies *(pl)*.
◆ **cine fórum** *m film with discussion group*.
cineasta *mf* film maker *o* director.
cineclub *m* **-1.** [asociación] film society **-2.** [sala] club cinema.
cinéfilo, la *m,f* film buff.
cinegético, ca *adj* hunting *(antes de sust)*.
◆ **cinegética** *f* hunting.
cinemascope *m* cinemascope.
cinemateca *f* film library.
cinemática *f* kinematics *(U)*.
cinematografía *f* cinematography, film-making.
cinematográfico, ca *adj* film *(antes de sust)*.
cinematógrafo *m* **-1.** [aparato] film projector **-2.** [local] cinema.
cinerama *m* cinerama.
cinético, ca *adj* kinetic.
◆ **cinética** *f* kinetics *(U)*.
cíngaro, ra, zíngaro, ra *adj & m,f* Tzigane.
cínico, ca ◇ *adj* cynical. ◇ *m,f* cynic.
cinismo *m* cynicism.
cinta *f* **-1.** [tira - de plástico, papel] strip, band; [- de tela] ribbon; **~ adhesiva** *o* **autoadhesiva** adhesive *o* sticky tape; **~ aislante** *o* **aisladora** insulating tape; **~ de impresora** printer ribbon; **~ métrica** tape measure; **~ perforada** punched tape **-2.** [de imagen, sonido, ordenadores] tape; **~ digital/magnética** digital/magnetic tape; **~ limpiadora** head-cleaning tape; **~ magnetofónica** recording tape; **~ de vídeo** videotape **-3.** [mecanismo] belt; **~ transportadora** conveyor belt; **~ de equipajes** baggage carousel **-4.** [película] film.
cinto *m* belt.
cintura *f* waist; **meter en ~** to bring under control.
cinturilla *f* waistband.
cinturón *m* **-1.** [cinto] belt; **~ negro** DEP black belt; **apretarse el ~** to tighten one's belt **-2.** AUTOM ring road **-3.** [cordón] cordon.
◆ **cinturón de castidad** *m* chastity belt.
◆ **cinturón de seguridad** *m* seat *o* safety belt.
◆ **cinturón de miseria** *m Amér slum or shanty town area round a large city*.
ciña, ciñera *etc* ▻ **ceñir**.
cipote[1] ◇ *adj fam* thick. ◇ *m vulg* prick, cock.
cipote[2], **ta** *m,f Amér* lad *(f* lass).
ciprés *m* cypress.
circense *adj* circus *(antes de sust)*.
circo *m* **-1.** [gen] circus **-2.** GEOGR cirque, corrie.
circuito *m* **-1.** DEP & ELECTRÓN circuit; **~ impreso/integrado** printed/integrated circuit; **~ cerrado** closed circuit; **corto ~** short-circuit **-2.** [contorno] belt **-3.** [recorrido] tour.
circulación *f* **-1.** [gen] circulation; **~ de la sangre** circulation of the blood; **~ fiduciaria** *o* **monetaria** paper currency **-2.** [tráfico] traffic **-3.** [conducción] driving.
circular ◇ *adj & f* circular. ◇ *vi* **-1.** [pasar]: **~ (por)** [líquido] to flow *o* circulate (through);

[persona] to move *o* walk (around); [vehículos] to drive (along); **este autobús no circula hoy** this bus doesn't run today **-2.** [de mano en mano] to circulate; [moneda] to be in circulation **-3.** [difundirse] to go round.
circulatorio, ria *adj* circulatory.
círculo *m lit & fig* circle.
◆ **círculos** *mpl* [medios] circles.
◆ **círculo polar** *m* polar circle; **el ~ polar ártico/antártico** the Arctic/Antarctic Circle.
◆ **círculo vicioso** *m* vicious circle.
circuncidar *vt* to circumcise.
circuncisión *f* circumcision.
circundante *adj* surrounding.
circundar *vt* to surround.
circunferencia *f* circumference.
circunflejo ▷ **acento.**
circunlocución *f* circumlocution.
circunloquio *m* circumlocution.
circunnavegar [16] *vt* to circumnavigate, to sail round.
circunscribir *vt* **-1.** [limitar] to restrict, to confine **-2.** *GEOM* to circumscribe.
◆ **circunscribirse a** *vpr* to confine o.s. to.
circunscripción *f* **-1.** [limitación] limitation **-2.** [distrito] district; *MIL* division; *POLÍT* constituency.
circunscrito, ta ◇ *pp* ▷ **circunscribir.** ◇ *adj* restricted, limited.
circunspección *f culto* **-1.** [comedimiento] circumspection **-2.** [seriedad] graveness, seriousness.
circunspecto, ta *adj culto* **-1.** [comedido] circumspect **-2.** [serio] grave, serious.
circunstancia *f* circumstance; **en estas ~s** under the circumstances; **~ atenuante/agravante/eximente** *DER* extenuating/aggravating/exonerating circumstance.
circunstancial *adj* **-1.** [accidental] chance *(antes de sust)* **-2.** *GRAM* ▷ **complemento.**
circunvalación *f* [carretera] ring road.
circunvalar *vt* to go round.
cirílico, ca *adj* Cyrillic.
cirio *m* (wax) candle; **~ pascual** paschal candle; **montar un ~** to make a row.
cirrosis *f inv* cirrhosis.
ciruela *f* plum; **~ claudia** greengage; **~ pasa** prune.
ciruelo *m* plum tree.
cirugía *f* surgery; **~ estética** *o* **plástica** cosmetic *o* plastic surgery.
cirujano, na *m,f* surgeon.
cisco *m* **-1.** [carbón] slack; **hecho ~** *fig* shattered **-2.** *fam* [alboroto] row, rumpus.
cisma *m* **-1.** [separación] schism **-2.** [discordia] split.
cismático, ca *adj & m,f* schismatic.
cisne *m* swan.
cisterciense *adj & m,f* Cistercian.
cisterna *f* **-1.** [de retrete] cistern **-2.** [aljibe, tanque] tank.
cistitis *f inv* cystitis.
cita *f* **-1.** [entrevista] appointment; [de novios] date; **concertar una ~** to make an appointment; **darse ~** to meet; **tener una ~** to have an appointment **-2.** [referencia] quotation.
citación *f DER* summons *(sg)*.
citar *vt* **-1.** [convocar] to make an appointment with **-2.** [aludir] to mention; [textualmente] to quote **-3.** *DER* to summons.
◆ **citarse** *vpr*: **~se (con alguien)** to arrange to meet (sb).
cítara *f* zither.
citología *f* **-1.** [análisis] smear test **-2.** *BIOL* cytology.
citoplasma *m* cytoplasm.
cítrico, ca *adj* citric.
◆ **cítricos** *mpl* citrus fruits.
CiU (*abrev de* **Convergència i Unió**) *f Catalan coalition party to the centre-right of the political spectrum.*
ciudad *f* **-1.** [localidad] city; [pequeña] town; **~ dormitorio/satélite** commuter/satellite town; **~ jardín** garden city **-2.** [instalaciones] complex; **~ deportiva** sports complex; **~ sanitaria** hospital complex; **~ universitaria** university campus.
◆ **Ciudad del Cabo** *f* Cape Town.
◆ **Ciudad del Vaticano** *f* Vatican City.
◆ **Ciudad de México** *f* Mexico City.
◆ **Ciudad eterna** *f*: **la Ciudad eterna** the Eternal City.
◆ **Ciudad santa** *f*: **la Ciudad santa** the Holy City.
ciudadanía *f* **-1.** [nacionalidad] citizenship **-2.** [población] public, citizens *(pl)*.
ciudadano, na ◇ *adj* city *(antes de sust)*; [orgullo, deberes etc] civic. ◇ *m,f* citizen; **el ~ de a pie** the man in the street.
ciudadela *f* citadel, fortress.
cívico, ca *adj* civic; [conducta] public-spirited.
civil ◇ *adj lit & fig* civil. ◇ *m* **-1.** [no militar] civilian **-2.** *fam* [Guardia Civil] *member of 'Guardia Civil'.*
civilización *f* civilization.
civilizado, da *adj* civilized.
civilizar [13] *vt* to civilize.
◆ **civilizarse** *vpr* to become civilized.

civismo *m* **-1.** [urbanidad] community spirit **-2.** [cortesía] civility, politeness.

cizalla *f* **-1.** [herramienta] shears *(pl)*, metal cutters *(pl)* **-2.** [recortes] metal cuttings *(pl)*.

cizaña *f* BOT darnel; **meter** *o* **sembrar** ~ to sow discord; **separar la ~ del buen grano** to separate the wheat from the chaff.

cl (*abrev de* **centilitro**) cl.

clamar ◇ *vt* **-1.** [expresar] to exclaim **-2.** [exigir] to cry out for. ◇ *vi* **-1.** [implorar] to appeal **-2.** [protestar] to cry out.

clamor *m* clamour.

clamoroso, sa *adj* **-1.** [rotundo] resounding **-2.** [vociferante] loud, clamorous.

clan *m* **-1.** [tribu, familia] clan **-2.** [banda] faction.

clandestinidad *f* secrecy; **en la** ~ underground.

clandestino, na *adj* clandestine; POLÍT underground.

claque *f* claque.

claqué *m* tap dancing.

claqueta *f* clapperboard.

clara ▷ **claro.**

claraboya *f* skylight.

clarear ◇ *vt* to light up. ◇ *v impers* **-1.** [amanecer]: **empezaba a** ~ dawn was breaking **-2.** [despejarse] to clear up, to brighten up.

◆ **clarearse** *vpr* [transparentarse] to be see-through.

clarete ▷ **vino.**

claridad *f* **-1.** [transparencia] clearness, clarity **-2.** [luz] light **-3.** [franqueza] candidness; **ser de una ~ meridiana** to be crystal clear **-4.** [lucidez] clarity; **explicar algo con** ~ to explain sthg clearly.

clarificación *f* clarification.

clarificador, ra *adj* clarifying.

clarificar [10] *vt* **-1.** [gen] to clarify; [misterio] to clear up **-2.** [purificar] to refine.

clarín ◇ *m* [instrumento] bugle. ◇ *mf* [persona] bugler.

clarinete ◇ *m* [instrumento] clarinet. ◇ *mf* [persona] clarinettist.

clarinetista *mf* clarinettist.

clarividencia *f* farsightedness, perception.

clarividente ◇ *adj* farsighted, perceptive. ◇ *mf* perceptive person.

claro, ra *adj* **-1.** [gen] clear; **~ está que ...** of course ...; **dejar algo** ~ to make sthg clear; **a las claras** clearly; **pasar una noche en** ~ to spend a sleepless night; **poner algo en** ~ to get sthg clear, to clear sthg up; **sacar algo en ~ (de)** to make sthg out (from); **tener algo** ~ to be sure of sthg **-2.** [luminoso] bright **-3.** [color] light **-4.** [diluido - té, café] weak; [- salsa] thin **-5.** [poco tupido] thin, sparse.

◆ **claro** ◇ *m* **-1.** [en bosque] clearing; [en multitud, texto] space, gap **-2.** METEOR bright spell **-3.** [en pintura] highlight. ◇ *adv* clearly. ◇ *interj*: **¡claro!** of course!; **¡~ que no!** of course not!; **¡~ que sí!** yes, of course.

◆ **clara** *f* **-1.** [de huevo] white **-2.** [bebida] shandy **-3.** [calvicie] bald patch.

◆ **claro de luna** *m* moonlight.

claroscuro *m* chiaroscuro.

clase *f* **-1.** [gen] class; ~ **alta/media** upper/middle class; ~ **obrera** *o* **trabajadora** working class; ~ **social** social class; ~ **preferente/turista** club/tourist *o* coach *US* class; ~ **salón** *Amér* FERROC first class; **primera** ~ first class; **~s pasivas** pensioners **-2.** [tipo] sort, kind; **toda ~ de** all sorts *o* kinds of **-3.** [EDUC - asignatura, alumnos] class; [- aula] classroom; **dar ~s** [en un colegio] to teach; [en una universidad] to lecture; **~s particulares** private classes *o* lessons; **~s de recuperación** *extra lessons for pupils who have failed their exams.*

clasicismo *m* **-1.** ARTE & LITER classicism **-2.** [tradicionalismo] classical nature.

clásico, ca ◇ *adj* **-1.** [de la Antigöedad] classical **-2.** [ejemplar, prototípico] classic **-3.** [peinado, estilo, música etc] classical **-4.** [habitual] customary **-5.** [peculiar]: ~ **de** typical of. ◇ *m,f* [persona] classic.

◆ **clásicas** *fpl* [estudios] classics.

clasificación *f* classification; DEP (league) table.

clasificador, ra *adj* classifying.

◆ **clasificador** *m* [mueble] filing cabinet.

◆ **clasificadora** *f* [máquina] sorter.

clasificar [10] *vt* to classify.

◆ **clasificarse** *vpr* **-1.** [ganar acceso]: **~se (para)** to qualify (for); DEP to get through (to) **-2.** [llegar]: **se clasificó en segundo lugar** she came second.

clasismo *m* class discrimination.

clasista ◇ *adj* class-conscious; *despec* snobbish. ◇ *mf* class-conscious person; *despec* snob.

claudia ▷ **ciruela.**

claudicación *f* withdrawal.

claudicar [10] *vi* **-1.** [ceder] to give in **-2.** [renunciar]: ~ **de** to renounce.

claustro *m* **-1.** ARQUIT & RELIG cloister **-2.** [de uni-

versidad] senate.
◆ **claustro materno** *m* womb.
claustrofobia *f* claustrophobia.
cláusula *f* clause.
clausura *f* **-1.** [acto solemne] closing ceremony **-2.** [cierre] closing down **-3.** [aislamiento] enclosed life, enclosure **-4.** *RELIG* religious seclusion.
clausurar *vt* **-1.** [acto] to close, to conclude **-2.** [local] to close down.
clavadista *mf Cam & Méx* diver.
clavado, da *adj* **-1.** [con clavos] nailed **-2.** [en punto - hora] on the dot **-3.** [a la medida] just right **-4.** [parecido] almost identical; **ser ~ a alguien** to be the spitting image of sb **-5.** [fijo] fixed.
◆ **clavada** *f mfam* [estafa] rip-off.
clavar *vt* **-1.** [clavo, estaca etc] to drive; [cuchillo] to thrust; [chincheta, alfiler] to stick **-2.** [cartel, placa etc] to nail, to fix **-3.** *fig* [mirada, atención] to fix, to rivet; **~ los ojos en** to stare at **-4.** *mfam* [estafar] to sting, to rip off; **me han clavado diez euros** they stung me for ten euros.
◆ **clavarse** *vpr* [hincarse]: **me clavé un cristal en el pie** I got a splinter of glass in my foot.
clave <> *adj inv* key; **palabra ~** keyword. <> *m MÚS* harpsichord. <> *f* **-1.** [código] code; **en ~** in code **-2.** *fig* [solución] key; **la ~ del problema** the key to the problem **-3.** *MÚS* clef; **~ de sol** treble clef **-4.** *INFORM* key; **~ de acceso** access key.
clavecín *m* spinet.
clavel *m* carnation.
claveteado *m* studding.
clavetear *vt* **-1.** [adornar con clavos] to stud (with nails) **-2.** [poner clavos] to nail roughly.
clavicémbalo *m* harpsichord.
clavicordio *m* clavichord.
clavícula *f* collar bone.
clavija *f* **-1.** *ELECTR & TECN* pin; [de auriculares, teléfono] jack **-2.** *MÚS* peg; **apretar las ~s a alguien** to put the screws on sb.
clavo *m* **-1.** [pieza metálica] nail; **agarrarse a un ~ ardiendo** to clutch at straws; **estaré allí como un ~** I'll be there on the dot; **dar en el ~** to hit the nail on the head; **remachar el ~** to make matters worse; **¡por los ~s de Cristo!** for heaven's sake **-2.** *BOT & CULIN* clove **-3.** *MED* [para huesos] pin.
claxon (*pl* **cláxones**) *m* horn; **tocar el ~** to sound the horn.
clemencia *f* mercy, clemency.
clemente *adj* **-1.** [persona] merciful, clement **-2.** *fig* [invierno etc] mild.
clementina *f* clementine.
cleptomanía *f* kleptomania.
cleptómano, na *m,f* kleptomaniac.
clerecía *f* **-1.** [clero] clergy **-2.** [oficio] priesthood.
clerical <> *adj* clerical. <> *mf* clericalist.
clericó *m RP drink made of white wine and fruit.*
clérigo *m* [católico] priest; [anglicano] clergyman.
clero *m* clergy.
clic *m INFORM* click; **hacer ~ en algo** to click on sthg.
cliché, clisé *m* **-1.** *FOT* negative **-2.** *IMPRENTA* plate **-3.** *fig* [tópico] cliché.
cliente, ta *m,f* [de tienda, garaje, bar] customer; [de banco, abogado etc] client; [de hotel] guest; **~ habitual** regular customer.
clientela *f* [de tienda, garaje] customers *(pl)*; [de banco, abogado etc] clients *(pl)*; [de hotel] guests *(pl)*; [de bar, restaurante] clientele.
clima *m lit & fig* climate; **~ mediterráneo/tropical** Mediterranean/tropical climate.
climaterio *m* climacteric.
climático, ca *adj* climatic.
climatización *f* air conditioning.
climatizado, da *adj* air-conditioned.
climatizar [13] *vt* to air-condition.
climatología *f* **-1.** [tiempo] weather **-2.** [ciencia] climatology.
climatológico, ca *adj* climatological.
clímax *m inv* climax.
clínico, ca *adj* clinical.
◆ **clínica** *f* clinic.
clip *m* **-1.** [para papel] paper clip **-2.** [para el pelo] hairclip **-3.** [videoclip] (video) clip.
clíper *m* clipper.
clisé = **cliché**.
clítoris *m inv* clitoris.
cloaca *f* sewer.
clon *m* clone.
clonar *vt* to clone.
clónico, ca *adj* clonic.
cloquear *vi* to cluck.
cloración *f* chlorination.
clorato *m* chlorate.
clorhídrico ▷ **ácido**.
cloro *m* chlorine.
clorofila *f* chlorophyll.
cloro *m* chlorine.
clorofluorocarbono *m* chlorofluorocarbon.
cloruro *m* chloride; **~ de cal** bleaching

powder; ~ **de sodio** *o* **sódico** sodium chloride.
clóset, clósets *m Amér* fitted cupboard.
clown *m* clown.
club (*pl* **clubs** *o* **clubes**) *m* club; ~ **de fans** fan club; ~ **de fútbol** football club; ~ **náutico** yacht club; ~ **nocturno** nightclub.
clueca *adj* broody.
cm (*abrev de* **centímetro**) cm.
CNT (*abrev de* **Confederación Nacional del Trabajo**) *f Spanish anarchist trade union federation created in 1911.*
Co. (*abrev de* **compañía**) Co.
coacción *f* coercion.
coaccionar *vt* to coerce.
coactivo, va *adj* coercive.
coagulación *f* clotting, coagulation.
coagulante ◇ *adj* clotting. ◇ *m* clotting agent.
coagular *vt* [gen] to coagulate; [sangre] to clot; [leche] to curdle.
◆ **coagularse** *vpr* [gen] to coagulate; [sangre] to clot; [leche] to curdle.
coágulo *m* clot.
coalición *f* coalition; **formar una** ~ to form a coalition.
coaligar *vt* = **coligar**.
coartada *f* alibi.
coartar *vt* to limit, to restrict.
coautor, ra *m,f* coauthor.
coaxial *adj* coaxial.
coba *f fam* [halago] flattery; **dar ~ a alguien** [hacer la pelota] to suck up *o* crawl to sb; [aplacar] to soft-soap sb.
cobalto *m* cobalt.
cobarde ◇ *adj* cowardly. ◇ *mf* coward.
cobardía *f* cowardice.
cobaya *m o f* guinea pig.
cobertizo *m* **-1.** [tejado adosado] lean-to **-2.** [barracón] shed.
cobertura *f* **-1.** [gen] cover **-2.** [de un edificio] covering **-3.** PRENS: ~ **informativa** news coverage **-4.** TELEC: **no tengo ~** my network doesn't cover this area.
cobija *f Amér* [manta] blanket.
cobijar *vt* **-1.** [albergar] to house **-2.** [proteger] to shelter.
◆ **cobijarse** *vpr* to take shelter.
cobijo *m* shelter; **dar ~ a alguien** to give shelter to sb, to take sb in.
cobista *mf fam* creep.
COBOL (*pl* **COBOLS**) *m* INFORM COBOL.
cobra *f* cobra.
cobrador, ra *m,f* [del autobús] conductor (*f* conductress); [de deudas, recibos] collector.
cobrar ◇ *vt* **-1.** [COM - dinero] to charge; [- cheque] to cash; [- deuda] to collect; **cantidades por ~** amounts due; **¿me cobra, por favor?** how much do I owe you? **-2.** [en el trabajo] to earn, to be paid **-3.** [adquirir - importancia] to get, to acquire; ~ **fama** to become famous **-4.** [sentir - cariño, afecto] to start to feel; ~ **le afecto a alguien** to take a liking to sb. ◇ *vi* **-1.** [en el trabajo] to get paid **-2.** *fam* [recibir una paliza] to catch it; **¡vas a ~!** you'll be in for it! ◆ **cobrarse** *vpr*: **el accidente se cobró nueve vidas** nine people were killed in the crash.
cobre *m* copper; **no tener un ~** *Amér* to be flat broke.
cobrizo, za *adj* **-1.** [color, piel] copper *(antes de sust)* **-2.** [de cobre - metal] containing copper.
cobro *m* [de talón] cashing; [de pago] collection; **llamada a ~ revertido** reverse charge call *UK*, collect call *US*; **llamar a ~ revertido** to reverse the charges *UK*, to call collect *US*.
coca *f* **-1.** [planta] coca **-2.** *fam* [cocaína] coke.
Coca-Cola® *f* Coca-Cola®, Coke®.
cocaína *f* cocaine.
cocainómano, na *m,f* cocaine addict.
cocción *f* [gen] cooking; [en agua] boiling; [en horno] baking.
cóccix, coxis *m inv* coccyx.
cocear *vi* to kick.
cocer [41] *vt* **-1.** [gen] to cook; [hervir] to boil; [en horno] to bake **-2.** [cerámica, ladrillos] to fire.
◆ **cocerse** *vpr* **-1.** [gen] to cook; [hervir] to boil; [en horno] to bake **-2.** *fig* [plan] to be afoot.
cochambre *f fam* [suciedad] filth; [basura] rubbish.
cochambroso, sa *adj fam* filthy.
cochayuyo *m Andes* seaweed.
coche *m* **-1.** [automóvil] car, automobile *US*; **ir en ~** [montado] to go by car; [conduciendo] to drive; ~ **de alquiler** hire car; ~ **blindado** armoured car; ~ **de bomberos** fire engine; ~ **de carreras** racing car; ~ **celular** police van; ~ **deportivo** sports car; ~ **familiar** estate car *UK*, station wagon *US*; ~ **fúnebre** hearse; ~ **grúa** breakdown van *o* lorry *UK o* truck *US*; ~ **patrulla** patrol car, squad car *US* **-2.** [de tren] coach, carriage; ~ **cama** sleeping car, sleeper; ~ **restaurante** restaurant *o* dining car **-3.** [de caballos] carriage

-4. *loc*: **ir en el ~ de San Fernando** *fam* to go on foot.

◆ **coche bomba** *m* car bomb.

cochera *f* [para coches] garage; [de autobuses, tranvías] depot.

cochero *m* coachman.

cochinada *f fam fig* [guarrería] dirty *o* filthy thing; [grosería] obscenity, dirty word; **decir ~s** to use foul language; [mala jugada] dirty trick.

cochinilla *f* **-1.** [crustáceo] woodlouse **-2.** [insecto] cochineal.

cochinillo *m* sucking pig.

cochino, na ◇ *adj* **-1.** [persona] filthy **-2.** [tiempo, dinero] lousy. ◇ *m,f* [animal - macho] pig; [- hembra] sow.

cocido *m* stew; **~ madrileño** *CULIN stew made with chickpeas, bacon, meat and root vegetables, typical of Madrid.*

cociente *m* quotient; **~ intelectual** intelligence quotient, I.Q.

cocina *f* **-1.** [habitación] kitchen **-2.** [electrodoméstico] cooker, stove; **~ eléctrica/de gas** electric/gas cooker **-3.** [arte] cooking; **alta ~** haute cuisine; **~ casera** home cooking; **~ española** Spanish cuisine *o* cooking; **libro/clase de ~** cookery book/class.

cocinar *vt & vi* to cook.

cocinero, ra *m,f* cook; **haber sido ~ antes que fraile** to know what one is talking about.

cocker *m* cocker spaniel.

coco *m* **-1.** [árbol] coconut palm; [fruto] coconut **-2.** *fam* [cabeza] nut, head; **comerse el ~** to worry (one's head); **comer el ~ a alguien** [convencer] to brainwash sb **-3.** *fam* [fantasma] bogeyman **-4.** *BOT* [bacteria] coccus.

cococha *f* barbel.

cocodrilo *m* crocodile.

cocotero *m* coconut palm.

cóctel, coctel *m* **-1.** [bebida, comida] cocktail; **~ de gambas** prawn cocktail **-2.** [reunión] cocktail party.

◆ **cóctel molotov** *m* Molotov cocktail.

coctelera *f* cocktail shaker.

cód. *abrev de* **código**.

coda *f* coda.

codazo *m* nudge, jab *(with one's elbow)*; **abrirse paso a ~s** to elbow one's way through; **dar un ~ a alguien** [con disimulo] to give sb a nudge, to nudge sb; [con fuerza] to elbow sb.

codearse *vpr*: **~se (con)** to rub shoulders (with).

codeína *f* codeine.

codera *f* elbow patch.

códice *m* codex.

codicia *f* **-1.** [avaricia] greed **-2.** [de lo ajeno] covetousness.

codiciar [8] *vt* to covet.

codicioso, sa *adj* greedy.

codificación *f* **-1.** [de norma, ley] codification **-2.** [de mensaje en clave] encoding **-3.** *INFORM* coding.

codificador, ra ◇ *adj* codifying. ◇ *m,f INFORM* [profesional] encoder.

◆ **codificador** *m* [aparato] encoder.

codificar [10] *vt* **-1.** [ley] to codify **-2.** [un mensaje] to encode **-3.** *INFORM* to code.

código *m* [gen & *INFORM*] code; **~ postal** post *UK o* zip *US* code; **~ territorial** area code; **~ mercantil** *o* **de comercio** commercial law; **~ de barras/de señales** bar/signal code; **~ de circulación** highway code; **~ civil/penal** civil/penal code; **~ ASCII** ASCII code; **~ máquina** machine code; **~ Morse** Morse code; **~ territorial** dialling code *UK*, area code *US*.

codillo *m* **-1.** [en un cuadrúpedo] upper foreleg **-2.** [de jamón] shoulder **-3.** [de un tubo] elbow, bend.

codirector, ra *m,f* co-director.

codo *m* **-1.** [en brazo, tubería] elbow; **estaba de ~s sobre la mesa** she was leaning (with her elbows) on the table; **dar con el ~** to nudge **-2.** [medida] cubit **-3.** *loc*: **se sacó la carrera a base de ~s** she got her degree by sheer hard work; **~ con ~, ~ a ~** side by side; **empinar el ~** *fam* to booze; **hablar por los ~s** *fam* to talk nineteen to the dozen, to be a chatterbox; **hincar los ~s** *fam* to swot.

codorniz *f* quail.

coeficiente *m* **-1.** [gen] coefficient; **~ de caja** *BANCA* cash ratio; **~ intelectual** *o* **de inteligencia** intelligence quotient, I.Q **-2.** [índice] rate.

coercer [11] *vt* to restrict, to constrain.

coerción *f* coercion.

coerza *etc* ▷ **coercer**.

coetáneo, a *adj & m,f* contemporary.

coexistencia *f* coexistence; **~ pacífica** peaceful coexistence.

coexistente *adj* coexisting.

coexistir *vi* to coexist.

cofia *f* [de enfermera, camarera] cap; [de monja] coif.

cofrade *mf* **-1.** [de cofradía religiosa] brother (*f* sister) **-2.** [de cofradía no religiosa] member.

cofradía *f* **-1.** [religiosa] brotherhood (*f* sisterhood) **-2.** [no religiosa] guild.

cofre *m* **-1.** [arca] chest, trunk **-2.** [para joyas] jewel box.

coger [14] ◇ *vt* **-1.** [asir, agarrar] to take; **~ a alguien de** *o* **por la mano** to take sb by the hand **-2.** [atrapar - ladrón, pez, pájaro] to catch **-3.** [alcanzar - persona, vehículo] to catch up with **-4.** [recoger - frutos, flores] to pick **-5.** [quedarse con - propina, empleo, piso] to take **-6.** [contratar - personal] to take on **-7.** [quitar]: **~ algo (a alguien)** to take sthg (from sb) **-8.** [tren, autobús] to take, to catch; **no me gusta ~ el avión** I don't like flying **-9.** [contraer - gripe, resfriado] to catch, to get; **~ una borrachera** to get drunk **-10.** [sentir - manía, odio, afecto] to start to feel; **~ cariño/miedo a** to become fond/scared of **-11.** [suj: coche] to knock over, to run over; [suj: toro] to gore **-12.** [oír] to catch; [entender] to get; **no cogió el chiste** he didn't get the joke **-13.** [sorprender, encontrar]: **~ a alguien haciendo algo** to catch sb doing sthg; **lo cogieron robando** they caught him stealing **-14.** [sintonizar - canal, emisora] to get, to receive **-15.** [abarcar - espacio] to cover, to take up **-16.** *Méx, RP, Ven vulg* [tener relaciones sexuales con] to screw, to fuck. ◇ *vi* **-1.** [situarse] to be; **coge muy cerca de aquí** it's not very far from here **-2.** [dirigirse]: **~ a la derecha/la izquierda** to turn right/left **-3.** *loc*: **cogió y se fue** he upped and went; **de pronto cogió y me insultó** he turned round and insulted me.
◆ **cogerse** *vpr* **-1.** [agarrarse]: **~se de** *o* **a algo** to cling to *o* clutch sthg **-2.** [pillarse]: **~se los dedos/la falda en la puerta** to catch one's fingers/skirt in the door.

cogestión *f* copartnership.

cogida *f* [de torero]: **sufrir una ~** to be gored.

cognac = coñá.

cogollo *m* **-1.** [de lechuga] heart **-2.** [brote - de árbol, planta] shoot.

cogorza *f fam*: **agarrarse una ~** to get smashed, to get blind drunk; **llevar una ~** to be smashed, to be blind drunk.

cogotazo *m* rabbit punch.

cogote *m* nape, back of the neck.

cohabitación *f* cohabitation.

cohabitar *vi* to cohabit, to live together.

cohecho *m* bribery.

coherencia *f* **-1.** [de razonamiento] coherence **-2.** *FÍS* cohesion.

coherente *adj* coherent.

cohesión *f* cohesion.

cohete *m* rocket.

cohibición *f* inhibition.

cohibido, da *adj* inhibited.

cohibir *vt* to inhibit.
◆ **cohibirse** *vpr* to become inhibited.

cohorte *f* cohort.

COI (*abrev de* **Comité Olímpico Internacional**) *m* IOC.

coima *f Andes & RP fam* bribe, backhander *UK*.

coincidencia *f* coincidence; **¡qué ~!** what a coincidence!

coincidir *vi* **-1.** [superficies, versiones, gustos] to coincide **-2.** [personas - encontrarse] to meet; [- estar de acuerdo] to agree; **coincidimos en una fiesta** we saw each other at a party.

coito *m* (sexual) intercourse.

coja ▷ **coger**.

cojear *vi* **-1.** [persona] to limp **-2.** [mueble] to wobble **-3.** *fig* [adolecer] to falter, to flounder.

cojera *f* [acción] limp; [estado] lameness.

cojín *m* cushion.

cojinete *m* [en eje] bearing; [en un riel de ferrocarril] chair.

cojo, ja ◇ *v* ▷ **coger**. ◇ *adj* **-1.** [persona] lame **-2.** [mueble] wobbly **-3.** *fig* [razonamiento, frase] faulty. ◇ *m, f* cripple; **no ser ~ ni manco** *fig* to know a thing or two.

cojón *m (gen pl) vulg* ball; **¡ahora lo vas a hacer por cojones!** you bloody well are going to do it!; **tener cojones** to have balls *o* guts.
◆ **cojones** *interj vulg*: **¡cojones!** [enfado] for fuck's sake!

cojonudo, da *adj vulg* bloody brilliant.

cojudear *vt Andes & RP fam* **-1.** [hacer tonterías] to piss about, to muck about **-2.** [engañar] to trick.

cojudez *f Andes mfam*: **¡que ~!** [acto] what a bloody *UK o* goddamn *US* stupid thing to do!; [dicho] what a bloody *UK o* goddamn *US* stupid thing to say!

cojudo, da *adj Andes mfam* bloody *UK o* goddamn *US* stupid.

col *f* cabbage; **~ de Bruselas** Brussels sprout; **~ lombarda** red cabbage; **entre ~ y ~, lechuga** variety is the spice of life.

cola *f* **-1.** [de animal, avión] tail **-2.** [de vestido de novia] train **-3.** [fila] queue *UK*, line *US*; **¡a la ~!** get in the queue! *UK*, get in line! *US*; **hacer ~** to queue (up) *UK*, to stand in line *US*; **ponerse a la ~** to join the end of the queue *UK o* line *US*; **~ de impresión** *INFORM* printout queue **-4.** [pegamento] glue **-5.** [de clase, lista] bottom; [de desfile] end **-6.** [bebida] cola **-7.** [peinado]: **~ (de caballo)** pony tail **-8.** **Amér** *fam* [nalgas] bum *UK*, fanny *US* **-9.**

Esp *fam* [pene] willy *UK*, peter *US* **-10. loc: no pegan ni con ~** *fam* they don't match at all; **tener** *o* **traer ~** to have serious consequences *o* repercussions.

colaboración *f* **-1.** [gen] collaboration **-2.** [de prensa] contribution, article.

colaboracionismo *m* collaborationism.

colaboracionista ◇ *adj* collaborationist. ◇ *mf* collaborator.

colaborador, ra ◇ *adj* cooperative. ◇ *m,f* **-1.** [gen] collaborator **-2.** [de prensa] contributor, writer.

colaborar *vi* **-1.** [ayudar] to collaborate **-2.** [en prensa]: **~ en** *o* **con** to write for, to work for **-3.** [contribuir] to contribute.

colación *f*: **sacar** *o* **traer algo a ~** [tema] to bring sthg up.

coladero *m fam* easy way through.

colado, da *adj* **-1.** [líquido] strained **-2.** [enamorado]: **estar ~ por alguien** *fam* to have a crush on sb.

◆ **colada** *f* [ropa] laundry; **hacer la ~** to do the washing.

colador *m* [para líquidos] strainer, sieve; [para verdura] colander.

colágeno *m* collagen.

colapsar ◇ *vt* to bring to a halt, to stop. ◇ *vi* to come *o* grind to a halt.

colapso *m* **-1.** MED collapse, breakdown; **sufrir un ~** to collapse; **~ nervioso** nervous breakdown **-2.** [de actividad] stoppage; [de tráfico] traffic jam, hold-up.

colar [23] ◇ *vt* **-1.** [verdura, té] to strain; [café] to filter **-2.** [dinero falso] to pass off as genuine; [mentira] to slip through **-3.** [por un sitio estrecho] to slip, to squeeze. ◇ *vi* [pasar por bueno]: **esto no colará** this won't wash.

◆ **colarse** *vpr* **-1.** [líquido]: **~se por** to seep through **-2.** [persona] to slip, to sneak; [en una cola] to jump the queue *UK* *o* line *US*; **~se en una fiesta** to gatecrash a party **-3.** *fam* [por error] to slip up **-4.** *loc fam*: **~se por alguien** to fall for sb.

colateral *adj* **-1.** [lateral] on either side **-2.** [pariente] collateral.

colcha *f* bedspread.

colchón *m* **-1.** [de cama] mattress; **~ inflable** air bed **-2.** INFORM buffer.

colchoneta *f* [para playa] beach mat; [en gimnasio] mat.

cole *m fam* school.

colear *vi* **-1.** [animal] to wag its tail **-2.** *fig* [asunto, problema] to drag on.

colección *f lit & fig* collection.

coleccionable ◇ *adj* collectable. ◇ *m* special supplement in serialized form.

coleccionar *vt* to collect.

coleccionista *mf* collector.

colecta *f* collection.

colectividad *f* community.

colectivismo *m* collectivism.

colectivización *f* collectivization.

colectivizar [13] *vt* to collectivize.

colectivo, va ◇ *adj* collective. ◇ *m* *Andes* [taxi] collective taxi; *Andes, Bol* [autobús] bus.

◆ **colectivo** *m* group.

colector, ra *adj* collecting.

◆ **colector** *m* **-1.** [sumidero] sewer; **~ de basuras** chute **-2.** MEC [de motor] manifold **-3.** [de transistor] collector.

colega *mf* **-1.** [compañero profesional] colleague **-2.** [homólogo] counterpart, opposite number **-3.** *fam* [amigo] mate.

colegiado, da *adj who belongs to a professional association.*

◆ **colegiado** *m* DEP referee.

colegial, la *m,f* schoolboy (*f* schoolgirl).

◆ **colegial** *adj* school *(antes de sust)*.

colegiarse [8] *vpr to become a member of a professional association.*

colegiata *f* collegiate church.

colegio *m* **-1.** [escuela] school; **~ concertado** *private school with state subsidy*; **~ de curas** school run by priests; **~ de monjas** convent school; **~ de pago** fee-paying *o* private school **-2.** [de profesionales]: **~ (profesional)** professional association.

◆ **colegio electoral** *m* [lugar] polling station; [votantes] ward.

◆ **colegio mayor** *m* hall of residence.

colegir [42] ◆ **colegir de** *vi* to infer from, to gather from.

◆ **colegirse de** *vpr* to be inferred from.

coleópteros *mpl* coleoptera.

cólera ◇ *m* MED cholera. ◇ *f* [ira] anger, rage; **montar en ~** to get angry, to lose one's temper.

colérico, ca *adj* **-1.** [carácter] bad-tempered **-2.** MED cholera *(antes de sust)*.

colesterol *m* cholesterol.

coleta *f* pigtail; **cortarse la ~** to call it a day, to retire.

coletazo *m* flick *o* swish of the tail; **está dando (los últimos) ~s** it's in its death throes.

coletilla *f* postscript.

colgado, da *adj* **-1.** [cuadro, jamón etc]: **~ (de)** hanging (from) **-2.** [teléfono] on the hook **-3.** *fam fig* [abandonado]: **dejar ~ a alguien** to leave sb in the lurch **-4.** *fam* [enganchado]: **quedarse ~ (con)** to get hooked (on).

colgador *m* hanger, coathanger.

colgajo *m* **-1.** [de ropa] hanging piece of material **-2.** [de piel] flap.

colgante ◇ *adj* hanging. ◇ *m* pendant.

colgar [39] ◇ *vt* **-1.** [suspender, ahorcar] to hang; **~ el teléfono** to hang up **-2.** [imputar]: **~ algo a alguien** to blame sthg on sb **-3.** [suspender en los estudios] to fail **-4.** [abandonar] to give up. ◇ *vi* **-1.** [pender]: **~ (de)** to hang (from) **-2.** [hablando por teléfono] to hang up, to put the phone down.

◆ **colgarse** *vpr*: **~se (de)** [gen] to hang (from); [ahorcarse] to hang o.s. (from).

colibrí *m* hummingbird.

cólico *m* stomachache; **~ hepático** biliary colic; **~ nefrítico** *o* **renal** renal colic.

coliflor *f* cauliflower.

coligar, coaligar [16] *vt* to ally, to unite.

◆ **coligarse** *vpr* to unite, to join together.

colige, coligió *etc v* ▻ **colegir**.

coligue *etc v* ▻ **coligar**.

colija *etc v* ▻ **colegir**.

colilla *f* (cigarette) butt *o* stub.

colimba *f Arg fam* military service.

colina *f* hill.

colindante *adj* neighbouring, adjacent.

colindar *vi* to be adjacent, to adjoin.

colirio *m* eyewash, eyedrops *(pl)*.

coliseo *m* coliseum.

colisión *f* [de automóviles] collision, crash; [de ideas, intereses] clash.

colisionar *vi* **-1.** [coche]: **~ (contra)** to collide (with), to crash (into) **-2.** *fig* [ideas] to clash.

colista *mf* [en liga de fútbol etc] bottom team; [en carreras] tailender.

colitis *f inv* stomach infection.

collado *m* [colina] hill.

collage *m* collage.

collar *m* **-1.** [de personas] necklace **-2.** [para animales] collar **-3.** [abrazadera] collar, ring.

collarín *m* surgical collar.

collera *f Andes* cuff link.

colmado, da *adj*: **~ (de)** full to the brim (with).

◆ **colmado** *m* grocer's (shop).

colmar *vt* **-1.** [recipiente] to fill (to the brim) **-2.** *fig* [aspiración, deseo] to fulfil; **~ a alguien de regalos/elogios** to shower gifts/praise on sb.

colmena *f* beehive.

colmenar *m* apiary.

colmillo *m* **-1.** [de persona] canine, eye-tooth **-2.** [de perro] fang; [de elefante] tusk **-3.** *loc*: **enseñar los ~s** to show one's teeth.

colmo *m* height; **para ~ de desgracias** to crown it all; **es el ~ de la locura** it's sheer madness; **¡eso es el ~!** *fam* that's the last straw!

colocación *f* **-1.** [acción] placing, positioning; [situación] place, position **-2.** [empleo] position, job.

colocado, da *adj* **-1.** [gen] placed; **estar muy bien ~** to have a very good job **-2.** *fam* [borracho] legless; [drogado] high, stoned.

colocar [10] *vt* **-1.** [en su sitio] to place, to put **-2.** [en una posición]: **~ los brazos en alto** to raise one's arms **-3.** [en un empleo] to find a job for **-4.** [casar] to marry off **-5.** [invertir] to place, to invest.

◆ **colocarse** *vpr* **-1.** [en un trabajo] to get a job **-2.** *fam* [emborracharse] to get legless; [drogarse] to get high *o* stoned.

colocón *m mfam*: **llevar un ~** [de droga] to be high; [de bebida] to be pissed.

colofón *m* **-1.** [remate, fin] climax, culmination **-2.** [de libro] colophon.

Colombia Colombia.

colombianismo *m* Colombian expression.

colombiano, na *adj* & *m,f* Colombian.

colombofilia *f* pigeon-fancying.

colon *m* colon.

colón *m* colon *(unit of currency in Costa Rica and El Salvador)*.

colonia *f* **-1.** [gen] colony **-2.** [de niños]: **~ (de verano)** (summer) camp; **ir de ~s** to go to summer camp **-3.** [perfume] eau de cologne **-4.** *Méx* [barrio] district; **~ proletaria** shanty town, slum area.

colonial *adj* colonial.

colonialismo *m* colonialism.

colonialista *adj* & *m,f* colonialist.

colonización *f* colonization.

colonizador, ra ◇ *adj* colonizing. ◇ *m,f* colonizer, colonist.

colonizar [13] *vt* to colonize.

colono *m* settler, colonist.

coloque *etc v* ▻ **colocar**.

coloquial *adj* colloquial.

coloquio *m* **-1.** [conversación] conversation **-2.** [debate] discussion, debate.

color *m* **-1.** [gen] colour; **~ rojo** red; **~ azul** blue; **¿de qué ~?** what colour?; **una falda de ~ rosa** a pink skirt; **~ local** local colour; **a todo ~** in full colour; **de ~** [persona] coloured; **en ~** [foto, televisor] colour; **~ primario** primary colour; **~es complementa-**

rios complementary colours **-2.** ***fig*** [aspecto] tone **-3.** [en los naipes] suit **-4.** ***loc*: dar ~ a algo** to colour sthg in; ***fig*** to brighten *o* liven sthg up; **no hay ~** it's no contest; **ponerse de mil ~es** to flush; **sacarle** *o* **salirle a alguien los ~es (a la cara)** to make sb blush; **ver las cosas de ~ de rosa** to see things through rose-coloured *o* rose-tinted spectacles.

colorado, da *adj* [color] red; **ponerse ~** to blush, to go red.

◆ **colorado** *m* [color] red.

colorante *m* colouring.

colorear *vt* to colour (in).

colorete *m* rouge, blusher.

colorido *m* colours *(pl)*.

colorín *(gen pl) m* bright colour; **~ colorado, este cuento se ha acabado** and they all lived happily ever after.

colorista *adj* colouristic.

colosal *adj* **-1.** [estatura, tamaño] colossal **-2.** [extraordinario] great, enormous.

coloso *m* **-1.** [estatua] colossus **-2.** ***fig*** [cosa, persona] giant.

colt® *m* Colt®.

columna *f* **-1.** [gen] column; **quinta ~** fifth column **-2.** ***fig*** [pilar] pillar.

◆ **columna vertebral** *f* spinal column.

columnata *f* colonnade.

columnista *mf* columnist.

columpiar [8] *vt* to swing.

◆ **columpiarse** *vpr* to swing.

columpio *m* swing.

colza *f* BOT rape.

coma ◇ *m* MED coma; **en ~** in a coma. ◇ *f* **-1.** GRAM comma **-2.** MAT ≃ decimal point.

comadre *f* **-1.** [mujer chismosa] gossip, gossipmonger; [vecina] neighbour **-2.** ***CAm, Méx*** [amiga] friend.

comadrear *vi* to gossip.

comadreja *f* weasel.

comadreo *m* gossip.

comadrona *f* midwife.

comal *m* ***CAm, Méx*** *clay or metal dish used for baking tortillas.*

comandancia *f* **-1.** [rango] command **-2.** [edificio] command headquarters.

comandante *m* [MIL - rango] major; [- de un puesto] commander, commandant; **~ en jefe** commander-in-chief.

comandar *vt* MIL to command.

comando *m* MIL commando; **~ terrorista** terrorist unit.

comarca *f* region, area.

comarcal *adj* district *(antes de sust)*, local.

comatoso, sa *adj* comatose.

comba *f* **-1.** [juego] skipping; **jugar** *o* **saltar a la ~** to skip **-2.** [cuerda] skipping rope.

combado, da *adj* curved.

combar *vt* to bend.

◆ **combarse** *vpr* [gen] to bend; [madera] to warp; [pared] to bulge.

combate *m* [gen] fight; [batalla] battle; **dejar a alguien fuera de ~** [en boxeo] to knock sb out; ***fig*** to put sb out of the running.

combatiente *mf* combatant, fighter.

combatir ◇ *vi*: **~ (contra)** to fight (against). ◇ *vt* to combat, to fight.

combatividad *f* fighting spirit.

combativo, va *adj* aggressive, combative.

combi *m* [frigorífico] fridge-freezer.

combinación *f* **-1.** [gen] combination **-2.** [de bebidas] cocktail **-3.** QUÍM compound **-4.** [prenda] slip **-5.** [plan] scheme **-6.** [de medios de transporte] connections *(pl)*.

combinado *m* **-1.** [bebida] cocktail **-2.** DEP combined team **-3.** ***Amér*** [radiograma] radiogram.

combinar *vt* **-1.** [gen] to combine **-2.** [bebidas] to mix **-3.** [colores] to match **-4.** [planificar] to arrange, to organize.

combinatoria *f* MAT combinatorial analysis.

combustible ◇ *adj* combustible. ◇ *m* fuel.

combustión *f* combustion.

comecocos *m inv **fam*** **-1.** [para convencer]: **este panfleto es un ~** this pamphlet is designed to brainwash you **-2.** [cosa difícil de comprender] mind-bending problem *o* puzzle *etc.*

COMECON (*abrev de* **Council for Mutual Economic Assistance**) *m* COMECON.

comedero *m* trough.

comedia *f* **-1.** [obra, película, género] comedy; **~ musical** musical (comedy) **-2.** ***fig*** [engaño] farce; **hacer la ~** to pretend, to make believe.

comediante, ta *m,f* actor (*f* actress); ***fig*** [farsante] fraud.

comedido, da *adj* moderate, restrained.

comedimiento *m* moderation, restraint.

comediógrafo, fa *m,f* playwright, dramatist.

comedirse [26] *vpr* to be restrained.

comedor *m* **-1.** [habitación - de casa] dining room; [- de fábrica] canteen **-2.** [muebles] dining-room suite.

comensal *mf* fellow diner.

comentar *vt* [opinar sobre] to comment on;

[hablar de] to discuss.

comentario *m* **-1.** [observación] comment, remark **-2.** [crítica] commentary.
◆ **comentarios** *mpl* [murmuraciones] gossip *(U)*.

comentarista *mf* commentator.

comenzar [34] ◇ *vt* to start, to begin; ~ **a hacer algo** to start doing *o* to do sthg; ~ **diciendo que ...** to start *o* begin by saying that ... ◇ *vi* to start, to begin.

comer ◇ *vi* [ingerir alimentos - gen] to eat; [- al mediodía] to have lunch. ◇ *vt* **-1.** [alimentos] to eat **-2.** [colores] to fade **-3.** [en juegos de tablero] to take, to capture **-4.** *fig* [consumir] to eat up **-5.** *loc*: **sin ~lo ni beberlo** through no fault of one's own.
◆ **comerse** *vpr* **-1.** [alimentos] to eat **-2.** [desgastar - recursos] to eat up; [- metal] to corrode **-3.** [en los juegos de tablero] to take, to capture **-4.** *fam* [palabras] to swallow **-5.** *Amér vulg* [fornicar]: **~se a** to fuck.

comercial *adj* commercial.

comercialización *f* marketing.

comercializar [13] *vt* to market.

comerciante *mf* tradesman (*f* tradeswoman); [tendero] shopkeeper.

comerciar [8] *vi* to trade, to do business.

comercio *m* **-1.** [de productos] trade; ~ **electrónico** e-business; ~ **exterior/interior** foreign/domestic trade; ~ **justo** fair trade; **libre** ~ free trade **-2.** [actividad] business, commerce **-3.** [tienda] shop.

comestible *adj* edible, eatable.
◆ **comestibles** *mpl* [gen] food *(U)*; [en una tienda] groceries.

cometa ◇ *m* ASTRON comet. ◇ *f* kite.

cometer *vt* [crimen] to commit; [error] to make.

cometido *m* **-1.** [objetivo] mission, task **-2.** [deber] duty.

comezón *f* **-1.** [picor] itch, itching *(U)* **-2.** *fig* [remordimiento] twinge; [deseo] urge, itch.

cómic (*pl* **cómics**), **comic** (*pl* **comics**) *m* (adult) comic.

comicidad *f* humorousness.

comicios *mpl* elections.

cómico, ca ◇ *adj* **-1.** [de la comedia] comedy *(antes de sust)*, comic **-2.** [gracioso] comic, comical. ◇ *m,f* [actor de teatro] actor (*f* actress); [humorista] comedian (*f* comedienne), comic.

comida ◇ *v* ▻ **comedirse.** ◇ *f* **-1.** [alimento] food *(U)*; ~ **basura** junk food; ~ **chatarra** *Amér* junk food; ~ **rápida** fast food **-2.** [almuerzo, cena etc] meal **-3.** [al mediodía] lunch; ~ **de negocios** business lunch.

comidiera *etc v* ▻ **comedirse.**

comidilla *f fam*: **ser/convertirse en la ~ del pueblo** to be/to become the talk of the town.

comidió *v* ▻ **comedirse.**

comience *etc* ▻ **comenzar.**

comienzo *m* start, beginning; **a ~s de los años 50** in the early 1950s; **dar ~** to start, to begin.

comillas *fpl* inverted commas, quotation marks; **entre ~** in inverted commas.

comilón, ona *fam* ◇ *adj* greedy. ◇ *m,f* [persona] greedy pig, glutton.

comilona *f fam* [festín] blow-out.

comino *m* [planta] cumin, cummin; **me importa un ~** I don't give a damn; **no valer un ~** not to be worth tuppence.

comisaría *f* police station, precinct *US*.

comisario, ria *m,f* **-1.**: **~ (de policía)** police superintendent **-2.** [delegado] commissioner; **~ político** political commissar.

comisión *f* **-1.** [de un delito] perpetration **-2.** COM commission; **(trabajar) a ~** (to work) on a commission basis; **~ fija** ECON flat fee **-3.** [delegación] commission, committee; **Comisión Europea** European Comission; **~ investigadora** committee of inquiry; **~ parlamentaria** parliamentary committee; **~ permanente** standing commission; **~ de servicio** special assignment; **Comisiones Obreras** Spanish Communist-inspired trade union, special assignment.

comisionado, da *m,f* committee member.

comisionar *vt* to commission.

comisionista *mf* commission agent.

comisura *f* corner *(of mouth, eyes)*.

comité *m* committee; **~ ejecutivo** executive committee; **~ de empresa** works council.

comitiva *f* retinue.

como ◇ *adv* **-1.** *(comparativo)*: **tan ... ~ ...** as ... as ...; **es (tan) negro ~ el carbón** it's as black as coal; **ser ~ algo** to be like sthg; **vive ~ un rey** he lives like a king; **lo que dijo fue ~ para ruborizarse** his words were enough to make you blush **-2.** [de la manera que] as; **lo he hecho ~ es debido** I did it as *o* the way it should be done; **me encanta ~ bailas** I love the way you dance **-3.** [según] as; **~ te decía ayer ...** as I was telling you yesterday ... **-4.** [en calidad de] as; **trabaja ~ bombero** he works as a fireman; **dieron el dinero ~ anticipo** they gave the money as an advance **-5.** [aproximadamente] about; **me quedan ~ cien euros** I've got about a hundred euros left; **estamos ~ a mitad de camino** we're about half-way there; **tiene un sabor ~ a naranja** it tastes a bit like an orange. ◇ *conj* **-1.** [ya que] as, since; **~ no llegabas, nos fuimos** as *o* since you didn't arrive, we left **-2.** [si] if; **~ no me hagas caso, lo pasarás mal** if you don't listen to me, there will be trouble **-3.** [que] that; **después de tantas veces ~ te lo he explicado** after all the times (that) I've explained it to you.

◆ **como que** *loc conj* **-1.** [que] that; **le pareció ~ que lloraban** it seemed to him (that) they were crying **-2.** [expresa causa]: **pareces cansado — ~ que he trabajado toda la noche** you seem tired — well, I've been up all night working **-3.** [expresa incredulidad]: **~ que te voy a creer a ti que eres un mentiroso** as if I'd believe a liar like you! ◆ **como quiera** *loc adv* [de cualquier modo] anyway, anyhow.

◆ **como quiera que** *loc conj* **-1.** [de cualquier modo que] whichever way, however; **~ quiera que sea** whatever the case may be **-2.** [dado que] since, given that.

◆ **como si** *loc conj* as if.

cómo ◇ *adv* **-1.** [de qué modo, por qué motivo] how; **¿~ lo has hecho?** how did you do it?; **¿~ son?** what are they like?; **no sé ~ has podido decir eso** I don't know how you could say that; **¿~ que no la has visto nunca?** what do you mean you've never seen her?; **¿a ~ están los tomates?** how much are the tomatoes?; **¿~?** *fam* [¿qué dices?] sorry?, what?; **¿~ es eso?** *fam* [¿por qué?] how come? **-2.** [exclamativo] how; **¡~ pasan los años!** how time flies!; **¡~ no!** of course!; **está lloviendo, ¡y ~!** it isn't half raining! ◇ *m*: **el ~ y el porqué** the whys and wherefores.

cómoda *f* chest of drawers.

comodidad *f* comfort, convenience *(U)*; **para su ~** for your convenience.

◆ **comodidades** *fpl* comforts.

comodín *m* **-1.** [naipe] joker **-2.** *fig* [cosa] multi-purpose gadget; [persona] jack-of-all-trades.

cómodo, da *adj* **-1.** [confortable] comfortable; **ponte ~** make yourself comfortable, make yourself at home; **sentirse ~ con alguien** to feel comfortable with sb **-2.** [útil] convenient **-3.** [oportuno, fácil] easy.

comodón, ona ◇ *adj* [amante de la comodidad] comfort-loving; [vago] laid-back; **no seas ~** don't be lazy. ◇ *m,f* [amante de la comodidad] comfort-lover; [vago] laid-back person.

comodoro *m* commodore.

comoquiera *adv*: **~ que** [de cualquier manera que] whichever way, however; [dado que] since, seeing as.

compa *mf fam* pal, mate *UK*, buddy *US*.

compact *m* compact disc.

compactación *f INFORM* compression; **~ de ficheros** file compression.

compactar *vt* to compress.

compact disk, compact disc *m* compact disc.

compacto, ta *adj* compact.

compactoteca *f* compact disc library.

compadecer [30] *vt* to pity, to feel sorry for.

◆ **compadecerse de** *vpr* to pity, to feel sorry for.

compadre *m fam* [amigo] friend, mate *UK*, buddy *US*.

compadrear *vi RP fam* to brag, to boast.

compadreo *m fam* [amistad] friendship.

compaginación *f* **-1.** [combinación] reconciling **-2.** [en imprenta] page make-up.

compaginar *vt* **-1.** [combinar] to reconcile **-2.** [en imprenta] to make up.

◆ **compaginarse** *vpr*: **~se con** to square with, to go together with.

compañerismo *m* comradeship.

compañero, ra *m,f* **-1.** [acompañante] companion **-2.** [pareja] partner; **~ sentimental** partner **-3.** [colega] colleague; **~ de clase** classmate; **~ de piso** flatmate **-4.** [par]: **el ~ de este guante** the other glove of this pair.

compañía *f* company; **le perdieron las malas ~s** he was led astray by the bad company he kept; **en ~ de** accompanied by, in the company of; **hacer ~ a alguien** to keep sb company; **~ de seguros** insurance company; **~ teatral** *o* **de teatro** theatre company.

comparación *f* comparison; **en ~ con** in comparison with, compared to.

comparado, da *adj* comparative.

comparar *vt*: **~ algo (con)** to compare sthg (to).

comparativo, va *adj* comparative.

◆ **comparativo** *m GRAM* comparative.

comparecencia *f* appearance.

comparecer [30] *vi* to appear.

comparsa ◇ *f* **-1.** *TEATR* extras *(pl)* **-2.** [en carnaval] *group of people at carnival in same costume and with masks.* ◇ *mf* **-1.** *TEATR*

extra **-2.** *fig* [en carreras, competiciones] also-ran; [en organizaciones, empresas] nobody.
compartimentar *vt* to compartmentalize.
compartimento, compartimiento *m* compartment; ~ **estanco** watertight compartment; ~ **de fumadores** smoking compartment.
compartir *vt* **-1.** [ganancias] to share (out) **-2.** [piso, ideas] to share.
compás *m* **-1.** [instrumento] pair of compasses **-2.** *NÁUT* [brújula] compass **-3.** [*MÚS* - periodo] bar; [- ritmo] rhythm, beat; **al ~ (de la música)** in time (with the music); **llevar el ~** to keep time; **perder el ~** to lose the beat.
◆ **compás de espera** *m* pause, interlude.
compasión *f* compassion, pity; **¡por ~!** for pity's sake!; **tener ~ de** to feel sorry for.
compasivo, va *adj* compassionate, sympathetic.
compatibilidad *f* [gen & *INFORM*] compatibility.
compatibilizar [13] *vt* to make compatible.
compatible *adj* [gen & *INFORM*] compatible.
compatriota *mf* compatriot, fellow countryman (*f* fellow countrywoman).
compeler *vt* to compel, to force.
compendiar [8] *vt* [cualidades, características] to summarize; [libro, historia] to abridge.
compendio *m* **-1.** [libro] compendium **-2.** *fig* [síntesis] epitome, essence.
compenetración *f* mutual understanding.
compenetrarse *vpr* to understand each other.
compensación *f* **-1.** [gen] compensation; **en ~ (por)** in return (for); ~ **económica** financial compensation **-2.** *BANCA* compensation; ~ **bancaria** bank clearing.
compensar *vt* **-1.** [valer la pena] to make up for; **no me compensa (perder tanto tiempo)** it's not worth my while (wasting all that time) **-2.** [indemnizar]: ~ **a alguien (de** *o* **por)** to compensate sb (for).
competencia *f* **-1.** [entre personas, empresas] competition; **hacer la ~ a** to compete with; ~ **desleal** *ECON* unfair competition, dumping **-2.** [incumbencia] field, province **-3.** [aptitud, atribuciones] competence.
competente *adj* competent; ~ **en materia de** responsible for.
competer ◆ **competer a** *vi* [gen] to be up to, to be the responsibility of; [una autoridad] to come under the jurisdiction of.
competición *f* competition.
competidor, ra ◇ *adj* rival, competing. ◇ *m,f* competitor.
competir [26] *vi*: ~ **(con/por)** to compete (with/for).
competitividad *f* competitiveness.
competitivo, va *adj* competitive.
compilación *f* [acción] compiling; [colección] compilation.
compilador, ra ◇ *adj* compiling *(antes de sust)*. ◇ *m,f* [persona] compiler.
◆ **compilador** *m* *INFORM* compiler.
compilar *vt* [gen & *INFORM*] to compile.
compinche *mf fam* crony.
compita, compitiera *etc* ▷ **competir**.
complacencia *f* pleasure, satisfaction.
complacer [29] *vt* to please.
complaciente *adj* **-1.** [amable] obliging, helpful **-2.** [indulgente] indulgent.
complejidad *f* complexity.
complejo, ja *adj* complex.
◆ **complejo** *m* complex; ~ **de Edipo/de inferioridad/de superioridad** Oedipus/inferiority/superiority complex; ~ **deportivo** sports complex; ~ **hotelero** hotel complex; ~ **industrial** industrial park; ~ **turístico** tourist development; ~ **vitamínico** vitamin complex.
complementar *vt* to complement.
◆ **complementarse** *vpr* to complement each other.
complementario, ria *adj* complementary.
complemento *m* **-1.** [añadido] complement **-2.** *GRAM* object, complement; ~ **agente** agent; ~ **circunstancial** adjunct; ~ **directo/indirecto** direct/indirect object.
completamente *adv* completely, totally.
completar *vt* to complete.
◆ **completarse** *vpr* to be completed.
completo, ta *adj* **-1.** [entero, perfecto] complete; **por ~** completely; **un deportista muy ~** an all-round sportsman **-2.** [lleno] full.
complexión *f* build; **de ~ atlética** with an athletic build; **de ~ fuerte** well-built, with a strong constitution.
complicación *f* **-1.** [gen] complication **-2.** [complejidad] complexity.
complicado, da *adj* **-1.** [difícil] complicated **-2.** [implicado]: ~ **(en)** involved (in).
complicar [10] *vt* **-1.** [dificultar] to complicate **-2.** [comprometer]: ~ **a alguien (en)** to involve sb (in).

◆ **complicarse** *vpr* [problema] to become complicated; [enfermedad] to get worse.
cómplice *mf* accomplice.
complicidad *f* complicity.
complot, compló *m* plot, conspiracy.
componenda *f* shady deal.
componente ◇ *adj* component, constituent. ◇ *m* **-1.** [gen & ELECTR] component **-2.** [persona] member.
componer [65] *vt* **-1.** [constituir, ser parte de] to make up **-2.** [música, versos] to compose **-3.** [arreglar - algo roto] to repair **-4.** [texto - en imprenta] to set, to compose.
◆ **componerse** *vpr* **-1.** [estar formado]: **~se de** to be made up of, to consist of **-2.** [engalanarse] to dress up **-3.** *loc*: **allá se las compongan** that's their problem; **componérselas (para hacer algo)** to manage (to do sthg).
comportamiento *m* behaviour.
comportar *vt* to involve, to entail.
◆ **comportarse** *vpr* to behave.
composición *f* composition; **hacer** *o* **hacerse una ~ de lugar** to size up the situation.
compositor, ra *m,f* composer.
compostelano, na *adj* of/relating to Santiago de Compostela.
compostura *f* **-1.** [reparación] repair **-2.** [de persona, rostro] composure **-3.** [en comportamiento] restraint; **guardar la ~** to show restraint.
compota *f* CULIN compote, stewed fruit *(U)*.
compra *f* purchase; **ir de ~s** to go shopping; **ir a** *o* **hacer la ~** to do the shopping; **~ al contado** cash purchase; **~ a plazos** hire purchase.
comprador, ra ◇ *adj* buying, purchasing. ◇ *m,f* [gen] buyer, purchaser; [en una tienda] shopper, customer.
comprar *vt* **-1.** [adquirir] to buy, to purchase; **~ algo a alquien** to buy sth from sb **-2.** [sobornar] to buy (off), to bribe.
compraventa *f* buying and selling, trading.
comprender *vt* **-1.** [incluir] to include, to comprise **-2.** [entender] to understand; **hacerse ~** to make o.s. understood.
◆ **comprenderse** *vpr* [personas] to understand each other.
comprensible *adj* understandable, comprehensible.
comprensión *f* understanding.
comprensivo, va *adj* understanding.
compresa *f* **-1.** [para menstruación] sanitary towel *UK*, sanitary napkin *US* **-2.** [para herida] compress.
compresión *f* compression.
compresor, ra *adj* compressing.
◆ **compresor** *m* compressor.
comprimido, da *adj* compressed.
◆ **comprimido** *m* pill, tablet.
comprimir *vt* to compress.
comprobación *f* checking.
comprobante *m* [documento] supporting document, proof; [recibo] receipt.
comprobar [23] *vt* [averiguar] to check; [demostrar] to prove.
comprometedor, ra *adj* compromising.
comprometer *vt* **-1.** [poner en peligro - éxito etc] to jeopardize; [- persona] to compromise **-2.** [avergonzar] to embarrass **-3.** [hacer responsable]: **~se a alguien (a hacer algo)** to oblige *o* compel sb (to do sthg).
◆ **comprometerse** *vpr* **-1.** [hacerse responsable]: **~se (a hacer algo)** to commit o.s. (to doing sthg) **-2.** [ideológicamente, moralmente]: **~se (en algo)** to become involved (in sthg).
comprometido, da *adj* **-1.** [con una idea] committed **-2.** [difícil] compromising, awkward.
compromisario *m* delegate, representative *(in an election)*.
compromiso *m* **-1.** [obligación] commitment; [acuerdo] agreement **-2.** [cita] engagement; **sin ~** without obligation **-3.** [de matrimonio] engagement; **~ matrimonial** engagement **-4.** [dificultad, aprieto] compromising *o* difficult situation; **me pones en un ~** you're putting me in an awkward position.
compuerta *f* sluice, floodgate.
compuesto, ta ◇ *pp* ▷ **componer**. ◇ *adj* **-1.** [formado]: **~ de** composed of, made up of **-2.** [palabra] compound *(antes de sust)* **-3.** [arreglado - persona] dressed up.
◆ **compuesto** *m* GRAM & QUÍM compound.
compulsar *vt* to check against the original.
compulsivo, va *adj* compulsive, urgent.
compungido, da *adj* contrite, remorseful.
compusiera *etc* ▷ **componer**.
computable *adj* computable.
computador *m*, **computadora** *f* computer.
computar *vt* **-1.** [calcular] to compute, to calculate **-2.** [considerar] to count, to regard as valid.
computarizar [13] *vt* to computerize.
cómputo *m* calculation.

comulgar [16] *vi* **-1.** RELIG to take communion **-2.** *fig* [estar de acuerdo]: ~ **con algo** to share sthg.

común *adj* **-1.** [gen] common; **por lo ~** generally; **poco ~** unusual **-2.** [compartido - amigo, interés] mutual; [- bienes, pastos] communal; **tener algo en ~** to have sthg in common; **hacer algo en ~** to do sthg together **-3.** [ordinario - vino etc] ordinary, average; **~ y corriente** perfectly ordinary.

comuna *f* **-1.** commune **-2.** *Amér* [municipalidad] municipality.

comunal *adj* communal.

comunicación *f* **-1.** [gen] communication; **ponerse en ~ con alguien** to get in touch with sb; **medios de ~ de masas** mass media **-2.** [escrito oficial] communiqué; [informe] report.

◆ **comunicaciones** *fpl* communications.

comunicado, da *adj*: **bien ~** [lugar] well-served, with good connections.

◆ **comunicado** *m* announcement, statement; **~ oficial** communiqué; **~ a la prensa** press release.

comunicante ◇ *adj* communicating. ◇ *mf* informant.

comunicar [10] ◇ *vt* **-1.** [transmitir - sentimientos, ideas] to convey; [- movimiento, virus] to transmit **-2.** [información]: **~ algo a alguien** to inform sb of sthg, to tell sb sthg. ◇ *vi* **-1.** [hablar - gen] to communicate; [- al teléfono] to get through; [escribir] to get in touch **-2.** [dos lugares]: **~ con algo** to connect with sthg, to join sthg **-3.** [el teléfono] to be engaged *UK*, to be busy *US*.

◆ **comunicarse** *vpr* **-1.** [hablarse] to communicate (with each other) **-2.** [dos lugares] to be connected **-3.** [propagarse] to spread.

comunicativo, va *adj* communicative, open.

comunidad *f* community; **~ autónoma** autonomous region; **~ de propietarios** residents' association; **Comunidad Económica Europea** European Economic Community.

COMUNIDAD AUTÓNOMA

For administrative purposes, Spain is divided into 19 autonomous regions. These regions are to a large extent politically self-governing, having their own parliaments and control over several areas, including health, education and environmental issues. The process of conceding greater political autonomy to the autonomous regions is constantly changing, and they are taking on more and more political power.

comunión *f lit & fig* communion; **hacer la primera ~** to take one's First Communion.

comunismo *m* communism.

comunista *adj & m,f* communist.

comunitario, ria *adj* **-1.** [de la comunidad] community *(antes de sust)* **-2.** [de la CEE] Community *(antes de sust)*, of the European Community; **política comunitaria** EU *o* Community policy.

con *prep* **-1.** [gen] with; **¿~ quién vas?** who are you going with?; **lo ha conseguido ~ su esfuerzo** he has achieved it through his own efforts; **una cartera ~ varios documentos** a briefcase containing several documents; **~ el tiempo lo olvidé** in time I forgot it **-2.** [a pesar de] in spite of; **~ todo** despite everything; **~ lo estudioso que es, le suspendieron** for all his hard work, they still failed him **-3.** [hacia]: **para ~** towards; **es amable para ~ todos** she is friendly towards *o* with everyone **-4.** *(+ infin)* [para introducir una condición] by *(+ gerund)*; **~ hacerlo así** by doing it this way; **~ salir a las diez es suficiente** if we leave at ten, we'll have plenty of time **-5.** [a condición de que]: **~ (tal) que** *(+ subjuntivo)* as long as; **~ que llegue a tiempo me conformo** I don't mind as long as he arrives on time **-6.** [para expresar queja o decepción]: **mira que perder ¡~ lo bien que jugaste!** it's bad luck you lost, you played really well!

conato *m* attempt; **~ de robo** attempted robbery; **un ~ de incendio** the beginnings of a fire.

concadenar *vt* = **concatenar**.

concatenación *f* succession.

concatenar, concadenar *vt* to link together.

concavidad *f* **-1.** [cualidad] concavity **-2.** [lugar] hollow.

cóncavo, va *adj* concave.

concebir [26] ◇ *vt* [plan, hijo] to conceive; [imaginar] to imagine. ◇ *vi* to conceive.

conceder *vt* **-1.** [dar] to grant; [premio] to award **-2.** [asentir] to admit, to concede.

concejal, la *m,f* (town) councillor.

concejalía *f* seat on the town council.

concejo *m* (town) council.

concelebrar *vt* to concelebrate.

concentración *f* **-1.** [gen] concentration

-2. [de gente] gathering; ~ **parcelaria** *ECON* land consolidation -3. *DEP* training camp.
concentrado *m* concentrate.
concentrar *vt* -1. [gen] to concentrate -2. [reunir - gente] to bring together; [- tropas] to assemble.
◆ **concentrarse** *vpr* to concentrate.
concéntrico, ca *adj* concentric.
concepción *f* conception.
concepto *m* -1. [idea] concept -2. [opinión] opinion; **te tiene en muy buen** ~ she thinks highly of you -3. [motivo]: **bajo ningún** ~ under no circumstances; **en** ~ **de** by way of, as -4. [de una cuenta] heading, item.
conceptual *adj* conceptual.
conceptualismo *m* conceptualism.
conceptualista ◇ *adj* conceptualistic. ◇ *mf* conceptualist.
conceptuar [6] *vt* to consider, to judge.
concerniente *adj*: ~ **a** concerning, regarding.
concernir [21] *v impers* to concern; **en lo que concierne a** as regards; **por lo que a mí me concierne** as far as I'm concerned.
concertación *f* settlement.
concertado, da *adj* [centro de enseñanza] state-assisted, ≃ grant-maintained *UK*; **hospital** ~ *private hospital that has been contracted to provide free treatment for social security patients.*
concertar [19] ◇ *vt* [precio] to agree on; [cita] to arrange; [pacto] to reach. ◇ *vi* [concordar]: ~ **(con)** to tally (with), to fit in (with).
concertina *f* concertina.
concertino *m* first violin.
concertista *mf* soloist.
concesión *f* -1. [de préstamo etc] granting; [de premio] awarding -2. *COM & fig* concession.
concesionario, ria ◇ *adj* concessionary. ◇ *m,f* [persona con derecho exclusivo de venta] licensed dealer; [titular de una concesión] concessionaire, licensee.
concha *f* -1. [de los animales] shell -2. [material] tortoiseshell -3. *Ven* [de frutas] peel, rind -4. *Andes, RP vulg* [vulva] cunt.
◆ **concha de su madre** *m f Andes, RP vulg* motherfucker.
conchabarse *vpr fam*: ~ **(contra)** to gang up (on).
concheto, ta ◇ *adj RP fam* posh. ◇ *m,f* rich kid.
conchudo, da *adj Perú & RP vulg* bloody stupid.
conciba, concibiera *etc* ▷ **concebir**.
conciencia, consciencia *f* -1. [conocimiento] consciousness, awareness; **tener/tomar** ~ **de** to be/become aware of; ~ **de clase** class consciousness; ~ **social** social conscience -2. [moral, integridad] conscience; **a** ~ conscientiously; **me remuerde la** ~ I have a guilty conscience; **tener la** ~ **tranquila** to have a clear conscience.
concienciar [8] *vt* to make aware.
◆ **concienciarse** *vpr* to become aware.
concientizar *Amér vt*: ~ **a alguien de algo** to make sb aware of sthg.
◆ **concientizarse** *vpr*: ~**se (de)** to become aware (of).
concienzudo, da *adj* conscientious.
concierna *etc* ▷ **concernir**.
concierta *etc* ▷ **concertar**.
concierto *m* -1. [actuación] concert -2. [composición] concerto -3. [acuerdo] agreement -4. [orden] order.
conciliación *f* [en un litigio] reconciliation; [en un conflicto laboral] conciliation.
conciliar [8] ◇ *adj* conciliar. ◇ *vt* to reconcile; ~ **el sueño** to get to sleep.
concilio *m* council; ~ **ecuménico** ecumenical council.
concisión *f* conciseness.
conciso, sa *adj* concise.
concitar *vt* to stir up, to arouse.
conciudadano, na *m,f* fellow citizen.
cónclave, conclave *m* conclave.
concluir [51] ◇ *vt* to conclude; ~ **haciendo** *o* **por hacer algo** to end up doing sthg. ◇ *vi* to (come to an) end.
conclusión *f* conclusion; **llegar a una** ~ to come to *o* to reach a conclusion; **en** ~ in conclusion.
concluyente *adj* conclusive.
concomerse *vpr*: ~ **de** [envidia] to be green with; [arrepentimiento] to be consumed with; [impaciencia] to be itching with.
concordancia *f* [gen & *GRAM*] agreement.
concordar [23] ◇ *vt* to reconcile. ◇ *vi* -1. [estar de acuerdo]: ~ **(con)** to agree *o* tally (with) -2. *GRAM*: ~ **(con)** to agree (with).
concordato *m* concordat.
concordia *f* harmony.
concreción *f* -1. [acción y efecto] precision -2. [de partículas] concretion.
concretar *vt* -1. [precisar] to specify, to state exactly -2. [reducir a lo esencial] to summarize.
◆ **concretarse** *vpr* -1. [limitarse]: ~**se a hacer algo** to confine *o* limit o.s. to doing sthg -2. [materializarse] to take shape.

concreto, ta *adj* specific, particular; **en ~** [en resumen] in short; [específicamente] specifically; **nada en ~** nothing definite.
◆ **concreto armado** *m Amér* reinforced concrete.

concubina *f* concubine.

concuerda ▷ **concordar**.

concuñado, da *m,f* [hermano del cuñado] *brother or sister of one's brother-in-law or sister-in-law*; [cónyuge del cuñado] *spouse of one's brother-in-law or sister-in-law.*

concurrencia *f* **-1.** [asistencia] attendance; [espectadores] crowd, audience **-2.** [de sucesos] concurrence **-3.** COM competition; **no ~** DER non-competition clause.

concurrente ◇ *adj* concurrent. ◇ *mf* person present.

concurrido, da *adj* [bar, calle] crowded, busy; [espectáculo] well-attended.

concurrir *vi* **-1.** [reunirse]: **~ a algo** to go to sthg, to attend sthg **-2.** [influir]: **~ (a)** to contribute (to) **-3.** [participar]: **~ a** [concurso] to take part in, to compete in; [examen] to sit *UK*, to take.

concursante *mf* [en concurso] competitor, contestant; [en oposiciones] candidate.

concursar *vi* [competir] to compete, to participate; [en oposiciones] to be a candidate.

concurso *m* **-1.** [prueba - literaria, deportiva] competition; [- de televisión] game show; **fuera de ~** out of the running; **~ de belleza** beauty contest **-2.** [para una obra] tender; **salir a ~** to be put out to tender **-3.** [ayuda] cooperation.

condado *m* [territorio] county.

condal *adj*: **la Ciudad ~** Barcelona.

conde, desa *m,f* count (*f* countess).

condecoración *f* **-1.** [insignia] medal **-2.** [acto] decoration.

condecorar *vt* to decorate.

condena *f* sentence; **cumplir ~** to serve a sentence; **imponer una ~** to impose a sentence.

condenable *adj* condemnable.

condenado, da ◇ *adj* **-1.** [a una pena] convicted, sentenced; [a un sufrimiento] condemned **-2.** *fam* [maldito] damned, wretched. ◇ *m,f* convicted person; [a muerte] condemned person; **trabajar como un ~** to work like a slave.

condenar *vt* **-1.** [declarar culpable] to convict **-2.** [castigar]: **~ a alguien a algo** to sentence sb to sthg **-3.** [predestinar]: **estar condenado a** to be doomed to **-4.** [recriminar] to condemn.
◆ **condenarse** *vpr* to be damned.

condensación *f* condensation.

condensado, da *adj* condensed.

condensador, ra *adj* condensing.
◆ **condensador** *m* condenser.

condensar *vt lit & fig* to condense.

condescendencia *f* [benevolencia] graciousness, kindness; [altivez] condescension.

condescender [20] *vi*: **~ a** [con amabilidad] to consent to, to accede to; [con desprecio] to deign to, to condescend to.

condescendiente *adj* obliging.

condición *f* **-1.** [gen] condition; **condiciones de un contrato** terms of a contract; **a** *o* **con la ~ de que alguien haga algo** on condition that sb does sthg; **con una sola ~** on one condition; **sin condiciones** unconditional **-2.** [naturaleza] nature **-3.** [clase social] social class; **de ~ humilde** of humble circumstances.
◆ **condiciones** *fpl* **-1.** [aptitud] talent *(U)*, ability *(U)* **-2.** [circunstancias] conditions; **condiciones atmosféricas/de vida** weather/living conditions **-3.** [estado] condition *(U)*; **estar en condiciones de** *o* **para hacer algo** [físicamente] to be in a fit state to do sthg; [por la situación] to be in a position to do sthg; **estar en buenas condiciones** [casa, coche] to be in good condition; [carne, pescado] to be fresh; **estar en malas condiciones** [casa, coche] to be in bad condition; [carne, pescado] to be off.

condicionado, da *adj* conditioned.

condicional *adj & m* conditional.

condicionamiento *m* conditioning.

condicionante *m* determinant.

condicionar *vt*: **~ algo a algo** to make sthg dependent on sthg.

condimentación *f* seasoning.

condimentar *vt* to season.

condimento *m* seasoning *(U)*.

condiscípulo, la *m,f* schoolmate.

condolencia *f* condolence.

condolerse [24] *vpr*: **~ (de)** to feel pity (for).

condominio *m* **-1.** [de un territorio] condominium; [de una cosa] joint ownership **-2.** *Amér* [edificio] block of flats *UK*, condominium *US*.

condón *m* condom.

condonar *vt* **-1.** [deuda, pena] to remit **-2.** [violencia, terrorismo] to condone.

cóndor *m* condor.

conducción *f* **-1.** [de vehículo] driving **-2.** [por tubería] piping; [por cable] wiring **-3.** [conducto - de agua, gas] pipe; [- de electricidad] cable **-4.**

fig [dirección] management, running.

conducir [33] ◇ *vt* **-1.** [vehículo] to drive **-2.** [dirigir - empresa] to manage, to run; [- ejército] to lead; [- asunto] to handle **-3.** [a una persona a un lugar] to lead **-4.** [por tubería, cable - calor] to conduct; [- líquido] to convey; [- electricidad] to carry. ◇ *vi* **-1.** [en vehículo] to drive **-2.** [a sitio, situación]: ~ **a** to lead to.

◆ **conducirse** *vpr* to behave.

conducta *f* behaviour, conduct.

conductismo *m* PSICOL behaviourism.

conductividad *f* FÍS conductivity.

conducto *m* **-1.** [de fluido] pipe **-2.** *fig* [vía] channel; **por ~ de** through **-3.** ANAT duct.

conductor, ra ◇ *adj* FÍS conductive. ◇ *m,f* **-1.** [de vehículo] driver **-2.** FÍS conductor.

conduela *etc* ▷ **condolerse**.

conectado, da *adj* **-1.** ELECTR: ~ **(a)** connected (to) **-2.** INFORM on-line.

conectar ◇ *vt*: ~ **algo (a *o* con)** to connect sthg (to *o* up to). ◇ *vi*: ~ **con** RADIO & TV to go over to; [persona] to contact.

◆ **conectarse** *vpr*: **~se a Internet** to get connected to the Internet.

conejera *f* [madriguera] (rabbit) warren; [jaula] rabbit hutch.

conejillo ◆ **conejillo de Indias** *m* guinea pig.

conejo, ja *m,f* rabbit (*f* doe); ~ **a la cazadora** CULIN *rabbit cooked in olive oil with chopped onion, garlic and parsley.*

conexión *f* **-1.** [gen] connection **-2.** RADIO & TV link-up; ~ **a Internet** Internet connection; ~ **vía satélite** satellite link.

◆ **conexiones** *fpl* [influencia] connections.

conexo, xa *adj* related, connected.

confabulación *f* conspiracy.

confabular ◆ **confabularse** *vpr*: **~se (para)** to plot *o* conspire (to).

confección *f* **-1.** [de ropa] tailoring, dressmaking; **de ~** off-the-peg **-2.** [de comida] preparation, making; [de lista] drawing up.

confeccionar *vt* **-1.** [ropa] to make (up); [lista] to draw up **-2.** [plato] to prepare; [bebida] to mix.

confederación *f* confederation.

confederado, da *adj* confederate.

◆ **confederado** *m* HIST Confederate.

confederarse *vpr* to confederate, to form a confederation.

conferencia *f* **-1.** [charla] lecture; **dar una ~** to give a talk *o* lecture; ~ **de prensa** press conference **-2.** [reunión] conference **-3.** [por teléfono] (long-distance) call; **poner una ~** to make a long-distance call; ~ **a cobro revertido** reverse-charge call *UK*, collect call *US*.

conferenciante *mf* lecturer.

conferenciar [8] *vi* to have a discussion.

conferir [27] *vt* **-1.**: ~ **algo a alguien** [honor, dignidad] to confer *o* bestow sthg upon sb; [responsabilidades] to give sthg to sb **-2.** [cualidad] to give.

confesar [19] *vt* [gen] to confess; [debilidad] to admit.

◆ **confesarse** *vpr* RELIG: **~se (de algo)** to confess (sthg).

confesión *f* **-1.** [gen] confession **-2.** [credo] religion, (religious) persuasion.

confesional *adj* denominational; **estado ~** *country with an official state religion.*

confesionario *m* confessional.

confeso, sa *adj* self-confessed.

confesor *m* confessor.

confeti *mpl* confetti *(U)*.

confiado, da *adj* [seguro] confident; [crédulo] trusting.

confianza *f* **-1.** [seguridad]: ~ **(en)** confidence (in); ~ **en uno mismo** self-confidence **-2.** [fe] trust; **de ~** trustworthy; **ser digno de ~** to be trustworthy **-3.** [familiaridad] familiarity; **tengo mucha ~ con él** I am very close to him; **amigo de ~** close *o* intimate friend; **con toda ~** in all confidence; **puedes hablar con toda ~** you can talk quite freely; **en ~** in confidence; **en ~, no creo que apruebe** don't tell anyone I said this, but I doubt she'll pass.

confiar [9] *vt* **-1.** [secreto] to confide **-2.** [responsabilidad, persona, asunto]: ~ **algo a alguien** to entrust sthg to sb.

◆ **confiar en** *vi* **-1.** [tener fe] to trust in **-2.** [suponer]: ~ **en que** to be confident that.

◆ **confiarse** *vpr* **-1.** [despreocuparse] to be too sure (of o.s.), to be overconfident **-2.** [sincerarse]: **~se a** to confide in.

confidencia *f* confidence, secret; **hacer ~s a alguien** to confide in sb.

confidencial *adj* confidential.

confidente *mf* **-1.** [amigo] confidant (*f* confidante) **-2.** [soplón] informer.

confiera *etc* ▷ **conferir**.

confiesa *etc* ▷ **confesar**.

configuración *f* **-1.** [gen & INFORM] configuration **-2.** [del terreno] lie; [de la costa] outline, shape; [de ciudad] layout.

configurar *vt* **-1.** [formar] to shape, to form **-2.** INFORM to configure.

confín *(gen pl) m* **-1.** [límite] border, boundary **-2.** [extremo - del reino, universo] outer reaches

(pl); **en los confines de** on the very edge of.
confinamiento *m* **-1.** [de un detenido]: ~ **(en)** confinement (to) **-2.** [de un desterrado]: ~ **(en)** banishment (to).
confinar *vt* **-1.** [detener]: ~ **(en)** to confine (to) **-2.** [desterrar]: ~ **(en)** to banish (to).
confiriera *etc* ▷ **conferir**.
confirmación *f* [gen & RELIG] confirmation.
confirmar *vt* to confirm.
confiscar [10] *vt* to confiscate.
confitado, da *adj* candied; **frutas confitadas** crystallized fruit.
confitar *vt* to candy.
confite *m* sweet *UK*, candy *US*.
confitería *f* **-1.** [tienda] sweetshop, confectioner's **-2.** *RP* [café] cafe.
confitero, ra *m,f* confectioner.
confitura *f* preserve, jam.
conflictividad *f* conflict; ~ **laboral** industrial unrest.
conflictivo, va *adj* [asunto] controversial; [situación] troubled; [trabajador] difficult.
conflicto *m* [gen] conflict; [de intereses, opiniones] clash; **estar en** ~ to be in conflict; ~ **armado** armed conflict; ~ **generacional** generation gap; ~ **laboral** industrial dispute.
confluencia *f* confluence; **la** ~ **de las dos calles** the place where the two roads meet.
confluir [51] *vi* **-1.** [corriente, cauce]: ~ **(en)** to converge *o* meet (at) **-2.** [personas]: ~ **(en)** to come together *o* to gather (in).
conformar *vt* [configurar] to shape.
◆ **conformarse con** *vpr* [suerte, destino] to resign o.s. to; [apañárselas con] to make do with; [contentarse con] to settle for.
conforme ◇ *adj* **-1.** [acorde]: ~ **a** in accordance with **-2.** [de acuerdo]: ~ **(con)** in agreement (with) **-3.** [contento]: ~ **(con)** happy (with). ◇ *adv* **-1.** [gen] as; ~ **envejecía** as he got older; **te lo cuento** ~ **lo vi** I'm telling you exactly what I saw **-2.** [en cuanto] as soon as; ~ **amanezca, iré** I'll leave as soon as it gets light; ~ **a** in accordance *o* keeping with.
conformidad *f* [aprobación]: ~ **(con)** approval (of); **dar uno su** ~ to give one's consent.
conformismo *m* conformity.
conformista *adj* & *m,f* conformist.
confort (*pl* **conforts**) *m* comfort; **'todo ~'** 'all mod cons'.
confortable *adj* comfortable.
confortar *vt* to console, to comfort.
confraternidad *f* brotherhood.
confraternizar [13] *vi* to get along (like brothers).
confrontación *f* **-1.** [enfrentamiento] confrontation **-2.** [comparación] comparison.
confrontar *vt* **-1.** [enfrentar] to confront **-2.** [comparar] to compare.
confundir *vt* **-1.** [trastocar]: ~ **una cosa con otra** to mistake one thing for another; ~ **dos cosas** to get two things mixed up **-2.** [liar] to confuse **-3.** [mezclar] to mix up **-4.** [abrumar] to embarrass, to overwhelm.
◆ **confundirse** *vpr* **-1.** [equivocarse] to make a mistake; **~se de piso** to get the wrong flat; **se ha confundido** [al teléfono] you've got the wrong number **-2.** [liarse] to get confused; **me confundo con tanta información** I get confused by all that information **-3.** [mezclarse - colores, siluetas]: **~se (en)** to merge (into); [- personas]: **~se entre la gente** to lose o.s. in the crowd.
confusión *f* **-1.** [gen] confusion **-2.** [error] mix-up; **ha habido una** ~ there has been a bit of a mix-up.
confusionismo *m* confusion.
confuso, sa *adj* **-1.** [incomprensible - estilo, explicación] obscure **-2.** [poco claro - rumor] muffled; [- clamor, griterío] confused; [- contorno, forma] blurred **-3.** [turbado] confused, bewildered.
conga *f* conga.
congelación *f* **-1.** [de alimentos] freezing **-2.** ECON [de precios, salarios] freeze.
congelador *m* freezer.
congelados *mpl* frozen foods.
congelar *vt* [gen & ECON] to freeze.
◆ **congelarse** *vpr* to freeze.
congénere *mf* kind *o* sort (of person).
congeniar [8] *vi*: ~ **(con)** to get on (with).
congénito, ta *adj* [enfermedad] congenital; [talento] innate.
congestión *f* congestion.
congestionar *vt* to block.
◆ **congestionarse** *vpr* **-1.** AUTOM & MED to become congested **-2.** [cara - de rabia etc] to flush, to turn purple.
conglomerado *m* **-1.** GEOL & TECN conglomerate **-2.** *fig* [mezcla] combination.
conglomerar *vt* **-1.** TECN to conglomerate **-2.** *fig* [intereses etc] to unite.
Congo *m*: **el** ~ (the) Congo.
congoja *f* anguish.
congraciarse [8] *vpr*: ~ **con alguien** to win sb over.
congratular *vt*: ~ **a alguien (por)** to con-

gratulate sb (on).

◆ **congratularse** *vpr*: **~se (por)** to be pleased (about).

congregación *f* congregation.

congregar [16] *vt* to assemble, to bring together.

congresista *mf* **-1.** [en un congreso] delegate **-2.** [político] congressman (*f* congresswoman).

congreso *m* **-1.** [de una especialidad] congress **-2.** [asamblea nacional]: **~ de diputados** [en España] *lower house of Spanish Parliament*; ≃ House of Commons *UK*; ≃ House of Representatives *US*; **el Congreso** [en Estados Unidos] Congress **-3.** [edificio] parliament building.

congrio *m* conger eel.

congruente *adj* consistent, congruous.

cónico, ca *adj* conical.

conífera *f* conifer.

conjetura *f* conjecture; **hacer ~s, hacerse una ~** to conjecture.

conjeturar *vt* to conjecture about, to make predictions about.

conjugación *f* **-1.** GRAM conjugation **-2.** [de opiniones] combination; [de esfuerzos, ideas] pooling.

conjugar [16] *vt* **-1.** GRAM to conjugate **-2.** [opiniones] to bring together, to combine; [esfuerzos, ideas] to pool.

conjunción *f* **-1.** ASTRON & GRAM conjunction **-2.** [de hechos, esfuerzos] combination.

conjuntado, da *adj* coordinated.

conjuntar *vt* to coordinate.

conjuntiva ▻ **conjuntivo.**

conjuntivitis *f inv* conjunctivitis.

conjuntivo, va *adj* conjunctive.

◆ **conjuntiva** *f* ANAT conjunctiva.

conjunto, ta *adj* [gen] joint; [hechos, acontecimientos] combined.

◆ **conjunto** *m* **-1.** [gen] set, collection; **un ~ de circunstancias** a number of reasons; **~ urbanístico** housing estate **-2.** [de ropa] outfit **-3.** [MÚS - de rock] group, band; [- de música clásica] ensemble **-4.** [totalidad] whole; **en ~** overall, as a whole **-5.** MAT set.

conjura *f* conspiracy, plot.

conjurar ◇ *vi* [conspirar] to conspire, to plot. ◇ *vt* **-1.** [exorcizar] to exorcize **-2.** [evitar - un peligro] to ward off, to avert.

conjuro *m* spell, incantation.

conllevar *vt* **-1.** [implicar] to involve, to entail **-2.** [soportar] to bear.

conmemoración *f* commemoration; **en ~ de** in commemoration of.

conmemorar *vt* to commemorate.

conmemorativo, va *adj* commemorative.

conmensurable *adj* measurable.

conmigo *pron pers* with me; **~ mismo/misma** with myself.

conminar *vt*: **~ a alguien a hacer algo** to order sb to do sth.

conmiseración *f* compassion, pity.

conmoción *f* **-1.** [física o psíquica] shock; **~ cerebral** concussion **-2.** *fig* [trastorno, disturbio] upheaval.

conmocionar *vt* **-1.** [psíquicamente] to shock, to stun **-2.** [físicamente] to concuss.

conmovedor, ra *adj* moving, touching.

conmover [24] *vt* **-1.** [emocionar] to move, to touch **-2.** [sacudir] to shake.

◆ **conmoverse** *vpr* **-1.** [emocionarse] to be moved, to be touched **-2.** [sacudirse] to be shaken.

conmutación *f* DER commutation.

conmutador *m* **-1.** ELECTR switch **-2.** *Amér* [centralita] switchboard.

conmutar *vt* to commute.

connotación *f* connotation; **una ~ irónica** a hint of irony.

connotar *vt* to suggest, to have connotations of.

cono *m* cone.

conocedor, ra *m,f*: **~ (de)** [gen] expert (on); [de vinos] connoisseur (of).

conocer [31] *vt* **-1.** [gen] to know; **darse a ~** to make o.s. known; **~ bien un tema** to know a lot about a subject; **~ alguien de vista** to know sb by sight; **~ a alguien de oídas** to have heard of sb **-2.** [descubrir - lugar, país] to get to know **-3.** [a una persona - por primera vez] to meet **-4.** [reconocer]: **~ a alguien (por algo)** to recognize sb (by sthg).

◆ **conocerse** ◇ *vpr* **-1.** [a uno mismo] to know o.s. **-2.** [dos o más personas - por primera vez] to meet, to get to know each other; [- desde hace tiempo] to know each other. ◇ *v impers* [parecer]: **se conoce que ...** apparently ...

conocido, da ◇ *adj* well-known. ◇ *m,f* acquaintance.

conocimiento *m* **-1.** [gen] knowledge; **hablar/actuar con ~ de causa** to know what one is talking about/doing **-2.** MED [sentido] consciousness; **perder/recobrar el ~** to lose/regain consciousness.

◆ **conocimientos** *mpl* knowledge *(U)*; **tener muchos ~s** to be very knowledgeable.

conozca *etc* ▻ **conocer.**

conque *conj* so; **¿~ te has cansado?** so you're tired, are you?

conquista *f* **-1.** [de tierras, persona] conquest **-2.** *fig* [de libertad, derecho] winning.

conquistador, ra ◇ *adj* [seductor] seductive. ◇ *m,f* **-1.** [de tierras] conqueror **-2.** *HIST* conquistador **-3.** *fig* [persona seductora] Casanova, womanizer (*f* man-eater).

conquistar *vt* **-1.** [tierras] to conquer **-2.** *fig* [libertad, derechos, simpatía] to win **-3.** *fig* [seducir] to win the heart of.

consabido, da *adj* [conocido] well-known; [habitual] usual.

consagración *f* **-1.** *RELIG* consecration **-2.** [dedicación] dedication **-3.** [reconocimiento] recognition.

consagrado, da *adj* **-1.** *RELIG* consecrated **-2.** [dedicado] dedicated **-3.** [reconocido] recognized, established.

consagrar *vt* **-1.** *RELIG* to consecrate **-2.** [dedicar]: **~ algo a algo/alguien** [tiempo, espacio] to devote sthg to sthg/sb; [monumento, lápida] to dedicate sthg to sthg/sb **-3.** [acreditar, confirmar] to confirm, to establish.

◆ **consagrarse** *vpr* **-1.** [dedicarse]: **~se (a)** to devote *o* dedicate o.s. (to) **-2.** [alcanzar reconocimiento] to establish o.s.

consanguíneo, nea *adj* related by blood; **hermano ~** half-brother *(of same father)*.

consciencia = **conciencia**.

consciente *adj* conscious; **ser ~ de** to be aware of; **estar ~** [físicamente] to be conscious.

conscripto *m Andes, Arg* conscript.

consecución *f* [de un deseo] realization; [de un objetivo] attainment; [de un premio] winning.

consecuencia *f* **-1.** [resultado] consequence; **a** *o* **como ~ de** as a consequence *o* result of; **atenerse a las ~s** to accept the consequences; **en ~** consequently; **tener ~s** to have consequences; **traer como ~** to result in **-2.** [coherencia] consistency.

consecuente *adj* [coherente] consistent.

consecutivo, va *adj* consecutive.

conseguir [43] *vt* [gen] to obtain, to get; [un objetivo] to achieve; **~ hacer algo** to manage to do sthg; **~ que alguien haga algo** to get sb to do sthg.

consejería *f POLÍT* [en España] ministry (in an autonomous government).

consejero, ra *m,f* **-1.** [en asuntos personales] counsellor; [en asuntos técnicos] adviser, consultant **-2.** [de un consejo de administración] member; *POLÍT* [en España] minister(in an autonomous government).

consejo *m* **-1.** [advertencia] advice *(U)*; **dar un ~** to give some advice; **te voy a dar un ~** I've got a piece of advice for you **-2.** [organismo] council; **~ de administración** board of directors **-3.** [reunión] meeting.

◆ **Consejo de Europa** *m* Council of Europe.

◆ **consejo de guerra** *m* court martial.

◆ **consejo de ministros** *m* cabinet.

consenso *m* [acuerdo] consensus; [consentimiento] consent.

consensuado, da *adj* approved by consensus.

consensuar [6] *vt* to approve by consensus.

consentido, da ◇ *adj* spoilt, spoiled. ◇ *m,f* spoiled brat.

consentimiento *m* consent.

consentir [27] ◇ *vt* **-1.** [tolerar] to allow, to permit **-2.** [mimar] to spoil. ◇ *vi*: **~ en algo/en hacer algo** to agree to sthg/to do sthg; **consintió en que se quedaran** he agreed to let them stay.

conserje *mf* [portero] porter; [encargado] caretaker.

conserjería *f* **-1.** [de un hotel] reception desk **-2.** [de un edificio público o privado] porter's lodge.

conserva *f* tinned *o* canned food; **~ de carne** tinned meat; **en ~** tinned, canned.

conservación *f* **-1.** [gen] conservation; [de alimentos] preservation **-2.** [mantenimiento] maintenance.

conservacionismo *m* conservationism.

consentido, da ◇ *adj* spoilt, spoiled. ◇ *m,f* spoiled brat.

conservacionista ◇ *adj* conservation *(antes de sust)*. ◇ *mf* conservationist.

conservadurismo *m* conservatism.

conservante *mf* preservative.

conservar *vt* **-1.** [gen & *CULIN*] to preserve; [amistad] to sustain, to keep up; [salud] to look after; [calor] to retain **-2.** [guardar - libros, cartas, secreto] to keep.

◆ **conservarse** *vpr* to keep; **se conserva bien** he's keeping well.

conservatorio *m* conservatoire.

conservero, ra *adj* canning *(antes de sust)*; **industria conservera** canning industry.

considerable *adj* [gen] considerable; [importante, eminente] notable.

consideración *f* **-1.** [valoración] consideration; **tomar en ~** to take into consideration **-2.** [respeto] respect; **tratar a alguien con ~** to be nice to sb; **tratar a alguien sin ~** to show no consideration to sb; **en ~ a algo** in recognition of sthg **-3.** [importancia]: **de ~** serious; **hubo varios heridos de ~** several people were seriously injured.

considerado, da *adj* [atento] considerate, thoughtful; [respetado] respected, highly-regarded.

considerar *vt* **-1.** [valorar] to consider **-2.** [juzgar, estimar] to think **-3.** [respetar] to esteem, to treat with respect.
◆ **considerarse** *vpr* to consider o.s.; **me considero feliz** I consider myself happy.

consienta *etc* ▷ **consentir**.

consiga ▷ **conseguir**.

consigna *f* **-1.** [órdenes] instructions *(pl)* **-2.** [para el equipaje] left-luggage office *UK*, checkroom *US*.

consignar *vt* **-1.** [poner por escrito] to record, to write down **-2.** [asignar] to allocate **-3.** [enviar - mercancía] to consign, to dispatch **-4.** [equipaje] to deposit in the left-luggage office.

consignatario, ria *m,f* **-1.** [de una mercancía] consignee **-2.** [representante]: **~ de buques** shipping agent.

consigo ◇ *v* ▷ **conseguir**. ◇ *pron pers* with him/her, *(pl)* with them; [con usted] with you; [con uno mismo] with o.s.; **lleva siempre la pistola ~** she always carries the gun with her; **~ mismo/misma** with himself/herself; **hablar ~ mismo** to talk to o.s.

consiguiente *adj* consequent; **por ~** consequently, therefore.

consiguiera *etc* ▷ **conseguir**.

consintiera *etc* ▷ **consentir**.

consistencia *f lit & fig* consistency.

consistente *adj* **-1.** [sólido - material] solid **-2.** [coherente - argumento] sound, convincing **-3.** [compuesto]: **~ en** consisting of.

consistir ◆ **consistir en** *vi* **-1.** [gen] to consist of **-2.** [deberse a] to lie in, to be based on.

consistorial *adj* of a town hall; **casa ~** town hall.

consistorio *m* town council.

consola *f* **-1.** [mesa] console table **-2.** *INFORM & TECN* console; **~ de videojuegos** video console.

consolación *f* consolation.

consolador, ra *adj* consoling, comforting.

consolar [23] *vt* to console.
◆ **consolarse** *vpr* to console o.s., to take comfort.

consolidación *f* consolidation.

consolidar *vt* to consolidate.

consomé *m* consommé.

consonancia *f* harmony; **en ~ con** in keeping with.

consonante *f* consonant.

consonántico, ca *adj* consonantal.

consorcio *m* consortium; **~ bancario** bankers' consortium.

consorte *mf* spouse; **príncipe ~** prince consort.

conspicuo, cua *adj* [evidente] conspicuous; [ilustre] eminent.

conspiración *f* plot, conspiracy.

conspirador, ra *m,f* conspirator, plotter.

conspirar *vi* to conspire, to plot.

constancia *f* **-1.** [perseverancia - en una empresa] perseverance; [- en las ideas, opiniones] steadfastness; **hacer algo con ~** to persevere with sthg **-2.** [testimonio] record; **dejar ~ de algo** [registrar] to put sthg on record; [probar] to demonstrate sthg.

constante ◇ *adj* **-1.** [persona - en una empresa] persistent; [- en ideas, opiniones] steadfast **-2.** [acción] constant. ◇ *f* constant; **mantener las ~s vitales de alguien** *MED* to keep sb alive.

constar *vi* **-1.** [una información]: **~ (en)** to appear (in), to figure (in); **~le a alguien** to be clear to sb; **me consta que** I am quite sure that; **que conste que ...** let it be clearly understood that ..., let there be no doubt that ...; **hacer ~** to put on record; **hacer ~ por escrito** to confirm in writing **-2.** [estar constituido por]: **~ de** to consist of.

constatar *vt* [observar] to confirm; [comprobar] to check.

constelación *f* constellation.

consternación *f* consternation, dismay.

consternar *vt* to dismay.
◆ **consternarse** *vpr* to be dismayed.

constipado, da *adj*: **estar ~** to have a cold.
◆ **constipado** *m* cold; **coger un ~** to catch a cold.

constiparse *vpr* to catch a cold.

constitución *f* constitution.
◆ **Constitución** *f* [de un Estado] Constitution.

constitucional *adj* constitutional.

constitucionalidad *f* constitutionality.

constituir [51] *vt* **-1.** [componer] to make up **-2.** [ser] to be **-3.** [crear] to set up, to constitute.

constitutivo, va *adj* constituent; **ser ~ de algo** to constitute sthg.

constituyente *adj & m* constituent.

constreñir *vt* **-1.** [obligar]: ~ **a alguien a hacer algo** to compel *o* force sb to do sthg **-2.** [oprimir, limitar] to restrict.

construcción *f* **-1.** [gen] construction; **en** ~ under construction **-2.** [edificio] building.

constructivo, va *adj* constructive.

constructor, ra *adj* building *(antes de sust)*, construction *(antes de sust)*.
◆ **constructor** *m* [de edificios] builder.

construir [51] *vt* [edificio, barco] to build; [aviones, coches] to manufacture; [frase, teoría] to construct.

consuegro, gra *m,f* *father-in-law or mother-in-law of one's son or daughter.*

consuela *etc v* ▻ **consolar**.

consuelo *m* consolation, solace.

cónsul, consulesa *m,f* consul.

consulado *m* [oficina] consulate; [cargo] consulship.

consular *adj* consular.

consulta *f* **-1.** [pregunta] consultation; **hacer una** ~ **a alguien** to seek sb's advice; ~ **popular** referendum, plebiscite **-2.** [despacho de médico] consulting room; **horas de** ~ surgery hours; **pasar** ~ to hold a surgery.

consultar ◇ *vt* [dato, fecha] to look up; [libro, persona] to consult. ◇ *vi*: ~ **con** to consult, to seek advice from.

consultivo, va *adj* consultative, advisory; **órgano** ~ consultative body.

consultor, ra *m,f* consultant.

consultoría *f* consultancy firm.

consultorio *m* **-1.** [de un médico] consulting room **-2.** [en periódico] problem page; [en radio] *programme answering listeners' questions* **-3.** [asesoría] advice bureau.

consumación *f* [gen] consummation; [de un crimen] perpetration.

consumado, da *adj* consummate, perfect; **es un granuja** ~ he's a complete scoundrel.

consumar *vt* [gen] to complete; [un crimen] to perpetrate; [el matrimonio] to consummate.

consumición *f* **-1.** [acción] consumption; **está prohibida la** ~ **de bebidas alcohólicas** the consumption of alcohol is prohibited **-2.** [bebida] drink; [comida] food; ~ **mínima** cover charge.

consumido, da *adj* [flaco] emaciated.

consumidor, ra *m,f* [gen] consumer; [en un bar, restaurante] patron.

consumir ◇ *vt* **-1.** [gen] to consume; **consumieron los refrescos en el bar** they had their drinks at the bar **-2.** [destruir - suj: fuego] to destroy; [- suj: enfermedad] to eat away at. ◇ *vi* to consume.
◆ **consumirse** *vpr* **-1.** [persona] to waste away **-2.** [fuego] to burn out.

consumismo *m* consumerism.

consumo *m* consumption; **no apto para el** ~ unfit for human consumption; **bienes/sociedad de** ~ consumer goods/society; ~ **de drogas** taking of drugs.

contabilidad *f* **-1.** [oficio] accountancy **-2.** [de persona, empresa] bookkeeping, accounting; **llevar la** ~ to do the accounts; **doble** ~ double-entry bookkeeping.

contabilización *f* COM entering.

contabilizar [13] *vt* COM to enter.

contable *mf* accountant.

contactar ◆ **contactar con** *vi* to contact.

contacto *m* **-1.** [gen] contact; **estar en** ~ **con** to be in touch with; **ponerse en** ~ **con** to get in touch with; **perder el** ~ to lose touch **-2.** AUTOM ignition.

contado, da *adj* **-1.** [raro] rare, infrequent; **contadas veces** very rarely **-2.** [enumerado] counted.
◆ **al contado** *loc adv*: **pagar al** ~ to pay (in) cash.

contador, ra *m,f Amér* [contable] accountant; ~ **público** chartered accountant ***UK***, certified public accountant ***US***.
◆ **contador** *m* [aparato] meter; ~ **de revoluciones** rev counter.

contaduría *f Amér* : ~ **general** audit office.

contagiar [8] *vt* [persona] to infect; [enfermedad] to transmit.
◆ **contagiarse** *vpr* [enfermedad, risa] to be contagious; [persona] to become infected; ~**se de algo** to become infected with sth, to catch sth.

contagio *m* infection, contagion.

contagioso, sa *adj* [enfermedad] contagious, infectious; [risa etc] infectious.

container = **contenedor**.

contaminación *f* [gen] contamination; [del medio ambiente] pollution; ~ **acústica** noise pollution.

contaminante *adj* contaminating, polluting.
◆ **contaminantes** *mpl* pollutants.

contaminar *vt* **-1.** [gen] to contaminate; [el medio ambiente] to pollute **-2.** ***fig*** [pervertir] to corrupt.

contante ▻ **dinero**.

contar [23] ◇ *vt* **-1.** [enumerar, incluir] to count **-2.** [narrar] to tell; **¡a mi me lo vas a** ~**!** you're telling me!, tell me about it! ◇ *vi* to count.

◆ **contar con** *vi* **-1.** [confiar en] to count on **-2.** [tener, poseer] to have; **cuenta con dos horas para hacerlo** he has two hours to do it **-3.** [tener en cuenta] to take into account; **con esto no contaba** I hadn't reckoned with that.

contemplación *f* contemplation.
◆ **contemplaciones** *fpl* consideration *(U)*; **no andarse con contemplaciones** not to beat about the bush; **tener demasiadas contemplaciones con algn** to be too soft on sb.

contemplar *vt* [mirar, considerar] to contemplate.

contemplativo, va *adj* contemplative.

contemporáneo, a *adj & m,f* contemporary.

contemporizar [13] *vi* to be accommodating.

contención *f* **-1.** CONSTR: **muro de ~** retaining wall **-2.** [moderación] restraint, self-restraint.

contencioso, sa *adj* **-1.** [tema, cuestión] contentious **-2.** DER litigious.
◆ **contencioso** *m* dispute, conflict.

contender [20] *vi* [competir] to contend; [pelear] to fight.

contendiente ◇ *adj* [en una competición] contending *(antes de sust)*; [en una guerra] warring *(antes de sust)*. ◇ *mf* [en una competición] contender; [en una guerra] warring faction.

contenedor, ra *adj* containing.
◆ **contenedor, container** *m* [gen] container; [para escombros] skip; **~ de basura** *large rubbish bin for collecting rubbish from blocks of flats etc*; **~ de vidrio reciclable** bottle bank.

contener [72] *vt* **-1.** [encerrar] to contain **-2.** [detener, reprimir] to restrain, to hold back.
◆ **contenerse** *vpr* to restrain o.s., to hold o.s. back.

contenido *m* [gen] contents *(pl)*; [de discurso, redacción] content.

contentar *vt* to please, to keep happy.
◆ **contentarse** *vpr*: **~se con** to make do with.

contento, ta *adj* [alegre] happy; [satisfecho] pleased; **estar ~ con alguien/algo** to be pleased with sb/sthg; **tener ~ a alguien** to keep sb happy.
◆ **contento** *m* happiness, joy; **no caber uno en sí de ~** to be beside o.s. with joy.

contertulio, lia *m,f* companion *(at a social gathering)*.

contestación *f* answer.

contestador ◆ **contestador (automático)** *m* answering machine.

contestar ◇ *vt* to answer; **contestó que vendría** she answered that she'd come. ◇ *vi* **-1.** [responder] to answer; **no contestan** there's no answer **-2.** [replicar] to answer back; **no contestes a tu madre** don't answer back to your mother.

contestatario, ria *adj* anti-establishment.

contexto *m* context.

contextualizar [13] *vt* to contextualize.

contextura *f* [textura] texture; [complexión] build.

contienda ◇ *v* ▷ **contender**. ◇ *f* [competición, combate] contest; [guerra] conflict, war.

contiene *v* ▷ **contener**.

contigo *pron pers* with you; **~ mismo/misma** with yourself.

contiguo, gua *adj* adjacent.

continencia *f* continence, self-restraint.

continental *adj* continental.

continente *m* **-1.** GEOGR continent **-2.** [recipiente] container.

contingencia *f* [eventualidad] eventuality; [imprevisibilidad] unpredictability.

contingente ◇ *adj* unforeseeable. ◇ *m* **-1.** [grupo] contingent **-2.** COM quota.

continuación *f* continuation; **a ~** next, then.

continuar [6] ◇ *vt* to continue, to carry on with. ◇ *vi* to continue, to go on; **~ haciendo algo** to continue doing *o* to do sthg; **continúa lloviendo** it's still raining; **"continuará"** 'to be continued'.

continuidad *f* [en una sucesión] continuity; [permanencia] continuation.

continuo, nua *adj* **-1.** [ininterrumpido] continuous **-2.** [constante, perseverante] continual.

contonearse *vpr* [hombre] to swagger; [mujer] to swing one's hips.

contoneo *m* [de hombre] swagger; [de mujer] sway of the hips.

contornear *vt* [seguir el contorno de] to go round; [perfilar] to outline.

contorno *m* **-1.** GEOGR contour; [línea] outline **-2.** *(gen pl)* [vecindad] neighbourhood; [de una ciudad] outskirts *(pl)*.

contorsión *f* contortion.

contorsionarse *vpr* [gen] to do contortions; [de dolor] to writhe.

contorsionista *mf* contortionist.

contra ◇ *prep* against; **un jarabe ~ la tos**

a cough syrup; **en** ~ against; **estar en** ~ **de algo** to be opposed to sthg; **en** ~ **de** [a diferencia de] contrary to. ◇ *m*: **los pros y los** ~**s** the pros and cons.

contraatacar [10] *vt* to counterattack.

contraataque *m* counterattack.

contrabajo ◇ *m* **-1.** [instrumento] double-bass **-2.** [voz, cantante] low bass. ◇ *mf* [instrumentista] double-bass player.

contrabandista *mf* smuggler.

contrabando *m* [acto] smuggling; [mercancías] contraband; **pasar algo de** ~ to smuggle sthg in; ~ **de armas** gunrunning; **tabaco de** ~ contraband cigarettes.

contracción *f* contraction.

contracepción *f* contraception.

contraceptivo, va *adj* contraceptive *(antes de sust).*

contrachapado, da *adj* made of plywood. ◆ **contrachapado** *m* plywood.

contracorriente *f* crosscurrent; **ir a** ~ to go against the current *o* tide.

contracultura *f* counter-culture.

contracultural *adj* counter-culture *(antes de sust).*

contradecir [66] *vt* to contradict. ◆ **contradecirse** *vpr* to contradict o.s.

contradicción *f* contradiction; **estar en** ~ **con** to be in (direct) contradiction to.

contradicho, cha *pp* ▷ **contradecir.**

contradictorio, ria *adj* contradictory.

contraer [73] *vt* **-1.** [gen] to contract **-2.** [costumbre, acento etc] to acquire **-3.** [enfermedad] to catch. ◆ **contraerse** *vpr* to contract.

contraespionaje *m* counterespionage.

contrafuerte *m* **-1.** ARQUIT buttress **-2.** [del calzado] heel reinforcement **-3.** GEOGR foothill.

contragolpe *m* counter-attack.

contrahecho, cha *adj* deformed.

contraindicación *f*: **'contraindicaciones: ...'** 'not to be taken with ...'.

contraindicado, da *adj*: **está** ~ **beber durante el embarazo** alcohol should be avoided during pregnancy.

contralmirante *m* rear admiral.

contralor *m Chile inspector of public spending.*

contraloría *f Méx & RP office controlling public spending.*

contralto ◇ *m* [voz] contralto. ◇ *mf* [cantante] counter tenor (*f* contralto).

contraluz *m* back lighting; **a** ~ against the light.

contramaestre *m* **-1.** NÁUT boatswain; MIL warrant officer **-2.** [capataz] foreman.

contraofensiva *f* counteroffensive.

contraorden *f* countermand.

contrapartida *f* compensation; **como** ~ to make up for it.

contrapelo ◆ **a contrapelo** *loc adv* **-1.** [acariciar] the wrong way **-2.** [vivir, actuar] against the grain.

contrapesar *vt* **-1.** [físicamente] to counterbalance **-2.** *fig* [contrarrestar] to compensate for.

contrapeso *m* **-1.** [en ascensores, poleas] counterweight **-2.** *fig* [fuerza que iguala] counterbalance.

contraponer [65] *vt* **-1.** [oponer]: ~ **(a)** to set up (against) **-2.** [cotejar] to compare. ◆ **contraponerse** *vpr* to oppose.

contraportada *f* [de peridico, revista] back page; [de libro, disco] back cover.

contraposición *f* **-1.** [oposición] conflict **-2.** [comparación] comparison.

contraproducente *adj* counterproductive.

contrapuesto, ta ◇ *pp* ▷ **contraponer.** ◇ *adj* conflicting.

contrapunto *m* **-1.** MÚS counterpoint **-2.** *fig* [contraste] contrast.

contrariado, da *adj* upset.

contrariar [9] *vt* **-1.** [contradecir] to go against **-2.** [disgustar] to upset.

contrariedad *f* **-1.** [dificultad] setback **-2.** [disgusto] annoyance **-3.** [oposición] contrary *o* opposing nature.

contrario, ria *adj* **-1.** [opuesto - dirección, sentido] opposite; [- parte] opposing; [- opinión] contrary; **ser** ~ **a algo** to be opposed to sthg **-2.** [perjudicial]: ~ **a** contrary to **-3.** *loc*: **llevar la contraria** to be awkward *o* contrary. ◆ **contrario** *m* **-1.** [rival] opponent **-2.** [opuesto] opposite; **al** ~, **por el** ~ on the contrary; **de lo** ~ otherwise; **todo lo** ~ quite the contrary.

contrarreembolso *m* = **contrarrembolso.**

contrarreforma *f* Counter-Reformation.

contrarreloj *adj inv*: **etapa** ~ time trial; **ir** ~ to be working against the clock.

contrarrembolso, contrarreembolso *m* cash on delivery.

contrarrestar *vt* [neutralizar] to counteract.

contrarrevolución *f* counterrevolution.

contrarrevolucionario, ria *adj & m,f* counterrevolutionary.

contrasentido *m* nonsense *(U)*; **es un** ~

hacer eso it doesn't make sense to do that.

contraseña *f* password.

contrastar ◇ *vi* to contrast. ◇ *vt* **-1.** [probar - hechos] to check, to verify **-2.** [resistir] to resist.

contraste *m* contrast; **hacer ~ con algo** to contrast with sth; **en ~ con** in contrast to; **por ~** in contrast.

contrata *f* (fixed price) contract.

contratación *f* [de personal] hiring.

contratante *mf* contracting party.

contratar *vt* **-1.** [obreros, personal, detective] to hire; [deportista] to sign **-2.** [servicio, obra, mercancía]: **~ algo a alguien** to contract for sthg with sb.

contraterrorismo *m* counterterrorism.

contraterrorista *adj & m,f* counterterrorist.

contratiempo *m* [accidente] mishap; [dificultad] setback.

contratista *mf* contractor; **~ de obras** building contractor.

contrato *m* contract; **bajo ~** under contract; **~ indefinido/laboral/mercantil** indefinite/work/commercial contract; **~ administrativo** administrative contract; **~ basura** short-term contract *(with poor conditions)*; **~ de arrendamiento** lease; **~ de compraventa** contract of sale; **~ matrimonial** marriage contract; **~ temporal** temporary *o* short-term contract; **~ verbal** oral contract.

contravenir [75] *vi*: **~ a** to contravene.

contraventana *f* shutter.

contrayente *mf person getting married.*

contribución *f* **-1.** [gen] contribution **-2.** [impuesto] tax; **~ directa/indirecta** direct/indirect tax; **~ urbana** ≃ council tax *UK*.

contribuir [51] *vi* **-1.** [gen]: **~ (a)** to contribute (to); **~ con algo para** to contribute sthg towards **-2.** [pagar impuestos] to pay taxes.

contribuyente *mf* taxpayer.

contrincante *mf* rival, opponent.

contrito, ta *adj* **-1.** [arrepentido] contrite **-2.** *fig* [triste, compungido] downcast.

control *m* **-1.** [gen] control; **bajo ~** under control; **fuera de ~** out of control; **perder el ~** to lose one's temper; **~ de cambios** ECON foreign exchange regulation; **~ de natalidad** birth control; **~ remoto** remote control **-2.** [verificación] examination, inspection; **(bajo) ~ médico** (under) medical supervision; **~ antidoping** dope test; **~ de calidad** quality control **-3.** [puesto policial] checkpoint; **~ de pasaportes** passport control.

controlador, ra *m,f* [gen & INFORM] controller; **~ aéreo** air traffic controller.
◆ **controlador** *m*: **~ de disco** disk controller.

controlar *vt* **-1.** [gen] to control; [cuentas] to audit **-2.** [comprobar] to check **-3.** [vigilar] to watch, to keep an eye on.
◆ **controlarse** *vpr* to control o.s., to restrain o.s.

controversia *f* controversy.

contubernio *m fig* conspiracy.

contumaz *adj* stubborn, obstinate.

contundencia *f* **-1.** [de golpes, patadas] force **-2.** *fig* [de palabras, argumentos] forcefulness.

contundente *adj* **-1.** [arma, objeto] blunt; [golpe] thudding **-2.** *fig* [razonamiento, argumento] forceful.

contusión *f* bruise.

contusionar *vt* to bruise.

contuviera *etc* ▷ **contener**.

conuco *m Carib* [casa y terreno] small plot of land.

conurbación *f* conurbation.

convalecencia *f* convalescence.

convalecer [30] *vi*: **~ (de)** to convalesce (after).

convaleciente *adj* convalescent.

convalidación *f* [de estudios] recognition; [de asignaturas] validation.

convalidar *vt* [estudios] to recognize; [asignaturas] to validate.

convección *f* convection.

convector *m* convector.

convencer [11] *vt* to convince; **~ a alguien de algo** to convince sb of sthg.
◆ **convencerse** *vpr*: **~se de** to become convinced of.

convencimiento *m* [certeza] conviction; [acción] convincing.

convención *f* convention.

convencional *adj* conventional.

convencionalismo *m* conventionality.

conveniencia *f* **-1.** [utilidad] usefulness; [oportunidad] suitability **-2.** [interés] convenience; **sólo mira su ~** he only looks after his own interests.
◆ **conveniencias** *fpl* conventions.

conveniente *adj* [útil] useful; [oportuno] suitable, appropriate; [lugar, hora] convenient; [aconsejable] advisable; **sería ~ asistir** it would be a good idea to go.

convenio *m* agreement; **~ colectivo** collective bargaining.

convenir [75] ◇ *vi* **-1.** [venir bien] to be suitable; **conviene analizar la situación** it would be a good idea to analyse the situation; **no te conviene hacerlo** you shouldn't do it **-2.** [acordar]: ~ **en** to agree on. ◇ *vt* to agree on.

convento *m* [de monjas] convent; [de monjes] monastery.

convergencia *f* [gen, en UE] convergence.

convergente *adj* converging, convergent.

converger [14] *vi* to converge.

conversación *f* conversation; **cambiar de** ~ to change the subject; **dar ~ a alguien** to keep sb talking; **trabar ~ con alguien** to strike up a conversation with sb.
◆ **conversaciones** *fpl* [negociaciones] talks.

conversada *f Amér* chat.

conversador, ra ◇ *adj* talkative. ◇ *m,f* conversationalist.

conversar *vi* to talk, to converse.

conversión *f* conversion.

converso, sa ◇ *adj* converted. ◇ *m,f* convert.

convertibilidad *f* ECON convertibility.

convertible *adj* convertible.

convertir [21] *vt* **-1.** RELIG to convert **-2.** [transformar]: ~ **algo/a alguien en** to convert sthg/sb into, to turn sthg/sb into.
◆ **convertirse** *vpr* **-1.** RELIG: **~se (a)** to convert (to) **-2.** [transformarse]: **~se en** to become, to turn into.

convexo, xa *adj* convex.

convicción *f* conviction; **tener la ~ de que** to be convinced that.

convicto, ta *adj* convicted.

convidado, da *m,f* guest; **como el ~ de piedra** silent as the grave.

convidar *vt* [invitar] to invite.
◆ **convidar a** *vi* [mover, incitar] to be conducive to.

conviene ▷ **convenir.**

convierta *etc* ▷ **convertir.**

convincente *adj* convincing.

conviniera *etc* ▷ **convenir.**

convite *m* **-1.** [invitación] invitation **-2.** [fiesta] banquet.

convivencia *f* living together.
◆ **convivencias** *fpl*: **irse de ~s** [gen] to go to camp; RELIG to go on a retreat.

convivir *vi* to live together; ~ **con** to live with.

convocar [10] *vt* [reunión] to convene; [huelga, elecciones] to call.

convocatoria *f* **-1.** [anuncio, escrito] notice **-2.** [de examen] diet.

convoy (*pl* **convoyes**) *m* **-1.** [gen] convoy **-2.** [tren] train.

convulsión *f* **-1.** [de músculos] convulsion **-2.** [política, social] upheaval *(U)* **-3.** [de tierra] tremor.

convulsionar *vt* to convulse.

convulso, sa *adj* convulsed.

conyugal *adj* conjugal; **vida** ~ married life.

cónyuge *mf* spouse; **los ~s** husband and wife.

coña *f fam* **-1.** [guasa] joke; **está de** ~ she's joking **-2.** [molestia] drag, pain.

coñá, coñac (*pl* **coñacs**), **cognac** (*pl* **cognacs**) *m* brandy, cognac.

coñazo *m fam* pain, drag; **dar el** ~ to be a pain.

coño *vulg* ◇ *m* **-1.** [genital] cunt **-2.** [para enfatizar]: **¿dónde/qué ~ ...?** where/what the fuck ...? ◇ *interj* **-1.** [enfado]: **¡coño!** for fuck's sake! **-2.** [asombro]: **¡coño!** fucking hell!

cookie *f* INFORM cookie.

cooperación *f* cooperation.

cooperador, ra *adj* cooperative.

cooperante *adj* cooperating.

cooperar *vi*: ~ **(con alguien en algo)** to cooperate (with sb in sthg).

cooperativa ▷ **cooperativo.**

cooperativismo *m* cooperative movement.

cooperativo, va *adj* cooperative.
◆ **cooperativa** *f* cooperative; **cooperativa agrícola** farming cooperative.

coordenada *(gen pl) f* coordinate.

coordinación *f* coordination.

coordinado, da *adj* coordinated.

coordinador, ra ◇ *adj* coordinating. ◇ *m,f* coordinator.

coordinar *vt* **-1.** [movimientos, gestos] to coordinate **-2.** [esfuerzos, medios] to combine, to pool.

copa *f* **-1.** [vaso] glass; **ir de ~s** to go out drinking; **¿quieres (tomar) una ~?** would you like (to have) a drink?; **lleva unas ~s de más** she's had one too many **-2.** [de árbol] top; **es un profesional como la ~ de un pino** *fam* he's a consummate professional; **es una mentira como la ~ de un pino** it's a whopper of a lie **-3.** [de sombrero] crown **-4.** [en deporte] cup.
◆ **copas** *fpl* [naipes] *suit with pictures of goblets in Spanish playing cards,* ≃ hearts.

copar *vt fig* **-1.** [puestos - en competición] to win

-2. [cargos] to monopolize.
COPE (*abrev de* **Cadena de Ondas Populares Españolas**) *f private Spanish radio station.*
copear *vi* to have a few drinks.
Copenhague Copenhagen.
copeo *m* drinking.
copero, ra *adj* [competición, partido] cup *(antes de sust)*; [equipo] cupwinning *(antes de sust)*.
copete *m* **-1.** [de ave] crest **-2.** [de pelo] tuft **-3.** *loc*: **de alto ~** upper-class.
copetín *m* ***Amér*** [bebida] aperitif; [comida] appetizer.
copia *f* **-1.** [reproducción] copy; **sacar una ~** to make a copy; **~ al carbón** carbon copy; **~ de seguridad** *INFORM* backup; **hacer una ~ de seguridad de algo** to back sthg up, to make a back-up of sthg **-2.** [acción] copying **-3.** [persona] (spitting) image.
copiador, ra *adj* copying.
copiar [8] ◇ *vt* [gen] to copy; [al dictado] to take down. ◇ *vi* [en examen] to cheat, to copy.
copiloto *mf* copilot.
copión, ona *m,f* [imitador] copycat; [en examen] cheat.
copioso, sa *adj* copious.
copista *mf* copyist.
copla *f* **-1.** [canción] folksong, popular song **-2.** [estrofa] verse, stanza.
copo *m* **-1.** [de nieve, cereales] flake; **~s de avena** rolled oats; **~s de maíz** cornflakes **-2.** [de algodón] ball.
copón *m* ciborium; **un lío del ~** *fam* a hell of a mess.
coprocesador *m* *INFORM* coprocessor; **~ matemático** maths chip *o* coprocessor.
coproducción *f* coproduction.
copropiedad *f* joint ownership.
copropietario, ria *m,f* co-owner, joint owner.
cópula *f* **-1.** [sexual] copulation **-2.** *GRAM* copula.
copulación *f* copulation.
copular *vi* to copulate.
copulativo, va *adj* copulative.
coque *m* coke.
coqueta ▷ **coqueto.**
coquetear *vi* to flirt.
coquetería *f* coquetry.
coqueto, ta *adj* **-1.** [persona - que flirtea] flirtatious, coquettish; [- que se arregla mucho] concerned with one's appearance **-2.** [cosa] charming, delightful.
◆ **coqueta** *f* [tocador] dressing table.
coraje *m* **-1.** [valor] courage **-2.** [rabia] anger; **me da mucho ~** it makes me furious.
coral ◇ *adj* choral. ◇ *m* coral. ◇ *f* **-1.** [coro] choir **-2.** [composición] chorale.
coralino, na *adj* coral.
Corán *m*: **el ~** the Koran.
coraza *f* **-1.** [de soldado] cuirasse, armour **-2.** [de tortuga] shell **-3.** *fig* [protección] shield.
corazón *m* **-1.** [órgano] heart; **cirugía a ~ abierto** open-heart surgery; **sufrir del ~** to have heart trouble **-2.** [centro - de ciudad, alcachofa] heart; [- de manzana] core **-3.** ▷ **dedo -4.** *loc*: **con el ~ en la mano** frankly, openly; **de buen ~** kindhearted; **de (todo) ~** from the bottom of one's heart, quite sincerely; **se me encoge el ~ al ver ...** it breaks my heart to see ...; **llevar el ~ en la mano** to wear one's heart on one's sleeve; **no tener ~** to have no heart, to be heartless; **romper** *o* **partir el ~ a alguien** to break sb's heart; **tener un ~ de oro** to have a heart of gold.
◆ **Sagrado Corazón** *m* Sacred Heart.
corazonada *f* **-1.** [presentimiento] feeling, hunch **-2.** [impulso] sudden impulse.
corbata *f* tie; **~ de pajarita** bow tie.
corbeta *f* corvette.
Córcega Corsica.
corcel *m* steed.
corchea *f* quaver.
corchera *f rope with cork floats to divide lanes in swimming pool.*
corchete *m* **-1.** [broche] hook and eye **-2.** [signo ortográfico] square bracket **-3.** ***Chile*** [grapa] staple.
corchetera *f* ***Chile*** stapler.
corcho *m* cork.
corcholata *f* ***Méx*** metal bottle top.
córcholis *interj* **-1.** [para expresar sorpresa]: **¡córcholis!** good heavens! **-2.** [para expresar enfado]: **¡córcholis!** for Heaven's sake!
cordada *f* roped party of mountaineers.
cordaje *m* **-1.** [de guitarra, raqueta] strings *(pl)* **-2.** *NÁUT* rigging.
cordel *m* cord.
cordero, ra *m,f* *lit & fig* lamb; **~ lechal** suckling lamb.
cordial *adj* cordial.
cordialidad *f* cordiality.
cordillera *f* mountain range; **la ~ Cantábrica** the Cantabrian Mountains.
cordón *m* **-1.** [gen & *ANAT*] cord; [de zapato] lace; **~ umbilical** umbilical cord **-2.** [cable eléctrico] flex **-3.** *fig* [para protección, vigilancia] cordon; **~ sanitario** cordon sanitaire **-4.**

CSur [de la vereda] kerb *UK*, curb *US*; **aparcar en ~** to park end-to-end.
cordura *f* [juicio] sanity; [sensatez] sense; **con ~** sensibly.
Corea: **~ del Norte/Sur** North/South Korea.
corear *vt* to chorus.
coreografía *f* choreography.
coreógrafo, fa *m,f* choreographer.
corintio, tia *adj & m,f* Corinthian.
corista ◇ *mf* [en coro] chorus singer. ◇ *f* [en cabaret] chorus girl.
cormorán *m* cormorant.
cornada *f* goring; **dar una ~ a alguien** to gore sb.
cornamenta *f* **-1.** [de toro] horns *(pl)*; [de ciervo] antlers *(pl)* **-2.** *fam* [del marido engañado] cuckold's horns *(pl)*.
cornamusa *f* **-1.** [trompeta] hunting horn **-2.** [gaita] bagpipe.
córnea *f* cornea.
cornear, acornear *vt* to gore.
córner *m* corner (kick); **lanzar** *o* **sacar un ~** to take a corner.
corneta ◇ *f* [instrumento] bugle. ◇ *mf* [persona] bugler.
cornete *m* **-1.** *ANAT* turbinate bone **-2.** [helado] cornet, cone.
cornetín ◇ *m* [instrumento] cornet. ◇ *mf* [persona] cornet player.
cornflakes® ['konfleiks] *mpl* Cornflakes®.
cornisa *f* **-1.** *ARQUIT* cornice **-2.** *GEOGR*: **la ~ cantábrica** the Cantabrian Coast.
cornudo, da *adj* **-1.** [animal] horned **-2.** *fam fig* [marido] cuckolded.
◆ **cornudo** *m fam fig* cuckold.
coro *m* **-1.** [gen] choir; **contestar a ~** to answer all at once **-2.** [de obra musical] chorus.
corola *f* corolla.
corona *f* **-1.** [gen] crown **-2.** [de flores] garland; **~ fúnebre/de laurel** funeral/laurel wreath **-3.** [de santos] halo **-4.** [de comida] ring.
coronación *f* **-1.** [de monarca] coronation **-2.** *fig* [remate, colmo] culmination.
coronamiento *m* **-1.** *fig* [remate, fin] culmination **-2.** *ARQUIT* crown.
coronar *vt* **-1.** [persona] to crown **-2.** *fig* [terminar] to complete; [culminar] to crown, to cap **-3.** *fig* [cima] to reach.
coronario, ria *adj* coronary.
coronel *m* colonel.
coronilla *f* crown (of the head); **estar hasta la ~ (de)** to be sick and tired (of).
corotos *mpl Carib* things, whatnots.
corpiño *m* **-1.** bodice **-2.** *Arg* [sostén] bra.
corporación *f* corporation.
corporal *adj* corporal.
corporativismo *m* *self-interested behaviour, usu of professional groups.*
corporativo, va *adj* corporate.
corpulencia *f* corpulence.
corpulento, ta *adj* corpulent.
Corpus Christi ['korpus 'kristi] *m* Corpus Christi.
corpúsculo *m* corpuscle.
corral *m* **-1.** [gen] yard; [para cerdos, ovejas] pen **-2.** [para teatro] *open-air theatre in courtyard.*
correa *f* **-1.** [de bolso, reloj] strap; [de pantalón] belt; [de perro] lead, leash **-2.** *TECN* belt; **~ del ventilador** fan belt.
correaje *m* [de un caballo] harness.
corrección *f* **-1.** [de errores] correction; **~ de pruebas** proofreading **-2.** [de exámenes] marking **-3.** [de texto] revision **-4.** [de comportamiento] correctness, courtesy **-5.** [reprimenda] reprimand.
correccional *m* reformatory, reform school.
correctivo, va *adj* corrective.
◆ **correctivo** *m* punishment.
correcto, ta *adj* **-1.** [resultado, texto, respuesta] correct **-2.** [persona] polite; [conducta] proper.
corrector, ra ◇ *adj* corrective. ◇ *m,f*: **~ (de pruebas)** proofreader.
◆ **corrector** *m INFORM*: **~ de estilo** stylechecker; **~ ortográfico** *INFORM* spellchecker; **pasar el ~ ortográfico a** to spellcheck.
corredero, ra *adj* sliding.
◆ **corredera** *f* [ranura] runner; **puerta de corredera** sliding door.
corredizo, za *adj* sliding *(antes de sust)*.
corredor, ra ◇ *adj* running *(antes de sust)*. ◇ *m,f* **-1.** [deportista] runner **-2.** [intermediario]: **~ de bolsa** stockbroker; **~ de comercio** *COM* registered broker; **~ de fincas** land agent; **~ de seguros** *COM* insurance broker.
◆ **corredor** *m* [pasillo] corridor, passage.
corregir [42] *vt* **-1.** [gen] to correct; [exámenes] to mark **-2.** [reprender] to reprimand.
◆ **corregirse** *vpr* to change for the better.
correlación *f* correlation.
correlativo, va *adj* correlative.
correligionario, ria *adj* [en religión] fellow *(antes de sust)*; [en política, ideología] like-minded.
correo ◇ *m* post *UK*, mail *US*; **echar al ~** to post; **a vuelta de ~** by return (of post); **~**

aéreo air mail; ~ **basura** *INFORM* spam; ~ **certificado** registered post *o* mail; ~ **comercial** direct mail; ~ **electrónico** e-mail; ~ **urgente** special delivery; ~ **de voz** voice mail. ◇ *adj*: **tren** ~ mail train.

◆ **Correos** *m* [organismo] the post office.

correoso, sa *adj* leathery.

correr ◇ *vi* **-1.** [andar de prisa] to run; **a todo** ~ at full speed *o* pelt; **(ella) corre que se las pela** she runs like the wind **-2.** [conducir de prisa] to drive fast **-3.** [pasar por - río] to flow; [- camino, agua del grifo] to run; **deja ~ el agua del grifo** leave the tap running **-4.** [el tiempo, las horas] to pass, to go by **-5.** [propagarse - noticia etc] to spread **-6.** [ser válido - moneda] to be legal tender **-7.** [encargarse de]: ~ **con** [los gastos] to bear; [la cuenta] to pay; ~ **a cargo de** to be taken care of by; **la comida corre a cargo de la empresa** the meal is on the company **-8.** [sueldo etc] to be payable. ◇ *vt* **-1.** [recorrer - una distancia] to cover; **corrió los 100 metros** he ran the 100 metres **-2.** [deslizar - mesa, silla] to move *o* pull up **-3.** [cortinas] to draw; ~ **el pestillo** to bolt the door **-4.** [experimentar - aventuras, vicisitudes] to have; [- riesgo] to run; **~ la** ***fam*** to to go out on the town **-5.** ***Amér fam*** [despedir] to throw out.

◆ **correrse** *vpr* **-1.** [desplazarse - persona] to move over; [- cosa] to slide **-2.** [pintura, colores] to run **-3.** ***Andes, Esp vulg*** [tener un orgasmo] to come.

correría *f* foray.

correspondencia *f* **-1.** [gen] correspondence; **curso por** ~ correspondence course **-2.** [de metro, tren] connection.

corresponder *vi* **-1.** [compensar]: ~ **(con algo) a alguien/algo** to repay sb/sthg (with sthg) **-2.** [pertenecer] to belong **-3.** [coincidir]: ~ **(a/con)** to correspond (to/with) **-4.** [tocar]: **~ le a alguien hacer algo** to be sb's responsibility to do sthg **-5.** [a un sentimiento] to reciprocate.

◆ **corresponderse** *vpr* **-1.** [escribirse] to correspond **-2.** [amarse] to love each other.

correspondiente *adj* **-1.** [gen]: ~ **(a)** corresponding (to) **-2.** [respectivo] respective.

corresponsal *mf* **-1.** *PRENS* correspondent **-2.** *COM* agent.

corresponsalía *f* post of correspondent.

corretear *vi* **-1.** [correr] to run about **-2.** ***fam*** [vagar] to hang about.

correveidile *mf* gossip.

corrido, da *adj* **-1.** [cortinas] drawn **-2.** [avergonzado] embarrassed **-3.** [continuo] continuous.

◆ **corrida** *f* **-1.** *TAUROM* bullfight; *ver también* **tauromaquia -2.** [acción de correr] run; **dar una** ~ to make a dash; **en una** ~ in an instant *o* a flash.

◆ **de corrido** *loc prep* by heart; **recitar algo de** ~ to recite sthg parrot-fashion.

corriente ◇ *adj* **-1.** [normal] ordinary, normal; ~ **y moliente** run-of-the-mill **-2.** [agua] running **-3.** [mes, año, cuenta] current. ◇ *f* **-1.** [de río, electricidad] current; ~ **alterna/continua** alternating/direct current **-2.** [de aire] draught **-3.** ***fig*** [tendencia] trend, current; [de opinión] tide **-4.** ***loc***: **dejarse llevar de** *o* **por la** ~ to follow the crowd; **ir contra** ~ to go against the tide; **llevarle** *o* **seguirle la** ~ **a alguien** to humour sb; ◇ *m*: **estar al** ~ **de** to be up to date with; **poner al** ~ to bring up to date; **ponerse al** ~ to bring o.s up to date; **tener a algn al** ~ to keep sb informed.

corrige, corrigió *etc* ▷ **corregir.**

corrillo *m* knot *o* small group of people.

corrimiento *m* shift, slipping; ~ **de tierras** landslide.

corro *m* **-1.** [círculo] circle, ring; **en** ~ in a circle; **hacer** ~ to form a circle **-2.** *FIN* [cotizaciones] stocks ***(pl)***.

corroborar *vt* to corroborate.

corroer [69] *vt* **-1.** [gen] to corrode; *GEOL* to erode **-2.** ***fig*** [consumir] to consume, to eat away at.

corromper *vt* **-1.** [pudrir - madera] to rot; [- alimentos] to turn bad, to spoil **-2.** [pervertir] to corrupt **-3.** [sobornar] to bribe.

◆ **corromperse** *vpr* **-1.** [pudrirse] to rot **-2.** [pervertirse] to become corrupted.

corrosión *f* [gen] corrosion; [de un metal] rust; *GEOL* erosion.

corrosivo, va *adj* ***lit*** **&** ***fig*** corrosive.

corrupción *f* **-1.** [gen] corruption; ~ **de menores** corruption of minors **-2.** [soborno] bribery **-3.** [de una substancia] decay.

corruptela *f* corruption.

corrupto, ta *adj* corrupt.

corruptor, ra ◇ *adj* corrosive. ◇ *m,f* corrupter.

corrusco *m* hard crust.

corsario, ria *adj* pirate ***(antes de sust)***.

◆ **corsario** *m* corsair, pirate.

corsé *m* corset.

corsetería *f* ladies' underwear shop.

cortacésped (*pl* **cortacéspedes**) *m* lawnmower.

cortacircuitos *m inv* circuit breaker.

cortacorriente *m* *AUTOM* immobilizer.

cortado, da *adj* **-1.** [labios, manos] chapped **-2.** [leche] sour, off; [salsa] curdled **-3.** *fam fig* [tímido] inhibited; **quedarse ~** to be left speechless.

◆ **cortado** *m* [café] *small coffee with just a little milk.*

cortadura *f* cut.

cortafuego *m* firebreak.

cortante *adj* **-1.** [afilado] sharp **-2.** *fig* [frase] cutting; [viento] biting; [frío] bitter.

cortapisa *f* limitation, restriction; **poner ~s a algo** to hinder sb.

cortaplumas *m inv* penknife.

cortar ◇ *vt* **-1.** [seccionar - pelo, uñas] to cut; [- papel] to cut up; [- ramas] to cut off; [- árbol] to cut down **-2.** [amputar] to amputate, to cut off **-3.** [tela, figura de papel] to cut out **-4.** [interrumpir - retirada, luz, teléfono] to cut off; [- carretera] to block (off); [- hemorragia] to stop, to staunch; [- discurso, conversación] to interrupt **-5.** [atravesar - calle, territorio] to cut across **-6.** [labios, piel] to crack, to chap **-7.** [hender - aire, olas] to slice through **-8.** [alimento] to curdle **-9.** [recortar - gastos etc] to cut back **-10.** [poner fin a - beca etc] to cut; [- abusos etc] to put a stop to **-11.** [avergonzar]: **este hombre me corta un poco** I find it hard to be myself when that man's around **-12.** [censurar] to censor; [película] to cut **-13.** INFORM to cut off. **-1.** ◇ *vi* *RP* [comunicación] to hang up **-2.** [producir un corte] to cut **-3.** [atajar] to take a short cut; **~ por** to take a short cut through **-4.** [cesar una relación] to break *o* split up; **he cortado con mi novio** I've split up with my boyfriend.

◆ **cortarse** *vpr* **-1.** [herirse] to cut o.s.; **~se el pelo** to have a haircut **-2.** [labios, piel] to become chapped *o* cracked **-3.** [alimento] to curdle **-4.** [comunicación] to get cut off **-5.** [turbarse] to become tongue-tied.

cortaúñas *m inv* nail clippers *(pl).*

corte ◇ *m* **-1.** [raja] cut; [en pantalones, camisa etc] tear; **~ y confección** [para mujeres] dressmaking; [para hombres] tailoring **-2.** [de pelo] haircut; **~ a la navaja** razor cut **-3.** [retal de tela] length **-4.** [contorno] shape **-5.** [interrupción]: **~ de digestión** stomach cramps; **~ de luz** power cut **-6.** [sección] section **-7.** [concepción, estilo] style **-8.** [pausa] break **-9.** [filo] (cutting) edge **-10.** *fam* [respuesta ingeniosa] put-down; **dar un ~ a alguien** to cut sb dead; **hacer un ~ de mangas** *fam* ≃ to stick two fingers up, ≃ to make a V-sign **-11.** *fam* [vergüenza] embarrassment; **dar ~ a alguien** to embarrass sb. ◇ *f* [palacio] court; **hacer la ~ a alguien** *fig* to court sb.

◆ **Cortes** *fpl* POLÍT *the Spanish parliament.*

cortedad *f* **-1.** [de extensión] shortness **-2.** *fig* [timidez] shyness.

cortejar *vt* to court.

cortejo *m* retinue; **~ fúnebre** funeral cortège *o* procession.

cortés *adj* polite, courteous.

cortesano, na ◇ *adj* [fiestas, vida] court *(antes de sust)*; [modales] courtly. ◇ *m,f* [personaje de la corte] courtier.

◆ **cortesana** *f* [meretriz] courtesan.

cortesía *f* courtesy; **de ~** courtesy; **por ~ de** courtesy of.

corteza *f* **-1.** [del árbol] bark **-2.** [de pan] crust; [de queso, tocino, limón] rind; [de naranja etc] peel **-3.** [terrestre] crust **-4.** ANAT cortex.

cortical *adj* cortical.

corticoide *m* corticoid.

cortijo *m* [finca] farm; [casa] farmhouse.

cortina *f* [de tela] curtain; *fig*: **~ de agua** sheet of water; **~ de humo** smoke screen.

cortinaje *m* curtains *(pl).*

cortisona *f* cortisone.

corto, ta *adj* **-1.** [gen] short **-2.** [escaso - raciones] small, meagre; [- disparo] short of the target; **~ de** [dinero etc] short of; **~ de vista** short-sighted **-3.** *fig* [bobo] dim, simple **-4.** *loc*: **a la corta o a la larga** sooner or later; **ni ~ ni perezoso** as bold as brass; **quedarse ~** [al calcular] to underestimate; **decir que es bueno es quedarse ~** it's an understatement to call it good.

◆ **corto** *m* CIN short (film).

cortocircuito *m* short circuit.

cortometraje *m* short (film).

corvo, va *adj* [gen] curved; [nariz] hooked.

◆ **corva** *f* back of the knee.

corzo, za *m,f* roe buck (*f* roe deer).

cosa *f* **-1.** [gen] thing; **¿queréis alguna ~?** is there anything you want?; **no es gran ~** it's not important, it's no big deal; **poca ~** nothing much **-2.** [asunto] matter; **esto es otra ~** that's another matter; **no es ~ de risa** it's no laughing matter **-3.** [ocurrencia] funny remark; **¡qué ~s tienes!** you do say some funny things! **-4.** *loc*: **¡a otra ~, mariposa!** let's change the subject!; **como si tal ~** as if nothing had happened; **decir cuatro ~s a alguien** to give sb a piece of one's mind; **eso es ~ mía** that's my affair *o* business; **hacer algo como quien no quiere la ~** [disimuladamente] to do sthg as if one wasn't intending to; [sin querer] to do sthg almost without realizing it; **¡lo que son las ~s!** it's a funny old world!; **no sea ~ que**

just in case; **son ~s de mamá** that's just the way Mum is, that's just one of Mum's little idiosyncrasies; **son las ~s de la vida** that's life.

◆ **cosa de** *loc adv* about; **es ~ de tres semanas** it takes about three weeks.

cosaco, ca *adj & m,f* Cossack; **beber como un ~** to drink like a fish.

coscorrón *m* bump on the head.

cosecha *f* **-1.** [gen] harvest; **ser de la (propia) ~ de alguien** to be made up *o* invented by sb **-2.** [del vino] vintage.

cosechadora *f* combine harvester.

cosechar <> *vt* **-1.** [cultivar] to grow **-2.** [recolectar] to harvest **-3.** *fig* [obtener] to win, to reap. <> *vi* to (bring in the) harvest.

cosechero, ra *m,f* [de cereales] harvester, reaper; [de frutos] picker.

coseno *m* cosine.

coser <> *vt* **-1.** [con hilo] to sew; **~ un botón** to sew on a button **-2.** [con grapas] to staple (together). <> *vi* to sew; **~ a balazos** to riddle with bullets; **~ a cuchilladas** to stab repeatedly; **ser cosa de ~ y cantar** to be child's play *o* a piece of cake.

cosido *m* stitching.

cosmético, ca *adj* cosmetic *(antes de sust).*

◆ **cosmético** *m* cosmetic.

◆ **cosmética** *f* cosmetics *(U).*

cósmico, ca *adj* cosmic.

cosmonauta *mf* cosmonaut.

cosmopolita *adj & m,f* cosmopolitan.

cosmos *m* cosmos.

coso *m* **-1.** [plaza] bullring **-2.** *CSur* [objeto] whatnot, thing.

cosquillas *fpl*: **hacer ~** to tickle; **tener ~** to be ticklish; **buscarle las ~ a alguien** to wind sb up, to irritate sb.

cosquilleo *m* tickling sensation.

costa *f* GEOGR coast.

◆ **costas** *fpl* DER costs.

◆ **Costa Azul** *f*: **la Costa Azul** the Côte d'Azur.

◆ **Costa Brava** *f*: **la Costa Brava** the Costa Brava.

◆ **a costa de** *loc prep* at the expense of; **lo hizo a ~ de grandes esfuerzos** he did it by dint of much effort; **vive a ~ de sus padres** she lives off her parents.

◆ **a toda costa** *loc prep* at all costs.

Costa de Marfil Ivory Coast.

costado *m* side; **es francés por los cuatro ~s** he's French through and through.

costal *m* sack.

costalada *f*, **costalazo** *m* heavy fall.

costanera *f CSur* promenade.

costar [23] <> *vt* **-1.** [dinero] to cost; **¿cuánto cuesta?** how much is it? **-2.** [tiempo] to take **-3.** *loc*: **cueste lo que cueste** whatever the cost; **le costó la vida** it cost him his life; **~ un ojo de la cara** *o* **un riñón** to cost an arm and a leg. <> *vi* [ser difícil]: **~ le a alguien hacer algo** to be difficult for sb to do sthg; **~ caro a alguien** to cost sb dear.

Costa Rica Costa Rica.

costarricense, costarriqueño, ña *adj & m,f* Costa Rican.

coste *m* [de producción] cost; [de un objeto] price; **~ de la vida** cost of living; **~ unitario** ECON unit cost.

costear *vt* **-1.** [pagar] to pay for **-2.** NÁUT [la costa] to hug, to keep close to.

◆ **costearse** *vpr*: **~se algo** [pagárselo] to pay for sthg o.s.; [permitírselo] to be able to afford sthg.

costeño, ña, costero, ra *adj* [gen] coastal; [pueblo] seaside *(antes de sust).*

◆ **costera** *f Méx* promenade.

costilla *f* **-1.** [de persona, barco] rib **-2.** [de animal] cutlet **-3.** *fam fig* [cónyuge] better half.

◆ **costillas** *fpl fam* [espalda] back *(sg).*

costillar *m* [de persona] ribs *(pl)*, rib cage; [de carne] side.

costo *m* [de una mercancía] price; [de un producto, de la vida] cost.

costoso, sa *adj* **-1.** [operación, maquinaria] expensive **-2.** *fig* [trabajo] exhausting; [triunfo] costly.

costra *f* **-1.** [de pan] crust; [de queso] rind **-2.** [de herida] scab.

costumbre *f* habit, custom; **coger/perder la ~ de hacer algo** to get into/out of the habit of doing sthg; **como de ~** as usual; **por ~** through force of habit, out of habit.

◆ **costumbres** *fpl* [de país, cultura] customs; [de persona] habits.

costumbrista *adj describing the customs of a country or region.*

costura *f* **-1.** [labor] sewing, needlework **-2.** [puntadas] seam **-3.** [oficio] dressmaking; **alta ~** haute couture.

costurera *f* dressmaker, seamstress.

costurero *m* [caja] sewing box.

cota *f* **-1.** [altura] altitude, height above sea level **-2.** [armadura]: **~ de mallas** coat of mail **-3.** *fig* [nivel] level, height.

cotarro *m* riotous gathering; **alborotar el ~** to stir up trouble; **dirigir el ~** to rule the roost, to be the boss.

cotejar *vt* to compare.

cotejo *m* comparison.
cotice *etc* ▻ **cotizar**.
cotidianidad *f* [vida cotidiana] everyday life; [monotonía] monotony.
cotidiano, na *adj* daily.
cotilla *mf fam* gossip, busybody.
cotillear *vi fam* to gossip.
cotilleo *m fam* gossip, tittle-tattle.
cotillón *m* New Year's Eve party.
cotizable *adj* quotable.
cotización *f* **-1.** [valor] price **-2.** [en Bolsa] quotation, price.
cotizado, da *adj* **-1.** [en la Bolsa] quoted **-2.** [persona] sought-after.
cotizar [13] ◇ *vt* **-1.** [valorar] to quote, to price **-2.** [pagar] to pay. ◇ *vi* to pay contributions.
◆ **cotizarse** *vpr* **-1.** [estimarse - persona] to be valued *o* prized **-2.**: **~se a** [producto] to sell for, to fetch; [bonos, valores] to be quoted at.
coto *m* preserve; **~ de caza** game preserve; **poner ~ a** to put a stop to.
cotorra *f* **-1.** [ave] parrot **-2.** *fam fig* [persona] chatterbox; **hablar como una ~** to talk nineteen to the dozen.
cotorrear *vi* to chatter.
COU (*abrev de* **Curso de Orientación Universitaria**) *m one-year course which prepared pupils aged 17-18 for Spanish university entrance examinations.*

COU

In Spain, *COU* referred to the academic year which followed the school-leaving examination; its purpose was to prepare school students for university entrance examinations. Students had to study a set of compulsory subjects and several optional ones according to whether they wanted to study arts or sciences. It has now been replaced by the two-year *bachillerato*.

country *m Arg luxury suburban housing development.*
covacha *f* hovel.
coxis = **cóccix**.
coyote *m* coyote.
coyuntura *f* **-1.** [situación] moment; **la ~ económica** the economic situation **-2.** *ANAT* joint.
coyuntural *adj* transitional.
coz *f* kick; **tratar a alguien a coces** *fam fig* to treat sb like dirt.
cozamos ▻ **cocer**.
CPN (*abrev de* **Cuerpo de la Policía Nacional**) *m Spanish police force.*
crac (*pl* **cracs**), **crack** (*pl* **cracks**) *m FIN* crash.
crack (*pl* **cracks**) *m* **-1.** *fig* [estrella] star, superstar **-2.** *FIN* ▻ **crac -3.** [droga] crack.
craneal *adj* cranial.
cráneo *m* cranium, skull; **ir de ~** *fam* to be doing badly.
crápula *mf* libertine.
craso, sa *adj fig* gross, crass; **¡~ error! no debió hacerlo** that was a big mistake! he shouldn't have done it.
cráter *m* crater.
creación *f* creation.
creador, ra ◇ *adj* creative. ◇ *m,f* creator; **~ gráfico** creator *(of cartoon etc)*.
◆ **Creador** *m*: **el Creador** the Creator.
crear *vt* **-1.** [gen] to create **-2.** [inventar] to invent **-3.** [fundar - una academia] to found.
creatividad *f* creativity.
creativo, va ◇ *adj* creative. ◇ *m y f* [en publicidad] ideas man (*f* ideas woman).
crecer [30] *vi* **-1.** [persona, planta] to grow **-2.** [días, noches] to grow longer **-3.** [río, marea] to rise **-4.** [aumentar - animosidad etc] to grow, to increase; [- rumores] to spread **-5.** [la luna] to wax.
◆ **crecerse** *vpr* to become more self-confident.
creces
◆ **con creces** *adv* with interest.
crecido, da *adj* [cantidad] large; [hijo] grown-up.
◆ **crecida** *f* spate, flood.
creciente ◇ *adj* [gen] growing; [luna] crescent. ◇ *m* crescent.
crecimiento *m* [gen] growth; [de precios] rise; **~ económico** *ECON* economic growth.
credencial ◇ *adj* accrediting. ◇ *f* [de acceso a un lugar] pass.
◆ **credenciales** *fpl* [diplomáticas] credentials.
credibilidad *f* credibility.
crediticio, cia *adj* credit *(antes de sust)*.
crédito *m* **-1.** [préstamo] loan; **a ~** on credit; **~ al consumo** *ECON* consumer credit; **~ blando** *ECON* soft loan; **~ a la exportación** *ECON* export credit; **~ hipotecario** *ECON* mortgage credit; **~ oficial** *ECON* official credit; **~ personal** *ECON* personal loan **-2.** [plazo de préstamo] credit **-3.** [confianza] trust, belief; **digno de ~** trustworthy; **dar ~ a algo** to believe sthg **-4.** [fama] standing, reputation **-5.** [en universidad] credit.
credo *m* **-1.** [religioso] creed **-2.** [ideológico, político] credo.
credulidad *f* credulity.

crédulo, la *adj* credulous.
creencia *f* belief.
creer [50] *vt* **-1.** [gen] to believe; **¡ya lo creo!** of course!, I should say so! **-2.** [suponer] to think; **creo que no** I don't think so; **creo que sí** I think so; **según creo** to the best of my knowledge **-3.** [estimar] to think; **lo creo muy capaz de hacerlo** I think he's quite capable of doing it.
◆ **creer en** *vi* to believe in.
◆ **creerse** *vpr* **-1.** [considerarse] to believe o.s. to be; **¿qué se cree?** who does he think he is? **-2.** [dar por cierto] to believe completely.
creíble *adj* credible, believable.
creído, da *m,f* [presumido] conceited.
crema ◇ *f* **-1.** [gen] cream; **la ~ del mundo literario** the cream of the literary world; **~ batida** whipped cream **-2.** [cosmético, betún] cream; **~ de afeitar** shaving cream; **~ dental** toothpaste; **~ depilatoria** hair remover; **~ facial** face cream; **~ hidratante** moisturizer **-3.** [licor] crème **-4.** [dulce, postre] custard. ◇ *adj* cream *(antes de sust).*
cremación *f* cremation.
cremallera *f* **-1.** [para cerrar] zip (fastener), zipper *US* **-2.** *TECN* rack.
crematístico, ca *adj* financial.
crematorio, ria *adj*: **horno ~** cremator.
◆ **crematorio** *m* crematorium.
cremoso, sa *adj* creamy.
crepe [krep] *f* crepe.
crepé *m* [tejido] crepe.
crepitar *vi* to crackle.
crepuscular *adj* crepuscular, twilight *(antes de sust).*
crepúsculo *m* **-1.** [al amanecer] first light; [al anochecer] twilight, dusk **-2.** *fig* [fin] twilight.
crescendo *m* crescendo.
◆ **in crescendo** [inkres'tʃendo] *adv* growing.
crespo, pa *adj* tightly curled, frizzy.
crespón *m* crepe.
cresta *f* **-1.** [gen] crest; **estar en la ~ (de la ola)** to be riding high **-2.** [del gallo] comb.
creta *f* chalk.
cretino, na *m,f* cretin.
cretona *f* cretonne.
creyente *mf* believer.
creyera *etc* creer.
crezca *etc* ▷ **crecer.**
cría ▷ **crío.**
criadero *m* **-1.** [de animales] farm *(breeding place)*; [de árboles, plantas] nursery **-2.** [de mineral] seam.
criadillas *fpl* bull's testicles.
criado, da ◇ *adj* brought up; **niño mal ~** spoilt child. ◇ *m,f* servant (*f* maid).
criador, ra ◇ *adj* producing. ◇ *m,f* [de animales] breeder; [de vinos] grower.
crianza *f* **-1.** [de bebé] nursing, breastfeeding **-2.** [de animales] breeding, rearing **-3.** [del vino] vintage **-4.** [educación] breeding.
criar [9] *vt* **-1.** [amamantar - suj: mujer] to breastfeed; [- suj: animal] to suckle **-2.** [animales] to breed, to rear; [flores, árboles] to grow **-3.** [vino] to mature, to make **-4.** [educar] to bring up.
◆ **criarse** *vpr* **-1.** [crecer] to grow up **-2.** [reproducirse] to breed.
criatura *f* **-1.** [niño] child; [bebé] baby **-2.** [ser vivo] creature.
criba *f* **-1.** [tamiz] sieve **-2.** [selección] screening.
cribar *vt* **-1.** [con el tamiz] to sieve **-2.** [seleccionar] to screen out, to select.
cricket = **criquet.**
crimen *m* crime; **cometer un ~** to commit a crime; **~ de guerra** war crime; **~ organizado** organized crime; **~ pasional** crime of passion.
criminal *adj* & *m,f* criminal; **~ de guerra** war criminal.
criminalidad *f* **-1.** [cualidad] criminality **-2.: (índice de) ~** crime rate.
criminalista ◇ *adj* criminal. ◇ *mf* criminal lawyer.
criminología *f* criminology.
crin *f* mane.
crío, cría *m,f* [niño] kid.
◆ **cría** *f* **-1.** [hijo del animal] young **-2.** [crianza - de animales] breeding; [- de plantas] growing.
criollo, lla ◇ *adj* **-1.** [persona] native to Latin America **-2.** [comida, lengua] creole. ◇ *m,f* [persona] *person (black or white) born in Latin America.*
◆ **criollo** *m* [idioma] creole.
cripta *f* crypt.
críptico, ca *adj* cryptic.
criptograma *m* cryptogram.
criquet, cricket ['kriket] *m* cricket.
crisálida *f* chrysalis.
crisantemo *m* chrysanthemum.
crisis *f inv* **-1.** [gen] crisis; **~ cardíaca** cardiac arrest, heart failure; **~ de los cuarenta** midlife crisis; **~ económica** recession; **~ nerviosa** nervous breakdown **-2.** [escasez] shortage.
crisma *f fam* bonce, nut; **romperle la ~ a alguien** to bash sb's head in; **romperse la ~** to

crack one's head open.

crismas, christmas *m inv* Christmas card.

crisol *m* **-1.** [de metales] crucible **-2.** *fig* [lugar donde se mezclan cosas] melting pot.

crispación *f* [de nervios] tension; [de músculos] tenseness.

crispar *vt* [los nervios] to set on edge; [los músculos] to tense; [las manos] to clench.
◆ **crisparse** *vpr* to become tense.

cristal *m* **-1.** [material] glass *(U)*; [vidrio fino] crystal; ~ **ahumado** smoked glass; ~ **blindado** bullet-proof glass; ~ **de roca** rock crystal **-2.** [en la ventana] (window) pane **-3.** MIN crystal.

cristalera *f* [puerta] French window; [techo] glass roof; [armario] glass-fronted cabinet.

cristalería *f* **-1.** [objetos] glassware **-2.** [tienda] glassware shop; [fábrica] glassworks *(sg)*.

cristalero *m* glazier.

cristalino, na *adj* crystalline.
◆ **cristalino** *m* crystalline lens.

cristalización *f lit & fig* crystallization.

cristalizar [13] *vt* **-1.** [una sustancia] to crystallize **-2.** *fig* [un asunto] to bring to a head.
◆ **cristalizarse** *vpr* to crystallize.
◆ **cristalizarse en** *vpr fig* to develop into.

cristiandad *f* Christianity.

cristianismo *m* Christianity.

cristianización *f* Christianization, conversion to Christianity.

cristianizar [13] *vt* to Christianize, to convert to Christianity.

cristiano, na *adj & m,f* Christian.
◆ **cristiano** *m*: **hablar en** ~ to speak (proper) Spanish.

cristo *m* crucifix.
◆ **Cristo** *m* Christ; **armar un Cristo** *fam* to kick up a fuss; **donde Cristo dio las tres voces/perdió el gorro** *fam* in the back of beyond; **estar hecho un Cristo** *fam* to be a pitiful sight.

criterio *m* **-1.** [norma] criterion; ~**s de convergencia** [en UE] convergence criteria **-2.** [juicio] taste, discernment **-3.** [opinión] opinion.

crítica ▻ **crítico**.

criticable *adj* censurable, open to criticism.

criticar [10] *vt* **-1.** [enjuiciar - literatura, arte] to review **-2.** [censurar] to criticize.

crítico, ca ◇ *adj* critical. ◇ *m,f* [persona] critic.
◆ **crítica** *f* **-1.** [juicio - sobre arte, literatura] review **-2.** [conjunto de críticos]: **la** ~ the critics *(pl)* **-3.** [ataque] criticism.

criticón, ona ◇ *adj* nit-picking, over-critical. ◇ *m,f* nitpicker.

Croacia Croatia.

croar *vi* to croak.

croata ◇ *adj* Croatian. ◇ *mf* Croat, Croatian.

croché [kro'tʃe], **crochet** *m* crochet.

croissant [krwa'san] (*pl* **croissants**) *m* croissant.

croissantería [krwasante'ria] *f shop selling filled croissants.*

crol *m* DEP crawl.

cromado *m* chromium-plating.

cromar *vt* to chrome, to chromium-plate.

cromático, ca *adj* chromatic.

cromatismo *m* colouring.

cromo *m* **-1.** [metal] chrome **-2.** [estampa] picture card; **ir hecho un** ~ to be dressed up to the nines.

cromosoma *m* chromosome.

crónico, ca *adj* chronic.
◆ **crónica** *f* **-1.** [de la historia] chronicle **-2.** [de un periódico] column; [de la televisión] feature, programme.

cronista *mf* [historiador] chronicler; [periodista] columnist.

crono *m* DEP time.

cronología *f* chronology.

cronológico, ca *adj* chronological.

cronometrador, ra *m,f* timekeeper.

cronometraje *m* timing.

cronometrar *vt* to time.

cronómetro *m* DEP stopwatch; TECN chronometer.

croquet *m* croquet.

croqueta *f* croquette.

croquis *m inv* sketch.

cross *m inv* [carrera] cross-country race; [deporte] cross-country (running).

crótalo *m* rattlesnake.

croupier = **crupier**.

cruce ◇ ▻ **cruzar**. ◇ *m* **-1.** [de líneas] crossing, intersection; [de carreteras] crossroads **-2.** [paso] crossing; ~ **a nivel** level crossing *UK*, grade crossing *US*; ~ **de peatones** pedestrian crossing **-3.** [de animales] cross, crossbreeding *(U)* **-4.** [de teléfono] crossed line.

crucero *m* **-1.** [viaje] cruise **-2.** [barco] cruiser **-3.** [de iglesias] transept.

crucial *adj* crucial.

crucificar [10] *vt* **-1.** [en una cruz] to crucify **-2.** *fig* [atormentar] to torment.

crucifijo *m* crucifix.

crucifixión *f* crucifixion.
crucigrama *m* crossword (puzzle).
crudeza *f* **-1.** [gen] harshness; **con ~** harshly **-2.** [de descripción, imágenes] brutality, harsh realism.
crudo, da *adj* **-1.** [natural] raw; [petróleo] crude **-2.** [sin cocer completamente] undercooked **-3.** [realidad, clima, tiempo] harsh; [novela] harshly realistic, hard-hitting **-4.** [cruel] cruel **-5.** [color] beige.
◆ **crudo** *m* crude (oil).
cruel *adj* [gen] cruel.
crueldad *f* **-1.** [gen] cruelty **-2.** [acción cruel] act of cruelty.
crujido *m* [de madera] creak, creaking *(U)*; [de hojas secas] crackle, crackling *(U)*.
crujiente *adj* [madera] creaky; [hojas secas] rustling; [patatas fritas] crunchy.
crujir *vi* [madera] to creak; [patatas fritas, nieve] to crunch; [hojas secas] to crackle; [dientes] to grind.
crupier, croupier [kru'pier] *m* croupier.
crustáceo *m* crustacean.
cruz *f* **-1.** [gen] cross; **~ gamada** swastika **-2.** [de una moneda] tails *(U)* **-3.** *fig* [aflicción] burden, torment **-4.** *loc*: **hacer ~ y raya** to break off relations.
◆ **Cruz Roja** *f* Red Cross.
cruza *f Amér* cross, crossbreed.
cruzado, da *adj* **-1.** [cheque, piernas, brazos] crossed **-2.** [atravesado]: **~ en la carretera** blocking the road **-3.** [animal] crossbred **-4.** [abrigo, chaqueta] double-breasted.
◆ **cruzado** *m* crusader.
◆ **cruzada** *f lit & fig* crusade.
cruzar [13] *vt* **-1.** [gen] to cross; **~ los dedos** to cross one's fingers **-2.** [unas palabras] to exchange.
◆ **cruzarse** *vpr* **-1.** [gen] to cross; **~se de brazos** to fold one's arms **-2.** [personas]: **~se con alguien** to pass sb.
CSIC (*abrev de* **Consejo Superior de Investigaciones Científicas**) *m Spanish council for scientific research.*
cta. (*abrev de* **cuenta**) a/c.
cte. (*abrev de* **corriente**) inst.
cuaderna *f NÁUT* rib.
cuaderno *m* [gen] notebook; [en el colegio] exercise book.
◆ **cuaderno de bitácora** *m* logbook.
cuadra *f* **-1.** [de caballos] stable **-2.** *fam* [lugar sucio] pigsty **-3.** *Amér* [en calle] block.
cuadrado, da *adj* **-1.** [gen & *MAT*] square; **elevar al ~** to square **-2.** [persona] square-built, stocky.
◆ **cuadrado** *m* square.
cuadrafónico, ca *adj* quadraphonic.
cuadragésimo, ma *núm* fortieth.
cuadrangular *adj* quadrangular.
cuadrángulo *m* quadrangle.
cuadrante *m* **-1.** [gen] quadrant **-2.** [reloj de sol] sundial.
cuadrar ◇ *vi* **-1.** [información, hechos]: **~ (con)** to square *o* agree (with) **-2.** [números, cuentas] to tally, to add up. ◇ *vt* **-1.** [gen] to square **-2.** *Amér* [aparcar] to park.
◆ **cuadrarse** *vpr* **-1.** *MIL* to stand to attention **-2.** [mostrar firmeza] to make a stand.
cuadratura *f GEOM* quadrature; **la ~ del círculo** *fam* squaring the circle.
cuádriceps *m inv* quadriceps.
cuadrícula *f* grid.
cuadriculado, da *adj* squared.
cuadricular *vt* to divide into squares.
cuadriga, cuádriga *f* four-in-hand.
cuadrilátero *m* **-1.** *GEOM* quadrilateral **-2.** *DEP* ring.
cuadrilla *f* **-1.** [de amigos, trabajadores] group; [de maleantes] gang **-2.** [de un torero] *team of helpers*; *ver también* **tauromaquia**.
cuadro *m* **-1.** [pintura] painting, picture **-2.** [escena] scene, spectacle **-3.** [descripción] portrait **-4.** [cuadrado] square; **a ~s** check *(antes de sust)*; **quedarse a ~s** *fam* to be gobsmacked, to be flabbergasted; **quedarse en ~s** to be down to a skeleton staff **-5.** [equipo] team; **~s medios** middle management **-6.** [gráfico] chart, diagram; **~ sinóptico** (synoptic) chart **-7.** [de la bicicleta] frame **-8.** [de un aparato]: **~ de distribución** switchboard; **~ de mandos** control panel **-9.** *TEATR* scene; **~ flamenco** flamenco group.
cuadrúpedo *m* quadruped.
cuádruple *m* quadruple.
cuadruplicar [10] *vt* to quadruple.
cuádruplo *m* quadruple.
cuajado, da *adj* **-1.** [leche] curdled; [huevo] set **-2.** [lleno]: **~ de** full of.
◆ **cuajada** *f* curd (cheese).
cuajar ◇ *vt* [solidificar - leche] to curdle; [- huevo] to set; [- sangre] to clot, to coagulate. ◇ *vi* **-1.** [lograrse - acuerdo] to be settled; [- negocio] to take off, to get going **-2.** [ser aceptado - persona] to fit in; [- moda] to catch on **-3.** [nieve] to settle.
◆ **cuajarse** *vpr* [leche] to curdle; [sangre] to clot, to coagulate.
cuajo *m* rennet.
◆ **de cuajo** *loc adv*: **arrancar de ~** [árbol] to uproot; [brazo etc] to tear right off.

cual *pron relat*: **el/la ~** *etc* [de persona] *(sujeto)* who; *(complemento)* whom; [de cosa] which; **lo ~** which; **conoció a una española, la ~ vivía en Buenos Aires** he met a Spanish girl who lived in Buenos Aires; **está muy enfadada, lo ~ es comprensible** she's very angry, which is understandable; **todo lo ~** all of which; **sea ~ sea** *o* **fuere su decisión** whatever his decision (may be); **los tres son a ~ más inteligente** all three are equally intelligent.

cuál *pron* **-1.** *(interrogativo)* what; [en concreto, especificando] which one; **¿~ es tu nombre?** what is your name?; **¿~ es la diferencia?** what's the difference?; **no sé ~es son mejores** I don't know which are best; **¿~ prefieres?** which one do you prefer? **-2.** *(en oraciones distributivas)*: **todos contribuyeron, ~ más, ~ menos** everyone contributed, although some more than others.

cualesquiera *pl* ▷ **cualquiera**.

cualidad *f* quality.

cualificación *f* degree of skill *(of a worker)*.

cualificado, da *adj* skilled.

cualificar [10] *vt* to qualify.

cualitativo, va *adj* qualitative.

cualquiera (*pl* **cualesquiera**) ◇ *adj (antes de sust: cualquier)* any; **cualquier día vendré a visitarte** I'll drop by one of these days; **en cualquier momento** at any time; **en cualquier lugar** anywhere. ◇ *pron* anyone; **~ te lo dirá** anyone will tell you; **~ que** [persona] anyone who; [cosa] whatever; **~ que te vea se reiría** anyone who saw you would laugh; **~ que sea la razón** whatever the reason (may be). ◇ *m,f* [don nadie] nobody. ◇ *f fam* [prostituta] tart.

cuan *adv* [todo lo que]: **se desplomó ~ largo era** he fell flat on the ground.

cuán *adv* how.

cuando ◇ *adv* when; **de ~ en ~** from time to time; **de vez en ~** now and again. ◇ *conj* **-1.** [de tiempo] when; **~ llegue el verano iremos de viaje** when summer comes we'll go travelling **-2.** [si] if; **~ tú lo dices será verdad** it must be true if you say so **-3.** *(después de 'aun')* [aunque]: **no mentiría aun ~ le fuera en ello la vida** she wouldn't lie even if her life depended on it.

◆ **cuando más** *loc adv* at the most.

◆ **cuando menos** *loc adv* at least.

◆ **cuando quiera que** *loc conj* whenever.

cuándo ◇ *adv* when; **¿~ vas a venir?** when are you coming?; **quisiera saber ~ sale el tren** I'd like to know when *o* at what time the train leaves. ◇ *m*: **ignorará el cómo y el ~ de la operación** he won't know how or when the operation will take place.

cuantía *f* [suma] amount, quantity; [alcance] extent.

cuántico, ca, quántico, ca *adj* quantum.

cuantificable *adj* quantifiable.

cuantificar [10] *vt* to quantify.

cuantioso, sa *adj* large, substantial.

cuantitativo, va *adj* quantitative.

cuanto, ta ◇ *adj* **-1.** [todo]: **despilfarra ~ dinero gana** he squanders all the money he earns; **soporté todas cuantas críticas me hizo** I put up with every single criticism he made of me **-2.** *(antes de adv)* [compara cantidades]: **cuantas más mentiras digas, menos te creerán** the more you lie, the less people will believe you. ◇ *pron relat (gen pl)* [de personas] everyone who; [de cosas] everything (that); **~s fueron alabaron el espectáculo** everyone who went said the show was excellent; **dio las gracias a todos ~s le ayudaron** he thanked everyone who helped him.

◆ **cuanto** ◇ *pron relat (neutro)* **-1.** [todo lo que] everything, as much as; **come ~ quieras** eat as much as you like; **comprendo ~ dice** I understand everything he says; **todo ~** everything **-2.** [compara cantidades]: **~ más se tiene, más se quiere** the more you have, the more you want. ◇ *adv* [compara cantidades]: **~ más come, más gordo está** the more he eats, the fatter he gets.

◆ **cuanto antes** *loc adv* as soon as possible.

◆ **en cuanto** ◇ *loc conj* [tan pronto como] as soon as; **en ~ acabe** as soon as I've finished. ◇ *loc prep* [en calidad de] as; **en ~ cabeza de familia** as head of the family.

◆ **en cuanto a** *loc prep* as regards; **en ~ a tu petición** as regards your request, as far as your request is concerned.

cuánto, ta ◇ *adj* **-1.** *(interrogativo)* how much, *(pl)* how many; **¿cuántas manzanas tienes?** how many apples do you have?; **¿~ pan quieres?** how much bread do you want?; **no sé ~s hombres había** I don't know how many men were there **-2.** *(exclamativo)* what a lot of; **¡cuánta gente (había)!** what a lot of people (were there)! ◇ *pron (gen pl)* **-1.** *(interrogativo)* how much, *(pl)* how many; **¿~s han venido?** how many came?; **dime cuántas quieres** tell me how many you want **-2.** *(exclamativo)*: **¡~s quisieran conocerte!** there are so many people who would like to meet you!

◆ **cuánto** *pron (neutro)* **-1.** *(interrogativo)* how much; **¿~ quieres?** how much do you want?; **me gustaría saber ~ te costarán** I'd like to know how much they'll cost you **-2.** *(exclamativo)*: **¡~ han cambiado las cosas!** how things have changed!; **¡~ me gusta!** I really like it!

cuarenta *núm* forty; **los (años) ~** the forties; **cantar a alguien las ~** to give sb a piece of one's mind; *ver también* **seis**.

cuarentena *f* **-1.** [por epidemia] quarantine; **poner en ~** [enfermos] to (put in) quarantine; [noticia] to put on hold **-2.** [cuarenta unidades] forty; **una ~ de personas** about forty people.

cuarentón, ona *m,f* person in his/her forties.

cuaresma *f* Lent.

cuartear *vt* to cut *o* chop up.

◆ **cuartearse** *vpr* to crack.

cuartel *m* **-1.** *MIL* barracks *(pl)*; **~ general** headquarters *(pl)* **-2.** *fig* [piedad]: **sin ~** [guerra] all-out; **lucha sin ~** fight to the death.

cuartelazo *m Amér* military uprising, revolt.

cuartelillo *m* [de policia] police station.

cuarteto *m* quartet.

cuartilla *f* sheet of quarto.

cuarto, ta *núm* fourth; **la cuarta parte** a quarter.

◆ **cuarto** *m* **-1.** [parte] quarter; **un ~ de hora** a quarter of an hour; **son las dos y ~** it's a quarter past *UK o* after *US* two; **son las dos menos ~** it's a quarter to *UK o* of *US* two; **~ creciente/menguante** first/last quarter; **ser tres ~s de lo mismo** to be exactly the same *o* no different **-2.** [habitación] room; **~ de aseo** washroom, small bathroom; **~ de baño** bathroom; **~ de estar** living room; **~ de huéspedes** guestroom; **~ oscuro** *FOT* darkroom; **~ secreto** *RP* voting booth **-3.** *loc*: **estar sin un ~** to be skint.

◆ **cuartos** *mpl* **-1.** *fam* [dinero] dough *(U)*, readies **-2.** *DEP*: **~s de final** quarter finals.

◆ **cuarta** *f* [palmo] span.

cuarzo *m* quartz.

cuate, ta *m,f CAm, Ecuad, Méx fam* pal, mate *UK*, buddy *US*.

cuaternario, ria *adj* Quaternary.

◆ **cuaternario** *m*: **el ~** the Quaternary (era).

cuatrero, ra *m,f* [de caballos] horse thief; [de ganado] cattle rustler.

cuatrillizo, za *m,f* quadruplet, quad.

cuatrimestral *adj* **-1.** [en frecuencia] four-monthly **-2.** [en duración] four-month *(antes de sust)*, lasting four months.

cuatrimestre *m* period of four months.

cuatrimotor *m* four-engined plane.

cuatripartito, ta *adj* four-part.

cuatro ◇ *núm* four; **más de ~** quite a few; *ver también* **seis**. ◇ *adj fig* [poco] a few; **hace ~ días** a few days ago.

cuatrocientos, tas *núm* four hundred; *ver también* **seis**.

cuba *f* barrel, cask; **beber como una ~** to drink like a fish; **estar como una ~** to be legless *o* blind drunk.

Cuba Cuba.

cubalibre *m* rum and coke.

cubano, na *adj & m,f* Cuban.

cubata *m fam* rum and coke.

cubero *m*: **a ojo de buen ~** roughly.

cubertería *f* set of cutlery, cutlery *(U)*.

cubeta *f* [cuba pequeña] bucket, pail; *FOT* tray.

cúbico, ca *adj* cubic.

cubierto, ta ◇ *pp* ▷ **cubrir**. ◇ *adj* **-1.** [gen]: **~ (de)** covered (with); **estar a ~** [protegido] to be under cover; [con saldo acreedor] to be in the black; **ponerse a ~** to take cover **-2.** [cielo] overcast **-3.** [vacante] filled.

◆ **cubierto** *m* **-1.** [pieza de cubertería] piece of cutlery **-2.** [juego de cubertería] set of cutlery **-3.** [para cada persona] place setting **-4.** [comida] set menu.

◆ **cubierta** *f* **-1.** [gen] cover **-2.** [de neumático] tyre **-3.** [de barco] deck.

cubil *m* **-1.** [de animales] den, lair **-2.** *fig* [de personas] poky room.

cubilete *m* [en juegos] cup.

cubismo *m* cubism.

cubista *adj & m,f* cubist.

cubito *m* **-1.** [de hielo] ice cube **-2.** [de caldo] stock cube.

cúbito *m* ulna.

cubo *m* **-1.** [recipiente] bucket; **~ de la basura** rubbish bin *UK*, trashcan *US*, garbage can *US* **-2.** *GEOM & MAT* cube; **elevar al ~** to cube **-3.** [de rueda] hub.

cubrecama *m* bedspread.

cubrir *vt* **-1.** [gen] to cover **-2.** [proteger] to protect **-3.** [disimular] to cover up, to hide **-4.** [puesto, vacante] to fill.

◆ **cubrir de** *vt*: **~ de algo a alguien** to heap sthg on sb.

◆ **cubrirse** *vpr* **-1.** [taparse]: **~se (de)** to become covered (with) **-2.** [protegerse]: **~se (de)** to shelter (from) **-3.** [con sombrero] to put one's hat on **-4.** [con ropa]: **~se (con)** to cover o.s. (with) **-5.** [cielo] to cloud over **-6.**

loc: **~se de gloria** [triunfar] to cover o.s. in *o* with glory; *irón* to land o.s. in it.
cuca ▻ **cuco**.
cucaña *f* greasy pole.
cucaracha *f* cockroach *UK*, roach *US*.
cuchara *f* **-1.** [para comer] spoon; **~ de palo** wooden spoon; **~ de postre** dessert spoon; **meter la ~** *fam* to butt in **-2.** [cucharada] spoonful.
cucharada *f* spoonful.
cucharilla *f* teaspoon.
cucharón *m* ladle.
cuchichear *vi* to whisper.
cuchicheo *m* whispering.
cuchilla *f* blade; **~ de afeitar** razor blade.
cuchillada *f* [golpe] stab; [herida] stab wound.
cuchillo *m* knife; **~ de cocina** kitchen knife; **~ eléctrico** electric carving knife; **~ de trinchar** carving knife.
cuchitril *m* hovel.
cuchufleta *f fam* joke.
cuclillas
◆ **en cuclillas** *loc adv* squatting; **ponerse en ~** to squat (down).
cuclillo *m* cuckoo.
cuco, ca *adj fam* **-1.** [bonito] pretty **-2.** [astuto] shrewd, canny.
◆ **cuco** *m* cuckoo.
◆ **cuca** *f fam* peseta.
cucú *m* **-1.** [canto] cuckoo **-2.** [reloj] cuckoo clock.
cucurucho *m* **-1.** [de papel] paper cone **-2.** [para helado] cornet, cone **-3.** [gorro] pointed hat.
cuece ▻ **cocer**.
cuela *etc* ▻ **colar**.
cuelga *etc* ▻ **colgar**.
cuello *m* **-1.** [gen] neck; **alargar el ~** to stretch *o* crane one's neck; **~ de botella** bottleneck; **~ uterino** cervix **-2.** [de prendas] collar; **~ de pajarita** wing collar; **~ de pico** V-neck; **~ alto** *o* **de cisne** polo neck *UK*, turtleneck *US*; **hablar para el ~ de su camisa** *fam* to talk to o.s.
cuenca *f* **-1.** [de río] basin **-2.** [del ojo] (eye) socket **-3.** [región minera] coalfield.
cuenco *m* earthenware bowl.
cuenta ◇ ▻ **contar**. ◇ *f* **-1.** [acción de contar] count; **echar ~s** to reckon up; **llevar/perder la ~ de** to keep/lose count of; **~ atrás** countdown **-2.** [cálculo] sum; **~ de la vieja** *fam* counting on one's fingers **-3.** *BANCA & COM* account; **abonar algo en ~ a alguien** to credit sthg to sb's account; **abrir una ~** to open an account; **~ de gastos** expenditure account; **llevar las ~s** to keep the books; **pagar mil euros a ~** to pay a thousand euros down; **~ de ahorros** savings account; **~ de ahorro vivienda** home loan; **~ corriente** current account *UK*, checking account *US*; **~ de crédito** current account with an overdraft facility; **~ deudora** overdrawn account; **~ de explotación** operating statement; **~ a plazo fijo** deposit account **-4.** [factura] bill *UK*, check *US*; **domiciliar una ~** to pay an account by standing order/direct debit; **pasar la ~** to send the bill; **~ por cobrar/pagar** account receivable/payable **-5.** [obligación, cuidado] responsibility; **déjalo de mi ~** leave it to me **-6.** [bolita - de collar, rosario] bead **-7.** *loc*: **a fin de ~s** in the end; **ajustarle a alguien las ~s** to settle an account *o* a score with sb; **caer en la ~ de algo** to realize sthg; **dar ~ de algo** [comunicar] to report sthg; [terminar] to account for sthg, to finish sthg off; **darse ~ de algo** to realize sthg; **en resumidas ~s** in short; **más de la ~** too much; **pedir ~s a alguien** to call sb to account; **por mi/tu** *etc* **~** on my/your *etc* own; **salir de ~s** to be due to give birth; **tener en ~ algo** to bear sthg in mind.
cuentagotas *m inv* dropper; **a** *o* **con ~** in dribs and drabs.
cuentakilómetros *m inv* [de distancia recorrida] ≃ milometer; [de velocidad] speedometer.
cuentarrevoluciones *m inv* tachometer, rev counter.
cuentista *mf* **-1.** [escritor] short story writer **-2.** [mentiroso] fibber, story-teller.
cuento *m* **-1.** [fábula] tale; **~ de hadas** fairy tale; **el ~ de la lechera** *fig* wishful thinking **-2.** [narración] short story **-3.** [mentira, exageración] story, lie; **¡puro ~!** what nonsense!; **~ chino** tall story **-4.** *loc*: **quitarse** *o* **dejarse de ~s** to stop beating about the bush; **ser el ~ de nunca acabar** to be the same old story; **tener ~** to put it on; **venir a ~** to be relevant; **venir con ~s** to tell fibs *o* stories; **vivir del ~** to live by one's wits.
cuerda *f* **-1.** [para atar - fina] string; [- más gruesa] rope; **~ floja** tightrope **-2.** [de instrumento] string **-3.** [de reloj] spring; **dar ~ a** [reloj] to wind up **-4.** *GEOM* chord **-5.** *loc*: **bajo ~** secretly, in an underhand manner; **estar en la ~ floja** to be hanging by a thread; **tener mucha ~, tener ~ para rato** to go on and on; **tirar de la ~** to go too far, to push it.
◆ **cuerdas vocales** *fpl* vocal cords.

cuerdo, da ◇ *adj* **-1.** [sano de juicio] sane **-2.** [sensato] sensible. ◇ *m,f* sane person.

cueriza *f Andes fam* beating, leathering.

cuerno *m* [gen] horn; [de ciervo] antler; **mandar al ~ a alguien** *fam* to send sb packing; **saber a ~ quemado** *fam* to be fishy; **¡vete al ~!** *fam* go to hell!
◆ **cuernos** *mpl fam*: **poner ~s a alguien** to be unfaithful to sb; [a un hombre] to cuckold sb.

cuero *m* **-1.** [piel de animal] skin; [piel curtida] hide; **~ cabelludo** scalp; **en ~s, en ~s vivos** stark naked **-2.** [material] leather **-3.** *Amér vulg* [prostituta] whore.

cuerpo *m* **-1.** [gen] body; **~ celeste** heavenly body; **~ extraño** foreign body; **de ~ entero** [persona] complete, consummate; [retrato] full-length; **a ~** without a coat on; **luchar ~ a ~** to fight hand-to-hand; **tomar ~** to take shape; **vivir a ~ de rey** to live like a king; **en ~ y alma** body and soul **-2.** [tronco] trunk **-3.** [parte principal] main body **-4.** [grosor] thickness **-5.** [cadáver] corpse; **de ~ presente** (lying) in state **-6.** [corporación consular, militar etc] corps; **~ de bomberos** fire brigade; **~ diplomático** diplomatic corps; **~ de policía** police force **-7.** [parte de armario, edificio] section.

cuervo *m* crow.

cuesco *m fam* fart.

cuesta ◇ ▻ **costar**. ◇ *f* slope; **~ arriba** uphill; **~ abajo** downhill; **a ~s** on one's back, over one's shoulders; **hacérsele ~ arriba a alguien** to be hard going *o* an uphill struggle for sb; **ir ~ abajo** to decline, to go downhill.

cueste ▻ **costar**.

cuestión *f* **-1.** [pregunta] question **-2.** [problema] problem **-3.** [asunto] matter, issue; **en ~** in question, at issue; **en ~ de** [en materia de] as regards; **en ~ de una hora** in no more than an hour; **ser ~ de** to be a question of.

cuestionable *adj* questionable, debatable.

cuestionar *vt* to question.
◆ **cuestionarse** *vpr* to (call into) question.

cuestionario *m* questionnaire.

cueva *f* cave; **~ de ladrones** den of thieves.

cueza *etc* ▻ **cocer**.

cuico *m Méx fam* cop.

cuidado ◇ *m* care; **con ~** [con esmero] carefully; [con cautela] cautiously; **de ~** [criminal, enemigo] dangerous; [accidente, problema] serious; **estar al ~ de** to be in charge of; **tener ~ con** to be careful with; **~s intensivos** intensive care (*U*); **eso me tiene** *o* **trae sin ~** I couldn't care less about that. ◇ *interj*: **¡~!** careful!, look out!

cuidador, ra *m,f* DEP trainer.

cuidadoso, sa *adj* careful.

cuidar *vt* [gen] to look after; [estilo etc] to take care over; [detalles] to pay attention to.
◆ **cuidar de** *vi* to look after; **cuida de que no lo haga** make sure she doesn't do it.
◆ **cuidarse** *vpr* to take care of *o* to look after o.s.; **~se de** to worry about.

cuitlacoche *m CAm, Méx* corn smut, *edible fungus which grows on maize.*

culata *f* **-1.** [de arma] butt **-2.** [de animal] hindquarters **-3.** [de motor] cylinder head.

culatazo *m* [golpe] *blow with the butt of a rifle*; [retroceso] recoil, kick.

culé (*pl* **culés**) *adj fam* DEP of/relating to the Barcelona Football Club.

culebra *f* snake.

culebrón *m* TV soap opera.

culinario, ria *adj* culinary.

culminación *f* culmination.

culminante *adj* culminating; **punto ~** high point.

culminar ◇ *vt*: **~ (con)** to crown (with). ◇ *vi* to finish, to culminate.

culo *m fam* **-1.** [de personas] backside, bum *UK*; **caerse de ~** *fam* to be flabbergasted, to be gobsmacked; **estar en el ~ del mundo** *fam* to be in the back of beyond; **lamer el ~ a alguien** *fam* to lick sb's arse *UK*, to lick sb's ass *US*; **ser un ~ de mal asiento** to be fidgety **-2.** [de objetos] bottom **-3.** [líquido]: **queda un ~** there are a few drops left in the bottom.

culpa *f* **-1.** [responsabilidad] fault; **tener la ~ de algo** to be to blame for sthg; **echar la ~ a alguien (de)** to blame sb (for); **por ~ de** because of **-2.** [falta]: **~s** sins.

culpabilidad *f* guilt.

culpabilizar [13] *vt* to blame.
◆ **culpabilizarse** *vpr*: **~se (de)** to accept the blame (for).

culpable ◇ *adj*: **~ (de)** guilty (of); **declarar ~ a alguien** to find sb guilty; **declararse ~** to plead guilty. ◇ *mf* DER guilty party; **tú eres el ~** you're to blame.

culpar *vt*: **~ a alguien (de)** [atribuir la culpa] to blame sb (for); [acusar] to accuse sb (of).

cultivable *adj* cultivable, arable.

cultivado, da *adj* cultivated.

cultivador, ra *m,f* grower.

cultivar *vt* **-1.** [tierra] to farm, to cultivate; [plantas] to grow **-2.** [amistad, inteligencia] to cultivate **-3.** [arte] to practise **-4.** [germen] to culture.

◆ **cultivarse** *vpr* [persona] to improve o.s.

cultivo *m* **-1.** [de tierra] farming; [de plantas] growing **-2.** [plantación] crop **-3.** [de gérmenes] culture.

culto, ta *adj* [persona] cultured, educated; [estilo] refined; [palabra] literary, learned.

◆ **culto** *m* **-1.** [devoción] worship; **libertad de ~** freedom of worship; **rendir ~ a** [dios etc] to worship; [persona, valentía etc] to pay homage *o* tribute to **-2.** [religión] cult.

cultura *f* **-1.** [de sociedad] culture **-2.** [sabiduría] learning, knowledge; **~ general** general knowledge.

cultural *adj* cultural.

culturismo *m* body-building.

culturista *mf* body-builder.

culturizar [13] *vt* to educate.

cumbia *f Colombian dance.*

cumbre ◇ *adj* greatest. ◇ *f* **-1.** [de montaña] summit **-2.** *fig* [punto culminante] peak, pinnacle **-3.** POLÍT summit (conference).

cumpleaños *m inv* birthday.

cumplido, da *adj* **-1.** [acabado - orden] carried out; [- promesa, deber, profecía] fulfilled; [- plazo] expired **-2.** [completo, lleno] full, complete **-3.** [cortés] courteous.

◆ **cumplido** *m* compliment; **andarse con ~s** to stand on ceremony; **visita de ~** courtesy call.

cumplidor, ra ◇ *adj* reliable, dependable. ◇ *m,f* reliable *o* dependable person.

cumplimentar *vt* **-1.** [saludar] to greet **-2.** [felicitar] to congratulate **-3.** [cumplir - orden] to carry out; [- contrato] to fulfil.

cumplimiento *m* [de un deber] performance; [de contrato, promesa] fulfilment; [de la ley] observance; [de órdenes] carrying out; [de condena] completion; [de plazo] expiry.

cumplir ◇ *vt* **-1.** [orden] to carry out; [promesa] to keep; [ley] to observe; [contrato] to fulfil **-2.** [años] to reach; **mañana cumplo los 20** I'm 20 *o* it's my 20th birthday tomorrow **-3.** [condena] to serve; [servicio militar] to do. ◇ *vi* **-1.** [plazo, garantía] to expire **-2.** [realizar el deber] to do one's duty; **~ con alguien** to do one's duty by sb; **para** *o* **por ~** out of politeness; **~ con el deber** to do one's duty; **~ con la palabra** to keep one's word.

cúmulo *m* **-1.** [de objetos] pile, heap **-2.** [nube] cumulus **-3.** *fig* [de asuntos, acontecimientos] accumulation, series.

cuna *f* **-1.** [para dormir] cot, cradle **-2.** *fig* [de movimiento, civilización] cradle; [de persona] birthplace.

cundir *vi* **-1.** [propagarse] to spread **-2.** [dar de sí - comida, reservas, tiempo] to go a long way; [- trabajo, estudio] to go well.

cuneta *f* [de una carretera] ditch; [de una calle] gutter.

cuña *f* **-1.** [pieza] wedge **-2.** [de publicidad] commercial break **-3.** [orinal] bedpan **-4.** *Andes, RP fam*: **tener ~** to have friends in high places.

cuñado, da *m,f* brother-in-law (*f* sister-in-law).

cuño *m* **-1.** [troquel] die **-2.** [sello, impresión] stamp **-3.** *loc*: **ser de nuevo ~** to be a new coinage.

cuota *f* **-1.** [contribución - a entidad, club] membership fee, subscription; [- a Hacienda] tax (payment) **~ de entrada** admission fee; **-2.** [cupo] quota **-3.** *Méx* [peaje] toll.

◆ **cuota de mercado** *f* ECON market share.

◆ **cuota de pantalla** *f* TV audience share.

cupido *m fig* lady's man.

cupiera *etc* ▷ **caber**.

cupo ◇ ▷ **caber**. ◇ *m* **-1.** [cantidad máxima] quota **-2.** [cantidad proporcional] share; [de una cosa racionada] ration.

cupón *m* [gen] coupon; [de lotería, rifa] ticket.

cúpula *f* **-1.** ARQUIT dome, cupola **-2.** *fig* [mandos] leaders *(pl)*.

cura ◇ *m* priest. ◇ *f* **-1.** [curación] recovery; **tener ~** to be curable **-2.** [tratamiento] treatment, cure; **necesitar una ~ de sueño** to need a good sleep; **~ de emergencia** first aid; **~ de reposo** rest cure **-3.** *loc*: **no tener ~** [ser incurable] to be incurable; *fam* [ser incorregible] to be incorrigible.

curación *f* **-1.** [de un enfermo - recuperación] recovery; [- tratamiento] treatment; [de una herida] healing **-2.** [de jamón] curing.

curado, da *adj* [alimento] cured; [pieles] tanned; **~ de espanto** unshockable.

◆ **curado** *m* [de alimentos] curing; [de pieles] tanning.

curandero, ra *m,f* quack.

curar ◇ *vt* **-1.** [gen] to cure **-2.** [herida] to dress **-3.** [pieles] to tan. ◇ *vi* [enfermo] to get well, to recover; [herida] to heal up.

◆ **curarse** *vpr* **-1.** [sanar]: **~se (de)** to recover (from); **~se en salud** to play safe **-2.** [alimento] to cure.

curativo, va *adj* curative.

curco *m Amér* **-1.** [joroba] hump **-2.** [jorobado] hunchback.

curcucho *m Amér* hunchback.

curcuncho, cha ◇ *adj Andes fam* [jorobado] hunchbacked. ◇ *m* [joroba] hump; [jorobado] hunchback.

curda *fam* ◇ *f*: **coger** *o* **agarrar una ~** to get plastered. ◇ *adj Amér* drunk. ◇ *mf Amér* boozer, wino.

curdo, da ◇ *adj* Kurdish. ◇ *m,f* [persona] Kurd.

◆ **curdo** *m* [lengua] Kurdish.

curia *f* **-1.** HIST & RELIG curia **-2.** DER court.

curiosear ◇ *vi* [fisgonear] to nose around; [por una tienda] to browse round. ◇ *vt* [libros, revistas] to browse through.

curiosidad *f* curiosity; **sentir** *o* **tener ~ por** to be curious about.

curioso, sa ◇ *adj* **-1.** [por saber, averiguar] curious, inquisitive **-2.** [raro] odd, strange **-3.** [limpio] neat, tidy; [cuidadoso] careful. ◇ *m,f* onlooker.

curita *m Amér* sticking plaster, Band-Aid® *US*.

currante ◇ *adj fam* hard-working. ◇ *mf* worker.

currar, currelar *vi fam* to work.

curre = curro.

currelar = currar.

currículum (vitae) [ku'rrikulum ('bite)] (*pl* **currícula (vitae)** *o* **currículums**), **currículo** (*pl* **currículos**) *m* curriculum vitae *UK*, résumé *US*.

curro, curre *m fam* work.

curruscar [10] *vi* to crunch.

cursar *vt* **-1.** [estudiar] to study **-2.** [enviar] to send **-3.** [dar - órdenes etc] to give, to issue **-4.** [tramitar] to submit.

cursi ◇ *adj fam* [vestido, canción etc] naff, tacky; [modales, persona] affected. ◇ *mf fam* affected *o* pretentious person.

cursilada *f* [acto, comportamiento] pretentious *o* affected act; [comentario] naff remark; [decoración, objeto] tacky thing.

cursilería *f* **-1.** [objeto] tacky thing; [comentario] naff remark; [acto, comportamiento] pretentious *o* affected act **-2.** [cualidad] tackiness, naffness.

cursillo *m* **-1.** [curso] short course **-2.** [conferencias] series of lectures.

cursiva ▷ **letra**.

curso *m* **-1.** [año académico] year **-2.** [lecciones] course; **~ intensivo** crash course; **~ por correspondencia** correspondence course **-3.** [texto, manual] textbook **-4.** [dirección - de río, acontecimientos] course; [- de la economía] trend; **seguir su ~** to go on, to continue; **el resfriado debe seguir su ~** you should allow the cold to run its course; **en el ~ de** during (the course of); **en ~** [mes, año] current; [trabajo] in progress; **dar ~ a algo** [dar rienda suelta] to give free rein to sthg; [tramitar] to process *o* deal with sthg **-5.** [circulación]: **moneda de ~ legal** legal tender.

cursor *m* INFORM cursor.

curtido, da *adj* **-1.** [piel, cuero] tanned **-2.** *fig* [experimentado] seasoned.

◆ **curtido** *m* tanning.

curtiembre *f Andes, RP* tannery.

curtir *vt* **-1.** [piel] to tan **-2.** *fig* [persona] to harden.

◆ **curtirse** *vpr* **-1.** [piel] to tan **-2.** *fig* [persona] to become hardened.

curva ▷ **curvo**.

curvado, da *adj* [gen] curved; [doblado] bent.

curvar *vt* to bend; [espalda, cejas] to arch.

◆ **curvarse** *vpr* to become bent.

curvatura *f* curvature.

curvilíneo, a *adj* [gen] curved; [cuerpo] curvaceous.

curvo, va *adj* [gen] curved; [doblado] bent.

◆ **curva** *f* [gen] curve; [en carretera] bend; **curva cerrada** sharp bend; **curva de la felicidad** *fig* [barriga] paunch; **curva de nivel** contour line.

cuscurro *m* [trozo de pan frito] crouton; [punta de pan] end *(of baguette)*.

cúspide *f* **-1.** [de montaña] summit, top **-2.** *fig* [apogeo] peak, height **-3.** GEOM apex.

custodia *f* **-1.** [de cosas] safekeeping **-2.** [de personas] custody; **estar bajo la ~ de** to be in the custody of; **~ preventiva** protective custody.

custodiar [8] *vt* **-1.** [vigilar] to guard **-2.** [proteger] to look after.

custodio *m* guard.

cutáneo, a *adj* skin *(antes de sust)*.

cutícula *f* cuticle.

cutis *m inv* skin, complexion.

cutre *adj fam* **-1.** [de bajo precio, calidad] cheap and nasty **-2.** [sórdido] shabby **-3.** [tacaño] tight, stingy.

cutter (*pl* **cutters**) *m* (artist's) scalpel *(with retractable blade)*.

cuyo, ya *adj* [posesión - por parte de personas] whose; [- por parte de cosas] of which, whose; **ésos son los amigos en cuya casa nos hospedamos** those are the friends in whose house we spent the night; **ese señor, ~ hijo conociste ayer** that man, whose son you met yesterday; **un equipo cuya principal estrella ...** a team, the star player of which *o* whose star player ...; **en ~ caso** in which case.

CV (*abrev de* **curriculum vitae**) *m* CV.

D

d, D *f* [letra] d, D.

D. *abrev de* **don**.

dactilar ▷ **huella**.

dactilografía *f* typing.

dádiva *f* [regalo] gift; [donativo] donation.

dadivoso, sa *adj* generous.

dado, da *adj* given; **en un momento ~** at a certain point; **ser ~ a** to be fond of.
◆ **dado** *m* dice, die; **echar** *o* **tirar los ~s** to throw the dice; **jugar a los ~s** to play dice.
◆ **dado que** *loc conj* since, seeing as.

dador, ra *m,f* **-1.** [de letra de cambio] drawer **-2.** [de carta] bearer.

daga *f* dagger.

daguerrotipo *m* daguerreotype.

dal (*abrev de* **decalitro**) dal.

dale *interj*: **¡~! - ¡otra vez con lo mismo!** there you go again!

dalia *f* dahlia.

dálmata *adj* & *m,f* **-1.** [persona] Dalmatian **-2.** [perro] Dalmatian.

daltónico, ca ◇ *adj* colour-blind. ◇ *m,f* person with colour blindness.

daltonismo *m* colour blindness.

dama *f* **-1.** [mujer] lady; **~ de honor** [de novia] bridesmaid; [de reina] lady-in-waiting; **primera ~** *TEATR* leading lady; *POLÍT* first lady *US* **-2.** [en damas] king; [en ajedrez, naipes] queen.
◆ **damas** *fpl* [juego] draughts *(U) UK*, checkers *(U) US*.

damasco *m* **-1.** [tela] damask **-2.** *Andes, RP* [albaricoque] apricot.

damero *m* draughts board.

damisela *f desus* damsel.

damnificado, da ◇ *adj* affected, damaged. ◇ *m,f* victim.

damnificar [10] *vt* [cosa] to damage; [persona] to harm, to injure.

dance *etc* ▷ **danzar**.

dandi, dandy *m* dandy.

danés, esa ◇ *adj* Danish. ◇ *m,f* [persona] Dane.
◆ **danés** *m* [lengua] Danish.

dantesco, ca *adj lit* & *fig* Dantesque.

Danubio *m*: **el ~** the (River) Danube.

danza *f* [gen] dancing; [baile] dance; **estar siempre en ~** to be always on the go *o* doing sthg; **estar metido en ~** to be up to no good.

danzar [13] *vi* **-1.** [bailar] to dance **-2.** *fig* [ir de un sitio a otro] to run about.

danzarín, ina *m,f* dancer.

dañar *vt* [vista, cosecha] to harm, to damage; [persona] to hurt; [pieza, objeto] to damage.
◆ **dañarse** *vpr* [persona] to hurt o.s.; [cosa] to become damaged.

dañino, na *adj* harmful.

daño *m* **-1.** [dolor] pain, hurt; **hacer ~ a alguien** to hurt sb; **hacerse ~** to hurt o.s. **-2.** [perjuicio - a algo] damage; [- a persona] harm; **~s colaterales** collateral damage; **~s y perjuicios** damages.

dar [56] ◇ *vt* **-1.** [gen] to give; [baile, fiesta] to hold, to give; [naipes] to deal; **~ algo a alguien** to give sthg to sb, to give sb sthg **-2.** [producir - gen] to give, to produce; [- frutos, flores] to bear; [- beneficios, intereses] to yield **-3.** [suj: reloj] to strike; **el reloj ha dado las doce** the clock struck twelve **-4.** [suministrar luz etc - por primera vez] to connect; [- tras un corte] to turn back on; [encender] to turn *o* switch on **-5.** *CIN, TEATR & TV* to show; [concierto, interpretación] to give **-6.** [mostrar - señales etc] to show; **~ pruebas de sensatez** to show good sense **-7.** [untar con] to apply; **~ barniz a una silla** to varnish a chair **-8.** [provocar - gusto, escalofríos etc] to give; **me da vergüenza/pena** it makes me ashamed/sad; **me da risa** it makes me laugh; **me da miedo** it frightens me; **si no se calla me va a ~ algo** *fam* if he doesn't shut up soon, I'll go mad; **si sigues trabajando así te va a ~ algo** *fam* you can't go on working like that **-9.** *fam* [fastidiar] to ruin; **es tan pesado que me dio la tarde** he's so boring that he ruined the afternoon for me **-10.** [expresa acción]: **~ un grito** to give a cry; **~ un vistazo a** to have a look at; **~le un golpe/una puñalada a alguien** to hit/stab sb; **voy a ~ un paseo** I'm going (to go) for a walk **-11.** [considerar]: **~ algo por** to consider sthg as; **eso lo doy por**

hecho I take that for granted; ~ **a alguien por muerto** to give sb up for dead **-12.** *loc*: **donde las dan las toman** you get what you deserve; **no ~ una** to get everything wrong. ◇ *vi* **-1.** [repartir - en naipes] to deal **-2.** [horas] to strike; **han dado las tres en el reloj** three o'clock struck **-3.** [golpear]: **le dieron en la cabeza** they hit him on the head; **la piedra dio contra el cristal** the stone hit the window **-4.** [accionar]: ~ **a** [llave de paso] to turn; [botón, timbre] to press **-5.** [estar orientado]: ~ **a** [suj: ventana, balcón] to look out onto, to overlook; [suj: pasillo, puerta] to lead to; [suj: casa, fachada] to face **-6.** [encontrar]: ~ **con algo/alguien** to find sthg/sb; **he dado con la solución** I've hit upon the solution **-7.** [proporcionar]: ~ **de beber a alguien** to give sb sthg to drink; **le da de mamar a su hijo** she breast-feeds her son **-8.** [ser suficiente]: ~ **para** to be enough for **-9.** [motivar]: ~ **que hablar** to set people talking; **aquello me dio que pensar** that made me think **-10.** [expresa repetición]: **le dieron de palos** they beat him repeatedly with a stick **-11.** [coger costumbre]: ~ **le a uno por hacer algo** to get it into one's head to do sthg; **le dio por la gimnasia** she's taken it into her head to start gymnastics **-12.** *loc*: ~ **de sí** [ropa, calzado] to give, to stretch; **no ~ más de sí** *o* **para más** [persona, animal] not to be up to much any more; **te digo que pares y tú ¡dale (que dale)!** I've told you to stop, but you just carry on and on!

◆ **darse** *vpr* **-1.** [suceder] to occur, to happen; **se da pocas veces** it rarely happens **-2.** [entregarse]: ~**se a** [droga etc] to take to **-3.** [golpearse]: ~**se contra** to bump into **-4.** [tener aptitud]: **se me da bien/mal el latín** I'm good/bad at Latin **-5.** [considerarse]: ~**se por** to consider o.s. (to be); ~**se por vencido** to give in **-6.** *loc*: **dársela a alguien** [engañar] to take sb in; **se las da de listo** he makes out (that) he is clever.

dardo *m* dart.

dársena *f* dock.

darvinismo *m* Darwinism.

datar *vt* to date.

◆ **datar de** *vi* to date back to, to date from.

dátil *m* BOT & CULIN date.

◆ **dátiles** *mpl fam* [dedos] fingers.

◆ **dátil (de mar)** *m* date mussel.

dato *m* **-1.** [gen] piece of information, fact; ~**s** [gen] information; INFORM data; ~**s personales** personal details **-2.** MAT datum.

dcha. (*abrev de* **derecha**) rt.

d. de JC., d.JC. (*abrev de* **después de Jesucristo**) AD.

de *prep (de + el = del)* **-1.** [posesión, pertenencia] of; **el coche ~ mi padre/mis padres** my father's/parents' car; **es ~ ella** it's hers; **la pata ~ la mesa** the table leg **-2.** [materia] (made) of; **un vaso ~ plástico** a plastic cup; **un reloj ~ oro** a gold watch **-3.** [en descripciones]: **un vaso ~ agua** a glass of water; ~ **fácil manejo** user-friendly; **la señora ~ verde** the lady in green; **el chico ~ la coleta** the boy with the ponytail; **he comprado las peras ~ dos euros el kilo** I bought the pears that were *o* at two euros a kilo; **un sello ~ 50 céntimos** a 50 cent stamp **-4.** [asunto] about; **hablábamos ~ ti** we were talking about you; **libros ~ historia** history books **-5.** [uso]: **una bici ~ carreras** a racer; **ropa ~ deporte** sportswear **-6.** [en calidad de] as; **trabaja ~ bombero** he works as a fireman **-7.** [tiempo - desde] from; [- durante] in; **trabaja ~ nueve a cinco** she works from nine to five; ~ **madrugada** early in the morning; **a las cuatro ~ la tarde** at four in the afternoon; **trabaja ~ noche y duerme ~ día** he works at night and sleeps during the day **-8.** [procedencia, distancia] from; **salir ~ casa** to leave home; **soy ~ Bilbao** I'm from Bilbao; ~ **la playa al apartamento hay 100 metros** it's 100 metres from the beach to the apartment **-9.** [causa, modo] with; **morirse ~ hambre** to die of hunger; **llorar ~ alegría** to cry with joy; ~ **una patada** with a kick; ~ **una sola vez** in one go **-10.** [con superlativos]: **el mejor ~ todos** the best of all; **el más importante del mundo** the most important in the world **-11.** [en comparaciones]: **más/menos ~ ...** more/less than ... **-12.** *(antes de infin)* [condición] if; ~ **querer ayudarme, lo haría** if she wanted to help me, she'd do it; ~ **no ser por ti, me hubiese hundido** if it hadn't been for you, I wouldn't have made it **-13.** *(después de adj y antes de sust)* [enfatiza cualidad]: **el idiota ~ tu hermano** your stupid brother **-14.** *(después de adj y antes de infin)*: **es difícil ~ creer** it's hard to believe.

dé ▷ **dar**.

deambular *vi* to wander (about).

debacle *f* debacle.

debajo *adv* underneath; ~ **de** underneath, under; **por ~ de lo normal** below normal.

debate *m* debate.

debatir *vt* to debate.

◆ **debatirse** *vpr* [luchar] to struggle; **se debate la vida y la muerte** she's fighting for her life.

debe *m* debit (side); **~ y haber** debit and credit.

deber ◇ *vt* [adeudar] to owe; **~ algo a alguien** to owe sb sthg, to owe sthg to sb. ◇ *vi* **-1.** *(antes de infin)* [expresa obligación]: **debo hacerlo** I have to do it, I must do it; **deberían abolir esa ley** they ought to *o* should abolish that law; **debes dominar tus impulsos** you must *o* should control your impulses **-2.** [expresa posibilidad]: **~ de: el tren debe de llegar alrededor de las diez** the train should arrive at about ten; **deben de ser las diez** it must be ten o'clock; **no debe de ser muy mayor** she can't be very old. ◇ *m* duty.

◆ **deberse a** *vpr* **-1.** [ser consecuencia de] to be due to **-2.** [dedicarse a] to have a responsibility towards.

◆ **deberes** *mpl* [trabajo escolar] homework *(U)*; **hacer los ~es** to do one's homework.

debidamente *adv* properly.

debido, da *adj* **-1.** [adeudado] owing **-2.** [justo, conveniente] due, proper; **a su ~ tiempo** in due course; **como es ~** properly.

◆ **debido a** *loc conj (a principio de frase)* owing to; *(en mitad de frase)* due to.

débil ◇ *adj* **-1.** [persona - sin fuerzas] weak; [- condescendiente] lax, lenient **-2.** [voz, sonido] faint; [luz] dim **-3.** GRAM weak. ◇ *mf* weak person.

debilidad *f* **-1.** [gen] weakness; **tener ~ por** to have a soft spot for **-2.** [condescendencia] laxness.

debilitación *f* weakening.

debilitar *vt* to weaken.

◆ **debilitarse** *vpr* to become *o* grow weak.

débito *m* [debe] debit; [deuda] debt.

debut *m* [de persona] debut; [de obra] premiere.

debutante *mf* person making his/her debut.

debutar *vi* to make one's debut.

década *f* decade; **la ~ de los sesenta** the sixties.

decadencia *f* [gen] decadence; **en ~** [moda] on the way out; [cultura, sociedad] in decline.

decadente *adj* decadent.

decaer [55] *vi* [gen] to decline; [enfermo] to get weaker; [salud] to fail; [entusiasmo] to flag; [restaurante etc] to go downhill; **¡que no decaiga!** don't lose heart!

decágono *m* decagon.

decaído, da *adj* [desalentado] gloomy, downhearted; [débil] frail.

decaiga *etc* ▷ **decaer**.

decaimiento *m* [desaliento] gloominess; [decadencia] decline; [falta de fuerzas] weakness.

decalitro *m* decalitre.

decálogo *m* **-1.** RELIG Decalogue **-2.** *fig* [normas] golden *o* basic rules *(pl)*.

decámetro *m* decametre.

decanato *m* **-1.** [cargo] deanship **-2.** [despacho] dean's office.

decano, na *m,f* **-1.** [de corporación, facultad] dean **-2.** [veterano] doyen (*f* doyenne), senior member.

decantar *vt* to decant.

◆ **decantarse** *vpr* **-1.** [inclinarse]: **~se (a)** to lean (towards) **-2.** [optar]: **~se por** to opt for.

decapitar *vt* to decapitate, to behead.

decatlón, decathlón *m* decathlon.

decayera *etc* ▷ **decaer**.

deceleración *f* deceleration.

decena *f* ten; **una ~ de veces** about ten times.

decencia *f* **-1.** [gen] decency; [en el vestir] modesty **-2.** [dignidad] dignity.

decenio *m* decade.

decente *adj* **-1.** [gen] decent **-2.** [en el comportamiento] proper; [en el vestir] modest **-3.** [limpio] clean.

decepción *f* disappointment; **llevarse una ~** to be disappointed.

decepcionante *adj* disappointing.

decepcionar *vt* to disappoint.

deceso *m* decease, death.

dechado *m*: **ser un ~ de virtudes** to be a paragon of virtue.

decibelio *m* decibel.

decidido, da *adj* determined.

decidir ◇ *vt* **-1.** [gen] to decide; **~ hacer algo** to decide to do sthg **-2.** [determinar] to determine. ◇ *vi* to decide, to choose.

◆ **decidirse** *vpr* to decide, to make up one's mind; **~se a hacer algo** to decide to do sthg; **~se por** to decide on, to choose.

decigramo *m* decigram.

decilitro *m* decilitre.

décima ▷ **décimo**.

decimal ◇ *adj* **-1.** [sistema] decimal **-2.** [parte] tenth. ◇ *m* decimal.

decímetro *m* decimetre.

décimo, ma *núm* tenth; **la décima parte** a tenth.

◆ **décimo** *m* **-1.** [fracción] tenth **-2.** [en lotería] *tenth part of a lottery ticket*.

◆ **décima** *f* [en medidas] tenth; **tiene 3 décimas de fiebre** she has a slight fever; **una dé-**

cima de segundo a tenth of a second.

decimoctavo, va *núm* eighteenth.

decimocuarto, ta *núm* fourteenth.

decimonónico, ca *adj* **-1.** [del siglo XIX] nineteenth-century **-2.** [anticuado] old-fashioned.

decimonoveno, na *núm* nineteenth.

decimoquinto, ta *núm* fifteenth.

decimoséptimo, ma *núm* seventeenth.

decimosexto, ta *núm* sixteenth.

decimotercero, ra *núm* thirteenth.

decir [57] ◇ *vt* **-1.** [gen] to say; **~ que sí/no** to say yes/no; **dice que no viene** she says (that) she is not coming; **¿cómo se dice 'estación' en inglés?** how do you say 'estación' in English?; **¿diga?, ¿dígame?** [al teléfono] hello? **-2.** [contar, ordenar] to tell; **~ a alguien que haga algo** to tell sb to do sthg; **se dice que** they *o* people say (that); **~ la verdad** to tell the truth **-3.** [recitar] to recite, to read **-4.** *fig* [revelar] to tell, to show; **eso lo dice todo** that says it all **-5.** [llamar] to call **-6.** *loc*: **como quien no dice nada** as if it were nothing; **como quien dice, como si dijéramos** so to speak; **~ para sí** to say to o.s.; **~le a alguien cuatro verdades** to tell sb a few home truths; **preocuparse por el qué dirán** to worry about what people will say; **es ~** that is, that's to say; **ni que ~ tiene** needless to say; **¡no me digas!** no!, never!; **¡no me digas que no te gusta!** don't tell me you don't like it!; **no me dice nada el tenis** tennis doesn't do anything for me; **no hay más que ~** that's all there is to it, that's that; **(o) mejor dicho** or rather; **por ~lo así, por así ~lo** in other words, so to speak; **no llueve mucho que digamos** it's not exactly raining; **querer ~** to mean; **¿qué quieres ~ con eso?** what do you mean by that?; **¡y que lo digas!** you can say that again! ◇ *m*: **es un ~** it's not strictly true.

decisión *f* **-1.** [dictamen, resolución] decision; **tomar una ~** to make *o* take a decision **-2.** [empeño, tesón] determination, resolve; [seguridad, resolución] decisiveness.

decisivo, va *adj* decisive.

declamar *vt & vi* to declaim, to recite.

declaración *f* **-1.** [gen] statement; [de amor, guerra] declaration; **prestar ~** to give evidence; **tomar ~** to take (down) a statement; **~ de derechos** bill of rights **-2.** [de impuestos] tax return; **tengo que hacer la ~** I have to do my tax return; **~ conjunta** joint tax return; **~ del impuesto sobre la renta** income tax return **-3.** [comienzo - de incendio] outbreak.

declarar ◇ *vt* [gen] to declare; [afirmar] to state, to say; **~ la verdad** to tell the truth; **~ culpable/inocente a alguien** to find sb guilty/not guilty. ◇ *vi* DER to testify, to give evidence.

◆ **declararse** *vpr* **-1.** [incendio, epidemia] to break out **-2.** [confesar el amor] to declare one's feelings *o* love **-3.** [dar una opinión]: **~se a favor de algo** to say that one supports sthg; **~se en contra de algo** to say one is opposed to sthg; **~se culpable/inocente** to plead guilty/not guilty.

declinación *f* **-1.** [caída] decline **-2.** GRAM declension.

declinar ◇ *vt* [gen & GRAM] to decline; [responsabilidad] to disclaim. ◇ *vi* [día, tarde] to draw to a close; [fiebre] to subside, to abate; [economía] to decline.

declive *m* **-1.** [decadencia] decline, fall; **en ~** in decline **-2.** [pendiente] slope.

decodificador = **descodificador**.

decodificar = **descodificar**.

decolaje *m Amér* take-off.

decolar *vi Amér* to take off.

decolorante ◇ *adj* bleaching. ◇ *m* bleaching agent.

decolorar *vt* to bleach.

◆ **decolorarse** *vpr* to fade.

decomisar *vt* to confiscate, to seize.

decoración *f* **-1.** [acción] decoration; [efecto] décor **-2.** [adorno] decorations *(pl)* **-3.** TEATR set, scenery.

decorado *m* CIN & TEATR set.

decorador, ra *m,f* interior designer; TEATR set designer.

decorar *vt* to decorate.

decorativo, va *adj* decorative.

decoro *m* **-1.** [pudor] decency, decorum **-2.** [dignidad] dignity; **vivir con ~** to live decently.

decoroso, sa *adj* [decente] decent; [correcto] seemly, proper.

decrecer [30] *vi* [gen] to decrease, to decline; [caudal del río] to go down.

decreciente *adj* declining, decreasing.

decrépito, ta *adj despec* decrepit.

decretar *vt* to decree.

decreto *m* decree; **por real ~** by royal decree; **~ ley** decree, ≃ order in council *UK*.

dedal *m* thimble.

dedicación *f* dedication; **con ~ (en) exclusiva** full-time.

dedicar [10] *vt* **-1.** [tiempo, dinero, energía] to devote **-2.** [libro, monumento] to dedicate.

◆ **dedicarse a** *vpr* **-1.** [a una profesión]: **¿a qué se dedica usted?** what do you do for a living?; **se dedica a la enseñanza** she works as a teacher **-2.** [a una actividad, persona] to spend time on; **los domingos me dedico al estudio** I spend Sundays studying.

dedicatoria *f* dedication.

dedillo *m*: **saber algo al ~** *fam* to know sthg (off) by heart.

dedique *etc* ▷ **dedicar**.

dedo *m* **-1.** [de la mano] finger; **contar con los ~s** to count on one's fingers; **dos ~s de whisky** two fingers of whisky; **meterse el ~ en la nariz** to pick one's nose; **~ anular/corazón** ring/middle finger; **~ gordo** *o* **pulgar** thumb; **~ índice/meñique** index/little finger **-2.** [del pie] toe; **~ gordo/pequeño** big/little toe **-3.** *loc*: **escaparse de entre los ~s** to slip through one's fingers; **estar a dos ~s de** to be within an inch of; **estar para chuparse los ~s** to be mouthwatering; **hacer ~** *fam* to hitchhike; **mamarse** *o* **chuparse el ~** to be a fool; **no creas que me chupo el ~** I wasn't born yesterday, you know; **nombrar a alguien a ~** to handpick sb; **no mover un ~** not to lift a finger; **no tener dos ~s de frente** to be as thick as two short planks; **pillarse** *o* **cogerse los ~s** *fig* to get one's fingers burnt; **poner el ~ en la llaga** to put one's finger on it; **señalar a alguien con el ~** to criticize sb.

deducción *f* deduction; **~ fiscal** *ECON* tax-deductible expenditure.

deducible *adj* **-1.** [idea] deducible **-2.** [dinero] deductible.

deducir [33] *vt* **-1.** [inferir] to guess, to deduce **-2.** [descontar] to deduct.

deductivo, va *adj* deductive.

dedujera, deduzca *etc* ▷ **deducir**.

defecar [10] *vi* to defecate.

defecto *m* [físico] defect; [moral] fault, shortcoming; **~ de forma** administrative error; **~ de pronunciación** speech defect.

◆ **por defecto** *loc adv* by default.

defectuoso, sa *adj* [mercancía] defective, faulty; [trabajo] inaccurate.

defender [20] *vt* **-1.** [gen] to defend; [amigo etc] to stand up for **-2.** [proteger - del frío etc]: **~ a alguien (de)** to protect sb (against).

◆ **defenderse** *vpr* **-1.** [protegerse]: **~se (de)** to defend o.s. (against) **-2.** *fig* [apañarse] to get by; **se defiende con su trabajo** he's getting along okay at work.

defensa ◇ *f* defence; **en ~ propia, en legítima ~** in self-defence; **en ~ de** in defence of; **~ personal** self-defence. ◇ *mf DEP* defender; **~ central** centre-back.

◆ **defensas** *fpl MED* defences; **estoy baja de ~s** my body's defences are low.

defensivo, va *adj* defensive.

◆ **defensiva** *f*: **ponerse/estar a la defensiva** to go/be on the defensive.

defensor, ra ◇ *adj* ▷ **abogado**. ◇ *m,f* [gen] defender; [abogado] counsel for the defence; [adalid] champion; **~ del pueblo** ≃ ombudsman.

defeque *etc* ▷ **defecar**.

deferencia *f* deference; **por ~ a** in deference to.

deferir [27] ◇ *vi*: **~ (a)** to defer (to). ◇ *vt DER* to refer.

deficiencia *f* [defecto] deficiency, shortcoming; [insuficiencia] lack.

deficiente *adj* **-1.** [defectuoso - gen] deficient; [audición, vista] defective **-2.** [mediocre] poor, unsatisfactory; **~ en** lacking *o* deficient in.

◆ **deficiente (mental)** *mf* mentally handicapped person.

◆ **muy deficiente** *m EDUC* very poor, ≃ E (grade).

déficit (*pl* **déficits**) *m* **-1.** *ECON* deficit **-2.** [falta] lack, shortage.

deficitario, ria *adj* [empresa, operación] loss-making; [balance] negative, showing a deficit.

defienda *etc* ▷ **defender**.

defiera *etc* ▷ **deferir**.

definición *f* **-1.** [gen] definition; **por ~** by definition **-2.** [descripción] description **-3.** [en televisión] resolution; **alta ~** high resolution.

definido, da *adj* **-1.** [gen] defined **-2.** *GRAM* ▷ **artículo**.

definir *vt* **-1.** [gen] to define **-2.** [describir] to describe.

◆ **definirse** *vpr* to take a clear stance.

definitivamente *adv* **-1.** [sin duda] definitely **-2.** [para siempre] for good.

definitivo, va *adj* [texto etc] definitive; [respuesta] definite; **en definitiva** in short, anyway.

defiriera *etc* ▷ **deferir**.

deforestación *f* deforestation.

deformación *f* [de huesos, objetos etc] deformation; [de la verdad etc] distortion; **~ física** (physical) deformity; **tener ~ profesional** *to be always acting as if one were still at work.*

deformar *vt* **-1.** [huesos, objetos etc] to deform **-2.** *fig* [la verdad etc] to distort.

◈ **deformarse** *vpr* to go out of shape.
deforme *adj* [cuerpo] deformed, disfigured; [imagen] distorted; [objeto] misshapen.
deformidad *f* deformity.
defraudación *f* [fraude] tax evasion.
defraudar *vt* **-1.** [decepcionar] to disappoint **-2.** [estafar] to defraud; ~ **a Hacienda** to practise tax evasion.
defunción *f* decease, death.
degeneración *f* degeneration.
degenerado, da *adj & m,f* degenerate.
degenerar *vi*: ~ **(en)** to degenerate (into).
degollar [23] *vt* [cortar la garganta] to cut *o* slit the throat of; [decapitar] to behead.
degradación *f* **-1.** [moral] (moral) degradation **-2.** [de un cargo] demotion.
degradante *adj* degrading.
degradar *vt* **-1.** [moralmente] to degrade, to debase **-2.** [de un cargo] to demote.
◈ **degradarse** *vpr* to degrade *o* lower o.s.
degüella *etc* ▻ **degollar.**
degustación *f* tasting *(of wines etc)*.
degustar *vt* to taste *(wines etc)*.
dehesa *f* meadow.
dejada ▻ **dejado.**
dejadez *f* neglect; [en aspecto] slovenliness.
dejado, da ◇ *adj* careless; [aspecto] slovenly. ◇ *m,f* [persona] slovenly person.
◈ **dejada** *f* [en tenis] drop shot.
dejar ◇ *vt* **-1.** [gen] to leave; **deja esa pera en el plato** put that pear on the plate; **deja el abrigo en la percha** leave your coat on the hanger; ~ **a alguien en algún sitio** [con el coche] to drop sb off somewhere; **deja algo de café para mí** leave some coffee for me; ~ **algo/a alguien a alguien** [encomendar] to leave sthg/sb with sb **-2.** [prestar]: ~ **algo a alguien** to lend sb sthg, to lend sthg to sb **-3.** [abandonar - casa, trabajo, país] to leave; [- tabaco, estudios] to give up; [- familia] to abandon; ~ **algo por imposible** to give sthg up as a lost cause; ~ **a alguien atrás** to leave sb behind **-4.** [permitir]: ~ **a alguien hacer algo** to let sb do sthg, to allow sb to do sthg; **sus gritos no me dejaron dormir** his cries prevented me from sleeping; **deja que tu hijo venga con nosotros** let your son come with us; ~ **correr algo** *fig* to let sthg be **-5.** [omitir] to leave out; ~ **algo por** *o* **sin hacer** to fail to do sthg; **dejó lo más importante por resolver** he left the most important question unsolved **-6.** *(en imperativo)* [prescindir de] to forget (about); **déjalo, no importa** forget it, it doesn't matter **-7.** *(en imperativo)* [no molestar] to leave alone *o* in peace; **¡déjame!, que tengo trabajo** leave me alone, I'm busy!; **déjame tranquilo** leave me alone *o* in peace **-8.** [esperar]: ~ **que** to wait until; **dejó que acabara de llover para salir** he waited until it had stopped raining before going out. ◇ *vi* **-1.** [parar]: ~ **de hacer algo** to stop doing sthg; **no deja de venir ni un solo día** he never fails to come **-2.** [expresando promesa]: **no** ~ **de** to be sure to; **¡no dejes de escribirme!** be sure to write to me! **-3.** *loc*: ~ **(mucho** *o* **bastante) que desear** to leave a lot to be desired.
◈ **dejarse** *vpr* **-1.** [olvidar]: ~**se algo en algún sitio** to leave sthg somewhere **-2.** [permitir]: ~**se engañar** to allow o.s. to be taken in **-3.** [cesar]: ~**se de hacer algo** to stop doing sthg; **¡déjate de tonterías!** stop messing about! **-4.** [descuidarse] to let o.s. go **-5.** *loc*: ~**se llevar (por algo)** to get carried away (with sthg).
deje *m* **-1.** [acento] accent **-2.** *fig* [resabio] touch, hint.
dejo *m* **-1.** [acento] accent **-2.** [sabor] aftertaste.
del ▻ **de.**
delantal *m* apron.
delante *adv* **-1.** [en primer lugar, en la parte delantera] in front; **el de** ~ the one in front; **el asiento de** ~ the seat in front **-2.** [enfrente] opposite **-3.** [presente] present.
◈ **delante de** *loc prep* in front of.
delantero, ra ◇ *adj* front. ◇ *m,f* DEP forward; ~ **centro** centre forward.
◈ **delantera** *f* **-1.** DEP forwards *(pl)*, attack **-2.** *fam* [de una mujer] bust **-3.** *loc*: **coger** *o* **tomar la delantera** to take the lead; **coger** *o* **tomar la delantera a alguien** to beat sb to it; **llevar la delantera** to be in the lead.
delatar *vt* to denounce; *fig* [suj: sonrisa, ojos etc] to betray, to give away; **le delaté a la policía** I reported him to the police.
◈ **delatarse** *vpr* to give o.s. away.
delator, ra *m,f* informer.
delco *m* distributor.
delegación *f* **-1.** [autorización, embajada] delegation; ~ **de poderes** devolution (of power) **-2.** [sucursal] branch **-3.** [oficina pública] local office **-4.** *Méx* [comisaría] police station, precinct *US*, station house *US*.
delegado, da *m,f* **-1.** [gen] delegate; ~ **de curso** class representative **-2.** COM representative.
delegar [16] *vt*: ~ **algo (en** *o* **a)** to delegate sthg (to).

deleitar *vt* to delight.
◆ **deleitarse** *vpr*: **~se con** *o* **en algo** to take pleasure in sthg; **~se haciendo algo** to take pleasure in *o* enjoy doing sthg.
deleite *m* delight.
deletrear *vt* to spell (out).
deleznable *adj* ***fig*** [malo - clima, libro, actuación] appalling; [- excusa, razón] contemptible.
delfín *m* **-1.** [animal] dolphin **-2.** [título] dauphin.
delgadez *f* [gen] thinness; [esbeltez] slimness.
delgado, da *adj* [gen] thin; [esbelto] slim.
deliberación *f* deliberation.
deliberado, da *adj* deliberate.
deliberar *vi* to deliberate.
delicadeza *f* **-1.** [miramiento - con cosas] care; [- con personas] kindness, attentiveness; **tener la ~ de** to be thoughtful enough to **-2.** [finura - de perfume, rostro] delicacy; [- de persona] sensitivity **-3.** [de un asunto, situación] delicacy.
delicado, da *adj* **-1.** [gen] delicate; [perfume, gusto] subtle; [paladar] refined **-2.** [persona - sensible] sensitive; [- muy exigente] fussy; [- educado] polite; **estar ~ de salud** to be very weak.
delicia *f* delight; **hacer las ~s de alguien** to delight sb.
delicioso, sa *adj* [comida] delicious; [persona] lovely, delightful.
delictivo, va *adj* criminal.
delimitar *vt* [finca etc] to set out the boundaries of; [funciones etc] to define.
delincuencia *f* crime; **~ juvenil** juvenile delinquency.
delincuente *mf* criminal; **~ habitual** habitual offender; **~ juvenil** juvenile delinquent.
delineante *mf* draughtsman (*f* draughtswoman).
delinear *vt* to draw; ***fig*** to outline.
delinquir [18] *vi* to commit a crime.
delirante *adj* **-1.** [gen] delirious **-2.** [idea] wild, crazy.
delirar *vi* [un enfermo] to be delirious; [desbarrar] to talk nonsense.
delirio *m* [por la fiebre] delirium; [de un enfermo mental] ravings *(pl)*; **~s de grandeza** delusions of grandeur; **con ~** madly.
delito *m* crime, offence; **cometer un ~** to commit a crime *o* an offence; **~ común** common law offence; **~ ecológico** ecological crime; **~ fiscal** tax offence.
delta ◇ *m* delta. ◇ *f* delta.
demacrado, da *adj* gaunt.
demagogia *f* demagoguery.
demagogo, ga *m,f* demagogue.
demanda *f* **-1.** [petición] request; [reivindicación] demand; **~ salarial** wage claim; **en ~ de** asking for **-2.** *ECON* demand **-3.** *DER* lawsuit; [por daños y perjuicios] claim; **presentar una ~ contra** to take legal action against.
demandado, da *m,f* defendant.
demandante *mf* plaintiff.
demandar *vt* **-1.** *DER*: **~ a alguien (por)** to sue sb (for) **-2.** [pedir] to ask for, to seek.
demarcación *f* **-1.** [señalización] demarcation **-2.** [territorio demarcado] area; [jurisdicción] district.
demás ◇ *adj* other; **los ~ invitados** the other *o* remaining guests. ◇ *pron*: **lo ~** the rest; **todo lo ~** everything else; **los/las ~** the others, the rest; **por lo ~** apart from that, otherwise; **y ~** and so on.
demasía
◆ **en demasía** *loc adv* in excess, too much.
demasiado, da ◇ *adj* too much; *(pl)* too many; **demasiada comida** too much food; **~s niños** too many children. ◇ *adv* [gen] too much; *(antes de adj o adv)* too; **habla ~** she talks too much; **iba ~ rápido** he was going too fast.
demencia *f* madness, insanity; **~ senil** senile dementia.
demencial *adj* [disparatado] chaotic.
demente ◇ *adj* mad. ◇ *mf MED* mental patient; [loco] lunatic.
democracia *f* democracy.
demócrata ◇ *adj* democratic. ◇ *mf* democrat.
democratacristiano, na *adj & m,f* Christian Democrat.
democrático, ca *adj* democratic.
democratización *f* democratization.
democratizar [13] *vt* to democratize.
democristiano = **democratacristiano**.
demografía *f* demography.
demográfico, ca *adj* [estudio, instituto] demographic; [concentración, explosión] population *(antes de sust)*.
demoledor, ra *adj* [huracán, críticas] devastating; [razones] overwhelming.
demoler [24] *vt* [edificio] to demolish, to pull down; ***fig*** to destroy.
demolición *f* demolition.

demoniaco, ca, demoníaco, ca *adj* devilish, diabolic.

demonio *m* **-1.** *lit & fig* devil; **un pesado de mil ~s** one hell of a bore; **saber a ~s** to taste disgusting **-2.** [para enfatizar]: **¿qué/dónde ~s ...?** what/where the hell ...?
◆ **demonios** *interj*: **¡~s!** damn (it)!

demora *f* delay.

demorar ◇ *vt* **-1.** to delay **-2.** *Amér* [tardar]: **demoraron 3 días en hacerlo** it took them three days to do it; **demora una hora para vestirse** it takes her one hour to get dressed. ◇ *vi Amér* [tardar]: **¡no demores!** don't be late.
◆ **demorarse** *vpr* **-1.** [retrasarse] to be delayed **-2.** [detenerse] to stop (somewhere).

demostración *f* **-1.** [gen] demonstration; **hacer una ~** [de cómo funciona algo] to demonstrate; [de gimnasia etc] to put on a display; **~ de afecto** show of affection **-2.** [de un teorema] proof **-3.** [exhibición] display; [señal] sign; [prueba] proof.

demostrar [23] *vt* **-1.** [hipótesis, teoría, verdad] to prove **-2.** [alegría, impaciencia, dolor] to show **-3.** [funcionamiento, procedimiento] to demonstrate, to show.

demostrativo, va *adj* **-1.** [representativo] representative **-2.** GRAM demonstrative.

demuela *etc* ▷ **demoler**.

demuestra *etc* ▷ **demostrar**.

denegar [35] *vt* to turn down, to reject.

denigrante *adj* [humillante] degrading; [insultante] insulting.

denigrar *vt* [humillar] to denigrate, to vilify; [insultar] to insult.

denominación *f* naming; **'~ de origen'** 'appellation d'origine'.

denominador *m* denominator; **~ común** MAT & *fig* common denominator.

denominar *vt* to call.

denotar *vt* to indicate, to show.

densidad *f* [gen & INFORM] density; **~ de población** population density; **alta/doble ~** INFORM high/double density.

denso, sa *adj* [gen] dense; [líquido] thick.

dentado, da *adj* [rueda] cogged, toothed; [filo, cuchillo] serrated; [sello] perforated; [hojas] dentate.

dentadura *f* teeth *(pl)*; **~ postiza** false teeth *(pl)*, dentures *(pl)*.

dental *adj* dental.

dentellada *f* **-1.** [mordisco] bite; **a ~s** with one's teeth **-2.** [herida] toothmark.

dentera *f*: **dar ~ a alguien** to set sb's teeth on edge.

dentición *f* **-1.** [proceso] teething **-2.** [conjunto] teeth *(pl)*.

dentífrico, ca *adj* tooth *(antes de sust)*.
◆ **dentífrico** *m* toothpaste.

dentista *mf* dentist.

dentistería *f Andes, CRica, Ven* dental surgery.

dentística *f Amér* dentistry.

dentro *adv* inside; **está ahí ~** it's in there; **de ~** inside; **el bolsillo de ~** the inside pocket; **hacia/para ~** inwards; **por ~** (on the) inside; *fig* inside, deep down.
◆ **dentro de** *loc prep* in; **~ del coche** in *o* inside the car; **~ de poco/un año** in a while/a year; **~ de un año terminaré los estudios** I'll have finished my studies within a year; **~ de lo posible** as far as possible.

denuesta *etc* ▷ **denostar**.

denuncia *f* [acusación] accusation; [condena] denunciation; [a la policía] complaint; **presentar una ~ contra** to file a complaint against.

denunciante *mf* person who reports a crime.

denunciar [8] *vt* to denounce; [delito] to report.

deparar *vt* [gen] to bring; [oportunidad, placer] to afford.

departamento *m* **-1.** [gen] department **-2.** [división territorial] administrative district; [en Francia] department **-3.** [de maleta, cajón, tren] compartment **-4.** *Arg* [apartamento] flat *UK*, apartment *US*.

departir *vi* to chat, to talk.

dependencia *f* **-1.** [de una persona] dependence; [de país, drogas, alcohol] dependency **-2.** [departamento] section; [sucursal] branch.
◆ **dependencias** *fpl* [habitaciones] rooms; [edificios] outbuildings.

depender *vi* to depend; **depende ...** it depends ...
◆ **depender de** *vi*: **~ de algo** to depend on sthg; **~ de alguien** to be dependent on sb; **depende de ti** it's up to you.

dependienta *f* shop assistant, saleswoman.

dependiente ◇ *adj* dependent; **un organismo ~ del gobierno central** a body which forms part of the central government. ◇ *m* salesman, shop assistant *UK*, salesclerk *US*.

depilación *f* hair removal; **~ a la cera** waxing.

depilar *vt* [gen] to remove the hair from; [cejas] to pluck; [con cera] to wax.

◆ **depilarse** *vpr* [gen] to remove one's body hair; [las piernas] to wax one's legs.

depilatorio, ria *adj* hair-removing.

◆ **depilatorio** *m* hair-remover.

deplorable *adj* [suceso, comportamiento] deplorable; [aspecto] sorry, pitiful.

deplorar *vt* to regret deeply.

deponer [65] *vt* **-1.** [abandonar - actitud] to drop, to set aside; [las armas] to lay down **-2.** [destituir - ministro, secretario] to remove from office; [- líder, rey] to depose; ~ **a alguien de su cargo** to strip sb of his/her office.

deportación *f* deportation.

deportar *vt* to deport.

deporte *m* sport; **hacer** ~ to do *o* practise sports; **hacer** ~ **es bueno para la salud** sport is good for your health; **practicar un** ~ to do a sport; ~**s de competición** competitive sports; ~**s extremos** extreme sports; ~**s náuticos** water sports; **hacer algo por** ~ to do sthg as a hobby.

deportista ◇ *adj* sporty, sports-loving. ◇ *mf* sportsman (*f* sportswoman).

deportividad *f* sportsmanship.

deportivo, va *adj* **-1.** [revista, evento] sports *(antes de sust)* **-2.** [conducta, espíritu] sportsmanlike.

◆ **deportivo** *m* sports car.

deposición *f* **-1.** [destitución - de ministro, secretario] removal from office; [- de líder, rey] overthrow **-2.** [defecación] defecation.

depositar *vt* **-1.** [gen] to place; ~ **algo en alguien** [confianza, ilusiones] to place sthg in sb **-2.** [en el banco etc] to deposit.

◆ **depositarse** *vpr* [asentarse] to settle.

depositario, ria *m,f* **-1.** [de dinero] trustee **-2.** [de confianza etc] repository **-3.** [de mercancías etc] depositary.

depósito *m* **-1.** [almacén - de mercancías] store, warehouse; [- de armas] dump, arsenal; ~ **de cadáveres** morgue, mortuary; ~ **de equipaje** left luggage office ***UK***, baggage room ***US*** **-2.** [recipiente] tank; ~ **de agua** [cisterna] water tank; [embalse] reservoir; ~ **de gasolina** petrol tank ***UK***, gas tank ***US*** **-3.** [de dinero] deposit.

◆ **depósito legal** *m copy of a publication legally required to be sent to the authorities.*

depravación *f* depravity.

depravado, da ◇ *adj* depraved. ◇ *m,f* depraved person.

depravar *vt* to corrupt, to deprave.

◆ **depravarse** *vpr* to become depraved.

depreciación *f* depreciation.

depreciar [8] *vt* to (cause to) depreciate.

◆ **depreciarse** *vpr* to depreciate.

depredador, ra ◇ *adj* predatory. ◇ *m,f* predator.

depresión *f* **-1.** [gen] depression; ~ **nerviosa** nervous breakdown; ~ **posparto** postnatal depression **-2.** [en superficie, terreno] hollow, depression.

depresivo, va ◇ *adj* PSICOL depressive; [deprimente] depressing. ◇ *m,f* depressive.

deprimente *adj* depressing.

deprimido, da *adj* depressed.

deprimir *vt* to depress.

◆ **deprimirse** *vpr* to get depressed.

deprisa, de prisa *adv* fast, quickly; ¡~! quick!

depuesto, ta ◇ *pp* ▷ **deponer**. ◇ *adj* [destituido - ministro, secretario] removed from office; [- líder, rey] deposed.

depuración *f* **-1.** [de agua, metal, gas] purification **-2.** *fig* [de organismo, sociedad] purge.

depurador, ra *adj* purifying.

◆ **depurador** *m* purifier.

◆ **depuradora** *f* purifier.

depurar *vt* **-1.** [agua, metal, gas] to purify **-2.** *fig* [organismo, sociedad] to purge **-3.** [estilo, gusto] to refine.

depusiera *etc* ▷ **deponer**.

derby *m* **-1.** [en hípica] derby **-2.** [en fútbol] (local) derby.

derecha ▷ **derecho**.

derechazo *m* [en boxeo] right.

derechista ◇ *adj* right-wing. ◇ *mf* right-winger.

derecho, cha ◇ *adj* **-1.** [diestro] right; **el margen** ~ the right-hand margin **-2.** [vertical] upright; **siempre anda muy derecha** she always walks with a very upright posture **-3.** [recto] straight. ◇ *adv* **-1.** [en posición vertical] upright **-2.** [en línea recta] straight; **todo** ~ straight ahead; **siga todo** ~ **y llegará al museo** continue straight ahead and you'll come to the museum **-3.** [directamente] straight; **se fue derecha a casa** she went straight home.

◆ **derecho** *m* **-1.** [leyes, estudio] law; **un estudiante de** ~ a law student; ~ **administrativo/mercantil** administrative/mercantile law; ~ **canónico/fiscal** canon/tax law; ~ **civil/penal** civil/criminal law; ~ **natural** natural law **-2.** [prerrogativa] right; **con** ~ **a** with a right to; **de pleno** ~ fully-fledged; **el** ~ **al voto** the right to vote; **hacer valer sus** ~**s** to exercise one's rights; **¡no hay** ~**!** it's not fair!; **reservado el** ~ **de ad-**

misión the management reserves the right of admission; **tener ~ a algo** to have a right to sthg; **tener ~ a hacer algo** to have the right to do sthg; **~ de asilo** right of asylum; **~ de réplica** right to reply; **~ de retención** *ECON* right of retention; **~s civiles/humanos** civil/human rights; **me queda el ~ al pataleo** all I can do now is complain **-3.** [de una tela, prenda] right side; **del ~** right side out.

◆ **derecha** *f* **-1.** [contrario de izquierda] right, right-hand side; **a la derecha** to the right; **girar a la derecha** to turn right **-2.** *POLÍT* right (wing); **ser de derechas** to be right-wing **-3.** *loc*: **no hacer nada a derechas** to do nothing right.

◆ **derechos** *mpl* [tasas] duties, taxes; [profesionales] fees; **~s de aduana** customs duty *(U)*; **~s de inscripción** membership fee *(sg)*; **~s de autor** [potestad] copyright *(U)*; [dinero] royalties; **~s reales** death duty *(U)*.

deriva *f* drift; **a la ~** adrift; **ir a la ~** to drift.

derivación *f* **-1.** [cable, canal, carretera] branch **-2.** *ELECTR* shunt **-3.** *GRAM* derivation.

derivado, da *adj GRAM* derived.

◆ **derivado** *m* **-1.** [producto] by-product; **~s lácteos** dairy products **-2.** *QUÍM* derivative.

◆ **derivada** *f MAT* derivative.

derivar ◇ *vt* **-1.** [desviar] to divert **-2.** *MAT* to derive. ◇ *vi* [desviarse] to change direction, to drift.

◆ **derivar de** *vi* **-1.** [proceder] to derive from **-2.** *GRAM* to be derived from.

◆ **derivar en** *vi* to result in, to lead to.

dermatología *f* dermatology.

dermatológico, ca *adj* dermatological.

dermatólogo, ga *m,f* dermatologist.

dérmico, ca *adj* skin *(antes de sust)*.

dermis *f inv* dermis.

derogación *f* repeal.

derogar [16] *vt* [ley] to repeal; [contrato] to rescind.

derramamiento *m* spilling; **~ de sangre** bloodshed.

derramar *vt* [por accidente] to spill; [verter] to pour; **~ lágrimas/sangre** to shed tears/blood.

◆ **derramarse** *vpr* [por accidente] to spill.

derrame *m* **-1.** *MED* discharge; **~ cerebral** brain haemorrhage; **~ sinovial** water on the knee **-2.** [de líquido] spilling; [de sangre] shedding.

derrapar *vi* to skid.

derrengado, da *adj*: **estar ~** to be exhausted, to be tired out.

derrengar *vt* [cansar] to exhaust, to tire out.

derretir [26] *vt* [gen] to melt; [nieve] to thaw.

◆ **derretirse** *vpr* **-1.** [metal, mantequilla] to melt; [hielo, nieve] to thaw **-2.** *fam fig* [enamorarse]: **~se (por alguien)** to be madly in love (with sb).

derribar *vt* **-1.** [construcción] to knock down, to demolish **-2.** [hacer caer - árbol] to cut down, to fell; [- avión] to bring down **-3.** [gobierno, gobernante] to overthrow.

derribo *m* **-1.** [de edificio] demolition; [de árbol] felling; [de avión] bringing down; [de gobierno, gobernante] overthrow **-2.** [material] rubble.

derrita, derritiera *etc* ▷ **derretir**.

derrocar [10] *vt* [gobierno] to bring down, to overthrow; [ministro] to oust.

derrochador, ra ◇ *adj* wasteful. ◇ *m,f* spendthrift.

derrochar *vt* **-1.** [malgastar] to squander **-2.** [rebosar de] to ooze, to be full of.

derroche *m* **-1.** [malgaste] waste, squandering **-2.** [abundancia] profusion.

derrota *f* **-1.** [fracaso] defeat **-2.** *NÁUT* [rumbo] course.

derrotar *vt* to defeat.

derrotero *m* **-1.** [camino] direction; **tomar diferentes ~s** to follow a different course **-2.** *NÁUT* course.

derrotista *adj* & *m,f* defeatist.

derruir [51] *vt* to demolish, to knock down.

derrumbamiento *m* **-1.** [de puente, edificio - por accidente] collapse; [- intencionado] demolition **-2.** *fig* [de imperio] fall; [de empresa etc] collapse **-3.** *fig* [de persona] devastation.

derrumbar *vt* **-1.** [puente, edificio] to demolish **-2.** [persona - moralmente] to destroy, to devastate.

◆ **derrumbarse** *vpr* **-1.** [puente, edificio] to collapse; [techo] to fall *o* cave in **-2.** [persona] to be devastated; [esperanzas] to be shattered.

derrumbe *m* collapse.

desabastecido, da *adj* without supplies; **~ de** short *o* out of.

desaborido, da *fam* ◇ *adj* boring, dull. ◇ *m,f* bore.

desabotonar *vt* to unbutton.

◆ **desabotonarse** *vpr* [suj: persona] to undo one's buttons; [suj: ropa] to come undone.

desabrido, da *adj* **-1.** [tiempo] unpleasant, bad **-2.** [persona] surly; [tono] harsh.

desabrigar [16] *vt* to wrap up insufficiently.

◆ **desabrigarse** *vpr* **-1.** [al salir a la calle]: **¡no te desabrigues!** make sure you wrap up warmly! **-2.** [en la cama] to throw off the covers.

desabrochar *vt* to undo.

◆ **desabrocharse** *vpr* [suj: persona] to undo one's buttons; [suj: ropa] to come undone.

desacatar *vt* [ley, regla] to disobey; [costumbre, persona] not to respect.

desacato *m* **-1.** [gen]: ~ **(a)** lack of respect (for), disrespect (for) **-2.** *DER* contempt of court.

desacertado, da *adj* [inoportuno] unwise, ill-considered; [erróneo] mistaken, wrong.

desacierto *m* [error] error.

desaconsejar *vt*: ~ **algo (a alguien)** to advise (sb) against sthg; ~ **a alguien que haga algo** to advise sb not to do sthg.

desacoplar *vt* *ELECTR* to disconnect; *TECN* to uncouple.

desacostumbrado, da *adj* unusual, uncommon.

desacreditar *vt* to discredit.

◆ **desacreditarse** *vpr* to become discredited.

desactivar *vt* to defuse.

desacuerdo *m* disagreement; **estar en ~ (con)** to disagree (with).

desafiante *adj* defiant.

desafiar [9] *vt* **-1.** [persona] to challenge; ~ **a alguien a algo/a que haga algo** to challenge sb to sthg/to do sthg **-2.** [peligro] to defy.

desafinado, da *adj* out of tune.

desafinar *vi* *MÚS* to be out of tune.

desafío *m* challenge.

desaforadamente *adv*: **gritar ~** to shout one's head off, to shout at the top of one's voice.

desaforado, da *adj* **-1.** [excesivo - apetito] uncontrolled **-2.** [furioso - grito] furious, wild.

desafortunadamente *adv* unfortunately.

desafortunado, da ◇ *adj* **-1.** [gen] unfortunate **-2.** [sin suerte] unlucky. ◇ *m,f* unlucky person.

desagradable *adj* unpleasant.

desagradar *vi* to displease; **su actitud le desagradó** he was displeased at her attitude.

desagradecido, da *m,f* ungrateful person.

desagrado *m* displeasure; **con ~** reluctantly.

desagraviar [8] *vt*: ~ **a alguien por algo** [por una ofensa] to make amends to sb for sthg; [por un perjuicio] to compensate sb for sthg.

desagravio *m*: **en señal de ~** (in order) to make amends.

desaguar [45] *vi* [bañera, agua] to drain; [río]: ~ **en** to flow into.

desagüe *m* [vaciado] drain; [cañería] drainpipe.

desaguisado *m* [destrozo] damage *(U)*.

desahogado, da *adj* **-1.** [de espacio] spacious, roomy **-2.** [de dinero] well-off, comfortable.

desahogar [16] *vt* [ira] to vent; [pena] to relieve, to ease.

◆ **desahogarse** *vpr* **-1.** [contar penas]: **~se con alguien** to pour out one's woes *o* to tell one's troubles to sb **-2.** [desfogarse] to let off steam.

desahogo *m* **-1.** [moral] relief, release **-2.** [de espacio] space, room **-3.** [económico] ease; **vivir con ~** to be comfortably off.

desahuciar [8] *vt* **-1.** [inquilino] to evict **-2.** [enfermo]: ~ **a alguien** to give up all hope of saving sb.

desahucio *m* eviction.

desairado, da *adj* **-1.** [poco airoso - actuación] unimpressive, unsuccessful **-2.** [humillado] spurned.

desairar *vt* [person] to snub, to slight; [cosa] not to think much of, to be unimpressed by.

desaire *m* snub, slight; **hacer un ~ a alguien** to snub sb; **sufrir un ~** to receive a rebuff.

desajustar *vt* **-1.** [piezas] to disturb, to knock out of place **-2.** [planes] to upset.

desajuste *m* **-1.** [de piezas] misalignment; [de máquina] breakdown **-2.** [de declaraciones] inconsistency; [económico etc] imbalance.

desalentar [19] *vt* to dishearten, to discourage.

◆ **desalentarse** *vpr* to be discouraged, to lose heart.

desaliento *m* dismay, dejection.

desaliñado, da *adj* scruffy.

desaliño *m* scruffiness.

desalmado, da ◇ *adj* heartless. ◇ *m,f* heartless person.

desalojar *vt* **-1.** [por una emergencia - edificio, personas] to evacuate **-2.** [por la fuerza - suj: policía, ejército] to clear; [- inquilinos etc] to evict **-3.** [por propia voluntad] to abandon, to move out of.

desamarrar *vt* to cast off.

desambientado, da *adj* [persona] out of place.
desamor *m* [falta de afecto] indifference, coldness; [odio] dislike.
desamortización *f* disentailment, alienation.
desamortizar [13] *vt* to disentail, to alienate.
desamparado, da ◇ *adj* [niño] helpless; [lugar] desolate, forsaken. ◇ *m,f* helpless person.
desamparar *vt* to abandon.
desamparo *m* [abandono] abandonment; [aflicción] helplessness.
desamueblar *vt* to remove the furniture from.
desandar [52] *vt* to go back over; ~ **lo andado** to retrace one's steps.
desangelado, da *adj* [casa, habitación] dull, uninspiring.
desangrar *vt* **-1.** [animal, persona] to bleed **-2.** *fig* [económicamente] to bleed dry.
◆ **desangrarse** *vpr* to lose a lot of blood.
desanimado, da *adj* **-1.** [persona] downhearted **-2.** [fiesta, lugar] quiet, lifeless.
desanimar *vt* to discourage.
◆ **desanimarse** *vpr* to get downhearted *o* discouraged.
desánimo *m* [gen] dejection; [depresión] depression.
desanudar *vt* to untie.
desapacible *adj* unpleasant.
desaparecer [30] *vi* **-1.** [gen] to disappear **-2.** [en guerra, accidente] to go missing.
desaparecido, da *m,f* missing person.
desaparición *f* disappearance.
desapasionado, da *adj* dispassionate.
desapego *m* indifference.
desapercibido, da *adj*: **pasar** ~ to go unnoticed.
desaprensión *f* unscrupulousness.
desaprensivo, va *m,f* unscrupulous person.
desaprobación *f* disapproval.
desaprobar [23] *vt* [gen] to disapprove of; [un plan etc] to reject.
desaprovechado, da *adj* **-1.** [estudiante] lacking in application, idle **-2.** [tiempo, ocasión] wasted; [casa, jardín] not properly used.
desaprovechamiento *m* **-1.** [de estudiante] lack of application, idleness **-2.** [de tiempo, ocasión] waste; [de casa, jardín] failure to exploit fully.
desaprovechar *vt* to waste.
desarmador *m Méx* screwdriver.
desarmar *vt* **-1.** [gen] to disarm **-2.** [desmontar] to take apart, to dismantle.
desarme *m* MIL disarmament; ~ **nuclear** nuclear disarmament.
desarraigar [16] *vt* **-1.** [vicio, costumbre] to root out **-2.** [persona, pueblo] to banish, to drive (out).
desarraigo *m* [de árbol] uprooting; [de vicio, costumbre] rooting out; [de persona, pueblo] banishment.
desarreglado, da *adj* [cuarto, armario, persona] untidy; [vida] disorganized.
desarreglar *vt* [armario, pelo] to mess up; [planes, horario] to upset.
desarreglo *m* [de cuarto, persona] untidiness; [de vida] disorder.
desarrollado, da *adj* developed.
desarrollar *vt* **-1.** [mejorar - crecimiento, país] to develop **-2.** [exponer - teoría, tema, fórmula] to expound, to explain **-3.** [realizar - actividad, trabajo] to carry out **-4.** MAT to expand.
◆ **desarrollarse** *vpr* **-1.** [crecer, mejorar] to develop **-2.** [suceder - reunión] to take place; [- película] to be set.
desarrollismo *m policy of development at all costs.*
desarrollo *m* **-1.** [mejora] development; **países en vías de** ~ developing countries **-2.** [crecimiento] growth, development **-3.** [de idea, argumento, acontecimiento] development.
desarticulación *f* **-1.** [de huesos] dislocation **-2.** *fig* [de organización, banda] breaking up.
desarticular *vt* **-1.** [huesos] to dislocate **-2.** *fig* [organización, banda] to break up; [plan] to foil.
desaseado, da *adj* [sucio] dirty; [desarreglado] untidy.
desasosegar [35] *vt* to disturb, to make uneasy.
◆ **desasosegarse** *vpr* to become uneasy.
desasosiego *m* **-1.** [mal presentimiento] unease **-2.** [nerviosismo] restlessness.
desastrado, da *adj* [desaseado] scruffy; [sucio] dirty.
desastre *m* disaster; **su madre es un** ~ her mother is hopeless; **¡vaya** ~**!** what a shambles!
desastroso, sa *adj* disastrous.
desatar *vt* **-1.** [nudo, lazo] to untie; [paquete] to undo; [animal] to unleash **-2.** *fig* [tormenta, iras, pasión] to unleash; [entusiasmo] to arouse; [lengua] to loosen.
◆ **desatarse** *vpr* **-1.** [nudo, lazo] to come undone **-2.** *fig* [desencadenarse - tormenta] to

break; [- ira, cólera] to erupt.
desatascar [10] *vt* to unblock.
desatención *f* [falta de atención] lack of attention; [descortesía] discourtesy, impoliteness.
desatender [20] *vt* **-1.** [obligación, persona] to neglect **-2.** [ruegos, consejos] to ignore.
desatento, ta *adj* **-1.** [distraído] inattentive **-2.** [descortés] impolite.
desatino *m* **-1.** [locura] foolishness **-2.** [desacierto] foolish act.
desatrancar [10] *vt* [puerta, ventana] to unbolt; [tubería] to unblock.
desautorizar [13] *vt* **-1.** [desmentir - noticia] to deny **-2.** [prohibir - manifestación, huelga] to ban **-3.** [desacreditar] to discredit.
desavenencia *f* [desacuerdo] friction, tension; [riña] quarrel.
desavenirse [75] *vpr* to fall out.
desayunar ◇ *vi* to have breakfast. ◇ *vt* to have for breakfast.
desayuno *m* breakfast; ~ **continental** continental breakfast; ~ **de trabajo** working breakfast.
desazón *f* unease, anxiety.
desbancar [10] *vt* ***fig*** [ocupar el puesto de] to oust, to replace.
desbandada *f* breaking up, scattering; **a la** ~ in great disorder.
desbandarse *vpr* to scatter.
desbarajuste *m* disorder, confusion; **¡vaya ~!** what a mess!
desbaratar *vt* to ruin, to wreck.
desbarrar *vi* to talk nonsense.
desbloquear *vt* [cuenta] to unfreeze; [país] to lift the blockade on; [negociación] to end the deadlock in.
desbocado, da *adj* **-1.** [caballo] runaway **-2.** [prenda de vestir] stretched around the neck.
desbocarse [10] *vpr* [caballo] to bolt.
desbolado, da ***RP fam*** ◇ *adj* messy, untidy. ◇ *m,f* untidy person.
desbole *m* ***RP fam*** mess, chaos.
desbordamiento *m* [de río] overflowing.
desbordar *vt* **-1.** [cauce, ribera] to overflow, to burst **-2.** [límites, previsiones] to exceed; [paciencia] to push beyond the limit **-3.** [contrario, defensa] to get past, to pass.
◆ **desbordar de** *vi* to overflow with.
◆ **desbordarse** *vpr* **-1.** [líquido]: **~se (de)** to overflow (from) **-2.** [río] to overflow **-3.** ***fig*** [sentimiento] to erupt.
descabalgar [16] *vi* to dismount.
descabellado, da *adj* crazy.
descabellar *vt* TAUROM to give the coup de grâce to.
descabezar [13] *vt* **-1.** [quitar la cabeza a - persona] to behead; [- cosa] to break the head off **-2.** [quitar la punta a - planta, árbol] to top.
descacharrar *vt fam* to smash up.
descafeinado, da *adj* **-1.** [sin cafeína] decaffeinated **-2.** ***fig*** [sin fuerza] watered down.
◆ **descafeinado** *m* decaffeinated coffee.
descafeinar *vt* **-1.** [quitar cafeína] to decaffeinate **-2.** ***fig*** [quitar fuerza a] to water down.
descalabrar *vt* **-1.** [herir] to wound in the head **-2.** ***fam fig*** [perjudicar] to harm, to damage.
◆ **descalabrarse** *vpr* to hurt one's head.
descalabro *m* setback, damage *(U)*.
descalcificar [10] *vt* to decalcify.
◆ **descalcificarse** *vpr* to decalcify.
descalificar [10] *vt* **-1.** [en una competición] to disqualify **-2.** [desprestigiar] to discredit.
descalzar [13] *vt*: ~ **a alguien** to take sb's shoes off.
◆ **descalzarse** *vpr* to take off one's shoes.
descalzo, za *adj* barefoot.
descaminado, da *adj* **-1.** ***fig*** [equivocado]: **andar** *o* **ir** ~ to be on the wrong track **-2.** [caminante, excursionista] heading in the wrong direction.
descaminar *vt* [suj: malas compañías] to lead astray; [suj: guía] to take the wrong way.
◆ **descaminarse** *vpr* [por malas compañías] to go astray; [en una excursión] to go the wrong way.
descamisado, da ◇ *adj* **-1.** [sin camisa] barechested **-2.** ***fig*** [pobre] wretched. ◇ *m,f* poor wretch.
descampado *m* open country.
descangallado, da *adj* ***Amér fam*** shabby.
descansar ◇ *vi* **-1.** [reposar] to rest **-2.** [dormir] to sleep **-3.** ***fig*** [viga, teoría etc]: ~ **en** to rest on **-4.** [estar enterrado]: **descanse en paz** rest in peace; **aquí descansan las víctimas de la guerra** here lie the victims of the war. ◇ *vt* **-1.** to rest; ~ **la vista** to rest one's eyes; **descansa la cabeza en mi hombro** rest your head on my shoulder **-2.** [dormir] to sleep; **¡que descanses!** sleep well! **-3.** ***fig*** [viga, teoría etc]: ~ **en** to rest on.
descansillo *m* landing.
descanso *m* **-1.** [reposo] rest; **tomarse un** ~ to take a rest; **día de** ~ day off **-2.** [pausa] break; CIN & TEATR interval; DEP half-time, interval **-3.** ***fig*** [alivio] relief **-4.** [calzado] *boot worn after skiing* **-5.** MIL: **adoptar la posición de** ~ to stand at ease.

descapitalizar [13] *vt* COM to undercapitalize.
◆ **descapitalizarse** *vpr* to be undercapitalized.

descapotable *adj & m* convertible.

descarado, da ◇ *adj* **-1.** [desvergonzado - persona] cheeky, impertinent **-2.** [flagrante - intento etc] barefaced, blatant; **¡es un robo ~!** it's daylight robbery! ◇ *m,f* cheeky devil.

descarga *f* **-1.** [de mercancías] unloading **-2.** [de electricidad] shock **-3.** [disparo] firing, shots *(pl)*.

descargar [16] ◇ *vt* **-1.** [vaciar - mercancías, pistola] to unload **-2.** [disparar - munición, arma, ráfaga]: **~ (sobre)** to fire (at) **-3.** [puntapié, puñetazo] to deal, to land **-4.** ELECTR to run down **-5.** [exonerar]: **~ a alguien de algo** to free *o* release sb from sthg **-6.** DER [absolver]: **~ a alguien de algo** to clear sb of sthg. ◇ *vi* to burst; [tormenta] to break.
◆ **descargarse** *vpr* **-1.** [desahogarse]: **~se con alguien** to take it out on sb **-2.** DER: **~se (de)** to clear oneself (of) **-3.** ELECTR to go flat.

descargo *m* **-1.** [excusa]: **~ a** argument against **-2.** DER defence; **en su ~** in his/her defence **-3.** [COM - de deuda] discharge; [- recibo] receipt.

descarnado, da *adj* **-1.** [descripción] brutal **-2.** [persona, animal] scrawny.

descaro *m* cheek, impertinence.

descarriarse [9] *vpr* **-1.** [ovejas, ganado] to stray **-2.** *fig* [pervertirse] to lose one's way, to go astray.

descarrilamiento *m* derailment.

descarrilar *vi* to be derailed.

descartar *vt* [ayuda] to refuse, to reject; [posibilidad] to rule out.
◆ **descartarse** *vpr*: **~se (de)** to discard.

descarte *m* [de naipes] discard.

descendencia *f* **-1.** [hijos] offspring; **morir sin ~** to die without issue **-2.** [linaje] lineage, descent.

descendente *adj* [gen] descending; [movimiento, posición] downward.

descender [20] *vi* **-1.** [en estimación] to go down; **~ a segunda** to be relegated to the second division **-2.** [cantidad, valor, temperatura, nivel] to fall, to drop.
◆ **descender de** *vi* **-1.** [avión] to get off **-2.** [linaje] to be descended from.

descenso *m* **-1.** [en el espacio] descent **-2.** [de cantidad, valor, temperatura, nivel] drop **-3.** [en esquí] downhill **-4.** [en fútbol etc] relegation.

descentrado, da *adj* **-1.** [geométricamente] off-centre **-2.** [mentalmente] unsettled, disorientated.

descentralización *f* decentralization.

descentralizar [13] *vt* to decentralize.

descentrar *vt* **-1.** [sacar del centro] to knock off-centre **-2.** *fig* [desconcentrar] to distract.

descienda *etc* ▷ **descender**.

descifrable *adj* [mensaje, jeroglífico] decipherable; [letra] legible.

descifrar *vt* **-1.** [clave, mensaje] to decipher **-2.** [motivos, intenciones] to work out; [misterio] to solve; [problemas] to puzzle out.

descodificador, decodificador *m* decoder.

descodificar, decodificar [10] *vt* decode.

descojonarse *vpr vulg*: **~ (de)** to piss oneself laughing (at).

descolgar [39] *vt* **-1.** [una cosa colgada] to take down **-2.** [teléfono] to pick up, to take off the hook.
◆ **descolgarse** *vpr* **-1.** [bajar]: **~se (por algo)** to let oneself down *o* to slide down (sthg) **-2.** DEP: **~se de** to break away from **-3.** *fam* [mencionar]: **~se con que** to come out with the idea that.

descollar *vi fig* [sobresalir] to stand out.

descolocado, da *adj* [objeto] out of place.

descolocar *vt* [objeto] to put out of place, to disturb.

descolonización *f* decolonization.

descolonizar [13] *vt* to decolonize.

descolorido, da *adj* faded.

descomedido, da *adj* excessive, uncontrollable.

descompasado, da *adj* excessive, uncontrollable.

descompensación *f* imbalance.

descompensar *vt* to unbalance.

descomponer [65] *vt* **-1.** [pudrir - fruta] to rot; [- cadáver] to decompose **-2.** [dividir] to break down; **~ algo en** to break sthg down into **-3.** [desordenar] to mess up **-4.** [estropear] to damage, to break **-5.** *fig* [enojar] to annoy.
◆ **descomponerse** *vpr* **-1.** [pudrirse - fruta] to rot; [- cadáver] to decompose **-2.** [irritarse] to get annoyed **-3.** [averiarse] to break down.

descomposición *f* **-1.** [de elementos] decomposition **-2.** [putrefacción - de fruta] rotting; [- de cadáver] decomposition **-3.** [alteración] distortion **-4.** [diarrea] diarrhoea.

descompostura *f* **-1.** [falta de mesura] lack of respect, rudeness **-2.** *Méx, RP* [avería] breakdown **-3.** *Amér* [malestar] an unpleasant *o* nasty turn.

descompresión *f* decompression.

descompuesto, ta <> *pp* ▷ **descomponer.** <> *adj* **-1.** [putrefacto - fruta] rotten; [- cadáver] decomposed **-2.** [alterado - rostro] distorted, twisted.

descomunal *adj* tremendous, enormous.

desconcentrar *vt* to distract.
◆ **desconcentrarse** *vpr* to get distracted.

desconcertante *adj* disconcerting.

desconcertar [19] *vt* to disconcert, to throw.
◆ **desconcertarse** *vpr* to be thrown *o* bewildered.

desconchado *m* [de pintura] peeling paint; [de enyesado] peeling plaster.

desconchar *vt* to chip.
◆ **desconcharse** *vpr* [pintura] to flake off; [pared, loza] to chip.

desconcierto *m* [desorden] disorder; [desorientación, confusión] confusion.

desconectar *vt* [aparato] to switch off; [línea] to disconnect; [desenchufar] to unplug.
◆ **desconectarse** *vpr* *fig* [aislarse, olvidarse] to forget about one's worries; **~se de algo** to shut sthg out, to forget (about) sthg.

desconfiado, da <> *adj* distrustful. <> *m,f* distrustful person.

desconfianza *f* distrust.

desconfiar [9]
◆ **desconfiar de** *vi* **-1.** [sospechar de] to distrust; **desconfía de él** don't trust him **-2.** [no confiar en] to have no faith in.

descongelar *vt* **-1.** [producto] to thaw; [nevera] to defrost **-2.** *fig* [precios] to free; [créditos, salarios] to unfreeze.

descongestionar *vt* **-1.** MED to clear **-2.** *fig* [calle, centro de ciudad] to make less congested; **~ el tráfico** to reduce congestion.

desconocer [31] *vt* [ignorar] not to know.

desconocido, da <> *adj* **-1.** [no conocido] unknown **-2.** [muy cambiado]: **estar ~** to have changed beyond all recognition. <> *m,f* stranger.

desconocimiento *m* ignorance, lack of knowledge.

desconsideración *f* thoughtlessness.

desconsiderado, da <> *adj* thoughtless, inconsiderate. <> *m,f* thoughtless *o* inconsiderate person.

desconsolado, da *adj* disconsolate.

desconsolar [23] *vt* to distress.

desconsuelo *m* distress, grief.

descontado, da *adj* discounted.
◆ **por descontado** *loc adv* obviously, needless to say; **dar algo por ~** to take sthg for granted.

descontar [23] *vt* **-1.** [una cantidad] to deduct **-2.** COM to discount.

descontentar *vt* to upset, to make unhappy.

descontento, ta *adj* unhappy, dissatisfied.
◆ **descontento** *m* dissatisfaction.

descontrol *m* lack of control.

descontrolarse *vpr* [coche, inflación] to go out of control; [persona] to lose control.

desconvocar [10] *vt* to cancel, to call off.

descorazonador, ra *adj* discouraging.

descorazonamiento *m* discouragement.

descorazonar *vt* to discourage.
◆ **descorazonarse** *vpr* to be discouraged, to lose heart.

descorchar *vt* to uncork.

descorrer *vt* **-1.** [cortinas] to draw back, to open **-2.** [cerrojo, pestillo] to draw back.

descortés *adj* rude.

descortesía *f* discourtesy.

descoser *vt* to unstitch.
◆ **descoserse** *vpr* to come unstitched.

descosido, da *adj* unstitched.
◆ **descosido** *m* [roto - a propósito] open seam; [- por accidente] tear; **como un ~** [hablar] endlessly, non-stop; [beber, comer] to excess; [gritar] wildly.

descoyuntar *vt* to dislocate.
◆ **descoyuntarse** *vpr* to dislocate; **~se de risa** *fam* to split one's sides laughing.

descrédito *m* discredit; **ir en ~ de algo/alguien** to count against sthg/sb; **estar en ~** to be discredited.

descreído, da *m,f* non-believer, disbeliever.

descremado, da *adj* skimmed.

descremar *vt* to skim.

describir *vt* to describe.

descripción *f* description.

descriptivo, va *adj* descriptive.

descrito, ta *pp* ▷ **describir.**

descuajaringar [16] *vt* to break into pieces.
◆ **descuajaringarse** *vpr* **-1.** [descomponerse] to fall apart *o* to pieces **-2.** [troncharse de risa] to fall about laughing.

descuartizar [13] *vt* [persona] to quarter; [res] to carve up.

descubierto, ta <> *pp* ▷ **descubrir.** <> *adj* **-1.** [gen] uncovered; [coche] open **-2.** [cielo] clear **-3.** [sin sombrero] bareheaded.
◆ **descubierto** *m* [FIN - de empresa] deficit;

[- de cuenta bancaria] overdraft.

◆ **al descubierto** *loc adv* **-1.** [al raso] in the open **-2.** BANCA overdrawn; **quedar al ~** *fig* to be exposed *o* uncovered.

◆ **en descubierto** *loc adv* BANCA overdrawn.

descubridor, ra *m,f* discoverer.

descubrimiento *m* **-1.** [de continentes, invenciones] discovery **-2.** [de placa, busto] unveiling **-3.** [de complots] uncovering; [de asesinos] detection.

descubrir *vt* **-1.** [gen] to discover; [petróleo] to strike; [complot] to uncover **-2.** [destapar - estatua, placa] to unveil **-3.** [vislumbrar] to spot, to spy **-4.** [delatar] to give away.

◆ **descubrirse** *vpr* **-1.** [quitarse el sombrero] to take one's hat off; **~se ante algo** *fig* to take one's hat off to sthg **-2.** [cielo, horizonte] to clear.

descuelga *etc* ▷ **descolgar**.

descuenta *etc* ▷ **descontar**.

descuento *m* discount; **hacer ~** to give a discount; **con ~** at a discount; **un ~ del 10%** 10% off.

descuidar ◇ *vt* [desatender] to neglect. ◇ *vi* [no preocuparse] not to worry; **descuida, que yo me encargo** don't worry, I'll take care of it.

◆ **descuidarse** *vpr* **-1.** [abandonarse] to neglect one's appearance; **~se de algo/de hacer algo** to neglect sthg/to do sthg **-2.** [despistarse] not to be careful.

descuido *m* **-1.** [falta de aseo] carelessness **-2.** [olvido] oversight; [error] slip; **al menor ~** if you let your attention wander for even a moment; **en un ~** by mistake.

desde *prep* **-1.** [tiempo] since; **no lo veo ~ el mes pasado/~ ayer** I haven't seen him since last month/yesterday; **~ ahora** from now on; **~ hace mucho/un mes** for ages/a month; **~ ... hasta ...** from ... until ...; **~ el lunes hasta el viernes** from Monday till Friday; **~ entonces** since then; **~ que** since; **~ que murió mi madre** since my mother died; **~ ya** [inmediatamente] right now **-2.** [espacio] from; **~ ... hasta ...** from ... to ...; **~ aquí hasta el centro** from here to the centre.

◆ **desde luego** *loc adv* **-1.** [por supuesto] of course **-2.** [en tono de reproche] for goodness' sake!; **¡~ luego tienes cada idea!** you really come out with some funny ideas!

desdecir [66]

◆ **desdecir de** *vi* [desmerecer] to be unworthy of; [no cuadrar con] not to go with, to clash with.

◆ **desdecirse** *vpr* to go back on one's word; **~se de** to go back on.

desdén *m* disdain, scorn.

desdentado, da *adj* toothless.

desdeñable *adj* contemptible; **una cantidad nada ~** a considerable amount.

desdeñar *vt* to scorn.

desdeñoso, sa *adj* scornful, disdainful.

desdibujado, da *adj* blurred.

desdibujarse *vpr* to blur, to become blurred.

desdice ▷ **desdecir**.

desdicha *f* [desgracia - situación] misery; [- suceso] misfortune; **por ~** unfortunately.

desdichado, da ◇ *adj* [decisión, situación] unfortunate; [persona - sin suerte] unlucky; [- sin felicidad] unhappy. ◇ *m,f* poor wretch.

desdicho, cha *pp* ▷ **desdecir**.

desdienta *etc* ▷ **desdentar**.

desdiga, desdijera *etc* ▷ **desdecir**.

desdoblamiento *m* **-1.** [de objeto] unfolding **-2.** [de imagen, personalidad] splitting.

desdoblar *vt* **-1.** [servilleta, carta] to unfold; [alambre] to straighten out **-2.** *fig* [dividir] to split.

desdramatizar [13] *vt* to play down.

deseable *adj* desirable.

desear *vt* **-1.** [querer] to want; [anhelar] to wish; **¿qué desea?** [en tienda] what can I do for you?; **~ía estar allí** I wish I was there; **estoy deseando que llegue** I can't wait for her to arrive; **dejar mucho/no dejar nada que ~** to leave much/nothing to be desired **-2.** [sexualmente] to desire.

desecar [10] *vt* to dry out.

◆ **desecarse** *vpr* to dry out.

desechable *adj* disposable.

desechar *vt* **-1.** [tirar - ropa, piezas] to throw out, to discard **-2.** [rechazar - ayuda, oferta] to refuse, to turn down **-3.** [desestimar - idea] to reject; [- plan, proyecto] to drop **-4.** [despreciar] to ignore, to take no notice of.

desecho *m* **-1.** [objeto usado] unwanted object; [ropa] castoff; **material de ~** [gen] waste products *(pl)*; [metal] scrap **-2.** [escoria] dregs *(pl)*.

◆ **desechos** *mpl* [basura] rubbish *(U)*; [residuos] waste products; **~s radiactivos** radioactive waste *(U)*.

desembalar *vt* to unpack.

desembarazar [13] *vt* to clear.

◆ **desembarazarse** *vpr*: **~se de** to get rid of.

desembarazo *m* ease.

desembarcadero *m* pier, landing stage.

desembarcar [10] ◇ *vt* [pasajeros] to disembark; [mercancías] to unload. ◇ *vi* **-1.** [de barco, avión] to disembark **-2.** *Amér* [de autobús, tren] to get off.
◆ **desembarcarse** *vpr Amér* to get off.

desembarco *m* **-1.** [de pasajeros] disembarkation **-2.** MIL landing.

desembarque *m* [de mercancías] unloading.

desembarrancar [10] *vt* to refloat.

desembocadura *f* [de río] mouth; [de calle] opening.

desembocar [10]
◆ **desembocar en** *vi* **-1.** [río] to flow into **-2.** [calle] to lead onto **-3.** [asunto] to lead to, to result in.

desembolsar *vt* to pay out.

desembolso *m* payment; ~ **inicial** down payment.

desembozar [13] *vt* **-1.** [rostro] to unmask, to uncover **-2.** [cañería] to unblock.

desembragar [16] *vi* AUTOM to disengage the clutch, to declutch.

desembrollar *vt fam* [lío, malentendido] to straighten out; [ovillo] to disentangle.

desembuchar *vi fam* to spit it out; **¡desembucha!** spit it out!, out with it!

desempacar [10] *vt* to unpack.

desempalmar *vt* to disconnect.

desempañar *vt* [con trapo etc] to wipe the steam off; [electrónicamente] to demist.

desempaquetar *vt* [paquete] to unwrap; [caja] to unpack.

desempatar *vi* to decide the contest; **jugar para** ~ to have a play-off.

desempate *m* final result; **partido de** ~ decider.

desempeñar *vt* **-1.** [función, misión] to carry out; [cargo, puesto] to hold **-2.** [papel] to play **-3.** [joyas] to redeem.
◆ **desempeñarse** *vpr* to get oneself out of debt.

desempeño *m* **-1.** [de función] carrying out **-2.** [de papel] performance **-3.** [de objeto] redemption.

desempleado, da ◇ *adj* unemployed. ◇ *m, f* unemployed person.

desempleo *m* **-1.** [falta de empleo] unemployment **-2.** [subsidio] unemployment benefit; **cobrar el** ~ to receive unemployment benefit.

desempolvar *vt* **-1.** [mueble, jarrón] to dust **-2.** *fig* [recuerdos] to revive.

desencadenar *vt* **-1.** [preso, perro] to unchain **-2.** *fig* [suceso, polémica] to give rise to, to spark off; [pasión, furia] to unleash.
◆ **desencadenarse** *vpr* **-1.** [pasiones, odios, conflicto] to erupt; [guerra] to break out **-2.** [viento] to blow up; [tormenta] to burst; [terremoto] to strike.

desencajar *vt* **-1.** [mecanismo, piezas - sin querer] to knock out of place; [- intencionadamente] to take apart **-2.** [hueso] to dislocate.
◆ **desencajarse** *vpr* **-1.** [piezas] to come apart **-2.** [rostro] to distort, to become distorted.

desencantar *vt* [decepcionar] to disappoint.
◆ **desencantarse** *vpr* to be disappointed.

desencanto *m* disappointment.

desencapotarse *vpr* to clear.

desenchufar *vt* to unplug.

desenfadado, da *adj* [persona, conducta] relaxed, easy-going; [comedia, programa de TV] light-hearted; [estilo] light; [en el vestir] casual.

desenfado *m* [seguridad en sí mismo] self-assurance; [desenvoltura] ease; [desparpajo] forwardness, uninhibited nature.

desenfocado, da *adj* [imagen] out of focus; [visión] blurred.

desenfocar [10] *vt* [objeto] to focus incorrectly; [foto] to take out of focus.

desenfrenado, da *adj* [ritmo, baile] frantic, frenzied; [comportamiento] uncontrolled; [apetito] insatiable.

desenfrenar *vt* [coche] to take the brake off; [caballo] to unbridle.
◆ **desenfrenarse** *vpr* [persona] to lose one's self-control.

desenfreno *m* **-1.** [gen] lack of restraint **-2.** [vicio] debauchery.

desenfundar *vt* **-1.** [pistola] to draw **-2.** [mueble] to uncover.

desenganchar *vt* **-1.** [vagón] to uncouple **-2.** [caballo] to unhitch **-3.** [pelo, jersey] to free.
◆ **desengancharse** *vpr fam* [de un vicio] to kick the habit.

desengañado, da *adj*: ~ **(de)** disillusioned (with).

desengañar *vt* **-1.** [a persona equivocada]: ~ **a alguien** to reveal the truth to sb **-2.** [a persona esperanzada] to disillusion.
◆ **desengañarse** *vpr*: **~se (de)** to become disillusioned (with); **desengáñate** stop kidding yourself.

desengaño *m* disappointment; **llevarse un ~ con alguien** to be disappointed in sb; ~ **amoroso** unhappy affair.

desengrasar *vt* to remove the grease from.

desenlace *m* denouement, ending.
desenlazar [13] *vt* to undo.
desenmarañar *vt* **-1.** [ovillo, pelo] to untangle **-2.** *fig* [asunto] to sort out; [problema] to resolve.
desenmascarar *vt* [descubrir] to unmask.
desenredar *vt* **-1.** [hilos, pelo] to untangle **-2.** *fig* [asunto] to sort out; [problema] to resolve.
◆ **desenredarse** *vpr*: **~se (de algo)** to extricate oneself (from sthg); **~se el pelo** to unknot one's hair.
desenrollar *vt* [hilo, cinta] to unwind; [persiana] to roll down; [pergamino, papel] to unroll.
desenroscar [10] *vt* to unscrew.
desensillar *vt* to unsaddle.
desentenderse [20] *vpr* to pretend not to hear/know *etc*; **~ de** to refuse to have anything to do with.
desenterrar [19] *vt* **-1.** [cadáver] to disinter; [tesoro, escultura] to dig up **-2.** *fig* [recordar]: **~ algo (de)** to recall *o* revive sthg (from).
desentonar *vi* **-1.** [*MÚS* - cantante] to sing out of tune; [- instrumento] to be out of tune **-2.** [color, cortinas, edificio]: **~ (con)** to clash (with) **-3.** [persona, modales] to be out of place.
desentrañar *vt* to unravel, to figure out.
desentrenado, da *adj* [bajo de forma] out of training; [falto de práctica] out of practice.
desentubar *vt fam*: **~ a alguien** to switch off sb's life-support machine.
desentumecer [30] *vt* to stretch.
◆ **desentumecerse** *vpr* to loosen up.
desenvainar *vt* to draw.
desenvoltura *f* [al moverse, comportarse] ease; [al hablar] fluency.
desenvolver [24] *vt* to unwrap.
◆ **desenvolverse** *vpr* **-1.** [asunto, proceso] to progress; [trama] to unfold **-2.** [persona] to cope, to manage.
desenvuelto, ta ◇ *pp* ▷ **desenvolver.** ◇ *adj* [al moverse, comportarse] natural; [al hablar] fluent.
deseo *m* **-1.** [anhelo] wish, desire; **su ~ se hizo realidad** her wish came true; **arder en ~s de hacer algo** to be burning with desire to do sthg; **buenos ~s** good intentions; **pedir un ~** to make a wish **-2.** [apetito sexual] desire.
deseoso, sa *adj*: **estar ~ de algo/hacer algo** to long for sthg/to do sthg.
deseque *etc* ▷ **desecar.**
desequilibrado, da ◇ *adj* **-1.** [persona] unbalanced **-2.** [balanza, eje] off-centre. ◇ *m,f* unbalanced person.
desequilibrar *vt* **-1.** [persona] to unbalance **-2.** [objeto] to knock off balance.
◆ **desequilibrarse** *vpr* **-1.** [persona] to become mentally unbalanced *o* unstable **-2.** [objeto] to lose its balance.
desequilibrio *m* [mecánico] lack of balance; [mental] mental instability.
deserción *f* desertion.
desertar *vi* to desert.
desértico, ca *adj* [del desierto] desert *(antes de sust)*; [despoblado] deserted.
desertización *f* [del terreno] desertification; [de la población] depopulation.
desertor, ra *m,f* deserter.
desescolarización *f* lack of schooling.
desesperación *f* **-1.** [falta de esperanza] despair, desperation; **con ~** in despair **-2.** *fig* [enojo]: **es una ~ lo lento que van los trenes** it's maddening how slowly the trains go.
desesperado, da *adj* [persona, intento] desperate; [estado, situación] hopeless; [esfuerzo] furious; **(hacer algo) a la desesperada** (to do sthg) in desperation.
desesperante *adj* infuriating.
desesperar ◇ *vt* to exasperate, to drive mad. ◇ *vi* to despair, to give up *o* lose hope.
◆ **desesperarse** *vpr* **-1.** [perder la esperanza] to be driven to despair **-2.** [irritarse, enojarse] to get mad *o* exasperated.
desestabilizar [13] *vt* to destabilize.
desestatización *f Amér* privatization.
desestatizar *vt Amér* to privatize, to sell off.
desestimar *vt* **-1.** [rechazar] to turn down **-2.** [despreciar] to turn one's nose up at.
desfachatez *f fam* cheek.
desfalcar [10] *vt* to embezzle.
desfalco *m* embezzlement.
desfallecer [30] *vi* **-1.** [debilitarse] to be exhausted; **~ de** to feel faint from **-2.** [desmayarse] to faint.
desfallecimiento *m* **-1.** [desmayo] fainting fit **-2.** [debilidad] faintness.
desfasado, da *adj* [persona] out of touch; [libro, moda] out of date.
desfasar *vt ELECTR* to phase out; **estar desfasado** *fig* to be out of touch.
desfase *m* [diferencia] gap; **~ horario** jet lag.
desfavorable *adj* unfavourable.
desfavorecer [30] *vt* **-1.** [perjudicar] to go against the interest of **-2.** [sentar mal] not to suit.

desfiguración *f* [de rostro, cuerpo] disfigurement; [de la verdad] distortion.
desfigurar *vt* **-1.** [rostro, cuerpo] to disfigure **-2.** *fig* [la verdad] to distort.
desfiladero *m* narrow mountain pass.
desfilar *vi* **-1.** MIL to parade **-2.** *fig* [marcharse] to head off, to leave.
desfile *m* MIL parade; [de carrozas] procession; ~ **de modelos** fashion show.
desflorar *vt* to deflower.
desfogar [16] *vt* to vent.
◆ **desfogarse** *vpr* to let off steam.
desfondar *vt* **-1.** [caja, bolsa] to knock the bottom out of **-2.** [agotar] to wear out.
◆ **desfondarse** *vpr* [persona] to become completely exhausted.
desforestación *f* deforestation.
desforestar *vt* to deforest.
desgajar *vt* [página] to tear out; [rama] to break off; [libro, periódico] to rip up; [naranja] to split into segments.
◆ **desgajarse** *vpr* [rama] to break off; [hoja] to fall.
desgana *f* **-1.** [falta de hambre] lack of appetite **-2.** [falta de ánimo] lack of enthusiasm; **con** ~ unwillingly, reluctantly.
desganado, da *adj* **-1.** [sin apetito]: **estar** ~ to be off one's food **-2.** [sin ganas] listless, apathetic.
desgañitarse *vpr* to scream oneself hoarse.
desgarbado, da *adj* clumsy, ungainly.
desgarrador, ra *adj* harrowing.
desgarrar *vt* to rip; ~ **el corazón** to break one's heart.
◆ **desgarrarse** *vpr* to rip.
desgarro *m* tear.
desgarrón *m* big tear.
desgastar *vt* to wear out.
◆ **desgastarse** *vpr* to wear o.s. out.
desgaste *m* **-1.** [de tela, muebles etc] wear and tear; [de roca] erosion; [de pilas] running down; [de cuerdas] fraying; [de metal] corrosion **-2.** [de persona] wear and tear; ~ **político** erosion of voter confidence.
desglosar *vt* to break down.
desglose *m* breakdown.
desgobernar [19] *vt* [país] to govern badly.
desgobierno *m* [de país] misgovernment, misrule.
desgracia *f* **-1.** [mala suerte] misfortune; **por** ~ unfortunately; **tener la** ~ **de** to be unfortunate enough to **-2.** [catástrofe] disaster; **~s personales** casualties; **es una** ~ **que ...** it's a terrible shame that ... **-3.** *loc*: **caer en** ~ to fall into disgrace; **las ~s nunca vienen solas** it never rains but it pours.
desgraciadamente *adv* unfortunately.
desgraciado, da ◇ *adj* **-1.** [gen] unfortunate **-2.** [sin suerte] unlucky **-3.** [infeliz] unhappy. ◇ *m,f* **-1.** [persona sin suerte] born loser **-2.** *fig* [pobre infeliz] miserable wretch.
desgraciar [8] *vt* to spoil.
◆ **desgraciarse** *vpr* [plan, proyecto] to be a complete disaster, to fall through.
desgranar *vt* **-1.** [insultos, frases, oraciones] to spout, to come out with **-2.** [maíz, trigo] to thresh.
desgravable *adj* tax-deductible.
desgravación *f* deduction; ~ **fiscal** tax deduction, tax relief *(U)*.
desgravar *vt* to deduct from one's tax bill.
desgreñado, da *adj* dishevelled.
desguace *m* [de coches] scrapping; [de buques] breaking.
desguarnecer [30] *vt* **-1.** [quitar los adornos de] to strip **-2.** MIL to leave unprotected *o* without troops.
desguazar [13] *vt* [coche] to scrap; [buque] to break up.
deshabitado, da *adj* uninhabited.
deshabitar *vt* **-1.** [casa] to leave **-2.** [territorio] to depopulate, to empty of people.
deshabituar [6] *vt*: ~ **a alguien (de)** to get sb out of the habit (of).
◆ **deshabituarse** *vpr*: **~se (de)** to break the habit (of).
deshacer [60] *vt* **-1.** [costura, nudo, paquete] to undo; [maleta] to unpack; [castillo de arena] to destroy **-2.** [disolver - helado, mantequilla] to melt; [- pastilla, terrón de azúcar] to dissolve **-3.** [poner fin a - contrato, negocio] to cancel; [- pacto, tratado] to break; [- plan, intriga] to foil; [- organización] to dissolve **-4.** [destruir - enemigo] to rout; [- matrimonio] to ruin **-5.** *fig* [afligir] to devastate.
◆ **deshacerse** *vpr* **-1.** [desvanecerse] to disappear **-2.** [afligirse] to be devastated **-3.** *fig* [librarse]: **~se de** to get rid of **-4.** *fig*: **~se en algo (con** *o* **hacia alguien)** [cumplidos] to lavish sthg (on sb); [insultos] to heap sthg (on sb) **-5.** *fig*: **~se por alguien** [desvivirse] to bend over backwards for sb; [estar enamorado] to be madly in love with sb.
desharrapado, da ◇ *adj* ragged. ◇ *m,f* person dressed in rags.
deshecho, cha ◇ *pp* ▷ **deshacer**. ◇ *adj* **-1.** [costura, nudo, paquete] undone; [cama] unmade; [maleta] unpacked **-2.** [enemigo] destroyed; [tarta, matrimonio] ruined **-3.** [de-

rretido - pastilla, terrón de azúcar] dissolved; [- helado, mantequilla] melted **-4.** [anulado - contrato, negocio] cancelled; [- pacto, tratado] broken; [- plan, intriga] foiled; [- organización] dissolved **-5.** [afligido] devastated **-6.** [cansado] tired out.

deshelar [19] *vt* [nieve, lago, hielo] to thaw, to melt; [parabrisas] to de-ice.
◆ **deshelarse** *vpr* to thaw, to melt.

desheredado, da ◇ *adj* [excluido de herencia] disinherited; *fig* [indigente] underprivileged. ◇ *m,f* [indigente] deprived person; **los ~s** the underprivileged.

desheredar *vt* to disinherit.

deshice *etc* ⊳ **deshacer.**

deshidratación *f* dehydration.

deshidratar *vt* to dehydrate.
◆ **deshidratarse** *vpr* to become dehydrated.

deshiela *etc* ⊳ **deshelar.**

deshielo *m* thaw.

deshilachar *vt* to unravel.
◆ **deshilacharse** *vpr* to fray.

deshilar *vt* to unravel.

deshilvanado, da *adj* **-1.** [tela] untacked **-2.** *fig* [discurso, guión] disjointed.

deshilvanar *vt* to untack.

deshinchar *vt* **-1.** [globo, rueda] to let down, to deflate **-2.** [hinchazón] to reduce the swelling in.
◆ **deshincharse** *vpr* **-1.** [globo, hinchazón] to go down; [neumático] to go flat **-2.** *fig* [desanimarse] to get off one's high horse.

deshizo ⊳ **deshacer.**

deshojar *vt* [árbol] to strip the leaves off; [flor] to pull the petals off; [libro] to pull the pages out of.
◆ **deshojarse** *vpr* [árbol] to shed its leaves; [flor] to drop its petals.

deshollinar *vt* to sweep.

deshonestidad *f* dishonesty.

deshonesto, ta *adj* [sin honradez] dishonest; [sin pudor] indecent.

deshonor *m*, **deshonra** *f* dishonour.

deshonrar *vt* to dishonour.
◆ **deshonrarse** *vpr* to be shamed.

deshonroso, sa *adj* dishonourable, shameful.

deshora
◆ **a deshora, a deshoras** *loc adv* [en momento inoportuno] at a bad time; [en horas poco habituales] at an unearthly hour.

deshuesar *vt* [carne] to bone; [fruto] to stone.

deshumanizar [13] *vt* to dehumanize.
◆ **deshumanizarse** *vpr* to become dehumanized, to lose one's humanity.

desidia *f* [en el trabajo] neglect; [en el aspecto] slovenliness.

desidioso, sa *adj* [en el trabajo] neglectful; [en el aspecto] slovenly.

desierto, ta *adj* **-1.** [gen] deserted **-2.** [vacante - concurso] void; [- premio] deferred.
◆ **desierto** *m* desert; **el ~ de Gobi** the Gobi Desert; **es como predicar en el ~** it's like talking to a brick wall.

designación *f* **-1.** [nombre] designation **-2.** [nombramiento] appointment.

designar *vt* **-1.** [nombrar] to appoint **-2.** [fijar, determinar] to name, to fix.

designio *m* intention, plan.

desigual *adj* **-1.** [diferente] different; [terreno] uneven **-2.** [tiempo, persona, humor] changeable; [alumno, actuación] inconsistent; [lucha] unevenly matched, unequal; [tratamiento] unfair, unequal.

desigualdad *f* [gen] inequality; [diferencia] difference; [del terreno] roughness; [de carácter] changeability; [de actuación, rendimiento] inconsistency.

desilusión *f* disappointment, disillusionment *(U)*; **llevarse una ~** to be disappointed.

desilusionar *vt* [desengañar] to reveal the truth to; [decepcionar] to disappoint, to disillusion.
◆ **desilusionarse** *vpr* [decepcionarse] to be disappointed *o* disillusioned; [desengañarse] to realize the truth.

desincrustar *vt* to descale.

desinencia *f* ending.

desinfección *f* disinfection.

desinfectante ◇ *adj* disinfectant *(antes de sust).* ◇ *m* disinfectant.

desinfectar *vt* to disinfect.

desinflamar *vt* to reduce the inflammation in.
◆ **desinflamarse** *vpr* to become less inflamed.

desinflar *vt* **-1.** [quitar aire a] to let down, to deflate **-2.** *fig* [quitar importancia a] to play down **-3.** [desanimar] to depress.
◆ **desinflarse** *vpr* **-1.** [perder aire - gen] to go down; [- neumático] to go flat **-2.** [desanimarse] to get depressed.

desinformación *f* misinformation.

desinformar *vi* to misinform.

desintegración *f* **-1.** [de objetos] disintegration; **~ nuclear** nuclear fission **-2.** [de grupos, organizaciones] breaking up.

desintegrar *vt* **-1.** [objetos] to disintegrate;

[átomo] to split **-2.** [grupos, organizaciones] to break up.
◆ **desintegrarse** *vpr* **-1.** [objetos] to disintegrate **-2.** [grupos, organizaciones] to break up.
desinterés *m* **-1.** [indiferencia] disinterest, lack of interest **-2.** [generosidad] unselfishness.
desinteresado, da *adj* unselfish.
desinteresarse *vpr*: ~ **de** *o* **por algo** to lose interest in sthg.
desintoxicación *f* detoxification.
desintoxicar [10] *vt* to detoxify.
◆ **desintoxicarse** *vpr* to detoxify oneself.
desistir *vi*: ~ **(de hacer algo)** to give up *o* to stop (doing sthg).
deslave *m Amér* landslide, landslip *UK*.
desleal *adj* [competencia] unfair ~ **(con)** disloyal (to).
deslealtad *f* disloyalty.
desleír [28] *vt* [sólido] to dissolve; [líquido] to dilute.
deslenguado, da *adj fig* foul-mouthed.
deslía ▻ **desleír**.
desliar [9] *vt* to unwrap.
deslíe *etc* ▻ **desleír**.
desligar [16] *vt* **-1.** [desatar] to untie **-2.** *fig* [separar]: ~ **algo (de)** to separate sthg (from).
◆ **desligarse** *vpr* **-1.** [desatarse] to untie oneself **-2.** *fig* [separarse]: ~**se de** to become separated from; ~**se de un grupo** to distance o.s. from a group.
deslindar *vt* **-1.** [limitar] to mark out (the boundaries of) **-2.** *fig* [separar] to define.
deslió ▻ **desleír**.
desliz *m* slip, error; **tener** *o* **cometer un** ~ to slip up.
deslizante *adj* slippery.
deslizar [13] *vt* **-1.** [mano, objeto]: ~ **algo en** to slip sthg into; ~ **algo por algo** to slide sthg along sthg **-2.** [indirecta, comentario] to let slip in.
◆ **deslizarse** *vpr* **-1.** [resbalar]: ~**se por** to slide along **-2.** [introducirse]: ~**se en** [persona] to slip into; [error] to creep into **-3.** [tiempo] to slip away *o* by.
deslomar *vt* [a golpes] to thrash.
◆ **deslomarse** *vpr fam* to break one's back, to wear oneself out.
deslucido, da *adj* **-1.** [sin brillo] faded; [plata] tarnished **-2.** [sin gracia - acto, ceremonia] dull; [- actuación] lacklustre, uninspired.
deslucir [32] *vt* [espectáculo] to spoil, to ruin.
deslumbrante *adj* dazzling.
deslumbrar *vt lit & fig* to dazzle.
deslustrar *vt* [zapatos etc] to take the shine off.
desmadejar *vt* to wear *o* tire out.
desmadrarse *vpr fam* to go wild.
desmadre *m fam* chaos, utter confusion.
desmán *m* **-1.** [con la bebida, comida etc] excess **-2.** [abuso de poder] abuse (of power).
desmandado, da *adj* [desobediente] unruly.
desmandarse *vpr* **-1.** [desobedecer] to be disobedient **-2.** [insubordinarse] to get out of hand.
desmano
◆ **a desmano** *loc adv* [fuera de alcance] out of reach; [fuera del camino seguido] out of the way.
desmantelado, da *adj* dismantled.
desmantelamiento *m* [de casa, fábrica] stripping; [de organización] disbanding; [de arsenal, andamiaje] dismantling; [de barco] unrigging.
desmantelar *vt* [casa, fábrica] to clear out, to strip; [organización] to disband; [arsenal, andamio] to dismantle; [barco] to unrig.
desmaquillador *m* make-up remover.
desmaquillar *vt* to remove the make-up from.
◆ **desmaquillarse** *vpr* to take one's make-up off.
desmarcar [10] *vt* DEP to draw the marker away from.
◆ **desmarcarse** *vpr* DEP to lose one's marker.
desmayado, da *adj* **-1.** [persona] unconscious; **caer** ~ to faint **-2.** [color] pale.
desmayar *vi* to lose heart.
◆ **desmayarse** *vpr* to faint.
desmayo *m* **-1.** [físico] fainting fit; **sufrir** ~**s** to have fainting fits **-2.** [moral] loss of heart; **sin** ~ unfalteringly.
desmedido, da *adj* excessive, disproportionate.
desmedirse [26] *vpr* to go too far, to go over the top.
desmejorar ◇ *vt* to spoil. ◇ *vi* to go downhill, to deteriorate.
◆ **desmejorarse** *vpr* to go downhill, to deteriorate.
desmelenado, da *adj* **-1.** [persona] reckless, wild **-2.** [cabello] tousled, dishevelled.
desmelenar *vt* [cabello] to dishevel.
◆ **desmelenarse** *vpr* to go wild.
desmembramiento *m* [de cuerpo] dismemberment; [de miembro, extremidad] loss;

[de estados, partidos] breaking up.
desmembrar [19] *vt* **-1.** [trocear - cuerpo] to dismember; [- miembro, extremidad] to cut off **-2.** [disgregar] to break up.
desmemoriado, da ◇ *adj* forgetful. ◇ *m, f* forgetful person.
desmentido *m* denial.
desmentir [27] *vt* **-1.** [negar] to deny **-2.** [no corresponder] to belie.
desmenuzar [13] *vt* **-1.** [trocear - pan, pastel, roca] to crumble; [- carne] to chop up; [- papel] to tear up into little pieces **-2.** *fig* [examinar, analizar] to scrutinize.
desmerecer [30] ◇ *vt* not to deserve, to be unworthy of. ◇ *vi* to lose value; ~ **(en algo) de alguien** to be inferior to sb (in sthg).
desmesurado, da *adj* [excesivo] excessive, disproportionate; [enorme] enormous.
desmida, desmidiera *etc* ▻ **desmedirse.**
desmiembra *etc* ▻ **desmembrar.**
desmienta *etc* ▻ **desmentir.**
desmigajar *vt* to crumble.
◆ **desmigajarse** *vpr* to crumble.
desmilitarizar [13] *vt* to demilitarize.
desmintiera *etc* ▻ **desmentir.**
desmitificar [10] *vt* to demythologize.
desmontable *adj* that can be dismantled; **una librería** ~ a self-assembly bookcase.
desmontar ◇ *vt* **-1.** [desarmar - máquina] to take apart *o* to pieces; [- motor] to strip down; [- piezas] to dismantle; [- rueda] to remove, to take off; [- tienda de campaña] to take down; [- arma] to uncock **-2.** [jinete - suj: caballo] to unseat; [- suj: persona] to help down. ◇ *vi*: ~ **de** [caballo] to dismount from; [moto, bicicleta] to get off; [coche] to get out of.
◆ **desmontarse** *vpr*: ~**se de** [caballo] to dismount from; [moto, bicicleta] to get off; [coche] to get out of.
desmonte *m* **-1.** *(gen pl)* [terreno] levelled ground *(U)* **-2.** [allanamiento] levelling **-3.** [de bosque] clearing.
desmoralización *f* demoralization.
desmoralizador, ra *adj* demoralizing.
desmoralizar [13] *vt* to demoralize.
◆ **desmoralizarse** *vpr* to become demoralized.
desmoronamiento *m* [de edificios, rocas, ideales] crumbling; [de imperios] fall.
desmoronar *vt* [edificios, rocas] to cause to crumble.
◆ **desmoronarse** *vpr* **-1.** [edificio, roca, ideales] to crumble **-2.** *fig* [persona] to be devastated; [imperio] to fall.
desmovilizar [13] *vt* to demobilize.
desnacionalizar [13] *vt* to denationalize, to privatize.
desnatado, da *adj* skimmed.
desnatar *vt* to skim.
desnaturalizado, da *adj* **-1.** [sustancia] adulterated; [alcohol] denatured **-2.** [persona] inhuman.
desnaturalizar [13] *vt* **-1.** [sustancia] to adulterate **-2.** [persona] to deny the natural rights of.
desnivel *m* **-1.** [cultural, social etc] difference, inequality **-2.** [del terreno] irregularity, unevenness *(U)*.
desnivelar *vt* to make uneven; [balanza] to tip.
◆ **desnivelarse** *vpr* to become uneven.
desnucar [10] *vt* to break the neck of.
◆ **desnucarse** *vpr* to break one's neck.
desnuclearizar [13] *vt* to make nuclear-free.
desnudar *vt* to undress.
◆ **desnudarse** *vpr* to undress, to get undressed.
desnudez *f* [de persona] nakedness, nudity; [de cosa] bareness.
desnudo, da *adj* **-1.** [persona, cuerpo] naked **-2.** *fig* [salón, hombro, árbol] bare; [verdad] plain; [paisaje] bare, barren.
◆ **desnudo** *m* nude.
desnutrición *f* malnutrition.
desnutrido, da *adj* undernourished.
desnutrirse *vpr* to suffer from malnutrition.
desobedecer [30] *vt* to disobey.
desobediencia *f* disobedience; ~ **civil** civil disobedience.
desobediente *adj* disobedient.
desocupado, da *adj* **-1.** [persona - ocioso] free, unoccupied; [- sin empleo] unemployed **-2.** [lugar] vacant, unoccupied.
desocupar *vt* [edificio] to vacate; [habitación, mesa] to leave.
desodorante *m* deodorant.
desodorizar [13] *vt* to deodorize.
desoír *vt* not to listen to, to take no notice of.
desolación *f* **-1.** [destrucción] desolation **-2.** [desconsuelo] distress, grief.
desolador, ra *adj* [imagen, espectáculo] desolate; [noticia etc] devastating.
desolar [80] *vt* **-1.** [destruir] to devastate, to lay waste **-2.** [afligir] to cause anguish to.

◆ **desolarse** *vpr* to be devastated.

desollar [23] *vt* **-1.** [despellejar] to skin **-2.**: **~ vivo a alguien** [criticar] to skin sb alive; [hacer pagar mucho] to fleece sb, to rip sb off.

desorbitado, da *adj* **-1.** [gen] disproportionate; [precio] exorbitant **-2.** *loc*: **con los ojos ~s** pop-eyed.

desorbitar *vt fig* [exagerar] to exaggerate, to blow out of proportion.

desorden *m* **-1.** [confusión] disorder, chaos; [falta de orden] mess; **en ~** topsy-turvy; **poner en ~** to upset, to disarrange **-2.** [disturbio] disturbance.

desordenado, da *adj* **-1.** [habitación, persona] untidy, messy; [documentos, fichas] jumbled (up) **-2.** *fig* [vida] chaotic.

desordenar *vt* [habitación, cajón] to mess up; [documentos, fichas] to jumble up; [pelo] to ruffle.

desorganización *f* disorganization.

desorganizar [13] *vt* to disrupt, to disorganize.

desorientación *f* **-1.** [en el espacio] disorientation **-2.** *fig* [aturdimiento] confusion.

desorientar *vt* **-1.** [en el espacio] to disorientate, to mislead **-2.** *fig* [aturdir] to confuse.

◆ **desorientarse** *vpr* **-1.** [en el espacio] to lose one's way *o* bearings **-2.** *fig* [aturdirse] to get confused.

desovar *vi* [peces, anfibios] to spawn; [insectos] to lay eggs.

desoxirribonucléico ▷ **ácido.**

despabilado, da *adj* **-1.** [despierto] wide-awake **-2.** [listo] smart, quick.

despabilar *vt* **-1.** [despertar] to wake up **-2.** [hacer más avispado] to make streetwise.

◆ **despabilarse** *vpr* **-1.** [despertarse] to wake up **-2.** [darse prisa] to hurry up.

despachar ◇ *vt* **-1.** [mercancía] to dispatch **-2.** [en tienda - cliente] to serve; [- entradas, bebidas etc] to sell **-3.** *fam fig* [terminar - trabajo, discurso] to finish off; [- comida] to polish off **-4.** [del trabajo]: **~ a alguien (de)** to dismiss *o* sack sb (from) **-5.** [asunto, negocio] to settle **-6.** *Amér* [equipaje] to check in. ◇ *vi* **-1.** [sobre un asunto] to do business **-2.** [en una tienda] to serve.

◆ **despacharse** *vpr* **-1.** [hablar francamente]: **~se con alguien** to give sb a piece of one's mind **-2.** [desembarazarse]: **~se de** to get rid of.

despacho *m* **-1.** [oficina] office; [en casa] study **-2.** [muebles] set of office furniture **-3.** [comunicación oficial] dispatch **-4.** [venta] sale; [lugar de venta]: **~ de billetes/localidades** ticket/box office.

despachurrar *vt fam* to squash.

despacio ◇ *adv* slowly. ◇ *interj*: **¡~!** take it easy!

despampanante *adj* stunning.

despanzurrar *vt fam* to cause to burst open.

desparejar *vt* to mix up.

desparpajo *m fam* forwardness, self-assurance.

desparramar *vt* **-1.** [líquido] to spill; [objetos] to spread, to scatter **-2.** *fig* [dinero] to squander.

◆ **desparramarse** *vpr* [líquido] to spill; [objetos, personas] to scatter, to spread out.

despatarrarse *vpr* to open one's legs wide.

despavorido, da *adj* terrified..

despavorir [80] *vt* to terrify.

despecharse *vpr* to get angry.

despecho *m* [rencor, venganza] spite; [desengaño] bitterness; **(hacer algo) por ~** (to do sthg) out of spite.

◆ **a despecho de** *loc prep* in spite of, despite.

despechugarse [16] *vpr fam fig* to bare one's breast.

despectivo, va *adj* **-1.** [despreciativo] scornful, contemptuous **-2.** GRAM pejorative.

◆ **despectivo** *m* GRAM pejorative.

despedazar [13] *vt* **-1.** [físicamente] to tear apart **-2.** *fig* [moralmente] to shatter.

despedida *f* **-1.** [adiós] goodbye, farewell **-2.** [fiesta] farewell party; **~ de soltera** hen party; **~ de soltero** stag *o* bachelor *US* party.

despedir [26] *vt* **-1.** [decir adiós a] to say goodbye to; **fuimos a ~le a la estación** we went to see him off at the station **-2.** [echar - de un empleo] to dismiss, to sack; [- de un club] to throw out **-3.** [lanzar, arrojar] to fling; **salir despedido de/por/hacia algo** to fly out of/through/towards sthg **-4.** *fig* [difundir, desprender] to give off.

◆ **despedirse** *vpr*: **~se (de)** to say goodbye (to).

despegado, da *adj fig* cold, detached.

despegar [16] ◇ *vt* to unstick. ◇ *vi* [avión] to take off.

◆ **despegarse** *vpr* **-1.** [etiqueta, pegatina, sello] to come unstuck **-2.** [alejarse - persona]: **~se de alguien** to break away *o* withdraw from sb.

despego *m* detachment, indifference.
despegue *m* takeoff; ~ **vertical** vertical takeoff; ~ **económico** economic takeoff.
despeinar *vt* [pelo] to ruffle; ~ **a alguien** to mess up sb's hair.
◆ **despeinarse** *vpr* to mess up one's hair.
despejado, da *adj* **-1.** [tiempo, día] clear **-2.** *fig* [persona, mente] alert **-3.** [espacio - ancho] spacious; [- sin estorbos] clear, uncluttered.
despejar *vt* **-1.** [gen] to clear **-2.** *MAT* [incógnita] to find.
◆ **despejarse** *vpr* **-1.** [persona - espabilarse] to clear one's head; [- despertarse] to wake o.s. up **-2.** [tiempo] to clear up; [cielo] to clear.
despeje *m* *DEP* clearance.
despellejar *vt* **-1.** [animal] to skin **-2.** *fig* [criticar] to pull to pieces.
despelotarse *vpr* *fam* **-1.** [desnudarse] to strip **-2.** [mondarse]: ~ **(de risa)** to laugh one's head off.
despelote *m* *fam* **-1.** [desmadre] chaos *(U)* **-2.** [desnudo] strip.
despenalización *f* decriminalization.
despenalizar [13] *vt* to decriminalize.
despensa *f* larder, pantry.
despeñadero *m* precipice.
despeñar *vt* to throw over a cliff.
◆ **despeñarse** *vpr* to fall over a cliff.
desperdiciar [8] *vt* [tiempo, comida] to waste; [dinero] to squander; [ocasión] to throw away.
desperdicio *m* **-1.** [acción] waste **-2.** [residuo]: ~**s** scraps **-3.** *loc*: **no tener** ~ to be excellent from start to finish.
desperdigar [16] *vt* to scatter, to disperse.
◆ **desperdigarse** *vpr* to scatter.
desperezarse [13] *vpr* to stretch.
desperfecto *m* [deterioro] damage *(U)*; [defecto] flaw, imperfection; **sufrir** ~**s** to get damaged.
despersonalizar [13] *vt* to depersonalize.
despertador *m* alarm clock.
despertar [19] ◇ *vt* **-1.** [persona, animal] to wake (up) **-2.** *fig* [reacción] to arouse **-3.** *fig* [recuerdo] to revive, to awaken. ◇ *vi* to wake up. ◇ *m* awakening.
◆ **despertarse** *vpr* to wake up.
despiadado, da *adj* pitiless, merciless.
despida, despidiera *etc* ▷ **despedir.**
despido *m* dismissal, sacking; ~ **colectivo** collective dismissal; ~ **improcedente** wrongful dismissal.
despiece *m* cutting-up.
despierta *etc* ▷ **despertar.**
despierto, ta *adj* **-1.** [sin dormir] awake **-2.** *fig* [espabilado, listo] bright, sharp.
despilfarrar *vt* [dinero] to squander; [electricidad, agua etc] to waste.
despilfarro *m* [de dinero] squandering; [de energía, agua etc] waste.
despintar *vt* to take the paint off.
despiole *m* *RP* *fam* rumpus, shindy.
despistado, da ◇ *adj* absent-minded. ◇ *m,f* scatterbrain; **hacerse el** ~ to pretend not to notice.
despistar *vt* **-1.** [dar esquinazo a] to throw off the scent **-2.** *fig* [confundir] to mislead.
◆ **despistarse** *vpr* **-1.** [perderse] to lose one's way, to get lost **-2.** *fig* [distraerse] to get confused.
despiste *m* **-1.** [distracción] absent-mindedness; [error] mistake, slip **-2.** [persona]: **Marta es un** ~ Marta is very absent-minded.
desplante *m* rude remark; **hacer un** ~ **a alguien** to snub sb.
desplazado, da *adj* *fig* [persona] out of place.
desplazamiento *m* **-1.** [viaje] journey; [traslado] move **-2.** *NÁUT* displacement.
desplazar [13] *vt* **-1.** [trasladar] to move **-2.** *fig* [desbancar] to take the place of; ~ **a alguien/algo de** to remove sb/sthg from.
◆ **desplazarse** *vpr* [viajar] to travel.
desplegar [35] *vt* **-1.** [tela, periódico, mapa] to unfold; [alas] to spread, to open; [bandera] to unfurl **-2.** [cualidad] to display **-3.** *MIL* to deploy.
despliegue *m* **-1.** [de cualidad] display **-2.** *MIL* deployment; ~ **de misiles** missile deployment.
desplomarse *vpr* [gen] to collapse; [techo] to fall in.
desplumar *vt* **-1.** [ave] to pluck **-2.** *fig* [estafar] to fleece.
despoblación *f* depopulation.
despoblado, da *adj* unpopulated, deserted.
◆ **despoblado** *m* deserted spot.
despojar *vt*: ~ **a alguien de algo** to strip sb of sthg.
◆ **despojarse** *vpr*: ~**se de algo** [bienes, alimentos] to give sthg up; [abrigo, chandal] to take sthg off.
despojo *m* [acción] stripping, plundering.
◆ **despojos** *mpl* **-1.** [sobras, residuos] leftovers **-2.** [de animales] offal *(U)* **-3.** [restos mortales] remains.
despolitizar [13] *vt* to depoliticize.
desposar *vt* to marry.

◆ **desposarse** *vpr* to get married, to marry.
desposeer [50] *vt*: ~ **a alguien de** to dispossess sb of.
déspota *mf* despot.
despotismo *m* despotism; ~ **ilustrado** enlightened despotism.
despotricar [10] *vi*: ~ **(contra)** to rant on (at).
despreciar [8] *vt* **-1.** [desdeñar] to scorn **-2.** [rechazar] to spurn.
desprecio *m* scorn, contempt; **hacer un ~ a alguien** to snub sb.
desprender *vt* **-1.** [lo que estaba fijo] to remove, to detach **-2.** [olor, luz] to give off.
◆ **desprenderse** *vpr* **-1.** [caerse, soltarse] to come *o* fall off **-2.** *fig* [deducirse]: **de sus palabras se desprende que ...** from his words it is clear *o* it can be seen that ... **-3.** [librarse]: **~se de** to get rid of **-4.** [renunciar]: **~se de algo** to part with sthg, to give sthg up.
desprendido, da *adj* [generoso] generous.
desprendimiento *m* **-1.** [separación] detachment; ~ **de tierras** landslide; ~ **de retina** detachment of the retina **-2.** *fig* [generosidad] generosity.
despreocupado, da ◇ *adj* [libre de preocupaciones] unworried, unconcerned; [en el vestir] casual. ◇ *m,f* [en el vestir] *person who doesn't care too much about his/her appearance.*
despreocuparse
◆ **despreocuparse de** *vpr* **-1.** [asunto] to stop worrying about **-2.** [persona] to be neglectful of.
desprestigiar [8] *vt* to discredit.
desprestigio *m* discredit.
desprevenido, da *adj* unprepared; **coger** *o* **pillar ~ a alguien** to catch sb unawares, to take sb by surprise.
desprogramar [8] *vt* to deprogramme.
desprolijo, ja *adj* *Amér* [casa, cuaderno] untidy; [persona] unkempt, dishevelled.
desproporción *f* disproportion.
desproporcionado, da *adj* disproportionate.
despropósito *m* stupid remark, nonsense *(U).*
desprovisto, ta *adj*: ~ **de** lacking in, devoid of.
después *adv* **-1.** [en el tiempo - más tarde] afterwards, later; [- entonces] then; [- justo lo siguiente] next; **poco ~** soon after; **años ~** years later; **ellos llegaron ~** they arrived later; **llamé primero y ~ entré** I knocked first and then I went in; **yo voy ~** it's my turn next **-2.** [en el espacio] next, after; **¿qué viene ~?** what comes next *o* after?; **hay una farmacia y ~ está mi casa** there's a chemist's and then there's my house; **varias manzanas ~** several blocks further on **-3.** [en una lista] further down.
◆ **después de** *loc prep* after; **llegó ~ de ti** she arrived after you; **~ de él, nadie lo ha conseguido** since he did it, no one else has; **~ de hacer algo** after doing sthg.
◆ **después de que** *loc conj* after; **~ de que amanezca** after dawn; **~ de que te fueras a la cama** after you went to bed; **~ de que lo hice** after I did it, after doing it.
◆ **después de todo** *loc adv* after all.
despuntar ◇ *vt* [romper] to break the point off; [desgastar] to blunt. ◇ *vi* **-1.** [brotar - flor, capullo] to bud; [- planta] to sprout **-2.** *fig* [persona] to excel, to stand out **-3.** [alba] to break; [día] to dawn.
desquiciar [8] *vt* **-1.** [puerta, ventana] to unhinge **-2.** *fig* [desequilibrar] to derange, to disturb mentally; [sacar de quicio] to drive mad.
desquitarse *vpr*: ~ **(de algo/alguien)** to get one's own back (for sthg/on sb).
desquite *m* revenge.
desratizar [13] *vt* to clear of rats.
desriñonarse *vpr* to break one's back.
destacado, da *adj* **-1.** [notable - persona] distinguished, prominent; [- acto] outstanding **-2.** *MIL* detached; ~ **en** stationed in.
destacamento *m* detachment; ~ **de tropas** task force.
destacar [10] ◇ *vt* **-1.** [poner de relieve] to emphasize, to highlight; **cabe ~ que ...** it is important to point out that ... **-2.** *MIL* to detach, to detail **-3.** *ARTE* to cause to stand out, to highlight. ◇ *vi* [sobresalir] to stand out.
◆ **destacarse** *vpr*: **~se (de/por)** to stand out (from/because of).
destajo *m* piecework; **trabajar a ~** [por trabajo hecho] to do piecework; *fig* [afanosamente] to work flat out.
destapador *m Amér* bottle opener.
destapar *vt* **-1.** [abrir - caja, botella] to open; [olla] to take the lid off; [descorchar] to uncork **-2.** [descubrir] to uncover **-3.** *RP* [desobstruir] to unblock.
◆ **destaparse** *vpr* **-1.** [desabrigarse] to lose the covers **-2.** *fig* [revelarse] to open up.
destape *m* [en revistas] nude photos *(pl)*; [en películas, teatro etc] striptease.

destartalado, da *adj* [viejo, deteriorado] dilapidated; [desordenado] untidy.
destellar *vi* [diamante, ojos] to sparkle; [estrellas] to twinkle.
destello *m* **-1.** [de luz, brillo] sparkle; [de estrella] twinkle **-2.** *fig* [manifestación momentánea] glimmer.
destemplado, da *adj* **-1.** [persona] out of sorts, off colour **-2.** [instrumento] out of tune **-3.** [tiempo, clima] unpleasant **-4.** [carácter, actitud] irritable **-5.** [voz] sharp.
destemplar *vt* [instrumento] to put out of tune.
◆ **destemplarse** *vpr* **-1.** [coger frío] to catch a chill **-2.** [irritarse] to get upset.
desteñir ◇ *vt* to fade, to bleach. ◇ *vi* to run, not to be colour fast.
◆ **desteñirse** *vpr* to fade.
desternillarse *vpr*: ~ **de risa** to split one's sides laughing *o* with laughter.
desterrar [19] *vt* **-1.** [persona] to banish, to exile **-2.** *fig* [idea] to dismiss **-3.** *fig* [costumbre, hábito] to do away with.
destetar *vt* to wean.
destete *m* weaning.
destiempo
◆ **a destiempo** *loc adv* at the wrong time.
destierra *etc* ▷ **desterrar**.
destierro *m* exile; **en el** ~ in exile.
destilación *f* distillation.
destilar ◇ *vt* **-1.** [agua, petróleo] to distil **-2.** [sangre, pus] to ooze **-3.** *fig* [cualidad, sentimiento] to exude, to ooze. ◇ *vi* [gotear] to trickle, to drip.
destilería *f* distillery; ~ **de petróleo** oil refinery.
destinar *vt* **-1.**: ~ **algo a** *o* **para** [cantidad, edificio] to set sthg aside for; [empleo, cargo] to assign sthg to; [carta] to address sthg to; [medidas, programa, publicación] to aim sthg at **-2.**: ~ **a alguien a** [cargo, empleo] to appoint sb to; [plaza, lugar] to post sb to.
destinatario, ria *m, f* addressee.
destino *m* **-1.** [sino] destiny, fate **-2.** [rumbo] destination; **(ir) con** ~ **a** (to be) bound for *o* going to; **un vuelo con** ~ **a ...** a flight to ... **-3.** [empleo, plaza] position, post **-4.** [finalidad] use, function.
destitución *f* dismissal.
destituir [51] *vt* to dismiss.
destornillador *m* screwdriver.
destornillar *vt* to unscrew.
destreza *f* skill, dexterity.
destripar *vt* **-1.** [sacar las tripas a - animal, persona] to disembowel; [- pescado] to gut **-2.** *fig* [despanzurrar] to rip open.
destronar *vt* [rey] to dethrone, to depose; *fig* [rival] to unseat, to replace at the top.
destrozar [13] *vt* **-1.** [físicamente - romper] to smash; [- estropear] to ruin **-2.** [moralmente - persona] to shatter, to devastate; [- vida] to ruin.
destrozo *m* damage *(U)*; **ocasionar grandes** ~**s** to cause a lot of damage.
destrucción *f* destruction.
destructivo, va *adj* destructive.
destructor, ra *adj* destructive.
◆ **destructor** *m* destroyer.
destruir [51] *vt* **-1.** [gen] to destroy; [casa, argumento] to demolish **-2.** [proyecto] to ruin, to wreck; [ilusión] to dash.
desuella *etc* ▷ **desollar**.
desunión *f* **-1.** [separación] separation **-2.** [división, discordia] disunity.
desunir *vt* **-1.** [separar] to separate **-2.** [enemistar - grupos] to divide, to cause a rift between.
desusado, da *adj* **-1.** [pasado de moda] old-fashioned, obsolete **-2.** [desacostumbrado] unusual.
desuso *m* disuse; **caer en** ~ to become obsolete, to fall into disuse.
desvaído, da *adj* [color] pale, washed-out; [forma, contorno] blurred; [mirada] vague.
desvalido, da ◇ *adj* needy, destitute. ◇ *m, f* needy *o* destitute person.
desvalijar *vt* [casa] to burgle, burglarize ***US***; [persona] to rob.
desvalorizar [13] *vt* to devalue.
desván *m* attic, loft.
desvanecer [30] *vt* **-1.** [humo, nubes] to dissipate **-2.** [sospechas, temores] to dispel.
◆ **desvanecerse** *vpr* **-1.** [desmayarse] to faint **-2.** [disiparse - humo, nubes] to clear, to disappear; [- sonido, sospechas, temores] to fade away.
desvanecimiento *m* [desmayo] fainting fit.
desvariar [9] *vi* [delirar] to be delirious; [decir locuras] to talk nonsense, to rave.
desvarío *m* **-1.** [dicho] raving; [hecho] act of madness **-2.** [delirio] delirium.
desvelar *vt* **-1.** [quitar el sueño a] to keep awake **-2.** [noticia, secreto etc] to reveal, to tell.
◆ **desvelarse** *vpr* ***CAm, Méx*** [quedarse despierto] to stay up *o* awake.
◆ **desvelarse por** *vpr*: ~**se por hacer algo** to make every effort to do sthg.
desvelo *m* **-1.** [insomnio] sleeplessness, insomnia **-2.** [esfuerzo] effort.

desvencijado, da *adj* [silla, mesa] rickety; [camión, coche] battered.

desvencijar *vt* [romper] to break; [desencajar] to cause to come apart.

desventaja *f* disadvantage; **en ~** at a disadvantage.

desventura *f* misfortune.

desventurado, da ◇ *adj* unfortunate. ◇ *m,f* poor wretch.

desvergonzado, da ◇ *adj* shameless, insolent. ◇ *m,f* shameless person.

desvergüenza *f* **-1.** [atrevimiento, frescura] shamelessness **-2.** [dicho] shameless remark; [hecho] shameless act; **¡qué ~!** what a nerve!

desvestir [26] *vt* to undress.
◆ **desvestirse** *vpr* to undress (o.s.).

desviación *f* **-1.** [de dirección, cauce, norma] deviation **-2.** [en la carretera] diversion, detour **-3.** MED: **~ de columna** slipped disc.

desviacionismo *m* deviationism.

desviar [9] *vt* [río, carretera, tráfico] to divert; [dirección] to change; [golpe] to parry; [pelota, disparo] to deflect; [pregunta] to evade; [conversación] to change the direction of; [mirada, ojos] to avert.
◆ **desviarse** *vpr* **-1.** [cambiar de dirección - conductor] to take a detour; [- avión, barco] to go off course; **~se de** to turn off **-2.** [cambiar]: **~se de** [tema] to wander *o* digress from; [propósito, idea] to lose sight of.

desvincular *vt*: **~ a alguien de** to release *o* discharge sb from.
◆ **desvincularse de** *vpr* to cut oneself off from.

desvío *m* diversion, detour.

desvirgar [16] *vt* to deflower.

desvirtuar [6] *vt* [gen] to detract from; [estropear] to spoil; [verdadero sentido] to distort.

desvista, desvistiera *etc* ▷ **desvestir**.

desvivirse *vpr*: **~ (por alguien/algo)** to do everything one can (for sb/sthg); **~ por hacer algo** to bend over backwards to do sthg.

detalladamente *adv* in (great) detail.

detallado, da *adj* detailed, thorough.

detallar *vt* [historia, hechos] to detail, to give a rundown of; [cuenta, gastos] to itemize.

detalle *m* **-1.** [gen] detail; **con ~** in detail; **entrar en ~s** to go into detail **-2.** [atención] kind gesture *o* thought; **¡qué ~!** what a kind gesture!, how thoughtful!; **tener un ~ con alguien** to be thoughtful *o* considerate to sb.
◆ **al detalle** *loc adv* COM retail.

detallista ◇ *adj* **-1.** [meticuloso] painstaking **-2.** [atento] thoughtful. ◇ *mf* COM retailer.

detección *f* detection.

detectar *vt* to detect.

detective *mf* detective; **~ privado** private detective.

detector, ra *adj* detecting *(antes de sust).*
◆ **detector** *m* detector; **~ de incendios** fire detector; **~ de mentiras** lie detector; **~ de metales** metal detector.

detención *f* **-1.** [arresto] arrest; **~ domiciliaria** house arrest; **~ preventiva** protective custody **-2.** [parada] stopping, holding-up.

detener [72] *vt* **-1.** [arrestar] to arrest **-2.** [parar] to stop; [retrasar] to hold up **-3.** [entretener] to keep, to delay.
◆ **detenerse** *vpr* **-1.** [pararse] to stop; **~se a hacer algo** to stop to do sthg **-2.** [demorarse] to hang about, to linger.

detenidamente *adv* carefully, thoroughly.

detenido, da ◇ *adj* **-1.** [detallado] careful, thorough **-2.** [arrestado]: **(estar) ~** (to be) under arrest. ◇ *m,f* prisoner, person under arrest.

detenimiento
◆ **con detenimiento** *loc adv* carefully, thoroughly.

detentar *vt* to hold unlawfully.

detergente *m* detergent.

deteriorar *vt* to damage, to spoil.
◆ **deteriorarse** *vpr fig* [empeorar] to deteriorate, to get worse.

deterioro *m* [daño] damage; [empeoramiento] deterioration.

determinación *f* **-1.** [fijación - de precio etc] settling, fixing **-2.** [resolución] determination, resolution **-3.** [decisión]: **tomar una ~** to take a decision.

determinado, da *adj* **-1.** [concreto] specific; [en particular] particular **-2.** [resuelto] determined **-3.** GRAM definite.

determinante ◇ *adj* decisive, determining. ◇ *m* **-1.** GRAM determiner **-2.** MAT determinant.

determinar *vt* **-1.** [fijar - fecha, precio] to settle, to fix **-2.** [averiguar] to determine; **~ las causas de la muerte** to establish the cause of death **-3.** [motivar] to cause, to bring about **-4.** [decidir] to decide; **~ hacer algo** to decide to do sthg.
◆ **determinarse** *vpr*: **~se a hacer algo** to make up one's mind to do sthg.

determinismo *m* determinism.

detestable *adj* detestable.

detestar *vt* to detest.

detiene ▷ **detener**.

detonación *f* [acción] detonation; [sonido] explosion.

detonador *m* detonator.

detonante ◇ *adj* explosive. ◇ *m* **-1.** [explosivo] explosive **-2.** *fig* [desencadenante]: **ser el ~ de algo** to spark sthg off.

detonar *vi* to detonate, to explode.

detractor, ra ◇ *adj*: **~ (de)** disparaging (about). ◇ *m,f* detractor.

detrás *adv* **-1.** [en el espacio] behind; **tus amigos vienen ~** your friends are coming on behind; **el interruptor está ~** the switch is at the back **-2.** [en el orden] then, afterwards; **Portugal y ~ Puerto Rico** Portugal and then Puerto Rico.

◆ **detrás de** *loc prep* **-1.** [gen] behind **-2.** [a espaldas de]: **~ de alguien** behind sb's back.

◆ **por detrás** *loc adv* at the back; **hablar de alguien por ~** to talk about sb behind his/her back.

detrimento *m* damage; **en ~ de** to the detriment of.

detrito *m* BIOL detritus.

◆ **detritos** *mpl* [residuos] waste *(U)*.

detuviera *etc* ▷ **detener**.

deuda *f* debt; **contraer una ~** to get into debt; **estar en ~ con alguien** *fig* [moral] to be indebted to sb; **~ exterior** ECON foreign debt; **~ pública** ECON national debt ***UK***, public debt ***US***.

deudor, ra ◇ *adj* [saldo] debit *(antes de sust)*; [entidad] indebted. ◇ *m,f* debtor.

devaluación *f* devaluation.

devaluar [6] *vt* to devalue.

◆ **devaluarse** *vpr* to go down in value.

devaneos *mpl* **-1.** [distracción] idle pursuits **-2.** [amoríos] affairs; [coqueteos] flirting *(U)*.

devastador, ra *adj* devastating.

devastar *vt* to devastate.

devengar [16] *vt* [intereses] to yield, to earn; [sueldo] to earn.

devoción *f*: **~ (por)** devotion (to).

devolución *f* [gen] return; [de dinero] refund; **~ fiscal** tax rebate *o* refund.

devolver [24] ◇ *vt* **-1.** [restituir]: **~ algo (a)** [coche, dinero etc] to give sthg back (to); [producto defectuoso, carta] to return sthg (to) **-2.** [restablecer, colocar en su sitio]: **~ algo a** to return sthg to **-3.** [favor, agravio] to pay back for; [visita] to return **-4.** [vomitar] to bring *o* throw up. ◇ *vi* to throw up.

◆ **devolverse** *vpr* ***Andes, Amér, Carib, Méx*** to come back.

devorar *vt lit & fig* to devour; **la culpabilidad le devora** he is consumed with guilt.

devoto, ta ◇ *adj* **-1.** [piadoso] devout; **ser ~ de** to have a devotion for **-2.** [admirador]: **~ (de alguien)** devoted (to sb) **-3.** [imagen, templo, lugar] devotional. ◇ *m,f* **-1.** [beato]: **los ~s** the faithful **-2.** [admirador] devotee.

devuelto, ta *pp* ▷ **devolver**.

devuelva *etc* ▷ **devolver**.

dg (*abrev de* **decigramo**) dg.

DGS (*abrev de* **Dirección General de Seguridad**) *f Spanish police headquarters.*

di *etc* **-1.** ▷ **dar -2.** ▷ **decir**.

día *m* **-1.** [gen] day; **me voy el ~ ocho** I'm going on the eighth; **¿a qué ~ estamos?** what day is it today?; **¿qué tal ~ hace?** what's the weather like today?; **todos los ~s** every day; **el ~ que se entere nos mata** when he finds out, he'll kill us; **~ de deuda** COM pay-by date; **~ de la Madre** Mother's Day; **~ de los enamorados** St Valentine's Day; **~ de los inocentes** *28th December,* ≃ April Fools' Day; **~ de pago** payday; **~ festivo** (public) holiday; **~ hábil** *o* **laborable** *o* **de trabajo** working day; **~ lectivo** school *o* teaching day; **~ libre** day off; **de ~ en ~** from day to day, day by day; **del ~** fresh; **en su ~** in due course; **hoy (en) ~** nowadays; **todo el (santo) ~** all day long; **el ~ de mañana** in the future; **al ~ siguiente** on the following day; **un ~ sí y otro no** every other day; **menú del ~** today's menu **-2.** [luz] daytime, day; **es de ~** it's daytime; **hacer algo de ~** to do sthg in the daytime *o* during the day; **~ y noche** day and night; **en pleno ~, a plena luz del ~** in broad daylight **-3.** *loc*: **dar el ~ a alguien** to ruin sb's day (for them); **mañana será otro ~** tomorrow is another day; **no pasar los ~s para alguien** not to look one's age; **tener ~s** to have one's good days and one's bad days; **un ~ es un ~** this is a special occasion; **el ~ menos pensado** when you least expect it; **estar/ponerse al ~ (de)** to be/get up to date (with); **poner algo/a alguien al ~** to update sthg/sb; **vivir al ~** to live from hand to mouth.

◆ **días** *mpl* **-1.** [vida] days, life *(sg)* **-2.** [época]: **en mis ~s** in my day; **en aquellos ~s de felicidad** in those happy times.

◆ **buen día** *interj* ***Amér***: **¡buen ~!** good morning!

◆ **buenos días** *interj*: **¡buenos ~s!** [gen] hello!; [por la mañana] good morning!

DÍA DE LOS INOCENTES

The *Día de los Inocentes* falls on 28th December; it commemorates the slaughter of innocent children ordered by Herod. Children and adults traditionally play jokes and tricks known as *inocentadas* on one another.

diabetes *f inv* diabetes *(U)*.

diabético, ca *adj & m,f* diabetic.

diablo *m lit & fig* devil; **pobre ~** poor devil; **tener el ~ en el cuerpo, ser la piel del ~** to be a little devil; **mandar al ~ a alguien** to send sb packing; **más sabe el ~ por viejo que por ~** experience is what really counts.
◆ **diablos** *fam* ◇ *mpl* [para enfatizar]: **¿dónde/cómo ~s ...?** where/how the hell ...? ◇ *interj*: **¡~s!** damn it!

diablura *f* prank.

diabólico, ca *adj* **-1.** [del diablo] diabolic **-2.** *fig* [muy malo, difícil] diabolical.

diadema *f* [para el pelo] hairband.

diáfano, na *adj* **-1.** [transparente] transparent, diaphanous **-2.** *fig* [claro] clear.

diafragma *m* diaphragm.

diagnosis *f inv* diagnosis.

diagnosticar [10] *vt* to diagnose.

diagnóstico *m* diagnosis; **~ precoz** early diagnosis.

diagonal *adj & f* diagonal.

diagrama *m* diagram; **~ de flujo** COMPUT flow chart *o* diagram.

dial *m* dial.

dialecto *m* dialect.

diálisis *f inv* dialysis.

dialogante *adj*: **persona ~** interlocutor.

dialogar [16] *vi*: **~ (con)** [hablar] to have a conversation (with), to talk (to); [negociar] to hold a dialogue *o* talks (with).

diálogo *m* [conversación] conversation; LITER & POLÍT dialogue; **~ de besugos** mindless chatter *(U)*; **fue un ~ de sordos** nobody listened to anyone else.

diamante *m* [piedra preciosa] diamond; **~ en bruto** uncut diamond; **ser un ~ en bruto** *fig* to have a lot of potential.
◆ **diamantes** *mpl* [naipes] diamonds.

diametralmente *adv* diametrically; **~ opuesto a** diametrically opposed to.

diámetro *m* diameter.

diana *f* **-1.** [en blanco de tiro] bull's-eye, bull; **hacer ~** to hit the bull's-eye **-2.** [en cuartel] reveille; **tocar ~** to sound the reveille.

diapasón *m* tuning fork.

diapositiva *f* slide, transparency.

diariero, ra *m,f Andes, RP* newspaper seller.

diario, ria *adj* daily; **a ~** every day; **de ~** daily, everyday; **ropa de ~** everyday clothes.
◆ **diario** *m* **-1.** [periódico] newspaper, daily; **~ hablado/televisado** radio/television news (bulletin) **-2.** [relación día a día] diary; **~ de a bordo** logbook; **~ de sesiones** parliamentary report; **~ de vuelo** log, logbook.

diarrea *f* diarrhoea; **tener ~ mental** *fam* not to be thinking straight.

dibujante *mf* [gen] drawer, sketcher; [de dibujos animados] cartoonist; [de dibujo técnico] draughtsman (*f* draughtswoman).

dibujar *vt & vi* to draw, to sketch.

dibujo *m* **-1.** [gen] drawing; **no se le da bien el ~** he's no good at drawing; **~s animados** cartoons; **~ artístico** art; **~ lineal** technical drawing; **~ al natural** drawing from life **-2.** [de tela, prenda etc] pattern.

dic., dicbre. (*abrev de* **diciembre**) Dec.

dicción *f* diction.

diccionario *m* dictionary.

dice ▷ **decir**.

dicha *f* **-1.** [alegría] joy **-2.** [suerte] good fortune.

dicharachero, ra *adj fam* talkative.

dicho, cha ◇ *pp* ▷ **decir**. ◇ *adj* said, aforementioned; **~s hombres** the said men, these men; **lo ~** what I/we *etc* said; **o mejor ~** or rather; **~ y hecho** no sooner said than done.
◆ **dicho** *m* saying; **del ~ al hecho hay un gran** *o* **mucho trecho** it's easier said than done.

dichoso, sa *adj* **-1.** [feliz] happy; [afortuna-do] fortunate **-2.** [para enfatizar - maldito] blessed, confounded.

diciembre *m* December; *ver también* **septiembre**.

dictado *m* dictation; **escribir al ~** to take dictation.
◆ **dictados** *mpl* [órdenes] dictates.

dictador, ra *m,f* dictator.

dictadura *f* dictatorship; **~ del proletariado** dictatorship of the proletariat.

dictamen *m* [opinión] opinion, judgment; [informe] report; **~ facultativo** *o* **médico** medical report.

dictar *vt* **-1.** [texto] to dictate **-2.** [emitir - sentencia, fallo] to pronounce, to pass; [- ley] to enact; [- decreto] to issue.

didáctico, ca *adj* didactic.
◆ **didáctica** *f* didactics *(U)*.

diecinueve *núm* nineteen; *ver también* **seis**.
diecinueveavo, va *núm* nineteenth; **la diecinueveava parte** a nineteenth.
dieciocho *núm* eighteen; *ver también* **seis**.
dieciochoavo, va *núm* eighteenth; **la dieciochoava parte** an eighteenth.
dieciséis *núm* sixteen; *ver también* **seis**.
dieciseisavo, va *núm* sixteenth; **la dieciseisava parte** a sixteenth.
diecisiete *núm* seventeen; *ver también* **seis**.
diecisieteavo, va *núm* seventeenth; **la diecisieteava parte** a seventeenth.
diente *m* tooth; **está echando** *o* **le están saliendo los ~s** she's teething; **~ de leche** milk tooth; **~ incisivo** incisor; **~ molar** molar; **~s postizos** false teeth; **armado hasta los ~s** armed to the teeth; **enseñar los ~s** to bare one's teeth; **hablar entre ~s** to mumble, to mutter; **hincar el ~ a algo** to sink one's teeth into sthg; *fig* to get one's teeth into sthg; **ponerle a alguien los ~s largos** to turn sb green with envy; **me rechinan los ~s** it sets my teeth on edge; **reírse entre ~s** to chuckle.
◆ **diente de ajo** *m* clove of garlic.
◆ **diente de león** *m* dandelion.
diera ▷ **dar**.
diéresis *f inv* diaeresis.
dieron *etc* ▷ **dar**.
diesel, diésel *adj* diesel.
diestro, tra *adj* [hábil]: **~ (en)** skilful (at); **a ~ y siniestro** *fig* left, right and centre, all over the place.
◆ **diestro** *m TAUROM* matador.
◆ **diestra** *f* right hand; **a la diestra** on the right *o* right-hand side.
dieta *f MED* diet; **estar/ponerse a ~** to be/go on a diet; **~ blanda** soft-food diet; **~ equilibrada** balanced diet; **~ mediterránea** Mediterranean diet.
◆ **dietas** *fpl COM* expenses.
dietético, ca *adj* dietetic, dietary.
◆ **dietética** *f* dietetics *(U)*.
dietista *mf Amér* dietician.
diez ◇ *núm* ten; *ver también* **seis**. ◇ *m* [en la escuela] A, top marks *(pl)*.
diezmar *vt* to decimate.
difamación *f* [verbal] slander; [escrita] libel.
difamar *vt* [verbalmente] to slander; [por escrito] to libel.
difamatorio, ria *adj* [declaraciones, críticas] defamatory; [texto, carta, escrito] libellous.
diferencia *f* difference; **a ~ de** unlike; **con ~** by a long chalk, by far; **es, con ~, el más listo** he's the smartest by far; **establecer** *o* **hacer una ~ entre** to make a distinction between; **limar ~s** to settle one's differences; **partir la ~** to split the difference; **~ horaria** time difference.
diferencial ◇ *adj* distinguishing. ◇ *m MEC* differential. ◇ *f MAT* differential.
diferenciar [7] ◇ *vt*: **~ (de)** to distinguish (from). ◇ *vi*: **~ (entre)** to distinguish *o* differentiate (between).
◆ **diferenciarse** *vpr* **-1.** [diferir]: **~se (de/en)** to differ (from/in), to be different (from/in) **-2.** [descollar]: **~se de** to stand out from.
diferente ◇ *adj*: **~ (de** *o* **a)** different (from *o* to). ◇ *adv* differently.
diferido
◆ **en diferido** *loc adv TV* recorded.
diferir [27] ◇ *vt* [posponer] to postpone, to put off. ◇ *vi* [diferenciarse] to differ, to be different; **~ de alguien en algo** to differ from sb in sthg.
difícil *adj* difficult; **~ de hacer** difficult to do; **es ~ que ganen** they are unlikely to win.
dificultad *f* **-1.** [calidad de difícil] difficulty **-2.** [obstáculo] problem; **poner ~es** to raise objections.
◆ **dificultades** *fpl* [problemas] trouble *(U)*; **pasar ~es** to suffer hardship.
dificultar *vt* [estorbar] to hinder; [obstruir] to obstruct.
difiera, difiriera *etc* ▷ **diferir**.
difteria *f* diphtheria.
difuminar *vt* to blur.
difundir *vt* **-1.** [noticia, doctrina, epidemia] to spread **-2.** [luz, calor] to diffuse; [emisión radiofónica] to broadcast.
◆ **difundirse** *vpr* **-1.** [noticia, doctrina, epidemia] to spread **-2.** [luz, calor] to be diffused.
difunto, ta ◇ *adj* [gen] deceased, dead; **el ~ Sr. Pérez** the late Mr Pérez. ◇ *m,f*: **el ~** the deceased.
difusión *f* **-1.** [de cultura, noticia, doctrina] dissemination **-2.** [de luz, calor, ondas] diffusion **-3.** [de programa] broadcasting.
difuso, sa *adj* [luz] diffuse; [estilo, explicación] wordy.
difusor, ra ◇ *adj* [medio, agencia] broadcasting. ◇ *m,f* propagator.
diga ▷ **decir**.
digerir [27] *vt* to digest; *fig* [hechos] to assimilate, to take in.
digestión *f* digestion; **hacer la ~** to digest one's food.
digestivo, va *adj* digestive.
◆ **digestivo** *m* digestive (drink).

digiera, digiriera *etc* ▻ **digerir.**
digitador, dora *m,f Amér* keyboarder.
digital *adj* **-1.** [del dedo] finger *(antes de sust)* **-2.** *INFORM & TECN* digital.
digitalización *f INFORM* digitizing.
digitalizar *vt INFORM* to digitize.
dígito *m* digit.
dignarse *vpr* ~ a to deign to.
dignatario, ria *m,f* dignitary.
dignidad *f* **-1.** [cualidad] dignity **-2.** [cargo] office **-3.** [persona] dignitary.
dignificar [10] *vt* to dignify.
digno, na *adj* **-1.** [noble - actitud, respuesta] dignified; [- persona] honourable, noble **-2.** [merecedor]: ~ **de** worthy of; ~ **de elogio** praiseworthy; ~ **de mención/de ver** worth mentioning/seeing **-3.** [adecuado]: ~ **de** appropriate for, fitting for **-4.** [decente - sueldo, actuación etc] decent, good.
digo ▻ **decir.**
dije *adj Amér* nice, pleasant.
dijera *etc* ▻ **decir.**
dilapidar *vt* to squander, to waste.
dilatación *f* [gen] expansion; [de retina, útero] dilation.
dilatar *vt* **-1.** [extender] to expand; [retina, útero] to dilate **-2.** [prolongar] to prolong **-3.** [demorar] to delay.
◆ **dilatarse** *vpr* **-1.** [extenderse] to expand; [retina, útero] to dilate **-2.** [prolongarse] to be prolonged, to go on **-3.** [demorarse] to be delayed.
dilema *m* dilemma.
diligencia *f* **-1.** [esmero, cuidado] diligence **-2.** [prontitud] speed **-3.** [trámite, gestión] business *(U)*; **hacer una** ~ to run an errand **-4.** [vehículo] stagecoach.
◆ **diligencias** *fpl DER* proceedings; **instruir** ~**s** to start proceedings.
diligente *adj* diligent.
diluir [51] *vt* to dilute.
◆ **diluirse** *vpr* to dissolve.
diluviar [8] *v impers* to pour with rain.
diluvio *m lit & fig* flood; **el Diluvio Universal** the Flood.
diluya, diluyera *etc* ▻ **diluir.**
dimensión *f* dimension; **las dimensiones de la tragedia** the extent of the tragedy.
diminutivo *m* diminutive.
diminuto, ta *adj* tiny, minute.
dimisión *f* resignation; **presentar la** ~ to hand in one's resignation.
dimitir *vi*: ~ **(de)** to resign (from).
dimos ▻ **dar.**
Dinamarca Denmark.
dinámico, ca *adj* dynamic.
◆ **dinámica** *f* **-1.** [gen] dynamics *(pl)*; ~ **de grupo** group dynamics *(pl)* **-2.** *FÍS* dynamics *(U)*.
dinamismo *m* dynamism.
dinamita *f* dynamite.
dinamitar *vt* to dynamite.
dinamizar [13] *vt* to speed up.
dinamo, dínamo *f* dynamo.
dinastía *f* dynasty.
dineral *m fam* fortune.
dinero *m* money; **andar bien/mal de** ~ to be well off for/short of money; **hacer** ~ to make money; **tirar el** ~ to throw money away; **una familia de** ~ a family of means; ~ **circulante** *ECON* money in circulation; ~ **contante (y sonante)** hard cash; ~ **de curso legal** legal tender; ~ **en metálico** cash; ~ **negro** *o* **sucio** illegally obtained money; ~ **suelto** loose change.
dinosaurio *m* dinosaur.
dintel *m ARQUIT* lintel.
diñar *vt fam*: ~**la** to snuff it.
dio ▻ **dar.**
diócesis *f* diocese.
dioptría *f* dioptre.
dios, sa *m,f* god (*f* goddess).
◆ **Dios** *m* God; **¡a Dios gracias!** thank heavens!; **a la buena de Dios** any old how; **a Dios rogando y con el mazo dando** *proverb* God helps those who help themselves; **¡anda** *o* **ve con Dios!** God be with you!; **armar la de Dios es Cristo** to raise hell, to make an almighty racket; **como Dios le da a entender** as best one can; **como Dios manda** properly; **para comer como Dios manda hay que sentarse en la mesa** to eat properly, you have to sit down at a table first; **Dios dirá** it's in the lap of the gods; **Dios los cría y ellos se juntan** *proverb* birds of a feather flock together *proverb*; **¡Dios me libre!** God *o* heaven forbid!; **Dios mediante, si Dios quiere** God willing; **¡Dios mío!** good God!, (oh) my God!; **Dios sabe, sabe Dios** God (alone) knows; **¡que Dios se lo pague!** God bless you!; **necesitar Dios y ayuda** to have one's work cut out; **¡por Dios!** for God's sake!; **sin encomendarse a Dios ni al diablo** throwing caution to the winds; **¡válgame Dios!** goodness gracious!, bless my soul!; **¡vaya por Dios!** for Heaven's sake!, honestly!
diploma *m* diploma.
diplomacia *f* **-1.** [gen] diplomacy **-2.** [carrera] diplomatic service.

diplomado, da ◇ *adj* qualified. ◇ *m,f* holder of a diploma.

diplomático, ca ◇ *adj* ***lit* & *fig*** diplomatic. ◇ *m,f* diplomat.

diptongo *m* diphthong.

diputación *f* **-1.** [corporación] committee; **~ permanente** standing committee; **~ provincial** *governing body of each province of an autonomous region in Spain*; ≃ county council ***UK*** **-2.** [cargo] post of member of parliament.

DIPUTACIÓN

> In Spain, there is an administrative body in most provinces called the ***diputación***. It is part of the local government structure and nowadays has limited powers mostly confined to co-ordinating services provided by local councils and representing the interests of the province. The members and president of the ***diputación*** are elected by the members of the autonomous parliaments.

diputado, da *m,f* ≃ Member of Parliament, MP ***UK***, representative ***US***.

dique *m* **-1.** [en río] dike; **~ de contención** dam **-2.** [en puerto] dock; **~ flotante** floating docks; **~ seco** dry dock; **estar en (el) ~ seco** ***fig*** to be out of action.

dirá ▷ **decir**.

dirección *f* **-1.** [sentido, rumbo] direction; **calle de ~ única** one-way street; **~ 'prohibida'** 'no entry'; **en ~ a** towards, in the direction of **-2.** [domicilio] address; **~ comercial** business address; **~ electrónica** *o* **de correo electrónico** e-mail address; **~ particular** home address **-3.** [mando - de empresa, hospital] management; [- de partido] leadership; [- de colegio] headship; [- de periódico] editorship; [- de película] direction; [- de obra de teatro] production; [- de orquesta] conducting **-4.** [junta directiva] management; **~ comercial** commercial department; **~ general** head office **-5.** [de vehículo] steering; **~ asistida** power steering.
◆ **Dirección** *f*: **Dirección General de Tráfico** *traffic department (part of the Ministry of the Interior)*.

direccional ◇ *adj* directional. ◇ *m* ***Amér*** *AUTOM* indicator.

direccionar *vt INFORM* to address.

directivo, va ◇ *adj* managerial. ◇ *m,f* [jefe] manager.
◆ **directiva** *f* [junta] board (of directors).

directo, ta *adj* **-1.** [gen] direct **-2.** [derecho] straight.
◆ **directo** ◇ *m* [tren] through train. ◇ *adv* straight; **~ a** straight to.
◆ **directa** *f AUTOM* top gear; **poner** *o* **meter la directa** to go into top gear; ***fig*** to really get a move on.
◆ **en directo** *loc adv* live.

director, ra *m,f* **-1.** [de empresa] director; [de hotel, hospital] manager (*f* manageress); [de periódico] editor; [de cárcel] governor; **~ ejecutivo** executive director; **~ general** general manager; **~ gerente** managing director **-2.** [de obra artística]: **~ de cine** film director; **~ de escena** producer, stage manager; **~ de orquesta** conductor **-3.** [de colegio] headmaster (*f* headmistress) **-4.** [de tesis, trabajo de investigación] supervisor; **~ espiritual** father confessor; **~ técnico** *DEP* trainer.

directorio *m* **-1.** [gen & *INFORM*] directory; **~ raíz** root directory **-2.** : **~ telefónico** ***Andes, CAm, Carib, Méx*** directory.

directriz *f GEOM* directrix.
◆ **directrices** *fpl* [normas] guidelines.

diría ▷ **decir**.

dirigente ◇ *adj* [en partido] leading; [en empresa] management ***(antes de sust)***. ◇ *mf* [de partido político] leader; [de empresa] manager.

dirigible *m* airship.

dirigir [15] *vt* **-1.** [conducir - coche, barco] to steer; [- avión] to pilot; ***fig*** [mirada] to direct **-2.** [llevar - empresa, hotel, hospital] to manage; [- colegio, cárcel, periódico] to run; [- partido, revuelta] to lead; [- expedición] to head **-3.** [película, obra de teatro] to direct; [orquesta] to conduct **-4.** [carta, paquete] to address **-5.** [guiar - persona] to guide **-6.** [dedicar]: **~ algo a** to aim sthg at.
◆ **dirigirse** *vpr* **-1.** [encaminarse]: **~se a** *o* **hacia** to head for **-2.** [hablar]: **~se a** to address, to speak to **-3.** [escribir]: **~se a** to write to.

dirija *etc* ▷ **dirigir**.

discar [10] *vt* ***Andes, RP*** to dial.

discernimiento *m* discernment.

discernir [21] *vt* to discern, to distinguish; **~ algo de algo** to distinguish sthg from sthg.

disciplina *f* discipline.

disciplinar *vt* to discipline.

disciplinario, ria *adj* disciplinary.

discípulo, la *m,f* disciple.

disc-jockey [dis'jokei] *mf* disc jockey.

disco *m* **-1.** *ANAT, ASTRON* & *GEOM* disc **-2.** [de música] record; **parecer un ~ rayado** ***fam*** to go on like a cracked record; ~ **compacto** compact disc; ~ **de larga duración** LP, long-playing record **-3.** [semáforo] (traffic) light; **saltarse un ~ rojo** to jump a red light *UK*, to to run a red light *US* **-4.** *DEP* discus **-5.** *INFORM* disk; ~ **de arranque/del sistema** startup/system disk; ~ **duro/flexible** hard/floppy disk; ~ **magnético** magnetic disk; ~ **óptico** optical disk, CD-ROM; ~ **removible/rígido** removable/hard disk; ~ **virtual** virtual disk; ~ **Zip®** Zip® disk **-6.** [del teléfono] dial.

discografía *f* records previously released *(by an artist or group)*.

discográfico, ca *adj* record *(antes de sust)*.

disconforme *adj* in disagreement; **estar ~ con** to disagree with.

discontinuo, nua *adj* [esfuerzo] intermittent; [línea] broken, dotted.

discordante *adj* [sonidos] discordant; [opiniones] clashing.

discordia *f* discord.

discoteca *f* **-1.** [local] disco, discotheque **-2.** [colección] record collection.

discotequero, ra ◇ *adj* disco *(antes de sust)*. ◇ *m,f* nightclubber.

discreción *f* discretion.

◆ **a discreción** *loc adv* as much as one wants, freely.

discrecional *adj* [gen] optional; [parada] request *(antes de sust)*.

discrepancia *f* [diferencia] difference, discrepancy; [desacuerdo] disagreement.

discrepar *vi*: ~ **(de)** [diferenciarse] to differ (from); [disentir] to disagree (with).

discreto, ta *adj* **-1.** [prudente] discreet **-2.** [cantidad] moderate, modest **-3.** [no extravagante] modest **-4.** [normal - actuación] fair, reasonable.

discriminación *f* discrimination; ~ **racial/sexual** racial/sexual discrimination.

discriminar *vt* **-1.** [cosa]: ~ **algo de** to discriminate *o* distinguish sthg from **-2.** [persona, colectividad] to discriminate against.

discriminatorio, ria *adj* discriminatory.

disculpa *f* [pretexto] excuse; [excusa, perdón] apology; **dar ~s** to make excuses; **pedir ~s a alguien (por)** to apologize to sb (for).

disculpar *vt* to excuse; ~ **a alguien (de** *o* **por algo)** to forgive sb (for sthg).

◆ **disculparse** *vpr*: **~se (de** *o* **por algo)** to apologize (for sthg).

discurrir ◇ *vi* **-1.** [pasar - personas] to wander, to walk; [- tiempo, vida, sesión] to go by, to pass; [- río, tráfico] to flow **-2.** [pensar] to think, to reflect. ◇ *vt* to come up with.

discurso *m* speech; **pronunciar un ~** to make a speech.

discusión *f* **-1.** [conversación] discussion; **estar en ~** to be under discussion **-2.** [pelea] argument.

discutible *adj* debatable.

discutir ◇ *vi* **-1.** [hablar] to discuss **-2.** [pelear]: ~ **(de)** to argue (about). ◇ *vt* [hablar] to discuss; [contradecir] to dispute.

disecar [10] *vt* [animal] to stuff; [planta] to dry.

diseminar *vt* [semillas] to scatter; [ideas] to disseminate.

disentería *f* dysentery.

disentir [27] *vi*: ~ **(de/en)** to disagree (with/on).

diseñador, ra *m,f* designer; ~ **gráfico** graphic designer; ~ **industrial** industrial designer; ~ **de modas** fashion designer; ~ **de páginas web** web designer.

diseñar *vt* to design.

diseño *m* design; **ropa de ~** designer clothes; ~ **asistido por ordenador** *INFORM* computer-aided design; ~ **gráfico** graphic design; ~ **industrial** industrial design.

diseque *etc* ▷ **disecar**.

disertación *f* [oral] lecture, discourse; [escrita] dissertation.

disertar *vi*: ~ **(sobre)** to speak *o* to lecture (on).

disfraz *m* [gen] disguise; [para baile, fiesta etc] fancy dress *(U)*.

disfrazar [13] *vt* to disguise; ~ **a alguien de** to dress sb up as.

◆ **disfrazarse** *vpr* to disguise o.s.; **~se de** to dress up as.

disfrutar ◇ *vi* **-1.** [sentir placer] to enjoy o.s. **-2.** [disponer de]: ~ **de algo** to enjoy sthg. ◇ *vt* to enjoy.

disfrute *m* **-1.** [placer] enjoyment **-2.** [provecho] benefit, use.

disgregar [16] *vt* **-1.** [multitud, manifestación] to disperse, to break up **-2.** [roca, imperio, estado] to break up; [átomo] to split.

◆ **disgregarse** *vpr* **-1.** [multitud, manifestación] to disperse, to break up **-2.** [roca, imperio, estado] to break up.

disgustar *vt* **-1.** [suj: comentario, críticas, noticia] to upset **-2.** [suj: mal olor] to disgust.

◆ **disgustarse** *vpr*: **~se (con alguien/por algo)** [sentir enfado] to get upset (with sb/about sthg); [enemistarse] to fall out (with sb/over sthg).

disgusto *m* **-1.** [enfado] annoyance; [pesadumbre] sorrow, grief; **dar un ~ a alguien** to upset sb; **llevarse un ~** to be upset; **matar a alguien a ~s** to worry sb to death **-2.** [desinterés, incomodidad]: **hacer algo a ~** to do sthg unwillingly *o* reluctantly; **estar a ~** to feel uncomfortable *o* uneasy **-3.** [pelea]: **tener un ~ con alguien** to have a quarrel with sb.

disidencia *f* [política, religiosa] dissidence; [desacuerdo] disagreement.

disidente ◇ *adj* [en política] dissident; [en religión] dissenting. ◇ *mf* [político] dissident; [religioso] dissenter.

disienta *etc* ▷ **disentir.**

disimulado, da *adj* hidden, concealed; **hacerse el ~** to pretend not to notice.

disimular ◇ *vt* to hide, to conceal. ◇ *vi* to pretend.

disimulo *m* pretence, concealment; **con ~** furtively.

disintiera *etc* ▷ **disentir.**

disipar *vt* **-1.** [dudas, sospechas] to dispel; [ilusiones] to shatter **-2.** [fortuna, herencia] to squander, to throw away **-3.** [niebla, humo, vapor] to drive *o* blow away.

◆ **disiparse** *vpr* **-1.** [dudas, sospechas] to be dispelled; [ilusiones] to be shattered **-2.** [niebla, humo, vapor] to vanish.

diskette = disquete.

dislexia *m* dyslexia.

disléxico, ca *adj & m,f* dyslexic.

dislocación *f* dislocation.

dislocar [10] *vt* to dislocate.

◆ **dislocarse** *vpr* to dislocate.

disminución *f* decrease, drop; **ir en ~** to be on the decrease.

disminuido, da ◇ *adj* handicapped. ◇ *m,f* handicapped person; **~ físico** physically-handicapped person; **~ psíquico** mentally-handicapped person.

disminuir [51] ◇ *vt* to reduce, to decrease. ◇ *vi* [gen] to decrease; [precios, temperatura] to drop, to fall; [vista, memoria] to fail; [días] to get shorter; [beneficios] to fall off.

disociar [8] *vt*: **~ (de)** to dissociate (from).

disolución *f* **-1.** [en un líquido] dissolving **-2.** [de matrimonio, sociedad, partido] dissolution **-3.** [mezcla] solution.

disolvente *adj & m* solvent.

disolver [24] *vt* **-1.** [gen] to dissolve **-2.** [reunión, manifestación, familia] to break up.

◆ **disolverse** *vpr* **-1.** [gen] to dissolve **-2.** [reunión, manifestación, familia] to break up.

disparadero *m*: **poner a alguien en el ~** to push sb too far.

disparado, da *adj*: **salir/entrar ~** to shoot out/in.

disparador *m* **-1.** [de armas] trigger **-2.** *FOT* shutter release.

disparar ◇ *vt* to shoot; [pedrada] to throw. ◇ *vi* to shoot, to fire.

◆ **dispararse** *vpr* **-1.** [arma] to go off **-2.** [precipitarse - persona] to rush off; [- caballo] to bolt **-3.** [perder los estribos] to get carried away **-4.** [precios, inflación] to shoot up.

disparatado, da *adj* absurd, crazy.

disparatar *vi* [decir tonterías] to talk nonsense; [hacer tonterías] to behave foolishly.

disparate *m* **-1.** [acción] silly thing; [comentario] foolish remark; [idea] crazy idea; **hacer ~s** to do silly things; **decir ~s** to make foolish remarks, to talk nonsense **-2.** [cantidad excesiva]: **gastar un ~** to spend a ridiculous amount.

disparo *m* shot; **~ de advertencia** warning shot; **~ de salida** starting shot.

dispensar *vt* **-1.** [disculpar] to excuse, to forgive **-2.** [rendir]: **~ algo (a alguien)** [honores] to confer sthg (upon sb); [bienvenida, ayuda] to give sthg (to sb) **-3.** [eximir]: **~ a alguien de** to excuse *o* exempt sb from.

dispensario *m* dispensary.

dispersar *vt* **-1.** [esparcir - objetos] to scatter **-2.** [disolver - gentío] to disperse; [- manifestación] to break up; [- esfuerzos] to dissipate.

◆ **dispersarse** *vpr* to scatter.

dispersión *f* **-1.** [de objetos] scattering **-2.** [de gentío, luz] scattering; [de manifestación] breaking up.

disperso, sa *adj* scattered.

display [dis'pleil] *m INFORM* display.

displicencia *f* **-1.** [desagrado] contempt **-2.** [negligencia] carelessness; [desgana] lack of enthusiasm.

displicente *adj* **-1.** [desagradable] contemptuous **-2.** [negligente] careless; [desganado] unenthusiastic.

disponer [65] ◇ *vt* **-1.** [gen] to arrange **-2.** [cena, comida] to lay on **-3.** [decidir - suj: persona] to decide; [suj: ley] to stipulate. ◇ *vi* **-1.** [poseer]: **~ de** to have **-2.** [usar]: **~ de** to make use of.

◆ **disponerse a** *vpr*: **~se a hacer algo** to prepare *o* get ready to do sthg.

disponibilidad *f* **-1.** [gen] availability **-2.** [a ayudar] readiness to help.

◆ **disponibilidades** *fpl* [medios] financial resources.

disponible *adj* [gen] available; [tiempo] free, spare.

disposición *f* **-1.** [colocación] arrangement, layout **-2.** [estado]: **estar** *o* **hallarse en ~ de hacer algo** to be prepared *o* ready to do sthg **-3.** [orden] order; [de ley] provision **-4.** [uso]: **a ~ de** at the disposal of; **pasar a ~ policial** to be brought before the judge **-5.** *fig* [aptitud] talent.

dispositivo *m* device; **~ intrauterino** intrauterine device, IUD.

dispuesto, ta ◇ *pp* ▷ **disponer.** ◇ *adj* **-1.** [preparado] ready; **estar ~ a hacer algo** to be prepared to do sthg; **estar poco ~ a hacer algo** to be reluctant to do sthg **-2.** [capaz] capable; [a ayudar] ready to help.

dispusiera *etc* ▷ **disponer.**

disputa *f* dispute.

disputar *vt* **-1.** [cuestión, tema] to argue about **-2.** [trofeo, puesto] to compete for, to dispute; [carrera, partido] to compete in.

disquete, diskette [dis'kete] *m* INFORM diskette, floppy disk.

disquetera *f* INFORM disk drive.

disquisición *f* [exposición] disquisition.

◆ **disquisiciones** *fpl* [digresión] digressions.

distancia *f* **-1.** [gen] distance; **a ~** from a distance; **mantener a ~** to keep at a distance; **mantener las ~s** to keep one's distance; **recorrer una gran ~** to cover a lot of ground; **~ de seguridad** safe distance **-2.** [en el tiempo] gap, space **-3.** [diferencia] difference **-4.** *loc*: **acortar las ~s** to come closer (to an agreement); **guardar las ~s** to keep one's distance; **salvando las ~s** only up to a point.

distanciamiento *m* [afectivo] distance, coldness.

distanciar [8] *vt* [gen] to drive apart; [rival] to forge ahead of.

◆ **distanciarse** *vpr* [alejarse - afectivamente] to grow apart; [- físicamente] to distance o.s.

distante *adj* **-1.** [en el espacio]: **~ (de)** far away (from) **-2.** [en el trato] distant.

distar *vi* **-1.** [hallarse a]: **ese sitio dista varios kilómetros de aquí** that place is several kilometres away from here **-2.** *fig* [diferenciarse]: **~ de** to be far from.

diste *etc* ▷ **dar.**

distender [20] *vt* [situación, relaciones] to ease; [cuerda] to slacken.

distendido, da *adj* [informal] relaxed, informal.

distensión *f* **-1.** [entre países] détente; [entre personas] easing of tension **-2.** [de arco, cuerda] slackening **-3.** MED strain.

distienda *etc* ▷ **distender.**

distinción *f* **-1.** [diferencia] distinction; **a ~ de** in contrast to, unlike; **sin ~** alike; **hacer distinciones** not to treat everyone the same **-2.** [privilegio] privilege **-3.** [elegancia] refinement.

distinguido, da *adj* **-1.** [notable] distinguished **-2.** [elegante] refined.

distinguir [17] *vt* **-1.** [diferenciar] to distinguish; **~ algo de algo** to tell sthg from sthg **-2.** [separar] to pick out **-3.** [caracterizar] to characterize **-4.** [premiar] to honour **-5.** [vislumbrar] to make out.

◆ **distinguirse** *vpr* **-1.** [destacarse] to stand out **-2.** [vislumbrarse] to be visible.

distintivo, va *adj* distinctive; [señal] distinguishing.

◆ **distintivo** *m* badge.

distinto, ta *adj* [diferente] different.

◆ **distintos, tas** *adj pl* [varios] various.

distorsión *f* [de tobillo, rodilla] sprain; [de imágenes, sonidos, palabras] distortion.

distorsionar *vt* to distort.

distracción *f* **-1.** [entretenimiento] entertainment; [pasatiempo] hobby, pastime **-2.** [despiste] slip; [falta de atención] absent-mindedness.

distraer [73] *vt* **-1.** [divertir] to amuse, to entertain **-2.** [despistar] to distract.

◆ **distraerse** *vpr* **-1.** [divertirse] to enjoy o.s.; [pasar el tiempo] to pass the time **-2.** [despistarse] to let one's mind wander.

distraído, da ◇ *adj* **-1.** [entretenido] amusing, entertaining **-2.** [despistado] absent-minded. ◇ *m,f* daydreamer, absent-minded person; **hacerse el ~** to pretend not to notice.

distribución *f* **-1.** [gen] distribution; **~ de premios** prizegiving **-2.** [de correo, mercancías] delivery; **~ comercial** commercial distribution **-3.** [de casa, habitaciones] layout.

distribuidor, ra ◇ *adj* [entidad] wholesale; [red] supply *(antes de sust).* ◇ *m,f* [persona] deliveryman (*f* deliverywoman).

◆ **distribuidor** *m* [aparato] vending machine.

◆ **distribuidora** *f* [firma] wholesaler, supplier.

distribuir [51] *vt* **-1.** [gen] to distribute; [carga, trabajo] to spread; [pastel, ganancias] to divide up **-2.** [correo, mercancías] to deliver **-3.** [casa, habitaciones] to arrange.

distributivo, va *adj* distributive.

distrito *m* district; **~ electoral** constituency; **~ postal** postal district.

disturbio *m* disturbance; [violento] riot; **~s raciales** race riots.
disuadir *vt*: **~ (de)** to dissuade (from).
disuasión *f* deterrence.
disuasivo, va *adj* deterrent.
disuelto, ta *pp* ▻ **disolver**.
disuelva *etc* ▻ **disolver**.
disyuntivo, va *adj* GRAM disjunctive.
◆ **disyuntiva** *f* straight choice.
DIU (*abrev de* **dispositivo intrauterino**) *m* IUD.
diurético, ca *adj & m* diuretic.
diurno, na *adj* [gen] daytime *(antes de sust)*; [planta, animal] diurnal.
diva ▻ **divo**.
divagación *f* digression.
divagar [16] *vi* to digress.
diván *m* divan; [de psiquiatra] couch.
divergencia *f* **-1.** [de líneas] divergence **-2.** [de opinión] difference of opinion.
divergir [15] *vi* **-1.** [calles, líneas] to diverge **-2.** *fig* [opiniones]: **~ (en)** to differ (on).
diversidad *f* diversity.
diversificación *f* diversification.
diversificar [10] *vt* to diversify.
◆ **diversificarse** *vpr* to grow apart.
diversión *f* entertainment, amusement.
diverso, sa *adj* [diferente] different.
◆ **diversos, sas** *adj pl* [varios] several, various.
divertido, da *adj* [entretenido - película, libro] entertaining; [- fiesta] enjoyable; [que hace reír] funny.
divertir [27] *vt* to entertain, to amuse.
◆ **divertirse** *vpr* to enjoy o.s.
dividendo *m* FIN & MAT dividend; **~ a cuenta** interim dividend.
dividir *vt*: **~ (en)** to divide (into); **~ entre** [gen] to divide between; MAT to divide by.
divierta *etc* ▻ **divertir**.
divinidad *f* divinity, god.
divino, na *adj lit & fig* divine.
divirtiera *etc* ▻ **divertir**.
divisa *f* **-1.** *(gen pl)* [moneda] foreign currency; **~ convertible** convertible currency **-2.** [distintivo] emblem.
divisar *vt* to spy, to make out.
división *f* [gen] division; [partición] splitting up; **~ del trabajo** ECON division of labour.
divisor *m* MAT divisor; **máximo común ~** highest common factor.
divisorio, ria *adj* dividing.
divo, va *m,f* **-1.** [MÚS - mujer] diva, prima donna; [- hombre] opera singer **-2.** [celebridad] star.
divorciado, da ◇ *adj* divorced. ◇ *m,f* divorcé (*f* divorcée).
divorciar [8] *vt lit & fig* to divorce.
◆ **divorciarse** *vpr* to get divorced.
divorcio *m* **-1.** DER divorce **-2.** *fig* [diferencia] difference, inconsistency.
divulgación *f* [de noticia, secreto] revelation; [de rumor] spreading; [de cultura, ciencia, doctrina] popularization.
divulgar [16] *vt* [noticia, secreto] to reveal; [rumor] to spread; [cultura, ciencia, doctrina] to popularize.
dizque *adv Amér* apparently.
dl (*abrev de* **decilitro**) dl.
dm (*abrev de* **decímetro**) dm.
Dm. (*abrev de* **Dios mediante**) DV.
DNI (*abrev de* **documento nacional de identidad**) *m* ID card.

DNI

Every Spanish citizen from the age of 14 upwards must have and carry around with them at all times a *DNI* or *Documento Nacional de Identidad* a national identity document. It comes in the form of a small card with the person's photograph and personal details on it. A person's identity card number also appears on their driving licence and passport, and is used for all kinds of administrative purposes. A similar document, the *Cédula (Nacional) de Identidad* is carried in Colombia, Paraguay, Uruguay, Venezuela, Argentina and Chile. It is called the *Documento Nacional de Identidad* in Peru.

Dña *abrev de* **doña**.
do *m* MÚS C; [en solfeo] doh; **dar el ~ de pecho** *fam fig* to give one's all.
doberman *m* Doberman (pinscher).
dobladillo *m* [de traje, vestido] hem; [de pantalón] turn-up *UK*, cuff *US*; **hacer un ~** to turn up, to hem.
doblado, da *adj* **-1.** [papel, camisa] folded **-2.** [voz, película] dubbed.
doblaje *m* dubbing.
doblar ◇ *vt* **-1.** [duplicar] to double **-2.** [plegar] to fold **-3.** [torcer] to bend **-4.** [esquina] to turn, to go round **-5.** [voz, actor] to dub. ◇ *vi* **-1.** [girar] to turn **-2.** [campanas] to toll.
◆ **doblarse** *vpr* [someterse]: **~se a** to give in to.
doble ◇ *adj* double; **tiene ~ número de habitantes** it has double *o* twice the number of inhabitants; **es ~ de ancho** it's twice as wide; **una frase de ~ sentido** a phrase with a double meaning; **~ clic** INFORM double click. ◇ *mf* [gen & CIN] double.

◇ *m* [duplo]: **el ~** twice as much; **gana el ~ que yo** she earns twice as much as I do, she earns double what I do. ◇ *adv* double; **trabajar ~** to work twice as hard.
◆ **dobles** *mpl* DEP doubles.
doblegar [16] *vt* [someter] to bend, to cause to give in.
◆ **doblegarse** *vpr*: **~se (ante)** to give in *o* yield (to).
doblete *m* [joya] fake, imitation; LING doublet.
doblez ◇ *m* [pliegue] fold, crease. ◇ *m o f* *fig* [falsedad] deceit.
doc. (*abrev de* **documento**) doc.
doce *núm* twelve; *ver también* **seis.**
doceavo, va *núm* twelfth; **la doceava parte** a twelfth.
docena *f* dozen; **a** *o* **por ~s** by the dozen.
docencia *f* teaching.
docente ◇ *adj* teaching; **centro ~** educational institution. ◇ *mf* teacher.
dócil *adj* obedient.
docilidad *f* obedience.
doctor, ra *m,f*: **~ (en)** doctor (of).

DOCTOR

This is a form of address often used by wealthier people (who had access to education) amongst themselves, and by poorer people to address wealthier people as a sign of respect. This form of address is characteristic of Colombia and Uruguay.

doctorado *m* doctorate.
doctoral *adj* doctoral.
doctorar *vt* to confer a doctorate on.
◆ **doctorarse** *vpr*: **~se (en)** to get one's doctorate (in).
doctrina *f* doctrine.
doctrinal *adj* doctrinal.
documentación *f* **-1.** [en archivos] documentation **-2.** [identificación personal] papers *(pl)*.
documentado, da *adj* **-1.** [informado - película, informe] researched; [- persona] informed **-2.** [con papeles encima] having identification.
documental *adj & m* documentary.
documentar *vt* **-1.** [evidenciar] to document **-2.** [informar] to brief.
◆ **documentarse** *vpr* to do research.
documento *m* **-1.** [escrito] document; **~ nacional de identidad** identity card **-2.** [testimonio] record.
dodecaedro *m* dodecahedron.
dogma *m* dogma.
dogmático, ca *adj* dogmatic.
dogmatismo *m* dogmatism.
dogmatizar [13] *vi* to see everything in a dogmatic way.
dogo *mf* bull mastiff.
dólar *m* dollar.
dolencia *f* pain.
doler [24] *vi* to hurt; **me duele la pierna** my leg hurts; **¿te duele?** does it hurt?; **me duele la garganta/la cabeza** I have a sore throat/a headache; **me duele ver tanta injusticia** it pains me to see so much injustice; **¡ahí le duele!** that has really got him/her *etc*!
◆ **dolerse** *vpr*: **~se de** *o* **por algo** [quejarse] to complain about sthg; [arrepentirse] to be sorry about sthg.
dolido, da *adj* hurt.
dolmen *m* dolmen.
dolor *m* **-1.** [físico] pain; **siento un ~ en el brazo** I have a pain in my arm; **(tener) ~ de cabeza** (to have a) headache; **~ de estómago** stomachache; **~ de muelas** toothache **-2.** [moral] grief, sorrow.
dolorido, da *adj* [físicamente] sore; [moralmente] grieving, sorrowing.
doloroso, sa *adj* [físicamente] painful; [moralmente] distressing.
doma *f* taming; [de caballos] breaking-in.
domador, ra *m,f* [de caballos] breaker; [de leones] tamer.
domar *vt* [gen] to tame; [caballo] to break in; *fig* [personas] to control.
domesticar [10] *vt lit & fig* to tame.
doméstico, ca *adj* domestic.
domiciliación *f*: **~ (bancaria)** standing order, direct debit *(U)*.
domiciliar [8] *vt* **-1.** [pago] to pay by direct debit *o* standing order **-2.** [persona] to put up.
domiciliario, ria *adj* house *(antes de sust)*.
domicilio *m* **-1.** [vivienda] residence, home; **servicio a ~** home delivery; **venta a ~** door-to-door selling; **~ particular** private residence **-2.** [dirección] address; **sin ~ fijo** of no fixed abode; **~ fiscal** registered office; **~ social** head office **-3.** [localidad] residence.
dominación *f* rule, dominion.
dominante ◇ *adj* **-1.** [nación, religión, tendencia] dominant; [vientos] prevailing **-2.** [persona] domineering. ◇ *f* predominant feature.
dominar ◇ *vt* **-1.** [controlar - país, territorio]

to dominate, to rule (over); [- pasión, nervios, caballo] to control; [- situación] to be in control of; [- incendio] to bring under control; [- rebelión] to put down **-2.** [divisar] to overlook **-3.** [conocer - técnica, tema] to master; [- lengua] to be fluent in. ◇ *vi* [predominar] to predominate.

◆ **dominarse** *vpr* to control o.s.

domingo *m* Sunday; **~ de Ramos** Palm Sunday; **~ de Resurrección** *o* **de Pascua** Easter Sunday; *ver también* **sábado**.

dominguero, ra ◇ *adj fam despec* Sunday *(antes de sust).* ◇ *m,f* Sunday tripper/driver etc.

dominical *adj* Sunday *(antes de sust).*

dominicano, na *adj* & *m,f* Dominican.

dominico, ca *adj* & *m,f* Dominican.

dominio *m* **-1.** [dominación, posesión]: **~ (sobre)** control (over); **~ de** *o* **sobre sí mismo** self-control **-2.** [autoridad] authority, power **-3.** *fig* [territorio] domain; [ámbito] realm **-4.** [conocimiento - de arte, técnica] mastery; [- de idiomas] command **-5.** *loc*: **ser del ~ público** to be public knowledge.

◆ **dominios** *mpl* [territorio] dominions.

dominó *m* **-1.** [juego] dominoes *(U)* **-2.** [fichas] set of dominoes.

don *m* **-1.** [tratamiento]: **~ Luis García** [gen] Mr Luis García; [en cartas] Luis García Esquire; **~ Luis** *not translated in modern English or translated as 'Mr' + surname, if known* **-2.** [habilidad] gift; **~ de mando** leadership qualities; **el ~ de la palabra** the gift of the gab; **tener ~ de gentes** to have a way with people.

donación *f* donation.

donaire *m* [al expresarse] wit; [al andar etc] grace.

donante *mf* donor; **~ de sangre** blood donor.

donar *vt* to donate.

donativo *m* donation.

doncella *f* maid.

donde ◇ *adv* where; **el bolso está ~ lo dejaste** the bag is where you left it; **puedes marcharte ~ quieras** you can go wherever you want; **hasta ~** as far as, up to where; **llegaré hasta ~ pueda** I'll get as far as I can; **por ~** wherever; **iré por ~ me manden** I'll go wherever they send me. ◇ *pron* where; **la casa ~ nací** the house where I was born; **la ciudad de ~ viene** the town (where) she comes from, the town from which she comes; **hacia ~** towards where, towards which; **hasta ~** as far as where, as far as which.

◆ **de donde** *loc adv* [de lo cual] from which.

dónde *adv (interrogativo)* where; **¿~ está el niño?** where's the child?; **no sé ~ se habrá metido** I don't know where she can be; **¿a ~ vas?** where are you going?; **¿de ~ eres?** where are you from?; **¿hacia ~ vas?** where are you heading?; **¿por ~?** whereabouts?; **¿por ~ se va al teatro?** how do you get to the theatre from here?

dondequiera

◆ **dondequiera que** *adv* wherever.

doña *f*: **~ Luisa García** Mrs Luisa García; **~ Luisa** *not translated in modern English or translated as 'Mrs' + surname, if known.*

dopado, da *adj* having taken performance-enhancing drugs.

dopar *vt* to dope.

◆ **doparse** *vpr* to take artificial stimulants.

doping ['dopin] *m* doping.

doquier

◆ **por doquier** *loc adv* everywhere.

dorado, da *adj lit* & *fig* golden.

◆ **dorado** *m* [material] gilt.

◆ **dorada** *f* [pez] gilthead.

dorar *vt* **-1.** [cubrir con oro] to gild **-2.** [alimento] to brown **-3.** [piel] to turn golden brown.

◆ **dorarse** *vpr* **-1.** [comida] to glaze **-2.** [piel] to tan.

dórico, ca *adj* Doric.

dormilón, ona *fam* ◇ *adj* fond of sleeping. ◇ *m,f* [persona] sleepyhead.

◆ **dormilona** *f Ven* [prenda] nightshirt, nightdress.

dormir [25] ◇ *vt* [niño, animal] to put to bed; **~ la siesta** to have an afternoon nap; **~la** *fam* to sleep it off. ◇ *vi* to sleep.

◆ **dormirse** *vpr* **-1.** [persona] to fall asleep **-2.** [brazo, mano] to go to sleep **-3.** *fig* [despistarse] to be slow to react.

dormitar *vi* to doze.

dormitorio *m* **-1.** [de casa] bedroom; [de colegio] dormitory **-2.** [muebles] bedroom suite.

dorsal ◇ *adj* dorsal. ◇ *m* number *(on player's back).*

dorso *m* back; **al ~**, **en el ~** on the back; **'véase al ~'** 'see overleaf'; **~ de la mano** back of one's hand.

dos *núm* two; **de ~ en ~** in twos, two by two; **en un ~ por tres** in no time at all; **cada ~ por tres** every five minutes, continually; *ver también* **seis**.

DOS (*abrev de* **disk operating system**) *m* DOS.

doscientos, tas *núm* two hundred; *ver también* **seis**.

dosel *m* canopy.

dosificador *m* dispenser.

dosificar [10] *vt* **-1.** FARM & QUÍM to measure out **-2.** *fig* [fuerzas, palabras] to use sparingly.

dosis *f inv lit & fig* dose; **en pequeñas ~** in small doses.

dossier [do'sjer] *m inv* dossier, file.

dotación *f* **-1.** [de dinero, armas, medios] amount granted **-2.** [personal] staff, personnel; [tripulantes] crew; [patrulla] squad.

dotado, da *adj* gifted; **~ de** [persona] blessed with; [edificio, instalación, aparato] equipped with.

dotar *vt* **-1.** [proveer]: **~ algo de** to provide sthg with **-2.** [tripular]: **~ algo de** to man sthg with **-3.** *fig* [suj: la naturaleza]: **~ a algo/alguien de** to endow sthg/sb with **-4.** [dar una dote] to give a dowry to.

dote *f* [en boda] dowry.
◆ **dotes** *fpl* [dones] qualities; **~s de mando** leadership qualities.

doy ▷ **dar**.

Dr. (*abrev de* **doctor**) Dr.

Dra. (*abrev de* **doctora**) Dr.

draconiano, na *adj fig* draconian.

draga *f* [máquina] dredge; [barco] dredger.

dragado *m* dredging.

dragaminas *m inv* minesweeper.

dragar [16] *vt* to dredge.

dragón *m* dragon.

drague *etc* ▷ **dragar**.

drama *m* [gen] drama; [obra] play.

dramático, ca *adj* dramatic.

dramatismo *m* dramatic nature, drama.

dramatizar [13] *vt* to dramatize.

dramaturgo, ga *m,f* playwright, dramatist.

dramón *m fam* melodrama.

drástico, ca *adj* drastic.

drenaje *m* drainage.

drenar *vt* to drain.

driblar *vt* DEP to dribble.

drive [draif] *m* DEP drive.

droga *f* drug; **la ~** drugs *(pl)*; **~ blanda/dura** soft/hard drug; **~ de diseño** designer drug.

drogadicción *f* drug addiction.

drogadicto, ta ◇ *adj* addicted to drugs. ◇ *m,f* drug addict.

drogar [16] *vt* to drug.
◆ **drogarse** *vpr* to take drugs.

drogodependencia *f* drug dependence, drug addiction.

drogue *etc* ▷ **drogar**.

droguería *f shop selling paint, cleaning materials etc.*

droguero, ra *m,f owner of a shop selling paint, cleaning materials etc.*

dromedario *m* dromedary.

dto. *abrev de* **descuento**.

dual *adj* dual.

dualidad *f* duality.

dualismo *m* dualism.

dubitativo, va *adj* hesitant.

Dublín Dublin.

dublinés, esa ◇ *adj* of/relating to Dublin. ◇ *m,f* Dubliner.

ducado *m* **-1.** [tierras] duchy **-2.** [moneda] ducat.

ducha *f* shower; **tomar** *o* **darse una ~** to have *o* take a shower; **una ~ de agua fría** *fam fig* a bucket of cold water; **~ de teléfono** hand-held shower.

duchar *vt* to shower.
◆ **ducharse** *vpr* to have a shower.

ducho, cha *adj*: **ser ~ en** [entendido] to know a lot about; [diestro] to be skilled at.

dúctil *adj* **-1.** [metal] ductile **-2.** [persona] malleable.

ductilidad *f.* **-1.** [de metal] ductility **-2.** [de persona] malleability.

duda *f* doubt; **poner algo en ~** to call sthg into question; **sacar a alguien de la ~** to remove sb's doubts; **salir de ~s** to set one's mind at rest; **sin ~** doubtless, undoubtedly; **sin la menor ~** without the slightest doubt; **sin sombra de ~** beyond the shadow of a doubt; **tener uno sus ~s** to have one's doubts; **no cabe ~** there is no doubt about it; **no te quepa ~** don't doubt it, make no mistake about it.

dudar ◇ *vi* **-1.** [desconfiar]: **~ de algo/alguien** to have one's doubts about sthg/sb **-2.** [no estar seguro]: **~ sobre algo** to be unsure about sthg **-3.** [vacilar] to hesitate; **~ entre hacer una cosa u otra** to be unsure whether to do one thing or another. ◇ *vt* to doubt; **dudo que venga** I doubt whether he'll come.

dudoso, sa *adj* **-1.** [improbable]: **ser ~ (que)** to be doubtful (whether), to be unlikely (that) **-2.** [vacilante] hesitant, indecisive **-3.** [sospechoso] questionable, suspect.

duela *etc* ▷ **doler**.

duelo *m* **-1.** [combate] duel; **batirse en ~** to fight a duel **-2.** [sentimiento] grief, sorrow; **en señal de ~** to show one's grief.

duende *m* **-1.** [personaje] imp, goblin **-2.** *fig* [encanto] charm.

dueño, ña *m,f* [gen] owner; [de piso etc] landlord (*f* landlady); **cambiar de ~** to change hands; **hacerse ~ de algo** to take control of sthg; **ser ~ de sí mismo** to be self-possessed; **ser muy ~ de hacer algo** to be free to do sthg.

duerma *etc* ▷ **dormir**.

Duero *m*: **el ~** the Douro.

dueto *m* duet.

dulce ◇ *adj* **-1.** [gen] sweet **-2.** [agua] fresh **-3.** [mirada] tender. ◇ *m* [caramelo, postre] sweet; [pastel] cake, pastry; **a nadie le amarga un ~** *fig* anything's better than nothing.

dulcificar [10] *vt* **-1.** [endulzar] to sweeten **-2.** *fig* [suavizar] to soften.

dulzura *f* **-1.** [gen] sweetness **-2.** [palabra cariñosa] sweet nothing.

duna *f* dune.

dúo *m* **-1.** *MÚS* duet **-2.** [pareja] duo; **a ~** together.

duodécimo, ma *núm* twelfth.

duodeno *m* duodenum.

dúplex, duplex *m inv* **-1.** [piso] duplex **-2.** *ELECTRÓN* linkup.

duplicado, da *adj* in duplicate.
◆ **duplicado** *m*: **(por) ~** (in) duplicate.

duplicar [10] *vt* **-1.** [cantidad] to double **-2.** [documento] to duplicate.
◆ **duplicarse** *vpr* to double.

duplicidad *f* **-1.** [repetición] duplication **-2.** [falsedad] duplicity.

duplo, pla *adj* & *m* double.

duque, sa *m,f* duke (*f* duchess).

duración *f* length; **de larga ~** [pila, bombilla] long-life; [parado] long-term; [disco] long-playing.

duradero, ra *adj* [gen] lasting; [ropa, zapatos] hard-wearing.

duralex® *m resistant glass-like plastic used for making glasses, dishes etc.*

durante *prep* during; **le escribí ~ las vacaciones** I wrote to him during the holidays; **estuve escribiendo ~ una hora** I was writing for an hour; **~ toda la semana** all week.

durar *vi* [gen] to last; [permanecer, subsistir] to remain, to stay; [ropa] to wear well; **aún dura la fiesta** the party's still going on.

durazno *m Amér* peach.

dúrex *m Méx* Sellotape®, Scotch® tape *US*.

dureza *f* **-1.** [de objeto, metal etc] hardness **-2.** [de clima, persona] harshness **-3.** [callosidad] callus, hard skin *(U)*.

durmiente *adj* sleeping; **la Bella Durmiente** Sleeping Beauty.

durmiera *etc* ▷ **dormir**.

duro, ra *adj* **-1.** [gen] hard; [carne] tough **-2.** [resistente] tough **-3.** [palabras, clima] harsh **-4.** *loc*: **estar a las duras y a las maduras** [sin rendirse] to be there through thick and thin; [sin quejarse] to take the rough with the smooth; **ser ~ de pelar** to be a hard nut to crack.
◆ **duro** ◇ *m* **-1.** [moneda] five-peseta piece; **estar sin un ~** to be flat broke **-2.** [persona] tough guy **-3.** *loc*: **lo que faltaba para el ~** that's all I/we *etc* need. ◇ *adv* hard.

e¹, E *f* [letra] e, E.

e² *conj (en lugar de 'y' ante palabras que empiecen por 'i' o 'hi')* and.

EAU (*abrev de* **Emiratos Árabes Unidos**) *mpl* UAE.

ebanista *mf* cabinet-maker.

ebanistería *f* **-1.** [oficio] cabinet-making **-2.** [taller] cabinet-maker's.

ébano *m* ebony.

ebonita *f* ebonite, vulcanite.

ebrio, ebria *adj* **-1.** [borracho] drunk **-2.** *fig* [ofuscado]: **~ de** blind with.

Ebro *m*: **el ~** the Ebro.

ebullición *f* boiling; **punto de ~** boiling point.

eccema *m* eczema.

echar ◇ *vt* **-1.** [tirar] to throw; [red] to cast **-2.** [meter] to put **-3.** [añadir]: **~ algo (a** *o* **en algo)** [vino etc] to pour sthg (into sthg); [sal, azúcar etc] to add sthg (to sthg) **-4.** [decir - discurso] to give; [- reprimenda] to dish out **-5.** [carta, postal] to post **-6.** [humo, vapor, chispas] to give off, to emit **-7.** [hojas, flores] to sprout, to shoot **-8.** [expulsar]: **~ a alguien (de)** to throw sb out (of) **-9.** [despedir]: **~ a alguien (de)** to sack sb (from) **-10.** [accionar]: **~ la llave/el cerrojo** to lock/bolt the door; **~ el freno** to brake, to put the brakes on **-11.** [acostar] to lie (down) **-12.** [condena] to give, to slap on **-13.** [calcular]: **¿cuántos años le echas?** how old do you reckon he is? **-14.**

fam [en televisión, cine] to show; **¿qué echan esta noche en la tele?** what's on telly tonight? **-15.** [buenaventura] to tell **-16.** *loc*: **~ abajo** [edificio] to pull down, to demolish; [gobierno] to bring down; [proyecto] to ruin; **~ a perder** [vestido, alimentos, plan] to ruin; [ocasión] to waste; **~ de menos** to miss. <> *vi* **-1.** [dirigirse]: **~ por** to go *o* head along **-2.** [empezar]: **~ a hacer algo** to begin to do sthg, to start doing sthg; **~ a correr** to break into a run; **~ a llorar** to burst into tears; **~ a reír** to burst out laughing.

◆ **echarse** *vpr* **-1.** [lanzarse]: **~se a** to throw o.s. *o* jump into **-2.** [acostarse] to lie down **-3.** [empezar]: **~se a hacer algo** to begin to do sthg, to start doing sthg **-4.** [apartarse]: **~se (a un lado)** to move (aside); **~se atrás** *fig* to back out **-5.** [obtener]: **~se (un) novio** to get o.s. a boyfriend **-6.** *loc*: **~se a perder** [comida] to go off, to spoil; [plan] to fall through.

echarpe *m* shawl.

eclecticismo *m* eclecticism.

ecléctico, ca *adj* & *m,f* eclectic.

eclesiástico, ca *adj* ecclesiastical.

◆ **eclesiástico** *m* clergyman.

eclipsar *vt lit* & *fig* to eclipse.

eclipse *m* eclipse; **~ lunar** *o* **de luna** lunar eclipse, eclipse of the moon; **~ solar** *o* **de sol** solar eclipse, eclipse of the sun; **~ total** total eclipse.

eclosión *f culto* emergence.

eco *m* **-1.** [gen] echo; **hacerse ~ de** to report; **tener ~** to arouse interest **-2.** [rumor] rumour; **~s de sociedad** society column *(sg)*.

ecografía *f* ultrasound scanning.

ecología *f* ecology.

ecológico, ca *adj* [gen] ecological; [alimentos] organic.

ecologismo *m* Green movement.

ecologista <> *adj* environmental, ecological. <> *mf* environmentalist, ecologist.

economato *m* company cooperative shop.

economía *f* **-1.** [gen] economy; **~ doméstica** housekeeping; **~ de libre mercado** free-market economy; **~ de mercado** market economy; **~ mixta** mixed economy; **~ planificada** planned economy; **~ sumergida** black economy *o* market **-2.** [estudio] economics *(U)*; **~ aplicada** applied economics; **~ familiar** home economics; **~ política** political economy **-3.** [ahorro] saving.

económico, ca *adj* **-1.** [problema, doctrina etc] economic **-2.** [barato] cheap, low-cost **-3.** [que gasta poco - motor etc] economical; [- persona] thrifty.

economista *mf* economist.

economizar [13] *vt lit* & *fig* to save.

ecosistema *m* ecosystem.

ecotasa *f* ecotax.

ecoturismo *m* ecotourism.

ecuación *f* equation; **~ de segundo grado** quadratic equation.

ecuador *m* equator; **pasar el ~** to pass the halfway mark.

Ecuador Ecuador.

ecualizador *m* equalizer.

ecuánime *adj* **-1.** [en el ánimo] level-headed, even **-2.** [en el juicio] impartial, fair.

ecuanimidad *f* **-1.** [del ánimo] equanimity, composure **-2.** [del juicio] impartiality, fairness.

ecuatorial *adj* equatorial.

ecuatoriano, na *adj* & *m,f* Ecuadorian, Ecuadoran.

ecuestre *adj* equestrian.

ecuménico, ca *adj* ecumenical.

ed. **-1.** (*abrev de* **editor**) ed. **-2.** (*abrev de* **edición**) edit. **-3.** *abrev de* **editorial**.

edad *f* age; **¿qué ~ tienes?** how old are you?; **tiene 25 años de ~** she's 25 (years old); **una persona de ~** an elderly person; **~ adulta** adulthood; **~ avanzada** old age; **~ del juicio** *o* **de la razón** age of reason; **~ escolar** school age; **Edad Media** Middle Ages *(pl)*; **~ mental** mental age; **~ del pavo** awkward age; **Edad de piedra** Stone Age; **la tercera ~** [ancianos] senior citizens *(pl)*; **estar en ~ de merecer** *hum* to be of marriageable age.

edecán *m Méx* assistant, aide.

edema *m* oedema.

edén *m* RELIG Eden; *fig* paradise.

edición *f* **-1.** [acción - IMPRENTA] publication; INFORM, RADIO & TV editing **-2.** [ejemplares] edition; **~ extraordinaria/de bolsillo** special/pocket edition; **~ crítica** critical edition; **~ pirata** pirate edition **-3.** [celebración periódica] staging.

edicto *m* edict.

edificación *f* building.

edificante *adj* [conducta] exemplary; [libro, discurso] edifying.

edificar [10] *vt* **-1.** [construir] to build **-2.** [aleccionar] to edify.

edificio *m* building; **~ inteligente** intelligent building.

edil *m* (town) councillor.

Edimburgo Edinburgh.

editar *vt* **-1.** [libro, periódico] to publish; [disco] to release **-2.** *INFORM, RADIO & TV* to edit.

editor, ra ◇ *adj* publishing *(antes de sust).* ◇ *m,f* **-1.** [de libro, periódico] publisher **-2.** *RADIO & TV* editor.
◆ **editor** *m INFORM* editor; ~ **de textos** text editor.

editorial ◇ *adj* publishing *(antes de sust).* ◇ *m* editorial, leader. ◇ *f* publisher, publishing house.

edredón *m* eiderdown, comforter *US*; ~ **nórdico** duvet.

educación *f* **-1.** [enseñanza] education; **escuela de ~ especial** special school; ~ **física/sexual** physical/sex education; ~ **primaria/secundaria** primary/secondary education **-2.** [modales] good manners *(pl)*; **¡qué poca ~!** how rude!; **mala ~** bad manners *(pl)*.

EDUCACIÓN PRIMARIA

In Spain and Latin America, primary education is compulsory for children between the ages of 6 and 12. Science and arts subjects are both covered.

educado, da *adj* polite, well-mannered; **mal ~** rude, ill-mannered.

educador, ra *m,f* teacher.

educar [10] *vt* **-1.** [enseñar] to educate **-2.** [criar] to bring up **-3.** [cuerpo, voz, oído] to train.

educativo, va *adj* [juego, libro, método] educational; [sistema] education *(antes de sust)*.

edulcorante ◇ *adj* sweetening *(antes de sust).* ◇ *m* sweetener.

edulcorar *vt* to sweeten.

eduque *etc* ▷ **educar.**

EE UU (*abrev de* **Estados Unidos**) *mpl* USA.

efectista *adj* designed for effect, dramatic.

efectivamente *adv* [en respuestas] precisely, exactly.

efectividad *f* effectiveness.

efectivo, va *adj* **-1.** [útil] effective **-2.** [real] actual, true; **hacer ~** [gen] to carry out; [promesa] to keep; [dinero, crédito] to pay; [cheque] to cash.
◆ **efectivo** *m* [dinero] cash; **en ~** in cash; ~ **en caja** cash in hand.
◆ **efectivos** *mpl* [personal] forces.

efecto *m* **-1.** [gen] effect; **de ~ retardado** delayed-action; **hacer** *o* **surtir ~** to have the desired effect; **tener ~** [vigencia] to come into *o* take effect; ~ **2000** *COMPUT* millennium bug; ~ **dominó** domino effect; ~ **invernadero** greenhouse effect; ~ **óptico** optical illusion; **~s sonoros/visuales** sound/visual effects; **~s especiales** special effects; **~s secundarios** side effects **-2.** [finalidad] aim, purpose; **a tal ~** to that end; **a ~s** *o* **para los ~s de algo** as far as sthg is concerned **-3.** [impresión] impression; **producir buen/mal ~** to make a good/bad impression **-4.** [de balón, bola] spin; **dar ~ a** to put spin on **-5.** *COM* [documento] bill; ~ **de comercio** commercial paper; ~ **de favor** accommodation bill.
◆ **efectos personales** *mpl* personal possessions *o* effects.
◆ **en efecto** *loc adv* indeed.

efectuar [6] *vt* [gen] to carry out; [compra, pago, viaje] to make.
◆ **efectuarse** *vpr* to take place.

efeméride *f* [suceso] major event; [conmemoración] anniversary.
◆ **efemérides** *fpl PRENS list of the day's anniversaries published in a newspaper.*

efervescencia *f* **-1.** [de líquido] effervescence; [de bebida] fizziness **-2.** *fig* [agitación, inquietud] unrest.

efervescente *adj* [bebida] fizzy.

eficacia *f* [eficiencia] efficiency; [efectividad] effectiveness.

eficaz *adj* **-1.** [eficiente] efficient **-2.** [efectivo] effective.

eficiencia *f* efficiency.

eficiente *adj* efficient.

efigie *f* [gen] effigy; [en monedas etc] image, picture.

efímero, ra *adj* ephemeral.

efluvio *m* [emanación] vapour; [aroma] scent.

efusión *f* [cordialidad] effusiveness, warmth.

efusividad *f* effusiveness.

efusivo, va *adj* effusive.

EGB (*abrev de* **educación general básica**) *f former Spanish primary education system.*

Egeo ▷ **mar.**

egipcio, cia *adj & m,f* Egyptian.

Egipto Egypt.

égloga *f* eclogue.

ego *m* ego.

egocéntrico, ca ◇ *adj* egocentric, self-centred. ◇ *m,f* egocentric *o* self-centred person.

egocentrismo *m* egocentricity.

egoísmo *m* selfishness, egoism.

egoísta ◇ *adj* egoistic, selfish. ◇ *mf* egoist, selfish person.

ególatra ◇ *adj* egotistical. ◇ *mf* egotist.

egolatría *f* egotism.

egregio, gia *adj culto* egregious, illustrious.

egresado, da *m,f Amér* graduate.

egresar *vi Amér* to graduate.

egreso *m Amér* graduation.

eh *interj*: **¡~!** hey!

ej. *abrev de* **ejemplar**.

eje *m* **-1.** [de rueda] axle; [de máquina] shaft **-2.** GEOM axis **-3.** *fig* [idea central] central idea, basis.

ejecución *f* **-1.** [realización] carrying out **-2.** [de condenado] execution **-3.** [de concierto] performance, rendition **-4.** INFORM [de un programa] execution.

ejecutar *vt* **-1.** [realizar] to carry out **-2.** [condenado] to execute **-3.** [concierto] to perform **-4.** INFORM [programa] to execute, to run.

ejecutivo, va ◇ *adj* executive. ◇ *m,f* [persona] executive; **~ agresivo** thrusting executive; **~ de cuentas** account administrator.

◆ **ejecutivo** *m* POLÍT: **el ~** the government.

◆ **ejecutiva** *f* [junta] executive.

ejecutor, ra *m,f* **-1.** DER executor **-2.** [verdugo] executioner.

ejem *interj*: **¡~!** [expresa duda] um!; [expresa ironía] ahem!

ejemplar ◇ *adj* exemplary. ◇ *m* [de libro] copy; [de revista] issue; [de moneda] example; [de especie, raza] specimen; **~ de muestra** specimen copy.

ejemplificar [10] *vt* to exemplify.

ejemplo *m* example; **por ~** for example; **dar ~** to set an example; **predicar con el ~** to practise what one preaches.

ejercer [11] ◇ *vt* **-1.** [profesión] to practise; [cargo] to hold **-2.** [poder, derecho] to exercise; [influencia, dominio] to exert; **~ presión sobre** to put pressure on. ◇ *vi* to practise (one's profession); **~ de** to practise *o* work as.

ejercicio *m* **-1.** [gen] exercise; **hacer ~** to (do) exercise; **~ escrito** written exercise; **~ fisíco** physical exercise; **~s de calentamiento** warm-up exercises; **~s de mantenimiento** keep-fit exercises **-2.** [de profesión] practising; [de cargo, funciones] carrying out **-3.** [de poder, derecho] exercising **-4.** MIL drill **-5.** ECON: **~ económico/fiscal** financial/tax year.

◆ **ejercicios espirituales** *mpl* retreat *(U)*.

ejercitar *vt* [derecho] to exercise.

◆ **ejercitarse** *vpr*: **~se (en)** to train (in).

ejército *m* MIL & *fig* army.

ejerza *etc* ⊳ **ejercer**.

ejote *m CAm & Méx* green bean.

el, la (*mpl* **los**, *fpl* **las**) *art* (**el** *antes de sustantivo femenino que empiece por 'a' o 'ha' tónica; a + el =* **al**; *de + el =* **del**) **-1.** [gen] the; [en sentido genérico] *no se traduce*; **~ coche** the car; **la casa** the house; **los niños** the children; **~ agua/hacha/águila** the water/axe/eagle; **fui a recoger a los niños** I went to pick up the children; **los niños imitan a los adultos** children copy adults **-2.** [con sustantivo abstracto] *no se traduce*; **~ amor** love; **la vida** life **-3.** [indica posesión, pertenencia]: **se partió la pierna** he broke his leg; **se quitó los zapatos** she took her shoes off; **tiene ~ pelo oscuro** he has dark hair **-4.** [con días de la semana]: **vuelven ~ sábado** they're coming back on Saturday **-5.** [con nombres propios geográficos] the; **~ Sena** the (River) Seine; **~ Everest** (Mount) Everest; **la España de la postguerra** post-war Spain **-6.** *fam* [con nombre propio de persona]: **llama a la María** call Maria **-7.** [con complemento de nombre, especificativo]: **~ de** the one; **he perdido ~ tren, cogeré ~ de las nueve** I've missed the train, I'll get the nine o'clock one; **~ de azul** the one in blue **-8.** [con complemento de nombre, posesivo]: **mi hermano y ~ de Juan** my brother and Juan's **-9.** [antes de frase]: **~ que** [cosa] the one, whichever; [persona] whoever; **coge ~ que quieras** take whichever you like; **~ que más corra** whoever runs fastest **-10.** [antes de adjetivo]: **prefiero ~ rojo al azul** I prefer the red one to the blue one.

él, ella *pron pers* **-1.** [sujeto, predicado - persona] he (*f* she); [- animal, cosa] it; **mi hermana es ella** she's the one who is my sister **-2.** *(después de prep)* [complemento] him (*f* her); **voy a ir de vacaciones con ella** I'm going on holiday with her; **díselo a ella** tell her it **-3.** [posesivo]: **de ~** his; **de ella** hers.

elaboración *f* [de producto] manufacture; [de idea] working out; [de plan, informe] drawing up; **de ~ casera** home-made.

elaborar *vt* [producto] to make, to manufacture; [idea] to work out; [plan, informe] to draw up.

elasticidad *f* **-1.** [gen] elasticity **-2.** *fig* [falta de rigor] flexibility.

elástico, ca *adj* **-1.** [gen] elastic **-2.** *fig* [sin rigor] flexible.

◆ **elástico** *m* [cinta] elastic.

◆ **elásticos** *mpl* [tirantes] braces.

El Cairo Cairo.

elección *f* **-1.** [nombramiento] election **-2.**

[opción] choice.
◆ **elecciones** *fpl* POLÍT election *(sg)*; **elecciones autonómicas** *elections to the regional parliament*; **elecciones generales** general election; **elecciones municipales** local elections.
electo, ta *adj* elect; **el presidente ~** the president elect.
elector, ra *m,f* voter, elector.
electorado *m* electorate.
electoral *adj* electoral.
electoralismo *m* electioneering.
electoralista *adj* electioneering *(antes de sust)*.
electricidad *f* electricity; **~ estática** static electricity.
electricista ◇ *adj* electrical. ◇ *mf* electrician.
eléctrico, ca *adj* electric.
electrificar [10] *vt* to electrify.
electrizar [13] *vt fig* [exaltar] to electrify.
electrocardiograma *m* electrocardiogram.
electrochoque, electroshock [elektro-'ʃok] (*pl* **electroshocks**) *m* electric shock therapy.
electrocución *f* electrocution.
electrocutar *vt* to electrocute.
◆ **electrocutarse** *vpr* to electrocute o.s.
electrodo *m* electrode.
electrodoméstico *(gen pl) m* electrical household appliance.
electroencefalograma *m* electroencephalogram.
electrógeno, na *adj* generating.
◆ **electrógeno** *m* generator.
electrólisis *f inv* electrolysis.
electrólito *m* electrolyte.
electromagnético, ca *adj* electromagnetic.
electromagnetismo *m* electromagnetism.
electrón *m* electron.
electrónico, ca *adj* **-1.** [de la electrónica] electronic **-2.** [del electrón] electron *(antes de sust)*.
◆ **electrónica** *f* electronics *(U)*.
electroscopio *m* electroscope.
electroshock = **electrochoque**.
electrostático, ca *adj* electrostatic.
◆ **electrostática** *f* electrostatics *(U)*.
elefante, ta *m,f* elephant.
◆ **elefante marino** *m* sea cow, walrus.
elegancia *f* elegance.
elegante *adj* **-1.** [persona, traje, estilo] elegant **-2.** [conducta, actitud, respuesta] dignified.
elegantoso, sa *adj Amér* elegant.
elegía *f* elegy.
elegiaco, ca, elegíaco, ca *adj* elegiac.
elegible *adj* eligible.
elegido, da *adj* [escogido] selected, chosen; POLÍT elected.
elegir [42] *vt* **-1.** [escoger] to choose, to select **-2.** [por votación] to elect.
elemental *adj* **-1.** [básico] basic **-2.** [obvio] obvious.
elemento ◇ *m* **-1.** [gen] element; **estar (uno) en su ~** to be in one's element **-2.** [factor] factor **-3.** [persona - en equipo, colectivo] individual. ◇ *mf fam*: **una elementa de cuidado** a bad lot; **¡menudo ~ está hecho tu sobrino!** your nephew is a real tearaway!
◆ **elementos** *mpl* [fundamentos] rudiments.
elenco *m* **-1.** [reparto] cast **-2.** [catálogo] list, index.
elepé *m* LP (record).
elevación *f* **-1.** [de pesos, objetos etc] lifting; [de nivel, altura, precios] rise **-2.** [de terreno] elevation, rise.
elevado, da *adj* [alto] high; *fig* [sublime] lofty.
elevador *m* **-1.** [montacargas] hoist **-2.** *Méx* [ascensor] lift *UK*, elevator *US*.
elevadorista *mf Amér* lift operator *UK*, elevator operator *US*.
elevalunas *m inv* window winder; **~ eléctrico** electric window.
elevar *vt* **-1.** [gen & MAT] to raise; [peso, objeto] to lift **-2.** [ascender]: **~ a alguien (a)** to elevate sb (to) **-3.** *fig* [propuesta, quejas] to present.
◆ **elevarse** *vpr* [gen] to rise; [edificio, montaña] to rise up; **~se a** [altura] to reach; [gastos, daños] to amount *o* come to.
elidir *vt* to elide.
elige, eligió ▷ **elegir**.
eliminación *f* elimination.
eliminar *vt* [gen] to eliminate; [contaminación, enfermedad] to get rid of.
eliminatorio, ria *adj* qualifying *(antes de sust)*.
◆ **eliminatoria** *f* [gen] qualifying round; [en atletismo] heat.
elipse *f* ellipse.
elipsis *f inv* ellipsis.
elíptico, ca *adj* elliptical.
élite, elite *f* elite.
elitismo *m* elitism.
elitista *adj & m,f* elitist.
elixir, elíxir *m* **-1.** FARM: **~ bucal** mouthwash

-2. *fig* [remedio milagroso] elixir.
ella ▻ **él.**
ellas *fpl* ▻ **ellos.**
ello *pron pers (neutro)* it; **no nos llevamos bien, pero ~ no nos impide formar un buen equipo** we don't get on very well, but it *o* that doesn't stop us making a good team; **no quiero hablar de ~** I don't want to talk about it; **por ~** for that reason.
ellos, ellas *pron pers* **-1.** [sujeto, predicado] they; **los invitados son ~** they are the guests, it is they who are the guests **-2.** *(después de prep)* [complemento] them; **me voy al bar con ellas** I'm going with them to the bar; **díselo a ~** tell them it **-3.** [posesivo]: **de ~/ellas** theirs.
elocuencia *f* eloquence.
elocuente *adj* eloquent; **se hizo un silencio ~** the silence said it all.
elogiar [8] *vt* to praise.
elogio *m* praise.
elogioso, sa *adj* [palabras] appreciative, eulogistic.
elongación *f* elongation.
elote *m CAm, Méx* corncob, ear of maize *o* corn *US*.
El Salvador El Salvador.
elucidar *vt* to elucidate, to throw light upon.
elucubración *f* **-1.** [reflexión] reflection, meditation **-2.** *despec* [divagación] mental meandering.
elucubrar *vt* **-1.** [reflexionar] to reflect *o* meditate upon **-2.** *despec* [divagar] to theorize about.
eludir *vt* [gen] to avoid; [perseguidores] to escape.
emanación *f* emanation, emission.
emanar
◆ **emanar de** *vi* to emanate from.
emancipación *f* [de mujeres, esclavos] emancipation; [de menores de edad] coming of age; [de países] obtaining of independence.
emancipar *vt* [gen] to emancipate, to free; [países] to grant independence (to).
◆ **emanciparse** *vpr* to free o.s., to become independent.
embadurnar *vt*: **~ algo (de)** to smear sthg (with).
◆ **embadurnarse** *vpr*: **~se (de)** to smear o.s. (with).
embajada *f* **-1.** [edificio] embassy **-2.** [cargo] ambassadorship **-3.** [empleados] embassy staff.
embajador, ra *m, f* ambassador.
embalaje *m* **-1.** [acción] packing **-2.** [caja] packaging.
embalar *vt* to wrap up, to pack.
◆ **embalarse** *vpr* **-1.** [acelerar - corredor] to race away; [- vehículo] to pick up speed **-2.** *fig* [entusiasmarse] to get carried away.
embaldosar *vt* [piso] to tile; [calle] to pave.
embalsamar *vt* to embalm.
embalsar *vt* to dam (up).
◆ **embalsarse** *vpr* to collect, to form puddles.
embalse *m* reservoir.
embarazada ◇ *adj f* pregnant; **dejar ~ a alguien** to get sb pregnant; **estar ~ de ocho meses** to be eight months pregnant; **quedarse ~** to get pregnant. ◇ *f* pregnant woman.
embarazar [13] *vt* **-1.** [preñar] to get pregnant **-2.** [impedir] to restrict **-3.** [cohibir] to inhibit.
embarazo *m* **-1.** [preñez] pregnancy; **interrumpir un ~** to terminate a pregnancy; **prueba del ~** pregnancy test; **~ ectópico** *o* **extrauterino** ectopic pregnancy **-2.** [timidez] embarrassment.
embarazoso, sa *adj* awkward, embarrassing.
embarcación *f* **-1.** [barco] craft, boat; **~ pesquera** fishing boat; **~ de recreo** pleasure boat **-2.** [embarque] embarkation.
embarcadero *m* jetty.
embarcar [10] ◇ *vt* **-1.** [personas] to board; [mercancías] to ship **-2.** *fig* [involucrar]: **~ a alguien en algo** to involve sb in sthg. ◇ *vi* to board.
◆ **embarcarse** *vpr* **-1.** [para viajar] to board **-2.** *fig* [aventurarse]: **~se en algo** to become involved in sthg.
embargar [16] *vt* **-1.** *DER* to seize **-2.** [suj: emoción etc] to overcome.
embargo *m* **-1.** *DER* seizure **-2.** *ECON* embargo.
◆ **sin embargo** *loc adv* however, nevertheless.
embarque *m* [de personas] boarding; [de mercancías] embarkation.
embarrancar [10] *vi* to run aground.
◆ **embarrancarse** *vpr* [barco] to run aground; [coche etc] to get stuck.
embarrar *vt* to cover with mud.
◆ **embarrarse** *vpr* to get covered in mud.
embarullar *vt fam* to mess up.
◆ **embarullarse** *vpr fam* to get into a muddle.

embaucador, ra ◇ *adj* deceitful. ◇ *m,f* swindler.
embaucar [10] *vt* to swindle, to deceive.
embeber *vt* to soak up.
◆ **embeberse** *vpr*: **~se (en algo)** [ensimismarse] to become absorbed (in sthg); *fig* [empaparse] to immerse o.s. (in sthg).
embelesar *vt* to captivate.
◆ **embelesarse** *vpr* to be captivated.
embellecedor *m* [adorno] go-faster stripes *(pl)*; [tapacubos] hubcap.
embellecer [30] *vt* to adorn, to embellish.
embellecimiento *m* embellishment.
embestida *f* [gen] attack; [de toro] charge.
embestir [26] *vt* [gen] to attack; [toro] to charge.
emblanquecer [30] *vt* to whiten.
emblema *m* **-1.** [divisa, distintivo] emblem, badge **-2.** [símbolo] symbol.
embobar *vt* to captivate.
◆ **embobarse** *vpr* to be captivated.
embocadura *f* **-1.** [de río, puerto] mouth **-2.** [de instrumento] mouthpiece.
embocar [10] *vt* to enter *(a narrow space)*, to squeeze into.
emboce *etc* ▻ **embozar**.
embolado *m* *fam* jam, mess; **meter a alguien en un ~** to land sb in it; **meterse en un ~** to get oneself into a fine mess.
embolador *m* *Col* boot black, shoeshine boy.
embolia *f* embolism.
émbolo *m* AUTOM piston.
embolsarse *vpr* [ganar] to make, to earn.
embonar *vt* *Andes, Cuba, Méx fam* **-1.** [ajustar] to suit **-2.** [abonar] to manure **-3.** [ensamblar] to join.
emboque *etc* ▻ **embocar**.
emborrachar *vt* to make drunk.
◆ **emborracharse** *vpr* to get drunk.
emborrascarse [10] *vpr* to cloud over, to turn black.
emborronar *vt* **-1.** [garabatear] to scribble on; [manchar] to smudge **-2.** [escribir de prisa] to scribble.
emboscada *f* *lit* & *fig* ambush; **tender una ~** to lay an ambush.
emboscar [10] *vt* to ambush.
embotamiento *m* dullness.
embotar *vt* [sentidos] to dull.
embotellado, da *adj* bottled.
◆ **embotellado** *m* bottling.
embotellamiento *m* **-1.** [de tráfico] traffic jam **-2.** [de líquidos] bottling.
embotellar *vt* **-1.** [tráfico] to block **-2.** [líquido] to bottle.
embozo *m* [de sábana] turnover.
embragar [16] *vi* to engage the clutch.
embrague *m* clutch; **~ automático** automatic clutch.
embravecer [30] *vt* to enrage.
◆ **embravecerse** *vpr* **-1.** [animal] to become enraged **-2.** [mar] to become rough.
embriagador, ra *adj* intoxicating.
embriagar [16] *vt* **-1.** [extasiar] to intoxicate **-2.** [emborrachar] to make drunk.
◆ **embriagarse** *vpr* **-1.** [extasiarse]: **~se (de)** to become drunk (with) **-2.** [emborracharse]: **~se (con)** to get drunk (on).
embriaguez *f* **-1.** [borrachera] drunkenness **-2.** [éxtasis] intoxication.
embrión *m* embryo.
embrionario, ria *adj fig* [inicial] embryonic.
embrollar *vt* [asunto] to confuse, to complicate; [hilos] to tangle up.
◆ **embrollarse** *vpr* to get muddled up *o* confused.
embrollo *m* **-1.** [de hilos] tangle **-2.** *fig* [lío] mess; [mentira] lie.
embromado, da *adj Andes, Carib, RP fam* [complicado] tricky.
embromar *vt* **-1.** [burlarse de] to tease **-2.** *Andes, Carib, RP* [fastidiar] to annoy, to bother **-3.** *Andes, Carib, RP* [estropear - máquina, objeto] to break; [- fiesta, vacaciones] to spoil, to ruin.
embrujamiento *m* bewitchment.
embrujar *vt lit* & *fig* to bewitch.
embrujo *m* [maleficio] curse, spell; *fig* [de ciudad, ojos] charm, magic.
embrutecer [30] *vt* to brutalize.
◆ **embrutecerse** *vpr* to become brutalized.
embrutecimiento *m* [acción] brutalization; [cualidad] brutishness.
embuchado, da *adj*: **carne embuchada** cured cold meat.
embuchar *vt* **-1.** *fam* [comer] to wolf down, to gobble up **-2.** [embutir] to process into sausages.
embudo *m* funnel.
embuste *m* lie.
embustero, ra ◇ *adj* lying. ◇ *m,f* liar.
embute *m Amér fam* bribe.
embutido *m* **-1.** [comida] cold cured meat **-2.** [acción] sausage-making, stuffing.
embutir *vt lit* & *fig* to stuff.
eme *f fam* [mierda] sugar, fudge; **¡vete a la ~!** eff off!

emergencia *f* **-1.** [urgencia] emergency; **en caso de ~** in case of emergency **-2.** [brote] emergence.
emergente *adj* emerging.
emerger [14] *vi* [salir del agua] to emerge; [aparecer] to come into view, to appear.
emérito, ta *adj* emeritus.
emerja *etc* ▻ **emerger.**
emigración *f* **-1.** [de personas] emigration; [de aves] migration **-2.** [grupo de personas] emigrant community.
emigrado, da *m,f* emigrant; **~ político** émigré.
emigrante *adj & m,f* emigrant.
emigrar *vi* [persona] to emigrate; [ave] to migrate.
eminencia *f* [persona] eminent figure, leading light; **~ gris** éminence grise.
◆ **Eminencia** *f*: **Su Eminencia** His Eminence.
eminente *adj* **-1.** [distinguido] eminent **-2.** [elevado] high.
emir *m* emir.
emirato *m* emirate.
Emiratos Árabes Unidos *mpl*: **los ~** United Arab Emirates.
emisario, ria *m,f* emissary.
emisión *f* **-1.** [de energía, rayos etc] emission **-2.** [de bonos, sellos, monedas] issue; **~ de obligaciones** COM debentures issue **-3.** [RADIO & TV - transmisión] broadcasting; [- programa] programme, broadcast.
emisor, ra *adj* transmitting *(antes de sust).*
◆ **emisor** *m* transmitter.
◆ **emisora** *f* radio station; **~ a pirata** pirate radio station.
emitir ◇ *vt* **-1.** [rayos, calor, sonidos] to emit **-2.** [moneda, sellos, bonos] to issue **-3.** [expresar - juicio, opinión] to express; [- fallo] to pronounce **-4.** RADIO & TV to broadcast. ◇ *vi* to broadcast.
emoción *f* **-1.** [conmoción, sentimiento] emotion **-2.** [expectación] excitement; **¡qué ~!** how exciting!
emocional *adj* emotional.
emocionante *adj* **-1.** [conmovedor] moving, touching **-2.** [apasionante] exciting, thrilling.
emocionar *vt* **-1.** [conmover] to move **-2.** [excitar, apasionar] to thrill, to excite.
◆ **emocionarse** *vpr* **-1.** [conmoverse] to be moved **-2.** [excitarse, apasionarse] to get excited.
emolumento *(gen pl) m* emolument.
emoticono *m* INFORM emoticon.
emotividad *f* emotional impact, emotiveness.
emotivo, va *adj* [persona] emotional; [escena, palabras] moving.
empacar *vi Amér* to pack.
empachar *vt* to give indigestion to.
◆ **empacharse** *vpr* [hartarse] to stuff o.s.; [sufrir indigestión] to get indigestion.
empacho *m* **-1.** [indigestión] upset stomach, indigestion **-2.** *fig* [hartura]: **tener un ~ de** to have had one's fill *o* enough of.
empadronamiento *m* ≃ registration on the electoral roll.
empadronar *vt* ≃ to register on the electoral roll.
◆ **empadronarse** *vpr* ≃ to register on the electoral roll.
empalagar [16] *vt*: **los bombones me empalagan** I find chocolates sickly.
◆ **empalagarse** *vpr*: **~se de** *o* **con** to get sick of.
empalago *m* cloying taste.
empalagoso, sa *adj* sickly, cloying.
empalizada *f* [cerca] fence; MIL stockade.
empalmar ◇ *vt* **-1.** [tubos, cables] to connect, to join **-2.** [planes, ideas] to link **-3.** [en fútbol] to volley. ◇ *vi* **-1.** [autocares, trenes] to connect **-2.** [carreteras] to link *o* join (up) **-3.** [sucederse]: **~ (con)** to follow on (from).
empalme *m* **-1.** [entre cables, tubos] joint, connection **-2.** [de líneas férreas, carreteras] junction.
empanada *f* pasty; **tener una ~ mental** *fam* to be in a real muddle, not to be able to think straight.
empanadilla *f* small pasty.
empanar *vt* CULIN to coat in breadcrumbs.
empantanar *vt* to flood.
◆ **empantanarse** *vpr* **-1.** [inundarse] to be flooded *o* waterlogged **-2.** *fig* [atascarse] to get bogged down.
empañado, da *adj* **-1.** [cristal] misted *o* steamed up **-2.** [reputación] tarnished.
empañar *vt* **-1.** [cristal] to mist *o* steam up **-2.** *fig* [reputación] to tarnish.
◆ **empañarse** *vpr* to mist *o* steam up.
empapar *vt* **-1.** [mojar] to soak **-2.** [absorber] to soak up.
◆ **empaparse** *vpr* **-1.** [mojarse] to get soaked **-2.** [enterarse bien]: **se empapó de sociología antes de dar la conferencia** she did a lot of reading up about sociology before giving her speech; **¡para que te empapes!** *fam* so there!

empapelado *m* **-1.** [acción] papering **-2.** [papel] wallpaper.

empapelar *vt* **-1.** [pared] to paper **-2.** ***fam fig*** [procesar] to have up (before the courts).

empaque *m* ***Méx*** [en paquetes, bolsas, cajas] packing; [en latas] canning; [en botellas] bottling.

empaquetar *vt* to pack, to package.

emparedado, da *adj* confined.
◆ **emparedado** *m* sandwich.

emparedar *vt* to shut up, to lock away.

emparejamiento *m* pairing.

emparejar *vt* **-1.** [aparejar - personas] to pair off; [- zapatos etc] to match (up) **-2.** [nivelar] to make level.
◆ **emparejarse** *vpr* [personas] to find a partner.

emparentar [19] *vi*: ~ **con** to marry into.

emparrado *m* [pérgola] bower.

emparrar *vt* to train.

empastar *vt* to fill.

empaste *m* filling.

empatar ◇ *vi* DEP to draw; [en elecciones etc] to tie; ~ **a cero** to draw nil-nil. ◇ *vt* ***Andes, Ven*** to join, to link.

empate *m* **-1.** [resultado] draw; **un ~ a cero/dos** a goalless/two-all draw **-2.** ***Andes, Ven*** [empalme] joint, link.

empecé *etc* ▷ **empezar.**

empecinado, da *adj* stubborn.

empecinarse *vpr*: ~ **(en hacer algo)** to insist (on doing sthg).

empedernido, da *adj* [bebedor, fumador] heavy; [criminal, jugador] hardened.

empedrado *m* paving.

empedrar [19] *vt* to pave.

empeine *m* [de pie, zapato] instep.

empellón *m* push, shove; **abrirse paso a empellones** to shove *o* push one's way through.

empeñado, da *adj* **-1.** [en préstamo] in pawn **-2.** [obstinado] determined; **estar ~ en hacer algo** to be determined to do sthg.

empeñar *vt* **-1.** [joyas etc] to pawn **-2.** [palabra, honor] to give.
◆ **empeñarse** *vpr* **-1.** [obstinarse] to insist; **~se en hacer algo** [obstinarse] to insist on doing sthg; [persistir] to persist in doing sthg **-2.** [endeudarse] to get into debt.

empeño *m* **-1.** [de joyas etc] pawning; **casa de ~s** pawnshop **-2.** [obstinación] determination; **poner mucho ~ en algo** to put a lot of effort into sth; **tener ~ en hacer algo** to be determined to do sthg; **en el ~** in the attempt.

empeoramiento *m* worsening, deterioration.

empeorar *vi* to get worse, to deteriorate.

empequeñecer [30] *vt* [quitar importancia a] to diminish; [en una comparación] to overshadow, to dwarf.

emperador, emperatriz *m,f* emperor (*f* empress).
◆ **emperador** *m* [pez] swordfish.

emperifollar *vt* ***fam*** to doll *o* tart up.
◆ **emperifollarse** *vpr* ***fam*** to doll *o* tart o.s. up.

emperrarse *vpr*: ~ **(en hacer algo)** to insist (on doing sthg).

empezar [34] ◇ *vt* to begin, to start. ◇ *vi*: ~ **(a hacer algo)** to begin *o* start (to do sthg); ~ **(por hacer algo)** to begin *o* start (by doing sthg); **para ~** to begin *o* start with; **por algo se empieza** you've got to start somewhere.

empiedra *etc* ▷ **empedrar.**

empiezo ▷ **empezar.**

empinado, da *adj* steep.

empinar *vt* **-1.** [inclinar] to tip up **-2.** [levantar] to raise.
◆ **empinarse** *vpr* **-1.** [animal] to stand up on its hind legs **-2.** [persona] to stand on tiptoe **-3.** ***mfam*** [pene]: **se le empinó** he got a hard-on.

empingorotado, da *adj* stuck-up, posh.

empírico, ca ◇ *adj* empirical. ◇ *m,f* empiricist.

empirismo *m* empiricism.

emplasto *m* FARM poultice.

emplazamiento *m* **-1.** [ubicación] location **-2.** DER summons.

emplazar [13] *vt* **-1.** [situar] to locate; MIL to position **-2.** [citar] to summon; DER to summons.

empleado, da *m,f* [gen] employee; [de banco, administración, oficina] clerk; **empleada de hogar** maid.

empleador, ra *m,f* employer.

emplear *vt* **-1.** [usar - objetos, materiales etc] to use; [- tiempo] to spend; **~ algo en hacer algo** to use sthg to do sthg **-2.** [contratar] to employ **-3.** *loc*: **lo tiene** *o* **le está bien empleado** he deserves it, it serves him right.
◆ **emplearse** *vpr* **-1.** [colocarse] to find a job **-2.** [usarse] to be used.

empleo *m* **-1.** [uso] use; **'modo de ~'** 'instructions for use' **-2.** [trabajo] employment; [puesto] job; **estar sin ~** to be out of work; **~ comunitario** community service;

~ **juvenil** youth employment; **pleno ~** full employment.

emplomadura *f RP* [de diente] filling.

emplomar *vt* **-1.** [cubrir con plomo] to lead **-2.** *RP* [diente] to fill.

empobrecer [30] *vt* to impoverish.

◆ **empobrecerse** *vpr* to get poorer.

empobrecimiento *m* impoverishment.

empollar ◇ *vt* **-1.** [huevo] to incubate **-2.** *fam* [estudiar] to swot up on. ◇ *vi fam* to swot.

◆ **empollarse** *vpr fam* to swot up on.

empollón, ona *fam* ◇ *adj* swotty. ◇ *m,f* swot.

empolvarse *vpr* to powder one's face.

emporrado, da *adj fam* stoned.

emporrarse *vpr fam* to get stoned (on cannabis).

empotrado, da *adj* fitted, built-in.

empotrar *vt* to fit, to build in.

emprendedor, ra *adj* enterprising.

emprender *vt* **-1.** [trabajo] to start; [viaje, marcha] to set off on; **~ vuelo** to fly off **-2.** *loc*: **~la con alguien** to take it out on sb; **~la a golpes con alguien** to start hitting sb.

empresa *f* **-1.** [sociedad] company; **~ de seguridad** security firm; **~ de servicios** service company; **~ mixta/privada** mixed/private company; **~ filial** subsidiary; **~ libre, libre ~** free enterprise; **~ matriz** parent company; **pequeña y mediana ~** small and medium-sized business; **~ pública** public sector firm; **~ de trabajo temporal** temping agency **-2.** [acción] enterprise, undertaking.

empresariado *m* employers *(pl)*.

empresarial *adj* management *(antes de sust)*.

◆ **empresariales** *fpl* business studies.

empresario, ria *m,f* [patrono] employer; [hombre, mujer de negocios] businessman (*f* businesswoman); [de teatro] impresario; **pequeño ~** small businessman.

empréstito *m* debenture loan.

empujar *vt* to push; **~ a alguien a que haga algo** to push sb into doing sthg.

empuje *m* **-1.** [presión] pressure **-2.** [energía] energy, drive.

empujón *m* **-1.** [empellón] shove, push; **dar un ~ a alguien** to give sb a push *o* a shove; **abrirse paso a empujones** to shove *o* push one's way through **-2.** *fig* [impulso] effort; **dar un último ~ a** to make one last effort with.

empuñadura *f* handle; [de espada] hilt.

empuñar *vt* to take hold of, to grasp.

emulación *f* [gen & *INFORM*] emulation.

emulador *m INFORM* emulator.

emular *vt* [gen & *INFORM*] to emulate.

emulsión *f* emulsion.

en *prep* **-1.** [lugar - en el interior de] in; [- sobre la superficie de] on; [- en un punto concreto de] at; **viven ~ la capital** they live in the capital; **tiene el dinero ~ el banco** he keeps his money in the bank; **~ la mesa/el plato** on the table/plate; **~ casa/el trabajo** at home/work **-2.** [dirección] into; **el avión cayó ~ el mar** the plane fell into the sea; **entraron ~ la habitación** they came into the room **-3.** [tiempo - mes, año etc] in; [- día] on; **nació ~ 1940/mayo** he was born in 1940/May; **~ aquel día** on that day; **~ Nochebuena** on Christmas Eve; **~ Navidades** at Christmas; **~ aquella época** at that time, in those days; **~ un par de días** in a couple of days **-4.** [medio de transporte] by; **ir ~ tren/coche/avión/barco** to go by train/car/plane/boat **-5.** [modo] in; **~ voz baja** in a low voice; **lo dijo ~ inglés** she said it in English; **pagar ~ libras** to pay in pounds; **la inflación aumentó ~ un 10%** inflation increased by 10% **todo se lo gasta ~ ropa** he spends everything on clothes **-6.** [precio] in; **las ganancias se calculan ~ millones** profits are calculated in millions; **te lo dejo en 5.000** I'll let you have it for 5,000 **-7.** [tema]**: es un experto ~ la materia** he's an expert on the subject; **es doctor ~ medicina** he's a doctor of medicine **-8.** [causa] from; **lo detecté ~ su forma de hablar** I could tell from the way he was speaking **-9.** [materia] in, made of; **~ seda** in silk **-10.** [cualidad] in terms of; **le supera ~ inteligencia** she is more intelligent than he is.

enagua *f (gen pl)* petticoat.

enajenación *f*, **enajenamiento** *m* **-1.** [locura] mental derangement, insanity; [éxtasis] rapture **-2.** [de una propiedad] transfer of ownership, alienation.

enajenar *vt* **-1.** [volver loco] to drive mad; [extasiar] to enrapture **-2.** [propiedad] to transfer ownership of, to alienate.

enaltecer [30] *vt* to praise.

enamoradizo, za ◇ *adj* who falls in love easily. ◇ *m,f* person who falls in love easily.

enamorado, da ◇ *adj*: **~ (de)** in love (with). ◇ *m,f* lover.

enamoramiento *m* falling in love.

enamorar *vt* to win the heart of.

◆ **enamorarse** *vpr*: **~se (de)** to fall in love (with).

enano, na *adj & m,f* dwarf; **disfrutar como un ~** *fam* to have a whale of a time.

enarbolar *vt* [bandera] to raise, to hoist; [pancarta] to hold up; [arma] to brandish.

enardecer [30] *vt* [gen] to inflame; [persona, multitud] to fill with enthusiasm.

enarque *etc* ⊳ **enarcar.**

encabezamiento *m* [de carta, escrito] heading; [de artículo periodístico] headline; [preámbulo] foreword.

encabezar [13] *vt* **-1.** [artículo de periódico] to headline; [libro] to write the foreword for **-2.** [lista, carta] to head **-3.** [marcha, expedición] to lead.

encabritarse *vpr* **-1.** [caballo, moto] to rear up **-2.** *fam* [persona] to get shirty.

encabronarse *vpr vulg* to get pissed off.

encadenado *m* **-1.** *CIN* fade, dissolve **-2.** *CONSTR* buttress.

encadenamiento *m* linking.

encadenar *vt* **-1.** [atar] to chain (up) **-2.** [enlazar] to link (together) **-3.** *fig* [esclavizar] to chain.

encajar ◇ *vt* **-1.** [meter ajustando]: **~ (en)** to fit (into) **-2.** [meter con fuerza]: **~ (en)** to push (into) **-3.** [hueso dislocado] to set **-4.** [recibir - golpe, noticia, críticas] to take **-5.** [soltar]: **~ algo a alguien** [discurso] to force sb to listen to *o* sit through sthg; [insultos] to hurl sthg at sb; **~ le un golpe a alguien** to land sb a blow.
◇ *vi* **-1.** [piezas, objetos] to fit **-2.** [hechos, declaraciones, datos]: **~ (con)** to square (with), to match **-3.** [ser oportuno, adecuado]: **~ (con)** to fit nicely (with).

encaje *m* **-1.** [ajuste] insertion, fitting-in **-2.** [tejido] lace.

encajonar *vt* **-1.** [en cajas, cajones] to pack, to put in boxes **-2.** [en sitio estrecho]: **~ algo/a alguien (en)** to squeeze sthg/sb (into).

encalado *m* whitewash.

encalar *vt* to whitewash.

encallar *vi* **-1.** [barco] to run aground **-2.** *fig* [solicitud, proyecto] to founder.

encamarse *vpr* **-1.** [enfermo] to take to one's bed **-2.** *fam* [pareja]: **~ con alguien** to sleep with sb.

encaminar *vt* **-1.** [persona, pasos] to direct **-2.** [medidas, leyes, actividades] to aim; **encaminado a** aimed at.
◆ **encaminarse** *vpr*: **~se a/hacia** to set off for/towards.

encamotarse *vpr Andes, CAm fam* to fall in love.

encandilar *vt* to dazzle, to impress greatly.
◆ **encandilarse** *vpr* to be dazzled.

encanecer [30] *vi* to go grey.
◆ **encanecerse** *vpr* to go grey.

encantado, da *adj* **-1.** [contento] delighted; **estar ~ con algo/alguien** to be delighted with sth/sb; **~ de conocerle** pleased to meet you **-2.** [hechizado - casa, lugar] haunted; [- persona] bewitched.

encantador, ra *adj* delightful, charming.

encantamiento *m* enchantment.

encantar *vt* **-1.** [gustar]: **~ le a alguien algo/hacer algo** to love sthg/doing sthg; **me encanta el chocolate** I love chocolate; **le encanta bailar** she loves dancing **-2.** [embrujar] to bewitch, to cast a spell on.

encanto *m* **-1.** [atractivo] charm; **ser un ~** to be a treasure *o* a delight **-2.** [apelativo cariñoso] darling **-3.** [hechizo] spell; **como por ~** as if by magic.

encañonar *vt* [persona] to point a gun at.

encapotado, da *adj* overcast.

encapotarse *vpr* to cloud over.

encapricharse *vpr* **-1.** [obstinarse]: **~ con algo/hacer algo** to set one's mind on sthg/doing sthg **-2.** [enamorarse]: **~ (con alguien)** to become infatuated (with sb).

encapuchado, da ◇ *adj* hooded. ◇ *m,f* hooded person.

encarado, da *adj*: **bien ~** good-looking; **mal ~** plain, ugly.

encaramar *vt* to lift up.
◆ **encaramarse** *vpr*: **~se (a** *o* **en)** to climb up (onto).

encarar *vt* **-1.** [hacer frente a] to confront, to face up to **-2.** [poner frente a frente] to bring face to face.
◆ **encararse** *vpr* [enfrentarse]: **~se a** *o* **con** to stand up to.

encarcelamiento *m* imprisonment.

encarcelar *vt* to imprison.

encarecer [30] *vt* **-1.** [productos, precios] to make more expensive **-2.** [rogar]: **~ a alguien que haga algo** to beg *o* implore sb to do sthg.
◆ **encarecerse** *vpr* to become more expensive.

encarecidamente *adv* earnestly.

encarecimiento *m* **-1.** [de producto, coste] increase in price **-2.** [empeño]: **con ~** insistently.

encargado, da ◇ *adj*: **~ (de)** responsible (for), in charge (of). ◇ *m,f* [gen] person in charge; *COM* manager (*f* manageress); **~ de negocios** *POLÍT* chargé d'affaires.

encargar [16] *vt* **-1.** [poner al cargo]: **~ a al-**

guien de algo to put sb in charge of sthg; ~ **a alguien que haga algo** to tell sb to do sthg **-2.** [pedir] to order.

◆ **encargarse** *vpr* **-1.** [ocuparse]: ~**se de** to be in charge of; **yo me encargaré de eso** I'll take care of *o* see to that **-2.** [pedir] to order.

encargo *m* **-1.** [pedido] order; **por** ~ to order; **es como hecho de** ~ it's tailor-made **-2.** [recado] errand **-3.** [tarea] task, assignment.

encariñarse *vpr*: ~ **con** to become fond of.

encarnación *f* [personificación - cosa] embodiment; [- persona] personification.

◆ **Encarnación** *f* RELIG Incarnation.

encarnado, da *adj* **-1.** [personificado] incarnate **-2.** [color] red.

◆ **encarnado** *m* red.

encarnar ◇ *vt* [ideal, doctrina] to embody; [personaje, papel] to play. ◇ *vi* RELIG to become flesh.

encarnizado, da *adj* bloody, bitter.

encarnizarse [13] *vpr*: ~ **con** [presa] to fall upon; [prisionero, enemigo] to treat savagely.

encarpetar *vt* to file away.

encarrilar *vt* **-1.** [tren] to put back on the rails; [coche] to put back on the road **-2.** *fig* [negocio, situación] to put on the right track, to point in the right direction.

◆ **encarrilarse** *vpr* [persona] to find out what one wants to do in life.

encarte *m* [en naipes] lead.

encasillado *m* grid.

encasillamiento *m* pigeonholing.

encasillar *vt* **-1.** [clasificar] to pigeonhole; TEATR to typecast **-2.** [poner en casillas] to put in a box, to enter into a grid.

encasquetar *vt* **-1.** [imponer]: ~ **algo a alguien** [idea, teoría] to drum sthg into sb; [discurso, lección] to force sb to sit through sthg **-2.** [sombrero] to pull on **-3.** [endilgar - bultos, objetos]: ~ **algo a alguien** to lumber sb with sthg.

◆ **encasquetarse** *vpr* [sombrero] to pull on.

encasquillarse *vpr* to get jammed.

encausar *vt* to prosecute.

encauzar [13] *vt* **-1.** [corriente] to channel **-2.** [orientar] to direct.

encefálico, ca *adj* brain *(antes de sust)*.

encéfalo *m* encephalon.

encefalograma *m* encephalogram.

encendedor *m* lighter.

encender [20] *vt* **-1.** [vela, cigarro, chimenea] to light **-2.** [aparato] to switch on **-3.** *fig* [avivar - entusiasmo, ira] to arouse; [- pasión, discusión] to inflame.

◆ **encenderse** *vpr* **-1.** [fuego, gas] to ignite; [luz, estufa] to come on **-2.** *fig* [ojos] to light up; [persona, rostro] to go red, to blush; [de ira] to flare up.

encendido, da *adj* **-1.** [luz, colilla] burning; **la luz está encendida** the light is on **-2.** *fig* [deseos, mirada, palabras] passionate, ardent **-3.** [mejillas] red, flushed.

◆ **encendido** *m* AUTOM ignition; ~ **electrónico** electronic ignition.

encerado, da *adj* waxed, polished.

◆ **encerado** *m* **-1.** [acción] waxing, polishing **-2.** [pizarra] blackboard.

encerar *vt* to wax, to polish.

encerrar [19] *vt* **-1.** [recluir - gen] to shut (up *o* in); [- con llave] to lock (up *o* in); [- en la cárcel] to lock away *o* up **-2.** [contener] to contain.

◆ **encerrarse** *vpr* [gen] to shut o.s. away; [con llave] to lock o.s. away.

encerrona *f* **-1.** [trampa] trap **-2.** TAUROM private bullfight.

encestar *vt & vi* to score *(in basketball)*.

enceste *m* basket.

enchapado *m* veneer.

encharcamiento *m* flooding, swamping.

encharcar [10] *vt* to waterlog.

◆ **encharcarse** *vpr* **-1.** [terreno] to become waterlogged **-2.** [pulmones] to become flooded.

enchastrar *vt RP fam* to make dirty.

enchilada *f Méx filled tortilla*.

enchilarse *vpr Méx fam* [enfadarse] to get angry.

enchinar *vt Méx* to curl.

enchironar *vt fam* to (put in the) nick.

enchufado, da ◇ *adj fam*: **estar** ~ to get where one is through connections. ◇ *m,f fam* person who got where they are through connections; **ser el** ~ **de la clase** to be the teacher's pet.

enchufar *vt* **-1.** [aparato] to plug in **-2.** *fam* [a una persona] to pull strings for.

enchufe *m* **-1.** [ELECTR - macho] plug; [- hembra] socket; ~ **múltiple** adapter **-2.** *fam* [recomendación] connections *(pl)*; **obtener algo por** ~ to get sthg by pulling strings *o* through one's connections.

enchufismo *m fam* string-pulling.

encía *f* gum.

encíclica *f* encyclical.

enciclopedia *f* encyclopedia.

enciclopédico, ca *adj* encyclopedic.

encienda *etc* ▷ **encender**.

encierra *etc* ▷ **encerrar**.
encierro *m* **-1.** [protesta] sit-in **-2.** TAUROM running of the bulls.
encima *adv* **-1.** [arriba] on top; **yo vivo ~** I live upstairs; **por ~** [superficialmente] superficially **-2.** [además] on top of that **-3.** [sobre sí]: **lleva un abrigo ~** she has a coat on; **¿llevas dinero ~?** have you got any money on you?
◆ **encima de** *loc prep* **-1.** [en lugar superior que] above; **vivo ~ de tu casa** I live upstairs from you **-2.** [sobre, en] on (top of); **el pan está ~ de la mesa** the bread is on (top of) the table; **estar ~ de alguien** *fig* to be on at sb **-3.** [además] on top of; **~ de ser tonto, es feo** on top of being stupid, he's also ugly.
◆ **por encima de** *loc prep* **-1.** [gen] over; **vive por ~ de sus posibilidades** he lives beyond his means **-2.** *fig* [más que] more than; **por ~ de todo** more than anything else.
encimero, ra *adj* top.
◆ **encimera** *f* worktop.
encina *f* holm oak.
encinta *adj f* pregnant.
enclaustrar *vt* to shut up in a convent.
◆ **enclaustrarse** *vpr* to shut o.s. up in a convent; *fig* [encerrarse] to lock o.s. up in a room.
enclavado, da *adj* set, situated.
enclavar *vt* [clavar] to nail.
enclave *m* enclave.
enclenque *adj* sickly, frail.
encoger [14] ◇ *vt* **-1.** [ropa] to shrink **-2.** [miembro, músculo] to contract. ◇ *vi* to shrink.
◆ **encogerse** *vpr* **-1.** [ropa] to shrink; [músculos etc] to contract; **~se de hombros** to shrug one's shoulders **-2.** *fig* [apocarse] to cringe.
encogido, da *adj* [tímido] shy; [pusilánime] fearful, faint-hearted.
encoja *etc* ▷ **encoger**.
encolado *m* [de silla etc] glueing; [de pared] sizing.
encolar *vt* [silla etc] to glue; [pared] to size, to paste.
encolerizar [13] *vt* to infuriate, to enrage.
◆ **encolerizarse** *vpr* to get angry.
encomendar [19] *vt* to entrust.
◆ **encomendarse** *vpr*: **~se a** [persona] to entrust o.s. to; [Dios, santos] to put one's trust in.
encomiar [8] *vt* to praise, to extol.
encomienda *f* **-1.** [encargo] assignment, mission **-2.** *Amér* [paquete] package, parcel.
encomio *m* praise.
enconado, da *adj* [lucha] bitter; [partidario] passionate, ardent.
enconar *vt* to inflame.
◆ **enconarse** *vpr* **-1.** [persona] to get angry **-2.** [herida] to become inflamed.
encono *m* rancour, animosity.
encontradizo, za *adj*: **hacerse el ~** to contrive a meeting.
encontrado, da *adj* conflicting.
encontrar [23] *vt* **-1.** [gen] to find **-2.** [dificultades] to encounter **-3.** [persona] to meet, to come across.
◆ **encontrarse** *vpr* **-1.** [hallarse] to be; **se encuentra en París** she's in Paris **-2.** [coincidir]: **~se (con alguien)** to meet (sb); **me encontré con Juan** I ran into *o* met Juan **-3.** [de ánimo] to feel; **¿cómo te encuentras?** how do you feel?, how are you feeling?; **~ se bien/mal** to feel fine/ill **-4.** [chocar] to collide.
encontronazo *m* collision, crash.
encopetado, da *adj* posh, upper-class.
encorsetar *vt* to straitjacket.
encorvar *vt* to bend.
◆ **encorvarse** *vpr* to bend down *o* over.
encrespar *vt* **-1.** [pelo] to curl; [mar] to make choppy *o* rough **-2.** [irritar] to irritate.
◆ **encresparse** *vpr* **-1.** [mar] to get rough **-2.** [persona] to get irritated.
encrucijada *f lit & fig* crossroads *(sg)*.
encuadernación *f* binding; **~ en cuero** leather binding; **~ en tela** cloth binding.
encuadernador, ra *m,f* bookbinder.
encuadernar *vt* to bind.
encuadrar *vt* **-1.** [enmarcar - cuadro, tema] to frame **-2.** [encerrar] to contain **-3.** [encajar] to fit.
encuadre *m* FOT composition.
encubierto, ta ◇ *pp* ▷ **encubrir**. ◇ *adj* [intento] covert; [insulto, significado] hidden.
encubridor, ra *m,f*: **~ (de)** accessory (to).
encubrimiento *m* [de delito] concealment; [de persona] harbouring.
encubrir *vt* [delito] to conceal; [persona] to harbour.
encuentra *etc* ▷ **encontrar**.
encuentro *m* **-1.** [acción] meeting, encounter; **un ~ casual** *o* **fortuito** a chance meeting; **salir al ~ de alguien** [para recibir] to go to meet sb; [para atacar] to confront sb **-2.** DEP game, match **-3.** [hallazgo] find.
encuesta *f* **-1.** [de opinión] survey, opinion poll **-2.** [investigación] investigation, inquiry.

encuestado, da *m,f* person polled.
encuestador, ra *m,f* pollster.
encuestar *vt* to poll.
encumbrado, da *adj* exalted, distinguished.
encumbramiento *m* [acción] rise; [posición] distinguished *o* exalted position.
encumbrar *vt* to elevate *o* raise to a higher position.
◆ **encumbrarse** *vpr* to rise to a higher position.
encurtidos *mpl* pickles.
encurtir *vt* to pickle.
endeble *adj* [persona, argumento] weak, feeble; [objeto] fragile.
endemia *f* endemic disease.
endémico, ca *adj* MED endemic.
endemoniado, da ◇ *adj* **-1.** *fam* [molesto - niño] wicked; [- trabajo] very tricky **-2.** [desagradable] terrible, foul **-3.** [poseído] possessed (of the devil). ◇ *m,f* person possessed of the devil.
endenantes *adv Amér fam* before.
enderezamiento *m* [acción de poner derecho] straightening; [acción de poner vertical] putting upright.
enderezar [13] *vt* **-1.** [poner derecho] to straighten **-2.** [poner vertical] to put upright **-3.** *fig* [corregir] to set right, to straighten out.
◆ **enderezarse** *vpr* [sentado] to sit up straight; [de pie] to stand up straight.
endeudamiento *m* debt.
endeudarse *vpr* to get into debt.
endiablado, da *adj* [persona] wicked; [tiempo, genio] foul; [problema, crucigrama] fiendishly difficult.
endibia = **endivia**.
endilgar [16] *vt fam*: ~ **algo a alguien** [sermón, bronca] to dish sthg out to sb; [bulto, tarea] to lumber sb with sthg.
endiñar *vt fam*: ~ **algo a alguien** [golpe] to land *o* deal sb sthg; [trabajo, tarea] to lumber sb with sthg.
endiosamiento *m* self-importance, conceit.
endiosarse *vpr* to become conceited *o* full of o.s.
endivia, endibia *f* endive.
endocrino, na ◇ *adj* endocrine *(antes de sust)*. ◇ *m,f* endocrinologist.
endocrinología *f* endocrinology.
endocrinólogo, ga *m,f* endocrinologist.
endogamia *f* endogamy.
endógeno, na *adj* endogamous.
endomingado, da *adj fam* dressed-up, dolled-up.
endomingar [16] *vt fam* to dress *o* doll up.
◆ **endomingarse** *vpr fam* to get dressed *o* dolled up in one's best clothes.
endosar *vt* **-1.** [tarea, trabajo]: ~ **algo a alguien** to lumber sb with sthg **-2.** COM to endorse.
endoscopia *f* endoscopy.
endoso *m* COM endorsement.
endulzar [13] *vt* [con azúcar] to sweeten; *fig* [hacer agradable] to ease, to make more bearable.
endurecer [30] *vt* **-1.** [gen] to harden **-2.** [fortalecer] to strengthen.
endurecimiento *m lit & fig* hardening.
enebro *m* juniper.
enema *f* enema.
enemigo, ga ◇ *adj* enemy *(antes de sust)*; **ser ~ de algo** to hate sthg. ◇ *m,f* enemy; **pasarse al ~** to go over to the enemy.
enemistad *f* enmity.
enemistar *vt* to make enemies of.
◆ **enemistarse** *vpr*: **~se (con)** to fall out (with).
energético, ca *adj* energy *(antes de sust)*.
◆ **energética** *f* energetics *(U)*.
energía *f* **-1.** [gen] energy; ~ **atómica** *o* **nuclear** nuclear power; ~ **eléctrica/eólica/hidráulica** electric/wind/water power; ~ **solar** solar energy *o* power **-2.** [fuerza] strength; **hay que empujar con ~** you have to push hard.
enérgico, ca *adj* [gen] energetic; [carácter] forceful; [gesto, medida] vigorous; [decisión, postura] emphatic.
energúmeno, na *m,f* madman (*f* madwoman); **gritaba como un ~** he was screaming like one possessed.
enero *m* January; *ver también* **septiembre**.
enervante *adj* [debilitador] draining; [exasperante] exasperating.
enervar *vt* **-1.** [debilitar] to sap, to weaken **-2.** [poner nervioso] to exasperate.
enésimo, ma *adj* **-1.** MAT nth **-2.** *fig* umpteenth; **por enésima vez** for the umpteenth time.
enfadado, da *adj* angry.
enfadar *vt* to anger.
◆ **enfadarse** *vpr*: **~se (con)** to get angry (with).
enfado *m* anger.
enfangar [16] *vt* to cover in mud.
◆ **enfangarse** *vpr* **-1.** [con fango] to get covered in mud **-2.** *fam fig* [en un asunto sucio]

to get mixed up in shady business.

énfasis *m inv* emphasis; **poner ~ en algo** to emphasize sthg.

enfático, ca *adj* emphatic.

enfatizar [13] *vt* to emphasize, to stress.

enfermar <> *vt* **-1.** [causar enfermedad a] to make ill **-2.** *fig* [irritar] to make sick. <> *vi* to fall ill; **~ del pecho** to develop a chest complaint.

enfermedad *f* illness; **contraer una ~** to catch an illness; **~ contagiosa** contagious disease; **~ de Creutzfeldt-Jakob** Creutzfeldt-Jakob disease, CJD; **~ infecciosa/venérea** infectious/venereal disease; **~ mental** mental illness; **~ profesional** occupational disease; **~ terminal** terminal illness.

enfermera ▻ **enfermero.**

enfermería *f* sick bay.

enfermero, ra *m, f* male nurse (*f* nurse).

enfermizo, za *adj lit & fig* unhealthy.

enfermo, ma <> *adj* ill, sick; **caer ~** to fall ill. <> *m,f* [gen] invalid, sick person; [en el hospital] patient; **~ terminal** terminally ill patient.

enfervorizar [13] *vt* to inflame, to rouse.

enfilar <> *vt* **-1.** [ir por - camino] to go *o* head straight along **-2.** [apuntar - arma] to aim. <> *vi*: **~ hacia** to go *o* head straight towards.

enfisema *m* emphysema.

enflaquecer [30] <> *vt* to make thin. <> *vi* to grow thin, to lose weight.

enfocar [10] *vt* **-1.** [imagen, objetivo] to focus **-2.** [suj: luz, foco] to shine on **-3.** [tema, asunto] to approach, to look at.

enfoque *m* **-1.** [de imagen] focus **-2.** [de asunto] approach, angle; **dar un ~ nuevo a algo** to adopt a new approach to sthg.

enfrascado, da *adj*: **estar ~ (en)** to be totally absorbed (in).

enfrascar [10] *vt* to bottle.

◆ **enfrascarse en** *vpr* [riña] to get embroiled in; [lectura, conversación] to become engrossed in.

enfrentamiento *m* confrontation.

enfrentar *vt* **-1.** [hacer frente a] to confront, to face **-2.** [poner frente a frente] to bring face to face.

◆ **enfrentarse** *vpr* **-1.** [luchar, encontrarse] to meet, to clash **-2.** [oponerse]: **~se con alguien** to confront sb.

enfrente *adv* **-1.** [delante] opposite; **la tienda de ~** the shop across the road; **~ de** opposite **-2.** [en contra]: **tiene a todos ~** everyone's against her.

enfriamiento *m* **-1.** [catarro] cold **-2.** [acción] cooling.

enfriar [9] *vt lit & fig* to cool.

◆ **enfriarse** *vpr* **-1.** [líquido, pasión, amistad] to cool down **-2.** [quedarse demasiado frío] to go cold **-3.** MED to catch a cold.

enfundar *vt* [espada] to sheathe; [pistola] to put away.

◆ **enfundarse** *vpr*: **~se algo** to wrap o.s. up in sthg.

enfurecer [30] *vt* to infuriate, to madden.

◆ **enfurecerse** *vpr* **-1.** [gen] to get furious **-2.** *fig* [mar] to become rough.

enfurecimiento *m* anger.

enfurruñarse *vpr fam* to sulk.

engalanar *vt* to decorate.

◆ **engalanarse** *vpr* to dress up.

enganchar *vt* **-1.** [agarrar - vagones] to couple; [- remolque, caballos] to hitch up; [- pez] to hook **-2.** [colgar de un gancho] to hang up **-3.** *fam fig* [atraer]: **~ a alguien para que haga algo** to rope sb into doing sthg **-4.** [pillar - empleo, marido] to land (o.s.).

◆ **engancharse** *vpr* **-1.** [prenderse]: **~se algo con algo** to catch sthg on sthg **-2.** [alistarse] to enlist, to join up **-3.** [hacerse adicto]: **~se (a)** to get hooked (on).

enganche *m* **-1.** [de trenes] coupling **-2.** [gancho] hook **-3.** [reclutamiento] enlistment **-4.** *Méx* [depósito] deposit.

enganchón *m* [de ropa etc] snag.

engañabobos *m inv* **-1.** [cosa] con (trick) **-2.** [persona] con man, con artist.

engañar *vt* **-1.** [gen] to deceive; **engaña a su marido** she cheats on her husband **-2.** [estafar] to cheat, to swindle **-3.** [hacer más llevadero] to appease; **~ el hambre** to cheat one's stomach.

◆ **engañarse** *vpr* **-1.** [hacerse ilusiones] to delude o.s. **-2.** [equivocarse] to be wrong.

engañifa *f fam* [gen] trick; [estafa] swindle.

engaño *m* [gen] deceit; [estafa] swindle; **llamarse a ~** to claim one has been cheated.

engañoso, sa *adj* [persona, palabras] deceitful; [aspecto, apariencia] deceptive; [consejo] misleading.

engarce *m* setting.

engarzar [13] *vt* **-1.** [encadenar - abalorios] to thread; [- perlas] to string **-2.** [engastar] to set **-3.** [enlazar - palabras] to string together.

engatusador, ra *fam* <> *adj* coaxing, cajoling. <> *m,f* coaxer.

engatusamiento *m fam* coaxing, cajoling.

engatusar *vt fam* to get round; **~ a alguien**

para que haga algo to coax *o* cajole sb into doing sthg.

engendrar *vt* **-1.** [procrear] to give birth to, to beget **-2.** [originar] to give rise to.

engendro *m* **-1.** [obra de mala calidad] monstrosity **-2.** [ser deforme] freak, deformed creature; [niño] malformed child.

englobar *vt* to bring together.

engomar *vt* to stick, to glue.

engordar ◇ *vt* **-1.** [cebar] to fatten up **-2.** *fig* [aumentar] to swell. ◇ *vi* to put on weight.

engorde *m* fattening (up).

engorro *m* nuisance.

engorroso, sa *adj* bothersome.

engrampadora *f RP* stapler.

engrampar *vt RP* to staple.

engranaje *m* **-1.** [acción] gearing **-2.** [piezas - de reloj, piñón] cogs *(pl)*; [- *AUTOM*] gears *(pl)* **-3.** *fig* [enlace - de ideas] chain, sequence **-4.** [aparato - político, burocrático] machinery.

engranar *vt* **-1.** [piezas] to engage **-2.** *fig* [ideas] to link, to connect.

engrandecer [30] *vt* **-1.** *fig* [enaltecer] to exalt **-2.** [aumentar] to increase, to enlarge.

engrandecimiento *m* **-1.** [enaltecimiento] enhancement **-2.** [aumento] increase.

engrasar *vt* [gen] to lubricate; [bisagra, mecanismo] to oil; [eje, bandeja] to grease.

engrase *m* **-1.** [acción - gen] lubrication; [- de goznes] oiling; [- de bandeja] greasing **-2.** [sustancia] lubricant.

engreído, da ◇ *adj* conceited, full of one's own importance. ◇ *m,f* conceited person.

engrosar [23] *vt* **-1.** *fig* [aumentar] to swell **-2.** [engordar - animal] to fatten; [- texto] to bump up the size of.

engrudo *m* paste.

engruesa *etc* ▷ **engrosar.**

engullir *vt* to gobble up, to wolf down.

enharinar *vt* to flour.

enhebrar *vt* **-1.** [gen] to thread; [perlas] to string **-2.** *fig* [palabras] to string together.

enhorabuena ◇ *f* congratulations *(pl)*; **dar la ~ a alguien** to congratulate sb. ◇ *interj*: **¡~ (por ...)!** congratulations (on ...)!

enigma *m* enigma.

enigmático, ca *adj* enigmatic.

enjabonado, da *adj* soapy.
◆ **enjabonado** *m* washing.

enjabonar *vt* **-1.** [con jabón] to soap **-2.** [dar coba a] to soft-soap.

enjambre *m lit & fig* swarm.

enjaular *vt* [en jaula] to cage; *fam* [en prisión] to jail, to lock up.

enjoyar *vt* to adorn with jewels.
◆ **enjoyarse** *vpr* to put on (one's) jewels.

enjuagar [16] *vt* to rinse.
◆ **enjuagarse** *vpr* to rinse o.s./one's mouth/one's hands *etc.*

enjuague *m* rinse.

enjugar [16] *vt* **-1.** [secar] to dry, to wipe away **-2.** [pagar - deuda] to pay off; [- déficit] to cancel out.

enjuiciamiento *m* **-1.** *DER* trial **-2.** [opinión] judgment.

enjuiciar [8] *vt* **-1.** *DER* to try **-2.** [opinar] to judge.

enjuto, ta *adj* [delgado] lean.

enlace ◇ ▷ **enlazar.** ◇ *m* **-1.** [acción] link **-2.** [persona] go-between; **~ sindical** shop steward **-3.** *QUÍM* bond **-4.** [casamiento]: **~ (matrimonial)** marriage **-5.** [de trenes] connection; **estación de ~** junction; **vía de ~** crossover **-6.** *INFORM*: **~ de datos** data link; **~ hipertextual** *o* **de hipertexto** hypertext link.

enladrillado *m* brick paving.

enladrillar *vt* to pave with bricks.

enlatar *vt* to can, to tin.

enlazar [13] ◇ *vt*: **~ algo a** [atar] to tie sthg up to; [trabar, relacionar] to link *o* connect sthg with. ◇ *vi*: **~ en** [trenes] to connect at.
◆ **enlazarse** *vpr* to become linked.

enlodar *vt* to cover in mud.

enloquecedor, ra *adj* maddening.

enloquecer [30] ◇ *vt* **-1.** [volver loco] to drive mad **-2.** *fig* [gustar mucho] to drive wild *o* crazy. ◇ *vi* to go mad.

enloquecimiento *m* madness.

enlosar *vt* to tile.

enlutado, da *adj* in mourning.

enmaderar *vt* [pared] to panel; [suelo] to lay the floorboards of.

enmadrarse *vpr* to become too tied to one's mother.

enmarañar *vt* **-1.** [enredar] to tangle (up) **-2.** [complicar] to complicate, to confuse.
◆ **enmarañarse** *vpr* **-1.** [enredarse] to become tangled **-2.** [complicarse] to become confused *o* complicated.

enmarcar [10] *vt* to frame.

enmascarado, da ◇ *adj* masked. ◇ *m,f* masked man (*f* masked woman).

enmascarar *vt* [rostro] to mask; *fig* [encubrir] to disguise.

enmendar [19] *vt* [error] to correct; [ley, dictamen] to amend; [comportamiento] to mend; [daño, perjuicio] to redress.

◆ **enmendarse** *vpr* to mend one's ways.

enmienda *f* **-1.** [acción]: **hacer propósito de ~** to promise to mend one's ways **-2.** [en un texto] corrections *(pl)* **-3.** POLÍT amendment.

enmiende ▷ **enmendar.**

enmohecer [30] *vt* [gen] to turn mouldy; [metal] to rust.

◆ **enmohecerse** *vpr* [gen] to grow mouldy; [metal, conocimientos] to go rusty.

enmohecimiento *m* [gen] mould; [de metal] rust.

enmoquetado *m* carpeting.

enmoquetar *vt* to carpet.

enmudecer [30] ◇ *vt* to silence. ◇ *vi* [callarse] to fall silent, to go quiet; [perder el habla] to be struck dumb.

ennegrecer [30] *vt* [gen] to blacken; [suj: nubes] to darken.

◆ **ennegrecerse** *vpr* [gen] to become blackened; [nublarse] to darken, to grow dark.

ennoblecer [30] *vt* **-1.** *fig* [dignificar] to lend distinction to **-2.** [dar un título a] to ennoble.

enojadizo, za *adj* irritable, touchy.

enojar *vt* [enfadar] to anger; [molestar] to annoy.

◆ **enojarse** *vpr*: **~se (con)** [enfadarse] to get angry (with); [molestarse] to get annoyed (with).

enojo *m* [enfado] anger; [molestia] annoyance.

enojoso, sa *adj* [molesto] annoying; [delicado, espinoso] awkward.

enología *f* oenology, study of wine.

enólogo, ga *m,f* oenologist, wine expert.

enorgullecer [30] *vt* to fill with pride.

◆ **enorgullecerse de** *vpr* to be proud of.

enorme *adj* [en tamaño] enormous, huge; [en gravedad] monstrous.

enormidad *f* **-1.** [de tamaño] enormity, hugeness **-2.** *fig* [despropósito] crass remark/mistake *etc.*

enquistado, da *adj*: **tiene la mano enquistada** he has a cyst on his hand.

enquistarse *vpr* to develop into a cyst.

enraizar [13] *vi* [árbol] to take root; [persona] to put down roots.

enramada *f* **-1.** [espesura] branches *(pl)*, canopy **-2.** [cobertizo] bower.

enrarecer [30] *vt* **-1.** [contaminar] to pollute **-2.** [rarificar] to rarefy.

◆ **enrarecerse** *vpr* **-1.** [contaminarse] to become polluted **-2.** [rarificarse] to become rarefied **-3.** *fig* [situación, ambiente] to become tense.

enredadera *f* creeper.

enredador, ra ◇ *adj* [travieso] naughty, mischievous; [chismoso] gossiping. ◇ *m,f* [travieso] mischief-maker; [chismoso] gossip.

enredar ◇ *vt* **-1.** [madeja, pelo] to tangle up; [situación, asunto] to complicate, to confuse **-2.** [implicar]: **~ a alguien (en)** to embroil sb (in), to involve sb (in) **-3.** [entretener] to bother, to annoy. ◇ *vi* to get up to mischief.

◆ **enredarse** *vpr* **-1.** [plantas] to climb; [madeja, pelo] to get tangled up; [situación, asunto] to become confused **-2.** [empezar]: **~se en algo** to get involved in sthg; **~se a hacer algo** to start doing sthg **-3.** *fam* [amancebarse]: **~se con** to get involved *o* have an affair with.

enredo *m* **-1.** [maraña] tangle, knot **-2.** [lío] mess, complicated affair; [asunto ilícito] shady affair **-3.** [amoroso] (love) affair **-4.** LITER plot.

enrejado *m* **-1.** [barrotes - de balcón, verja] railings *(pl)*; [- de jaula, celda, ventana] bars *(pl)* **-2.** [de cañas] trellis.

enrevesado, da *adj* complex, complicated.

enriquecedor, ra *adj* enriching.

enriquecer [30] *vt* **-1.** [hacer rico] to bring wealth to, to make rich **-2.** *fig* [engrandecer] to enrich.

◆ **enriquecerse** *vpr* to get rich.

enriquecimiento *m* enrichment.

enrojecer [30] ◇ *vt* [gen] to redden, to turn red; [rostro, mejillas] to cause to blush. ◇ *vi* [por calor] to flush; [por turbación] to blush.

◆ **enrojecerse** *vpr* [por calor] to flush; [por turbación] to blush.

enrojecimiento *m* **-1.** [rubor] blushing **-2.** [irritación] redness, red mark.

enrolar *vt* to enlist.

◆ **enrolarse en** *vpr* [la marina] to enlist in; [un buque] to sign up for.

enrollado, da *adj* **-1.** [en forma de rollo] in a roll, rolled up **-2.** *fam* [interesante, animado] fun **-3.** *fam* [en relaciones amorosas]: **estar ~ con alguien** to be involved with sb.

enrollar *vt* **-1.** [arrollar] to roll up **-2.** *fam* [gustar]: **me enrolla mucho** I love it, I think it's great.

◆ **enrollarse** *vpr* **-1.** *fam* [tener relaciones]: **~se (con)** to get involved *o* have an affair (with) **-2.** [hablar] to go on (and on).

enroscar [10] *vt* **-1.** [atornillar] to screw in **-2.** [enrollar] to roll up; [cuerpo, cola] to curl up.

ensaimada *f cake made of sweet coiled pastry.*

ensalada *f* **-1.** [de lechuga etc] salad; ~ **de frutas** fruit salad; ~ **mixta** mixed salad; ~ **rusa** Russian salad **-2.** *fam fig* [lío] mishmash.
ensaladera *f* salad bowl.
ensaladilla *f*: ~ **(rusa)** Russian salad.
ensalzar [13] *vt* to praise.
ensamblado *m* assembly.
ensamblador, ra *m,f* [persona] joiner.
◆ **ensamblador** *m* INFORM assembler.
ensambladura *f*, **ensamblaje** *m* [acción] assembly; [pieza] joint.
ensamblar *vt* [gen & INFORM] to assemble; [madera] to join.
ensanchamiento *m* [de orificio, calle] widening; [de ropa] letting out.
ensanchar *vt* [orificio, calle] to widen; [ropa] to let out; [ciudad] to expand.
ensanche *m* **-1.** [de calle etc] widening **-2.** [en la ciudad] new suburb.
ensangrentado, da *adj* bloodstained.
ensangrentar [19] *vt* to cover with blood.
ensañamiento *m* ferocity.
ensañarse *vpr*: ~ **con** to torment, to treat cruelly.
ensartar *vt* **-1.** [perlas] to string; [aguja] to thread **-2.** [atravesar - torero] to gore; [puñal] to plunge, to bury.
ensayar *vt* **-1.** [gen] to test **-2.** TEATR to rehearse.
ensayista *mf* essayist.
ensayo *m* **-1.** TEATR rehearsal; ~ **general** dress rehearsal **-2.** [prueba] test; ~ **nuclear** nuclear test **-3.** LITER essay **-4.** [en rugby] try.
enseguida *adv* [inmediatamente] immediately, at once; [pronto] very soon; **llegará** ~ he'll be here any minute now.
ensenada *f* cove, inlet.
enseña *f* ensign.
enseñante *mf* teacher.
enseñanza *f* [gen] education; [instrucción] teaching; ~ **estatal** *o* **pública** state education; ~ **privada** private (sector) education; ~ **superior/universitaria** higher/university education; ~ **primaria/secundaria** primary/secondary education; ~ **personificada** personal *o* individual tutoring.
◆ **enseñanzas** *fpl* [de maestro] teachings.
enseñar *vt* **-1.** [instruir, aleccionar] to teach; ~ **a alguien a hacer algo** to teach sb (how) to do sthg **-2.** [mostrar] to show.
enseres *mpl* **-1.** [efectos personales] belongings **-2.** [utensilios] equipment *(U)*; ~ **domésticos** household goods.
ensillado, da *adj* saddled.
ensillar *vt* to saddle up.
ensimismado, da *adj* [enfrascado] absorbed; [pensativo] lost in thought.
ensimismamiento *m* absorption.
ensimismarse *vpr* [enfrascarse] to become absorbed; [abstraerse] to be lost in thought.
ensombrecer [30] *vt lit & fig* to cast a shadow over.
◆ **ensombrecerse** *vpr* to darken.
ensoñación *f* daydream.
ensopar *vt Andes, RP, Ven* to soak.
ensordecedor, ra *adj* deafening.
ensordecer [30] ◇ *vt* **-1.** [causar sordera a] to cause to go deaf **-2.** [suj: sonido] to deafen. ◇ *vi* to go deaf.
ensordecimiento *m* deafness.
ensuciar [8] *vt* to (make) dirty; *fig* [desprestigiar] to sully, to tarnish.
◆ **ensuciarse** *vpr* to get dirty.
ensueño *m lit & fig* dream; **de** ~ dream *(antes de sust)*, ideal.
entablado *m* [armazón] wooden platform; [suelo] floorboards *(pl)*.
entablar *vt* **-1.** [suelo] to put down floorboards on **-2.** [iniciar - conversación, amistad] to strike up; [- negocio] to start up **-3.** [entablillar] to put in a splint.
entablillar *vt* to put in a splint.
entallar ◇ *vt* **-1.** [prenda] to cut, to tailor **-2.** [madera] to carve, to sculpt. ◇ *vi* to fit.
entarimado *m* [plataforma] wooden platform; [suelo] floorboards *(pl)*.
entarimar *vt* [suelo] to put down floorboards on.
ente *m* **-1.** [ser] being **-2.** [corporación] body, organization; ~ **público** [gen] state-owned body *o* institution; [televisión] Spanish state broadcasting company **-3.** *fam* [personaje] odd bod.
entendederas *fpl fam* brains; **ser corto de** ~ to be a bit dim.
entendedor, ra *m,f*: **al buen** ~ **sobran las palabras** *o* **pocas palabras bastan** a word to the wise is sufficient.
entender [20] ◇ *vt* **-1.** [gen] to understand; **¿tú qué entiendes por 'amistad'?** what do you understand by 'friendship'?; **dar algo a** ~ to imply sthg; **dar a** ~ **que ...** to imply (that) ... **-2.** [darse cuenta] to realize **-3.** [oír] to hear **-4.** [juzgar] to think; **yo no lo entiendo así** I don't see it that way. ◇ *vi* **-1.** [comprender] to understand **-2.** [saber]: ~ **de** *o* **en algo** to be an expert on sthg; ~ **poco/algo de** to know very little/a little about. ◇ *m*: **a mi** ~ ... the way I see it ...

◆ **entenderse** *vpr* **-1.** [comprenderse - uno mismo] to know what one means; [- dos personas] to understand each other **-2.** [llevarse bien] to get on **-3.** [ponerse de acuerdo] to reach an agreement **-4.** [comunicarse] to communicate (with each other) **-5.** [amorosamente]: **~se (con)** to have an affair (with).

entendido, da ◇ *adj* **-1.** [comprendido] understood; **tener ~ que** to understand that **-2.** [versado] expert. ◇ *m,f*: **~ (en)** expert (on).

◆ **entendido** *interj*: **¡~!** all right!, okay!

entendimiento *m* **-1.** [comprensión] understanding; [juicio] judgment; [inteligencia] mind, intellect **-2.** [acuerdo] understanding; **llegar a un ~** to come to *o* reach an understanding.

entente *f* POLÍT entente cordiale; COM agreement.

enterado, da ◇ *adj*: **~ (en)** well-informed (about); **estar ~ de algo** to be aware of sthg; **darse por ~** to get the message; **no darse por ~** to turn a deaf ear. ◇ *m,f* expert.

enterarse *vpr* **-1.** [descubrir]: **~ (de)** to find out (about) **-2.** *fam* [comprender] to get it, to understand **-3.** [darse cuenta]: **~ (de algo)** to realize (sthg) **-4.** *loc*: **¡para que te enteres!** I'll have you know!, as a matter of fact!; **¡te vas a ~!** you'll know all about it!, you'll catch it!

entereza *f* [serenidad] composure; [honradez] integrity; [firmeza] firmness.

enternecedor, ra *adj* touching.

enternecer [30] *vt* to move, to touch.

◆ **enternecerse** *vpr* to be moved.

enternecimiento *m* compassion.

entero, ra *adj* **-1.** [completo] whole; **por ~** entirely, completely **-2.** [sereno] composed **-3.** [honrado] upright, honest.

◆ **entero** *m* **-1.** BOLSA point **-2.** *CSur* [de trabajo] overalls *UK (pl)*, coveralls *US (pl)*; [sin mangas] dungarees *UK (pl)*, overalls *US (pl)*; [para bebé] rompers *(pl)*.

enterrador, ra *m,f* gravedigger.

enterramiento *m* burial.

enterrar [19] *vt* **-1.** [gen] to bury **-2.** *fig* [olvidar] to forget about.

◆ **enterrarse** *vpr fig* to hide o.s. away.

entibiar [8] *vt* **-1.** [enfriar] to cool **-2.** [templar] to warm.

◆ **entibiarse** *vpr* [sentimiento] to cool.

entidad *f* **-1.** [corporación] body; [empresa] firm, company; **~ bancaria** bank **-2.** FILOSOFÍA entity **-3.** [importancia] importance.

entienda *etc* ▷ **entender**.

entierra *etc* ▷ **enterrar**.

entierro *m* [acción] burial; [ceremonia] funeral.

entlo. *abrev de* **entresuelo**.

entoldado *m* [toldo] awning; [para fiestas, bailes] marquee.

entoldar *vt* to cover with an awning.

entomología *f* entomology.

entonación *f* intonation.

entonar ◇ *vt* **-1.** [cantar] to sing **-2.** [tonificar] to pick up. ◇ *vi* **-1.** [al cantar] to sing in tune **-2.** [armonizar]: **~ (con algo)** to match (sthg).

entonces ◇ *adv* then; **desde ~** since then; **en** *o* **por aquel ~** at that time. ◇ *interj*: **¡~!** well, then!

entontecer [30] *vt*: **~ a alguien** to dull sb's brain.

entornar *vt* to half-close.

entorno *m* **-1.** [ambiente] environment, surroundings *(pl)* **-2.** COMPUT environment; **~ gráfico** graphic environment; **~ de programación** programming environment.

entorpecer [30] *vt* **-1.** [debilitar - movimientos] to hinder; [- miembros] to numb; [- mente] to cloud **-2.** [dificultar] to obstruct, to hinder.

entorpecimiento *m* **-1.** [debilitamiento - físico] numbness; [- mental] haziness **-2.** [dificultad] hindrance.

entrada *f* **-1.** [acción] entry; [llegada] arrival; **'prohibida la ~'** 'no entry' **-2.** [lugar] entrance; [puerta] doorway; **'~'** 'way in', 'entrance'; **~ principal** main entrance; **~ de servicio** tradesman's entrance **-3.** TECN inlet, intake; **~ de aire** air intake **-4.** [en espectáculos - billete] ticket; [- recaudación] receipts *(pl)*, takings *(pl)*; **~ gratuita** admission free; **~ libre** admission free; **sacar una ~** to buy a ticket **-5.** [público] audience; DEP attendance **-6.** [pago inicial] down payment **-7.** [en contabilidad] income **-8.** [plato] starter **-9.** [en la frente]: **tener ~s** to have a receding hairline **-10.** [en un diccionario] entry **-11.** [principio] beginning, start; **de ~** right from the beginning *o* the word go **-12.** INFORM input.

entrado, da *adj* **-1.** [gen]: **~ el otoño** once autumn has started; **~ en años** elderly; **~ en carnes** portly, rather large **-2.** INFORM input.

entramado *m* framework.

entramar *vt* to make the framework of.

entrante ◇ *adj* [año, mes] coming; [presidente, gobierno] incoming. ◇ *m* **-1.** [plato] starter **-2.** [hueco] recess.

entraña *(gen pl) f* **-1.** [víscera] entrails *(pl)*, insides *(pl)* **-2.** *fig* [centro, esencia] heart **-3.** *loc*: **arrancársele a uno las ~s** to break sb's heart; **no tener ~s** to be heartless.

entrañable *adj* intimate.

entrañar *vt* to involve.

entrar ◇ *vi* **-1.** [introducirse - viniendo] to enter, to come in; [- yendo] to enter, to go in; **~ en algo** to enter sthg, to come/go into sthg; **entré por la ventana** I got in through the window **-2.** [penetrar - clavo etc] to go in; **~ en algo** to go into sthg **-3.** [caber]: **~ (en)** to fit (in); **este anillo no te entra** this ring won't fit you **-4.** [incorporarse]: **~ (en algo)** [colegio, empresa] to start (at sthg); [club, partido político] to join (sthg); **~ de** [botones etc] to start off as **-5.** [empezar]: **~ a hacer algo** to start doing sthg **-6.** [participar] to join in; **~ en** [discusión, polémica] to join in; [negocio] to get in on **-7.** [estar incluido]: **~ en** to be included in **-8.** [figurar]: **~ en** to belong to; **entro en el grupo de los disconformes** I number among the dissidents **-9.** [estado físico o de ánimo]: **le entraron ganas de hablar** he suddenly felt like talking; **me está entrando frío** I'm getting cold; **me entró mucha pena** I was filled with pity **-10.** [periodo de tiempo] to start; **el verano entra el 21 de junio** summer starts on 21st June; **~ en** [edad, vejez] to reach; [año nuevo] to enter **-11.** [cantidad]: **¿cuántos entran en un kilo?** how many do you get to the kilo? **-12.** [concepto, asignatura etc]: **no le entra la geometría** he can't get the hang of geometry **-13.** AUTOM to engage; **no entra la tercera** it won't go into third gear. ◇ *vt* **-1.** [introducir] to bring in **-2.** [prenda de vestir] to take in **-3.** [acometer] to approach, to deal with; **a ése no hay por donde ~le** there's no way of getting through to him.

entre *prep* **-1.** [gen] between; **~ nosotros** [en confianza] between you and me, between ourselves; **era un color ~ verde y azul** the colour was somewhere between green and blue; **su estado de ánimo estaba ~ la alegría y la emoción** his state of mind was somewhere between *o* was a mixture of joy and excitement; **~ una cosa y otra** what with one thing and another **-2.** [en medio de muchos] among, amongst; **estaba ~ los asistentes** she was among those present; **estuvo ~ los mejores** he was one of *o* amongst the best; **~ hombres y mujeres somos más de cien** there are over a hundred of us, men and women together; **~ sí** amongst themselves; **discutían ~ sí** they were arguing with each other.

entreabierto, ta *pp* ▷ **entreabrir**.

entreabrir *vt* to half-open.

entreacto *m* interval.

entrecejo *m* space between the brows; **fruncir el ~** to frown.

entrecerrar [19] *vt* to half-close.

entrecomillado, da *adj* in quotation marks.

◆ **entrecomillado** *m* text in quotation marks.

entrecomillar *vt* to put in quotation marks.

entrecortado, da *adj* [voz, habla] faltering; [respiración] laboured; [señal, sonido] intermittent.

entrecot, entrecote *m* entrecôte.

entrecruzar [13] *vt* to interweave; [miradas] to meet; [dedos] to link together.

◆ **entrecruzarse** *vpr* to interweave; [miradas, caminos] to meet.

entredicho *m*: **estar en ~** to be in doubt; **poner en ~** to question, to call into question.

entrega *f* **-1.** [gen] handing over; [de pedido, paquete] delivery; [de premios] presentation; **hacer ~ de algo a alguien** to hand sthg over to sb; **~ a domicilio** home delivery **-2.** [dedicación]: **~ (a)** devotion (to) **-3.** [fascículo] instalment; **publicar por ~s** to serialize.

entregar [16] *vt* [gen] to hand over; [pedido, paquete] to deliver; [examen, informe] to hand in; [persona] to turn over.

◆ **entregarse** *vpr* [rendirse - soldado, ejército] to surrender; [- criminal] to turn o.s. in.

◆ **entregarse a** *vpr* **-1.** [persona, trabajo] to devote o.s. to **-2.** [vicio, pasión] to give o.s. over to.

entreguerras

◆ **de entreguerras** *loc adj* between the wars.

entrelazar [13] *vt* to interlace, to interlink.

entremedio, entremedias *adv* in between.

entremés *m* CULIN *(gen pl)* hors d'œuvres.

entremeter *vt* to insert, to put in.

◆ **entremeterse** *vpr* [inmiscuirse]: **~se (en)** to meddle (in).

entremetido, da ◇ *adj* meddling. ◇ *m,f* meddler.

entremezclar *vt* to mix up.

◆ **entremezclarse** *vpr* to mix.

entrenador, ra *m,f* coach; [seleccionador] manager.

entrenamiento *m* training.
entrenar *vt & vi* to train.
◆ **entrenarse** *vpr* to train.
entrepierna *f* crotch.
entresacar [10] *vt* to pick out.
entresijos *mpl* ins and outs.
entresuelo *m* mezzanine.
entretanto ◇ *adv* meanwhile. ◇ *m*: **en el ~** in the meantime.
entretecho *m Chile, Col* loft, attic.
entretela *f* [de ropa] inner lining.
◆ **entretelas** *fpl fig* innermost heart *(sg).*
entretención *f Chile* entertainment.
entretener [72] *vt* **-1.** [despistar] to distract **-2.** [retrasar] to hold up, to keep **-3.** [divertir] to entertain **-4.** [mantener] to keep alive, to sustain.
◆ **entretenerse** *vpr* **-1.** [despistarse] to get distracted **-2.** [divertirse] to amuse o.s. **-3.** [retrasarse] to be held up.
entretenido, da *adj* entertaining, enjoyable.
entretenimiento *m* **-1.** [acción] entertainment **-2.** [pasatiempo] pastime.
entretiempo *m*: **de ~** mild-weather *(antes de sust).*
entrever [76] *vt* **-1.** [vislumbrar] to barely make out; [por un instante] to glimpse **-2.** *fig* [adivinar] to see signs of.
◆ **entreverse** *vpr* to be barely visible; **no se entreve una solución** *fig* there's no sign of a solution.
entreverar *CSur vt* to mix.
◆ **entreverarse** *vpr* to get tangled.
entrevero *m CSur* [lío] tangle, mess; [pelea] brawl.
entrevista *f* **-1.** [periodística, de trabajo] interview; **hacer una ~ a alguien** to interview sb; **~ de selección** job interview **-2.** [reunión] meeting.
entrevistador, ra *m,f* interviewer.
entrevistar *vt* to interview.
◆ **entrevistarse** *vpr*: **~se (con)** to have a meeting (with).
entrevisto, ta *pp* ▷ **entrever.**
entristecer [30] *vt* to make sad.
◆ **entristecerse** *vpr* to become sad.
entristecimiento *m* sadness.
entrometerse *vpr*: **~ (en)** to interfere (in).
entrometido, da ◇ *adj* interfering. ◇ *m,f* meddler.
entrometimiento *m* meddling.
entromparse *vpr fam* to get legless.
entroncar [10] *vi* **-1.** [emparentarse]: **~ (con)** to become related (to) **-2.** [trenes etc] to connect **-3.** *fig* [relacionarse]: **~ (con)** to be related (to).
entronizar [13] *vt* to crown.
entubar *vt* to fit tubes to, to tube.
entuerto *m* wrong, injustice; **deshacer ~s** to right wrongs.
entumecer [30] *vt* to numb.
◆ **entumecerse** *vpr* to become numb.
entumecido, da *adj* numb.
entumecimiento *m* numbness.
enturbiar [8] *vt lit & fig* to cloud.
◆ **enturbiarse** *vpr lit & fig* to become cloudy.
entusiasmar *vt* **-1.** [animar] to fill with enthusiasm **-2.** [gustar]: **le entusiasma la música** he loves music.
◆ **entusiasmarse** *vpr*: **~se (con)** to get excited (about).
entusiasmo *m* enthusiasm; **con ~** enthusiastically.
entusiasta ◇ *adj* enthusiastic. ◇ *mf* enthusiast.
enumeración *f* enumeration, listing.
enumerar *vt* to enumerate, to list.
enunciación *f*, **enunciado** *m* formulation, enunciation.
enunciar [8] *vt* to formulate, to enunciate.
envainar *vt* to sheathe.
envalentonamiento *m* boldness.
envalentonar *vt* to urge on, to fill with courage.
◆ **envalentonarse** *vpr* to become daring.
envanecer [30] *vt* to make vain.
◆ **envanecerse** *vpr* to become vain.
envanecimiento *m* vanity.
envarado, da ◇ *adj* stiff, formal. ◇ *m,f* stiff *o* formal person.
envasado *m* [en botellas] bottling; [en latas] canning; [en paquetes] packing.
envasar *vt* [en botellas] to bottle; [en latas] to can; [en paquetes] to pack.
envase *m* **-1.** [envasado - en botellas] bottling; [- en latas] canning; [- en paquetes] packing **-2.** [recipiente] container; [botella] bottle; **~ desechable** disposable container; **~ retornable** returnable bottle; **~ sin retorno** non-returnable bottle.
envejecer [30] ◇ *vi* [hacerse viejo] to grow old; [parecer viejo] to age. ◇ *vt* to age.
envejecido, da *adj* [de edad] old; [de aspecto] aged.
envejecimiento *m* ageing.
envenenamiento *m* poisoning.
envenenar *vt* to poison.

envergadura *f* **-1.** [importancia] size, extent; [complejidad] complexity; **una reforma de gran ~** a wide-ranging reform **-2.** [anchura] span.
envés *m* reverse (side), back; [de tela] wrong side.
enviado, da *m,f* POLÍT envoy; PRENS correspondent; **~ especial** PRENS special correspondent.
enviar [9] *vt* to send; **~ a alguien a hacer algo** to send sb to do sthg.
enviciar [8] *vt* to addict, to get hooked.
◆ **enviciarse** *vpr* to become addicted.
envidia *f* envy; **era la ~ de todos** it was the envy of everyone; **dar ~ a alguien** to make sb jealous *o* envious; **tener ~ de alguien/algo** to envy sb/sthg, to be jealous *o* envious of sb/sthg; **morirse de ~** to be green with envy.
envidiable *adj* enviable.
envidiar [8] *vt* to envy.
envidioso, sa ◇ *adj* envious. ◇ *m,f* envious person.
envilecer [30] *vt* to debase.
◆ **envilecerse** *vpr* to become debased.
envilecimiento *m* debasement.
envío *m* **-1.** COM dispatch; [de correo] delivery; [de víveres, mercancías] consignment; **gastos de ~** postage and packing *UK*, postage and handling *US*; **~ a domicilio** home delivery; **~ contra reembolso** cash on delivery **-2.** [paquete] package.
enviudar *vi* to be widowed.
envoltorio *m*, **envoltura** *f* wrapper, wrapping.
envolvente *adj* enveloping.
envolver [24] *vt* **-1.** [embalar] to wrap (up) **-2.** [enrollar] to wind **-3.** [implicar]: **~ a alguien en** to involve sb in.
◆ **envolverse** *vpr*: **~se en** *o* **con algo** to wrap o.s. in sthg.
envuelto, ta *pp* ▻ **envolver**.
envuelva *etc* ▻ **envolver**.
enyesar *vt* **-1.** MED to put in plaster **-2.** CONSTR to plaster.
enzarzar [13] *vt* to entangle, to embroil.
◆ **enzarzarse** *vpr*: **~se en** to get entangled *o* embroiled in.
enzima *f* enzyme.
eólico, ca *adj* wind *(antes de sust)*.
epatar *vt* to shock.
e.p.d. (*abrev de* **en paz descanse**) RIP.
épica ▻ **épico**.
epicentro *m* epicentre.
épico, ca *adj* epic.
◆ **épica** *f* epic.
epicúreo, a *adj & m,f* Epicurean.
epidemia *f* epidemic.
epidémico, ca *adj* epidemic.
epidemiología *f* epidemiology.
epidérmico, ca *adj* epidermic.
epidermis *f inv* epidermis.
Epifanía *f* Epiphany.
epígrafe *m* heading.
epilepsia *f* epilepsy.
epiléptico, ca *adj & m,f* epileptic.
epílogo *m* epilogue.
episcopado *m* **-1.** [gen] episcopate, episcopacy **-2.** [territorio] diocese.
episcopal *adj* episcopal.
episodio *m* **-1.** [gen] episode **-2.** [suceso] event.
epístola *f culto* [carta] epistle; RELIG Epistle.
epistolar *adj culto* epistolary.
epistolario *m* collected letters *(pl)*.
epitafio *m* epitaph.
epitelio *m* epithelium.
epíteto *m* epithet.
época *f* period; [estación] season; **de ~** period *(antes de sust)*; **en aquella ~** at that time; **hacer ~** to become a symbol of its time; **~ dorada** golden age.
epopeya *f* **-1.** [gen] epic **-2.** *fig* [hazaña] feat.
equidad *f* fairness.
equidistante *adj* equidistant.
equidistar *vi*: **~ (de)** to be equidistant (from).
équidos *mpl* members of the horse family.
equilátero, ra *adj* equilateral.
equilibrado, da *adj* **-1.** [gen] balanced **-2.** [sensato] sensible.
equilibrar *vt* to balance.
◆ **equilibrarse** *vpr* to balance.
equilibrio *m* balance; **mantener algo en ~** to balance sthg; **mantenerse/perder el ~** to keep/lose one's balance; **~ ecológico** ecological balance; **~ de poderes** balance of power; **hacer ~s** *fig* to perform a balancing act.
equilibrismo *m* [en trapecio] trapeze; [funambulismo] tightrope walking.
equilibrista *mf* [trapecista] trapeze artist; [funambulista] tightrope walker.
equino, na *adj* equine.
equinoccio *m* equinox.
equipaje *m* luggage *UK*, baggage *US*; **hacer el ~** to pack; **~ de mano** hand luggage.
equipamiento *m* [acción] equipping; [equipo] equipment.

equipar *vt*: ~ **(de)** [gen] to equip (with); [ropa] to fit out (with).
◆ **equiparse** *vpr* to equip o.s.
equiparable *adj*: ~ **(a)** comparable (to).
equiparar *vt* to compare.
◆ **equipararse** *vpr* to be compared.
equipo *m* **-1.** [equipamiento] equipment; ~ **de oficina** office equipment; **caerse con todo el** ~ *fam* to get it in the neck **-2.** [uniforme - de novia] trousseau; [- de soldado] kit; [- de colegial] uniform **-3.** [personas, jugadores] team; ~ **de rescate** rescue team **-4.** [de música] system; ~ **de sonido** sound system.
equis *adj* X; **un número** ~ **de personas** x number of people.
equitación *f* [arte] equestrianism; [actividad] horse riding.
equitativo, va *adj* fair, even-handed.
equivalencia *f* equivalence.
equivalente *adj & m* equivalent.
equivaler [74]
◆ **equivaler a** *vi* to be equivalent to; *fig* [significar] to amount to.
equivocación *f* mistake; **por** ~ by mistake.
equivocado, da *adj* mistaken.
equivocar [10] *vt* to choose wrongly; ~ **algo con algo** to mistake sthg for sthg.
◆ **equivocarse** *vpr* to be wrong; ~**se en** to make a mistake in; **se equivocó en la suma** she got the total wrong; **se equivocó de nombre** he got the wrong name.
equívoco, ca *adj* **-1.** [ambiguo] ambiguous, equivocal **-2.** [sospechoso] suspicious.
◆ **equívoco** *m* misunderstanding.
era ◇ ▻ **ser.** ◇ *f* **-1.** [periodo] era; ~ **atómica/espacial/glacial** atomic/space/ ice age; ~ **cristiana/geológica** Christian/ geological era **-2.** [campo] threshing floor.
erario *m* funds *(pl)*; ~ **público** exchequer.
ERASMUS (*abrev de* **European Action Scheme for the Mobility of University Students**) *m* ERASMUS.
erección *f* erection.
eréctil *adj* erectile.
erecto, ta *adj* erect.
eremita *mf* hermit.
eres ▻ **ser.**
ergonomía *f* ergonomics *(U)*.
ergonómico, ca *adj* ergonomic.
erguir [58] *vt* to raise.
◆ **erguirse** *vpr* to rise up.
erial ◇ *adj* uncultivated. ◇ *m* uncultivated land.
erice *etc* ▻ **erizar.**
erigir [15] *vt* **-1.** [construir] to erect, to build **-2.** [nombrar] to name.
◆ **erigirse en** *vpr* to set o.s. up as.
eritema *m* skin rash.
erizado, da *adj* **-1.** [de punta] on end; [con púas o espinas] spiky **-2.** *fig* [lleno]: ~ **de** plagued with.
erizar [13] *vt* to cause to stand on end.
◆ **erizarse** *vpr* [pelo] to stand on end; [persona] to stiffen.
erizo *m* **-1.** [mamífero] hedgehog **-2.** [pez] globefish; ~ **de mar** sea urchin.
ermita *f* hermitage.
ermitaño, ña *m,f* hermit.
erogación *f Chile* [donativo] contribution.
erogar *vt Chile* [donar] to contribute.
erógeno, na *adj* erogenous.
erosión *f* erosion.
erosionar *vt* to erode.
◆ **erosionarse** *vpr* to erode.
erosivo, va *adj* erosive.
erótico, ca *adj* erotic.
◆ **erótica** *f*: **la erótica del poder** the thrill of power.
erotismo *m* eroticism.
erradicación *f* eradication.
erradicar [10] *vt* to eradicate.
errado, da *adj* [disparo] wide of the mark, missed; [razonamiento] mistaken.
errante *adj* wandering.
errar [47] ◇ *vt* [vocación, camino] to choose wrongly; [disparo, golpe] to miss. ◇ *vi* **-1.** [vagar] to wander **-2.** [equivocarse] to make a mistake **-3.** [al disparar] to miss.
errata *f* misprint.
errático, ca *adj* [errante] wandering; *MED* erratic.
erre *f*: ~ **que** ~ stubbornly.
erróneo, a *adj* mistaken.
error *m* mistake, error; **cometer un** ~ to make a mistake; **estar en un** ~ to be mistaken; **por** ~ by mistake; **salvo** ~ **u omisión** errors and omissions excepted; ~ **de cálculo** miscalculation; ~ **humano** human error; ~ **de imprenta** misprint; ~ **judicial** miscarriage of justice; ~ **tipográfico** typo, typographical error.
ertzaina [er'tʃaina] *f member of Basque regional police force.*
ertzaintza [er'tʃaintʃa] *f Basque regional police force.*
eructar *vi* to belch.
eructo *m* belch.
erudición *f* erudition.
erudito, ta ◇ *adj* erudite. ◇ *m,f* scholar.

erupción *f* **-1.** GEOL eruption; **en ~** erupting; **entrar en ~** to erupt **-2.** MED rash.
eruptivo, va *adj* [roca] volcanic; [volcán] active.
es ▷ **ser.**
esa ▷ **ese²**.
ésa ▷ **ése.**
esbeltez *f* slenderness, slimness.
esbelto, ta *adj* slender, slim.
esbirro *m* henchman.
esbozar [13] *vt* to sketch, to outline; [sonrisa] to give a hint of.
esbozo *m* sketch, outline.
escabechado, da *adj* CULIN marinated.
◆ **escabechado** *m* CULIN marinade.
escabechar *vt* CULIN to marinate.
escabeche *m* CULIN marinade.
escabechina *f* destruction; [en examen] huge number of failures.
escabroso, sa *adj* **-1.** [abrupto] rough **-2.** [obsceno] risqué **-3.** [espinoso] awkward, thorny.
escabullirse *vpr* **-1.** [desaparecer]: **~ (de)** to slip away (from) **-2.** [escurrirse]: **escabullírsele le a alguien** to slip out of sb's hands.
escacharrar *vt fam* to knacker.
◆ **escacharrarse** *vpr fam* to get knackered.
escafandra *f* diving suit; **~ espacial** spacesuit.
escafandrista *mf* diver.
escala *f* **-1.** [gen] scale; [de colores] range; **a ~** [gráfica] to scale; **a ~ mundial** *fig* on a worldwide scale; **a gran ~** on a large scale; **a pequeña ~** small-scale; **en pequeña ~** on a small scale; **~ de popularidad** popularity stakes *(pl)*; **~ salarial** salary scale **-2.** [en un viaje] stopover; **hacer ~** to stop over; **~ técnica** refuelling stop *UK*, refueling stop *US* **-3.** [escalera] ladder.
escalada *f* **-1.** [de montaña] climb; **~ libre** free climbing **-2.** [de violencia, precios] escalation, rise.
escalador, ra ◇ *adj* climbing *(antes de sust)*. ◇ *m,f* **-1.** [alpinista] climber **-2.** *fam* [de puestos] careerist.
escalafón *m* scale, ladder.
escalar *vt* to climb.
escaldado, da *adj* **-1.** CULIN scalded **-2.** *fig* [receloso] wary.
escaldar *vt* to scald.
◆ **escaldarse** *vpr* to get burned.
escaleno *adj* scalene.
escalera *f* **-1.** [gen] stairs *(pl)*, staircase; [escala] ladder; **~ mecánica** *o* **automática** escalator; **~ de caracol** spiral staircase; **~ de incendios** fire escape; **~ de mano** ladder; **~ de servicio** service stairs *(pl)*; **~ de tijera** step ladder **-2.** [en naipes] run; **~ de color** straight flush.
escalerilla *f* [de avión] stairs *(pl)*.
escalfar *vt* to poach.
escalinata *f* staircase.
escalofriante *adj* spine-chilling.
escalofrío *(gen pl) m* shiver; **dar ~s a alguien** to give sb the shivers; **tener ~s** to have the shivers.
escalón *m* step; *fig* grade.
escalonado, da *adj* **-1.** [en el tiempo] spread out **-2.** [terreno] terraced; [pelo] layered.
escalonar *vt* **-1.** [gen] to spread out **-2.** [terreno] to terrace.
escalope *m* escalope.
escalpelo *m* scalpel.
escama *f* **-1.** [de peces, reptiles] scale **-2.** [de jabón, en la piel] flake.
escamado, da *adj fam* suspicious, wary.
escamar *vt* **-1.** [pescado] to scale **-2.** *fam fig* [mosquear] to make suspicious.
◆ **escamarse** *vpr fam* to smell a rat, to get suspicious.
escamotear *vt*: **~ algo a alguien** [estafar] to do *o* swindle sb out of sthg; [hurtar] to rob sb of sthg.
escampar *v impers* to clear up, to stop raining.
escanciar [8] *vt* to serve, to pour out.
escandalizar [13] *vt* to scandalize, to shock.
◆ **escandalizarse** *vpr* to be shocked.
escándalo *m* **-1.** [inmoralidad] scandal; [indignación] outrage **-2.** [alboroto] uproar, racket; **armar un ~** to kick up a fuss.
escandaloso, sa ◇ *adj* **-1.** [inmoral] outrageous, shocking **-2.** [ruidoso] very noisy. ◇ *m,f* very noisy *o* loud person.
Escandinavia Scandinavia.
escandinavo, va *adj & m,f* Scandinavian.
escanear *vt* to scan.
escáner *(pl* **escáners***) m* **-1.** [aparato] scanner **-2.** [exploración] scan; **hacerse un ~** to have a scan.
escaño *m* **-1.** [cargo] seat *(in parliament)* **-2.** [asiento] bench *(in parliament)*.
escapada *f* **-1.** [huida] escape, flight; DEP breakaway **-2.** [viaje] quick trip.
escapar *vi* **-1.** [huir]: **~ (de)** to get away *o* escape (from) **-2.** [quedar fuera del alcance]: **~ a alguien** to be beyond sb.
◆ **escaparse** *vpr* **-1.** [huir]: **~se (de)** to get

away *o* escape (from); **~se de casa** to run away from home **-2.** [salir - gas, agua etc] to leak **-3.** [perder]: **se me escapó la risa/un taco** I let out a laugh/an expletive; **se me escapó el tren** I missed the train; **se me escapó la ocasión** the opportunity slipped by.

escaparate *m* (shop) window.

escaparatista *mf* window dresser.

escapatoria *f* **-1.** [fuga] escape; **no tener ~** to have no way out **-2.** *fam* [evasiva] way (of getting) out.

escape *m* [de gas etc] leak; [de coche] exhaust; **a ~** in a rush, at high speed.

escapismo *m* escapism.

escapista *adj* escapist.

escaquearse *vpr fam* to duck out; **~ de algo/de hacer algo** to worm one's way out of sthg/doing sthg.

escarabajo *m* beetle.

escaramuza *f MIL & fig* skirmish.

escarapela *f* rosette, cockade.

escarbar *vt* to scratch, to scrape.

escarceos *mpl* forays; **~ amorosos** flirtations.

escarcha *f* frost.

escarchado, da *adj* [fruta] candied, crystallized.

escarchar *v impers* to freeze (over).

escarlata *adj & m* scarlet.

escarlatina *f* scarlet fever.

escarmentar [19] *vi* to learn (one's lesson); **¡no escarmienta!** he never learns!; **¡para que escarmientes!** that'll teach you!

escarmiento *m* lesson; **servir de ~** to serve as a lesson.

escarnecer [30] *vt* to mock, to ridicule.

escarnio *m* mockery, ridicule.

escarola *f* endive.

escarpado, da *adj* [inclinado] steep; [abrupto] craggy.

escasear *vi* to be scarce, to be in short supply.

escasez *f* [insuficiencia] shortage; [pobreza] poverty.

escaso, sa *adj* **-1.** [insuficiente - conocimientos, recursos] limited, scant; [- tiempo] short; [- cantidad, número] low; [- víveres, trabajo] scarce, in short supply; [- visibilidad, luz] poor; **andar ~ de** to be short of **-2.** [casi completo]: **un metro ~** barely a metre.

escatimar *vt* [gastos, comida] to be sparing with, to skimp on; [esfuerzo, energías] to use as little as possible; **no ~ gastos** to spare no expense.

escay, skai *m* Leatherette®.

escayola *f CONSTR* plaster of Paris; *MED* plaster.

escayolar *vt* to put in plaster.

escena *f* **-1.** [gen] scene; **hacer una ~** to make a scene; **~ retrospectiva** flashback **-2.** [escenario] stage; **llevar a la ~** to dramatize; **poner en ~** to stage; **salir a ~** to go on stage.

escenario *m* **-1.** [tablas, escena] stage; *CIN & TEATR* [lugar de la acción] setting **-2.** *fig* [de suceso] scene.

escénico, ca *adj* scenic.

escenificación *f* [de novela] dramatization; [de obra de teatro] staging.

escenificar [10] *vt* [novela] to dramatize; [obra de teatro] to stage.

escenografía *f* set design.

escenógrafo, fa *m,f* set designer.

escepticismo *m* scepticism.

escéptico, ca ◇ *adj* **-1.** *FILOSOFÍA* sceptic **-2.** [incrédulo] sceptical. ◇ *m,f* sceptic.

escindir *vt* to split.

◆ **escindirse** *vpr*: **~se (en)** to split (into).

escisión *f* [del átomo] splitting; [de partido político] split.

esclarecedor, ra *adj* illuminating.

esclarecer [30] *vt* to clear up, to shed light on.

esclarecimiento *m* clearing up, elucidation.

esclava ▷ **esclavo**.

esclavitud *f lit & fig* slavery.

esclavizar [13] *vt lit & fig* to enslave.

esclavo, va ◇ *adj* enslaved. ◇ *m,f lit & fig* [persona] slave; **es un ~ del trabajo** he's a slave to his work.

◆ **esclava** *f* [pulsera] bangle, bracelet.

esclerosis *f inv MED* sclerosis; **~ múltiple** multiple sclerosis.

esclusa *f* [de canal] lock; [compuerta] floodgate.

escoba *f* broom; **pasar la ~** to sweep (up).

escobazo *m* blow with a broom; **echar a alguien a ~s** to kick sb out.

escobilla *f* **-1.** brush **-2.** *Chile* [de dientes] toothbrush.

escocedura *f* **-1.** [herida] sore **-2.** [sensación] smarting, stinging.

escocer [41] *vi lit & fig* to sting.

◆ **escocerse** *vpr* [piel] to get sore.

escocés, esa ◇ *adj* [gen] Scottish; [whisky] Scotch; [tejido] tartan, plaid. ◇ *m,f* [persona] Scot, Scotsman (*f* Scotswoman); **los escoceses** the Scottish, the Scots.

◆ **escocés** *m* [lengua] Scots *(U)*.

Escocia Scotland.
escoger [14] *vt* to choose.
escogido, da *adj* [elegido] selected, chosen; [selecto] choice, select.
escoja *etc* ▷ **escoger**.
escolar ◇ *adj* school *(antes de sust).* ◇ *mf* pupil, schoolboy (*f* schoolgirl).
escolaridad *f* schooling.
escolarización *f* schooling.
escolarizar [13] *vt* to provide with schooling.
escollera *f* breakwater.
escollo *m* **-1.** [en el mar] reef **-2.** *fig* stumbling block.
escolta *f* escort.
escoltar *vt* to escort.
escombros *mpl* rubble *(U)*, debris *(U)*.
esconder *vt* to hide, to conceal.
◆ **esconderse** *vpr*: **~se (de)** to hide (from).
escondido, da *adj* [lugar] secluded.
◆ **a escondidas** *loc adv* in secret; **hacer algo a escondidas de alguien** to do sthg behind sb's back.
escondite *m* **-1.** [lugar] hiding place **-2.** [juego] hide-and-seek.
escondrijo *m* hiding place.
escoñar *vt fam* to knacker, to break.
◆ **escoñarse** *vpr fam* to get knackered.
escopeta *f* shotgun; **~ de aire comprimido** air gun; **~ de cañones recortados** sawn-off shotgun.
escopetazo *m* [disparo] gunshot; [herida] gunshot wound.
escorar *vi* NÁUT to list.
escorbuto *m* scurvy.
escoria *f fig* dregs *(pl)*, scum.
Escorpio, Escorpión ◇ *m* [zodiaco] Scorpio; **ser ~** to be (a) Scorpio. ◇ *mf* [persona] Scorpio.
escorpión *m* scorpion.
◆ **Escorpión** = **Escorpio**.
escotado, da *adj* low-cut, low-necked.
escote *m* [de prendas] neckline; [de persona] neck; **pagar a ~** to go Dutch; **~ en pico** V-neck; **~ redondo** round neck.
escotilla *f* hatch, hatchway.
escozamos ▷ **escocer**.
escozor *m* stinging.
escribanía *f* **Andes, CRica, RP** [notaría] ≃ notary public's office.
escribano, na *m,f* **Andes, CRica, RP** [notario] notary (public).
escribir *vt & vi* to write; **~ a lápiz** to write in pencil; **~ a mano** to write by hand, to write in longhand; **~ a máquina** to type.
◆ **escribirse** *vpr* **-1.** [personas] to write to one another **-2.** [palabras]: **se escribe con 'h'** it is spelt with an 'h'.
escrito, ta ◇ *pp* ▷ **escribir**. ◇ *adj* written; **por ~** in writing.
◆ **escrito** *m* [gen] text; [documento] document; [obra literaria] writing, work.
escritor, ra *m,f* writer.
escritorio *m* **-1.** [mueble] desk, bureau **-2.** [habitación] office.
escritura *f* **-1.** [arte] writing **-2.** [sistema de signos] script **-3.** DER deed.
◆ **Sagrada Escritura** *(gen pl) f*: **La Sagrada Escritura** Holy Scripture.
escriturar *vt* to execute by deed.
escroto *m* scrotum.
escrúpulo *m* **-1.** [duda, recelo] scruple; **sin escrúpulos** unscrupulous **-2.** [minuciosidad] scrupulousness, great care **-3.** [aprensión] qualm; **le da ~** he has qualms about it.
escrupuloso, sa *adj* **-1.** [gen] scrupulous **-2.** [aprensivo] particular, fussy.
escrutar *vt* [con la mirada] to scrutinize, to examine; [votos] to count.
escrutinio *m* count *(of votes)*.
escuadra *f* **-1.** GEOM square **-2.** [de buques] squadron **-3.** [de soldados] squad.
escuadrilla *f* squadron.
escuadrón *m* squadron; **~ de la muerte** death squad.
escuálido, da *adj culto* emaciated.
escucha *f* listening-in, monitoring; **estar** *o* **permanecer a la ~** to listen in; **~s telefónicas** telephone tapping *(U)*.
escuchar ◇ *vt* to listen to. ◇ *vi* to listen.
escuchimizado, da ◇ *adj* skinny, thin as a rake. ◇ *m,f* skinny person.
escudar *vt fig* to shield.
◆ **escudarse** *vpr*: **~se en algo** *fig* to hide behind sthg, to use sthg as an excuse.
escudería *f* team *(in motor racing)*.
escudero *m* squire.
escudo *m* **-1.** [arma] shield **-2.** [moneda] escudo **-3.** [emblema] coat of arms.
escudriñar *vt* [examinar] to scrutinize, to examine; [otear] to search.
escuece ▷ **escocer**.
escuela *f* school; **~ normal** teacher training college; **~ nocturna** night school; **~ parroquial** parish school; **~ privada** private school, public school **UK**; **~ pública** state school; **~ universitaria** *university which awards degrees after three years of study*;

formar *o* **hacer** ~ to have a following; **ser de la vieja** ~ to be of the old school.

escueto, ta *adj* [sucinto] concise; [sobrio] plain, unadorned.

escueza *etc* ▷ **escocer**.

escuincle, cla *m,f Méx fam* [muchacho] nipper, kid.

esculpir *vt* to sculpt, to carve.

escultor, ra *m,f* sculptor (*f* sculptress).

escultura *f* sculpture.

escultural *adj* **-1.** ARTE sculptural **-2.** [atractivo] statuesque.

escupir ◇ *vi* to spit. ◇ *vt* [suj: persona, animal] to spit out; [suj: volcán, chimenea etc] to belch out.

escupitajo *m* gob, spit.

escurreplatos *m inv* dish rack.

escurridero *m* draining board.

escurridizo, za *adj lit & fig* slippery.

escurrido, da *adj* **-1.** [ropa - en lavadora] spun-dry; [- estrujando] wrung-out **-2.** [verdura] drained.

escurridor *m* colander.

escurrir ◇ *vt* [gen] to drain; [ropa] to wring out; [en lavadora] to spin-dry. ◇ *vi* [gotear] to drip.

◆ **escurrirse** *vpr* [resbalarse] to slip.

escúter (*pl* **escúters**), **scooter** (*pl* **scooters**) *m* (motor) scooter.

esdrújulo, la *adj* proparoxytone.

ese[1] *f* [figura] zigzag; **hacer** ~**s** [en carretera] to zigzag; [al andar] to stagger about.

ese[2] (*pl* **esos**), **esa** *adj demos* **-1.** [gen] that, *(pl)* those **-2.** *(después de sust) fam despec* that, *(pl)* those; **el hombre** ~ **no me inspira confianza** I don't trust that guy.

ése (*pl* **ésos**), **ésa** *pron demos* **-1.** [gen] that one, *(pl)* those ones **-2.** [mencionado antes] the former **-3.** *fam despec*: ~ **fue el que me pegó** that's the guy who hit me **-4.** *loc*: **¡a** ~**!** stop that man!; **ni por ésas** not even then; **no me lo vendió ni por ésas** even then he wouldn't sell me it.

esencia *f* essence; **quinta** ~ quintessence.

esencial *adj* essential; **lo** ~ the fundamental thing.

esfera *f* **-1.** [gen] sphere; ~ **celeste** celestial sphere; ~ **terrestre** (terrestrial) globe **-2.** [de reloj] face **-3.** [círculo social] circle; ~ **de influencia** sphere of influence **-4.** INFORM: ~ **de arrastre** *o* **de desplazamiento** trackball.

esférico, ca *adj* spherical.

◆ **esférico** *m* DEP ball.

esfero *m Col, Ecuad* ballpoint pen.

esfinge *f* sphinx; **parecer una** ~ to be inscrutable.

esfínter (*pl* **esfínteres**) *m* sphincter.

esforzar [37] *vt* [voz] to strain.

◆ **esforzarse** *vpr* to make an effort; ~**se en** *o* **por hacer algo** to try very hard to do sthg, to do one's best to do sthg.

esfuerzo *m* effort; **hacer un** ~ to make an effort, to try hard; **sin** ~ effortlessly.

esfumarse *vpr* [esperanzas, posibilidades] to fade away; [persona] to vanish, to disappear.

esgrima *f* fencing.

esgrimir *vt* **-1.** [arma] to brandish, to wield **-2.** [argumento, hecho, idea] to use, to employ.

esguince *m* sprain.

eslabón *m* link; **el** ~ **perdido** the missing link.

eslálom (*pl* **esláloms**) *m* slalom.

eslavo, va ◇ *adj* slav, Slavonic. ◇ *m,f* [persona] Slav.

◆ **eslavo** *m* [lengua] Slavonic.

eslip (*pl* **eslips**) *m* briefs *(pl)*.

eslogan (*pl* **eslóganes**) *m* slogan.

eslora *f* NÁUT length.

eslovaco, ca *adj & m,f* Slovak, Slovakian.

◆ **eslovaco** *m* [lengua] Slovak.

Eslovaquia Slovakia.

esmaltado, da *adj* enamelled.

◆ **esmaltado** *m* enamelling.

esmaltar *vt* to enamel.

esmalte *m* **-1.** [sustancia - en dientes, cerámica etc] enamel; [- de uñas] (nail) varnish *o* polish **-2.** [objeto, joya etc] enamelwork.

esmerado, da *adj* [persona] painstaking, careful; [trabajo] carefully done, polished.

esmeralda ◇ *f* emerald. ◇ *adj & m inv* emerald.

esmerarse *vpr*: ~ **(en algo/hacer algo)** [esforzarse] to take great pains (over sthg/doing sthg).

esmerilado, da *adj* [pulido] polished with emery; [translúcido] ground.

esmerilar *vt* [pulir] to polish with emery.

esmero *m* great care.

esmirriado, da *adj* puny, weak.

esmoquin (*pl* **esmóquines**) *m* dinner jacket *UK*, tuxedo *US*.

esnifada *f fam* sniff *(of a drug)*.

esnifar *vt fam* to sniff *(drugs)*.

esnob (*pl* **esnobs**) ◇ *adj* trying to be trendy. ◇ *m,f* person who wants to be trendy.

esnobismo *m* desire to be trendy.

eso *pron demos (neutro)* that; ~ **es la Torre Eiffel** that's the Eiffel Tower; ~ **es lo que yo**

pienso that's just what I think; ~ **que propones es irrealizable** what you're proposing is impossible; ~ **de vivir solo no me gusta** I don't like the idea of living on my own; **¡~, ~!** that's right!, yes!; **¡~ es!** that's it; **¿cómo es ~?**, **¿y ~?** [¿por qué?] how come?; **para ~ es mejor no ir** if that's all it is, you might as well not go; **por ~ vine** that's why I came.

◆ **a eso de** *loc prep* (at) about *o* around.

◆ **en eso** *loc adv* just then, at that very moment.

◆ **y eso que** *loc conj* even though.

ESO (*abrev de* **Enseñanza Secundaria Obligatoria**) *f mainstream secondary education for pupils aged 12-16.*

ESO

ESO is the first stage of secondary education in Spain, for pupils between the ages of 12 and 16. ESO students can choose between academic and vocational subjects.

esófago *m* oesophagus.

esos, esas ▷ **ese**.

ésos, ésas ▷ **ése**.

esotérico, ca *adj* esoteric.

esoterismo *m* **-1.** [impenetrabilidad] esoteric nature **-2.** [ciencias ocultas] esotericism.

espabilar *vt* **-1.** [despertar] to wake up **-2.** [avispar]: ~ **a alguien** to sharpen sb's wits.

◆ **espabilarse** *vpr* **-1.** [despertarse] to wake up, to brighten up **-2.** [darse prisa] to get a move on **-3.** [avisparse] to sharpen one's wits.

espachurrar *fam vt* to squash.

◆ **espachurrarse** *vpr* to get squashed.

espaciado, da *adj* at regular intervals.

espaciador *m* space bar.

espacial *adj* space *(antes de sust)*.

espaciar [8] *vt* to space out.

espacio *m* **-1.** [gen] space; **no tengo mucho ~** I don't have much room; **a doble ~** double-spaced; **por ~ de** over a period of; **~ aéreo** air space; **~ en blanco** blank; **~ verde** park; **~ vital** living space **-2.** RADIO & TV programme; **~ publicitario** advertising spot.

espacioso, sa *adj* spacious.

espada ◇ *f* [arma] sword; **~ de dos filos** *fig* double-edged sword; **estar entre la ~ y la pared** to be between the devil and the deep blue sea. ◇ *m* TAUROM matador; *ver también* **tauromaquia**.

◆ **espadas** *fpl* [naipes] ≃ spades.

espadachín *m* swordsman.

espagueti *m* spaghetti *(U)*.

espalda *f* **-1.** [gen] back; **caer de ~s** to fall flat on one's back; **cargado de ~s** round-shouldered; **de ~s a alguien** with one's back turned on sb; **~ con ~** back to back; **por la ~** from behind; *fig* behind one's back; **tumbarse de ~s** to lie on one's back; **cubrirse las ~s** to cover o.s.; **echarse algo sobre las ~s** to take sthg on; **hablar de alguien a sus ~s** to talk about sb behind their back; **hacer algo a ~s de alguien** to do sthg behind sb's back; **tener buenas ~s** to be mentally tough; **tirar** *o* **tumbar de ~s** to be amazing *o* stunning; **volver la ~ a alguien** to turn one's back on sb **-2.** [en natación] backstroke.

espaldarazo *m* blow to the back; **eso le dio el ~ (definitivo)** that finally earned her widespread recognition.

espalderas *fpl* wall bars.

espaldilla *f* shoulder (of lamb *etc*).

espantada *f* stampede; [de caballo] bolt.

espantadizo, za *adj* nervous, easily frightened.

espantajo *m* **-1.** [espantapájaros] scarecrow **-2.** [persona fea] fright, sight.

espantapájaros *m inv* scarecrow.

espantar *vt* **-1.** [ahuyentar] to frighten *o* scare away **-2.** [asustar] to frighten, to scare.

◆ **espantarse** *vpr* to get frightened *o* scared.

espanto *m* fright; **¡qué ~!** how terrible!; **estar curado de ~s** to be unshockable.

espantoso, sa *adj* **-1.** [terrorífico] horrific **-2.** [enorme] terrible **-3.** [feísimo] frightful, horrible.

España Spain.

español, la ◇ *adj* Spanish. ◇ *m, f* [persona] Spaniard.

◆ **español** *m* [lengua] Spanish.

españolada *f despec* exaggerated portrayal of Spain.

españolismo *m* **-1.** [apego, afecto] affinity for things Spanish **-2.** [carácter, naturaleza] Spanishness, Spanish character.

españolizar [13] *vt* to make Spanish, to hispanicize.

◆ **españolizarse** *vpr* to adopt Spanish ways.

esparadrapo *m* (sticking) plaster, Band-Aid® *US*.

esparcido, da *adj* scattered.

esparcimiento *m* **-1.** [diseminación] scattering **-2.** [ocio] relaxation, time off.

esparcir [12] *vt* [gen] to spread; [semillas, pape-

les, objetos] to scatter.
◆ **esparcirse** *vpr* to spread (out).
espárrago *m* asparagus *(U)*; ~ **triguero** wild asparagus; **mandar a alguien a freír ~s** *fam* to tell sb to get lost.
esparraguera *f* asparagus (plant).
espartano, na ◇ *adj* **-1.** [de Esparta] Spartan **-2.** *fig* [severo] spartan. ◇ *m,f* Spartan.
esparto *m* esparto (grass).
espasmo *m* spasm.
espasmódico, ca *adj* spasmodic.
espatarrarse *vpr fam* to sprawl (with one's legs wide open).
espátula *f* **-1.** CULIN & MED spatula; ARTE palette knife; CONSTR bricklayer's trowel; [de empapelador] stripping knife **-2.** [animal] spoonbill.
especia *f* spice.
especial *adj* **-1.** [gen] special; ~ **para** specially for; **en** ~ especially, particularly; **¿alguno en ~?** any one in particular? **-2.** [peculiar - carácter, gusto, persona] peculiar, strange.
especialidad *f* speciality, specialty *US*; ~ **de la casa** house speciality.
especialista ◇ *adj*: ~ **(en)** specializing (in). ◇ *mf* **-1.** [experto]: ~ **(en)** specialist (in) **-2.** CIN stuntman (*f* stuntwoman).
especialización *f* specialization.
especializado, da *adj*: ~ **en** specialized (in).
especializar [13] *vt* to specialize.
◆ **especializarse** *vpr*: **~se (en)** to specialize (in).
especie *f* **-1.** BIOL species *(sg)*; ~ **en vías de extinción** endangered species; ~ **protegida** protected species **-2.** [clase] kind, sort; **pagar en ~** *o* **~s** to pay in kind.
especificación *f* specification.
especificar [10] *vt* to specify.
específico, ca *adj* specific.
◆ **específicos** *mpl* FARM patent medicines.
espécimen (*pl* **especímenes**) *m* specimen.
espectacular *adj* spectacular.
espectacularidad *f* spectacular nature.
espectáculo *m* **-1.** [diversión] entertainment **-2.** [función] show, performance; ~ **de variedades** variety show **-3.** [suceso, escena] sight **-4.** *loc*: **dar el ~** to cause a scene.
espectador *mf* TV viewer; CIN & TEATR member of the audience; DEP spectator; [de suceso, discusión] onlooker.
◆ **espectadores** *mpl* TV viewers; CIN & TEATR audience *(sg)*; DEP spectators; [de suceso, discusión] onlookers.
espectral *adj* **-1.** FÍS spectral **-2.** *fig* ghostly.
espectro *m* **-1.** [fantasma] spectre, ghost **-2.** FÍS & MED spectrum.
especulación *f* speculation.
especulador, ra ◇ *adj* speculating. ◇ *m,f* speculator.
especular *vi*: ~ **(sobre)** to speculate (about); ~ **en** COM to speculate on.
especulativo, va *adj* speculative.
espejismo *m* mirage; *fig* illusion.
espejo *m lit* & *fig* mirror; **mirarse al ~** to look at o.s. in the mirror; ~ **de cuerpo entero** full-length mirror; ~ **retrovisor** rear-view mirror.
espeleología *f* potholing.
espeleólogo, ga *m,f* potholer.
espeluznante *adj* hair-raising, lurid.
espera *f* **-1.** [acción] wait; **en ~ de, a la ~ de** waiting for, awaiting; **seguimos a la ~ de su respuesta** [en cartas] we await your reply **-2.** [paciencia] patience.
esperanto *m* Esperanto.
esperanza *f* [deseo, ganas] hope; [confianza, expectativas] expectation; **dar ~s** to encourage, to give hope to; **perder la ~** to lose hope; **tener ~ de hacer algo** to hope to be able to do sthg; ~ **de vida** life expectancy.
esperanzador, ra *adj* encouraging, hopeful.
esperanzar [13] *vt* to give hope to, to encourage.
◆ **esperanzarse** *vpr* to be encouraged.
esperar ◇ *vt* **-1.** [aguardar] to wait for; ~ **a que alguien haga algo** to wait for sb to do sthg **-2.** [tener esperanza de]: ~ **que** to hope that; **espero que sí** I hope so; **espero que no** I hope not; ~ **hacer algo** to hope to do sthg **-3.** [tener confianza en] to expect; ~ **que** to expect (that); ~ **algo de alguien** to expect sthg from sb, to hope for sthg from sb **-4.** [ser inminente para] to await, to be in store for; **nos esperan muchas dificultades** many difficulties await us. ◇ *vi* [aguardar] to wait; **espera y verás** wait and see; **como era de ~** as was to be expected; **hacer ~ a alguien** to keep sb waiting, to make sb wait; **quien espera desespera** *proverb* a watched pot never boils *proverb*.
◆ **esperarse** *vpr* **-1.** [imaginarse, figurarse] to expect **-2.** [aguardar] to wait; **~se a que alguien haga algo** to wait for sb to do sthg.
esperma ◇ *m o f* BIOL sperm. ◇ *f Amér* [vela] candle.
espermatozoide, espermatozoo *m* sperm, spermatozoon.
esperpéntico, ca *adj* grotesque.

esperpento *m* [persona] grotesque sight; [cosa] absurdity, piece of nonsense.
espesar *vt* to thicken.
espeso, sa *adj* [gen] thick; [bosque, niebla] dense; [nieve] deep.
espesor *m* **-1.** [grosor] thickness; **tiene 2 metros de ~** it's 2 metres thick **-2.** [densidad - de niebla, bosque] density; [- de nieve] depth.
espesura *f* **-1.** [vegetación] thicket **-2.** [grosor] thickness; [densidad] density.
espetar *vt* **-1.** [palabras] to blurt out, to tell straight out **-2.** [carne] to skewer.
espía *mf* spy.
espiar [9] *vt* to spy on.
espiga *f* **-1.** [de trigo etc] ear **-2.** [en telas] herringbone **-3.** [pieza - de madera] peg; [- de hierro] pin.
espigado, da *adj* **-1.** [persona] tall and slim **-2.** [planta] ripe.
espigarse [16] *vpr* **-1.** [persona] to shoot up **-2.** [planta] to go to seed.
espigón *m* breakwater.
espigue *etc* ▷ **espigarse**.
espiguilla *f* herringbone.
espina *f* [de pez] bone; [de planta] thorn; **me da mala ~** it makes me uneasy, there's something fishy about it; **tener una ~ clavada** to bear a great burden; **sacarse la ~** to get even.
◆ **espina dorsal** *f* spine.
◆ **espina bífida** *f* spina bifida.
espinaca *(gen pl) f* spinach *(U)*.
espinal *adj* spinal.
espinazo *m* spine, backbone; **doblar el ~** *fig* [humillarse] to kow-tow.
espinilla *f* **-1.** [hueso] shin, shinbone **-2.** [grano] blackhead.
espino *m* **-1.** [planta] hawthorn **-2.** [alambre] barbed wire.
espinoso, sa *adj lit & fig* thorny.
espionaje *m* espionage; **~ industrial** industrial espionage.
espiración *f* exhalation, breathing out.
espiral *f lit & fig* spiral; **en ~** [escalera, forma] spiral; **~ inflacionaria** ECON inflationary spiral.
espirar *vi & vt* to exhale, to breathe out.
espiritismo *m* spiritualism.
espiritista *adj* spiritualist.
espíritu *m* **-1.** [gen] spirit; RELIG soul; **~ de equipo** team spirit **-2.** [fantasma] ghost **-3.** [modo de pensar] attitudes *(pl)*.
◆ **Espíritu Santo** *m* Holy Ghost.
espiritual *adj & m* spiritual.
espiritualidad *f* spirituality.
espita *f* spigot, tap, faucet *US*.
espléndido, da *adj* **-1.** [magnífico] splendid, magnificent **-2.** [generoso] generous, lavish.
esplendor *m* **-1.** [magnificencia] splendour **-2.** [apogeo] greatness.
esplendoroso, sa *adj* magnificent.
espliego *m* lavender.
espolear *vt lit & fig* to spur on.
espoleta *f* [de proyectil] fuse.
espolón *m* **-1.** [de ave] spur **-2.** ARQUIT buttress; [de puente] cutwater.
espolvorear *vt* to dust, to sprinkle.
esponja *f* sponge; **~ vegetal** loofah, vegetable sponge; **beber como una ~** *fam* to drink like a fish; **tirar la ~** to throw in the towel.
esponjar *vt* to fluff up.
esponjosidad *f* sponginess.
esponjoso, sa *adj* spongy.
esponsales *mpl* betrothal *(sg)*.
espontaneidad *f* spontaneity.
espontáneo, a ◇ *adj* spontaneous. ◇ *m,f spectator who tries to join in a bullfight.*
esporádico, ca *adj* sporadic.
esport *adj inv*: **(de) ~** sports *(antes de sust)*.
esposa ▷ **esposo**.
esposado, da *adj* handcuffed.
esposar *vt* to handcuff.
esposo, sa *m,f* [persona] husband (*f* wife).
◆ **esposas** *fpl* [objeto] handcuffs.
espot (*pl* **espots**) *m* advertising spot, commercial.
espray (*pl* **esprays**) *m* spray.
esprint (*pl* **esprints**) *m* sprint.
esprínter (*pl* **esprínters**) *m,f* sprinter.
espuela *f* **-1.** [gen] spur **-2.** *fam fig* [última copa]: **tomar la ~** to have one for the road.
espuerta *f* [recipiente] basket.
◆ **a espuertas** *loc adv* by the sackful *o* bucket.
espuma *f* **-1.** [gen] foam; [de cerveza] head; [de jabón] lather; [de olas] surf; [de caldo] scum; **hacer ~** to foam; **crecer como la ~** to mushroom; **~ de afeitar** shaving foam; **~ seca** carpet shampoo **-2.** [para pelo] (styling) mousse.
espumadera *f* skimmer.
espumar *vt* to skim.
espumarajo *m* froth, foam; **echar ~s** to foam at the mouth.
espumoso, sa *adj* [gen] foamy, frothy; [vino] sparkling; [jabón] lathery.
◆ **espumoso** *m* sparkling wine.
esputo *m* [gen] spittle; MED sputum.

esqueje *m* cutting.
esquela *f* obituary.
esquelético, ca *adj* ANAT skeletal; *fam* [muy delgado] skinny.
esqueleto *m* **-1.** [de persona] skeleton; **menear** *o* **mover el ~** *fam* to boogie (on down) **-2.** [armazón] framework.
esquema *m* [gráfico] diagram; [resumen] outline; **su respuesta me rompe los ~s** her answer has thrown all my plans up in the air.
esquemático, ca *adj* schematic.
esquí (*pl* **esquíes** *o* **esquís**) *m* **-1.** [tabla] ski **-2.** [deporte] skiing; **~ de fondo** *o* **nórdico** cross-country skiing; **~ náutico** *o* **acuático** water-skiing; **~ alpino** downhill skiing.
esquiador, ra *m,f* skier.
esquiar [9] *vi* to ski.
esquilador, ra *m,f* sheepshearer.
esquilar *vt* to shear.
esquimal ◇ *adj* & *m,f* Eskimo. ◇ *m* [lengua] Eskimo.
esquina *f* corner; **a la vuelta de la ~** just round the corner; **doblar la ~** to turn the corner; **hacer ~ (con)** to be on the corner (of).
esquinado, da *adj* on the corner.
esquinazo *m* corner; **dar (el) ~ a alguien** to give sb the slip.
esquirla *f* splinter.
esquirol *m fam* blackleg, scab.
esquivar *vt* [gen] to avoid; [golpe] to dodge.
esquivo, va *adj* shy.
esquizofrenia *f* schizophrenia.
esquizofrénico, ca *adj* & *m,f* schizophrenic.
esta ▷ **este**[2].
ésta ▷ **éste**.
estabilidad *f* stability; **~ de precios** price stability.
estabilización *f* stabilization.
estabilizador, ra *adj* stabilizing.
◆ **estabilizador** *m* stabilizer.
estabilizar [13] *vt* to stabilize.
◆ **estabilizarse** *vpr* to stabilize, to become stable.
estable *adj* **-1.** [firme] stable **-2.** [permanente - huésped] permanent; [- cliente] regular.
establecer [30] *vt* **-1.** [gen] to establish; [récord] to set **-2.** [negocio, campamento] to set up **-3.** [inmigrantes etc] to settle.
◆ **establecerse** *vpr* **-1.** [instalarse] to settle **-2.** [poner un negocio] to set up a business.
establecimiento *m* **-1.** [gen] establishment; [de récord] setting **-2.** [de negocio, colonia] setting up **-3.** [de emigrantes, colonos] settlement.
establo *m* cowshed.
estaca *f* **-1.** [para clavar, delimitar] stake; [de tienda de campaña] peg **-2.** [garrote] cudgel.
estacada *f* [valla] picket fence; MIL stockade, palisade; **dejar a alguien en la ~** to leave sb in the lurch.
estación *f* **-1.** [gen & INFORM] station; **~ de autocares/de tren** coach/railway station; **~ de esquí** ski resort; **~ de gasolina** petrol station; **~ de servicio** service station; **~ de trabajo** workstation; **~ meteorológica** weather station **-2.** [del año, temporada] season.
estacionamiento *m* AUTOM parking; **~ indebido** parking offence.
estacionar *vt* AUTOM to park.
estacionario, ria *adj* [gen] stationary; ECON stagnant.
estadía *f* CSur stay, stop.
estadio *m* **-1.** DEP stadium **-2.** [fase] stage.
estadista *mf* statesman (*f* stateswoman).
estadístico, ca *adj* statistical.
◆ **estadística** *f* **-1.** [ciencia] statistics *(U)* **-2.** [datos] statistics *(pl)*.
estado *m* state; **su ~ es grave** his condition is serious; **estar en buen/mal ~** [coche, terreno etc] to be in good/bad condition; [alimento, bebida] to be fresh/off; **~ de ánimo** state of mind; **~ civil** marital status; **~ de bienestar** welfare state; **~ de cuentas** statement of accounts; **~ de excepción** *o* **emergencia** state of emergency; **~ de salud** (state of) health; **~ de sitio** state of siege; **en ~ de guerra** at war; **estar en ~ (de esperanza** *o* **buena esperanza)** to be expecting.
◆ **Estado** *m* [gobierno] State; **Estado Mayor** MIL general staff.
◆ **Estados Unidos (de América)** United States (of America).
estadounidense ◇ *adj* United States *(antes de sust)*. ◇ *mf* United States citizen.
estafa *f* [gen] swindle; COM fraud.
estafador, ra *m,f* swindler.
estafar *vt* [gen] to swindle; COM to defraud.
estafeta *f* sub-post office.
estafilococo *m* staphylococcus.
estalactita *f* stalactite.
estalagmita *f* stalagmite.
estalinismo *m* Stalinism.
estalinista *adj* & *m,f* Stalinist.
estallar *vi* **-1.** [reventar - bomba] to explode; [- neumático] to burst; [- volcán] to erupt; [- cristal] to shatter **-2.** [sonar - ovación] to

break out; [- látigo] to crack **-3.** [guerra, epidemia etc] to break out **-4.** [persona]: ~ **en sollozos** to burst into tears; ~ **en una carcajada** to burst out laughing.
estallido *m* **-1.** [de bomba] explosion; [de trueno] crash; [de látigo] crack **-2.** [de guerra etc] outbreak.
Estambul Istanbul.
estamento *m* stratum, class.
estampa *f* **-1.** [imagen, tarjeta] print **-2.** [aspecto] appearance **-3.** [retrato, ejemplo] image.
estampado, da *adj* printed.
◆ **estampado** *m* **-1.** [acción] printing **-2.** [dibujo] (cotton) print.
estampar *vt* **-1.** [imprimir - gen] to print; [- metal] to stamp **-2.** [escribir]: ~ **la firma** to sign one's name **-3.** *fig* [arrojar]: ~ **algo/a alguien contra** to fling sthg/sb against, to hurl sthg/sb against **-4.** *fig* [dar - beso] to plant; [- bofetada] to land.
estampida *f* stampede; **de** ~ suddenly, in a rush.
estampido *m* report, bang.
estampilla *f* **-1.** [para marcar] rubber stamp **-2.** *Amér* [sello de correos] stamp.
estampillar *vt* [gen] to stamp; [documentos] to rubber-stamp.
estampita ▷ **timo.**
estancado, da *adj* [agua] stagnant; [situación, proyecto] at a standstill.
estancamiento *m* stagnation.
estancarse [10] *vpr* [líquido] to stagnate, to become stagnant; [situación] to come to a standstill.
estancia *f* **-1.** [tiempo] stay **-2.** [habitación] room **-3.** *CSur* [hacienda] cattle ranch.
estanciera *f RP* van.
estanciero *m CSur* ranch owner.
estanco, ca *adj* watertight.
◆ **estanco** *m* tobacconist's.
estand (*pl* **estands**) *m* stand, stall.
estándar (*pl* **estándares**) *adj & m* standard.
estandarización *f* standardization.
estandarizar [13] *vt* to standardize.
estandarte *m* standard, banner.
estanding (*pl* **estandings**) *m* standing, social status.
estanque *m* **-1.** [alberca] pond; [para riego] reservoir **-2.** *Amér* [depósito] tank *(of petrol)*.
estanquero *mf* tobacconist.
estante *m* shelf.
estantería *f* [gen] shelves *(pl)*, shelving *(U)*; [para libros] bookcase.
estañar *vt* to tin-plate.
estaño *m* tin.
estar [59] ◇ *vi* **-1.** [hallarse] to be; **¿dónde está la llave?** where is the key?; **¿está María?** is Maria in?; **no está** she's not in **-2.** [con fechas]: **¿a qué estamos hoy?** what's the date today?; **hoy estamos a martes/a 15 de julio** today is Tuesday/the 15th of July; **estábamos en octubre** it was October **-3.** [quedarse] to stay, to be; **estaré un par de horas y me iré** I'll stay a couple of hours and then I'll go **-4.** *(antes de 'a')* [expresa valores, grados]: **estamos a veinte grados** it's twenty degrees here; **están a dos euros el kilo** they're two euros a kilo **-5.** [hallarse listo] to be ready; **¿aún no está ese trabajo?** is that piece of work still not ready? **-6.** [servir]: ~ **para** to be (there) for; **para eso están los amigos** that's what friends are for; **para eso estoy** that's what I'm there for **-7.** *(antes de gerundio)* [expresa duración] to be; **están golpeando la puerta** they're banging on the door **-8.** *(antes de 'sin' + infin)* [expresa negación]: **estoy sin dormir desde ayer** I haven't slept since yesterday; **está sin acabar** it's not finished **-9.** [faltar]: **eso está aún por escribir** that has yet to be written **-10.** [hallarse a punto de]: ~ **por hacer algo** to be on the verge of doing sthg; **estuve por pegarle** I was on the verge of hitting him **-11.** [expresa disposición]: ~ **para algo** to be in the mood for sthg; **no estoy para bromas** I'm not in the mood for jokes.
◇ *v copulativo* **-1.** *(antes de adj)* [expresa cualidad, estado] to be; **los pasteles están ricos** the cakes are delicious; **esta calle está sucia** this street is dirty **-2.** *(antes de 'con' o 'sin' + sust)* [expresa estado] to be; **estamos sin agua** we have no water, we're without water **-3.** [expresa situación, acción]: ~ **de:** ~ **de camarero** to work as a waiter, to be a waiter; ~ **de vacaciones** to be on holiday; ~ **de viaje** to be on a trip; ~ **de mudanza** to be (in the process of) moving; **estamos de suerte** we're in luck **-4.** [expresa permanencia]: ~ **en uso** to be in use; ~ **en guardia** to be on guard **-5.** [expresa apoyo, predilección]: ~ **por** to be in favour of **-6.** [expresa ocupación]: ~ **como** to be; **está como cajera** she's a check-out girl **-7.** [consistir]: ~ **en** to be, to lie in; **el problema está en la fecha** the problem is the date **-8.** [sentar - ropa]: **este traje te está bien** this suit looks good on you **-9.** *(antes de 'que' + verbo)* [expresa actitud]: **está que muerde porque ha suspendido** he's furious because he failed.
◆ **estarse** *vpr* [permanecer] to stay; **te pue-**

des ~ con nosotros unos días you can stay *o* spend a few days with us.
estarcir *vt* to stencil.
estárter (*pl* **estárters**) *m* starter.
estatal *adj* state *(antes de sust).*
estático, ca *adj* **-1.** FÍS static **-2.** [inmóvil] stock-still.
estatización *f Amér* nationalization.
estatizar *vt Amér* to nationalize.
estatua *f* statue.
estatura *f* height; **de ~ media** *o* **mediana** of average *o* medium height.
estatus *m inv* status.
estatuto *m* [gen] statute; [de empresa] article (of association); [de ciudad] by-law.
este¹ ◇ *adj* [posición, parte] east, eastern; [dirección, viento] easterly. ◇ *m* east; **los países del ~** the Eastern bloc countries.
este² (*pl* **estos**), **esta** *adj demos* **-1.** [gen] this, *(pl)* these; **esta camisa** this shirt; **~ año** this year **-2.** *fam despec* that, *(pl)* those; **no soporto a la niña esta** I can't stand that girl.
éste (*pl* **éstos**), **ésta** *pron demos* **-1.** [gen] this one, *(pl)* these (ones); **dame otro boli; ~ no funciona** give me another pen; this one doesn't work; **aquellos cuadros no están mal, aunque éstos me gustan más** those paintings aren't bad, but I like these (ones) better; **ésta ha sido la semana más feliz de mi vida** this has been the happiest week of my life **-2.** [recién mencionado] the latter; **entraron Juan y Pedro, ~ con un abrigo verde** Juan and Pedro came in, the latter wearing a green coat **-3.** *fam despec*: **~ es el que me pegó** this is the guy who hit me; **éstos son los culpables de todo lo ocurrido** it's this lot who are to blame for everything.
◆ **en éstas** *loc adv fam* just then, at that very moment.
estela *f* **-1.** [de barco] wake; [de avión, estrella fugaz] trail **-2.** *fig* [rastro] trail.
estelar *adj* **-1.** ASTRON stellar **-2.** CIN & TEATR star *(antes de sust).*
estelaridad *f Amér* popularity.
estenografía *f* shorthand.
estenotipia *f* **-1.** [arte] stenotypy **-2.** [máquina] Stenotype®.
estenotipista *mf* stenotypist.
estenotipo *m* Stenotype®.
estentóreo, a *adj* [culto] stentorian.
estepa *f* steppe.
estepario, ria *adj* steppe *(antes de sust).*
estera *f* [tejido] matting; [alfombrilla] mat.
estercolero *m* dunghill; *fig* [lugar sucio] pigsty.
estéreo *adj inv* & *m* stereo.
estereofonía *f* stereo.
estereofónico, ca *adj* stereophonic, stereo.
estereoscopio *m* stereoscope.
estereotipado, da *adj* stereotyped, stereotypical.
estereotipar *vt* to stereotype.
estereotipo *m* stereotype.
estéril *adj* **-1.** [persona, terreno, imaginación] sterile **-2.** [gasa] sterilized **-3.** [inútil] futile, fruitless.
esterilidad *f* sterility.
esterilización *f* sterilization.
esterilizar [13] *vt* to sterilize.
esterilla *f* small mat.
esterlina ▻ **libra.**
esternón *m* breastbone, sternum.
esteroides *mpl* steroids.
estertor *m* death rattle.
estética ▻ **estético.**
esteticista, esthéticienne [esteti'θjen] *f* beautician.
estético, ca *adj* aesthetic.
◆ **estética** *f* **-1.** FILOSOFÍA aesthetics *(U)* **-2.** [belleza] beauty.
estetoscopio *m* stethoscope.
esthéticienne = **esteticista.**
estiba *f* stowage.
estibador, ra *m,f* stevedore.
estibar *vt* to stow.
estiércol *m* [excrementos] dung; [abono] manure.
estigma *m* **-1.** [marca] mark, scar **-2.** *fig* [deshonor] stigma.
◆ **estigmas** *mpl* RELIG stigmata.
estigmatización *f* [marca] branding; *fig* [deshonra] stigmatization.
estigmatizar [13] *vt* **-1.** [marcar] to scar; [con hierro candente] to brand **-2.** *fig* [deshonrar] to stigmatize.
estilarse *vpr fam* to be in (fashion).
estilete *m* **-1.** [daga] stiletto **-2.** MED stylet.
estilismo *m* stylism.
estilista *mf* **-1.** [escritor] stylist **-2.** [de moda, accesorios] fashion designer.
estilístico, ca *adj* stylistic.
◆ **estilística** *f* stylistics *(U).*
estilizar [13] *vt* to stylize.
estilo *m* **-1.** [gen] style; **al ~ de** in the style of; **~ de vida** lifestyle **-2.** [en natación] stroke **-3.** GRAM speech; **~ directo/indirecto** direct/

indirect speech **-4.** *loc:* **algo por el ~** something of the sort; **ser por el ~ a** to be similar to.

estilográfica *f* fountain pen.

estima *f* esteem, respect.

estimable *adj* [cantidad] considerable; [digno de estimación] worthy of appreciation.

estimación *f* **-1.** [aprecio] esteem, respect **-2.** [valoración] valuation **-3.** [en impuestos] assessment.

estimado, da *adj* [querido] esteemed, respected; **Estimado señor** Dear Sir.

estimar *vt* **-1.** [valorar - gen] to value; [- valor] to estimate **-2.** [apreciar] to think highly of **-3.** [creer] to consider, to think.
◆ **estimarse** *vpr* [tener dignidad] to have self-respect.

estimativo, va *adj* approximate, rough.

estimulador, ra *adj* encouraging.

estimulante ◇ *adj* **-1.** [que anima] encouraging **-2.** [que excita] stimulating. ◇ *m* stimulant.

estimular *vt* **-1.** [animar] to encourage **-2.** [excitar] to stimulate.

estímulo *m* **-1.** [aliciente] incentive; [ánimo] encouragement **-2.** [de un órgano] stimulus.

estío *m culto* summer.

estipulación *f* **-1.** [acuerdo] agreement **-2.** *DER* stipulation.

estipular *vt* to stipulate.

estirado, da *adj* **-1.** [persona - altanero] haughty; [- adusto] uptight **-2.** [brazos, piernas] outstretched.

estiramiento *m* stretching.

estirar ◇ *vt* **-1.** [alargar - gen] to stretch; [- cuello] to crane; **~ las piernas** to stretch one's legs **-2.** [desarrugar] to straighten **-3.** *fig* [dinero etc] to make last; [discurso, tema] to spin out. ◇ *vi*: **~ (de)** to pull.
◆ **estirarse** *vpr* **-1.** [desperezarse] to stretch **-2.** [tumbarse] to stretch out **-3.** [crecer] to shoot up.

estirón *m* **-1.** [acción] tug, pull **-2.** [al crecer]: **dar** *o* **pegar un ~** to shoot up suddenly.

estirpe *f* stock, lineage.

estival *adj* summer *(antes de sust).*

esto *pron demos (neutro)* this thing; **~ es tu regalo de cumpleaños** this is your birthday present; **~ que acabas de decir no tiene sentido** what you just said doesn't make sense; **~ de trabajar de noche no me gusta** I don't like this business of working at night; **~ es** that is (to say).
◆ **a todo esto** *loc adv* meanwhile, in the meantime.
◆ **en esto** *loc adv* just then, at that very moment.

estoc (*pl* **estocs**) *m* stock.

estocada *f* [en esgrima] stab; *TAUROM* (sword) thrust.

Estocolmo Stockholm.

estofa *f*: **de baja ~** [gente] low-class; [cosas] poor-quality.

estofado *m* stew.

estofar *vt CULIN* to stew.

estoicismo *m* stoicism.

estoico, ca *adj* stoic, stoical.

estola *f* stole.

estomacal ◇ *adj* [dolencia] stomach *(antes de sust)*; [bebida] digestive. ◇ *m* digestive *(drink).*

estómago *m* stomach; **revolver el ~ a alguien** to turn sb's stomach; **tener buen ~** to be tough, to be able to stand a lot.

Estonia Estonia.

estonio, nia *adj & m,f* Estonian.

estop = **stop.**

estopa *f* [fibra] tow; [tela] burlap.

estoque *m* rapier.

estoquear *vt* to stab.

estor *m* Venetian blind.

estorbar ◇ *vt* [obstaculizar] to hinder; [molestar] to bother. ◇ *vi* [estar en medio] to be in the way.

estorbo *m* [obstáculo] hindrance; [molestia] nuisance.

estornino *m* starling.

estornudar *vi* to sneeze.

estornudo *m* sneeze.

estos, tas ▷ **este**[2].

éstos, tas ▷ **éste.**

estoy ▷ **estar.**

estrábico, ca ◇ *adj* squint-eyed. ◇ *m,f* person with a squint.

estrabismo *m* squint.

estrado *m* platform.

estrafalario, ria *adj* outlandish, eccentric.

estragón *m* tarragon.

estragos *mpl*: **causar** *o* **hacer ~ en** [físicos] to wreak havoc with; [morales] to destroy, to ruin.

estrambótico, ca *adj* outlandish.

estrangulador, ra *m,f* strangler.

estrangulamiento *m* strangulation.

estrangular *vt* **-1.** [ahogar] to strangle; *MED* to strangulate **-2.** [proyecto] to stifle, to nip in the bud.
◆ **estrangularse** *vpr* to strangle o.s.

estraperlista *mf* black marketeer.

estraperlo *m* black market; **de ~** black market *(antes de sust).*
estratagema *f MIL* stratagem; *fig* [astucia] artifice, trick.
estratega *mf* strategist.
estrategia *f* strategy.
estratégico, ca *adj* strategic.
estratificación *f* stratification.
estratificar [10] *vt* to stratify.
◆ **estratificarse** *vpr* to form strata.
estrato *m GEOL & fig* stratum.
estratosfera *f* stratosphere.
estrechamiento *m* **-1.** [de calle, tubo] narrowing **-2.** *fig* [de relaciones] rapprochement, tightening.
estrechar *vt* **-1.** [hacer estrecho - gen] to narrow; [- ropa] to take in **-2.** *fig* [relaciones] to make closer **-3.** [apretar] to squeeze, to hug; **~ la mano a alguien** to shake sb's hand.
◆ **estrecharse** *vpr* **-1.** [hacerse estrecho] to narrow **-2.** [abrazarse] to embrace **-3.** [apretarse] to squeeze up.
estrechez *f* **-1.** [falta de anchura] narrowness; [falta de espacio] lack of space; [de ropa] tightness; **~ de miras** narrow-mindedness **-2.** *fig* [falta de dinero] hardship; **pasar estrecheces** to be hard up **-3.** [intimidad] closeness.
estrecho, cha ◇ *adj* **-1.** [no ancho - gen] narrow; [- ropa] tight; [- habitación] cramped; **~ de miras** narrow-minded **-2.** *fig* [íntimo] close. ◇ *m,f fam* [persona] prude.
◆ **estrecho** *m GEOGR* strait.
estrella ◇ *adj inv (después de sust)* star *(antes de sust).* ◇ *f* **-1.** [gen] star; *fig* [destino] fate; **~ de cine** film star *UK*, movie star *US*; **~ fugaz** shooting star; **~ polar** Pole Star; **ver las ~s** to see stars **-2.** *loc*: **tener buena/mala ~** to be lucky/unlucky.
◆ **estrella de mar** *f* starfish.
estrellado, da *adj* **-1.** [con estrellas] starry **-2.** [por la forma] star-shaped **-3.** [que ha chocado] smashed.
estrellar *vt* [arrojar] to smash.
◆ **estrellarse** *vpr* **-1.** [chocar]: **~se (contra)** [gen] to smash (against); [avión, coche] to crash (into) **-2.** *fig* [fracasar] to come to nothing.
estrellato *m* stardom.
estrellón *m Amér* crash.
estremecer [30] *vt* to shake.
◆ **estremecerse** *vpr*: **~se (de)** [horror, miedo] to tremble *o* shudder (with); [frío] to shiver (with).
estremecimiento *m* [de miedo] shudder; [de frío] shiver.
estrenar *vt* **-1.** [gen] to use for the first time; [ropa] to wear for the first time; [piso] to move into **-2.** *CIN* to release, to show for the first time; *TEATR* to premiere.
◆ **estrenarse** *vpr* [persona] to make one's debut, to start.
estreno *m* [de espectáculo] premiere, first night; [de cosa] first use; [en un empleo] debut.
estreñido, da *adj* constipated.
estreñimiento *m* constipation.
estreñir *vt* to constipate.
estrépito *m* [ruido] racket, din; *fig* [ostentación] fanfare.
estrepitoso, sa *adj* **-1.** [gen] noisy; [aplausos] deafening **-2.** [derrota] resounding; [fracaso] spectacular.
estrés *m inv* stress.
estresado, da *adj* suffering from stress.
estresante *adj* stressful.
estresar *vt* to cause stress to.
estría *f* [gen] groove; [en la piel] stretch mark.
estribación *f (gen pl)* foothills *(pl).*
estribar
◆ **estribar en** *vi* to be based on, to lie in.
estribillo *m* **-1.** *MÚS* chorus; *LITER* refrain **-2.** *fam* [coletilla] pet word *o* phrase.
estribo *m* **-1.** [de montura] stirrup **-2.** [de coche, tren] step **-3.** *loc*: **estar con un pie en el ~** to be ready to leave; **perder los ~s** to fly off the handle.
estribor *m* starboard; **a ~** (to) starboard.
estricnina *f* strychnine.
estricto, ta *adj* strict.
estridencia *f* **-1.** [ruido] stridency, shrillness **-2.** *fig* [de colores] loudness.
estridente *adj* **-1.** [ruido] strident, shrill **-2.** [color] garish, loud.
estrofa *f* stanza, verse.
estrógeno, na *adj* oestrogenic.
◆ **estrógeno** *m* oestrogen.
estroncio *m* strontium.
estropajo *m* scourer.
estropajoso, sa *adj* **-1.** [habla] indistinct, mumbled **-2.** [persona - andrajoso] ragged **-3.** [filete] tough, chewy.
estropear *vt* **-1.** [averiar] to break **-2.** [dañar] to damage **-3.** [echar a perder] to ruin, to spoil.
◆ **estropearse** *vpr* **-1.** [máquina] to break down **-2.** [comida] to go off, to spoil; [piel] to get damaged **-3.** [plan] to fall through.

estropicio *m*: **hacer** *o* **causar un ~** to wreak havoc.
estructura *f* structure; **~ profunda/superficial** deep/surface structure.
estructuración *f* structuring, organization.
estructural *adj* structural.
estructurar *vt* to structure, to organize.
estruendo *m* **-1.** [estrépito] din, roar; [de trueno] crash **-2.** [alboroto] uproar, tumult.
estrujar *vt* **-1.** [limón] to squeeze; [trapo, ropa] to wring (out); [papel] to screw up; [caja] to crush **-2.** [abrazar - persona, mano] to squeeze **-3.** *fig* [sacar partido de] to bleed dry.
◆ **estrujarse** *vpr* [apretujarse] to huddle together.
estuario *m* estuary.
estucado *m* stucco, stuccowork.
estucar [10] *vt* to stucco.
estuche *m* **-1.** [caja] case; [de joyas] jewellery box **-2.** [utensilios] set.
estuco *m* stucco.
estudiado, da *adj* studied.
estudiante *mf* student.
estudiantil *adj* student *(antes de sust)*.
estudiar [8] ◇ *vt* **-1.** [gen] to study **-2.** [observar] to observe. ◇ *vi* to study; **~ para médico** to be studying to be a doctor.
estudio *m* **-1.** [gen] study; **estar en ~** to be under consideration; **~ de mercado** [técnica] market research; [investigación] market survey **-2.** [oficina] study; [de fotógrafo, pintor] studio **-3.** [apartamento] studio apartment **-4.** *(gen pl)* CIN, RADIO & TV studio.
◆ **estudios** *mpl* [serie de cursos] studies; [educación] education *(U)*; **dar ~s a alguien** to pay for sb's education; **tener ~s** to be well-educated; **~s primarios/secundarios** primary/secondary education.
estudioso, sa ◇ *adj* studious. ◇ *m, f* [especialista] specialist, expert.
estufa *f* heater, fire; **~ de gas** gas heater; **~ eléctrica** electric heater.
estupa *m fam* drug squad detective.
estupefacción *f* astonishment.
estupefaciente *m* narcotic, drug.
estupefacto, ta *adj* astonished.
estupendamente *adv* wonderfully; **estoy ~** I feel wonderful.
estupendo, da *adj* great, fantastic.
◆ **estupendo** *interj*: **¡~!** great!
estupidez *f* stupidity; **decir/hacer una ~** to say/do sthg stupid.
estúpido, da ◇ *adj* stupid. ◇ *m, f* idiot.
estupor *m* astonishment.
estupro *m* rape of a minor.
estuque *etc* ⊳ **estucar**.
esturión *m* sturgeon.
estuviera *etc* ⊳ **estar**.
esvástica *f* swastika.
ETA (*abrev de* **Euskadi ta Askatasuna**) *f* ETA, *terrorist Basque separatist organization.*
etano *m* ethane.
etapa *f* stage; **por ~s** in stages; **quemar ~s** to come on in leaps and bounds, to progress rapidly.
etarra ◇ *adj* ETA *(antes de sust)*. ◇ *mf* member of ETA.
etc. (*abrev de* **etcétera**) etc.
etcétera ◇ *adv* etcetera. ◇ *m*: **y un largo ~ de ...** and a long list of ...
éter *m* ether.
etéreo, a *adj* **-1.** QUÍM etheric **-2.** *fig* ethereal.
eternidad *f* eternity; **hace una ~ que no la veo** *fam* it's ages since I last saw her.
eternizar [13] *vt*: **~ algo** to make sthg last forever.
◆ **eternizarse** *vpr*: **~se (haciendo algo)** to spend ages (doing sthg).
eterno, na *adj* eternal; *fam* [larguísimo] never-ending, interminable.
ético, ca *adj* ethical.
◆ **ética** *f* **-1.** FILOSOFÍA ethics *(U)* **-2.** [moralidad] ethics *(pl)*; **ética profesional** (professional) ethics.
etileno *m* ethylene.
etílico, ca *adj* QUÍM ethyl *(antes de sust)*; **intoxicación etílica** alcohol poisoning.
etilismo *m* intoxication.
etilo *m* ethyl.
etimología *f* etymology.
etimológico, ca *adj* etymological.
etiología *f* MED etiology.
etíope *adj* & *m, f* Ethiopian.
Etiopía Ethiopia.
etiqueta *f* **-1.** [gen & INFORM] label; **~ autoadhesiva** sticky label; **~ del precio** price tag **-2.** [ceremonial] etiquette; **de ~** formal; **vestir de ~** to wear formal dress.
etiquetado *m* labelling.
etiquetadora *f* pricing gun.
etiquetar *vt lit* & *fig* to label; **~ a alguien de algo** to label sb sthg.
etnia *f* ethnic group.
étnico, ca *adj* ethnic.
etnocentrismo *m* ethnocentrism.
etnografía *f* ethnography.
etnología *f* ethnology.

etnólogo, ga *m,f* ethnologist.
etrusco, ca *adj & m,f* Etruscan.
EUA (*abrev de* **Estados Unidos de América**) *mpl* USA.
eucalipto *m* eucalyptus.
eucaristía *f*: la ~ the Eucharist.
eucarístico, ca *adj* Eucharistic.
eufemismo *m* euphemism.
euforia *f* euphoria, elation.
eufórico, ca *adj* euphoric, elated.
eunuco *m* eunuch.
eureka *interj*: ¡~! eureka!
euro *m* [unidad monetaria] euro.
Eurocámara *f* European Parliament.
eurocheque *m* eurocheque *UK*, eurocheck *US*.
eurocomunismo *m* Eurocommunism.
eurocomunista *adj & m,f* Eurocommunist.
eurócrata *adj & m,f* Eurocrat.
eurodiputado, da *m y f* Euro-M.P., M.E.P.
eurodivisa *f* ECON eurocurrency.
Europa Europe.
euroescéptico, ca *m y f* Eurosceptic.
europeidad *f* Europeanness.
europeísmo *m* Europeanism.
europeísta *adj & m,f* pro-European.
europeización *f* Europeanization.
europeizar [13] *vt* to Europeanize.
europeo, a *adj & m,f* European.
eurovisión *f* Eurovision.
Euskadi the Basque Country.
euskara, euskera *m* Basque.
eutanasia *f* euthanasia.
evacuación *f* evacuation.
evacuado, da ◇ *adj* evacuated. ◇ *m,f* evacuee.
evacuador, ra *adj* evacuative.
evacuar [7] *vt* [gen] to evacuate; [vientre] to empty, to void.
evadido, da ◇ *adj* [persona] escaped; [divisas, impuestos] evaded. ◇ *m,f* escapee, fugitive.
evadir *vt* to evade; [respuesta, peligro] to avoid.
◆ **evadirse** *vpr*: **~se (de)** to escape (from).
evaluable *adj* calculable.
evaluación *f* **-1.** [gen] evaluation **-2.** [EDUC - examen] assessment; [- periodo] *period of continuous assessment*.
evaluador, ra *adj* evaluating, evaluative.
evaluar [6] *vt* to evaluate, to assess.
evanescencia *f culto* evanescence.
evanescente *adj culto* evanescent.
evangélico, ca *adj & m,f* evangelical.
evangelio *m* gospel.
evangelista *m* Evangelist.
evangelización *f* evangelization, evangelizing.
evangelizar [13] *vt* to evangelize.
evaporación *f* evaporation.
evaporar *vt* to evaporate.
◆ **evaporarse** *vpr* **-1.** [líquido etc] to evaporate **-2.** *fam fig* [persona] to disappear into thin air.
evaporizar [13] *vt* to vaporize.
evasión *f* **-1.** [huida] escape **-2.** [de dinero]: ~ **de capitales** *o* **divisas** capital flight; ~ **fiscal** tax evasion **-3.** [entretenimiento] amusement, recreation; [escapismo] escapism; **de** ~ escapist.
evasivo, va *adj* evasive.
◆ **evasiva** *f* evasive answer; **responder con evasivas** not to give a straight answer.
evasor, ra *m,f*: ~ **de impuestos** tax evader.
evento *m* event.
eventual *adj* **-1.** [no fijo - trabajador] temporary, casual; [- gastos] incidental **-2.** [posible] possible.
eventualidad *f* **-1.** [temporalidad] temporariness **-2.** [hecho incierto] eventuality; [posibilidad] possibility.
evidencia *f* **-1.** [prueba] evidence, proof; **negar la** ~ to refuse to accept the obvious; **rendirse ante la** ~ to bow to the evidence **-2.** [claridad] obviousness; **poner algo en** ~ to demonstrate sthg; **poner a alguien en** ~ to show sb up.
evidenciar [8] *vt* to show, to demonstrate.
◆ **evidenciarse** *vpr* to be obvious *o* evident.
evidente *adj* evident, obvious.
evitar *vt* [gen] to avoid; [desastre, accidente] to avert; ~ **hacer algo** to avoid doing sthg; ~ **que alguien haga algo** to prevent sb from doing sthg.
evocación *f* recollection, evocation.
evocador, ra *adj* evocative.
evocar [10] *vt* **-1.** [recordar] to evoke **-2.** [espíritu] to invoke, to call up.
evolución *f* **-1.** [gen] evolution; [de enfermedad] development, progress **-2.** MIL manoeuvre.
evolucionar *vi* **-1.** [gen] to evolve; [enfermedad] to develop, to progress; [cambiar] to change **-2.** MIL to carry out manoeuvres.
evolucionismo *m* evolutionism.
evolucionista *adj & m,f* evolutionist.

evolutivo, va *adj* evolutionary.
evoque *etc* ▻ **evocar**.
ex ◇ *mf* [cónyuge etc] ex. ◇ *prep* ex; **el ~ presidente** the ex-president, the former president.
exabrupto *m* sharp word *o* remark.
exacerbar *vt* **-1.** [agudizar] to exacerbate, to aggravate **-2.** [irritar] to irritate, to infuriate.
exactamente *adv* exactly, precisely.
exactas ▻ **exacto**.
exactitud *f* accuracy, precision.
exacto, ta *adj* **-1.** [justo - cálculo, medida] exact; **tres metros ~s** exactly three metres **-2.** [preciso] accurate, precise; [correcto] correct, right; **para ser ~s** to be precise **-3.** [idéntico]: **~ (a)** identical (to), exactly the same (as).
◆ **exacto** *interj*: **¡~!** exactly!, precisely!
◆ **exactas** *fpl* exact *o* pure sciences.
exageración *f* exaggeration; **este precio es una ~** this price is over the top.
exagerado, da *adj* [gen] exaggerated; [persona] overly dramatic; [precio] exorbitant; [gesto] flamboyant.
exagerar *vt & vi* to exaggerate.
exaltación *f* **-1.** [júbilo] elation, intense excitement; [acaloramiento] overexcitement **-2.** [ensalzamiento] exaltation.
exaltado, da ◇ *adj* [jubiloso] elated; [acalorado - persona] worked up; [- discusión] heated; [excitable] hotheaded. ◇ *m,f* [fanático] fanatic; *POLÍT* extremist.
exaltar *vt* **-1.** [elevar] to promote, to raise **-2.** [glorificar] to exalt.
◆ **exaltarse** *vpr* to get excited *o* worked up.
examen *m* **-1.** [ejercicio] exam, examination; **presentarse a un ~** to sit an exam; **~ de conducir** driving test; **~ de ingreso** entrance examination; **~ final/oral** final/oral (exam); **~ parcial** ≃ end-of-term exam **-2.** [indagación] consideration, examination; **hacer ~ de conciencia** to take a good look at o.s.; **someter algo a ~** to examine sthg, to subject sthg to examination; **~ médico** medical examination *o* check-up; **libre ~** personal interpretation.
examinador, ra *m,f* examiner.
examinar *vt* to examine.
◆ **examinarse** *vpr* to sit *o* take an exam.
exánime *adj* **-1.** [muerto] dead **-2.** [desmayado] lifeless **-3.** *fig* [agotado] exhausted, worn-out.
exasperación *f* exasperation.
exasperante *adj* exasperating, infuriating.
exasperar *vt* to exasperate, to infuriate.
◆ **exasperarse** *vpr* to get exasperated.
excarcelar *vt* to release (from prison).
excavación *f* **-1.** [acción] excavation **-2.** [lugar] dig, excavation.
excavador, ra ◇ *adj* excavating, digging. ◇ *m,f* [persona] excavator, digger.
◆ **excavadora** *f* [máquina] digger.
excavar *vt* [gen] to dig; [en arqueología] to excavate.
excedencia *f* leave (of absence); *EDUC* sabbatical; **~ por maternidad** maternity leave.
excedente ◇ *adj* **-1.** [producción etc] surplus **-2.** [funcionario etc] on leave; *EDUC* on sabbatical. ◇ *m COM* surplus. ◇ *mf* [persona] person on leave; **~ de cupo** *person excused from military service because there are already enough new recruits.*
exceder ◇ *vt* to exceed, to surpass. ◇ *vi* to be greater; **~ a** *o* **de** to exceed.
◆ **excederse** *vpr* **-1.** [pasarse de la raya]: **~se (en)** to go too far *o* overstep the mark (in) **-2.** [rebasar el límite]: **se excede en el peso** it's too heavy.
excelencia *f* [cualidad] excellence; **por ~** par excellence.
◆ **Su Excelencia** *mf* His Excellency (*f* Her Excellency).
excelente *adj* excellent.
excelentísimo, ma *adj* most excellent.
excelso, sa *adj culto* sublime, elevated.
excentricidad *f* eccentricity.
excéntrico, ca *adj & m,f* eccentric.
excepción *f* exception; **a** *o* **con ~ de** with the exception of, except for; **hacer una ~** to make an exception; **la ~ confirma la regla** *proverb* the exception proves the rule.
◆ **de excepción** *loc adj* exceptional.
excepcional *adj* exceptional.
excepto *adv* except (for).
exceptuar [6] *vt*: **~ (de)** [excluir] to exclude (from); [eximir] to exempt (from); **exceptuando a ...** excluding ...
◆ **exceptuarse** *v impers*: **se exceptúa a los menores de 16 años** children under the age of 16 are exempt.
excesivo, va *adj* excessive.
exceso *m* [demasía] excess; **en ~** excessively, to excess; **~ de equipaje** excess baggage; **~ de peso** [obesidad] excess weight; **~ de velocidad** speeding.
excipiente *m* excipient.
◆ **excesos** *mpl* [abusos] excesses.
excisión *f MED* excision.
excitación *f* **-1.** [nerviosismo] agitation; [por

enfado, sexo] arousal **-2.** *BIOL & ELECTR* excitation.

excitado, da *adj* [nervioso] agitated; [por enfado, sexo] aroused.

excitante ◇ *adj* [emocionante] exciting; [sexualmente] arousing; [café, tabaco] stimulating. ◇ *m* stimulant.

excitar *vt* **-1.** [inquietar] to upset, to agitate **-2.** [incitar]: **~ a** to incite to **-3.** [estimular - sentidos] to stimulate; [- apetito] to whet; [- pasión, curiosidad, persona] to arouse.

◆ **excitarse** *vpr* [alterarse] to get worked up *o* excited.

exclamación *f* [interjección] exclamation; [grito] cry.

exclamar *vt & vi* to exclaim, to shout out.

exclamativo, va *adj* exclamatory.

excluir [51] *vt* to exclude; [hipótesis, opción] to rule out; [hacer imposible] to preclude; **~ a alguien de algo** to exclude sb from sthg.

exclusión *f* exclusion.

exclusiva ▷ **exclusivo.**

exclusive *adv* exclusive.

exclusividad *f* **-1.** [gen] exclusiveness **-2.** [privilegio] exclusive *o* sole right.

exclusivo, va *adj* exclusive.

◆ **exclusiva** *f* **-1.** *PRENS* exclusive **-2.** *COM* exclusive *o* sole right.

excluyente *adj* excluding.

Excma. *abrev de* **Excelentísima.**

Excmo. *abrev de* **Excelentísimo.**

excombatiente *mf* ex-serviceman (*f* ex-servicewoman) *UK*, war veteran *US*.

excomulgar [16] *vt* to excommunicate.

excomunión *f* excommunication.

excremento *(gen pl) m* excrement *(U)*.

excretar ◇ *vt* [soltar] to secrete. ◇ *vi* [evacuar] to excrete.

excretorio, ria *adj* excretory.

exculpación *f* exoneration; *DER* acquittal.

exculpar *vt* to exonerate; *DER* to acquit.

◆ **exculparse de** *vpr* to declare o.s. innocent of.

exculpatorio, ria *adj* exonerative.

excursión *f* **-1.** [viaje] excursion, trip; **ir de ~** to go on an outing *o* a trip **-2.** *fam* [paseo] walk, stroll.

excursionismo *m* rambling; [de montaña] hiking.

excursionista *mf* [en la ciudad] sightseer, tripper; [en el campo] rambler; [en la montaña] hiker.

excusa *f* **-1.** [gen] excuse; **¡nada de ~s!** no excuses!; **buscar una ~** to look for an excuse; **dar ~s** to make excuses **-2.** [petición de perdón] apology; **presentar uno sus ~s** to apologize, to make one's excuses.

excusado, da *adj* **-1.** [disculpado] excused **-2.** [secreto] secret.

◆ **excusado** *m* bathroom, lavatory.

excusar *vt* **-1.** [disculpar a] to excuse; [disculparse por] to apologize for **-2.** [evitar] to avoid.

◆ **excusarse** *vpr* to apologize, to excuse o.s.

execrable *adj culto* abominable, execrable.

execrar *vt culto* to abhor.

exención *f* exemption; **~ fiscal** tax exemption.

exento, ta *adj* exempt; **~ de** [sin] free from, without; [eximido de] exempt from; **~ de impuestos** tax free.

exequias *fpl* funeral *(sg)*, funeral rites.

exfoliación *f* exfoliation.

exfoliante ◇ *adj* exfoliating. ◇ *m* exfoliating cream/lotion *etc*.

exhalación *f* **-1.** [emanación] exhalation, vapour; [suspiro] breath **-2.** [centella]: **como una ~** as quick as a flash.

exhalar *vt* **-1.** [aire] to exhale, to breathe out; [suspiros] to heave; **~ el último suspiro** to breathe one's last (breath) **-2.** [olor] to give off **-3.** [quejas] to utter.

exhaustivo, va *adj* exhaustive.

exhausto, ta *adj* exhausted.

exhibición *f* **-1.** [demostración] show, display **-2.** [deportiva, artística etc] exhibition **-3.** [de películas] showing.

exhibicionismo *m* exhibitionism.

exhibicionista *adj & m,f* exhibitionist.

exhibir *vt* **-1.** [exponer - cuadros, fotografías] to exhibit; [- modelos] to show; [- productos] to display **-2.** [lucir - joyas, cualidades etc] to show off **-3.** [película] to show, to screen.

◆ **exhibirse** *vpr* [alardear] to show off.

exhortación *f* exhortation.

exhortar *vt*: **~ a alguien a** to exhort sb to.

exhumación *f* exhumation, disinterment.

exhumar *vt* to exhume, to disinter.

exigencia *f* **-1.** [obligación] demand, requirement **-2.** [capricho] fussiness *(U)*.

exigente ◇ *adj* demanding. ◇ *mf* demanding person.

exigir [15] ◇ *vt* **-1.** [gen] to demand; **~ algo de** *o* **a alguien** to demand sthg from sb **-2.** [requerir, necesitar] to call for, to require. ◇ *vi* to be demanding.

exiguo, gua *adj* [escaso] meagre, paltry; [pequeño] minute.

exija *etc* ▷ **exigir.**

exiliado, da ◇ *adj* exiled, in exile. ◇ *m,f* exile.
exiliar [8] *vt* to exile.
◆ **exiliarse** *vpr* to go into exile.
exilio *m* exile.
eximente ◇ *adj* absolutory, absolving. ◇ *f* case for acquittal.
eximio, mia *adj culto* eminent, illustrious.
eximir *vt*: ~ **(de)** to exempt (from).
existencia *f* existence.
◆ **existencias** *fpl* COM stock *(U)*; **en ~s** in stock; **reponer las ~s** to restock.
existencial *adj* existential.
existencialismo *m* existentialism.
existencialista *adj & m,f* existentialist.
existente *adj* existing, existent.
existir *vi* to exist; **existe mucha pobreza** there is a lot of poverty.
éxito *m* **-1.** [gen] success; **con ~** successfully; **tener ~** to be successful **-2.** [libro] bestseller; [canción] hit.
exitoso, sa *adj* successful.
éxodo *m* exodus.
exonerar *vt culto*: ~ **a alguien (de)** [culpa, responsabilidad] to exonerate sb (from); [carga, obligación] to free sb (from); [empleo, cargo] to dismiss *o* remove sb (from).
exorbitante *adj* exorbitant.
exorbitar *vt* to exaggerate.
exorcismo *m* exorcism.
exorcista *mf* exorcist.
exorcizar [13] *vt* to exorcize.
exótico, ca *adj* exotic.
exotismo *m* exoticism.
expandir *vt* to spread; FÍS to expand.
◆ **expandirse** *vpr* to spread; FÍS to expand.
expansión *f* **-1.** FÍS expansion **-2.** ECON growth; **en ~** expanding **-3.** *fig* [difusión] spread, spreading **-4.** [recreo] relaxation, amusement.
expansionarse *vpr* **-1.** [desahogarse]: ~ **(con)** to open one's heart (to) **-2.** [divertirse] to relax, to let off steam **-3.** [desarrollarse] to expand.
expansionismo *m* expansionism.
expansionista *adj* expansionist.
expansivo, va *adj* **-1.** [gen] expansive **-2.** [persona] open, frank.
expatriación *f* expatriation; [exilio] exile.
expatriado, da ◇ *adj* expatriate *(antes de sust)*; [exiliado] exiled. ◇ *m,f* expatriate; [exiliado] exile.
expatriar [9] *vt* to expatriate; [exiliar] to exile.
◆ **expatriarse** *vpr* to leave one's country, to emigrate; [exiliarse] to go into exile.
expectación *f* expectancy, anticipation.
expectante *adj* expectant.
expectativa *f* [espera] expectation; [esperanza] hope; [perspectiva] prospect; **estar a la ~** to wait and see; **estar a la ~ de** [atento] to be on the lookout for; [a la espera] to be hoping for; **~ de vida** life expectancy.
expectoración *f* **-1.** [acción] expectoration **-2.** [esputo] sputum *(U)*.
expectorante *adj & m* expectorant.
expectorar *vi* to expectorate.
expedición *f* **-1.** [viaje, grupo] expedition; **~ militar** military expedition; **~ de salvamento** rescue mission **-2.** [envío] shipment, sending.
expedicionario, ria *adj* expeditionary.
expedidor, ra *m,f* sender, dispatcher.
expedientar *vt* [castigar] to take disciplinary action against; [investigar] to start proceedings against.
expediente *m* **-1.** [documentación] documents *(pl)*; [ficha] file **-2.** [historial] record; **~ académico** academic record *UK*, transcript *US* **-3.** [investigación] inquiry; **abrir ~ a alguien** [castigar] to take disciplinary action against sb; [investigar] to start proceedings against sb **-4.** ECON: **~ de regulación de empleo** streamlining (of the workforce) **-5.** *loc*: **cubrir el ~** *fam* to do the bare minimum.
expedir [26] *vt* [carta, pedido] to send, to dispatch; [pasaporte, decreto] to issue; [contrato, documento] to draw up.
expeditivo, va *adj* expeditious.
expedito, ta *adj* clear, free.
expeler *vt* [humo - suj: persona] to blow out; [- suj: chimenea, tubo de escape] to emit; [- suj: extractor, volcán] to expel.
expendedor, ra ◇ *adj* [máquina] vending *(antes de sust)*; [taquilla, establecimiento] sales *(antes de sust)*. ◇ *m,f* dealer, retailer; [de lotería] seller, vendor.
expendeduría *f* [de tabaco] tobacconist's *UK*, cigar store *US*.
expender *vt* to sell, to retail.
expensas *fpl* [gastos] expenses, costs.
◆ **a expensas de** *loc prep* at the expense of.
experiencia *f* **-1.** [gen] experience; **por (propia) ~** from (one's own) experience **-2.** [experimento] experiment.
experimentación *f* experimentation.
experimentado, da *adj* [persona] experienced; [método] tried and tested.

experimentador, ra ◇ *adj* experimenting. ◇ *m,f* experimenter.
experimental *adj* experimental.
experimentar *vt* **-1.** [gen] to experience; [derrota, pérdidas] to suffer **-2.** [probar] to test; [hacer experimentos con] to experiment with *o* on.
experimento *m* experiment.
experto, ta *adj* & *m,f* expert; **ser ~ en la materia** to be a specialist in the subject; **ser ~ en hacer algo** to be an expert at doing sthg.
expiación *f* atonement, expiation.
expiar [9] *vt* to atone for, to expiate.
expiatorio, ria *adj* expiatory.
expida, expidiera *etc v* ▷ **expedir.**
expiración *f* expiry.
expirar *vi* to expire.
explanada *f* **-1.** [llanura] flat *o* level ground *(U)* **-2.** [paseo marítimo] esplanade.
explayar *vt* to extend.
◆ **explayarse** *vpr* **-1.** [divertirse] to amuse o.s., to enjoy o.s. **-2.** [hablar mucho] to talk at length **-3.** [desahogarse]: **~se (con)** to pour out one's heart (to).
explicación *f* explanation; **dar/pedir explicaciones** to give/demand an explanation.
explicar [10] *vt* **-1.** [gen] to explain; [teoría] to expound **-2.** [enseñar] to teach, to lecture in.
◆ **explicarse** *vpr* **-1.** [comprender] to understand; **no me lo explico** I can't understand it **-2.** [dar explicaciones] to explain o.s. **-3.** [expresarse] to make o.s. understood.
explicativo, va *adj* explanatory.
explícito, ta *adj* explicit.
exploración *f* **-1.** [gen & *MED*] exploration **-2.** *MIN* prospecting.
explorador, ra *m,f* explorer; [scout] boy scout (*f* girl guide).
explorar *vt* **-1.** [gen] to explore; *MIL* to scout **-2.** *MIN* to prospect **-3.** *MED* to examine; [internamente] to explore, to probe.
exploratorio, ria *adj* exploratory; [conversaciones] preliminary.
explosión *f lit* & *fig* explosion; **hacer ~** to explode; **~ atómica/termonuclear** atomic/thermonuclear explosion; **~ demográfica** population explosion.
explosionar *vt* & *vi* to explode, to blow up.
explosivo, va *adj* **-1.** [gen] explosive **-2.** *GRAM* plosive.
◆ **explosivo** *m* explosive.
explotación *f* **-1.** [acción] exploitation; [de fábrica etc] running; [de yacimiento minero] mining; [agrícola] farming; [de petróleo] drilling **-2.** [instalaciones]: **~ agrícola** farm; **~ minera** mine; **~ petrolífera** oil field.
explotador, ra ◇ *adj* exploiting. ◇ *m,f* exploiter.
explotar ◇ *vt* **-1.** [gen] to exploit **-2.** [fábrica] to run, to operate; [terreno] to farm; [mina] to work. ◇ *vi* to explode.
expoliación *f* pillaging, plundering.
expoliar [8] *vt* to pillage, to plunder.
expolio *m* pillaging, plundering.
exponencial *adj* & *f* exponential.
exponente *m MAT* & *fig* exponent.
exponer [65] *vt* **-1.** [gen] to expose **-2.** [teoría] to expound; [ideas, propuesta] to set out, to explain **-3.** [cuadro, obra] to exhibit; [objetos en vitrinas] to display **-4.** [vida, prestigio] to risk.
◆ **exponerse** *vpr* [arriesgarse]: **~se (a)** [gen] to run the risk (of); [a la muerte] to expose o.s. (to).
exportación *f* **-1.** [acción] export **-2.** [mercancías] exports *(pl)*; **exportaciones invisibles** invisible exports.
exportador, ra ◇ *adj* exporting *(antes de sust).* ◇ *m,f* exporter.
exportar *vt COM* & *INFORM* to export.
exposición *f* **-1.** [gen & *FOT*] exposure **-2.** [de arte etc] exhibition; [de objetos en vitrina] display; **~ universal** world fair **-3.** [de teoría] exposition; [de ideas, propuesta] setting out, explanation.
exposímetro *m* exposure meter.
expositivo, va *adj* explanatory.
expósito, ta ◇ *adj* foundling *(antes de sust).* ◇ *m,f* foundling.
expositor, ra ◇ *adj* exponent. ◇ *m,f* [de arte] exhibitor; [de teoría] exponent.
exprés ◇ *adj* **-1.** [tren] express **-2.** [café] espresso. ◇ *m* = **expreso.**
expresado, da *adj* [mencionado] abovementioned.
expresamente *adv* [a propósito] expressly; [explícitamente] explicitly, specifically.
expresar *vt* to express; [suj: rostro] to show.
◆ **expresarse** *vpr* to express o.s.
expresión *f* expression; **reducir a la mínima ~** to cut down to the bare minimum.
expresionismo *m* expressionism.
expresionista *adj* & *m,f* expressionist.
expresividad *f* expressiveness.
expresivo, va *adj* expressive; [cariñoso] affectionate.
expreso, sa *adj* [explícito] specific; [deliberado] express; [claro] clear.

◆ **expreso** ◇ *m* **-1.** [tren] express train **-2.** [café] expresso. ◇ *adv* on purpose, expressly.

exprimelimones *m inv* lemon squeezer.

exprimidor *m* squeezer.

exprimir *vt* **-1.** [fruta] to squeeze; [zumo] to squeeze out **-2.** *fig* to exploit.

expropiación *f* expropriation.

expropiar [8] *vt* to expropriate.

expuesto, ta ◇ *pp* ▷ **exponer.** ◇ *adj* **-1.** [dicho] stated, expressed **-2.** [desprotegido]: ~ **(a)** exposed (to) **-3.** [arriesgado] dangerous, risky **-4.** [exhibido] on display.

expugnar *vt culto* to (take by) storm.

expulsar *vt* **-1.** [persona - de clase, local, asociación] to throw out; [- de colegio] to expel **-2.** *DEP* to send off **-3.** [humo] to emit, to give off.

expulsión *f* [gen] expulsion; [de clase, local, asociación] throwing-out; *DEP* sending-off.

expulsor, ra *adj* ejector *(antes de sust).*

◆ **expulsor** *m* ejector.

expurgación *f* expurgation.

expurgar [16] *vt* expurgate.

expusiera *etc* ▷ **exponer.**

exquisitez *f* **-1.** [cualidad] exquisiteness **-2.** [cosa] exquisite thing; [comida] delicacy.

exquisito, ta *adj* exquisite; [comida] delicious, sublime.

extasiarse [9] *vpr*: ~ **(ante** *o* **con)** to go into ecstasies (over).

éxtasis *m inv* ecstasy.

extender [20] *vt* **-1.** [desplegar - tela, plano, alas] to spread (out); [- brazos, piernas] to stretch out **-2.** [esparcir - mantequilla] to spread; [- pintura] to smear; [- objetos etc] to spread out **-3.** [ampliar - castigo, influencia etc] to extend, to widen **-4.** [documento] to draw up; [cheque] to make out; [pasaporte, certificado] to issue.

◆ **extenderse** *vpr* **-1.** [ocupar]: ~**se (por)** to stretch *o* extend across **-2.** [hablar mucho]: ~**se (en)** to enlarge *o* expand (on) **-3.** [durar] to extend, to last **-4.** [difundirse]: ~**se (por)** to spread (across) **-5.** [tenderse] to stretch out.

extensión *f* **-1.** [superficie - de terreno etc] area, expanse **-2.** [amplitud - de país etc] size; [- de conocimientos] extent **-3.** [duración] duration, length **-4.** [sentido - de concepto, palabra] range of meaning; **en toda la ~ de la palabra** in every sense of the word; **por ~** by extension **-5.** *INFORM & TELECOM* extension.

extensivo, va *adj* extensive; **hacer algo ~ a** to extend sthg to.

extenso, sa *adj* extensive; [país] vast; [libro, película] long.

extensor *m* **-1.** [aparato] chest expander **-2.** [músculo] extensor.

extenuación *f* severe exhaustion *(U).*

extenuado, da *adj* completely exhausted, drained.

extenuante *adj* completely exhausting, draining.

extenuar [6] *vt* to exhaust completely, to drain.

◆ **extenuarse** *vpr* to exhaust o.s., to tire o.s. out.

exterior ◇ *adj* **-1.** [de fuera] outside; [capa] outer, exterior **-2.** [visible] outward **-3.** [extranjero] foreign. ◇ *m* **-1.** [superficie] outside; **en el ~** outside **-2.** [extranjero] foreign countries *(pl)*; **en el ~** abroad **-3.** [aspecto] appearance.

◆ **exteriores** *mpl CIN* outside shots; **rodar en ~es** to film on location.

exteriorización *f* outward demonstration, manifestation.

exteriorizar [13] *vt* to show, to reveal.

exterminación *f* extermination.

exterminador, ra *adj* exterminating.

exterminar *vt* **-1.** [aniquilar] to exterminate **-2.** [devastar] to destroy, to devastate.

exterminio *m* extermination.

externalización *f* outsourcing.

externalizar *vt* to outsource.

externo, na *adj* **-1.** [gen] external; [parte, capa] outer; [influencia] outside; [signo, aspecto] outward **-2.** [alumno] day *(antes de sust).*

extienda *etc* ▷ **extender.**

extinción *f* **-1.** [gen] extinction; [de esperanzas] loss **-2.** [de plazos, obligaciones] termination, end.

extinguir [17] *vt* [incendio] to put out, to extinguish; [raza] to wipe out; [afecto, entusiasmo] to put an end to.

◆ **extinguirse** *vpr* [fuego, luz] to go out; [animal, raza] to become extinct, to die out; [ruido] to die out; [afecto] to die.

extinto, ta *adj* extinguished; [animal, volcán] extinct.

extintor *m* fire extinguisher.

extirpación *f MED* removal; *fig* eradication, stamping out.

extirpar *vt* [tumor] to remove; [muela] to extract; *fig* to eradicate, to stamp out.

extorsión *f* **-1.** [molestia] trouble, bother **-2.** *DER* extortion.

extorsionador, ra *adj* extortive.

extorsionar *vt* **-1.** [perjudicar - persona] to inconvenience; [- plan] to mess up **-2.** *DER* to extort.

extorsionista *m y f* extortionist.
extra ◇ *adj* **-1.** [adicional] extra **-2.** [de gran calidad] top quality, superior. ◇ *mf* CIN extra. ◇ *m* [gasto etc] extra. ◇ *f* ▷ **paga**.
extra- *prefijo* extra-.
extracción *f* **-1.** [gen] extraction **-2.** [en sorteos] draw **-3.** [de carbón] mining.
extractar *vt* to summarize, to shorten.
extracto *m* **-1.** [resumen] summary, résumé; ~ **de cuentas** statement (of account) **-2.** [concentrado] extract.
extractor, ra *adj* extractor *(antes de sust).*
◆ **extractor** *m* extractor fan.
extracurricular *adj* extracurricular.
extradición *f* extradition.
extraditar *vt* to extradite.
extraer [73] *vt*: ~ **(de)** [gen] to extract (from); [sangre] to draw (from); [carbón] to mine (from); [conclusiones] to come to *o* draw (from).
extrafino, na *adj* top quality, de luxe.
extrajudicial *adj* extrajudicial.
extralegal *adj* extralegal.
extralimitación *f* abuse *(of power, authority).*
extralimitarse *vpr fig* to go too far.
extramuros *adv* outside the city *o* town.
extranjería *f* foreign status.
extranjerismo *m* foreign word.
extranjerizar [13] *vt* to introduce foreign customs to.
extranjero, ra ◇ *adj* foreign. ◇ *m,f* [persona] foreigner.
◆ **extranjero** *m* [territorio] foreign countries *(pl)*; **estar en el/ir al** ~ to be/go abroad.
extranjis
◆ **de extranjis** *loc adv fam* on the quiet.
extrañamiento *m* banishment.
extrañar *vt* **-1.** [sorprender] to surprise; **me extraña (que digas esto)** I'm surprised (that you should say that) **-2.** [echar de menos] to miss **-3.** [desterrar] to banish.
◆ **extrañarse de** *vpr* [sorprenderse de] to be surprised at.
extrañeza *f* **-1.** [sorpresa] surprise **-2.** [rareza] strangeness *(U).*
extraño, ña ◇ *adj* **-1.** [raro] strange; **¡qué ~!** how odd *o* strange! **-2.** [ajeno] detached, uninvolved **-3.** MED foreign. ◇ *m,f* stranger.
extraoficial *adj* unofficial.
extraordinario, ria *adj* **-1.** [gen] extraordinary; **no tiene nada de** ~ there's nothing extraordinary about that **-2.** [gastos] additional; [edición, suplemento] special.
◆ **extraordinario** *m* **-1.** CULIN special dish **-2.** PRENS special edition **-3.** ▷ **paga -4.** [correo] special delivery.
extraparlamentario, ria *adj* non-parliamentary.
extraplano, na *adj* super-slim, extra-thin.
extrapolación *f* generalization.
extrapolar *vt* to generalize about, to jump to conclusions about.
extrarradio *m* outskirts *(pl)*, suburbs *(pl).*
extraterrestre *adj & m,f* extraterrestrial.
extraterritorial *adj* extraterritorial.
extraterritorialidad *f* extraterritorial rights *(pl).*
extravagancia *f* eccentricity.
extravagante *adj* eccentric, outlandish.
extraversión = **extroversión**.
extravertido, da = **extrovertido**.
extraviado, da *adj* [perdido] lost; [animal] stray.
extraviar [9] *vt* **-1.** [objeto] to lose, to mislay **-2.** [excursionista] to mislead, to cause to lose one's way **-3.** [mirada, vista] to allow to wander.
◆ **extraviarse** *vpr* **-1.** [persona] to get lost **-2.** [objeto] to be mislaid, to go missing.
extravío *m* **-1.** [pérdida] loss, mislaying **-2.** [desenfreno] excess.
extremado, da *adj* extreme.
Extremadura Estremadura.
extremar *vt* to maximize.
◆ **extremarse** *vpr* to take great pains *o* care.
extremaunción *f* extreme unction.
extremeño, ña *adj & m,f* Estremaduran.
extremidad *f* [extremo] end.
◆ **extremidades** *fpl* ANAT extremities.
extremismo *m* extremism.
extremista *adj & m,f* extremist.
extremo, ma *adj* [gen] extreme; [en el espacio] far, furthest.
◆ **extremo** *m* **-1.** [punta] end **-2.** [límite] extreme; **en último** ~ as a last resort; **ir** *o* **pasar de un** ~ **al otro** to go from one extreme to the other; **ser el** ~ **opuesto** to be the complete opposite **-3.** DEP: ~ **derecho/izquierdo** outside right/left.
◆ **extremos** *mpl* [efusiones] exaggerations.
extrínseco, ca *adj* extrinsic.
extroversión, extraversión *f* extroversion.
extrovertido, da, extravertido, da *adj*

& *m,f* extrovert.
exuberancia *f* exuberance.
exuberante *adj* exuberant.
exudación *f* exudation.
exudado, da *adj* exuding, oozing.
exudar *vt* to exude, to ooze.
exultación *f* exultation.
exultante *adj* exultant.
exultar
◆ **exultar de** *vi* to exult with, to rejoice with.
exvoto *m* votive offering, ex voto.
eyaculación *f* ejaculation; ~ **precoz** premature ejaculation.
eyacular *vi* to ejaculate.
eyección *f* ejection, expulsion.
eyectar *vt* to eject, to expel.
eyector *m* [de armas] ejector; [de aire, gases] extractor.

f, F *f* [letra] f, F.
◆ **23 F** *m 23rd February, day of the failed coup d'état in Spain in 1981.*

23 F

On 23rd February 1981, a failed coup d'état was perpetrated in the Spanish parliament by a group of civil guards with the support of certain sectors of the Spanish army; the group took all the members of parliament hostage until the following morning. Late at night, the King appeared before the television cameras to pledge his support for democracy. On the morning of the 24th, the rebel group surrendered. By extension, 23 F has come to mean 'coup d'état'.

f. -**1.** (*abrev de* **factura**) inv. -**2.** (*abrev de* **folio**) f.
fa *m* MÚS F; [en solfeo] fa.
fabada *f Asturian stew made of beans, pork sausage and bacon.*
fábrica *f* -**1.** [establecimiento] factory; ~ **de cerveza** brewery; ~ **de conservas** canning plant, cannery; ~ **de papel** paper mill; ~ **siderúrgica** iron and steelworks *(sg)* -**2.** [fabricación] manufacture.
fabricación *f* manufacture; **de ~ casera** home-made; ~ **en serie** mass production.
fabricante ◇ *adj* manufacturing *(antes de sust).* ◇ *mf* manufacturer.
fabricar [10] *vt* -**1.** [producir] to manufacture, to make -**2.** [construir] to build, to construct -**3.** *fig* [inventar] to fabricate, to make up.
fabril *adj* manufacturing *(antes de sust).*
fábula *f* -**1.** LITER fable; [leyenda] legend, myth -**2.** [rumor] piece of gossip.
fabular *vi* to make things up.
fabulista *mf* author of fables.
fabuloso, sa *adj* -**1.** [ficticio] mythical, fantastic -**2.** [muy bueno] fabulous, fantastic.
facción *f* POLÍT faction.
◆ **facciones** *fpl* [rasgos] features.
faccioso, sa ◇ *adj* factious, rebellious. ◇ *m,f* rebel.
faceta *f* facet.
facha ◇ *f* -**1.** [aspecto] appearance, look -**2.** [mamarracho] mess; **vas hecho una ~** you look a mess. ◇ *mf fam despec* [ultra derechista] fascist pig.
fachada *f* -**1.** ARQUIT façade -**2.** *fig* [apariencia] outward appearance; **es pura ~** it's just a show.
facial *adj* facial.
fácil *adj* -**1.** [gen] easy; ~ **de hacer** easy to do -**2.** [tratable] easy-going -**3.** [probable] probable, likely.
facilidad *f* -**1.** [simplicidad] ease, easiness; **con ~** easily; **con la mayor ~** with the greatest of ease -**2.** [aptitud] aptitude; **tener ~ para algo** to have a gift for sthg.
◆ **facilidades** *fpl* [comodidades] facilities; **dar ~es a alguien para algo** to make sthg easy for sb; **~es de pago** easy (payment) terms.
facilitar *vt* -**1.** [simplificar] to facilitate, to make easy; [posibilitar] to make possible -**2.** [proporcionar] to provide; ~ **algo a alguien** to provide *o* supply sb with sthg.
facilón, ona *adj fam* dead easy.
facineroso, sa *m,f* miscreant, criminal.
facsímil, facsímile *m* facsimile.
factible *adj* feasible.
fáctico, ca ▻ **poder.**
factor *m* -**1.** [gen] factor; ~ **humano** human factor; ~ **de riesgo** risk factor -**2.** FERROC luggage clerk.
factoría *f* -**1.** [fábrica] factory -**2.** COM outlet, agency.

factura *f* **-1.** [por mercancías, trabajo realizado] invoice; **pasar** *o* **presentar una ~** to send an invoice; **~ pro forma** *o* **proforma** *COM* proforma invoice **-2.** [de gas, teléfono] bill; [en tienda, hotel] bill **-3.** *Arg* [repostería] cakes and pastries.

facturación *f* **-1.** [cobro] invoicing **-2.** [ventas] turnover *UK*, net revenue *US* **-3.** [de equipaje - en aeropuerto] checking-in; [- en estación] registration; **mostrador de ~** check-in desk.

facturar *vt* **-1.** [cobrar]: **~le a alguien algo** to invoice *o* bill sb for sthg **-2.** [vender] to turn over **-3.** [equipaje - en aeropuerto] to check in; [- en estación] to register.

facultad *f* **-1.** [capacidad & *UNIV*] faculty; **~es mentales** mental faculties **-2.** [poder] power, right.

facultar *vt* to authorize.

facultativo, va ◇ *adj* **-1.** [voluntario] optional **-2.** [médico] medical. ◇ *m,f* doctor.

faena *f* **-1.** [tarea] task, work *(U)*; **estar en plena ~** to be hard at work; **~s domésticas** housework *(U)*, household chores; **hacerle una (mala) ~ a alguien** to play a dirty trick on sb **-2.** *TAUROM* bullfighter's performance; *ver también* **tauromaquia**.

faenar *vi* to fish.

fagot ◇ *m* [instrumento] bassoon. ◇ *mf* [músico] bassoonist.

fainá *f RP* *baked dough made from chickpea flour, served with pizza.*

faisán *m* pheasant.

faja *f* **-1.** [prenda de mujer, terapéutica] corset; [banda] sash, cummerbund **-2.** [de terreno - pequeña] strip; [- grande] belt **-3.** [de libro] band *(around new book)*.

fajín *m* sash.

fajo *m* [de billetes, papel] wad; [de leña, cañas] bundle.

fakir = **faquir**.

falacia *f* deceit, trick.

falange *f* **-1.** *ANAT & MIL* phalanx **-2.** *POLÍT*: **la Falange (Española)** the Falange.

LA FALANGE ESPAÑOLA

The *Falange Española* was a totalitarian political group, founded in Spain in 1933. It played a major role in the Spanish Civil War and later occupied an important position in Franco's Spain.

falangismo *m* Falangist movement.

falangista *adj & m,f* Falangist.

falda *f* **-1.** [prenda] skirt; **estar pegado** *o* **cosido a las ~s de su madre** to to be tied to one's mother's apron strings; **~ escocesa** kilt; **~ pantalón** culottes *(pl)*; **~ plisada** *o* **tableada** pleated skirt **-2.** [de montaña] slope, mountainside **-3.** [regazo] lap **-4.** [de mesa camilla] cover.

◆ **faldas** *fpl fam* [mujeres] women; **aficionado a las ~s** womanizer, ladies' man.

faldero, ra *adj* **-1.** [dócil]: **perro ~** lapdog **-2.** [mujeriego] keen on women.

faldón *m* **-1.** [de ropa] tail; [de cortina, mesa camilla] folds *(pl)* **-2.** [de tejado] gable.

falencia *f CSur* shortcoming.

falible *adj* fallible.

fálico, ca *adj* phallic.

falla *f* [gen & *GEOL*] fault.

◆ **fallas** *fpl* [fiesta] *celebrations in Valencia during which cardboard figures are burnt.*

fallar ◇ *vt* **-1.** [sentenciar] to pass sentence on; [premio] to award **-2.** [equivocar - respuesta] to get wrong; [- tiro] to miss. ◇ *vi* **-1.** [equivocarse] to get it wrong; [no acertar] to miss **-2.** [fracasar, flaquear] to fail; [plan] to go wrong **-3.** [decepcionar]: **~le a alguien** to let sb down **-4.** [quebrarse, ceder] to give way **-5.** [sentenciar]: **~ a favor/en contra de** to find in favour of/against.

fallecer [30] *vi* to pass away, to die.

fallecimiento *m* decease, death.

fallero, ra *adj relating to the celebrations in Valencia during which cardboard figures are burnt.*

fallido, da *adj* [esfuerzo, intento] unsuccessful, failed; [esperanza] vain; [disparo] missed.

fallo *m* **-1.** [error] mistake; *DEP* miss; **¡qué ~!** what a stupid mistake!; **~ humano** human error **-2.** [sentencia - de juez, jurado] verdict **-3.** [opinión] judgment.

fallutería *f RP fam* hypocrisy.

falluto, ta ◇ *adj RP fam* phoney, hypocritical. ◇ *m,f* hypocrite.

falo *m* phallus.

falsario, ria ◇ *adj* false. ◇ *m,f* liar.

falsear *vt* [hechos, historia] to falsify, to distort; [moneda, firma] to forge.

falsedad *f* **-1.** [falta de verdad, autenticidad] falseness **-2.** [mentira] falsehood, lie.

falsete *m* falsetto.

falsificación *f* forgery.

falsificador, ra *m,f* forger.

falsificar [10] *vt* to forge.

falsilla *f* guide sheet *(for writing paper)*.

falso, sa *adj* **-1.** [rumor, excusa etc] false, untrue **-2.** [dinero, firma, cuadro] forged; [joyas] fake; **jurar en ~** to commit perjury **-3.** [hipócrita] deceitful **-4.** [inadecuado] wrong, incorrect.

falta *f* **-1.** [carencia] lack; **hacer ~** to be necessary; **me hace ~ suerte** I need some luck; **por ~ de** for want *o* lack of **-2.** [escasez] shortage **-3.** [ausencia] absence; **echar en ~ algo/a alguien** [notar la ausencia de] to notice that sthg/sb is missing; [echar de menos] to miss sthg/sb **-4.** [imperfección] fault; [error] mistake; **~ de educación** bad manners *(pl)*; **~ de ortografía** spelling mistake; **~ de respeto** disrespect, lack of respect **-5.** DEP foul; [en tenis] fault; **doble ~** double fault; **~ libre directa** direct free kick offence; **~ personal** personal foul **-6.** DER offence **-7.** [en la menstruación] missed period.

◆ **a falta de** *loc prep* in the absence of; **a ~ de pan, buenas son tortas** *proverb* half a loaf is better than none.

◆ **sin falta** *loc adv* without fail.

faltante *m Amér* deficit.

faltar *vi* **-1.** [no haber] to be lacking, to be needed; **falta aire** there's not enough air; **falta sal** it needs a bit of salt **-2.** [estar ausente] to be absent *o* missing; **falta Elena** Elena is missing **-3.** [carecer]: **le faltan las fuerzas** he lacks *o* doesn't have the strength **-4.** [hacer falta] to be necessary; **me falta tiempo** I need time **-5.** [quedar]: **falta un mes para las vacaciones** there's a month to go till the holidays; **sólo te falta firmar** all you have to do is sign; **¿cuánto falta para Leeds?** how much further is it to Leeds?; **falta mucho por hacer** there is still a lot to be done; **falta poco para que llegue** it won't be long till he arrives; **faltó poco para que le matase** I very nearly killed him **-6.** *loc*: **¡no faltaba** *o* **faltaría más!** [asentimiento] of course!; [rechazo] that tops it all!, that's a bit much!

◆ **faltar a** *vi* **-1.** [palabra, promesa] to break, not to keep; [deber, obligación] to neglect **-2.** [cita, trabajo] not to turn up at; **¡no faltes (a la cita)!** don't miss it!, be there! **-3.** [no respetar] to be disrespectful towards; **~ a alguien en algo** to offend sb in sthg **-4.** [defraudar] to betray, to disappoint.

falto, ta *adj*: **~ de** lacking in, short of.

fama *f* **-1.** [renombre] fame; **tener ~** to be famous **-2.** [reputación] reputation; **tener buena/mala ~** to have a good/bad reputation; **cría ~ y échate a dormir** *proverb build yourself a good reputation, then you can rest on your laurels.*

famélico, ca *adj* starving, famished.

familia *f* family; **en ~** privately, in private; **ser de buena ~** to come from a good family; **ser como de la ~** to be like one of the family; **~ monoparental** one-parent family; **~ numerosa** large family; **~ política** in-laws *(pl)*; **~ real** royal family.

familiar ◇ *adj* **-1.** [de familia] family *(antes de sust)* **-2.** [en el trato - agradable] friendly; [- en demasía] overly familiar **-3.** [lenguaje, estilo] informal, colloquial **-4.** [conocido] familiar. ◇ *mf* relative, relation.

familiaridad *f* familiarity.

familiarizar [13] *vt*: **~ (con)** to familiarize (with).

◆ **familiarizarse** *vpr*: **~se con** [estudiar] to familiarize o.s. with; [acostumbrarse a] to get used to.

famoso, sa ◇ *adj* famous. ◇ *m,f* famous person, celebrity.

fan *mf* fan.

fanático, ca ◇ *adj* fanatical. ◇ *m,f* [gen] fanatic; DEP fan.

fanatismo *m* fanaticism.

fanatizar [13] *vt* to arouse fanaticism in.

fandango *m* [baile] fandango.

fandanguillo *m type of fandango.*

fané *adj Amér* worn out.

fanega *f grain measure which varies from region to region.*

fanfarria *f* **-1.** *fam* [jactancia] boasting, bragging **-2.** [pieza musical] fanfare; [banda] brass band.

fanfarrón, ona ◇ *adj* boastful. ◇ *m,f* braggart, show-off.

fanfarronada *f* brag.

fanfarronear *vi*: **~ (de)** to boast *o* brag (about).

fanfarronería *f* showing-off, bragging.

fango *m* mud.

fangoso, sa *adj* muddy.

fantasear ◇ *vi* to fantasize. ◇ *vt* to imagine, to fantasize about.

fantasía *f* **-1.** [imaginación] imagination; [cosa imaginada] fantasy; **de ~** [ropa] fancy; [bisutería] imitation, costume *(antes de sust)* **-2.** MÚS fantasia.

fantasioso, sa *adj* imaginative.

fantasma ◇ *m* [espectro] ghost, phantom. ◇ *mf fam* [fanfarrón] show-off.

fantasmada *f fam* brag.

fantasmal *adj* ghostly.

fantasmón, ona *m,f fam* show-off.

fantástico, ca *adj* fantastic.

fantochada *f* crazy *o* mad thing.

fantoche *m* **-1.** [títere] puppet **-2.** [mamarracho] (ridiculous) sight.

FAO (*abrev de* **Food and Agriculture Organi-**

zation) *f* FAO.
faquir, fakir *m* fakir.
faradio *m* farad.
farándula *f*: **la** ~ the theatre, the stage.
faraón *m* pharaoh.
faraónico, ca *adj* pharaonic; *fig* [fastuoso] lavish, magnificent.
fardada *f fam* showing-off *(U)*.
fardar *vi fam*: ~ **(de algo)** to show (sthg) off.
fardo *m* bundle.
fardón, ona *fam* <> *adj* flashy. <> *m,f* flash Harry.
farero, ra *m,f* lighthouse keeper.
farfullar *vt & vi* to gabble, to splutter.
faringe *f* pharynx.
faringitis *f inv* sore throat.
fariseo, a *m,f* **-1.** *HIST* Pharisee **-2.** *fig* [hipócrita] hypocrite.
farmacéutico, ca <> *adj* pharmaceutical. <> *m,f* chemist, pharmacist.
farmacia *f* **-1.** [ciencia] pharmacy **-2.** [establecimiento] chemist's (shop) *UK*, pharmacy, drugstore *US*; ~ **de turno** *o* **de guardia** duty chemist's.
fármaco *m* medicine, drug.
farmacología *f* pharmacology.
faro *m* **-1.** [para barcos] lighthouse **-2.** [de coche] headlight, headlamp; ~ **antiniebla** foglamp.
farol *m* **-1.** [farola] street lamp *o* light; [linterna] lantern, lamp **-2.** [en el juego] bluff **-3.** *fam* [mentira] fib, lie.
farola *f* [farol] street lamp *o* light; [poste] lamppost.
farolear *vi fam* to fib.
farolero, ra <> *adj fam* boastful. <> *m,f* **-1.** [oficio] lamplighter **-2.** *fam* [fanfarrón] show-off.
farolillo *m* **-1.** [de papel] paper *o* Chinese lantern **-2.** [planta] Canterbury bell.
farra *f fam* binge, spree; **ir de** ~ to paint the town red.
farragoso, sa *adj* confused, rambling.
farruco, ca *adj* [valiente] cocky.
farsa *f lit & fig* farce.
farsante <> *adj* deceitful. <> *mf* deceitful person.
fascículo *m* part, instalment *(of serialization)*.
fascinación *f* fascination.
fascinante *adj* fascinating.
fascinar *vt* to fascinate.
fascismo *m* fascism.
fascista *adj & m,f* fascist.
fase *f* phase; **en** ~ **terminal** in terminal phase.
fastidiado, da *adj* [de salud] ill; **ando** ~ **del estómago** I've got a bad stomach.
fastidiar [8] <> *vt* **-1.** [estropear - fiesta etc] to spoil, to ruin; [- máquina, objeto etc] to break **-2.** [molestar] to annoy, to bother. <> *vi*: **¡no fastidies!** you're having me on!
◆ **fastidiarse** *vpr* **-1.** [estropearse - fiesta etc] to be ruined; [- máquina] to break down **-2.** [aguantarse] to put up with it.
fastidio *m* **-1.** [molestia] nuisance, bother; **¡qué** ~**!** what a nuisance! **-2.** [enfado] annoyance **-3.** [aburrimiento] bore.
fastidioso, sa *adj* **-1.** [molesto] annoying **-2.** [aburrido] boring, tedious.
fasto *m* pomp, extravagance.
fastuosidad *f* lavishness, sumptuousness.
fastuoso, sa *adj* lavish, sumptuous.
fatal <> *adj* **-1.** [mortal] fatal **-2.** [muy malo] terrible, awful **-3.** [inevitable] inevitable **-4.** [seductor]: **mujer** ~ femme fatale. <> *adv* terribly; **pasarlo** ~ to have an awful time; **sentirse** ~ to feel terrible.
fatalidad *f* **-1.** [destino] fate, destiny **-2.** [desgracia] misfortune.
fatalismo *m* fatalism.
fatalista <> *adj* fatalistic. <> *mf* fatalist.
fatídico, ca *adj* fateful, ominous.
fatiga *f* [cansancio] tiredness, fatigue.
◆ **fatigas** *fpl* [penas] troubles, hardships.
fatigado, da *adj* tired, weary.
fatigante *adj* tiring.
fatigar [16] *vt* to tire, to weary.
◆ **fatigarse** *vpr* to get tired.
fatigoso, sa *adj* tiring, fatiguing.
fatigue *etc* ▻ **fatigar**.
fatuidad *f* **-1.** [necedad] fatuousness, foolishness **-2.** [vanidad] conceit.
fatuo, tua *adj* **-1.** [necio] fatuous, foolish **-2.** [engreído] conceited.
fauces *fpl fig* jaws.
fauna *f* fauna.
fausto, ta *adj* happy, fortunate.
favor *m* favour; **a** ~ **de** in favour of; **hacerle un** ~ **a alguien** [ayudar a] to do sb a favour; *fam fig* [acostarse con] to go to bed with sb; **hágame el** ~ **de cerrar la puerta** would you mind shutting the door, please?; **pedir un** ~ **a alguien** to ask sb a favour; **tener a** *o* **en su** ~ **a alguien** to enjoy sb's support.
◆ **favores** *mpl* [de una mujer] favours.
◆ **por favor** *loc adv* please.
favorable *adj* favourable; **ser** ~ **a algo** to be in favour of sthg.

favorecedor, ra *adj* flattering, becoming.
favorecer [30] *vt* **-1.** [gen] to favour; [ayudar] to help, to assist **-2.** [sentar bien] to suit.
favoritismo *m* favouritism.
favorito, ta *adj & m,f* favourite.
fax *m inv* **-1.** [aparato] fax (machine); **mandar algo por ~** to fax sthg **-2.** [documento] fax.
fayuquero, ra *m,f Méx fam* smuggler.
faz *f culto* **-1.** [cara] countenance, face **-2.** [del mundo, de la tierra] face.
fe *f* **-1.** [gen] faith; **hacer algo de buena ~** to do sthg in good faith; **tener ~ en** to have faith in, to believe in **-2.** [documento] certificate; **~ de bautismo** certificate of baptism; **~ de erratas** errata *(pl)* **-3.** *loc*: **dar ~ de que** to testify that; **la ~ mueve montañas** faith can move mountains.
fealdad *f* **-1.** [de rostro etc] ugliness **-2.** [de conducta etc] unworthiness.
feb., febr. (*abrev de* **febrero**) Feb.
febrero *m* February; *ver también* **septiembre**.
febril *adj* feverish; *fig* [actividad] hectic.
fecal *adj* faecal.
fecha *f* [gen] date; [momento actual] current date; **a partir de esta ~** from today; **en ~ próxima** in the next few days; **hasta la ~** to date, so far; **ocurrió por estas ~s** it happened around this time of year; **~ de caducidad** [de alimentos] sell-by date; [de carné, pasaporte] expiry date; [de medicamento] 'use before' date; **~ de nacimiento** date of birth; **~ tope** *o* **límite** deadline.
fechar *vt* to date.
fechoría *f* bad deed, misdemeanour.
fécula *f* starch *(in food)*.
fecundación *f* fertilization; **~ artificial** artificial insemination; **~ asistida** assisted fertilization; **~ in vitro** in vitro fertilization.
fecundar *vt* **-1.** [fertilizar] to fertilize **-2.** [hacer productivo] to make fertile.
fecundidad *f* **-1.** [fertilidad] fertility **-2.** [productividad] productiveness.
fecundo, da *adj* [gen] fertile; [artista] prolific.
federación *f* federation.
federal *adj & m,f* federal.
federalismo *m* federalism.
federalista *adj & m,f* federalist.
federar *vt* to federate.
◆ **federarse** *vpr* **-1.** [formar federación] to become *o* form a federation **-2.** [ingresar en federación] to join a federation.
federativo, va ◇ *adj* federative. ◇ *m,f* member of a federation.
felación *f* fellatio.
feldespato *m* feldspar.
felicidad *f* happiness.
◆ **felicidades** *interj*: **¡~es!** [gen] congratulations!; [en cumpleaños] happy birthday!
felicitación *f* **-1.** [acción]: **felicitaciones** congratulations **-2.** [postal] greetings card; **~ de Navidad** Christmas card.
felicitar *vt* to congratulate; **¡te felicito!** congratulations!; **~ a alguien por algo** to congratulate sb on sthg.
◆ **felicitarse** *vpr*: **~se (por)** to be pleased *o* glad (about).
félidos *mpl* felines, cats.
feligrés, esa *m,f* parishioner.
felino, na *adj* feline.
◆ **felino** *m* feline, cat.
feliz *adj* **-1.** [dichoso] happy; **hacer ~ a alguien** to make sb happy **-2.** [afortunado] lucky **-3.** [oportuno] timely.
felonía *f* [traición] treachery, betrayal; [infamia] vile deed.
felpa *f* [de seda] plush; [de algodón] towelling.
felpudo *m* doormat.
femenino, na *adj* [gen] feminine; *BOT & ZOOL* female.
◆ **femenino** *m GRAM* feminine.
fémina *f* woman, female.
feminidad, femineidad *f* femininity.
feminismo *m* feminism.
feminista *adj & m,f* feminist.
feminizar [13] *vt* to make feminine.
femoral ◇ *adj* femoral. ◇ *f* femoral artery.
fémur (*pl* **fémures**) *m* femur, thighbone.
fenicio, cia *adj & m,f* Phoenician.
◆ **fenicio** *m* [lengua] Phoenician.
fénix *m inv* [ave] phoenix.
fenomenal *adj* [magnífico] wonderful, fantastic.
fenómeno ◇ *m* **-1.** [gen] phenomenon **-2.** [monstruo] freak. ◇ *adv fam* brilliantly, fantastically; **pasarlo ~** to have a great time. ◇ *interj*: **¡~!** great!, terrific!
fenotipo *m* phenotype.
feo, a ◇ *adj* **-1.** [persona] ugly; **le tocó bailar con la más fea** he drew the short straw; **ser más ~ que Picio** to be as ugly as sin **-2.** [aspecto, herida, conducta] nasty; **es ~ escupir** it's rude to spit **-3.** [tiempo] foul, horrible; **la tarde se ha puesto fea** the weather has turned nasty this afternoon. ◇ *m,f* [persona] ugly person.
◆ **feo** *m* [desaire] slight, insult; **hacer un ~**

a alguien to offend *o* slight sb.
féretro *m* coffin.
feria *f* **-1.** [gen] fair; ~ **(de muestras)** trade fair **-2.** [fiesta popular] festival.
feriado *m* ***Amér*** (public) holiday.
ferial *adj* fair *(antes de sust)*; **recinto** ~ fairground.
feriante *mf* [vendedor] trader; [comprador] fairgoer.
fermentación *f* fermentation.
fermentar *vt & vi* to ferment.
fermento *m* ferment.
ferocidad *f* ferocity, fierceness.
feroz *adj* **-1.** [animal, bestia] fierce, ferocious **-2.** ***fig*** [criminal, asesino] cruel, savage **-3.** ***fig*** [dolor, angustia] terrible **-4.** ***fig*** [enorme] massive.
férreo, a *adj lit & **fig*** iron *(antes de sust)*.
ferretería *f* ironmonger's (shop) ***UK***, hardware store.
ferretero, ra *m,f* ironmonger, hardware dealer.
ferrocarril *m* [sistema, medio] railway, railroad ***US***; [tren] train; **por** ~ by train.
ferroso, sa *adj* ferrous.
ferroviario, ria <> *adj* railway *(antes de sust)* ***UK***, rail *(antes de sust)*, railroad *(antes de sust)* ***US***. <> *m,f* railway worker.
ferry *m* ferry.
fértil *adj lit & **fig*** fertile.
fertilidad *f lit & **fig*** fertility.
fertilización *f* fertilization; ~ **in vitro** in vitro fertilization.
fertilizante <> *adj* fertilizing. <> *m* fertilizer.
fertilizar [13] *vt* to fertilize.
ferviente *adj* fervent.
fervor *m* fervour.
fervoroso, sa *adj* fervent.
festejar *vt* **-1.** [celebrar] to celebrate **-2.** [agasajar] to entertain.
◆ **festejarse** *vpr* [celebrarse] to be celebrated.
festejo *m* **-1.** [fiesta] party **-2.** [agasajo] entertaining.
◆ **festejos** *mpl* [fiestas] public festivities.
festín *m* banquet, feast.
festival *m* festival.
festividad *f* festivity.
festivo, va *adj* **-1.** [de fiesta] festive; **día** ~ (public) holiday **-2.** [alegre] cheerful, jolly; [chistoso] funny, witty.
festón *m* [en costura] scallop.
festonear *vt* [en costura] to scallop.
feta *f* ***RP*** slice.
fetal *adj* foetal.
fetén *adj inv **fam*** brilliant, great.
fetiche *m* fetish.
fetichismo *m* fetishism.
fetichista <> *adj* fetishistic. <> *mf* fetishist.
fétido, da *adj* fetid, foul-smelling.
feto *m* foetus.
feudal *adj* feudal.
feudalismo *m* feudalism.
feudo *m* HIST fief; ***fig*** [dominio] domain, area of influence.
fez *m* fez.
FF AA *(abrev de* **Fuerzas Armadas**) *fpl Spanish armed forces.*
fiabilidad *f* reliability.
fiable *adj* [máquina] reliable; [persona] trustworthy.
fiaca *m* ***RP***: **levantarme esta mañana, me dio una** ~ I had to prise myself out of bed this morning.
fiador, ra *m,f* guarantor, surety; **salir** ~ **por** to vouch for.
fiambre *m* **-1.** [comida] cold meat ***UK***, cold cuts ***US*** **-2.** ***fam*** [cadáver] stiff, corpse.
fiambrera *f* lunch *o* sandwich box.
fianza *f* **-1.** [depósito] deposit **-2.** DER bail; **bajo** ~ on bail **-3.** [garantía] security, bond.
fiar [9] <> *vt* COM to sell on credit. <> *vi* COM to sell on credit; **ser de** ~ to be trustworthy.
◆ **fiarse** *vpr*: **¡no te fíes!** don't be too sure (about it)!; ~**se de algo/alguien** to trust sthg/sb.
fibra *f* **-1.** [gen] fibre; [de madera] grain; ~ **de vidrio** fibreglass; ~ **óptica** INFORM optic fibre **-2.** [energía] character, vigour.
fibroma *m* fibroma.
fibrosis *f inv* fibrosis.
fibroso, sa *adj* fibrous.
ficción *f* **-1.** [gen] fiction **-2.** [simulación] pretence, make-believe.
ficha *f* **-1.** [tarjeta] (index) card; [con detalles personales] file, record card **-2.** [de guardarropa, aparcamiento] ticket **-3.** [de teléfono] token **-4.** [de juego - gen] counter; [en ajedrez] piece; [en casino] chip **mover** ~ to act **-5.** DEP [contrato] contract **-6.** INFORM card; ~ **perforada** perforated card.
fichaje *m* DEP [contratación] signing (up); [importe] transfer fee.
fichar <> *vt* **-1.** [archivar] to note down on an index card, to file **-2.** [suj: policía] to put on police files *o* records **-3.** DEP to sign up **-4.**

fam [calar] to suss out, to see through. ◇ *vi* **-1.** [suj: trabajador - al entrar] to clock in; [- al salir] to clock out **-2.** *DEP*: ~ **(por)** to sign up (for).

fichero *m* **-1.** [mueble] filing cabinet **-2.** *INFORM* file.

ficticio, cia *adj* **-1.** [imaginario] fictitious **-2.** [convencional] imaginary.

ficus *m inv* rubber plant.

fidedigno, na *adj* reliable.

fidelidad *f* **-1.** [lealtad] loyalty; [de cónyuge, perro] faithfulness **-2.** [precisión] accuracy; **alta ~** high fidelity.

fideo *m* noodle; **estar** *o* **quedarse como un ~** to be as thin as a rake.

fiebre *f* fever; **tener ~** to have a temperature; **~ aftosa** foot-and-mouth disease; **~ amarilla/de Malta** yellow/Malta fever; **~ del heno** hay fever; **~ reumática/tifoidea** rheumatic/typhoid fever; **la ~ del oro** the gold rush.

fiel ◇ *adj* **-1.** [leal - amigo, seguidor] loyal; [- cónyuge, perro] faithful **-2.** [preciso] accurate. ◇ *m* [de balanza] needle, pointer.
◆ **fieles** *mpl RELIG*: **los ~es** the faithful.

fieltro *m* felt.

fiero, ra *adj* savage, ferocious.
◆ **fiera** *f* **-1.** [animal] wild animal **-2.** *fig* [persona - genial] demon; [- cruel] brute; **estar/ponerse hecho una fiera** to be/go wild with anger; **ser una fiera para** to be brilliant at.

fierro *m Amér* **-1.** [hierro] iron **-2.** [navaja] penknife.

fiesta *f* **-1.** [reunión] party; [de pueblo etc] (local) festivities *(pl)*; **~ benéfica** fête; **~ de disfraces** fancy-dress party; **~ mayor** *local celebrations for the festival of a town's patron saint*; **la ~ nacional** bull fighting; **aguar la ~ a alguien** to spoil sb's fun; **no estar para ~s** to be in no mood for joking **-2.** [día] public holiday; **ser ~** to be a public holiday; **hacer ~** to be on holiday.
◆ **fiestas** *fpl* [vacaciones] holidays.

FIESTA MAYOR

The *fiesta mayor* consists of a round of cultural and recreational events organized in a town to celebrate the festival of its patron saint.

FIFA (*abrev de* **Federación Internacional de Fútbol Asociación**) *f* FIFA.

fifí *m Amér fam* playboy.

figura *f* **-1.** [gen] figure; [forma] shape; **tener buena ~** to have a good figure; **~ geométrica** geometric figure; **~ paterna** father figure **-2.** [en naipes] picture card.

figuraciones *fpl* imaginings; **son ~ tuyas** it's all in your imagination.

figurado, da *adj* figurative.

figurante, ta *m,f* extra.

figurar ◇ *vi* **-1.** [aparecer]: **~ (en)** to appear (in), to figure (in) **-2.** [ser importante] to be prominent *o* important. ◇ *vt* **-1.** [representar] to represent **-2.** [simular] to feign, to simulate.
◆ **figurarse** *vpr* [imaginarse] to imagine; **ya me lo figuraba yo** I thought as much.

figurativo, va *adj ARTE* figurative.

figurín *m* fashion sketch; **ir/estar hecho un ~** *fig* to be dressed up to the nines.

figurón *m* poseur.

fijación *f* **-1.** [gen & *FOT*] fixing **-2.** [obsesión] fixation.
◆ **fijaciones** *fpl* [en esquí] bindings.

fijador *m* **-1.** [líquido] fixative; **~ de pelo** [crema] hair gel; [espray] hair spray **-2.** [en esquí] ski-clip.

fijar *vt* **-1.** [gen] to fix; [asegurar] to fasten; [cartel] to stick up; [sello] to stick on **-2.** [significado] to establish; **~ el domicilio** to take up residence; **~ la mirada/la atención en** to fix one's gaze/attention on.
◆ **fijarse** *vpr* to pay attention; **~se en algo** [darse cuenta] to notice sthg; [prestar atención] to pay attention to sthg.

fijeza *f* firmness.
◆ **con fijeza** *loc adv* **-1.** [con seguridad] definitely, for sure **-2.** [con persistencia] fixedly.

fijo, ja ◇ *adj* **-1.** [gen] fixed; [sujeto] secure **-2.** [cliente] regular **-3.** [fecha] firm, definite **-4.** [empleado, trabajo] permanent. ◇ *adv fam* definitely.

fila *f* **-1.** [hilera - gen] line; [- de asientos] row; **en ~, en ~ india** in line, in single file; **ponerse en ~** to line up **-2.** *MIL* rank **-3.** [manía] dislike.
◆ **filas** *fpl MIL* ranks; **en ~s** doing military service; **incorporarse a ~s** to join up; **llamar a ~s a alguien** to call sb up; **romper ~s** to fall out; **cerrar ~s** *fig* to close ranks.

filamento *m* filament.

filantropía *f* philanthropy.

filantrópico, ca *adj* philanthropic.

filántropo, pa *m,f* philanthropist.

filarmónico, ca *adj* philharmonic.
◆ **filarmónica** *f* philharmonic (orchestra).

filatelia *f* philately.

filatélico, ca ◇ *adj* philatelic. ◇ *m,f* philatelist.

filete *m* **-1.** [CULIN - grueso] (fillet) steak; [- delgado] fillet; [solomillo] sirloin **-2.** [de tornillo] thread.

filiación *f* **-1.** [ficha militar, policial] record, file **-2.** POLÍT affiliation **-3.** [parentesco] relationship.

filial ◇ *adj* **-1.** [de hijo] filial **-2.** [de empresa] subsidiary. ◇ *f* subsidiary.

filigrana *f* **-1.** [en orfebrería] filigree **-2.** *fig* [habilidad] skilful work **-3.** [en billetes] watermark.

Filipinas *fpl*: **(las)** ~ the Philippines *(sg)*.

filipino, na *adj* & *m,f* Filipino.
◆ **filipino** *m* [lengua] Filipino.

filisteo, a *adj* & *m,f* Philistine.

film = filme.

filmación *f* filming, shooting.

filmador, ra *adj* film *(antes de sust)*.
◆ **filmadora** *f* [cámara] cine camera.

filmar *vt* to film, to shoot.

filme (*pl* **filmes**), **film** (*pl* **films**) *m* film *UK*, movie *US*.

filmografía *f* filmography.

filmoteca *f* [archivo] film library; [sala de cine] film institute.

filo *m* (cutting) edge; **de doble ~, de dos ~s** *lit* & *fig* double-edged.
◆ **al filo de** *loc prep* just before.

filología *f* **-1.** [ciencia] philology **-2.** [carrera] language and literature.

filológico, ca *adj* philological.

filólogo, ga *m,f* philologist.

filón *m* **-1.** [de carbón etc] seam **-2.** *fig* [mina] gold mine.

filoso, sa, filudo, da *adj Amér* sharp.

filosofar *vi* to philosophize.

filosofía *f* **-1.** [ciencia] philosophy **-2.** [resignación]: **tomarse algo con ~** to be philosophical about sthg.

filosófico, ca *adj* philosophical.

filósofo, fa *m,f* philosopher.

filtración *f* **-1.** [de agua] filtration **-2.** *fig* [de noticia etc] leak.

filtrar *vt* **-1.** [tamizar] to filter **-2.** *fig* [datos, noticia] to leak.
◆ **filtrarse** *vpr* **-1.** [penetrar]: **~se (por)** to filter *o* seep (through) **-2.** *fig* [datos, noticia] to be leaked.

filtro *m* [gen] filter; [de cigarrillo] filter, filter tip; **~ del aceite** oil filter.

filudo, da = filoso.

fimosis *f inv* phimosis.

fin *m* **-1.** [final] end; **dar** *o* **poner ~ a algo** to put an end to sthg; **tocar a su ~** to come to a close; **~ de fiesta** grand finale; **~ de semana** weekend; **a ~es de** at the end of; **al** *o* **por ~** at last, finally; **a ~ de cuentas** after all; **al ~ y al cabo** after all; **sin ~** endless; **al ~ del mundo** to the end of the earth (and back) **-2.** [objetivo] aim, goal; **el ~ justifica los medios** *proverb* the end justifies the means.
◆ **a fin de** *loc conj* in order to.
◆ **a fin de que** *loc conj* so that.
◆ **en fin** *loc adv* anyway.

finado, da *m,f*: **el ~** the deceased.

final ◇ *adj* final, end *(antes de sust)*. ◇ *m* end; **~ feliz** happy ending; **a ~es de** at the end of; **al ~** [en conclusión] in the end; **al ~ de** at the end of. ◇ *f* final.

finalidad *f* aim, purpose.

finalista ◇ *adj* amongst the finalists. ◇ *mf* finalist.

finalización *f* [gen] end; [de contrato] termination.

finalizar [13] ◇ *vt* to finish, to complete. ◇ *vi*: **~ (con)** to end *o* finish (in).

financiación *f* financing.

financiar [8] *vt* to finance.

financiero, ra ◇ *adj* financial. ◇ *m,f* [persona] financier.
◆ **financiera** *f* [firma] finance company.

financista *mf Amér* financier.

finanzas *fpl* finance *(U)*.

finca *f* [gen] property; [casa de campo] country residence.

fineza *f* **-1.** [cualidad] (fine) quality **-2.** [cortesía] courtesy.

fingido, da *adj* feigned, apparent.

fingimiento *m* pretence.

fingir [15] ◇ *vt* to feign; **~ hacer algo** to pretend to do sthg. ◇ *vi* to pretend.

finiquitar *vt* to settle.

finiquito *m* settlement.

finito, ta *adj* finite.

finja *etc* ▷ **fingir**.

finlandés, esa ◇ *adj* Finnish. ◇ *m,f* [persona] Finn.
◆ **finlandés** *m* [lengua] Finnish.

Finlandia Finland.

fino, na *adj* **-1.** [gen] fine; [delgado] thin; [cintura] slim **-2.** [cortés] refined **-3.** [agudo - oído, olfato] sharp, keen; [- gusto, humor, ironía] refined.
◆ **fino** *m* dry sherry.

finolis *fam* ◇ *adj inv* affected. ◇ *m y f inv* affected person.

finura *f* [gen] fineness; [delgadez] thinness; [cortesía] refinement; [de oído, olfato] sharpness, keenness; [de gusto, humor, ironía] refinement.
fiordo *m* fiord.
firma *f* **-1.** [rúbrica] signature; [acción] signing; **estampar la ~** to sign, to write one's signature **-2.** [empresa] firm.
firmamento *m* firmament.
firmante ◇ *adj* signatory. ◇ *mf* signatory; **el abajo ~** the undersigned.
firmar *vt* to sign; **~ algo en blanco** *fig* to rubber-stamp sthg.
firme ◇ *adj* **-1.** [gen] firm; [mueble, andamio, edificio] stable **-2.** [argumento, base] solid **-3.** [carácter, actitud, paso] resolute. ◇ *adv* hard; **mantenerse ~ en** to hold fast to. ◇ *m* road surface.
◆ **firmes** *interj*: **¡~s!** *MIL* attention!
firmeza *f* **-1.** [gen] firmness; [de mueble, edificio] stability **-2.** [de argumento] solidity **-3.** [de carácter, actitud] resolution.
fiscal ◇ *adj* tax *(antes de sust)*, fiscal. ◇ *mf* public prosecutor *UK*, district attorney *US*.
fiscalía *f* **-1.** [cargo] post of public prosecutor *UK* **-2.** [oficina] office of public prosecutor *UK o* district attorney *US*.
fiscalización *f* investigation, inquiry.
fiscalizar [13] *vt* to inquire into *o* investigate the affairs of.
fisco *m* treasury, exchequer.
fisgar [16], **fisgonear** *vi* [gen] to pry; [escuchando] to eavesdrop.
fisgón, ona ◇ *adj* nosey, prying. ◇ *m,f* busybody, nosy parker.
fisgonear = **fisgar**.
fisgoneo *m* prying.
fisgue *etc* ▷ **fisgar**.
físico, ca ◇ *adj* physical. ◇ *m,f* [persona] physicist.
◆ **físico** *m* [complexión] physique.
◆ **física** *f* [ciencia] physics *(U)*.
fisiología *f* physiology.
fisiológico, ca *adj* physiological.
fisión *f* fission.
fisionomía, fisonomía *f* features *(pl)*, appearance.
fisionomista *mf* person who is good at remembering faces.
fisioterapeuta *mf* physiotherapist.
fisioterapia *f* physiotherapy.
fisonomía = **fisionomía**.
fisonomista = **fisionomista**.
fístula *f* fistula.
fisura *f* **-1.** [grieta] fissure **-2.** *fig* weakness, weak point.
fitología *f* botany.
flacidez, flaccidez *f* flabbiness.
flácido, da, fláccido, da *adj* flaccid, flabby.
flaco, ca ◇ *adj* thin, skinny. ◇ *m,f Amér* [como apelativo]: **¿cómo estas, flaca?** hey, how are you doing?
flagelación *f* flagellation.
flagelar *vt* to flagellate.
◆ **flagelarse** *vpr* to flagellate o.s.
flagrante *adj* flagrant.
flamante *adj* [vistoso] resplendent; [nuevo] brand-new.
flambear *vt* to flambé.
flamear ◇ *vi* **-1.** [fuego] to blaze *o* flare (up) **-2.** [bandera, vela] to flap. ◇ *vt* to sterilize by passing through a flame.
flamenco, ca ◇ *adj* **-1.** *MÚS* flamenco *(antes de sust)* **-2.** [de Flandes] Flemish **-3.** [achulado] cocky; **ponerse ~** to get cocky. ◇ *m,f* [de Flandes] Fleming.
◆ **flamenco** *m* **-1.** [ave] flamingo **-2.** [lengua] Flemish **-3.** *MÚS* flamenco.
flamencología *f* study of flamenco.
flamencólogo, ga *m,f* expert in flamenco.
flan *m* crème caramel; **estar hecho** *o* **como un ~** to shake like a jelly, to be a bundle of nerves.
flanco *m* flank.
flanera *f* crème caramel mould.
flanquear *vt* to flank.
flaquear *vi* to weaken; *fig* to flag.
flaqueza *f* weakness.
flash [flaʃ] (*pl* **flashes**) *m* **-1.** *FOT* flash **-2.** [informativo] newsflash **-3.** *fam* [imagen mental] flash of inspiration.
flato *m*: **tener ~** to have a stitch.
flatulencia *f* flatulence, wind.
flatulento, ta *adj* flatulent.
flauta ◇ *f* flute; **~ dulce** recorder; **sonó la ~ (por casualidad)** it was sheer fluke; **de la gran ~** *Chile, RP fig* tremendous. ◇ *interj*: **¡(la gran) ~!** *Chile, RP* good grief!, good heavens!
flautín *m* piccolo.
flautista *mf* flautist.
flebitis *f inv* phlebitis.
flecha ◇ *f* [gen] arrow; *ARQUIT* spire; **salir como una ~** to shoot out, to fly out. ◇ *mf fam*: **ser un ~** to be red hot, to be extremely good.
flechazo *m* **-1.** [disparo] arrow shot; [herida]

arrow wound **-2.** ***fam fig*** [amoroso]: **fue un ~** it was love at first sight.

fleco *m* **-1.** [adorno] fringe **-2.** [de tela gastada] frayed edge.

flema *f* phlegm.

flemático, ca *adj* **-1.** [con mucosidad] phlegmy **-2.** [tranquilo] phlegmatic.

flemón *m* gumboil.

flequillo *m* fringe, bangs *(pl)* ***US***.

fletamiento *m* [alquiler] charter, chartering *(U)*.

fletar *vt* **-1.** [alquilar] to charter **-2.** [cargar] to load.

flete *m* **-1.** [precio] freightage **-2.** [carga] cargo, freight.

flexibilidad *f* flexibility.

flexibilizar [13] *vt* to make flexible.

flexible *adj* flexible.

flexión *f* **-1.** [doblegamiento] bending; **hacer flexiones** [de brazos] to do press-ups ***UK***, to do push-ups ***US***; [de piernas] to do squats **-2.** GRAM inflection.

flexionar *vt* to bend.

flexo *m* adjustable table lamp *o* light.

flexor, ra *adj* flexional.

◆ **flexor** *m* flexor.

flipado, da *adj* ***fam*** [drogado] stoned, high; [asombrado] gobsmacked.

flipar ***fam*** ◇ *vi* **-1.** [disfrutar] to have a wild time **-2.** [asombrarse] to be gobsmacked **-3.** [con una droga] to be stoned *o* high. ◇ *vt* [gustar]: **me flipan los videojuegos** I'm wild about video games.

◆ **fliparse** ***fam*** *vpr* **-1.** [disfrutar]: **~se (con)** to go wild (about) **-2.** [drogarse] to get stoned *o* high.

flirtear *vi* to flirt.

flirteo *m* flirtation, flirting *(U)*.

flojear *vi* **-1.** [decaer - piernas, fuerzas etc] to weaken; [- memoria] to be failing; [- película, libro] to flag; [- calor, trabajo] to ease off; [- ventas] to fall off **-2.** [no ser muy apto]: **~ en algo** to get worse at sthg **-3.** ***Andes*** [holgazanear] to laze about *o* around.

flojedad *f* weakness.

flojera *f* lethargy, feeling of weakness.

flojo, ja *adj* **-1.** [suelto] loose **-2.** [débil - persona, bebida] weak; [- sonido] faint; [- tela] thin; [- salud] poor; [- viento] light **-3.** [sin calidad, aptitudes] poor; **estar ~ en algo** to be poor *o* weak at sthg **-4.** [inactivo - mercado, negocio] slack.

flor *f* **-1.** BOT flower; **de ~es** flowered; **en ~** in flower; **~ de lis** fleur-de-lis; **echar ~es a alguien** to pay sb compliments; **no tener ni ~es (de)** ***fam*** not to have a clue (about); **ser ~ de un día** ***fig*** to be a flash in the pan **-2.** [lo mejor]: **la ~ (y nata)** the crème de la crème, the cream; **en la ~ de la edad** *o* **de la vida** in the prime of life.

◆ **a flor de** *loc adv*: **a ~ de agua/tierra** at water/ground level; **a ~ de piel** ***fig*** just below the surface.

flora *f* flora; **~ intestinal** *o* **microbiana** microbes *(pl)*.

floración *f* flowering, blossoming.

floral *adj* floral.

floreado, da *adj* flowery.

florecer [30] *vi* to flower; ***fig*** to flourish.

floreciente *adj* ***fig*** flourishing.

florecimiento *m* flowering; ***fig*** flourishing.

florero *m* vase.

floricultor, ra *m,f* flower grower.

floricultura *f* flower growing.

florido, da *adj* [con flores] flowery; [estilo, lenguaje] florid.

florín *m* florin.

florista *mf* florist.

floristería *f* florist's (shop).

floritura *f* flourish.

flota *f* fleet; **~ mercante** merchant fleet; **~ pesquera** fishing fleet.

flotabilidad *f* **-1.** [en el agua] buoyancy **-2.** ECON floatability.

flotación *f* [gen & ECON] flotation.

flotador *m* **-1.** [para nadar] rubber ring **-2.** [de caña de pescar] float **-3.** [de cisternas] ballcock.

flotante *adj* [gen & ECON] floating.

flotar *vi* [gen & ECON] to float; [banderas] to flutter.

flote

◆ **a flote** *loc adv* afloat; **mantenerse a ~** to stay afloat; **sacar algo a ~** ***fig*** to get sthg back on its feet; **salir a ~** ***fig*** to get back on one's feet.

flotilla *f* flotilla.

fluctuación *f* **-1.** [variación] fluctuation **-2.** [vacilación] wavering.

fluctuante *adj* fluctuating.

fluctuar [6] *vi* **-1.** [variar] to fluctuate **-2.** [vacilar] to waver.

fluidez *f* **-1.** [gen] fluidity; [del tráfico] free flow; [de relaciones] smoothness **-2.** ***fig*** [en el lenguaje] fluency.

fluido, da *adj* **-1.** [gen] fluid; [tráfico] free-flowing **-2.** [relaciones] smooth **-3.** ***fig*** [lenguaje] fluent.

◆ **fluido** *m* fluid; **~ eléctrico** electric

current *o* power.

fluir [51] *vi* to flow.

flujo *m* flow; ~ **de caja** cash flow; ~ **menstrual** menstrual flow; ~ **sanguíneo** bloodstream.

flúor *m* fluorine.

fluorescencia *f* fluorescence.

fluorescente ◇ *adj* fluorescent. ◇ *m* strip light.

fluoruro *m* fluoride.

fluvial *adj* river *(antes de sust)*.

fluya, fluyera ▷ **fluir**.

FM (*abrev de* **frecuencia modulada**) *f* FM.

FMI (*abrev de* **Fondo Monetario Internacional**) *m* IMF.

fobia *f* phobia.

foca *f* seal.

focal *adj* focal.

focalizar [13] *vt* to focus.

foco *m* **-1.** *fig* [centro] centre, focal point **-2.** [lámpara - para un punto] spotlight; [- para una zona] floodlight **-3.** *FÍS & GEOM* focus **-4.** *Col, Ecuad, Méx, Perú* [bombilla] light bulb **-5.** *Amér* [farola] street light **-6.** *Amér AUTOM* (car) headlight.

fofo, fa *adj* flabby.

fogata *f* bonfire, fire.

fogón *m* **-1.** [para cocinar] stove **-2.** [de máquina de vapor] firebox.

fogonazo *m* flash.

fogonero, ra *m,f* stoker.

fogosidad *f* passion.

fogoso, sa *adj* passionate.

fogueo *m*: **de** ~ blank.

foie-gras [fwa'ɣras] *m* (pâté de) foie-gras.

foja *m Amér DER* [folio] folio.

folclore, folclor, folklor *m* folklore.

folclórico, ca ◇ *adj* traditional, popular. ◇ *m,f* flamenco singer.

folclorismo *m* folklore.

fólder *m Andes, CAm, Méx* [carpeta] folder.

foliación *f* foliation.

foliado, da *adj* leafy.

folículo *m* follicle.

folio *m* [hoja] leaf, sheet; [tamaño] folio.

folklor = **folclore**.

follaje *m* foliage.

follar *vi vulg* to fuck.

folletín *m* [dramón] melodrama.

folletinesco, ca *adj* melodramatic.

folleto *m* [turístico, publicitario] brochure; [explicativo, de instrucciones] leaflet.

follón *m fam* **-1.** [discusión] row; **se armó** ~ there was an almighty row **-2.** [lío] mess; **¡vaya** ~**!** what a mess!

fomentar *vt* to encourage, to foster.

fomento *m* encouragement, fostering.

fonación *f* phonation.

fonda *f* boarding house.

fondeadero *m* anchorage.

fondear ◇ *vi* to anchor. ◇ *vt* [sondear] to sound; [registrar - barco] to search.

fondista *mf* **-1.** [propietario de fonda] landlord (*f* landlady) **-2.** [*DEP* - corredor] long-distance runner; [- nadador] long-distance swimmer; [- esquiador] cross-country skier.

fondo *m* **-1.** [de recipiente, mar, piscina] bottom; **sin** ~ bottomless; **tocar** ~ [embarcación] to scrape along the sea/river bed; *fig* to hit rock bottom; **doble** ~ false bottom **-2.** [de habitación etc] back; **al** ~ **de** [calle, pasillo] at the end of; [sala] at the back of **-3.** [dimensión] depth **-4.** [de tela, cuadro, foto] background; **al** ~ in the background **-5.** *RP* [patio] back patio **-6.** [de asunto, tema] heart, bottom; **llegar al** ~ **de** to get to the heart *o* bottom of **-7.** [de una persona]: **tener buen** ~ to have a good heart **-8.** [de obra literaria] substance **-9.** *ECON* fund; **a** ~ **perdido** non-returnable; ~ **común** kitty; ~ **de amortización/de inversión/de pensiones** *ECON* sinking/investment/pension fund; ~ **de garantía de depósito** *BANCA* deposit guarantee fund **-10.** [fundamento] reason, basis **-11.** [de biblioteca, archivo] catalogue, collection; ~ **editorial** collection of published works **-12.** *DEP* stamina; **de** ~ long-distance; **de medio** ~ middle-distance **-13.** *Méx* [combinación] petticoat.

◆ **fondos** *mpl* **-1.** *ECON* [capital] funds; **estar mal de** ~**s** [persona] to be badly off; [empresa] to be short of funds; **recaudar** ~**s** to raise funds; ~**s públicos** public funds **-2.** [de embarcación] bottom *(sg)*.

◆ **bajos fondos** *mpl* underworld *(U)*.

◆ **a fondo** ◇ *loc adv* thoroughly; **emplearse a** ~ *fig* to do one's utmost. ◇ *loc adj* thorough.

◆ **en el fondo** *loc adv* **-1.** [en lo más íntimo] deep down **-2.** [en lo esencial] basically.

fonético, ca *adj* phonetic.

◆ **fonética** *f* **-1.** [ciencia] phonetics *(U)* **-2.** [sonidos] sound.

fónico, ca *adj* phonic.

fono *m Amér fam* phone.

fonógrafo *m* gramophone, phonograph *US*.

fonología *f* phonology.

fonoteca *f* record library.

fontanería *f* plumbing.

fontanero, ra *m,f* plumber.
football = **fútbol**.
footing ['futin] *m* jogging; **hacer ~** to go jogging.
FOP (*abrev de* **Fuerzas de Orden Público**) *fpl* *police (force).*
forajido, da *m,f* outlaw.
foral *adj relating to ancient regional laws still existing in some parts of Spain.*
foráneo, a *adj* foreign.
forastero, ra *m,f* stranger.
forcé ▻ **forzar**.
forcejear *vi* to struggle.
forcejeo *m* struggle.
forcemos ▻ **forzar**.
fórceps *m inv* forceps.
forense ◇ *adj* forensic. ◇ *mf* pathologist.
forestal *adj* forest *(antes de sust)*.
forfait [for'fe] *m* **-1.** *DEP* default **-2.** [abono] pass **-3.** [precio invariable] fixed rate; **a ~** fixed price.
forja *f* [fragua] forge; [forjadura] forging.
forjado, da *adj* wrought.
forjar *vt* **-1.** [metal] to forge **-2.** *fig* [inventarse] to invent; [crear] to build up.
◆ **forjarse** *vpr fig* [labrarse] to carve out for o.s.
forma *f* **-1.** [gen] shape, form; **dar ~ a** to shape, to form; **en ~ de** in the shape of; **tomar ~** to take shape; **guardar las ~s** to keep up appearances **-2.** [manera] way, manner; **de cualquier ~, de todas ~s** anyway, in any case; **de esta ~** in this way; **de ~ que** in such a way that, so that; **~ de pago** method of payment **-3.** *ARTE & LITER* form **-4.** [condición física] fitness; **estar en ~** to be fit; **estar bajo de ~, estar en baja ~** to be in poor shape **-5.** *RELIG* host.
◆ **formas** *fpl* **-1.** [silueta] figure *(sg)*, curves **-2.** [modales] manners, social conventions.
formación *f* **-1.** [gen & *MIL*] formation **-2.** [educación] training; **~ profesional** vocational training **-3.** [conjunto] grouping.
formal *adj* **-1.** [gen] formal **-2.** [que se porta bien] well-behaved, good **-3.** [de confianza] reliable **-4.** [serio] serious.
formalidad *f* **-1.** [gen] formality **-2.** [educación] (good) manners *(pl)* **-3.** [fiabilidad] reliability **-4.** [seriedad] seriousness.
formalismo *m* formalism.
formalista ◇ *adj* formal. ◇ *mf* formalist.
formalización *f* formalization.
formalizar [13] *vt* to formalize.
formar ◇ *vt* **-1.** [gen] to form **-2.** [educar] to train, to educate **-3.** *MIL* to form up. ◇ *vi MIL* to fall in.
◆ **formarse** *vpr* **-1.** [gen] to form **-2.** [educarse] to be trained *o* educated.
formatear *vt INFORM* to format.
formateo *m INFORM* formatting.
formativo, va *adj* formative.
formato *m* [gen & *INFORM*] format.
formica® *f* Formica®.
formidable *adj* [enorme] tremendous; [extraordinario] amazing, fantastic.
formol *m* formalin.
fórmula *f* formula; **~ magistral** magistral formula; **~ uno** formula one; **por pura ~** purely as a matter of form.
formulación *f* formulation.
formular ◇ *vt* to formulate; **~ una pregunta** to ask a question. ◇ *vi* to write formulae.
formulario *m* form; **rellenar un ~** to fill in a form.
formulismo *m* [apego - a las formas] formalism; [- a las normas] sticking to the rules.
fornicar [10] *vi culto* to fornicate.
fornido, da *adj* well-built.
foro *m* **-1.** [tribunal] court (of law) **-2.** *TEATR* back of the stage; **desaparecer por el ~** to slip away unnoticed **-3.** [debate] forum; **~ de discusión** *INFORM* forum.
forofo, fa *m,f fam* fan, supporter.
forrado, da *adj* [libro] covered; [ropa] lined; [asiento] upholstered; **estar ~** *fam* to be rolling in it.
forraje *m* fodder.
forrar *vt*: **~ (de)** [libro] to cover (with); [ropa] to line (with); [asiento] to upholster (with).
◆ **forrarse** *vpr fam* to make a packet.
forro *m* **-1.** [de libro] cover; [de ropa] lining; [de asiento] upholstery; **~ polar** fleece; **ni por el ~** *fam* at all **-2.** *RP fam* [preservativo] rubber, johnny *UK*.
fortachón, ona *adj* strapping, well-built.
fortalecer [30] *vt* to strengthen.
fortalecimiento *m* strengthening.
fortaleza *f* **-1.** [gen] strength **-2.** [recinto] fortress.
fortificación *f* fortification.
fortificar [10] *vt* to fortify.
fortín *m* small fort.
fortuito, ta *adj* chance *(antes de sust)*.
fortuna *f* **-1.** [suerte] (good) luck; **por ~** fortunately, luckily; **probar ~** to try one's luck **-2.** [destino] fortune, fate **-3.** [riqueza] fortune.

forúnculo, furúnculo *m* boil.
forzado, da *adj* forced.
forzar [37] *vt* **-1.** [gen] to force; ~ **a alguien a hacer algo** to force sb to do sthg; ~ **la vista** to strain one's eyes **-2.** [violar] to rape.
forzoso, sa *adj* [obligatorio] obligatory, compulsory; [inevitable] inevitable; [necesario] necessary.
forzudo, da ◇ *adj* strong. ◇ *m,f* strong man (*f* strong woman).
fosa *f* **-1.** [sepultura] grave; ~ **común** common grave **-2.** ANAT cavity; ~**s nasales** nostrils **-3.** [hoyo] pit; ~ **marina** ocean trough; ~ **séptica** septic tank.
fosfatar *vt* [fertilizar] to fertilize with phosphates.
fosfato *m* phosphate.
fosforescencia *f* phosphorescence.
fosforescente *adj* phosphorescent.
fósforo *m* **-1.** QUÍM phosphorus **-2.** [cerilla] match.
fósil ◇ *adj* fossil *(antes de sust).* ◇ *m* **-1.** CIENCIA fossil **-2.** *fam* [viejo] old fossil.
fosilización *f* fossilization.
fosilizarse [13] *vpr* **-1.** CIENCIA to fossilize **-2.** *fig* [persona] to turn into an old fossil.
foso *m* [hoyo] ditch; [de fortaleza] moat; [de garaje] pit; DEP & TEATR pit.
foto *f* photo, picture; **hacer** *o* **sacar** *o* **tomar una** ~ to take a photo *o* picture; ~ **de carnet** passport photo.
fotocomponedora *f* IMPRENTA typesetter, typesetting machine.
fotocomponer *vt* IMPRENTA to typeset.
fotocomposición *f* IMPRENTA typesetting.
fotocopia *f* **-1.** [objeto] photocopy **-2.** [procedimiento] photocopying.
fotocopiadora *f* photocopier.
fotocopiar [8] *vt* to photocopy.
fotoeléctrico, ca *adj* photoelectric.
fotofobia *f* photophobia.
fotogenia *f* photogenic qualities *(pl).*
fotogénico, ca *adj* photogenic.
fotograbado *m* photogravure.
fotografía *f* **-1.** [arte] photography **-2.** [imagen] photograph; **hacer** *o* **sacar** *o* **tomar una** ~ to take a photograph; ~ **de carnet** passport photograph.
fotografiar [9] *vt* to photograph, to take a photograph of.
fotográfico, ca *adj* photographic.
fotógrafo, fa *m,f* photographer.
fotograma *m* still.
fotolito *m* photolithograph.
fotomatón *m* passport photo machine.
fotometría *f* photometry.
fotómetro *m* light meter.
fotomodelo *m y f* photographic model.
fotomontaje *m* photomontage.
fotonovela *f* photo story.
fotorrobot (*pl* **fotorrobots**) *f* Identikit® picture.
fotosensible *adj* photosensitive.
fotosíntesis *f inv* photosynthesis.
fotuto *m Cuba* AUTOM horn.
foulard = **fular**.
foxterrier [fokste'rjer] *m* fox terrier.
FP (*abrev de* **formación profesional**) *f vocational training.*

FP

In Spain, vocational training can be entered either at 16, at the end of compulsory education, or at 18 after the *bachillerato*. It aims to provide flexible training programmes for students, as well as retraining schemes for adults.

frac (*pl* **fracs**) *m* tails *(pl)*, dress coat.
fracasado, da ◇ *adj* failed. ◇ *m,f* failure.
fracasar *vi*: ~ **(en/como)** to fail (at/as).
fracaso *m* failure; **todo fue un** ~ the whole thing was a disaster; ~ **escolar** school failure.
fracción *f* **-1.** [gen] fraction; **en una** ~ **de segundo** in a split second; ~ **decimal** decimal fraction **-2.** POLÍT faction.
fraccionadora *f Méx* estate agent.
fraccionamiento *m* **-1.** [división] division, breaking up **-2.** *Méx* [urbanización] housing estate.
fraccionar *vt* to divide, to break up.
fraccionario, ria *adj* fractional; **moneda fraccionaria** small change.
fractura *f* fracture.
fracturarse *vpr* to fracture.
fragancia *f* fragrance.
fragante *adj* fragrant.
fraganti
◆ **in fraganti** *loc adv*: **coger a alguien in** ~ to catch sb red-handed *o* in the act.
fragata *f* frigate.
frágil *adj* [objeto] fragile; [persona] frail.
fragilidad *f* [de objeto] fragility; [de persona] frailty.
fragmentación *f* [rotura] fragmentation; [división] division.
fragmentar *vt* [romper] to fragment; [dividir] to divide.

fragmentario, ria *adj* [incompleto] fragmentary.
fragmento *m* fragment, piece; [de obra] excerpt.
fragor *m* [de batalla] clamour; [de trueno] crash.
fragua *f* forge.
fraguar [45] ◇ *vt* **-1.** [forjar] to forge **-2.** *fig* [idear] to think up. ◇ *vi* to set, to harden.
◆ **fraguarse** *vpr* to be in the offing.
fraile *m* friar.
frambuesa *f* raspberry.
francés, esa ◇ *adj* French. ◇ *m,f* Frenchman (*f* Frenchwoman); **los franceses** the French; **marcharse** *o* **despedirse a la francesa** to leave without even saying goodbye.
◆ **francés** *m* [lengua] French.
franchute, ta *m,f* *despec* Frog.
Francia France.
franciscano, na *adj & m,f* Franciscan.
franco, ca ◇ *adj* **-1.** [sincero] frank, open; [directo] frank **-2.** [sin obstáculos, gastos] free **-3.** *CSur* [de permiso]: **me dieron el día ~** they gave me the day off **-4.** HIST Frankish. ◇ *m,f* HIST Frank.
◆ **franco** *m* **-1.** [moneda] franc **-2.** [lengua] Frankish.
francófono, na ◇ *adj* francophone. ◇ *m,f* Francophone.
francotirador, ra *m,f* **-1.** MIL sniper **-2.** *fig* [rebelde] maverick.
franela *f* flannel.
franja *f* strip; [en bandera, uniforme] stripe; **~ horaria** time zone.
franquear *vt* **-1.** [paso, camino] to clear **-2.** [río, montaña etc] to negotiate, to cross **-3.** [correo] to frank.
franqueo *m* postage.
franqueza *f* **-1.** [sinceridad] frankness, openness **-2.** [confianza] familiarity.
franquicia *f* exemption.
franquismo *m*: **el ~** [régimen] the Franco regime; [doctrina] Franco's doctrine.

FRANQUISMO

Franquismo refers to the dictatorship established in Spain by General Franco in 1939 at the end of the civil war and lasting until his death in 1975.

franquista ◇ *adj* pro-Franco. ◇ *mf* supporter of Franco.
frasco *m* small bottle.
frase *f* **-1.** [oración] sentence **-2.** [locución] expression; **~ hecha** [modismo] set phrase; [tópico] cliché.
fraternal *adj* brotherly, fraternal.
fraternidad, fraternización *f* brotherhood, fraternity.
fraternizar [13] *vi* to get on like brothers.
fraterno, na *adj* brotherly, fraternal.
fratricida ◇ *adj* fratricidal. ◇ *mf* fratricide.
fratricidio *m* fratricide.
fraude *m* fraud; **~ electoral** election *o* electoral fraud; **~ fiscal** tax evasion.
fraudulento, ta *adj* fraudulent.
frazada *f* *Amér* blanket; **~ eléctrica** electric blanket.
frecuencia *f* frequency; **con ~** often; **alta/baja ~** high/low frequency; **~ modulada, modulación de ~** frequency modulation.
frecuentación *f* frequenting.
frecuentado, da *adj* popular.
frecuentar *vt* [lugar] to frequent; [persona] to see, to visit.
frecuente *adj* [reiterado] frequent; [habitual] common.
fregadero *m* (kitchen) sink.
fregado, da *adj* *Andes, Méx, Ven fam* [persona - ser] annoying; [- estar]: **perdí las llaves, ¡estoy fregada!** I've lost my keys, I've had it! [roto] bust.
◆ **fregado** *m* **-1.** [lavado - gen] wash; [- frotando] scrub **-2.** *fam* [lío] mess; **meterse en un ~** to get into a mess **-3.** *fam* [discusión] row, rumpus.
fregar [35] *vt* **-1.** [limpiar] to wash; **~ los platos** to do the washing-up **-2.** [frotar] scrub **-3.** *Amér fam* [molestar] to bother, to pester **-4.** *Andes, Méx, Ven* [estropear]: **vas a ~ el televisión** you're going to bust the television.
fregona *f* **-1.** *despec* [criada] skivvy **-2.** *despec* [mujer vulgar]: **es una ~** she's as common as muck **-3.** [utensilio] mop; **pasar la ~** to mop.
fregotear *vt* to give a quick wash *o* wipe.
fregué *etc* ▷ **fregar**.
freidora *f* [gen] deep fat fryer; [para patatas fritas] chip pan.
freiduría *f* *shop where fried food, especially fish, is cooked and served.*
freír [28] *vt* **-1.** CULIN to fry **-2.** *fam* [molestar]: **~ a alguien (a)** to pester sb (with) **-3.** *fam* [matar]: **~ a alguien (a tiros)** to gun sb down.
◆ **freírse** *vpr* to be frying.
frenado *m* braking.
frenar ◇ *vt* **-1.** AUTOM to brake **-2.** [contener] to check. ◇ *vi* to stop; AUTOM to brake.
frenazo *m* **-1.** AUTOM: **dar un ~** to brake hard **-2.** *fig* [parón] sudden stop.

frenesí (*pl* **frenesíes**) *m* frenzy.
frenético, ca *adj* **-1.** [colérico] furious, mad **-2.** [enloquecido] frenzied, frantic.
frenillo *m* fraenum.
freno *m* **-1.** AUTOM brake; ~ **automático** automatic brake; ~ **de mano** handbrake; ~**s ABS** ABS brakes; ~**s de disco** disc brakes **-2.** [de caballerías] bit **-3.** *fig* [contención] check; **poner** ~ **a** to put a stop to.
frente ◇ *f* forehead; **arrugar la** ~ to knit one's brow, to frown; ~ **a** ~ face to face; **con la** ~ **muy alta** with one's head held high. ◇ *m* front; **estar al** ~ **(de)** to be at the head (of); **hacer** ~ **a** to face up to; ~ **cálido/frío** warm/cold front.
◆ **de frente** *loc adv* **-1.** [hacia delante] forwards **-2.** [uno contra otro] head on.
◆ **en frente** *loc adv* opposite.
◆ **en frente de** *loc adv* opposite.
◆ **frente a** *loc prep* **-1.** [enfrente de] opposite **-2.** [con relación a] towards.
fresa *f* **-1.** [planta, fruto] strawberry **-2.** [herramienta - de dentista] drill; [- de orfebre etc] milling cutter.
fresco, ca ◇ *adj* **-1.** [gen] fresh; [temperatura] cool; [pintura, tinta] wet **-2.** [caradura] cheeky; **¡qué** ~**!** what a nerve! **-3.** *loc*: **quedarse tan** ~ not to bat an eyelid. ◇ *m,f* [caradura] cheeky person.
◆ **fresco** *m* **-1.** ARTE fresco; **al** ~ in fresco **-2.** [frescor] coolness; **hace** ~ it's chilly; **tomar el** ~ to get a breath of fresh air.
◆ **fresca** *f* [insolencia]: **soltarle una fresca** *o* **cuatro frescas a alguien** to tell sb a few home truths.
frescor *m* coolness, freshness.
frescura *f* **-1.** [gen] freshness **-2.** [descaro] cheek, nerve; **¡qué** ~**!** what a cheek!
fresno *m* ash (tree).
fresón *m* large strawberry.
freudiano, na [froi'ðjano, na] *adj* Freudian.
fría ▻ **freír**.
frialdad *f lit & fig* coldness.
fricativo, va *adj* fricative.
◆ **fricativa** *f* fricative.
fricción *f* [gen] friction; [friega] rub, massage.
friccionar *vt* to rub, to massage.
fríe ▻ **freír**.
friega ◇ ▻ **fregar**. ◇ *f* rub, massage.
friera *etc* ▻ **freír**.
frígida *adj f* frigid.
frigidez *f* frigidity.
frigorífico, ca *adj* [camión] refrigerator *(antes de sust)*; [cámara] cold.
◆ **frigorífico** *m* refrigerator, fridge *UK*, icebox *US*.
frijol, fríjol *m Andes, CAm, Carib, Méx* bean.
frió ▻ **freír**.
frío, a *adj* [gen] cold; [inmutable] cool; **dejar a alguien** ~ to leave sb cold.
◆ **frío** *m* cold; **coger** ~ to catch a chill; **hace** ~ it's cold; **hacer un** ~ **que pela** to be freezing cold; **pelarse de** ~ to be freezing to death; **tener** ~ to be cold; **coger a alguien en** ~ *fig* to catch sb on the hop; **no darle a alguien ni** ~ **ni calor** *fig* to leave sb cold.
friolento, ta *Amér* ◇ *adj* sensitive to the cold. ◇ *m,f* : **es un** ~ he really feels the cold.
friolero, ra ◇ *adj* sensitive to the cold. ◇ *m,f* person who feels the cold.
◆ **friolera** *f fam*: **costó la friolera de 20.000 euros** it cost a cool 20,000 euros.
friso *m* **-1.** ARQUIT frieze **-2.** [zócalo] skirting board.
frisón, ona *adj & m,f* Frisian.
fritada *f* fry-up, dish of fried food.
frito, ta ◇ *pp* ▻ **freír**. ◇ *adj* **-1.** [alimento] fried **-2.** *fam fig* [persona - harta] fed up (to the back teeth); [- dormida] flaked out, asleep.
◆ **frito** *(gen pl) m* fried food *(U)*.
fritura *f* fry-up, dish of fried food.
frivolidad *f* frivolity.
frívolo, la *adj* frivolous.
friyider = **frigider**.
frondosidad *f* leafiness.
frondoso, sa *adj* leafy.
frontal *adj* frontal.
frontera *f* border; *fig* [límite] bounds *(pl)*.
fronterizo, za *adj* border *(antes de sust)*.
frontis *m inv* façade.
frontispicio *m* **-1.** [de edificio - fachada] façade; [- remate] pediment **-2.** [de libro] frontispiece.
frontón *m* **-1.** [deporte] pelota; [cancha] pelota court **-2.** ARQUIT pediment.
frotamiento *m* rubbing.
frotar *vt* to rub.
◆ **frotarse** *vpr*: ~**se las manos** to rub one's hands.
fructífero, ra *adj* fruitful.
fructificar [10] *vi lit & fig* to bear fruit.
fructosa *f* fructose.
frugal *adj* frugal.
frugalidad *f* frugality.
fruición *f* gusto, delight.
fruncido, fruncimiento *m* gathering, shirring.

fruncir [12] *vt* **-1.** [labios] to purse; **~ el ceño** to frown **-2.** [tela] to gather.

fruslería *f* triviality, trifle.

frustración *f* frustration.

frustrado, da *adj* frustrated; [fracasado] failed.

frustrante *adj* frustrating.

frustrar *vt* **-1.** [persona] to frustrate **-2.** [posibilidades, ilusiones] to thwart, to put paid to.
◆ **frustrarse** *vpr* **-1.** [persona] to get frustrated **-2.** [ilusiones] to be thwarted; [proyecto] to fail.

fruta *f* fruit; **~ confitada** candied fruit; **~ de la pasión** passion fruit; **~ del tiempo** seasonal fruit.

frutal ◇ *adj* fruit *(antes de sust).* ◇ *m* fruit tree.

frutería *f* fruit shop.

frutero, ra ◇ *adj* fruit *(antes de sust).* ◇ *m, f* [persona] fruiterer.
◆ **frutero** *m* [recipiente] fruit bowl.

fruticultura *f* fruit farming.

frutilla *f Bol, CSur, Ecuad* strawberry.

fruto *m* **-1.** [naranja, plátano etc] fruit; [nuez, avellana etc] nut; **~s secos** dried fruit and nuts **-2.** [resultado] fruit; **dar ~** to bear fruit; **sacar ~ a** *o* **de algo** to profit from sthg.

fu
◆ **ni fu ni fa** *loc adv* so-so.

fucsia ◇ *f* [planta] fuchsia. ◇ *adj inv & m inv* [color] fuchsia.

fue -1. ⊳ **ir -2.** ⊳ **ser.**

fuego *m* **-1.** [gen & MIL] fire; [de cocina, fogón] ring, burner; **a ~ lento/vivo** CULIN over a low/high heat; **abrir ~** to open fire; **atizar el ~** to poke the fire; **pegar ~ a algo** to set sthg on fire, to set fire to sthg; **pedir/dar ~** to ask for/give a light; **¿tiene ~?** have you got a light?; **~ fatuo** will-o'-the-wisp; **~s artificiales** fireworks; **echar ~ por los ojos** to look daggers; **estar entre dos ~s** to be between the devil and the deep blue sea; **jugar con ~** to play with fire **-2.** [apasionamiento] passion, ardour **-3.** [sensación de ardor] heat, burning.

fuel = **fuel-oil.**

fuelle *m* **-1.** [gen] bellows *(pl)* **-2.** [de maleta, bolso] accordion pleats *(pl)* **-3.** [entre vagones] connecting corridor, concertina vestibule.

fuel-oil, fuel *m* fuel oil.

fuente *f* **-1.** [manantial] spring **-2.** [construcción] fountain **-3.** [bandeja] (serving) dish **-4.** [origen] source; **~s oficiales** official sources; **~ de información/ingresos** source of information/income **-5.** ELECTRÓN: **~ de alimentación** feed source **-6.**: **~ de soda** *Carib, Chile, Col, Méx* cafe.

fuera ◇ **-1.** ⊳ **ir -2.** ⊳ **ser.** ◇ *adv* **-1.** [en el exterior] outside; **le echó ~** she threw him out; **hacia ~** outwards; **por ~** (on the) outside **-2.** [en otro lugar] away; [en el extranjero] abroad; **de ~** [extranjero] from abroad **-3.** *fig* [alejado]: **~ de** [alcance, peligro] out of; [cálculos, competencia] outside; **estar ~ de sí** to be beside o.s. (with rage) **-4.** DEP: **~ de banda** out of play; **~ de combate** knocked out; *fig* out of action; **~ de juego** offside. ◇ *interj*: **¡~!** [gen] (get) out!; [en el teatro] (get) off!; **¡~ de aquí!** get out of my sight!
◆ **fuera de** *loc prep* [excepto] except for, apart from.
◆ **fuera de serie** ◇ *adj* exceptional, out of the ordinary. ◇ *mf*: **ser un ~ de serie** to be one of a kind.

fueraborda *m inv* outboard motor *o* engine.

fuerce ⊳ **forzar.**

fuero *m* **-1.** [ley local] *(gen pl) ancient regional law still existing in some parts of Spain* **-2.** [jurisdicción] code of laws **-3.** *loc*: **en el ~ interno de alguien** in sb's heart of hearts, deep down.

fuerte ◇ *adj* **-1.** [gen] strong **-2.** [carácter] strong **-3.** [frío, dolor, color] intense; [lluvia] heavy; [ruido] loud; [golpe, pelea] hard **-4.** [comida, salsa] rich **-5.** [nudo] tight **-6.** [grave]: **esto es ~** that's a bit much **-7.** : **estar ~ en algo** [suj: estudiante] to be good at sthg. ◇ *adv* **-1.** [intensamente - gen] hard; [- abrazar, agarrar] tight **-2.** [abundantemente] a lot **-3.** [en voz alta] loudly. ◇ *m* **-1.** [fortificación] fort **-2.** [punto fuerte] strong point, forte.

fuerza ◇ ⊳ **forzar.** ◇ *f* **-1.** [gen] strength; [violencia] force; [de sonido] loudness; [de dolor] intensity; **cobrar ~** to gather strength; **por ~** of necessity; **tener ~** to be strong; **tener ~s para** to have the strength to; **~ mayor** DER force majeure; [en seguros] act of God; **no llegué por un caso de ~ mayor** I didn't make it due to circumstances beyond my control; **a ~ de** by dint of; **a la ~** [contra la voluntad] by force; [por necesidad] of necessity; **por la ~** by force; **írsele a alguien la ~ por la boca** to be all talk and no action, to be all mouth; **sacar ~s de flaqueza** to screw up one's courage; **~ bruta** brute force; **~ de voluntad** willpower **-2.** FÍS & MIL force; **~ aérea** airforce; **~ disuasoria** deterrent; **~ de la gravedad** force of gravity; **~ motriz** *lit* motive power; *fig* driving force; **~s armadas** armed forces; **~s del orden pú-**

blico police *(pl)*; ~**s de seguridad** security forces **-3.** ELECTR power; ~ **hidráulica** water power.

◆ **fuerzas** *fpl* [grupo] forces.

fuese -1. ▷ **ir -2.** ▷ **ser.**

fuga *f* **-1.** [huida] escape; **darse a la** ~ to take flight; ~ **de capitales** flight of capital; ~ **de cerebros** brain drain **-2.** [escape] leak **-3.** MÚS fugue.

fugacidad *f* fleeting nature.

fugarse [16] *vpr* to escape; ~ **de casa** to run away from home; ~ **con alguien** to run off with sb.

fugaz *adj* fleeting.

fugitivo, va ◇ *adj* **-1.** [en fuga] fleeing **-2.** [fugaz] fleeting. ◇ *m,f* fugitive.

fugue *etc* ▷ **fugarse.**

fui ▷ **ir.**

fulano, na *m,f* what's his/her name, so-and-so.

◆ **fulana** *f* [prostituta] tart, whore.

fular, foulard [fu'lar] *m* headscarf.

fulero, ra ◇ *adj* **-1.** [chapucero] shoddy **-2.** [tramposo] dishonest. ◇ *m,f* trickster.

fulgor *m* shining; [de disparo] flash.

fulgurante *adj* **-1.** [rápido] rapid **-2.** [resplandeciente] flashing.

fulgurar *vi* to gleam; [intermitentemente] to flash.

fullero, ra ◇ *adj* cheating, dishonest. ◇ *m,f* cheat.

fulminante *adj* **-1.** *fig* [despido, muerte] sudden; [enfermedad] devastating; [mirada] withering **-2.** [explosivo] fulminating.

fulminar *vt* [suj: enfermedad] to strike down; **un rayo la fulminó** she was struck by lightning; ~ **a alguien con la mirada** to look daggers at sb.

fumador, ra *m,f* smoker; ~ **empedernido** chain-smoker; ~ **pasivo** passive smoker; **no** ~ nonsmoker.

fumar *vt & vi* to smoke.

fumeta *mf fam* pot-head, pot smoker.

fumigación *f* fumigation.

fumigador *m* fumigator.

fumigar [16] *vt* to fumigate.

funámbulo, la *m,f* tightrope walker.

función *f* **-1.** [gen] function; [trabajo] duty; **director en funciones** acting director; **entrar en funciones** to take up one's duties **-2.** CIN & TEATR show.

◆ **en función de** *loc prep* depending on.

funcional *adj* functional.

funcionalidad *f* functional qualities *(pl)*.

funcionalismo *m* functionalism.

funcionamiento *m* operation, functioning; **entrar/estar en** ~ to come into/be in operation; **poner algo en** ~ to start sthg (working).

funcionar *vi* to work; ~ **con gasolina** to run on petrol; **'no funciona'** 'out of order'.

funcionariado *m* civil service.

funcionario, ria *m,f* civil servant.

funda *f* [de sofá, máquina de escribir] cover; [de almohada] case; [de disco] sleeve; [de pistola] sheath.

fundación *f* foundation.

fundado, da *adj* well-founded.

fundador, ra ◇ *adj* founding. ◇ *m,f* founder.

fundamentación *f* foundation, basis.

fundamental *adj* fundamental.

fundamentalismo *m* fundamentalism.

fundamentalista *adj & m,f* fundamentalist.

fundamentar *vt* **-1.** *fig* [basar] to base **-2.** CONSTR to lay the foundations of.

◆ **fundamentarse en** *vpr fig* [basarse] to be based *o* founded on.

fundamento *m* **-1.** [base] foundation, basis **-2.** [razón] reason, grounds *(pl)*; **sin** ~ unfounded, groundless.

◆ **fundamentos** *mpl* **-1.** [principios] basic principles **-2.** [cimientos] foundations.

fundar *vt* **-1.** [crear] to found **-2.** [basar]: ~ **(en)** to base (on).

◆ **fundarse** *vpr* [basarse]: ~**se (en)** to be based (on).

fundición *f* **-1.** [fusión - de vidrio] melting; [- de metal] smelting **-2.** [taller] foundry.

fundido *m* [apareciendo] fade-in; [desapareciendo] fade-out.

fundir *vt* **-1.** [METAL - plomo] to melt; [- hierro] to smelt **-2.** ELECTR to fuse; [bombilla, fusible] to blow **-3.** COM & *fig* to merge.

◆ **fundirse** *vpr* **-1.** ELECTR to blow **-2.** [derretirse] to melt **-3.** COM & *fig* to merge **-4.** *Amér* [arruinarse] to go bust.

fúnebre *adj* funeral *(antes de sust)*.

funeral *(gen pl) m* funeral.

funerario, ria *adj* funeral *(antes de sust)*.

◆ **funeraria** *f* undertaker's *UK*, mortician's *US*.

funesto, ta *adj* fateful, disastrous.

fungir *vi Méx, Perú*: ~ **(de** *o* **como)** to act (as), to serve (as).

funicular ◇ *adj* funicular. ◇ *m* **-1.** [por tierra] funicular **-2.** [por aire] cable car.

furcia *f vulg* slag, whore.

furgón *m* AUTOM van; FERROC wagon, van; ~ **ce-**

lular o policial police van; ~ de cola guard's van *UK*, caboose *US*.
furgoneta *f* van.
furia *f* fury; **estar hecho una** ~ to be furious; **ponerse hecho una** ~ to fly into a rage.
furibundo, da *adj* furious.
furioso, sa *adj* furious.
furor *m* **-1.** [enfado] fury, rage **-2.** [ímpetu] fever, urge **-3.** *loc*: **hacer** ~ to be all the rage.
furtivo, va *adj* [mirada, sonrisa] furtive.
furúnculo = **forúnculo**.
fuselaje *m* fuselage.
fusible ◇ *adj* fusible. ◇ *m* fuse.
fusil *m* rifle.
fusilamiento *m* **-1.** [ejecución] execution by firing squad **-2.** *fam* [plagio] plagiarism.
fusilar *vt* **-1.** [ejecutar] to execute by firing squad, to shoot **-2.** *fam* [plagiar] to plagiarize.
fusión *f* **-1.** [agrupación] merging **-2.** [de empresas, bancos] merger **-3.** [derretimiento] melting **-4.** *FÍS* fusion; ~ **nuclear** nuclear fusion.
fusionar ◇ *vt* **-1.** [gen & *ECON*] to merge **-2.** *FÍS* to fuse. ◇ *vi* to fuse.
◆ **fusionarse** *vpr ECON* to merge.
fusta *f* riding crop.
fustán *m Amér* petticoat.
fuste *m* shaft.
fustigar [16] *vt* **-1.** [azotar] to whip **-2.** [censurar] to criticize harshly.
fútbol, football ['fudbol] *m* football, soccer *US*; ~ **sala** indoor five-a-side.
futbolero, ra *adj* football-crazy.
futbolín *m* table football.
futbolista *mf* footballer.
futbolístico, ca *adj* football *(antes de sust)*.
fútil *adj* trivial.
futilidad *f* triviality.
futón *m* futon.
futurible *adj* potential.
futuro, ra ◇ *adj* future. ◇ *adv*: **a** ~ *CSur, Méx* in the future.
◆ **futuro** *m* [gen & *GRAM*] future; **en un** ~ **próximo** in the near future; ~ **perfecto** future perfect.
◆ **futuros** *mpl ECON* futures.
futurología *f* futurology.
futurólogo, ga *m,f* futurologist.

g¹, G *f* [letra] g, G.
g² (*abrev de* **gramo**) g.
g/ *abrev de* **giro**.
gabacho, cha *fam despec* ◇ *adj* Froggy, *pejorative term meaning 'French'*. ◇ *m,f* Frog, *pejorative term referring to a French person*.
gabán *m* overcoat.
gabardina *f* **-1.** [tela] gabardine **-2.** [prenda] raincoat, mac.
gabinete *m* **-1.** [gobierno] cabinet **-2.** [despacho] office; ~ **de prensa** press office **-3.** [sala] study.
gacela *f* gazelle.
gaceta *f* gazette.
gachas *fpl CULIN* (corn) porridge *(U)*.
gachí *f fam* bird, chick.
gacho, cha *adj* drooping.
gachó *m fam* bloke *UK*, guy.
gaélico, ca *adj* Gaelic.
◆ **gaélico** *m* [lengua] Gaelic.
gafar *vt fam* to jinx, to bring bad luck to.
gafas *fpl* glasses; ~ **bifocales** bifocals; ~ **graduadas** prescription glasses; ~ **de sol** sunglasses; ~ **submarinas** [para submarinismo] diving mask; [para nadar] goggles.
gafe ◇ *adj* jinxed; **ser** ~ to be jinxed. ◇ *mf* jinxed person.
gag *m inv* gag.
gaita *f* **-1.** [instrumento] bagpipes *(pl)* **-2.** *fam* [pesadez] drag, pain.
gaitero, ra *m,f* piper.
gajes *mpl*: ~ **del oficio** occupational hazards.
gajo *m* **-1.** [trozo de fruta] segment **-2.** [racimo] bunch **-3.** [rama] broken-off branch.
gala *f* **-1.** [fiesta] gala; **ropa/uniforme de** ~ [ropa] full dress/uniform; **cena de** ~ black tie dinner, formal dinner **-2.** [ropa]: ~**s** finery *(U)*, best clothes **-3.** [actuación] show

-4. *loc*: **hacer ~ de algo** [preciarse] to be proud of sthg; [exhibir] to demonstrate sthg; **tener a ~ algo** to be proud of sthg.
galáctico, ca *adj* galactic.
galaico, ca *adj culto* Galician.
galán *m* **-1.** [hombre atractivo] attractive young man **-2.** *TEATR* leading man, lead.
galante *adj* gallant.
galantear *vt* to court, to woo.
galanteo *m* courting, wooing.
galantería *f* **-1.** [cualidad] politeness **-2.** [acción] gallantry, compliment.
galápago *m* turtle.
galardón *m* award, prize.
galardonado, da *adj* award-winning, prize-winning.
galardonar *vt* to award a prize to.
galaxia *f* galaxy.
galeón *m* galleon.
galera *f* galley.
galerada *f (gen pl)* galley proof.
galería *f* **-1.** [gen] gallery; [corredor descubierto] verandah **-2.** [para cortinas] curtain rail **-3.** *fig* [vulgo] masses *(pl)*; **hacer algo para la ~** to play to the gallery.
◆ **galerías (comerciales)** *fpl* shopping arcade *(sg)*.
galerna *f* strong north-west wind.
Gales: **(el país de) ~** Wales.
galés, esa ◇ *adj* Welsh. ◇ *m,f* Welshman *m*, Welshwoman *f*; **los galeses** the Welsh.
◆ **galés** *m* [lengua] Welsh.
galgo *m* greyhound; **¡échale un ~!** you can forget it!
Galicia Galicia.
galicismo *m* gallicism.
galimatías *m inv* [lenguaje] gibberish *(U)*; [lío] jumble.
gallardía *f* **-1.** [valentía] bravery **-2.** [elegancia] elegance.
gallardo, da *adj* **-1.** [valiente] brave **-2.** [bien parecido] elegant.
gallear *vi* to strut about, to show off.
gallego, ga *adj & m,f* **-1.** Galician **-2.** *CSur fam* [español] *sometimes pejorative term used to refer to someone or something Spanish.*
◆ **gallego** *m* [lengua] Galician.

GALLEGO

This is a colloquial term used mainly in South America to refer to Spanish immigrants, originally from Galicia, but by extension to anybody from Spain.

galleta *f* **-1.** *CULIN* biscuit *UK*, cookie *US*; **~ salada** cracker **-2.** *fam* [cachete] slap, smack.
gallina ◇ *f* [ave] hen; **la ~ ciega** blind man's buff; **acostarse con las ~s** to go to bed early; **estar como ~ en corral ajeno** to be like a fish out of water; **matar la ~ de los huevos de oro** to kill the goose that lays the golden eggs. ◇ *mf fam* [persona] chicken, coward.
gallináceo, a *adj* gallinaceous.
gallinero *m* **-1.** [corral] henhouse **-2.** *fam TEATR* gods *(sg)* **-3.** *fam* [alboroto] madhouse.
gallito *m fig* cock of the walk.
gallo *m* **-1.** [ave] cock *UK*, rooster *US*, cockerel; **~ de pelea** fighting cock; **en menos que canta un ~** *fam* in no time at all; **otro ~ cantaría** things would be very different **-2.** [al cantar] false note; [al hablar] squeak **-3.** [pez] John Dory **-4.** *fig* [mandón] cock of the walk.
galo, la ◇ *adj HIST* Gallic; [francés] French. ◇ *m,f* [persona] Gaul.
galón *m* **-1.** [adorno] braid; *MIL* stripe **-2.** [medida] gallon.
galopada *f* gallop.
galopante *adj* galloping.
galopar *vi* to gallop.
galope *m* gallop; **al ~** at a gallop; **a ~ tendido** at full gallop.
galpón *m Andes, Carib, RP* shed.
galvanizar [13] *vt* to galvanize.
gama *f* [gen] range; *MÚS* scale.
gamba *f* prawn.
gamberrada *f* act of vandalism.
gamberrismo *m* vandalism; [en fútbol etc] hooliganism.
gamberro, rra ◇ *adj* loutish. ◇ *m,f* vandal; [en fútbol etc] hooligan; **hacer el ~** to behave loutishly.
gameto *m* gamete.
gamín *m Col* child.
gamo *m* fallow deer.
gamonal *m Andes, CAm, Ven* [cacique] village chief; [caudillo] cacique, local political boss.
gamuza *f* **-1.** [tejido] chamois (leather); [trapo] duster **-2.** [animal] chamois.
gana *f* **-1.** [afán]: **~ (de)** desire *o* wish (to); **de buena ~** willingly; **de mala ~** unwillingly; **me da/no me da la ~ hacerlo** I damn well feel like/don't damn well feel like doing it **-2.** [apetito] appetite.
◆ **ganas** *fpl* [deseo]: **tener ~s de algo/hacer algo, sentir ~s de algo/hacer algo** to feel like sthg/doing sthg; **no tengo ~s de que me pongan una multa** I don't fancy

getting a fine; **morirse de ~s de hacer algo** to be dying to do sthg; **quedarse con ~s de hacer algo** not to manage to do sthg; **tenerle ~s a alguien** to have it in for sb.

ganadería *f* **-1.** [actividad] livestock farming **-2.** [ganado] livestock **-3.** [lugar] livestock farm.

ganadero, ra ◇ *adj* livestock-farming *(antes de sust)*; [industria] livestock *(antes de sust)*. ◇ *m, f* livestock farmer.

ganado *m* livestock, stock; **~ porcino** pigs *(pl)*; **~ vacuno** cattle *(pl)*.

ganador, ra ◇ *adj* winning. ◇ *m, f* winner.

ganancia *f* [rendimiento] profit; [ingreso] earnings *(pl)*; **~s y pérdidas** profit and loss; **~ líquida** net profit.

ganancial ▷ **bien.**

ganar ◇ *vt* **-1.** [gen] to win; [sueldo, dinero] to earn; [peso, tiempo, terreno] to gain **-2.** [derrotar] to beat; **~ a alguien a algo** to beat sb at sthg **-3.** [aventajar]: **~ a alguien en algo** to be better than sb as regards sthg **-4.** [alcanzar - cima etc] to reach, to make it to **-5.** [conquistar - ciudad etc] to take, to capture. ◇ *vi* **-1.** [vencer] to win **-2.** [lograr dinero] to earn money **-3.** [mejorar]: **~ (con)** to benefit (from); **~ en algo** to gain in sthg.

◆ **ganarse** *vpr* **-1.** [conquistar - simpatía, respeto] to earn; [- persona] to win over **-2.** [merecer] to deserve.

ganchillo *m* [aguja] crochet hook; [labor] crochet; **hacer ~** to crochet.

gancho *m* **-1.** [gen] hook; [de percha] peg **-2.** *Andes, CAm, Méx, Ven* [percha] hanger **-3.** [cómplice - de timador] decoy; [- de vendedor] person who attracts buyers **-4.** *fam* [atractivo] charm, sex appeal; **tener ~** to have charm *o* sex appeal.

gandul, la *fam* ◇ *adj* lazy. ◇ *m, f* lazybones, layabout.

gandulear *vi* to loaf around.

gandulería *f* idleness.

ganga *f fam* snip, bargain.

ganglio *m* ganglion.

gangoso, sa *adj* nasal.

gangrena *f* gangrene.

gangrenado, da *adj* gangrenous.

gangrenarse *vpr* to become gangrenous.

gangrenoso, sa *adj* gangrenous.

gángster (*pl* **gángsters**) *m* gangster.

gansada *f fam* silly thing.

ganso, sa *m, f* **-1.** [ave - hembra] goose; [- macho] gander **-2.** *fam* [persona] idiot, fool.

ganzúa *f* picklock.

gañido *m* yelp.

garabatear *vi & vt* to scribble.

garabato *m* scribble; **hacer ~s** to scribble.

garaje *m* garage.

garante *mf* guarantor; **salir ~** to act as guarantor.

garantía *f* **-1.** [gen] guarantee; **de ~** reliable, dependable; **ser ~ de algo** to guarantee sthg; **~s constitucionales** constitutional rights **-2.** [fianza] surety.

garantizado, da *adj* guaranteed.

garantizar [13] *vt* **-1.** [gen] to guarantee; **~ algo a alguien** to assure sb of sthg **-2.** [avalar] to vouch for.

garbanzo *m* chickpea; **ser el ~ negro de la familia** to be the black sheep of the family.

garbeo *m fam* stroll; **dar un ~** to go for *o* take a stroll.

garbo *m* [de persona] grace; [de escritura] stylishness, style.

gardenia *f* gardenia.

garduña *f* marten.

garete *m*: **ir** *o* **irse al ~** *fam* to come adrift.

garfio *m* hook.

gargajo *m* phlegm.

garganta *f* **-1.** ANAT throat; **lo tengo atravesado en la ~** *fig* he/it sticks in my gullet **-2.** [desfiladero] gorge.

gargantilla *f* choker, necklace.

gárgara *(gen pl) f* gargle, gargling *(U)*; **hacer ~s** to gargle; **mandar a alguien a hacer ~s** *fam* to send sb packing; **¡vete a hacer ~s!** *fam* get lost!

gárgola *f* gargoyle.

garita *f* [gen] cabin; [de conserje] porter's lodge; MIL sentry box.

garito *m despec* [casa de juego] gambling den; [establecimiento] dive.

garra *f* [de animal] claw; [de ave de rapiña] talon; *despec* [de persona] paw, hand; **caer en las ~s de alguien** to fall into sb's clutches; **tener ~** [persona] to have charisma; [novela, canción etc] to be gripping.

garrafa *f* carafe.

garrafal *adj* monumental, enormous.

garrafón *m* demijohn.

garrapata *f* tick.

garrapiña *f* sugar coating.

garrapiñar *vt* [fruta] to candy; [almendras etc] to coat with sugar.

garrocha *f* pike, lance.

garrotazo *m* blow with a club *o* stick.

garrote *m* **-1.** [palo] club, stick **-2.** [torniquete] tourniquet **-3.** [instrumento] garotte.

garúa *f Andes, RP, Ven* drizzle.

garza *f* heron; ~ **real** grey heron.

gas *m* gas; **con** ~ [agua] sparkling, carbonated; [refresco] fizzy, carbonated; ~ **ciudad/natural** town/natural gas; ~ **butano** butane (gas); ~ **lacrimógeno** tear gas.
◆ **gases** *mpl* [en el estómago] wind *(U)*.
◆ **a todo gas** *loc adv* flat out, at top speed.

gasa *f* gauze.

gaseado, da *adj* gassed.

gasear *vt* to gas.

gaseoducto *m* gas pipeline.

gaseoso, sa *adj* gaseous; [bebida] fizzy.
◆ **gaseosa** *f* lemonade *UK*, soda *US*.

gasfitería *f Chile, Ecuad, Perú* plumber's (shop).

gasfitero, ra *m,f Chile, Ecuad, Perú* plumber.

gasificación *f* gasification.

gasificar [10] *vt* to gasify; [bebida] to carbonate.

gasóleo *m* diesel oil.

gasolina *f* petrol *UK*, gas *US*; **poner** ~ to fill up (with petrol).

gasolinera *f* petrol station *UK*, gas station *US*.

gastado, da *adj* [ropa, pieza etc] worn out; [frase, tema] hackneyed; [persona] broken, burnt out.

gastar ◇ *vt* **-1.** [consumir - dinero, tiempo] to spend; [- gasolina, electricidad] to use (up); [- ropa, zapatos] to wear out **-2.** *fig* [usar - gen] to use; [- ropa] to wear; [- número de zapatos] to take; ~ **una broma (a alguien)** to play a joke (on sb) **-3.** [malgastar] to waste **-4.** *loc*: ~**las** to carry on, to behave. ◇ *vi* **-1.** [despilfarrar] to spend (money) **-2.** [desgastar] to be wearing.
◆ **gastarse** *vpr* **-1.** [deteriorarse] to wear out **-2.** [terminarse] to run out.

gasto *m* [acción de gastar] outlay, expenditure; [cosa que pagar] expense; [de energía, gasolina] consumption; [despilfarro] waste; **cubrir** ~**s** to cover costs, to break even; **no reparar en** ~**s** to spare no expense; ~ **amortizable** *ECON* capitalized expense; ~ **deducible** *ECON* tax-deductible expense; ~ **público** public expenditure; ~**s de envío** postage and packing; ~**s fijos** *COM* fixed charges *o* costs; [en una casa] overheads; ~**s generales** overheads; ~**s de mantenimiento** maintenance costs; ~**s de representación** entertainment allowance *(sg)*.

gástrico, ca *adj* gastric.

gastritis *f inv* gastritis.

gastroenteritis *f inv* gastroenteritis.

gastrointestinal *adj* gastrointestinal.

gastronomía *f* gastronomy.

gastronómico, ca *adj* gastronomic.

gastrónomo, ma *m,f* gourmet, gastronome.

gatas
◆ **a gatas** *loc adv* on all fours.

gatear *vi* to crawl.

gatera *f* cat flap *o* door.

gatillero *m Amér* hired gunman.

gatillo *m* trigger; **apretar el** ~ to press *o* pull the trigger.

gato, ta *m,f* cat; ~ **montés** wildcat; **dar** ~ **por liebre a alguien** to swindle *o* cheat sb; **buscar tres pies al** ~ to overcomplicate matters; **jugar al** ~ **y al ratón** to play cat and mouse; **llevarse el** ~ **al agua** to pull it off; **sólo había cuatro** ~**s** there was hardly a soul there; **aquí hay** ~ **encerrado** there's something fishy going on here; **el** ~ **escaldado del agua fría huye** *proverb* once bitten twice shy.
◆ **gato** *m AUTOM* jack.

gatuno, na *adj* catlike, feline.

gauchada *f CSur* favour; **hacerle una** ~ **a alguien** to do sb a favour.

gaucho, cha *adj RP* helpful, obliging.
◆ **gaucho** *m* gaucho.

gavilán *m* sparrowhawk.

gavilla *f* sheaf.

gaviota *f* seagull.

gay *adj inv* & *m,f* gay *(homosexual)*.

gazapo *m* **-1.** [animal] young rabbit **-2.** [error] misprint.

gazmoño, ña *adj* sanctimonious.

gaznate *m* gullet.

gazpacho *m* gazpacho, *Andalusian soup made from tomatoes, peppers, cucumbers and bread, served chilled.*

GB ◇ *f* (*abrev de* **Gran Bretaña**) GB. ◇ *m* (*abrev de* **gigabyte**) *INFORM* GB.

géiser, géyser (*pl* **géyseres**) *m* geyser.

gel *m* gel.

gelatina *f* [de carne] gelatine; [de fruta] jelly.

gema *f* gem.

gemelo, la ◇ *adj* twin *(antes de sust)*. ◇ *m,f* [persona] twin.
◆ **gemelo** *m* [músculo] calf.
◆ **gemelos** *mpl* **-1.** [de camisa] cufflinks **-2.** [prismáticos] binoculars; [para teatro] opera glasses.

gemido *m* [de persona] moan, groan; [de animal] whine.

Géminis ◇ *m* [zodiaco] Gemini; **ser** ~ to be (a) Gemini. ◇ *mf* [persona] Gemini.

gemir [26] *vi* **-1.** [persona] to moan, to groan; [animal] to whine **-2.** [viento] to howl.
gen = gene.
gene, gen *m* gene.
genealogía *f* genealogy.
genealógico, ca *adj* genealogical.
generación *f* generation; ~ **espontánea** spontaneous generation, autogenesis.
generacional *adj* generation *(antes de sust).*
generador, ra *adj* generating.
◆ **generador** *m* generator.
general ◇ *adj* **-1.** [gen] general; **por lo** ~, **en** ~ in general, generally **-2.** [usual] usual. ◇ *m MIL* general; ~ **de brigada** brigadier *UK*, brigadier general *US*; ~ **de división** major general.
generalidad *f* **-1.** [mayoría] majority **-2.** [vaguedad] generalization.
◆ **generalidades** *fpl* [principios básicos] basic principles.
generalísimo *m* supreme commander, generalissimo.
generalista *adj* [médico] general.
Generalitat [ʒenerali'tat] *f* Generalitat, *autonomous government of Catalonia or Valencia.*
generalización *f* **-1.** [comentario amplio] generalization **-2.** [extensión - de conflicto] escalation, widening; [- de prácticas, enseñanza] spread.
generalizar [13] ◇ *vt* to spread, to make widespread. ◇ *vi* to generalize.
◆ **generalizarse** *vpr* to become widespread.
generalmente *adv* generally.
generar *vt* [gen] to generate; [engendrar] to create.
genérico, ca *adj* **-1.** [común] generic **-2.** *GRAM* gender *(antes de sust).*
género *m* **-1.** [clase] kind, type **-2.** *GRAM* gender **-3.** *LITER* genre **-4.** *BIOL* genus; **el** ~ **humano** the human race **-5.** *MÚS*: ~ **chico** zarzuela, *Spanish light opera*; ~ **lírico** opera **-6.** [productos] merchandise, goods *(pl)* **-7.** [tejido] cloth, material; ~**s de punto** knitwear *(U).*
generosidad *f* generosity.
generoso, sa *adj* generous.
génesis *f inv* genesis.
◆ **Génesis** *m* Genesis.
genético, ca *adj* genetic.
◆ **genética** *f* genetics *(U).*
genial *adj* **-1.** [autor, compositor etc] of genius **-2.** [estupendo] brilliant, great.
genialidad *f* **-1.** [capacidad] genius **-2.** [acción] stroke of genius.
genio *m* **-1.** [talento] genius **-2.** [carácter] nature, disposition **-3.** [personalidad fuerte] spirit; ~ **y figura hasta la sepultura** *proverb* a true genius **-4.** [mal carácter] bad temper; **estar de/tener mal** ~ to be in a mood/badtempered **-5.** [ser sobrenatural] genie.
genital *adj* genital.
◆ **genitales** *mpl* genitals.
genitivo *m* genitive.
genocidio *m* genocide.
genoma *m* genome; ~ **humano** human genome.
genotipo *m* genotype.
genovés, esa *adj* & *m,f* Genoese.
gente *f* **-1.** [gen] people *(pl)*; ~ **bien** well-to-do people; ~ **menuda** kids *(pl)* **-2.** *fam* [familia] folks *(pl).*
gentil ◇ *adj* [amable] kind, nice. ◇ *mf* gentile.
gentileza *f* courtesy, kindness; **¿tendría la** ~ **de decirme ...?** would you be so kind as to tell me ...?; **por** ~ **de** by courtesy of.
gentilicio *m term referring to the natives or inhabitants of a particular place.*
gentío *m* crowd.
gentuza *f* riffraff.
genuflexión *f* genuflection; **hacer una** ~ to genuflect.
genuino, na *adj* genuine.
GEO (*abrev de* **Grupo Especial de Operaciones**) *m specially trained police force,* ≃ SAS *UK*, ≃ SWAT *US.*
geofísico, ca ◇ *adj* geophysical. ◇ *m,f* [persona] geophysicist.
◆ **geofísica** *f* [ciencia] geophysics *(U).*
geografía *f* geography; *fig*: **varios puntos de la** ~ **nacional** several parts of the country; ~ **física** physical geography; ~ **política** political geography.
geográfico, ca *adj* geographical.
geógrafo, fa *m,f* geographer.
geología *f* geology.
geológico, ca *adj* geological.
geólogo, ga *m,f* geologist.
geometría *f* geometry; ~ **del espacio** solid geometry.
geométrico, ca *adj* geometric.
geopolítico, ca *adj* geopolitical.
◆ **geopolítica** *f* geopolitics *(U).*
georgiano, na *adj* & *m,f* Georgian.
◆ **georgiano** *m* [lengua] Georgian.
geranio *m* geranium.
gerencia *f* **-1.** [gen] management **-2.** [cargo]

post of manager **-3.** [oficina] manager's office.
gerente *mf* manager, director.
geriatra *mf* geriatrician.
geriatría *f* geriatrics *(U).*
gerifalte, jerifalte *m* **-1.** *ZOOL* gerfalcon **-2.** *fig* [persona] bigwig.
germánico, ca ◇ *adj* [gen] Germanic; [pueblos, carácter] Teutonic. ◇ *m,f* [alemán] German; *HIST* Teuton.
◆ **germánico** *m* [lengua] Germanic.
germano, na ◇ *adj* [gen] Germanic; [pueblos, carácter] Teutonic. ◇ *m,f* [alemán] German; *HIST* Teuton.
germen *m lit & fig* germ; **~ de trigo** wheatgerm.
germinación *f* germination.
germinar *vi lit & fig* to germinate.
gerontología *f* gerontology.
gerontólogo, ga *m,f* gerontologist.
gerundense ◇ *adj* of/relating to Gerona. ◇ *mf* native/inhabitant of Gerona.
gerundio *m* gerund.
gesta *f* exploit, feat.
gestación *f lit & fig* gestation.
gestar *vi* to gestate.
◆ **gestarse** *vpr*: **se estaba gestando un cambio sin precedentes** the seeds of an unprecedented change had been sown.
gesticulación *f* gesticulation; [de cara] face-pulling.
gesticular *vi* to gesticulate; [con la cara] to pull faces.
gestión *f* **-1.** [diligencia] step, thing that has to be done; **tengo que hacer unas gestiones** I have a few things to do **-2.** [administración] management; **~ de cartera** *ECON* portfolio management; **~ de datos** *INFORM* data management; **~ de ficheros** *INFORM* file management.
gestionar *vt* **-1.** [tramitar] to negotiate **-2.** [administrar] to manage.
gesto *m* **-1.** [gen] gesture; **hacer ~s** to gesture, to gesticulate **-2.** [mueca] face, grimace; **torcer el ~** to pull a face.
gestor, ra ◇ *adj* managing *(antes de sust).* ◇ *m,f person who carries out dealings with public bodies on behalf of private customers or companies, combining the role of solicitor and accountant.*
gestoría *f office of a 'gestor'.*
gestual *adj* using gestures.
géyser = **géiser.**
ghetto = **gueto.**
giba *f* **-1.** [de camello] hump **-2.** [de persona] hunchback, hump.
Gibraltar Gibraltar.
gibraltareño, ña *adj & m,f* Gibraltarian.
gigabyte [xiɣa'βait] *m INFORM* gigabyte.
gigante, ta *m,f* giant.
◆ **gigante** *adj* gigantic.
gigantesco, ca *adj* gigantic.
gigoló [jiɣo'lo] *m* gigolo.
gil, gila *CSur fam* ◇ *adj* stupid. ◇ *m* jerk, twit *UK.*
gilí *fam* ◇ *adj* stupid. ◇ *mf* pillock, prat.
gilipollada, jilipollada *f fam*: **hacer/decir una ~** to do/say sthg bloody stupid.
gilipollas, jilipollas *fam* ◇ *adj inv* daft, dumb *US.* ◇ *m y f inv* pillock, prat.
gilipollez, jilipollez *f inv fam*: **hacer/decir una ~** to do/say sthg bloody stupid.
gima, gimiera *etc* ▷ **gemir.**
gimnasia *f* [deporte] gymnastics *(U)*; [ejercicio] gymnastics *(pl)*; **~ correctiva** *o* **médica** *o* **terapéutica** physiotherapeutic exercises *(pl)*; **~ deportiva** gymnastics *(U)*; **~ rítmica** rhythmic gymnastics *(U)*; **~ sueca** free exercise, callisthenics *(U)*; **confundir la ~ con la magnesia** to get the wrong end of the stick.
gimnasio *m* gymnasium.
gimnasta *mf* gymnast.
gimnástico, ca *adj* gymnastic.
gimotear *vi* to whine, to whimper.
gimoteo *m* whining, whimpering.
gin [jin]
◆ **gin tonic** *m* gin and tonic.
gincana, gymkhana [jin'kana] *f* [de caballos] gymkhana; [de automóviles] rally.
ginebra *f* gin.
Ginebra Geneva.
ginecología *f* gynaecology.
ginecológico, ca *adj* gynaecological.
ginecólogo, ga *m,f* gynaecologist.
gingivitis *f inv* gingivitis.
gira *f* tour.
giralda *f* weather vane.
girar ◇ *vi* **-1.** [dar vueltas, torcer] to turn; [rápidamente] to spin **-2.** *fig* [centrarse]: **~ en torno a** *o* **alrededor de** to be centred around, to centre on **-3.** *COM* to remit payment. ◇ *vt* **-1.** [hacer dar vueltas a] to turn; [rápidamente] to spin **-2.** *COM* to draw **-3.** [dinero - por correo, telégrafo] to transfer, to remit.
girasol *m* sunflower.
giratorio, ria *adj* revolving; [silla] swivel *(antes de sust).*
giro *m* **-1.** [gen] turn; **~ de 180 grados** *lit & fig*

U-turn **-2.** [postal, telegráfico] money order; ~ **postal** postal order **-3.** [de letras, órdenes de pago] draft; ~ **en descubierto** overdraft **-4.** [expresión] turn of phrase.
gis *m Méx* chalk.
gitano, na ◇ *adj* gypsy *(antes de sust)*; *fig* wily, crafty. ◇ *m,f* gypsy.
glaciación *f* glaciation.
glacial *adj* glacial; [viento, acogida] icy.
glaciar ◇ *adj* glacial. ◇ *m* glacier.
gladiador *m* gladiator.
gladiolo, gladíolo *m* gladiolus.
glande *m* glans penis.
glándula *f* gland; ~ **endocrina** endocrine gland; ~ **sebácea** sebaceous gland.
glasé ◇ *adj* glacé. ◇ *m* glacé silk.
glaseado, da *adj* glacé.
◆ **glaseado** *m* glazing.
glasear *vt* to glaze.
gleba *f* feudal land.
glicerina *f* glycerine.
global *adj* global, overall.
globalización *f* globalization.
globalizar [13] *vt* to globalize.
globo *m* **-1.** [Tierra] globe, earth; ~ **terráqueo** *o* **terrestre** globe **-2.** [aeróstato, juguete] balloon; ~ **sonda** weather balloon **-3.** [lámpara] round glass lampshade **-4.** [esfera] sphere; ~ **ocular** eyeball.
globulina *f* globulin.
glóbulo *m* MED corpuscle; ~ **blanco/rojo** white/red corpuscle.
gloria *f* **-1.** [gen] glory **-2.** [celebridad] celebrity, star; **ser una vieja** ~ to be a has-been **-3.** [placer] delight; **estar en la** ~ to be in seventh heaven; **saber a** ~ to taste divine *o* heavenly.
glorieta *f* **-1.** [de casa, jardín] arbour **-2.** [plaza - gen] square; [- redonda] circus, roundabout *UK*, traffic circle *US*.
glorificación *f* glorification.
glorificar [10] *vt* to glorify.
glorioso, sa *adj* **-1.** [importante] glorious **-2.** RELIG Blessed.
glosa *f* marginal note.
glosar *vt* **-1.** [anotar] to annotate **-2.** [comentar] to comment on.
glosario *m* glossary.
glotis *f inv* glottis.
glotón, ona ◇ *adj* gluttonous, greedy. ◇ *m,f* glutton.
glotonería *f* gluttony, greed.
glucemia *f* glycaemia.
glúcido *m* carbohydrate.
glucosa *f* glucose.
gluglú *m* glug-glug.
gluten *m* gluten.
glúteo, a *adj* gluteal.
◆ **glúteo** *m* gluteus.
gnomo, nomo *m* gnome.
gobernabilidad *f* governability.
gobernable *adj* governable.
gobernación *f* **-1.** governing **-2.** *Méx*: **Ministerio de la Gobernación** Home Office *UK*, Department of the Interior *US*.
gobernador, ra ◇ *adj* governing *(antes de sust)*. ◇ *m,f* governor.
gobernanta *f* cleaning and laundry staff manageress.
gobernante ◇ *adj* ruling *(antes de sust)*. ◇ *mf* ruler, leader.
gobernar [19] ◇ *vt* **-1.** [gen] to govern, to rule; [casa, negocio] to run, to manage **-2.** [barco] to steer; [avión] to fly. ◇ *vi* NÁUT to steer.
gobiernista ◇ *adj* **Andes, Méx** pro-government. ◇ *mf* government supporter.
gobierno *m* **-1.** [gen] government; ~ **autónomo/central** autonomous/central government; ~ **militar** military command; ~ **de transición** caretaker *o* interim government **-2.** [edificio] government buildings *(pl)* **-3.** [administración, gestión] running, management **-4.** [control] control.
goce ◇ ▷ **gozar**. ◇ *m* pleasure.
godo, da ◇ *adj* Gothic. ◇ *m,f* **-1.** HIST Goth **-2.** *despec* [español peninsular] *pejorative term for a mainland Spaniard.*
gol (*pl* **goles**) *m* goal; **marcar** *o* **meter un** ~ to score a goal; ~ **del empate** equalizer; ~ **de penalti** penalty goal; ~ **en propia meta** own goal; **meter un** ~ **a alguien** to put one over on sb.
goleada *f* high score, cricket score.
goleador, ra *m,f* goalscorer.
golear *vt* to score a lot of goals against, to thrash.
goleta *f* schooner.
golf *m* golf.
golfa ▷ **golfo**.
golfante *mf* scoundrel, rascal.
golfear *vi fam* [vaguear] to loaf around.
golfería *f* **-1.** [golfos] layabouts *(pl)*, good-for-nothings *(pl)* **-2.** [granujada] loutish behaviour *(U)*.
golfista *mf* golfer.
golfo, fa ◇ *adj* [gamberro] loutish; [vago] idle. ◇ *m,f* [gamberro] lout; [vago] layabout.

◆ **golfo** *m GEOGR* gulf, bay.
◆ **golfa** *f mfam* [prostituta] tart, whore, hooker *US*.
◆ **Golfo Pérsico** *m*: **el Golfo Pérsico** the Persian Gulf.

golondrina *f* **-1.** [ave] swallow **-2.** [barco] motor launch.

golondrino *m* **-1.** *MED* boil in the armpit **-2.** *ZOOL* young swallow.

golosina *f* [dulce] sweet; [exquisitez] titbit, delicacy.

goloso, sa ◇ *adj* sweet-toothed. ◇ *m,f* sweet-toothed person.

golpe *m* **-1.** [gen] blow; [bofetada] smack; [con puño] punch; [en puerta etc] knock; [en tenis, golf] shot; [entre coches] bump, collision; **a ~s** by force; *fig* in fits and starts; **moler a alguien a ~s** to beat sb up; **un ~ bajo** *DEP* & *fig* a blow below the belt; **~ de castigo** [en rugby] penalty (kick); **~ franco** free kick; **~ de tos** coughing fit; **~ de viento** gust of wind **-2.** [disgusto] blow **-3.** [atraco] raid, job, heist *US* **-4.** *POLÍT*: **~ (de Estado)** coup (d'état) **-5.** [ocurrencia] witticism **-6.** *loc*: **dar el ~** *fam* to cause a sensation, to be a hit; **errar** *o* **fallar el ~** to miss the mark; **no dar** *o* **pegar ~** not to lift a finger, not to do a stroke of work.
◆ **de golpe** *loc adv* suddenly.
◆ **de golpe y porrazo** *loc adv* without warning, just like that.
◆ **de un golpe** *loc adv* at one fell swoop, all at once.
◆ **golpe de gracia** *m* coup de grâce.
◆ **golpe maestro** *m* masterstroke.
◆ **golpe de suerte** *m* stroke of luck.
◆ **golpe de vista** *m* glance; **al primer ~ de vista** at a glance.

golpear *vt* & *vi* [gen] to hit; [puerta] to bang; [con puño] to punch.

golpeteo *m* [de dedos, lluvia] drumming; [de puerta, persiana] banging.

golpista ◇ *adj* in favour of military coups. ◇ *mf* person involved in military coup.

golpiza *f Amér* beating.

goma *f* **-1.** [sustancia viscosa, pegajosa] gum; **~ arábiga** gum arabic; **~ de mascar** chewing gum; **~ de pegar** glue, gum **-2.** [tira elástica] rubber band, elastic band *UK*; **~ elástica** elastic **-3.** [caucho] rubber; **~ espuma** foam rubber; **~ de borrar** rubber *UK*, eraser *US* **-4.** *Cuba, CSur* [neumático] tyre *UK*, tire *US* **-5.** *fam* [preservativo] condom, rubber *US*.
◆ **Goma 2** *f* plastic explosive.

gomería *f CSur* tyre centre.

gomero *m Andes, RP* **-1.** [persona] rubber plantation worker **-2.** [árbol] rubber tree.

gomina *f* hair gel.

gomoso, sa *adj* gummy.

gónada *f* gonad.

góndola *f* **-1.** [embarcación] gondola **-2.** *Chile* [autobús] bus.

gondolero *m* gondolier.

gong *m inv* gong.

gonorrea *f* gonorrhoea.

gordinflón, ona ◇ *adj* chubby, tubby. ◇ *m,f* fatty.

gordo, da ◇ *adj* **-1.** [persona] fat; **me cae ~** I can't stand him **-2.** [grueso] thick **-3.** [grande] big **-4.** [grave] big, serious. ◇ *m,f* **-1.** [persona obesa] fat man (*f* fat woman); **armar la gorda** *fig* to kick up a row *o* stink **-2.** *Amér* [querido] sweetheart, darling **-3.** *Amér* [como apelativo]: **¿cómo estás, ~?** hey, how's it going?
◆ **gordo** *m* [en lotería] first prize, jackpot; **el ~** *first prize in the Spanish national lottery.*

EL GORDO

In Spain and Latin America this is the name given to the first prize in the national lottery, especially the one in the Christmas draw.

gordura *f* fatness.

gorgorito *m* warble.

gorgoteo *m* gurgle, gurgling *(U)*.

gorila *m* **-1.** *ZOOL* gorilla **-2.** [guardaespaldas] bodyguard **-3.** [en discoteca etc] bouncer.

gorjear *vi* to chirp, to twitter.

gorjeo *m* chirping, twittering.

gorra *f* (peaked) cap; **de ~** for free; **vivir de ~** to scrounge.

gorrear = **gorronear**.

gorrinada *f* **-1.** [guarrada - acción] disgusting behaviour *(U)*; [- lugar] pigsty **-2.** [mala pasada] dirty trick.

gorrino, na *m,f lit* & *fig* pig.

gorrión *m* sparrow.

gorro *m* [gen] cap; [de niño] bonnet; **~ de baño** [para ducha] shower cap; [para piscina] swimming cap; **estar hasta el ~ (de)** *fam* to be fed up (with).

gorrón, ona *fam* ◇ *adj* sponging, scrounging. ◇ *m,f* sponger, scrounger.

gorronear, gorrear *vt* & *vi fam* to sponge, to scrounge.

gorronería *f* sponging, scrounging.

gota *f* **-1.** [de agua, leche, sangre] drop; [de sudor] bead; **caer cuatro ~s** to spit (with rain);

la ~ **que colma el vaso** the last straw, the straw that breaks the camel's back; **parecerse como dos ~s de agua** to be as like as two peas in a pod; **sudar la ~ gorda** to sweat blood, to work very hard **-2.** [cantidad pequeña]: **una ~ de** a (tiny) drop of; **ni ~**: **no se veía ni ~** you couldn't see a thing; **no tienes ni ~ de sentido común** you haven't got an ounce of common sense **-3.** [enfermedad] gout.
◆ **gotas** *fpl* [medicamento] drops.
◆ **gota a gota** *m MED* intravenous drip.
◆ **gota fría** *f METEOR cold front that remains in one place for some time, causing continuous heavy rain.*

gotear ◇ *vi* [líquido] to drip; [techo, depósito etc] to leak; *fig* to trickle through. ◇ *v impers* [chispear] to spit, to drizzle.

goteo *m* dripping.

gotera *f* **-1.** [filtración] leak **-2.** [mancha] stain *(left by leaking water).*

gótico, ca *adj* Gothic.
◆ **gótico** *m* [arte] Gothic.

gourmet = **gurmet**.

goyesco, ca *adj* relating to *o* like Goya.

gozada *f fam*: **es una ~** it's wonderful.

gozar [13] *vi* to enjoy o.s.; **~ de algo** to enjoy sthg; **~ con** to take delight in.

gozne *m* hinge.

gozo *m* joy, pleasure; **mi ~ en un pozo** that's just my (bad) luck.

g/p, g.p. (*abrev de* **giro postal**) p.o.

grabación *f* recording; **~ digital** digital recording; **~ en vídeo** video recording.

grabado *m* **-1.** [gen] engraving; [en madera] carving **-2.** [en papel - acción] printing; [- lámina] print.

grabador, ra ◇ *adj* [gen] engraving; [en papel] printing. ◇ *m,f* [gen] engraver; [en madera] carver; [en papel] printer.
◆ **grabadora** *f* [casete] tape recorder; **grabadora de CD** CD burner.

grabar *vt* **-1.** [gen] to engrave; [en madera] to carve; [en papel] to print; **grabado en su memoria** engraved on his mind **-2.** [sonido, cinta] to record, to tape **-3.** *INFORM* to save.
◆ **grabarse en** *vpr fig*: **grabársele a alguien en la memoria** to become engraved on sb's mind.

gracia *f* **-1.** [humor, comicidad] humour; **hacer ~ a alguien** to amuse sb; **no me hizo ~** I didn't find it funny; **¡maldita la ~!** it's not a bit funny!; **¡qué ~!** how funny!; **tener ~** [ser divertido] to be funny; **tiene ~** [es curioso] it's funny; **caer en ~** to be liked **-2.** [arte, habilidad] skill, natural ability **-3.** [encanto] grace, elegance **-4.** [chiste] joke; **hacer una ~ a alguien** to play a prank on sb; **no le rías las ~s** don't laugh when he says something silly **-5.** [favor] favour; [indulto] pardon.
◆ **gracias** *fpl* thank you, thanks; **~s a** thanks to; **~s a Dios** thank God; **dar las ~s a alguien (por)** to thank sb (for); **muchas ~s** thank you, thanks very much.

grácil *adj* [gen] graceful; [delicado] delicate.

gracioso, sa ◇ *adj* [divertido] funny, amusing; **¡qué ~!** how funny!; **es ~ que ...** it's funny how ... ◇ *m,f* comedian; **hacerse el ~** to try to be funny.

grada *f* **-1.** [peldaño] step **-2.** *TEATR* row.
◆ **gradas** *fpl DEP* terraces.

gradación *f* **-1.** [en retórica] climax **-2.** [escalonamiento] scale.

gradería *f*, **graderío** *m TEATR* rows *(pl)*; *DEP* terraces *(pl)*.

grado *m* **-1.** [gen] degree; **~ centígrado** degree centigrade **-2.** [fase] stage, level; [índice, nivel] extent, level; **en ~ sumo** greatly **-3.** [rango - gen] grade; [- *MIL*] rank **-4.** *EDUC* year, class, grade *US* **-5.** [voluntad]: **hacer algo de buen/mal ~** to do sthg willingly/unwillingly.

graduable *adj* adjustable.

graduación *f* **-1.** [acción] grading; [de la vista] eye-test **-2.** *EDUC* graduation **-3.** [de bebidas] strength, ≃ proof **-4.** *MIL* rank.

graduado, da ◇ *adj* **-1.** [termómetro etc] graded **-2.** [universitario] graduate. ◇ *m,f* [persona] graduate.
◆ **graduado** *m* [título - gen] certificate; [- universitario] degree; **~ escolar** *qualification received on completing primary school.*

gradual *adj* gradual.

graduar [6] *vt* **-1.** [medir] to gauge, to measure; [regular] to regulate; [vista] to test **-2.** [escalonar] to stagger **-3.** *EDUC* to confer a degree on **-4.** *MIL* to confer a rank on, to commission.
◆ **graduarse** *vpr*: **~se (en)** to graduate (in).

grafía *f* written symbol.

gráfico, ca *adj* graphic.
◆ **gráfico** *m* [gráfica] graph, chart; [dibujo] diagram; **~ de barras** bar chart.
◆ **gráfica** *f* graph, chart.

grafismo *m* **-1.** [diseño gráfico] graphics *(U)* **-2.** *ARTE* graphic art.

grafista *mf* graphic artist *o* designer.

grafito *m* graphite.

grafología *f* graphology.
grafólogo, ga *m,f* graphologist.
gragea *f* **-1.** *MED* pill, tablet **-2.** [confite] sugar-coated sweet.
grajo *m* rook.
gral. (*abrev de* **general**) gen.
gramática ▻ **gramático.**
gramatical *adj* grammatical.
gramático, ca ◇ *adj* grammatical. ◇ *m,f* [persona] grammarian.
◆ **gramática** *f* [disciplina, libro] grammar.
◆ **gramática parda** *f* native wit.
gramo *m* gram.
gramófono *m* gramophone.
gramola *f* gramophone.
grampa *f Amér* staple.
gran = **grande.**
granada *f* **-1.** [fruta] pomegranate **-2.** [proyectil] grenade; ~ **de mano** hand grenade.
granar *vi* to seed.
granate ◇ *m* garnet. ◇ *adj inv* garnet-coloured.
Gran Bretaña *f* Great Britain.
grande ◇ *adj (antes de sust:* **gran***)* **-1.** [de tamaño] big, large; [de altura] tall; [de intensidad, importancia] great; **un hombre** ~ a big man; **un gran hombre** a great man; **este traje me está** ~ this suit is too big for me **-2.** *RP* [fantástico] great **-3.** *RP* [divertido] amusing **-4.** *loc*: **hacer algo a lo** ~ to do sthg in style; **pasarlo en** ~ *fam* to have a great time; **vivir a lo** ~ to live in style. ◇ *m* [noble] grandee.
◆ **grandes** *mpl* [adultos] grown-ups, adults.
◆ **a lo grande** *loc adv* in a big way, in style.
◆ **en grande** *loc adv* on a large scale.
grandeza *f* **-1.** [de tamaño] (great) size **-2.** [de sentimientos] generosity, graciousness **-3.** [aristocracia] aristocracy, nobility.
grandilocuencia *f* grandiloquence.
grandilocuente *adj* grandiloquent.
grandiosidad *f* grandeur.
grandioso, sa *adj* grand, splendid.
grandullón, ona ◇ *adj* overgrown. ◇ *m,f* big boy (*f* big girl).
granel
◆ **a granel** *loc adv* **-1.** [sin envase - gen] loose; [- en gran cantidad] in bulk **-2.** [sin orden] any old how, in a rough and ready manner **-3.** [en abundancia] in abundance.
granero *m* granary.
granito *m* granite.
granizada *f* **-1.** *METEOR* hailstorm **-2.** *fig* [abundancia] hail, shower.
granizado *m* iced drink.
granizar [13] *v impers* to hail.
granizo *m* hail.
granja *f* farm; ~ **avícola** chicken *o* poultry farm.
granjearse *vpr* to gain, to earn.
granjero, ra *m,f* farmer.
grano *m* **-1.** [semilla - de cereales] grain; ~ **de café** coffee bean; ~ **de pimienta** peppercorn **-2.** [partícula] grain **-3.** [en la piel] spot, pimple **-4.** *loc*: **apartar el** ~ **de la paja** to separate the wheat from the chaff; **aportar** *o* **poner uno su** ~ **de arena** to do one's bit; **ir al** ~ to get to the point.
granuja *mf* [pillo] rogue, scoundrel; [canalla] trickster, swindler.
granujada *f* dirty trick.
granulado, da *adj* granulated.
◆ **granulado** *m* granules *(pl).*
granuloso, sa *adj* bumpy.
grapa *f* **-1.** [para papeles etc] staple; [para heridas] stitch, (wire) suture **-2.** *CSur* [bebida] grappa.
grapadora *f* stapler.
grapar *vt* to staple.
grasa ▻ **graso.**
grasiento, ta *adj* greasy.
graso, sa *adj* [gen] greasy; [con alto contenido en grasas] fatty.
◆ **grasa** *f* **-1.** [en comestibles] fat; [de cerdo] lard; ~ **grasa animal** animal fat; ~ **grasa saturada** saturated fat; **grasa vegetal** vegetable fat **-2.** [lubricante] grease, oil **-3.** [suciedad] grease.
gratén *m* gratin; **al** ~ au gratin.
gratificación *f* **-1.** [moral] reward **-2.** [monetaria] bonus.
gratificante *adj* rewarding.
gratificar [10] *vt* [complacer] to reward; [retribuir] to give a bonus to; [dar propina a] to tip.
gratinado, da *adj* au gratin.
◆ **gratinado** *m* gratin.
gratinar *vt* to cook au gratin.
gratis *adv* [sin dinero] free, for nothing; [sin esfuerzo] for nothing.
gratitud *f* gratitude.
grato, ta *adj* pleasant; **nos es** ~ **comunicarle que ...** we are pleased to inform you that ...
gratuito, ta *adj* **-1.** [sin dinero] free **-2.** [arbitrario] gratuitous; [infundado] unfair, uncalled for.
grava *f* gravel.
gravamen *m* **-1.** [impuesto] tax **-2.** [obligación

moral] burden.

gravar *vt* **-1.** [con impuestos] to tax **-2.** [agravar] to worsen.

grave *adj* **-1.** [gen] serious; [estilo] formal; **estar ~** to be seriously ill **-2.** [sonido, voz] low, deep **-3.** [*GRAM* - acento prosódico] *with the stress on the penultimate syllable*; [- tilde] grave.

gravedad *f* **-1.** [cualidad] seriousness **-2.** *FÍS* gravity.

gravilla *f* gravel.

gravitación *f* gravitation.

gravitar *vi* to gravitate; *fig* [pender]: **~ sobre** to hang *o* loom over.

gravoso, sa *adj* burdensome; [costoso] expensive, costly.

graznar *vi* [cuervo] to caw; [ganso] to honk; [pato] to quack; [persona] to squawk.

graznido *m* [de cuervo] caw, cawing *(U)*; [de ganso] honk, honking *(U)*; [de pato] quack, quacking *(U)*; [de personas] squawk, squawking *(U)*.

Grecia Greece.

grecorromano, na *adj* Greco-Roman.

gregario, ria *adj* [animal] gregarious; [persona] incapable of independent thought.

gregoriano, na *adj* Gregorian.

gremial *adj* [gen] (trade) union *(antes de sust)*; *HIST* guild *(antes de sust)*.

gremialismo *m* trade unionism.

gremio *m* **-1.** [sindicato] (trade) union; [profesión] profession, trade; *HIST* guild; **ser del ~** to be in the trade **-2.** *fam* [grupo] league, club.

greña *(gen pl) f* tangle of hair; **andar a la ~ (con alguien)** to be at daggers drawn (with sb).

gres *m* stoneware.

gresca *f* row.

griego, ga *adj* & *m,f* Greek.
◆ **griego** *m* [lengua] Greek.

grieta *f* crack; [entre montañas] crevice; [que deja pasar luz] chink.

grifa *f fam* marijuana.

grifería *f* taps *(pl)*, plumbing.

grifero, ra *m,f Perú* petrol pump attendant *UK*, gas pump attendant *US*.

grifo *m* **-1.** [llave] tap *UK*, faucet *US*; **~ monomando** mixer tap **-2.** *Perú* [gasolinera] petrol station *UK*, gas station *US*.

grillado, da *adj fam* crazy, loopy.

grillete *m* shackle.

grillo *m* cricket.

grima *f* **-1.** [disgusto] annoyance; **dar ~** to get on one's nerves **-2.** [dentera]: **dar ~** to set one's teeth on edge.

gringo, ga ◇ *adj pey Esp* [estadounidense] gringo, Yankee; *Amér* [extranjero] gringo, foreign. ◇ *m,f Esp* [estadounidense] gringo, Yank; *Amér* [extranjero] gringo, foreigner.

gripa *f Col, Méx* flu.

gripe *f* flu.

griposo, sa *adj* fluey.

gris ◇ *adj* [color] grey; [triste] gloomy, miserable. ◇ *m* grey; **~ marengo** dark grey; **~ perla** pearl grey.

grisáceo, a *adj* greyish.

grisalla *f Méx* scrap metal.

grisú *(pl* **grisúes)** *m* firedamp.

gritar ◇ *vi* [hablar alto] to shout; [chillar] to scream, to yell. ◇ *vt*: **~ (algo) a alguien** to shout (sthg) at sb.

griterío *m* screaming, shouting.

grito *m* [gen] shout; [de dolor, miedo] cry, scream; [de sorpresa, de animal] cry; **dar** *o* **pegar un ~** to shout *o* scream (out); **a ~ limpio** *o* **pelado** at the top of one's voice; **pedir algo a ~s** *fig* to be crying out for sthg; **poner el ~ en el cielo** to hit the roof; **ser el último ~** to be the latest fashion *o* craze, to be the in thing.

Groenlandia Greenland.

grogui *adj lit* & *fig* groggy.

grosella *f* redcurrant; **~ negra** blackcurrant; **~ silvestre** gooseberry.

grosería *f* [cualidad] rudeness; [acción] rude thing; [palabrota] swear word.

grosero, ra ◇ *adj* **-1.** [maleducado] rude, crude **-2.** [tosco] coarse, rough. ◇ *m,f* rude person.

grosor *m* thickness.

grotesco, ca *adj* grotesque.

grúa *f* **-1.** *CONSTR* crane **-2.** *AUTOM* breakdown truck **-3.** [de la policía] tow truck.

grueso, sa *adj* **-1.** [espeso] thick **-2.** [corpulento] thickset; [obeso] fat **-3.** [grande] large, big **-4.** [mar] stormy.
◆ **grueso** *m* **-1.** [grosor] thickness **-2.** [la mayor parte]: **el ~ de** the bulk of.

grulla *f* crane.

grumete *m* cabin boy.

grumo *m* [gen] lump; [de sangre] clot.

grumoso, sa *adj* lumpy.

gruñido *m* **-1.** [gen] growl; [de cerdo] grunt; **dar ~s** to growl, to grunt **-2.** [de persona] grumble.

gruñir *vi* **-1.** [gen] to growl; [cerdo] to grunt **-2.** [persona] to grumble.

gruñón, ona *fam* ◇ *adj* grumpy. ◇ *m,f* old grump.

grupa *f* hindquarters.

grupo *m* [gen] group; [de árboles] cluster; *TECN* unit, set; **en ~** in a group; **~ de discusión** *INFORM* forum; **~ electrógeno** generator; **~ de empresas** *ECON* (corporate) group; **~ de noticias** *INFORM* newsgroup; **~ de presión** pressure group; **~ de riesgo** risk group.

◆ **grupo sanguíneo** *m* blood group.

grupúsculo *m* small group; *POLÍT* splinter group.

gruta *f* grotto.

gta. *abrev de* **glorieta.**

guacal *m* ***CAm, Méx*** [calabaza] gourd; ***Col, Méx, Carib*** [jaula] cage.

guacamol, guacamole *m* guacamole, avocado dip.

guachada *f* ***RP fam*** mean trick.

guachafita *f* ***Col, Ven fam*** racket, uproar.

guachimán *m* ***Amér*** night watchman.

guachinango *m* ***Méx*** [pez] red snapper.

guacho, cha *m,f* ***Andes, RP fam*** bastard.

guaco *m* ***Amér*** *pottery object found in pre-Columbian Indian tomb.*

guadaña *f* scythe.

guagua *f* ***Carib*** [autobús] bus; ***Andes*** [niño] baby.

guajiro, ra *m,f* ***Cuba*** peasant.

guajolote *m* ***CAm, Méx*** [pavo] turkey; ***fig*** [tonto] fool, idiot.

guampa *f* ***Bol, CSur*** horn.

guampudo, da *adj* ***RP*** horned.

guanajo *m* ***Carib*** turkey.

guanche *adj & m,f* Guanche.

guantazo *m* ***fam*** slap.

guante *m* glove; **~ de boxeo** boxing glove; **arrojar** *o* **tirar el ~** to throw down the gauntlet; **de ~ blanco** gentlemanly; **echar el ~ a algo** ***fam*** to get hold of sthg, to get one's hands on sthg; **echar el ~ a alguien** ***fam*** to nab sb; **estar más suave que un ~** ***fam*** to be as meek as a lamb.

guantera *f* glove compartment.

guaperas ***fam*** ◇ *adj inv*: **es un ~** he's a heart-throb. ◇ *m inv* **-1.** [presumido] pretty boy **-2.** [artista, cantante] heart-throb.

guapo, pa ◇ *adj* **-1.** [gen] good-looking; [hombre] handsome; [mujer] pretty **-2.** ***fam*** [bonito] cool. ◇ *m,f* **-1.** [valiente]: **a ver quién es el ~ que ...** let's see who's brave enough to ... **-2.** [fanfarrón] ***Amér*** braggart.

guarache *m* ***Méx*** **-1.** [sandalia] *crude sandal with a sole made from a tyre* **-2.** [parche] patch *(on tyre).*

guarangada *f* ***Bol, CSur*** rude remark.

guarango, ga *adj* ***Bol, CSur*** coarse, vulgar.

guaraní ◇ *adj inv & m,f* Guarani. ◇ *m* **-1.** [lengua] Guarani **-2.** [moneda] guarani.

guarda ◇ *mf* [vigilante] guard, keeper; **~ forestal** gamekeeper, forest ranger; **~ jurado** security guard. ◇ *f* **-1.** [tutela] guardianship **-2.** [de libros] flyleaf.

guardabarrera *mf* level crossing keeper.

guardabarros *m inv* mudguard ***UK***, fender ***US***.

guardabosque *mf* forest ranger.

guardacoches *m* OR *f inv* parking attendant.

guardacostas *m inv* [barco] coastguard boat.

guardaespaldas *m y f inv* bodyguard.

guardafrenos *m y f inv* brakeman (*f* brakewoman).

guardagujas *m y f inv* switchman (*f* switchwoman).

guardameta *mf* goalkeeper.

guardamuebles *m inv* furniture warehouse *(for storage).*

guardapolvo *m* overalls *(pl).*

guardar *vt* **-1.** [gen] to keep; [en su sitio] to put away **-2.** [vigilar] to keep watch over; [proteger] to guard **-3.** [reservar, ahorrar]: **~ algo (a** *o* **para alguien)** to save sthg (for sb) **-4.** [cumplir - ley] to observe; [- secreto, promesa] to keep.

◆ **guardarse** *vpr*: **guardársela a alguien** to have it in for sb.

◆ **guardarse de** *vpr*: **~se de hacer algo** [evitar] to avoid doing sthg; [abstenerse de] to be careful not to do sthg.

guardarropa *m* [gen] wardrobe; [de cine, discoteca etc] cloakroom.

guardarropía *f* *TEATR* wardrobe.

guardería *f* nursery; [en el lugar de trabajo] crèche.

guardia ◇ *f* **-1.** [gen] guard; [vigilancia] watch, guard; **en ~** on guard; **montar (la) ~** to mount guard; **~ municipal** urban police; **aflojar** *o* **bajar la ~** to lower *o* drop one's guard; **la vieja ~** the old guard **-2.** [turno] duty; **estar de ~** to be on duty. ◇ *mf* [policía] policeman (*f* policewoman); **~ de tráfico** traffic warden.

◆ **guardia marina** *m sea cadet in final two years of training.*

◆ **Guardia Civil** *f*: **la Guardia Civil** the Civil Guard, *military-style Spanish security force who police rural areas, highways and borders.*

GUARDIA CIVIL

The *Guardia Civil* is a military-style security force operating under the control of the Spanish Ministry of the Interior and responsible for policing rural areas and highways. They also form the Spanish customs police and are easily recognizable by their traditional black three-cornered hat.

guardián, ana *m,f* [de persona] guardian; [de cosa] watchman, keeper.

guarecer [30] *vt*: ~ **(de)** to protect *o* shelter (from).
◆ **guarecerse** *vpr*: **~se (de)** to shelter (from).

guarida *f* lair; *fig* hideout.

guarismo *m* figure, number.

guarnecer [30] *vt* **-1.** [adornar] to decorate; [ropa] to trim; CULIN to garnish **-2.** [vigilar] to be garrisoned in.

guarnición *f* **-1.** CULIN garnish **-2.** MIL garrison **-3.** [adorno] decoration; [de ropa] trimming; [de joya] setting.

guarrada *f fam* [cosa repugnante] filthy thing; [mala pasada] filthy *o* dirty trick.

guarrería *f* **-1.** [suciedad] filth, muck **-2.** [acción] filthy thing **-3.** [mala pasada] filthy *o* dirty trick.

guarro, rra ◇ *adj* filthy. ◇ *m,f* **-1.** [animal] pig **-2.** *fam* [persona] filthy *o* dirty pig.

guarura *m Méx fam* bodyguard.

guasa *f* **-1.** *fam* [gracia] humour; [ironía] irony; **estar de** ~ to be joking **-2.** *fam* [pesadez]: **tener mucha** ~ to be a pain in the neck.

guasca *f CAm, Carib* whip.

guasearse *vpr fam*: ~ **(de)** to take the mickey (out of).

guasón, ona ◇ *adj* fond of teasing. ◇ *m,f* joker, tease.

guata *f* **-1.** [de algodón] cotton padding **-2.** *Chile fam* [barriga] belly.

guateado, da *adj* padded.

Guatemala **-1.** [país] Guatemala **-2.** [ciudad] Guatemala City.

guatemalteco, ca, guatemaltés, esa *adj & m,f* Guatemalan.

guateque *desus m* private party.

guatón, ona *adj Chile fam* potbellied.

guau *m* woof.

guay *adj fam* cool, neat.

guayabo, ba *m,f Amér fam* [persona] gorgeous person.
◆ **guayabo** *m* [árbol] guava tree.
◆ **guayaba** *f* [fruta] guava.

guayín *m Méx* van.

gubernamental *adj* government *(antes de sust)*.

gubernativo, va *adj* government *(antes de sust)*.

guepardo *m* cheetah.

güero, ra *adj Méx fam* blond (*f* blonde), fair-haired.

guerra *f* war; [referido al tipo de conflicto] warfare; [pugna] struggle, conflict; [de intereses, ideas] conflict; **declarar la** ~ to declare war; **en** ~ at war; **hacer la** ~ to wage war; ~ **sin cuartel** all-out war; ~ **bacteriológica/química** germ/chemical warfare; ~ **civil/mundial** civil/world war; ~ **atómica** *o* **nuclear** nuclear war; ~ **espacial** *o* **de las galaxias** star wars; ~ **fría** cold war; ~ **de guerrillas** guerrilla warfare; ~ **a muerte** fight to the death; ~ **de precios** price war; ~ **psicológica** psychological warfare; ~ **santa** Holy War, crusade; **dar** ~ to be a pain, to be annoying.

guerrear *vi* to (wage) war.

guerrero, ra ◇ *adj* warlike. ◇ *m,f* [luchador] warrior.
◆ **guerrera** *f* [prenda] (military) jacket.

guerrilla *f* [grupo] guerrilla group.

guerrillero, ra *m,f* guerrilla.

gueto, ghetto ['geto] *m* ghetto.

güevón *m Andes, Arg, Ven vulg* prat *UK*, pillock *UK*, jerk *US*.

guía ◇ *mf* [persona] guide; ~ **turístico** tourist guide. ◇ *f* **-1.** [indicación] guidance **-2.** [libro] guide (book); ~ **de carreteras** road atlas; ~ **de ferrocarriles** train timetable; ~ **telefónica** telephone book *o* directory **-3.** [de bicicleta] handlebars *(pl)* **-4.** [para cortinas] rail.

guiar [9] *vt* **-1.** [indicar dirección a] to guide, to lead; [aconsejar] to guide, to direct **-2.** AUTOM to drive; NÁUT to steer **-3.** [plantas, ramas] to train.
◆ **guiarse** *vpr*: **~se por algo** to be guided by *o* to follow sthg.

guija *f* pebble.

guijarro *m* pebble.

guijarroso, sa *adj* pebbly.

guillado, da *adj* crazy.

guillotina *f* guillotine.

guillotinar *vt* to guillotine.

guinda *f* morello cherry.

guindar *vt fam*: ~ **algo a alguien** to pinch *o* nick sthg off sb.

guindilla *f* chilli (pepper).

guindo *m* morello cherry tree.

guinea *f* guinea.

Guinea-Bissau Guinea-Bissau.
Guinea Ecuatorial Equatorial Guinea.
guineano, na *adj & m,f* Guinean.
guineo *m Andes, CAm* banana.
guiñapo *m* **-1.** [andrajo] rag **-2.** [persona] (physical) wreck.
guiñar *vt* to wink.
◆ **guiñarse** *vpr* to wink at each other.
guiño *m* wink.
guiñol *m* puppet theatre.
guión *m* **-1.** [resumen] framework, outline **-2.** *CIN & TV* script **-3.** *GRAM* [signo] hyphen.
guionista *mf* scriptwriter.
guiri *fam despec* ◇ *adj* foreign. ◇ *mf* foreigner.
guirigay *m* **-1.** *fam* [jaleo] racket **-2.** [lenguaje ininteligible] gibberish.
guirlache *m brittle sweet made of roasted almonds or hazelnuts and toffee.*
guirnalda *f* garland.
guisa *f* way, manner; **a ~ de** by way of, as; **de esta ~** in this way.
guisado *m* stew.
guisante *m* pea.
guisar *vt & vi* to cook.
◆ **guisarse** *vpr fig* to be cooking, to be going on.
guiso *m* dish.
güisqui, whisky *m* whisky.
guita *f fam* dosh.
guitarra ◇ *f* guitar; **~ acústica** acoustic guitar; **~ eléctrica** electric guitar; **chafar la ~ a alguien** to mess things up for sb. ◇ *mf* guitarist.
guitarreada *f CSur* singalong *(to guitars).*
guitarrero, ra *m,f* guitar maker.
guitarrista *mf* guitarist.
gula *f* gluttony.
gurí, risa *m,f RP fam* [niño] kid, child; [chico] lad, boy; [chica] lass, girl.
guripa *m fam* cop.
gurmet, gourmet [gur'met] *mf* gourmet.
guru, gurú *m* guru.
gusanillo *m fam*: **el ~ de la conciencia** conscience; **entrarle a uno el ~ de los videojuegos** to be bitten by the videogame bug; **matar el ~** [bebiendo] to have a drink on an empty stomach; [comiendo] to have a snack between meals; **sentir un ~ en el estómago** to have butterflies (in one's stomach).
gusano *m lit & fig* worm; **~ de luz** glow worm; **~ de (la) seda** silkworm.
gusarapo, pa *m,f* creepy-crawly.
gustar ◇ *vi* [agradar] to be pleasing; **me gusta esa chica/ir al cine** I like that girl/going to the cinema; **me gustan las novelas** I like novels; **~ de hacer algo** to like *o* enjoy doing sthg; **como guste** as you wish. ◇ *vt* to taste, to try.
gustativo, va *adj* taste *(antes de sust).*
gustazo *m fam* great pleasure; **darse el ~ de algo/hacer algo** to allow o.s. the pleasure of sthg/doing sthg.
gustillo *m* aftertaste; **coger el ~ a algo** to take a liking to sthg.
gusto *m* **-1.** [gen] taste; [sabor] taste, flavour; **de buen/mal ~** in good/bad taste; **tener buen/mal ~** to have good/bad taste; **sobre ~s no hay nada escrito** there's no accounting for taste, each to his own **-2.** [placer] pleasure; **con mucho ~** gladly, with pleasure; **da ~ estar aquí** it's a real pleasure to be here; **dar ~ a alguien** to please sb; **mucho *o* tanto ~** pleased to meet you; **tener el ~ de** to have the pleasure of; **tengo el ~ de invitarle** I have the pleasure of inviting you; **tomar ~ a algo** to take a liking to sthg **-3.** [capricho] whim.
◆ **a gusto** *loc adv*: **hacer algo a ~** [de buena gana] to do sthg willingly *o* gladly; [cómodamente] to do sthg comfortably; **estar a ~** to be comfortable *o* at ease.
gustoso, sa *adj* **-1.** [sabroso] tasty **-2.** [con placer]: **hacer algo ~** to do sthg gladly *o* willingly.
gutural *adj* guttural.
gymkhana = **gincana.**

h¹, H *f* [letra] h, H; **por h o por b** *fig* for one reason or another.
◆ **H** (*abrev de* **Hermano**) Br.
h², h. (*abrev de* **hora**) hr, h.
ha ◇ ▷ **haber.** ◇ (*abrev de* **hectárea**) ha.
haba *f* broad bean.
habanero, ra *adj* of/relating to Havana.
◆ **habanera** *f MÚS* habanera.

habano, na *adj* Havanan.
◆ **habano** *m* Havana cigar.

haber [4] ◇ *v aux* **-1.** [en tiempos compuestos] to have; **lo he/había hecho** I have/had done it; **los niños ya han comido** the children have already eaten; **en el estreno ha habido mucha gente** there were a lot of people at the premiere **-2.** [expresa reproche]: ~ **venido antes** you could have come a bit earlier; **¡~lo dicho!** why didn't you say so? **-3.** [expresa obligación]: ~ **de hacer algo** to have to do sthg; **has de estudiar más** you have to study more. ◇ *v impers* **-1.** [existir, estar]: **hay** there is/are; **hay mucha gente en la calle** there are a lot of people in the street; **había/hubo muchos problemas** there were many problems; **habrá dos mil** [expresa futuro] there will be two thousand; [expresa hipótesis] there must be two thousand **-2.** [expresa obligación]: ~ **que hacer algo** to have to do sthg; **hay que hacer más ejercicio** one *o* you should do more exercise; **habrá que soportar su mal humor** we'll have to put up with his bad mood **-3.** *loc*: **algo habrá** there must be something in it; **allá se las haya** that's his/her/your *etc* problem; **habérselas con alguien** to face *o* confront sb; **¡hay que ver!** well I never!; **lo habido y por** ~ everything under the sun; **no hay de qué** don't mention it; **¿qué hay?** *fam* [saludo] how are you doing? ◇ *m* **-1.** [bienes] assets *(pl)* **-2.** [en cuentas, contabilidad] credit (side).
◆ **haberes** *mpl* [sueldo] remuneration *(U)*.

habichuela *f* bean.

habido, da *adj* occurred; **los accidentes ~s este verano** the number of accidents this summer.

hábil *adj* **-1.** [diestro] skilful; [inteligente] clever **-2.** [utilizable - lugar] suitable, fit **-3.** *DER*: **días ~es** working days.

habilidad *f* [destreza] skill; [inteligencia] cleverness; **tener ~ para algo** to be good at sthg.

habilidoso, sa *adj* skilful, clever.

habilitación *f* **-1.** [acondicionamiento] fitting out **-2.** *DER* [autorización] authorization, right.

habilitado, da ◇ *adj DER* authorized. ◇ *m,f* paymaster.

habilitar *vt* **-1.** [acondicionar] to fit out, to equip **-2.** [autorizar] to authorize **-3.** [financiar] to finance.

habiloso, sa *adj Chile fam* shrewd, astute.

habitabilidad *f* habitability.

habitable *adj* habitable, inhabitable.

habitación *f* [gen] room; [dormitorio] bedroom; ~ **doble** [con cama de matrimonio] double room; [con dos camas] twin room; ~ **individual** *o* **simple** single room; ~ **para invitados** guest room.

habitante *m* [de ciudad, país] inhabitant; [de barrio] resident.

habitar ◇ *vi* to live. ◇ *vt* to live in, to inhabit.

hábitat (*pl* **hábitats**) *m* **-1.** [gen] habitat **-2.** [vivienda] housing conditions *(pl)*.

hábito *m* habit; **tener el ~ de hacer algo** to be in the habit of doing sthg; **colgar los ~s** *RELIG* to leave the priesthood, to give up the cloth; [renunciar] to give it up; **el ~ no hace al monje** clothes don't make the man.

habitual *adj* habitual; [cliente, lector] regular.

habituar [6] *vt*: ~ **a alguien a** to accustom sb to.
◆ **habituarse** *vpr*: **~se a** [gen] to get used *o* accustomed to; [drogas etc] to become addicted to.

habla *f (el)* **-1.** [idioma] language; [dialecto] dialect; **de ~ española** Spanish-speaking **-2.** [facultad] speech; **dejar a alguien sin ~** to leave sb speechless; **quedarse sin ~** to be left speechless **-3.** *LING* discourse **-4.** [al teléfono]: **estar al ~ con alguien** to be on the line to sb.

hablador, ra ◇ *adj* talkative. ◇ *m,f* chatterbox.

habladurías *fpl* [rumores] rumours; [chismes] gossip *(U)*.

hablante ◇ *adj* speaking. ◇ *mf* speaker.

hablar ◇ *vi*: ~ **(con)** to talk (to), to speak (to); ~ **por** ~ to talk for the sake of talking; ~ **de** to talk about; ~ **bien/mal de** to speak well/badly of; ~ **en español/inglés** to speak Spanish/English; ~ **en voz alta/baja** to speak loudly/softly; **dar que ~** to make people talk; **¡mira quién habla!**, **¡mira quién fue a ~!** look who's talking!; **¡ni ~!** no way! ◇ *vt* **-1.** [idioma] to speak **-2.** [asunto]: ~ **algo (con)** to discuss sthg (with).
◆ **hablarse** *vpr* to speak (to each other); **no ~se** not to be speaking, not to be on speaking terms; **'se habla inglés'** 'English spoken'.

habrá *etc* ▻ **haber**.

hacendado, da *m,f* landowner.

hacendoso, sa *adj* houseproud.

hacer [60] ◇ *vt* **-1.** [elaborar, crear, cocinar] to make; ~ **un vestido/planes** to make a dress/plans; ~ **un poema/una sinfonía** to write a poem/symphony; **para ~ la carne ...** to cook the meat ... **-2.** [construir] to build; **han hecho un edificio nuevo** they've put up a new building **-3.** [generar] to produce; **el**

árbol hace sombra the tree gives shade; **la carretera hace una curva** there's a bend in the road **-4.** [movimientos, sonidos, gestos] to make; **le hice señas** I signalled to her; **el reloj hace tic-tac** the clock goes tick-tock; **~ ruido** to make a noise **-5.** [obtener - fotocopia] to make; [- retrato] to paint; [- fotografía] to take **-6.** [realizar - trabajo, estudios] to do; [- viaje] to make; [- comunión] to take; **hoy hace guardia** she's on duty today; **estoy haciendo segundo** I'm in my second year **-7.** [practicar - gen] to do; [- tenis, fútbol] to play; **debes ~ deporte** you should start doing some sport **-8.** [arreglar - casa, colada] to do; [- cama] to make **-9.** [dar aspecto de] to cause to look *o* seem; **este espejo te hace gordo** that mirror makes you look *o* seem fat **-10.** [transformar en]: **~ a alguien feliz** to make sb happy; **la guerra no le hizo un hombre** the war didn't make him (into) a man; **hizo pedazos el papel** he tore the paper to pieces; **~ de algo/alguien algo** to make sthg/sb into sthg; **hizo de ella una buena cantante** he made a good singer of her **-11.** [comportarse como]: **~ el tonto** to act the fool; **~ el vándalo** to act like a hooligan **-12.** [causar]: **~ daño a alguien** to hurt sb; **me hizo gracia** I thought it was funny **-13.** *CIN & TEATR* to play; **hace el papel de la hija del rey** she plays (the part of) the king's daughter **-14.** [suponer] to think, to reckon; **a estas horas yo te hacía en París** I thought *o* reckoned you'd be in Paris by now **-15.** [ser causa de]: **~ que alguien haga algo** to make sb do sthg; **me hizo reír** it made me laugh; **has hecho que se enfadara** you've made him angry **-16.** [mandar]: **~ que se haga algo** to have sthg done; **voy a ~ teñir este traje** I'm going to have the dress dyed. ◇ *vi* **-1.** [intervenir]: **déjame ~ a mí** let me do it **-2.** [actuar]: **~ de** *CIN & TEATR* to play; [trabajar] to act as **-3.** [aparentar]: **~ como si** to act as if; **haz como que no te importa** act as if you don't care **-4.** [procurar, intentar]: **~ por ~ algo** to try to do sthg; **haré por verle esta noche** I'll try to see him tonight **-5.** *loc*: **¿hace?** all right? ◇ *v impers* **-1.** [tiempo meteorológico]: **hace frío/sol/viento** it's cold/sunny/windy; **hace un día precioso** it's a beautiful day **-2.** [tiempo transcurrido]: **hace diez años** ten years ago; **hace mucho/poco** a long time/not long ago; **hace un mes que llegué** it's a month since I arrived; **no la veo desde hace un año** I haven't seen her for a year.

◆ **hacerse** *vpr* **-1.** [formarse] to form **-2.** [desarrollarse, crecer] to grow **-3.** [guisarse, cocerse] to cook **-4.** [convertirse] to become; **~se musulmán** to become a Moslem **-5.** [resultar] to get; **se hace muy pesado** it gets very tedious **-6.** [crearse en la mente]: **~se ilusiones** to get one's hopes up; **~se una idea de algo** to imagine what sthg is like **-7.** [mostrarse]: **se hace el gracioso/el simpático** he tries to act the comedian/the nice guy; **~se el distraído** to pretend to be miles away.

hacha *f (el)* axe; **enterrar el ~ de guerra** to bury the hatchet; **desenterrar el ~ de guerra** to sharpen one's sword; **ser un ~** *fam* to be a whizz *o* an ace.

hachazo *m* blow of an axe, hack.

hache *f*: **llamémosle ~** call it what you like; **por ~ o por be** for one reason or another.

hachís, hash [xaʃ] *m* hashish.

hacia *prep* **-1.** [dirección, tendencia, sentimiento] towards; **~ aquí/allí** this/that way; **~ abajo** downwards; **~ arriba** upwards; **~ atrás** backwards; **~ adelante** forwards **-2.** [tiempo] around, about; **~ las diez** around *o* about ten o'clock.

hacienda *f* **-1.** [finca] country estate *o* property **-2.** [bienes] property; **~ pública** public purse.

◆ **Hacienda** *f*: **Ministerio de Hacienda** the Treasury.

hacinamiento *m* [de personas] overcrowding; [de objetos] heaping, piling.

hacinar *vt* to pile *o* heap (up).

◆ **hacinarse** *vpr* [gente] to be crowded together; [cosas] to be piled *o* heaped (up).

hada *f (el)* fairy; **~ madrina** fairy godmother.

haga *etc* ▷ **hacer**.

Haití Haiti.

haitiano, na *adj & m, f* Haitian.

hala *interj*: **¡~!** [para dar ánimo, prisa] come on!; [para expresar incredulidad] no!, you're joking!; [para expresar admiración, sorpresa] wow!

halagador, ra ◇ *adj* flattering. ◇ *m, f* flatterer.

halagar [16] *vt* to flatter.

halago *m* flattery.

halague *etc* ▷ **halagar**.

halagüeño, ña *adj* [prometedor] promising, encouraging.

halcón *m* **-1.** *ZOOL* falcon, hawk **-2.** *Amér fam* [matón] *government-paid killer.*

halconería *f* falconry.

hale *interj*: **¡~!** come on!

hálito *m* **-1.** [aliento] breath **-2.** *fig* [aire] zephyr, gentle breeze.

halitosis *f inv* bad breath.

hall [xol] (*pl* **halls**) *m* entrance hall, foyer.

hallar *vt* [gen] to find; [averiguar] to find out.
◆ **hallarse** *vpr* **-1.** [en un lugar - persona] to be, to find o.s.; [- casa etc] to be (situated) **-2.** [en una situación] to be; **~se enfermo** to be ill.
hallazgo *m* **-1.** [descubrimiento] discovery **-2.** [objeto] find.
halo *m* [de astros, santos] halo; [de objetos, personas] aura.
halógeno, na *adj* QUÍM halogenous; [faro] halogen *(antes de sust)*.
halterofilia *f* weightlifting.
hamaca *f* **-1.** [para colgar] hammock **-2.** [tumbona - silla] deckchair; [- canapé] sunlounger.
hambre *f* **-1.** [apetito] hunger; [inanición] starvation; **~ canina** ravenous hunger; **tener ~** to be hungry; **matar de ~ a alguien** to starve sb to death; **matar el ~** to satisfy one's hunger; **morirse de ~** to be starving, to be dying of hunger; **pasar ~** to starve **-2.** [epidemia] famine **-3.** *fig* [deseo]: **~ de** hunger *o* thirst for **-4.** *loc*: **a buen ~ no hay pan duro** *proverb* beggars can't be choosers; **se juntan el ~ con las ganas de comer** it's one thing on top of another; **ser más listo que el ~** to be nobody's fool.
hambreador *m Amér* exploiter.
hambriento, ta ◇ *adj* starving. ◇ *m,f* starving person; **los ~s** the hungry.
hamburguesa *f* hamburger.
hamburguesería *f* hamburger joint.
hampa *f (el)* underworld.
hampón *m* thug.
hámster ['xamster] (*pl* **hámsters**) *m* hamster.
hándicap ['xandikap] (*pl* **hándicaps**) *m* handicap.
hangar *m* hangar.
hará *etc* ▻ **hacer.**
haragán, ana ◇ *adj* lazy, idle. ◇ *m,f* layabout, idler.
haraganear *vi* to laze about, to lounge around.
haraganería *f* laziness, idleness.
harakiri = **haraquiri.**
harapiento, ta *adj* ragged, tattered.
harapo *m* rag, tatter.
haraquiri, harakiri *m* harakiri.
hardware ['xarwar] *m* INFORM hardware.
harén *m* harem.
harina *f* flour; **estar metido en ~** to be right in the middle of sthg; **ser ~ de otro costal** to be a different kettle of fish.
harinoso, sa *adj* floury; [manzana] mealy.
hartar *vt* **-1.** [atiborrar] to stuff (full) **-2.** [fastidiar]: **~ a alguien** to annoy sb, to get on sb's nerves.
◆ **hartarse** *vpr* **-1.** [atiborrarse] to stuff *o* gorge o.s. **-2.** [cansarse]: **~se (de)** to get fed up (with) **-3.** [no parar]: **~se de algo** to do sthg non-stop.
hartazgo, hartón *m* fill; **darse un ~ (de)** to have one's fill (of).
harto, ta *adj* **-1.** [de comida] full **-2.** [cansado]: **~ (de)** tired (of), fed up (with) **-3.** *Andes, CAm, Carib, Méx* [mucho] a lot of, lots of; **tiene ~ dinero** she has a lot of *o* lots of money; **de este aeropuerto salen hartos aviones** a lot of *o* lots of planes fly from this airport.
◆ **harto** *adv* **-1.** somewhat, rather **-2.** *Andes, CAm, Carib, Méx fam* [mucho] a lot, very much; [muy] very, really.
hartón = **hartazgo.**
hash = **hachís.**
hasta ◇ *prep* **-1.** [en el espacio] as far as, up to; **desde aquí ~ allí** from here to there; **¿~ dónde va este tren?** where does this train go? **-2.** [en el tiempo] until, till; **~ ahora** (up) until now, so far; **~ el final** right up until the end; **~ luego** *o* **pronto** *o* **la vista** see you (later) **-3.** [con cantidades] up to. ◇ *adv* **-1.** [incluso] even **-2.** *CAm, Col, Ecuad, Méx* [no antes de]: **pinteremos la casa ~ fin de mes** we won't start painting the house until the end of the month.
◆ **hasta que** *loc conj* until, till.
hastiar [9] *vt* [aburrir] to bore; [asquear] to sicken, to disgust.
◆ **hastiarse de** *vpr* to tire of, to get fed up with.
hastío *m* [tedio] boredom *(U)*; [repugnancia] disgust.
hatajo *m* load, bunch; **un ~ de** [gamberros] a bunch of; [mentiras] a pack of.
hatillo *m* bundle of clothes.
hato *m* **-1.** [de ganado] herd; [de ovejas] flock **-2.** [de ropa] bundle.
haya ◇ ▻ **haber.** ◇ *f* [árbol] beech (tree); [madera] beech (wood).
hayal *m* beech grove *o* wood.
haz ◇ ▻ **hacer.** ◇ *m* **-1.** [de leña] bundle; [de cereales] sheaf **-2.** [de luz] beam.
hazaña *f* feat, exploit.
hazmerreír *m* laughing stock.
he ▻ **haber.**
hebilla *f* buckle.
hebra *f* **-1.** [de hilo] thread; [de judías, puerros] string; [de tabaco] strand (of tobacco) **-2.** *loc*: **pegar la ~** *fam* to strike up a conversation; **perder la ~** to lose the thread.
hebreo, a *adj* & *m,f* Hebrew.
◆ **hebreo** *m* [lengua] Hebrew.

hecatombe *f* carnage *(U)*, disaster.
hechicería *f* **-1.** [arte] witchcraft, sorcery **-2.** [maleficio] spell.
hechicero, ra ◇ *adj* enchanting, bewitching. ◇ *m,f* wizard (*f* witch), sorcerer (*f* sorceress).
hechizar [13] *vt* to cast a spell on; *fig* to bewitch, to captivate.
hechizo *m* **-1.** [maleficio] spell **-2.** *fig* [encanto] magic, charm.
hecho, cha ◇ *pp* ▷ **hacer.** ◇ *adj* **-1.** [acabado, realizado] done; **bien/mal ~** well/badly done **-2.** [manufacturado] made; **~ a mano** handmade; **~ a máquina** machine-made **-3.** [convertido en]: **estás ~ un artista** you've become quite an artist **-4.** [formado]: **una mujer hecha y derecha** a fully-grown woman **-5.** [carne] done; **quiero el filete muy/poco ~** I'd like the steak well done/rare.
◆ **hecho** ◇ *m* **-1.** [obra] action, deed; **a lo ~, pecho** it's no use crying over spilt milk **-2.** [suceso] event; **~ consumado** fait accompli **-3.** [realidad, dato] fact. ◇ *interj*: **¡~!** it's a deal!, you're on!
◆ **de hecho** *loc adv* in fact, actually.
hechura *f* **-1.** [de traje] cut **-2.** [forma] shape.
hectárea *f* hectare.
hectolitro *m* hectolitre.
hectómetro *m* hectometre.
heder [20] *vi* **-1.** [apestar] to stink, to reek **-2.** *fig* [fastidiar] to be annoying *o* irritating.
hediondo, da *adj* **-1.** [pestilente] stinking, foul-smelling **-2.** *fig* [insoportable] unbearable.
hedonismo *m* hedonism.
hedonista ◇ *adj* hedonistic. ◇ *mf* hedonist.
hedor *m* stink, stench.
hegemonía *f* [gen] dominance; POLÍT hegemony.
hegemónico, ca *adj* [gen] dominant; [clase, partido] ruling.
hégira, héjira *f* hegira.
helada ▷ **helado.**
heladera *f* RP fudge.
heladería *f* [tienda] ice-cream parlour; [puesto] ice-cream stall.
heladero, ra *m,f* ice-cream seller.
helado, da *adj* **-1.** [hecho hielo - agua] frozen; [- lago] frozen over **-2.** [muy frío - manos, agua] freezing **-3.** *fig* [atónito] dumbfounded, speechless.
◆ **helado** *m* ice-cream.
◆ **helada** *f* frost.
helar [19] ◇ *vt* **-1.** [líquido] to freeze **-2.** [dejar atónito] to dumbfound. ◇ *v impers*: **ayer heló** there was a frost last night.
◆ **helarse** *vpr* to freeze; [plantas] to be frostbitten.
helecho *m* fern, bracken.
helénico, ca *adj* Hellenic, Greek.
helenismo *m* Hellenism.
heleno, na *adj* Hellenic, Greek.
hélice *f* **-1.** TECN propeller **-2.** [espiral] spiral.
helicóptero *m* helicopter.
helio *m* helium.
helipuerto *m* heliport.
helvético, ca *adj* & *m,f* Swiss.
hematíe *m* red blood cell.
hematología *f* haematology.
hematológico, ca *adj* haematological.
hematólogo, ga *m,f* haematologist.
hematoma *m* bruise, haematoma MED.
hembra *f* **-1.** BIOL female; [mujer] woman; [niña] girl **-2.** [del enchufe] socket.
hemeroteca *f* newspaper library *o* archive.
hemiciclo *m* **-1.** [semicírculo] semicircle **-2.** [en el parlamento] floor.
hemiplejia, hemiplejía *f* hemiplegia.
hemipléjico, ca *adj* & *m,f* hemiplegic.
hemisférico, ca *adj* hemispheric.
hemisferio *m* hemisphere.
hemofilia *f* haemophilia.
hemofílico, ca *adj* & *m,f* haemophiliac.
hemoglobina *f* haemoglobin.
hemograma *m* blood test.
hemopatía *f* blood disease *o* disorder.
hemorragia *f* haemorrhage; **~ nasal** nosebleed.
hemorrágico, ca *adj* haemorrhagic.
hemorroides *fpl* haemorrhoids, piles.
hender [20], **hendir** [27] *vt* [carne, piel] to carve open, to cleave; [piedra, madera] to crack open; [aire, agua] to cut *o* slice through.
hendido, da *adj* split (open).
hendidura *f* [en carne, piel] cut, split; [en piedra, madera] crack.
hendir = **hender.**
heno *m* hay.
hepático, ca *adj* liver *(antes de sust)*, hepatic.
hepatitis *f inv* hepatitis.
heptagonal *adj* heptagonal.
heptágono *m* heptagon.
heráldico, ca *adj* heraldic.
◆ **heráldica** *f* heraldry.
heraldo *m* herald.

herbario, ria *adj* herbal.
◆ **herbario** *m* [colección] herbarium.
herbicida *m* weedkiller.
herbívoro, ra ◇ *adj* herbivorous. ◇ *m,f* herbivore.
herbolario, ria *m,f* [persona] herbalist.
◆ **herbolario** *m* [tienda] herbalist's (shop).
herboristería *f* herbalist's (shop).
hercio, hertz ['erθjo] *m* hertz.
hercúleo, a *adj* very powerful, incredibly strong.
hércules *m* ox, very strong man.
heredar *vt*: ~ **(de)** to inherit (from).
heredero, ra *m,f* heir (*f* heiress); ~ **forzoso** heir apparent; ~ **universal** residuary legatee.
hereditario, ria *adj* hereditary.
hereje *mf* heretic.
herejía *f* heresy.
herencia *f* [de bienes] inheritance; [de características] legacy; *BIOL* heredity.
herético, ca *adj* heretical.
herido, da ◇ *adj* [gen] injured; [en lucha, atentado] wounded; [sentimentalmente] hurt, wounded. ◇ *m,f* [gen] injured person; [en lucha, atentado] wounded person; **no hubo ~s** there were no casualties; **los ~s** the wounded.
◆ **herida** *f* **-1.** [lesión] injury; [en lucha, atentado] wound; **herida superficial** flesh wound; **heridas múltiples** multiple injuries **-2.** [ofensa] injury, offence *(U)*; **hurgar en la herida** to reopen an old wound; **lamerse las heridas** to lick one's wounds; [pena] hurt *(U)*, pain *(U)*.
herir [27] *vt* **-1.** [físicamente] to injure; [en lucha, atentado] to wound; [vista] to hurt; [oído] to pierce **-2.** [sentimentalmente] to hurt.
hermafrodita *adj* & *m,f* hermaphrodite.
hermanado, da *adj* [gen] united, joined; [ciudades] twinned.
hermanamiento *m* [gen] union; [de ciudades] twinning.
hermanar *vt* **-1.** [esfuerzos, personas] to unite **-2.** [ciudades] to twin.
◆ **hermanarse** *vpr* [ciudades] to be twinned.
hermanastro, tra *m,f* stepbrother (*f* stepsister).
hermandad *f* **-1.** [asociación] association; [*RELIG* - de hombres] brotherhood; [- de mujeres] sisterhood **-2.** [amistad] intimacy, close friendship.
hermano, na ◇ *adj* related, connected. ◇ *m,f* brother (*f* sister); ~ **gemelo** twin brother; ~ **mayor** older brother, big brother; ~ **menor** younger brother, little brother; ~ **de sangre** blood brother; **~s siameses** Siamese twins.
hermético, ca *adj* **-1.** [al aire] airtight, hermetic; [al agua] watertight, hermetic **-2.** *fig* [persona] inscrutable.
hermetismo *m* inscrutability.
hermoso, sa *adj* [gen] beautiful, lovely; [hombre] handsome; [excelente] wonderful.
hermosura *f* [gen] beauty; [de hombre] handsomeness.
hernia *f* hernia, rupture; ~ **discal** slipped disc.
herniado, da ◇ *adj* ruptured. ◇ *m,f* person suffering from a hernia.
herniarse [8] *vpr* **-1.** *MED* to rupture o.s. **-2.** *fam* [esforzarse]: ~ **(a hacer algo)** to bust a gut (doing sthg).
héroe *m* hero.
heroicidad *f* **-1.** [cualidad] heroism **-2.** [hecho] heroic deed.
heroico, ca *adj* heroic.
heroína *f* **-1.** [mujer] heroine **-2.** [droga] heroin.
heroinomanía *f* heroin addiction.
heroinómano, na *m,f* heroin addict.
heroísmo *m* heroism.
herpes *m inv* herpes *(U)*.
herradura *f* horseshoe.
herraje *m* iron fittings *(pl)*, ironwork.
herramienta *f* tool.
herrería *f* **-1.** [taller] smithy, forge **-2.** [oficio] smithery, blacksmith's trade.
herrero *m* blacksmith, smith.
herrín *m* rust.
herrumbrarse *vpr* to rust, to go rusty.
herrumbre *f* **-1.** [óxido] rust **-2.** [sabor] iron taste.
herrumbroso, sa *adj* rusty.
hertz = **hercio**.
hervidero *m* **-1.** [de pasiones, intrigas] hotbed **-2.** [de gente - muchedumbre] swarm, throng; [- sitio] place throbbing *o* swarming with people.
hervido *m* stew.
hervir [27] ◇ *vt* to boil. ◇ *vi* **-1.** [líquido] to boil **-2.** *fig* [lugar]: ~ **de** to swarm with **-3.** *fig* [persona]: ~ **en** to be burning with.
hervor *m* boiling; **dar un ~ a algo** to blanch sthg.
heterodoxia *f* heterodoxy, unorthodox nature.
heterodoxo, xa ◇ *adj* heterodox, un-

orthodox. <> *m,f* heterodox *o* unorthodox person.
heterogeneidad *f* heterogeneity.
heterogéneo, a *adj* heterogeneous.
heterosexual *adj & m,f* heterosexual.
heterosexualidad *f* heterosexuality.
hexadecimal *adj* INFORM hexadecimal.
hexagonal *adj* hexagonal.
hexágono *m* hexagon.
hez *f lit & fig* dregs *(pl)*.
◆ **heces** *fpl* [excrementos] faeces, excrement *(sg)*.
hg (*abrev de* **hectogramo**) hg.
hiato *m* hiatus.
hibernación *f* [de animales] hibernation.
hibernal *adj* winter *(antes de sust)*.
hibernar *vi* to hibernate.
híbrido, da *adj lit & fig* hybrid.
◆ **híbrido** *m* **-1.** [animal, planta] hybrid **-2.** *fig* [mezcla] cross.
hice *etc* ▷ **hacer**.
hidalgo *mf* nobleman (*f* noblewoman).
hidratación *f* [de la piel] moisturizing; [de persona] rehydration; [de sustancia] hydration.
hidratado, da *adj* [piel] moist; QUÍM hydrated.
hidratante <> *adj* moisturizing. <> *m* moisturizing cream.
hidratar *vt* [piel] to moisturize; QUÍM to hydrate.
hidrato *m* hydrate; ~ **de carbono** carbohydrate.
hidráulico, ca *adj* hydraulic.
◆ **hidráulica** *f* hydraulics *(U)*.
hídrico, ca *adj* hydric.
hidroavión *m* seaplane.
hidrocarburo *m* hydrocarbon.
hidrocefalia *f* water on the brain, hydrocephalus MED.
hidrodinámico, ca *adj* hydrodynamic.
◆ **hidrodinámica** *f* hydrodynamics *(U)*.
hidroeléctrico, ca *adj* hydroelectric.
hidrófilo, la *adj* absorbent; **algodón** ~ cotton wool *UK*, cotton *US*.
hidrofobia *f* hydrophobia.
hidrófobo, ba *adj* hydrophobic, rabid.
hidrófugo, ga *adj* [contra filtraciones] waterproof; [contra humedad] damp-proof.
hidrógeno *m* hydrogen.
hidrografía *f* hydrography.
hidrográfico, ca *adj* hydrographic.
hidrólisis *f inv* hydrolysis.
hidroplano *m* **-1.** [barco] hydrofoil **-2.** [avión] seaplane.
hidrosfera *f* hydrosphere.
hidrosoluble *adj* water-soluble.
hidrostático, ca *adj* hydrostatic.
◆ **hidrostática** *f* hydrostatics *(U)*.
hidroterapia *f* hydrotherapy.
hidróxido *m* hydroxide.
hidruro *m* hydride.
hieda *etc* ▷ **heder**.
hiedra *f* ivy.
hiel *f* **-1.** [bilis] bile; **echar la** ~ to sweat blood **-2.** [mala intención] spleen, bitterness.
hiela *etc* ▷ **helar**.
hielo *m* ice; **con** ~ [whisky] with ice, on the rocks; **romper el** ~ *fig* to break the ice; **ser más frío que el** ~ to be as cold as ice.
hiena *f* hyena.
hienda *etc* ▷ **hender, hendir**.
hiera *etc* ▷ **herir**.
hierático, ca *adj* solemn.
hierba, yerba *f* **-1.** [planta] herb; **mala** ~ weed; ~ **mate** maté; ~**s medicinales** medicinal herbs **-2.** [césped] grass **-3.** *fam* [droga] grass **-4.** *loc*: **ser mala** ~ to be a nasty piece of work; **mala** ~ **nunca muere** *proverb* ill weeds grow apace *proverb*; **y otras** ~**s** and so on.
hierbabuena *f* mint.
hierro *m* **-1.** [metal] iron; **de** ~ [severo] iron *(antes de sust)*; ~ **forjado** wrought iron; ~ **fundido** cast iron; ~ **laminado** sheet metal; **quitar** ~ **a algo** to play sthg down **-2.** [de puñal] blade; [de flecha] point; **quien a** ~ **mata a** ~ **muere** *proverb* he who lives by the sword dies by the sword *proverb*.
hierva *etc* ▷ **hervir**.
HI-FI (*abrev de* **high fidelity**) *f* hi-fi.
higadillo *m*: ~**s de pollo** chicken livers.
hígado *m* liver; **echar los** ~**s** to nearly kill o.s. (with the effort); **tener** ~**s** to have guts.
higiene *f* hygiene; ~ **mental** mental health; ~ **personal** personal hygiene.
higiénico, ca *adj* hygienic; **papel** ~ toilet paper.
higienista *mf* hygienist.
higienización *f* sterilization.
higienizar [13] *vt* to sterilize.
higo *m* fig; ~ **chumbo** prickly pear; **de** ~**s a brevas** once in a blue moon; **me importa un** ~ *fam* I couldn't care less.
higuera *f* fig tree; ~ **chumba** prickly pear; **estar en la** ~ *fig* to live in a world of one's own.
hijastro, tra *m,f* stepson (*f* stepdaughter).

hijo, ja *m,f* **-1.** [descendiente] son (*f* daughter); **~ adoptivo** adopted child; **~ de la chingada** *Méx* o **de puta** *vulg* fucking bastard, motherfucker (*f* fucking bitch); **~ de papá** *fam* daddy's boy; **~ ilegítimo** o **natural** illegitimate child; **~ no deseado** unwanted child; **~ pródigo** prodigal son; **~ único** only child; **cualquier** o **todo ~ de vecino** *fam fig* any Tom, Dick or Harry **-2.** [natural] native **-3.** [como forma de dirigirse a alguien]: **¡pues ~, podrías haber avisado!** you could at least have told me, couldn't you?; **¡hija mía, qué bruta eres!** God, you're stupid!
◆ **hijo** *m* [hijo o hija] child.
◆ **hijos** *mpl* children.

hilacha *f* loose thread.

hilada *f* row.

hilandero, ra *m,f* spinner.

hilar *vt* [hilo, tela] to spin; [ideas, planes] to think up; **~ delgado** o **muy fino** *fig* to split hairs.

hilarante *adj* hilarious.

hilaridad *f* hilarity.

hilera *f* row; **en ~** in a row.

hilo *m* **-1.** [fibra, hebra] thread; **colgar** o **pender de un ~** to be hanging by a thread; **mover los ~s** to pull some strings **-2.** [tejido] linen **-3.** [de metal, teléfono] wire; **sin ~s** wireless **-4.** [de agua, sangre] trickle; **apenas le salía un ~ de voz** he was barely able to speak **-5.** [de pensamiento] train; [de discurso, conversación] thread; **perder el ~** to lose the thread; **seguir el ~** to follow (the thread).
◆ **hilo dental** *m* dental floss.
◆ **hilo musical** *m* piped music.

hilván *m* **-1.** [costura] tacking *UK*, basting *US* **-2.** [hilo] tacking stitch *UK*, basting stitch *US*.

hilvanado *m* tacking *UK*, basting *US*.

hilvanar *vt* **-1.** [ropa] to tack *UK*, to baste *US* **-2.** [coordinar - ideas] to piece together **-3.** [improvisar] to throw together.

himen *m* hymen.

himno *m* hymn; **~ nacional** national anthem.

hincapié *m*: **hacer ~ en** [insistir] to insist on; [subrayar] to emphasize, to stress.

hincar [10] *vt*: **~ algo en** to stick sthg into.
◆ **hincarse** *vpr*: **~se de rodillas** to fall to one's knees.

hincha ◇ ▷ **henchir**. ◇ *mf* [seguidor] fan. ◇ *f* [rabia]: **tener ~ a alguien** to have it in for sb.

hinchado, da *adj* **-1.** [rueda, globo] inflated; [cara, tobillo] swollen **-2.** *fig* [persona] bigheaded, conceited; [lenguaje, estilo] bombastic.
◆ **hinchada** *f* fans *(pl)*.

hinchar *vt lit & fig* to blow up.
◆ **hincharse** *vpr* **-1.** [pierna, mano] to swell (up) **-2.** *fig* [persona] to become bigheaded **-3.** *fig* [de comida]: **~se (a)** to stuff o.s. (with).
◆ **hincharse a** *vpr* [no parar de]: **~se a hacer algo** to do sthg a lot.

hinchazón *f* swelling.

hinche, hinchiera *etc* ▷ **henchir**.

hindiera *etc* ▷ **hendir**.

hindú (*pl* **hindúes**) *adj & m,f* **-1.** [de la India] Indian **-2.** *RELIG* Hindu.

hinduismo *m* Hinduism.

hinojo *m* fennel.

hinque *etc* ▷ **hincar**.

hip *interj*: **¡~ ~ hurra!** hip, hip, hooray!

hipar *vi* to hiccup, to have hiccups.

hiper *m fam* hypermarket.

hiperactividad *f* hyperactivity.

hiperactivo, va *adj* hyperactive.

hipérbaton (*pl* **hipérbatos** o **hiperbatones**) *m* hyperbaton.

hipérbola *f* hyperbola.

hipérbole *f* hyperbole.

hiperbólico, ca *adj GEOM & LITER* hyperbolic.

hiperenlace *m INFORM* hyperlink.

hiperglucemia *f* hyperglycæmia.

hipermercado *m* hypermarket.

hipermetropía *f* long-sightedness.

hiperrealismo *m artistic movement concerned with almost photographic representation of reality.*

hipersensibilidad *f* hypersensitivity.

hipersensible *adj* hypersensitive.

hipertensión *f* high blood pressure.

hipertenso, sa ◇ *adj* with high blood pressure. ◇ *m,f* person with high blood pressure.

hipertexto *m INFORM* hypertext.

hipertrofia *f* hypertrophy; *fig* overexpansion.

hípico, ca *adj* [de las carreras] horseracing *(antes de sust)*; [de la equitación] showjumping *(antes de sust)*.
◆ **hípica** *f* [carreras de caballos] horseracing; [equitación] showjumping.

hipnosis *f inv* hypnosis.

hipnótico, ca *adj* hypnotic.
◆ **hipnótico** *m* hypnotic, narcotic.

hipnotismo *m* hypnotism.

hipnotización *f* hypnotization.

hipnotizador, ra ◇ *adj* hypnotic; *fig*

spellbinding, mesmerizing. ◇ *m,f* hypnotist.

hipnotizar [13] *vt* to hypnotize; *fig* to mesmerize.

hipo *m* hiccups *(pl)*; **tener ~** to have (the) hiccups; **quitar el ~ a uno** *fig* to take one's breath away.

hipocentro *m* hypocentre, focus.

hipocondría *f* hypochondria.

hipocondriaco, ca *adj & m,f* hypochondriac.

hipocrático, ca *adj*: **juramento ~** Hippocratic oath.

hipocresía *f* hypocrisy.

hipócrita ◇ *adj* hypocritical. ◇ *mf* hypocrite.

hipodérmico, ca *adj* hypodermic.

hipodermis *f inv* hypodermis.

hipódromo *m* racecourse, racetrack.

hipófisis *f inv* pituitary gland.

hipoglucemia *f* hypoglycaemia.

hipopótamo *m* hippopotamus.

hipotálamo *m* hypothalamus.

hipoteca *f* mortgage; **levantar una ~** to pay off a mortgage.

hipotecable *adj* mortgageable.

hipotecar [10] *vt* **-1.** [bienes] to mortgage **-2.** *fig* [poner en peligro] to compromise, to jeopardize.

hipotecario, ria *adj* mortgage *(antes de sust)*.

hipotensión *f* low blood pressure.

hipotenso, sa ◇ *adj* with low blood pressure. ◇ *m,f* person with low blood pressure.

hipotensor *m* hypotensive drug.

hipotenusa *f* hypotenuse.

hipotermia *f* hypothermia.

hipótesis *f inv* hypothesis.

hipotético, ca *adj* hypothetic, hypothetical.

hippy, hippie ['xipi] (*pl* **hippies**) *adj & m,f* hippy.

hiriente *adj* [palabras] hurtful, cutting.

hiriera *etc* ▷ **herir**.

hirsuto, ta *adj* [cabello] wiry; [brazo, pecho] hairy.

hirviera *etc* ▷ **hervir**.

hisopo *m* **-1.** RELIG aspergillum, sprinkler **-2.** BOT hyssop.

hispalense *adj & m,f* Sevillian.

hispánico, ca *adj & m,f* Hispanic, Spanish-speaking.

hispanidad *f* [cultura] Spanishness; [pueblos] Spanish-speaking world.

hispanista *mf* Hispanist, student of Hispanic culture.

hispano, na ◇ *adj* [español] Spanish; [hispanoamericano] Spanish-American; [en Estados Unidos] Hispanic. ◇ *m,f* [español] Spaniard; [estadounidense] Hispanic.

hispanoamericano, na ◇ *adj* Spanish-American. ◇ *m,f* Spanish American.

hispanoárabe ◇ *adj* Hispano-Arabic. ◇ *mf* Spanish Arab.

hispanohablante ◇ *adj* Spanish-speaking. ◇ *mf* Spanish speaker.

histamina *f* histamine.

histerectomía *f* hysterectomy.

histeria *f* MED & *fig* hysteria.

histérico, ca ◇ *adj* MED & *fig* hysterical; **ponerse ~** to get hysterical. ◇ *m,f* MED hysteric; *fig* hysterical person.

histerismo *m* MED & *fig* hysteria.

histerotomía *f* hysterotomy.

histología *f* histology.

historia *f* **-1.** [gen] history; **~ antigua/universal** ancient/world history; **~ del arte** art history; **hacer ~** to make history; **pasar a la ~** to go down in history **-2.** [narración, chisme] story; **dejarse de ~s** to stop beating about the bush.

◆ **historia natural** *f* natural history.

historiador, ra *m,f* historian.

historial *m* [gen] record; [profesional] curriculum vitae, résumé *US*; **~ médico** *o* **clínico** medical *o* case history.

historicidad *f* historicity, historical authenticity.

historicismo *m* historicism.

histórico, ca *adj* **-1.** [de la historia] historical **-2.** [verídico] factual **-3.** [importante] historic.

historieta *f* **-1.** [chiste] funny story, anecdote **-2.** [tira cómica] comic strip.

historiografía *f* historiography.

historiógrafo, fa *m,f* historiographer.

histriónico, ca *adj* histrionic.

histrionismo *m* histrionics *(pl)*.

hit [xit] (*pl* **hits**) *m* hit.

hitita *adj & m,f* Hittite.

hitleriano, na [xitle'rjano, na] *adj & m,f* Hitlerite.

hito *m lit & fig* milestone; **mirar a alguien de ~ en ~** to stare at sb.

hizo ▷ **hacer**.

hl (*abrev de* **hectolitro**) hl.

hm (*abrev de* **hectómetro**) hm.

hobby ['xoβi] (*pl* **hobbies**) *m* hobby.

hocico *m* **-1.** [de perro] muzzle; [de gato] nose;

[de cerdo] snout **-2.** ***despec*** [de personas - boca] rubber lips *(pl)*; [- cara] mug; **caer de ~s** to fall flat on one's face; **meter el ~ en todo** to to stick one's nose into everything.

hockey ['xokei] *m* hockey; **~ sobre hielo/patines** ice/roller hockey; **~ sobre hierba** (field) hockey.

hogar *m* **-1.** [de chimenea] fireplace; [de horno, cocina] grate **-2.** [domicilio] home; **artículos para el ~** household goods; **labores del ~** housework; **~, dulce ~** home, sweet home; **~ de ancianos** old people's home.

hogareño, ña *adj* [gen] family *(antes de sust)*; [amante del hogar] home-loving, homely.

hogaza *f* large loaf.

hoguera *f* bonfire; **morir en la ~** to be burned at the stake.

hoja *f* **-1.** [de plantas] leaf; **de ~ caduca** deciduous; **de ~ perenne** evergreen; [de flor] petal; [de hierba] blade **-2.** [de papel] sheet (of paper); [de libro] page; **~ informativa** newsletter; **~ de paga** pay slip; **~ de servicios** record (of service), track record **-3.** [de cuchillo] blade; **~ de afeitar** razor blade **-4.** [de puertas, ventanas] leaf.

◆ **hoja de cálculo** *f* INFORM spreadsheet.

hojalata *f* tinplate.

hojalatería *f* tinsmith's.

hojalatero *m* tinsmith.

hojaldre *m* puff pastry.

hojarasca *f* **-1.** [hojas secas] (dead) leaves *(pl)*; [frondosidad] tangle of leaves **-2.** *fig* [paja] rubbish.

hojear *vt* to leaf through.

hola *interj*: **¡~!** hello!

Holanda Holland.

holandés, esa ◇ *adj* Dutch. ◇ *m,f* [persona] Dutchman (*f* Dutchwoman).

◆ **holandés** *m* [lengua] Dutch.

◆ **holandesa** *f* [papel] *piece of paper measuring 22 × 28 cm.*

holding ['xoldin] (*pl* **holdings**) *m* holding company.

holgado, da *adj* **-1.** [ropa] baggy, loose-fitting; [habitación, espacio] roomy **-2.** [victoria, situación económica] comfortable.

holganza *f* leisure.

holgar [39] *vi* [sobrar] to be unnecessary; **huelga decir que ...** needless to say ...

holgazán, ana ◇ *adj* idle, good-for-nothing. ◇ *m,f* good-for-nothing.

holgazanear *vi* to laze about.

holgazanería *f* idleness.

holgué *etc* ▻ **holgar.**

holgura *f* **-1.** [anchura - de espacio] room; [- de ropa] bagginess, looseness; [- entre piezas] play, give **-2.** [bienestar] comfort, affluence; **vivir con ~** to be comfortably off.

hollar [23] *vt* to tread (on).

hollejo *m* skin *(of grape, olive etc)*.

hollín *m* soot.

holocausto *m* holocaust.

holografía *f* holography.

holograma *m* hologram.

hombre ◇ *m* man; **el ~** [la humanidad] man, mankind; **~ de acción** man of action; **el ~ de la calle** *o* **de a pie** the man in the street; **~ de las cavernas** caveman; **~ de estado** statesman; **~ de mundo** man of the world; **~ de negocios** businessman; **~ de paja** front (man); **~ de palabra** man of his word; **~ del saco** *fam* bogeyman; **~ del tiempo** weatherman; **el abominable ~ de las nieves** the abominable snowman; **un pobre ~** a nobody; **¡pobre ~!** poor chap *UK* *o* guy!; **de ~ a ~** man to man; **ser muy ~** to be a (real) man; **ser todo un ~** to be every bit a man; **ser un ~ hecho y derecho** to be a grown man; **el ~ propone y Dios dispone** *proverb* Man proposes, God disposes *proverb*; **~ precavido vale por dos** *proverb* forewarned is forearmed *proverb*. ◇ *interj*: **¡~! ¡qué alegría verte!** (hey,) how nice to see you!

◆ **hombre lobo** (*pl* **hombres lobo**) *m* werewolf.

◆ **hombre orquesta** (*pl* **hombres orquesta**) *m* one-man band.

◆ **hombre rana** (*pl* **hombres rana**) *m* frogman.

hombrera *f* [de traje, vestido] shoulder pad; [de uniforme] epaulette.

hombría *f* manliness.

hombro *m* shoulder; **a ~s** over one's shoulders; **al ~** across one's shoulder; **~ con ~** shoulder to shoulder; **encogerse de ~s** to shrug one's shoulders; **arrimar el ~** *fig* to lend a hand; **echarse algo al ~** *fig* to shoulder sthg, to take sthg on; **mirar por encima del ~ a alguien** *fig* to look down one's nose at sb.

hombruno, na *adj* masculine, mannish.

homenaje *m* [gen] tribute; [al soberano] homage; **partido (de) ~** testimonial (match); **en ~ de** *o* **a** in honour of, as a tribute to; **rendir ~ a** to pay tribute to.

homenajeado, da ◇ *adj* honoured. ◇ *m,f* guest of honour.

homenajear *vt* to pay tribute to, to honour.

homeópata *mf* homeopath.

homeopatía *f* homeopathy.
homeopático, ca *adj* homeopathic.
homérico, ca *adj* **-1.** LITER Homeric **-2.** [épico] epic.
homicida ◇ *adj* [mirada etc] murderous; **arma ~** murder weapon. ◇ *mf* murderer.
homicidio *m* homicide, murder; **~ frustrado** attempted murder; **~ involuntario** manslaughter.
homilía *f* homily, sermon.
homínido *m* hominid.
homófono, na *adj* homophonic.
homogeneidad *f* homogeneity.
homogeneización *f* homogenization.
homogeneizar [13] *vt* to homogenize.
homogéneo, a *adj* homogenous.
homógrafo, fa *adj* homographic.
◆ **homógrafo** *m* homograph.
homologable *adj*: **~ (a)** comparable (to).
homologación *f* **-1.** [equiparación] bringing into line **-2.** [ratificación - de producto] official authorization; [- de récord] official confirmation.
homologar [16] *vt* **-1.** [equiparar]: **~ (con)** to bring into line (with), to make comparable (with) **-2.** [dar por válido - producto] to authorize officially; [- récord] to confirm officially.
homólogo, ga ◇ *adj* **-1.** [semejante] equivalent **-2.** GEOM & QUÍM homologous. ◇ *m,f* counterpart.
homonimia *f* homonymy.
homónimo, ma ◇ *adj* homonymous. ◇ *m,f* [tocayo] namesake.
◆ **homónimo** *m* GRAM homonym.
homosexual *adj* & *m,f* homosexual.
homosexualidad *f* homosexuality.
hondo, da *adj* **-1.** *lit* & *fig* [gen] deep; **tiene tres metros de ~** it's three metres deep; **lo ~** the depths *(pl)*; **calar ~ en** to strike a chord with; **en lo más ~ de** in the depths of **-2.** ▷ **cante.**
◆ **honda** *f* sling.
hondonada *f* hollow.
hondura *f* depth.
Honduras Honduras.
hondureño, ña *adj* & *m,f* Honduran.
honestamente *adv* [con honradez] honestly; [con decencia] modestly, decently; [con justicia] fairly.
honestidad *f* [honradez] honesty; [decencia] modesty, decency; [justicia] fairness.
honesto, ta *adj* [honrado] honest; [decente] modest, decent; [justo] fair.
hongo *m* **-1.** [planta - comestible] mushroom; [- no comestible] toadstool; **crecer como ~s** to spring up like mushrooms **-2.** [enfermedad] fungus **-3.** [sombrero] bowler (hat) *UK*, derby *US*.
honor *m* honour; **en ~ de** in honour of; **hacer ~ a** to live up to; **en ~ a la verdad** to be (quite) honest; **tener el ~ de hacer algo** to have the honour of doing sthg.
◆ **honores** *mpl* [ceremonial] honours; **hacer los ~es de la casa** *fig* to do the honours, to look after the guests.
honorabilidad *f* honour.
honorable *adj* honourable.
honorario, ria *adj* honorary.
◆ **honorarios** *mpl* fees.
honorífico, ca *adj* honorific.
honra *f* honour; **es la ~ de su país** she's the pride *o* toast of her country; **tener algo a mucha ~** to be honoured by sthg; **¡y a mucha ~!** and proud of it!
◆ **honras fúnebres** *fpl* funeral *(sg)*.
honradez *f* honesty.
honrado, da *adj* honest.
honrar *vt* to honour.
◆ **honrarse** *vpr*: **~se (con algo/de hacer algo)** to be honoured (by sthg/to do sthg).
honrilla *f* pride, concern about what people say.
honroso, sa *adj* **-1.** [que da honra] honorary **-2.** [respetable] honourable, respectable.
hora *f* **-1.** [del día] hour; **a primera ~** first thing in the morning; **a última ~** [al final del día] at the end of the day; [en el último momento] at the last moment; **dar la ~** to strike the hour; **de última ~** [noticia] latest, up-to-the-minute; [preparativos] last-minute; **'última ~'** 'stop press'; **(pagar) por ~s** (to pay) by the hour; **poner el reloj en ~** to set one's watch *o* clock; **~ de dormir** bedtime; **~s de oficina/trabajo** office/working hours; **~ local/oficial** local/official time; **~ punta** *o* **pico** *Amér* rush hour; **~s extraordinarias** overtime *(U)*; **~s libres** free time *(U)*; **~s de visita** visiting times; **~s de vuelo** flying time *(sg)*; **media ~** half an hour **-2.** [momento determinado] time; **¿a qué ~ sale?** what time *o* when does it leave?; **es ~ de irse** it's time to go; **es ~ de cenar** it's time for supper; **a la ~** on time; **cada ~** hourly; **en su ~** when the time comes, at the appropriate time; **¿qué ~ es?** what time is it?; **~ de cerrar** closing time; **~ H** zero hour **-3.** [cita] appointment; **pedir/dar ~** to ask for/give an appointment; **tener ~ en/con** to have an appointment at/with **-4.** [muerte]: **llegó mi ~** my time has come **-5.** *loc*: **a altas ~s de la noche** in the small hours; **a buenas ~s**

(mangas verdes) it's a bit late now; **en mala ~** unluckily; **la ~ de la verdad** the moment of truth; **no ver la ~ de hacer algo** [no tener tiempo] not to know when one is going to find time to do sthg; [estar ansioso] not to be able to wait to do sthg; **tener las ~s contadas** to have one's days numbered; **¡ya era ~!** and about time too!

horadar *vt* to pierce; [con máquina] to bore through.

horario, ria *adj* time *(antes de sust).*
◆ **horario** *m* timetable; **~ comercial/laboral** opening/working hours *(pl)*; **~ flexible** flexitime *(U)*; **~ intensivo** *working day without a long break for lunch*; **~ de visitas** visiting hours *(pl).*

horca *f* **-1.** [patíbulo] gallows *(pl)* **-2.** AGR pitchfork.

horcajadas
◆ **a horcajadas** *loc adv* astride.

horchata *f cold drink made from ground tiger nuts or almonds, milk and sugar.*

horchatería *f bar where 'horchata' is served.*

horda *f* horde.

horizontal *adj* horizontal.

horizonte *m* horizon.

horma *f* [gen] mould, pattern; [para arreglar zapatos] last; [para conservar zapatos] shoe tree; [de sombrero] hat block; **encontrar alguien la ~ de su zapato** *fig* to meet one's match.

hormiga *f* ant; **ser una ~** *fig* to be hard-working and thrifty.

hormigón *m* concrete; **~ armado** reinforced concrete.

hormigonera *f* concrete mixer.

hormiguear *vi* **-1.** [dar hormigueo]: **me hormiguean las piernas** I've got pins and needles in my legs **-2.** [bullir] to swarm.

hormigueo *m* pins and needles *(pl).*

hormiguero ◇ ▷ **oso.** ◇ *m* ants' nest.

hormiguita *f fam* hard-working and thrifty person.

hormona *f* hormone.

hormonal *adj* hormonal.

hornada *f lit & fig* batch.

hornear *vt* to bake.

hornillo *m* [para cocinar] camping *o* portable stove; [de laboratorio] small furnace.

horno *m* CULIN oven; TECN furnace; [de cerámica, ladrillos] kiln; **al ~** baked; **alto ~** blast furnace; **altos ~s** [factoría] iron and steelworks; **~ crematorio** crematorium; **~ eléctrico** electric oven; **~ de gas** gas oven; **~ microondas** microwave (oven); **no está el ~ para bollos** the time is not right.

horóscopo *m* **-1.** [signo zodiacal] star sign **-2.** [predicción] horoscope.

horquilla *f* **-1.** [para el pelo] hairgrip, hairpin, bobby pin *US* **-2.** [de bicicleta etc] fork.

horrendo, da *adj* [gen] horrendous; [muy malo] terrible, awful.

hórreo *m raised granary typical of Asturias and Galicia.*

horrible *adj* [gen] horrible; [muy malo] terrible, awful.

horripilante *adj* **-1.** [terrorífico] horrifying, spine-chilling **-2.** *fam* [muy malo, feo] dreadful, awful.

horripilar *vt* to terrify, to scare to death.

horror *m* **-1.** [miedo] terror, horror; **¡qué ~!** how awful!; **tener ~ a algo** to have a horror of sthg **-2.** *(gen pl)* [atrocidad] atrocity.
◆ **horrores** *adv fam* terribly, an awful lot.

horrorizado, da *adj* terrified, horrified.

horrorizar [13] *vt* to terrify, to horrify.
◆ **horrorizarse** *vpr* to be terrified *o* horrified.

horroroso, sa *adj* **-1.** [gen] awful, dreadful **-2.** [muy feo] horrible, hideous **-3.** *fam* [enorme] terrible.

hortaliza *f* (garden) vegetable.

hortelano, na ◇ *adj* market garden *(antes de sust).* ◇ *m,f* market gardener.

hortensia *f* hydrangea.

hortera *fam* ◇ *adj* tasteless, tacky. ◇ *mf* person with no taste.

horterada *f fam* tacky thing.

hortícola *adj* horticultural.

horticultor, ra *m,f* horticulturalist.

horticultura *f* horticulture.

hosco, ca *adj* [persona] sullen, gruff; [lugar] grim, gloomy.

hospedaje *m* **-1.** [alojamiento] accommodation, lodgings *(pl)* **-2.** [dinero] (cost of) board and lodging.

hospedar *vt* to put up.
◆ **hospedarse** *vpr* to stay.

hospicio *m* [para niños] orphanage, children's home; [para pobres] poorhouse.

hospital *m* hospital.

hospitalario, ria *adj* **-1.** [acogedor] hospitable **-2.** [de hospital] hospital *(antes de sust).*

hospitalidad *f* hospitality.

hospitalización *f* hospitalization.

hospitalizar [13] *vt* to hospitalize, to take *o* send to hospital.

hostal *m* guesthouse.

hostelería *f* catering.

hostelero, ra ◇ *adj* catering *(antes de sust).* ◇ *m,f* landlord (*f* landlady).
hostería *f* **-1.** guesthouse **-2.** *CSur* country hotel.
hostia *f* **-1.** RELIG host **-2.** *vulg* [bofetada] bash, punch; **dar de ~s a alguien** to beat the shit out of sb **-3.** *vulg* [accidente] smash-up; **darse** *o* **pegarse una ~** to have a smash-up.
◆ **hostias** *interj vulg*: **¡~s!** bloody hell!, damn it!
hostiar [9] *vt vulg* to bash.
hostigamiento *m* harassment.
hostigar [16] *vt* **-1.** [acosar] to pester, to bother **-2.** MIL to harass.
hostil *adj* hostile.
hostilidad *f* [sentimiento] hostility.
◆ **hostilidades** *fpl* MIL hostilities.
hostilizar [13] *vt* to harass.
hotel *m* hotel.
hotelería *f* hotel industry *o* trade.
hotelero, ra ◇ *adj* hotel *(antes de sust).* ◇ *m,f* hotel manager (*f* hotel manageress), hotelier.
hoy *adv* **-1.** [en este día] today; **de ~ en adelante** from now on; **~ mismo** this very day; **por ~** for now, for the time being **-2.** [en la actualidad] nowadays, today; **~ día**, **~ en día**, **~ por ~** these days, nowadays.
hoyo *m* **-1.** [gen] hole, pit; [de golf] hole **-2.** *fam* [sepultura] grave.
hoyuelo *m* dimple.
hoz *f* sickle; **la ~ y el martillo** the hammer and sickle.
HTML (*abrev de* **hypertext markup language**) *m* INFORM HTML.
huacal *m Méx* **-1.** [jaula] cage **-2.** [cajón] drawer.
huachafería *f Perú fam* **-1.** [hecho] tacky thing **-2.** [dicho] naff comment.
huachafo, fa *adj Perú fam* tacky.
huacho, cha *m,f Amér fam* illegitimate child.
huasca *f Amér* whip.
huaso, sa *m,f Chile fam* farmer, peasant.
hubiera *etc* ▻ **haber**.
hucha *f* moneybox.
hueco, ca *adj* **-1.** [vacío] hollow **-2.** [sonido] resonant, hollow **-3.** [sin ideas] empty.
◆ **hueco** *m* **-1.** [cavidad - gen] hole; [- en pared] recess **-2.** [tiempo libre] spare moment **-3.** [espacio libre] space, gap; [de escalera] well; [de ascensor] shaft; **hacer un ~ a alguien** to make space for sb.
huela *etc* ▻ **oler**.
huelga ◇ ▻ **holgar**. ◇ *f* strike; **estar/declararse en ~** to be/to go on strike; **~ de brazos caídos** *o* **cruzados** sit-down (strike); **~ de celo** work-to-rule; **~ de hambre** hunger strike; **~ general** general strike; **~ indefinida** indefinite strike; **~ salvaje** wildcat strike.
huelguista ◇ *adj* strike *(antes de sust).* ◇ *mf* striker.
huella ◇ ▻ **hollar**. ◇ *f* **-1.** [de persona] footprint; [de animal, rueda] track; **~ digital** *o* **dactilar** fingerprint; **seguir las ~s de alguien** to follow in sb's footsteps **-2.** *fig* [vestigio] trace; **sin dejar ~** without (a) trace **-3.** *fig* [impresión profunda] mark; **dejar ~** to leave one's mark.
huérfano, na *adj & m,f* orphan; **es ~ de madre** his mother is dead, he's lost his mother.
huerta *f* **-1.** [huerto] market garden *UK*, truck farm *US* **-2.** [tierra de regadío] *irrigated crop-growing region.*
huerto *m* [de hortalizas] vegetable garden; [de frutales] orchard.
hueso *m* **-1.** [del cuerpo] bone; **acabar** *o* **dar con sus ~s en** to end up in; **estar calado hasta los ~s** to be soaked to the skin; **estar en los ~s** to be all skin and bones; **no poder alguien con sus ~s** to be ready to drop, to be exhausted; **ser un ~ duro de roer** to be a hard nut to crack **-2.** [de fruto] stone *UK*, pit *US* **-3.** *fam* [persona] very strict person; [asignatura] difficult subject **-4.** *Amér, Méx fam* [enchufe] contacts *(pl)*, influence **-5.** *Méx fam* [trabajo fácil] cushy job.
◆ **hueso de santo** *m* CULIN *small marzipan roll filled with egg yolk.*
huésped, da *m,f* guest.
huestes *fpl* [gen] army *(sg)*; [seguidores] followers.
huesudo, da *adj* bony.
hueva *f* roe.
huevada *f Andes mfam* crap.
huevear *vi Amér fam* to muck about.
huevero, ra *m,f* egg seller.
◆ **huevera** *f* **-1.** [para servir] egg cup **-2.** [para guardar] egg box.
huevo *m* **-1.** [de animales] egg; **~ a la copa** *o* **tibio** *Andes* soft-boiled egg; **~ escalfado/frito** poached/fried egg; **~ pasado por agua/duro** soft-boiled/hard-boiled egg; **~ de Pascua** Easter egg; **~s al plato** *eggs cooked in the oven in an earthenware dish*; **~s revueltos** scrambled eggs; **parecerse como un ~ a una castaña** to be like chalk and cheese **-2.** *(gen pl) vulg* [testículos] balls *(pl)*; **costar un ~** [ser caro] to cost a packet *o*

bomb; [ser difícil] to be bloody hard; **saber un ~** to know a hell of a lot; **tener ~s** to have (a lot of) balls; **¡y un ~!** bollocks!, like hell!
huevón, huevona *m,f Andes, Arg, Ven vulg* prat *UK*, pillock *UK*, jerk *US*.
huida *f* escape, flight.
huidizo, za *adj* shy, elusive.
huipil *m CAm, Méx colourful embroidered dress or blouse traditionally worn by Indian women.*
huir [51] ◇ *vi* **-1.** [escapar]: **~ (de)** [gen] to flee (from); [de cárcel etc] to escape (from); **~ del país** to flee the country **-2.** [evitar]: **~ de algo** to avoid sthg, to keep away from sthg. ◇ *vt* to avoid.
huiro *m Chile* seaweed.
hule *m* oilskin.
hulla *f* soft coal.
hullero, ra *adj* soft coal *(antes de sust).*
humanidad *f* humanity.
◆ **humanidades** *fpl* [letras] humanities.
humanismo *m* humanism.
humanista ◇ *adj* humanist, humanistic. ◇ *mf* humanist.
humanístico, ca *adj* humanistic.
humanitario, ria *adj* humanitarian.
humanitarismo *m* humanitarianism.
humanización *f* humanization.
humanizar [13] *vt* to humanize, to make more human.
◆ **humanizarse** *vpr* to become more human.
humano, na *adj* **-1.** [del hombre] human **-2.** [compasivo] humane.
◆ **humano** *m* human being; **los ~s** mankind *(U).*
humareda *f* cloud of smoke.
humeante *adj* [lleno de humo] smoky; [que echa humo] smoking; [que echa vapor] steaming.
humear *vi* [salir humo] to (give off) smoke; [salir vapor] to steam.
humedad *f* **-1.** [gen] dampness; [en pared, techo] damp; [de algo chorreando] wetness; [de piel, ojos etc] moistness **-2.** [de atmósfera etc] humidity; **~ absoluta/relativa** absolute/ relative humidity.
humedecer [30] *vt* to moisten.
◆ **humedecerse** *vpr* to become moist; **~se los labios** to moisten one's lips.
humedecimiento *m* moistening.
húmedo, da *adj* **-1.** [gen] damp; [chorreando] wet; [piel, ojos etc] moist **-2.** [aire, clima, atmósfera] humid.
húmero *m* humerus.
humidificador *m* humidifier.
humidificar [10] *vt* to humidify.
humildad *f* humility.
humilde *adj* humble.
humillación *f* humiliation.
humillado, da *adj* humiliated.
humillante *adj* humiliating.
humillar *vt* to humiliate.
◆ **humillarse** *vpr* to humble o.s.; **~se a hacer algo** [rebajarse] to lower o.s. to do sthg, to stoop to doing sthg.
humita *f Andes, Arg paste made of mashed maize* UK *o corn* US *kernels mixed with cheese, chilli and onion, wrapped in a maize* UK *o corn* US *husk and steamed.*
humo *m* [gen] smoke; [vapor] steam; [de coches etc] fumes *(pl)*; **echar ~** *lit* to smoke; *fig* to be fuming; **tragarse el ~** [al fumar] to inhale.
◆ **humos** *mpl fig* [aires] airs; **bajarle a alguien los ~s** to take sb down a peg or two; **tener muchos ~s** to put on airs.
humor *m* **-1.** [estado de ánimo] mood; [carácter] temperament; **estar de buen/mal ~** to be in a good/bad mood; **tener un ~ de perros** to be in a filthy mood **-2.** [gracia] humour; **un programa de ~** a comedy programme; **~ negro** black humour **-3.** [ganas] mood; **no estoy de ~** I'm not in the mood **-4.** ANAT humour.
humorismo *m* humour; TEATR & TV comedy.
humorista *mf* humorist; TEATR & TV comedian (*f* comedienne).
humorístico, ca *adj* humorous.
humus *m inv* humus.
hundimiento *m* **-1.** [naufragio] sinking **-2.** [ruina] collapse.
hundir *vt* **-1.** [gen] to sink; **~ algo en el agua** to put sthg underwater **-2.** [afligir] to devastate, to destroy **-3.** [hacer fracasar] to ruin.
◆ **hundirse** *vpr* **-1.** [sumergirse] to sink; [intencionadamente] to dive **-2.** [derrumbarse] to collapse; [techo] to cave in **-3.** [fracasar] to be ruined.
húngaro, ra *adj & m,f* Hungarian.
◆ **húngaro** *m* [lengua] Hungarian.
Hungría Hungary.
huno, na ◇ *adj* Hunnish. ◇ *m,f* Hun.
huracán *m* hurricane.
huracanado, da *adj* violent; METEOR hurricane-force.
huraño, ña *adj* unsociable.
hurgar [16] *vi*: **~ (en)** [gen] to rummage around (in); [con el dedo, un palo] to poke around (in).

◆ **hurgarse** *vpr*: **~se la nariz** to pick one's nose; **~se los bolsillos** to rummage around in one's pockets.
hurgue *etc* ▷ **hurgar**.
hurón *m* **-1.** ZOOL ferret **-2.** *fig* [persona] unsociable person.
hurra *interj*: **¡~!** hurray!
hurtadillas
◆ **a hurtadillas** *loc adv* on the sly, stealthily.
hurtar *vt* to steal.
hurto *m* theft.
húsar *m* hussar.
husmear ◇ *vt* [olfatear] to sniff out, to scent. ◇ *vi* [curiosear] to nose around.
huso *m* spindle; [en máquina] bobbin.
◆ **huso horario** *m* time zone.
huy *interj*: **¡~!** [dolor] ouch!; [sorpresa] gosh!
huya, huyera *etc* ▷ **huir**.

I

i, I *f* [letra] i, I.
IAE (*abrev de* **Impuesto sobre Actividades Económicas**) *m Spanish tax paid by professionals and shop owners.*
ib., ibíd. (*abrev de* **ibidem**) ibid.
iba ▷ **ir**.
ibérico, ca *adj* Iberian.
íbero, ra *adj & m,f* Iberian.
◆ **íbero, ibero** *m* [lengua] Iberian.
iberoamericano, na *adj & m,f* Latin American.
ibídem, ibidem *adv* ibidem, ibid.
ice *etc* ▷ **izar**.
iceberg (*pl* **icebergs**) *m* iceberg.
icono *m* icon.
iconoclasta ◇ *adj* iconoclastic. ◇ *mf* iconoclast.
ictericia *f* jaundice.
ictiología *f* ichthyology.
id ▷ **ir**.
ida *f* outward journey; **(billete de) ~ y vuelta** return (ticket); **~s y venidas** *fig* comings and goings.
idea *f* **-1.** [gen] idea; [propósito] intention; **a mala ~** maliciously; **con la ~ de** with the idea *o* intention of; **hacerse a la ~ de que...** to get used to the idea that ...; **hacerse una ~ de algo** to get an idea of sthg; **tener ~ de hacer algo** to intend to do sthg; **~ fija** obsession; **~ luminosa** brilliant idea, brainwave; **~ preconcebida** preconception; **cuando se le mete una ~ en la cabeza ...** when he gets an idea into his head ...; **¡ni ~!** *fam* search me!, I haven't got a clue!; **no tener ni ~ (de)** not to have a clue (about); **tener ~s de bombero** to have wild *o* crazy ideas **-2.** [opinión] impression; **cambiar de ~** to change one's mind.
◆ **ideas** *fpl* [ideología] ideas.
ideal *adj & m* ideal; **lo ~ sería hacerlo mañana** ideally, we would do it tomorrow.
idealismo *m* idealism.
idealista ◇ *adj* idealistic. ◇ *mf* idealist.
idealización *f* idealization.
idealizar [13] *vt* to idealize.
idear *vt* **-1.** [planear] to think up, to devise **-2.** [inventar] to invent.
ideario *m* ideology.
ídem *pron* ditto; **~ de ~** exactly the same.
idéntico, ca *adj*: **~ (a)** identical (to).
identidad *f* **-1.** [gen] identity **-2.** [igualdad] identical nature.
identificación *f* identification.
identificar [10] *vt* to identify.
◆ **identificarse** *vpr*: **~se (con)** to identify (with).
ideograma *m* ideogram, ideograph.
ideología *f* ideology.
ideológico, ca *adj* ideological.
ideólogo, ga *m,f* ideologist.
idílico, ca *adj* idyllic.
idilio *m* love affair.
idioma *m* language.
idiomático, ca *adj* idiomatic.
idiosincrasia *f* individual character.
idiosincrásico, ca *adj* characteristic.
idiota ◇ *adj* **-1.** *despec* [tonto] stupid **-2.** [enfermo] mentally deficient. ◇ *mf* idiot.
idiotez *f* **-1.** [tontería] stupid thing, stupidity *(U)* **-2.** [enfermedad] mental deficiency.
idiotizar [13] *vt* to turn into an idiot, to zombify.
ido, ida *adj* **-1.** [loco] mad, touched **-2.** [distraído]: **estar ~** to be miles away.
idólatra ◇ *adj lit & fig* idolatrous. ◇ *mf* idolater (*f* idolatress); *fig* idolizer.
idolatrar *vt* to worship; *fig* to idolize.

idolatría *f lit & fig* idolatry.
ídolo *m* idol.
idoneidad *f* suitability.
idóneo, a *adj*: ~ **(para)** suitable (for).
IES (*abrev de* **instituto de enseñanza secundaria**) *m Spanish state secondary school.*
iglesia *f* church; **casarse por la ~** to get married in church, to have a church wedding; **~ parroquial** parish church; **con la ~ hemos topado** now we're really up against it.
iglú (*pl* **iglúes**) *m* igloo.
ígneo, a *adj* igneous.
ignición *f* ignition.
ignominia *f* ignominy.
ignominioso, sa *adj* ignominious.
ignorancia *f* ignorance; **~ supina** blind ignorance.
ignorante ◇ *adj* ignorant. ◇ *mf* ignoramus.
ignorar *vt* **-1.** [desconocer] not to know, to be ignorant of **-2.** [no tener en cuenta] to ignore.
ignoto, ta *adj* unknown, undiscovered.
igual ◇ *adj* **-1.** [idéntico]: **~ (que)** the same (as); **llevan jerseys ~es** they're wearing the same jumper; **son ~es** they're the same **-2.** [parecido]: **~ (que)** similar (to) **-3.** [equivalente]: **~ (a)** equal (to) **-4.** [liso] even **-5.** [constante - velocidad] constant; [- clima, temperatura] even **-6.** *MAT*: **A más B es ~ a C** A plus B equals C. ◇ *mf* equal; **de ~ a ~** as an equal; **no tener ~** to have no equal, to be unrivalled; **sin ~** without equal, unrivalled. ◇ *adv* **-1.** [de la misma manera] the same; **yo pienso ~** I think the same, I think so too; **al ~ que** just like; **por ~** equally **-2.** [posiblemente] perhaps; **~ llueve** it could well rain **-3.** *DEP*: **van ~es** the scores are level **-4.** *loc*: **dar** *o* **ser ~ a alguien** to be all the same to sb; **es** *o* **da ~** it doesn't matter, it doesn't make any difference.
igualación *f* **-1.** [de terreno] levelling; [de superficie] smoothing **-2.** [de cantidades] equalizing.
igualado, da *adj* level.
igualar *vt* **-1.** [gen] to make equal, to equalize; *DEP* to equalize; **~ algo a** *o* **con** to equate sthg with **-2.** [persona] to be equal to; **nadie le iguala en generosidad** nobody is as generous as he is **-3.** [terreno] to level; [superficie] to smooth.
◆ **igualarse** *vpr* **-1.** [gen] to be equal, to equal one another; **~se a** *o* **con** to be equated with **-2.** [a otra persona]: **~se a** *o* **con alguien** to treat sb as an equal.
igualdad *f* **-1.** [equivalencia] equality; **en ~ de condiciones** on equal terms; **~ de oportunidades** equal opportunities *(pl)* **-2.** [identidad] sameness.
igualitario, ria *adj* egalitarian.
igualitarismo *m* egalitarianism.
igualmente *adv* **-1.** [también] also, likewise **-2.** [fórmula de cortesía] the same to you, likewise.
iguana *f* iguana.
ijada *f*, **ijar** *m* flank, side.
ikastola *f primary school in the Basque country where classes are given entirely in Basque.*
ikurriña *f* Basque national flag.
ilación *f* cohesion.
ilegal *adj* illegal.
ilegalidad *f* **-1.** [acción] unlawful act **-2.** [cualidad] illegality.
ilegible *adj* illegible.
ilegitimidad *f* illegitimacy.
ilegítimo, ma *adj* **-1.** illegitimate **-2.** ▷ **hijo**.
ileso, sa *adj* unhurt, unharmed; **salir** *o* **resultar ~** to escape unharmed.
iletrado, da *adj & m,f* illiterate.
ilícito, ta *adj* illicit.
ilimitado, da *adj* unlimited, limitless.
ilógico, ca *adj* illogical.
iluminación *f* **-1.** [gen] lighting; [acción] illumination **-2.** *RELIG* enlightenment.
iluminado, da ◇ *adj* **-1.** [gen] lit (up) **-2.** *RELIG* enlightened. ◇ *m,f RELIG* enlightened person.
iluminador, ra ◇ *adj* illuminating. ◇ *m,f* lighting technician.
iluminar *vt* **-1.** [gen] to illuminate, to light up **-2.** *RELIG* to enlighten.
◆ **iluminarse** *vpr* **-1.** to light up **-2.** *RELIG* to become enlightened.
ilusión *f* **-1.** [esperanza - gen] hope; [- infundada] delusion, illusion; **hacerse** *o* **forjarse ilusiones** to build up one's hopes; **hacerse la ~ de** to imagine that; **tener ~ por** to look forward to **-2.** [emoción] thrill, excitement *(U)*; **¡qué ~!** how exciting!; **me hace mucha ~** I'm really looking forward to it **-3.** [espejismo] illusion; **~ óptica** optical illusion.
ilusionar *vt* **-1.** [esperanzar]: **~ a alguien (con algo)** to build up sb's hopes (about sthg) **-2.** [emocionar] to excite, to thrill.
◆ **ilusionarse** *vpr* **-1.** [esperanzarse]: **~se (con)** to get one's hopes up (about) **-2.** [emocionarse]: **~se (con)** to get excited (about).

ilusionismo *m* conjuring.
ilusionista ◇ *adj* conjuring *(antes de sust).* ◇ *mf* illusionist, conjurer.
iluso, sa ◇ *adj* gullible. ◇ *m,f* gullible person.
ilusorio, ria *adj* illusory; [promesa] empty.
ilustración *f* **-1.** [estampa] illustration **-2.** [cultura] learning.
◆ **Ilustración** *f* HIST: **la Ilustración** the Enlightenment.
ilustrado, da *adj* **-1.** [publicación] illustrated **-2.** [persona] learned **-3.** HIST enlightened.
ilustrador, ra ◇ *adj* illustrative. ◇ *m,f* illustrator.
ilustrar *vt* **-1.** [explicar] to illustrate, to explain **-2.** [publicación] to illustrate **-3.** [educar] to enlighten.
ilustrativo, va *adj* illustrative.
ilustre *adj* **-1.** [gen] illustrious, distinguished **-2.** [título]: **el ~ señor alcalde** his Worship, the mayor.
ilustrísimo, ma *adj* most illustrious.
◆ **Ilustrísima** *f*: **Su Ilustrísima** Your/His Grace, Your/His Worship.
imagen *f* [gen] image; TV picture; **a ~ y semejanza de** identical to, exactly the same as; **ser la viva ~ de alguien** to be the spitting image of sb; **una ~ vale más que mil palabras** a picture is worth a thousand words; **~ borrosa** blur; **~ congelada** freeze frame; **~ corporativa** corporate identity.
imaginable *adj* imaginable, conceivable.
imaginación *f* **-1.** [facultad] imagination; **se deja llevar por la ~** he lets his imagination run away with him; **pasar por la ~ de alguien** to occur to sb, to cross sb's mind; **no me pasó por la ~** it never occurred to me **-2.** *(gen pl)* [idea falsa] delusion, imagining; **son imaginaciones tuyas** you're just imagining things, it's all in your mind.
imaginar *vt* **-1.** [gen] to imagine **-2.** [idear] to think up, to invent.
◆ **imaginarse** *vpr* to imagine; **¡imagínate!** just think *o* imagine!; **me imagino que sí** I suppose so.
imaginario, ria *adj* imaginary.
imaginativo, va *adj* imaginative.
imaginería *f religious image-making.*
imán *m* **-1.** [para atraer] magnet **-2.** [entre musulmanes] imam.
imanar, imantar *vt* to magnetize.
imbatible *adj* unbeatable.
imbatido, da *adj* unbeaten.
imbebible *adj* undrinkable.
imbécil ◇ *adj* stupid. ◇ *mf* idiot.
imbecilidad *f* stupidity; **decir/hacer una ~** to say/do sthg stupid.
imberbe *adj* beardless.
imbornal *m* scupper.
imborrable *adj fig* indelible; [recuerdo] unforgettable.
imbricado, da *adj* overlapping.
imbricar [10] *vt* to overlap.
imbuir [51] *vt*: **~ (de)** to imbue (with).
imitación *f* imitation; [de humorista] impersonation; **a ~ de** in imitation of; **piel de ~** imitation leather.
imitador, ra *m,f* imitator; [humorista] impersonator.
imitar *vt* [gen] to imitate, to copy; [a personajes famosos] to impersonate; [producto, material] to simulate.
imitativo, va *adj* imitative.
impaciencia *f* impatience.
impacientar *vt* to make impatient, to exasperate.
◆ **impacientarse** *vpr* to grow impatient.
impaciente *adj* impatient; **~ por hacer algo** impatient *o* anxious to do sthg.
impactante *adj* [imagen] hard-hitting; [belleza] striking.
impactar ◇ *vt* [suj: noticia] to have an impact on. ◇ *vi* [bala] to hit.
impacto *m* **-1.** [gen] impact; [de bala] hit **-2.** [señal] (impact) mark; **~s de bala** bullethole; **~ ambiental** environmental impact.
impagable *adj* invaluable.
impagado, da *adj* unpaid.
◆ **impagado** *m* unpaid bill.
impago *m* non-payment.
impalpable *adj* impalpable.
impar *adj* **-1.** MAT odd **-2.** [sin igual] unequalled.
imparable *adj* unstoppable.
imparcial *adj* impartial.
imparcialidad *f* impartiality.
impartir *vt* to give.
impase, impasse [im'pas] *m* impasse.
impasibilidad *f* impassivity.
impasible *adj* impassive.
impavidez *f* [valor] fearlessness, courage; [impasibilidad] impassivity.
impávido, da *adj* [valeroso] fearless, courageous; [impasible] impassive.
impecable *adj* impeccable.
impedido, da ◇ *adj* disabled; **estar ~ de un brazo** to have the use of only one arm. ◇ *m,f* disabled person.
impedimento *m* [gen] obstacle; [contra un

matrimonio] impediment; **no hay ningún ~ para hacerlo** there's no reason why we shouldn't do it.

impedir [26] *vt* **-1.** [imposibilitar] to prevent; **~ a alguien hacer algo** to prevent sb from doing sthg **-2.** [dificultar] to hinder, to obstruct.

impeler *vt* **-1.** [hacer avanzar] to propel **-2.** [estimular]: **~ a alguien a algo/hacer algo** to drive sb to sthg/to do sthg.

impenetrabilidad *f lit & fig* impenetrability.

impenetrable *adj lit & fig* impenetrable.

impenitente *adj* unrepentant, impenitent; *fig* [incorregible] inveterate.

impensable *adj* unthinkable.

impensado, da *adj* unexpected.

impepinable *adj fam* clear as clear can be, undeniable.

imperante *adj* prevailing.

imperar *vi* to prevail.

imperativo, va *adj* **-1.** [gen & GRAM] imperative **-2.** [autoritario] imperious.

◆ **imperativo** *m* [gen & GRAM] imperative.

imperceptible *adj* imperceptible.

imperdible *m* safety pin.

imperdonable *adj* unforgivable.

imperecedero, ra *adj* non-perishable; *fig* [eterno] immortal, eternal.

imperfección *f* **-1.** [cualidad] imperfection **-2.** [defecto] flaw, defect.

imperfecto, ta *adj* [gen] imperfect; [defectuoso] faulty, defective.

◆ **imperfecto** *m* GRAM imperfect.

imperial *adj* imperial.

imperialismo *m* imperialism.

imperialista *adj & m,f* imperialist.

impericia *f* lack of skill; [inexperiencia] inexperience.

imperio *m* **-1.** [territorio] empire **-2.** [dominio] rule; **valer un ~** to be worth a fortune **-3.** [mandato] emperorship.

imperioso, sa *adj* **-1.** [autoritario] imperious **-2.** [apremiante] urgent, pressing.

impermeabilidad *f* impermeability.

impermeabilización *f* waterproofing.

impermeabilizar [13] *vt* to (make) waterproof.

impermeable ◇ *adj* waterproof. ◇ *m* raincoat, mac *UK*.

impersonal *adj* impersonal.

impertérrito, ta *adj* unperturbed, unmoved; [ante peligros] fearless.

impertinencia *f* **-1.** [gen] impertinence **-2.** [comentario] impertinent remark.

impertinente ◇ *adj* impertinent. ◇ *mf* [persona] impertinent person.

◆ **impertinentes** *mpl* [anteojos] lorgnette *(sg)*.

imperturbable *adj* imperturbable.

ímpetu *m* **-1.** [brusquedad] force **-2.** [energía] energy **-3.** FÍS impetus.

impetuosidad *f* [precipitación] impetuosity.

impetuoso, sa ◇ *adj* **-1.** [olas, viento, ataque] violent **-2.** [persona] impulsive, impetuous. ◇ *m,f* impulsive person.

impida, impidiera *etc* ▷ **impedir**.

impío, a *adj* godless, impious.

implacable *adj* implacable, relentless.

implantación *f* **-1.** [establecimiento] introduction **-2.** BIOL implantation **-3.** MED insertion.

implantar *vt* **-1.** [establecer] to introduce **-2.** MED to insert.

◆ **implantarse** *vpr* **-1.** [establecerse] to be introduced **-2.** BIOL to become implanted.

implante *m* implant; [dental] dental plate.

implementar *vt* to implement.

implemento *m* implement.

implicación *f* **-1.** [participación] involvement **-2.** *(gen pl)* [consecuencia] implication.

implicar [10] *vt* **-1.** [involucrar]: **~ (en)** to involve (in); DER to implicate (in) **-2.** [significar] to mean.

◆ **implicarse** *vpr* DER to incriminate o.s.; **~se en** to become involved in.

implícito, ta *adj* implicit.

imploración *f* entreaty, plea.

implorar *vt* to implore.

impoluto, ta *adj* unpolluted, pure; *fig* unblemished, untarnished.

imponderable ◇ *adj* [incalculable] invaluable; [imprevisible] imponderable. ◇ *m* imponderable.

imponente *adj* **-1.** [impresionante] imposing, impressive **-2.** [estupendo] sensational, terrific.

imponer [65] ◇ *vt* **-1.**: **~ algo (a alguien)** [gen] to impose sthg (on sb); [respeto] to command sthg (from sb); **el profesor impuso silencio en la clase** the teacher silenced the class **-2.** [moda] to set; [costumbre] to introduce. ◇ *vi* to be imposing.

◆ **imponerse** *vpr* **-1.** [hacerse respetar] to command respect, to show authority **-2.** [prevalecer] to prevail **-3.** [asumir - obligación, tarea] to take on **-4.** [ser necesario] to be necessary **-5.** DEP to win, to prevail.

imponible ▷ **base**.

impopular *adj* unpopular.

impopularidad *f* unpopularity.

importación *f* [acción] importing; [artículo] import; **de ~** imported.

importador, ra ◇ *adj* importing *(antes de sust)*. ◇ *m,f* importer.

importancia *f* importance; **dar ~ a algo** to attach importance to sthg; **de ~** important, of importance; **quitar ~ a algo** to play sthg down; **sin ~** unimportant; **darse ~** to give o.s. airs, to show off.

importante *adj* **-1.** [gen] important; [lesión] serious; **lo ~** the most important thing, the main thing **-2.** [cantidad] considerable.

importar ◇ *vt* **-1.** [gen & *INFORM*] to import **-2.** [suj: factura, coste] to amount to, to come to. ◇ *vi* **-1.** [preocupar] to matter; **no me importa** I don't care, it doesn't matter to me; **¿y a ti qué te importa?** what's it got to do with you?; **me importa un bledo** *o* **comino** *o* **pito** *fam* I don't give a damn, I couldn't care less **-2.** [en preguntas] to mind; **¿le importa que me siente?** do you mind if I sit down?; **¿te importaría acompañarme?** would you mind coming with me? ◇ *v impers* to matter; **no importa** it doesn't matter; **¡qué importa que llueva!** who cares if it's raining.

importe *m* [gen] price, cost; [de factura] total; **~ total** total cost.

importunar ◇ *vt* to bother, to pester. ◇ *vi* to be tiresome *o* a nuisance.

importuno, na = **inoportuno.**

imposibilidad *f* impossibility; **su ~ para contestar la pregunta** his inability to answer the question; **~ física** physical disability.

imposibilitado, da *adj* disabled; **estar ~ para hacer algo** to be unable to do sthg.

imposibilitar *vt*: **~ a alguien para hacer algo** to make it impossible for sb to do sthg, to prevent sb from doing sthg.

imposible ◇ *adj* **-1.** [irrealizable] impossible **-2.** [insoportable] unbearable, impossible. ◇ *m*: **pedir ~s** to ask for the impossible; **hacer lo ~** to do everything possible and more.

imposición *f* **-1.** [obligación] imposition **-2.** [impuesto] tax **-3.** *BANCA* deposit; **hacer** *o* **efectuar una ~** to make a deposit.

impositivo, va *adj* tax *(antes de sust)*.

impostor, ra ◇ *adj* [suplantador] fraudulent. ◇ *m,f* [suplantador] impostor.

impostura *f* **-1.** [suplantación] fraud **-2.** [calumnia] slander.

impotencia *f* impotence.

impotente ◇ *adj* impotent. ◇ *m* impotent man.

impracticable *adj* **-1.** [irrealizable] impracticable **-2.** [intransitable] impassable.

imprecación *f* imprecation.

imprecar [10] *vt* to imprecate.

imprecisión *f* imprecision, vagueness *(U)*.

impreciso, sa *adj* imprecise, vague.

impredecible *adj* unforeseeable; [variable] unpredictable.

impregnar *vt*: **~ (de)** to impregnate (with).

◆ **impregnarse** *vpr*: **~se (de)** to become impregnated (with).

impremeditado, da *adj* unpremeditated.

imprenta *f* **-1.** [arte] printing **-2.** [máquina] (printing) press **-3.** [establecimiento] printing house.

imprescindible *adj* indispensable, essential; **lo ~** the basics.

impresentable *adj* unpresentable.

impresión *f* **-1.** [gen] impression; [sensación física] feeling; **cambiar impresiones** to compare notes, to exchange views; **causar (una) buena/mala ~** to make a good/bad impression; **dar la ~ de** to give the impression of; **tener la ~ de que** to have the impression that **-2.** [huella] imprint; **~ digital** *o* **dactilar** fingerprint **-3.** [*IMPRENTA* - acción] printing; [- edición] edition.

impresionable *adj* impressionable.

impresionante *adj* impressive; [error] enormous.

impresionar ◇ *vt* **-1.** [maravillar] to impress **-2.** [conmocionar] to move **-3.** [horrorizar] to shock **-4.** *FOT* to expose. ◇ *vi* **-1.** [maravillar] to make an impression **-2.** [conmocionar] to be moving **-3.** [horrorizar] to be shocking.

◆ **impresionarse** *vpr* **-1.** [maravillarse] to be impressed **-2.** [conmocionarse] to be moved **-3.** [horrorizarse] to be shocked.

impresionismo *m* impressionism.

impresionista *adj & m,f* impressionist.

impreso, sa ◇ *pp* ▷ **imprimir**. ◇ *adj* printed.

◆ **impreso** *m* **-1.** [texto] printed sheet, printed matter *(U)* **-2.** [formulario] form; **~ de solicitud** application form.

impresor, ra ◇ *adj* printing *(antes de sust)*. ◇ *m,f* [persona] printer.

◆ **impresora** *f INFORM* printer; **impresora láser/térmica** laser/thermal printer; **impresora de matriz** *o* **de agujas** dot-matrix printer; **impresora de chorro de tinta** ink-jet printer; **impresora de margarita** daisy-wheel printer.

imprevisible *adj* unforeseeable; [variable] unpredictable.

imprevisión *f* lack of foresight.

imprevisto, ta *adj* unexpected.
◆ **imprevisto** *m* [hecho] unforeseen circumstance; **salvo ~s** barring accidents.
◆ **imprevistos** *mpl* [gastos] unforeseen expenses.

imprimir ◇ *vt* **-1.** [gen] to print; [huella, paso] to leave, to make **-2.** *fig* [transmitir]: **~ algo a** to impart *o* bring sthg to. ◇ *vi* to print.

improbabilidad *f* improbability, unlikelihood.

improbable *adj* improbable, unlikely.

ímprobo, ba *adj culto* Herculean, strenuous.

improcedencia *f* **-1.** [gen] inappropriateness **-2.** *DER* inadmissibility.

improcedente *adj* **-1.** [inoportuno] inappropriate **-2.** *DER* inadmissible; **despido ~** unfair dismissal.

improductivo, va *adj* unproductive.

impronta *f* mark, impression.

impronunciable *adj* unpronounceable.

improperio *m* insult.

impropiedad *f* impropriety.

impropio, pia *adj*: **~ (de)** improper (for), unbecoming (to).

improrrogable *adj* unable to be extended; [plazo] final.

improvisación *f* improvisation.

improvisado, da *adj* [gen] improvised; [discurso, truco] impromptu; [comentario] ad-lib; [cama etc] makeshift.

improvisar ◇ *vt* [gen] to improvise; [comida] to rustle up; **~ una cama** to make (up) a makeshift bed. ◇ *vi* [gen] to improvise; *MÚS* to extemporize.

improviso
◆ **de improviso** *loc adv* unexpectedly, suddenly; **coger a alguien de ~** to catch sb unawares.

imprudencia *f* [en los actos] carelessness *(U)*; [en los comentarios] indiscretion; **~ temeraria** *DER* criminal negligence.

imprudente ◇ *adj* [en los actos] careless, rash; [en los comentarios] indiscreet. ◇ *mf* [en los actos] rash person; [en los comentarios] indiscreet person.

impúber ◇ *adj* pre-pubescent. ◇ *mf* pre-pubescent child.

impúdico, ca *adj* immodest, indecent.

impuesto, ta *pp* ▷ **imponer**.
◆ **impuesto** *m* tax; **exento de ~s** tax-exempt; **~ de circulación** road tax; **~ al consumo** tax on the consumer; **~ ecológico** ecotax, green tax; **~ directo/indirecto** direct/indirect tax; **~ de lujo** luxury tax; **~ municipal** local tax; **~ revolucionario** *protection money paid by businessmen to terrorists*; **~ sobre el capital** capital tax; **~ sobre el valor añadido** value-added tax; **~ sobre la renta** ≃ income tax; **~ de sucesión** inheritance tax.

impugnable *adj* contestable.

impugnación *f* contestation, challenge.

impugnar *vt* to contest, to challenge.

impulsar *vt* **-1.** [empujar] to propel, to drive **-2.** [incitar]: **~ a alguien (a algo/a hacer algo)** to drive sb (to sthg/to do sthg) **-3.** [promocionar] to stimulate.

impulsivo, va ◇ *adj* impulsive. ◇ *m,f* impulsive person, hothead.

impulso *m* **-1.** [progreso] stimulus, boost **-2.** [fuerza] momentum; **tomar ~** to take a run-up **-3.** [motivación] impulse, urge.

impulsor, ra ◇ *adj* driving *(antes de sust)*. ◇ *m,f* dynamic force.

impune *adj* unpunished; **quedar ~** to go unpunished.

impunemente *adv* with impunity.

impunidad *f* impunity.

impuntualidad *f* unpunctuality.

impureza *(gen pl) f* impurity.

impuro, ra *adj lit & fig* impure.

impusiera *etc* ▷ **imponer**.

imputable *adj*: **~ a** attributable to.

imputación *f* accusation.

imputar *vt* **-1.** [atribuir]: **~ algo a alguien** [delito] to accuse sb of sthg; [fracaso, error] to attribute sthg to sb **-2.** *COM* to allocate, to assign.

in ▷ **fraganti, vitro**.

inabarcable *adj* unmanageable.

inabordable *adj* inaccessible.

inacabable *adj* interminable, endless.

inacabado, da *adj* unfinished.

inaccesible *adj* inaccessible.

inaceptable *adj* unacceptable.

inactividad *f* inactivity.

inactivo, va *adj* inactive.

inadaptación *f* maladjustment.

inadaptado, da ◇ *adj* maladjusted. ◇ *m,f* misfit.

inadecuado, da *adj* [inapropiado] unsuitable, inappropriate.

inadmisible *adj* inadmissible.

inadvertido, da *adj* unnoticed; **pasar ~** to go unnoticed.
inagotable *adj* inexhaustible.
inaguantable *adj* unbearable.
inalámbrico, ca *adj* cordless.
◆ **inalámbrico** *m* cordless telephone.
inalcanzable *adj* unattainable.
inalienable *adj* inalienable.
inalterable *adj* **-1.** [gen] unalterable; [salud] stable; [amistad] undying **-2.** [color] fast **-3.** [rostro, carácter] impassive **-4.** [resultado, marcador] unchanged.
inamovible *adj* immovable, fixed.
inanición *f* starvation.
inanimado, da *adj* inanimate.
inánime *adj* lifeless.
inapagable *adj* unextinguishable.
inapelable *adj* **-1.** [inevitable] inevitable **-2.** DER not open to appeal.
inapetencia *f* lack of appetite.
inapetente *adj* lacking in appetite.
inaplazable *adj* [reunión, sesión] that cannot be postponed; [necesidad] urgent, pressing.
inaplicable *adj* inapplicable, not applicable.
inapreciable *adj* **-1.** [incalculable] invaluable, inestimable **-2.** [insignificante] imperceptible.
inapropiado, da *adj* inappropriate.
inarrugable *adj* crease-resistant.
inasequible *adj* **-1.** [por el precio] prohibitive **-2.** [inalcanzable - meta, ambición] unattainable; [- persona] unapproachable.
inatacable *adj* unassailable; *fig* irrefutable.
inaudible *adj* inaudible.
inaudito, ta *adj* unheard-of.
inauguración *f* inauguration, opening.
inaugurar *vt* to inaugurate, to open.
inca *adj & m,f* Inca.
incalculable *adj* incalculable.
incalificable *adj* unspeakable, indescribable.
incandescente *adj* incandescent.
incansable *adj* untiring, tireless.
incapacidad *f* **-1.** [imposibilidad] inability **-2.** [inaptitud] incompetence **-3.** DER incapacity; **~ laboral** industrial disablement *o* disability.
incapacitado, da ◇ *adj* [DER - gen] disqualified; [- para testar] incapacitated; [- para trabajar] unfit. ◇ *m,f* DER disqualified person, person declared unfit.
incapacitar *vt*: **~ (para)** [gen] to disqualify (from); [para trabajar etc] to render unfit (for).
incapaz *adj* **-1.** [gen]: **~ de** incapable of **-2.** [sin talento]: **~ para** incompetent at, no good at **-3.** DER incompetent; **declarar ~ a alguien** to declare sb incompetent.
incautación *f* seizure, confiscation.
incautarse
◆ **incautarse de** *vpr* **-1.** DER to seize, to confiscate **-2.** [apoderarse de] to grab.
incauto, ta ◇ *adj* gullible. ◇ *m,f* gullible person.
incendiar [8] *vt* to set fire to.
◆ **incendiarse** *vpr* to catch fire.
incendiario, ria ◇ *adj* **-1.** [bomba etc] incendiary **-2.** [artículo, libro etc] inflammatory. ◇ *m,f* arsonist, fire-raiser.
incendio *m* fire; **~ forestal** forest fire; **~ provocado** arson.
incensario *m* censer.
incentivar *vt* to motivate.
incentivo *m* incentive; **~ fiscal** tax incentive.
incertidumbre *f* uncertainty.
incesante *adj* incessant, ceaseless.
incesto *m* incest.
incestuoso, sa *adj* incestuous.
incidencia *f* **-1.** [repercusión] impact, effect **-2.** [suceso] event.
incidental *adj* incidental, chance *(antes de sust)*.
incidente *m* incident; **~ diplomático** diplomatic incident.
incidir
◆ **incidir en** *vi* **-1.** [incurrir en] to fall into, to lapse into **-2.** [insistir en] to focus on **-3.** [influir en] to have an impact on, to affect **-4.** [suj: rayo] to fall on **-5.** [suj: cirujano] to make an incision into.
incienso *m* incense.
incierto, ta *adj* **-1.** [dudoso] uncertain **-2.** [falso] untrue.
incineración *f* [de cadáver] cremation; [de basura] incineration.
incinerador *m* [para basura] incinerator.
incinerar *vt* [cadáver] to cremate; [basura] to incinerate.
incipiente *adj* incipient; [estado, etapa] early.
incisión *f* incision.
incisivo, va *adj* **-1.** [instrumento] sharp, cutting **-2.** *fig* [mordaz] incisive **-3.** [diente] incisive.
◆ **incisivo** *m* incisor.
inciso, sa *adj* cut.

◆ **inciso** *m* passing remark.
incitación *f* incitement.
incitante *adj* [instigador] inciting; [provocativo] provocative.
incitar *vt*: ~ **a alguien a algo** [violencia, rebelión etc] to incite sb to sthg; ~ **a alguien a la fuga/venganza** to urge sb to flee/avenge himself; ~ **a alguien a hacer algo** [rebelarse etc] to incite sb to do sthg; [fugarse, vengarse] to urge sb to do sthg.
incívico, ca *adj* antisocial.
inclasificable *adj* unclassifiable.
inclemencia *f* harshness, inclemency.
inclemente *adj* harsh, inclement.
inclinación *f* **-1.** [desviación] slant, inclination; [de terreno] slope **-2.** *fig* [afición]: ~ **(a** *o* **por)** penchant *o* propensity (for) **-3.** [cariño]: ~ **hacia alguien** fondness towards sb **-4.** [saludo] bow.
inclinar *vt* **-1.** [doblar] to bend; [ladear] to tilt **-2.** [cabeza] to bow **-3.** [influir]: ~ **a alguien a hacer algo** to persuade sb to do sthg.
◆ **inclinarse** *vpr* **-1.** [doblarse] to lean **-2.** [para saludar]: ~**se (ante)** to bow (before).
◆ **inclinarse a** *vi* [tender a] to be *o* feel inclined to.
◆ **inclinarse por** *vi* [preferir] to favour, to lean towards.
incluir [51] *vt* [gen] to include; [adjuntar - en cartas] to enclose.
inclusión *f* inclusion.
inclusive *adv* inclusive.
incluso, sa *adj* enclosed.
◆ **incluso** *adv & prep* even.
incógnito, ta *adj* unknown.
◆ **incógnita** *f* **-1.** MAT unknown quantity **-2.** [misterio] mystery.
◆ **de incógnito** *loc adv* incognito.
incoherencia *f* **-1.** [cualidad] incoherence **-2.** [comentario] nonsensical remark.
incoherente *adj* **-1.** [inconexo] incoherent **-2.** [inconsecuente] inconsistent.
incoloro, ra *adj lit & fig* colourless.
incombustible *adj* fire-resistant.
incomestible, incomible *adj* inedible.
incomodar *vt* **-1.** [causar molestia] to bother, to inconvenience **-2.** [enfadar] to annoy.
◆ **incomodarse** *vpr* [enfadarse]: ~**se (por)** to get annoyed (about).
incomodidad *f* **-1.** [de silla etc] uncomfortableness **-2.** [de situación, persona] awkwardness, discomfort **-3.** [molestia - de visita etc] inconvenience.
incómodo, da *adj* **-1.** [silla etc] uncomfortable **-2.** [situación, persona] awkward, uncomfortable; **sentirse** ~ to feel awkward *o* uncomfortable **-3.** [visita] inconvenient.
incomparable *adj* incomparable.
incomparecencia *f* failure to appear (in court).
incompatibilidad *f* incompatibility; ~ **de caracteres** incompatibility.
incompatible *adj*: ~ **(con)** incompatible (with).
incompetencia *f* incompetence.
incompetente *adj* incompetent.
incompleto, ta *adj* **-1.** [gen] incomplete **-2.** [inacabado] unfinished.
incomprendido, da ◇ *adj* misunderstood. ◇ *m,f* misunderstood person.
incomprensible *adj* incomprehensible.
incomprensión *f* lack of understanding.
incompresible *adj* incompressible.
incomunicación *f* **-1.** [gen] lack of communication **-2.** [de detenido] solitary confinement **-3.** [de una localidad] isolation.
incomunicado, da *adj* **-1.** [gen] isolated **-2.** [por la nieve etc] cut off **-3.** [preso] in solitary confinement.
incomunicar [10] *vt* [gen] to cut off; [detenido] to place in solitary confinement.
inconcebible *adj* inconceivable.
inconcluso, sa *adj* unfinished.
incondicional ◇ *adj* unconditional; [ayuda] wholehearted; [seguidor] staunch. ◇ *mf* staunch supporter.
inconexo, xa *adj* [gen] unconnected; [pensamiento, texto] disjointed.
inconfesable *adj* shameful.
inconformismo *m* nonconformism.
inconformista *adj & m,f* nonconformist.
inconfundible *adj* unmistakable; [prueba] irrefutable.
incongruencia *f* incongruity; **hacer/decir una** ~ to do/say sthg incongruous.
incongruente *adj* incongruous.
inconmensurable *adj* immeasurable; [espacio] vast.
inconquistable *adj* unassailable, impregnable.
inconsciencia *f* **-1.** [gen] unconsciousness **-2.** *fig* [falta de juicio] thoughtlessness.
inconsciente ◇ *adj* **-1.** [gen] unconscious **-2.** *fig* [irreflexivo] thoughtless. ◇ *mf* thoughtless person. ◇ *m* PSICOL: **el** ~ the unconscious.
inconsecuencia *f* inconsistency.
inconsecuente ◇ *adj* inconsistent. ◇ *mf* inconsistent person.
inconsistencia *f* [de tela, pared etc] flimsi-

ness; [de una salsa] runniness; [de argumento, discurso etc] lack of substance.

inconsistente *adj* [tela, pared etc] flimsy; [salsa] runny; [argumento, discurso etc] lacking in substance.

inconsolable *adj* disconsolate.

inconstancia *f* **-1.** [en el trabajo, la conducta] unreliability **-2.** [de opinión, ideas] changeability.

inconstante *adj* **-1.** [en el trabajo, la conducta] unreliable **-2.** [de opinión, ideas] changeable.

inconstitucional *adj* unconstitutional.

inconstitucionalidad *f* unconstitutionality.

incontable *adj* [innumerable] countless.

incontenible *adj* [alegría] unbounded; [llanto] uncontrollable; [dolor] unbearable.

incontestable *adj* indisputable, undeniable.

incontinencia *f* incontinence.

incontinente *adj* incontinent.

incontrolable *adj* uncontrollable.

incontrolado, da *adj* [velocidad] furious; [situación] out of hand; [comando] maverick, not controlled by the leadership; [aumento de precios etc] spiralling.

incontrovertible *adj* incontrovertible, indisputable.

inconveniencia *f* **-1.** [inoportunidad] inappropriateness **-2.** [comentario] tactless remark; [acto] faux pas, mistake.

inconveniente ◇ *adj* **-1.** [inoportuno] inappropriate **-2.** [descortés] rude. ◇ *m* **-1.** [dificultad] obstacle, problem; **no tener ~ en hacer algo** to have no objection to doing sthg **-2.** [desventaja] disadvantage, drawback.

incordiar [8] *vt fam* to bother, to pester.

incordio *m fam* pain, nuisance.

incorporación *f*: **~ (a)** [gen] incorporation (into); [a un puesto] induction (into).

incorporado, da *adj* TECN built-in.

incorporar *vt* **-1.** [añadir]: **~ (a)** [gen] to incorporate (into); CULIN to mix (into) **-2.** [anexionar]: **~ a** to annex as part of **-3.** [levantar] to sit up.

◆ **incorporarse** *vpr* **-1.** [empezar]: **~se (a)** [equipo] to join; [trabajo] to start **-2.** [levantarse] to sit up.

incorrección *f* **-1.** [inexactitud] incorrectness; [error gramatical] mistake **-2.** [descortesía] lack of courtesy, rudeness *(U)*.

incorrecto, ta *adj* **-1.** [equivocado] incorrect, wrong **-2.** [descortés] rude, impolite.

incorregible *adj* incorrigible.

incorruptible *adj* **-1.** [substancia] imperishable **-2.** *fig* [persona] incorruptible.

incorrupto, ta *adj* [cadáver] uncorrupted, not decomposed.

incredulidad *f* incredulity.

incrédulo, la ◇ *adj* sceptical, incredulous; RELIG unbelieving. ◇ *m,f* unbeliever.

increíble *adj* **-1.** [difícil de creer] unconvincing, lacking credibility **-2.** *fig* [extraordinario] incredible **-3.** *fig* [inconcebible] unbelievable; **es ~ que pasen cosas así** it's hard to believe that such things can happen.

incrementar *vt* to increase.

◆ **incrementarse** *vpr* to increase.

incremento *m* increase; [de temperatura] rise; **~ salarial** pay increase.

increpar *vt* **-1.** [reprender] to reprimand **-2.** [insultar] to abuse, insult.

incriminación *f* accusation.

incriminar *vt* to accuse.

incrustación *f* inlay.

incrustar *vt* **-1.** TECN to inlay; [en joyería] to set **-2.** *fam fig* [empotrar]: **~ algo en algo** to sink sthg into sthg.

◆ **incrustarse** *vpr* [cal etc] to become encrusted.

incubación *f* incubation; **~ artificial** artificial incubation.

incubadora *f* incubator.

incubar *vt* **-1.** [huevo] to incubate **-2.** [enfermedad] to be sickening for.

incuestionable *adj* [teoría, razón] irrefutable; [deber] bounden.

inculcar [10] *vt*: **~ algo a alguien** to instil sthg into sb.

inculpación *f* accusation; JUR charge.

inculpado, da ◇ *adj* accused; JUR charged. ◇ *m,f* accused.

inculpar *vt*: **~ a alguien (de)** [gen] to accuse sb (of); DER to charge sb (with).

inculto, ta ◇ *adj* **-1.** [persona] uneducated **-2.** [tierra] uncultivated. ◇ *m,f* ignoramus.

incultura *f* lack of education.

incumbencia *f*: **es/no es de nuestra ~** it is/isn't a matter for us, it falls/doesn't fall within our area of responsibility; **no es asunto de tu ~** it's none of your business.

incumbir

◆ **incumbir a** *vi*: **~ a alguien** to be a matter for sb, to be within sb's area of responsibility; **esto no te incumbe** this is none of your business.

incumplimiento *m* [de deber] failure to

fulfil; [de orden, ley] non-compliance; [de promesa] failure to keep; ~ **de contrato** breach of contract.

incumplir *vt* [deber] to fail to fulfil, to neglect; [orden, ley] to fail to comply with; [promesa] to break; [contrato] to breach.

incunable ◇ *adj* incunabular. ◇ *m* incunabulum.

incurable *adj* incurable.

incurrir

◆ **incurrir en** *vi* **-1.** [delito, falta] to commit; [error] to make **-2.** [desprecio etc] to incur.

incursión *f* incursion; ~ **aérea** air raid.

indagación *f* investigation, inquiry.

indagar [16] ◇ *vt* to investigate, to inquire into. ◇ *vi* to investigate, to inquire.

indebido, da *adj* **-1.** [incorrecto] improper **-2.** [ilegal] unlawful, illegal.

indecencia *f* **-1.** [cualidad] indecency **-2.** [acción] outrage, crime.

indecente *adj* **-1.** [impúdico] indecent **-2.** [indigno] miserable, wretched.

indecible *adj* [alegría] indescribable; [dolor] unspeakable; **hacer lo** ~ **para** *o* **por** to do one's utmost to; **sufrir lo** ~ to suffer indescribable pain.

indecisión *f* indecisiveness.

indeciso, sa ◇ *adj* **-1.** [persona - inseguro] indecisive; [- que está dudoso] undecided, unsure **-2.** [pregunta, respuesta] hesitant; [resultado] undecided. ◇ *m,f* undecided voter.

indecoroso, sa *adj* unseemly.

indefectible *adj culto* unfailing.

indefensión *f* defencelessness.

indefenso, sa *adj* defenceless.

indefinible *adj* indefinable; [edad] uncertain.

indefinido, da *adj* **-1.** [ilimitado] indefinite; [contrato] open-ended **-2.** [impreciso] vague **-3.** *GRAM* indefinite.

indeleble *adj culto* indelible.

indemne *adj* unhurt, unharmed.

indemnidad *f culto* indemnity.

indemnización *f* [gen] compensation; [por despido] severance pay; ~ **por daños y perjuicios** *DER* damages *(pl)*.

indemnizar [13] *vt*: ~ **a alguien (por)** to compensate sb (for).

indemostrable *adj* unprovable.

independencia *f* independence; **con** ~ **de** independently of.

independentismo *m* independence movement.

independentista ◇ *adj* advocating independence. ◇ *mf* supporter of independence.

independiente *adj* **-1.** [gen] independent **-2.** [aparte] separate.

independizar [13] *vt* to grant independence to.

◆ **independizarse** *vpr*: ~**se (de)** to become independent (of).

indescifrable *adj* [gen] indecipherable; [misterio] inexplicable, impenetrable.

indescriptible *adj* indescribable.

indeseable *adj* undesirable.

indestructible *adj* indestructible.

indeterminación *f* indecisiveness.

indeterminado, da *adj* **-1.** [sin determinar] indeterminate; **por tiempo** ~ indefinitely **-2.** [impreciso] vague **-3.** *GRAM* ▷ **artículo.**

indexación *f INFORM* indexing.

indexar *vt INFORM* to index.

India: **(la)** ~ India.

indiano, na ◇ *adj* (Latin American) Indian. ◇ *m,f* **-1.** [indígena] (Latin American) Indian **-2.** [emigrante] *Spanish emigrant to Latin America who returned to Spain having made his fortune.*

indicación *f* **-1.** [señal, gesto] sign, signal **-2.** *(gen pl)* [instrucción] instruction; [para llegar a un sitio] directions *(pl)* **-3.** [nota, corrección] note.

indicado, da *adj* suitable, appropriate.

indicador, ra *adj* indicating *(antes de sust)*.

◆ **indicador** *m* [gen] indicator; *TECN* gauge, meter; ~ **de carretera** road sign; ~ **económico** economic indicator; ~ **de velocidad** speedometer.

indicar [10] *vt* **-1.** [señalar] to indicate; [suj: aguja etc] to read **-2.** [explicar] to tell, to explain to **-3.** [prescribir] to prescribe.

indicativo, va *adj* indicative.

◆ **indicativo** *m GRAM* indicative.

índice *m* **-1.** [gen] index; [proporción] level, rate; ~ **alfabético** alphabetical index; ~ **de audiencia** ratings; ~ **bursátil** stock market index; ~ **del coste de la vida** cost of living index; ~ **de materias** *o* **temático** table of contents; ~ **de natalidad** birth rate; ~ **de precios al consumo** retail price index **-2.** [señal] sign, indicator; ~ **económico** economic indicator **-3.** [catálogo] catalogue **-4.** [dedo] index finger.

indicio *m* sign; [pista] clue; [cantidad pequeña] trace.

Índico *m*: **el (océano)** ~ the Indian Ocean.

indiferencia *f* indifference.

indiferente *adj* indifferent; **me es** ~ [me da igual] I don't mind, it's all the same to me;

[no me interesa] I'm not interested in it.
indígena ◇ *adj* indigenous, native. ◇ *mf* native.
indigencia *f culto* destitution, poverty.
indigente ◇ *adj* destitute, poor. ◇ *mf* poor person.
indigestarse *vpr* to get indigestion; **se me ha indigestado esa chica** *fam fig* I can't stomach that girl.
indigestión *f* indigestion.
indigesto, ta *adj* indigestible; *fam fig* [pesado] stodgy, heavy.
indignación *f* indignation.
indignante *adj* shocking, outrageous.
indignar *vt* to anger.
◆ **indignarse** *vpr*: **~se (por)** to get angry *o* indignant (about).
indigno, na *adj* **-1.** [gen]: **~ (de)** unworthy (of) **-2.** [impropio] not fitting, wrong **-3.** [vergonzoso] contemptible, shameful.
indio, dia ◇ *adj* Indian. ◇ *m,f* Indian; **~ americano** Native American; **hacer el ~** to play the fool.
indique *etc* ▷ **indicar**.
indirecto, ta *adj* indirect.
◆ **indirecta** *f* hint; **lanzar una indirecta a alguien** to drop a hint to sb.
indisciplina *f* indiscipline.
indisciplinado, da ◇ *adj* undisciplined. ◇ *m,f* undisciplined person.
indiscreción *f* **-1.** [cualidad] indiscretion **-2.** [comentario] indiscreet remark; **si no es ~** if you don't mind my asking.
indiscreto, ta ◇ *adj* indiscreet. ◇ *m,f* indiscreet person.
indiscriminado, da *adj* indiscriminate.
indiscutible *adj* [gen] indisputable; [poder] undisputed.
indisoluble *adj* **-1.** [substancia] insoluble **-2.** [unión, ley] indissoluble.
indispensable *adj* indispensable, essential.
indisponer [65] *vt* **-1.** [enfermar] to make ill, to upset **-2.** [enemistar] to set at odds.
indisposición *f* **-1.** [malestar] indisposition **-2.** [reticencia] unwillingness.
indispuesto, ta ◇ *pp* ▷ **indisponer**. ◇ *adj* indisposed, unwell.
indistinto, ta *adj* **-1.** [indiferente]: **es ~** it doesn't matter, it makes no difference **-2.** [cuenta, cartilla] joint **-3.** [perfil, figura] indistinct, blurred.
individual *adj* **-1.** [gen] individual; [habitación, cama] single; [despacho] personal **-2.** [prueba, competición] singles *(antes de sust)*.
◆ **individuales** *mpl DEP* singles.
individualidad *f* individuality.
individualismo *m* individualism.
individualista ◇ *adj* individualistic. ◇ *mf* individualist.
individualizar [13] *vi* to single people out.
individuo, dua *m,f* person; *despec* individual.
indivisible *adj* indivisible.
indiviso, sa *adj* undivided.
indochino, na *adj & m,f* Indochinese.
indocumentado, da ◇ *adj* **-1.** [sin documentación] without identity papers **-2.** [ignorante] ignorant. ◇ *m,f* [ignorante] ignoramus.
indoeuropeo, a *adj* Indo-European.
◆ **indoeuropeo** *m* [lengua] Indo-European.
índole *f* [naturaleza] nature; [tipo] type, kind.
indolencia *f* indolence, laziness.
indolente *adj culto* indolent, lazy.
indoloro, ra *adj* painless.
indomable *adj* **-1.** [animal] untameable **-2.** [carácter] rebellious; [pueblo] unruly.
indómito, ta *adj* **-1.** [animal] untameable **-2.** [carácter] rebellious; [pueblo] unruly.
Indonesia Indonesia.
indonesio, sia *adj & m,f* Indonesian.
◆ **indonesio** *m* [lengua] Indonesian.
inducción *f* **-1.** [gen & *FÍS*] induction **-2.** [incitación] instigation.
inducir [33] *vt* **-1.** [incitar]: **~ a alguien a algo/a hacer algo** to lead sb into sthg/into doing sthg; **~ a error** to mislead **-2.** [deducir] to infer **-3.** *FÍS* to induce.
inductor, ra *adj* instigating.
◆ **inductor** *m* inductor.
indudable *adj* undoubted; **es ~ que ...** there is no doubt that ...
indujera *etc* ▷ **inducir**.
indulgencia *f* indulgence; **~ plenaria** plenary indulgence.
indulgente *adj* indulgent.
indultar *vt* to pardon.
indulto *m* pardon.
indumentaria *f* attire.
industria *f* **-1.** [gen] industry; **~ artesanal** cottage industry; **~ automovilística/pesada/punta** motor/heavy/sunrise industry **-2.** [fábrica] factory.
industrial ◇ *adj* industrial. ◇ *mf* industrialist.
industrialismo *m* industrialism.
industrialización *f* industrialization.

industrializar [13] *vt* to industrialize.
◆ **industrializarse** *vpr* to become industrialized.
industrioso, sa *adj* industrious.
induzca *etc* ▷ **inducir**.
inédito, ta *adj* **-1.** [no publicado] unpublished **-2.** [sorprendente] unheard-of, unprecedented.
inefable *adj* ineffable, inexpressible.
ineficacia *f* **-1.** [bajo rendimiento] inefficiency **-2.** [baja efectividad] ineffectiveness.
ineficaz *adj* **-1.** [de bajo rendimiento] inefficient **-2.** [de baja efectividad] ineffective.
ineficiencia *f* **-1.** [bajo rendimiento] inefficiency **-2.** [baja efectividad] ineffectiveness.
ineficiente *adj* **-1.** [de bajo rendimiento] inefficient **-2.** [de baja efectividad] ineffective.
ineludible *adj* unavoidable.
INEM (*abrev de* **Instituto Nacional de Empleo**) *m Spanish department of employment*.
inenarrable *adj* spectacular.
ineptitud *f* ineptitude.
inepto, ta ◇ *adj* inept. ◇ *m,f* inept person.
inequívoco, ca *adj* [apoyo, resultado] unequivocal; [señal, voz] unmistakeable.
inercia *f lit* & *fig* inertia.
inerme *adj* [sin armas] unarmed; [sin defensa] defenceless.
inerte *adj* **-1.** [materia] inert **-2.** [cuerpo, cadáver] lifeless.
inescrutable *adj* **-1.** [persona, rostro] inscrutable **-2.** [misterio, verdad] impenetrable.
inesperado, da *adj* unexpected.
inestabilidad *f* instability.
inestable *adj lit* & *fig* unstable.
inestimable *adj* inestimable, invaluable.
inevitable *adj* inevitable.
inexactitud *f* inaccuracy.
inexacto, ta *adj* **-1.** [impreciso] inaccurate **-2.** [erróneo] incorrect, wrong.
inexcusable *adj* **-1.** [imperdonable] inexcusable **-2.** [ineludible] unavoidable.
inexistencia *f* nonexistence.
inexistente *adj* nonexistent.
inexorable *adj* **-1.** [inevitable] inexorable **-2.** [inflexible] unyielding.
inexperiencia *f* inexperience.
inexperto, ta ◇ *adj* **-1.** [falto de experiencia] inexperienced **-2.** [falto de habilidad] unskilful, inexpert. ◇ *m,f* person without experience.
inexplicable *adj* inexplicable.
inexpresivo, va *adj* expressionless.
inexpugnable *adj* unassailable, impregnable.
inextinguible *adj* [fuego] unquenchable; [sentimiento] undying.
inextricable *adj* intricate.
infalibilidad *f* infallibility.
infalible *adj* infallible.
infamar *vt culto* to defame.
infame *adj* vile, base.
infamia *f* **-1.** [deshonra] infamy, disgrace **-2.** [mala acción] vile *o* base deed.
infancia *f* **-1.** [periodo] childhood **-2.** [todos los niños] children *(pl)*.
infante, ta *m,f* **-1.** [niño] infant **-2.** [hijo del rey] infante (*f* infanta), prince (*f* princess).
◆ **infante** *m* [soldado] infantryman.
infantería *f* infantry; ~ **de marina** marines *(pl)*; ~ **ligera** light infantry.
infanticida ◇ *adj* infanticidal. ◇ *mf* infanticide, child-murderer.
infanticidio *m* infanticide.
infantil *adj* **-1.** [para niños] children's; [de niños] child *(antes de sust)* **-2.** *fig* [inmaduro] infantile, childish.
infantilismo *m* infantilism.
infarto *m*: ~ **(de miocardio)** heart attack; **de** ~ *fam* heart-stopping.
infatigable *adj* indefatigable, tireless.
infausto, ta *adj* ill-starred.
infección *f* infection.
infeccioso, sa *adj* infectious.
infectar *vt* to infect.
◆ **infectarse** *vpr* to become infected.
infecto, ta *adj* **-1.** [agua, carroña] putrid **-2.** [población, zona] infected **-3.** *fig* [desagradable] foul, terrible.
infecundo, da *adj* **-1.** [tierra] infertile **-2.** [mujer] sterile.
infelicidad *f* unhappiness.
infeliz ◇ *adj* **-1.** [desgraciado] unhappy **-2.** *fig* [ingenuo] gullible. ◇ *mf* [ingenuo] gullible person; **un pobre** ~ a poor wretch.
inferior ◇ *adj*: ~ **(a)** [en espacio, cantidad] lower (than); [en calidad] inferior (to); **una cifra** ~ **a 100** a figure under *o* below 100. ◇ *mf* inferior.
inferioridad *f* inferiority; **estar en** ~ **de condiciones** to be at a disadvantage.
inferir [27] *vt* **-1.** [deducir]: ~ **(de)** to deduce (from), to infer (from) **-2.** [ocasionar - herida] to inflict; [- mal] to cause.
infernal *adj lit* & *fig* infernal.
infestar *vt* to infest; [suj: carteles, propaganda etc] to be plastered across.
infidelidad *f* [conyugal] infidelity; [a la patria,

un amigo] unfaithfulness, disloyalty.

infiel ◇ *adj* **-1.** [desleal - cónyuge] unfaithful; [- amigo] disloyal **-2.** [inexacto] inaccurate, unfaithful. ◇ *mf* RELIG infidel.

infiera *etc* ▷ **inferir.**

infiernillo *m* portable stove.

infierno *m lit & fig* hell; **en el quinto ~** in the middle of nowhere; **¡vete al ~!** go to hell!

infiltración *f* **-1.** [de líquido] seeping **-2.** [de persona, ideas] infiltration.

infiltrado, da ◇ *adj* infiltrated. ◇ *m,f* infiltrator.

infiltrar *vt* **-1.** [inyectar] to inject **-2.** *fig* [ideas] to infiltrate.

◆ **infiltrarse en** *vpr* to infiltrate.

ínfimo, ma *adj* [calidad, categoría] extremely low; [precio] giveaway; [importancia] knock-down, minimal.

infinidad *f*: **una ~ de** an infinite number of; *fig* masses of; **en ~ de ocasiones** on countless occasions.

infinitesimal *adj* infinitesimal.

infinitivo *m* infinitive.

infinito, ta *adj lit & fig* infinite; **infinitas veces** hundreds of times.

◆ **infinito** ◇ *m* infinity. ◇ *adv* [mucho] extremely, infinitely.

infiriera *etc* ▷ **inferir.**

inflación *f* ECON inflation; **~ subyacente** underlying inflation.

inflacionario, ria, inflacionista *adj* inflationary.

inflamable *adj* inflammable, flammable.

inflamación *f* MED inflammation.

inflamar *vt* **-1.** MED & *fig* to inflame **-2.** [encender] to set alight.

◆ **inflamarse** *vpr* [hincharse] to become inflamed.

inflamatorio, ria *adj* inflammatory.

inflar *vt* **-1.** [soplando] to blow up, to inflate; [con bomba] to pump up **-2.** *fig* [exagerar] to blow up, to exaggerate.

◆ **inflarse** *vpr*: **~se (de)** [hartarse] to stuff o.s. (with).

inflexibilidad *f lit & fig* inflexibility.

inflexible *adj lit & fig* inflexible.

inflexión *f* inflection.

infligir [15] *vt* to inflict; [castigo] to impose.

influencia *f* influence; **bajo la ~ del alcohol** under the influence of alcohol.

influenciable *adj* easily influenced.

influenciar [8] *vt* to influence, to have an influence on.

influir [51] ◇ *vt* to influence. ◇ *vi* to have influence; **~ en** to influence, to have an influence on.

influjo *m* influence.

influyente *adj* influential.

infografía *f* computer graphics.

información *f* **-1.** [conocimiento] information; **para tu ~** for your information; **~ confidencial** inside information **-2.** [PRENS - noticias] news *(U)*; [- noticia] report, piece of news; [- sección] section, news *(U)*; **~ meteorológica** weather report *o* forecast **-3.** [oficina] information office; [mostrador] information desk **-4.** TELECOM directory enquiries *(pl) UK*, directory assistance *US*.

informador, ra ◇ *adj* informing, reporting. ◇ *m,f* reporter.

informal *adj* **-1.** [desenfadado] informal **-2.** [irresponsable] unreliable.

informalidad *f* **-1.** [desenfado] informality **-2.** [irresponsabilidad] unreliability.

informante ◇ *adj* informing. ◇ *mf* informant, informer.

informar ◇ *vt*: **~ a alguien (de)** to inform *o* tell sb (about). ◇ *vi* to inform; PRENS to report.

◆ **informarse** *vpr* to find out (details); **~se de** to find out about.

informático, ca ◇ *adj* computer *(antes de sust)*. ◇ *m,f* [persona] computer expert.

◆ **informática** *f* [ciencia] information technology, computing.

informativo, va *adj* **-1.** [instructivo, esclarecedor] informative **-2.** [que da noticias] news *(antes de sust)*; [que da información] information *(antes de sust)*.

◆ **informativo** *m* news (bulletin).

informatización *f* computerization.

informatizar [13] *vt* to computerize.

informe ◇ *adj* shapeless. ◇ *m* **-1.** [gen] report **-2.** DER plea.

◆ **informes** *mpl* [gen] information *(U)*; [sobre comportamiento] report *(sg)*; [para un empleo] references.

infortunado, da ◇ *adj* unfortunate, unlucky; [encuentro, conversación] ill-fated. ◇ *m,f* unfortunate *o* unlucky person.

infortunio *m* misfortune, bad luck *(U)*.

infracción *f* infringement; [de circulación] offence.

infractor, ra ◇ *adj* offending. ◇ *m,f* offender.

infraestructura *f* **-1.** [de organización] infrastructure **-2.** [de construcción] foundations *(pl)*.

in fraganti *loc adv* red-handed, in the act;

coger a alguien ~ to catch sb red-handed *o* in the act.
infrahumano, na *adj* subhuman.
infranqueable *adj* impassable; *fig* insurmountable.
infrarrojo, ja *adj* infrared.
infravalorar *vt* to undervalue, to underestimate.
infrecuente *adj* infrequent.
infringir [15] *vt* [quebrantar] to infringe, to break.
infructuoso, sa *adj* fruitless, unsuccessful.
ínfulas *fpl* pretensions; **darse** *o* **tener (muchas)** ~ to give oneself airs.
infumable *adj* [cigarrillo, tabaco] unsmokable; *fam* [insoportable] unbearable, intolerable.
infundado, da *adj* unfounded.
infundio *m culto* untruth, lie.
infundir *vt*: ~ **algo a alguien** to fill sb with sthg, to inspire sthg in sb; ~ **miedo** to inspire fear.
infusión *f* infusion; ~ **de manzanilla** camomile tea.
ingeniar [8] *vt* to invent, to devise.
◆ **ingeniarse** *vpr*: **ingeniárselas** to manage, to engineer it; **ingeniárselas para hacer algo** to manage *o* contrive to do sthg.
ingeniería *f* engineering; ~ **genética** genetic engineering.
ingeniero, ra *m,f* engineer; ~ **agrónomo** agronomist; ~ **de caminos, canales y puertos** civil engineer; ~ **industrial/de telecomunicaciones** industrial/telecommunications engineer; ~ **de sistemas/sonido** systems/sound engineer.
ingenio *m* **-1.** [inteligencia] ingenuity; **aguzar el** ~ to sharpen one's wits **-2.** [agudeza] wit, wittiness **-3.** [máquina] device; ~ **nuclear** nuclear device.
ingenioso, sa *adj* [inteligente] ingenious, clever; [agudo] witty.
ingente *adj* enormous, huge.
ingenuidad *f* ingenuousness, naivety.
ingenuo, nua ◇ *adj* ingenuous, naive. ◇ *m,f* ingenuous *o* naive person.
ingerencia = **injerencia**.
ingerir [27] *vt* to consume, to ingest.
ingestión *f* consumption.
ingiera *etc*, **ingiriera** *etc* ▷ **ingerir**.
Inglaterra England.
ingle *f* groin.
inglés, esa ◇ *adj* English. ◇ *m,f* [persona] Englishman (*f* Englishwoman); **los ingleses** the English.
◆ **inglés** *m* [lengua] English.
ingobernable *adj* [país] ungovernable; [niño] uncontrollable, unmanageable.
ingratitud *f* ingratitude, ungratefulness.
ingrato, ta *adj* ungrateful; [trabajo] thankless.
ingrávido, da *adj* weightless.
ingrediente *m* ingredient.
ingresar ◇ *vt* BANCA to deposit, to pay in. ◇ *vi*: ~ **(en)** [asociación, ejército] to join; [hospital] to be admitted (to); [convento, universidad] to enter; ~ **cadáver** to be dead on arrival.
ingreso *m* **-1.** [gen] entry; [en asociación, ejército] joining; [en hospital, universidad] admission **-2.** BANCA deposit; **hacer un** ~ to make a deposit.
◆ **ingresos** *mpl* **-1.** [sueldo etc] income *(U)*; ~**s brutos/netos** gross/net income **-2.** [recaudación] revenue *(U)*.
inhábil *adj* **-1.** [incapacitado - por defecto físico] unfit; [- por la edad] disqualified **-2.** [festivo]: **día** ~ *weekend day or public holiday*.
inhabilitación *f* disqualification; [minusvalía] disablement.
inhabilitar *vt* to disqualify.
inhabitable *adj* uninhabitable.
inhabitado, da *adj* uninhabited.
inhalación *f* inhalation.
inhalador *m* inhaler.
inhalar *vt* to inhale.
inherente *adj*: ~ **(a)** inherent (in).
inhibición *f* inhibition.
inhibir *vt* to inhibit.
◆ **inhibirse de** *vpr* [gen] to keep out of, to stay away from; [responsabilidades] to avoid, to shirk.
inhóspito, ta *adj* inhospitable.
inhumano, na *adj* [despiadado] inhuman; [desconsiderado] inhumane.
inhumar *vt* to inter, to bury.
iniciación *f* **-1.** [gen] initiation **-2.** [de suceso, curso] start, beginning.
iniciado, da ◇ *adj* initiated. ◇ *m,f* initiate.
inicial *adj* & *f* initial.
inicialización *f* INFORM initialization.
inicializar [13] *vt* INFORM to initialize.
iniciar [8] *vt* [gen] to start, to initiate; [debate, discusión] to start off; ~ **a alguien en** to initiate sb into.
iniciativa *f* initiative; **no tener** ~ to lack initiative; **por** ~ **propia** on one's own initiative; **tomar la** ~ to take the initiative; ~ **de paz** peace initiative; ~ **privada**

private enterprise.
inicio *m* start, beginning.
inigualable *adj* unrivalled.
inigualado, da *adj* unequalled.
inimaginable *adj* unimaginable.
inimitable *adj* inimitable.
ininteligible *adj* unintelligible.
ininterrumpido, da *adj* uninterrupted, continuous.
iniquidad *f* iniquity.
injerencia, ingerencia *f* interference, meddling.
injerir [27] *vt* to introduce, to insert.
◆ **injerirse** *vpr* [entrometerse]: **~se (en)** to interfere (in), to meddle (in).
injertar *vt* to graft.
injerto *m* graft.
injiera, injiriera *etc v* ▷ **injerir**.
injuria *f* [insulto] insult, abuse *(U)*; [agravio] offence; *DER* slander.
injuriar [8] *vt* [insultar] to insult, to abuse; [agraviar] to offend; *DER* to slander.
injurioso, sa *adj* insulting, abusive; *DER* slanderous.
injusticia *f* injustice; **¡es una ~!** that's unfair!; **cometer una ~ con alguien** to do sb an injustice.
injustificado, da *adj* unjustified.
injusto, ta *adj* unfair, unjust.
inmaculado, da *adj* immaculate.
◆ **Inmaculada** *f*: **la Inmaculada** the Virgin Mary.
inmadurez *f* immaturity.
inmaduro, ra *adj* **-1.** [fruta] unripe **-2.** [persona] immature.
inmaterial *adj* immaterial.
inmediaciones *fpl* [de localidad] surrounding area *(sg)*; [de lugar, casa] vicinity *(sg)*.
inmediatamente *adv* immediately, at once.
inmediatez *f* immediateness, immediacy.
inmediato, ta *adj* **-1.** [gen] immediate; **de ~** immediately, at once **-2.** [contiguo] next, adjoining.
inmejorable *adj* unbeatable, that cannot be bettered.
inmemorial *adj* immemorial.
inmensidad *f* **-1.** [grandeza] immensity **-2.** [multitud] huge amount, sea.
inmenso, sa *adj* **-1.** [gen] immense **-2.** *fig* [profundo] deep.
inmerecido, da *adj* undeserved.
inmersión *f* immersion; [de submarinista] dive; **~ lingüística** language immersion.
inmerso, sa *adj*: **~ (en)** immersed (in).
inmigración *f* immigration.
inmigrante *mf* immigrant.
inmigrar *vi* to immigrate.
inminencia *f* imminence.
inminente *adj* imminent, impending.
inmiscuirse [51] *vpr*: **~ (en)** to interfere *o* meddle (in).
inmobiliario, ria *adj* property *(antes de sust)*, real estate *US (antes de sust)*.
◆ **inmobiliaria** *f* **-1.** [agencia] estate agency *UK*, real estate agent *US* **-2.** [constructora] construction company.
inmolación *f* immolation, sacrifice.
inmolar *vt* to immolate, to sacrifice.
inmoral *adj* immoral.
inmortal *adj* immortal.
inmortalidad *f* immortality.
inmortalizar [13] *vt* to immortalize.
inmóvil *adj* motionless, still; [coche, tren] stationary.
inmovilidad *f* immobility.
inmovilismo *m* defence of the status quo.
inmovilizado, da ◇ *adj* immobilized; [pierna, brazo] immobile. ◇ *m ECON* fixed assets *(pl)*.
inmovilizar [13] *vt* to immobilize.
inmueble ◇ *adj*: **bienes ~s** real estate *(U)*. ◇ *m* [edificio] building.
inmundicia *f* [suciedad] filth, filthiness; [basura] rubbish.
inmundo, da *adj* filthy, dirty.
inmune *adj* **-1.** *MED* immune **-2.** [exento] exempt.
inmunidad *f* immunity; **~ diplomática/parlamentaria** diplomatic/parliamentary immunity.
inmunitario, ria *adj* immune.
inmunizar [13] *vt* to immunize.
inmunodeficiencia *f MED* immunodeficiency.
inmunodepresor, ra *adj* immunodepressant.
inmunodeprimido, da *adj* immunodeficient.
inmunología *f* immunology.
inmunoterapia *f* immunotherapy.
inmutable *adj* immutable, unchangeable.
inmutar *vt* to upset, to perturb.
◆ **inmutarse** *vpr* to get upset, to be perturbed; **ni se inmutó** he didn't bat an eyelid.
innato, ta *adj* innate.
innecesario, ria *adj* unnecessary.

innegable *adj* undeniable.
innoble *adj* ignoble.
innombrable *adj* unmentionable.
innovación *f* innovation.
innovador, ra ◇ *adj* innovative, innovatory. ◇ *m,f* innovator.
innovar *vt* [método, técnica] to improve on.
innumerable *adj* countless, innumerable.
inocencia *f* innocence.
inocentada *f* practical joke, trick.
inocente ◇ *adj* **-1.** [gen & DER] innocent; **declarar ~ a alguien** to find sb innocent *o* not guilty **-2.** [ingenuo - persona] naive, innocent **-3.** [sin maldad - persona] harmless. ◇ *mf* **-1.** [persona no culpable] innocent person **-2.** [persona cándida] innocent; **hacerse el ~** to play *o* act the innocent.
inocular *vt* to inoculate.
inocuo, cua *adj* innocuous, harmless.
inodoro, ra *adj* odourless.
◆ **inodoro** *m* toilet *UK*, washroom *US*.
inofensivo, va *adj* inoffensive, harmless.
inolvidable *adj* unforgettable.
inoperante *adj* ineffective.
inopia *f*: **estar en la ~** to be miles away, to be day-dreaming.
inopinado, da *adj* unexpected.
inoportuno, na, importuno, na *adj* **-1.** [en mal momento] inopportune, untimely **-2.** [molesto] inconvenient **-3.** [inadecuado] inappropriate.
inorgánico, ca *adj* inorganic.
inoxidable *adj* rustproof; [acero] stainless.
input ['imput] (*pl* **inputs**) *m* input *(U)*.
inquebrantable *adj* unshakeable; [lealtad] unswerving.
inquiera *etc* ▷ **inquirir**.
inquietante *adj* worrying.
inquietar *vt* to worry, to trouble.
◆ **inquietarse** *vpr* to worry, to get anxious.
inquieto, ta *adj* **-1.** [preocupado]: **~ (por)** worried *o* anxious (about) **-2.** [agitado, emprendedor] restless.
inquietud *f* [preocupación] worry, anxiety.
◆ **inquietudes** *fpl* [afán de saber]: **tener ~es** to have an inquiring mind.
inquilino, na *m,f* tenant.
inquina *f* antipathy, aversion; **tener ~ a** to feel aversion towards.
inquirir [22] *vt* *culto* to inquire into, to investigate.
inquisición *f* [indagación] inquiry, investigation.
◆ **Inquisición** *f* [tribunal] Inquisition.
inquisidor, ra *adj* inquisitive, inquiring.
◆ **inquisidor** *m* inquisitor.
inquisitivo, va *adj* inquisitive.
inri *m*: **para más ~** *fam* to add insult to injury, to crown it all.
insaciable *adj* insatiable.
insalubre *adj culto* insalubrious, unhealthy.
Insalud (*abrev de* **Instituto Nacional de la Salud**) NHS *UK*, ≃ Medicaid *US*.
insano, na *adj* [gen] unhealthy; [loco] insane.
insatisfacción *f* dissatisfaction.
insatisfecho, cha *adj* **-1.** [descontento] dissatisfied **-2.** [no saciado] not full, unsatisfied.
inscribir *vt* **-1.** [grabar]: **~ algo (en)** to engrave *o* inscribe sthg (on) **-2.** [apuntar]: **~ algo/a alguien (en)** to register sthg/sb (on).
◆ **inscribirse** *vpr*: **~se (en)** [gen] to enrol (on); [asociación] to enrol (with); [concurso] to enter.
inscripción *f* **-1.** EDUC registration, enrolment; [en censo, registro] registration; [en partido etc] enrolment; [en concursos etc] entry **-2.** [escrito] inscription.
inscrito, ta *pp* ▷ **inscribir**.
insecticida ◇ *adj* insecticidal. ◇ *m* insecticide.
insectívoro, ra *adj* insectivorous.
insecto *m* insect.
inseguridad *f* **-1.** [falta de confianza] insecurity **-2.** [duda] uncertainty **-3.** [peligro] lack of safety; **~ ciudadana** lack of law and order.
inseguro, ra *adj* **-1.** [sin confianza] insecure **-2.** [dudoso] uncertain **-3.** [peligroso] unsafe.
inseminación *f* insemination; **~ artificial** artificial insemination.
inseminar *vt* to inseminate.
insensatez *f* foolishness, senselessness; **hacer/decir una ~** to do/say sthg foolish.
insensato, ta ◇ *adj* foolish, senseless. ◇ *m,f* foolish *o* senseless person, fool.
insensibilidad *f* [emocional] insensitivity; [física] numbness.
insensibilizar *vt* MED to numb.
◆ **insensibilizarse** *vpr* [emocionalmente] to become desensitized.
insensible *adj* **-1.** [indiferente]: **~ (a)** insensitive (to) **-2.** [entumecido] numb **-3.** [imperceptible] imperceptible.
inseparable *adj* inseparable.
inserción *f* insertion; **iniciativas de ~ laboral** employment initiatives.
insertar *vt* [gen & COMPUT]: **~ (en)** to insert (into).
inservible *adj* useless, unserviceable.

insidioso, sa *adj* malicious.
insigne *adj* distinguished, illustrious.
insignia *f* **-1.** [distintivo] badge; *MIL* insignia **-2.** [bandera] flag, banner.
insignificancia *f* **-1.** [cualidad] insignificance **-2.** [cosa, hecho] trifle, insignificant thing.
insignificante *adj* insignificant.
insinuación *f* hint, insinuation.
◆ **insinuaciones** *fpl* [amorosas] innuendo *(U)*.
insinuante *adj* suggestive, full of innuendo.
insinuar [6] *vt*: ~ **algo (a)** to hint at *o* insinuate sthg (to).
◆ **insinuarse** *vpr* **-1.** [amorosamente]: **~se (a)** to make advances (to) **-2.** [asomar]: **~se detrás de algo** to peep out from behind sthg.
insípido, da *adj lit & fig* insipid.
insistencia *f* insistence.
insistente *adj* insistent.
insistir *vi*: ~ **(en)** to insist (on); ~ **en que** to insist that.
insobornable *adj* incorruptible.
insociable *adj* unsociable.
insolación *f* **-1.** *MED* sunstroke *(U)*; **coger una** ~ to get sunstroke **-2.** *METEOR* sunshine.
insolencia *f* insolence; **hacer/decir una** ~ to do/say sthg insolent.
insolente ◇ *adj* [descarado] insolent; [orgulloso] haughty. ◇ *mf* insolent person.
insolidaridad *f* lack of solidarity.
insolidario, ria ◇ *adj* lacking in solidarity. ◇ *m y f* person lacking in solidarity.
insólito, ta *adj* very unusual.
insoluble *adj* insoluble.
insolvencia *f* insolvency.
insolvente *adj* insolvent.
insomne *adj* sleepless.
insomnio *m* insomnia, sleeplessness.
insondable *adj lit & fig* unfathomable.
insonorización *f* soundproofing.
insonorizar [13] *vt* to soundproof.
insoportable *adj* unbearable, intolerable.
insoslayable *adj* inevitable, unavoidable.
insospechable *adj* impossible to tell, unforeseeable.
insospechado, da *adj* unexpected, unforeseen.
insostenible *adj* untenable.
inspección *f* inspection; [policial] search; ~ **de calidad** quality control inspection; ~ **ocular** visual inspection.
inspeccionar *vt* to inspect; [suj: policía] to search.
inspector, ra *m,f* inspector; ~ **de aduanas** customs official; ~ **de Hacienda** tax inspector; ~ **de policía** police inspector.
inspiración *f* **-1.** [gen] inspiration **-2.** [respiración] inhalation, breath.
inspirado, da *adj* inspired.
inspirar *vt* **-1.** [gen] to inspire **-2.** [respirar] to inhale, to breathe in.
◆ **inspirarse** *vpr*: **~se (en)** to be inspired (by).
instalación *f* **-1.** [gen] installation; ~ **eléctrica** wiring; ~ **sanitaria** plumbing **-2.** [de gente] settling.
◆ **instalaciones** *fpl* [deportivas etc] facilities.
instalador, ra ◇ *adj* installing, fitting. ◇ *m,f* fitter.
instalar *vt* **-1.** [montar - antena etc] to instal, to fit; [- local, puesto etc] to set up **-2.** [situar - objeto] to place; [- gente] to settle.
◆ **instalarse** *vpr* [establecerse]: **~se en** to settle (down) in; [nueva casa] to move into.
instancia *f* **-1.** [solicitud] application (form) **-2.** [ruego] request; **a ~s de** at the request *o* bidding of; **en última** ~ as a last resort **-3.** *DER*: **juzgado de primera** ~ court of first instance.
instantáneo, a *adj* **-1.** [momentáneo] momentary **-2.** [rápido] instantaneous.
◆ **instantánea** *f* snapshot, snap.
instante *m* moment; **a cada** ~ all the time, constantly; **al** ~ instantly, immediately; **en un** ~ in a second.
instar *vt*: ~ **a alguien a que haga algo** to urge *o* press sb to do sthg.
instauración *f* establishment, foundation.
instaurar *vt* to establish, to set up.
instigador, ra ◇ *adj* instigating. ◇ *m,f* instigator.
instigar [16] *vt*: ~ **a alguien (a que haga algo)** to instigate sb (to do sthg); ~ **a algo** to incite to sthg.
instintivo, va *adj* instinctive.
instinto *m* instinct; **por** ~ instinctively; ~ **maternal** maternal instinct; ~ **de supervivencia** survival instinct.
institución *f* **-1.** [gen] institution; ~ **benéfica** charitable organization; ~ **pública** public institution; **ser una** ~ *fig* to be an institution **-2.** [de ley, sistema] introduction; [de organismo] establishment; [de premio] foundation.
institucional *adj* institutional.

institucionalizar [13] *vt* to institutionalize.

instituir [51] *vt* **-1.** [fundar - gobierno] to establish; [- premio, sociedad] to found; [- sistema, reglas] to introduce **-2.** [nombrar] to appoint, to name.

instituto *m* **-1.** [corporación] institute **-2.** EDUC: **~ (de Enseñanza Secundaria)** state secondary school; **~ de Formación Profesional** ≃ technical college; **~ politécnico** polytechnic.

◆ **instituto de belleza** *m* beauty salon.

institutriz *f* governess.

instrucción *f* **-1.** [conocimientos] education; [docencia] instruction; **~ militar** military training **-2.** [DER - investigación] preliminary investigation; [- curso del proceso] proceedings *(pl)*.

◆ **instrucciones** *fpl* [de uso] instructions.

instructivo, va *adj* [gen] instructive; [juguete, película] educational.

instructor, ra ◇ *adj* training, instructing. ◇ *m,f* [gen] instructor, teacher; DEP coach.

instruido, da *adj* educated.

instruir [51] *vt* **-1.** [enseñar] to instruct **-2.** DER to prepare.

instrumental ◇ *adj* instrumental. ◇ *m* instruments *(pl)*.

instrumentar *vt* to orchestrate, to score.

instrumentista *mf* **-1.** MÚS instrumentalist **-2.** MED surgeon's assistant.

instrumento *m* **-1.** MÚS & *fig* instrument; **~ de cuerda** string instrument; **~ musical** musical instrument; **~ de viento** wind instrument **-2.** [herramienta] tool, instrument; **~ de precisión** precision tool.

insubordinación *f* insubordination.

insubordinado, da ◇ *adj* insubordinate. ◇ *m,f* insubordinate (person), rebel.

insubordinar *vt* to stir up, to incite to rebellion.

◆ **insubordinarse** *vpr* to rebel.

insubstancial = **insustancial**.

insubstituible = **insustituible**.

insuficiencia *f* **-1.** [escasez] lack, shortage **-2.** MED failure, insufficiency; **~ cardiaca/renal** heart/kidney failure.

insuficiente ◇ *adj* insufficient. ◇ *m* [nota] fail.

insufrible *adj* intolerable, insufferable.

insular ◇ *adj* insular, island *(antes de sust)*. ◇ *mf* islander.

insulina *f* insulin.

insulso, sa *adj lit & fig* bland, insipid.

insultante *adj* insulting, offensive.

insultar *vt* to insult.

insulto *m* insult; **proferir ~s** to hurl insults.

insumisión *f* rebelliousness.

insumiso, sa ◇ *adj* rebellious. ◇ *m,f* [gen] rebel; MIL *person who refuses to do military or community service.*

insuperable *adj* **-1.** [inmejorable] unsurpassable **-2.** [sin solución] insurmountable, insuperable.

insurgente *adj* insurgent.

insurrección *f* insurrection, revolt.

insurrecto, ta *adj & m,f* insurgent, rebel.

insustancial, insubstancial *adj* insubstantial.

insustituible, insubstituible *adj* irreplaceable.

intachable *adj* irreproachable.

intacto, ta *adj* untouched; *fig* intact.

intangible *adj* intangible.

integración *f* integration; **~ racial** racial integration.

integral ◇ *adj* **-1.** [total] total, complete **-2.** [sin refinar - pan, harina, pasta] wholemeal; [- arroz] brown **-3.** MAT ▷ **cálculo**. ◇ *f* MAT integral.

integrante ◇ *adj* integral, constituent; **estado ~ de la CE** member state of the EC. ◇ *mf* member.

integrar *vt* **-1.** [gen & MAT] to integrate **-2.** [componer] to make up.

◆ **integrarse** *vpr* to integrate; **~se en** to become integrated into.

integridad *f* [gen] integrity; [totalidad] wholeness.

integrismo *m* **-1.** RELIG fundamentalism **-2.** POLÍT reaction, traditionalism.

integrista *adj & m,f* **-1.** RELIG fundamentalist **-2.** POLÍT reactionary, traditionalist.

íntegro, gra *adj* **-1.** [completo] whole, entire; [versión etc] unabridged **-2.** [honrado] upright, honourable.

intelecto *m* intellect.

intelectual *adj & m,f* intellectual.

intelectualizar [13] *vt* to intellectualize.

inteligencia *f* intelligence; **~ artificial** INFORM artificial intelligence; **~ emocional** emotional intelligence.

inteligente *adj* [gen & COMPUT] intelligent.

inteligible *adj* intelligible.

intemperie *f*: **a la ~** in the open air.

intempestivo, va *adj* [clima, comentario] harsh; [hora] ungodly, unearthly; [proposición, visita] inopportune.

intemporal *adj* timeless, independent of time.

intención *f* intention; **con ~** intentionally;

sin ~ without meaning to; **tener la ~ de** to intend to; **tener malas intenciones** to be up to no good; **buena/mala ~** good/bad intentions *(pl)*; **segunda ~** underhandedness, duplicity; **~ de voto** voting intention; **la ~ es lo que cuenta** it's the thought that counts; **de buenas intenciones está el infierno lleno** *proverb* the road to hell is paved with good intentions.

intencionado, da *adj* intentional, deliberate; **bien ~** [acción] well-meant; [persona] well-meaning; **mal ~** [acción] ill-meant, ill-intentioned; [persona] malevolent.

intencional *adj* intentional, deliberate.

intencionalidad *f* intent.

intendencia *f* management, administration; **~ militar** service corps.

intendente *m* [militar] quartermaster.

intensidad *f* [gen] intensity; [de lluvia] heaviness; [de luz, color] brightness; [de amor] passion, strength.

intensificación *f* intensification.

intensificar [10] *vt* to intensify.

◆ **intensificarse** *vpr* to intensify.

intensivo, va *adj* intensive.

intenso, sa *adj* [gen] intense; [lluvia] heavy; [luz, color] bright; [amor] passionate, strong.

intentar *vt*: **~ (hacer algo)** to try (to do sthg).

intento *m* [tentativa] attempt; [intención] intention; **~ de golpe/robo** attempted coup/robbery; **~ de suicidio** suicide attempt.

intentona *f*: **~ (golpista)** *POLÍT* attempted coup.

interacción *f* interaction.

interaccionar *vi* to interact.

interactivo, va *adj INFORM* interactive.

intercalar *vt* to insert, to put in.

intercambiable *adj* interchangeable.

intercambiar [8] *vt* to exchange; [lugares, posiciones] to change, to swap.

intercambio *m* exchange; **hacer un ~** to go on an exchange programme; **~ comercial** trade.

interceder *vi*: **~ (por alguien)** to intercede (on sb's behalf).

interceptar *vt* **-1.** [detener] to intercept **-2.** [obstruir] to block.

interceptor, ra ◇ *adj* intercepting. ◇ *m* interceptor.

intercesión *f* intercession.

intercesor, ra ◇ *adj* interceding. ◇ *m,f* interceder, intercessor.

interconexión *f* interconnection.

intercostal *adj* intercostal, between the ribs.

interés *m* **-1.** [gen & *FIN*] interest; **de ~** interesting; **esperar algo con ~** to await sthg with interest; **tener ~ en** *o* **por** to be interested in; **tengo ~ en que venga pronto** it's in my interest that he should come soon; **~ acumulado** accrued interest; **~ compuesto** compound interest; **~ interbancario** interbank deposit rate; **~ preferencial** preferential interest rate; **~ simple** simple interest; **intereses creados** vested interests **-2.** [egoísmo] self-interest, selfishness; **por ~** out of selfishness.

interesado, da ◇ *adj* **-1.** [gen]: **~ (en** *o* **por)** interested (in) **-2.** [egoísta] selfish, self-interested **-3.** [implicado]**: las partes interesadas** the interested parties. ◇ *m,f* **-1.** [deseoso] interested person; **los ~s** those interested **-2.** [egoísta] selfish *o* self-interested person.

interesante *adj* interesting; **hacerse el/la ~** to try to draw attention to oneself.

interesar *vi* to interest; **le interesa el arte** she's interested in art.

◆ **interesarse** *vpr*: **~se (en** *o* **por)** to take an interest (in), to be interested (in); **se interesó por tu salud** she asked after your health.

interestatal *adj* interstate.

interfaz *f INFORM* interface.

interfecto, ta *m,f* murder victim.

interferencia *f* interference.

interferir [27] ◇ *vt* **-1.** *RADIO, TELECOM & TV* to jam **-2.** [interponerse] to interfere with. ◇ *vi*: **~ (en)** to interfere (in).

interfono *m* intercom.

interina ▷ **interino.**

interinidad *f* **-1.** [cualidad] temporariness **-2.** [tiempo] (period of) temporary employment.

interino, na ◇ *adj* [gen] temporary; [presidente, director etc] acting; [gobierno] interim. ◇ *m,f* [gen] stand-in; [médico, juez] locum; [profesor] supply teacher.

◆ **interina** *f* [asistenta] cleaning lady.

interior ◇ *adj* **-1.** [gen] inside, inner; [patio, jardín etc] interior, inside; [habitación, vida] inner **-2.** *POLÍT* domestic **-3.** *GEOGR* inland. ◇ *m* **-1.** [parte de dentro] inside, interior **-2.** *GEOGR* interior, inland area **-3.** [de una persona] inner self, heart; **en mi ~** deep down.

◆ **interiores** *fpl* **-1.** *CIN* interiors **-2.** *Amér* [calzoncillos] underpants *(pl)*.

interioridad *f* [carácter] inner self.

◆ **interioridades** *fpl* [asuntos] private affairs.
interiorismo *m* interior design.
interiorista *m y f* interior designer.
interiorización *f* internalization; [de sentimientos] bottling-up.
interiorizar [13] *vt* to internalize; [sentimientos] to bottle up.
interjección *f* interjection.
interlineado *m* space between the lines.
interlocutor, ra *m,f* interlocutor, speaker; **su ~** the person she was speaking to.
interludio *m* [gen & *MÚS*] interlude.
intermediar [8] *vi* to mediate.
intermediario, ria ◇ *adj* intermediary. ◇ *m,f* [gen] intermediary; *COM* middleman; [en disputas] mediator.
intermedio, dia *adj* **-1.** [etapa] intermediate, halfway; [calidad] average; [tamaño] medium **-2.** [tiempo] intervening; [espacio] in between.
◆ **intermedio** *m* [gen & *TEATR*] interval; *CIN* intermission.
interminable *adj* endless, interminable.
intermitencia *f* intermittence, intermittency.
intermitente ◇ *adj* intermittent. ◇ *m* indicator.
internacional *adj* international.
◆ **Internacional** *f POLÍT* International; **La Internacional** [himno] the Internationale.
internacionalismo *m* internationalism.
internado, da ◇ *adj* [en manicomio] confined; [en colegio] boarding; *POLÍT* interned. ◇ *m,f* [en manicomio] inmate; [en colegio] boarder; *POLÍT* internee.
◆ **internado** *m* **-1.** [internamiento - en manicomio] confinement; [- en colegio] boarding **-2.** [colegio] boarding school.
◆ **internada** *f DEP* break, breakaway.
internamiento *m* [en manicomio] confinement; [en escuela] boarding; *POLÍT* internment.
internar *vt*: **~ (en)** [internado] to send to boarding school (at); [manicomio] to commit (to); [campo de concentración] to intern (in).
◆ **internarse** *vpr*: **~se (en)** [un lugar] to go *o* penetrate deep (into); [un tema] to become deeply involved (in).
internauta *m y f* Internet user.
Internet *f*: **(la) ~** the Internet; **en ~** on the Internet.
internista *adj & m,f* internist.
interno, na ◇ *adj* **-1.** [gen] internal; *POLÍT* domestic **-2.** [alumno] boarding **-3.** ▷ **medicina**. ◇ *m,f* **-1.** [alumno] boarder **-2.** ▷ **médico -3.** [preso] prisoner, inmate.
interparlamentario, ria *adj* interparliamentary.
interpelación *f* formal question.
interpelar *vt* to question formally.
interplanetario, ria *adj* interplanetary.
Interpol (*abrev de* **International Criminal Police Organization**) *f* Interpol.
interpolar *vt* to interpolate, to put in.
interponer [65] *vt* **-1.** [gen] to interpose, to put in **-2.** *DER* to lodge, to make.
◆ **interponerse** *vpr* to intervene.
interposición *f* **-1.** [gen] interposition **-2.** *DER* lodging *(of an appeal)*.
interpretación *f* **-1.** [explicación] interpretation; **mala ~** misinterpretation **-2.** [artística] performance **-3.** [traducción] interpreting.
interpretar *vt* **-1.** [gen] to interpret **-2.** [artísticamente] to perform.
intérprete *mf* **-1.** [traductor & *INFORM*] interpreter **-2.** [artista] performer **-3.** [comentarista] commentator.
interpuesto, ta *pp* ▷ **interponer.**
interrelación *f* interrelation.
interrelacionar *vt* to interrelate.
interrogación *f* **-1.** [acción] questioning **-2.** [signo] question mark **-3.** [pregunta] question.
interrogador, ra ◇ *adj* questioning. ◇ *m,f* [gen] questioner; [que usa amenazas etc] interrogator.
interrogante *m o f* [incógnita] question mark.
interrogar [16] *vt* [gen] to question; [con amenazas etc] to interrogate.
interrogativo, va *adj* interrogative.
interrogatorio *m* [gen] questioning; [con amenazas] interrogation.
interrumpir *vt* **-1.** [gen] to interrupt **-2.** [discurso, trabajo] to break off; [viaje, vacaciones] to cut short **-3.** [circulación] to block.
◆ **interrumpirse** *vpr* to be interrupted; [tráfico] to be blocked.
interrupción *f* **-1.** [gen] interruption; **~ (voluntaria) del embarazo** termination of pregnancy **-2.** [de discurso, trabajo] breaking-off; [de viaje, vacaciones] cutting-short **-3.** [de circulación etc] blocking.
interruptor *m* switch; **~ general** mains switch.
intersección *f* intersection.
interurbano, na *adj* inter-city; *TELECOM* long-distance.
intervalo *m* **-1.** [gen & *MÚS*] interval; [de espa-

cio] space, gap; **a ~s** at intervals **-2.** [duración]: **en el ~ de un mes** in the space of a month.
intervención *f* **-1.** [gen] intervention **-2.** [discurso] speech; [interpelación] contribution **-3.** *COM* auditing **-4.** *MED* operation **-5.** *TELECOM* tapping.
intervencionismo *m* interventionism.
intervencionista *adj & m,f* interventionist.
intervenir [75] ◇ *vi* **-1.** [participar]: **~ (en)** [gen] to take part (in); [pelea] to get involved (in); [discusión etc] to make a contribution (to) **-2.** [dar un discurso] to make a speech **-3.** [interferir]: **~ (en)** to intervene (in) **-4.** *MED* to operate. ◇ *vt* **-1.** *MED* to operate on **-2.** *TELECOM* to tap **-3.** [incautar] to seize **-4.** *COM* to audit.
interventor, ra *m,f* **-1.** *COM* auditor **-2.** [en elecciones] scrutineer.
interviú (*pl* **interviús**) *f* interview.
intestinal *adj* intestinal.
intestino, na *adj* internecine.
◆ **intestino** *m* intestine; **~ delgado/grueso** small/large intestine.
intimar *vi*: **~ (con)** to become intimate *o* very friendly (with).
intimidación *f* intimidation.
intimidad *f* **-1.** [vida privada] private life; [privacidad] privacy; **en la ~** in private **-2.** [amistad] intimacy.
intimidar *vt* to intimidate.
intimista *adj* Intimist.
íntimo, ma ◇ *adj* **-1.** [vida, fiesta] private; [ambiente, restaurante] intimate **-2.** [relación, amistad] close **-3.** [sentimiento etc] innermost; **en lo (más) ~ de su corazón/alma** deep down in her heart/soul. ◇ *m,f* close friend.
intocable *adj* untouchable.
◆ **intocables** *mpl y fpl* [en la India] untouchables.
intolerable *adj* intolerable, unacceptable; [dolor, ruido] unbearable.
intolerancia *f* **-1.** [actitud] intolerance **-2.** *MED* allergy.
intolerante ◇ *adj* intolerant. ◇ *mf* intolerant person.
intoxicación *f* poisoning *(U)*; **~ alimenticia** food poisoning; **~ etílica** alcohol poisoning.
intoxicar [10] *vt* to poison.
◆ **intoxicarse** *vpr* to poison o.s.
intraducible *adj* untranslatable.
intranquilidad *f* unease, anxiety.
intranquilizar [13] *vt* to worry, to make uneasy.
◆ **intranquilizarse** *vpr* to get worried.
intranquilo, la *adj* [preocupado] worried, uneasy; [nervioso] restless.
intranscendencia = **intrascendencia**.
intranscendente = **intrascendente**.
intransferible *adj* non-transferable, untransferable.
intransigencia *f* intransigence.
intransigente *adj* intransigent.
intransitable *adj* impassable.
intransitivo, va *adj* intransitive.
intrascendencia, intranscendencia *f* insignificance, unimportance.
intrascendente, intranscendente *adj* insignificant, unimportant.
intratable *adj* unsociable, difficult to get on with.
intrauterino, na *adj* intrauterine.
intravenoso, sa *adj* intravenous.
intrépido, da *adj* intrepid.
intriga *f* **-1.** [curiosidad] curiosity; **de ~** suspense *(antes de sust)* **-2.** [maquinación] intrigue **-3.** [trama] plot.
intrigado, da *adj* intrigued.
intrigante *adj* intriguing.
intrigar [16] *vt & vi* to intrigue.
intrincado, da *adj* **-1.** [bosque etc] thick, dense **-2.** [problema etc] intricate.
intríngulis *m inv fam*: **tiene su ~** it is quite tricky.
intrínseco, ca *adj* intrinsic.
introducción *f*: **~ (a)** introduction (to).
introducir [33] *vt* **-1.** [meter - llave, carta etc] to put in, to insert **-2.** [mercancías etc] to bring in, to introduce **-3.** [dar a conocer]: **~ a alguien en** to introduce sb to; **~ algo en** to introduce *o* bring sthg to.
◆ **introducirse** *vpr*: **~se en** to get into.
introductor, ra ◇ *adj* introductory; **el país ~ de esta moda** the country that brought in this fashion. ◇ *m,f* introducer.
introductorio, ria *adj* introductory.
intromisión *f* meddling, interfering.
introspección *f* introspection.
introspectivo, va *adj* introspective.
introvertido, da *adj & m,f* introvert.
intrusión *f* intrusion.
intrusismo *m* illegal practice of a profession.
intruso, sa ◇ *adj* intrusive. ◇ *m,f* intruder; **~ informático** hacker.

intubar *vt* to intubate.
intuición *f* intuition.
intuir [51] *vt* to know by intuition, to sense.
intuitivo, va *adj* intuitive.
intuya, intuyera *etc v* ▻ **intuir**.
inundación *f* flood, flooding *(U)*.
inundar *vt* to flood; *fig* to inundate, to swamp.
◆ **inundarse** *vpr* to flood; **~se de** *fig* to be inundated *o* swamped with.
inusitado, da *adj* uncommon, rare.
inusual *adj* unusual.
inútil ◇ *adj* **-1.** [gen] useless; [intento, esfuerzo] unsuccessful, vain **-2.** [inválido] disabled **-3.** [no apto] unfit. ◇ *mf* hopeless case, useless person.
inutilidad *f* **-1.** [gen] uselessness; [falta de sentido] pointlessness **-2.** [invalidez] disablement.
inutilizar [13] *vt* [gen] to make unusable; [máquinas, dispositivos] to disable, to put out of action.
invadir *vt* to invade; **la invade la tristeza** she's overcome by sadness.
invalidación *f* invalidation.
invalidar *vt* to invalidate.
invalidez *f* **-1.** *MED* disablement, disability; **~ permanente/temporal** permanent/temporary disability **-2.** *DER* invalidity.
inválido, da ◇ *adj* **-1.** *MED* disabled **-2.** *DER* invalid. ◇ *m,f* invalid, disabled person; **los ~s** the disabled.
invariable *adj* invariable.
invasión *f* invasion.
invasor, ra ◇ *adj* invading. ◇ *m,f* invader.
invencible *adj* invincible; [timidez etc] insurmountable, insuperable.
invención *f* invention.
invendible *adj* unsaleable.
inventar *vt* [gen] to invent; [narración, falsedades] to make up.
◆ **inventarse** *vpr* to make up.
inventario *m* inventory; **hacer el ~** *COM* to do the stocktaking.
inventiva *f* inventiveness.
invento *m* invention.
inventor, ra *m,f* inventor.
invernadero, invernáculo *m* greenhouse.
invernal *adj* winter *(antes de sust)*; [tiempo, paisaje] wintry.
invernar [19] *vi* [pasar el invierno] to (spend the) winter; [hibernar] to hibernate.
inverosímil *adj* unlikely, improbable.
inverosimilitud *f* unlikeliness, improbability.
inversión *f* **-1.** [del orden] inversion **-2.** [de dinero, tiempo] investment; **inversiones extranjeras** *ECON* foreign investments.
inverso, sa *adj* opposite, inverse; **~ a** opposite to; **a la inversa** the other way round; **en orden ~** in reverse order.
inversor, ra ◇ *adj* investing. ◇ *m,f COM & FIN* investor.
◆ **inversor** *m ELECTR* inverter.
invertebrado, da *adj* invertebrate.
◆ **invertebrado** *m* invertebrate.
invertido, da ◇ *adj* **-1.** [al revés] reversed, inverted; [sentido, dirección] opposite **-2.** [dinero] invested **-3.** [homosexual] homosexual. ◇ *m,f* homosexual.
invertir [27] *vt* **-1.** [gen] to reverse; [poner boca abajo] to invert, to turn upside down, to invert **-2.** [dinero, tiempo, esfuerzo] to invest **-3.** [tardar - tiempo] to spend.
investidura *f* investiture.
investigación *f* **-1.** [estudio] research; **~ y desarrollo** research and development **-2.** [indagación] investigation, inquiry; **~ judicial** judicial inquiry.
investigador, ra ◇ *adj* **-1.** [que estudia] research *(antes de sust)* **-2.** [que indaga] investigating. ◇ *m,f* **-1.** [estudioso] researcher **-2.** [detective] investigator; **~ privado** private investigator *o* detective.
investigar [16] ◇ *vt* **-1.** [estudiar] to research **-2.** [indagar] to investigate. ◇ *vi* **-1.** [estudiar] to do research **-2.** [indagar] to investigate.
investir [26] *vt*: **~ a alguien con algo** to invest sb with sthg.
inveterado, da *adj* deep-rooted.
inviabilidad *f* impracticability.
inviable *adj* impractical, unviable.
invicto, ta *adj culto* unconquered, unbeaten.
invidente ◇ *adj* blind, sightless. ◇ *mf* blind *o* sightless person; **los ~s** the blind.
invierna *etc* ▻ **invernar**.
invierno *m* winter; **~ nuclear** nuclear winter.
invierta *etc* ▻ **invertir**.
inviolabilidad *f* inviolability.
inviolable *adj* inviolable.
invirtiera *etc* ▻ **invertir**.
invisible *adj* invisible.
invista, invistiera *etc* ▻ **investir**.
invitación *f* invitation.
invitado, da ◇ *adj* invited. ◇ *m,f* guest.

invitar ◇ *vt* **-1.** [convidar]: ~ **a alguien (a algo/a hacer algo)** to invite sb (to sthg/to do sthg) **-2.** [pagar]: **os invito** it's my treat, this one's on me; ~ **a alguien a algo** to buy sb sthg *(food, drink)*; **te invito a cenar fuera** I'll take you out for dinner. ◇ *vi* to pay; **invita la casa** it's on the house.
◆ **invitar a** *vi fig* [incitar]: ~ **a algo** to encourage sthg; **la lluvia invita a quedarse en casa** the rain makes you want to stay at home.

in vitro *loc adv* **-1.** [de probeta] in vitro **-2.** ▻ **fecundación**.

invocación *f* invocation.

invocar [10] *vt* to invoke.

involución *f* regression.

involucionista ◇ *adj* regressive, reactionary. ◇ *mf* reactionary.

involucrar *vt*: ~ **a alguien (en)** to involve sb (in).
◆ **involucrarse** *vpr*: ~**se (en)** to get involved (in).

involuntario, ria *adj* [espontáneo] involuntary; [sin querer] unintentional.

invoque *etc* ▻ **invocar**.

invulnerabilidad *f* invulnerability.

invulnerable *adj*: ~ **(a)** immune (to), invulnerable (to).

inyección *f* injection; **poner una** ~ to give an injection.

inyectable ◇ *adj* injectable. ◇ *m* injection.

inyectar *vt* to inject.
◆ **inyectarse** *vpr* [drogas] to take drugs intravenously; ~**se algo** to inject o.s. with sthg.

iodo = **yodo**.

ion *m* ion.

ionice *etc* ▻ **ionizar**.

iónico, ca *adj* ionic.

ionizar [13] *vt* to ionize.

ionosfera *f* ionosphere.

IPC (*abrev de* **índice de precios al consumo**) *m Spanish cost of living index*, ≃ RPI *UK*.

ipso facto *loc adv* immediately.

ir [61] *vi* **-1.** [gen] to go; ~ **hacia el sur/al cine** to go south/to the cinema; ~ **en autobús/coche** to go by bus/car; ~ **en avión** to fly; ~ **en bicicleta** to ride; ~ **andando** to go on foot, to walk; **¡vamos!** let's go! **-2.** [expresa duración gradual]: ~ **haciendo algo** to be (gradually) doing sthg; **va anocheciendo** it's getting dark; **voy mejorando mi estilo** I'm working on improving my style **-3.** [expresa intención, opinión]: ~ **a hacer algo** to be going to do sthg; **voy a decírselo a tu padre** I'm going to tell your father; **te voy a echar de menos** I'm going to miss you **-4.** [cambiar]: ~ **a mejor/peor** *etc* to get better/worse *etc* **-5.** [funcionar] to work; **la manivela va floja** the crank is loose; **la televisión no va** the television isn't working **-6.** [desenvolverse] to go; **le va bien en su nuevo trabajo** things are going well for him in his new job; **su negocio va mal** his business is going badly; **¿cómo te va?** how are you doing? **-7.** [vestir]: ~ **en/con** to wear; **iba en camisa y con corbata** he was wearing a shirt and tie; ~ **de azul/de uniforme** to be dressed in blue/in uniform **-8.** [tener aspecto físico] to look like; **iba hecho un pordiosero** he looked like a beggar **-9.** [vacaciones, tratamiento]: ~ **le bien a alguien** to do sb good **-10.** [ropa]: ~ **le (bien) a alguien** to suit sb; ~ **con algo** to go with sthg **-11.** [comentario, indirecta]: ~ **con** *o* **por alguien** to be meant for sb, to be aimed at sb **-12.** *loc*: **fue y dijo que ...** he went and said that ...; **ni me va ni me viene** *fam* I don't care; **¡qué va!** you must be joking!; **ser el no va más** to be the ultimate.
◆ **ir de** *vi* **-1.** [película, novela] to be about **-2.** *fig* [persona] to think o.s.; **va de listo** he thinks he's clever.
◆ **ir por** *vi* **-1.** [buscar]: ~ **por algo/alguien** to go and get sthg/sb, to go and fetch sthg/sb **-2.** [alcanzar]: **va por el cuarto vaso de vino** he's already on his fourth glass of wine; **vamos por la mitad de la asignatura** we covered about half the subject.
◆ **irse** *vpr* **-1.** [marcharse] to go, to leave; ~**se a** to go to; **¡vete!** go away! **-2.** [gastarse, desaparecer] to go **-3.** *loc*: ~**se abajo** [edificio] to fall down; [negocio] to collapse; [planes] to fall through.

ira *f* anger, rage.

iracundo, da *adj* angry, irate; [irascible] irascible.

Irán: (el) ~ Iran.

iraní (*pl* **iraníes**) *adj & m,f* Iranian.
◆ **iraní** *m* [lengua] Iranian.

Iraq: (el) ~ Iraq.

iraquí (*pl* **iraquíes**) *adj & m,f* Iraqi.

irascible *adj* irascible.

irga, irguiera *etc* ▻ **erguir**.

iris *m inv* iris.

Irlanda Ireland.

irlandés, esa ◇ *adj* Irish. ◇ *m,f* [persona] Irishman (*f* Irishwoman); **los irlandeses** the Irish.
◆ **irlandés** *m* [lengua] Irish.

ironía *f* irony.

irónico, ca *adj* ironic, ironical.
ironizar [13] ◇ *vt* to ridicule. ◇ *vi*: ~ **(sobre)** to be ironical (about).
IRPF (*abrev de* **Impuesto sobre la Renta de las Personas Físicas**) *m Spanish personal income tax.*
irracional *adj* irrational.
irracionalidad *f* irrationality.
irradiación *f* **-1.** [gen] irradiation **-2.** [de cultura, ideas] dissemination, spreading.
irradiar [8] *vt lit & fig* to radiate.
irrazonable *adj* unreasonable.
irreal *adj* unreal.
irrealidad *f* unreality.
irrealizable *adj* [sueño, objetivo] unattainable; [plan] impractical.
irrebatible *adj* irrefutable, indisputable.
irreconciliable *adj* irreconcilable.
irreconocible *adj* unrecognizable.
irrecuperable *adj* irretrievable.
irreemplazable = **irremplazable.**
irreflexión *f* rashness.
irreflexivo, va *adj* rash.
irrefrenable *adj* irrepressible, uncontainable.
irrefutable *adj* irrefutable.
irregular *adj* [gen] irregular; [terreno, superficie] uneven.
irregularidad *f* [gen] irregularity; [de terreno, superficie] unevenness.
irrelevancia *f* irrelevance.
irrelevante *adj* irrelevant.
irremediable *adj* irremediable.
irremplazable, irreemplazable *adj* irreplaceable.
irreparable *adj* irreparable.
irrepetible *adj* unique, unrepeatable.
irreprimible *adj* irrepressible.
irreprochable *adj* irreproachable.
irresistible *adj* irresistible.
irresoluble *adj* unsolvable.
irresoluto, ta ◇ *adj culto* irresolute. ◇ *m,f* irresolute person.
irrespetuoso, sa *adj* disrespectful.
irrespirable *adj* unbreathable.
irresponsabilidad *f* irresponsibility.
irresponsable ◇ *adj* irresponsible. ◇ *mf* irresponsible person.
irreverente *adj* irreverent.
irreversible *adj* irreversible.
irrevocable *adj* irrevocable.
irrigación *f* irrigation.
irrigador *m* MED irrigator.
irrigar [16] *vt* to irrigate.
irrisorio, ria *adj* **-1.** [excusa etc] laughable, derisory **-2.** [precio etc] ridiculously low.
irritabilidad *f* irritability.
irritable *adj* irritable.
irritación *f* irritation.
irritante *adj* irritating.
irritar *vt* to irritate.
◆ **irritarse** *vpr* **-1.** [enfadarse] to get angry *o* annoyed **-2.** [suj: piel etc] to become irritated.
irrompible *adj* unbreakable.
irrumpir *vi*: ~ **en** to burst into.
irrupción *f* bursting in.
isabelino, na *adj* [en España] Isabelline; [en Inglaterra] Elizabethan.
isla *f* island; **la ~ de Pascua** Easter Island; ~ **desierta** desert island.
islam *m* Islam.
islámico, ca *adj* Islamic.
islamismo *m* Islam.
islamizar [13] *vt* to Islamize, to convert to Islam.
◆ **islamizarse** *vpr* to convert to Islam.
islandés, esa ◇ *adj* Icelandic. ◇ *m,f* [persona] Icelander.
◆ **islandés** *m* [lengua] Icelandic.
Islandia Iceland.
isleño, ña ◇ *adj* island *(antes de sust).* ◇ *m,f* islander.
islote *m* small, rocky island.
isobara, isóbara *f* isobar.
isomorfo, fa *adj* MIN isomorphic.
isósceles ◇ *adj inv* isosceles. ◇ *m inv* isosceles triangle.
isótopo ◇ *adj* isotopic. ◇ *m* isotope.
Israel Israel.
israelí (*pl* **israelíes**) *adj & m,f* Israeli.
israelita *adj & m,f* Israelite.
istmo *m* isthmus.
Italia Italy.
italianismo *m* Italianism.
italianizar [13] *vt* to Italianize.
italiano, na *adj & m,f* Italian.
◆ **italiano** *m* [lengua] Italian.
itálico, ca ◇ *adj* **-1.** HIST Italic **-2.** ▷ **letra.** ◇ *m,f* HIST Italic.
item, ítem *m* item.
itinerante *adj* itinerant; [embajador] roving.
itinerario *m* route, itinerary.
ITV (*abrev de* **inspección técnica de vehículos**) *f annual technical inspection for motor vehicles of ten years or more,* ≃ MOT *UK.*
IVA (*abrev de* **impuesto sobre el valor añadi-**

do) *m* VAT.
izar [13] *vt* to raise, to hoist.
izda (*abrev de* **izquierda**) L, l.
izquierda *f* ▻ **izquierdo**.
izquierdismo *m* left-wing views (*pl*).
izquierdista ◇ *adj* left-wing. ◇ *mf* left-winger.
izquierdo, da *adj* left.
◆ **izquierda** *f* **-1.** [lado] left; **a la izquierda (de)** on *o* to the left (of); **girar a la izquierda** to turn left; **por la izquierda** on the left **-2.** [mano] left hand **-3.** *POLÍT* left (wing); **de izquierdas** left-wing.
izquierdoso, sa *adj fam* leftish.

j, J *f* [letra] j, J.
ja *interj*: **¡~!** ha!
jabalí (*pl* **jabalíes**) *m,f* wild boar.
jabalina *f DEP* javelin.
jabato, ta *adj* brave.
◆ **jabato** *m ZOOL* baby wild boar.
jabón *m* soap; **~ de afeitar/tocador** shaving/toilet soap; **~ líquido** liquid soap; **~ en polvo** soap powder; **dar ~ a alguien** to soft-soap sb.
jabonar *vt* to soap.
jaboncillo *m* tailor's chalk.
jabonera *f* soap dish.
jabonoso, sa *adj* soapy.
jaca *f* [caballo pequeño] pony; [yegua] mare.
jacal *m Méx* hut.
jacinto *m* hyacinth.
jaco *m mfam* junk, heroin.
jacobeo, a *adj* of/relating to St James.
jacobino, na *adj & m,f* Jacobin.
jactancia *f* boasting.
jactancioso, sa *adj* boastful.
jactarse *vpr*: **~ (de)** to boast (about *o* of).
jaculatoria *f* short prayer.
jade *m* jade.
jadeante *adj* panting.
jadear *vi* to pant.
jadeo *m* panting.
jaguar (*pl* **jaguars**) *m* jaguar.
jaiba *f Andes, CAm, Carib, Méx* crayfish.
jaibol *m Amér* highball.
jalar ◇ *vi mfam* to pig (out), to scoff. ◇ *vt Andes, CAm, Carib, Méx* [tirar] to pull.
◆ **jalarse** *vpr mfam* to scoff (down).
jalea *f* jelly; **~ real** royal jelly.
jalear *vt* to cheer on.
jaleo *m* **-1.** *fam* [alboroto] row, rumpus; **armar ~** to kick up a row *o* fuss **-2.** *fam* [lío] mess, confusion **-3.** [aplausos, gritos] cheering.
jalón *m* [palo] marker pole.
jalonar *vt* to stake *o* mark out; *fig* to mark.
Jamaica Jamaica.
jamaicano, na *adj & m,f* Jamaican.
jamás *adv* never; **no le he visto ~** I've never seen him; **la mejor película que ~ se haya hecho** the best film ever made; **~ de los jamases** never ever.
jamba *f* jamb, door post.
jamelgo *m fam* nag.
jamón *m* ham; **~ del país** local home-made ham; **~ (de) York** *o* **(en) dulce** boiled ham; **~ serrano** cured ham, ≃ Parma ham; **¡y un ~!** *fam* you've got to be joking!, not on your life!
jamona *fam* ◇ *adj* generously built. ◇ *f* generously-built woman.
Japón: **(el) ~** Japan.
japonés, esa *adj & m,f* Japanese.
◆ **japonés** *m* [lengua] Japanese.
jaque *m*: **~ (al rey)** check; **~ mate** checkmate; **tener en ~ a alguien** *fig* to keep sb in a state of anxiety.
jaqueca *f* migraine; **dar ~ (a alguien)** *fam* to bother (sb), to pester (sb).
jarabe *m* syrup; **~ para la tos** cough mixture *o* syrup; **~ de palo** beating; **tener mucho ~ de pico** to have the gift of the gab, to be a smooth talker.
jarana *f* **-1.** [juerga]: **estar/irse de ~** to be/go out on the town **-2.** [alboroto] row, rumpus.
jaranero, ra ◇ *adj* fond of partying. ◇ *m,f* party-goer.
jarcia *f NÁUT* rigging.
jardín *m* garden, yard *US*; **~ botánico** botanical garden; **~ zoológico** zoological garden, zoo.
◆ **jardín de infancia** *m* kindergarten, nursery school.
jardinera ▻ **jardinero**.
jardinería *f* gardening.
jardinero, ra *m,f* gardener.
◆ **jardinera** *f* flowerpot stand; **a la jardi-**

nera *CULIN* garnished with vegetables.

jarra *f* **-1.** [para servir] jug **-2.** [para beber] tankard.

◆ **en jarras** *loc adv* [postura] hands on hips.

jarrete *m* hock.

jarro *m* jug; **fue como un ~ de agua fría** *fig* it was a bolt from the blue.

jarrón *m* vase.

Jartum Khartoum.

jaspe *m* jasper.

jaspeado, da *adj* mottled, speckled.

◆ **jaspeado** *m* mottling.

jaspear *vt* to mottle, to speckle.

jauja *f fam* paradise, heaven on earth; **ser ~** to be heaven on earth *o* paradise.

jaula *f* cage.

jauría *f* pack of dogs.

Java Java.

javanés, esa *adj* & *m,f* Javanese.

jazmín *m* jasmine.

jazz [jas] *m* jazz.

JC (*abrev de* **Jesucristo**) JC.

je *interj*: **¡je!** ha!

jeans [jins] *mpl* jeans.

jeep [jip] (*pl* **jeeps**) *m* jeep.

jefa ▻ **jefe**.

jefatura *f* **-1.** [cargo] leadership **-2.** [organismo] headquarters, head office; **~ de policía** police headquarters.

jefazo, za *m,f fam* big boss.

jefe, fa *m,f* [gen] boss; *COM* manager (*f* manageress); [líder] leader; [de tribu, ejército] chief; [de departamento etc] head; **en ~** *MIL* in-chief; **~ de cocina** chef; **~ de estación** stationmaster; **~ de Estado** head of state; **~ de estudios** deputy head; **~ de personal** personnel manager; **~ de producción/ventas** production/sales manager; **~ de redacción** editor-in-chief.

jengibre *m* ginger.

jeque *m* sheikh.

jerarca *m* high-ranking person, leader.

jerarquía *f* **-1.** [organización] hierarchy **-2.** [persona] high-ranking person, leader.

jerárquico, ca *adj* hierarchical.

jerarquizar [13] *vt* to structure in a hierarchical manner.

jerez *m* sherry; **~ fino** dry sherry.

jerga *f* jargon; [argot] slang.

jergón *m* straw mattress.

jerifalte = **gerifalte**.

jerigonza *f* [galimatías] gibberish; [jerga] jargon; [argot] slang.

jeringa *f* syringe.

jeringuilla *f* syringe; **~ hipodérmica** hypodermic syringe.

jeroglífico, ca *adj* hieroglyphic.

◆ **jeroglífico** *m* **-1.** [inscripción] hieroglyphic **-2.** [pasatiempo] rebus.

jerséi (*pl* **jerséis**), **jersey** (*pl* **jerseys**) *m* jumper, pullover.

Jerusalén Jerusalem.

Jesucristo *m* Jesus Christ.

jesuita *adj* & *m* Jesuit.

jesús *interj*: **¡~!** [sorpresa] gosh!, good heavens!; [tras estornudo] bless you!

jet [jet] (*pl* **jets**) ◇ *m* jet. ◇ *f* ▻ **jet-set**.

jeta *mfam* ◇ *f* [cara] mug, face; **romperle la ~ a alguien** to smash sb's face in; **tener (mucha) ~** to be a cheeky bugger. ◇ *mf* cheeky bugger.

jet lag ['jetlak] *m* jet lag.

jet-set ['jetset] *f* jet set.

jíbaro, ra ◇ *adj* Jívaro (*antes de sust*). ◇ *m,f* Jívaro.

jibia *f* cuttlefish.

Jibuti Djibouti.

jícara *f CAm, Méx, Ven* calabash cup.

jijona *m type of nougat made in Jijona.*

jilguero *m* goldfinch.

jilipollada = **gilipollada**.

jilipollas = **gilipollas**.

jilipollez = **gilipollez**.

jinete *mf* rider; [yóquey] jockey.

jinetera *f Cuba fam* prostitute.

jiote *m Méx* rash.

jirafa *f* **-1.** *ZOOL* giraffe **-2.** *CIN* & *TV* boom.

jirón *m* **-1.** [andrajo] shred, rag; **hecho jirones** in tatters **-2.** *Perú* [calle] street.

jitomate *m CAm, Méx* tomato.

jívaro, ra = **jíbaro**.

JJ OO (*abrev de* **juegos olímpicos**) *mpl Olympic Games.*

jo *interj fam*: **¡~!** [asombro, admiración] wow!; [enfado, molestia] hell!, Christ!

jockey ['jokei] = **yóquey**.

jocosidad *f* **-1.** [humor] funniness, humour **-2.** [chiste] quip.

jocoso, sa *adj* jocular.

joda *f RP, Ven fam* [fastidio] pain in the arse *UK* *o* ass *US*; [juerga]: **irse de ~** pissing about.

joder *vulg* ◇ *vi* **-1.** [copular] to fuck **-2.** [fastidiar] to be a pain in the arse; **¡no jodas!** [incredulidad] bollocks!, pull the other one! ◇ *vt* **-1.** [fastidiar] to fuck about *o* around **-2.** [disgustar] to fuck *o* piss off **-3.** [estropear] to fuck (up). ◇ *interj*: **¡joder!** fuck it!, fucking hell!

◆ **joderse** *vpr vulg* **-1.** [aguantarse] to fucking well put up with it; **¡que se joda!** he can fuck off! **-2.** [estropearse] to get fucked (up).

jodido, da *adj vulg* **-1.** [gen] fucked; [anímicamente] fucked up **-2.** [difícil] fucking difficult **-3.** [maldito] fucking.

jodienda *f vulg* fucking pain (in the arse).

jofaina *f* wash basin.

jogging ['jogin] *m* jogging.

jóker ['joker] (*pl* **jokers**) *m* joker *(in cards)*.

jolgorio *m* merrymaking.

jolín, jolines *interj fam*: **¡~!** hell!, Christ!

jondo ▻ **cante**.

jónico, ca *adj* Ionic.

JONS (*abrev de* **Juntas de Ofensiva Nacional Sindicalista**) *fpl Spanish right-wing youth movement founded in 1931*.

jornada *f* **-1.** [de trabajo] working day; **~ intensiva** *working day from 8 to 3 with only a short lunch break*; **media ~** half day; **~ partida** *typical Spanish working day from 9 to 1 and 4 to 7*; **~ de reflexión** *day of reflection before elections when campaigning is forbidden* **-2.** [de viaje] day's journey **-3.** DEP round of matches, programme.

◆ **jornadas** *fpl* [conferencia] conference *(sg)*.

jornal *m* day's wage.

jornalero, ra *m,f* day labourer.

joroba *f* hump.

jorobado, da ◇ *adj* **-1.** *fam* [estropeado] knackered; **tengo el estómago ~** I've got gut-rot **-2.** [con joroba] hunchbacked. ◇ *m,f* hunchback.

jorobar *vt fam* **-1.** [molestar] to cheese off, to annoy **-2.** [estropear] to knacker; **me ha jorobado el estómago** it's given me gut-rot.

◆ **jorobarse** *vpr fam*: **pues te jorobas** you can like it or lump it.

jorongo *m Méx* **-1.** [manta] blanket **-2.** [poncho] poncho.

jota *f* **-1.** [baile] *Aragonese folk song and dance* **-2.** [loc]: **no entender** *o* **saber ni ~** *fam* not to understand *o* know a thing; **no ver ni ~** *fam* [por defecto visual] to be as blind as a bat; [por oscuridad etc] not to be able to see a thing.

jotero, ra *m,f jota dancer*.

joto *mf Méx fam despec* queer *UK*, faggot *US*.

joven ◇ *adj* young; **de ~** as a young man/woman. ◇ *mf* young man (*f* young woman); **los jóvenes** young people.

jovenzuelo, la *m,f* youngster.

jovial *adj* jovial, cheerful.

jovialidad *f* joviality, cheerfulness.

joya *f* jewel; *fig* gem; **~s de fantasía** costume jewellery *(U)*.

joyería *f* **-1.** [tienda] jeweller's (shop) **-2.** [arte, comercio] jewellery.

joyero, ra *m,f* [persona] jeweller.

◆ **joyero** *m* [estuche] jewellery box.

JPI (*abrev de* **juzgado de primera instancia**) *m court of first instance*.

juanete *m* bunion.

jubilación *f* **-1.** [retiro] retirement; **~ anticipada** early retirement; **~ forzosa** compulsory retirement; **~ voluntaria** voluntary retirement **-2.** [dinero] pension.

jubilado, da ◇ *adj* retired. ◇ *m,f* pensioner *UK*, senior citizen.

jubilar *vt*: **~ a alguien (de)** to pension sb off *o* retire sb (from).

◆ **jubilarse** *vpr* to retire.

jubileo *m* RELIG jubilee.

júbilo *m* jubilation, joy.

jubiloso, sa *adj* jubilant, joyous.

judaico, ca *adj* Judaic, Jewish.

judaísmo *m* Judaism.

judas *m inv* Judas, traitor.

judeocristiano, na *adj* Judaeo-Christian.

judeoespañol, la ◇ *adj* Sephardic. ◇ *m,f* [persona] Sephardic Jew.

◆ **judeoespañol** *m* [lengua] Sephardi.

judería *f* Jewish ghetto *o* quarter.

judía *f* bean; **~ blanca/verde** haricot/green bean.

judiada *f fam* dirty trick.

judicatura *f* **-1.** [cargo] office of judge **-2.** [institución] judiciary.

judicial *adj* judicial.

judío, a ◇ *adj* Jewish. ◇ *m,f* Jew (*f* Jewess).

judo = **yudo**.

judoka = **yudoka**.

juega ▻ **jugar**.

juego *m* **-1.** [gen & DEP] game; [acción] play, playing; [con dinero] gambling; **abrir/cerrar el ~** to begin/finish the game; **estar/poner en ~** to be/put at stake; **¡hagan ~!** place your bets!; **ser un ~ de niños** to be child's play; **~ de azar** game of chance; **~ de manos** conjuring trick; **~ de mesa** board game; **~ de palabras** play on words, pun; **~ de prendas** game of forfeit; **~s malabares** juggling *(U)*; *fig* [piruetas] balancing act *(sg)*; **~ sucio/limpio** foul/clean play; **descubrirle el ~ a alguien** to see through sb; **hacerle** *o* **seguirle el ~ a alguien** to play along with sb; **doble ~, ~ doble** double game, double dealing *(U)*; **estar (en) fuera de ~** DEP to be offside; *fig* not to know what's going on **-2.** [mano - de cartas] hand; **me salió un buen** ~ I was dealt a good hand **-3.** [conjunto de objetos] set; ~ **de herramientas** tool kit; ~ **de llaves/sábanas** set of keys/sheets; ~ **de té/café** tea/coffee service; **zapatos a** ~ **con el bolso** shoes with matching handbag; **hacer** ~ **(con)** to match.

◆ **juegos florales** *mpl* poetry competition *(sg)*.

◆ **Juegos Olímpicos** *mpl* Olympic Games.

juegue ▻ **jugar**.

juerga *f fam* rave-up, binge; **irse/estar de** ~ to go/be out on the town; **tomar algo a** ~ to take sthg as a joke.

juerguista *fam* ◇ *adj* fond of partying. ◇ *mf* party-goer, reveller.

jueves *m inv* Thursday; ~ **lardero** Thursday before Shrovetide; **Jueves Santo** Maundy Thursday; **no ser nada del otro** ~ to be nothing out of this world; *ver también* **sábado**.

juez *mf* **-1.** DER judge; ~ **de instrucción,** ~ **de primera instancia** examining magistrate; ~ **de paz** Justice of the Peace **-2.** [DEP - gen] judge; [- en atletismo] official; ~ **de línea** [fútbol] linesman; [rugby] touch judge; ~ **de salida** starter; ~ **de silla** umpire.

jugada *f* **-1.** DEP period of play; [en tenis, ping-pong] rally; [en fútbol, rugby etc] move; [en ajedrez etc] move; [en billar] shot **-2.** [treta] dirty trick; **hacer una mala** ~ **a alguien** to play a dirty trick on sb.

jugador, ra ◇ *adj* [gen] playing; [de juego de azar] gambling. ◇ *m,f* [gen] player; [de juego de azar] gambler.

jugar [40] ◇ *vi* **-1.** [gen] to play; ~ **al ajedrez** to play chess; ~ **en un equipo** to play for a team; **te toca** ~ it's your turn *o* go; ~ **limpio/sucio** to play clean/dirty; ~ **con algo** to play with sthg; ~ **contra alguien** to play (against) sb **-2.** [con dinero]: ~ **(a)** to gamble (on); ~ **(a la Bolsa)** to speculate (on the Stock Exchange) **-3.** [ser desconsiderado]: ~ **con** to play (around) with. ◇ *vt* **-1.** [gen] to play; [ficha, pieza] to move **-2.** [dinero]: ~ **algo (a algo)** to gamble sthg (on sthg).

◆ **jugarse** *vpr* **-1.** [apostarse] to bet **-2.** [arriesgar] to risk; **¿qué te juegas a que...?** I bet you ... **-3.** *loc*: **jugársela a alguien** to play a dirty trick on sb.

jugarreta *f fam* dirty trick.

juglar *m* minstrel.

juglaresco, ca *adj* minstrel *(antes de sust)*.

juglaría *f* minstrelsy.

jugo *m* **-1.** [gen & ANAT] juice; BOT sap; ~**s gástricos** gastric juices **-2.** [interés] meat, substance; **sacar** ~ **a algo/alguien** to get the most out of sthg/sb.

jugosidad *f* juiciness.

jugoso, sa *adj* **-1.** [con jugo] juicy **-2.** *fig* [picante] juicy; [sustancioso] meaty, substantial.

jugué *etc* ▻ **jugar**.

juguete *m lit & fig* toy; **de** ~ toy *(antes de sust)*; ~ **bélico** war toy; ~ **educativo** educational toy.

juguetear *vi* to play (around); ~ **con algo** to toy with sthg.

juguetería *f* toy shop.

juguetón, ona *adj* playful.

juicio *m* **-1.** DER trial; **llevar a alguien a** ~ to take sb to court; ~ **civil** civil action; ~ **criminal** criminal trial **-2.** [sensatez] (sound) judgement; [cordura] sanity, reason; **estar/no estar en su (sano)** ~ to be/not to be in one's right mind; **perder el** ~ to lose one's reason, to go mad **-3.** [opinión] opinion; **a mi** ~ in my opinion; ~ **de valor** value judgement.

◆ **Juicio Final** *m*: **el Juicio Final** the Last Judgement.

juicioso, sa *adj* sensible, wise.

jul. (*abrev de* **julio**) Jul.

julepe *m RP fam* scare, fright.

juliana *f* CULIN *soup made with chopped vegetables and herbs*; **en** ~ julienne.

julio *m* **-1.** [mes] July; *ver también* **septiembre** **-2.** FÍS joule.

jumbo *m* jumbo (jet).

jun. (*abrev de* **junio**) Jun.

juncal *f* bed of rushes.

junco *m* **-1.** [planta] rush, reed **-2.** [embarcación] junk.

jungla *f* jungle.

junio *m* June; *ver también* **septiembre**.

júnior (*pl* **juniors**) ◇ *adj* **-1.** DEP under-21 **-2.** [hijo] junior. ◇ *m,f* DEP under-21.

junta *f* **-1.** [gen] committee; [de empresa, examinadores] board; ~ **directiva** board of directors; ~ **de gobierno** *government and administrative body in certain autonomous regions*; ~ **militar** military junta **-2.** [reunión] meeting; ~ **(general) de accionistas** shareholders' meeting **-3.** [juntura] joint; ~ **de culata** gasket.

juntamente *adv*: ~ **con** together with.

juntar *vt* [gen] to put together; [fondos] to raise; [personas] to bring together.

◆ **juntarse** *vpr* **-1.** [reunirse - personas] to get together; [- ríos, caminos] to meet **-2.** [arrimarse] to draw *o* move closer **-3.** [convivir] to live together.

junto, ta ◇ *adj* **-1.** [gen] together **-2.** [próximo] close together. ◇ *adv*: **todo ~** [ocurrir etc] all at the same time; [escribirse] as one word.

◆ **junto a** *loc prep* **-1.** [al lado de] next to **-2.** [cerca de] right by, near.

◆ **junto con** *loc prep* together with.

juntura *f* joint.

Júpiter *m* Jupiter.

jura *f* [gen] oath; [de un cargo] swearing in; **~ de bandera** oath of allegiance to the flag.

jurado, da *adj* **-1.** [declaración etc] sworn **-2.** ▷ **guarda -3.** ▷ **traductor.**

◆ **jurado** *m* **-1.** [tribunal] jury **-2.** [miembro] member of the jury.

juramentar *vt* to swear in.

juramento *m* **-1.** [promesa] oath; **bajo ~** on *o* under oath; **prestar ~** to take the oath; **tomar ~ a alguien** to swear sb in; **~ hipocrático** Hippocratic oath **-2.** [blasfemia] oath, curse.

jurar ◇ *vt* to swear; [constitución etc] to pledge allegiance to; **te lo juro** I promise, I swear it; **~ por ... que** to swear by ... that; **~ que** to swear that. ◇ *vi* [blasfemar] to swear; **tenérsela jurada a alguien** to have it in for sb.

jurel *m* scad, horse mackerel.

jurídico, ca *adj* legal.

jurisconsulto, ta *m,f* jurist.

jurisdicción *f* jurisdiction.

jurisdiccional *adj* jurisdictional; [aguas] territorial.

jurisprudencia *f* [ciencia] jurisprudence; [casos previos] case law; **sentar ~** to set a legal precedent.

jurista *mf* jurist.

justa *f* HIST joust.

justamente *adv* **-1.** [con justicia] justly **-2.** [exactamente] exactly; **~, eso es lo que estaba pensando** exactly, that's just what I was thinking.

justicia *f* **-1.** [gen] justice; [equidad] fairness, justice; **administrar ~** to administer justice; **en ~** in (all) fairness; **hacer ~** to do justice; **~ social** social justice; **ser de ~** to be only fair; **tomarse la ~ por su mano** to take the law into one's own hands **-2.** [organización]: **la ~** the law.

justiciero, ra ◇ *adj* righteous. ◇ *m,f* angel of justice.

justificable *adj* justifiable.

justificación *f* [gen & IMPRENTA] justification; **~ automática** automatic justification.

justificado, da *adj* justified.

justificante *m* written proof *(U)*, documentary evidence *(U)*.

justificar [10] *vt* **-1.** [gen & IMPRENTA] to justify **-2.** [excusar]: **~ a alguien** to make excuses for sb.

◆ **justificarse** *vpr* **-1.** [suj: actitud etc] to be justified **-2.** [suj: persona] to justify *o* excuse o.s.; **~se de algo** to excuse o.s. for sthg; **~se con alguien** to make one's excuses to sb.

justificativo, va *adj* providing evidence, supporting *(antes de sust)*.

justiprecio *m* valuation.

justo, ta *adj* **-1.** [equitativo] fair **-2.** [merecido - recompensa, victoria] deserved; [- castigo] just **-3.** [exacto - medida, hora] exact **-4.** [idóneo] right **-5.** [apretado] tight; **estar** *o* **venir ~** to be a tight fit **-6.** RELIG righteous.

◆ **justo** ◇ *m* RELIG: **los ~s** the righteous. ◇ *adv* just; **~ ahora iba a llamarte** I was just about to ring you; **~ en medio** right in the middle.

juvenil ◇ *adj* youthful; DEP youth *(antes de sust)*. ◇ *mf (gen pl)* DEP player in the youth team.

juventud *f* **-1.** [edad] youth; **¡~, divino tesoro!** what it is to be young! **-2.** [conjunto] young people *(pl)*.

juzgado *m* **-1.** [tribunal] court; **~ municipal** magistrates' court; **~ de guardia** *court open during the night or at other times when ordinary courts are shut*; **ser de ~ de guardia** *fam* to be criminal *o* a crime **-2.** [jurisdicción] jurisdiction.

juzgar [16] *vt* **-1.** [enjuiciar] to judge; DER to try; **~ mal a alguien** to misjudge sb; **a ~ por (como)** judging by (how) **-2.** [estimar] to consider, to judge.

K

k, K *f* [letra] k, K.
kafkiano, na *adj* kafkaesque.
káiser (*pl* **káisers**) *m* kaiser.
kaki = **caqui**.
kamikaze *m* **-1.** MIL kamikaze **-2.** *fig* [arriesgado] daredevil.
kárate, cárate *m* karate.
karateka *mf* karateist.
kart (*pl* **karts**) *m* go-kart.
katiusca, katiuska *f ankle-length rubber boot.*
kayac (*pl* **kayacs**) *m* kayak.
Kazajstán Kazakhstan.
Kenia Kenya.
keniata *adj & m,f* Kenyan.
kepis = **quepis**.
kermesse [ker'mes] *f* kermis.
keroseno = **queroseno**.
ketchup ['ketʃup] *m* ketchup.
kg (*abrev de* **kilogramo**) kg.
kibutz [kiβuθ] (*pl* **kibutzim**) *m* kibbutz.
kif = **quif**.
kilo, quilo *m* **-1.** [peso] kilo **-2.** *fam* [millón] tonne, million.
kilocaloría, quilocaloría *f* kilocalorie.
kilogramo, quilogramo *m* kilogram.
kilolitro, quilolitro *m* kilolitre.
kilometraje, quilometraje *m* ≃ mileage distance in kilometres.
kilometrar, quilometrar *vt* to measure in kilometres.
kilométrico, ca, quilométrico, ca *adj* **-1.** [distancia] kilometric **-2.** *fig* [largo] very long.
kilómetro, quilómetro *m* kilometre; **~ cuadrado** square kilometre; **~s por hora** kilometres per hour.
kilovatio, quilovatio *m* kilowatt.
kilovoltio, quilovoltio *m* kilovolt.
kimono = **quimono**.
kínder *m Andes, Méx* nursery school *UK*, kindergarten *US*.
kiosco = **quiosco**.
kirsch [kirʃ] *m* kirsch.
kiwi (*pl* **kiwis**) *m* [fruto] kiwi (fruit).
km (*abrev de* **kilómetro**) km.
km/h (*abrev de* **kilómetro por hora**) km/h.
knockout [no'kaut] *m* knockout.
KO (*abrev de* **knockout**) *m* KO.
kosovar ◇ *adj* Kosovar. ◇ *m, f* Kosovar.
Kosovo *m* Kosovo.
kuchen *m Amér* cake.
Kurdistán *m* Kurdistan.
kurdo, da ◇ *adj* Kurdish. ◇ *m,f* Kurd.
Kuwait [ku'βait] Kuwait.
kuwaití (*pl* **kuwaitíes**) *adj & m,f* Kuwaiti.

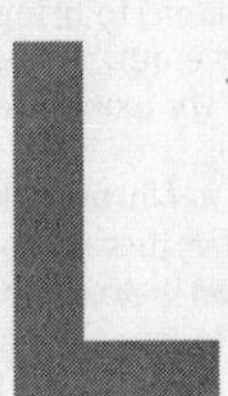

l[1], L *f* [letra] l, L.
l[2] (*abrev de* **litro**) l.
L / *abrev de* **letra**.
la[1] *m* MÚS A; [en solfeo] lah.
la[2] ◇ *art* ▷ **el**. ◇ *pron* ▷ **lo**.
laberíntico, ca *adj lit & fig* labyrinthine.
laberinto *m lit & fig* labyrinth.
labia *f fam* smooth talk; **tener mucha ~** to have the gift of the gab.
labial *adj & f* labial.
labio *m* **-1.** ANAT lip; **~ inferior/superior** lower/upper lip; **~ leporino** harelip; **estar pendiente de los ~s de alguien** to hang on sb's every word; **leer los ~s** to lip-read; **no despegar los ~s** not to utter a word **-2.** [borde] edge.
labiodental *adj & f* labiodental.
labor *f* **-1.** [trabajo] work; [tarea] task; **~ de equipo** teamwork *(U)*; **~es domésticas** household chores; **ser de profesión sus ~es** to be a housewife; **no estar por la ~** [distraerse] not to have one's mind on the job; [ser reacio] not to be keen on the idea

-2. [de costura] needlework; **~es de punto** knitting.
laborable ▻ **día.**
laboral *adj* labour; [semana, condiciones] working *(antes de sust).*
laboralista ◇ *adj* labour *(antes de sust).* ◇ *mf* labour lawyer.
laboratorio *m* laboratory; **~ espacial** space laboratory; **~ fotográfico** photographic laboratory; **~ de idiomas** *o* **lenguas** language laboratory.
laborioso, sa *adj* **-1.** [difícil] laborious, arduous **-2.** [trabajador] hard-working.
laborismo *m* Labour Movement.
laborista ◇ *adj* Labour. ◇ *mf* Labour Party supporter *o* member; **los ~s** Labour.
labrador, ra *m,f* [agricultor] farmer; [trabajador] farm worker.
labranza *f* farming.
labrar *vt* **-1.** [campo - cultivar] to cultivate; [- arar] to plough **-2.** [piedra, metal etc] to work **-3.** *fig* [desgracia etc] to bring about; [porvenir, fortuna] to carve out.
◆ **labrarse** *vpr* [porvenir etc] to carve out for o.s.
labriego, ga *m,f* farmworker.
laburar *vi RP fam* [trabajar] to work.
laburo *m RP fam* [trabajo] job.
laca *f* **-1.** [gen] lacquer; [para cuadros] lake **-2.** [para el pelo] hairspray **-3.** [de uñas] nail varnish.
lacado *m* lacquering.
lacar [10] *vt* to lacquer.
lacayo *m* footman; *fig* lackey.
lacerante *adj* [dolor] excruciating, stabbing; [palabras etc] hurtful, cutting; [grito etc] piercing.
lacerar *vt* to lacerate; *fig* to wound.
lacio, cia *adj* **-1.** [cabello - liso] straight; [- sin fuerza] lank **-2.** [planta] wilted **-3.** *fig* [sin fuerza] limp.
lacón *m* shoulder of pork.
lacónico, ca *adj* laconic.
laconismo *m* terseness.
lacra *f* scourge.
lacrar *vt* to seal with sealing wax.
lacre *m* sealing wax.
lacrimal *adj* lacrimal, tear *(antes de sust).*
lacrimógeno, na *adj* **-1.** [novela etc] weepy, tear-jerking **-2.** ▻ **gas.**
lacrimoso, sa *adj* **-1.** [ojos etc] tearful **-2.** [historia etc] weepy, tear-jerking.
lactancia *f* lactation; **~ artificial** bottle-feeding; **~ materna** breastfeeding.
lactante *mf* breast-fed baby.
lactar *vt & vi* to suckle, to breastfeed.
lácteo, a *adj* **-1.** [gen] milk *(antes de sust)*; [industria, productos] dairy **-2.** *fig* [blanco] milky.
láctico, ca *adj* lactic.
lactosa *f* lactose.
ladeado, da *adj* tilted, at an angle.
ladear *vt* to tilt.
ladera *f* slope, mountainside.
ladilla *f* crab (louse).
ladino, na ◇ *adj* crafty. ◇ *m,f CAm, Méx, Ven* [mestizo hispanohablante] *non-white Spanish-speaking person.*
◆ **ladino** *m* [dialecto] Ladino.
lado *m* **-1.** [gen] side; **en el ~ de arriba/abajo** on the top/bottom; **a ambos ~s** on both sides; **al otro ~ de** on the other side of; **estoy de su ~** I'm on her side; **de ~** [torcido] crooked; **dormir de ~** to sleep on one's side; **de ~ a ~** from side to side; **echar a un ~** to push aside; **echarse** *o* **hacerse a un ~** to move aside; **ponerse del ~ de alguien** to side with sb; **por un ~** on the one hand; **por otro ~** on the other hand **-2.** [lugar] place; **debe estar en otro ~** it must be somewhere else; **de un ~ para** *o* **a otro** to and fro; **por todos ~s** on all sides, all round **-3.** *loc*: **dar de ~ a alguien** to cold-shoulder sb; **dejar algo de ~** *o* **a un ~** [prescindir] to leave sthg to one side; **mirar de ~ a alguien** [despreciar] to look askance at sb.
◆ **al lado** *loc adv* [cerca] nearby.
◆ **al lado de** *loc prep* [junto a] beside.
◆ **de al lado** *loc adj* next door; **la casa de al ~** the house next door.
ladrador, ra *adj* barking.
ladrar *vi lit & fig* to bark; **estar alguien que ladra** to be in a foul mood.
ladrido *m lit & fig* bark, barking *(U).*
ladrillo *m* **-1.** CONSTR brick **-2.** *fam fig* [pesadez] drag, bore.
ladrón, ona ◇ *adj* thieving. ◇ *m,f* [persona] thief, robber.
◆ **ladrón** *m* [para varios enchufes] adapter.
lagar *m* [de vino] winepress; [de aceite] oil press.
lagarta ▻ **lagarto.**
lagartija *f* (small) lizard.
lagarto, ta *m,f* ZOOL lizard.
◆ **lagarta** *f fam fig* [mujer] scheming woman.
lago *m* lake.
lágrima *f* tear; **deshacerse en ~s** to dissolve into tears; **hacer saltar las ~s** to bring tears to the eyes; **llorar a ~ viva** to cry buckets; **~s de cocodrilo** crocodile tears.

lagrimal ◇ *adj* lacrimal, tear *(antes de sust).* ◇ *m* corner of the eye.
lagrimear *vi* [suj: persona] to weep; [suj: ojos] to water.
laguna *f* **-1.** [lago] lagoon **-2.** *fig* [en colección, memoria] gap; [en leyes, reglamento] loophole.
La Habana Havana.
La Haya The Hague.
laicismo *m* laicism.
laico, ca ◇ *adj* lay, secular. ◇ *m,f* layman (*f* laywoman).
laísmo *m the use of 'la' and 'las' instead of 'le' and 'les' as indirect objects.*
lama *m* lama.
lambada *f* lambada.
lamber *vt Amér fam* to lick.
lamé *m* lamé.
La Meca Mecca.
lameculos *m & f inv vulg* arse-licker.
lamentable *adj* **-1.** [triste] terribly sad **-2.** [malo] lamentable, deplorable.
lamentación *f* moaning *(U).*
lamentar *vt* to regret, to be sorry about; **lo lamento** I'm very sorry; **lamentamos comunicarle ...** we regret to inform you ...
◆ **lamentarse** *vpr*: **~se (de** *o* **por)** to complain (about).
lamento *m* moan, cry of pain.
lamer *vt* to lick.
◆ **lamerse** *vpr* to lick o.s.
lametón *m* (big) lick.
lamido, da *adj* skinny.
◆ **lamido** *m* lick.
lámina *f* **-1.** [plancha] sheet; [placa] plate **-2.** [rodaja] slice **-3.** [plancha grabada] engraving **-4.** [dibujo] plate.
laminado, da *adj* laminated, rolled.
◆ **laminado** *m* **-1.** [acción] lamination, rolling **-2.** [material] laminate.
laminador *m*, **laminadora** *f* rolling mill.
laminar *vt* to laminate, to roll.
lámpara *f* **-1.** [aparato] lamp; **~ de mesa** table lamp; **~ de pie** standard lamp; **~ de soldar** blowtorch; **~ de techo** ceiling lamp **-2.** [bombilla] bulb **-3.** *TECN* valve.
lamparilla *f* small lamp.
lamparón *m* grease stain.
lampazo *m Amér* cloth.
lampiño, ña *adj* [sin barba] beardless, smooth-cheeked; [sin vello] hairless.
lamprea *f* lamprey.
lana ◇ *f* wool; **de ~** woollen; **pura ~ virgen** pure new wool; **ir a por ~ y volver trasquilado** *proverb* to be hoist by one's own petard; **unos cardan la ~ y otros llevan la fama** *proverb* some do all the work and others get all the credit. ◇ *f Andes, Méx fam* [dinero] dough, cash.
lanar *adj* wool-bearing.
lance ◇ ▷ **lanzar**. ◇ *m* **-1.** [en juegos, deportes] incident; [acontecimiento] event **-2.** [riña] dispute.
lancero *m* lancer.
lanceta *f Andes, Méx* sting.
lancha *f* **-1.** [embarcación - grande] launch; [- pequeña] boat; **~ motora** motorboat, motor launch; **~ neumática** rubber dinghy; **~ patrullera** patrol boat; **~ salvavidas** lifeboat **-2.** [piedra] slab.
landa *f* moor.
landó (*pl* **landós**) *m* landau.
lanero, ra *adj* wool *(antes de sust).*
langosta *f* **-1.** [crustáceo] lobster **-2.** [insecto] locust.
langostino *m* king prawn.
languidecer [30] *vi* to languish; [conversación, entusiasmo] to flag.
languidez *f* [debilidad] listlessness; [falta de ánimo] disinterest.
lánguido, da *adj* [débil] listless; [falto de ánimo] disinterested.
lanilla *f* **-1.** [pelillo] nap **-2.** [tejido] flannel.
lanolina *f* lanolin.
lanudo, da *adj* woolly.
lanza *f* **-1.** [arma - arrojadiza] spear; [- en justas, torneos] lance; **estar ~ en ristre** to be ready for action; **romper una ~ por alguien** to fight for sb **-2.** [de carruaje] shaft.
lanzacohetes *m inv* rocket launcher.
lanzadera *f* [de telar] shuttle.
◆ **lanzadera espacial** *f* space shuttle.
◆ **lanzadera de misiles** *f* missile launcher.
lanzado, da *adj* **-1.** [atrevido] forward; [valeroso] fearless **-2.** [rápido]: **ir ~** to hurtle along.
lanzagranadas *m inv* grenade launcher.
lanzallamas *m inv* flamethrower.
lanzamiento *m* **-1.** [de objeto] throwing; [de cohete] launching **-2.** [*DEP* - con la mano] throw; [- con el pie] kick; [- en béisbol] pitch; **~ de disco** discus; **~ de jabalina** javelin; **~ de martillo** hammer; **~ de peso** shot put **-3.** [de producto, artista] launch; [de disco] release.
lanzamisiles *m inv* rocket launcher.
lanzaplatos *m inv DEP* (clay pigeon) trap.
lanzar [13] *vt* **-1.** [gen] to throw; [con fuerza] to hurl, to fling; [de una patada] to kick; [bomba] to drop; [flecha, misil] to fire; [cohete] to launch **-2.** [proferir] to let out; [acusación, in-

sulto] to hurl; [suspiro] to heave **-3.** [*COM* - producto, artista, periódico] to launch; [- disco] to release.
◆ **lanzarse** *vpr* **-1.** [tirarse] to throw o.s. **-2.** [abalanzarse]: **~se (sobre)** to throw o.s. (upon) **-3.** [empezar]: **~se (a hacer algo)** to get started (doing sthg).

lanzatorpedos *m inv* torpedo tube.

lapa *f* **-1.** *ZOOL* limpet **-2.** *fam fig* [persona] hanger-on, pest; **pegarse como una ~** to cling like a leech.

La Paz La Paz.

lapicera *f CSur* ballpoint (pen), Biro®.

lapicero *m* **-1.** pencil **-2.** *CAm, Perú* [bolígrafo] ballpoint pen, Biro®.

lápida *f* memorial stone; **~ mortuoria** tombstone.

lapidación *f* stoning.

lapidar *vt* to stone.

lapidario, ria *adj* solemn.

lapislázuli *m* lapis lazuli.

lápiz (*pl* **lápices**) *m* pencil; **escribir algo a ~** to write sthg in pencil; **~ de cejas** eyebrow pencil; **~ de labios** lipstick; **~ de ojos** eyeliner; **~ óptico** *INFORM* light pen.

lapo *m fam* gob, spit.

lapón, ona *adj & m, f* Lapp.
◆ **lapón** *m* [lengua] Lapp.

lapso *m* space, interval; **~ de tiempo** space *o* interval of time.

lapsus *m inv* lapse, slip.

laque *etc* ▷ **lacar**.

laquear *vt* to lacquer.

lar *m* **-1.** [lumbre] hearth **-2.** *MITOL* household god.
◆ **lares** *mpl* [hogar] hearth and home.

lardero ▷ **jueves**.

larga ▷ **largo**.

largar [16] *vt* **-1.** [aflojar] to pay out **-2.** *fam* [dar, decir] to give; **le largué un bofetón** I gave him a smack.
◆ **largarse** *vpr fam* to clear off.

largavistas *m inv Bol, CSur* binoculars *(pl)*.

largo, ga *adj* **-1.** [en espacio, tiempo] long; **estarle ~ a alguien** to be too long for sb **-2.** [alto] tall **-3.** [sobrado]: **media hora larga** a good half hour **-4.** *fam* [astuto] sly, crafty **-5.** *fam* [generoso]: **~ en hacer algo** generous in doing sthg.
◆ **largo** ◇ *m* length; **a lo ~** lengthways; **tiene dos metros de ~** it's two metres long; **pasar de ~** to pass by; **vestirse de ~** to dress up, to dress formally; **a lo ~ de** [en el espacio] along; [en el tiempo] throughout; **a lo ~ y a lo ancho de** right across, throughout; **¡~ de aquí!** go away!, get out of here! ◇ *adv* at length; **~ y tendido** at great length.
◆ **larga** *f*: **a la larga** in the long run; **dar largas a algo** to put sthg off.

largometraje *m* feature film.

largue *etc* ▷ **largar**.

larguero *m* **-1.** *CONSTR* main beam **-2.** *DEP* crossbar.

larguirucho, cha *adj fam* lanky.

largura *f* length.

laringe *f* larynx.

laringitis *f inv* laryngitis.

laringología *f* laryngology.

laringólogo, ga *m, f* laryngologist.

larva *f* larva.

larvado, da *adj* latent.

las ◇ *art* ▷ **el**. ◇ *pron* ▷ **lo**.

lasaña *f* lasagne, lasagna.

lascivia *f* lasciviousness, lechery.

lascivo, va ◇ *adj* lascivious, lewd. ◇ *m, f* lascivious *o* lewd person.

láser ◇ *adj inv* ▷ **rayo**. ◇ *m inv* laser.

laserterapia *f* laser therapy.

lasitud *f* lassitude.

laso, sa *adj* **-1.** [cansado] weary **-2.** [liso] straight.

Las Palmas (de Gran Canaria) Las Palmas.

lástima *f* **-1.** [compasión] pity **-2.** [pena] shame, pity; **dar ~** to be a crying shame; **da ~ ver gente así** it's sad to see people in that state; **es una ~ que** it's a shame *o* pity that; **¡qué ~!** what a shame *o* pity!; **tener** *o* **sentir ~ de** to feel sorry for; **quedarse hecho una ~** to be a sorry *o* pitiful sight.

lastimar *vt* to hurt.
◆ **lastimarse** *vpr* to hurt o.s.

lastimoso, sa *adj* pitiful, woeful.

lastrar *vt* to ballast.

lastre *m* **-1.** [peso] ballast; **soltar ~** to discharge ballast **-2.** *fig* [estorbo] burden.

lata *f* **-1.** [envase] can, tin; [de bebidas] can; **en ~** tinned, canned **-2.** *fam* [fastidio] pain; **¡qué ~!** what a pain!; **dar la ~ a alguien** to pester sb.

latente *adj* latent.

lateral ◇ *adj* **-1.** [del lado - gen] lateral; [- puerta, pared] side **-2.** [indirecto] indirect. ◇ *m* **-1.** [lado] side **-2.** *DEP*: **~ derecho/izquierdo** right/left back.

látex *m inv* latex.

latido *m* [del corazón] beat; [en dedo etc] throb, throbbing *(U)*.

latiente *adj* [corazón] beating.

latifundio *m* large rural estate.

latifundismo *m the system of land tenure characterized by the 'latifundio'.*
latigazo *m* **-1.** [golpe] lash **-2.** [chasquido] crack (of the whip) **-3.** *fam* [trago] swig.
látigo *m* whip.
latín *m* Latin; ~ **clásico/vulgar** Classical/Vulgar Latin; ~ **de cocina** *o* **macarrónico** dog Latin; **saber (mucho)** ~ *fig* to be sharp, to be on the ball.
latinajo *m fam despec Latin word used in an attempt to sound academic.*
latinismo *m* Latinism.
latino, na *adj & m,f* Latin.
latinoamericano, na *adj & m,f* Latin American.
latir *vi* **-1.** [suj: corazón] to beat **-2.** [estar latente] to be concealed, to lie.
latitud *f* GEOGR latitude.
◆ **latitudes** *fpl* [parajes] region *(sg)*, area *(sg)*.
latón *m* brass.
latoso, sa *fam* ◇ *adj* tiresome. ◇ *m,f* pain (in the neck).
laúd *m* lute.
laudable *adj* praiseworthy.
láudano *m* laudanum.
laudatorio, ria *adj* laudatory.
laureado, da *adj* prize-winning.
laurear *vt*: ~ **a alguien (con)** to honour sb (with).
laurel *m* BOT laurel; CULIN bay leaf.
◆ **laureles** *mpl* [honores] laurels; **dormirse en los ~es** *fig* to rest on one's laurels.
lava *f* lava.
lavable *adj* washable.
lavabo *m* **-1.** [objeto] washbasin **-2.** [habitación] lavatory *UK*, washroom *US*; **ir al** ~ to go to the toilet.
lavacoches *m & f inv* car washer.
lavadero *m* [en casa] laundry room; [público] washing place.
lavado *m* wash, washing *(U)*; ~ **a mano** hand-wash; ~ **de cerebro** brainwashing; ~ **de dinero** money-laundering; ~ **de estómago** stomach pumping; ~ **en seco** dry cleaning.
lavadora *f* washing machine; ~ **secadora** washer-drier.
lavamanos *m inv* washbasin.
lavanda *f* lavender.
lavandería *f* laundry; [automática] launderette.
lavandero, ra *m* laundryman *(f* laundress).
lavaplatos ◇ *m y f inv* [persona] dishwasher, washer-up. ◇ *m inv* [aparato] dishwasher.
lavar *vt* **-1.** [limpiar] to wash; ~ **a mano** to wash by hand; ~ **en seco** to dry-clean; ~ **y marcar** shampoo and set **-2.** *fig* [honor] to clear; [ofensa] to make up for.
◆ **lavarse** *vpr* [gen] to wash o.s.; [cara, manos, pelo] to wash; [dientes] to clean.
lavaseco *m Amér* dry cleaner's.
lavativa *f* enema.
lavatorio *m Andes, RP* washbasin *UK*, washbowl *US*.
lavavajillas *m inv* dishwasher.
laxante ◇ *adj* laxative. ◇ *m* laxative.
laxar *vt* [vientre] to loosen.
laxitud *f* [de músculo, cable] slackness; *fig* laxity.
laxo, xa *adj* [músculo, cable] slack; *fig* lax.
lazada *f* bow.
lazarillo *m* **-1.** [persona] blind person's guide **-2.** ▷ **perro.**
lazo *m* **-1.** [atadura] bow; **hacer un** ~ to tie a bow **-2.** [trampa] snare; [de vaquero] lasso **-3.** *(gen pl) fig* [vínculo] tie, bond.
Lda. *abrev de* **licenciada.**
Ldo. *abrev de* **licenciado.**
le *pron pers* **-1.** *(complemento indirecto)* [hombre] (to) him; [mujer] (to) her; [cosa] to it; [usted] to you; ~ **expliqué el motivo** I explained the reason to him/her; ~ **tengo miedo** I'm afraid of him/her; **ya** ~ **dije lo que pasaría** [a usted] I told you what would happen **-2.** *(complemento directo)* him; [usted] you **-3.** ▷ **se.**
leal ◇ *adj*: ~ **(a)** loyal (to). ◇ *mf*: ~ **(a)** loyal supporter (of).
lealtad *f*: ~ **(a)** loyalty (to).
leasing ['lisin] *(pl* **leasings***)* *m system of leasing whereby the lessee has the option of purchasing the property after a certain time.*
lebrel *m* whippet.
lección *f* lesson; **aprenderse la** ~ to learn one's lesson; **dar a alguien una** ~ [como advertencia] to teach sb a lesson; [como ejemplo] to give sb a lesson; **servir de** ~ to serve as a lesson.
lechal ◇ *adj* sucking. ◇ *m* sucking lamb.
leche *f* **-1.** [gen] milk; ~ **condensada/en polvo** condensed/powdered milk; ~ **de almendras** almond milk; ~ **descremada** *o* **desnatada** skimmed *UK* *o* skim *US* milk; ~ **esterilizada/homogeneizada** sterilized/homogenized milk; ~ **merengada** *drink made from milk, egg whites, sugar and*

cinnamon; ~ **pasterizada** *o* **pasteurizada** pasteurized milk; ~ **semidesnatada** semi-skimmed milk **-2.** [de plantas] (milky) sap **-3.** ***mfam*** [bofetada]: **pegar una ~ a alguien** to belt *o* clobber sb **-4.** ***mfam*** [accidente] smash-up **-5.** ***mfam*** [malhumor] bloody awful mood; **estar de mala ~** to be in a bloody awful mood; **tener mala ~** to be a miserable git **-6.** ***mfam*** [suerte]: **tener mala ~** to have bloody awful luck **-7.** ***vulg*** [semen] spunk **-8.** ***loc mfam***: **ser la ~** [ser raro] to be a nutcase; [ser molesto] to be a pain (in the neck); **¡una ~!** no way!

lechera ▷ **lechero**.

lechería *f* dairy.

lechero, ra ◇ *adj* milk *(antes de sust)*, dairy. ◇ *m,f* [persona] milkman (*f* milkwoman).
◆ **lechera** *f* [para transportar] milk churn; [para beber] milk jug.

lecho *m* **-1.** [gen] bed; ~ **de muerte** deathbed; **ser un ~ de rosas** to be a bed of roses **-2.** [capa] layer.

lechón *m* sucking pig.

lechosa *f* ***Carib*** papaya.

lechoso, sa *adj* milky.

lechuga *f* lettuce; ~ **iceberg/romana** iceberg/cos lettuce; **ser más fresco que una ~** to be a cheeky devil.

lechuza *f* (barn) owl.

lectivo, va *adj* school *(antes de sust)*.

lector, ra *m,f* **-1.** [gen] reader **-2.** EDUC language assistant.
◆ **lector** *m* [de microfilms etc] reader, scanner; ~ **óptico** optical scanner.

lectorado *m* post of language assistant.

lectura *f* **-1.** [gen] reading; **dar ~ a algo** to read sthg out loud **-2.** [de tesis] viva voce **-3.** [escrito] reading (matter) *(U)* **-4.** [de datos] scanning; ~ **óptica** optical scanning.

leer [50] ◇ *vt* [gen & INFORM] to read. ◇ *vi* to read; ~ **de corrido** to read fluently; ~ **en voz alta/baja** to read aloud/quietly.

legación *f* legation.

legado *m* **-1.** [herencia] legacy **-2.** [representante - cargo] legation; [- persona] legate.

legajo *m* file.

legal *adj* **-1.** [gen] legal; [hora] standard **-2.** [forense] forensic **-3.** ***fam*** [persona] honest, decent.

legalidad *f* legality.

legalismo *m* fine legal point, legalism.

legalista ◇ *adj* legalistic. ◇ *mf* legalist.

legalización *f* **-1.** [gen] legalization **-2.** [certificado] (certificate of) authentication.

legalizar [13] *vt* **-1.** [gen] to legalize **-2.** [certificar] to authenticate.

legañas *fpl* sleep *(U) (in the eyes)*.

legañoso, sa *adj* full of sleep.

legar [16] *vt* **-1.** [gen] to bequeath **-2.** [delegar] to delegate.

legendario, ria *adj* legendary.

legible *adj* legible.

legión *f* ***lit & fig*** legion.
◆ **Legión de Honor** *f* Legion of Honour.

legionario, ria *adj* legionary.
◆ **legionario** *m* HIST legionary; MIL legionnaire.

legislación *f* **-1.** [leyes] legislation **-2.** [ciencia] law.

legislador, ra ◇ *adj* legislative. ◇ *m,f* legislator.

legislar *vi* to legislate.

legislativo, va *adj* legislative.

legislatura *f* **-1.** [periodo] period of office **-2.** [órganos] parliament, legislature.

legitimación *f* **-1.** [legalización] legitimation **-2.** [certificación] authentication.

legitimar *vt* **-1.** [legalizar] to legitimize **-2.** [certificar] to authenticate.

legitimidad *f* legitimacy.

legítimo, ma *adj* [gen] legitimate; [auténtico] real, genuine; [oro] pure.

lego, ga ◇ *adj* **-1.** [gen] lay **-2.** [ignorante] ignorant; **ser ~ en** to know nothing about. ◇ *m,f* **-1.** [gen] layman (*f* laywoman) **-2.** [ignorante] ignorant person.

legua *f* league; ~ **marina** marine league; **verse a la ~** to stand out a mile.

legue *etc* ▷ **legar**.

legumbre *(gen pl) f* pulse, pod vegetable; **~s secas** dried pulses; **~s verdes** green vegetables.

leguminosas *fpl* pulses, leguminous vegetables.

lehendakari, lendakari [lenda'kari] *m* *president of the autonomous Basque government.*

leído, da *adj* **-1.** [obra]: **muy/poco ~** much/little read **-2.** [persona] well-read.
◆ **leída** *f* reading.

leísmo *m* GRAM *use of 'le' as direct object instead of 'lo'.*

lejanía *f* distance.

lejano, na *adj* distant; **no está ~** it's not far (away).

lejía *f* bleach.

lejos *adv* **-1.** [en el espacio] far (away); **¿está ~?** is it far?; **a lo ~** in the distance; **de** *o* **desde ~** from a distance **-2.** [en el pasado]

long ago; [en el futuro] far in the future; **eso queda ya** ~ that happened a long time ago **-3.** *loc*: **ir demasiado** ~ to go too far; **llegar** ~ to go far; **sin ir más** ~ indeed.
◆ **lejos de** ◇ *loc conj* far from; ~ **de mejorar ...** far from getting better ... ◇ *loc prep* far (away) from.

lelo, la ◇ *adj* stupid, slow; **quedarse** ~ to be stunned. ◇ *m,f* idiot.

lema *m* **-1.** [norma] motto; [político, publicitario] slogan **-2.** *LING & MAT* lemma.

lempira *m* lempira.

lencería *f* **-1.** [ropa] linen; ~ **fina** lingerie **-2.** [tienda] draper's.

lendakari = **lehendakari**.

lengua *f* **-1.** [gen] tongue; **sacarle la** ~ **a alguien** to stick one's tongue out at sb; **con la** ~ **fuera** out of breath; ~ **de gato** *CULIN* ≃ chocolate finger (biscuit); ~ **de fuego/tierra** tongue of flame/land; ~ **de víbora** *o* **viperina** malicious tongue; **darle a la** ~ *fam* to chatter; **irse de la** ~ to let the cat out of the bag; **las malas** ~**s dicen que ...** according to the gossip ...; **morderse la** ~ to bite one's tongue; **se le trabó la** ~ she stumbled over her words; **ser largo de** ~ to be a gossip; **¿te ha comido la** ~ **el gato?** has the cat got your tongue?, have you lost your tongue?; **tirar a alguien de la** ~ to draw sb out **-2.** [idioma, lenguaje] language; ~ **materna** mother tongue; ~ **muerta** dead language; ~ **oficial** official language.

lenguado *m* sole.

lenguaje *m* [gen & *INFORM*] language; ~ **coloquial/comercial** colloquial/business language; ~ **cifrado** code; ~ **corporal** body language; ~ **gestual** gestures *(pl)*; ~ **máquina** machine language; ~ **de alto nivel/de bajo nivel** high-level/low-level language; ~ **de programación** programming language; ~ **de los sordomudos** sign language.

lengüeta *f* [gen & *MÚS*] tongue.

lengüetazo *m*, **lengüetada** *f* lick.

leninismo *m* Leninism.

leninista *adj & m,f* Leninist.

lente *f* lens; ~ **de aumento** magnifying glass; ~**s de contacto** contact lenses.
◆ **lentes** *mpl* [gafas] glasses.

lenteja *f* lentil; **ganarse las** ~**s** to earn one's daily bread.

lentejuela *f* sequin.

lentilla *(gen pl) f* contact lens.

lentitud *f* slowness; **con** ~ slowly.

lento, ta *adj* slow; [veneno] slow-working; [agonía, enfermedad] lingering, long drawn out.

leña *f* **-1.** [madera] firewood; **echar** ~ **al fuego** to add fuel to the flames *o* fire; **llevar** ~ **al monte** to carry coals to Newcastle **-2.** *fam* [golpes] beating; **dar** ~ **a alguien** to beat sb up.

leñador, ra *m,f* woodcutter.

leñazo *m* **-1.** *fam* [garrotazo] blow with a stick; [golpe] bang, bash **-2.** [choque] smash-up, crash.

leñe *interj fam*: **¡** ~ **!** for heaven's sake!

leñera *f* woodshed.

leño *m* **-1.** [de madera] log; **dormir como un** ~ to sleep like a log **-2.** *fam fig* [persona] blockhead.

leñoso, sa *adj* woody.

Leo ◇ *m* [zodiaco] Leo; **ser** ~ to be (a) Leo. ◇ *mf* [persona] Leo.

león, ona *m,f* lion (*f* lioness); *fig* fierce person; **no es tan fiero el** ~ **como lo pintan** *proverb* he/it *etc* is not as bad as he/it *etc* is made out to be.
◆ **león marino** *m* sea lion.

leonera *f* **-1.** [jaula] lion's cage **-2.** *fam fig* [cuarto sucio] pigsty.

leonino, na *adj* **-1.** [rostro, aspecto] leonine **-2.** [contrato, condiciones] one-sided, unfair.

leopardo *m* leopard.

leotardo *m* **-1.** *(gen pl)* [medias] stockings *(pl)*, thick tights *(pl)* **-2.** [de gimnasta etc] leotard.

lépero, ra *adj CAm, Méx fam* [vulgar] coarse, vulgar; *Cuba fam* [astuto] smart, crafty.

leporino ▷ **labio**.

lepra *f* leprosy.

leprosería *f* leper colony.

leproso, sa ◇ *adj* leprous. ◇ *m,f* leper.

lerdo, da ◇ *adj* [idiota] dim, slow-witted; [torpe] useless, hopeless. ◇ *m,f* [idiota] fool, idiot; [torpe] useless idiot.

les *pron pers pl* **-1.** *(complemento indirecto)* (to) them; [ustedes] (to) you; ~ **expliqué el motivo** I explained the reason to them; ~ **tengo miedo** I'm afraid of them; **ya** ~ **dije lo que pasaría** [a ustedes] I told you what would happen **-2.** *(complemento directo)* them; [ustedes] you **-3.** ▷ **se**.

lesbianismo *m* lesbianism.

lesbiano, na *adj* lesbian.
◆ **lesbiana** *f* lesbian.

leseras *fpl Chile fam* nonsense, rubbish *UK*.

lesión *f* **-1.** [herida] injury; ~ **cerebral** brain damage **-2.** *fig* [perjuicio] damage, harm **-3.** *DER*: ~ **grave** grievous bodily harm.

lesionado, da ◇ *adj* injured. ◇ *m,f* injured person.

lesionar *vt* to injure; *fig* to damage, to harm.
◆ **lesionarse** *vpr* to injure o.s.

letal *adj* lethal.

letanía *(gen pl) f lit & fig* litany.

letárgico, ca *adj* **-1.** *MED* lethargic **-2.** *ZOOL* hibernating.

letargo *m* **-1.** *MED* lethargy **-2.** *ZOOL* hibernation.

Letonia Latvia.

letonio, nia, letón, ona *adj & m,f* Latvian.
◆ **letonio, letón** *m* [lengua] Latvian.

letra *f* **-1.** [signo] letter **-2.** [caligrafía] handwriting **-3.** [estilo] script; *IMPRENTA* type, typeface; ~ **bastardilla** *o* **cursiva** *o* **itálica** italic type, italics *(pl)*; ~ **de imprenta** *o* **molde** *IMPRENTA* print; [en formularios etc] block capitals *(pl)*; ~ **mayúscula/minúscula** capital/small letter; ~ **negrita** *o* **negrilla** bold (face); ~ **versalita** small capital; **la** ~ **con sangre entra** *proverb* spare the rod and spoil the child; **leer la** ~ **pequeña** to read the small print; **mandar cuatro** ~**s a alguien** to drop sb a line **-4.** [de canción] lyrics *(pl)* **-5.** *COM*: ~ **(de cambio)** bill of exchange; **girar una** ~ to draw a bill of exchange; **protestar una** ~ to protest a bill; ~ **avalada** guaranteed bill of exchange; ~ **de cambio a la vista** sight bill **-6.** [sentido] literal meaning.
◆ **letras** *fpl EDUC* arts; **ser de** ~**s** to study an arts subject.

letrado, da ◇ *adj* learned. ◇ *m,f* lawyer.

letrero *m* sign; ~ **luminoso** neon sign.

letrina *f* latrine.

letrista *mf* lyricist.

leucemia *f* leukaemia.

leucémico, ca ◇ *adj* leukaemia *(antes de sust)*. ◇ *m,f* person suffering from leukaemia.

leucocito *(gen pl) m* leucocyte.

leva *f* **-1.** *MIL* levy **-2.** *NÁUT* weighing anchor **-3.** *MEC* cam.

levadizo ⊳ **puente**.

levadura *f* yeast, leaven; ~ **de cerveza** brewer's yeast; ~ **en polvo** baking powder.

levantador, ra ◇ *adj* lifting. ◇ *m,f*: ~ **de pesas** *DEP* weightlifter.

levantamiento *m* **-1.** [sublevación] uprising **-2.** [elevación] raising; ~ **de pesas** *DEP* weightlifting **-3.** [supresión] lifting, removal.

levantar *vt* **-1.** [gen] to raise; [peso, capó, trampilla] to lift; ~ **el ánimo** to cheer up; ~ **la vista** *o* **mirada** to look up **-2.** [separar - pintura, venda, tapa] to remove **-3.** [recoger - campamento] to strike; [- tienda de campaña, puesto] to take down; [- mesa] to clear **-4.** [encender - protestas, polémica] to stir up; ~ **a alguien contra** to stir sb up against **-5.** [suspender - embargo, prohibición] to lift; [- pena, castigo] to suspend; [- sesión] to adjourn **-6.** [redactar - acta, atestado] to draw up.
◆ **levantarse** *vpr* **-1.** [ponerse de pie] to stand up **-2.** [de la cama] to get up; ~ **tarde** to sleep in **-3.** [elevarse - avión etc] to lift off, to take off; [- niebla] to lift **-4.** [sublevarse] to rise up **-5.** [empezar - viento, oleaje] to get up, to rise; [- tormenta] to gather.

levante *m* **-1.** [este] east; [región] east coast **-2.** [viento] east wind.
◆ **Levante** *m GEOGR the east coast of Spain between Castellón and Cartagena.*

levar *vt* to weigh.

leve *adj* **-1.** [gen] light; [olor, sabor, temblor] slight **-2.** [pecado, falta, herida] minor **-3.** [enfermedad] mild, slight.

levedad *f* lightness; [de temblor etc] slightness; [de pecado, falto, herida] minor nature; [de enfermedad] mildness.

levita *f* frock coat.

levitación *f* levitation.

levitar *vi* to levitate.

lexema *m* lexeme.

léxico, ca *adj* lexical.
◆ **léxico** *m* **-1.** [vocabulario] vocabulary **-2.** [diccionario] lexicon, dictionary.

lexicografía *f* lexicography.

lexicógrafo, fa *m,f* lexicographer.

lexicón *m* lexicon.

ley *f* **-1.** [gen] law; [parlamentaria] act; **aprobar una** ~ to pass a law; ~ **de extranjería** Aliens Act; ~ **de incompatibilidades** *act regulating which other positions may be held by people holding public office*; ~ **marcial** martial law; ~ **sálica** Salic law; ~ **seca** prohibition law; **hecha la** ~**, hecha la trampa** laws are made to be broken; **con todas las de la** ~ in due form, properly **-2.** [regla] rule; ~ **del embudo** one law for o.s. and another for everyone else; ~ **de la ventaja** *DEP* advantage (law); ~ **de la oferta y de la demanda** law of supply and demand; **de buena** ~ reliable, sterling **-3.** [de un metal]: **de** ~ [oro] pure; [plata] sterling.
◆ **leyes** *fpl* [derecho] law *(sg)*.

leyenda *f* **-1.** [narración] legend **-2.** [inscripción] inscription, legend.

leyera *etc* ⊳ **leer**.

liar [9] *vt* **-1.** [atar] to tie up **-2.** [envolver - cigarrillo] to roll; ~ **algo en** [papel] to wrap sthg up in; [toalla etc] to roll sthg up in **-3.** [involucrar]: ~ **a alguien (en)** to get sb mixed up (in) **-4.** [complicar - asunto etc] to confuse; **¡ya me has liado!** now you've really got me confused!
◆ **liarse** *vpr* **-1.** [enredarse] to get muddled up **-2.** [empezar] to begin, to start; **~se a hacer algo** to start *o* begin doing sthg **-3.** *fam* [sexualmente]: **~se (con)** to get involved (with), to have an affair (with).

libación *f* libation.

libanés, esa *adj & m,f* Lebanese.

Líbano *m*: **el** ~ the Lebanon.

libar *vt* to sip, to suck.

libelo *m* lampoon.

libélula *f* dragonfly.

liberación *f* **-1.** [gen] liberation; [de preso] release; ~ **de la mujer** women's liberation; ~ **sexual** sexual liberation **-2.** [de una hipoteca] redemption.

liberado, da *adj* [gen] liberated; [preso] freed.

liberal *adj & m,f* liberal.

liberalidad *f* liberality.

liberalismo *m* liberalism.

liberalización *f* liberalization; *COM* deregulation.

liberalizar [13] *vt* to liberalize; *COM* to deregulate.

liberar *vt* [gen] to liberate; [preso] to free; ~ **de algo a alguien** to free sb from sthg.
◆ **liberarse** *vpr* to liberate o.s.; **~se de algo** to free *o* liberate o.s. from sthg.

Liberia Liberia.

libertad *f* freedom, liberty; **dejar** *o* **poner a alguien en** ~ to set sb free, to release sb; **estar en** ~ to be free; **tener** ~ **para hacer algo** to be free to do sthg; **tomarse la** ~ **de hacer algo** to take the liberty of doing sthg; **tomarse ~es** to take liberties; ~ **de circulación de capitales/trabajadores** *ECON* free movement of capital/workers; ~ **de conciencia** freedom of conscience; ~ **condicional** probation; ~ **de expresión** freedom of speech; ~ **de imprenta** *o* **prensa** freedom of the press; ~ **provisional (bajo fianza)** bail; ~ **provisional (bajo palabra)** parole.

libertador, ra ◇ *adj* liberating. ◇ *m,f* liberator.

libertar *vt* [gen] to liberate; [preso] to deliver, to set free.

libertario, ria *adj & m,f* libertarian.

libertinaje *m* licentiousness.

libertino, na ◇ *adj* licentious. ◇ *m,f* libertine.

Libia Libya.

libidinoso, sa *adj* libidinous, lewd.

libido *f* libido.

libio, bia *adj & m,f* Libyan.

libra *f* [peso, moneda] pound; ~ **esterlina** pound sterling.
◆ **Libra** ◇ *m* [zodiaco] Libra; **ser Libra** to be (a) Libra. ◇ *mf* [persona] Libran.

librado, da ◇ *m,f COM* drawee. ◇ *adj*: **salir bien** ~ to get off lightly; **salir mal** ~ to come off badly.

librador, ra *m,f* drawer.

libramiento *m*, **libranza** *f* order of payment.

librar ◇ *vt* **-1.** [eximir]: ~ **a alguien (de algo/de hacer algo)** [gen] to free sb (from sthg/from doing sthg); [pagos, impuestos] to exempt sb (from sthg/from doing sthg) **-2.** [entablar - pelea, lucha] to engage in; [- batalla, combate] to join, to wage **-3.** *COM* to draw. ◇ *vi* [no trabajar] to be off work.
◆ **librarse** *vpr* **-1.** [salvarse]: **~se (de hacer algo)** to escape (from doing sthg); **de buena te libraste** you had a narrow escape **-2.** [deshacerse]: **~se de algo/alguien** to get rid of sthg/sb.

libre *adj* **-1.** [gen] free; [rato, tiempo] spare; [camino, vía] clear; [espacio, piso, lavabo] empty, vacant; **200 metros ~s** 200 metres freestyle; ~ **de** [gen] free from; [exento] exempt from; ~ **de franqueo** post-free; ~ **de impuestos** tax-free; **ser** ~ **de** *o* **para hacer algo** to be free to do sthg; **ir por** ~ to go it alone **-2.** [alumno] external; **estudiar por** ~ to be an external student.

librea *f* livery.

librecambio *m* free trade.

librecambismo *m* (doctrine of) free trade.

librepensador, ra ◇ *adj* freethinking. ◇ *m,f* freethinker.

librería *f* **-1.** [tienda] bookshop; ~ **de ocasión** second-hand bookshop **-2.** [oficio] bookselling **-3.** [mueble] bookcase.

librero, ra ◇ *adj* book *(antes de sust)*. ◇ *m,f* [persona] bookseller. ◇ *m* ***CAm, Col, Méx*** [mueble] bookcase.

libreta *f* **-1.** [para escribir] notebook; ~ **de direcciones** address book **-2.** [del banco]: ~ **(de ahorros)** savings book.

libretista *mf* ***Amér*** [guionista] screenwriter, scriptwriter.

libreto *m* **-1.** *MÚS* libretto **-2.** ***Amér*** [guión] script.

libro *m* [gen & *COM*] book; **llevar los ~s** to keep the books; **~ blanco** *POLÍT* white paper; **~ de bolsillo** paperback; **~ de cabecera/cocina** bedside/cookery book; **~ de caja** cashbook; **~ de comercio** ledger; **~ de consulta/cuentos** reference/story book; **~ de cuentas** *o* **contabilidad** accounts book; **~ de ejercicios** workbook; **~ de escolaridad** school report; **~ de familia** *document containing personal details of the members of a family*; **~ de reclamaciones** complaints book; **~ de registro (de entradas)** register; **~ sagrado** Book *(in Bible)*; **~ de texto** textbook; **~ de visitas** visitor's book; **colgar los ~s** to give up one's studies; **hablar como un ~** to express o.s. very clearly; **ser como un ~ abierto** to be an open book.

Lic. *abrev de* **licenciado**.

licántropo, pa <> *adj* werewolf *(antes de sust)*. <> *m,f* werewolf.

liceal *adj CSur, Ven* secondary school *UK*, high school *US*.

licencia *f* **-1.** [documento] licence, permit; [autorización] permission; **~ de armas/caza** gun/hunting licence; **~ de exportación/importación** export/import licence; **~ de obras** planning permission; **~ fiscal** *official authorization to practise a profession*; **~ poética** poetic licence **-2.** *MIL* discharge **-3.** [confianza] licence, freedom; **tomarse ~s con alguien** to take liberties with sb.

licenciado, da <> *adj* **-1.** *EDUC* graduate *(antes de sust)*; **estar ~ en derecho** to be a law graduate **-2.** *MIL* discharged. <> *m,f* **-1.** *EDUC* graduate; **~ en económicas** economics graduate **-2.** *MIL* discharged soldier.

LICENCIADO

This is a form of address often used by wealthier people (who had access to education) amongst themselves, and by poorer people to address wealthier people as a sign of respect. This form of address is characteristic of Mexico.

licenciamiento *m MIL* discharge.

licenciar [8] *vt MIL* to discharge.

◆ **licenciarse** *vpr* **-1.** *EDUC*: **~se (en)** to graduate (in) **-2.** *MIL* to be discharged.

licenciatura *f* degree.

licencioso, sa *adj* licentious.

liceo *m* **-1.** *EDUC* lycée **-2.** *CSur, Ven* [instituto] secondary school *UK*, high school *US* **-3.** [de recreo] ≃ social club.

licitación *f* bid, bidding *(U)*.

licitar *vt* to bid for.

lícito, ta *adj* **-1.** [legal] lawful **-2.** [correcto] right **-3.** [justo] fair.

licor *m* liquor.

licorera *f* decanter.

licorería *f* **-1.** [fábrica] distillery **-2.** [tienda] ≃ off-licence.

licuadora *f* liquidizer, blender.

licuar [6] *vt* **-1.** *CULIN* to liquidize **-2.** *TECN* to liquefy.

lid *f* fight; **experto en estas ~es** *fig* old hand in these matters.

líder <> *adj* leading. <> *mf* leader.

liderar *vt* to lead.

liderato, liderazgo *m* **-1.** [primer puesto] lead; [en liga] first place **-2.** [dirección] leadership.

lidia *f* **-1.** [arte] bullfighting **-2.** [corrida] bullfight; *ver también* **tauromaquia**.

lidiar [8] <> *vi* [luchar]: **~ (con)** to struggle (with). <> *vt TAUROM* to fight.

liebre *f* **-1.** *ZOOL* hare; **correr como una ~** to run like a hare; **levantar la ~** to let the cat out of the bag **-2.** *Chile* [microbús] minibus.

liendre *f* nit.

lienzo *m* **-1.** [tela] (coarse) cloth; [paño] piece of cloth **-2.** [para pintar] canvas **-3.** [cuadro] painting.

lifting ['liftin] (*pl* **liftings**) *m* facelift.

liga *f* **-1.** [gen] league **-2.** [de medias] suspender.

ligadura *f* **-1.** *MED & MÚS* ligature; **~ de trompas** *MED* tubal ligation **-2.** [atadura] bond, tie.

ligamento *m ANAT* ligament.

ligar [16] <> *vt* **-1.** [gen & *CULIN*] to bind; [atar] to tie (up) **-2.** *MED* to put a ligature on **-3.** *MÚS* to slur. <> *vi* **-1.** [coincidir]: **~ (con)** to tally (with) **-2.** *fam* [conquistar]: **~ (con)** to get off (with).

ligazón *f* link, connection.

ligereza *f* **-1.** [levedad] lightness **-2.** [agilidad] agility **-3.** [rapidez] speed **-4.** [irreflexión - cualidad] rashness; [- acto] rash act; **con ~** in a superficial manner.

ligero, ra *adj* **-1.** [gen] light; [dolor, rumor, descenso] slight; [traje, tela] thin **-2.** [ágil] agile, nimble **-3.** [rápido] quick, swift **-4.** [irreflexivo] flippant; **hacer algo a la ligera** to do sthg without much thought; **juzgar a alguien a la ligera** to be quick to judge sb; **tomarse algo a la ligera** not to take sthg seriously.

light [lait] *adj inv* [comida] low-calorie; [refresco] diet *(antes de sust)*; [cigarrillos] light.

ligón, ona *fam* <> *adj*: **es muy ~** he's always getting off with sb or other. <> *m,f* goer, raver.

ligue <> ▻ **ligar**. <> *m fam* **-1.** [acción]: **ir**

de ~ to go cruising -2. [persona] pick-up.
liguero, ra *adj* DEP league *(antes de sust).*
◆ **liguero** *m* suspender belt *UK*, garter belt *US*.
liguilla *f* DEP mini-league, round-robin tournament.
lija *f* -1. [papel] sandpaper -2. [pez] dogfish.
lijadora *f* sander.
lijar *vt* to sand down.
lila ◇ *f* [flor] lilac. ◇ *adj inv* & *m* [color] lilac.
liliputiense *fam* ◇ *adj* dwarfish. ◇ *mf* midget.
lima *f* -1. [utensilio] file; ~ **de uñas** nail file; **comer como una** ~ to eat like a horse -2. BOT lime.
Lima Lima.
limadora *f* polisher.
limar *vt* -1. [pulir] to file down -2. [perfeccionar] to polish, to add the finishing touches to.
limbo *m* -1. RELIG limbo; **estar en el** ~ *fig* to be miles away -2. ASTRON & BOT limb.
limeño, ña ◇ *adj* of/relating to Lima. ◇ *m, f* native/inhabitant of Lima.
limitación *f* -1. [restricción] limitation, limit; ~ **de velocidad** speed limit -2. [distrito] boundaries *(pl)*.
limitado, da *adj* -1. [gen] limited -2. [poco inteligente] dim-witted.
limitar ◇ *vt* -1. [gen] to limit -2. [terreno] to mark out -3. [atribuciones, derechos etc] to set out, to define. ◇ *vi*: ~ **(con)** to border (on).
◆ **limitarse a** *vpr* to limit o.s. to.
límite ◇ *adj inv* -1. [precio, velocidad, edad] maximum -2. [situación] extreme; [caso] borderline. ◇ *m* -1. [tope] limit; **dentro de un** ~ within limits; **su pasión no tiene** ~ her passion knows no bounds; ~ **de velocidad** speed limit -2. [confín] boundary.
limítrofe *adj* [país, territorio] bordering; [terreno, finca] neighbouring.
limón *m* lemon.
limonada *f* lemonade.
limonar *m* lemon grove.
limonero, ra *adj* lemon *(antes de sust).*
◆ **limonero** *m* lemon tree.
limosna *f* alms *(pl)*; **pedir** ~ to beg.
limpia *f Amér* cleaning.
limpiabotas *m y f inv* shoeshine, bootblack *UK*.
limpiacristales *m inv* window-cleaning fluid.
limpiador, ra ◇ *adj* cleaning. ◇ *m, f* cleaner.
limpiamente *adv* -1. [con destreza] cleanly -2. [honradamente] honestly.
limpiaparabrisas *m inv* windscreen wiper *UK*, windshield wiper *US*.
limpiar [8] *vt* -1. [gen] to clean; [con trapo] to wipe; [mancha] to wipe away; [zapatos] to polish -2. *fig* [desembarazar]: ~ **algo de algo** to clear sthg of sthg -3. *fam* [en el juego] to clean out -4. *fam* [robar] to snipe, to pinch.
limpieza *f* -1. [cualidad] cleanliness -2. [acción] cleaning; **hacer la** ~ to do the cleaning; ~ **de cutis** facial; ~ **étnica** ethnic cleansing; ~ **general** spring-cleaning; ~ **en seco** dry cleaning -3. [destreza] skill, cleanness -4. [honradez] honesty.
limpio, pia *adj* -1. [gen] clean; [pulcro] neat; [cielo, imagen] clear -2. [neto - sueldo etc] net -3. [honrado] honest; [intenciones] honourable; [juego] clean -4. [sin culpa]: **estar** ~ to be in the clear; ~ **de** [sospecha etc] free of -5. *fam* [sin dinero] broke, skint -6. *fam* [para enfatizar]: **a puñetazo** ~ with bare fists; **a pedrada limpia** with nothing more than stones.
◆ **limpio** *adv* cleanly, fair; **pasar a** *o* **poner en** ~ to make a fair copy of, to write out neatly; **sacar algo en** ~ **de** to make sthg out from.
limusina *f* limousine.
linaje *m* lineage.
linaza *f* linseed.
lince *m* lynx; **ser un** ~ **para algo** to be very sharp at sthg.
linchamiento *m* lynching.
linchar *vt* to lynch.
lindante *adj*: ~ **(con)** [espacios] bordering; [conceptos] bordering (on).
lindar
◆ **lindar con** *vi* -1. [terreno] to adjoin, to be next to -2. [conceptos, ideas] to border on.
linde *m o f* boundary.
lindero, ra *adj* -1. [terreno] adjoining, bordering -2. [concepto] bordering.
◆ **lindero** *m* boundary.
lindeza *f* [belleza] prettiness.
◆ **lindezas** *fpl irón* [insultos] insults.
lindo, da *adj* pretty, lovely; **de lo** ~ a great deal.
línea *f* -1. [gen, DEP & TELECOM] line; **cortar la** ~ **(telefónica)** to cut off the phone; ~ **aérea** airline; ~ **de banda** sideline, touchline; ~ **blanca** white goods *(pl)*; ~ **de conducta** course of action; ~ **continua** AUTOM solid white line; ~ **de crédito/de descubierto** BANCA credit/overdraft limit; ~ **divisoria** dividing line; ~ **de flotación** waterline; ~

de fuego *MIL* firing line; ~ **de meta** [en fútbol] goal line; [en carrera] finishing line; ~ **de mira** *o* **tiro** line of fire; ~ **de puntos** dotted line; ~ **recta** straight line; ~ **de saque** base line, service line **-2.** [de un coche etc] lines *(pl)*, shape **-3.** [silueta] figure; **guardar la** ~ to watch one's figure **-4.** [estilo] style; **de** ~ **clásica** classical **-5.** [categoría] class, category; **de primera** ~ first-rate **-6.** *INFORM*: **en** ~ on-line; **fuera de** ~ off-line **-7.** *loc*: **en** ~**s generales** in broad terms; **en toda la** ~ [completamente] all along the line; **leer entre** ~**s** to read between the lines.

lineal *adj* **-1.** [gen] linear; [dibujo] line **-2.** [aumento] across-the-board.

lineamientos *mpl Amér* [generalidades] outline; [directrices] guidelines.

linfa *f* lymph.

linfático, ca *adj* lymphatic.

lingotazo *m fam* swig.

lingote *m* ingot.

lingüista *mf* linguist.

lingüístico, ca *adj* linguistic.
◆ **lingüística** *f* linguistics.

linier [linjer] (*pl* **liniers**) *m* linesman.

linimento *m* liniment.

lino *m* **-1.** [planta] flax **-2.** [tejido] linen.

linóleo, linóleum (*pl* **linóleums**) *m* linoleum *(U)*.

linotipia *f* Linotype®.

linotipista *mf* linotypist.

linterna *f* **-1.** [farol] lantern, lamp **-2.** [de pilas] torch *UK*, flashlight *US*.
◆ **linterna mágica** *f* magic lantern.

linyera *mf RP fam* tramp, bum *US*.

lío *m* **-1.** [paquete] bundle **-2.** *fam* [enredo] mess; **hacerse un** ~ to get muddled up; **meterse en** ~**s** to get into trouble **-3.** *fam* [jaleo] racket, row; **armar un** ~ to kick up a fuss **-4.** *fam* [amorío] affair.

liofilizar [13] *vt* to freeze-dry.

lioso, sa *adj fam* **-1.** [enredado - asunto] messy; [- explicación] muddled **-2.** [persona] trouble-making.

lípido *m* lipid.

liposoma *m* liposome.

liposucción *f* liposuction.

lipotimia *f* fainting fit.

liquen *m* lichen.

liquidación *f* **-1.** [pago] settlement, payment; ~ **de bienes** *COM* liquidation of assets **-2.** [rebaja] clearance sale **-3.** [fin] liquidation.

liquidar *vt* **-1.** [pagar - deuda] to pay; [- cuenta] to settle **-2.** [rebajar] to sell off **-3.** [malgastar] to throw away **-4.** [acabar - asunto] to settle; [- negocio, sociedad] to wind up **-5.** *fam* [matar] to liquidate.

liquidez *f ECON & FÍS* liquidity.

líquido, da *adj* **-1.** [gen] liquid **-2.** *ECON* [neto] net.
◆ **líquido** *m* **-1.** [gen] liquid; ~ **de frenos** brake fluid **-2.** *ECON* liquid assets *(pl)* **-3.** *MED* fluid.

lira *f* **-1.** *MÚS* lyre **-2.** [moneda] lira.

lírico, ca *adj* **-1.** *LITER* lyric, lyrical **-2.** [musical] musical.
◆ **lírica** *f* lyric poetry.

lirio *m* iris; ~ **del valle** lily of the valley.

lirismo *m* lyricism.

lirón *m ZOOL* dormouse; **dormir como un** ~ to sleep like a log.

Lisboa Lisbon.

lisboeta *adj* of/relating to Lisbon.

lisiado, da ◇ *adj* crippled. ◇ *m,f* cripple.

lisiar [8] *vt* to maim, to cripple.
◆ **lisiarse** *vpr* to be maimed *o* crippled.

liso, sa ◇ *adj* **-1.** [llano] flat; [sin asperezas] smooth; [pelo] straight; **los 400 metros** ~**s** the 400 metres; **lisa y llanamente** quite simply; **hablando lisa y llanamente** to put it plainly **-2.** [no estampado] plain. ◇ *m,f* **Andes, CAm, Ven** [insolente] cheeky person.

lisonja *f* flattering remark.

lisonjear *vt* to flatter.

lisonjero, ra *adj* flattering; [perspectiva] promising.

lista *f* **-1.** [enumeración] list; **pasar** ~ to call the register; ~ **de boda/de espera/de precios** wedding/waiting/price list; ~ **de la compra** shopping list; ~ **electoral** electoral roll; ~ **de éxitos** *MÚS* hit parade; ~ **negra** black list **-2.** [de tela, madera] strip; [de papel] slip; [de color] stripe.
◆ **lista de correos** *f* poste restante.

listado, da *adj* striped.
◆ **listado** *m INFORM* listing.

listar *vt INFORM* to list

listín
◆ **listín (de teléfonos)** *m* (telephone) directory.

listo, ta *adj* **-1.** [inteligente, hábil] clever, smart; **dárselas de** ~ to make o.s. out to be clever; **pasarse de** ~ to be too clever by half; **ser más** ~ **que el hambre** to be nobody's fool **-2.** [preparado] ready; **¿estáis** ~**s?** are you ready?; **estás** *o* **vas** ~ **(si crees que ...)** you've got another think coming (if you think that ...).

listón *m* lath; *DEP* bar; **poner el ~ muy alto** *fig* to set very high standards.

lisura *f Arg & Perú* rude remark, bad language *(U)*.

litera *f* **-1.** [cama] bunk (bed); [de barco] berth; [de tren] couchette **-2.** [vehículo] litter.

literal *adj* literal.

literario, ria *adj* literary.

literato, ta *m,f* writer.

literatura *f* literature.

litigante *adj & m,f* litigant.

litigar [16] *vi* to go to law.

litigio *m DER* litigation *(U)*; *fig* dispute; **en ~** in dispute.

litigue *etc* ▻ **litigar**.

litio *m* lithium.

litografía *f* **-1.** [arte] lithography **-2.** [grabado] lithograph **-3.** [taller] lithographer's (workshop).

litografiar [9] *vt* to lithograph.

litoral ◇ *adj* coastal. ◇ *m* coast.

litosfera *f* lithosphere.

litro *m* litre.

litrona *f mfam litre bottle of beer.*

Lituania Lithuania.

lituano, na *adj & m,f* Lithuanian.
◆ **lituano** *m* [lengua] Lithuanian.

liturgia *f* liturgy.

litúrgico, ca *adj* liturgical.

liviano, na *adj* **-1.** [ligero - blusa] thin; [- carga] light **-2.** [sin importancia] slight **-3.** [superficial] frivolous.

lividez *f* [palidez] pallor.

lívido, da *adj* **-1.** [pálido] very pale, white as a sheet **-2.** [amoratado] livid.

living ['liin] *m CSur* living room.

liza *f* [lucha] battle; **en ~** in opposition.

ll, Ll *f* [letra] ll, Ll.

llaga *f lit & fig* wound.

llagar [16] *vt* to wound.
◆ **llagarse** *vpr* to become covered in sores.

llama *f* **-1.** [de fuego, pasión] flame; **en ~s** ablaze **-2.** *ZOOL* llama.

llamada *f* **-1.** [gen] call; [a la puerta] knock; [con timbre] ring; **~ al orden** call to order; **~ de socorro** distress signal **-2.** *TELECOM* telephone call; **devolver una ~** to phone back; **hacer una ~** to make a phone call; **~ urbana/interrurbana/a cobro revertido** local/long-distance/reverse-charge call **-3.** [en un libro] reference mark.

llamado, da *adj* so-called.
◆ **llamado** *m Amér* [de teléfono] call.

llamamiento *m* **-1.** [apelación] appeal, call, to call upon sb to do sthg **-2.** *MIL* call-up.

llamar ◇ *vt* **-1.** [gen] to call; [con gestos] to beckon **-2.** [por teléfono] to phone, to call; **¿quién la llama, por favor?** who is calling, please? **-3.** [convocar] to summon, to call; **~ (a filas)** *MIL* to call up **-4.** [atraer] to attract, to call. ◇ *vi* **-1.** [a la puerta etc - con golpes] to knock; [- con timbre] to ring; **están llamando** there's somebody at the door **-2.** [por teléfono] to phone.
◆ **llamarse** *vpr* [tener por nombre] to be called; **¿cómo te llamas?** what's your name?; **me llamo Pepe** my name's Pepe; **eso es lo que se llama buena suerte** that's what you call good luck.

llamarada *f* **-1.** [de fuego, ira etc] blaze **-2.** [de rubor] flush.

llamativo, va *adj* [color] bright, gaudy; [ropa] showy.

llamear *vi* to burn, to blaze.

llana ▻ **llano**.

llanero, ra ◇ *adj* of the plainspeople. ◇ *m,f* plainsman (*f* plainswoman).

llaneza *f* naturalness, straightforwardness.

llano, na *adj* **-1.** [campo, superficie] flat **-2.** [trato, persona] natural, straightforward **-3.** [pueblo, clase] ordinary **-4.** [lenguaje, expresión] simple, plain **-5.** *GRAM* paroxytonic.
◆ **llana** *f CONSTR* trowel.
◆ **llano** *m* [llanura] plain.

llanta *f* **-1.** rim **-2.** *Amér* [cubierta] tyre *UK*, tire *US*.

llantera, llantina *f fam* blubbing *(U)*.

llanto *m* tears *(pl)*, crying.

llanura *f* plain.

llave *f* **-1.** [gen] key; **bajo ~** under lock and key; **cerrar con ~** to lock; **echar la ~** to lock up; **~ en mano** [vivienda] ready for immediate occupation; **~ de contacto** ignition key; **~ maestra** master key **-2.** [del agua, gas] tap *UK*, faucet *US*; [de la electricidad] switch; **cerrar la ~ de paso** to turn the water/gas off at the mains **-3.** [herramienta] spanner; **~ inglesa** monkey wrench **-4.** [de judo etc] hold, lock **-5.** [signo ortográfico] curly bracket.

llavero *m* keyring.

llavín *m* latchkey.

llegada *f* **-1.** [gen] arrival **-2.** *DEP* finish.

llegar [16] *vi* **-1.** [a un sitio]: **~ (de)** to arrive (from); **estar al ~** [persona] to be on one's way (over); [acontecimiento] to be coming up; **~ a un hotel/una ciudad** to arrive at a hotel/in a city; **llegaré pronto** I'll be there early **-2.** [un tiempo, la noche etc] to come **-3.**

[durar]: ~ **a** *o* **hasta** to last until **-4.** [alcanzar]: ~ **a** to reach; **no llego al techo** I can't reach the ceiling; ~ **hasta** to reach up to **-5.** [ser suficiente]: ~ **(para)** to be enough (for) **-6.** [lograr]: ~ **a (ser) algo** to get to be sthg, to become sthg; ~ **a hacer algo** to manage to do sthg; **si llego a saberlo** if I get to know of it **-7.** [atreverse]: **llegó a decirme ...** he went as far as to say to me ...

◆ **llegarse a** *vpr* to go round to.

llenar *vt* **-1.** [ocupar]: ~ **algo (de)** [vaso, hoyo, habitación] to fill sthg (with); [pared, suelo] to cover sthg (with) **-2.** [satisfacer] to satisfy **-3.** [rellenar - impreso] to fill in *o* out **-4.** [colmar]: ~ **a alguien de** to fill sb with.

◆ **llenarse** *vpr* **-1.** [ocuparse] to fill up **-2.** [saciarse] to be full **-3.** [cubrirse]: ~**se de** to become covered in.

llenazo *m fam* full house.

lleno, na *adj* **-1.** [gen] full; [cubierto] covered; ~ **de** [gen] full of; [manchas, pósters] covered in; ~ **hasta los topes** full to bursting, packed out **-2.** *fam* [regordete] chubby.

◆ **lleno** *m* full house.

◆ **de lleno** *loc adv* full in the face; **acertó de** ~ he was bang on target.

llevadero, ra *adj* bearable.

llevar ◇ *vt* **-1.** [gen] to carry **-2.** [acompañar, coger y depositar] to take; ~ **algo/a alguien a** to take sthg/sb to; **me llevó en coche** he drove me there **-3.** [prenda, objeto personal] to wear; **llevo gafas** I wear glasses; **no llevo dinero** I haven't got any money on me **-4.** [caballo, coche etc] to handle **-5.** [conducir]: ~ **a alguien a algo** to lead sb to sthg; ~ **a alguien a hacer algo** to lead *o* cause sb to do sthg **-6.** [ocuparse de, dirigir] to be in charge of; [casa, negocio] to look after, to run; **lleva la contabilidad** she keeps the books **-7.** [hacer - de alguna manera]: **lleva muy bien sus estudios** he's doing very well in his studies **-8.** [tener - de alguna manera] to have; ~ **el pelo largo** to have long hair; **llevas las manos sucias** your hands are dirty **-9.** [soportar] to deal *o* cope with **-10.** [mantener] to keep; ~ **el paso** to keep in step **-11.** [pasarse - tiempo]: **lleva tres semanas sin venir** she hasn't come for three weeks now, it's three weeks since she came last **-12.** [ocupar - tiempo] to take; **me llevó un día hacer este guiso** it took me a day to make this dish **-13.** [sobrepasar en]: **te llevo seis puntos** I'm six points ahead of you; **me lleva dos centímetros** he's two centimetres taller than me **-14.** *loc*: ~ **consigo** [implicar] to lead to, to bring about; ~ **las de perder** to be heading for defeat. ◇ *vi* **-1.** [conducir]: ~ **a** to lead to; **esta carretera lleva al norte** this road leads north **-2.** *(antes de participio)* [haber]: **llevo leída media novela** I'm halfway through the novel; **llevo dicho esto mismo docenas de veces** I've said the same thing time and again **-3.** *(antes de gerundio)* [estar]: ~ **mucho tiempo haciendo algo** to have been doing sthg for a long time.

◆ **llevarse** *vpr* **-1.** [coger] to take, to steal; **alguien se ha llevado mi sombrero** someone has taken my hat **-2.** [conseguir] to get; **se ha llevado el premio** she has carried off the prize; **yo me llevo siempre las culpas** I always get the blame **-3.** [recibir - susto, sorpresa etc] to get, to receive; **me llevé un disgusto** I was upset **-4.** [entenderse]: ~**se bien/mal (con alguien)** to get on well/badly (with sb) **-5.** [estar de moda] to be in (fashion); **este año se lleva el verde** green is in this year **-6.** *MAT*: **me llevo una** carry (the) one.

llorar ◇ *vi* **-1.** [con lágrimas] to cry; ~ **por alguien** to cry over sb **-2.** *fam* [quejarse] to whinge. ◇ *vt*: ~ **la muerte de alguien** to mourn sb's death.

llorera *f fam* crying fit.

llorica *despec* ◇ *adj*: **ser** ~ to be a crybaby. ◇ *mf* crybaby.

lloriquear *vi* to whine, to snivel.

lloriqueo *m* whining *(U)*, snivelling *(U)*.

lloro *m* crying *(U)*, tears *(pl)*.

llorón, ona ◇ *adj* who cries a lot. ◇ *m,f* crybaby.

lloroso, sa *adj* tearful.

llover [24] ◇ *v impers* to rain; **está lloviendo** it's raining; **llueve sobre mojado** it's one thing after another. ◇ *vi*: **le llueven las ofertas** offers are raining down on him.

llovizna *f* drizzle.

lloviznar *v impers* to drizzle.

llueva *etc* ▷ **llover**.

lluvia *f* **-1.** *METEOR* rain; **bajo la** ~ in the rain; ~ **ácida** acid rain; ~ **radiactiva** (nuclear) fallout; ~ **torrencial** torrential rain **-2.** [de panfletos, regalos etc] shower; [de preguntas] barrage.

lluvioso, sa *adj* rainy.

lo, la (*mpl* **los**, *fpl* **las**) *pron pers (complemento directo)* [cosa] it; *(pl)* them; [persona] him (*f* her); *(pl)* them; [usted] you.

◆ **lo** ◇ *pron pers (neutro) (predicado)* it; **su hermana es muy guapa pero él no** ~ **es** his sister is very good-looking, but he isn't; **es muy bueno aunque no** ~ **parezca** it's very good, even if it doesn't look it. ◇ *art det (neutro)*: ~ **antiguo me gusta más que** ~

moderno I like old things better than modern things; ~ **mejor/peor** the best/ worst part; **no te imaginas ~ grande que era** you can't imagine how big it was.
◆ **lo de** *loc prep*: **¿y ~ de la fiesta?** what about the party, then?; **siento ~ de ayer** I'm sorry about yesterday.
◆ **lo que** *loc conj* what; **acepté ~ que me ofrecieron** I accepted what they offered me.
loa *f* **-1.** [gen] praise **-2.** *LITER* eulogy.
loable *adj* praiseworthy.
loar *vt* to praise.
lobato = **lobezno.**
lobby ['loβi] (*pl* **lobbies**) *m* lobby, pressure group.
lobezno, lobato *m* wolf cub.
lobo, ba *m,f* wolf.
◆ **lobo de mar** *m* [marinero] sea dog.
lobotomía *f* lobotomy.
lóbrego, ga *adj* gloomy, murky.
lóbulo *m* lobe.
local ◇ *adj* local. ◇ *m* **-1.** [edificio] premises *(pl)* **-2.** [sede] headquarters *(pl)*.
localidad *f* **-1.** [población] place, town **-2.** [asiento] seat **-3.** [entrada] ticket; **'no hay ~es'** 'sold out'.
localismo *m* **-1.** [sentimiento] parochialism **-2.** *LING* localism.
localista *adj* parochial.
localización *f* localization, tracking down.
localizar [13] *vt* **-1.** [encontrar] to locate, to track down **-2.** [circunscribir] to localize.
◆ **localizarse en** *vpr* to become localized in.
locativo *m* locative.
loción *f* lotion; ~ **capilar** hair lotion; ~ **para después del afeitado** aftershave lotion.
loco, ca ◇ *adj* **-1.** [gen] mad; **estar ~ de/por** to be mad with/about; **estar ~ de contento** to be wild with joy; **volver ~ a alguien** to drive sb mad; **volverse ~ por** to be mad about; ~ **de atar** *o* **remate** stark raving mad; **a lo ~** [sin pensar] hastily; [temerariamente] wildly **-2.** [extraordinario - interés, ilusión] tremendous; [- suerte, precio] extraordinary; [- amor, alegría] wild. ◇ *m,f* **-1.** *lit & fig* madman (*f* madwoman), lunatic; **cada ~ con su tema** everyone has his own axe to grind; **conduce como un ~** he drives like a madman; **hacerse el ~** to play dumb, to pretend not to understand **-2.** *Chile* [molusco] false abalone.
locomoción *f* transport; [de tren] locomotion.
locomotor, ra *o* **triz** *adj* locomotive.
◆ **locomotora** *f* engine, locomotive.
locuaz *adj* loquacious, talkative.
locución *f* phrase.
locura *f* **-1.** [demencia] madness **-2.** [imprudencia] folly; **hacer ~s** to do crazy things; **ser una ~** to be madness **-3.** [exageración]: **con ~** madly.
locutor, ra *m,f* [de radio] announcer; [de televisión] presenter.
locutorio *m* **-1.** [para visitas] visiting room **-2.** *TELECOM* phone box *o* booth **-3.** *RADIO* studio.
lodazal *m* quagmire.
lodo *m lit & fig* mud.
logaritmo *m* logarithm.
logia *f* **-1.** [masónica] lodge **-2.** *ARQUIT* loggia.
lógico, ca ◇ *adj* logical; **es ~ que se enfade** it stands to reason that he should get angry. ◇ *m,f* [persona] logician.
◆ **lógica** *f* [ciencia] logic.
logístico, ca *adj* logistic.
◆ **logística** *f* logistics *(pl)*.
logopeda *mf* speech therapist.
logopedia *f* speech therapy.
logotipo *m* logo.
logrado, da *adj* [bien hecho] accomplished.
lograr *vt* [gen] to achieve; [puesto, beca, divorcio] to get, to obtain; [resultado] to obtain, to achieve; [perfección] to attain; [victoria, premio] to win; [deseo, aspiración] to fulfil; ~ **hacer algo** to manage to do sthg; ~ **que alguien haga algo** to manage to get sb to do sthg.
logro *m* achievement.
LOGSE (*abrev de* **Ley Orgánica de Ordenación General del Sistema Educativo**) *f Spanish Education Act.*
loísmo *m incorrect use of 'lo' as indirect object instead of 'le'.*
loma *f* hillock.
lombarda *f* red cabbage.
lombriz *f* earthworm, worm; **tener lombrices** to have worms; ~ **de tierra** earthworm; ~ **intestinal** tapeworm.
lomo *m* **-1.** [espalda] back **-2.** [carne] loin **-3.** [de libro] spine **-4.** [de cuchillo] blunt edge.
lona *f* canvas.
loncha *f* slice; [de beicon] rasher.
lonche *m Perú, Ven* [merienda] *snack eaten during break time.*
lonchería *f Méx, Ven fast-food joint selling tacos etc.*
londinense ◇ *adj* London *(antes de sust)*.

◇ *mf* Londoner.
Londres London.
longaniza *f type of spicy, cold pork sausage.*
longevidad *f* longevity.
longevo, va *adj* long-lived.
longitud *f* **-1.** [dimensión] length; **tiene medio metro de ~** it's half a metre long; **~ de onda** wavelength **-2.** *ASTRON & GEOGR* longitude.
longitudinal *adj* longitudinal.
long play ['lomplai] (*pl* **long plays**) *m* LP, album.
longui, longuis *m fam*: **hacerse el ~** to act dumb, to pretend not to understand.
lonja *f* **-1.** [loncha] slice **-2.** [edificio] exchange; **~ de pescado** fish market.
lontananza *f* background; **en ~** in the distance.
loquería *f Amér fam* mental home.
loquero, ra *m,f fam* [persona] psychiatric nurse.
◆ **loquero** *m Amér* [escándalo] row, uproar.
loro *m* **-1.** [animal] parrot **-2.** *fam* [charlatán] chatterbox; [mujer fea] fright, ugly old bag **-3.** *loc*: **estar al ~** *vulg* to have one's finger on the pulse.
los ◇ *art* ▷ **el.** ◇ *pron* ▷ **lo.**
losa *f* **-1.** [gen] paving stone, flagstone; [de tumba] tombstone **-2.**: **~ radiante** *RP* underfloor heating.
loseta *f* floor tile.
lote *m* **-1.** [parte] share **-2.** [conjunto] batch, lot **-3.** *Amér* [de tierra] plot (of land) **-4.** *fam* [magreo]: **darse** *o* **pegarse el ~** to kiss and canoodle.
loteamiento *m Bol, Urug* parcelling out, division into plots.
loteo *m Andes, Méx, RP* parcelling out, division into plots.
lotería *f* **-1.** [gen] lottery; **jugar a la ~** to play the lottery; **le tocó la ~** she won the lottery; **~ primitiva** *twice-weekly state-run lottery* **-2.** [tienda] lottery booth **-3.** [juego de mesa] lotto.

LOTERÍA PRIMITIVA

This lottery, run by the Spanish state, is drawn twice a week. Participants try to guess a combination of six numbers between one and forty-nine. A *número complementario* or bonus ball and a *número de reintegro* are also drawn. Participants who have chosen the latter number are reimbursed for the price of their ticket.

lotero, ra *m,f* seller of lottery tickets.
lotización *f Ecuad, Perú* parcelling out, division into plots.
loto *f fam weekly state-run lottery.*
loza *f* **-1.** [material] earthenware; [porcelana] china **-2.** [objetos] crockery.
lozanía *f* **-1.** [de plantas] luxuriance **-2.** [de persona] youthful vigour.
lozano, na *adj* **-1.** [planta] lush, luxuriant **-2.** [persona] youthfully vigorous.
LSD (*abrev de* **lysergic diethylamide**) *m* LSD.
lubina *f* sea bass.
lubricación *f* lubrication.
lubricante, lubrificante ◇ *adj* lubricating. ◇ *m* lubricant.
lubricar [10], **lubrificar** [10] *vt* to lubricate.
lucero *m* bright star; **~ del alba/de la tarde** morning/evening star; **como un ~** as bright as a new pin.
lucha *f* fight; *fig* struggle; **abandonar la ~** to give up the struggle; **~ armada** armed struggle; **~ de clases** class struggle *o* war; **~ libre** all-in wrestling.
luchador, ra ◇ *adj* fighting. ◇ *m,f DEP* wrestler; *fig* fighter.
luchar *vi* to fight; *fig* to struggle; **~ contra/por** to fight against/for.
lucidez *f* lucidity, clarity.
lucido, da *adj* splendid.
lúcido, da *adj* lucid.
luciérnaga *f* glow-worm.
Lucifer *m* Lucifer.
lucimiento *m* [de ceremonia etc] sparkle; [de actriz etc] brilliant performance.
lucio *m* pike.
lucir [32] ◇ *vi* **-1.** [gen] to shine **-2.** [compensar]: **no me lucían tantas horas de trabajo** working so many hours didn't do me much good **-3.** [llevar puesto] to wear **-4.** *Amér* [parecer] to look **-5.** *Amér* [tener] to have. ◇ *vt* [gen] to show off; [ropa] to sport.
◆ **lucirse** *vpr* **-1.** [destacar]: **~se (en)** to shine (at) **-2.** *fam fig & irón* [quedar mal] to really go and do it, to mess things up.
lucrarse *vpr*: **~ (de)** to profit (from).
lucrativo, va *adj* lucrative; **no ~** non profit-making.
lucro *m* profit, gain.
lucubrar *vt* to rack one's brains over.
lúdico, ca *adj* [del juego] game *(antes de sust)*; [ocioso] of enjoyment, of pleasure.
ludópata *m y f* pathological gambling addict.
ludopatía *f* pathological addiction to gambling.
ludoteca *f* toy library.

luego <> *adv* **-1.** [justo después] then, next; **primero aquí y ~ allí** first here and then there; **~ de** immediately after **-2.** [más tarde] later; **¡hasta ~!** see you!, bye!; **hazlo ~** do it later **-3.** *Chile, Méx, Ven* [pronto] soon. <> *conj* **-1.** [así que] so, therefore **-2.: ~ ~** *Méx fam* [inmediatamente] immediately, straight away; [de vez en cuando] from time to time.

lugar *m* **-1.** [gen] place; [localidad] place, town; [del crimen, accidente etc] scene; [para acampar, merendar etc] spot; **en primer ~** in the first place, firstly; **en último ~** lastly, last; **fuera de ~** out of place; **no hay ~ a duda** there's no room for doubt; **ponte en mi ~** put yourself in my place; **sin ~ a dudas** without a doubt, undoubtedly; **yo en tu ~** if I were you; **dejar a alguien en buen/mal ~** to make sb look good/bad; **poner las cosas en su ~** to set things straight; **tener ~** to take place; **~ de nacimiento** birthplace; **~ de trabajo** workplace **-2.** [motivo] cause, reason; **dar ~ a** to bring about, to cause **-3.** [puesto] position.

◆ **en lugar de** *loc prep* instead of.

◆ **lugar común** *m* platitude, commonplace.

lugareño, ña <> *adj* village *(antes de sust).* <> *m,f* villager.

lugarteniente *m* deputy.

lúgubre *adj* gloomy, mournful.

lujo *m* luxury; *fig* profusion; **con todo ~ de detalles** in great detail; **de ~** luxury *(antes de sust)*; **permitirse el ~ de algo/de hacer algo** to be able to afford sthg/to do sthg.

lujoso, sa *adj* luxurious.

lujuria *f* lust.

lujurioso, sa <> *adj* lecherous. <> *m,f* lecher.

lulú ▻ **perro.**

lumbago *m* lumbago.

lumbar *adj* lumbar.

lumbre *f* **-1.** [fuego] fire; **dar ~ a alguien** to give sb a light **-2.** *fig* [resplandor] brightness.

lumbrera *f fam* leading light.

luminaria *f* light, lighting *(U).*

luminosidad *f* brightness; [fig] brilliance.

luminoso, sa *adj* **-1.** [gen] bright; [fuente, energía] light *(antes de sust)* **-2.** [idea etc] brilliant.

luminotecnia *f* lighting.

luna *f* **-1.** [astro] moon; **~ creciente** crescent moon *(when waxing)*; **~ llena/nueva** full/new moon; **~ menguante** crescent moon *(when waning)*; **media ~** half moon **-2.** [cristal] window (pane) **-3.** [espejo] mirror **-4.** *loc*: **estar de mala ~** to be in a bad mood; **estar en la ~** to be miles away; **pedir la ~** to ask the impossible.

◆ **luna de miel** *f* honeymoon.

lunar <> *adj* lunar. <> *m* **-1.** [en la piel] mole, beauty spot **-2.** [en telas] spot; **a ~es** spotted.

lunático, ca <> *adj* crazy. <> *m,f* lunatic.

lunes *m inv* Monday; *ver también* **sábado.**

luneta *f* [de coche] windscreen; **~ trasera** rear windscreen; **~ térmica** demister.

lupa *f* magnifying glass.

lúpulo *m* hops *(pl).*

lusitano, na, luso, sa *adj & m,f* **-1.** [de Lusitania] Lusitanian **-2.** [de Portugal] Portuguese.

lustrabotas *m inv* *Andes & RP* shoeshine, bootblack *UK*.

lustrador *m Andes, RP* shoeshine, bootblack *UK*.

lustradora *f Andes, RP* floor polisher.

lustrar *vt* to polish.

lustre *m* **-1.** [brillo] shine **-2.** *fig* [gloria] glory.

lustrín *m Chile* shoeshine box.

lustro *m* five-year period.

lustroso, sa *adj* shiny.

luteranismo *m* Lutheranism.

luterano, na *adj & m,f* Lutheran.

luto *m* mourning; **de ~** in mourning.

luxación *f* dislocation.

Luxemburgo Luxembourg.

luxemburgués, esa <> *adj* Luxembourg *(antes de sust).* <> *m,f* Luxembourger.

luz *f* [gen] light; [electricidad] electricity; [destello] flash (of light); **apagar la ~** to switch off the light; **a plena ~ del día** in broad daylight; **cortar la ~** to cut off the electricity supply; **dar** *o* **encender la ~** to switch on the light; **pagar (el recibo de) la ~** to pay the electricity (bill); **se ha ido la ~** the lights have gone out; **~ eléctrica** electric light; **~ solar** sunlight; **a la ~ de** [una vela, la luna etc] by the light of; [los acontecimientos etc] in the light of; **arrojar ~ sobre** to shed light on; **a todas luces** whichever way you look at it; **dar a ~ (un niño)** to give birth (to a child); **dar ~ verde** to give the green light *o* the go-ahead; **sacar algo a la ~** [secreto] to bring to light; [obra] to bring out, to publish; **salir a la ~** [descubrirse] to come to light; [publicarse] to come out; **ver la ~** to see the light.

◆ **luces** *fpl* **-1.** [cultura] enlightenment *(U)* **-2.** [inteligencia] intelligence *(U)*; **de pocas luces** dim-witted **-3.** *AUTOM* lights; **darle las luces a alguien** to flash (one's lights) at sb; **poner las luces de carretera** *o* **largas** to put

(one's headlights) on full beam; **luces de cruce** *o* **cortas** dipped headlights; **luces de freno** brake lights; **luces de posición** *o* **situación** sidelights; **luces de tráfico** *o* **de señalización** traffic lights.
luzca *etc* ▷ **lucir**.
lycra® *f* Lycra®.

m[1], M *f* [letra] m, M.
m[2] (*abrev de* **metro**) m.
maca *f* **-1.** [de fruta] bruise **-2.** [de objetos] flaw.
macabro, bra *adj* macabre.
macana *f CSur, Perú, Ven fam* [disparate] stupid thing; [fastidio] pain, drag; [pena] shame.
macanear *vi CSur fam* [decir tonterías] to talk nonsense; [hacer tonterías] to be stupid.
macarra *m fam* [de prostitutas] pimp; [rufián] thug.
macarrón *m* [tubo] sheath *(of cable)*.
◆ **macarrones** *mpl* [pasta] macaroni *(U)*.
macarrónico, ca *adj fam* macaronic.
macedonia *f* salad; ~ **de frutas** fruit salad.
maceración *f CULIN* soaking, maceration.
macerar *vt CULIN* to soak, to macerate.
maceta *f* **-1.** [tiesto] flowerpot **-2.** [herramienta] mallet.
macetero *m* flowerpot holder.
machaca *mf* **-1.** *fam* [pesado] pain **-2.** [trabajador] dogsbody.
machacador, ora *adj* crushing.
◆ **machacadora** *f* crusher.
machacar [10] ◇ *vt* **-1.** [triturar] to crush **-2.** *fig* [insistir] to keep going on about **-3.** *fig* [empollar] to swot up on. ◇ *vi fig*: ~ **(sobre)** to go on (about).
machacón, ona ◇ *adj* tiresome. ◇ *m,f* pain.
machaconería *f* annoying insistence.
machada *f* act of bravado.
machamartillo
◆ **a machamartillo** *loc adv* very firmly; **creer algo a** ~ to be firm in one's belief of sthg.
machete *m* machete.
machismo *m* machismo.
machista *adj & m,f* male chauvinist.
macho ◇ *adj* **-1.** *BIOL* male **-2.** *fig* [hombre] macho. ◇ *m* **-1.** *BIOL* male **-2.** *fig* [hombre] macho man, he-man **-3.** *TECN* male part; [de enchufe] pin **-4.**: ~ **cabrío** billy goat. ◇ *interj fam*: **¡oye,** ~**!** oy, mate!
machote, ta *fam* ◇ *adj* brave; **dárselas de** ~ to act like a he-man. ◇ *m,f* [niño] big boy (*f* big girl).
◆ **machote** *m Amér* [modelo] rough draft.
macizo, za *adj* solid; **estar** ~ *fam* [hombre] to be hunky; [mujer] to be gorgeous.
◆ **macizo** *m* **-1.** *GEOGR* massif **-2.** *BOT*: ~ **de flores** flowerbed.
macramé *m* macramé.
macro *f INFORM* macro.
macrobiótico, ca *adj* macrobiotic.
◆ **macrobiótica** *f* macrobiotics *(U)*.
macroeconomía *f* macroeconomics *(U)*.
mácula *f* spot; *fig* blemish.
macuto *m* backpack, knapsack.
madeja *f* hank, skein; **enredar la** ~ to complicate matters; **estar hecho una** ~ **de nervios** to be a bundle of nerves.
madera *f* **-1.** [gen] wood; *CONSTR* timber; [tabla] piece of wood; **de** ~ wooden; ~ **contrachapada** plywood; **tocar** ~ to touch wood *UK*, to knock on wood *US* **-2.** [disposición]: **tener** ~ **de algo** to have the makings of sthg.
maderaje, maderamen *m* timbers *(pl)*.
maderero, ra *adj* timber *(antes de sust)*.
madero *m* **-1.** [tabla] log **-2.** [necio] halfwit **-3.** *mfam* [policía] cop, pig.
madrastra *f* stepmother.
madrazo *m Méx* hard blow.
madre *f* **-1.** [gen] mother; **es** ~ **de tres niños** she's a mother of three; ~ **adoptiva/de alquiler** foster/surrogate mother; ~ **biológica** biological mother; ~ **de familia** mother; ~ **política** mother-in-law; ~ **soltera** single mother; ~ **superiora** mother superior; **la** ~ **patria** the motherland; **éramos ciento y la** ~ *fam* there were hundreds of us there; **me vale** ~ *Méx mfam* I couldn't give a damn *o UK* a toss; **ser la** ~ **del cordero** *fig* to be at the very root of the problem **-2.** [poso] dregs *(pl)* **-3.** [cauce] bed; **salirse de** ~ [río] to burst its banks; *fig* [persona] to go too far.
◆ **madre mía** *interj*: **¡**~ **mía!** Jesus!, Christ!

madreperla *f* [ostra] pearl oyster; [nácar] mother-of-pearl.
madreselva *f* honeysuckle.
Madrid Madrid.
madrigal *m* madrigal.
madriguera *f* [gen & fig] den; [de conejo] burrow.
madrileño, ña ◇ *adj* of/relating to Madrid. ◇ *m,f* native/inhabitant of Madrid.
madrina *f* [gen] patroness; [de boda] bridesmaid; [de bautizo] godmother.
madroño *m* **-1.** [árbol] strawberry tree **-2.** [fruto] strawberry-tree berry.
madrugada *f* **-1.** [amanecer] dawn; **de ~** at daybreak **-2.** [noche] early morning; **las tres de la ~** three in the morning **-3.** [madrugón] early rise.
madrugador, ra ◇ *adj* early-rising. ◇ *m,f* early riser.
madrugar [16] *vi* to get up early; *fig* to be quick off the mark; **a quien madruga Dios le ayuda** *proverb* the early bird catches the worm; **no por mucho ~ amanece más temprano** *proverb* time must take its course.
madrugón *m fam*: **darse un ~** to get up very early *o* at the crack of dawn.
madurar ◇ *vt* **-1.** [gen] to mature; [fruta, mies] to ripen **-2.** [idea, proyecto etc] to think through. ◇ *vi* [gen] to mature; [fruta] to ripen.
madurez *f* **-1.** [cualidad - gen] maturity; [- de fruta, mies] ripeness **-2.** [edad adulta] adulthood.
maduro, ra *adj* [gen] mature; [fruta, mies] ripe; **de edad madura** middle-aged.
maestra ▷ **maestro**.
maestranza *f* MIL arsenal.
maestría *f* [habilidad] mastery, skill.
maestro, tra ◇ *adj* **-1.** [perfecto] masterly **-2.** [principal] main; [llave] master *(antes de sust)*. ◇ *m,f* **-1.** [profesor] teacher **-2.** [sabio] master **-3.** MÚS maestro **-4.** *Méx* [de universidad] lecturer *UK*, professor *US* **-5.** [director]: **~ de ceremonias** master of ceremonies; **~ de cocina** chef; **~ de obras** foreman; **~ de orquesta** conductor.
◆ **maestro** *m* TAUROM matador.
mafia *f* mafia.
mafioso, sa ◇ *adj* mafia *(antes de sust)*. ◇ *m,f* mafioso.
magdalena *f* fairy cake.
magenta *adj inv* & *m* magenta.
magia *f* magic; **~ blanca/negra** white/black magic.
mágico, ca *adj* **-1.** [con magia] magic **-2.** [atractivo] magical.
magisterio *m* **-1.** [título] teaching certificate **-2.** [enseñanza] teaching **-3.** [profesión] teaching profession.
magistrado, da *m,f* [juez] judge.
◆ **magistrado** *m Amér* [primer ministro] Prime Minister.
magistral *adj* **-1.** [de maestro] magisterial **-2.** [genial] masterly.
magistratura *f* **-1.** [oficio] judgeship **-2.** [jueces] magistrature **-3.** [tribunal] tribunal; **~ de trabajo** industrial tribunal.
magma *m* magma.
magnánimo, ma *adj* magnanimous.
magnate *m* magnate; **~ del petróleo/de la prensa** oil/press baron.
magnesia *f* magnesia.
magnesio *m* magnesium.
magnético, ca *adj lit* & *fig* magnetic.
magnetismo *m lit* & *fig* magnetism.
magnetizar [13] *vt* to magnetize; *fig* to mesmerize.
magnetofónico, ca *adj* [cinta] magnetic.
magnetófono *m* tape recorder.
magnetoscopio *m* video recorder.
magnicida *mf* assassin *(of somebody important)*.
magnicidio *m* assassination *(of somebody important)*.
magnificar [10] *vt* to praise highly.
magnificencia *f* magnificence.
magnífico, ca *adj* wonderful, magnificent.
magnitud *f* magnitude.
magno, na *adj* great.
magnolia *f* magnolia.
magnolio *m* magnolia (tree).
mago, ga *m,f* **-1.** [prestidigitador] magician **-2.** [en cuentos etc] wizard.
magra ▷ **magro**.
magrear *vt mfam* to touch up.
magreo *m mfam* touching up.
magro, gra *adj* **-1.** [sin grasa] lean **-2.** [pobre] poor.
◆ **magro** *m* lean meat.
◆ **magra** *f* slice of ham.
magulladura *f* bruise.
magullar *vt* to bruise.
maharajá [mara'xa] *m* maharajah.
mahometano, na *adj* & *m,f* Muslim.
mahonesa = **mayonesa**.
maicena *f* cornflour *UK*, cornstarch *US*.
maillot [ma'jot] (*pl* **maillots**) *m* **-1.** [prenda femenina] maillot **-2.** [para ciclistas] jersey; **~ amarillo** DEP yellow jersey.

maître [ˈmetre] *m* maître.
maíz *m* maize *UK*, corn *US*; ~ **dulce** sweetcorn.
maizal *m* maize field.
maja ⊳ **majo**.
majadería *f* idiocy.
majadero, ra *m,f* idiot.
majar *vt* [machacar] to crush; [moler] to grind.
majareta *fam* ◇ *adj* nutty. ◇ *mf* nutcase.
majestad *f* majesty.
◆ **Su Majestad** *f* His/Her Majesty.
majestuosidad *f* majesty.
majestuoso, sa *adj* majestic.
majo, ja ◇ *adj* **-1.** [simpático] nice **-2.** [bonito] pretty. ◇ *m,f* ARTE & HIST Majo (*f* Maja).
majorette [majoˈret] *f* majorette.
mal ◇ *adj* ⊳ **malo**. ◇ *m* **-1.** [perversión]: **el** ~ evil **-2.** [daño] harm, damage **-3.** [enfermedad] illness; ~ **de montaña** altitude *o* mountain sickness; ~ **de ojo** evil eye **-4.** [inconveniente] bad thing; **un** ~ **necesario** a necessary evil **-5.** *loc*: **a grandes** ~**es, grandes remedios** drastic situations demand drastic action; **del** ~, **el menos** it's the lesser of two evils; ~ **de muchos, consuelo de todos** *proverb* at least I'm not the only one; **no hay** ~ **que por bien no venga** *proverb* every cloud has a silver lining *proverb*. ◇ *adv* **-1.** [incorrectamente] wrong; **esto está** ~ **hecho** this has been done wrong; **has escrito** ~ **esta palabra** you've spelt that word wrong **-2.** [inadecuadamente] badly; **la fiesta salió** ~ the party went off badly; **oigo/veo** ~ I can't hear/see very well; **encontrarse** ~ [enfermo] to feel ill; [incómodo] to feel uncomfortable; **oler** ~ [tener mal olor] to smell bad; *fam* [tener mal cariz] to smell fishy; **saber** ~ [tener mal sabor] to taste bad; **me supo** ~ **que no vinieses a mi fiesta** I was none too pleased that you didn't come to my party; **sentar** ~ **a alguien** [ropa] not to suit sb; [comida] to disagree with sb; [comentario, actitud] to upset sb; **tomar algo a** ~ to take sthg the wrong way **-3.** [difícilmente] hardly; ~ **puede saberlo si no se lo cuentas** he's hardly going to know it if you don't tell him **-4.** *loc*: **estar a** ~ **con alguien** to have fallen out with sb; **ir de** ~ **en peor** to go from bad to worse; **no estaría** ~ **que ...** it would be nice if ...
◆ **mal que** *loc conj* although, even though; ~ **que te pese, las cosas están así** whether you like it or not, that's the way things are.
◆ **mal que bien** *loc adv* somehow or other.
malabar *adj*: **juego** ~ juggling *(U)*.
malabarismo *m lit & fig* juggling *(U)*; **hacer** ~**s** to juggle.
malabarista *mf* juggler.
malacostumbrado, da *adj* spoiled.
malacostumbrar *vt* to spoil.
malaleche *mf vulg* miserable sod.
malapata *fam* ◇ *mf* clumsy oaf. ◇ *f* tough luck.
malaria *f* malaria.
Malasia Malaysia.
malasio, sia *adj* Malaysian.
malasombra *fam* ◇ *mf* [persona] pest. ◇ *f* [falta de gracia] lack of charm.
malayo, ya *adj & m,f* Malay, Malayan.
◆ **malayo** *m* [lengua] Malay, Malayan.
malcomer *vi* to eat poorly.
malcriado, da ◇ *adj* spoiled. ◇ *m,f* spoilt brat.
malcriar [9] *vt* to spoil.
maldad *f* **-1.** [cualidad] evil **-2.** [acción] evil thing.
maldecir [66] ◇ *vt* to curse. ◇ *vi* to curse; ~ **de** to speak ill of.
maldición *f* curse.
maldiga, maldijera *etc v* ⊳ **maldecir**.
maldito, ta *adj* **-1.** [embrujado] cursed, damned **-2.** *fam* [para enfatizar] damned; **¡maldita sea!** damn it! **-3.** [marginado - escritor etc] ostracized.
maleable *adj lit & fig* malleable.
maleado, da *adj* corrupt.
maleante ◇ *adj* wicked. ◇ *mf* crook.
malear *vt* to corrupt.
malecón *m* [atracadero] jetty.
maleducado, da ◇ *adj* rude. ◇ *m,f* rude person.
maleficio *m* curse.
maléfico, ca *adj* evil.
malentendido *m* misunderstanding.
malestar *m* **-1.** [dolor] upset, discomfort; **siento un** ~ **en el estómago** I've got an upset stomach; **sentir** ~ **general** to feel unwell **-2.** [inquietud] uneasiness, unrest.
maleta *f* suitcase; **hacer** *o* **preparar la** ~ to pack (one's bags).
maletera *f Amér* boot *UK*, trunk *US*.
maletero *m* boot *UK*, trunk *US*.
maletilla *mf* apprentice bullfighter.
maletín *m* briefcase.
malévolo, la *adj* malevolent, wicked.
maleza *f* [arbustos] undergrowth; [malas hierbas] weeds *(pl)*.
malformación *f* malformation; ~ **congénita** congenital malformation.

malgastar *vt* [dinero, tiempo] to waste; [salud] to ruin.

malhablado, da ◇ *adj* foul-mouthed. ◇ *m,f* foul-mouthed person.

malhechor, ra *adj* & *m,f* criminal.

malherir [27] *vt* to injure seriously.

malhumor *m* bad mood; **de ~** in a bad mood.

malhumorado, da *adj* bad-tempered; [enfadado] in a bad mood.

malicia *f* **-1.** [maldad] wickedness, evil; [mala intención] malice **-2.** [agudeza] sharpness, alertness.

malicioso, sa *adj* **-1.** [malo] wicked, evil; [malintencionado] malicious **-2.** [avispado] sharp, alert.

maligno, na *adj* malignant.

malintencionado, da ◇ *adj* ill-intentioned. ◇ *m,f* ill-intentioned person.

malla *f* **-1.** [tejido] mesh; **~ de alambre** wire mesh **-2.** [red] net **-3.** *RP* [traje de baño] swimsuit.
◆ **mallas** *fpl* **-1.** [de gimnasia] leotard *(sg)*; [de ballet] tights **-2.** [de portería] net *(sg)*.

Mallorca Majorca.

malnacido, da ◇ *adj* undesirable, nasty. ◇ *m,f* nasty type.

malnutrido, da *adj* undernourished.

malo, la, mal (*compar* **peor**, *superl* **el peor**) *adj (antes de sust masc sg:* **mal***)* **-1.** [gen] bad; [calidad] poor, bad; **lo ~ fue que ...** the problem was (that) ...; **más vale ~ conocido que bueno por conocer** *proverb* better the devil you know (than the devil you don't) **-2.** [malicioso] wicked **-3.** [enfermo] ill, sick; **estar/ponerse ~** to be/fall ill **-4.** [molesto] unpleasant **-5.** [travieso] naughty.
◆ **malo, la** *m,f* [de película etc] villain, baddie.
◆ **malas** *fpl*: **estar de malas** to be in a bad mood; **ponerse a (las) malas con** to fall out with; **por las malas** by force.

malogrado, da *adj* **-1.** [desaprovechado] wasted **-2.** [difunto]: **un ~ poeta** a poet who died before his time.

malograr *vt* **-1.** to waste **-2.** *Andes* [estropear] to make a mess of, to ruin.
◆ **malograrse** *vpr* **-1.** [fracasar] to fail **-2.** [morir] to die before one's time **-3.** *Andes* [estropearse - máquina] to break down; [- alimento] to go off, to spoil.

maloliente *adj* smelly.

malparado, da *adj*: **salir ~ de algo** to come out of sthg badly.

malpensado, da ◇ *adj* malicious, evil-minded. ◇ *m,f* evil-minded person.

malsano, na *adj* unhealthy.

malsonante *adj* rude.

malta *m* malt.

maltés, esa *adj* & *m,f* Maltese.

maltraer [73] *vt* [maltratar] to ill-treat; **llevar** *o* **traer a ~** to cause headaches.

maltratar *vt* **-1.** [pegar, insultar] to ill-treat **-2.** [estropear] to damage.

maltrato *m* ill-treatment.

maltrecho, cha *adj* battered; **dejar ~ a alguien** to leave sb in a bad way.

malva ◇ *f* BOT mallow; **criar ~s** *fam fig* to push up daisies. ◇ *adj inv* mauve. ◇ *m* [color] mauve.

malvado, da ◇ *adj* evil, wicked. ◇ *m,f* villain, evil person.

malvender *vt* to sell at a loss.

malversación *f*: **~ (de fondos)** embezzlement (of funds).

malversador, ra *m,f* embezzler.

malversar *vt* to embezzle.

Malvinas *fpl*: **las (islas) ~** the Falkland Islands, the Falklands.

malviviente *mf CSur* criminal.

malvivir *vi* to live badly, to scrape together an existence.

mama *f* **-1.** [órgano - de mujer] breast; [- ZOOL] udder **-2.** *fam* [madre] mum, mummy.

mamá (*pl* **mamás**) *f* **-1.** *fam* mum, mummy **-2.**: **~ grande** *Col, Méx fam* grandma.

mamadera *f CSur, Perú* [biberón] (baby's) bottle.

mamado, da *adj fam* [ebrio] pissed.
◆ **mamada** *f* [de bebé] (breast) feed, (breast) feeding *(U)*.

mamar ◇ *vt* **-1.** [suj: bebé] to suckle **-2.** [aprender]: **lo mamó desde pequeño** he was immersed in it as a child **-3.** *mfam fig* [beber] to knock back. ◇ *vi* to suckle; **dar de ~** to breast-feed.
◆ **mamarse** *vpr mfam* [emborracharse] to get plastered.

mamario, ria *adj* mammary.

mamarrachada *f fam* **-1.** [acción] stupid *o* idiotic thing **-2.** [cuadro etc] rubbish *(U)*.

mamarracho *m* **-1.** [fantoche] sight, mess **-2.** [imbécil] idiot **-3.** [bodrio] rubbish *(U)*.

mambo *m* mambo.

mamífero, ra *adj* mammal.
◆ **mamífero** *m* mammal.

mamografía *f* MED **-1.** [técnica] breast scanning, mammography **-2.** [resultado] breast scan.

mamón, ona *m,f* **-1.** *vulg* [persona despreciable] bastard, bitch *f*; **¡eres un ~!** you bastard! **-2.** ***vulg*** [necio] prat ***UK***, jerk ***US***.

mamotreto *m* **-1.** ***despec*** [libro] hefty tome **-2.** [objeto grande] monstrosity.

mampara *f* screen.

mamporro *m* ***fam*** punch, clout; [al caer] bump.

mampostería *f* masonry.

mamut (*pl* **mamuts**) *m* mammoth.

maná *m inv* manna.

manada *f* **-1.** [*ZOOL* - gen] herd; [- de lobos] pack; [- de ovejas] flock; [- de leones] pride **-2.** ***fam*** [de gente] crowd, mob.

manager (*pl* **managers**) *m* manager.

Managua Managua.

manantial *m* spring; ***fig*** source.

manar *vi* ***lit*** & ***fig***: ~ **(de)** to flow (from).

manazas ◇ *adj inv* clumsy. ◇ *m y f inv* clumsy person.

mancebo, ba *m,f* young person.

◆ **manceba** *f* [concubina] concubine.

mancha *f* **-1.** [gen] stain, spot; [de tinta] blot; [de color] spot, mark; **extenderse como una ~ de aceite** to spread like wildfire **-2.** *ASTRON* spot **-3.** [deshonra] blemish; **sin ~** unblemished.

manchado, da *adj* [sucio] dirty; [con manchas] stained; [emborronado] smudged.

manchar *vt* **-1.** [ensuciar]: ~ **algo (de** *o* **con)** [gen] to make sthg dirty (with); [con manchas] to stain sthg (with); [emborronar] to smudge sthg (with) **-2.** [deshonrar] to tarnish.

◆ **mancharse** *vpr* [ensuciarse] to get dirty.

manchego, ga ◇ *adj* of/relating to La Mancha. ◇ *m,f* native/inhabitant of La Mancha.

◆ **manchego** ▻ **queso**.

manco, ca *adj* [sin una mano] one-handed; [sin manos] handless; [sin un brazo] one-armed; [sin brazos] armless; **no ser ~ para** *o* **en** to be a dab hand at.

mancomunar *vt* to pool (together).

◆ **mancomunarse** *vpr* to join together, to unite.

mancomunidad *f* association.

mancorna, mancuerna *f* ***Andes, CAm, Méx, Ven*** cufflink.

mandado, da *m,f* [subordinado] underling.

◆ **mandado** *m* [recado] errand.

mandamás (*pl* **mandamases**) *m,f* bigwig, boss.

mandamiento *m* **-1.** [orden - militar] order, command; [- judicial] writ **-2.** *RELIG* commandment; **los diez ~s** the Ten Commandments.

mandanga *f* ***fam*** **-1.** ***(gen pl)*** [cuento, tontería] story **-2.** [calma] sluggishness, lethargy.

mandar ◇ *vt* **-1.** [dar órdenes a] to order; **~ a alguien hacer algo** to order sb to do sthg; **~ hacer algo** to have sthg done **-2.** [enviar] to send **-3.** [dirigir, gobernar] to lead, to be in charge of; [país] to rule. ◇ *vi* **-1.** [gen] to be in charge; [jefe de estado] to rule; **aquí mando yo** I'm in charge here; **~ en algo** to be in charge of sthg **-2.** ***despec*** [dar órdenes] to order people around **-3.** ***loc***: **¿mande?** ***fam*** eh?, you what?

mandarín (*pl* **mandarines**) *m* **-1.** [título] mandarin **-2.** [dialecto] Mandarin.

mandarina *f* mandarin.

mandarinero *m* mandarin tree.

mandatario, ria *m,f* representative, agent; **primer ~** [jefe de estado] head of state.

mandato *m* **-1.** [gen] order, command **-2.** [poderes de representación, disposición] mandate; **~ judicial** warrant **-3.** *POLÍT* term of office; [reinado] period of rule.

mandíbula *f* jaw; **reír a ~ batiente** to laugh one's head off.

mandil *m* [delantal] apron.

Mandinga *m* ***Amér*** the devil.

mandioca *f* **-1.** [planta] cassava **-2.** [fécula] tapioca.

mando *m* **-1.** [poder] command, authority; **al ~ de** in charge of; **entregar el ~** to hand over command **-2.** [periodo en poder] term of office **-3.** ***(gen pl)*** [autoridades] leadership ***(U)***; *MIL* command ***(U)***; **alto ~** *MIL* high command; **~s intermedios** middle management ***(sg)*** **-4.** [dispositivo] control; **~ automático/a distancia** automatic/remote control.

mandolina *f* mandolin.

mandón, ona ◇ *adj* bossy. ◇ *m,f* bossy-boots.

mandrágora *f* mandrake.

mandril *m* **-1.** [animal] mandrill **-2.** [pieza] mandrel.

manduca *f* ***fam*** grub, scoff.

manecilla *f* **-1.** [del reloj] hand **-2.** [cierre] clasp.

manejable *adj* [gen] manageable; [herramienta] easy to use.

manejador *m*: **~ de dispositivos** device (driver).

manejar ◇ *vt* **-1.** [conocimientos, datos] to use, to marshal **-2.** [máquina, mandos] to operate; [caballo, bicicleta] to handle; [arma] to wield **-3.** [negocio etc] to manage, to run; [gente] to handle **-4.** ***fig*** [dominar] to boss about **-5.** ***Amér*** [vehículo] to drive. ◇ *vi* ***Amér***

[conducir] to drive.

◆ **manejarse** *vpr* **-1.** [moverse] to move *o* get about **-2.** [desenvolverse] to manage, to get by.

manejo *m* **-1.** [de máquina, mandos] operation; [de armas, herramientas] use; **de fácil ~** user-friendly **-2.** [de conocimientos, datos] marshalling; [de idiomas] command **-3.** [de caballo, bicicleta] handling **-4.** [de negocio etc] management, running **-5.** *(gen pl) fig* [intriga] intrigue.

manera *f* way, manner; **lo haremos a mi ~** we'll do it my way; **a mi ~ de ver** the way I see it; **de cualquier ~** [sin cuidado] any old how; [de todos modos] anyway, in any case; **de esta ~** in this way; **de la misma ~** similarly, in the same way; **de mala ~** badly; **de ninguna ~**, **en ~ alguna** [refuerza negación] by no means, under no circumstances; [respuesta exclamativa] no way!, certainly not!; **de todas ~s** anyway; **de una ~ o de otra** one way or another; **en cierta ~** in a way; **~ de ser** way of being, nature; **a la ~ de** in the style of, after the fashion of; **de ~ que** [para] so (that); **no hay ~** there is no way, it's impossible; **¡qué ~ de ...!** what a way to ...!

◆ **maneras** *fpl* [modales] manners; **buenas/malas ~s** good/bad manners.

manga *f* **-1.** [de prenda] sleeve; **en ~s de camisa** in shirt sleeves; **sin ~s** sleeveless; **~ corta/larga** short/long sleeve; **~ raglán** *o* **ranglán** raglan sleeve; **andar ~ por hombro** to be a mess; **sacarse algo de la ~** [improvisar] to make sthg up on the spur of the moment; [idear] to come up with sthg; **ser de ~ ancha**, **tener ~ ancha** to be over-indulgent **-2.** [manguera] hosepipe **-3.** [de pastelería] forcing *o* piping bag **-4.** *DEP* stage, round.

manganeso *m* manganese.

mangante *fam* ◇ *adj* thieving. ◇ *mf* thief.

mangar [16] *vt fam* to pinch, to nick.

mango *m* **-1.** [asa] handle **-2.** [árbol] mango tree; [fruta] mango **-3.: no tiene un ~** *RP fam* I haven't got a bean, I'm broke.

mangonear *vi fam* **-1.** [entrometerse] to meddle **-2.** [mandar] to push people around, to be bossy **-3.** [manipular] to fiddle about.

mangoneo *m fam* **-1.** [intromisión] bossing *o* pushing around **-2.** [manipulación] fiddling.

mangosta *f* mongoose.

mangue *etc* ▷ **mangar.**

manguera *f* hosepipe; [de bombero] fire hose.

mangui *mfam* ◇ *adj* [persona no fiable] sneaky. ◇ *mf* **-1.** [ladrón] crook, thief **-2.** [persona no fiable] crook.

manguito *m* **-1.** [para el frío] muff **-2.** [media manga] protective sleeve, oversleeve.

maní, maníes *m Andes, Carib, RP* peanut.

manía *f* **-1.** [idea fija] obsession; **~ persecutoria** persecution complex **-2.** [peculiaridad] idiosyncracy **-3.** [mala costumbre] bad habit **-4.** [afición exagerada] mania, craze **-5.** *fam* [ojeriza] dislike; **coger ~ a alguien** to take a dislike to sb; **tener ~ a alguien** not to be able to stand sb **-6.** *PSICOL* mania.

maniaco, ca, maníaco, ca ◇ *adj* manic. ◇ *m,f* maniac; **~ sexual** sex maniac.

maniacodepresivo, va *adj & m,f* manic-depressive.

maniatar *vt* to tie the hands of.

maniático, ca ◇ *adj* fussy. ◇ *m,f* fussy person; **es un ~ del fútbol** he's football-crazy.

manicomio *m* mental *o* psychiatric hospital *UK*, insane asylum *US*.

manicuro, ra *m,f* [persona] manicurist.

◆ **manicura** *f* [técnica] manicure.

manido, da *adj* [tema etc] hackneyed.

manierismo *m ARTE* mannerism.

manifestación *f* **-1.** [de alegría, dolor etc] show, display; [de opinión] declaration, expression; [indicio] sign **-2.** [por la calle] demonstration; **hacer una ~** to hold a demonstration.

manifestante *mf* demonstrator.

manifestar [19] *vt* **-1.** [alegría, dolor etc] to show **-2.** [opinión etc] to express.

◆ **manifestarse** *vpr* **-1.** [por la calle] to demonstrate **-2.** [hacerse evidente] to become clear *o* apparent.

manifiesto, ta *adj* clear, evident; **poner de ~ algo** [revelar] to reveal sthg; [hacer patente] to make sthg clear.

◆ **manifiesto** *m* manifesto.

manija *f* handle.

manilla *(gen pl) f* **-1.** [del reloj] hand **-2.** [grilletes] manacle.

manillar *m* handlebars *(pl)*.

maniobra *f* **-1.** [gen] manoeuvre; **estar de ~s** *MIL* to be on manoeuvres; **hacer ~s** *AUTOM* to manoeuvre **-2.** [treta] trick.

maniobrar *vi* to manoeuvre.

manipulación *f* **-1.** [gen] handling **-2.** [engaño] manipulation.

manipulador, ra ◇ *adj* handling. ◇ *m,f* handler.

manipular *vt* **-1.** [manejar] to handle **-2.** [mangonear - información, resultados] to manipulate; [- negocios, asuntos] to interfere in.

maniqueo, a ◇ *adj* Manichean. ◇ *m,f* Manichee.

maniquí (*pl* **maniquíes**) ◇ *m* dummy. ◇ *m,f* **-1.** [modelo] model **-2.** [persona manipulada] puppet.

manirroto, ta ◇ *adj* extravagant. ◇ *m,f* spendthrift.

manitas ◇ *adj inv* handy, good with one's hands. ◇ *m y f inv* handy person; **ser un ~ (de plata)** to be (very) good with one's hands; **hacer ~** to fondle, to touch each other up.

manito *m Méx fam* pal, mate *UK*, buddy *US*.

manivela *f* crank.

manjar *m* delicious food *(U)*.

mano ◇ *f* **-1.** [gen] hand; **a ~** [cerca] to hand, handy; [sin máquina] by hand; **votación a ~ alzada** show of hands; **a ~ armada** armed; **dar** *o* **estrechar la ~ a alguien** to shake hands with sb; **darse** *o* **estrecharse la ~** to shake hands; **echar/tender una ~** to give/offer a hand; **¡~s arriba!, ¡arriba las ~s!** hands up!; **~ de obra** [capacidad de trabajo] labour; [trabajadores] workforce; **~ de obra especializada** skilled labour **-2.** [ZOOL - gen] forefoot; [- de perro, gato] (front) paw; [- de cerdo] (front) trotter **-3.** [lado]: **a ~ derecha/izquierda** on the right/left **-4.**: **calle de una sola ~** *RP* one-way street; **calle de doble ~** *RP* two-way street **-5.** [de pintura etc] coat **-6.** [influencia] influence **-7.** [de mortero] pestle **-8.** [partida de naipes] game; **ser ~** to (be the) lead **-9.** [serie, tanda] series **-10.** *loc*: **alzar la ~ contra alguien** to raise one's hand to sb; **bajo ~** secretly; **caer en ~s de alguien** to fall into sb's hands; **cargar la ~** to go over the top; **con las ~s cruzadas, ~ sobre ~** sitting around doing nothing; **coger a alguien con las ~s en la masa** to catch sb red-handed *o* in the act; **de primera ~** [coche etc] brand new; [noticias etc] first-hand; **de segunda ~** second-hand; **dejar de la ~** to abandon; **dejar algo en ~s de alguien** to leave sthg in sb's hands; **echar ~ de algo** to make use of sthg, to resort to sthg; **ensuciarse las ~s** to get one's hands dirty; **escaparse de las ~s a alguien** [oportunidad etc] to slip through sb's hands; [control, proyecto] to get out of hand for sb; **estar dejado de la ~ de Dios** [gen] to be godforsaken; [persona] to be a total failure; **ganar por la ~ a alguien** to beat sb to it; **írsele a uno la ~** [perder el control] to lose control; [exagerar] to go too far; **lavarse las ~s (de algo)** to wash one's hands (of sthg); **llevarse las ~s a la cabeza** [gesticular] to throw one's hands in the air (in horror); *fig* to be horrified; **~ a ~** tête-à-tête; **¡~s a la obra!** let's get down to it!; **meter ~ a alguien** [investigar] to get onto sb, to start to investigate sb; [magrear sin consentimiento] to grope sb; [magrear con consentimiento] to touch sb up; **meter ~ a algo** [gen] to fiddle about *o* meddle with sthg; [problema, asunto] to tackle sthg; **pedir la ~ de una mujer** to ask for a woman's hand (in marriage); **ponerse en ~s de alguien** to put o.s. in sb's hands; **ser la ~ derecha de alguien** to be sb's right hand man; **tener buena ~ para algo** to have a knack for sthg; **tener las ~s largas** to be fond of a fight; **tener ~ izquierda con la gente** to know how to deal with people; **traerse entre ~s algo** to be up to sthg; **venir** *o* **llegar a las ~s** to come to blows. ◇ *m Andes, CAm, Carib, Méx* pal, mate *UK*, buddy *US*.

manojo *m* bunch; **estar hecho un ~ de nervios** to be a bundle of nerves; **ser un ~ de nervios** to be hyperactive.

manoletina *f* **-1.** TAUROM *pass with the cape in bullfighting invented by the Spanish bullfighter, Manolete*; *ver también* **tauromaquia** **-2.** [zapato] *type of open, low-heeled shoe, often with a bow.*

manómetro *m* pressure gauge.

manopla *f* mitten.

manoseado, da *adj* shabby, worn.

manosear *vt* **-1.** [gen] to handle roughly; [papel, tela] to rumple **-2.** [persona] to fondle.

manoseo *m* fingering, touching.

manotazo *m* slap.

mansalva

◆ **a mansalva** *loc adv* [en abundancia] in abundance.

mansedumbre *f* [gen] calmness, gentleness; [de animal] tameness.

mansión *f* mansion.

manso, sa *adj* **-1.** [apacible] calm, gentle **-2.** [domesticado] tame **-3.** *Chile* [extraordinario] tremendous.

manta ◇ *f* [para abrigarse] blanket; **~ eléctrica** electric blanket; **~ de viaje** travelling rug; **liarse la ~ a la cabeza** to take the plunge; **tirar de la ~** to let the cat out of the bag. ◇ *mf fam* [persona] hopeless *o* useless person; **mi hermano es un ~** my brother's useless.

manteca *f* fat; [mantequilla] butter; **~ de cacao** cocoa butter; **~ de cerdo** lard.

mantecado *m* **-1.** [pastel] shortcake **-2.** [helado] *ice-cream made of milk, eggs and sugar.*

mantecoso, sa *adj* fatty, greasy.
mantel *m* tablecloth.
mantelería *f* table linen.
mantener [72] *vt* **-1.** [sustentar, aguantar] to support **-2.** [conservar] to keep; [en buen estado] to maintain, to service **-3.** [tener - relaciones, conversación] to have **-4.** [defender - opinión] to stick to, to maintain; [- candidatura] to refuse to withdraw.
◆ **mantenerse** *vpr* **-1.** [sustentarse] to subsist, to support o.s. **-2.** [permanecer, continuar] to remain; [edificio] to remain standing; **~se aparte** [en discusión] to stay out of it.
mantenido, da ◇ *adj* sustained. ◇ *m,f* [hombre] gigolo; [mujer] kept woman.
mantenimiento *m* **-1.** [sustento] sustenance **-2.** [conservación] upkeep, maintenance.
mantequera *f* butter dish.
mantequería *f* **-1.** [fábrica] dairy, butter factory **-2.** [tienda] grocer's (shop).
mantequilla *f* butter.
mantiene *etc* ⊳ **mantener**.
mantilla *f* **-1.** [de mujer] mantilla **-2.** [de bebé] shawl **-3.** *loc*: **estar en ~s** [persona] to be wet behind the ears; [plan] to be in its infancy.
manto *m* **-1.** [gen] cloak **-2.** GEOL mantle.
mantón *m* shawl; **~ de Manila** embroidered silk shawl.
mantuviera *etc* ⊳ **mantener**.
manual ◇ *adj* **-1.** [con las manos] manual **-2.** [manejable] easy-to-use. ◇ *m* manual.
manubrio *m* **-1.** crank **-2.** *Amér* [manillar] handlebars *(pl)*.
manufacturado, da *adj* manufactured.
manufacturar *vt* to manufacture.
manuscrito, ta *adj* handwritten.
◆ **manuscrito** *m* manuscript.
manutención *f* **-1.** [sustento] support, maintenance **-2.** [alimento] food.
manzana *f* **-1.** [fruta] apple; **~ de la discordia** bone of contention **-2.** [grupo de casas] block (of houses).
manzanilla *f* **-1.** [planta] camomile **-2.** [infusión] camomile tea **-3.** [vino] manzanilla (sherry) **-4.** [aceituna] manzanilla, *type of small olive*.
manzano *m* apple tree.
maña *f* **-1.** [destreza] skill; **tener ~ para** to have a knack for; **más vale ~ que fuerza** *proverb* brain is better than brawn **-2.** [astucia] wits *(pl)*, guile *(U)*; **darse ~ para hacer algo** to contrive to do sthg **-3.** [engaño] ruse, trick.
mañana ◇ *f* morning; **a la ~ siguiente** the next morning; **(muy) de ~** (very) early in the morning; **a las dos de la ~** at two in the morning; **por la ~** in the morning. ◇ *m*: **el ~** tomorrow, the future. ◇ *adv* tomorrow; **a partir de ~** starting tomorrow, as of tomorrow; **¡hasta ~!** see you tomorrow!; **~ por la ~** tomorrow morning; **pasado ~** the day after tomorrow.
mañanero, ra *adj* **-1.** [madrugador] early rising **-2.** [matutino] morning *(antes de sust)*.
mañanitas *fpl Méx* birthday song *(sg)*.
maño, ña *m,f fam* Aragonese.
mañoco *m Ven* tapioca.
mañoso, sa *adj* skilful.
mapa *m* map; **~ de carreteras** road map; **~ físico/mudo/político** geographic/blank/political map; **~ de bits** INFORM bit map; **desaparecer del ~** *fam* to vanish into thin air.
mapamundi *m* world map.
maqueta *f* **-1.** [reproducción a escala] (scale) model **-2.** [de libro] dummy.
maqui = **maquis**.
maquiavélico, ca *adj* Machiavellian.
maquila *f Amér* [de máquinas] assembly; [de ropas] making-up.
maquiladora *f Amér* assembly plant.
maquillador, ra ◇ *adj* make-up *(antes de sust)*. ◇ *m,f* make-up artist.
maquillaje *m* **-1.** [producto] make-up **-2.** [acción] making-up.
maquillar *vt* **-1.** [pintar] to make up **-2.** *fig* [disimular] to cover up, to disguise.
◆ **maquillarse** *vpr* to make o.s. up.
máquina *f* **-1.** [gen] machine; **a toda ~** at full pelt; **coser a ~** to machine-sew; **escribir a ~** to type; **escrito a ~** typewritten; **hecho a ~** machine-made; **~ de afeitar** electric razor; **~ de coser** sewing machine; **~ de escribir** typewriter; **~ fotográfica** camera; **~ registradora** cash register; **~ tragaperras** *o* **tragamonedas** *Amér* slot machine, fruit machine *UK* **-2.** [locomotora] engine; **~ de vapor** steam engine **-3.** [mecanismo] mechanism **-4.** *Cuba* [vehículo] car **-5.** [de estado, partido etc] machinery *(U)*.
maquinación *f* machination.
maquinal *adj* mechanical.
maquinar *vt* to machinate, to plot; **~ algo contra alguien** to plot sthg against sb.
maquinaria *f* **-1.** [gen] machinery **-2.** [de reloj etc] mechanism.
maquinilla *f*: **~ de afeitar** razor; **~ eléctrica** electric razor.
maquinismo *m* mechanization.
maquinista *mf* [de tren] engine driver *UK*,

engineer *US*; [de barco] engineer.

maquis, maqui *m y f inv* guerrilla.

mar *m o f lit & fig* sea; **hacerse a la ~** to set sail, to put (out) to sea; **~ adentro** out to sea; **alta ~** high seas *(pl)*; **~ de fondo** *lit & fig* groundswell; **~ gruesa** heavy sea; **~ Egeo** the Aegean Sea; **el ~ del Norte** the North Sea; **~ Tirreno** the Tyrrhenian Sea; **a ~es** a lot; **llover a ~es** to rain buckets; **la ~ de** [un montón de] loads of, lots of; [muy] really, very; **es la ~ de inteligente** she's really intelligent.

mar. (*abrev de* **marzo**) Mar.

marabunta *f* **-1.** [de hormigas] plague of ants **-2.** [muchedumbre] crowd.

maraca *f* maraca.

maracujá *f Amér* passion fruit.

maraña *f* **-1.** [maleza] thicket **-2.** *fig* [enredo] tangle.

maratón *m lit & fig* marathon.

maratoniano, na *adj* marathon.

maravilla *f* **-1.** [gen] marvel, wonder; **es una ~** it's wonderful; **hacer ~s** to do *o* work wonders; **a las mil ~s, de ~** wonderfully; **venir de ~** to be just the thing *o* ticket **-2.** *BOT* marigold.

maravillar *vt* to amaze.

◆ **maravillarse** *vpr*: **~se (con)** to be amazed (by).

maravilloso sa *adj* marvellous, wonderful.

marca *f* **-1.** [señal] mark; [de rueda, animal] track; [en ganado] brand; [en papel] watermark; **~ de nacimiento** birthmark **-2.** [*COM* - de tabaco, café etc] brand; [- de coche, ordenador etc] make; **de ~** designer *(antes de sust)*; **~ de fábrica** trademark; **~ registrada** registered trademark **-3.** [etiqueta] label **-4.** [*DEP* - gen] performance; [- en carreras] time; [- plusmarca] record **-5.** *loc*: **de ~ mayor** [muy grande] enormous; [excelente] outstanding.

marcado, da *adj* **-1.** [gen] marked **-2.** [pelo] set.

◆ **marcado** *m* **-1.** [señalado] marking **-2.** [peinado] set.

marcador, ra *adj* marking.

◆ **marcador** *m* **-1.** [tablero] scoreboard; **~ electrónico** electronic scoreboard **-2.** [*DEP* - defensor] marker; [- goleador] scorer **-3.** [para libros] bookmark **-4.** *Amér* [rotulador] felt-tip pen; *Méx* [fluorescente] highlighter pen.

marcaje *m DEP* marking.

marcapasos *m inv* pacemaker.

marcar [10] ◇ *vt* **-1.** [gen] to mark **-2.** [poner precio a] to price **-3.** [indicar] to indicate **-4.** [anotar] to note down **-5.** [resaltar] to emphasise **-6.** [número de teléfono] to dial **-7.** [suj: termómetro, contador etc] to read; [suj: reloj] to say **-8.** [*DEP* - tanto] to score; [- a un jugador] to mark **-9.** [cabello] to set. ◇ *vi* **-1.** [dejar secuelas] to leave a mark **-2.** *DEP* [anotar un tanto] to score.

◆ **marcarse** *vpr fam*: **~se un detalle** to do sthg nice *o* kind; **~se un tanto** to earn a Brownie point.

marcha *f* **-1.** [partida] departure **-2.** [ritmo] speed; **a ~s forzadas** [contra reloj] against the clock; **a toda ~** at top speed; **en ~** [motor] running; [plan] underway; **poner en ~** [gen] to start; [dispositivo, alarma] to activate; **ponerse en ~** [persona] to start off; [máquina] to start; **hacer algo sobre la ~** to do sthg as one goes along **-3.** *AUTOM* gear; **cambiar de ~** to change gear; **~ atrás** reverse; **dar ~ atrás** *AUTOM* to reverse; *fig* to back out **-4.** *MIL & POLÍT* march; **abrir la ~** to head the procession; **cerrar la ~** to bring up the rear **-5.** *MÚS* march; **~ fúnebre/nupcial** funeral/wedding march; **Marcha Real** *Spanish national anthem* **-6.** [transcurso] course; [progreso] progress **-7.** *DEP* walk **-8.** *fam* [animación] liveliness, life; **hay mucha ~** there's a great atmosphere; **ir de ~** to go out on the town; **tener (mucha) ~** to be a (real) raver.

marchante, ta *m,f* **-1.** dealer **-2.** *CAm, Méx, Ven* [cliente] customer, patron.

marchar *vi* **-1.** [andar] to walk **-2.** [partir] to leave, to go **-3.** [funcionar] to work **-4.** [desarrollarse] to progress; **el negocio marcha** business is going well.

◆ **marcharse** *vpr* to leave, to go.

marchitar *vt lit & fig* to wither.

◆ **marchitarse** *vpr* **-1.** [planta] to fade, to wither **-2.** *fig* [persona] to languish, to fade away.

marchito, ta *adj* **-1.** [planta] faded **-2.** *fig* [persona] worn.

marchoso, sa *fam* ◇ *adj* lively. ◇ *m,f* livewire.

marcial *adj* martial.

marciano, na *adj & m,f* Martian.

marco *m* **-1.** [cerco] frame **-2.** *fig* [ambiente, paisaje] setting **-3.** [ámbito] framework **-4.** [moneda] mark **-5.** [portería] goalmouth.

marea *f* **-1.** [del mar] tide; **~ alta/baja** high/low tide; **~ negra** oil slick **-2.** *fig* [multitud] flood.

mareado, da *adj* **-1.** [con náuseas] sick, queasy; [en coche, avión etc] travelsick **-2.** [aturdido] dizzy **-3.** *fig* [fastidiado] fed up to the back teeth.

marear *vt* **-1.** [provocar náuseas a] to make sick; [en coche, avión etc] to make travelsick; [en barco] to make seasick **-2.** [aturdir] to make dizzy **-3.** *fam* [fastidiar] to annoy.

◆ **marearse** *vpr* **-1.** [tener náuseas] to feel sick; [en coche, avión etc] to feel travelsick; [en barco] to get seasick **-2.** [estar aturdido] to get dizzy **-3.** [emborracharse] to get drunk.

marejada *f* **-1.** [mar rizada] heavy sea **-2.** *fig* [agitación] wave of discontent.

marejadilla *f* slight swell.

maremoto *m* tidal wave.

marengo ⊳ **gris.**

mareo *m* **-1.** [náuseas] sickness; [en coche, avión etc] travelsickness; [en barco] seasickness **-2.** [aturdimiento] dizziness, giddiness **-3.** *fam fig* [fastidio] drag, pain.

marfil *m* ivory.

marga *f* marl.

margarina *f* margarine.

margarita *f* **-1.** *BOT* daisy; **deshojar la ~** to hum and haw, to shillyshally; **echar ~s a los cerdos** to cast pearls before swine **-2.** *IMPRENTA* daisy wheel.

margen *m o f* **-1.** *(gen f)* [de río] bank; [de camino] side **-2.** *(gen m)* [de página] margin **-3.** *(gen m)* *COM* margin; **~ de beneficio** profit margin **-4.** *(gen m)* [límites] leeway; **al ~ de eso, hay otros factores** over and above this, there are other factors; **al ~ de la ley** outside the law; **dejar al ~** to exclude; **estar al ~ de** to have nothing to do with; **mantenerse al ~ de** to keep out of; **~ de error** margin of error; **~ de seguridad** degree of certainty **-5.** *(gen m)* [ocasión]: **dar ~ a alguien para hacer algo** to give sb the chance to do sthg.

marginación *f* exclusion; **~ social** exclusion from society.

marginado, da ◇ *adj* excluded. ◇ *m,f* outcast.

marginal *adj* **-1.** [nota] marginal; [tema] minor **-2.** *ARTE & POLÍT* fringe.

marginalidad *f* exclusion.

marginar *vt* **-1.** [excluir] to exclude, to make an outcast; [dar de lado] to give the cold shoulder **-2.** [omitir] to omit.

maría *f Méx fam migrant from country to urban areas.*

mariachi *m* **-1.** [música] mariachi (music) **-2.** [orquesta] mariachi band.

marica *m mfam despec* queer, poof.

Maricastaña ⊳ **tiempo.**

maricón *m mfam despec* queer, poof.

mariconada *f mfam despec* [mala jugada] dirty trick.

mariconear *vi mfam despec* to camp it up.

mariconera *f fam* (man's) clutch bag.

marido *m* husband.

marihuana *f* marijuana.

marimacho *m fam* mannish woman; *despec* butch woman.

marimorena *f* row; **armar la ~** *fig* to kick up a row.

marina ⊳ **marino.**

marinar *vt* to marinate.

marine *m MIL* marine.

marinería *f* **-1.** [profesión] sailoring **-2.** [marineros] crew, seamen *(pl)*.

marinero, ra *adj* [gen] sea *(antes de sust)*; [buque] seaworthy; [pueblo] seafaring.

◆ **marinero** *m* sailor.

marino, na *adj* sea *(antes de sust)*, marine.

◆ **marino** *m* sailor.

◆ **marina** *f* **-1.** [náutica] seamanship **-2.** *MIL*: **~ (de guerra)** navy; **~ mercante** merchant navy **-3.** *ARTE* seascape.

marioneta *f* [muñeco] marionette, puppet.

◆ **marionetas** *fpl* [teatro] puppet show *(sg)*.

mariposa *f* **-1.** [insecto] butterfly **-2.** [tuerca] wing nut **-3.** [candela, luz] oil lamp **-4.** [en natación] butterfly **-5.** *loc*: **a otra cosa ~** let's move on.

mariposear *vi* **-1.** [ser inconstante] to flit about **-2.** [galantear] to flirt.

mariposón *m fam* flirt, wolf.

mariquita ◇ *f* [insecto] ladybird *UK*, ladybug *US*. ◇ *m mfam despec* [homosexual] poof, queer.

marisabidilla *f* know-all.

mariscada *f* seafood dish.

mariscal *m* marshal; **~ de campo** field marshal.

marisco *m* seafood *(U)*, shellfish *(U)*.

marisma *f* salt marsh.

marismeño, ña *adj* marshy.

marisquería *f* seafood restaurant.

marital *adj* marital.

marítimo, ma *adj* [del mar] maritime; [cercano al mar] seaside *(antes de sust)*.

marketing ['marketin] *m* marketing.

marmita *f* pot.

mármol *m* marble; **de ~** *fig* cold, insensitive.

marmota *f* marmot; **dormir como una ~** to sleep like a log.

mar Muerto *m*: **el ~** the Dead Sea.

mar Negro *m*: **el ~** the Black Sea.
maroma *f* rope.
maromo *m fam* bloke, guy.
marque *etc* ▷ **marcar**.
marqués, esa *m* marquis (*f* marchioness).
marquesina *f* glass canopy; [parada de autobús] bus-shelter.
marquetería *f* marquetry.
marranada *f fam* **-1.** [porquería - estado] filthy mess; [- dicho] filthy thing, filth *(U)* **-2.** [mala jugada] dirty trick.
marrano, na *m,f* **-1.** [animal] pig **-2.** *fam fig* [sucio] (filthy) pig **-3.** *fam fig* [sin escrúpulos] swine.
marras
◆ **de marras** *loc adj* aforementioned, said.
mar Rojo *m*: **el ~** the Red Sea.
marrón *adj* & *m* brown.
marroquí (*pl* **marroquíes**) *adj* & *m,f* Moroccan.
marroquinería *f* **-1.** [arte] leatherwork **-2.** [artículos] leather goods *(pl)*.
Marruecos Morocco.
Marte *m* Mars.
martes *m inv* Tuesday; **~ de Carnaval** Shrove Tuesday; **~ y trece** ≃ Friday 13th; *ver también* **sábado**.
martillear, martillar *vt* to hammer.
martillero, ra *m,f CSur* auctioneer.
martillo *m* **-1.** hammer; **~ neumático** pneumatic drill *UK*, jackhammer *US* **-2.** *Col* [subasta] auction.
martinete *m* heron.
martín pescador (*pl* **martín pescadores**) *m* kingfisher.
mártir *mf lit* & *fig* martyr.
martirio *m* **-1.** *RELIG* martyrdom **-2.** *fig* [sufrimiento] trial, torment; **ser un ~ chino** to be torture.
martirizar [13] *vt* **-1.** [torturar] to martyr **-2.** *fig* [hacer sufrir] to torment, to torture.
maruja *f fam stereotyped housewife.*
marxismo *m* Marxism.
marxista *adj* & *m,f* Marxist.
marzo *m* March; *ver también* **septiembre**.
mas *conj* but.
más ◇ *adv* **-1.** *(comparativo)* more; **Pepe es ~ alto/ambicioso** Pepe is taller/more ambitious; **tener ~ hambre** to be hungrier *o* more hungry; **~ de/que** more than; **~ ... que ...** more ... than ...; **Juan es ~ alto que tú** Juan is taller than you; **de ~** [de sobra] left over; **hay diez euros de ~** there are ten euros left over; **eso está de ~** that's not necessary **-2.** *(superlativo)*: **el/la/lo ~** the most; **el ~ listo/ambicioso** the cleverest/most ambitious **-3.** *(en frases negativas)* any more; **no necesito ~ (trabajo)** I don't need any more (work) **- 4.** *(con pron interrogativos e indefinidos)* else; **¿ qué/quién ~?** what/who else?; **nadie ~ vino** nobody else came **-5.** [indica suma] plus; **dos ~ dos igual a cuatro** two plus two is four **- 6.** [indica intensidad]: **no le aguanto, ¡es ~ tonto!** I can't stand him, he's so stupid!; **¡qué día ~ bonito!** what a lovely day! **-7.** [indica preferencia]: **~ vale que nos vayamos a casa** it would be better for us to go home **-8.** *loc*: **el que ~ y el que menos** everyone; **es ~** indeed, what is more; **~ bien** rather; **~ o menos** more or less; **¿qué ~ da?** what difference does it make?; **sin ~ (ni ~)** just like that. ◇ *m inv MAT* plus (sign); **tiene sus ~ y sus menos** it has its good points and its bad points.
◆ **a más de** *loc adv* in addition to, as well as.
◆ **por más que** *loc conj* however much; **por ~ que lo intente no lo conseguirá** however much *o* hard she tries, she'll never manage it.
masa *f* **-1.** [gen] mass; **~ atómica** atomic mass; **~ salarial** total wages bill **-2.** [multitud] throng; **en ~** en masse **-3.** *CULIN* dough **- 4.** *ELECTR* earth **- 5.** *RP* [pastelillo] cake.
◆ **masas** *fpl*: **las ~s** the masses.
masacrar *vt* to massacre.
masacre *f* massacre.
masaje *m* massage.
masajista *m* masseur (*f* masseuse).
mascar [10] *vt* & *vi* to chew.
máscara *f* **-1.** [gen] mask; **~ antigás** gas mask; **~ de oxígeno** oxygen mask **-2.** [pretexto] front, pretence; **quitar la ~ a alguien** to unmask sb; **quitarse la ~** to reveal o.s.
mascarada *f* **-1.** [fiesta] masquerade **-2.** *fig* [farsa] farce.
mascarilla *f* **-1.** *MED* mask **-2.** [cosmética] face pack.
mascarón *m* **-1.** [máscara] large mask **-2.** *ARQUIT* grotesque head; **~ de proa** figurehead.
mascota *f* mascot.
masculinidad *f* masculinity.
masculinizar [13] *vt* to make mannish.
masculino, na *adj* **-1.** *BIOL* male **-2.** [varonil] manly **-3.** *GRAM* masculine.
mascullar *vt* to mutter.
masía *f traditional Catalan or Aragonese farmhouse.*
masificación *f* overcrowding.

masificar [10] *vt* to cause overcrowding in.
◆ **masificarse** *vpr* to become overcrowded.
masilla *f* putty.
masivo, va *adj* mass *(antes de sust).*
masoca *mf fam* masochist.
masón, ona ◇ *adj* masonic. ◇ *m,f* mason, freemason.
masonería *f* masonery, freemasonery.
masoquismo *m* masochism.
masoquista ◇ *adj* masochistic. ◇ *mf* masochist.
masque *etc* ▷ **mascar**.
mass media, mass-media *mpl* mass media.
mastectomía *f* mastectomy.
máster (*pl* **masters**) *m* Master's (degree).
masticar [10] *vt* **-1.** [mascar] to chew **-2.** *fig* [pensar] to chew over, to ponder.
mástil *m* **-1.** *NÁUT* mast **-2.** [palo] pole **-3.** *MÚS* neck.
mastín *m* mastiff.
mastitis *f inv* mastitis.
mastodonte ◇ *m* mastodon. ◇ *mf fam* giant.
mastuerzo *m fam* idiot.
masturbación *f* masturbation.
masturbar *vt* to masturbate.
◆ **masturbarse** *vpr* to masturbate.
mata *f* [arbusto] bush, shrub; [matojo] tuft; ~**s** scrub.
◆ **mata de pelo** *f* mop of hair.
matadero *m* abattoir, slaughterhouse.
matador, ra *fam adj* **-1.** [cansado] killing, exhausting **-2.** [feo] awful, horrendous.
◆ **matador** *m* matador; *ver también* **tauromaquia**.
matambre *m Andes, Ven* [carne] flank *o UK* skirt steak; [plato] *flank steak rolled with boiled egg, olives and red pepper, which is cooked and then sliced and served cold.*
matamoscas *m inv* [pala] flyswat; [esprai] flyspray.
matanza *f* **-1.** [masacre] slaughter **-2.** [del cerdo] pig-killing.
matar *vt* **-1.** [gen] to kill; **estar a ~ con alguien** to be at daggers drawn with sb; **~las callando** to be up to sthg on the quiet **-2.** [molestar] to drive mad **-3.** [apagar - color] to tone down; [- sed] to slake, to quench; [- hambre] to stay **-4.** [redondear, limar] to round (off).
◆ **matarse** *vpr* **-1.** [morir] to die **-2.** [suicidarse, esforzarse] to kill o.s.; **~se a trabajar** to work o.s. to death; **~se por hacer algo** to kill o.s. in order to do sthg.
matarratas *m inv* **-1.** [veneno] rat poison **-2.** *fig* [bebida] rotgut.
matasanos *m y f inv despec* quack.
matasellos *m y f inv* postmark.
matasuegras *m inv* (party) cracker.
match [matʃ] (*pl* **matches**) *m* match.
◆ **match ball** ['matʃβoll (*pl* **match balls**) *m* match ball.
mate ◇ *adj* matt. ◇ *m* **-1.** [en ajedrez] mate, checkmate **-2.** [en baloncesto] dunk; [en tenis] smash **-3.** *BOT* [bebida] maté.

MATE

Mate is the national drink in the River Plate region. It is an infusion made using dry maté leaves (*yerba mate*). The drink is made and served in a small hollow gourd, and is drunk through a metal tube called a *bombilla*. People drink ***mate*** at any time of the day, either by themselves or when meeting socially; Uruguayans can often be seen walking along the street with a gourd of ***mate*** in one hand.

matemático, ca ◇ *adj* mathematical. ◇ *m,f* [científico] mathematician.
◆ **matemáticas** *fpl* [ciencia] mathematics *(U).*
materia *f* **-1.** [sustancia] matter; ~ **grasa** fat; ~ **gris** grey matter; ~ **orgánica** organic matter **-2.** [material] material; ~ **prima**, **primera** ~ raw material **-3.** [tema, asignatura] subject; **en ~ de** on the subject of, concerning; **entrar en ~** to get down to business.
material ◇ *adj* **-1.** [gen] physical; [daños, consecuencias] material **-2.** [real] real, actual. ◇ *m* **-1.** [gen] material; ~ **de desecho** waste material; ~ **refractario** heat-resistant material **-2.** [instrumentos] equipment; ~ **bélico** *o* **de guerra** war material; ~ **de oficina** office stationery.
materialismo *m* materialism; ~ **dialéctico/histórico** dialectical/historical materialism.
materialista ◇ *adj* materialistic. ◇ *mf* materialist.
materializar [13] *vt* **-1.** [idea, proyecto] to realize **-2.** [hacer tangible] to produce.
◆ **materializarse** *vpr* to materialize.
maternal *adj* motherly, maternal.
maternidad *f* **-1.** [cualidad] motherhood **-2.** [hospital] maternity hospital.
materno, na *adj* maternal; [lengua] mother *(antes de sust).*

matice *etc* ▻ **matizar**.
matinal *adj* morning *(antes de sust)*.
matiz *m* **-1.** [variedad - de color, opinión] shade; [- de sentido] nuance, shade of meaning **-2.** [atisbo] trace, hint.
matizar [13] *vt* **-1.** [teñir]: ~ **(de)** to tinge (with) **-2.** *fig* [distinguir - rasgos, aspectos] to distinguish; [- tema] to explain in detail **-3.** *fig* [dar tono especial] to tinge, to colour **-4.** ARTE to blend.
matojo *m* [mata] tuft; [arbusto] bush, shrub.
matón, ona *m,f fam* bully.
matorral *m* thicket.
matraca *f* [instrumento] rattle; **dar la** ~ *fam fig* to go on, to be a nuisance; **ser una** ~ *fam* to be a pain.
matraz *m* flask.
matriarcado *m* matriarchy.
matrícula *f* **-1.** [inscripción] registration **-2.** [documento] registration document **-3.** *AUTOM* number plate.
◆ **matrícula de honor** *f* top marks *(pl)*.
matriculación *f* [inscripción] registration.
matricular *vt* to register.
◆ **matricularse** *vpr* to register.
matrimonial *adj* marital; [vida] married.
matrimonio *m* **-1.** [gen] marriage; **consumar el** ~ to consummate one's marriage; **contraer** ~ to get married; **fuera del** ~ out of wedlock; ~ **civil** civil marriage; ~ **de conveniencia** marriage of convenience; ~ **religioso** church wedding **-2.** [pareja] married couple.
matriz ◇ *f* **-1.** ANAT womb **-2.** [de talonario] (cheque) stub **-3.** [molde] mould **-4.** *MAT* matrix. ◇ *adj* [empresa] parent *(antes de sust)*; [casa] head *(antes de sust)*; [iglesia] mother *(antes de sust)*.
matrona *f* **-1.** [madre] matron **-2.** [comadrona] midwife **-3.** [en aduanas] *female customs officer responsible for frisking women travellers* **-4.** [en cárceles] female prison warden.
matusalén *m* very old person; **ser más viejo que** ~ *fig* to be as old as Methuselah.
matutino, na *adj* morning *(antes de sust)*.
maullar *vi* to miaow.
maullido *m* miaow, miaowing *(U)*.
Mauricio Mauritius.
mausoleo *m* mausoleum.
maxilar ◇ *adj* maxillary, jaw *(antes de sust)*. ◇ *m* jaw.
máxima ▻ **máximo**.
máxime *adv* especially.
máximo, ma ◇ *superl* ▻ **grande**. ◇ *adj* maximum; [galardón, puntuación] highest.
◆ **máximo** *m* maximum; **al** ~ to the utmost; **llegar al** ~ to reach the limit; **como** ~ [a más tardar] at the latest; [como mucho] at the most.
◆ **máxima** *f* **-1.** [sentencia, principio] maxim **-2.** [temperatura] high, highest temperature.
maya ◇ *adj* Mayan. ◇ *mf* Maya, Mayan. ◇ *m* [lengua] Maya.

MAYAS

Guatemala is the Latin American country with the lowest percentage of native Spanish speakers. Approximately 65 percent of the Guatemalan population is of native Indian origin; the majority of these are Mayas, totalling nearly six million people. The Mayas belong to 20 different ethnic groups, each one with its own language and cultural traditions. The chief Mayan ethnic groups, with more than a million inhabitants each, are the K'ichee, the Mam and the Kaqchikel.

mayestático, ca *adj* majestic.
mayo *m* May; *ver también* **septiembre**.
mayonesa, mahonesa *f* mayonnaise.
mayor ◇ *adj* **-1.** *(comparativo)*: ~ **(que)** [de tamaño] bigger (than); [de importancia etc] greater (than); [de edad] older (than); [de número] higher (than) **-2.** *(superlativo)*: **el/la** ~ ... [de tamaño] the biggest ...; [de importancia etc] the greatest ...; [de edad] the oldest ...; [de número] the highest ... **-3.** [adulto] grown-up; **hacerse** ~ to grow up; **ser** ~ **de edad** to be an adult **-4.** [anciano] elderly **-5.** *MÚS*: **en do** ~ in C major **-6.** *loc*: **al por** ~ *COM* wholesale. ◇ *mf*: **el/la** ~ [hijo, hermano] the eldest. ◇ *m MIL* major.
◆ **mayores** *mpl* **-1.** [adultos] grown-ups **-2.** [antepasados] ancestors, forefathers.
mayoral *m* **-1.** [pastor] chief herdsman **-2.** [capataz] foreman, overseer.
mayorazgo *m* **-1.** [institución] primogeniture **-2.** [bienes] entailed estate **-3.** [persona] *heir to an entailed estate*; [primogénito] eldest son.
mayordomo *m* butler.
mayoreo *m* **Amér** wholesale; **al** ~ wholesale.
mayoría *f* majority; **son** ~ they are in the majority; **la** ~ **de** most of; **la** ~ **de los españoles** most Spaniards; **la** ~ **de las veces** usually, most often; **en su** ~ in the main; ~ **absoluta/relativa** absolute/relative majority; ~ **silenciosa** silent majority; ~ **simple** simple majority.
◆ **mayoría de edad** *f*: **llegar a la** ~ **de**

edad to come of age.
mayorista ◇ *adj* wholesale. ◇ *mf* wholesaler.
mayoritario, ria *adj* majority *(antes de sust).*
mayúscula ▷ **letra.**
mayúsculo, la *adj* tremendous, enormous.
maza *f* mace; [del bombo] drumstick.
mazacote *m* dry, sticky food.
mazapán *m* marzipan.
mazazo *m lit & fig* heavy blow.
mazmorra *f* dungeon.
mazo *m* **-1.** [martillo] mallet **-2.** [de mortero] pestle **-3.** [conjunto - de cartas, papeles] bundle; [- de billetes] wad; [- de naipes] balance (of the deck).
mazorca *f* cob; ~ **de maíz** corncob.
mazurca *f* mazurka.
me *pron pers* **-1.** *(complemento directo)* me; **le gustaría verme** she'd like to see me **-2.** *(complemento indirecto)* (to) me; ~ **lo dio** he gave it to me; ~ **tiene miedo** he's afraid of me **-3.** *(reflexivo)* myself.
meada *f vulg* piss; [mancha] urine stain.
meandro *m* meander.
mear *vi vulg* to piss.
◆ **mearse** *vpr vulg* to piss o.s.; **~se en la cama** to wet one's bed; **~se (de risa)** to piss o.s. laughing.
meca *f* mecca.
mecachis *interj fam eufemismo*: **¡~!** sugar! *UK*, shoot! *US*.
mecánica ▷ **mecánico.**
mecanicismo *m* mechanism.
mecánico, ca ◇ *adj* mechanical. ◇ *m,f* [persona] mechanic; ~ **dentista** dental technician.
◆ **mecánica** *f* **-1.** [ciencia] mechanics *(U)* **-2.** [funcionamiento] mechanics *(pl).*
mecanismo *m* **-1.** [estructura] mechanism **-2.** [funcionamiento] way of working, modus operandi; **~s de defensa** *PSICOL* defence mechanisms.
mecanización *f* mechanization.
mecanizado, da *adj* mechanized.
mecanizar [13] *vt* to mechanize.
mecano® *m* Meccano®.
mecanografía *f* typing; ~ **al tacto** touch typing.
mecanografiar [9] *vt* to type.
mecanógrafo, fa *m,f* typist.
mecapal *m CAm & Méx* porter's leather harness.
mecedora *f* rocking chair.
mecenas *m y f inv* patron.
mecenazgo *m* patronage.
mecer [11] *vt* to rock.
◆ **mecerse** *vpr* to rock back and forth; [en columpio] to swing.
mecha *f* **-1.** [de vela] wick **-2.** [de explosivos] fuse; **a toda** ~ *fam* flat out; **aguantar** ~ *fam* to grin and bear it **-3.** [de pelo] streak.
mechero *m* (cigarette) lighter.
mechón *m* [de pelo] lock; [de lana] tuft.
medalla *f* medal; **ponerse ~s** *fig* to show off.
medallero *m* medals table.
medallista *mf* **-1.** [oficio] maker of medals **-2.** *DEP* medallist.
medallón *m* **-1.** [joya] medallion **-2.** [rodaja] médaillon; ~ **de pescado** [empanado] fishcake.
médano *m* (sand) dune.
media *f* **-1.** ▷ **medio -2.** *Amér* [calcetín] sock.
mediación *f* mediation; **por ~ de** through.
mediado, da *adj* [medio lleno] half-full; **mediada la película** halfway through the film.
◆ **a mediados de** *loc prep* in the middle of, halfway through.
mediador, ra ◇ *adj* mediating. ◇ *m,f* mediator.
mediagua *f RP* shack, hut.
medialuna *f Amér* croissant.
mediana ▷ **mediano.**
medianía *f* average *o* mediocre person.
mediano, na *adj* **-1.** [intermedio - de tamaño] medium; [- de calidad] average; **de mediana edad** middle-aged; **de mediana estatura** of medium *o* average height **-2.** [mediocre] average, ordinary.
◆ **mediana** *f* **-1.** *GEOM* median **-2.** [de carretera] central reservation.
medianoche (*pl* **mediasnoches**) *f* **-1.** [hora] midnight; **a ~** at midnight **-2.** [bollo] *sandwich made with a small bun.*
mediante *prep* by means of.
mediar [8] *vi* **-1.** [llegar a la mitad] to be halfway through; **mediaba julio** it was mid-July **-2.** [estar en medio - tiempo, distancia, espacio]: ~ **entre** to be between; **media un jardín/un kilómetro entre las dos casas** there is a garden/one kilometre between the two houses; **medió una semana** a week passed by **-3.** [intervenir]: ~ **(en/entre)** to mediate (in/between) **-4.** [interceder]: ~ **(en favor de** *o* **por)** to intercede (on behalf of *o* for) **-5.** [ocurrir] to intervene, to happen; **media la circunstancia de que ...** it so happens that ...
mediatizar [13] *vt* to determine.
medicación *f* medication.

medicamento *m* medicine.
medicar [10] *vt* to give medicine to.
◆ **medicarse** *vpr* to take medicine.
medicina *f* medicine; **ejercer la ~** to practise medicine; **~ alternativa** alternative medicine; **~ interna** general medicine *o* practice; **~ preventiva/social** preventive/community medicine.
medicinal *adj* medicinal.
medición *f* measurement.
médico, ca ◇ *adj* medical. ◇ *m,f* doctor; **ir al ~** to go to the doctor; **~ de cabecera** *o* **familia** family doctor, general practitioner; **~ de guardia** duty doctor; **~ forense** specialist in forensic medicine; **~ interno** houseman *UK*, intern *US*.
medida *f* **-1.** [gen] measure; [medición] measurement; **a (la) ~** [gen] custom-built; [ropa] made-to-measure; **~ de capacidad** measure *(liquid or dry)* **-2.** [disposición] measure, step; **tomar ~s** to take measures *o* steps; **~ cautelar** precautionary measure; **~s represivas** clampdown *(sg)*; **~s de seguridad** security measures **-3.** [moderación] moderation; **sin ~** without moderation **-4.** [grado] extent, degree; **en cierta/gran ~** to some/a large extent; **en la ~ de lo posible** as far as possible; **en mayor/menor ~** to a greater/lesser extent; **a ~ que entraban** as they were coming in.
◆ **medidas** *fpl* [del cuerpo] measurements; **tomar las ~s a alguien** to take sb's measurements.
medidor *m Amér* meter.
medieval *adj* medieval.
medievo, medioevo *m* Middle Ages *(pl)*.
medina *f* medina.
medio, dia *adj* **-1.** [gen] half; **a ~ camino** [en viaje] halfway there; [en trabajo etc] halfway through; **media docena/hora** half a dozen/an hour; **~ pueblo estaba allí** half the town was there; **a media luz** in the half-light; **hacer algo a medias** to half-do sthg; **pagar a medias** to go halves, to share the cost; **un kilo y ~** one and a half kilos; **son (las dos) y media** it's half past (two) **-2.** [intermedio - estatura, tamaño] medium; [- posición, punto] middle **-3.** [de promedio - temperatura, velocidad] average **-4.** [corriente] ordinary, average.
◆ **medio** ◇ *adv* half; **~ borracho** half drunk; **a ~ hacer** half done. ◇ *m* **-1.** [mitad] half **-2.** [centro] middle, centre; **en ~ (de)** in the middle (of); **estar por (en) ~** to be in the way; **equivocarse de ~ a ~** to be completely wrong; **meterse** *o* **ponerse de por ~** to get in the way; *fig* to interfere; **quitar de en ~ a alguien** to get rid of sb, to get sb out of the way **-3.** [sistema, manera] means, method; **por ~ de** by means of, through **-4.** [elemento físico] environment; **~ ambiente** environment **-5.** [ambiente social] circle; **en ~s bien informados** in well-informed circles **-6.** *DEP* midfielder.
◆ **medios** *mpl* [recursos] means, resources; **los ~s de comunicación** *o* **información** the media; **~s de producción/transporte** means of production/transport.
◆ **media** *f* **-1.** [promedio] average; **media aritmética/proporcional** arithmetic/proportional mean; **media horaria** hourly average **-2.** [hora]**: al dar la media** on the half-hour **-3.** *(gen pl)* [prenda] tights *(pl)*, stockings *(pl)* **-4.** *DEP* midfielders *(pl)*.
medioambiental *adj* environmental.
mediocampista *mf* midfielder.
mediocre *adj* mediocre, average.
mediocridad *f* mediocrity.
mediodía (*pl* **mediodías**) *m* **-1.** [hora] midday, noon; **al ~** at noon *o* midday **-2.** [sur] south.
medioevo = **medievo**.
mediofondista *mf* middle-distance runner.
mediopensionista *mf child who has lunch at school*.
medique *etc* ▷ **medicar**.
medir [26] *vt* **-1.** [gen] to measure; **¿cuánto mides?** how tall are you?; **mido 1,80** ≃ I'm 6 foot (tall); **mide diez metros** it's ten metres long **-2.** [pros, contras etc] to weigh up **-3.** [palabras] to weigh carefully **-4.** [fuerzas] to test out against each other.
◆ **medirse** *vpr* **-1.** [tomarse medidas] to measure o.s. **-2.** [moderarse] to show restraint **-3.** [enfrentarse]**: ~se con** to meet, to compete against.
meditabundo, da *adj* thoughtful, pensive.
meditación *f* meditation.
meditar ◇ *vi*: **~ (sobre)** to meditate (on). ◇ *vt* **-1.** [gen] to meditate, to ponder **-2.** [planear] to plan, to think through.
meditativo, va *adj* pensive.
mediterráneo, a *adj* Mediterranean.
◆ **Mediterráneo** *m*: **el (mar) Mediterráneo** the Mediterranean (Sea).
médium *m y f inv* medium.
medrar *vi* **-1.** [prosperar] to prosper **-2.** [enriquecerse] to get rich **-3.** [crecer] to grow.

medroso, sa ◇ *adj* [miedoso] fearful. ◇ *m,f* fearful person.

médula *f* **-1.** ANAT (bone) marrow; ~ **espinal** spinal cord; ~ **ósea** bone marrow **-2.** [esencia] core; **hasta la** ~ to the core.

medusa *f* jellyfish.

megabyte [mega'βait] (*pl* **megabytes**) *m* INFORM megabyte.

megafonía *f* public-address system; **llamar por** ~ **a alguien** to page sb.

megáfono *m* megaphone.

megalito *m* megalith.

megalómano, na *adj* & *m,f* megalomaniac.

mejicanismo = **mexicanismo.**

mejicano = **mexicano.**

Méjico = **México.**

mejilla *f* cheek.

mejillón *m* mussel; **mejillones a la marinera** *mussels cooked in a tomato, onion and garlic sauce.*

mejor ◇ *adj* **-1.** *(comparativo)* better; **no hay nada** ~ there's nothing better, there's nothing to beat it; ~ **(que)** better (than); **es** ~ **padre que marido** he's a better father than he is a husband **-2.** *(superlativo)*: **el/la** ~ **...** the best ...; **su** ~ **amigo** his best friend; **con la** ~ **voluntad** with the best will in the world. ◇ *mf*: **el/la** ~ **(de)** the best (in); **el** ~ **de todos** the best of all; **lo** ~ **fue que ...** the best thing was that ... ◇ *adv* **-1.** *(comparativo)*: ~ **(que)** better (than); **ahora veo** ~ I can see better now; **es** ~ **que no vengas** it would be better if you didn't come; **estar** ~ [no tan malo] to feel better; [recuperado] to be better; ~ **que** ~ so much the better **-2.** *(superlativo)* best; **el que la conoce** ~ the one who knows her best.

◆ **a lo mejor** *loc adv* maybe, perhaps.

◆ **mejor dicho** *loc adv* (or) rather.

mejora *f* **-1.** [progreso] improvement **-2.** [aumento] increase.

mejorable *adj* improvable.

mejorar ◇ *vt* **-1.** [gen] to improve; [enfermo] to make better **-2.** [aumentar] to increase. ◇ *vi* to improve, to get better.

◆ **mejorarse** *vpr* to improve, to get better; **¡que te mejores!** get well soon!

mejoría *f* improvement.

mejunje *m lit* & *fig* concoction.

melancolía *f* melancholy.

melancólico, ca ◇ *adj* melancholic. ◇ *m,f* melancholic person.

melanina *f* melanin.

melaza *f* molasses *(pl)*.

melena *f* **-1.** [de persona] long hair *(U)*; **soltarse la** ~ to let one's hair down **-2.** [de león] mane.

◆ **melenas** *fpl despec* mop *(sg)* of hair.

melenudo, da *despec* ◇ *adj* with a mop of hair. ◇ *m,f* person with a mop of hair.

melifluo, flua *adj* honeyed, mellifluous.

melillense *adj* of/relating to Melilla.

melindre *m* CULIN *fried cake made from honey and sugar.*

◆ **melindres** *mpl* [escrúpulos] affected scrupulousness *(U)*.

melindroso, sa ◇ *adj* affectedly scrupulous. ◇ *m,f* affectedly scrupulous person.

melisa *f* lemon balm.

mella *f* [gen] nick; [en dentadura] gap; **hacer** ~ **en algo** [dañar] to dent sthg; **hacer** ~ **en alguien** to make an impression on sb.

mellado, da *adj* **-1.** [con hendiduras] nicked **-2.** [sin dientes] gap-toothed.

mellar *vt* **-1.** [hacer mellas en] to nick, to chip **-2.** [menoscabar] to damage.

mellizo, za *adj* & *m,f* twin.

melocotón *m* peach.

melocotonero *m* peach tree.

melodía *f* **-1.** MÚS melody, tune **-2.** [de teléfono móvil] ring tone.

melódico, ca *adj* melodic.

melodioso, sa *adj* melodious.

melodrama *m* melodrama.

melodramático, ca *adj* melodramatic.

melomanía *f* love of music.

melómano, na *m,f* music lover.

melón *m* **-1.** [fruta] melon **-2.** *fam* [persona] lemon, idiot.

melopea *f fam*: **agarrar una** ~ to get legless.

melosidad *f* sweetness; [empalago] sickliness.

meloso, sa *adj* **-1.** [como la miel] honey; *fig* sweet **-2.** [empalagoso] sickly.

membrana *f* membrane.

membranoso, sa *adj* membranous.

membresía *f Amér* membership.

membrete *m* letterhead.

membrillo *m* **-1.** [fruto] quince **-2.** [dulce] quince jelly.

memela *f Méx thick corn tortilla, oval in shape.*

memez *f* stupidity; [acción, dicho] silly *o* stupid thing.

memo, ma ◇ *adj* stupid. ◇ *m,f* idiot, fool.

memorable *adj* memorable.

memorándum (*pl* **memorándums** *o* **memorandos**) *m* **-1.** [cuaderno] notebook **-2.** [nota diplomática] memorandum.

memoria *f* **-1.** [gen & *INFORM*] memory; **si la ~ no me falla** if my memory serves me right; **¡qué ~ la mía!** what a memory I have!; **de ~** by heart; **falta de ~** forgetfulness; **hacer ~** to try to remember; **tener buena/mala ~** to have a good/bad memory; **traer a la ~** to call to mind; **venir a la ~** to come to mind; **~ de acceso aleatorio/de sólo lectura** *INFORM* random-access/read only memory; **~ expandida/extendida/programable** *INFORM* expanded/extended/programmable memory; **~ RAM/ROM** *INFORM* RAM/ROM **-2.** [recuerdo] remembrance, remembering; **ser de feliz/ingrata ~** to be a happy/an unhappy memory **-3.** [disertación] (academic) paper **-4.** [informe]: **~ (anual)** (annual) report **-5.** [lista] list, record.
◆ **memorias** *fpl* [biografía] memoirs.

memorial *m* petition, request.

memorización *f* memorizing.

memorizar [13] *vt* to memorize.

menaje *m* household goods and furnishings *(pl)*; **~ de cocina** kitchenware.

mención *f* mention; **hacer ~ de** to mention; **~ honorífica** honourable mention.

mencionar *vt* to mention.

menda ◇ *pron fam* [el que habla] yours truly. ◇ *mf* [uno cualquiera]: **vino un ~ y ...** this bloke came along and ...

mendigar [16] ◇ *vt* to beg for. ◇ *vi* to beg.

mendigo, ga *m,f* beggar.

mendrugo *m* crust (of bread).

menear *vt* **-1.** [mover - gen] to move; [- cabeza] to shake; [- cola] to wag; [- caderas] to wiggle **-2.** [activar] to get moving.
◆ **menearse** *vpr* **-1.** [moverse] to move (about); [agitarse] to shake; [oscilar] to sway **-2.** [darse prisa, espabilarse] to get a move on **-3.** *loc*: **un susto de no te menees** *fam* a hell of a scare.

meneo *m* [gen] movement; [de cabeza] shake; [de cola] wag, wagging *(U)*; [de caderas] wiggling *(U)*; **dar un ~ a algo** *fam* to knock sthg; **dar un ~ a alguien** *fam* to give sb a hiding.

menester *m* necessity; **haber ~ de algo** to be in need of sthg; **ser ~ que alguien haga algo** to be necessary for sb to do sthg.
◆ **menesteres** *mpl* [asuntos] business *(U)*, matters *(pl)*.

menesteroso, sa ◇ *adj* needy, poor. ◇ *m,f* needy *o* poor person.

menestra *f* vegetable stew.

mengano, na *m,f* so-and-so.

mengua *f* [reducción] reduction; [falta] lack; [descrédito] discredit; **sin ~ de** without detriment to.

menguado, da *adj* reduced, diminished.

menguante *adj* [luna] waning.

menguar [45] ◇ *vi* **-1.** [disminuir] to decrease, to diminish; [luna] to wane **-2.** [en labor de punto] to decrease. ◇ *vt* **-1.** [disminuir] to lessen, to diminish **-2.** [en labor de punto] to decrease.

menhir *m* menhir.

meninge *f* meninx.

meningitis *f inv* meningitis.

menisco *m* meniscus.

menopausia *f* menopause.

menor ◇ *adj* **-1.** *(comparativo)*: **~ (que)** [de tamaño] smaller (than); [de edad] younger (than); [de importancia etc] less *o* lesser (than); [de número] lower (than) **-2.** *(superlativo)*: **el/la ~ ...** [de tamaño] the smallest ...; [de edad] the youngest ...; [de importancia] the slightest ...; [de número] the lowest ... **-3.** [de poca importancia] minor; **un problema ~** a minor problem **-4.** [joven]: **ser ~ de edad** [para votar, conducir etc] to be under age; *DER* to be a minor **-5.** *MÚS*: **en do ~** in C minor **-6.** *loc*: **al por ~** *COM* retail. ◇ *mf* **-1.** *(superlativo)*: **el/la ~** [hijo, hermano] the youngest **-2.** *DER* [niño] minor.

Menorca Minorca.

menos ◇ *adj inv* **-1.** *(comparativo)* [cantidad] less; [número] fewer; **~ aire** less air; **~ manzanas** fewer apples; **~ ... que ...** less/fewer ... than ...; **tiene ~ experiencia que tú** she has less experience than you; **hace ~ calor que ayer** it's not as hot as it was yesterday **-2.** *(superlativo)* [cantidad] the least; [número] the fewest; **el que compró ~ acciones** the one who bought the fewest shares; **lo que ~ tiempo llevó** the thing that took the least time **-3.** *fam* [peor]: **éste es ~ coche que el mío** that car isn't as good as mine. ◇ *adv* **-1.** *(comparativo)* less; **~ de/que** less than; **estás ~ gordo** you're not as fat **-2.** *(superlativo)*: **el/la/lo ~** the least; **él es el ~ indicado para criticar** he's the last person who should be criticizing; **ella es la ~ adecuada para el cargo** she's the least suitable person for the job; **es lo ~ que puedo hacer** it's the least I can do **-3.** [expresa resta] minus; **tres ~ dos igual a uno** three minus two is one **-4.** [con las horas] to; **son (las dos) ~ diez** it's ten to (two) **-5.** *loc*: **es lo de ~** that's the least of it, that's of no importance; **hacer de ~ a alguien** to snub sb; **¡~ mal!** just as well!, thank God!; **no es para ~** not without (good) reason; **venir a ~** to go down in the world. ◇ *m inv MAT* minus (sign). ◇ *prep* [excepto] except (for); **todo ~ eso** anything but that.

◆ **al menos, por lo menos** *loc adv* at least.

◆ **a menos que** *loc conj* unless; **no iré a ~ que me acompañes** I won't go unless you come with me.

◆ **de menos** *loc adj* [que falta] missing; **hay dos euros de ~** there's two euros missing.

menoscabar *vt* [fama, honra etc] to damage; [derechos, intereses, salud] to harm; [belleza, perfección] to diminish.

menoscabo *m* [de fama, honra etc] damage; [de derechos, intereses, salud] harm; [de belleza, perfección] diminishing; **(ir) en ~ de** (to be) to the detriment of.

menospreciar [8] *vt* [despreciar] to scorn, to despise; [infravalorar] to undervalue.

menosprecio *m* scorn, contempt.

mensaje *m* [gen & *INFORM*] message; **~ de texto** [en teléfono móvil] text message.

mensajería *f* courier service.

mensajero, ra ◇ *adj* message-carrying; *fig* announcing, presaging. ◇ *m,f* [gen] messenger; [de mensajería] courier.

menso, sa *adj Méx* foolish, stupid.

menstruación *f* menstruation.

menstrual *adj* menstrual.

menstruar [6] *vi* to menstruate, to have a period.

mensual *adj* monthly; **1.000 euros ~es** 1,000 euros a month.

mensualidad *f* **-1.** [sueldo] monthly salary **-2.** [pago] monthly payment *o* instalment.

menta *f* mint.

mentado, da *adj* **-1.** [mencionado] above-mentioned, aforementioned **-2.** [famoso] famous.

mental *adj* mental.

mentalidad *f* mentality; **~ abierta/cerrada** open/closed mind.

mentalización *f* mental preparation.

mentalizar [13] *vt* to put into a frame of mind.

◆ **mentalizarse** *vpr* to get into a frame of mind.

mentar [19] *vt* to mention.

mente *f* **-1.** [gen] mind; **tener en ~ algo** to have sthg in mind; **tener en ~ hacer algo** to intend to do sthg; **traer a la ~** to bring to mind **-2.** [mentalidad] mentality; **tiene una ~ muy abierta** she's very open-minded.

mentecato, ta *m,f* idiot.

mentir [27] *vi* to lie; **me mintió** she lied to me, she told me a lie; **¡mientes descaradamente!** you're lying shamelessly!, you're a barefaced liar!; **miente como respira** she lies through her teeth.

mentira *f* lie; [acción] lying; **aunque parezca ~** strange as it may seem; **de ~** pretend, false; **parece ~ (que ...)** it hardly seems possible (that ...), it's scarcely credible (that ...); **una ~ como una casa** a whopping great lie; **~ piadosa** white lie.

mentirijillas

◆ **de mentirijillas** *fam* ◇ *loc adv* [en broma] as a joke, in fun. ◇ *loc adj* [falso] pretend, make-believe.

mentiroso, sa ◇ *adj* lying; [engañoso] deceptive. ◇ *m,f* liar.

mentís *m inv* denial; **dar un ~ (a)** to issue a denial (of).

mentol *m* menthol.

mentolado, da *adj* mentholated.

mentón *m* chin.

mentor *m* mentor.

menú (*pl* **menús**) *m* **-1.** [lista] menu; [comida] food; **~ del día** set meal **-2.** *INFORM* menu; **~ desplegable** pull-down menu.

menudear ◇ *vi* to happen frequently. ◇ *vt* to repeat, to do repeatedly.

menudencia *f* trifle, insignificant thing.

menudeo *m Amér COM* retailing.

menudillos *mpl* giblets.

menudo, da *adj* **-1.** [pequeño] small **-2.** [insignificante] trifling, insignificant **-3.** *(antes de sust)* [para enfatizar] what!; **¡ ~ lío/gol!** what a mess/goal!

◆ **a menudo** *loc adv* often.

meñique ▷ **dedo**.

meollo *m* core, heart; **llegar al ~ de la cuestión** to come to the heart of the matter.

meón, ona *m,f fam*: **es una meona** [niña] she's always wetting herself; [mujer] she has a weak bladder.

mequetrefe *mf fam* good-for-nothing.

mercachifle *mf despec* **-1.** [comerciante] pedlar **-2.** [usurero] money-grabber, shark.

mercader *mf* trader.

mercadería *f* merchandise, goods *(pl)*.

mercadillo *m* flea market.

mercado *m* market; **salir al ~** to come on to the market; **~ alcista/bajista** bull/bear market; **~ bursátil** stock market; **~ común** Common Market; **~ de abastos** *COM* wholesale food market; **~ de capitales/divisas/valores** capital/currency/securities market; ~ **de futuros** futures market; ~ **de trabajo** labour *o* job market; ~ **interbancario** interbank market; ~ **libre/negro** free/black market.

mercadotecnia *f* marketing.

mercancía *f* merchandise *(U)*, goods *(pl)*.
◆ **mercancías** *m inv* FERROC goods train, freight train *US*.

mercante *adj* merchant.

mercantil *adj* mercantile, commercial.

mercantilismo *m* ECON mercantilism; *fig* commercialism.

merced *f* favour; ~ **a** thanks to; **a la ~ de algo/alguien** at the mercy of sthg/sb.

mercenario, ria *adj & m,f* mercenary.

mercería *f* **-1.** [género] haberdashery *UK*, notions *US* **- 2.** [tienda] haberdasher's (shop) *UK*, notions store *US*.

mercurio *m* mercury.

Mercurio *m* Mercury.

mercurocromo *m* mercurochrome.

merecedor, ra *adj*: ~ **de** worthy of.

merecer [30] ◇ *vt* to deserve, to be worthy of; **la isla merece una visita** the island is worth a visit; **no merece la pena** it's not worth it. ◇ *vi* to be worthy.

merecido *m*: **recibir su** ~ to get one's just desserts.

merendar [19] ◇ *vi* to have tea *(as a light afternoon meal)*. ◇ *vt* to have for tea.
◆ **merendarse** *vpr fam*: **~se a alguien** to thrash sb.

merendero *m open-air café or bar (in the country or on the beach)*.

merendola *f fam* slap-up tea.

merengue ◇ *m* **-1.** CULIN meringue **-2.** [baile] merengue. ◇ *adj fam* DEP of/relating to Real Madrid Football Club.

merezca *etc* ▷ **merecer**.

meridiano, na *adj* **-1.** [hora etc] midday **-2.** *fig* [claro] crystal-clear.
◆ **meridiano** *m* meridian.

meridional ◇ *adj* southern. ◇ *mf* southerner.

merienda ◇ ▷ **merendar**. ◇ *f* tea *(as a light afternoon meal)*; [en el campo] picnic; ~ **de negros** free-for-all.

mérito *m* **-1.** [cualidad] merit; **hacer ~s para** to do everything possible to **-2.** [valor] value, worth; **tiene mucho** ~ it's no mean achievement; **de** ~ worthy, deserving.

meritorio, ria ◇ *adj* worthy, deserving. ◇ *m,f* unpaid trainee *o* apprentice.

merluza *f* **-1.** [pez, pescado] hake **-2.** *fam* [borrachera]: **agarrar una** ~ to get sozzled.

merma *f* decrease, reduction.

mermar ◇ *vi* to diminish, to lessen. ◇ *vt* to reduce, to diminish.

mermelada *f* jam; ~ **de naranja** marmalade.

mero, ra *adj (antes de sust)* mere.
◆ **mero** *m* grouper.

merodeador, ra *m,f* prowler, snooper.

merodear *vi*: ~ **(por)** to snoop *o* prowl (about).

mes *m* **-1.** [del año] month **-2.** [salario] monthly salary **-3.** [menstruación] period.

mesa *f* **-1.** [gen] table; [de oficina, despacho] desk; **bendecir la** ~ to say grace; **poner/quitar la** ~ to set/clear the table; **sentarse a la** ~ to sit down to table; ~ **camilla** *small round table under which a heater is placed*; ~ **de billar** billiard table; ~ **de mezclas** mixing desk; ~ **(de) nido** nest of tables; ~ **de operaciones** operating table; ~ **plegable** folding table **-2.** [comité] board, committee; [en un debate etc] panel; ~ **directiva** executive board *o* committee.
◆ **mesa electoral** *f* polling station.
◆ **mesa redonda** *f* [coloquio] round table.

mesada *f* **-1.** *Amér* [mensualidad] monthly payment, monthly instalment **-2.** *RP* [encimera] worktop.

mesana *f* **-1.** [mástil] mizenmast **-2.** [vela] mizensail.

mescalina *f* mescalin.

mescolanza = **mezcolanza**.

mesero, ra *m,f CAm, Col, Méx* waiter (*f* waitress).

meseta *f* plateau, tableland.

mesianismo *m* RELIG messianism; *fig blind faith in one person*.

mesías *m fig* Messiah.
◆ **Mesías** *m*: **el Mesías** the Messiah.

mesilla *f* small table; ~ **de noche** bedside table.

mesón *m* **-1.** HIST inn **-2.** [bar-restaurante] *old, country-style restaurant and bar*.

mesonero, ra *m,f* **-1.** innkeeper **-2.** *Ven* [camarero] waiter (*f* waitress).

mestizaje *m* cross-breeding; *fig* mixing.

mestizo, za ◇ *adj* [persona] half-caste; [animal, planta] cross-bred. ◇ *m,f* half-caste.

mesura *f* **-1.** [moderación] moderation, restraint; **con** ~ [moderadamente] in moderation **-2.** [cortesía] courtesy, politeness **-3.** [gravedad] dignity, seriousness.

mesurado, da *adj* moderate, restrained.

mesurarse *vpr* to restrain o.s.

meta *f* **-1.** [DEP - llegada] finishing line; [- portería] goal; ~ **volante** [en ciclismo] hot spot sprint **-2.** [objetivo] aim, goal; **fijarse una ~** to set o.s. a target *o* goal.

metabólico, ca *adj* metabolic.

metabolismo *m* metabolism.

metadona *f* methadone.

metafísico, ca ◇ *adj* metaphysical. ◇ *m,f* [filósofo] metaphysicist.

◆ **metafísica** *f* [disciplina] metaphysics *(U)*.

metáfora *f* metaphor.

metafórico, ca *adj* metaphorical.

metal *m* **-1.** [material] metal; ~ **blanco** white metal; ~ **pesado** heavy metal; **~es preciosos** precious metals; **el vil ~** filthy lucre **-2.** *MÚS* brass.

metálico, ca ◇ *adj* [sonido, color] metallic; [objeto] metal. ◇ *m*: **pagar en ~** to pay (in) cash.

metalizado, da *adj* [pintura] metallic.

metalurgia *f* metallurgy.

metalúrgico, ca ◇ *adj* metallurgical. ◇ *m,f* metallurgist.

metamorfosis *f inv lit & fig* metamorphosis.

metano *m* methane.

metanol *m* methanol.

metástasis *f inv MED* metastasis.

metate *m Guat, Méx* grinding stone.

metedura

◆ **metedura de pata** *f* clanger.

meteórico, ca *adj lit & fig* meteoric.

meteorito *m* meteorite.

meteoro *m* meteor.

meteorología *f* meteorology.

meteorológico, ca *adj* meteorological.

meteorólogo, ga *m,f* meteorologist; *RADIO & TV* weatherman (*f* weatherwoman).

meter *vt* **-1.** [gen] to put in; ~ **algo/a alguien en algo** to put sthg/sb in sthg; ~ **la llave en la cerradura** to get the key into the lock; **lo metieron en la cárcel** they put him in prison; ~ **dinero en el banco** to put money in the bank; **he metido mis ahorros en esa empresa** I've put all my savings into this venture **-2.** [hacer participar]: ~ **a alguien en algo** to get sb into sthg **-3.** [obligar a]: ~ **a alguien a hacer algo** to make sb start doing sthg **-4.** [causar]: ~ **prisa/miedo a alguien** to rush/scare sb; ~ **ruido** to make a noise **-5.** *fam* [asestar] to give; **le metió un puñetazo** he gave him a punch **-6.** *fam* [echar] to give; ~ **una bronca a alguien** to tell sb off **-7.** [estrechar - prenda] to take in; ~ **el bajo de una falda** to take up a skirt **-8.** *loc*: **a todo ~** as quickly as possible.

◆ **meterse** *vpr* **-1.** [entrar] to get in; **~se en** to get into **-2.** *(en frase interrogativa)* [estar] to get to; **¿dónde se ha metido ese chico?** where has that boy got to? **-3.** [dedicarse]: **~se a** to become; **~se a torero** to become a bullfighter **-4.** [involucrarse]: **~se (en)** to get involved (in) **-5.** [entrometerse] to meddle, to interfere; **se mete en todo** he never minds his own business; **~se por medio** to interfere **-6.** [empezar]: **~se a hacer algo** to get started on doing sthg.

◆ **meterse con** *vpr* **-1.** [incordiar] to hassle **-2.** [atacar] to go for.

meterete *mf CSur fam* busybody, nosey-parker *UK*.

metete *mf Andes, CAm fam* busybody, nosey-parker *UK*.

metiche *mf Méx, Ven fam* busybody, nosey-parker *UK*.

meticulosidad *f* meticulousness.

meticuloso, sa *adj* meticulous.

metido, da *adj* **-1.** [envuelto]: **andar** *o* **estar ~ en** to be involved in **-2.** [abundante]: ~ **en años** elderly; ~ **en carnes** plump.

metódico, ca *adj* methodical.

metodismo *m* Methodism.

metodista *adj & m,f* Methodist.

método *m* **-1.** [sistema] method; ~ **anticonceptivo** method of contraception, contraceptive method **-2.** *EDUC* course.

metodología *f* methodology.

metodológico, ca *adj* methodological.

metomentodo *fam* ◇ *adj inv* meddlesome. ◇ *mf* busybody.

metonimia *f* metonymy.

metraje *m* length, running time.

metralla *f* shrapnel.

metralleta *f* submachine gun.

métrico, ca *adj* **-1.** [del metro] metric **-2.** *LITER* metrical.

◆ **métrica** *f LITER* metrics *(U)*.

metro *m* **-1.** [gen] metre; ~ **cuadrado/cúbico** square/cubic metre; **~s por segundo** metres per second **-2.** [transporte] underground *UK*, tube *UK*, subway *US* **-3.** [cinta métrica] tape measure.

metrópoli *f*, **metrópolis** *f inv* **-1.** [ciudad] metropolis **-2.** [nación] home country.

metropolitano, na *adj* metropolitan.

mexicanismo, mejicanismo *m* Mexicanism.

mexicano, na, mejicano, na *adj & m,f* Mexican.

México, Méjico Mexico.

meza *etc* ▷ **mecer**.

mezcla *f* **-1.** [gen] mixture; [tejido] blend; [de grabación] mix **-2.** [acción] mixing.
mezclador, ra *m,f* [persona] sound mixer.
◆ **mezclador** *m* [aparato] mixer; ~ **de imagen/sonido** vision/sound mixer.
mezclar *vt* **-1.** [gen] to mix; [combinar, armonizar] to blend **-2.** [confundir, desordenar] to mix up **-3.** [implicar]: ~ **a alguien en** to get sb mixed up in.
◆ **mezclarse** *vpr* **-1.** [gen]: ~**se (con)** to mix (with) **-2.** [esfumarse]: ~**se entre** to disappear *o* blend into **-3.** [implicarse]: ~**se en** to get mixed up in.
mezcolanza, mescolanza *f fam* hotchpotch, mishmash.
mezquindad *f* **-1.** [cualidad] meanness **-2.** [acción] mean action.
mezquino, na *adj* mean, cheap *US*.
mezquita *f* mosque.
mg (*abrev de* **miligramo**) mg.
mi[1] *m MÚS* E; [en solfeo] mi.
mi[2] (*pl* **mis**) *adj poses* my; ~ **casa** my house; ~**s libros** my books.
mí *pron pers (después de prep)* **-1.** [gen] me; **este trabajo no es para** ~ this job isn't for me; **no se fía de** ~ he doesn't trust me **-2.** *(reflexivo)* myself **-3.** *loc*: **¡a** ~ **con ésas!** come off it!; **¡a** ~ **qué!** so what?, why should I care?; **para** ~ [yo creo] as far as I'm concerned, in my opinion; **por** ~ as far as I'm concerned; **por** ~**, no hay inconveniente** it's fine by me.
mía ▷ **mío**.
miaja *f* crumb; *fig* tiny bit.
mialgia *f MED* myalgia.
miau *m* miaow.
mica *f* mica.
micción *f* [*MED* - acción] urination; [- orina] urine.
michelines *mpl fam* spare tyre *(sg)*.
mico *m* **-1.** [animal] (long-tailed) monkey **-2.** *fam* [persona] ugly devil; **ser el último** ~ to be the lowest of the low; **se volvió** ~ **para abrir la puerta** he had a hell of a job opening the door.
micra *f* micron.
micrero, ra *m,f Amér* minibus driver.
micro ◇ *m fam* (*abrev de* **micrófono**) mike. ◇ *m o f Chile* [microbús] bus, coach *UK*.
microbio *m* germ, microbe.
microbiología *f* microbiology.
microbús *m* **-1.** minibus **-2.** *Méx* [taxi] (collective) taxi.
microcirugía *f* microsurgery.
microclima *m* microclimate.
microeconomía *f* microeconomics *(U)*.
microelectrónica *f* microelectronics *(U)*.
microficha *f* microfiche.
microfilm (*pl* **microfilms**), **microfilme** *m* microfilm.
micrófono *m* microphone.
microinformática *f INFORM* microcomputing.
microonda *f* microwave.
microondas *m inv* microwave (oven).
microordenador *m INFORM* microcomputer.
microorganismo *m* microorganism.
microprocesador *m INFORM* microprocessor.
microscópico, ca *adj* microscopic.
microscopio *m* microscope; ~ **electrónico** electron microscope.
microsurco *m* microgroove.
mida *etc* ▷ **medir**.
midiera *etc* ▷ **medir**.
miedo *m* fear; **coger** ~ **a algo** to develop a fear of sthg; **dar** ~ to be frightening; **me de** ~ **conducir** I'm afraid *o* frightened of driving; **meter** ~ **a** to frighten; **por** ~ **a** for fear of; **por** ~ **de que ...** for fear that ...; **temblar de** ~ to tremble with fear; **tener** ~ to be frightened *o* scared; **tener** ~ **a** *o* **de (hacer algo)** to be afraid of (doing sthg); ~ **cerval** terrible fear, terror; **de** ~ *fam*: **esta película está de** ~ this film is brilliant; **lo pasamos de** ~ we had a whale of a time; **estar cagado de** ~ *vulg* to be shit-scared; **morirse de** ~ to die of fright, to be terrified.
miedoso, sa ◇ *adj* fearful. ◇ *m,f* fearful person.
miel *f* honey; **dejar a alguien con la** ~ **en los labios** to cut short sb's enjoyment; ~ **sobre hojuelas** all the better; **no hay** ~ **sin hiel** every rose has a thorn.
miembro *m* **-1.** [gen] member **-2.** [extremidad] limb, member; ~**s superiores/inferiores** upper/lower limbs; ~ **(viril)** penis.
mienta *etc* **-1.** ▷ **mentar** **-2.** ▷ **mentir**.
mientras ◇ *conj* **-1.** [al tiempo que] while; **leía** ~ **comía** she was reading while eating; ~ **más ando más sudo** the more I walk, the more I sweat **-2.** [hasta que]: ~ **no se pruebe lo contrario** until proved otherwise **-3.** [por el contrario]: ~ **(que)** whereas, whilst. ◇ *adv*: ~ **(tanto)** meanwhile, in the meantime.
miércoles *m* Wednesday; ~ **de ceniza** Ash Wednesday; *ver también* **sábado**.
mierda *vulg* ◇ *f* **-1.** [excremento] shit **-2.** [su-

ciedad] filth, shit **-3.** [cosa sin valor]: **es una ~** it's (a load of) crap; **de ~** shitty, crappy **-4.** *loc*: **irse a la ~** [proyecto etc] to go down the tubes; **mandar a alguien a la ~** to tell sb to piss off; **¡vete a la ~!** go to hell!, piss off! ◇ *mf vulg* shithead.

mies *f* [cereal] ripe corn.
◆ **mieses** *fpl* [campo] cornfields.

miga *f* [de pan] crumb; **tener ~** *fam* [ser sustancioso] to have a lot to it; [ser complicado] to have more to it than meets the eye.
◆ **migas** *fpl* CULIN fried breadcrumbs; **hacer buenas/malas ~s** *fam* to get on well/ badly; **hacerse ~s** *fam* [cosa] to be smashed to bits; **hacer ~s a alguien** *fam* [desmoralizar] to shatter sb.

migaja *f* **-1.** [trozo] bit; [de pan] crumb **-2.** *fig* [pizca] scrap.
◆ **migajas** *fpl* [restos] leftovers.

migra *f Méx fam pey*: **la ~** *US police border patrol.*

migración *f* migration.

migraña *f* migraine.

migrar *vi* to migrate.

migratorio, ria *adj* migratory.

mijo *m* millet.

mil *núm* thousand; **dos ~** two thousand; **~ euros** a thousand euros; **a las ~ quinientas** really late; **~ y una/uno** a thousand and one; *ver también* **seis**.
◆ **miles** *mpl* [gran cantidad]: **~es (de)** thousands (of).

milagrero, ra *despec* ◇ *adj* who believes in miracles. ◇ *m,f* person who believes in miracles.

milagro *m* miracle; **de ~** miraculously, by a miracle; **hacer ~s** *fig* to work wonders.

milagroso, sa *adj* miraculous; *fig* amazing.

milanesa *f RP* Wiener schnitzel, breaded veal escalope.

milano *m* kite.

milenario, ria *adj* ancient.
◆ **milenario** *m* millennium.

milenio *m* millennium.

milésimo, ma *núm* thousandth; **la milésima parte** a thousandth; **una milésima de segundo** a millisecond.

milhojas *m inv* CULIN mille feuille.

mili *f fam* military service; **hacer la ~** to do one's military service.

milicia *f* **-1.** [profesión] military (profession) **-2.** [grupo armado] militia; **~s universitarias** *formerly in Spain, military service for students.*

miliciano, na ◇ *adj* militia *(antes de sust).* ◇ *m,f* militiaman (*f* female soldier).

milico *m Andes, RP fam pey* [soldado] soldier; [policía] pig.

miligramo *m* milligram.

mililitro *m* millilitre.

milimetrado ▷ **papel**.

milimétrico, ca *adj* millimetric.

milímetro *m* millimetre.

militancia *f* militancy.

militante *adj & m,f* militant.

militar ◇ *adj* military. ◇ *mf* soldier; **los ~es** the military. ◇ *vi*: **~ (en)** to be active (in).

militarismo *m* militarism.

militarista *adj & m,f* militarist.

militarización *f* militarization.

militarizar [13] *vt* to militarize.

milla *f* mile; **~ (marina)** nautical mile.

millar *m* thousand; **a ~es** by the thousand; **un ~ de personas** a thousand people.

millón *núm* million; **dos millones** two million; **un ~ de personas** a million people; **un ~ de cosas que hacer** a million things to do; **un ~ de gracias** thanks a million.
◆ **millones** *mpl* [dineral] millions, a fortune *(sg).*

millonada *f fam* fortune, millions *(pl).*

millonario, ria ◇ *adj*: **es ~** he's a millionaire. ◇ *m,f* millionaire (*f* millionairess).

millonésimo, ma *núm* millionth; **la millonésima parte** a millionth.

milpa *f CAm, Méx* cornfield.

mimado, da *adj* spoilt.

mimar *vt* to spoil, to pamper.

mimbre *m* wicker; **de ~** wickerwork.

mimético, ca *adj* **-1.** [animal, planta] mimetic **-2.** [persona]: **ser ~** to be a copycat.

mimetismo *m* **-1.** [de animal, planta] mimetism **-2.** [de persona] mimicry.

mímica *f* **-1.** [mimo] mime **-2.** [lenguaje] sign language.

mimo *m* **-1.** [zalamería] mollycoddling **-2.** [cariño] show of affection **-3.** TEATR mime; **hacer ~** to perform mime.

mimosa *f* BOT mimosa.

mimoso, sa *adj* affectionate.

min (*abrev de* **minuto**) min.

mina *f* **-1.** GEOL & MIL mine; **~ antipersona** anti-personnel mine; **~ de carbón** coalmine; **una ~ de información** a mine of information; **ser una ~ (de oro)** to be a gold mine **-2.** [de lápiz] lead.

minar *vt* **-1.** MIL to mine **-2.** *fig* [aminorar] to undermine.

mineral ◇ *adj* mineral. ◇ *m* **-1.** GEOL mineral **-2.** MIN ore.

mineralizar [13] *vt* to mineralize.

◆ **mineralizarse** *vpr* to become mineralized.

mineralogía *f* minerology.

minería *f* **-1.** [técnica] mining **-2.** [sector] mining industry.

minero, ra ◇ *adj* mining *(antes de sust)*; [producción, riqueza] mineral. ◇ *m,f* miner.

miniatura *f* miniature; **el piso es una ~** the flat is tiny; **en ~** in miniature.

minicadena *f* midi system.

mini disk, mini disc *m inv* mini disc.

minifalda *f* mini skirt.

minifundio *m* small holding.

minigolf (*pl* **minigolfs**) *m* **-1.** [lugar] crazy golf course **-2.** [juego] crazy golf.

mínima ▻ **mínimo.**

minimalismo *m* MÚS minimalism.

minimalista *adj* MÚS minimalist.

minimizar [13] *vt* to play down.

mínimo, ma ◇ *superl* ▻ **pequeño.** ◇ *adj* **-1.** [lo más bajo posible o necesario] minimum **-2.** [lo más bajo temporalmente] lowest **-3.** [muy pequeño - efecto, importancia etc] minimal, very small; [- protesta, ruido etc] slightest; **no tengo la más mínima idea** I haven't the slightest idea; **como ~** at the very least; **en lo más ~** in the slightest.

◆ **mínimo** *m* [límite] minimum; **~ común múltiplo** lowest common multiple.

◆ **mínima** *f* METEOR low, lowest temperature.

minino, na *m,f fam* pussy (cat).

ministerial *adj* ministerial.

ministerio *m* **-1.** POLÍT ministry *UK*, department *US* **-2.** RELIG ministry.

◆ **ministerio público, ministerio fiscal** *m* ≃ Department of Public Prosecution.

◆ **Ministerio de Asuntos Exteriores** *m* ≃ Foreign Office *UK*, ≃ State Department *US*.

◆ **Ministerio de Economía y Hacienda** *m* ≃ Treasury *UK*, ≃ Treasury Department *US*.

◆ **Ministerio del Interior** *m* ≃ Home Office *UK*, ≃ Department of the Interior *US*.

ministro, tra *m,f* **-1.** POLÍT minister *UK*, secretary *US*; **~ sin cartera** minister without portfolio; **primer ~** prime minister **-2.** RELIG minister; **~ de Dios** minister of God.

minoría *f* minority; **estar en ~** to be in a *o* the minority; **~s étnicas** ethnic minorities.

minorista ◇ *adj* retail. ◇ *mf* retailer.

minoritario, ria *adj* minority *(antes de sust)*.

mintiera *etc* ▻ **mentir.**

minucia *f* trifle, insignificant thing.

minuciosidad *f* meticulousness, attention to detail.

minucioso, sa *adj* **-1.** [meticuloso] meticulous **-2.** [detallado] highly detailed.

minuendo *m* minuend.

minúsculo, la *adj* **-1.** [tamaño] tiny, minute **-2.** [letra] small; IMPRENTA lower-case.

◆ **minúscula** *f* small letter; IMPRENTA lower-case letter.

minusvalía *f* **-1.** ECON depreciation **-2.** [física] handicap, disability.

minusválido, da ◇ *adj* disabled, handicapped. ◇ *m,f* disabled *o* handicapped person.

minusvalorar *vt* to underestimate.

minuta *f* **-1.** [factura] fee **-2.** [menú] menu **-3.** *RP* [comida] quick meal.

minutero *m* minute hand.

minuto *m* minute; **al ~** a moment later; **guardar un ~ de silencio** to observe a minute's silence.

mío, mía ◇ *adj poses* mine; **este libro es ~** this book is mine; **un amigo ~** a friend of mine; **no es asunto ~** it's none of my business. ◇ *pron poses*: **el ~** mine; **el ~ es rojo** mine is red; **esta es la mía** *fam* this is the chance I've been waiting for; **lo ~ es el teatro** [lo que me va] theatre is what I should be doing; **los ~s** *fam* [mi familia] my folks; [mi bando] my lot, my side.

miocardio *m* myocardium.

miope ◇ *adj* shortsighted, myopic. ◇ *mf* shortsighted *o* myopic person.

miopía *f* shortsightedness, myopia.

MIR (*abrev de* **médico interno y residente**) *m* ≃ houseman *UK*, ≃ intern *US*.

mira ◇ *f* sight; *fig* intention; **con ~s a** with a view to, with the intention of. ◇ *interj*: **¡~!** look!

mirado, da *adj* [prudente] careful; **bien ~** [bien pensado] if you look at it closely.

◆ **mirada** *f* [gen] look; [rápida] glance; [de cariño, placer, admiración] gaze; **apartar la mirada** to look away; **dirigir** *o* **lanzar la mirada a** to glance at; **echar una mirada (a algo)** to glance *o* to have a quick look (at sthg); **fulminar con la mirada a alguien** to look daggers at sb; **hay miradas que matan** if looks could kill ...; **levantar la mirada** to look up; **mirada asesina** glare; **mirada fija** stare; **mirada furtiva** peek; **mirada perdida** distant look.

mirador *m* **-1.** [balcón] enclosed balcony **-2.** [para ver un paisaje] viewpoint.

miramiento *m* consideration, circumspection; **andarse con ~s** to stand on ceremony; **sin ~s** just like that, without the least consideration.

mirar ◇ *vt* **-1.** [gen] to look at; [observar] to watch; [fijamente] to stare at; **~ algo de cerca/lejos** to look at sthg closely/from a distance; **~ algo por encima** to glance over sthg, to have a quick look at sthg; **~ a alguien bien/mal** to think highly/poorly of sb; **~ a alguien de arriba abajo** to look sb up and down; **de mírame y no me toques** very fragile **-2.** [fijarse en] to keep an eye on, to watch **-3.** [examinar, averiguar] to check, to look through; **le miraron todas las maletas** they searched all her luggage; **mira si ha llegado la carta** go and see if the letter has arrived **-4.** [considerar] to consider, to take a look at. ◇ *vi* **-1.** [gen] to look; [observar] to watch; [fijamente] to stare; **mira, yo creo que ...** look, I think that ... **-2.** [buscar] to check, to look; **he mirado en todas partes** I've looked everywhere **-3.** [orientarse]: **~ a** to face **-4.** [cuidar]: **~ por alguien/algo** to look after sb/sthg.

◆ **mirarse** *vpr* [uno mismo] to look at o.s.; **si bien se mira** *fig* if you really think about it.

mirilla *f* spyhole.

mirlo *m* blackbird; **ser un ~ blanco** to be one in a million.

mirón, ona *fam* ◇ *adj* nosey; [con lascivia] peeping. ◇ *m,f* **-1.** [espectador] onlooker **-2.** [curioso] nosy parker **-3.** [voyeur] peeping Tom.

mirra *f* myrrh.

mirto *m* myrtle.

misa *f* mass; **cantar/decir/oír ~** to sing/say/hear mass; **ir a ~** *lit* to go to mass *o* church; *fam fig* to be gospel; **lo que yo digo va a ~** what I say goes; **~ cantada/de campaña** sung/open-air mass; **~ de difuntos** requiem, mass for the dead; **~ del gallo** midnight mass *(on Christmas Eve)*; **no saber de la ~ la mitad** *fam* not to know half the story.

misal *m* missal.

misantropía *f* misanthropy.

misántropo, pa *m,f* misanthrope, misanthropist.

miscelánea *f* **-1.** miscellany **-2.** *Méx* [tienda] *small general store.*

miserable ◇ *adj* **-1.** [pobre] poor; [vivienda] wretched, squalid **-2.** [penoso, insuficiente] miserable **-3.** [vil] contemptible, base **-4.** [tacaño] mean. ◇ *mf* **-1.** [ruin] wretch, vile person **-2.** [tacaño] mean person, miser.

miseria *f* **-1.** [pobreza] poverty; **vivir en la ~** to live in poverty **-2.** [cantidad muy pequeña] pittance **-3.** [desgracia] misfortune **-4.** [tacañería] meanness.

misericordia *f* compassion; **pedir ~** to beg for mercy.

misericordioso, sa ◇ *adj* compassionate, merciful. ◇ *m,f*: **los ~s** the merciful.

mísero, ra *adj* [pobre] wretched; **ni un ~ ...** not even a measly *o* miserable ...

misil (*pl* **misiles**) *m* missile; **~ de crucero** cruise missile.

misión *f* **-1.** [gen] mission; [cometido] task **-2.** [expedición científica] expedition.

◆ **misiones** *fpl* RELIG (overseas) missions.

misionero, ra *adj* & *m,f* missionary.

misiva *f culto* missive.

mismo, ma ◇ *adj* **-1.** [igual] same; **el ~ piso** the same flat; **del ~ color que** the same colour as **-2.** [para enfatizar]: **yo ~** I myself; **en este ~ cuarto** in this very room; **en su misma calle** right in the street where he lives; **por mí/ti ~** by myself/yourself; **¡tú ~!** it's up to you. ◇ *pron*: **el ~** the same; **el ~ que vi ayer** the same one I saw yesterday; **lo ~** the same (thing); **lo ~ que** the same as; **da *o* es lo ~** it doesn't matter, it doesn't make any difference; **me da lo ~** I don't care; **por lo ~** for that (very) reason; **estar en las mismas** to be no further forward.

◆ **mismo** *(después de sust) adv* **-1.** [para enfatizar]: **lo vi desde mi casa ~** I saw it from my own house; **ahora/aquí ~** right now/here; **ayer ~** only yesterday; **por eso ~** precisely for that reason **-2.** [por ejemplo]: **escoge uno cualquiera — este ~** choose any — this one, for instance.

misoginia *f* misogyny.

misógino, na ◇ *adj* misogynistic. ◇ *m,f* misogynist.

míster (*pl* **místers**) *m* DEP ≃ manager.

misterio *m* mystery.

misterioso, sa *adj* mysterious.

mística ▷ **místico.**

misticismo *m* mysticism.

místico, ca ◇ *adj* mystical. ◇ *m,f* [persona] mystic.

◆ **mística** *f* [práctica] mysticism.

mistificar [10], **mixtificar** *vt* to mystify.

mitad *f* **-1.** [gen] half; **a ~ de precio** at half price; **a ~ de camino** halfway there; **a ~ de película** halfway through the film; **la ~ de** half (of); **la ~ del tiempo no está** half the time she's not in; **~ y ~** half and half **-2.** [centro] middle; **en ~ de** in the middle of; **(cortar algo) por la ~** (to cut sthg) in half.
mítico, ca *adj* mythical.
mitificar [10] *vt* to mythologize.
mitigador, ra *adj* calming.
mitigar [16] *vt* **-1.** [gen] to alleviate, to reduce; [ánimos] to calm; [sed] to slake; [hambre] to take the edge off; [choque, golpe] to soften; [dudas, sospechas] to allay **-2.** [justificar] to mitigate.
mitin (*pl* **mítines**) *m* rally, meeting.
mito *m* **-1.** [gen] myth **-2.** [personaje] mythical figure.
mitología *f* mythology.
mitológico, ca *adj* mythological.
mitomanía *f* mythomania.
mitómano, na *adj & m,f* mythomaniac.
mitón *m* (fingerless) mitten.
mitote *m Méx fam* [bulla] racket.
mitra *f* **-1.** [tocado] mitre **-2.** [cargo] office of archbishop/bishop.
mixtificar [10] = **mistificar**.
mixto, ta *adj* mixed; [comisión] joint.
mixtura *f* mixture.
mízcalo *m* milk fungus.
ml (*abrev de* **mililitro**) ml.
mm (*abrev de* **milímetro**) mm.
mobiliario *m* furniture; **~ urbano** street furniture.
mocasín *m* moccasin.
mocetón, ona *m,f fam* strapping lad (*f* strapping lass).
moche ▷ **troche**.
mochila *f* backpack.
mocho, cha *adj* [gen] blunt; [árbol] lopped.
◆ **mocho** *m* [fregona] mop.
mochuelo *m* little owl; **cargar con el ~** *fam* to be landed with it.
moción *f* motion; **~ de censura** censure motion.
moco *m fam* snot *(U)*; *MED* mucus *(U)*; **limpiarse los ~s** to wipe one's nose; **sorberse los ~s** to sniffle, to snuffle; **tener ~s** to have a runny nose; **llorar a ~ tendido** *fam* to cry one's eyes out; **no ser ~ de pavo** *fam* to be sthg not to be sneezed at, to be no mean feat.
mocoso, sa ◇ *adj* runny-nosed. ◇ *m,f fam despec* brat.
moda *f* [gen] fashion; [furor pasajero] craze; **estar de ~** to be fashionable *o* in fashion; **estar pasado de ~** to be unfashionable *o* out of fashion; **ir a la última ~** to wear the latest fashion; **ponerse de ~** to come into fashion; **~ pasajera** fad.
modal *adj* modal.
◆ **modales** *mpl* manners; **tener buenos/malos ~es** to have good/bad manners.
modalidad *f* form, type; *DEP* discipline; **~ de pago** method of payment.
modelado *m* modelling.
modelar *vt* to model; *fig* to form, to shape.
modelismo *m* modelling.
modelo ◇ *adj* model. ◇ *mf* model. ◇ *m* **-1.** [gen] model; **servir de ~** to serve as a model; **~ económico** *ECON* economic model **-2.** [prenda de vestir] number.
módem ['moðem] (*pl* **módems**) *m INFORM* modem; **~ fax** fax modem.
moderación *f* moderation; **con ~** in moderation.
moderado, da *adj & m,f* moderate.
moderador, ra ◇ *adj* moderating. ◇ *m,f* chair, chairperson.
moderar *vt* **-1.** [gen] to moderate; [velocidad] to reduce **-2.** [debate] to chair.
◆ **moderarse** *vpr* to restrain o.s.; **~se en algo** to moderate sthg.
modernidad *f* modernity.
modernismo *m* **-1.** [gen & *LITER*] modernism **-2.** [*ARQUIT etc* - en España] Modernismo, ≃ Art Nouveau.
modernista *adj & m,f* **-1.** [gen & *LITER*] modernist **-2.** [*ARQUIT etc* - en España] Modernista.
modernización *f* modernization.
modernizar [13] *vt* to modernize.
◆ **modernizarse** *vpr* to modernize.
moderno, na ◇ *adj* modern. ◇ *m,f fam* trendy (person).
modestia *f* modesty; **falsa ~** false modesty; **~ aparte** modesty apart.
modesto, ta ◇ *adj* modest. ◇ *m,f* modest person.
módico, ca *adj* modest.
modificación *f* alteration.
modificado, da *adj* modified; **~ genéticamente** genetically modified.
modificar [10] *vt* **-1.** [variar] to alter **-2.** *GRAM* to modify.
modismo *m* idiom.
modista *mf* **-1.** [diseñador] fashion designer **-2.** [que cose] tailor (*f* dressmaker).
modisto *m* **-1.** [diseñador] fashion designer **-2.** [sastre] tailor.

modo *m* **-1.** [manera, forma] way; **a ~ de** as, by way of; **al ~ de** in the style of; **a mi ~** (in) my own way; **de ese ~** in that way; **de ningún ~** in no way; **de todos ~s** in any case, anyway; **de un ~ u otro** one way or another; **en cierto ~** in some ways; **~ de empleo** instructions *(pl)* for use; **~ de pensar/ser** way of thinking/being; **~ de vida** way of life; **de ~ que** [de manera que] in such a way that; [así que] so **-2.** GRAM mood; **~ adverbial** adverbial phrase.
◆ **modos** *mpl* [modales] manners; **buenos/malos ~s** good/bad manners.

modorra *f fam* drowsiness.

modoso, sa *adj* [recatado] modest; [formal] well-behaved.

modulación *f* modulation; **~ de frecuencia** frequency modulation.

modulador, ra *adj* modulating.
◆ **modulador** *m* modulator.

modular ◇ *adj* modular. ◇ *vt* to modulate.

módulo *m* **-1.** [gen] module; **~ lunar** lunar module **-2.** [de muebles] unit.

mofa *f* mockery; **hacer ~ de** to mock.

mofarse *vpr* to scoff; **~ de** to mock.

moflete *m* chubby cheek.

mogol, la, mongol, la ◇ *adj* Mongolian. ◇ *m,f* [persona] Mongol, Mongolian.
◆ **mogol** *m* [lengua] Mongol, Mongolian.

mogollón *m mfam* **-1.** [muchos]: **~ de** tons *(pl)* of, loads *(pl)* of **-2.** [lío] row, commotion; **entraron/salieron a ~** everyone rushed in/out at once.

mohín *m* grimace, face; **hacer un ~** to make a face.

moho *m* **-1.** [hongo] mould; **criar ~** to go mouldy **-2.** [herrumbre] rust.

mohoso, sa *adj* **-1.** [con hongo] mouldy **-2.** [oxidado] rusty.

moisés *m inv* Moses basket.

mojado, da *adj* wet; [húmedo] damp; **llover sobre ~** to be just too much.

mojama *f* dried salted tuna.

mojar *vt* [sin querer] to get wet; [a propósito] to wet; [humedecer] to dampen; [comida] to dunk; **no mojes el suelo** don't get the floor wet; **moja el pan en la salsa** dip your bread in the sauce.
◆ **mojarse** *vpr* **-1.** [con agua] to get wet **-2.** *fam* [comprometerse] to commit o.s.

mojigatería *f* **-1.** [beatería] prudery **-2.** [falsa humildad] sanctimoniousness.

mojigato, ta ◇ *adj* **-1.** [beato] prudish **-2.** [con falsa humildad] sanctimonious. ◇ *m,f* **-1.** [beato] prude **-2.** [con falsa humildad] sanctimonious person.

mojón *m* [piedra] milestone; [poste] milepost.

molar[1] ▷ **diente**.

molar[2] *m fam* ◇ *vt*: **¡cómo me mola esa moto/ese chico!** I think that motorbike/that guy is bloody gorgeous. ◇ *vi* to be bloody gorgeous.

molcajete *m Méx* mortar.

molde *m* mould.

moldeado *m* **-1.** [del pelo] soft perm, bodywave **-2.** [de figura, cerámica] moulding.

moldear *vt* **-1.** [gen] to mould **-2.** [modelar] to cast **-3.** [cabello] to give a soft perm to.

moldura *f* moulding.

mole ◇ *f* hulk. ◇ *m Méx* [salsa] *thick, cooked chilli sauce*; [guiso] *dish served in 'mole' sauce.*

molécula *f* molecule.

molecular *adj* molecular.

moler [24] *vt* **-1.** [gen] to grind; [aceitunas] to press; [trigo] to mill **-2.** *fam* [cansar] to wear out.

molestar *vt* **-1.** [perturbar] to annoy; **¿le molesta que fume?** do you mind if I smoke?; **perdone que le moleste ...** I'm sorry to bother you ... **-2.** [doler] to hurt **-3.** [ofender] to offend.
◆ **molestarse** *vpr* **-1.** [incomodarse] to bother; **no te molestes, yo lo haré** don't bother, I'll do it; **~se en hacer algo** to bother to do sthg; **~se por alguien/algo** to put o.s. out for sb/sthg **-2.** [ofenderse]: **~se (por algo)** to take offence (at sthg).

molestia *f* **-1.** [incomodidad] nuisance; **disculpen las ~s** we apologize for any inconvenience; **si no es demasiada ~** if it's not too much trouble; **tomarse la ~ de hacer algo** to take the trouble to do sthg **-2.** [malestar] discomfort; **siento una ~ en el estómago** my stomach doesn't feel too good.

molesto, ta *adj* **-1.** [incordiante] annoying; [visita] inconvenient **-2.** [irritado]: **~ (con)** annoyed (with) **-3.** [con malestar] in discomfort.

molido, da *adj* **-1.** [gen] ground; [trigo] milled **-2.** *fam* [cansado] worn out; **estar ~ de** to be worn out from.

molinero, ra ◇ *adj* milling. ◇ *m,f* miller.

molinete *m* **-1.** [ventilador] extractor fan **-2.** [juguete] toy windmill.

molinillo *m* grinder; **~ de café** coffee mill *o* grinder.

molino *m* mill; ~ **de viento** windmill.
molla *f* **-1.** [parte blanda] flesh **-2.** [gordura] flab.
molleja *f* gizzard.
mollera *f fam* [juicio] brains *(pl)*; **ser duro de ~** [estúpido] to be thick in the head; [testarudo] to be pig-headed.
molusco *m* mollusc.
momentáneo, a *adj* [de un momento] momentary; [pasajero] temporary.
momento *m* [gen] moment; [periodo] time; **llegó un ~ en que ...** there came a time when ...; **a cada ~** all the time; **al ~** straightaway; **a partir de este ~** from this moment (on); **de ~, por el ~** for the time being *o* moment; **del ~** [actual] of the day; **de un ~ a otro** any minute now; **dentro de un ~** in a moment; **desde el ~ (en) que ...** [tiempo] from the moment that ...; [causa] seeing as ...; **en algún ~** sometime; **~s después** moments later; **por ~s** by the minute; **~ decisivo** turning point.
momia *f* mummy.
momificar [10] *vt* to mummify.
◆ **momificarse** *vpr* to mummify.
momio, mia *adj Chile fam* [carcamal] square, untrendy.
mona ▷ **mono.**
monacal *adj* monastic.
monada *f* **-1.** [persona]: **su novia es una ~** his girlfriend is gorgeous; **¡qué ~ de bebé!** what a cute baby! **-2.** [cosa] lovely thing; **¡qué ~ de falda!** what a lovely skirt!
◆ **monadas** *fpl* [gracias] antics; **hacer ~s** to monkey *o* clown around.
monaguillo *m* altar boy.
monarca *m* monarch.
monarquía *f* monarchy; **~ absoluta/constitucional/parlamentaria** absolute/constitutional/parliamentary monarchy.
monárquico, ca ◇ *adj* monarchic. ◇ *m,f* monarchist.
monasterio *m* [de monjes] monastery; [de monjas] convent.
monástico, ca *adj* monastic.
Moncloa *f*: **la ~** *residence of the Spanish premier.*

LA MONCLOA

This palace in Madrid is the residence of the Spanish premier, and the place where the *pactos de la Moncloa*, economic and social agreements drawn up between 1977 and 1978, were signed. By extension, the phrase refers to the Spanish government.

monda *f* [acción] peeling; [piel] peel; **ser la ~** *mfam* [extraordinario] to be amazing; [gracioso] to be a scream.
mondadientes *m inv* toothpick.
mondadura *f* **-1.** [acción] peeling **-2.** [piel] peel.
mondar *vt* to peel.
◆ **mondarse** *vpr*: **~se (de risa)** *fam* to laugh one's head off.
mondongo *m* innards *(pl)*.
moneda *f* **-1.** [pieza] coin; **~ suelta** small change *(U)*; **pagar a alguien con** *o* **en la misma ~** to pay sb back in kind; **ser ~ corriente** to be commonplace **-2.** [divisa] currency; **~ débil/fuerte** weak/strong currency; **~ corriente** legal tender; **~ divisionaria** *o* **fraccionaria** minor unit of currency; **~ única** single currency.
monedero *m* **-1.** [gen] purse **-2.** [tarjeta]: **~ electrónico** electronic purse.
monegasco, ca *adj & m,f* Monacan, Monegasque.
monería *f (gen pl)* antic; **hacer ~s** to monkey *o* clown around.
monetario, ria *adj* monetary.
mongol, la = **mogol.**
mongólico, ca MED ◇ *adj* Down's syndrome *(antes de sust)*. ◇ *m,f* Down's syndrome person.
mongolismo *m* Down's syndrome.
monigote *m* **-1.** [muñeco] rag *o* paper doll **-2.** [dibujo] doodle **-3.** *fig* [persona] puppet.
monitor, ra *m,f* [persona] instructor.
◆ **monitor** *m* INFORM & TECN monitor; **~ en color** colour monitor.
monja *f* nun.
monje *m* monk.
mono, na ◇ *adj* lovely. ◇ *m,f* [animal] monkey; **aunque la mona se vista de seda, mona se queda** *proverb* you can't make a silk purse out of a sow's ear *proverb*; **mandar a alguien a freír monas** *fam* to tell sb to get lost; **ser el último ~** to be bottom of the heap.
◆ **mono** *m* **-1.** [prenda - con peto] dungarees *(pl)*; [- con mangas] overalls *(pl)* **-2.** *fam* [abstinencia] cold turkey.
◆ **mona** *f fam* [borrachera]: **coger una mona** to get legless; **dormir la mona** to sleep it off.
monobloque *m Arg* tower block.
monocarril *adj & m* monorail.

monocolor *adj* monochrome.
monocorde *adj* **-1.** [monótono] monotonous **-2.** *MÚS* single-stringed.
monóculo *m* monocle.
monogamia *f* monogamy.
monógamo, ma ◇ *adj* monogamous. ◇ *m,f* monogamous person.
monografía *f* monograph.
monográfico, ca *adj* monographic.
monolingüe *adj* monolingual.
monolítico, ca *adj* monolithic.
monolito *m* monolith.
monologar [16] *vi* to give a monologue.
monólogo *m* monologue; *TEATR* soliloquy.
monomanía *f* obsession.
monomaniaco, ca, monomaníaco, ca *adj & m,f* obsessive.
monopatín *m* skateboard.
monoplano *adj & m* monoplane.
monoplaza ◇ *adj* single-seat *(antes de sust).* ◇ *m* single-seater.
monopolio *m* monopoly.
monopolización *f* monopolization.
monopolizador, ra ◇ *adj* monopolistic. ◇ *m,f* monopolist.
monopolizar [13] *vt lit & fig* to monopolize.
monorraíl *adj & m* monorail.
monosilábico, ca *adj* monosyllabic.
monosílabo, ba *adj* monosyllabic.
◆ **monosílabo** *m* monosyllable.
monoteísmo *m* monotheism.
monoteísta ◇ *adj* monotheistic. ◇ *mf* monotheist.
monotonía *f* **-1.** [uniformidad] monotony **-2.** [entonación] monotone.
monótono, na *adj* monotonous.
monovolumen *m* people carrier.
monóxido *m* monoxide; **~ de carbono** carbon monoxide.
monseñor *m* Monsignor.
monserga *f fam* drivel *(U)*; **déjate de ~s, no me vengas con ~s** don't give me that rubbish.
monstruo ◇ *adj inv* **-1.** [grande] enormous, monster *(antes de sust)* **-2.** [prodigioso] fantastic. ◇ *m* **-1.** [gen] monster **-2.** [prodigio] giant, marvel.
monstruosidad *f* **-1.** [crueldad] monstrosity, atrocity **-2.** [fealdad] hideousness **-3.** [anomalía] freak **-4.** [enormidad] hugeness.
monstruoso, sa *adj* **-1.** [cruel] monstrous **-2.** [feo] hideous **-3.** [enorme] huge, enormous **-4.** [deforme] terribly deformed.
monta *f* **-1.** [suma] total **-2.** [importancia] importance; **de poca ~** of little importance.
montacargas *m inv* goods lift *UK*, freight elevator *US*.
montador, ra *m,f* **-1.** [obrero] fitter **-2.** *CIN* editor.
montaje *m* **-1.** [de máquina] assembly **-2.** *TEATR* staging **-3.** *FOT* montage **-4.** *CIN* editing **-5.** [farsa] put-up job.
montante *m* **-1.** [*ARQUIT* - de armazón] upright; [- de ventana] mullion; [- de puerta] jamb **-2.** [ventanuco] fanlight **-3.** [importe] total; **~s compensatorios** *COM* compensating duties **-4.** *loc*: **coger el ~** to go away, to leave.
montaña *f lit & fig* mountain; **ir de excursión a la ~** to go on a trip to the mountains; **~ rusa** roller coaster, big dipper; **hacer una ~ de algo** to make a big thing of sthg; **hacer una ~ de un grano de arena** to make a mountain out of a molehill.
montañero, ra ◇ *adj* mountaineering. ◇ *m,f* mountaineer.
montañés, esa ◇ *adj* **-1.** [santanderino] of or relating to Santander **-2.** [de la montaña] highland *(antes de sust)*, mountain *(antes de sust).* ◇ *m,f* **-1.** [santanderino] person from Santander **-2.** [de la montaña] highlander.
montañismo *m* mountaineering.
montañoso, sa *adj* mountainous.
montar ◇ *vt* **-1.** [ensamblar - máquina, estantería] to assemble; [- tienda de campaña, tenderete] to put up **-2.** [encajar]: **~ algo en algo** to fit sthg into sthg **-3.** [organizar - negocio, piso] to set up **-4.** [cabalgar] to ride **-5.** [poner encima]: **~ a alguien en** to lift sb onto **-6.** [*CULIN* - nata] to whip; [- claras, yemas] to beat **-7.** *TEATR* to stage **-8.** *CIN* to cut, to edit. ◇ *vi* **-1.** [subir] to get on; [en coche] to get in; **~ en** [gen] to get onto; [coche] to get into; [animal] to mount **-2.** [ir montado] to ride; **~ en bicicleta/a caballo** to ride a bicycle/a horse **-3.** [sumar]: **~ a** to come to, to total; **tanto monta** it's all the same.
◆ **montarse** *vpr* **-1.** [gen] to get on; [en coche] to get in; [en animal] to mount; **~se en** [gen] to get onto; [coche] to get into; [animal] to mount **-2.** *loc*: **montárselo** *fam* to manage it, to organize things.
monte *m* [elevación] mountain; [terreno] woodland; **~ bajo** scrub; **echarse** *o* **tirarse al ~** *lit* to take to the hills; *fig* to go to extremes; **no todo el ~ es orégano** *proverb* life's not a bowl of cherries.
◆ **monte de piedad** *m* state pawnbroker's.
◆ **monte de Venus** *m* mons veneris.

montepío *m* mutual aid society.

montera *f* bullfighter's hat; *ver también* **tauromaquia**.

montés *adj* wild.

montículo *m* hillock.

montilla *m* Montilla, *dry sherry from Montilla near Córdoba*.

monto *m* total.

montón *m* **-1.** [pila] heap, pile; **a** *o* **en** ~ everything together *o* at once; **del** ~ ordinary, run-of-the-mill **-2.** [muchos] loads; **un** ~ **de** loads of; **a montones** by the bucketload.

montuno, na *adj Andes* unsociable.

montura *f* **-1.** [cabalgadura] mount **-2.** [arreos] harness; [silla] saddle **-3.** [soporte - de gafas] frame; [- de joyas] mounting.

monumental *adj* **-1.** [ciudad, lugar] famous for its monuments **-2.** [fracaso etc] monumental.

monumento *m* monument.

monzón *m* monsoon.

moña ◇ *f* **-1.** *fam* [borrachera]: **coger una** ~ to get smashed **-2.** [adorno] ribbon. ◇ *m mfam* poof.

moño *m* **-1.** bun *(of hair)*; **agarrarse del** ~ [pegarse] to pull each other's hair out; **estar hasta el** ~ **(de)** to be sick to death (of) **-2.** *Amér* [lazo] bow.

moquear *vi* to have a runny nose.

moqueta *f* fitted carpet.

moquillo *m* VETER distemper.

mora *f* **-1.** [de la zarzamora] blackberry **-2.** [del moral] mulberry.

morada *f culto* dwelling.

morado, da *adj* purple; **pasarlas moradas** *fam* to have a bad time of it; **ponerse** ~ *fam* to stuff o.s.

◆ **morado** *m* **-1.** [color] purple **-2.** [golpe] bruise.

moral ◇ *adj* moral. ◇ *f* **-1.** [ética] morality **-2.** [ánimo] morale; **estar bajo de** ~ to be in poor spirits; **levantar la** ~ **a alguien** to raise sb's morale, to lift sb's spirits. ◇ *m* [árbol] mulberry tree.

moraleja *f* moral.

moralidad *f* morality.

moralismo *m* moralism.

moralista *mf* moralist.

moralizar [13] *vi* to moralize.

morapio *m fam* cheap red wine, plonk.

moratoria *f* moratorium.

morbo *m* **-1.** *fam* [placer malsano] morbid pleasure **-2.** MED disease.

morbosidad *f* morbidity.

morboso, sa *adj* morbid.

morcilla *f* CULIN ≃ black pudding *UK*, ≃ blood sausage *US*; **¡que te/os den** ~**!** *mfam* you can stuff it, then!

morcillo *m* foreknuckle.

mordacidad *f* sharpness, mordacity.

mordaz *adj* caustic, biting.

mordaza *f* gag.

mordedura *f* bite.

morder [24] ◇ *vt* **-1.** [con los dientes] to bite **-2.** [gastar] to eat into. ◇ *vi* to bite; **estar que muerde** to be hopping mad.

◆ **morderse** *vpr*: ~**se la lengua/las uñas** to bite one's tongue/nails.

mordida *f CAm & Méx fam* [soborno] bribe.

mordisco *m* bite; **a** ~**s** by biting; **dar un** ~ **a algo** to give sthg a bite.

mordisquear *vt* to nibble (at).

moreno, na ◇ *adj* **-1.** [pelo, piel] dark; [por el sol] tanned; **ponerse** ~ to get a tan **-2.** [pan, azúcar] brown. ◇ *m,f* [de pelo] dark-haired person; [de piel] dark-skinned person.

◆ **morena** *f* [pez] moray eel.

morera *f* white mulberry.

moretón *m* bruise.

morfema *m* morpheme.

morfina *f* morphine.

morfología *f* morphology.

moribundo, da ◇ *adj* dying. ◇ *m,f* dying person.

morir [25] *vi* **-1.** [gen] to die; ~ **de algo** to die of sthg **-2.** [río, calle] to come out **-3.** [fuego] to die down; [luz] to go out; [día] to come to a close.

◆ **morirse** *vpr* **-1.** [fallecer]: ~**se (de)** to die (of) **-2.** [sentir con fuerza]: ~**se de envidia/ira** to be burning with envy/rage; **me muero de ganas de ir a bailar** I'm dying to go dancing; **me muero de hambre/frío** I'm starving/freezing; ~**se por algo** to be dying for sthg; ~**se por alguien** to be crazy about sb.

morisco, ca ◇ *adj referring to Moors in Spain baptized after the Reconquest*. ◇ *m,f* baptized Moor.

mormón, ona *adj & m,f* Mormon.

moro, ra ◇ *adj* **-1.** HIST Moorish **-2.** *fam* [machista] sexist. ◇ *m,f* **-1.** HIST Moor; ~**s y cristianos** *traditional Spanish festival involving mock battle between Moors and Christians* **-2.** [árabe] Arab *(N.B.: the term 'moro' is considered to be racist)*; **no hay** ~**s en la costa** the coast is clear.

◆ **moro** *m fam fig* [machista] sexist (man).

MOROS Y CRISTIANOS

This traditional festival is especially popular in the east of Spain. A mock battle is held to simulate the battles which took place between Moors and Christians during the Spanish Reconquest.

morocho, cha ◇ *adj* ***Andes, RP*** [persona] dark-haired; ***Ven*** [mellizo] twin. ◇ *m,f* ***Andes, RP*** [moreno] dark-haired person; ***Ven*** [mellizo] twin.

moronga *f* ***CAm, Méx*** black pudding ***UK***, blood sausage ***US***.

moroso, sa COM ◇ *adj* defaulting. ◇ *m,f* defaulter, bad debtor.

morral *m* MIL haversack; [de cazador] gamebag.

morralla *f* **-1.** ***despec*** [personas] scum; [cosas] junk **-2.** [pescado] small fry **-3.** ***Méx*** [suelto] loose change.

morrear ***mfam*** *vt & vi* to snog.
◆ **morrearse** *vpr* to snog.

morriña *f* [por el país de uno] homesickness; [por el pasado] nostalgia.

morro *m* **-1.** [hocico] snout **-2.** ***(gen pl) fam*** [labios] (thick) lips *(pl)*; **beber a ~** to drink straight from the bottle; **estar de ~s** to be angry; **por el ~** through sheer cheek *o* nerve; **romperle los ~s a alguien** to smash sb's face in; **¡qué ~ tiene!** ***fam*** he's got a cheek! **-3.** ***fam*** [de coche, avión] nose.

morrocotudo, da *adj* ***fam*** tremendous.

morsa *f* walrus.

morse *m (en aposición inv)* Morse (code).

mortadela *f* Mortadella.

mortaja *f* shroud.

mortal ◇ *adj* mortal; [caída, enfermedad] fatal; [aburrimiento, susto, enemigo] deadly. ◇ *mf* mortal.

mortalidad *f* mortality.

mortandad *f* mortality.

mortecino, na *adj* [luz, brillo] faint; [color, mirada] dull.

mortero *m* mortar.

mortífero, ra *adj* deadly.

mortificar [10] *vt* to mortify.

moruno, na *adj* Moorish.

mosaico, ca *adj* Mosaic.
◆ **mosaico** *m* mosaic.

mosca *f* fly; **~ tse-tsé** tsetse fly; **aflojar** *o* **soltar la ~** to cough up, to fork out; **cazar ~s** to twiddle one's thumbs; **estar con** *o* **tener la ~ detrás de la oreja** ***fam*** to be suspicious *o* distrustful; **estar ~** ***fam*** [enfadado] to be in a mood; [con sospechas] to smell a rat; **no se oía ni una ~** you could have heard a pin drop; **por si las ~s** just in case; **¿qué ~ te ha picado?** what's up with you?
◆ **mosca muerta** *mf* slyboots, hypocrite.

moscardón *m* **-1.** ZOOL blowfly **-2.** ***fam*** [persona] pest, creep.

moscatel *m* Muscatel, *dessert wine made from muscat grapes.*

moscón *m* **-1.** ZOOL meatfly, bluebottle **-2.** ***fam*** [persona] pest, creep.

moscovita *adj & m,f* Muscovite.

Moscú Moscow.

mosqueado, da *adj* ***fam*** [enfadado] cross, in a mood.

mosquearse *vpr* ***fam*** [enfadarse] to get cross; [sospechar] to smell a rat.

mosqueo *m* ***fam*** annoyance, anger.

mosquete *m* musket.

mosquetero *m* musketeer.

mosquetón *m* short carbine.

mosquitero *m* mosquito net.

mosquito *m* mosquito.

mosso d'Esquadra *m member of the Catalan police force.*

mostacho *m* moustache.

mostaza *f* mustard.

mosto *m* [residuo] must; [zumo de uva] grape juice.

mostrador *m* [en tienda] counter; [en bar] bar.

mostrar [23] *vt* to show.
◆ **mostrarse** *vpr* to appear, to show o.s.; **se mostró muy interesado** he expressed great interest.

mostrenco, ca ◇ *adj* [sin dueño] without an owner, unclaimed. ◇ *m,f* ***fam*** [torpe] thick *o* stupid person.

mota *f* [de polvo] speck; [en tela] dot.

mote *m* **-1.** nickname; **poner un ~ a alguien** to nickname sb **-2.** ***Andes*** [maíz] stewed maize ***UK*** *o* corn ***US***.

moteado, da *adj* speckled; [vestido] dotted.

motel *m* motel.

motín *m* [del pueblo] uprising, riot; [de las tropas] mutiny.

motivación *f* motive, motivation *(U)*.

motivar *vt* **-1.** [causar] to cause; [impulsar] to motivate **-2.** [razonar] to explain, to justify.

motivo *m* **-1.** [causa] reason, cause; [de crimen] motive; **bajo ningún ~** under no circumstances; **con ~ de** [por causa de] because of; [para celebrar] on the occasion of; [con el fin de] in order to; **dar ~ a** to give reason to; **sin ~** for no reason; **tener ~s para** to have reason to **-2.** ARTE, LITER & MÚS motif.

moto *f* motorbike *UK*, motorcycle; **ponerse como una** ~ *fam* [por nervios] to get worked up; [sexualmente] to get horny; [por drogas] to get high.
motocicleta *f* motorbike, motorcycle.
motociclismo *m* motorcycling.
motociclista *mf* motorcyclist.
motonáutico, ca *adj* speedboat *(antes de sust)*.
◆ **motonáutica** *f* speedboat racing.
motoneta *f Amér* (motor) scooter.
motonetista *mf Amér* scooter rider.
motor (*f* **motora** *o* **motriz**) *adj* motor.
◆ **motor** *m* **-1.** [aparato] motor, engine; ~ **diesel/de gasolina** diesel/fuel engine; ~ **de inyección/reacción** fuel-injection/jet engine; ~ **de arranque** starter, starting motor; ~ **de búsqueda** *INFORM* search engine; ~ **de combustión interna** internal combustion engine; ~ **eléctrico** electric motor; ~ **de explosión** spark-ignition engine; ~ **fuera borda** outboard motor **-2.** [fuerza] dynamic force **-3.** [causa] instigator, cause.
◆ **motora** *f* motorboat.
motorismo *m* motorcycling.
motorista *mf* motorcyclist.
motorizado, da *adj* motorized.
motorizar [13] *vt* to motorize.
◆ **motorizarse** *vpr fam* to get o.s. some wheels.
motosierra *f* power saw.
motricidad *f* motivity.
motriz ▷ **motor**.
motu propio *adv*: **(de)** ~ of one's own accord.
mousse [mus] *m inv CULIN* mousse.
movedizo, za *adj* **-1.** [movible] movable, easily moved **-2.** [inestable] unsteady, unstable.
mover [24] *vt* **-1.** [gen & *INFORM*] to move; [mecánicamente] to drive **-2.** [cabeza - afirmativamente] to nod; [- negativamente] to shake **-3.** [suscitar] to arouse, to provoke **-4.** *fig* [empujar]: ~ **a alguien a algo/a hacer algo** to drive sb to sthg/to do sthg.
◆ **mover a** *vi* **-1.** [incitar] to incite to **-2.** [causar] to provoke, to cause.
◆ **moverse** *vpr* **-1.** [gen] to move; [en la cama] to toss and turn **-2.** [darse prisa] to get a move on **-3.** [hacer gestiones] to make an effort **-4.** [relacionarse]: ~**se en/entre** to move in/among.
movible *adj* movable.
movido, da *adj* **-1.** [debate, torneo] lively; [persona] active, restless; [jornada, viaje] hectic **-2.** *FOT* blurred, fuzzy.
◆ **movida** *f fam* [ambiente] scene; **la movida madrileña** *the Madrid scene of the late 1970s.*

LA MOVIDA MADRILEÑA

This movement, which emerged in Madrid at the end of the 1970s, brought new cultural life to the city in the fields of music and cinema. Its most celebrated exponents were cinema directors such as Pedro Almodóvar, pop groups such as Radio Futura, and so on.

móvil ◇ *adj* mobile, movable. ◇ *m* **-1.** [motivo] motive **-2.** [juguete] mobile.
movilidad *f* mobility.
movilización *f* mobilization.
movilizar [13] *vt* to mobilize.
movimiento *m* **-1.** [gen & *POLÍT*] movement; ~ **obrero/pacifista** working-class/pacifist movement **-2.** *FÍS & TECN* motion; **poner en** ~ to put in motion; ~ **continuo/de rotación** perpetual/rotational motion; ~ **sísmico** earth tremor **-3.** [circulación - gen] activity; [- de personal, mercancías] turnover; [- de vehículos] traffic; ~ **de capital** cash flow **-4.** [*MÚS* - parte de la obra] movement; [- velocidad del compás] tempo.
moviola *f* editing projector.
moza ▷ **mozo**.
mozalbete *m* young lad.
mozárabe ◇ *adj* Mozarabic, *Christian in the time of Moorish Spain.* ◇ *mf* [habitante] Mozarab, *Christian of Moorish Spain.* ◇ *m* [lengua] Mozarabic.
mozo, za ◇ *adj* [joven] young; [soltero] single, unmarried. ◇ *m,f* **-1.** young boy (*f* young girl), young lad (*f* young lass) **-2.** *Andes, RP* [camarero] waiter (*f* waitress).
◆ **mozo** *m* **-1.** [trabajador] assistant (worker); ~ **de cordel** *o* **de cuerda** porter; ~ **de estación** (station) porter **-2.** [recluta] conscript.
◆ **moza** *f* [sirvienta] girl, maid.
MP3 (*abrev de* **MPEG-1 Audio Layer-3**) *m* [inform] MP3.
mu *m* [mugido] moo; **no decir ni** ~ not to say a word.
mucamo, ma *m,f Andes, RP* [en casa] maid; [en hotel] chamberperson (*f* chambermaid).
muchachada *f Amér* group of youngsters.
muchacho, cha *m,f* boy (*f* girl).
◆ **muchacha** *f* [sirvienta] maid.
muchedumbre *f* [de gente] crowd, throng; [de cosas] great number, masses *(pl)*.
mucho, cha ◇ *adj* **-1.** [gran cantidad] *(en sg)*

a lot of; *(en pl)* many, a lot of; *(en interrogativas y negativas)* much, a lot of; **tengo ~ sueño** I'm very sleepy; **~s días** several days; **no tengo ~ tiempo** I haven't got much time **-2.** *(en sg)* [demasiado]: **hay ~ niño aquí** there are too many kids here. ◇ *pron (en sg)* a lot; *(en pl)* many, a lot; **tengo ~ que contarte** I have a lot to tell you; **¿queda dinero? - no ~** is there any money left? - not much *o* not a lot; **~s piensan igual** a lot of *o* many people think the same.

◆ **mucho** *adv* **-1.** [gen] a lot; **habla ~** he talks a lot; **me canso ~** I get really *o* very tired; **me gusta ~** I like it a lot *o* very much; **no me gusta ~** I don't like it much; **(no) ~ más tarde** (not) much later **-2.** [largo tiempo]: **hace ~ que no vienes** I haven't seen you for a long time; **¿dura ~ la obra?** is the play long?; **~ antes/después** long before/after **-3.** [frecuentemente]: **¿vienes ~ por aquí?** do you come here often? **-4.** *loc*: **como ~** at the most; **con ~** by far, easily; **ni con ~** not by a long chalk; **ni ~ menos** far from it, by no means; **no está ni ~ menos decidido** it is by no means decided.

◆ **por mucho que** *loc conj* no matter how much, however much; **por ~ que insistas** no matter how much *o* however much you insist.

mucosidad *f* mucus.

mucoso, sa *adj* mucous.

◆ **mucosas** *fpl* mucous membranes.

muda *f* **-1.** [de la voz] breaking; [de piel, plumas] moulting **-2.** [ropa interior] change of underwear.

mudable *adj* [persona] changeable; [carácter] fickle.

mudanza *f* move; **estar de ~** to be moving.

mudar ◇ *vt* **-1.** [gen] to change; [casa] to move; **cuando mude la voz** when his voice breaks **-2.** [piel, plumas] to moult. ◇ *vi* [cambiar]: **~ de** [opinión, color] to change; [domicilio] to move.

◆ **mudarse** *vpr*: **~se (de casa)** to move (house); **~se (de ropa)** to change.

mudéjar *adj & m,f* Mudejar.

mudo, da ◇ *adj* **-1.** [sin habla] dumb **-2.** [callado] silent, mute; **se quedó ~** he was left speechless **-3.** [sin sonido] silent. ◇ *m,f* dumb person, mute.

mueble ◇ *m* piece of furniture; **los ~s** the furniture *(U)*; **~ bar** cocktail cabinet; **salvar los ~s** to save face. ◇ *adj* ▻ **bien**.

mueca *f* [gen] face, expression; [de dolor] grimace; **hacer ~s** to make faces.

muela ◇ ▻ **moler**. ◇ *f* **-1.** [diente - gen] tooth; [- molar] molar; **dolor de ~s** toothache; **~ del juicio** wisdom tooth **-2.** [de molino] millstone; [para afilar] grindstone.

muelle *m* **-1.** [de colchón, reloj] spring **-2.** [en el puerto] dock, quay; [en el río] wharf.

muera ▻ **morir**.

muerda *etc* ▻ **morder**.

muérdago *m* mistletoe.

muere ▻ **morir**.

muermo *m fam* bore, drag; **tener ~** to be bored.

muerte *f* **-1.** [gen] death; **a ~** to the death, to the bitter end; **hasta la ~** until death; **hasta que la ~ nos separe** till death do us part; **un susto de ~** a terrible shock; **~ cerebral** brain death; **~ natural/violenta** natural/violent death; **~ súbita** [de bebé] cot death; *FTBL* sudden death; [en tenis] tiebreak, tiebreaker; **de mala ~** third-rate, lousy; **estar de ~** *fam* [comida] to be yummy; [persona] to be gorgeous **-2.** [homicidio] murder.

muerto, ta ◇ *pp* ▻ **morir**. ◇ *adj* **-1.** [gen] dead; **caer ~** to drop dead; **estar ~ (de cansancio)** to be dead tired; **estar ~ de miedo/frío** to be scared/freezing to death; **estar ~ de hambre** to be starving **-2.** [color] dull **-3.** *loc*: **más ~ que vivo** frightened half to death; **medio ~** [cansado] dead beat; **no tener donde caerse ~** not to have a penny to one's name. ◇ *m,f* dead person; [cadáver] corpse; **hubo dos ~s** two people died; **hacerse el ~** to pretend to be dead, to play dead; **callarse como un ~** to keep dead quiet; **cargar con el ~** [trabajo, tarea] to be left holding the baby; [culpa] to get the blame; **el ~ al hoyo y el vivo al bollo** *proverb* dead men have no friends *proverb*; **hacer el ~** to float on one's back.

muesca *f* **-1.** [concavidad] notch, groove **-2.** [corte] nick.

muestra ◇ ▻ **mostrar**. ◇ *f* **-1.** [pequeña cantidad] sample; **~ gratuita** free sample; **para ~ (basta) un botón** one example is enough **-2.** [señal] sign, show; [prueba] proof; [de cariño, aprecio] token; **dar ~s de** to show signs of **-3.** [modelo] model, pattern **-4.** [exposición] show, exhibition.

muestrario *m* collection of samples.

muestreo *m* sample; [acción] sampling.

mueva *etc* ▻ **mover**.

mugido *m* [de vaca] moo, mooing *(U)*; [de toro] bellow, bellowing *(U)*.

mugir [15] *vi* [vaca] to moo; [toro] to bellow.

mugre *f* filth, muck.

mugriento, ta *adj* filthy.

muguete *m* lily of the valley.
muja ▷ **mugir**.
mujer *f* woman; [cónyuge] wife; **ser toda una ~** to be quite a woman; **~ de su casa** good housewife; **~ fatal** femme fatale; **~ de la limpieza** cleaning lady; **~ de negocios** businesswoman; **~ objeto** sex object; **~ pública** prostitute.
mujeriego, ga *adj* fond of the ladies.
◆ **mujeriego** *m* womanizer, lady's man.
mujerzuela *f despec* loose woman.
mulato, ta *adj* & *m,f* mulatto.
muleta *f* **-1.** [para andar] crutch; *fig* prop, support **-2.** TAUROM muleta, *red cape hanging from a stick used to tease the bull*; *ver también* **tauromaquia**.
muletilla *f* [frase] pet phrase; [palabra] pet word.
mullido, da *adj* soft, springy.
mullir *vt* to soften; [lana, almohada] to fluff up.
mulo, la *m,f* **-1.** ZOOL mule; **ser más terco que una mula** to be as stubborn as a mule **-2.** *fam* [persona] brute, beast.
multa *f* fine; **poner una ~ a alguien** to fine sb.
multar *vt* to fine.
multicolor *adj* multicoloured.
multicopista *f* duplicator, duplicating machine.
multicultural *adj* multicultural.
multidisciplinar, multidisciplinario, ria *adj* multidisciplinary.
multiestación *f*: **~ (de musculación)** multigym.
multilateral *adj* multilateral.
multimedia *adj inv* INFORM multimedia.
multimillonario, ria ◇ *adj*: **un negocio ~** a multimillion pound *o* dollar business. ◇ *m,f* multimillionaire.
multinacional *adj* & *f* multinational.
múltiple *adj* [variado] multiple.
◆ **múltiples** *adj pl* [numerosos] many, numerous.
multiplicable *adj* multipliable.
multiplicación *f* multiplication.
multiplicador, ra *adj* multiplying.
◆ **multiplicador** *m* MAT multiplier.
multiplicando *m* multiplicand.
multiplicar [10] *vt* & *vi* to multiply.
◆ **multiplicarse** *vpr* **-1.** [persona] to do lots of things at the same time **-2.** BIOL to multiply.
multiplicidad *f* multiplicity.
múltiplo, pla *adj* multiple.
◆ **múltiplo** *m* multiple; **mínimo común ~** lowest common multiple.
multipuesto *adj inv* INFORM multi-terminal *(antes de sust)*.
multisalas *m inv* [cine] multiplex cinema.
multitarea *adj inv* INFORM multitasking.
multitud *f* [de personas] crowd; **una ~ de cosas** loads of *o* countless things.
multitudinario, ria *adj* extremely crowded; [manifestación] mass *(antes de sust)*.
multiuso *adj inv* multipurpose.
mundanal *adj* worldly.
mundano, na *adj* **-1.** [del mundo] worldly, of the world **-2.** [de la vida social] (high) society.
mundial ◇ *adj* [política, economía, guerra] world *(antes de sust)*; [tratado, organización, fama] worldwide. ◇ *m* World Championships *(pl)*; [en fútbol] World Cup.
mundillo *m* world, circles *(pl)*; **el ~ literario** the literary world, literary circles.
mundo *m* **-1.** [gen] world; **el nuevo ~** the New World; **el otro ~** the next world, the hereafter; **irse al otro ~** to pass away; **el tercer ~** the Third World; **desde que el ~ es ~** since the dawn of time; **el ~ anda al revés** the world has been turned on its head; **el ~ es un pañuelo** it's a small world; **medio ~** half the world, a lot of people; **no es cosa** *o* **nada del otro ~** it's nothing special; **ponerse el ~ por montera** not to give a damn what people think; **por nada del ~** not for (all) the world; **se le cayó el ~ encima** his world fell apart; **todo el ~** everyone, everybody; **venir al ~** to come into the world, to be born **-2.** [diferencia]: **hay un ~ entre ellos** they are worlds apart **-3.** [experiencia]: **hombre/mujer de ~** man/woman of the world; **tener ~** to be worldly-wise, to know the ways of the world; **ver** *o* **correr ~** to see life.
mundología *f* worldly wisdom, experience of life.
munición *f* ammunition.
municipal ◇ *adj* town *(antes de sust)*, municipal; [elecciones] local; [instalaciones] public. ◇ *mf* ▷ **guardia**.
municipio *m* **-1.** [corporación] town council **-2.** [edificio] town hall **-3.** [territorio] town, municipality **-4.** [habitantes] inhabitants of a town *o* municipality.
muñeco, ca *m,f* [juguete] doll; [marioneta] puppet; **~ de peluche** cuddly *o* soft toy; **~ de trapo** rag doll.
◆ **muñeco** *m fig* puppet.
◆ **muñeca** *f* **-1.** ANAT wrist **-2.** [mujer] doll **-3.** *Andes* & *RP fam* [enchufe]: **tener ~** to have

friends in high places.
◆ **muñeco de nieve** *m* snowman.
muñeira *f popular Galician dance and music.*
muñequera *f* wristband.
muñón *m* stump.
mural ◇ *adj* [pintura] mural; [mapa] wall. ◇ *m* mural.
muralla *f* wall.
murciano, na *adj & m,f* Murcian.
murciélago *m* bat.
murga *f* **-1.** [charanga] band of street musicians **-2.** *fam* [pesadez] drag, pain; **dar la ~** to be a pain.
muriera *etc* ▷ **morir.**
murmullo *m* [gen] murmur, murmuring *(U)*; [de hojas] rustle, rustling *(U)*; [de insectos] buzz, buzzing *(U)*.
murmuración *f* backbiting *(U)*, gossip *(U)*.
murmurador, ra ◇ *adj* backbiting, gossiping. ◇ *m,f* backbiter, gossip.
murmurar ◇ *vt* to murmur. ◇ *vi* **-1.** [susurrar - persona] to murmur, to whisper; [- agua, viento] to murmur, to gurgle; [- hojas] to rustle **-2.** [criticar]: **~ (de)** to gossip *o* backbite (about) **-3.** [rezongar, quejarse] to grumble.
muro *m lit & fig* wall; **~ de contención** retaining wall; **~ de las lamentaciones** Wailing Wall.
◆ **muro del sonido** *m* sound barrier.
mus *m inv card game played in pairs with bidding and in which players communicate by signs.*
musa *f* **-1.** [inspiración] muse **-2.** *MITOL* Muse.
◆ **musas** *fpl* [artes] arts.
musaraña *f ZOOL* shrew; **mirar a las ~s** to stare into space *o* thin air; **pensar en las ~s** to have one's head in the clouds.
musculación *f* body-building.
muscular *adj* muscular.
musculatura *f* muscles *(pl)*.
músculo *m* muscle.
musculoso, sa *adj* muscular.
muselina *f* muslin.
museo *m* museum; **~ de arte** art gallery.
musgo *m* moss.
música ▷ **músico.**
musical *adj & m* musical.
musicalidad *f* musicality.
músico, ca ◇ *adj* musical. ◇ *m,f* [persona] musician; **~ callejero** street musician, busker.
◆ **música** *f* music; **poner música a algo** to set sthg to music; **música clásica/de cámara** classical/chamber music; **música instrumental/vocal** instrumental/choral music; **música ligera/pop** light/pop music; **música ambiental** background music; **música celestial** *irón* hot air, empty words *(pl)*; **irse con la música a otra parte** to clear off; **mandar a alguien con la música a otra parte** to send sb packing.
musitar *vt* to mutter, to mumble.
muslo *m* thigh; [de pollo] drumstick.
mustela *f* **-1.** [comadreja] weasel **-2.** [pez] dogfish.
mustiar [8] *vt* to wither, to wilt.
◆ **mustiarse** *vpr* to wither, to wilt.
mustio, tia *adj* **-1.** [flor, planta] withered, wilted **-2.** [persona] down, gloomy.
musulmán, ana *adj & m,f* Muslim, Moslem.
mutable *adj* changeable, mutable.
mutación *f* [cambio] sudden change; *BIOL* mutation.
mutante *adj & m,f* mutant.
mutar *vt* to mutate.
mutilación *f* mutilation *(U)*.
mutilado, da ◇ *adj* mutilated.. ◇ *m,f* cripple; **~ de guerra** disabled veteran.
mutilar *vt* [gen] to mutilate; [estatua] to deface, to spoil.
mutis *m inv TEATR* exit; **hacer ~** [marcharse] to leave, to go away; [callar] to keep quiet, to say nothing; *TEATR* to exit.
mutismo *m* **-1.** [mudez] muteness, dumbness **-2.** [silencio] silence.
mutua ▷ **mutuo.**
mutual *m CSur, Perú* friendly society, mutual benefit society *US*.
mutualidad *f* **-1.** [asociación] mutual benefit society **-2.** [reciprocidad] mutuality.
mutualista ◇ *adj* mutual benefit society *(antes de sust)*. ◇ *mf* member of a mutual benefit society.
mutuo, tua *adj* mutual.
◆ **mutua** *f* mutual benefit society.
muy *adv* **-1.** [mucho] very; **~ bueno/cerca** very good/near; **~ de mañana** very early in the morning; **¡~ bien!** [vale] OK!, all right!; [qué bien] very good!, well done!; **es ~ hombre** he's a real man; **eso es ~ de ella** that's just like her; **eso es ~ de los americanos** that's typically American; **¡el ~ idiota!** what an idiot! **-2.** [demasiado] too; **es ~ joven para votar** she's too young to vote.

n¹, N *f* [letra] n, N.
◆ N *m*: **el 20 N** *20th November, the date of Franco's death.*

20 N

The day of General Franco's death, 20th November 1975, is commemorated every year by extreme right-wing groups. This date is considered to be the starting point of Spain's transition to a democratic state.

n² *f* MAT: **n euros** n (number of) euros.
nabo *m* turnip.
nácar *m* mother-of-pearl.
nacarado, da *adj* mother-of-pearl *(antes de sust).*
nacer [29] *vi* **-1.** [venir al mundo - niño, animal] to be born; [- planta] to sprout, to begin to grow; [- pájaro] to hatch (out); **~ de/en** to be born of/in; **~ de familia humilde** to be born into a poor family; **~ para algo** to be born to be sthg; **ha nacido cantante** she's a born singer; **volver a ~** to have a lucky escape **-2.** [surgir - pelo] to grow; [- río] to rise, to have its source; [- costumbre, actitud, duda] to have its roots.
nacido, da ◇ *adj* born. ◇ *m,f*: **los ~s hoy** those born today; **recién ~** new-born baby; **ser un mal ~** to be a wicked *o* vile person.
naciente *adj* **-1.** [día] dawning; [sol] rising **-2.** [gobierno, estado] new, fledgling; [interés] growing.
nacimiento *m* **-1.** [gen] birth; [de planta] sprouting; **de ~** from birth **-2.** [de río] source **-3.** [origen] origin, beginning **-4.** [belén] Nativity scene.
nación *f* [gen] nation; [territorio] country.
◆ Naciones Unidas *fpl* United Nations.
nacional ◇ *adj* national; [mercado, vuelo] domestic; [asuntos] home *(antes de sust).* ◇ *mf* HIST Francoist.
nacionalidad *f* nationality; **doble ~** dual nationality.
nacionalismo *m* nationalism.
nacionalista *adj & m,f* nationalist.
nacionalización *f* [de educación, bienes] nationalization; [de persona] naturalization.
nacionalizar [13] *vt* **-1.** [banca, bienes] to nationalize **-2.** [persona] to naturalize.
◆ nacionalizarse *vpr* to become naturalized.
nada ◇ *pron* nothing; *(en negativas)* anything; **no he leído ~ de este autor** I haven't read anything by this author; **no hay ~ como un buen libro** there is nothing like a good book; **~ más** nothing else, nothing more; **no quiero ~ más** I don't want anything else; **no dijo ~ de ~** he didn't say anything at all; **te he traído un regalito de ~** I've brought you a little something; **de ~** [respuesta a 'gracias'] not at all, you're welcome; **como si ~** as if nothing had happened; **esto no es ~** that's nothing. ◇ *adv* **-1.** [en absoluto] at all; **la película no me ha gustado ~** I didn't like the film at all; **no es ~ extraño** it's not at all strange **-2.** [poco] a little, a bit; **no hace ~ que salió** he left just a minute ago; **~ menos que** [cosa] no less than; [persona] none other than. ◇ *f*: **la ~** nothingness, the void; **salir de la ~** to appear out of *o* from nowhere.
◆ nada más *loc conj* no sooner, as soon as; **~ más salir de casa se puso a llover** no sooner had I left the house than it started to rain, as soon as I left the house, it started to rain.
nadador, ra ◇ *adj* swimming. ◇ *m,f* swimmer.
nadar *vi* **-1.** [gen] to swim; [flotar] to float **-2.** [abundar]: **~ en** [dinero] to be rolling in; [deudas] to be up to one's neck in.
nadería *f* trifle, little thing.
nadie ◇ *pron* nobody, no one; **~ lo sabe** nobody knows; **casi ~** hardly anybody; **no se lo dije a ~** I didn't tell anybody; **no ha llamado ~** nobody phoned. ◇ *m*: **un don ~** a nobody.
nado
◆ a nado *loc adv* swimming.
nafta *f* **-1.** QUÍM naphtha **-2.** *RP* [gasolina] petrol *UK*, gas *US*, gasoline *US*.
naftalina *f* naphthalene, naphthaline.
nahua ◇ *adj* Nahuatl, *relating to Nahuatl language, culture or people.* ◇ *mf* Nahuatl (indian), *member of one of a group of*

Mexican indian peoples.
naïf [na'if] *adj* naïve, primitivistic.
nailon, nilón, nylon® *m* nylon.
naipe *m* (playing) card.
◆ **naipes** *mpl* cards.
nalga *f* buttock.
nana *f* **-1.** [canción] lullaby **-2.** *fam* [abuela] grandma, nana **-3.** *Col, Méx* [niñera] nanny.
nanay *interj fam*: **¡ ~ !** no way!, not likely!
napa *f* nappa (leather).
napalm [na'palm] *m* napalm.
napia *(gen pl) f fam* snout, conk.
napoleón *m Amér* pliers *pl.*
napoleónico, ca *adj* Napoleonic.
naranja ◇ *adj inv* orange. ◇ *m* [color] orange. ◇ *f* [fruto] orange; **¡ ~s de la china!** no way!
◆ **media naranja** *f fam* other *o* better half.
naranjal *m* orange grove.
naranjo *m* **-1.** [árbol] orange tree **-2.** [madera] orange (wood).
narcisismo *m* narcissism.
narcisista *mf* narcissist.
narciso *m* **-1.** BOT narcissus **-2.** [hombre] narcissist.
narcótico, ca *adj* narcotic.
◆ **narcótico** *m* narcotic; [droga] drug.
narcotizar [13] *vt* to drug.
narcotraficante *mf* drug trafficker.
narcotráfico *m* drug trafficking.
nardo *m* nard, spikenard.
narices *interj*: **¡ ~ !** no way!, not on your life!
narigudo, da ◇ *adj* big-nosed. ◇ *m,f* big-nosed person.
nariz *f* **-1.** [órgano] nose; **hablar por la ~** to talk through one's nose; **sonarse la ~** to blow one's nose; **tener la ~ tapada** to have a stuffed up *o* blocked nose; **~ aguileña/chata/respingona** Roman/snub/turned-up nose **-2.** [orificio] nostril **-3.** [olfato] sense of smell **-4.** *loc*: **me da en la ~ que ...** *fam* I've got a feeling that ...; **dar a alguien en las narices con algo** *fam* to rub sb's nose in sthg; **darse de narices contra algo** *fam* to bump into sthg, to go flat into sthg; **de narices** *fam* [estupendo] great, brilliant; **estar hasta las narices (de algo)** *fam* to be fed up to the back teeth (with sthg); **hacer algo por narices** *fam* to have no alternative but to do sthg; **me estás hinchando las narices** *fam* you're beginning to get up my nose; **meter las narices en algo** *fam* to poke *o* stick one's nose into sthg; **no ver uno más allá de sus narices** *fam* not to see past one's nose; **romper las narices a alguien** *fam* to smash sb's face in; **romperse las narices** *fam* to fall flat on one's face; **¡tiene narices la cosa!** *fam* it's a scandal!
narizotas *m y f inv fam* big-nose.
narración *f* **-1.** [cuento, relato] narrative, story **-2.** [acción] narration.
narrador, ra *m,f* narrator.
narrar *vt* [contar] to recount, to tell.
narrativo, va *adj* narrative.
◆ **narrativa** *f* narrative.
nasal *adj* nasal.
nasalizar [13] *vt* to nasalize.
nata *f* **-1.** [gen] *fig* cream; **~ batida** *o* **montada** whipped cream **-2.** [de leche hervida] skin.
natación *f* swimming.
natal *adj* [país] native; [ciudad, pueblo] home *(antes de sust).*
natalidad *f* birth rate.
natillas *fpl* custard *(U).*
natividad *f* nativity.
◆ **Natividad** *f*: **la Natividad** Christmas.
nativo, va *adj & m,f* native.
nato, ta *adj* [gen] born; [cargo, título] ex officio.
natura *f* nature; **contra ~** against nature, unnatural.
natural ◇ *adj* **-1.** [gen] natural; [flores, fruta, leche] fresh; **soy rubia ~** I'm a natural blonde; **al ~** [persona] in one's natural state; [fruta] in its own juice; **ser ~ en alguien** to be natural *o* normal for sb **-2.** [nativo] native; **ser ~ de** to come from **-3.** [ilegítimo] illegitimate. ◇ *mf* [nativo] native. ◇ *m* [talante] nature, disposition.
naturaleza *f* **-1.** [gen] nature; **por ~** by nature; **la madre ~** Mother Nature; **la ~ humana** human nature; **~ muerta** still life **-2.** [complexión] constitution.
naturalidad *f* naturalness; **con ~** naturally.
naturalismo *m* naturalism.
naturalización *f* naturalization.
naturalizado, da *adj* naturalized.
naturalizar [13] *vt* to naturalize.
◆ **naturalizarse** *vpr* to become naturalized.
naturismo *m way of life promoting return to nature.*
naturista *mf person favouring return to nature.*
naturópata *mf* naturopath.
naufragar [16] *vi* **-1.** [barco] to sink, to be wrecked; [persona] to be shipwrecked **-2.**

[fracasar] to fail, to collapse.

naufragio *m* **-1.** [de barco] shipwreck **-2.** [fracaso] failure, collapse.

náufrago, ga ◇ *adj* shipwrecked. ◇ *m,f* shipwrecked person, castaway.

náusea *(gen pl)* *f* nausea *(U)*, sickness *(U)*; **me da ~s** it makes me sick; **tener ~s** to feel nauseated, to feel sick.

nauseabundo, da *adj* nauseating, sickening.

náutico, ca *adj* [gen] nautical; *DEP* water *(antes de sust)*.

◆ **náutica** *f* navigation, seamanship.

navaja *f* **-1.** [cuchillo - pequeño] penknife; [- más grande] jackknife; **~ automática** flick knife, switchblade; **~ de afeitar** razor **-2.** [molusco] razor-shell, razor clam.

navajazo *m* stab, slash.

navajero, ra *m,f thug who carries a knife.*

naval *adj* naval.

Navarra Navarre.

navarro, rra *adj & m,f* Navarrese.

nave *f* **-1.** [barco] ship; **quemar las ~s** to burn one's boats *o* bridges **-2.** [vehículo] craft; **~ espacial** spaceship, spacecraft; **~ extraterrestre** (extraterrestrial) spaceship **-3.** [de fábrica] shop, plant; [almacén] warehouse **-4.** [de iglesia] nave.

navegable *adj* navigable.

navegación *f* navigation; **~ aérea/fluvial/marítima** air/river/sea navigation; **~ de altura** ocean navigation.

navegador *m INFORM* browser.

navegante ◇ *adj* sailing; [pueblo] seafaring. ◇ *mf* navigator.

navegar [16] ◇ *vi* [barco] to sail; [avión] to fly; **~ por Internet** *INFORM* to surf the Net. ◇ *vt* [barco] to sail; [avión] to fly.

Navidad *f* **-1.** [día] Christmas (Day) **-2.** *(gen pl)* [periodo] Christmas (time); **felices ~es** Merry Christmas.

navideño, ña *adj* Christmas *(antes de sust)*.

naviero, ra *adj* shipping.

◆ **naviero** *m* [armador] shipowner.

◆ **naviera** *f* [compañía] shipping company.

navío *m* large ship.

nazareno, na *adj & m,f* Nazarene.

◆ **nazareno** *m penitent in Holy Week processions.*

◆ **Nazareno** *m*: **el Nazareno** Jesus of Nazareth.

nazca *etc* ▷ **nacer.**

nazi *adj & m,f* Nazi.

nazismo *m* Nazism.

NB (*abrev de* **nota bene**) NB.

neblina *f* mist.

nebulosidad *f* [de nubes] cloudiness; [de niebla] fogginess.

nebuloso, sa *adj* **-1.** [con nubes] cloudy; [de niebla] foggy **-2.** [idea, mirada] vague.

◆ **nebulosa** *f ASTRON* nebula.

necedad *f* **-1.** [estupidez] stupidity, foolishness **-2.** [dicho, hecho] stupid *o* foolish thing; **decir ~es** to talk nonsense.

necesario, ria *adj* necessary; **un mal ~** a necessary evil; **es ~ hacerlo** it needs to be done; **no es ~ que lo hagas** you don't need to do it; **si fuera ~** if need be.

neceser *m* toilet bag *o* case.

necesidad *f* **-1.** [gen] need; **de (primera) ~** essential; **obedecer a la ~ (de)** to arise from the need (to); **tener ~ de algo** to need sthg; **hacer de la ~ virtud** to make a virtue of necessity; **la ~ aguza el ingenio** *proverb* necessity is the mother of invention *proverb* **-2.** [obligación] necessity; **por ~** out of necessity **-3.** [hambre] hunger.

◆ **necesidades** *fpl*: **hacer (uno) sus necesidades** *eufemismo* to answer the call of nature.

necesitado, da ◇ *adj* needy; **~ de** in need of. ◇ *m,f* needy *o* poor person; **los ~s** the poor.

necesitar *vt* to need; **necesito que me lo digas** I need you to tell me; **'se necesita piso'** 'flat wanted'.

◆ **necesitar de** *vi* to have need of.

necio, cia ◇ *adj* stupid, foolish; ***Méx*** [fastidioso] boring. ◇ *m,f* idiot, fool; ***Méx*** [fastidioso] bore, pain.

nécora *f* fiddler crab.

necrófago, ga *adj* necrophagous.

necrofilia *f* necrophilia.

necrología *f* obituary; [lista de esquelas] obituaries *(pl)*, obituary column.

necrológico, ca *adj* obituary *(antes de sust)*.

necrópolis *f inv* necropolis.

necrosis *f inv* necrosis.

néctar *m* nectar.

nectarina *f* nectarine.

nefasto, ta *adj* [funesto] ill-fated; [dañino] bad, harmful; [pésimo] terrible, awful.

nefrítico, ca *adj* nephritic.

nefrología *f* nephrology.

negación *f* **-1.** [desmentido] denial **-2.** [negativa] refusal **-3.** [lo contrario] antithesis, negation **-4.** *GRAM* negative.

negado, da ◇ *adj* useless, inept. ◇ *m,f* useless person, dead loss.

negar [35] *vt* **-1.** [rechazar] to deny **-2.** [dene-

gar] to refuse, to deny; **~le algo a alguien** to refuse *o* deny sb sthg.
◆ **negarse** *vpr*: **~se (a)** to refuse (to).

negativo, va *adj* **-1.** [gen] negative **-2.** *MAT* minus *(antes de sust)*, negative.
◆ **negativo** *m FOT* negative.
◆ **negativa** *f* **-1.** [rechazo] refusal; **una negativa rotunda** a flat refusal **-2.** [mentís] denial.

negligencia *f* negligence.

negligente *adj* negligent.

negociable *adj* negotiable.

negociación *f* negotiation; **~ colectiva** collective bargaining.

negociado *m* **-1.** department, section **-2.** *Andes, RP* shady deal.

negociador, ra ◇ *adj* negotiating. ◇ *m,f* negotiator.

negociante *mf* [comerciante] businessman (*f* businesswoman); **~ en vinos** wine merchant.

negociar [8] ◇ *vi* **-1.** [comerciar] to do business; **~ en** to deal *o* trade in; **~ con** to deal *o* trade with **-2.** [discutir] to negotiate. ◇ *vt* to negotiate.

negocio *m* **-1.** [gen] business; **el mundo de los ~s** the business world; **~ familiar** family business **-2.** [transacción] deal, (business) transaction; **~ sucio** shady deal, dirty business *(U)* **-3.** [operación ventajosa] good deal, bargain; **hacer ~** to do well; **~ redondo** great bargain, excellent deal **-4.** [comercio] trade.

negra ▷ **negro.**

negrero, ra ◇ *adj* [explotador] tyrannical. ◇ *m,f* **-1.** *HIST* slave trader **-2.** [explotador] slave driver.

negrita, negrilla ▷ **letra.**

negro, gra ◇ *adj* **-1.** [gen] black **-2.** [moreno] tanned **-3.** [suerte] awful, rotten; [porvenir] black, gloomy; **pasarlas negras** to have a hard time; **verlo todo ~** to be pessimistic **-4.** [furioso] furious, fuming; **poner ~ a alguien** to anger sb; **ponerse ~** to get mad *o* angry **-5.** *CIN*: **cine ~** film noir. ◇ *m,f* black man (*f* black woman); **trabajar como un ~** to work like a slave.
◆ **negro** *m* [color] black.
◆ **negra** *f* **-1.** *MÚS* crotchet **-2.** *loc*: **tener la negra** *fam* to have bad luck.

negroide *adj* negroid.

negrura *f* blackness.

negruzco, ca *adj* blackish.

negué *etc* ▷ **negar.**

nene, na *m,f* **-1.** *fam* [niño] baby **-2.** [apelativo cariñoso] dear, darling.

nenúfar *m* water lily.

neocelandés, esa, neozelandés, esa ◇ *adj* New Zealand *(antes de sust)*, of/relating to New Zealand. ◇ *m,f* New Zealander.

neoclasicismo *m* neoclassicism.

neoclásico, ca ◇ *adj* neoclassical. ◇ *m,f* neoclassicist.

neofascismo *m* neofascism.

neofascista *adj & m,f* neofascist.

neófito, ta *m,f* **-1.** *RELIG* neophyte **-2.** [aprendiz] novice.

neogótico, ca *adj* Neo-Gothic.
◆ **neogótico** *m* Neo-Gothic movement.

neolatino, na *adj* [gen] Neo-Latin; [lengua] Romance.

neolítico, ca *adj* Neolithic.
◆ **neolítico** *m* Neolithic (period).

neologismo *m* neologism.

neón *m* **-1.** *QUÍM* neon **-2.** [luz] neon light.

neonato, ta *adj culto* newborn.

neonazi *adj & m,f* neo-Nazi.

neoplasma *m* neoplasm, tumour.

neorrealismo *m* neorealism.

neoyorquino, na ◇ *adj* New York *(antes de sust)*, of/relating to New York. ◇ *m,f* New Yorker.

neozelandés, esa = **neocelandés.**

Nepal: el ~ Nepal.

nepalés, esa, nepalí (*pl* **nepalíes**) *adj & m,f* Nepalese.
◆ **nepalés, nepalí** *m* [lengua] Nepalese.

nepotismo *m* nepotism.

Neptuno Neptune.

nervio *m* **-1.** *ANAT* nerve; **~ ciático** sciatic nerve; **~ óptico** optic nerve **-2.** [de carne] sinew **-3.** *BOT* vein, rib **-4.** [vigor] energy, vigour; **sus niños son puro ~** her kids never sit still for five minutes **-5.** *ARQUIT* rib.
◆ **nervios** *mpl* [estado mental] nerves; **está mal de los ~s** he's suffering from a nervous condition; **tener ~s** to be nervous; **poner los ~s de punta a alguien** to get on sb's nerves; **tener los ~s de punta** to be on edge; **tener ~s de acero** to have nerves of steel.

nerviosismo *m* nervousness, nerves *(pl)*.

nervioso, sa *adj* **-1.** [*ANAT* - sistema, enfermedad] nervous; [- tejido, célula, centro] nerve *(antes de sust)* **-2.** [inquieto] nervous; **ponerse ~** to get nervous **-3.** [muy activo] highly-strung **-4.** [irritado] worked-up, uptight; **poner ~ a alguien** to get on sb's nerves; **ponerse ~** to get uptight *o* worked up.

nervudo, da *adj* sinewy.
netiqueta *f* INFORM netiquette.
neto, ta *adj* **-1.** [claro] clear, clean; [verdad] simple, plain **-2.** [peso, sueldo] net.
neumático, ca *adj* pneumatic.
◆ **neumático** *m* tyre; ~ **de repuesto** spare tyre.
neumonía *f* pneumonia.
neuralgia *f* neuralgia.
neurálgico, ca *adj* **-1.** MED neuralgic **-2.** [importante] critical.
neurastenia *f* nervous exhaustion.
neurasténico, ca MED ◇ *adj* neurasthenic. ◇ *m,f* neurasthenic person.
neurocirugía *f* neurosurgery.
neurocirujano, na *m,f* neurosurgeon.
neurología *f* neurology.
neurológico, ca *adj* neurological.
neurólogo, ga *m,f* neurologist.
neurona *f* neuron, nerve cell.
neuropatía *f* neuropathy.
neurosis *f inv* neurosis; ~ **de guerra** shell shock.
neurótico, ca *adj & m,f* neurotic.
neurotransmisor *m* neurotransmitter.
neutral *adj & m,f* neutral.
neutralidad *f* neutrality.
neutralizable *adj* [efecto, consecuencia] remediable.
neutralización *f* neutralization.
neutralizador, ra *adj* neutralizing.
neutralizar [13] *vt* to neutralize.
◆ **neutralizarse** *vpr* to neutralize each other.
neutro, tra *adj* **-1.** [gen] neutral **-2.** BIOL & GRAM neuter.
neutrón *m* neutron.
nevado, da *adj* snowy.
◆ **nevada** *f* snowfall.
nevar [19] *v impers* to snow.
nevera *f* fridge *UK*, icebox *US*.
nevisca *f* snow flurry.
neviscar [10] *v impers* to snow lightly.
nexo *m* link, connection; [relación] relation, connection.
ni ◇ *conj*: ~ ... ~ ... neither ... nor ...; ~ **mañana** ~ **pasado** neither tomorrow nor the day after; ~ **puedo** ~ **quiero venir** I can't come and I don't want to either, I can't come, nor do I want to; **no ...** ~ **...** neither ... nor ..., not ... or ... (either); **no es alto** ~ **bajo** he's neither tall nor short, he's not tall or short (either); **no es rojo** ~ **verde** ~ **azul** it's neither red nor green nor blue; ~ **un/una ...** not a single ...; **no me quedaré** ~ **un minuto más** I'm not staying a minute longer; ~ **uno/una** not a single one; **no he aprobado** ~ **una** I haven't passed a single one; ~ **que** as if; **¡**~ **que yo fuera tonto!** as if I were that stupid! ◇ *adv* not even; **anda tan atareado que** ~ **tiene tiempo para comer** he's so busy he doesn't even have time to eat.
Niágara *m*: **las cataratas del** ~ the Niagara Falls.
Nicaragua Nicaragua.
nicaragüense *adj & m,f* Nicaraguan.
nicho *m* niche; ~ **ecológico** ecological niche.
nicotina *f* nicotine.
nidada *f* [de crías] brood; [de huevos] clutch.
nidificar [10] *vi* to (build a) nest.
nido *m* **-1.** [gen] nest; ~ **de víboras** *fig* nest of vipers; **caer del** ~ to be extremely gullible **-2.** [escondrijo] hiding-place.
niebla *f* **-1.** [densa] fog; [neblina] mist; **hay** ~ it's foggy **-2.** [confusión] fogginess, cloudiness.
niega *etc* ▷ **negar**.
nieto, ta *m,f* grandson (*f* granddaughter).
nieva *etc* ▷ **nevar**.
nieve *f* **-1.** METEOR snow **-2.** CULIN: **a punto de** ~ beaten stiff **-3.** *fam* [cocaína] snow **-4.** *Carib, Méx* [granizado] *drink of flavoured crushed ice*.
◆ **nieves** *fpl* [nevada] snows, snowfall *(sg)*.
◆ **nieve carbónica** *f* carbon dioxide snow.
NIF (*abrev de* **número de identificación fiscal**) *m* ≃ National Insurance number *UK*, *identification number for tax purposes*.
Níger *m* Niger.
Nigeria Nigeria.
night-club ['naitklub] (*pl* **night-clubs**) *m* nightclub.
nihilismo *m* nihilism.
Nilo *m*: **el** ~ the (river) Nile.
nilón = **nailon**.
nimbo *m* **-1.** METEOR nimbus **-2.** [de astro, santo] halo, nimbus.
nimiedad *f* **-1.** [cualidad] insignificance, triviality **-2.** [dicho, hecho] trifle.
nimio, mia *adj* insignificant, trivial.
ninfa *f* nymph.
ninfómana ◇ *adj f* nymphomaniac. ◇ *f* nymphomaniac.
ninfomanía *f* nymphomania.
ninguno, na ◇ *adj (antes de sust masculino:* **ningún***)* no; **no dieron ninguna respuesta**

no answer was given; **no tengo ningún interés en hacerlo** I've no interest in doing it, I'm not at all interested in doing it; **no tengo ningún hijo/ninguna buena idea** I don't have any children/good ideas; **no tiene ninguna gracia** it's not funny. ◇ *pron* [cosa] none, not any; [persona] nobody, no one; ~ **funciona** none of them works; **no hay** ~ there aren't any, there are none; ~ **lo sabrá** no one *o* nobody will know; ~ **de** none of; ~ **de ellos** none of them; ~ **de los dos** neither of them.

niña ▷ **niño**.

niñato, ta *m,f* spoiled brat.

niñería *f* **-1.** [cualidad] childishness *(U)* **-2.** [tontería] silly *o* childish thing.

niñero, ra *adj* fond of children.
◆ **niñera** *f* nanny.

niñez *f* childhood.

niño, ña ◇ *adj* young. ◇ *m,f* **-1.** [crío] child, boy (*f* girl); [bebé] baby; **los ~s** the children; ~ **bien** *despec* spoilt brat; ~ **probeta** test-tube baby; ~ **prodigio** child prodigy; ~ **de teta** *o* **pecho** tiny baby; **estar como un ~ con zapatos nuevos** to be as pleased as punch; **es culpa de la crisis - ¡qué crisis ni qué ~ muerto!** it's the fault of the recession - don't talk to me about recessions!; **ser el ~ bonito de alguien** to be sb's pet *o* blue-eyed boy **-2.** [joven] young boy (*f* young girl).
◆ **niña** *f* [del ojo] pupil; **la niña de los ojos** *fig* the apple of one's eye.

nipón, ona *adj & m,f* Japanese.

níquel *m* nickel.

niquelar *vt* to nickel-plate.

niqui *m* T-shirt.

nirvana *m* nirvana.

níspero *m* medlar.

nitidez *f* clarity; [de imágenes, colores] sharpness.

nítido, da *adj* clear; [imágenes, colores] sharp.

nitratación *f* nitration.

nitrato *m* nitrate; ~ **de Chile** Chile saltpetre, nitre.

nítrico, ca *adj* nitric.

nitrificar [10] *vt* to nitrify.

nitrogenado, da *adj* nitrogenous.

nitrógeno *m* nitrogen.

nitroglicerina *f* nitroglycerine.

nitroso, sa *adj* nitrous.

nivel *m* **-1.** [gen] level; [altura] height; **al ~ de** level with; **al ~ del mar** at sea level; ~ **del agua** water level **-2.** [grado] level, standard; **tengo un buen ~ de inglés** I'm good at English; **al mismo ~ (que)** on a level *o* par (with); **a ~ europeo** at a European level; **investigación de alto ~** high-level research; ~ **mental** level of intelligence; ~ **de vida** standard of living; **~es de audiencia** ratings **-3.** [herramienta] spirit level.

nivelación *f* **-1.** [allanamiento] levelling **-2.** [equilibrio] levelling out, evening out.

nivelador, ra *adj* levelling.
◆ **niveladora** *f* bulldozer.

nivelar *vt* **-1.** [allanar] to level **-2.** [equilibrar] to even out; *FIN* to balance.

no ◇ *adv* **-1.** [expresa negación - gen] not; [- en respuestas] no; [- con sustantivos] non-; ~ **sé** I don't know; ~ **veo nada** I can't see anything; ~ **es fácil** it's not easy, it isn't easy; ~ **tiene dinero** he has no money, he hasn't got any money; **todavía** ~ not yet; **¿~ vienes? - ~, ~ creo** aren't you coming? - no, I don't think so; ~ **fumadores** non-smokers; ~ **bien** as soon as; ~ **ya ... sino que ...** not only ... but (also) ...; **¡a que ~ lo haces!** I bet you don't do it!; **¿cómo ~?** of course; **pues ~, eso sí que ~** certainly not; **¡que ~!** I said no! **-2.** [expresa duda, extrañeza]: **¿~ irás a venir?** you're not coming, are you?; **estamos de acuerdo, ¿~?** we're agreed then, are we?; **es español, ¿~?** he's Spanish, isn't he? ◇ *m* no.

n.° (*abrev de* **número**) no.

nobiliario, ria *adj* noble, nobiliary.

noble *adj & m,f* noble; **los ~s** the nobility.

nobleza *f* nobility; ~ **obliga** noblesse oblige.

noche *f* night; [atardecer] evening; **al caer la ~** at nightfall; **ayer por la ~** last night; **esta ~** tonight; **hacer ~ en** to stay the night in; **hacerse de ~** to get dark; **por la ~, de ~** at night; **buenas ~s** [despedida] good night; [saludo] good evening; **~ cerrada** dark night; ~ **de bodas** wedding night; ~ **del estreno** first *o* opening night; ~ **toledana** sleepless night; **de la ~ a la mañana** overnight; **pasar la ~ en claro** *o* **vela** to have a sleepless night; **ser la ~ y el día** to be as different as night and day.

Nochebuena *f* Christmas Eve.

nochero *m* **-1.** *CSur* night watchman **-2.** *Amér* [mesita] bedside table.

Nochevieja *f* New Year's Eve.

noción *f* [concepto] notion; **tener ~ (de)** to have an idea (of).
◆ **nociones** *fpl* [conocimiento básico]: **tener nociones de** to have a smattering of.

nocivo, va *adj* [gen] harmful; [gas] noxious.

noctambulismo *m* being out and about at night.
noctámbulo, la ◇ *adj* active at night; [vida] night *(antes de sust).* ◇ *m,f* night owl.
nocturno, na *adj* **-1.** [club, tren, vuelo] night *(antes de sust)*; [clase] evening *(antes de sust)* **-2.** [animales, plantas] nocturnal.
◆ **nocturno** *m* MÚS nocturne.
nodo *m* node.
nodriza *f* wet nurse.
nódulo *m* nodule.
Noel ▷ **papá**.
nogal *m* walnut.
nómada ◇ *adj* nomadic. ◇ *mf* nomad.
nomadismo *m* nomadism.
nombrado, da *adj* **-1.** [citado] mentioned **-2.** [famoso] famous, well-known.
nombramiento *m* appointment.
nombrar *vt* **-1.** [citar] to mention **-2.** [designar] to appoint.
nombre *m* **-1.** [gen] name; **a ~ de** [carta] addressed to; [cheque] made out to; **conocer a alguien de ~** to know somebody by name; **de ~ Juan** called Juan, Juan by name; **poner ~ a** to name; **sin ~** nameless; **~ artístico/comercial** stage/trade name; **~ y apellidos** full name; **~ compuesto** compound name; **~ de dominio** [inform] domain name; **~ de pila** first *o* Christian name; **~ de soltera** maiden name; **en ~ de** on behalf of; **llamar a las cosas por su ~** to call a spade a spade; **lo que hizo no tiene ~** what he did is outrageous **-2.** [fama] reputation; **hacerse un ~** to make a name for o.s.; **tener mucho ~** to be renowned *o* famous **-3.** GRAM noun; **~ abstracto/colectivo** abstract/collective noun; **~ común/propio** common/proper noun.
nomenclatura *f* nomenclature.
nomeolvides *m inv* **-1.** BOT forget-me-not **-2.** [pulsera] identity bracelet.
nómina *f* **-1.** [lista de empleados] payroll; **estar en ~** to be on the staff **-2.** [pago] wage packet, wages *(pl)* **-3.** [hoja de salario] payslip.
nominación *f* nomination.
nominado, da *adj* nominated.
nominal *adj* nominal.
nominar *vt* to nominate.
nominativo, va *adj* COM bearing a person's name, nominal.
◆ **nominativo** *m* GRAM nominative.
nomo, gnomo *m* gnome.
non ◇ *adj* odd, uneven. ◇ *m* odd number.
◆ **nones** *adv* [no] no way, absolutely not.
nonagenario, ria ◇ *adj* ninety-year old. ◇ *m,f* person in his/her nineties.
nonagésimo, ma *núm* ninetieth.
noquear *vt* DEP to knock out.
nordeste = **noreste**.
nórdico, ca ◇ *adj* **-1.** [del norte] northern, northerly **-2.** [escandinavo] Nordic. ◇ *m,f* Nordic person.
noreste, nordeste ◇ *adj* [posición, parte] northeast, northeastern; [dirección, viento] northeasterly. ◇ *m* north-east.
noria *f* **-1.** [para agua] water wheel **-2.** [de feria] big wheel *UK*, Ferris wheel.
norma *f* standard; [regla] rule; **es la ~ hacerlo así** it's usual to do it this way; **por ~** as a rule; **tener por ~ hacer algo** to make it a rule to do sthg; **~s de conducta** [principios] standards (of behaviour) *(pl)*; **~s de seguridad** safety regulations.
normal *adj* normal; **~ y corriente** run-of-the-mill; **es una persona ~ y corriente** he's a perfectly ordinary person.
normalidad *f* normality.
normalización *f* **-1.** [vuelta a la normalidad] normalization **-2.** [regularización] standardization.
normalizar [13] *vt* **-1.** [volver normal] to return to normal **-2.** [estandarizar] to standardize.
◆ **normalizarse** *vpr* to return to normal.
normando, da ◇ *adj* **-1.** [de Normandía] Norman **-2.** HIST [nórdico] Norse. ◇ *m,f* **-1.** [habitante de Normandía] Norman **-2.** HIST [nórdico] Norseman (*f* Norsewoman).
normativo, va *adj* normative.
◆ **normativa** *f* regulations *(pl)*.
noroeste ◇ *adj* [posición, parte] northwest, northwestern; [dirección, viento] northwesterly. ◇ *m* northwest.
norte ◇ *adj* [posición, parte] north, northern; [dirección, viento] northerly. ◇ *m* **-1.** GEOGR north **-2.** [objetivo] goal, objective; **perder el ~** to lose one's bearings *o* way.
norteamericano, na *adj* & *m,f* North American, American.
norteño, ña ◇ *adj* northern. ◇ *m,f* northerner.
Noruega Norway.
noruego, ga *adj* & *m,f* Norwegian.
◆ **noruego** *m* [lengua] Norwegian.
nos *pron pers* **-1.** *(complemento directo)* us; **le gustaría vernos** she'd like to see us **-2.** *(complemento indirecto)* (to) us; **~ lo dio** he gave it to us; **~ tiene miedo** he's afraid of us **-3.** *(reflexivo)* ourselves **-4.** *(recíproco)* each other; **~ enamoramos** we fell in love

(with each other).

nosocomio *m Amér* hospital.

nosotros, tras *pron pers* **-1.** *(sujeto)* we **-2.** *(predicado)*: **somos ~** it's us **-3.** *(después de prep) (complemento)* us; **vente a comer con ~** come and eat with us **-4.** *loc*: **entre ~** between you and me, just between the two of us.

nostalgia *f* [del pasado] nostalgia; [de país, amigos] homesickness.

nostálgico, ca ◇ *adj* [del pasado] nostalgic; [de país, amigos] homesick. ◇ *m,f* nostalgic person.

nota *f* **-1.** [gen & *MÚS*] note; **tomar ~ de algo** [apuntar] to note sthg down; [fijarse] to take note of sthg; **tomar ~s** to take notes; **~ al margen** marginal note; **~ a pie de página** footnote; **~ dominante** prevailing mood; **~s de sociedad** society column *(sg)* **-2.** *EDUC* mark; **ir para ~** to go for top marks; **sacar** *o* **tener buenas ~s** to get good marks; **~ de corte** *minimum marks for entry into university* **-3.** [cuenta] bill; **~ de gastos** expenses claim **-4.** *loc*: **dar la ~** to make o.s. conspicuous; **de mala ~** of ill repute; **forzar la ~** to go too far.

◆ **nota bene** *f* [correspondencia] nota bene, N.B.

notable ◇ *adj* remarkable, outstanding. ◇ *m* **-1.** *EDUC* merit, second class **-2.** *(gen pl)* [persona] notable, distinguished person.

notar *vt* **-1.** [advertir] to notice; **te noto cansado** you look tired to me; **hacer ~ algo** to point sthg out **-2.** [sentir] to feel; **noto un dolor raro** I can feel a strange pain.

◆ **notarse** *vpr* to be apparent; **se nota que le gusta** you can tell she likes it; **¡pues no se nota!** you could have fooled me!

notaría *f* **-1.** [profesión] profession of notary **-2.** [oficina] notary's office.

notariado *m* [profesión] profession of notary.

notarial *adj* notarial.

notario, ria *m,f* notary (public).

noticia *f* news *(U)*; **una ~** a piece of news; **tener ~s** to have news; **¿tienes ~s suyas?** have you heard from him?; **~ bomba** *fam* bombshell.

◆ **noticias** *fpl*: **las ~s** *RADIO* & *TV* the news.

noticiario, noticiero *Amér m* [telediario] television news; *CIN* newsreel.

notición *m fam* bombshell.

notificación *f* notification.

notificar [10] *vt* to notify, to inform.

notoriedad ... obviousnes...

notorio, ria ... nocido] widely-kn...

nov., novbre. (*abrev* ...

novatada *f* **-1.** [broma] ragg... beginner's mistake; **pagar la ~** ... hard way.

novato, ta ◇ *adj* inexperienced. ◇ *m*... novice, beginner.

novecientos, tas *núm* nine hundred; *ver también* **seis.**

novedad *f* **-1.** [cualidad - de nuevo] newness; [- de novedoso] novelty **-2.** [cambio] change **-3.** [noticia] news *(U)*; **sin ~** without incident; *MIL* all quiet **-4.** [cosa nueva] new thing; [innovación] innovation.

◆ **novedades** *fpl* [libros, discos] new releases; [moda] latest fashion *(sg)*.

novedoso, sa *adj* novel, new.

novel *adj* new, first-time.

novela *f* novel; **~ de caballerías** tales of chivalry *(pl)*; **~ por entregas** serial; **~ policíaca** detective story; **~ rosa** romance, romantic novel.

novelar *vt* to fictionalize, to make into a novel.

novelero, ra ◇ *adj* **-1.** [fantasioso] very imaginative **-2.** [aficionado a las novelas] fond of novels. ◇ *m,f* **-1.** [fantasioso] very imaginative person **-2.** [aficionado a las novelas] person fond of novels.

novelesco, ca *adj* **-1.** [de la novela] fictional **-2.** [fantástico] fantastic, extraordinary.

novelista *mf* novelist.

novelón *m fam* hefty and badly written novel.

noveno, na *núm* ninth; **la novena parte** a ninth.

◆ **novena** *f RELIG* novena.

noventa *núm* ninety; **los (años) ~** the nineties; *ver también* **seis.**

noviar *vi CSur, Méx*: **~ con alguien** to go out with sb, to date sb *US*; **están noviando** they are going out together, they are dating *US*.

noviazgo *m* engagement.

noviciado *m RELIG* novitiate.

novicio, cia *RELIG* & *fig* ◇ *adj* novice *(antes de sust)*. ◇ *m,f* novice.

noviembre *m* November; *ver también* **septiembre.**

novillada *f TAUROM bullfight with young bulls.*

novillero, ra *m,f TAUROM* apprentice bullfighter.

…la *m,f young bull or cow*; **hacer ~s** … play truant *UK*, to play hooky *US*.

…, **via** *m,f* **-1.** [compañero] boyfriend (*f* …riend) **-2.** [prometido] fiancé (*f* fiancée) … [recién casado] bridegroom (*f* bride); **los** … **s** the newly-weds.

…**ubarrón** *m* storm cloud.

nube *f* **-1.** [gen] *fig* cloud; **~ atómica** mushroom cloud; **~ de tormenta** thundercloud; **~ de verano** *lit* summer shower; *fig* short fit of anger **-2.** [de personas, moscas] swarm **-3.** *loc*: **caído de las ~s** out of the blue; **estar en las ~s** to have one's head in the clouds; **poner algo/a alguien por las ~s** to praise sthg/sb to the skies; **por las ~s** [caro] sky-high, terribly expensive.

nublado, da *adj* **-1.** [encapotado] cloudy, overcast **-2.** *fig* [turbado] clouded, darkened.

nublar *vt lit & fig* to cloud.

◆ **nublarse** *vpr* to cloud over.

nubosidad *f* cloudiness, clouds *(pl)*.

nuboso, sa *adj* cloudy.

nuca *f* nape, back of the neck.

nuclear *adj* nuclear.

nuclearización *f* *IND* introduction of nuclear power; *MIL* acquisition of nuclear weapons.

nuclearizar [13] *vt IND* to introduce nuclear power into; *MIL* to acquire nuclear weapons for.

núcleo *m* **-1.** [centro] nucleus; *fig* centre *UK*, center *US*; **~ de población** population centre *UK*, population center *US* **-2.** [grupo] core.

nudillo *m* knuckle.

nudismo *m* nudism.

nudista *adj & m,f* nudist.

nudo *m* **-1.** [gen] knot; **~ corredizo** slipknot; **se le hizo un ~ en la garganta** she got a lump in her throat **-2.** [cruce] junction; **~ de comunicaciones** communications centre **-3.** [vínculo] tie, bond **-4.** [punto principal] crux, nub **-5.** [de una planta] node.

nudoso, sa *adj* knotty, gnarled.

nuera *f* daughter-in-law.

nuestro, tra ◇ *adj poses* our; **~ coche** our car; **este libro es ~** this book is ours, this is our book; **un amigo ~** a friend of ours; **no es asunto ~** it's none of our business. ◇ *pron poses*: **el ~** ours; **el ~ es rojo** ours is red; **ésta es la nuestra** *fam* this is the chance we have been waiting for; **lo ~ es el teatro** [lo que nos va] theatre is what we should be doing; **los ~s** *fam* [nuestra familia] our folks; [nuestro bando] our lot, our side.

nueva ⊳ **nuevo**.

Nueva Delhi New Delhi.

Nueva York New York.

Nueva Zelanda New Zealand.

nueve *núm* nine; *ver también* **seis**.

nuevo, va ◇ *adj* [gen] new; [patatas, legumbres] new, fresh; [vino] young; **esto es ~ para mí, no lo sabía** that's news to me, I didn't know it; **ser ~ en** to be new to; **estar/quedar como ~** to be as good as new. ◇ *m,f* newcomer.

◆ **buena nueva** *f* good news *(U)*.

◆ **de nuevo** *loc adv* again.

nuez *f* **-1.** *BOT* [gen] nut; [de nogal] walnut **-2.** *ANAT* Adam's apple.

◆ **nuez moscada** *f* nutmeg.

nulidad *f* **-1.** [no validez] nullity **-2.** [ineptitud] incompetence **-3.** *fam* [persona] nonentity; **ser una ~** to be useless.

nulo, la *adj* **-1.** [sin validez] null and void, invalid **-2.** *fam* [incapacitado]: **~ (para)** useless (at).

núm. (*abrev de* **número**) No.

numeración *f* **-1.** [acción] numbering **-2.** [sistema] numerals *(pl)*, numbers *(pl)*; **~ arábiga** *o* **decimal** Arabic numerals; **~ binaria** binary numbers *(pl)*; **~ romana** Roman numerals.

numerador *m MAT* numerator.

numeral *adj* numeral.

numerar *vt* to number.

◆ **numerarse** *vpr* [suj: personas] to number off.

numerario, ria *adj* [profesor, catedrático] tenured, permanent; [miembro] full.

numérico, ca *adj* numerical.

número *m* **-1.** [gen] number; **sin ~** [muchos] countless, innumerable; **~ abstracto** abstract number; **~ cardinal/ordinal** cardinal/ordinal number; **~ complejo/irracional** complex/irrational number; **~ complementario** complementary number; **~ de matrícula** *AUTOM* registration number; **~ de serie** serial number; **~ de teléfono** telephone number; **~ dígito** digit; **~ entero** whole number, integer; **~ fraccionario** *o* **quebrado** fraction; **~ par/impar** even/odd number; **~ primo** prime number; **~ redondo** round number; **~ romano** Roman numeral; **en ~s rojos** in the red; **hacer ~s** to reckon up; **ser el ~ uno** to be number one **-2.** [tamaño, talla] size **-3.** [de publicación] issue, number; **~ atrasado** back number **-4.** [de lotería] ticket **-5.** *MIL* member **-6.** [de un espectáculo] turn, number; **montar el ~** *fam* to make *o* cause a scene.

◆ **número atómico** *m QUÍM* atomic number.

numeroso, sa *adj* numerous; **un grupo ~** a large group.

numismático, ca ◇ *adj* numismatic. ◇ *m,f* [persona] numismatist.

◆ **numismática** *f* [estudio] numismatics *(U)*.

nunca *adv (en frases afirmativas)* never; *(en frases negativas)* ever; **casi ~ viene** he almost never comes, he hardly ever comes; **¿~ le has visto?** have you never seen her?, haven't you ever seen her?; **más que ~** more than ever; **~ jamás** *o* **más** never more *o* again.

nuncio *m* nuncio.

nupcial *adj* wedding *(antes de sust)*.

nupcias *fpl* wedding *(sg)*, nuptials; **casarse en segundas ~** to remarry, to marry again.

nurse ['nurse] *f* nurse, nanny.

nutria *f* otter.

nutrición *f* nutrition.

nutricionista *mf Amér* dietician.

nutrido, da *adj* **-1.** [alimentado] nourished, fed; **mal ~** undernourished **-2.** [numeroso] large.

nutrir *vt* **-1.** [alimentar]: **~ (con** *o* **de)** to nourish *o* feed (with) **-2.** [fomentar] to feed, to nurture **-3.** [suministrar]: **~ (de)** to supply (with).

◆ **nutrirse** *vpr* **-1.** [gen]: **~se de** *o* **con** to feed on **-2.** [proveerse]: **~se de** *o* **con** to supply *o* provide o.s. with.

nutritivo, va *adj* nutritious.

nylon® ['nailon] = **nailon**.

ñ, Ñ *f* [letra] ñ, Ñ, *15th letter of the Spanish alphabet.*

ñapa *f Ven fam* bonus, extra.

ñato, ta *adj Andes, RP* snub-nosed.

ñoñería, ñoñez *f* inanity, insipidness *(U)*.

ñoño, ña *adj* **-1.** [remilgado] squeamish; [quejica] whining **-2.** [soso] dull, insipid.

ñoqui *(gen pl) m CULIN* gnocchi *(pl)*.

ñu *m* gnu.

ñudo *Amér*

◆ **al ñudo** *loc adv* in vain.

o¹, O *f* [letra] o, O.

o² *conj ('u' en vez de 'o' antes de palabras que empiezan por 'o' u 'ho')* or; **~ ... ~** either ... or; **~ sea (que)** in other words.

o/ *abrev de* **orden**.

oasis *m inv lit & fig* oasis.

obcecación *f* blindness, stubbornness.

obcecado, da *adj* **-1.** [tozudo] stubborn **-2.** [obsesionado]: **~ por** *o* **con** blinded by.

obcecar [10] *vt* to blind.

◆ **obcecarse** *vpr* to become stubborn; **~se en hacer algo** to insist on doing sthg.

obedecer [30] ◇ *vt*: **~ (a alguien)** to obey (sb). ◇ *vi* **-1.** [acatar] to obey, to do as one is told; **hacerse ~** to command obedience **-2.** [someterse]: **~ a** to respond to **-3.** [estar motivado]: **~ a** to be due to.

obediencia *f* obedience.

obediente *adj* obedient.

obelisco *m* obelisk.

obertura *f* overture.

obesidad *f* obesity.

obeso, sa ◇ *adj* obese. ◇ *m,f* obese person.

óbice *m*: **no ser ~ para** not to be an obstacle to.

obispado *m* bishopric.

obispo *m* bishop.

óbito *m culto* decease, demise.

obituario *m* obituary.

objeción *f* objection; **poner objeciones a** to raise objections to; **tener objeciones** to have objections; **~ de conciencia** conscientious objection.

objetar ◇ *vt* to object to; **no tengo nada que** ~ I have no objection. ◇ *vi* MIL to be a conscientious objector.

objetivar *vt* to treat objectively.

objetividad *f* objectivity.

objetivo, va *adj* objective.
◆ **objetivo** *m* **-1.** [finalidad] objective, aim **-2.** MIL target **-3.** FOT lens.

objeto *m* **-1.** [gen] object; **ser** ~ **de** to be the object of; ~ **volante no identificado** unidentified flying object; ~**s de valor** valuables; ~**s perdidos** lost property *(U)* **-2.** [propósito] purpose, object; **sin** ~ [inútilmente] to no purpose, pointlessly; **al** *o* **con** ~ **de** [para] in order to, with the aim of.

objetor, ra *m,f* objector; ~ **de conciencia** conscientious objector.

oblicuo, cua *adj* **-1.** [inclinado] oblique, slanting; [mirada] sidelong **-2.** GEOM oblique.

obligación *f* **-1.** [gen] obligation, duty; **por** ~ out of a sense of duty; **antes es la** ~ **que la devoción** *proverb* business before pleasure **-2.** FIN *(gen pl)* bond, security; ~ **convertible** convertible bond; ~ **del Estado** Treasury bond.

obligado, da *adj* obligatory, compulsory.

obligar [16] *vt*: ~ **a alguien (a hacer algo)** to oblige *o* force sb (to do sthg).
◆ **obligarse** *vpr*: ~**se a hacer algo** to undertake to do sthg.

obligatoriedad *f* obligatory *o* compulsory nature.

obligatorio, ria *adj* obligatory, compulsory.

obligue *etc* ▷ **obligar**.

oblongo, ga *adj* oblong.

obnubilar *vt* to bewilder, to daze.

oboe ◇ *m* [instrumento] oboe. ◇ *mf* [persona] oboist.

obra *f* **-1.** [gen] work *(U)*; **es** ~ **suya** it's his doing; **poner en** ~ to put into effect; ~ **de caridad** [institución] charity; ~**s sociales** community work *(U)*; **por** ~ **(y gracia) de** thanks to; ~**s son amores y no buenas razones** *proverb* actions speak louder than words *proverb* **-2.** ARTE work (of art); TEATR play; LITER book; MÚS opus; ~ **maestra** masterpiece; ~**s completas** complete works **-3.** CONSTR [lugar] building site; [reforma] alteration; **'cerrado por** ~**s'** 'closed for alterations'; **'**~**s'** [en carretera] 'roadworks'; ~**s públicas** public works.

obrador *m* workshop.

obrar ◇ *vi* **-1.** [actuar] to act **-2.** [causar efecto] to work, to take effect **-3.** [estar en poder]: ~ **en manos de** to be in the possession of. ◇ *vt* to work.

obrero, ra ◇ *adj* [clase] working; [movimiento] labour *(antes de sust).* ◇ *m,f* [en fábrica] worker; [en obra] workman, labourer; ~ **cualificado** skilled worker.

obscenidad *f* obscenity.

obsceno, na *adj* obscene.

obscurantismo = **oscurantismo**.

obscurecer [30] = **oscurecer**.

obscuridad = **oscuridad**.

obscuro, ra = **oscuro**.

obsequiar [8] *vt*: ~ **a alguien con algo** to present sb with sthg.

obsequio *m* gift, present; ~ **de empresa** complimentary gift.

obsequioso, sa *adj* obliging, attentive.

observación *f* **-1.** [gen] observation; **en** *o* **bajo** ~ under observation **-2.** [comentario] remark, observation; **hacer una** ~ to make a remark **-3.** [nota] note **-4.** [cumplimiento] observance.

observador, ra ◇ *adj* observant. ◇ *m,f* observer.

observancia *f* observance.

observar *vt* **-1.** [contemplar] to observe, to watch **-2.** [advertir] to notice, to observe **-3.** [acatar - ley, normas] to observe, to respect; [- conducta, costumbre] to follow.
◆ **observarse** *vpr* to be noticed.

observatorio *m* observatory.

obsesión *f* obsession.

obsesionar *vt* to obsess.
◆ **obsesionarse** *vpr* to be obsessed.

obsesivo, va *adj* obsessive.

obseso, sa ◇ *adj* obsessed. ◇ *m,f* obsessed *o* obsessive person.

obsoleto, ta *adj culto* obsolete.

obstaculizar [13] *vt* to hinder, to hamper.

obstáculo *m* obstacle; **un** ~ **para** an obstacle to; **poner** ~**s a algo/alguien** to hinder sthg/sb.

obstante
◆ **no obstante** *loc adv* nevertheless, however.

obstar *vi*: **eso no obsta para que vengas si quieres** that isn't to say that you can't come if you want to.

obstetricia *f* obstetrics *(U)*.

obstinación *f* [persistencia] perseverance; [terquedad] obstinacy, stubbornness.

obstinado, da *adj* [persistente] persistent; [terco] obstinate, stubborn.

obstinarse *vpr* to refuse to give way; ~ **en** to persist in.

obstrucción *f lit & fig* obstruction.
obstruccionismo *m* obstructionism, stonewalling.
obstruccionista *adj & m,f* obstructionist.
obstruir [51] *vt* **-1.** [bloquear] to block, to obstruct **-2.** [obstaculizar] to obstruct, to impede.
◆ **obstruirse** *vpr* to get blocked (up).
obtención *f* obtaining.
obtener [72] *vt* [beca, cargo, puntos] to get; [premio, victoria] to win; [ganancias] to make; [satisfacción] to gain.
obturación *f* blockage, obstruction.
obturador *m FOT* shutter.
obturar *vt* to block.
obtuso, sa *adj* **-1.** [sin punta] blunt **-2.** [tonto] obtuse, stupid.
obtuviera *etc* ▷ **obtener**.
obús (*pl* **obuses**) *m* **-1.** [cañón] howitzer **-2.** [proyectil] shell.
obviar [8] *vt* to avoid, to get round.
obvio, via *adj* obvious.
oca *f* **-1.** [ave] goose **-2.** [juego] ≃ snakes and ladders.
ocasión *f* **-1.** [oportunidad] opportunity, chance; **aprovechar una ~** to take advantage of an opportunity; **tener ~ de hacer algo** to have the chance to do sthg; **la ~ la pintan calva** *fam* this is my/your *etc* big chance **-2.** [momento] moment, time; [vez] occasion; **en dos ocasiones** on two occasions; **en alguna ~** sometimes; **en cierta ~** once; **en otra ~** some other time **-3.** [motivo]: **con ~ de** on the occasion of; **dar ~ para algo/hacer algo** to give cause for sthg/to do sthg **-4.** [ganga] bargain; **de ~** [precio, artículos etc] bargain *(antes de sust)*.
ocasional *adj* **-1.** [accidental] accidental **-2.** [irregular] occasional.
ocasionar *vt* to cause.
ocaso *m* **-1.** [puesta del sol] sunset **-2.** [decadencia] decline.
occidental ◇ *adj* western. ◇ *mf* westerner.
occidente *m* west.
◆ **Occidente** *m* [bloque de países] the West.
occipital *adj* occipital.
OCDE (*abrev de* **Organización para la Cooperación y el Desarrollo Económico**) *f* OECD.
Oceanía Oceania.
oceánico, ca *adj* **-1.** [de un océano] oceanic **-2.** [de Oceanía] Oceanian.
océano *m* ocean; [inmensidad] sea, host.
oceanografía *f* oceanography.
oceanográfico, ca *adj* oceanographical.
ochenta *núm* eighty; **los (años) ~** the eighties; *ver también* **seis**.
ocho *núm* eight; **de aquí en ~ días** [en una semana] a week today; *ver también* **seis**.
ochocientos, tas *núm* eight hundred; *ver también* **seis**.
ocio *m* [tiempo libre] leisure; [inactividad] idleness.
ociosidad *f* idleness.
ocioso, sa *adj* **-1.** [inactivo] idle **-2.** [innecesario] unnecessary; [inútil] pointless.
oclusión *f* blockage.
oclusivo, va *adj* occlusive.
◆ **oclusiva** *f* occlusive.
ocre ◇ *m* ochre. ◇ *adj inv* ochre.
octaedro *m* octahedron.
octagonal *adj* octagonal.
octágono, na *adj* octagonal.
◆ **octágono** *m* octagon.
octanaje *m* octane number.
octano *m* octane.
octava ▷ **octavo**.
octavilla *f* **-1.** [de propaganda política] pamphlet, leaflet **-2.** [tamaño] octavo.
octavo, va *núm* eighth; **la octava parte** an eighth.
◆ **octavo** *m* **-1.** [parte] eighth **-2.** *DEP*: **~s de final** *round before the quarter final.*
◆ **octava** *f MÚS* octave.
octeto *m* **-1.** *MÚS* octet **-2.** *INFORM* byte.
octogenario, ria *adj & m,f* octogenarian.
octogésimo, ma *núm* eightieth.
octogonal *adj* octagonal.
octubre *m* October; *ver también* **septiembre**.
OCU (*abrev de* **Organización de Consumidores y Usuarios**) *f Spanish consumer organization,* ≃ CAB *UK*.
ocular *adj* eye *(antes de sust)*.
oculista *mf* ophthalmologist.
ocultar *vt* **-1.** [gen] to hide; **~ algo a alguien** to hide sthg from sb; **le ocultó la verdad** she hid the truth from him **-2.** [delito] to cover up.
◆ **ocultarse** *vpr* to hide.
ocultismo *m* occultism.
ocultista *mf* occultist.
oculto, ta *adj* hidden.
ocupación *f* **-1.** [gen] occupation; **~ ilegal de viviendas** squatting **-2.** [empleo] job.
ocupacional *adj* occupational.
ocupado, da *adj* **-1.** [persona] busy **-2.** [teléfono, lavabo etc] engaged **-3.** [lugar - gen, por ejército] occupied; [plaza] taken; **tengo las manos ocupadas** I've got my hands full.

ocupante ◇ *adj* occupying. ◇ *mf* occupant; ~ **ilegal de viviendas** squatter.

ocupar *vt* **-1.** [gen] to occupy **-2.** [superficie, espacio] to take up; [habitación, piso] to live in; [mesa] to sit at; [sillón] to sit in **-3.** [suj: actividad] to take up **-4.** [cargo] to hold **-5.** [dar trabajo a] to find *o* provide work for **-6.** *CAm, Méx* [usar] to use.

◆ **ocuparse** *vpr* [encargarse]: **ocúpate tú, yo no puedo** you do it, I can't; **~se de** [gen] to deal with; [niños, enfermos, finanzas] to look after; **¡tú ocúpate de lo tuyo!** mind your own business!

ocurrencia *f* **-1.** [idea] bright idea **-2.** [dicho gracioso] witty remark.

ocurrente *adj* witty.

ocurrir *vi* **-1.** [acontecer] to happen **-2.** [pasar, preocupar]: **¿qué le ocurre a Juan?** what's up with Juan?; **¿te ocurre algo?** is anything the matter?

◆ **ocurrirse** *vpr* [venir a la cabeza]: **no se me ocurre ninguna solución** I can't think of a solution; **¡ni se te ocurra!** don't even think about it!; **se me ocurre que ...** it occurs to me that ...

oda *f* ode.

odeón *m* odeon.

odiar [8] *vt* & *vi* to hate.

odio *m* hatred; **tener ~ a algo/alguien** to hate sthg/sb.

odioso, sa *adj* hateful, horrible.

odisea *f* odyssey.

odontología *f* dentistry.

odontólogo, ga *m,f* dentist, dental surgeon.

odre *m* [de vino] wineskin.

OEA (*abrev de* **Organización de Estados Americanos**) *f* OAS.

oeste ◇ *adj* [posición, parte] west, western; [dirección, viento] westerly. ◇ *m* west; **el lejano ~** the wild west.

ofender ◇ *vt* **-1.** [injuriar] to insult; [suj: palabras] to offend, to hurt **-2.** [a la vista, al oído etc] to offend. ◇ *vi* to cause offence.

◆ **ofenderse** *vpr*: **~se (por)** to take offence (at).

ofendido, da ◇ *adj* offended. ◇ *m,f* offended party.

ofensa *f* **-1.** [acción]: **~ (a)** offence (against) **-2.** [injuria] slight, insult.

ofensivo, va *adj* offensive.

◆ **ofensiva** *f* offensive; **pasar a la ofensiva** to go on the offensive; **tomar la ofensiva** to take the offensive.

ofensor, ra *m,f* offender.

oferta *f* **-1.** [gen] offer; **~ en firme** firm offer; **'~s de trabajo'** 'situations vacant' **-2.** ECON [suministro] supply; **la ~ y la demanda** supply and demand; **~ monetaria** money supply **-3.** [rebaja] bargain, special offer; **de ~** bargain *(antes de sust)*, on offer **-4.** FIN [proposición] bid, tender; **~ pública de adquisición** COM takeover bid.

ofertar *vt* to offer.

ofertorio *m* RELIG offertory.

oficial, la *m,f* [obrero] journeyman; [aprendiz] trainee.

◆ **oficial** ◇ *adj* official. ◇ *m* **-1.** MIL officer **-2.** [funcionario] clerk.

oficialidad *f* official nature.

oficialismo *m Amér*: **el ~** [gobierno] the Government; [partidarios del gobierno] government supporters.

oficialista *adj Amér* pro-government.

oficializar [13] *vt* to make official.

oficiante *mf* RELIG officiant.

oficiar [8] ◇ *vt* to officiate at. ◇ *vi* **-1.** [sacerdote] to officiate **-2.** [actuar de]: **~ de** to act as.

oficina *f* office; **~ de correos** post office; **~ de empleo** job centre; **~ de turismo** tourist office; **~ inteligente** INFORM intelligent office.

oficinista *mf* office worker.

oficio *m* **-1.** [profesión manual] trade; **de ~** by trade **-2.** [trabajo] job; **no tener ~ ni beneficio** to have no trade **-3.** [experiencia]: **tener mucho ~** to be very experienced **-4.** RELIG service **-5.** [función] function, role.

◆ **Santo Oficio** *m*: **el Santo Oficio** the Holy Office, the Inquisition.

oficioso, sa *adj* unofficial.

ofimática *f* office automation.

ofrecer [30] *vt* **-1.** [gen] to offer; [fiesta] to give, to throw; **~le algo a alguien** to offer sb sthg **-2.** [aspecto] to present.

◆ **ofrecerse** *vpr* **-1.** [presentarse] to offer, to volunteer; **~se a** *o* **para hacer algo** to offer to do sthg **-2.** *loc*: **¿qué se le ofrece?** what can I do for you?

ofrecimiento *m* offer.

ofrenda *f* RELIG offering; [por gratitud, amor] gift.

ofrendar *vt* to offer up.

ofrezca *etc* ▻ **ofrecer**.

oftalmología *f* ophthalmology.

oftalmólogo, ga *m,f* ophthalmologist.

ofuscación *f* blindness, confusion.

ofuscar [10] *vt* **-1.** [deslumbrar] to dazzle **-2.** [turbar] to blind.

◆ **ofuscarse** *vpr*: **~se (con)** to be blinded (by).

ogro *m* ogre.

oh *interj*: **¡~!** oh!

ohmio *m* ohm.

oídas

◆ **de oídas** *loc adv* by hearsay.

oído *m* **-1.** [órgano] ear; **decir algo a alguien al ~** to whisper sthg into sb's ear; **~ interno** inner ear; **abrir los ~s** to pay close attention; **de ~** by ear; **toca el piano de ~** she plays the piano by ear; **entrar por un ~ y salir por el otro** to go in one ear and out the other; **hacer ~s sordos** to turn a deaf ear; **lastimar los ~s** to offend one's ears; **si llega a ~s de ella...** if she gets to hear about this ...; **me zumban los ~s** my ears are burning; **prestar ~s a** to listen carefully to; **regalarle el ~ a alguien** to flatter sb; **ser todo ~s** to be all ears **-2.** [sentido] (sense of) hearing; **ser duro de ~** to be hard of hearing; **tener ~, tener buen ~** to have a good ear.

oír [62] ◇ *vt* **-1.** [gen] to hear; **~ hablar de** to hear about; **como quien oye llover** without paying the least attention **-2.** [atender] to listen to; **¡oye bien lo que te digo!** listen to what I'm going to tell you! ◇ *vi* to hear; **~ bien** to hear well; **¡oiga, por favor!** excuse me!; **¡oye!** *fam* hey!; **~, ver y callar** hear no evil, see no evil, speak no evil.

ojal *m* buttonhole.

ojalá *interj*: **¡~!** if only (that were so)!; **¡~ lo haga!** I hope she does it!; **¡~ fuera ya domingo!** I wish it were Sunday!

ojeada *f* glance, look; **echar una ~ a algo/alguien** to take a quick glance at sthg/sb, to take a quick look at sthg/sb.

ojear *vt* to have a look at.

ojera *(gen pl) f* bags *(pl)* under the eyes.

ojeriza *f fam* dislike; **tener ~ a alguien** to have it in for sb.

ojeroso, sa *adj* with bags under the eyes, haggard.

ojete *m* **-1.** [bordado] eyelet **-2.** *vulg* [ano] arsehole.

ojiva *f* **-1.** *ARQUIT* ogive **-2.** *MIL* warhead.

ojo ◇ *m* **-1.** *ANAT* eye; **poner los ~s en blanco** *lit & fig* to roll one's eyes; **~ a la funerala** *o* **a la virulé** black eye; **~s rasgados** almond eyes; **~s saltones** popping eyes **-2.** [agujero - de aguja] eye; [- de puente] span; **~ de la cerradura** keyhole; **~ de la escalera** stairwell **-3.** *loc*: **a ~ (de buen cubero)** roughly, approximately; **a ~s vistas** visibly; **abrir los ~s a alguien** to open sb's eyes; **andar con (mucho) ~** to be (very) careful; **cerrar los ~s** [morir] to pass away; **cerrar los ~s ante algo** [ignorar] to close one's eyes to sthg; **comerse con los ~s a alguien** *fam* to drool over sb; **con los ~s cerrados** blindly, with one's eyes closed; **costar un ~ de la cara** to cost an arm and a leg; **¡dichosos los ~s que te ven!** *fam* how lovely to see you again!; **echar el ~ a algo** to have one's eye on sthg; **en un abrir y cerrar de ~s** in the twinkling of an eye; **estar ~ alerta** *o* **avizor** to be on the lookout; **mirar algo con buenos/malos ~s** to look favourably/unfavourably on sthg; **no pegar ~** not to get a wink of sleep; **no quitar los ~s de encima a alguien** not to take one's eyes off sb; **tener ~s de lince** to have eyes like a hawk; **poner los ~s en alguien** to set one's sights on sb; **ser todo ~s** to be all eyes; **tener (buen) ~** to have a good eye; **tener ~ clínico para algo** to be a good judge of sthg; **~ por ~, diente por diente** *proverb* an eye for an eye, a tooth for a tooth; **~s que no ven, corazón que no siente** *proverb* what the eye doesn't see, the heart doesn't grieve over. ◇ *interj*: **¡~!** be careful!, watch out!

◆ **ojo de buey** *m* [ventana] porthole.

◆ **ojo de gallo** *m MED* corn.

◆ **ojo de pez** *m FOT* fish-eye lens.

ojota *f RP* [chancletas] flip-flop *UK*, thong *US, Austr.*

OK, okey [o'keil] (*abrev de* **all correct**) *interj* OK.

okupa *m y f mfam* squatter.

ola *f* wave; **~ de calor** heatwave; **~ de frío** cold spell.

◆ **nueva ola** *f*: **la nueva ~** the New Wave.

ole, olé *interj*: **¡~!** bravo!

oleada *f* **-1.** [del mar] swell **-2.** *fig* [avalancha] wave; **~s de refugiados** waves of refugees.

oleaje *m* swell.

óleo *m* oil (painting); **al ~** in oils.

oleoducto *m* oil pipeline.

oleoso, sa *adj* oily.

oler [49] ◇ *vt* to smell. ◇ *vi* **-1.** [despedir olor]: **~ (a)** to smell (of); **huele fatal** it smells foul **-2.** *fam* [indicando sospecha]: **~ a** to smack of.

◆ **olerse** *vpr*: **~se algo** *fam* to sense sthg.

olfatear *vt* **-1.** [olisquear] to sniff **-2.** [barruntar] to smell, to sense.

◆ **olfatear en** *vi* [indagar] to pry into.

olfativo, va *adj* olfactory.

olfato *m* **-1.** [sentido] sense of smell **-2.** *fig* [sagacidad] nose, instinct; **tener ~ para algo**

to be a good judge of sthg.
oligarca *mf* oligarch.
oligarquía *f* oligarchy.
oligárquico, ca *adj* oligarchic.
oligofrenia *f* mental handicap.
oligofrénico, ca ◇ *adj* mentally handicapped. ◇ *m,f* mentally handicapped person.
olimpiada, olimpíada *f* Olympiad, Olympic Games *(pl)*; **las ~s** the Olympics.
olímpicamente *adv fam* blithely.
olímpico, ca *adj* **-1.** DEP olympic **-2.** *fig* [altanero] Olympian, haughty.
olimpismo *m* Olympic movement.
olisquear *vt* to sniff (at).
oliva *f* olive.
oliváceo, a *adj* olive.
olivar *m* olive grove.
olivarero, ra ◇ *adj* olive *(antes de sust)*. ◇ *m,f* olive-grower.
olivera *f* olive tree.
olivo *m* olive tree.
olla *f* pot; **~ exprés** *o* **a presión** pressure cooker; **~ podrida** CULIN stew; **~ de grillos** bedlam, madhouse.
olmeda *f* elm grove.
olmo *m* elm (tree).
olor *m* smell; **~ a** smell of; **tener ~ a** to smell of; **~ corporal** body odour; **en ~ de multitud** *(considerado incorrecto)* enjoying popular acclaim.
oloroso, sa *adj* fragrant.
◆ **oloroso** *m* oloroso (sherry).
OLP (*abrev de* **Organización para la Liberación de Palestina**) *f* PLO.
olvidadizo, za *adj* forgetful.
olvidar *vt* **-1.** [gen] to forget **-2.** [dejarse] to leave; **olvidé las llaves en la oficina** I left my keys at the office.
◆ **olvidarse** *vpr* **-1.** [gen] to forget; **~se de algo/hacer algo** to forget sthg/to do sthg **-2.** [dejarse] to leave.
olvido *m* **-1.** [de un nombre, hecho etc] forgetting; **caer en el ~** to fall into oblivion **-2.** [descuido] oversight.
Omán Oman.
ombligo *m* **-1.** ANAT navel **-2.** [centro] centre; **el ~ del mundo** the centre of the universe **-3.** *loc:* **mirarse el ~** *fam* to be wrapped up in o.s.; **se le encogió el ~** *fam* she got cold feet.
ombudsman ['ombuðsman] *m* ombudsman.
omisión *f* omission.
omiso, sa ▷ **caso.**
omitir *vt* to omit.
ómnibus *m inv* **-1.** omnibus; FERROC local train **-2.** *Cuba, Urug* [urbano] bus; *Andes, Cuba, Urug* [interurbano, internacional] intercity bus.
omnipotencia *f* omnipotence.
omnipotente *adj* omnipotent.
omnipresente *adj* omnipresent.
omnívoro, ra ◇ *adj* omnivorous. ◇ *m,f* omnivore.
omoplato, omóplato *m* shoulder-blade.
OMS (*abrev de* **Organización Mundial de la Salud**) *f* WHO.
once *núm* eleven; *ver también* **seis.**
ONCE (*abrev de* **Organización Nacional de Ciegos Españoles**) *f Spanish association for the blind, famous for its national lottery.*

ONCE

The ONCE is an independent organization which was originally set up to help the blind, although it now caters for other handicapped people as well. One of its functions is to provide work for its members, and to this end it runs a national lottery, tickets for which are sold by the blind. The lottery is also one of the ONCE's main sources of income.

onceavo, va *núm* eleventh; **la onceava parte** an eleventh.
oncología *f* oncology.
oncólogo, ga *m,f* oncologist.
onda *f* wave; **~ corta/larga/media** short/long/medium wave; **~ eléctrica** *o* **hertziana** Hertzian wave; **~ expansiva** shock wave; **~ luminosa/sonora** light/sound wave; **estar en la ~** *fam* to be on the ball; **¿que ~?** *Méx, RP fam* how's it going?, how are things?
ondeante *adj* rippling.
ondear *vi* to ripple.
ondulación *f* **-1.** [acción] rippling **-2.** [onda] ripple; [del pelo] wave.
ondulado, da *adj* wavy.
ondulante *adj* undulating.
ondular ◇ *vi* [agua] to ripple; [terreno] to undulate. ◇ *vt* to wave.
oneroso, sa *adj* burdensome.
ONG (*abrev de* **organización no gubernamental**) *f* NGO.
ónice, ónix *m o f* onyx.
onírico, ca *adj* dream *(antes de sust)*.
ónix = ónice.
onomástico, ca *adj culto* onomastic.
◆ **onomástica** *f culto* name day.
onomatopeya *f* onomatopoeia.

ontología *f* ontology.

ONU (*abrev de* **Organización de las Naciones Unidas**) *f* UN.

onza *f* **-1.** [unidad de peso] ounce **-2.** [de chocolate] square.

OPA (*abrev de* **oferta pública de adquisición**) *f* takeover bid.

opacidad *f* opacity.

opaco, ca *adj* opaque.

opalino, na *adj* opaline.

◆ **opalina** *f* opaline.

ópalo *m* opal.

opción *f* **-1.** [elección] option; **no hay ~** there is no alternative **-2.** [derecho] right; **dar ~ a** to give the right to; **tener ~ a** [empleo, cargo] to be eligible for.

opcional *adj* optional.

OPEP (*abrev de* **Organización de Países Exportadores de Petróleo**) *f* OPEC.

ópera *f* opera; **~ bufa** comic opera, opera buffa; **~ rock** rock opera.

operación *f* **-1.** [gen] operation; **~ quirúrgica** (surgical) operation; **~ retorno** *police operation to assist return of holidaymakers to their city homes, minimizing traffic congestion and maximizing road safety* **-2.** COM transaction.

operacional *adj* operational.

operador, ra *m,f* **-1.** INFORM & TELECOM operator **-2.** [de la cámara] cameraman; [del proyector] projectionist.

◆ **operador** *m* MAT operator.

◆ **operador turístico** *m* tour operator.

operar ◇ *vt* **-1.** [enfermo]: **~ a alguien (de algo)** [enfermedad] to operate on sb (for sthg); **lo operaron del hígado** they've operated on his liver **-2.** [cambio etc] to bring about, to produce. ◇ *vi* **-1.** [gen] to operate **-2.** [actuar] to act **-3.** COM & FIN to deal.

◆ **operarse** *vpr* **-1.** [enfermo] to be operated on, to have an operation; **~se de algo** to be operated on for sthg; **me voy a ~ del hígado** I'm going to have an operation on my liver **-2.** [cambio etc] to occur, to come about.

operario, ria *m,f* worker.

operatividad *f* feasibility.

operativo, va *adj* operative.

◆ **operativo** *m Amér* operation.

opereta *f* operetta.

opiáceo, a *adj* opiate.

◆ **opiáceo** *m* opiate.

opinar ◇ *vt* to believe, to think. ◇ *vi* to give one's opinion; **~ de algo/alguien, ~ sobre algo/alguien** to think about sthg/sb; **~ bien de alguien** to think highly of sb.

opinión *f* [parecer] opinion; **en mi ~** in my opinion; **cambiar de ~** to change one's mind; **expresar** *o* **dar una ~** to give an opinion; **reservarse la ~** to reserve judgment; **la ~ pública** public opinion.

opio *m* opium.

opíparo, ra *adj* sumptuous.

opondrá *etc* ▷ **oponer**.

oponente *mf* opponent.

oponer [65] *vt* **-1.** [resistencia] to put up **-2.** [argumento, razón] to put forward, to give.

◆ **oponerse** *vpr* **-1.** [no estar de acuerdo] to be opposed; **~se a algo** [desaprobar] to be opposed to sthg, to oppose sthg; [contradecir] to contradict sthg; **me opongo a creerlo** I refuse to believe it **-2.** [obstaculizar]: **~se a** to stand in the way of, to impede.

oporto *m* port (wine).

oportunidad *f* **-1.** [ocasión] opportunity, chance; **a la primera ~** at the first opportunity; **aprovechar la ~** to seize the opportunity; **darle una/otra ~ a alguien** to give sb a/another chance **-2.** [conveniencia] timeliness.

oportunismo *m* opportunism.

oportunista ◇ *adj* opportunistic. ◇ *mf* opportunist.

oportuno, na *adj* **-1.** [pertinente] appropriate **-2.** [propicio] timely; **el momento ~** the right time.

oposición *f* **-1.** [gen] opposition **-2.** [resistencia] resistance **-3.** *(gen pl)* [examen] public entrance examination; **~ a profesor** public examination to be a teacher; **preparar oposiciones** to be studying for a public entrance examination.

opositar *vi*: **~ (a)** to sit a public entrance examination (for).

opositor, ra *m,f* **-1.** [a un cargo] *candidate in a public entrance examination* **-2.** [oponente] opponent.

opresión *f* **-1.** [de un botón] press **-2.** *fig* [represión] oppression **-3.** *fig* [ahogo] difficulty in breathing.

opresivo, va *adj* oppressive.

opresor, ra ◇ *adj* oppressive. ◇ *m,f* oppressor.

oprimir *vt* **-1.** [apretar - botón etc] to press; [- garganta, brazo etc] to squeeze **-2.** [suj: zapatos, cinturón] to pinch, to be too tight for **-3.** *fig* [reprimir] to oppress **-4.** *fig* [angustiar] to weigh down on, to burden.

oprobio *m* shame, disgrace.

optar *vi* **-1.** [escoger]: **~ (por algo)** to choose

(sthg); ~ **por hacer algo** to choose to do sthg; ~ **entre** to choose between **-2.** [aspirar]: ~ **a** to aim for, to go for.
optativo, va *adj* optional.
◆ **optativa** *f EDUC* option, optional subject.
óptico, ca ◇ *adj* optic. ◇ *m,f* [persona] optician.
◆ **óptica** *f* **-1.** *FÍS* optics *(U)* **-2.** [tienda] optician's (shop) **-3.** *fig* [punto de vista] point of view.
optimismo *m* optimism.
optimista ◇ *adj* optimistic. ◇ *mf* optimist.
optimización *f* optimization.
optimizar *vt* to optimize.
óptimo, ma ◇ *superl* ⊳ **bueno**. ◇ *adj* optimum.
opuesto, ta ◇ *pp* ⊳ **oponer**. ◇ *adj* **-1.** [contrario] conflicting; ~ **a** opposed *o* contrary to **-2.** [de enfrente] opposite.
opulencia *f* [riqueza] opulence; [abundancia] abundance; **vivir en la** ~ to live in luxury; **nadar en la** ~ to be filthy rich.
opulento, ta *adj* **-1.** [rico] opulent **-2.** [abundante] abundant.
opus *m MÚS* opus.
◆ **Opus Dei** *m*: **el Opus Dei** the Opus Dei, *traditionalist religious organization, the members of which are usually professional people or public figures.*
opusiera *etc* ⊳ **oponer**.
ora *conj desus*: ~ ... ~ ... now ... now ...
oración *f* **-1.** [rezo] prayer; ~ **fúnebre** memorial speech **-2.** *GRAM* sentence; ~ **principal/subordinada** main/subordinate clause.
oráculo *m* **-1.** [gen] oracle **-2.** *fig* [persona] fount of wisdom.
orador, ra *m,f* speaker.
oral ◇ *adj* oral. ◇ *m* ⊳ **examen**.
órale *interj Méx fam* [de acuerdo] right!, sure!; [¡venga!] come on!
orangután *m* orangutang.
orar *vi* to pray.
oratorio, ria *adj* oratorical.
◆ **oratorio** *m* **-1.** [lugar] oratory **-2.** *MÚS* oratorio.
◆ **oratoria** *f* oratory.
orbe *m* world, globe.
órbita *f* **-1.** *ASTRON* orbit; **entrar/poner en** ~ to go/put into orbit **-2.** [de ojo] eye socket **-3.** *fig* [ámbito] sphere, realm.
orca *f* killer whale.
órdago *m all-or-nothing stake in the game of 'mus'*; **de** ~ *fig* magnificent.
orden ◇ *m* **-1.** [gen] order; **en** ~ [bien colocado] tidy, in its place; [como debe ser] in order; **llamar al** ~ **a alguien** to call sb to order; **poner en** ~ **algo** to tidy sthg up; **por** ~ in order; **sin** ~ **ni concierto** in a haphazard way; **las fuerzas del** ~ the forces of law and order; ~ **de compra** *COM* purchase order; ~ **público** law and order **-2.** [tipo] type, order; **problemas de** ~ **económico** economic problems; **en otro** ~ **de cosas** on the other hand. ◇ *f* order; **dar órdenes** to give orders; **por** ~ **de** by order of; ~ **de busca y captura** warrant for search and arrest; ~ **de caballera** order of knighthood; ~ **militar** military order; ~ **de pago** payment order; **¡a la** ~**!** *MIL* (yes) sir!; **estar a la** ~ **del día** to be the order of the day.
◆ **del orden de** *loc prep* around, approximately.
◆ **orden del día** *m* agenda.
ordenación *f* **-1.** [organización] ordering, arranging; [disposición] order, arrangement; [de recursos, edificios] planning **-2.** *RELIG* ordination.
ordenado, da ◇ *adj* [lugar, persona] tidy. ◇ *m,f RELIG* ordained person.
◆ **ordenada** *f MAT* ordinate.
ordenador *m INFORM* computer; ~ **central** mainframe computer; ~ **personal** personal computer; ~ **portátil** laptop computer.
ordenamiento *m* legislation, regulations *(pl)*.
ordenanza ◇ *m* **-1.** [de oficina] messenger **-2.** *MIL* orderly. ◇ *f (gen pl)* ordinance, law; ~**s municipales** by-laws.
ordenar *vt* **-1.** [poner en orden - gen] to arrange, to put in order; [- habitación, armario etc] to tidy (up) **-2.** [mandar] to order **-3.** *RELIG* to ordain **-4.** *Amér* [solicitar] to order.
◆ **ordenarse** *vpr RELIG* to be ordained.
ordeñadora *f* milking machine.
ordeñar *vt* to milk.
ordeño *m* milking.
ordinal ◇ *adj* ordinal. ◇ *m* ⊳ **número**.
ordinariez *f* commonness, coarseness; **decir/hacer una** ~ to say/do sthg rude.
ordinario, ria ◇ *adj* **-1.** [común] ordinary, usual; **de** ~ usually **-2.** [vulgar] common, coarse **-3.** [no selecto] unexceptional **-4.** [no especial - presupuesto, correo] daily; [- tribunal] of first instance. ◇ *m,f* common *o* coarse person.
orear *vt* to air.
◆ **orearse** *vpr* [ventilarse] to air.
orégano *m* oregano.
oreja *f* **-1.** *ANAT* ear; **calentarle a alguien las**

~**s** to box sb's ears; **con las ~s gachas** with one's tail between one's legs; **tirar a alguien de las ~s** to give sb a good telling-off; **verle las ~s al lobo** to see what's coming **-2.** [de sillón] wing.

orejera *f* earflap.

orejudo, da *adj* big-eared.

orfanato, orfelinato *m* orphanage.

orfandad *f* orphanhood; *fig* abandonment, neglect.

orfebre *mf* [de plata] silversmith; [de oro] goldsmith.

orfebrería *f* [obra - de plata] silver work; [- de oro] gold work.

orfelinato = **orfanato**.

orfeón *m* choral group *o* society.

organdí (*pl* **organdíes**) *m* organdie.

orgánico, ca *adj* organic.

organigrama *m* [gen & INFORM] flowchart.

organillero, ra *m,f* organ-grinder.

organillo *m* barrel organ.

organismo *m* **-1.** BIOL organism **-2.** ANAT body **-3.** *fig* [entidad] organization, body.

organista *mf* organist.

organización *f* organization.

organizador, ra ◇ *adj* organizing. ◇ *m,f* organizer.

organizar [13] *vt* to organize.

◆ **organizarse** *vpr* **-1.** [persona] to organize o.s. **-2.** [pelea etc] to break out, to happen suddenly.

organizativo, va *adj* organizing.

órgano *m* organ.

orgasmo *m* orgasm.

orgía *f* orgy.

orgiástico, ca *adj* orgiastic.

orgullo *m* pride.

orgulloso, sa ◇ *adj* proud. ◇ *m,f* proud person.

orientación *f* **-1.** [dirección - acción] guiding; [- rumbo] direction **-2.** [posicionamiento - acción] positioning; [- lugar] position **-3.** *fig* [información] guidance; ~ **profesional** careers advice *o* guidance **-4.** *fig* [tendencia] tendency, leaning.

oriental ◇ *adj* **-1.** [gen] eastern; [del Lejano Oriente] oriental **-2.** *Amér* [de Uruguay] Uruguayan. ◇ *mf* **-1.** oriental **-2.** *Amér* [de Uruguay] Uruguayan.

orientalismo *m* orientalism.

orientalista *mf* orientalist.

orientar *vt* **-1.** [dirigir] to direct; [casa] to build facing **-2.** *fig* [medidas etc]: ~ **hacia** to direct towards *o* at **-3.** *fig* [aconsejar] to give advice *o* guidance to.

◆ **orientarse** *vpr* **-1.** [dirigirse - foco etc]: ~**se a** to point towards *o* at **-2.** [encontrar el camino] to get one's bearings, to find one's way around **-3.** *fig* [encaminarse]: ~**se hacia** to be aiming at.

oriente *m* east.

◆ **Oriente** *m*: **el Oriente** the East, the Orient; **Oriente Medio/Próximo** Middle/Near East; **Lejano** *o* **Extremo Oriente** Far East.

orificio *m* hole; TECN opening.

origen *m* **-1.** [gen] origin; [ascendencia] origins (*pl*), birth; **de ~ español** of Spanish origin **-2.** [causa] cause; **dar ~ a** to give rise to.

original ◇ *adj* **-1.** [gen] original **-2.** [raro] eccentric, different. ◇ *m* original.

originalidad *f* **-1.** [gen] originality **-2.** [extravagancia] eccentricity.

originar *vt* to cause.

◆ **originarse** *vpr* to be caused.

originario, ria *adj* **-1.** [inicial, primitivo] original **-2.** [procedente]: **ser ~ de** [costumbres etc] to come from (originally); [persona] to be a native of.

orilla *f* **-1.** [ribera - de río] bank; [- de mar] shore; **a ~s de** [río] on the banks of; **a ~s del mar** by the sea **-2.** [borde] edge **-3.** [acera] pavement.

orillar *vt* **-1.** [dificultad, obstáculo] to skirt around **-2.** [tela] to edge.

orín *m* [herrumbre] rust.

◆ **orines** *mpl* [orina] urine (*U*).

orina *f* urine.

orinal *m* chamberpot.

orinar *vi* & *vt* to urinate.

◆ **orinarse** *vpr* to wet o.s.

Orinoco *m*: **el ~** the Orinoco.

oriundo, da ◇ *adj*: ~ **de** native of. ◇ *m,f* DEP *non-Spanish footballer whose mother or father is Spanish*.

orla *f* **-1.** [adorno] (decorative) trimming **-2.** [fotografía] graduation photograph.

orlar *vt* to decorate with trimmings.

ornamentación *f* ornamentation.

ornamental *adj* ornamental.

ornamentar *vt* to decorate, to adorn.

ornamento *m* [objeto] ornament.

◆ **ornamentos** *mpl* RELIG vestments (*pl*).

ornar *vt* to decorate, to adorn.

ornato *m* decoration.

ornitología *f* ornithology.

ornitólogo, ga *m,f* ornithologist.

oro *m* gold; *fig* money, riches (*pl*); **de ~** gold; ~ **en barras** bullion; ~ **en polvo** gold dust;

guardar algo como ~ en paño to treasure sthg; **hacerse de ~** to make one's fortune; **no es ~ todo lo que reluce** all that glitters is not gold; **pedir el ~ y el moro** to ask the earth.
◆ **oros** *mpl* [naipes] *suit of Spanish cards bearing gold coins.*
◆ **oro negro** *m* oil.
orogénesis *f inv* orogenesis.
orografía *f* **-1.** GEOGR orography **-2.** [relieve] terrain.
orondo, da *adj fam* **-1.** [gordo] plump **-2.** [satisfecho] self-satisfied, smug.
oropel *m* tinsel.
oropéndola *f* golden oriole.
orquesta *f* **-1.** [músicos] orchestra; **~ de cámara/sinfónica** chamber/symphony orchestra **-2.** [lugar] orchestra pit.
orquestación *f* orchestration.
orquestar *vt* to orchestrate.
orquestina *f* dance band.
orquídea *f* orchid.
ortiga *f* (stinging) nettle.
ortodoncia *f* orthodontics *(U)*.
ortodoxia *f* orthodoxy.
ortodoxo, xa ◇ *adj* orthodox. ◇ *m, f* RELIG member of the Orthodox Church.
ortografía *f* spelling.
ortográfico, ca *adj* spelling *(antes de sust)*.
ortopedia *f* orthopaedics *(U)*.
ortopédico, ca ◇ *adj* orthopaedic. ◇ *m, f* orthopaedist.
ortopedista *mf* orthopaedist.
oruga *f* caterpillar.
orujo *m strong spirit made from grape pressings.*
orzuelo *m* stye.
os *pron pers* **-1.** *(complemento directo)* you; **me gustaría veros** I'd like to see you **-2.** *(complemento indirecto)* (to) you; **~ lo dio** he gave it to you; **~ tengo miedo** I'm afraid of you **-3.** *(reflexivo)* yourselves **-4.** *(recíproco)* each other; **~ enamorasteis** you fell in love (with each other).
osa ▷ **oso**.
osadía *f* **-1.** [valor] boldness, daring **-2.** [descaro] audacity, cheek.
osado, da *adj* **-1.** [valeroso] daring, bold **-2.** [descarado] impudent, cheeky.
osamenta *f* skeleton.
osar *vi* to dare.
osario *m* ossuary.
Óscar *m* CIN Oscar.
oscilación *f* **-1.** [movimiento] swinging; FÍS oscillation **-2.** [espacio recorrido] swing **-3.** *fig* [variación] fluctuation.
oscilador *m* oscillator.
oscilar *vi* **-1.** [moverse] to swing; FÍS to oscillate **-2.** *fig* [variar] to fluctuate.
oscilatorio, ria *adj* swinging; FÍS oscillating.
ósculo *m culto* kiss.
oscurantismo *m* obscurantism.
oscurecer [30] ◇ *vt* **-1.** [privar de luz] to darken **-2.** *fig* [mente] to confuse, to cloud **-3.** *fig* [deslucir] to overshadow. ◇ *v impers* [anochecer] to get dark.
◆ **oscurecerse** *vpr* to grow dark.
oscuridad *f* **-1.** [falta de luz] darkness **-2.** [zona oscura]: **en la ~** in the dark **-3.** *fig* [falta de claridad] obscurity.
oscuro, ra *adj* **-1.** [gen] dark; **a oscuras** in the dark **-2.** [nublado] overcast **-3.** *fig* [inusual] obscure **-4.** *fig* [incierto] uncertain, unclear **-5.** *fig* [intenciones, asunto] shady.
óseo, a *adj* bone *(antes de sust)*.
osezno *m* bear cub.
osificarse [10] *vpr* to ossify.
Oslo Oslo.
ósmosis *f inv* FÍS & *fig* osmosis.
oso, osa *m, f* bear (*f* she-bear); **~ de felpa** *o* **peluche** teddy bear; **~ hormiguero** anteater; **~ panda** panda; **~ polar** polar bear; **hacer el ~** to act the fool.
◆ **Osa Mayor** *f* Great Bear.
◆ **Osa Menor** *f* Little Bear.
ossobuco [oso'buko] *m* CULIN osso bucco.
ostensible *adj* evident, clear.
ostentación *f* ostentation, show; **hacer ~ de algo** to show sthg off, to parade sthg.
ostentador, ra *m, f* show-off, ostentatious person.
ostentar *vt* **-1.** [poseer] to hold, to have **-2.** [exhibir] to show off, to parade.
ostentoso, sa *adj* ostentatious.
osteópata *mf* osteopath.
osteopatía *f* [terapia] osteopathy.
osteoplastia *f* osteoplasty.
ostión *m Chile* [vieira] scallop.
ostra *f* oyster; **aburrirse como una ~** *fam* to be bored to death.
◆ **ostras** *interj fam*: **¡~s!** blimey!
ostracismo *m* ostracism; **~ político** political wilderness.
OTAN (*abrev de* **Organización del Tratado del Atlántico Norte**) *f* NATO.
otear *vt* to survey, to scan; *fig* to study.
otero *m* hillock.
OTI (*abrev de* **Organización de Televisiones Iberoamericanas**) *f association of all Spanish-speaking television networks.*

otitis *f inv* inflammation of the ear.
otomano, na *adj & m,f* Ottoman.
◆ **otomana** *f* [sofá] ottoman.
otoñal *adj* autumn *UK (antes de sust)*, autumnal *UK*, fall *US (antes de sust)*.
otoño *m lit & fig* autumn *UK*, fall *US*.
otorgamiento *m* granting, conferring; [de un premio] award, presentation; *DER* execution.
otorgar [16] *vt* to grant; [premio] to award, to present; *DER* to execute.
otorrino, na *m,f fam* ear, nose and throat specialist.
otorrinolaringología *f* ear, nose and throat medicine.
otorrinolaringólogo, ga *m,f* ear, nose and throat specialist.
otro, tra ◇ *adj* **-1.** [distinto] *(sg)* another, *(pl)* other; ~ **chico** another boy; **el** ~ **chico** the other boy; **(los)** ~**s chicos** (the) other boys; **no hacer otra cosa que llorar** to do nothing but cry; **el** ~ **día** [pasado] the other day **-2.** [nuevo] another; **estamos ante** ~ **Dalí** this is another Dali; ~**s tres goles** another three goals. ◇ *pron (sg)* another (one), *(pl)* others; **dame** ~ give me another (one); **el** ~ the other one; **(los)** ~**s** (the) others; **yo no lo hice, fue** ~ it wasn't me, it was somebody else; ~ **habría abandonado, pero no él** anyone else would have given up, but not him; **¡otra!** [en conciertos] encore!, more!
otrora *adv culto* formerly.
otrosí *adv culto* besides, moreover.
Ottawa [o'taa] Ottawa.
OUA (*abrev de* **Organización para la Unidad Africana**) *f* OAU.
output ['autput] (*pl* **outputs**) *m INFORM* output *(U)*.
ovación *f* ovation.
ovacionar *vt* to give an ovation to, to applaud.
oval *adj* oval.
ovalado, da *adj* oval.
óvalo *m* oval.
ovario *m* ovary.
oveja *f* sheep, ewe.
◆ **oveja descarriada** *f* lost sheep.
◆ **oveja negra** *f* black sheep.
overbooking [ober'bukin] *m* overbooking.
overol, overoles *m Amér* [ropa - con peto] dungarees *(pl) UK*, overalls *(pl) US*; [- para bebé] rompers *(pl)*.
ovetense *adj* of/relating to Oviedo.
OVI (*abrev de* **objeto volador identificado**) *m* *identified flying object*.
Oviedo Oviedo.
ovillar *vt* to roll *o* wind into a ball.
◆ **ovillarse** *vpr* to curl up into a ball.
ovillo *m* ball *(of wool etc)*; **hacerse un** ~ to curl up into a ball.
ovino, na ◇ *adj* ovine, sheep *(antes de sust)*. ◇ *m,f* sheep.
ovíparo, ra *adj* oviparous.
ovni ['ofni] *m* (*abrev de* **objeto volador no identificado**) UFO.
ovoide *adj* ovoid.
ovulación *f* ovulation.
ovular ◇ *adj* ovular. ◇ *vi* to ovulate.
óvulo *m* ovum.
oxidación *f* rusting.
oxidante ◇ *adj* oxidizing. ◇ *m* oxidizing agent.
oxidar *vt* to rust; *QUÍM* to oxidize.
◆ **oxidarse** *vpr* to get rusty.
óxido *m* **-1.** *QUÍM* oxide **-2.** [herrumbre] rust.
oxigenación *f* oxygenation.
oxigenado, da *adj* **-1.** *QUÍM* oxygenated **-2.** [cabello] peroxide *(antes de sust)*, bleached.
oxigenar *vt QUÍM* to oxygenate.
◆ **oxigenarse** *vpr* **-1.** [airearse] to get a breath of fresh air **-2.** [cabello] to bleach.
oxígeno *m* oxygen.
oye ▷ **oír**.
oyente *mf* **-1.** *RADIO* listener **-2.** [alumno] unregistered student.
oyera *etc* ▷ **oír**.
ozono *m* ozone.
ozonosfera *f* ozonosphere.

P

p, P *f* [letra] p, P.
p. -1. = **pág -2.** *abrev de* **paseo**.
p.a. -1. *abrev de* **por ausencia -2.** (*abrev de* **por autorización**) pp.
pabellón *m* **-1.** [edificio] pavilion **-2.** [parte de un edificio] block, section **-3.** [en parques, jardines] summerhouse **-4.** [tienda de campaña]

bell tent **-5.** [dosel] canopy **-6.** [bandera] flag **-7.**: ~ **auditivo** outer ear.
pábilo *m* wick.
pábulo *m* food, fuel; **dar ~ a** to feed, to encourage.
PAC (*abrev de* **política agrícola común**) *f* CAP.
pacato, ta <> *adj* **-1.** [mojigato] prudish **-2.** [tímido] shy. <> *m,f* [mojigato] prude.
paceño, ña <> *adj* of/relating to La Paz. <> *m,f* native/inhabitant of La Paz.
pacer [29] *vi* to graze.
pachá (*pl* **pachaes**) *m* pasha; **vivir como un ~** *fam* to live like a lord.
Pachamama *f Andes* Mother Earth.
pachanga *f fam* rowdy celebration.
pachanguero, ra *adj fam* [música] catchy but mindless.
pacharán *m liqueur made from anis and sloes.*
pachorra *f fam* calmness.
pachucho, cha *adj fam* under the weather.
pachulí (*pl* **pachulíes**) *m* patchouli.
paciencia *f* patience; **armarse de ~** to summon up one's patience; **perder la ~** to lose one's patience; **tener ~** to be patient; **tener más ~ que un santo** to have the patience of a saint.
paciente *adj & m,f* patient.
pacificación *f* pacification.
pacificar [10] *vt* **-1.** [país] to pacify **-2.** [ánimos] to calm.
◆ **pacificarse** *vpr* [persona] to calm down.
pacífico, ca *adj* [gen] peaceful; [persona] peaceable.
Pacífico *m*: **el (océano) ~** the Pacific (Ocean).
pacifismo *m* pacifism.
pacifista *adj & m,f* pacifist.
paco, ca *m,f Andes, Pan fam* cop.
pacotilla *f*: **de ~** trashy, third-rate.
pactar <> *vt* to agree to. <> *vi*: **~ (con)** to strike a deal (with).
pacto *m* [gen] agreement, pact; [entre países] treaty; **hacer/romper un ~** to make/break an agreement; **~ social** social contract.
padecer [30] <> *vt* to suffer, to endure; [enfermedad] to suffer from. <> *vi* to suffer; [enfermedad]: **~ de** to suffer from.
padecimiento *m* suffering.
pádel [pael] *m ball game for two or four players, played with a small rubber bat on a two-walled court.*
padezca *etc* ▻ **padecer.**
padrastro *m* **-1.** [pariente] stepfather **-2.** [pellejo] hangnail.
padrazo *m fam* adoring father.
padre <> *m* [gen & RELIG] father; **~ de familia** head of the family; **~ espiritual** confessor; **~ soltero** single parent; **de ~ y muy señor mío** incredible, tremendous. <> *adj inv* **-1.** *Esp fam* [enorme] incredible, tremendous **-2.** *Méx fam* [estupendo] fantastic, great.
◆ **padres** *mpl* **-1.** [padre y madre] parents **-2.** [antepasados] ancestors, forefathers.
◆ **Padres de la Iglesia** *mpl* RELIG Fathers of the Christian Church.
◆ **Santo Padre** *m* RELIG Holy Father, Pope.
padrenuestro (*pl* **padrenuestros**) *m* Lord's Prayer.
padrino *m* **-1.** [de bautismo] godfather; [de boda] best man **-2.** [en duelos, torneos etc] second **-3.** *fig* [protector] patron.
◆ **padrinos** *mpl* [padrino y madrina] godparents.
padrísimo *adj Méx fam* great.
padrón *m* [censo] census; [para votar] electoral roll *o* register.
padrote *m Méx fam* pimp.
paella *f* paella.
paellera *f large frying-pan or earthenware dish for cooking paella.*
paf *interj* bang!, crash!
pág., p. (*abrev de* **página**) p.
paga *f* payment; [salario] salary, wages *(pl)*; [de niño] pocket money; **~ extra** *o* **extraordinaria** *bonus paid twice a year to Spanish workers.*

PAGA EXTRA

This is a bonus, equivalent to one month's wages, which is added to employees' salaries twice a year, in the summer and at Christmas, just in time to help people over these periods of heavy expenditure. It is considered as part of an employee's annual salary.

pagadero, ra *adj* payable; **~ a 90 días/a la entrega** payable within 90 days/on delivery.
pagado, da *adj* paid.
pagador, ra <> *adj* paying; **ser buen/mal ~** to be a reliable/unreliable payer. <> *m,f* [de obreros etc] paymaster.
paganismo *m* paganism.
pagano, na *adj & m,f* pagan, heathen.
pagar [16] <> *vt* [gen] to pay; [deuda] to pay off, to settle; [ronda, gastos, delito] to pay for; [ayuda, favor] to repay; **me las pagarás** *fam* you'll pay for this; **~ el pato/los platos rotos** *fam* to carry the can; **el que la hace la paga** he/she *etc* will pay for it in the end.

◇ *vi* to pay; ~ **en efectivo** *o* **metálico** to pay (in) cash.

pagaré (*pl* **pagarés**) *m* COM promissory note, IOU; ~ **del Tesoro** Treasury note.

pagel *m* pandora.

página *f* page; ~ **inicial** *o* **de inicio** INFORM home page; ~ **Web** Web page; **las ~s amarillas** the Yellow Pages.

paginación *f* pagination.

paginar *vt* INFORM to paginate.

pago *m* payment; *fig* reward, payment; **en ~ de** [en recompensa por] as a reward for; [a cambio de] in return for; ~ **anticipado/inicial** advance/down payment; ~ **por visión** pay-per-view.

◆ **pagos** *mpl* [lugar]: **por estos ~s** around here.

pagoda *f* pagoda.

pague *etc* ⊳ **pagar**.

pai *m* *CAm & Méx* pie.

paila *f* **-1.** *Andes, CAm & Carib* [sartén] frying pan **-2.** *Chile* [huevos fritos] fried eggs *(pl)*.

paipai (*pl* **paipais**), **paipay** (*pl* **paipays**) *m* *fan made from a palm leaf.*

pair ⊳ **au pair**.

país *m* country; **los ~es bálticos** the Baltic States; ~ **natal** native country, homeland; ~ **satélite** satellite state; **~es desarrollados/en vías de desarrollo/subdesarrollados** developed/developing/underdeveloped countries.

paisaje *m* [gen] landscape; [vista panorámica] scenery *(U)*, view.

paisajista ◇ *adj* landscape *(antes de sust)*. ◇ *mf* landscape painter.

paisajístico, ca *adj* landscape *(antes de sust)*.

paisanaje *m* civilians *(pl)*.

paisano, na ◇ *adj* [del mismo país] from the same country. ◇ *m,f* [del mismo país] compatriot, fellow countryman (*f* fellow countrywoman).

◆ **paisano** *m* [civil] civilian; **de ~** MIL in civilian clothes; **de ~** [policía] in plain clothes.

Países Bajos *mpl*: **los ~** the Netherlands.

País Valenciano *m*: **el ~** the autonomous region of Valencia.

País Vasco *m*: **el ~** the Basque Country.

paja *f* **-1.** [gen] straw **-2.** *fig* [relleno] waffle **-3.** *vulg* [masturbación] wank; **hacerse una ~** to have a wank.

pajar *m* straw loft.

pájara *f* *fig* crafty *o* sly woman.

pajarera *f* aviary.

pajarería *f* pet shop.

pajarita *f* **-1.** *Esp* [corbata] bow tie **-2.** [de papel] paper bird.

pájaro *m* **-1.** ZOOL bird; ~ **bobo** penguin; ~ **carpintero** woodpecker; ~ **de mal agüero** bird of ill omen; **más vale ~ en mano que ciento volando** *proverb* a bird in the hand is worth two in the bush; **matar dos ~s de un tiro** to kill two birds with one stone; **tener ~s en la cabeza** to be scatterbrained *o* empty-headed **-2.** *fig* [persona] crafty devil, sly old fox.

pajarraco *m despec* **-1.** [pájaro] big ugly bird **-2.** [persona] nasty piece of work.

paje *m* page.

pajilla, pajita *f* (drinking) straw.

pajizo, za *adj* [de paja] straw *(antes de sust)*; [color] straw-coloured; [techo] thatched.

pajolero, ra *adj Esp fam* damn, blessed; **no tengo ni pajolera idea** I haven't got the foggiest.

pajuerano, na *RP* ◇ *adj* [de pueblo] countrified. ◇ *m,f* [palurdo] bumpkin, hick *US*.

Pakistán, Paquistán Pakistan.

pakistaní (*pl* **pakistaníes**), **paquistaní** (*pl* **paquistaníes**) *adj & m,f* Pakistani.

pala *f* **-1.** [herramienta] spade; [para recoger] shovel; CULIN slice; ~ **mecánica** *o* **excavadora** excavator, digger **-2.** [de frontón, ping-pong] bat **-3.** [de remo, hélice] blade **-4.** [de diente] upper front tooth.

palabra *f* **-1.** [gen] word; **estar bajo ~** to be under oath; **de ~** by word of mouth, verbally; **mantener uno su ~** to keep one's word; **no tener ~** to go back on one's word; **~ por ~** word for word; **sin mediar ~** without a single word; **tomar** *o* **coger la ~ a alguien** to hold sb to their word; ~ **clave** INFORM key word; ~ **divina** *o* **de Dios** word of God; ~ **de honor** word of honour **-2.** [habla] speech **-3.** [derecho de hablar] right to speak; **dar la ~ a alguien** to give the floor to sb **-4.** *loc*: **dejar a alguien con la ~ en la boca** to cut sb off in mid-sentence; **en cuatro** *o* **dos ~s** in a few words; **en una ~** in a word; **medir las ~s** to weigh one's words (carefully); **ser ~s mayores** to be an important matter.

◆ **palabras** *fpl* [discurso] words.

palabrería *f fam* hot air.

palabrota *f* swearword, rude word; **decir ~s** to swear.

palacete *m* mansion, small palace.

palaciego, ga *adj* palace *(antes de sust)*, court *(antes de sust)*.

palacio *m* palace; ~ **de congresos** conference centre; ~ **de Justicia** Law Courts *(pl).*

PALACIO DE LA MONEDA

The Palacio de la Moneda, also known simply as *La Moneda*, is the name of the Chilean Presidential Palace and the seat of the government; it is situated in the capital, Santiago.

palada *f* **-1.** [al cavar] spadeful, shovelful **-2.** [de remo] stroke **-3.** [de hélice] rotation.
paladar *m* palate.
paladear *vt* to savour.
paladín *m* **-1.** HIST paladin, heroic knight **-2.** *fig* [adalid] champion, defender.
palanca *f* **-1.** [barra, mando] lever; ~ **de cambio** gear lever *o* stick, gearshift *US*; ~ **de mando** joystick **-2.** [trampolín] diving board.
palangana *f* [para fregar] washing-up bowl; [para lavarse] wash bowl.
palangre *m* fishing line with hooks.
palanqueta *f* jemmy, crowbar.
palatal *adj* palatal.
palatino, na *adj* **-1.** [de paladar] palatine **-2.** [de palacio] palace *(antes de sust)*, court *(antes de sust)*.
palco *m* box *(at theatre)*; ~ **de autoridades** VIP box.
paleocristiano, na *adj* early Christian.
paleografía *f* paleography.
paleográfico, ca *adj* paleographic.
paleógrafo, fa *m,f* paleographer.
paleolítico, ca *adj* paleolithic.
◆ **paleolítico** *m* Paleolithic period.
paleontología *f* paleontology.
paleontólogo, ga *m,f* paleontologist.
Palestina Palestine.
palestino, na *adj & m,f* Palestinian.
palestra *f* arena; **salir** *o* **saltar a la** ~ to enter the fray.
paleta *f* [gen] small shovel, small spade; [llana] trowel; CULIN slice; ARTE palette; [de ping-pong] bat; *Méx* [helado] ice lolly *UK*, Popsicle® *US*.
paletada *f* [gen] shovelful, spadeful; [de yeso] trowelful; [de pintura] palette.
paletilla *f* shoulder blade.
paleto, ta *Esp* ◇ *adj* coarse, uncouth. ◇ *m,f* country bumpkin, yokel, hick *US*.
paliar [8] *vt* [atenuar] to ease, to relieve.
paliativo, va *adj* palliative.
◆ **paliativo** *m* **-1.** MED palliative **-2.**: **sin ~s** [derrota, fracaso] resounding.
palidecer [30] *vi* **-1.** [ponerse pálido] to go *o* turn pale **-2.** [perder importancia] to pale, to fade.
palidez *f* paleness.
pálido, da *adj* pale; *fig* dull.
palier [pa'ljer] *m* AUTOM bearing.
palillero *m* toothpick holder.
palillo *m* **-1.** [mondadientes] toothpick **-2.** [baqueta] drumstick **-3.** [para comida china] chopstick **-4.** *fig* [persona delgada] matchstick.
palio *m* canopy.
palique *m Esp fam* chat, natter; **estar de** ~ to chat, to natter.
palisandro *m* rosewood.
palito *m*: ~ **(de pescado)** CULIN fish finger.
paliza *f* **-1.** [golpes, derrota] beating **-2.** [esfuerzo] hard grind **-3.** *fam* [rollo] drag.
palma *f* **-1.** [de mano] palm; **conocer algo como la** ~ **de la mano** to know sthg like the back of one's hand **-2.** [palmera] palm (tree); [hoja de palmera] palm leaf; **llevarse la** ~ to be the best; *irón* to take the biscuit.
◆ **palmas** *fpl* [aplausos] clapping *(U)*, applause *(U)*; **batir ~s** to clap (one's hands).
palmada *f* **-1.** [golpe] pat; [más fuerte] slap **-2.** [aplauso] clap; **~s** clapping *(U)*.
palmar[1] ◇ *adj* of the palm *(of the hand)*. ◇ *m* palm grove.
palmar[2] *fam vi* to kick the bucket, to snuff it. ◇ *vt*: **~la** to kick the bucket, to snuff it.
palmarés *m* **-1.** [historial] record **-2.** [lista] list of winners.
palmear ◇ *vt* **-1.** [aplaudir] to applaud **-2.** [espalda] to slap, to pat. ◇ *vi* to clap, to applaud.
palmeño, ña *adj* of/relating to Las Palmas.
palmera *f* **-1.** [árbol] palm (tree); [datilera] date palm **-2.** [pastel] *flat, butterfly-shaped pastry.*
palmeral *m* palm grove.
palmesano, na *adj* of/relating to Palma (Majorca).
palmito *m* **-1.** [árbol] palmetto, fan palm **-2.** CULIN palm heart **-3.** *fam Esp fig* [buena planta] good looks *(pl)*; **lucir el** ~ to show off one's good looks.
palmo *m* handspan; *fig* small amount; ~ **a** ~ bit by bit; **dejar a alguien con un** ~ **de narices** to let sb down.
palmotear *vi* to clap.
palmoteo *m* clapping.
palmtop *m* [inform] palmtop.
palo *m* **-1.** [gen] stick; [de golf] club; [de portería] post; [de la escoba] handle **-2.** [mástil] mast **-3.** [golpe] blow *(with a stick)*; **moler a alguien a ~s** to thrash sb **-4.** *fig* [mala crítica] bad review **-5.** [de baraja] suit **-6.** [madera]: **de**

~ wooden **-7.** BOT tree; ~ **santo** lignum vitae **-8.** *fig* [pesadez] bind, drag; **dar** ~ *fam* to be a bind *o* a drag **-9.** *loc*: **a** ~ **seco** [gen] without anything else; [bebida] neat; **dar** ~**s de ciego** [criticar] to lash out (wildly); [no saber qué hacer] to grope around in the dark; **de tal** ~ **tal astilla** he/she is a chip off the old block.

paloma ▷ **palomo.**

palomar *m* dovecote; [grande] pigeon shed.

palomilla *f* **-1.** [insecto] grain moth **-2.** [tornillo] butterfly nut, wing nut **-3.** [soporte] bracket.

palomino *m* young dove *o* pigeon.

palomita *f*: ~**s** popcorn *(U)*.

palomo, ma *m,f* dove, pigeon; **paloma mensajera** carrier *o* homing pigeon; **paloma torcaz** ringdove, wood pigeon.

palote *m* [trazo] downstroke.

palpable *adj* touchable, palpable; *fig* obvious, clear.

palpación *f* palpation.

palpar ◇ *vt* **-1.** [tocar] to feel, to touch; MED to palpate **-2.** *fig* [percibir] to feel. ◇ *vi* to feel around.

palpitación *f* beat, beating *(U)*; [con fuerza] throb, throbbing *(U)*.

◆ **palpitaciones** *fpl* MED palpitations.

palpitante *adj* **-1.** [que palpita] beating; [con fuerza] throbbing **-2.** *fig* [interesante - discusión, competición] lively; [- interés, deseo, cuestión] burning.

palpitar *vi* **-1.** [latir] to beat; [con fuerza] to throb **-2.** *fig* [suj: sentimiento] to be evident.

pálpito *m* feeling, hunch.

palta *f* **Andes** & **RP** avocado.

palúdico, ca *adj* **-1.** MED malarial **-2.** [pantanoso] marshy, swampy.

paludismo *m* malaria.

palurdo, da ◇ *adj* **fam** coarse, uncouth. ◇ *m,f* country bumpkin, yokel, hick **US**.

pamela *f* sun hat.

pampa *f*: **la** ~ the pampas *(pl)*.

pampero, ra ◇ *adj* of/relating to the pampas. ◇ *m,f* inhabitant of the pampas.

pamplina *(gen pl) f* **fam** trifle, unimportant thing.

pamplonés, esa *adj* of/relating to Pamplona.

pan *m* **-1.** [alimento] bread; ~ **de molde** *o* **inglés** sliced bread; ~ **francés** French bread; ~ **integral** wholemeal bread; **Arg** ~ **lactal** sliced bread; ~ **moreno** *o* **negro** [integral] wholemeal **UK** *o* wholewheat **US** bread; [con centeno] black *o* rye bread; ~ **rallado** breadcrumbs *(pl)* **-2.** [hogaza] loaf **-3.** *loc*: **a falta de** ~ **buenas son tortas** you have to make the most of what you've got; **a** ~ **y agua** on bread and water; *fig* on the breadline; **contigo** ~ **y cebolla** I'll go through thick and thin with you; **llamar al** ~ ~ **y al vino vino** to call a spade a spade; **ser** ~ **comido** to be a piece of cake, to be as easy as pie; **ser el** ~ **nuestro de cada día** to be a regular occurrence, to be commonplace; **ser más bueno que el** ~ to be kindness itself; **no sólo de** ~ **vive el hombre** man cannot live on bread alone.

pana *f* corduroy.

panacea *f lit* & *fig* panacea.

panadería *f* bakery, baker's.

panadero, ra *m,f* baker.

panal *m* honeycomb.

panamá *(pl* **panamaes)** *m* panama (hat).

Panamá Panama.

panameño, ña *adj* & *m,f* Panamanian.

panamericanismo *m* Pan-Americanism.

Panamericana *f*: **la** ~ the Pan-American Highway.

pancarta *f* placard, banner.

panceta *f* bacon.

pancho, cha *adj* **fam** calm, unruffled; **estar/quedarse tan** ~ to be/remain perfectly calm.

◆ **pancho** *m* **RP** [comida] hot dog.

páncreas *m inv* pancreas.

pancreático, ca *adj* pancreatic.

panda ◇ *m* ▷ **oso.** ◇ *f* **Esp** gang.

pandemónium *(pl* **pandemóniums)** *m* pandemonium.

pandereta *f* tambourine.

pandero *m* **-1.** MÚS tambourine **-2.** **Esp fam** [trasero] bum.

pandilla *f* gang.

pandillero, ra *m,f* member of a gang.

panecillo *m* **Esp** bread roll.

panecito *m* **Amér** bread roll.

panegírico, ca *adj* panegyrical, eulogistic.

◆ **panegírico** *m* panegyric, eulogy.

panel *m* **-1.** [gen] panel **-2.** [pared, biombo] screen **-3.** [tablero] board; ~ **solar** solar panel.

panera *f* [para servir] bread basket; [para guardar] bread bin.

panero *m* bread tray.

paneuropeísmo *m* Europeanism.

pánfilo, la ◇ *adj* simple, foolish. ◇ *m,f* fool, simpleton.

panfletario, ria *adj* propagandist.

panfleto *m* pamphlet.

pánico *m* panic; **ser presa del ~** to be panic-stricken.
panificadora *f* (large) bakery.
panocha *f* ear, cob.
panoplia *f* **-1.** [armadura] panoply **-2.** [armas] collection of arms *o* weapons.
panorama *m* **-1.** [vista] panorama **-2.** *fig* [situación] overall state; [perspectiva] outlook.
panorámico, ca *adj* panoramic.
◆ **panorámica** *f* panorama.
panqueque *m* *Csur* pancake.
pantagruélico, ca *adj* gargantuan, enormous.
pantaletas *fpl* *CAm, Carib, Méx* [bragas] panties, knickers *UK*.
pantalla *f* **-1.** [gen & *INFORM*] screen; **mostrar en ~** to show on the screen; **~ acústica** baffle; **~ de ayuda** help screen; **~ de cristal líquido** liquid crystal display; **~ de radar** radar screen; **~ táctil** touch screen; **la pequeña ~** the small screen, television **-2.** [de lámpara] lampshade **-3.** [de chimenea] fireguard **-4.** *fig* [encubridor] front.
pantalón *(gen pl)* *m* trousers *(pl)*, pants *(pl)* *US*; **~ tejano** *o* **vaquero** jeans *(pl)*; **~ pitillo** drainpipe trousers *(pl)*; **bajarse los pantalones** *fig* to give in; **llevar los pantalones** to wear the trousers.
pantano *m* **-1.** [ciénaga] marsh; [laguna] swamp **-2.** [embalse] reservoir.
pantanoso, sa *adj* **-1.** [cenagoso] marshy, boggy **-2.** *fig* [difícil] tricky.
panteísta ◇ *adj* pantheistic. ◇ *mf* pantheist.
panteón *m* pantheon; [familiar] mausoleum, vault.
pantera *f* panther; **~ negra** black panther.
pantimedias *fpl* *Méx* tights *UK*, pantyhose *US*.
pantocrátor *m* Christ Pantocrator.
pantomima *f* mime; *fig* pantomime *(U)*, acting *(U)*.
pantorrilla *f* calf.
pantufla *(gen pl)* *f* slipper.
panty *(pl* **pantys***)* *m* tights *(pl)*.
panza *f* belly.
panzada *f* **-1.** [en el agua] belly flop **-2.** *fam* [hartura]: **darse una ~ de algo** to pig out on sthg.
pañal *m* nappy *UK*, diaper *US*; **estar en ~es** [en sus inicios] to be in its infancy; [sin conocimientos] not to have a clue; **dejar a alguien en ~es** to leave sb standing *o* behind.
pañería *f* [producto] drapery; [tienda] draper's (shop), dry-goods store *US*.
paño *m* **-1.** [tela] cloth, material **-2.** [trapo] cloth; [para polvo] duster; [de cocina] tea towel **-3.** [lienzo] panel, length **-4.** *loc*: **conocer el ~** to know the score; **ser el ~ de lágrimas de alguien** to be a shoulder to cry on for sb.
◆ **paños** *mpl* **-1.** [vestiduras] drapes; **en ~s menores** in one's underwear **-2.** *loc*: **~s calientes** half-measures.
pañol *m* *NÁUT* storeroom.
pañoleta *f* shawl, wrap.
pañuelo *m* [de nariz] handkerchief; [para el cuello] scarf; [para la cabeza] headscarf; **~ de papel** paper handkerchief, tissue.
papa *f* potato; **no saber ni ~** *fam* not to have a clue.
◆ **Papa** *m* Pope.
papá *m* *fam* dad, daddy, pop *US*; **~ grande** *Méx* grandpa.
◆ **Papá Noel** *m* Father Christmas.
papachador, ra *adj* *Méx* comforting.
papachar *vt* *Méx* to spoil.
papada *f* [de persona] double chin; [de animal] dewlap.
papado *m* papacy.
papagayo *m* **-1.** [pájaro] parrot; **como un ~** parrot-fashion **-2.** *Ven* [cometa] kite.
papal *adj* papal.
papalote *m* *CAm, Carib, Méx* kite.
papamoscas *m inv* flycatcher.
papamóvil *m inv* popemobile.
papanatas *m y f inv fam* sucker.
Papanicolau *m* smear test.
papaya *f* [fruta] papaya, pawpaw.
papear *vi* *fam* to eat.
papel *m* **-1.** [gen] paper; [hoja] sheet of paper; **~ carbón/cuché/secante** carbon/coated/blotting paper; **~ cebolla** onionskin; **~ celofán** Cellophane; **~ confort** *Chile* toilet paper; **~ continuo** *INFORM* continuous paper; **~ de embalar** *o* **de embalaje** wrapping paper; **~ de estaño** *o* **de aluminio** *o* **de plata** tin *o* aluminium foil; **~ de estraza** brown paper; **~ de fumar** cigarette paper; **~ de lija** sandpaper; **~ higiénico** toilet paper; **~ madera** *RP* cardboard; **~ milimetrado** graph paper; **~ pintado** wallpaper; **~ reciclado** recycled paper; *Cuba & Méx* **~ sanitario** toilet paper; **~ sellado** *o* **timbrado** stamp, stamped paper; **~ vegetal** tracing paper; **sobre el ~** on paper; **ser ~ mojado** to be worthless **-2.** *CIN & TEATR & fig* role, part; **desempeñar** *o* **hacer el ~ de** to play the role *o* part of; **~ principal/secundario** main/minor part; **hacer buen/mal ~** to do well/badly **-3.** *FIN*

stocks and shares *(pl)*; ~ **de pagos** *special stamps for making certain payments to the State*; ~ **del Estado** government bonds *(pl)*; ~ **moneda** paper money, banknotes *(pl)*.
◆ **papeles** *mpl* [documentos] papers.

papela *f Esp fam* [documentación] I.D. card.

papeleo *m* paperwork, red tape.

papelera ▷ **papelero.**

papelería *f* stationer's (shop).

papelero, ra *adj* paper *(antes de sust)*.
◆ **papelera** *f* **-1.** [cesto - en oficina etc] wastepaper basket *o* bin; [- en la calle] litter bin **-2.** [fábrica] paper mill.

papeleta *f* **-1.** [boleto] ticket, slip (of paper); [de votación] ballot paper **-2.** *EDUC slip of paper with university exam results* **-3.** *fig* [problema]: **¡menuda ~!** that's a nasty one!

papelina *f fam* wrap.

papelón *m fam* spectacle; **hacer un ~** to make a fool of o.s., to be left looking ridiculous.

paperas *fpl* mumps.

papi *m fam* daddy, dad.

papila *f* papilla; ~ **gustativa** taste bud.

papilla *f* **-1.** [para niños] baby food; **echar** *o* **arrojar la primera ~** *fam* to be as sick as a dog; **hecho ~** *fam* [cansado] shattered, exhausted; [cosa] smashed to bits, ruined **-2.** *MED* barium meal.

papiloma *m* papilloma.

papiro *m* papyrus.

papiroflexia *f* origami.

papista *mf* papist; **ser más ~ que el Papa** to be more Catholic than the Pope.

paprika, páprika *f* paprika.

papú (*pl* **papúes**) *adj & m,f* Papuan.

Papúa-Nueva Guinea Papua New Guinea.

paquebote *m* packet boat.

paquete *m* **-1.** [de libros, regalos etc] parcel; ~ **bomba** parcel bomb; ~ **postal** parcel **-2.** [de cigarrillos, klínex, folios etc] pack, packet; [de azúcar, arroz] bag **-3.** [maleta, bulto etc] bag **-4.** [de medidas] package; ~ **de acciones** block of shares; ~ **turístico** package tour **-5.** *fam* [cosa fastidiosa]: **me ha tocado el ~ de hacer ...** I've been lumbered with doing ... **-6.** *INFORM* package; ~ **integrado** integrated package **-7.** *Esp fam* [pañales] nappies **-8.** [en una moto]: **ir de ~** to ride pillion **-9.** *loc*: **meter un ~ a alguien** *fam* [castigar] to come down on sb like a ton of bricks.

paquidermo *m* pachyderm.

Paquistán = **Pakistán.**

paquistaní = **pakistaní.**

par ◇ *adj* **-1.** *MAT* even; **echar algo a ~es** *o* **nones** *to decide something between two people by a game involving guessing the number of fingers that another person is holding out behind his/her back* **-2.** [igual] equal. ◇ *m* **-1.** [pareja - de zapatos etc] pair **-2.** [dos - veces etc] couple **-3.** [número indeterminado] few, couple; **un ~ de copas** a couple of *o* a few drinks **-4.** [en golf] par **-5.** [noble] peer.
◆ **a la par** *loc adv* **-1.** [simultáneamente] at the same time **-2.** [a igual nivel] at the same level **-3.** *FIN* at par.
◆ **de par en par** *loc adj*: **abierto de ~ en ~** wide open.
◆ **sin par** *loc adj* without equal, matchless.

para *prep* **-1.** [finalidad] for; **es ~ ti** it's for you; **una mesa ~ el salón** a table for the living room; **esta agua no es buena ~ beber** this water isn't fit for drinking *o* to drink; **te lo repetiré ~ que te enteres** I'll repeat it so you understand; **¿~ qué?** what for? **-2.** [motivación] (in order) to; **~ conseguir sus propósitos** in order to achieve his aims; **lo he hecho ~ agradarte** I did it to please you **-3.** [dirección] towards; **ir ~ casa** to head (for) home; **salir ~ el aeropuerto** to leave for the airport **-4.** [tiempo] for; **tiene que estar acabado ~ mañana** it has to be finished by *o* for tomorrow **-5.** [comparación]: **está muy delgado ~ lo que come** he's very thin considering how much he eats; **~ ser verano hace mucho frío** considering it's summer, it's very cold **-6.** *(después de adj y antes de infin)* [inminencia, propósito] to; **la comida está lista ~ servir** the meal is ready to be served; **el atleta está preparado ~ ganar** the athlete is ready to win.
◆ **para con** *loc prep* towards; **es buena ~ con los demás** she is kind towards other people.

parabién (*pl* **parabienes**) *m* congratulations *(pl)*.

parábola *f* **-1.** [alegoría] parable **-2.** *GEOM* parabola.

parabólico, ca *adj* parabolic.
◆ **parabólica** *f* satellite dish.

parabrisas *m inv* windscreen, windshield *US*.

paracaídas *m inv* parachute.

paracaidismo *m* parachuting, parachute jumping.

paracaidista *mf* parachutist; *MIL* paratrooper.

parachispas *m inv* fireguard.

parachoques *m inv AUTOM* bumper, fender *US*; *FERROC* buffer.
parada ▷ parado.
paradero *m* **-1.** [de persona] whereabouts *(pl)* **-2.** *Chile, Col, Méx, Perú* [parada de autobús] bus stop.
paradigma *m* paradigm, example.
paradisiaco, ca, paradisíaco, ca *adj* heavenly.
parado, da ◇ *adj* **-1.** [inmóvil - coche] stationary, standing; [- persona] still, motionless; [- fábrica, proyecto] at a standstill **-2.** [pasivo] lacking in initiative **-3.** *Amér* [de pie] standing **-4.** *Esp* [sin empleo] unemployed, out of work **-5.** *loc*: **salir bien/mal ~ de algo** to come off well/badly out of sthg. ◇ *m,f* *Esp* [desempleado] unemployed person; **los ~s** the unemployed.
◆ **parada** *f* **-1.** [detención] stop, stopping *(U)*; **parada de imagen** [de vídeo] freeze-frame function **-2.** *DEP* save **-3.** [de autobús] (bus) stop; [de taxis] taxi rank *UK* o stand *US*; [de metro] (underground) station; **parada discrecional** request stop **-4.** *MIL* parade.
paradoja *f* paradox.
paradójico, ca *adj* paradoxical, ironical.
parador *m* [hotel]: **~ (nacional)** *Esp* *state-owned luxury hotel, usually a building of historic or artistic importance.*

PARADOR NACIONAL

A *parador nacional* is a building of artistic or historic interest which has been converted into a luxury hotel and is administered by the Spanish government. *Paradores* are found throughout Spain, both in cities and in the countryside. They are considered to be flagships of the government's policy on tourism.

parafernalia *f* paraphernalia.
parafina *f* paraffin.
parafrasear *vt* to paraphrase.
paráfrasis *f inv* paraphrase.
paragolpes *mpl RP AUTOM* bumper, fender *US*.
paraguas *m inv* umbrella.
Paraguay: **(el) ~** Paraguay.
paraguayo, ya *adj & m,f* Paraguayan.
paragüero *m* umbrella stand.
paraíso *m RELIG* Paradise; *fig* paradise; **~ fiscal** tax haven; **~ terrenal** earthly Paradise.
paraje *m* spot, place.
paralelismo *m* **-1.** *GEOM* parallelism **-2.** [semejanza] similarity, parallels *(pl)*.
paralelo, la *adj*: **~ (a)** parallel (to).
◆ **paralelo** *m* **-1.** *GEOGR* parallel **-2.** [comparación] comparison **-3.** *ELECTR*: **estar en ~** to be in parallel.
◆ **paralela** *f GEOM* parallel (line).
◆ **paralelas** *fpl DEP* parallel bars.
paralelogramo *m* parallelogram.
parálisis *f inv* paralysis; **~ cerebral** cerebral palsy; **~ infantil** polio.
paralítico, ca *adj & m,f* paralytic.
paralización *f* paralysis; *fig* halting.
paralizar [13] *vt* to paralyse.
◆ **paralizarse** *vpr* to become paralysed; [producción etc] to come to a standstill.
paramento *m* **-1.** [adorno] adornment **-2.** *CONSTR* facing *(of a wall)*.
parámetro *m* parameter.
paramilitar *adj & m,f* paramilitary.
páramo *m* moor, moorland *(U)*; *fig* wilderness.
parangón *m* paragon; **sin ~** unparalleled; **tener ~ con** to be comparable with.
paraninfo *m* assembly hall, auditorium.
paranoia *f* paranoia.
paranoico, ca *adj & m,f* paranoic.
paranormal *adj* paranormal.
parapente *m* [deporte] parapenting, paragliding; [paracaídas] parapente.
parapentista *m,f* paraglider.
parapetarse *vpr lit & fig*: **~ (tras)** to take refuge (behind).
parapeto *m* [antepecho] parapet; [barandilla] bannister; [barricada] barricade.
paraplejía, paraplejia *f* paraplegia.
parapléjico, ca *adj & m,f* paraplegic.
parapsicología *f* parapsychology.
parapsicológico, ca *adj* parapsychological.
parapsicólogo, ga *m,f* parapsychologist.
parar ◇ *vi* **-1.** [gen] to stop; **~ de hacer algo** to stop doing sthg; **no para de molestarme** she keeps annoying me; **no para** *fam* he's always on the go; **sin ~** non-stop **-2.** [alojarse] to stay **-3.** [recaer]: **~ en manos de alguien** to come into the possession of sb **-4.** [acabar] to end up; **¿en qué parará este lío?** where will it all end?; **ir a ~ a** to end up in. ◇ *vt* **-1.** [gen] to stop; [golpe] to parry **-2.** [preparar] to prepare, to lay **-3.** *Amér* [levantar] to raise.
◆ **pararse** *vpr* **-1.** [detenerse] to stop; **~se a hacer algo** to stop to do sthg **-2.** *Amér* [ponerse de pie] to stand up **-3.** *Méx, Ven* [salir de la cama] to get up.
pararrayos *m inv* lightning conductor.
parasitario, ria *adj* parasitic.
parasitismo *m* parasitism.

parásito, ta *adj BIOL* parasitic.
◆ **parásito** *m BIOL & fig* parasite.
◆ **parásitos** *mpl* [interferencias] statics *(pl)*.

parasitología *f* parasitology.

parasol *m* parasol.

parcela *f* **-1.** [de tierra] plot (of land) **-2.** [de saber] area.

parcelación *f* parcelling out, division into plots.

parcelar *vt* to parcel out, to divide into plots.

parcelario, ria *adj of/relating to plots of land.*

parche *m* **-1.** [gen] patch **-2.** [emplasto] poultice **-3.** [chapuza - mal hecha] botch job; [- para salir del paso] makeshift solution.

parchear *vt fig* to patch up.

parchís *m inv* ludo.

parcial ◇ *adj* **-1.** [no total] partial; **a tiempo ~** part-time **-2.** [no ecuánime] biased. ◇ *m* [examen] *end-of-term exam at university.*

parcialidad *f* [tendenciosidad] bias, partiality.

parco, ca *adj* **-1.** [moderado]: **~ (en)** sparing (in) **-2.** [escaso] meagre; [cena] frugal; [explicación] brief, concise.

pardiez *interj desus*: **¡~!** good gracious!

pardillo, lla *Esp* ◇ *adj* **-1.** [ingenuo] naive **-2.** [palurdo] countrified. ◇ *m,f* **-1.** [ingenuo] naive person **-2.** [palurdo] bumpkin, hick *US*.
◆ **pardillo** *m ZOOL* linnet.

pardo, da *adj* greyish-brown, dull brown.
◆ **pardo** *m* greyish-brown, dull brown.

parear *vt* to pair.

parecer [30] ◇ *m* **-1.** [opinión] opinion **-2.** [apariencia]: **de buen ~** good-looking. ◇ *vi (antes de sust)* to look like; **parece un palacio** it looks like a palace. ◇ *v copulativo* to look, to seem; **pareces cansado** you look *o* seem tired. ◇ *v impers* **-1.** [opinar]: **me parece que ...** I think *o* it seems to me that ...; **me parece que sí/no** I think/don't think so; **¿qué te parece?** what do you think (of it)? **-2.** [tener aspecto de]: **parece que va a llover** it looks like it's going to rain; **parece que le gusta** it looks as if *o* it seems that she likes it; **eso parece** so it seems; **al ~** apparently.
◆ **parecerse** *vpr*: **~se (en)** to be alike (in); **~se a alguien** [físicamente] to look like sb; [en carácter] to be like sb.

parecido, da *adj* similar; **~ a** similar to, like; **bien ~** [atractivo] good-looking.
◆ **parecido** *m*: **~ (con/entre)** resemblance (to/between).

pared *f* **-1.** [gen] wall; **~ maestra** main wall; **entre cuatro ~es** cooped-up at home; **las ~es oyen** walls have ears; **si las ~es hablasen ...** if the walls could talk ...; **subirse por las ~es** to hit the roof, to go up the wall **-2.** [de montaña] side; **~ artificial** climbing wall **-3.** *DEP* one-two.

paredón *m* (thick) wall; [de fusilamiento] (execution) wall.

parejo, ja *adj*: **~ (a)** similar (to).
◆ **pareja** *f* **-1.** [gen] pair; [de novios] couple; **pareja de hecho** *common-law heterosexual or homosexual relationship*; **son una pareja de hecho** they live together as man and wife; **por parejas** in pairs **-2.** [miembro del par - persona] partner; [- guante etc] other one; **la pareja de este calcetín** the other sock of this pair.

parentela *f fam* relations *(pl)*, family.

parentesco *m* relationship.

paréntesis *m inv* **-1.** [signo] bracket; **entre ~** in brackets, in parentheses **-2.** [intercalación] digression **-3.** [interrupción] break; **hacer un ~** to have a break.

pareo *m* wraparound skirt.

parezca *etc* ▷ **parecer**.

pargo *m* porgy.

paria *mf* pariah.

parida *f fam*: **eso es una ~** that's a load of nonsense; **decir ~s** to talk nonsense.

paridad *f* **-1.** [semejanza] similarity; [igualdad] equality **-2.** *ECON* parity; **~ de cambio** parity of exchange **-3.** *INFORM* parity.

pariente, ta *m,f* **-1.** [familiar] relation, relative **-2.** *fam* [cónyuge] old man (*f* missus).

parietal *m* parietal.

parihuela *f* stretcher.

paripé *m Esp fam*: **hacer el ~** to put on an act, to pretend.

parir ◇ *vi* to give birth. ◇ *vt* to give birth to.

paritorio *m* delivery room.

París Paris.

parking ['parkin] (*pl* **parkings**) *m* car park *UK*, parking lot *US*.

párkinson *m* Parkinson's disease.

parlamentar *vi* to negotiate.

parlamentario, ria ◇ *adj* parliamentary. ◇ *m,f* member of parliament.

parlamentarismo *m* parliamentary system.

parlamento *m* **-1.** *POLÍT* parliament **-2.** *TEATR* speech.

parlanchín, ina *fam* ◇ *adj* chatty. ◇ *m,f* chatterbox.
parlante *adj* talking.
◆ **parlante** *m Amér* speaker.
parlotear *vi fam* to chatter.
parloteo *m fam* chatter.
parmesano, na *adj & m,f* Parmesan.
◆ **parmesano** ▷ **queso**.
parnaso *m culto* parnassus.
paro *m* **-1.** *Esp* [desempleo] unemployment; **estar en ~** to be unemployed; **~ cíclico/encubierto/estructural** cyclical/hidden/structural unemployment **-2.** *Esp* [subsidio] unemployment benefit; **cobrar el ~** to claim unemployment benefit **-3.** [cesación - acción] shutdown; [- estado] stoppage; **~ cardiaco** cardiac arrest; **~ laboral** industrial action *(U)*.
parodia *f* parody.
parodiar [8] *vt* to parody.
parón *m* sudden stoppage.
paroxismo *m* paroxysm.
parolímpico, ca *adj* Paralympic.
paroxítono, na *adj* paroxytone, *word where the penultimate syllable is stressed.*
parpadeante *adj* [luz] flickering.
parpadear *vi* **-1.** [pestañear] to blink **-2.** [centellear] to flicker.
parpadeo *m* **-1.** [pestañeo] blinking **-2.** [centelleo] flickering.
párpado *m* eyelid.
parque *m* **-1.** [gen] park; **~ acuático** waterpark; **~ de atracciones** amusement park; **~ eólico** wind farm; **~ nacional** national park; **~ tecnológico** science park; **~ temático** theme park; **(~) zoológico** zoo **-2.** [vehículos] fleet; *Esp* **~ de bomberos** fire station; **~ móvil** car pool **-3.** [para niños] playpen.
parqué (*pl* **parqués**), **parquet** [par'ke] (*pl* **parquets**) *m* parquet (floor).
parqueadero *m Amér* car park, parking lot *US*.
parquear *vt Amér* to park.
parquedad *f* moderation; **con ~** sparingly.
parquet = **parqué**.
parquímetro *m* parking meter.
parra *f* grapevine; **subirse a la ~** *fig fam* to hit the roof.
parrafada *f* earful, dull monologue; **soltó una ~ sobre el tema** to go on (and on).
párrafo *m* paragraph.
parral *m* **-1.** [emparrado] vine arbour **-2.** [terreno] vineyard.
parrampán *m Amér fam* [tonto] daft.
parranda *f fam* [juerga]: **irse de ~** to go out on the town.
parrandear *vi fam* to go out on the town.
parricida *mf* parricide.
parricidio *m* parricide.
parrilla *f* **-1.** [utensilio] grill; **a la ~** grilled, broiled *US* **-2.** [sala de restaurante] grillroom **-3.** *DEP*: **~ (de salida)** (starting) grid **-4.** *Amér* [baca] roof rack.
parrillada *f* mixed grill.
párroco *m* parish priest.
parronal *m Chile* vineyard.
parroquia *f* **-1.** [iglesia] parish church **-2.** [jurisdicción] parish **-3.** [fieles] parishioners *(pl)*, parish **-4.** [clientela] clientele.
parroquial *adj* parish *(antes de sust)*.
parroquiano, na *m,f* **-1.** [feligrés] parishioner **-2.** [cliente] customer.
parsimonia *f* deliberation, calmness; **con ~** unhurriedly.
parsimonioso, sa *adj* unhurried, deliberate.
parte ◇ *m* report; **dar ~ (a alguien de algo)** to report (sthg to sb); **~ facultativo** *o* **médico** medical report; **~ meteorológico** weather forecast. ◇ *f* [gen] part; [bando] side; *DER* party; **la mayor ~ de la gente** most people; **la tercera ~ de** a third of; **en alguna ~** somewhere; **no lo veo por ninguna ~** I can't find it anywhere; **en ~** to a certain extent, partly; **estar/ponerse de ~ de alguien** to be on/to take sb's side; **formar ~ de** to be part of; **por mi ~** for my part; **por ~ de padre/madre** on one's father's/mother's side; **por ~s** bit by bit; **por una ~ ... por la otra ...** on the one hand ... on the other (hand) ...; **tener a alguien de ~ de uno** to have sb on one's side; **tomar ~ en algo** to take part in sthg; **en todas ~s cuecen habas** it's the same the whole world over.
◆ **partes** *fpl* [genitales] private parts.
◆ **de parte de** *loc prep* on behalf of, for; **¿de ~ de (quién)?** *TELECOM* who is calling, please?
◆ **por otra parte** *loc adv* [además] what is more, besides.
partenaire [parte'ner] *mf* partner.
partera *f* midwife.
parterre *m Esp* flowerbed.
partición *f* **-1.** [reparto] sharing out; [de territorio] partitioning **-2.** *MAT* division.
participación *f* **-1.** [colaboración] participation **-2.** [de lotería] share of a lottery ticket **-3.** [comunicación] notice **-4.** *ECON*: **cuentan con una ~ en los beneficios** they are entitled to

a share in the profits.

participante <> *adj* participating. <> *mf* participant.

participar <> *vi* **-1.** [colaborar]: ~ **(en)** to take part *o* participate (in); *FIN* to have a share (in) **-2.** [recibir]: ~ **(de)** to receive a share (of) **-3.** [compartir]: ~ **de** to share. <> *vt*: ~ **algo a alguien** to notify sb of sthg.

partícipe <> *adj*: ~ **(de)** involved (in); **hacer ~ de algo a alguien** [notificar] to notify sb of sthg; [compartir] to share sthg with sb. <> *mf* participant.

participio *m* participle; ~ **pasado/presente** past/present participle.

partícula *f* particle.

particular <> *adj* **-1.** [gen] particular; **tiene su sabor ~** it has its own particular taste; **en ~** in particular **-2.** [no público - domicilio, clases etc] private **-3.** [no corriente - habilidad etc] uncommon. <> *mf* [persona] member of the public. <> *m* [asunto] matter; **sin otro ~** without further ado.

particularidad *f* [cualidad] peculiarity; [rasgo] special *o* distinctive feature.

particularizar [13] <> *vt* [caracterizar] to characterize. <> *vi* **-1.** [detallar] to go into details **-2.** [personalizar]: ~ **en alguien** to single sb out.

◆ **particularizarse** *vpr* [caracterizarse]: **~se por** to be characterized by.

partida *f* **-1.** [marcha] departure **-2.** [en juego] game; **echar una ~** to have a game **-3.** [documento] certificate; ~ **de defunción/matrimonio/nacimiento** death/marriage/birth certificate **-4.** [*COM* - mercancía] consignment; [- entrada] item, entry.

partidario, ria <> *adj*: ~ **de** in favour of, for. <> *m,f* supporter.

partidismo *m* partisanship, bias.

partidista *adj* partisan, biased.

partido *m* **-1.** *POLÍT* party **-2.** *DEP* match; ~ **amistoso** friendly (match) **-3.** [futuro cónyuge]: **buen/mal ~** good/bad match **-4.** *loc*: **sacar ~ de** to make the most of; **tomar ~ por** to side with.

partir <> *vt* **-1.** [dividir] to divide, to split **-2.** [repartir] to share out **-3.** [romper] to break open; [cascar] to crack; [tronco, loncha etc] to cut. <> *vi* **-1.** [marchar] to leave, to set off **-2.** [basarse]: ~ **de** to start from.

◆ **partirse** *vpr* **-1.** [romperse] to split **-2.** [rajarse] to crack.

◆ **a partir de** *loc prep* starting from; **a ~ de aquí** from here on.

partisano, na *adj* & *m,f* partisan.

partitivo, va *adj* partitive.

◆ **partitivo** *m* partitive.

partitura *f* score.

parto *m* birth; **estar de ~** to be in labour; ~ **natural/prematuro** natural/premature birth.

parturienta *f* woman in labour.

parvulario *m* nursery school, kindergarten.

párvulo, la *m,f* infant.

pasa *f* [fruta] raisin; ~ **de Corinto** currant; ~ **de Esmirna** sultana.

pasable *adj* passable.

pasabocas *m inv Col* snack.

pasada ▷ **pasado.**

pasadizo *m* passage.

pasado, da *adj* **-1.** [gen] past; ~ **un año** a year later; **lo ~, ~ está** let bygones be bygones **-2.** [último] last; **el año ~** last year **-3.** [podrido] off, bad **-4.** [hecho - filete, carne] well done.

◆ **pasado** *m* [gen] past; *GRAM* past (tense).

◆ **pasada** *f* **-1.** [con el trapo] wipe; [con la brocha] coat **-2.** *Esp fam* [barbaridad]: **es una pasada** it's way over the top.

◆ **de pasada** *loc adv* in passing.

◆ **mala pasada** *f* dirty trick.

pasador *m* **-1.** [cerrojo] bolt **-2.** [para el pelo] slide **-3.** *Perú* [cordón] shoelace.

pasaje *m* **-1.** [billete] ticket **-2.** [pasajeros] passengers *(pl)* **-3.** [calle] passage **-4.** [fragmento] passage.

pasajero, ra <> *adj* passing. <> *m,f* passenger.

pasamanos *m inv* [de escalera interior] bannister; [de escalera exterior] handrail.

pasamontañas *m inv* balaclava (helmet).

pasante *mf* articled clerk.

pasapalos *mpl Méx, Ven* snacks, appetizers.

pasaporte *m* passport.

pasapuré *m*, **pasapurés** *m inv* food mill.

pasar <> *vt* **-1.** [gen] to pass; [noticia, aviso] to pass on; **¿me pasas la sal?** would you pass me the salt?; ~ **algo por** [filtrar] to pass sthg through **-2.** [cruzar] to cross; ~ **la calle** to cross the road; **pasé el río a nado** I swam across the river **-3.** [traspasar] to pass through **-4.** [trasladar]: ~ **algo a** to move sthg to **-5.** [llevar adentro] to show in; **el criado nos pasó al salón** the butler showed us into the living room **-6.** [contagiar]: ~ **algo a alguien** to give sthg to sb, to infect sb with sthg; **me has pasado la tos** you've given me your cough **-7.** [admitir - instancia etc] to accept **-8.** [consentir]: ~ **algo a alguien** to let sb get away with sthg **-9.** [rebasar - en el espacio] to go through; [- en el tiempo] to have been through; **~ un semáforo en rojo** to go through a red light **-10.** [emplear - tiempo] to spend; **pasó dos años en Roma** he spent two years in Rome **-11.** [padecer] to go through, to suffer; **pasarlo mal** to have a hard time of it **-12.** [sobrepasar]: **ya ha pasado los veinticinco** he's over twenty-five now; **mi hijo me pasa ya dos centímetros** my son is already two centimetres taller than me **-13.** [adelantar - coche, contrincante etc] to overtake **-14.** *CIN* to show. ◇ *vi* **-1.** [gen] to pass, to go; **pasó por mi lado** he passed by my side; **el autobús pasa por mi casa** the bus goes past *o* passes in front of my house; **el Manzanares pasa por Madrid** the Manzanares goes *o* passes through Madrid; **he pasado por tu calle** I went down your street; **~ de ... a ...** to go *o* pass from ... to ...; **~ de largo** to go by **-2.** [entrar] to go/come in; **¡pase!** come in! **-3.** [poder entrar]: **~ (por)** to go (through); **por ahí no pasa** it won't go through there **-4.** [ir un momento] to pop in; **pasaré por mi oficina/por tu casa** I'll pop into my office/round to your place **-5.** [suceder] to happen; **¿qué pasa aquí?** what's going on here?; **¿qué pasa?** what's the matter?; **pase lo que pase** whatever happens, come what may **-6.** [terminarse] to be over; **pasó la Navidad** Christmas is over **-7.** [transcurrir] to go by **-8.** [cambiar - acción]: **~ a** to move on to; **pasemos a otra cosa** let's move on to something else **-9.** [conformarse]: **~ (con/sin algo)** to make do (with/without sthg); **tendrá que ~ sin coche** she'll have to make do without a car **-10.** [servir] to be all right, to be usable; **puede ~** it'll do **-11.** *fam* [prescindir]: **~ de algo/alguien** to want nothing to do with sthg/sb; **paso de política** I'm not into politics **-12.** [tolerar]: **~ por algo** to put up with sthg.

◆ **pasarse** *vpr* **-1.** [acabarse] to pass; **siéntate hasta que se te pase** sit down until you feel better **-2.** [emplear - tiempo] to spend, to pass; **se pasaron el día hablando** they spent all day talking **-3.** [desaprovecharse] to slip by; **se me pasó la oportunidad** I missed my chance **-4.** [estropearse - comida] to go off; [- flores] to fade **-5.** [cambiar de bando]: **~se a** to go over to **-6.** [omitir] to miss out; **te has pasado una página** you've missed a page out **-7.** [olvidarse]: **pasársele a alguien** to slip sb's mind; **se me pasó decírtelo** I forgot to mention it to you **-8.** [no fijarse]: **pasársele a alguien** to escape sb's attention; **no se le pasa nada** he never misses a thing **-9.** [excederse]: **~se de generoso/bueno** to be far too generous/kind **-10.** *fam* [propasarse] to go too far, to go over the top; **te has pasado diciéndole eso** what you said went too far *o* was over the top **-11.** [divertirse]: **¿qué tal te lo estás pasando?** how are you enjoying yourself?; **pasárselo bien/mal** to have a good/bad time.

pasarela *f* **-1.** [puente] footbridge; [para desembarcar] gangway **-2.** [en un desfile] catwalk.

pasatiempo *m* [hobby] pastime, hobby.

◆ **pasatiempos** *mpl PRENS* crossword and puzzles section *(sg)*.

Pascua *f* **-1.** [de los judíos] Passover **-2.** [de los cristianos] Easter; **hacer la ~ a alguien** *fam* [ser pesado] to pester sb; [poner en apuros] to land sb in it.

◆ **Pascuas** *fpl* [Navidad] Christmas *(sg)*; **¡felices Pascuas!** Merry Christmas!; **de Pascuas a Ramos** *fam* once in a blue moon.

pascual *adj* Easter *(antes de sust)*.

pase *m* **-1.** [gen, *DEP & TAUROM*] pass; *ver también* **tauromaquia** **-2.** *Esp* [proyección] showing, screening **-3.** [desfile] parade; **~ de modelos** fashion parade.

paseante *mf* person out for a stroll.

pasear ◇ *vi* to go for a walk. ◇ *vt* to take for a walk; [perro] to walk; *fig* to show off, to parade.

◆ **pasearse** *vpr* [caminar] to go for a walk.

paseíllo *m parade of bullfighters when they come out into the ring before the bullfight starts*; *ver también* **tauromaquia**.

paseo *m* **-1.** [acción - a pie] walk; [- en coche] drive; [- a caballo] ride; [- en barca] row; **dar un ~** [a pie] to go for a walk **-2.** [lugar] avenue; **~ marítimo** promenade **-3.** *loc*: **mandar** *o* **enviar a alguien a ~** *fam* to send sb packing.

pasillo *m* corridor; **~ aéreo** air corridor; **~ deslizante** travelator; **hacer el ~** to form a corridor *(for people to walk down)*.

pasión *f* passion.

◆ **Pasión** *f RELIG*: **la Pasión** the Passion.

pasional *adj* passionate.

pasionaria *f* passion flower.

pasividad *f* passivity.

pasivo, va *adj* **-1.** [gen & *GRAM*] passive **-2.** [haber] (received) from a pension **-3.** [población etc] inactive.

◆ **pasivo** *m COM* liabilities *(pl)*.

pasma *f Esp fam*: **la ~** the fuzz *(pl)*, the cops *(pl)*.

pasmado, da ◇ *adj* **-1.** [asombrado] astonished, astounded **-2.** [atontado] stunned. ◇ *m,f* halfwit.

pasmar *vt* to astound.

◆ **pasmarse** *vpr* to be astounded.

pasmarote *mf fam* twit.

pasmo *m* astonishment.

pasmoso, sa *adj* astonishing.

paso *m* **-1.** [gen] step; [huella] footprint **-2.** [acción] passing; [cruce] crossing; [camino de acceso] way through, thoroughfare; **abrir ~ a alguien** *lit* & *fig* to make way for sb; **ceder el ~ (a alguien)** to let sb past; *AUTOM* to give way (to sb); **'ceda el ~'** 'give way'; **'prohibido el ~'** 'no entry'; **~ elevado** flyover; **~ a nivel** level crossing; **~ peatonal** *o* **de peatones** pedestrian crossing; **~ subterráneo** subway, underpass *US*; **~ de cebra** zebra crossing **-3.** [forma de andar] walk; [ritmo] pace; **marcar el ~** to keep time **-4.** [*GEOGR* - en montaña] pass; [- en el mar] strait **-5.** *(gen pl)* [gestión] step; [progreso] step forward, advance; **dar los ~s necesarios** to take the necessary steps **-6.** *loc*: **a cada ~** every other minute; **está a dos** *o* **cuatro ~s** it's just down the road; **¡a este ~ ...!** *fig* at that rate ...!; **a ~ de tortuga** at a snail's pace; **abrirse ~ en la vida** to get on in life; **dar un ~ en falso** to make a false move *o* a mistake; **estar de ~** to be passing through; **~ a ~** step by step; **salir del ~** to get out of trouble.

◆ **de paso** *loc adv* in passing.

◆ **paso del ecuador** *m halfway stage in a university course.*

PASO DEL ECUADOR

In Spain, the mid-point in a university course is called the *paso del ecuador*. Students celebrate by organizing parties, and the money spent by party-goers at these events finances a trip students take together at the end of the academic year.

pasodoble *m* paso doble.

pasota *Esp fam* ◇ *adj* apathetic. ◇ *mf* dropout.

pasotismo *m Esp fam* couldn't-care-less attitude.

pasquín *m* lampoon.

pasta *f* **-1.** [masa] paste; [de papel] pulp; **~ dentífrica** toothpaste **-2.** [*CULIN* - espagueti etc] pasta; [- de pasteles] pastry; [- de pan] dough; **~s alimenticias** pasta *(U)* **-3.** [pastelillo] pastry **-4.** *Esp fam* [dinero] dough **-5.** [encuadernación]: **en ~** hardback **-6.** *loc*: **ser de buena ~** *fam* to be good-natured.

pastar *vi* to graze.

pastel *m* **-1.** [*CULIN* - dulce] cake; [- salado] pie **-2.** *ARTE* pastel **-3.** *fam* [chapucería] botch-up **-4.** *loc*: **descubrir el ~** to let the cat out of the bag; **repartirse el ~** to share things out.

pastelería *f* **-1.** [establecimiento] cake shop, patisserie **-2.** [repostería] pastries *(pl)*.

pastelero, ra ◇ *adj* pastry *(antes de sust)*. ◇ *m,f* [cocinero] pastry cook; [vendedor] owner of a patisserie.

pasteurizado, da [pasteuri'θaðo, ðal *adj* pasteurized.

pasteurizar [13] [pasteuri'θar] *vt* to pasteurize.

pastiche *m* pastiche.

pastilla *f* **-1.** *MED* pill, tablet **-2.** [de jabón, chocolate] bar **-3.** [de caldo] cube **-4.** *AUTOM* shoe *(of brakes)* **-5.** *ELECTRÓN* microchip **-6.** *loc Esp*: **a toda ~** at full pelt.

pastizal *m* pasture.

pasto *m* **-1.** [sitio] pasture **-2.** [hierba] fodder **-3.** *Amér* [hierba] lawn, grass **-4.** *loc*: **a todo ~** in abundance; **ser ~ de las llamas** to go up in flames.

pastón *m fam*: **vale un ~** it costs a bomb.

pastor, ra *m,f* [de ganado] shepherd (*f* shepherdess).

◆ **pastor** *m* **-1.** [sacerdote] minister; **~ protestante** Protestant minister **-2.** ▷ **perro**.

pastoral *adj* pastoral.

pastorear *vt* to put out to pasture.

pastoreo *m* shepherding.

pastoso, sa *adj* **-1.** [blando] pasty; [arroz] sticky **-2.** [seco] dry.

pata ◇ *f* **-1.** [pierna] leg **-2.** [pie - gen] foot; [- de perro, gato] paw; [- de vaca, caballo] hoof **-3.** *fam* [de persona] leg; **a cuatro ~s** on all fours; **a ~** on foot; **ir a la ~ coja** to hop **-4.** [de mueble] leg; [de gafas] arm **-5.** *Chile* [etapa] stage **-6.** [ave] duck **-7.** *loc*: **estirar la ~** to kick the bucket; **meter la ~** to put one's foot in it; **poner/estar ~s arriba** to turn/be upside down; **tener mala ~** to be unlucky. ◇ *m Perú* [amigo] pal, mate *UK*, buddy *US*.

◆ **patas** *fpl Chile fam* [poca vergüenza] cheek *(U)*.

◆ **pata de gallo** *f* **-1.** [en la cara] crow's feet *(pl)* **-2.** [tejido] hound's-tooth check material.

◆ **pata negra** *m CULIN type of top-quality cured ham.*

patada *f* kick; [en el suelo] stamp; **dar una ~ a** to kick; **dar cien ~s a alguien** to drive sb mad; **dar la ~ a alguien** to kick sb out;

sentar como una ~ en el estómago to be like a kick in the teeth; **tratar a alguien a ~s** to treat sb like dirt.

patagón, ona *adj & m,f* Patagonian.

Patagonia *f*: **la ~** Patagonia.

patalear *vi* to kick about; [en el suelo] to stamp one's feet.

pataleo *m* kicking *(U)*; [en el suelo] stamping *(U)*.

pataleta *f* tantrum.

patán ◇ *adj m* uncivilized, uncouth. ◇ *m* bumpkin.

patata *f* potato; **~s fritas** [de sartén] chips *UK*, french fries *US*; [de bolsa] crisps *UK*, chips *US*; **~ caliente** *fig* hot potato.

patatero, ra ◇ *adj* potato *(antes de sust)*. ◇ *m,f* potato farmer.

patatús *m fam* funny turn.

paté *m* paté.

patear ◇ *vt* [dar un puntapié] to kick; [pisotear] to stamp on. ◇ *vi* **-1.** [patalear] to stamp one's feet **-2.** *fam fig* [andar] to tramp.
◆ **patearse** *vpr* [recorrer] to tramp.

patena *f* paten; **limpio** *o* **blanco como una ~** as clean as a new pin.

patentado, da *adj* patent, patented.

patentar *vt* to patent.

patente ◇ *adj* obvious; [demostración, prueba] clear. ◇ *f* **-1.** [de invento] patent **-2.** [autorización] licence **-3.** *CSur* [matrícula] number plate *UK*, license plate *US*.

pateo *m* stamping.

patera *f* small boat.

paternal *adj* fatherly, paternal.

paternalismo *m* paternalism.

paternalista *adj* paternalistic.

paternidad *f* fatherhood; *DER* paternity.

paterno, na *adj* paternal.

patético, ca *adj* pathetic, moving.

patetismo *m* pathos *(U)*.

patíbulo *m* scaffold, gallows *(pl)*.

patidifuso, sa *adj fam* stunned, floored.

patilla *f* **-1.** [de pelo] sideboard, sideburn **-2.** [de gafas] arm.

patín *m* **-1.** [calzado - de cuchilla] ice skate; [- de ruedas] roller skate; [- en línea] roller blade **-2.** [patinete] scooter **-3.** [embarcación] pedal boat.

pátina *f* patina.

patinador, ra *m,f* skater.

patinaje *m* skating; **~ artístico** figure skating; **~ sobre hielo** ice skating; **~ sobre ruedas** roller skating.

patinar *vi* **-1.** [sobre hielo] to skate; [sobre ruedas] to roller-skate **-2.** [resbalar - coche] to skid; [- persona] to slip **-3.** *fam* [meter la pata] to put one's foot in it.

patinazo *m* **-1.** [de coche] skid; [de persona] slip **-2.** *fam* [planchazo] blunder.

patinete *m* scooter.

patio *m* [gen] patio, courtyard; [de escuela] playground; [de cuartel] parade ground; **~ (de butacas)** stalls *(pl)*; **¡cómo está el ~!** *fam* what a fine state of affairs!

patita *f*: **poner a alguien de ~s en la calle** *fam* to kick sb out.

patitieso, sa *adj fam* **-1.** [de frío] frozen stiff **-2.** [de sorpresa] aghast, amazed; **dejar ~** to astound, to amaze; **quedarse ~** to be astounded *o* dumbfounded.

patizambo, ba *adj* knock-kneed.

pato, ta *m,f* duck; **pagar el ~** to carry the can.

patología *f* pathology.

patológico, ca *adj* pathological.

patoso, sa *adj fam* clumsy.

patota *f Perú, RP* street gang.

patraña *f fam* fib, lie.

patria ▷ **patrio**.

patriarca *m* patriarch.

patriarcado *m* patriarchy.

patriarcal *adj* patriarchal.

patricio, cia *adj & m,f* patrician.

patrimonio *m* **-1.** [bienes - heredados] inheritance; [- propios] wealth; **~ nacional** [artístico] national heritage; [económico] national wealth **-2.** *fig* [de una colectividad] exclusive birthright.

patrio, tria *adj* native.
◆ **patria** *f* native country, fatherland; **patria chica** home town; **hacer patria** to fly the flag.
◆ **patria potestad** *f DER* parental authority.

patriota ◇ *adj* patriotic. ◇ *mf* patriot.

patriotero, ra *adj despec* jingoistic.

patriótico, ca *adj* patriotic.

patriotismo *m* patriotism.

patrocinador, ra ◇ *adj* sponsoring. ◇ *m,f* sponsor.

patrocinar *vt* to sponsor.

patrocinio *m* sponsorship.

patrón, ona *m,f* **-1.** [de obreros] boss; [de criados] master (*f* mistress) **-2.** [de pensión etc] landlord (*f* landlady) **-3.** [santo] patron saint.
◆ **patrón** *m* **-1.** [de barco] skipper **-2.** [medida] standard; **~ oro** *ECON* gold standard **-3.** [en costura] pattern; **estar cortados por el mismo ~** to be cast in the same mould.

patronal ◇ *adj* **-1.** [empresarial] management *(antes de sust)* **-2.** RELIG patron saint *(antes de sust).* ◇ *f* **-1.** [de empresa] management **-2.** [de país] employers' organisation.
patronato *m* [gen] board; [con fines benéficos] trust.
patronímico, ca *adj* patronymic.
patrono, na *m,f* **-1.** [de empresa - encargado] boss; [- empresario] employer **-2.** [santo] patron saint.
patrulla ◇ *adj* ▷ **coche**. ◇ *f* patrol; **estar de ~** to be on patrol; **~ urbana** vigilante group.
patrullar *vt & vi* to patrol.
patrullero, ra *adj* patrol *(antes de sust).*
◆ **patrullero** *m* **-1.** [barco] patrol boat; [avión] patrol plane **-2.** *CSur* [vehículo] police (patrol) car, cruiser *US*.
paulatino, na *adj* gradual.
pausa *f* pause, break; MÚS rest; **con ~** unhurriedly; **hacer una ~** to pause; **~ publicitaria** commercial break.
pausado, da *adj* deliberate, slow.
pauta *f* **-1.** [gen] standard, model; **marcar la ~** to set the standard; **seguir una ~** to follow an example **-2.** [en un papel] guideline.
pautado, da *adj* lined, ruled.
pava ▷ **pavo**.
pavada *f RP* [cosa sin importancia] trifle.
pavero, ra ◇ *adj* boastful. ◇ *m,f* braggart.
pavimentación *f* [de carretera] road surfacing; [de acera] paving; [de suelo] flooring.
pavimentar *vt* [carretera] to surface; [acera] to pave; [suelo] to floor.
pavimento *m* [de carretera] road surface; [de acera] paving; [de suelo] flooring.
pavo, va ◇ *adj fam despec* wet, drippy. ◇ *m,f* **-1.** [ave] turkey; **~ real** peacock (*f* peahen); **se le subió el ~** she turned as red as a beetroot **-2.** *fam despec* [persona] drip.
pavonearse *vpr despec*: **~ (de)** to boast *o* brag (about).
pavoneo *m despec* showing off, boasting.
pavor *m* terror.
pavoroso, sa *adj* terrifying.
pay *m Chile, Méx, Ven* pie.
paya *f Amér improvised poem accompanied by guitar.*
payasada *f* clowning *(U)*; **hacer ~s** to clown around.
payaso, sa ◇ *adj* clownish. ◇ *m,f* clown.
payés, esa *m,f peasant farmer from Catalonia or the Balearic Islands.*
payo, ya *m,f* non-gipsy.
paz *f* peace; [tranquilidad] peacefulness; **dejar a alguien en ~** to leave sb alone *o* in peace; **estar** *o* **quedar en ~** to be quits; **firmar la ~** to sign a peace treaty; **hacer las paces** to make (it) up; **poner ~ entre** to reconcile, to make peace between; **que en ~ descanse, que descanse en ~** may he/she rest in peace.
pazca *etc* ▷ **pacer**.
pazguato, ta *fam despec* ◇ *adj* simple. ◇ *m,f* simpleton.
pazo *m Galician country mansion.*
PC *m* **-1.** (*abrev de* **personal computer**) PC **-2.** (*abrev de* **Partido Comunista**) Communist Party.
PD, PS (*abrev de* **posdata**) PS.
PDF (*abrev de* **portable document format**) *m* INFORM PDF.
pdo. *abrev de* **pasado**.
pe *f*: **de ~ a pa** *fam* from beginning to end.
peaje *m* toll.
peana *f* pedestal.
peatón *m* pedestrian.
peatonal *adj* pedestrian *(antes de sust).*
peca *f* freckle.
pecado *m* sin; **estar en ~** to be in sin; **morir en ~** to die unrepentant; **~ mortal** mortal sin; **~ original** original sin; **~s capitales** mortal sins; **ser un ~** to be a sin *o* crime; **sería un ~ tirar este vestido** it would be a crime to throw out this dress.
pecador, ra ◇ *adj* sinful. ◇ *m,f* sinner.
pecaminoso, sa *adj* sinful.
pecar [10] *vi* **-1.** RELIG to sin **-2.** [pasarse]: **~ de confiado/generoso** to be overconfident/too generous.
pecera *f* fish tank; [redonda] fish bowl.
pechera *f* [de camisa] shirt front; [de blusa, vestido] bust.
pecho *m* **-1.** [tórax] chest; [de mujer] bosom; **sacar ~** to stick one's chest out **-2.** [mama] breast; **dar el ~ a** to breastfeed **-3.** *loc*: **abrir el ~ a alguien** to open one's heart to sb; **a lo hecho, ~** it's no use crying over spilt milk; **a ~ descubierto** without protection *o* any form of defence; **partirse el ~** to bust a gut, to knock o.s. out; **tomarse algo a ~** to take sthg to heart.
pechuga *f* **-1.** [de ave] breast *(meat)* **-2.** *mfam* [de mujer] tits *(pl).*
pechugón, ona *adj mfam* big-chested (*f* buxom).

pécora *f*: **ser una mala ~** to be a bitch *o* cow.

pecoso, sa *adj* freckly.

pectoral ◇ *adj* **-1.** ANAT pectoral, chest *(antes de sust)* **-2.** FARM cough *(antes de sust).* ◇ *m* FARM cough mixture *o* medicine.

pecuario, ria *adj* livestock *(antes de sust).*

peculiar *adj* **-1.** [característico] typical, characteristic **-2.** [curioso] peculiar.

peculiaridad *f* **-1.** [cualidad] uniqueness **-2.** [detalle] particular feature *o* characteristic.

pecuniario, ria *adj* pecuniary.

pedagogía *f* education, pedagogy.

pedagógico, ca *adj* educational.

pedagogo, ga *m,f* educator; [profesor] teacher.

pedal *m* pedal; **~ de embrague** clutch (pedal); **~ de freno** brake pedal.

pedalear *vi* to pedal.

pedante ◇ *adj* pompous. ◇ *mf* pompous person.

pedantería *f* pomposity *(U).*

pedazo *m* piece, bit; **a ~s** in pieces *o* bits; **caerse a ~s** to fall to pieces; **hacer ~s** *lit* to break to bits; *fig* to destroy; **saltar en (mil) ~s** to be smashed to pieces; **~ de alcornoque** *o* **de animal** *o* **de bruto** stupid oaf *o* brute; **ser un ~ de pan** to be an angel.

pederasta *m* pederast.

pedernal *m* flint.

pedestal *m* pedestal, stand; **poner/tener a alguien en un ~** to put sb on a pedestal.

pedestre *adj* on foot.

pediatra *mf* pediatrician.

pediatría *f* pediatrics *(U).*

pedicuro, ra *m,f* chiropodist *UK*, podiatrist *US*.

pedido *m* COM order; **hacer un ~** to place an order.

pedigrí, pedigree [peðiˈɣri] *m* pedigree.

pedigüeño, ña ◇ *adj* demanding, clamouring. ◇ *m,f* demanding person.

pedir [26] ◇ *vt* **-1.** [gen] to ask for; [en comercios, restaurantes] to order; **~ a alguien que haga algo** to ask sb to do sthg; **~ a alguien (en matrimonio)** to ask for sb's hand (in marriage); **~ prestado algo a alguien** to borrow sthg from sb **-2.** [exigir] to demand **-3.** [requerir] to call for, to need **-4.** [poner precio]: **~ (por)** to ask (for); **pide un millón por la moto** he's asking a million for the motorbike. ◇ *vi* [mendigar] to beg.

pedo ◇ *m* **-1.** *fam* [ventosidad] fart; **tirarse un ~** to fart **-2.** *mfam* [borrachera]: **cogerse un ~** to get pissed. ◇ *adj mfam*: **estar ~** to be pissed.

pedofilia *f* paedophilia.

pedorrear *vi vulg* to fart a lot.

pedorreta *f fam* raspberry *(sound).*

pedrada *f* **-1.** [acción] throw of a stone **-2.** [golpe] blow *o* hit with a stone; **a ~s** by stoning; **matar a alguien a ~s** to stone sb to death.

pedrea *f* [en lotería] *group of smaller prizes in the Spanish national lottery.*

pedregal *m* stony ground.

pedregullo *m RP* gravel.

pedrera *f* stone quarry.

pedrería *f* precious stones *(pl).*

pedrisco *m* hail.

pedrusco *m* rough stone.

pega *f* **-1.** [pegamento] glue **-2.** [obstáculo] difficulty, hitch; **poner ~s (a)** to find problems (with).

◆ **de pega** *loc adj* false, fake.

pegadizo, za *adj* **-1.** [música] catchy **-2.** [contagioso] catching.

pegajoso, sa *adj* sticky; *despec* clinging.

pegamento *m* glue.

pegar [16] ◇ *vt* **-1.** [adherir] to stick; [con pegamento] to glue; [póster, cartel] to fix, to put up; [botón] to sew on **-2.** [arrimar]: **~ algo a** to put *o* place sthg against; **pega la silla a la pared** put the chair against the wall **-3.** [golpear] to hit **-4.** [propinar - bofetada, paliza etc] to give; [- golpe] to deal **-5.** [contagiar]: **~ algo a alguien** to give sb sthg, to pass sthg on to sb **-6.** INFORM to paste. ◇ *vi* **-1.** [adherir] to stick **-2.** [golpear] to hit **-3.** [armonizar] to go together, to match; **~ con** to go with **-4.** [sol] to beat down.

◆ **pegarse** *vpr* **-1.** [adherirse] to stick **-2.** [agredirse] to fight, to hit one another **-3.** [golpearse]: **~se (un golpe) con algo** to hit o.s. against sthg **-4.** [contagiarse - enfermedad] to be transmitted, to be passed on; [- canción] to be catchy; **se me pegó su acento** I picked up his accent **-5.** *despec* [engancharse]: **~se a alguien** to stick to sb **-6.** *loc*: **pegársela a alguien** *fam* to have sb on, to deceive sb; [cónyuge] to cheat on sb.

pegatina *f* sticker.

pego *m*: **dar el ~** *fam* to look like the real thing.

pegote *m fam* **-1.** [masa pegajosa] sticky mess **-2.** [chapucería] botch.

pegue *etc* ▻ **pegar**.

peinado *m* hairdo; [estilo, tipo] hairstyle.

peinar *vt lit & fig* to comb.

◆ **peinarse** *vpr* to comb one's hair.

peine *m* comb; **pasarse el ~** to comb one's hair; **enterarse de** *o* **saber lo que vale un ~** *fam* to find out what's what *o* a thing or two.

peineta *f comb worn in the back of the hair.*

p.ej. (*abrev de* **por ejemplo**) e.g.

pejiguera *f fam* drag, pain.

Pekín Peking, Beijing.

pela *f fam* peseta; **no tengo ~s** I'm skint.

peladilla *f* sugared almond.

pelado, da ◇ *adj* **-1.** [cabeza] shorn **-2.** [piel, cara etc] peeling; [fruta] peeled **-3.** [habitación, monte, árbol] bare **-4.** [número] exact, round; **saqué un aprobado ~** I passed, but only just **-5.** *fam* [sin dinero] broke, skint. ◇ *m,f* ***Andes fam*** [niño] kid.

◆ **pelado** *m* ***Esp*** haircut.

pelagatos *m y f inv fam despec* nobody.

pelaje *m* [de gato, oso, conejo] fur; [de perro, caballo] coat.

pelambre *m* mane *o* mop of hair.

pelambrera *f* long thick hair *(U).*

pelandusca *f fam despec* tart, slut.

pelar *vt* **-1.** [persona] to cut the hair of **-2.** [fruta, patatas] to peel; [guisantes, marisco] to shell **-3.** [aves] to pluck; [conejos etc] to skin **-4.** *fam fig* [dejar sin dinero] to fleece.

◆ **pelarse** *vpr* **-1.** [cortarse el pelo] to have one's hair cut **-2.** [piel, espalda etc] to peel.

peldaño *m* step; [de escalera de mano] rung.

pelea *f* **-1.** [a golpes] fight **-2.** [riña] row, quarrel.

pelear *vi* **-1.** [a golpes] to fight **-2.** [a gritos] to have a row *o* quarrel **-3.** [esforzarse] to struggle.

◆ **pelearse** *vpr* **-1.** [a golpes] to fight **-2.** [a gritos] to have a row *o* quarrel.

pelele *m* **-1.** *fam despec* [persona] puppet **-2.** [muñeco] guy, straw doll **-3.** [prenda de bebé] rompers *(pl).*

peleón, ona *adj* **-1.** [persona] aggressive **-2.** [vino] rough.

peletería *f* **-1.** [tienda] fur shop, furrier's **-2.** [oficio] furriery **-3.** [pieles] furs *(pl).*

peletero, ra *m,f* furrier.

peliagudo, da *adj* tricky.

pelicano, pelícano *m* pelican.

película *f* **-1.** [gen] film; **echar** *o* **poner una ~** to show a film; **~ muda/de terror** silent/horror film; **~ del Oeste** western; **de ~** amazing; **~ virgen** FOT blank film **-2.** *fam* [historia increíble] (tall) story.

peliculero, ra *m,f fam*: **es muy ~** he's always telling tall stories.

peligrar *vi* to be in danger.

peligro *m* danger; **correr ~ (de)** to be in danger (of); **estar/poner en ~** to be/put at risk; **en ~ de extinción** [especie, animal] endangered; **fuera de ~** out of danger; **~ de incendio** fire hazard; **¡~ de muerte!** danger!

peligrosidad *f* danger.

peligroso, sa *adj* dangerous.

pelín *m fam* mite, tiny bit.

pelirrojo, ja ◇ *adj* ginger, red-headed. ◇ *m,f* redhead.

pellejo *m* **-1.** [piel, vida] skin **-2.** [padrastro] hangnail **-3.** *loc*: **arriesgar** *o* **jugarse el ~** to risk one's neck; **estar/ponerse en el ~ de otro** to be/put o.s. in someone else's shoes; **salvar el ~** to save one's skin.

pelliza *f* fur jacket.

pellizcar [10] *vt* **-1.** [gen] to pinch **-2.** [pan] to pick at.

pellizco *m* pinch; **dar un ~ a alguien** to give sb a pinch.

pelma, pelmazo, za *fam despec* ◇ *adj* annoying, tiresome. ◇ *m,f* bore, pain.

pelo *m* **-1.** [gen] hair **-2.** [de oso, conejo, gato] fur; [de perro, caballo] coat **-3.** [de melocotón] down **-4.** [de una tela] nap **-5.** *loc*: **con ~s y señales** with all the details; **de medio ~** second-rate; **montar a caballo a ~** to ride bareback; **presentarse a un examen a ~** to enter an exam unprepared; **no tener un ~ de tonto** *fam* to be nobody's fool; **no tener ~s en la lengua** *fam* not to mince one's words; **no verle el ~ a alguien** *fam* not to see hide nor hair of sb; **poner a alguien los ~s de punta** *fam* to make sb's hair stand on end; **por los ~s, por un ~** by the skin of one's teeth, only just; **ser un hombre de ~ en pecho** to be a real man; **soltarse el ~** to let one's hair down; **tomar el ~ a alguien** *fam* to pull sb's leg; **venir al ~ a alguien** *fam* to be just right for sb.

◆ **a contra pelo** *loc adv lit & fig* against the grain.

pelota ◇ *f* **-1.** [gen & DEP] ball; **jugar a la ~** to play ball; **~ base** baseball; **~ vasca** pelota; **devolver la ~ a alguien** to put the ball back into sb's court; **hacer la ~ (a alguien)** *fam* to suck up (to sb); **pasarse la ~** to pass the buck **-2.** *fam* [cabeza] nut. ◇ *mf* [persona] crawler, creep.

◆ **pelotas** *fpl vulg* balls; **en ~s** *mfam* starkers, in the nude.

pelotazo *m* kick *o* throw of a ball.

pelotear *vi* to have a kickabout; [en tenis] to knock up.

pelotera *f fam* scrap, fight.

pelotón *m* [de soldados] squad; [de gente] crowd; *DEP* pack; ~ **de ejecución** firing squad.

pelotudo, da *RP fam* ◇ *adj* stupid. ◇ *m,f* jerk.

peluca *f* wig.

peluche *m* plush.

peludo, da *adj* hairy.

peluquería *f* **-1.** [establecimiento] hairdresser's (shop) **-2.** [oficio] hairdressing.

peluquero, ra *m,f* hairdresser.

peluquín *m* toupee; **¡ni hablar del ~!** *fam* it's out of the question!

pelusa *f* **-1.** [de tela] fluff **-2.** [vello] down.

pélvico, ca *adj* pelvic.

pelvis *f inv* pelvis.

pena *f* **-1.** [lástima] shame, pity; **¡qué ~!** what a shame *o* pity!; **dar ~** to inspire pity; **el pobre me da ~** I feel sorry for the poor chap **-2.** [tristeza] sadness, sorrow **-3.** *(gen pl)* [desgracia] problem, trouble **-4.** *(gen pl)* [dificultad] struggle *(U)*; **a duras ~s** with great difficulty **-5.** [castigo] punishment; **so** *o* **bajo ~ de** under penalty of; **~ capital** *o* **de muerte** death penalty **-6.** *Amér* [vergüenza] shame, embarrassment; **me da ~** I'm ashamed of it **-7.** *loc*: **(no) valer** *o* **merecer la ~** (not) to be worthwhile *o* worth it; **una película que merece la ~** a film that is worth seeing; **sin ~ ni gloria** without distinction.

penacho *m* **-1.** [de pájaro] crest **-2.** [adorno] plume.

penal ◇ *adj* criminal. ◇ *m* prison.

penalidad *(gen pl) f* suffering *(U)*, hardship.

penalista *mf* [abogado] criminal lawyer.

penalización *f* **-1.** [acción] penalization **-2.** [sanción] penalty.

penalizar [13] *vt* [gen & *DEP*] to penalize.

penalti, penalty *m DEP* penalty; **pitar señalar ~** to award a penalty; **casarse de ~** *fam* to have a shotgun wedding.

penar ◇ *vt* [castigar] to punish. ◇ *vi* [sufrir] to suffer.

pendejo *m fam* **-1.** [cobarde] coward **-2.** [tonto] prat, idiot.

◆ **pendejo, ja** *m,f RP fam* [adolescente] kid.

pendenciero, ra ◇ *adj* who always gets into a fight. ◇ *m,f* person who is always getting into fights.

pender *vi* **-1.** [colgar]: **~ (de)** to hang (from) **-2.** [amenaza etc]: **~ sobre** to hang over **-3.** [sentencia etc] to be pending.

pendiente ◇ *adj* **-1.** [por resolver] pending; [deuda] outstanding; **estar ~ de** [atento a] to keep an eye on; [a la espera de] to be waiting for **-2.** [asignatura] failed. ◇ *m* earring. ◇ *f* slope.

pendón, ona *m,f fam* libertine.

pendonear *vi fam* to hang out.

péndulo *m* pendulum.

pene *m* penis.

penene *mf untenured teacher or lecturer.*

penetración *f* **-1.** [gen] penetration; **~ de mercado** *ECON* market penetration **-2.** [sagacidad] astuteness, sharpness.

penetrante *adj* **-1.** [intenso - dolor] acute; [- olor] sharp; [- frío] biting; [- mirada] penetrating; [- voz, sonido etc] piercing **-2.** [sagaz] sharp, penetrating.

penetrar ◇ *vi*: **~ en** [internarse en] to enter; [filtrarse por] to get into, to penetrate; [perforar] to pierce; [llegar a conocer] to get to the bottom of. ◇ *vt* **-1.** [introducirse en - suj: arma, sonido etc] to pierce, to penetrate; [- suj: humedad, líquido] to permeate; [- suj: emoción, sentimiento] to pierce **-2.** [llegar a conocer - secreto etc] to get to the bottom of **-3.** [sexualmente] to penetrate.

peneuvista ◇ *adj of/relating to the Basque nationalist party PNV.* ◇ *mf member/supporter of the Basque nationalist party PNV.*

penicilina *f* penicillin.

península *f* peninsula.

peninsular ◇ *adj* peninsular. ◇ *mf* peninsular Spaniard.

penique *m* penny; **~s** pence.

penitencia *f* penance; **hacer ~** to do penance.

penitenciaría *f* penitentiary.

penitenciario, ria *adj* prison *(antes de sust)*.

penitente *mf* penitent.

penoso, sa *adj* **-1.** [trabajoso] laborious **-2.** [lamentable] distressing; [aspecto, espectáculo] sorry **-3.** *CAm, Carib, Col, Méx* [vergonzoso] shy.

pensado, da *adj*: **mal ~** twisted, evil-minded; **en el día/momento menos ~** when you least expect it; **un mal ~** a twisted person.

◆ **bien pensado** *loc adv* on reflection.

pensador, ra *m,f* thinker.

pensamiento *m* **-1.** [gen] thought; [mente] mind; [idea] idea; **leer el ~ a alguien** to read sb's mind *o* thoughts **-2.** *BOT* pansy.

pensar [19] ◇ *vi* to think; **~ bien/mal de alguien** to think well/ill of sb; **~ en algo/en alguien/en hacer algo** to think about sthg/about sb/about doing sthg; **~ sobre algo** to think about sthg; **piensa en un nú-**

mero/buen regalo think of a number/good present; **dar que ~ a alguien** to give sb food for thought. <> *vt* **-1.** [reflexionar] to think about *o* over **-2.** [opinar, creer] to think; **~ algo de alguien/algo** to think sthg of sb/sthg; **pienso que no vendrá** I don't think she'll come **-3.** [idear] to think up **-4.** [tener la intención de]: **~ hacer algo** to intend to do sthg.
◆ **pensarse** *vpr*: **~se algo** to think about sthg, to think sthg over.

pensativo, va *adj* pensive, thoughtful.

pensión *f* **-1.** [dinero] pension; **~ alimenticia** *o* **alimentaria** maintenance; **~ de jubilación/de viudedad** retirement/widow's pension **-2.** [de huéspedes] ≃ guest house; **media ~** [en hotel] half board; **estar a media ~** [en colegio] to have school dinners; **~ completa** full board.

pensionado *m* boarding school.

pensionista *mf* **-1.** [jubilado] pensioner **-2.** [en una pensión] guest, lodger **-3.** [en un colegio] boarder.

pentaedro *m* pentahedron.

pentágono *m* pentagon.

pentagrama *m* MÚS stave.

Pentecostés *(no se usa pl) m* **-1.** [católico] Whitsun, Whitsuntide **-2.** [judío] Pentecost.

penúltimo, ma *adj & m,f* penultimate, last but one.

penumbra *f* semi-darkness, half-light; **en ~** in semi-darkness.

penuria *f* **-1.** [pobreza] penury, poverty **-2.** [escasez] paucity, dearth.

peña *f* [grupo de amigos] circle, group; [club] club; [quinielística] pool.

peñasco *m* large crag *o* rock.

peñón *m* rock.
◆ **Peñón** *m*: **el Peñón (de Gibraltar)** the Rock (of Gibraltar).

peón *m* **-1.** [obrero] unskilled labourer; **~ caminero** navvy **-2.** [en ajedrez] pawn.

peonza *f* (spinning) top.

peor <> *adj* **-1.** *(comparativo)*: **~ (que)** worse (than); **~ para él** that's his problem **-2.** *(superlativo)*: **el/la ~ ...** the worst ... <> *pron*: **el/la ~ (de)** the worst (in); **el ~ de todos** the worst of all; **lo ~ fue que ...** the worst thing was that ... <> *adv* **-1.** *(comparativo)*: **~ (que)** worse (than); **ahora veo ~** I see worse now; **estar ~** [enfermo] to get worse; **estoy ~** [de salud] I feel worse; **~ que ~** so much the worse **-2.** *(superlativo)* worst; **el que lo hizo ~** the one who did it (the) worst.

pepa *f Andes, CAm, Carib, Méx* [pepita] pip; [hueso] stone, pit.

pepinillo *m* gherkin.

pepino *m* BOT cucumber; **me importa un ~** I couldn't care less.

pepita *f* **-1.** [de fruta] pip **-2.** [de oro] nugget.

pepito *m* grilled meat sandwich.

pepona *f* large cardboard doll.

peppermint = **pipermín**.

peque *etc* ▻ **pecar**.

pequeñez *f* **-1.** [gen] smallness **-2.** *fig* [insignificancia] trifle; **discutir por pequeñeces** to argue over silly little things.

pequeño, ña <> *adj* small; [hermano] little; [posibilidad] slight; [ingresos, cifras etc] low; **me queda ~** it's too small for me. <> *m,f* [niño] little one; **de ~** as a child; **el ~, la pequeña** [benjamín] the youngest, the baby.

pequeñoburgués, esa <> *adj* petit bourgeois. <> *m,f* petit bourgeois (*f* petite bourgeoise).

pequinés <> *adj & m,f* Pekinese. <> *m* [perro] Pekinese.

pera *f* **-1.** [fruta] pear **-2.** [para ducha etc] (rubber) bulb **-3.** *CSur* [barbilla] chin **-4.** *loc*: **partir ~s** to fall out; **pedir ~s al olmo** to ask (for) the impossible; **ser la ~** *fam* to be the limit; **ser una ~ en dulce** *fam* to be a gem.

peral *m* pear-tree.

perca *f* perch.

percal *m* percale; **conocer el ~** to know what one is doing.

percance *m* mishap.

percatarse *vpr*: **~ (de algo)** to notice (sthg).

percebe *m* [pez] barnacle.

percepción *f* [de los sentidos] perception; **~ extrasensorial** extrasensory perception.

perceptible *adj* [por los sentidos] noticeable, perceptible.

percha *f* **-1.** [de armario] (coat) hanger **-2.** [de pared] coat rack **-3.** [para pájaros] perch.

perchero *m* [de pared] coat rack; [de pie] coat stand.

percibir *vt* **-1.** [con los sentidos] to perceive, to notice; [por los oídos] to hear; [ver] to see **-2.** [cobrar] to receive, to get.

percusión *f* percussion.

percusionista *mf* percussionist.

percutor, percusor *m* hammer, firing pin.

perdedor, ra <> *adj* losing. <> *m,f* loser.

perder [20] <> *vt* **-1.** [gen] to lose; **llevas las de ~** you can't hope to win; **salir perdiendo** to come off worst **-2.** [desperdiciar] to waste **-3.** [tren, oportunidad] to miss **-4.** [perjudicar] to be the ruin of. ◇ *vi* -1. [salir derrotado] to lose -2. [empeorar] to go downhill -3. [dejar escapar aire] to deflate, to go down -4. *loc*: **echar algo a ~** to spoil sthg; **echarse a ~** [alimento] to go off, to spoil.

◆ **perderse** *vpr* -1. [gen] to get lost; **¡piérdete!** *mfam* get lost! -2. [desaparecer] to disappear -3. [desperdiciarse] to be wasted -4. [desaprovechar]: **~se algo** to miss out on sthg; **¡no te lo pierdas!** don't miss it! -5. *fig* [por los vicios] to be beyond salvation -6. *fig* [anhelar]: **~se por** to be mad about.

perdición *f* ruin, undoing.

pérdida *f* -1. [gen] loss; **no tiene ~** you can't miss it -2. [de tiempo, dinero] waste -3. [escape] leak.

◆ **pérdidas** *fpl* -1. FIN & MIL losses; **~s humanas** loss of life -2. [daños] damage *(U)* -3. [de sangre] haemorrhage *(sg)*.

perdidamente *adv* hopelessly.

perdido, da ◇ *adj* -1. [extraviado] lost; [animal, bala] stray -2. [sucio] filthy -3. [tiempo] wasted; [ocasión] missed -4. *fam* [de remate] complete, utter -5. *loc*: **dar algo por ~** to give sthg up for lost; **estar ~** to be done for *o* lost. ◇ *m,f* reprobate.

perdigón *m* pellet.

perdigonada *f* -1. [tiro] shot -2. [herida] gunshot wound.

perdiguero *m* English setter.

perdiz *f* partridge; **fueron felices y comieron perdices** they all lived happily ever after.

perdón *m* pardon, forgiveness; **con ~** if you'll forgive the expression; **no tener ~** to be unforgivable; **pedir ~** to apologize; **¡perdón!** sorry!; **~, ¿me deja pasar?** excuse me, could you let me through?

perdonar ◇ *vt* -1. [gen] to forgive; **~le algo a alguien** to forgive sb for sthg; **perdone que le moleste** sorry to bother you -2. [eximir de - deuda, condena]: **~ algo a alguien** to let sb off sthg; **~le la vida a alguien** to spare sb their life -3. [desperdiciar]: **no ~ algo** not to miss sthg. ◇ *vi*: **perdone, ¿cómo ha dicho?** excuse me, what did you say?

perdonavidas *m y f inv fam* bully.

perdurar *vi* -1. [durar mucho] to endure, to last -2. [persistir] to persist.

perecedero, ra *adj* -1. [productos] perishable -2. [naturaleza] transitory.

perecer [30] *vi* to perish, to die.

peregrina ▷ **peregrino.**

peregrinación *f* RELIG pilgrimage.

peregrinaje *m* RELIG pilgrimage.

peregrinar *vi* RELIG to make a pilgrimage.

peregrino, na ◇ *adj* -1. [ave] migratory -2. *fig* [extraño] strange. ◇ *m,f* [persona] pilgrim.

perejil *m* parsley.

perenne *adj* BOT perennial.

perentorio, ria *adj* urgent, pressing; [gesto, tono] peremptory; **plazo ~** fixed time limit.

pereza *f* idleness; **me da ~ ir a pie** I can't be bothered walking; **sacudirse la ~** to wake o.s. up.

perezca *etc* ▷ **perecer.**

perezoso, sa ◇ *adj* [vago] lazy. ◇ *m,f* [vago] lazy person, idler.

perfección *f* perfection; **es de una gran ~** it's exceptionally good; **a la ~** perfectly, to perfection.

perfeccionamiento *m* -1. [acabado] perfecting -2. [mejoramiento] improvement.

perfeccionar *vt* -1. [redondear] to perfect -2. [mejorar] to improve.

perfeccionismo *m* perfectionism.

perfeccionista *adj & m,f* perfectionist.

perfectamente *adv* -1. [sobradamente] perfectly -2. [muy bien] fine; **¿cómo estas? - estoy ~** how are you? - I'm fine -3. [de acuerdo]: **¡perfectamente!** fine!, great!

perfecto, ta *adj* perfect.

perfidia *f* perfidy, treachery.

pérfido, da ◇ *adj* perfidious, treacherous. ◇ *m,f* treacherous person.

perfil *m* -1. [contorno] outline, shape -2. [de cara, cuerpo] profile; **de ~** in profile -3. *fig* [característica] characteristic -4. *fig* [retrato moral] profile -5. GEOM cross section.

perfilar *vt* to outline.

◆ **perfilarse** *vpr* -1. [destacarse] to be outlined -2. [concretarse] to shape up.

perforación *f* -1. [gen & MED] perforation -2. [taladro] bore-hole.

perforador, ra *adj* drilling.

◆ **perforadora** *f* -1. [herramienta] drill -2. INFORM card punch.

perforar *vt* [horadar] to perforate; [agujero] to drill; INFORM to punch.

perfumar *vt* to perfume.

◆ **perfumarse** *vpr* to put perfume on.

perfume *m* perfume.

perfumería *f* -1. [tienda, arte] perfumery -2. [productos] perfumes *(pl)*.

pergamino *m* parchment.

pérgola *f* pergola.

pericia *f* skill.

pericial *adj* expert.

perico *m* -1. *fam* [pájaro] parakeet -2. *mfam*

[cocaína] snow **-3.** ***Col*** [café con leche] white coffee; ***loc***: **Perico (el) de los palotes** anybody.
periferia *f* periphery; [alrededores] outskirts *(pl)*.
periférico, ca *adj* peripheral; [barrio] outlying.
◆ **periférico** *m* **-1.** *INFORM* peripheral **-2.** ***CAm, Méx*** [carretera] ring road ***UK***, beltway ***US***.
perifollos *mpl fam* frills (and fripperies).
perífrasis *f inv*: ~ **(verbal)** compound verb.
perifrástico, ca *adj* long-winded.
perilla *f* goatee; **venir de ~(s)** to be just the right thing.
perímetro *m* perimeter.
periodicidad *f* frequency; *TECN* periodicity.
periódico, ca *adj* [gen] periodic.
◆ **periódico** *m* newspaper; ~ **dominical** Sunday paper.
periodismo *m* journalism.
periodista *mf* journalist.
periodístico, ca *adj* journalistic.
periodo, período *m* period; *DEP* half; ~ **de prácticas** trial period.
peripatético, ca ◇ *adj* **-1.** *FILOSOFÍA* Peripatetic **-2.** ***fam*** [ridículo] ludicrous. ◇ *m,f* Peripatetic.
peripecia *f* incident, adventure.
periplo *m* journey, voyage.
peripuesto, ta *adj* ***fam*** dolled-up, tarted-up.
periquete *m*: **en un ~** ***fam*** in a jiffy.
periquito ◇ *m* parakeet. ◇ *adj* ***fam*** of/relating to the Español Football Club.
periscopio *m* periscope.
perista *mf* ***fam*** fence, receiver of stolen goods.
peritaje *m* **-1.** [trabajo] expert work; [informe] expert's report **-2.** [estudios] professional training; ~ **industrial** industrial studies; ~ **mercantil** business studies.
peritar *vt* [casa] to value; [coche] to assess the value of, to assess the damage to.
perito *m* **-1.** [experto] expert; ~ **agrónomo** agronomist **-2.** [ingeniero técnico] technician.
perjudicar [10] *vt* to damage, to harm.
perjudicial *adj*: ~ **(para)** harmful (to).
perjuicio *m* harm *(U)*, damage *(U)*; **causar ~ a algo/alguien** to do damage to sb/sthg; **ir en ~ de** to be detrimental to; **sin ~ de** despite.
perjurar *vi* **-1.** [jurar mucho] to swear blind **-2.** [jurar en falso] to commit perjury.
perjurio *m* perjury.
perjuro, ra ◇ *adj* perjured. ◇ *m,f* perjuror.
perla *f* pearl; ~ **de cultivo** cultured pearl; ***fig*** [maravilla] gem, treasure; **de ~s** great, fine; **me viene de ~s** it's just the right thing.
perlado, da *adj* **-1.** [con perlas] pearly; [collar] pearl ***(antes de sust)*** **-2.** [con gotas] beaded.
perlé *m* beading.
permanecer [30] *vi* **-1.** [en un lugar] to stay **-2.** [en un estado] to remain, to stay.
permanencia *f* **-1.** [en un lugar] staying, continued stay **-2.** [en un estado] continuation.
permanente ◇ *adj* permanent; [comisión] standing. ◇ *f* perm; **hacerse la ~** to have a perm.
permeabilidad *f* permeability.
permeable *adj* permeable.
permisible *adj* permissible, acceptable.
permisividad *f* permissiveness.
permisivo, va *adj* permissive.
permiso *m* **-1.** [autorización] permission; **con ~** if I may, if you'll excuse me; **dar ~ para hacer algo** to give permission to do sthg; **pedir ~ para hacer algo** to ask permission to do sthg **-2.** [documento] licence, permit; **~ de armas** gun licence; **~ de conducir** driving licence ***UK***, driver's license ***US***; **~ de residencia** residence permit; **~ de trabajo** work permit **-3.** [vacaciones] leave; **estar de ~** to be on leave.
permitir *vt* to allow; **~ a alguien hacer algo** to allow sb to do sthg; **¿me permite?** may I?
◆ **permitirse** *vpr* to allow o.s. (the luxury of); **no puedo permitírmelo** I can't afford it.
permuta, permutación *f* exchange.
permutación = **permuta**.
permutar *vt* to exchange, to swap.
pernera *f* trouser leg.
pernicioso, sa *adj* damaging, harmful.
pernil *m* leg of ham.
perno *m* bolt.
pernoctar *vi* to stay overnight.
pero ◇ *conj* but; **la casa es vieja ~ céntrica** the house may be old, but it's central; **~ ¿qué es tanto ruido?** what on earth is all this noise about? ◇ *m* snag, fault; **poner ~s a todo** to find fault with everything.
perogrullada *f fam* truism.
perol *m* casserole (dish).
peroné *m* fibula.
perorata *f* long-winded speech.
peróxido *m* peroxide.
perpendicular *adj* perpendicular; **ser ~ a algo** to be at right angles to sthg.

perpetrar *vt* to perpetrate, to commit.

perpetuar [6] *vt* to perpetuate.
◆ **perpetuarse** *vpr* to last, to endure.

perpetuidad *f* perpetuity; **a ~** in perpetuity; **presidente a ~** president for life; **condenado a ~** condemned to life imprisonment.

perpetuo, tua *adj* **-1.** [gen] perpetual **-2.** [para toda la vida] lifelong; DER life *(antes de sust)*.

perplejidad *f* perplexity, bewilderment.

perplejo, ja *adj* perplexed, bewildered.

perra *f* **-1.** [rabieta] tantrum; **coger una ~** to throw a tantrum **-2.** [dinero] penny; **estoy sin una ~** I'm flat broke **-3.** ▷ **perro.**

perrera ▷ **perrero.**

perrería *f fam*: **hacer ~s a alguien** to play dirty tricks on sb.

perrero, ra *m,f* [persona] dogcatcher.
◆ **perrera** *f* **-1.** [lugar] kennels *(pl)* **-2.** [vehículo] dogcatcher's van.

perro, rra ◇ *m,f* **-1.** [animal] dog (*f* bitch); **~ callejero** stray dog; **~ de caza** hunting dog; **~ de compañía** pet dog; **~ faldero** lapdog; **~ lazarillo** guide dog; **~ lobo** alsatian; **~ lulú** Pomeranian; **~ pastor** sheepdog; **~ policía** police dog; **allí no atan los ~s con longaniza** money doesn't grow on trees there; **andar como el ~ y el gato** to fight like cat and dog; **de ~s** [tiempo etc] wretched, lousy; **echar los ~s a alguien** to have a go at sb; **~ ladrador poco mordedor** his bark is worse than his bite; **ser ~ viejo** to be an old hand **-2.** *despec* [persona] swine, dog. ◇ *adj* wretched, lousy.
◆ **perro caliente** *m* hot dog.

perruno, na *adj* canine.

persecución *f* **-1.** [seguimiento] pursuit **-2.** [acoso] persecution.

persecutorio, ria *adj* [manía] persecution *(antes de sust)*.

perseguir [43] *vt* **-1.** [seguir, tratar de obtener] to pursue **-2.** [acosar] to persecute **-3.** [suj: mala suerte, problema etc] to dog.

perseverancia *f* perseverance.

perseverante *adj* persistent.

perseverar *vi*: **~ (en)** to persevere (with), to persist (in).

Persia Persia.

persiana *f* blind, shade *US*; **enrollarse como una ~** *fam* to go on and on.

persiga *etc* ▷ **perseguir.**

persignarse *vpr* to cross o.s.

persigo, persiguiera *etc* ▷ **perseguir.**

persistencia *f* persistence.

persistente *adj* persistent.

persistir *vi*: **~ (en)** to persist (in).

persona *f* **-1.** [individuo] person; **cien ~s** a hundred people; **de ~ a ~** person to person; **en ~** in person; **por ~** per head; **ser buena ~** to be nice; **~ mayor** adult, grown-up **-2.** DER party; **~ física** private individual; **~ jurídica** legal entity *o* person **-3.** GRAM person.

personaje *m* **-1.** [persona importante] important person, celebrity; **ser todo un ~** *fam* to be a real big shot **-2.** [de obra] character.

personal ◇ *adj* [gen] personal; [teléfono, dirección] private, home *(antes de sust)*. ◇ *m* **-1.** [trabajadores] staff, personnel **-2.** *fam* [gente] people *(pl)*. ◇ *f* [en baloncesto] personal foul.

personalidad *f* **-1.** [características] personality **-2.** [persona importante] important person, celebrity.

personalizar [13] *vi* [nombrar] to name names.

personarse *vpr* to turn up.

personero, ra *m,f Amér* spokesperson.

personificación *f* personification.

personificar *vt* to personify.

perspectiva *f* **-1.** [gen] perspective **-2.** [paisaje] view **-3.** [futuro] prospect; **en ~** in prospect.

perspicacia *f* insight, perceptiveness.

perspicaz *adj* sharp, perceptive.

persuadir *vt* to persuade; **~ a alguien para que haga algo** to persuade sb to do sthg.
◆ **persuadirse** *vpr* to convince o.s.; **~se de algo** to become convinced of sthg.

persuasión *f* persuasion.

persuasivo, va *adj* persuasive.

pertenecer [30] *vi* **-1.** [gen]: **~ a** to belong to **-2.** [corresponder] to be up to, to be a matter for.

perteneciente *adj*: **ser ~ a** to belong to.

pertenencia *f* **-1.** [propiedad] ownership **-2.** [afiliación] membership.
◆ **pertenencias** *fpl* [enseres] belongings.

pértiga *f* **-1.** [vara] pole **-2.** DEP pole-vault.

pertinaz *adj* **-1.** [terco] stubborn **-2.** [persistente] persistent.

pertinencia *f* **-1.** [adecuación] appropriateness **-2.** [relevancia] relevance.

pertinente *adj* **-1.** [adecuado] appropriate **-2.** [relativo] relevant, pertinent.

pertrechar *vt* **-1.** MIL to supply with food and ammunition **-2.** [suministrar] to equip.
◆ **pertrecharse** *vpr*: **~se de** to equip o.s. with.

pertrechos *mpl* **-1.** *MIL* supplies and ammunition **-2.** *fig* [utensilios] gear *(U)*.

perturbación *f* **-1.** [desconcierto] disquiet, unease **-2.** [disturbio] disturbance; ~ **del orden público** breach of the peace **-3.** *MED* mental imbalance **-4.** *METEOR* unsettled weather *(U)*; ~ **atmosférica** atmospheric disturbance.

perturbado, da ◇ *adj* **-1.** *MED* disturbed, mentally unbalanced **-2.** [desconcertado] perturbed. ◇ *m,f MED* mentally unbalanced person.

perturbador, ra ◇ *adj* unsettling. ◇ *m,f* troublemaker.

perturbar *vt* **-1.** [trastornar] to disrupt **-2.** [inquietar] to disturb, to unsettle **-3.** [enloquecer] to perturb.

Perú: **(el)** ~ Peru.

peruano, na *adj & m,f* Peruvian.

perversidad *f* wickedness.

perversión *f* perversion.

perverso, sa *adj* depraved.

pervertido, da *m,f* pervert.

pervertidor, ra ◇ *adj* pernicious, corrupting. ◇ *m,f* reprobate, corrupter; ~ **de menores** corruptor of minors.

pervertir [27] *vt* to corrupt.

◆ **pervertirse** *vpr* to become corrupt, to be corrupted.

pervivir *vi* to survive.

pesa *f* **-1.** [gen] weight **-2.** *(gen pl) DEP* weights *(pl)*; **alzar** ~**s** to lift weights.

pesabebés *m inv* baby-weighing scales *(pl)*.

pesacartas *m inv* letter-weighing scales *(pl)*.

pesada ▷ **pesado**.

pesadez *f* **-1.** [peso] weight **-2.** [sensación] heaviness **-3.** [molestia, fastidio] drag, pain **-4.** [aburrimiento] ponderousness.

pesadilla *f* nightmare.

pesado, da ◇ *adj* **-1.** [gen] heavy **-2.** [caluroso] sultry **-3.** [lento] ponderous, sluggish **-4.** [duro] difficult, tough **-5.** [aburrido] boring **-6.** [molesto] annoying, tiresome; **¡qué ~ eres!** you're so annoying!; **ponerse** ~ to be a pain. ◇ *m,f* bore, pain.

pesadumbre *f* grief, sorrow.

pésame *m* sympathy, condolences *(pl)*; **dar el** ~ to offer one's condolences; **mi más sentido** ~ my deepest sympathies.

pesar ◇ *m* **-1.** [tristeza] grief **-2.** [arrepentimiento] remorse **-3.** *loc*: **a ~ mío** against my will. ◇ *vt* **-1.** [determinar el peso de] to weigh **-2.** [examinar] to weigh up. ◇ *vi* **-1.** [tener peso] to weigh **-2.** [ser pesado] to be heavy **-3.** [importar] to play an important part **-4.** [molestar]: **me pesa tener que hacerlo** it grieves me to have to do it; **pese a quien pese** in spite of everything **-5.** [entristecer]: **me pesa tener que decirte esto** I'm sorry to have to tell you this.

◆ **pesarse** *vpr* to weigh o.s.

◆ **a pesar de** *loc prep* despite; **a ~ de todo** in spite of everything.

◆ **a pesar de que** *loc conj* in spite of the fact that.

pesaroso, sa *adj* **-1.** [arrepentido] remorseful **-2.** [afligido] sad.

pesca *f* **-1.** [acción] fishing; **ir de** ~ to go fishing; ~ **con caña** angling; ~ **con red** net fishing; ~ **de bajura/altura** coastal/deep-sea fishing; ~ **submarina** underwater fishing **-2.** [lo pescado] catch.

pescadería *f* fishmonger's (shop).

pescadero, ra *m,f* fishmonger.

pescadilla *f* whiting.

pescado *m* fish; ~ **azul/blanco** blue/white fish.

pescador, ra *m,f* fisherman (*f* fisherwoman).

pescar [10] ◇ *vt* **-1.** [peces] to catch **-2.** *fig* [enfermedad] to catch **-3.** *fam fig* [conseguir] to get o.s., to land **-4.** *fam fig* [atrapar] to catch **-5.** *fam fig* [entender] to pick up, to understand. ◇ *vi* to fish, to go fishing.

pescuezo *m* neck; **retorcer el ~ a alguien** *fam* to wring sb's neck.

pese

◆ **pese a** *loc prep* despite; ~ **a que** even though.

pesebre *m* **-1.** [para los animales] manger **-2.** [belén] crib, Nativity scene.

pesero *m CAm & Méx fixed-rate taxi service.*

peseta *f* [unidad] peseta.

◆ **pesetas** *fpl fig* [dinero] money *(U)*.

pesetero, ra ◇ *adj* money-grubbing. ◇ *m,f* moneygrubber.

pesimismo *m* pessimism.

pesimista ◇ *adj* pessimistic. ◇ *mf* pessimist.

pésimo, ma ◇ *superl* ▷ **malo**. ◇ *adj* terrible, awful.

peso *m* **-1.** [gen] weight; **perder** *o* **ganar** ~ to lose/gain weight; **siento ~ en las piernas** my legs feel heavy; **tiene un kilo de** ~ it weighs a kilo; **de** ~ [razones] weighty, sound; [persona] influential; ~ **atómico/molecular** atomic/molecular weight; ~ **bruto/neto** gross/net weight; ~ **muerto** dead weight; ~ **ligero** lightweight; ~ **medio**

middleweight; ~ **mosca** flyweight; ~ **pesado** heavyweight; **caer por su propio** ~ to be self-evident; **pagar algo a** ~ **de oro** to pay a fortune for sthg; **quitarse un** ~ **de encima** to take a weight off one's mind **-2.** [moneda] peso **-3.** [de atletismo] shot **-4.** [balanza] scales *(pl)*.

pesque *etc* ▷ **pescar**.

pesquero, ra *adj* fishing.
◆ **pesquero** *m* fishing boat.

pesquisa *f* investigation, inquiry.

pestaña *f* **-1.** [de párpado] eyelash; ~**s postizas** false eyelashes; **quemarse las** ~**s** *fig* to burn the midnight oil **-2.** *TECN* flange.

pestañear *vi* to blink; **sin** ~ without batting an eyelid.

peste *f* **-1.** [enfermedad, plaga] plague; ~ **bubónica** bubonic plague **-2.** *fam* [mal olor] stink, stench **-3.** [molestia] pest **-4.** *loc*: **decir** ~**s de alguien** to heap abuse on sb.

pesticida ◇ *adj* pesticidal. ◇ *m* pesticide.

pestilencia *f* stench.

pestilente *adj* foul-smelling.

pestillo *m* [cerrojo] bolt; [mecanismo, en verjas] latch; **correr** *o* **echar el** ~ to shoot the bolt.

petaca *f* **-1.** [para cigarrillos] cigarette case; [para tabaco] tobacco pouch **-2.** [para bebidas] flask **-3.** *Méx* [maleta] suitcase **-4.** *loc*: **hacer la** ~ to make an apple-pie bed.
◆ **petacas** *fpl Méx fam* buttocks.

pétalo *m* petal.

petanca *f game similar to bowls played in parks, on beach etc.*

petardo ◇ *m* **-1.** [cohete] banger, firecracker **-2.** *fam* [aburrimiento] bore **-3.** *mfam* [porro] joint. ◇ *mf fam* [persona fea] horror, ugly person.

petate *m* kit bag; **liar el** ~ *fam* [marcharse] to pack one's bags and go; [morir] to kick the bucket.

petenera *f Andalusian popular song*; **salir por** ~**s** to go off at a tangent.

petición *f* **-1.** [acción] request; **a** ~ **de** at the request of **-2.** *DER* [escrito] petition; ~ **de mano** proposal (of marriage).

petimetre, tra *m,f* fop, dandy.

petirrojo *m* robin.

petiso, sa, petizo, za ◇ *adj Andes & RP fam* [person] short. ◇ *m Andes & RP* [caballo] small horse.

peto *m* **-1.** [de prenda] bib; **pantalón con** ~ overalls **-2.** [de armadura] breastplate **-3.** *DEP* breastguard.

pétreo, a *adj* [de piedra] stone; [como piedra] stony.

petrificar [10] *vt lit & fig* to petrify.

petrodólar *m* petrodollar.

petróleo *m* oil, petroleum.

petrolero, ra *adj* oil *(antes de sust)*.
◆ **petrolero** *m* oil tanker.

petrolífero, ra *adj* oil *(antes de sust)*.

petroquímico, ca *adj* petrochemical.
◆ **petroquímica** *f* petrochemistry.

petulancia *f* arrogance.

petulante ◇ *adj* opinionated, arrogant. ◇ *mf* opinionated person.

petunia *f* petunia.

peúco *(gen pl) m* bootee.

peyorativo, va *adj* pejorative.

pez ◇ *m* fish; ~ **de colores** goldfish; ~ **de río** freshwater fish; ~ **espada** swordfish; **estar uno como** ~ **en el agua** to be in one's element; **estar** ~ **(en algo)** to have no idea (about sthg). ◇ *f* pitch, tar.
◆ **pez gordo** *m fam fig* big shot.

pezón *m* [de pecho] nipple.

pezuña *f* hoof.

pi *f MAT* pi.

piadoso, sa *adj* **-1.** [compasivo] kind-hearted **-2.** [religioso] pious.

pianista *mf* pianist.

piano *m* piano; ~ **bar** piano bar; ~ **de cola** grand piano; ~ **de media cola** baby grand; **como un** ~ *fam* huge.

pianola *f* pianola.

piar [9] *vi* to cheep, to tweet.

piara *f* herd.

piastra *f* piastre, piaster.

PIB (*abrev de* **producto interior bruto**) *m* GDP.

pibe, ba *m,f RP fam* kid.

PIC (*abrev de* **punto de información cultural**) *m tourist information point.*

pica *f* **-1.** [naipe] spade **-2.** [lanza] pike; **poner una** ~ **en Flandes** to do the impossible **-3.** *TAUROM* goad, picador's spear.
◆ **picas** *fpl* [palo de baraja] spades.

picada *f* **-1.** ▷ **picado -2.** *RP* snacks *(pl)*, appetizers *(pl)*.

picadero *m* **-1.** [de caballos] riding school **-2.** *fam* [de soltero] bachelor pad.

picadillo *m* **-1.** [de carne] mince; [de verdura] chopped vegetables *(pl)*; **hacer** ~ **a alguien** *fam* to beat sb to a pulp **-2.** *Chile* [tapas] snacks, appetizers.

picado, da *adj* **-1.** [marcado - piel] pockmarked; [- fruta] bruised **-2.** [agujereado] perforated; ~ **de polilla** moth-eaten **-3.** [triturado - alimento] chopped; [- carne] minced;

[- tabaco] cut **-4.** [vino] sour **-5.** [diente] decayed **-6.** [mar] choppy **-7.** *fig* [enfadado] annoyed **-8.** AERON: **descender en ~** to dive.
◆ **picada** *f* [de mosquito, serpiente] bite; [de avispa, escorpión, ortiga] sting.

picador, ra *m,f* TAUROM picador.

picadora *f* mincer.

picadura *f* **-1.** [de mosquito, serpiente] bite; [de avispa, ortiga, escorpión] sting **-2.** [tabaco] (cut) tobacco *(U)*.

picante ◇ *adj* **-1.** [comida etc] spicy, hot **-2.** *fig* [obsceno] saucy. ◇ *m* [comida] spicy food; [sabor] spiciness.

picantería *f Andes* cheap restaurant.

picapleitos *m y f inv despec* lawyer.

picaporte *m* [aldaba] doorknocker; [barrita] latch.

picar [10] ◇ *vt* **-1.** [suj: mosquito, serpiente] to bite; [suj: avispa, escorpión, ortiga] to sting **-2.** [escocer] to itch; **me pican los ojos** my eyes are stinging **-3.** [triturar - verdura] to chop; [- carne] to mince **-4.** [suj: ave] to peck **-5.** [aperitivo] to pick at **-6.** [tierra, piedra, hielo] to hack at **-7.** *fig* [enojar] to irritate **-8.** *fig* [estimular - persona, caballo] to spur on; [- curiosidad] to prick **-9.** [perforar - billete, ficha] to punch **-10.** [teclear] to type. ◇ *vi* **-1.** [alimento] to be spicy *o* hot **-2.** [pez] to bite **-3.** [escocer] to itch **-4.** [ave] to peck **-5.** [tomar un aperitivo] to nibble **-6.** [sol] to burn **-7.** [dejarse engañar] to take the bait **-8.** *loc*: **~ (muy) alto** to have great ambitions.
◆ **picarse** *vpr* **-1.** [vino] to turn sour **-2.** [ropa] to become moth-eaten **-3.** [mar] to get choppy **-4.** [diente] to get a cavity **-5.** [oxidarse] to go rusty **-6.** *fig* [enfadarse] to get annoyed *o* cross **-7.** *fam* [inyectarse droga] to shoot up.

picardía *f* **-1.** [astucia] sharpness, craftiness **-2.** [travesura] naughty trick, mischief *(U)*.

picaresco, ca *adj* mischievous, roguish.
◆ **picaresca** *f* **-1.** LITER picaresque literature **-2.** [modo de vida] roguery.

PICARESCA

The picaresque was a popular and influential Spanish literary genre during the 16th and 17th centuries. Its principal characteristics are its episodic form and the ingenuity and roguish qualities of the low-life hero. In the course of the hero's adventures, a vivid and often critical picture of all strata of Spanish society is presented. In modern Spanish the term *pícaro* is still used to describe people with the same qualities as the picaresque hero.

pícaro, ra *m,f* **-1.** [astuto] sly person, rogue **-2.** [travieso] rascal **-3.** *ver también* **picaresca.**

picatoste *m* crouton.

picazón *f* [en el cuerpo] itch.

picha *f mfam* dick, knob.

pichi *m* pinafore (dress).

pichichi *m* DEP top scorer.

pichincha *f Bol, RP fam* bargain.

pichón *m* **-1.** ZOOL young pigeon **-2.** *fam fig* [apelativo cariñoso] darling, sweetheart.

pichula *f Amér vulg* prick, cock.

pickles *mpl RP* pickles.

picnic (*pl* **picnics**) *m* picnic.

pico *m* **-1.** [de ave] beak **-2.** [punta, saliente] corner **-3.** [herramienta] pick, pickaxe **-4.** [cumbre] peak **-5.** [cantidad indeterminada]: **cincuenta y ~** fifty-odd, fifty-something; **llegó a las cinco y ~** he got there just after five **-6.** *fam* [boca] gob, mouth; **cerrar el ~** [callar] to shut up; **ser** *o* **tener un ~ de oro** to be a smooth talker, to have the gift of the gab **-7.** *loc*: **andar/irse de ~s pardos** to be/go out on the town; **le costó un ~** it cost her a fortune.

picor *m* [del calor] burning; [que irrita] itch.

picoso, sa *adj Méx* spicy, hot.

picota *f* **-1.** [de ajusticiados] pillory; **poner a alguien en la ~** *fig* to pillory sb **-2.** [cereza] cherry.

picotazo *m* peck.

picotear *vt* **-1.** [suj: ave] to peck **-2.** *fig* [comer] to pick at.

pictórico, ca *adj* pictorial.

pida, pidiera *etc* ▷ **pedir.**

pie *m* **-1.** [gen & ANAT] foot; **a ~** on foot; **estar de** *o* **en ~** to be on one's feet *o* standing; **ponerse de** *o* **en ~** to stand up; **de ~s a cabeza** *fig* from head to toe; **seguir en ~** [vigente] to be still valid; **en ~ de igualdad** on an equal footing; **en ~ de guerra** at war; **perder/no hacer ~** to go/to be out of one's depth; **~ de atleta** athlete's foot; **~ de foto** caption; **~s de cerdo** (pig's) trotters; **~s planos** flat feet **-2.** [de micrófono, lámpara etc] stand; [de copa] stem **-3.** TEATR cue **-4.** *loc*: **al ~ de la letra** to the letter, word for word; **al ~ del cañón** ready for action; **andar con ~s de plomo** to tread carefully; **a ~s juntillas** unquestioningly; **a sus ~s** at your service; **buscarle (los) tres ~s al gato** to split hairs; **cojear del mismo ~** to fall at the same fence; **con buen ~** on the right footing; **dar ~ a alguien para que haga algo** to give sb cause to do sthg; **el ciudadano de a ~** the man in the street; **levantarse con el ~ izquierdo** to get out of bed on the wrong side; **no dar ~ con bola** to get everything wrong; **no tener ni ~s ni cabeza** to make no sense at all; **no tenerse de** *o* **en ~** [por cansancio] not to be able to stand up a minute longer; *fig* [por ser absurdo] not to stand up; **pararle los ~s a alguien** to put sb in their place; **poner ~s en polvorosa** to make a run for it; **saber de qué ~ cojea alguien** to know sb's weaknesses; **tener un ~ en la tumba** to have one foot in the grave.

piedad *f* **-1.** [compasión] pity; **por ~** for pity's sake; **tener ~ de** to take pity on **-2.** [religiosidad] piety.
◆ **Piedad** *f* ARTE Pietà.

piedra *f* **-1.** [gen] stone; **~ angular** *lit* & *fig* cornerstone; **~ pómez** pumice stone; **~ preciosa** precious stone; **~ de toque** touchstone; **poner la primera ~** [inaugurar] to lay the foundation stone; *fig* to lay the foundations; **no dejar ~ sobre ~** to leave no stone standing; **no ser de ~** to be human; **quedarse de ~** to be thunderstruck; **tirar la ~ y esconder la mano** to play the innocent; **tirar ~s a su propio tejado** to harm oneself **-2.** [de mechero] flint.

piel *f* **-1.** ANAT skin; **~ roja** redskin *(N.B: the term 'piel roja' is considered to be racist)*; **~ de gallina** goose bumps; **dejar** *o* **jugarse la ~** to risk one's neck; **ser de la ~ del diablo** to be a little devil **-2.** [cuero] leather **-3.** [pelo] fur **-4.** [cáscara] skin, peel.

piensa *etc* ▻ **pensar**.

pienso *m* fodder.

pierda *etc* ▻ **perder**.

pierna *f* leg; **dormir a ~ suelta** to sleep like a log; **estirar las ~s** to stretch one's legs.

pieza *f* **-1.** [gen] piece; [de mecanismo] part; **~ de recambio** *o* **repuesto** spare part, extra *US*; **un dos ~s** a two-piece suit; **dejar/quedarse de una ~** to leave/be thunderstruck **-2.** [presa] specimen **-3.** *irón* [persona]: **ser una buena ~** to be a fine one *o* a right one **-4.** [obra dramática] play **-5.** [habitación] room.

pifia *f* blunder.

pifiar [8] *vt*: **~la** *fam* to put one's foot in it.

pigmentación *f* pigmentation.

pigmento *m* pigment.

pigmeo, a *m,f* pygmy.

pijada *f fam* [dicho] trivial remark; [hecho] trifle.

pijama *m* pyjamas *(pl)*.

pijería *f fam* [dicho] trivial remark; [hecho] trifle.

pijo, ja *fam* ◇ *adj* posh. ◇ *m,f* spoilt rich brat.
◆ **pijo** *m vulg* prick, cock.

pila *f* **-1.** [generador] battery; **~ atómica** atomic pile; **~ solar** solar cell; **cargar las ~s** *fam* to recharge one's batteries **-2.** [montón] pile; **tiene una ~ de deudas** he's up to his neck in debt **-3.** [fregadero] sink; **~ bautismal** (baptismal) font.

pilar *m lit* & *fig* pillar.

pilastra *f* pilaster.

píldora *f* pill; [anticonceptivo]: **la ~** the pill; **~ del día siguiente** morning after pill; **dorar la ~** to sugar the pill.

pileta *f RP* [piscina] swimming pool; [en baño] washbasin; [en cocina] sink.

pillaje *m* pillage.

pillar ◇ *vt* **-1.** [gen] to catch **-2.** [chiste, explicación] to get **-3.** [atropellar] to knock down. ◇ *vi fam* [hallarse]: **me pilla lejos** it's out of the way for me; **me pilla de camino** it's on my way; **no me pilla de nuevas** it doesn't surprise me.
◆ **pillarse** *vpr* [dedos etc] to catch.

pillastre *mf fam* rogue, crafty person.

pillo, lla *fam* ◇ *adj* **-1.** [travieso] mischievous **-2.** [astuto] crafty. ◇ *m,f* **-1.** [pícaro] rascal **-2.** [astuto] crafty person.

pilotar *vt* [avión] to fly, to pilot; [coche] to drive; [barco] to steer.

piloto ◇ *mf* [gen] pilot; [de coche] driver; **~ automático** automatic pilot; **~ de pruebas** test pilot. ◇ *m* **-1.** [luz - de coche] tail light; [- de aparato] pilot lamp **-2.** *CSur* [impermeable] raincoat. ◇ *adj inv* pilot *(antes de sust)*.

piltra *f mfam* pit, bed.

piltrafa *(gen pl) f* scrap; *fam* [persona débil] wreck.

pimentón *m* **-1.** [dulce] paprika **-2.** [picante] cayenne pepper.

pimienta *f* pepper; **~ blanca/negra** white/black pepper.

pimiento *m* [fruto] pepper, capsicum; [planta] pimiento, pepper plant; **~ morrón** sweet pepper; **me importa un ~** *fam* I couldn't care less.

pimpante *adj* **-1.** [satisfecho] well-pleased **-2.** [garboso] swish, smart.

pimpinela *f* pimpernel.

pimpollo *m* **-1.** [de rama, planta] shoot; [de flor] bud **-2.** *fam fig* [persona atractiva] gorgeous person.

PIN (*abrev de* **producto interior neto**) *m* NDP.

pinacoteca *f* art gallery.

pináculo *m* **-1.** [gen] pinnacle **-2.** [juego de naipes] pinochle.

pinar *m* pine wood *o* grove.

pinaza *f* pine needles *(pl)*.

pincel *m* [para pintar] paintbrush; [para maquillar etc] brush.

pincelada *f* brushstroke; **a grandes ~s** *fig* in broad terms.

pinchadiscos *m y f inv* disc jockey.

pinchar ◇ *vt* **-1.** [punzar - gen] to prick; [- rueda] to puncture; [- globo, balón] to burst **-2.** [penetrar] to pierce **-3.** *fam* [teléfono] to tap **-4.** *fig* [irritar] to torment **-5.** *fig* [incitar]: **~ a alguien para que haga algo** to urge sb to do sthg. ◇ *vi* **-1.** [rueda] to get a puncture **-2.** [barba] to be prickly **-3.** *loc*: **ella ni pincha ni corta** she cuts no ice.

◆ **pincharse** *vpr* **-1.** [punzarse - persona] to prick o.s.; [- rueda] to get a puncture **-2.** *fig* [irritarse] to get annoyed **-3.** [inyectarse]: **~se (algo)** [medicamento] to inject o.s. (with sthg); *fam* [droga] to shoot up (with sthg).

pinchazo *m* **-1.** [punzada] prick **-2.** [marca] needle mark **-3.** [de neumático, balón etc] puncture, flat *US*.

pinche ◇ *mf* kitchen boy (*f* kitchen maid). ◇ *adj Méx fam* lousy, damn.

pinchito *m* CULIN **-1.** [tapa] aperitif on a stick **-2.** [pincho moruno] shish kebab.

pincho *m* **-1.** [punta] (sharp) point **-2.** [espina - de planta] prickle, thorn **-3.** [varilla] pointed stick **-4.** CULIN aperitif on a stick; **~ moruno** shish kebab.

pindonguear *vi fam* to loaf about.

pineda *f* pine wood *o* grove.

pinga *f Andes & Méx vulg* prick, cock.

pingajo *m fam despec* rag.

pingonear *vi fam* to loaf about.

ping-pong [pin'pon] *m* ping-pong, table-tennis.

pingüe *adj* plentiful; **~s ganancias** fat profit *(sg)*.

pingüino *m* penguin.

pinitos *mpl*: **hacer ~** *lit & fig* to take one's first steps.

pino *m* pine; **en el quinto ~** in the middle of nowhere; **hacer el ~** to do a handstand.

LOS PINOS

Los Pinos ("The Pine Trees") is the name given to the official residence of the Mexican president and the seat of the Mexican government.

pinta ▷ **pinto**.

pintado, da *adj* **-1.** [coloreado] coloured; **'recién ~'** 'wet paint' **-2.** [maquillado] made-up **-3.** [moteado] speckled **-4.** *loc*: **el más ~** the best person around; **venir que ni ~** to be just the thing.

◆ **pintada** *f* **-1.** [escrito] graffiti *(U)* **-2.** [ave] guinea fowl.

pintalabios *m inv* lipstick.

pintar ◇ *vt* **-1.** to paint; **~ algo de negro** to paint sthg black **-2.** [significar, importar] to count; **aquí no pinto nada** there's no place for me here; **¿qué pinto yo en este asunto?** where do I come in? ◇ *vi* [con pintura] to paint.

◆ **pintarse** *vpr* **-1.** [maquillarse] to make o.s. up **-2.** [manifestarse] to show, to be evident **-3.** *loc*: **pintárselas uno solo para algo** to be a past master at sthg.

pintarrajear *vt fam despec* to daub.

pinto, ta *adj* speckled, spotted.

◆ **pinta** ◇ *f* **-1.** [lunar] spot **-2.** *fig* [aspecto] appearance; **tener pinta de algo** to look *o* seem sthg; **tiene buena pinta** it looks good **-3.** [unidad de medida] pint **-4.** *Méx* [pintada] graffiti *(U)*. ◇ *mf fam* [caradura] cheeky so-and-so, shameless person.

pintor, ra *m,f* painter; **~ de brocha gorda** painter and decorator; *despec* dauber.

pintoresco, ca *adj* picturesque; *fig* [extravagante] colourful.

pintura *f* **-1.** ARTE painting; **~ a la acuarela** watercolour; **~ al óleo** oil painting; **~ rupestre** cave painting; **no poder ver a alguien ni en ~** *fig* not to be able to stand the sight of sb **-2.** [materia] paint.

pinza *(gen pl) f* **-1.** [gen] tweezers *(pl)*; [de tender ropa] peg, clothespin *US*; **coger algo con ~s** *fam* to handle sthg with great care **-2.** [de animal] pincer, claw **-3.** [pliegue] fold.

piña *f* **-1.** [del pino] pine cone **-2.** [ananás] pineapple; **~ colada** piña colada **-3.** *fig* [conjunto de gente] close-knit group; **hacer ~ con alguien** to rally around sb **-4.** *fam* [golpe] knock, bash.

piñata *f pot full of sweets which blindfolded children try to break open with sticks at parties.*

piñón *m* **-1.** [fruto] pine nut; **estar a partir un ~ con alguien** to be hand in glove with sb **-2.** [rueda dentada] pinion; **ser de ~ fijo** to be fixed *o* rigid.

pío, a *adj* pious.

◆ **pío** *m* cheep, cheeping *(U)*; [de gallina] cluck, clucking *(U)*; **no decir ni ~** *fig* not to make a peep.

piojo *m* louse; **~s** lice.

piojoso, sa *adj* lousy, covered in lice; *fig* [sucio] flea-bitten, filthy.

piola ◇ *adj Arg fam* **-1.** [astuto] shrewd **-2.** [estupendo] fabulous. ◇ *f Amér* [cuerda] cord.

piolín *m RP* cord.

pionero, ra *m,f* pioneer.

piorrea *f* pyorrhoea.

pipa *f* **-1.** [para fumar] pipe; **fumar en ~** to smoke a pipe **-2.** [pepita] seed, pip; **~s (de girasol)** *sunflower seeds coated in salt* **-3.** *loc*: **pasarlo** *o* **pasárselo ~** to have a whale of a time.

pipermín, peppermint [piper'min] *m* peppermint liqueur.

pipí *m fam* wee-wee; **hacer ~** to have a wee-wee.

pipón, ona *m,f Amér fam* nipper, kid.

pipote *m Amér* rubbish bin *UK*, garbage can *US*.

pique ◇ *v* ▷ **picar**. ◇ *m* **-1.** [enfado] grudge; **tener un ~ con alguien** to have a grudge against sb **-2.** [rivalidad] rivalry **-3.** *loc*: **irse a ~** [barco] to sink; [negocio] to go under; [plan] to fail.

piqué (*pl* **piqués**) *m* piqué.

piquera *f Amér* [antro] dive, seedy bar.

piqueta *f* pickaxe.

piquete *m* **-1.** [herramienta] peg, stake **-2.** [grupo]: **~ de ejecución** firing squad; **~ (de huelga)** picket.

pira *f* pyre.

pirado, da *adj fam* crazy.

piragua *f* canoe.

piragüismo *m* canoeing.

piramidal *adj* pyramid-shaped, pyramidal.

pirámide *f* pyramid.

piraña *f* piranha.

pirarse *vpr fam* to clear off.

pirata ◇ *adj* pirate *(antes de sust)*; [disco] bootleg. ◇ *mf lit & fig* pirate; **~ del aire** hijacker; **~ informático** hacker.

piratear ◇ *vi* **-1.** [gen] to be involved in piracy **-2.** *INFORM* to hack. ◇ *vt INFORM* to hack into.

piratería *f lit & fig* piracy; **~ aérea** hijacking; **~ informática** hacking.

pirenaico, ca *adj* Pyrenean.

pírex, pyrex® *m* Pyrex®.

pirindolo *m fam fig* thingamabob.

Pirineos *mpl*: **los ~** the Pyrenees.

piripi *adj fam* tipsy.

piro *m fam*: **darse el ~** to scarper, to clear off.

piromanía *f* pyromania.

pirómano, na ◇ *adj* pyromaniacal. ◇ *m,f* pyromaniac.

piropear *vt fam* to make flirtatious comments to, ≃ to wolf-whistle at.

piropo *m fam* flirtatious remark, ≃ wolf whistle.

pirotecnia *f* pyrotechnics *(U)*.

pirotécnico, ca ◇ *adj* firework *(antes de sust)*. ◇ *m,f* firework specialist.

pirrarse *vpr fam*: **~ por algo/alguien** to be dead keen on sthg/sb.

pírrico, ca *adj* Pyrrhic.

pirueta *f* pirouette; **hacer ~s** *fig* [esfuerzo] to perform miracles.

piruleta *f* lollipop.

pirulí (*pl* **pirulís**) *m* lollipop.

pis (*pl* **pises**) *m fam* pee; **hacer ~** *fam* to have a pee.

pisada *f* **-1.** [acción] footstep; **seguir las ~s de alguien** to follow in sb's footsteps **-2.** [huella] footprint.

pisapapeles *m inv* paperweight.

pisar ◇ *vt* **-1.** [con el pie] to tread on **-2.** [uvas] to tread **-3.** *fig* [llegar a] to set foot in **-4.** *fig* [despreciar] to trample on **-5.** *fig* [anticiparse]: **~ un contrato a alguien** to beat sb to a contract; **~ una idea a alguien** to think of something before sb; **~ fuerte** *fig* to be firing on all cylinders. ◇ *vi*: **~ fuerte** *fig* to be firing on all cylinders.

piscicultura *f* fish farming.

piscifactoría *f* fish farm.

piscina *f* swimming pool; **~ al aire libre** open air swimming pool; **~ climatizada** heated swimming pool.

Piscis ◇ *m* [zodiaco] Pisces; **ser ~** to be (a) Pisces. ◇ *mf* [persona] Pisces.

pisco *m Chile, Perú* pisco, *Andean grape brandy*.

piscolabis *m inv fam* snack.

piso *m* **-1.** [vivienda] flat; **~ franco** safe house; **~ piloto** show apartment, show flat *UK* **-2.** [planta] floor **-3.** [suelo - de carretera] surface; [- de edificio] floor **-4.** [capa] layer.

pisotear *vt* **-1.** [con el pie] to trample on **-2.** [humillar] to scorn.

pisotón *m fam* stamp *(of the foot)*.

pista *f* **-1.** [gen] track; **~ de aterrizaje** runway; **~ de baile** dance floor; **~ cubierta** indoor track; **~ de esquí** ski slope; **~ de hielo** ice rink; **~ de tenis** tennis court **-2.** *fig* [indicio] clue; **estar sobre la ~** to be on the right track; **seguir la ~ a alguien** to be on sb's trail.

pistacho *m* pistachio.

pistilo *m* pistil.

pisto *m* ≃ ratatouille.

pistola *f* **-1.** [arma - con cilindro] gun; [- sin cilindro] pistol; ~ **de agua** water pistol **-2.** [pulverizador] spraygun; **pintar a** ~ to spray-paint **-3.** [herramienta] gun.

pistolero, ra *m,f* [persona] gunman.
◆ **pistolera** *f* [funda] holster.

pistón *m* **-1.** *MEC* piston **-2.** [*MÚS* - corneta] cornet; [- llave] key **-3.** [de arma] percussion cap.

pita *f* agave.

pitada *f Amér fam* drag, puff.

pitanza *f* [ración de comida] daily rations *(pl)*.

pitar ◇ *vt* **-1.** [arbitrar - partido] to referee; [- falta] to blow for **-2.** [abuchear]: ~ **a alguien** to whistle at sb in disapproval **-3.** *Amér fam* [fumar] to puff (on). ◇ *vi* **-1.** [tocar el pito] to blow a whistle; [del coche] to toot one's horn **-2.** [funcionar - cosa] to work; [- persona] to get on **-3.** *loc*: **salir/irse pitando** to rush out/off; **venir pitando** to come rushing.

pitido *m* whistle.

pitillera *f* cigarette case.

pitillo *m* **-1.** [cigarrillo] cigarette **-2.** *Col* [pajita] drinking straw.

pito *m* **-1.** [silbato] whistle **-2.** [claxon] horn **-3.** *fam* [cigarrillo] fag **-4.** *fam* [pene] willie **-5.** *loc*: **(no) me importa un** ~ I couldn't give a damn; **por ~s o por flautas** for one reason or another; **tomar a alguien por el ~ del sereno** not to take sb seriously.

pitón ◇ *m* **-1.** [cuerno] horn **-2.** [pitorro] spout. ◇ *f* ▷ **serpiente**.

pitonisa *f* fortune-teller.

pitorrearse *vpr fam*: ~ **(de)** to take the mickey (out of).

pitorreo *m* making fun *(U)*, joking *(U)*; **estar de** ~ to be joking.

pitorro *m* spout.

pituitario, ria *adj* pituitary.

pívot = **pivote**.

pivotar *vi DEP* to pivot.

pivote (*pl* **pivotes**), **pívot** (*pl* **pivots**) *m,f DEP* pivot.

pizarra *f* **-1.** [roca, material] slate **-2.** [encerado] blackboard, chalkboard *US*.

pizarrón *m Amér* blackboard.

pizca *f fam* **-1.** [gen] tiny bit; [de sal] pinch; **ni** ~ not one bit **-2.** *Méx* [cosecha] harvest, crop.

pizpireta *adj f fam* brassy, spirited.

pizza ['pitsa] *f* pizza.

pizzería [pitse'ria] *f* pizzeria.

placa *f* **-1.** [lámina] plate; [de madera] sheet; ~ **solar** solar panel **-2.** [inscripción] plaque; [de policía] badge **-3.** [matrícula] number plate **-4.** [de cocina] ring; ~ **de vitrocerámica** glass enamel hob **-5.** *GEOL* plate **-6.** *ELECTRÓN* board; ~ **madre** *INFORM* motherboard **-7.**: ~ **dental** dental plaque.

placaje *m* tackle.

placar [10] ◇ *vt* to tackle. ◇ *m RP* built-in cupboard.

placebo *m* placebo.

placenta *f* placenta.

placentero, ra *adj* pleasant.

placer *m* pleasure; **ha sido un ~ (conocerle)** it has been a pleasure meeting you.

placidez *f* [de persona] placidness; [de día, vida, conversación] peacefulness.

plácido, da *adj* [persona] placid; [día, vida, conversación] peaceful.

plafón *m ELEC* ceiling rose.

plaga *f* **-1.** [gen] plague; *AGR* blight; [animal] pest **-2.** [epidemia] epidemic.

plagado, da *adj*: ~ **(de)** infested (with).

plagar [16] *vt*: ~ **de** [propaganda etc] to swamp with; [moscas etc] to infest with.

plagiar [8] *vt* **-1.** [copiar] to plagiarize **-2.** *Amér* [secuestrar] to kidnap.

plagiario, ria *m,f Amér* kidnapper.

plagio *m* **-1.** [copia] plagiarism **-2.** *Amér* [secuestro] kidnapping.

plague *etc* ▷ **plagar**.

plaguicida ◇ *adj* pesticidal. ◇ *m* pesticide.

plan *m* **-1.** [proyecto, programa] plan; **hacer ~es** to plan; ~ **de desarrollo** development plan; ~ **de estudios** syllabus; ~ **de pensiones** pension plan **-2.** *fam* [ligue] date **-3.** *fam* [modo, forma]: **lo dijo en ~ serio** he was serious about it; **¡vaya ~ de vida!** what a life!; **si te pones en ese ~ ...** if you're going to be like that about it ...; **no es ~** it's just not on.

plana ▷ **plano**.

plancha *f* **-1.** [para planchar] iron; ~ **de vapor** steam iron **-2.** [para cocinar] grill; **a la ~** grilled **-3.** [placa] plate; [de madera] sheet **-4.** *fam* [metedura de pata] boob, blunder **-5.** [en fútbol] diving header **-6.** *IMPRENTA* plate.

planchado *m* ironing.

planchar *vt* to iron.

planchazo *m fam* boob, blunder.

plancton *m* plankton.

planeador *m* glider.

planear ◇ *vt* to plan. ◇ *vi* **-1.** [hacer planes] to plan **-2.** [en el aire] to glide.

planeta *m* planet.

planetario, ria *adj* **-1.** [de un planeta] planetary **-2.** [mundial] world *(antes de sust).*
◆ **planetario** *m* planetarium.

planicie *f* plain.

planificación *f* planning; ~ **familiar** family planning.

planificar [10] *vt* to plan.

planilla *f Amér* [formulario] form.

planisferio *m* planisphere.

planning ['planin] (*pl* **plannings**) *m* scheduling.

plano, na *adj* flat.
◆ **plano** *m* **-1.** [diseño, mapa] plan **-2.** [nivel, aspecto] level **-3.** *CIN* shot; **primer** ~ close-up; **en segundo** ~ *fig* in the background **-4.** *GEOM* plane **-5.** *loc*: **de** ~ [golpear] right, directly; [negar] flatly; **cantar de** ~ to make a full confession.
◆ **plana** *f* **-1.** [página] page; **en primera plana** on the front page **-2.** *MIL*: **plana mayor** staff **-3.** [loc]: **enmendarle la plana a alguien** to find fault with sb.

planta *f* **-1.** *BOT & IND* plant; ~ **depuradora** purification plant; ~ **de envase** *o* **envasadora** packaging plant **-2.** [piso] floor; ~ **baja** ground floor **-3.** [del pie] sole **-4.** *loc*: **de nueva** ~ brand new; **tener buena** ~ to be good-looking.

plantación *f* **-1.** [terreno] plantation **-2.** [acción] planting.

plantado, da *adj* standing, planted; **dejar** ~ **a alguien** *fam* [cortar la relación] to walk out on sb; [no acudir] to stand sb up; **ser bien** ~ to be good-looking.

plantar *vt* **-1.** [sembrar]: ~ **algo (de)** to plant sthg (with) **-2.** [fijar - tienda de campaña] to pitch; [- poste] to put in **-3.** *fam* [asestar] to deal, to land **-4.** *fam* [decir con brusquedad]: **le plantó cuatro frescas** she gave him a piece of her mind **-5.** *fam* [abandonar] to dump, to leave.
◆ **plantarse** *vpr* **-1.** [gen] to plant o.s. **-2.** [en un sitio con rapidez]: ~**se en** to get to, to reach **-3.** [en una actitud]: ~**se en algo** to stick to sthg, to insist on sthg **-4.** [en naipes] to stick.

plante *m* **-1.** [para protestar] protest **-2.** [plantón]: **dar** *o* **hacer un** ~ **a alguien** to stand sb up.

planteamiento *m* **-1.** [exposición] raising, posing **-2.** [enfoque] approach.

plantear *vt* **-1.** [exponer - problema] to pose; [- posibilidad, dificultad, duda] to raise **-2.** [enfocar] to approach.
◆ **plantearse** *vpr*: ~**se algo** to consider sthg, to think about sthg.

plantel *m* **-1.** [criadero] nursery bed **-2.** *fig* [conjunto] group.

plantilla *f* **-1.** [de empresa] staff; **estar en** ~ to be on the staff **-2.** [suela interior] insole **-3.** [patrón] pattern, template.

plantón *m*: **dar un** ~ **a alguien** *fam* to stand sb up.

plañidero, ra *adj* plaintive, whining.

plañido *m* moan.

plañir ◇ *vt* to bewail. ◇ *vi* to moan, to wail.

plaque *etc* ⊳ **placar.**

plaqueta *f BIOL* platelet.

plasma *m* plasma.

plasmar *vt* **-1.** *fig* [reflejar] to give shape to **-2.** [modelar] to shape, to mould.
◆ **plasmarse** *vpr* to emerge, to take shape.

plasta ◇ *adj mfam*: **ser** ~ to be a pain. ◇ *mf mfam* [pesado] pain, drag. ◇ *f* [cosa blanda] mess.

plástica ⊳ **plástico.**

plasticidad *f* **-1.** [gen] plasticity **-2.** [expresividad] expressiveness.

plástico, ca *adj* **-1.** [gen] plastic **-2.** [expresivo] expressive.
◆ **plástico** *m* **-1.** [gen] plastic **-2.** *fam* [tarjetas de crédito] plastic (money).
◆ **plástica** *f* plastic art.

plastificar [10] *vt* to plasticize.

plastilina® *f* ≃ Plasticine®.

plata *f* **-1.** [metal] silver; ~ **de ley** sterling silver; **hablar en** ~ *fam* to speak bluntly **-2.** [objetos de plata] silverware **-3.** *Amér* [dinero] money.

plataforma *f* **-1.** [gen] platform; ~ **espacial** space station; ~ **petrolífera** oil rig **-2.** *fig* [punto de partida] launching pad **-3.** *GEOL* shelf; ~ **continental** continental shelf.

platal *m Amér fam*: **un** ~ a fortune, loads of money.

platanal, platanar *m* banana plantation.

platanero *m* banana tree.

plátano *m* **-1.** [fruta] banana **-2.** [banano] banana tree; [árbol platanáceo] plane tree.

platea *f* stalls *(pl).*

plateado, da *adj* **-1.** [con plata] silver-plated **-2.** *fig* [color] silvery.

platería *f* [arte u oficio] silversmithing.

plática *f CAm, Méx* talk, chat.

platicar [10] *vi CAm, Méx* to talk, to chat.

platillo *m* **-1.** [plato pequeño] small plate; [de taza] saucer **-2.** [de una balanza] pan **-3.** *(gen pl) MÚS* cymbal.
◆ **platillo volante** *m* flying saucer.

platina *f* **-1.** [de tocadiscos] turntable **-2.** [de microscopio] slide.

platino *m* [metal] platinum.

◆ **platinos** *mpl* AUTOM & MEC contact points.

plato *m* **-1.** [recipiente] plate, dish; **lavar los ~s** to do the washing-up; **~ de postre** dessert plate; **~ hondo** *o* **sopero** soup dish *o* plate; **~ llano** plate; **comer en el mismo ~** to be great friends; **pagar los ~s rotos** to carry the can; **parecer que alguien no ha roto un ~ en su vida** to look as if butter wouldn't melt in one's mouth **-2.** [parte de una comida] course; **primer ~** first course, starter; **de primer ~** for starters; **segundo ~** second course, main course; **~ fuerte** [en una comida] main course; *fig* main part **-3.** [comida] dish; **~ combinado** *single-course meal which usually consists of meat or fish accompanied by chips and vegetables*; **~ principal** main course; **~ preparado** ready-prepared meal **-4.** [de tocadiscos, microondas] turntable **-5.** [de bicicleta] chain wheel.

plató *m* set.

platónico, ca *adj* Platonic.

platudo, da *adj Amér fam* loaded, rolling in it.

plausibilidad *f* **-1.** [admisibilidad] acceptability **-2.** [posibilidad] plausibility.

plausible *adj* **-1.** [admisible] acceptable **-2.** [posible] plausible.

playa *f* **-1.** [en el mar] beach; **ir a la ~ de vacaciones** to go on holiday to the seaside **-2.**: **~ de estacionamiento** *Amér* car park *UK*, parking lot *US*.

play-back ['pleiβak] (*pl* **play-backs**) *m*: **hacer ~** to mime (the lyrics).

play-boy [plei'βoi] (*pl* **play-boys**) *m* playboy.

playero, ra *adj* beach *(antes de sust)*.

◆ **playera** *f CAm, Méx* [camiseta] T-shirt.

◆ **playeras** *fpl* **-1.** [de deporte] tennis shoes **-2.** [para la playa] canvas shoes.

plaza *f* **-1.** [en una población] square; **~ mayor** main square **-2.** [sitio] place; **tenemos ~s limitadas** there are a limited number of places available **-3.** [asiento] seat; **de dos ~s** two-seater *(antes de sust)* **-4.** [puesto de trabajo] position, job; **~ vacante** vacancy **-5.** [mercado] market, marketplace **-6.** TAUROM: **~ (de toros)** bull-ring **-7.** COM [zona] area **-8.** [fortificación]: **~ fuerte** stronghold.

plazo *m* **-1.** [de tiempo] period (of time); **en un ~ de un mes** within a month; **mañana termina el ~ de inscripción** the deadline for registration is tomorrow; **a corto/largo ~** [gen] in the short/long term; ECON short/long term; **a ~ fijo** ECON fixed term; **~ de entrega** COM delivery time **-2.** [de dinero] instalment; **a ~s** in instalments, on hire purchase.

plazoleta *f* small square.

pleamar *f* high tide.

plebe *f*: **la ~** *lit* & *fig* the plebs.

plebeyo, ya *adj* **-1.** HIST plebeian **-2.** [vulgar] common.

plebiscito *m* plebiscite.

plegable *adj* collapsible, foldaway; [chair] folding.

plegar [35] *vt* to fold; [mesita, hamaca] to fold away.

◆ **plegarse** *vpr*: **~se a algo** to give in *o* yield to sthg.

plegaria *f* prayer.

plegue *etc* ▷ **plegar**.

pleitear *vi* DER to litigate, to conduct a lawsuit.

pleitesía *f* homage; **rendir ~ a alguien** to pay homage to sb.

pleito *m* **-1.** DER [litigio] legal action *(U)*, lawsuit; [disputa] dispute; **poner un ~ (a alguien)** to take legal action (against sb) **-2.** *Amér* [discusión] argument.

plenario, ria *adj* plenary.

plenilunio *m* full moon.

plenipotenciario, ria ◇ *adj* plenipotentiary. ◇ *m, f* envoy.

plenitud *f* [totalidad] completeness, fullness; **en la ~ de** at the height of.

pleno, na *adj* full, complete; **en ~ día** in broad daylight; **en plena guerra** in the middle of the war; **le dio en plena cara** she hit him right in the face; **en ~ uso de sus facultades** in full command of his faculties; **la reunión en ~** the meeting as a whole, everyone at the meeting; **en plena forma** on top form.

◆ **pleno** *m* **-1.** [reunión] plenary meeting **-2.** [en las quinielas] full claim, ≃ 24 points.

pletina *f* cassette deck.

pletórico, ca *adj*: **~ de** full of.

pleura *f* pleural membrane.

pleuresía *f* pleurisy.

plexiglás® *m inv* ≃ Perspex®.

pléyade *f* [conjunto] cluster.

pliega *etc* ▷ **plegar**.

pliego *m* **-1.** [hoja] sheet (of paper) **-2.** [carta, documento] *sealed document o letter*; **~ de condiciones** specifications *(pl)*; **~ de descargos** list of rebuttals.

pliegue *m* **-1.** [gen & GEOL] fold **-2.** [en un plisado] pleat.

plisado *m* pleating.
plisar *vt* to pleat.
plomada *f* plumb line.
plomería *f Méx, RP, Ven* plumber's.
plomero *m CAm, Carib, Méx, RP* plumber.
plomizo, za *adj* [color] leaden.
plomo *m* **-1.** [metal] lead; **caer a ~** to fall *o* drop like a stone **-2.** [pieza de metal] lead weight **-3.** [fusible] fuse **-4.** *fam* [pelmazo] bore, drag.
plotter (*pl* **plotters**) *m* INFORM plotter.
pluma <> *f* **-1.** [de ave] feather **-2.** [para escribir] (fountain) pen; HIST quill; **~ estilográfica** fountain pen **-3.** *fig* [estilo de escribir] style **-4.** *Carib, Méx* [bolígrafo] ballpoint pen **-5.** *loc*: **tener mucha ~** to be camp. <> *adj inv* DEP featherweight.
plumaje *m* **-1.** [de ave] plumage **-2.** [adorno] plume.
plumazo *m* stroke of the pen; **de un ~** [al tachar] with a stroke of one's pen; *fig* [al hacer algo] in one fell swoop, at a stroke.
plúmbeo, a *adj fig* tedious, heavy.
plum-cake [pluŋ'keik] (*pl* **plum-cakes**) *m* fruit cake.
plumero *m* feather duster; **vérsele a alguien el ~** *fam* to see through sb.
plumier (*pl* **plumiers**) *m* pencil box.
plumilla *f* nib.
plumín *m* nib.
plumón *m* **-1.** [de ave] down **-2.** [anorak] feather-lined anorak.
PLUNA (*abrev de* **Primeras Líneas Uruguayas de Navegación Aérea**) *f Uruguayan state airline.*
plural *adj & m* plural.
pluralidad *f* diversity.
pluralismo *m* pluralism.
pluralizar [13] *vi* to generalize.
pluriempleado, da *adj*: **estar ~** to have more than one job.
pluriempleo *m*: **hacer ~** to have more than one job.
pluripartidismo *m* multi-party system.
plurivalente *adj* polyvalent.
plus (*pl* **pluses**) *m* bonus; **~ de peligrosidad** danger money *(U)*; **~ familiar** family allowance.
pluscuamperfecto *adj & m* pluperfect.
plusmarca *f* record.
plusmarquista *mf* record-holder.
plusvalía *f* ECON appreciation, added value.
plutocracia *f* plutocracy.
Plutón Pluto.
plutonio *m* plutonium.
pluvial *adj* rain *(antes de sust)*.
pluviómetro *m* rain gauge.
pluviosidad *f* rainfall.
p.m. (*abrev de* **post meridiem**) p.m.
PNB (*abrev de* **producto nacional bruto**) *m* GNP.
PNV (*abrev de* **Partido Nacionalista Vasco**) *m Basque nationalist party.*
p.o., p/o *abrev de* **por orden**.
Po *m*: **el ~** the (River) Po.
población *f* **-1.** [ciudad] town, city; [pueblo] village **-2.** *Chile* [chabola] shanty town **-3.** [habitantes] population; **~ activa** working population; **~ flotante** floating population **-4.** [acción de poblar] settlement, populating.
poblado, da *adj* **-1.** [habitado] inhabited; **una zona muy poblada** a densely populated area **-2.** *fig* [lleno] full; [barba, cejas] bushy; **~ de algo** full of sthg.
◆ **poblado** *m* settlement.
poblador, ra *m, f* settler.
poblar [23] *vt* **-1.** [establecerse en] to settle, to colonize **-2.** *fig* [llenar]: **~ (de)** [plantas, árboles] to plant (with); [peces etc] to stock (with) **-3.** [habitar] to inhabit.
◆ **poblarse** *vpr* **-1.** [colonizarse] to be settled with **-2.** *fig* [llenarse] to fill up; **~se (de)** to fill up (with).
pobre <> *adj* poor; **¡~ hombre!** poor man!; **~ en** lacking in; **¡~ de mí!** poor me! <> *mf* [gen] poor person; **los ~s** the poor, poor people; **¡el ~!** poor thing!
pobreza *f* [escasez] poverty; **~ de** lack *o* scarcity of; **~ de espíritu** weakness of character.
pochismo *m Amér fam language mistake caused by English influence.*
pocho, cha *adj* **-1.** [persona] off-colour **-2.** [fruta] over-ripe **-3.** *Méx fam* [americanizado] Americanized.
pochoclo *m Arg* popcorn.
pocilga *f lit & fig* pigsty.
pocillo *m Amér* small cup.
pócima *f* **-1.** [poción] potion **-2.** *despec* [bebida de mal sabor] concoction.
poción *f* potion.
poco, ca <> *adj* little, not much, *(pl)* few, not many; **poca agua** not much water; **de poca importancia** of little importance; **hay ~s árboles** there aren't many trees; **pocas personas lo saben** few *o* not many people know it; **tenemos ~ tiempo** we don't have much time; **hace ~ tiempo** not long ago; **dame unos ~s días** give me a few days. <>

pron little, not much, *(pl)* few, not many; **queda ~** there's not much left; **tengo muy ~s** I don't have very many, I have very few; **~s hay que sepan tanto** not many people know so much; **un ~** a bit; **¿me dejas un ~?** can I have a bit?; **un ~ de** a bit of; **un ~ de sentido común** a bit of common sense; **unos ~s** a few.

◆ **poco** *adv* **-1.** [escasamente] not much; **este niño come ~** this boy doesn't eat much; **es ~ común** it's not very common; **es un ~ triste** it's rather sad; **~ más o menos** more or less; **por ~** almost, nearly; **tener en ~ a alguien** not to think much of sb **-2.** [brevemente]: **tardaré muy ~** I won't be long; **al ~ de ...** shortly after ...; **dentro de ~** soon, in a short time; **hace ~** a little while ago, not long ago; **~ a ~** [progresivamente] little by little, bit by bit; **¡~ a ~!** [despacio] steady on!, slow down!

poda *f* **-1.** [acción] pruning **-2.** [tiempo] pruning time.

podadera *f* pruning knife.

podadora *f Amér* garden shears.

podar *vt* to prune.

podenco *m* hound.

poder [64] ◇ *m* **-1.** [gen] power; **estar en/hacerse con el ~** to be in/to seize power; **~ adquisitivo** purchasing power; **~ calorífico** calorific value; **tener ~ de convocatoria** to be a crowd-puller; **~es fácticos** *the church, military and press* **-2.** [posesión]: **estar en ~ de alguien** to be in sb's hands **-3.** *(gen pl)* [autorización] power, authorization; **dar ~es a alguien para que haga algo** to authorize sb to do sthg; **por ~es** by proxy. ◇ *vi* **-1.** [tener facultad] can, to be able to; **no puedo decírtelo** I can't tell you, I'm unable to tell you **-2.** [tener permiso] can, may; **no puedo salir por la noche** I'm not allowed to *o* I can't go out at night; **¿se puede fumar aquí?** may I smoke here? **-3.** [ser capaz moralmente] can; **no podemos portarnos así con él** we can't treat him like that **-4.** [tener posibilidad, ser posible] may, can; **podías haber cogido el tren** you could have caught the train; **puede estallar la guerra** war could *o* may break out; **¡hubiera podido invitarnos!** [expresa enfado] she could *o* might have invited us! **-5.** *loc*: **a *o* hasta más no ~** as much as can be; **es avaro a más no ~** he's as miserly as can be; **no ~ más** [estar cansado] to be too tired to carry on; [estar harto de comer] to be full (up); [estar enfadado] to have had enough; **¿se puede?** may I come in? ◇ *v impers* [ser posible] may; **puede que llueva** it may *o* might rain; **¿vendrás mañana? - puede** will you come tomorrow? - I may do; **puede ser** perhaps, maybe. ◇ *vt* [ser más fuerte que] to be stronger than; **tú eres más alto, pero yo te puedo** you may be taller than me, but I could still beat you up.

◆ **poder con** *vi + prep* **-1.** [enfermedad, rival] to be able to overcome **-2.** [tarea, problema] to be able to cope with **-3.** [soportar]: **no ~ con algo/alguien** not to be able to stand sthg/sb; **no puedo con la hipocresía** I can't stand hypocrisy.

poderío *m* **-1.** [poder] power **-2.** [riqueza] riches *(pl)*.

poderoso, sa *adj* powerful.

podio, podium *m* podium.

podología *f* chiropody.

podólogo, ga *m,f* chiropodist.

podrá ▷ **poder**.

podredumbre *f* **-1.** [putrefacción] putrefaction **-2.** *fig* [inmoralidad] corruption.

podría *v* ▷ **poder**.

podrido, da ◇ *pp* ▷ **pudrir**. ◇ *adj* **-1.** rotten **-2.** *RP* [persona]: **estoy ~** I'm fed up.

poema *m* poem; **ser todo un ~** to be heartbreaking.

poesía *f* **-1.** [género literario] poetry **-2.** [poema] poem.

poeta *mf* poet.

poético, ca *adj* poetic.

◆ **poética** *f* poetics *(U)*.

poetisa *f* female poet.

póker = **póquer**.

polaco, ca *adj & m,f* Polish.

◆ **polaco** *m* [lengua] Polish.

polaina *f* leggings *(pl)*.

polar *adj* polar.

polaridad *f* polarity.

polarizar [13] *vt* **-1.** *fig* [miradas, atención, esfuerzo] to concentrate **-2.** *FÍS* to polarize.

◆ **polarizarse** *vpr* [vida política, opinión pública] to become polarized.

polaroid® *f inv* Polaroid®.

polca *f* polka.

polea *f* pulley.

polémico, ca *adj* controversial.

◆ **polémica** *f* controversy.

polemizar [13] *vi* to argue, to debate.

polen *m* pollen.

polenta *f* cornflour.

poleo *m* pennyroyal.

polera *f Arg, Chile, Perú* polo shirt.

poli *fam* ◇ *mf* cop. ◇ *f* cops *(pl)*.

poliamida *f* polyamide.

polichinela *m* **-1.** [personaje] Punchinello **-2.** [títere] puppet, marionette.
policía ◇ *mf* policeman (*f* policewoman). ◇ *f*: **la ~** the police; **~ militar/secreta/urbana** military/secret/local police; **~ antidisturbios** riot police; **~ de tráfico** traffic police.
policiaco, ca, policíaco, ca *adj* police *(antes de sust)*; [novela, película] detective *(antes de sust)*.
policial *adj* police *(antes de sust)*.
policlínica *f* general hospital.
policromo, ma, polícromo, ma *adj* polychromatic.
polideportivo, va *adj* multi-sport; [gimnasio] multi-use.
◆ **polideportivo** *m* sports centre.
poliedro *m* polyhedron.
poliéster *m inv* polyester.
polietileno *m* polythene *UK*, polyethylene *US*.
polifacético, ca *adj* multifaceted, versatile.
polifónico, ca *adj* polyphonic.
poligamia *f* polygamy.
polígamo, ma ◇ *adj* polygamous. ◇ *m,f* polygamist.
poligloto, ta, polígloto, ta *adj* & *m,f* polyglot.
poligonal *adj* polygonal.
polígono *m* **-1.** GEOM polygon **-2.** [terreno]: **~ industrial/residencial** industrial/housing estate; **~ de tiro** firing range.
polilla *f* moth.
polinización *f* pollination.
polinomio *m* polynomial.
poliomelitis, polio *f inv* polio.
polipiel *f* artificial skin.
pólipo *m* polyp.
Polisario (*abrev de* **Frente Popular para la Liberación de Sakiet el Hamra y Río de Oro**) *m*: **el (Frente) ~** the Polisario Front.
polisemia *f* polysemy.
polisílabo, ba *adj* polysyllabic.
◆ **polisílabo** *m* polysyllable.
politburó *m* politburo.
politécnico, ca *adj* polytechnic.
◆ **politécnica** *f* polytechnic.
politeísta *adj* polytheistic.
política ▻ **político.**
politicastro *m despec* bad politician.
político, ca *adj* **-1.** [de gobierno] political **-2.** *fig* [prudente] tactful **-3.** [pariente]: **hermano ~** brother-in-law; **familia política** in-laws *(pl)*.
◆ **político** *m* politician.
◆ **política** *f* **-1.** [arte de gobernar] politics *(U)* **-2.** [modo de gobernar, táctica] policy; **política monetaria** monetary policy; **la política de avestruz** burying one's head in the sand.
politiqueo *m despec* politicking.
politización *f* politicization.
politizar [13] *vt* to politicize.
◆ **politizarse** *vpr* to become politicized.
poliuretano *m* polyurethane.
polivalencia *f* polyvalency.
polivalente *adj* [vacuna, suero] polyvalent.
póliza *f* **-1.** [de seguro] (insurance) policy **-2.** [sello] *stamp on a document showing that a certain tax has been paid.*
polizón *m* stowaway.
polizonte *m fam despec* cop.
polla ▻ **pollo.**
pollera *f CSur* skirt.
pollería *f* poultry shop.
pollito *m* chick.
pollo, lla *m,f* **-1.** ZOOL chick **-2.** *(gen m) fig* [joven] young kid.
◆ **pollo** *m* CULIN chicken.
◆ **polla** *f vulg* cock, prick.
◆ **polla de agua** *f* [ave] moorhen.
polo *m* **-1.** [gen] pole; **~ magnético** magnetic pole; **~ norte/sur** North/South Pole; **~ de atracción** *o* **atención** *fig* centre of attraction; **ser ~s opuestos** *fig* to be poles apart **-2.** ELECTR terminal; **~ negativo/positivo** negative/positive terminal **-3.** [helado] ice lolly **-4.** [jersey] polo shirt **-5.** DEP polo.
pololear *vi Chile fam*: **~ con alguien** to go out with sb.
pololeo *m Chile fam* small job.
pololo, la *m,f Chile fam* boyfriend (*f* girlfriend).
Polonia Poland.
poltrón, ona *adj* lazy.
◆ **poltrona** *f* easy chair.
polución *f* **-1.** [contaminación] pollution **-2.** [eyaculación]: **~ nocturna** wet dream.
polucionar *vt* to pollute.
polvareda *f* dust cloud; **levantar una gran ~** *fig* to cause a commotion.
polvera *f* powder compact.
polvo *m* **-1.** [en el aire] dust; **limpiar** *o* **quitar el ~** to do the dusting **-2.** [de un producto] powder; **en ~** powdered; **~s de talco** talcum powder; **~s picapica** itching powder; **estar hecho ~** *fam* to be knackered; **hacer ~ algo** to smash sthg; **limpio de ~ y paja** including all charges; **morder el ~** to be humiliated **-3.** *vulg* [coito] fuck, screw; **echar un ~** to have a screw.

◆ **polvos** *mpl* [maquillaje] powder *(U)*; **ponerse ~s** to powder one's face.

pólvora *f* [sustancia explosiva] gunpowder; **correr como la ~** to spread like wildfire; **no ha inventado la ~** *fam* he's not the most intelligent person in the world.

polvoriento, ta *adj* [superficie] dusty; [sustancia] powdery.

polvorín *m* munitions dump.

polvorón *m crumbly sweet made from flour, butter and sugar.*

pomada *f* ointment.

pomelo *m* **-1.** [fruto] grapefruit **-2.** [árbol] grapefruit tree.

pómez ▻ **piedra**.

pomo *m* knob.

pompa *f* **-1.** [suntuosidad] pomp **-2.** [ostentación] show, ostentation **-3.**: **~ (de jabón)** (soap) bubble.

◆ **pompas** *fpl Méx fam* behind, bottom.

◆ **pompas fúnebres** *fpl* **-1.** [servicio] undertaker's *(sg)* **-2.** [ceremonia] funeral *(sg)*.

Pompeya Pompeii.

pompis *m inv fam* bottom, backside.

pompón *m* pompom.

pomposidad *f* **-1.** [suntuosidad] splendour; [ostentación] showiness **-2.** [en el lenguaje] pomposity.

pomposo, sa *adj* **-1.** [suntuoso] sumptuous; [ostentoso] magnificent, showy **-2.** [lenguaje] pompous.

pómulo *m* **-1.** [hueso] cheekbone **-2.** [mejilla] cheek.

pon *v* ▻ **poner**.

ponchar *vt CAm & Méx* to puncture.

◆ **poncharse** *vpr CAm & Méx* to puncture.

ponche *m* punch.

ponchera *f* punch bowl.

poncho *m* poncho.

ponderación *f* **-1.** [alabanza] praise **-2.** [moderación] deliberation, considered nature.

ponderado, da *adj* [moderado] considered.

ponderar *vt* **-1.** [alabar] to praise **-2.** [considerar] to consider, to weigh up.

pondrá *etc* ▻ **poner**.

ponencia *f* [conferencia] lecture, paper; [informe] report.

ponente *mf* reporter, rapporteur; [en congreso] speaker.

poner [65] ◇ *vt* **-1.** [gen] to put; [colocar] to place, to put **-2.** [vestir]: **~ algo a alguien** to put sthg on sb **-3.** [contribuir, invertir] to put in; **~ dinero en el negocio** to put money into the business; **~ algo de mi/tu** *etc* **parte** to do my/your *etc* bit **-4.** [hacer estar de cierta manera]: **~ a alguien en un aprieto/de mal humor** to put sb in a difficult position/in a bad mood; **le has puesto colorado** you've made him blush **-5.** [calificar]: **~ a alguien de algo** to call sb sthg **-6.** [oponer]: **~ obstáculos a algo** to hinder sthg; **~ pegas a algo** to raise objections to sthg **-7.** [asignar - precio, medida] to fix, to settle; [- multa, tarea] to give; **le pusieron Mario** they called him Mario **-8.** [*TELECOM* - telegrama, fax] to send; [- conferencia] to make; **¿me pones con él?** can you put me through to him? **-9.** [conectar - televisión etc] to switch *o* put on; [- despertador] to set; [- instalación, gas] to put in **-10.** *CIN, TEATR & TV* to show; **¿qué ponen en la tele?** what's on the telly? **-11.** [montar - negocio] to set up; **ha puesto una tienda** she has opened a shop **-12.** [decorar] to do up; **han puesto su casa con mucho lujo** they've done up their house in real style **-13.** [suponer] to suppose; **pongamos que sucedió así** (let's) suppose that's what happened; **pon que necesitemos cinco días** suppose we need five days; **poniendo que todo salga bien** assuming everything goes according to plan **-14.** [decir] to say; **¿qué pone ahí?** what does it say? **-15.** [huevo] to lay. ◇ *vi* [ave] to lay (eggs).

◆ **ponerse** ◇ *vpr* **-1.** [colocarse] to put o.s.; **~se de pie** to stand up; **ponte en la ventana** stand by the window **-2.** [ropa, gafas, maquillaje] to put on **-3.** [estar de cierta manera] to go, to become; **se puso rojo de ira** he went red with anger; **se puso colorado** he blushed; **se puso muy guapa** she made herself attractive **-4.** [iniciar]: **~se a hacer algo** to start doing sthg **-5.** [de salud]: **~se malo** *o* **enfermo** to fall ill; **~se bien** to get better **-6.** [llenarse]: **~se de algo** to get covered in sthg; **se puso de barro hasta las rodillas** he got covered in mud up to the knees **-7.** [suj: astro] to set **-8.** [llegar]: **~se en** to get to. ◇ *v impers Amér fam* [parecer]: **se me pone que ...** it seems to me that ...

poney = **poni**.

pongo *etc* ▻ **poner**.

poni, poney ['poni] *m* pony.

poniente *m* [occidente] West; [viento] west wind.

pontificado *m* papacy.

pontífice *m* Pope, Pontiff.

pontificio, cia *adj* papal.

ponzoña *f* [veneno] venom, poison.

ponzoñoso, sa *adj* [venenoso] venomous, poisonous.

pop ◇ *adj* pop. ◇ *m* ▻ **música**.

popa *f* stern.

pope *m* **-1.** *RELIG priest of the Orthodox church* **-2.** *fam fig* [pez gordo] big shot.
popelina *f*, **popelín** *m* poplin.
popote *m Méx* drinking straw.
populachero, ra *adj despec* **-1.** [fiesta etc] common, popular **-2.** [discurso etc] populist.
populacho *m despec* mob, masses *(pl)*.
popular *adj* **-1.** [del pueblo] of the people; [arte, música] folk **-2.** [famoso] popular.
popularidad *f* popularity; **gozar de ~** to be popular.
popularizar [13] *vt* to popularize.
◆ **popularizarse** *vpr* to become popular.
populismo *m* populism.
populista *adj & m,f* populist.
populoso, sa *adj* populous, crowded.
popurrí *m* potpourri.
póquer, póker *m* **-1.** [juego] poker **-2.** [jugada] four of a kind.
por *prep* **-1.** [causa] because of; **se enfadó ~ tu comportamiento** she got angry because of your behaviour **-2.** [finalidad] *(antes de infin)* (in order) to; *(antes de sust, pron)* for; **lo hizo ~ complacerte** he did it to please you; **lo hice ~ ella** I did it for her **-3.** [medio, modo, agente] by; **~ mensajero/fax** by courier/fax; **~ escrito** in writing; **lo cogieron ~ el brazo** they took him by the arm; **el récord fue batido ~ el atleta** the record was broken by the athlete **-4.** [tiempo aproximado]: **creo que la boda será ~ abril** I think the wedding will be some time in April **-5.** [tiempo concreto]: **~ la mañana/tarde** in the morning/afternoon; **~ la noche** at night; **ayer salimos ~ la noche** we went out last night; **~ unos días** for a few days **-6.** [lugar - aproximadamente en]: **¿~ dónde vive?** whereabouts does he live?; **vive ~ las afueras** he lives somewhere on the outskirts; **había papeles ~ el suelo** there were papers all over the floor **-7.** [lugar - a través de] through; **iba paseando ~ el bosque/la calle** she was walking through the forest/along the street; **pasar ~ la aduana** to go through customs **-8.** [a cambio de, en lugar de] for; **lo ha comprado ~ poco dinero** she bought it for very little; **cambió el coche ~ la moto** he exchanged his car for a motorbike; **él lo hará ~ mí** he'll do it for me **-9.** [distribución] per; **dos euros ~ unidad** 2 euros each; **20 kms ~ hora** 20 km an *o* per hour **-10.** *MAT*: **dos ~ dos igual a cuatro** two times two is four **-11.** [en busca de] for; **baja ~ tabaco** go down to the shops for some cigarettes, go down to get some cigarettes; **a ~** for; **vino a ~ las entradas** she came for the tickets **-12.** [concesión]: **~ más** *o* **mucho que lo intentes no lo conseguirás** however hard you try *o* try as you might, you'll never manage it; **no me cae bien, ~ (muy) simpático que te parezca** you may think he's nice, but I don't like him.
◆ **por qué** *pron* why; **¿~ qué lo dijo?** why did she say it?; **¿~ qué no vienes?** why don't you come?
porcelana *f* **-1.** [material] porcelain, china **-2.** [objeto] piece of porcelain *o* china.
porcentaje *m* percentage; **trabaja a ~** he works on a commission basis.
porcentual *adj* percentage *(antes de sust)*.
porche *m* [soportal] arcade; [entrada] porch.
porcino, na *adj* pig *(antes de sust)*.
porción *f* portion, piece.
pordiosero, ra *m,f* beggar.
porfía *f* [insistencia] persistence; [tozudez] stubbornness.
porfiado, da *adj* persistent; [tozudo] stubborn.
porfiar [9] *vi* [empeñarse]: **~ en** to be insistent on.
pormenor *(gen pl) m* detail; **entrar en ~es** to go into detail.
pormenorizar [13] ◇ *vt* to describe in detail. ◇ *vi* to go into detail.
porno *adj fam* porno.
pornografía *f* pornography.
pornográfico, ca *adj* pornographic.
poro *m* pore.
poroso, sa *adj* porous.
poroto *m Andes, RP* kidney bean.
porque *conj* **-1.** [debido a que] because; **¿por qué lo hiciste? ~sí** why did you do it? Just because **-2.** [para que] so that, in order that.
porqué *m* reason; **el ~ de** the reason for.
porquería *f* **-1.** [suciedad] filth **-2.** [cosa de mala calidad] rubbish *(U)* **-3.** *despec* [golosina] junk food, rubbish *(U)*.
porquero, ra *m,f* swineherd.
porra ◇ *f* **-1.** [palo] club; [de policía] truncheon **-2.** *CULIN deep-fried pastry sticks* **-3.** *loc*: **mandar a alguien a la ~** *fam* to tell sb to go to hell; **¡y una ~!** like hell! ◇ *interj (gen pl) fam*: **¡~s!** hell!, damn it!
porrada *f fam*: **una ~ (de)** heaps *(pl) o* tons *(pl)* (of).
porrazo *m* [golpe] bang, blow; [caída] bump.
porreta ◇ *m,f mfam* [fumador de porros] pothead. ◇ *f fam* [nariz] hooter.
porrillo
◆ **a porrillo** *loc adv fam* by the bucket.
porro *m fam* [de droga] joint.
porrón *m glass wine jar used for drinking*

wine from its long spout.

portaaviones = **portaviones.**

portabustos *m inv Amér* bra *(sg).*

portada *f* **-1.** [de libro] title page; [de revista] (front) cover; [de periódico] front page **-2.** [de disco] sleeve.

portador, ra ◇ *adj* carrying, bearing. ◇ *m,f* carrier, bearer; **al ~** COM to the bearer.

portaequipajes *m inv* **-1.** [maletero] boot *UK*, trunk *US* **-2.** [baca] roofrack.

portaestandarte *m* standard-bearer.

portafolios *m inv*, **portafolio** *m* [carpeta] file; [maletín] attaché case.

portal *m* **-1.** [entrada] entrance hall; [puerta] main door **-2.** [belén] crib, Nativity scene.

portalámparas *m inv* socket.

portaligas *m inv* suspender belt.

portamaletas *m inv Amér* boot *UK*, trunk *US*.

portamonedas *m inv* purse.

portar *vt* to carry.

◆ **portarse** *vpr* to behave; **se ha portado bien conmigo** she has treated me well; **~se mal** to misbehave.

portátil *adj* portable.

portaviones, portaaviones *m inv* aircraft carrier.

portavoz *mf* [persona] spokesman (*f* spokeswoman).

portazo *m*: **dar un ~** to slam the door.

porte *m* **-1.** *(gen pl)* [gasto de transporte] carriage, transport costs *(pl)*; **~ debido/pagado** COM carriage due/paid **-2.** [transporte] carriage, transport **-3.** [aspecto] bearing, demeanour.

porteador, ra ◇ *adj* bearing, carrying. ◇ *m,f* porter.

portento *m* wonder, marvel.

portentoso, sa *adj* wonderful, amazing.

porteño, ña *adj* from the city of Buenos Aires.

portería *f* **-1.** [de casa, colegio] caretaker's office *o* lodge; [de hotel, ministerio] porter's office *o* lodge **-2.** DEP goal, goalmouth.

portero, ra *m,f* **-1.** [de casa, colegio] caretaker *UK*, super(intendant) *US*; [de hotel, ministerio] porter; **~ automático** *o* **electrónico** *o* **eléctrico** entry-phone **-2.** DEP goalkeeper.

pórtico *m* **-1.** [fachada] portico **-2.** [arcada] arcade.

portón *m* large door *o* entrance.

portuario, ria *adj* port *(antes de sust)*; [de los muelles] dock *(antes de sust)*; **trabajador ~** docker.

Portugal Portugal.

portugués, esa *adj & m,f* Portuguese.

◆ **portugués** *m* [lengua] Portuguese.

porvenir *m* future.

pos

◆ **en pos de** *loc prep* **-1.** [detrás de] behind **-2.** [en busca de] after; **correr en ~ de alguien** to run after sb.

posada *f* **-1.** [fonda] inn, guest house **-2.** [hospedaje] lodging, accommodation.

posaderas *fpl fam* backside *(sg)*, bottom *(sg)*.

posadero, ra *m,f* innkeeper.

posar ◇ *vt* to put *o* lay down; [mano, mirada] to rest. ◇ *vi* to pose.

◆ **posarse** *vpr* **-1.** [gen] to settle **-2.** [pájaro] to perch; [nave, helicóptero] to come down.

posavasos *m inv* coaster; [de cartón] beer mat.

posdata, postdata *f* postscript.

pose *f* pose; **adoptar una ~** to strike a pose.

poseedor, ra ◇ *adj* owning, possessing; [de cargo, acciones, récord] holding. ◇ *m,f* owner; [de cargo, acciones, récord] holder.

poseer [50] *vt* **-1.** [ser dueño de] to own; [estar en poder de] to have, to possess **-2.** [sexualmente] to have.

poseído, da ◇ *adj*: **~ por** possessed by. ◇ *m,f* possessed person.

posesión *f* possession; **estar en plena ~ de todas sus facultades** to be in full possession of his/her faculties; **tomar ~ de un cargo** to take up a position *o* post.

posesivo, va *adj* possessive.

◆ **posesivo** *m* GRAM possessive.

poseso, sa ◇ *adj* possessed. ◇ *m,f* possessed person.

poseyera *etc* ▷ **poseer.**

posgraduado, da, postgraduado, da *adj & m,f* postgraduate.

posguerra, postguerra *f* post-war period.

posibilidad *f* possibility, chance; **cabe la ~ de que ...** there is a chance that ...

◆ **posibilidades económicas** *fpl* financial means *o* resources.

posibilitar *vt* to make possible.

posible *adj* possible; **es ~ que llueva** it could rain; **dentro de lo ~, en lo ~** as far as possible; **de ser ~** if possible; **hacer (todo) lo ~** to do everything possible; **lo antes ~** as soon as possible; **¡no es ~!** surely not!

◆ **posibles** *mpl* (financial) means.

posición *f* **-1.** [gen] position; **en ~ de descanso** standing at ease **-2.** [categoría - social]

status *(U)*; **de buena** ~ of high social status; [- económica] situation **-3.** *DEP* position.
posicionarse *vpr* to take a position *o* stance.
positivar *vt FOT* to develop.
positivismo *m* **-1.** [realismo] pragmatism **-2.** *FILOSOFÍA* positivism.
positivo, va *adj* [gen & *ELECTR*] positive.
◆ **positivo** *m FOT* print.
posmeridiano, na, postmeridiano, na *adj* afternoon *(antes de sust)*.
posmodernidad *f* post-modernism.
posmoderno, na *adj* & *m,f* postmodernist.
poso *m* sediment; *fig* trace.
posología *f* dosage.
posponer [65] *vt* **-1.** [relegar] to put behind, to relegate **-2.** [aplazar] to postpone.
pospuesto, ta *pp* ▻ **posponer**.
pospusiera *etc* ▻ **posponer**.
posta
◆ **a posta** *loc adv* on purpose.
postal ◇ *adj* postal. ◇ *f* postcard.
postdata = **posdata**.
poste *m* post, pole; ~ **de alta tensión** electricity pylon; *DEP* post.
póster (*pl* **posters**) *m* poster.
postergar [16] *vt* **-1.** [retrasar] to postpone **-2.** [relegar] to put behind, to relegate.
posteridad *f* **-1.** [generación futura] posterity **-2.** [futuro] future.
posterior *adj* **-1.** [en el espacio] rear, back; ~ **a** behind **-2.** [en el tiempo] subsequent, later; ~ **a** subsequent to, after.
posteriori
◆ **a posteriori** *loc adv* later, afterwards.
posterioridad *f*: **con** ~ later, subsequently.
postgraduado = **posgraduado**.
postguerra = **posguerra**.
postigo *m* **-1.** [contraventana] shutter **-2.** [puerta pequeña] wicket gate.
postín *m* showiness, boastfulness; **darse** ~ to show off; **de** ~ posh.
post-it® *m inv* Post-it®.
postizo, za *adj* **-1.** [falso] false **-2.** [añadido] detachable.
◆ **postizo** *m* hairpiece.
postmeridiano = **posmeridiano**.
post meridiem *adj* post meridiem.
postoperatorio, ria *adj* post-operative.
postor, ra *m,f* bidder; **mejor** ~ highest bidder.
postración *f* prostration.
postrar *vt* to weaken, to (make) prostrate.
◆ **postrarse** *vpr* to prostrate o.s.
postre *m* dessert, pudding; **de** ~ for dessert; **a la** ~ *fig* in the end; **para** ~ *fig* to cap it all.
postrero, ra *adj (antes de sust masculino sg:* **postrer***) culto* last.
postrimerías *fpl* final stages.
postulado *m* postulate.
postulante, ta *m,f* [para colectas] collector; *RELIG* postulant.
postular ◇ *vt* [exigir] to call for. ◇ *vi* [para colectas] to collect.
póstumo, ma *adj* posthumous.
postura *f* **-1.** [posición] position, posture **-2.** [actitud] attitude, stance; **tomar** ~ to adopt an attitude.
posventa, postventa *adj inv* after-sales *(antes de sust)*.
potable *adj* **-1.** [bebible] drinkable; **agua** ~ drinking water **-2.** *fam* [aceptable] acceptable, passable.
potaje *m* [*CULIN* - guiso] vegetable stew; [- sopa] vegetable soup.
potasio *m* potassium.
pote *m* pot.
potencia *f* **-1.** [gen, *MAT* & *POLÍT*] power; **tiene mucha** ~ it's very powerful; **las grandes** ~**s** the major (world) powers **-2.** [posibilidad]: **en** ~ potentially; **una campeona en** ~ a potential champion.
potencial ◇ *adj* [gen & *FÍS*] potential. ◇ *m* **-1.** [fuerza] power **-2.** [posibilidades] potential **-3.** *GRAM* conditional **-4.** *ELECTR* (electric) potential.
potenciar [8] *vt* **-1.** [fomentar] to encourage, to promote **-2.** [reforzar] to boost, to strengthen.
potentado, da *m,f* potentate.
potente *adj* powerful.
potestad *f* authority, power.
potingue *m fam* concoction.
potra ▻ **potro**.
potrero *m Amér* [prado] field, pasture.
potrillo *m Amér* large glass.
potro, tra *m,f ZOOL* colt (*f* filly).
◆ **potro** *m DEP* vaulting horse.
◆ **potra** *f mfam* [suerte] luck; **tener potra** to be jammy.
pozo *m* well; [de mina] shaft; ~ **negro** cesspool; ~ **de petróleo** oil well; **ser un** ~ **de algo** *fig* to be a fountain of sthg; **ser un** ~ **sin fondo** *fig* to be a bottomless pit.
PP (*abrev de* **Partido Popular**) *m Spanish political party to the right of the political spectrum.*

PPA (*abrev de* **Partido Peronista Auténtico**) *m* *Argentinian political party which follows the Perón ideology.*
práctica ▻ **práctico.**
practicable *adj* **-1.** [realizable] practicable **-2.** [transitable] passable.
practicante ◇ *adj* practising. ◇ *mf* **-1.** [de deporte] practitioner; [de religión] practising member of a Church **-2.** MED medical assistant.
practicar [10] ◇ *vt* **-1.** [gen] to practise; [deporte] to play **-2.** [realizar] to carry out, to perform. ◇ *vi* to practise.
práctico, ca *adj* practical.
◆ **práctico** *m* NÁUT pilot.
◆ **práctica** *f* **-1.** [gen] practice; [de un deporte] playing; **llevar algo a la práctica, poner algo en práctica** to put sthg into practice; **en la práctica** in practice; **prácticas de tiro** target practice **-2.** [clase no teórica] practical.
pradera *f* large meadow, prairie.
prado *m* meadow.
◆ **Prado** *m*: **el (Museo del) Prado** the Prado (Museum).
Praga Prague.
pragmático, ca ◇ *adj* pragmatic. ◇ *m,f* [persona] pragmatist.
◆ **pragmática** *f* LING pragmatics *(U)*.
pragmatismo *m* pragmatism.
pral. *abrev de* **principal.**
praliné *m* praline.
praxis *f inv* practice; FILOSOFÍA praxis.
preacuerdo *m* draft agreement.
preámbulo *m* **-1.** [introducción - de libro] foreword, preface; [- de congreso, conferencia] introduction, preamble **-2.** [rodeo] digression; **sin más ~s** without further ado.
preaviso *m* prior notice.
prebenda *f* **-1.** RELIG prebend **-2.** [favor] special favour.
preboste *m* provost.
precalentamiento *m* DEP warm-up.
precalentar [19] *vt* **-1.** CULIN to pre-heat **-2.** DEP to warm up.
precampaña *f* preliminary campaign.
precariedad *f* precariousness.
precario, ria *adj* precarious.
precaución *f* **-1.** [prudencia] caution, care **-2.** [medida] precaution; **tomar precauciones** to take precautions.
precaver *vt* to guard against.
◆ **precaverse** *vpr* to take precautions; **~se de** *o* **contra** to guard (o.s.) against.
precavido, da *adj* **-1.** [prevenido] prudent; **es muy ~** he always comes prepared **-2.** [cauteloso] wary.
precedente ◇ *adj* previous, preceding. ◇ *m* precedent; **sentar ~** to set a precedent; **que no sirva de ~** this is not to become a regular occurrence; **sin ~s** unprecedented.
preceder *vt* to go before, to precede.
preceptivo, va *adj* obligatory, compulsory.
◆ **preceptiva** *f* rules *(pl)*.
precepto *m* precept; **fiestas de ~** RELIG days of obligation.
preceptor, ra *m,f* (private) tutor.
preciado, da *adj* valuable, prized.
preciarse [8] *vpr* to have self-respect; **~ de** to be proud of.
precintado *m* sealing.
precintadora *f* sealing machine.
precintar *vt* to seal.
precinto *m* seal.
precio *m lit & fig* price; **a cualquier ~** at any price; **poner ~ a la cabeza de alguien** to put a price on sb's head; **¿qué ~ tiene esto?** how much is this?; **subir/bajar los ~s** to raise/lower prices; **al ~ de** *fig* at the cost of; **~ de fábrica/de coste** factory/cost price; **~ de compra** purchase price; **~ indicativo** ECON guide price; **~ de mercado** market price; **~ prohibitivo** prohibitively high price; **~ de salida** starting price; **~ de venta (al público)** retail price; **no tener ~** to be priceless.
preciosidad *f* **-1.** [valor] value **-2.** [cosa bonita]: **¡es una ~!** it's lovely *o* beautiful!
precioso, sa *adj* **-1.** [valioso] precious **-2.** [bonito] lovely, beautiful.
precipicio *m* precipice.
precipitación *f* **-1.** [apresuramiento] haste **-2.** [lluvia] rainfall *(U)* **-3.** QUÍM precipitation.
precipitado, da *adj* hasty.
◆ **precipitado** *m* QUÍM precipitate.
precipitar *vt* **-1.** [arrojar] to throw *o* hurl down **-2.** [acelerar] to hasten, to speed up **-3.** QUÍM to precipitate.
◆ **precipitarse** *vpr* **-1.** [caer] to plunge (down) **-2.** [acelerarse - acontecimientos etc] to speed up **-3.** [apresurarse]: **~se (hacia)** to rush (towards) **-4.** [obrar irreflexivamente] to act rashly.
precisamente *adv* **-1.** [con precisión] precisely **-2.** [justamente]: **¡precisamente!** exactly!, precisely!; **~ por eso** for that very reason; **~ tú lo sugeriste** in fact it was you who suggested it.
precisar *vt* **-1.** [determinar] to fix, to set; [acla-

rar] to specify exactly **-2.** [necesitar] to need, to require.
precisión *f* accuracy, precision.
preciso, sa *adj* **-1.** [determinado, conciso] precise **-2.** [necesario]: **ser ~ para (algo/hacer algo)** to be necessary (for sthg/to do sthg); **es ~ que vengas** you must come **-3.** [justo] just; **en este ~ momento** at this very moment.
precocidad *f* precociousness.
precocinado, da *adj* pre-cooked.
◆ **precocinado** *m* precooked dish.
precolombino, na *adj* pre-Columbian.
preconcebido, da *adj* [idea] preconceived; [plan] drawn up in advance.
preconcebir [26] *vt* to draw up in advance.
preconizar [13] *vt* to recommend, to advise.
precoz *adj* **-1.** [persona] precocious **-2.** [lluvias, frutos etc] early.
precursor, ra *m,f* precursor.
predador, ra *adj* predatory.
◆ **predador** *m* predator.
predatorio, ria *adj* [animal, instinto] predatory.
predecesor, ra *m,f* predecessor.
predecir [66] *vt* to predict.
predestinado, da *adj*: **~ (a)** predestined (to).
predestinar *vt* to predestine.
predeterminar *vt* to predetermine.
predicado *m* GRAM predicate.
predicador, ra *m,f* preacher.
predicar [10] *vt & vi* to preach.
predicción *f* prediction; [del tiempo] forecast.
predice ▻ **predecir.**
predicho, cha *pp* ▻ **predecir.**
prediga, predijera ▻ **predecir.**
predilección *f*: **~ (por)** preference (for).
predilecto, ta *adj* favourite.
predio *m* **-1.** [finca] estate, property **-2.** *Amér* [edificio] building.
predisponer [65] *vt*: **~ (a)** to predispose (to).
predisposición *f* **-1.** [aptitud]: **~ para** aptitude for **-2.** [tendencia]: **~ a** predisposition to.
predispuesto, ta ◇ *pp* ▻ **predisponer.** ◇ *adj*: **~ (a)** predisposed (to).
predominancia *f* predominance.
predominante *adj* predominant; [viento, actitudes] prevailing.
predominar *vi*: **~ (sobre)** to predominate *o* prevail (over).
predominio *m* preponderance, predominance *(U)*.
preelectoral *adj* pre-election *(antes de sust)*.
preeminencia *f* preeminence.
preeminente *adj* preeminent.
preescolar ◇ *adj* nursery *(antes de sust)*, preschool. ◇ *m* nursery school, kindergarten.
preestreno *m* preview.
preexistente *adj* pre-existing.
prefabricado, da *adj* prefabricated.
prefabricar [10] *vt* to prefabricate.
prefacio *m* preface.
prefecto *m* prefect.
prefectura *f* prefecture; **~ de tráfico** traffic division.
preferencia *f* preference; **con** *o* **de ~** preferably; **dar preferencia ~ (a)** to give priority (to); **tener ~** AUTOM to have right of way; **tener ~ por** to have a preference for.
preferente *adj* preferential.
preferentemente *adv* preferably.
preferible *adj*: **~ (a)** preferable (to).
preferido, da *adj* favourite.
preferir [27] *vt*: **~ algo (a algo)** to prefer sthg (to sthg); **prefiero que vengas** I'd rather you came.
prefigurar *vt* to prefigure.
prefijo *m* **-1.** GRAM prefix **-2.** TELECOM (telephone) dialling code.
prefiriera *etc* ▻ **preferir.**
pregón *m* [discurso] speech; [bando] proclamation, announcement.
pregonar *vt* **-1.** [bando etc] to proclaim, to announce **-2.** *fig* [secreto] to spread about.
pregonero, ra *m,f* **-1.** [de pueblo] town crier **-2.** *despec* [bocazas] blabbermouth.
pregunta *f* question; **hacer una ~** to ask a question; **~ capciosa** catch question; **andar a la cuarta** *o* **última ~** to be broke.
preguntar ◇ *vt* to ask; **~ algo a alguien** to ask sb sthg. ◇ *vi*: **~ por** to ask about *o* after.
◆ **preguntarse** *vpr*: **~se (si)** to wonder (whether).
prehistoria *f* prehistory.
prehistórico, ca *adj* prehistoric.
prejuicio *m* prejudice.
prejuzgar [16] *vt & vi* to prejudge.
prelado *m* prelate.
preliminar ◇ *adj* preliminary. ◇ *m (gen pl)* preliminary.
◆ **preliminares** *mpl* [de tratado de paz] results of preliminary negotiations.
preludio *m* [gen & MÚS] prelude.

premamá *adj inv* maternity.
prematrimonial *adj* premarital.
prematuro, ra *adj* premature.
premeditación *f* premeditation; ~ **y alevosía** malice aforethought.
premeditado, da *adj* premeditated.
premeditar *vt* to think out in advance.
premiar [8] *vt* **-1.** [recompensar] to reward **-2.** [dar un premio a] to give a prize to.
premier (*pl* **premiers**) *m* British prime minister.
premio *m* **-1.** [en competición] prize; [recompensa] reward; **me tocó un** ~ I won a prize; ~ **de consolación** consolation prize; ~ **gordo** first prize **-2.** [ganador] prize-winner.
premisa *f* premise.
premolar *adj* & *m* premolar.
premonición *f* premonition.
premonitorio, ria *adj* warning.
premura *f* [urgencia] haste.
prenatal *adj* prenatal, antenatal.
prenda *f* **-1.** [vestido] garment, article of clothing **-2.** [garantía] pledge; **dejar algo en** ~ to leave sthg as a pledge **-3.** [de un juego] forfeit; **jugar a las** ~**s** to play forfeits **-4.** *loc*: **no soltar** ~ not to say a word.
prendarse *vpr* to fall in love with.
prendedor *m* brooch.
prender ◇ *vt* **-1.** [arrestar] to arrest, to apprehend **-2.** [sujetar] to fasten **-3.** [encender] to light **-4.** [agarrar] to grip. ◇ *vi* **-1.** [arder] to catch (fire) **-2.** [planta] to take root.
◆ **prenderse** *vpr* [arder] to catch fire.
prendido, da *adj* caught; **quedar** ~ **de** *fig* to be captivated by.
prensa *f* **-1.** [gen] press; ~ **amarilla** the gutter press, ≃ the tabloids; ~ **del corazón** romantic magazines *(pl)*; **tener buena/mala** ~ *fig* to have a good/bad press **-2.** [imprenta] printing press.
prensar *vt* to press.
prenupcial *adj* premarital.
preñado, da *adj* **-1.** [mujer] pregnant; **quedarse preñada** to get pregnant **-2.** *fig* [lleno]: ~ **de** full of.
◆ **preñada** *f* pregnant woman.
preñar *vt* **-1.** [mujer] to make pregnant **-2.** *fig* [llenar]: ~ **de** to fill with.
preñez *f* pregnancy.
preocupación *f* concern, worry.
preocupado, da *adj*: ~ **(por)** worried *o* concerned (about).
preocupante *adj* worrying.
preocupar *vt* **-1.** [inquietar] to worry **-2.** [importar] to bother.
◆ **preocuparse** *vpr* **-1.** [inquietarse]: ~**se (por)** to worry (about), to be worried (about) **-2.** [encargarse]: ~**se de algo** to take care of sthg; ~**se de hacer algo** to see to it that sthg is done; ~**se de que ...** to make sure that ...
preolímpico, ca *adj* in the run-up to the Olympics; **torneo** ~ Olympic qualifying competition.
preparación *f* **-1.** [gen] preparation **-2.** [conocimientos] training.
preparado, da *adj* **-1.** [dispuesto] ready; [de antemano] prepared; **¡**~**s, listos, ya!** ready, steady, go! **-2.** [capacitado]: ~ **(para)** competent *o* talented (in) **-3.** CULIN ready-cooked.
◆ **preparado** *m* FARM preparation.
preparar *vt* **-1.** [gen] to prepare; [trampa] to set, to lay; [maletas] to pack **-2.** [examen] to prepare for **-3.** DEP to train.
◆ **prepararse** *vpr*: ~**se (para algo)** to prepare o.s. *o* get ready (for sthg); ~**se para hacer algo** to prepare *o* get ready to do sthg.
preparativo, va *adj* preparatory, preliminary.
◆ **preparativos** *mpl* preparations.
preparatorio, ria *adj* preparatory.
preponderancia *f* preponderance; **tener** ~ **(sobre)** to predominate (over).
preponderante *adj* prevailing.
preponderar *vi* to prevail.
preposición *f* preposition.
preposicional *adj* prepositional.
prepotencia *f* [arrogancia] arrogance.
prepotente *adj* [arrogante] domineering, overbearing.
prepucio *m* foreskin.
prerrogativa *f* prerogative.
presa *f* **-1.** [captura - de cazador] catch; [- de animal] prey; **hacer** ~ **en alguien** to seize *o* grip sb; **ser** ~ **de** to be prey to; **ser** ~ **del pánico** to be panic-stricken **-2.** [dique] dam.
presagiar [8] *vt* [felicidad, futuro] to foretell; [tormenta, problemas] to warn of.
presagio *m* **-1.** [premonición] premonition **-2.** [señal] omen; **buen/mal** ~ good/bad omen.
presbiterianismo *m* Presbyterianism.
presbiteriano, na *adj* & *m,f* Presbyterian.
presbiterio *m* presbytery.
prescindir
◆ **prescindir de** *vi* **-1.** [renunciar a] to do without **-2.** [omitir] to dispense with **-3.** [no tener en cuenta] to disregard.
prescribir ◇ *vt* to prescribe. ◇ *vi* **-1.** [or-

denar] to prescribe **-2.** *DER* to expire, to lapse.

prescripción *f* prescription; **~ facultativa** medical prescription.

prescrito, ta *pp* ▻ **prescribir**.

preselección *f* short list, shortlisting *(U)*.

preseleccionar *vt* to shortlist; *DEP* to name in the squad.

presencia *f* [asistencia, aspecto] presence; **en ~ de** in the presence of; **buena/mala ~** good/bad looks *(pl)*; **mucha/poca ~** great/little presence.

◆ **presencia de ánimo** *f* presence of mind.

presencial ▻ **testigo**.

presenciar [8] *vt* [asistir] to be present at; [ser testigo de] to witness.

presentable *adj* presentable.

presentación *f* **-1.** [gen] presentation **-2.** [entre personas] introduction.

presentador, ra *m,f* presenter.

presentar *vt* **-1.** [gen] to present; [dimisión] to tender; [tesis, pruebas, propuesta] to hand in, to submit; [solicitud, recurso, denuncia] to lodge; [moción] to propose; [libro, disco] to launch **-2.** [ofrecer - ventajas, novedades] to offer; [- disculpas, excusas] to make; [- respetos] to pay **-3.** [persona, amigos etc] to introduce; **me presentó a sus amigos** she introduced me to her friends **-4.** [enseñar] to show **-5.** [tener - aspecto etc] to have, to show; **presenta difícil solución** it's going to be difficult to solve **-6.** [proponer]: **~ a alguien para** to propose sb for, to put sb forward for.

◆ **presentarse** *vpr* **-1.** [aparecer] to turn up, to appear **-2.** [en juzgado, comisaría]: **~se (en)** to report (to); **~se a un examen** to sit an exam **-3.** [darse a conocer] to introduce o.s. **-4.** [para un cargo]: **~se (a)** to stand *o* run (for) **-5.** [futuro] to appear, to look **-6.** [problema etc] to arise, to come up.

presente ◇ *adj* **-1.** [gen] present; **aquí ~** here present; **hacer ~ algo a alguien** to notify sb of sthg; **hasta el momento ~** up to the present time; **tener ~** [recordar] to remember; [tener en cuenta] to bear in mind; **¡presente!** present! **-2.** [en curso] current; **del ~ mes** of this month. ◇ *mf* **-1.** [en un lugar]: **los (aquí) ~s** all those present **-2.** [escrito]: **por la ~ le informo ...** I hereby inform you ... ◇ *m* **-1.** [gen & *GRAM*] present; **~ histórico** historical present **-2.** [regalo] gift, present **-3.** [corriente]: **el ~** [mes] the current month; [año] the current year **-4.** *loc*: **mejorando lo ~** without wishing to detract from anyone present.

presentimiento *m* presentiment, feeling.

presentir [27] *vt* to foresee; **~ que algo va a pasar** to have a feeling that sthg is going to happen; **~ lo peor** to fear the worst.

preservación *f* preservation.

preservar *vt* to protect; **~ algo/alguien de algo** to protect sthg/sb from sthg.

◆ **preservarse de** *vpr* to protect o.s. *o* shelter from.

preservativo *m* condom; **~ femenino** female condom.

presidencia *f* [de nación] presidency; [de asamblea, empresa] chairmanship.

presidenciable *mf Amér* potential presidential candidate.

presidencialismo *m* presidential system.

presidente, ta *m,f* [de nación] president; [de asamblea, empresa] chairman (*f* chairwoman); **~ (del gobierno)** ≃ prime minister; **~ de mesa** chief scrutineer.

presidiario, ria *m,f* convict.

presidio *m* prison.

presidir *vt* **-1.** [ser presidente de] to preside over; [reunión] to chair **-2.** [predominar] to dominate.

presienta, presintiera *etc* ▻ **presentir**.

presintonía *f* [de radio] pre-set station selector.

presión *f* pressure; **a ~** under pressure; **ejercer ~ (sobre)** to pressurize; **altas/bajas presiones** areas of high/low pressure; **~ atmosférica** atmospheric pressure; **~ arterial** *o* **sanguínea** blood pressure; **~ fiscal** *ECON* tax burden.

presionar *vt* **-1.** [apretar] to press **-2.** *fig* [coaccionar] to pressurize, to put pressure on.

preso, sa ◇ *adj* imprisoned; **meter ~ a alguien** to put sb in prison; **~ de conciencia** prisoner of conscience. ◇ *m,f* prisoner.

prestación *f* [de servicio - acción] provision; [- resultado] service; **~ social** social security benefit.

◆ **prestaciones** *fpl* **-1.** [servicio social] benefits **-2.** [de coche etc] performance features.

prestado, da *adj* on loan; **dar ~ algo** to lend sthg; **pedir/tomar ~ algo** to borrow sthg; **de ~** [con cosas prestadas] with borrowed things; **vivir de ~** to live off other people.

prestamista *mf* moneylender.

préstamo *m* **-1.** [acción - de prestar] lending; [- de pedir prestado] borrowing **-2.** [cantidad] loan.

prestancia *f* excellence, distinction.

prestar *vt* **-1.** [dejar - dinero etc] to lend, to loan **-2.** [dar - ayuda etc] to give, to offer; [- servicio] to offer, to provide; [- atención] to pay; [- declaración, juramento] to make **-3.** [transmitir - encanto etc] to lend.
◆ **prestarse a** *vpr* **-1.** [ofrecerse a] to offer to **-2.** [acceder a] to consent to **-3.** [dar motivo a] to be open to.

presteza *f* promptness, speed.

prestidigitación *f* conjuring.

prestidigitador, ra *m,f* conjuror.

prestigiar [8] *vt* to honour, to give prestige to.

prestigio *m* prestige.

prestigioso, sa *adj* prestigious.

presto, ta *adj* [dispuesto]: ~ **(a)** ready (to).

presumible *adj* probable, likely.

presumido, da ◇ *adj* conceited, vain. ◇ *m,f* conceited *o* vain person.

presumir ◇ *vt* [suponer] to presume, to assume; **es de ~que irán** presumably they'll go. ◇ *vi* **-1.** [jactarse] to show off; **presume de guapa** she thinks she's pretty **-2.** [ser vanidoso] to be conceited *o* vain.

presunción *f* **-1.** [suposición] presumption **-2.** [vanidad] conceit, vanity.

presunto, ta *adj* presumed, supposed; [criminal, robo etc] alleged, suspected.

presuntuoso, sa ◇ *adj* [vanidoso] conceited; [pretencioso] pretentious. ◇ *m,f* conceited person.

presuponer [65] *vt* to presuppose.

presuposición *f* assumption.

presupuestar *vt* [gen] to estimate; FIN to budget for.

presupuestario, ria *adj* budgetary, budget *(antes de sust).*

presupuesto, ta *pp* ▻ **presuponer**.
◆ **presupuesto** *m* **-1.** [cálculo] budget; [de costo] estimate; **pedir un ~** to ask for an estimate; **~s generales del Estado** ECON *Spanish national budget* **-2.** [suposición] assumption.

presuroso, sa *adj* in a hurry.

prêt-à-porter [pretapor'tel] (*pl* **prêts-à-porter**) *m* off-the-peg clothing.

pretencioso, sa ◇ *adj* [persona] pretentious; [cosa] showy. ◇ *m,f* pretentious person.

pretender *vt* **-1.** [intentar]: ~ **hacer algo** to try to do sthg **-2.** [aspirar a]: ~ **hacer algo** to aspire *o* want to do sthg; ~ **que alguien haga algo** to want sb to do sthg; **¿qué pretendes decir?** what do you mean? **-3.** [afirmar] to claim **-4.** [solicitar] to apply for **-5.** [cortejar] to court.

pretendido, da *adj* supposed.

pretendiente ◇ *mf* **-1.** [aspirante]: ~ **(a)** candidate (for) **-2.** [a un trono]: ~ **(a)** pretender (to). ◇ *m* [a una mujer] suitor.

pretensión *f* **-1.** [intención] aim, intention **-2.** [aspiración] aspiration **-3.** [supuesto derecho]: ~ **(a** *o* **sobre)** claim (to) **-4.** [afirmación] claim **-5.** *(gen pl)* [exigencia] demand **-6.** *(gen pl)* [presuntuosidad] pretentiousness; **sin pretensiones** unpretentious.

pretérito, ta *adj* past.
◆ **pretérito** *m* GRAM preterite, past; ~ **imperfecto** imperfect; ~ **indefinido** simple past; ~ **perfecto** (present) perfect; ~ **pluscuamperfecto** pluperfect.

pretextar *vt* to use as a pretext, to claim.

pretexto *m* pretext, excuse.

pretil *m* parapet.

preuniversitario, ria *adj* pre-university.
◆ **preuniversitario** *m in Spain, former one-year course of study, successful completion of which allowed pupils to go to university.*

prevalecer [30] *vi*: ~ **(sobre)** to prevail (over).

prevaler [74] *vi*: ~ **(sobre)** to prevail (over).
◆ **prevalerse de** *vpr* to take advantage of.

prevaricación *f* breach of trust.

prevaricar [10] *vi* to betray one's trust.

prevención *f* **-1.** [acción] prevention; [medida] precaution; **en ~ de** as a precaution against **-2.** [prejuicio] prejudice.

prevenido, da *adj* **-1.** [previsor]: **ser ~** to be cautious **-2.** [avisado, dispuesto]: **estar ~** to be prepared.

prevenir [75] *vt* **-1.** [evitar] to prevent; **más vale ~ que curar** *proverb* prevention is better than cure *proverb* **-2.** [avisar] to warn **-3.** [prever] to foresee, to anticipate **-4.** [predisponer]: ~ **a alguien contra algo/alguien** to prejudice sb against sthg/sb.

preventivo, va *adj* [medicina, prisión] preventive; [medida] precautionary.

prever [76] ◇ *vt* **-1.** [conjeturar] to foresee, to anticipate **-2.** [planear] to plan **-3.** [predecir] to forecast. ◇ *vi*: **como era de ~** as was to be expected.

previene *etc* ▻ **prevenir**.

previera *etc* ▻ **prever**.

previniera *etc* ▻ **prevenir**.

previo, via *adj* prior; ~ **pago de multa** on payment of a fine.

previó *etc* ▷ **prever.**
previsible *adj* foreseeable.
previsión *f* **-1.** [predicción] forecast **-2.** [visión de futuro] foresight **-3.** [precaución]: **en ~ de** as a precaution against **-4.** *Andes, RP* [social] social security.
previsor, ra *adj* prudent, farsighted.
previsto, ta ◇ *pp* ▷ **prever.** ◇ *adj* [conjeturado] predicted; [planeado] forecast, expected, planned.
prieto, ta *adj* **-1.** [ceñido] tight **-2.** *Méx fam* [moreno] dark-haired.
prima ▷ **primo.**
primacía *f* primacy; **tener ~ sobre algo** to take priority over sthg.
primado *m* primate.
primar ◇ *vi*: **~ (sobre)** to have priority (over). ◇ *vt* to give a bonus to.
primario, ria *adj* primary; *fig* primitive.
primates *mpl* Primates.
◆ **primaria** *f* primary education.
primavera *f* **-1.** [estación] spring **-2.** *fig* [juventud] springtime **-3.** *fig* [año]: **tiene diez ~s** she is ten years old, she has seen ten summers.
primaveral *adj* spring *(antes de sust).*
primer, primera ▷ **primero.**
primerizo, za ◇ *adj* **-1.** [principiante] novice **-2.** [embarazada] first-time. ◇ *m,f* [principiante] beginner.
◆ **primeriza** *f* [madre] first-time mother.
primero, ra ◇ *núm adj antes de sust masculino sg: primer* **-1.** [para ordenar] first; **el ~ de mayo** the first of May **-2.** [en importancia] main, basic; **lo ~** the most important *o* main thing; **lo ~ es lo ~** first things first. ◇ *núm m y f* **-1.** [en orden]: **el ~** the first one; **llegó el ~** he came first; **es el ~ de la clase** he's top of the class; **a ~s de mes** at the beginning of the month **-2.** [mencionado antes]: **vinieron Pedro y Juan, el ~ con ...** Pedro and Juan arrived, the former with ...
◆ **primero** ◇ *adv* **-1.** [en primer lugar] first **-2.** [antes, todo menos]: **~ ... que ...** rather ... than ...; **~ morir que traicionarle** I'd rather die than betray him. ◇ *m* **-1.** [piso] first floor **-2.** [curso] first year.
◆ **primera** *f* **-1.** *AUTOM* first (gear) **-2.** *AERON & FERROC* first class **-3.** *DEP* first division **-4.** *loc*: **de primera** first-class, excellent.
primicia *f* scoop, exclusive.
primitivo, va *adj* **-1.** [gen] primitive **-2.** [original] original.
primo, ma *m,f* **-1.** [pariente] cousin; **~ hermano** first cousin **-2.** *fam* [tonto] sucker; **hacer el ~** to be taken for a ride.
◆ **prima** *f* **-1.** [paga extra] bonus **-2.** [de un seguro] premium; **~ de riesgo** risk premium **-3.** [subvención] subsidy.
◆ **prima dona** *f* prima donna.
primogénito, ta *adj & m,f* first-born.
primor *m* fine thing; **con ~** with skill.
primordial *adj* fundamental.
primoroso, sa *adj* **-1.** [delicado] exquisite, fine **-2.** [hábil] skilful.
princesa *f* princess.
principado *m* principality.
principal ◇ *adj* main, principal; [puerta] front. ◇ *m* [piso] first floor.
príncipe *m* prince; **~ consorte** prince consort; **~ heredero** crown prince.
◆ **príncipe azul** *m* Prince Charming.
principesco, ca *adj* princely.
principiante ◇ *adj* novice, inexperienced. ◇ *mf* novice, beginner.
principio *m* **-1.** [comienzo] beginning, start; **a ~s de** at the beginning of; **a ~s de siglo** at the turn of the century; **en un ~** at first **-2.** [fundamento, ley] principle; **en ~** in principle; **por ~** on principle **-3.** [origen] origin, source **-4.** [elemento] element.
◆ **principios** *mpl* **-1.** [reglas de conducta] principles **-2.** [nociones] rudiments, first principles.
pringar [16] ◇ *vt* **-1.** [ensuciar] to make greasy **-2.** [mojar] to dip **-3.** *fam fig* [comprometer] to involve. ◇ *vi fam fig* to get stuck in.
◆ **pringarse** *vpr* **-1.** [ensuciarse] to get covered in grease **-2.** *fam fig* [en asunto sucio] to get one's hands dirty.
pringoso, sa *adj* [grasiento] greasy; [pegajoso] sticky.
pringue ◇ *v* ▷ **pringar.** ◇ *m* [suciedad] muck, dirt; [grasa] grease.
prior, ra *m,f* prior (*f* prioress).
priorato *m* [vino] *wine from El Priorato in Tarragona.*
priori
◆ **a priori** *loc adv* in advance, a priori.
prioridad *f* priority; *AUTOM* right of way.
prioritario, ria *adj* priority *(antes de sust).*
prisa *f* haste, hurry; **a** *o* **de ~** quickly; **a toda ~** very quickly; **correr ~** to be urgent; **darse ~** to hurry (up); **meter ~ a alguien** to hurry *o* rush sb; **tener ~** to be in a hurry; **de ~ y corriendo** in a slapdash way.
prisión *f* **-1.** [cárcel] prison **-2.** [encarcelamiento] imprisonment.
prisionero, ra *m,f* prisoner; **hacer ~ a al-**

guien to take sb prisoner.
prisma *m* **-1.** FÍS & GEOM prism **-2.** *fig* [perspectiva] viewpoint, perspective.
prismáticos *mpl* binoculars.
privación *f* [gen] deprivation; [de libertad] loss; **pasar privaciones** to suffer hardship.
privado, da *adj* private; **en ~** in private.
privar ◇ *vt* [quitar]: **~ a alguien/algo de** to deprive sb/sthg of. ◇ *vi* **-1.** [gustar]: **le privan los pasteles** he adores cakes **-2.** [estar de moda] to be in (fashion) **-3.** *fam* [beber] to booze.
◆ **privarse de** *vpr* to go without.
privativo, va *adj* exclusive.
privatizar [13] *vt* to privatize.
privilegiado, da ◇ *adj* **-1.** [favorecido] privileged **-2.** [excepcional] exceptional. ◇ *m,f* [afortunado] privileged person.
privilegiar [8] *vt* [persona] to favour.
privilegio *m* privilege.
pro ◇ *prep* for, supporting; **una asociación ~ derechos humanos** a human rights organization. ◇ *m* advantage; **los ~s y los contras** the pros and cons.
◆ **en pro de** *loc prep* for, in support of.
proa *f* NÁUT prow, bows *(pl)*; AERON nose.
probabilidad *f* probability; **con toda ~** in all probability; [oportunidad] likelihood, chance.
probable *adj* probable, likely; **es ~ que llueva** it'll probably rain; **es ~ que no diga nada** he probably won't say anything.
probador *m* fitting room.
probar [23] ◇ *vt* **-1.** [demostrar, indicar] to prove **-2.** [comprobar] to test, to check **-3.** [experimentar] to try **-4.** [degustar] to taste, to try. ◇ *vi*: **~ a hacer algo** to try to do sthg.
◆ **probarse** *vpr* [ropa] to try on.
probeta *f* test tube.
problema *m* problem.
problemático, ca *adj* problematic.
◆ **problemática** *f* problems *(pl)*.
procacidad *f* obscenity; [acto] indecent act.
procaz *adj* indecent, obscene.
procedencia *f* **-1.** [origen] origin **-2.** [punto de partida] point of departure; **con ~ de** (arriving) from **-3.** [pertinencia] properness, appropriateness.
procedente *adj* **-1.** [originario]: **~ de** [gen] originating in; AERON & FERROC (arriving) from **-2.** [oportuno] appropriate; DER fitting, right and proper.
proceder ◇ *m* conduct, behaviour. ◇ *vi* **-1.** [originarse]: **~ de** to come from **-2.** [actuar]: **~ (con)** to act (with) **-3.** [empezar]: **~ (a algo/a hacer algo)** to proceed (with sthg/to do sthg) **-4.** [ser oportuno] to be appropriate.
procedimiento *m* **-1.** [método] procedure, method **-2.** DER proceedings *(pl)*.
prócer *m* great person.
procesado, da *m,f* accused, defendant.
procesador *m* INFORM processor; **~ Pentium®** Pentium® processor; **~ de textos** word processor.
procesamiento *m* **-1.** DER prosecution **-2.** INFORM processing; **~ de textos** word processing.
procesar *vt* **-1.** DER to prosecute **-2.** INFORM to process.
procesión *f* RELIG & *fig* procession; **la ~ va por dentro** he/she is putting on a brave face.
procesionaria *f* processionary moth.
proceso *m* **-1.** [gen] process **-2.** [desarrollo, intervalo] course **-3.** [DER - juicio] trial; [- causa] lawsuit; **abrir un ~ contra** to bring an action against.
◆ **proceso de datos** *m* data processing.
◆ **proceso de textos** *m* word processing.
proclama *f* proclamation.
proclamación *f* **-1.** [anuncio] notification **-2.** [ceremonia] proclamation.
proclamar *vt* **-1.** [nombrar] to proclaim **-2.** *fig* [aclamar] to acclaim **-3.** [anunciar] to declare.
◆ **proclamarse** *vpr* **-1.** [nombrarse] to proclaim o.s. **-2.** [conseguir un título]: **~se campeón** to become champion.
proclive *adj*: **~ a** prone to.
procreación *f* procreation.
procrear *vi* to procreate.
procurador, ra *m,f* DER attorney; **~ en Cortes** Member of Spanish Parliament.
procuraduría *f Méx* ministry of justice.
procurar *vt* **-1.** [intentar]: **~ hacer algo** to try to do sthg; **~ que ...** to make sure that ... **-2.** [proporcionar] to get, to secure.
◆ **procurarse** *vpr* to get, to obtain (for o.s.).
prodigalidad *f* **-1.** [derroche] prodigality **-2.** [abundancia] profusion.
prodigar [16] *vt*: **~ algo a alguien** to lavish sthg on sb.
◆ **prodigarse** *vpr* **-1.** [exhibirse] to appear a lot in public **-2.** [excederse]: **~se en** to be lavish with.
prodigio *m* [suceso] miracle; [persona] wonder, prodigy.
prodigioso, sa *adj* **-1.** [sobrenatural] miracu-

lous **-2.** [extraordinario] wonderful, marvellous.

pródigo, ga *adj* **-1.** [derrochador] extravagant **-2.** [generoso] generous, lavish.

producción *f* **-1.** [gen & *CIN*] production; ~ **en serie** *ECON* mass production **-2.** [productos] products *(pl)*.

producir [33] *vt* **-1.** [gen & *CIN*] to produce **-2.** [causar] to cause, to give rise to **-3.** [interés, fruto] to yield, to bear.
◆ **producirse** *vpr* [ocurrir] to take place, to come about.

productividad *f* productivity.

productivo, va *adj* productive; [que da beneficio] profitable.

producto *m* **-1.** [gen & *MAT*] product; *AGR* produce *(U)*; ~ **acabado/manufacturado** finished/manufactured product; ~ **de belleza** beauty product; ~ **interior/nacional bruto** gross domestic/national product; ~ **químico** chemical **-2.** [ganancia] profit **-3.** *fig* [resultado] result.

productor, ra ◇ *adj* producing; **país ~ de petróleo** oil-producing country. ◇ *m,f* *CIN* [persona] producer.
◆ **productora** *f* *CIN* [firma] production company.

proeza *f* exploit, deed.

profanación *f* desecration.

profanar *vt* to desecrate.

profano, na ◇ *adj* **-1.** [no sagrado] profane, secular **-2.** [ignorante] ignorant, uninitiated. ◇ *m,f* layman (*f* laywoman), lay person.

profecía *f* [predicción] prophecy.
◆ **profecías** *fpl* [libros] Prophets.

proferir [22] *vt* to utter; [insultos] to hurl.

profesar ◇ *vt* **-1.** [una religión] to follow; [una profesión] to practise **-2.** [admiración etc] to profess. ◇ *vi* *RELIG* to take one's vows.

profesión *f* profession; **de ~** by profession; **~ liberal** liberal profession.

profesional *adj* & *m,f* professional.

profesionalidad *f*, **profesionalismo** *m* professionalism.

profesionista *mf* *Méx* professional.

profeso, sa *adj* professed.
◆ **ex profeso** *loc adv* intentionally, expressly.

profesor, ra *m,f* [gen] teacher; [de universidad] lecturer; [de autoescuela, esquí etc] instructor; ~ **agregado** lecturer; ~ **asociado** associate lecturer; ~ **ayudante** assistant lecturer; ~ **particular** (private) tutor; ~ **titular** (full) lecturer.

profesorado *m* **-1.** [plantilla] teaching staff, faculty *US*; [profesión] teachers *(pl)*, teaching profession **-2.** [cargo] post of teacher; [en la universidad] lectureship.

profeta *m* prophet.

profético, ca *adj* prophetic.

profetisa *f* prophetess.

profetizar [13] *vt* to prophesy.

profiera *etc* ▷ **proferir**.

profiláctico, ca *adj* prophylactic.
◆ **profiláctico** *m* prophylactic, condom.

profilaxis *f inv* prophylaxis.

prófugo, ga *adj* & *m,f* fugitive.
◆ **prófugo** *m* **-1.** *DER* fugitive **-2.** *MIL* deserter.

profundidad *f* *lit* & *fig* depth; **en ~** in depth; **tiene dos metros de ~** it's two metres deep.

profundizar [13] ◇ *vt* *fig* to study in depth. ◇ *vi* to go into detail; **~ en** to study in depth.

profundo, da *adj* **-1.** [gen] deep **-2.** *fig* [respeto, libro, pensamiento] profound, deep; [dolor] intense.

profusión *f* profusion.

profuso, sa *adj* profuse.

progenie *f* **-1.** [familia] lineage **-2.** [descendencia] offspring.

progenitor, ra *m,f* father (*f* mother).
◆ **progenitores** *mpl* parents.

progesterona *f* progesterone.

programa *m* **-1.** [gen] programme; ~ **espacial** space programme; ~ **de intercambio** exchange (programme) **-2.** [de actividades] schedule, programme; [de estudios] syllabus **-3.** *INFORM* program.

programación *f* **-1.** *INFORM* programming **-2.** *TV* scheduling; **la ~ del lunes** Monday's programmes.

programador, ra *m,f* [persona] programmer.
◆ **programador** *m* [aparato] programmer.

programar *vt* **-1.** [vacaciones, reforma etc] to plan **-2.** *CIN* & *TV* to put on, to show **-3.** *TECN* to programme; *INFORM* to program.

progre *fam* ◇ *adj* liberal, permissive. ◇ *mf* progressive.

progresar *vi* to progress, to make progress; **~ en** to make progress in.

progresión *f* [gen & *MAT*] progression; [mejora] progress, advance; ~ **aritmética/geométrica** arithmetic/geometric progression.

progresista *adj* & *m,f* progressive.

progresivo, va *adj* progressive.

progreso *m* progress; **hacer ~s** to make progress.
prohibición *f* ban, banning *(U)*.
prohibido, da *adj* prohibited, banned; **'~ aparcar/fumar'** 'no parking/smoking', 'parking/smoking prohibited'; **'prohibida la entrada'** 'no entry'; **'dirección prohibida'** *AUTOM* 'no entry'.
prohibir *vt* **-1.** [gen] to forbid; **~ a alguien hacer algo** to forbid sb to do sthg; **'se prohíbe el paso'** 'no entry' **-2.** [por ley - de antemano] to prohibit; [- a posteriori] to ban.
prohibitivo, va *adj* prohibitive.
prójimo *m* fellow human being, neighbour.
prole *f* offspring.
proletariado *m* proletariat.
proletario, ria *adj & m,f* proletarian.
proliferación *f* proliferation; **~ nuclear** proliferation (of nuclear arms).
proliferar *vi* to proliferate.
prolífico, ca *adj* prolific.
prolijo, ja *adj* **-1.** [extenso] long-winded **-2.** [esmerado] meticulous; [detallado] exhaustive.
prólogo *m* [de libro] preface, foreword; *fig* prelude.
prolongación *f* extension.
prolongado, da *adj* long; *fig* [dilatado] lengthy.
prolongar [16] *vt* [gen] to extend; [espera, visita, conversación] to prolong; [cuerda, tubo] to lengthen.
promedio *m* average; **como ~** on average.
promesa *f* **-1.** [compromiso] promise; **hacer una ~** to make a promise; **romper una ~** to break a promise **-2.** *fig* [persona] promising talent.
prometedor, ra *adj* promising.
prometer ◇ *vt* to promise. ◇ *vi* [tener futuro] to show promise.
◆ **prometerse** *vpr* to get engaged.
prometido, da ◇ *m,f* fiancé (*f* fiancée). ◇ *adj* **-1.** [para casarse] engaged **-2.** [asegurado]: **lo ~** what has been promised, promise; **cumplir lo ~** to keep one's promise.
prominencia *f* **-1.** [abultamiento] protuberance **-2.** [elevación] rise **-3.** [importancia] prominence.
prominente *adj* **-1.** [abultado] protruding **-2.** [elevado, ilustre] prominent.
promiscuidad *f* promiscuity.
promiscuo, cua *adj* promiscuous.
promoción *f* **-1.** [gen & *DEP*] promotion; **~ de ventas** sales promotion **-2.** [curso] class, year.
promocionar *vt* to promote.
◆ **promocionarse** *vpr* to put o.s. forward, to promote o.s.
promontorio *m* promontory.
promotor, ra ◇ *adj* promoting. ◇ *m,f* promoter; [de una rebelión] instigator; **~ inmobiliario** *COM* real estate developer.
promover [24] *vt* **-1.** [iniciar - fundación etc] to set up; [- rebelión] to stir up **-2.** [impulsar] to stimulate **-3.** [ocasionar] to cause **-4.** [ascender]: **~ a alguien a** to promote sb to.
promulgación *f* [de ley] enactment.
promulgar [16] *vt* [ley] to enact.
pronombre *m* pronoun; **(~) demostrativo** demonstrative pronoun; **(~) indefinido** indefinite pronoun; **~ interrogativo/personal** interrogative/personal pronoun; **(~) posesivo** possessive pronoun; **~ relativo** relative pronoun.
pronominal ◇ *adj* pronominal. ◇ *m* pronominal verb.
pronosticar [10] *vt* to predict, to forecast.
pronóstico *m* **-1.** [predicción] forecast; **~ del tiempo** weather forecast **-2.** *MED* prognosis; **de ~ leve** suffering from a mild condition; **de ~ grave** serious, in a serious condition; **de ~ reservado** under observation.
prontitud *f* promptness.
pronto, ta *adj* quick, fast; [respuesta] prompt, early; [curación, tramitación] speedy.
◆ **pronto** ◇ *adv* **-1.** [rápidamente] quickly; **tan ~ como** as soon as **-2.** [temprano] early; **salimos ~** we left early **-3.** [dentro de poco] soon; **¡hasta ~!** see you soon! ◇ *m fam* sudden impulse.
◆ **al pronto** *loc adv* at first.
◆ **de pronto** *loc adv* suddenly.
◆ **por lo pronto** *loc adv* **-1.** [de momento] for the time being **-2.** [para empezar] to start with.
pronunciación *f* pronunciation.
pronunciado, da *adj* [facciones] pronounced; [curva] sharp; [pendiente, cuesta] steep; [nariz] prominent.
pronunciamiento *m* **-1.** [sublevación] uprising **-2.** *DER* pronouncement.
pronunciar [8] *vt* **-1.** [decir - palabra] to pronounce; [- discurso] to deliver, to make **-2.** [realzar] to accentuate **-3.** *DER* to pronounce, to pass.
◆ **pronunciarse** *vpr* **-1.** [definirse]: **~se (sobre)** to state an opinion (on) **-2.** [sublevarse] to rise up, to revolt.
propagación *f* **-1.** [gen] spreading *(U)* **-2.**

BIOL & FÍS propagation.

propaganda *f* **-1.** [publicidad] advertising *(U)* **-2.** [prospectos - gen] publicity leaflets *(U)*; [- por correo] junk mail **-3.** [política, religiosa] propaganda.

propagandístico, ca *adj* advertising *(antes de sust)*; POLÍT propaganda *(antes de sust)*.

propagar [16] *vt* [gen] to spread; [razas, especies] to propagate.

◆ **propagarse** *vpr* **-1.** [gen] to spread **-2.** BIOL & FÍS to propagate.

propalar *vt* to divulge.

propano *m* propane.

propasarse *vpr*: ~ **(con algo)** to go too far (with sthg); ~ **con alguien** [sexualmente] to take liberties with sb.

propensión *f* propensity, tendency.

propenso, sa *adj*: ~ **a algo/a hacer algo** prone to sthg/doing sthg.

propiamente *adv* [adecuadamente] properly; [verdaderamente] really, strictly; ~ **dicho** strictly speaking; **el pueblo** ~ **dicho es sólo esto** strictly speaking, the town is just this area.

propiciar [8] *vt* to be conducive to.

propicio, cia *adj* **-1.** [favorable] propitious, favourable **-2.** [adecuado] suitable, appropriate.

propiedad *f* **-1.** [derecho] ownership; [bienes] property; **tener algo en** ~ to own sthg; ~ **horizontal** joint-ownership *(in a block of flats)*; ~ **industrial** patent rights *(pl)*; ~ **intelectual** copyright; ~ **privada** private property; ~ **pública** public ownership **-2.** [facultad] property **-3.** [exactitud] accuracy; **usar una palabra con** ~ to use a word properly.

propietario, ria *m,f* [de bienes] owner.

propina *f* tip; **dar de** ~ to tip.

propinar *vt* [paliza] to give; [golpe] to deal.

propio, pia *adj* **-1.** [gen] own; **tiene coche** ~ she has a car of her own, she has her own car; **por tu** ~ **bien** for your own good **-2.** [peculiar]: ~ **de** typical *o* characteristic of; **no es** ~ **de él** it's not like him **-3.** [apropiado]: ~ **(para)** suitable *o* right (for) **-4.** [en persona] himself (*f* herself); **el** ~ **compositor** the composer himself.

proponer [65] *vt* to propose; [candidato] to put forward.

◆ **proponerse** *vpr*: ~**se hacer algo** to plan *o* intend to do sthg.

proporción *f* **-1.** [gen & MAT] proportion; **en** ~ in proportion to; **guardar** ~ **(con)** to be in proportion (to) **-2.** *(gen pl)* [importancia] extent, size.

◆ **proporciones** *fpl* [tamaño] size *(sg)*.

proporcionado, da *adj*: ~ **(a)** [estatura, sueldo] commensurate (with); [medidas] proportionate (to); **bien** ~ well-proportioned.

proporcional *adj* proportional.

proporcionar *vt* **-1.** [facilitar]: ~ **algo a alguien** to provide sb with sthg **-2.** *fig* [conferir] to lend, to add.

proposición *f* **-1.** [propuesta] proposal **-2.** GRAM clause.

◆ **proposiciones** *fpl* [sugerencias] propositions; **hacer proposiciones a alguien** to proposition sb; **proposiciones deshonestas** improper suggestions.

propósito *m* **-1.** [intención] intention **-2.** [objetivo] purpose.

◆ **a propósito** ◇ *loc adj* [adecuado] suitable. ◇ *loc adv* **-1.** [adrede] on purpose **-2.** [por cierto] by the way.

◆ **a propósito de** *loc prep* with regard to, concerning.

propuesta *f* proposal; **a** ~ **de** at the suggestion of; [de empleo] offer.

propuesto, ta *pp* ⊳ **proponer**.

propugnar *vt* to advocate, to support.

propulsar *vt* **-1.** [impeler] to propel **-2.** *fig* [promover] to promote.

propulsión *f* propulsion; ~ **a chorro** jet propulsion.

propulsor, ra ◇ *adj* propulsive. ◇ *m,f* [persona] promoter.

◆ **propulsor** *m* **-1.** [dispositivo] engine **-2.** [combustible] propellent.

propusiera *etc* ⊳ **proponer**.

prorrata *f* quota, share; **a** ~ pro rata.

prórroga *f* **-1.** [gen] extension; [de estudios, servicio militar] deferment **-2.** DEP extra time.

prorrogar [16] *vt* [alargar] to extend; [aplazar] to defer, to postpone.

prorrumpir *vi*: ~ **en** to burst into.

prosa *f* LITER prose; **en** ~ in prose.

prosaico, ca *adj* prosaic.

proscribir *vt* **-1.** [prohibir] to ban **-2.** [desterrar] to banish.

proscrito, ta ◇ *pp* ⊳ **proscribir**. ◇ *adj* **-1.** [prohibido] banned **-2.** [desterrado] banished. ◇ *m,f* [desterrado] exile.

proseguir [43] ◇ *vt* to continue. ◇ *vi* to go on, to continue.

proselitismo *m* proselytism; **hacer** ~ to proselytize.

prosélito, ta *m,f* proselyte.

prosiga *etc* ⊳ **proseguir**.

prosiguiera *etc* ▻ **proseguir**.
prospección *f* **-1.** [gen] exploration; [petrolífera, minera] prospecting **-2.** [de clientes]: ~ **(de)** canvassing (for).
prospectivo, va *adj* exploratory.
prospecto *m* leaflet; COM & EDUC prospectus.
prosperar *vi* **-1.** [mejorar] to prosper, to thrive **-2.** [triunfar] to be successful.
prosperidad *f* **-1.** [mejora] prosperity **-2.** [éxito] success.
próspero, ra *adj* prosperous, flourishing.
próstata *f* prostate.
prostíbulo *m* brothel.
prostitución *f* **-1.** [gen] prostitution **-2.** *fig* [corrupción] corruption.
prostituir [51] *vt lit & fig* to prostitute.
◆ **prostituirse** *vpr* to become a prostitute.
prostituta *f* prostitute.
protagonismo *m* leading role; **ganar** ~ to become more important.
protagonista *mf* **-1.** [gen] main character, hero (*f* heroine); TEATR lead, leading role **-2.** *fig* [de crimen, hazaña] person responsible.
protagonizar [13] *vt* **-1.** [obra, película] to play the lead in, to star in **-2.** *fig* [crimen] to be one of the main people responsible for; *fig* [hazaña] to play a leading part in.
protección *f* protection; **bajo la ~ de alguien** under the protection of sb; ~ **civil** civil defence; ~ **de datos** INFORM data protection.
proteccionismo *m* protectionism.
protector, ra ◇ *adj* protective. ◇ *m,f* [persona] protector.
◆ **protector** *m* **-1.** [en boxeo] gumshield **-2.** : ~ **labial** lip salve.
protectorado *m* protectorate.
proteger [14] *vt* **-1.** [gen] to protect; ~ **algo de algo** to protect sthg from sthg **-2.** [apoyar] to support.
◆ **protegerse** *vpr* to take cover *o* refuge.
protege-slips *m inv* panty pad *o* liner.
protegido, da ◇ *adj* protected. ◇ *m,f* protégé (*f* protégée).
proteína *f* protein; **rico en proteínas** rich in protein.
prótesis *f inv* **-1.** MED prosthesis; [miembro] artificial limb **-2.** GRAM prothesis.
protesta *f* protest; DER objection.
protestante *adj & m,f* Protestant.
protestantismo *m* Protestantism.
protestar *vi* **-1.** [quejarse]: ~ **(por/contra)** to protest (about/against); **¡protesto!** DER objection! **-2.** [refunfuñar] to grumble.
protesto *m* COM: ~ **de letra** noting bill of exchange.
protocolario, ria *adj* formal.
protocolo *m* **-1.** [gen & INFORM] protocol; ~ **de comunicación** communications protocol **-2.** [ceremonial] etiquette **-3.** DER *documents handled by a solicitor.*
protón *m* proton.
prototipo *m* **-1.** [modelo] archetype **-2.** [primer ejemplar] prototype.
protozoo *m* protozoan, protozoon.
protuberancia *f* protuberance, bulge.
provecho *m* **-1.** [gen] benefit; **buen** ~ enjoy your meal!; **de** ~ [persona] worthy; **hacer** ~ to do good; **sacar ~ de** to make the most of, to take advantage of **-2.** [rendimiento] good effect.
provechoso, sa *adj* **-1.** [ventajoso] beneficial, advantageous **-2.** [lucrativo] profitable.
proveedor, ra *m,f* supplier; ~ **de acceso a Internet** Internet access provider.
proveer [50] *vt* **-1.** [abastecer] to supply, to provide; ~ **a alguien de algo** to provide sb with sthg **-2.** [puesto, cargo] to fill.
◆ **proveerse de** *vpr* **-1.** [ropa, víveres] to stock up on **-2.** [medios, recursos] to arm o.s. with.
proveniente *adj*: ~ **de** (coming) from.
provenir [75] *vi*: ~ **de** to come from.
provenzal ◇ *adj & m,f* Provençal. ◇ *m* [lengua] Provençal.
proverbial *adj* proverbial.
proverbio *m* proverb.
providencia *f* **-1.** [medida] measure, step **-2.** DER ruling.
◆ **Providencia** *f* Providence.
providencial *adj lit & fig* providential.
proviene *etc* ▻ **provenir**.
provincia *f* [división administrativa] province.
◆ **provincias** *fpl* [no la capital] the provinces.
provincial *adj & m* provincial.
provinciano, na *adj & m,f despec* provincial.
proviniera *etc* ▻ **provenir**.
provisión *f* **-1.** *(gen pl)* [suministro] supply, provision; [de una plaza] filling *(U)* **-2.** [disposición] measure; ~ **de fondos** financial reserves *(pl)*.
provisional *adj* provisional.
provisorio, ria *adj Amér* provisional.
provisto, ta *pp* ▻ **proveer**.
provocación *f* **-1.** [hostigamiento] provocation **-2.** [ocasionamiento - de incendio] starting; [- de incidente] causing; [- de revuelta] instigation.

provocador, ra ◇ *adj* provocative. ◇ *m,f* agitator.

provocar [10] *vt* **-1.** [incitar] to incite; ~ **a alguien a hacer algo** [gen] to cause sb to do sthg, to make sb do sthg; [matar, luchar etc] to provoke sb to do sthg **-2.** [irritar] to provoke **-3.** [ocasionar - gen] to cause; [- incendio, rebelión] to start **-4.** [excitar sexualmente] to arouse **-5.** : **¿te provoca hacerlo?** *Carib, Col, Méx* [te apetece] would you like to do it?

provocativo, va *adj* provocative.

proxeneta *mf* pimp (*f* procuress).

proxenetismo *m* pimping *(U)*, procuring *(U)*.

próximamente *adv* soon, shortly; *CIN* coming soon.

proximidad *f* [cercanía] closeness, proximity.

◆ **proximidades** *fpl* **-1.** [de ciudad] surrounding area *(sg)* **-2.** [de lugar] vicinity *(sg)*.

próximo, ma *adj* **-1.** [cercano] near, close; ~ **a algo** close to sthg; [casa, ciudad] nearby, neighbouring; **en fecha próxima** shortly **-2.** [parecido] similar, close **-3.** [siguiente] next; **el ~ año** next year.

proyección *f* **-1.** [gen & *GEOM*] projection **-2.** *CIN* screening, showing **-3.** *fig* [trascendencia] importance.

proyectar *vt* **-1.** [dirigir - focos etc] to shine, to direct **-2.** [mostrar - película] to project, to screen; [- sombra] to cast; [- diapositivas] to show **-3.** [planear - viaje, operación, edificio] to plan; [- puente, obra] to design **-4.** [arrojar] to throw forwards **-5.** *GEOM* to project.

proyectil *m* projectile, missile.

proyectista *mf* designer.

proyecto *m* **-1.** [intención] project **-2.** [plan] plan; **tener en ~ hacer algo** to be planning to do sthg **-3.** [diseño - *ARQUIT*] design; *IND & TECN* plan **-4.** [borrador] draft; ~ **de ley** bill **-5.** *EDUC*: ~ **fin de carrera** *design project forming part of doctoral thesis for architecture students etc*; ~ **de investigación** [de un grupo] research project; [de una persona] dissertation.

proyector, ra *adj* projecting.

◆ **proyector** *m* **-1.** [de cine, diapositivas] projector **-2.** [reflector] searchlight; [en el teatro] spotlight.

prudencia *f* [cuidado] caution, care; [previsión, sensatez] prudence; [moderación] moderation; **con ~** in moderation.

prudencial *adj* [sensato] sensible; [moderado] moderate.

prudente *adj* **-1.** [cuidadoso] careful, cautious; [previsor, sensato] sensible **-2.** [razonable] reasonable.

prueba ◇ *v* ⊳ **probar**. ◇ *f* **-1.** [demostración] proof; *DER* evidence, proof; **no tengo ~s** I have no proof **-2.** [manifestación] sign, token; **en** *o* **como ~ de** in *o* as proof of **-3.** [trance] ordeal, trial **-4.** *EDUC & MED* test; ~ **de alcoholemia** Breathalyser® test; ~ **de acceso** entrance examination; ~ **de aptitud** aptitude test; ~ **del embarazo** pregnancy test **-5.** [comprobación] test; **a** *o* **de ~** [trabajador] on trial; [producto comprado] on approval; **es a ~ de agua/balas** it's waterproof/bulletproof; **paciencia a toda ~** unwavering patience; **poner a ~** to (put to the) test; **la ~ de fuego** the acid test **-6.** *DEP* event **-7.** *IMPRENTA* proof.

prurito *m MED* itch, itching *(U)*; *fig* urge.

prusiano, na *adj & m,f* Prussian.

PS = PD.

pseudo *adj* pseudo.

pseudónimo *m* pseudonym.

psicoanálisis *m inv* psychoanalysis.

psicoanalista *mf* psychoanalyst.

psicoanalizar [13] *vt* to psychoanalyze.

psicodélico, ca *adj* psychedelic.

psicodrama *m* psychodrama.

psicología *f lit & fig* psychology.

psicológico, ca *adj* psychological.

psicólogo, ga *m,f* psychologist.

psicomotor, ra *adj* psychomotor.

psicomotricidad *f* psychomotricity.

psicópata *mf* psychopath.

psicopatía *f* psychopathy, psychopathic personality.

psicosis *f inv* psychosis; ~ **maniacodepresiva** manic-depressive psychosis.

psicosomático, ca *adj* psychosomatic.

psicotécnico, ca *adj* psychotechnical.

◆ **psicotécnico** *m* [prueba] psychotechnical test.

psicoterapia *f* psychotherapy.

psique *f* psyche.

psiquiatra *mf* psychiatrist.

psiquiatría *f* psychiatry.

psiquiátrico, ca *adj* psychiatric.

◆ **psiquiátrico** *m* psychiatric *o* mental hospital.

psíquico, ca *adj* psychic.

psiquis *f inv* psyche.

PSOE [pe'soe, soe] (*abrev de* **Partido Socialista Obrero Español**) *m major Spanish political party to the centre-left of the political spectrum*.

pta. (*abrev de* **peseta**) pta.

púa *f* **-1.** [de planta] thorn; [de erizo] barb, quill; [de peine] spine, tooth; [de tenedor] prong **-2.** *MÚS* plectrum.

pub [pap] (*pl* **pubs**) *m bar (open till late, usually with music).*

púber, ra *adj & m,f culto* adolescent.

pubertad *f* puberty.

pubis *m inv* pubes *(pl).*

publicación *f* publication; ~ **periódica** periodical.

publicar [10] *vt* **-1.** [editar] to publish **-2.** [difundir] to publicize; [ley] to make public, to pass; [aviso] to issue.

publicidad *f* **-1.** [difusión] publicity; **dar ~ a algo** to publicize sthg **-2.** *COM* advertising; *TV* adverts *(pl)*, commercials *(pl)*; ~ **directa** direct mailing.

publicista *mf* advertising agent.

publicitar *vt* to advertise.

publicitario, ria ◇ *adj* advertising *(antes de sust).* ◇ *m,f* advertising agent.

público, ca *adj* public; **ser ~** [conocido] to be common knowledge; **en ~** in public; **hacer algo ~** to make sthg public.

◆ **público** *m* **-1.** *CIN, TEATR & TV* audience; *DEP* crowd **-2.** [comunidad] public; **el gran ~** the (general) public.

publirreportaje *m* [anuncio de televisión] promotional film; [en revista] advertising spread.

pucha *interj Andes, RP fam* : **¡ ~ /s!** sugar! *UK*, shoot! *US.*

pucherazo *m fig* electoral fraud *(U).*

puchero *m* **-1.** [perola] cooking pot **-2.** [comida] stew.

◆ **pucheros** *mpl* [gesto] pout *(sg)*; **hacer ~s** to pout.

pucho *m CSur fam* [colilla] cigarette butt; [cigarillo] cigarette.

pudding = **pudin.**

pudendo, da *adj*: **partes pudendas** private parts.

pudibundo, da *adj* prudish.

púdico, ca *adj* **-1.** [recatado] modest **-2.** [tímido] bashful.

pudiente ◇ *adj* wealthy, well-off. ◇ *mf* wealthy person.

pudiera *etc* ▷ **poder.**

pudin (*pl* **púdines**), **pudding** ['puðin] (*pl* **puddings**) *m* (plum) pudding.

pudor *m* **-1.** [recato] (sense of) shame **-2.** [timidez] bashfulness.

pudoroso, sa *adj* **-1.** [recatado] modest **-2.** [tímido] bashful.

pudrir *vt* **-1.** [descomponerse] to rot **-2.** [fastidiar] to be fed up.

◆ **pudrirse** *vpr* to rot.

puebla *etc* ▷ **poblar.**

pueblerino, na ◇ *adj* village *(antes de sust)*; *despec* rustic, provincial. ◇ *m,f* villager; *despec* yokel.

pueblo *m* **-1.** [población - pequeña] village; [- grande] town **-2.** [nación] people **-3.** [proletariado] (common) people.

pueda *etc* ▷ **poder.**

puente *m* **-1.** [gen] bridge; ~ **colgante** suspension bridge; ~ **levadizo** drawbridge; ~ **peatonal** footbridge; **tender un ~** to build bridges **-2.** [días festivos]: **hacer ~** *to take an extra day off between two public holidays.*

◆ **puente aéreo** *m* [civil] air shuttle; [militar] airlift.

puenting *m* bungee-jumping.

puerco, ca ◇ *adj* dirty, filthy. ◇ *m,f* **-1.** [animal] pig (*f* sow) **-2.** ***fam fig*** [persona] pig, swine.

puercoespín *m* porcupine.

puericultor, ra *m,f* nursery nurse.

puericultura *f* childcare.

pueril *adj fig* childish.

puerilidad *f fig* childishness.

puerperio *m* puerperium.

puerro *m* leek.

puerta *f* **-1.** [de casa] door; [de jardín, ciudad etc] gate; **de ~ en ~** from door to door; **llamar a la ~** to knock on the door; ~ **de embarque** boarding gate; ~ **principal/trasera** front/back door; ~ **corrediza/giratoria** sliding/revolving door; ~ **blindada/vidriera** reinforced/glass door **-2.** ***fig*** [posibilidad] gateway, opening **-3.** *DEP* goal, goalmouth **-4.** *loc*: **a las ~s de** on the verge of; **a ~ cerrada** [gen] behind closed doors; [juicio] in camera; **coger la ~ y marcharse** to up and go; **dar a alguien con las ~s en las narices** to slam the door in sb's face; **estar en ~s** to be knocking on the door, to be imminent.

puerto *m* **-1.** [de mar] port; **llegar a ~** to come into port; *fig* to make it in the end; ~ **deportivo** marina; ~ **franco** *o* **libre** free port; ~ **pesquero** fishing port **-2.** [de montaña] pass **-3.** *INFORM* port; ~ **paralelo/serie/USB** parallel/serial/USB port **-4.** ***fig*** [refugio] haven.

Puerto Rico Puerto Rico.

pues *conj* **-1.** [dado que] since, as **-2.** [por lo tanto] therefore, so; **creo, ~, que ...** so, I think that ... **-3.** [así que] so; **querías verlo, ~ ahí está** you wanted to see it, so here it is

-4. [enfático]: **¡~ ya está!** well, that's it!; **¡~ claro!** but of course!; **¡~ vaya amigo que tienes!** some friend he is!

puesto, ta ◇ *pp* ▷ **poner.** ◇ *adj*: **ir muy ~** to be all dressed up; **iba sólo con lo ~** all she had with her were the clothes on her back.

◆ **puesto** *m* **-1.** [lugar] place **-2.** [empleo] post, position; **~ de trabajo** job; **escalar ~s** to work one's way up **-3.** [en fila, clasificación etc] place **-4.** [tenderete] stall, stand **-5.** *MIL* post; **~ de mando/vigilancia** command/ sentry post; **~ de policía** police station; **~ de socorro** first-aid post.

◆ **puesta** *f* **-1.** [acción]: **puesta a punto** [de una técnica] perfecting; [de un motor] tuning; **puesta al día** updating; **puesta de largo** debut (in society); **puesta en escena** staging, production; **puesta en marcha** [de máquina] starting, start-up; [de acuerdo, proyecto] implementation; **puesta en órbita** putting into orbit; **puesta en práctica** implementation **-2.** [de ave] laying.

◆ **puesta de sol** *f* sunset.

◆ **puesto que** *loc conj* since, as.

puf (*pl* **pufs**) *m* pouf, pouffe.

púgil *m* boxer.

pugilato *m* boxing.

pugna *f* fight, battle.

pugnar *vi* **-1.** [luchar] to fight **-2.** *fig* [esforzarse]: **~ por** to struggle *o* fight (for).

puja *f* [en subasta - acción] bidding; [- cantidad] bid.

pujante *adj* vigorous.

pujanza *f* vigour, strength.

pujar ◇ *vi* **-1.** [en subasta] to bid higher **-2.** *fig* [luchar] to struggle. ◇ *vt* to bid.

pulcritud *f* neatness, tidiness.

pulcro, cra *adj* neat, tidy.

pulga *f* flea; **tener malas ~s** *fig* to be bad-tempered.

pulgada *f* inch.

pulgar ▷ **dedo.**

pulgón *m* plant louse, aphid.

pulido, da *adj* polished, clean.

◆ **pulido** *m* polish.

pulidor, ra *adj* polishing.

◆ **pulidora** *f* polisher.

pulimentar *vt* to polish.

pulir *vt* to polish.

◆ **pulirse** *vpr* [gastarse] to blow, to throw away.

pulla *f* gibe.

pulmón *m* lung; **~ de acero** *o* **artificial** iron lung; **a pleno ~** [gritar] at the top of one's voice; [respirar] deeply; **tener buenos pulmones** to have a powerful voice.

pulmonar *adj* pulmonary, lung *(antes de sust)*.

pulmonía *f* pneumonia.

pulóver *m RP* pullover.

pulpa *f* pulp.

púlpito *m* pulpit.

pulpo *m* **-1.** [animal] octopus **-2.** *fam* [hombre]: **es un ~** he can't keep his hands off women **-3.** [correa elástica] spider strap.

pulque *m CAm, Méx* pulque, *fermented maguey juice.*

pulquería *f CAm, Méx* 'pulque' bar.

pulsación *f* **-1.** [del corazón] beat, beating *(U)* **-2.** [en máquina de escribir] keystroke, tap; [en piano]: **pulsaciones por minuto** keystrokes per minute.

pulsador *m* button, push button.

pulsar *vt* **-1.** [botón, timbre etc] to press; [teclas de ordenador] to hit, to strike; [teclas de piano] to play; [cuerdas de guitarra] to pluck **-2.** *fig* [opinión pública etc] to sound out.

pulsera *f* bracelet; **~ de tobillo** ankle bracelet.

pulso *m* **-1.** [latido] pulse; **tomar el ~ a alguien** to take sb's pulse; **tomar el ~ a algo/alguien** *fig* to sound sthg/sb out **-2.** [firmeza]: **tener buen ~** to have a steady hand; **a ~** unaided; **echar un ~ (con alguien)** to arm-wrestle (with sb); **ganarse algo a ~** to deserve sthg.

pulular *vi* to swarm.

pulverización *f* [de sólido] pulverization; [de líquido] spraying.

pulverizador, ra *adj* spray *(antes de sust)*.

◆ **pulverizador** *m* spray.

pulverizar [13] *vt* **-1.** [líquido] to spray **-2.** [sólido] to reduce to dust; *TECN* to pulverize **-3.** *fig* [aniquilar] to pulverize.

pum *interj*: **¡~!** bang!

puma *m* puma.

pumba *interj*: **¡~!** wham!, bang!

puna *f Andes, Arg* altitude sickness.

punce *etc* ▷ **punzar.**

punción *f* puncture.

pundonor *m* pride.

punitivo, va *adj* punitive.

punk [paŋk] (*pl* **punks**), **punki** *adj & m,f* punk.

punta *f* **-1.** [extremo - gen] point; [- de pan, pelo] end; [- de dedo, cuerno] tip; **a ~ de pistola** at gunpoint; **de ~ a ~** from one end to the other; **en ~** pointed; **en la otra ~ de algo** at the other end of sthg; **sacar ~ a**

(un lápiz) to sharpen (a pencil); **a ~ (de) pala** by the dozen *o* bucket; **estar de ~ con alguien** to be on edge with sb; **ir de ~ en blanco** to be dressed up to the nines; **la ~ del iceberg** *fig* the tip of the iceberg; **tener algo en la ~ de la lengua** *fig* to have sthg on the tip of one's tongue **-2.** [pizca] touch, bit; [de sal] pinch **-3.** [clavo] small nail **-4.** *GEOGR* point, headland.

◆ **puntas** *fpl* [del pelo] ends.

puntada *f* **-1.** [agujero] hole *o* mark left by needle **-2.** [pespunte] stitch.

puntaje *m CSur* mark *UK*, grade *US*.

puntal *m* [madero] prop; *fig* [apoyo] mainstay.

puntapié *m* kick; **dar un ~ a alguien** to kick sb; **echar a alguien a ~s** to kick sb out; **tratar a alguien a ~s** *fig* to be nasty to sb.

punteado *m MÚS* plucking.

puntear *vt* to pluck.

punteo *m* guitar solo.

puntera ▻ **puntero**.

puntería *f* **-1.** [destreza] marksmanship; **hacer ~** to take aim; **tener ~** to be a good shot **-2.** [orientación] aim.

puntero, ra ◇ *adj* leading. ◇ *m,f* [líder] leader.

◆ **puntero** *m* [para señalar] pointer.

◆ **puntera** *f* [de zapato] toecap.

puntiagudo, da *adj* pointed.

puntilla *f* point lace; **dar la ~** *fig* to give the coup de grâce.

◆ **de puntillas** *loc adv* on tiptoe.

puntillismo *m* pointillism.

puntilloso, sa *adj* **-1.** [susceptible] touchy **-2.** [meticuloso] punctilious.

punto *m* **-1.** [gen] point; **~ débil/fuerte** weak/strong point; **~ de ebullición/fusión** boiling/melting point; **~ cardinal** cardinal point; **~ de apoyo** fulcrum; *fig* backup, support; **~ culminante** high point; **~s a tratar** matters to be discussed; **poner ~ final a algo** to bring sthg to a close; **y ~** *fam* and that's that **-2.** [signo ortográfico] dot; **~com** [empresa] dot com; **~ y aparte** full stop, new paragraph; **~ y coma** semicolon; **~ y seguido** full stop; **~s suspensivos** dots, suspension points; **dos ~s** colon; **poner los ~s sobre las íes** to dot the i's and cross the t's **-3.** [marca] spot, dot **-4.** [lugar] spot, place; **~ de venta** *COM* point of sale **-5.** [momento] point, moment; **estar a ~** to be ready; **estar a ~ de hacer algo** to be on the point of doing sthg; **llegar a ~ (para hacer algo)** to arrive just in time (to do sthg); **al ~** at once, there and then **-6.** [estado] state, condition; **estando las cosas en este ~** things being as they are; **llegar a un ~ en que ...** to reach the stage where ...; **estar a ~ de caramelo para** to be ripe for; **estar en su ~** [gen] to be just right; [comida] to be done to a turn; **poner a ~** [gen] to fine-tune; [motor] to tune **-7.** [grado] degree; **hasta tal ~ que** to such an extent that **-8.** [cláusula] clause **-9.** [puntada - en costura, cirugía] stitch; **~ de cruz** cross-stitch; **hacer ~** to knit; **un jersey de ~** a knitted jumper **-10.** [estilo de tejer] knitting; **~ de ganchillo** crochet **-11.** [pizca, toque] touch **-12.** [objetivo] end, target.

◆ **en punto** *loc adv* exactly, on the dot.

◆ **hasta cierto punto** *loc adv* to some extent, up to a point.

◆ **punto de partida** *m* starting point.

◆ **punto de referencia** *m* point of reference.

◆ **punto de vista** *m* point of view, viewpoint.

◆ **punto muerto** *m* **-1.** *AUTOM* neutral **-2.** [en un proceso] deadlock; **estar en un ~ muerto** to be deadlocked.

puntuable *adj*: **~ para** that counts towards.

puntuación *f* **-1.** [calificación] mark; [en concursos, competiciones] score **-2.** [ortográfica] punctuation.

puntual *adj* **-1.** [en el tiempo] punctual; **ser ~** to be on time **-2.** [exacto, detallado] detailed **-3.** [aislado] isolated, one-off.

puntualidad *f* [en el tiempo] punctuality.

puntualizar [13] *vt* to specify, to clarify.

puntuar [6] ◇ *vt* **-1.** [calificar] to mark; *DEP* to award marks to **-2.** [escrito] to punctuate. ◇ *vi* **-1.** [calificar] to mark **-2.** [entrar en el cómputo]: **~ (para)** to count (towards).

punzada *f* [dolor intenso] stabbing pain *(U)*; *fig* pang, twinge.

punzante *adj* **-1.** [que pincha] sharp **-2.** [intenso] sharp, stabbing **-3.** [mordaz] caustic.

punzón *m* punch.

puñado *m* handful; **a ~s** *fig* hand over fist.

puñal *m* dagger.

puñalada *f* stab; [herida] stab wound; **coser a ~s** *fig* to stab repeatedly; **~ trapera** *fig* stab in the back.

puñeta ◇ *f fam* [tontería]: **hacer la ~** to be a pain; **mandar a alguien a hacer ~s** to tell sb to get lost; **en la quinta ~** in the back of beyond. ◇ *interj fam*: **¡~s!** damn it!

puñetazo *m* punch; **lo derribó de un ~** he knocked him to the ground.

puñetería *f fam* **-1.** [molestia] bloodymindedness **-2.** [menudencia] trifle, unimportant thing.

puñetero, ra *fam* ◇ *adj* **-1.** [persona] damn; **a ver si arranca el coche de una ~ vez** let's see if this damn car will finally start **-2.** [cosa] tricky, awkward. ◇ *m,f* pain.
puño *m* **-1.** [mano cerrada] fist; **son verdades como ~s** it's as clear as daylight; **de su ~ y letra** in his/her own handwriting; **meter** *o* **tener a alguien en un ~** to have sb under one's thumb **-2.** [de manga] cuff **-3.** [empuñadura - de espada] hilt; [- de paraguas] handle.
pupa *f* **-1.** [erupción] blister **-2.** [daño] *fam* pain; **hacerse ~** to hurt o.s.
pupila *f* pupil.
pupilaje *m* reserved *o* long-term parking.
pupilo, la *m,f* **-1.** [discípulo] pupil **-2.** [huérfano] ward.
pupitre *m* desk.
purasangre *m inv* thoroughbred.
puré *m* CULIN purée; [sopa] thick soup; **~ de patatas** mashed potatoes *(pl)*; **estar hecho ~** *fam* to be knackered; **hacer ~ a alguien** to beat sb to a pulp.
pureta *fam* ◇ *adj* fogeyish. ◇ *mf* old fogey.
pureza *f* purity.
purga *f* **-1.** MED purgative **-2.** *fig* [depuración] purge.
purgante *adj & m* purgative.
purgar [16] *vt lit & fig* to purge.
◆ **purgarse** *vpr* to take a purge.
purgatorio *m* purgatory.
purgue *etc* ▻ **purgar**.
purificación *f* purification.
purificar [10] *vt* to purify; [mineral, metal] to refine.
purista ◇ *adj* purist *(antes de sust)*. ◇ *mf* purist.
puritanismo *m* puritanism.
puritano, na *adj & m,f* puritan.
puro, ra *adj* **-1.** [gen] pure; [oro] solid **-2.** [conducta, persona] chaste, innocent **-3.** [mero] sheer; [verdad] plain; **por pura casualidad** by pure chance.
◆ **puro** *m* cigar.
púrpura ◇ *adj inv* purple. ◇ *m* purple.
purpurina *f* purpurin.
purulento, ta *adj culto* purulent.
pus *m* pus.
pusiera *etc* ▻ **poner**.
pusilánime *adj* cowardly.
puso *etc* ▻ **poner**.
pústula *f* pimple, spot.
puta ◇ *adj* ▻ **puto**. ◇ *f vulg* whore; **ir de ~s** to go whoring; **de ~ madre** fucking brilliant.
putada *f vulg*: **hacerle una ~ a alguien** to be a mean bastard to sb; **¡qué ~!** what a bummer!
putativo, va *adj* putative.
puteada *f CSur fam* swear word.
puteado, da *adj vulg* pissed off.
puteo *m vulg* [con prostitutas]: **ir de ~** to go whoring.
putero, ra *adj vulg* whoremonger.
puto, ta *adj vulg* **-1.** [maldito] bloody **-2.** [difícil] bloody difficult.
◆ **puto** *m vulg* male prostitute.
putrefacción *f* rotting, putrefaction.
putrefacto, ta *adj* rotting.
pútrido, da *adj* putrid.
puzzle ['puθlel], **puzle** *m* jigsaw puzzle.
PVC (*abrev de* **polyvinyl-chloride**) *m* PVC.
PVP (*abrev de* **precio de venta al público**) *m* ≃ RRP.
PYME (*abrev de* **Pequeña y Mediana Empresa**) *f* SME.
pyrex® = **pírex**.
pza. (*abrev de* **plaza**) Sq.

q, Q *f* [letra] q, Q.
q.e.p.d. (*abrev de* **que en paz descanse**) RIP.
quántico = **cuántico**.
que ◇ *pron relat* **-1.** *(sujeto)* [persona] who, that; [cosa] that, which; **la mujer ~ me saluda** the woman (who *o* that is) waving to me; **el ~ me lo compró** the one who bought it from me; **la moto ~ me gusta** the motorbike (that) I like **-2.** *(complemento directo)* [persona] whom, that; [cosa] that, which; **el hombre ~ conociste ayer** the man (whom *o* that) you met yesterday; **ese coche es el ~ me quiero comprar** that car is the one (that *o* which) I want to buy **-3.** *(complemento indirecto)*: **al/a la ~** (to) whom; **ese es el chico al ~ presté dinero** that's the boy to whom I lent some money **-4.** *(complemento circunstancial)*: **la playa a la ~ fui** the beach where

o to which I went; **la mujer con la ~ hablas** the woman to whom you are talking; **la mesa sobre la ~ escribes** the table on which you are writing **-5.** *(complemento de tiempo)*: **(en) ~** when; **el día (en) ~ me fui** the day (when) I left. ◇ *conj* **-1.** *(con oraciones de sujeto)* that; **es importante ~ me escuches** it's important that you listen to me **-2.** *(con oraciones de complemento directo)* that; **me ha confesado ~ me quiere** he has told me that he loves me **-3.** *(comparativo)* than; **es más rápido ~ tú** he's quicker than you; **antes morir ~ vivir la guerra** I'd rather die than live through a war **-4.** [expresa causa]: **hemos de esperar, ~ todavía no es la hora** we'll have to wait, as it isn't time yet **-5.** [expresa consecuencia] that; **tanto me lo pidió ~ se lo di** he asked me for it so insistently that I gave it to him **-6.** [expresa finalidad] so (that); **ven aquí ~ te vea** come over here so (that) I can see you **-7.** *(+ subjuntivo)* [expresa deseo] that; **quiero ~ lo hagas** I want you to do it; **espero ~ te diviertas** I hope (that) you have fun **-8.** *(en oraciones exclamativas)*: **¡~ te diviertas!** have fun!; **¡~ te doy un bofetón!** do that again and I'll slap you! **-9.** *(en oraciones interrogativas)*: **¿~ quiere venir? pues que venga** so she wants to come? then let her **-10.** [expresa disyunción] or; **quieras ~ no, harás lo que yo mando** you'll do what I tell you, whether you like it or not **-11.** [expresa hipótesis] if; **~ no quieres hacerlo, pues no pasa nada** it doesn't matter if you don't want to do it **-12.** [expresa reiteración] and; **estaban charla ~ charla** they were talking and talking.

qué ◇ *adj* [gen] what; [al elegir, al concretar] which; **¿~ hora es?** what's the time?; **¿~ coche prefieres?** which car do you prefer?; **¿a ~ distancia?** how far away? ◇ *pron (interrogativo)* what; **¿~ te dijo?** what did he tell you?; **no sé ~ hacer** I don't know what to do; **¿~?** [¿cómo?] sorry?, pardon? ◇ *adv* **-1.** [exclamativo] how; **¡~ horror!** how awful!; **¡~ tonto eres!** how stupid you are!, you're so stupid!; **¡~ casa más bonita!** what a lovely house!; **¡y ~!** so what? **-2.** [expresa gran cantidad]: **¡~ de ...!** what a lot of ...! ; **¡~ de gente hay aquí!** what a lot of people there are here!, there are so many people here!

Québec *m*: **(el) ~** Quebec.

quebrada ▻ **quebrado.**

quebradero

◆ **quebradero de cabeza** *m* headache, problem.

quebradizo, za *adj* **-1.** [frágil] fragile, brittle **-2.** [débil] frail **-3.** [voz] weak.

quebrado, da *adj* **-1.** [terreno] rough, uneven; [perfil] rugged **-2.** MAT fractional.

◆ **quebrado** *m* MAT fraction.

◆ **quebrada** *f* **-1.** [desfiladero] gorge **-2.** *Amér* [arroyo] stream.

quebrantado, da *adj* frail.

quebrantahuesos *m inv* bearded vulture, lammergeier.

quebrantar *vt* **-1.** [incumplir - promesa, ley] to break; [- obligación] to fail in **-2.** [debilitar] to weaken; [moral, resistencia] to break.

◆ **quebrantarse** *vpr* **-1.** [romperse] to crack **-2.** [debilitarse] to decline, to deteriorate.

quebranto *m* **-1.** [debilitamiento] weakening, debilitation **-2.** [pena] grief.

quebrar [19] ◇ *vt* [romper] to break. ◇ *vi* FIN to go bankrupt.

◆ **quebrarse** *vpr* **-1.** [romperse] to break **-2.** [voz] to break, to falter.

quechua ◇ *adj* Quechuan. ◇ *mf* [persona] Quechua. ◇ *m* [idioma] Quechua.

quedar ◇ *vi* **-1.** [permanecer] to remain, to stay; **el viaje quedó en proyecto** the trip never got beyond the planning stage **-2.** [haber aún, faltar] to be left, to remain; **¿queda azúcar?** is there any sugar left?; **nos quedan 10 euros** we have 10 euros left; **¿cuánto queda para León?** how much further is it to León?; **~ por hacer** to remain to be done; **queda por fregar el suelo** the floor has still to be cleaned **-3.** [mostrarse]: **~ como** to come across as; **~ bien/mal (con alguien)** to make a good/bad impression (on sb) **-4.** [llegar a ser, resultar]: **el trabajo ha quedado perfecto** the job turned out perfectly; **el cuadro queda muy bien ahí** the picture looks great there **-5.** [acabar]: **~ en** to end in; **~ en nada** to come to nothing **-6.** [sentar] to look; **te queda un poco corto el traje** your suit is a bit too short; **~ bien/mal a alguien** to look good/bad on sb; **~ bien/mal con algo** to go well/badly with sthg **-7.** [citarse]: **~ (con alguien)** to arrange to meet (sb); **hemos quedado el lunes** we've arranged to meet on Monday **-8.** [acordar]: **~ en algo/en hacer algo** to agree on sthg/to do sthg; **~ en que ...** to agree that ...; **¿en qué quedamos?** what's it to be, then? **-9.** *fam* [estar situado] to be; **queda por las afueras** it's somewhere on the outskirts; **¿por dónde queda?** whereabouts is it? ◇ *v impers*: **por mí que no quede** don't let me be the one to stop you; **que no quede**

por falta de dinero we don't want it to fall through for lack of money.

◆ **quedarse** *vpr* **-1.** [permanecer - en un lugar] to stay, to remain **-2.** [terminar - en un estado]: **~se ciego/sordo** to go blind/deaf; **~se triste** to be *o* feel sad; **~se sin dinero** to be left penniless; **la pared se ha quedado limpia** the wall is clean now **-3.** [comprar] to take; **me quedo éste** I'll take this one.

◆ **quedarse con** *vpr* **-1.** [retener, guardarse] to keep **-2.** [preferir] to go for, to prefer **-3.** *mfam* [burlarse de]: **~se con alguien** to wind sb up.

quedo, da *adj* quiet, soft.

◆ **quedo** *adv* quietly, softly.

quehacer *(gen pl) m* task; **~es domésticos** housework *(U)*.

queimada *f flamed punch made from lemon juice, sugar and a type of brandy.*

queja *f* **-1.** [lamento] moan, groan **-2.** [protesta] complaint; **presentar una ~** to lodge *o* make a complaint.

quejarse *vpr* **-1.** [lamentar] to groan, to cry out; **~ de algo/alguien** to bemoan sthg/sb **-2.** [protestar] to complain; **~ de** to complain about.

quejica *despec* ◇ *adj* whining, whingeing. ◇ *mf* whinger.

quejido *m* cry, moan.

quejoso, sa *adj*: **~ (de)** annoyed *o* upset (with).

quejumbroso, sa *adj* whining.

quema *f* burning.

quemado, da *adj* **-1.** [gen] burnt; **oler a ~** to smell burning; [por agua hirviendo] scalded; [por electricidad] burnt-out; [fusible] blown **-2.** [por sol] sunburnt **-3.** *loc*: **estar ~** [agotado] to be burnt-out; [harto] to be fed up.

quemador *m* burner.

quemadura *f* [por fuego] burn; **~ en tercer grado** third-degree burning; [por agua hirviendo] scald.

quemar ◇ *vt* **-1.** [gen] to burn; [suj: agua hirviendo] to scald; [suj: electricidad] to blow **-2.** [suj: frío] to wither **-3.** *fig* [malgastar] to go through, to fritter away **-4.** *fig* [desgastar] to burn out **-5.** *fig* [hartar] to make fed up. ◇ *vi* **-1.** [estar caliente] to be (scalding) hot **-2.** *fig* [desgastar]: **la política quema** politics burns you out.

◆ **quemarse** *vpr* **-1.** [por fuego] to burn down; [por agua hirviendo] to get scalded; [por calor] to burn; [por electricidad] to blow **-2.** [por el sol] to get burned **-3.** *fig* [desgastarse] to burn out **-4.** *fig* [hartarse] to get fed up.

quemarropa

◆ **a quemarropa** *loc adv* point-blank.

quemazón *f* burning; [picor] itch.

quepa *etc* ▷ **caber**.

quepis, kepis *m* kepi.

quepo *etc* ▷ **caber**.

queque *m Andes, CAm, Méx* sponge (cake).

queratina *f* keratin.

querella *f* **-1.** *DER* [acusación] charge; **presentar una ~ contra alguien** to bring an action against sb **-2.** [discordia] dispute.

querellante *adj & m,f DER* plaintiff.

querellarse *vpr* to bring an action.

querencia *f* homing instinct..

querer [67] ◇ *vt* **-1.** [gen] to want; **quiero una bicicleta** I want a bicycle; **¿quieren ustedes algo más?** would you like anything else?; **~ que alguien haga algo** to want sb to do sthg; **quiero que lo hagas tú** I want you to do it; **~ que pase algo** to want sthg to happen; **queremos que las cosas te vayan bien** we want things to go well for you; **quisiera hacerlo, pero ...** I'd like to do it, but ... **-2.** [amar] to love **-3.** [en preguntas - con amabilidad]: **¿quiere decirle a su amigo que pase?** could you tell your friend to come in, please? **-4.** [pedir - precio]: **~ algo (por)** to want sthg (for); **¿cuánto quieres por el coche?** how much do you want for the car? **-5.** *fig & irón* [dar motivos para]: **tú lo que quieres es que te pegue** you're asking for a smack **-6.** *loc*: **como quien no quiere la cosa** as if it were nothing; **quien bien te quiere te hará llorar** *proverb* you have to be cruel to be kind *proverb.* ◇ *vi* to want; **ven cuando quieras** come whenever you like *o* want; **no me voy porque no quiero** I'm not going because I don't want to; **queriendo** on purpose; **sin ~** accidentally; **~ decir** to mean; **¿qué quieres decir con eso?** what do you mean by that?; **~ es poder** where there's a will there's a way. ◇ *v impers* [haber atisbos]: **parece que quiere llover** it looks like rain. ◇ *m* love.

◆ **quererse** *vpr* to love each other.

querido, da ◇ *adj* dear. ◇ *m,f* lover; [apelativo afectuoso] darling.

quermés, quermese *f* kermiss.

queroseno, keroseno *m* kerosene.

querrá *etc* ▷ **querer**.

querubín *m* cherub.

quesadilla *f CAm, Méx filled fried tortilla.*

quesera ▷ **quesero**.

quesero, ra ◇ *adj* cheese *(antes de sust).* ◇ *m,f* [persona] cheese maker.

◆ **quesera** *f* [recipiente] cheese dish.

queso *m* cheese; **~ gruyère/parmesano/roquefort** Gruyère/Parmesan/Roquefort (cheese); **~ de bola** Dutch cheese; **~ manchego** *hard mild yellow cheese made in La Mancha*; **~ para untar** cheese spread; **~ rallado** grated cheese; **dárselas con ~ a alguien** to fool sb.

quetzal [ket'sal] *m* quetzal.

quevedos *mpl* pince-nez.

quia *interj fam*: **¡~!** huh!, ha!

quibutz [ki'βuθ] (*pl* **quibutzs**), **kibutz** (*pl* **kibutzim**) *m* kibbutz.

quicio *m* jamb; **estar fuera de ~** *fig* to be out of kilter; **sacar de ~ a alguien** *fig* to drive sb mad.

quid (*pl* **quids**) *m* crux; **el ~ de la cuestión** the crux of the matter.

quiebra ◇ *v* ▷ **quebrar**. ◇ *f* **-1.** [ruina] bankruptcy; **ir a la ~** to go bankrupt; [en bolsa] crash; **~ fraudulenta** *DER* fraudulent bankruptcy **-2.** *fig* [pérdida] collapse.

quiebro *m* **-1.** [ademán] swerve **-2.** *MÚS* trill.

quien *pron* **-1.** *(relativo)* [sujeto] who; [complemento] whom; **fue mi hermano ~ me lo explicó** it was my brother who explained it to me; **era Pepe a ~ vi/de ~ no me fiaba** it was Pepe (whom) I saw/didn't trust **-2.** *(indefinido)*: **~es quieran verlo que se acerquen** whoever wants to see it will have to come closer; **hay ~ lo niega** there are those who deny it **-3.** *loc*: **~ más ~ menos** everyone.

quién *pron* **-1.** *(interrogativo)* [sujeto] who; [complemento] who, whom; **¿~ es ese hombre?** who's that man?; **no sé ~ viene** I don't know who is coming; **¿a ~es has invitado?** who *o* whom have you invited?; **¿de ~ es?** whose is it?; **¿~ es?** [en la puerta] who is it?; [al teléfono] who's calling? **-2.** *(exclamativo)*: **¡~ pudiera verlo!** if only I could have seen it!

quienquiera (*pl* **quienesquiera**) *pron* whoever; **~ que venga** whoever comes.

quiera *etc* ▷ **querer**.

quieto, ta *adj* **-1.** [parado] still; **¡estáte ~!** keep still!; **¡~ ahí!** don't move! **-2.** *fig* [tranquilo] quiet.

quietud *f* **-1.** [inmovilidad] stillness **-2.** [tranquilidad] quietness.

quif, kif *m* hashish.

quijada *f* jaw.

quijotada *f* quixotic deed.

quijote *m despec* do-gooder.

quijotesco, ca *adj* quixotic.

quijotismo *m* quixotism.

quilate *m* carat.

quilla *f NÁUT* keel.

quilo *etc* = **kilo**.

quilombo *m CSur mfam* [burdel] whorehouse; [lío, desorden] mess.

quimera *f* fantasy.

quimérico, ca *adj* fanciful, unrealistic.

químico, ca ◇ *adj* chemical. ◇ *m,f* [científico] chemist.

◆ **química** *f* [ciencia] chemistry.

quimioterapia *f* chemotherapy.

quimono, kimono *m* kimono.

quina *f* **-1.** [planta] cinchona **-2.** [bebida] quinine; **ser más malo que la ~** to be truly horrible; **tragar ~** to grin and bear it.

quincalla *f* trinket.

quincallería *f* [quincallas] trinkets *(pl)*.

quince *núm* fifteen; **~ días** a fortnight; *ver también* **seis**.

quinceañero, ra ◇ *adj* teenage. ◇ *m,f* teenager.

quinceavo, va *núm* fifteenth; **la quinceava parte** a fifteenth.

quincena *f* fortnight.

quincenal *adj* fortnightly.

quincho *m RP* [techo] thatched roof; [en jardín, playa] thatched shelter.

quincuagésimo, ma *núm* fiftieth.

quiniela *f* [boleto] pools coupon.

◆ **quinielas** *fpl* [apuestas] (football) pools; **jugar a las ~s** to play the pools.

◆ **quiniela hípica** *f* sweepstake.

quinielista *mf* punter who does the pools.

quinientos, tas *núm* five hundred; *ver también* **seis**.

quinina *f* quinine.

quinqué *m* oil lamp.

quinquenal *adj* five-year *(antes de sust)*.

quinquenio *m* **-1.** [periodo] five-year period **-2.** [paga] *five-yearly increment of salary*.

quinqui *mf fam* delinquent.

quinta ▷ **quinto**.

quintaesencia *f inv* quintessence.

quinteto *m* quintet.

quintillizo, za *adj* & *m,f* quintuplet.

quinto, ta *núm* fifth; **la quinta parte** a fifth.

◆ **quinto** *m* **-1.** [parte] fifth **-2.** *MIL* recruit, conscript.

◆ **quinta** *f* **-1.** [finca] country house **-2.** *MIL* call-up year; **entrar en quintas** to be called up.

quíntuple = **quíntuplo**.

quintuplicar [10] *vt* to increase fivefold.

◆ **quintuplicarse** *vpr* to increase fivefold.

quíntuplo, pla, quíntuple *adj* quintuple.
◆ **quíntuplo** *m* quintuple.
quiosco, kiosco *m* kiosk; [de periódicos] newspaper stand; ~ **de música** bandstand.
quiosquero, ra *m,f* owner of a newspaper stand.
quipus *mpl Andes* quipus, *knotted cords used for record-keeping by the Incas.*
quiquiriquí (*pl* **quiquiriquíes**) *m* cock-a-doodle-do.
quirófano *m* operating theatre.
quiromancia *f* palmistry, chiromancy.
quiromántico, ca ◇ *adj* chiromantic.
◇ *m,f* palmist.
quiromasaje *m* (manual) massage.
quirúrgico, ca *adj* surgical.
quisiera *etc* ▷ **querer**.
quisque *m*: **cada** *o* **todo** ~ every man Jack, everyone.
quisquilloso, sa ◇ *adj* **-1.** [detallista] pernickety **-2.** [susceptible] touchy, over-sensitive. ◇ *m,f* **-1.** [detallista] nit picker **-2.** [susceptible] touchy person.
quiste *m* cyst.
quitaesmalte *m* nail-polish remover.
quitaipón
◆ **de quitaipón** *loc adj* removable; [capucha] detachable.
quitamanchas *m inv* stain remover.
quitanieves *m inv* snow plough.
quitar *vt* **-1.** [gen] to remove; [ropa, zapatos etc] to take off; ~ **le algo a alguien** to take sthg away from sb; **de quita y pon** removable; [capucha] detachable **-2.** [dolor, ansiedad] to take away, to relieve; [sed] to quench **-3.** [tiempo] to take up **-4.** [robar] to take, to steal **-5.** [impedir]: **esto no quita que sea un vago** that doesn't change the fact that he's a layabout **-6.** [exceptuar]: **quitando el queso, me gusta todo** apart from cheese, I'll eat anything **-7.** [desconectar] to switch off.
◆ **quitarse** *vpr* **-1.** [apartarse] to get out of the way **-2.** [ropa] to take off **-3.** [suj: mancha] to come out **-4.** *loc*: ~**se a alguien de encima** *o* **de en medio** to get rid of sb.
quitasol *m* sunshade *UK*, parasol.
quite *m DEP* parry; **estar al** ~ to be on hand to help.
quiteño, ña *adj* of/relating to Quito.
Quito Quito.
quizá, quizás *adv* perhaps; ~ **llueva mañana** it might rain tomorrow; ~ **no lo creas** you may not believe it; ~ **sí** maybe; ~ **no** maybe not.
quórum *m* quorum.

r, R *f* [letra] r, R.
rabadilla *f* **-1.** [de persona] coccyx **-2.** [de res] rump.
rábano *m* radish; **coger el** ~ **por las hojas** to get the wrong end of the stick; **me importa un** ~ I couldn't care less, I don't give a damn.
Rabat Rabat.
rabel *m* rebec.
rabí *m* rabbi.
rabia *f* **-1.** [ira] rage; **me da** ~ it makes me mad; **tenerle** ~ **a alguien** *fig* not to be able to stand sb **-2.** [enfermedad] rabies.
rabiar [8] *vi* **-1.** [sufrir] to writhe in pain; ~ **de** *o* **por** to writhe in **-2.** [enfadarse] to be furious; **estar a** ~ **(con alguien)** to be furious (with sb); **hacer** ~ **a alguien** to make sb furious **-3.** [desear]: ~ **por algo/hacer algo** to be dying for sthg/to do sthg; **me gusta a** ~ I'm crazy about it.
rabieta *f fam* tantrum; **tener una** ~ to throw a tantrum.
rabillo *m* corner; **mirar algo con el** ~ **del ojo** to look at sthg out of the corner of one's eye.
rabino *m* rabbi.
rabiosamente *adv* **-1.** [mucho] terribly **-2.** [con enfado] furiously, in a rage.
rabioso, sa *adj* **-1.** [furioso] furious **-2.** [excesivo] terrible **-3.** [enfermo de rabia] rabid **-4.** [chillón] loud, gaudy.
rabo *m* **-1.** [de animal] tail; ~ **de buey** oxtail; **irse** *o* **salir con el** ~ **entre las piernas** to go off with one's tail between one's legs **-2.** [de hoja, fruto] stem **-3.** *vulg* [pene] prick, cock.
racanear *vi fam* [ser tacaño] to be stingy.
rácano, na *fam* ◇ *adj* [tacaño] mean, stingy.
◇ *m,f* [tacaño] mean devil.

RACE (*abrev de* **Real Automóvil Club de España**) *m Spanish automobile association,* ≃ AA *UK,* ≃ AAA *US.*

racha *f* **-1.** [ráfaga] gust (of wind) **-2.** [época] spell; [serie] string; **buena/mala ~** good/ bad patch; **a ~s** in fits and starts.

racial *adj* racial.

racimo *m* **-1.** [de frutos] bunch **-2.** [de flores] raceme.

raciocinio *m* **-1.** [razón] (power of) reason **-2.** [razonamiento] reasoning *(U).*

ración *f* **-1.** [porción] portion **-2.** [en bar, restaurante] *large portion of a dish served as a snack.*

racional *adj* rational.

racionalidad *f* rationality.

racionalismo *m* rationalism.

racionalización *f* rationalization.

racionalizar [13] *vt* to rationalize.

racionamiento *m* rationing.

racionar *vt* to ration.

racismo *m* racism.

racista *adj & m,f* racist.

radar (*pl* **radares**) *m* radar.

radiación *f* radiation; **~ solar** solar radiation.

radiactividad, radioactividad *f* radioactivity.

radiactivo, va, radioactivo, va *adj* radioactive.

radiado, da *adj* **-1.** [por radio - mensaje] radioed; [- programa etc] radio *(antes de sust)* **-2.** [radial] radiate.

radiador *m* radiator.

radial *adj* **-1.** [gen] radial **-2.** *Amér* [emisión, cadena] radio *(antes de sust).*

radiante *adj* radiant; **lucía un sol ~** it was brilliantly sunny.

radiar [9] *vt* **-1.** [irradiar] to radiate **-2.** *FÍS* to irradiate; *MED* to give X-ray treatment to **-3.** [por radio] to broadcast.

radicación *f* [establecimiento] settling.

radical ◇ *adj & m,f* radical. ◇ *m* **-1.** *GRAM & MAT* root **-2.** *QUÍM* free radical.

radicalismo *m* **-1.** [intransigencia] severity **-2.** *POLÍT* radicalism.

radicalización *f* radicalization.

radicalizar [13] *vt* to harden, to make more radical.

◆ **radicalizarse** *vpr* to become more radical *o* extreme.

radicar [10] *vi*: **~ en** [suj: problema etc] to lie in; [suj: población] to be (situated) in.

◆ **radicarse** *vpr* [establecerse]: **~se (en)** to settle (in).

radio ◇ *m* **-1.** *ANAT & GEOM* radius; **en un ~ de** within a radius of; **~ de acción** *TECN* range; *fig* sphere of influence **-2.** [de rueda] spoke **-3.** *QUÍM* radium. ◇ *f* radio; **oír algo por la ~** to hear sthg on the radio; **oír algo por ~ macuto** *fam* to hear sthg on the bush telegraph; **~ pirata** pirate radio station.

radioactividad = **radiactividad**.

radioactivo = **radiactivo**.

radioaficionado, da *m,f* radio ham.

radiocasete *m* radio cassette (player).

radiocontrol *m* remote control.

radiodespertador *m* clock radio.

radiodifusión *f* broadcasting.

radioemisor, ra *adj* radio broadcasting.

◆ **radioemisora** *f* radio station, radio transmitter.

radioenlace *m* radio link.

radioescucha *m y f inv* listener.

radiofonía *f* radio *(technology).*

radiofónico, ca *adj* radio *(antes de sust).*

radiofrecuencia *f* radio frequency.

radiograbador *m CSur* radio cassette.

radiografía *f* [fotografía] X-ray; **hacerse una ~** to be X-rayed; [ciencia] radiography.

radiografiar [9] *vt* to X-ray.

radiología *f* radiology.

radiólogo, ga *m,f* radiologist.

radionovela *f* radio soap opera.

radiooperador, ra *m,f* radio operator.

radiorreceptor *m* radio (receiver).

radiorreloj *m* clock radio.

radiotaxi *m* taxi (with radio link).

radioteléfono *m* radiotelephone.

radiotelegrafía *f* radiotelegraphy.

radiotelegrafista *mf* wireless operator.

radioterapia *f* radiotherapy.

radiotransmisión *f* broadcasting.

radiotransmisor *m* radio transmitter.

radioyente *mf* listener.

radique *etc* ▷ **radicar**.

RAE *abrev de* **Real Academia Española**.

raer [68] *vt* to scrape (off).

ráfaga *f* [de aire, viento] gust; [de disparos] burst; [de luces] flash.

rafting *m DEP* rafting.

raglán ▷ **manga**.

ragout = **ragú**.

ragtime [rak'taim] *m* ragtime.

ragú, ragout [ra'gu] (*pl* **ragouts**) *m* ragout.

raído, da *adj* threadbare; [por los bordes] frayed.

raiga *etc* ▷ **raer**.

raigambre *f* **-1.** [tradición] tradition **-2.** *BOT* root system.
raigo *etc* ▻ **raer.**
raíl, rail *m* rail.
raíz (*pl* **raíces**) *f* [gen & *MAT*] root; ~ **cuadrada/cúbica** square/cube root; **a ~ de** as a result of, following; **arrancar algo de ~** to root sthg out completely; **cortar algo de ~** to nip sthg in the bud; **echar raíces** to put down roots.
raja *f* **-1.** [porción] slice **-2.** [grieta] crack.
rajá (*pl* **rajaes**) *m* rajah.
rajado, da *adj & m,f fam* chicken.
rajar *vt* **-1.** [partir] to crack; [melón] to slice **-2.** *mfam* [apuñalar] to slash, to cut up.
◆ **rajarse** *vpr* **-1.** [partirse] to crack **-2.** *fam* [echarse atrás] to chicken out.
rajatabla
◆ **a rajatabla** *loc adv* to the letter, strictly.
ralea *f despec* breed, ilk.
ralentí *m* neutral; **al ~** *AUTOM* ticking over; *CIN* in slow motion.
rallado, da *adj* grated.
rallador *m* grater.
ralladura (*gen pl*) *f* grating; **~s de limón** grated lemon rind.
rallar *vt* to grate.
rally ['rali] (*pl* **rallys**) *m* rally.
ralo, la *adj* [pelo, barba] sparse, thin; [dientes] with gaps between them.
RAM (*abrev de* **random access memory**) *f* RAM.
rama *f* branch; **en ~** raw; **andarse por las ~s** *fam* to beat about the bush; **irse por las ~s** *fam* to go off at a tangent.
ramada *f Amér* stall.
ramadán *m* Ramadan.
ramaje *m* branches (*pl*).
ramal *m* [de carretera, ferrocarril] branch.
ramalazo *m* **-1.** *fam* [hecho que delata] giveaway sign; **tener un ~** *fam* to be effeminate **-2.** [ataque] fit.
rambla *f* [avenida] avenue, boulevard.
ramera *f* whore, hooker *US*.
ramificación *f* **-1.** [gen] ramification **-2.** [de carretera, ferrocarril, ciencia] branch.
ramificarse [10] *vpr* **-1.** [bifurcarse] to branch out **-2.** [subdividirse]: **~ (en)** to subdivide (into).
ramillete *m* bunch, bouquet.
ramo *m* **-1.** [de flores] bunch, bouquet **-2.** [rama] branch; **el ~ de la construcción** the building industry.
rampa *f* **-1.** [para subir y bajar] ramp; **~ de lanzamiento** launch pad **-2.** [cuesta] steep incline **-3.** [calambre] cramp (*U*).
rampla *f Amér* trailer.
ramplón, ona *adj* vulgar, coarse.
rana *f* frog; **salir ~** *fam* to turn out sadly, to be a disappointment.
ranchero, ra *m,f* rancher.
◆ **ranchera** *f* **-1.** *MÚS popular Mexican song* **-2.** *AUTOM* estate car **-3.** *Amér* [furgoneta] van.
rancho *m* **-1.** [comida] mess **-2.** [granja] ranch **-3.** [loc]: **hacer ~ aparte** to keep to o.s. **-4.** *CSur, Ven* [choza] shack, shanty; *Ven* [chabola] shanty town.
rancio, cia *adj* **-1.** [pasado] rancid **-2.** [antiguo] ancient **-3.** [añejo - vino] mellow.
ranglán ▻ **manga.**
rango *m* **-1.** [social] standing **-2.** [jerárquico] rank.
raní *f* rani.
ranking ['raŋkin] (*pl* **rankings**) *m* ranking.
ranúnculo *m* buttercup.
ranura *f* groove; [de máquina tragaperras, cabina telefónica] slot.
rapaces ▻ **rapaz.**
rapacidad *f* rapacity, greed.
rapado, da *adj* shaven.
rapapolvo *m fam* ticking-off; **dar** *o* **echar un ~ a alguien** to tick sb off.
rapar *vt* [barba, bigote] to shave off; [cabeza] to shave; [persona] to shave the hair of.
◆ **raparse** *vpr* to shave one's head.
rapaz, za *m,f fam* lad (*f* lass).
◆ **rapaz** *adj* **-1.** [que roba] rapacious, greedy **-2.** *ZOOL* ▻ **ave.**
◆ **rapaces** *fpl ZOOL* birds of prey.
rape *m* monkfish; **cortar el pelo al ~ a alguien** to crop sb's hair.
rapé *m* (*en aposición inv*) snuff.
rapero, ra *m,f* rapper.
rápidamente *adv* quickly.
rapidez *f* speed; **con ~** quickly.
rápido, da *adj* quick, fast; [coche] fast; [beneficio, decisión] quick.
◆ **rápido** ◇ *adv* quickly; **más ~** quicker; **¡ven, ~!** come, quick! ◇ *m* [tren] express train.
◆ **rápidos** *mpl* [de río] rapids.
rapiña *f* **-1.** [robo] robbery with violence **-2.** ▻ **ave.**
raposa *f* vixen.
rappel ['rapel] (*pl* **rappels**) *m DEP* abseiling; **hacer ~** to abseil.
rapsodia *f* rhapsody.
raptar *vt* to abduct, to kidnap.
rapto *m* **-1.** [secuestro] abduction, kidnap-

ping **-2.** [ataque] fit.
raptor, ra *m,f* abductor, kidnapper.
raqueta *f* **-1.** [para jugar - al tenis] racquet; [- al ping pong] bat **-2.** [para la nieve] snowshoe **-3.** [de croupier] rake.
raquídeo, a *adj* ANAT rachideal.
raquis *m* vertebral column.
raquítico, ca *adj* **-1.** MED rachitic **-2.** [insuficiente] miserable.
raquitismo *m* MED rickets *(U)*.
rareza *f* **-1.** [poco común, extraño] rarity **-2.** [poco frecuente] infrequency **-3.** [extravagancia] idiosyncracy, eccentricity.
raro, ra *adj* **-1.** [extraño] strange; **¡qué ~!** how odd *o* strange! **-2.** [excepcional] unusual, rare; [visita] infrequent **-3.** [extravagante] odd, eccentric **-4.** [escaso] rare; **rara vez** rarely.
◆ **rara avis** *mf* oddity.
ras *m*: **a ~ de** level with; **a ~ de tierra** at ground level; **volar a ~ de tierra** to fly low.
rasante ◇ *adj* [vuelo] low-level; [tiro] grazing. ◇ *f* [de carretera] gradient.
rasar *vt* to skim, to graze.
rascacielos *m inv* skyscraper.
rascar [10] ◇ *vt* **-1.** [con uñas, clavo] to scratch **-2.** [con espátula] to scrape (off); [con cepillo] to scrub **-3.** *despec* [instrumento] to scrape away at. ◇ *vi* to be rough.
◆ **rascarse** *vpr* to scratch o.s.
RASD (*abrev de* **República Árabe Saharaui Democrática**) *f Democratic Arab Republic of the Western Sahara.*
rasero *m* strickle; **medir por el mismo ~** to treat alike.
rasgado ▷ **ojo**.
rasgar [16] *vt* to tear; [sobre] to tear open.
◆ **rasgarse** *vpr* to tear.
rasgo *m* **-1.** [característica] trait, characteristic **-2.** [acto elogiable] act **-3.** [trazo] flourish, stroke.
◆ **rasgos** *mpl* **-1.** [del rostro] features **-2.** [letra] handwriting *(U)*.
◆ **a grandes rasgos** *loc adv* in general terms; **explicar algo a grandes ~s** to outline sthg.
rasgón *m* tear.
rasgue *etc* ▷ **rasgar**.
rasguear *vt* to strum.
rasguñar *vt* to scratch.
◆ **rasguñarse** *vpr* to scratch.
rasguño *m* scratch; **sin un ~** without a scratch.
raso, sa *adj* **-1.** [cucharada etc] level **-2.** [cielo] clear **-3.** [a poca altura] low **-4.** MIL: **soldado ~** private.
◆ **raso** *m* **-1.** [tela] satin **-2.** *loc*: **al ~** in the open air.
raspa *f* backbone (of fish).
raspado *m* **-1.** MED scrape **-2.** [de pieles etc] scraping.
raspador *m* scraper.
raspadura *f (gen pl)* scraping; [señal] scratch.
raspar ◇ *vt* **-1.** [rascar] to scrape (off) **-2.** [rasar] to graze, to shave. ◇ *vi* to be rough.
◆ **rasparse** *vpr* to scratch o.s.
rasposo, sa *adj* rough.
rasque *etc* ▷ **rascar**.
rastras
◆ **a rastras** *loc adv*: **llevar algo/a alguien a ~** *lit* & *fig* to drag sthg/sb along.
rastreador, ra *m,f* tracker.
rastrear ◇ *vt* **-1.** [seguir las huellas de] to track **-2.** *fig* [buscar pistas en - suj: persona] to search, to comb; [- suj: reflector, foco] to sweep. ◇ *vi fig* [indagar] to make enquiries.
rastreo *m* [de una zona] searching, combing.
rastrero, ra *adj* despicable.
rastrillar *vt* to rake (over).
rastrillo *m* **-1.** [en jardinería] rake **-2.** [mercado] flea market; [benéfico] jumble sale.
rastro *m* **-1.** [pista] trail; **perder el ~ de alguien** to lose track of sb; **sin dejar ~** without trace; **no hay** *o* **queda ni ~ de él** there's no sign of him **-2.** [vestigio] trace **-3.** [mercado] flea market.
rastrojo *m* stubble.
rasurar *vt* to shave.
◆ **rasurarse** *vpr* to shave.
rata ◇ *adj fam* stingy, mean. ◇ *mf fam* stingy person. ◇ *f* rat; **~ de sacristía** *fam* fanatical churchgoer; **más pobre que una ~** *fam* as poor as a church mouse.
rataplán *m* ratatat.
ratear *vi* to pilfer, to steal.
ratería *f* pilfering, stealing.
ratero, ra *m,f* petty thief.
raticida *m* rat poison.
ratificar [10] *vt* to ratify.
◆ **ratificarse en** *vpr* to stand by, to stick to.
rato *m* while; **estuvimos hablando mucho ~** we were talking for quite a while; **al poco ~ (de)** shortly after; **con esto hay para ~** that should keep us going for a while; **de a ~s** now and again; **dentro de un ~** in a while; **hace un ~** a while ago; **pasar el ~** to kill time, to pass the time; **pasar un mal ~** to have a hard time of it; **~s libres** spare time *(U)*; **a ~s** at times; **a ~s perdidos** at

odd moments; **un ~ (largo)** *fig* really, terribly.

ratón *m* [gen & INFORM] mouse.
◆ **ratón de biblioteca** *m* bookworm.

ratonera *f* **-1.** [para ratas] mousetrap **-2.** *fig* [trampa] trap.

raudal *m* **-1.** [de agua] torrent **-2.** *fig* [montón] abundance; [de lágrimas] flood; [de desgracias] string; **a ~es** in abundance, by the bucket.

raudo, da *adj* fleet, swift.

ravioli *(gen pl) m* ravioli *(U)*.

raya ◇ *v* ▷ **raer**. ◇ *f* **-1.** [línea] line; [en tejido] stripe; **a ~s** striped **-2.** [del pelo] parting; **hacerse la ~** to part one's hair **-3.** [de pantalón] crease **-4.** *fig* [límite] limit; **pasarse de la ~** to overstep the mark; **mantener** *o* **tener a ~ a alguien** to keep sb in line **-5.** [señal - en disco, pintura etc] scratch **-6.** [pez] ray **-7.** [guión] dash.

rayado, da *adj* **-1.** [a rayas - tela] striped; [- papel] ruled **-2.** [estropeado] scratched.
◆ **rayado** *m* **-1.** [rayas] stripes *(pl)* **-2.** [acción] ruling.

rayano, na *adj fig*: **~ en** bordering on.

rayar ◇ *vt* **-1.** [marcar] to scratch **-2.** [trazar rayas] to rule lines on. ◇ *vi* **-1.** [aproximarse]: **~ en algo** to border on sthg; **raya en los cuarenta** he's pushing forty **-2.** [alba] to break.
◆ **rayarse** *vpr* to get scratched.

rayera *etc* ▷ **raer**.

rayo ◇ ▷ **raer**. ◇ *m* **-1.** [de luz] ray; **~ solar** sunbeam **-2.** FÍS beam, ray; **~ láser** laser beam; **~s infrarrojos/ultravioleta/uva** infrared/ultraviolet/UVA rays; **~s X** X-rays; **caer como un ~** *fig* to be a bombshell **-3.** METEOR bolt of lightning; **~s** lightning *(U)*; **¡que te parta un ~!** *fam* go to hell! **-4.** [persona]: **ser un ~** to be like greased lightning; **pasar como un ~** to flash by **-5.** [de rueda] spoke **-6.** [loc]: **saber/oler a rayos** to taste/smell foul.

rayón *m* rayon.

rayuela *f* **-1.** [juego en que se tiran monedas] pitch and toss **-2.** hopscotch.

raza *f* **-1.** [humana] race; **~ humana** human race **-2.** [animal] breed; **de ~** [caballo] thoroughbred; [perro] pedigree **-3.** *Perú fam* [cara] cheek, nerve.

razón *f* **-1.** [gen] reason; **atender a razones** to listen to reason; **con ~ no vino** no wonder he didn't come; **dar la ~ a alguien** to say that sb is right; **en ~ de** *o* **a** in view of; **~ de ser** raison d'être; **hacer entrar en ~ a alguien** to make sb see reason; **perder la ~** to lose one's reason *o* mind; **tener ~ (en hacer algo)** to be right (to do sthg); **no tener ~** to be wrong; **~ de más para hacer algo** all the more reason to do sthg; **y con ~** and quite rightly so **-2.** [información]: **se vende piso: ~ aquí** flat for sale: enquire within; **dar ~ de** to give an account of **-3.** MAT ratio.
◆ **razón de Estado** *f* reasons *(pl)* of state.
◆ **razón social** *f* COM trade name.
◆ **a razón de** *loc adv* at a rate of.

razonable *adj* reasonable.

razonamiento *m* reasoning *(U)*.

razonar ◇ *vt* [argumentar] to reason out. ◇ *vi* [pensar] to reason.

RDA (*abrev de* **República Democrática Alemana**) *f* GDR.

RDSI (*abrev de* **Red Digital de Servicios Integrados**) *f* COMPUT ISDN.

re *m* MÚS D; [en solfeo] re.

reacción *f* reaction; **~ en cadena** chain reaction.

reaccionar *vi* to react; **~ a algo** to react to sthg.

reaccionario, ria *adj & m, f* reactionary.

reacio, cia *adj* stubborn; **~ a algo** resistant to sthg; **ser ~ a** *o* **en hacer algo** to be reluctant to do sthg.

reactivación *f* revival.

reactivar *vt* to revive.

reactivo, va *adj* reactive.
◆ **reactivo** *m* QUÍM reagent.

reactor *m* **-1.** [propulsor] reactor **-2.** [avión] jet (plane).

readaptación *f* readaptation.

readaptar *vt* to readapt.
◆ **readaptarse** *vpr* to readjust.

readmitir *vt* to accept *o* take back.

reafirmar *vt* to confirm; **~ a alguien en algo** to confirm sb in sthg.
◆ **reafirmarse** *vpr* to assert o.s.; **~se en algo** to become confirmed in sthg.

reagrupar *vt* to regroup, to reorganize.

reajustar *vt* **-1.** [corregir] to rearrange **-2.** [ECON - precios, impuestos] to make changes to, to raise; [- plantilla] to cut back; [- sector] to streamline; [- salarios] to cut.

reajuste *m* **-1.** [cambio] readjustment; **~ ministerial** cabinet reshuffle **-2.** [ECON - de precios, impuestos] increase; [- de sector] streamlining; [- de salarios] reduction; **~ de plantilla** redundancies *(pl)*.

real ◇ *adj* **-1.** [verdadero] real **-2.** [de monarquía] royal. ◇ *m desus old Spanish coin worth one quarter of a peseta*; **no valer un ~** to be worthless.

realce <> *v* ▷ **realzar**. <> *m* **-1.** [esplendor] glamour; **dar ~ a algo/alguien** to enhance sthg/sb **-2.** [en pintura] highlight **-3.** [en arquitectura, escultura] relief.

realeza *f* **-1.** [monarcas] royalty **-2.** [magnificencia] magnificence.

realidad *f* **-1.** [mundo real] reality; **~ virtual** *INFORM* virtual reality **-2.** [verdad] truth; **en ~** actually, in fact.

realismo *m* realism.

realista <> *adj* realistic. <> *mf ARTE* realist.

realización *f* **-1.** [ejecución] carrying-out; [de proyecto, medidas] implementation; [de sueños, deseos] fulfilment; **~ de beneficios** profit-taking **-2.** [obra] achievement **-3.** *CIN* production.

realizado, da *adj* **-1.** [hecho] carried out, performed **-2.** [satisfecho] fulfilled.

realizador, ra *m,f CIN & TV* director.

realizar [13] *vt* **-1.** [ejecutar - esfuerzo, viaje, inversión] to make; [- operación, experimento, trabajo] to perform; [- encargo] to carry out; [- plan, reformas] to implement **-2.** [hacer real] to fulfil, to realize **-3.** *CIN* to produce.
◆ **realizarse** *vpr* **-1.** [en un trabajo] to find fulfilment **-2.** [hacerse real - sueño, predicción, deseo] to come true; [- esperanza, ambición] to be fulfilled **-3.** [ejecutarse] to be carried out.

realmente *adv* **-1.** [en verdad] in fact, actually **-2.** [muy] really, very.

realquilado, da <> *adj* sub-let. <> *m, f* sub-tenant.

realquilar *vt* to sublet.

realzar [13] *vt* **-1.** [resaltar] to enhance **-2.** [en pintura] to highlight.

reanimación *f* **-1.** [física, moral] recovery **-2.** *MED* resuscitation.

reanimar *vt* **-1.** [físicamente] to revive **-2.** [moralmente] to cheer up **-3.** *MED* to resuscitate.
◆ **reanimarse** *vpr* to revive.

reanudación *f* resumption; [de amistad] renewal.

reanudar *vt* [conversación, trabajo] to resume; [amistad] to renew.
◆ **reanudarse** *vpr* [conversación, trabajo] to resume; [amistad] to be renewed.

reaparecer [30] *vi* to reappear.

reaparición *f* reappearance.

reapertura *f* reopening.

rearmar *vt* to rearm.

rearme *m* rearmament.

reavivar *vt* to revive.

rebaja *f* **-1.** [acción] reduction **-2.** [descuento] discount; **hacer una ~** to give a discount.
◆ **rebajas** *fpl COM* sales; **'grandes ~s'** 'massive reductions'; **estar de ~s** to have a sale on.

rebajado, da *adj* **-1.** [precio] reduced **-2.** [humillado] humiliated.

rebajar *vt* **-1.** [precio] to reduce; **te rebajo 2 euros** I'll knock 2 euros off for you **-2.** [persona] to humiliate **-3.** [intensidad] to tone down **-4.** [altura] to lower.
◆ **rebajarse** *vpr* [persona] to humble o.s.; **~se a hacer algo** to lower o.s. *o* stoop to do sthg; **~se ante alguien** to humble o.s. before sb.

rebanada *f* slice.

rebanar *vt* [pan] to slice; [dedo etc] to slice off.

rebañar *vt* to scrape clean.

rebaño *m* flock; [de vacas] herd.

rebasar *vt* to exceed, to surpass; [agua] to overflow; *AUTOM* to overtake.

rebatible *adj* refutable.

rebatir *vt* to refute.

rebato *m* alarm; **tocar a ~** to sound the alarm.

rebeca *f* cardigan.

rebelarse *vpr* to rebel; **~ contra alguien/algo** to rebel against sb/sthg.

rebelde <> *adj* **-1.** [sublevado] rebel *(antes de sust)* **-2.** [desobediente] rebellious **-3.** [difícil de dominar - pelo] unmanageable; [- tos] persistent; [- pasiones] unruly **-4.** *DER* defaulting. <> *mf* **-1.** [sublevado, desobediente] rebel **-2.** *DER* defaulter.

rebeldía *f* **-1.** [cualidad] rebelliousness **-2.** [acción] (act of) rebellion **-3.** *DER* default; **declarar a alguien en ~** to declare sb in default.

rebelión *f* rebellion; **~ militar** military uprising.

rebenque *m CSur* riding crop.

reblandecer [30] *vt* to soften.
◆ **reblandecerse** *vpr* to get soft.

rebobinado *m* rewinding.

rebobinar *vt* to rewind.

reboce *etc* ▷ **rebozar**.

reborde *m* edge.

rebosante *adj*: **~ (de)** brimming *o* overflowing (with).

rebosar <> *vt* to overflow with, to brim with. <> *vi* to overflow; **~ de** to be overflowing with; *fig* [persona] to brim with.

rebotar <> *vi*: **~ (en)** to bounce (off), to rebound (off). <> *vt fam* [irritar] to cheese off.

◆ **rebotarse** *vpr fam* [irritarse] to get cheesed off.
rebote *m* **-1.** [bote] bounce, bouncing *(U)* **-2.** DEP rebound; **de ~** on the rebound.
rebozado, da *adj* CULIN coated in batter *o* breadcrumbs.
rebozar [13] *vt* CULIN to coat in batter *o* breadcrumbs.
rebozo *m* **-1.** wrap, muffler **-2.** *Amér* wrap, shawl.
rebrotar *vi* BOT to sprout; [fenómeno] to reappear.
rebuscado, da *adj* recherché, pretentious.
rebuscamiento *m* pretentiousness.
rebuscar [10] *vt* to search (around in).
rebuznar *vi* to bray.
rebuzno *m* bray, braying *(U)*.
recabar *vt* [pedir] to ask for; [conseguir] to obtain.
recadero, ra *m,f* messenger.
recado *m* **-1.** [mensaje] message; **mandar ~ de que ...** to send word that ... **-2.** [encargo] errand; **hacer ~s** to run errands.
recaer [55] *vi* **-1.** [enfermo] to have a relapse **-2.** [ir a parar]: **~ sobre** to fall on **-3.** [reincidir]: **~ en** to relapse into.
recaída *f* relapse.
recaiga *etc* ▷ **recaer**.
recalar *vi* NÁUT to sight land.
recalcar [10] *vt* to stress, to emphasize.
recalcitrante *adj* recalcitrant.
recalentar [19] *vt* **-1.** [volver a calentar] to warm up **-2.** [calentar demasiado] to overheat.
◆ **recalentarse** *vpr* to overheat.
recámara *f* **-1.** [habitación] dressing room **-2.** [de arma de fuego] chamber **-3.** *CAm, Col & Méx* [dormitorio] bedroom.
recamarera *f CAm, Col, Méx* chambermaid.
recambiar [8] *vt* to replace.
recambio *m* spare (part); [para pluma] refill; **de ~** spare.
recapacitar *vi* to reflect, to think; **~ sobre** to think about.
recapitalización *f* recapitalization.
recapitulación *f* recap, recapitulation.
recapitular *vt* to recapitulate, to summarize.
recargable *adj* [batería] rechargeable; [encendedor] refillable.
recargado, da *adj* [estilo etc] over-elaborate, affected.
recargar [16] *vt* **-1.** [volver a cargar - encendedor, recipiente] to refill; [- batería, pila] to recharge; [- fusil, camión] to reload **-2.** [cargar demasiado] to overload **-3.** [adornar en exceso] to overelaborate **-4.** [cantidad]: **~ 20 euros a alguien** to charge sb 20 euros extra **-5.** [poner en exceso]: **~ algo de algo** to put too much of sthg in sthg.
◆ **recargarse** *vpr Méx* [apoyarse] to lean.
recargo *m* extra charge, surcharge.
◆ **recargarse de** *vpr*: **recargarse de responsabilidades** to take on too much responsibility.
recatado, da *adj* [pudoroso] modest, demure.
recatarse *vpr*: **~ de hacer algo** to shy away from doing sthg; **sin ~** openly.
recato *m* **-1.** [pudor] modesty, demureness **-2.** [reserva]: **sin ~** openly, without reserve **-3.** [cautela] prudence, caution.
recaudación *f* **-1.** [acción] collection, collecting; **~ de impuestos** tax collection **-2.** [cantidad] takings *(pl)*; DEP gate; [de un cine] box office takings.
recaudador, ra *m,f*: **~ (de impuestos)** tax collector.
recaudar *vt* to collect.
recaudo
◆ **a buen recaudo** *loc adv* in safe-keeping; **poner a buen ~** to put in a safe place.
recayera *etc* recaer.
rece *etc* ▷ **rezar**.
recelar *vi* to be mistrustful; **~ de** to mistrust.
recelo *m* mistrust, suspicion.
receloso, sa *adj* mistrustful, suspicious.
recensión *f* review, write-up.
recepción *f* **-1.** [gen] reception **-2.** [de carta, paquete] receipt.
recepcionista *mf* receptionist.
receptáculo *m* receptacle.
receptividad *f* receptiveness.
receptivo, va *adj* receptive.
receptor, ra ◇ *adj* receiving. ◇ *m,f* [persona] recipient; **~ de órgano** organ recipient.
◆ **receptor** *m* [aparato] receiver.
recesión *f* recession.
recesivo, va *adj* **-1.** ECON recessionary **-2.** BIOL recessive.
receta *f* **-1.** CULIN & *fig* recipe **-2.** MED prescription.
recetar *vt* to prescribe.
recetario *m* **-1.** MED prescription record **-2.** CULIN recipe book.
rechazar [13] *vt* **-1.** [gen & MED] to reject; [oferta] to turn down **-2.** [repeler - a una persona] to push away; [- MIL] to drive back, to repel.

rechazo *m* **-1.** [gen & *MED*] rejection; [hacia una ley, un político] disapproval; ~ **a hacer algo** refusal to do sthg **-2.** [negación] denial.
rechinar *vi* **-1.** [puerta] to creak; [dientes] to grind; [frenos, ruedas] to screech; [metal] to clank **-2.** [dando dentera] to grate.
rechistar *vi* to answer back; **sin** ~ without a word of protest.
rechoncho, cha *adj fam* tubby, chubby.
rechupete
◆ **de rechupete** *loc adv fam* [gen] brilliant, great; [comida] delicious, scrumptious.
recibí *m*: '~' [en documentos] 'received'.
recibidor *m* entrance hall.
recibimiento *m* reception, welcome.
recibir ◇ *vt* **-1.** [gen] to receive; [clase, instrucción] to have **-2.** [dar la bienvenida a] to welcome **-3.** [ir a buscar] to meet. ◇ *vi* [atender visitas] to receive visitors.
◆ **recibirse** *vpr Amér*: ~**se (de)** to graduate, to qualify (as).
recibo *m* receipt; **acusar** ~ **de** to acknowledge receipt of; **no ser de** ~ to be unacceptable.
reciclado, da *adj* recycled.
reciclaje *m* **-1.** [de residuos] recycling **-2.** [de personas] retraining.
reciclar *vt* **-1.** [residuos] to recycle **-2.** [personas] to retrain.
recién *adv* **-1.** recently, newly; **el** ~ **casado** the newly-wed; **los** ~ **llegados** the newcomers; **el** ~ **nacido** the newborn baby **-2.** [hace poco] *Amér* just; ~ **llegó** he has just arrived.
reciente *adj* **-1.** [acontecimiento etc] recent **-2.** [pintura, pan etc] fresh.
recientemente *adv* recently.
recinto *m* [zona cercada] enclosure; [área] place, area; [alrededor de edificios] grounds *(pl)*; ~ **ferial** fairground *(of trade fair)*.
recio, cia *adj* **-1.** [persona] robust **-2.** [voz] gravelly **-3.** [objeto] solid **-4.** [material, tela] tough, strong **-5.** [lluvia, viento, etc] harsh.
recipiente *m* container, receptacle.
reciprocidad *f* reciprocity; **en** ~ **a** in return for.
recíproco, ca *adj* mutual, reciprocal.
recital *m* **-1.** [de música clásica] recital; [de rock] concert **-2.** [de lectura] reading **-3.** *fig* [exhibición] display, exhibition.
recitar *vt* to recite.
reclamación *f* **-1.** [petición] claim, demand **-2.** [queja] complaint; **hacer una** ~ to lodge a complaint.
reclamar ◇ *vt* **-1.** [pedir, exigir] to demand, to ask for **-2.** [necesitar] to demand, to need. ◇ *vi* [protestar]: ~ **(contra)** to protest (against), to complain (about).
reclamo *m* **-1.** [para atraer] inducement **-2.** [para cazar] decoy, lure **-3.** [de ave] call **-4.** *Amér* [queja] complaint; *Amér* [reivindicación] claim.
reclinable *adj* reclining.
reclinar *vt*: ~ **algo (sobre)** to lean sthg (on).
◆ **reclinarse** *vpr* to lean back; ~**se contra algo** to lean against sthg.
reclinatorio *m* prie-dieu, prayer stool.
recluir [51] *vt* to shut *o* lock away, to imprison.
◆ **recluirse** *vpr* to shut o.s. away.
reclusión *f* **-1.** [encarcelamiento] imprisonment **-2.** *fig* [encierro] seclusion.
recluso, sa *m,f* [preso] prisoner.
recluta *m* [obligatorio] conscript; [voluntario] recruit.
reclutamiento *m* **-1.** [de soldados - obligatorio] conscription; [- voluntario] recruitment **-2.** [de trabajadores] recruitment.
reclutar *vt* **-1.** [soldados - obligatoriamente] to conscript; [- voluntariamente] to recruit **-2.** [trabajadores] to recruit.
recobrar *vt* [gen] to recover; [conocimiento] to regain; [tiempo perdido] to make up for.
◆ **recobrarse** *vpr*: ~**se (de)** to recover (from).
recochinearse *vpr fam*: ~ **de alguien** to take the mickey out of sb.
recochineo *m fam* mickey-taking *(U)*.
recodo *m* bend.
recogedor *m* dustpan.
recogemigas *m inv* crumb scoop.
recogepelotas *m,f inv* ball boy (*f* ball girl).
recoger [14] *vt* **-1.** [coger] to pick up **-2.** [ordenar, limpiar - mesa] to clear; [- habitación, cosas] to tidy *o* clear up **-3.** [ir a buscar] to pick up, to fetch **-4.** [albergar] to take in **-5.** [cosechar] to gather, to harvest; [fruta] to pick **-6.** [acortar - prenda] to take up, to shorten.
◆ **recogerse** *vpr* **-1.** [a dormir, meditar] to retire **-2.** [cabello] to put up.
recogido, da *adj* **-1.** [lugar] withdrawn, secluded **-2.** [cabello] tied back.
◆ **recogida** *f* **-1.** [gen] collection **-2.** [cosecha] harvest, gathering; [de fruta] picking.
recogimiento *m* **-1.** [concentración] concentration, absorption **-2.** [retiro] withdrawal, seclusion.
recoja *etc* ▷ **recoger**.
recolección *f* **-1.** [cosecha] harvest, gather-

ing -2. [recogida] collection.

recolectar *vt* -1. [cosechar] to harvest, to gather; [fruta] to pick -2. [reunir] to collect.

recolector, ra *m,f* -1. [gen] collector -2. [de cosecha] harvester; [de fruta] picker.

recoleto, ta *adj* quiet, secluded.

recomendable *adj* recommendable; **no ser ~** not to be a good idea.

recomendación *f (gen pl)* -1. [gen] recommendation -2. [referencia] reference.

recomendado, da ◇ *m,f* protégé (*f* protégée). ◇ *adj Amér* [correspondencia] registered.

recomendar [19] *vt* to recommend; **~ a alguien que haga algo** to recommend that sb do sthg.

recompensa *f* reward; **en ~ por** in return for.

recompensar *vt* -1. [premiar] to reward -2. [compensar]: **~ a alguien algo** to compensate *o* reward sb for sthg.

recomponer [65] *vt* to repair, to mend.

recompuesto, ta *pp* ▻ **recomponer**.

reconcentrar *vt* -1. [reunir] to bring together -2. [concentrar]: **~ algo en** to centre *o* concentrate sthg on -3. [hacer denso] to thicken.

◆ **reconcentrarse** *vpr*: **~se (en)** to concentrate (on), to be absorbed (in).

reconciliación *f* reconciliation.

reconciliar [8] *vt* to reconcile.

◆ **reconciliarse** *vpr* to be reconciled.

reconcomerse *vpr*: **~ (de)** to be consumed (with *o* by).

reconcomio *m* grudge, resentment *(U)*.

recóndito, ta *adj* hidden, secret; **en lo más ~ de mi corazón** in the depths of my heart.

reconducir [33] *vt* to redirect.

reconfortante *adj* -1. [anímicamente] comforting -2. [físicamente] revitalizing.

reconfortar *vt* -1. [anímicamente] to comfort -2. [físicamente] to revitalize.

reconocer [31] *vt* -1. [gen] to recognize -2. MED to examine -3. [terreno] to survey.

◆ **reconocerse** *vpr* -1. [identificarse] to recognize each other -2. [confesarse]: **~se culpable** to admit one's guilt.

reconocido, da *adj* -1. [admitido] recognized, acknowledged -2. [agradecido] grateful; **quedo muy ~** I am very much obliged to you.

reconocimiento *m* -1. [gen] recognition; **en ~ por** in recognition for; **~ del habla** INFORM & LING speech recognition -2. [agradecimiento] gratitude -3. MED examination -4. MIL reconnaissance.

reconquista *f* reconquest, recapture.

◆ **Reconquista** *f*: **la Reconquista** HIST *the Reconquest of Spain, when the Christian Kings retook the country from the Muslims.*

reconquistar *vt* to recapture, to reconquer; *fig* to regain, to win back.

reconsiderar *vt* to reconsider.

reconstituir [51] *vt* -1. [rehacer] to reconstitute -2. [reproducir] to reconstruct.

◆ **reconstituirse** *vpr* [rehacerse - país] to rebuild.

reconstituyente FARM ◇ *adj* tonic *(antes de sust)*. ◇ *m* tonic.

reconstrucción *f* -1. [de edificios, país etc] rebuilding -2. [de sucesos] reconstruction.

reconstruir [51] *vt* -1. [edificio, país etc] to rebuild -2. [suceso] to reconstruct.

reconvención *f* reprimand, reproach.

reconvenir [75] *vt* to reprimand, to reproach.

reconversión *f* restructuring; **~ industrial** rationalization of industry.

reconvertir [27] *vt* [gen] to restructure; [industria] to rationalize.

recopilación *f* -1. [acción] collecting, gathering -2. [texto - de poemas, artículos] compilation, collection; [- de leyes] code.

recopilar *vt* -1. [recoger] to collect, to gather -2. [escritos, leyes] to compile.

récord (*pl* **récords**) ◇ *m* record; **batir un ~** to break a record; **establecer un ~** to set a new record; **tener el ~** to hold the record. ◇ *adj inv* record.

recordar [23] ◇ *vt* -1. [acordarse de] to remember; **~ a alguien algo/que haga algo** to remind sb sthg/to do sthg -2. [traer a la memoria] to remind; **me recuerda a un amigo mío** he reminds me of a friend of mine. ◇ *vi* to remember; **si mal no recuerdo** as far as I can remember.

recordatorio *m* -1. [aviso] reminder -2. [estampa] *card given to commemorate sb's first communion, a death etc.*

recordman [re'korðman] (*pl* **recordmen** *o* **recordmans**) *m* record holder.

recorrer *vt* -1. [atravesar - lugar, país] to travel through *o* across, to cross; [- ciudad] to go round -2. [distancia] to cover -3. *fig* [con la mirada] to look over.

recorrida *f Amér* [ruta, itinerario] route; [viaje] journey.

recorrido *m* -1. [trayecto] route, path -2.

[viaje] journey.

recortable *m* cutout.

recortado, da *adj* **-1.** [cortado] cut **-2.** [borde] jagged.

recortar *vt* **-1.** [cortar - lo que sobra] to cut off *o* away; [- figuras de un papel] to cut out **-2.** [pelo, flequillo] to trim **-3.** *fig* [reducir] to cut.
◆ **recortarse** *vpr* [figura etc] to stand out, to be outlined; **~se sobre algo** to stand out against sthg.

recorte *m* **-1.** [pieza cortada] cut, trimming; [de periódico, revista] cutting, clipping **-2.** [reducción] cut, cutback; **~s presupuestarios** budget cuts **-3.** [cartulina] cutout.

recostar [23] *vt* to lean (back).
◆ **recostarse** *vpr* to lie down.

recoveco *m* **-1.** [rincón] nook, hidden corner **-2.** [curva] bend **-3.** *fig* [complicación]: **sin ~s** uncomplicated **-4.** *fig* [lo más oculto]: **los ~s del alma** the innermost recesses of the mind.

recreación *f* re-creation.

recrear *vt* **-1.** [volver a crear] to recreate **-2.** [entretener] to amuse, to entertain.
◆ **recrearse** *vpr* **-1.** [entretenerse] to amuse o.s., to entertain o.s. **-2.** [regodearse] to take delight *o* pleasure.

recreativo, va *adj* recreational.

recreo *m* **-1.** [entretenimiento] recreation, amusement **-2.** [*EDUC* - en primaria] playtime *UK*, recess *US*; [- en secundaria] break *UK*, recess *US*.

recriminar *vt* to reproach.

recrudecerse [30] *vpr* to get worse.

recrudecimiento *m* worsening, accentuation; [de criminalidad etc] upsurge.

recta ▷ **recto**.

rectal *adj* rectal.

rectangular *adj* [de forma] rectangular.

rectángulo *m* rectangle.

rectificación *f* rectification; [en periódico] correction.

rectificar [10] *vt* **-1.** [error] to rectify, to correct **-2.** [conducta, actitud etc] to improve **-3.** [ajustar] to put right.

rectilíneo, a *adj* rectilinear.

rectitud *f* straightness; *fig* rectitude, uprightness.

recto, ta *adj* **-1.** [sin curvas, vertical] straight **-2.** *fig* [íntegro] upright, honourable **-3.** *fig* [literal] literal, true.
◆ **recto** ◇ *m ANAT* rectum. ◇ *adv* straight on *o* ahead.
◆ **recta** *f* straight line; **la recta final** *lit* & *fig* the home straight.

rector, ra ◇ *adj* governing, guiding. ◇ *m,f* **-1.** [de universidad] vice-chancellor *UK*, president *US* **-2.** [dirigente] leader, head.
◆ **rector** *m RELIG* rector.

rectorado *m* **-1.** [cargo] vice-chancellorship *UK*, presidency *US* **-2.** [lugar] vice-chancellor's office, rector's office.

rectoría *f* **-1.** [cargo] rectorate, rectorship **-2.** [casa] rectory.

recuadro *m* box.

recubierto, ta *pp* ▷ **recubrir**.

recubrimiento *m* covering, coating.

recubrir *vt* [gen] to cover; [con pintura, barniz] to coat.

recuento *m* recount.

recuerda *etc* ▷ **recordar**.

recuerdo *m* **-1.** [rememoración] memory; **traer ~s a alguien de algo** to bring back memories of sthg to sb **-2.** [objeto - de viaje] souvenir; [- de persona] keepsake; **de ~** as a souvenir.
◆ **recuerdos** *mpl* [saludos] regards; **dar ~s a alguien (de parte de alguien)** to give one's regards to sb (on sb's behalf); **dale ~s de mi parte** give her my regards.

recuesta *etc* ▷ **recostar**.

recular *vi* **-1.** [retroceder] to go *o* move back **-2.** *fig* [ceder] to back down.

recuperable *adj* [gen] recoverable; [fiestas, horas de trabajo] that can be made up later.

recuperación *f* **-1.** [de lo perdido, la salud, la economía] recovery; **~ de datos** *INFORM* data recovery **-2.** [fisioterapia] physiotherapy **-3.** *EDUC* ▷ **clase**.

recuperar *vt* [lo perdido] to recover; [horas de trabajo] to catch up; [conocimiento] to regain.
◆ **recuperarse** *vpr* **-1.** [enfermo] to recuperate, to recover **-2.** [de una crisis] to recover; [negocio] to pick up; **~se de algo** to get over sthg.

recurrente ◇ *adj* **-1.** *DER* appellant **-2.** [repetido] recurrent. ◇ *mf DER* appellant.

recurrir *vi* **-1.** [buscar ayuda]: **~ a alguien** to turn to sb; **~ a algo** to resort to sthg **-2.** *DER* to appeal; **~ contra algo** to appeal against sthg.

recurso *m* **-1.** [medio] resort; **como último ~** as a last resort **-2.** *DER* appeal; **~ de alzada** appeal (against an official decision); **~ de apelación** appeal; **~ de casación** High Court appeal.
◆ **recursos** *mpl* [fondos] resources; **es una mujer llena de ~s** she's a resourceful woman; [financieros] means; **sin ~s** with no means of support; **~s propios** *ECON* equities.

recusar *vt* **-1.** DER to challenge **-2.** [rechazar] to reject, to refuse.
red *f* **-1.** [malla] net; [para cabello] hairnet **-2.** [sistema] network, system; [de electricidad, agua] mains *(sg)*; ~ **viaria** road network *o* system **-3.** [organización - de espionaje] ring; [- de tiendas] chain **-4.** INFORM network; ~ **local/neuronal** local (area)/neural network **-5.** *loc*: **caer en las ~es de alguien** to fall into sb's trap.
◆ **Red** *f*: **la Red** the Net; **navegar por la ~** to surf the Net.
redacción *f* **-1.** [acción - gen] writing; [- de periódico etc] editing **-2.** [estilo] wording **-3.** [equipo de redactores] editorial team *o* staff **-4.** [oficina] editorial office **-5.** EDUC essay, composition.
redactar *vt* to write (up); [carta] to draft.
redactor, ra *m,f* [PRENS - escritor] writer; [- editor] editor; ~ **jefe** editor-in-chief.
redada *f* [de policía - en un solo lugar] raid; [- en varios lugares] round-up.
redecilla *f* [de pelo] hairnet.
redención *f* redemption.
redentor, ra *m,f* [persona] redeemer.
◆ **Redentor** *m*: **el Redentor** RELIG the Redeemer.
redicho, cha *adj fam* affected, pretentious.
redil *m* fold, pen.
redimir *vt* **-1.** [gen] to redeem **-2.** [librar] to free, to exempt.
◆ **redimirse** *vpr* to redeem o.s.
redireccionar *vt* INFORM to redirect.
redistribuir [51] *vt* to redistribute.
rédito *m* interest *(U)*, yield *(U)*.
redoblar ◇ *vt* to redouble. ◇ *vi* to roll.
redoble *m* roll, drumroll.
redomado, da *adj* out-and-out.
redonda ▷ **redondo**.
redondeado, da *adj* rounded.
redondear *vt* **-1.** [hacer redondo] to round, to make round **-2.** [negocio, acuerdo] to round off **-3.** [cifra, precio] to round up/down.
redondel *m* **-1.** [gen] circle, ring **-2.** TAUROM bullring.
redondo, da *adj* **-1.** [circular, esférico] round; **a la redonda** around; **caerse** ~ *fig* to collapse in a heap; **girar en** ~ to turn around **-2.** [perfecto] excellent **-3.** [rotundo] categorical; **negar en** ~ to flatly refuse **-4.** [cantidad] round; **mil euros redondo ~s** a round thousand euros.
◆ **redondo** *m* CULIN topside.
◆ **redonda** *f* [letra] roman type *o* print.
reducción *f* **-1.** [gen] reduction; ~ **de gastos** reduction in costs **-2.** [sometimiento] suppression.
reducido, da *adj* **-1.** [pequeño] small **-2.** [limitado] limited **-3.** [estrecho] narrow.
reducir [33] ◇ *vt* **-1.** [gen] to reduce; ~ **algo a algo** to reduce sthg to sthg **-2.** [someter - país, ciudad] to suppress, to subdue; [- sublevados, atracadores] to bring under control **-3.** MAT [convertir] to convert **-4.** MED to set. ◇ *vi* AUTOM to change down.
◆ **reducirse a** *vpr* **-1.** [limitarse a] to be reduced to **-2.** [equivaler a] to boil *o* come down to.
reducto *m* **-1.** [fortificación] redoubt **-2.** *fig* [refugio] stronghold, bastion.
redujera *etc* ▷ **reducir**.
redundancia *f* redundancy; **y valga la** ~ if you'll excuse the repetition.
redundante *adj* redundant, superfluous.
redundar *vi*: ~ **en algo** to have an effect on sthg; **redunda en beneficio nuestro** it is to our advantage.
reduplicar [10] *vt* to redouble.
reduzca *etc* ▷ **reducir**.
reedición *f* new edition; [reimpresión] reprint.
reeditar *vt* to bring out a new edition of; [reimprimir] to reprint.
reelección *f* re-election.
reelegir [42] *vt* to re-elect.
reembolsable *adj* [gastos] reimbursable; [fianza, dinero] refundable; [deuda] repayable.
reembolsar, rembolsar *vt* [gastos] to reimburse; [fianza, dinero] to refund; [deuda] to repay.
reembolso, rembolso *m* [de gastos] reimbursement; [de fianza, dinero] refund; [de deuda] repayment; **contra** ~ cash on delivery.
reemplazar [13], **remplazar** *vt* [gen & INFORM] to replace; ~ **algo/alguien por algo/alguien** to replace sthg/sb with sthg/sb.
reemplazo, remplazo *m* **-1.** [gen & INFORM] replacement **-2.** MIL call-up, draft.
reemprender *vt* to start again.
reencarnación *f* reincarnation.
reencarnar *vt* to reincarnate.
◆ **reencarnarse en** *vpr* to be reincarnated as.
reencontrar [23] *vt* to find again.
◆ **reencontrarse** *vpr* [varias personas] to meet again.
reencuentro *m* reunion.
reengancharse *vpr* MIL to re-enlist.
reestrenar *vt* CIN to re-run; TEATR to revive.

reestreno *m CIN* re-run; *TEATR* revival.
reestructuración *f* restructuring.
reestructurar *vt* to restructure.
reexpedir [26] *vt* to forward, to send on.
refacción *f* ***Andes, CAm, RP, Ven*** repair; ***Méx*** [recambio] spare part.
refaccionar *vt* ***Andes, CAm, Ven*** to repair.
refaccionaria *f* ***Amér*** repair workshop.
refectorio *m* refectory.
referencia *f* reference; **con ~ a** with reference to; **hacer ~ a** to make reference to, to refer to.
◆ **referencias** *fpl* [informes] references; **tener buenas ~s** to have good references.
referéndum (*pl* **referéndums**) *m* referendum; **convocar un ~** to call a referendum.
referente *adj*: **~ a** concerning, relating to; **en lo ~ a** regarding.
referir [27] *vt* **-1.** [narrar] to tell, to recount **-2.** [remitir]: **~ a alguien a** to refer sb to **-3.** [relacionar]: **~ algo a** to relate sthg to.
◆ **referirse a** *vpr* to refer to; **¿a qué te refieres?** what do you mean?; **por lo que se refiere a ...** as far as ... is concerned.
refilón
◆ **de refilón** *loc adv* **-1.** [de lado] sideways; **mirar algo de ~** to look at sthg out of the corner of one's eye **-2.** *fig* [de pasada] briefly.
refinado, da *adj* refined.
◆ **refinado** *m* refining.
refinamiento *m* refinement.
refinanciar [8] *vt* to refinance.
refinar *vt* to refine.
refinería *f* refinery.
refiriera *etc* ⊳ **referir**.
reflector *m* **-1.** *ELECTR* spotlight; *MIL* searchlight **-2.** [telescopio] reflector.
reflejar *vt lit* & *fig* to reflect.
◆ **reflejarse** *vpr lit* & *fig*: **~se (en)** to be reflected (in).
reflejo, ja *adj* **-1.** [onda, rayo] reflected **-2.** [movimiento, dolor] reflex *(antes de sust).*
◆ **reflejo** *m* **-1.** [gen] reflection **-2.** [destello] glint, gleam **-3.** *ANAT* reflex; **~ condicional** *o* **condicionado** conditioned reflex *o* response.
◆ **reflejos** *mpl* [de peluquería] highlights; **hacerse ~s** to have highlights put in one's hair.
réflex ◇ *adj inv* reflex. ◇ *f inv FOT* [cámara] reflex camera.
reflexión *f* reflection; **con ~** on reflection; **sin previa ~** without thinking.
reflexionar *vi* to reflect, to think; **~ sobre algo** to think about sthg.
reflexivo, va *adj* **-1.** [que piensa] reflective, thoughtful **-2.** *GRAM* reflexive.
refluir [51] *vi* to flow back *o* out.
reflujo *m* ebb (tide).
reforma *f* **-1.** [modificación] reform; **~ agraria** agrarian reform **-2.** [en local, casa etc] alterations *(pl)*; **hacer ~s** to renovate.
◆ **Reforma** *f*: **la Reforma** *RELIG* the Reformation.
reformar *vt* **-1.** [gen & *RELIG*] to reform **-2.** [local, casa etc] to renovate, to do up.
◆ **reformarse** *vpr* to mend one's ways.
reformatorio *m* ≃ youth custody centre ***UK***, ≃ borstal ***UK*** reformatory ***US***; [de menores de 15 años] ≃ remand home.
reformismo *m* reformism.
reformista *adj* & *m,f* reformist.
reformular *vt* to reformulate, to put another way.
reforzado, da *adj* reinforced.
reforzar [37] *vt* to reinforce.
refracción *f* refraction.
refractar *vt* to refract.
refractario, ria *adj* **-1.** [material] refractory, heat-resistant **-2.** [opuesto]: **~ a** averse to **-3.** [inmune]: **~ a** immune to.
refrán *m* proverb, saying.
refranero *m* collection of proverbs *o* sayings.
refregar [35] *vt* **-1.** [frotar] to scrub **-2.** *fig* [reprochar]: **~ algo a alguien** to reproach sb for sthg.
refrenar *vt* to curb, to restrain.
◆ **refrenarse** *vpr* to hold back, to restrain o.s.
refrendar *vt* **-1.** [aprobar] to approve **-2.** [legalizar] to endorse, to countersign.
refrescante *adj* refreshing.
refrescar [10] ◇ *vt* **-1.** [gen] to refresh; [bebidas] to chill **-2.** *fig* [conocimientos] to brush up. ◇ *vi* **-1.** [tiempo] to cool down **-2.** [bebida] to be refreshing.
◆ **refrescarse** *vpr* **-1.** [tomar aire fresco] to get a breath of fresh air **-2.** [beber algo] to have a drink **-3.** [mojarse con agua fría] to splash o.s. down.
refresco *m* **-1.** [bebida] soft drink; **~s** refreshments **-2.** [relevo]: **de ~** new, fresh.
refría *etc* ⊳ **refreír**.
refriega ◇ *v* ⊳ **refregar**. ◇ *f* scuffle; *MIL* fracas, skirmish.
refriera *etc* ⊳ **refreír**.
refrigeración *f* **-1.** [aire acondicionado] air-conditioning **-2.** [de alimentos] refrigeration

-3. [de máquinas] cooling.

refrigerado, da *adj* [gen] cooled; [local] air-conditioned; [alimentos] refrigerated.

refrigerador, ra *adj* cooling.

◆ **refrigerador** *m* **-1.** [de alimentos] refrigerator, fridge ***UK***, icebox ***US*** **-2.** [de máquinas] cooling system.

refrigerante *adj* [gen] cooling; [para alimentos] refrigerating.

◆ **refrigerante** *m* coolant.

refrigerar *vt* **-1.** [alimentos] to refrigerate **-2.** [local] to air-condition **-3.** [máquina] to cool.

refrigerio *m* snack.

refrito, ta ◇ *pp* ▷ **refreír.** ◇ *adj* [demasiado frito] over-fried; [frito de nuevo] re-fried.

◆ **refrito** *m* **-1.** *CULIN sauce made from fried tomato and onion* **-2.** ***fig*** [cosa rehecha] rehash.

refucilo, refusilo *m* ***RP*** flash of lightning.

refuerce *etc* ▷ **reforzar.**

refuerzo *m* reinforcement, strengthening *(U).*

◆ **refuerzos** *mpl MIL* reinforcements.

refugiado, da ◇ *adj* refugee *(antes de sust).* ◇ *m,f* refugee.

refugiar [8] *vt* to give refuge to.

◆ **refugiarse** *vpr* to take refuge; **~se de algo** to shelter from sthg.

refugio *m* **-1.** [lugar] shelter, refuge; **~ antiaéreo** air-raid shelter; **~ atómico** nuclear bunker; **~ subterráneo** bunker, underground shelter **-2.** ***fig*** [amparo, consuelo] refuge, comfort **-3.** *AUTOM* traffic island.

refulgencia *f* brilliance.

refulgente *adj* brilliant.

refulgir [15] *vi* to shine brightly.

refundir *vt* **-1.** [material] to re-cast **-2.** *LITER* to adapt **-3.** ***fig*** [unir] to bring together.

refunfuñar *vi* to grumble.

refunfuñón, ona ◇ *adj* grumpy. ◇ *m,f* grumbler.

refusilo = **refucilo.**

refutación *f* refutation.

refutar *vt* to refute.

regadera *f* **-1.** [para regar] watering can; **estar como una ~** ***fig*** to be as mad as a hatter **-2.** ***Col, Méx, Ven*** [ducha] shower.

regadío *m* irrigated land; **de ~** irrigated, irrigable.

regalado, da *adj* **-1.** [muy barato] dirt cheap; **te lo doy ~** I'm giving it away to you **-2.** [agradable] comfortable, easy.

regalar *vt* **-1.** [dar - de regalo] to give (as a present); [- gratis] to give away **-2.** [agasajar]: **~ a alguien con algo** to shower sb with sthg.

◆ **regalarse con** *vpr* to treat o.s. to.

regalía *f* royal prerogative.

regaliz *m* liquorice.

regalo *m* **-1.** [obsequio] present, gift; **un ~ del cielo** a godsend **-2.** [placer] joy, delight.

regalón, ona *adj* ***RP*** & *Chile* ***fam*** spoilt.

regalonear *vt* ***RP*** & *Chile* ***fam*** to spoil.

regañadientes

◆ **a regañadientes** *loc adv* ***fam*** unwillingly, reluctantly.

regañar ◇ *vt* [reprender] to tell off. ◇ *vi* [pelearse] to fall out, to argue.

regañina *f* **-1.** [reprimenda] ticking off **-2.** [enfado] argument, row.

regaño *m* telling off.

regar [35] *vt* **-1.** [con agua - planta] to water; [- calle] to hose down **-2.** [suj: río] to flow through **-3.** ***fig*** [desparramar] to sprinkle, to scatter.

regata *f* **-1.** *NÁUT* regatta, boat race **-2.** [reguera] irrigation channel.

regate *m* **-1.** *DEP* swerve, sidestep **-2.** ***fig*** [evasiva] dodge.

regatear ◇ *vt* **-1.** [escatimar] to be sparing with; **no ha regateado esfuerzos** he has spared no effort **-2.** *DEP* to beat, to dribble past **-3.** [precio] to haggle over. ◇ *vi* **-1.** [negociar el precio] to barter, to haggle **-2.** *NÁUT* to race.

regateo *m* bartering, haggling.

regazo *m* lap.

regencia *f* **-1.** [reinado] regency **-2.** [administración] running, management.

regeneración *f* regeneration; [moral] reform.

regeneracionismo *m* political reform movement.

regenerar *vt* to regenerate; [moralmente] to reform.

regenta *f* wife of the regent.

regentar *vt* [país] to run, to govern; [negocio] to run, to manage; [puesto] to hold.

regente ◇ *adj* regent. ◇ *mf* **-1.** [de un país] regent **-2.** [administrador - de tienda] manager; [- de colegio] governor **-3.** ***Méx*** [alcalde] mayor (*f* mayoress).

reggae ['ripəʒ8i] *m* reggae.

regicida *mf* regicide.

regicidio *m* regicide.

regidor, ra *m,f* **-1.** [concejal] councillor **-2.** *TEATR* stage manager; *CIN* & *TV* assistant director.

régimen (*pl* **regímenes**) *m* **-1.** [sistema politico] regime; **Antiguo** ~ ancien régime; ~ **parlamentario** parliamentary system **-2.** [normativa] rules *(pl)* **-3.** [dieta] diet; **estar/ponerse a** ~ to be/go on a diet **-4.** [de vida, lluvias etc] pattern, usual routine; ~ **de vida** lifestyle **-5.** *LING* government.

regimiento *m MIL & fig* regiment.

regio, gia *adj* **-1.** *lit & fig* royal **-2.** *Amér fig fam* fantastic.

región *f* region; *MIL* district.

regional *adj* regional.

regionalismo *m* regionalism.

regir [42] ◇ *vt* **-1.** [reinar en] to rule, to govern **-2.** [administrar] to run, to manage **-3.** *LING* to govern **-4.** *fig* [determinar] to govern, to determine. ◇ *vi* **-1.** [ley] to be in force, to apply **-2.** *fig* [persona] to be of sound mind.

◆ **regirse por** *vpr* to trust in, to be guided by.

registrado, da *adj* **-1.** [grabado] recorded **-2.** [patentado] registered **-3.** *Amér* [correspondencia] registered.

registradora *f Amér* cash register.

registrar ◇ *vt* **-1.** [inspeccionar - zona, piso] to search; [- persona] to frisk **-2.** [nacimiento, temperatura etc] to register, to record. ◇ *vi* to search.

◆ **registrarse** *vpr* **-1.** [suceder] to occur, to happen **-2.** [observarse] to be recorded.

registro *m* **-1.** [oficina] registry (office); ~ **civil** registry (office); ~ **de la propiedad** land registry office; ~ **mercantil** *o* **de comercio** business registry office **-2.** [libro] register **-3.** [inspección] search, searching *(U)* **-4.** *INFORM* record **-5.** *LING & MÚS* register.

regla *f* **-1.** [para medir] ruler, rule; ~ **de cálculo** slide rule **-2.** [norma] rule; **en** ~ in order; **por** ~ **general** as a rule, generally; **salirse de la** ~ to overstep the mark *o* line **-3.** *MAT* operation; ~ **de tres** rule of three **-4.** *fam* [menstruación] period; **tener la** ~ to have one's period **-5.** [modelo] example, model.

reglamentación *f* [acción] regulation; [reglas] rules *(pl)*, regulations *(pl)*.

reglamentar *vt* to regulate.

reglamentario, ria *adj* lawful; [arma, balón] within the rules, regulation *(antes de sust)*; *DER* statutory.

reglamento *m* regulations *(pl)*, rules *(pl)*; ~ **de tráfico** traffic regulations *(pl)*.

regocijar

◆ **regocijarse** *vpr*: ~**se (de** *o* **con)** to rejoice (in).

regocijo *m* joy, delight.

regodearse *vpr*: ~ **(con)** to take pleasure *o* delight (in).

regodeo *m* delight, pleasure; [malicioso] (cruel) delight *o* pleasure.

regordete *adj* chubby, tubby.

regresar ◇ *vi* [yendo] to go back, to return; [viniendo] to come back, to return. ◇ *vt Andes, CAm, Carib, Méx* [devolver] to give back.

◆ **regresarse** *vpr Andes, CAm, Carib, Méx* [yendo] to go back; [viniendo] to come back, to return.

regresión *f* **-1.** [de epidemia] regression **-2.** [de exportaciones] drop, decline.

regresivo, va *adj* regressive.

regreso *m* return; **estar de** ~ to be back.

regué *etc* ▻ **regar**.

reguero *m* [de sangre, agua] trickle; [de harina etc] dribble, trail; **correr como un** ~ **de pólvora** to spread like wildfire.

regulación *f* [gen] regulation; [de nacimientos, tráfico] control; [de mecanismo] adjustment; ~ **de empleo** streamlining, redundancies *(pl)*.

regulador, ra *adj* regulating, regulatory.

regular ◇ *adj* **-1.** [gen] regular; [de tamaño] medium; **de un modo** ~ regularly **-2.** [mediocre] average, fair **-3.** [normal] normal, usual. ◇ *m MIL* regular. ◇ *adv* all right; [de salud] so-so. ◇ *vt* [gen] to control, to regulate; [mecanismo] to adjust.

◆ **por lo regular** *loc adv* as a rule, generally.

regularidad *f* regularity; **con** ~ regularly.

regularización *f* regularization.

regularizar [13] *vt* **-1.** [volver a la normalidad] to get back to normal **-2.** [legalizar] to regularize.

◆ **regularizarse** *vpr* **-1.** [volver a la normalidad] to return to normal **-2.** [legalizarse] to become legitimate.

regurgitar *vt & vi* to regurgitate.

regusto *m* aftertaste; [semejanza, aire] flavour, hint.

rehabilitación *f* **-1.** [de personas] rehabilitation; [en un puesto] reinstatement **-2.** [de local] restoration.

rehabilitar *vt* **-1.** [personas] to rehabilitate; [en un puesto] to reinstate **-2.** [local] to restore.

rehacer [60] *vt* **-1.** [volver a hacer] to redo, to do again **-2.** [reconstruir] to rebuild.

◆ **rehacerse** *vpr* [recuperarse] to recuperate, to recover.

rehecho, cha *pp* ▻ **rehacer**.

rehén (*pl* **rehenes**) *m* hostage; **tomar como ~** to take hostage.

rehíce *etc* ▷ **rehacer**.

rehiciera *etc* ▷ **rehacer**.

rehogar [16] *vt* to fry over a low heat.

rehuir [51] *vt* to avoid.

rehusar *vt & vi* to refuse.

rehuya *etc* ▷ **rehuir**.

rehuyera *etc* ▷ **rehuir**.

Reikiavik Reykjavik.

reimplantar *vt* **-1.** [reintroducir] to reintroduce **-2.** *MED* to implant again.

reimpresión *f* [tirada] reprint; [acción] reprinting.

reimprimir *vt* to reprint.

reina *f* **-1.** [monarca] queen; **~ de belleza** beauty queen; **~ madre** queen mother **-2.** ▷ **abeja**.

reinado *m lit & fig* reign.

reinante *adj* **-1.** [monarquía, persona] reigning, ruling **-2.** [viento] prevailing; [frío, calor] current.

reinar *vi lit & fig* to reign.

reincidencia *f* relapse; [en un delito] recidivism.

reincidente *adj & m,f* recidivist.

reincidir *vi*: **~ en** [falta, error] to relapse into, to fall back into; [delito] to repeat.

reincorporar *vt* to reincorporate.
◆ **reincorporarse** *vpr*: **~se (a)** to rejoin, to go back to.

reingresar *vi*: **~ en** to return to.

reinicializar [13] *vt INFORM* to reset.

reino *m CIENCIA & POLÍT* kingdom; *fig* realm; **el ~ de los cielos** the kingdom of Heaven.

Reino Unido: **el ~** the United Kingdom.

reinserción *f*: **~ (social)** (social) rehabilitation *o* reintegration.

reinsertar *vt* to reintegrate, to rehabilitate.

reinstaurar *vt* to reestablish.

reintegración *f* **-1.** [a puesto] reinstatement **-2.** [de dinero] repayment, reimbursement.

reintegrar *vt* **-1.** [a un puesto] to reinstate **-2.** [dinero] to repay, to reimburse **-3.** [timbrar] to stick a fiscal stamp to.
◆ **reintegrarse** *vpr*: **~se (a)** to return (to).

reintegro *m* **-1.** [de dinero] repayment, reimbursement; *BANCA* withdrawal **-2.** [en lotería] return of one's stake *(in lottery)* **-3.** [póliza] fiscal stamp.

reír [28] ◇ *vi* to laugh; **dar que ~** to ask to be laughed at; **echarse a ~** to burst out laughing; **hacer ~ a alguien** to make sb laugh. ◇ *vt* to laugh at.
◆ **reírse** *vpr*: **~se (de)** to laugh (at).

reiterar *vt* to reiterate, to repeat.
◆ **reiterarse** *vpr*: **~se en** to reaffirm.

reiterativo, va *adj* repetitive, repetitious.

reivindicación *f* **-1.** [de derechos] claim, demand **-2.** [de atentado] claiming of responsibility.

reivindicar [10] *vt* **-1.** [derechos, salario etc] to claim, to demand **-2.** [atentado] to claim responsibility for.

reivindicativo, va *adj*: **plataforma reivindicativa** (set of) demands; **jornada reivindicativa** day of protest.

reja *f* [gen] bars *(pl)*; [en el suelo] grating; [celosía] grille; **estar entre ~s** to be behind bars.

rejego, ga *adj Amér fam* [terco] stubborn.

rejilla *f* **-1.** [enrejado] grid, grating; [de ventana] grille; [de cocina] grill *(on stove)*; [de horno] gridiron **-2.** [para sillas, muebles] wickerwork **-3.** [para equipaje] luggage rack.

rejón *m TAUROM type of 'banderilla' used by mounted bullfighter.*

rejoneador, ra *m,f TAUROM bullfighter on horseback who uses the 'rejón'.*

rejuntarse *vpr fam* to live together.

rejuvenecer [30] *vt & vi* to rejuvenate.
◆ **rejuvenecerse** *vpr* to be rejuvenated.

relación *f* **-1.** [nexo] relation, connection; **con ~ a, en ~ con** in relation to, with regard to; **tener ~ con algo** to bear a relation to sthg; **~ precio-calidad** value for money **-2.** [comunicación, trato] relations *(pl)*, relationship; **estar en buenas/malas relaciones** to be on good/bad terms with sb; **relaciones amorosas** (love) affair *(sg)*; **relaciones comerciales** [entre individuos] business relationship *(sg)*; [entre países, empresas] trade *(U)*; **relaciones diplomáticas/públicas** diplomatic/public relations; **relaciones laborales** industrial relations **-3.** [lista] list **-4.** [descripción] account **-5.** [informe] report **-6.** *(gen pl)* [noviazgo] relationship; **llevan cinco años de relaciones** they've been going out together for five years **-7.** *MAT* ratio; **en una ~ de tres a uno** in a ratio of three to one.
◆ **relaciones** *fpl* [contactos] contacts, connections.

relacionar *vt* **-1.** [vincular] to relate, to connect **-2.** [relatar] to tell, to relate.
◆ **relacionarse** *vpr*: **~se (con)** [alternar] to mix (with).

relajación *f* relaxation.

relajante *adj* relaxing.
relajar *vt* to relax.
◆ **relajarse** *vpr* to relax.
relajo *m Amér fam* [alboroto] racket, din.
relamer *vt* to lick repeatedly.
◆ **relamerse** *vpr* **-1.** [persona] to lick one's lips **-2.** [animal] to lick its chops.
relamido, da *adj* prim and proper.
relámpago *m* **-1.** [descarga] flash of lightning, lightning *(U)*; [destello] flash **-2.** *fig* [exhalación]: **pasar como un ~** to pass by as quick as lightning, to flash past.
relampaguear ◇ *v impers*: **relampagueó** lightning flashed. ◇ *vi fig* to flash.
relampagueo *m METEOR* lightning; [destello] flashing.
relanzamiento *m* relaunch.
relanzar [13] *vt* to relaunch.
relatar *vt* [suceso] to relate, to recount; [historia] to tell.
relatividad *f* relativity.
relativismo *m* relativism.
relativizar [13] *vt* to put into perspective.
relativo, va *adj* **-1.** [gen] relative; **en lo ~ a** regarding; **eso es ~** that depends **-2.** [escaso] limited.
relato *m* [exposición] account, report; [cuento] tale, story.
relax *m inv* **-1.** [relajación] relaxation **-2.** [sección de periódico] personal column.
relegar [16] *vt*: **~ (a)** to relegate (to); **~ algo al olvido** to banish sthg from one's mind.
relente *m* (night) dew; **dormir al ~** to sleep out in the open.
relevancia *f* relevance, importance.
relevante *adj* outstanding, important.
relevar *vt* **-1.** [sustituir] to relieve, to take over from **-2.** [destituir]: **~ (de)** to dismiss (from), to relieve (of) **-3.** [eximir]: **~ (de)** to free (from) **-4.** [*DEP* - en partidos] to substitute; [- en relevos] to take over from.
◆ **relevarse** *vpr* to take turns.
relevo *m* **-1.** *MIL* relief, changing **-2.** *DEP* [acción] relay **-3.** *loc*: **tomar el ~** to take over.
◆ **relevos** *mpl DEP* [carrera] relay (race) *(sg)*.
releyera *etc* ▷ **releer**.
relicario *m RELIG* reliquary; [estuche] locket.
relieve *m* **-1.** [gen, *ARTE & GEOGR*] relief; **alto ~** high relief; **bajo ~** bas-relief **-2.** [importancia] importance; **de ~** important; **poner de ~** to underline (the importance of), to highlight.
religión *f* religion.
religiosamente *adv lit & fig* religiously.
religiosidad *f lit & fig* religiousness.
religioso, sa ◇ *adj* religious. ◇ *m,f* [monje] monk (*f* nun).
relinchar *vi* to neigh, to whinny.
relincho *m* neigh, neighing *(U)*.
reliquia *f* relic; [familiar] heirloom.
rellano *m* **-1.** [de escalera] landing **-2.** [de terreno] shelf.
rellenar *vt* **-1.** [volver a llenar] to refill **-2.** [documento, formulario] to fill in *o* out **-3.** [pollo, cojín etc] to stuff; [tarta, pastel] to fill.
relleno, na *adj* [gen] stuffed; [tarta, pastel] filled.
◆ **relleno** *m* [de pollo] stuffing; [de pastel] filling; **de ~** *fig* as padding, as a filler.
reloj *m* [de pared] clock; [de pulsera] watch; **~ analógico/digital** analogue/digital watch; **~ de arena** hourglass; **~ de bolsillo** pocket watch; **~ de cuarzo** quartz watch; **~ de cuco** cuckoo clock; **~ despertador** alarm clock; **~ interno** *INFORM* internal clock; **~ de pulsera** watch, wristwatch; **~ de sol** sun dial; **hacer algo contra ~** to do sthg against the clock; **ser como un ~** *fig* to be like clockwork.
relojería *f* **-1.** [tienda] watchmaker's (shop) **-2.** [arte] watchmaking.
relojero, ra *m,f* watchmaker.
reluciente *adj* shining, gleaming.
relucir [32] *vi lit & fig* to shine; **sacar algo a ~** to bring sthg up, to mention sthg; **salir a ~** to come to the surface.
relumbrar *vi* to shine brightly.
reluzca *etc* ▷ **relucir**.
REM (*abrev de* **Roentgen Equivalent Man**) *m* REM.
remachar *vt* **-1.** [machacar] to rivet **-2.** *fig* [recalcar] to drive home, to stress.
remache *m* **-1.** [acción] riveting **-2.** [clavo] rivet.
remake [ri'meik] (*pl* **remakes**) *m* remake.
remanente *m* **-1.** [de géneros] surplus stock; [de productos agrícolas] surplus **-2.** [en cuenta bancaria] balance **-3.** [de beneficios] net profit.
remangar [16] = **arremangar**.
remanso *m* still pool; **~ de paz** oasis of peace.
remar *vi* to row.
remarcar [10] *vt* [recalcar] to underline, to stress.
rematadamente *adv* absolutely, utterly.
rematado, da *adj* utter, complete.
rematar ◇ *vt* **-1.** [acabar] to finish; **y para ~ la** *fam* to cap it all **-2.** [matar - persona] to finish off; [- animal] to put out of its misery

-3. *DEP* to shoot -4. [liquidar, vender] to sell off cheaply -5. [adjudicar en subasta] to knock down. ◇ *vi* [en fútbol] to shoot; [de cabeza] to head at goal.

remate *m* -1. [fin, colofón] end; **para ~** [colmo] to cap it all -2. *ARQUIT* top -3. [en fútbol] shot; [de cabeza] header at goal -4. [subasta] *Amér* auction.

◆ **de remate** *loc adv* totally, completely.

rembolsar = **reembolsar**.

rembolsarse = **reembolsarse**.

rembolso = **reembolso**.

remecer [11] *vi Méx* to shake.

remedar *vt* to imitate; [por burla] to ape, to mimic.

remediar [8] *vt* [daño] to remedy, to put right; [problema] to solve; [peligro] to avoid, to prevent.

remedio *m* -1. [solución] solution, remedy; **como último ~** as a last resort; **no hay** *o* **queda más ~ que ...** there's nothing for it but ...; **no tener más ~** to have no alternative *o* choice; **poner ~ a algo** to do sthg about sthg; **sin ~** [sin cura, solución] hopeless; [ineludiblemente] inevitably -2. [consuelo] comfort, consolation -3. [medicamento] remedy, cure; **~ casero** home remedy.

remedo *m* imitation; [por burla] parody.

rememorar *vt* to remember, to recall.

remendado, da *adj* patched.

remendar [19] *vt* to mend, to darn.

remendón ▷ **zapatero**.

remero, ra *m,f* [persona] rower.

◆ **remera** *f RP* [prenda] T-shirt.

remesa *f* [de productos] consignment; [de dinero] shipment, remittance.

remeter *vt* to tuck in.

remezón *m Andes* & *RP* earth tremor.

remienda *etc* ▷ **remendar**.

remiendo *m* -1. [parche] mend, darn -2. *fam* [apaño] patching up, makeshift mending.

remigio *m card game where players aim to collect ten particular cards.*

remilgado, da *adj* -1. [afectado] affected -2. [escrupuloso] squeamish; [con comida] fussy, finicky.

remilgo *m* -1. [afectación] affectation -2. [escrupulosidad] squeamishness; [con comida] fussiness.

reminiscencia *f* reminiscence; **tener ~s de** to be reminiscent of.

remise *m RP* taxi *(in private car without a meter)*.

remisero, ra *m,f RP* taxi driver *(of private car without a meter)*.

remisión *f* -1. [envío] sending -2. [en texto] cross-reference, reference -3. [perdón] remission, forgiveness -4. [de dolor] remission.

◆ **sin remisión** *loc adv* without hope of a reprieve.

remiso, sa *adj*: **ser ~ a hacer algo** to be reluctant to do sthg.

remite *m* sender's name and address.

remitente *mf* sender.

remitir ◇ *vt* -1. [enviar] to send -2. [traspasar]: **~ algo a** to refer sthg to. ◇ *vi* -1. [en texto]: **~ a** to refer to -2. [disminuir] to subside.

◆ **remitirse a** *vpr* -1. [atenerse a] to comply with, to abide by -2. [referirse a] to refer to.

remo *m* -1. [pala] oar -2. [deporte] rowing.

remoción *f Amér* [de heridos] transport.

remodelación *f* [gen] to redesign; [de gobierno] reshuffle.

remodelar *vt* [gen] to redesign; [gobierno] to reshuffle.

remojar *vt* -1. [humedecer] to soak -2. *fam* [festejar] to drink to, to celebrate with a drink.

remojo *m*: **poner en ~** to leave to soak; **estar en ~** to be soaking.

remojón *m fam* [en la piscina, el mar] dip; [bajo la lluvia] soaking, drenching.

remolacha *f* beetroot *UK*, beet *US*; [azucarera] (sugar) beet.

remolcador, ra *adj* [coche] tow *(antes de sust)*; [barco] tug *(antes de sust)*.

◆ **remolcador** *m* [camión] breakdown lorry; [barco] tug, tugboat.

remolcar [10] *vt* [coche] to tow; [barco] to tug.

remolino *m* -1. [de agua] eddy, whirlpool; [de viento] whirlwind; [de humo] cloud, swirl -2. [de gente] throng, mass -3. [de pelo] cowlick.

remolón, ona ◇ *adj* lazy. ◇ *m,f*: **hacerse el ~** to shirk.

remolonear *vi fam* to laze.

remolque *m* -1. [acción] towing; **ir a ~** *fig* [voluntariamente] to go in tow, to tag along; [obligado] to be dragged along -2. [vehículo] trailer.

remontar *vt* [pendiente, río] to go up; [obstáculo] to get over, to overcome.

◆ **remontarse** *vpr* -1. [ave, avión] to soar, to climb high -2. [gastos]: **~se a** to amount *o* come to -3. *fig* [datar]: **~se a** to go *o* date back to.

rémora *f* -1. [pez] remora -2. *fam fig* [obstáculo] drawback, hindrance.

remorder [24] *vt fig*: **~le a alguien** to fill sb with remorse.

remordimiento *m* remorse; **tener ~s de conciencia** to suffer pangs of conscience.

remoto, ta *adj* remote; **no tengo ni la más remota idea** I haven't got the faintest idea.

remover [24] *vt* **-1.** [agitar - sopa, café] to stir; [- ensalada] to toss; [- bote, frasco] to shake; [- tierra] to turn over, to dig up **-2.** [reavivar - caso policial] to re-open; [- recuerdos, pasado] to stir up, to rake up **-3.** *Amér* [despedir] to dismiss, to sack.

◆ **removerse** *vpr* to move about.

remozar *vt* [edificio, fachada] to renovate.

remplazar [13] = **reemplazar**.

remplazo = **reemplazo**.

remuerda *etc* ▷ **remorder**.

remueva *etc* ▷ **remover**.

remuneración *f* remuneration.

remunerado, da *adj*: **bien ~** well-paid; **mal ~** badly-paid.

remunerar *vt* [pagar] to remunerate.

renacentista *adj* Renaissance *(antes de sust)*.

renacer [29] *vi* **-1.** [gen] to be reborn; [flores, hojas] to grow again **-2.** [alegría, esperanza] to return, to revive.

renacimiento *m* **-1.** [gen] rebirth; [de flores, hojas] budding **-2.** [de alegría, esperanza] revival, return.

◆ **Renacimiento** *m*: **el Renacimiento** the Renaissance.

renacuajo *m* tadpole; *fam fig* tiddler.

renal *adj* renal, kidney *(antes de sust)*.

renazca *etc* ▷ **renacer**.

rencilla *f* quarrel.

rencor *m* resentment, bitterness; **guardar ~ a** to bear a grudge.

rencoroso, sa ◇ *adj* resentful, bitter. ◇ *m,f* resentful *o* bitter person.

rendición *f* surrender.

rendido, da *adj* **-1.** [agotado] exhausted, worn-out; **caer ~** to collapse **-2.** [sumiso] submissive; [admirador] servile, devoted.

rendija *f* crack, gap.

rendimiento *m* **-1.** [de inversión, negocio] yield, return; [de trabajador, fábrica] productivity; [de tierra, cosecha] performance, yield; **a pleno ~** at full capacity **-2.** [de motor] performance.

rendir [26] ◇ *vt* **-1.** [cansar] to wear out, to tire out **-2.** [rentar] to yield **-3.** [vencer] to defeat, to subdue **-4.** [ofrecer] to give, to present; [pleitesía] to pay. ◇ *vi* [máquina] to perform well; [negocio] to be profitable; [fábrica, trabajador] to be productive.

◆ **rendirse** *vpr* **-1.** [entregarse] to give o.s. up, to surrender **-2.** [ceder]: **~se a** to submit to, to give in to; **~se a la evidencia** to bow to the evidence **-3.** [desanimarse] to give in *o* up.

renegado, da *adj & m,f* renegade.

renegar [35] ◇ *vt* to deny strongly. ◇ *vi* **-1.** [repudiar]: **~ de** [ideas] to renounce; [familia] to disown **-2.** *fam* [gruñir] to grumble.

renegociar [8] *vt* to renegotiate.

renegué *etc* ▷ **renegar**.

Renfe (*abrev de* **Red Nacional de los Ferrocarriles Españoles**) *f Spanish state railway network*.

renglón *m* line; *COM* item; **a ~ seguido** *fig* in the same breath, straight after.

◆ **renglones** *mpl fam fig* [escrito] lines, words.

rengo, ga *adj Andes, RP* lame.

renguear *vi Andes, RP* to limp, to hobble.

reniega *etc* ▷ **renegar**.

reno *m* reindeer.

renombrado, da *adj* renowned, famous.

renombrar *vt INFORM* to rename.

renombre *m* renown, fame; **de ~** famous.

renovable *adj* renewable.

renovación *f* [de carné, contrato] renewal; [de mobiliario, local] renovation.

renovar [24] *vt* **-1.** [cambiar - mobiliario, local] to renovate; [- vestuario] to clear out; [- personal, plantilla] to make changes to, to shake out **-2.** [rehacer - carné, contrato, ataques] to renew **-3.** [restaurar] to restore **-4.** [innovar] to rethink, to revolutionize; *POLÍT* to reform.

renquear *vi* to limp, to hobble.

renta *f* **-1.** [ingresos] income; **vivir de las ~s** to live off one's (private) income; **~ fija** fixed income; **~ per cápita** *o* **por habitante** per capita income; **~ variable/vitalicia** variable/life annuity **-2.** [alquiler] rent **-3.** [beneficios] return **-4.** [intereses] interest **-5.** [deuda pública] national *o* public debt.

rentabilidad *f* profitability.

rentabilizar [13] *vt* to make profitable.

rentable *adj* profitable.

rentar ◇ *vt* **-1.** [rendir] to produce, to yield **-2.** *Méx* [alquilar] to rent. ◇ *vi* to be profitable.

rentista *mf* person of independent means.

renuencia *f* reluctance, unwillingness.

renuente *adj*: **~ a** reluctant to, unwilling to.

renueva *etc* ▷ **renovar**.

renuncia *f* [abandono] giving up; [dimisión]

resignation; **presentar la ~** to resign.

renunciar [8] *vi* **-1.** [abandonar] to give up **-2.** [dimitir] to resign.

◆ **renunciar a** *vi* **-1.** [prescindir de] to give up; [plan, proyecto] to drop; **~ al tabaco** to give up *o* stop smoking **-2.** [rechazar]: **~ (a hacer algo)** to refuse (to do sthg).

reñido, da *adj* **-1.** [enfadado]: **~ (con)** on bad terms *o* at odds (with); **están ~s** they've fallen out **-2.** [disputado] fierce, hard-fought **-3.** [incompatible]: **estar ~ con** to be at odds with, to be incompatible with.

reñir [26] ◇ *vt* **-1.** [regañar] to tell off **-2.** [disputar] to fight. ◇ *vi* [enfadarse] to argue, to fall out; **~ con** to fall out with.

reo, a *m,f* [culpado] offender, culprit; [acusado] accused, defendant.

reoca *f fam*: **ser la ~** [gracioso] to be a scream; [el colmo] to be the limit.

reojo *m*: **mirar algo de ~** to look at sthg out of the corner of one's eye.

reordenación *f* restructuring, reorganization.

reorganización *f* [gen] reorganization; [del gobierno] reshuffle.

reorganizar [13] *vt* [gen] to reorganize; [gobierno] to reshuffle.

reorientar *vt* to give a new direction to, to re-focus.

repanchigarse [16] *vpr fam* to sprawl out.

repanocha *f fam*: **ser la ~** [gracioso] to be a scream; [el colmo] to be the limit.

repantigarse [16] *vpr* to sprawl out.

reparación *f* **-1.** [arreglo] repair, repairing *(U)*; **en ~** under repair **-2.** [compensación] reparation, redress.

reparador, ra *adj* [descanso, sueño] refreshing.

reparar ◇ *vt* [coche etc] to repair, to fix; [error, daño etc] to make amends for; [fuerzas] to make up for, to restore. ◇ *vi* [advertir]: **~ en algo** to notice sthg; **no ~ en gastos** to spare no expense.

reparo *m* **-1.** [objección] objection; **poner ~s a algo** to raise objections to sthg **-2.** [apuro]: **con ~s** with hesitation *o* reservations; **me da ~** I feel awkward about it; **no tener ~s en** not to be afraid to; **sin ~s** without reservation, with no holds barred.

repartición *f* [reparto] sharing out.

repartidor *mf* [gen] distributor; [de butano, carbón] deliveryman (*f* deliverywoman); [de leche] milkman (*f* milklady); [de periódicos] paperboy (*f* papergirl).

repartir *vt* **-1.** [dividir - gen] to share out, to divide; [- territorio, nación] to partition **-2.** [distribuir - leche, periódicos, correo] to deliver; [- naipes] to deal (out) **-3.** [esparcir - pintura, mantequilla] to spread **-4.** [asignar - trabajo, órdenes] to give out, to allocate; [- papeles] to assign **-5.** *fig* [administrar] to administer, to dish out.

reparto *m* **-1.** [división] division, distribution; **~ de beneficios** ECON profit sharing; **~ de premios** prizegiving **-2.** [distribución - de leche, periódicos, correo] delivery; [- de naipes] dealing **-3.** [asignación] giving out, allocation; **~ a domicilio** home delivery **-4.** CIN & TEATR cast.

repasador *m RP* tea towel.

repasar *vt* **-1.** [revisar] to go over; [lección] to revise *UK*, to review *US* **-2.** [zurcir] to darn, to mend **-3.** [volver a pasar - trapo etc] to run over again.

repaso *m* **-1.** [revisión] revision; [de ropa] darning, mending; **dar un ~ a algo** to look over sthg; **dar un último ~ a algo** to give sthg a final check; **curso de ~** refresher course **-2.** *fam* [reprimenda] telling off, ticking off.

repatear *vt fam* to bug; **~ a alguien** to get on sb's wick.

repatriación *f* repatriation.

repatriar [9] *vt* to repatriate.

◆ **repatriarse** *vpr* to be repatriated.

repecho *m* steep slope.

repelencia *f* repulsion.

repelente *adj* **-1.** [desagradable, repugnante] repulsive **-2.** [ahuyentador] repellent.

repeler *vt* **-1.** [rechazar] to repel **-2.** [repugnar] to repulse, to disgust.

repelús *m*: **me da ~** it gives me the shivers.

repeluzno *m* shiver.

repente *m* [arrebato] fit.

◆ **de repente** *loc adv* suddenly.

repentinamente *adv* suddenly.

repentino, na *adj* sudden.

repera *f fam*: **ser la ~** to be the limit.

repercusión *f* **-1.** *fig* [consecuencia] repercussion **-2.** [resonancia] echoes *(pl)*.

repercutir *vi* **-1.** *fig* [afectar]: **~ en** to have repercussions on **-2.** [resonar] to resound, to echo.

repertorio *m* **-1.** [obras] repertoire **-2.** *fig* [serie] selection.

repesca *f* **-1.** EDUC resit **-2.** DEP repêchage.

repescar [10] *vt* **-1.** EDUC to allow a resit **-2.** DEP to allow into the repêchage.

repetición *f* repetition; [de una jugada] action replay.

repetido, da *adj* **-1.** [gen] repeated; **repetidas veces** time and time again **-2.** [cromo etc] duplicated.

repetidor, ra ◇ *adj* repeating the year. ◇ *m,f* EDUC student repeating a year.
◆ **repetidor** *m* ELECTR repeater.

repetir [26] ◇ *vt* to repeat; [ataque] to renew; [en comida] to have seconds of. ◇ *vi* **-1.** [alumno] to repeat a year **-2.** [sabor, alimento]: ~ **(a alguien)** to repeat (on sb) **-3.** [comensal] to have seconds.
◆ **repetirse** *vpr* **-1.** [fenómeno] to recur **-2.** [persona] to repeat o.s.

repetitivo, va *adj* repetitive.

repicar [10] ◇ *vt* [campanas] to ring. ◇ *vi* [campanas] to ring.

repipi *fam adj* **-1.** [cursi] affected **-2.** [sabiondo] know-it-all.

repique ◇ *v* ▷ **repicar**. ◇ *m* peal, ringing *(U)*.

repiquetear *vi* [campanas] to ring out; [tambor] to beat; [timbre] to ring; [lluvia, dedos] to drum.

repiqueteo *m* [de campanas] pealing; [de tambor] beating; [de timbre] ringing; [de lluvia, dedos] drumming.

repisa *f* **-1.** [estante] shelf; [sobre chimenea] mantelpiece **-2.** ARQUIT bracket.

repita *etc* ▷ **repetir**.

repitiera *etc* ▷ **repetir**.

replanteamiento *m* restatatement, reconsideration.

replantear *vt* **-1.** [reenfocar] to reconsider, to restate **-2.** [volver a mencionar] to bring up again.

replay [ri'pleil (*pl* **replays**) *m* replay.

replegar [35] *vt* [ocultar] to retract.
◆ **replegarse** *vpr* [retirarse] to withdraw, to retreat.

repleto, ta *adj*: ~ **(de)** packed (with).

réplica *f* **-1.** [respuesta] reply **-2.** [copia] replica.

replicar [10] ◇ *vt* [responder] to answer; [objetar] to answer back, to retort. ◇ *vi* [objetar] to answer back.

repliega *etc* ▷ **replegar**.

repliegue *m* **-1.** [retirada] withdrawal, retreat **-2.** [pliegue] fold.

repoblación *f* [con gente] repopulation; [con peces] restocking; ~ **forestal** reafforestation.

repoblar [23] *vt* [con gente] to repopulate; [con peces] to restock; [con árboles] to replant, to reafforest.
◆ **repoblarse** *vpr*: ~**se de** [gente] to be repopulated with; [peces] to be restocked with; [árboles] to be replanted *o* reafforested with.

repollo *m* cabbage.

reponer [65] *vt* **-1.** [gen] to replace **-2.** CIN & TEATR to re-run; TV to repeat **-3.** [replicar]: ~ **que** to reply that.
◆ **reponerse** *vpr*: ~**se (de)** to recover (from).

reportaje *m* RADIO & TV report; PRENS article; ~ **gráfico** illustrated feature.

reportar *vt* **-1.** [traer] to bring; **no le ha reportado más que problemas** it has caused him nothing but problems **-2.** *Méx* [denunciar] to report; *Andes, CAm, Méx, Ven* [informar] to report.
◆ **reportarse** *vpr CAm, Méx, Ven* : ~**se (a)** to report (to).

reporte *m CAm, Méx* [informe] report; [noticia] news item *o* report.

reportero, ra, repórter *m,f* reporter; ~ **gráfico** press photographer.

reposacabezas *m inv* headrest.

reposado, da *adj* relaxed, calm.

reposapiés *m inv* footrest.

reposar *vi* **-1.** [descansar] to (have a) rest **-2.** [sedimentarse] to stand **-3.** *fig* [yacer] to lie.

reposera *f RP* sun-lounger *UK*, beach recliner *US*.

reposición *f* **-1.** CIN rerun; TEATR revival; TV repeat **-2.** [de existencias, pieza etc] replacement.

reposo *m* [descanso] rest; **en** ~ [cuerpo, persona] at rest; [máquina] not in use; CULIN standing; **guardar** ~ to rest.

repostar ◇ *vi* [coche] to fill up; [avión] to refuel. ◇ *vt* **-1.** [coche] to fill up; [avión] to refuel **-2.** [gasolina] to fill up with **-3.** [provisiones] to stock up on.

repostería *f* **-1.** [establecimiento] confectioner's (shop) **-2.** [oficio, productos] confectionery.

repostero, ra *m,f* [persona] confectioner.
◆ **repostero** *m Andes* [armario] larder, pantry.

reprender *vt* [a niños] to tell off; [a empleados] to reprimand.

reprensible *adj* reprehensible.

reprensión *f* [a niños] telling-off; [a empleados] reprimand.

represa *f* dam.

represalia *(gen pl) f* reprisal; **tomar** ~**s** to retaliate, to take reprisals.

representación *f* **-1.** [gen & COM] representation; **en** ~ **de** on behalf of; **tener la** ~ **de**

COM to act as a representative for **-2.** *TEATR* performance.
representante ◇ *adj* representative. ◇ *mf* **-1.** [gen & *COM*] representative; **~ de la ley** officer of the law **-2.** [de artista] agent.
representar *vt* **-1.** [gen & *COM*] to represent **-2.** [aparentar] to look; **representa unos 40 años** she looks about 40 **-3.** [significar] to mean **-4.** [en teatro] to perform; [- papel] to play.
representatividad *f* representativeness.
representativo, va *adj* **-1.** [simbolizador]: **ser ~ de** to represent **-2.** [característico, relevante]: **~ (de)** representative (of).
represión *f* repression.
represivo, va *adj* repressive.
reprimenda *f* reprimand.
reprimido, da ◇ *adj* repressed. ◇ *m,f* repressed person.
reprimir *vt* [gen] to suppress; [minorías, disidentes] to repress.
◆ **reprimirse** *vpr*: **~se (de hacer algo)** to restrain o.s. (from doing sthg).
reprís, reprise (*pl* **reprises**) *m* acceleration.
reprobable *adj* reprehensible.
reprobación *f* reproof, censure.
reprobar [23] *vt* **-1.** to censure, to condemn **-2.** *Amér* [suspender] to fail.
reprochar *vt*: **~ algo a alguien** to reproach sb for sthg.
◆ **reprocharse** *vpr*: **~se algo (uno mismo)** to reproach o.s. for sthg.
reproche *m* reproach; **hacer un ~ a alguien** to reproach sb.
reproducción *f* reproduction.
reproducir [33] *vt* [gen & *ARTE*] to reproduce; [gestos] to copy, to imitate.
◆ **reproducirse** *vpr* **-1.** [volver a suceder] to recur **-2.** [procrear] to reproduce.
reproductor, ra ◇ *adj* reproductive. ◇ *m* player; **~ de DVD** DVD player.
reprueba *etc* ⊳ **reprobar**.
reptar *vi* to crawl.
reptil *m* reptile.
república *f* republic.
República Checa *f* Czech Republic.
República Dominicana *f* Dominican Republic.
republicanismo *m* republicanism.
republicano, na *adj* & *m,f* republican.
repudiar [8] *vt* **-1.** [condenar] to repudiate **-2.** [rechazar] to disown.
repudio *m* disowning.
repuebla *etc* ⊳ **repoblar**.
repuesto, ta ◇ *pp* ⊳ **reponer**. ◇ *adj*: **~ (de)** recovered (from).
◆ **repuesto** *m* [gen] reserve; *AUTOM* spare part; **de ~** spare, in reserve; **la rueda de ~** the spare wheel.
repugnancia *f* disgust.
repugnante *adj* disgusting.
repugnar ◇ *vi* to be disgusting. ◇ *vt*: **me repugna ese olor/su actitud** I find that smell/her attitude disgusting; **me repugna hacerlo** I'm loathe to do it.
repujado, da *adj* embossed.
repujar *vt* to emboss.
repulsa *f* [censura] condemnation.
repulsión *f* repulsion.
repulsivo, va *adj* repulsive.
repuntar *vi Amér* [mejorar] to improve.
repunte *m Amér* [recuperación] improvement.
repusiera *etc* ⊳ **reponer**.
reputación *f* reputation; **tener mucha ~** to be very famous.
reputado, da *adj* highly reputed.
requemar *vt* to burn; [planta, tierra] to scorch.
◆ **requemarse** *vpr* to get burnt, to burn.
requerimiento *m* **-1.** [demanda] entreaty; **a ~ de alguien** at sb's request **-2.** [*DER* - intimación] writ, injunction; [- aviso] summons *(sg)*.
requerir [27] *vt* **-1.** [necesitar] to require **-2.** [ordenar] to demand **-3.** [pedir]: **~ a alguien (para) que haga algo** to ask sb to do sthg **-4.** *DER* to order.
◆ **requerirse** *vpr* [ser necesario] to be required *o* necessary.
requesón *m* cottage cheese.
requiebro *m* flirtatious remark.
réquiem (*pl* **réquiems**) *m* requiem.
requiera *etc* ⊳ **requerir**.
requiriera *etc* ⊳ **requerir**.
requisa *f* **-1.** [requisición - *MIL*] requisition; [- en aduana] seizure **-2.** [inspección] inspection.
requisar *vt MIL* to requisition; [en aduana] to seize.
requisito *m* requirement; **cumplir los ~s** to fulfil all the requirements; **~ previo** prerequisite.
res *f* beast, animal.
resabiado, da *adj fam* know-all *(antes de sust)*.
resabio *m* **-1.** [sabor] nasty aftertaste **-2.** [vicio] persistent bad habit.
resaca *f* **-1.** *fam* [de borrachera] hangover **-2.** [de las olas] undertow.
resalado, da *adj fam* charming.
resaltar ◇ *vi* **-1.** [destacar] to stand out **-2.**

[en edificios - balcón] to stick out; [- decoración] to stand out. ◇ *vt* [destacar] to highlight.

resarcir [12] *vt*: ~ **a alguien (de)** to compensate sb (for).

◆ **resarcirse** *vpr* to be compensated; ~**se de** [daño, pérdida] to be compensated for; [desengaño, derrota] to make up for.

resbalada *f Amér fam* slip.

resbaladizo, za *adj lit & fig* slippery.

resbalar *vi* **-1.** [caer]: ~ **(con** *o* **sobre)** to slip (on) **-2.** [deslizarse] to slide; ~**le a alguien** *fam fig* to leave sb cold **-3.** [estar resbaladizo] to be slippery.

◆ **resbalarse** *vpr* to slip (over).

resbalón *m* slip; **dar** *o* **pegar un** ~ to slip.

resbaloso, sa *adj* slippery.

rescatar *vt* **-1.** [liberar, salvar] to rescue; [pagando rescate] to ransom **-2.** [recuperar - herencia etc] to recover.

rescate *m* **-1.** [liberación, salvación] rescue **-2.** [dinero] ransom **-3.** [recuperación] recovery.

rescindir *vt* to rescind.

rescisión *f* cancellation.

rescoldo *m* ember; *fig* lingering feeling, flicker.

resecar [10] *vt* **-1.** [piel] to dry out **-2.** [tierra] to parch.

◆ **resecarse** *vpr* **-1.** [piel] to dry out **-2.** [tierra] to become parched.

reseco, ca *adj* **-1.** [piel, garganta, pan] very dry **-2.** [tierra] parched **-3.** [flaco] emaciated.

resentido, da ◇ *adj* bitter, resentful; **estar** ~ **con alguien** to be really upset with sb. ◇ *m,f* bitter *o* resentful person.

resentimiento *m* resentment, bitterness.

resentirse [27] *vpr* **-1.** [debilitarse] to be weakened; [salud] to deteriorate **-2.** [sentir molestias]: ~ **de** to be suffering from **-3.** [ofenderse] to be offended.

reseña *f* [de libro, concierto] review; [de partido, conferencia] report.

reseñar *vt* **-1.** [criticar - libro, concierto] to review; [- partido, conferencia] to report on **-2.** [describir] to describe.

reseque *etc* ▷ **resecar.**

reserva ◇ *f* **-1.** [de hotel, avión etc] reservation **-2.** [provisión] reserves *(pl)*; **tener algo de** ~ to keep sthg in reserve; ~**s de divisas/monetarias** *ECON* foreign currency/monetary reserves **-3.** [objeción] reservation; **sin** ~**s** without reservation **-4.** [discreción] discretion **-5.** [de indígenas] reservation **-6.** [de animales] reserve; ~ **natural** nature reserve **-7.** *MIL* reserve; **pasar a la** ~ to become a reservist. ◇ *mf DEP* reserve, substitute. ◇ *m* [vino] vintage.

◆ **reservas** *fpl* **-1.** [energía acumulada] energy reserves **-2.** [recursos] resources.

reservado, da *adj* **-1.** [gen] reserved **-2.** [tema, asunto] confidential.

◆ **reservado** *m* [en restaurante] private room; *FERROC* reserved compartment.

reservar *vt* **-1.** [habitación, asiento etc] to reserve, to book **-2.** [guardar - dinero, pasteles etc] to set aside; [- sorpresa] to keep **-3.** [callar - opinión, comentarios] to reserve.

◆ **reservarse** *vpr* **-1.** [esperar]: ~**se para** to save o.s. for **-2.** [guardar para sí - secreto] to keep to o.s.; [- dinero, derecho] to retain (for o.s.).

reservista [- *MIL*] *mf* reservist.

resfriado, da *adj*: **estar** ~ to have a cold.

◆ **resfriado** *m* cold; **pescar un** ~ to catch a cold.

resfriar [9]

◆ **resfriarse** *vpr* [constiparse] to catch a cold.

resfrio *m Andes, RP* cold.

resguardar *vt & vi*: ~ **de** to protect against.

◆ **resguardarse** *vpr*: ~**se de** [en un portal] to shelter from; [con abrigo, paraguas] to protect o.s. against.

resguardo *m* **-1.** [documento] receipt **-2.** [protección] protection; **al** ~ **de** safe from; **ponerse a** ~ **de** to take shelter from.

residencia *f* **-1.** [estancia] stay **-2.** [localidad, domicilio] residence; **segunda** ~ second home; ~ **canina** kennels **-3.** [establecimiento - de estudiantes] hall of residence; [- de ancianos] old people's home; [- de oficiales] residence **-4.** [hotel] boarding house **-5.** [hospital] hospital **-6.** [permiso para extranjeros] residence permit **-7.** [periodo de formación] residency.

residencial *adj* residential.

residente *adj & m,f* resident.

residir *vi* **-1.** [vivir] to reside **-2.** [radicar]: ~ **en** to lie in, to reside in.

residual *(gen pl) adj* residual; **aguas** ~**es** sewage *(U)*.

residuo *m (gen pl)* [material inservible] waste; *QUÍM* residue; ~**s nucleares** nuclear waste *(U)*; ~**s tóxicos** toxic waste *(U)*.

resienta *etc* ▷ **resentirse.**

resignación *f* resignation.

resignarse *vpr*: ~ **(a hacer algo)** to resign o.s. (to doing sthg).

resina *f* resin.

resinoso, sa *adj* resinous.
resintiera *etc* ▷ **resentirse.**
resistencia *f* **-1.** [gen, *ELECTR* & *POLÍT*] resistance; **ofrecer ~** to put up resistance; **~ pasiva** passive resistance **-2.** [de puente, cimientos] strength **-3.** [física - para correr etc] stamina.
resistente *adj* [gen] tough, strong; **~ al calor** heat-resistant.
resistir ◇ *vt* **-1.** [dolor, peso, críticas] to withstand **-2.** [tentación, impulso, deseo] to resist **-3.** [tolerar] to tolerate, to stand; **no lo resisto más, me voy** I can't stand it any longer, I'm off **-4.** [ataque] to resist, to withstand. ◇ *vi* **-1.** [ejército, ciudad etc]: **~ (a algo/a alguien)** to resist (sthg/sb) **-2.** [corredor etc] to keep going; **~ a algo** to stand up to sthg, to withstand sthg **-3.** [mesa, dique etc] to take the strain; **~ a algo** to withstand sthg **-4.** [mostrarse firme - ante tentaciones etc] to resist (it); **~ a algo** to resist sthg.
◆ **resistirse** *vpr*: **~se (a algo)** to resist (sthg); **~se a hacer algo** to refuse to do sthg; **me resisto a creerlo** I refuse to believe it; **no hay hombre que se le resista** no man can resist her; **se le resisten las matemáticas** she just can't get the hang of maths.
resol *m* (sun's) glare.
resollar [23] *vi* to gasp (for breath); [jadear] to pant.
resolución *f* **-1.** [solución - de una crisis] resolution; [- de un crimen] solution **-2.** [firmeza] determination **-3.** [decisión] decision; *DER* ruling; **tomar una ~** to take a decision **-4.** [de Naciones Unidas etc] resolution.
resoluto, ta *adj* resolute.
resolver [24] *vt* **-1.** [solucionar - duda, crisis] to resolve; [- problema, caso] to solve **-2.** [decidir]: **~ hacer algo** to decide to do sthg **-3.** [partido, disputa, conflicto] to settle.
◆ **resolverse** *vpr* **-1.** [solucionarse - duda, crisis] to be resolved; [- problema, caso] to be solved **-2.** [decidirse]: **~se a hacer algo** to decide to do sthg **-3.** [en disputa, conflicto]: **~se en** to come to nothing more than.
resonancia *f* **-1.** [gen & *FÍS*] resonance *(U)*; **~ magnética** *MED* magnetic resonance **-2.** *fig* [importancia] repercussions *(pl)*.
resonante *adj* resounding; *FÍS* resonant; *fig* important.
resonar [23] *vi* to resound, to echo.
resoplar *vi* [de cansancio] to pant; [de enfado] to snort.
resoplido *m* [por cansancio] pant; [por enfado] snort.
resorte *m* spring; **saltar como movido por un ~** to spring up; *fig* means *(pl)*; **tocar todos los ~s** to pull out all the stops.
respaldar *vt* to back, to support.
◆ **respaldarse** *vpr* **-1.** [en asiento] to lean back **-2.** *fig* [apoyarse]: **~se en** to fall back on.
respaldo *m* **-1.** [de asiento] back **-2.** *fig* [apoyo] backing, support.
respectar *v impers*: **por lo que respecta a alguien/a algo, en lo que respecta a alguien/a algo** as far as sb/sthg is concerned.
respectivo, va *adj* respective; **en lo ~ a** with regard to.
respecto *m*: **al ~, a este ~** in this respect; **no sé nada al ~** I don't know anything about it; **(con) ~ a, ~ de** regarding.
respetable *adj* **-1.** [venerable] respectable **-2.** [bastante] considerable.
respetar *vt* **-1.** [gen] to respect; [la palabra] to honour; **hacerse ~** to make o.s. respected **-2.** [acatar] to observe **-3.** [no destruir] to spare; **'respetad las plantas'** 'keep off the flowerbeds'.
respeto *m*: **~ (a** *o* **por)** respect (for); **es una falta de ~** it shows a lack of respect; **faltar al ~ a alguien** to be disrespectful to sb; **por ~ a** out of consideration for; **presentar uno sus ~s a alguien** to pay one's respects to sb; **tener ~ a alguien** to have respect for sb.
respetuoso, sa *adj*: **~ (con)** respectful (of).
respingar [16] *vi* [protestar] to make a fuss, to complain.
respingo *m* [movimiento] start, jump; **dar un ~** to start.
respingón, ona *adj* snub.
respiración *f* breathing; *MED* respiration; **~ artificial** *o* **asistida** artificial respiration; **~ boca a boca** mouth-to-mouth resucitation; **contener la ~** to hold one's breath; **quedarse sin ~** [asombrado] to be stunned.
respiradero *m* [hueco] vent; [conducto] ventilation shaft.
respirar ◇ *vt* **-1.** [aire] to breathe **-2.** *fig* [bondad etc] to exude; **~ hondo** to take a deep breath. ◇ *vi* to breathe; *fig* [sentir alivio] to breathe again; **no dejar ~ a alguien** *fig* not to allow sb a moment's peace; **sin ~** [sin descanso] without a break; [atentamente] with great attention.
respiratorio, ria *adj* respiratory.
respiro *m* **-1.** [descanso] rest **-2.** [alivio] relief, respite; **dar un ~ a alguien** *fam* to give sb a break.
resplandecer [30] *vi* **-1.** [brillar] to shine **-2.** *fig* [destacar] to shine, to stand out; **~ de algo** to shine with sthg.

resplandeciente *adj* shining; [sonrisa] beaming; [época] glittering; [vestimenta, color] resplendent.

resplandor *m* **-1.** [luz] brightness; [de fuego] glow **-2.** [brillo] gleam.

responder ◇ *vt* to answer. ◇ *vi* **-1.** [contestar]: **~ (a algo)** to answer (sthg) **-2.** [reaccionar]: **~ (a)** to respond (to) **-3.** [responsabilizarse]: **~ de algo/por alguien** to answer for sthg/for sb **-4.** [replicar] to answer back **-5.** [corresponder]: **~ a** to correspond to; **las medidas responden a la crisis** the measures are in keeping with the nature of the crisis.

respondón, ona ◇ *adj* insolent. ◇ *m,f* insolent person.

responsabilidad *f* responsibility; *DER* liability; **de ~** responsible; **exigir ~es a alguien** to hold sb accountable; **tener la ~ de algo** to be responsible for sthg; **~ civil/penal** *DER* civil/criminal liability; **~ limitada** limited liability.

responsabilizar [13] *vt*: **~ a alguien (de algo)** to hold sb responsible (for sthg).

◆ **responsabilizarse** *vpr*: **~se (de)** to accept responsibility (for).

responsable ◇ *adj* responsible; **~ de** responsible for; **hacerse ~ de** [gen] to take responsibility for; [atentado, secuestro] to claim responsibility for. ◇ *mf* **-1.** [culpable] person responsible **-2.** [encargado] person in charge.

responso *m* prayer for the dead.

respuesta *f* **-1.** [gen] answer, reply; [en exámenes] answer; **en ~ a** in reply to **-2.** *fig* [reacción] response.

resquebrajamiento *m*, **resquebrajadura** *f* crack.

resquebrajar *vt* to crack.

◆ **resquebrajarse** *vpr* to crack.

resquemor *m* resentment, bitterness.

resquicio *m* **-1.** [abertura] chink; [grieta] crack **-2.** *fig* [pizca] glimmer.

resta *f MAT* subtraction.

restablecer [30] *vt* to reestablish, to restore.

◆ **restablecerse** *vpr* **-1.** [curarse]: **~se (de)** to recover (from) **-2.** [reimplantarse] to be reestablished.

restablecimiento *m* **-1.** [reimplantación] restoration, reestablishment **-2.** [cura] recovery.

restallar *vt* & *vi* [látigo] to crack; [lengua] to click.

restante *adj* remaining; **lo ~** the rest.

restar ◇ *vt* **-1.** *MAT* to subtract; **~ una cantidad de otra** to subtract one figure from another **-2.** [disminuir]: **~ importancia a algo/méritos a alguien** to play down the importance of sthg/sb's qualities. ◇ *vi* [faltar] to be left.

restauración *f* restoration.

restaurador, ra *m,f* restorer.

restaurante *m* restaurant.

restaurar *vt* to restore.

restitución *f* return.

restituir [51] *vt* **-1.** [devolver - objeto] to return; [- salud] to restore **-2.** [restaurar] to restore.

resto *m*: **el ~** [gen] the rest; *MAT* the remainder; **echar el ~** *fig* to do one's utmost.

◆ **restos** *mpl* **-1.** [sobras] leftovers **-2.** [cadáver] remains; **~s mortales** mortal remains **-3.** [ruinas] ruins.

restregar [35] *vt* to rub hard; [para limpiar] to scrub.

◆ **restregarse** *vpr* [frotarse] to rub.

restricción *f* restriction.

restrictivo, va *adj* restrictive.

restringir [15] *vt* to limit, to restrict.

resucitar ◇ *vt* [person] to bring back to life; [costumbre] to resurrect, to revive, to resurrect. ◇ *vi* [persona] to rise from the dead.

resuella *etc* ▻ **resollar**.

resuello *m* gasp, gasping *(U)*; [jadeo] pant, panting *(U)*.

resuelto, ta ◇ *pp* ▻ **resolver**. ◇ *adj* **-1.** [solucionado] solved **-2.** [decidido] determined; **estar ~ a hacer algo** to be determined to do sthg.

resuelva *etc* ▻ **resolver**.

resuena *etc* ▻ **resonar**.

resulta *f*: **de ~s de** as a result of.

resultado *m* result; **dar ~** to work (out), to have the desired effect; **dar buen/mal ~** to be a success/failure.

resultante *adj* & *f* resultant.

resultar ◇ *vi* **-1.** [acabar siendo]: **~ (ser)** to turn out (to be); **resultó ileso** he was uninjured; **nuestro equipo resultó vencedor** our team came out on top **-2.** [salir bien] to work (out), to be a success **-3.** [originarse]: **~ de** to come of, to result from **-4.** [ser] to be; **resulta sorprendente** it's surprising; **me resultó imposible terminar antes** I was unable to finish earlier **-5.** [venir a costar]: **~ a** to come to, to cost. ◇ *v impers* [suceder]: **~ que** to turn out that; **ahora resulta que no quiere alquilarlo** now it seems that she doesn't want to rent it.

resultón, ona *adj fam* attractive.
resumen *m* summary; **en ~** in short.
resumir *vt* to summarize; [discurso] to sum up.
◆ **resumirse en** *vpr* **-1.** [sintetizarse en] to be able to be summed up in **-2.** [reducirse a] to boil down to.
resurgimiento *m* resurgence.
resurgir [15] *vi* to undergo a resurgence, to be revived.
resurrección *f* resurrection.
retablo *m* altarpiece.
retaco *m despec o hum* shorty, midget.
retaguardia *f* [tropa] rearguard; [territorio] rear.
retahíla *f* string, series.
retal *m* remnant.
retama *f* broom.
retar *vt*: **~ (a)** to challenge (to).
retardado, da *adj* delayed.
retardar *vt* [retrasar] to delay; [frenar] to hold up, to slow down.
retazo *m* remnant; *fig* fragment.
rete *adv Amér fam* very.
retén *m* **-1.** reserve **-2.** *Amér* [de menores] reformatory, reform school.
retención *f* **-1.** [en comisaría] detention **-2.** [en el sueldo] deduction **-3.** *(gen pl)* [de tráfico] hold-up **-4.** *MED* retention.
retener [72] *vt* **-1.** [detener] to hold back; [en comisaría] to detain **-2.** [hacer permanecer] to keep **-3.** [contener - impulso, ira] to hold back, to restrain; [- aliento] to hold **-4.** [conservar] to retain **-5.** [quedarse con] to hold on to, to keep **-6.** [memorizar] to remember **-7.** [deducir del sueldo] to deduct.
reticencia *f* **-1.** [resistencia] unwillingness **-2.** [insinuación] insinuation, innuendo *(U)*.
reticente *adj* **-1.** [reacio] unwilling, reluctant **-2.** [con insinuaciones] full of insinuation.
reticular *adj ANAT* reticular.
retículo *m* reticle.
retiene *etc* ▷ **retener**.
retina *f* retina.
retintín *m* **-1.** [ironía] sarcastic tone; **con ~** sarcastically **-2.** [tintineo] ringing.
retirado, da ◇ *adj* **-1.** [jubilado] retired **-2.** [solitario, alejado] isolated, secluded. ◇ *m,f* [jubilado] retired person.
◆ **retirada** *f* **-1.** *MIL* retreat; **batirse en retirada** to beat a retreat; **cubrir la retirada** *MIL* to cover the retreat; *fig* [tomar precauciones] not to burn one's bridges, to cover o.s. **-2.** [de fondos, moneda, carné] withdrawal **-3.** [de competición, actividad] withdrawal.
retirar *vt* **-1.** [quitar - gen] to remove; [- dinero, moneda, carné] to withdraw; [- nieve] to clear; [- mano] to withdraw **-2.** [jubilar - a deportista] to force to retire; [- a empleado] to retire **-3.** [retractarse de] to take back.
◆ **retirarse** *vpr* **-1.** [gen] to retire **-2.** [de competición, elecciones] to withdraw; [de reunión] to leave **-3.** [de campo de batalla] to retreat **-4.** [apartarse] to move away.
retiro *m* **-1.** [jubilación] retirement; [pensión] pension **-2.** [refugio, ejercicio] retreat.
reto *m* challenge.
retocar [10] *vt* to touch up.
retoce *etc* ▷ **retozar**.
retoño *m BOT* sprout, shoot; *fig* offspring *(U)*.
retoque ◇ *v* ▷ **retocar**. ◇ *m* touching-up *(U)*; [de prenda de vestir] alteration; **dar los últimos ~s a** to put the finishing touches to.
retorcer [41] *vt* **-1.** [torcer - brazo, alambre] to twist; [- ropa, cuello] to wring **-2.** *fig* [tergiversar] to twist.
◆ **retorcerse** *vpr* [contraerse]: **~se (de)** [risa] to double up (with); [dolor] to writhe about (in).
retorcido, da *adj* **-1.** [torcido - brazo, alambre] twisted; [- ropa] wrung out **-2.** *fig* [rebuscado] complicated, involved **-3.** *fig* [malintencionado] twisted, warped.
retórico, ca *adj* rhetorical.
◆ **retórica** *f lit & fig* [discurso] rhetoric.
retornable *adj* returnable; **no ~** non-returnable.
retornar *vt & vi* to return.
retorno *m* [gen & *INFORM*] return; **~ de carro** carriage return.
retortijón *(gen pl) m* stomach cramp.
retozar [13] *vi* to gambol, to frolic; [amantes] to romp about.
retozón, ona *adj* playful.
retractación *f* retraction.
retractarse *vpr* [de una promesa] to go back on one's word; [de una opinión] to take back what one has said; **~ de** [lo dicho] to retract, to take back.
retráctil *adj* retractable; [uña] retractile.
retraer [73] *vt* **-1.** [encoger] to retract **-2.** [disuadir]: **~ a alguien de hacer algo** to persuade sb not to do sthg.
◆ **retraerse** *vpr* **-1.** [encogerse] to retract **-2.** [retirarse]: **~se de** to withdraw from **-3.** [retroceder] to withdraw, to retreat.
retraído, da *adj* withdrawn, retiring.
retraimiento *m* shyness, reserve.
retransmisión *f* broadcast; **~ en directo/diferido** live/recorded broadcast.

retransmitir *vt* to broadcast.

retrasado, da ◇ *adj* **-1.** [país, industria] backward; [reloj] slow; [tren] late, delayed **-2.** [en el pago, los estudios] behind **-3.** *MED* retarded, backward. ◇ *m,f*: ~ **(mental)** mentally retarded person.

retrasar ◇ *vt* **-1.** [aplazar] to postpone **-2.** [demorar] to delay, to hold up **-3.** [hacer más lento] to slow down, to hold up **-4.** [en el pago, los estudios] to set back **-5.** [reloj] to put back. ◇ *vi* [reloj] to be slow.

◆ **retrasarse** *vpr* **-1.** [llegar tarde] to be late **-2.** [quedarse atrás] to fall behind **-3.** [aplazarse] to be put off **-4.** [reloj] to lose time.

retraso *m* **-1.** [por llegar tarde] delay; **llegar con (15 minutos de)** ~ to be (15 minutes) late **-2.** [por sobrepasar una fecha] time behind schedule; **llevo en mi trabajo un** ~ **de 20 páginas** I'm 20 pages behind with my work **-3.** [subdesarrollo] backwardness; **llevar (siglos de)** ~ to be (centuries) behind **-4.** *MED* mental deficiency.

retratar *vt* **-1.** [fotografiar] to photograph **-2.** [dibujar] to do a portrait of **-3.** *fig* [describir] to portray.

◆ **retratarse** *vpr fig* [describirse] to describe o.s.

retratista *mf ARTE* portraitist; *FOT* (portrait) photographer.

retrato *m* **-1.** [dibujo] portrait; [fotografía] photograph; ~ **robot** photofit picture; **ser el vivo** ~ **de alguien** to be the spitting image of sb **-2.** *fig* [reflejo] portrayal.

retreta *f* retreat.

retrete *m* toilet.

retribución *f* [pago] payment; [recompensa] reward.

retribuir [51] *vt* [pagar] to pay; [recompensar] to reward.

retro *adj* old-fashioned.

retroactividad *f* [de ley] retroactivity; [del pago] backdating.

retroactivo, va *adj* [ley] retrospective, retroactive; [pago] backdated.

retroceder *vi* to go back; *fig* to back down; **no retrocederé ante nada** there's no stopping me now.

retroceso *m* **-1.** [regresión - gen] backward movement; [- en negociaciones] setback; [- en la economía] recession **-2.** [en enfermedad] deterioration.

retrógrado, da *adj & m,f* reactionary.

retropropulsión *f* jet propulsion.

retroproyector *m* overhead projector.

retrospección *f* retrospection.

retrospectivo, va *adj* retrospective; **echar una mirada retrospectiva a** to look back over.

◆ **retrospectiva** *f* retrospective.

retrovisor *m* rear-view mirror.

retuerce *etc* ▷ **retorcer**.

retumbante *adj* resounding.

retumbar *vi* **-1.** [resonar] to resound **-2.** [hacer ruido] to thunder, to boom.

retuviera *etc* ▷ **retener**.

reuma, reúma *m o f* rheumatism.

reumático, ca *adj & m,f* rheumatic.

reumatismo *m* rheumatism.

reumatología *f* rheumatology.

reumatólogo, ga *m,f* rheumatologist.

reunificación *f* reunification.

reunificar [10] *vt* to reunify.

◆ **reunificarse** *vpr* to reunify.

reunión *f* meeting.

reunir *vt* **-1.** [público, accionistas etc] to bring together **-2.** [objetos, textos etc] to collect, to bring together; [fondos] to raise **-3.** [requisitos] to meet; [cualidades] to possess, to combine **-4.** [volver a unir] to put back together.

◆ **reunirse** *vpr* [congregarse] to meet.

reutilizar [13] *vt* to reuse.

reválida *f* final exam.

revalidar *vt* to confirm.

revalorar = **revalorizar**.

revalorización *f* **-1.** [aumento del valor] appreciation; [de moneda] revaluation **-2.** [restitución del valor] favourable reassessment.

revalorizar [13], **revalorar** *vt* **-1.** [aumentar el valor] to increase the value of; [moneda] to revalue **-2.** [restituir el valor] to reassess in a favourable light.

◆ **revalorizarse** *vpr* **-1.** [aumentar de valor] to appreciate; [moneda] to be revalued **-2.** [recuperar valor] to be reassessed favourably.

revancha *f* **-1.** [venganza] revenge; **tomarse la** ~ to take revenge **-2.** *DEP* return match.

revanchismo *m* vengefulness.

revelación *f* revelation.

revelado *m FOT* developing.

revelador, ra *adj* [aclarador] revealing.

◆ **revelador** *m FOT* developer.

revelar *vt* **-1.** [declarar] to reveal **-2.** [evidenciar] to show **-3.** *FOT* to develop.

◆ **revelarse** *vpr*: ~ **se como** to show o.s. to be.

revendedor, ra *m,f* ticket tout.

revender *vt* to resell; [entradas] to tout.

reventa *f* resale; [de entradas] touting.

reventado, da *adj fam* shattered, whacked.

reventar [19] ◇ *vt* **-1.** [explotar] to burst **-2.** [echar abajo] to break down; [con explosivos] to blow up **-3.** [hacer fracasar] to ruin, to spoil **-4.** *fam* [fastidiar] to annoy. ◇ *vi* **-1.** [explotar] to burst **-2.** [estar lleno]: ~ **de** to be bursting with **-3.** [desear mucho]: ~ **por hacer algo** to be bursting to do sthg **-4.** *fam fig* [perder los nervios]: ~ **(de)** to explode (with).

◆ **reventarse** *vpr* **-1.** [explotar] to explode; [rueda] to burst **-2.** *fam* [cansarse] to get whacked, to tire o.s. to death.

reventón *m* [pinchazo] blowout, flat *US*, puncture *UK*.

reverberación *f* [de sonido] reverberation; [de luz, calor] reflection.

reverberar *vi* [sonido] to reverberate; [luz, calor] to reflect.

reverdecer [30] *vi* **-1.** [campos etc] to become green again **-2.** *fig* [amor] to revive.

reverencia *f* **-1.** [respeto] reverence **-2.** [saludo - inclinación] bow; [- flexión de piernas] curtsy.

reverenciar [8] *vt* to revere.

reverendo, da *adj* reverend.

◆ **reverendo** *m* reverend.

reverente *adj* reverent.

reversa *f Méx* reverse.

reversibilidad *f* reversibility.

reversible *adj* reversible.

reverso *m* back, other side; **ser el ~ de la medalla** to be the other side of the coin.

revertir [27] *vi* **-1.** [volver, devolver] to revert **-2.** [resultar]: ~ **en** to result in; ~ **en beneficio/perjuicio de** to be to the advantage/detriment of.

revés *m* **-1.** [parte opuesta - de papel, mano] back; [- de tela] other *o* wrong side; **al ~** [en sentido contrario] the wrong way round; [en forma opuesta] the other way round; **del ~** [lo de detrás, delante] the wrong way round, back to front; [lo de dentro, fuera] inside out; [lo de arriba, abajo] upside down **-2.** [bofetada] slap **-3.** DEP backhand **-4.** [contratiempo] setback, blow.

revestimiento *m* covering.

revestir [26] *vt* **-1.** [recubrir]: ~ **(de)** [gen] to cover (with); [pintura] to coat (with); [forro] to line (with) **-2.** [poseer - solemnidad, gravedad etc] to take on, to have.

◆ **revestirse** *vpr*: **~se de** [valor, paciencia] to arm o.s. with.

revienta *etc* ▷ **reventar.**

revierta, revirtiera *etc* ▷ **revertir.**

revisar *vt* **-1.** [repasar] to go over again **-2.** [inspeccionar] to inspect; [cuentas] to audit **-3.** [modificar] to revise.

revisión *f* **-1.** [repaso] revision **-2.** [inspección] inspection; ~ **de cuentas** audit; ~ **médica** check-up **-3.** [modificación] amendment **-4.** [AUTOM - puesta a punto] service; [- anual] ≃ MOT (test).

revisionismo *m* revisionism.

revisor, ra *m,f* [en tren] ticket inspector, conductor *US*; [en autobús] (bus) conductor.

revista ◇ *v* ▷ **revestir.** ◇ *f* **-1.** [publicación] magazine; ~ **del corazón** gossip magazine; ~ **de modas** fashion magazine **-2.** [sección de periódico] section, review **-3.** [espectáculo teatral] revue **-4.** [inspección] inspection; **pasar ~ a** MIL to inspect, to review; [examinar] to examine.

revistero *m* [mueble] magazine rack.

revistiera *etc* ▷ **revestir.**

revitalizar [13] *vt* to revitalize.

revival *m inv* revival.

revivificar [10] *vt* to revive.

revivir ◇ *vi* to revive. ◇ *vt* [recordar] to revive memories of.

revocable *adj* revocable.

revocación *f* revocation.

revocar [10] *vt* **-1.** [gen] to revoke **-2.** CONSTR to plaster.

revolcar [36] *vt* to throw to the ground, to upend.

◆ **revolcarse** *vpr* to roll about.

revolcón *m* tumble, fall; **dar un ~ a alguien** *fam* to thrash sb; **dar un ~ con alguien** *fam* to roll in the hay with sb.

revolotear *vi* to flutter (about).

revoloteo *m* fluttering (about).

revoltijo, revoltillo *m* jumble.

revoltoso, sa *adj* **-1.** [travieso] mischevious **-2.** [sedicioso] rebellious.

revolución *f* revolution.

revolucionar *vt* **-1.** [crear conflicto] to cause a stir in **-2.** [transformar] to revolutionize.

revolucionario, ria *adj & m,f* revolutionary.

revolver [24] *vt* **-1.** [dar vueltas] to turn around; [líquido] to stir **-2.** [mezclar] to mix; [ensalada] to toss **-3.** [desorganizar] to turn upside down, to mess up; [cajones] to turn out **-4.** [irritar] to upset; **me revuelve el estómago** *o* **las tripas** it makes my stomach turn.

◆ **revolver en** *vi* [cajones etc] to rummage around in.

◆ **revolverse** *vpr* **-1.** [moverse] to move

around; [en la cama] to toss and turn **-2.** [volverse] to turn around; **~se contra** to turn against.

revólver *m* revolver.

revoque *etc* ▷ **revocar**.

revuelca *etc* ▷ **revolcar**.

revuelo *m* [agitación] commotion; **armar un gran ~** to cause a great stir.

revuelque ▷ **revolcar**.

revuelto, ta ◇ *pp* ▷ **revolver**. ◇ *adj* **-1.** [desordenado] upside down, in a mess **-2.** [alborotado - época etc] troubled, turbulent **-3.** [clima] unsettled **-4.** [aguas] choppy, rough.

◆ **revuelto** *m* CULIN scrambled eggs *(pl)*.

◆ **revuelta** *f* **-1.** [disturbio] riot, revolt **-2.** [curva] bend.

revuelva *etc* ▷ **revolver**.

revulsivo, va *adj fig* stimulating, revitalizing.

◆ **revulsivo** *m fig* kick-start, stimulus.

rey *m* king.

◆ **Reyes** *mpl*: **los Reyes** the King and Queen; **(Día de) Reyes** Twelfth Night.

◆ **Reyes Católicos** *mpl*: **los Reyes Católicos** *the Spanish Catholic monarchs Ferdinand V and Isabella.*

◆ **Reyes Magos** *mpl*: **los Reyes Magos** the Three Kings, the Three Wise Men.

REYES MAGOS

On 6th January Spanish children traditionally receive presents, supposedly brought by the Three Wise Men. Tradition has it that children should leave out their slippers the night before to show how many people there are in the house and also leave some bread and water for the camels on which the Wise Men ride. This custom is still very much alive, although some people now have presents from Father Christmas on Christmas Day.

reyerta *f* fight, brawl.

rezagado, da ◇ *adj*: **ir ~** to lag behind. ◇ *m,f* straggler.

rezagarse [16] *vpr* to lag *o* fall behind.

rezar [13] ◇ *vt* [oración] to say. ◇ *vi* **-1.** [orar]: **~ (a)** to pray (to); **~ por algo/alguien** to pray for sthg/sb **-2.** [decir] to read, to say **-3.** [corresponderse]: **~ con** to have to do with.

rezo *m* **-1.** [acción] praying **-2.** [oración] prayer.

rezongar [16] *vi* to grumble, to moan.

rezumar ◇ *vt* **-1.** [transpirar] to ooze **-2.** *fig* [manifestar] to be overflowing with. ◇ *vi* to ooze *o* seep out.

RFA (*abrev de* **República Federal de Alemania**) *f* FRG.

Rhin *m*: **el (río) ~** the Rhine.

ría ◇ *v* ▷ **reír**. ◇ *f* estuary.

riachuelo *m* brook, stream.

riada *f lit & fig* flood.

ribeiro *m wine from the province of Orense, Spain.*

ribera *f* [del río] bank; [del mar] shore.

ribereño, ña *adj* [de río] riverside; [de mar] coastal.

ribete *m* edging *(U)*, trimming *(U)*; *fig* touch, nuance.

ribetear *vt* to edge, to trim.

ribonucleico ▷ **ácido**.

ricamente *adv*: **tan ~** quite happily.

rice *etc* ▷ **rizar**.

ricino *m* [planta] castor oil plant.

rico, ca ◇ *adj* **-1.** [gen] rich **-2.** [abundante]: **~ (en)** rich (in) **-3.** [sabroso] delicious **-4.** [simpático] cute **-5.** *fam* [apelativo]: **¡oye ~!** hey, sunshine! ◇ *m,f* rich person; **los ~s** the rich; **los nuevos ~s** the nouveaux riches.

rictus *m inv* **-1.** [de ironía] smirk **-2.** [de desprecio] sneer **-3.** [de dolor] wince.

ricura *f* [persona] delight, lovely person.

ridiculez *f* **-1.** [payasada] silly thing, nonsense *(U)* **-2.** [nimiedad] trifle; **cuesta una ~** it costs next to nothing.

ridiculizar [13] *vt* to ridicule.

ridículo, la *adj* ridiculous; [precio, suma] laughable, derisory.

◆ **ridículo** *m* ridicule; **hacer el ~** to make a fool of o.s.; **poner** *o* **dejar en ~ a alguien** to make sb look stupid; **quedar en ~** to look like a fool.

ríe *etc* ▷ **reír**.

riega *etc* ▷ **regar**.

riego *m* [de campo] irrigation; [de jardín] watering; **~ sanguíneo** (blood) circulation.

riegue *etc* ▷ **regar**.

riel *m* **-1.** [de vía] rail **-2.** [de cortina] (curtain) rail.

rienda *f* **-1.** [de caballería] rein; **dar ~ suelta a** *fig* to give free rein to; **tener a alguien con la ~ corta** *fig* to keep sb on a tight rein **-2.** [moderación] restraint.

◆ **riendas** *fpl fig* [dirección] reins; **aflojar las ~s** to ease up; **llevar** *o* **tener las ~s** to hold the reins, to be in control.

riera *etc* ▷ **reír**.

riesgo *m* risk; **a todo ~** [seguro, póliza] comprehensive; **correr (el) ~ de** to run the risk of.

riesgoso, sa *adj Amér* risky.
rifa *f* raffle.
rifar *vt* to raffle.
◆ **rifarse** *vpr fig* to fight over, to contest.
rifle *m* rifle.
rige *etc* ▻ **regir**.
rigidez *f* **-1.** [de un cuerpo, objeto etc] rigidity **-2.** [del rostro] stoniness **-3.** *fig* [severidad] strictness, harshness.
rígido, da *adj* **-1.** [cuerpo, objeto etc] rigid **-2.** [rostro] stony **-3.** [severo - normas etc] harsh; [- carácter] inflexible.
rigiera *etc* ▻ **regir**.
rigor *m* **-1.** [severidad] strictness **-2.** [exactitud] accuracy, rigour; **en ~** strictly (speaking) **-3.** [inclemencia] harshness.
◆ **de rigor** *loc adj* usual.
rigurosidad *f* **-1.** [severidad] strictness **-2.** [exactitud] accuracy, rigour **-3.** [inclemencia] harshness.
riguroso, sa *adj* **-1.** [severo] strict **-2.** [exacto] rigorous, disciplined **-3.** [inclemente] harsh.
rija *etc* ▻ **regir**.
rima *f* rhyme.
rimar *vt & vi* to rhyme; **~ con algo** to rhyme with sthg.
rimbombante *adj* **-1.** [estilo, frases] pompous **-2.** [desfile, fiesta etc] ostentatious.
rímel, rimmel *m* mascara.
rin *m* **-1.** *Amér* [ficha telefónica] telephone token **-2.** *Méx* [llanta] wheel rim.
rincón *m* corner *(inside)*.
rinconera *f* corner piece.
rinda, rindiera *etc* ▻ **rendir**.
ring (*pl* **rings**) *m* (boxing) ring.
rinitis *f inv* rhinitis.
rinoceronte *m* rhinoceros.
riña ◇ *v* ▻ **reñir**. ◇ *f* [disputa] quarrel; [pelea] fight.
riñera *etc* ▻ **reñir**.
riñón *m* kidney; **~ artificial** kidney machine; **costar un ~** *fig* to cost a packet; **tener el ~ bien cubierto** *fig* to be well-heeled.
◆ **riñones** *mpl* [región lumbar] lower back *(sg)*.
riñonada *f* [región lumbar] lower back; **costar una ~** *fig* to cost a packet.
riñonera *f* [pequeño bolso] bum bag *UK*, fanny pack *US*.
río ◇ *v* ▻ **reír**. ◇ *m lit & fig* river; **ir ~ arriba/abajo** to go upstream/downstream; **a ~ revuelto, ganancia de pescadores** *proverb* it's an ill wind that blows nobody any good *proverb*; **cuando el ~ suena, agua lleva** *proverb* there's no smoke without fire *proverb*.
Río de Janeiro *m* Rio de Janeiro.
Río de la Plata *m* River Plate.
rioja *m* Rioja (wine).
riojano, na *adj & m,f* Riojan.
rioplatense *adj* of/relating to the River Plate region.
RIP (*abrev de* **requiescat in pace**) RIP.
ripio *m* LITER *word or phrase included to complete a rhyme*.
riqueza *f* **-1.** [fortuna] wealth **-2.** [abundancia] richness.
risa *f* laugh, laughter *(U)*; **me da ~** I find it funny; **¡qué ~!** how funny!; **de ~** funny; **mondarse** *o* **morirse** *o* **partirse de ~** to die of laughter; **se me escapó la ~** I burst out laughing; **tomar algo a ~** to take sthg as a joke.
risco *m* cliff, crag.
risible *adj* laughable.
risotada *f* guffaw; **soltar una ~** to laugh loudly.
ristra *f lit & fig* string.
ristre
◆ **en ristre** *loc adv* at the ready.
risueño, ña *adj* **-1.** [alegre] smiling **-2.** [próspero] sunny, promising.
rítmico, ca *adj* rhythmic.
ritmo *m* **-1.** [gen] rhythm; **al ~ de** to the rhythm of; **llevar el ~** to keep time; **perder el ~** to get out of time; [cardíaco] beat **-2.** [velocidad] pace.
rito *m* **-1.** RELIG rite **-2.** [costumbre] ritual.
ritual *adj & m* ritual.
rival *adj & m,f* rival; **sin ~** unrivaled.
rivalidad *f* rivalry.
rivalizar [13] *vi*: **~ (con)** to compete (with).
rivera *f* brook, stream.
rizado, da *adj* **-1.** [pelo] curly **-2.** [mar] choppy.
◆ **rizado** *m* [en peluquería]: **hacerse un ~** to have one's hair curled.
rizar [13] *vt* **-1.** [pelo] to curl **-2.** [mar] to ripple.
◆ **rizarse** *vpr* [pelo] to curl.
rizo *m* **-1.** [de pelo] curl **-2.** [del agua] ripple **-3.** [de avión] loop **-4.** [tela] towelling, terry **-5.** *loc*: **rizar el ~** to split hairs.
RNE (*abrev de* **Radio Nacional de España**) *f Spanish national radio station*.
roast-beef [ros'βif] (*pl* **roast-beefs**), **rosbif** (*pl* **rosbifs**) *m* roast beef.
róbalo, robalo *m* sea bass.
robar *vt* **-1.** [gen] to steal; [casa] to burgle, burglarize *US*; **~ a alguien** to rob sb **-2.** [en

naipes] to draw **-3.** [cobrar caro] to rob.
roble *m* **-1.** *BOT* oak **-2.** *fig* [persona] strong person; **más fuerte que un** ~ as strong as an ox.
robledal, robledo *m* oak wood *o* grove.
robo *m* [delito] robbery, theft; [en casa] burglary; ~ **a mano armada** armed robbery; **ser un** ~ [precios etc] to be daylight robbery.
robot (*pl* **robots**) *m* [gen & *INFORM*] robot.
◆ **robot de cocina** *m* food processor.
robótica *f* robotics *(U)*.
robotización *f* automation.
robotizar [13] *vt* to automate.
robustecer [30] *vt* to strengthen.
◆ **robustecerse** *vpr* to get stronger.
robustez *f* robustness.
robusto, ta *adj* robust.
roca *f* rock; **firme como una** ~ solid as a rock.
rocalla *f* rubble.
rocambolesco, ca *adj* ludicrous.
roce ◇ *v* ▷ **rozar**. ◇ *m* **-1.** [rozamiento - gen] rub, rubbing *(U)*; [- suave] brush, brushing *(U)*; [- *FÍS*] friction **-2.** [desgaste] wear **-3.** [rasguño - en piel] graze; [- en zapato, puerta] scuffmark; [- en metal] scratch **-4.** [trato] close contact **-5.** [desavenencia] brush; **tener un** ~ **con alguien** to have a brush with sb.
rociada *f* **-1.** [rocío] dew **-2.** [aspersión] sprinkling **-3.** [de insultos, perdigones etc] shower.
rociar [9] *vt* **-1.** [arrojar gotas] to sprinkle; [con espray] to spray **-2.** [arrojar cosas]: ~ **algo (de)** to shower sthg (with) **-3.** [con vino] to wash down.
rocín *m* nag.
rocío *m* dew.
rock, rock and roll *m inv* rock and roll.
rockero, ra, roquero, ra ◇ *adj* rock *(antes de sust)*. ◇ *m,f* **-1.** [músico] rock musician **-2.** [fan] rock fan.
rococó *adj inv* & *m* rococo.
rocoso, sa *adj* rocky.
rodaballo *m* turbot.
rodado, da *adj* **-1.** [piedra] rounded **-2.** [tráfico] road *(antes de sust)* **-3.** *loc*: **estar muy** ~ [persona] to be very experienced; **venir** ~ **para** to be the perfect opportunity to.
◆ **rodada** *f* tyre track.
rodaja *f* slice; **en** ~**s** sliced.
rodaje *m* **-1.** [filmación] shooting **-2.** [de motor] running-in **-3.** [experiencia] experience.
Ródano *m*: **el** ~ the (River) Rhône.
rodapié *m* skirting board.
rodar [23] ◇ *vi* **-1.** [deslizar] to roll; **echar algo a** ~ *fig* to set sthg in motion **-2.** [circular] to travel, to go **-3.** [girar] to turn **-4.** [caer]: ~ **(por)** to tumble (down) **-5.** [ir de un lado a otro] to go around **-6.** *CIN* to shoot. ◇ *vt* **-1.** *CIN* to shoot **-2.** [automóvil] to run in.
Rodas Rhodes.
rodear *vt* **-1.** [gen] to surround; **le rodeó el cuello con los brazos** she put her arms around his neck; ~ **algo de algo** to surround sthg with sthg **-2.** [dar la vuelta a] to go around **-3.** [eludir] to skirt around.
◆ **rodearse** *vpr*: ~**se de** to surround o.s. with.
rodeo *m* **-1.** [camino largo] detour; **dar un** ~ to make a detour **-2.** *(gen pl)* [evasiva] evasiveness *(U)*; **andar** *o* **ir con** ~**s** to beat about the bush; **hablar sin** ~**s** to come straight to the point **-3.** [reunión de ganado] rounding up **-4.** [espectáculo] rodeo.
rodete *m* round pad.
rodilla *f* knee; **de** ~**s** on one's knees; **doblar** *o* **hincar la** ~ [arrodillarse] to go down on one knee; *fig* to bow (down), to humble o.s.; **hincarse de** ~**s** to kneel (down).
rodillera *f* **-1.** [protección] knee pad **-2.** [remiendo] knee patch.
rodillo *m* [gen] roller; [para repostería] rolling pin.
rododendro *m* rhododendron.
rodrigón *m* stake, prop.
rodríguez *m inv* grass widower; **estar** *o* **quedarse de** ~ to be a grass widower.

RODRÍGUEZ

Rodríguez is the name given to a man who stays working in town whilst his wife and children spend the summer holidays elsewhere.

roedor, ra *adj ZOOL* rodent *(antes de sust)*.
◆ **roedor** *m* rodent.
roedura *f* **-1.** [acción] gnawing **-2.** [señal] gnaw mark.
roer [69] *vt* **-1.** [con dientes] to gnaw (at) **-2.** *fig* [gastar] to eat away (at) **-3.** *fig* [atormentar] to nag *o* gnaw (at) **-4.** *loc*: **ser duro de** ~ to be a tough nut to crack.
rogar [39] *vt* [implorar] to beg; [pedir] to ask; ~ **a alguien que haga algo** to ask *o* beg sb to do sthg; **le ruego me perdone** I beg your pardon; **hacerse (de)** ~ to play hard to get; **'se ruega silencio'** 'silence, please'.
rogativa *(gen pl) f* rogation.
rogué *etc* ▷ **rogar**.
roiga *etc* ▷ **roer**.
rojez *f* **-1.** [cualidad] redness **-2.** [roncha] (red) blotch.

rojizo, za *adj* reddish.
rojo, ja ◇ *adj* red; **ponerse** ~ [gen] to turn red; [ruborizarse] to blush. ◇ *m,f* *POLÍT* red.
◆ **rojo** *m* [color] red; **al** ~ **vivo** [en incandescencia] red hot; *fig* heated.
rol (*pl* **roles**) *m* **-1.** [papel] role **-2.** *NÁUT* muster.
rollizo, za *adj* chubby, plump.
rollo *m* **-1.** [cilindro] roll; ~ **de primavera** *CULIN* spring roll **-2.** *CIN* roll **-3.** *fam* [discurso]: **el** ~ **de costumbre** the same old story; **soltar el** ~ to go on and on; **tener mucho** ~ to witter on **-4.** *fam* [embuste] tall story **-5.** *fam* [pelmazo, pesadez] bore, drag **-6.** *fam* [tema] stuff; **¿de qué va el** ~**?** what's it all about? **-7.** *fam* [relación] relationship; **tener buen/mal** ~ **(con alguien)** to get on/not to get on with sb **-8.** *fam* [ambiente, tipo de vida] scene; **traerse un mal** ~ to be into a bad scene.
ROM (*abrev de* **read-only memory**) *f* ROM.
Roma Rome.
romance ◇ *adj* Romance. ◇ *m* **-1.** *LING* Romance language **-2.** *LITER* romance **-3.** [idilio] romance.
romancero *m* *LITER* collection of romances.
románico, ca *adj* **-1.** *ARQUIT & ARTE* Romanesque **-2.** *LING* Romance.
◆ **románico** *m*: **el (estilo)** ~ the Romanesque (style).
romanización *f* Romanization.
romanizar [13] *vt* to Romanize.
romano, na ◇ *adj* Roman; *RELIG* Roman Catholic. ◇ *m,f* Roman.
romanticismo *m* **-1.** *ARTE & LITER* Romanticism **-2.** [sentimentalismo] romanticism.
romántico, ca *adj & m,f* **-1.** *ARTE & LITER* Romantic **-2.** [sentimental] romantic.
romanza *f* *MÚS* ballad.
rombo *m* *GEOM* rhombus.
romeo *m* *fig* *person very much in love.*
romería *f* **-1.** [peregrinación] pilgrimage **-2.** [fiesta] *open-air festivities to celebrate a religious event* **-3.** *fig* [mucha gente] long line.
romero, ra *m,f* [peregrino] pilgrim.
◆ **romero** *m* *BOT* rosemary.
romo, ma *adj* **-1.** [sin filo] blunt **-2.** [de nariz] snub-nosed.
rompecabezas *m inv* **-1.** [juego] jigsaw **-2.** *fam* [problema] puzzle.
rompehielos *m inv* ice-breaker.
rompeolas *m inv* breakwater.
romper ◇ *vt* **-1.** [gen] to break; [hacer añicos] to smash; [rasgar] to tear **-2.** [interrumpir - monotonía, silencio, hábito] to break; [- hilo del discurso] to break off; [- tradición] to put an end to, to stop **-3.** [terminar - relaciones etc] to break off. ◇ *vi* **-1.** [terminar una relación]: ~ **(con alguien)** to break *o* split up (with sb) **-2.** [olas, el día] to break; [hostilidades] to break out; **al** ~ **el alba** *o* **día** at daybreak **-3.** [empezar]: ~ **a hacer algo** to suddenly start doing sthg; ~ **a llorar** to burst into tears; ~ **a reír** to burst out laughing **-4.** *loc*: **de rompe y rasga** [persona] determined.
◆ **romperse** *vpr* [partirse] to break; [rasgarse] to tear; **se ha roto una pierna** he has broken a leg.
rompevientos *m Amér* [anorak] anorak; *RP* [suéter] polo-neck jersey.
rompiente *m* reef, shoal.
rompimiento *m* **-1.** breaking; [de relaciones] breaking-off **-2.** *Amér* [de relaciones, conversaciones] breaking-off; [de pareja] break-up; [de contrato] breach.
ron *m* rum.
roncar [10] *vi* to snore.
roncha *f* red blotch.
ronco, ca *adj* **-1.** [afónico] hoarse; **se quedó** ~ **de tanto gritar** he shouted himself hoarse **-2.** [bronco] harsh.
ronda *f* **-1.** [de vigilancia, visitas] rounds (*pl*); **hacer la** ~ to do one's rounds **-2.** [carretera] ring road **-3.** [avenida] avenue **-4.** *fam* [de bebidas, en el juego etc] round.
rondalla *f* group of minstrels.
rondar ◇ *vt* **-1.** [vigilar] to patrol **-2.** [estar próximo]: **me ronda un resfriado** I've got a cold coming on **-3.** [rayar - edad] to be around **-4.** [cortejar] to court. ◇ *vi* [merodear]: ~ **(por)** to wander *o* hang around.
rondín *m Andes* **-1.** [vigilante] watchman, guard **-2.** [armónica] mouth organ.
ronque *etc* ⊳ **roncar**.
ronquera *f* hoarseness.
ronquido *m* snore, snoring (*U*).
ronronear *vi* to purr.
ronroneo *m* purr, purring (*U*).
roña ◇ *adj fam* [tacaño] stingy, tight. ◇ *mf fam* [tacaño] stingy person. ◇ *f* **-1.** [suciedad] filth, dirt **-2.** *fam* [tacañería] stinginess **-3.** *VETER* mange.
roñería *f fam* stinginess.
roñica *fam* ◇ *adj* stingy, tight. ◇ *mf* stingy person.
roñoso, sa ◇ *adj* **-1.** [sucio] dirty **-2.** [tacaño] mean. ◇ *m,f* miser, mean person.
ropa *f* clothes (*pl*); **aligerarse de** ~ [semidesnudo] to strip half-naked; **cambiarse de** ~ to change clothes; **ligero de** ~ scantily clad; ~ **blanca** linen; ~ **de abrigo** warm clothes

(pl); ~ **de cama** bed linen; ~ **hecha** ready-to-wear clothes; ~ **interior** underwear; ~ **sucia** laundry; **lavar la ~ sucia en público** *fig* to wash one's dirty linen in public; **nadar y guardar la ~** *fig* to cover one's back.
ropaje *m* robes *(pl)*.
ropero *m* **-1.** [armario] wardrobe **-2.** [habitación] walk-in wardrobe; *TEATR* cloakroom.
roque *m* [en ajedrez] castle; **estar/quedarse ~** *fig* to be/fall fast asleep.
roquefort [roke'for] *m* Roquefort (cheese).
roquero = **rockero**.
rorro *m* baby.
rosa ◇ *f* [flor] rose; **estar (fresco) como una ~** to be as fresh as a daisy; **no hay ~ sin espinas** there's no rose without a thorn. ◇ *m* [color] pink. ◇ *adj inv* [color] pink; **verlo todo de color (de) ~** *fig* to see everything through rose-tinted spectacles.
◆ **rosa de los vientos** *f NÁUT* compass.
rosáceo, a *adj* pinkish.
rosado, da *adj* pink.
◆ **rosado** ▷ **vino**.
rosal *m* [arbusto] rose bush.
rosaleda *f* rose garden.
rosario *m* **-1.** *RELIG* rosary; **rezar el ~** to say one's rosary **-2.** [sarta] string **-3.** *loc*: **acabar como el ~ de la aurora** to finish up badly.
rosbif = **roast-beef**.
rosca *f* **-1.** [de tornillo] thread **-2.** [forma - de anillo] ring; [- espiral] coil **-3.** *CULIN* ring doughnut **-4.** *loc*: **hacerle la ~ a alguien** to suck up to sb; **pasarse de ~** [persona] to go over the top.
rosco *m* ring-shaped bread roll; **no comerse un ~** *m fam* never to get off with anyone.
roscón *m* ring-shaped cake; **~ de reyes** *cake eaten on 6th January.*
roseta *f* **-1.** *ARQUIT* rosette **-2.** [de regadera] nozzle.
rosetón *m* **-1.** [ventana] rose window **-2.** [adorno] ceiling rose.
rosquete *adj Perú fam despec* queer.
rosquilla *f* ring doughnut; **venderse como ~s** *fam* to sell like hot cakes.
rosticería *f Chile shop selling roast chicken.*
rostro *m* face; **tener (mucho) ~** *fam fig* to have a real nerve.
rotación *f* **-1.** [giro] rotation; **~ de cultivos** crop rotation **-2.** [alternancia] rota; **por ~** in turn.
rotar *vi* to rotate.
rotativo, va *adj* rotary, revolving.
◆ **rotativo** *m* newspaper.
◆ **rotativa** *f* rotary press.
rotatorio, ria *adj* rotary, revolving.
rotisería *f CSur* deli.
roto, ta ◇ *pp* ▷ **romper**. ◇ *adj* **-1.** [gen] broken; [tela, papel] torn **-2.** *fig* [deshecho - vida etc] destroyed; [- corazón] broken **-3.** *fig* [exhausto] shattered. ◇ *m,f* ***Chile fam pey*** [trabajador] worker.
◆ **roto** *m* [en tela] tear, rip.
rotonda *f* **-1.** [glorieta] roundabout ***UK***, traffic circle ***US*** **-2.** [plaza] circus **-3.** [edificio] rotunda.
rotoso, sa *adj* ***Andes*** & ***RP fam*** ragged, in tatters.
Rotterdam Rotterdam.
rótula *f* kneecap.
rotulador *m* felt-tip pen; [fluorescente] marker pen.
rotular *vt* **-1.** [con rotulador] to highlight **-2.** [calle] to put up a sign on **-3.** [carta, artículo] to head with fancy lettering **-4.** [letrero] to letter.
rótulo *m* **-1.** [letrero] sign **-2.** [encabezamiento] headline, title.
rotundidad *f* firmness, categorical nature.
rotundo, da *adj* **-1.** [categórico - negativa, persona] categorical; [- lenguaje, estilo] emphatic, forceful **-2.** [completo] total.
rotura *f* [gen] break, breaking *(U)*; [de hueso] fracture; [en tela] rip, hole.
roturar *vt* to plough.
roulotte [ru'lot], **rulot** *f* caravan ***UK***, trailer ***US***.
round [raund] (*pl* **rounds**) *m DEP* round.
roya *etc* ▷ **roer**.
royalty [ro'jalti] (*pl* **royalties**) *m* royalty.
royera, royo *etc* ▷ **roer**.
rozadura *f* **-1.** [señal] scratch, scrape **-2.** [herida] graze.
rozamiento *m* [fricción] rub, rubbing *(U)*; *FÍS* friction *(U)*.
rozar [13] *vt* **-1.** [gen] to rub; [suavemente] to brush; [suj: zapato] to graze **-2.** [pasar cerca de] to skim, to shave **-3.** *fig* [estar cerca de] to border on; **roza los cuarenta** he's almost forty.
◆ **rozar con** *vi* **-1.** [tocar] to brush against **-2.** *fig* [acercarse a] to verge on.
◆ **rozarse** *vpr* **-1.** [tocarse] to touch **-2.** [pasar cerca] to brush past each other **-3.** [herirse - rodilla etc] to graze **-4.** *fig* [tener trato]: **~se con** to rub shoulders with.
Rte. *abrev de* **remitente**.
RTVE (*abrev de* **Radiotelevisión Española**) *f*

Spanish state broadcasting company.
rúa *f* street.
ruana *f Andes* poncho.
rubeola, rubéola *f* German measles *(U)*.
rubí (*pl* **rubís** *o* **rubíes**) *m* ruby.
rubia ▻ **rubio.**
rubicundo, da *adj* ruddy.
rubio, bia ◇ *adj* **-1.** [pelo, persona] blond (*f* blonde), fair; **teñirse de ~** to dye one's hair blond; **rubia platino** platinum blonde **-2.** [tabaco] Virginia *(antes de sust)* **-3.** [cerveza] lager *(antes de sust)*. ◇ *m,f* [persona] blond (*f* blonde), fair-haired person.
rublo *m* rouble.
rubor *m* **-1.** [vergüenza] embarrassment; **causar ~** to embarrass **-2.** [sonrojo] blush.
ruborizar [13] *vt* [avergonzar] to embarrass.
◆ **ruborizarse** *vpr* to blush.
ruboroso, sa *adj* blushing.
rúbrica *f* **-1.** [de firma] flourish **-2.** [título] title **-3.** [conclusión] final flourish; **poner ~ a algo** to complete sthg.
rubricar [10] *vt* **-1.** [firmar] to sign with a flourish **-2.** *fig* [confirmar] to confirm **-3.** *fig* [concluir] to complete.
rucio, cia *adj* **-1.** [gris] grey **-2.** *Amér fam* blond (*f* blonde).
rudeza *f* **-1.** [tosquedad] roughness **-2.** [grosería] coarseness.
rudimentario, ria *adj* rudimentary.
rudimentos *mpl* rudiments.
rudo, da *adj* **-1.** [tosco] rough **-2.** [brusco] sharp, brusque **-3.** [grosero] rude, coarse.
rueca *f* distaff.
rueda ◇ *v* ▻ **rodar.** ◇ *f* **-1.** [pieza] wheel; **~ delantera/trasera** front/rear wheel; **~ de repuesto** spare wheel; **la ~ de la fortuna** *o* **del destino** *fig* the wheel of fortune; **comulgar con ~s de molino** *fig* to be very gullible; **ir sobre ~s** *fig* to go smoothly **-2.** [corro] circle.
◆ **rueda de prensa** *f* press conference.
◆ **rueda de reconocimiento** *f* identification parade.
ruedo *m* **-1.** TAUROM bullring; *ver también* **tauromaquia** **-2.** *fig* [mundo] sphere, world; **echarse al ~** to enter the fray.
ruega *etc* ▻ **rogar.**
ruego *m* request; **~s y preguntas** any other business.
rufián *m* villain.
rugby *m* rugby.
rugido *m* [gen] roar; [de persona] bellow.
rugir [15] *vi* [gen] to roar; [persona] to bellow.
rugosidad *f* **-1.** [cualidad] roughness **-2.** [arruga - de persona] wrinkle; [- de tejido] crinkle.
rugoso, sa *adj* **-1.** [áspero - material, terreno] rough **-2.** [con arrugas - rostro etc] wrinkled; [- tejido] crinkled.
ruibarbo *m* rhubarb.
ruido *m* **-1.** [gen] noise; [sonido] sound; **~ de fondo** background noise; **mucho ~ y pocas nueces** much ado about nothing **-2.** *fig* [escándalo] row; **hacer** *o* **meter ~** to cause a stir.
ruidoso, sa *adj* [que hace ruido] noisy.
ruin *adj* **-1.** [vil] low, contemptible **-2.** [avaro] mean.
ruina *f* **-1.** [gen] ruin; **amenazar ~** [edificio] to be about to collapse; **dejar en** *o* **llevar a la ~ a alguien** to ruin sb; **estar en la ~** to be ruined; **ser una ~** to cost a fortune **-2.** [destrucción] destruction **-3.** [fracaso - persona] wreck; **estar hecho una ~** to be a wreck.
◆ **ruinas** *fpl* [históricas] ruins; **en ~s** in ruins.
ruindad *f* **-1.** [cualidad] meanness, baseness **-2.** [acto] vile deed.
ruinoso, sa *adj* **-1.** [poco rentable] ruinous **-2.** [edificio] ramshackle.
ruiseñor *m* nightingale.
ruja *etc* ▻ **rugir.**
ruleta *f* roulette.
◆ **ruleta rusa** *f* Russian roulette.
ruletear *vi CAm, Méx fam* to drive a taxi.
ruletero *m CAm, Méx fam* taxi driver.
rulo *m* **-1.** [para el pelo] roller **-2.** [rizo] curl.
rulot = **roulotte.**
ruma *f Andes, Ven* heap, pile.
Rumanía Romania.
rumano, na *adj & m,f* Romanian.
◆ **rumano** *m* [lengua] Romanian.
rumba *f* rumba.
rumbo *m* **-1.** [dirección] direction, course; **caminar sin ~ fijo** to walk aimlessly; **ir con ~ a** to be heading for; **poner ~ a** to set course for; **perder el ~** [barco] to go off course; *fig* [persona] to lose one's way; **tomar otro ~** to take a different tack **-2.** *fig* [camino] path, direction.
rumboso, sa *adj fam* generous.
rumiante *adj & m* ruminant.
rumiar [8] ◇ *vt* [suj: rumiante] to chew; *fig* to ruminate, to chew over. ◇ *vi* [masticar] to ruminate, to chew the cud.
rumor *m* **-1.** [ruido sordo] murmur **-2.** [chisme] rumour; **corre el ~ de que** there's a rumour going around that.
rumorearse *v impers*: **~ que ...** to be rumoured that ...

runrún *m* [ruido confuso] hum, humming *(U).*

runruneo *m* [ruido] hum, humming *(U).*

rupestre *adj* cave *(antes de sust).*

rupia *f* rupee.

ruptura *f* [gen] break; [de relaciones, conversaciones] breaking-off; [de contrato] breach.

rural *adj* rural.

Rusia Russia.

ruso, sa *adj & m,f* Russian.
 ◆ **ruso** *m* [lengua] Russian.

rústico, ca *adj* **-1.** [del campo] country *(antes de sust)* **-2.** [tosco] rough, coarse.
 ◆ **en rústica** *loc adj* paperback.

ruta *f* route; *fig* way, course.

rutilante *adj* shining.

rutilar *vi* to shine brightly.

rutina *f* [gen & INFORM] routine; **de ~** routine; **por ~** as a matter of course.

rutinario, ria *adj* routine.

Rvda. (*abrev de* **Reverenda**) Rev. *(Mother etc).*

Rvdo. (*abrev de* **Reverendo**) Rev. *(Father etc).*

S

s, S *f* [letra] s, S.
 ◆ **S** (*abrev de* **san**) St.

s.a. (*abrev de* **sinne anno**) s.a.

SA (*abrev de* **sociedad anónima**) *f* ≃ Ltd, ≃ PLC.

sábado *m* Saturday; **¿qué día es hoy? - (es) ~** what day is it (today)? - (it's) Saturday; **cada ~, todos los ~s** every Saturday; **cada dos ~s, un ~ sí y otro no** every other Saturday; **caer en ~** to be on a Saturday; **te llamo el ~** I'll call you on Saturday; **el próximo ~, el ~ que viene** next Saturday; **el ~ pasado** last Saturday; **el ~ por la mañana/tarde/noche** Saturday morning/afternoon/night; **en ~** on Saturdays; **nací en ~** I was born on a Saturday; **este ~** [pasado] last Saturday; [próximo] this (coming) Saturday; **¿trabajas los ~s?** do you work (on) Saturdays?; **un ~ cualquiera** on any Saturday; **Sábado de Gloria** Easter Saturday.

sabana *f* savannah.

sábana *f* sheet; **~ ajustable** fitted sheet; **~ bajera/encimera** bottom/top sheet; **se le pegan las ~s** she's not good at getting up.

sabandija *f* **-1.** [animal] creepy-crawly, bug **-2.** *fig* [persona] worm.

sabañón *m* chilblain.

sabático, ca *adj* **-1.** [del sábado] Saturday *(antes de sust)* **-2.** ▷ **año.**

Sabbat ['saβat] *m* Sabbath.

sabedor, ra *adj*: **ser ~ de** to be aware of.

sabelotodo *m y f inv fam* know-all.

saber [70] ◇ *m* knowledge. ◇ *vt* **-1.** [conocer] to know; **ya lo sé** I know; **hacer ~ algo a alguien** to inform sb of sthg, to tell sb sthg; **¿se puede ~ qué haces?** would you mind telling me what you are doing? **-2.** [ser capaz de]: **~ hacer algo** to know how to do sthg, to be able to do sthg; **sabe hablar inglés/montar en bici** she can speak English/ride a bike **-3.** [enterarse] to learn, to find out; **lo supe ayer** I only found out yesterday **-4.** [entender de] to know about; **sabe mucha física** he knows a lot about physics **-5.** *loc*: **no ~ dónde meterse** not to know where to put o.s. ◇ *vi* **-1.** [tener sabor]: **~ (a)** to taste (of); **~ bien/mal** to taste good/bad; **~ mal a alguien** *fig* to upset *o* annoy sb **-2.** [entender]: **~ de algo** to know about sthg; **ése sí que sabe** he's a canny one **-3.** [tener noticia]: **~ de alguien** to hear from sb; **~ de algo** to learn of sthg **-4.** [parecer]: **eso me sabe a disculpa** that sounds like an excuse to me **-5.** *Andes, Arg & Chile fam* [soler]: **~ hacer algo** to be wont to do sthg **-6.** *loc*: **no ~ uno por dónde se anda** not to have a clue; **que yo sepa** as far as I know; **¡quién sabe!, ¡vete a ~!** who knows!
 ◆ **saberse** *vpr*: **~se algo** to know sthg; **sabérselas todas** *fig* to know all the tricks.
 ◆ **a saber** *loc adv* [es decir] namely.

sabido, da *adj*: **como es (bien) ~** as everyone knows.

sabiduría *f* **-1.** [conocimientos] knowledge, learning **-2.** [prudencia] wisdom; **~ popular** popular wisdom.

sabiendas
 ◆ **a sabiendas** *loc adv* knowingly; **a ~ de que ...** knowing that ..., quite aware of the fact that ...

sabihondo, da, sabiondo, da *adj & m,f* know-all, know-it-all.

sabina *f* [planta] savin.

sabio, bia ◇ *adj* **-1.** [sensato, inteligente] wise **-2.** [docto] learned. ◇ *m,f* [listo] wise person; [docto] learned person.

sabiondo = **sabihondo.**

sablazo *m* **-1.** [golpe] blow with a sabre **-2.** [herida] sabre wound **-3.** *fam fig* [de dinero] scrounging *(U)*; **dar un ~ a alguien** to scrounge money off sb.

sable *m* sabre.

sablear *vi fam* to scrounge money.

sablista *mf fam* scrounger.

sabor *m* **-1.** [gusto] taste, flavour; **tener ~ a algo** to taste of sthg; **dejar mal/buen ~ (de boca)** *fig* to leave a nasty taste in one's mouth/a warm feeling **-2.** *fig* [estilo] flavour.

saborear *vt lit & fig* to savour.

sabotaje *m* sabotage.

saboteador, ra *m,f* saboteur.

sabotear *vt* to sabotage.

sabrá *etc* ▷ **saber.**

sabroso, sa *adj* **-1.** [gustoso] tasty **-2.** *fig* [substancioso] tidy, considerable.

sabueso *m* **-1.** [perro] bloodhound **-2.** *fig* [policía] sleuth, detective.

saca *f* sack.

sacacorchos *m inv* corkscrew.

sacamuelas *m inv fam* dentist.

sacapuntas *m inv* pencil sharpener.

sacar [10] ◇ *vt* **-1.** [poner fuera, hacer salir] to take out; [lengua] to stick out; **~ algo de** to take sthg out of; **nos sacaron algo de comer** they gave us something to eat; **~ a alguien a bailar** to ask sb to dance **-2.** [quitar]: **~ algo (de)** to remove sthg (from) **-3.** [librar, salvar]: **~ a alguien de** to get sb out of **-4.** [conseguir]: **no sacas nada mintiéndole** you don't gain anything by lying to him **-5.** [obtener - carné, buenas notas] to get, to obtain; [- premio] to win; [- foto] to take; [- fotocopia] to make; [- dinero del banco] to withdraw **-6.** [sonsacar]: **~ algo a alguien** to get sthg out of sb **-7.** [extraer - producto]: **~ algo de** to extract sthg from **-8.** [fabricar] to produce **-9.** [crear - modelo, disco etc] to bring out **-10.** [exteriorizar] to show **-11.** [resolver - crucigrama etc] to do, to finish **-12.** [deducir] to gather, to understand; [conclusión] to come to **-13.** [mostrar] to show; **lo sacaron en televisión** he was on television **-14.** [comprar - entradas etc] to get, to buy **-15.** [prenda - de ancho] to let out; [- de largo] to let down **-16.** [aventajar]: **sacó tres minutos a su rival** he was three minutes ahead of his rival **-17.** [DEP - con la mano] to throw in; [- con la raqueta] to serve. ◇ *vi* DEP to put the ball into play; [con la raqueta] to serve.

◆ **sacarse** *vpr* **-1.** [poner fuera]: **~se algo (de)** to take sthg out (of) **-2.** [carné etc] to get.

◆ **sacar adelante** *vt* **-1.** [hijos] to bring up **-2.** [negocio] to make a go of.

sacárido *m* saccharide.

sacarina *f* saccharine.

sacarosa *f* sucrose.

sacerdocio *m* priesthood.

sacerdotal *adj* priestly.

sacerdote, tisa *m,f* [pagano] priest (*f* priestess).

◆ **sacerdote** *m* [cristiano] priest.

saciar [8] *vt* **-1.** [satisfacer - sed] to quench; [- hambre] to satisfy, to sate **-2.** *fig* [colmar] to fulfil.

◆ **saciarse** *vpr* to have had one's fill; *fig* to be satisfied.

saciedad *f* satiety; **hasta la ~** *fig* over and over again.

saco *m* **-1.** [bolsa] sack, bag; **~ de dormir** sleeping bag **-2.** *fig* [persona]: **ser un ~ de mentiras** to be full of lies **-3.** *Amér* [chaqueta] coat **-4.** *loc*: **dar por ~ a alguien** *mfam* to screw sb; **entrar a ~ en** to sack, to pillage; **mandar a alguien a tomar por ~** *mfam* to tell sb to get stuffed; **no echar algo en ~ roto** to take good note of sthg.

sacralizar [13] *vt* to consecrate.

sacramental *adj* sacramental.

sacramentar *vt* to administer the last rites to.

sacramento *m* sacrament.

sacrificar [10] *vt* **-1.** [gen] to sacrifice; **~ algo a** *lit & fig* to sacrifice sthg to **-2.** [animal - para consumo] to slaughter.

◆ **sacrificarse** *vpr*: **~se (para hacer algo)** to make sacrifices (in order to do sthg); **~se por** to make sacrifices for.

sacrificio *m lit & fig* sacrifice.

sacrilegio *m lit & fig* sacrilege.

sacrílego, ga ◇ *adj* sacrilegious. ◇ *m,f* sacrilegious person.

sacristán, ana *m,f* sacristan, sexton.

sacristía *f* sacristy.

sacro, cra *adj* **-1.** [sagrado] holy, sacred **-2.** ANAT sacral.

◆ **sacro** *m* ANAT sacrum.

sacrosanto, ta *adj* sacrosanct.

sacudida *f* **-1.** [gen] shake; [de la cabeza] toss; [de tren, coche] jolt; **dar ~s** to jolt; **~ eléctrica** electric shock **-2.** [terremoto] tremor **-3.** *fig* [conmoción] shock.

sacudir *vt* **-1.** [agitar] to shake **-2.** [golpear - alfombra etc] to beat **-3.** [hacer temblar] to

shake **-4.** *fig* [conmover] to shake, to shock **-5.** *fam fig* [pegar] to smack, to give a hiding.
◆ **sacudirse** *vpr* [persona] to get rid of.
sádico, ca ◇ *adj* sadistic. ◇ *m,f* sadist.
sadismo *m* sadism.
sadomasoquismo *m* sadomasochism.
sadomasoquista ◇ *adj* sadomasochistic. ◇ *mf* sadomasochist.
saeta *f* **-1.** [flecha] arrow **-2.** [de reloj] hand **-3.** MÚS *flamenco-style song sung on religious occasions.*
safari *m* **-1.** [expedición] safari; **ir de ~** to go on safari **-2.** [zoológico] safari park.
saga *f* saga.
sagacidad *f* astuteness.
sagaz *adj* astute, shrewd.
Sagitario ◇ *m* [zodiaco] Sagittarius; **ser ~** to be (a) Sagittarius. ◇ *mf* [persona] Sagittarian.
sagrado, da *adj* holy, sacred; *fig* sacred.
sagrario *m* **-1.** [parte del templo] shrine **-2.** [de las hostias] tabernacle.
Sahara *m*: **el (desierto del) ~** the Sahara (Desert).
sahariana [saxa'rjana] *f* [prenda] safari jacket.
sahariano, na *adj & m,f* Saharan.
sainete *m* **-1.** TEATR *short, popular comic play* **-2.** [fig] farce.
sajón, ona *adj & m,f* Saxon.
Sajonia *f* Saxony.
sal *f* **-1.** CULIN & QUÍM salt; **~ común** *o* **de cocina** cooking salt; **~ de fruta** fruit salts; **~ marina** sea salt; **la ~ de la vida** *fig* the spark of life **-2.** *fig* [gracia] wit **-3.** *fig* [garbo] charm.
◆ **sales** *fpl* **-1.** [para reanimar] smelling salts **-2.** [para baño] bath salts.
sala *f* **-1.** [habitación - gen] room; [- de una casa] lounge, living room; [- de hospital] ward; **~ de embarque** departure lounge; **~ de espera** waiting room; **~ de estar** lounge, living room; **~ de juntas** boardroom; **~ de máquinas** machine room; **~ de operaciones** operating theatre; **~ de partos** delivery room **-2.** [mobiliario] lounge suite **-3.** [local - de conferencias, conciertos] hall; [- de cine, teatro] auditorium; **~ de fiestas** discothèque **-4.** [DER - lugar] court (room); [- magistrados] bench.
saladero *m* salting room.
saladillo, lla *adj* salted.
saladito *m RP* savoury snack *o* appetizer.
salado, da *adj* **-1.** [con sal] salted; [agua] salt *(antes de sust)*; [con demasiada sal] salty; **estar ~** to be (too) salty **-2.** *fig* [gracioso] witty **-3.** *CAm, Carib, Méx* [desgraciado] unfortunate.
salamandra *f* **-1.** [animal] salamander **-2.** [estufa] salamander stove.
salami, salame *CSur m* salami.
salar *vt* **-1.** [para conservar] to salt **-2.** [para cocinar] to add salt to.
salarial *adj* wage *(antes de sust)*.
salario *m* salary, wages *(pl)*; [semanal] wage; **~ base** *o* **básico** basic wage; **~ bruto/neto** gross/net wage; **~ mínimo (interprofesional)** minimum wage.
salaz *adj* salacious.
salazón *f* [acción] salting.
◆ **salazones** *fpl* [carne] salted meat *(U)*; [pescado] salted fish *(U)*.
salchicha *f* sausage.
salchichón *m* ≃ salami.
salchichonería *f Méx* delicatessen.
saldar *vt* **-1.** [pagar - cuenta] to close; [- deuda] to settle **-2.** *fig* [poner fin a] to settle **-3.** COM to sell off.
◆ **saldarse** *vpr* [acabar]: **~se con** to produce; **la pelea se saldó con 11 heridos** 11 people were injured in the brawl.
saldo *m* **-1.** [de cuenta] balance; **~ acreedor/deudor** credit/debit balance; **~ negativo** overdraft **-2.** [de deudas] settlement **-3.** *(gen pl)* [restos de mercancías] remnant; [rebajas] sale; **de ~** bargain **-4.** *fig* [resultado] balance.
saldrá *etc* ▷ **salir**.
saledizo, za *adj* projecting.
◆ **saledizo** *m* overhang.
salero *m* **-1.** [recipiente] salt cellar *UK*, salt shaker *US* **-2.** *fig* [gracia] wit; [donaire] charm.
saleroso, sa *adj* [gracioso] witty; [garboso] charming.
salga *etc* ▷ **salir**.
sálico ▷ **ley**.
salida *f* **-1.** [acción de partir - gen] leaving; [- de tren, avión] departure; **~s nacionales/internacionales** domestic/international departures **-2.** DEP start; **dar la ~** to start the race; **~ nula** false start **-3.** [lugar] exit, way out; **~ de emergencia/incendios** emergency/fire exit **-4.** [momento]: **quedamos a la ~ del trabajo** we agreed to meet after work **-5.** [viaje] trip **-6.** [aparición - de sol, luna] rise; [- de revista, nuevo modelo] appearance **-7.** [COM - posibilidades] market; [- producción] output **-8.** INFORM output **-9.** *fig* [solución] way out; **si no hay otra ~** if there's no alternative **-10.** [pretexto] excuse **-11.** [ocurrencia]: **tener ~s** to be witty; **~ de tono** out-of-place remark

-12. *fig* [futuro - de carreras etc] opening, opportunity.

salido, da ◇ *adj* **-1.** [saliente] projecting, sticking out; [ojos] bulging **-2.** [animal] on heat **-3.** *mfam* [persona] horny. ◇ *m,f mfam* [persona] horny bugger.

saliente ◇ *adj* **-1.** [destacable] salient, important **-2.** POLÍT outgoing. ◇ *m* projection.

salina ▷ **salino.**

salinidad *f* salinity.

salino, na *adj* saline.

◆ **salina** *f* **-1.** MIN salt mine **-2.** *(gen pl)* [en el mar] saltworks *(sg).*

salir [71] *vi* **-1.** [ir fuera] to go out; [venir fuera] to come out; ~ **de** to go/come out of; **¿salimos al jardín?** shall we go out into the garden?; **¡sal aquí fuera!** come out here! **-2.** [ser novios]: ~ **(con alguien)** to go out (with sb) **-3.** [marcharse]: ~ **(de/para)** to leave (from/for); ~ **corriendo** to go off like a shot **-4.** [desembocar - calle]: ~ **a** to open out onto **-5.** [separarse - tapón, anillo etc]: ~ **(de)** to come off **-6.** [resultar] to turn out; **ha salido muy estudioso** he has turned out to be very studious; **¿qué salió en la votación?** what was the result of the vote?; ~ **elegida actriz del año** to be voted actress of the year; ~ **bien/mal** to turn out well/badly; ~ **ganando/perdiendo** to come off well/badly **-7.** [proceder]: ~ **de** to come from; **el vino sale de la uva** wine comes from grapes **-8.** [surgir - luna, estrellas, planta] to come out; [- sol] to rise; [- dientes] to come through; **le ha salido un sarpullido en la espalda** her back has come out in a rash **-9.** [aparecer - publicación, producto, traumas] to come out; [- moda, ley] to come in; [- en imagen, prensa, televisión] to appear; **¡qué bien sales en la foto!** you look great in the photo!; **ha salido en los periódicos** it's in the papers; **hoy salió por la televisión** he was on television today; ~ **de** CIN & TEATR to appear as **-10.** [en sorteo] to come up **-11.** [presentarse - ocasión, oportunidad] to turn up, to come along; [- problema, contratiempo] to arise; **a lo que salga, salga lo que salga** *fig* whatever happens **-12.** [costar]: ~ **(a** *o* **por)** to work out (at); ~ **caro** [de dinero] to be expensive; [por las consecuencias] to be costly **-13.** [decir u obrar inesperadamente]: **nunca se sabe por dónde va a** ~ you never know what she's going to do/come out with next **-14.** [parecerse]: ~ **a alguien** to turn out like sb, to take after sb **-15.** [en juegos] to lead; **te toca** ~ **a ti** it's your lead **-16.** [quitarse - manchas] to come out **-17.** [librarse]: ~ **de** [gen] to get out of; [problema] to get round **-18.** INFORM: ~ **(de)** to quit, to exit.

◆ **salirse** *vpr* **-1.** [marcharse - de lugar, asociación etc]: ~**se (de)** to leave **-2.** [filtrarse]: ~**se (por)** [líquido, gas] to leak *o* escape (through); [humo, aroma] to come out (through) **-3.** [rebosar] to overflow; [leche] to boil over; **el río se salió del cauce** the river broke its banks **-4.** [desviarse]: ~**se (de)** to come off; **el coche se salió de la carretera** the car came off *o* left the road **-5.** *fig* [escaparse]: ~**se de** [gen] to deviate from; [límites] to go beyond; ~**se del tema** to digress **-6.** *loc*: ~**se con la suya** to get one's own way.

◆ **salir adelante** *vi* **-1.** [persona, empresa] to get by **-2.** [proyecto, propuesta, ley] to be successful.

salitre *m* saltpetre.

saliva *f* saliva; **gastar** ~ **en balde** *fig* to waste one's breath; **tragar** ~ *fig* to bite one's tongue.

salivación *f* salivation.

salivadera *f Andes* spittoon.

salmo *m* psalm.

salmodia *f* singing of psalms; *fig* drone.

salmodiar [8] *vt* to sing in a monotone.

salmón ◇ *m* [pez] salmon. ◇ *adj & m inv* [color] salmon (pink).

salmonelosis *f inv* MED salmonella.

salmonete *m* red mullet.

salmuera *f* brine.

salobre *adj* salty.

salobridad *f* saltiness.

salomónico, ca *adj* equitable, even-handed.

salón *m* **-1.** [habitación - en casa] lounge, sitting room; ~ **comedor** living room-dining room; [- en residencia, edificio público] reception hall **-2.** [mobiliario] lounge suite **-3.** [local - de sesiones etc] hall; ~ **de actos** assembly hall **-4.** [feria] show, exhibition; ~ **de exposiciones** exhibition hall **-5.** [establecimiento] shop; ~ **de belleza/masaje** beauty/massage parlour; ~ **de té** tearoom.

◆ **de salón** *loc adj fig* armchair.

salpicadera *f Méx* mudguard *UK*, fender *US*.

salpicadero *m* dashboard.

salpicadura *f* [acción] splashing, spattering; [mancha] spot, spatter.

salpicar [10] *vt* **-1.** [rociar] to splash, to spatter **-2.** *fig* [diseminar]: ~ **(de)** to pepper (with).

salpicón *m* CULIN *cold dish of chopped fish, seasoned with pepper, salt, vinegar and onion.*

salpimentar [19] *vt* to season with salt and pepper.

salpullido = sarpullido.

salsa *f* **-1.** [CULIN - gen] sauce; [- de carne] gravy; ~ **bearnesa/tártara** bearnaise/tartar sauce; ~ **bechamel** *o* **besamel** bechamel *o* white sauce; ~ **muselina** *sauce made from egg yolk, butter and whipped cream*; ~ **rosa** thousand island dressing; ~ **de tomate** tomato sauce; **en su propia** ~ *fig* in one's element **-2.** *fig* [interés] spice **-3.** MÚS salsa.

salsera *f* gravy boat.

saltador, ra <> *adj* jumping. <> *m,f* DEP jumper.

saltamontes *m inv* grasshopper.

saltar <> *vt* **-1.** [obstáculo] to jump (over) **-2.** [omitir] to skip, to miss out. <> *vi* **-1.** [gen] to jump; ~ **de alegría** to jump for joy; [a la comba] to skip; [al agua] to dive; ~ **sobre alguien** [abalanzarse] to set upon sb; ~ **de un tema a otro** to jump (around) from one subject to another **-2.** [levantarse] to jump up; ~ **de la silla** to jump out of one's seat **-3.** [salir para arriba - objeto] to jump (up); [- champán, aceite] to spurt (out); [- corcho, válvula] to pop out **-4.** [explotar] to explode, to blow up **-5.** [romperse] to break **-6.** [sorprender]: ~ **con** to suddenly come out with **-7.** [reaccionar violentamente] to explode **-8.** [suj: agua, cascada]: ~ **por** to gush down, to pour down **-9.** *loc*: **estar a la que salta** to be always on the lookout.

◆ **saltarse** *vpr* **-1.** [omitir] to skip, to miss out **-2.** [salir despedido] to pop off **-3.** [no respetar - cola, semáforo] to jump; [- ley, normas] to break.

salteado, da *adj* **-1.** CULIN sautéed **-2.** [espaciado] unevenly spaced.

salteador, ra *m,f*: ~ **de caminos** highwayman.

saltear *vt* **-1.** [asaltar] to assault **-2.** CULIN to sauté.

saltimbanqui *mf* acrobat.

salto *m* **-1.** [gen & DEP] jump; **levantarse de un** ~ to leap to sb's feet; [grande] leap; [al agua] dive; **dar** *o* **pegar un** ~ to jump; [grande] to leap; ~ **de altura/longitud** high/long jump; ~ **mortal** somersault; ~ **con pértiga** pole vault **-2.** *fig* [diferencia, omisión] gap **-3.** *fig* [progreso] leap forward **-4.** [despeñadero] precipice **-5.** *loc*: **vivir a** ~ **de mata** to live from one day to the next; **dar** ~**s de alegría** *o* **contento** to jump with joy.

◆ **salto de agua** *m* waterfall.

◆ **salto de cama** *m* negligée.

saltón, ona *adj* [ojos] bulging; [dientes] sticking out.

salubre *adj* healthy.

salubridad *f* **-1.** [cualidad] healthiness **-2.** *culto* [salud pública] public health.

salud <> *f lit & fig* health; **estar bien/mal de** ~ to be well/unwell; **rebosar de** ~ to glow with health; **beber** *o* **brindar a la** ~ **de alguien** to drink to sb's health; **curarse en** ~ to cover one's back. <> *interj*: **¡**~**!** [para brindar] cheers!; **¡a su**~**!** your health!; [después de estornudar] bless you!

saludable *adj* **-1.** [sano] healthy **-2.** *fig* [provechoso] beneficial.

saludar *vt* to greet; ~ **con la mano a alguien** to wave to sb; MIL to salute; **saluda a Ana de mi parte** give my regards to Ana; **le saluda atentamente** yours faithfully.

◆ **saludarse** *vpr* to greet one another.

saludo *m* greeting; **retirarle el** ~ **a alguien** to stop speaking to sb; MIL salute; **Ana te manda** ~**s** [en cartas] Ana sends you her regards; [al teléfono] Ana says hello; **un** ~ **afectuoso** [en cartas] yours sincerely; ~**s** best regards.

salva *f* MIL salvo; **una** ~ **de aplausos** *fig* a round of applause.

salvación *f* **-1.** [remedio]: **no tener** ~ to be beyond hope **-2.** [rescate] rescue **-3.** RELIG salvation.

salvado *m* bran.

salvador, ra <> *adj* saving. <> *m,f* [persona] saviour.

◆ **Salvador** *m* **-1.** RELIG: **el Salvador** the Saviour **-2.** GEOGR: **El Salvador** El Salvador.

salvadoreño, ña *adj & m,f* Salvadoran.

salvaguarda *f* INFORM backup.

salvaguardar *vt* to safeguard.

salvaguardia *f* **-1.** [defensa] safeguard **-2.** [salvoconducto] safe-conduct, pass.

salvajada *f* atrocity.

salvaje <> *adj* **-1.** [gen] wild **-2.** [pueblo, tribu] savage. <> *mf* **-1.** [primitivo] savage **-2.** [bruto] maniac.

salvamanteles *m inv* [llano] table mat; [con pies] trivet.

salvamento *m* rescue, saving; **equipo de** ~ rescue team.

salvar *vt* **-1.** [gen & INFORM] to save; ~ **algo/a alguien de algo** to save sthg/sb from sthg **-2.** [rescatar] to rescue **-3.** [superar - moralmente] to overcome; [- físicamente] to go over *o* around **-4.** [recorrer] to cover **-5.** [exceptuar]: **salvando algunos detalles** except for a few details.

◆ **salvarse** *vpr* **-1.** [librarse] to escape; **sálvese quien pueda** every man for himself **-2.** RELIG to be saved.
salvavidas ◇ *adj inv* life *(antes de sust).* ◇ *m* [chaleco] lifejacket; [flotador] lifebelt.
salve¹ *interj* hail!
salve² *f prayer dedicated to the Virgin Mary.*
salvedad *f* exception; **con la ~ de** with the exception of.
salvia *f* sage.
salvo, va *adj* safe; **estar a ~** to be safe; **poner algo a ~** to put sthg in a safe place.
◆ **salvo** *adv* except; **~ que** unless.
salvoconducto *m* safe-conduct, pass.
Salzburgo [sals'βurgo] Salzburg.
samaritano, na *adj & m,f* Samaritan.
samba *f* samba.
sambenito *m fig* [descrédito] disgrace; **poner** *o* **colgar a alguien el ~ de borracho** to brand sb a drunk.
samovar *m* samovar.
samurái (*pl* **samuráis**) *m* samurai.
san *adj* Saint; **~ José** Saint Joseph.
sanar ◇ *vt* [persona] to cure; [herida] to heal. ◇ *vi* [persona] to get better; [herida] to heal.
sanatorio *m* sanatorium, nursing home.
sanción *f* **-1.** [castigo] punishment; ECON sanction **-2.** [aprobación] approval.
sancionar *vt* **-1.** [castigar] to punish **-2.** [aprobar] to approve, to sanction.
sancocho *m Andes stew of beef, chicken or fish, vegetables and green bananas.*
sanctasanctórum *m inv lit & fig* sanctum.
sandalia *f* sandal.
sándalo *m* sandalwood.
sandez *f* silly thing, nonsense *(U)*; **decir sandeces** to talk nonsense.
sandía *f* watermelon.
sándwich ['sanwitʃ] (*pl* **sándwiches**) *m* toasted sandwich.
saneado, da *adj* [FIN - bienes] written off, written down; [- economía] back on a sound footing; [- cuenta] regularized.
saneamiento *m* **-1.** [higienización - de tierras] drainage; [- de edificio] disinfection **-2.** *fig &* FIN - de bienes] write-off, write-down; [- de moneda etc] stabilization; [- de economía] putting back on a sound footing.
sanear *vt* **-1.** [higienizar - tierras] to drain; [- un edificio] to disinfect **-2.** *fig &* FIN - bienes] to write off *o* down; [- moneda] to stabilize; [- economía] to put back on a sound footing.
sanfermines *mpl festival held in Pamplona when bulls are run through the streets of the town.*
sangrar ◇ *vi* to bleed. ◇ *vt* **-1.** [sacar sangre] to bleed **-2.** [vaciar - conducto] to drain off; [- árbol] to tap **-3.** IMPRENTA to indent.
sangre *f* blood; **donar ~** to give blood; **de ~ caliente** ZOOL warm-blooded; **de ~ fría** ZOOL cold-blooded; **~ azul** blue blood; **chuparle a alguien la ~** to bleed sb dry; **costó ~, sudor y lágrimas** I sweat blood; **encender** *o* **quemar la ~ a alguien** to make sb's blood boil; **se le heló la ~** his blood ran cold; **llevar algo en la ~** to have sthg in one's blood; **no llegó la ~ al río** it didn't get too nasty; **no tiene ~ en las venas** he's got no life in him; **se le subió la ~ a la cabeza** he saw red; **sudar ~** to sweat blood; **tener mala ~** to be malicious; **tener ~ de horchata** to be as cool as a cucumber.
◆ **sangre fría** *f* sangfroid; **a ~ fría** in cold blood.
sangría *f* **-1.** [bebida] sangria **-2.** MED bloodletting **-3.** *fig* [ruina] drain.
sangriento, ta *adj* **-1.** [ensangrentado, cruento] bloody **-2.** [despiadado, cruel, hiriente] cruel.
sanguijuela *f lit & fig* leech.
sanguinario, ria *adj* bloodthirsty.
sanguíneo, a *adj* blood *(antes de sust).*
sanguinolento, ta *adj* [que echa sangre] bleeding; [bañado en sangre] bloody; [manchado de sangre] bloodstained; [ojos] bloodshot.
sanidad *f* **-1.** [salubridad] health, healthiness **-2.** [servicio] public health; [ministerio] health department.
sanitario, ria ◇ *adj* health *(antes de sust).* ◇ *m,f* [persona] health officer.
◆ **sanitarios** *mpl* [instalación] bathroom fittings *(pl).*
San José San José.
sano, na *adj* **-1.** [saludable] healthy; **~ y salvo** safe and sound **-2.** [positivo - principios, persona etc] sound; [- ambiente, educación] wholesome **-3.** [entero] intact, undamaged **-4.** *loc:* **cortar por lo ~** to make a clean break.
San Salvador San Salvador.
sánscrito, ta *adj* Sanskrit.
◆ **sánscrito** *m* Sanskrit.
sanseacabó *interj* *fam*: **¡~!** that's an end to it!
Santander Santander.
santanderino, na *adj* of/relating to Santander.
santería *f Amér* [tienda] *shop selling religious mementoes such as statues of saints.*
santero, ra *adj* pious.

Santiago (de Chile) Santiago.
Santiago de Compostela Santiago de Compostela.
Santiago de Cuba Santiago de Cuba.
santiaguino, na ◇ *adj* of/relating to Santiago. ◇ *m,f* native/inhabitant of Santiago.
santiamén
◆ **en un santiamén** *loc adv fam* in a flash.
santidad *f* saintliness, holiness.
◆ **Santidad** *f*: **Su Santidad** His Holiness.
santificación *f* sanctification.
santificar [10] *vt* [consagrar] to sanctify.
santiguar [45] *vt* to make the sign of the cross over.
◆ **santiguarse** *vpr* [persignarse] to cross o.s.
santo, ta ◇ *adj* **-1.** [sagrado] holy **-2.** [virtuoso] saintly **-3.** *fam fig* [dichoso] damn; **todo el ~ día** all day long. ◇ *m,f* RELIG saint.
◆ **santo** *m* **-1.** [onomástica] saint's day **-2.** [ilustración] illustration **-3.** [estatua] (statue of a) saint **-4.** *loc*: **¿a ~ de qué?** why on earth?; **se le fue el ~ al cielo** *fam* he/she completely forgot; **llegar y besar el ~** to get sthg at the first attempt; **no ser ~ de su devoción** not to be his/her *etc* cup of tea; **¡por todos los ~s!** for heaven's sake!; **quedarse para vestir ~s** to be left on the shelf.
◆ **santo y seña** *m* MIL password.
Santo Domingo Santo Domingo.
santón *m* **-1.** RELIG Muslim holy man **-2.** *fig* [persona influyente] guru.
santoral *m* **-1.** [libro de vidas de santos] *book containing lives of saints* **-2.** [onomásticas] *list of saints' days.*
santuario *m* shrine; *fig* sanctuary.
santurrón, ona ◇ *adj* excessively pious. ◇ *m,f* excessively pious person.
santurronería *f* sanctimoniousness.
saña *f* viciousness, malice.
Sao Paulo Sao Paulo.
sapiencia *f culto* knowledge.
sapo *m* toad; **echar ~s y culebras** *fig* to rant and rave.
saque ◇ *v* ⊳ **sacar**. ◇ *m* **-1.** [en fútbol]: **~ de banda** throw-in; **~ inicial** *o* **de centro** kick-off; **~ de esquina/meta** corner/goal kick **-2.** [en tenis etc] serve; **tener buen ~** to have a good serve; *fig* to have a hearty appetite.
saqueador, ra ◇ *adj* looting, plundering. ◇ *m,f* looter.
saquear *vt* **-1.** [rapiñar - ciudad] to sack; [- tienda etc] to loot **-2.** *fam* [vaciar] to ransack.
saqueo *m* [de ciudad] sacking; [de tienda etc] looting.
sarampión *m* measles *(U)*.
sarao *m* [fiesta] party.
sarasa *m fam despec* poof, queer.
sarcasmo *m* sarcasm.
sarcástico, ca ◇ *adj* sarcastic. ◇ *m,f* sarcastic person.
sarcófago *m* sarcophagus.
sarcoma *m* sarcoma.
sardana *f traditional Catalan dance and music.*
sardina *f* sardine; **como ~s en canasta** *o* **en lata** like sardines.
sardinero, ra *adj* sardine *(antes de sust).*
sardo, da *adj & m,f* Sardinian.
◆ **sardo** *m* [lengua] Sardinian.
sardónico, ca *adj* sardonic.
sargento ◇ *mf* **-1.** MIL ≃ sergeant **-2.** *despec* [mandón] dictator, little Hitler. ◇ *m* [herramienta] handscrew.
sari *m* sari.
sarmiento *m* vine shoot.
sarna *f* MED scabies *(U)*; VETER mange; **~ con gusto no pica** *proverb* some things are a necessary evil.
sarnoso, sa ◇ *adj* [perro] mangy. ◇ *m,f* [persona] scabies sufferer.
sarpullido, salpullido *m* rash.
sarraceno, na *adj & m,f* Saracen.
sarro *m* **-1.** [de dientes] tartar **-2.** [poso] sediment.
sarta *f lit & fig* string; **una ~ de mentiras** a pack of lies.
sartén *f* frying pan; **tener la ~ por el mango** to be in control.
sastre, tra *m,f* tailor.
sastrería *f* [oficio] tailoring; [taller] tailor's (shop).
Satanás *m* Satan.
satánico, ca *adj* satanic.
satanismo *m* Satanism.
satélite ◇ *m* satellite; **~ artificial** satellite; **~ de comunicaciones** communications satellite. ◇ *adj fig* satellite *(antes de sust).*
satelización *f* putting into orbit.
satén *m* satin; [de algodón] sateen.
satinado, da *adj* glossy.
◆ **satinado** *m* gloss.
satinar *vt* to make glossy.
sátira *f* satire.
satírico, ca ◇ *adj* satirical. ◇ *m,f* satirist.
satirizar [13] *vt* to satirize.
sátiro *m* **-1.** MITOL satyr **-2.** *fig* [lujurioso] lecher.

satisfacción *f* satisfaction.
satisfacer [60] *vt* **-1.** [gen] to satisfy; [sed] to quench **-2.** [deuda, pago] to pay, to settle **-3.** [ofensa, daño] to redress **-4.** [duda, pregunta] to answer **-5.** [cumplir - requisitos, exigencias] to meet.
◆ **satisfacerse** *vpr* to be satisified.
satisfactorio, ria *adj* satisfactory.
satisfecho, cha ◇ *pp* ▷ **satisfacer.** ◇ *adj* satisfied; ~ **de sí mismo** self-satisfied; **darse por** ~ to be satisfied.
saturación *f* saturation.
saturado, da *adj*: ~ **(de)** saturated (with).
saturar *vt* to saturate.
◆ **saturarse** *vpr*: ~**se (de)** to become saturated (with).
saturnismo *m* lead poisoning.
Saturno Saturn.
sauce *m* willow; ~ **llorón** weeping willow.
saúco *m* elder.
saudí (*pl* **saudíes**), **saudita** *adj* & *m,f* Saudi.
sauna *f* sauna.
savia *f* sap; *fig* vitality; ~ **nueva** *fig* new blood.
savoir-faire [sa'βwar fer] *m* savoir-faire.
saxo ◇ *m* [instrumento] sax. ◇ *mf* [persona] sax player.
saxofón, saxófono ◇ *m* [instrumento] saxophone. ◇ *mf* [persona] saxophonist.
saxofonista *mf* saxophonist.
saxófono = **saxofón.**
sazón *f* **-1.** [madurez] ripeness; **en** ~ ripe **-2.** [sabor] seasoning, flavouring.
◆ **a la sazón** *loc adv* then, at that time.
sazonado, da *adj* seasoned.
sazonar *vt* to season.
scanner [es'kaner] = **escáner.**
schilling = **chelín.**
scooter [es'kuter] = **escúter.**
scotch [es'kotʃ] (*pl* **scotchs**) *m* scotch (whisky).
scout [es'kaut] (*pl* **scouts**) *m* scout.
script [es'kript] (*pl* **scripts**) *m* script.
SDN (*abrev de* **Sociedad de Naciones**) *f Society of Nations.*
se *pron pers* **-1.** *(reflexivo)* [de personas] himself (*f* herself), *(pl)* themselves; [usted mismo] yourself, *(pl)* yourselves; [de cosas, animales] itself, *(pl)* themselves; ~ **está lavando, está lavándo**~ she is washing (herself); ~ **lavó los dientes** she cleaned her teeth; **espero que** ~ **diviertan** I hope you enjoy yourselves; **el perro** ~ **lame** the dog is licking itself; ~ **lame la herida** it's licking its wound; ~ **levantaron y** ~ **fueron** they got up and left **-2.** *(reflexivo impersonal)* oneself; **hay que afeitar** ~ **todos los días** one has to shave every day, you have to shave every day **-3.** *(recíproco)* each other, one another; ~ **aman** they love each other; ~ **escriben cartas** they write to each other **-4.** [en construcción pasiva]: ~ **ha suspendido la reunión** the meeting has been cancelled; '~ **prohíbe fumar'** 'no smoking'; '~ **habla inglés'** 'English spoken' **-5.** *(impersonal)*: **en esta sociedad ya no** ~ **respeta a los ancianos** in our society old people are no longer respected; ~ **dice que ...** it is said that ..., people say that ... **-6.** *(en vez de 'le' o 'les' antes de 'lo', 'la', 'los' o 'las') (complemento indirecto)* [gen] to him (*f* to her), *(pl)* to them; [de cosa, animal] to it, *(pl)* to them; [usted, ustedes] to you; ~ **lo dio** he gave it to him/her *etc*; ~ **lo dije, pero no me hizo caso** I told her, but she didn't listen; **si usted quiere, yo** ~ **lo arreglo en un minuto** if you like, I'll sort it out for you in a minute.
sé ▷ **saber**; **ser.**
sebáceo, a *adj* sebaceous.
sebo *m* fat; [para jabón, velas] tallow.
seborrea *f* seborrhoea.
seboso, sa *adj* fatty.
secadero *m* drying room.
secado *m* drying.
secador *m* dryer; ~ **de pelo** hair-dryer.
secadora *f* clothes *o* tumble dryer.
secano *m* unirrigated *o* dry land.
secante ◇ *adj* **-1.** [secador] drying **-2.** ▷ **papel -3.** GEOM secant *(antes de sust).* ◇ *f* GEOM secant.
secar [10] *vt* **-1.** [desecar] to dry **-2.** [enjugar] to wipe away; [con fregona] to mop up.
◆ **secarse** *vpr* [gen] to dry up; [ropa, vajilla, suelo] to dry.
sección *f* **-1.** [gen & GEOM] section **-2.** [departamento] department.
seccionar *vt* **-1.** [cortar] to cut; TECN to section **-2.** [dividir] to divide (up).
secesionismo *m* secessionism.
secesión *f* secession.
seco, ca *adj* **-1.** [gen] dry; [plantas, flores] withered; [higos, pasas] dried; **lavar en** ~ to dry-clean; **lavado en** ~ dry-cleaning **-2.** [tajante] brusque **-3.** [flaco] thin, lean **-4.** [ruido] dull; [tos] dry; [voz] sharp **-5.** *loc*: **dejar a alguien** ~ [matar] to kill sb stone dead; [pasmar] to stun sb; **parar en** ~ to stop dead.
◆ **a secas** *loc adv* simply, just; **llámame Juan a secas** just call me Juan.
secreción *f* secretion.

secretar *vt* to secrete.
secretaría *f* **-1.** [cargo] post of secretary **-2.** [oficina, lugar] secretary's office **-3.** [organismo] secretariat; ~ **general** general secretariat.
secretariado *m* **-1.** EDUC secretarial skills *(pl)*; **curso de** ~ secretarial course **-2.** [cargo] post of secretary **-3.** [oficina, lugar] secretary's office **-4.** [organismo] secretariat.
secretario, ria *m,f* secretary; ~ **de dirección** secretary to the director; ~ **de Estado** Secretary of State; ~ **general** General Secretary.
secretear *vi* to talk in secret.
secreter *m* bureau, writing desk.
secreto, ta *adj* [gen] secret; [tono] confidential; **en** ~ in secret.
◆ **secreto** *m* **-1.** [gen] secret; **guardar un** ~ to keep a secret; ~ **a voces** open secret; ~ **bancario** banking confidentiality; ~ **de confesión** confessional secret; ~ **de estado** State secret; ~ **profesional** professional secret; **declarar el** ~ **de sumario** to deny access to information regarding a judicial enquiry **-2.** [sigilo] secrecy.
secta *f* sect.
sectario, ria ◇ *adj* sectarian. ◇ *m,f* [miembro de secta] sect member.
sectarismo *m* sectarianism.
sector *m* **-1.** [gen] sector; [grupo] group; ~ **primario/secundario** primary/secondary sector; ~ **privado/público** private/public sector; ~ **terciario** service industries *(pl)* **-2.** [zona] area.
sectorial *adj* sectorial.
secuaz *mf despec* minion.
secuela *f* consequence.
secuencia *f* sequence.
secuestrador, ra *m,f* **-1.** [de persona] kidnapper **-2.** [de avión] hijacker.
secuestrar *vt* **-1.** [raptar] to kidnap **-2.** [avión] to hijack **-3.** [embargar] to seize.
secuestro *m* **-1.** [rapto] kidnapping **-2.** [de avión, barco] hijack **-3.** [de bienes etc] seizure, confiscation.
secula
◆ **secula seculorum** *loc adv* for ever and ever.
secular ◇ *adj* **-1.** [seglar] secular, lay **-2.** [centenario] age-old. ◇ *m* lay person.
secularización *f* secularization.
secularizar [13] *vt* to secularize.
secundar *vt* to support, to back (up); [propuesta] to second.
secundario, ria *adj* secondary.
◆ **secundaria** *f* secondary education.
secuoya *f* sequoia.
sed ◇ *v* ▷ **ser**. ◇ *f* thirst; **el calor da** ~ heat makes you thirsty; **tener** ~ to be thirsty; ~ **de** *fig* thirst for.
seda *f* silk; ~ **artificial** rayon, artificial silk; ~ **cruda/natural** raw/pure silk; ~ **dental** dental floss; **estar como una** ~ to be as meek as a lamb; **ir como una** ~ to go smoothly.
sedal *m* fishing line.
sedán *m* sedan.
sedante ◇ *adj* MED sedative; [música] soothing. ◇ *m* sedative.
sedar *vt* MED to sedate; [suj: música] to soothe, to calm.
sedativo, va *adj* MED sedative; [música] soothing.
sede *f* **-1.** [emplazamiento] headquarters *(pl)*; [de gobierno] seat; ~ **social** head office **-2.** [de campeonato] host **-3.** RELIG see.
◆ **Santa Sede** *f*: **la Santa Sede** the Holy See.
sedentario, ria *adj* sedentary.
sedente *adj* seated.
sedición *f* sedition.
sedicioso, sa ◇ *adj* seditious. ◇ *m,f* rebel.
sediento, ta *adj* **-1.** [de agua] thirsty **-2.** *fig* [deseoso]: ~ **de** hungry for.
sedimentación *f* sedimentation.
sedimentar *vt* to deposit.
◆ **sedimentarse** *vpr* [líquido] to settle.
sedimentario, ria *adj* sedimentary.
sedimento *m* **-1.** [poso] sediment **-2.** GEOL deposit.
sedoso, sa *adj* silky.
seducción *f* **-1.** [cualidad] seductiveness **-2.** [acción - gen] attraction, charm; [- sexual] seduction.
seducir [33] *vt* **-1.** [atraer] to attract, to charm; [sexualmente] to seduce **-2.** [persuadir]: ~ **a alguien para que haga algo** to tempt sb to do sthg.
seductor, ra ◇ *adj* [gen] attractive, charming; [sexualmente] seductive; [persuasivo] tempting. ◇ *m,f* seducer.
sedujera, seduzca *etc* ▷ **seducir**.
sefardí (*pl* **sefardíes**), **sefardita** ◇ *adj* Sephardic. ◇ *m,f* [persona] Sephardi. ◇ *m* [lengua] Sephardi.
segador, ra *m,f* [agricultor] reaper.
◆ **segadora** *f* [máquina] reaping machine.
segar [35] *vt* **-1.** AGR to reap **-2.** [cortar] to cut off **-3.** *fig* [truncar] to put an end to.

seglar <> *adj* secular, lay. <> *m* lay person.
segmentación *f* division.
segmentar *vt* to cut *o* divide into pieces.
segmento *m* **-1.** *GEOM & ZOOL* segment **-2.** [trozo] piece **-3.** [sector] sector.
segregación *f* **-1.** [separación, discriminación] segregation; ~ **racial** racial segregation **-2.** [secreción] secretion.
segregacionismo *m* racial segregation.
segregar [16] *vt* **-1.** [separar, discriminar] to segregate **-2.** [secretar] to secrete.
segué *etc* ▻ **segar**.
seguidilla *f* **-1.** *LITER poem containing four or seven verses used in popular songs* **-2.** *(gen pl)* [baile] *traditional Spanish dance* **-3.** [cante] *mournful flamenco song.*
seguido, da *adj* **-1.** [consecutivo] consecutive; **diez años ~s** ten years in a row **-2.** [sin interrupción - gen] one after the other; [- línea, pitido etc] continuous.
◆ **seguido** *adv* **-1.** [inmediatamente después] straight after **-2.** [en línea recta] straight on **-3.** *Amér* [frecuentemente] often.
◆ **en seguida** *loc adv* straight away, at once; **en seguida nos vamos** we're going in a minute.
seguidor, ra *m, f* follower.
seguimiento *m* [de noticia] following; [de clientes] follow-up.
seguir [43] <> *vt* **-1.** [gen] to follow; **~ de cerca algo** to follow sthg closely; **~ de cerca a alguien** to tail sb **-2.** [perseguir] to chase **-3.** [reanudar] to continue, to resume **-4.** [cursar]: **sigue un curso de italiano** he's doing an Italian course. <> *vi* **-1.** [sucederse]: ~ **a algo** to follow sthg; **a la tormenta siguió la lluvia** the storm was followed by rain **-2.** [continuar] to continue, to go on; ~ **adelante** to carry on; **¡sigue! ¡no te pares!** go *o* carry on, don't stop!; **sigo trabajando en la fábrica** I'm still working at the factory; **debes ~ haciéndolo** you should keep on *o* carry on doing it; **sigo pensando que está mal** I still think it's wrong; **sigue enferma/en el hospital** she's still ill/at the hospital.
◆ **seguirse** *vpr* to follow; **~se de algo** to follow *o* be deduced from sthg; **de esto se sigue que estás equivocado** it therefore follows that you are wrong.
según <> *prep* **-1.** [de acuerdo con] according to; ~ **su opinión, ha sido un éxito** in his opinion *o* according to him, it was a success; ~ **yo/tú** *etc* in my/your *etc* opinion **-2.** [dependiendo de] depending on; ~ **la hora que sea** depending on the time. <> *adv* **-1.** [como] (just) as; **todo permanecía ~ lo recordaba** everything was just as she remembered it; **actuó ~ se le recomendó** he did as he had been advised **-2.** [a medida que] as; **entrarás en forma ~ vayas entrenando** you'll get fit as you train **-3.** [dependiendo]: **¿te gusta la música? - ~** do you like music? - it depends; **lo intentaré ~ esté de tiempo** I'll try to do it, depending on how much time I have.
◆ **según que** *loc adv* depending on whether.
◆ **según qué** *loc adj* certain; ~ **qué días la clase es muy aburrida** some days the class is really boring.
segunda ▻ **segundo**.
segundero *m* second hand.
segundo, da <> *núm adj* second. <> *núm m y f* **-1.** [en orden]: **el ~** the second one; **llegó el ~** he came second **-2.** [mencionado antes]: **vinieron Pedro y Juan, el ~ con ...** Pedro and Juan arrived, the latter with ... **-3.** [ayudante] number two; ~ **de abordo** *NÁUT* first mate.
◆ **segundo** *m* **-1.** [gen] second **-2.** [piso] second floor.
◆ **segunda** *f* **-1.** *AUTOM* second (gear); **meter la segunda** to go into second (gear) **-2.** *AERON & FERROC* second class; **viajar en segunda** to travel second class **-3.** *DEP* second division.
◆ **con segundas** *loc adv* with an ulterior motive.
segundón *m* second son; *fig & despec* failure, second best.
seguramente *adv* probably; ~ **iré, pero aún no lo sé** the chances are I'll go, but I'm not sure yet.
seguridad *f* **-1.** [fiabilidad, ausencia de peligro] safety; [protección, estabilidad] security; **de ~** [cinturón, cierre] safety *(antes de sust)*; [puerta, guardia] security *(antes de sust)*; ~ **ciudadana** public safety; ~ **vial** road safety **-2.** [certidumbre] certainty; **con ~** for sure, definitely **-3.** [confianza] confidence; ~ **en sí mismo** self-confidence.
◆ **Seguridad Social** *f* Social Security.
seguro, ra *adj* **-1.** [fiable, sin peligro] safe; [protegido, estable] secure; **sobre ~** safely, without risk **-2.** [infalible - prueba, negocio etc] reliable **-3.** [confiado] sure; **estar ~ de algo** to be sure about sthg **-4.** [indudable - nombramiento, fecha etc] definite, certain; **tener por ~ que** to be sure that **-5.** [con aplomo] self-confident; **estar ~ de sí mismo** to be self-confident.

◆ **seguro** ◇ *m* **-1.** [contrato] insurance *(U)*; ~ **a todo riesgo/a terceros** comprehensive/third party insurance; ~ **de incendios/de vida** fire/life insurance; ~ **de paro** *o* **de desempleo** unemployment benefit; ~ **de cambio** exchange rate hedge; ~ **del coche** car insurance; ~ **de invalidez** *o* **incapacidad** disability insurance; ~ **mutuo** joint insurance; ~ **de vida** life insurance **-2.** [seguridad social] *health service office* **-3.** [dispositivo] safety device; [de armas] safety catch **-4.** *CAm, Méx* [imperdible] safety pin. ◇ *adv* for sure, definitely; ~ **que vendrá** she's bound to come.

seis ◇ *núm adj inv* **-1.** [para contar] six; **tiene ~ años** she's six (years old) **-2.** [para ordenar] (number) six; **la página ~** page six. ◇ *núm m* **-1.** [número] six; **el ~** number six; **doscientos ~** two hundred and six; **treinta y ~** thirty-six **-2.** [en fechas] sixth; **el ~ de agosto** the sixth of August **-3.** [en direcciones]: **calle Mayor (número) ~** number six calle Mayor **-4.** [en naipes] six; **el ~ de diamantes** the six of diamonds; **echar** *o* **tirar un ~** to play a six. ◇ *núm mpl* **-1.** [referido a grupos]: **invité a diez y sólo vinieron ~** I invited ten and only six came along; **somos ~** there are six of us; **de ~ en ~** in sixes; **los ~** the six of them **-2.** [en temperaturas]: **estamos a ~ bajo cero** the temperature is six below zero **-3.** [en puntuaciones]: **empatar a ~** to draw six all; ~ **a cero** six-nil. ◇ *núm fpl* [hora]: **las ~** six o'clock; **son las ~** it's six o'clock.

seiscientos, tas *núm* six hundred; *ver también* **seis**.

seísmo *m* earthquake.

selección *f* **-1.** [gen] selection; [de personal] recruitment; ~ **natural** natural selection **-2.** [equipo] team; ~ **nacional** national team.

seleccionador, ra ◇ *adj* **-1.** *DEP* selecting **-2.** [de personal] recruiting. ◇ *m,f* **-1.** *DEP* selector, ≃ manager **-2.** [de personal] recruiter.

seleccionar *vt* to pick, to select.

selectividad *f* **-1.** [selección] selectivity **-2.** [examen] university entrance examination.

selectivo, va *adj* selective.

selecto, ta *adj* **-1.** [excelente] fine, excellent **-2.** [escogido] exclusive, select.

selector, ra *adj* selecting.

◆ **selector** *m* selector (button).

selenio *m* selenium.

selenita ◇ *f* selenite. ◇ *m y f* [habitante] moon dweller.

self-service *m inv* self-service restaurant.

sellado, da *adj* [documento] sealed; [pasaporte, carta] stamped.

◆ **sellado** *m* [de documento] sealing; [de pasaporte, carta] stamping.

sellar *vt* **-1.** [timbrar] to stamp **-2.** [lacrar] to seal **-3.** *fig* [pacto, labios] to seal.

sello *m* **-1.** [gen] stamp **-2.** [tampón] rubber stamp **-3.** [lacre] seal **-4.** [sortija] signet ring **-5.** *fig* [carácter] hallmark.

◆ **sello discográfico** *m* record label.

selva *f* [gen] jungle; [bosque] forest; ~ **virgen** virgin forest.

Selva Negra *f*: **la ~** the Black Forest.

selvático, ca *adj* woodland *(antes de sust)*.

semáforo *m* traffic lights *(pl)*.

semana *f* week; **entre ~** during the week; **la ~ próxima/que viene** next week; ~ **laboral** working week.

◆ **Semana Santa** *f* Easter; *RELIG* Holy Week.

semanada *f Amér* (weekly) pocket money.

semanal *adj* weekly.

semanario, ria *adj* weekly.

◆ **semanario** *m* [publicación semanal] weekly.

semántico, ca *adj* semantic.

◆ **semántica** *f* semantics *(U)*.

semblante *m* countenance, face.

semblanza *f* portrait, profile.

sembrado, da *adj* **-1.** [plantado] sown **-2.** *fig* [lleno]: ~ **de** scattered *o* plagued with.

◆ **sembrado** *m* sown field.

sembrador, ra *m y f* [persona] sower.

◆ **sembradora** *f* [máquina] seed drill.

sembrar [19] *vt* **-1.** [plantar] to sow; ~ **algo de algo** to sow sthg with sthg **-2.** *fig* [llenar] to scatter, to strew **-3.** *fig* [confusión, pánico etc] to sow.

semejante ◇ *adj* **-1.** [parecido]: ~ **(a)** similar (to) **-2.** [tal] such; **jamás aceptaría ~ invitación** I would never accept such an invitation. ◇ *m (gen pl)* fellow (human) being.

semejanza *f* similarity; **a ~ de** similar to.

semejar *vt* to resemble.

◆ **semejarse** *vpr* to be alike, to resemble each other; **~se a alguien** to resemble sb.

semen *m* semen.

semental ◇ *adj* stud *(antes de sust)*. ◇ *m* stud; [caballo] stallion.

sementera *f* [tierra] sown land.

semestral *adj* half-yearly, six-monthly.

semestre *m* period of six months, semester *US*; **cada ~** every six months.

semiautomático, ca *adj* semiautomatic.

semicírculo *m* semicircle.

semiconductor *m* semiconductor.
semiconsonante *f* semiconsonant.
semicorchea *f* semiquaver.
semidirecto ◇ *adj* express. ◇ *m* ▷ tren.
semifinal *f* semifinal.
semifinalista ◇ *adj* semifinalist *(antes de sust).* ◇ *m,f* semifinalist.
semilla *f* seed.
semillero *m* **-1.** [para plantar] seedbed **-2.** [para guardar] seed box **-3.** [origen] *fig* breeding ground.
seminario *m* **-1.** [escuela para sacerdotes] seminary **-2.** [*EDUC* - curso, conferencia] seminar; [- departamento] department, school.
seminarista *m* seminarist.
semioculto, ta *adj* partially hidden.
semiología *f LING & MED* semiology.
semiólogo, ga *m,f LING & MED* semiologist.
semiótica *f LING & MED* semiotics *(U).*
semipesado *DEP* ◇ *adj* light heavyweight *(antes de sust).* ◇ *m* light heavyweight.
semiseco, ca *adj* medium-dry.
semita ◇ *adj* Semitic. ◇ *m,f* Semite.
semítico, ca *adj* Semitic.
semitismo *m* Semitism.
semitono *m* semitone.
semivocal *f LING* semivowel.
sémola *f* semolina.
sempiterno, na *adj culto* eternal.
Sena *m*: **el ~** the (river) Seine.
senado *m* senate.
senador, ra *m,f* senator.
senatorial *adj* **-1.** [del senado] senate *(antes de sust)* **-2.** [de senador] senatorial.
sencillez *f* **-1.** [facilidad] simplicity **-2.** [modestia] unaffectedness, naturalness **-3.** [discreción] plainness.
sencillo, lla *adj* **-1.** [fácil, sin lujo, llano] simple **-2.** [campechano] natural, unaffected **-3.** [billete, unidad etc] single.
◆ **sencillo** *m* **-1.** [disco] single **-2.** *Andes, CAm, Méx fam* [cambio] loose change.
senda *f*, **sendero** *m* path.
sendos, das *adj pl* each, respective; **llegaron los dos con ~ paquetes** they arrived each carrying a parcel, they both arrived with their respective parcels.
senectud *f culto* old age.
Senegal: **(el) ~** Senegal.
senil *adj* senile.
senilidad *f* senility.
senior (*pl* **seniors**) *adj & m* senior.
seno *m* **-1.** [pecho] breast **-2.** [pechera] bosom; **en el ~ de** *fig* within **-3.** [útero]: **~ (materno)** womb **-4.** *fig* [amparo, cobijo] refuge, shelter **-5.** [concavidad] hollow **-6.** *MAT* sine **-7.** *ANAT* [de la nariz] sinus.
sensación *f* **-1.** [percepción] feeling, sensation **-2.** [efecto] sensation; **causar ~** to cause a sensation; **causar una gran ~ a alguien** to make a great impression on sb **-3.** [premonición] feeling; **tener la ~ de que** to have a feeling that.
sensacional *adj* sensational.
sensacionalismo *m* sensationalism.
sensacionalista *adj* sensationalist.
sensatez *f* wisdom, common sense.
sensato, ta *adj* sensible.
sensibilidad *f* **-1.** [perceptibilidad] feeling **-2.** [sentimentalismo] sensitivity; **tener la ~ a flor de piel** to be very sensitive **-3.** [don especial] feel **-4.** [de emulsión fotográfica, balanza etc] sensitivity.
sensibilización *f* **-1.** [concienciación] increased awareness **-2.** *FOT* sensitization.
sensibilizar [13] *vt* **-1.** [concienciar] to raise the awareness of **-2.** *FOT* to sensitize.
sensible *adj* **-1.** [gen] sensitive **-2.** [evidente] perceptible; [pérdida] significant.
sensiblería *f despec* mushiness.
sensiblero, ra *adj despec* mushy, sloppy.
sensitivo, va *adj* **-1.** [de los sentidos] sensory **-2.** [receptible] sensitive.
sensor *m* sensor; **~ de humo** smoke detector.
sensorial *adj* sensory.
sensual *adj* sensual.
sensualidad *f* sensuality.
sentado, da *adj* **-1.** [en asiento] seated; **estar ~** to be sitting down **-2.** [establecido]: **dar algo por ~** to take sthg for granted; **dejar ~ que ...** to make it clear that ...
◆ **sentada** *f* sit-in; **de una ~** in one go, at one sitting.
sentar [19] ◇ *vt* **-1.** [en asiento] to seat, to sit **-2.** [establecer] to establish. ◇ *vi* **-1.** [ropa, color] to suit **-2.** [comida]: **~ bien/mal a alguien** to agree/disagree with sb **-3.** [vacaciones, medicamento]: **~ bien a alguien** to do sb good **-4.** [comentario, consejo]: **le sentó mal** it upset her; **le sentó bien** she appreciated it.
◆ **sentarse** *vpr* to sit down; **~se a hacer algo** to sit down and do sthg.
sentencia *f* **-1.** *DER* sentence; **dictar ~** to pass sentence; **visto para ~** ready for judgment **-2.** [proverbio, máxima] maxim.
sentenciar [8] *vt* **-1.** *DER*: **~ (a alguien a algo)** to sentence (sb to sthg) **-2.** *fig* [condenar, juz-

gar] to condemn.

sentencioso, sa *adj* sententious.

sentido, da *adj* **-1.** [profundo] heartfelt **-2.** [sensible]: **ser muy ~** to be very sensitive.

◆ **sentido** *m* **-1.** [gen] sense; **en cierto ~** in a sense; **en ~ literal** in a literal sense; **tener ~** to make sense; **~ común** common sense; **~ del humor** sense of humour; **sexto ~** sixth sense **-2.** [conocimiento] consciousness; **perder/recobrar el ~** to lose/ regain consciousness; **sin ~** unconscious **-3.** [significado] meaning, sense; **sin ~** [ilógico] meaningless; [inútil, irrelevante] pointless; **doble ~** double meaning **-4.** [dirección] direction; **de ~ único** one-way.

◆ **sin sentido** *m* nonsense *(U).*

sentimental *adj* sentimental.

sentimentalismo *m* sentimentality.

sentimentaloide *adj* mushy, sloppy.

sentimiento *m* **-1.** [gen] feeling; **dejarse llevar por los ~s** to get carried away; **herir los ~s a alguien** to hurt sb's feelings **-2.** [pena, aflicción]: **le acompaño en el ~** my deepest sympathy.

sentir [27] ◇ *vt* **-1.** [gen] to feel **-2.** [lamentar] to regret, to be sorry about; **siento que no puedas venir** I'm sorry you can't come; **lo siento (mucho)** I'm (really) sorry **-3.** [oír] to hear. ◇ *m* feelings *(pl)*, sentiments *(pl).*

◆ **sentirse** *vpr* to feel; **me siento mareada** I feel sick; **se siente superior** she considers herself superior.

seña *f* [gesto, indicio, contraseña] sign, signal.

◆ **señas** *fpl* **-1.** [dirección] address *(sg)*; **~s personales** (personal) description *(sg)* **-2.** [gesto, indicio] signs; **dar ~s de algo** to show signs of sthg; **(hablar) por ~s** (to talk) in sign language; **hacer ~s (a alguien)** to signal (to sb) **-3.** [detalle] details; **para** *o* **por más ~s** to be precise.

señal *f* **-1.** [gen & TELECOM] signal; **~ de alarma/salida** alarm/starting signal; [de teléfono] tone; **~ de ocupado** engaged tone, busy signal *US* **-2.** [indicio, símbolo] sign; **dar ~es de vida** to show signs of life; **~ de la Cruz** sign of the Cross; **~ de tráfico** road sign; **en ~ de** as a mark *o* sign of **-3.** [marca, huella] mark; **no quedó ni ~ de él** there was no sign of him left; **no dejó ni ~** she didn't leave a trace **-4.** [cicatriz] scar, mark **-5.** [fianza] deposit.

señalado, da *adj* **-1.** [importante - fecha] special; [- personaje] distinguished **-2.** [con cicatrices] scarred, marked.

señalar *vt* **-1.** [marcar, denotar] to mark; [hora, temperatura etc] to indicate, to say **-2.** [indicar - con el dedo, con un comentario] to point out **-3.** [fijar] to set, to fix; **señaló su valor en 1.000 dólares** he set *o* fixed its value at $1,000.

◆ **señalarse** *vpr* [perfilarse] to stand out.

señalización *f* **-1.** [conjunto de señales] signs *(pl)*; **~ vial** roadsigns *(pl)* **-2.** [colocación de señales] signposting.

señalizar [13] *vt* to signpost.

señera *f* *Catalan flag.*

señor, ra *adj* **-1.** [refinado] noble, refined **-2.** *(antes de sust) fam* [gran] real.

◆ **señor** *m* **-1.** [tratamiento - antes de nombre, cargo] Mr; [- al dirigir la palabra] Sir; **el ~ López** Mr López; **¡~ presidente!** Mr President!; **¿qué desea el ~?** what would you like, Sir?; **Muy ~ mío** [en cartas] Dear Sir **-2.** [hombre] man **-3.** [caballero] gentleman **-4.** [dueño] owner **-5.** [amo - de criado] master.

◆ **señora** *f* **-1.** [tratamiento - antes de nombre, cargo] Mrs; [- al dirigir la palabra] Madam; **la señora López** Mrs López; **¡señora presidenta!** Madam President!; **¿qué desea la señora?** what would you like, Madam?; **¡señoras y ~es! ...** Ladies and Gentlemen! ...; **Estimada señora** [en cartas] Dear Madam; **¿es usted señora o señorita?** are you Mrs or Miss? **-2.** [mujer] lady; **señora de compañía** female companion; **señora de la limpieza** cleaning woman **-3.** [dama] lady **-4.** [dueña] owner **-5.** [ama - de criado] mistress **-6.** [esposa] wife.

◆ **señores** *mpl* [matrimonio]: **los ~es Ruiz** Mr & Mrs Ruiz.

◆ **Señor** *m*: **el Señor** RELIG the Lord.

◆ **Nuestra Señora** *f* RELIG Our Lady.

señoría *f* lordship (*f* ladyship); **su ~** [gen] his lordship; [a un noble] your lordship; [a un parlamentario] the right honourable gentleman/lady; [a un juez] your Honour.

señorial *adj* **-1.** [majestuoso] stately **-2.** [del señorío] lordly.

señorío *m* **-1.** [dominio] dominion, rule **-2.** [distinción] nobility.

señorito, ta *adj fam despec* [refinado] lordly.

◆ **señorito** *m* **-1.** *desus* [hijo del amo] master **-2.** *fam despec* [niñato] rich kid.

◆ **señorita** *f* **-1.** [soltera, tratamiento] Miss **-2.** [joven] young lady **-3.** [maestra]: **la ~** miss, the teacher **-4.** *desus* [hija del amo] mistress.

señuelo *m* **-1.** [reclamo] decoy **-2.** *fig* [trampa] bait, lure.

sep., sept. (*abrev de* **septiembre**) Sept.

sepa *etc* ▷ **saber**.

sépalo *m* sepal.

separación *f* **-1.** [gen] separation **-2.** [espacio] space, distance.

◆ **separación de bienes** *f* DER separate

estates *(pl)* (in matrimony).

separado, da ◇ *adj* **-1.** [gen] separate; **está muy ~ de la pared** it's too far away from the wall; **por ~** separately **-2.** [del cónyuge] separated. ◇ *m, f* separated person.

separar *vt* **-1.** [gen] to separate; **~ algo de** to separate sthg from **-2.** [desunir] to take off, to remove **-3.** [apartar - silla etc] to move away **-4.** [reservar] to put aside **-5.** [destituir]: **~ de** to remove *o* dismiss from.

◆ **separarse** *vpr* **-1.** [apartarse] to move apart; **~se de** to move away from **-2.** [ir por distinto lugar] to separate, to part company **-3.** [matrimonio]: **~se (de alguien)** to separate (from sb) **-4.** [desprenderse] to come away *o* off.

separatismo *m* separatism.

separo *m Méx* (prison) cell.

sepelio *m* burial.

sepia *f* [molusco] cuttlefish.

sept = **sep.**

septentrional *adj* northern.

septicemia *f* septicaemia.

séptico, ca *adj* septic.

septiembre, setiembre *m* September; **el 1 de ~** the 1st of September; **uno de los ~s más lluviosos de la última década** one of the rainiest Septembers in the last decade; **a principios/mediados/finales de ~** at the beginning/in the middle/at the end of September; **el pasado/próximo (mes de) ~** last/next September; **en ~** in September; **en pleno ~** in mid-September; **este (mes de) ~** [pasado] (this) last September; [próximo] next September, this coming September; **para ~** by September.

séptimo, ma, sétimo, ma *núm* seventh; **la séptima parte** a seventh.

septuagésimo, ma *núm* seventieth.

septuplicar [10] *vt* to multiply by seven.

◆ **septuplicarse** *vpr* to increase sevenfold.

sepulcral *adj* **-1.** [del sepulcro] tomb *(antes de sust)* **-2.** *fig* [profundo - voz, silencio] lugubrious, gloomy.

sepulcro *m* tomb.

sepultar *vt* to bury.

sepultura *f* **-1.** [enterramiento] burial; **dar ~ a alguien** to bury sb **-2.** [fosa] grave.

sepulturero, ra *m y f* gravedigger.

seque *etc* ▷ **secar.**

sequedad *f* **-1.** [falta de humedad] dryness **-2.** *fig* [antipatía] abruptness, brusqueness.

sequía *f* drought.

séquito *m* [comitiva] retinue, entourage.

ser [5] ◇ *v aux (antes de participio forma la voz pasiva)* to be; **fue visto por un testigo** he was seen by a witness. ◇ *v copulativo* **-1.** [gen] to be; **es alto/gracioso** he is tall/funny; **es azul/difícil** it's blue/difficult; **es un amigo/el dueño** he is a friend/the owner **-2.** [empleo, dedicación] to be; **soy abogado/actriz** I'm a lawyer/an actress; **son estudiantes** they're students. ◇ *vi* **-1.** [gen] to be; **fue aquí** it was here; **lo importante es decidirse** the important thing is to reach a decision; **~ de** [estar hecho de] to be made of; [provenir de] to be from; [ser propiedad de] to belong to; [formar parte de] to be a member of; **¿de dónde eres?** where are you from?; **los juguetes son de mi hijo** the toys are my son's **-2.** [con precios, horas, números] to be; **¿cuánto es?** how much is it?; **son 30 euros** that'll be 30 euros; **¿qué (día) es hoy?** what day is it today?, what's today?; **mañana será 15 de julio** tomorrow (it) will be the 15th of July; **¿qué hora es?** what time is it?, what's the time?; **son las tres (de la tarde)** it's three o'clock (in the afternoon), it's three (pm) **-3.** [servir, ser adecuado]: **~ para** to be for; **este trapo es para (limpiar) las ventanas** this cloth is for (cleaning) the windows; **este libro es para niños** this book is (meant) for children **-4.** *(uso partitivo)*: **~ de los que ...** to be one of those (people) who ...; **ése es de los que están en huelga** he is one of those on strike. ◇ *v impers* **-1.** [expresa tiempo] to be; **es muy tarde** it's rather late; **era de noche/de día** it was night/day **-2.** [expresa necesidad, posibilidad]: **es de desear que ...** it is to be hoped that ...; **es de suponer que aparecerá** presumably, he'll turn up **-3.** [expresa motivo]: **es que no vine porque estaba enfermo** the reason I didn't come is that I was ill **-4.** *loc*: **a no ~ que** unless; **como sea** one way or another, somehow or other; **de no ~ por** had it not been for; **érase una vez, érase que se era** once upon a time; **no es para menos** not without reason; **o sea** that is (to say), I mean; **por si fuera poco** as if that wasn't enough. ◇ *m* [ente] being; **~ humano/vivo** human/living being.

SER (*abrev de* **Sociedad Española de Radiodifusión**) *f Spanish independent radio company.*

Serbia Serbia.

serafín *m* seraph.

serenar *vt* [calmar] to calm.

◆ **serenarse** *vpr* [calmarse] to calm down.

serenata *f* MÚS serenade.

serenidad *f* **-1.** [tranquilidad] calm **-2.** [quietud] tranquility.

sereno, na *adj* calm.

◆ **sereno** *m* **-1.** [vigilante] night watchman **-2.** [humedad] night dew.

serial *m* serial.

serie *f* **-1.** [gen & TV] series *(sg)*; [de hechos, sucesos] chain; [de mentiras] string **-2.** [de sellos, monedas] set **-3.** *loc*: **ser un fuera de ~** to be unique.

◆ **de serie** *loc adj* [equipamiento] (fitted) as standard.

◆ **en serie** *loc adv* **-1.** [fabricación]: **fabricar en ~** to mass-produce **-2.** ELECTR in series.

seriedad *f* **-1.** [gravedad] seriousness **-2.** [responsabilidad] sense of responsibility **-3.** [formalidad - de persona] reliability.

serigrafía *f* silkscreen printing.

serio, ria *adj* **-1.** [gen] serious; **estar ~** to look serious **-2.** [responsable, formal] responsible **-3.** [sobrio] sober.

◆ **en serio** *loc adv* seriously; **lo digo en ~** I'm serious; **tomar(se) algo/a alguien en ~** to take sthg/sb seriously.

sermón *m lit & fig* sermon; **echar un ~ por algo** to give a lecture for sthg.

sermoneador, ra *adj* sermonizing.

sermonear *vt* to give a lecture *o* ticking-off to.

seropositivo, va MED <> *adj* HIV-positive. <> *m, f* HIV-positive person.

serpentear *vi* **-1.** [río, camino] to wind, to snake **-2.** [culebra] to wriggle.

serpentina *f* streamer.

serpiente *f* [culebra] snake; LITER serpent; **~ de cascabel** rattlesnake; **~ pitón** python.

serrallo *m* seraglio.

serranía *f* mountainous region.

serrano, na <> *adj* **-1.** [de la sierra] mountain *(antes de sust)*, highland *(antes de sust)* **-2.** [jamón] cured. <> *m y f* highlander.

serrar [19] *vt* to saw (up).

serrería *f* sawmill.

serrín *m* sawdust.

serrucho *m* handsaw.

servicial *adj* attentive, helpful.

servicio *m* **-1.** [gen] service; **fuera de ~** out of order; **~ de inteligencia** *o* **secreto** intelligence *o* secret service; **~ de prensa/de urgencias** press/casualty department; **~ discrecional/público** private/public service; **~ a domicilio** home delivery service; **~ de mesa** dinner service; **~ militar** military service; **~ de paquetería** parcel service; **~ posventa** after-sales service; **~ de té** tea set **-2.** [servidumbre] servants *(pl)*; **~ doméstico** domestic help **-3.** [turno] duty; **estar de ~** to be on duty **-4.** *(gen pl)* [WC] toilet, lavatory, bathroom US **-5.** DEP serve, service **-6.** [cubierto] place setting.

servidor, ra *m,f* **-1.** [criado] servant **-2.** [en cartas]: **su seguro ~** yours faithfully **-3.** [yo] yours truly, me; **¿quién es el último? - ~** who's last? - I am.

◆ **servidor** *m* INFORM server.

servidumbre *f* **-1.** [criados] servants *(pl)* **-2.** [dependencia] servitude.

servil *adj* servile.

servilismo *m* subservience.

servilleta *f* serviette, napkin.

servilletero *m* serviette *o* napkin ring.

servir [26] <> *vt* to serve; **sírvanos dos cervezas** bring us two beers; **¿te sirvo más patatas?** would you like some more potatoes?; **¿en qué puedo ~le?** what can I do for you? <> *vi* **-1.** [gen] to serve; **~ en el gobierno** to be a government minister **-2.** [valer, ser útil] to serve, to be useful; **no sirve para estudiar** he's no good at studying; **de nada sirve que se lo digas** it's no use telling him; **~ de algo** to serve as sthg **-3.** [como criado] to be in service.

◆ **servirse** *vpr* **-1.** [aprovecharse]: **~se de** to make use of; **sírvase llamar cuando quiera** please call whenever you want **-2.** [comida, bebida] to help o.s.

servoasistido, da *adj* AUTOM servo *(antes de sust)*.

servodirección *f* power steering.

servofreno *m* servo brake.

sésamo *m* sesame.

sesear *vi* GRAM *to pronounce 'c' and 'z' as 's', as in Andalusian and Latin American dialects.*

sesenta *núm* sixty; **los (años) ~** the sixties; *ver también* **seis**.

seseo *m pronunciation of 'c' and 'z' as an 's'.*

sesera *f fam* **-1.** [cabeza] skull, nut **-2.** *fig* [inteligencia] brains *(pl)*; **estar mal de la ~** *fam* to be soft in the head.

sesgar [16] *vt* to cut on the bias.

sesgo *m* **-1.** [oblicuidad] slant; **al ~** [gen] on a slant; [costura] on the bias **-2.** *fig* [rumbo] course, path **-3.** [enfoque] bias.

sesgue *etc* ▷ **sesgar**.

sesión *f* **-1.** [reunión] meeting, session; DER sitting, session; **abrir/levantar la ~** to open/to adjourn the meeting **-2.** [proyección, representación] show, performance; **~**

continua continuous showing; ~ **matinal** matinée; ~ **de tarde** afternoon matinée; ~ **de noche** evening showing **-3.** [periodo] session.

seso *(gen pl) m* **-1.** [cerebro] brain **-2.** [sensatez] brains *(pl)*, sense; **calentarse** *o* **devanarse los ~s** to rack one's brains; **sorber el ~** *o* **los ~s a alguien** to brainwash sb.

sestear *vi* to have a nap.

sesudo, da *adj* **-1.** [inteligente] brainy **-2.** [sensato] wise, sensible.

set (*pl* **sets**) *m* DEP set.

seta *f* mushroom; ~ **venenosa** toadstool.

setecientos, tas *núm* seven hundred; *ver también* **seis**.

setenta *núm* seventy; **los (años) ~** the seventies; *ver también* **seis**.

setiembre = **septiembre**.

sétimo = **séptimo**.

seto *m* fence; ~ **vivo** hedge.

setter ['seter] *m* setter.

seudo = **pseudo**.

seudónimo = **pseudónimo**.

severidad *f* **-1.** [rigor] severity **-2.** [intransigencia] strictness.

severo, ra *adj* **-1.** [castigo] severe, harsh **-2.** [persona] strict.

Sevilla Seville.

sevillano, na *adj & m,f* Sevillian.
◆ **sevillanas** *fpl Andalusian dance and song.*

sexagenario, ria *adj & m,f* sexagenarian.

sexagésimo, ma *núm* sixtieth.

sex-appeal [seksa'pil] *m inv* sex appeal.

sexi, sexy (*pl* **sexys**) *adj* sexy.

sexismo *m* sexism.

sexista *adj & m,f* sexist.

sexo *m* **-1.** [gen] sex; **bello ~**, ~ **débil** fair sex **-2.** [genitales] genitals *(pl)*.

sexología *f* sexology.

sexólogo, ga *m,f* sexologist.

sex-shop [se'ʃop] (*pl* **sex-shops**) *m* sex shop.

sextante *m* sextant.

sexteto *m* MÚS sextet.

sexto, ta *núm* sixth; **la sexta parte** a sixth.

sextuplicar [10] *vt* to multiply by six.
◆ **sextuplicarse** *vpr* to increase sixfold.

séxtuplo, pla *adj* sixfold.
◆ **séxtuplo** *m* sextuple.

sexuado, da *adj* sexed.

sexual *adj* [gen] sexual; [educación, vida] sex *(antes de sust)*.

sexualidad *f* sexuality.

sexy = **sexi**.

Seychelles [sei'ʃels] *fpl*: **las (islas) ~** the Seychelles.

sha [sa, ʃa] *m* shah.

shakesperiano, na [ʃespi'rjano] *adj* Shakespearian.

Shanghai [ʃaŋ'gai] Shanghai.

sheriff ['ʃerif] *m* sheriff.

sherry ['ʃeri] (*pl* **sherries**) *m* sherry.

shock = **choc**.

shorts [ʃorts] *mpl* shorts.

show [ʃou] (*pl* **shows**) *m* show; **montar un ~** *fig* to cause a scene.

si[1] (*pl* **sis**) *m* MÚS B; [en solfeo] ti.

si[2] *conj* **-1.** *(condicional)* if; ~ **viene él yo me voy** if he comes, then I'm going; ~ **hubieses venido te habrías divertido** if you had come, you would have enjoyed yourself **-2.** *(en oraciones interrogativas indirectas)* if, whether; **ignoro ~ lo sabe** I don't know if *o* whether she knows **-3.** [expresa protesta] but; **¡~ te dije que no lo hicieras!** but I told you not to do it!

sí (*pl* **síes**) ◇ *adv* **-1.** [afirmación] yes; **¿vendrás? - ~, iré** will you come? - yes, I will; **claro que ~** of course; **creo que ~** I think so; **¿están de acuerdo? - algunos ~** do they agree? - some do **-2.** [uso enfático]: **~ que** really, certainly; **~ que me gusta** I really *o* certainly like it **-3.** *loc*: **no creo que puedas hacerlo - ¡a que ~!** I don't think you can do it - I bet I can!; **porque ~** [sin razón] because (I/you *etc felt like it*); **van a subir la gasolina – ¡pues ~ que ...!** petrol prices are going up – what a pain!; **¿~?** [incredulidad] really? ◇ *pron pers* **-1.** *(reflexivo)* [de personas] himself (*f* herself), *(pl)* themselves; [usted] yourself, *(pl)* yourselves; [de cosas, animales] itself, *(pl)* themselves; **lo quiere todo para ~ (misma)** she wants everything for herself; **se acercó la silla hacia ~** he drew the chair nearer (himself); **de (por) ~** [cosa] in itself **-2.** *(reflexivo impersonal)* oneself; **cuando uno piensa en ~ mismo** when one thinks about oneself, when you think about yourself. ◇ *m* consent; **dar el ~** to give one's consent.

Siam Siam.

siamés, esa ◇ *adj* Siamese. ◇ *m,f* **-1.** [de Siam] Siamese person, Thai **-2.** [gemelo] Siamese twin.
◆ **siamés** *m* [gato] Siamese.

sibarita ◇ *adj* sybaritic. ◇ *mf* sybarite, epicure.

sibaritismo *m* sybaritism, epicureanism.

Siberia: **(la) ~** Siberia.

siberiano, na *adj & m,f* Siberian.
sibila *f MITOL* sibyl.
sibilante *adj* sibilant.
sibilino, na *adj* [incomprensible] mysterious, cryptic.
sicario *m* hired assassin.
Sicilia Sicily.
siciliano, na *adj & m,f* Sicilian.
sicoanálisis = **psicoanálisis**.
sicodélico = **psicodélico**.
sicodrama = **psicodrama**.
sicología = **psicología**.
sicometría = **psicometría**.
sicomoro *m* [planta] sycamore.
sicomotricidad = **psicomotricidad**.
sicópata = **psicópata**.
sicopatía = **psicopatía**.
sicosis = **psicosis**.
sicosomático = **psicosomático**.
sicotécnico = **psicotécnico**.
sicoterapia = **psicoterapia**.
sida (*abrev de* **síndrome de inmunodeficiencia adquirida**) *m* AIDS.
sidecar (*pl* **sidecares**) *m* sidecar.
sideral *adj* sidereal.
siderurgia *f* iron and steel industry.
siderúrgico, ca *adj IND* iron and steel *(antes de sust)*.
sidra *f* cider.
siega ◇ *v* ▻ **segar**. ◇ *f* **-1.** [acción] reaping, harvesting **-2.** [época] harvest (time).
siembra ◇ *v* ▻ **sembrar**. ◇ *f* **-1.** [acción] sowing **-2.** [época] sowing time.
siempre *adv* [gen] always; **como ~** as usual; **de ~** usual; **lo de ~** the usual; **somos amigos de ~** we've always been friends; **es así desde ~** it has always been that way; **para ~, para ~ jamás** for ever and ever; **¿~ nos vemos mañana?** *Amér* we're still getting together tomorrow, aren't we?
◆ **siempre que** *loc conj* **-1.** [cada vez que] whenever **-2.** [con tal de que] provided that, as long as.
◆ **siempre y cuando** *loc conj* provided that, as long as.
siempreviva *f* everlasting flower.
sien *f* temple.
sienta *etc* ▻ **sentar**; **sentir**.
sierra ◇ *v* ▻ **serrar**. ◇ *f* **-1.** [herramienta] saw; **~ eléctrica** power saw **-2.** [cordillera] mountain range **-3.** [región montañosa] mountains *(pl)*.
Sierra Leona Sierra Leone.
siervo, va *m,f* **-1.** [esclavo] serf **-2.** *RELIG* servant.
siesta *f* siesta, nap; **dormir** *o* **echarse la ~** to have an afternoon nap.
siete ◇ *núm* seven; *ver también* **seis**. ◇ *f RP fig*: **de la gran ~** amazing, incredible; **¡la gran ~!** *fam* sugar! *UK*, shoot! *US*.
◆ **siete y media** *fpl card game in which players aim to get 7½ points, court cards counting for ½ point.*
sietemesino, na ◇ *adj* premature. ◇ *m,f* premature baby.
sífilis *f inv* syphilis.
sifilítico, ca *MED adj & m,f* syphilitic.
sifón *m* **-1.** [agua carbónica] soda (water) **-2.** [de WC] trap, U-bend **-3.** [tubo] siphon.
siga *etc* ▻ **seguir**.
sigilo *m* [gen] secrecy; [al robar, escapar] stealth.
sigiloso, sa *adj* [discreto] secretive; [al robar, escapar] stealthy.
siglas *fpl* acronym.
siglo *m* **-1.** [cien años] century; **el ~ XX** the 20th century; **el ~ III antes de Cristo** the third century before Christ; **el ~ de las Luces** the Age of Enlightenment; **el ~ de Oro** the Golden Age **-2.** *fig* [mucho tiempo]: **hace ~s que no la veo** I haven't seen her for ages; **por los ~s de los ~s** for ever and ever.
signatario, ria *adj & m,f* signatory.
signatura *f* **-1.** [en biblioteca] catalogue number **-2.** [firma] signature.
significación *f* **-1.** [importancia] significance **-2.** [significado] meaning.
significado, da *adj* important.
◆ **significado** *m* **-1.** [sentido] meaning **-2.** *LING* signifier.
significante *m LING* signifiant.
significar [10] ◇ *vt* **-1.** [gen] to mean **-2.** [expresar] to express. ◇ *vi* [tener importancia]: **no significa nada para mí** it means nothing to me.
◆ **significarse por** *vpr* to become known for.
significativo, va *adj* significant.
signo *m* **-1.** [gen] sign; **~ de multiplicar/dividir** multiplication/division sign; **~ del zodiaco** sign of the zodiac **-2.** [en la escritura] mark; **~ de admiración/interrogación** exclamation/question mark **-3.** [símbolo] symbol.
sigo *etc* ▻ **seguir**.
siguiente ◇ *adj* **-1.** [en el tiempo, espacio] next **-2.** [a continuación] following. ◇ *mf* **-1.** [el que sigue]: **el ~** the next one; **¡el ~!** next,

please! **-2.** [lo que sigue]: **lo ~** the following.
siguiera *etc* ▷ **seguir**.
sij (*pl* **sijs**) *adj & m,f* Sikh.
sílaba *f* syllable.
silábico, ca *adj* syllabic.
silbar ◇ *vt* **-1.** [gen] to whistle **-2.** [abuchear] to hiss, to catcall. ◇ *vi* **-1.** [gen] to whistle **-2.** [abuchear] to hiss, to catcall **-3.** *fig* [oídos] to ring.
silbato *m* whistle.
silbido, silbo *m* **-1.** [gen] whistle **-2.** [para abuchear, de serpiente] hiss, hissing *(U)*.
silenciador *m* silencer.
silenciar [8] *vt* to hush up, to keep quiet.
silencio *m* **-1.** [gen] silence; **en ~** in silence; **guardar ~ (sobre algo)** to keep silent (about sthg); **guardaron un minuto de ~** they held a minute's silence; **imponer ~ a alguien** to make sb be silent; **reinaba el ~ más absoluto** there was complete silence; **romper el ~** to break the silence **-2.** *MÚS* rest.
silencioso, sa *adj* silent, quiet.
sílex *m inv* flint.
sílfide *f* sylph.
silicato *m* silicate.
sílice *f* silica.
silicio *m* silicon.
silicona *f* silicone.
silla *f* **-1.** [gen] chair; **~ de la reina** *seat made by two people joining hands*; **~ de ruedas** wheelchair; **~ eléctrica** electric chair; **~ de tijera** folding chair **-2.** [de caballo]: **~ (de montar)** saddle.
sillería *f* set of chairs; [de coro] choir stalls *(pl)*.
sillín *m* saddle, seat.
sillón *m* armchair.
silo *m* silo.
silogismo *m* syllogism.
silueta *f* **-1.** [cuerpo] figure **-2.** [contorno] outline **-3.** [dibujo] silhouette.
silvestre *adj* wild.
sima *f* chasm.
simbiosis *f inv* symbiosis.
simbólico, ca *adj* symbolic.
simbolismo *m* symbolism.
simbolizar [13] *vt* to symbolize.
símbolo *m* symbol.
simbología *f* system of symbols.
simetría *f* symmetry.
simétrico, ca *adj* symmetrical.
simiente *f culto* seed.
simiesco, ca *adj* simian, apelike.
símil *m* **-1.** [paralelismo] similarity, resemblance **-2.** *LITER* simile.
similar *adj*: **~ (a)** similar (to).
similitud *f* similarity.
simio, mia *m,f* simian, ape.
simpatía *f* **-1.** [cordialidad] friendliness **-2.** [cariño] affection; **coger ~ a alguien** to take a liking to sb; **tener ~ a, sentir ~ por** to like **-3.** *MED* sympathy.
simpático, ca *adj* **-1.** [gen] nice, likeable; [abierto, cordial] friendly; **Juan me cae ~** I like Juan **-2.** [anécdota, comedia etc] amusing, entertaining **-3.** [reunión, velada etc] pleasant, agreeable **-4.** *ANAT* sympathetic.
simpatizante ◇ *adj* sympathizing. ◇ *mf* sympathizer.
simpatizar [13] *vi*: **~ (con)** [persona] to hit it off (with), to get on (with); [cosa] to sympathize (with).
simple ◇ *adj* **-1.** [gen] simple **-2.** [fácil] easy, simple **-3.** [único, sin componentes] single; **dame una ~ razón** give me one single reason **-4.** [mero] mere; **por ~ estupidez** through sheer stupidity **-5.** *MAT* prime. ◇ *mf* [persona] simpleton.
simplemente *adv* simply.
simpleza *f* **-1.** [de persona] simple-mindedness **-2.** [tontería] trifle.
simplicidad *f* simplicity.
simplificación *f* simplification.
simplificar [10] *vt* to simplify.
◆ **simplificarse** *vpr* to be simplified.
simplista ◇ *adj* simplistic. ◇ *mf* naïve person.
simplón, ona ◇ *adj* simple, simple-minded. ◇ *m,f* simple-minded person.
simposio, simposium *m* symposium.
simulación *f* pretence, simulation.
simulacro *m* simulation; **~ de combate** mock battle; **~ de incendio** fire drill.
simulado, da *adj* **-1.** [sentimiento, desmayo etc] feigned **-2.** [combate, salvamento] simulated.
simular *vt* **-1.** [sentimiento, desmayo etc] to feign; **simuló que no me había visto** he pretended not to have seen me **-2.** [enfermedad] to fake **-3.** [combate, salvamento] to simulate.
simultanear *vt* to do at the same time.
simultaneidad *f* simultaneousness.
simultáneo, nea *adj* simultaneous.
sin *prep* without; **~ alcohol** alcohol-free; **estoy ~ una peseta** I'm penniless; **ha escrito cinco libros ~ (contar) las novelas** he has written five books, not counting his novels;

está ~ **hacer** it hasn't been done yet; **estamos ~ vino** we're out of wine; ~ **que** *(+ subjuntivo)* without *(+ gerund)*; ~ **que nadie se enterara** without anyone noticing.
◆ **sin embargo** *conj* however.

sinagoga *f* synagogue.

Sinaí *m*: **el** ~ Sinai.

sincerarse *vpr*: ~ **(con alguien)** to open one's heart (to sb).

sinceridad *f* sincerity; [llaneza, franqueza] frankness; **con toda** ~ in all honesty.

sincero, ra *adj* sincere; [abierto, directo] frank; **para ser** ~ to be honest.

sincopado, da *adj* syncopated.

síncope *m* blackout; **le dio un** ~ she blacked out.

sincretismo *m* synchretism.

SINCRETISMO

When the form of Christianity introduced by the colonists met with the religious beliefs of the native Indian people, the result was the religious syncretism which is by and large characteristic of Latin American culture today. This syncretism is apparent in the survival of pagan rites and also in religious art, where traditional Christian images can be seen alongside native Indian symbols.

sincronía *f* [simultaneidad] synchronousness.

sincrónico, ca *adj* **-1.** [simultáneo] simultaneous **-2.** [coordinado] synchronous.

sincronismo *m* [simultaneidad] simultaneity.

sincronización *f* synchronization.

sincronizar [13] *vt* [regular] to synchronize.

sindicación *f* trade union membership.

sindicado, da *adj* belonging to a trade union.

sindical *adj* (trade) union *(antes de sust)*.

sindicalismo *m* trade unionism.

sindicalista ◇ *adj* (trade) union *(antes de sust)*. ◇ *mf* trade unionist.

sindicar [10] *vt* **-1.** to unionize **-2.** *Andes, RP, Ven* to accuse.
◆ **sindicarse** *vpr* to join a union.

sindicato *m* trade union, labor union *US*; ~ **amarillo** yellow union, *conservative trade union that leans towards the employers' interests*; ~ **vertical** *workers' and employers' union during the Franco period.*

síndico *m* **-1.** [representante] community representative **-2.** [administrador] (official) receiver **-3.** *ECON* trustee.

síndrome *m* syndrome; ~ **de abstinencia** withdrawal symptoms *(pl)*; ~ **de Down** Down's syndrome; ~ **de Estocolmo** Stockholm syndrome; ~ **de inmunodeficiencia adquirida** acquired immune deficiency syndrome; ~ **premenstrual** premenstrual syndrome; ~ **tóxico** *toxic syndrome caused by ingestion of adulterated rapeseed oil.*

sine
◆ **sine die** *loc adv* indefinitely.

sinergia *f* synergy.

sinestesia *f* synaesthesia.

sinfín *m* vast number; **un** ~ **de problemas** no end of problems.

sinfonía *f* symphony.

sinfónico, ca *adj* symphonic.
◆ **sinfónica** *f* symphony orchestra.

singani *m Bol* grape brandy.

Singapur Singapore.

singladura *f NÁUT* [distancia] day's run; *fig* [dirección] course.

single ['siŋgel] *m* **-1.** single **-2.** *CSur* [habitación] single room.

singular ◇ *adj* **-1.** [raro] peculiar, odd **-2.** [único] unique **-3.** *GRAM* singular. ◇ *m GRAM* singular; **en** ~ in the singular.

singularidad *f* **-1.** [rareza, peculiaridad] peculiarity **-2.** [exclusividad] uniqueness.

singularizar [13] *vt* to distinguish, to single out.
◆ **singularizarse** *vpr* to stand out, to be conspicuous; ~**se por algo** to stand out because of sthg.

sinhueso *f fam* tongue; **darle a la** ~ to yap.

siniestrado, da ◇ *adj* [coche, avión etc] crashed, smashed up; [edificio] ruined, destroyed. ◇ *m,f* victim.

siniestralidad *f* accident rate.

siniestro, tra *adj* **-1.** [perverso] sinister **-2.** [desgraciado] disastrous.
◆ **siniestro** *m* disaster; [accidente de coche] accident, crash; [incendio] fire.
◆ **siniestra** *f desus* left hand.

sinnúmero *m*: **un** ~ **de** countless.

sino[1] *m* fate, destiny.

sino[2] *conj* **-1.** [para contraponer] but; **no lo hizo él,** ~ **ella** he didn't do it, she did; **no sólo es listo,** ~ **también trabajador** he's not only clever but also hardworking **-2.** [para exceptuar] except, but; **¿quién** ~ **tú lo haría?** who else but you would do it?; **no quiero** ~ **que se haga justicia** I only want justice to be done.

sínodo *m* synod.

sinonimia *f* synonymy.

sinónimo, ma *adj* synonymous; **ser** ~ **de algo** to be synonymous with sthg.

◆ **sinónimo** *m* synonym.
sinopsis *f inv* synopsis.
sinóptico, ca *adj* synoptic.
sinovial *adj* synovial.
sinrazón *(gen pl) f* injustice.
sinsabor *(gen pl) m* trouble.
sintáctico, ca *adj* syntactic.
sintagma *m* syntagma.
sintaxis *f inv* syntax.
síntesis *f inv* synthesis; **en ~** in short; **~ del habla** INFORM & LING speech synthesis.
sintético, ca *adj* **-1.** [artificial] synthetic **-2.** [resumido] summarized.
sintetizador, ra *adj* synthesizing.
◆ **sintetizador** *m* synthesizer.
sintetizar [13] *vt* **-1.** [resumir] to summarize **-2.** [fabricar artificialmente] to synthesize.
sintiera *etc* ▻ **sentir**.
síntoma *m* symptom.
sintomático, ca *adj* symptomatic.
sintomatología *f* symptoms *(pl)*.
sintonía *f* **-1.** [música] signature tune **-2.** [conexión] tuning **-3.** *fig* [compenetración] harmony; **en ~ con** in tune with.
sintonización *f* **-1.** [conexión] tuning **-2.** *fig* [compenetración] harmonization.
sintonizador *m* tuner, tuning dial.
sintonizar [13] ◇ *vt* [conectar] to tune in to. ◇ *vi* **-1.** [conectar]: **~ (con)** to tune in (to) **-2.** *fig* [compenetrarse]: **~ en algo (con alguien)** to be on the same wavelength (as sb) about sthg.
sinuosidad *f* bend, wind.
sinuoso, sa *adj* **-1.** [camino] winding **-2.** [movimiento] sinuous **-3.** *fig* [disimulado] devious.
sinusitis *f inv* sinusitis.
sinvergüenza ◇ *adj* **-1.** [canalla] shameless **-2.** [fresco, descarado] cheeky. ◇ *mf* **-1.** [canalla] rogue **-2.** [fresco, descarado] cheeky person.
sionismo *m* Zionism.
sionista *adj* & *m,f* Zionist.
sioux ['siuks] *adj inv* & *m y f inv* Sioux.
sique = **psique**.
siquiatra = **psiquiatra**.
siquiatría = **psiquiatría**.
siquiátrico = **psiquiátrico**.
síquico = **psíquico**.
siquiera ◇ *conj* [aunque] even if; **ven ~ por pocos días** do come, even if it's only for a few days. ◇ *adv* [por lo menos] at least; **dime ~ tu nombre** (you could) at least tell me your name.
◆ **ni (tan) siquiera** *loc conj* not even; **ni (tan) ~ me hablaron** they didn't even speak to me.
siquis = **psiquis**.
sirena *f* **-1.** MITOL mermaid, siren **-2.** [señal] siren.
Siria Syria.
sirimiri *m* drizzle.
sirio, ria *adj* & *m,f* Syrian.
siroco *m* sirocco.
sirva *etc* ▻ **servir**.
sirviente, ta *m,f* servant.
sirviera *etc* ▻ **servir**.
sisa *f* **-1.** [de dinero] pilfering **-2.** [en costura] dart; [de manga] armhole.
sisar ◇ *vt* **-1.** [dinero] to pilfer **-2.** [costura] to take in. ◇ *vi* to pilfer.
sisear *vt* & *vi* to hiss.
siseo *m* hiss, hissing *(U)*.
sísmico, ca *adj* seismic.
sismo *m* earthquake.
sismógrafo *m* seismograph.
sisón, ona ◇ *adj* pilfering. ◇ *m,f* [ladrón] pilferer, petty thief.
◆ **sisón** *m* [ave] little bustard.
sistema *m* **-1.** [gen & INFORM] system; **~ monetario/nervioso/solar** monetary/nervous/solar system; **~ experto/operativo** INFORM expert/operating system; **~ fiscal** *o* **impositivo** tax system; **~ ABS** AUTOM ABS (brake) system; **~ dual** TV *system enabling dubbed TV programmes to be heard in the original language*; **~ de gestión de bases de datos** INFORM database management system; **~ internacional de unidades** SI units *(pl)*; **~ métrico (decimal)** metric (decimal) system; **~ monetario europeo** European Monetary System; **~ montañoso** mountain chain *o* range; **~ periódico de los elementos** periodic table of elements **-2.** [método, orden] method.
◆ **por sistema** *loc adv* systematically.
Sistema Ibérico *m*: **el ~** the Iberian mountain chain.
sistemático, ca *adj* systematic.
sistematización *f* systematization.
sistematizar [13] *vt* to systematize.
sístole *f* systole.
sitiar [8] *vt* **-1.** [cercar] to besiege **-2.** *fig* [acorralar] to surround.
sitio *m* **-1.** [lugar] place; **cambiar de ~ (con alguien)** to change places (with sb); **en otro ~** elsewhere; **poner a alguien en su ~** to put sb in his/her place **-2.** [espacio] room, space; **hacer ~ a alguien** to make room for sb; **ocupar ~** to take up space **-3.** [cerco]

siege **-4.** *INFORM:* ~ **Web** Web site **-5.** *Méx* [de taxi] taxi rank *UK o* stand *US*.

sito, ta *adj* located.

situ

◆ **in situ** *loc adv* on the spot.

situación *f* **-1.** [circunstancias] situation; [legal, social] status; **estar en ~ de hacer algo** [gen] to be in a position to do sthg; [suj: enfermo, borracho] to be in a fit state to do sthg; **~ límite** critical situation; **salvar la ~** to save the day **-2.** [condición, estado] state, condition **-3.** [ubicación] location.

situado, da *adj* **-1.** [acomodado] comfortably off; **estar bien ~** to be well off **-2.** [ubicado] located.

situar [6] *vt* **-1.** [colocar] to place, to put; [edificio, ciudad] to site, to locate **-2.** [en clasificación] to place, to rank **-3.** [localizar] to locate, to find.

◆ **situarse** *vpr* **-1.** [colocarse] to take up position **-2.** [ubicarse] to be located **-3.** [acomodarse, establecerse] to get o.s. established **-4.** [en clasificación] to be placed; **se sitúa entre los mejores** he's (ranked) amongst the best.

siútico, ca *adj Amér fam* naff, tacky.

skai [es'kai] = **escay**.

skateboard [es'keiðβor] (*pl* **skateboards**) *m* **-1.** [tabla] skateboard **-2.** [deporte] skateboarding.

sketch [es'ketʃ] (*pl* **sketches**) *m CIN & TEATR* sketch.

ski [es'ki] = **esquí**.

skin head [es'kinxeð] (*pl* **skin heads**) *m,f* skinhead.

SL (*abrev de* **sociedad limitada**) *f* ≃ Ltd.

slalom [es'lalom] = **eslálom**.

slip [es'lip] = **eslip**.

slogan [es'loγan] = **eslogan**.

SM (*abrev de* **Su Majestad**) HM.

smash [es'maʃ] (*pl* **smashes**) *m DEP* smash.

SME (*abrev de* **sistema monetario europeo**) *m* EMS.

SMI (*abrev de* **sistema monetario internacional**) *m* IMS.

smoking [es'mokin] = **esmoquin**.

s/n *abrev de* **sin número**.

snob = **esnob**.

snobismo = **esnobismo**.

snowboard *n* snowboard *m*.

snowboarding *n* snowboard *m*; **to go ~** hacer snowboard.

so ◇ *prep* under; **~ pretexto de** under; **~ pena de** under penalty of. ◇ *adv*: **¡~ tonto!** you idiot! ◇ *interj*: **¡~!** whoa!

sobaco *m* armpit.

sobado, da *adj* **-1.** [cuello, puños etc] worn, shabby; [libro] dog-eared **-2.** *fig* [argumento, excusa] well-worn, hackneyed.

◆ **sobado** *m CULIN* shortcrust pastry.

sobaquera *f* armhole.

sobaquina *f fam* body odour.

sobar ◇ *vt* **-1.** [tocar] to finger, to paw **-2.** *despec* [acariciar, besar] to touch up, to fondle **-3.** [ablandar] to soften. ◇ *vi mfam* to kip.

soberanía *f* sovereignty.

soberano, na ◇ *adj* **-1.** [independiente] sovereign **-2.** *fig* [grande] massive; [paliza] thorough; [belleza, calidad] supreme, unrivalled. ◇ *m,f* sovereign.

soberbio, bia ◇ *adj* **-1.** [arrogante] proud, arrogant **-2.** [magnífico] superb **-3.** [grande] huge. ◇ *m,f* [persona] arrogant *o* proud person.

◆ **soberbia** *f* **-1.** [arrogancia] pride, arrogance **-2.** [magnificencia] grandeur, splendour.

sobón, ona *adj & m,f fam* groper.

sobornar *vt* to bribe.

soborno *m* **-1.** [acción] bribery **-2.** [dinero, regalo] bribe.

sobra *f* excess, surplus; **de ~** [en exceso] more than enough; [de más] superfluous; **aquí estoy de ~, me voy** I'm off, it's obvious I'm not wanted here; **lo sabemos de ~** we know it only too well.

◆ **sobras** *fpl* **-1.** [de comida] leftovers **-2.** [de tela] remnants.

sobrado, da *adj* **-1.** [de sobra] more than enough, plenty of **-2.** [de dinero] well off.

sobrante ◇ *adj* remaining. ◇ *m* surplus.

sobrar *vi* **-1.** [quedar, restar] to be left over, to be spare; **nos sobró comida** we had some food left over **-2.** [haber de más] to be more than enough; **parece que van a ~ bocadillos** it looks like there are going to be too many sandwiches **-3.** [estar de más] to be superfluous; **lo que dices sobra** that goes without saying.

sobrasada *f Mallorcan spiced sausage.*

sobre¹ *m* **-1.** [para cartas] envelope **-2.** [para alimentos] sachet, packet **-3.** *mfam* [cama] sack; **irse al ~** to hit the sack.

sobre² *prep* **-1.** [encima de] on (top of); **el libro está ~ la mesa** the book is on (top of) the table **-2.** [por encima de] over, above; **el pato vuela ~ el lago** the duck is flying over the lake **-3.** [superioridad] above; **su opinión está ~ las de los demás** his opinion is more important than that of the others **-4.** [acerca de] about, on; **un libro ~ el amor** a book about *o* on love; **una conferencia ~ el desarme** a conference on disarmament **-5.** [alrededor de] about; **llegarán ~ las diez** they'll arrive at about ten o'clock **-6.** [acumulación] upon; **nos contó mentira ~ mentira** he told us lie upon lie *o* one lie after another **-7.** [cerca de] upon; **la desgracia estaba ya ~ nosotros** the disaster was already upon us.

sobreabundancia = **superabundancia.**

sobreabundante = **superabundante.**

sobreabundar = **superabundar.**

sobrealimentación *f* overfeeding.

sobrealimentar *vt* to overfeed.

sobreañadir *vt* to add on top of.

sobrecalentar [19] *vt* to overheat.

sobrecarga *f* **-1.** [exceso de carga] excess weight **-2.** [saturación] overload.

sobrecargar [16] *vt* [gen] to overload; [decoración etc] to overdo.

sobrecargo *m* **-1.** NÁUT supercargo **-2.** [de avión] purser.

sobrecogedor, ra *adj* **-1.** [aterrador] frightening, startling **-2.** [impresionante] moving.

sobrecoger [14] *vt* **-1.** [asustar] to frighten, to startle **-2.** [impresionar] to move.
◆ **sobrecogerse** *vpr* **-1.** [asustarse] to be frightened, to be startled **-2.** [impresionarse] to be moved.

sobrecongelar *vt* to deep-freeze.

sobrecosto *m* extra costs *(pl).*

sobrecubierta *f* **-1.** [de libro] (dust) jacket **-2.** [de barco] upper deck.

sobredosis *f inv* overdose.

sobreentender = **sobrentender.**

sobreentendido = **sobrentendido.**

sobreexcitar = **sobrexcitar.**

sobreexponer = **sobrexponer.**

sobreexposición = **sobrexposición.**

sobregiro *m* COM overdraft.

sobrehumano, na *adj* superhuman.

sobreimpresión *f* superimposing *(U).*

sobreimprimir *vt* to superimpose.

sobrellevar *vt* to bear, to endure.

sobremanera *adv* exceedingly.

sobremesa *f* after-dinner period; **de ~** [programación etc] mid-afternoon *(antes de sust).*

SOBREMESA

The time after a meal, when the dishes are cleared away and coffee and liqueurs are served, is called the *sobremesa*. People remain at the table chatting over their drinks; sometimes they play a game of cards or watch television.

sobrenadar *vi* to float.

sobrenatural *adj* [extraordinario] supernatural.

sobrenombre *m* nickname.

sobrentender, sobreentender [20] *vt* to understand, to deduce. ◆ **sobrentenderse** *vpr* to be inferred *o* implied.

sobrentendido, da, sobreentendido, da *adj* implied, implicit.

sobrepasar *vt* **-1.** [exceder] to exceed **-2.** [aventajar]: **~ a alguien** to overtake sb.
◆ **sobrepasarse** *vpr* to go too far.

sobrepeso *m* excess weight.

sobreponer, superponer [65] *vt* **-1.** [poner encima] to put on top **-2.** *fig* [anteponer]: **~ algo a algo** to put sthg before sthg.
◆ **sobreponerse** *vpr*: **~se a algo** to overcome sthg.

sobreposición, superposición *f* superimposing.

sobreproducción, superproducción *f* ECON overproduction *(U).*

sobreproteger [14] *vt* to overprotect.

sobrepuesto, ta, superpuesto, ta *adj* superimposed; ⊳ **sobreponer.**

sobresaliente ◇ *adj* [destacado] outstanding. ◇ *m* [en escuela] excellent, ≃ A; [en universidad] ≃ first class.

sobresalir [71] *vi* **-1.** [en tamaño] to jut out **-2.** [en importancia] to stand out.

sobresaltar *vt* to startle. ◆ **sobresaltarse** *vpr* to be startled, to start.

sobresalto *m* start, fright; **dar un ~ a alguien** to make sb start, to give sb a fright.

sobrescribir *vt* to overwrite.

sobrescrito, ta *pp* ⊳ **sobrescribir.**

sobreseer [50] *vt* DER to discontinue, to stay.

sobreseimiento *m* DER stay.

sobrestimar *vt* to overestimate.

sobresueldo *m* extra money on the side *(U).*

sobretasa *f* surcharge.

sobretiempo *m* *Andes* [trabajo] overtime; [en deporte] extra time *UK*, overtime *US.*

sobretodo *m Amér* overcoat.

sobrevenir [75] *vi* to happen, to ensue; **sobrevino la guerra** the war intervened.

sobreviviente = **superviviente.**

sobrevivir *vi* to survive; ~ **a alguien** to outlive sb.

sobrevolar [23] *vt* to fly over.

sobrexcitar, sobreexcitar *vt* to overexcite.
◆ **sobrexcitarse** *vpr* to get overexcited.

sobriedad *f* **-1.** [moderación] restraint, moderation **-2.** [no embriaguez] soberness.

sobrino, na *m,f* nephew (*f* niece).

sobrio, bria *adj* **-1.** [moderado] restrained; ~ **en** moderate in **-2.** [no excesivo] simple **-3.** [austero, no borracho] sober.

socaire *m* NÁUT lee; **al ~ de** *fig* under the protection of.

socarrón, ona *adj* sarcastic.

socarronería *f* sarcasm.

socavar *vt* [excavar por debajo] to dig under; *fig* [debilitar] to undermine.

socavón *m* [hoyo] hollow; [en la carretera] pothole.

sociabilidad *f* sociability.

sociable *adj* sociable.

social *adj* **-1.** [gen] social **-2.** COM company *(antes de sust).*

socialdemocracia *f* social democracy.

socialdemócrata ◇ *adj* social democratic. ◇ *mf* social democrat.

socialismo *m* socialism.

socialista *adj & m,f* socialist.

socialización *f* ECON nationalization.

socializar [13] *vt* ECON to nationalize.

sociedad *f* **-1.** [gen] society; **entrar** *o* **presentarse en ~** to come out, to make one's debut; **alta ~** high society; **~ de consumo** consumer society; **~ deportiva** sports club; **~ literaria** literary society **-2.** COM [empresa] company; **~ anónima** public (limited) company *UK*, incorporated company *US*; **~ civil** non-profit-making company; **~ colectiva** general partnership; **~ comanditaria** *o* **en comandita** general and limited partnership; **(~) cooperativa** cooperative; **~ de cartera** portfolio company; **~ (de responsabilidad) limitada** private limited company; **~ industrial** industrial society; **~ mixta** joint venture.

socio, cia *m,f* **-1.** COM partner; **~ accionista** shareholder; **~ capitalista** *o* **comanditario** sleeping partner *UK*, silent partner *US*; **~ fundador** founding partner **-2.** [miembro] member; **~ honorario** honorary member **-3.** *fam* [amigo] mate.

sociocultural *adj* sociocultural.

socioeconomía *f* socioeconomics *(U).*

socioeconómico, ca *adj* socioeconomic.

sociolingüístico, ca *adj* sociolinguistic.
◆ **sociolingüística** *f* sociolinguistics *(U).*

sociología *f* sociology.

sociólogo, ga *m,f* sociologist.

sociopolítico, ca *adj* sociopolitical.

socorrer *vt* to help.

socorrido, da *adj* [útil] useful, handy.

socorrismo *m* first aid; [en la playa] lifesaving.

socorrista *mf* first aid worker; [en la playa] lifeguard.

socorro ◇ *m* help, aid. ◇ *interj*: **¡~!** help!

soda *f* [bebida] soda water, club soda *US*.

sódico, ca *adj* sodium *(antes de sust).*

sodio *m* sodium.

sodomía *f* sodomy.

sodomita *adj & m,f* sodomite.

sodomizar [13] *vt* to sodomize.

soez *adj* vulgar, dirty.

sofá (*pl* **sofás**) *m* sofa; **~ cama** *o* **nido** sofa bed.

Sofía Sofia.

sofisma *m* sophism.

sofisticación *f* sophistication.

sofisticado, da *adj* sophisticated.

sofocado, da *adj* **-1.** [por cansancio] gasping for breath; [por calor] suffocating **-2.** [por vergüenza] mortified **-3.** [por irritación] hot under the collar.

sofocante *adj* suffocating, stifling.

sofocar [10] *vt* **-1.** [ahogar] to suffocate, to stifle **-2.** [incendio] to put out, to smother **-3.** *fig* [rebelión] to suppress, to quell **-4.** *fig* [avergonzar] to mortify.
◆ **sofocarse** *vpr* **-1.** [ahogarse] to suffocate **-2.** *fig* [avergonzarse] to go red as a beetroot **-3.** *fig* [irritarse]: **~se (por)** to get hot under the collar (about).

sofoco *m* **-1.** [ahogo] breathlessness *(U)*; [sonrojo, bochorno] hot flush **-2.** *fig* [vergüenza] mortification **-3.** *fig* [disgusto]: **llevarse un ~** to have a fit.

sofocón *m fam*: **llevarse un ~** to get hot under the collar.

sofoque *etc* ▷ **sofocar.**

sofreír [28] *vt* to fry lightly over a low heat.

sofría *etc* ▷ **sofreír.**

sofriera *etc* ▷ **sofreír.**

sofrito, ta *pp* ▷ **sofreír.**
◆ **sofrito** *m fried tomato and onion sauce.*

sofrología *f* relaxation therapy.

software ['sofwer] *m* INFORM software; **~ integrado** integrated software.

soga *f* rope; [para ahorcar] noose; **estar con la ~ al cuello** *fig* to be in dire straits; **no hay que mentar la ~ en casa del ahorcado** use a little tact.
sois ▷ **ser**.
soja *f* soya.
sojuzgar [16] *vt* to subjugate.
sol *m* **-1.** [astro] sun; **a pleno ~** in the sun; **al salir/ponerse el ~** at sunrise/sunset; **hace ~** it's sunny; **~ naciente/poniente** rising/setting sun; **de ~ a ~** from dawn to dusk; **no dejar a alguien ni a ~ ni a sombra** not to give sb a moment's peace **-2.** [rayos, luz] sunshine, sun; **tomar el ~** to sunbathe **-3.** TAUROM *seats in the sun, the cheapest in the bullring* **-4.** *fig* [angel, ricura] darling, angel **-5.** MÚS G; [en solfeo] so **-6.** [moneda] sol.
◆ **sol y sombra** *m* [bebida] *mixture of brandy and anisette.*
solace *etc* ▷ **solazar**.
solamente *adv* only, just; **vino ~ él** only he came.
solana *f* **-1.** [lugar] sunny spot **-2.** [galería] sun lounge.
solano *m* east wind.
solapa *f* **-1.** [de prenda] lapel **-2.** [de libro, sobre] flap.
solapado, da *adj* underhand, devious.
solapar *vt* to cover up.
solar ◇ *adj* solar. ◇ *m* undeveloped plot (of land).
solariego, ga *adj* ancestral.
solario, solárium (*pl* **solariums**) *m* solarium.
solaz *m* **-1.** [entretenimiento] amusement, entertainment **-2.** [descanso] rest **-3.** [alivio] solace, relief.
solazar [13] *vt* **-1.** to amuse, to entertain **-2.** [aliviar] to solace, to entertain.
◆ **solazarse** *vpr* to enjoy o.s.
soldada *f* pay.
soldado *m* soldier; **~ de primera** ≃ lance corporal; **~ raso** private.
soldador, ra *m,f* [persona] welder.
◆ **soldador** *m* [aparato] soldering iron.
soldadura *f* **-1.** [acción] soldering, welding **-2.** [juntura] weld, soldered joint.
soldar [23] *vt* to solder, to weld.
soleado, da *adj* sunny.
solecismo *m* solecism.
soledad *f* loneliness; **en ~** alone; *culto* solitude.
solemne *adj* **-1.** [con pompa] formal **-2.** [grave] solemn **-3.** *fig* [enorme] utter, complete.
solemnidad *f* [suntuosidad] pomp, solemnity; **de ~** extremely.
soler [81] *vi*: **~ hacer algo** to do sthg usually; **aquí suele llover mucho** it usually rains a lot here; **solíamos ir a la playa cada día** we used to go to the beach every day.
solera *f* **-1.** [tradición] tradition **-2.** [del vino] sediment; **de ~** vintage.
solfa *f* **-1.** MÚS tonic sol-fa **-2.** *fam* [paliza] thrashing **-3.** *loc*: **poner algo en ~** *fam* to poke fun at sthg.
solfeo *m* MÚS solfeggio, singing of scales.
solicitante ◇ *adj* applying. ◇ *mf* applicant.
solicitar *vt* **-1.** [pedir] to request; [un empleo] to apply for; **~ algo a** *o* **de alguien** to request sthg of sb **-2.** [persona] to pursue; **estar muy solicitado** to be very popular, to be much sought after.
solícito, ta *adj* solicitous, obliging.
solicitud *f* **-1.** [petición] request; **presentar una ~** to submit a request **-2.** [documento] application **-3.** [atención] care.
solidaridad *f* solidarity; **en ~ con** in solidarity with.
solidario, ria *adj* **-1.** [adherido]: **~ (con)** sympathetic (to), supporting (of) **-2.** [obligación, compromiso] mutually binding.
solidarizarse [13] *vpr* to make common cause, to show one's solidarity; **~ con algo/alguien** to support sthg/sb.
solidez *f* **-1.** [física] solidity **-2.** [moral] firmness.
solidificación *f* solidification.
solidificar [10] *vt* to solidify.
◆ **solidificarse** *vpr* to solidify.
sólido, da *adj* **-1.** [gen] solid; [cimientos, fundamento] firm **-2.** [argumento, conocimiento, idea] sound **-3.** [color] fast.
◆ **sólido** *m* solid.
soliloquio *m* soliloquy.
solista ◇ *adj* solo. ◇ *mf* soloist.
solitario, ria ◇ *adj* **-1.** [sin compañía] solitary **-2.** [lugar] lonely, deserted. ◇ *m,f* [persona] loner.
◆ **solitario** *m* **-1.** [diamante] solitaire **-2.** [juego] patience.
◆ **solitaria** *f* [tenia] tapeworm.
soliviantar *vt* **-1.** [excitar] to stir up **-2.** [indignar] to exasperate.
◆ **soliviantarse** *vpr* to be infuriated.
sollozar [13] *vi* to sob.
sollozo *m* sob.
solo, la *adj* **-1.** [sin nadie] alone; **dejar ~ a alguien** to leave sb alone; **se quedó ~ a temprana edad** he was on his own from an

early age; **a solas** alone, by oneself **-2.** [sin nada] on its own; [café] black; [whisky] neat **-3.** [único] single, sole; **ni una sola gota** not a (single) drop; **dame una sola cosa** give me just one thing **-4.** [solitario] lonely.

◆ **solo** *m MÚS* solo.

sólo *adv* only, just; **no ~ ... sino (también) ...** not only ... but (also) ...; **con ~, ~ con** just by; **~ que ...** only ...

solomillo *m* sirloin.

solsticio *m* solstice.

soltar [23] *vt* **-1.** [desasir] to let go of **-2.** [desatar - gen] to unfasten; [- nudo] to untie; [- hebilla, cordones] to undo **-3.** [dejar libre] to release **-4.** [desenrollar - cable etc] to let *o* pay out **-5.** [patada, grito, suspiro etc] to give; **no suelta ni un duro** you can't get a penny out of her **-6.** [decir bruscamente] to come out with.

◆ **soltarse** *vpr* **-1.** [desasirse] to break free **-2.** [desatarse] to come undone **-3.** [desprenderse] to come off **-4.** *fam* [adquirir habilidad] to get the hang of it; **~se en algo** to get the hang of sthg **-5.** [perder timidez] to let go.

soltería *f* [de hombre] bachelorhood; [de mujer] spinsterhood.

soltero, ra ◇ *adj* single, unmarried. ◇ *m,f* bachelor (*f* single woman).

solterón, ona ◇ *adj* unmarried. ◇ *m,f* old bachelor (*f* spinster, old maid).

soltura *f* **-1.** [gen] fluency **-2.** [seguridad de sí mismo] assurance.

soluble *adj* **-1.** [que se disuelve] soluble **-2.** [que se soluciona] solvable.

solución *f* solution.

◆ **solución de continuidad** *f* interruption; **sin ~ de continuidad** uninterrupted.

solucionar *vt* to solve; [disputa] to resolve.

solvencia *f* **-1.** [económica] solvency **-2.** [capacidad] reliability.

solventar *vt* **-1.** [pagar] to settle **-2.** [resolver] to resolve.

solvente *adj* **-1.** [económicamente] solvent **-2.** *fig* [fuentes etc] reliable.

Somalia Somalia.

somático, ca *adj* somatic.

somatizar [13] *vt MED* to convert into physical symptoms.

sombra *f* **-1.** [proyección - fenómeno] shadow; [- zona] shade; **a la ~** in the shade; *fam* [en la cárcel] in the slammer; **dar ~ a** to cast a shadow over; **hacer ~ a alguien** to overshadow sb; **ser la ~ de alguien** to be sb's shadow; **tener mala ~** to be a nasty swine **-2.** [en pintura] shade **-3.** *fig* [anonimato] background; **permanecer en la ~** to stay out of the limelight **-4.** *fig* [imperfección] stain, blemish **-5.** *fig* [atisbo] trace, touch; **no tener ni ~ de** not to have the slightest bit of **-6.** [mancha] spot **-7.** [suerte]: **buena/mala ~** good/bad luck **-8.** *TAUROM most expensive seats in bullring, located in the shade.*

◆ **sombra de ojos** *f* eyeshadow.

sombreado *m* shading.

sombrerería *f* **-1.** [fábrica] hat factory **-2.** [tienda] hat shop.

sombrero *m* **-1.** [prenda] hat; **~ de copa** top hat; **~ hongo** bowler hat, derby *US*; **quitarse el ~** *fig* to take one's hat off **-2.** [de setas] cap.

sombrilla *f* sunshade, parasol; **me vale ~** *Méx fig* I couldn't care less.

sombrío, bría *adj* **-1.** [oscuro] gloomy, dark **-2.** *fig* [triste] sombre, gloomy.

somero, ra *adj* superficial.

someter *vt* **-1.** [a rebeldes] to subdue **-2.** [presentar]: **~ algo a la aprobación de alguien** to submit sthg for sb's approval; **~ algo a votación** to put sthg to the vote **-3.** [subordinar] to subordinate **-4.** [a operación, interrogatorio etc]: **~ a alguien a algo** to subject sb to sthg.

◆ **someterse** *vpr* **-1.** [rendirse] to surrender **-2.** [conformarse]: **~se a algo** to yield *o* bow to sthg **-3.** [a operación, interrogatorio etc]: **~se a algo** to undergo sthg.

sometimiento *m* **-1.** [gen] submission **-2.** [dominio] subjugation.

somier (*pl* **somieres**) *m* [de muelles] bed springs *(pl)*; [de tablas] slats *(of bed)*.

sommelier = **sumiller**.

somnífero, ra *adj* somniferous.

◆ **somnífero** *m* sleeping pill.

somnolencia *f* sleepiness, drowsiness.

somnoliento, ta *adj* drowsy, sleepy.

somos ▷ **ser**.

son ◇ ▷ **ser**. ◇ *m* **-1.** [sonido] sound; **bailar al ~ que le tocan** *fig* to toe the line **-2.** [estilo] way; **en ~ de** in the manner of; **en ~ de paz** in peace.

sonado, da *adj* **-1.** [renombrado] famous **-2.** [loco] crazy **-3.** [boxeador] punch drunk.

sonajero *m* rattle.

sonambulismo *m* sleepwalking.

sonámbulo ◇ *adj* sleepwalking *(antes de sust)*. ◇ *m,f* sleepwalker.

sonante ▷ **dinero**.

sonar[1] *m* sonar.

sonar[2] [23] *vi* **-1.** [gen] to sound; **suena a falso/chiste** it sounds false/like a joke; **(así *o* tal) como suena** literally, in so many words

-2. [timbre] to ring **-3.** [hora]: **sonaron las doce** the clock struck twelve **-4.** [ser conocido, familiar] to be familiar; **me suena** it rings a bell; **no me suena su nombre** I don't remember hearing her name before **-5.** [pronunciarse - letra] to be pronounced **-6.** [rumorearse] to be rumoured.
◆ **sonarse** *vpr* to blow one's nose.

sonata *f* sonata.

sonda *f* **-1.** *MED & TECN* probe; ~ **espacial** space probe **-2.** *NÁUT* sounding line **-3.** *MIN* drill, bore.

sondar *vt* **-1.** *MED* to sound, to probe **-2.** *NÁUT* to sound **-3.** [*MIN* - terreno] to test; [- roca] to drill.

sondear *vt* **-1.** [indagar] to sound out **-2.** [*MIN* - terreno] to test; [- roca] to drill.

sondeo *m* **-1.** [encuesta] (opinion) poll **-2.** *MIN* drilling *(U)*, boring *(U)* **-3.** *NÁUT* sounding.

soneto *m* sonnet.

sónico, ca *adj* sonic, sound *(antes de sust)*.

sonido *m* sound.

soniquete *m* monotonous noise.

sonora ▷ **sonoro**.

sonoridad *f* **-1.** [gen] sonority **-2.** [acústica] acoustics *(pl)*.

sonorización *f* soundtrack recording.

sonorizar [13] *vt* **-1.** [con amplificadores] to fit with a public address system **-2.** *CIN* [poner sonido] to record the soundtrack for.

sonoro, ra *adj* **-1.** [gen] sound *(antes de sust)*; [película] talking **-2.** [ruidoso, resonante, vibrante] resonant.

sonreír [28] *vi* **-1.** [reír levemente] to smile **-2.** *fig* [ser favorable] to smile on.
◆ **sonreírse** *vpr* to smile.

sonriente *adj* smiling.

sonriera *etc* ▷ **sonreír**.

sonrisa *f* smile.

sonrojar *vt* to cause to blush.
◆ **sonrojarse** *vpr* to blush.

sonrojo *m* blush, blushing *(U)*.

sonrosado, da *adj* rosy.

sonsacar [10] *vt*: ~ **algo a alguien** [conseguir] to wheedle sthg out of sb; [hacer decir] to extract sthg from sb; ~ **a alguien** to pump sb for information.

sonso, sa *Amér Fam* ◇ *adj* foolish, silly. ◇ *m,f* fool, idiot.

sonsonete *m* **-1.** [ruido] tapping *(U)* **-2.** *fig* [entonación] monotonous intonation **-3.** *fig* [cantinela] old tune **-4.** *fig* [sarcasmo] hint of sarcasm.

soñador, ra ◇ *adj* dreamy. ◇ *m,f* dreamer.

soñar [23] ◇ *vt lit & fig* to dream; **¡ni ~lo!** not on your life! ◇ *vi lit & fig*: ~ **(con)** to dream (of *o* about); ~ **con los angelitos** to have sweet dreams; ~ **despierto** to daydream.

soñoliento, ta *adj* sleepy, drowsy.

sopa *f* **-1.** [guiso] soup; ~ **de ajo** garlic soup; ~ **juliana** *o* **de verduras** vegetable soup **-2.** [de pan] sop, *piece of soaked bread* **-3.** *loc*: **andar a la ~ boba** to scrounge; **dar ~ con hondas a alguien** to knock the spots off sb; **encontrarse a alguien hasta en la ~** not to be able to get away from sb; **estar como una ~** to be sopping wet.

sopapo *m fam* slap.

sope *m Méx fried corn tortilla, with beans and cheese or other toppings.*

sopero, ra *adj* soup *(antes de sust)*.
◆ **sopera** *f* [recipiente] soup tureen.

sopesar *vt* to try the weight of; *fig* to weigh up.

sopetón
◆ **de sopetón** *loc adv* suddenly, abruptly.

soplado *m* [del vidrio] glassblowing.

soplagaitas *fam* ◇ *adj inv* [quisquilloso] fussy. ◇ *m y f inv* [quisquilloso] fuss-pot.

soplamocos *fam m inv* punch on the nose.

soplar ◇ *vt* **-1.** [vela, fuego] to blow out **-2.** [ceniza, polvo] to blow off **-3.** [globo etc] to blow up **-4.** [vidrio] to blow **-5.** *fig* [pregunta, examen] to prompt **-6.** *fig* [denunciar] to squeal **-7.** *fig* [hurtar] to pinch, to nick. ◇ *vi* **-1.** [gen] to blow **-2.** *fam* [beber] to booze.
◆ **soplarse** *vpr fam* [comer] to gobble up; [beber] to knock back.

soplete *m* blowlamp.

soplido *m* blow, puff.

soplo *m* **-1.** [soplido] blow, puff **-2.** *fig* [instante] breath, moment **-3.** *MED* murmur **-4.** *fam* [chivatazo] tip-off; **dar el ~** to squeal, to grass.

soplón, ona *m,f fam* grass.

soponcio *m fam* fainting fit; **le dio un ~** [desmayo] she passed out; [ataque] she had a fit.

sopor *m* drowsiness.

soporífero, ra *adj lit & fig* soporific.

soportal *m* [pórtico] porch.
◆ **soportales** *mpl* [arcadas] arcade *(sg)*.

soportar *vt* **-1.** [sostener] to support **-2.** [resistir, tolerar] to stand; **¡no le soporto!** I can't stand him! **-3.** [sobrellevar] to endure, to bear.
◆ **soportarse** *vpr* to stand one another.

soporte *m* **-1.** [apoyo] support; ~ **publicita-**

rio publicity medium **-2.** INFORM medium; ~ **físico** hardware; ~ **lógico** software.
soprano *mf* soprano.
sor *f* sister RELIG.
sorber *vt* **-1.** [beber] to sip; [haciendo ruido] to slurp **-2.** [absorber] to soak up, to absorb **-3.** [atraer] to draw *o* suck in **-4.** *fig* [escuchar atentamente] to drink in.
sorbete *m* sorbet.
sorbo *m* **-1.** [acción] gulp, swallow; **beber algo de un** ~ to drink sthg in one gulp; [pequeño] sip; **beber a ~s** to sip **-2.** [trago] mouthful; [pequeño] sip **-3.** [cantidad pequeña] drop.
sorda ▻ **sordo.**
sordera *f* deafness.
sordidez *f* **-1.** [miseria] squalor **-2.** [obscenidad, perversión] sordidness.
sórdido, da *adj* **-1.** [miserable] squalid **-2.** [obsceno, perverso] sordid.
sordina *f* **-1.** MÚS [en instrumentos de viento, cuerda] mute; [en pianos] damper **-2.** [de reloj] muffle.
sordo, da ◇ *adj* **-1.** [que no oye] deaf; **permanecer** ~ **a** *o* **ante algo** *fig* to be deaf to sthg; **estar más** ~ **que una tapia** to be stone deaf; **quedarse** ~ to go deaf **-2.** [pasos] quiet, muffled **-3.** [ruido, dolor] dull. ◇ *m,f* [persona] deaf person; **los ~s** the deaf; **hacerse el** ~ to turn a deaf ear.
sordomudo, da ◇ *adj* deaf and dumb. ◇ *m,f* deaf-mute.
soriasis *f inv* psoriasis.
sorna *f* sarcasm.
soroche *m Andes, Arg* altitude sickness.
sorprendente *adj* surprising.
sorprender *vt* **-1.** [asombrar] to surprise **-2.** [atrapar]: ~ **a alguien (haciendo algo)** to catch sb (doing sthg) **-3.** [coger desprevenido] to catch unawares **-4.** [descubrir] to discover.
◆ **sorprenderse** *vpr* to be surprised.
sorprendido, da *adj* surprised; **quedarse** ~ to be surprised.
sorpresa *f* surprise; **coger a alguien por** ~ to catch sb by surprise; **dar una** ~ **a alguien** to surprise sb; **llevarse una** ~ to get a surprise; **de** *o* **por** ~ by surprise.
sorpresivo, va *adj Amér* unexpected.
sortear *vt* **-1.** [rifar] to raffle **-2.** [echar a suertes] to draw lots for **-3.** *fig* [superar] to get round **-4.** *fig* [esquivar] to dodge.
sorteo *m* **-1.** [lotería] draw **-2.** [rifa] raffle.
sortija *f* ring.
sortilegio *m* [hechizo] spell.
SOS (*abrev de* **save our souls**) *m* SOS.
sosa *f* soda; ~ **cáustica** caustic soda.
sosegado, da *adj* calm.
sosegar [35] *vt* to calm.
◆ **sosegarse** *vpr* to calm down.
soseras *m y f inv fam* dull person, bore.
sosería *f* lack of sparkle.
sosias *m inv* double, lookalike.
sosiega *etc* ▻ **sosegar.**
sosiego *m* calm.
soslayar *vt* to avoid.
soslayo
◆ **de soslayo** *loc adv* [oblicuamente] sideways, obliquely; **mirar a alguien de** ~ to look at sb out of the corner of one's eye.
soso, sa ◇ *adj* **-1.** [sin sal] bland, tasteless **-2.** [sin gracia] dull, insipid. ◇ *m,f* dull person, bore.
sospecha *f* suspicion; **despertar ~s** to arouse suspicion.
sospechar ◇ *vt* [creer, suponer] to suspect; **sospecho que no lo terminará** I doubt whether she'll finish it. ◇ *vi*: ~ **de** to suspect.
sospechoso, sa ◇ *adj* suspicious. ◇ *m,f* suspect.
sostén *m* **-1.** [apoyo] support **-2.** [sustento] main support; [alimento] sustenance **-3.** [sujetador] bra, brassiere.
sostener [72] *vt* **-1.** [sujetar] to support, to hold up **-2.** [defender - idea, opinión, tesis] to defend; [- promesa, palabra] to stand by, to keep; ~ **que ...** to maintain that ... **-3.** [mantener, costear] to support **-4.** [tener - conversación] to hold, to have; [- correspondencia] to keep up.
◆ **sostenerse** *vpr* to hold o.s. up; [en pie] to stand up; [en el aire] to hang.
sostenido, da *adj* **-1.** [persistente] sustained **-2.** MÚS sharp.
◆ **sostenido** *m* MÚS sharp.
sostiene, sostuviera *etc v* ▻ **sostener.**
sota *f* ≃ jack.
sotana *f* cassock.
sótano *m* basement.
sotavento *m* leeward.
soterrar [19] *vt* [enterrar] to bury; *fig* to hide.
sotto voce [soto'βotʃe] *loc adv* sotto voce.
soufflé [su'fle] (*pl* **soufflés**) *m* soufflé.
soul *m* MÚS soul (music).
soviético, ca ◇ *adj* **-1.** [del soviet] soviet **-2.** [de la URSS] Soviet. ◇ *m,f* Soviet.
soy ▻ **ser.**
spaghetti [espa'ɣeti] = **espagueti.**
spaniel [es'paniel] *m* spaniel.

sparring [es'parrin] (*pl* **sparrings**) *m* DEP sparring partner.
sport [es'port] = **esport**.
spot [es'pot] = **espot**.
spray [es'prai] = **espray**.
sprint [es'prin] = **esprint**.
sprinter [es'printer] = **esprínter**.
squash [es'kwaʃ] *m inv* squash.
squatter [es'kwater] (*pl* **squatters**) *m* squatter.
Sr. (*abrev de* **señor**) Mr.
Sra. (*abrev de* **señora**) Mrs.
Sres. (*abrev de* **señores**) Messrs.
Sri Lanka Sri Lanka.
Srta. (*abrev de* **señorita**) Miss.
Sta. (*abrev de* **santa**) St.
staff [es'taf] = **estaf**.
stalinismo [estali'nismo] = **estalinismo**.
stalinista [estali'nista] = **estalinista**.
stand [es'tand] = **estand**.
standard [es'tandar] = **estándar**.
standarización [estandariθa'θjon] = **estandarización**.
standarizar [13] [estandari'θar] = **estandarizar**.
standing [es'tandin] = **estanding**.
starter [es'tarter] = **estárter**.
statu quo [es'tatu 'kwo] *m inv* status quo.
status [es'tatus] = **estatus**.
stereo [es'tereo] = **estéreo**.
sterling [es'terlin] = **esterlina**.
stick [es'tik] (*pl* **sticks**) *m* DEP hockey stick.
Sto. (*abrev de* **santo**) St.
stock [es'tok] = **estoc**.
stop, estop [es'top] *m* **-1.** AUTOM stop sign **-2.** [en telegrama] stop.
stress [es'tres] = **estrés**.
strip-tease [es'triptis] *m inv* striptease.
su (*pl* **sus**) *adj poses* [de él] his; [de ella] her; [de cosa, animal] its; [de uno] one's; [de ellos, ellas] their; [de usted, ustedes] your.
suahili [sua'xili] *m* [lengua] Swahili.
suave *adj* **-1.** [gen] soft **-2.** [liso] smooth **-3.** [sabor, olor, color] delicate **-4.** [apacible - persona, carácter] gentle; [- clima] mild **-5.** [fácil - cuesta, tarea, ritmo] gentle; [- dirección de un coche] smooth.
suavidad *f* **-1.** [gen] softness **-2.** [lisura] smoothness **-3.** [de sabor, olor, color] delicacy **-4.** [de carácter] gentleness **-5.** [de clima] mildness **-6.** [de cuesta, tarea, ritmo] gentleness; [de la dirección de un coche] smoothness.
suavizante ◇ *adj* [para ropa, cabello] conditioning; [para piel] moisturizing. ◇ *m* conditioner; ~ **para la ropa** fabric conditioner.
suavizar [13] *vt* **-1.** [gen] to soften; [ropa, cabello] to condition **-2.** [hacer dócil] to temper **-3.** [ascensión, conducción, tarea] to ease; [clima] to make milder **-4.** [sabor, olor, color] to tone down **-5.** [alisar] to smooth.
subacuático, ca *adj* subaquatic.
subafluente *m* tributary.
subalimentar *vt* to undernourish.
subalquilar *vt* to sublet.
subalterno, na ◇ *adj* [subordinado] auxiliary. ◇ *m,f* [empleado] subordinate.
◆ **subalterno** *m* TAUROM *assistant to bullfighter*; *ver también* **tauromaquia**.
subarrendar [19] *vt* to sublet.
subarrendatario, ria *m,f* subtenant.
subarriendo *m* **-1.** [acción] subtenancy **-2.** [contrato] sublease (agreement).
subasta *f* **-1.** [venta pública] auction; **sacar algo a** ~ to put sthg up for auction **-2.** [contrata pública] tender; **sacar algo a** ~ to put sthg out to tender.
subastador, ra ◇ *adj* auction (*antes de sust).* ◇ *m,f* auctioneer.
subastar *vt* to auction.
subcampeón, ona *m,f* runner-up.
subcampeonato *m* second place, runner-up's position.
subclase *f* subclass.
subcomisión *f* subcommittee.
subconjunto *m* MAT subset.
subconsciente *adj & m* subconscious.
subcontración *f* outsourcing.
subcontratar *vt* to outsource.
subcontrato *m* subcontract.
subcutáneo, a *adj* subcutaneous.
subdelegación *f* subdelegation.
subdelegado, da *m,f* subdelegate.
subdesarrollado, da *adj* underdeveloped.
subdesarrollo *m* underdevelopment.
subdirección *f* [puesto] post of assistant manager.
subdirector, ra *m,f* assistant manager.
subdirectorio *m* INFORM subdirectory.
súbdito, ta ◇ *adj*: **ser** ~ **de** to be subject to. ◇ *m,f* **-1.** [subordinado] subject **-2.** [ciudadano] citizen, national.
subdividir *vt* to subdivide.
◆ **subdividirse** *vpr* to be subdivided.
subdivisión *f* subdivision.
subemplear *vt* to underemploy.
subempleo *m* underemployment.

subespecie *f* subspecies.
subestimar *vt* to underestimate; [infravalorar] to underrate.
◆ **subestimarse** *vpr* to underrate o.s.
subgénero *m* subgenus.
subgrupo *m* subgroup.
subido, da *adj* **-1.** [intenso] strong, intense **-2.** *fam* [en cantidad]: **tiene el guapo ~** he's looking really good today; **está de un imbécil ~** he has been acting like an idiot recently **-3.** *fam* [atrevido] risqué; **~ de tono** [impertinente] impertinent.
◆ **subida** *f* **-1.** [cuesta] hill **-2.** [ascensión] ascent, climb **-3.** [aumento] increase, rise.
subíndice *m* subscript.
subinspector, ra *m,f* deputy inspector.
subir ◇ *vi* **-1.** [a piso, azotea] to go/come up; [a montaña, cima] to climb **-2.** [aumentar - precio, temperatura] to go up, to rise; [- cauce, marea] to rise **-3.** [montar - en avión, barco] to get on; [- en coche] to get in; **sube al coche** get into the car **-4.** [cuenta, importe]: **~ a** to come *o* amount to **-5.** [de categoría] to be promoted **-6.** CULIN [crecer] to rise. ◇ *vt* **-1.** [ascender - calle, escaleras] to go/come up; [- pendiente, montaña] to climb **-2.** [poner arriba] to lift up; [llevar arriba] to take/bring up **-3.** [aumentar - precio, peso] to put up, to increase; [- volumen de radio etc] to turn up **-4.** [montar]: **~ algo/a alguien a** to lift sthg/sb onto **-5.** [alzar - mano, bandera, voz] to raise; [- persiana] to roll up; [- ventanilla] to wind up **-6.** MÚS to raise the pitch of.
◆ **subirse** *vpr* **-1.** [ascender]: **~se a** [árbol] to climb up; [mesa] to climb onto; [piso] to go/come up to **-2.** [montarse]: **~se a** [tren, avión] to get on, to board; [caballo, bicicleta] to mount; [coche] to get into; **el taxi paró y me subí** the taxi stopped and I got in **-3.** [alzarse - pernera, mangas] to roll up; [- cremallera] to do up; [- pantalones, calcetines] to pull up **-4.** [emborrachar] *fam*: **se le subió a la cabeza** it went to his head.
súbito, ta *adj* sudden; **de ~** suddenly.
subjefe, fa *m,f* second-in-command.
subjetividad *f* subjectivity.
subjetivismo *m* subjectivism.
subjetivo, va *adj* subjective.
sub júdice [suβ'djuðiθe] *adj* DER sub judice.
subjuntivo, va *adj* subjunctive.
◆ **subjuntivo** *m* subjunctive.
sublevación *f*, **sublevamiento** *m* uprising.
sublevar *vt* **-1.** [amotinar] to stir up **-2.** [indignar] to infuriate.
◆ **sublevarse** *vpr* [amotinarse] to rise up, to rebel.
sublimación *f* **-1.** [exaltación] exaltation **-2.** PSICOL & QUÍM sublimation.
sublimar *vt* **-1.** [exaltar] to exalt **-2.** PSICOL & QUÍM to sublimate.
sublime *adj* sublime.
sublimidad *f* sublimity.
subliminal *adj* subliminal.
submarinismo *m* skin-diving.
submarinista ◇ *adj* skin-diving *(antes de sust)*. ◇ *mf* skin-diver.
submarino, na *adj* underwater.
◆ **submarino** *m* submarine.
submúltiplo, pla *adj* submultiple.
◆ **submúltiplo** *m* submultiple.
subnormal ◇ *adj* **-1.** *ofensivo* [minusválido] subnormal **-2.** *fig* & *despec* [imbécil] moronic. ◇ *mf* **-1.** *ofensivo* [minusválido] subnormal person **-2.** *fig* & *despec* [imbécil] moron, cretin.
suboficial *m* MIL non-commissioned officer.
suborden *m* BIOL suborder.
subordinación *f* [gen & GRAM] subordination.
subordinado, da *adj* & *m,f* subordinate.
subordinar *vt* [gen & GRAM] to subordinate; **~ algo a algo** to subordinate sthg to sthg.
◆ **subordinarse** *vpr* to subordinate o.s.
subproducto *m* by-product.
subrayado, da *adj* underlined.
◆ **subrayado** *m* underlining.
subrayar *vt lit* & *fig* to underline.
subrepticio, cia *adj* surreptitious.
subrogación *f* subrogation.
subrogar [16] *vt* to subrogate.
subsanable *adj* **-1.** [solucionable] solvable **-2.** [corregible] rectifiable.
subsanar *vt* **-1.** [solucionar] to resolve **-2.** [corregir] to correct **-3.** [disculpar] to excuse.
subscribir = **suscribir**.
subscripción = **suscripción**.
subscriptor = **suscriptor**.
subscrito *pp* & *adj* = **suscrito**.
subsecretaría *f* **-1.** [oficina] undersecretary's office **-2.** [cargo] undersecretaryship.
subsecretario, ria *m,f* **-1.** [de secretario] assistant secretary **-2.** [de ministro] undersecretary.
subsidiar [8] *vt* to subsidize.
subsidiario, ria *adj* **-1.** [de subvención] paid for by the State **-2.** DER ancillary.
subsidio *m* benefit, allowance; **~ de invalidez** disability allowance; **~ de**

paro unemployment benefit.
subsiguiente *adj* subsequent.
subsistencia *f* [vida] subsistence.
◆ **subsistencias** *fpl* [provisiones] provisions.
subsistente *adj* surviving.
subsistir *vi* **-1.** [vivir] to live, to exist **-2.** [sobrevivir] to survive.
substancia = **sustancia**.
substancial = **sustancial**.
substanciar [8] = **sustanciar**.
substancioso = **sustancioso**.
substantivación = **sustantivación**.
substantivar = **sustantivar**.
substantivo = **sustantivo**.
substitución = **sustitución**.
substituible = **sustituible**.
substituir [51] = **sustituir**.
substitutivo = **sustitutivo**.
substituto = **sustituto**.
substracción = **sustracción**.
substraer [73] = **sustraer**.
substrato = **sustrato**.
subsuelo *m* subsoil.
subte *m* *RP* metro, underground *UK*, subway *US*.
subteniente *m* sub-lieutenant.
subterfugio *m* subterfuge.
subterráneo, a *adj* subterranean, underground.
◆ **subterráneo** *m* **-1.** underground tunnel **-2.** *Arg* [metro] underground.
subtipo *m* BIOL subtype.
subtitular *vt* [gen & CIN] to subtitle; **versión original subtitulada** original language version with subtitles.
subtítulo *m* [gen & CIN] subtitle.
subtropical *adj* subtropical.
suburbano, na *adj* suburban.
suburbial *adj*: **barrio ~** poor suburb.
suburbio *m* poor suburb.
subvalorar *vt* to undervalue, to underrate.
subvención *f* subsidy.
subvencionar *vt* to subsidize.
subversión *f* subversion.
subversivo, va *adj* subversive.
subvertir [27] *vt* to subvert.
subyacente *adj* underlying.
subyacer *vi* [ocultarse]: **~ bajo algo** to underlie sthg.
subyugador, ra *adj* **-1.** [dominador] conquering **-2.** [atrayente] captivating.
subyugar [16] *vt* **-1.** [someter] to subjugate **-2.** *fig* [dominar] to quell, to master **-3.** *fig* [atraer] to captivate.
succión *f* suction.
succionar *vt* [suj: raíces] to suck up; [suj: bebé] to absorb, to suck.
sucedáneo, a *adj* ersatz, substitute.
◆ **sucedáneo** *m* substitute.
suceder ◇ *v impers* [ocurrir] to happen; **suceda lo que suceda** whatever happens. ◇ *vt* [sustituir]: **~ a alguien (en)** to succeed sb (in). ◇ *vi* [venir después]: **~ a** to come after, to follow; **a la guerra sucedieron años muy tristes** the war was followed by years of misery.
◆ **sucederse** *vpr* to follow.
sucesión *f* **-1.** [gen] succession **-2.** [descendencia] issue.
sucesivamente *adv* successively; **y así ~** and so on.
sucesivo, va *adj* **-1.** [consecutivo] successive, consecutive **-2.** [siguiente]: **en días ~s les informaremos** we'll let you know over the next few days; **en lo ~** in future.
suceso *m* **-1.** [acontecimiento] event **-2.** *(gen pl)* [hecho delictivo] crime; [incidente] incident; **sección de ~s** accident and crime reports.
sucesor, ra ◇ *adj* succeeding. ◇ *m,f* successor.
sucesorio, ria *adj* succession *(antes de sust)*.
suciedad *f* **-1.** [cualidad] dirtiness *(U)* **-2.** [porquería] dirt, filth *(U)*.
sucinto, ta *adj* **-1.** [conciso] succinct **-2.** [pequeño - biquini etc] skimpy.
sucio, cia *adj* **-1.** [gen] dirty; [al comer, trabajar] messy; **el blanco es un color muy ~** white is a colour that gets dirty easily; **en ~** in rough **-2.** [juego] dirty **-3.** [conciencia] bad, guilty.
sucre *m* [moneda] sucre.
suculento, ta *adj* tasty.
sucumbir *vi* **-1.** [rendirse, ceder]: **~ (a)** to succumb (to) **-2.** [fallecer] to die **-3.** [desaparecer] to fall.
sucursal *f* branch.
sudaca *adj & m,f* *fam racist term referring to a Latin American.*
sudadera *f* **-1.** [sudor] sweat **-2.** [prenda] sweatshirt.
sudado *m* *Amér* stew.
Sudáfrica South Africa.
sudafricano, na *adj & m,f* South African.
Sudán Sudan.
sudanés, esa *adj & m,f* Sudanese.
sudar ◇ *vi* **-1.** [gen] to sweat **-2.** *fam* [trabajar duro] to sweat blood. ◇ *vt* **-1.** [empapar] to

make sweaty **-2.** *fam* [trabajar duro por] to work hard for.

sudario *m* shroud.

sudeste, sureste ◇ *adj* [posición, parte] southeast, southeastern; [dirección, viento] southeasterly. ◇ *m* southeast.

sudista ◇ *adj* Southern *(in US Civil War).* ◇ *mf* Southerner *(in US Civil War).*

sudoeste, suroeste ◇ *adj* [posición, parte] southwest, southwestern; [dirección, viento] southwesterly. ◇ *m* southwest.

sudor *m* **-1.** [gen] sweat *(U)*; **con el ~ de su frente** by the sweat of his/her *etc* brow; **~ frío** cold sweat **-2.** [de botijo etc] condensation.

sudoriento, ta *adj* sweaty.

sudoríparo, ra *adj* sweat *(antes de sust).*

sudoroso, sa *adj* sweaty.

Suecia Sweden.

sueco, ca ◇ *adj* Swedish. ◇ *m,f* [persona] Swede; **hacerse el ~** *fig* to play dumb, to pretend not to understand.
◆ **sueco** *m* [lengua] Swedish.

suegro, gra *m,f* father-in-law (*f* mother-in-law).

suela *f* sole; **no llegarle a alguien a la ~ del zapato** *fig* not to hold a candle to sb.

suelda *etc* ▷ **soldar**.

sueldo *m* salary, wages *(pl)*; [semanal] wage; **a ~** [asesino] hired; [empleado] salaried; **~ base** basic salary; **~ mínimo** minimum wage; [semanal] basic wage.

suelo ◇ ▷ **soler**. ◇ *m* **-1.** [pavimento - en interiores] floor; [- en el exterior] ground; **caerse al ~** to fall over; **besar el ~** to fall flat on one's face **-2.** [terreno, territorio] soil; [para edificar] land **-3.** [base] bottom **-4.** *loc*: **arrastrarse por el ~** to grovel, to humble o.s.; **echar por el ~ un plan** to ruin a project; **estar por los ~s** [persona, precio] to be at rock bottom; [productos] to be dirt cheap; **poner** *o* **tirar por los ~s** to run down, to criticize.

suelto, ta *adj* **-1.** [gen] loose; [cordones] undone; **¿tienes cinco euros ~s?** have you got five euros in loose change?; **andar ~** [en libertad] to be free; [en fuga] to be at large; [con diarrea] to have diarrhoea **-2.** [separado] separate; [desparejado] odd; **no los vendemos ~s** we don't sell them separately **-3.** [arroz] fluffy **-4.** [lenguaje, estilo] fluent, fluid **-5.** [desenvuelto] comfortable, at ease.
◆ **suelto** *m* [calderilla] loose change.
◆ **suelta** *etc* ▷ **soltar**.

suena *etc* ▷ **sonar²**.

sueña *etc* ▷ **soñar**.

sueño *m* **-1.** [ganas de dormir] sleepiness; [por medicamento etc] drowsiness; **¡qué ~!** I'm really sleepy!; **tener ~** to be sleepy **-2.** [estado] sleep; **coger el ~** to get to sleep; **descabezar un ~** to have a nap; **no pierdas el ~ por ella** don't lose any sleep over her; **quitarle el ~ a alguien** to keep sb awake; **~ eterno** *fig* eternal rest; **~ pesado/ligero** heavy/light sleep **-3.** [imagen mental, objetivo, quimera] dream; **esta casa es un ~** *fam* this house is a dream; **en ~s** in a dream; **ni en ~s** *fig* no way, under no circumstances.

suero *m* **-1.** MED serum; **~ artificial** saline solution **-2.** [de la leche] whey.

suerte *f* **-1.** [azar] chance; **echar** *o* **tirar algo a ~s** to draw lots for sthg; **la ~ está echada** the die is cast **-2.** [fortuna] luck; **desear ~ a alguien** to wish sb luck; **estar de ~** to be in luck; **por ~** luckily; **probar ~** to try one's luck; **¡qué ~!** that was lucky!; **tener (buena) ~** to be lucky; **tener mala ~** to be unlucky **-3.** [destino] fate; **tentar a la ~** to tempt fate; **tocar** *o* **caer en ~ a alguien** to fall to sb's lot; **traer mala ~** to bring bad luck **-4.** [situación] situation, lot **-5.** *culto* [clase]: **toda ~ de** all manner of **-6.** *culto* [manera] manner, fashion; **de ~ que** in such a way that.

suéter (*pl* **suéteres**) *m* sweater.

Suez Suez.

suficiencia *f* **-1.** [capacidad] proficiency **-2.** [idoneidad] suitability **-3.** [presunción] smugness, self-importance.

suficiente ◇ *adj* **-1.** [bastante] enough; [medidas, esfuerzos] adequate; **no llevo (dinero) ~** I don't have enough (money) on me; **no tienes la estatura ~** you're not tall enough **-2.** [presuntuoso] smug, full of o.s. ◇ *m* [nota] pass.

sufijo *m* suffix.

sufragar [16] *vt* to defray.

sufragio *m* suffrage; **~ directo/indirecto** direct/indirect suffrage; **~ universal** universal suffrage.

sufragismo *m* suffragette movement.

sufragista ◇ *adj* suffragette *(antes de sust).* ◇ *mf* suffragette.

sufrido, da *adj* **-1.** [resignado] patient, uncomplaining; [durante mucho tiempo] long-suffering **-2.** [resistente - tela] hardwearing; [- color] that does not show the dirt.

sufridor, ra *adj* easily worried.

sufrimiento *m* suffering.

sufrir ◇ *vt* **-1.** [gen] to suffer; [accidente] to

have **-2.** [soportar] to bear, to stand; **tengo que ~ sus manías** I have to put up with his idiosyncrasies **-3.** [experimentar - cambios etc] to undergo. ◇ *vi* [padecer] to suffer; **~ de** [enfermedad] to suffer from; **~ del estómago** *etc* to have a stomach *etc* complaint.
sugerencia *f* suggestion; **hacer una ~** to make a suggestion.
sugerente *adj* evocative.
sugerir [27] *vt* **-1.** [proponer] to suggest; **~ a alguien que haga algo** to suggest that sb should do sthg **-2.** [evocar] to evoke.
sugestión *f* suggestion.
sugestionable *adj* impressionable.
sugestionar *vt* to influence.
◆ **sugestionarse** *vpr* **-1.** [obsesionarse] to become obsessed **-2.** *PSICOL* to use autosuggestion.
sugestivo, va *adj* **-1.** [atrayente] attractive **-2.** [que sugiere] stimulating, suggesting.
sugiera, sugiriera *etc v* ▷ **sugerir.**
suich *m Amér* switch.
suiche *m Col, Ven* switch.
suicida ◇ *adj* suicidal. ◇ *mf* [por naturaleza] suicidal person; [suicidado] person who has committed suicide.
suicidarse *vpr* to commit suicide.
suicidio *m* suicide.
sui generis [sui 'xeneris] *adj* unusual.
suite [suit] *f* [gen & *MÚS*] suite.
Suiza Switzerland.
suizo, za *adj* & *m,f* Swiss.
sujeción *f* **-1.** [atadura] fastening **-2.** [sometimiento] subjection.
sujetador *m* bra, brassiere.
sujetapapeles *m inv* paper clip.
sujetar *vt* **-1.** [agarrar] to hold down **-2.** [aguantar] to fasten; [papeles] to fasten together **-3.** [someter] to subdue; [a niños] to control.
◆ **sujetarse** *vpr* **-1.** [agarrarse]: **~se a** to hold on to, to cling to **-2.** [aguantarse] to keep in place **-3.** [someterse]: **~se a** to keep *o* stick to.
sujeto, ta *adj* **-1.** [agarrado - objeto] fastened **-2.** [expuesto]: **~ a** subject to.
◆ **sujeto** *m* **-1.** [gen & *GRAM*] subject **-2.** [individuo] individual; **~ pasivo** *ECON* taxpayer.
sulfamida *f MED* sulphonamide.
sulfato *m* sulphate.
sulfurar *vt* **-1.** [encolerizar] to infuriate **-2.** *QUÍM* to sulphurate.
◆ **sulfurarse** *vpr* [encolerizarse] to get mad.
sulfúrico, ca *adj* sulphuric.
sulfuro *m* sulphide.
sulfuroso, sa *adj QUÍM* sulphurous.
sultán *m* sultan.
sultana *f* sultana.
suma *f* **-1.** [*MAT* - acción] addition; [- resultado] total **-2.** [conjunto - de conocimientos, datos] total, sum; [- de dinero] sum **-3.** [resumen]: **en ~** in short.
sumamente *adv* extremely.
sumando *m* addend.
sumar *vt* **-1.** *MAT* to add together; **~ algo a algo** to add sthg to sthg; **tres y cinco suman ocho** three and five are *o* make eight **-2.** [costar] to come to.
◆ **sumarse** *vpr* **-1.**: **~se (a)** [unirse] to join (in) **-2.** [agregarse] to be in addition to.
sumarial *adj* pertaining to an indictment.
sumario, ria *adj* **-1.** [conciso] brief **-2.** *DER* summary.
◆ **sumario** *m* **-1.** *DER* indictment **-2.** [resumen] summary.
sumarísimo, ma *adj DER* swift, expeditious.
sumergible ◇ *adj* waterproof. ◇ *m* submarine.
sumergir [15] *vt* [hundir] to submerge; [con fuerza] to plunge; [bañar] to dip.
◆ **sumergirse** *vpr* **-1.** [hundirse] to submerge; [con fuerza] to plunge **-2.** [abstraerse]: **~se (en)** to immerse o.s. (in).
sumidero *m* drain.
sumiller (*pl* **sumillers**), **sommelier** [sumi'jer] (*pl* **sommeliers**) *m* sommelier, wine waiter.
suministrador, ra ◇ *adj* supply *(antes de sust).* ◇ *m,f* supplier.
suministrar *vt* to supply; **~ algo a alguien** to supply sb with sthg.
suministro *m* [gen] supply; [acto] supplying.
sumir *vt*: **~ a alguien en** to plunge sb into.
◆ **sumirse en** *vpr* **-1.** [depresión, sueño etc] to sink into **-2.** [estudio, tema] to immerse o.s. in.
sumisión *f* **-1.** [obediencia - acción] submission; [- cualidad] submissiveness **-2.** [rendición] surrender.
sumiso, sa *adj* submissive.
súmmum *m* height; **el ~** the ultimate.
sumo, ma *adj* **-1.** [supremo] highest, supreme **-2.** [gran] extreme, great.
◆ **a lo sumo** *loc adv* at most.
sunnita ◇ *adj* Sunni. ◇ *mf* Sunnite, Sunni Moslem.
suntuosidad *f* sumptuousness, magnificence.
suntuoso, sa *adj* sumptuous, magnificent.

supeditación *f* subordination.
supeditar *vt*: ~ **(a)** to subordinate (to); **estar supeditado a** to be dependent on.
◆ **supeditarse** *vpr*: ~**se a** to submit to.
súper ◇ *adj fam* great, super. ◇ *adv fam* really. ◇ *m fam* supermarket. ◇ *f*: **(gasolina)** ~ ≃ four-star (petrol).
superable *adj* surmountable.
superabundancia, sobreabundancia *f* excess.
superabundante, sobreabundante *adj* excessive.
superación *f* overcoming; **afán de** ~ drive to improve.
superar *vt* **-1.** [mejorar] to beat; [récord] to break; ~ **algo/a alguien en algo** to beat sthg/sb in sthg **-2.** [ser superior] to exceed, to surpass **-3.** [adelantar - corredor] to overtake, to pass **-4.** [época, técnica]: **estar superado** to have been superseded **-5.** [vencer - dificultad etc] to overcome.
◆ **superarse** *vpr* **-1.** [mejorar] to better o.s. **-2.** [lucirse] to excel o.s.
superávit *m inv* surplus.
supercarburante *m* high-grade fuel.
superchería *f* fraud, hoax.
superdotado, da ◇ *adj* extremely gifted. ◇ *m,f* extremely gifted person.
superestructura *f* superstructure.
superficial *adj lit & fig* superficial.
superficialidad *f* superficiality.
superficie *f* **-1.** [gen] surface; **salir a la** ~ to surface **-2.** [área] area.
superfino, na *adj* superfine.
superfluo, flua *adj* superfluous; [gasto] unnecessary.
superhombre *m* superman.
superintendente *mf* superintendent.
superior, ra RELIG ◇ *adj* superior. ◇ *m,f* superior (*f* mother superior).
◆ **superior** ◇ *adj* **-1.** [de arriba] top **-2.** [mayor]: ~ **(a)** higher (than) **-3.** [mejor]: ~ **(a)** superior (to) **-4.** [excelente] excellent **-5.** ANAT & GEOGR upper **-6.** EDUC higher. ◇ *m (gen pl)* [jefe] superior.
superioridad *f lit & fig* superiority; ~ **sobre algo/alguien** superiority over sthg/sb.
superlativo, va *adj* **-1.** [belleza etc] exceptional **-2.** GRAM superlative.
◆ **superlativo** *m* GRAM superlative.
superman [super'man] *m* superman.
supermercado *m* supermarket.
supernova *f* supernova.
superpoblación *f* overpopulation.
superpoblado, da *adj* overpopulated.
superponer [65] = **sobreponer**.
superposición = **sobreposición**.
superpotencia *f* superpower.
superproducción *f* **-1.** ECON overproduction *(U)* **-2.** CIN blockbuster.
superpuesto, ta ◇ *adj* = **sobrepuesto**. ◇ *pp* ▷ **superponer**.
supersónico, ca *adj* supersonic.
superstición *f* superstition.
supersticioso, sa *adj* superstitious.
supervalorar *vt* to overvalue, to overrate.
◆ **supervalorarse** *vpr* to have too high opinion of o.s.
supervisar *vt* to supervise.
supervisión *f* supervision.
supervisor, ra ◇ *adj* supervisory. ◇ *m,f* supervisor.
supervivencia *f* survival.
superviviente, sobreviviente ◇ *adj* surviving. ◇ *mf* survivor.
supiera *etc* ▷ **saber**.
supino, na *adj* **-1.** [tendido] supine **-2.** *fig* [excesivo] utter.
suplantación *f* replacement; ~ **(de personalidad)** impersonation.
suplantador, ra *m,f* impostor.
suplantar *vt* to take the place of.
suplementario, ria *adj* supplementary, extra.
suplemento *m* **-1.** [gen & PRENS] supplement; ~ **dominical** Sunday supplement **-2.** [complemento] attachment.
suplencia *f* EDUC: **hacer** ~**s** ≃ to do supply teaching *(U)*.
suplente ◇ *adj* stand-in *(antes de sust)*. ◇ *mf* **-1.** [gen] stand-in **-2.** TEATR understudy **-3.** DEP substitute.
supletorio, ria *adj* additional, extra.
◆ **supletorio** *m* TELECOM extension.
súplica *f* **-1.** [ruego] plea, entreaty **-2.** DER petition.
suplicar [10] *vt* **-1.** [rogar]: ~ **algo (a alguien)** to plead for sthg (with sb); ~ **a alguien que haga algo** to beg sb to do sthg **-2.** DER to appeal to.
suplicatorio *m* letters *(pl)* rogatory.
suplicio *m lit & fig* torture.
suplique *etc* ▷ **suplicar**.
suplir *vt* **-1.** [sustituir]: ~ **algo/a alguien (con)** to replace sthg/sb (with) **-2.** [compensar]: ~ **algo (con)** to compensate for sthg (with).
supo ▷ **saber**.
suponer [65] ◇ *vt* **-1.** [creer, presuponer] to suppose **-2.** [implicar] to involve, to entail **-3.**

[significar] to mean **-4.** [conjeturar] to imagine; **lo suponía** I guessed as much; **te suponía mayor** I thought you were older. ◇ *vi* to be important. ◇ *m*: **ser un ~** to be conjecture.

◆ **suponerse** *vpr* to suppose; **se supone que es el mejor** he's supposed to be the best.

suposición *f* assumption.

supositorio *m* suppository.

suprarrenal *adj* suprarenal.

supremacía *f* supremacy.

supremo, ma *adj lit & fig* supreme.

◆ **Supremo** *m DER*: **el Supremo** the High Court *UK*, the Supreme Court *US*.

supresión *f* **-1.** [de ley, impuesto, derecho] abolition; [de sanciones, restricciones] lifting **-2.** [de palabras, texto] deletion **-3.** [de puestos de trabajo, proyectos] axing.

suprimir *vt* **-1.** [ley, impuesto, derecho] to abolish; [sanciones, restricciones] to lift **-2.** [palabras, texto] to delete **-3.** [puestos de trabajo, proyectos] to axe.

supuesto, ta ◇ *pp* ▷ **suponer**. ◇ *adj* supposed; [culpable, asesino] alleged; [nombre] falso; **dar algo por ~** to take sthg for granted; **por ~** of course.

◆ **supuesto** *m* assumption; **en el ~ de que ...** assuming ...; **partimos del ~ de que ...** we work on the assumption that ...

supuración *f* suppuration.

supurar *vi* to suppurate, to fester.

supusiera *etc* ▷ **suponer**.

sur ◇ *adj* [posición, parte] south, southern; [dirección, viento] southerly. ◇ *m* south.

surcar [10] *vt* [tierra] to plough; [aire, agua] to cut *o* slice through.

surco *m* **-1.** [zanja] furrow **-2.** [señal - de disco] groove; [- de rueda] rut **-3.** [arruga] line, wrinkle.

sureño, ña ◇ *adj* southern; [viento] southerly. ◇ *m,f* southerner.

sureste = **sudeste**.

surf, surfing *m* surfing.

surgir [15] *vi* **-1.** [brotar] to spring forth **-2.** [aparecer] to appear **-3.** *fig* [producirse] to arise.

suroeste = **sudoeste**.

surque *etc* ▷ **surcar**.

surrealismo *m* surrealism.

surrealista *adj & m,f* surrealist.

surtido, da *adj* **-1.** [bien aprovisionado] well-stocked **-2.** [variado] assorted.

◆ **surtido** *m* **-1.** [gama] range **-2.** [caja surtida] assortment.

surtidor *m* [de gasolina] pump; [de un chorro] spout.

surtir *vt* [proveer]: **~ a alguien (de)** to supply sb (with).

◆ **surtirse de** *vpr* [proveerse de] to stock up on.

susceptibilidad *f* **-1.** [sensibilidad] sensitivity **-2.** [propensión a ofenderse] touchiness.

susceptible *adj* **-1.** [sensible] sensitive **-2.** [propenso a ofenderse] touchy **-3.** [posible]: **~ de** liable to.

suscitar *vt* to provoke; [interés, dudas, sospechas] to arouse.

suscribir *vt* **-1.** [firmar] to sign **-2.** [ratificar] to endorse **-3.** *COM* [acciones] to subscribe for.

◆ **suscribirse** *vpr* **-1.** *PRENS*: **~se (a)** to subscribe (to) **-2.** *COM*: **~se a** to take out an option on.

suscripción *f* subscription.

suscriptor, ra *m,f* subscriber.

suscrito, ta ◇ *pp* ▷ **suscribir**. ◇ *adj*: **estar ~ a** to subscribe to.

susodicho, cha *adj* above-mentioned.

suspender *vt* **-1.** [colgar] to hang (up); **~ algo de algo** to hang sthg from sthg **-2.** *EDUC* to fail **-3.** [interrumpir] to suspend; [sesión] to adjourn **-4.** [aplazar] to postpone **-5.** [de un cargo] to suspend; **~ de empleo y sueldo** to suspend without pay.

suspense *m* suspense.

suspensión *f* **-1.** [gen & *AUTOM*] suspension; **en ~** in suspension; **~ de empleo** suspension on full pay; **~ de pagos** suspension of payments **-2.** [aplazamiento] postponement; [de reunión, sesión] adjournment.

suspenso, sa *adj* **-1.** [colgado]: **~ de** hanging from **-2.** [no aprobado]: **estar ~** to have failed **-3.** *fig* [interrumpido]: **en ~** pending.

◆ **suspenso** *m* failure.

suspensores *mpl* ***Andes*** & ***Arg*** braces *UK*, suspenders *US*.

suspensorio *m* jockstrap.

suspicacia *f* suspicion.

suspicaz *adj* suspicious.

suspirar *vi* **-1.** [dar suspiros] to sigh; **~ de** to sigh with **-2.** *fig* [desear]: **~ por algo/por hacer algo** to long for sthg/to do sthg.

suspiro *m* **-1.** [aspiración] sigh; **dar un ~** to heave a sigh **-2.** [instante]: **en un ~** in no time at all.

sustancia *f* **-1.** [gen] substance; **sin ~** lacking in substance **-2.** [esencia] essence **-3.** [de alimento] nutritional value.

◆ **sustancia gris** *f* grey matter.

sustancial *adj* substantial, significant.
sustanciar [8] *vt* **-1.** [resumir] to summarize **-2.** *DER* to substantiate.
sustancioso, sa *adj* substantial.
sustantivo, va *adj GRAM* noun *(antes de sust).*
◆ **sustantivo** *m GRAM* noun.
sustentar *vt* **-1.** [gen] to support **-2.** *fig* [mantener - la moral] to keep up; [- argumento, teoría] to defend.
sustento *m* **-1.** [alimento] sustenance; [mantenimiento] livelihood; **ganarse el ~** to earn one's living **-2.** [apoyo] support.
sustitución *f* **-1.** [cambio] replacement; **la ~ de Elena por Luis** the substitution of Luis for Elena **-2.** *DER* subrogation.
sustituible *adj* replaceable.
sustituir [51] *vt*: **~ (por)** to replace (with); **sustituir a Elena por Luis** to replace Elena with Luis, to substitute Luis for Elena.
sustitutivo, va *adj* substitute.
◆ **sustitutivo** *m*: **~ (de)** substitute (for).
sustituto, ta *m,f* substitute, replacement.
susto *m* fright; **dar** *o* **pegar un ~ a alguien** to give sb a fright; **darse** *o* **pegarse un ~** to get a fright.
sustracción *f* **-1.** [robo] theft **-2.** *MAT* subtraction.
sustraer [73] *vt* **-1.** [robar] to steal **-2.** *MAT* to subtract.
◆ **sustraerse** *vpr*: **~se a** *o* **de** [obligación, problema] to avoid.
sustrato *m* substratum.
susurrar *vt* & *vi* to whisper.
susurro *m* whisper; *fig* murmur.
sutil *adj* [gen] subtle; [velo, tejido] delicate, thin; [brisa] gentle; [hilo, línea] fine.
sutileza *f* subtlety; [de velo, tejido] delicacy, thinness; [de brisa] gentleness; [de hilo, línea] fineness.
sutura *f* suture.
suturar *vt* to stitch.
Suva Suva.
suyo, ya <> *adj poses* [de él] his; [de ella] hers; [de uno] one's (own); [de ellos, ellas] theirs; [de usted, ustedes] yours; **este libro es ~** this book is his/hers *etc*; **un amigo ~** a friend of his/hers *etc*; **no es asunto ~** it's none of his/her *etc* business; **es muy ~** *fam fig* he/she is really selfish. <> *pron poses* **-1.: el ~** [de él] his; [de ella] hers; [de cosa, animal] its (own); [de uno] one's own; [de ellos, ellas] theirs; [de usted, ustedes] yours **-2.** *loc*: **de ~** in itself; **hacer de las suyas** to be up to his/her *etc* usual tricks; **hacer ~** to make one's own; **lo ~ es el teatro** he/she *etc* should be on the stage; **lo ~ sería volver** the proper thing to do would be to go back; **los ~s** *fam* [su familia] his/her *etc* folks; [su bando] his/her *etc* lot.
svástica = **esvástica.**
swing [swin] *m MÚS* swing.
Sydney Sydney.

t¹, T *f* [letra] t, T.
t² (*abrev de* **tonelada**) t.
tabacalero, ra *adj* tobacco *(antes de sust).*
◆ **Tabacalera** *f state tobacco monop*[...] *in Spain.*
tabaco <> *m* **-1.** [planta] tobacco pla[...] [picadura] tobacco; **~ para liar** rolli[...] bacco; **~ de pipa** pipe tobacco; [...] **rubio** dark/Virginia tobacco **-3.** [...] cigarettes *(pl).* <> *adj inv* [color] lig[...]
tábano *m* horsefly.
tabaquismo *m* nicotine poison[...]
tabardo *m* (coarse) cloak.
tabarra *f fam*: **dar la ~** to be a [...]
tabasco® *m* Tabasco®.
taberna *f country-style* [...] *cheap.*
tabernáculo *m* tabernacle.
tabernario, ria *adj* coarse.
tabernero, ra *m,f* [propiet[...] landlady); [encargado] bar[...] man (*f* barmaid).
tabicar [10] *vt* to wall up.
tabique *m* **-1.** [pared] p[...] *ANAT*: **~ nasal** nasal sept[...]
tabla *f* **-1.** [plancha] pla[...] ironing board **-2.** [plieg[...] fico] table; **~ de multi**[...]

multiplication *o* Pythagorean table; ~ **periódica** *o* **de los elementos** periodic table **-4.** *CULIN*: ~ **de cocina** chopping board; ~ **de queso** cheeseboard **-5.** *NÁUT* [de surf, vela etc] board **-6.** *ARTE* panel **-7.** *loc*: **ser una ~ de salvación** to be a last resort *o* hope; **hacer ~ rasa** to wipe the slate clean.

◆ **tablas** *fpl* **-1.** [en ajedrez]: **quedar en** *o* **hacer ~s** to end in stalemate **-2.** *TEATR* stage *(sg)*, boards; **tener ~s** *TEATR* to be an experienced actor; *fig* to be an old hand **-3.** *TAUROM* *fence surrounding bullring.*

tablado *m* [de teatro] stage; [de baile] dancefloor; [plataforma] platform.

tablao *m* flamenco show.

tablero *m* **-1.** [gen] board; ~ **de ajedrez** chessboard **-2.** [en baloncesto] backboard **-3.**: ~ **(de mandos)** [de avión] instrument panel; [de coche] dashboard.

tableta *f* **-1.** *MED* tablet **-2.** [de chocolate] bar.

tablilla *f MED* splint.

tablón *m* plank; [en el techo] beam; ~ **de anuncios** notice board.

tabú (*pl* **tabúes** *o* **tabús**) *adj* & *m* taboo.

tabulación *f* tabulation.

tabulador *m*, **tabuladora** *f* tabulator.

tabular *vt* & *vi* to tabulate.

taburete *m* stool.

tacañería *f* meanness, miserliness.

tacaño, ña ◇ *adj* mean, miserly. ◇ *m,f* mean *o* miserly person.

tacataca, tacatá *m* babywalker.

tacha *f* **-1.** [defecto] flaw, fault; **sin ~** faultless **-2.** [clavo] tack.

achadura *f* correction, crossing out.

achar *vt* **-1.** [lo escrito] to cross out **-2.** *fig* [acusar]: ~ **a alguien de mentiroso** *etc* to accuse sb of being a liar *etc.*

cho *m Andes, RP* waste bin.

hón *m* **-1.** [tachadura] correction, crossing t **-2.** [clavo] stud.

honar *vt* **-1.** [poner clavos] to decorate h studs **-2.** *fig* [salpicar] to stud; **tachona-**le studded with.

uela *f* tack.

, ta *adj* tacit; [norma, regla] unwritten.

rno, na *adj* taciturn.

-1. [tarugo] plug **-2.** [cuña] wedge **-3.** [palabrota] swearword; **soltar un ~** r **-4.** *fam fig* [confusión] mess, muddle; **un ~ (con algo)** to get into a (over sthg) **-5.** [de billar] cue **-6.** [de tes de banco] wad; [de billetes de auto- book **-7.** [de jamón, queso] hunk **-8.** acón] heel **-9.** [tortilla de maíz] taco.

◆ **tacos** *mpl mfam* [años] years (of age).

tacógrafo *m* tachograph.

tacón *m* heel; **de ~ alto** high-heeled; ~ **de aguja** stiletto heel.

taconear *vi* **-1.** [bailarín] to stamp one's feet **-2.** *MIL* to click one's heels.

taconeo *m* [de bailarín] foot-stamping.

táctico, ca *adj* tactical.

◆ **táctica** *f lit* & *fig* tactics *(pl)*.

táctil *adj* tactile.

tacto *m* **-1.** [sentido] sense of touch **-2.** [textura] feel **-3.** *fig* [delicadeza] tact **-4.** *MED* manual examination.

TAE (*abrev de* **tasa anual equivalente**) *f* Annual Equivalent Rate.

taekwondo [te'kwondo] *m* tae kwon do.

tafetán *m* taffeta.

tahúr, ra *m,f* cardsharp.

taifa *f HIST* *independent Muslim kingdom in Iberian peninsula.*

taiga *f* taiga.

tailandés, esa *adj* & *m,f* Thai.

◆ **tailandés** *m* [lengua] Thai.

Tailandia Thailand.

taimado, da ◇ *adj* crafty. ◇ *m,f* crafty person.

Taipei Taipei.

Taiwán [tai'wan] Taiwan.

taiwanés, esa *adj* & *m,f* Taiwanese.

tajada *f* **-1.** [rodaja] slice **-2.** *fig* [parte] share; **sacar ~ de algo** to get sthg out of sthg **-3.** *fam fig* [borrachera]: **agarrarse una ~** to get plastered *o* legless.

tajante *adj* [categórico] categorical.

tajo *m* **-1.** [corte] deep cut **-2.** *fam* [trabajo] workplace, work **-3.** [acantilado] precipice.

Tajo *m*: **el (río) ~** the (River) Tagus.

tal ◇ *adj* **-1.** [semejante, tan grande] such; **¡jamás se vio cosa ~!** you've never seen such a thing!; **lo dijo con ~ seguridad que ...** he said it with such conviction that ...; **dijo cosas ~ es como ...** he said such things as ... **-2.** [sin especificar] such and such; **a ~ hora** at such and such a time **-3.** [desconocido]: **un ~ Pérez** a (certain) Mr Pérez. ◇ *pron* **-1.** [alguna cosa] such a thing **-2.** *loc*: **que si ~ que si cual** this, that and the other; **ser ~ para cual** to be two of a kind; **~ y cual**, **~ y ~** this and that; **y ~** [etcétera] and so on. ◇ *adv*: **¿qué ~?** how's it going?, how are you doing?; **¿qué ~ fue el viaje?** how was the trip?; **déjalo ~ cual** leave it just as it is.

◆ **con tal de** *loc prep* as long as, provided; **con ~ de volver pronto ...** as long as we're back early ...

◆ **con tal (de) que** *loc conj* as long as, provided.

◆ **tal (y) como** *loc conj* just as *o* like.

◆ **tal que** *loc prep* ***fam*** [como por ejemplo] like.

tala *f* felling.

taladrador, ra *adj* drilling.

◆ **taladradora** *f* drill.

taladrar *vt* to drill; ***fig*** [suj: sonido] to pierce.

taladro *m* **-1.** [taladradora] drill **-2.** [agujero] drill hole.

tálamo *m* **-1.** ***culto*** [cama] bed **-2.** *ANAT & BOT* thalamus.

talante *m* **-1.** [humor] mood; **estar de buen ~** to be in good humour **-2.** [carácter] character, disposition.

talar *vt* to fell.

talayote *m megalithic monument found in the Balearic Islands.*

talco *m* talc, talcum powder.

talego *m* **-1.** [talega] sack **-2.** ***mfam*** [cárcel] nick, slammer **-3.** ***mfam*** [mil pesetas] 1000 peseta note.

talento *m* **-1.** [don natural] talent; **de ~** talented **-2.** [inteligencia] intelligence.

talentoso, sa *adj* talented.

talgo (*abrev de* **tren articulado ligero de Goicoechea Oriol**) *m Spanish intercity high-speed train.*

talibán ◇ *adj* taliban. ◇ *m* taliban.

talidomida *f* thalidomide.

talión *m*: **la ley del ~** *an eye for an eye and a tooth for a tooth.*

talismán *m* talisman.

talla *f* **-1.** [medida] size; **¿qué ~ usas?** what size are you? **-2.** [estatura] height **-3.** ***fig*** [capacidad] stature; **dar la ~** to be up to it **-4.** [*ARTE* - en madera] carving; [- en piedra] sculpture **-5.** [de piedras preciosas] cutting.

tallado, da *adj* [madera] carved; [piedras preciosas] cut.

◆ **tallado** *m* [de madera, piedra] carving; [de piedras preciosas] cutting.

tallar *vt* [esculpir - madera, piedra] to carve; [- piedra preciosa] to cut.

tallarín *(gen pl) m* noodle.

talle *m* **-1.** [cintura] waist **-2.** [figura, cuerpo] figure **-3.** [medida] measurement.

taller *m* **-1.** [gen] workshop **-2.** *AUTOM* garage **-3.** *ARTE* studio.

tallista *mf* [de madera] wood carver; [de metales] engraver.

tallo *m* stem; [brote] sprout, shoot.

talludo, da *adj* thick-stemmed; ***fig*** tall.

Talmud *m*: **el ~** the Talmud.

talón *m* **-1.** [gen & *ANAT*] heel; **~ de Aquiles** ***fig*** Achilles' heel; **pisarle a alguien los talones** to be hot on sb's heels **-2.** [cheque] cheque; [matriz] stub; **~ cruzado/devuelto/en blanco** crossed/bounced/blank cheque; **~ bancario** cashier's cheque ***UK***, cashier's check ***US***; **~ sin fondos** bad cheque.

talonario *m* [de cheques] cheque book; [de recibos] receipt book.

talonera *f* heelpiece.

talud *m* bank, slope.

tamaño, ña *adj* such; **¡cómo pudo decir tamaña estupidez!** how could he say such a stupid thing!

◆ **tamaño** *m* size; **de gran ~** large; **de ~ familiar** family-size; **de ~ natural** life-size.

tamarindo *m* tamarind.

tambaleante *adj* **-1.** [inestable - silla etc] wobbly, unsteady; [- persona] staggering **-2.** ***fig*** [gobierno, sistema] unstable.

tambalearse *vpr* **-1.** [bambolearse - persona] to stagger, to totter; [- mueble] to wobble, to be unsteady; [- tren] to sway **-2.** ***fig*** [gobierno, sistema] to totter.

tambaleo *m* [de tren etc] swaying; [de mueble] wobble; [de persona] staggering.

también *adv* also, too; **yo ~** me too; **Juan está enfermo – Elena ~** Juan is sick – so is Elena; **~ a mí me gusta** I like it too, I also like it.

tambo *m* ***RP*** dairy farm.

tambor ◇ *m* **-1.** *MÚS & TECN* drum; [de pistola] cylinder **-2.** *ANAT* eardrum **-3.** *AUTOM* brake drum. ◇ *mf* [tamborilero] drummer.

tamboril *m* small drum.

tamborilear *vi MÚS &* ***fig*** to drum.

tamborileo *m* drumming.

tamborilero, ra *m,f* drummer.

Támesis *m*: **el (río) ~** the (River) Thames.

tamice *etc* ▻ **tamizar**.

tamiz *m* **-1.** [cedazo] sieve; **pasar algo por el ~** to sift sthg **-2.** ***fig*** [selección] screening procedure.

tamizar [13] *vt* **-1.** [cribar] to sieve **-2.** ***fig*** [seleccionar] to screen.

tampoco *adv* neither, not ... either; **ella no va y tú ~** she's not going and neither are you, she's not going and you aren't either; **¿no lo sabías? – yo ~** didn't you know? – me neither *o* neither did I.

tampón *m* **-1.** [sello] stamp; [almohadilla] inkpad **-2.** [para la menstruación] tampon; **~**

contraceptivo contraceptive sponge.

tam-tam *m* tom tom.

tan *adv* **-1.** [mucho] so; ~ **grande/deprisa** so big/quickly; **¡qué película ~ larga!** what a long film!; ~ **... que ...** so ... that ...; ~ **es así que** ... so much so that ... **-2.** [en comparaciones]: ~ **... como ...** as ... as ...

◆ **tan sólo** *loc adv* only.

tanda *f* **-1.** [grupo, lote] group, batch **-2.** [serie] series; [de inyecciones] course **-3.** [turno de trabajo] shift.

tándem (*pl* **tándemes**) *m* **-1.** [bicicleta] tandem **-2.** [pareja] duo, pair.

tanga *m* tanga, thong ***US***.

tangencial *adj* tangential.

tangente ◇ *adj* tangential. ◇ *f* tangent; **irse** *o* **salirse por la ~** to go off at a tangent.

tangible *adj* tangible.

tango *m* tango.

tanguero, ra *m,f* ***RP*** tango enthusiast.

tanque *m* **-1.** *MIL* tank **-2.** [vehículo cisterna] tanker **-3.** [depósito] tank.

tanqueta *f* armoured car.

tantear ◇ *vt* **-1.** [sopesar - peso, precio, cantidad] to try to guess; [- problema, posibilidades, ventajas] to weigh up **-2.** [probar, sondear] to test (out) **-3.** [toro, contrincante etc] to size up. ◇ *vi* **-1.** [andar a tientas] to feel one's way **-2.** [apuntar los tantos] to (keep) score.

tanteo *m* **-1.** [prueba, sondeo] testing out; [de posibilidades, ventajas] weighing up; [de contrincante, puntos débiles] sizing up **-2.** [puntuación] score **-3.** *DER*: **(derecho de)** ~ first option *(on a purchase)*.

tanto, ta ◇ *adj* **-1.** [gran cantidad] so much, *(pl)* so many; ~ **dinero** so much money, such a lot of money; **tanta gente** so many people; **tiene ~ entusiasmo/~s amigos que** ... she has so much enthusiasm/so many friends that ... **-2.** [cantidad indeterminada] so much, *(pl)* so many; **nos daban ~s euros al día** they used to give us so many euros per day; **cuarenta y ~s** forty-something, forty-odd; **nos conocimos en el sesenta y ~s** we met sometime in the Sixties **-3.** [en comparaciones]: ~ **... como** as much ... as, *(pl)* as many ... as. ◇ *pron* **-1.** [gran cantidad] so much, *(pl)* so many; **¿cómo puedes tener ~s?** how can you have so many? **-2.** [cantidad indeterminada] so much, *(pl)* so many; **a ~s de agosto** on such and such a date in August **-3.** [igual cantidad] as much *(pl)*, as many; **había mucha gente aquí, allí no había tanta** there were a lot of people here, but not as many there; **otro ~** as much again, the same again; **otro ~ le ocurrió a los demás** the same thing happened to the rest of them **-4.** *loc*: **ser uno de ~s** to be nothing special.

◆ **tanto** ◇ *m* **-1.** [punto] point; [gol] goal; **marcar un ~** to score **-2.** *fig* [ventaja] point; **apuntarse un ~** to earn o.s. a point **-3.** [cantidad indeterminada]: **un ~** so much, a certain amount; ~ **por ciento** percentage **-4.** *loc*: **estar al ~ (de)** to be on the ball (about). ◇ *adv* **-1.** [mucho]: ~ **(que ...)** [cantidad] so much (that ...); [tiempo] so long (that ...); **no bebas ~** don't drink so much; **de eso hace ~ que ya no me acordaba** it's been so long since that happened that I don't even remember; **¿~ te gusta?** do you like it that much?; ~ **mejor/peor** so much the better/worse; ~ **más cuanto que ...** all the more so because ... **-2.** [en comparaciones]: ~ **como** as much as; ~ **hombres como mujeres** both men and women; ~ **si estoy como si no** whether I'm there or not **-3.** *loc*: **¡y ~!** most certainly!, you bet!

◆ **tantas** *fpl fam*: **eran las tantas** it was very late.

◆ **en tanto (que)** *loc conj* while.

◆ **entre tanto** *loc adv* meanwhile.

◆ **por (lo) tanto** *loc conj* therefore, so.

◆ **tanto (es así) que** *loc conj* so much so that.

◆ **un tanto** *loc adv* [un poco] a bit, rather.

Tanzania Tanzania.

tanzano, na *adj & m,f* Tanzanian.

tañer ◇ *vt* [instrumento] to play; [campana] to ring. ◇ *vi* [campana] to ring.

tañido *m* [de instumento] sound; [de campana] ringing.

taoísmo *m* Taoism.

taoísta *adj & m,f* Taoist.

tapa *f* **-1.** [de caja, baúl, recipiente] lid; **levantarse** *o* **volarse la ~ de los sesos** *fam* to blow one's brains out **-2.** [aperitivo] snack, tapa; **irse de ~s** to go for some tapas **-3.** [de libro] cover **-4.** [de zapato] heel plate **-5.** [pieza de carne] topside **-6.** ***Andes & RP*** [de botella] top; [de frasco] stopper.

tapabarro *m* ***Andes*** mudguard.

tapacubos *m inv* hubcap.

tapadera *f* **-1.** [tapa] lid **-2.** [para encubrir] front.

tapadillo

◆ **de tapadillo** *loc adv fam* on the sly.

tapado *m* ***CSur*** [abrigo] overcoat.

tapar *vt* **-1.** [cerrar - ataúd, cofre] to close (the lid of); [- olla, caja] to put the lid on; [- botella] to put the top on **-2.** [ocultar, cubrir] to cover; [no dejar ver] to block out; [obstruir] to block

-3. [abrigar - con ropa] to wrap up; [- en la cama] to tuck in **-4.** [encubrir] to cover up.

◆ **taparse** *vpr* **-1.** [cubrirse] to cover (up) **-2.** [abrigarse - con ropa] to wrap up; [- en la cama] to tuck o.s. in.

taparrabos *m inv* **-1.** [de hombre primitivo] loincloth **-2.** *fam* [tanga] tanga briefs *(pl)*.

tapear *vi* to have some tapas.

tapete *m* [paño] runner; [de billar, para cartas] baize; **estar sobre el ~** *fig* to be up for discussion; **poner algo sobre el ~** *fig* to put sthg up for discussion.

tapia *f* (stone) wall; **estar sordo como una ~** *fam* to be (as) deaf as a post.

tapiar [8] *vt* **-1.** [cercar] to wall in **-2.** [enladrillar] to brick up.

tapice *etc* ▻ **tapizar**.

tapicería *f* **-1.** [tela] upholstery **-2.** [tienda - para muebles] upholsterer's; [- para cortinas] draper's **-3.** [oficio - de muebles] upholstery; [- de tapices] tapestry making **-4.** [tapices] tapestries *(pl)*.

tapicero, ra *m,f* **-1.** [de muebles] upholsterer **-2.** [de tapices] tapestry maker.

tapioca *f* tapioca.

tapir *m* tapir.

tapiz *m* [para la pared] tapestry; *fig* [de nieve, flores] carpet.

tapizado *m* **-1.** [de mueble] upholstery **-2.** [de pared] tapestries *(pl)*.

tapizar [13] *vt* [mueble] to upholster; *fig* [campos, calles] to carpet, to cover.

tapón *m* **-1.** [para tapar - botellas, frascos] stopper; [- de corcho] cork; [- de metal, plástico] cap, top; [- de bañera, lavabo] plug; **~ de rosca** screw-top **-2.** [en el oído - de cerumen] wax *(U)* in the ear; [- de algodón] earplug **-3.** [atasco] traffic jam **-4.** *fam* [persona] tubby person **-5.** [en baloncesto] block **-6.** *Amér* [fusible] fuse.

taponar *vt* **-1.** [cerrar - lavadero] to put the plug in; [- salida] to block; [- tubería] to stop up **-2.** *MED* to tampon.

◆ **taponarse** *vpr* to get blocked; **se le taponaron los oídos** his ears got blocked.

tapujo *m*: **andarse con ~s** [rodeos] to beat about the bush; **hacer algo sin ~s** to do sthg openly.

taquería *f Méx* [quiosco] taco stall; [restaurante] taco restaurant.

taquicardia *f* tachycardia.

taquigrafía *f* shorthand, stenography.

taquigrafiar [9] *vt* to write (down) in shorthand.

taquígrafo, fa *m,f* shorthand writer, stenographer.

taquilla *f* **-1.** [ventanilla - gen] ticket office, booking office; *CIN & TEATR* box office; **en ~** at the/ticket/box office **-2.** [recaudación] takings *(pl)* **-3.** [armario] locker **-4.** [casillero] set of pigeonholes.

taquillero, ra ◇ *adj*: **es un espectáculo ~** the show is a box-office hit. ◇ *m,f* ticket clerk.

taquimecanografía *f* shorthand and typing.

taquimecanógrafo, fa *m,f* shorthand typist.

tara *f* **-1.** [defecto] defect **-2.** [peso] tare.

taracea *f* inlay.

tarado, da ◇ *adj* **-1.** [defectuoso] defective **-2.** *fam despec* [tonto] thick. ◇ *m,f fam despec* idiot.

tarambana *adj & m,f fam* ne'er-do-well.

tarántula *f* tarantula.

tararear *vt* to hum.

tarareo *m* humming.

tardanza *f* lateness.

tardar *vi* **-1.** [llevar tiempo] to take; **esto va a ~** this will take time; **tardó un año en hacerlo** she took a year to do it; **¿cuánto tardarás (en hacerlo)?** how long will you be (doing it)?, how long will it take you (to do it)? **-2.** [retrasarse] to be late; [ser lento] to be slow; **¡no tardéis!** don't be long!; **~ en hacer algo** to take a long time to do sthg; **no tardaron en hacerlo** they were quick to do it; **a más ~** at the latest.

tarde ◇ *f* [hasta las cinco] afternoon; [después de las cinco] evening; **por la ~** [hasta las cinco] in the afternoon; [después de las cinco] in the evening; **buenas ~s** [hasta las cinco] good afternoon; [después de las cinco] good evening; **de ~ en ~** from time to time; **muy de ~ en ~** very occasionally. ◇ *adv* [gen] late; [en exceso] too late; **ya es ~ para eso** it's too late for that now; **llegar ~** to be late; **se está haciendo ~** it's getting late; **~ o temprano** sooner or later; **más vale ~ que nunca** better late than never.

tardío, a *adj* [gen] late; [intento, decisión] belated.

tardo, da *adj* **-1.** [lento] slow **-2.** [torpe] dull; **~ de oído** hard of hearing.

tardón, ona *m,f* **-1.** [impuntual] person who is always late **-2.** [lento] slowcoach.

tarea *f* [gen] task; *EDUC* homework; **~s de la casa** housework *(U)*.

tarifa *f* **-1.** [precio] charge; *COM* tariff; [en transportes] fare; ~ **plana** flat rate **-2.** *(gen pl)* [lista] price list.

tarifar ◇ *vt* to price. ◇ *vi fam*: **salir tarifando (con)** to have a row (with).

tarima *f* **-1.** [estrado] platform **-2.** [suelo] floorboards *(pl)*.

tarjeta *f* [gen & INFORM] card; ~ **amarilla/roja** DEP yellow/red card; ~ **de cliente** store card; ~ **de crédito/débito** credit/debit card; ~ **de embarque** boarding pass; ~ **de felicitación** greetings card; ~ **postal** postcard; ~ **de recarga** top-up card; ~ **de sonido/vídeo** sound/video card; ~ **telefónica** phonecard; ~ **de visita** visiting *o* calling card.

tarot *m* tarot.

tarrina *f* tub.

tarro *m* **-1.** [recipiente] jar **-2.** *mfam* [cabeza] nut, bonce.

tarso *m* tarsus.

tarta *f* [gen] cake; [plana, con base de pasta dura] tart; [plana, con base de bizcocho] flan; ~ **de cumpleaños** birthday cake; ~ **helada** ice cream gâteau.

tartaja ◇ *adj fam* stammering, stuttering. ◇ *mf fam* stammerer, stutterer.

tartajear *vi fam* to stammer, to stutter.

tartaleta *f* tartlet.

tartamudear *vi* to stammer, to stutter.

tartamudeo *m* stammer, stammering *(U)*.

tartamudez *f* stammer, stutter.

tartamudo, da ◇ *adj* stammering, stuttering. ◇ *m,f* stammerer, stutterer.

tartán *m* tartan.

tartana *f* **-1.** [carruaje] trap **-2.** *fam* [coche viejo] banger.

tártaro, ra ◇ *adj* **-1.** [pueblo] Tartar **-2.** ▷ **salsa**. ◇ *m,f* Tartar.

tartera *f* [fiambrera] lunch box.

tarugo *m* **-1.** [de madera] block of wood; [de pan] chunk (of stale bread) **-2.** *fam* [necio] blockhead.

tarumba *adj fam* crazy.

tasa *f* **-1.** [índice] rate; ~ **de mortalidad/natalidad** death/birth rate; ~ **de paro** *o* **desempleo** (level of) unemployment **-2.** [impuesto] tax; ~**s de aeropuerto** airport tax **-3.** EDUC: ~**s** fees **-4.** [tasación] valuation.

tasación *f* valuation.

tasador, ra *m,f* valuer.

tasar *vt* **-1.** [valorar] to value **-2.** [fijar precio] to fix a price for.

tasca *f* ≃ pub; **ir de** ~**s** to go on a pub crawl.

tasquear *vi* to go on a pub crawl.

tasqueo *m* pubcrawling.

tata ◇ *f* ▷ **tato**. ◇ *m Amér fam* [padre] dad, daddy, pop *US*.

tatarabuelo, la *m,f* great-great-grandfather (*f* great-great-grandmother).

tataranieto, ta *m,f* great-great-grandson (*f* great-great-granddaughter).

tate *interj*: **¡~!** [¡cuidado!] watch out!; [¡ya comprendo!] I see!

tato, ta *fam m,f* [hermano] big brother (*f* big sister).

◆ **tata** *f* [niñera] nanny.

tatuaje *m* **-1.** [dibujo] tattoo **-2.** [acción] tattooing.

tatuar [6] *vt* to tattoo.

◆ **tatuarse** *vpr* to have a tattoo done.

taurino, na *adj* bullfighting *(antes de sust)*.

tauro ◇ *m* [zodiaco] Taurus; **ser** ~ to be (a) Taurus. ◇ *mf* [persona] Taurean.

tauromaquia *f* bullfighting.

TAUROMAQUIA

Tauromaquia is the name given to the art and the world of bullfighting. The bullfight, or *corrida*, is opened by a procession, the *paseíllo*, which is headed by mounted officials called *alguacilillos*. The bullfighters, dressed in splendid traditional costumes called *trajes de luces*, parade diagonally across the bullring. Each of the principal bullfighters, the *matadores* or *espadas*, is attended by his assistants or *subalternos* (known collectively as the *cuadrilla*), and by the mounted *picadores*.

The bullfight itself, the *lidia*, follows a strict order and is divided into three main parts or *tercios*. Six bulls are involved; each in turn is released into the bullring (the *ruedo*) and is greeted by the *matador*, who performs a series of passes with his long cape (the *capa*) so that he can study the way the bull moves and can slow down its momentum.

The first stage of the bullfight, the *tercio de varas*, belongs to the *picador*; sitting on his horse, the *picador* pricks the bull with a lance, or *vara*, up to three times to goad and weaken it. Next, in the *tercio de banderillas* the bull is struck in the neck or shoulder with long decorated barbed darts (*banderillas*) by specialized bullfighters called *banderilleros*. The *matador* himself may also take part. If he judges that the *tercio de varas* or the *tercio de banderillas* has gone on long enough, he may ask the permission of the president of the bullring to move on to the next stage, and he does this by removing his *montera* or hat.

In the third and final part of the *lidia*, the *tercio de muerte*, the *matador* takes his *muleta*, a small cape attached to a stick, and performs the *faena*, his final series of passes. This consists of set pieces like the *manoletina*, a particular type

of pass invented by one of Spain's famous *matadors*, Manolete. It is on this stage of the proceedings that the performance of the bullfighter - and the bull - will be judged.
Bullfighting is extremely popular in both Spain and Latin America, where it is seen by many as a true art form. It does have its detractors, however, who consider it a cruel and inhuman spectacle.

tautología *f* tautology.
tautológico, ca *adj* tautological.
taxativo, va *adj* precise, exact.
taxi *m* taxi.
taxidermia *f* taxidermy.
taxidermista *mf* taxidermist.
taxímetro *m* taximeter.
taxista *mf* taxi driver.
taxonomía *f* taxonomy.
taza *f* **-1.** [para beber] cup; **una ~ de té** [recipiente] a teacup; [contenido] a cup of tea **-2.** [de retrete] bowl.
tazón *m* bowl.
te *pron pers* **-1.** *(complemento directo)* you; **le gustaría verte** she'd like to see you **-2.** *(complemento indirecto)* (to) you; **~ lo dio** he gave it to you; **~ tiene miedo** he's afraid of you **-3.** *(reflexivo)* yourself **-4.** *fam (valor impersonal)*: **si ~ dejas pisar, estás perdido** if you let people walk all over you, you've had it.
té (*pl* **tés**) *m* tea.
tea *f* [antorcha] torch.
teatral *adj* **-1.** [de teatro - gen] theatre *(antes de sust)*; [- grupo] drama *(antes de sust)* **-2.** [exagerado] theatrical.
teatralidad *f* theatrical nature.
teatralizar [13] *vt* to exaggerate.
teatrero, ra *adj fam* theatrical.
teatro *m* **-1.** [gen] theatre; **~ de la ópera** opera house; **~ de variedades** music hall *UK*, variety, vaudeville *US*; **~ lírico** opera and light opera **-2.** *fig* [fingimiento] playacting; **hacer ~** to playact **-3.** *fig* [escenario] scene.
tebeo® *m* (children's) comic; **estar más visto que el ~** to be old hat.
teca *f* teak.
techado *m* roof; **bajo ~** under cover.
techar *vt* to roof.
techo *m* **-1.** [gen] roof; [dentro de casa] ceiling; **~ solar** *AUTOM* sun roof; **bajo ~** under cover **-2.** *fig* [límite] ceiling.
◆ **sin techo** *mf*: **los sin ~** the homeless.
techumbre *f* roof.
tecla *f* [gen, *INFORM* & *MÚS*] key; **~ de borrado/control/función/retorno** erase/control/function/return key; **pulsar** *o* **tocar una ~** to press *o* strike a key; **tocar muchas ~s** [contactar] to pull lots of strings; [abarcar mucho] to have too many things on the go at once.
teclado *m* [gen & *MÚS*] keyboard; **~ expandido** expanded keyboard; **~ numérico** numeric keypad.
teclear *vt* & *vi* [en ordenador etc] to type; [en piano] to play.
tecleo *m* [en piano] playing; [en máquina de escribir] clattering.
teclista *mf* keyboard player.
tecnicismo *m* **-1.** [cualidad] technical nature **-2.** [término] technical term.
técnico, ca ◇ *adj* technical. ◇ *m,f* **-1.** [mecánico] technician **-2.** [experto] expert **-3.** *DEP* [entrenador] coach, manager *UK*.
◆ **técnica** *f* **-1.** [gen] technique **-2.** [tecnología] technology.
tecnicolor® *m* Technicolor®.
tecnificar [10] *vt* to apply technology to.
tecno ◇ *adj inv MÚS* techno. ◇ *m inv MÚS* techno (music).
tecnocracia *f* technocracy.
tecnócrata ◇ *adj* technocratic. ◇ *mf* technocrat.
tecnología *f* technology; **~s de la información** information technology; **~ punta** state-of-the-art technology.
tecnológico, ca *adj* technological.
tecnólogo, ga *m,f* technologist.
tecolote *m CAm, Méx* [búho] owl; [policía] cop *(on night patrol)*.
tectónico, ca *adj* tectonic.
◆ **tectónica** *f* tectonics *(U)*.
tedéum *m inv* Te Deum.
tedio *m* boredom, tedium.
tedioso, sa *adj* tedious.
teflón® *m* Teflon®.
Tegucigalpa Tegucigalpa.
tegumento *m* integument.
Teherán Teheran.
teja *f* **-1.** [de tejado] tile; **color ~** brick red **-2.** *CULIN* potato waffle.
tejado *m* roof.
tejano, na ◇ *adj* **-1.** [de Texas] Texan **-2.** [tela] denim. ◇ *m,f* [persona] Texan.
◆ **tejanos** *mpl* [pantalones] jeans.
tejar ◇ *m* brickworks *(sg)*. ◇ *vt* & *vi* to tile.
tejedor, ra ◇ *adj* weaving. ◇ *m,f* weaver.
tejeduría *f* **-1.** [arte] weaving **-2.** [taller] weaver's shop.

tejemaneje *m fam* **-1.** [maquinación] intrigue **-2.** [ajetreo] to-do, fuss.

tejer <> *vt* **-1.** [gen] to weave; [labor de punto] to knit **-2.** [telaraña] to spin **-3.** *fig* [labrar - porvenir] to carve out; [- ruina] to bring about. <> *vi* [hacer ganchillo] to crochet; [hacer punto] to knit.

tejido *m* **-1.** [tela] fabric, material; IND textile **-2.** ANAT tissue.

tejo *m* **-1.** [juego] hopscotch **-2.** BOT yew **-3.** *loc*: **tirar los ~s a alguien** *fam* to try it on with sb.

tejón *m* badger.

tel., teléf. (*abrev de* **teléfono**) tel.

tela *f* **-1.** [tejido] fabric, material; [retal] piece of material; **~ de araña** cobweb; **~ asfáltica** asphalt roofing/flooring; **~ metálica** wire netting **-2.** ARTE [lienzo] canvas **-3.** *fam* [dinero] dough **-4.** *fam* [cosa complicada]: **el examen era ~** the exam was really tricky; **tener (mucha) ~** [ser difícil] to be (very) tricky; **hay ~ (para rato)** [trabajo] there's no shortage of things to do; **¡~ marinera!** that's too much! **-5.** *loc*: **poner en ~ de juicio** to call into question.

telar *m* **-1.** [máquina] loom **-2.** *(gen pl)* [fábrica] textiles mill **-3.** TEATR gridiron.

telaraña *f* spider's web, cobweb; **la ~ mundial** INFORM the (World Wide) Web.

tele *f fam* telly.

teleadicto, ta *m,f* telly-addict.

telearrastre *m* ski-tow.

telecabina *f* cable-car.

telecomedia *f* television comedy programme.

telecomunicación *f* [medio] telecommunication.
◆ **telecomunicaciones** *fpl* [red] telecommunications.

telediario *m* television news *(U)*.

teledirigido, da *adj* remote-controlled.

teledirigir [15] *vt* to operate by remote control.

teléf. = **tel.**

telefax *m inv* telefax, fax.

teleférico *m* cable-car.

telefilme, telefilm (*pl* **telefilms**) *m* TV film.

telefonazo *m fam* ring, buzz; **dar un ~ a alguien** to give sb a ring *o* buzz.

telefonear *vt & vi* to phone.

telefonía *f* telephony; **~ móvil** mobile phones *(pl)*.

telefónico, ca *adj* telephone *(antes de sust)*.

telefonillo *m fam* [en vivienda] entryphone.

telefonista *mf* telephonist.

teléfono *m* **-1.** [gen] telephone, phone; **coger el ~** to answer the phone; **hablar por ~** to be on the phone; **llamar por ~** to phone; **~ inalámbrico/móvil** cordless/mobile *UK o* cell *US* phone; **~ público** public phone; **~ rojo** hot line; **~ WAP** WAP phone **-2.**: **(número de) ~** telephone number.

telefotografía *f* telephotography.

telegrafía *f* telegraphy.

telegrafiar [9] *vt & vi* to telegraph.

telegráfico, ca *adj lit & fig* telegraphic.

telegrafista *mf* telegraphist.

telégrafo *m* [medio, aparato] telegraph.
◆ **telégrafos** *mpl* [oficina] telegraph office *(sg)*.

telegrama *m* telegram.

telele *m*: **le dio un ~** [desmayo] he had a fainting fit; [enfado] he had a fit.

telemando *m* remote control.

telemática *f* telematics *(U)*.

telémetro *m* telemeter.

telenovela *f* television soap opera.

teleobjetivo *m* telephoto lens.

telepatía *f* telepathy.

telepático, ca *adj* telepathic.

telequinesia *f* telekinesis *(U)*.

telescópico, ca *adj* telescopic.

telescopio *m* telescope.

telesilla *m* chair lift.

telespectador, ra *m,f* viewer.

telesquí *m* ski lift.

teletexto *m* Teletext®.

teletienda *f* home shopping programme.

teletipo *m* **-1.** [aparato] teleprinter **-2.** [texto] Teletype®.

teletrabajador, ra *m,f* teleworker.

teletrabajo *m* teleworking.

televendedor, ra *m,f* telesales assistant.

televenta *f* **-1.** [por teléfono] telesales *(pl)* **-2.** [por televisión] *TV advertising in which a phone number is given for clients to contact.*

televidente *mf* viewer.

televisado, da *adj* televised.

televisar *vt* to televise.

televisión *f* **-1.** [sistema, empresa] television; **salir en** *o* **por (la) ~** to be on television; **~ en blanco y negro/en color** black and white/colour television; **~ digital** digital television; **~ por cable/vía satélite** cable/satellite television; **~ privada/pública** commercial/public television **-2.** [televisor] television (set).

televisivo, va *adj* television *(antes de sust).*
televisor *m* television (set); ~ **de pantalla plana** flatscreen television; ~ **panorámico** *o* **de pantalla ancha** widescreen television.
télex *m inv* telex; **mandar por** ~ to telex.
telón *m* [de escenario - delante] curtain; [- detrás] backcloth; **el** ~ **de acero** [- *HIST*] the Iron Curtain; ~ **de fondo** *fig* backdrop.
telonero, ra <> *adj* support *(antes de sust).* <> *m,f* [cantante] support artist; [grupo] support band.
telúrico, ca *adj* telluric.
tema *m* **-1.** [asunto] subject; **~s de actualidad** current affairs **-2.** *MÚS* [de composición, película] theme; [canción] song **-3.** *EDUC* [de asignatura, oposiciones] topic; [en libro de texto] unit.
temario *m* [de asignatura] curriculum; [de oposiciones] list of topics.
temático, ca *adj* thematic.
◆ **temática** *f* subject matter.
tembladera *f fam* trembling fit.
temblar [19] *vi* **-1.** [tiritar]: ~ **(de)** [gen] to tremble (with); [de frío] to shiver (with); **tiemblo por lo que pueda pasarle** I shudder to think what could happen to him **-2.** [vibrar - suelo, edificio, vehículo] to shudder, to shake; [- voz] to tremble, to shake; **dejar algo temblando** *fam fig* [nevera, botella] to leave sthg almost empty.
tembleque *m fam* trembling fit; **le dio** *o* **entró un** ~ he got the shakes.
temblor *m* shaking *(U)*, trembling *(U)*; ~ **de tierra** earthquake.
tembloroso, sa *adj* trembling, shaky.
temer <> *vt* **-1.** [tener miedo de] to fear, to be afraid of **-2.** [sospechar] to fear. <> *vi* to be afraid; **no temas** don't worry; ~ **por** to fear for.
◆ **temerse** *vpr*: **~se que** to be afraid that, to fear that; **me temo que no vendrá** I'm afraid she won't come; **me temo que sí/no** I'm afraid so/not; **~se lo peor** to fear the worst.
temerario, ria *adj* rash; [conducción] reckless.
temeridad *f* **-1.** [cualidad] recklessness **-2.** [acción] folly *(U)*, reckless act.
temeroso, sa *adj* [receloso] fearful.
temible *adj* fearsome.
temor *m*: ~ **(a** *o* **de)** fear (of); **por** ~ **a** *o* **de** for fear of.
témpano *m*: ~ **(de hielo)** ice floe; **como un** ~ *fig* freezing.
témpera *f ARTE* tempera.
temperado, da *adj* temperate.
temperamental *adj* **-1.** [cambiante] temperamental **-2.** [impulsivo] impulsive.
temperamento *m* temperament.
temperatura *f* temperature; **tomar la** ~ **a alguien** to take sb's temperature; ~ **máxima/mínima** highest/lowest temperature; ~ **ambiente** room temperature.
tempestad *f* storm.
tempestuoso, sa *adj lit & fig* stormy.
templado, da *adj* **-1.** [tibio - agua, bebida, comida] lukewarm **-2.** *GEOGR* [clima, zona] temperate **-3.** [nervios] steady; [persona, carácter] calm, composed.
templanza *f* **-1.** [serenidad] composure **-2.** [moderación] moderation.
templar <> *vt* **-1.** [entibiar - lo frío] to warm (up); [- lo caliente] to cool down **-2.** [calmar - nervios, ánimos] to calm; [- ira] to restrain **-3.** *TECN* [metal etc] to temper **-4.** *MÚS* to tune. <> *vi* [entibiarse] to get milder.
◆ **templarse** *vpr* [lo frío] to warm up; [lo caliente] to cool down.
templario *m* Templar.
temple *m* **-1.** [serenidad] composure **-2.** *TECN* tempering **-3.** *ARTE* tempera; **al** ~ in tempera.
templete *m* pavilion.
templo *m lit & fig* temple; **como un** ~ *fig* huge.
tempo *m* tempo.
temporada *f* **-1.** [periodo concreto] season; [de exámenes] period; **de** ~ [fruta, trabajo] seasonal; ~ **alta/baja** high/low season; ~ **media** mid-season **-2.** [periodo indefinido] (period of) time; **pasé una** ~ **en el extranjero** I spent some time abroad.
temporal <> *adj* **-1.** [provisional] temporary **-2.** [del tiempo] time *(antes de sust)* **-3.** *ANAT & RELIG* temporal. <> *m* **-1.** [tormenta] storm; **capear el** ~ *lit & fig* to ride out the storm **-2.** *ANAT* temporal bone.
temporalidad *f* temporary nature.
temporario, ria *adj Amér* temporary.
temporero, ra *m,f* casual labourer.
temporizador *m* timing device.
tempranero, ra *adj* [persona] early-rising.
temprano, na *adj* early.
◆ **temprano** *adv* early.
ten ▻ **tener.**
◆ **ten con ten** *m* tact.
tenacidad *f* tenacity.
tenacillas *fpl* tongs; [para vello] tweezers; [para rizar el pelo] curling tongs.
tenaz *adj* **-1.** [perseverante] tenacious **-2.** [persistente] stubborn.

tenaza *(gen pl) f* **-1.** [herramienta] pliers *(pl)* **-2.** [pinzas] tongs *(pl)* **-3.** *ZOOL* pincer.

tendedero *m* **-1.** [cuerda] clothes line; [armazón] clothes horse **-2.** [lugar] drying place.

tendencia *f* tendency; ~ **a hacer algo** tendency to do sthg; ~ **a la depresión** tendency to get depressed; **nuevas ~s** [en moda, arte] new trends.

tendenciosidad *f* tendentiousness.

tendencioso, sa *adj* tendentious.

tender [20] *vt* **-1.** [colgar - ropa] to hang out **-2.** [tumbar] to lay (out) **-3.** [extender] to stretch (out); [mantel] to spread **-4.** [dar - cosa] to hand; [- mano] to hold out, to offer **-5.** [entre dos puntos - cable, vía] to lay; [- puente] to build; [- cuerda] to stretch **-6.** *fig* [preparar - trampa etc] to lay **-7.** *Amér* [cama] to make; [mesa] to set, to lay.

◆ **tender a** *vi* **-1.** [propender]: ~ **a hacer algo** to tend to do something; ~ **a la depresión** to have a tendency to get depressed **-2.** *MAT* to approach.

◆ **tenderse** *vpr* to stretch out, to lie down.

tenderete *m* [puesto] stall.

tendero, ra *m,f* shopkeeper.

tendido, da *adj* **-1.** [extendido, tumbado] stretched out **-2.** [colgado - ropa] hung out, on the line.

◆ **tendido** *m* **-1.** [instalación - de puente] construction; [- de cable, vía] laying; ~ **eléctrico** electrical installation **-2.** *TAUROM* front rows *(pl)*.

tendinitis *f inv* tendinitis.

tendón *m* tendon.

tendrá *etc v* ▻ **tener**.

tenebrismo *m* tenebrism.

tenebroso, sa *adj* dark, gloomy; *fig* shady, sinister.

tenedor[1] *m* [utensilio] fork.

tenedor[2]**, ra** *m,f* [poseedor] holder; ~ **de acciones** shareholder; ~ **de libros** *COM* bookkeeper.

teneduría *f COM* bookkeeping.

tenencia *f* possession; ~ **ilícita de armas** illegal possession of arms.

◆ **tenencia de alcaldía** *f* deputy mayor's office.

tener [72] ◇ *v aux* **-1.** *(antes de participio)* [haber]: **teníamos pensado ir al teatro** we had thought of going to the theatre; **te lo tengo dicho** I've told you many times **-2.** *(antes de adj)* [hacer estar]: **me tuvo despierto** it kept me awake; **eso la tiene despistada** that has confused her **-3.** [expresa obligación]: ~ **que hacer algo** to have to do sthg; **tiene que ser así** it has to be this way **-4.** [expresa propósito]: **tenemos que ir a cenar un día** we ought to *o* should go for dinner some time. ◇ *vt* **-1.** [gen] to have; **tengo un hermano** I have *o* I've got a brother; ~ **fiebre** to have a temperature; **tuvieron una pelea** they had a fight; ~ **un niño** to have a baby; **¡que tengan buen viaje!** have a good journey!; **hoy tengo clase** I have to go to school today **-2.** [medida, edad, sensación, cualidad] to be; **tiene 3 metros de ancho** it's 3 metres wide; **¿cuántos años tienes?** how old are you?; **tiene diez años** she's ten (years old); ~ **hambre/miedo** to be hungry/afraid; ~ **mal humor** to be bad-tempered; **le tiene lástima** he feels sorry for her **-3.** [sujetar] to hold; **¿puedes ~me esto?** could you hold this for me, please?; **tenlo por el asa** hold it by the handle **-4.** [tomar]: **ten el libro que me pediste** here's the book you asked me for; **¡aquí tienes!** here you are! **-5.** [recibir] to get; **tuve un verdadero desengaño** I was really disappointed; **tendrá una sorpresa** he'll get a surprise **-6.** [valorar]: **me tienen por tonto** they think I'm stupid; ~ **a alguien en mucho** to think the world of sb **-7.** [guardar, contener] to keep **-8.** *Amér* [llevar]: **tengo tres años aquí** I've been here for three years **-9.** *loc*: **no las tiene todas consigo** he is not too sure about it; ~ **a bien hacer algo** to be kind enough to do sthg; ~ **que ver con algo/alguien** [estar relacionado] to have something to do with sthg/sb; [ser equiparable] to be in the same league as sthg/sb.

◆ **tenerse** *vpr* **-1.** [sostenerse]: **~se de pie** to stand upright **-2.** [considerarse]: **se tiene por listo** he thinks he's clever.

tengo ▻ **tener**.

tenia *f* tapeworm.

tenida *f Chile* suit.

teniente ◇ *m* lieutenant; ~ **coronel/general** lieutenant colonel/general. ◇ *adj fam* [sordo] deaf (as a post).

◆ **teniente (de) alcalde** *mf* deputy mayor.

tenis *m inv* tennis; ~ **de mesa** table tennis.

tenista *mf* tennis player.

tenístico, ca *adj* tennis *(antes de sust)*.

tenor *m* **-1.** *MÚS* tenor **-2.** [estilo] tone; **a este ~** along those lines.

◆ **a tenor de** *loc prep* in view of.

tenorio *m* ladies' man, Casanova.

tensado *m* tightening.

tensar *vt* [cable, cuerda] to tauten; [arco] to draw.

tensión *f* **-1.** [gen] tension; **~ nerviosa** nervous tension **-2.** TECN [estiramiento] stress; **en ~** tensed **-3.** MED: **~ (arterial)** blood pressure; **tener la ~ alta/baja** to have high/low blood pressure; **tomar la ~ a alguien** to take sb's blood pressure **-4.** ELECTR voltage; **alta ~** high voltage.

tenso, sa *adj* taut; *fig* tense.

tensor, ra *adj* tightening.

◆ **tensor** *m* **-1.** [dispositivo] turnbuckle **-2.** ANAT tensor.

tentación *f* temptation; **caer en la ~** to give in to temptation; **tener la ~ de** to be tempted to; **estos bombones son una ~** these chocolates are really tempting.

tentáculo *m* tentacle.

tentador, ra *adj* tempting.

tentar [19] *vt* **-1.** [palpar] to feel **-2.** [atraer, incitar] to tempt.

tentativa *f* attempt; **~ de asesinato** attempted murder; **~ de suicidio** suicide attempt.

tentempié (*pl* **tentempiés**) *m* snack.

tenue *adj* **-1.** [tela, hilo, lluvia] fine **-2.** [luz, sonido, dolor] faint **-3.** [relación] tenuous.

teñido *m* dyeing.

teñir [26] *vt* **-1.** [ropa, pelo]: **~ algo (de rojo** *etc***)** to dye sthg (red *etc*) **-2.** *fig* [matizar]: **~ algo (de)** to tinge sthg (with).

◆ **teñirse** *vpr*: **~se (el pelo)** to dye one's hair.

teología *f* theology; **~ de la liberación** liberation theology.

teológico, ca *adj* theological.

teólogo, ga *m,f* theologian.

teorema *m* theorem.

teoría *f* theory; **en ~** in theory; **~ del conocimiento** epistemology; **~ de la información** information theory.

teóricamente *adv* theoretically.

teórico, ca ◇ *adj* theoretical; **clase teórica** theory class. ◇ *m,f* [persona] theorist.

teorizar [13] *vi* to theorize.

tepache *m Méx* *mildly alcoholic drink made from fermented pineapple peelings and unrefined sugar.*

tequila *m,f* tequila.

terapeuta *mf* therapist.

terapéutico, ca *adj* therapeutic.

◆ **terapéutica** *f* therapeutics (*U*).

terapia *f* therapy; **~ ocupacional/de grupo** occupational/group therapy.

tercer ▻ **tercero.**

tercera ▻ **tercero.**

tercermundismo *m* underdevelopment.

tercermundista *adj* third-world *(antes de sust).*

tercero, ra *núm (antes de sust masculino sg:* **tercer***)* third; **a la tercera va la vencida** third time lucky.

◆ **tercero** *m* **-1.** [piso] third floor **-2.** [curso] third year **-3.** [mediador, parte interesada] third party; **el ~ en discordia** the third party.

◆ **tercera** *f* AUTOM third (gear).

terceto *m* **-1.** MÚS trio **-2.** [estrofa] tercet.

terciar [8] ◇ *vt* **-1.** [poner en diagonal - gen] to place diagonally; [- sombrero] to tilt **-2.** [dividir] to divide into three. ◇ *vi* **-1.** [mediar]: **~ (en)** to mediate (in) **-2.** [participar] to intervene, to take part.

◆ **terciarse** *vpr* to arise; **si se tercia** if the opportunity arises.

terciario, ria *adj* tertiary.

◆ **terciario** *m* GEOL Tertiary (period).

tercio *m* **-1.** [tercera parte] third **-2.** MIL ≃ regiment; [de la Guardia Civil] ≃ division **-3.** TAUROM stage *(of bullfight)*; *ver también* **tauromaquia.**

terciopelo *m* velvet.

terco, ca ◇ *adj* stubborn. ◇ *m,f* stubborn person.

tereré *m Arg, Par* *refreshing maté drink made with lemon juice.*

tergal® *m* Tergal®.

tergiversación *f* distortion.

tergiversador, ra ◇ *adj* distorting. ◇ *m,f* person who distorts the facts.

tergiversar *vt* to distort, to twist.

termal *adj* thermal.

termas *fpl* **-1.** [baños] hot baths, spa *(sg)* **-2.** HIST thermae.

termes = **termita.**

térmico, ca *adj* thermal.

terminación *f* **-1.** [finalización] completion **-2.** [parte final] end **-3.** GRAM ending.

terminal ◇ *adj* [gen] final; [enfermo] terminal. ◇ *m* ELECTR & INFORM terminal. ◇ *f* [de aeropuerto] terminal; [de autobuses] terminus.

terminante *adj* categorical; [prueba] conclusive.

terminar ◇ *vt* to finish. ◇ *vi* **-1.** [acabar] to end; [tren] to stop, to terminate; **~ en** [objeto] to end in **-2.** [ir a parar]: **~ (de/en)** to end up (as/in); **~ por hacer algo** to end up doing sthg **-3.** [reñir] to finish, to split up.

◆ **terminarse** *vpr* **-1.** [finalizar] to finish **-2.** [agotarse] to run out; **se nos ha terminado la sal** we have run out of salt.

término *m* **-1.** [fin, extremo] end; **dar ~ a al-**

go to bring sthg to a close; **poner ~ a algo** to put a stop to sthg **-2.** [territorio]: **~ (municipal)** district **-3.** [plazo] period; **en el ~ de un mes** within (the space of) a month **-4.** [lugar, posición] place; **en primer ~** *ARTE* & *FOT* in the foreground; **en último ~** *ARTE* & *FOT* in the background; *fig* [si es necesario] as a last resort; [en resumidas cuentas] in the final analysis **-5.** [situación, punto] point; **~ medio** [media] average; [compromiso] compromise, happy medium; **por ~ medio** on average **-6.** *LING* & *MAT* term; **a mí no me hables en esos ~s** don't talk to me like that; **los ~s del contrato** the terms of the contract; **en ~s generales** generally speaking **-7.** [de transportes] terminus.

terminología *f* terminology.

terminológico, ca *adj* terminological.

termita *f*, **termes** *m inv* termite.

termitero *m* termite nest, termite mound.

termo *m* Thermos® (flask).

termoaislante *adj* heat insulating.

termodinámico, ca *adj* thermodynamic.
◆ **termodinámica** *f* thermodynamics *(U)*.

termómetro *m* thermometer; **poner el ~ a alguien** to take sb's temperature.

termonuclear *adj* thermonuclear.

termostato *m* thermostat.

terna *f POLÍT shortlist of three candidates.*

ternario, ria *adj* ternary.

ternasco *f* suckling lamb.

ternero, ra *m,f* [animal] calf.
◆ **ternera** *f* [carne] veal.

ternilla *f* **-1.** *CULIN* gristle **-2.** *ANAT* cartilage.

terno *m* [traje] three-piece suit.

ternura *f* tenderness.

terquedad *f* stubbornness.

terracota *f* terracotta.

terral, tierral *m Amér* dust cloud.

Terranova Newfoundland.

terraplén *m* embankment.

terráqueo, a *adj* Earth *(antes de sust)*, terrestrial.

terrario, terrarium *m* terrarium.

terrateniente *mf* landowner.

terraza *f* **-1.** [balcón] balcony **-2.** [de café] terrace, patio **-3.** [azotea] terrace roof **-4.** [bancal] terrace.

terrazo *m* terrazzo.

terremoto *m* earthquake.

terrenal *adj* earthly.

terreno, na *adj* earthly.
◆ **terreno** *m* **-1.** [suelo - gen] land; [- *GEOL*] terrain; [- *AGR*] soil **-2.** [solar] plot (of land) **-3.** *DEP*: **~ (de juego)** field, pitch **-4.** *fig* [ámbito] field **-5.** *loc*: **estar** *o* **encontrarse en su propio ~** to be on home ground; **ganar ~** [imponerse] to gain ground; [progresar] to make up ground; **perder ~** to lose ground; **preparar el ~ (para)** to pave the way (for); **reconocer** *o* **tantear el ~** to see how the land lies; **saber uno el ~ que pisa** to know what one is about; **ser ~ abonado (para algo)** to be fertile ground (for sthg); **sobre el ~** on the spot.

térreo, a *adj* earthy.

terrero, ra *adj*: **saco ~** sandbag.

terrestre *adj* **-1.** [del planeta] terrestrial **-2.** [de la tierra] land *(antes de sust)*.

terrible *adj* **-1.** [enorme, insoportable] terrible **-2.** [aterrador] terrifying.

terrícola ◇ *adj* Earth *(antes de sust)*. ◇ *mf* earthling.

terrier *m* terrier.

territorial *adj* territorial.

territorialidad *f* territoriality.

territorio *m* territory; **por todo el ~ nacional** across the country, nationwide.

terrón *m* **-1.** [de tierra] clod of earth **-2.** [de harina etc] lump; **~ de azúcar** sugar lump.

terror *m* [miedo, persona terrible] terror; *CIN* horror; **película de ~** horror movie; **dar ~** to terrify.

terrorífico, ca *adj* **-1.** [enorme, insoportable] terrible **-2.** [aterrador] terrifying.

terrorismo *m* terrorism.

terrorista *adj* & *m,f* terrorist.

terroso, sa *adj* **-1.** [parecido a la tierra] earthy **-2.** [con tierra] muddy.

terruño *m* **-1.** [patria] homeland **-2.** [terreno] plot of land.

terso, sa *adj* **-1.** [piel, superficie] smooth **-2.** [aguas, mar] clear **-3.** [estilo, lenguaje] polished.

tersura *f* **-1.** [de piel, superficie] smoothness **-2.** [de aguas, mar] clarity **-3.** [de estilo, lenguaje] polish.

tertulia *f regular meeting of people for informal discussion of a particular issue of common interest*; **~ literaria** literary circle.

tesela *f* tessera.

tesina *f* (undergraduate) dissertation.

tesis *f inv* [gen & *UNIV*] thesis.

tesitura *f* **-1.** [circunstancia] circumstances *(pl)* **-2.** *MÚS* tessitura, pitch.

tesón *m* **-1.** [tenacidad] tenacity, perseverance **-2.** [firmeza] firmness.

tesorería *f* **-1.** [cargo] treasurership **-2.** [oficina] treasurer's office **-3.** *COM* liquid capital.

tesorero, ra *m,f* treasurer.

tesoro *m* **-1.** [botín] treasure **-2.** [hacienda pública] treasury, exchequer **-3.** *fig* [persona valiosa] gem, treasure **-4.** *fig* [como apelativo] my treasure.

◆ **Tesoro** *m* ECON: **el Tesoro (Público)** the Treasury.

test (*pl* **tests**) *m* test; **examen tipo ~** multiple choice test; **~ de embarazo** pregnancy test.

testa *f* head.

testado, da *adj* [persona] testate.

testaferro *m* front man.

testamentaría *f* **-1.** [documentos] documentation *(of a will)* **-2.** [bienes] estate, inheritance.

testamentario, ria ◇ *adj* testamentary. ◇ *m,f* executor.

testamento *m* will; *fig* [artístico, intelectual] legacy; **hacer ~** to write one's will.

◆ **Antiguo Testamento** *m* Old Testament.

◆ **Nuevo Testamento** *m* New Testament.

testar ◇ *vi* [hacer testamento] to make a will. ◇ *vt* [probar] to test.

testarazo *m* **-1.** [golpe] head butt **-2.** [en fútbol] header.

testarudez *f* stubbornness.

testarudo, da ◇ *adj* stubborn. ◇ *m,f* stubborn person.

testear *vt* *CSur* to test.

testículo *m* testicle.

testificar [10] ◇ *vt* to testify; *fig* to testify to. ◇ *vi* to testify, to give evidence.

testigo ◇ *mf* [persona] witness; **poner por ~ a alguien** to cite sb as a witness; **~ de cargo/descargo** witness for the prosecution/defence; **~ ocular** *o* **presencial** eyewitness. ◇ *m* **-1.** *fig* [prueba]: **~ de** proof of **-2.** DEP baton.

◆ **testigo de Jehová** *mf* Jehovah's Witness.

testimonial *adj* **-1.** [documento, prueba etc] testimonial **-2.** *fig* [simbólico] token, symbolic.

testimoniar [8] ◇ *vt* to testify; *fig* to testify to. ◇ *vi* to testify, to give evidence.

testimonio *m* **-1.** [relato] account; DER testimony; **prestar ~** to give evidence; **falso ~** perjury, false evidence **-2.** [prueba] proof; **como ~ de** as proof of; **dar ~ de** to prove.

testosterona *f* testosterone.

testuz *m o f* **-1.** [frente] brow **-2.** [nuca] nape.

teta *f* **-1.** *fam* [de mujer] tit; **dar la ~** to breastfeed; **de ~** nursing **-2.** [de animal] teat.

tétanos *m inv* tetanus.

tetera *f* teapot.

tetero *m Col, Ven* baby's bottle.

tetilla *f* **-1.** [de hombre, animal] nipple **-2.** [de biberón] teat.

tetina *f* teat.

tetona *adj fam* busty.

tetrabrick (*pl* **tetrabricks**) *m* tetrabrick.

tetraedro *m* tetrahedron.

tetralogía *f* tetralogy.

tetraplejía *f* quadriplegia.

tetrapléjico, ca *adj* & *m,f* quadriplegic.

tétrico, ca *adj* gloomy.

tetuda *adj fam* busty.

teutón, ona ◇ *adj* HIST Teutonic; [alemán] German. ◇ *m,f* HIST Teuton; [alemán] German.

teutónico, ca *adj* HIST Teutonic; [alemán] German.

textil *adj* & *m* textile.

texto *m* **-1.** [gen] text; **el Sagrado Texto** the Holy Scripture, the Bible **-2.** [pasaje] passage.

textual *adj* **-1.** [del texto] textual **-2.** [exacto] exact.

textura *f* texture.

tez *f* complexion.

ti *pron pers (después de prep)* **-1.** [gen] you; **siempre pienso en ~** I'm always thinking about you; **me acordaré de ~** I'll remember you **-2.** [reflexivo] yourself; **sólo piensas en ~ (mismo)** you only think about yourself.

tía ▻ **tío**.

tianguis *m inv CAm* & *Méx* open-air market.

tiara *f* tiara.

Tibet *m*: **el ~** Tibet.

tibetano, na *adj* & *m,f* Tibetan.

tibia *f* shinbone, tibia.

tibieza *f* **-1.** [calidez] warmth; [falta de calor] lukewarmness **-2.** *fig* [frialdad] lack of enthusiasm.

tibio, bia *adj* **-1.** [cálido] warm; [falto de calor] tepid, lukewarm **-2.** *fig* [frío] lukewarm **-3.** *loc*: **poner ~ a alguien** *fam* to speak ill of sb; **ponerse ~** *fam* [comiendo] to stuff one's face; [ensuciarse] to get filthy.

tiburón *m* **-1.** [gen] shark **-2.** FIN raider.

tic *m* tic.

ticket = **tíquet**.

tictac *m* tick tock.

tiembla *etc* ▻ **temblar**.

tiempo *m* **-1.** [gen] time; **al poco ~** soon

afterwards; **a ~ (de hacer algo)** in time (to do sthg); **al mismo ~, a un ~** at the same time; **cada cierto ~** every so often; **con el ~** in time; **no me dio ~ a terminarlo** I didn't have (enough)time to finish it; **del ~** [fruta] of the season; [bebida] at room temperature; **en mis ~s** in my day *o* time; **en ~s** long ago; **estar a** *o* **tener ~ de** to have time to; **fuera de ~** at the wrong moment; **ganar ~** to save time; **hacer ~** to pass the time; **perder el ~** to waste time; **~ libre** *o* **de ocio** spare time; **a ~ parcial** part-time; **~ de acceso** *INFORM* access time; **~ de conversación** [de teléfono móvil] talk time; **~ muerto** *DEP* time out; **~ real** *INFORM* real time; **dar ~ al ~** to give things time; **en ~s de Maricastaña** donkey's years ago; **matar el ~** to kill time **-2.** [periodo largo] long time; **con ~** in good time; **hace ~ que** it is a long time since; **hace ~ que no vive aquí** he hasn't lived here for some time; **tomarse uno su ~** to take one's time **-3.** [edad] age; **¿qué ~ tiene?** how old is he? **-4.** [movimiento] movement; **motor de cuatro ~s** four-stroke engine **-5.** *METEOR* weather; **hizo buen/mal ~** the weather was good/bad; **si el ~ lo permite** *o* **no lo impide** weather permitting; **hace un ~ de perros** it's a foul day; **poner al mal ~ buena cara** to put a brave face on things **-6.** *DEP* half **-7.** *GRAM* tense **-8.** [*MÚS* - compás] time; [- ritmo] tempo.

tienda ◇ *v* ▷ **tender.** ◇ *f* **-1.** [establecimiento] shop; **ir de ~s** to go shopping; **~ libre de impuestos** duty-free shop **-2.** [para acampar]: **~ (de campaña)** tent.

tiene ▷ **tener.**

tienta ◇ ▷ **tentar.** ◇ *f TAUROM* trial *(of the bulls).*

◆ **a tientas** *loc adv* blindly; **andar a ~s** to grope along.

tiento *m* **-1.** [cuidado] care; [tacto] tact **-2.** *fam* [trago] swig.

tierno, na *adj* **-1.** [blando, cariñoso] tender **-2.** [del día] fresh.

tierra *f* **-1.** [gen] land; **~ adentro** inland; **~ de nadie** no-man's-land; **~ firme** terra firma, dry land; **~ prometida** *o* **de promisión** Promised Land **-2.** [materia inorgánica] earth, soil; **un camino de ~** a dirt track; **pista de ~ batida** clay court **-3.** [suelo] ground; **caer a ~** to fall to the ground; **quedarse en ~** [pasajero] to miss the plane/boat/train; **tomar ~** to touch down **-4.** [patria] homeland, native land; **de la ~** [vino, queso] local **-5.** *ELECTR* earth *UK*, ground *US*; **conectado a ~** earthed *UK*, grounded *US* **-6.** *loc*: **echar por ~ algo** to ruin sthg; **echar ~ a un asunto** to hush up an affair; **poner ~ por medio** to make o.s. scarce; **se lo tragó la ~** he vanished without trace; **¡trágame ~!** *fam* I wish the earth would swallow me up!

◆ **Tierra** *f*: **la Tierra** the Earth.

◆ **Tierra del Fuego** *f* Tierra del Fuego.

◆ **Tierra Santa** *f* the Holy Land.

tierral = **terral.**

tieso, sa *adj* **-1.** [rígido] stiff; **quedarse ~** [de frío] to freeze **-2.** [erguido] erect **-3.** *fam* [muerto] stone dead; **dejar ~ a alguien** to kill sb **-4.** *fam* [sin dinero] broke **-5.** *fig* [engreído] haughty.

tiesto *m* flowerpot.

tifoideo, a *adj* typhoid *(antes de sust).*

tifón *m* typhoon.

tifus *m inv* typhus.

tigre *m* tiger; **oler a ~** *fam* to stink.

tigresa *f* tigress.

tijera *(gen pl) f* scissors *(pl)*; [de jardinero, esquilador] shears *(pl)*; **unas ~s** a pair of scissors/shears; **de ~** [escalera, silla] folding; **meter la ~** *lit* & *fig* to cut.

tijereta *f* **-1.** [insecto] earwig **-2.** *DEP* scissors *(sg).*

tijeretazo *m* snip.

tila *f* [infusión] lime blossom tea.

tildar *vt*: **~ a alguien de algo** to brand *o* call sb sthg.

tilde *f* **-1.** [signo ortográfico] tilde **-2.** [acento gráfico] accent.

tiliches *mpl CAm & Méx* bits and pieces.

tilín *m* tinkle, tinkling *(U)*; **me hace ~** *fam* I fancy him.

tilma *f Méx* woollen blanket.

tilo *m* [árbol] linden *o* lime tree.

timador, ra *m,f* confidence trickster, swindler.

timar *vt* **-1.** [estafar]: **~ a alguien** to swindle sb; **~ algo a alguien** to swindle sb out of sthg **-2.** *fig* [engañar] to cheat, to con.

timba *f* game of cards.

timbal *m* [*MÚS* - de orquesta] kettledrum, timbal; [- tamboril] small drum.

timbalero, ra *m,f* [de orquesta] kettledrummer.

timbrado, da *adj* **-1.** [sellado] stamped **-2.** [sonido] clear, true.

timbrazo *m* loud ring.

timbre *m* **-1.** [aparato] bell; **tocar el ~** to ring the bell; **~ de alarma** alarm (bell) **-2.** [de voz, sonido] tone; *TECN* timbre **-3.** [sello - de documentos] stamp; [- de impuestos] seal.

timidez *f* shyness.

tímido, da <> *adj* shy. <> *m,f* shy person.
timo *m* **-1.** [estafa] swindle; ~ **de la estampita** *confidence trick where fake notes are used* **-2.** *fam* [engaño] trick; **¡vaya ~!** what a rip-off! **-3.** *ANAT* thymus.
timón *m* **-1.** *AERON & NÁUT* rudder **-2.** *fig* [gobierno] helm; **llevar el ~ de** to be at the helm of **-3.** *Andes, Cuba* [volante] steering wheel.
timonear *vi* to steer.
timonel, timonero *m NÁUT* helmsman.
timorato, ta *adj* **-1.** [mojigato] prudish **-2.** [tímido] fearful.
tímpano *m* **-1.** *ANAT* eardrum **-2.** *ARQUIT* tympanum.
tina *f* **-1.** [tinaja] pitcher **-2.** [gran cuba] vat **-3.** *CAm, Col, Méx* [bañera] bathtub.
tinaja *f* (large) pitcher.
tinerfeño, ña *adj* of/from Tenerife.
tinglado *m* **-1.** [cobertizo] shed **-2.** [armazón] platform **-3.** *fig* [lío] fuss **-4.** *fig* [maquinación] plot.
tinieblas *fpl* darkness *(U)*; *fig* confusion *(U)*, uncertainty *(U)*; **entre ~s** *lit & fig* in the dark.
tino *m* **-1.** [puntería] good aim **-2.** *fig* [habilidad] skill **-3.** *fig* [juicio] sense, good judgment **-4.** *fig* [moderación] moderation.
tinta *f* ink; ~ **china** Indian ink; ~ **simpática** invisible ink; **cargar** *o* **recargar las ~s** to exaggerate; **saberlo de buena ~** to have it on good authority; **sudar ~** to sweat blood.
◆ **medias tintas** *fpl*: **andarse con medias ~s** to be wishy-washy.
tintar *vt* to dye.
tinte *m* **-1.** [sustancia] dye **-2.** [operación] dyeing **-3.** [tintorería] dry cleaner's **-4.** *fig* [tono] shade, tinge.
tintero *m* [frasco] ink pot; [en la mesa] inkwell; **dejarse algo en el ~** to leave sthg unsaid.
tintinear *vi* to jingle, to tinkle.
tintineo *m* tinkle, tinkling *(U)*.
tinto, ta *adj* **-1.** [manchado] stained; ~ **en sangre** bloodstained **-2.** [vino] red.
◆ **tinto** *m* **-1.** [vino] red wine **-2.** *Col, Ven* [café] black coffee.
tintorera *f ZOOL* blue shark.
tintorería *f* dry cleaner's.
tintorero, ra *m,f* dry cleaner.
tintorro *m fam* red plonk.
tintura *f* **-1.** *FARM* tincture **-2.** [tinte - sustancia] dye; [- operación] dyeing.
tiña <> *v* ▷ **teñir.** <> *f MED* ringworm.
tiñera *etc* ▷ **teñir.**
tiñoso, sa *adj MED* suffering from ringworm.
tío, a *m,f* **-1.** [familiar] uncle (*f* aunt); ~ **abuelo** great uncle (*f* great aunt); ~ **carnal** blood uncle (*f* blood aunt); **el ~ Sam** *fig* Uncle Sam **-2.** *fam* [individuo] guy (*f* bird) **-3.** *fam* [como apelativo] mate (*f* darling) **-4.** *loc*: **no hay tu tía** *fam* there's no way.
tiovivo *m* merry-go-round *UK*, carousel *US*.
tiparraco, ca *m,f despec* individual, character.
tipazo *m fam* [de mujer] great figure; [de hombre] good build.
tipear <> *vt Amér* to type. <> *vi* to type.
tipejo, ja *m,f despec* individual, character.
típico, ca *adj* typical; [traje, restaurante etc] traditional; ~ **de** typical of.
tipificación *f* **-1.** [gen & *DER*] classification **-2.** [normalización] standardization.
tipificar [10] *vt* **-1.** [gen & *DER*] to classify **-2.** [normalizar] to standardize **-3.** [simbolizar] to typify.
tipismo *m* local colour.
tiple <> *mf* [cantante] soprano. <> *m* **-1.** [voz] soprano **-2.** [guitarra] treble guitar.
tipo, pa *m,f fam* guy (*f* woman).
◆ **tipo** *m* **-1.** [clase] type, sort; **no es mi ~** he is not my type; **todo ~ de** all sorts of **-2.** [cuerpo - de mujer] figure; [- de hombre] build; **aguantar** *o* **mantener el ~** to keep one's calm; **jugarse el ~** to risk one's neck **-3.** *ECON* rate; ~ **de descuento** base rate; ~ **de interés/cambio** interest/exchange rate; ~ **impositivo** tax band **-4.** *IMPRENTA & ZOOL* type.
tipografía *f* [procedimiento] printing.
tipográfico, ca *adj* typographical, printing *(antes de sust)*.
tipógrafo, fa *m,f* printer.
tipología *f* typology.
tíquet (*pl* **tíquets**), **ticket** ['tiket] (*pl* **tickets**) *m* ticket; ~ **de compra** receipt.
tiquismiquis <> *adj inv fam* [maniático] pernickety. <> *m y f inv fam* [maniático] fusspot. <> *mpl* **-1.** [riñas] squabbles **-2.** [bagatelas] trifles.
TIR (*abrev de* **transport international routier**) *m International Road Transport*, ≃ HGV *UK*.
tira *f* **-1.** [banda cortada] strip **-2.** [tirante] strap **-3.** [de viñetas] comic strip **-4.** *loc*: **la ~ de** *fam* loads *(pl)* of; : **la ~** *Méx fam* [la policía] the cops, the fuzz *UK*.
◆ **tira y afloja** *m* give and take.
tirabuzón *m* [rizo] curl.
tirachinas *m inv* catapult.
tiradero *m Amér* rubbish dump.
tirado, da <> *adj* **-1.** *fam* [barato] dirt cheap

-2. *fam* [fácil] simple, dead easy; **estar ~** to be a cinch -3. *fam* [débil, cansado] worn-out -4. *fam* [miserable] seedy -5. *loc*: **dejar ~ a alguien** *fam* to leave sb in the lurch. ◇ *m,f* *fam* [persona] wretch.

◆ **tirada** *f* -1. [lanzamiento] throw -2. [IMPRENTA - número de ejemplares] print run; [- reimpresión] reprint; [- número de lectores] circulation -3. [sucesión] series -4. [distancia]: **hay una tirada hasta allí** it's a fair way *o* quite a stretch; **de** *o* **en una tirada** in one go.

tirador, ra *m,f* [con arma] marksman.

◆ **tirador** *m* -1. [mango] handle -2. [de campanilla] bell rope -3. [tirachinas] catapult.

◆ **tiradores** *mpl* *Bol* & *RP* [tirantes] braces *UK*, suspenders *US*.

tirafondo *m* long screw.

tiraje *m* *Amér* print run.

tiralíneas *m inv* ruling pen.

tiramisú *m* tiramisu.

tiranía *f* tyranny.

tiránico, ca *adj* tyrannical.

tiranizar [13] *vt* to tyrannize.

tirano, na ◇ *adj* tyrannical. ◇ *m,f* tyrant.

tiranosaurio *m* tyrannosaurus.

tirante ◇ *adj* -1. [estirado] taut -2. *fig* [violento, tenso] tense; **estoy ~ con él** there's tension between us. ◇ *m* -1. [de tela] strap -2. ARQUIT brace.

◆ **tirantes** *mpl* [para pantalones] braces *UK*, suspenders *US*.

tirantez *f fig* tension.

tirar ◇ *vt* -1. [lanzar] to throw; **~ algo a alguien/algo** [para hacer daño] to throw sthg at sb/sthg; **tírame una manzana** throw me an apple; **tírale un beso** blow him a kiss -2. [dejar caer] to drop; [derramar] to spill; [volcar] to knock over -3. [desechar, malgastar] to throw away -4. [disparar] to fire; [bomba] to drop; [petardo, cohete] to let off; [foto] to take -5. [derribar] to knock down -6. [jugar - carta] to play; [- dado] to throw -7. [DEP - falta, penalti etc] to take; [- balón] to pass -8. [imprimir] to print -9. *fam* [suspender] to fail. ◇ *vi* -1. [estirar, arrastrar]: **~ (de algo)** to pull (sthg); **tira y afloja** give and take -2. [suj: prenda, pernera, manga] to be too tight; **me tira de los lados** it's a bit tight at the sides -3. [disparar] to shoot; **~ a matar** to shoot to kill -4. *fam* [atraer] to have a pull; **me tira la vida del campo** I feel drawn towards life in the country; **~ de algo** to attract sthg -5. [cigarrillo, chimenea etc] to draw -6. *fam* [funcionar] to go, to work -7. [dirigirse] to go, to head -8. *fam* [apañárselas] to get by; **ir tirando** to get by; **voy tirando** I'm O.K., I've been worse -9. [durar] to last -10. [parecerse]: **tira a gris** it's greyish; **tira a su abuela** she takes after her grandmother; **tirando a** approaching, not far from -11. [tender]: **~ para algo** [persona] to have the makings of sthg; **este programa tira a (ser) hortera** this programme is a bit on the tacky side; **el tiempo tira a mejorar** the weather looks as if it's getting better -12. [jugar] to (have one's) go -13. [DEP - con el pie] to kick; [- con la mano] to throw; [- a meta, canasta etc] to shoot.

◆ **tirarse** *vpr* -1. [lanzarse]: **~se (a)** [al agua] to dive (into); [al vacío] to jump (into); **~se sobre alguien** to jump on top of sb; **~se de** [gen] to jump from; [para bajar] to jump down from; [para matarse] to throw o.s. from -2. [tumbarse] to stretch out -3. [pasar tiempo] to spend -4. *fam* [expeler]: **~se un pedo/eructo** to fart/burp -5. *vulg* [copular]: **~se a alguien** to screw sb.

tirita® *f* (sticking) plaster *UK*, ≃ Bandaid® *US*.

tirilla® *f* ≃ neckband.

tiritar *vi*: **~ (de)** to shiver (with).

tiritera, tiritona *f* shivering.

tiro *m* -1. [gen] shot; **pegar un ~ a alguien** to shoot sb; **pegarse un ~** to shoot o.s.; **~ de gracia** coup de grâce; **~ libre** [en baloncesto] free throw; **ni a ~s** never in a million years; **me salió el ~ por la culata** it backfired on me; **no van por ahí los ~s** you're a bit wide of the mark there; **sentar como un ~ (a alguien)** *fam* to go down badly (with sb) -2. [acción] shooting; **~ al blanco** [deporte] target shooting; [lugar] shooting range; **~ al plato** clay-pigeon shooting; **~ con arco** archery -3. [huella, marca] bullet mark; [herida] gunshot wound -4. [alcance] range; **a ~ de** within the range of; **a ~ de piedra** a stone's throw away; **ponerse/estar a ~** [de arma] to come/be within range; *fig* [de persona] to come/be within one's reach -5. [de chimenea, horno] draw -6. [de pantalón] *distance between crotch and waist*; **vestirse** *o* **ponerse de ~s largos** to dress o.s. up to the nines -7. [de caballos] team -8. *fam* [de cocaína] line.

tiroideo, a *adj* thyroid *(antes de sust)*.

tiroides *m o f inv* thyroid (gland).

tirón *m* -1. [estirón] pull -2. [robo] bagsnatching -3. MED: **~ (muscular)** strained muscle -4. *fam* [popularidad] pull.

◆ **de un tirón** *loc adv* in one go.

tironero, ra *m,f* bagsnatcher.

tirotear ◇ *vt* to fire at. ◇ *vi* to shoot.

tiroteo *m* [tiros] shooting; [intercambio de disparos] shootout.

Tirreno *m*: **el (mar) ~** the Tyrrhenian Sea.

tirria *f fam* dislike; **cogerle** *o* **tomarle ~ a alguien** to take a dislike to sb; **tenerle ~ a alguien** to have a grudge against sb.

tisana *f* herbal tea.

tísico, ca *adj* & *m,f* MED consumptive.

tisis *f inv* MED (pulmonary) tuberculosis.

titán *m fig* giant.

titánico, ca *adj* titanic.

titanio *m* titanium.

títere *m lit* & *fig* puppet; **no dejar ~ con cabeza** [destrozar] to destroy everything in sight; [criticar] to spare nobody.
◆ **títeres** *mpl* [guiñol] puppet show *(sg)*.

tití *m* ZOOL marmoset.

titilar *vi* [estrella, luz] to flicker.

titipuchal *m Amér fam* hubbub.

titiritero, ra *m,f* **-1.** [de títeres] puppeteer **-2.** [acróbata] acrobat.

tito, ta *m,f fam* uncle (*f* auntie).

titubeante *adj* **-1.** [actitud] hesitant; [voz] stuttering **-2.** [al andar] tottering.

titubear *vi* **-1.** [dudar] to hesitate; [al hablar] to stutter **-2.** [tambalearse] to totter.

titubeo *(gen pl) m* **-1.** [duda] hesitation; [al hablar] stutter, stuttering *(U)* **-2.** [al andar] tottering.

titulación *f* [académica] qualifications *(pl)*.

titulado, da ◇ *adj* [diplomado] qualified; [licenciado] graduate *(antes de sust)*; **~ en** with a qualification/degree in. ◇ *m,f* [diplomado] holder of a qualification; [licenciado] graduate.

titular ◇ *adj* [profesor, médico] official. ◇ *mf* [poseedor] holder. ◇ *m (gen pl)* PRENS headline; **con grandes ~es** splashed across the front page. ◇ *vt* [llamar] to title, to call.
◆ **titularse** *vpr* **-1.** [llamarse] to be titled *o* called **-2.** [licenciarse]: **~se (en)** to graduate (in) **-3.** [diplomarse]: **~se (en)** to obtain a qualification (in).

titulitis *f inv despec obsession with getting different degrees and diplomas.*

título *m* **-1.** [gen] title; **~ de propiedad** title deed; **~s de crédito** CIN credits **-2.** [licenciatura] degree; [diploma] diploma; **tiene muchos ~s** she has a lot of qualifications **-3.** *fig* [derecho] right; **a ~ de** as **-4.** ECON bond, security.

tiza *f* chalk; **una ~** a piece of chalk.

tiznadura *f* [mancha] black mark.

tiznar *vt* to blacken.
◆ **tiznarse** *vpr* to be blackened.

tizne *m,f* soot.

tizón *m* burning stick *o* log.

tlapalería *f Méx* ironmonger's (shop).

TNT (*abrev de* **trinitrotolueno**) *m* TNT.

toalla *f* **-1.** [para secarse] towel; **~ de ducha/manos** bath/hand towel; **arrojar** *o* **tirar la ~** to throw in the towel **-2.** [tejido] towelling.

toallero *m* towel rail.

toba *f* [en oreja] flick.

tobera *f* nozzle.

tobillera *f* ankle support.

tobillo *m* ankle.

tobogán *m* [rampa] slide; [en parque de atracciones] helter-skelter; [en piscina] chute, flume.

toca *f* wimple.

tocadiscos *m inv* record player.

tocado, da *adj* **-1.** *fam* [chiflado] soft in the head **-2.** [fruta] bad, rotten **-3.** [jugador, deportista] slightly injured.
◆ **tocado** *m* **-1.** [prenda] headgear *(U)* **-2.** [peinado] hairdo.

tocador *m* **-1.** [mueble] dressing table **-2.** [habitación - en lugar público] powder room; [- en casa] boudoir.

tocante *adj*: **(en lo) ~ a** regarding.

tocar [10] ◇ *vt* **-1.** [gen] to touch; [palpar] to feel **-2.** [instrumento, canción] to play; [bombo] to bang; [sirena, alarma] to sound; [campana, timbre] to ring; **el reloj tocó las doce** the clock struck twelve **-3.** [abordar - tema etc] to touch on **-4.** *fig* [conmover] to touch **-5.** *fig* [concernir]: **por lo que a mí me toca/a eso le toca** as far as I'm/that's concerned; **~ a alguien de cerca** to concern sb closely. ◇ *vi* **-1.** [entrar en contacto] to touch **-2.** [estar próximo]: **~ (con)** [gen] to be touching; [país, jardín] to border (on) **-3.** [llamar - a la puerta, ventana] to knock **-4.** [corresponder en reparto]: **~ a alguien** to be due to sb; **tocamos a mil cada uno** we're due a thousand each; **le tocó la mitad** he got half of it; **te toca a ti hacerlo** [turno] it's your turn to do it; [responsabilidad] it's up to you to do it **-5.** [caer en suerte]: **me ha tocado la lotería** I've won the lottery; **le ha tocado sufrir mucho** he has had to suffer a lot **-6.** [llegar el momento]: **nos toca pagar ahora** it's time (for us) to pay now.
◆ **tocarse** *vpr* to touch.

tocata ◇ *f* MÚS toccata. ◇ *m fam* [tocadiscos] record player.

tocateja
◆ **a tocateja** *loc adv* in cash.

tocayo, ya *m,f* namesake.

tocho *m fam* [libro] massive tome.

tocinería *f* pork butcher's (shop).

tocinero, ra *m,f* pork butcher.
tocineta *f Amér* bacon.
tocino *m* [para cocinar] lard; [para comer] fat *(of bacon)*; ~ **entreverado** streaky bacon.
◆ **tocino de cielo** *m* CULIN *dessert made of syrup and eggs.*
tocología *f* obstetrics *(U)*.
tocólogo, ga *m,f* obstetrician.
tocomocho *m confidence trick involving the sale of a lottery ticket, claimed to be a certain winner, for a large amount of money.*
tocón *m* stump.
todavía *adv* **-1.** [aún] still; [con negativo] yet, still; ~ **no lo he recibido** I still haven't got it, I haven't got it yet; ~ **ayer** as late as yesterday; ~ **no** not yet **-2.** [sin embargo] still **-3.** [incluso] even; ~ **mejor** even better.
todo, da ◇ *adj* **-1.** [gen] all; ~ **el mundo** everybody; ~ **el libro** the whole book, all (of) the book; ~ **el día** all day **-2.** [cada, cualquier]: ~**s los días/lunes** every day/Monday; ~ **español** every Spaniard, all Spaniards **-3.** [para enfatizar]: **es** ~ **un hombre** he's every bit a man; **ya es toda una mujer** she's a big girl now; **fue** ~ **un éxito** it was a great success. ◇ *pron* **-1.** [todas las cosas] everything, *(pl)* all of them; **lo vendío** ~ he sold everything, he sold it all; ~**s están rotos** they're all broken, all of them are broken; **de** ~ everything (you can think of); **ante** ~ [principalmente] above all; [en primer lugar] first of all; **con** ~ despite everything; **después de** ~ after all; **de todas todas** without a shadow of a doubt; **sobre** ~ above all; **está en** ~ he/she always makes sure everything is just so; ~ **lo más** at (the) most; **me invitó a cenar y** ~ she even asked me to dinner **-2.** [todas las personas]: ~**s** everybody; **todas vinieron** everybody *o* they all came.
◆ **todo** ◇ *m* whole; **jugarse el** ~ **por el** ~ to stake everything. ◇ *adv* completely, all.
◆ **del todo** *loc adv*: **no estoy del** ~ **contento** I'm not entirely happy; **no lo hace mal del** ~ she doesn't do it at all badly.
todopoderoso, sa *adj* almighty.
◆ **Todopoderoso** *m*: **el Todopoderoso** the Almighty.
todoterreno *m* all-terrain vehicle.
tofe *m* coffee-flavoured toffee.
toga *f* **-1.** [manto] toga **-2.** [traje] gown **-3.** [en el pelo] method of combing one's hair so it becomes straight.
togado, da *adj* robed.
toisón
◆ **toisón de oro** *m* **-1.** [insignia] golden fleece **-2.** [orden] Order of the Golden Fleece.
tojo *m* gorse.
Tokio Tokyo.
toldo *m* [de tienda] awning; [de playa] sunshade.
tolerable *adj* **-1.** [soportable] tolerable **-2.** [perdonable] acceptable.
tolerancia *f* tolerance.
tolerante ◇ *adj* tolerant. ◇ *mf* tolerant person.
tolerar *vt* **-1.** [consentir, aceptar] to tolerate; ~ **que alguien haga algo** to tolerate sb doing sthg **-2.** [aguantar] to stand.
tolva *f* hopper.
toma *f* **-1.** [de biberón, papilla] feed; [de medicamento] dose **-2.** [de sangre] sample **-3.** [de ciudad etc] capture **-4.** [de agua, aire] inlet; ~ **de corriente** ELECTR socket; ~ **de tierra** ELECTR earth **-5.** CIN [de escena] take.
◆ **toma de conciencia** *f* realization.
◆ **toma de posesión** *f* **-1.** [de gobierno, presidente] investiture **-2.** [de cargo] undertaking.
◆ **toma y daca** *m*: **ser un** ~ **y daca** to be give and take.
tomadura *f*: ~ **de pelo** hoax.
tomar ◇ *vt* **-1.** [gen] to take; [actitud, costumbre] to adopt **-2.** [datos, información] to take down **-3.** [medicina, drogas] to take; [comida, bebida] to have; **¿qué quieres** ~**?** what would you like (to drink/eat)? **-4.** [autobús, tren etc] to catch; [taxi] to take **-5.** [contratar] to take on **-6.** [considerar, confundir]: ~ **a alguien por algo/alguien** to take sb for sthg/sb **-7.** *loc*: ~**la con alguien** *fam* to have it in for sb; **¡toma!** [al dar algo] here you are!; [expresando sorpresa] well I never!; **¡toma (ésa)!** *fam* [expresa venganza] take that! ◇ *vi* **-1.** [encaminarse] to go, to head **-2.** *Amér* [beber alcohol] to drink.
◆ **tomarse** *vpr* **-1.** [comida, bebida] to have; [medicina, drogas] to take **-2.** [interpretar] to take; ~**se algo mal/bien** to take sthg badly/well.
tomate *m* **-1.** [fruto] tomato; ~ **frito** *unconcentrated puree made by frying peeled tomatoes*; **ponerse como un** ~ to go as red as a beetroot **-2.** [salsa] tomato sauce **-3.** [en calcetín] hole **-4.** *fam* [jaleo] uproar, commotion.
tomatera *f* tomato plant.
tomavistas *m inv* cine camera.
tómbola *f* tombola.

tomillo *m* thyme.
tomo *m* **-1.** [volumen] volume **-2.** [libro] tome.
tomografía *f* tomography.
ton
◆ **sin ton ni son** *loc adv* for no apparent reason.
tonada *f* tune.
tonadilla *f* ditty.
tonadillero, ra *m,f* ditty singer/writer.
tonal *adj* tonal.
tonalidad *f* **-1.** [de color] tone **-2.** *MÚS* key.
tonel *m* [recipiente] barrel; **estar/ponerse como un ~** to be/become (as fat as) a barrel.
tonelada *f* tonne; **~ métrica** metric ton, tonne; **pesar una ~** to weigh a ton.
tonelaje *m* tonnage.
tóner *m* *INFORM* toner.
tongo *m* **-1.** [engaño]: **en la pelea hubo ~** the fight was fixed **-2.** ***Chile fam*** [sombrero hongo] bowler hat.
tónico, ca *adj* **-1.** [reconstituyente] revitalizing **-2.** *GRAM & MÚS* tonic.
◆ **tónico** *m* **-1.** [reconstituyente] tonic **-2.** [cosmético] skin toner.
◆ **tónica** *f* **-1.** [bebida] tonic water **-2.** [tendencia] trend **-3.** *MÚS* tonic.
tonificación *f* invigoration.
tonificador, ra, tonificante *adj* invigorating.
tonificar [10] *vt* to invigorate.
tonillo *m* ***despec*** [retintín] sarcastic tone of voice.
tono *m* **-1.** [gen] tone; **estar a ~ (con)** to be appropriate (for); **fuera de ~** out of place **-2.** [*MÚS* - tonalidad] key; [- altura] pitch **-3.** [de color] shade; **~ de piel** complexion **-4.** ***loc***: **darse ~** ***fam*** to give o.s. airs; **ponerse a ~ con algo** [emborracharse] to get drunk on sthg; [ponerse al día] to get to grips with sthg; **subido de ~** [chiste, comentario] risqué, obscene; **subir el ~**, **subir(se) de ~** to get angrier and angrier.
tonsura *f* tonsure.
tontaina ◇ *adj* ***fam*** daft. ◇ *mf* ***fam*** daft idiot.
tontear *vi* **-1.** [hacer el tonto] to fool about **-2.** [coquetear]: **~ (con alguien)** to flirt (with sb).
tontería *f* **-1.** [estupidez] stupid thing; **decir una ~** to talk nonsense; **hacer una ~** to do sthg foolish **-2.** [cosa sin importancia o valor] trifle.
tonto, ta ◇ *adj* stupid; **ponerse ~** to be difficult; **~ de capirote** *o* **remate** daft as a brush. ◇ *m,f* idiot; **hacer el ~** to play the fool; **hacerse el ~** to act innocent.
◆ **a lo tonto** *loc adv* [sin notarlo] without realizing it.
◆ **a tontas y a locas** *loc adv* haphazardly.
tontorrón, ona ◇ *adj* daft. ◇ *m,f* daft idiot.
toña *f* **-1.** ***fam*** [patada] kick **-2.** ***fam*** [borrachera]: **agarrarse una ~** to get plastered.
top (*pl* **tops**) *m* [prenda] short top.
topacio *m* topaz.
topadora *f* ***RP*** bulldozer.
topar *vi* **-1.** [chocar] to bump into each other **-2.** [encontrarse]: **~ con alguien** to bump into sb; **~ con algo** to come across sthg.
◆ **toparse con** *vpr* [persona] to bump into; [cosa] to come across.
tope ◇ *adj inv* **-1.** [máximo] top, maximum; [fecha] last **-2.** ***mfam*** [estupendo] brill, ace. ◇ *adv* ***mfam*** [muy] mega, really. ◇ *m* **-1.** [pieza] block; [para puerta] doorstop **-2.** *FERROC* buffer **-3.** [límite máximo] limit; [de plazo] deadline **-4.** [freno]: **poner ~ a** to rein in, to curtail **-5.** ***loc***: **estar hasta los ~s** to be bursting at the seams.
◆ **a tope** ◇ *loc adv* [de velocidad, intensidad] flat out. ◇ *loc adj* ***fam*** [lleno - lugar] packed.
topera *f* molehill.
topetazo *m* bump; **darse un ~** [en la cabeza] to bump o.s. on the head.
tópico, ca *adj* **-1.** [manido] clichéd **-2.** *MED* topical.
◆ **tópico** *m* cliché.
topless ['toβles] *m inv* topless bathing; **en ~** topless; **hacer ~** to go topless.
topo *m* **-1.** *ZOOL* & ***fig*** mole **-2.** [lunar] polka dot.
topografía *f* topography.
topográfico, ca *adj* topographical.
topógrafo, fa *m,f* topographer.
toponimia *f* **-1.** [nombres] place names *(pl)* **-2.** [ciencia] toponymy.
toponímico, ca *adj* toponymical.
topónimo *m* place name.
toque ◇ *v* ▷ **tocar**. ◇ *m* **-1.** [gen] touch; **dar los últimos ~s a algo** to put the finishing touches to sthg **-2.** [aviso] warning; **dar un ~ a alguien** [llamar] to call sb; [amonestar] to prod sb, to warn sb; **~ de atención** warning **-3.** [sonido - de campana] chime, chiming *(U)*; [- de tambor] beat, beating *(U)*; [- de sirena etc] blast; **~ de diana** reveille; **~ de difuntos** death knell; **~ de queda** curfew.
toquetear *vt* [manosear - cosa] to fiddle with; [- persona] to fondle.
toqueteo *m* [de cosa] fiddling; [a persona] fondling.

toquilla *f* shawl.
torácico, ca *adj* thoracic.
tórax *m inv* thorax.
torbellino *m* **-1.** [remolino - de aire] whirlwind; [- de agua] whirlpool; [- de polvo] dustcloud **-2.** *fig* [mezcla confusa] spate **-3.** *fig* [persona inquieta] whirlwind.
torcaz ▷ **paloma.**
torcedura *f* [esguince] sprain.
torcer [41] ◇ *vt* **-1.** [gen] to twist; [doblar] to bend **-2.** [girar] to turn **-3.** [desviar] to deflect; *fig* [persona] to corrupt. ◇ *vi* [girar] to turn.
◆ **torcerse** *vpr* **-1.** [retorcerse] to twist; [doblarse] to bend; **me tuerzo al andar/escribir** I can't walk/write in a straight line **-2.** [dislocarse] to sprain **-3.** [ir mal - negocios, día] to go wrong; [- persona] to go astray.
torcido, da *adj* [enroscado] twisted; [doblado] bent; [cuadro, corbata] crooked.
tordo, da ◇ *adj* dappled. ◇ *m,f* [caballo] dapple (horse).
◆ **tordo** *m* [pájaro] thrush.
toreador, ra *m,f* bullfighter.
torear ◇ *vt* **-1.** [lidiar] to fight *(bulls)* **-2.** *fig* [eludir] to dodge **-3.** *fig* [burlarse de]: **~ a alguien** to mess sb about. ◇ *vi* [lidiar] to fight bulls.
toreo *m* bullfighting.
torero, ra ◇ *adj* bullfighting *(antes de sust).* ◇ *m,f* [persona] bullfighter; **saltarse algo a la torera** *fig* to flout sthg.
◆ **torera** *f* [prenda] bolero (jacket).
toril *m* bullpen.
tormenta *f lit & fig* storm.
tormento *m* torment; **ser un ~** [persona] to be a torment; [cosa] to be torture.
tormentoso, sa *adj* stormy; [sueño] troubled.
tornadizo, za *adj* fickle.
tornado *m* tornado.
tornar *culto* ◇ *vt* **-1.** [convertir]: **~ algo en (algo)** to turn sthg into (sthg) **-2.** [devolver] to return. ◇ *vi* **-1.** [regresar] to return **-2.** [volver a hacer]: **~ a hacer algo** to do sthg again.
◆ **tornarse** *vpr* [convertirse]: **~se (en)** to turn (into), to become.
tornas *fpl*: **volver las ~** to turn the tables.
tornasol *m* [reflejo] sheen.
tornasolado, da *adj* iridescent.
torneado, da *adj* **-1.** [cerámica] turned **-2.** [brazos, piernas] shapely.
◆ **torneado** *m* turning.
tornear *vt* to turn.
torneo *m* tournament.
tornero, ra *m,f* [con madera] lathe operator.
tornillo *m* screw; [con tuerca] bolt; **le falta un ~** *fam* he has a screw loose.
torniquete *m* **-1.** MED tourniquet **-2.** [en entrada] turnstile.
torno *m* **-1.** [de alfarero] (potter's) wheel **-2.** [de carpintero] lathe **-3.** [en entrada] turnstile **-4.** [de dentista] drill **-5.** [para pesos] winch.
◆ **en torno a** *loc prep* **-1.** [alrededor de] around **-2.** [acerca de] about; **girar en ~ a** to be about.
toro *m* bull; **~ de lidia** fighting bull; **agarrar** *o* **coger el ~ por los cuernos** to take the bull by the horns; **ver los ~s desde la barrera** to watch from the wings.
◆ **toros** *mpl* [lidia] bullfight *(sg),* bullfighting *(U).*
toronja *f* grapefruit.
torpe *adj* **-1.** [gen] clumsy **-2.** [necio] slow, dim-witted.
torpedear *vt* to torpedo.
torpedero *m* torpedo boat.
torpedo *m* **-1.** [proyectil] torpedo **-2.** [pez] electric ray.
torpeza *f* **-1.** [gen] clumsiness; **fue una ~ hacerlo/decirlo** it was a clumsy thing to do/say **-2.** [falta de inteligencia] slowness.
torrar *vt* to roast.
◆ **torrarse** *vpr fam* [de calor] to be roasting.
torre *f* **-1.** [construcción] tower; ELECTR pylon; **~ (de apartamentos)** tower block; **~ de control** control tower; **~ del homenaje** keep; **~ de marfil** *fig* ivory tower; **~ de perforación** oil derrick **-2.** [en ajedrez] rook, castle **-3.** MIL turret **-4.** [chalé] cottage.
torrefacto, ta *adj* high-roast *(antes de sust).*
torrencial *adj* torrential.
torrente *m* torrent; **un ~ de** *fig* [gente, palabras etc] a stream *o* flood of; [dinero, energía] masses of; **un ~ de voz** a powerful voice.
torrentera *f* watercourse, gully.
torreón *m* large fortified tower.
torreta *f* **-1.** MIL turret **-2.** ELECTR pylon.
torrezno *m* chunk of fried bacon.
tórrido, da *adj lit & fig* torrid.
torrija *f* French toast *(U) (dipped in milk or wine).*
torsión *f* **-1.** [del cuerpo, brazo] twist, twisting *(U)* **-2.** MEC torsion.
torso *m culto* torso.
torta *f* **-1.** CULIN cake; **nos costó la ~ un pan** it cost us an arm and a leg **-2.** *Andes, Col, RP, Ven* [tarta] cake **-3.** *fam* [bofetada] thump; **dar** *o* **pegar una ~ a alguien** to thump sb **-4.** *fam* [accidente] crash; **darse** *o* **pegarse una ~** to crash.

◆ **ni torta** *loc adv fam* not a thing.
tortazo *m* **-1.** *fam* [bofetada] thump; **dar** *o* **pegar un ~ a alguien** to thump sb; **liarse a ~s** to come to blows **-2.** *fam* [accidente] crash; **darse** *o* **pegarse un ~** to crash.
tortícolis *f inv* crick in the neck.
tortilla *f* **-1.** [de huevo] omelette; **~ (a la) española** Spanish *o* potato omelette; **~ (a la) francesa** French *o* plain omelette; **se dio la vuelta** *o* **se volvió la ~** the tables turned **-2.** [de maíz] tortilla.
tortillera *f mfam despec* dyke, lesbian.
tortillería *f* [restaurante] omelette restaurant.
tórtola *f* turtledove.
tortolito, ta *m,f (gen pl) fam* [enamorado] lovebird.
tortuga *f* **-1.** [terrestre] tortoise; [marina] turtle; [fluvial] terrapin **-2.** *fam* [persona o cosa lenta] snail.
tortuosidad *f* **-1.** [sinuosidad] tortuousness **-2.** *fig* [perversidad] deviousness.
tortuoso, sa *adj* **-1.** [sinuoso] tortuous, winding **-2.** *fig* [perverso] devious.
tortura *f* torture.
torturador, ra ◇ *adj* torturing. ◇ *m,f* torturer.
torturar *vt* to torture.
◆ **torturarse** *vpr* to torture o.s.
torunda *f* swab.
torvo, va *adj* fierce.
torzamos ▷ **torcer.**
tos *f* cough; **~ ferina = tosferina.**
tosco, ca *adj* **-1.** [basto] crude **-2.** *fig* [ignorante] coarse.
toser *vi* to cough.
tosferina, tos ferina *f* whooping cough.
tosquedad *f* **-1.** [vulgaridad] crudeness **-2.** *fig* [ignorancia] coarseness.
tostadero *m* roaster.
tostado, da *adj* **-1.** [pan, almendras] toasted **-2.** [color] brownish **-3.** [piel] tanned.
◆ **tostada** *f* piece of toast; **café con ~s** coffee and toast.
tostador *m*, **tostadora** *f* toaster.
tostar [23] *vt* **-1.** [dorar, calentar - pan, almendras] to toast; [- carne] to brown **-2.** [broncear] to tan.
◆ **tostarse** *vpr* to get brown; **~se (al sol)** to sunbathe.
tostón *m* **-1.** CULIN crouton **-2.** *fam* [rollo, aburrimiento] bore, drag **-3.** *fam* [persona molesta] pain.
total ◇ *adj* **-1.** [absoluto, completo] total **-2.** *mfam* [estupendo] brill, ace. ◇ *m* **-1.** [suma] total **-2.** [totalidad, conjunto] whole; **el ~ del grupo** the whole group; **en ~** in all. ◇ *adv* anyway; **~ que me marché** so anyway, I left.
totalidad *f* whole; **en su ~** as a whole.
totalitario, ria *adj* totalitarian.
totalitarismo *m* totalitarianism.
totalizar [13] *vt* to add up to, to amount to.
tótem (*pl* **tótems** *o* **tótemes**) *m* totem.
totémico, ca *adj* totemic.
tour [tur] (*pl* **tours**) *m* tour.
◆ **tour de force** *m* tour de force.
◆ **tour operador** *m* tour operator.
tournée [tur'ne] (*pl* **tournées**) *f* tour; **ir de ~** to go on tour.
toxicidad *f* toxicity.
tóxico, ca *adj* toxic, poisonous.
◆ **tóxico** *m* poison.
toxicología *f* toxicology.
toxicológico, ca *adj* toxicological.
toxicomanía *f* drug addiction.
toxicómano, na ◇ *adj* addicted to drugs. ◇ *m,f* drug addict.
toxina *f* toxin.
tozudez *f* stubbornness, obstinacy.
tozudo, da ◇ *adj* stubborn. ◇ *m,f* stubborn person.
traba *f fig* [obstáculo] obstacle; **poner ~s (a alguien)** to put obstacles in the way (of sb).
trabado, da *adj* **-1.** [ligado - salsa] smooth; [- discurso] coherent **-2.** [atascado] jammed **-3.** GRAM ending in a consonant.
trabajado, da *adj* **-1.** [obra] carefully worked **-2.** [músculo] developed.
trabajador, ra ◇ *adj* hard-working. ◇ *m,f* worker; **~ por cuenta ajena** employee; **~ por cuenta propia** self-employed person.
trabajar ◇ *vi* **-1.** [gen] to work; **~ de/en** to work as/in; **~ en una empresa** to work for a firm **-2.** CIN & TEATR to act. ◇ *vt* **-1.** [hierro, barro, tierra] to work; [masa] to knead **-2.** [mejorar] to work on *o* at **-3.** *fig* [engatusar, convencer]: **~ a alguien (para que haga algo)** to work on sb (so that they do sthg).
trabajo *m* **-1.** [gen] work; **hacer un buen ~** to do a good job; **~ intelectual/físico** mental/physical effort; **~ manual** manual labour; **~s forzados** *o* **forzosos** hard labour *(U)*; **~s manuales** [en el colegio] arts and crafts; **ser un ~ de chinos** to be a finicky job **-2.** [empleo] job; **no tener ~** to be out of work **-3.** [estudio escrito] piece of work, essay **-4.** ECON & POLÍT labour **-5.** *fig* [esfuerzo] effort; **costar mucho ~** to take a lot of effort.

trabajoso, sa *adj* **-1.** [difícil] hard, difficult **-2.** [molesto] tiresome.

trabalenguas *m inv* tongue-twister.

trabar *vt* **-1.** [sujetar] to fasten; [con grilletes] to shackle **-2.** [unir] to join **-3.** [iniciar - conversación, amistad] to strike up **-4.** [obstaculizar] to obstruct, to hinder **-5.** CULIN to thicken.
◆ **trabarse** *vpr* **-1.** [enredarse] to get tangled **-2.** [espesarse] to thicken **-3.** *loc*: **se le trabó la lengua** he got tongue-tied.

trabazón *f* **-1.** [de piezas, vigas] assembly **-2.** [de ideas, episodios] connection; [de discurso, novela] consistency.

trabilla *f* [de pantalón] belt loop; [de chaqueta, abrigo] half belt; [de medias, polainas] foot strap.

trabucar *vt* to mix up.
◆ **trabucarse** *vpr* [al hablar] to get tongue-tied.

trabuco *m* [arma de fuego] blunderbuss.

traca *f* string of firecrackers.

tracción *f* traction; ~ **a las cuatro ruedas** four-wheel drive; ~ **delantera/trasera** front-wheel/rear-wheel drive.

trace *etc* ▻ **trazar**.

tracoma *m* trachoma.

tractor *m* tractor.

tractorista *mf* tractor driver.

tradición *f* tradition.

tradicional *adj* traditional.

tradicionalismo *m* traditionalism; POLÍT conservatism.

tradicionalista *adj & m,f* [conservador] traditionalist; POLÍT conservative.

traducción *f* translation; ~ **automática/simultánea** machine/simultaneous translation; ~ **directa/inversa** translation into/out of one's own language.

traducir [33] ◇ *vt* **-1.** [a otro idioma] to translate **-2.** *fig* [expresar] to express. ◇ *vi*: ~ **(de/a)** to translate (from/into).
◆ **traducirse** *vpr* [a otro idioma]: ~**se (por)** to be translated (by *o* as).
◆ **traducirse en** *vpr* [ocasionar] to lead to.

traductor, ra ◇ *adj* translating. ◇ *m,f* translator; ~ **jurado** *translator qualified to work at court and translate legal documents.*

traer [73] *vt* **-1.** [trasladar, provocar] to bring; [consecuencias] to carry, to have; ~ **consigo** [implicar] to mean, to lead to **-2.** [llevar] to carry; **¿qué traes ahí?** what have you got there? **-3.** [llevar adjunto, dentro] to have; **trae un artículo interesante** it has an interesting article in it **-4.** [llevar puesto] to wear.
◆ **traerse** *vpr*: **traérselas** *fam fig* to be a real handful.

tráfago *m* [de calle, ciudad, oficina] hustle and bustle.

traficante *mf* [de drogas, armas etc] trafficker.

traficar [10] *vi*: ~ **(en/con algo)** to traffic (in sthg).

tráfico *m* [de vehículos] traffic; [de drogas, armas] trafficking, dealing; ~ **rodado** road traffic; ~ **de influencias** political corruption.

tragaderas *fpl fam*: **tener (buenas)** ~ [ser crédulo] to fall for anything; [tener aguante] to be able to stomach anything.

tragaldabas *m,f & inv fam* greedy guts.

tragaluz *m* skylight.

traganíqueles *f inv Amér fam* ▻ **máquina**.

tragaperras *f inv* slot machine.

tragar [16] ◇ *vt* **-1.** [ingerir, creer] to swallow **-2.** [absorber] to swallow up **-3.** *fig* [soportar] to put up with; **no (poder)** ~ **a alguien** not to be able to stand sb **-4.** *fig* [refrenar] to contain, to keep to o.s.; [lágrimas] to choke back **-5.** *fam* [consumir mucho - suj: persona, coche] to devour, to guzzle. ◇ *vi* **-1.** [ingerir] to swallow **-2.** [aguantar] to grin and bear it; [acceder, ceder] to give in.
◆ **tragarse** *vpr fig* [soportarse]: **no se tragan** they can't stand each other.

tragedia *f* tragedy.

trágico, ca *adj* tragic.

tragicomedia *f* tragicomedy.

tragicómico, ca *adj* tragicomic.

trago *m* **-1.** [de líquido] mouthful; **dar un** ~ **de algo** to take a swig of sthg; **de un** ~ in one gulp **-2.** *fam* [copa] drink; **echar un** ~ to have a quick drink **-3.** *fam* [disgusto]: **ser un** ~ **para alguien** to be tough on sb; **pasar un mal** ~ to have a tough time of it.

tragón, ona *fam* ◇ *adj* greedy. ◇ *m,f* pig, glutton.

trague *etc* ▻ **tragar**.

traición *f* **-1.** [infidelidad] betrayal; **a** ~ treacherously **-2.** DER treason; **alta** ~ high treason.

traicionar *vt* [persona, país, ideales] to betray.

traicionero, ra ◇ *adj* [desleal] treacherous; DER treasonous. ◇ *m,f* traitor.

traído, da *adj*: ~ **y llevado** well-worn, hackneyed.

traidor, ra ◇ *adj* treacherous; DER treasonous. ◇ *m,f* traitor.

traiga *etc* ▻ **traer**.

trailer ['trailer] (*pl* **trailers**) *m* **-1.** CIN trailer **-2.** AUTOM articulated lorry **-3.** *Méx* [caravana] caravan *UK*, trailer *US*.

trainera *f small Basque fishing boat.*

traje *m* **-1.** [con chaqueta] suit; [de una pieza] dress; **ir de ~** to wear a suit; **~ de baño** swimsuit; **~ de ceremonia** *o* **de gala** dress suit, formal dress *(U)*; **~ de chaqueta** woman's two-piece suit; **~ de etiqueta** evening dress *(U)*; **~ de noche** evening dress; **~ pantalón** trouser suit **-2.** [regional, de época etc] costume; **~ de luces** matador's outfit ; *ver también* **tauromaquia -3.** [ropa] clothes *(pl)*; **~ de diario** everyday clothes; **~ de paisano** [de militar] civilian clothes; [de policía] plain clothes.

trajeado, da *adj* **-1.** [con chaqueta] wearing a jacket **-2.** *fam* [arreglado] spruced up.

trajearse *vpr* [elegantemente] to dress smartly.

trajera *etc* ▻ **traer.**

trajín *m fam* [ajetreo] bustle.

trajinar *vi fam* to bustle about.

◆ **trajinarse a** *vpr fam* [ligarse a] to get off with.

trajo ▻ **traer.**

tralla *f* [látigo] whip.

trallazo *m fam* DEP powerful shot.

trama *f* **-1.** [de hilos] weft **-2.** [argumento] plot **-3.** [conspiración] intrigue.

tramar *vt* [planear] to plot; [complot] to hatch; **estar tramando algo** to be up to something.

tramitación *f* [acción] processing.

tramitar *vt* **-1.** [suj: autoridades - pasaporte, permiso] to take the necessary steps to obtain; [- solicitud, dimisión] to process **-2.** [suj: solicitante]: **~ un permiso/visado** to be in the process of applying for a licence/visa.

trámite *m* [gestión] formal step; **de ~** routine, formal.

◆ **trámites** *mpl* **-1.** [proceso] procedure *(sg)* **-2.** [papeleo] paperwork *(U)*.

tramo *m* [espacio] section, stretch; [de escalera] flight (of stairs).

tramontana *f* north wind.

tramoya *f* **-1.** TEATR stage machinery *(U)* **-2.** *fig* [enredo] intrigue.

tramoyista *mf* TEATR stagehand.

trampa *f* **-1.** [para cazar] trap; *fig* [engaño] trick; **caer en la ~** to fall into the trap; **tender una ~ (a alguien)** to set *o* lay a trap (for sb); **hacer ~s** to cheat **-2.** [trampilla] trapdoor **-3.** *fam* [deuda] debt.

trampear *vi fam* **-1.** [estafar] to swindle money **-2.** [ir tirando] to struggle along.

trampero, ra *m,f* trapper.

trampilla *f* [en el suelo] trapdoor.

trampolín *m* **-1.** [de piscina] diving board; [de esquí] ski jump; [en gimnasia] springboard **-2.** *fig* [medio, impulso] springboard.

tramposo, sa ◇ *adj* [fullero] cheating. ◇ *m,f* **-1.** [fullero] cheat **-2.** *fam* [moroso] bad debtor.

tranca *f* **-1.** [en puerta, ventana] bar **-2.** [arma] cudgel, stick **-3.** *fam* [borrachera]: **coger una ~** to get plastered **-4.** *loc*: **a ~s y barrancas** with great difficulty.

trancarse *vpr Amér* [atorarse] to get blocked, to get clogged up.

trancazo *m* **-1.** [golpe] blow (with a stick) **-2.** *fam* [gripe] bout of the flu; [resfriado] cold.

trance *m* **-1.** [apuro] difficult situation; **estar en ~ de hacer algo** to be about to do sthg; **pasar por un mal ~** to go through a bad patch **-2.** [estado hipnótico] trance; **estar en ~** to be in a trance.

tranquilidad *f* peacefulness, calmness; **para mayor ~** to be on the safe side.

tranquilizador, ra *adj* calming.

tranquilizante ◇ *adj* **-1.** [música, color etc] soothing **-2.** FARM tranquilizing. ◇ *m* FARM tranquilizer.

tranquilizar [13] *vt* **-1.** [calmar] to calm (down) **-2.** [dar confianza] to reassure.

◆ **tranquilizarse** *vpr* **-1.** [calmarse] to calm down **-2.** [ganar confianza] to feel reassured.

tranquillo *m Esp fam*: **coger el ~ a algo** to get the knack of sthg.

tranquilo, la *adj* **-1.** [sosegado - lugar, música] peaceful; [- persona, tono de voz, mar] calm; **¡(tú) ~!** *fam* don't you worry! **-2.** [velada, charla, negocio] quiet **-3.** [mente] untroubled; [conciencia] clear **-4.** [despreocupado] casual, laid-back; **quedarse tan ~** not to bat an eyelid.

transacción *f* COM transaction.

transalpino, na *adj* transalpine.

transaminasa *f* QUÍM transaminase.

transar *vi Amér* [negociar] to come to an arrangement, to reach a compromise; [transigir] to compromise, to give in.

transatlántico, ca *adj* transatlantic.

◆ **transatlántico** *m* NÁUT (ocean) liner.

transbordador *m* **-1.** NÚT ferry **-2.** AERON: **~ (espacial)** space shuttle.

transbordar *vi* to change *(trains etc)*.

transbordo *m*: **hacer ~** to change *(trains etc)*.

transcendencia *f* importance; **tener una**

gran ~ to be deeply significant.

transcendental *adj* **-1.** [importante] momentous **-2.** [meditación] transcendental.

transcendente *adj* momentous.

transcender [20] *vi* **-1.** [extenderse]: ~ **(a algo)** to spread (across sthg) **-2.** [filtrarse] to be leaked **-3.** [sobrepasar]: ~ **de** to transcend, to go beyond.

transcontinental *adj* transcontinental.

transcribir *vt* **-1.** [escribir] to transcribe **-2.** *fig* [expresar] to express in writing.

transcripción *f* transcription.

transcrito, ta *adj* transcribed.

transcurrir *vi* **-1.** [tiempo] to pass, to go by **-2.** [ocurrir] to take place, to go off.

transcurso *m* **-1.** [paso de tiempo] passing **-2.** [periodo de tiempo]: **en el ~ de** in the course of.

transeúnte *mf* **-1.** [viandante] passer-by **-2.** [residente de paso] temporary resident.

transexual *adj & m,f* transsexual.

transferencia *f* transfer; **pagar algo mediante ~** to pay sthg by transfer.

transferir [27] *vt* to transfer.

transfiguración *f* transfiguration.

transfigurarse *vpr* to become transfigured.

transformable *adj* convertible *(furniture)*.

transformación *f* **-1.** [cambio, conversión] transformation **-2.** [en rugby] conversion.

transformador *m* ELECTRÓN transformer.

transformar *vt* **-1.** [cambiar radicalmente]: ~ **algo/a alguien (en)** to transform sthg/sb (into) **-2.** [convertir]: ~ **algo (en)** to convert sthg (into) **-3.** [en rugby] to convert.
◆ **transformarse** *vpr* **-1.** [cambiar radicalmente] to be transformed **-2.** [convertirse]: **~se en algo** to be converted into sthg.

transformista *mf* [artista] quick-change artist.

tránsfuga *mf* POLÍT defector.

transfuguismo *m* POLÍT defection.

transfusión *f* transfusion.

transgénico, ca *adj* genetically modified, transgenic.

transgredir [78] *vt* to transgress.

transgresión *f* transgression.

transgresor, ra *m,f* transgressor.

transiberiano *m* Trans-Siberian railway.

transición *f* transition; **periodo de ~** transition period; **~ democrática** transition to democracy.

TRANSICIÓN

The *transición* is the name given to the stage in Spain's history which began after *franquismo*. It was characterized by the setting up of representative political institutions and the modernization of prevailing legislation. One of the important landmarks of this period was the establishment of a constitution in 1978, which the Spanish people approved in a referendum.

transido, da *adj*: ~ **(de)** stricken (with); ~ **de pena** grief-stricken.

transigencia *f* willingness to compromise.

transigente *adj* **-1.** [que cede] compromising **-2.** [tolerante] tolerant.

transigir [15] *vi* **-1.** [ceder] to compromise **-2.** [ser tolerante] to be tolerant.

transistor *m* transistor.

transitable *adj* [franqueable] passable; [no cerrado al tráfico] open to traffic.

transitar *vi* to go (along).

transitivo, va *adj* transitive.

tránsito *m* **-1.** [circulación - gen] movement; [- de vehículos] traffic; **pasajeros en ~ a ...** passengers with connecting flights to ...; **~ rodado** road traffic **-2.** [transporte] transit.

transitorio, ria *adj* [gen] transitory; [residencia] temporary; [régimen, medida] transitional, interim.

translúcido, da *adj* translucent.

translucirse [32] *vpr* [motivos, sentimientos, cualidades] to show through, to be obvious.

transmediterráneo, a *adj* transmediterranean.

transmisible *adj* **-1.** [enfermedad] transmittible **-2.** [título, posesiones] transferrable.

transmisión *f* **-1.** [gen & AUTOM] transmission; **de ~ oral/sexual** MED sexually/orally transmitted; **~ del pensamiento** telepathy **-2.** RADIO & TV broadcast, broadcasting *(U)* **-3.** [de herencia, poderes etc] transference.

transmisor, ra *adj* transmission *(antes de sust)*.
◆ **transmisor** *m* transmitter.

transmitir *vt* **-1.** [gen] to transmit; [saludos, noticias] to pass on **-2.** RADIO & TV to broadcast **-3.** [ceder] to transfer.
◆ **transmitirse** *vpr* to be transmitted.

transmutación *f* transmutation.

transmutar *vt* to transmute.

transnacional *adj* transnational.

transoceánico, ca *adj* transoceanic.

transparencia *f* transparency.

transparentarse *vpr* **-1.** [tela] to be see-through; [vidrio, líquido] to be transparent **-2.** *fig* [manifestarse] to show through.

transparente *adj* [gen] transparent; [tela] see-through.
transpiración *f* perspiration.
transpirar *vi* to perspire.
transplantar *vt* to transplant.
transplante *m* transplant, transplanting *(U)*.
transponer [65] *vt* **-1.** [cambiar] to switch **-2.** [desaparecer detrás de] to disappear behind.
◆ **transponerse** *vpr* [adormecerse] to doze off.
transportable *adj* portable.
transportador *m* [para medir ángulos] protractor.
transportar *vt* **-1.** [trasladar] to transport **-2.** [embelesar] to captivate.
◆ **transportarse** *vpr* [embelesarse] to go into raptures.
transporte *m* transport *UK*, transportation *US*; ~ **público** *o* **colectivo** public transport *UK* *o* transportation *US*.
transportista *mf* carrier.
transposición *f* transposition.
transpuesto, ta *adj* dozing.
transvasar *vt* **-1.** [líquido] to decant **-2.** [río] to transfer.
transvase *m* **-1.** [de líquido] decanting **-2.** [de río] transfer.
transversal ◇ *adj* transverse. ◇ *f* GEOM transversal.
tranvía *m* tram, streetcar *US*.
trapecio *m* **-1.** [de gimnasia] trapeze **-2.** GEOM trapezium **-3.** ANAT [músculo] trapezius.
trapecista *mf* trapeze artist.
trapense *adj* & *m,f* RELIG Trappist.
trapero, ra *m,f* rag-and-bone man (*f* rag-and-bone woman).
trapezoide *m* ANAT & GEOM trapezoid.
trapichear *vi fam* to be on the fiddle.
trapicheo *m fam* **-1.** [negocio sucio] fiddle **-2.** [tejemaneje] scheme, scheming *(U)*.
trapío *m* TAUROM good bearing.
trapisonda *f fam* **-1.** [riña] row, commotion **-2.** [enredo] scheme.
trapo *m* **-1.** [trozo de tela] rag **-2.** [gamuza, bayeta] cloth; **pasar el ~ a algo** to wipe sthg with a cloth; **los ~s sucios se lavan en casa** you should not wash your dirty linen in public; **poner a alguien como un ~** to tear sb to pieces **-3.** TAUROM cape; **entrar al ~** *fig* to raise to the bait **-4.** *loc*: **a todo ~** at full pelt.
◆ **trapos** *mpl fam* [ropa] clothes.
tráquea *f* windpipe, trachea MED.
traqueotomía *f* tracheotomy.
traquetear *vi* [hacer ruido] to rattle.
traqueteo *m* [ruido] rattling.
tras *prep* **-1.** [detrás de] behind **-2.** [después de, en pos de] after; **uno ~ otro** one after the other; **andar ~ algo** to be after sthg.
trasalpino, na = transalpino.
trasatlántico, ca = transatlántico.
trasbordador, ra = transbordador.
trasbordar = transbordar.
trasbordo = transbordo.
trascendencia = transcendencia.
trascendental = transcendental.
trascendente = transcendente.
trascender [20] = transcender.
trascontinental = transcontinental.
trascribir = transcribir.
trascripción = transcripción.
trascriptor = transcriptor.
trascrito, ta = transcrito.
trascurrir = transcurrir.
trascurso = transcurso.
trasegar [35] *vt* **-1.** [desordenar] to rummage about amongst **-2.** [transvasar] to decant.
trasero, ra *adj* back *(antes de sust)*, rear *(antes de sust)*.
◆ **trasero** *m fam* backside, butt *US*.
◆ **trasera** *f* rear.
trasferencia = transferencia.
trasferir [27] = transferir.
trasfiguración = transfiguración.
trasfigurarse = transfigurarse.
trasfondo *m* background; [de palabras, intenciones] undertone.
trasformable = transformable.
trasformación = transformación.
trasformador = transformador.
trasformar = transformar.
trasformista = transformista.
trásfuga = tránsfuga.
trasfuguismo = transfuguismo.
trasfusión = transfusión.
trasgredir [78] = transgredir.
trasgresión = transgresión.
trasgresor, ra = transgresor.
trashumancia *f* seasonal migration *(of livestock)*.
trashumante *adj* seasonally migratory.
trashumar *vi* to migrate seasonally.
trasiega ▷ **trasegar**.
trasiego *m* **-1.** [movimiento] comings and goings *(pl)* **-2.** [transvase] decanting.
trasiegue ▷ **trasegar**.
traslación *f* ASTRON passage.
trasladar *vt* **-1.** [desplazar] to move **-2.** [a em-

pleado, funcionario] to transfer **-3.** [reunión, fecha] to postpone, to move back **-4.** [traducir] to translate **-5.** ***fig*** [expresar]: **~ algo al papel** to transfer sthg onto paper.

◆ **trasladarse** *vpr* **-1.** [desplazarse] to go **-2.** [mudarse] to move; **me traslado de piso** I'm moving flat.

traslado *m* **-1.** [de casa, empresa, muebles] move, moving *(U)* **-2.** [de trabajo] transfer **-3.** [de personas] movement.

traslúcido, da = **traslúcido.**

traslucirse [32] = **translucirse.**

trasluz *m* reflected light; **al ~** against the light.

trasmano

◆ **a trasmano** *loc adv* **-1.** [fuera de alcance] out of reach **-2.** [lejos] out of the way.

trasmediterráneo, a = **transmediterráneo.**

trasmisible = **transmisible.**

trasmisión = **transmisión.**

trasmisor, ra = **transmisor.**

trasmitir = **transmitir.**

trasmutación = **transmutación.**

trasmutar = **transmutar.**

trasnacional = **transnacional.**

trasnochado, da *adj* outdated.

trasnochador, ra ◇ *adj* given to staying up late. ◇ *m,f* night owl.

trasnochar *vi* to stay up late, to go to bed late.

trasoceánico, ca = **transoceánico.**

traspapelar *vt* to mislay, to misplace.

◆ **traspapelarse** *vpr* to get mislaid *o* misplaced.

trasparencia = **transparencia.**

trasparentarse = **transparentarse.**

trasparente = **transparente.**

traspasar *vt* **-1.** [perforar, atravesar] to go through, to pierce; [suj: líquido] to soak through **-2.** [cruzar] to cross (over); [puerta] to pass through **-3.** [cambiar de sitio] to move **-4.** [vender - jugador] to transfer; [- negocio] to sell (as a going concern) **-5.** ***fig*** [exceder] to go beyond.

traspaso *m* **-1.** [venta - de jugador] transfer; [- de negocio] sale (as a going concern) **-2.** [precio - de jugador] transfer fee; [- de negocio] takeover fee.

traspié (*pl* **traspiés**) *m* **-1.** [resbalón] trip, stumble; **dar un ~** to trip up **-2.** ***fig*** [error] blunder, slip.

traspiración = **transpiración.**

traspirar = **transpirar.**

trasplantar = **transplantar.**

trasplante = **transplante.**

trasponer [65] = **transponer.**

trasportar *etc* = **transportar.**

trasposición = **transposición.**

traspuesto, ta = **transpuesto.**

trasquilado, da *adj*: **salir ~** ***fig*** to come off badly.

trasquilar *vt* [esquilar] to shear.

trasquilón *m*: **hacerle un ~ a alguien** to cut sb's hair crooked.

trastabillar *vi* [tambalearse] to stagger; [tropezar] to stumble; [tartamudear] to stutter.

trastada *f* ***fam*** dirty trick; **hacer una ~ a alguien** to play a dirty trick on sb.

trastazo *m* ***fam*** bump, bang; **darse** *o* **pegarse un ~** to bang *o* bump o.s.

traste *m* **-1.** *MÚS* fret **-2.** ***CSur fam*** [trasero] bottom **-3.** ***Andes, CAm, Carib, Méx***: **~s** utensils **-4.** ***loc***: **dar al ~ con algo** to ruin sthg; **irse al ~** to fall through.

trastero *m* junk room.

trastienda *f* backroom.

trasto *m* **-1.** [utensilio inútil] piece of junk, junk *(U)* **-2.** ***fam*** [persona traviesa] menace, nuisance **-3.** ***fam fig*** [persona inútil]: **~ (viejo)** dead loss.

◆ **trastos** *mpl* ***fam*** [pertenencias, equipo] things, stuff *(U)*; **tirarse los ~s a la cabeza** to have a flaming row.

trastocar [36] *vt* [cambiar] to turn upside down.

◆ **trastocarse** *vpr* [enloquecer] to go mad.

trastornado, da *adj* disturbed, unbalanced.

trastornar *vt* **-1.** [volver loco] to drive mad **-2.** [inquietar] to worry, to trouble **-3.** [alterar] to turn upside down; [planes] to disrupt, to upset **-4.** [estómago] to upset.

◆ **trastornarse** *vpr* [volverse loco] to go mad.

trastorno *m* **-1.** [mental] disorder; [digestivo] upset **-2.** [alteración - por huelga, nevada] trouble *(U)*, disruption *(U)*; [- por guerra etc] upheaval.

trasvasar = **transvasar.**

trasvase = **transvase.**

trasversal = **transversal.**

trata *f*: **~ de blancas** white slave trade; **~ de esclavos** slave trade.

tratable *adj* easy-going, friendly.

tratadista *mf* treatise writer, essayist.

tratado *m* **-1.** [convenio] treaty **-2.** [escrito] treatise.

tratamiento *m* **-1.** [gen & *MED*] treatment; **estar en ~** to be receiving treatment; **~ del**

dolor pain relief **-2.** [título] title, form of address **-3.** *INFORM* processing; ~ **de datos/textos** data/word processing; ~ **por lotes** batch processing.

tratante *mf* dealer; [de vinos] merchant.

tratar ◇ *vt* **-1.** [gen & *MED*] to treat **-2.** [discutir] to discuss **-3.** *INFORM* to process **-4.** [dirigirse a]: ~ **a alguien de** [usted, tú etc] to address sb as **-5.** : ~ **a alguien de algo** [cretino etc] to call sb sthg. ◇ *vi* **-1.** [intentar]: ~ **de hacer algo** to try to do sthg **-2.** [versar]: ~ **de/sobre** to be about **-3.** [tener relación]: ~ **con alguien** to mix with sb, to have dealings with sb **-4.** [comerciar]: ~ **en** to deal in.

◆ **tratarse** *vpr* **-1.** [relacionarse]: ~**se con** to mix with, to have dealings with **-2.** [versar]: ~**se de** to be about; **¿de qué se trata?** what's it about?

tratativas *fpl CSur* negotiation *(sg)*.

trato *m* **-1.** [comportamiento] treatment; **de ~ agradable** pleasant; **malos ~s** battering *(U) (of child, wife)* **-2.** [relación] dealings *(pl)*; **tener ~ con alguien** to associate with, to be friendly with **-3.** [acuerdo] deal; **cerrar** *o* **hacer un** ~ to do *o* make a deal; **¡~ hecho!** it's a deal! **-4.** [tratamiento] title, term of address.

trauma *m* trauma.

traumático, ca *adj* traumatic.

traumatismo *m* traumatism.

traumatizante *adj* traumatic.

traumatizar [13] *vt* to traumatize.

◆ **traumatizarse** *vpr* to be devastated.

traumatología *f* traumatology.

traumatólogo, ga *m,f* traumatologist.

travelling *m CIN* travelling shot.

través

◆ **a través de** *loc prep* **-1.** [de un lado a otro de] across, over **-2.** [por, por medio de] through.

◆ **de través** *loc adv* [transversalmente] crossways; [de lado] crosswise, sideways.

travesaño *m* **-1.** *ARQUIT* crosspiece **-2.** *DEP* crossbar **-3.** [de escalera] rung.

travesero, ra *adj*: **flauta travesera** flute.

travesía *f* **-1.** [viaje - por mar] voyage, crossing; [- por aire] flight **-2.** [calle] cross-street.

travestido, da, travestí (*pl* **travestís**) *m,f* transvestite.

travestirse [26] *vpr* to cross-dress.

travestismo *m* transvestism.

travesura *f* [acción] prank, mischief *(U)*; **hacer ~s** to play pranks, to get up to mischief.

traviesa *f* **-1.** *FERROC* sleeper *(on track)* **-2.** *CONSTR* crossbeam, tie beam.

travieso, sa *adj* mischievous.

travista, travistiera *etc v* ⊳ **travestirse**.

trayecto *m* **-1.** [distancia] distance **-2.** [viaje] journey, trip **-3.** [ruta] route; **final de** ~ end of the line.

trayectoria *f* **-1.** [recorrido] trajectory **-2.** *fig* [evolución] path.

traza *f* [aspecto] appearance *(U)*, looks *(pl)*; **tener ~s de hacer algo** to show signs of doing sthg; **esto no tiene ~s de acabar pronto** this doesn't look as if it's going to finish soon.

trazado *m* **-1.** [trazo] outline, sketching **-2.** [diseño] plan, design **-3.** [recorrido] route.

trazar [13] *vt* **-1.** [dibujar] to draw, to trace; [ruta] to plot **-2.** [indicar, describir] to outline **-3.** [idear] to draw up.

trazo *m* **-1.** [de dibujo, rostro] line **-2.** [de letra] stroke.

trébol *m* **-1.** [planta] clover **-2.** [naipe] club.

◆ **tréboles** *mpl* [naipes] clubs.

trece *núm* thirteen; **mantenerse** *o* **seguir en sus** ~ to stick to one's guns; *ver también* **seis**.

treceavo, va *núm* thirteenth; **la treceava parte** a thirteenth.

trecho *m* [espacio] distance; [tiempo] time, while; **de ~ en ~** every so often.

tregua *f* truce; *fig* respite.

treinta *núm* thirty; **los (años) ~** the Thirties; *ver también* **seis**.

treintañero, ra *adj & m,f* thirtysomething.

treintena *f* thirty.

tremebundo, da *adj* terrifying.

tremendo, da *adj* **-1.** [enorme] tremendous, enormous **-2.** [travieso] mischievous **-3.** [atroz, horripilante] horrifying **-4.** *fam* [gordísimo] really fat **-5.** *loc*: **tomar** *o* **tomarse algo a la tremenda** to take sthg hard.

trementina *f* turpentine.

tremolar *vi culto* to wave, to flutter.

tremolina *f* row, uproar.

trémolo *m* tremolo.

trémulo, la *adj* [voz] trembling; [luz] flickering.

tren *m* **-1.** [ferrocarril] train; **ir en** ~ to go by train; ~ **de alta velocidad/largo recorrido** high-speed/long-distance train; ~ **de cercanías** local train, suburban train; ~ **correo** mail train; ~ **de mercancías** freight *o* goods train; **estar como (para parar) un** ~ to be really gorgeous; **perder el** ~ *fig* to miss the boat; **subirse al** ~ *fig* to climb on the bandwagon **-2.** *TECN* line; ~ **de aterrizaje** undercarriage, landing gear; ~ **de lavado** car wash **-3.** *fig* [estilo]: ~ **de vida** lifestyle;

vivir a todo ~ to live in style.
trena *f fam* nick, slammer.
trenca *f* duffle coat.
trence *etc* ▷ **trenzar**.
trenza *f* **-1.** [de pelo] plait **-2.** [de fibras] braid.
trenzar [13] *vt* **-1.** [pelo] to plait **-2.** [fibras] to braid.
trepa *mf fam* social climber.
trepador, ra ◇ *adj*: **planta trepadora** climber, creeper. ◇ *m,f fam* social climber.
trepanación *f* trepanation.
trepanar *vt* to trepan.
trepar ◇ *vt* to climb. ◇ *vi* **-1.** [subir] to climb **-2.** *fam* [medrar] to be a social climber.
trepidación *f* shaking, vibration.
trepidante *adj* **-1.** [rápido, vivo] frenetic **-2.** [vibratorio] shaking, vibrating.
trepidar *vi* to shake, to vibrate.
tres *núm* three; **de ~ al cuarto** cheap, third-rate; **ni a la de ~** for anything in the world, no way; **no ver ~ en un burro** to be as blind as a bat; **~ cuartos de lo mismo** the same thing; *ver también* **seis**.
◆ **tres cuartos** *m inv* [abrigo] three-quarter-length coat.
◆ **tres en raya** *m* noughts and crosses *(U) UK*, tick-tack-toe *US*.
trescientos, tas *núm* three hundred; *ver también* **seis**.
tresillo *m* **-1.** [sofá] three-piece suite **-2.** [juego de naipes] ombre.
treta *f* trick.
tríada *f* triad.
trial *m* DEP trial; **~ indoor** indoor trial.
triangular *adj* triangular.
triángulo *m* **-1.** GEOM & MÚS triangle; **el ~ de las Bermudas** the Bermuda Triangle; **~ equilátero/rectángulo** equilateral/right-angled triangle **-2.** *fam* [amoroso] ménage à trois.
triásico, ca *adj* Triassic.
◆ **triásico** *m*: **el ~** the Triassic (period).
triates *mpl Amér* triplets.
triatlón *m* triathlon.
tribal *adj* tribal.
tribu *f* tribe; **~ urbana** *identifiable social group, such as punks or yuppies, made up of young people living in urban areas.*
tribulación *f* tribulation.
tribuna *f* **-1.** [estrado] rostrum, platform; [del jurado] jury box **-2.** [DEP - localidad] stand; [- graderío] grandstand **-3.** PRENS: **~ de prensa** press box; **~ libre** open forum.
tribunal *m* **-1.** [gen] court; **llevar a alguien/acudir a los ~es** to take sb/go to court; **Tribunal Constitucional** Constitutional Court; **Tribunal Supremo** High Court *UK*, Supreme Court *US*; **Tribunal tutelar de menores** Juvenile Court **-2.** [de examen] board of examiners; [de concurso] panel.
tributable *adj* taxable.
tributación *f* **-1.** [impuesto] tax **-2.** [sistema] taxation.
tributar ◇ *vt* [homenaje] to pay; [respeto, admiración] to have. ◇ *vi* [pagar impuestos] to pay taxes.
tributario, ria ◇ *adj* tax *(antes de sust).* ◇ *m,f* taxpayer.
tributo *m* **-1.** [impuesto] tax **-2.** *fig* [precio] price **-3.** [homenaje] tribute.
tríceps *m inv* triceps.
triciclo *m* tricycle.
tricolor *adj* tricolour, three-coloured.
tricornio *m* three-cornered hat.
tricotar *vt & vi* to knit.
tricotosa *f* knitting machine.
tridente *m* trident.
tridimensional *adj* three-dimensional.
trienal *adj* triennial, three-yearly.
trienio *m* **-1.** [tres años] three years *(pl)* **-2.** [paga] *three-yearly salary increase.*
trifásico, ca *adj* ELECTR three-phase.
trifulca *f fam* row, squabble.
trigal *m* wheat field.
trigésimo, ma *núm* thirtieth.
trigo *m* wheat.
trigonometría *f* trigonometry.
trigueño, ña *adj* **-1.** [tez] olive; [cabello] corn-coloured **-2.** *Ven* [pelo] dark brown; [persona] olive-skinned.
triguero, ra *adj* [del trigo] wheat *(antes de sust).*
trilateral *adj* trilateral.
trilingüe *adj* trilingual.
trilita *f* TNT.
trilla *f* **-1.** [acción] threshing **-2.** [tiempo] threshing time *o* season.
trillado, da *adj fig* well-worn, trite.
trilladora *f* [máquina] threshing machine.
trillar *vt* to thresh.
trillizo, za *m,f* triplet.
trillo *m* thresher.
trillón *m* trillion *UK*, quintillion *US*.
trilogía *f* trilogy.
trimestral *adj* three-monthly, quarterly; [exámenes, notas] end-of-term *(antes de sust).*
trimestre *m* three months *(pl)*, quarter; [en escuela, universidad] term.

trimotor ◇ *adj* three-engined. ◇ *m* three-engined aeroplane.

trinar *vi* to chirp, to warble; **está que trina** *fig* she's fuming.

trincar [10] *fam* ◇ *vt* **-1.** [agarrar] to grab **-2.** [detener] to nick, to arrest. ◇ *vi* [beber] to guzzle.
◆ **trincarse** *vpr fam* [beberse] to guzzle, to down.

trinchar *vt* to carve.

trinchera *f* **-1.** MIL trench **-2.** [abrigo] trench coat.

trineo *m* [pequeño] sledge; [grande] sleigh.

Trinidad *f*: **la (Santísima) ~** the (Holy) Trinity.

Trinidad y Tobago Trinidad and Tobago.

trinitario, ria *adj & m,f* Trinitarian.

trinitrotolueno *m* trinitrotoluene.

trino *m* [de pájaros] chirp, chirping *(U)*; MÚS trill.

trinque *etc* ⊳ **trincar.**

trinquete *m* NÁUT foremast.

trío *m* **-1.** [gen] trio **-2.** [de naipes] three of a kind.

tripa *f* **-1.** [intestino] gut, intestine **-2.** *fam* [barriga] gut, belly; **me duele la ~** I have bellyache; **revolverle las ~s a alguien** *fig* to turn sb's stomach.
◆ **tripas** *fpl fig* [interior] insides; **hacer de ~s corazón** to pluck up one's courage.

tripartito, ta *adj* tripartite.

tripi *m mfam* tab.

triple ◇ *adj* triple. ◇ *m* **-1.** [tres veces]: **el ~** three times as much; **el ~ de gente** three times as many people **-2.** [en baloncesto] three-pointer.

triplicado *m* second copy, triplicate; **por ~** in triplicate.

triplicar [10] *vt* to triple, to treble.
◆ **triplicarse** *vpr* to triple, to treble.

trípode *m* tripod.

Trípoli Tripoli.

tripón, ona *adj fam* paunchy.

tríptico *m* **-1.** ARTE triptych **-2.** [folleto] three-part document.

triptongo *m* GRAM triphthong.

tripulación *f* crew.

tripulante *mf* crew member.

tripular *vt* to man.

triquina *f* trichina.

triquinosis *f inv* trichinosis.

triquiñuela *f (gen pl) fam* trick.

tris *m*: **estar en un ~ de (hacer algo)** to be within a whisker of (doing sthg).

trisílabo, ba *adj* GRAM trisyllabic.

triste *adj* **-1.** [gen] sad; [día, tiempo, paisaje] gloomy, dreary; **es ~ que** it's a shame *o* pity that **-2.** *fig* [color, vestido, luz] pale, faded **-3.** *(antes de sust)* [humilde] poor; [sueldo] sorry, miserable; **ni un ~** *fig* not a single.

tristeza *f* **-1.** [gen] sadness; [de paisaje, día] gloominess, dreariness **-2.** [de color, vestido, luz] paleness.

tristón, ona *adj* rather sad *o* miserable.

tritón *m* newt.

trituración *f* grinding, crushing.

triturador *m* [de basura] waste-disposal unit; [de papeles] shredder.

trituradora *f* crushing machine, grinder.

triturar *vt* **-1.** [moler, desmenuzar] to crush, to grind; [papel] to shred **-2.** [masticar] to chew.

triunfador, ra ◇ *adj* winning, victorious. ◇ *m,f* winner.

triunfal *adj* triumphant.

triunfalismo *m* triumphalism.

triunfalista *adj* triumphalist.

triunfante *adj* victorious.

triunfar *vi* **-1.** [vencer] to win, to triumph **-2.** [tener éxito] to succeed, to be successful.

triunfo *m* **-1.** [gen] triumph; [en encuentro, elecciones] victory, win **-2.** [trofeo] trophy **-3.** [en juegos de naipes] trump.

triunvirato *m* triumvirate.

trivial *adj* trivial.

trivialidad *f* triviality.

trivializar [13] *vt* to trivialize.

trizas *fpl*: **hacer ~ algo** [hacer añicos] to smash sthg to pieces; [desgarrar] to tear sthg to shreds; **hacer ~ a alguien** to tear *o* pull sb to pieces; **estar hecho ~** [persona] to be shattered.

trocar [36] *vt* **-1.** [transformar]: **~ algo (en algo)** to change sthg (into sthg) **-2.** [intercambiar] to swap, to exchange.
◆ **trocarse** *vpr* [transformarse]: **~se (en)** to change (into).

trocear *vt* to cut up (into pieces).

trocha *f* [senda] path; [atajo] shortcut.

troche
◆ **a troche y moche** *loc adv* haphazardly.

trofeo *m* trophy.

troglodita ◇ *adj* **-1.** [cavernícola] cave dwelling, troglodytic **-2.** *fam* [bárbaro, tosco] rough, brutish. ◇ *mf* **-1.** [cavernícola] cave dweller, troglodyte **-2.** *fam* [bárbaro, tosco] roughneck, brute.

trola *f fam* fib, lie.

trolebús *m* trolleybus.

trolero, ra *fam* ◇ *adj* fibbing, lying. ◇ *m,f* fibber, liar.

tromba *f* waterspout; **en** ~ [en tropel] in a mad rush, en masse; ~ **de agua** heavy downpour.

trombo *m* thrombus.

trombón *m* [instrumento] trombone; [músico] trombonist; ~ **de varas** slide trombone.

trombosis *f inv* thrombosis.

trompa ◇ *f* **-1.** [de elefante] trunk; [de oso hormiguero] snout; [de insecto] proboscis **-2.** *MÚS* horn **-3.** *ANAT* tube; ~ **de Eustaquio/de Falopio** Eustachian/Fallopian tube **-4.** *fam* [borrachera]: **coger** *o* **pillar una** ~ to get plastered. ◇ *adj fam* [borracho] plastered.

trompazo *m fam* bang; **darse** *o* **pegarse un** ~ **con** to bang into.

trompear *vt Amér fam* to punch.

◆ **trompearse** *vpr Amér fam* to have a fight.

trompeta ◇ *f* trumpet. ◇ *mf* trumpeter.

trompetilla *f* ear trumpet.

trompetista *mf* trumpeter.

trompicar *vi* to stumble.

trompicón *m* [tropezón] stumble; **a trompicones** in fits and starts.

trompo *m* **-1.** [juguete] spinning top **-2.** [giro] spin.

trona *f* [para niño] high chair.

tronado, da *adj fam* [loco] nuts, crazy.

tronar [23] ◇ *v impers & vi* to thunder. ◇ *vt Méx fam* [fracasar] to fail.

◆ **tronarse** *vpr Amér fam* to shoot o.s.

troncal *adj*: **asignatura** ~ core subject.

tronchante *adj fam* hilarious.

tronchar *vt* [partir] to snap.

◆ **troncharse** *vpr fam*: ~**se (de risa)** to split one's sides laughing.

troncho *m* [de lechuga] heart.

tronco, ca *m,f mfam* [tipo] guy, *(f)* bird; [como apelativo] pal, mate.

◆ **tronco** *m ANAT & BOT* trunk; [talado y sin ramas] log; **dormir como un** ~, **estar hecho un** ~ to sleep like a log.

tronera *f* **-1.** *ARQUIT & HIST* embrasure **-2.** [en billar] pocket.

trono *m* throne; **subir al** ~ to ascend the throne.

tropa *f* **-1.** *(gen pl) MIL* troops *(pl)* **-2.** *fam* [multitud] troop, flock.

tropear *vt Amér* to herd.

tropecientos, tas *adj fam* loads of.

tropel *m* **-1.** [de personas] mob, crowd; **en** ~ in a mad rush, en masse **-2.** [de cosas] mass, heap.

tropelía *f* outrage.

tropero *m RP* cowboy.

tropezar [34] *vi* [con el pie]: ~ **(con)** to trip *o* stumble (on).

◆ **tropezarse** *vpr* [encontrarse] to bump into each other, to come across one another; ~**se con alguien** to bump into sb.

◆ **tropezar con** *vi* [problema, persona] to run into, to come across.

tropezón *m* **-1.** [con el pie] trip, stumble; **dar un** ~ to trip up, to stumble **-2.** *fig* [desacierto] slip-up, blunder.

◆ **tropezones** *mpl CULIN* small chunks.

tropical *adj* tropical.

trópico *m* tropic.

tropiece *etc* ▷ **tropezar**.

tropiezo *m* **-1.** [con el pie] trip, stumble; **dar un** ~ to trip up, to stumble **-2.** *fig* [equivocación] blunder, slip-up; [revés] setback **-3.** *fig* [desliz sexual] indiscretion; **tener un** ~ to commit an indiscretion.

tropo *m* figure of speech, trope.

troqué ▷ **trocar**.

troquel *m* [molde] mould, die.

troquelado *m* **-1.** [acuñado] [de moneda] minting, mintage; [de medallas] die-casting **-2.** [recorte] cutting.

troquelar *vt* **-1.** [acuñar] [monedas] to mint; [medallas] to cast **-2.** [recortar] to cut.

troquemos ▷ **trocar**.

trotamundos *m y f inv* globe-trotter.

trotar *vi* to trot; *fam fig* [de aquí para allá] to dash *o* run around.

trote *m* **-1.** [de caballo] trot; **al** ~ at a trot **-2.** *fam* [actividad]: **no estar para** ~**s** not to be up to it.

trotskismo [tros'kismo] *m* Trotskyism.

trotskista [tros'kista] *adj & m,f* Trotskyite.

troupe [trup, 'trupe] (*pl* **troupes**) *f* troupe.

trova *f LITER* lyric.

trovador *m* troubadour.

trovadoresco, ca *adj* troubadour *(antes de sust)*.

troyano, na *adj & m,f* Trojan.

trozar *vt Amér* [carne] to cut up; [res, tronco] to butcher, to cut up.

trozo *m* [gen] piece; [de sendero, camino] stretch; [de obra, película] extract; **cortar algo en** ~**s** to cut sthg into pieces; **hacer algo a** ~**s** to do sthg in bits.

trucaje *m* [gen] trick effect; [fotografía] trick photography.

trucar [10] *vt* to doctor; [motor] to soup up.

trucha *f* [pez] trout; ~ **a la navarra** *fried trout stuffed with ham.*

truco *m* **-1.** [trampa, engaño] trick; ~ **de magia**

magic trick **-2.** [habilidad, técnica] knack; **coger el ~** to get the knack; **~ publicitario** advertising gimmick.

truculencia *f* horror, terror.

truculento, ta *adj* horrifying, terrifying.

trueca ▻ **trocar.**

truena *etc* ▻ **tronar.**

trueno *m* **-1.** METEOR clap of thunder, thunder *(U)* **-2.** *fig* [ruido] thunder, boom.

trueque ◇ *v* ▻ **trocar.** ◇ *m* **-1.** COM & HIST barter **-2.** [intercambio] exchange, swap.

trufa *f* [hongo, bombón] truffle.

trufar *vt* CULIN to stuff with truffles.

truhán, ana ◇ *adj* crooked. ◇ *m,f* rogue, crook.

trullo *m mfam* slammer, nick.

truncado, da *adj* **-1.** [frustrado - vida, carrera] cut short; [- planes, ilusiones] ruined **-2.** GEOM truncated.

truncar [10] *vt* **-1.** [frustrar - vida, carrera] to cut short; [- planes, ilusiones] to spoil, to ruin **-2.** [dejar incompleto - texto, frase] to leave unfinished.

truque *etc* ▻ **trucar.**

trusa *f Carib* [traje de baño] swimsuit; *RP* [faja] girdle.

trust [trust] (*pl* **trusts**) *m* trust, cartel.

tse-tsé ▻ **mosca.**

tu (*pl* **tus**) *adj poses (antes de sust)* your.

tú *pron pers* you; **es más alta que ~** she's taller than you; **de ~ a ~** [lucha] evenly matched; **hablar** *o* **tratar de ~ a alguien** to address sb as 'tú'.

tuareg *adj inv & m y f inv* Tuareg.

tuba *f* tuba.

tuberculina *f* tuberculin.

tubérculo *m* tuber, root vegetable.

tuberculosis *f inv* tuberculosis.

tuberculoso, sa ◇ *adj* **-1.** MED tuberculous **-2.** BOT tuberous. ◇ *m,f* tuberculosis sufferer.

tubería *f* **-1.** [cañerías] pipes *(pl)*, pipework **-2.** [tubo] pipe.

tubo *m* **-1.** [tubería] pipe; **~ de escape** AUTOM exhaust (pipe); **~ del desagüe** drainpipe **-2.** [recipiente] tube; **~ de ensayo** test tube **-3.** ANAT tract; **~ digestivo** digestive tract, alimentary canal **-4.** *loc:* **pasar por el ~** to put up with it.

◆ **por un tubo** *loc adv fam* a hell of a lot.

tubular ◇ *adj* tubular. ◇ *m* bicycle tyre.

tucán *m* toucan.

tuerca *f* nut; **apretar las ~s a alguien** to tighten the screws on sb.

tuerce ▻ **torcer.**

tuerto, ta ◇ *adj* [sin un ojo] one-eyed; [ciego de un ojo] blind in one eye. ◇ *m,f* [sin un ojo] one-eyed person; [ciego de un ojo] person who is blind in one eye.

tuerza *etc* ▻ **torcer.**

tuesta *etc* ▻ **tostar.**

tuétano *m* **-1.** ANAT (bone) marrow **-2.** *fig* [meollo] crux, heart; **hasta el ~** *o* **los ~s** to the core.

tufarada *f* waft.

tufillo *m* whiff.

tufo *m* **-1.** [mal olor] stench, foul smell **-2.** [emanación] vapour.

tugurio *m* hovel.

tul *m* tulle.

tulipa *f* [de lámpara] tulip-shaped lampshade.

tulipán *m* tulip.

tullido, da ◇ *adj* paralyzed, crippled. ◇ *m,f* cripple, disabled person.

tullir *vt* to paralyze, to cripple.

tumba *f* grave, tomb; **a ~ abierta** at breakneck speed; **ser (como) una ~** to be as silent as the grave.

tumbar *vt* **-1.** [derribar] to knock over *o* down **-2.** *fam fig* [suspender] to fail **-3.** *fam fig* [suj: noticia] to knock back; [suj: olor] to overpower.

◆ **tumbarse** *vpr* **-1.** [acostarse] to lie down **-2.** [repantigarse] to lounge, to stretch out.

tumbo *m* jolt, jerk; **dar ~s** *o* **un ~** [coche etc] to jolt, to jerk; **ir dando ~s** *fig* [persona] to have a lot of ups and downs.

tumbona *f* [en la playa] deck chair; [en el jardín] (sun) lounger.

tumefacción *f* swelling.

tumefacto, ta *adj* swollen.

tumor *m* tumour.

túmulo *m* **-1.** [sepulcro] tomb **-2.** [montecillo] burial mound **-3.** [catafalco] catafalque.

tumulto *m* **-1.** [disturbio] riot, disturbance **-2.** [alboroto] uproar, tumult; **un ~ de gente** a crowd of people.

tumultuoso, sa *adj* **-1.** [conflictivo] tumultuous, riotous **-2.** [turbulento] rough, stormy.

tuna *f* **-1.** ▻ **tuno -2.** *CAm, Méx* [fruta] prickly pear.

tunante, ta *m,f* crook, scoundrel.

tunda *f fam* [paliza] beating, thrashing.

tundra *f* tundra.

tunecino, na *adj & m,f* Tunisian.

túnel *m* tunnel; **salir del ~** *fig* to turn the corner.

◆ **túnel de lavado** *m* AUTOM car wash.

Túnez -1. [capital] Tunis **-2.** [país] Tunisia.

tungsteno *m* tungsten.
túnica *f* tunic.
Tunicia Tunisia.
tuno, na *m,f* rogue, scoundrel.
◆ **tuno** *m* student minstrel.
◆ **tuna** *f* group of student minstrels.

TUNA

A *tuna* is a musical group made up of university students who wear black capes and coloured ribbons; they wander the streets singing and playing various instruments for pleasure or to collect money.

tuntún
◆ **al tuntún** *loc adv* without thinking.
tupé *m* **-1.** [cabello] quiff **-2.** *fig* [atrevimiento] cheek, nerve.
tupido, da *adj* thick, dense.
tupir *vt* to pack tightly.
turba *f* **-1.** [combustible] peat, turf **-2.** [muchedumbre] mob.
turbación *f* **-1.** [desconcierto] upset, disturbance **-2.** [azoramiento] embarrassment.
turbador, ra *adj* **-1.** [desconcertante] disconcerting, troubling **-2.** [emocionante] upsetting, disturbing.
turbante *m* turban.
turbar *vt* **-1.** [alterar] to disturb **-2.** [emocionar] to upset **-3.** [desconcertar] to trouble, to disconcert.
◆ **turbarse** *vpr* **-1.** [alterarse] to get upset **-2.** [aturdirse] to get embarrassed.
turbiedad *f* **-1.** [de agua etc] cloudiness **-2.** *fig* [de negocios etc] shadiness.
turbina *f* turbine.
turbio, bia *adj* **-1.** [agua etc] cloudy **-2.** [vista] blurred **-3.** *fig* [negocio etc] shady **-4.** *fig* [época etc] turbulent, troubled.
turbopropulsor *m* turboprop.
turborreactor *m* turbojet (engine).
turbulencia *f* **-1.** [de fluido] turbulence **-2.** [alboroto] uproar, clamour.
turbulento, ta *adj* **-1.** [gen] turbulent **-2.** [revoltoso] unruly, rebellious.
turco, ca ◇ *adj* Turkish. ◇ *m,f* [persona] Turk.
◆ **turco** *m* [lengua] Turkish.
turgente *adj* [formas, muslos] well-rounded.
turismo *m* **-1.** [gen] tourism; **hacer ~ (por)** to go touring (round); **~ rural** rural tourism **-2.** *AUTOM* private car.
turista *mf* tourist.
turístico, ca *adj* tourist *(antes de sust)*.
turmalina *f* tourmaline.
túrmix® *f inv* blender, liquidizer.
turnarse *vpr*: **~ (con alguien)** to take turns (with sb).
turnedó (*pl* **turnedós**) *m* tournedos.
turno *m* **-1.** [tanda] turn, go; **le ha llegado el ~ de hacerlo** it's his turn to do it **-2.** [de trabajo] shift; **trabajar por ~s** to work shifts; **~ de día/noche** day/night shift.
turón *m* polecat.
turquesa ◇ *f* [mineral] turquoise. ◇ *adj inv* [color] turquoise. ◇ *m* [color] turquoise.
Turquía Turkey.
turrón *m Christmas sweet similar to marzipan or nougat, made with almonds and honey.*
turulato, ta *adj fam* flabbergasted, dumbfounded.
tute *m* **-1.** [juego] *card game similar to whist* **-2.** *fam fig* [trabajo intenso] hard slog; **darse un ~** to slog away.
tutear *vt* to address as 'tú'.
◆ **tutearse** *vpr* to address each other as 'tú'.
tutela *f* **-1.** *DER* guardianship **-2.** [cargo]: **~ (de)** responsibility (for); **bajo la ~ de** under the protection of.
tutelaje *m DER* guardianship.
tutelar ◇ *adj* **-1.** *DER* tutelary **-2.** [protector] protecting. ◇ *vt* to act as guardian to.
tuteo *m* use of 'tú', familiar form of address.
tutiplén
◆ **a tutiplén** *loc adv fam* to excess, in abundance.
tutor, ra *m,f* **-1.** *DER* guardian **-2.** [profesor privado] tutor; [- de un curso] form teacher.
tutoría *f* **-1.** *DER* guardianship **-2.** [de un curso] role of form teacher.
tutti frutti, tuttifrutti *m* tutti frutti.
tutú (*pl* **tutús**) *m* tutu.
tutuma *f Amér fam variety of nut.*
tuviera *etc* ▷ **tener**.
tuyo, ya ◇ *adj poses* yours; **este libro es ~** this book is yours; **un amigo ~** a friend of yours; **no es asunto ~** it's none of your business. ◇ *pron poses*: **el ~** yours; **el ~ es rojo** yours is red; **ésta es la tuya** *fam* this is the chance you've been waiting for; **lo ~ es el teatro** [lo que haces bien] you should be on the stage; **los ~s** *fam* [tu familia] your folks; [tu bando] your lot, your side.
TV (*abrev de* **televisión**) *f* TV.
TVE (*abrev de* **Televisión Española**) *f Spanish state television network.*
twist [tuist] *m inv* twist *(dance)*.

u¹, U *f* [letra] u, U.
u² *conj* or; *ver también* **o²**.
ubérrimo, ma *adj culto* [tierra] extremely fertile; [vegetación] luxuriant, abundant.
ubicación *f* position, location.
ubicar [10] *vt* to place, to position; [edificio etc] to locate.
◆ **ubicarse** *vpr* [edificio etc] to be situated, to be located.
ubicuidad *f* ubiquity.
ubicuo, cua *adj* ubiquitous.
ubique *etc* ▷ **ubicar**.
ubre *f* udder.
Ucrania the Ukraine.
Ud., Vd. *abrev de* **usted**.
UDC (*abrev de* **universal decimal classification**) *f* UDC.
Uds., Vds. *abrev de* **ustedes**.
UE (*abrev de* **Unión Europea**) *f* EU.
UEFA (*abrev de* **Unión de Asociaciones Europeas de Fútbol**) *f* UEFA.
UEM (*abrev de* **unión económica y monetaria**) *f* EMU.
uf *interj*: **¡~!** [expresa cansancio, calor] phew!; [expresa fastidio] tut!; [expresa repugnancia] ugh!
ufanarse *vpr*: ~ **de** to boast about.
ufano, na *adj* **-1.** [satisfecho] proud, pleased **-2.** [engreído] boastful, conceited.
UFO (*abrev de* **unidentified flying object**) *m* UFO.
ufología *f* ufology.
Uganda Uganda.
ugetista ◇ *adj of or belonging to the 'UGT'*. ◇ *mf member of the 'UGT'*.
UGT (*abrev de* **Unión General de los Trabajadores**) *f major socialist Spanish trade union.*
UHF (*abrev de* **ultra high frequency**) *f* UHF.
ujier (*pl* **ujieres**) *m* usher.
újule *interj Amér*: **¡~!** wow!
ukelele *m* ukelele.
úlcera *f* MED ulcer; ~ **de estómago** stomach ulcer.
ulceración *f* ulceration.
ulcerar *vt* to ulcerate.
◆ **ulcerarse** *vpr* MED to ulcerate.
ulterior *adj culto* **-1.** [en el tiempo] subsequent, ulterior **-2.** [en el espacio] further.
ulteriormente *adv culto* subsequently.
ultimación *f* conclusion, completion.
ultimador, ra *m,f Amér* killer.
últimamente *adv* recently, of late.
ultimar *vt* **-1.** [gen] to conclude, to complete **-2.** *Amér* [matar] to kill.
ultimátum (*pl* **ultimátums** *o* **ultimatos**) *m* ultimatum.
último, ma ◇ *adj* **-1.** [gen] last; **por ~** lastly, finally; **ser lo ~** [lo final] to come last; [el último recurso] to be a last resort; [el colmo] to be the last straw **-2.** [más reciente] latest, most recent **-3.** [más remoto] furthest, most remote **-4.** [más bajo] bottom **-5.** [más alto] top **-6.** [de más atrás] back. ◇ *m,f* **-1.** [en fila, carrera etc]: **el ~** the last (one); **llegar el ~** to come last **-2.** *(en comparaciones, enumeraciones)*: **éste ~ ...** the latter ...
◆ **última** *f*: **estar en las últimas** [muriéndose] to be on one's deathbed; [sin dineramente] to be down to one's last penny; [sin provisiones] to be down to one's last provisions; **ir a la última** *fam* to wear the latest fashion.
ultra ◇ *adj* POLÍT extreme right-wing. ◇ *mf* POLÍT right-wing extremist.
◆ **non plus ultra** *m* epitome, height.
ultraderecha *f* extreme right (wing).
ultraizquierda *f* extreme left (wing).
ultrajante *adj* insulting, offensive.
ultrajar *vt* to insult, to offend.
ultraje *m* insult.
ultraligero *m* microlight.
ultramar *m* overseas *(pl)*; **de ~** overseas *(antes de sust)*.
ultramarino, na *adj* overseas *(antes de sust)*.
◆ **ultramarinos** ◇ *mpl* [comestibles] groceries. ◇ *m inv* [tienda] grocer's (shop) *(sg)*.
ultramicroscopio *m* ultramicroscope.
ultranza
◆ **a ultranza** *loc adv* **-1.** [con decisión] to the death **-2.** [acérrimamente] out-and-out.
ultrasonido *m* ultrasound.
ultratumba *f*: **de ~** from beyond the grave.
ultravioleta *adj inv* ultraviolet.

ulular *vi* **-1.** [viento, lobo] to howl **-2.** [búho] to hoot.
umbilical ▷ **cordón.**
umbral *m* **-1.** [gen] threshold **-2.** *fig* [límite] bounds *(pl)*, realms *(pl)*.
umbrío, a *adj* shady.
un, una ◇ *art antes de sust femenino que empiece por 'a' o 'ha' tónica: un* a, an *(ante sonido vocálico)*; ~ **hombre/coche** a man/car; **una mujer/mesa** a woman/table; ~ **águila/hacha** an eagle/axe; **una hora** an hour. ◇ *adj* ▷ **uno.**
unánime *adj* unanimous.
unanimidad *f* unanimity; **por** ~ unanimously.
unción *f* unction.
uncir [12] *vt* to yoke.
undécimo, ma *núm* eleventh.
underground [ander'graun] *adj inv* underground.
UNED (*abrev de* **Universidad Nacional de Educación a Distancia**) *f Spanish open university.*
Unesco (*abrev de* **United Nations Educational, Scientific and Cultural Organization**) *f* UNESCO.
ungimiento *m* unction.
ungir [15] *vt* to put ointment on; *RELIG* to anoint.
ungüento *m* ointment.
únicamente *adv* only, solely.
Unicef (*abrev de* **United Nations Children's Fund**) *m* UNICEF.
unicelular *adj* single-cell, unicellular.
unicidad *f* uniqueness.
único, ca *adj* **-1.** [sólo] only; **es lo ~ que quiero** it's all I want **-2.** [excepcional] unique **-3.** [precio, función, razón] single.
unicornio *m* unicorn.
unidad *f* **-1.** [gen, *MAT & MIL*] unit; **25 euros la ~** 25 euros each; ~ **de cuidados intensivos** *o* **vigilancia intensiva** intensive care (unit); ~ **central de proceso** *INFORM* central processing unit; ~ **de combate** combat unit; ~ **de disco** *INFORM* disk drive; ~ **monetaria** monetary unit; ~ **móvil** *TV* mobile unit **-2.** [cohesión, acuerdo] unity.
unidireccional *adj* unidirectional, one-way.
unido, da *adj* united; [familia, amigo] close.
unifamiliar *adj* detached; **vivienda ~** house *(detached or terraced)*.
unificación *f* **-1.** [unión] unification **-2.** [uniformización] standardization.
unificador, ra *adj* unifying.
unificar [10] *vt* **-1.** [unir] to unite, to join; [países] to unify **-2.** [uniformar] to standardize.
uniformado, da *adj* uniformed.
uniformar *vt* **-1.** [igualar] to standardize **-2.** [poner uniforme] to put into uniform.
uniforme ◇ *adj* uniform; [superficie] even. ◇ *m* uniform.
uniformidad *f* uniformity; [de superficie] evenness.
uniformización *f* standardization.
uniformizar [13] *vt* to standardize.
unilateral *adj* unilateral.
unión *f* **-1.** [gen] union; **en ~ de** together with **-2.** [suma, adherimiento] joining together **-3.** *TECN* join, joint.
Unión Económica y Monetaria *f* Economic and Monetary Union.
Unión Europea *f*: **la ~** the European Union.
unir *vt* **-1.** [pedazos, habitaciones etc] to join **-2.** [empresas, estados, facciones] to unite **-3.** [comunicar - ciudades etc] to link **-4.** [suj: amistad, circunstancias etc] to bind **-5.** [casar] to join, to marry **-6.** [combinar] to combine; **~ algo a algo** to combine sthg with sthg **-7.** [mezclar] to mix *o* blend in.
◆ **unirse** *vpr* **-1.** [gen] to join together; **~se a algo** to join sthg **-2.** [casarse]: **~se en matrimonio** to be joined in wedlock.
unisexo, unisex *adj inv* unisex.
unisexual *adj* unisexual.
unísono
◆ **al unísono** *loc adv* in unison.
unitario, ria ◇ *adj* **-1.** [de una unidad - estado, nación] single; [- precio] unit *(antes de sust)* **-2.** *POLÍT* unitarian. ◇ *m,f POLÍT* unitarian.
unitarismo *m* unitarianism.
universal *adj* **-1.** [gen] universal **-2.** [mundial] world *(antes de sust)*.
◆ **universales** *mpl FILOSOFÍA* universals.
universalidad *f* universality.
universalismo *m* universalism.
universalizar [13] *vt* to make widespread.
universidad *f* university, college *US*, school *US*; **~ a distancia** ≃ Open University *UK*.
universitario, ria ◇ *adj* university *(antes de sust)*. ◇ *m,f* **-1.** [estudiante] university student **-2.** [licenciado] university graduate.
universo *m* **-1.** *ASTRON* universe **-2.** *fig* [mundo] world.
unívoco, ca *adj* univocal, unambiguous.
unja *etc* ▷ **ungir.**
uno, una ◇ *adj antes de sust masculino sg: un*

-1. [indefinido] one; **un día volveré** one *o* some day I'll return; **había ~s coches mal aparcados** there were some badly parked cars; **había ~s 12 muchachos** there were about *o* some 12 boys there **-2.** [numeral] one; **un hombre, un voto** one man, one vote; **la fila ~** row one. <> *pron* **-1.** [indefinido] one; **coge ~** take one; **~ de vosotros** one of you; **~s ... otros ...** some ... others ...; **~ a otro, ~s a otros** each other, one another; **~ y otro** both; **~s y otros** all of them **-2.** *fam* [cierta persona] someone, somebody; **hablé con ~ que te conoce** I spoke to someone who knows you; **me lo han contado ~s** certain people told me so **-3.** [yo] one; **~ ya no está para estos trotes** one isn't really up to this sort of thing any more **-4.** *loc*: **a una** [en armonía, a la vez] together; **de ~ en ~, ~ a ~, ~ por ~** one by one; **juntar varias cosas en una** to combine several things into one; **lo ~ por lo otro** it all evens out in the end; **más de ~** many people; **una de dos** it's either one thing or the other; **~s cuantos** a few; **una y no más** once was enough, once bitten, twice shy.

◆ **uno** *m* [número] (number) one; **el ~** number one; *ver también* **seis**.

◆ **una** *f* [hora]: **la una** one o'clock.

untar *vt* **-1.** [pan, tostada]: **~ (con)** to spread (with); [piel, cara etc] to smear (with) **-2.** [máquina, bisagra etc] to grease, to oil **-3.** *fam fig* [sobornar] to grease the palm of, to bribe.

◆ **untarse** *vpr* **-1.** *fam* [ensuciarse]: **~se la carade** *o* **con algo** to smear one's face with sthg **-2.** *fam* [enriquecerse] to line one's pockets.

unto *m* **-1.** [ungüento] ointment **-2.** [grasa] grease.

untuosidad *f* greasiness, oiliness.

untuoso, sa *adj* [graso] greasy, oily.

untura *f* **-1.** [ungüento] ointment **-2.** [grasa] grease.

unza *etc* ▻ **uncir**.

uña *f* **-1.** [de mano] fingernail, nail; **hacerse las ~s** to do one's nails; **comerse las ~s** [por preocupación, nerviosismo] to bite one's nails; **dejarse las ~s en algo** to break one's back doing sthg; **ser ~ y carne** to be as thick as thieves **-2.** [de pie] toenail **-3.** [garra] claw; **enseñar** *o* **sacar las ~s** to get one's claws out **-4.** [casco] hoof.

uñero *m* **-1.** [inflamación] whitlow **-2.** [uña encarnada] ingrowing nail **-3.** [de libro] thumb-index.

UPE (*abrev de* **Unión Parlamentaria Europea**) *f* EPU.

uperización *f* U.H.T. treatment.

uperizar [13] *vt* to give U.H.T. treatment.

Ural *m*: **el ~** the River Ural.

Urales *mpl*: **los ~** the Urals.

uralita® *f* CONSTR *material made of asbestos and cement, usually corrugated and used mainly for roofing.*

uranio *m* uranium.

Urano Uranus.

urbanidad *f* politeness, courtesy.

urbanismo *m* town planning.

urbanista *mf* town planner.

urbanístico, ca *adj* town-planning *(antes de sust)*.

urbanización *f* **-1.** [acción] urbanization **-2.** [zona residencial] (housing) estate.

urbanizador, ra <> *adj* developing. <> *m,f* developer.

urbanizar [13] *vt* to develop, to urbanize.

urbano, na <> *adj* urban, city *(antes de sust)*. <> *m,f* traffic policeman (*f* traffic policewoman).

urbe *f* large city.

urdido *m* warp.

urdimbre *f* warp.

urdir *vt* **-1.** [planear] to plot, to forge **-2.** [hilos] to warp.

urea *f* urea.

uremia *f* uraemia.

uréter *m* ureter.

uretra *f* urethra.

urgencia *f* **-1.** [cualidad] urgency **-2.** MED emergency; **de ~** emergency **-3.** [necesidad] urgent need; **en caso de ~** in case of emergency.

◆ **urgencias** *fpl* MED casualty (department) *(sg)*; **ingresar por ~s** to be admitted as an emergency.

urgente *adj* **-1.** [apremiante] urgent **-2.** MED emergency *(antes de sust)* **-3.** [correo] express.

urgir [15] *vi* to be urgently necessary; **me urge hacerlo** I urgently need to do it; **~ a alguien a que haga algo** to urge sb to do sthg.

úrico, ca *adj* uric.

urinario, ria *adj* urinary.

◆ **urinario** *m* urinal, comfort station *US*.

urja *etc* ▻ **urgir**.

URL (*abrev de* **uniform resource locator**) *f* INFORM URL.

urna *f* **-1.** [vasija] urn; **~ cineraria** urn *(for sb's ashes)* **-2.** [caja de cristal] glass case **-3.** [para votar] ballot box; **acudir a las ~s** to go to the polls.

urogallo *m* capercaillie.

urología *f* urology.
urólogo, ga *m,f* urologist.
urraca *f* magpie.
URSS (*abrev de* **Unión de Repúblicas Socialistas Soviéticas**) *f* USSR.
ursulina *f* **-1.** RELIG Ursuline (nun) **-2.** *fig* [mujer recatada] prudish woman.
urticaria *f* nettle rash.
Uruguay: **(el)** ~ Uruguay.
uruguayo, ya *adj & m,f* Uruguayan.
usado, da *adj* **-1.** [utilizado] used; **muy ~** widely-used **-2.** [de segunda mano] second-hand **-3.** [gastado] worn-out, worn.
usanza *f* custom, usage; **a la vieja ~** in the old way *o* style.
usar ◇ *vt* **-1.** [gen] to use; **~ algo/a alguien de** *o* **como algo** to use sthg/sb as sthg **-2.** [prenda] to wear. ◇ *vi*: **~ de** to use, to make use of.
◆ **usarse** *vpr* **-1.** [emplearse] to be used **-2.** [estar de moda] to be worn.
USB (*abrev de* **Universal Serial Bus**) *m* INFORM USB.
usía *mf desus* Your Lordship (*f* Your Ladyship).
usina *f Amér*: **~ eléctrica** power station; **~ nuclear** nuclear power station.
uso *m* **-1.** [gen] use; **al ~** fashionable; **al ~ andaluz** in the Andalusian style; **'de ~ externo'** FARM 'for external use only'; **en pleno ~ de sus facultades mentales** in full possession of his mental faculties; **entrar en ~** to be in service; **fuera de ~** out of use, obsolete; **hacer ~ de** [utilizar] to make use of, to use; [de prerrogativa, derecho] to exercise; **tener el ~ de la palabra** to have the floor **-2.** *(gen pl)* [costumbre] custom **-3.** LING usage **-4.** [desgaste] wear and tear.
◆ **uso de razón** *m* age of reason.
usted *pron pers* **-1.** [tratamiento de respeto - sg] you; [- pl]: **~es** you *(pl)*; **contesten ~es a las preguntas** please answer the questions; **me gustaría hablar con ~** I'd like to talk to you; **¡oiga, ~!** hey, you!; **tratar a alguien de ~** *to address sb using the 'usted' form* **-2.** [tratamiento de respeto - posesivo]: **de ~/~es** yours.
usual *adj* usual.
usuario, ria *m,f* user.
usufructo *m* DER usufruct, use.
usufructuar [6] *vt* DER to have the usufruct *o* use of.
usufructuario, ria *adj & m,f* DER usufructuary.
usura *f* usury.
usurero, ra *m,f* usurer.
usurpación *f* usurpation.
usurpador, ra ◇ *adj* usurping. ◇ *m,f* usurper.
usurpar *vt* to usurp.
utensilio *m* [gen] tool, implement; CULIN utensil; **~s de pesca** fishing tackle.
uterino, na *adj* uterine.
útero *m* womb, uterus.
útil ◇ *adj* **-1.** [beneficioso, aprovechable] useful **-2.** [eficiente] helpful **-3.** [hábil] working. ◇ *m (gen pl)* [herramienta] tool; **~es de jardinería** gardening tools; AGR implement; **~es de labranza** agricultural implements.
utilería *f* equipment; CIN & TEATR props *(pl)*.
utilidad *f* **-1.** [cualidad] usefulness **-2.** [beneficio] profit.
utilitario, ria *adj* AUTOM run-around, utility.
◆ **utilitario** *m* AUTOM run-around car, utility car, compact *US*.
utilitarismo *m* utilitarianism.
utilización *f* use.
utilizar [13] *vt* [gen] to use.
utillaje *m* tools *(pl)*.
utopía *f* utopia.
utópico, ca *adj* utopian.
uva *f* grape; **~ de mesa** dessert grape; **~ moscatel** muscatel grape; **~ pasa** raisin; **de ~s a peras** once in a blue moon; **estar de mala ~** to be in a bad mood; **tener mala ~** to be a bad sort, to be a nasty piece of work; **~s de la suerte** *grapes eaten for good luck as midnight chimes on New Year's Eve.*

UVAS DE LA SUERTE

Tradition dictates that on New Year's Eve twelve grapes must be eaten as midnight is struck, one for each of the twelve chimes, in the belief that whoever manages to do so will have good luck in the coming year.

UVI (*abrev de* **unidad de vigilancia intensiva**) *f* ICU.
úvula *f* uvula.
uvular *adj* uvular.
uy *interj*: **¡~!** ahh!, oh!

v, V ['uβe] *f* [letra] v, V.
◆ **v doble** *f* W.
v. = vid.
va ▷ **ir.**
vaca *f* **-1.** [animal] cow; ~ **lechera/sagrada** dairy/sacred cow; **ponnerse como una** ~ to put on a lot of weight **-2.** [carne] beef.
◆ **vacas flacas** *fpl fam* lean years.
◆ **vacas gordas** *fpl fam* years of plenty.
vacaciones *fpl* holiday *(sg)*, holidays *UK*, vacation *(sg) US*; **coger (las)** ~ to take one's holidays; **estar/irse de** ~ to be/go on holiday.
vacacionista *mf Méx* tourist.
vacante ◇ *adj* vacant. ◇ *f* vacancy.
vaciado *m* **-1.** [de recipiente] emptying **-2.** [de estatua] casting, moulding.
vaciar [9] *vt* **-1.** [gen]: ~ **algo (de)** to empty sthg (of) **-2.** [dejar hueco] to hollow (out) **-3.** ARTE to cast, to mould.
vaciedad *f* [tontería] trifle.
vacilación *f* **-1.** [duda] hesitation; [al elegir] indecision **-2.** [oscilación] swaying; [de la luz] flickering.
vacilante *adj* **-1.** [gen] hesitant; [al elegir] indecisive **-2.** [luz] flickering; [pulso] irregular; [paso] swaying, unsteady.
vacilar ◇ *vi* **-1.** [dudar] to hesitate; [al elegir] to be indecisive **-2.** [voz, principios, régimen] to falter **-3.** [fluctuar - luz] to flicker; [- pulso] to be irregular **-4.** [tambalearse] to wobble, to sway **-5.** *fam* [chulear] to swank, to show off **-6.** *fam* [bromear] to take the mickey. ◇ *vt fam* [tomar el pelo]: ~ **a alguien** to take the mickey out of sb.
vacilón, ona *fam* ◇ *adj* **-1.** [chulo] swanky **-2.** [bromista] jokey, teasing **-3.** *CAm, Carib, Méx* [fiestero] fond of partying. ◇ *m,f* **-1.** [chulo] show-off **-2.** [bromista] tease.
◆ **vacilón** *m CAm, Carib, Méx* [fiesta] party.
vacío, a *adj* empty; ~ **de** [contenido etc] devoid of.
◆ **vacío** *m* **-1.** FÍS vacuum; **envasar al** ~ to vacuum-pack; ~ **de poder** power vacuum **-2.** [abismo, carencia] void **-3.** [hueco] space, gap **-4.** *loc*: **caer en el** ~ to fall on deaf ears; **hacer el** ~ **a alguien** to send sb to Coventry; **tener un** ~ **en el estómago** to feel hungry.
vacuidad *f* [trivialidad] shallowness, vacuity.
vacuna *f* vaccine; **poner una** ~ **a alguien** to vaccinate sb.
vacunación *f* vaccination.
vacunar *vt* to vaccinate; ~ **contra algo** to vaccinate against sthg.
◆ **vacunarse** *vpr* to get vaccinated.
vacuno, na *adj* bovine.
vacuo, cua *adj* [trivial] shallow, vacuous.
vadear *vt* to ford; *fig* to overcome.
vademécum (*pl* **vademecums**) *m* vade mecum, handbook.
vado *m* **-1.** [en acera] lowered kerb; **'~ permanente'** 'keep clear' **-2.** [de río] ford.
vagabundear *vi* **-1.** [ser un vagabundo] to lead a vagrant's life **-2.** [vagar]: ~ **(por)** to wander, to roam.
vagabundeo *m* vagrant's life.
vagabundo, da ◇ *adj* [persona] vagrant; [perro] stray. ◇ *m,f* tramp, vagrant, bum *US*.
vagamente *adv* vaguely.
vagancia *f* **-1.** [holgazanería] laziness, idleness **-2.** [vagabundeo] vagrancy.
vagar [16] *vi*: ~ **(por)** to wander, to roam.
vagina *f* vagina.
vaginal *adj* vaginal.
vago, ga ◇ *adj* **-1.** [perezoso] lazy, idle **-2.** [impreciso] vague. ◇ *m,f* lazy person, idler; **hacer el** ~ to laze around.
vagón *m* [de pasajeros] carriage, car *US*; [de mercancías] wagon; ~ **cisterna** tanker, tank wagon; ~ **de mercancías** goods wagon *o* van; ~ **de primera/segunda** first-class/second-class carriage; ~ **restaurante** dining car, restaurant car.
vagoneta *f* wagon.
vaguada *f* valley floor.
vague *etc* ▷ **vagar.**
vaguear *vi* to laze around.
vaguedad *f* **-1.** [cualidad] vagueness **-2.** [dicho] vague remark.
vahído *m* blackout, fainting fit; **me dio un** ~ I fainted.
vaho *m* **-1.** [vapor] steam **-2.** [aliento] breath.
◆ **vahos** *mpl* MED inhalation *(sg)*.

vaina *f* **-1.** [gen] sheath **-2.** [BOT - envoltura] pod **-3.** *Amér fam* [engreído] pain in the neck; **¡qué ~!** *Col, Perú, Ven mfam* what a pain! **-4.** *Col, Perú & Ven* [problema] pain **-5.** *Col, Perú & Ven* [cosa] thing.
vainica *f* hemstitch.
vainilla *f* vanilla.
vaivén *m* **-1.** [balanceo - de barco] swaying, rocking; [- de péndulo, columpio] swinging **-2.** [altibajo] ups-and-downs *(pl)*.
vajilla *f* crockery; **una ~** a dinner service.
valdepeñas *m inv* Valdepeñas, *Spanish wine from the La Mancha region, usually red.*
valdrá *etc* ⊳ **valer.**
vale ◇ *m* **-1.** [bono] coupon, voucher **-2.** [comprobante] receipt **-3.** [pagaré] I.O.U. **-4.** *Méx, Ven fam* [amigo] pal, mate *UK*, buddy *US*. ◇ *interj* ⊳ **valer.**
valedero, ra *adj* valid.
valedor, ra *m,f* protector.
valemadrista *adj Amér* **-1.** [apático] apathetic **-2.** [cínico] cynical.
valencia *f* QUÍM valency.
Valencia Valencia.
valenciano, na *adj & m,f* [de Valencia] Valencian.
◆ **valenciana** *f Amér* [de pantalón] (trouser) turn-up.
valentía *f* **-1.** [valor] bravery **-2.** [hazaña] act of bravery.
valentón, ona *m,f*: **hacerse el ~** to boast of one's bravery.
valer [74] ◇ *vt* **-1.** [costar - precio] to cost; [tener un valor de] to be worth; **¿cuánto vale?** [de precio] how much does it cost?, how much is it? **-2.** [ocasionar] to earn **-3.** [merecer] to deserve, to be worth **-4.** [equivaler] to be equivalent *o* equal to. ◇ *vi* **-1.** [merecer aprecio] to be worthy; **hacerse ~** to show one's worth **-2.** [servir]: **~ para algo** to be for sthg; **eso aún vale** you can still use that; **¿para qué vale?** what's it for? **-3.** [ser válido] to be valid; [en juegos] to be allowed **-4.** [ayudar] to help, to be of use **-5.** [tener calidad] to be of worth; **no ~ nada** to be worthless *o* useless **-6.** [equivaler]: **~ por** to be worth **-7.** *loc*: **más vale tarde que nunca** better late than never; **más vale que te calles/vayas** it would be better if you shut up/left; **¿vale?** okay?, all right?; **¡vale!** okay!, all right!; **¡vale (ya)!** that's enough! ◇ *m* worth, value.
◆ **valerse** *vpr* **-1.** [servirse]: **~se de algo/alguien** to use sthg/sb **-2.** [desenvolverse]: **~se (por sí mismo)** to manage on one's own **-3.** *loc Méx*: **¡no se vale!** that's not fair!
valeriana *f* valerian, allheal.
valeroso, sa *adj* brave, courageous.
valga *etc* ⊳ **valer.**
valía *f* value, worth.
validar *vt* to validate.
validez *f* validity; **dar ~ a** to validate.
válido, da *adj* valid.
valiente ◇ *adj* **-1.** [valeroso] brave **-2.** *irón* [menudo]: **¡en ~ lío te has metido!** you've got yourself into some mess *o* into a fine mess! ◇ *mf* [valeroso] brave person.
valija *f* **-1.** [maleta] case, suitcase; **~ diplomática** diplomatic bag **-2.** [de correos] mailbag.
valioso, sa *adj* **-1.** [gen] valuable **-2.** [intento, esfuerzo] worthy.
valla *f* **-1.** [cerca] fence **-2.** DEP hurdle.
◆ **valla publicitaria** *f* billboard, hoarding.
vallado *m* fence.
vallar *vt* to put a fence round.
valle *m* valley.
vallisoletano, na *adj* of/relating to Valladolid.
valor *m* **-1.** [gen, MAT & MÚS] value; **de ~** valuable; **joyas por ~ de ...** jewels worth ...; **sin ~** worthless; **~ adquisitivo** purchasing power; **~ añadido** ECON added value; **~ nominal** face *o* nominal value; **~ nutritivo** nutritional value **-2.** [importancia] importance; **dar ~ a** to give *o* attach importance to; **quitar ~ a algo** to take away from sthg, to diminish the importance of sthg **-3.** [valentía] bravery; **armarse de ~** to pluck up one's courage **-4.** [desvergüenza] cheek, nerve **-5.** *fam* [personaje - DEP]: **un joven ~** a young prospect.
◆ **valores** *mpl* **-1.** [principios] values **-2.** FIN securities, bonds; **~es en cartera** investments.
valoración *f* **-1.** [de precio, pérdidas] valuation **-2.** [de mérito, cualidad, ventajas] evaluation, assessment.
valorar *vt* **-1.** [tasar, apreciar] to value **-2.** [evaluar] to evaluate, to assess.
valorización *f* **-1.** [de precios, pérdidas] valuation **-2.** [aumento de valor] appreciation.
valorizar [13] *vt* to increase the value of.
◆ **valorizarse** *vpr* to increase in value.
valquiria *f* Valkyrie.
vals (*pl* **valses**) *m* waltz.
valva *f* BOT & ZOOL valve.
válvula *f* valve; **~ de seguridad** safety valve.

◆ **válvula de escape** *f fig* means of letting off steam.
vampiresa *f fam* vamp, femme fatale.
vampirismo *m* vampirism.
vampiro *m* **-1.** [personaje] vampire **-2.** [murciélago] vampire bat.
vanagloriarse [8] *vpr*: ~ **(de)** to boast (about), to show off (about).
vandálico, ca *adj* [salvaje] vandalistic; **un acto** ~ an act of vandalism.
vandalismo *m* vandalism.
vándalo, la ◇ *adj* vandal *(antes de sust)*. ◇ *m,f* HIST Vandal.
◆ **vándalo** *m fig* [salvaje] vandal.
vanguardia *f* **-1.** MIL vanguard; **ir a la** ~ **de** *fig* to be at the forefront of **-2.** [cultural] avant-garde, vanguard; **de** ~ avant-garde.
vanguardismo *m* avant-garde.
vanidad *f* **-1.** [orgullo] vanity **-2.** [inutilidad] futility.
vanidoso, sa ◇ *adj* vain, conceited. ◇ *m,f* vain person.
vano, na *adj* **-1.** [gen] vain; **en** ~ in vain **-2.** [vacío, superficial] shallow, superficial.
◆ **vano** *m* ARQUIT bay.
vapor *m* **-1.** [emanación] vapour; [de agua] steam; **al** ~ CULIN steamed; **de** ~ [máquina etc] steam *(antes de sust)*; **a todo** ~ at full speed; ~ **de agua** FÍS & QUÍM water vapour **-2.** [barco] steamer, steamship.
vaporización *f* **-1.** FÍS vaporization **-2.** [pulverización] spraying.
vaporizador *m* **-1.** [pulverizador] spray **-2.** [para evaporar] vaporizer.
vaporizar [13] *vt* **-1.** FÍS to vaporize **-2.** [pulverizar] to spray.
◆ **vaporizarse** *vpr* FÍS to evaporate, to vaporize.
vaporoso, sa *adj* [fino - tela etc] diaphanous, sheer.
vapulear *vt* to beat, to thrash; *fig* to slate, to tear apart.
vapuleo *m* beating, thrashing; *fig* slating, tearing apart.
vaquería *f* dairy.
vaquero, ra ◇ *adj* cowboy *(antes de sust)*. ◇ *m,f* [persona] cowboy (*f* cowgirl), cowherd.
◆ **vaqueros** *mpl* [pantalón] jeans.
vaquilla *f* [vaca] heifer; [toro] young bull.
vara *f* **-1.** [rama, palo] stick **-2.** [pértiga] pole **-3.** [de metal etc] rod **-4.** [tallo] stem, stalk **-5.** [insignia] staff.
varadero *m* dry dock.
varado, da *adj* [NÁUT - encallado] aground, stranded; [- en el dique seco] in dry dock.
varar *vi* NÁUT to run aground.
varear *vt* [árboles] to beat (with a pole); [fruta] to knock *o* beat down.
variabilidad *f* changeability, variability.
variable ◇ *adj* changeable, variable. ◇ *f* MAT variable.
variación *f* variation; [del tiempo] change.
◆ **variación magnética** *f* magnetic declination.
variado, da *adj* varied; [galletas, bombones] assorted.
variante ◇ *adj* variant. ◇ *f* **-1.** [variación] variation; [versión] version **-2.** AUTOM by-pass **-3.** [en quiniela] draw or away win.
variar [9] ◇ *vt* **-1.** [modificar] to alter, to change **-2.** [dar variedad] to vary. ◇ *vi* **-1.** [cambiar]: ~ **(de)** to change; **para** ~ *irón* (just) for a change **-2.** [ser diferente]: ~ **(de)** to vary *o* differ (from).
varicela *f* chickenpox.
varicoso, sa *adj* varicose.
variedad *f* variety.
◆ **variedades, varietés** *fpl* TEATR variety *(U)*, music hall *(U)*.
varilla *f* **-1.** [barra larga] rod, stick **-2.** [tira larga - de abanico, paraguas] spoke, rib; [- de gafas] arm; [- de corsé] bone, stay.
vario, ria *adj* [variado] varied, different; *(pl)* various, several.
◆ **varios, rias** *pron pl* several.
variopinto, ta *adj* diverse.
varita *f* wand; ~ **mágica** magic wand.
variz *(gen pl) f* varicose vein.
varón *m* [hombre] male, man; [chico] boy.
varonil *adj* masculine, male.
Varsovia Warsaw.
vasallo, lla *m,f* **-1.** [siervo] vassal **-2.** [súbdito] subject.
vasco, ca *adj* & *m,f* Basque.
◆ **vasco** *m* [lengua] Basque.
vascuence *m* [lengua] Basque.
vascular *adj* vascular.
vasectomía *f* vasectomy.
vaselina® *f* Vaseline®.
vasija *f* vessel.
vaso *m* **-1.** [recipiente, contenido] glass; **un** ~ **de plástico** a plastic cup; **ahogarse en un** ~ **de agua** to make a mountain out of a molehill **-2.** ANAT vessel; ~**s capilares** capillaries; ~**s sanguíneos** blood vessels **-3.** BOT vein.
vástago *m* **-1.** [descendiente] offspring *(U)* **-2.** [brote] shoot **-3.** [varilla] rod.
vasto, ta *adj* vast.

vate *m culto* bard.
váter = **wáter**.
vaticano, na *adj* Vatican *(antes de sust).*
◆ **Vaticano** *m*: **el Vaticano** the Vatican.
vaticinar *vt* to prophesy, to predict.
vaticinio *m culto* prophecy, prediction.
vatio, watio ['batio] *m* watt.
vaudeville = **vodevil**.
vaya ◇ ▷ **ir**. ◇ *interj* **-1.** [sorpresa]: **¡~!** well! **-2.** [énfasis]: **¡~ moto!** what a motorbike!
VB *abrev de* **visto bueno**.
Vd. = **Ud**.
Vda. *abrev de* **viuda**.
Vds. = **Uds**.
ve ▷ **ir**.
véase ▷ **ver**.
vecinal *adj* **-1.** [relaciones, trato] neighbourly **-2.** [camino, impuestos] local.
vecindad *f* **-1.** [vecindario] neighbourhood **-2.** [alrededores] vicinity **-3.** *Méx* [vivienda] tenement house.
vecindario *m* [de barrio] neighbourhood; [de población] community, inhabitants *(pl).*
vecino, na ◇ *adj* [cercano] neighbouring; **~ a** next to. ◇ *m,f* **-1.** [de la misma casa, calle] neighbour; [de un barrio] resident **-2.** [de una localidad] inhabitant.
vector *m* vector.
vectorial *adj* vectorial.
veda *f* **-1.** [prohibición] ban *(on hunting and fishing)*; **levantar la ~** to open the season **-2.** [periodo] close season.
vedado, da *adj* prohibited.
◆ **vedado** *m* reserve.
vedar *vt* to prohibit.
vedette [be'ðet] *(pl* **vedettes**) *f* star.
vega *f* fertile plain.
vegetación *f* vegetation.
◆ **vegetaciones** *fpl* MED adenoids.
vegetal ◇ *adj* **-1.** BIOL vegetable, plant *(antes de sust)* **-2.** [sandwich] salad *(antes de sust).* ◇ *m* vegetable.
vegetar *vi* to vegetate.
vegetarianismo *m* vegetarianism.
vegetariano, na *adj & m,f* vegetarian.
vegetativo, va *adj* vegetative.
vehemencia *f* [pasión, entusiasmo] vehemence.
vehemente *adj* [apasionado, entusiasta] vehement.
vehículo *m* [gen] vehicle; [de infección] carrier.
veinte *núm* twenty; **los (años) ~** the twenties; *ver también* **seis**.
veinteañero, ra ◇ *adj* about twenty years old. ◇ *m,f* person about twenty years old.
veinteavo, va *núm* twentieth; **la veinteava parte** a twentieth.
veintena *f* **-1.** [veinte] twenty **-2.** [aproximadamente]: **una ~ (de)** about twenty.
vejación *f*, **vejamen** *m* humiliation.
vejar *vt* to humiliate.
vejatorio, ria *adj* humiliating.
vejestorio *m despec* old fogey.
vejez *f* old age; **¡a la ~ viruelas!** fancy that at his/her age!
vejiga *f* bladder.
vela *f* **-1.** [para dar luz] candle; **¿quién le ha dado ~ en este entierro?** who asked you to stick your oar in?; **estar a dos ~s** not to have two halfpennies to rub together **-2.** [de barco] sail; **a toda ~** under full sail **-3.** DEP sailing; **hacer ~** to go sailing **-4.** [vigilia] vigil; **pasar la noche en ~** [adrede] to stay awake all night; [desvelado] to have a sleepless night.
velada *f* evening.
velado, da *adj* **-1.** [oculto] veiled, hidden **-2.** FOT fogged.
velador, ra *adj* watching.
◆ **velador** *m* **-1.** *Andes, Méx* [meuble] bedside table **-2.** *Méx, RP* [luz] bedside lamp **-3.** *Méx* [centinela] night watchman.
◆ **veladora** *f Amér* [vela] candle.
velamen *m* sails *(pl).*
velar[1] *adj* ANAT & LING velar.
velar[2] ◇ *vi* **-1.** [cuidar]: **~ por** to look after, to watch over **-2.** [no dormir] to stay awake. ◇ *vt* **-1.** [de noche - muerto] to keep a vigil over; [- enfermo] to sit up with **-2.** [ocultar] to mask, to veil.
◆ **velarse** *vpr* FOT to get fogged.
velatorio *m* wake, vigil.
veleidad *f* **-1.** [inconstancia] fickleness, capriciousness **-2.** [antojo, capricho] whim, caprice.
veleidoso, sa *adj* **-1.** [inconstante] fickle **-2.** [caprichoso] capricious.
velero *m* sailing boat/ship.
veleta ◇ *f* weather vane. ◇ *mf fam* capricious person.
vello *m* **-1.** [pelusilla] down **-2.** [pelo] hair; **~ púbico** pubic hair.
vellocino *m* fleece.
vellón *m* **-1.** [lana] fleece **-2.** [aleación] silver and copper alloy.
velloso, sa *adj* hairy.

velludo, da *adj* hairy.
velo *m lit & fig* veil; **correr** *o* **echar un (tupido) ~ sobre algo** to draw a veil over sthg.
◆ **velo del paladar** *m* soft palate.
velocidad *f* **-1.** [gen] speed; **cobrar ~** to pick up speed; **perder ~** to lose speed; **~ máxima** top speed; *TECN* velocity; **a toda ~** at full speed; **de alta ~** high-speed; **~ de crucero** cruising speed; **~ punta** top speed; **con la ~ de un rayo** as quick as lightning **-2.** *AUTOM* [marcha] gear; **cambiar de ~** to change gear.
velocímetro *m* speedometer.
velocípedo *m* velocipede.
velocista *mf* sprinter.
velódromo *m* cycle track, velodrome.
velomotor *m* moped.
velorio *m* wake.
veloz *adj* fast, quick.
ven ▷ **venir.**
vena *f* **-1.** [gen, *ANAT & MIN*] vein **-2.** [inspiración] inspiration; **tener la ~** to be inspired **-3.** [don] vein, streak; **tener ~ de algo** to have a gift for doing sthg **-4.** *loc*: **estar en la ~** to be in the mood; **si se le da la ~** if the mood takes him/her.
venado *m ZOOL* deer; *CULIN* venison.
venal *adj* **-1.** [sobornable] venal, corrupt **-2.** [vendible] for sale, saleable.
vencedor, ra ◇ *adj* winning, victorious. ◇ *m,f* winner.
vencer [11] ◇ *vt* **-1.** [ganar] to beat, to defeat **-2.** [derrotar - suj: sueño, cansancio, emoción] to overcome **-3.** [aventajar]: **~ a alguien a** *o* **en algo** to outdo sb at sthg **-4.** [superar - miedo, obstáculos] to overcome; [- tentación] to resist. ◇ *vi* **-1.** [ganar] to win, to be victorious **-2.** [caducar - garantía, contrato, plazo] to expire; [- deuda, pago] to fall due, to be payable; [- bono] to mature **-3.** [prevalecer] to prevail.
◆ **vencerse** *vpr* [estante etc] to give way, to collapse.
vencido, da ◇ *adj* **-1.** [derrotado] defeated; **darse por ~** to give up **-2.** [caducado - garantía, contrato, plazo] expired; [- pago, deuda] due, payable; [- bono] mature. ◇ *m,f* [en guerra] conquered *o* defeated person; [en deportes, concursos] loser.
vencimiento *m* **-1.** [término - de garantía, contrato, plazo] expiry; [- de pago, deuda] falling due; [- de bono] maturing **-2.** [expiración] due date **-3.** [inclinación] giving way, collapse.
venda *f* bandage; **~ de gasa** gauze bandage; **tener una ~ en** *o* **delante de los ojos** *fig* to be blind.
vendaje *m* bandaging; **poner un ~** to put on a dressing.
vendar *vt* to bandage; **~ los ojos a alguien** to blindfold sb.
vendaval *m* gale.
vendedor, ra ◇ *adj* selling. ◇ *m,f* [gen] seller; [en tienda] shop *o* sales assistant; [de coches, seguros] salesman (*f* saleswoman); **~ ambulante** pedlar, hawker.
vender *vt lit & fig* to sell; **~ algo a** *o* **por** to sell sthg for.
◆ **venderse** *vpr* **-1.** [ser vendido] to be sold *o* on sale; **'se vende'** 'for sale' **-2.** [dejarse sobornar] to sell o.s., to be bribed.
vendido, da *adj* sold; **estar** *o* **ir ~** *fig* not to stand a chance.
vendimia *f* grape harvest.
vendimiador, ra *m,f* grape picker.
vendimiar [8] ◇ *vt* to harvest *(grapes)*. ◇ *vi* to pick grapes.
vendrá *etc* ▷ **venir.**
Venecia Venice.
veneciano, na *adj & m,f* Venetian.
veneno *m* **-1.** [gen] poison; [de serpiente, insecto] venom **-2.** *fig* [mala intención] venom.
venenoso, sa *adj* **-1.** [gen] poisonous **-2.** *fig* [malintencionado] venomous.
venerable *adj* venerable.
veneración *f* veneration, worship.
venerar *vt* to venerate, to worship.
venéreo, a *adj* venereal.
venezolano, na *adj & m,f* Venezuelan.
Venezuela Venezuela.
venga ◇ *v* ▷ **venir.** ◇ *interj*: **¡~!** come on!
vengador, ra ◇ *adj* avenging. ◇ *m,f* avenger.
venganza *f* vengeance, revenge.
vengar [16] *vt* to avenge.
◆ **vengarse** *vpr*: **~se (de)** to take revenge (on), to avenge o.s. (on).
vengativo, va *adj* vengeful, vindictive.
vengo ▷ **venir.**
vengue *etc* ▷ **vengar.**
venia *f* **-1.** [permiso] permission **-2.** *DER* [perdón] pardon; **con la ~** [tomando la palabra] by your leave.
venial *adj* petty, venial.
venialidad *f* veniality, pettiness.
venida *f* [llegada] arrival.
venidero, ra *adj* coming, future.
venir [75] ◇ *vi* **-1.** [gen] to come; **~ a/de hacer algo** to come to do sthg/from doing

sthg; ~ **de algo** [proceder, derivarse] to come from sthg; ~ **a alguien con algo** to come to sb with sthg; **no me vengas con exigencias** don't come to me making demands; ~ **a por algo** to come to pick up sthg; **el año que viene** next year **-2.** [llegar] to arrive; **vino a las doce** he arrived at twelve o'clock **-3.** [hallarse] to be; **su foto viene en primera página** his photo is *o* appears on the front page; **el texto viene en inglés** the text is in English **-4.** [acometer, sobrevenir]: **me viene sueño** I'm getting sleepy; **le vinieron ganas de reír** he was seized by a desire to laugh; **le vino una tremenda desgracia** he suffered a great misfortune **-5.** [ropa, calzado]: ~ **a alguien** to fit sb; **¿qué tal te viene?** does it fit all right?; **el abrigo le viene pequeño** the coat is too small for her **-6.** [convenir]: ~ **bien/mal a alguien** to suit/not to suit sb **-7.** [aproximarse]: **viene a costar un millón** it costs almost a million **-8.** *loc*: **¿a qué viene esto?** what do you mean by that?, what's that in aid of?; ~ **a menos** [negocio] to go downhill; [persona] to go down in the world; ~ **a parar en** to end in; ~ **a ser** to amount to. ◇ *v aux* **-1.** *(antes de gerundio)* [haber estado]: ~ **haciendo algo** to have been doing sthg; **las peleas vienen sucediéndose desde hace tiempo** fighting has been going on for some time **-2.** *(antes de participio)* [estar]: **los cambios vienen motivados por la presión de la oposición** the changes have resulted from pressure on the part of the opposition **-3.** *(antes de infinitivo)* [estar]: **esto viene a costar unos veinte euros** it costs almost twenty euros.
◆ **venirse** *vpr* **-1.** [volver]: ~**se (de)** to come back *o* return (from) **-2.** *loc*: ~**se abajo** [techo, estante etc] to collapse; [ilusiones] to be dashed.

venoso, sa *adj* venous.

venta *f* **-1.** [acción] sale, selling; **de** ~ **en ...** on sale at ...; **estar en** ~ to be for sale; **poner a la** ~ [casa] to put up for sale; **salir a la** ~ to go on sale; [producto] to put on sale; ~ **por correo** *o* **por correspondencia** mail-order sale; ~ **automatizada** vending-machine sale; ~ **al contado** cash sale; ~ **a crédito** credit sale; ~ **a domicilio** door-to-door selling; ~ **a plazos** sale by instalments; ~ **pública** public auction; ~ **sobre plano** sale of customized goods **-2.** *(gen pl)* [cantidad] sales *(pl)* **-3.** [posada] country inn.

ventaja *f* **-1.** [hecho favorable] advantage **-2.** [en competición] lead; **dar** ~ to give a start; **llevar** ~ **a alguien** to have a lead over sb.

ventajista *adj & m,f* opportunist.

ventajoso, sa *adj* advantageous.

ventana *f* **-1.** [gen & INFORM] window; ~ **de guillotina** sash window **-2.** [de nariz] nostril.

ventanal *m* large window.

ventanilla *f* **-1.** [de vehículo, sobre] window **-2.** [taquilla] counter.

ventear ◇ *v impers* to be very windy. ◇ *vi* to sniff the air.

ventilación *f* ventilation.

ventilador *m* ventilator, fan.

ventilar *vt* **-1.** [airear] to air **-2.** [resolver] to clear up **-3.** [discutir] to air **-4.** [difundir] to spread, to make public.
◆ **ventilarse** *vpr* **-1.** [airearse] to air **-2.** *fam* [terminarse] to knock *o* finish off.

ventisca *f* blizzard.

ventiscar [10], **ventisquear** *v impers* to blow a blizzard.

ventisquero *m* [nieve amontonada] snow-drift.

ventolera *f* **-1.** [viento] gust of wind **-2.** [idea extravagante] wild idea; **se le ha dado la** ~ **de hacerlo** she has taken it into her head to do it.

ventosa *f* [gen & ZOOL] sucker.

ventosear *vi* to break wind.

ventosidad *f* wind, flatulence.

ventoso, sa *adj* windy.

ventrículo *m* ventricle.

ventrílocuo, cua *m,f* ventriloquist.

ventriloquía *f* ventriloquism.

ventura *f* **-1.** [suerte] luck; **a la (buena)** ~ [al azar] at random, haphazardly; [sin nada previsto] without planning *o* a fixed plan; **por** ~ *fml* luckily; **echar la buena** ~ **a alguien** to tell sb's fortune **-2.** [casualidad] fate, fortune.

venturoso, sa *adj* happy, fortunate.

Venus Venus.

venza *etc* ▷ **vencer**.

ver [76] ◇ *vi* **-1.** [gen] to see **-2.** *loc*: **a** ~ [veamos] let's see; **¿a** ~**?** [mirando con interés] let me see, let's have a look; **¡a** ~**!** [¡pues claro!] what do you expect?; [al empezar algo] right!; **dejarse** ~ **(por un sitio)** to show one's face (somewhere); **eso está por** ~ that remains to be seen; **ni visto ni oído** in the twinkling of an eye; **verás, iba a ir pero ...** listen, I was thinking of coming but ...; **ya veremos** we'll see. ◇ *vt* **-1.** [gen] to see; [mirar] to look at; [televisión, partido de fútbol] to watch; **¿ves algo?** can you see anything?; **he estado viendo tu trabajo** I've been looking at your work; **ya veo que estás de mal humor** I can see you're in a bad mood; **¿ves lo que quie-**

ro decir? do you see what I mean?; **ir a ~ lo que pasa** to go and see what's going on; **es una manera de ~ las cosas** that's one way of looking at it; **yo no lo veo tan mal** I don't think it's that bad **-2.** *loc*: **eso habrá que ~ lo** that remains to be seen; **¡hay que ~ qué lista es!** you wouldn't believe how clever she is!; **no puedo ~le (ni en pintura)** *fam* I can't stand him; **si no lo veo, no lo creo** you'll never believe it; **si te vi, no me acuerdo** he/she *etc* doesn't want anything to do with me; **~ venir a alguien** to see what sb is up to. ◇ *m*: **estar de buen ~** to be good-looking.

◆ **verse** *vpr* **-1.** [mirarse, imaginarse] to see o.s.; **~se en el espejo** to see o.s. in the mirror; **ya me veo cargando el camión yo solo** I can see myself having to load the lorry on my own **-2.** [percibirse]: **desde aquí se ve el mar** you can see the sea from here **-3.** [encontrarse] to meet, to see each other; **~se con alguien** to see sb; **hace mucho que no nos vemos** we haven't seen each other for a long time **-4.** [darse, suceder] to be seen **-5.** *loc*: **vérselas venir** *fam* to see it coming; **vérselas y deseárselas para hacer algo** to have a real struggle doing sthg.

◆ **véase** *vpr* [en textos] see.

◆ **por lo visto, por lo que se ve** *loc adv* apparently.

vera *f* **-1.** [orilla - de río, lago] bank; [- de camino] edge, side **-2.** *fig* [lado] side; **a la ~ de** next to.

veracidad *f* truthfulness.

veranda *f* verandah.

veraneante ◇ *adj* holiday-making. ◇ *mf* holidaymaker, (summer) vacationer *US*.

veranear *vi*: **~ en** to spend one's summer holidays in.

veraneo *m* summer holidays *(pl)*; **de ~** holiday *(antes de sust)*.

veraniego, ga *adj* summer *(antes de sust)*.

verano *m* summer.

veras *fpl* truth *(U)*; **de ~** [verdaderamente] really; [en serio] seriously.

veraz *adj* truthful.

verbal *adj* verbal.

verbalizar [13] *vt* to verbalize.

verbena *f* **-1.** [fiesta] street party *(on the eve of certain saints' days)* **-2.** [planta] verbena.

verbenero, ra *adj* street-party *(antes de sust)*.

verbigracia *adv culto* for example, for instance.

verbo *m* **-1.** GRAM verb **-2.** [lenguaje] language.

verborrea *f* verbal diarrhoea, verbosity.

verbosidad *f* verbosity.

verboso, sa *adj* verbose.

verdad *f* **-1.** [gen] truth; **a decir ~** to tell the truth; **decir la ~** to tell the truth; **en ~** truly, honestly **-2.** [principio aceptado] fact **-3.** *loc*: **no te gusta, ¿~?** you don't like it, do you?; **está bueno, ¿~?** it's good, isn't it?; **una ~ como un puño** an undeniable fact.

◆ **verdades** *fpl* [opinión sincera] true thoughts; **cantar las ~es** *fig* to speak one's mind; **cantarle** *o* **decirle a alguien cuatro ~es** *fig* to tell sb a few home truths.

◆ **de verdad** ◇ *loc adv* **-1.** [en serio] seriously **-2.** [realmente] really. ◇ *loc adj* [auténtico] real.

verdadero, ra *adj* **-1.** [cierto, real] true, real; **fue un ~ lío** it was a real mess **-2.** [sin falsificar] real **-3.** [enfático] real.

verde ◇ *adj* **-1.** [gen] green; **~ oliva** olive (green); **estar ~ de envidia** to be green with envy; **poner ~ a alguien** to criticize sb **-2.** [fruta] unripe, green **-3.** [ecologista] Green, green **-4.** *fig* [obsceno] blue, dirty **-5.** *fig* [inmaduro - proyecto etc] in its early stages. ◇ *m* [color] green.

◆ **Verdes** *mpl* [partido]: **los Verdes** the Greens.

verdor *m* [color] greenness.

verdoso, sa *adj* greenish.

verdugo *m* **-1.** [de preso] executioner; [que ahorca] hangman **-2.** [pasamontañas] balaclava helmet.

verdulería *f* greengrocer's (shop).

verdulero, ra *m,f* [tendero] greengrocer.

◆ **verdulera** *f fam fig* [ordinaria] fishwife.

verdura *f* vegetables *(pl)*, greens *(pl)*.

verdusco, ca *adj despec* dirty green.

vereda *f* **-1.** [senda] path; **hacer entrar** *o* **meter a alguien en ~** to bring sb into line **-2.** *CSur, Perú* [acera] pavement *UK*, sidewalk *US*.

veredicto *m* verdict.

verga *f* **-1.** ANAT penis **-2.** NÁUT yard **-3.** [vara] stick.

vergel *m* lush, fertile place.

vergonzante *adj* shameful.

vergonzoso, sa ◇ *adj* **-1.** [deshonroso] shameful **-2.** [tímido] bashful. ◇ *m,f* bashful person.

vergüenza *f* **-1.** [turbación] embarrassment; **dar ~** to embarrass; **¡qué ~!** how embarrassing!; **sentir ~** to feel embarrassed; **sentir ~ ajena** to feel embarrassed for sb **-2.** [timidez] bashfulness; **perder la ~** to lose one's inhibitions -**3.** [remordimiento] shame; **sentir ~** to feel ashamed -**4.** [deshonra, escándalo] disgrace; **¡es una ~!** it's disgraceful!

◆ **vergüenzas** *fpl* [genitales] private parts.

vericueto *(gen pl) m* -**1.** [lugar] rough track -**2.** [situación] complication.

verídico, ca *adj* -**1.** [cierto] true, truthful -**2.** *fig* [verosímil] true-to-life, real.

verificación *f* check, checking *(U)*.

verificador, ra ◇ *adj* [confirmador] checking; [examinador] testing, inspecting. ◇ *m,f* tester, inspector.

verificar [10] *vt* -**1.** [comprobar - verdad, autenticidad] to check, to verify -**2.** [examinar - funcionamiento, buen estado] to check, to test -**3.** [confirmar - fecha, cita] to confirm -**4.** [llevar a cabo] to carry out.

◆ **verificarse** *vpr* -**1.** [tener lugar] to take place -**2.** [resultar cierto - predicción] to come true; [comprobarse] to be verified.

verja *f* -**1.** [puerta] iron gate; **la ~ de Gibraltar** *the border between Spain and Gibraltar* -**2.** [valla] railings *(pl)* -**3.** [enrejado] grille.

vermú (*pl* **vermús**), **vermut** (*pl* **vermuts**) *m* -**1.** [bebida] vermouth -**2.** *Andes, RP* [en cine] early-evening showing; *Andes, RP* [en teatro] early-evening performance.

vernáculo, la *adj* vernacular.

verónica *f* -**1.** TAUROM *pass in which matador swings cape away from bull* -**2.** [planta] veronica.

verosímil *adj* -**1.** [creíble] believable, credible -**2.** [probable] likely, probable.

verosimilitud *f* -**1.** [credibilidad] credibility -**2.** [probabilidad] likeliness.

verruga *f* wart.

versado, da *adj*: **~ (en)** versed (in).

Versalles Versailles.

versallesco, ca *adj fam* [cortés] gallant, chivalrous.

versar *vi*: **~ sobre** to be about, to deal with.

versátil *adj* -**1.** [voluble] changeable, fickle -**2.** *(considerado incorrecto)* [polifacético] versatile.

versatilidad *f* -**1.** [volubilidad] changeability, fickleness -**2.** [adaptabilidad] versatility.

versículo *m* verse.

versificación *f* versification.

versificar [10] ◇ *vi* to write (in) verse. ◇ *vt* to put into verse.

versión *f* -**1.** [gen] version; [en música pop] cover version; **~ original** CIN original (version) -**2.** [traducción] translation, version.

verso *m* -**1.** [género] verse; **en ~** in verse; **~ blanco/libre** blank/free verse -**2.** [unidad rítmica] line *(of poetry)* -**3.** [poema] poem.

versus *prep culto* versus.

vértebra *f* vertebra.

vertebrado, da *adj* vertebrate.

◆ **vertebrados** *mpl* ZOOL vertebrates.

vertebral *adj* vertebral.

vertedero *m* -**1.** [de basuras] rubbish tip *o* dump; [de agua] overflow -**2.** [de pantano] drain, spillway.

verter [20] ◇ *vt* -**1.** [derramar] to spill -**2.** [vaciar - líquido] to pour (out); [- recipiente] to empty -**3.** [tirar - basura, residuos] to dump -**4.** [traducir]: **~ (a)** to translate (into) -**5.** *fig* [decir] to tell. ◇ *vi*: **~ a** to flow into.

◆ **verterse** *vpr* [derramarse] to spill.

vertical ◇ *adj* GEOM vertical; [derecho] upright. ◇ *m* ASTRON vertical circle. ◇ *f* GEOM vertical.

verticalidad *f* verticality, vertical position.

vértice *m* [gen] vertex; [de cono] apex.

vertido *m* -**1.** *(gen pl)* [residuo] waste *(U)* -**2.** [acción] dumping.

vertiente *f* -**1.** [pendiente] slope -**2.** *fig* [aspecto] side, aspect -**3.** *RP* [manantial] spring.

vertiginoso, sa *adj* -**1.** [mareante] dizzy -**2.** *fig* [raudo] giddy.

vértigo *m* -**1.** [enfermedad] vertigo; [mareo] dizziness; **trepar me da ~** climbing makes me dizzy -**2.** *fig* [apresuramiento] mad rush, hectic pace -**3.** *fig* [asombro]: **dar ~ a alguien** to make sb's head spin; **de ~** [velocidad, altura] giddy; [cifras] mindboggling.

vesícula *f*: **~ biliar** gall bladder.

vespertino, na *adj* evening *(antes de sust)*.

vestal *f* vestal (virgin).

vestíbulo *m* [de casa] (entrance) hall; [de hotel, oficina] lobby, foyer.

vestido, da *adj* dressed; **ir ~** to be dressed; **iba ~ de negro** he was dressed in black.

◆ **vestido** *m* -**1.** [indumentaria] clothes *(pl)* -**2.** [prenda femenina] dress; **~ de noche** evening dress.

vestidor *m* dressing room.

vestidura *(gen pl) f* clothes *(pl)*; RELIG vestments *(pl)*; **rasgarse las ~s** to make a fuss.

vestigio *m* vestige; *fig* sign, trace.

vestimenta *f* clothes *(pl)*, wardrobe.

vestir [26] ◇ *vt* -**1.** [gen] to dress -**2.** [llevar puesto] to wear -**3.** [cubrir] to cover -**4.** *fig* [encubrir]: **~ algo de** to invest sthg with. ◇ *vi* -**1.** [ser elegante] to be dressy; **de (mucho) ~** (very) dressy -**2.** [llevar ropa] to dress -**3.** *fig* [estar bien visto] to be the done thing **-4.** *loc*: **el mismo que viste y calza** the very same, none other; **vísteme despacio que tengo prisa** *proverb* more haste, less speed *proverb.*

◆ **vestirse** *vpr* **-1.** [ponerse ropa] to get dressed, to dress; **~se de** to wear **-2.** [adquirir ropa]: **~se en** to buy one's clothes at **-3.** *fig* [cubrirse]: **~se de** to be covered in.

vestuario *m* **-1.** [vestimenta] clothes *(pl)*, wardrobe; TEATR costumes *(pl)* **-2.** [para cambiarse] changing room; [de actores] dressing room.

veta *f* **-1.** [filón] vein, seam **-2.** [faja, lista] grain.

vetar *vt* to veto.

veteado, da *adj* grained.

vetear *vt* to grain.

veteranía *f* seniority, age.

veterano, na *adj* & *m,f* veteran.

veterinario, ria ◇ *adj* veterinary. ◇ *m,f* [persona] vet, veterinary surgeon.

◆ **veterinaria** *f* [ciencia] veterinary science *o* medicine.

veto *m* veto; **poner ~ a algo** to veto sthg.

vetusto, ta *adj culto* ancient, very old.

vez *f* **-1.** [gen] time; **una ~** once; **dos veces** twice; **tres veces** three times; **¿has estado allí alguna ~?** have you ever been there?; **a mi/tu** *etc* **~** in my/your *etc* turn; **a la ~ (que)** at the same time (as); **cada ~ (que)** every time; **cada ~ más** more and more; **cada ~ menos** less and less; **cada ~ la veo más feliz** she seems happier and happier; **de una ~** in one go; **de una ~ para siempre** *o* **por todas** once and for all; **muchas veces** often, a lot; **otra ~** again; **pocas veces, rara ~** rarely, seldom; **por última ~** for the last time; **una** *o* **alguna que otra ~** occasionally; **una ~ más** once again; **una y otra ~** time and again; **érase una ~** once upon a time **-2.** [turno] turn; **pedir la ~** to ask who is last **-3.** *loc*: **hacer las veces de** to act as.

◆ **a veces, algunas veces** *loc adv* sometimes, at times.

◆ **de vez en cuando** *loc adv* from time to time, now and again.

◆ **en vez de** *loc prep* instead of.

◆ **tal vez** *loc adv* perhaps, maybe.

◆ **una vez que** *loc conj* once, after.

VHF (*abrev de* **very high frequency**) *f* VHF.

VHS (*abrev de* **video home system**) *m* VHS.

vía ◇ *f* **-1.** [medio de transporte] route; **por ~ aérea** [gen] by air; [correo] (by) airmail; **por ~ marítima** by sea; **por ~ terrestre** overland, by land; **~ de comunicación** communication route; **~ fluvial** waterway **-2.** [calzada, calle] road; **~ pública** public thoroughfare **-3.** [FERROC - raíl] rails *(pl)*, track; [- andén] platform; **~ estrecha** narrow gauge; **~ férrea** [ruta] railway line; **~ muerta** siding **-4.** [proceso]: **estar en ~s de** to be in the process of; **país en ~s de desarrollo** developing country; **una especie en ~s de extinción** an endangered species **-5.** ANAT tract; **por ~ oral** orally; **por ~ venosa** intravenously **-6.** [opción] channel, path; **por ~ oficial/judicial** through official channels/the courts **-7.** [camino] way; **dar ~ libre** [dejar paso] to give way; [dar libertad de acción] to give a free rein **-8.** DER procedure. ◇ *prep* via.

◆ **Vía Láctea** *f* Milky Way.

viabilidad *f* viability.

viable *adj fig* [posible] viable.

viacrucis *m inv* RELIG Stations *(pl)* of the Cross, Way of the Cross.

viaducto *m* viaduct.

viajante *mf* travelling salesperson.

viajar *vi* **-1.** [trasladarse, irse]: **~ (en)** to travel (by) **-2.** [circular] to run.

viaje *m* **-1.** [gen] journey, trip; [en barco] voyage; **¡buen ~!** have a good journey *o* trip!; **estar/ir de ~** to be/go away (on a trip); **hay 11 días de ~** it's an 11-day journey; **~ de ida/de vuelta** outward/return journey; **~ de ida y vuelta** return journey *o* trip; **~ de negocios** business trip; **~ de novios** honeymoon; **~ organizado** package tour; **~ relámpago** lightning trip *o* visit **-2.** *fig* [recorrido] trip; **di varios ~s para trasladar los muebles** it took me a good few trips to move all the furniture **-3.** *fam fig* [alucinación] trip **-4.** *fam fig* [golpe] bang, bump.

◆ **viajes** *mpl* [singladuras] travels.

viajero, ra ◇ *adj* [persona] travelling; [ave] migratory. ◇ *m,f* [gen] traveller; [en transporte público] passenger.

vial ◇ *adj* road *(antes de sust)*. ◇ *m* FARM phial.

vianda *f* **-1.** food *(U)* **-2.** *Amér* [recipiente] lunchbox.

viandante *mf* **-1.** [peatón] pedestrian **-2.** [transeúnte] passer-by.

viaraza *f Amér* **-1.** [enfado] fit of anger **-2.** [ocurrencia] absurd idea.

viario, ria *adj* road *(antes de sust)*.

viático *m* **-1.** [dieta] expenses allowance **-2.** RELIG last rites *(pl)*, viaticum.

víbora *f* viper.

vibración *f* vibration.

vibrador, ra *adj* vibrating.

◆ **vibrador** *m* vibrator.
vibráfono *m* vibraphone.
vibrante *adj* **-1.** [oscilante] vibrating **-2.** *fig* [emocionante] vibrant **-3.** [trémulo] quivering.
vibrar *vi* **-1.** [oscilar] to vibrate **-2.** *fig* [voz, rodillas etc] to shake **-3.** *fig* [público] to get excited.
vibrátil *adj* vibratile.
vibratorio, ria *adj* vibratory.
vicaría *f* **-1.** [cargo] vicarship, vicariate; **pasar por la** ~ to tie the knot **-2.** [residencia] vicarage.
vicario *m* vicar.
vicealmirante *m* vice-admiral.
vicecónsul *m* vice-consul.
vicepresidencia *f* [de país, asociación] vice-presidency; [de comité, empresa] vice-chairmanship.
vicepresidente, ta *m,f* [de país, asociación] vice-president; [de comité, empresa] vice-chairman.
vicerrector, ra *m,f* ≃ vice-rector.
vicesecretario, ria *m,f* assistant secretary.
viceversa *adv* vice versa.
vichy [bi'tʃi] (*pl* **vichys**) *m* gingham.
vichysoisse [bitʃi'swas] (*pl* **vichysoisses**) *f* CULIN vichysoisse.
viciado, da *adj* [aire] stuffy; [estilo] marred.
viciar [8] *vt* **-1.** [pervertir] to corrupt **-2.** *fig* [falsear] to falsify; [tergiversar] to distort, to twist.
◆ **viciarse** *vpr* [enviciarse] to take to vice.
vicio *m* **-1.** [mala costumbre] bad habit, vice; **llorar** *o* **quejarse de** ~ to complain for no (good) reason **-2.** [libertinaje] vice **-3.** [defecto físico, de dicción etc] defect **-4.** *loc*: **de** ~ *fam* [fenomenal] brilliant.
vicioso, sa ◇ *adj* dissolute, depraved. ◇ *m,f* dissolute person, depraved person.
vicisitud *f* [avatar] *(gen en pl)* vicissitude; **las** ~ **de la vida** life's ups and downs.
víctima *f* victim; [en accidente, guerra] casualty; **ser** ~ **de** to be the victim of; ~ **propiciatoria** scapegoat.
victimar *vt Amér* to kill, to murder.
victimario, ria *m,f Amér* killer, murderer.
victoria *f* victory; **adjudicarse la** ~ to win a victory; **cantar** ~ to claim victory.
◆ **Victoria** *m*: **el lago** ~ Lake Victoria.
victoriano, na *adj* Victorian.
victorioso, sa *adj* victorious.
vicuña *f* vicuña.
vid *f* vine.
vid., v. (*abrev de* **véase**) v., vid.
vida *f* life; **amargarse la** ~ to make one's life a misery; **buscarse la** ~ to try to earn one's own living; **dar la** ~ **por** *fig* to give one's life for; **de toda la** ~ [amigo etc] lifelong; **le conozco de toda la** ~ I've known him all my life; **de por** ~ for life; **en** ~ **de** during the life *o* lifetime of; **en mi/tu** *etc* ~ never (in my/your *etc*) life; **estar con** ~ to be alive; **estar entre la** ~ **y la muerte** to be at death's door; **ganarse la** ~ to earn a living; **pasar a mejor** ~ to pass away; **pasarse la** ~ **haciendo algo** to spend one's life doing sthg; **perder la** ~ to lose one's life; **quitar la** ~ **a alguien** to kill sb; ~ **privada/sentimental** private/love life; ~ **eterna** eternal life; **la otra** ~ the next life; **¡así es la** ~**!** that's life!, such is life!; **darse** *o* **pegarse la gran** ~, **darse** *o* **pegarse la** ~ **padre** to live the life of Riley; **enterrarse en** ~ to forsake the world; **la** ~ **y milagros de alguien** sb's life story; **llevar una** ~ **de perros** to lead a dog's life; **¡mi** ~**!**, **¡** ~ **mía!** my darling!; **¿qué es de tu** ~**?** how's life?; **tener la** ~ **pendiente de un hilo** to have one's life hanging by a thread; **tener siete** ~**s como los gatos** to have nine lives.
vidente *mf* clairvoyant.
vídeo, video ◇ *m* **-1.** [gen] video; **grabar en** ~ to videotape, to record on video; ~ **comunitario** *system enabling one video to be shown simultaneously on different television sets in one block of flats*; ~ **doméstico** home video **-2.** [aparato reproductor] video, VCR *US*. ◇ *adj inv* video *(antes de sust)*.
videocámara *f* camcorder.
videocasete *m* video, videocassette.
videocinta *f* video, videotape.
videoclip *m* (pop) video.
videoclub (*pl* **videoclubes**) *m* video club.
videoclip *m* (pop) video.
videoconferencia *f* videoconference.
videoedición *f* video editing.
videojuego *m* video game.
videoteca *f* video library.
videoteléfono *m* videophone.
videoterminal *m* video terminal.
videotexto *m*, **videotex** *m inv* [por señal de televisión] teletext; [por línea telefónica] videotext, viewdata.
vidorra *f fam* easy life; **pegarse una (gran)** ~ to live the life of Riley.
vidriado, da *adj* glazed.
◆ **vidriado** *m* **-1.** [técnica] glazing **-2.** [material] glaze.
vidriero, ra *m,f* **-1.** [que fabrica cristales] glass

merchant *o* manufacturer **-2.** [que coloca cristales] glazier.

◆ **vidriera** *f* [puerta] glass door; [ventana] glass window; [en catedrales] stained glass window.

vidrio *m* **-1.** [material] glass **-2.** [cristal] window (pane); **pagar los ~s rotos** to carry the can.

vidrioso, sa *adj* **-1.** [quebradizo] brittle **-2.** *fig* [tema, asunto] thorny, delicate **-3.** *fig* [ojos] glazed.

vieira *f* scallop.

viejo, ja ◇ *adj* old; **hacerse ~** to get *o* grow old. ◇ *m,f* **-1.** [anciano] old man (*f* old lady); **los ~s** the elderly; **~ verde** dirty old man (*f* dirty old woman) **-2.** *fam* [padres] old man (*f* old girl); **mis ~s** my folks **-3.** *Amér fam* [amigo] pal, mate.

◆ **Viejo de Pascua** *m Chile*: **V~ de Pascua** *o* **Pascuero** Father Christmas.

Viena Vienna.

viene ▷ **venir.**

vienés, esa *adj* & *m,f* Viennese.

viento *m* **-1.** [aire] wind; **hace ~** it's windy; **(~) alisio** trade wind; **~ de costado** *o* **de lado** crosswind **-2.** MÚS wind **-3.** *loc*: **a los cuatro ~s** from the rooftops; **contra ~ y marea** in spite of everything; **despedir** *o* **echar a alguien con ~ fresco** to send sb packing; **mis esperanzas se las llevó el ~** my hopes flew out of the window; **~ en popa** splendidly, very nicely.

vientre *m* **-1.** ANAT stomach; **hacer de ~** to have a bowel movement; **bajo ~** lower stomach **-2.** [de vasija etc] belly, rounded part.

viera ▷ **ver.**

viernes *m inv* Friday; *ver también* **sábado.**

◆ **Viernes Santo** *m* RELIG Good Friday.

vierta *etc* ▷ **verter.**

viese ▷ **ver.**

Vietnam Vietnam.

vietnamita *adj* & *m,f* Vietnamese.

viga *f* [de madera] beam, rafter; [de metal] girder; **~ maestra** main beam.

vigencia *f* [de ley etc] validity; [de costumbre] use; **estar/entrar en ~** to be in/come into force.

vigente *adj* [ley etc] in force; [costumbre] in use.

vigésimo, ma *núm* twentieth.

vigía ◇ *f* **-1.** [atalaya] watch tower **-2.** [vigilancia] watch. ◇ *mf* lookout.

vigilancia *f* **-1.** [cuidado] vigilance, care; **estar bajo ~** to be under surveillance **-2.** [vigilantes] guards *(pl)*.

vigilante ◇ *adj* vigilant. ◇ *mf* guard; **~ nocturno** night watchman.

vigilar ◇ *vt* [enfermo] to watch over; [presos, banco] to guard; [niños, bolso] to keep an eye on; [proceso] to oversee. ◇ *vi* to keep watch.

vigilia *f* **-1.** [vela] wakefulness; **estar de ~** to be awake **-2.** [insomnio] sleeplessness **-3.** [víspera] vigil.

vigor *m* **-1.** [gen] vigour **-2.** [vigencia]: **en ~** in force; **entrar en ~** to come into force, to take effect.

vigorizador, ra, vigorizante *adj* [medicamento] fortifying; [actividad] invigorating.

vigorizar [13] *vt* **-1.** [fortalecer] to fortify **-2.** *fig* [animar] to animate, to encourage.

vigoroso, sa *adj* [gen] vigorous, energetic.

vikingo, ga *adj* & *m,f* Viking.

vil *adj* vile, despicable; [metal] base.

vileza *f* **-1.** [acción] vile *o* despicable act **-2.** [cualidad] vileness.

vilipendiar [8] *vt desus* **-1.** [despreciar] to despise; [humillar] to humiliate **-2.** [ofender] to vilify, to revile.

vilipendio *m desus* **-1.** [desprecio] scorn, contempt; [humillación] humiliation **-2.** [ofensa] vilification.

vilipendioso, sa *adj desus* **-1.** [despreciativo] scornful, contemptuous; [humillante] humiliating **-2.** [ofensivo] vilifying.

villa *f* **-1.** [población] small town **-2.** [casa] villa, country house **-3.** : **~ miseria** *Arg, Bol* shanty town.

villadiego *m*: **coger** *o* **tomar las de ~** *fig* to take to one's heels.

villancico *m* [navideño] Christmas carol.

villanía *f* vile *o* despicable act, villainy *(U)*.

villano, na ◇ *adj* villainous. ◇ *m,f* villain.

villorrio *m despec* dump, hole.

vilo

◆ **en vilo** *loc adv* **-1.** [suspendido] in the air, suspended **-2.** [inquieto] on tenterhooks; **tener a alguien en ~** to keep sb in suspense.

vinagre *m* vinegar.

vinagrera *f* [vasija] vinegar bottle.

◆ **vinagreras** *fpl* CULIN [convoy] cruet *(sg)*.

vinagreta *f* vinaigrette, French dressing.

vinatero, ra ◇ *adj* wine *(antes de sust)*. ◇ *m,f* vintner, wine merchant.

vinculación *f* link, linking *(U)*.

vinculante *adj* DER binding; **ser ~ para algo** to be binding for sthg.

vincular *vt* **-1.** [enlazar] to link; **~ algo con algo** to link sthg with *o* to sthg; [por obligación] to tie, to bind **-2.** DER to entail.

◆ **vincularse** *vpr* [enlazarse] to be linked.

vínculo *m* **-1.** [lazo - entre hechos, países] link; [- personal, familiar] tie, bond **-2.** DER entail.

vindicación *f* **-1.** [venganza] vengeance, revenge **-2.** [defensa] vindication.

vindicar [10] *vt* **-1.** [vengar] to avenge, to revenge **-2.** [defender] to vindicate **-3.** [reivindicar] to claim.

vindicativo, va *adj* [reivindicativo]: ~ **(de)** in defence (of).

vinícola *adj* [país, región] wine-producing *(antes de sust)*; [industria] wine *(antes de sust)*.

vinicultor, ra *m,f* wine producer.

vinicultura *f* wine producing.

viniera *etc* ▻ **venir**.

vinilo *m* vinyl.

vino ◇ ▻ **venir**. ◇ *m* wine; ~ **blanco/tinto** white/red wine; ~ **dulce/seco** sweet/dry wine; ~ **espumoso/generoso** sparkling/full-bodied wine; ~ **clarete** light red wine; ~ **de mesa** table wine; ~ **peleón** plonk, cheap wine; ~ **rosado** rosé.

viña *f* vineyard.

viñedo *m* (large) vineyard.

viñeta *f* **-1.** [de tebeo] (individual) cartoon **-2.** [de libro] vignette.

vio ▻ **ver**.

viola ◇ *f* viola. ◇ *mf* viola player.

violáceo, a *adj* violet.

◆ **violáceo** *m* violet.

violación *f* **-1.** [de ley, derechos] violation, infringement **-2.** [de persona] rape **-3.** : ~ **de domicilio** unlawful entry.

violador, ra *adj & m,f* rapist.

violar *vt* **-1.** [ley, derechos, domicilio] to violate, to infringe **-2.** [persona] to rape.

violencia *f* **-1.** [agresividad] violence **-2.** [fuerza - de viento, pasiones] force **-3.** [incomodidad] embarrassment, awkwardness.

violentar *vt* **-1.** [incomodar] to embarrass, to cause to feel awkward **-2.** [forzar - cerradura] to force; [- domicilio] to break into.

◆ **violentarse** *vpr* [incomodarse] to get embarrassed, to feel awkward.

violentismo *m Amér* subversiveness.

violentista *adj Amér* subversive.

violento, ta *adj* **-1.** [gen] violent; [goce] intense **-2.** [incómodo] awkward.

violeta ◇ *f* [flor] violet. ◇ *adj inv & m* [color] violet.

violetera *f* violet seller.

violín ◇ *m* violin. ◇ *mf* violinist.

violinista *mf* violinist.

violón ◇ *m* double bass. ◇ *mf* double bass player.

violonchelista, violoncelista *mf* cellist.

violonchelo, violoncelo ◇ *m* cello. ◇ *mf* cellist.

VIP (*abrev de* **very important person**) *mf* VIP.

viperino, na *adj fig* venomous.

viraje *m* **-1.** [giro - AUTOM] turn; [- NÁUT] tack **-2.** FOT toning **-3.** *fig* [cambio] change of direction.

virar ◇ *vt* **-1.** [girar] to turn (round); NÁUT to tack, to put about **-2.** FOT to tone. ◇ *vi* [girar] to turn (round).

virgen ◇ *adj* [gen] virgin; [cinta] blank; [película] unused. ◇ *mf* [persona] virgin. ◇ *f* ARTE Madonna.

◆ **Virgen** *f*: **la Virgen** RELIG the (Blessed) Virgin; **¡Virgen santa!** good heavens!

virginal *adj* **-1.** [puro] virginal **-2.** RELIG Virgin *(antes de sust)*.

virginidad *f* virginity.

virgo *m* [virginidad] virginity.

◆ **Virgo** ◇ *m* [zodiaco] Virgo; **ser Virgo** to be (a) Virgo. ◇ *mf* [persona] Virgo.

virguería *f fam* gem; **hacer ~s** to do wonders.

vírico, ca *adj* viral.

viril *adj* virile, manly.

virilidad *f* virility.

virreina *f* vicereine.

virreinato, virreino *m* viceroyalty.

virrey *m* viceroy.

virtual *adj* **-1.** [posible] possible, potential **-2.** [casi real] virtual.

virtualidad *f* potential.

virtud *f* **-1.** [cualidad] virtue; ~ **cardinal/teologal** cardinal/theological virtue **-2.** [poder] power; **tener la** ~ **de** to have the power *o* ability to.

◆ **en virtud de** *loc prep* by virtue of.

virtuosismo *m* virtuosity.

virtuoso, sa ◇ *adj* [honrado] virtuous. ◇ *m,f* [genio] virtuoso.

viruela *f* **-1.** [enfermedad] smallpox **-2.** [pústula] pockmark; **picado de ~s** pockmarked.

virulé

◆ **a la virulé** *loc adj* **-1.** [torcido] crooked **-2.** [hinchado]: **un ojo a la** ~ a black eye.

virulencia *f* MED & *fig* virulence.

virulento, ta *adj* MED & *fig* virulent.

virus *m inv* [gen & INFORM] virus.

viruta *f* shaving.

vis

◆ **vis a vis** *loc adv* face-to-face.

◆ **vis cómica** *f* sense of humour.

visa *f Amér* visa.
visado *m* visa.
visar *vt* to endorse.
víscera *f* internal organ; **~s** entrails.
visceral *adj* ANAT & *fig* visceral; **un sentimiento/una reacción ~** a gut feeling/reaction.
viscosidad *f* **-1.** [cualidad] viscosity **-2.** [substancia] slime.
viscoso, sa *adj* [gen] viscous; [baboso] slimy.
◆ **viscosa** *f* [tejido] viscose.
visera *f* **-1.** [de gorra] peak **-2.** [de casco, suelta] visor **-3.** [de automóvil] sun visor.
visibilidad *f* visibility.
visible *adj* visible; **estar ~** [presentable] to be decent *o* presentable.
visigodo, da ◇ *adj* Visigothic. ◇ *m,f* Visigoth.
visillo *(gen pl) m* net/lace curtain.
visión *f* **-1.** [sentido, lo que se ve] sight **-2.** [alucinación, lucidez] vision; **ver visiones** to be seeing things **-3.** [punto de vista] (point of) view.
visionar *vt* to view privately.
visionario, ria *adj & m,f* visionary.
visir (*pl* **visires**) *m* vizier.
visita *f* **-1.** [gen] visit; [breve] call; **hacer una ~ a alguien** to visit sb, to pay sb a visit; **ir de ~** to go visiting; **pasar ~** MED to see one's patients; **~ a domicilio** house call; **~s médicas** doctor's rounds *(pl)*; **~ de cumplido** courtesy visit *o* call; **~ relámpago** flying visit **-2.** [visitante] visitor; **tener ~** *o* **~s** to have visitors **-3.** [a página web] hit.
visitador, ra ◇ *adj* fond of visiting. ◇ *m,f* [de laboratorio] medical sales representative.
visitante ◇ *adj* DEP visiting, away. ◇ *mf* visitor.
visitar *vt* [gen] to visit; [suj: médico] to call on.
vislumbrar *vt* **-1.** [entrever] to make out, to discern **-2.** [adivinar] to have an inkling of.
◆ **vislumbrarse** *vpr* **-1.** [entreverse] to be barely visible **-2.** [adivinarse] to become a little clearer.
vislumbre *m o f lit & fig* glimmer.
viso *m* **-1.** [aspecto]: **tener ~s de** to seem; **tiene ~s de verdad** it seems pretty true; **tiene ~s de hacerse realidad** it could become a reality **-2.** [reflejo - de tejido] sheen; [- de metal] glint.
visón *m* mink.
visor *m* **-1.** FOT viewfinder **-2.** [de arma] sight **-3.** [en fichero] file tab.
víspera *f* **-1.** [día antes] day before, eve; **en ~s de** on the eve of; **~ de festivo** day prior to a public holiday **-2.** *(gen pl)* RELIG evensong *(U)*, vespers *(U)*.
vista ▷ **visto**.
vistazo *m* glance, quick look; **echar** *o* **dar un ~ a** to have a quick look at.
viste ▷ **ver**.
vistiera *etc* ▷ **vestir**.
visto, ta ◇ *pp* ▷ **ver**. ◇ *adj*: **estar ~ que ...** to be clear that ...; **estar muy ~** to be old-fashioned; **estar bien/mal ~** to be considered good/frowned upon; **es lo no** *o* **nunca ~** you've never seen anything like it; **fue ~ y no ~** it happened just like that, it was over in a flash.
◆ **vista** ◇ *v* ▷ **vestir**. ◇ *f* **-1.** [sentido] sight, eyesight; [ojos] eyes *(pl)*; **se le nubló la vista** his eyes clouded over; **perder la vista** to lose one's sight, to go blind; **corto de vista** short-sighted; **vista cansada** eyestrain **-2.** [observación] watching **-3.** [mirada] gaze; **alzar/bajar la vista** to look up/down; **fijar la vista en** to fix one's eyes on, to stare at; **a la vista de** in full view of; **a primera** *o* **simple vista** [aparentemente] at first sight, on the face of it; **estar a la vista** [visible] to be visible; [muy cerca] to be staring one in the face **-4.** [panorama] view **-5.** DER hearing; **vista oral** hearing **-6.** *loc*: **a vista de pájaro** from a bird's eye view; **conocer a alguien de vista** to know sb by sight; **hacer la vista gorda** to turn a blind eye; **¡hasta la vista!** see you!; **no perder de vista a alguien/algo** [vigilar] not to let sb/sthg out of one's sight; [tener en cuenta] not to lose sight of sb/sthg, not to forget about sb/sthg; **perder de vista** [dejar de ver] to lose sight of; [perder contacto] to lose touch with; **saltar a la vista** to be blindingly obvious; **tener vista** to have vision *o* foresight; **volver la vista atrás** to look back.
◆ **vistas** *fpl* [panorama] view *(sg)*; **con vistas al mar** with a sea view.
◆ **visto bueno** *m*: **el ~ bueno** the go-ahead; **dar el ~ bueno (a algo)** to give the go-ahead (to sthg); **'~ bueno'** 'approved'.
◆ **a la vista** *loc adv* BANCA at sight.
◆ **con vistas a** *loc prep* with a view to.
◆ **en vista de** *loc prep* in view of, considering.
◆ **en vista de que** *loc conj* since, seeing as.
◆ **por lo visto** *loc adv* apparently.
◆ **visto que** *loc conj* seeing *o* given that.
vistoso, sa *adj* eye-catching.
visual ◇ *adj* visual. ◇ *f* line of sight.
visualización *f* **-1.** [gen] visualization **-2.** IN-

FORM display.
visualizar [13] *vt* **-1.** [gen] to visualize **-2.** INFORM to display.
vital *adj* [gen] vital; [ciclo] life *(antes de sust)*; [persona] full of life, vivacious.
vitalicio, cia *adj* for life, life *(antes de sust)*.
◆ **vitalicio** *m* **-1.** [pensión] life annuity **-2.** [seguro] life insurance policy.
vitalidad *f* vitality.
vitalizar [13] *vt* to vitalize.
vitamina *f* vitamin.
vitaminado, da *adj* with added vitamins, vitamin-enriched.
vitamínico, ca *adj* vitamin *(antes de sust)*.
viticultor, ra *m,f* wine grower, viticulturist.
viticultura *f* wine growing, viticulture.
vítor *(gen pl) m desus* cheer.
vitorear *vt* to cheer.
Vitoria GEOGR Vitoria.
vitoriano, no *adj* of/relating to Vitoria.
vitral *m* stained-glass window.
vítreo, a *adj* vitreous.
vitrina *f* **-1.** [en casa] display cabinet; [en tienda] showcase, glass case **-2.** *Andes, Ven* [escaparate] (shop) window.
vitro
◆ **in vitro** *loc adv* in vitro.
vituallas *fpl* provisions.
vituperar *vt* to criticize harshly, to condemn.
vituperio *m* harsh criticism, condemnation.
viudedad *f* **-1.** [viudez - de mujer] widowhood; [- de hombre] widowerhood **-2.**: **(pensión de)** ~ widow's/widower's pension.
viudo, da ◇ *adj* widowed; **quedarse** ~ to be widowed. ◇ *m,f* widower (*f* widow).
viva ◇ *m* cheer; **dar ~s** to cheer. ◇ *interj*: **¡~!** hurrah!; **¡~ el rey!** long live the King!
vivac = **vivaque.**
vivacidad *f* liveliness.
vivalavirgen *m y f inv* happy-go-lucky person.
vivales *m y f inv* crafty person.
vivamente *adv* **-1.** [relatar, describir] vividly **-2.** [afectar, emocionar] deeply.
vivaque, vivac *m* bivouac.
vivaracho, cha *adj* lively, vivacious.
vivaz *adj* **-1.** [color, descripción] vivid **-2.** [persona, discusión, ojos] lively **-3.** [ingenio, inteligencia] alert, sharp **-4.** BOT biennial.
vivencia *(gen pl) f* experience.
víveres *mpl* provisions, supplies.
vivero *m* **-1.** [de plantas] nursery **-2.** [de peces] fish farm; [de moluscos] bed.
viveza *f* **-1.** [de colorido, descripción] vividness **-2.** [de persona, discusión, ojos] liveliness; [de ingenio, inteligencia] sharpness.
vívido, da *adj* vivid.
vividor, ra *m,f despec* parasite, scrounger.
vivienda *f* **-1.** [alojamiento] housing **-2.** [morada] dwelling; ~ **de protección oficial** ≃ council house; ~ **de renta limitada** ≃ council house with fixed maximum rent *o* price.
viviente *adj* living.
vivificante *adj* [que da vida] life-giving; [que reanima] revitalizing.
vivificar [10] *vt* [dar vida] to give life to; [reanimar] to revitalize.
vivíparo, ra *adj* viviparous.
vivir ◇ *vt* [experimentar] to experience, to live through. ◇ *vi* [gen] to live; [estar vivo] to be alive; ~ **de** to live on *o* off; ~ **para algo/alguien** to live for sthg/sb; ~ **bien** [económicamente] to be well-off; [en armonía] to be happy; **no dejar ~ a alguien** not to give sb any peace; **¿quién vive?** who goes there?; ~ **para ver** who'd have thought it?
vivisección *f* vivisection.
vivito *adj*: ~ **y coleando** *fam* alive and kicking.
vivo, va *adj* **-1.** [existente - ser, lengua etc] living; **estar** ~ [persona, costumbre, recuerdo] to be alive **-2.** [dolor, deseo, olor] intense; [luz, color, tono] bright **-3.** [gestos, ojos, descripción] lively, vivid **-4.** [activo - ingenio, niño] quick, sharp; [- ciudad] lively **-5.** [pronunciado - ángulo etc] sharp **-6.** [genio] quick, hot.
◆ **vivos** *mpl*: **los ~s** the living.
◆ **en vivo** *loc adv* **-1.** [en directo] live **-2.** [sin anestesia] without anaesthetic.
vizcaíno, na *adj & m,f* Biscayan; **a la vizcaína** CULIN ▷ **bacalao.**
Vizcaya Vizcaya; **Golfo de ~** Bay of Biscay.
vizconde, desa *m,f* viscount (*f* viscountess).
VM (*abrev de* **Vuestra Majestad**) Your Majesty.
VO *f abrev de* **versión original.**
vocablo *m* word, term.
vocabulario *m* [riqueza léxica] vocabulary.
vocación *f* vocation, calling.
vocacional *adj* vocational.
vocal ◇ *adj* vocal. ◇ *mf* member. ◇ *f* vowel.
vocalista *mf* vocalist.
vocalización *f* vocalization.

vocalizar [13] *vi* to vocalize.

vocativo *m* vocative.

vocear ◇ *vt* **-1.** [gritar] to shout *o* call out **-2.** [llamar] to shout *o* call to **-3.** [vitorear] to cheer **-4.** [pregonar - mercancía] to hawk; [- secreto] to publicize. ◇ *vi* [gritar] to shout.

vocerío *m* shouting.

vociferante *adj* shouting.

vociferar *vi* to shout.

vodevil, vaudeville [boðe'βil] *m* vaudeville.

vodka ['boθka] *m,f* vodka.

vol. (*abrev de* **volumen**) vol.

volado, da *adj fam* [ido]: **estar ~** to be away with the fairies.

volador, ra *adj* flying.

◆ **volador** *m* **-1.** [pez] flying fish **-2.** [cohete] rocket.

voladura *f* [en guerras, atentados] blowing-up; [de edificio en ruinas] demolition *(with explosives)*; *MIN* blasting.

volandas

◆ **en volandas** *loc adv* in the air, off the ground.

volante ◇ *adj* flying. ◇ *m* **-1.** [para conducir] (steering) wheel; **estar** *o* **ir al ~** to be at the wheel **-2.** [de tela] frill, flounce **-3.** [del médico] (referral) note **-4.** [en bádminton] shuttlecock.

volantín *m Carib & Chile* kite.

volar [23] ◇ *vt* [en guerras, atentados] to blow up; [caja fuerte, puerta] to blow open; [edificio en ruinas] to demolish *(with explosives)*; *MIN* to blast. ◇ *vi* **-1.** [gen] to fly; [papeles etc] to blow away; **~ a** [una altura] to fly at; [un lugar] to fly to; **echar(se) a ~** to fly away *o* off **-2.** *fam* [desaparecer] to disappear, to vanish **-3.** *fig* [correr] to fly (off), to rush (off); **hacer algo volando** to do sthg at top speed; **me voy volando** I must fly *o* dash **-4.** *fig* [días, años] to fly by.

◆ **volarse** *vpr* [papeles etc] to be blown away.

volatería *f* birds *(pl)*, fowl.

volátil *adj QUÍM & fig* volatile.

volatilización *f* volatilization.

volatilizar [13] *vt* to volatilize.

◆ **volatilizarse** *vpr* **-1.** *FÍS* to volatilize, to evaporate **-2.** *fam fig* [persona] to vanish into thin air.

vol-au-vent = **volován.**

volcado *m INFORM*: **~ de pantalla** screen dump; **~ de pantalla en impresora** hard copy.

volcán *m* volcano.

volcánico, ca *adj* volcanic.

volcar [36] ◇ *vt* **-1.** [tirar] to knock over; [carretilla] to tip up **-2.** [vaciar] to empty out. ◇ *vi* [coche, camión] to overturn; [barco] to capsize.

◆ **volcarse** *vpr* **-1.** [esforzarse]: **~se (con/en)** to bend over backwards (for/in) **-2.** [caerse] to fall over.

volea *f* volley.

voleibol *m* volleyball.

voleo *m* volley; **a** *o* **al ~** [arbitrariamente] randomly, any old how.

Volga *m*: **el ~** the (River) Volga.

volitivo, va *adj* voluntary.

volován (*pl* **volovanes**), **vol-au-vent** [bolo'βan] (*pl* **vol-au-vents**) *m* vol-au-vent.

volqué *etc* ▷ **volcar.**

volquete *m* dumper truck, dump truck *US*.

voltaico, ca *adj* voltaic.

voltaje *m* voltage.

voltear ◇ *vt* **-1.** [heno, crepe, torero] to toss; [tortilla - con plato] to turn over; [mesa, silla] to turn upside-down **-2.** *Amér* [derribar] to knock over; *Andes, CAm, Carib, Méx* [volver] to turn. ◇ *vi Méx* [torcer] to turn, to go round.

◆ **voltearse** *vpr Andes, CAm, Carib, Méx* [volverse] to turn around.

voltereta *f* [en el suelo] handspring; [en el aire] somersault; **dar una ~** to do a somersault; **~ lateral** cartwheel.

voltímetro *m* voltmeter.

voltio *m* volt.

volubilidad *f* changeability, fickleness.

voluble *adj* changeable, fickle.

volumen *m* **-1.** [gen & *COM*] volume; **a todo ~** at full blast; **subir/bajar el ~** [de aparato] to turn up/down the volume; **sube el ~ que no te oímos** speak up, please, we can't hear you; **~ de contratación** *ECON* trading volume; **~ de negocio** *o* **ventas** turnover **-2.** [espacio ocupado] size, bulk.

voluminoso, sa *adj* bulky.

voluntad *f* **-1.** [determinación] will, willpower; **~ de hierro** iron will **-2.** [intención] intention; **buena ~** goodwill; **mala ~** ill will **-3.** [deseo] wishes *(pl)*, will; **contra la ~ de alguien** against sb's will **-4.** [albedrío] free will; **a ~** [cuanto se quiere] as much as one likes; **por ~ propia** of one's own free will **-5.** [cantidad]: **¿qué le debo? – la ~** what do I owe you? – whatever you think fit.

voluntariado *m* voluntary enlistment.

voluntariedad *f* **-1.** [intencionalidad] volition **-2.** [no obligatoriedad] voluntary nature.

voluntario, ria ◇ *adj* voluntary. ◇ *m,f* volunteer.

voluntarioso, sa *adj* [esforzado] willing.

voluptuosidad *f* voluptuousness.

voluptuoso, sa *adj* voluptuous.

voluta *f* spiral.

volver [24] ◇ *vt* **-1.** [dar la vuelta a] to turn round; [lo de arriba abajo] to turn over **-2.** [poner del revés - boca abajo] to turn upside down; [- lo de dentro fuera] to turn inside out; [- lo de detrás delante] to turn back to front **-3.** [cabeza, ojos etc] to turn **-4.** [convertir en]**: eso le volvió un delincuente** that made him a criminal, that turned him into a criminal. ◇ *vi* [ir de vuelta] to go back, to return; [venir de vuelta] to come back, to return; ~ **de** to come back from; ~ **atrás** to turn back; **yo allí no vuelvo** I'm not going back there; **vuelve, no te vayas** come back, don't go; ~ **en sí** to come to, to regain consciousness.
◆ **volver a** *vi* [reanudar] to return to; ~ **a hacer algo** [hacer otra vez] to do sthg again.
◆ **volverse** *vpr* **-1.** [darse la vuelta, girar la cabeza] to turn round **-2.** [ir de vuelta] to go back, to return; [venir de vuelta] to come back, to return **-3.** [convertirse en] to become; ~**se loco/pálido** to go mad/pale **-4.** *loc*: ~**se atrás** [de una afirmación, promesa] to go back on one's word; [de una decisión] to change one's mind, to back out; ~**se (en) contra (de) alguien** to turn against sb.

vomitar ◇ *vt* **-1.** [devolver] to vomit, to bring up **-2.** *fig* [expresar] to come out with. ◇ *vi* to vomit, to be sick.

vomitera *f* acute vomiting *(U)*.

vomitivo, va *adj* **-1.** *MED* emetic **-2.** *fig* [asqueroso] sickening, repulsive.
◆ **vomitivo** *m* emetic.

vómito *m* **-1.** [acción] vomiting **-2.** [substancia] vomit *(U)*.

voracidad *f* voraciousness.

vorágine *f fig* confusion, whirl.

voraz *adj* **-1.** [persona, apetito] voracious **-2.** *fig* [fuego, enfermedad] raging.

vórtice *m* **-1.** [de agua] whirlpool, vortex **-2.** [de aire] whirlwind.

vos *pron personal Amér* [tú - sujeto] you; [- objeto] you.

VOSE (*abrev de* **versión original subtitulada en español**) *f CIN original language version subtitled in Spanish*.

vosotros, tras *pron pers* you *(pl)*.

votación *f* vote, voting *(U)*; **decidir algo por ~** to put sthg to the vote; ~ **a mano alzada** show of hands.

votante *mf* voter.

votar ◇ *vt* **-1.** [partido, candidato] to vote for; [ley] to vote on **-2.** [aprobar] to pass, to approve *(by vote)*. ◇ *vi* to vote; ~ **por** [emitir un voto por] to vote for; *fig* [estar a favor de] to be in favour of; ~ **por que ...** to vote (that) ...; ~ **en blanco** to return a blank ballot paper.

voto *m* **-1.** [gen] vote; ~ **de confianza/censura** vote of confidence/no confidence; ~ **por correspondencia** *o* **correo** postal vote; ~ **de calidad** casting vote; ~ **de castigo** vote against one's own party; ~ **secreto** secret ballot **-2.** *RELIG* vow; **hacer ~ de** to vow to; ~ **de castidad/pobreza/silencio** vow of chastity/poverty/silence **-3.** [ruego] prayer, plea; **hacer ~s por** to pray for; ~**s de felicidad** best wishes.

voy ▷ **ir**.

voyeur [bwa'jer] (*pl* **voyeurs**) ◇ *adj* voyeuristic. ◇ *m,f* voyeur.

voyeurismo [bwaje'rismo] *m* voyeurism.

vóytelas *interj Amér fam* good grief!

voz *f* **-1.** [gen & *GRAM*] voice; **a media ~** in a low voice, under one's breath; **a ~ en cuello** *o* **grito** at the top of one's voice; **aclarar** *o* **aclararse la ~** to clear one's throat; **alzar** *o* **levantar la ~ a alguien** to raise one's voice to sb; **en ~ alta** aloud; **en ~ baja** softly, in a low voice; **mudó la ~** his voice broke; **tener la ~ tomada** to be hoarse; ~ **activa/pasiva** *GRAM* active/passive voice; **la ~ de la conciencia** the voice of conscience; ~ **en off** *CIN* voice-over; *TEATR* voice offstage **-2.** [grito] shout; **a voces** shouting; **dar voces** to shout **-3.** [vocablo] word; **dar la ~ de alerta** to raise the alarm; ~ **de mando** order, command **-4.** [derecho a expresarse] say, voice; **no tener ni ~ ni voto** to have no say in the matter **-5.** *loc*: **correr la ~** to spread the word; **estar pidiendo algo a voces** to be crying out for sthg; **llevar la ~ cantante** to be the boss.

vozarrón *m fam* loud voice.

VPO (*abrev de* **vivienda de protección oficial**) *f* ≃ council house/flat *UK*, ≃ public housing unit *US*.

VTR (*abrev de* **videotape recording**) *f* VTR.

vudú *(en aposición inv) m* voodoo.

vuela ▷ **volar**.

vuelca ▷ **volcar**.

vuelco *m* upset; **dar un ~** [coche] to overturn; [relaciones] to change completely; [empresa] to go to ruin; **me dio un ~ el corazón** my heart missed *o* skipped a beat.

vuele ▷ **volar**.

vuelo *m* **-1.** [gen & *AERON*] flight; **alzar** *o* **emprender** *o* **levantar el ~** [despegar] to take flight, to fly off; *fig* [irse de casa] to fly the nest; **coger algo al ~** [en el aire] to catch sthg in flight; *fig* [rápido] to catch on to sthg very quickly; **remontar el ~** to soar; **~ chárter/regular** charter/scheduled flight; **~ espacial** space flight; **~ libre** hang gliding; **~ sin motor** gliding; **~s nacionales** domestic flights; **de altos ~s, de mucho ~** of great importance; **no se oía el ~ de una mosca** you could have heard a pin drop **-2.** [de vestido] fullness; **una falda de ~** a full skirt.

vuelque ▻ volcar.

vuelta *f* **-1.** [gen] turn; [acción] turning; **dar una ~ (a algo)** [recorriéndolo] to go round (sthg); **dar la ~ al mundo** to go around the world; **darse la ~** to turn round; **dar ~s (a algo)** [girándolo] to turn (sthg) round; **media ~** *MIL* about-turn; *AUTOM* U-turn; **~ al ruedo** *TAUROM* bullfighter's lap of honour **-2.** *DEP* lap; **~ (ciclista)** tour **-3.** [regreso, devolución] return; **billete de ida y ~** return ticket; **a la ~** [volviendo] on the way back; [al llegar] on one's return; **estar de ~** to be back **-4.** [paseo]: **dar una ~** to go for a walk **-5.** [dinero sobrante] change **-6.** [ronda, turno] round **-7.** [parte opuesta] back, other side; **a la ~ de la esquina** *lit* & *fig* round the corner; **a la ~ de la página** over the page **-8.** [cambio, avatar] change; **dar la** *o* **una ~** *fig* to turn around completely **-9.** [de pantalón] turn-up *UK*, cuff *US*; [de manga] cuff **-10.** [en labor de punto] row **-11.** *loc*: **a la ~ de** [tras] at the end of; **a ~ de correo** by return of post; **dar la ~ a la tortilla** *fam* to turn the tables; **darle cien ~s a alguien** to knock spots off sb; **dar una ~/dos** *etc* **~s de campana** [coche] to turn over once/twice *etc*; **darle ~s a algo** to turn sthg over in one's mind; **estar de ~ de algo** to be blasé about sthg; **estar de ~ de todo** to be in the know; **la cabeza me da ~s** my head's spinning; **no tiene ~ de hoja** there are no two ways about it; **poner a alguien de ~ y media** [criticar] to call sb all the names under the sun; [regañar] to give sb a good telling-off; **sin ~ de hoja** irrevocable.

vuelto, ta ◇ *pp* ▻ **volver**. ◇ *adj* turned.
◆ **vuelto** *m Amér* change.

vuelva *etc* ▻ **volver**.

vuestro, tra ◇ *adj poses* your; **~ libro/amigo** your book/friend; **este libro es ~** this book is yours; **un amigo ~** a friend of yours; **no es asunto ~** it's none of your business. ◇ *pron poses*: **el ~** yours; **los ~s están en la mesa** yours are on the table; **lo ~ es el teatro** [lo que hacéis bien] you should be on the stage; **los ~s** *fam* [vuestra familia] your folks; [vuestro bando] your lot, your side.

vulcanología *f* vulcanology.

vulgar *adj* **-1.** [no refinado] vulgar **-2.** [corriente, ordinario] ordinary, common; **~ y corriente** ordinary **-3.** [no técnico] non-technical, lay.

vulgaridad *f* **-1.** [grosería] vulgarity; **hacer/decir una ~** to do/say sthg vulgar **-2.** [banalidad] banality.

vulgarismo *m GRAM* vulgarism.

vulgarización *f* popularization.

vulgarizar [13] *vt* to popularize.
◆ **vulgarizarse** *vpr* to become popular *o* common.

vulgo *m despec*: **el ~** [plebe] the masses *(pl)*, the common people *(pl)*; [no expertos] the lay public *(U)*.

vulnerabilidad *f* vulnerability.

vulnerable *adj* vulnerable.

vulneración *f* **-1.** [de prestigio etc] harming, damaging **-2.** [de ley, pacto etc] violation, infringement.

vulnerar *vt* **-1.** [prestigio etc] to harm, to damage **-2.** [ley, pacto etc] to violate, to break.

vulva *f* vulva.

w, W *f* [letra] w, W.

wagon-lit [ba'gon'lit] (*pl* **wagons-lits**) *m* sleeping car.

walkie-talkie ['walki'talki] (*pl* **walkie-talkies**) *m* walkie-talkie.

walkman® ['walkman] (*pl* **walkmans**) *m* Walkman®.

WAP (*abrev de* **wireless application protocol**) *m* WAP.

Washington ['waʃiŋton] Washington.

wáter ['bater] (*pl* **wáteres**), **váter** (*pl* **váte-**

res) *m* toilet.
waterpolo [water'polo] *m* water polo.
watio = **vatio**.
WC (*abrev de* **water closet**) *m* WC.
Web [web] *f*: **la (World Wide)** ~ the (World Wide) Web.
western ['wester] (*pl* **westerns**) *m* CIN western.
whisky ['wiski] = **güisqui**.
windsurf ['winsurf], **windsurfing** ['winsurfin] *m* windsurfing.
WWW (*abrev de* **World Wide Web**) *f* WWW.

x, X *f* [letra] x, X.
◆ **X** *mf*: **la señora X** Mrs X.
xenofobia *f* xenophobia.
xenófobo, ba <> *adj* xenophobic. <> *m,f* xenophobe.
xerografía *f* photocopying, xerography.
xilofón, xilófono *m* xylophone.
xilografía *f* **-1.** [técnica] xylography, wood engraving **-2.** [impresión] xylograph, wood engraving.

y¹, Y *f* [letra] y, Y.
y² *conj* **-1.** [gen] and; **un ordenador ~ una impresora** a computer and a printer; **horas ~ horas de espera** hours and hours of waiting **-2.** [pero] and yet; **sabía que no lo conseguiría ~ seguía intentándolo** she knew she wouldn't manage it and yet she kept on trying **-3.** [en preguntas] what about; **¿~ tu mujer?** what about your wife?
ya <> *adv* **-1.** [en el pasado] already; **~ me lo habías contado** you had already told me; **~ en 1926** as long ago as 1926 **-2.** [ahora] now; [inmediatamente] at once; **hay que hacer algo ~** something has to be done now/at once; **bueno, yo ~ me voy** right, I'm off now; **~ no es así** it's no longer like that **-3.** [en el futuro]: **~ te llamaré** I'll give you a ring some time; **~ hablaremos** we'll talk later; **~ nos habremos ido** we'll already have gone; **~ verás** you'll (soon) see **-4.** [refuerza al verbo]: **~ entiendo/lo sé** I understand/know. <> *conj* [distributiva]: **~ (sea) por ... ~ (sea) por ...** whether for ... or ... <> *interj*: **¡~!** [expresa asentimiento] right!; [expresa comprensión] yes!; **¡~, ~!** *irón* sure!, yes, of course!
◆ **ya no** *loc adv*: **~ no ... sino** not only ..., but.
◆ **ya que** *loc conj* since; **~ que has venido, ayúdame con esto** since you're here, give me a hand with this.
yacente, yaciente *adj* [gen] lying; ARTE recumbent, reclining.
yacer [77] *vi* to lie.
yaciente = **yacente**.
yacimiento *m* **-1.** [minero] bed, deposit; **~ de petróleo** oilfield **-2.** [arqueológico] site.
yaga *etc* ▻ **yacer**.
yanqui <> *adj* **-1.** HIST Yankee (*antes de sust*) **-2.** *fam* [estadounidense] *pejorative term relating to the US*, yank (*antes de sust*). <> *mf* **-1.** HIST Yankee **-2.** *fam* [estadounidense] *pejorative term referring to a person from the US*, yank.
yantar *desus* <> *m* fare, food. <> *vt* to eat.
yarda *f* yard.
yate *m* yacht.
yayo, ya *m,f fam* grandad (*f* grandma).
yazca, yazga *etc* ▻ **yacer**.
yegua *f* mare.
yeísmo *m pronunciation of Spanish 'll' as 'y'*.
yelmo *m* helmet.
yema *f* **-1.** [de huevo] yolk **-2.** [de planta] bud, shoot **-3.** [de dedo] fingertip **-4.** CULIN *sweet made from sugar and egg yolk*.
Yemen: **(el) ~** Yemen.
yemenita *adj & m,f* Yemeni.
yen (*pl* **yenes**) *m* yen.
yerba = **hierba**; **~ mate** RP yerba maté.
yerbatero *m Andes, Carib* [curandero] healer; [vendedor de hierbas] herbalist.

yerga *etc* ▷ **erguir.**
yermo, ma *adj* **-1.** [estéril] barren **-2.** [despoblado] uninhabited.
◆ **yermo** *m* wasteland.
yerno *m* son-in-law.
yerra *etc* ▷ **errar.**
yerro *m* ***desus*** mistake, error.
yesca *f* tinder.
yesería *f* [fábrica] gypsum kiln.
yesero, ra ◇ *adj* plaster *(antes de sust).* ◇ *m,f* **-1.** [fabricante] plaster manufacturer **-2.** [obrero] plasterer.
yeso *m* **-1.** GEOL gypsum **-2.** CONSTR plaster **-3.** ARTE gesso.
yeti *m* yeti.
yeyé (*pl* **yeyés**) *adj* sixties.
yiddish, jiddisch *m* Yiddish.
yiu-yitsu, jiu-jitsu *m* jujitsu.
yo ◇ *pron pers* **-1.** *(sujeto)* I; ~ **me llamo Luis** I'm called Luis **-2.** *(predicado)*: **soy** ~ it's me **-3.** *loc*: ~ **que tú/él** *etc* if I were you/him *etc.* ◇ *m* PSICOL: **el** ~ the ego.
yodado, da *adj* iodized.
yodo, iodo *m* iodine.
yoga *m* yoga.
yogui *mf* yogi.
yogur (*pl* **yogures**), **yogurt** (*pl* **yogurts**) *m* yoghurt.
yogurtera *f* yoghurt maker.
yonqui *mf* ***fam*** junkie.
yóquey (*pl* **yóqueys**), **jockey** (*pl* **jockeys**) *m* jockey.
yoyó *m* yoyo.
yuca *f* **-1.** BOT yucca **-2.** CULIN cassava, manioc.
yudo, judo ['juðo] *m* judo.
yudoka, judoka [ju'ðoka] *mf* judoist, judoka.
yugo *m* ***lit & fig*** yoke.
Yugoslavia Yugoslavia.
yugoslavo, va ◇ *adj* Yugoslavian. ◇ *m,f* Yugoslav.
yugular *adj & f* jugular.
yunque *m* anvil.
yunta *f* **-1.** [de bueyes etc] yoke, team **-2.** ***Amér*** [esposas] cufflink.
yuppie (*pl* **yuppies**), **yuppi** *m y f* yuppie.
yute *m* jute.
yuxtaponer [65] *vt* to juxtapose.
◆ **yuxtaponerse** *vpr*: ~**se (a)** to be juxtaposed (with).
yuxtaposición *f* juxtaposition.
yuxtapuesto, ta *pp* ▷ **yuxtaponer.**
yuyo *m* ***CSur*** [hierba medicinal] medicinal herb; [hierba mala] weed; [hierba silvestre] wild herb.

Z

z, Z *f* [letra] z, Z.
zacate *m* ***CAm, Méx*** fodder.
zafacón *m* ***Carib*** rubbish bin.
zafarrancho *m* **-1.** NÁUT clearing of the decks; ~ **de combate** MIL call to action stations **-2.** ***fig*** [destrozo] mess; **se armó un** ~ there as a lot of trouble **-3.** ***fig*** [riña] row, fracas.
zafarse *vpr* to get out of it, to escape; ~ **de** [persona] to get rid of; [obligación] to get out of.
zafiedad *f* roughness, uncouthness.
zafio, fia *adj* rough, uncouth.
zafiro *m* sapphire.
zaga *f* DEP defence; **a la** ~ behind, at the back; **no irle a la** ~ **a alguien** to be every bit *o* just as good as sb.
zaguán *m* (entrance) hall.
zaherir *vt* **-1.** [herir] to hurt **-2.** [burlarse de] to mock **-3.** [criticar] to pillory.
zahorí (*pl* **zahoríes**) *m,f* **-1.** [de agua] water diviner **-2.** ***fig*** [clarividente] mind reader.
zaino, na *adj* **-1.** [caballo] chestnut **-2.** [res] black.
Zaire Zaire.
zalamería *(gen pl) f* flattery *(U)*; **hacerle** ~**s a alguien** to sweet talk sb.
zalamero, ra ◇ *adj* flattering; ***despec*** smooth-talking. ◇ *m,f* flatterer; ***despec*** smooth talker.
zamarra *f* sheepskin jacket.
Zambia Zambia.
zambo, ba ◇ *adj* knock-kneed. ◇ *m,f* knock-kneed person.
zambomba *f* MÚS *type of rustic drum.*
zambombazo *m* bang.
zambullida *f* dive; **darse una** ~ [baño] to go for a dip.

zambullir *vt* to dip, to submerge.
◆ **zambullirse** *vpr*: **~se (en)** [agua] to dive (into); [actividad] to immerse o.s. (in).
zampar *fam vi* to gobble.
◆ **zamparse** *vpr* to scoff, to wolf down.
zanahoria *f* carrot.
zanca *f* [de ave] leg, shank.
zancada *f* stride.
zancadilla *f* trip; **poner una** *o* **la ~ a alguien** [hacer tropezar] to trip sb up; [engañar] to trick sb.
zancadillear *vt* **-1.** [hacer tropezar] to trip up **-2.** *fig* [engañar] to trick.
zanco *m* stilt.
zancudo, da *adj* long-legged.
◆ **zancudo** *m Amér* mosquito.
◆ **zancuda** *f* wader.
zanganear *vi fam* to laze about.
zángano, na *m,f* *fam* [persona] lazy oaf, idler.
◆ **zángano** *m* [abeja] drone.
zanja *f* ditch.
zanjar *vt* [poner fin a] to put an end to; [resolver] to settle, to resolve.
zapallito *m* *CSur* [calabacín] courgette *UK*, zucchini *US*.
zapallo *m Andes, RP* [calabaza] pumpkin.
zapata *f* **-1.** [cuña] wedge **-2.** [de freno] shoe.
zapateado *m type of flamenco music and dance.*
zapatear *vi* to stamp one's feet.
zapatería *f* **-1.** [oficio] shoemaking **-2.** [taller] shoemaker's **-3.** [tienda] shoe shop.
zapatero, ra *m,f* **-1.** [fabricante] shoemaker **-2.** [reparador]: **~ (de viejo** *o* **remendón)** cobbler; **¡~ a tus zapatos!** mind your own business! **-3.** [vendedor] shoe seller.
zapatilla *f* **-1.** [de baile] shoe, pump; [de estar en casa] slipper; [de deporte] sports shoe, trainer **-2.** [de grifo] washer.
zapato *m* shoe; **~ de salón** court shoe; **~ de tacón** high heeled shoe; **saber alguien dónde le aprieta el ~** to know which side one's bread is buttered.
zapping ['θapin] *m inv* channel-hopping; **hacer ~** to channel-hop.
zar, zarina *mf* tsar (*f* tsarina), czar (*f* czarina).
zarabanda *f* **-1.** [danza] saraband **-2.** *fig* [jaleo] commotion, uproar.
Zaragoza Saragossa.
zaragozano, na *adj* of/relating to Saragossa.
zarandear *vt* **-1.** [cosa] to shake **-2.** [persona] to jostle, to knock about.
zarandeo *m* **-1.** [sacudida] shake, shaking *(U)* **-2.** [empujón] pushing *(U)* *o* knocking *(U)* about.
zarista *adj & m,f* Tsarist, Czarist.
zarpa *f* **-1.** [de animal - uña] claw; [- mano] paw **-2.** *fam* [de persona] paw, hand.
zarpar *vi* to weigh anchor, to set sail; **~ rumbo a** to set sail for.
zarpazo *m* clawing *(U)*.
zarrapastroso, sa ◇ *adj* scruffy, shabby. ◇ *m,f* scruff.
zarza *f* bramble, blackberry bush.
zarzal *m* bramble patch.
zarzamora *f* blackberry.
zarzaparrilla *f* sarsaparilla.
zarzuela *f* **-1.** *MÚS* zarzuela, *Spanish light opera* **-2.** *CULIN fish stew in a spicy sauce.*

ZARZUELA

Zarzuela in the musical sense is a form of light opera which combines song, dance and spoken dialogue. It usually portrays everyday life in Spain, and the music is often based on traditional Spanish folk songs. In culinary terms, a *zarzuela* is a fish dish made with a tomato, onion, garlic and flour sauce.

zas *interj*: **¡~!** wham!, bang!
zen ◇ *adj inv* Zen *(antes de sust)*. ◇ *m* Zen.
zenit, cenit *m lit & fig* zenith.
zepelín (*pl* **zepelines**) *m* zeppelin.
zigzag (*pl* **zigzags** *o* **zigzagues**) *m* zigzag; **caminar en ~** to walk in a zigzag.
zigzaguear *vi* to zigzag.
Zimbabue Zimbabwe.
zinc = **cinc**.
zíngaro, ra = **cíngaro**.
zíper *m CAm, Méx, Ven* zip *UK*, zipper *US*.
zipizape *m fam* squabble, set-to.
zócalo *m* **-1.** [de pared] skirting board **-2.** [de edificio, pedestal] plinth **-3.** [pedestal] pedestal.
zoco *m* souk, Arabian market.
zodiacal *adj* zodiacal.
zodiaco, zodíaco *m* zodiac.
zombi, zombie *mf lit & fig* zombie.
zona *f* zone, area; **~ azul** *AUTOM* restricted parking zone; **~ catastrófica** disaster area; **~ de exclusión** exclusion zone; **~ franca** *COM* free-trade zone; **~ de urgente reindustrialización** *ECON region given priority status for industrial investment*, ≃ enterprise zone *UK*; **~ verde** [grande] park; [pequeño] lawn.
zoo *m* zoo.
zoología *f* zoology.

zoológico, ca *adj* zoological.
◆ **zoológico** *m* zoo.
zoólogo, ga *m,f* zoologist.
zoom [θum] (*pl* **zooms**) *m* FOT zoom.
zopenco, ca *fam* ◇ *adj* idiotic, daft. ◇ *m,f* idiot, nitwit.
zoquete ◇ *adj* stupid. ◇ *m* **CSur** [calcetín] ankle sock. ◇ *mf* [tonto] blockhead, idiot.
zorro, rra ◇ *adj* foxy, crafty; **no tener ni zorra idea** I haven't got a bloody clue. ◇ *m,f* ***lit*** & ***fig*** fox; ~ **azul** blue fox.
◆ **zorro** *m* [piel] fox (fur).
◆ **zorra** *f* ***mfam despec*** [ramera] whore, tart, hooker ***US***.
◆ **zorros** *mpl* [utensilio] feather duster *(sg)*; **estar hecho unos ~s** ***fam*** [cansado, maltrecho] to be whacked, to be done in; [enfurecido] to be fuming.
zozobra *f* anxiety, worry.
zozobrar *vi* **-1.** [naufragar] to be shipwrecked **-2.** ***fig*** [fracasar] to fall through.
zueco *m* clog.
zulo *m* hideout.
zulú (*pl* **zulúes**) *adj* & *m,f* Zulu.
zumbado, da *fam* ◇ *adj* crazy. ◇ *m,f* crazy person.
zumbador *m* buzzer.
zumbar ◇ *vi* [gen] to buzz; [máquinas] to whirr, to hum; **me zumban los oídos** my ears are buzzing. ◇ *vt* ***fam*** to bash, to thump; **vino zumbando** he came running.
zumbido *m* [gen] buzz, buzzing *(U)*; [de máquinas] whirr, whirring *(U)*.
zumbón, ona *fam* ◇ *adj* funny, joking. ◇ *m,f* joker, tease.
zumo *m* juice.
zurcido *m* **-1.** [acción] darning **-2.** [remiendo] darn.
zurcidor, ra *m,f* darner, mender.
zurcir [12] *vt* to darn; **¡anda y que te zurzan!** ***fam*** on your bike!, get lost!
zurdo, da ◇ *adj* [mano etc] left; [persona] left-handed. ◇ *m,f* [persona] left-handed person.
◆ **zurda** *f* **-1.** [mano] left hand **-2.** [pie] left foot.
Zurich ['θurik] Zurich.
zurra *f* beating, hiding; **dar una ~ a alguien** to give sb a hiding.
zurrar *vt* **-1.** [pegar] to beat, to thrash **-2.** [curtir] to tan.
zurza *etc* ▷ **zurcir**.
zutano, na *m,f* so-and-so, what's-his-name (*f* what's-her-name).

Vivir en el Reino Unido y Estados Unidos

ÍNDICE

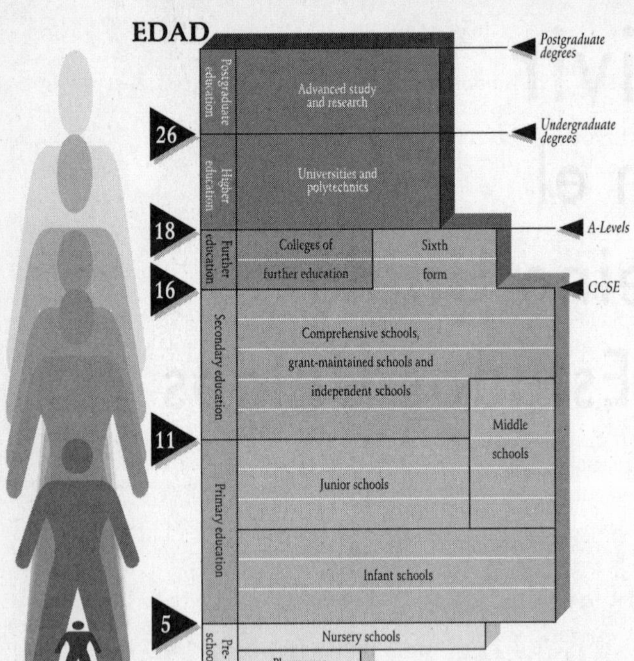

En el Reino Unido la educación es obligatoria para niños entre los 5 y 16 años de edad. La responsabilidad educativa se halla en gran parte descentralizada (es decir controlada por las autoridades locales), y el sistema está estructurado de la siguiente manera:

Educación Preescolar (hasta los 5 años) No es obligatoria, aunque a partir de los dos años de edad los niños pueden inscribirse en jardines infantiles. Muchos niños en edad preescolar acuden a grupos de actividades lúdico-educativas *(playgroups)* dirigidos por padres.

Educación Primaria (entre 5 y 11 años) Se lleva a cabo en escuelas primarias, normalmente divididas en escuelas para niños de 5 a 7 años *(infant schools)*, y de 7 a 11 años *(junior schools)*. Algunas autoridades locales optan por colegios para niños de 8 a 12 años *(middle schools)*, quienes pasan luego a colegios secundarios (*upper secondary schools*). Algunas escuelas primarias privadas se llaman *prep(aratory)* schools.

Educación Secundaria (de 11 a 16/18 años) Se lleva a cabo en colegios del estado o en colegios privados.

- Los **Institutos de Segunda Enseñanza** *(comprehensive schools)* ofrecen educación gratuita para todos los niños, sin distinción de aptitudes. La mayoría de los niños británicos asisten a ellos.

- Las **Escuelas Privadas** *(independent schools)*, son instituciones privadas financiadas por los padres. Son generalmente conocidas como *private schools* o

también *public schools*, forman a una minoría (aproximadamente el 6% de los niños en edad escolar), e incluyen a escuelas famosas como *Eton* y *Harrow*.

- Las **Escuelas Subsidiadas** *(grant-maintained schools)* son escuelas autónomas que reciben subsidios directamente del gobierno.

Plan de Estudios Durante los primeros cinco años de educación secundaria, la mayoría de los alumnos sigue un Plan Nacional de Estudios (National Curriculum). A los 16 años, hacen un examen llamado *General Certificate of Secondary Education (GCSE)*. Aproximadamente el 50% de los estudiantes deja la escuela a los 16 años, con o sin este certificado.

- **A-Levels** Los estudiantes que desean ir a la universidad deben continuar sus estudios durante dos años más, realizando dos cursos a tiempo completo en los que se preparan para hacer los exámenes *GCE Advanced Level* (llamados *A-Levels* en Inglaterra, Gales e Irlanda del Norte). Los exámenes están divididos en dos partes: el *AS level* al final del primer año, y el *A2 level* al cabo del segundo año. En Escocia, los alumnos se preparan para unos exámenes que se llaman *Highers*.

Educación Secundaria no Obligatoria (*Further Education*) (de 16 a 18 años)

Los estudiantes que continúan los estudios para hacer los *A-Levels* suelen permanecer en la misma escuela por dos años más *(sixth form)*, o pasar a otros centros llamados *sixth-form colleges*. En muchos casos los cursos son de orientación profesional, y son suministrados por instituciones tales como los *colleges of further education*, o escuelas de arte y de agricultura.

Enseñanza Superior (desde los 18 años) Es proporcionada por universidades. La admisión depende de contar con una cantidad mínima de *A-Levels* con buenos resultados, y la competencia por las plazas es intensa. Los estudiantes pueden conseguir préstamos bancarios, con bajos tipos de interés. Por lo general los cursos universitarios duran tres años.

Educación de Adultos Es suministrada por centros de educación posescolar y por los departamentos externos de algunas universidades. Los adultos también pueden realizar estudios a distancia para obtener un título en la Universidad de Educación a Distancia (*Open University*, fundada en 1969), que ofrece cursos universitarios y de postgrado por correspondencia. No hacen falta títulos previos para cursar estos estudios, y el trabajo se sustenta en libros de texto, programas de radio y televisión, y clases individuales.

Oxbridge y Los Otros

Oxford y *Cambridge*, conocidas a nivel colectivo como *Oxbridge* y fundadas en el siglo XIII, se distinguen tanto de aquellas universidades del Reino Unido que fueron fundadas en la década de los 60, como de las ex escuelas politécnicas, cuya categoría universitaria les fue otorgada a comienzos de la década de los 90. Aunque actualmente el 50% de los estudiantes de *Oxford* y *Cambridge* provienen de escuelas del estado, persiste la creencia de que gozan de una situación privilegiada. Esto se debe a la desproporcionada cantidad de licenciados de *Oxbridge* que ejerce profesiones importantes como economía, política y derecho.

ADMINISTRACIÓN 4

La sigla *UK*, abreviatura de *United Kingdom* (Reino Unido), es la forma abreviada para referirse a Gran Bretaña e Irlanda del Norte. Gran Bretaña está formada por Inglaterra, Gales y Escocia. Las Islas Británicas están compuestas por Gran Bretaña, Irlanda e islas adjuntas, como las Islas del Canal de la Mancha y la Isla de Man. Los cuatro países que integran el Reino Unido tienen un sólo gobierno, aunque el Parlamento Escocés y la Asamblea Galesa, se ocupan de los asuntos internos de estas regiones. Cada nación tiene su propia identidad cultural. En Gales se habla mucho el galés, lengua celta propia de Gales, (hay un canal de televisión - ver **Medios de comunicación** - y la mayoría de las señales de tráfico están también en galés), aunque el inglés sigue siendo el idioma más extendido. Escocia goza de mayor autonomía que Gales, y tiene su propio sistema educativo y legal. El gaélico, lengua celta de Escocia, está menos generalizado que el galés, pero es corriente en las Tierras Altas de Escocia (*Highlands*) y en las islas escocesas. Irlanda está políticamente dividida en Irlanda del Norte, donde la población es mayorita-riamente protestante, y la República de Irlanda (llamada *Eire* en gaélico irlandés), mayoritariamente católica; la República ha sido independiente de Gran Bretaña desde 1921.

País	Área (millas cuadradas)	Población
■ Inglaterra	50.377	46.161.000
■ Gales	8.081	2.798.000
■ Escocia	30.420	4.957.000
■ Irlanda del Norte	5.452	1.583.000

Geografía Desde la costa sur de Inglaterra hasta el punto extremo norte de Escocia son casi 620 millas (998 Km), y tiene menos de 310 millas (499 Km) en su punto más ancho. Ningún lugar de Gran Bretaña se encuentra a más de 75 millas (121 Km) del mar. En general las tierras del interior de Inglaterra son planas y bajas, con excepción del norte y el suroeste, mientras que gran parte de Escocia y Gales es montañosa. El paisaje de Irlanda del Norte es de montañas bajas y campos ondulados. En el centro se encuentra Lough Neagh, de 150 millas cuadradas (unos 390 Km^2), el lago de agua dulce más grande del Reino Unido. El 90% de la población británica se concentra en áreas urbanas entre Londres y Manchester.

Administración local El Reino Unido se divide en condados ('regiones' en Escocia), que se subdividen a su vez en distritos.

- Inglaterra y Gales tienen seis condados metropolitanos (*Greater Manchester, Merseyside, South Yorkshire, Tyne and Wear, West Midlands* y *West Yorkshire*), los cuales se dividen en 36 distritos metropolitanos; también hay 39 condados no metropolitanos que se dividen en 296 distritos no metropolitanos.
- *Greater London* es un área separada que se divide en 32 municipios (boroughs), más la *Corporation of the City of London*.
- Escocia tiene 29 autoridades unitarias (*unitary authorities*) y tres consejos de las islas (Orcadas, Shetland y Hébridas).
- Irlanda del Norte se divide en 26 distritos municipales (*district councils*).

La mayoría de los condados, regiones, distritos y municipios tiene su propia autoridad (*council*). Normalmente los concejales se eligen cada cuatro años. Las autoridades metropolitanas, municipales y de condado proveen los servicios más importantes: policía, educación y transporte. Las autoridades de distrito se ocupan de los servicios locales, por ejemplo las viviendas sociales y la recolección de la basura. Las autoridades son subvencionadas a través de los impuestos municipales sobre la propiedad individual (*council tax*), y sobre la propiedad de los negocios (*non-domestic rates*).

Salir a comer a un restaurante, ir al cine, y tomar unas copas en el pub son las actividades preferidas por la mayoría. El teatro y las discotecas son populares también, así como ver televisión, trabajar en el jardín y el bricolaje. El aerobic y el ejercicio para mantenerse en forma han atraído a una gran cantidad de adeptos en los últimos años.

Días Festivos

1 de enero	Día de Año Nuevo
2 de enero	Día Festivo de Año Nuevo (sólo en Escocia)
17 de marzo	Día de San Patricio (sólo en Irlanda)
marzo o abril (varía cada año)	Viernes Santo Lunes de Pascua (excepto en Escocia)
Primer lunes de mayo	Día del Trabajo
Último lunes de mayo (Spring Bank Holiday)	Fiesta de la primavera (excepto en Escocia)
12 de julio	Día Festivo (Battle of the Boyne) (sólo en Irlanda del Norte)
Primer lunes de agosto	Fiesta del Verano (sólo en Escocia)
Último lunes de agosto	Fiesta del Verano (excepto en Escocia)
25 de diciembre	Día de Navidad
26 de diciembre	*Boxing Day*

Días Festivos Gran Bretaña tiene pocas fiestas nacionales (llamadas *bank holidays* porque cierran los bancos así como las escuelas, los negocios y la mayoría de las tiendas pequeñas).

▸ **Semana Santa y Navidad** son las dos únicas fiestas religiosas nacionales. El Domingo de Resurrección, los padres regalan huevos de chocolate a los niños. La Navidad es el día festivo nacional más importante. La tradición es enviar tarjetas de Navidad a parientes y amigos, y decorar el árbol navideño con espumillón y luces de colores. Al intercambio de los regalos, que se dejan al pie del árbol, le sigue la comida de Navidad, que tradicionalmente consiste en pavo relleno al horno, patatas asadas y otras verduras. El día siguiente es conocido como *Boxing Day*.

▸ **Nochevieja** (llamada *Hogmanay* en Escocia) se destaca por las fiestas a lo largo de toda la noche. La canción *Auld Lang Syne* se canta a medianoche.

Pub El *pub* es un foco importante de la vida social. Los *pubs* tradicionales se dividen en áreas con asientos cómodos y áreas para beber de pie (*lounge bar* y *public bar*). Las copas se piden en la barra, y se pagan inmediatamente. El personal no espera propina. Los *pubs* ofrecen diversos entretenimientos, como dardos, billar americano, concursos, karaoke o música en vivo.

Off-Licenses Estas tiendas tienen permiso de venta de bebidas alcohólicas para llevar. La mayoría abre de 10.00 a 22.00 horas de lunes a sábado, y en algunas regiones incluso los domingos.

Comer fuera Pese a la popularidad de la comida rápida, el tradicional pescado frito con patatas fritas (*fish and chips*) sigue siendo la opción preferida de comida para llevar. La comida india es también muy popular tanto como comida para llevar como para comer en los numerosos restaurantes indios que hay por toda Gran Bretaña. Normalmente los almuerzos en el pub son relativamente baratos y buenos. Los restaurantes suelen cobrar tres veces el precio del vino comprado en las tiendas, y la cuenta puede incluir un recargo del 10% por servicio de mesa. En caso contrario, se suele dejar una propina de entre el 10% y el 15%.

Ver televisión es la actividad predilecta de los británicos para el tiempo libre. En general, la radio y la televisión en Gran Bretaña tienen una sólida reputación de neutralidad política.

Canales de televisión Hay cinco canales nacionales.

- **BBC** (*British Broadcasting Corporation*) emite dos canales nacionales de televisión, *BBC1* y *BBC2*, y se financia a través de un impuesto abonado anualmente por todos aquellos que poseen televisión. *BBC1* presenta programas generales de alta calidad que incluyen drama, noticias, deportes, películas y comedias. *BBC2* emite más programas culturales y para minorías, incluyendo programación para escuelas y para la Universidad de Educación a Distancia (ver **Educación**).
- **ITV** (*Independent Television* o *Canal 3*) emite programación de 15 compañías regionales independientes, financiadas a través de anuncios publicitarios. Los programas de *ITV* y *BBC1* son similares en líneas generales. Ambos compiten ferozmente por el índice de audiencia.
- **Channel 4** canal comercial, independiente y nacional (con excepción de Gales), tiene como objetivo ofrecer programas especializados y para minorías, sobre temas no cubiertos por *ITV*. En vez de *Channel 4*, Gales recibe el *S4C Welsh Fourth Channel*, que emite programas en galés.
- **Channel 5** es un canal comercial que tiene una imagen desenfadada y juvenil y cuyo contenido cultural e informativo es de carácter más popular que el de sus rivales.

Vía Satélite y Cable La televisión por satélite está dominada por el canal *British Sky Broadcasting* (*BSkyB*), que ofrece programas deportivos, películas, noticias, servicio de telecompra y concursos televisivos. *BSkyB* compite con varias compañías de cable que ofrecen un abanico de programas similares en canales gratuitos o de abonados, así como películas por encargo, televisión interactiva, y acceso a Internet. En 1998, se introdujo la televisión digital, que ofrece una programación extra para abonados mediante canales suplementarios.

Radio La *BBC* tiene cinco emisoras de radio (ver recuadro), además de emisoras en Escocia, Gales e Irlanda del Norte.

Hay dos estaciones independientes de radio a nivel nacional: *Classic FM* y *Virgin Radio AM*. También hay 39 emisoras locales de la *BBC* en Inglaterra, y más de 100 emisoras locales independientes.

Periódicos En Gran Bretaña, aproximadamente el 56% de los adultos lee el diario. Además de los periódicos nacionales diarios y dominicales (ver recuadro), algunas ciudades publican periódicos vespertinos, y hay varios diarios regionales, como el *Yorkshire Post* (Leeds), el *Herald* (Glasgow), *The Scotsman* (Edimburgo), el *South Wales Echo* (Cardiff) y *The Belfast Telegraph*.

Radio Nacional BBC

- ***Radio 1*** (1053/1089 kHz OM; 97.6–99.8 MHz FM) Música pop, rock, noticias e información sobre el tráfico.
- ***Radio 2*** (88–90.2 MHz FM) Música popular, entretenimientos, comedias, programas culturales y noticias.
- ***Radio 3*** (1215 kHz OM; 90.2–92.4 MHz FM) Música clásica, drama y documentales.
- ***Radio 4*** (198 kHz LW; 92.4–94.6 MHz FM) Principal estación sin música. Noticias, documentales, asuntos de actualidad, drama, entretenimientos y críquet.
- ***Radio 5 Live*** (693/909 kHz OM) Noticias y deportes las 24 horas.

Tirada de los periódicos nacionales

Diarios populares				Periódicos dominicales populares			
The Sun (fund. 1964)	D	3 502.923	P	News of the World (fund. 1843)	D	4.086.621	P
Daily Mirror (fund. 1903)	I	2 489.264	P	The Mail on Sunday (fund. 1982)	D	2.342.860	P
Daily Mail (fund. 1896)	D	2 164.576	P	The Sunday Mirror (fund. 1963)	D	1.845.860	P
Daily Express (fund. 1900)	D	991.560	P	The People (fund. 1881)	D	1.389.778	P
Daily Star (fund. 1978)	D	706.554	P	The Sunday Express (fund. 1918)	D	834.999	G
Daily Record (fund. 1895)	C/I	584.290	P	Sunday Sport (fund. 1988)	D	301.000	P
Diarios de calidad				**Periódicos dominicales de calidad**			
Daily Telegraph (fund. 1855)	D	1.013.653	G	The Sunday Times (fund. 1822)	D	1.405.430	G
The Times (fund. 1785)	D	711.295	G	Sunday Telegraph (fund. 1961)	D	784.069	G
The Financial Times	C	475.475	G	The Observer (fund. 1791)	I	449.806	G
The Guardian (fund. 1821)	I	411.386	G	The Independent on Sunday (fund. 1990)	C/I	231.869	G
The Independent (fund. 1985)	C/I	224.655	G				

fund. = Año de fundación • Orientación política: D = Derecha I = Izquierda C = Centro • G = formato grande P = formato pequeño

También hay centenares de periódicos semanales, y numerosos periódicos gratuitos con noticias locales que son repartidos a domicilio. Muchos hogares encargan a sus tiendas locales la entrega del periódico por la mañana temprano; también pueden comprarse en las tiendas de venta de periódicos, en pequeñas tiendas de barrio, supermercados y quioscos.

La prensa británica se divide aproximadamente en periódicos de formato grande y pequeño. Los periódicos de calidad (*broadsheet*) utilizan una página de tamaño grande (aunque algunos diarios de calidad como *The Guardian* y *The Times* tienen secciones no dedicadas a las noticias en formato pequeño). Los periódicos populares, o *tabloids*, así llamados por el formato pequeño de sus páginas, reemplazan los análisis serios de noticias con artículos sobre la vida sexual de los personajes públicos, crímenes morbosos, chismes de personas famosas y cubren obsesivamente episodios de la Familia Real.

▸ La discusión seria sobre **política** no tiene cabida en la mayoría de los *tablqides*, pero la mayoría de los periódicos británicos es de derecha. Sin embargo, no hay una relación directa entre las ideas políticas de las personas y el diario que leen.

▸ Los **periódicos dominicales** son más grandes que los diarios, a menudo con dos o más secciones y un suplemento en color.

Revistas Las tiendas de venta de periódicos venden una amplia gama de publicaciones que abarca desde revistas serias de noticias, como *The Economist*, hasta revistas de historietas escatológicas, como *Viz*. Hay miles de publicaciones que satisfacen cualquier interés concebible. Las revistas generales de mayor éxito de ventas incluyen guías de televisión, y otras como *Reader's Digest*, *Computer Shopper*, *What Car* y *National Geographic*. Las revistas femeninas baratas como *Woman's Own*, *Bella*, *Best* y *Prima*, también venden millones.

Internet El uso del Internet en el Reino Unido es cada vez más extendido. Hay ya más de 10 millones de hogares conectados a Internet, lo que los sitúa por encima de la media europea en lo relativo al uso de Internet. Los británicos también emplean una proporción de tiempo superior a la mayoría de los Europeos usando el Internet - una media de más de 7 horas a la semana -, aunque siguen por detrás de los países escandinavos. Sin embargo, tienen una de las primeras posiciones entre el resto de los países europeos en la compra por Internet, aunque muchos usuarios aún muestran inquietud con respecto a si resulta seguro utilizar tarjetas de crédito para pagar por Internet.

La mayor parte de los usuarios acceden al Internet desde casa (un 74 %). Una gran proporción accede también o exclusivamente desde el trabajo, y un número mucho menor de usuarios accede desde bibliotecas, centros de educación o cafés de Internet. Los principales proveedores de Internet en el Reino Unido son *Freeserve*, *AOL*, *BT Internet*, *NTL*, *LineOne*, y *VirginNet*. La mayoría de los usuarios están conectados vía línea telefónica. La banda ancha cada vez tiene más penetración en el mercado.

Aunque actualmente más hombres que mujeres hacen uso de Internet, el número de mujeres aumenta día a día y se va acercando al número de hombres. El usuario típico de Internet en el Reino Unido es hombre, joven o de edad media y de un nivel adquisitivo alto.

Una enorme proporción de empresas británicas están conectadas a Internet y muchas utilizan activamente el Internet para actividades relativas a su negocio, no sólo para enviar mensajes de correo electrónico y para actividades de marketing y publicidad, sino también para realización de pedidos, cuestiones relativas a ventas y suministro y también para formación del personal.

En la industria manufacturera, la semana de trabajo oscila entre 38 y 40 horas, mientras que muchos empleados de oficina trabajan entre 35 y 38 horas por semana. Sin embargo, algunos empleados en hospitales, servicios de hostelería y hoteles, suelen trabajar hasta 100 horas por semana (aunque el promedio está alrededor de las 50 o 60 horas).

▸ El sistema de **horario flexible** es utilizado por muchas empresas, especialmente en oficinas. Los empleados deben estar presentes a ciertas horas centrales, llamadas *core time*, como por ejemplo de 9.00 a 11.30, y de 13.30 a 16.00 horas. También pueden recuperar horas de trabajo comenzando más temprano, durante el horario del almuerzo, o trabajando hasta más tarde.

Vacaciones Muchos británicos tienen vacaciones anuales pagadas de entre 4 y 6 semanas. Si bien se toman normalmente dentro del año de trabajo, algunas empresas permiten que el personal las conserve para el año próximo. Además, hay varios días festivos por año (ver **Ocio**).

Sueldos y salarios Los profesionales y los empleados administrativos reciben un salario mensual, que se abona directamente en la cuenta bancaria. Los asalariados reciben un recibo de sueldo con detalles del salario bruto y las deducciones, por ejemplo, para el impuesto sobre la renta, Seguridad Social, los fondos de pensión de la compañía o cuota de afiliación al sindicato. Los trabajadores manuales y los eventuales reciben a menudo un sueldo semanal en efectivo. Normalmente, éste se cobra en el sobre de la paga los viernes, e incluye una hoja con detalles del sueldo y las deducciones.

Enfermedad y accidentes En caso de ausentarse por menos de siete días, al volver al trabajo los empleados deben rellenar un formulario (*self-certification form*), explicando el motivo de la ausencia. En caso de ausencias más prolongadas, se requiere un certificado médico.

Impuesto sobre la Renta Es recaudado por Hacienda (*Inland Revenue*), y se cobra sobre el total de los ingresos anuales (el año fiscal comienza el 6 de abril y termina el 5 de abril del siguiente año). La mayoría de la gente no realiza declaración de la renta, sino que la empresa deduce automáticamente los impuestos de los sueldos de los empleados, de acuerdo con el sistema *PAYE* (*Pay-As-You-Earn*). Los trabajadores autónomos pagan los impuestos al finalizar el año fiscal. El monto de los mismos se basa en la información presentada a través de la declaración de la renta, sustentada por una serie de informes financieros.

Seguridad Social La asistencia social del estado está financiada en parte por las contribuciones a la Seguridad Social (*National Insurance* o *NI*), las cuales dan derecho a una pensión, seguro de desempleo y otros subsidios. Dichas contribuciones son obligatorias para la mayoría de los residentes de Gran Bretaña, y en general la empresa las deduce directamente del salario.

Seguro de Desempleo Para percibir este subsidio, se debe haber completado los aportes requeridos por Seguridad Social durante un período determinado. El seguro se paga cada dos semanas a través de un cheque de giro postal. Los solicitantes deben inscribirse en la Oficina de Empleo cada dos semanas, para probar su disponibilidad laboral. Aquellos que no pueden acceder al seguro de desempleo, pueden solicitar otros subsidios sociales otorgados a personas de bajos ingresos *(Income Support)*.

El Reino Unido es popular entre los turistas por su patrimonio histórico y cultural, sus castillos, viejas ciudades y ruinas históricas, sus museos y sus galerías de arte, así como por su belleza natural. Más de 25 millones de personas lo visitan cada año. La mayor parte de los visitantes viajan a Londres (unos 12 millones al año), atraídos por su ambiente cosmopolita y sus conocidos y típicos monumentos. La ciudad ofrece también una amplísima gama de actividades culturales: museos, obras teatrales, música. Desde Londres mucha gente visita las famosas ciudades universitarias de Oxford y Cambridge. Para aquellos que se aventuran a explorar el país más allá de las inmediaciones de Londres, Inglaterra ofrece muchos más atractivos: ciudades medievales como York, los baños romanos y la elegancia georgiana de Bath, Stratford-upon-Avon - la ciudad donde nació William Shakespeare - Stonehenge con su famoso círculo de piedras prehistóricas o la belleza natural de el Distrito de los Lagos que sirvió de inspiración a numerosos pintores y escritores.

Escocia y Gales Muchos visitantes acuden también a Escocia para disfrutar de su belleza natural, su flora y su fauna y especialmente de la sensación de espacio y tranquilidad que sus paisajes poco visitados proporcionan. Es posible practicar numerosas actividades al aire libre, tales como golf, montañismo, esquí, pesca o actividades acuáticas. Gales fomenta también el turismo para personas en busca de actividad y deporte, tales como practicar el senderismo, el montañismo o la bicicleta de montaña por sus parques naturales de Snowdonia o Breacon Beacons.

Cursos de inglés Una fuente muy importante de visitantes son los estudiantes de inglés. Cada año miles de jóvenes y adultos acuden a diferentes ciudades del Reino Unido para realizar cursos de inglés y practicar el idioma. Las ciudades más populares entre los estudiantes son Londres, Oxford, Cambridge, Bristol, Bath, Brighton, y Edimburgo.

Transporte La mayor parte de los visitantes que llega al Reino Unido lo hace por avión, aunque en los últimos años el Eurostar ha hecho el acceso por tren desde Francia mucho más popular. Muchas personas prefieren también cruzar el Canal de la Mancha en ferry, especialmente si viajan en coche con su familia o con un grupo de personas.

Alojamiento Aparte del hotel, una popular forma de alojamiento entre los turistas son los *Bed & Breakfasts* (casas particulares que alquilan habitaciones para dormir incluyendo el desayuno, a un precio más económico que los hoteles). Aunque no cuentan con los servicios de un hotel, ofrecen en cambio un ambiente íntimo y familiar. Los *Bed & Breakfast* están inspeccionados por la Oficina de Turismo y otras asociaciones privadas tales como *AA* (Ayuda en Carretera). Estos organismos han establecido una clasificación de calidad basada en un número de estrellas o diamantes, que evalúa aspectos tales como comodidad, limpieza y atención al cliente. Otra ventaja de los *Bed & Breakfast* es que, al ser casas particulares, es fácil encontrarlos incluso en áreas remotas.

Otra posibilidad, muy popular entre familias o grupos que viaja a zonas del campo, alejadas de las ciudades, es alquilar *cottages*. Los *cottages* son generalmente casas de campo - o incluso molinos o graneros - a menudo antiguos, que han sido renovados. Otra original opción es alquilar una casa flotante para viajar por los muchos canales y ríos de Inglaterra.

Las 10 áreas metropolitanas más grandes de los EE UU		
Ciudad	**Población**	**Estado**
New York	20.124.000	Nueva York
Los Angeles	15.781.000	California
Chicago	8.810.000	Illinois
Washington DC-Baltimore	6.726.000	DC/Maryland
San Francisco	6.278.000	California
Philadelphia	5.893.000	Pensilvania
Boston	5.455.000	Massachusetts
Detroit	5.187.000	Michigan
Dallas	4.037.000	Texas
Houston	3.731.000	Texas

Los Estados Unidos de América ocupan un área de 3.536.338 millas cuadradas lo que los sitúa como el cuarto país más grande del mundo. Su población de 286.488.000 lo coloca como el tercer país más populoso del mundo, después de China e India. Cubre toda la sección media del continente norteamericano, abarcando 2.500 millas entre los océanos Atlántico y Pacífico, y se extiende 1.200 millas de norte a sur desde la frontera canadiense hasta el Golfo de México. Alaska está situada al noroeste de Canadá, y Hawai en el Pacífico central. Los EE UU también administran varios territorios insulares en el Pacífico y el Caribe, incluyendo Puerto Rico, Guam, las islas Vírgenes y Samoa.

Regiones Los EE UU se dividen en cuatro regiones geográficas:

- ❑ *Noreste* – Nueva Inglaterra (formada por Connecticut, Nuevo Hampshire, Maine, Massachusetts, Rhode Island y Vermont), Nueva Jersey, Nueva York, Pensilvania, Maryland, Delaware y Washington DC.
- ❑ *Región Central* (*Midwest*) – Illinois, Indiana, Iowa, Kansas, Michigan, Minnesota, Missouri, Nebraska, Dakota del Norte, Ohio, Dakota del Sur y Wisconsin.
- ❑ *Sur* – Alabama, Arkansas, Florida, Georgia, Kentucky, Louisiana, Mississippi, Carolina del Norte, Oklahoma, Carolina del Sur, Tennessee, Texas, Virginia y Virginia Occidental.
- ❑ *Oeste* – Alaska, Arizona, California, Colorado, Hawai, Idaho, Montana, Nevada, Nuevo México, Oregón, Utah, Washington y Wyoming.

Gobierno Federal y del Estado es una república federal formada por 50 estados y el Distrito de Columbia, territorio dentro del estado de Maryland en que se encuentra la capital de la nación,Washington DC. El poder se divide entre el gobierno federal, del Estado, y local.

- ❑ *El Gobierno Federal* está constituido por el Presidente, el Congreso (formado por la Cámara de Representantes y el Senado), y el Tribunal Supremo. Controla áreas como defensa, asuntos exteriores, la emisión de la moneda, y la regulación del comercio.
- ❑ *Los Gobiernos del Estado* tienen su propio Gobernador, y un Congreso del Estado bicameral. Son responsables de los impuestos, la sanidad pública, la educación, y la legislación civil y penal.
- ❑ *Los Estados* se dividen en *condados*, que a su vez se dividen en *municipios*, cada uno de ellos con su propia administración local. La mayoría de las ciudades están gobernadas por un alcalde y un ayuntamiento. Las autoridades locales tienen a su cargo escuelas, hospitales, servicios de urgencia, eliminación de residuos, carreteras y leyes de regulación de actividad comercial.

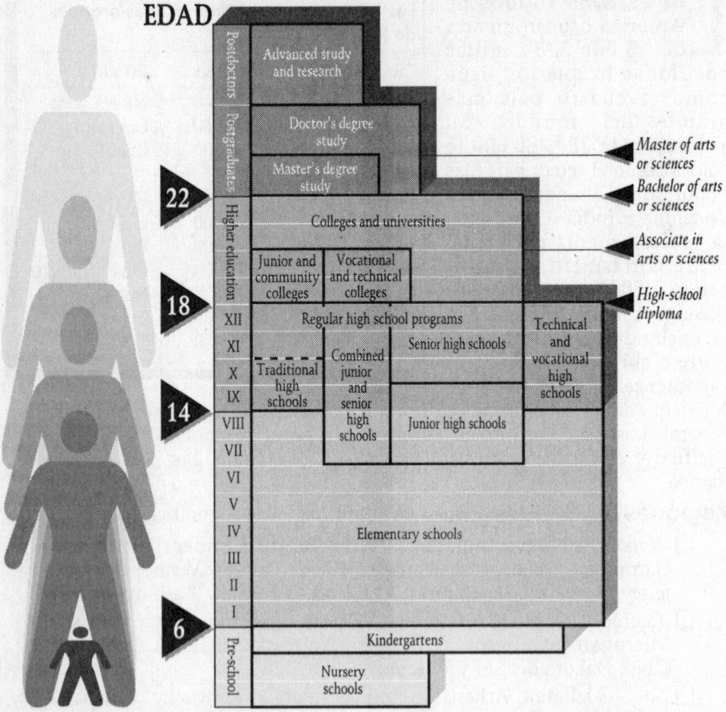

EDAD

Postdoctors — Advanced study and research
Postgraduates — Doctor's degree study; Master's degree study
22
Higher education — Colleges and universities; Junior and community colleges; Vocational and technical colleges
18
XII XI X IX — Regular high school programs; Traditional high schools; Combined junior and senior high schools; Senior high schools; Junior high schools; Technical and vocational high schools
14
VIII VII VI V IV III II I — Elementary schools
6
Pre-school — Kindergartens; Nursery schools

Master of arts or sciences
Bachelor of arts or sciences
Associate in arts or sciences
High-school diploma

El gobierno central de los EE UU ejerce muy poco control directo sobre la educación, y los sistemas educativos difieren de una región a otra. La mayoría de las escuelas e institutos de enseñanza superior son centros mixtos regidos por los propios estados, pero aproximadamente el 25% de las escuelas y el 45% de las universidades están en manos de grupos privados o religiosos. Los estudios son generalmente obligatorios, y se extienden desde los 5 o 6 años de edad hasta los 16 o 18.

Educación Preescolar (hasta los 5 años) Aproximadamente el 35% de los niños de 3 y 4 años concurre a guarderías, y casi todos los niños entre 4 y 5 años concurren al jardín de infancia.

Escuela Primaria (de 6 a 13 años) y Escuela Secundaria (hasta los 18 años)

La cantidad de años de estudios de cada una varía de estado en estado. Las siguientes pautas son las más corrientes:

- ❑ seis años de escuela primaria, seguidos por tres años de *junior high school*, y tres años de *senior high school*.
- ❑ ocho años de escuela primaria, seguidos por cuatro de escuela secundaria.
- ❑ cuatro o cinco años de escuela primaria, seguidos por tres o cuatro años de *middle school*, y cuatro años de colegio secundario (*high school*).

Terminología

	Escuela Secundaria edad	Escuela Secundaria curso	Universidad edad
estudiante de primer año (*freshman*)	14–15	9°	18
estudiante de segundo año (*sophomore*)	15–16	10°	19
estudiante de tercer año (*junior*)	16–17	11°	20
estudiante de último año (*senior*)	17–18	12°	21

Plan de Estudios No hay un plan nacional de estudios. La mayoría de los estudiantes de los colegios secundarios deben estudiar algunas materias clave, y en los cursos superiores pueden elegir materias optativas.

Exámenes Los estudiantes toman exámenes al final de cada curso semestral, pero no hay ningún examen nacional para finalizar los estudios secundarios como en otros países. En cambio, los estudiantes tienen evaluaciones continuas a lo largo de sus años escolares. Los estudiantes que aspiran a ir a la universidad hacen exámenes nacionales, como el *American College Test* (*ACT*) y el *SAT*.

Escuelas Privadas Aproximadamente el 12% de los niños estadounidenses concurre a escuelas de pago. Siguen el sistema de cursos de las escuelas estatales, pero su plan de estudios se concentra en asegurar la admisión a las mejores universidades.

Graduación Todos los estudiantes aspiran a tener una ceremonia de graduación de la escuela secundaria (llamada *commencement*). Los estudiantes visten una gorra y una toga especiales, y se les otorga un diploma. Algunos compran un anillo conmemorativo (*class ring*) y una copia del álbum del curso (*yearbook*).

Enseñanza Superior (desde los 18 años) Más del 50% de los graduados de la escuela secundaria pasa a hacer estudios de enseñanza superior. Los cursos son ofrecidos por instituciones estatales y privadas que incluyen *state colleges*, *community* o *junior colleges* (que tienen cursos de dos años para obtener el título llamado *Associate*), universidades con cursos de cuatro años (*undergraduate colleges*), instituciones técnicas, y las prestigiosas universidades y *graduate schools*. Las cuotas son abonadas por cada estudiante (o por sus padres), aunque alrededor del 50% de los estudiantes consigue apoyo económico.

Las instituciones de mayor nivel

Universidades	Colleges
Ivy League	***Seven Sisters***
Brown	Barnard
Columbia	Bryn Mawr
Cornell	Mount Holyoke
Dartmouth	Radcliffe
Harvard	Smith
Univ. of Pennsylvania	Vassar
Princeton	Wellesley
Yale	

Educación de Adultos Millones de adultos estadounidenses concurren a universidades y otros centros de enseñanza superior con cursos de tiempo completo o tiempo parcial (el 40% de los estudiantes universitarios tiene más de 25 años).

Los EE UU tienen la proporción más alta de televisores per cápita de todo el mundo. Prácticamente todos los hogares tienen al menos un aparato de televisión, y el 70% posee dos o más. La familia estadounidense típica ve la televisión siete horas por día, y el promedio por persona es de 30 horas semanales.

Canales de televisión Existen cuatro cadenas comerciales a nivel nacional:

- ❑ *American Broadcasting Company* (*ABC*)
- ❑ *Columbia Broadcasting Service* (*CBS*)
- ❑ *National Broadcasting Company* (*NBC*)
- ❑ *Fox TV*

Las mismas dan cuenta del 70% de la audiencia en los horarios de mayor demanda. Existen aproximadamente 1.300 canales comerciales, y 400 canales no comerciales del estado y canales educativos. La gran mayoría de los canales comerciales están afiliados a una cadena nacional. Sin embargo, hay también más de 400 canales comerciales independientes que suelen ofrecer una programación especializada, por ejemplo películas viejas.

Programas en cadena La programación está basada casi exclusivamente en el entretenimiento, por ejemplo concursos televisivos, programas de entrevistas, comedias de situación y películas. En general, los únicos programas en vivo son de noticias locales y eventos deportivos importantes.

Índices de audiencia y Publicidad Las emisoras televisivas en cadena son principalmente un medio para la publicidad (hasta 15 minutos por hora). Los índices de audiencia de las cadenas son el factor más importante en la televisión estadounidense. Un índice bajo significa menos ingresos de la publicidad, y aun programas relativamente populares pueden ser cancelados si las estadísticas así lo dictan.

Vía satélite y Cable Alrededor del 60% de los hogares tiene televisión por cable. En las ciudades grandes, un promedio de 35 canales de cable está disponible, además de las cadenas nacionales y el Servicio Público de Televisión *PBS* (ver abajo). A diferencia de las emisoras en cadena, la televisión por cable no está sujeta a las leyes federales, y por lo tanto el material que se emite puede ser ofensivo. En general, los canales se dedican a un tema en particular, como deportes, películas, religión, noticias (p. ej. *CNN*), compras, música (p. ej. *MTV*), salud, pornografía, o programas en lenguas extranjeras. Muchos hoteles, bares, y clubes tienen servicio de cable o satélite, utilizado para eventos deportivos en vivo.

Servicio Público de Televisión (*PBS*) Es una cadena de canales no comerciales que se sustenta en fondos federales, auspicios de empresas, y donaciones de particulares. Este servicio provee programas de contenido educativo y cultural.

Radio Los EE UU tienen más de 10.000 estaciones de radio, y en las ciudades principales suele haber entre 50 y 100 estaciones locales. Muchas estaciones de radio están afiliadas a cadenas nacionales como *ABC*, *NBC* y *CBS*. También existen más de 100 cadenas regionales. Programas serios se pueden encontrar en la *National Public Radio* (*NPR*), especializada en noticias y temas de actualidad, y en la *American Public Radio* (*APR*), cuya especialidad son los programas de entretenimiento. Al igual que *PBS*, *NPR* y *APR*, sobreviven con la ayuda de subsidios y auspicios privados.

Signos de identificación radial

Las estaciones de radio se identifican con un signo de cuatro letras, p. ej. KLMN y WBNS. Las estaciones que están al este del Misisipí y las Rocosas son precedidas por una "W", y las que están al oeste, por una "K". En general, a este signo le sigue AM o FM, p. ej. WBNS FM.

Periódicos Hay unos 1.700 diarios y 850 periódicos dominicales, con una tirada total de más de 68 millones. También hay alrededor de 7.500 periódicos semanales y quincenales. Las comunidades étnicas principales tienen también sus propios periódicos, y en todas las regiones se publican y reparten a domicilio periódicos gratuitos con noticias de las comunidades locales.

▸ **¿Prensa nacional?** En realidad, la mayoría de los periódicos de los EE UU es de carácter regional. *Christian Science Monitor*, *USA Today* y el *Wall Street Journal* son los únicos periódicos que tienen una tirada nacional, aunque algunos diarios respetados como el *New York Times*, *Washington Post* y *Los Angeles Times* publican ediciones nacionales. *USA Today* es el diario popular más destacado y vende más de 5 millones de copias diarias. El *Wall Street Journal* se imprime en varias ciudades, y tiene cuatro ediciones regionales. Es la publicación más importante sobre negocios, y tiene la mayor circulación entre los periódicos de los EE UU. Otros periódicos regionales de calidad, principalmente de formato grande, incluyen al *Boston Globe*, *Chicago Tribune*, *Denver Post*, *Miami Herald* y *San Francisco Herald*.

La compra del periódico

Un tercio de los estadounidenses recibe los periódicos en la puerta. Los repartidores los meten en una cubierta de plástico que los protege del clima. Se venden también en quioscos y en máquinas expendedoras. Se introduce el precio exacto, y se da por sentado que se llevará sólo una copia.

▸ Los lectores pueden optar entre periódicos de **formato pequeño y grande**. Así como en el Reino Unido, los periódicos serios son aquellos de formato grande, mientras que los de formato pequeño se concentran en temas de sexo, escándalos y deportes. Los mismos se publican en la mayoría de las ciudades, incluyendo al *Herald* (Boston), *Sun Times* (Chicago), y al *Daily News* (Nueva York). Los periódicos semanales más escandalosos son el *National Enquirer*, el *Globe* y el *Star*.

▸ Los **periódicos dominicales** se pueden conseguir los sábados por la tarde (exceptuando la sección de noticias), y pueden tener tres veces el precio de los diarios aunque los periódicos en general suelen ser baratos. La mayoría de los diarios publica una edición dominical, muchas veces con varias secciones.

Las **revistas** de noticias semanales, como *Newsweek*, *Time* y *US News and World Report*, son muy populares y proveen una buena cobertura informativa. Sin embargo, las revistas más populares son las que se dedican a temas de moda, delincuencia, noticias de guerra y personajes famosos.

Internet Muchos estadounidenses se conectan diariamente a Internet desde casa, el trabajo o el colegio. El servicio de Internet que más utilizan es el correo electrónico - en los Estados Unidos cada día se envían cerca de cinco mil millones de correos electrónicos. Hay cientos de proveedores de acceso a Internet; entre los más conocidos está *America Online* (*AOL*) y *MSN*. Los proveedores de acceso permiten personalizar la información que reciben los usuarios, proporcionándoles noticias, información deportiva o financiera y la actualidad de los espectáculos. Mucha gente se conecta a Internet con un módem, pero cada vez hay más internautas con métodos de conexión más rápidos como el ADSL y los módem cable. Otro servicio de Internet muy popular es *Instant Messenger*, que permite que los internautas hablen con otros amigos por Internet en tiempo real.

La mayoría de los empleados trabaja 40 horas semanales, aunque el promedio es de 45 horas para los profesionales, y ronda las 53 para los trabajadores de la industria manufacturera. El típico horario de oficina es de 8.00 a 17.00 horas, con una hora para el almuerzo.

▸ El sistema de **horario flexible** es menos común en los EE UU que en Gran Bretaña.

Vacaciones Es común tener sólo una o dos semanas de vacaciones remuneradas al año. Muchos empleados no reciben vacaciones remuneradas en absoluto durante el primer año en el puesto. Cada año de trabajo incrementa el derecho anual a las mismas.

Impuesto sobre la Renta Existen dos tipos: el federal y el del estado. Los impuestos son recaudados por el *Internal Revenue Service* (*IRS*.). El sistema impositivo se basa en el cálculo individual (*self-assessment*) siendo exclusiva responsabilidad de los contribuyentes. Las empresas tienen a su cargo la deducción del impuesto sobre la renta del salario del empleado. Esto se llama *withholding*. Todos aquellos que reciben un salario sujeto a retenciones deben completar una declaración de la renta para el año fiscal pasado (de enero a diciembre) y presentarla antes del 15 de abril. El impuesto sobre la renta del estado es generalmente menor que el federal, y varía en cada estado (algunos no recaudan impuestos).

Tarjeta Verde

Todos los extranjeros no residentes que desean entrar en los EE UU necesitan un visado. Los mismos se dividen, en términos generales, entre visados para inmigrantes (residentes permanentes), y para no inmigrantes (residentes temporales). Aquellos que poseen un visado de inmigrante reciben una tarjeta llamada *Alien Registration Receipt Card*, popularmente conocida como Tarjeta Verde (*Green Card*), aunque ahora es rosa. La misma se puede obtener a través del matrimonio, por ser un pariente cercano de un ciudadano de los EE UU, o a través de la obtención de un empleo. Quienes poseen un visado de inmigrante tienen derecho a vivir y trabajar en los EE UU de manera permanente, y pueden obtener la ciudadanía tras cinco años. A diferencia de los ciudadanos, los residentes permanentes no pueden votar en las elecciones, ni ocupar cargos públicos, ni tener determinados empleos (p. ej. en la policía).

Seguridad Social Cubre pensiones de jubilación, subsidios por invalidez y viudedad, y el programa de asistencia llamado *Medicare*. Todos los ciudadanos de los EE UU y los residentes extranjeros reciben una tarjeta de Seguridad Social que lleva un número de identificación de nueve dígitos. El requisito para cobrar los subsidios sociales consiste en haber mantenido un empleo por un período mínimo, habitualmente alrededor de 10 años.

Las contribuciones a la Seguridad Social son abonadas por empleados y empresas, cada uno de los cuales contribuye un determinado porcentaje del salario bruto. La empresa suele descontar los impuestos directamente. Los trabajadores autónomos abonan las contribuciones anualmente.

Desempleo Un fondo de seguros, administrado conjuntamente por el gobierno federal y los estados individuales, provee un ingreso semanal por un tiempo limitado (generalmente 26 semanas). En caso de desempleo, hay que inscribirse en la oficina de empleo local. El monto del subsidio que se recibe, depende de los ingresos anteriores, siendo el objetivo suministrar una cantidad semanal igual a la mitad del salario semanal previo.

Los estadounidenses gozan de relativamente poco tiempo libre (ver **Trabajo**).

Días Festivos Además de los días festivos federales, muchos estados tienen sus propias fiestas.

- **Navidad y Año Nuevo** se celebran de la misma forma que en Gran Bretaña.
- **Semana Santa** Los niños norteamericanos asocian estas fechas con el imaginario Conejito de Pascua, que entrega canastas de dulces y huevos de chocolate (*Easter baskets*) el Domingo de Resurrección por la mañana.
- El día de **Acción de Gracias** conmemora la cosecha recogida por la Colonia de Plymouth en 1621, tras un invierno de grandes privaciones. Familias enteras disfrutan de una comida tradicional que consiste en pavo relleno, batatas, salsa de arándano, y tartas de calabaza y de manzana.

Días Festivos Federales

1° de enero	Día de Año Nuevo
Tercer lunes de enero	Día de Martin Luther King
Tercer lunes de febrero	Día de los Presidentes (se conmemoran los aniversarios de nacimiento de Lincoln (12 de febrero), y de Washington (22 de febrero)
Último lunes de mayo	*Memorial Day* (conmemoración de los caídos)
4 de julio	Día de la Independencia
Primer lunes de septiembre	Día del Trabajo
Segundo lunes de octubre	Día de la Hispanidad (*Columbus Day*)
11 de noviembre	Día del Armisticio
Cuarto jueves de noviembre	Día de Acción de Gracias
25 de diciembre	Día de Navidad

Clubes Sociales Las organizaciones más comunes incluyen a la *American Legion* (veteranos), clubes de campo (con instalaciones deportivas y recreativas), Francmasones, *Shriners* (masones de alto rango), *Moose Lodges* (sociedad fraternal), *Jaycees* (*JC = Junior Chamber of Commerce*), *PTAs* (Asociación de Padres y Maestros), asociaciones de ex-alumnos, y los *boy* y *girl scouts*.

Bares El mejor lugar para una conversación tranquila es el salón de cocteles (*cocktail lounge*). Se sirve en la mesa y, o bien se paga al final de cada ronda de copas, o se abre una cuenta que se abona al salir. Los estadounidenses tienden más a pagar sus propias copas que a invitar a rondas. Es costumbre dejar una propina, normalmente entre el 15% y 20% de la cuenta.

Comer fuera Los estadounidenses comen mucho, y alrededor del 40% del presupuesto de la familia tipo se gasta en comer fuera. Los restaurantes sirven porciones abundantes y la selección de comidas étnicas es amplia. En general, la cuenta no incluye el servicio, y se espera una propina de entre el 15% y el 20% sobre el total.

Deportes Los deportes participativos de mayor popularidad son la natación, el ciclismo, el esquí, la pesca, el footing, el senderismo y el aerobic. Los que tienen mayor índice de espectadores son el béisbol (el juego nacional), el fútbol americano, y el baloncesto.

Desde el trópico de Cáncer hasta el Ártico y abarcando todo el ancho del continente norteamericano, lo más notorio de los Estados Unidos es su enorme tamaño. Es un país que se define por sus espacios abiertos y la amplitud de su terreno. El panorama ofrece vistas tan diversas como los áridos desiertos y los densos bosques, las imponentes montañas y las extensas praderas.

Este enorme país se divide en 50 estados, y al viajar de un estado a otro se aprecian las diferencias, tanto geográficas como culturales, que le dan a cada uno su sabor individual y forman la amalgama vital y dinámica que ha formado el país a lo largo de su historia.

Cualquier persona que viaja a Estados Unidos tiene alguna idea de lo que encontrará. Pero es incomparable el placer causado por ver todas esas cosas con las que nos hemos familiarizado a través del cine y la televisión - los taxis amarillos en las calles de las ciudades, las plantas rodadoras en el desierto y las carreteras sin fin atravesando las praderas.

El turismo se centra sobre todo en los estados de Florida, California y Hawaii, los centros de esquí en las montañas y las grandes metrópolis. No hay que olvidar el espectáculo natural de los parques nacionales como Yosemite y Yellowstone, los Grandes Lagos y los impresionantes panoramas del Cañon del Colorado y Monument Valley. Entre las ciudades estadounidenses se destacan Nueva York, con sus imponentes rascacielos, atracciones culturales y la energía y dinamismo de su gente; Nueva Orleans, donde uno puede disfrutar la típica cultura sureña y escuchar jazz en su lugar de origen; y Las Vegas, ese oasis en medio del desierto, con sus palacios de neón dedicados al juego y al exceso.

Transporte Viajar en Estados Unidos es fácil, aunque las distancias son grandes. La manera más sencilla de recorrer el país es por avión, sobre todo cuando se trata de atravesar grandes distancias. Los autobuses y trenes son una buena opción si uno no tiene prisa o desea recorrer un área limitada, como por ejemplo el área del noreste entre Boston y Washington. Mejor aún es viajar en coche propio. El alquiler de vehículos es muy razonable, la gasolina no es cara y es la mejor manera de explorar los pueblos pequeños y sitios de menos turismo.

Alojamiento No es difícil encontrar hospedaje, y lo hay a todos los niveles, desde los pequeños moteles en las carreteras y en las afueras de las ciudades hasta las grandes cadenas hoteleras. Los hoteles normalmente cobran por la habitación, y no por el número de huéspedes. También existe la posibilidad de hospedarse en un *Bed & Breakfast*, o *B&B*, generalmente situados en antiguas casas convertidas en hostelerías. Muchos de estos *B&Bs* se ufanan de los espléndidos desayunos que sirven a sus huéspedes.

Living in Spain and Spanish-speaking America

CONTENTS

	Population	Area (square miles)	Currency	Major Cities (and populations)
The Caribbean				
Cuba	11 184 000	42 800	peso	Havana (2 256 000) Santiago de Cuba (403 000)
Puerto Rico	3 937 000	3 500	US dollar	San Juan (424 600)
Dominican Republic	8 581 000	19 000	peso	Santo Domingo (3 600 000)
Mexico and Central America				
Mexico	101 879 000	761 600	peso	Mexico City (16 000 000) Guadalajara (2 245 000)
Guatemala	12 974 000	42 000	quetzal	Guatemala City (3 242 000)
Honduras	6 406 000	43 300	lempita	Tegucigalpa (950 000)
El Salvador	6 238 000	8 100	colón	San Salvador (1 408 000)
Nicaragua	4 916 000	50 000	córdoba	Managua (959 000)
Costa Rica	3 773 000	19 700	colón	San José (988 000)
Panama	2 846 000	30 200	balboa	Panama City (1 173 000)
The Andean Countries				
Venezuela	23 917 000	352 100	bolívar	Caracas (3 153 000)
Colombia	40 349 000	439 700	peso	Bogotá (6 288 000) Medellin (2 951 000) Cali (2 710 000)
Ecuador	13 184 000	109 600	dólar estadounidense	Quito (1 754 000)
Peru	27 484 000	496 200	nuevo sol	Lima (7 443 000)
Bolivia	8 300 000	424 200	boliviano	La Paz (1 480 000)
The Southern Cone and Paraguay				
Paraguay	5 734 000	157 000	guarani	Asunción (1 262 000)
Argentina	37 385 000	1 068 000	peso	Buenos Aires (3 047 000; with suburbs 12 560 000) Rosario (1 278 000) Córdoba (1 434 000)
Uruguay	3 131 000	68 200	peso	Montevideo (1 236 000)
Chile	13 599 000	292 200	peso	Santiago (5 538 000)

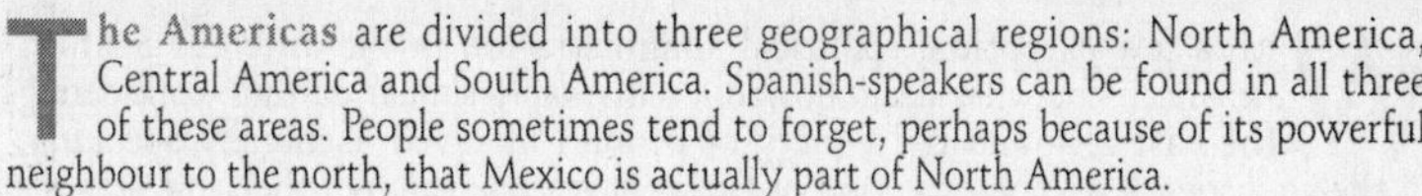

3 GEOGRAPHY

The Americas are divided into three geographical regions: North America, Central America and South America. Spanish-speakers can be found in all three of these areas. People sometimes tend to forget, perhaps because of its powerful neighbour to the north, that Mexico is actually part of North America.

> **Regions of Spanish America**
>
> - The Caribbean
> - Mexico and Central America
> - The Andean countries
> - The Southern Cone (Argentina, Chile, Uruguay) and Paraguay

The term 'Spanish America' is used to describe the group of Spanish-speaking nations in Latin America that were colonized by the Spanish from the 16th century onwards. It covers a very large area: the southernmost part of North America and almost the whole of Central and South America, with the exception of Haiti, Belize, Surinam, Guyana, French Guiana and Brazil. It is bordered to the east by the Atlantic Ocean and to the west by the Pacific Ocean; to the north, Mexico shares a border with the United States of America, and the southernmost point of Spanish America - Tierra del Fuego - is only a relatively short distance from Antarctica.

Physical Geography South America is a land of contrasts, from the high, cold mountains of the Andes (that run for 6000 miles from the Caribbean Sea to the Antarctic) to the warm beaches of the Caribbean and the Pacific. There is tremendous climatic variety: in Mexico and Central America the seasons are those of the northern hemisphere, whilst in South America the summer runs from December to March and the winter from June to September. There are four main types of landscape in this part of the Americas:

- The Pacific region is dominated by extremely high mountain ranges (the highest peak is Aconcagua at 23 000 feet) and partially volcanic ranges that mark the edge of the *altiplanos* (the high plateaux), such as the Andes.
- The Atlantic coast is characterized by coastal plains like the Pampas. The mountainous areas consist mainly of high plateaux, none of which exceeds 10 000 feet.
- The central region consists of very low-lying areas, like the Amazon Jungle, which are criss-crossed by vast river systems.
- The Caribbean Islands are volcanic in origin, with no natural defences against a climate characterized by strong winds, high temperatures, heavy rainfall and extreme humidity.

Human Geography The population of this vast region is as varied as the landscape and climate; in most countries you can find ethnic groups from almost anywhere in the world. The majority of the population are mestizos, a mixture of Spanish or other European and the native Indian population. In Mexico, for example, mestizos make up 60% of the total population. In Bolivia and Guatemala, more than half the population are Indian, whilst in Argentina and Uruguay most of the population are white and of European descent.

Religion The principal religion is Roman Catholicism. In some countries, like Nicaragua, El Salvador and Peru, Liberation Theology - the belief that poverty is a sin and that the Church should side with the poor against the rich - is very influential. More recently, evangelical Christianity has found growing popularity, especially amongst the poorer sections of society.

With a few exceptions, political administration in the different Spanish American countries has followed a remarkably similar pattern, considering the vast area and the variety of peoples involved. Generally speaking, all the countries, with the exception of Cuba, have gone through the same stages - colonization, independence and military dictatorship - to reach their present democratic state.

Politics All the Spanish-speaking countries in the Americas (except Puerto Rico) are independent republics which, apart from Cuba, are governed by democratically elected parliaments. Under the multiparty system, people vote every four or - in the case of Mexico - six years to elect their representatives. In most countries, the President is only elected for one term of office. Puerto Rico is a self-governing part of the USA, with the same control over internal affairs as the other states. Until the 1980s, Spanish America suffered under a series of oppressive military dictatorships.

Economics Most of the countries in Spanish-speaking America have vast natural resources, although in general their economies are not very developed. Despite the fact that much of the population lives in towns and cities, Spanish-speaking America is not highly industrialized, agriculture and mining still playing an important part in the economy. Common factors are high inflation, a massive foreign debt, an extensive black market, and tremendous inequalities in the distribution of wealth, with the indigenous populations usually coming off worst. A large part of Spanish America is poor and many people live on very meagre incomes. The Central American republics are amongst the poorest, especially Nicaragua and Honduras, with a per capita gross domestic product (GDP) of 2500 US dollars and 2400 US dollars respectively. Chile and Puerto Rico are the wealthiest, with a GDP of 12,500 and 9800 dollars respectively, followed by Uruguay on 8600 dollars and Venezuela on 8500 dollars.

Language Spanish is the official language spoken by the majority of people in all of Spanish-speaking America. In countries where there is a large indigenous population, such as Peru, Bolivia, Guatemala and Mexico, various Amerindian languages are also spoken. The Spanish spoken in Spanish America has many distinguishing features, but only two are common to the whole continent, namely seseo (the pronunciation of 'c' before 'i' and 'e' as 's', not 'th' as in Spain) and the use of *ustedes* instead of *vosotros* in informal as well as formal speech. Other characteristics are shared by some regions and countries, but not by all. *Vos* replaces *tú* in many regions, and the corresponding verb forms differ from area to area. In the River Plate and most of Central America, the present indicative and imperative forms are affected, e.g. *vos hablás* (for *tú hablas*), *vos tenés* (for *tú tienes*), *vení* (for *ven*) and *levantate* (for *levántate*).

Some Amerindian Languages

- Quechua (Peru, Bolivia, Ecuador)
- Aimara (Peru and Bolivia)
- Náhuatl (El Salvador and Mexico)

Spanish in the USA In the southern states of the USA there are still a few pockets of Spanish-speakers, descended from the first Spanish settlers to arrive there in the 16th century. The growing importance of Spanish in the USA, however, is due to the modern-day Spanish-speaking immigrants from all over Latin America, but with especially large numbers of immigrants from Mexico, Cuba and Puerto Rico. They now make up about 9% of the whole population, the second largest ethnic minority after Black Americans, and for most of them Spanish is their mother tongue. The most notable thing about the Spanish spoken in the USA is the influence English has had on vocabulary and syntax.

Most experts agree that the first settlers to arrive in the Americas came from Asia. Out of these diverse tribes arose the pre-Columbian civilizations, the most important of which were the Aztecs in north and central Mexico, the Mayans in the south of Mexico and in Central America, and the Incas, who settled in the Andean regions of present-day Peru and Bolivia.

Discovery and Colonization The discovery of the Americas by Cristóbal Colón (Christopher Columbus) in 1492 was followed by the conquest of its people and its lands. Many European explorers and conquistadors made the journey across the Atlantic, but it was Spanish colonization and the imposition of Christianity which destroyed the indigenous civilizations. By the 1530s Hernán Cortés had conquered the Aztecs and Francisco Pizarro the Incas. Pedro de Mendoza founded Buenos Aires in 1536 and, around the same time, a colony was set up in Paraguay. The colonization of other parts of the continent was much slower due to the difficulty of the terrain.

Independence Spanish and Portuguese colonization created a new social class, the criollo, someone of European descent born in a Spanish American colony. It was the criollos who formed the revolutionary juntas in revolt against Spanish rule after 1808. The most famous of the independence leaders, who began their campaigns of liberation at around the same time, were General Simón Bolívar (Venezuela, 1783-1830), whose unrealized dream was to form a confederation of Latin American states, and General José Sanmartín (Argentina, 1778-1850), who liberated Chile and contributed to the independence of Peru. Other countries soon joined them in declaring their independence.

Dates of Independence

- Argentina: 9 July 1816
- Bolivia: 6 August 1825
- Chile: 18 September 1810
- Colombia: 20 July 1810
- Costa Rica: 15 September 1821
- Cuba: 20 May 1902
- Dominican Republic: 27 February 1844
- Ecuador: 24 May 1822
- El Salvador: 15 September 1821
- Guatemala: 15 September 1821
- Honduras: 15 September 1821
- Mexico: 16 September 1810
- Nicaragua: 15 September 1821
- Panama: 3 November 1903
- Paraguay: 14 May 1811
- Peru: 28 July 1821
- Uruguay: 25 August 1825
- Venezuela: 5 July 1811

The Present Day Once fragmented, Spanish America underwent a long period of internal political upheavals and border wars. In 1898 Spain lost its last colonies, Cuba and Puerto Rico, signalling the end of four centuries of domination. Since 1898 the United States army has intervened in Spanish American countries on numerous occasions, sometimes on its own initiative, at others at the request of Spanish Americans themselves. The condition of permanent economic crisis and poverty was a breeding ground for military dictatorships and for the revolutionary movements that sprang up to combat them. Finally, in the 1980s, democracy was restored to almost every country in Spanish America. As for relations between the different states, the creation of the *Organización de Estados Americanos* (Organization of American States) in 1948 in Bogotá was proof of a desire for cooperation. Some countries, like Argentina, Brazil, Uruguay and Paraguay, went further, and moved towards economic integration through the creation of Mercosur, which represents about 200 million people and has a GDP of 800 000 million dollars. Another far-reaching international treaty was the *Tratado de Libre Comercio* (*TLC* - North American Free Trade Agreement, NAFTA), to which the USA, Canada and Mexico are signatories.

Spanish America has a state education system at primary (elementary), secondary (high school) and university levels, which coexists with a large private sector. While some state universities enjoy great prestige, primary and secondary schools are generally inferior to private schools, which are beyond the means of most of the population.

Pre-school Education Only a small proportion of children under the age of five are enrolled in pre-school programmes (see table below).

Primary and Secondary Education In general, increased government expenditure on state schools since the 1960s has improved the quantity and quality of primary and secondary education and reduced the importance of private schools. Vocational training and technical and professional education have also been expanded at secondary level to help provide students with practical skills to prepare them for the job market.

Higher Education This has seen rapid growth since the 1960s and there are now over 400 major universities (including technical universities) among several thousand institutions of higher learning. This increase has been achieved by greater public expenditure and through the expansion and proliferation of private universities funded by tuition fees and lucrative contract research. Degrees are offered in virtually every field, and traditionally law, medicine and engineering have attracted large numbers of students. As a result, many graduates in these and other specialized professions have difficulty finding employment due to the underdeveloped nature of most national economies. In Cuba technical and scientific subjects are emphasized over more traditional studies and in this respect the Cuban university system can be said to come closest to serving national economic development and the interests of the poorest people in society.

Enrolment in Education (%)

	1960	1970	1980	1990
■ Pre-school (0–5 age group)	2.4	3.3	7.8	16.7
■ Primary (6–11 age group)	57.7	71	82.9	87.1
■ Secondary (12–17 age group)	36.3	49.8	62.9	66.2
■ Tertiary (18–23 age group)	5.7	11.6	24.1	26.9

Literacy Although schooling at all levels has increased since the 1960s, the quality of education that most children receive is inadequate. This is particularly the case in public sector schools, which enrol most primary and secondary students, and for virtually all of the poor. Illiteracy is still a big problem, especially in rural areas and amongst women; incomplete primary education is more the rule than the exception and secondary or higher education rates are very low compared to the developed world. Poverty, the dispersed nature of rural populations, discrimination against indigenous peoples and lack of political will to educate the rural population all conspire to prevent access to basic education. Cuba, Argentina, Costa Rica, Peru and Uruguay do the most effective job of educating their citizens; each has a literacy rate of 90% or greater. Much further down the scale are the Central American republics. In Guatemala, for example, 50% of the population over 25 have had no formal education and a further 22% fail to complete elementary schooling. The exception in this region is Nicaragua, where in the 1980s the Sandinista Government organized a nationwide drive for literacy, based on the Cuban example after the 1959 revolution.

Most of the media in Spanish America (except Cuba) tend to be privately owned.

Newspapers Most countries offer a wide range of newspapers and magazines, although they are only read by the middle and upper classes. The oldest newspapers date back to the early nineteenth century: Chile's *El Mercurio* (still the country's leading newspaper) was founded in 1827 and Peru's *El Comercio* in 1839. In several countries political upheavals produced complete breaks with the past; in Mexico, for example, the oldest existing newspapers – *El Universal* (1916), *El Excelsior* (1917) and *La Prensa* (1928) – all postdate the 1910 revolution, and in Cuba the oldest existing paper is *Granma*, founded in 1965. Despite the common linguistic and cultural heritage there are only a few region-wide publications, the most successful being the news magazine *Visión*.

▸ **Censorship** has varied according to time and place, and at its most extreme has led to abductions, imprisonment, forced exile and assassinations of journalists, as in Argentina in the mid-1970s. Less extreme censorship persists in some countries in the form of economic coercion and bribery. In Cuba all media are controlled by the State.

Television As everywhere else in the world, television is the staple of popular information and entertainment, and is largely funded by advertising. Most countries have two or three commercial networks and often a government or educational channel. Programmes used to consist entirely of reruns of US output dubbed into Spanish, but the share of national programmes has increased dramatically in the last 20 years. Programmes characteristic of Spanish American TV include marathon variety shows presented live before a studio audience, live regional music, comedy and *telenovelas*.

▸ ***Telenovelas*** are popular TV soap operas which dominate prime-time viewing in most countries. They are not clones of US soaps or movies but adaptations of older forms of Spanish American popular culture such as radio melodramas (*radionovelas*) and the serial novel. As well as family dramas and romance, *telenovelas* often feature more realistic themes such as economic corruption, health and family planning.

Radio There are many thousands of radio stations in Spanish America. The majority are small commercial operations with simple output, although in cities there are larger FM and AM stations offering a variety of programmes including news, popular music, sport, talk shows and *radionovelas*.

▸ **National radio**, the official state network, is often poorly funded and equipped. It carries more political discussions and educational material than commercial stations.

▸ **University stations** are aimed at an educated minority. They broadcast a mixture of educational programmes, classical music and cultural programmes taken from leading international radio networks such as the BBC and Voice of America.

▸ **Religious stations** run by the Roman Catholic and Protestant churches are numerous. They provide a wide range of news, and cultural and evangelical material.

Internet In Latin America more and more people are using the Internet. E-mail is the most popular Internet service used with millions of messages being sent every day in Spanish-speaking countries. There are hundreds of Internet Service Providers, some of which like America Online (AOL) are popular in Europe and the United States, and others like *Terra* which are found only in Latin American countries. The development of e-commerce cannot be compared with the United States but the number of people carrying out transactions on the Internet is continuing to grow.

Popular culture throughout Spanish America is based on a complex fusion of European Spanish, indigenous, African and criollo folklore. Music and dance are particularly important in the region, and are an essential part of any celebration of a traditional or popular nature.

Festivals Independence Day is the main festival in all Spanish American countries; also known as the *Fiesta Patria*, it commemorates independence from the Spanish Crown.

Other important festivals tend to be linked to religious occasions, for example, el *Día de los Muertos* (2 November, All Souls' Day) and the *Virgen de Guadalupe* (12 December) in Mexico, or *Nuestro Señor de los Milagros* (Our Lord of Miracles, in October) in Peru.

El Día de los Muertos (Day of the Dead) reflects Aztec traditions and attitudes with regard to death. In most homes and public places, people leave offerings for their dead relatives and friends: flowers and candles, as well as the dead person's favourite food and drink and objects that were of sentimental value to him or her. It is a celebration full of colour and joy, a vision of death that has none of the tragic overtones of the Judaeo-Christian tradition.

The festival of the *Virgen de Guadalupe* attracts devotees from miles around to the Basilica de Guadalupe in Mexico City, where the image of the Virgin Mary is kept.

Nuestro Señor de los Milagros in Peru is another deeply religious festival. Throughout the month of October, many devotees in Lima dress in purple, the colour of *El Señor*. The festival culminates in a massive procession that packs the city centre.

Music Spanish American music is very varied and usually has close links with dance. Popular music is characterized by its lively, impassioned rhythms, for example, the *tango* in Argentina, the *cumbia* in Colombia, *salsa* and the *merengue*, popular everywhere, *rancheras*, sung by mariachi bands in Mexico, the Cuban *son* and the *bachata* from the Dominican Republic. There are more ancient musical traditions too: for example, the *guaíno* in Peru and Bolivia, that originated with the pre-Columbian Indians. The symbiosis between criollo and indigenous music has produced new rhythms like the *chicha* in Peru. *Nueva canción* (called *nueva trova* in Cuba) developed in Chile and Argentina in the 1960s and is political in nature, although its message is expressed in a variety of forms.

Food Most Spanish American countries have an excellent, rich and varied cuisine that combines indigenous, Asian, African, criollo and European flavours. Argentina and Uruguay produce excellent beef, which they normally serve grilled, fish is hardly eaten at all here, but you can eat wonderful seafood in the countries in the Caribbean and on the Pacific coasts. Mexican cooking is known around the world for its quality and originality. It uses a wide variety of fruit and vegetables as well as spices, especially the many types of chilli pepper; one famous dish, *mole poblano*, even includes chocolate (discovered by the Aztecs and introduced to Europe via Spain around 1500).

Sports Various sports are played in Spanish America, but soccer is the most popular, both to watch and to play. Professional soccer here is of an extremely high standard and several nations are internationally renowned; fans flock to the stadiums in their thousands to watch their local and national teams. Some countries have achieved great success in other sports too, e.g. athletics in Cuba, basketball in Puerto Rico and cycling in Colombia.

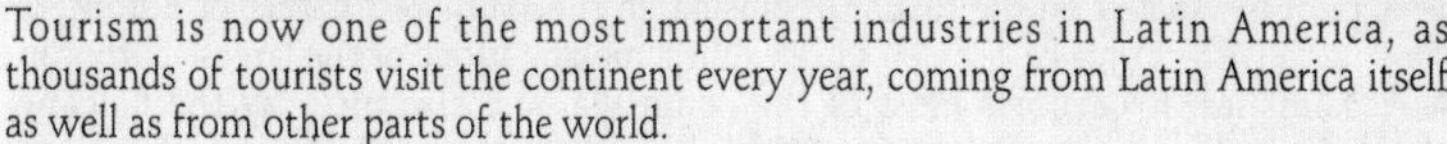

9 TOURISM

Tourism is now one of the most important industries in Latin America, as thousands of tourists visit the continent every year, coming from Latin America itself as well as from other parts of the world.

Every region of Latin America has tourist attractions which are visited by thousands of vacationers. Traditional tourism centres on the Caribbean beaches in Mexico, Cuba, Puerto Rico, Santo Domingo etc. As well as sunbathing, tourists can take part in all kinds of water sports; the area is visited by divers from all over the world because of the quality of its water and the wide variety of marine life to be found there. Major hotel chains provide service on an international level.

But Latin America has its own particular attractions too. The pre-Columbian ruins draw thousands of tourists every year with many European and American visitors going to Central America to visit the remains of Mayan culture, spread throughout the Yucatán Peninsula, Guatemala and Honduras. The most outstanding sites include *Chichén Itzá*, in Mexico, and the majestic *Tikal*, in the middle of the forest in the north of Guatemala. The remains of the Aztec civilization, to be found in Mexico, are also of great interest. *Machu Pichu*, the ancient sacred city of the Incas, is one of the most important tourist centres in Peru whilst Easter Island, situated in the Pacific Ocean 3,700 kilometres from the coast of Chile, is no less important, with its impressive *moais* - giants several metres tall, carved out of stone.

Skiing is popular in Argentina and Chile and they boast some famous ski centres such as *Bariloche* and *Farellones*. These resorts are popular with Argentine and Chilean skiers as well as Europeans and Americans who delight in enjoying winter sports while it is summer in the Northern Hemisphere. The *Torres del Paine* national park is situated in the province of *Última Esperanza* in Southern Chile and attracts thousands of visitors during the summer. Added to the natural beauty of the mountains, lakes, waterfalls and glaciers in the park, there is also an abundance of plants and wildlife. In Argentina, in the province of Patagonia, *Perito Moreno* national park attracts a similar number of tourists, drawn by the grandeur of the glacier from which the park takes its name. The Andes run between Chile and Argentina, and here, on Argentine territory, majestic *Aconcagua* rises to a height of 6,959 metres. It is the highest peak in the Andes and every year, expeditions from the five continents attempt to reach its summit.

The Iguaçu Falls are certainly an impressive sight, drawing people from all over the world. They are to be found at the heart of South America, on the border between Argentina and Brazil. In both of these countries, and also in neighbouring Paraguay, you can visit the remains of missions founded by the Jesuits in the area, which came to an end with the expulsion of the religious order at the end of the 18th century.

Latin America is an area of great diversity and the number of tourists visiting this developing holiday destination is growing year on year.

ADMINISTRATION 10

Spain is situated on the Iberian Peninsula, in the southwest corner of Europe; it has a surface area of 195 300 square miles, making it one of the largest European countries. It occupies most of the peninsula, and also includes the Balearic Islands in the Mediterranean, the Canary Islands in the Atlantic and the North African enclaves of Ceuta and Melilla. To the north it is bordered by France and the Bay of Biscay; to the east by the Mediterranean; to the south by the Straits of Gibraltar, which separate it from Africa; and to the west by Portugal. Sandwiched between the Atlantic Ocean and the Mediterranean Sea - the former giving rise to a damp, cool climate, the latter to warm, drier weather - Spain's climate combines with its physical geography to create some striking contrasts: from the *rías* (the Spanish equivalent of fjords) in Galicia to the Almería desert, from the Castilian tableland to the peaks of the Pyrenees, from the volcanic landscape of Tenerife to the rugged Majorcan coastline.

Since 1833, Spain has been divided geographically into 50 provinces (*provincias*) - each of them with its capital city and villages - plus the towns of Ceuta and Melilla. In 1978, these provinces, along with Ceuta and Melilla, were additionally grouped into 19 *Comunidades Autónomas*, which are administrative and political entities (see **The Autonomous Regions**).

Official Languages

- Throughout Spain: *Spanish (Castilian)*
- Catalonia, Balearic Islands: *Catalan*
- Galicia: *Galician*
- Basque Country: *Basque*
- Valencia: *Valencian*

Language Spanish (*Castilian*) is the official language spoken throughout Spain, but it is not the only language. In certain regions, there are two official languages (see above). Most linguists consider Valencian to be a variety of Catalan. *Euskera*, or Basque, is the joint official language in Basque-speaking areas of Navarre. Other minority languages are spoken in very specific areas, such as *Bable* (a variety of Castilian) in parts of Asturias. Until the 1960s, French was the most widely taught foreign language, but it has now been overtaken by English.

Political Administration The 1978 Constitution was the product of a broad and hard-won consensus amongst the major political parties which won parliamentary representation in the first democratic elections since the civil war. According to that Constitution, Spain is a parliamentary monarchy. The King is the head of state; he plays a mediating role in the workings of the institutions and is the highest representative of the Spanish state at international level, although actual political leadership remains the role of the Government.

▸ **Parliament (*las Cortes Generales*)**, usually called *las Cortes*, consists of the lower house, the Congress of Deputies (*Congreso de los Diputados*), and the upper house, the Senate (*Senado*). Members of both chambers are elected by universal suffrage every four years in a general election, but their responsibilities are very different.

The Congress of Deputies is made up of 350 deputies elected by proportional representation. Its political dominance is evident not only in the legislative process, but also in the fact that it votes to accept a new Prime Minister (*presidente del Gobierno*) and can force him or her to resign, either by a censure motion or a vote of no confidence.

The Prime Minister determines both the actions of the Government and its actual composition. The prime ministerial candidate first submits his manifesto to Congress and then, once he has obtained the approval of the deputies and has been appointed by the King, he puts forward to the King the names of his chosen ministers.

The Senate serves as a 'cooling-off' chamber in the legislative process. Here, bills coming from the Congress of Deputies can technically be amended or vetoed, but in practice the Congress always has the last word. The Senate is currently composed of 259 members. Each of the Spanish provinces (*provincias*) elects 4 senators, except Ceuta and Melilla which only elect 2. In addition to this, each of the assemblies in the autonomous regions elects 1 senator, plus an additional senator for each million inhabitants. The Senate is becoming more and more involved with representing the interests of the different regions at national level.

▸ **The Constitution** was passed in 1978, bringing to an end the 'Transition' period (1975-8), which bridged the gap between the Franco regime and democracy. At present, the regional map of Spain is made up of 19 *Comunidades Autónomas* (Autonomous Regions), which include the two autonomous municipalities of Ceuta and Melilla in North Africa. Each *Comunidad* has its own government and parliament.

▸ **The autonomous regions** were set up in an attempt to preserve and foster the cultural and historical diversity which remains such a strong feature of 20th century Spain. For legal and administrative purposes, the regions are divided up into provinces and municipalities.The Constitution does not set out a list of responsibilities (*competencias*) for the regional governments; within preset limits, it allows each to take on whatever it considers necessary. The State draws up the national budget and is responsible for foreign affairs and trade, defence and the armed forces, the legal system, the monetary system, economic planning, public works of national scope and so on. The autonomous regions have the right to implement national guidelines in, for example, the areas of education and health, in a way which is suited to regional circumstances.

The Legal System At local level, legal cases are heard at the *juzgados de primera instancia e instrucción*, which cover single or several municipalities, towns and cities. A step further up the ladder, each province has an *audiencia provincial*, and each autonomous region has a *tribunal superior de justicia*. Finally, the *Tribunal Supremo* operates at national level as the highest court in the land. The *Audiencia Nacional* is based in Madrid and has jurisdiction over the whole of Spain in matters of special significance for the nation: terrorism, arms dealing, smuggling, drug trafficking, large-scale fraud, immigration etc. Slightly apart from the rest of the legal system, the *Tribunal Constitucional* safeguards constitutional rights and interprets the constitution.

The Main Political Parties After Franco, the forces of the centre right formed the *UCD* (*Unión de Centro Democrático*), a coalition which won the first democratic elections since the civil war and was in power from 1977 to 1982. After the *UCD*'s dissolution, the *CDS* (*Centro Democrático y Social*) attempted to fill the void between left and right wings; its downfall left the *PP* (*Partido Popular*, formerly *AP*, *Alianza Popular*, which had its roots on the right) as Spain's largest centre-right party. To the left of the spectrum, the *PSOE* (*Partido Socialista Obrero Español* - the Spanish Socialist Party), founded in 1879, is the oldest party in Spain and formed the Government from 1982 to 1995; its policies are more or less in line with those of the other Western European socialist parties. The *PCE* (*Partido Comunista de España* - the Spanish Communist Party) was set up in 1920 and played an important role during the transition, but in 1986 it entered into a coalition of left-wing parties called *IU* (*Izquierda Unida* - United Left).

Main Political Parties and Coalitions

PP	*Partido Popular*
PSOE	*Partido Socialista Obrero Español*
IU	*Izquierda Unida*
CiU	*Convergència i Unió*
PNV	*Partido Nacionalista Vasco*
CC	*Coalición Canaria*

▸ **In the autonomous regions** the big nationwide parties are complemented by regional ones, some of whom play a major role in the government of the regions and even carry some weight at national level; these include *Convergència i Unió* (*CiU*), a nationalist Catalan coalition, and the *PNV* (*Partido Nacionalista Vasco* – Basque Nationalist Party). Other regional parties represented in Parliament are *Coalición Canaria*, *BNG* (*Bloque Nacionalista Galego*), *Unió Valenciana*, the Basque *Eusko Alkartasuna* (*EA*) and *Herri Batasuna* (*HB*), and the Catalan *Esquerra Republicana de Catalunya*. There are also regional parties in Andalusia, Navarre and Aragon.

Over recent years, the Spanish education system has seen many changes. The most recent change followed the replacement of the *Ley General de Educación* (*LGE* - General Education Act) that had been in place since 1970, by the *Ley Orgánica de Ordenación General del Sistema Educativo* (*LOGSE* - General Organization of the Educational System Act), which came into force in 1990. The new system that was introduced by this act was gradually phased in and had superseded the old one by the turn of the 20th century. The changes introduced by the *LOGSE* in 1990 were intended to expand free, compulsory education up to the age of 16; bring infant schooling (0-6 years) into the state system; bring vocational training more into line with the needs of business and industry; place special emphasis on the development of training in the arts; and generally bring the education system up to date and into line with other European Union countries.

According to the Constitution, central government has general responsibility for education in the following areas: basic legislation, degrees and diplomas, organization of grades, courses and minimum course content, requirements for passing from one grade to the next, minimum standards for schools, and general planning. Other responsibilities can and have been taken over by the autonomous regions. In those regions with their own language (Catalonia, Galicia, the Basque Country, Valencia, Navarre [in bilingual areas] and the Balearic Islands), the teaching of that language is one of the main organizational tasks of their regional authorities. In this respect a special effort has been made to revive the Basque language at the *ikastolas* (schools where all teaching is in Basque). Also, the teaching of subjects such as history in each of the autonomous regions places more emphasis on local history.

State Schools and Private Schools Private education has traditionally been very important at primary (elementary) and secondary (high school) levels and used to have close links with the Catholic Church, although nowadays non-denominational private schools predominate. Around 34% of pre-school pupils and 33% of primary pupils attend private schools; at the secondary level, 35% of students are privately educated; but at university level, this figure is only around 9%.

As stated above, under the new Education Act, *LOGSE*, education has become compulsory until 16 years of age. The aim is to put an end to the situation in which the wealthy middle classes typically send their children to *escuelas de pago* (fee-paying schools), whilst working-class children attend state schools. Yet the coexistence of the two different systems, along with the transfer of power to the autonomous regions, has created various anomalies. The *Ley Orgánica del Derecho a la Educación* (*LODE* - Right to Education Act), which came into force in 1985, states that all private schools funded with public money should provide their services free. In practice, this process of *concertación* (harmonization) varies considerably, according to the agreement between individual schools and the education authorities. 'Harmonized' schools remain private but offer education at a very low cost. However, it is still up to the family to buy books and to pay for other expenses such as transport, food and any extra-curricular activities.

Current Education System

- ***Educación infantil*** (pre-school education - 0-6 years) is not compulsory, but the new system aims to attract as many children as possible.
- ***Educación primaria*** (primary education - 6-12 years) constitutes the first part of compulsory education. It consists of three stages of two years each. As well as the usual subjects, physical education (PE), music and a foreign language are taught.

▸ ***Educación secundaria obligatoria* (ESO)** (secondary education - 12-16 years) consists of two stages of two years each. At the end of *ESO*, students are awarded the qualification of *graduado en educación secundaria* (graduate in secondary education), which signals successful completion of compulsory education.

▸ ***Bachillerato*** (16-18 years) lasts for two years and offers four options: natural sciences and health, humanities and social sciences, technology, and art. All students follow certain core courses (language and literature; a foreign language; and PE, philosophy and history for one year each), as well as studying a number of optional subjects. Students who complete the bachillerato obtain a single qualification that allows them either to go on to university or to enter the higher level of *FP*.

▸ ***FP*** is made up of two levels: *grado medio* (intermediate level), which students can enter at the end of compulsory education and from which they can go straight on to the job market; and *grado superior* (higher level), which students can enter after completing their *bachillerato* and from which they can either go into work or go on to university. The new FP aims to provide more flexible training for students, enabling them to respond to the changing needs of business and industry. It also seeks to undertake retraining programmes for professionals.

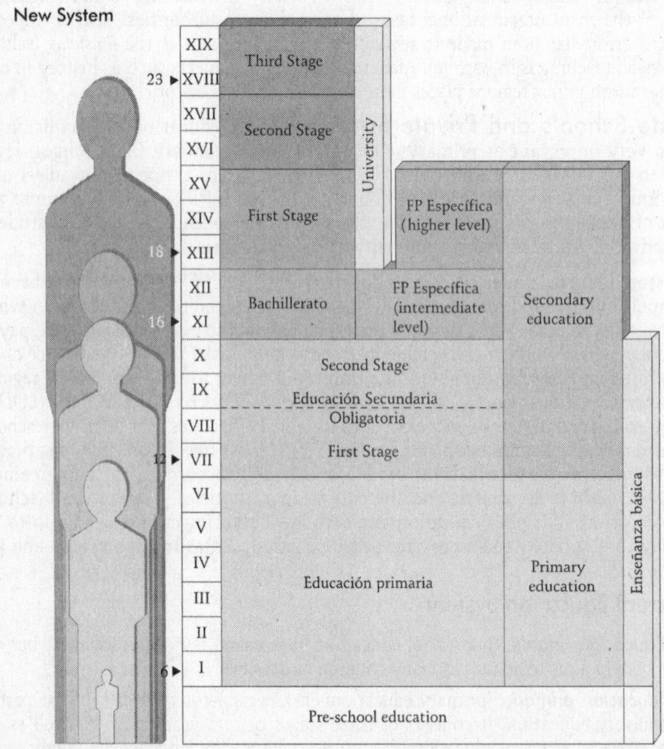

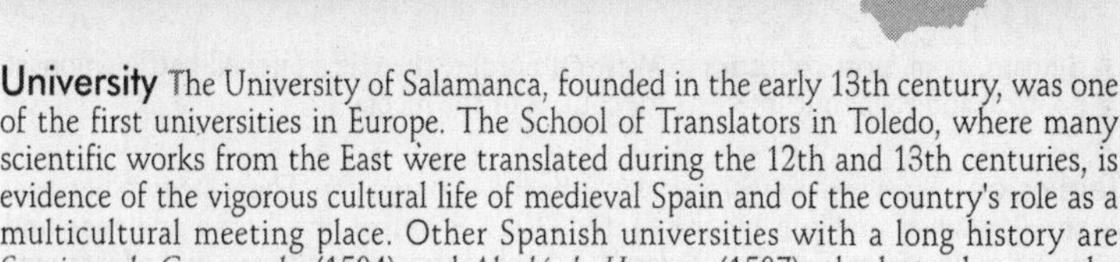

University The University of Salamanca, founded in the early 13th century, was one of the first universities in Europe. The School of Translators in Toledo, where many scientific works from the East were translated during the 12th and 13th centuries, is evidence of the vigorous cultural life of medieval Spain and of the country's role as a multicultural meeting place. Other Spanish universities with a long history are *Santiago de Compostela* (1504) and *Alcalá de Henares* (1507); the latter became the *Universidad Complutense de Madrid* in 1707.

Most universities (48 out of 66) are public: the private ones tend to concentrate on specific subjects such as economics and business administration. Students usually stay in their home town if there is a university which offers the course they are interested in.

Higher education courses last from three to six years. On completing a university course of four, five or six years, the student becomes a *licenciado* (graduate). *Escuelas universitarias* offer shorter three-year courses, at the end of which the student becomes a *diplomado*. Most University courses have an entry requirement. Students over 25 wishing to enter university have to take a set of exams.

Another institution, the *Universidad Internacional Menéndez Pelayo*, was founded in Santander in 1932; it runs summer courses for students of all nationalities.

The Top Ten Universities
(by number of students)

- *Universidad Nacional de Educación Distancia* (Spanish Open University)
- *Universidad Complutense de Madrid*
- *Universidad de Sevilla*
- *Universidad de Granada*
- *Universitat de Barcelona*
- *Universidad del País Vasco (Euskal Herriko Unibertsitatea)*
- *Universitat de València (Estud-General)*
- *Universidad Politécnica de Madrid*
- *Universidad de Zaragoza*
- *Universidad de Santiago de Compostela*

In Spain, as in most countries in Western Europe, there is a pitched battle amongst political and economic interests for control of the media.

Television Television now broadcasts almost 24 hours a day. There are two national channels owned and run by the State: *TVE-1* is aimed at a broad audience and provides mainstream viewing, whilst *TVE-2* concentrates on cultural and educational programmes. *Televisión Española (TVE)* provides Catalonia with several programmes in Catalan. There are also several locally run channels in the autonomous regions (*see below*).

Programmes on the independent channels are broadly similar to those on the State-owned channels, with whom they have been in competition since 1990. In that same year, *Canal+* began broadcasting in Spain. This is an independent subscription channel offering mainly films, special reports, documentaries, news, sports and music; films are shown with no commercial breaks. To receive most of its programmes you need to buy a decoder, for which you pay a subscription and a monthly fee.

Satellite television is becoming more and more popular in Spain, and there are around 60 satellite channels available, including *Canal Clásico, Antena 3 satélite, Canal 31, Documanía, Cinemanía, Cineclassics, Minimax, Teledeporte* and *Galavisión* (the latter a Latin American channel), all broadcasting in Spanish. You can also receive foreign channels, such as the *BBC, CNN, RTL* or *Eurosport*.

Main Television Channels

- State-owned: *TVE-1, TVE-2* (*La 2*)
- Independent: *Antena 3, Tele 5, Canal+*
- Regional: *Telemadrid, Canal Sur* (Andalusia), *TV3* and *Canal 33* (Catalonia), *TVG* (Galicia), *Canal 9* and *Noticias 9* (Valencia), *ETB1* and *ETB2* (Basque Country)

Teletexto (Teletext) provides text-only information on the weather, news, sports, entertainment listings etc.

Radio There are two wave bands available: *Onda Media* (Medium Wave), which is used less and less, and *Frecuencia Modulada* (FM), which has a growing number of stations providing programmes 24 hours a day. The State-owned *Radio Nacional de España* (*RNE*) has five stations: *Radio 1* produces chat shows, news bulletins, game shows and sports programmes; *Radio 2* specializes in classical music; *Radio 3* broadcasts mainly rock and pop but also has 'alternative' versions of chat shows etc.; *Radio 4* is in Catalan and only goes out in Catalonia; and *Radio 5* is dedicated to news.

Main Radio Stations

- *RNE Radio 1*: chat shows, news, game shows, sport
- *RNE Radio 2*: classical music
- *RNE Radio 3*: rock and pop music
- *COPE, SER* and *Onda Cero*: chat shows, news, music

Independent stations enjoy very large audiences and they too offer chat shows, discussion programmes, music, game shows and news. The most popular stations are *SER*, *COPE* and *Onda Cero*. *SER's Cuarenta Principales*, specializing in rock and pop music, also has a large following, especially amongst young people.

State-owned radio in the autonomous regions has undergone a massive expansion in recent years: *Euskadi Irratia*, *Radio Galega*, *Catalunya Ràdio*, *Canal Sur* (in Andalusia), *Onda Regional de Murcia*; and *Canal Nou* and *Punt Dos* (in Valencia) are just a few of the stations available in the regions.

The Press Newspaper circulation in Spain is one of the lowest in Europe: only 100 newspapers are sold for every 1000 people. Nevertheless, the press is very influential and there is a wide variety of newspapers available: more than 150 dailies. Although, some of these are distributed nationally and some - e.g. *El País*, *El Mundo* or *ABC* - produce special editions in some of the autonomous regions, most newspapers are purely local or regional.

Major Daily Newspapers and their Circulation

Newspaper	Circulation
El País	414 000
ABC	303 000
El Mundo	261 000
El Periódico de Catalunya	211 000
La Vanguardia	197 000

At regional level, the main newspapers published wholly or partially in languages other than Spanish are: *Avui* and *El Punt* in Catalan; *Egin* and *Deia in Basque*; and *O Correo Galego* in Galician. *El Periódico de Catalunya* publishes two editions, one in Catalan and one in Spanish. Some newspapers are even published in English: *Majorca Daily Bulletin* and *Sur in English*, for example. Sports newspapers (*As*, *Marca*, *Sport*, *Mundo Deportivo*) have a wide circulation, as do the new financial and economic papers like *Expansión*, *Gaceta de los Negocios* and *Cinco Días*. The weekend editions of most newspapers carry a supplement which sometimes includes part works (guides, maps, dictionaries etc.), although this makes for a higher cover price. The dailies also frequently come in separate sections, often printed in different colours and on different paper, focusing on local issues or on a topic such as science, medicine, culture etc.

Magazines The magazine market is a thriving one, with more than 300 registered titles. Those with the highest circulation figures are the so-called *revistas del corazón* (real-life or true-romance magazines), such as *°Hola!*, *Lecturas* and *Semana*, which report on the love lives of actors and other celebrities. *Pronto* and *Diez Minutos* have the samesubject matter but take a more sensationalist line. Next come the television guides (*Teleprograma*, *Supertele*), which are cheap and provide complete coverage of TV programmes as well as short news items. The TV listings magazines are losing in popularity, as the TV ratings wars mean that the schedules are constantly changing, often from one day to the next. Magazines providing general news coverage come only third, since the weekend newspaper supplements now have the lion's share of this market. The most popular of these magazines is *Interviú*, followed by *Tiempo*, *Cambio 16* and *Época*. The best-selling monthly magazine is *Muy Interesante*, which specializes in articles on scientific or popular science topics. For readers interested in the arts, *El Europeo* and *El Paseante* are amongst the most appealing titles. There is also a vast choice of publications catering for the specialist reader, on subjects ranging from computing to knitting.

Nearly all newspaper and magazine sales are made through the ubiquitous *quioscos* (newsstands), since subscriptions are almost unknown (although certain professional journals are sold in this way).

Internet The number of people who use the Internet in Spain (or *internautas*, as they are called) has been growing at a steady pace. People increasingly value the use of the Internet as a source of information and also entertainment. At the moment there are more than 7 million users. Of that figure, the majority, (approximately 4 million) access the Internet at home. The profile of the Spanish Internet user is young (18 to 34 years old), middle class and male, although the number of women using the Internet is beginning to reach the same levels as men. The use of the Internet to access web pages is higher than the use of electronic mail; and the most visited sites are chat rooms and those related to News and Leisure. Spanish people however still spend a relatively small amount of time on the Internet compared to other European countries, approximately 12 minutes per day on average.

Most Spanish companies have access to the Internet too, but only one in three has a Web page. Companies mainly use the Internet for e-mail, looking for information, on-line banking and to a lesser extent for business transactions. Most Spanish public institutions (such as Ministries, Town Councils, etc) have a web site, although only a small percentage of these sites can be used for dealing with administrative matters.

The *siesta*, a rest period after lunch when many people take a nap, is a very Spanish phenomenon. Modern working hours, however, mean that most people can no longer keep up the tradition. Lunch is usually eaten between 2 and 3 p.m. Given the fine weather during most of the year, a large part of people's leisure time is spent out of doors, either playing sports or chatting with friends and having a drink at an open-air bar. The *paseo*, a late afternoon or early evening stroll, is a tradition that many Spaniards keep up when work permits. Dinner is eaten late, from 9 p.m. onwards. If you can't last out till then, you can sample some of Spain's delicious bar snacks: *tapas* are small portions of food which sometimes - but by no means always - come free with your drink. *Raciones* are the same but bigger, whilst *pinchos* come on a cocktail stick. *Montados* (small slices of bread topped with a piece of meat, sausage, etc.) and *bocadillos* (small or large filled baguettes) are also sold in bars. You pay for your food and drinks when you are ready to leave.

Entertainment and Culture Bullfights remain a distinctive feature of the country and still have a large following, especially in central and southern Spain. The season is mainly spring and summer. Football is still the most popular sport overall, however, closely followed by basketball, cycling and tennis.

Cinemas are very popular, especially at weekends and on the *día del espectador* (usually Mondays or Wednesdays, when seats are cheaper). The theatre is more of a minority interest, although independent and alternative theatre groups have flourished in recent years.

Spain is home to several museums of international standing, including the *Prado* and the *Reina Sofía* Modern Art Museum in Madrid, the *Fundació Joan Miró* and the Picasso museum in Barcelona, and the new Guggenheim in Bilbao.

Gambling The *Quiniela*, a sports lottery based on the Spanish football (soccer) league (rather like the football pools in Britain), is very popular. There are other lotteries too: the one organized by *ONCE* (the Spanish association for the blind), with daily draws from Monday to Friday; the *Primitiva*; *Bonoloto*; and the National Lottery, famous for its Christmas draw for which almost everyone in Spain buys a ticket. Since the transition to democracy, the casinos have opened their doors again, as have bingo halls, which are very popular.

Local Fiestas Each village or town has its annual celebration, the *fiesta mayor*, usually in summer. Local people, businesses and institutions pool their resources to stage cultural and recreational events which vary according to the traditions and customs of each particular place. They include the colourful *Carnavales* in Cádiz and Santa Cruz de Tenerife; the *Fallas* in Valencia (19 March), when gigantic papier-mâché figures called *ninots* are burned; the religious processions of *Semana Santa* (Holy Week) in Andalusia or Aragon and the *Rocío* in Huelva; the *Feria* in Seville in April, with flamenco, horses and sherry; and the *Sanfermines*, a bullrunning festival in the streets of Pamplona, that takes place in July. Lastly, on the eve of San Juan (24 June), there are spectacular bonfires and fireworks all along Spain's Mediterranean coast.

More than 45 million people visit Spain every year, making it one of the three most visited countries in the world. As a large proportion of these visitors come as tourists, tourism is very important for the Spanish economy.

Destinations Tourists especially go to the holiday resorts along the Mediterranean coast during the summer months with the Balearic and Canary Islands also being very popular destinations. The Canary Islands attract many holidaymakers in winter too because of its mild climate. Apart from the more traditional summer resorts, Spain is trying to promote other less well-known tourist destinations. Madrid and Barcelona are already popular city breaks, and people go there, attracted by the museums and nightlife. Other regions of central and northern Spain, are promoting their historic and cultural heritage, and organize itineraries such as the Camino de Santiago, which goes along the old pilgrimage route to the historical town of Santiago de Compostela, where St James is supposed to be buried. Other old towns also popular with visitors are Salamanca, the centre of one of the first universities in Europe, Segovia, famous for its Roman aqueduct or Ávila with its medieval walls. Andalucía too offers a wide variety of interesting towns boasting a strong Arabic influence and unique architecture. Examples are Granada, with the Moorish palace of the Alhambra and Sevilla or Córdoba.

Recent years have seen the emergence of different types of tourism, mainly *turismo rural,* which aims to provide rural areas of scenic or historical interest with a means of economic income while at the same time aiming to protect the character of the areas. *Turismo rural* consists of a network of traditional villages, farms, old mills, etc that have been converted to offer comfortable accommodation. There is also *turismo activo*, where people take part in activities that contribute somehow to the community in which they are staying (such as helping on a farm or helping to rebuild an old abandoned village). Both types of tourism are popular mainly with Spanish people travelling within Spain, and are so far, little known by foreigners.

Transport A third of the people who come to Spain arrive by air, and about a third of these use non-scheduled flights or charters. The busiest airports are those of Madrid and Barcelona, followed by the Balearic and Canary Islands. However, to travel around Spain, road or rail are the most popular forms of transport.

Accomodation Visitors to Spain can choose from a wide range of types of accommodation: from hotels to self-catering villas, from small *pensiones* or *hostales* (guest houses) to grand *Paradores* (*see below*). Hotels are normally rated by a star system, one star being the lowest, five the highest. A different and special type of accommodation, apart from those offered by the *turismo rural* (*see above*) is provided by the *Paradores*. These are usually buildings of particular historical interest (old palaces, monasteries, etc) which have been converted into hotels or are purpose built. They are normally to be found in very old historic towns or villages; or near places of great natural beauty.

ENGLISH-SPANISH

INGLÉS-ESPAÑOL

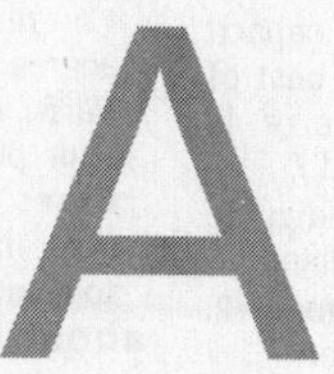

a¹ (*pl* **as** *OR* **a's**), **A** (*pl* **As** *OR* **A's**) [eɪ] *n* [letter] a *f*, A *f*; **from A to B** de un sitio a otro; **from A to Z** de cabo a rabo, de pe a pa.
◆ **A** *n* **-1.** *MUS* la *m* **-2.** *SCH* [mark] ≃ sobresaliente *m*.

a² [*stressed* eɪ, *unstressed* ə (*before vowel or silent 'h'* **an** [*stressed* æn, *unstressed* ən])] *indef art* **-1.** [gen] un (una); **a boy** un chico; **a table** una mesa; **an orange** una naranja; **an eagle** un águila; **a hundred/thousand pounds** cien/mil libras **-2.** [referring to occupation]: **to be a dentist/teacher** ser dentista/maestra **-3.** [to express prices, ratios etc] por; **£10 a person** 10 libras por persona; **50 kilometres an hour** 50 kilómetros por hora; **20p a kilo** 20 peniques el kilo; **twice a week/month** dos veces a la semana/al mes **-4.** [preceding person's name] un (una) tal; **a Mr Jones** un tal señor Jones.

A-1 *adj inf* [excellent] de primera.

A4 *n UK* DIN *m* A4.

AA *n* **-1.** (*abbr of* **Automobile Association**) *asociación británica del automóvil*, ≃ RACE *m* **-2.** (*abbr of* **Associate in Arts**) *titular de una licenciatura de letras en Estados Unidos* **-3.** (*abbr of* **Alcoholics Anonymous**) AA *mpl*.

AAA *n* **-1.** (*abbr of* **Amateur Athletics Association**) *federación británica de atletismo aficionado* **-2.** (*abbr of* **American Automobile Association**) *asociación automovilística estadounidense*, ≃ RACE *m*.

AAUP (*abbr of* **American Association of University Professors**) *n sindicato estadounidense de profesores universitarios*.

aback [ə'bæk] *adv*: **to be taken ~** quedarse desconcertado(da).

abacus ['æbəkəs] (*pl* **-cuses** *OR* **-ci** [-saɪ]) *n* ábaco *m*.

abandon [ə'bændən] ◇ *vt* [gen] abandonar; [soccer, rugby match] suspender. ◇ *n*: **with ~** con desenfreno.

abandoned [ə'bændənd] *adj* abandonado(da).

abashed [ə'bæʃt] *adj* avergonzado(da).

abate [ə'beɪt] *vi* [storm] amainar; [noise] disminuir; [fear] apaciguarse.

abattoir ['æbətwɑːʳ] *n* matadero *m*.

abbess ['æbes] *n* abadesa *f*.

abbey ['æbɪ] *n* abadía *f*.

abbot ['æbət] *n* abad *m*.

abbreviate [ə'briːvɪeɪt] *vt* abreviar.

abbreviation [əˌbriːvɪ'eɪʃn] *n* abreviatura *f*.

ABC *n* **-1.** *lit & fig* abecé *m* **-2.** (*abbr of* **American Broadcasting Company**) ABC *f*, *cadena de televisión estadounidense*.

abdicate ['æbdɪkeɪt] ◇ *vi* abdicar. ◇ *vt* [responsibility] abdicar de.

abdication [ˌæbdɪ'keɪʃn] *n* abdicación *f*.

abdomen ['æbdəmen] *n* abdomen *m*.

abdominal [æb'dɒmɪnl] *adj* abdominal.

abduct [əb'dʌkt] *vt* raptar.

abduction [æb'dʌkʃn] *n* rapto *m*.

aberration [ˌæbə'reɪʃn] *n* aberración *f*, anomalía *f*; **a mental ~** un despiste.

abet [ə'bet] (*pt* & *pp* **-ted**, *cont* **-ting**) *vt* ⊳ **aid**.

abeyance [ə'beɪəns] *n*: **in ~** [custom] en desuso; [law] en suspenso.

abhor [əb'hɔːʳ] (*pt* & *pp* **-red**, *cont* **-ring**) *vt* aborrecer.

abhorrent [əbˈhɒrənt] *adj* aborrecible.

abide [əˈbaɪd] *vt* soportar, aguantar.
◆ **abide by** *vt fus* [law, ruling] acatar; [principles, own decision] atenerse a.

abiding [əˈbaɪdɪŋ] *adj* [feeling, interest] duradero(ra); **my ~ memory of that day is how excited I was** mi recuerdo más durarero de ese día es lo emocionado que estaba.

ability [əˈbɪlətɪ] (*pl* **-ies**) *n* **-1.** [capability] capacidad *f*, facultad *f*; **to do sthg to the best of one's ~** hacer algo lo mejor posible OR lo mejor que uno puede **-2.** [skill] aptitud *f*.

abject [ˈæbdʒekt] *adj* **-1.** [poverty] vil, indigente **-2.** [person] sumiso(sa); [apology] humillante.

ablaze [əˈbleɪz] *adj* **-1.** [on fire] en llamas **-2.** [bright]: **to be ~ with** resplandecer de.

able [ˈeɪbl] *adj* **-1.** [capable]: **to be ~ to do sthg** poder hacer algo; **to feel ~ to do sthg** sentirse capaz de hacer algo **-2.** [skilful] capaz, competente.

able-bodied [-ˌbɒdɪd] *adj* (físicamente) sano(na).

ablutions [əˈbluːʃnz] *npl fml* abluciones *fpl*.

ably [ˈeɪblɪ] *adv* competentemente.

ABM (*abbr of* **anti-ballistic missile**) *n* ABM *m*, *misil antibalístico*.

abnormal [æbˈnɔːml] *adj* anormal.

abnormality [ˌæbnɔːˈmælətɪ] (*pl* **-ies**) *n* anormalidad *f*, anomalía *f*.

abnormally [æbˈnɔːməlɪ] *adv* [unusually] anormalmente.

aboard [əˈbɔːd] ◇ *adv* a bordo. ◇ *prep* [ship, plane] a bordo de; [bus, train] en.

abode [əˈbəʊd] *n fml*: **of no fixed ~** sin domicilio fijo.

abolish [əˈbɒlɪʃ] *vt* abolir.

abolition [ˌæbəˈlɪʃn] *n* abolición *f*.

A-bomb (*abbr of* **atom bomb**) *n* bomba *f* A.

abominable [əˈbɒmɪnəbl] *adj* abominable, deplorable.

abominable snowman *n*: **the ~** el abominable hombre de las nieves.

abominably [əˈbɒmɪnəblɪ] *adv* de forma abominable OR deplorable.

aborigine [ˌæbəˈrɪdʒənɪ] *n* aborigen *m* OR *f* de Australia.

abort [əˈbɔːt] ◇ *vt* **-1.** [pregnancy, plan, project] abortar; [pregnant woman] provocar el aborto a **-2.** COMPUT abortar. ◇ *vi* COMPUT abortar.

abortion [əˈbɔːʃn] *n* aborto *m*; **to have an ~** abortar.

abortive [əˈbɔːtɪv] *adj* frustrado(da), fracasado(da).

abound [əˈbaʊnd] *vi* **-1.** [be plentiful] abundar **-2.** [be full]: **to ~ with** OR **in** abundar en.

about [əˈbaʊt] ◇ *adv* **-1.** [approximately] más o menos, como; **there were ~ fifty/a hundred** había (como) unos cincuenta/cien o así; **at ~ five o'clock** a eso de las cinco **-2.** [referring to place] por ahí; **to leave things lying ~** dejar las cosas por ahí; **to walk ~** ir andando por ahí; **to jump ~** dar saltos **-3.** [on the point of]: **to be ~ to do sthg** estar a punto de hacer algo.
◇ *prep* **-1.** [relating to, concerning] sobre, acerca de; **a film ~ Paris** una película sobre París; **what is it ~?** ¿de qué trata?; **tell me ~ your problems** háblame de tus problemas; **there's something odd ~ that man** hay algo raro en ese hombre **-2.** [referring to place] por; **to wander ~ the streets** vagar por las calles.

about-turn *esp UK*, **about-face** *esp US n* MIL media vuelta *f*; *fig* cambio *m* radical, giro *m* de 180 grados.

above [əˈbʌv] ◇ *adv* **-1.** [on top, higher up] arriba; **the flat ~** el piso de arriba; **see ~** [in text] véase más arriba **-2.** [more, over]: **children aged five and ~** niños de cinco años en adelante. ◇ *prep* **-1.** [on top of] encima de **-2.** [higher up than, over] por encima de; **the plane flew ~ them** el avión pasó por encima de ellos **-3.** [more than, superior to] por encima de; **children ~ the age of 15** niños mayores de 15 años; **she's not ~ lying** es muy capaz de mentir.
◆ **above all** *adv* sobre todo, por encima de todo.

aboveboard [əˌbʌvˈbɔːd] *adj* limpio(pia).

above-mentioned *adj* arriba mencionado(da).

abracadabra [ˌæbrəkəˈdæbrə] *excl* ¡abracadabra! **abrasion** [əˈbreɪʒn] *n fml* [graze] abrasión *f*.

abrasive [əˈbreɪsɪv] ◇ *adj* **-1.** [substance] abrasivo(va) **-2.** [person] cáustico(ca), mordaz. ◇ *n* abrasivo *m*.

abreast [əˈbrest] ◇ *adv*: **they were walking four ~** caminaban en fila de a cuatro. ◇ *prep*: **to keep ~ of** mantenerse al día de.

abridged [əˈbrɪdʒd] *adj* abreviado(da).

abroad [əˈbrɔːd] *adv* en el extranjero; **to go ~** ir al extranjero.

abrupt [əˈbrʌpt] *adj* **-1.** [sudden] repentino(na), súbito(ta) **-2.** [brusque] brusco(ca), seco(ca).

abruptly [əˈbrʌptlɪ] *adv* **-1.** [suddenly] repentinamente, súbitamente **-2.** [brusquely] secamente, con brusquedad.

ABS (*abbr of* **Antiblockiersystem**) *n* ABS *m*.

abscess [ˈæbsɪs] *n* absceso *m*.

abscond [əbˈskɒnd] *vi*: **to ~ (with/from)** escaparse OR fugarse (con/de).

abseil [ˈæbseɪl] *vi*: **to ~ (down sthg)** descolgar-

se *OR* descender haciendo rappel (por algo).
abseiling ['æbseɪɪŋ] *n* rappel *m*; **to go ~** ir a hacer rappel.
absence ['æbsəns] *n* **-1.** [of person] ausencia *f*; **in sb's ~** en ausencia de alguien **-2.** [of thing] falta *f*; **in the ~ of** a falta de.
absent ['æbsənt] *adj* **-1.** [not present] ausente; **to be ~ from** faltar a; **to be ~ without leave** *MIL* ausentarse sin permiso **-2.** [absent - minded] distraído(da).
absentee [ˌæbsən'tiː] *n* ausente *m OR f*; *US* **~ ballot** voto *m* por correo.
absenteeism [ˌæbsən'tiːɪzm] *n* absentismo *m*.
absent-minded [-'maɪndɪd] *adj* [person] despistado(da); [behaviour] distraído(da).
absent-mindedly [-'maɪndɪdlɪ] *adv* distraídamente.
absinth(e) ['æbsɪnθ] *n* absenta *f*, ajenjo *m*.
absolute ['æbsəluːt] *adj* absoluto(ta); **that's ~ rubbish!** ¡menuda tontería es eso!
absolutely ['æbsəluːtlɪ] <> *adv* [completely] absolutamente, completamente; **it was ~ delicious** estuvo riquísimo. <> *excl* ¡desde luego!, ¡por supuesto!
absolute majority *n* mayoría *f* absoluta.
absolution [ˌæbsə'luːʃn] *n* absolución *f*.
absolve [əb'zɒlv] *vt* : **to ~ sb (from)** absolver a alguien (de).
absorb [əb'sɔːb] *vt* **-1.** [gen] absorber; **to be ~ed in sthg** *fig* estar absorto *OR* embebido en algo **-2.** *fig* [learn] asimilar.
absorbent [əb'sɔːbənt] *adj* absorbente; **~ cotton** *US* algodón *m* hidrófilo.
absorbing [əb'sɔːbɪŋ] *adj* absorbente.
absorption [əb'sɔːpʃn] *n* [of liquid] absorción *f*.
abstain [əb'steɪn] *vi* [refrain, not vote]: **to ~ (from)** abstenerse (de).
abstemious [æb'stiːmjəs] *adj fml* sobrio(bria), moderado(da).
abstention [əb'stenʃn] *n* abstención *f*.
abstinence ['æbstɪnəns] *n*: **~ (from)** abstinencia *f* (de).
abstract [*adj* & *n* 'æbstrækt, *vb* æb'strækt] <> *adj* abstracto(ta). <> *n* [summary] resumen *m*, sinopsis *f*. <> *vt* [summarize] resumir, sintetizar.
abstraction [æb'strækʃn] *n* abstracción *f*.
abstruse [æb'struːs] *adj* abstruso(sa).
absurd [əb'sɜːd] *adj* absurdo(da).
absurdity [əb'sɜːdətɪ] (*pl* **-ies**) *n* irracionalidad *f*.
absurdly [əb'sɜːdlɪ] *adv* [ridiculously] disparatadamente.
ABTA ['æbtə] (*abbr of* **Association of British Travel Agents**) *n asociación británica de agencias de viajes.*
abundance [ə'bʌndəns] *n*: **(in) ~** (en) abundancia *f*.
abundant [ə'bʌndənt] *adj* abundante.
abundantly [ə'bʌndəntlɪ] *adv* **-1.** [extremely]: **it's ~ clear** está clarísimo **-2.** [in large amounts] abundantemente, en abundancia.
abuse [*n* ə'bjuːs, *vb* ə'bjuːz] <> *n (U)* **-1.** [offensive remarks] insultos *mpl* **-2.** [misuse, maltreatment] abuso *m*. <> *vt* **-1.** [insult] insultar **-2.** [maltreat, misuse] abusar de.
abusive [ə'bjuːsɪv] *adj* [person] grosero(ra); [behaviour, language] insultante, ofensivo(va).
abut [ə'bʌt] (*pt* & *pp* **-ted**, *cont* **-ting**) *vi*: **to ~ on to** lindar con.
abysmal [ə'bɪzml] *adj* pésimo(ma), nefasto(ta).
abysmally [ə'bɪzməlɪ] *adv* pésimamente.
abyss [ə'bɪs] *n* abismo *m*.
Abyssinia [ˌæbɪ'sɪnɪə] *n* Abisinia.
a/c (*abbr of* **account (current)**) c/c.
AC *n* **-1.** *UK* (*abbr of* **athletics club**) CA *f* **-2.** (*abbr of* **alternating current**) CA *f*.
acacia [ə'keɪʃə] *n* acacia *f*.
academic [ˌækə'demɪk] <> *adj* **-1.** [of college, university] académico(ca) **-2.** [studious] estudioso(sa) **-3.** [hypothetical]: **that's completely ~ now** eso carece por completo de relevancia. <> *n* **-1.** [university lecturer] profesor *m* universitario, profesora *f* universitaria **-2.** [intellectual] académico(ca).
academically [ˌækə'demɪklɪ] *adv* [gifted, qualified] en el terreno académico.
academic year *n* año *m* académico.
academy [ə'kædəmɪ] (*pl* **-ies**) *n* academia *f*.
ACAS ['eɪkæs] (*abbr of* **Advisory, Conciliation and Arbitration Service**) *n organización británica para el arbitraje en conflictos laborales*, ≃ IMAC *m*.
accede [æk'siːd] *vi* **-1.** [agree]: **to ~ to** acceder a **-2.** [monarch]: **to ~ to the throne** subir al trono.
accelerate [ək'seləreɪt] *vi* **-1.** [car, driver] acelerar **-2.** [inflation, growth] acelerarse.
acceleration [əkˌselə'reɪʃn] *n* aceleración *f*.
accelerator [ək'seləreɪtəʳ] *n* acelerador *m*.
accelerator board *n COMPUT* placa *f* aceleradora.
accelerator card *n COMPUT* tarjeta *f* aceleradora.
accent ['æksent] *n lit* & *fig* acento *m*.
accentuate [æk'sentjʊeɪt] *vt* acentuar, poner de relieve.
accept [ək'sept] <> *vt* **-1.** [gen] aceptar **-2.** [difficult situation, problem] asimilar **-3.** [defeat,

blame, responsibility] asumir, admitir **-4.** [agree]: **to ~ that** admitir que **-5.** [subj: machine - coins, tokens] funcionar con, admitir. ◇ *vi* acceptar.
acceptable [ək'septəbl] *adj* aceptable.
acceptably [ək'septəblɪ] *adv* [allowably, adequately] aceptablemente.
acceptance [ək'septəns] *n* **-1.** [gen] aceptación *f* **-2.** [of piece of work, article] aprobación *f* **-3.** [of defeat, blame, responsibility] asunción *f*, reconocimiento *m* **-4.** [of person - as part of group etc] admisión *f*.
accepted [ək'septɪd] *adj* [ideas, truth] reconocido(da) por todos.
access ['ækses] ◇ *n* **-1.** [entry] acceso *m*; **to gain ~ to** [place] acceder a, conseguir acceso a **-2.** [opportunity to use or see] libre acceso *m*; **to have ~ to** tener acceso a. ◇ *vt* COMPUT acceder a.
access code *n* COMPUT código *m* de acceso.
accessibility [əkˌsesə'bɪlətɪ] *n* **-1.** [of place] accesibilidad *f* **-2.** [of service, amenity] facilidad *f* de acceso.
accessible [ək'sesəbl] *adj* **-1.** [place] accesible **-2.** [service, book, film] asequible **-3.** [for the disabled] para discapacitados.
accession [æk'seʃn] *n* **-1.** [of monarch] advenimiento *m* OR subida *f* (al trono) **-2.** [to EU] adhesión *f*.
accessory [ək'sesərɪ] (*pl* **-ies**) *n* **-1.** [of car, vacuum cleaner] accesorio *m* **-2.** JUR cómplice *m* OR *f*.
◆ **accessories** *npl* complementos *mpl*.
access road *n* UK vía *f* OR carretera *f* de acceso.
access time *n* COMPUT tiempo *m* de acceso.
accident ['æksɪdənt] *n* accidente *m*; **to have an ~** [gen] tener un accidente; [in car] tener un accidente de coche; **it was an ~** fue sin querer; **by ~** [by chance] por casualidad.
accidental [ˌæksɪ'dentl] *adj* accidental.
accidentally [ˌæksɪ'dentəlɪ] *adv* **-1.** [by chance] por casualidad **-2.** [unintentionally] sin querer.
accident-prone *adj* propenso(sa) a los accidentes.
acclaim [ə'kleɪm] ◇ *n (U)* elogios *mpl*, alabanza *f*. ◇ *vt* elogiar, alabar.
acclamation [ˌæklə'meɪʃn] *(U) n* aclamación *f*, vítores *mpl*.
acclimatize, -ise [ə'klaɪmətaɪz], **acclimate** *US* ['æklɪmeɪt] ◇ *vt*: **to become ~d to sthg** aclimatarse a algo. ◇ *vi*: **to ~ (to)** aclimatarse (a).
accolade ['ækəleɪd] *n* [praise] elogio *m*, halago *m*; [award] galardón *m*.
accommodate [ə'kɒmədeɪt] *vt* **-1.** [provide room for people - subj: person] alojar; [- subj: building, place] albergar **-2.** [provide room for things] acomodar **-3.** [oblige] complacer.
accommodating [ə'kɒmədeɪtɪŋ] *adj* complaciente, servicial.
accommodation *UK* [əˌkɒmə'deɪʃn] *n*, **accommodations** *US* [əˌkɒmə'deɪʃnz] *npl* **-1.** [lodging] alojamiento *m* **-2.** [work space] espacio *m*.
accompaniment [ə'kʌmpənɪmənt] *n* MUS acompañamiento *m*.
accompanist [ə'kʌmpənɪst] *n* MUS acompañante *m* OR *f*.
accompany [ə'kʌmpənɪ] (*pt* & *pp* **-ied**) *vt* acompañar.
accomplice [ə'kʌmplɪs] *n* cómplice *m* OR *f*.
accomplish [ə'kʌmplɪʃ] *vt* [aim, goal] conseguir, alcanzar; [task] realizar.
accomplished [ə'kʌmplɪʃt] *adj* [person] competente, experto(ta); [performance] logrado(da).
accomplishment [ə'kʌmplɪʃmənt] *n* **-1.** [action] realización *f* **-2.** [achievement] logro *m*.
◆ **accomplishments** *npl* dotes *fpl*.
accord [ə'kɔːd] ◇ *n*: **in ~** de acuerdo; **with one ~** al unísono; **to do sthg of one's own ~** hacer algo por propia voluntad; **the situation improved of its own ~** la situación mejoró por sí sola. ◇ *vt*: **to ~ sb sthg, to ~ sthg to sb** conceder algo a alguien. ◇ *vi*: **to ~ with sthg** concordar con algo.
accordance [ə'kɔːdəns] *n*: **in ~ with** de acuerdo con, conforme a.
according [ə'kɔːdɪŋ] ◆ **according to** *prep* **-1.** [as stated or shown by] según; **to go ~ to plan** ir según lo planeado **-2.** [with regard to] de acuerdo con, conforme a.
accordingly [ə'kɔːdɪŋlɪ] *adv* **-1.** [appropriately] como corresponde **-2.** [consequently] por lo tanto, en consecuencia.
accordion [ə'kɔːdjən] *n* acordeón *m*.
accordionist [ə'kɔːdjənɪst] *n* acordeonista *m* OR *f*.
accost [ə'kɒst] *vt* abordar.
account [ə'kaʊnt] *n* **-1.** [with bank, shop etc] cuenta *f* **-2.** [report - spoken] relato *m*; [- written] informe *m* **-3.** [client] cuenta *f*, cliente *m* **-4.** *phr*: **to call sb to ~** pedir cuentas a alguien; **to give a good ~ of o.s.** hacer un buen papel; **to take ~ of sthg, to take sthg into ~** tener en cuenta algo; **of no ~** sin importancia; **it is of no ~ to me** me es indiferente; **on no ~** bajo ningún pretexto OR concepto.
◆ **accounts** *npl* [of business] cuentas *fpl*.
◆ **by all accounts** *adv* a decir de todos, según todo el mundo.

◆ **on account of** *prep* debido a, a causa de.
◆ **account for** *vt fus* **-1.** [explain] justificar, dar razón de **-2.** [represent] representar.

accountability [əˌkaʊntəˈbɪlətɪ] *n (U)* responsabilidad *f.*

accountable [əˈkaʊntəbl] *adj* **-1.** [responsible]: ~ **(for)** responsable (de) **-2.** [answerable]: ~ **to** obligado(da) a rendir cuentas ante.

accountancy [əˈkaʊntənsɪ] *n* contabilidad *f.*

accountant [əˈkaʊntənt] *n* contable *m* OR *f*, contador *m*, -ra *f Amér.*

accounting [əˈkaʊntɪŋ] *n* contabilidad *f.*

accoutrements *UK* [əˈkuːtrəmənts], **accouterments** *US* [əˈkuːtərmənts] *npl fml* impedimenta *f*, pertrechos *mpl.*

accredited [əˈkredɪtɪd] *adj* [ambassador] acreditado(da); [dealer, spokesperson] oficial.

accrue [əˈkruː] *vi* acumularse.

accumulate [əˈkjuːmjʊleɪt] ◇ *vt* acumular. ◇ *vi* [money, things] acumularse; [problems] amontonarse.

accumulation [əˌkjuːmjʊˈleɪʃn] *n* **-1.** *(U)* [act of accumulating] acumulación *f* **-2.** [collection of things] cúmulo *m*, montón *m.*

accuracy [ˈækjʊrəsɪ] *n* **-1.** [of description, report] veracidad *f* **-2.** [of weapon, marksman] precisión *f*; [of typing, figures] exactitud *f*, corrección *f.*

accurate [ˈækjʊrət] *adj* **-1.** [description, report] veraz **-2.** [weapon, marksman, typist] preciso(sa); [figures, estimate] exacto(ta), correcto(ta).

accurately [ˈækjʊrətlɪ] *adv* **-1.** [truthfully] verazmente **-2.** [precisely] con precisión.

accusation [ˌækjuːˈzeɪʃn] *n* **-1.** [charge] acusación *f* **-2.** JUR denuncia *f.*

accuse [əˈkjuːz] *vt*: **to ~ sb of sthg/of doing sthg** acusar a alguien de algo/de hacer algo.

accused [əˈkjuːzd] *(pl inv) n* JUR: **the ~** el acusado, la acusada.

accusing [əˈkjuːzɪŋ] *adj* acusador(ra).

accusingly [əˈkjuːzɪŋlɪ] *adv* [look at] acusatoriamente; [speak to] en tono acusador.

accustomed [əˈkʌstəmd] *adj*: **~ to** acostumbrado(da) a; **to grow ~ to** acostumbrarse a.

ace [eɪs] ◇ *adj* **-1.**: **an ~ athlete** un as del atletismo **-2.** *UK inf* [excellent] genial. ◇ *n* **-1.** [playing card] as *m*; **to be within an ~ of** *fig* estar al borde de **-2.** [in tennis] ace *m.* ◇ *vt US*: **to ~ an exam** bordar un examen.

acerbic [əˈsɜːbɪk] *adj* mordaz.

acetate [ˈæsɪteɪt] *n* acetato *m.*

acetic acid [əˈsiːtɪk-] *n* ácido *m* acético.

acetone [ˈæsɪtəʊn] *n* acetona *f.*

acetylene [əˈsetɪliːn] *n* acetileno *m.*

ache [eɪk] ◇ *n* [pain] dolor *m.* ◇ *vi* **-1.** [hurt] doler; **my back ~s** me duele la espalda **-2.** *fig* [want]: **to be aching for sthg/to do sthg** morirse de ganas de algo/de hacer algo.

achieve [əˈtʃiːv] *vt* [success, goal, fame] alcanzar, lograr; [ambition] realizar.

achievement [əˈtʃiːvmənt] *n* **-1.** [accomplishment] logro *m*, éxito *m* **-2.** [act of achieving] consecución *f*, realización *f.*

achiever [əˈtʃiːvəʳ] *n* triunfador *m*, -ra *f*; **low ~** [at school] estudiante *m* OR *f* de bajo rendimiento escolar.

Achilles' heel [əˈkɪliːz-] *n* talón *m* de Aquiles.

Achilles' tendon [əˈkɪliːz-] *n* tendón *m* de Aquiles.

acid [ˈæsɪd] ◇ *adj* **-1.** CHEM ácido(da) **-2.** [sharp-tasting] agrio (agria) **-3.** *fig* [person, remark] mordaz, corrosivo(va). ◇ *n* [chemical, drug] ácido *m.*

acidic [əˈsɪdɪk] *adj* ácido(da).

acidity [əˈsɪdətɪ] *n* **-1.** [of substance, liquid, soil] acidez *f* **-2.** *fig* [of person, remark] mordacidad *f.*

acid house *n* acid house *m.*

acid rain *n* lluvia *f* ácida.

acid test *n fig* prueba *f* de fuego.

acknowledge [əkˈnɒlɪdʒ] *vt* **-1.** [accept] reconocer **-2.** [greet] saludar **-3.** [letter etc]: **to ~ receipt of** acusar recibo de **-4.** [recognize]: **to ~ sb as** reconocer OR considerar a alguien como.

acknowledg(e)ment [əkˈnɒlɪdʒmənt] *n* **-1.** [acceptance] reconocimiento *m* **-2.** [confirmation of receipt] acuse *m* de recibo **-3.** [thanks]: **in ~ of** en señal de agradecimiento por.
◆ **acknowledg(e)ments** *npl* agradecimientos *mpl.*

ACLU (*abbr of* **American Civil Liberties Union**) *n asociación estadounidense para la defensa de las libertades civiles.*

acme [ˈækmɪ] *n* cenit *m*, súmmum *m.*

acne [ˈæknɪ] *n* acné *m.*

acorn [ˈeɪkɔːn] *n* bellota *f.*

acoustic [əˈkuːstɪk] *adj* acústico(ca).
◆ **acoustics** *npl* acústica *f.*

acoustic guitar *n* guitarra *f* acústica.

acquaint [əˈkweɪnt] *vt* **-1.** [make familiar]: **to ~ sb with sthg** [information] poner a alguien al corriente de algo; [method, technique] familiarizar a alguien con algo **-2.** [make known]: **to be ~ed with sb** conocer a alguien.

acquaintance [əˈkweɪntəns] *n* [person] conocido *m*, -da *f*; **to make sb's ~** *fml* conocer a alguien.

acquiesce [ˌækwɪˈes] *vi*: **to ~ (to** OR **in sthg)** acceder (a algo).

acquiescence [ˌækwɪˈesns] *n* consentimiento *m.*

acquire [əˈkwaɪəʳ] *vt* **-1.** [buy, adopt] adquirir **-2.** [obtain - information, document] hacerse con, procurarse.

acquired taste [əˈkwaɪəd-] *n* gusto *m* que se adquiere con el tiempo.

acquisition [ˌækwɪˈzɪʃn] *n* adquisición *f*.

acquisitive [əˈkwɪzɪtɪv] *adj* consumista.

acquit [əˈkwɪt] (*pt* & *pp* **-ted**, *cont* **-ting**) *vt* **-1.** JUR: **to ~ sb of sthg** absolver a alguien de algo **-2.** [perform]: **to ~ o.s. well/badly** hacer un buen/mal papel.

acquittal [əˈkwɪtl] *n* JUR absolución *f*.

acre [ˈeɪkəʳ] *n* acre *m*.

acrid [ˈækrɪd] *adj lit* & *fig* acre.

acrimonious [ˌækrɪˈməʊnjəs] *adj* [words] áspero(ra); [dispute] agrio (agria), enconado(da).

acrobat [ˈækrəbæt] *n* acróbata *m* OR *f*.

acrobatic [ˌækrəˈbætɪk] *adj* **-1.** [somersault, display] acrobático(ca) **-2.** [person] ágil.

◆ **acrobatics** *npl* acrobacias *fpl*.

acronym [ˈækrənɪm] *n* siglas *fpl*.

across [əˈkrɒs] ◇ *adv* **-1.** [from one side to the other] de un lado a otro; **to walk/run ~** cruzar andando/corriendo; **to look ~** mirar al otro lado **-2.** [in measurements]: **the river is 2 km ~** el río tiene 2 kms de ancho **-3.** [in crossword]: **'21 ~'** '21 horizontal' **-4.** *phr*: **to get sthg ~ (to sb)** hacer entender algo (a alguien). ◇ *prep* **-1.** [from one side to the other of] a través de, de un lado a otro de; **to walk/run ~ the road** cruzar la carretera andando/corriendo; **the bridge ~ the river** el puente que cruza el río; **he drew a line ~ the page** trazó una línea a través de la página; **to look ~ sthg** mirar hacia el otro lado de algo **-2.** [on the other side of] al otro lado de.

◆ **across from** *prep* enfrente de.

across-the-board *adj* global; [salary rise] lineal.

acrylic [əˈkrɪlɪk] ◇ *adj* acrílico(ca). ◇ *n* acrílico *m*.

act [ækt] ◇ *n* **-1.** [action, deed] acto *m*, acción *f*; **to be in the ~ of doing sthg** estar haciendo algo; **to catch sb in the ~** coger a alguien con las manos en la masa **-2.** [pretence] farsa *f*, fachada *f* **-3.** [in parliament] ley *f* **-4.** [THEATRE - part of play] acto *m*; [- routine, turn] número *m* **-5.** *phr*: **to get in on the ~** apuntarse al carro; **to get one's ~ together** organizarse. ◇ *vi* **-1.** [gen] actuar; **to ~ as** [person] hacer de, fungir de *Méx*; [thing] actuar como **-2.** [behave]: **to ~ (as if/like)** comportarse (como si/como) **-3.** *fig* [pretend] fingir **-4.** JUR [lawyer, estate agent]: **to ~ for sb, to ~ on behalf of sb** actuar en representación OR nombre de alguien. ◇ *vt* [part - in play, film] interpretar; **to ~ the fool** hacer el tonto; **to ~ the innocent** hacerse el inocente; **~ your age!** ¡deja de portarte como un crío!

◆ **act out** *vt sep* **-1.** [feelings, thoughts] exteriorizar **-2.** [scene, event] representar.

◆ **act up** *vi* **-1.** [machine] no ir bien **-2.** [child] dar guerra.

acting [ˈæktɪŋ] ◇ *adj* [interim] en funciones. ◇ *n* actuación *f*; **I like ~** me gusta actuar.

action [ˈækʃn] *n* **-1.** [gen & MIL] acción *f*; **to take ~** tomar medidas; **in ~** [person] en acción; [machine] en funcionamiento; **to be killed in ~** caer muerto en combate OR en acto de servicio; **to put sthg into ~** poner algo en práctica OR marcha; **out of ~** [person] fuera de combate; [machine] averiado(da) **-2.** [deed] acto *m*, acción *f* **-3.** JUR demanda *f*.

action group *n* grupo *m* de presión.

action-packed *adj* lleno(na) de acción.

action replay *n* repetición *f* (de la jugada).

activate [ˈæktɪveɪt] *vt* [device] activar; [machine] poner en funcionamiento.

active [ˈæktɪv] *adj* **-1.** [person, campaigner, encouragemente, etc] activo(va) **-2.** [volcano] en actividad; [bomb] activado(da); **on ~ duty** *US* MIL en servicio activo.

actively [ˈæktɪvlɪ] *adv* [encourage, discourage] activamente.

active service *n* MIL servicio *m* activo.

activist [ˈæktɪvɪst] *n* activista *m* OR *f*.

activity [ækˈtɪvətɪ] (*pl* **-ies**) *n* **-1.** [movement, action] actividad *f* **-2.** [pastime, hobby] afición *f*.

◆ **activities** *npl* [actions] actividades *fpl*.

act of God *n* caso *m* de fuerza mayor.

actor [ˈæktəʳ] *n* actor *m*.

actress [ˈæktrɪs] *n* actriz *f*.

actual [ˈæktʃʊəl] *adj* [emphatic]: **the ~ cost is £10** el coste real es de 10 libras; **the ~ game starts at three** el partido en sí empieza a las tres; **the ~ spot where it happened** el sitio mismo en que ocurrió.

actuality [ˌæktʃʊˈælətɪ] *n*: **in ~** en realidad.

actually [ˈæktʃʊəlɪ] *adv* **-1.** [really, in truth]: **do you ~ like him?** ¿de verdad que te gusta?; **no-one ~ saw her** en realidad, nadie la vio; **~ it's not that good** la verdad es que no está tan bien **-2.** [by the way]: **~, I was there yesterday** pues yo estuve ayer por allí.

actuary [ˈæktjʊərɪ] (*pl* **-ies**) *n* actuario *m*, -ria *f* de seguros.

actuate [ˈæktjʊeɪt] *vt* [mechanism] activar, accionar.

acuity [əˈkjuːətɪ] *n fml* agudeza *f*.

acumen [ˈækjʊmen] *n*: **business ~** vista *f* para los negocios.

acupuncture [ˈækjʊpʌŋktʃəʳ] *n* acupuntura *f*.

acute [əˈkjuːt] *adj* **-1.** [illness, pain] agudo(da); [danger] extremo(ma) **-2.** [perceptive - person] perspicaz **-3.** [hearing, smell] muy fino(na) **-4.** *LING*: e ~ e *f* acentuada.

acute accent *n* acento *m* agudo.

acutely [əˈkjuːtlɪ] *adv* [extremely] extremadamente, profundamente.

ad [æd] (*abbr of* **advertisement**) *n* anuncio *m*.

AD (*abbr of* **Anno Domini**) d. C.

adage [ˈædɪdʒ] *n* refrán *m*, adagio *m*.

adamant [ˈædəmənt] *adj*: **to be ~ (that)** insistir (en que).

Adam's apple [ˈædəmz-] *n* bocado *m* *OR* nuez *f* de Adán.

adapt [əˈdæpt] ◇ *vt* adaptar. ◇ *vi*: **to ~ (to)** adaptarse (a).

adaptability [əˌdæptəˈbɪlətɪ] *n* adaptabilidad *f*.

adaptable [əˈdæptəbl] *adj* [person] adaptable.

adaptation [ˌædæpˈteɪʃn] *n* adaptación *f*.

adapter, adaptor [əˈdæptəʳ] *n* [*ELEC* - for several devices] ladrón *m*; [- for different socket] adaptador *m*.

ADC *n* **-1.** *abbr of* **aide-de-camp -2.** (*abbr of* **analogue-digital converter**) *convertidor analógico-digital*.

add [æd] *vt* **-1.** [gen]: **to ~ sthg (to sthg)** añadir algo (a algo) **-2.** [numbers] sumar.

◆ **add in** *vt sep* añadir, sumar.

◆ **add on** *vt sep* **-1.** [to building]: **to ~ sthg on (to sthg)** añadir algo (a algo) **-2.** [to bill, total]: **to ~ sthg on (to sthg)** añadir *OR* incluir algo (en algo).

◆ **add to** *vt fus* aumentar, acrecentar.

◆ **add up** ◇ *vt sep* [numbers] sumar. ◇ *vi inf* [make sense]: **it doesn't ~ up** no tiene sentido.

◆ **add up to** *vt fus* venir a ser.

added [ˈædəd] *adj* [additional] adicional; **with ~ protein** con proteínas añadidas.

adder [ˈædəʳ] *n* víbora *f*.

addict [ˈædɪkt] *n* **-1.** [taking drugs] adicto *m*, -ta *f*; **drug ~** drogadicto *m*, -ta *f*, toxicómano *m*, -na *f*; **heroin ~** heroinómano *m*, -na *f* **-2.** ***fig*** [fan] fanático *m*, -ca *f*.

addicted [əˈdɪktɪd] *adj* **-1.** [to drug]: **~ (to)** adicto(ta) (a) **-2.** ***fig*** [to food, TV]: **to be ~ (to)** ser un fanático (de).

addiction [əˈdɪkʃn] *n* **-1.** [to drug]: **~ (to)** adicción *f* (a) **-2.** ***fig*** [to food, TV]: **~ (to)** vicio *m* (por).

addictive [əˈdɪktɪv] *adj* ***lit*** **&** ***fig*** adictivo(va).

Addis Ababa [ˈædɪs ˈæbəbəl] *n* Addis Abeba.

addition [əˈdɪʃn] *n* **-1.** *MATH* suma *f* **-2.** [extra thing] adición *f*, añadido *m* **-3.** [act of adding] incorporación *f*; **in ~** además; **in ~ to** además de.

additional [əˈdɪʃənl] *adj* adicional.

additive [ˈædɪtɪv] *n* aditivo *m*.

addled [ˈædld] *adj* **-1.** [egg] podrido(da) **-2.** [brain] hecho(cha) un lío.

add-on *COMPUT* ◇ *adj* externo(na), complementario(ria). ◇ *n* complemento *m*.

address [əˈdres] ◇ *n* **-1.** [of person, organization] dirección *f*, domicilio *m* **-2.** *COMPUT* dirección *f* **-3.** [speech] discurso *m*, conferencia *f*. ◇ *vt* **-1.** [letter, parcel, remark]: **to ~ sthg to** dirigir algo a; **to be ~ed to** ir dirigido a **-2.** [meeting, conference] dirigirse a, hablar ante **-3.** [issue] abordar; **to ~ o.s. to sthg** enfrentarse a *OR* abordar algo.

address book *n* agenda *f* de direcciones.

addressee [ˌædreˈsiː] *n* destinatario *m*, -ria *f*.

adenoids [ˈædɪnɔɪdz] *npl* vegetaciones *fpl* (adenoideas).

adept [ˈædept] *adj*: **to be ~ (at sthg/at doing sthg)** ser experto(ta) (en algo/en hacer algo).

adequacy [ˈædɪkwəsɪ] *n* **-1.** [sufficiency] suficiencia *f* **-2.** [suitability] idoneidad *f*.

adequate [ˈædɪkwət] *adj* **-1.** [sufficient] suficiente **-2.** [good enough] aceptable, satisfactorio(ria).

adequately [ˈædɪkwətlɪ] *adv* **-1.** [sufficiently] suficientemente **-2.** [well enough] aceptablemente, satisfactoriamente.

adhere [ədˈhɪəʳ] *vi* **-1.** [to surface, principle]: **to ~ (to)** adherirse (a) **-2.** [to rule, decision]: **to ~ to** respetar, observar.

adherence [ədˈhɪərəns] *n* **-1.** [to rule, decision]: **~ to** observancia *f* *OR* cumplimiento *m* de **-2.** [to principle, belief]: **~ to** adhesión *f* a.

adhesive [ədˈhiːsɪv] ◇ *adj* adhesivo(va), adherente. ◇ *n* adhesivo *m*.

adhesive tape *n* cinta *f* adhesiva.

ad hoc [ˌædˈhɒk] *adj* ad hoc, a propósito.

ad infinitum [ˌædɪnfɪˈnaɪtəm] *adv* ad infinitum, hasta el infinito.

adjacent [əˈdʒeɪsənt] *adj*: **~ (to)** adyacente *OR* contiguo(gua) (a).

adjective [ˈædʒɪktɪv] *n* adjetivo *m*.

adjoin [əˈdʒɔɪn] *vt* [land] lindar con; [room] estar contiguo(gua) a.

adjoining [əˈdʒɔɪnɪŋ] ◇ *adj* [table] adyacente; [room] contiguo(gua). ◇ *prep* junto a.

adjourn [əˈdʒɜːn] ◇ *vt* [session] levantar; [meeting] interrumpir. ◇ *vi*: **the court ~ed for an hour** el juicio se interrumpió durante una hora.

adjournment [əˈdʒɜːnmənt] *n* aplazamiento *m*.

adjudge [əˈdʒʌdʒ] *vt* declarar.
adjudicate [əˈdʒuːdɪkeɪt] ◇ *vt* actuar como juez en. ◇ *vi* actuar como juez; **to ~ on** *OR* **upon sthg** emitir un fallo *OR* un veredicto sobre algo.
adjudication [əˌdʒuːdɪˈkeɪʃn] *n* fallo *m*, decisión *f*.
adjunct [ˈædʒʌŋkt] *n* complemento *m*, apéndice *m*.
adjust [əˈdʒʌst] ◇ *vt* [machine, setting] ajustar; [clothing] arreglarse. ◇ *vi*: **to ~ (to)** adaptarse *OR* amoldarse (a).
adjustable [əˈdʒʌstəbl] *adj* [machine, chair] regulable.
adjustable spanner *n* llave *f* inglesa.
adjusted [əˈdʒʌstɪd] *adj*: **to be well ~** ser una persona equilibrada.
adjuster [əˈdʒʌstəʳ] *n* **US** perito *m*, -a *f*, tasador *m*, -ra *f* de seguros.
adjustment [əˈdʒʌstmənt] *n* **-1.** [modification] modificación *f*, reajuste *m*; **to make an ~ to sthg** hacer un reajuste a algo **-2.** *(U)* [change in attitude]: **~ (to)** adaptación *f OR* amoldamiento *m* (a).
adjutant [ˈædʒʊtənt] *n* ayudante *m*.
ad lib [ˌædˈlɪb] (*pt* & *pp* **-bed**, *cont* **-bing**) ◇ *adj* [improvised] improvisado(da). ◇ *n* improvisación *f*. ◇ *adv* [without preparation] improvisando; [without limit] a voluntad.
◆ **ad-lib** *vi* improvisar.
adman [ˈædmæn] (*pl* **admen** [ˈædmen]) *n* publicista *m*.
admin [ˈædmɪn] (*abbr of* **administration**) *n* **UK** *inf* papeleo *m*.
administer [ədˈmɪnɪstəʳ] *vt* [gen] administrar; [punishment] aplicar.
administration [ədˌmɪnɪˈstreɪʃn] *n* [gen] administración *f*; [of punishment] aplicación *f*.
◆ **Administration** *n* **US**: **the Administration** la Administración.
administrative [ədˈmɪnɪstrətɪv] *adj* administrativo(va).
administrator [ədˈmɪnɪstreɪtəʳ] *n* administrador *m*, -ra *f*.
admirable [ˈædmərəbl] *adj* admirable.
admirably [ˈædmərəblɪ] *adv* admirablemente.
admiral [ˈædmərəl] *n* almirante *m*.
Admiralty [ˈædmərəltɪ] *n* **UK**: **the ~** el Almirantazgo.
admiration [ˌædməˈreɪʃn] *n* admiración *f*.
admire [ədˈmaɪəʳ] *vt*: **to ~ sb (for)** admirar a alguien (por).
admirer [ədˈmaɪərəʳ] *n* admirador *m*, -ra *f*.
admiring [ədˈmaɪərɪŋ] *adj* lleno(na) de admiración.
admiringly [ədˈmaɪərɪŋlɪ] *adv* con admiración.
admissible [ədˈmɪsəbl] *adj* *JUR* admisible.
admission [ədˈmɪʃn] *n* **-1.** [permission to enter] admisión *f*, ingreso *m* **-2.** [cost of entrance] entrada *f* **-3.** [of guilt, mistake] reconocimiento *m*; **by his/her** *etc* **own ~** como él mismo/ella misma *etc* reconoce.
admit [ədˈmɪt] (*pt* & *pp* **-ted**, *cont* **-ting**) ◇ *vt* **-1.** [acknowledge, confess]: **to ~ (that)** admitir *OR* reconocer (que); **to ~ doing sthg** reconocer haber hecho algo; **to ~ defeat** *fig* darse por vencido **-2.** [allow to enter or join] admitir; **to be admitted to hospital** *UK OR* **to the hospital** *US* ser ingresado en el hospital; **'~s two'** [on ticket] 'válido para dos (personas)'. ◇ *vi*: **to ~ to sthg** [crime] confesar algo.
admittance [ədˈmɪtəns] *n*: **to gain ~ to** conseguir entrar en; **'no ~'** 'prohibido el paso'.
admittedly [ədˈmɪtɪdlɪ] *adv* sin duda, indudablemente.
admonish [ədˈmɒnɪʃ] *vt* amonestar, apercibir.
ad nauseam [ˌædˈnɔːzɪæm] *adv* hasta la saciedad.
ado [əˈduː] *n*: **without further** *OR* **more ~** sin más preámbulos, sin mayor dilación.
adolescence [ˌædəˈlesns] *n* adolescencia *f*.
adolescent [ˌædəˈlesnt] ◇ *adj* **-1.** [teenage] adolescente **-2.** *pej* [immature] pueril, infantil. ◇ *n* [teenager] adolescente *m OR f*.
adopt [əˈdɒpt] *vt* & *vi* adoptar.
adoption [əˈdɒpʃn] *n* adopción *f*.
adoptive [əˈdɒptɪv] *adj* adoptivo(va).
adorable [əˈdɔːrəbl] *adj* encantador(ra), adorable.
adoration [ˌædəˈreɪʃn] *n* adoración *f*.
adore [əˈdɔːʳ] *vt* **-1.** [love deeply] adorar, querer con locura **-2.** [like very much]: **I ~ chocolate** me encanta el chocolate.
adoring [əˈdɔːrɪŋ] *adj* **-1.** [look] lleno(na) de adoración **-2.** [mother, father] devoto(ta).
adorn [əˈdɔːn] *vt* adornar.
adornment [əˈdɔːnmənt] *n* adorno *m*.
ADP (*abbr of* **automatic data processing**) *n* *proceso automático de datos.*
adrenalin [əˈdrenəlɪn] *n* adrenalina *f*.
Adriatic [ˌeɪdrɪˈætɪk] *n*: **the ~ (Sea)** el (mar) Adriático.
adrift [əˈdrɪft] ◇ *adj* [boat] a la deriva. ◇ *adv*: **to go ~** *fig* irse a la deriva.
adroit [əˈdrɔɪt] *adj* diestro(tra).
ADT (*abbr of* **Atlantic Daylight Time**) *n* *hora de verano de la costa este estadounidense.*
adulation [ˌædjʊˈleɪʃn] *n* adulación *f*.
adult [ˈædʌlt] ◇ *adj* **-1.** [fully grown] adulto(ta)

-2. [mature] maduro(ra) **-3.** [suitable for adults only] para adultos *OR* mayores. ◇ *n* adulto *m*, -ta *f*.

adult education *n* educación *f* de adultos.

adulterate [ə'dʌltəreɪt] *vt* adulterar.

adulteration [əˌdʌltə'reɪʃn] *n* adulteración *f*.

adulterer [ə'dʌltərə^r] *n* adultero *m*, -ra *f*.

adultery [ə'dʌltərɪ] *n* adulterio *m*.

adulthood ['ædʌlthʌd] *n* edad *f* adulta.

advance [əd'vɑːns] ◇ *n* **-1.** [gen] avance *m* **-2.** [money] adelanto *m*, anticipo *m*. ◇ *comp*: ~ **notice** *OR* **warning** previo aviso *m*; ~ **booking** reserva *f* anticipada; ~ **payment** pago *m* anticipado. ◇ *vt* **-1.** [improve] promover, favorecer **-2.** [bring forward in time] adelantar **-3.** [give in advance]: **to ~ sb sthg** adelantarle algo a alguien. ◇ *vi* avanzar.

◆ **advances** *npl*: **to make ~s to sb** [sexual] hacerle proposiciones a alguien, insinuarse a alguien; [business] hacerle una propuesta a alguien.

◆ **in advance** *adv* [pay] por adelantado; [book] con antelación; [know, thank] de antemano; **to arrive half an hour in ~** llegar con media hora de adelanto.

◆ **in advance of** *prep* **-1.** [ahead of] por delante de **-2.** [prior to] con anterioridad a.

advanced [əd'vɑːnst] *adj* **-1.** [developed] avanzado(da); ~ **in years** *euphemism* entrado(da) en años **-2.** [student, pupil] adelantado(da); [studies] superior.

advancement [əd'vɑːnsmənt] *n* **-1.** [in job] ascenso *m* **-2.** [of cause etc] fomento *m*.

advantage [əd'vɑːntɪdʒ] *n*: ~ **(over)** ventaja *f* (sobre); **to be to one's ~** ir en beneficio de uno; **to take ~ of sthg** aprovechar algo; **to take ~ of sb** aprovecharse de alguien; **to have** *OR* **hold the ~ (over sb)** tener *OR* llevar ventaja (sobre alguien); ~ **Hewitt** [in tennis] ventaja de Hewitt.

advantageous [ˌædvən'teɪdʒəs] *adj* ventajoso(sa).

advent ['ædvənt] *n* [arrival] advenimiento *m*.

◆ **Advent** *n RELIG* Adviento *m*.

Advent calendar *n* calendario *m* de Adviento.

adventure [əd'ventʃə^r] *n* aventura *f*.

adventure holiday *n* vacaciones *fpl* de aventura.

adventure playground *n UK* parque *m* infantil.

adventurer [əd'ventʃərə^r] *n* **-1.** [adventurous person] aventurero *m*, -ra *f* **-2.** [unscrupulous person] sinvergüenza *m OR f*.

adventurous [əd'ventʃərəs] *adj* **-1.** [daring] aventurero(ra) **-2.** [dangerous] arriesgado(da).

adverb ['ædvɜːb] *n* adverbio *m*.

adversary ['ædvəsərɪ] (*pl* **-ies**) *n* adversario *m*, -ria *f*.

adverse ['ædvɜːs] *adj* adverso(sa).

adversely ['ædvɜːslɪ] *adv* negativamente.

adversity [əd'vɜːsətɪ] *n* adversidad *f*.

advert ['ædvɜːt] *n* anuncio *m*.

advertise ['ædvətaɪz] ◇ *vt* anunciar. ◇ *vi* anunciarse, poner un anuncio; **to ~ for** buscar *(mediante anuncio)*.

advertisement [əd'vɜːtɪsmənt] *n* anuncio *m*; **to be a great ~ for** *fig* hacerle una propaganda excelente a.

advertiser ['ædvətaɪzə^r] *n* anunciante *m OR f*.

advertising ['ædvətaɪzɪŋ] *n* publicidad *f*.

advertising agency *n* agencia *f* de publicidad.

advertising campaign *n* campaña *f* publicitaria.

advice [əd'vaɪs] *n (U)* consejos *mpl*; **to take sb's ~** seguir el consejo de alguien; **a piece of ~** un consejo; **to give sb ~** aconsejar a alguien.

advice note *n* aviso *m* de envío.

advisability [ədˌvaɪzə'bɪlətɪ] *n* conveniencia *f*.

advisable [əd'vaɪzəbl] *adj* aconsejable.

advise [əd'vaɪz] ◇ *vt* **-1.** [give advice to]: **to ~ sb to do sthg** aconsejar a alguien que haga algo; **to ~ sb against sthg/against doing sthg** desaconsejar a alguien algo/que haga algo **-2.** [professionally]: **to ~ sb on sthg** asesorar a alguien en algo **-3.** [recommend] [caution] recomendar **-4.** *fml* [inform]: **to ~ sb (of sthg)** informar a alguien (de algo). ◇ *vi* **-1.** [give advice]: **to ~ against sthg** desaconsejar algo; **to ~ against doing sthg** aconsejar no hacer algo **-2.** [professionally]: **to ~ on** asesorar en (materia de).

advisedly [əd'vaɪzɪdlɪ] *adv* [deliberately] deliberadamente; [after careful consideration] con conocimiento de causa.

adviser *UK*, **advisor** *US* [əd'vaɪzə^r] *n* [of politician, etc] consejero *m*, -ra *f*; [financial, professional] asesor *m*, -ra *f*.

advisory [əd'vaɪzərɪ] *adj* [body] consultivo(va), asesor(ra); **in an ~ capacity** *OR* **role** en calidad de asesor.

advocacy ['ædvəkəsɪ] *n* apoyo *m*, defensa *f*.

advocate [*n* 'ædvəkət, *vb* 'ædvəkeɪt] ◇ *n* **-1.** *JUR* abogado *m* defensor, abogada *f* defensora **-2.** [supporter] defensor *m*, -ra *f*, partidario *m*, -ria *f*. ◇ *vt* abogar por.

advt. *abbr of* **advertisement**.

AEA (*abbr of* **Atomic Energy Authority**) *n organismo británico de energía nuclear*, ≃ CSN *m*.

AEC (*abbr of* **Atomic Energy Commission**) *n organismo estadounidense de energía nuclear,* ≃ CSN *m.*

AEEU (*abbr of* **Amalgamated Engineering and Electrical Union**) *n sindicato británico de ingeniería.*

Aegean [iːˈdʒiːən] *n*: **the ~ (Sea)** el mar Egeo.

aegis [ˈiːdʒɪs] *n*: **under the ~ of** bajo los auspicios *OR* la égida de.

aeon *UK*, **eon** *US* [ˈiːən] *n fig*: **it's been ~s since I saw you** hace siglos que no te veo.

aerial [ˈeərɪəl] ◇ *adj* aéreo(a). ◇ *n UK* [antenna] antena *f.*

aerobatics [ˌeərəʊˈbætɪks] *n (U)* acrobacia *f* aérea.

aerobics [eəˈrəʊbɪks] *n (U)* aerobic *m.*

aerodrome [ˈeərədrəʊm] *n* aeródromo *m.*

aerodynamic [ˌeərəʊdaɪˈnæmɪk] *adj* aerodinámico(ca).

◆ **aerodynamics** ◇ *n (U)* [science] aerodinámica *f.* ◇ *npl* [aerodynamic qualities] aerodinámica *f.*

aerogramme [ˈeərəgræm] *n* aerograma *m.*

aeronautics [ˌeərəˈnɔːtɪks] *n (U)* aeronáutica *f.*

aeroplane [ˈeərəpleɪn] *n UK* avión *m.*

aerosol [ˈeərəsɒl] *n* aerosol *m.*

aerospace [ˈeərəʊspeɪs] *n*: **the ~ industry** la industria aeroespacial.

aesthete, esthete *US* [ˈiːsθiːt] *n* esteta *m OR f.*

aesthetic, esthetic *US* [iːsˈθetɪk] *adj* estético(ca).

aesthetically, esthetically *US* [iːsˈθetɪklɪ] *adv* estéticamente.

aesthetics, esthetics *US* [iːsˈθetɪks] *n (U)* estética *f.*

afar [əˈfɑːʳ] *adv*: **from ~** desde lejos.

affable [ˈæfəbl] *adj* afable.

affair [əˈfeəʳ] *n* **-1.** [concern, matter] asunto *m* **-2.** [extra-marital relationship] aventura *f* (amorosa) **-3.** [event, do] acontecimiento *m.*

◆ **affairs** *npl* asuntos *mpl.*

affect [əˈfekt] *vt* **-1.** [influence, move emotionally] afectar **-2.** [put on] fingir, simular.

affectation [ˌæfekˈteɪʃn] *n* afectación *f.*

affected [əˈfektɪd] *adj* [insincere] afectado(da).

affection [əˈfekʃn] *n* cariño *m,* afecto *m.*

affectionate [əˈfekʃnət] *adj* cariñoso(sa), afectuoso(sa).

affectionately [əˈfekʃnətlɪ] *adv* cariñosamente, afectuosamente.

affidavit [ˌæfɪˈdeɪvɪt] *n* declaración *f* jurada.

affiliate [*n* əˈfɪlɪət, *vb* əˈfɪlɪeɪt] ◇ *n* filial *f.* ◇ *vt*: **to be ~d to** *OR* **with** estar afiliado(da) a.

affiliation [əˌfɪlɪˈeɪʃn] *n* afiliación *f.*

affinity [əˈfɪnətɪ] (*pl* **-ies**) *n* **-1.** [close feeling] afinidad *f;* **to have an ~ with** sentirse afín a **-2.** [similarity] similitud *f;* **to have an ~ with** tener un parecido con.

affirm [əˈfɜːm] *vt* afirmar.

affirmation [ˌæfəˈmeɪʃn] *n* **-1.** [declaration] afirmación *f* **-2.** [confirmation] confirmación *f.*

affirmative [əˈfɜːmətɪv] ◇ *adj* afirmativo(va). ◇ *n* respuesta *f* afirmativa; **in the ~** afirmativamente.

affirmative action *n* discriminación *f* positiva.

affix [əˈfɪks] *vt* fijar, pegar.

afflict [əˈflɪkt] *vt* aquejar, afligir; **to be ~ed with sthg** estar aquejido de algo.

affliction [əˈflɪkʃn] *n* aflicción *f,* padecimiento *m.*

affluence [ˈæflʊəns] *n* prosperidad *f.*

affluent [ˈæflʊənt] *adj* pudiente, adinerado(da).

affluent society *n* sociedad *f* próspera.

afford [əˈfɔːd] *vt* **-1.** [gen]: **to be able to ~** poder permitirse (el lujo de); **we can't ~ a car** no nos podemos permitir un coche; **I can't ~ the time** no tengo tiempo; **we can't ~ to let this happen** no podemos permitirnos el lujo de dejar que esto ocurra **-2.** *fml* [provide, give] brindar.

affordable [əˈfɔːdəbl] *adj* asequible.

afforestation [æˌfɒrɪˈsteɪʃn] *n* repoblación *f* forestal.

affray [əˈfreɪ] *n UK* reyerta *f.*

affront [əˈfrʌnt] ◇ *n* afrenta *f.* ◇ *vt* afrentar.

Afghan [ˈæfgæn], **Afghani** [æfˈgænɪ] ◇ *adj* afgano(na). ◇ *n* afgano *m,* -na *f.*

Afghan hound *n* galgo *m* afgano.

Afghanistan [æfˈgænɪstæn] *n* Afganistán.

afield [əˈfɪəld] *adv*: **further ~** máslejos.

AFL-CIO (*abbr of* **American Federation of Labor and Congress of Industrial Organizations**) *n confederación estadounidense de sindicatos de la industria.*

afloat [əˈfləʊt] *adj lit & fig* a flote.

afoot [əˈfʊt] *adj* [plan] en marcha; **there is a rumour ~ that** corre el rumor de que.

aforementioned [əˌfɔːˈmenʃənd], **aforesaid** [əˈfɔːsed] *adj* susodicho(cha), arriba mencionado(da).

afraid [əˈfreɪd] *adj* **-1.** [gen] asustado(da); **to be ~ of sb** tenerle miedo a alguien; **I'm ~ of them** me dan miedo; **to be ~ of sthg** tener miedo de algo; **to be ~ of doing** *OR* **to do sthg** tener miedo de hacer algo **-2.** [in apologies]: **to be ~ that** temerse que; **I'm ~ so/not** me temo que sí/no.

afresh [ə'freʃ] *adv* de nuevo.

Africa ['æfrɪkəl] *n* África.

African ['æfrɪkən] <> *adj* africano(na). <> *n* africano *m*, -na *f*.

African American *n* afroamericano *m*, -na *f*.

Afrikaans [ˌæfrɪ'kɑːns] *n* africaans *m*.

Afrikaner [ˌæfrɪ'kɑːnəʳ] *n* africánder *m* OR *f*.

Afro-Caribbean ['æfrəʊ-] *n* afrocaribeño *m*, -ña *f*.

aft [ɑːft] *adv* en popa.

AFT (*abbr of* **American Federation of Teachers**) *n* *sindicato estadounidense de profesores*.

after ['ɑːftəʳ] <> *prep* **-1.** [gen] después de; ~ **having ...** después de haber ...; ~ **all my efforts** después de todos mis esfuerzos; ~ **you!** ¡usted primero!; **day** ~ **day** día tras día; **the day** ~ **tomorrow** pasado mañana; **the week** ~ **next** no la semana que viene sino la otra **-2.** *inf* [in search of]: **to be** ~ **sthg** buscar algo; **to be** ~ **sb** andar detrás de alguien **-3.** [with the name of]: **to be named** ~ **sb/sthg** llamarse así por alguien/algo **-4.** [towards retreating person]: **to call** ~ **sb** llamar a alguien; **to run** ~ **sb** correr tras alguien **-5.** ART: ~ **Titian** copia de Tiziano **-6.** *US* [telling the time]: **it's twenty** ~ **three** son las tres y veinte. <> *adv* más tarde, después. <> *conj* después (de) que; ~ **you had done it** después de que lo hubieras hecho.

◆ **afters** *npl UK inf* postre *m*.

◆ **after all** *adv* **-1.** [in spite of everything] después de todo **-2.** [it should be remembered] al fin y al cabo.

afterbirth ['ɑːftəbɜːθ] *n* placenta *f (tras el parto)*.

aftercare ['ɑːftəkeəʳ] *n* [on leaving hospital] atención *f* postoperatoria; [on leaving prison] ayuda *f* para la reinserción.

aftereffects ['ɑːftərɪˌfekts] *npl* **-1.** [consequences] secuelas *fpl* **-2.** [of drug] efectos *mpl* secundarios.

afterlife ['ɑːftəlaɪf] (*pl* **-lives** [-laɪvz]) *n* más allá *m*, vida *f* de ultratumba.

aftermath ['ɑːftəmæθ] *n* [time] periodo *m* posterior; [situation] situación *f* posterior.

afternoon [ˌɑːftə'nuːn] *n* tarde *f*; **in the** ~ por la tarde; **at three in the** ~ a las tres de la tarde; **good** ~ buenas tardes.

◆ **afternoons** *adv US* por las tardes.

aftershave ['ɑːftəʃeɪv] *n* loción *f* para después del afeitado.

aftershock ['ɑːftəʃɒk] *n* réplica *f*.

aftertaste ['ɑːftəteɪst] *n* **-1.** [of food, drink] regusto *m*, resabio *m* **-2.** *fig* [of unpleasant experience] mal sabor *m* de boca.

afterthought ['ɑːftəθɔːt] *n* idea *f* a posteriori.

afterward(s) ['ɑːftəwəd(z)] *adv* después, más tarde.

again [ə'gen] *adv* **-1.** [gen] otra vez, de nuevo; **never** ~ nunca jamás; **he's well** ~ **now** ya está bien; **to do sthg** ~ volver a hacer algo; **to say sthg** ~ repetir algo; ~ **and** ~ una y otra vez; **all over** ~ otra vez desde el principio; **time and** ~ una y otra vez **-2.** [asking for repetition]: **what's his name** ~**?** ¿cómo has dicho que se llama? **-3.** *phr*: **half as much** ~ la mitad otra vez; **twice as much** ~ dos veces lo mismo otra vez; **come** ~**?** *inf* ¿cómo?; **then** OR **there** ~ por otro lado, por otra parte.

against [ə'genst] <> *prep* contra; **I'm** ~ **it** estoy (en) contra (de) ello; **to lean** ~ **sthg** apoyarse en algo; **(as)** ~ a diferencia de, en contraste con. <> *adv* en contra.

age [eɪdʒ] (*cont* **ageing** OR **aging**) <> *n* **-1.** [gen] edad *f*; **to be of** ~ *US* ser mayor de edad; **to come of** ~ alcanzar la mayoría de edad; **to be under** ~ ser menor (de edad); **what** ~ **are you?** ¿qué edad tienes?; **to be forty years of** ~ tener cuarenta años (de edad); **at the** ~ **of thirty** a los treinta años **-2.** [state of being old] vejez *f*. <> *vt* & *vi* envejecer.

◆ **ages** *npl* [long time] un montón de tiempo, siglos *mpl*; ~**s ago** hace siglos; **I haven't seen her for** ~**s** hace siglos que no la veo.

aged [*adj sense 1* eɪdʒd, *adj sense 2 npl* 'eɪdʒɪd] <> *adj* **-1.** [of the stated age]: **children** ~ **between 8 and 15** niños de entre 8 y 15 años de edad **-2.** [very old] anciano(na). <> *npl*: **the** ~ los ancianos.

age group *n* (grupo *m* de) edad *f*.

ageing ['eɪdʒɪŋ] <> *adj* viejo(ja). <> *n* envejecimiento *m*.

ageism ['eɪdʒɪzəm] *n* discriminación *f* por motivos de edad.

ageless ['eɪdʒlɪs] *adj* [person] eternamente joven; [thing] imperecedero(ra).

agency ['eɪdʒənsɪ] (*pl* **-ies**) *n* **-1.** [business] agencia *f*; **employment/travel** ~ agencia de colocaciones/viajes **-2.** [organization, body] organismo *m*, instituto *m*.

agenda [ə'dʒendə] *n* **-1.** [of meeting] orden *m* del día; **what's on the** ~**?** ¿cuál es el orden del día? **-2.** [intentions] intenciones *fpl*.

agent ['eɪdʒənt] *n* **-1.** COMM [of company] representante *m* OR *f*, delegado *m*, -da *f*; [of actor] agente *m* OR *f* **-2.** [substance] agente *m* **-3.** [secret agent] agente *m* (secreto).

age-old *adj* secular.

aggravate ['ægrəveɪt] *vt* **-1.** [make worse] agravar, empeorar **-2.** [annoy] irritar.

aggravating [ˈægrəveɪtɪŋ] *adj* [annoying] irritante, exasperante.

aggravation [ˌægrəˈveɪʃn] *n* **-1.** *(U)* [trouble] irritación *f* **-2.** [annoying thing] molestia *f*, incomodidad *f*.

aggregate [ˈægrɪgət] ◇ *adj* total. ◇ *n* **-1.** [total] total *m* **-2.** [material] conglomerado *m*.

aggression [əˈgreʃn] *n* agresividad *f*; **act of ~** agresión *f*.

aggressive [əˈgresɪv] *adj* **-1.** [belligerent - person] agresivo(va) **-2.** [forceful - person, campaign] audaz, emprendedor(ra).

aggressively [əˈgresɪvlɪ] *adv* con agresividad.

aggressor [əˈgresəʳ] *n* agresor *m*, -ra *f*.

aggrieved [əˈgriːvd] *adj* ofendido(da), herido(da).

aggro [ˈægrəʊ] *n UK inf* camorra *f*, follón *m*.

aghast [əˈgɑːst] *adj*: **~ (at)** horrorizado(da) (ante).

agile [*UK* ˈædʒaɪl, *US* ˈædʒəl] *adj* ágil.

agility [əˈdʒɪlətɪ] *n* agilidad *f*.

aging *adj* & *n* = **ageing**.

agitate [ˈædʒɪteɪt] ◇ *vt* **-1.** [disturb, worry] inquietar, perturbar **-2.** [shake about] agitar. ◇ *vi* [campaign]: **to ~ for/against** hacer campaña a favor de/en contra de.

agitated [ˈædʒɪteɪtɪd] *adj* inquieto(ta).

agitation [ˌædʒɪˈteɪʃn] *n* **-1.** [anxiety] inquietud *f* **-2.** *POL* [campaigning] campaña *f*.

agitator [ˈædʒɪteɪtəʳ] *n* [political activist] agitador *m*, -ra *f*.

AGM *n abbr of* **annual general meeting**.

agnostic [ægˈnɒstɪk] ◇ *adj* agnóstico(ca). ◇ *n* agnóstico *m*, -ca *f*.

ago [əˈgəʊ] *adv*: **a long time/three days/three years ~** hace mucho tiempo/tres días/tres años.

agog [əˈgɒg] *adj* ansioso(sa), expectante; **~ with excitement** vibrante de emoción.

agonize, -ise [ˈægənaɪz] *vi* titubear largamente; **to ~ over** *OR* **about sthg** atormentarse con algo.

agonized [ˈægənaɪzd] *adj* angustioso(sa).

agonizing [ˈægənaɪzɪŋ] *adj* angustioso(sa).

agonizingly [ˈægənaɪzɪŋlɪ] *adv* angustiosamente; **they came ~ close to winning** les faltó poquísimo para ganar.

agony [ˈægənɪ] (*pl* **-ies**) *n* **-1.** [physical pain] dolor *m* muy intenso; **to be in ~** morirse de dolor **-2.** [mental pain] angustia *f*; **to be in ~** estar angustiado.

agony aunt *n UK inf* consejera *f* sentimental.

agony column *n UK inf* consultorio *m* sentimental.

agoraphobia [ˌægərəˈfəʊbjə] *n* agorafobia *f*.

agree [əˈgriː] ◇ *vi* **-1.** [be of same opinion]: **to ~ (with sb about sthg)** estar de acuerdo (con alguien acerca de algo); **to ~ on sthg** [reach agreement] ponerse de acuerdo en algo; **to ~ on sthg** [be in agreement] estar de acuerdo en algo **-2.** [consent]: **to ~ (to sthg)** acceder (a algo) **-3.** [approve]: **to ~ with sthg** estar de acuerdo con algo **-4.** [be consistent] concordar **-5.** [food]: **to ~ with sb** sentarle bien a alguien **-6.** *GRAMM*: **to ~ (with)** concordar (con). ◇ *vt* **-1.** [fix] [date, time] acordar, convenir **-2.** [be of same opinion]: **to ~ that** estar de acuerdo en que **-3.** [agree, consent]: **to ~ to do sthg** acordar hacer algo **-4.** [concede]: **to ~ (that)** reconocer que.

agreeable [əˈgriːəbl] *adj* **-1.** [pleasant] agradable **-2.** [willing]: **to be ~ to sthg/doing sthg** estar conforme con algo/hacer algo.

agreeably [əˈgrɪəblɪ] *adv* agradablemente.

agreed [əˈgriːd] ◇ *adj*: **to be ~ on sthg** estar de acuerdo sobre algo; **at the ~ time** a la hora acordada *OR* convenida. ◇ *adv* **-1.** [decided] de acuerdo **-2.** [admittedly] de acuerdo que.

agreement [əˈgriːmənt] *n* **-1.** [accord, settlement, contract] acuerdo *m*; **to be in ~ with** estar de acuerdo con; **to reach an ~** llegar a un acuerdo **-2.** [consent] aceptación *f* **-3.** [consistency] correspondencia *f* **-4.** *GRAMM* concordancia *f*.

agricultural [ˌægrɪˈkʌltʃərəl] *adj* agrícola.

agriculture [ˈægrɪkʌltʃəʳ] *n* agricultura *f*.

aground [əˈgraʊnd] *adv*: **to run ~** encallar.

ah [ɑː] *excl* ¡ah!

aha [ɑːˈhɑː] *excl* ¡ajá!

ahead [əˈhed] *adv* **-1.** [in front] delante; **to go on ~** ir por delante; **to be sent on ~** ser enviado por delante **-2.** [forwards] adelante, hacia delante; **go ~!** ¡por supuesto!; **right** *OR* **straight ~** todo recto *OR* de frente **-3.** [winning]: **to be ~** [in race] ir en cabeza; [in football, rugby etc] ir ganando; **they went ~ in the fifth minute** a los cinco minutos se pusieron por delante en el marcador **-4.** [in better position] por delante; **to get ~** [be successful] abrirse camino **-5.** [in time]: **to look** *OR* **think ~** mirar hacia el futuro.

◆ **ahead of** *prep* **-1.** [in front of] frente a **-2.** [beating]: **to be two points ~ of** llevar dos puntos de ventaja a **-3.** [in better position than] por delante de **-4.** [in time] antes de, con anterioridad a; **~ of schedule** por delante de lo previsto.

ahoy [əˈhɔɪ] *excl NAUT*: **land/ship ~!** ¡tierra/barco a la vista!

AI *n* **-1.** (*abbr of* **Amnesty International**) AI *f* **-2.** (*abbr of* **artificial intelligence**) IA *f* **-3.** *abbr of* **artificial insemination**.

aid [eɪd] ◇ *n* ayuda *f*; **medical ~** asistencia *f* médica; **with the ~ of** con (la) ayuda de; **to go to the ~ of sb** *OR* **to sb's ~** ir en auxilio de alguien; **in ~ of** a beneficio de. ◇ *vt* **-1.** [help] ayudar **-2.** *JUR*: **to ~ and abet sb** ser cómplice de alguien.

AID *n* **-1.** (*abbr of* **artificial insemination by donor**) *inseminación artificial con semen de donante anónimo* **-2.** (*abbr of* **Agency for International Development**) *organismo estadounidense para el desarrollo internacional.*

aide [eɪd] *n POL* ayudante *m OR f.*

aide-de-camp [eɪddə'kɑː] (*pl* **aides-de-camp**) *n* ayudante *m*, -ta *f* de campo.

AIDS, Aids [eɪdz] (*abbr of* **acquired immune deficiency syndrome**) ◇ *n* sida *m.* ◇ *comp*: **~ specialist** especialista de sida; **~ patient** sidoso *m*, -sa *f.*

AIH (*abbr of* **artificial insemination by husband**) *n inseminación artificial con semen del marido.*

ail [eɪl] ◇ *vt literary* afligir. ◇ *vi* estar enfermo(ma).

ailing ['eɪlɪŋ] *adj* **-1.** [ill] enfermo(ma), achacoso(sa) **-2.** *fig* [economy] renqueante.

ailment ['eɪlmənt] *n* achaque *m*, molestia *f.*

aim [eɪm] ◇ *n* **-1.** [objective] objetivo *m* **-2.** [in firing gun] puntería *f*; **to take ~ at** apuntar a. ◇ *vt* **-1.** [weapon]: **to ~ sthg at** apuntar algo a **-2.** [plan, action]: **to be ~ed at doing sthg** ir dirigido *OR* encaminado a hacer algo **-3.** [campaign, publicity, criticism]: **to ~ sthg at sb** dirigir algo a alguien. ◇ *vi* **-1.** [point weapon]: **to ~ (at sthg)** apuntar (a algo) **-2.** [intend]: **to ~ at** *OR* **for sthg** apuntar a *OR* pretender algo; **to ~ to do sthg** pretender hacer algo.

aimless ['eɪmlɪs] *adj* sin un objetivo claro.

aimlessly ['eɪmlɪslɪ] *adv* [wander] sin rumbo fijo.

ain't [eɪnt] *inf* = **am not, are not, is not, have not, has not.**

air [eəʳ] ◇ *n* **-1.** [gen] aire *m*; **into the ~** al aire; **by ~** en avión; **(up) in the ~** *fig* en el aire; **to clear the ~** *fig* aclarar las cosas **-2.** [tune] melodía *f* **-3.** *RADIO & TV*: **on the ~** en el aire. ◇ *comp* aéreo(a). ◇ *vt* **-1.** [clothes, sheets] airear; [cupboard, room] ventilar **-2.** [views, opinions] expresar **-3.** *US* [broadcast] emitir. ◇ *vi* [clothes, sheets] airearse; [cupboard, room] ventilarse.

◆ **airs** *npl*: **~s and graces** aires *mpl*; **to give o.s. ~s, to put on ~s** darse aires.

airbag ['eəbæg] *n AUT* airbag *m.*

airbase ['eəbeɪs] *n* base *f* aérea.

airbed ['eəbed] *n UK* colchón *m* inflable.

airborne ['eəbɔːn] *adj* **-1.** [troops] aerotransportado(da); [attack] aéreo(a) **-2.** [plane] en el aire, en vuelo.

airbrake ['eəbreɪk] *n* freno *m* neumático.

airbrush ['eəbrʌʃ] *vt*: **to ~sb out of a photo** borrar a alguien de una foto.

airbus ['eəbʌs] *n* aerobús *m.*

air-conditioned [-kən'dɪʃnd] *adj* climatizado(da), con aire acondicionado.

air-conditioning [-kən'dɪʃnɪŋ] *n* aire *m* acondicionado.

aircraft ['eəkrɑːft] (*pl inv*) *n* [plane] avión *m*; [any flying machine] aeronave *f.*

aircraft carrier *n* portaaviones *m inv.*

air cushion *n* cojín *m* neumático.

airdrop ['eədrɒp] *n* lanzamiento *m* con paracaídas.

airfield ['eəfiːld] *n* campo *m* de aviación.

airforce ['eəfɔːs] ◇ *n*: **the ~** las fuerzas aéreas. ◇ *comp* de las fuerzas aéreas.

air freight *n* transporte *m* por vía aérea.

air freshener [-'freʃnəʳ] *n* ambientador *m.*

airgun ['eəgʌn] *n* pistola *f* de aire comprimido.

airhead ['eəhed] *n inf* cabeza *m OR f* de chorlito.

airhostess ['eəˌhəʊstɪs] *n* azafata *f*, aeromoza *f Amér.*

airily ['eərəlɪ] *adv* alegremente, despreocupadamente.

airing ['eərɪŋ] *n*: **to give sthg an ~** [clothes, linen] orear *OR* airear algo; [room] ventilar algo; [opinions] expresar algo.

airing cupboard *n UK armario seco y caliente en el que se encuentra la caldera del agua y que se utiliza para guardar la ropa.*

airkiss ['eəkɪs] *vi besarse sin llegar a tocar con los labios.*

airlane ['eəleɪn] *n* ruta *f* aérea.

airless ['eəlɪs] *adj* mal ventilado(da), cargado(da).

airletter ['eəletəʳ] *n* aerograma *m.*

airlift ['eəlɪft] ◇ *n* puente *m* aéreo. ◇ *vt* aerotransportar, transportar por avión.

airline ['eəlaɪn] *n* línea *f* aérea.

airliner ['eəlaɪnəʳ] *n* avión *m* (grande) de pasajeros.

airlock ['eəlɒk] *n* **-1.** [in tube, pipe] bolsa *f* de aire **-2.** [airtight chamber] cámara *f OR* esclusa *f* de aire.

airmail ['eəmeɪl] *n* correo *m* aéreo; **by ~** por correo aéreo.

airman ['eəmən] (*pl* **-men** [-mən]) *n* [aviator] aviador *m.*

air mattress *n* colchón *m* inflable.

airplane ['eəpleɪn] *n US* avión *m.*

airplay ['eəpleɪ] *n* tiempo *m* de emisión, cobertura *f* radiofónica.
airpocket ['eəpɒkɪt] *n* bolsa *f* de aire.
airport ['eəpɔːt] ◇ *n* aeropuerto *m*. ◇ *comp* de aeropuerto.
airport tax *n* tasas *fpl* de aeropuerto.
air raid *n* ataque *m* aéreo.
air-raid shelter *n* refugio *m* antiaéreo.
air rifle *n* fusil *m* de aire comprimido.
airship ['eəʃɪp] *n* dirigible *m*.
airsick ['eəsɪk] *adj*: **to be ~** marearse *(en el avión)*.
airspace ['eəspeɪs] *n* espacio *m* aéreo.
airspeed ['eəspiːd] *n* velocidad *f* de vuelo.
air steward *n* auxiliar *m* de vuelo, aeromozo *m Amér.*
air stewardess *n* auxiliar *f* de vuelo, azafata *f*.
airstrip ['eəstrɪp] *n* pista *f* de aterrizaje.
air terminal *n* terminal *f* aérea.
airtight ['eətaɪt] *adj* hermético(ca).
airtime ['eətaɪm] *n* [on radio] espacio *m* radiofónico, cobertura *f* radiofónica.
air-to-air *adj* [missile] aire-aire *(inv)*.
air-traffic control *n* control *m* del tráfico aéreo.
air-traffic controller *n* controlador aéreo *m*, controladora aérea *f*.
air travel *n (U)* viajes *mpl* en avión.
airwaves ['eəweɪvz] *npl* ondas *fpl*; **on the ~** en antena.
airy ['eərɪ] (*compar* **-ier**, *superl* **-iest**) *adj* **-1.** [room] espacioso(sa) y bien ventilado(da) **-2.** [fanciful] vano(na), ilusorio(ria) **-3.** [nonchalant] despreocupado(da).
aisle [aɪl] *n* **-1.** [in church] nave *f* lateral **-2.** [in plane, theatre, supermarket] pasillo *m*.
ajar [ə'dʒɑːʳ] *adj* entreabierto(ta).
AK *abbr of* **Alaska**.
aka (*abbr of* **also known as**) alias.
akin [ə'kɪn] *adj*: **~ to sthg/to doing sthg** semejante a algo/a hacer algo.
AL *abbr of* **Alabama**.
Alabama [ˌælə'bæmə] *n* Alabama.
alabaster [ˌælə'bɑːstəʳ] *n* alabastro *m*.
à la carte *adj & adv* a la carta.
alacrity [ə'lækrətɪ] *n* presteza *f*, prontitud *f*.
à la mode [ˌɑːlɑː'məʊd] *adj US* [dessert] con helado.
alarm [ə'lɑːm] ◇ *n* alarma *f*; **to raise** *OR* **sound the ~** dar la (voz de) alarma. ◇ *vt* alarmar, asustar.
alarm clock *n* despertador *m*.
alarming [ə'lɑːmɪŋ] *adj* alarmante.
alarmingly [ə'lɑːmɪŋlɪ] *adv* de manera alarmante.
alarmist [ə'lɑːmɪst] *adj* alarmista.
alas [ə'læs] ◇ *adv* desgraciadamente. ◇ *excl literary* ¡ay!
Alaska [ə'læskə] *n* Alaska.
Albania [æl'beɪnjə] *n* Albania.
Albanian [æl'beɪnjən] ◇ *adj* albanés(esa). ◇ *n* **-1.** [person] albanés *m*, -esa *f* **-2.** [language] albanés *m*.
albatross ['ælbətrɒs] (*pl inv* *OR* **-es**) *n* [bird, in golf] albatros *m*.
albeit [ɔːl'biːɪt] *conj fml* aunque, si bien.
Alberta [æl'bɜːtə] *n* Alberta.
albino [æl'biːnəʊ] (*pl* **-s**) ◇ *n* albino *m*, -na *f*. ◇ *comp* albino(na).
album ['ælbəm] *n* **-1.** [of stamps, photos] álbum *m* **-2.** [record] elepé *m*.
alchemist ['ælkəməst] *n* alquimista *m OR f*.
alchemy ['ælkəmɪ] *n* alquimia *f*.
alcohol ['ælkəhɒl] *n* alcohol *m*.
alcoholic [ˌælkə'hɒlɪk] ◇ *adj* alcohólico(ca). ◇ *n* alcohólico *m*, -ca *f*.
alcoholism ['ælkəhɒlɪzm] *n* alcoholismo *m*.
alcopop ['ælkəʊpɒp] *n refresco gaseoso que contiene un cierto porcentaje de alcohol.*
alcove ['ælkəʊv] *n* hueco *m*.
alderman ['ɔːldəmən] (*pl* **-men** [-mən]) *n* ≃ concejal *m*, -la *f*.
ale [eɪl] *n tipo de cerveza*.
alert [ə'lɜːt] ◇ *adj* **-1.** [vigilant] atento(ta) **-2.** [perceptive] despierto(ta) **-3.** [aware]: **to be ~ to** ser consciente de. ◇ *n* [gen & *MIL*] alerta *f*; **to be on the ~** estar alerta. ◇ *vt* alertar; **to ~ sb to sthg** alertar a alguien de algo.
Aleutian Islands [ə'luːʃjən-] *npl*: **the ~** las islas Aleutianas.
A level (*abbr of* **Advanced level**) *n UK SCH nivel escolar necesario para acceder a la universidad.*

A LEVEL

Los *A levels* son exámenes que realizan los alumnos en Gran Bretaña (excepto en Escocia) sobre una materia concreta escogida previamente por ellos. Se suelen hacer a los 18 años de edad tras un curso de dos años. Para el acceso a las universidades se requieren habitualmente tres *A levels*; no obstante, mucha gente estudia *A levels* simplemente para mejorar su currículum.

Alexandria [ˌælɪg'zɑːndrɪə] *n* Alejandría.
alfalfa [æl'fælfə] *n* alfalfa *f*.
alfresco [æl'freskəʊ] *adj & adv* al aire libre.
algae ['ældʒiː] *npl* algas *fpl*.

Algarve [æl'gɑ:v] *n*: **the ~** el Algarve.

algebra ['ældʒɪbrə] *n* álgebra *f*.

Algeria [æl'dʒɪərɪə] *n* Argelia.

Algerian [æl'dʒɪərɪən] ◇ *adj* argelino(na). ◇ *n* argelino *m*, -na *f*.

Algiers [æl'dʒɪəz] *n* Argel.

algorithm ['ælgərɪðm] *n* algoritmo *m*.

alias ['eɪlɪəs] (*pl* **-es**) ◇ *adv* alias. ◇ *n* alias *m inv*.

alibi ['ælɪbaɪ] *n* coartada *f*.

alien ['eɪljən] ◇ *adj* **-1.** [foreign] foráneo(a), extranjero(ra) **-2.** [from outer space] extraterrestre **-3.** [unfamiliar] extraño(ña), ajeno(na). ◇ *n* **-1.** [from outer space] extraterrestre *m* OR *f* **-2.** JUR [foreigner] extranjero *m*, -ra *f*.

alienate ['eɪljəneɪt] *vt* **-1.** [make unsympathetic] ganarse la antipatía de **-2.** [distance emotionally]: **to be ~d from** estar distanciado(da) de.

alienation [ˌeɪljə'neɪʃn] *n* **-1.** [separation] separación *f*, alejamiento *m* **-2.** [not belonging] alienación *f*.

alight [ə'laɪt] (*pt* & *pp* **-ed**) ◇ *adj* [on fire] prendido(da), ardiendo; **to set sthg ~** prender fuego a algo. ◇ *vi fml* **-1.** [land] posarse **-2.** [get off]: **to ~ from** apearse de.

align [ə'laɪn] *vt* **-1.** [line up] alinear, poner en línea **-2.** [ally]: **to ~ o.s. with** alinearse con.

alignment [ə'laɪnmənt] *n* **-1.** [arrangement] alineación *f* **-2.** [alliance] alineamiento *m*.

alike [ə'laɪk] ◇ *adj* parecido(da). ◇ *adv* [treat] de la misma forma, por igual; **to look ~** parecerse; **to think ~** pensar igual.

alimentary canal [ˌælɪ'mentərɪ-] *n* tubo *m* digestivo.

alimony ['ælɪmənɪ] *n* pensión *f* alimenticia.

A-line *adj* de vuelo.

alive [ə'laɪv] *adj* **-1.** [living] vivo(va); **to stay ~** sobrevivir **-2.** [tradition] con vida **-3.** [active, lively] lleno(na) de vida; **to come ~** [story, description] cobrar vida; [person, place] animarse **-4.** [aware]: **to be ~ to** ser consciente de **-5.** [rats, insects]: **to be ~ with** estar infestado(da) de; [rumour, speculation] bullir de.

alkali ['ælkəlaɪ] (*pl* **-s** OR **-ies**) *n* álcali *m*.

alkaline ['ælkəlaɪn] *adj* alcalino(na).

all [ɔ:l] ◇ *adj* **-1.** (*with sg noun*) todo(da); **~ the drink** toda la bebida; **~ violence is to be condemned** toda forma de violencia es condenable; **~ day** todo el día; **~ night** toda la noche; **~ the time** todo el tiempo OR el rato **-2.** (*with pl noun*) todos(das); **~ the boxes** todas las cajas; **~ men** todos los hombres; **~ three died** los tres murieron. ◇ *pron* **-1.** (*sg*) [the whole amount] todo *m*, -da *f*; **she drank it ~, she drank ~ of it** se lo bebió todo **-2.** (*pl*) [everybody, everything] todos *mpl*, -das *fpl*; **~ of them came, they ~ came** vinieron todos **-3.** (*with superl*): **he's the cleverest of ~** es el más listo de todos; **the most amazing thing of ~** lo más impresionante de todo; **best/worst of ~ ...** lo mejor/peor de todo es que ...; **above ~** ▷ **above**; **after ~** ▷ **after**; **at ~** ▷ **at**. ◇ *adv* **-1.** [entirely] completamente; **I'd forgotten ~ about that** me había olvidado completamente de eso; **it spilled ~ over the carpet** se derramó por toda la alfombra; **she was dressed ~ in red** iba vestida toda de rojo; **~ alone** completamente solo(la); **that's ~ very well, but ...** sí, eso está muy bien, pero ... **-2.** [in sport, competitions]: **the score is two ~** el resultado es de empate a dos; **thirty ~** [in tennis] treinta iguales **-3.** (*with compar*): **the situation was made ~ the worse by his arrival** la situación se hizo peor si cabe con su llegada; **to run ~ the faster** correr aun más rápido.

◆ **all but** *adv* casi.

◆ **all in all** *adv* en conjunto.

◆ **all that** *adv* tan; **she's not ~ that pretty** no es tan guapa.

◆ **for all** ◇ *prep* a pesar de. ◇ *conj*: **for ~ I know** por lo que yo sé; **do it, for ~ I care!** pues hazlo, ¡a mí qué me importa!

◆ **in all** *adv* en total.

Allah ['ælə] *n* Alá *m*.

all-American *adj* [typically American] típicamente americano(na).

all-around US = **all-round**.

allay [ə'leɪ] *vt fml* [suspicions, doubts] despejar; [fears] apaciguar.

all clear *n* **-1.** [signal] señal *f* de cese de peligro **-2.** *fig* [go-ahead] luz *f* verde.

allegation [ˌælɪ'geɪʃn] *n* acusación *f*; **to make ~s (about)** hacer acusaciones (acerca de).

allege [ə'ledʒ] *vt* alegar; **to ~ that** alegar que; **to be ~d to have done/said** ser acusado de haber hecho/dicho.

alleged [ə'ledʒd] *adj* presunto(ta).

allegedly [ə'ledʒɪdlɪ] *adv* presuntamente.

allegiance [ə'li:dʒəns] *n* lealtad *f*.

allegorical [ˌælɪ'gɒrɪkl] *adj* alegórico(ca).

allegory ['ælɪgərɪ] (*pl* **-ies**) *n* alegoría *f*.

alleluia [ˌælɪ'lu:jə] *excl* ¡aleluya!

allergic [ə'lɜ:dʒɪk] *adj lit* & *fig*: **~ (to sthg)** alérgico(ca) (a algo).

allergy ['ælədʒɪ] (*pl* **-ies**) *n* alergia *f*; **to have an ~ to** tener alergia a.

alleviate [ə'li:vɪeɪt] *vt* aliviar.

alley(way) ['ælɪ(weɪ)] *n* callejuela *f*.

alliance [ə'laɪəns] *n* alianza *f*.

allied ['ælaɪd] *adj* **-1.** [powers, troops] aliado(da)

-2. [subjects] análogo(ga), afín.

alligator ['ælɪgeɪtə'] (*pl inv* OR **-s**) *n* caimán *m*.

all-important *adj* de suma importancia, crucial.

all-in *adj UK* [inclusive] todo incluido.

◆ **all in** ◇ *adj inf* [tired] hecho(cha) polvo. ◇ *adv* [inclusive] todo incluido.

all-in wrestling *n* lucha *f* libre.

alliteration [əˌlɪtə'reɪʃn] *n* aliteración *f*.

all-night *adj* [party etc] que dura toda la noche; [chemist, bar] abierto(ta) toda la noche.

allocate ['æləkeɪt] *vt*: **to ~ sthg to sb** [money, resources] destinar algo a alguien; [task, tickets, seats] asignar algo a alguien.

allocation [ˌælə'keɪʃn] *n* **-1.** [sharing out - of money, resources] distribución *f*, reparto *m*; [- of task, tickets, seats] asignación *f* **-2.** [share - of money, resources] distribución *f*, reparto *m*; [- of tickets, seats] asignación *f*.

allot [ə'lɒt] (*pt* & *pp* **-ted**, *cont* **-ting**) *vt* [job, time] asignar; [money, resources] destinar.

allotment [ə'lɒtmənt] *n* **-1.** *UK* [garden] *parcela municipal arrendada para su cultivo* **-2.** [sharing out - of job, time] asignación *f*; [- of money, resources] distribución *f* **-3.** [share - of money, resources] porción *f*, asignación *f*; [- of time] espacio *m* (de tiempo) concedido.

all-out *adj* [effort] supremo(ma); [war] sin cuartel.

allow [ə'laʊ] *vt* **-1.** [permit] permitir, dejar; **to ~ sb to do sthg** permitir OR dejar a alguien hacer algo; **~ me** permítame **-2.** [set aside - money] apartar, destinar; [- time] dejar **-3.** [officially accept - subj: person] conceder; [- subj: law] admitir, permitir **-4.** [concede]: **to ~ that** admitir OR reconocer que.

◆ **allow for** *vt fus* tener en cuenta, contar con.

allowable [ə'laʊəbl] *adj* permisible.

allowance [ə'laʊəns] *n* **-1.** [money received - from government] subsidio *m*; [- from employer] dietas *fpl*; **clothing ~** asignación *f* para ropa **-2.** *US* [pocket money] paga *f*, asignación *f* semanal **-3.** FIN desgravación *f* **-4.**: **to make ~s for sthg/sb** [forgive] disculpar algo/a alguien; [take into account] tener en cuenta algo/a alguien.

alloy ['ælɔɪ] *n* aleación *f*.

all-powerful *adj* todopoderoso(sa), omnipotente.

all-purpose *adj* multiuso.

all-purpose flour *n US* [plain flour] harina *f* (de uso general).

all right ◇ *adv* **-1.** [gen] bien **-2.** [only just acceptably] (más o menos) bien **-3.** [in answer - yes] vale, bueno **-4.** [certainly] seguro, sin duda; **it's her ~** seguro que es ella **-5.** [do you understand?]: **all right?** ¿vale? **-6.** [now then] bueno, vale; **~, children, stop talking now!** ¡venga, niños, calláos de una vez! ◇ *adj* **-1.** [gen] bien **-2.** [not bad]: **it's ~, but ...** no está mal, pero ... **-3.** [allowable]: **is it ~ if ...?** ¿te importa si ...? **-4.** [OK]: **sorry – that's ~** lo siento – no importa.

all-round *UK*, **all-around** *US adj* **-1.** [multiskilled] completo(ta), polifacético(ca) **-2.** [comprehensive] amplio(plia), extenso(sa).

all-rounder [-'raʊndə'] *n* **-1.** [versatile person] persona *f* que hace de todo **-2.** [sportsman, sportswoman] deportista completo *m*, -ta *f*.

all-star *adj* [cast] estelar.

all-terrain vehicle *n* todoterreno *m*.

all-time *adj* [favourite] de todos los tiempos; [high, low] histórico(ca).

allude [ə'lu:d] *vi*: **to ~ to** aludir a.

allure [ə'ljʊə'] *n* encanto *m*, atractivo *m*.

alluring [ə'ljʊərɪŋ] *adj* [person] atrayente; [thing] tentador(ra).

allusion [ə'lu:ʒn] *n* alusión *f*.

ally [*n* 'ælaɪ, *vb* ə'laɪ] (*pl* **-ies**, *pt* & *pp* **-ied**) ◇ *n* aliado *m*, -da *f*. ◇ *vt*: **to ~ o.s. with** aliarse con.

◆ **Allies** *npl*: **the Allies** los Aliados.

almanac ['ɔ:lmənæk] *n* [yearbook] anuario *m*; [calendar] almanaque *m*.

almighty [ɔ:l'maɪtɪ] *adj inf* [very big] descomunal.

◆ **Almighty** ◇ *adj* todopoderoso(sa). ◇ *n*: **the Almighty** el Todopoderoso.

almond ['ɑ:mənd] *n* **-1.** [nut] almendra *f* **-2.** [tree] almendro *m*.

almond paste *n* mazapán *m*, pasta *f* de almendras.

almost ['ɔ:lməʊst] *adv* casi.

alms [ɑ:mz] *npl dated* limosna *f*.

aloe ['æləʊ] *n* áloe *m*.

aloft [ə'lɒft] *adv* **-1.** [in the air] en lo alto **-2.** NAUT entre el velamen.

alone [ə'ləʊn] ◇ *adj* solo(la); **to be ~ with** estar a solas con; **all ~** completamente solo. ◇ *adv* **-1.** [without others] solo(la) **-2.** [only] sólo **-3.** *phr*: **to go it ~** ir por cuenta propia OR por libre; **to leave sthg/sb ~** dejar algo/a alguien en paz.

◆ **let alone** *conj* no digamos, y mucho menos.

along [ə'lɒŋ] ◇ *adv* **-1.** [forward] hacia delante; **to go** OR **walk ~** avanzar; **she was walking ~** iba andando **-2.** [with others or oneself]: **bring it ~** tráetelo **-3.** [to this or that place]: **to come ~** venir; **to go ~** ir. ◇ *prep* **-1.** [towards one end

of, beside] por, a lo largo de **-2.** [in] en; **he lives ~ Dalry Road** vive en Dalry Road.
◆ **all along** *adv* todo el rato; **she knew all ~** lo sabía desde el principio.
◆ **along with** *prep* junto con.
alongside [əˌlɒŋ'saɪd] ◇ *prep* **-1.** [next to] junto a **-2.** [together with] junto con. ◇ *adv*: **to come ~** ponerse a la misma altura; **to work ~** trabajar juntos(tas).
aloof [ə'lu:f] ◇ *adj* frío(a), distante. ◇ *adv* distante, a distancia; **to remain ~ (from)** mantenerse a distancia (de).
aloud [ə'laʊd] *adv* en alto, en voz alta.
alpaca [æl'pækə] *n* [animal, wool] alpaca *f*.
alphabet ['ælfəbet] *n* alfabeto *m*.
alphabetical [ˌælfə'betɪkl] *adj* alfabético(ca); **in ~ order** en *OR* por orden alfabético.
alphabetically [ˌælfə'betɪklɪ] *adv* alfabéticamente.
alphabetize, -ise ['ælfəbətaɪz] *vt* ordenar alfabéticamente.
alphanumeric [ˌælfənju:'merɪk] *adj* COMPUT alfanumérico(ca).
alpine ['ælpaɪn] *adj* alpino(na).
Alps [ælps] *npl*: **the ~** los Alpes.
already [ɔ:l'redɪ] *adv* ya.
alright [ˌɔ:l'raɪt] = **all right**.
Alsace [æl'sæs] *n* Alsacia.
Alsatian [æl'seɪʃn] ◇ *adj* [of Alsace] alsaciano(na). ◇ *n* **-1.** [person] alsaciano *m*, -na *f* **-2.** [dog] pastor *m* alemán.
also ['ɔ:lsəʊ] *adv* también.
also-ran *n* comparsa *m OR f*.
Alta. *abbr of* **Alberta**.
altar ['ɔ:ltə^r] *n* altar *m*.
alt code [ɔ:lt] *n* COMPUT código *m* alt.
alter ['ɔ:ltə^r] ◇ *vt* [modify] alterar, modificar; **to have a dress ~ed** mandar arreglar un vestido. ◇ *vi* cambiar.
alteration [ˌɔ:ltə'reɪʃn] *n* **-1.** [gen] alteración *f*; **to make an ~ / ~s to** hacer una modificación/modificaciones en **-2.** [to dress] arreglo *m*.
altercation [ˌɔ:ltə'keɪʃn] *n* altercado *m*.
alter ego (*pl* **-s**) *n* álter ego *m*.
alternate [*adj UK* ɔ:l'tɜ:nət, *US* 'ɒ:ltərnət, *vb* 'ɔ:ltərneɪt] ◇ *adj* **-1.** [by turns] alterno(na) **-2.** [every other]: **on ~ days/weeks** cada dos días/semanas. ◇ *n US* sustituto(ta). ◇ *vt* alternar. ◇ *vi*: **to ~ (with/between)** alternar (con/entre).
alternately [ɔ:l'tɜ:nətlɪ] *adv* alternativamente.
alternating current ['ɔ:ltəneɪtɪŋ-] *n* ELEC corriente *f* alterna.
alternation [ˌɔ:ltə'neɪʃn] *n* alternancia *f*.
alternative [ɔ:l'tɜ:nətɪv] ◇ *adj* alternativo(va). ◇ *n* alternativa *f*, opción *f*; **to have no ~ (but to do sthg)** no tener más remedio (que hacer algo).
alternatively [ɔ:l'tɜ:nətɪvlɪ] *adv* o bien.
alternative medicine *n* medicina *f* alternativa.
alternator ['ɔ:ltəneɪtə^r] *n* ELEC alternador *m*.
although [ɔ:l'ðəʊ] *conj* aunque.
altitude ['æltɪtju:d] *n* altitud *f*.
alto ['æltəʊ] (*pl* **-s**) ◇ *n* [female singer] contralto *f*; [male singer] contralto *m*. ◇ *comp* alto.
altogether [ˌɔ:ltə'geðə^r] *adv* **-1.** [completely] completamente, totalmente; **not ~** no del todo **-2.** [considering all things] en conjunto, en general **-3.** [in total] en total.
altruism ['æltrʊɪzm] *n* altruismo *m*.
altruistic [ˌæltrʊ'ɪstɪk] *adj* altruista.
aluminium *UK* [ˌæljʊ'mɪnɪəm], **aluminum** *US* [ə'lu:mɪnəm] ◇ *n* aluminio *m*. ◇ *comp* de aluminio.
alumnus [ə'lʌmnəs] (*pl* **-ni** [-naɪ] *n* ex-alumno *m*, -na *f*.
always ['ɔ:lweɪz] *adv* siempre.
Alzheimer's disease ['æltshaɪməz-] *n* enfermedad *f* de Alzheimer.
am [æm] ▷ **be**.
a.m. (*abbr of* **ante meridiem**): **at 3 ~** a las tres de la mañana.
AM (*abbr of* **amplitude modulation**) *n* AM *f*.
amalgam [ə'mælgəm] *n fml* & TECH amalgama *f*.
amalgamate [ə'mælgəmeɪt] ◇ *vt* [ideas] amalgamar; [companies, organizations] fusionar. ◇ *vi* [of ideas] amalgamarse; [of companies, organizations] fusionarse.
amalgamation [əˌmælgə'meɪʃn] *n* fusión *f*.
amass [ə'mæs] *vt* [fortune, wealth] amasar.
amateur ['æmətə^r] ◇ *adj* aficionado(da); *pej* chapucero(ra), poco profesional. ◇ *n* aficionado *m*, -da *f*; *pej* chapucero *m*, -ra *f*.
amateurish [ˌæmə'tɜ:rɪʃ] *adj* chapucero(ra), poco profesional.
amaze [ə'meɪz] *vt* asombrar.
amazed [ə'meɪzd] *adj* asombrado(da).
amazement [ə'meɪzmənt] *n* asombro *m*; **to my ~** para gran sorpresa mía.
amazing [ə'meɪzɪŋ] *adj* **-1.** [surprising] asombroso(sa) **-2.** [excellent] genial.
amazingly [ə'meɪzɪŋlɪ] *adv* increíblemente.
Amazon ['æməzn] *n* **-1.** [river]: **the ~** el Amazonas **-2.** [region]: **the ~ (Basin)** la Amazonia, la cuenca amazónica; **the ~ rainforest** la selva amazónica **-3.** [woman] amazona *f*.
Amazonian [ˌæmə'zəʊnjən] *adj* amazónico(ca).

ambassador [æm'bæsədəʳ] *n* embajador *m*, -ra *f*.
amber ['æmbəʳ] ◇ *adj* **-1.** [amber-coloured] de color ámbar, ambarino(na) **-2.** *UK* [traffic light] ámbar. ◇ *n* ámbar *m*. ◇ *comp* [made of amber] de ámbar.
ambiance ['æmbɪəns] = **ambience.**
ambidextrous [ˌæmbɪ'dekstrəs] *adj* ambidiestro(tra).
ambience ['æmbɪəns] *n* ambiente *m*.
ambiguity [ˌæmbɪ'gju:ətɪ] (*pl* **-ies**) *n* ambigüedad *f*.
ambiguous [æm'bɪgjʊəs] *adj* ambiguo(gua).
ambiguously [æm'bɪgjʊəslɪ] *adv* ambiguamente.
ambition [æm'bɪʃn] *n* ambición *f*.
ambitious [æm'bɪʃəs] *adj* ambicioso(sa).
ambivalence [æm'bɪvələns] *n* ambivalencia *f*.
ambivalent [æm'bɪvələnt] *adj* ambivalente.
amble ['æmbl] *vi* [walk] deambular.
ambulance ['æmbjʊləns] ◇ *n* ambulancia *f*. ◇ *comp*: ~ **man** ambulanciero *m*; ~ **woman** ambulanciera *f*.
ambush ['æmbʊʃ] ◇ *n* emboscada *f*. ◇ *vt* emboscar.
ameba *US* = **amoeba.**
ameliorate [ə'mi:ljəreɪt] *vt & vi fml* mejorar.
amen [ˌɑ:'men] *excl* amén.
amenable [ə'mi:nəbl] *adj* receptivo(va); ~ **to** favorable a.
amend [ə'mend] *vt* [law] enmendar; [text] corregir; [schedule] modificar.
◆ **amends** *npl*: **to make ~s for sthg** reparar algo.
amendment [ə'mendmənt] *n* **-1.** [change - to law] enmienda *f*; [- to text] corrección *f*; [- to schedule] modificación *f* **-2.** [act of changing] enmienda *f*, rectificación *f*.
amenities [ə'mi:nətɪz] *npl* [of town] facilidades *fpl*; [of building] comodidades *fpl*.
America [ə'merɪkəl] *n* América.
◆ **Americas** *npl*: **the ~s** las Américas.
American [ə'merɪkn] ◇ *adj* americano(na). ◇ *n* [person] americano *m*, -na *f*.
American football *n* fútbol *m* americano.
American Indian *n* amerindio *m*, -dia *f*.
Americanism [ə'merɪkənɪzm] *n* americanismo *m*.
americanize, -ise [ə'merɪkənaɪz] *vt* americanizar.
amethyst ['æmɪθɪst] *n* amatista *f*.
Amex ['æmeks] *n* **-1.** (*abbr of* **American Stock Exchange**) *segundo mercado bursátil estadounidense* **-2.** *abbr of* **American Express.**
amiable ['eɪmjəbl] *adj* amable, agradable.
amiably ['eɪmjəblɪ] *adv* amablemente.
amicable ['æmɪkəbl] *adj* amigable, amistoso(sa).
amicably ['æmɪkəblɪ] *adv* amigablemente, amistosamente.
amid(st) [ə'mɪd(st)] *prep fml* entre, en medio de.
amino acid [ə'mi:nəʊ-] *n* aminoácido *m*.
amiss [ə'mɪs] ◇ *adj*: **something's ~** algo va mal. ◇ *adv*: **to take sthg ~** tomarse algo a mal.
ammo ['æməʊ] *n (U) inf* MIL munición *f*.
ammonia [ə'məʊnjə] *n* amoniaco *m*.
ammunition [ˌæmjʊ'nɪʃn] *n (U)* **-1.** MIL municiones *fpl* **-2.** *fig* [information, argument] argumentos *mpl*.
ammunition dump *n* arsenal *m* OR depósito *m* de municiones.
amnesia [æm'ni:zjə] *n* amnesia *f*.
amnesty ['æmnəstɪ] (*pl* **-ies**) *n* amnistía *f*.
Amnesty International *n* Amnistía *f* Internacional.
amoeba *UK* (*pl* **-bas** OR **-bae** [-bi:]), **ameba** *US* (*pl* **-bas** OR **-bae** [-bi:]) [ə'mi:bə] *n* ameba *f*.
amok [ə'mɒk] *adv*: **to run ~** *enloquecer atacando a gente de forma indiscriminada.*
among(st) [ə'mʌŋ(st)] *prep* entre.
amoral [ˌeɪ'mɒrəl] *adj* amoral.
amorous ['æmərəs] *adj* apasionado(da).
amorphous [ə'mɔ:fəs] *adj* amorfo(fa).
amortize [ə'mɔ:taɪz] *vt* FIN amortizar.
amount [ə'maʊnt] *n* cantidad *f*.
◆ **amount to** *vt fus* **-1.** [total] ascender a **-2.** [be equivalent to] venir a ser.
amp [æmp] *n* **-1.** *abbr of* **ampere -2.** *inf* (*abbr of* **amplifier**) ampli *m*.
amperage ['æmpərɪdʒ] *n* ELEC amperaje *m*.
ampere ['æmpeəʳ] *n* amperio *m*.
ampersand ['æmpəsænd] *n* signo "&".
amphetamine [æm'fetəmi:n] *n* anfetamina *f*.
amphibian [æm'fɪbɪən] *n* anfibio *m*.
amphibious [æm'fɪbɪəs] *adj* [animal, vehicle] anfibio(bia).
amphitheatre *UK*, **amphitheater** *US* ['æmfɪˌθɪətəʳ] *n* anfiteatro *m*.
ample ['æmpl] *adj* **-1.** [enough] suficiente; [more than enough] sobrado(da); **to have ~ time** *tener tiempo de sobra* **-2.** [garment, room] amplio (plia); [stomach, bosom] abundante.
amplification [ˌæmplɪfɪ'keɪʃn] *n* **-1.** [of sound] amplificación *f* **-2.** [of idea, statement] desarrollo *m*, explicación *f*.
amplifier ['æmplɪfaɪəʳ] *n* amplificador *m*.
amplify ['æmplɪfaɪ] (*pt & pp* **-ied**) ◇ *vt* **-1.** [sound] amplificar **-2.** [idea, statement] desarro-

llar, ampliar. ◇ *vi*: **to ~ (on sthg)** ampliar (algo).

amply ['æmplɪ] *adv* **-1.** [sufficiently] suficientemente; [more than sufficiently] sobradamente **-2.** [considerably] abundantemente, ampliamente.

ampoule *UK*, **ampule** *US* ['æmpu:l] *n* ampolla *f*.

amputate ['æmpjʊteɪt] *vt & vi* amputar.

amputation [ˌæmpjʊ'teɪʃn] *n* amputación *f*.

Amsterdam [ˌæmstə'dæm] *n* Amsterdam.

amt *abbr of* **amount**.

Amtrak ['æmtræk] *n organismo que regula y coordina las líneas férreas en Estados Unidos*.

amuck [ə'mʌk] = **amok**.

amulet ['æmjʊlɪt] *n* amuleto *m*.

amuse [ə'mju:z] *vt* **-1.** [make laugh, smile] divertir **-2.** [entertain] distraer; **to ~ o.s. (by doing sthg)** distraerse (haciendo algo).

amused [ə'mju:zd] *adj* **-1.** [person, look] divertido(da); **I was not ~ at** *OR* **by that** no me hizo gracia eso **-2.** [entertained]: **to keep o.s. ~** entretenerse, distraerse.

amusement [ə'mju:zmənt] *n* **-1.** [enjoyment] regocijo *m*, diversión *f* **-2.** [diversion, game] atracción *f*.

amusement arcade *n* salón *m* de juegos.

amusement park *n* parque *m* de atracciones.

amusing [ə'mju:zɪŋ] *adj* divertido(da), gracioso(sa).

an [*stressed* æn, *unstressed* ən] ▷ **a**[2].

anabolic steroid [ˌænə'bɒlɪk-] *n* esteroide *m* anabolizante.

anachronism [ə'nækrənɪzm] *n* anacronismo *m*.

anachronistic [əˌnækrə'nɪstɪk] *adj* anacrónico(ca).

anaemia *UK*, **anemia** *US* [ə'ni:mjə] *n* anemia *f*.

anaemic *UK*, **anemic** *US* [ə'ni:mɪk] *adj* **-1.** [ill] anémico(ca) **-2.** *fig & pej* [weak, poor] pobre.

anaesthesia *UK*, **anesthesia** *US* [ˌænɪs'θi:zjə] *n* anestesia *f*.

anaesthetic *UK*, **anesthetic** *US* [ˌænɪs'θetɪk] *n* anestesia *f*; **under ~** bajo los efectos de la anestesia; **local/general ~** anestesia local/general.

anaesthetist *UK*, **anesthetist** *US* [æ'ni:sθətɪst] *n* anestesista *m OR f*.

anaesthetize *UK*, -ise *UK*, **anesthetize** *US* [æ'ni:sθətaɪz] *vt* anestesiar.

anagram ['ænəgræm] *n* anagrama *m*.

anal ['eɪnl] *adj* anal.

analgesic [ˌænæl'dʒi:sɪk] ◇ *adj* analgésico(ca). ◇ *n* analgésico *m*.

analog *US adj & n* = **analogue**.

analogous [ə'næləgəs] *adj fml*: **~ (to)** análogo(ga) (a).

analogue, analog *US* ['ænəlɒg] ◇ *adj* [watch, clock] analógico(ca). ◇ *n fml* equivalente *m*.

analogy [ə'nælədʒɪ] (*pl* **-ies**) *n* analogía *f*; **to draw an ~ with/between** establecer una analogía con/entre; **by ~** por analogía.

analyse *UK*, **analyze** *US* ['ænəlaɪz] *vt* analizar.

analysis [ə'næləsɪs] (*pl* **analyses** [ə'næləsi:z]) *n* **-1.** [examination] análisis *m inv*; **in the final** *OR* **last ~** a fin de cuentas **-2.** [psychoanalysis] psicoanálisis *m inv*; **she is in ~** se está psicoanalizando.

analyst ['ænəlɪst] *n* **-1.** [gen] analista *m OR f* **-2.** [psychoanalyst] psicoanalista *m OR f*.

analytic(al) [ˌænə'lɪtɪk(l)] *adj* analítico(ca).

analyze *US* = **analyse**.

anarchic [æ'nɑ:kɪk] *adj* anárquico(ca).

anarchist ['ænəkɪst] *n* anarquista *m OR f*.

anarchy ['ænəkɪ] *n* anarquía *f*.

anathema [ə'næθəmə] *n*: **the idea is ~ to me** la idea me parece aberrante.

anatomical [ˌænə'tɒmɪkl] *adj* anatómico(ca).

anatomy [ə'nætəmɪ] (*pl* **-ies**) *n* anatomía *f*.

ANC (*abbr of* **African National Congress**) *n* ANC *m*.

ancestor ['ænsestə[r]] *n lit & fig* antepasado *m*.

ancestral home [æn'sestrəl-] *n* casa *f* solariega.

ancestry ['ænsestrɪ] (*pl* **-ies**) *n* ascendencia *f*.

anchor ['æŋkə[r]] ◇ *n NAUT* ancla *f*; **to drop ~** echar el ancla; **to weigh ~** levar anclas. ◇ *vt* **-1.** [secure] sujetar **-2.** *esp US TV* presentar. ◇ *vi NAUT* anclar.

anchorage ['æŋkərɪdʒ] *n* **-1.** *NAUT* fondeadero *m* **-2.** [means of securing] sujeción *f*.

anchorman ['æŋkəmæn] (*pl* **-men** [-men]) *n TV* presentador *m*, locutor *m*.

anchorwoman ['æŋkəˌwʊmən] (*pl* **women** [-ˌwɪmɪn]) *n* presentadora *f*, locutora *f*.

anchovy ['æntʃəvɪ] (*pl inv OR* **-ies**) *n* [salted] anchoa *f*; [fresh, in vinegar] boquerón *m*.

ancient ['eɪnʃənt] *adj* **-1.** [gen] antiguo(gua) **-2.** *hum* [very old] vetusto(ta).

ancillary [æn'sɪlərɪ] *adj* auxiliar.

and [*strong form* ænd, *weak form* ənd, ən] *conj* **-1.** [gen] y; *(before 'i' or 'hi')* e; **fish ~ chips** pescado con patatas fritas; **faster ~ faster** cada vez más rápido; **it's nice ~ easy** es sencillito **-2.** [in numbers]: **one hundred ~ eighty** ciento ochenta; **one ~ a half** uno y medio; **2 ~ 2 is 4** 2 y 2 son 4 **-3.** [to]: **try ~ come** intenta venir; **come ~ see the kids** ven a ver a los niños;

wait ~ see espera a ver.
◆ **and so on, and so forth** *adv* etcétera, y cosas así.

Andalusia [ˌændəˈluːzɪə] *n* Andalucía.

Andalusian [ˌændəˈluːzɪən] ◇ *adj* andaluz(za). ◇ *n* andaluz *m*, -za *f*.

Andean [ˈændɪən] *adj* andino(na).

Andes [ˈændiːz] *npl*: **the ~** los Andes.

Andorra [ænˈdɔːrə] *n* Andorra.

androgynous [ænˈdrɒdʒɪnəs] *adj* andrógino(na).

android [ˈændrɔɪd] *n* androide *m*.

anecdotal [ˌænɪkˈdəʊtl] *adj* [evidence] anecdótico(ca).

anecdote [ˈænɪkdəʊt] *n* anécdota *f*.

anemia *US* = **anaemia**.

anemic *US* = **anaemic**.

anemone [əˈnemənɪ] *n* anémona *f*.

anesthesiologist [ˌænɪsˌθiːzɪˈɒlədʒɪst] *n* anestesista *m* OR *f*.

anesthetic *etc US* = **anaesthetic**.

anew [əˈnjuː] *adv* de nuevo, nuevamente.

angel [ˈeɪndʒəl] *n* **-1.** RELIG ángel *m* **-2.** *inf* [delightful person] cielo *m*, sol *m*; *US* **~ food cake** *bizcocho lígero elaborado con claras de huevo*.

Angeleno [ˌændʒəˈliːnəʊ] *n habitante de Los Angeles*.

angelic [ænˈdʒelɪk] *adj* angelical.

anger [ˈæŋgəʳ] ◇ *n* ira *f*, furia *f*. ◇ *vt* enfadar.

angina [ænˈdʒaɪnə] *n* angina *f* de pecho.

angle [ˈæŋgl] ◇ *n* **-1.** [gen] ángulo *m*; **the picture was hanging at an ~** [aslant] el cuadro estaba colgado torcido **-2.** [point of view] enfoque *m*. ◇ *vi* **-1.** [fish] pescar *(con caña)* **-2.** [manoeuvre]: **to ~ for** andar detrás de OR a la caza de.

Anglepoise lamp® [ˈæŋglpɔɪz-] *n* flexo *m*.

angler [ˈæŋgləʳ] *n* pescador *m*, -ra *f (con caña)*.

Anglican [ˈæŋglɪkən] ◇ *adj* anglicano(na). ◇ *n* anglicano *m*, -na *f*.

anglicism [ˈæŋglɪsɪzm] *n* anglicismo *m*.

angling [ˈæŋglɪŋ] *n* pesca *f* con caña.

Anglo [ˈæŋgləʊ] *prefix* anglo-.

Anglo-Saxon [ˌæŋgləʊˈsæksn] ◇ *adj* anglosajón(ona). ◇ *n* **-1.** [person] anglosajón *m*, -ona *f* **-2.** [language] anglosajón *m*.

Angola [æŋˈgəʊlə] *n* Angola.

Angolan [æŋˈgəʊlən] ◇ *adj* angoleño(ña). ◇ *n* angoleño *m*, -ña *f*.

angora [æŋˈgɔːrə] *n* **-1.** [goat] cabra *f* de angora; [rabbit] conejo *m* de angora **-2.** [material] angora *f*.

angrily [ˈæŋgrəlɪ] *adv* airadamente.

angry [ˈæŋgrɪ] (*compar* **-ier**, *superl* **-iest**) *adj* [person] enfadado(da); [letter, look, face] furioso(sa), airado(da); **to be ~ at** OR **with sb** estar enfadado con alguien; **to get ~ with sb** enfadarse con alguien.

angst [æŋst] *n* angustia *f* vital.

anguish [ˈæŋgwɪʃ] *n* angustia *f*.

anguished [ˈæŋgwɪʃt] *adj* angustiado(da).

angular [ˈæŋgjʊləʳ] *adj* [face, body] anguloso(sa).

animal [ˈænɪml] ◇ *adj* [instincts, kingdom] animal; [rights] de los animales. ◇ *n* [creature] animal *m*; *pej* [person] animal *m* OR *f*.

animate [ˈænɪmət] *adj* animado(da).

animated [ˈænɪmeɪtɪd] *adj* animado(da).

animated cartoon *n* dibujos *mpl* animados.

animation [ˌænɪˈmeɪʃn] *n* **-1.** [excitement] emoción *f*, entusiasmo *m* **-2.** [of cartoons] animación *f*.

animosity [ˌænɪˈmɒsətɪ] (*pl* **-ies**) *n* animosidad *f*, animadversión *f*.

aniseed [ˈænɪsiːd] *n* anís *m*.

ankle [ˈæŋkl] ◇ *n* tobillo *m*. ◇ *comp*: **~ boots** botines *mpl*; **~ socks** calcetines *mpl* cortos.

anklet [ˈæŋklɪt] *n US* [ankle sock] calcetín *m* corto.

annals [ˈænlz] *npl* anales *mpl*.

annex *esp UK* & *esp US* [ˈæneks] ◇ *n* edificio *m* anejo. ◇ *vt* anexionar.

annexation [ˌænekˈseɪʃn] *n* anexión *f*.

annexe [ˈæneks] = **annex**.

annihilate [əˈnaɪəleɪt] *vt* [destroy] aniquilar.

annihilation [əˌnaɪəˈleɪʃn] *n* [destruction] aniquilación *f*.

anniversary [ˌænɪˈvɜːsərɪ] (*pl* **-ies**) *n* aniversario *m*.

annotate [ˈænəteɪt] *vt fml* anotar.

announce [əˈnaʊns] *vt* anunciar.

announcement [əˈnaʊnsmənt] *n* anuncio *m*.

announcer [əˈnaʊnsəʳ] *n*: **radio/television ~** presentador *m*, -ra *f* OR locutor *m*, -ra *f* de radio/televisión.

annoy [əˈnɔɪ] *vt* fastidiar, molestar.

annoyance [əˈnɔɪəns] *n* molestia *f*.

annoyed [əˈnɔɪd] *adj*: **to be ~ at sthg/with sb** estar molesto(ta) por algo/con alguien; **to get ~ at sthg/with sb** molestarse por algo/con alguien.

annoying [əˈnɔɪɪŋ] *adj* fastidioso(sa), irritante.

annual [ˈænjʊəl] ◇ *adj* anual. ◇ *n* **-1.** [plant] planta *f* anual **-2.** [book] anuario *m*.

annual general meeting *n* asamblea *f* general anual.

annually [ˈænjʊəlɪ] *adv* anualmente.

annuity [əˈnjuːɪtɪ] (*pl* **-ies**) *n* FIN anualidad *f*.

annul [ə'nʌl] (*pt* & *pp* **-led**, *cont* **-ling**) *vt* anular.
annulment [ə'nʌlmənt] *n* anulación *f*.
annum ['ænəm] *n*: **per ~** al año.
Annunciation [ə,nʌnsɪ'eɪʃn] *n*: **the ~** la Anunciación *f*.
anode ['ænəʊd] *n* ánodo *m*.
anoint [ə'nɔɪnt] *vt* ungir.
anomalous [ə'nɒmələs] *adj* anómalo(la).
anomaly [ə'nɒməlɪ] (*pl* **-ies**) *n* anomalía *f*.
anon. [ə'nɒn] (*abbr of* **anonymous**) anón.
anonymity [,ænə'nɪmətɪ] *n* anonimato *m*.
anonymous [ə'nɒnɪməs] *adj* anónimo(ma).
anonymously [ə'nɒnɪməslɪ] *adv* anónimamente.
anorak ['ænəræk] *n* **-1.** *esp UK* [garment] chubasquero *m*, anorak *m* **-2.** *UK inf* [boring person] petardo *m*, -da *f*.
anorexia (nervosa) [,ænə'reksɪə(nɜ:'vəʊsə)] *n* anorexia *f*.
anorexic [,ænə'reksɪk] ◇ *adj* anoréxico(ca). ◇ *n* anoréxico *m*, -ca *f*.
another [ə'nʌðəʳ] ◇ *adj* otro(tra); **~ one** otro(tra); **in ~ few minutes** en unos minutos más. ◇ *pron* otro *m*, -tra *f*; **one after ~** uno tras otro, una tras otra; **one ~** el uno al otro, la una a la otra; **we love one ~** nos queremos; **with one ~** el uno con el otro, la una con la otra.
ANSI (*abbr of* **American National Standards Institute**) *n instituto estadounidense de normalización*.
answer ['ɑ:nsəʳ] ◇ *n* **-1.** [gen] respuesta *f*; **in ~ to** en respuesta a **-2.** [to problem] solución *f*. ◇ *vt* **-1.** [reply to] responder a, contestar a **-2.** [respond to]: **to ~ the door** abrir la puerta; **to ~ the phone** coger *OR* contestar el teléfono. ◇ *vi* responder, contestar.
◆ **answer back** *vt sep* & *vi* replicar.
◆ **answer for** *vt fus* **-1.** [accept responsibility for] responder por; **they have a lot to ~ for** tienen mucho que explicar **-2.** [suffer consequences of] responder de.
answerable ['ɑ:nsərəbl] *adj*: **~ (to sb/for sthg)** responsable (ante alguien/de algo).
answering machine, answerphone ['ɑ:nsərɪŋ-] *n* contestador *m* automático.
ant [ænt] *n* hormiga *f*.
antacid [,ænt'æsɪd] *n* antiácido *m*.
antagonism [æn'tægənɪzm] *n* antagonismo *m*.
antagonist [æn'tægənɪst] *n* antagonista *m OR f*.
antagonistic [æn,tægə'nɪstɪk] *adj* hostil, hostil.
antagonize, -ise [æn'tægənaɪz] *vt* provocar la hostilidad de.
Antarctic [æn'tɑ:ktɪk] ◇ *adj* antártico(ca). ◇ *n*: **the ~** el Antártico.
Antarctica [æn'tɑ:ktɪkə] *n* (la) Antártida.
Antarctic Circle *n*: **the ~** el Círculo Polar Antártico.
Antarctic Ocean *n*: **the ~** el océano Antártico.
ante ['æntɪ] *n inf fig*: **to up** *OR* **raise the ~** subir la apuesta.
anteater ['ænt,i:təʳ] *n* oso *m* hormiguero.
antecedent [,æntɪ'si:dənt] *n fml* [previous event] antecedente *m*.
antediluvian [,æntɪdɪ'lu:vjən] *adj hum* antediluviano(na).
antelope ['æntɪləʊp] (*pl inv OR* **-s**) *n* antílope *m*.
antenatal [,æntɪ'neɪtl] *adj* prenatal.
antenatal clinic *n* clínica *f* de preparación al parto.
antenna [æn'tenə] (*pl sense 1* **-nae** [-ni:], *pl sense 2* **-s**) *n* **-1.** [of insect] antena *f* **-2.** *US* [aerial] antena *f*.
anteroom ['æntɪrʊm] *n* [antechamber] antesala *f*; [waiting room] sala *f* de espera.
anthem ['ænθəm] *n* himno *m*.
anthill ['ænthɪl] *n* hormiguero *m*.
anthology [æn'θɒlədʒɪ] (*pl* **-ies**) *n* antología *f*.
anthrax ['ænθræks] *n* ántrax *m inv*, carbunco *m*.
anthropologist [,ænθrə'pɒlədʒɪst] *n* antropólogo *m*, -ga *f*.
anthropology [,ænθrə'pɒlədʒɪ] *n* antropología *f*.
anti- ['æntɪ] *prefix* anti-.
antiaircraft [,æntɪ'eəkrɑ:ft] *adj* antiaéreo(a).
anti-American *adj* antiamericano(na).
antiballistic missile [,æntɪbə'lɪstɪk-] *n* misil *m* antibalístico.
antibiotic [,æntɪbaɪ'ɒtɪk] *n* antibiótico *m*.
antibody ['æntɪ,bɒdɪ] (*pl* **-ies**) *n* anticuerpo *m*.
anticipate [æn'tɪsɪpeɪt] *vt* **-1.** [expect] prever **-2.** [look forward to] esperar ansiosamente **-3.** [preempt] adelantarse a.
anticipation [æn,tɪsɪ'peɪʃn] *n* [excitement] expectación *f*; **in ~** con impaciencia; **in ~ of** en previsión de.
anticlimax [æntɪ'klaɪmæks] *n* decepción *f*.
anticlockwise [,æntɪ'klɒkwaɪz] *UK* ◇ *adj* contrario(ria) al sentido de las agujas del reloj. ◇ *adv* en sentido contrario al de las agujas del reloj.
antics ['æntɪks] *npl* payasadas *fpl*.
anticyclone [,æntɪ'saɪkləʊn] *n* anticiclón *m*.
antidepressant [,æntɪdɪ'presnt] *n* antidepresivo *m*.
antidote ['æntɪdəʊt] *n lit* & *fig*: **~ (to)** antídoto *m* (contra).
antifreeze ['æntɪfri:z] *n* anticongelante *m*.
Antigua [æn'ti:gə] *n* Antigua; **~ and Barbuda**

Antigua y Barbuda.

antihero ['æntɪˌhɪərəʊ] (*pl* **-es**) *n* antihéroe *m*.

antihistamine [ˌæntɪ'hɪstəmɪn] *n* antihistamínico *m*.

anti-inflammatory *adj* antiinflamatorio(ria).

antipathy [æn'tɪpəθɪ] *n*: ~ **(to** *OR* **towards)** antipatía *f* (hacia *OR* por).

antipersonnel ['æntɪˌpɜ:sə'nel] *adj MIL* antipersonal.

antiperspirant [ˌæntɪ'pɜ:spərənt] *n* antitranspirante *m*.

Antipodes [æn'tɪpədi:z] *npl*: **the** ~ las antípodas.

antiquarian [ˌæntɪ'kweərɪən] <> *adj* [bookshop] especializado(da) en libros antiguos. <> *n* anticuario *m*, -ria *f*.

antiquated ['æntɪkweɪtɪd] *adj* anticuado(da).

antique [æn'ti:k] <> *adj* [furniture, object] antiguo(gua). <> *n* antigüedad *f*.

antique dealer *n* anticuario *m*, -ria *f*.

antique shop *n* tienda *f* de antigüedades.

antiquity [æn'tɪkwətɪ] (*pl* **-ies**) *n* antigüedad *f*.

anti-Semitic [-sɪ'mɪtɪk] *adj* antisemita.

anti-Semitism [ˌæntɪ'semɪtɪzm] *n* antisemitismo *m*.

antiseptic [ˌæntɪ'septɪk] <> *adj* antiséptico(ca). <> *n* antiséptico *m*.

antisocial [ˌæntɪ'səʊʃl] *adj* **-1.** [against society] antisocial **-2.** [unsociable] poco sociable.

antistatic [ˌæntɪ'stætɪk] *adj* antiestático(ca).

antitank [ˌæntɪ'tæŋk] *adj* antitanque (*inv*).

antitheft device [ˌæntɪ'θeft-] *n* dispositivo *m* antirrobo.

antithesis [æn'tɪθɪsɪs] (*pl* **-theses** [-θɪsi:z]) *n* antítesis *f inv*.

antitrust ['æntɪ'trʌst] *adj US* antimonopolio (*inv*).

antivirus ['æntɪ'vaɪrəs] *adj COMPUT* antivirus (*inv*).

antlers ['æntləz] *npl* cornamenta *f*.

antonym ['æntənɪm] *n* antónimo *m*.

antsy ['æntsɪ] *adj US* nervioso *m*, -sa *f*.

Antwerp ['æntwɜ:p] *n* Amberes.

anus ['eɪnəs] *n* ano *m*.

anvil ['ænvɪl] *n* yunque *m*.

anxiety [æŋ'zaɪətɪ] (*pl* **-ies**) *n* **-1.** [worry] ansiedad *f*, inquietud *f* **-2.** [cause of worry] preocupación *f* **-3.** [keenness] afán *m*, ansia *f*.

anxious ['æŋkʃəs] *adj* **-1.** [worried] preocupado (da); **to be ~ about** estar preocupado por **-2.** [keen]: **to be ~ that/to do sthg** estar ansioso(sa) por que/por hacer algo.

anxiously ['æŋkʃəslɪ] *adv* con inquietud.

any ['enɪ] <> *adj* **-1.** *(with negative)* ninguno(na); **I haven't read ~ books** no he leído ningún libro; **I haven't got ~ money** no tengo nada de dinero **-2.** [some] algún(una); **are there ~ cakes left?** ¿queda algún pastel?; **is there ~ milk left?** ¿queda algo de leche?; **can I be of ~ help?** ¿le puedo ayudar en algo?; **have you got ~ money?** ¿tienes dinero? **-3.** [no matter which] cualquier; **~ box will do** cualquier caja vale; *see also* **case, day, moment, rate**. <> *pron* **-1.** *(with negative)* ninguno *m*, -na *f*; **I didn't get ~** a mí no me tocó ninguno **-2.** [some] alguno *m*, -na *f*; **can ~ of you do it?** ¿sabe alguno de vosotros hacerlo?; **I need some matches, do you have ~?** necesito cerillas, ¿tienes?; **few foreign films, if ~, are successful here** muy pocas películas extranjeras, por no decir ninguna, tienen éxito aquí **-3.** [no matter which] cualquiera; **take ~ you like** coge cualquiera que te guste. <> *adv* **-1.** *(with negative)*: **I can't see it ~ more** ya no lo veo; **he's not feeling ~ better** no se siente nada mejor; **I can't stand it ~ longer** no lo aguanto más **-2.** [some, a little]: **do you want ~ more potatoes?** ¿quieres más patatas?; **is that ~ better/different?** ¿es así mejor/diferente?

anybody ['enɪˌbɒdɪ] = **anyone**.

anyhow ['enɪhaʊ] *adv* **-1.** [in spite of that] de todos modos **-2.** [carelessly] de cualquier manera **-3.** [in any case] en cualquier caso.

anyone ['enɪwʌn] *pron* **-1.** *(in negative sentences)* nadie; **I don't know ~** no conozco a nadie **-2.** *(in questions)* alguien **-3.** [any person] cualquiera.

anyplace *US* = **anywhere**.

anything ['enɪθɪŋ] *pron* **-1.** *(in negative sentences)* nada; **I don't want ~** no quiero nada **-2.** *(in questions)* algo; **would you like ~ else?** ¿quiere algo más? **-3.** [any object, event] cualquier cosa; **it could be ~ between two and five** no sé, de dos a cinco.

◆ **anything but** *adv* cualquier cosa menos.

anyway ['enɪweɪ] *adv* **-1.** [in any case] de todas formas *OR* maneras **-2.** [in conversation] en cualquier caso.

anywhere ['enɪweə^r], **anyplace** *US* ['enɪpleɪs] *adv* **-1.** *(in negative sentences)* en ningún sitio; **I didn't go ~** no fui a ninguna parte **-2.** *(in questions)* en algún sitio; **did you go ~?** ¿fuiste a algún sitio? **-3.** [wherever] cualquier sitio; **~ you like** donde quieras **-4.** [any amount, number]: **~ between 10 and 100 people** de 10 a 100 personas.

Anzac ['ænzæk] (*abbr of* **Australia-New Zealand Army Corps**) *n soldado australiano o neocelandés*.

AOB, a.o.b. (*abbr of* **any other business**)

ruegos y preguntas.

Apache [ə'pætʃɪ] *n* apache *m* OR *f.*

apart [ə'pɑːt] *adv* **-1.** [separated] separado(da); **they're not very far ~** están bastante juntos; **we're living ~** vivimos separados **-2.** [in several parts]: **to take sthg ~** desmontar algo; **to fall ~** hacerse pedazos **-3.** [aside] aparte; **joking ~** bromas aparte.

◆ **apart from** *prep* **-1.** [except for] aparte de, salvo **-2.** [as well as] aparte de.

apartheid [ə'pɑːtheɪt] *n* apartheid *m.*

apartment [ə'pɑːtmənt] *n esp* **US** piso *m,* apartamento *m,* departamento *m* **Amér.**

apartment building *n* **US** bloque *m* de pisos, bloque *m* de departamentos **Amér.**

apathetic [ˌæpə'θetɪk] *adj* apático(ca).

apathy ['æpəθɪ] *n* apatía *f.*

ape [eɪp] ◇ *n* simio *m.* ◇ *vt* **pej** copiar, imitar.

Apennines ['æpɪnaɪnz] *npl*: **the ~** los Apeninos.

aperitif [əperə'tiːf] *n* aperitivo *m.*

aperture ['æpəˌtjʊə^r] *n* abertura *f.*

apex ['eɪpeks] (*pl* **-es** OR **apices**) *n* [top] vértice *m.*

APEX ['eɪpeks] (*abbr of* **advance purchase excursion**) *n* **UK** (tarifa *f*) APEX *f.*

aphid ['eɪfɪd] *n* pulgón *m.*

aphorism ['æfərɪzm] *n* aforismo *m.*

aphrodisiac [ˌæfrə'dɪzɪæk] *n* afrodisíaco *m.*

apices ['eɪpɪsiːz] *pl* ▷ **apex.**

apiece [ə'piːs] *adv* cada uno(na).

aplomb [ə'plɒm] *n* aplomo *m.*

apocalypse [ə'pɒkəlɪps] *n* apocalipsis *m inv.*

apocalyptic [əˌpɒkə'lɪptɪk] *adj* apocalíptico(ca).

apogee ['æpədʒiː] *n* ASTRON & *fig* apogeo *m.*

apolitical [ˌeɪpə'lɪtɪkəl] *adj* apolítico(ca).

apologetic [əˌpɒlə'dʒetɪk] *adj* [tone, look] lleno(na) de disculpas; **to be very ~ (about)** no hacer más que disculparse (por).

apologetically [əˌpɒlə'dʒetɪklɪ] *adv* pidiendo disculpas OR perdón.

apologize, -ise [ə'pɒlədʒaɪz] *vi*: **to ~ (to sb for sthg)** disculparse (ante alguien por algo); **I ~d to her** le pedí perdón.

apology [ə'pɒlədʒɪ] (*pl* **-ies**) *n* disculpa *f*; **Tom sends his apologies** [can't come] Tom se excusa por no poder asistir.

apoplectic [ˌæpə'plektɪk] *adj* **-1.** MED apoplético(ca) **-2.** *inf* [very angry] enfurecido(da).

apoplexy ['æpəpleksɪ] *n* apoplejía *f.*

apostle [ə'pɒsl] *n* RELIG apóstol *m.*

apostrophe [ə'pɒstrəfɪ] *n* apóstrofo *m.*

appal (**UK** *pt* & *pp* **-led**, *cont* **-ling**), **appall US** [ə'pɔːl] *vt* horrorizar.

Appalachian [ˌæpə'leɪtʃən] ◇ *adj* apalache. ◇ *n*: **the ~s, the ~ Mountains** los (montes) Apalaches.

appall **US** = **appal.**

appalled [ə'pɔːld] *adj* horrorizado(da).

appalling [ə'pɔːlɪŋ] *adj* **-1.** [shocking] horroroso(sa) **-2.** [very bad] pésimo(ma).

appallingly [ə'pɔːlɪŋlɪ] *adv* **-1.** [shockingly] horrorosamente **-2.** [very badly] pésimamente.

apparatus [ˌæpə'reɪtəs] (*pl inv* OR **-es**) *n* **-1.** [equipment] aparatos *mpl*; **a piece of ~** un aparato **-2.** POL aparato *m.*

apparel [ə'pærəl] *n* **US** ropa *f.*

apparent [ə'pærənt] *adj* **-1.** [evident] evidente, patente; **for no ~ reason** sin motivo aparente **-2.** [seeming] aparente.

apparently [ə'pærəntlɪ] *adv* **-1.** [it seems] al parecer, por lo visto, diz que **Amér** **-2.** [seemingly] aparentemente.

apparition [ˌæpə'rɪʃn] *n* **fml** aparición *f.*

appeal [ə'piːl] ◇ *vi* **-1.** [request]: **to ~ (to sb for sthg)** solicitar (de alguien algo) **-2.** [to sb's honour, common sense]: **to ~ to** apelar a **-3.** JUR: **to ~ (against)** apelar (contra) **-4.** [attract, interest]: **to ~ (to)** atraer (a). ◇ *n* **-1.** [request] llamamiento *m,* súplica *f*; [fundraising campaign] campaña *f* para recaudar fondos **-2.** JUR apelación *f* **-3.** [charm, interest] atractivo *m.*

appealing [ə'piːlɪŋ] *adj* **-1.** [attractive] atractivo(va) **-2.** [touching] [look, tone] suplicante.

appear [ə'pɪə^r] *vi* **-1.** [gen] aparecer **-2.** [seem]: **to ~ (to be/to do sthg)** parecer (ser/hacer algo); **it would ~ that ...** parece que ... **-3.** [in play, film, on TV]: **to ~ on TV/in a film** salir en televisión/en una película **-4.** JUR: **to ~ (before)** comparecer (ante).

appearance [ə'pɪərəns] *n* **-1.** [gen] aparición *f*; **to make an ~** aparecer; **to put in an ~** hacer acto de presencia **-2.** [of sportsman] actuación *f* **-3.** [look - of person, place, object] aspecto *m*; **by** OR **to all ~s** por lo que parece; **to keep up ~s** guardar las apariencias.

appease [ə'piːz] *vt* aplacar, apaciguar.

appeasement [ə'piːzmənt] *n* **-1.** [placating] apaciguamiento *m* **-2.** POL contemporización *f.*

append [ə'pend] *vt* **fml** **-1.** [add]: **to ~ sthg (to sthg)** agregar algo (a algo) **-2.** [attach] [document]: **to ~ sthg (to sthg)** adjuntar algo (a algo).

appendage [ə'pendɪdʒ] *n* apéndice *m,* añadido *m.*

appendices [ə'pendɪsiːz] *pl* ▷ **appendix.**

appendicitis [əˌpendɪ'saɪtɪs] *n (U)* apendicitis *f inv.*

appendix [ə'pendɪks] (*pl* **-dixes** OR **-dices**) *n* [gen

& ANAT] apéndice *m*; **to have one's ~ out** OR **removed** operarse de apendicitis.

appetite ['æpɪtaɪt] *n* **-1.** [for food] apetito *m*; **I no longer have any ~ for my food** ya no tengo ganas de comer **-2.** *fig* [enthusiasm]: **~ for** entusiasmo *m* por.

appetizer, -iser ['æpɪtaɪzəʳ] *n* aperitivo *m*, pasapalos *m inv* **Amér.**

appetizing, -ising ['æpɪtaɪzɪŋ] *adj* [food] apetitoso(sa).

applaud [ə'plɔːd] *vt* & *vi lit* & *fig* aplaudir.

applause [ə'plɔːz] *n (U)* aplausos *mpl*.

apple ['æpl] *n* manzana *f*; **she's the ~ of my eye** *inf* es la niña de mis ojos.

apple pie *n* pastel *m* de manzana.

applet ['æplɪt] *n* COMPUT applet *m*.

apple tree *n* manzano *m*.

appliance [ə'plaɪəns] *n* aparato *m*; **domestic ~** electrodoméstico *m*.

applicable [ə'plɪkəbl] *adj*: **to be ~ (to)** aplicarse (a).

applicant ['æplɪkənt] *n*: **~ (for)** solicitante *m* OR *f* (de).

application [,æplɪ'keɪʃn] *n* **-1.** [gen] aplicación *f* **-2.** [for job, college, club]: **~ (for)** solicitud *f* (para) **-3.** COMPUT aplicación *f*.

application form *n* impreso *m* de solicitud.

applicator ['æplɪkeɪtəʳ] *n* aplicador *m*.

applied [ə'plaɪd] *adj* [science] aplicado(da).

appliqué [ə'pliːkeɪ] *n* SEWING aplicación *f*, sobrepuesto *m*.

apply [ə'plaɪ] (*pt* & *pp* **-ied**) ◇ *vt* [gen] aplicar; [brakes] echar; **to ~ o.s. (to sthg)** aplicarse (en algo). ◇ *vi* **-1.** [for work, grant] presentar una solicitud; **to ~ to sb for sthg** solicitar a alguien algo **-2.** [be relevant] aplicarse; **to ~ to** concernir a.

appoint [ə'pɔɪnt] *vt* **-1.** [to job, position]: **to ~ sb (to sthg)** nombrar a alguien (para algo); **to ~ sb as sthg** nombrar a alguien algo **-2.** *fml* [agree]: **'at the ~ed time'** a la hora señalada.

appointment [ə'pɔɪntmənt] *n* **-1.** [to job, position] nombramiento *m*; **'by ~ to Her Majesty the Queen'** 'proveedor de la familia real' **-2.** [job, position] puesto *m*, cargo *m* **-3.** [with businessman, lawyer] cita *f*; [with doctor, hairdresser] hora *f*; **to have an ~** [with businessman] tener una cita; [with doctor] tener hora; **to make an ~** concertar una cita; **by ~** mediante cita.

apportion [ə'pɔːʃn] *vt* [money] repartir; [blame] adjudicar.

apposite ['æpəzɪt] *adj fml* oportuno(na).

appraisal [ə'preɪzl] *n* evaluación *f*, valoración *f*.

appraise [ə'preɪz] *vt fml* evaluar, valorar.

appreciable [ə'priːʃəbl] *adj* [difference] apreciable, sensible.

appreciably [ə'priːʃəblɪ] *adv* [differ] sensiblemente.

appreciate [ə'priːʃɪeɪt] ◇ *vt* **-1.** [value, like] apreciar **-2.** [recognize, understand] entender, darse cuenta de **-3.** [be grateful for] agradecer. ◇ *vi* FIN revalorizarse.

appreciation [ə,priːʃɪ'eɪʃn] *n* **-1.** [liking] aprecio *m* **-2.** [recognition, understanding] entendimiento *m* **-3.** [gratitude] gratitud *f*, agradecimiento *m* **-4.** FIN revalorización *f*, plusvalía *f* **-5.** [of novel, play] crítica *f*.

appreciative [ə'priːʃjətɪv] *adj* [person, remark] agradecido(da); [audience] entendido(da).

apprehend [,æprɪ'hend] *vt fml* [arrest] capturar, aprehender.

apprehension [,æprɪ'henʃn] *n* [anxiety] aprensión *f*.

apprehensive [,æprɪ'hensɪv] *adj* aprensivo(va).

apprehensively [,æprɪ'hensɪvlɪ] *adv* con aprensión.

apprentice [ə'prentɪs] ◇ *n* aprendiz *m*, -za *f*. ◇ *vt*: **to be ~d to sb** estar de aprendiz con alguien.

apprenticeship [ə'prentɪʃɪp] *n* aprendizaje *m*.

approach [ə'prəʊtʃ] ◇ *n* **-1.** [arrival] llegada *f* **-2.** [way in] acceso *m* **-3.** [method] enfoque *m*, planteamiento *m* **-4.** [to person]: **to make ~es to sb** hacerle propuestas a alguien. ◇ *vt* **-1.** [come near to] acercarse a **-2.** [ask]: **to ~ sb about sthg** dirigirse a alguien acerca de algo **-3.** [problem, situation] abordar **-4.** [level, speed] aproximarse a. ◇ *vi* aproximarse, acercarse.

approachable [ə'prəʊtʃəbl] *adj* accesible.

approaching [ə'prəʊtʃɪŋ] *adj* próximo(ma), cercano(na).

approbation [,æprə'beɪʃn] *n fml* aprobación *f*.

appropriate [*adj* ə'prəʊprɪət, *vb* ə'prəʊprɪeɪt] ◇ *adj* apropiado(da), adecuado(da). ◇ *vt* **-1.** JUR [take] apropiarse de **-2.** [allocate] destinar.

appropriately [ə'prəʊprɪətlɪ] *adv* de manera apropiada, adecuadamente.

appropriation [ə,prəʊprɪ'eɪʃn] *n* **-1.** [taking] apropiación *f* **-2.** [allocation] asignación *f*.

approval [ə'pruːvl] *n* **-1.** [admiration] aprobación *f* **-2.** [official sanctioning] visto *m* bueno **-3.** COMM: **on ~** a prueba.

approve [ə'pruːv] ◇ *vi* estar de acuerdo; **to ~ of sthg/sb** ver con buenos ojos algo/a alguien. ◇ *vt* aprobar.

approved [ə'pru:vd] *adj* **-1.** [method] aprobado(da), reconocido(da) **-2.** [supplier] autorizado(da).

approving [ə'pru:vɪŋ] *adj* aprobatorio(ria).

approx. [ə'prɒks] (*abbr of* **approximately**) aprox.

approximate [*adj* ə'prɒksɪmət, *vb* ə'prɒksɪmeɪt] <> *adj* aproximado(da). <> *vi*: **to ~ to** aproximarse a.

approximately [ə'prɒksɪmətlɪ] *adv* aproximadamente.

approximation [ə,prɒksɪ'meɪʃn] *n* **-1.** [of number, position] cálculo *m* aproximado **-2.** [similarity]: **~ (to)** aproximación *f* (a).

Apr. (*abbr of* **April**) abr.

APR *n* **-1.** (*abbr of* **annualized percentage rate**) TAE *m* OR *f* **-2.** (*abbr of* **annual purchase rate**) *tasa de adquisición anual.*

après-ski [,æpreɪ'ski:] *n alterne nocturno en una estación de esquí.*

apricot ['eɪprɪkɒt] <> *n* **-1.** [fruit] albaricoque *m*, chabacano *m* ***Méx***, damasco *m* ***Andes, CSur*** **-2.** [colour] color *m* albaricoque. <> *comp* de albaricoque.

April ['eɪprəl] *n* abril *m*; *see also* **September**.

April Fools' Day *n* primero *m* de abril, ≃ Día *m* de los Santos Inocentes.

apron ['eɪprən] *n* **-1.** [clothing] delantal *m*, mandil *m*; **to be tied to sb's ~ strings** *inf* estar pegado a las faldas de alguien **-2.** AERON pista *f* de estacionamiento.

apropos ['æprəpəʊ] <> *adj* oportuno(na). <> *prep*: **~ (of)** hablando de.

apt [æpt] *adj* **-1.** [pertinent] acertado(da) **-2.** [likely]: **~ to do sthg** propenso(sa) a hacer algo.

Apt. (*abbr of* **apartment**) Apto.

aptitude ['æptɪtju:d] *n* aptitud *f*; **to have an ~ for** tener aptitudes para.

aptitude test *n* prueba *f* de aptitud.

aptly ['æptlɪ] *adv* apropiadamente.

aqualung ['ækwəlʌŋ] *n* escafandra *f* autónoma.

aquamarine [,ækwəmə'ri:n] *n* [colour] color *m* aguamarina.

aquaplane ['ækwəpleɪn] *vi UK* AUT patinar.

aquarium [ə'kweərɪəm] (*pl* **-riums** OR **-ria** [-rɪə]) *n* acuario *m*.

Aquarius [ə'kweərɪəs] *n* Acuario *m*; **to be (an) ~** ser Acuario.

aquatic [ə'kwætɪk] *adj* acuático(ca).

aqueduct ['ækwɪdʌkt] *n* acueducto *m*.

AR *abbr of* **Arkansas**.

Arab ['ærəb] <> *adj* árabe. <> *n* **-1.** [person] árabe *m* OR *f* **-2.** [horse] caballo *m* árabe.

Arabia [ə'reɪbjə] *n* Arabia.

Arabian [ə'reɪbjən] *adj* árabe, arábigo(ga).

Arabian desert *n*: **the ~** el Desierto de Arabia.

Arabian Sea *n*: **the ~** el Mar de Omán.

Arabic ['ærəbɪk] <> *adj* árabe. <> *n* [language] árabe *m*.

Arabic numeral *n* número *m* arábigo.

arable ['ærəbl] *adj* cultivable.

Aragon ['ærəgən] *n* Aragón.

arbiter ['ɑ:bɪtəʳ] *n fml* árbitro *m*.

arbitrary ['ɑ:bɪtrərɪ] *adj* [random] arbitrario(ria).

arbitrate ['ɑ:bɪtreɪt] *vi* arbitrar.

arbitration [,ɑ:bɪ'treɪʃn] *n* arbitraje *m*; **the dispute has gone to ~** el conflicto ha sido llevado ante un árbitro.

arc [ɑ:k] *n* arco *m*.

ARC (*abbr of* **AIDS-related complex**) *n enfermedad relacionada con el sida.*

arcade [ɑ:'keɪd] *n* **-1.** [shopping arcade] galería *f* comercial **-2.** [covered passage] arcada *f*, galería *f*.

arcade game *n* videojuego *m*.

arch [ɑ:tʃ] <> *adj* travieso(sa), pícaro(ra). <> *n* **-1.** ARCHIT arco *m* **-2.** [of foot] puente *m*. <> *vt* arquear. <> *vi*: **the bridge ~s over the river** el puente cruza el río formando un arco.

arch- [ɑ:tʃ] *prefix*: **~ rival** máximo rival.

archaeological [,ɑ:kɪə'lɒdʒɪkl] *adj* arqueológico(ca).

archaeologist [,ɑ:kɪ'ɒlədʒɪst] *n* arqueólogo *m*, -ga *f*.

archaeology [,ɑ:kɪ'ɒlədʒɪ] *n* arqueología *f*.

archaic [ɑ:'keɪɪk] *adj* arcaico(ca).

archangel ['ɑ:k,eɪndʒəl] *n* arcángel *m*.

archbishop [,ɑ:tʃ'bɪʃəp] *n* arzobispo *m*.

archduchess [,ɑ:tʃ'dʌtʃɪs] *n* archiduquesa *f*.

archduke [,ɑ:tʃ'dju:k] *n* archiduque *m*.

arched [ɑ:tʃt] *adj* [gen] arqueado(da); [roof] abovedado(da).

archenemy [,ɑ:tʃ'enɪmɪ] (*pl* **-ies**) *n* peor enemigo *m*, enemigo acérrimo.

archeology *etc* [,ɑ:kɪ'ɒlədʒɪ] = **archaeology** *etc*.

archer ['ɑ:tʃəʳ] *n* arquero *m*.

archery ['ɑ:tʃərɪ] *n* tiro *m* con arco.

archetypal [,ɑ:kɪ'taɪpl] *adj* arquetípico(ca).

archetype ['ɑ:kɪtaɪp] *n* arquetipo *m*.

archipelago [,ɑ:kɪ'pelɪgəʊ] (*pl* **-es** OR **-s**) *n* archipiélago *m*.

architect ['ɑ:kɪtekt] *n* **-1.** [of buildings] arquitecto *m*, -ta *f* **-2.** ***fig*** [of plan, event] artífice *m* OR *f*.

architectural [,ɑ:kɪ'tektʃərəl] *adj* arquitectónico(ca).

architecture ['ɑ:kɪtektʃəʳ] *n* [gen & COMPUT] arquitectura *f*.

archive file ['ɑ:kaɪv-] *n* COMPUT fichero *m* archivado.

archives ['ɑ:kaɪvz] *npl* [of documents] archivos *mpl*.

archivist ['ɑ:kɪvɪst] *n* archivero *m*, -ra *f*.

archway ['ɑ:tʃweɪ] *n* [passage] arcada *f*; [entrance] entrada *f* en forma de arco.

Arctic ['ɑ:ktɪk] ◇ *adj* **-1.** GEOGR ártico(ca) **-2.** *inf* [very cold] gélido(da). ◇ *n*: **the** ~ el Ártico.

Arctic Circle *n*: **the** ~ el Círculo Polar Ártico.

Arctic Ocean *n*: the ~ el océano Ártico.

ardent ['ɑ:dənt] *adj* [supporter, admirer, desire] ardiente, ferviente.

ardour *UK*, **ardor** *US* ['ɑ:dəʳ] *n* ardor *m*.

arduous ['ɑ:djʊəs] *adj* arduo(dua).

are [*weak form* əʳ, *strong form* ɑ:ʳ] ⊳ **be.**

area ['eərɪə] *n* **-1.** [region, designated space] zona *f*, área *f*; **in the** ~ en la zona **-2.** [of town] zona *f*, barrio *m* **-3.** *fig* [approximate size, number]: **in the** ~ **of** del orden de, alrededor de **-4.** [surface size] superficie *f*, área *f* **-5.** [of knowledge, interest] campo *m*.

area code *n* *US* prefijo *m* (telefónico).

arena [ə'ri:nə] *n* **-1.** SPORT palacio *m*, pabellón *m* **-2.** *fig* [area of activity]: **she entered the political** ~ saltó al ruedo político.

aren't [ɑ:nt] = **are not.**

Argentina [ˌɑ:dʒən'ti:nə] *n* (la) Argentina.

Argentine ['ɑ:dʒəntaɪn] ◇ *adj* argentino(na). ◇ *n* argentino *m*, -na *f*.

Argentinian [ˌɑ:dʒən'tɪnɪən] ◇ *adj* argentino(na). ◇ *n* argentino *m*, -na *f*.

arguable ['ɑ:gjʊəbl] *adj* **-1.** [questionable] discutible **-2.** [possible]: **it is** ~ **that ...** se podría afirmar que ...

arguably ['ɑ:gjʊəblɪ] *adv* probablemente.

argue ['ɑ:gju:] ◇ *vi* **-1.** [quarrel]: **to** ~ **(with sb about sthg)** discutir (con alguien de algo) **-2.** [reason]: **to** ~ **(for)** abogar (por); **to** ~ **(against)** oponerse (a). ◇ *vt*: **to** ~ **that** argumentar que.

argument ['ɑ:gjʊmənt] *n* **-1.** [gen] discusión *f*; **to have an** ~ **(with)** tener una discusión (con) **-2.** [reason] argumento *m*.

argumentative [ˌɑ:gjʊ'mentətɪv] *adj* propenso(sa) a discutir.

aria ['ɑ:rɪə] *n* aria *f*.

arid ['ærɪd] *adj* *lit* & *fig* árido(da).

Aries ['eəri:z] *n* Aries *m*; **to be (an)** ~ ser Aries.

arise [ə'raɪz] (*pt* **arose**, *pp* **arisen** [ə'rɪzn]) *vi* [appear]: **to** ~ **(from)** surgir (de).

aristocracy [ˌærɪ'stɒkrəsɪ] (*pl* **-ies**) *n* aristocracia *f*.

aristocrat [*UK* 'ærɪstəkræt, *US* ə'rɪstəkræt] *n* aristócrata *m* OR *f*.

aristocratic [*UK* ˌærɪstə'krætɪk, *US* əˌrɪstə'krætɪk] *adj* aristocrático(ca).

arithmetic [ə'rɪθmətɪk] *n* aritmética *f*.

Arizona [ˌærɪ'zəʊnə] *n* Arizona.

ark [ɑ:k] *n* arca *f*.

Arkansas ['ɑ:kənsɔ:] *n* Arkansas.

arm [ɑ:m] ◇ *n* **-1.** [of person, chair, record player] brazo *m*; ~ **in** ~ del brazo; **to chance one's** ~ *fig* jugársela; **to keep sb at** ~**'s length** *fig* guardar las distancias con alguien; **to twist sb's** ~ *fig* persuadir a alguien **-2.** [of garment] manga *f* **-3.** [of organization] rama *f*. ◇ *vt* armar. ◇ *vi* armarse.

◆ **arms** *npl* [weapons] armas *fpl*; **to take up** ~**s** tomar las armas; **he's up in** ~**s (about it)** está que se sube por las paredes (por ello).

armada [ɑ:'mɑ:də] *n* armada *f*.

◆ **Armada** *n* HIST: **the Spanish Armada** la Armada Invencible.

armadillo [ˌɑ:mə'dɪləʊ] (*pl* **-s**) *n* armadillo *m*.

Armageddon [ˌɑ:mə'gedn] *n* apocalipsis *f inv*.

armaments ['ɑ:məmənts] *npl* armamento *m*.

armband ['ɑ:mbænd] *n* **-1.** [indicating mourning, rank] brazalete *m* **-2.** [for swimming] flotador *m* *(en los brazos)*.

armchair ['ɑ:mtʃeəʳ] *n* sillón *m*.

armed [ɑ:md] *adj* **-1.** [police, thieves] armado(da) **-2.** *fig* [with information]: ~ **with** provisto(ta) de.

armed forces *npl* fuerzas *fpl* armadas.

armed robbery *n* atraco *m* a mano armada.

Armenia [ɑ:'mi:njə] *n* Armenia.

Armenian [ɑ:'mi:njən] ◇ *adj* armenio(nia). ◇ *n* **-1.** [person] armenio *m*, -nia *f* **-2.** [language] armenio *m*.

armhole ['ɑ:mhəʊl] *n* sobaquera *f*, sisa *f*.

armistice ['ɑ:mɪstɪs] *n* armisticio *m*.

armour *UK*, **armor** *US* ['ɑ:məʳ] *n* **-1.** [for person] armadura *f* **-2.** [for military vehicle] blindaje *m*.

armoured *UK*, **armored** *US* ['ɑ:məd] *adj* MIL blindado(da).

armoured car [ɑ:məd-] *n* MIL carro *m* blindado.

armour-plated [-'pleɪtɪd] *adj* MIL blindado(da), acorazado(da).

armoury *UK* (*pl* **-ies**), **armory** *US* (*pl* **-ies**) ['ɑ:mərɪ] *n* arsenal *m*.

armpit ['ɑ:mpɪt] *n* sobaco *m*, axila *f*.

armrest ['ɑ:mrest] *n* brazo *m*.

arms control ['ɑ:mz-] *n* control *m* armamentístico.

arms dealer ['ɑ:mz-] *n* traficante *m* OR *f* de armas.

arms race ['ɑ:mz-] *n* carrera *f* armamentística.

army [ˈɑːmɪ] (*pl* **-ies**) ◇ *n lit & fig* ejército *m*. ◇ *comp* del ejército, militar.

A road *n UK* ≃ carretera *f* nacional.

aroma [əˈrəʊmə] *n* aroma *m*.

aromatherapy [ərəʊməˈθerəpɪ] *n* aromaterapia *f*.

aromatic [ˌærəˈmætɪk] *adj* aromático(ca).

arose [əˈrəʊz] *pt* ▷ **arise**.

around [əˈraʊnd] ◇ *adv* **-1.** [about, round] por ahí; **to walk/look ~** andar/mirar por ahí **-2.** [on all sides] alrededor **-3.** [present, available]: **is John ~?** [there] ¿está John por ahí?; [here] ¿está John por aquí? **-4.** [turn, look]: **to turn ~** volverse; **to look ~** volver la cabeza **-5.** *phr*: **to have been ~** *inf* haber visto mundo. ◇ *prep* **-1.** [on all sides of] alrededor de **-2.** [about, round - place] por **-3.** [in the area of] cerca de **-4.** [approximately] alrededor de.

arousal [əˈraʊzl] *n* excitación *f*.

arouse [əˈraʊz] *vt* **-1.** [excite - feeling] despertar; [- person] excitar **-2.** [wake] despertar.

arrange [əˈreɪndʒ] *vt* **-1.** [books, furniture] colocar; [flowers] arreglar **-2.** [event, meeting, party] organizar; **to ~ to do sthg** acordar hacer algo; **we've ~ed to meet at nine** hemos quedado a las nueve; **to ~ sthg for sb** organizarle algo a alguien; **to ~ for sb to do sthg** hacer lo necesario para que alguien haga algo **-3.** MUS arreglar.

arranged marriage [əˈreɪndʒd-] *n* matrimonio *m* concertado.

arrangement [əˈreɪndʒmənt] *n* **-1.** [agreement] acuerdo *m*; **to come to an ~** llegar a un acuerdo **-2.** [of furniture] disposición *f*, colocación *f*; [of flowers] arreglo *m* **-3.** MUS arreglo *m*.
◆ **arrangements** *npl* preparativos *mpl*; **to make ~s** hacer los preparativos.

array [əˈreɪ] ◇ *n* **-1.** [of objects] surtido *m* **-2.** COMPUT matriz *f*. ◇ *vt* [ornaments etc] disponer.

arrears [əˈrɪəz] *npl* [money owed] atrasos *mpl*; **in ~** [retrospectively] con retraso; [late] atrasado en el pago.

arrest [əˈrest] ◇ *n* detención *f*, arresto *m*; **under ~** detenido(da), bajo arresto. ◇ *vt* **-1.** [subj: police] detener, arrestar **-2.** [sb's attention] captar, atraer **-3.** *fml* [stop] detener, poner freno a.

arresting [əˈrestɪŋ] *adj* llamativo(va).

arrival [əˈraɪvl] *n* llegada *f*; **late ~** [of train, bus, mail] retraso *m*; **new ~** [person] recién llegado *m*, recién llegada *f*; [baby] recién nacido *m*, recién nacida *f*.

arrive [əˈraɪv] *vi* **-1.** [gen] llegar; **to ~ at** [conclusion, decision] llegar a **-2.** [baby] nacer.

arrogance [ˈærəgəns] *n* arrogancia *f*.

arrogant [ˈærəgənt] *adj* arrogante.

arrogantly [ˈærəgəntlɪ] *adv* con arrogancia.

arrow [ˈærəʊ] *n* flecha *f*.

arrow key *n* COMPUT tecla *f* de movimiento del cursor.

arse *UK* [ɑːs], **ass** *US* [æs] *n v inf* [bottom] culo *m*.

arsehole *UK* [ˈɑːsheʊl], **asshole** *US* [ˈæsheʊl] *n vulg* **-1.** [anus] ojete *m* **-2.** [person] cabrón *m*, -ona *f*.

arsenal [ˈɑːsənl] *n* arsenal *m*.

arsenic [ˈɑːsnɪk] *n* arsénico *m*.

arson [ˈɑːsn] *n* incendio *m* premeditado.

arsonist [ˈɑːsənɪst] *n* incendiario *m*, -ria *f*.

art [ɑːt] ◇ *n* arte *m*. ◇ *comp* [student, college, exhibition] de arte.
◆ **arts** ◇ *npl* **-1.** SCH & UNIV [humanities] letras *fpl* **-2.** [fine arts]: **the ~s** las bellas artes. ◇ *comp* SCH & UNIV de letras.
◆ **arts and crafts** *npl* artesanía *f*.

art deco [-ˈdekəʊ] *n* art deco *m*.

artefact [ˈɑːtɪfækt] = **artifact**.

arterial [ɑːˈtɪərɪəl] *adj* **-1.** [blood] arterial **-2.** [road] principal.

arteriosclerosis [ɑːˌtɪərɪəʊsklɪˈrəʊsɪs] *n* arteriosclerosis *f inv*.

artery [ˈɑːtərɪ] (*pl* **-ies**) *n* arteria *f*.

artful [ˈɑːtfʊl] *adj* astuto(ta).

art gallery *n* [public] museo *m* (de arte); [commercial] galería *f* (de arte).

arthritic [ɑːˈθrɪtɪk] *adj* artrítico(ca).

arthritis [ɑːˈθraɪtɪs] *n* artritis *f inv*.

artic [ɑːˈtɪk] (*abbr of* **articulated lorry**) *n UK inf* camión *m* articulado.

artichoke [ˈɑːtɪtʃəʊk] *n* alcachofa *f*.

article [ˈɑːtɪkl] *n* artículo *m*; **~ of clothing** prenda *f* de vestir.

articled clerk [ˈɑːtɪkld-] *n UK* abogado contratado *m*, abogada contratada *f* en prácticas.

articles of association [ˈɑːtɪklz-] *npl* estatutos *mpl* sociales.

articulate [*adj* ɑːˈtɪkjʊlət, *vb* ɑːˈtɪkjʊleɪt] ◇ *adj* [person] elocuente; [speech] claro(ra), bien articulado(da). ◇ *vt* [express clearly] expresar.

articulated lorry [ɑːˈtɪkjʊleɪtɪd-] *n UK* camión *m* articulado.

articulation [ɑːˌtɪkjʊˈleɪʃn] *n* **-1.** [speech] articulación *f* **-2.** [of idea, feeling] expresión *f*.

artifact [ˈɑːtɪfækt] *n* artefacto *m*.

artifice [ˈɑːtɪfɪs] *n* **-1.** [trick] artificio *m* **-2.** [trickery] artificiosidad *f*.

artificial [ˌɑːtɪˈfɪʃl] *adj* artificial.

artificial insemination *n* inseminación *f* artificial.

artificial intelligence *n* inteligencia *f* artificial.

artificially [ˌɑːtɪ'fɪʃəlɪ] *adv* artificialmente.
artificial respiration *n* respiración *f* artificial.
artillery [ɑː'tɪlərɪ] *n* [guns] artillería *f.*
artisan [ˌɑːtɪ'zæn] *n* artesano *m*, -na *f.*
artist ['ɑːtɪst] *n* artista *m* OR *f.*
artiste [ɑː'tiːst] *n* artista *m* OR *f.*
artistic [ɑː'tɪstɪk] *adj* **-1.** [gen] artístico(ca) **-2.** [good at art]: **to be ~** tener sensibilidad artística.
artistically [ɑː'tɪstɪklɪ] *adv* artísticamente.
artistry ['ɑːtɪstrɪ] *n* maestría *f.*
artless ['ɑːtlɪs] *adj* ingenuo(nua), cándido(da).
art nouveau [ˌɑːnuː'vəʊ] *n* art nouveau *m.*
Aryan ['eərɪən] <> *adj* ario(ria). <> *n* ario *m*, -ria *f.*
as [*unstressed* əz, *stressed* æz] <> *conj* **-1.** [referring to time - while] mientras; [- when] cuando; **she told it to me ~ we walked along** me lo contó mientras paseábamos; **~ time goes by** a medida que pasa el tiempo; **she rang (just) ~ I was leaving** llamó justo cuando iba a salir **-2.** [referring to manner, way] como; **leave it ~ it is** déjalo como está; **do ~ I say** haz lo que te digo **-3.** [introducing a statement] como; **~ you see, ...** como puedes ver, ...; **~ you know, ...** como (ya) sabes, ... **-4.** [because] como, ya que **-5.** *phr*: **~ it is** (ya) de por sí; **things are bad enough ~ it is** las cosas ya están mal de por sí; **~ it turns out ...** resulta que ...; **~ things stand** tal como están las cosas. <> *prep* como; **I'm speaking ~ a friend** te hablo como amigo; **she works ~ a nurse** trabaja de OR como enfermera; **~ a boy, I lived in Spain** de niño vivía en España; **she treats it ~ a game** se lo toma como un juego; **it came ~ a shock** fue una gran sorpresa. <> *adv (in comparisons)*: **~ ... ~** tan ... como; **~ tall ~ I am** tan alto como yo; **I've lived ~ long ~ she has** he vivido durante tanto tiempo como ella; **twice ~ big** el doble de grande; **it's just ~ fast** es igual de rápido; **~ much ~** tanto como; **~ many ~** tantos(tas) como; **~ much wine ~ you like** tanto vino como quieras.
◆ **as it were** *adv* por así decirlo.
◆ **as for, as to** *prep* en cuanto a, por lo que se refiere a.
◆ **as from, as of** *prep* a partir de.
◆ **as if, as though** *conj* como si.
◆ **as to** *prep UK* con respecto a.
AS *n* (*abbr of* **Associate in Science**) *titular de una licenciatura de ciencias en Estados Unidos.*
ASA (*abbr of* **American Standards Association**) *n instituto estadounidense de normalización.*
a.s.a.p. (*abbr of* **as soon as possible**) a la mayor brevedad posible.
asbestos [æs'bestəs] *n* amianto *m*, asbesto *m.*
asbestosis [ˌæsbes'təʊsɪs] *n* asbestosis *f inv.*
ascend [ə'send] <> *vt* subir; **to ~ the throne** subir al trono. <> *vi* ascender.
ascendancy [ə'sendənsɪ] *n* ascendiente *m.*
ascendant [ə'sendənt] *n*: **in the ~** en auge.
ascendency [ə'sendənsɪ] = **ascendancy.**
ascending [ə'sendɪŋ] *adj* ascendiente; **in ~ order** en orden ascendiente.
ascension [ə'senʃn] *n* [to throne] subida *f.*
◆ **Ascension** *n* RELIG Ascensión *f.*
Ascension Island *n* Isla de la Ascensión.
ascent [ə'sent] *n* **-1.** [climb] ascensión *f* **-2.** [upward slope] subida *f*, cuesta *f* **-3.** *fig* [progress] ascenso *m.*
ascertain [ˌæsə'teɪn] *vt* determinar.
ascetic [ə'setɪk] <> *adj* ascético(ca). <> *n* asceta *m* OR *f.*
ASCII ['æskɪ] (*abbr of* **American Standard Code for Information Interchange**) *n* ASCII *m.*
ascorbic acid [ə'skɔːbɪk-] *n* ácido *m* ascórbico.
ascribe [ə'skraɪb] *vt*: **to ~ sthg to** atribuir algo a.
aseptic [ˌeɪ'septɪk] *adj* aséptico(ca).
asexual [ˌeɪ'sekʃʊəl] *adj* asexual, asexuado(da).
ash [æʃ] *n* **-1.** [from cigarette, fire] ceniza *f* **-2.** [tree] fresno *m.*
◆ **ashes** *npl* [from cremation] cenizas *fpl.*
ashamed [ə'ʃeɪmd] *adj* avergonzado(da), apenado(da) *Andes, CAm & Méx*; **I'm ~ to do it** me da vergüenza hacerlo; **I'm ~ of ...** me da vergüenza ...
ashcan ['æʃkæn] *n US* cubo *m* de la basura.
ashen-faced ['æʃnˌfeɪst] *adj*: **to be ~** tener la cara pálida.
ashore [ə'ʃɔːʳ] *adv* [swim] hasta la orilla; **to go ~** desembarcar.
ashtray ['æʃtreɪ] *n* cenicero *m.*
Ash Wednesday *n* miércoles *m inv* de ceniza.
Asia [*UK* 'eɪʃə, *US* 'eɪʒə] *n* Asia.
Asia Minor *n* Asia Menor.
Asian [*UK* 'eɪʃn, *US* 'eɪʒn] <> *adj* asiático(ca); **~ American** americano(na) de origen asiático. <> *n* asiático *m*, -ca *f.*
Asia Pacific *n* Asia Pacífico.
Asiatic [*UK* ˌeɪʃɪ'ætɪk, *US* ˌeɪʒɪ'ætɪk] *adj* asiático(ca).
aside [ə'saɪd] <> *adv* **-1.** [to one side] a un lado; **to move ~** apartarse; **to take sb ~** llevar a alguien aparte; **to brush** OR **sweep sthg ~** dejar algo aparte OR de lado **-2.** [apart] aparte; **~ from** aparte de. <> *n* **-1.** [in play] aparte *m* **-2.** [remark] inciso *m*, comentario *m* al margen.
ask [ɑːsk] <> *vt* **-1.** [question - person]: **to ~ (sb**

sthg) preguntar (a alguien algo); **if you ~ me** ... si quieres que te diga la verdad ... **-2.** [put - question]: **to ~ a question** hacer una pregunta **-3.** [request, demand] pedir; **to ~ sb (to do sthg)** pedir a alguien (que haga algo); **to ~ sb for sthg** pedirle algo a alguien **-4.** [invite] invitar. <> *vi* **-1.** [question] preguntar **-2.** [request] pedir.

◆ **ask after** *vt fus* preguntar por.

◆ **ask for** *vt fus* **-1.** [person] preguntar por **-2.** [thing] pedir.

◆ **ask out** *vt sep* [ask to be boyfriend, girlfriend] pedir salir.

askance [əˈskæns] *adv*: **to look ~ at sb** mirar a alguien con recelo.

askew [əˈskjuː] *adj* torcido(da).

asking price [ˈɑːskɪŋ-] *n* precio *m* inicial.

asleep [əˈsliːp] *adj* dormido(da); **she's ~** está dormida *OR* durmiendo; **to fall ~** quedarse dormido; **to be fast** *OR* **sound ~** estar profundamente dormido.

ASLEF [ˈæzlef] (*abbr of* **Associated Society of Locomotive Engineers and Firemen**) *n sindicato británico de ferroviarios.*

asparagus [əˈspærəgəs] *n (U)* [plant] espárrago *m*; [shoots] espárragos *mpl*.

aspartame [*UK* əˈspɑːteɪm, *US* ˈæspərteɪm] *n* aspartamo *m*.

ASPCA (*abbr of* **American Society for the Prevention of Cruelty to Animals**) *n sociedad estadounidense protectora de animales,* ≃ SPA *f*.

aspect [ˈæspekt] *n* **-1.** [of subject, plan] aspecto *m* **-2.** [appearance] cariz *m*, aspecto *m* **-3.** [of building] orientación *f*.

aspen [ˈæspən] *n* álamo *m* alpino *OR* temblón.

aspersions [əˈspɜːʃnz] *npl*: **to cast ~ on sthg** poner en duda algo.

asphalt [ˈæsfælt] *n* asfalto *m*.

asphyxiate [əsˈfɪksɪeɪt] *vt* asfixiar.

aspic [ˈæspɪk] *n* gelatina *f* de carne.

aspirate [ˈæspərət] *adj* aspirado(da).

aspiration [ˌæspəˈreɪʃn] *n* aspiración *f*.

aspire [əˈspaɪəʳ] *vi*: **to ~ to** aspirar a.

aspirin [ˈæsprɪn] *n* aspirina *f*.

aspiring [əˈspaɪərɪŋ] *adj*: **an ~ actor** un aspirante a actor.

ass [æs] *n* **-1.** [donkey] asno *m*, -na *f* **-2.** *UK inf* [idiot] burro *m*, -rra *f* **-3.** *US v inf* = **arse**.

assail [əˈseɪl] *vt* **-1.** [attack] atacar, arremeter contra **-2.** *fig* [subj: doubts] asaltar.

assailant [əˈseɪlənt] *n* agresor *m*, -ra *f*.

assassin [əˈsæsɪn] *n* asesino *m*, -na *f*.

assassinate [əˈsæsɪneɪt] *vt* asesinar.

assassination [əˌsæsɪˈneɪʃn] *n* asesinato *m*.

assault [əˈsɔːlt] <> *n* **-1.** *MIL*: **~ (on)** ataque *m* (contra) **-2.** [physical attack]: **~ (on sb)** agresión *f* (contra alguien); **~ and battery** *JUR* agresión *f* con resultado de lesiones. <> *vt* [physically] asaltar, agredir; [sexually] abusar de.

assault course *n* pista *f* americana.

assemble [əˈsembl] <> *vt* **-1.** [gather] juntar, reunir **-2.** [fit together] montar. <> *vi* reunirse.

assembler language = **assembly language**.

assembly [əˈsemblɪ] (*pl* **-ies**) *n* **-1.** [meeting, law-making body] asamblea *f* **-2.** [gathering together] reunión *f* **-3.** *UK* [at school] *reunión de todos los profesores y alumnos de un centro al comienzo de cada día escolar* **-4.** [fitting together] montaje *m*.

assembly hall *n UK* salón *m* de actos.

assembly language, assembler language *n COMPUT* lenguaje *m* ensamblador.

assembly line *n* cadena *f* de montaje.

assent [əˈsent] <> *n* consentimiento *m*. <> *vi*: **to ~ (to)** asentir (a).

assert [əˈsɜːt] *vt* **-1.** [fact, belief] afirmar **-2.** [authority] imponer; **to ~ o.s.** imponerse.

assertion [əˈsɜːʃn] *n* afirmación *f*.

assertive [əˈsɜːtɪv] *adj* enérgico(ca).

assess [əˈses] *vt* evaluar.

assessment [əˈsesmənt] *n* **-1.** [evaluation] evaluación *f* **-2.** [calculation] cálculo *m*.

assessor [əˈsesəʳ] *n* tasador *m*, -ra *f*.

asset [ˈæset] *n* **-1.** [valuable quality - of person] cualidad *f* positiva; [- of thing] ventaja *f* **-2.** [valuable person] elemento *m* importante.

◆ **assets** *npl COMM* activo *m*.

asset-stripping [-ˌstrɪpɪŋ] *n adquisición de una empresa para la venta de sus activos y posterior cierre.*

assiduous [əˈsɪdjʊəs] *adj* [gen] dedicado(da); [student] aplicado(da).

assiduously [əˈsɪdjʊəslɪ] *adv* con dedicación.

assign [əˈsaɪn] *vt* **-1.** [gen]: **to ~ sthg (to sb)** asignar algo (a alguien); **to ~ sb to sthg** asignar a alguien algo; **to ~ sb to do sthg** asignar a alguien que haga algo **-2.** [designate for specific use, purpose]: **to ~ sthg (to)** destinar algo (a).

assignation [ˌæsɪgˈneɪʃn] *n fml* cita *f* a escondidas.

assignment [əˈsaɪnmənt] *n* **-1.** [task] misión *f*; *SCH* trabajo *m* **-2.** [act of assigning] asignación *f*.

assimilate [əˈsɪmɪleɪt] *vt* **-1.** [learn] asimilar **-2.** [absorb]: **to ~ sb (into)** integrar a alguien (en).

assimilation [əˌsɪmɪˈleɪʃn] *n* **-1.** [of ideas, facts] asimilación *f* **-2.** [of people] incorporación *f*.

assist [əˈsɪst] <> *vt*: **to ~ sb (with sthg/in**

doing sthg) ayudar a alguien (con algo/a hacer algo). <> *vi* ayudar.

assistance [ə'sɪstəns] *n* ayuda *f*, asistencia *f*; **to be of ~ (to)** ayudar (a).

assistant [ə'sɪstənt] <> *n* ayudante *m* OR *f*; **(shop) ~** dependiente *m*, -ta *f*. <> *comp* adjunto(ta); **~ manager** director adjunto *m*, directora adjunta *f*; **~ referee** árbitro *m*, asistente *f*.

associate [*adj & n* ə'səʊʃɪət *vb* ə'səʊʃɪeɪt] <> *adj* asociado(da). <> *n* socio *m*, -cia *f*. <> *vt* asociar; **to ~ sthg/sb with** asociar algo/a alguien con; **to be ~d with** [organization, plan, opinion] estar relacionado con; [people] estar asociado con. <> *vi*: **to ~ with sb** relacionarse con alguien.

association [ə,səʊsɪ'eɪʃn] *n* **-1.** [organization, act of associating] asociación *f*; **in ~ with** en colaboración con **-2.** [in mind] connotación *f*.

assonance ['æsənəns] *n* asonancia *f*.

assorted [ə'sɔ:tɪd] *adj* **-1.** [of various types] variado(da) **-2.** [biscuits, sweets] surtido(da).

assortment [ə'sɔ:tmənt] *n* surtido *m*.

assuage [ə'sweɪdʒ] *vt fml* [grief] aliviar; [thirst, hunger] saciar.

assume [ə'sju:m] *vt* **-1.** [suppose] suponer **-2.** [power, responsibility] asumir **-3.** [appearance, attitude] adoptar.

assumed name [ə'sju:md-] *n* nombre *m* falso.

assuming [ə'sju:mɪŋ] *conj* suponiendo que.

assumption [ə'sʌmpʃn] *n* **-1.** [supposition] suposición *f*; **on the ~ that** suponiendo que **-2.** [of power] asunción *f*.

◆ **Assumption** *n* RELIG: **the Assumption** la Asunción.

assurance [ə'ʃʊərəns] *n* **-1.** [promise] garantía *f* **-2.** [confidence] seguridad *f* de sí mismo **-3.** [insurance] seguro *m*.

assure [ə'ʃʊə^r] *vt* asegurar, garantizar; **to ~ sb of sthg** garantizar a alguien algo; **to be ~d of sthg** tener algo garantizado; **rest ~d that ...** ten por seguro que ...

assured [ə'ʃʊəd] *adj* [confident] seguro(ra).

AST (*abbr of* **Atlantic Standard Time**) *n hora oficial de la costa este estadounidense*.

asterisk ['æstərɪsk] *n* asterisco *m*.

astern [ə'stɜ:n] *adv* NAUT a popa.

asteroid ['æstərɔɪd] *n* asteroide *m*.

asthma ['æsmə] *n* asma *f*.

asthmatic [æs'mætɪk] <> *adj* asmático(ca). <> *n* asmático *m*, -ca *f*.

astigmatism [ə'stɪgmətɪzm] *n* astigmatismo *m*.

astonish [ə'stɒnɪʃ] *vt* asombrar.

astonishing [ə'stɒnɪʃɪŋ] *adj* asombroso(sa).

astonishment [ə'stɒnɪʃmənt] *n* asombro *m*.

astound [ə'staʊnd] *vt* asombrar, pasmar.

astounding [ə'staʊndɪŋ] *adj* asombroso(sa), pasmoso(sa).

astrakhan [,æstrə'kæn] *n* astracán *m*.

astray [ə'streɪ] *adv*: **to go ~** [become lost] extraviarse; **to lead sb ~** [into bad ways] llevar a alguien por el mal camino.

astride [ə'straɪd] <> *adv* a horcajadas. <> *prep* a horcajadas en.

astringent [ə'strɪndʒənt] <> *adj* astringente. <> *n* astringente *m*.

astrologer [ə'strɒlədʒə^r] *n* astrólogo *m*, -ga *f*.

astrological [,æstrə'lɒdʒɪkl] *adj* astrológico(ca).

astrologist [ə'strɒlədʒɪst] *n* astrólogo *m*, -ga *f*.

astrology [ə'strɒlədʒɪ] *n* astrología *f*.

astronaut ['æstrənɔ:t] *n* astronauta *m* OR *f*.

astronomer [ə'strɒnəmə^r] *n* astrónomo *m*, -ma *f*.

astronomical [,æstrə'nɒmɪkl] *adj lit & fig* astronómico(ca).

astronomy [ə'strɒnəmɪ] *n* astronomía *f*.

astrophysics [,æstrəʊ'fɪzɪks] *n* astrofísica *f*.

Asturias [æ'stʊərɪæs] *n* Asturias.

astute [ə'stju:t] *adj* astuto(ta), abusado(da) ***Méx***.

asunder [ə'sʌndə^r] *adv literary* [apart]: **to tear sthg ~** hacer trizas algo.

asylum [ə'saɪləm] *n* **-1.** [mental hospital] manicomio *m* **-2.** [protection] asilo *m*.

asylum seeker [ə'saɪləm'si:kə^r] *n* peticionario *m*, -ria *f* de asilo.

asymmetrical [,eɪsɪ'metrɪkl] *adj* asimétrico(ca).

at [*unstressed* ət, stressed æt] *prep* **-1.** [indicating place] en; **~ my father's** en casa de mi padre; **standing ~ the window** de pie junto a la ventana; **~ the bottom of the hill** al pie de la colina; **to arrive ~** llegar a; **~school/work/home** en la escuela/el trabajo/casa **-2.** [indicating direction] a; **to look ~ sthg/sb** mirar algo/a alguien; **she smiled ~ me** me sonrió **-3.** [indicating a particular time]: **~ a more suitable time** en un momento más oportuno; **~ midnight/noon/eleven o'clock** a medianoche/mediodía/las once; **~ night** por la noche; **~ Christmas/Easter** en Navidades/Semana Santa **-4.** [indicating speed, rate, price] a; **~ 100 mph/high speed** a 100 millas por hora/gran velocidad; **~ £50 (a pair)** a 50 libras (el par) **-5.** [indicating particular state, condition]: **~ peace/war** en paz/guerra; **she's ~ lunch** está comiendo; **to work hard ~ sthg** trabajar duro en algo **-6.** [indicating a particular age] a; **~ 52/your age** a los 52/tu edad **-7.** [indicating tentativeness, noncompletion]: **to snatch ~ sthg** intentar agarrar algo; **to nibble ~ sthg** mordisquear algo **-8.** *(after adjectives)*: **delighted ~** encantado con; **experienced ~** experimentado en; **puzzled/horrified ~** perplejo/horrorizado ante; **he's good/bad ~ sport** se le dan bien/mal los deportes.

◆ **at all** *adv* **-1.** *(with negative)*: **not ~ all** [when thanked] de nada; [when answering a question] en absoluto; **she's not ~ all happy** no está nada contenta **-2.** [in the slightest]: **anything ~ all will do** cualquier cosa valdrá; **do you know her ~ all?** ¿la conoces (de algo)?

ate [*UK* et, *US* eɪt] *pt* ▷ **eat.**

atheism ['eɪθɪɪzm] *n* ateísmo *m.*

atheist ['eɪθɪɪst] *n* ateo *m,* -a *f.*

Athenian [ə'θiːnjən] ◇ *adj* ateniense. ◇ *n* ateniense *m* OR *f.*

Athens ['æθɪnz] *n* Atenas.

athlete ['æθliːt] *n* atleta *m* OR *f.*

athlete's foot *n* pie *m* de atleta.

athletic [æθ'letɪk] *adj* atlético(ca).

◆ **athletics** *npl* atletismo *m.*

Atlantic [ət'læntɪk] ◇ *adj* atlántico(ca). ◇ *n*: **the ~ (Ocean)** el (océano) Atlántico.

Atlantis [ət'læntɪs] *n* (la) Atlántida.

atlas ['ætləs] *n* atlas *m inv.*

Atlas ['ætləs] *n*: **the ~ Mountains** el Atlas.

ATM (*abbr of* **automatic teller machine**) *n cajero automático.*

atmosphere ['ætməˌsfɪəʳ] *n* **-1.** [of planet] atmósfera *f* **-2.** [air in room, mood of place] ambiente *m.*

atmospheric [ˌætməs'ferɪk] *adj* **-1.** [pressure, pollution] atmosférico(ca) **-2.** [attractive, mysterious] sugerente.

atoll ['ætɒl] *n* atolón *m.*

atom ['ætəm] *n* **-1.** PHYS átomo *m* **-2.** *fig* [tiny amount] pizca *f.*

atom bomb *n* bomba *f* atómica.

atomic [ə'tɒmɪk] *adj* atómico(ca).

atomic bomb = **atom bomb.**

atomic energy *n* energía *f* atómica.

atomic number *n* número *m* atómico.

atomizer, -iser ['ætəmaɪzəʳ] *n* atomizador *m.*

atone [ə'təʊn] *vi*: **to ~ for** reparar.

atonement [ə'təʊnmənt] *n*: **~ (for)** reparación *f* (por).

A to Z *n* guía *f* alfabética; [map] callejero *m.*

ATP (*abbr of* **Association of Tennis Professionals**) *n* ATP *f.*

atrocious [ə'trəʊʃəs] *adj* [very bad] atroz.

atrocity [ə'trɒsətɪ] (*pl* **-ies**) *n* [terrible act] atrocidad *f.*

attach [ə'tætʃ] *vt* **-1.** [with pin, clip]: **to ~ sthg (to)** sujetar algo (a); [with string] atar algo (a) **-2.** [document & COMPUT] adjuntar **-3.** [importance, blame]: **to ~ sthg (to sthg)** atribuir algo (a algo).

attaché [ə'tæʃeɪ] *n* agregado *m,* -da *f.*

attaché case [ə'tæʃeɪ-] *n* maletín *m.*

attached [ə'tætʃt] *adj* **-1.** [fastened on]: **~ (to)** adjunto(ta) (a) **-2.** [for work, job]: **~ to** destinado(da) a **-3.** [fond]: **to be ~ to** tener cariño a.

attachment [ə'tætʃmənt] *n* **-1.** [device] accesorio *m* **-2.** COMPUT archivo *m* adjunto **-3.** [fondness]: **~ (to)** cariño *m* (por).

attack [ə'tæk] ◇ *n*: **~ (on)** ataque *m* (contra); **terrorist ~** atentado *m* terrorista; **to be under ~** estar siendo atacado. ◇ *vt* **-1.** [gen] atacar **-2.** [job, problem] acometer. ◇ *vi* atacar.

attacker [ə'tækəʳ] *n* atacante *m* OR *f.*

attain [ə'teɪn] *vt* lograr, alcanzar.

attainment [ə'teɪnmənt] *n* logro *m.*

attempt [ə'tempt] ◇ *n*: **~ (at doing sthg)** intento *m* (de hacer algo); **~ on sb's life** atentado *m* contra la vida de alguien. ◇ *vt*: **to ~ sthg/to do sthg** intentar algo/hacer algo.

attempted coup [ə'temptɪd'kuː] *n* intentona *f* golpista.

attempted murder [ə'temptɪd-] *n* intento *m* de asesinato.

attend [ə'tend] ◇ *vt* [go to] asistir a. ◇ *vi* **-1.** [be present] asistir **-2.** [pay attention]: **to ~ (to)** atender (a).

◆ **attend to** *vt fus* **-1.** [matter] ocuparse de **-2.** [customer] atender a; [patient] asistir a.

attendance [ə'tendəns] *n* asistencia *f*; **the ~ for the match was over 10,000** más de 10.000 personas asistieron al partido.

attendant [ə'tendənt] ◇ *adj* relacionado(da), concomitante. ◇ *n* [at museum] vigilante *m* OR *f*; [at petrol station, in swimming pool] encargado *m,* -da *f.*

attention [ə'tenʃn] ◇ *n (U)* **-1.** [gen] atención *f*; **to bring sthg to sb's ~, to draw sb's ~ to sthg** llamar la atención de alguien sobre algo; **to attract** OR **catch sb's ~** atraer OR captar la atención de alguien; **to pay/pay no ~ (to)** prestar/no prestar atención (a); **for the ~ of** COMM a la atención de; **your ~ please!** ¡atención! **-2.** [care] asistencia *f* **-3.** MIL: **to stand to ~** ponerse en la posición de firmes, cuadrarse. ◇ *excl* MIL ¡firmes!

attentive [ə'tentɪv] *adj* atento(ta).

attentively [ə'tentɪvlɪ] *adv* atentamente.

attenuate [ə'tenjʊeɪt] *fml* ◇ *vt* atenuar. ◇ *vi* atenuarse.

attest [ə'test] ◇ *vt* atestiguar. ◇ *vi*: **to ~ to sthg** atestiguar algo.

Att. Gen. *n* (*abbr of* **Attorney General**) ministro *m*, -ra *f* de Justicia.

attic ['ætɪk] *n* desván *m*, entretecho *m* ***Amér.***

attire [ə'taɪə^r] *n* (*U*) atuendo *m*, atavío *m*.

attitude ['ætɪtju:d] *n* **-1.** [way of thinking, acting]: **~ (to** *OR* **towards)** actitud *f* (hacia) **-2.** [posture] postura *f*.

attn. (*abbr of* **for the attention of**) a/a.

attorney [ə'tɜ:nɪ] *n* ***US*** abogado *m*, -da *f*.

attorney general (*pl* **attorneys general**) *n* fiscal *m* general del estado.

attract [ə'trækt] *vt* **-1.** [gen] atraer; **to ~ sb's attention** llamar la atención de alguien; **to be ~d to** sentirse atraído por **-2.** [support, criticism] suscitar.

attraction [ə'trækʃn] *n* **-1.** [gen]: **~ (to sb)** atracción *f* (hacia *OR* por alguien) **-2.** [attractiveness - of thing] atractivo *m*.

attractive [ə'træktɪv] *adj* atractivo(va).

attractively [ə'træktɪvlɪ] *adv* de un modo atractivo.

attributable [ə'trɪbjʊtəbl] *adj* [of thing]: **~ to** atribuible a.

attribute [*vb* ə'trɪbju:t, *n* 'ætrɪbju:t] ◇ *vt*: **to ~ sthg to** atribuir algo a. ◇ *n* atributo *m*.

attrition [ə'trɪʃn] *n* desgaste *m*; **war of ~** guerra de desgaste.

attuned [ə'tju:nd] *adj* **-1.** [accustomed]: **~ (to)** acostumbrado(da) (a) **-2.** [ears]: **~ to** sensible a.

ATV *n* (*abbr of* **all terrain vehicle**) *todo terreno*.

atypical [ˌeɪ'tɪpɪkl] *adj* atípico(ca).

atypically [ˌeɪ'tɪpɪklɪ] *adv* de manera atípica.

aubergine ['əʊbəʒi:n] *n* ***UK*** berenjena *f*.

auburn ['ɔ:bən] *adj* castaño rojizo.

auction ['ɔ:kʃn] ◇ *n* subasta *f*; **at** *OR* **by ~** mediante subasta; **to put sthg up for ~** sacar algo a subasta. ◇ *vt* subastar.

◆ **auction off** *vt sep* subastar.

auctioneer [ˌɔ:kʃə'nɪə^r] *n* subastador *m*, -ra *f*.

audacious [ɔ:'deɪʃəs] *adj* [daring] audaz; [cheeky] atrevido(da).

audacity [ɔ:'dæsətɪ] *n* **-1.** [daring] audacia *f* **-2.** [cheek] osadía *f*, atrevimiento *m*.

audible ['ɔ:dəbl] *adj* audible.

audience ['ɔ:djəns] *n* **-1.** [of play, film] público *m* **-2.** [formal meeting, TV viewers] audiencia *f*.

audio ['ɔ:dɪəʊ] *adj* de audio.

audio book *n* audiolibro *m*.

audio frequency *n* audiofrecuencia *f*.

audiotypist ['ɔ:dɪəʊˌtaɪpɪst] *n* mecanógrafo *m*, -fa *f* por dictáfono.

audio-visual ['ɔ:dɪəʊ-] *adj* audiovisual.

audit ['ɔ:dɪt] ◇ *n* auditoría *f*. ◇ *vt* auditar.

audition [ɔ:'dɪʃn] ◇ *n* prueba *f* *(a un artista)*. ◇ *vi*: **to ~ for** hacer una prueba para.

auditor ['ɔ:dɪtə^r] *n* auditor *m*, -ra *f*.

auditorium [ˌɔ:dɪ'tɔ:rɪəm] (*pl* **-riums** *OR* **-ria** [-rɪə]) *n* auditorio *m*.

au fait [ˌəʊ'feɪ] *adj*: **~ with** familiarizado(da) con.

Aug. (*abbr of* **August**) ago.

augment [ɔ:g'ment] *vt* acrecentar, aumentar.

augur ['ɔ:gə^r] *vi*: **to ~ well/badly** ser un buen/mal augurio.

august [ɔ:'gʌst] *adj* augusto(ta).

August ['ɔ:gəst] *n* agosto *m*; *see also* **September**.

Auld Lang Syne [ˌɔ:ldlæŋ'saɪn] *n canción escocesa en alabanza de los viejos tiempos que se canta tradicionalmente en Nochevieja*.

aunt [ɑ:nt] *n* tía *f*.

auntie, aunty ['ɑ:ntɪ] (*pl* **-ies**) *n* ***inf*** tita *f*.

au pair [ˌəʊ'peə^r] *n* au pair *f*.

aura ['ɔ:rə] *n* aura *f*, halo *m*.

aural ['ɔ:rəl] *adj* auditivo(va).

aurally ['ɔ:rəlɪ] *adv*: **~ handicapped** con deficiencia auditiva.

auspices ['ɔ:spɪsɪz] *npl*: **under the ~ of** bajo los auspicios de.

auspicious [ɔ:'spɪʃəs] *adj* prometedor(ra).

Aussie ['ɒzɪ] *n inf* australiano *m*, -na *f*.

austere [ɒ'stɪə^r] *adj* austero(ra).

austerity [ɒ'sterətɪ] *n* austeridad *f*.

austerity measures *npl* medidas *fpl* de austeridad.

Australasia [ˌɒstrə'leɪʒəl] *n* Australasia.

Australia [ɒ'streɪljə] *n* Australia.

Australian [ɒ'streɪljən] ◇ *adj* australiano(na). ◇ *n* australiano *m*, -na *f*.

Austria ['ɒstrɪə] *n* Austria.

Austrian ['ɒstrɪən] ◇ *adj* austriaco(ca). ◇ *n* austriaco *m*, -ca *f*.

AUT (*abbr of* **Association of University Teachers**) *n sindicato británico de profesores universitarios*.

authentic [ɔ:'θentɪk] *adj* auténtico(ca).

authenticate [ɔ:'θentɪkeɪt] *vt* autentificar.

authentication [ɔ:ˌθentɪ'keɪʃn] *n* [gen & *COMPUT*] autentificación *f*.

authenticity [ˌɔ:θen'tɪsətɪ] *n* autenticidad *f*.

author ['ɔ:θə^r] *n* [by profession] escritor *m*, -ra *f*; [of particular book, text] autor *m*, -ra *f*.

authoritarian [ɔ:ˌθɒrɪ'teərɪən] *adj* autoritario(ria).

authoritative [ɔ:'θɒrɪtətɪv] *adj* **-1.** [person,

voice] autoritario(ria) **-2.** [study] autorizado(da).

authority [ɔ:'θɒrətɪ] (*pl* **-ies**) *n* **-1.** [gen] autoridad *f*; **to be an ~ on** ser una autoridad en **-2.** [permission] autorización *f* **-3.** *phr*: **to have it on good ~** saberlo de buena tinta.

◆ **authorities** *npl*: **the authorities** las autoridades *fpl*.

authorize, -ise ['ɔ:θəraɪz] *vt*: **to ~ (sb to do sthg)** autorizar (a alguien a hacer algo).

Authorized Version ['ɔ:θəraɪzd-] *n*: **the ~** *la versión oficial de la Biblia en inglés*.

authorship ['ɔ:θəʃɪp] *n* autoría *f*.

autism ['ɔ:tɪzm] *n* autismo *m*.

autistic [ɔ:'tɪstɪk] *adj* autista.

auto ['ɔ:təʊ] (*pl* **-s**) *n* *US* coche *m*.

autobiographical ['ɔ:tə,baɪə'græfɪkl] *adj* autobiográfico(ca).

autobiography [,ɔ:təbaɪ'ɒgrəfɪ] (*pl* **-ies**) *n* autobiografía *f*.

autocrat ['ɔ:təkræt] *n* autócrata *m* OR *f*.

autocratic [,ɔ:tə'krætɪk] *adj* autocrático(ca).

autocross ['ɔ:təʊkrɒs] *n* *UK* autocross *m*.

Autocue® ['ɔ:təʊkju:] *n* *UK* teleapuntador *m*.

autodisconnect ['ɔ:təʊdɪskə'nekt] ◇ *vi* COMPUT desconectarse automáticamente. ◇ *vt* autografiar.

autograph ['ɔ:təgrɑ:f] ◇ *n* autógrafo *m*. ◇ *vt* autografiar.

autoimmune disease [,ɔ:təʊɪ'mju:n-] *n* enfermedad *f* autoinmune.

automata [ɔ:'tɒmətə] *pl* ▷ **automaton**.

automate ['ɔ:təmeɪt] *vt* automatizar.

automatic [,ɔ:tə'mætɪk] ◇ *adj* automático (ca). ◇ *n* **-1.** [car] coche *m* automático **-2.** [gun] arma *f* automática **-3.** [washing machine] lavadora *f* automática.

automatically [,ɔ:tə'mætɪklɪ] *adv* automáticamente.

automatic pilot *n* **-1.** AERON & NAUT piloto *m* automático **-2.** *fig*: **on ~** [automatically] con el piloto automático puesto.

automation [,ɔ:tə'meɪʃn] *n* automatización *f*.

automaton [ɔ:'tɒmətən] (*pl* **-tons** OR **-ta**) *n* **-1.** [robot] autómata *m* **-2.** *pej* [person] autómata *m* OR *f*.

automobile ['ɔ:təməbi:l] *n* *US* coche *m*, automóvil *m*.

automotive [,ɔ:tə'məʊtɪv] *adj* automovilístico(ca).

autonomous [ɔ:'tɒnəməs] *adj* autónomo(ma).

autonomy [ɔ:'tɒnəmɪ] *n* autonomía *f*.

autopilot ['ɔ:təʊpaɪlət] *n* piloto *m* automático.

autopsy ['ɔ:tɒpsɪ] (*pl* **-ies**) *n* autopsia *f*.

autumn ['ɔ:təm] ◇ *n* otoño *m*; **in ~** en otoño. ◇ *comp* otoñal.

autumnal [ɔ:'tʌmnəl] *adj* otoñal.

auxiliary [ɔ:g'zɪljərɪ] (*pl* **-ies**) ◇ *adj* auxiliar. ◇ *n* **-1.** [medical worker] auxiliar sanitario *m*, auxiliar sanitaria *f* **-2.** [soldier] soldado *m* auxiliar.

Av. (*abbr of* **avenue**) Av.

AV *abbr of* **audiovisual**.

avail [ə'veɪl] ◇ *n*: **to no ~** en vano. ◇ *vt*: **to ~ o.s. of sthg** aprovechar algo.

availability [ə,veɪlə'bɪlətɪ] *n* disponibilidad *f*.

available [ə'veɪləbl] *adj* **-1.** [product, service] disponible; **this product is no longer ~** ya no comercializamos este producto **-2.** [person] libre, disponible.

avalanche ['ævəlɑ:nʃ] *n* *lit* & *fig* avalancha *f*, alud *m*.

avant-garde [,ævɒŋ'gɑ:d] *adj* de vanguardia, vanguardista.

avarice ['ævərɪs] *n* avaricia *f*.

avaricious [,ævə'rɪʃəs] *adj* avaricioso(sa).

Ave. (*abbr of* **avenue**) Avda.

avenge [ə'vendʒ] *vt* vengar.

avenue ['ævənju:] *n* **-1.** [wide road] avenida *f* **-2.** *fig* [method, means] camino *m*, vía *f*.

average ['ævərɪdʒ] ◇ *adj* **-1.** [mean, typical] medio(dia) **-2.** [mediocre] regular. ◇ *n* media *f*, promedio *m*; **on ~** de media, por término medio. ◇ *vt* alcanzar un promedio de.

◆ **average out** ◇ *vt sep* sacar la media de. ◇ *vi*: **to ~ out at** salir a una media de.

averse [ə'vɜ:s] *adj*: **not to be ~ to sthg/to doing sthg** no hacerle ascos a algo/a hacer algo.

aversion [ə'vɜ:ʃn] *n* **-1.** [dislike]: **~ (to)** aversión *f* (a) **-2.** [object of dislike]: **football is my pet ~** el fútbol es lo que más odio.

avert [ə'vɜ:t] *vt* **-1.** [problem, accident] evitar, prevenir **-2.** [eyes, glance] apartar, desviar.

aviary ['eɪvjərɪ] (*pl* **-ies**) *n* pajarera *f*.

aviation [,eɪvɪ'eɪʃn] *n* aviación *f*.

aviator ['eɪvɪeɪtə^r] *n* *dated* aviador *m*, -ra *f*.

avid ['ævɪd] *adj*: **~ (for)** ávido(da) (de).

avocado [,ævə'kɑ:dəʊ] (*pl* **-s** OR **-es**) *n*: **~ (pear)** aguacate *m*, palta *f* *Andes* & *RP*.

avoid [ə'vɔɪd] *vt*: **to ~ (sthg/doing sthg)** evitar (algo/hacer algo); **she's been ~ing me** ha estado esquivándome.

avoidable [ə'vɔɪdəbl] *adj* evitable.

avoidance [ə'vɔɪdəns] ▷ **tax avoidance**.

avowed [ə'vaʊd] *adj* declarado(da).

AWACS ['eɪwæks] (*abbr of* **airborne warning and control system**) *n* AWACS *m*.

await [ə'weɪt] *vt* esperar, aguardar.

awake [ə'weɪk] (*pt* **awoke** OR **awaked**, *pp* **awoken**) ◇ *adj* **-1.** [not sleeping] despierto(ta);

wide ~ completamente despierto **-2.** *fig* [aware]: ~ **to sthg** consciente de algo. ◇ *vt lit* & *fig* despertar. ◇ *vi lit* & *fig* despertarse.

awakening [əˈweɪknɪŋ] *n lit* & *fig* despertar *m*; **a rude** ~ una repentina y desagradable toma de conciencia.

award [əˈwɔːd] ◇ *n* **-1.** [prize] premio *m*, galardón *m* **-2.** [compensation] indemnización *f*. ◇ *vt*: **to** ~ **sb sthg, to** ~ **sthg to sb** [prize] conceder *OR* otorgar algo a alguien; [compensation] adjudicar algo a alguien.

aware [əˈweəʳ] *adj* **-1.** [conscious]: ~ **of** consciente de; **to become** ~ **of** darse cuenta de **-2.** [informed, sensitive] informado(da), al día; ~ **of sthg** al día de algo; **to be** ~ **that** estar informado de que.

awareness [əˈweənɪs] *n* conciencia *f*.

awash [əˈwɒʃ] *adj lit* & *fig*: ~ **(with)** inundado(da) (de).

away [əˈweɪ] ◇ *adv* **-1.** [move, walk, drive]: **to walk** ~ **(from)** marcharse (de); **to drive** ~ **(from)** alejarse (de) *(en coche)*; **to turn** *OR* **look** ~ apartar la vista **-2.** [at a distance - in space, time]: ~ **from** a distancia de; **4 miles** ~ a 4 millas de distancia; **a long way** ~ muy lejos; **the exam is two days** ~ faltan dos días para el examen **-3.** [not at home or office] fuera **-4.** [in safe place]: **to put sthg** ~ poner algo en su sitio **-5.** [indicating removal or disappearance]: **to fade** ~ desvanecerse; **to give sthg** ~ regalar algo; **to take sthg** ~ **from sb** quitarle algo a alguien **-6.** [continuously]: **he was working** ~ **when ...** estaba muy concentrado trabajando cuando ... ◇ *adj SPORT* [team, supporters] visitante; ~ **game** partido *m* fuera de casa.

awe [ɔː] *n* sobrecogimiento *m*; **to be in** ~ **of sb** sentirse intimidado por alguien.

awesome [ˈɔːsəm] *adj* alucinante *Esp*, macanudo(da) *Andes, RP*, padrísimo(ma) *Méx*.

awestruck [ˈɔːstrʌk] *adj* sobrecogido(da).

awful [ˈɔːfʊl] *adj* **-1.** [terrible] terrible, espantoso(sa); **I feel** ~ me siento fatal **-2.** *inf* [very great] tremendo(da); **I like it an** ~ **lot** me gusta muchísimo.

awfully [ˈɔːflɪ] *adv inf* [very] tremendamente.

awhile [əˈwaɪl] *adv literary* un instante, un rato.

awkward [ˈɔːkwəd] *adj* **-1.** [clumsy - movement] torpe; [- person] desgarbado(da) **-2.** [embarrassed, embarrassing] incómodo(da) **-3.** [unreasonable] difícil **-4.** [inconvenient - shape, size] poco manejable; [- moment] inoportuno(na).

awkwardly [ˈɔːkwədlɪ] *adv* **-1.** [with difficulty] torpemente **-2.** [in an embarrassed way] incómodamente.

awkwardness [ˈɔːkwədnɪs] *n* **-1.** [clumsiness] torpeza *f* **-2.** [embarrassment] incomodidad *f* **-3.** [unreasonableness] antipatía *f* **-4.** [inconvenience] [of moment] inoportunidad *f*.

awl [ɔːl] *n* lezna *f*.

awning [ˈɔːnɪŋ] *n* toldo *m*.

awoke [əˈwəʊk] *pt* ▷ **awake**.

awoken [əˈwəʊkn] *pp* ▷ **awake**.

AWOL [ˈeɪwɒl] (*abbr of* **absent without leave**) *MIL* *ausente sin permiso*.

awry [əˈraɪ] ◇ *adj* torcido(da), ladeado(da). ◇ *adv*: **to go** ~ salir mal.

axe *UK*, **ax** *US* [æks] ◇ *n* hacha *f*; **to have an** ~ **to grind** tener intereses personales. ◇ *vt* [project, jobs] suprimir.

axes [ˈæksiːz] *pl* ▷ **axis**.

axiom [ˈæksɪəm] *n* axioma *m*.

axis [ˈæksɪs] (*pl* **axes**) *n* eje *m*.

axle [ˈæksl] *n* eje *m*.

ayatollah [ˌaɪəˈtɒlə] *n* ayatollah *m*.

aye [aɪ] ◇ *adv* sí. ◇ *n* sí *m*.

AZ *abbr of* **Arizona**.

azalea [əˈzeɪljə] *n* azalea *f*.

Azerbaijan [ˌæzəbaɪˈdʒɑːn] *n* Azerbaiyán.

Azerbaijani [ˌæzəbaɪˈdʒɑːnɪ] ◇ *adj* azerbaiyano(na). ◇ *n* azerbaiyano *m*, -na *f*.

Azeri [əˈzerɪ] ◇ *adj* azerí. ◇ *n* azerí *m OR f*.

Azores [əˈzɔːz] *npl*: **the** ~ los Azores.

AZT (*abbr of* **azidothymidine**) *n* AZT *m*.

Aztec [ˈæztek] ◇ *adj* azteca. ◇ *n* [person] azteca *m OR f*.

azure [ˈæʒəʳ] *adj* azul celeste *(inv)*.

B

b (*pl* **b's** *OR* **bs**), **B** (*pl* **B's** *OR* **Bs**) [biː] *n* [letter] b *f*, B *f*. ◆ **B** *n* **-1.** *MUS* si *m* **-2.** *SCH* [mark] ≃ bien *m*.

b. (*abbr of* **born**) n. **BA** *n* **-1.** (*abbr of* **Bachelor of Arts**) *(titular de una) licenciatura de letras* **-2.** (*abbr of* **British Airways**) *British Airways*.

BAA (*abbr of* **British Airports' Authority**) *n* *organismo independiente gestor de algunos de los principales aeropuertos británicos*.

babble [ˈbæbl] ◇ *n* parloteo *m*. ◇ *vi* [person] farfullar.

babe [beɪb] *n* **-1.** *literary* [baby] bebé *m* **-2.** *US inf* [term of affection] cariño *m* **-3.** *inf* [attractive person] persona *f* guapa; [attractive man] guaperas *m inv.*
baboon [bəˈbuːn] *n* babuino *m*, papión *m.*
baby [ˈbeɪbɪ] (*pl* **-ies**) ◇ *n* **-1.** [newborn child] bebé *m*; [infant] niño *m* **-2.** *inf* [term of affection] cariño *m.* ◇ *comp*: ~ **brother** hermanito *m*; ~ **sister** hermanita *f.*
baby boomer [-ˌbuːməʳ] *n US niño nacido durante el boom natalicio de los sesenta.*
baby buggy *n* **-1.** *UK* [foldable pushchair] sillita *f* de niño (con ruedas) **-2.** *US* = **baby carriage**.
baby carriage *n US* cochecito *m* de niños.
baby food *n* papilla *f.*
babyish [ˈbeɪbɪɪʃ] *adj pej* infantil.
baby-minder *n UK* niñera *f* (durante el día).
baby-sit *vi* cuidar a niños.
baby-sitter [-ˈsɪtəʳ] *n* canguro *m* OR *f.*
bachelor [ˈbætʃələʳ] *n* soltero *m*; ~ **party** *US* despedida *f* de soltero.
Bachelor of Arts *n* ≃ licenciado *m*, -da *f* en Letras.
Bachelor of Science *n* ≃ licenciado *m*, -da *f* en Ciencias.
bachelor's degree *n* ≃ licenciatura *f.*
back [bæk] ◇ *adv* **-1.** [in position] atrás; **stand ~!** ¡échense para atrás!; **to push ~** empujar hacia atrás **-2.** [to former position or state] de vuelta; **to come ~** volver; **to go ~** volver; **to look ~** volver la mirada; **to walk ~** volver andando; **to give sthg ~** devolver algo; **to be ~ (in fashion)** estar de vuelta; **he has been there and ~** ha estado allí y ha vuelto; **I spent all day going ~ and forth** pasé todo el día yendo y viniendo **-3.** [in time]: **two weeks ~** hace dos semanas; **it dates ~ to 1960** data de 1960; **~ in March** allá en marzo; **to think ~ (to sthg)** recordar (algo) **-4.** [phone, write] de vuelta; **to pay sb ~** [give back money] devolverle el dinero a alguien. ◇ *n* **-1.** [of person] espalda *f*; [of animal] lomo *m*; **lying on one's ~** tumbado de espaldas; **to break the ~ of** *fig* pasar lo peor OR la peor parte de; **behind sb's ~** a espaldas de alguien; **to put sb's ~ up** poner negro a alguien; **to stab sb in the ~** *fig* darle a alguien una puñalada por la espalda OR trapera; **to turn one's ~ on sb/sthg** dar la espalda a alguien/algo, volver la espalda a alguien/algo **-2.** [of hand, cheque] dorso *m*; [of coin, page] reverso *m*; [of car, book, head] parte *f* trasera; [of chair] respaldo *m*; [of queue] final *m*; [of room, cupboard] fondo *m*; **the ~ of beyond** *UK* el quinto pino; **to know somewhere like the ~ of one's hand** conocer un sitio como la palma de la mano **-3.** SPORT [player] defensa *m.* ◇ *adj (in compounds)* **-1.** [at the back - door, legs, seat] trasero(ra); [- page] último(ma) **-2.** [overdue - pay, rent] atrasado(da). ◇ *vt* **-1.** AUT [reverse]: **to ~ one's car into the garage** meter el coche marcha atrás en el garaje **-2.** [support] respaldar **-3.** [bet on] apostar por **-4.** [strengthen with material] reforzar. ◇ *vi* [drive backwards] ir marcha atrás; [walk backwards] ir hacia atrás.
◆ **back to back** *adv* [with backs facing] espalda con espalda.
◆ **back to front** *adv* al revés.
◆ **back away** *vi* retroceder.
◆ **back down** *vi* echarse OR volverse atrás.
◆ **back off** *vi* echarse atrás.
◆ **back onto** *vt UK* dar (por la parte de atrás) a.
◆ **back out** *vi* echarse OR volverse atrás.
◆ **back up** ◇ *vt sep* **-1.** [support] apoyar **-2.** [reverse] dar marcha atrás a **-3.** COMPUT hacer una copia de seguridad de. ◇ *vi* **-1.** [reverse] ir marcha atrás **-2.** COMPUT hacer copias de seguridad.
backache [ˈbækeɪk] *n* dolor *m* de espalda.
backbencher [ˌbækˈbentʃəʳ] *n UK diputado sin cargo en el gabinete del gobierno o la oposición.*
backbenches [ˌbækˈbentʃɪz] *npl UK escaños de los diputados sin cargo en el gabinete del gobierno o la oposición.*
backbiting [ˈbækbaɪtɪŋ] *n* murmuración *f*, chismorreo *m.*
backbone [ˈbækbəʊn] *n lit & fig* columna *f* vertebral.
backbreaking [ˈbækˌbreɪkɪŋ] *adj* derrengante.
back burner *n*: **to put sthg on the ~** aparcar algo.
backchat *UK* [ˈbæktʃæt], **backtalk** *US* [ˈbæktɔːk] *n (U) inf* réplicas *fpl.*
backcloth [ˈbækklɒθ] *UK* = **backdrop**.
backcomb [ˈbækkəʊm] *vt UK* cardar.
back copy *n* número *m* atrasado.
backdate [ˌbækˈdeɪt] *vt*: **a pay rise ~d to March** un aumento de sueldo con efecto retroactivo desde marzo.
back door *n* puerta *f* trasera; **the team qualified through the ~** *fig* el equipó se clasificó por la puerta trasera.
backdrop [ˈbækdrɒp] *n lit & fig* telón *m* de fondo.
backer [ˈbækəʳ] *n* promotor *m*, -ra *f*, patrocinador *m*, -ra *f.*
backfire [ˌbækˈfaɪəʳ] *vi* **-1.** [motor vehicle] petardear **-2.** [go wrong]: **it ~d on him** le salió el tiro por la culata.

backgammon ['bæk,gæmən] *n* backgammon *m*.
background ['bækgraʊnd] <> *n* **-1.** [in picture, view] fondo *m*; **in the ~** [of painting etc] al fondo; [out of the limelight] en la sombra **-2.** [of event, situation] trasfondo *m* **-3.** [upbringing] origen *m*; **family ~** antecedentes *mpl* familiares **-4.** [knowledge, experience]: **a ~ in** conocimientos *mpl* de. <> *comp* [music, noise] de fondo; **~ information** información sobre el contexto.
backhand ['bækhænd] *n* revés *m*.
backhanded ['bækhændɪd] *adj fig* equívoco(ca).
backhander ['bækhændəʳ] *n UK inf*: **to give sb a ~** untarle la mano a alguien, coimear a alguien *Andes, RP*, morder a alguien *CAm, Méx*.
backing ['bækɪŋ] *n* **-1.** [support] apoyo *m*, respaldo *m* **-2.** [lining] refuerzo *m* **-3.** MUS acompañamiento *m*.
back issue = **back number**.
backlash ['bæklæʃ] *n* reacción *f* violenta.
backless ['bæklɪs] *adj* abierto(ta) por la espalda.
backlit ['bæklɪt] *adj* [display] retroiluminado(da).
backlog ['bæklɒg] *n* acumulación *f*.
back number *n* número *m* atrasado.
backpack ['bækpæk] *n* mochila *f*, macuto *m*.
backpacker ['bækpækəʳ] *n* mochilero *m*, -ra *f*.
backpacking ['bækpækɪŋ] *n*: **to go ~** irse de viaje con la mochila.
back passage *n euphemism* recto *m*.
back pay *n (U)* atrasos *mpl*.
backpedal [,bæk'pedl] (*UK pt* & *pp* **-led**, *cont* **-ling**, *US pt* & *pp* **-ed**, *cont* **-ing**) *vi fig*: **to ~ (on sthg)** dar marcha atrás (con respecto a algo).
back seat *n* asiento *m* trasero OR de atrás; **to take a ~** *fig* situarse en segundo plano.
back-seat driver *n persona que no para de dar consejos al conductor*.
backside [,bæk'saɪd] *n inf* trasero *m*.
backslash ['bækslæʃ] *n* COMPUT barra *f* inversa.
backslide [,bæk'slaɪd] (*pt* & *pp* **-slid** [-'slɪd]) *vi* reincidir, recaer.
backspace ['bækspeɪs] <> *n* COMPUT: **~ (key)** tecla *f* de retroceso. <> *vi* retroceder.
backstage [,bæk'steɪdʒ] *adv* entre bastidores.
back street *n UK* callejuela *f* de barrio.
back-street abortion *n UK* aborto *m* clandestino.
backstroke ['bækstrəʊk] *n* espalda *f (en natación)*; **to do the ~** nadar a espalda.
backtalk *US* = **backchat**.
back-to-back *adj* [victories, meetings] seguidos(das).
backtrack ['bæktræk] = **backpedal**.
backup ['bækʌp] <> *adj* **-1.** [plan] de emergencia, alternativo(va); [team] de apoyo **-2.** COMPUT de seguridad. <> *n* **-1.** [support] apoyo *m* **-2.** COMPUT copia *f* de seguridad.
backward ['bækwəd] <> *adj* **-1.** [movement, look] hacia atrás **-2.** [country, person] atrasado (da). <> *adv US* = **backwards**.
backward-looking [-,lʊkɪŋ] *adj pej* retrógrado(da).
backwards ['bækwədz], **backward** *US adv* **-1.** [move, go] hacia atrás; **~ and forwards** [movement] de un lado a otro **-2.** [back to front] al OR del revés.
backwash ['bækwɒʃ] *n* estela *f*.
backwater ['bæk,wɔːtəʳ] *n fig* páramo *m*, lugar *m* atrasado.
backwoods ['bækwʊdz] *npl* zona *f* aislada.
backyard [,bæk'jɑːd] *n* **-1.** *UK* [yard] patio *m* **-2.** *US* [garden] jardín *m* (trasero).
bacon ['beɪkən] *n* bacon *m*, tocino *m*.
bacteria [bæk'tɪərɪə] *npl* bacterias *fpl*.
bacteriology [bæk,tɪərɪ'ɒlədʒɪ] *n* bacteriología *f*.
bad [bæd] (*compar* **worse**, *superl* **worst**) <> *adj* **-1.** [gen] malo(la); **he's ~ at French** se le da mal el francés; **to have a ~ back** estar mal de la espalda; **to go ~** [food] echarse a perder; **to go from ~ to worse** ir de mal en peor; **too ~!** ¡mala suerte!; **it's not ~ (at all)** no está nada mal; **how are you? — not ~** ¿qué tal? — bien **-2.** [illness] grave **-3.** [guilty]: **to feel ~ about sthg** sentirse mal por algo. <> *adv US* = **badly**.
bad blood *n* rencor *m*, resentimiento *m*.
bad cheque *n* cheque *m* sin fondos.
bad debt *n* deuda *f* incobrable.
bade [bæd] *pt* & *pp* ▷ **bid**.
bad feeling *n (U)* [resentment] rencor *m*, resentimiento *m*.
badge [bædʒ] *n* **-1.** [for decoration - metal, plastic] chapa *f*; [- sewn-on] insignia *f* **-2.** [for identification] distintivo *m*.
badger ['bædʒəʳ] <> *n* tejón *m*. <> *vt*: **to ~ sb (to do sthg)** ponerse pesado(da) con alguien (para que haga algo).
bad language *n (U)* palabrotas *fpl*.
badly ['bædlɪ] (*compar* **worse**, *superl* **worst**) *adv* **-1.** [not well] mal; **to think ~ of sb** pensar mal de alguien **-2.** [seriously] gravemente; **I'm ~ in need of help** necesito ayuda urgentemente.
badly-off *adj* **-1.** [poor] apurado(da) de dinero **-2.** [lacking]: **to be ~ for sthg** estar OR andar mal de algo.
bad-mannered [-'mænəd] *adj* maleducado(da).

badminton ['bædmɪntən] *n* bádminton *m*.
bad-mouth *vt esp US inf* poner verde.
badness ['bædnɪs] *n* [of behaviour] maldad *f*.
bad-tempered [-'tempəd] *adj* **-1.** [by nature]: **to be ~** tener mal genio **-2.** [in a bad mood]: **to be ~** estar malhumorado(da).
baffle ['bæfl] *vt* desconcertar.
baffling ['bæflɪŋ] *adj* desconcertante.
bag [bæg] (*pt* & *pp* **-ged**, *cont* **-ging**) <> *n* **-1.** [container, bagful] bolsa *f*; **he's nothing but a ~ of bones** está en los huesos; **in the ~** *inf* en el bote; **to pack one's ~s** *fig* hacer las maletas **-2.** [handbag] bolso *m*, cartera *f* ***Andes*** & ***RP***. <> *vt* **-1.** [put into bags] meter en bolsas **-2.** ***UK inf*** [reserve] pedirse, reservarse.
◆ **bags** *npl* **-1.** [under eyes]: **to have ~s under one's eyes** *inf* tener ojeras **-2.** [lots]: **~s of** *inf* un montón de.
bagel ['beɪgəl] *n bollo de pan en forma de rosca*.
baggage ['bægɪdʒ] *n esp* ***US (U)*** equipaje *m*.
baggage allowance *n* equipaje *m* permitido.
baggage car *n* ***US*** furgón *m* de equipajes.
baggage reclaim *n* recogida *f* de equipajes.
baggage room *n* ***US*** consigna *f*.
baggy ['bægɪ] (*compar* **-ier**, *superl* **-iest**) *adj* holgado(da).
Baghdad [bæg'dæd] *n* Bagdad.
bag lady *n inf* vagabunda *f*.
bagpipes ['bægpaɪps] *npl* gaita *f*.
bagsnatcher ['bægsnætʃə^r] *n ladrón que roba dando el tirón*.
baguette [bə'get] *n* barra *f* de pan.
bah [bɑː] *excl* ¡bah!
Bahamas [bə'hɑːməz] *npl*: **the ~** (las) Bahamas.
Bahrain, Bahrein [bɑː'reɪn] *n* Bahrein.
Bahraini, Bahreini [bɑː'reɪnɪ] <> *adj* bahreiní. <> *n* bahreiní *m* OR *f*.
Bahrein = Bahrain.
Bahreini = Bahraini.
bail [beɪl] *n (U)* fianza *f*; **on ~** bajo fianza.
◆ **bail out** <> *vt sep* **-1.** [pay bail for] obtener la libertad bajo fianza de **-2.** [rescue] sacar de apuros. <> *vi* [from plane] tirarse en paracaídas *(antes de que se estrelle el avión)*.
bailiff ['beɪlɪf] *n* alguacil *m*.
bait [beɪt] <> *n lit* & *fig* cebo *m*; **to rise to** OR **take the ~** *fig* picarse, morder el anzuelo. <> *vt* **-1.** [put bait on] cebar **-2.** [tease, torment] hacer sufrir, cebarse con.
baize [beɪz] *n* tapete *m*.
bake [beɪk] <> *vt* **-1.** [food] cocer al horno **-2.** [bricks, clay] cocer, endurecer. <> *vi* [food] cocerse al horno.
baked beans [beɪkt-] *npl* alubias *fpl* cocidas en salsa de tomate.
baked potato [beɪkt-] *n* patata *f* asada OR al horno.
Bakelite® ['beɪkəlaɪt] *n* baquelita *f*.
baker ['beɪkə^r] *n* panadero *m*; **~'s (shop)** panadería *f*.
bakery ['beɪkərɪ] (*pl* **-ies**) *n* panadería *f*, tahona *f*.
baking ['beɪkɪŋ] <> *adj inf*: **it's ~ hot** hace un calor achicharrante. <> *n* cocción *f*.
baking powder *n* levadura *f* en polvo.
baking soda *n* ***US*** biscarbonato *m* en polvo.
baking tin *n* molde *m* para cocinar al horno.
baking tray *n* bandeja *f* de hornear.
balaclava (helmet) [bælə'klɑːvə-] *n* pasamontañas *m inv*, verdugo *m*.
balance ['bæləns] <> *n* **-1.** [equilibrium] equilibrio *m*; **to keep/lose one's ~** mantener/perder el equilibrio; **it caught me off ~** me pilló desprevenido(da) **-2.** *fig* [counterweight] contrapunto *m* **-3.** [of evidence etc] peso *m* **-4.** [scales] balanza *f*; **to be** OR **hang in the ~** estar en el aire **-5.** [of account] saldo *m*. <> *vt* **-1.** [keep in balance] poner en equilibrio **-2.** [compare] sopesar **-3.** [in accounting]: **to ~ the books/a budget** hacer que cuadren las cuentas/cuadre un presupuesto. <> *vi* **-1.** [maintain equilibrium] sostenerse en equilibrio **-2.** [in accounting] cuadrar.
◆ **on balance** *adv* tras pensarlo detenidamente.
balanced ['bælənst] *adj* [fair] equilibrado(da).
balanced diet ['bælənst-] *n* dieta *f* equilibrada.
balance of payments *n* balanza *f* de pagos.
balance of power *n* equilibrio *m* de fuerzas.
balance of trade *n* balanza *f* comercial.
balance sheet *n* balance *m*.
balancing act ['bælənsɪŋ-] *n fig*: **to perform a ~** hacer equilibrios.
balcony ['bælkənɪ] (*pl* **-ies**) *n* **-1.** [on building - big] terraza *f*; [- small] balcón *m* **-2.** [in theatre] anfiteatro *m*, galería *f*.
bald [bɔːld] *adj* **-1.** [without hair] calvo(va); **to go ~** quedarse calvo(va) **-2.** [tyre] desgastado (da) **-3.** *fig* [blunt] escueto(ta).
bald eagle *n* pigargo *m* cabeciblanco *(este pájaro es el símbolo de los Estados Unidos y aparece en todos los emblemas oficiales)*.

balding [ˈbɔːldɪŋ] *adj* con calva incipiente.
baldness [ˈbɔːldnɪs] *n* calvicie *f*.
bale [beɪl] *n* bala *f*.
◆ **bale out** *vi UK* **-1.** [remove water] achicar agua **-2.** [from plane] tirarse en paracaídas *(antes de que se estrelle el avión)*.
Balearic Islands [ˌbælɪˈærɪk-], **Balearics** [ˌbælɪˈærɪks] *npl*: **the ~** las Baleares.
baleful [ˈbeɪlfʊl] *adj* maligno(na).
Bali [ˈbɑːlɪ] *n* Bali.
balk [bɔːk] *vi*: **to ~ (at doing sthg)** resistirse (a hacer algo); **I ~ at the idea** me repele la idea.
Balkan [ˈbɔːlkən] *adj* balcánico(ca).
Balkans [ˈbɔːlkənz], **Balkan States** *npl*: **the ~** los Balcanes.
ball [bɔːl] *n* **-1.** [for tennis, cricket] pelota *f*; [for golf, billiards] bola *f*; [for football, basketball, rugby] balón *m*; **to be on the ~** *fig* estar al tanto de todo; **to play ~ with** *fig* colaborar con; **to start/keep the ~ rolling** *fig* poner/mantener las cosas en marcha **-2.** [round shape] bola *f* **-3.** [of foot] pulpejo *m* **-4.** [dance] baile *m*; **to have a ~** *fig* pasárselo bomba.
◆ **balls** *v inf* ◇ *npl* [testicles] pelotas *fpl*. ◇ *n (U)* [nonsense] gilipolleces *fpl*. ◇ *excl* [expressing disagreement] ¡y un huevo!; [expressing annoyance] ¡leche!
ballad [ˈbæləd] *n* balada *f*.
ball-and-socket joint *n* ANAT enartrosis *f inv*.
ballast [ˈbæləst] *n* lastre *m*.
ball bearing *n* cojinete *m* de bolas.
ball boy *n* recogepelotas *m inv*.
ballcock [ˈbɔːlkɒk] *n* válvula *f* de desagüe.
ballerina [ˌbæləˈriːnə] *n* bailarina *f*.
ballet [ˈbæleɪ] *n* ballet *m*.
ballet dancer *n* bailarín *m*, -ina *f*.
ball game *n* **-1.** *US* [baseball match] partido *m* de béisbol **-2.** *inf* [situation]: **it's a whole new ~** es una historia totalmente distinta.
ball girl *n* recogepelotas *f inv*.
ball gown *n* traje *m* de fiesta.
ballistic [bəˈlɪstɪk] *adj* [missile] balístico(ca); **to go ~** *fig inf* ponerse hecho(cha) una furia.
ballistics [bəˈlɪstɪks] *n (U)* balística *f*.
balloon [bəˈluːn] ◇ *n* **-1.** [toy] globo *m* **-2.** [hot-air balloon] globo *m* (aerostático) **-3.** [in cartoon] bocadillo *m*. ◇ *vi* inflarse.
ballooning [bəˈluːnɪŋ] *n* aerostación *f*.
ballot [ˈbælət] ◇ *n* **-1.** [voting paper] voto *m*, papeleta *f*, balota *f Perú*, boleta *f* electoral *Méx, RP* **-2.** [voting process] votación *f*. ◇ *vt*: **to ~ the members on an issue** someter un asunto a votación entre los afiliados. ◇ *vi*: **to ~ for sthg** elegir algo por votación.
ballot box *n* [container] urna *f*; **to decide sthg at the ~** decidir algo en las urnas.
ballot paper *n* voto *m*, papeleta *f*, balota *f Perú*, boleta *f* electoral *Méx, RP*.
ball park *n US* estadio *m* de béisbol.
ball-park figure *n inf* cifra *f* aproximada.
ballpoint (pen) [ˈbɔːlpɔɪnt-] *n* bolígrafo *m*, pluma *f* atómica *Méx*, esfero *m Col*, birome *f RP*, lápiz *m* de pasta *Chile*.
ballroom [ˈbɔːlrʊm] *n* salón *m* de baile.
ballroom dancing *n (U)* baile *m* de salón.
balls-up *UK*, **ball-up** *US n v inf* cagada *f*.
balm [bɑːm] *n* bálsamo *m*.
balmy [ˈbɑːmɪ] (*compar* **-ier**, *superl* **-iest**) *adj* apacible.
baloney [bəˈləʊnɪ] *n* **-1.** *(U) inf* bobadas *fpl* **-2.** *US* [sausage] = **bologna**.
balsa [ˈbɒlsə], **balsawood** [ˈbɒlsəwʊd] *n* balsa *f*.
balsam [ˈbɔːlsəm] *n* bálsamo *m*.
balsamic vinegar [bɔːlˈsæmɪk-] *n* vinagre *m* (balsámico) de Módena.
balsawood = **balsa**.
balti [ˈbɔːltɪ] *n* [pan] *cacerola utilizada en la cocina india*; [food] *plato indio sazonado con especias y preparado en un 'balti'*.
Baltic [ˈbɔːltɪk] ◇ *adj* báltico(ca). ◇ *n*: **the ~ (Sea)** el (mar) Báltico.
Baltic Republic *n*: **the ~s** las repúblicas bálticas.
Baltic State *n*: **the ~s** los países bálticos.
balustrade [ˌbæləsˈtreɪd] *n* balaustrada *f*.
bamboo [bæmˈbuː] *n* bambú *m*.
bamboozle [bæmˈbuːzl] *vt inf* camelar, engatusar.
ban [bæn] (*pt & pp* **-ned**, *cont* **-ning**) ◇ *n*: **~ (on)** prohibición *f* (de). ◇ *vt*: **to ~ (sb from doing sthg)** prohibir (a alguien hacer algo).
banal [bəˈnɑːl] *adj pej* banal, ordinario(ria).
banana [bəˈnɑːnə] *n* plátano *m*, banana *f Amér*.
banana republic *n* república *f* bananera.
banana split *n* banana split *m*.
band [bænd] *n* **-1.** [musical group - pop] grupo *m*; [- jazz, military] banda *f* **-2.** [of thieves etc] banda *f* **-3.** [strip] cinta *f*, tira *f* **-4.** [stripe, range] franja *f*.
◆ **band together** *vi* juntarse, agruparse.
bandage [ˈbændɪdʒ] ◇ *n* venda *f*. ◇ *vt* vendar.
Band-Aid® *n US* ≃ tirita® *f Esp*, ≃ curita *f Amér*.
bandan(n)a [bænˈdænə] *n* pañuelo *m (para la cabeza)*.
b and b, B and B *n abbr of* **bed and breakfast**.
bandit [ˈbændɪt] *n* bandido *m*, -da *f*, bandolero *m*, -ra *f*.

bandmaster ['bænd,mɑːstəʳ] *n* director *m* (de banda musical).
band saw *n* sierra *f* de cinta.
bandsman ['bændzmən] (*pl* **-men** [-mən]) *n* músico *m* (de banda).
bandstand ['bændstænd] *n* quiosco *m* de música.
bandwagon ['bændwægən] *n*: **to jump on the ~** subirse OR apuntarse al carro.
bandwidth ['bændwɪdθ] *n* COMPUT ancho *m* de banda.
bandy ['bændɪ] (*compar* **-ier**, *superl* **-iest**, *pt* & *pp* **-ied**) *adj* [legs] arqueado(da).
◆ **bandy about, bandy around** *vt sep* sacar a relucir.
bandy-legged [-,legd] *adj* de piernas arqueadas.
bane [beɪn] *n*: **to be the ~ of sb's life** ser la cruz de alguien.
bang [bæŋ] ◇ *n* **-1.** [blow] golpe *m* **-2.** [loud noise] estampido *m*, estruendo *m*; **to go with a ~** *inf* ser la bomba. ◇ *vt* **-1.** [hit - drum, desk] golpear; [- knee, head] golpearse **-2.** [door] cerrar de golpe. ◇ *vi* golpear, dar golpes. ◇ *adv* **-1.** [exactly]: **~ in the middle of** justo en mitad de; **~ on** [correct] muy acertado(da) **-2.** *inf* [away]: **~ goes** OR **go ...** adiós a ... ◇ *excl* ¡pum!
◆ **bangs** *npl US* flequillo *m*.
◆ **bang down** *vt sep* [book, fist] golpear con.
banger ['bæŋəʳ] *n UK* **-1.** *inf* [sausage] salchicha *f* **-2.** *inf* [old car] carraca *f*, cacharro *m* **-3.** [firework] petardo *m*.
Bangkok [bæŋ'kɒk] *n* Bangkok.
Bangladesh [,bæŋglə'deʃ] *n* Bangladesh.
Bangladeshi [,bæŋglə'deʃɪ] ◇ *adj* bangladesí. ◇ *n* bangladesí *m* OR *f*.
bangle ['bæŋgl] *n* pulsera *f*, brazalete *m*.
banish ['bænɪʃ] *vt lit* & *fig* desterrar.
banister ['bænɪstəʳ] *n*, **banisters** ['bænɪstəz] *npl* barandilla *f*, pasamanos *m inv*.
banjo ['bændʒəʊ] (*pl* **-s** OR **-es**) *n* banjo *m*.
bank [bæŋk] ◇ *n* **-1.** [gen & FIN] banco *m* **-2.** [by river, lake] ribera *f*, orilla *f* **-3.** [slope] loma *f* **-4.** [of clouds etc] masa *f*. ◇ *vt* FIN ingresar en el banco. ◇ *vi* **-1.** FIN: **to ~ with** tener una cuenta en **-2.** [plane] ladearse.
◆ **bank on** *vt fus* contar con.
bank account *n* cuenta *f* bancaria.
bank balance *n* saldo *m* bancario.
bankbook ['bæŋkbʊk] *n* libreta *f* OR cartilla *f* (del banco).
bank card = **banker's card**.
bank charges *npl* comisiones *fpl* bancarias.
bank draft *n* giro *m* bancario.
banker ['bæŋkəʳ] *n* banquero *m*, -ra *f*.
banker's card *n UK* tarjeta *f* de identificación bancaria.
banker's order *n UK* domiciliación *f* de pago.
bank holiday *n UK* día *m* festivo, fiesta *f* nacional.
banking ['bæŋkɪŋ] *n* banca *f*.
banking house *n* entidad *f* bancaria.
bank loan *n* préstamo *m* OR crédito *m* bancario.
bank manager *n* director *m*, -ra *f* de banco.
bank note *n* billete *m* de banco.
bank rate *n* tipo *m* de interés bancario.
bankrupt ['bæŋkrʌpt] ◇ *adj* [financially] quebrado(da), en quiebra; **to go ~** quebrar. ◇ *n* quebrado *m*, -da *f*, insolvente *m* OR *f*. ◇ *vt* llevar a la quiebra.
bankruptcy ['bæŋkrəptsɪ] (*pl* **-ies**) *n* quiebra *f*, bancarrota *f*; *fig* [of ideas] falta *f* total.
bank statement *n* extracto *m* de cuenta.
banner ['bænəʳ] *n* **-1.** [carrying slogan] pancarta *f* **-2.** [comput] banner *m*, pancarta *f* publicitaria.
bannister ['bænɪstəʳ] *n*, **bannisters** ['bænɪstəz] *npl* = **banister(s)**.
banns [bænz] *npl*: **to publish the ~** correr las amonestaciones.
banquet ['bæŋkwɪt] *n* banquete *m*.
bantam ['bæntəm] *n* gallina *f* de Bantam.
bantamweight ['bæntəmweɪt] *n* peso *m* gallo.
banter ['bæntəʳ] ◇ *n (U)* bromas *fpl*. ◇ *vi* bromear.
bap [bæp] *n UK* bollo *m* de pan, panecillo *m*.
baptism ['bæptɪzm] *n* bautismo *m*; **~ of fire** bautismo de fuego.
Baptist ['bæptɪst] *n* bautista *m* OR *f*.
baptize, -ise [*UK* bæp'taɪz, *US* 'bæptaɪz] *vt* bautizar.
bar [bɑːʳ] (*pt* & *pp* **-red**, *cont* **-ring**) ◇ *n* **-1.** [of soap] pastilla *f*; [of gold] lingote *m*; [of wood] barrote *m*; [of metal] barra *f*; **a ~ of chocolate** una chocolatina; **to be behind ~s** estar entre rejas **-2.** [drinking place] bar *m* **-3.** [counter] barra *f* **-4.** *fig* [obstacle] barrera *f*; [ban] prohibición *f* **-5.** MUS compás *m*. ◇ *vt* **-1.** [close with a bar] atrancar **-2.** [block]: **to ~ sb's way** impedir el paso a alguien **-3.** [ban]: **to ~ sb (from doing sthg)** prohibir a alguien (hacer algo); **to ~ sb from somewhere** prohibir a alguien la entrada en un sitio. ◇ *prep* [except] menos, salvo; **~ none** sin excepción.
◆ **Bar** *n* JUR: **the Bar** *UK conjunto de los abogados que ejercen en tribunales superiores*; *US* la abogacía.
Barbados [bɑː'beɪdɒs] *n* Barbados.

barbarian [bɑː'beərɪən] *n lit & fig* bárbaro *m*, -ra *f*.
barbaric [bɑː'bærɪk] *adj* salvaje.
barbarous ['bɑːbərəs] *adj* bárbaro(ra).
barbecue ['bɑːbɪkjuː] ◇ *n* barbacoa *f*. ◇ *vt* asar a la parrilla.
barbed [bɑːbd] *adj* **-1.** [pointed, spiked] con púa OR púas **-2.** [unkind] envenenado(da), afilado(da).
barbed wire [bɑːbd-] *n* alambre *m* de espino.
barber ['bɑːbə^r] *n* barbero *m*; ~**'s** peluquería *f*.
barbershop ['bɑːbəʃɒp] *n US* barbería *f*.
barbiturate [bɑː'bɪtjʊrət] *n* barbitúrico *m*.
Barcelona [ˌbɑːsə'ləʊnə] *n* Barcelona.
bar chart, bar graph *US n* gráfico *m* de barras.
bar code *n* código *m* de barras.
bare [beə^r] ◇ *adj* **-1.** [without covering - legs, trees, hills] desnudo(da); [- feet] descalzo(za) **-2.** [absolute, minimum] esencial; **the ~ essentials** lo mínimo indispensable **-3.** [empty] vacío(a) **-4.** [mere]: **a ~ 10%** tan sólo el 10% **to ~ one's teeth** enseñar los dientes.
bareback ['beəbæk] *adj & adv* a pelo.
barefaced ['beəfeɪst] *adj* descarado(da).
barefoot(ed) [ˌbeə'fʊt(ɪd)] *adj & adv* descalzo(za).
bareheaded [ˌbeə'hedɪd] *adj & adv* descubierto(ta), sin sombrero.
barelegged [ˌbeə'legd] *adj & adv* con las piernas desnudas.
barely ['beəlɪ] *adv* [scarcely] apenas.
bargain ['bɑːgɪn] ◇ *n* **-1.** [agreement] trato *m*, acuerdo *m*; **into the ~** además **-2.** [good buy] ganga *f*, pichincha *f RP*. ◇ *vi*: **to ~ (with sb for sthg)** negociar (con alguien para obtener algo).
◆ **bargain for, bargain on** *vt fus* contar con.
bargaining ['bɑːgɪnɪŋ] *n (U)* negociación *f*.
bargaining power *n* poder *m* negociador.
bargain price *n* precio *m* de saldo.
barge [bɑːdʒ] ◇ *n* gabarra *f*, barcaza *f*. ◇ *vi inf* abrirse paso; **to ~ into** [person] chocarse con; [room] irrumpir en.
◆ **barge in** *vi inf*: **to ~ in (on)** [conversation etc] entrometerse (en).
barge pole *n inf*: **I wouldn't touch it with a ~** no lo quiero ni regalado.
bar graph *US* = **bar chart**.
baritone ['bærɪtəʊn] *n* barítono *m*.
barium meal ['beərɪəm-] *n UK* papilla *f* *(tomada antes de radiografía)*.
bark [bɑːk] ◇ *n* **-1.** [of dog] ladrido *m*; **his ~ is worse than his bite** *inf* ≃ perro ladrador, poco mordedor **-2.** [on tree] corteza *f*. ◇ *vt* gritar. ◇ *vi*: **to ~ (at)** ladrar (a).
barking ['bɑːkɪŋ] ◇ *adj UK inf* [crazy]: **~ mad** loco(ca) de remate. ◇ *n (U)* ladridos *mpl*.
barley ['bɑːlɪ] *n* cebada *f*.
barley sugar *n UK* azúcar *m* OR *f* cande.
barley water *n UK* hordiate *m*.
barmaid ['bɑːmeɪd] *n* camarera *f*.
barman ['bɑːmən] (*pl* **-men** [-mən]) *n* camarero *m*, barman *m*.
barmy ['bɑːmɪ] (*compar* **-ier**, *superl* **-iest**) *adj UK inf* chalado(da), chiflado(da).
barn [bɑːn] *n* granero *m*.
barnacle ['bɑːnəkl] *n* percebe *m*.
barn dance *n* baile *m* campestre.
barn owl *n* lechuza *f*.
barometer [bə'rɒmɪtə^r] *n* barómetro *m*; *fig* [of public opinion etc] piedra *f* de toque.
baron ['bærən] *n* barón *m*; **press/oil ~** *fig* magnate *m* de la prensa/del petróleo.
baroness ['bærənɪs] *n* baronesa *f*.
baronet ['bærənɪt] *n* baronet *m*.
baroque [bə'rɒk] *adj* barroco(ca).
barrack ['bærək] *vt UK* abroncar, abuchear.
◆ **barracks** *npl* cuartel *m*.
barracking ['bærəkɪŋ] *n UK* bronca *f*, abucheo *m*.
barracuda [ˌbærə'kuːdə] *n* barracuda *f*.
barrage ['bærɑːʒ] *n* **-1.** [of firing] descarga *f*, fuego *m* intenso de artillería **-2.** [of questions] aluvión *m*, alud *m* **-3.** *UK* [dam] presa *f*, dique *m*.
barred [bɑːd] *adj* enrejado(da).
barrel ['bærəl] *n* **-1.** [for beer, wine, oil] barril *m* **-2.** [of gun] cañón *m*.
barrel organ *n* organillo *m*.
barren ['bærən] *adj* estéril.
barrette [bə'ret] *n US* pasador *m*.
barricade [ˌbærɪ'keɪd] ◇ *n* barricada *f*. ◇ *vt* levantar barricadas en; **to ~ o.s. in** atrincherarse OR parapetarse en.
barrier ['bærɪə^r] *n lit & fig* barrera *f*.
barrier cream *n UK* crema *f* protectora.
barring ['bɑːrɪŋ] *prep* salvo; **~ a miracle** a menos que ocurra un milagro.
barrister ['bærɪstə^r] *n UK* abogado *m*, -da *f* *(de tribunales superiores)*.
barroom ['bɑːrʊm] *n US* bar *m*.
barrow ['bærəʊ] *n* carrito *m*.
bar stool *n* taburete *m (de bar)*.
bartender ['bɑːtendə^r] *n esp US* camarero *m*, -ra *f*.
barter ['bɑːtə^r] ◇ *n* trueque *m*. ◇ *vt*: **to ~ (sthg for sthg)** trocar (algo por algo). ◇ *vi* trocar.

base [beɪs] ◇ *n* base *f.* ◇ *vt* **-1.** [place, establish] emplazar; **he's ~d in Paris** vive en París **-2.** [use as starting point]: **to ~ sthg on** *OR* **upon** basar algo en. ◇ *adj pej* bajo(ja), vil.
baseball ['beɪsbɔ:l] *n* béisbol *m.*
baseball cap *n* gorra *f* de visera.
baseboard ['beɪbɔ:d] *n US* rodapié *m.*
base camp *n* campamento *m* base.
Basel, Basle ['bɑ:zəl] *n* Basilea.
baseless ['beɪslɪs] *adj* infundado(da).
baseline ['beɪslaɪn] *n* [in tennis] línea *f* de fondo.
basement ['beɪsmənt] *n* sótano *m.*
base metal *n dated* metal *m* no precioso.
base rate *n* tipo *m* de interés base.
bases ['beɪsi:z] *pl* ▷ **basis.**
bash [bæʃ] *inf* ◇ *n* **-1.** [painful blow] porrazo *m* **-2.** [attempt]: **to have a ~ at sthg** intentar algo **-3.** [party] juerga *f.* ◇ *vt* **-1.** [hit - person, thing] darle un porrazo a; [- one's head, knee] darse un porrazo en **-2.** [criticize] arremeter contra.
bashful ['bæʃfʊl] *adj* [person] vergonzoso(sa); [smile] tímido(da).
basic ['beɪsɪk] *adj* básico(ca).
◆ **basics** *npl* **-1.** [rudiments] principios *mpl* básicos **-2.** [essentials] lo imprescindible.
basically ['beɪsɪklɪ] *adv* **-1.** [essentially] esencialmente **-2.** [really] en resumen.
basic rate *n UK* tipo *m* base.
basic wage *n* sueldo *m* base.
basil ['bæzl] *n* albahaca *f.*
basin ['beɪsn] *n* **-1.** *UK* [bowl] balde *m,* barreño *m* **-2.** [wash basin] lavabo *m* **-3.** *GEOGR* cuenca *f.*
basis ['beɪsɪs] (*pl* **bases**) *n* base *f;* **on the ~ of** de acuerdo con, a partir de; **on a weekly ~** semanalmente; **on a monthly ~** mensualmente.
bask [bɑ:sk] *vi* **-1.** [sunbathe]: **to ~ in the sun** tostarse al sol **-2.** *fig*: **to ~ in** [sb's approval, praise] gozar de.
basket ['bɑ:skɪt] *n* **-1.** [container] cesta *f* **-2.** [in basketball] canasta *f.*
basketball ['bɑ:skɪtbɔ:l] ◇ *n* baloncesto *m.* ◇ *comp* de baloncesto.
basketwork ['bɑ:skɪtwɜ:k] *n* cestería *f.*
basking shark ['bɑ:skɪŋ-] *n* tiburón *m* peregrino.
Basle [bɑ:l] = **Basel.**
Basque [bɑ:sk] ◇ *adj* vasco(ca). ◇ *n* **-1.** [person] vasco *m,* -ca *f* **-2.** [language] vascuence *m,* euskera *m.*
Basque Country [bɑ:sk-] *n*: **the ~** el País Vasco, Euskadi.
bass [beɪs] ◇ *adj* bajo(ja). ◇ *n* **-1.** [singer, bass guitar] bajo *m* **-2.** [double bass] contrabajo *m* **-3.** [on hi-fi, amplifier] graves *mpl.*
bass [bæs] (*pl inv OR* **-es**) *n* [seawater fish] lubina *f.*
bass clef [beɪs-] *n* clave *f* de fa.
bass drum [beɪs-] *n* bombo *m.*
basset (hound) ['bæsɪt-] *n* basset *m.*
bass guitar [beɪs-] *n* bajo *m.*
bassoon [bə'su:n] *n* fagot *m.*
bass player [beɪs-] *n* bajista *m OR f.*
bastard ['bɑ:stəd] *n* **-1.** [illegitimate child] bastardo *m,* -da *f* **-2.** *v inf pej* cabrón *m,* -ona *f,* concha *f* de su madre *RP.*
baste [beɪst] *vt* regar con grasa.
bastion ['bæstɪən] *n* bastión *m.*
bat [bæt] (*pt* & *pp* **-ted**, *cont* **-ting**) ◇ *n* **-1.** [animal] murciélago *m* **-2.** [for cricket, baseball] bate *m* **-3.** [for table-tennis] pala *f,* paleta *f* **-4.** *phr*: **I did it off my own ~** lo hice por mi cuenta. ◇ *vt* & *vi* batear.
batch [bætʃ] *n* **-1.** [of bread] hornada *f* **-2.** [of letters etc] remesa *f* **-3.** [of work] montón *m* **-4.** [of products] lote *m,* partida *f* **-5.** [of people] grupo *m,* tanda *f.*
batch file *n COMPUT* fichero *m* por lotes.
batch processing *n COMPUT* proceso *m* por lotes.
bated ['beɪtɪd] *adj*: **with ~ breath** con el aliento contenido.
bath [bɑ:θ] ◇ *n* **-1.** [bathtub] bañera *f,* bañadera *f* **Arg**, tina *f* **Amér** **-2.** [act of washing] baño *m,* bañada *f* **Amér**; **to have** *OR* **take a ~** darse un baño, bañarse. ◇ *vt* bañar.
◆ **baths** *npl UK* [public swimming pool] piscina *f* municipal, alberca *f* municipal **Méx**, pileta *f* municipal **RP**.
bath chair *n* silla *f* de ruedas.
bath cube *n cubito con esencias aromáticas para el baño.*
bathe [beɪð] ◇ *vt* **-1.** [wound] lavar **-2.** [suffuse]: **to be ~d in** *OR* **with** estar bañado(da) de. ◇ *vi* bañarse.
bather ['beɪðəʳ] *n* bañista *m OR f.*
bathing ['beɪðɪŋ] *n (U)* baños *mpl.*
bathing cap *n* gorro *m* de baño.
bathing costume, bathing suit *n* traje *m* de baño, bañador *m,* malla *f* **Amér**.
bathing trunks *npl* bañador *m.*
bath mat *n* alfombrilla *f* de baño, tapete *m* de baño **Col, Méx**.
bath oil *n* aceite *m* de baño.
bathrobe ['bɑ:θrəʊb] *n* **-1.** [made of towelling] albornoz *m* **-2.** [dressing gown] batín *m,* bata *f.*
bathroom ['bɑ:θrʊm] *n* **-1.** *UK* [room with bath] (cuarto *m* de) baño *m* **-2.** [toilet] servicio *m.*
bath salts *npl* sales *fpl* de baño.
bath towel *n* toalla *f* de baño.
bathtub ['bɑ:θtʌb] *n* bañera *f.*

batik [bə'ti:k] *n batik m.*
baton ['bætən] *n* **-1.** [of conductor] batuta *f* **-2.** [in relay race] testigo *m* **-3.** *UK* [of policeman] porra *f.*
baton charge *n UK* carga *f* policial *(con porras).*
batsman ['bætsmən] (*pl* **-men** [-mən]) *n* bateador *m.*
battalion [bə'tæljən] *n* batallón *m.*
batten ['bætn] *n* listón *m* (de madera).
◆ **batten down** *vt fus* sujetar con listones.
batter ['bætə^r] ◇ *n* pasta *f* para rebozar; *US* [for cakes] mezcla *f* pastelera. ◇ *vt* **-1.** [child, woman] pegar **-2.** [door, ship] golpear.
◆ **batter down** *vt sep* echar abajo.
battered ['bætəd] *adj* **-1.** [child, woman] maltratado(da) **-2.** [car, hat] abollado(da) **-3.** [fish, vegetables, etc] rebozado(da).
battering ['bætərɪŋ] *n* paliza *f.*
battering ram *n* ariete *m.*
battery ['bætərɪ] (*pl* **-ies**) *n* **-1.** [of radio, toy] pila *f*; [of car, guns] batería *f* **-2.** [array, set] serie *f*, conjunto *m.*
battery charger *n* cargador *m* de pilas.
battery farming *n* avicultura *f* intensiva.
battery hen *n* gallina *f* de granja intensiva.
battle ['bætl] ◇ *n* **-1.** [in war] batalla *f* **-2.** [struggle]: ~ **(for/against/with)** lucha *f* (por/contra/con); ~ **of wits** duelo *m* de ingenio; **self-confidence is half the** ~ confiar en uno mismo es llevar medio camino andado; **to be fighting a losing** ~ luchar por una causa perdida. ◇ *vi*: **to** ~ **(for/against/with)** luchar (por/contra/con).
battledress ['bætldres] *n UK* uniforme *m.*
battlefield ['bætlfi:ld], **battleground** ['bætlgraʊnd] *n lit & fig* campo *m* de batalla.
battlements ['bætlmənts] *npl* almenas *fpl.*
battleship ['bætlʃɪp] *n* acorazado *m.*
bauble ['bɔ:bl] *n* **-1.** [ornament] baratija *f* **-2.** [for Christmas tree] bola *f* de Navidad.
baud [bɔ:d] *n* baudio *m.*
baud rate *n* velocidad *f* de transmisión.
baulk [bɔ:k] = **balk.**
Bavaria [bə'veərɪə] *n* Baviera.
Bavarian [bə'veərɪən] ◇ *adj* bávaro(ra). ◇ *n* bávaro *m*, -ra *f.*
bawdy ['bɔ:dɪ] (*compar* **-ier**, *superl* **-iest**) *adj* verde, picante.
bawl [bɔ:l] ◇ *vt* gritar. ◇ *vi* **-1.** [shout] vociferar **-2.** [cry] berrear.
bay [beɪ] ◇ *n* **-1.** [of coast] bahía *f* **-2.** [for loading] zona *f* de carga y descarga **-3.** [for parking] plaza *f*, estacionamiento *m* **-4.** [horse] caballo *m* bayo **-5.** *phr*: **to keep sthg/sb at** ~ mantener algo/a alguien a raya. ◇ *vi* aullar.
bay leaf *n* (hoja *f* de) laurel *m.*
bayonet ['beɪənɪt] *n* bayoneta *f.*
bay tree *n* laurel *m.*
bay window *n* ventana *f* salediza.
bazaar [bə'zɑ:^r] *n* **-1.** [market] bazar *m*, zoco *m* **-2.** *UK* [charity sale] mercadillo *m* benéfico.
bazooka [bə'zu:kə] *n* bazuca *m.*
B & B *abbr of* **bed and breakfast.**
BBC (*abbr of* **British Broadcasting Corporation**) *n* BBC *f*, *compañía estatal británica de radiotelevisión.*
BC **-1.** (*abbr of* **before Christ**) a.C. **-2.** *abbr of* **British Columbia.**
BCG (*abbr of* **Bacillus Calmette-Guérin**) *n vacuna de la tuberculosis.*
be [bi:] (*pt* **was** *OR* **were**, *pp* **been**) ◇ *aux vb* **-1.** *(in combination with present participle: to form cont tense)* estar; **what is he doing?** ¿qué hace *OR* está haciendo?; **it's snowing** está nevando; **I'm leaving tomorrow** me voy mañana; **they've been promising it for years** han estado prometiéndolo durante años **-2.** *(in combination with pp: to form passive)* ser; **to** ~ **loved** ser amado; **there was no one to** ~ **seen** no se veía a nadie; **ten people were killed** murieron diez personas **-3.** *(in question tags)*: **you're not going now, are you?** no irás a marcharte ya ¿no?; **the meal was delicious, wasn't it?** la comida fue deliciosa ¿verdad? **-4.** *(followed by 'to' + infin)*: **I'm to be promoted** me van a ascender; **you're not to tell anyone** no debes decírselo a nadie. ◇ *copulative vb* **-1.** *(with adj, n)* [indicating innate quality, permanent condition] ser; [indicating state, temporary condition] estar; **snow is white** la nieve es blanca; **she's intelligent/tall** es inteligente/alta; **to** ~ **a doctor/plumber** ser médico/fontanero; **I'm Welsh** soy galés; ~ **quiet!** ¡cállate!; **1 and 1 are 2** 1 y 1 son 2; **your hands are cold** tus manos están frías; **I'm tired/angry** estoy cansado/enfadado; **I'm hot** tengo calor; **he's in a difficult position** está en una situación difícil **-2.** [referring to health] estar; **she's ill/better** está enferma/mejor; **how are you?** ¿cómo estás?, ¿qué tal? **-3.** [referring to age]: **how old are you?** ¿qué edad *OR* cuántos años tienes?; **I'm 20 (years old)** tengo 20 años **-4.** [cost] ser, costar; **how much is it?** ¿cuánto es?; **how much was it?** ¿cuánto costó?; **that will** ~ **£10, please** son 10 libras; **apples are only 40p a kilo today** hoy las manzanas están a tan sólo 40 peniques el kilo. ◇ *vi* **-1.** [exist] ser, existir; **the worst prime minister that ever was** el peor primer ministro de todos los tiempos; ~ **that as it may** aunque así sea; **there is/are** hay; **is there life on Mars?** ¿hay vida en Marte? **-2.** [referring to place] estar; **Valencia is in Spain**

Valencia está en España; **he will ~ here tomorrow** estará aquí mañana **-3.** [referring to movement] estar; **where have you been?** ¿dónde has estado? ◇ *impersonal vb* **-1.** [referring to time, dates] ser; **it's two o'clock** son las dos; **it's the 17th of February** estamos a 17 de febrero **-2.** [referring to distance]: **it's 3 km to the next town** hay 3 kms hasta el próximo pueblo **-3.** [referring to the weather]: **it's hot/cold/windy** hace calor/frío/viento **-4.** [for emphasis] ser; **it's me** soy yo; **it's the milkman** es el lechero.

beach [biːtʃ] ◇ *n* playa *f.* ◇ *vt* varar.

beach ball *n* pelota *f* de playa.

beach buggy *n* todoterreno *m* para playa.

beachcomber ['biːtʃˌkəʊməʳ] *n* [person] *persona que va buscando objetos de valor en la playa.*

beachhead ['biːtʃhed] *n* MIL cabeza *f* de playa.

beachwear ['biːtʃweəʳ] *n* ropa *f* de playa.

beacon ['biːkən] *n* **-1.** [warning fire] almenara *f* **-2.** [lighthouse] faro *m* **-3.** [radio beacon] radiofaro *m.*

bead [biːd] *n* **-1.** [of wood, glass] cuenta *f,* abalorio *m* **-2.** [of sweat] gota *f.*

beading ['biːdɪŋ] *n (U)* [on furniture] moldura *f;* [on walls] astrágalo *m.*

beady ['biːdɪ] (*compar* **-ier**, *superl* **-iest**) *adj*: **~ eyes** ojos pequeños y brillantes.

beagle ['biːgl] *n* beagle *m.*

beak [biːk] *n* pico *m.*

beaker ['biːkəʳ] *n* taza *f (sin asa).*

be-all *n*: **money isn't the ~ and end-all** el dinero no lo es todo.

beam [biːm] ◇ *n* **-1.** [of wood, concrete] viga *f* **-2.** [of light] rayo *m.* ◇ *vt* transmitir. ◇ *vi* **-1.** [smile] sonreír resplandeciente **-2.** [shine] resplandecer, brillar.

beaming ['biːmɪŋ] *adj* radiante.

bean [biːn] *n* CULIN [haricot] judía *f,* habichuela *f,* frijol *m* **Amér**, poroto *m* **Andes, CSur**, caraota *f* **Ven**; [of coffee] grano *m*; **to be full of ~s** *inf* estar lleno de energía; **to spill the ~s** *inf* descubrir el pastel.

beanbag ['biːnbæg] *n cojín grande relleno de bolitas de polietileno.*

beanshoot ['biːnʃuːt], **beansprout** ['biːnspraʊt] *n* brote *m* de soja.

bear [beəʳ] (*pt* **bore**, *pp* **borne**) ◇ *n* **-1.** [animal] oso *m,* -sa *f* **-2.** ST EX bajista *m* OR *f.* ◇ *vt* **-1.** [carry] llevar **-2.** [support] soportar **-3.** [responsibility] cargar con **-4.** [marks, signs] llevar **-5.** [endure] aguantar **-6.** [fruit, crop] dar **-7.** [child] dar a luz **-8.** [feeling] guardar, albergar **-9.** FIN [interest] devengar. ◇ *vi*: **to ~ left** torcer OR doblar a la izquierda; **to bring pressure/influence to ~ on** ejercer presión/influencia sobre.

◆ **bear down** *vi*: **to ~ down on** echarse encima de.

◆ **bear out** *vt sep* corroborar.

◆ **bear up** *vi* resistir.

◆ **bear with** *vt fus* tener paciencia con; **if you could just ~ with me a moment ...** si no le importa esperar un momento ...

bearable ['beərəbl] *adj* soportable.

beard [bɪəd] *n* barba *f.*

bearer ['beərəʳ] *n* **-1.** [of stretcher, news, cheque] portador *m,* -ra *f* **-2.** [of passport] titular *m* OR *f* **-3.** [of name, title] poseedor *m,* -ra *f.*

bear hug *n inf* fuerte abrazo *m.*

bearing ['beərɪŋ] *n* **-1.** [connection]: **~ (on)** relación *f* (con) **-2.** [deportment] porte *m* **-3.** [for shaft] cojinete *m* **-4.** [on compass] rumbo *m,* orientación *f*; **to get one's ~s** orientarse; **to lose one's ~s** desorientarse.

bear market *n* ST EX mercado *m* a la baja.

bearskin ['beəskɪn] *n* **-1.** [fur] piel *f* de oso **-2.** [hat] birretina *f.*

beast [biːst] *n lit & fig* bestia *f.*

beastly ['biːstlɪ] (*compar* **-ier**, *superl* **-iest**) *adj dated* atroz.

beat [biːt] (*pt* **beat**, *pp* **beaten**) ◇ *n* **-1.** [of drum] golpe *m* **-2.** [of heart, pulse] latido *m* **-3.** MUS [rhythm] ritmo *m*; [individual unit of time] golpe *m (de compás)* **-4.** [of wings] batido *m* **-5.** [of policeman] ronda *f.* ◇ *adj inf* hecho(cha) polvo. ◇ *vt* **-1.** [hit - person] pegar; [- thing] golpear; [- carpet] sacudir **-2.** [wings, eggs, butter] batir **-3.** MUS [time] marcar **-4.** [defeat]: **to ~ sb (at sthg)** ganar a alguien (a algo); **it ~s me** *inf* no me lo explico **-5.** [reach ahead of]: **to ~ sb (to sthg)** adelantarse a alguien (en algo) **-6.** [be better than] ser mucho mejor que **-7.** *phr*: **~ it!** *inf* ¡largo! ◇ *vi* **-1.** [rain] golpear **-2.** [heart, pulse] latir; [drums] redoblar.

◆ **beat down** ◇ *vt sep* [seller]: **I managed to ~ him down** conseguí que me hiciera una rebaja. ◇ *vi* **-1.** [sun] pegar fuerte **-2.** [rain] descargar.

◆ **beat off** *vt sep* [attackers] repeler.

◆ **beat up** *vt sep inf* dar una paliza a.

◆ **beat up on** *vt sep US inf* dar una paliza a.

beater ['biːtəʳ] *n* **-1.** [for eggs] batidora *f* **-2.** [for carpet] sacudidor *m* **-3.** [of wife, child]: **he's a wife ~** pega a su mujer.

beating ['biːtɪŋ] *n* **-1.** [hitting] paliza *f,* golpiza *f* **Amér** **-2.** [defeat] derrota *f*; **to take some ~** *inf* ser difícil de superar.

beatnik ['biːtnɪk] *n* beatnik *m* OR *f.*

beat-up *adj inf* destartalado(da).

beautician [bjuː'tɪʃn] *n* esteticista *m* OR *f,* esteticienne *f.*

beautiful ['bju:tɪfʊl] *adj* **-1.** [person] guapo(pa) **-2.** [thing, animal] precioso(sa) **-3.** *inf* [very good - shot, weather] espléndido(da).

beautifully ['bju:təflɪ] *adv* **-1.** [attractively] bellamente **-2.** *inf* [very well] espléndidamente.

beauty ['bju:tɪ] (*pl* **-ies**) ◇ *n* belleza *f.* ◇ *comp* de belleza.

beauty contest *n* concurso *m* de belleza.

beauty parlour *n* salón *m* de belleza.

beauty queen *n* miss *f.*

beauty salon = **beauty parlour**.

beauty spot *n* **-1.** [picturesque place] bello paraje *m* **-2.** [on skin] lunar *m.*

beaver ['bi:vəʳ] *n* castor *m.*

◆ **beaver away** *vi*: **to ~ away (at)** trabajar con afán (en).

becalmed [bɪ'kɑ:md] *adj* parado(da) por falta de viento.

became [bɪ'keɪm] *pt* ▷ **become**.

because [bɪ'kɒz] *conj* porque.

◆ **because of** *prep* por, a causa de.

béchamel sauce [ˌbeɪʃə'mel-] *n* besamel *f.*

beck [bek] *n*: **to be at sb's ~ and call** estar siempre a disposición de alguien.

beckon ['bekən] ◇ *vt* [signal to] llamar (con un gesto). ◇ *vi* [signal]: **to ~ to sb** llamar (con un gesto) a alguien.

become [bɪ'kʌm] (*pt* **became**, *pp* **become**) *vi* hacerse; **to ~ happy** ponerse contento; **to ~ suspicious** volverse receloso; **to ~ angry** enfadarse; **he became Prime Minister in 1991** en 1991 se convirtió en primer ministro; **what has ~ of ...?** ¿qué ha sido de ...?

becoming [bɪ'kʌmɪŋ] *adj* **-1.** [attractive] favorecedor(ra) **-2.** [appropriate] apropiado(da).

bed [bed] (*pt* & *pp* **-ded**, *cont* **-ding**) *n* **-1.** [to sleep on] cama *f*; **to go to ~** irse a la cama; **to make the ~** hacer la cama; **to put sb to ~** acostar a alguien; **to go to ~ with** *euphemism* acostarse con **-2.** [flowerbed] macizo *m*; **a ~ of roses** *fig* un lecho de rosas **-3.** [of sea] fondo *m*; [of river] lecho *m*, cauce *m.*

◆ **bed down** *vi* acostarse.

bed and breakfast *n* [service] cama *f* y desayuno; [hotel] ≃ pensión *f.*

bed-bath *n lavado que se hace a alguien que está en cama.*

bedbug ['bedbʌg] *n* chinche *m* OR *f.*

bedclothes ['bedkləʊðz] *npl* ropa *f* de cama.

bedcover ['bedˌkʌvəʳ] *n* colcha *f.*

bedding ['bedɪŋ] *n* ropa *f* de cama.

bedding plant *n* planta *f* de jardín.

bedeck [bɪ'dek] *vt*: **to ~ sthg with** engalanar algo con.

bedevil [bɪ'devl] (*UK pt* & *pp* **-led**, *cont* **-ling**, *US pt* & *pp* **-ed**, *cont* **-ing**) *vt*: **to be bedevilled with** estar plagado(da) de.

bedfellow ['bedˌfeləʊ] *n fig*: **strange ~** extraña pareja.

bedlam ['bedləm] *n* jaleo *m*, alboroto *m.*

bed linen *n* ropa *f* de cama.

Bedouin, Beduin ['bedʊɪn] ◇ *adj* beduino(na). ◇ *n* beduino *m*, -na *f.*

bedpan ['bedpæn] *n* cuña *f.*

bedraggled [bɪ'drægld] *adj* mojado y sucio (mojada y sucia).

bedridden ['bedˌrɪdn] *adj* postrado(da) en cama.

bedrock ['bedrɒk] *n (U)* **-1.** GEOL roca *f* sólida **-2.** *fig* [solid foundation] cimientos *mpl.*

bedroom ['bedrʊm] *n* **-1.** [at home] dormitorio *m*, recámara *f Cam & Méx* **-2.** [in hotel] habitación *f*, recámara *f Cam & Méx.*

Beds [beds] (*abbr of* **Bedfordshire**) *condado inglés.*

bedside ['bedsaɪd] *n* [side of bed] lado *m* de la cama; [of ill person] lecho *m*; **~ lamp** lámpara *f* de noche; **~ table** mesita *f* de noche, nochero *m Amér*, buró *m Méx.*

bedside manner *n* actitud *f* hacia el enfermo.

bed-sit(ter) *n UK habitación alquilada con cama.*

bedsore ['bedsɔ:ʳ] *n* úlcera *f* por decúbito.

bedspread ['bedspred] *n* colcha *f.*

bedtime ['bedtaɪm] *n* hora *f* de irse a la cama.

Beduin = **Bedouin**.

bed-wetting [-ˌwetɪŋ] *n (U)* enuresis *f inv* MED.

bee [bi:] *n* abeja *f*; **to have a ~ in one's bonnet about** tener una fijación con.

Beeb [bi:b] *n UK inf*: **the ~** la BBC.

beech [bi:tʃ] *n* haya *f.*

beef [bi:f] *n* carne *f* de vaca, carne *f* de res *Amér.*

◆ **beef up** *vt sep inf* reforzar.

beefburger ['bi:fˌbɜ:gəʳ] *n* hamburguesa *f.*

Beefeater ['bi:fˌi:təʳ] *n guardián de la Torre de Londres.*

beef jerky *n US* tasajo *m*, cecina *f.*

beefsteak ['bi:fˌsteɪk] *n* bistec *m*, bife *m RP.*

beehive ['bi:haɪv] *n* **-1.** [for bees] colmena *f* **-2.** [hairstyle] moño *m* alto.

beekeeper ['bi:ˌki:pəʳ] *n* apicultor *m*, -ra *f*, colmenero *m*, -ra *f.*

beeline ['bi:laɪn] *n*: **to make a ~ for** *inf* irse derechito(ta) hacia.

been [bi:n] *pp* ▷ **be**.

beep [bi:p] *inf* ◇ *n* pitido *m.* ◇ *vi* pitar.

beeper ['bi:pəʳ] *n* buscapersonas *m inv.*

beer [bɪəʳ] *n* cerveza *f*.
beer garden *n* terraza *f* interior (de bar).
beer mat *n* posavasos *m inv (de cartón)*.
beeswax ['bi:zwæks] *n* cera *f* de abeja.
beet [bi:t] *n* **-1.** [sugar beet] remolacha *f* azucarera **-2.** *US* [beetroot] remolacha *f*, betabel *m Méx*, betarraga *f Chile*.
beetle ['bi:tl] *n* escarabajo *m*.
beetroot ['bi:tru:t] *n* remolacha *f*, betabel *m Méx*, betarraga *f Chile*.
befall [bɪ'fɔ:l] (*pt* **-fell** [-'fel], *pp* **-fallen** [-'fɔ:lən]) *literary* ◇ *vt* acontecer a. ◇ *vi* acontecer.
befit [bɪ'fɪt] (*pt* & *pp* **-ted**, *cont* **-ting**) *vt fml* corresponder a.
before [bɪ'fɔ:ʳ] ◇ *adv* antes, endenantes *Amér*; **we went the year ~** fuimos el año anterior. ◇ *prep* **-1.** [in time] antes de; **they arrived ~ us** llegaron antes que nosotros **-2.** [in space - facing] ante, delante de. ◇ *conj* antes de; **~ it's too late** antes de que sea demasiado tarde.
beforehand [bɪ'fɔ:hænd] *adv* con antelación, de antemano.
befriend [bɪ'frend] *vt* hacer *OR* entablar amistad con.
befuddled [bɪ'fʌdld] *adj* liado(da), confundido(da).
beg [beg] (*pt* & *pp* **-ged**, *cont* **-ging**) ◇ *vt* **-1.** [money, food] mendigar, pedir **-2.** [favour, forgiveness] suplicar; **to ~ sb to do sthg** rogar a alguien que haga algo; **to ~ sb for sthg** rogar algo a alguien. ◇ *vi* **-1.** [for money, food]: **to ~ (for sthg)** pedir *OR* mendigar (algo) **-2.** [for favour, forgiveness]: **to ~ (for sthg)** suplicar *OR* rogar (algo).
began [bɪ'gæn] *pt* ▷ **begin**.
beggar ['begəʳ] *n* [poor person] mendigo *m*, -ga *f*.
begin [bɪ'gɪn] (*pt* **began**, *pp* **begun**, *cont* **-ning**) ◇ *vt*: **to ~ (doing** *OR* **to do sthg)** empezar *OR* comenzar (a hacer algo). ◇ *vi* empezar, comenzar; **to ~ with** para empezar, de entrada.
beginner [bɪ'gɪnəʳ] *n* principiante *m OR f*.
beginning [bɪ'gɪnɪŋ] *n* comienzo *m*, principio *m*; **at the ~ of the month** a principios de mes; **from ~ to end** de principio a fin.
begonia [bɪ'gəʊnjə] *n* begonia *f*.
begrudge [bɪ'grʌdʒ] *vt* **-1.** [envy]: **to ~ sb sthg** envidiar a alguien algo **-2.** [give, do unwillingly]: **to ~ doing sthg** hacer algo de mala gana *OR* a regañadientes.
beguile [bɪ'gaɪl] *vt* [charm] seducir.
beguiling [bɪ'gaɪlɪŋ] *adj* seductor(ra).
begun [bɪ'gʌn] *pp* ▷ **begin**.
behalf [bɪ'hɑ:f] *n*: **on ~ of** *UK*, **in ~ of** *US* en nombre *OR* en representación de.
behave [bɪ'heɪv] ◇ *vt*: **to ~ o.s.** portarse bien. ◇ *vi* **-1.** [in a particular way] comportarse, portarse **-2.** [in an acceptable way] comportarse *OR* portarse bien.
behaviour *UK*, **behavior** *US* [bɪ'heɪvjəʳ] *n* comportamiento *m*, conducta *f*.
behaviourism *UK*, **behaviorism** *US* [bɪ'heɪvjərɪzm] *n* conductismo *m*.
behead [bɪ'hed] *vt* decapitar.
beheld [bɪ'held] *pt* & *pp* ▷ **behold**.
behind [bɪ'haɪnd] ◇ *prep* **-1.** [in space] detrás de **-2.** [causing, responsible for] detrás de **-3.** [in support of] con; **we're ~ you** nosotros te apoyamos **-4.** [in time]: **to be ~ schedule** ir retrasado(da) **-5.** [less successful than] por detrás de. ◇ *adv* **-1.** [in space] detrás **-2.** [in time]: **to be ~ (with)** ir atrasado(da) (con) **-3.** [less successful] por detrás. ◇ *n inf* trasero *m*.
behold [bɪ'həʊld] (*pt* & *pp* **beheld**) *vt literary* contemplar.
beige [beɪʒ] ◇ *adj* beige. ◇ *n* (color *m*) beige *m*.
Beijing [ˌbeɪ'dʒɪŋ] *n* Pekín.
being ['bi:ɪŋ] *n* **-1.** [creature] ser *m* **-2.** [state of existing]: **it is no longer in ~** ya no existe; **to come into ~** ver la luz, nacer.
Beirut [ˌbeɪ'ru:t] *n* Beirut; **East/West ~** Beirut Este/Oeste.
Belarus [belə'rʊs] *n* Bielorrusia.
belated [bɪ'leɪtɪd] *adj* tardío(a).
belatedly [bɪ'leɪtɪdlɪ] *adv* tardíamente.
belch [beltʃ] ◇ *n* eructo *m*. ◇ *vt* escupir, arrojar. ◇ *vi* **-1.** [person] eructar **-2.** [smoke, fire] brotar.
beleaguered [bɪ'li:gəd] *adj* **-1.** *MIL* asediado(da) **-2.** *fig* [harassed] acosado(da).
belfry ['belfrɪ] (*pl* **-ies**) *n* campanario *m*.
Belgian ['beldʒən] ◇ *adj* belga. ◇ *n* belga *m OR f*.
Belgium ['beldʒəm] *n* Bélgica.
Belgrade [ˌbel'greɪd] *n* Belgrado.
belie [bɪ'laɪ] (*cont* **belying**) *vt* **-1.** [disprove] contradecir, desmentir **-2.** [give false idea of] esconder, encubrir.
belief [bɪ'li:f] *n* **-1.** [faith, principle]: **~ (in)** creencia *f* (en); **to be beyond ~** ser increíble **-2.** [opinion] opinión *f*; **in the ~ that** con la idea de que.
believable [bɪ'li:vəbl] *adj* creíble.
believe [bɪ'li:v] ◇ *vt* creer; **~ it or not** lo creas o no. ◇ *vi* **-1.** [be religious] ser creyente **-2.** [know to exist, be good]: **to ~ in** creer en.
believer [bɪ'li:vəʳ] *n* **-1.** [religious person] creyente *m OR f* **-2.** [in idea, action]: **~ in sthg**

partidario *m*, -ria *f* de algo.

Belisha beacon [bɪ'li:ʃə-] *n UK farol intermitente junto a paso de peatones.*

belittle [bɪ'lɪtl] *vt* menospreciar.

Belize [be'li:z] *n* Belice.

bell [bel] *n* **-1.** [of church] campana *f*; [handbell] campanilla *f*; [handbell, on door, bike] timbre *m* **-2.** *phr*: **the name rings a ~** el nombre me suena.

bell-bottoms *npl* pantalones *mpl* de campana.

bellhop ['belhɒp] *n US* botones *m inv.*

belligerence [bɪ'lɪdʒərəns] *n* [aggression] belicosidad *f*.

belligerent [bɪ'lɪdʒərənt] *adj* **-1.** [at war] beligerante **-2.** [aggressive] belicoso(sa).

bellow ['beləʊ] <> *vt* gritar. <> *vi* **-1.** [person] rugir **-2.** [bull] bramar.

bellows ['beləʊz] *npl* fuelle *m*.

bellhop ['belhɒp] *n US* botones *m inv.*

bell pepper *n US* pimiento *m* (morrón).

bell-ringer *n* campanero *m*, -ra *f*.

belly ['belɪ] (*pl* **-ies**) *n* **-1.** [of person] barriga *f*, guata *f Chile* **-2.** [of animal] vientre *m*.

bellyache ['belɪeɪk] *inf* <> *n* dolor *m* de barriga. <> *vi* gruñir.

belly button *n inf* ombligo *m*.

belly dancer *n bailarina que practica la danza del vientre.*

belong [bɪ'lɒŋ] *vi* **-1.** [be property]: **to ~ to** pertenecer a **-2.** [be member]: **to ~ to** ser miembro de **-3.** [be situated in right place]: **where does this book ~?** ¿dónde va este libro?; **he felt he didn't ~ there** sintió que no encajaba allí.

belongings [bɪ'lɒŋɪŋz] *npl* pertenencias *fpl*.

Belorussia [ˌbeləʊ'rʌʃə] *n* Bielorrusia.

beloved [bɪ'lʌvd] <> *adj* querido(da). <> *n* amado *m*, -da *f*.

below [bɪ'ləʊ] <> *adv* **-1.** [gen] abajo; **the flat ~** el piso de abajo **-2.** [in text] más abajo; **see ~** véase más abajo **-3.** [with temperatures]: **thirty degrees ~** treinta grados bajo cero. <> *prep* **-1.** [lower than in position] (por) debajo de, bajo **-2.** [lower than in rank, number] por debajo de **-3.** [with temperatures]: **thirty degrees ~ zero** treinta grados bajo cero.

belt [belt] <> *n* **-1.** [for clothing] cinturón *m*, correa *f*; **that was below the ~** eso fue un golpe bajo; **to tighten one's ~** apretarse el cinturón; **under one's ~** a las espaldas de uno **-2.** *TECH* [wide] cinta *f*; [narrow] correa *f* **-3.** [of land, sea] cinturón *m*, franja *f*. <> *vt inf* arrear. <> *vi UK inf* ir a toda mecha.

◆ **belt out** *vt sep inf* cantar a voz en grito.

◆ **belt up** *vi UK inf* cerrar el pico.

beltway ['beltˌweɪ] *n US* carretera *f* de circunvalación.

bemused [bɪ'mju:zd] *adj* perplejo(ja).

bench [bentʃ] <> *n* **-1.** [seat] banco *m* **-2.** [in lab, workshop] mesa *f* de trabajo **-3.** [in sport] banquillo *m*. <> *vt SPORT* mandar al banquillo.

◆ **benches** *npl UK* [pol] escaños *npl*.

bend [bend] (*pt* & *pp* **bent**) <> *n* curva *f*; **round the ~** *inf* majareta, majara. <> *vt* doblar. <> *vi* [person] agacharse; [tree] doblarse; **to ~ over backwards for** hacer todo lo humanamente posible por.

◆ **bends** *npl*: **the ~s** *la enfermedad de los buzos.*

bendy ['bendɪ] (*compar* **-ier**, *superl* **-iest**) *adj UK* flexible.

beneath [bɪ'ni:θ] <> *adv* debajo. <> *prep* **-1.** [under] debajo de, bajo **-2.** [unworthy of] indigno(na) de.

benediction [ˌbenɪ'dɪkʃn] *n* bendición *f*.

benefactor ['benɪfæktə^r] *n* benefactor *m*.

benefactress ['benɪfæktrɪs] *n* benefactora *f*.

beneficial [ˌbenɪ'fɪʃl] *adj*: **~ (to)** beneficioso(sa) (para).

beneficiary [ˌbenɪ'fɪʃərɪ] (*pl* **-ies**) *n* **-1.** *JUR* [of will] beneficiario *m*, -ria *f* **-2.** [of change in law, new rule] beneficiado *m*, -da *f*.

benefit ['benɪfɪt] <> *n* **-1.** [advantage] ventaja *f*; **for the ~ of** en atención a; **to be to sb's ~**, **to be of ~ to sb** ir en beneficio de alguien **-2.** *ADMIN* [allowance of money] subsidio *m*; **to be on ~** *UK* estar cobrando un subsidio estatal. <> *comp* [concert, match] benéfico(ca). <> *vt* beneficiar. <> *vi*: **to ~ from** beneficiarse de.

Benelux ['benɪlʌks] *n* (el) Benelux; **the ~ countries** los países del Benelux.

benevolent [bɪ'nevələnt] *adj* benevolente.

BEng [ˌbi:'eŋ] (*abbr of* **Bachelor of Engineering**) *n* (*titular de un*) *título de ingeniero.*

Bengal [ˌbeŋ'gɔ:l] *n* Bengala; **the Bay of ~** el golfo de Bengala.

benign [bɪ'naɪn] *adj* **-1.** [person] bondadoso(sa) **-2.** *MED* benigno(na).

Benin [be'nɪn] *n* Benin.

bent [bent] <> *pt* & *pp* ▷ **bend**. <> *adj* **-1.** [wire, bar] torcido(da) **-2.** [person, body] encorvado(da) **-3.** *UK inf* [dishonest] corrupto(ta) **-4.** [determined]: **to be ~ on sthg/on doing sthg** estar empeñado(da) en algo/en hacer algo. <> *n* [natural tendency] inclinación *f*; **~ for** don *m OR* talento *m* para.

bequeath [bɪ'kwi:ð] *vt lit* & *fig*: **to ~ sb sthg, to ~ sthg to sb** legar algo a alguien.

bequest [bɪ'kwest] *n* legado *m*.

berate [bɪ'reɪt] *vt* regañar.

Berber ['bɜːbəʳ] ◇ *adj* bereber. ◇ *n* **-1.** [person] bereber *m* OR *f* **-2.** [language] bereber *m.*

bereaved [bɪ'riːvd] (*pl inv*) ◇ *adj* que llora la muerte de un ser querido; **the ~ family** la familia del difunto. ◇ *n*: **the ~** la familia del difunto.

bereavement [bɪ'riːvmənt] *n* pérdida *f (de ser querido).*

bereft [bɪ'reft] *adj literary*: **~ (of)** ayuno(na) (de).

beret ['bereɪ] *n* boina *f.*

Bering Sea ['berɪŋ-] *n*: **the ~** el mar de Bering.

Bering Strait ['berɪŋ-] *n*: **the ~** el estrecho de Bering.

berk [bɜːk] *n UK inf* imbécil *m* OR *f.*

Berks (*abbr of* **Berkshire**) *condado inglés.*

Berlin [bɜː'lɪn] *n* Berlín; **East/West ~** Berlín Este/Oeste; **the ~ Wall** el muro de Berlín.

Berliner [bɜː'lɪnəʳ] *n* berlinés *m*, -esa *f.*

berm [bɜːm] *n US* arcén *m.*

Bermuda [bə'mjuːdə] *n* las Bermudas.

Bermuda shorts *npl* bermudas *mpl.*

Bern [bɜːn] *n* Berna.

berry ['berɪ] (*pl* **-ies**) *n* baya *f.*

berserk [bə'zɜːk] *adj*: **to go ~** ponerse hecho(cha) una fiera.

berth [bɜːθ] ◇ *n* **-1.** [in harbour] amarradero *m*, atracadero *m* **-2.** [in ship, train] litera *f* **-3.** *phr*: **to give sb a wide ~** mantenerse a distancia de alguien. ◇ *vt & vi* atracar.

beseech [bɪ'siːtʃ] (*pt & pp* **besought** OR **beseeched**) *vt literary*: **to ~ (sb to do sthg)** suplicar (a alguien que haga algo).

beset [bɪ'set] (*pt & pp* **beset**, *cont* **-ting**) *adj*: **~ with** OR **by** [subj: person] acosado(da) por; [subj: plan] plagado(da) de.

beside [bɪ'saɪd] *prep* **-1.** [next to] al lado de, junto a **-2.** [compared with] comparado(da) con **-3.** *phr*: **that's ~ the point** eso no importa, eso no viene al caso; **to be ~ o.s. with rage** estar fuera de sí; **to be ~ o.s. with joy** estar loco(ca) de alegría.

besides [bɪ'saɪdz] ◇ *adv* además. ◇ *prep* aparte de.

besiege [bɪ'siːdʒ] *vt lit & fig* asediar; **to be ~d with** verse asediado por.

besotted [bɪ'sɒtɪd] *adj*: **~ with** embobado(da) con.

besought [bɪ'sɔːt] *pt & pp* ▷ **beseech.**

bespectacled [bɪ'spektəkld] *adj* con gafas.

bespoke [bɪ'spəʊk] *adj UK* **-1.** [clothes] (hecho(cha)) a medida **-2.** [tailor] que hace ropa a medida.

best [best] ◇ *adj* mejor; **~ before ...** [on packaging] consumir preferentemente antes de ... ◇ *adv* mejor; **which did you like ~?** ¿cuál te gustó más? ◇ *n*: **she's the ~** es la mejor; **we're the ~** somos los mejores; **to do one's ~** hacerlo lo mejor que uno puede; **to make the ~ of sthg** sacarle el mayor partido posible a algo; **for the ~** para bien; **all the ~** [ending letter] un abrazo; [saying goodbye] que te vaya bien; **to have the ~ of both worlds** tenerlo todo.
◆ **at best** *adv* en el mejor de los casos.

bestial ['bestjəl] *adj* [disgusting] bestial.

best man *n* ≃ padrino *m* de boda.

BEST MAN

En los países anglosajones, el padrino de boda entrega la alianza al novio y pronuncia unas palabras en el banquete, generalmente contando algún chascarrillo sobre el novio.

bestow [bɪ'stəʊ] *vt fml*: **to ~ sthg on sb** [gift] otorgar OR conceder algo a alguien; [praise] dirigir algo a alguien; [title] conferir algo a alguien.

best-seller *n* [book] best seller *m*, éxito *m* editorial.

best-selling *adj* de éxito.

bet [bet] (*pt & pp* **bet** OR **-ted**, *cont* **-ting**) ◇ *n* **-1.** [gen]: **~ (on)** apuesta *f* (a) **-2.** *fig* [prediction] predicción *f*; **it's a safe ~ that** seguro que **-3.** *phr*: **to hedge one's ~s** cubrirse, guardarse las espaldas. ◇ *vt* apostar. ◇ *vi* **-1.** [gamble]: **to ~ (on)** apostar (a) **-2.** [predict]: **to ~ on sthg** contar con (que pase) algo **-3.** *phr*: **you ~!** *inf* ¡ya lo creo!

beta-blocker ['biːtəˌblɒkəʳ] *n* betabloqueante *m.*

Bethlehem ['beθlɪhem] *n* Belén.

betray [bɪ'treɪ] *vt* **-1.** [person, trust, principles] traicionar **-2.** [secret] revelar **-3.** [feeling] delatar.

betrayal [bɪ'treɪəl] *n* **-1.** [of person, trust, principles] traición *f* **-2.** [of secret] revelación *f.*

betrothed [bɪ'trəʊðd] *adj dated*: **~ (to)** prometido(da) (a).

better ['betəʳ] ◇ *adj (compar of good)* mejor; **to get ~** mejorar. ◇ *adv (compar of well)* **-1.** [in quality] mejor **-2.** [more]: **I like it ~** me gusta más; **~ known for** más conocido(da) por **-3.** [preferably]: **we had ~ be going** más vale que nos vayamos ya. ◇ *n* [best one] mejor *m* OR *f*; **to get the ~ of sb** poder con alguien. ◇ *vt* mejorar; **to ~ o.s.** mejorarse.

better half *n inf* media naranja *f.*

better off *adj* **-1.** [financially] mejor de dinero **-2.** [in better situation]: **you'd be ~ going by bus**

sería mejor si vas en autobús.
◆ **better-off** *n*: **the ~** la gente pudiente.
betting ['betɪŋ] *n (U)* apuestas *fpl*.
betting shop *n UK* casa *f* de apuestas.
between [bɪ'twi:n] ◇ *prep* entre; **he sat (in) ~ Paul and Anne** se sentó entre Paul y Anne; **closed ~ 1 and 2** cerrado de 1 a 2. ◇ *adv*: **(in) ~** en medio, entremedio.
bevelled *UK*, **beveled** *US* ['bevld] *adj* biselado(da).
beverage ['bevərɪdʒ] *n fml* bebida *f*.
bevy ['bevɪ] (*pl* **-ies**) *n* [group, women] panda *f*.
beware [bɪ'weə^r] *vi*: **to ~ (of)** tener cuidado (con).
bewildered [bɪ'wɪldəd] *adj* desconcertado(da).
bewildering [bɪ'wɪldərɪŋ] *adj* desconcertante.
bewitched [bɪ'wɪtʃt] *adj* hechizado(da).
bewitching [bɪ'wɪtʃɪŋ] *adj* hechizante.
beyond [bɪ'jɒnd] ◇ *prep* más allá de; **~ midnight** pasada la medianoche; **~ my reach/responsibility** fuera de mi alcance/competencia; **it has changed ~ recognition** está irreconocible. ◇ *adv* más allá.
b/f *abbr of* **brought forward**.
bhp *abbr of* **brake horsepower**.
bi- [baɪ] *prefix* bi-.
biannual [baɪ'ænjʊəl] *adj* semestral.
bias ['baɪəs] *n* **-1.** [prejudice] prejuicio *m* **-2.** [tendency] tendencia *f*, inclinación *f*.
biased ['baɪəst] *adj* parcial; **to be ~ towards/against** tener prejuicios en favor/en contra de.
bib [bɪb] *n* [for baby] babero *m*.
Bible ['baɪbl] *n*: **the ~** la Biblia.
◆ **bible** *n* biblia *f*.
biblical ['bɪblɪkl] *adj* bíblico(ca).
bibliography [ˌbɪblɪ'ɒgrəfɪ] (*pl* **-ies**) *n* bibliografía *f*.
bicarbonate of soda [baɪ'kɑ:bənət-] *n* bicarbonato *m* sódico.
bicentenary *UK* [ˌbaɪsen'ti:nərɪ] (*pl* **-ies**), **bicentennial** *US* [ˌbaɪsen'tenjəl] *n* bicentenario *m*.
biceps ['baɪseps] (*pl inv*) *n* bíceps *m inv*.
bicker ['bɪkə^r] *vi* reñir.
bickering ['bɪkərɪŋ] *n (U)* discusiones *fpl*.
bicycle ['baɪsɪkl] ◇ *n* bicicleta *f*. ◇ *comp* de bicicleta.
bicycle path *n* camino *m* para bicicletas.
bicycle pump *n* bomba *f* de bicicleta.
bid [bɪd] (*pt & pp vt sense 1 & vi* **bid**, *cont* **bidding**, *pt vt senses 2 & 3* **bid** *OR* **bade**, *pp vt senses 2 & 3* **bid** *OR* **bidden** ['bɪdn], *cont* **bidding**) ◇ *n* **-1.** [attempt]: **~ (for)** intento *m* (de hacerse con) **-2.** [at auction] puja *f* **-3.** [financial offer]: **~ (for sthg)** oferta *f* (para adquirir algo). ◇ *vt* **-1.** [money] ofrecer; [at auction] pujar **-2.** *literary* [request]: **to ~ sb do sthg** invitar a alguien a hacer algo **-3.** *fml* [wish]: **to ~ sb good morning** dar los buenos días a alguien. ◇ *vi*: **to ~ (for)** [at auction] pujar (por); [contract] hacer una oferta (por).
bidder ['bɪdə^r] *n* postor *m*, -ra *f*; **to sell to the highest ~** vender al mejor postor.
bidding ['bɪdɪŋ] *n (U)* [at auction] puja *f*.
bide [baɪd] *vt*: **to ~ one's time** esperar el momento oportuno.
bidet ['bi:deɪ] *n* bidé *m*.
biennial [baɪ'enɪəl] ◇ *adj* bienal. ◇ *n* [plant] planta *f* bienal.
bier [bɪə^r] *n* andas *fpl*.
bifocals [ˌbaɪ'fəʊklz] *npl* gafas *fpl* bifocales.
big [bɪg] (*compar* **-ger**, *superl* **-gest**) *adj* **-1.** [large, important] grande, gran *(before singular nouns)*; **a ~ problem** un gran problema; **~ problems** grandes problemas **-2.** [older] mayor **-3.** [successful] popular **-4.** *phr*: **she's into modern art in a ~ way** le va mucho el arte moderno.
bigamy ['bɪgəmɪ] *n* bigamia *f*.
Big Apple *n*: **the ~** Nueva York.
big bang *n* ASTRON: **the ~** el big bang.
Big Ben *n* el Big Ben.
big business *n (U)* [large companies] las grandes compañías.
big cat *n* felino *m* grande.
big deal *inf* ◇ *n*: **it's no ~** no tiene (la menor) importancia. ◇ *excl* ¡y a mí qué!
Big Dipper [-'dɪpə^r] *n* **-1.** *UK* [rollercoaster] montaña *f* rusa **-2.** *US* ASTRON: **the ~** la Osa Mayor.
big end *n* cabeza *f* de biela.
big fish *n inf* [person] pez *m* gordo.
big game *n* caza *f* mayor.
big hand *n* **-1.** [on clock] minutero *m* **-2.** *inf* [applause] fuerte aplauso *m*.
bighead ['bɪghed] *n inf pej* creído *m*, -da *f*.
bigheaded [ˌbɪg'hedɪd] *adj inf pej* creído(da).
big-hearted [-'hɑ:tɪd] *adj* de buen corazón, generoso(sa).
big money *n inf*: **to cost ~** costar mucha pasta *OR* lana *Amér*.
big mouth *n inf* bocazas *m y f inv*.
big name *n inf* figura *f*.
bigot ['bɪgət] *n* intolerante *m OR f*.
bigoted ['bɪgətɪd] *adj* intolerante.
bigotry ['bɪgətrɪ] *n* intolerancia *f*.
big screen *n*: **the ~** la pantalla grande.
big shot *n inf* pez *m* gordo.

big time *n inf*: **the ~** el éxito, la fama.
big toe *n* dedo *m* gordo (del pie).
big top *n* carpa *f*.
big wheel *n* **-1.** *UK* [at fairground] noria *f* **-2.** *inf* [big shot] pez *m* gordo.
bigwig ['bɪgwɪg] *n inf pej* pope *m*, pez *m* gordo.
bike [baɪk] *n inf* [bicycle] bici *f*; [motorcycle] moto *f*.
bikeway ['baɪkweɪ] *n US* [lane] carril-bici *m*.
bikini [bɪ'ki:nɪ] *n* biquini *m*, bikini *m*.
bilateral [ˌbaɪ'lætərəl] *adj* bilateral.
bilberry ['bɪlbərɪ] (*pl* **-ies**) *n* arándano *m*.
bile [baɪl] *n* **-1.** [fluid] bilis *f inv* **-2.** [anger] hiel *f*.
bilingual [baɪ'lɪŋgwəl] *adj* bilingüe.
bilious ['bɪljəs] *adj* **-1.** [sickening] nauseabundo(da) **-2.** [nauseous] bilioso(sa).
bill [bɪl] ◇ *n* **-1.** [statement of cost]: **~ (for)** [meal] cuenta *f* (de); [electricity, phone] factura *f* (de) **-2.** [in parliament] proyecto *m* de ley **-3.** [of show, concert] programa *m* **-4.** *US* [banknote] billete *m* **-5.** [poster]: **'post** *OR* **stick no ~s'** 'prohibido fijar carteles' **-6.** [beak] pico *m* **-7.** *phr*: **a clean ~ of health** *MED* un certificado médico favorable; *fig* el visto bueno. ◇ *vt* [send a bill]: **to ~ sb for** mandar la factura a alguien por.
◆ **Bill** *n UK inf* [police]: **the Bill** la pasma.
billboard ['bɪlbɔ:d] *n* valla *f* publicitaria.
billet ['bɪlɪt] ◇ *n* acantonamiento *m*, alojamiento *m*. ◇ *vt* acantonar, alojar.
billfold ['bɪlfəʊld] *n US* billetera *f*.
billiards ['bɪljədz] *n* billar *m*.
billion ['bɪljən] *num* **-1.** [thousand million] millar *m* de millones; **three ~** tres mil millones **-2.** *UK dated* [million million] billón *m*.
billionaire [ˌbɪljə'neə^r] *n* multimillonario *m*, -ria *f*.
bill of exchange *n* letra *f* de cambio.
bill of lading [-'leɪdɪŋ] *n* conocimiento *m* de embarque.
Bill of Rights *n*: **the ~** *las diez primeras enmiendas de la Constitución estadounidense.*

BILL OF RIGHTS

Con este nombre colectivo se conocen las diez primeras enmiendas de la Constitución estadounidense, que garantizan derechos fundamentales, tales como la libertad de expresión, de credo y de reunión.

bill of sale *n* contrato *m* *OR* escritura *f* de venta.
billow ['bɪləʊ] ◇ *n* nube *f*. ◇ *vi* **-1.** [smoke, steam] brotar en nubes **-2.** [sail, skirt] hincharse.
billycan ['bɪlɪkæn] *n* cazo *m*.
billy goat ['bɪlɪ-] *n* cabrón *m*, macho *m* cabrío.
bimbo ['bɪmbəʊ] (*pl* **-s** *OR* **-es**) *n inf pej* niña *f* mona, *mujer joven, guapa y poco inteligente.*
bimonthly [ˌbaɪ'mʌnθlɪ] ◇ *adj* **-1.** [every two months] bimestral **-2.** [twice a month] bimensual. ◇ *adv* **-1.** [every two months] bimestralmente **-2.** [twice a month] bimensualmente.
bin [bɪn] ◇ *n* **-1.** *UK* [for rubbish] cubo *m* de la basura; [for paper] papelera *f* **-2.** [for grain, coal] depósito *m* **-3.** [for bread, flour] caja *f*. ◇ *vt inf* echar a la basura.
binary ['baɪnərɪ] *adj* binario(ria).
bin bag *n UK* bolsa *f* de basura.
bind [baɪnd] (*pt* & *pp* **bound**) ◇ *vt* **-1.** [tie up] atar **-2.** [unite - people] unir **-3.** [bandage] vendar **-4.** [book] encuadernar **-5.** [constrain] obligar, comprometer. ◇ *n inf* **-1.** *UK* [nuisance] lata *f*, pesadez *f* **-2.** [difficult situation] aprieto *m*.
◆ **bind over** *vt sep* conminar, obligar legalmente.
binder ['baɪndə^r] *n* **-1.** [cover] carpeta *f* **-2.** [machine] (máquina *f*) encuadernadora *f* **-3.** [person] encuadernador *m*, -ra *f*.
binding ['baɪndɪŋ] ◇ *adj* obligatorio(ria), vinculante. ◇ *n* **-1.** [on book] cubierta *f*, tapa *f* **-2.** [on dress, tablecloth] ribete *m*.
binge [bɪndʒ] *inf* ◇ *n*: **to go on a ~** irse de juerga. ◇ *vi*: **to ~ on sthg** hincharse a algo.
bingo ['bɪŋgəʊ] *n* bingo *m*.
bin-liner *n UK* bolsa *f* de basura.
binoculars [bɪ'nɒkjʊləz] *npl* prismáticos *mpl*, gemelos *mpl*.
biochemistry [ˌbaɪəʊ'kemɪstrɪ] *n* bioquímica *f*.
biodegradable [ˌbaɪəʊdɪ'greɪdəbl] *adj* biodegradable.
biodiversity [ˌbaɪəʊdaɪ'vɜ:sətɪ] *n* biodiversidad *f*.
bioethics [ˌbaɪəʊ'eθɪks] *n (U)* bioética *f*.
biofuel ['baɪəfjʊəl] *n* biocombustible *m*.
biographer [baɪ'ɒgrəfə^r] *n* biógrafo *m*, -fa *f*.
biographic(al) [ˌbaɪə'græfɪk(l)] *adj* biográfico(ca).
biography [baɪ'ɒgrəfɪ] (*pl* **-ies**) *n* biografía *f*.
biological [ˌbaɪə'lɒdʒɪkl] *adj* biológico(ca).
biological weapon *n* arma *f* biológica.
biologist [baɪ'ɒlədʒɪst] *n* biólogo *m*, -ga *f*.
biology [baɪ'ɒlədʒɪ] *n* biología *f*.
biomass ['baɪəʊˌmæs] *n* biomasa *f*.
biopic ['baɪəʊpɪk] *n inf* película *f* biográfica.
biopsy ['baɪɒpsɪ] (*pl* **-ies**) *n* biopsia *f*.
biorhythm ['baɪəʊrɪðm] *n* biorritmo *m*.
biosphere ['baɪəʊˌsfɪə^r] *n* biosfera *f*.
biotech company ['baɪəʊtek-] *n* empresa *f* de biotecnología.

biotechnology [ˌbaɪəʊtekˈnɒlədʒɪ] *n* biotecnología *f.*

bioterrorism [ˌbaɪəʊˈterərɪzm] *n* bioterrorismo *m.*

bipartite [ˌbaɪˈpɑːtaɪt] *adj* bipartito(ta).

biplane [ˈbaɪpleɪn] *n* biplano *m.*

birch [bɜːtʃ] *n* **-1.** [tree] abedul *m* **-2.** [stick]: **the ~** la vara.

bird [bɜːd] *n* **-1.** [animal - large] ave *f*; [- small] pájaro *m*; **to kill two ~s with one stone** matar dos pájaros de un tiro **-2.** *UK inf* [woman] tía *f.*

birdcage [ˈbɜːdkeɪdʒ] *n* jaula *f.*

birdie [ˈbɜːdɪ] *n* **-1.** [bird] pajarito *m* **-2.** [in golf] birdie *m.*

bird of paradise *n* ave *f* del paraíso.

bird of prey *n* ave *f* rapaz OR de presa.

birdseed [ˈbɜːdsiːd] *n* alpiste *m.*

bird's-eye view *n* vista *f* panorámica.

bird-watcher [-ˌwɒtʃəʳ] *n* observador *m*, -ra *f* de pájaros.

Biro® [ˈbaɪərəʊ] *n* bolígrafo *m*, birome *f RP*, lápiz *m* de pasta *Chile*, esfero *m Col*, pluma *f* atómica *Méx.*

birth [bɜːθ] *n* [gen] nacimiento *m*; [delivery] parto *m*; **by ~** de nacimiento; **to give ~ (to)** dar a luz (a).

birth certificate *n* partida *f* de nacimiento.

birth control *n* control *m* de natalidad.

birthday [ˈbɜːθdeɪ] ◇ *n* cumpleaños *m inv.* ◇ *comp* [cake, card, present] de cumpleaños.

birthmark [ˈbɜːθmɑːk] *n* antojo *m.*

birthplace [ˈbɜːθpleɪs] *n* lugar *m* de nacimiento.

birthrate [ˈbɜːθreɪt] *n* índice *m* de natalidad.

birthright [ˈbɜːθraɪt] *n* derecho *m* de nacimiento.

Biscay [ˈbɪskɪ] *n*: **the Bay of ~** el golfo de Vizcaya.

biscuit [ˈbɪskɪt] *n* [in UK] galleta *f*; *US* [scone] *masa cocida al horno que se suele comer con salsa de carne*, bísquet *m Méx.*

bisect [baɪˈsekt] *vt* [gen] dividir en dos; MATH bisecar.

bisexual [ˌbaɪˈsekʃʊəl] ◇ *adj* bisexual. ◇ *n* bisexual *m* OR *f.*

bishop [ˈbɪʃəp] *n* **-1.** [in church] obispo *m* **-2.** [in chess] alfil *m.*

bison [ˈbaɪsn] (*pl inv* OR **-s**) *n* bisonte *m.*

bistro [ˈbɪstrəʊ] (*pl* **-s**) *n* ≃ bar-restaurante *m.*

bit [bɪt] ◇ *pt* ▷ **bite.** ◇ *n* **-1.** [piece] trozo *m*; **a ~ of** un poco de; **a ~ of advice** un consejo; **a ~ of news** una noticia; **~s and pieces** *UK* [objects] cosillas *fpl*, tiliches *mpl Cam & Méx*; [possessions] cosas *fpl*, bártulos *mpl*; **to fall to ~s** [clothes, house] caerse a pedazos; **to take sthg to ~s** desmontar algo **-2.** [amount]: **a ~ of** un poco de; **a ~ of shopping** algunas compras; **quite a ~ of** bastante **-3.** [short time]: **(for) a ~** un rato **-4.** [of drill] broca *f* **-5.** [of bridle] bocado *m*, freno *m* **-6.** COMPUT bit *m* **-7.** *phr*: **to do one's ~** *UK* aportar uno su grano de arena; **every ~ as ... as** igual de ... que; **a ~ much** demasiado; **not a ~** ni mucho menos, en absoluto.

◆ **a bit** *adv* un poco; **a ~ easier** un poco más fácil.

◆ **bit by bit** *adv* poco a poco.

bitch [bɪtʃ] ◇ *n* **-1.** [female dog] perra *f* **-2.** *v inf pej* [unpleasant woman] bruja *f.* ◇ *vi inf* **-1.** [complain] protestar todo el rato **-2.** [talk unpleasantly]: **to ~ about** poner a parir a.

bitchy [ˈbɪtʃɪ] (*compar* **-ier**, *superl* **-iest**) *adj inf* malicioso(sa).

bite [baɪt] (*pt* **bit**, *pp* **bitten**) ◇ *n* **-1.** [by dog, person] mordisco *m*; [by insect, snake] picotazo *m* **-2.** *inf* [food]: **to have a ~ (to eat)** comer algo **-3.** [wound - from dog] mordedura *f*; [- from insect, snake] picadura *f* **-4.** *UK* [sharp flavour] sabor *m* fuerte. ◇ *vt* **-1.** [subj: person, animal] morder **-2.** [subj: insect, snake] picar. ◇ *vi* **-1.** [animal, person]: **to ~ (into sthg)** morder (algo); **to ~ off sthg** arrancar algo de un mordisco; **to ~ off more than one can chew** intentar abarcar demasiado **-2.** [insect, snake] picar **-3.** [grip] agarrar **-4.** [take effect] pegar duro.

biting [ˈbaɪtɪŋ] *adj* **-1.** [very cold] gélido(da), cortante **-2.** [caustic] mordaz.

bit part *n* papel *m* secundario.

bitten [ˈbɪtn] *pp* ▷ **bite.**

bitter [ˈbɪtəʳ] ◇ *adj* **-1.** [coffee, chocolate] amargo(ga) **-2.** [icy] gélido(da) **-3.** [causing pain] amargo(ga); **to the ~ end** hasta el final **-4.** [acrimonious] agrio(gria), enconado(da) **-5.** [resentful] amargado(da), resentido(da). ◇ *n UK* [beer] *tipo de cerveza amarga.*

bitter lemon *n* bíter *m* de limón.

bitterly [ˈbɪtəlɪ] *adv*: **it's ~ cold** hace un frío de muerte; **to criticise ~** criticar duramente.

bitterness [ˈbɪtənɪs] *n* **-1.** [of taste] amargor *m* **-2.** [of wind, weather] gelidez *f* **-3.** [resentment] amargura *f.*

bittersweet [ˈbɪtəswiːt] *adj* agridulce.

bitty [ˈbɪtɪ] (*compar* **-ier**, *superl* **-iest**) *adj UK inf* inconexo(xa).

bitumen [ˈbɪtjʊmɪn] *n* betún *m*, chapopote *m Carib & Méx.*

bivouac [ˈbɪvʊæk] (*pt & pp* **-ked**, *cont* **-king**) ◇ *n* vivaque *m.* ◇ *vi* vivaquear.

biweekly [ˌbaɪˈwiːklɪ] ◇ *adj* **-1.** [every two weeks] quincenal **-2.** [twice a week] bisemanal. ◇ *adv* **-1.** [every two weeks] quincenalmente **-2.** [twice a week] dos veces por semana.

bizarre [bɪ'zɑː^r] *adj* [behaviour, appearance] extravagante; [machine, remark] singular, extraordinario(ria).

blab [blæb] (*pt* & *pp* **-bed**, *cont* **-bing**) *vi inf* irse de la lengua.

black [blæk] ◇ *adj* **-1.** [gen] negro(gra); ~ **and blue** amoratado(da); ~ **and white** [films, photos] en blanco y negro; [clear-cut] extremadamente nítido(da) **-2.** [coffee] solo; [milk] sin leche **-3.** [angry] furioso(sa). ◇ *n* **-1.** [colour] negro *m* **-2.** [person] negro *m*, -gra *f* **-3.** *phr*: **in ~ and white** [in writing] por escrito; **to be in the ~** tener saldo positivo. ◇ *vt UK* [boycott] boicotear.

◆ **black out** ◇ *vt sep* **-1.** [put out lights] dejar sin luz **-2.** [suppress] censurar. ◇ *vi* desmayarse, perder el conocimiento.

blackball ['blækbɔːl] *vt* votar en contra de.

black belt *n* cinturón *m* negro.

blackberry ['blækbərɪ] (*pl* **-ies**) *n* **-1.** [fruit] mora *f* **-2.** [bush] zarzamora *f*.

blackbird ['blækbɜːd] *n* mirlo *m*.

blackboard ['blækbɔːd] *n* pizarra *f*, encerado *m*, pizarrón *m Amér*.

black box *n* [flight recorder] caja *f* negra.

black comedy *n* comedia *f* de humor negro.

blackcurrant [ˌblæk'kʌrənt] *n* grosella *f* negra, casis *m*.

black economy *n* economía *f* sumergida.

blacken ['blækn] ◇ *vt* **-1.** [make dark] ennegrecer **-2.** [tarnish] manchar. ◇ *vi* ennegrecerse.

black eye *n* ojo *m* morado.

blackhead ['blækhed] *n* barrillo *m*.

black hole *n* agujero *m* negro.

black ice *n hielo transparente en las carreteras.*

blackjack ['blækdʒæk] *n* **-1.** [card game] veintiuna *f* **-2.** *US* [weapon] porra *f*, cachiporra *f*.

blackleg ['blækleg] *n pej* esquirol *m*.

blacklist ['blæklɪst] ◇ *n* lista *f* negra. ◇ *vt* poner en la lista negra.

black magic *n* magia *f* negra.

blackmail ['blækmeɪl] ◇ *n lit* & *fig* chantaje *m*. ◇ *vt lit* & *fig* chantajear.

blackmailer ['blækmeɪlə^r] *n* chantajista *m* OR *f*.

Black Maria [-mə'raɪə] *n inf* coche *m* celular, furgón *m* policial.

black mark *n* punto *m* en contra.

black market *n* mercado *m* negro.

blackout ['blækaʊt] *n* **-1.** [in wartime, power cut] apagón *m* **-2.** [of news] censura *f* **-3.** [fainting fit] desmayo *m*.

Black Power *n* el poder negro.

black pudding *n UK* morcilla *f*.

Black Sea *n*: **the ~** el mar Negro.

black sheep *n* oveja *f* negra.

blacksmith ['blæksmɪθ] *n* herrero *m*.

black spot *n* punto *m* negro.

black-tie *adj* de etiqueta.

bladder ['blædə^r] *n* ANAT vejiga *f*.

blade [bleɪd] *n* **-1.** [of knife, saw] hoja *f* **-2.** [of propeller] aleta *f*, paleta *f* **-3.** [of grass] brizna *f*, hoja *f*.

blame [bleɪm] ◇ *n* culpa *f*; **to take the ~ for** hacerse responsable de; **to be to ~ for** ser el culpable de. ◇ *vt* echar la culpa a, culpar; **to ~ sthg on sthg/sb**, **to ~ sthg/sb for sthg** culpar algo/a alguien de algo.

blameless ['bleɪmlɪs] *adj* inocente.

blanch [blɑːntʃ] ◇ *vt* blanquear. ◇ *vi* palidecer.

blancmange [blə'mɒndʒ] *n postre hecho de harina de maíz, leche y azúcar.*

bland [blænd] *adj* soso(sa).

blank [blæŋk] ◇ *adj* **-1.** [sheet of paper] en blanco; [wall] liso(sa) **-2.** [cassette] virgen **-3.** *fig* [look] vacío(a); **her mind went ~** se le quedó la mente en blanco. ◇ *n* **-1.** [empty space] espacio *m* en blanco **-2.** MIL [cartridge] cartucho *m* de fogueo **-3.** *phr*: **to draw a ~** buscar en vano.

blank cheque *n* cheque *m* en blanco; *fig* carta *f* blanca.

blanket ['blæŋkɪt] ◇ *adj* [TV coverage] exhaustivo(va); [ban, statement] global, general. ◇ *n* **-1.** [bed cover] manta *f*, frazada *f Amér* **-2.** [layer] manto *m*. ◇ *vt* cubrir, tapar.

blanket bath *n UK baño dado a un enfermo en cama.*

blankly ['blæŋklɪ] *adv* [stare] con la mirada vacía.

blare [bleə^r] *vi* resonar, sonar.

◆ **blare out** *vi* retumbar, resonar.

blasé [*UK* 'blɑːzeɪ, *US* ˌblɑː'zeɪ] *adj*: **to be ~ about** estar de vuelta de.

blasphemous ['blæsfəməs] *adj* blasfemo(ma).

blasphemy ['blæsfəmɪ] (*pl* **-ies**) *n* blasfemia *f*.

blast [blɑːst] ◇ *n* **-1.** [of bomb] explosión *f* **-2.** [of wind] ráfaga *f*; **we had a ~** *US* lo pasamos genial. ◇ *vt* [hole, tunnel] perforar *(con explosivos)*. ◇ *excl UK inf* ¡maldita sea!

◆ **(at) full blast** *adv* a todo trapo.

◆ **blast off** *vi* despegar.

blasted ['blɑːstɪd] *adj inf* maldito(ta), puñetero(ra).

blast furnace *n* alto horno *m*.

blast-off *n* despegue *m*.

blatant ['bleɪtənt] *adj* descarado(da).

blatantly ['bleɪtəntlɪ] *adv* descaradamente;

~ **obvious** clarísimo.

blaze [bleɪz] <> *n* **-1.** [fire] incendio *m* **-2.** *fig* [of colour] explosión *f*; [of light] resplandor *m*; **a ~ of publicity** una ola de publicidad. <> *vi lit & fig* arder.

blazer ['bleɪzəʳ] *n chaqueta de sport generalmente con la insignia de un equipo, colegio etc.*

blazing ['bleɪzɪŋ] *adj* **-1.** [sun, heat] abrasador(ra) **-2.** [row] encendido(da), acalorado(da).

bleach [bli:tʃ] <> *n* lejía *f*. <> *vt* [hair] blanquear; [clothes] desteñir.

bleached [bli:tʃt] *adj* [hair] teñido(da) de rubio; [jeans] desteñido(da).

bleachers ['bli:tʃəz] *npl US* SPORT graderío *m* descubierto.

bleak [bli:k] *adj* **-1.** [future] negro(gra) **-2.** [place, person, face] sombrío(a) **-3.** [weather] desapacible.

bleary ['blɪərɪ] (*compar* **-ier**, *superl* **-iest**) *adj* [eyes] nublado(da).

bleary-eyed [ˌblɪərɪ'aɪd] *adj* con los ojos nublados.

bleat [bli:t] <> *n* [of sheep] balido *m*. <> *vi* **-1.** [sheep] balar **-2.** *fig* [person] quejarse.

bleed [bli:d] (*pt & pp* **bled**) <> *vt* [radiator etc] purgar. <> *vi* sangrar.

bleep [bli:p] <> *n* pitido *m*. <> *vt* llamar con el busca. <> *vi* pitar.

bleeper ['bli:pəʳ] *n* busca *m*, buscapersonas *m inv*.

blemish ['blemɪʃ] <> *n* [mark] señal *f*, marca *f*; *fig* mancha *f*. <> *vt* [reputation] manchar.

blend [blend] <> *n* **-1.** [mix] mezcla *f* **-2.** COMPUT degradado *m*. <> *vt*: **to ~ (sthg with sthg)** mezclar (algo con algo). <> *vi*: **to ~ (with)** combinarse (con).

◆ **blend in** *vi* armonizar.

◆ **blend into** *vt fus* confundirse con.

blender ['blendəʳ] *n* licuadora *f*, túrmix® *f*.

bless [bles] (*pt & pp* **-ed** OR **blest**) *vt* **-1.** RELIG bendecir **-2.** [endow]: **to be ~ed with** estar dotado(da) de **-3.** *phr*: **~ you!** [after sneezing] ¡jesús!; [thank you] ¡gracias!

blessed ['blesɪd] *adj* **-1.** RELIG bendito(ta) **-2.** [desirable] feliz, maravilloso(sa) **-3.** *inf* [blasted] dichoso(sa).

blessing ['blesɪŋ] *n* **-1.** RELIG bendición *f*; **it was a ~ in disguise** no hay mal que por bien no venga; **to count one's ~s** darse con un canto en los dientes; **it's a mixed ~** tiene sus pros y sus contras **-2.** *fig* [good wishes] aprobación *f*.

blest [blest] *pt & pp* ▷ **bless**.

blew [blu:] *pt* ▷ **blow**.

blight [blaɪt] <> *n* [plant disease] añublo *m*; *fig* plaga *f*, mal *m*. <> *vt* [hopes, prospects] malograr, arruinar.

blimey ['blaɪmɪ] *excl UK inf* ¡ostias!

blind [blaɪnd] <> *adj* **-1.** [unsighted, irrational] ciego(ga); **a ~ man** un ciego; **to go ~** quedarse ciego **-2.** *fig* [unaware]: **to be ~ to sthg** no ver algo **-3.** *UK inf* [for emphasis]: **it doesn't make a ~ bit of difference** no cambia las cosas para nada. <> *adv*: **~ drunk** borracho(cha) como una cuba. <> *n* [for window] persiana *f*. <> *npl*: **the ~** los ciegos. <> *vt* [permanently] dejar ciego(ga); [temporarily] cegar; **to ~ sb to sthg** *fig* no dejar a alguien ver algo.

blind alley *n lit & fig* callejón *m* sin salida.

blind corner *n* curva *f* sin visibilidad.

blind date *n* cita *f* a ciegas.

blinders ['blaɪndəz] *npl US* anteojeras *fpl*.

blindfold ['blaɪndfəʊld] <> *adv* con los ojos vendados. <> *n* venda *f*. <> *vt* vendar los ojos a.

blinding ['blaɪndɪŋ] *adj* deslumbrante.

blindingly ['blaɪndɪŋlɪ] *adv*: **to be ~ obvious** saltar a la vista.

blindly ['blaɪndlɪ] *adv* **-1.** [unable to see] a ciegas **-2.** *fig* [guess] a boleo; [accept] ciegamente.

blindness ['blaɪndnɪs] *n lit & fig*: **~ (to)** ceguera *f* (ante).

blind spot *n* **-1.** [when driving] ángulo *m* muerto **-2.** *fig* [inability to understand] punto *m* débil.

blink [blɪŋk] <> *n* **-1.** [of eyes] parpadeo *m* **-2.** *phr*: **in the ~ of an eye** en un abrir y cerrar de ojos; **on the ~** *inf* estropeado(da). <> *vt* **-1.** [eyes]: **to ~ one's eyes** parpadear **-2.** *US* AUT: **to ~ one's lights** dar las luces (intermitentemente). <> *vi* parpadear.

blinkered ['blɪŋkəd] *adj* **-1.** [horse] con anteojeras **-2.** *fig* [attitude] estrecho(cha) de miras.

blinkers ['blɪŋkəz] *npl UK* anteojeras *fpl*.

blinking ['blɪnkɪŋ] *adj UK inf* condenado(da).

blip [blɪp] *n* **-1.** [sound] pitido *m* **-2.** [image on radar] señal *f* **-3.** *fig* [temporary problem] pequeño bache *m*.

bliss [blɪs] *n* gloria *f*, dicha *f*.

blissful ['blɪsfʊl] *adj* dichoso(sa), feliz.

blissfully ['blɪsfʊlɪ] *adv* [happy] dichosamente; [smile] felizmente; **to be ~ unaware of sthg** no tener ni idea de algo.

blister ['blɪstəʳ] <> *n* ampolla *f*. <> *vi* ampollarse.

blistering ['blɪstərɪŋ] *adj* **-1.** [heat] abrasador(ra) **-2.** [attack] feroz.

blister pack *n* blíster *m*.

blithe [blaɪð] *adj* alegre.

blithely ['blaɪðlɪ] *adv* alegremente.

BLitt [ˌbiː'lɪt] (*abbr of* **Bachelor of Letters (Baccalaureus Litterarum)**) *n* (*titular de una*) *licenciatura de letras.*

blitz [blɪts] *n* **-1.** MIL bombardeo *m* aéreo **-2.** *UK fig* [attack]: **to have a ~ on the attic** ponerse a limpiar a fondo el ático.

blizzard ['blɪzəd] *n* ventisca *f* (de nieve).

bloated ['bləʊtɪd] *adj* hinchado(da).

blob [blɒb] *n* **-1.** [drop] gota *f* **-2.** [indistinct shape] bulto *m* borroso.

bloc [blɒk] *n* bloque *m*.

block [blɒk] ◇ *n* **-1.** [gen] bloque *m* **-2.** *US* [of buildings] manzana *f* **-3.** [obstruction - physical or mental] bloqueo *m* **-4.** TECH: **~ and tackle** sistema *m* de poleas. ◇ *vt* **-1.** [road] cortar; [pipe] obstruir; [sink, toilet] atascar; **my nose is ~d** tengo la nariz tapada **-2.** [view] tapar **-3.** [prevent] bloquear, obstaculizar **-4.** COMPUT: **to ~ a stretch of text** seleccionar un bloque de texto.

◆ **block off** *vt sep* bloquear.

◆ **block out** *vt sep* **-1.** [from mind] apartar **-2.** [light] tapar.

◆ **block up** ◇ *vt sep* obstruir. ◇ *vi* atascarse, taparse *Amér.*

blockade [blɒ'keɪd] ◇ *n* bloqueo *m*. ◇ *vt* bloquear.

blockage ['blɒkɪdʒ] *n* obstrucción *f*.

block booking *n* reserva *f* de grupo.

blockbuster ['blɒkbʌstəʳ] *n inf* [book] (gran) éxito *m* editorial; [film] (gran) éxito de taquilla.

block capitals *npl* mayúsculas *fpl* (*de imprenta*).

blockhead ['blɒkhed] *n inf* zoquete *m* OR *f*.

block letters *npl* mayúsculas *fpl* (*de imprenta*).

block vote *n UK* voto *m* por delegación.

bloke [bləʊk] *n UK inf* tío *m*, tipo *m*, chavo *m Méx.*

blond [blɒnd] *adj* rubio(bia), catire(ra) *Carib, Col & Ven.*

blonde [blɒnd] ◇ *adj* rubia, catira *Carib, Col & Ven.* ◇ *n* [woman] rubia *f*.

blood [blʌd] *n* sangre *f*; **in cold ~** a sangre fría; **to make one's ~ boil** hacer que la sangre se le suba a uno a la cabeza; **to make one's ~ run cold** helarle a uno la sangre; **it's in his ~** lo lleva en la sangre; **new** OR **fresh ~** savia *f* nueva.

blood bank *n* banco *m* de sangre.

bloodbath ['blʌdbɑːθ, *pl* -bɑːðz] *n* matanza *f*, carnicería *f*.

blood brother *n* hermano *m* de sangre.

blood cell *n* glóbulo *m*.

blood count *n* recuento *m* de glóbulos.

bloodcurdling ['blʌdˌkɜːdlɪŋ] *adj* espeluznante.

blood donor *n* donante *m* OR *f* de sangre.

blood group *n* grupo *m* sanguíneo.

bloodhound ['blʌdhaʊnd] *n* sabueso *m*.

bloodless ['blʌdlɪs] *adj* **-1.** [face, lips] macilento(ta), mortecino(na) **-2.** [coup, victory] incruento(ta).

bloodletting ['blʌdˌletɪŋ] *n* [killing] derramamiento *m* de sangre.

blood money *n dinero pagado para que se cometa un asesinato.*

blood orange *n* naranja *f* sanguina OR de sangre.

blood poisoning *n* septicemia *f*.

blood pressure *n* presión *f* sanguínea, tensión *f* arterial; **to have high/low ~** tener la tensión alta/baja.

blood pudding *n US* morcilla *f*.

blood relation, blood relative *n* familiar *m* consanguíneo.

bloodshed ['blʌdʃed] *n* derramamiento *m* de sangre.

bloodshot ['blʌdʃɒt] *adj* inyectado(da) (de sangre).

blood sports *npl deportes en que se matan animales.*

bloodstained ['blʌdsteɪnd] *adj* manchado(da) de sangre.

bloodstream ['blʌdstriːm] *n* flujo *m* sanguíneo.

blood test *n* análisis *m inv* de sangre.

bloodthirsty ['blʌdˌθɜːstɪ] *adj* sanguinario(ria).

blood transfusion *n* transfusión *f* de sangre.

blood type *n* grupo *m* sanguíneo.

blood vessel *n* vaso *m* sanguíneo.

bloody ['blʌdɪ] (*compar* **-ier**, *superl* **-iest**) ◇ *adj* **-1.** [war, conflict] sangriento(ta) **-2.** [face, hands] ensangrentado(da) **-3.** *UK v inf* maldito(ta), puñetero(ra), pinche *Méx*; **~ hell!** ¡hostia! ◇ *adv UK v inf*: **he's ~ useless** es un puto inútil; **it's ~ brilliant** es de puta madre.

bloody-minded [-'maɪndɪd] *adj UK inf* puñetero(ra).

bloom [bluːm] ◇ *n* flor *f*; **in ~** en flor. ◇ *vi* florecer.

blooming ['bluːmɪŋ] ◇ *adj* **-1.** *UK inf* [to show annoyance] condenado(da) **-2.** [healthy, attractive] radiante. ◇ *adv UK inf*: **he's ~ useless** es un inútil del copón.

blossom ['blɒsəm] ◇ *n* flor *f*; **in ~** en flor. ◇ *vi lit & fig* florecer.

blot [blɒt] (*pt* & *pp* **-ted**, *cont* **-ting**) ◇ *n* [of ink] borrón *m*; *fig* mancha *f*. ◇ *vt* **-1.** [paper] emborronar **-2.** [ink] secar.
◆ **blot out** *vt sep* [gen] cubrir, ocultar; [memories] borrar.
blotchy [ˈblɒtʃɪ] (*compar* **-ier**, *superl* **-iest**) *adj* lleno(na) de manchas.
blotting paper [ˈblɒtɪŋ-] *n* (*U*) papel *m* secante.
blouse [blaʊz] *n* blusa *f*.
blouson [ˈbluːzɒn] *n UK* blusón *m*.
blow [bləʊ] (*pt* **blew**, *pp* **blown**) ◇ *vi* **-1.** [gen] soplar **-2.** [in wind] salir volando, volar **-3.** [fuse] fundirse. ◇ *vt* **-1.** [subj: wind] hacer volar **-2.** [whistle, horn] tocar, hacer sonar **-3.** [bubbles] hacer **-4.** [kiss] mandar **-5.** [fuse] fundir **-6.** [clear]: **to ~ one's nose** sonarse la nariz **-7.** *inf* [money] ventilarse; *inf* [chance] echar a perder. ◇ *n* **-1.** [hit, shock] golpe *m*; **to come to ~s** llegar a las manos; **to soften the ~** ayudar a encajar el golpe **-2.** [for cause]: **a ~ (for)** un empujón *OR* adelanto (para).
◆ **blow out** ◇ *vt sep* apagar. ◇ *vi* **-1.** [candle] apagarse **-2.** [tyre] reventar.
◆ **blow over** *vi* **-1.** [storm] amainar **-2.** [scandal] calmarse.
◆ **blow up** ◇ *vt sep* **-1.** [inflate] inflar **-2.** [destroy] volar **-3.** [photograph] ampliar. ◇ *vi* saltar por los aires.
blow-by-blow *adj* [account] con pelos y señales.
blow-dry ◇ *n* secado *m (con secador)*. ◇ *vt* secar *(con secador)*.
blowfly [ˈbləʊflaɪ] (*pl* **-flies**) *n* moscardón *m*, moscón *m*.
blowgun *US* = **blowpipe**.
blowlamp *UK* [ˈbləʊlæmp], **blowtorch** *esp US* [ˈbləʊtɔːtʃ] *n* soplete *m*.
blown [bləʊn] *pp* ▷ **blow**.
blowout [ˈbləʊaʊt] *n* **-1.** [of tyre] pinchazo *m*, reventón *m* **-2.** *inf* [big meal] comilona *f*.
blowpipe *UK* [ˈbləʊpaɪp], **blowgun** *US* [ˈbləʊgʌn] *n* cerbatana *f*.
blowtorch *esp US* = **blowlamp**.
blowzy [ˈblaʊzɪ] *adj*: **a ~ woman** una mujer gorda y zarrapastrosa.
BLT (*abbr of* **bacon, lettuce and tomato**) *n sándwich de tocino, lechuga y tomate*.
blubber [ˈblʌbəʳ] ◇ *n* grasa *f* de ballena. ◇ *vi pej* lloriquear.
bludgeon [ˈblʌdʒən] *vt* apalear.
blue [bluː] ◇ *adj* **-1.** [colour] azul **-2.** *inf* [sad] triste **-3.** [pornographic - film] equis *(inv)*, porno; [- joke] verde. ◇ *n* azul *m*; **in ~** de azul; **out of the ~** en el momento menos pensado.
◆ **blues** *npl*: **the ~** *MUS* el blues; *inf* [sad feeling] la depre.
blue baby *n* bebé *m* cianótico.
bluebell [ˈbluːbel] *n* campanilla *f*.
blueberry [ˈbluːbərɪ] *n* arándano *m*.
bluebird [ˈbluːbɜːd] *n* azulejo *m (pájaro)*.
blue-black *adj* azul oscuro *(inv)*.
blue-blooded [-ˈblʌdɪd] *adj* de sangre azul.
bluebottle [ˈbluːˌbɒtl] *n* moscardón *m*, moscón *m*.
blue cheese *n* queso *m* azul.
blue chip *n* acción *f* de rentabilidad segura.
◆ **blue-chip** *comp* [company] de primera.
blue-collar *adj*: **~ worker** obrero *m*, -ra *f*.
blue-eyed boy [-aɪd-] *n inf* niño *m* mimado.
blue-green algae *npl* algas *fpl* verdeazuladas.
blue jeans *npl US* vaqueros *mpl*, tejanos *mpl*.
blue moon *n*: **once in a ~** de higos a brevas.
blueprint [ˈbluːprɪnt] *n* **-1.** *CONSTR* cianotipo *m* **-2.** *fig* [description] proyecto *m*.
bluestocking [ˈbluːˌstɒkɪŋ] *n pej* marisabidilla *f*, intelectualoide *f*.
blue tit *n* herrerillo *m*.
blue whale *n* ballena *f* azul.
bluff [blʌf] ◇ *adj* brusco(ca). ◇ *n* **-1.** [deception] farol *m*; **to call sb's ~** desafiar a alguien a que haga lo que dice **-2.** [cliff] acantilado *m*. ◇ *vt* engañar. ◇ *vi* tirarse un farol.
blunder [ˈblʌndəʳ] ◇ *n* metedura *f* de pata. ◇ *vi* **-1.** [make mistake] meter la pata **-2.** [move clumsily] ir tropezando; **to ~ into sthg** tropezar con algo.
blundering [ˈblʌndərɪŋ] *adj* estúpido(da).
blunt [blʌnt] ◇ *adj* **-1.** [knife, pencil] desafilado(da) **-2.** [point, edge] romo(ma) **-3.** [forthright] directo(ta), franco(ca). ◇ *vt* **-1.** [knife] desafilar **-2.** *fig* [weaken] debilitar, aflojar.
bluntly [ˈblʌntlɪ] *adv* sin rodeos, con franqueza.
bluntness [ˈblʌntnɪs] *n* [forthrightness] franqueza *f*.
blur [blɜːʳ] (*pt* & *pp* **-red**, *cont* **-ring**) ◇ *n* imagen *f* borrosa. ◇ *vt* **-1.** [vision] nublar **-2.** [distinction] desdibujar, oscurecer.
blurb [blɜːb] *n inf texto publicitario en la cubierta o solapa de un libro*.
blurred [blɜːd] *adj* **-1.** [photograph] movido(da) **-2.** [vision, distinction] borroso(sa).
blurt [blɜːt] ◆ **blurt out** *vt sep* espetar, decir de repente.
blush [blʌʃ] ◇ *n* rubor *m*. ◇ *vi* ruborizarse.
blusher [ˈblʌʃəʳ] *n* colorete *m*.
bluster [ˈblʌstəʳ] ◇ *n* fanfarronería *f*. ◇ *vi* fanfarronear.

blustery ['blʌstərɪ] *adj* borrascoso(sa).

Blvd (*abbr of* **Boulevard**) *bulevar.*

BM *n* (*abbr of* **Bachelor of Medicine**) (*titular de una*) *licenciatura de medicina.*

BMA (*abbr of* **British Medical Association**) *n colegio británico de médicos.*

BMus [ˌbiː'mjuːz] (*abbr of* **Bachelor of Music**) *n* (*titular de una*) *licenciatura de música.*

BMX (*abbr of* **bicycle motorcross**) *n* ciclocross *m.*

BO *n* (*abbr of* **body odour**) *olor a sudor.*

boa constrictor ['bəʊəkən'strɪktə^r] *n* boa *f* constrictor.

boar [bɔː^r] *n* **-1.** [male pig] verraco *m* **-2.** [wild pig] jabalí *m.*

board [bɔːd] ◇ *n* **-1.** [plank] tabla *f* **-2.** [for notices] tablón *m* **-3.** [for games] tablero *m* **-4.** [blackboard] pizarra *f* **-5.** COMPUT placa *f* **-6.** [of company]: ~ **(of directors)** consejo *m* de administración **-7.** [committee] comité *m*, junta *f* **-8.** *UK* [at hotel, guesthouse]: ~ **and lodging** comida y habitación; **full** ~ pensión completa; **half** ~ media pensión **-9.**: **on** ~ [ship, plane] a bordo; [bus, train] dentro **-10.** *phr*: **above** ~ en regla; **across the** ~ lineal, general; **to go by the** ~ irse al garete; **to sweep the** ~ arrasar; **to take sthg on** ~ hacerse cargo de OR aceptar algo. ◇ *vt* **-1.** [ship, plane] embarcar en; [train, bus] subirse a, embarcarse en *Amér* **-2.** [in naval battle] abordar. ◇ *vi*: **flight XY879 is now ~ing through gate 4** embarque del vuelo XY789 por la puerta 4.

boarder ['bɔːdə^r] *n* **-1.** [lodger] huésped *m* OR *f* **-2.** [at school] interno *m*, -na *f.*

board game *n* juego *m* de tablero.

boarding card ['bɔːdɪŋ-] *n* tarjeta *f* de embarque.

boardinghouse ['bɔːdɪŋhaʊs, *pl* -haʊzɪz] *n* casa *f* de huéspedes.

boarding school ['bɔːdɪŋ-] *n* internado *m.*

board meeting *n* reunión *f* del consejo de administración.

Board of Trade *n UK*: **the** ~ ≃ el Ministerio de Comercio.

boardroom ['bɔːdrʊm] *n* sala *f* de juntas.

boardwalk ['bɔːdwɔːk] *n US paseo marítimo entarimado.*

boast [bəʊst] ◇ *n* alarde *m.* ◇ *vt* disfrutar de, presumir de tener. ◇ *vi*: **to ~ (about)** alardear OR jactarse (de), compadrear (de) *Amér.*

boastful ['bəʊstfʊl] *adj* fanfarrón(ona).

boat [bəʊt] *n* [large] barco *m*; [small] barca *f*; **by** ~ en barco; **to rock the** ~ complicar las cosas; **to be in the same** ~ estar en el mismo barco OR en la misma situación.

boater ['bəʊtə^r] *n* [hat] canotié *m*, sombrero *m* de paja.

boating ['bəʊtɪŋ] *n* paseo *m* en barco; **to go** ~ dar un paseo en barco.

boat people *npl* balseros *mpl.*

boatswain ['bəʊsn] *n* NAUT contramaestre *m.*

boat train *n tren que enlaza con un puerto.*

bob [bɒb] (*pt* & *pp* **-bed**, *cont* **-bing**) ◇ *n* **-1.** [hairstyle] corte *m* de chico **-2.** *UK inf dated* [shilling] chelín *m* **-3.** = **bobsleigh.** ◇ *vi* [boat] balancearse.

bobbin ['bɒbɪn] *n* bobina *f.*

bobble ['bɒbl] *n* pompón *m.*

bobby ['bɒbɪ] (*pl* **-ies**) *n UK inf* poli *m.*

bobby pin *n US* horquilla *f.*

bobby socks, bobby sox *npl US* calcetines *mpl* cortos de colegiala.

bobsleigh ['bɒbsleɪ] *n* bobsleigh *m.*

bode [bəʊd] *vi literary*: **to ~ ill/well for** traer malos/buenos presagios para.

bodice ['bɒdɪs] *n* **-1.** [of dress] cuerpo *m* **-2.** [undergarment] corpiño *m.*

bodily ['bɒdɪlɪ] ◇ *adj* corporal, físico(ca). ◇ *adv*: **to lift/move sb** ~ levantar/mover a alguien por la fuerza.

body ['bɒdɪ] (*pl* **-ies**) *n* **-1.** [gen] cuerpo *m*; **(to earn enough) to keep ~ and soul together** (ganar lo justo para) seguir tirando **-2.** [corpse] cadáver *m*; **over my dead** ~ por encima de mi cadáver **-3.** [organization] entidad *f*; **a ~ of thought/opinion** una corriente de pensamiento/opinión **-4.** [of car] carrocería *f*; [of plane] fuselaje *m* **-5.** [item of clothing] body *m.*

body building *n* culturismo *m.*

bodyguard ['bɒdɪgɑːd] *n* guardaespaldas *m inv*, guarura *m Méx.*

body language *n* lenguaje *m* corporal.

body odour *n* olor *m* corporal.

body piercing *n* piercing *m.*

body search *n* cacheo *m.*

body shop *n* [garage] taller *m* de carrocería.

body stocking *n* [woman's undergarment] body *m*; [dancer's garment] malla *f.*

bodywork ['bɒdɪwɜːk] *n* carrocería *f.*

boffin ['bɒfɪn] *n UK inf* lumbrera *f.*

bog [bɒg] *n* **-1.** [marsh] cenagal *m*, lodazal *m* **-2.** *UK v inf* [toilet] baño *m.*

bogey ['bəʊgɪ] *n* **-1.** [in golf] bogey *m* **-2.** *UK inf* [piece of mucus] moco *m.*

bogged down [ˌbɒgd-] *adj* **-1.** [in details, work]: ~ **(in)** empantanado(da) (en) **-2.** [in mud, snow]: ~ **in** atascado(da) en.

boggle ['bɒgl] *vi*: **the mind ~s!** ¡es increíble!

boggy ['bɒgɪ] *adj* cenagoso(sa), pantanoso(sa).

Bogotá [ˌbɒgə'tɑː] *n* Bogotá.

bog-standard *adj UK inf* del montón.

bogus ['bəʊgəs] *adj* falso(sa).

Bohemia [bəʊ'hi:mjə] *n* Bohemia.

bohemian [bəʊ'hi:mɪən] ◇ *adj* bohemio(mia). ◇ *n* bohemio *m*, -mia *f*.

◆ **Bohemian** ◇ *adj* bohemio(mia). ◇ *n* bohemio *m*, -mia *f*.

boil [bɔɪl] ◇ *n* **-1.** MED pústula *f* **-2.** [boiling point]: **to bring sthg to the ~** hacer que algo hierva; **to come to the ~** romper a hervir. ◇ *vt* **-1.** [water] hervir; **to ~ the kettle** poner el agua a hervir **-2.** [food] cocer. ◇ *vi* hervir.

◆ **boil away** *vi* [evaporate] (hervir hasta) consumirse.

◆ **boil down to** *vt fus* reducirse a.

◆ **boil over** *vi* **-1.** [liquid] rebosar **-2.** *fig* [feelings] desbordarse.

boiled [bɔɪld] *adj* cocido(da); **~ egg** [hard-boiled] huevo *m* duro; [soft-boiled] huevo *m* pasado por agua; **~ sweets** *UK* caramelos *mpl* (duros).

boiler ['bɔɪlə^r] *n* caldera *f*.

boiler suit *n UK* mono *m*.

boiling ['bɔɪlɪŋ] *adj* **-1.** [liquid] hirviendo **-2.** *inf* [hot]: **I'm ~** estoy asado(da) de calor; **it's ~** hace un calor de muerte **-3.** [angry]: **~ with rage** ciego(ga) de ira.

boiling point *n* punto *m* de ebullición.

boisterous ['bɔɪstərəs] *adj* ruidoso(sa), alborotador(ra).

bold [bəʊld] *adj* **-1.** [brave, daring] audaz **-2.** [lines, design] marcado(da) **-3.** [colour] vivo(va) **-4.** TYPO: **~ type** OR **print** negrita *f*.

boldly ['bəʊldlɪ] *adv* [bravely] con audacia, audazmente.

Bolivia [bə'lɪvɪə] *n* Bolivia.

Bolivian [bə'lɪvɪən] ◇ *adj* boliviano(na). ◇ *n* boliviano *m*, -na *f*.

bollard ['bɒlɑ:d] *n* [on road] poste *m*.

bollocks ['bɒləks] *UK v inf* ◇ *npl* cojones *mpl*. ◇ *excl* ¡un cojón!, ¡qué cojones!

bologna [bə'ləʊnjə] *n* *US* [sausage] *embutido ahumado elaborado con distintos tipos de carne.*

Bolshevik ['bɒlʃɪvɪk] ◇ *adj* bolchevique. ◇ *n* bolchevique *m* OR *f*.

bolster ['bəʊlstə^r] ◇ *n* cabezal *m*. ◇ *vt* fortalecer, reforzar.

◆ **bolster up** *vt fus* reforzar.

bolt [bəʊlt] ◇ *n* **-1.** [on door, window] cerrojo *m* **-2.** [type of screw] perno *m*. ◇ *adv*: **~ upright** muy derecho(cha). ◇ *vt* **-1.** [fasten together] atornillar **-2.** [door, window] echar el cerrojo a **-3.** [food] tragarse. ◇ *vi* salir disparado(da).

bomb [bɒm] ◇ *n* **-1.** bomba *f* **-2.** *US inf* [failure] desastre. ◇ *vt* bombardear. ◇ *vi US inf* [fail] fracasar estrepitosamente.

bombard [bɒm'bɑ:d] *vt* MIL & *fig*: **to ~ (with)** bombardear (a).

bombardment [bɒm'bɑ:dmənt] *n* bombardeo *m*.

bombastic [bɒm'bæstɪk] *adj* grandilocuente, rimbombante.

bomb disposal squad *n* equipo *m* de artificieros.

bomber ['bɒmə^r] *n* **-1.** [plane] bombardero *m* **-2.** [person] terrorista *m* OR *f* que pone bombas.

bomber jacket *n* cazadora *f* (de aviador).

bombing ['bɒmɪŋ] *n* bombardeo *m*.

bombshell ['bɒmʃel] *n* *fig* bombazo *m*; **a blonde ~** *inf* una rubia explosiva.

bona fide ['bəʊnə'faɪdɪ] *adj* auténtico(ca).

bonanza [bə'nænzə] *n* mina *f*.

bond [bɒnd] ◇ *n* **-1.** [between people] lazo *m*, vínculo *m* **-2.** [binding promise] compromiso *m* **-3.** FIN bono *m*. ◇ *vt* [glue] adherir; *fig* [people] unir; **to ~ sthg to** adherir algo a. ◇ *vi* [stick together]: **to ~ (together)** adherirse; *fig* [people] unirse.

bonded warehouse ['bɒndɪd-] *n* depósito *m* franco.

bone [bəʊn] ◇ *n* [gen] hueso *m*; [of fish] raspa *f*, espina *f*; **~ of contention** manzana *f* de la discordia; **to feel** OR **know sthg in one's ~s** tener el presentimiento de algo; **to make no ~s about sthg** no andarse con rodeos acerca de algo; **to make no ~s about doing sthg** no tener ningún reparo en hacer algo. ◇ *vt* [fish] quitar las espinas a; [meat] deshuesar.

bone china *n* porcelana *f* fina.

bone-dry *adj* completamente seco(ca).

bone-idle *adj* haragán(ana), gandul(la).

boneless ['bəʊnlɪs] *adj* [meat] deshuesado(da); [fish] sin raspa.

bone marrow *n* tuétano *m*.

bonfire ['bɒn,faɪə^r] *n* hoguera *f*.

bonfire night *n UK noche del 5 de noviembre en que se encienden hogueras y fuegos artificiales.*

bongo ['bɒŋgəʊ] (*pl* **-s** OR **-es**) *n*: **~ (drum)** bongó *m*.

bonk [bɒŋk] *UK v inf* ◇ *vt* echar un casquete con. ◇ *vi* echar un casquete.

bonkers ['bɒŋkəz] *adj UK inf* chiflado(da).

Bonn [bɒn] *n* Bonn.

bonnet ['bɒnɪt] *n* **-1.** *UK* [of car] capó *m* **-2.** [hat] toca *f*.

bonny ['bɒnɪ] (*compar* **-ier**, *superl* **-iest**) *adj Scot* majo(ja).

bonus [ˈbəʊnəs] (*pl* **-es**) *n* [extra money] prima *f*; [for increased productivity] plus *m*; *fig* beneficio *m* adicional.

bonus issue *n UK* FIN emisión *f* gratuita de acciones.

bony [ˈbəʊnɪ] (*compar* **-ier**, *superl* **-iest**) *adj* **-1.** [person, hand] huesudo(da) **-2.** [meat] lleno(na) de huesos; [fish] espinoso(sa).

boo [buː] (*pl* **-s**) ◇ *excl* ¡bu! ◇ *n* abucheo *m*. ◇ *vt & vi* abuchear.

boob [buːb] *n inf* [mistake] metedura *f* de pata.
◆ **boobs** *npl UK v inf* [woman's breasts] tetas *fpl*.

boob tube *n* **-1.** *UK* [garment] top *m* sin mangas ni tirantes **-2.** *US inf* [television] caja *f* tonta.

booby prize [ˈbuːbɪ-] *n premio otorgado al último o al peor (en broma).*

booby trap [ˈbuːbɪ-] *n* **-1.** [bomb] bomba *f* camuflada **-2.** [type of prank] trampa *f (broma).*
◆ **booby-trap** *vt* poner una trampa explosiva en.

boogie [ˈbuːgɪ] *inf* ◇ *n* baile *m*. ◇ *vi* menear el esqueleto.

book [bʊk] ◇ *n* **-1.** [for reading] libro *m*; **to do sthg by the ~** hacer algo como mandan los cánones; **to throw the ~ at sb** castigar duramente a alguien **-2.** [of stamps] librillo *m*; [of tickets, cheques] talonario *m*; [of matches] caja *f (de solapa).* ◇ *vt* **-1.** [reserve] reservar; **to be fully ~ed** estar completo **-2.** *inf* [subj: police] multar **-3.** *UK* FTBL mostrar una tarjeta amarilla a. ◇ *vi* hacer reserva.
◆ **books** *npl* COMM libros *mpl*; **to do the ~s** hacer las cuentas; **to be in sb's good/bad ~s** estar a bien/a mal con alguien.
◆ **book in** *UK* ◇ *vt sep* hacer una reserva a. ◇ *vi* registrarse.
◆ **book up** *vt sep*: **to be ~ed up** estar completo.

bookable [ˈbʊkəbl] *adj UK* **-1.** [seats, tickets] reservable con antelación **-2.** FTBL sancionable con tarjeta.

bookbinding [ˈbʊkˌbaɪndɪŋ] *n* encuadernación *f*.

bookcase [ˈbʊkkeɪs] *n* estantería *f*.

book club *n* ≃ círculo *m* de lectores.

bookend [ˈbukend] *n* sujetalibros *m inv*.

bookie [ˈbʊkɪ] *n inf* corredor *m*, -ra *f* de apuestas.

booking [ˈbʊkɪŋ] *n* **-1.** *esp UK* [reservation] reserva *f* **-2.** *UK* FTBL tarjeta *f* amarilla.

booking clerk *n esp UK* taquillero *m*, -ra *f*.

booking office *n esp UK* taquilla *f*.

bookish [ˈbʊkɪʃ] *adj* aficionado(da) a la lectura seria.

bookkeeper [ˈbʊkˌkiːpəʳ] *n* contable *m* OR *f*.

bookkeeping [ˈbʊkˌkiːpɪŋ] *n* contabilidad *f*.

booklet [ˈbʊklɪt] *n* folleto *m*.

bookmaker [ˈbʊkˌmeɪkəʳ] *n* corredor *m*, -ra *f* de apuestas.

bookmark [ˈbʊkmɑːk] *n* **-1.** separador *m* **-2.** COMPUT marcador *m*.

bookseller [ˈbʊkˌseləʳ] *n* librero *m*, -ra *f*.

bookshelf [ˈbʊkʃelf] (*pl* **-shelves** [-ʃelvz]) *n* [shelf] estante *m*; [bookcase] estantería *f*, librero *m* **Chile** & **Méx**.

bookshop *UK* [ˈbʊkʃɒp], **bookstore** *US* [ˈbʊkstɔːʳ] *n* librería *f*.

bookstall [ˈbʊkstɔːl] *n UK* puesto *m* de libros.

bookstore *esp US* = **bookshop**.

book token *n esp UK* vale *m* para comprar libros.

bookworm [ˈbʊkwɜːm] *n* ratón *m* de biblioteca.

boom [buːm] ◇ *n* **-1.** [loud noise] estampido *m*, estruendo *m* **-2.** [increase] auge *m*, boom *m* **-3.** NAUT botavara *f* **-4.** [for TV camera, microphone] jirafa *f*. ◇ *vi* **-1.** [make noise] tronar **-2.** ECON estar en auge.

boomerang [ˈbuːməræŋ] *n* bumerán *m*.

boon [buːn] *n* gran ayuda *f*.

boor [bʊəʳ] *n* patán *m*.

boorish [ˈbʊərɪʃ] *adj* basto(ta).

boost [buːst] ◇ *n* **-1.** [in profits, production] incremento *m* **-2.** [to popularity, spirits] empujón *m*, estímulo *m*. ◇ *vt* **-1.** [increase] incrementar **-2.** [improve] levantar.

booster [ˈbuːstəʳ] *n* MED inyección *f* de revacunación.

boot [buːt] ◇ *n* **-1.** [item of footwear] bota *f*; [ankle boot] botín *m* **-2.** *UK* [of car] maletero *m*, cajuela *f* **Méx**, baúl *m* **Col**, **RP**, maletera *f* **Perú**. ◇ *vt* **-1.** *inf* [kick] dar una patada a **-2.** COMPUT arrancar.
◆ **to boot** *adv* además.
◆ **boot out** *vt sep inf* echar, poner (de patitas) en la calle.
◆ **boot up** *vt sep* COMPUT arrancar.

boot camp [ˈbuːtleg] *adj US* campamento *m* de reclutas.

booth [buːð] *n* **-1.** [at fair] puesto *m* **-2.** [for phoning, voting] cabina *f*.

bootleg [ˈbuːtleg] *adj* [recording] pirata; [whisky] de contrabando.

bootlegger [ˈbuːtˌlegəʳ] *n* contrabandista *m* OR *f*.

booty [ˈbuːtɪ] *n* **-1.** botín *m* **-2.** *US inf* [sexual intercourse]: **to get some ~** mojar el churro **Esp** OR bizcocho *RP*, echarse un caldito *Méx*.

booze [buːz] *inf* ◇ *n (U)* priva *f*. ◇ *vi* privar, empinar el codo.

boozer [ˈbuːzəʳ] *n inf* **-1.** [person] borrachuzo *m*, -za *f*, curda *m* OR *f* *Amér* **-2.** *UK* [pub] ≃ bareto *m*.

bop [bɒp] (*pt* & *pp* **-ped**, *cont* **-ping**) *inf* ◇ *n* **-1.** [hit] golpecito *m* **-2.** [disco] disco *f* **-3.** [dance] baile *m*. ◇ *vt* dar un golpecito a. ◇ *vi* bailar.

border [ˈbɔːdəʳ] ◇ *n* **-1.** [between countries] frontera *f* **-2.** [edge] borde *m* **-3.** [in garden] parterre *m*, arriate *m*. ◇ *vt* **-1.** [country] limitar con **-2.** [edge] bordear.

◆ **border on** *vt fus* rayar en.

borderline [ˈbɔːdəlaɪn] ◇ *adj*: **a ~ case** un caso dudoso. ◇ *n fig* frontera *f*, límite *m*.

bore [bɔːʳ] ◇ *pt* ▷ **bear**. ◇ *n* **-1.** *pej* [person] pelmazo *m*, -za *f*, pesado *m*, -da *f*; [situation, event] rollo *m*, lata *f* **-2.** [of gun] calibre *m*. ◇ *vt* **-1.** [not interest] aburrir; **to ~ sb stiff** OR **to tears** OR **to death** aburrir a alguien un montón **-2.** [drill] taladrar, horadar.

bored [bɔːd] *adj* aburrido(da); **to be ~ with sthg** estar harto de algo; **to be ~ stiff** OR **to tears** OR **to death** aburrirse como una ostra.

boredom [ˈbɔːdəm] *n* aburrimiento *m*.

boring [ˈbɔːrɪŋ] *adj* aburrido(da), cansador(ra) *RP*.

born [bɔːn] *adj* **-1.** [given life] nacido(da); **to be ~** nacer; **~ and bred** nacido y criado **-2.** [natural] nato(ta).

born-again Christian *n cristiano convertido a una secta evangélica*.

borne [bɔːn] *pp* ▷ **bear**.

Borneo [ˈbɔːnɪəʊ] *n* Borneo.

borough [ˈbʌrə] *n* [area of town] distrito *m*; [town] municipio *m*.

borrow [ˈbɒrəʊ] *vt*: **to ~ sthg from sb** coger OR tomar algo prestado a alguien; **can I ~ your bike?** ¿me prestas tu bici?

borrower [ˈbɒrəʊəʳ] *n* **-1.** [of money] prestatario *m*, -ria *f* **-2.** [library user] usuario *m*, -ria *f*.

borrowing [ˈbɒrəʊɪŋ] *n (U)* préstamos *mpl*.

borstal [ˈbɔːstl] *n UK* correccional *m*, reformatorio *m*.

Bosnia [ˈbɒznɪə] *n* Bosnia.

Bosnia-Herzegovina [-ˌhɜːtsəgəˈviːnə] *n* Bosnia-Hercegovina.

Bosnian [ˈbɒznɪən] ◇ *adj* bosnio(nia). ◇ *n* bosnio *m*, -nia *f*.

bosom [ˈbʊzəm] *n* **-1.** [of woman] busto *m*, pecho *m* **-2.** *fig* [centre of emotions] seno *m*; **~ friend** amigo *m*, -ga *f* del alma.

Bosporus [ˈbɒspərəs], **Bosphorus** [ˈbɒsfərəs] *n*: **the ~** el Bósforo.

boss [bɒs] ◇ *n* jefe *m*, -fa *f*; **to be one's own ~** trabajar por cuenta propia. ◇ *vt pej* mangonear, dar órdenes a.

◆ **boss about, boss around** *vt sep pej* mangonear, dar órdenes a.

bossy [ˈbɒsɪ] (*compar* **-ier**, *superl* **-iest**) *adj* mandón(ona).

bosun [ˈbəʊsn] = **boatswain**.

botanic(al) [bəˈtænɪk(l)] *adj* botánico(ca).

botanical garden *n* jardín *m* botánico.

botanist [ˈbɒtənɪst] *n* botánico *m*, -ca *f*.

botany [ˈbɒtənɪ] *n* botánica *f*.

botch [bɒtʃ] ◆ **botch up** *vt sep inf* estropear, hacer chapuceramente.

both [bəʊθ] ◇ *adj* los dos, las dos, ambos(bas). ◇ *pron*: **~ (of them)** los dos (las dos), ambos *mpl*, -bas *fpl*; **~ of us are coming** vamos los dos. ◇ *adv*: **she is ~ pretty and intelligent** es guapa e inteligente.

bother [ˈbɒðəʳ] ◇ *vt* **-1.** [worry] preocupar; [irritate] fastidiar, fregar *Amér*; **I/she can't be ~ed to do it** no tengo/tiene ganas de hacerlo **-2.** [pester] molestar. ◇ *vi*: **to ~ (doing** OR **to do sthg)** molestarse (en hacer algo); **to ~ about** preocuparse por. ◇ *n (U)* **-1.** [inconvenience] problemas *mpl* **-2.** [pest, nuisance] molestia *f*.

bothered [ˈbɒðəd] *adj* preocupado(da).

Botswana [bɒˈtswɑːnə] *n* Botsuana.

bottle [ˈbɒtl] ◇ *n* **-1.** [gen] botella *f* **-2.** [of shampoo, medicine - plastic] bote *m*; [- glass] frasco *m* **-3.** [for baby] biberón *m* **-4.** *(U) UK inf* [courage] agallas *fpl*. ◇ *vt* **-1.** [wine] embotellar **-2.** [fruit] envasar.

◆ **bottle out** *vi UK inf* achantarse, arrugarse.

◆ **bottle up** *vt sep* reprimir.

bottle bank *n* contenedor *m* de vidrio.

bottled [ˈbɒtld] *adj* embotellado(da).

bottle-feed *vt* criar con biberón.

bottleneck [ˈbɒtlnek] *n* **-1.** [in traffic] embotellamiento *m* **-2.** [in production] atasco *m*.

bottle-opener *n* abridor *m*, abrebotellas *m inv*.

bottle party *n fiesta a la que los invitados traen bebida*.

bottom [ˈbɒtəm] ◇ *adj* **-1.** [lowest] más bajo(ja), de abajo del todo **-2.** [least successful] peor. ◇ *n* **-1.** [lowest part - of glass, bottle] culo *m*; [- of bag, mine, sea] fondo *m*; [- of ladder, hill] pie *m*; [- of page, list] final *m* **-2.** [farthest point] final *m*, fondo *m* **-3.** [of class etc] parte *f* más baja **-4.** [buttocks] culo *m*, trasero *m*, traste *m* *Amér* **-5.** [root]: **at the ~ of** detrás de; **to get to the ~ of** llegar al fondo de.

◆ **bottom out** *vi* tocar fondo.

bottomless [ˈbɒtəmlɪs] *adj* **-1.** [very deep] sin

fondo, insondable **-2.** [endless] inagotable.
bottom line *n fig*: **the ~ is ...** a fin de cuentas ...
bough [baʊ] *n* rama *f*.
bought [bɔ:t] *pt & pp* ⊳ **buy**.
boulder ['bəʊldəʳ] *n* roca *f* grande y de forma redonda.
boulevard ['bu:ləvɑ:d] *n* bulevar *m*.
bounce [baʊns] ◇ *vi* **-1.** [gen] rebotar **-2.** [light] reflejarse **-3.** [person]: **to ~ into the room** irrumpir en el cuarto; **to ~ (on sthg)** dar botes (en algo) **-4.** [cheque] ser rechazado(da) por el banco. ◇ *vt* botar. ◇ *n* bote *m*.
◆ **bounce back** *vi* recuperarse.
bouncer ['baʊnsəʳ] *n inf* matón *m*, gorila *m (de un local)*.
bouncy ['baʊnsɪ] (*compar* **-ier**, *superl* **-iest**) *adj* **-1.** [lively] animado(da), dinámico(ca) **-2.** [springy] elástico(ca).
bound [baʊnd] ◇ *pt & pp* ⊳ **bind**. ◇ *adj* **-1.** [certain]: **it's ~ to happen** seguro que va a pasar **-2.** [obliged]: **~ (by sthg/to do sthg)** obligado(da) (por algo/a hacer algo); **I'm ~ to say** *OR* **admit** tengo que decir *OR* admitir **-3.** [for place]: **to be ~ for** ir rumbo a. ◇ *n* salto *m*. ◇ *vt*: **to be ~ed by** estar rodeado(da) de. ◇ *vi* ir dando saltos.
◆ **bounds** *npl* [limits] límites *mpl*; **out of ~s** (en) zona prohibida.
boundary ['baʊndərɪ] (*pl* **-ies**) *n* [gen] límite *m*; [between countries] frontera *f*.
boundless ['baʊndlɪs] *adj* ilimitado(da).
bountiful ['baʊntɪfʊl] *adj literary* [ample] generoso(sa), opulento(ta).
bounty ['baʊntɪ] *n literary* [generosity] magnificencia *f*, generosidad *f*.
bouquet [bəʊ'keɪ] *n* [of flowers] ramo *m*.
bouquet garni ['bu:keɪgɑ:'ni:] *n ramo de hierbas aromáticas atadas y utilizadas en cocina*.
bourbon ['bɜ:bən] *n* bourbon *m*, whisky *m* americano.
bourgeois ['bɔ:ʒwɑ:] *adj* burgués(esa).
bourgeoisie [ˌbɔ:ʒwɑ:'zi:] *n*: **the ~** la burguesía.
bout [baʊt] *n* **-1.** [attack] ataque *m*, acceso *m* **-2.** [session] racha *f* **-3.** [boxing match] combate *m*.
boutique [bu:'ti:k] *n* boutique *f*.
bow¹ [baʊ] ◇ *n* **-1.** [act of bowing] reverencia *f* **-2.** [of ship] proa *f*. ◇ *vt* inclinar. ◇ *vi* **-1.** [make a bow] inclinarse **-2.** [defer]: **to ~ to sthg** ceder *OR* doblegarse ante algo.
◆ **bow down** *vi* doblegarse.
◆ **bow out** *vi* retirarse.
bow² [bəʊ] *n* **-1.** [weapon, for musical instrument] arco *m* **-2.** [knot] lazo *m*.
bowels ['baʊəlz] *npl lit & fig* entrañas *fpl*.
bowl [bəʊl] ◇ *n* **-1.** [gen] cuenco *m*, bol *m*; [for soup] plato *m*; [for washing clothes] barreño *m*, balde *m* **-2.** [of toilet] taza *f*; [of pipe] cazoleta *f*. ◇ *vt* lanzar. ◇ *vi* lanzar la bola.
◆ **bowls** *n (U) juego similar a la petanca que se juega sobre césped*.
◆ **bowl over** *vt sep* **-1.** [knock over] atropellar **-2.** *fig* [surprise, impress] dejar atónito(ta).
bow-legged [ˌbəʊ'legɪd] *adj* de piernas arqueadas, estevado(da).
bowler ['bəʊləʳ] *n* **-1.** CRICKET lanzador *m* **-2.**: **~ (hat)** bombín *m*, sombrero *m* hongo, tongo *m Chile*.
bowling ['bəʊlɪŋ] *n (U)* bolos *mpl*.
bowling alley *n* **-1.** [building] bolera *f* **-2.** [alley] calle *f*.
bowling green *n campo de césped para jugar a los 'bowls'*.
bow tie [bəʊ-] *n* pajarita *f*.
bow window [bəʊ-] *n* mirador *m*.
box [bɒks] ◇ *n* **-1.** [container, boxful] caja *f*; [for jewels] estuche *m* **-2.** THEATRE palco *m* **-3.** *UK inf* [television]: **the ~** la tele **-4.** [in printed questionnaire, etc] casilla *f*. ◇ *vt* **-1.** BOXING boxear con **-2.** [put in boxes] encajonar. ◇ *vi* boxear.
◆ **box in** *vt sep* **-1.** [cut off] encerrar, encajonar **-2.** [build a box around] proteger con una caja.
boxed [bɒkst] *adj* presentado(da) en una caja.
boxer ['bɒksəʳ] *n* **-1.** [fighter] boxeador *m*, púgil *m* **-2.** [dog] bóxer *m*.
boxer shorts *npl* calzoncillos *mpl*, boxers *mpl*.
boxing ['bɒksɪŋ] *n* boxeo *m*, box *m CAm, CSur & Méx*.
Boxing Day *n fiesta nacional en Inglaterra y Gales el 26 de diciembre (salvo domingos) en que tradicionalmente se da el aguinaldo*.
boxing glove *n* guante *m* de boxeo, guante *m* de box *CAm, CSur, Méx*.
boxing ring *n* ring *m*, cuadrilátero *m*.
box junction *n UK* cruce *m* con parilla.
box number *n* apartado *m* de correos.
box office *n* taquilla *f*, boletería *f Amér*.
boxroom ['bɒksrʊm] *n UK* trastero *m*.
boy [bɔɪ] ◇ *n* **-1.** [male child] chico *m*, niño *m*, pibe *m RP* **-2.** *inf* [young man] chaval *m*. ◇ *excl*: **(oh) ~!** *US inf* ¡jolín!, ¡vaya, vaya!
boycott ['bɔɪkɒt] ◇ *n* boicot *m*. ◇ *vt* boicotear.
boyfriend ['bɔɪfrend] *n* novio *m*, pololo *m Chile*.
boyish ['bɔɪɪʃ] *adj* **-1.** [man] juvenil **-2.** [woman, figure] masculino(na).

boy scout *n* (boy) scout *m*.
bozo ['bəʊzəʊ] *n inf* tonto *m*, -ta *f*, bobo *m*, -ba *f*.
Br, Bro (*abbr of* **brother**) [preceding name of monk] Hno.
BR (*abbr of* **British Rail**) *n antigua compañía ferroviaria británica*, ≃ Renfe *f*.
bra [brɑ:] *n* sujetador *m*, sostén *m*, ajustadores *mpl* **Cuba**, brasier *m* **Carib, Col, Méx**, corpiño *m* **Arg**.
brace [breɪs] ◇ *n* **-1.** [on teeth] aparato *m* corrector **- 2.** [on leg] soporte *m* para la pierna **- 3.** [pair] par *m*. ◇ *vt* [steady] tensar; **to ~ o.s. (for)** *lit* & *fig* prepararse (para).
◆ **braces** *npl* **UK** tirantes *mpl*, tiradores *mpl* **Bol** & **RP**.
bracelet ['breɪslɪt] *n* brazalete *m*, pulsera *f*.
bracing ['breɪsɪŋ] *adj* tonificante.
bracken ['brækn] *n* helechos *mpl*.
bracket ['brækɪt] ◇ *n* **-1.** [support] soporte *m*, palomilla *f* **- 2.** [parenthesis - round] paréntesis *m inv*; [- square] corchete *m*; **in ~s** entre paréntesis **- 3.** [group] sector *m*, banda *f*. ◇ *vt* **- 1.** [enclose in brackets] poner entre paréntesis **- 2.** [group]: **to ~ sthg/sb (together) with** agrupar algo/a alguien (junto) con.
brackish ['brækɪʃ] *adj* salobre.
brag [bræg] (*pt* & *pp* **-ged**, *cont* **-ging**) *vi* fanfarronear, jactarse, compadrear **Amér**.
braid [breɪd] ◇ *n* **-1.** [on uniform] galón *m* **- 2.** [hairstyle] trenza *f*. ◇ *vt* trenzar.
braille [breɪl] *n* braille *m*.
brain [breɪn] *n lit* & *fig* cerebro *m*; **to have sthg on the ~** tener algo metido en la cabeza.
◆ **brains** *npl* cerebro *m*, seso *m*; **to pick sb's ~s** recurrir a los conocimientos de alguien.
brainchild ['breɪntʃaɪld] *n inf* invención *f*, idea *f*.
brain death *n* muerte *f* cerebral.
brain drain *n* fuga *f* de cerebros.
brainless ['breɪnlɪs] *adj* estúpido(da).
brainstorm ['breɪnstɔ:m] *n* **-1.** **UK** [moment of aberration] momento *m* de atontamiento OR estupidez **- 2.** **US** [brilliant idea] idea *f* genial, genialidad *f*.
brainstorming ['breɪn,stɔ:mɪŋ] *n*: **~ session** *tormenta f de ideas*.
brain surgeon *n* neurocirujano *m*, -na *f*.
brainteaser ['breɪn,ti:zəʳ] *n* rompecabezas *m inv*.
brainwash ['breɪnwɒʃ] *vt* lavar el cerebro a.
brainwave ['breɪnweɪv] *n* idea *f* genial.
brainy ['breɪnɪ] (*compar* **-ier**, *superl* **-iest**) *adj inf* listo(ta).
braise [breɪz] *vt* estofar, cocer a fuego lento.
brake [breɪk] ◇ *n lit* & *fig* freno *m*. ◇ *vi* frenar.
brake fluid *n* líquido *m* de frenos.
brake light *n* luz *f* de freno.
brake lining *n* forro *m* del freno.
brake pedal *n* pedal *m* del freno.
brake shoe *n* zapata *f* del freno.
bramble ['bræmbl] *n* [bush] zarza *f*, zarzamora *f*; [fruit] mora *f*.
bran [bræn] *n* salvado *m*.
branch [brɑ:ntʃ] ◇ *n* **-1.** [of tree, subject] rama *f* **- 2.** [of river] afluente *m*; [of railway] ramal *m* **- 3.** [of company, bank] sucursal *f*. ◇ *vi* bifurcarse.
◆ **branch off** *vi* desviarse.
◆ **branch out** *vi* [person] ampliar horizontes; [firm] expandirse, diversificarse.
branch line *n* ramal *m*.
brand [brænd] ◇ *n* **-1.** [of product] marca *f* **- 2.** *fig* [type] tipo *m*, estilo *m* **- 3.** [mark] hierro *m*. ◇ *vt* **- 1.** [cattle] marcar (con hierro) **- 2.** *fig* [classify]: **to ~ sb (as sthg)** tildar a alguien (de algo).
brandish ['brændɪʃ] *vt* [weapon] blandir; [letter etc] agitar.
brand leader *n* marca *f* líder OR puntera.
brand name *n* marca *f*.
brand-new *adj* flamante.
brandy ['brændɪ] (*pl* **-ies**) *n* coñac *m*, brandy *m*.
brash [bræʃ] *adj pej* enérgico e insolente.
Brasilia [brə'zɪljə] *n* Brasilia.
brass [brɑ:s] *n* **-1.** [metal] latón *m* **- 2.** MUS: **the ~** el metal.
brass band *n* banda *f* de metal.
brasserie ['bræsərɪ] *n* restaurante *m*.
brassiere [**UK** 'bræsɪəʳ, **US** brə'zɪr] *n* sostén *m*, sujetador *m*.
brass tacks *npl inf*: **to get down to ~** ir al grano.
brat [bræt] *n inf pej* mocoso *m*, -sa *f*.
bravado [brə'vɑ:dəʊ] *n* bravuconería *f*.
brave [breɪv] ◇ *adj* valiente. ◇ *n* guerrero *m* indio. ◇ *vt* [weather, storm] desafiar; [sb's anger] hacer frente a.
bravely ['breɪvlɪ] *adv* valientemente.
bravery ['breɪvərɪ] *n* valentía *f*.
bravo [,brɑ:'vəʊ] *excl* ¡bravo!
brawl [brɔ:l] *n* gresca *f*, reyerta *f*.
brawn [brɔ:n] *n* (*U*) **-1.** [muscle] musculatura *f*, fuerza *f* física **- 2.** **UK** [meat] *carne de cerdo en gelatina*.
brawny ['brɔ:nɪ] (*comp* **-ier**, *superl* **-iest**) *adj* musculoso(sa).
bray [breɪ] *vi* [donkey] rebuznar.
brazen ['breɪzn] *adj* [person] descarado(da); [lie] burdo(da).

◆ **brazen out** *vt sep*: **to ~ it out** echarle cara.

brazier ['breɪzjəʳ] *n* brasero *m*.

Brazil [brə'zɪl] *n* (el) Brasil.

Brazilian [brə'zɪljən] ◇ *adj* brasileño(ña), brasilero(ra) *Amér.* ◇ *n* brasileño *m*, -ña *f*, brasilero *m*, -ra *f Amér.*

brazil nut *n* nuez *f* de Pará.

breach [bri:tʃ] ◇ *n* **-1.** [act of disobedience] incumplimiento *m*; **~ of confidence** abuso *m* de confianza; **to be in ~ of sthg** incumplir algo; **~ of contract** incumplimiento de contrato **-2.** [opening, gap] brecha *f*; **to step into the ~** echar una mano **-3.** *fig* [in friendship, marriage] ruptura *f*. ◇ *vt* **-1.** [disobey] incumplir **-2.** [make hole in] abrir (una) brecha en.

breach of the peace *n* alteración *f* del orden público.

bread [bred] *n* **-1.** [food] pan *m*; **~ and butter** [buttered bread] pan con mantequilla; *fig* [main income] sustento *m* diario **-2.** *inf* [money] pasta *f*.

bread bin *UK*, **bread box** *US* *n* panera *f*.

breadboard ['bredbɔ:d] *n* tabla *f* (de cortar el pan).

bread box *US* = **bread bin**.

breadcrumbs ['bredkrʌmz] *npl* migas *fpl* (de pan); *CULIN* pan *m* rallado.

breaded ['bredɪd] *adj* empanado(da).

breadline ['bredlaɪn] *n*: **to be on the ~** vivir en la miseria.

breadth [bretθ] *n* **-1.** [in measurements] anchura *f* **-2.** *fig* [scope] amplitud *f*.

breadwinner ['bred,wɪnəʳ] *n*: **he's the ~** es el que mantiene a la familia.

break [breɪk] (*pt* **broke**, *pp* **broken**) ◇ *n* **-1.** [gap - in clouds] claro *m*; [- in line] espacio *m* en blanco; [- in transmission] corte *m* **-2.** [fracture] rotura *f*, fractura *f* **-3.** [rupture]: **~ (with)** ruptura *f* (con) **-4.** [pause]: **~ (from)** descanso *m* (de); **to have** *OR* **take a ~** tomarse un descanso **-5.** [holiday] vacaciones *fpl* **-6.** [playtime] recreo *m* **-7.** *inf* [chance] oportunidad *f*; **a lucky ~** un golpe de suerte **-8.** *literary*: **at ~ of day** al alba **-9.** *COMPUT*: **~ (key)** tecla *f* de interrupción. ◇ *vt* **-1.** [gen] romper; [arm, leg etc] romperse; **the river broke its banks** el río se desbordó; **to ~ sb's hold** escaparse *OR* liberarse de alguien **-2.** [machine] estropear **-3.** [journey, contact] interrumpir **-4.** [habit, health] acabar con; [strike] reventar **-5.** [law, rule] violar; [appointment, word] faltar a **-6.** [record] batir **-7.** [in tennis - service] romper **-8.** [tell]: **to ~ the news (of sthg to sb)** dar la noticia (de algo a alguien). ◇ *vi* **-1.** [come to pieces] romperse **-2.** [stop working] estropearse **-3.** [pause] parar; [weather] cambiar **-4.** [start - day] romper; [- storm] estallar, desencadenarse **-5.** [wave] romper **-6.** [escape]: **to ~ loose** *OR* **free** escaparse **-7.** [voice] cambiar **-8.** [news] divulgarse **-9.** *phr*: **to ~ even** salir sin pérdidas ni beneficios.

◆ **break away** *vi* escaparse; **to ~ away (from)** [end connection] separarse (de); *POL* escindirse (de).

◆ **break down** ◇ *vt sep* **-1.** [destroy - gen] derribar, echar abajo; [- resistance] vencer **-2.** [analyse] descomponer **-3.** [cause to decompose] descomponer. ◇ *vi* **-1.** [collapse, disintegrate, fail] venirse abajo **-2.** [stop working] estropearse **-3.** [lose emotional control] perder el control **-4.** [decompose] descomponerse.

◆ **break in** ◇ *vi* **-1.** [enter by force] entrar por la fuerza **-2.** [interrupt]: **to ~ in (on sthg/sb)** interrumpir (algo/a alguien). ◇ *vt sep* **-1.** [horse, shoes] domar **-2.** [person] amoldar.

◆ **break into** *vt fus* **-1.** [house, shop] entrar (por la fuerza) en, allanar; [box, safe] forzar **-2.** [begin suddenly]: **to ~ into song/a run** echarse a cantar/correr **-3.** [become involved in] introducirse *OR* adentrarse en.

◆ **break off** ◇ *vt sep* **-1.** [detach] partir **-2.** [end] romper; [holiday] interrumpir. ◇ *vi* **-1.** [become detached] partirse **-2.** [stop talking] interrumpirse **-3.** [stop working] parar (de trabajar).

◆ **break out** *vi* **-1.** [fire, fighting, panic] desencadenarse; [war] estallar **-2.** [become covered]: **he broke out in spots** le salieron granos **-3.** [escape]: **to ~ out (of)** escapar (de).

◆ **break through** ◇ *vt fus* abrirse paso a través de. ◇ *vi* abrirse paso.

◆ **break up** ◇ *vt sep* **-1.** [ice] hacer pedazos; [car] desguazar **-2.** [relationship] romper; [talks] poner fin a; [fight,] poner fin a; [crowd] disolver. ◇ *vi* **-1.** [into smaller pieces] hacerse pedazos **-2.** [relationship] deshacerse; [conference] concluir; [school, pupils] terminar; **to ~ up with sb** romper con alguien **-3.** [crowd] disolverse.

◆ **break with** *vt fus* romper con.

breakable ['breɪkəbl] *adj* frágil.

breakage ['breɪkɪdʒ] *n* rotura *f*.

breakaway ['breɪkəweɪ] *adj* disidente.

break dancing *n* break (dance) *m*.

breakdown ['breɪkdaʊn] *n* **-1.** [of car, train] avería *f*; [of talks, in communications] ruptura *f*; [of law and order] colapso *m*; **nervous ~** crisis *f* (nerviosa) **-2.** [analysis] desglose *m*.

breaker ['breɪkəʳ] *n* [wave] ola *f* grande.

breakeven point [,breɪk'i:vn-] *n* punto *m* de

equilibrio (de pérdidas y ganancias).
breakfast ['brekfəst] <> *n* desayuno *m*; **to have ~** desayunar. <> *vi fml*: **to ~ (on sthg)** desayunar (algo).
breakfast cereal *n* cereales *mpl (para desayuno)*.
breakfast television *n UK* programación *f* matinal de televisión.
break-in *n* robo *m (con allanamiento de morada)*.
breaking ['breɪkɪŋ] *n*: **~ and entering** *JUR* allanamiento *m* de morada.
breaking point *n*: **to be at ~** estar al límite.
breakneck ['breɪknek] *adj*: **at ~ speed** a (una) velocidad de vértigo.
breakthrough ['breɪkθru:] *n* avance *m*.
breakup ['breɪkʌp] *n* ruptura *f*.
breakup value *n COMM* valor *m* en liquidación.
bream [bri:m] (*pl inv* OR **-s**) *n* [sea bream] besugo *m*; [freshwater] brema *f*.
breast [brest] *n* **-1.** [of woman] pecho *m*, seno *m*; [of man] pecho **-2.** [meat of bird] pechuga *f* **-3.** *literary* [seat of emotions] corazón *m*; **to make a clean ~ of it** confesarlo abiertamente.
breast cancer *n* cáncer *m* de mama.
breast-feed *vt & vi* amamantar, dar de mamar.
breast pocket *n* bolsillo *m* del pecho *OR* de arriba.
breaststroke ['breststrəʊk] *n* braza *f*.
breath [breθ] *n* **-1.** [act of breathing] respiración *f*; **to take a deep ~** respirar hondo; **to be a ~ of fresh air** *fig* [person, experience] ser un soplo de aire fresco; **to get one's ~ back** recuperar el aliento; **to go for a ~ of (fresh) air** salir a tomar un poco de aire; **to hold one's ~** [stop breathing] aguantar la respiración; [wait anxiously] contener el aliento; **to say sthg under one's ~** decir algo en voz baja; **to take one's ~ away** dejar a uno sin habla *OR* respiración; **to waste/save one's ~** gastar/no gastar saliva **-2.** [air from mouth] aliento *m*; **out of ~** sin aliento.
breathable ['bri:ðəbl] *adj* respirable.
breathalyse *UK*, **-yze** *US* ['breθəlaɪz] *vt* hacer la prueba del alcohol a.
Breathalyser® *UK*, **-yzer**® *US* ['breθəlaɪzəʳ] *n* alcoholímetro *m*.
breathe [bri:ð] <> *vi* respirar; **to ~ more easily** *fig* respirar (más) tranquilo. <> *vt* **-1.** [inhale] respirar, aspirar **-2.** [exhale] despedir.
◆ **breathe in** *vt sep & vi* aspirar.
◆ **breathe out** *vi* espirar.
breather ['bri:ðəʳ] *n inf* respiro *m*, descanso *m*.
breathing ['bri:ðɪŋ] *n* respiración *f*.
breathing space *n* (periodo *m* de) respiro *m*.
breathless ['breθlɪs] *adj* **-1.** [out of breath] ahogado(da), jadeante **-2.** [with excitement] sin aliento (por la emoción).
breathtaking ['breθ,teɪkɪŋ] *adj* sobrecogedor(ra), impresionante.
breath test *n* prueba *f* del alcohol.
breed [bri:d] (*pt & pp* **bred** [bred]) <> *n* **-1.** [of animal] raza *f* **-2.** *fig* [sort] especie *f*. <> *vt* **-1.** [animals] criar; [plants] cultivar **-2.** *fig* [suspicion] alimentar; [contempt, hatred] concitar. <> *vi* procrear, reproducirse.
breeder ['bri:dəʳ] *n* [of animals] criador *m*, -ra *f*.
breeder reactor *n* reactor *m* reproductor.
breeding ['bri:dɪŋ] *n* **-1.** [of animals] cría *f*; [of plants] cultivo *m* **-2.** [manners] educación *f*.
breeding-ground *n* [of ideas, activity] campo *m* de cultivo.
breeze [bri:z] <> *n* brisa *f*. <> *vi*: **to ~ in/out** entrar/salir como si tal cosa.
breezeblock ['bri:zblɒk] *n UK bloque de cemento y cenizas de coque*.
breezy ['bri:zɪ] (*compar* **-ier**, *superl* **-iest**) *adj* **-1.** [windy]: **it's ~** hace aire **-2.** [cheerful] jovial, despreocupado(da).
Breton ['bretn] <> *adj* bretón(ona). <> *n* **-1.** [person] bretón *m*, -ona *f* **-2.** [language] bretón *m*.
brevity ['brevɪtɪ] *n* brevedad *f*.
brew [bru:] <> *vt* [beer] elaborar; [tea, coffee] preparar. <> *vi* **-1.** [tea] reposar **-2.** [trouble] fraguarse.
brewer ['bru:əʳ] *n* cervecero *m*, -ra *f*.
brewery ['brʊərɪ] (*pl* **-ies**) *n* fábrica *f* de cerveza.
briar [braɪəʳ] *n* brezo *m*.
bribe [braɪb] <> *n* soborno *m*, coima *f Andes & RP*, mordida *f Méx*. <> *vt*: **to ~ (sb to do sthg)** sobornar (a alguien para que haga algo), coimear (a alguien para que haga algo) *Andes, RP*, mordar (a alguien para que haga algo) *Méx*.
bribery ['braɪbərɪ] *n* soborno *m*.
bric-a-brac ['brɪkəbræk] *n* baratijas *fpl*.
brick [brɪk] *n* ladrillo *m*.
◆ **brick up** *vt sep* enladrillar, tapiar (con ladrillos).
bricklayer ['brɪk,leɪəʳ] *n* albañil *m*.
brickwork ['brɪkwɜ:k] *n* enladrillado *m*, ladrillos *mpl*.
bridal ['braɪdl] *adj* nupcial; **~ dress** traje *m* de novia.
bride [braɪd] *n* novia *f*; **the ~ and groom** los novios.

bridegroom ['braɪdgrʊm] *n* novio *m.*

bridesmaid ['braɪdzmeɪd] *n* dama *f* de honor.

bridge [brɪdʒ] ◇ *n* **-1.** [gen] puente *m*; **I'll cross that ~ when I come to it** ya me preocuparé de eso cuando llegue el momento **-2.** [on ship] puente *m* de mando **-3.** [of nose] caballete *m* **-4.** [card game] bridge *m.* ◇ *vt fig* [gap] llenar.

bridging loan ['brɪdʒɪŋ-] *n UK* préstamo *m* puente.

bridle ['braɪdl] ◇ *n* brida *f.* ◇ *vt* embridar. ◇ *vi*: **to ~ (at)** indignarse (por *OR* ante).

bridle path *n* camino *m* de herradura.

brief [bri:f] ◇ *adj* **-1.** [short, to the point] breve; **in ~** en resumen **-2.** [clothes] corto(ta). ◇ *n* **-1.** *JUR* [statement] sumario *m*, resumen *m* **-2.** *UK* [instructions] instrucciones *fpl.* ◇ *vt*: **to ~ sb (on)** informar a alguien (acerca de).

◆ **briefs** *npl* [underpants] calzoncillos *mpl*; [knickers] bragas *fpl.*

briefcase ['bri:fkeɪs] *n* maletín *m*, portafolios *m inv.*

briefing ['bri:fɪŋ] *n* [meeting] reunión *f* informativa; [instructions] instrucciones *fpl.*

briefly ['bri:flɪ] *adv* **-1.** [for a short time] brevemente **-2.** [concisely] en pocas palabras.

brigade [brɪ'geɪd] *n* brigada *f.*

brigadier [ˌbrɪgə'dɪəʳ] *n* brigadier *m*, general *m* de brigada.

bright [braɪt] *adj* **-1.** [light] brillante; [day, room] luminoso(sa); [weather] despejado(da) **-2.** [colour] vivo(va) **-3.** [lively - eyes] brillante; [- smile] radiante **-4.** [intelligent - person] listo(ta); [- idea] genial **-5.** [hopeful] prometedor(ra).

◆ **brights** *npl US inf* faros *mpl.*

◆ **bright and early** *adv* muy temprano.

brighten ['braɪtn] *vi* **-1.** [become lighter] clarear, despejarse **-2.** [become more cheerful] alegrarse.

◆ **brighten up** ◇ *vt sep* animar, alegrar. ◇ *vi* **-1.** [become more cheerful] animarse **-2.** [weather] clarear, despejarse.

brightly ['braɪtlɪ] *adv* **-1.** [shine] de forma resplandeciente **-2.** [coloured] vivamente **-3.** [cheerfully] alegremente.

brightness ['braɪtnɪs] *n* **-1.** [of light] luminosidad *f*, brillo *m* **-2.** [of colour] viveza *f.*

brilliance ['brɪljəns] *n* **-1.** [cleverness] brillantez *f* **-2.** [of colour, light] brillo *m.*

brilliant ['brɪljənt] *adj* **-1.** [clever] genial **-2.** [colour] vivo(va) **-3.** [light, career, future] brillante **-4.** *inf* [wonderful] fenomenal, genial.

brilliantly ['brɪljəntlɪ] *adv* **-1.** [cleverly] de manera genial **-2.** [coloured] vivamente **-3.** [shine] brillantemente.

Brillo pad® ['brɪləʊ-] *n* estropajo *m* (jabonoso) de aluminio.

brim [brɪm] (*pt* & *pp* **-med**, *cont* **-ming**) ◇ *n* **-1.** [edge] borde *m* **-2.** [of hat] ala *f.* ◇ *vi lit* & *fig*: **to ~ with** rebosar de.

◆ **brim over** *vi lit* & *fig*: **to ~ over (with)** rebosar (de).

brine [braɪn] *n* **-1.** [for food] salmuera *f* **-2.** [sea water] agua *f* de mar.

bring [brɪŋ] (*pt* & *pp* **brought**) *vt* **-1.** [gen] traer; **to ~ sthg to an end** poner fin a algo **-2.** *JUR*: **to ~ charges against** presentar una denuncia contra; **to ~ sb to trial** llevar a alguien a juicio **-3.** *phr*: **I/he** *etc* **couldn't ~ myself/himself** *etc* **to do it** yo/él *etc* era incapaz de hacerlo.

◆ **bring about** *vt sep* producir.

◆ **bring along** *vt sep* traer.

◆ **bring around** *vt sep* [make conscious] reanimar, hacer recuperar el conocimiento.

◆ **bring back** *vt sep* **-1.** [books etc] devolver; [person] traer de vuelta **-2.** [shopping] traer **-3.** [memories] traer (a la memoria) **-4.** [practice, hanging] volver a introducir; [fashion] recuperar.

◆ **bring down** *vt sep* **-1.** [from upstairs] bajar **-2.** [plane, bird] derribar; [government, tyrant] derrocar **-3.** [prices] reducir.

◆ **bring forward** *vt sep* **-1.** [meeting, elections etc] adelantar **-2.** [in bookkeeping] sumar a la siguiente columna.

◆ **bring in** *vt sep* **-1.** [introduce - law] implantar; [- bill] presentar **-2.** [earn] ganar, ingresar **-3.** *JUR* [verdict] pronunciar.

◆ **bring off** *vt sep* [plan] sacar adelante; [deal] cerrar.

◆ **bring on** *vt sep* producir, ocasionar; **you brought it on yourself** tú (solo) te lo buscaste.

◆ **bring out** *vt sep* **-1.** [new product, book] sacar **-2.** [the worst etc in sb] revelar, despertar.

◆ **bring round, bring to** = **bring around.**

◆ **bring up** *vt sep* **-1.** [raise - children] criar **-2.** [mention] sacar a relucir **-3.** [vomit] devolver.

brink [brɪŋk] *n*: **on the ~ of** al borde de.

brisk [brɪsk] *adj* **-1.** [quick] rápido(da) **-2.** [trade, business] boyante, activo(va) **-3.** [efficient, confident - manner] enérgico(ca); [- person] eficaz **-4.** [weather] fresco(ca).

brisket ['brɪskɪt] *n* carne *f* de pecho.

briskly ['brɪsklɪ] *adv* **-1.** [quickly] rápidamente **-2.** [efficiently, confidently] con soltura y eficacia.

bristle ['brɪsl] ◇ *n* [gen] cerda *f*; [of person] pelillo *m.* ◇ *vi* **-1.** [stand up] erizarse, ponerse de punta **-2.** [react angrily]: **to ~ (at)** enfadarse (por).

◆ **bristle with** *vt fus* estar sembrado(da) de.

bristly ['brɪslɪ] (*compar* **-ier**, *superl* **-iest**) *adj* [chin, face] con barba áspera *OR* de tres días; [moustache] erizado(da), pinchudo(da).

Brit [brɪt] *n inf* británico *m*, -ca *f*.

Britain ['brɪtn] *n* Gran Bretaña.

British ['brɪtɪʃ] ◇ *adj* británico(ca). ◇ *npl*: **the** ~ los británicos.

British Columbia *n* (la) Columbia Británica.

British Isles *npl*: **the** ~ las Islas Británicas.

British Rail *n antigua compañía ferroviaria británica*, ≃ Renfe *f*.

British Summer Time *n hora oficial británica entre finales de marzo y de octubre*.

Briton ['brɪtn] *n* británico *m*, -ca *f*.

Britpop ['brɪtpɒp] *n* el Britpop.

Brittany ['brɪtənɪ] *n* (la) Bretaña.

brittle ['brɪtl] *adj* quebradizo(za), frágil.

Bro = Br.

broach [brəʊtʃ] *vt* abordar, sacar a colación.

B road *n UK* ≃ carretera *f* comarcal.

broad [brɔːd] ◇ *adj* **-1.** [shoulders, river, street] ancho(cha); [grin] amplio(plia) **-2.** [range, interests] amplio(plia) **-3.** [description, outline] general, a grandes rasgos **-4.** [hint] claro(ra) **-5.** [accent] cerrado(da), marcado(da) **-6.** *phr*: **in** ~ **daylight** a plena luz del día. ◇ *n US inf* tía *f*, tipa *f*.

broadband ['brɔːdbænd] *COMPUT* ◇ *adj* de banda ancha. ◇ *n* banda *f* ancha.

broad bean *n* haba *f*.

broadcast ['brɔːdkɑːst] (*pt* & *pp* **broadcast**) ◇ *n* emisión *f*. ◇ *vt* emitir.

broadcaster ['brɔːdkɑːstəʳ] *n* locutor *m*, -ra *f*.

broadcasting ['brɔːdkɑːstɪŋ] *n (U) TV* emisión *f* (televisiva); *RADIO* radiodifusión *f*.

broaden ['brɔːdn] ◇ *vt* **-1.** [road, pavement] ensanchar **-2.** [scope, appeal] ampliar. ◇ *vi* [river, road] ensancharse; [smile] hacerse más amplia.

◆ **broaden out** ◇ *vt sep* ampliar. ◇ *vi* ampliarse.

broadly ['brɔːdlɪ] *adv* **-1.** [generally] en general; ~ **speaking** en líneas generales **-2.** [smile] abiertamente.

broadly-based [-'beɪst] *adj* [party] de amplia base; [course] muy completo(ta), que abarca muchos temas.

broadminded [ˌbrɔːd'maɪndɪd] *adj* abierto(ta), liberal.

broadsheet ['brɔːdʃiːt] *n periódico de calidad (con hojas de gran tamaño)*.

BROADSHEET/BROADSIDE

El término *broadsheet* en Gran Bretaña, o *broadside* en los Estados Unidos, se utiliza para referirse a los periódicos más formales y respetados, los cuales se imprimen en formato grande, presentan las noticias con seriedad y ofrecen secciones importantes sobre cultura, deporte y finanzas. Por lo general, se consideran más respetables que los llamados *tabloids*, que se inclinan por un estilo más sencillo y se publican en un formato más pequeño.

brocade [brə'keɪd] *n* brocado *m*.

broccoli ['brɒkəlɪ] *n* brécol *m*.

brochure ['brəʊʃəʳ] *n* folleto *m*.

brogues [brəʊgz] *npl zapatos gruesos de cuero con dibujo calado y estilo clásico*.

broil [brɔɪl] *vt US* asar a la parrilla.

broiler ['brɔɪləʳ] *n* **-1.** [young chicken] pollo *m* **-2.** *US* [grill] parrilla *f*.

broke [brəʊk] ◇ *pt* ▷ **break**. ◇ *adj inf* sin blanca, sin un duro, bruja *Carib* & *Méx*; **to go** ~ ir a la ruina; **to go for** ~ jugárselo todo.

broken ['brəʊkn] ◇ *pp* ▷ **break**. ◇ *adj* **-1.** [gen] roto(ta); ~ **home** hogar *m OR* familia *f* de padres separados **-2.** [not working] estropeado(da) **-3.** [interrupted - sleep] entrecortado(da); [- journey] discontinuo(nua) **-4.** [hesitant, inaccurate]: **she speaks** ~ **French** chapurrea el francés.

broken-down *adj* **-1.** [car, machine] averiado(da) **-2.** [building] destartalado(da).

broker ['brəʊkəʳ] *n* [of stock] corredor *m*; [of insurance] agente *m OR f*.

brokerage ['brəʊkərɪdʒ] *n* corretaje *m*.

brolly ['brɒlɪ] (*pl* **-ies**) *n UK inf* paraguas *m inv*.

bronchitis [brɒŋ'kaɪtɪs] *n (U)* bronquitis *f inv*.

bronze [brɒnz] ◇ *n* **-1.** [metal, sculpture] bronce *m* **-2.** = **bronze medal**. ◇ *comp* de bronce.

bronze medal *n* medalla *f* de bronce.

brooch [brəʊtʃ] *n* broche *m*, alfiler *m*.

brood [bruːd] ◇ *n* **-1.** [of birds] nidada *f* **-2.** *inf* [of children] prole *f*. ◇ *vi*: **to** ~ **(over** *OR* **about)** dar vueltas (a).

broody ['bruːdɪ] (*compar* **-ier**, *superl* **-iest**) *adj* **-1.** [sad] apesadumbrado(da) **-2.** [bird] clueco(ca).

brook [brʊk] ◇ *n* arroyo *m*. ◇ *vt fml* tolerar.

broom [bruːm] *n* **-1.** [brush] escoba *f* **-2.** [plant] retama *f*.

broomstick ['bruːmstɪk] *n* palo *m* de escoba.

Bros., bros. (*abbr of* **brothers**) Hnos.

broth [brɒθ] *n* caldo *m*.

brothel ['brɒθl] *n* burdel *m*.

brother ['brʌðəʳ] ◇ *n* **-1.** [relative, monk] hermano *m* **-2.** *fig* [comrade] camarada *m*. ◇ *excl US inf* ¡dios mío!

brotherhood ['brʌðəhʊd] *n* **-1.** [companionship] fraternidad *f* **-2.** [religious organization] cofradía *f*, hermandad *f*; [professional association] gremio *m*, colegio *m*.

brother-in-law (*pl* **brothers-in-law**) *n* cuñado *m*.

brotherly ['brʌðəlɪ] *adj* fraternal, fraterno(na).

brought [brɔ:t] *pt & pp* ▷ **bring**.

brow [braʊ] *n* **-1.** [forehead] frente *f* **-2.** [eyebrow] ceja *f*; **to knit one's ~s** fruncir el ceño *OR* entrecejo **-3.** [of hill] cima *f*, cresta *f*.

browbeat ['braʊbi:t] (*pt* **-beat**, *pp* **-beaten**) *vt* intimidar, amedrentar.

browbeaten ['braʊbi:tn] *adj* intimidado(da), amedrentado(da).

brown [braʊn] <> *adj* **-1.** [gen] marrón; [hair, eyes] castaño(ña) **-2.** [tanned] moreno(na). <> *n* marrón *m*; **in ~** de marrón. <> *vt* [food] dorar.

brown bread *n* pan *m* integral.

brownie ['braʊnɪ-] *n* ***US*** *bizcocho de chocolate y nueces.*

Brownie (Guide) *n* guía *f (7-10 años).*

Brownie point *n*: **to gain ~s** ***fig*** apuntarse tantos.

brown paper *n (U)* papel *m* de embalar.

brown rice *n* arroz *m* integral.

brown sugar *n* azúcar *m* moreno, azúcar *f* morena.

browse [braʊz] <> *vi* **-1.** [person] echar un ojo, mirar; **to ~ through** hojear **-2.** [animal] pacer **-3.** *COMPUT* navegar. <> *vt COMPUT* navegar por.

browser ['braʊzʳ] *n COMPUT* navegador *m*.

bruise [bru:z] <> *n* magulladura *f*, cardenal *m*. <> *vt* **-1.** [person, arm] magullar, contusionar; [fruit] magullar **-2.** ***fig*** [feelings] herir. <> *vi* [person] magullarse, contusionarse; [fruit] magullarse.

bruised [bru:zd] *adj* **-1.** [arm, knee, fruit] magullado(da) **-2.** ***fig*** [person] dolido(da); [feelings] herido(da).

Brum [brʌm] *n* ***UK inf*** Birmingham.

Brummie, Brummy ['brʌmɪ] *n* ***UK inf*** *natural o habitante de Birmingham.*

brunch [brʌntʃ] *n* brunch *m*, *combinación de desayuno y almuerzo que se toma por la mañana tarde.*

Brunei ['bru:naɪ] *n* Brunei.

brunette [bru:'net] *n* morena *f*.

brunt [brʌnt] *n*: **to bear** *OR* **take the ~ of** aguantar lo peor de.

brush [brʌʃ] <> *n* **-1.** [for hair, teeth] cepillo *m*; [for shaving, decorating] brocha *f*; [of artist] pincel *m*; [broom] escoba *f* **-2.** [encounter] roce *m*. <> *vt* **-1.** [clean with brush] cepillar; **to ~ one's hair** cepillarse el pelo **-2.** [move with hand] quitar, apartar **-3.** [touch lightly] rozar.

◆ **brush aside** *vt sep* [dismiss] hacer caso omiso de.

◆ **brush off** *vt sep* [dismiss] hacer caso omiso de.

◆ **brush up** <> *vt sep* ***fig*** [revise] repasar. <> *vi*: **to ~ up on** repasar.

brushed [brʌʃt] *adj* [steel, chrome] cepillado(da); [cotton, nylon] afelpado(da).

brush-off *n inf*: **to give sb the ~** mandar a alguien a paseo.

brush-up *n inf*: **to have a wash and ~** lavarse y peinarse, arreglarse.

brushwood ['brʌʃwʊd] *n* leña *f*, ramojo *m*.

brushwork ['brʌʃwɜ:k] *n* (estilo *m* de) pincelada *f*.

brusque [bru:sk] *adj* brusco(ca).

Brussels ['brʌslz] *n* Bruselas.

brussels sprout *n* col *f* de Bruselas.

brutal ['bru:tl] *adj* brutal.

brutality [bru:'tælətɪ] (*pl* **-ies**) *n* brutalidad *f*.

brutalize, -ise ['bru:təlaɪz] *vt* **-1.** [make cruel] embrutecer **-2.** [treat brutally] tratar brutalmente.

brute [bru:t] <> *adj* bruto(ta). <> *n* **-1.** [large animal] bestia *f*, bruto *m* **-2.** [bully] bestia *m OR f*.

BS *US* (*abbr of* **Bachelor of Science**) *n (titular de una) licenciatura de ciencias.*

BSc (*abbr of* **Bachelor of Science**) *n (titular de una) licenciatura de ciencias.*

BSE (*abbr of* **bovine spongiform encephalopathy**) *n* EEB *f*, *encefalopatía espongiforme bovina.*

BSI (*abbr of* **British Standards Institution**) *n instituto británico de normalización.*

B-side *n* cara *f* dos *OR* B.

BST -1. *abbr of* **British SummerTime -2.** (*abbr of* **British Standard Time**) *hora oficial británica.*

BT *n* British Telecom, *compañía telefónica británica.*

bubble ['bʌbl] <> *n* [gen] burbuja *f*; [of soap] pompa *f*. <> *vi* **-1.** [produce bubbles] burbujear **-2.** [make a bubbling sound] borbotar **-3.** [be full]: **to ~ with** rebosar de.

bubble bath *n* espuma *f* de baño.

bubble gum *n* chicle *m* (de globo).

bubblejet printer ['bʌbldʒet-] *n COMPUT* impresora *f* de inyección.

bubbly ['bʌblɪ] (*compar* **-ier**, *superl* **-iest**) <> *adj* **-1.** [full of bubbles] con burbujas **-2.** [lively] alegre, vivo(va). <> *n* ***inf*** champán *m*.

Bucharest [ˌbu:kə'rest] *n* Bucarest.

buck [bʌk] (*pl inv OR* **-s**) <> *n* **-1.** [male animal] macho *m* **-2.** *esp* ***US inf*** [dollar] dólar *m*; **to make a fast ~** hacer pasta rápidamente **-3.** ***inf*** [responsibility]: the ~ stops with me a mí me toca lidiar con eso; to pass the ~ to sb echarle el muerto a alguien. ◇ vt inf [oppose] oponerse a, ir en contra de. ◇ vi corcovear, encabritarse.

◆ **buck up** *inf* ◇ *vt sep* **-1.** [improve] mejorar; ~ **your ideas up** más vale que espabiles **-2.** [cheer up] animar. ◇ *vi* **-1.** [hurry up] darse prisa **-2.** [cheer up] animarse.

bucket ['bʌkɪt] *n* **-1.** [container, bucketful] cubo *m* **-2.** *inf* [large quantity]: ~**s of** un montón de.

Buckingham Palace ['bʌkɪŋəm-] *n* el palacio de Buckingham.

buckle ['bʌkl] ◇ *n* hebilla *f.* ◇ *vt* **-1.** [fasten] abrochar con hebilla **-2.** [bend] combar. ◇ *vi* [wheel] combarse; [knees] doblarse.

◆ **buckle down** *vi*: **to ~ down (to)** dedicarse seriamente (a).

◆ **buckle up** *vi US* abrocharse el cinturón.

Bucks [bʌks] (*abbr of* **Buckinghamshire**) *condado inglés.*

buckshot ['bʌkʃɒt] *n* perdigones *mpl.*

buckskin ['bʌkskɪn] *n* ante *m.*

buckteeth [bʌk'ti:θ] *npl* dientes *mpl* salientes.

buckwheat ['bʌkwi:t] *n* alforfón *m.*

bud [bʌd] (*pt* & *pp* **-ded**, *cont* **-ding**) ◇ *n* [shoot] brote *m*; [flower] capullo *m*; **to nip sthg in the ~** *fig* cortar algo de raíz. ◇ *vi* brotar, echar brotes.

Budapest [ˌbju:də'pest] *n* Budapest.

Buddha ['bʊdə] *n* Buda *m.*

Buddhism ['bʊdɪzm] *n* budismo *m.*

Buddhist ['bʊdɪst] ◇ *adj* budista. ◇ *n* budista *m* OR *f.*

budding ['bʌdɪŋ] *adj* en ciernes.

buddy ['bʌdɪ] (*pl* **-ies**) *n esp US inf* [friend] amiguete *m*, -ta *f*, colega *m* OR *f*, compa *m Amér.*

budge [bʌdʒ] ◇ *vt* mover. ◇ *vi* [move] moverse; [give in] ceder.

budgerigar ['bʌdʒərɪgɑ:ʳ] *n* periquito *m.*

budget ['bʌdʒɪt] ◇ *adj* económico(ca). ◇ *n* presupuesto *m*; **the Budget** *UK* el presupuesto nacional OR del estado. ◇ *vt* [money] presupuestar; [time] planificar. ◇ *vi* presupuestar.

◆ **budget for** *vt fus* contar con.

budget account *n UK* [with a shop] cuenta *f*; [with a bank] cuenta para domiciliaciones.

budgetary ['bʌdʒɪtrɪ] *adj* presupuestario(ria).

budget deficit *n* déficit *m* presupuestario.

budgie ['bʌdʒɪ] *n inf* periquito *m.*

Buenos Aires [ˌbwenəs'aɪrɪz] *n* Buenos Aires.

buff [bʌf] ◇ *adj* color de ante. ◇ *n inf* [expert] aficionado *m*, -da *f.*

buffalo ['bʌfələʊ] (*pl inv* OR **-s** OR **-es**) *n* búfalo *m.*

buffer ['bʌfəʳ] *n* **-1.** *UK* [for trains] tope *m* **-2.** *US* [of car] parachoques *m inv* **-3.** [protection] defensa *f*, salvaguarda *f* **-4.** COMPUT búfer *m.*

buffer state *n* estado *m* tapón.

buffet[1] [*UK* 'bʊfeɪ, *US* bə'feɪ] *n* **-1.** [meal] bufé *m* **-2.** [cafeteria] cafetería *f.*

buffet[2] ['bʌfɪt] *vt* [physically] golpear.

buffet car ['bʊfeɪ-] *n* coche *m* restaurante.

buffoon [bə'fu:n] *n* bufón *m.*

bug [bʌg] (*pt* & *pp* **-ged**, *cont* **-ging**) ◇ *n* **-1.** *esp US* [small insect] bicho *m* **-2.** *inf* [illness] virus *m*; **stomach ~** virus del estómago **-3.** *inf* [listening device] micrófono *m* oculto **-4.** COMPUT error *m* **-5.** [enthusiasm] manía *f.* ◇ *vt* **-1.** *inf* [spy on - room] poner un micrófono oculto en; [- phone] pinchar, intervenir **-2.** *esp US inf* [annoy] fastidiar, jorobar.

bugbear ['bʌgbeəʳ] *n* fastidio *m*, pesadilla *f.*

bugger ['bʌgəʳ] *UK v inf* ◇ *n* [unpleasant person] cabrón *m*, -ona *f*; **the lucky ~!** ¡qué suerte tiene el cabrón/la cabrona!; [difficult, annoying task] coñazo *m.* ◇ *excl* ¡mierda! ◇ *vt*: **~ it!** ¡mierda!

◆ **bugger off** *vi v inf*: **~ off!** ¡vete a tomar por culo!

buggy ['bʌgɪ] (*pl* **-ies**) *n* **-1.** [carriage] calesa *f* **-2.** [pushchair] sillita *f* de ruedas; *US* [pram] cochecito *m* de niño.

bugle ['bju:gl] *n* corneta *f*, clarín *m.*

build [bɪld] (*pt* & *pp* **built**) ◇ *vt* **-1.** [construct] construir **-2.** *fig* [form, create] crear. ◇ *n* complexión *f*, constitución *f.*

◆ **build into** *vt sep* **-1.** [construct as part of] empotrar **-2.** [include in] incorporar.

◆ **build (up)on** ◇ *vt fus* [further] desarrollar. ◇ *vt sep* [base on] fundar en.

◆ **build up** ◇ *vt sep* **-1.** [business - establish] poner en pie; [- promote] fomentar **-2.** [person] fortalecer; **to ~ up one's reputation** labrarse una reputación. ◇ *vi* acumularse.

builder ['bɪldəʳ] *n* constructor *m*, -ra *f.*

building ['bɪldɪŋ] *n* **-1.** [structure] edificio *m* **-2.** [profession] construcción *f.*

building and loan association *n US* ≃ caja *f* de ahorros.

building block *n* [toy] bloque *m* de construcción; *fig* [element] componente *m* esencial.

building contractor *n* contratista *m* OR *f* de obras.

building site *n* obra *f.*

building society *n UK* ≃ caja *f* de ahorros.

BUILDING SOCIETY

Las *building societies* funcionan como los bancos pero no tienen un sistema de compensación. Estas organizaciones conceden préstamos inmobiliarios a particulares y antes desempeñaban un papel muy importante en Gran Bretaña, pero ahora muchas se han convertido en bancos.

buildup ['bɪldʌp] *n* [increase] acumulación *f*, incremento *m* gradual; [of troops] concentración *f*.

built [bɪlt] ◇ *pt & pp* ⊳ **build**. ◇ *adj*: **heavily/slightly ~** de complexión fuerte/débil; **to be ~ for** dar el tipo para.

built-in *adj* **-1.** [physically integrated] empotrado(da) **-2.** [inherent] incorporado(da).

built-up *adj* urbanizado(da).

bulb [bʌlb] *n* **-1.** [for lamp] bombilla *f* **-2.** [of plant] bulbo *m* **-3.** [bulb-shaped part] parte *f* redondeada.

bulbous ['bʌlbəs] *adj* bulboso(sa).

Bulgaria [bʌl'geərɪə] *n* Bulgaria.

Bulgarian [bʌl'geərɪən] ◇ *adj* búlgaro(ra). ◇ *n* **-1.** [person] búlgaro *m*, -ra *f* **-2.** [language] búlgaro *m*.

bulge [bʌldʒ] ◇ *n* **-1.** [lump] protuberancia *f*, bulto *m* **-2.** [sudden increase] alza *f*. ◇ *vi*: **to ~ (with)** rebosar (de), estar atestado(da) (de).

bulging ['bʌldʒɪŋ] *adj* [muscles] fornido(da); [pocket] abultado(da).

bulimia (nervosa) [bjʊ'lɪmɪə-] *n* bulimia *f* (nerviosa).

bulk [bʌlk] ◇ *n* **-1.** [mass] bulto *m*, volumen *m* **-2.** [large body] mole *f* **-3.** [large quantity]: **in ~** a granel **-4.** [majority, most of]: **the ~ of** la mayor parte de. ◇ *adj* a granel.

bulk buying [-'baɪɪŋ] *n* compra *f* al por mayor.

bulkhead ['bʌlkhed] *n* mamparo *m*.

bulky ['bʌlkɪ] (*compar* **-ier**, *superl* **-iest**) *adj* voluminoso(sa).

bull [bʊl] *n* **-1.** [male cow] toro *m* **-2.** [male animal] macho *m* **-3.** ST EX alcista *m* OR *f* **-4.** *(U) v inf esp US* [nonsense] gilipolleces *fpl*.

bulldog ['bʊldɒg] *n* buldog *m*.

bulldog clip *n* pinza *f* sujetapapeles.

bulldoze ['bʊldəʊz] *vt* [ground] nivelar; [building] derribar; *fig* [force] forzar; **to ~ sb into doing sthg** *fig* forzar a alguien a hacer algo.

bulldozer ['bʊldəʊzə^r] *n* bulldozer *m*.

bullet ['bʊlɪt] *n* **-1.** [of gun] bala *f* **-2.** [typo] topo *m*.

bulletin ['bʊlətɪn] *n* **-1.** [news] boletín *m*; [medical report] parte *m* **-2.** [regular publication] boletín *m*, gaceta *f*.

bulletin board *n esp US* tablón *m* de anuncios.

bullet-proof *adj* a prueba de balas.

bullfight ['bʊlfaɪt] *n* corrida *f* (de toros).

bullfighter ['bʊl,faɪtə^r] *n* torero *m*, -ra *f*.

bullfighting ['bʊl,faɪtɪŋ] *n* toreo *m*.

bullfinch ['bʊlfɪntʃ] *n* camachuelo *m*.

bullion ['bʊljən] *n (U)* lingotes *mpl*.

bullish ['bʊlɪʃ] *adj* ST EX alcista.

bull market *n* mercado *m* en alza OR alcista.

bullock ['bʊlək] *n* buey *m*, toro *m* castrado.

bullring ['bʊlrɪŋ] *n* **-1.** [stadium] plaza *f* (de toros) **-2.** [arena] ruedo *m*.

bullrush ['bʊlrʌʃ] = **bulrush**.

bull's-eye *n* diana *f*.

bullshit ['bʊlʃɪt] (*pt & pp* **-ted**, *cont* **-ting**) *vulg* ◇ *n (U)* gilipolleces *fpl*. ◇ *vi* decir gilipolleces.

bull terrier *n* bulterrier *m*.

bully ['bʊlɪ] (*pl* **-ies**, *pt & pp* **-ied**) ◇ *n* abusón *m*, matón *m*. ◇ *vt* intimidar; **to ~ sb into doing sthg** obligar a alguien con amenazas a hacer algo.

bullying ['bʊlɪɪŋ] *n* intimidación *f*.

bulrush ['bʊlrʌʃ] *n* anea *f*.

bum [bʌm] (*pt & pp* **-med**, *cont* **-ming**) *n* **-1.** *esp UK v inf* [bottom] cola *f* ***Amér***, poto *m* ***Chile, Perú***, traste *m* ***CSur*** **-2.** *US inf pej* [tramp] vagabundo *m*, -da *f* **-3.** *US inf pej* [idler] holgazán *m*, -ana *f*, vago *m*, -ga *f*, flojo *m*, -ja *f* ***Amér***.

◆ **bum around** *esp US vi US inf* **-1.** [waste time] haraganear, flojear ***Amér*** **-2.** [travel aimlessly] vagabundear.

bumblebee ['bʌmblbi:] *n* abejorro *m*.

bumbling ['bʌmblɪŋ] *adj inf* inútil.

bumf [bʌmf] *n (U) UK inf* papelotes *mpl*, papeleo *m*.

bump [bʌmp] ◇ *n* **-1.** [lump - on head] chichón *m*; [- on road] bache *m* **-2.** [knock, blow, noise] golpe *m*. ◇ *vt* [car] chocar con OR contra; [head, knee] golpearse en; **I ~ed my head on the door** me di con la cabeza en la puerta.

◆ **bump into** *vt fus* [meet by chance] toparse con, encontrarse con.

◆ **bump off** *vt sep inf* cargarse a.

◆ **bump up** *vt sep inf* aumentar, subir.

bumper ['bʌmpə^r] ◇ *adj* abundante; **~ edition** edición especial. ◇ *n* **-1.** AUT parachoques *m inv* **-2.** *US* RAIL tope *m*.

bumper-to-bumper *adj*: **the cars were ~** había una caravana (de coches).

bumph [bʌmf] = **bumf**.

bumptious ['bʌmpʃəs] *adj pej* engreído(da).

bumpy ['bʌmpɪ] (*compar* **-ier**, *superl* **-iest**) *adj* **-1.** [road] lleno(na) de baches **-2.** [ride, journey] con muchas sacudidas.

bun [bʌn] *n* **-1.** [cake, bread roll] bollo *m* **-2.** [hairstyle] moño *m*, chongo *m* ***Amér.***

◆ **buns** *npl* ***US inf*** trasero *m*, culo *m*.

bunch [bʌntʃ] ◇ *n* [of people] grupo *m*; [of flowers] ramo *m*; [of fruit] racimo *m*; [of keys] manojo *m*. ◇ *vt* agrupar. ◇ *vi* agruparse.

◆ **bunches** *npl* [hairstyle] coletas *fpl*.

bundle ['bʌndl] ◇ *n* **-1.** [of clothes] lío *m*, bulto *m*; [of notes, papers] fajo *m*; [of wood] haz *m*; **to be a ~ of nerves** ***fig*** ser un manojo de nervios **-2.** COMPUT paquete *m*. ◇ *vt* [clothes] empaquetar de cualquier manera; [person] empujar.

◆ **bundle off** *vt sep* despachar.

◆ **bundle up** *vt sep* [put into bundles] liar.

bundled software ['bʌndld-] *n* COMPUT software *m* incluido.

bung [bʌŋ] ◇ *n* tapón *m*. ◇ *vt* ***UK inf*** **-1.** [throw] echar, tirar **-2.** [pass] pasar, alcanzar.

bungalow ['bʌŋgələʊ] *n* bungalow *m*.

bunged up [bʌŋd-] *adj* [drain] atascado(da), obstruido(da); [nose] taponado(da).

bungee-jumping ['bʌndʒɪ-] *n* puenting *m*.

bungle ['bʌŋgl] *vt* chapucear.

bunion ['bʌnjən] *n* juanete *m*.

bunk [bʌŋk] *n* **-1.** [bed] litera *f* **-2.** *(U)* ***inf*** [nonsense] tonterías *fpl* **-3.** ***phr:* to do a ~ *inf*** poner pies en polvorosa.

bunk bed *n* litera *f*.

bunker ['bʌŋkə^r] *n* **-1.** [shelter, in golf] bunker *m* **-2.** [for coal] carbonera *f*.

bunny ['bʌnɪ] (*pl* **-ies**) *n*: **~ (rabbit)** conejito *m*, -ta *f*.

bunny slope *n* SKI pista *f* (de esquí) para principiantes.

Bunsen burner ['bʌnsn-] *n* mechero *m* Bunsen.

bunting ['bʌntɪŋ] *n* *(U)* [flags] banderitas *fpl*.

buoy [*UK* bɔɪ, *US* 'bu:ɪ] *n* boya *f*.

◆ **buoy up** *vt sep* [encourage] alentar, animar.

buoyancy ['bɔɪənsɪ] *n* **-1.** [ability to float] flotabilidad *f* **-2.** [optimism] optimismo *m*.

buoyant ['bɔɪənt] *adj* **-1.** [able to float] boyante, capaz de flotar **-2.** [optimistic - gen] optimista; [- market] con tendencia alcista.

burden ['bɜ:dn] ◇ *n* **-1.** [heavy load] carga *f* **-2.** ***fig*** [heavy responsibility]: **~ on** carga *f* para. ◇ *vt*: **to ~ sb with** cargar a alguien con.

bureau ['bjʊərəʊ] (*pl* **-x**) *n* **-1.** [government department] departamento *m*, oficina *f* **-2.** [office] oficina *f* **-3.** ***UK*** [desk] secreter *m*; ***US*** [chest of drawers] cómoda *f*.

bureaucracy [bjʊə'rɒkrəsɪ] (*pl* **-ies**) *n* burocracia *f*.

bureaucrat ['bjʊərəkræt] *n* ***pej*** burócrata *m* OR *f*.

bureaucratic [ˌbjʊərə'krætɪk] *adj* ***pej*** burocrático(ca).

bureau de change [ˌbjʊərəʊdə'ʃɒndʒ] (*pl* **bureaux de change** [ˌbjʊərəʊdə'ʃɒndʒ]) *n* casa *f* de cambio.

bureaux ['bjʊərəʊz] *pl* ▷ **bureau**.

burger ['bɜ:gə^r] *n* hamburguesa *f*.

burglar ['bɜ:glə^r] *n* ladrón *m*, -ona *f*.

burglar alarm *n* alarma *f* antirrobo.

burglarize *US* = **burgle**.

burglary ['bɜ:glərɪ] (*pl* **-ies**) *n* robo *m* (de una casa).

burgle ['bɜ:gl], **burglarize** ['bɜ:gləraɪz] *US vt* robar, desvalijar *(una casa)*.

burial ['berɪəl] *n* entierro *m*.

burial ground *n* cementerio *m*.

burk [bɜ:k] *n* ***UK inf*** tonto *m*, -ta *f*.

Burkina Faso [bɜ:ˌki:nə'fæsəʊ] *n* Burkina Faso.

burly ['bɜ:lɪ] (*compar* **-ier**, *superl* **-iest**) *adj* fornido(da).

Burma ['bɜ:mə] *n* Birmania.

Burmese [ˌbɜ:'mi:z] ◇ *adj* birmano(na). ◇ *n* **-1.** [person] birmano *m*, -na *f* **-2.** [language] birmano *m*.

burn [bɜ:n] (*pt* & *pp* **burnt** OR **-ed**) ◇ *vt* **-1.** [gen] quemar **-2.** [injure - by heat, fire] quemarse **-3.** COMPUT estampar. ◇ *vi* **-1.** [gen] arder; **to ~ with passion/hatred** arder de pasión/odio **-2.** [be alight] estar encendido(da) **-3.** [food] quemarse **-4.** [cause burning sensation] escocer **-5.** [become sunburnt] quemarse. ◇ *n* quemadura *f*.

◆ **burn down** ◇ *vt sep* incendiar. ◇ *vi* **-1.** [be destroyed by fire] incendiarse **-2.** [burn less brightly] apagarse.

◆ **burn out** ◇ *vt sep* [exhaust]: **to ~ o.s. out** quemarse. ◇ *vi* apagarse, consumirse.

◆ **burn up** ◇ *vt sep* quemar. ◇ *vi* quemarse.

burner ['bɜ:nə^r] *n* quemador *m*.

burning ['bɜ:nɪŋ] *adj* **-1.** [on fire] en llamas **-2.** [heat, passion, interest] ardiente; **it was ~ hot** hacía un calor abrasador **-3.** [cheeks, face] colorado(da) **-4.** [controversial]: **~ question** pregunta *f* candente.

burnish ['bɜ:nɪʃ] *vt* bruñir.

Burns' Night *n fiesta celebrada en Escocia el 25 de enero en honor del poeta escocés Robert Burns.*

burnt [bɜ:nt] *pt* & *pp* ▷ **burn**.

burnt-out *adj lit* & *fig* quemado(da).

burp [bɜ:p] *inf* ◇ *n* eructo *m*. ◇ *vi* eructar.

burrow ['bʌrəʊ] <> *n* madriguera *f.* <> *vi* **-1.** [dig] escarbar (un agujero) **-2.** *fig* [in order to search] hurgar.

bursar ['bɜːsəʳ] *n* tesorero *m*, -ra *f*, administrador *m*, -ra *f.*

bursary ['bɜːsərɪ] (*pl* **-ies**) *n UK* beca *f.*

burst [bɜːst] (*pt* & *pp* **burst**) <> *vi* **-1.** [gen] reventarse; [bag] romperse; [tyre] pincharse **-2.** [explode] estallar **-3.** [door, lid]: **to ~ open** abrirse de golpe **-4.** [go suddenly]: **to ~ into** irrumpir en; **to ~ through** abrirse paso a través de. <> *vt* [gen] reventar; [tyre] pinchar. <> *n* [of gunfire, enthusiasm] estallido *m.*

◆ **burst in on** *vt fus* interrumpir.

◆ **burst into** *vt fus* **-1.** [tears, song]: **to ~ into tears/song** romper a llorar/cantar **-2.** [flames] estallar en **-3.** [subj: plants]: **to ~ into flower** florecer.

◆ **burst out** <> *vt fus* [say suddenly] exclamar. <> *vi* [begin suddenly]: **to ~ out laughing/crying** echarse a reír/llorar.

bursting ['bɜːstɪŋ] *adj* **-1.** [full] lleno(na) a estallar **-2.** [with emotion]: **~ with** rebosando de **-3.** [eager]: **to be ~ to do sthg** estar deseando hacer algo.

Burundi [bʊ'rʊndɪ] *n* Burundi.

bury ['berɪ] (*pt* & *pp* **-ied**) *vt* **-1.** [in ground] enterrar **-2.** [hide - face, memory] ocultar **-3.** *fig* [immerse]: **to ~ o.s. in sthg** enfrascarse en algo.

bus [bʌs] <> *n* autobús *m*, micro *m* ***Chile***, camión *m* ***CAm, Méx***, colectivo *m* ***Arg, Bol***, carrito *m* por puesto ***Ven***, omnibús *m* ***Perú, Urug***, guagua *f* ***Cuba***; **by ~** en autobús. <> *vt US*: **to ~ tables** [in restaurant] recoger mesas.

bus boy *n US* ayudante *m* de camarero.

bus conductor *n* cobrador *m*, -ra *f.*

bus driver *n* conductor *m*, -ra *f* de autobús, chofer *mf* ***Amér.***

bush [bʊʃ] *n* **-1.** [plant] arbusto *m* **-2.** [open country]: **the ~** el campo abierto, el monte **-3.** *phr*: **to beat about the ~** andarse por las ramas.

bushel ['bʊʃl] *n UK = 36,37 litros*; *US = 35,24 litros.*

bushy ['bʊʃɪ] (*compar* **-ier**, *superl* **-iest**) *adj* poblado(da), espeso(sa).

business ['bɪznɪs] <> *n* **-1.** *(U)* [commerce, amount of trade] negocios *mpl*; **to be away on ~** estar en viaje de negocios; **to mean ~** *inf* ir en serio; **to go out of ~** quebrar **-2.** [company] negocio *m*, empresa *f* **-3.** [concern, duty] oficio *m*, ocupación *f*; **to have no ~ doing** OR **to do sthg** no tener derecho a hacer algo; **mind your own ~!** *inf* ¡no te metas donde no te llaman!; **that's none of your ~** eso no es asunto tuyo **-4.** *(U)* [affair, matter] asunto *m.* <> *comp*: **~ interests** intereses *mpl* comerciales; **~ hours** horas *fpl* de oficina; **~ English** inglés *m* comercial.

business address *n* dirección *f* comercial.

business card *n* tarjeta *f* de visita.

business class *n* clase *f* preferente.

businesslike ['bɪznɪslaɪk] *adj* formal y eficiente.

business lunch *n* comida *f* de trabajo.

businessman ['bɪznɪsmæn] (*pl* **-men** [-men]) *n* empresario *m*, hombre *m* de negocios.

business school *n* escuela *f* OR academia *f* comercial.

business studies *npl* empresariales *mpl.*

business trip *n* viaje *m* de negocios.

businesswoman ['bɪznɪsˌwʊmən] (*pl* **-women** [-ˌwɪmɪn]) *n* empresaria *f*, mujer *f* de negocios.

busker ['bʌskəʳ] *n UK* músico *m* ambulante OR callejero.

bus lane *n* carril *m* bus, pista *f* sólo bus ***Chile.***

bus-shelter *n* marquesina *f* (de parada de autobús).

bus station *n* estación *f* OR terminal *f* de autobuses.

bus stop *n* parada *f* de autobús, paradero *m* ***CAm, Andes, Méx.***

bust [bʌst] (*pt* & *pp* **-ed** OR **bust**) <> *adj inf* **-1.** [broken] fastidiado(da), roto(ta) **-2.** [bankrupt]: **to go ~** quebrar. <> *n* **-1.** [bosom, statue] busto *m* **-2.** *inf* [raid] redada *f.* <> *vt* **-1.** *inf* [break] fastidiar, estropear **-2.** [arrest] pillar, empapelar; [raid] hacer una redada en.

bustle ['bʌsl] <> *n* bullicio *m.* <> *vi* apresurarse.

bustling ['bʌslɪŋ] *adj* bullicioso(sa).

bust-up *n inf* **-1.** [quarrel] trifulca *f*, camorra *f* **-2.** [breakup] ruptura *f.*

busy ['bɪzɪ] (*compar* **-ier**, *superl* **-iest**) <> *adj* **-1.** [occupied] ocupado(da); **to be ~ doing sthg** estar ocupado haciendo algo **-2.** [hectic - life, week] ajetreado(da); [- town, office] concurrido(da), animado(da); [- road] con mucho tráfico **-3.** [active] activo(va) **-4.** *esp US* TELEC [engaged] comunicando. <> *vt*: **to ~ o.s. (doing sthg)** ocuparse (haciendo algo).

busybody ['bɪzɪˌbɒdɪ] (*pl* **-ies**) *n pej* entrometido *m*, -da *f.*

busy signal *n US* TELEC señal *f* de comunicando.

but [bʌt] <> *conj* pero; **we were poor ~ happy** éramos pobres pero felices; **she owns not one ~ two houses** tiene no una sino dos casas; **~ now let's talk about you** pero ahora hablemos de ti. <> *prep* menos, excepto; **everyone ~ Jane was there** todos estaban allí, menos Jane;

we've had nothing ~ bad weather no hemos tenido más que mal tiempo; **he has no one ~ himself to blame** la culpa no es de otro más que él OR sino de él. ◇ *adv fml*: **had I ~ known** de haberlo sabido; **we can ~ try** por intentarlo que no quede; **she has ~ recently joined the firm** hace tan sólo un tiempo que entró en la empresa.

◆ **but for** *conj* de no ser por; **~ for her I'd have died** de no ser por ella, hubiera muerto.

◆ **but then** *adv*: **I really liked the book, ~ then it is by my favourite author** me gustó mucho el libro, pero claro, es de mi escritor favorito.

butane ['bju:teɪn] *n* butano *m*.

butch [bʊtʃ] *adj UK inf* [woman] marimacho; [man] muy macho.

butcher ['bʊtʃəʳ] ◇ *n* **-1.** [occupation] carnicero *m*, -ra *f*; **~'s (shop)** carnicería *f* **-2.** [indiscriminate killer] carnicero *m*, -ra *f*, asesino *m*, -na *f*. ◇ *vt* [animal - for meat] matar; *fig* [kill indiscriminately] hacer una carnicería con.

butchery ['bʊtʃərɪ] *n fig* [indiscriminate killing] matanza *f*, carnicería *f*.

butler ['bʌtləʳ] *n* mayordomo *m*.

butt [bʌt] ◇ *n* **-1.** [of cigarette, cigar] colilla *f* **-2.** [of rifle] culata *f* **-3.** [for water] tina *f* **-4.** [of joke, remark] blanco *m* **-5.** *US inf* [bottom] trasero *m*, culo *m*. ◇ *vt* topetar.

◆ **butt in** *vi* [interrupt]: **to ~ in on sb** cortar a alguien; **to ~ in on sthg** entrometerse en algo.

◆ **butt out** *vi US* dejar de entrometerse.

butter ['bʌtəʳ] ◇ *n* mantequilla *f*; **~ wouldn't melt in her mouth** *inf* parece una mosquita muerta. ◇ *vt* untar con mantequilla.

◆ **butter up** *vt sep inf* dar coba a.

butter bean *n* judía *f* blanca, frijol *m* blanco *Amér*, poroto *m* blanco *CSur*, poroto *m* de manteca *RP*, caraota *f Ven*.

buttercup ['bʌtəkʌp] *n* ranúnculo *m*.

butter dish *n* mantequera *f*.

buttered ['bʌtəd] *adj* con mantequilla.

butterfingers ['bʌtə,fɪŋgəz] (*pl inv*) *n inf* manazas *mf inv*.

butterfly ['bʌtəflaɪ] (*pl* **-ies**) *n* **-1.** [insect] mariposa *f*; **to have butterflies in one's stomach** *inf* estar hecho un manojo de nervios **-2.** [swimming style] (estilo *m*) mariposa *f*.

buttermilk ['bʌtəmɪlk] *n* suero *m* de leche.

butterscotch ['bʌtəskɒtʃ] *n dulce hecho hirviendo azúcar y mantequilla*.

buttocks ['bʌtəks] *npl* nalgas *fpl*.

button ['bʌtn] ◇ *n* **-1.** [gen & COMPUT] botón *m* **-2.** *US* [badge] chapa *f*. ◇ *vt* = **button up**.

◆ **button up** *vt sep* abotonar, abrochar.

buttonhole ['bʌtnhəʊl] ◇ *n* **-1.** [hole] ojal *m* **-2.** *UK* [flower] flor *f* para el ojal. ◇ *vt inf* enganchar, coger por banda.

button mushroom *n* champiñón *m* pequeño.

buttress ['bʌtrɪs] *n* contrafuerte *m*.

buxom ['bʌksəm] *adj* [woman] maciza, pechugona.

buy [baɪ] (*pt* & *pp* **bought**) ◇ *vt lit* & *fig* comprar; **to ~ sthg from sb** comprar algo a alguien; **to ~ sb sthg** comprar algo a alguien, comprar algo para alguien. ◇ *n* compra *f*.

◆ **buy in** *vt sep UK* aprovisionarse de.

◆ **buy into** *vt fus* [company] comprar acciones en.

◆ **buy off** *vt sep* sobornar, comprar.

◆ **buy out** *vt sep* **-1.** [in business] comprar la parte de **-2.** [from army]: **to ~ o.s. out** *pagar dinero para salirse del ejército*.

◆ **buy up** *vt sep* acaparar.

buyer ['baɪəʳ] *n* **-1.** [purchaser] comprador *m*, -ra *f* **-2.** [profession] jefe *m*, -fa *f* de compras.

buyer's market *n* mercado *m* de compradores.

buyout ['baɪaʊt] *n adquisición de la mayoría de las acciones de una empresa*.

buzz [bʌz] ◇ *n* [of insect, machinery] zumbido *m*; [of conversation] rumor *m*; **to give sb a ~** *inf* [on phone] dar un toque OR llamar a alguien. ◇ *vi* **-1.** [make noise] zumbar **-2.** *fig* [be active]: **to ~ (with)** bullir (de). ◇ *vt* [on intercom] llamar.

◆ **buzz off** *vi UK inf*: **~ off!** ¡lárgate!

buzzard ['bʌzəd] *n* **-1.** *UK* [hawk] águila *f* ratonera **-2.** *US* [vulture] buitre *m*.

buzzer ['bʌzəʳ] *n* timbre *m*.

buzzing ['bʌzɪŋ] *n* zumbido *m*.

buzzword ['bʌzwɜ:d] *n inf* palabra *f* de moda.

by [baɪ] ◇ *prep* **-1.** [indicating cause, agent] por; **caused/written ~** causado/escrito por; **a book ~ Joyce** un libro de Joyce **-2.** [indicating means, method, manner]: **to travel ~ bus/train/plane/ship** viajar en autobús/tren/avión/barco; **to pay ~ cheque** pagar con cheque; **to take sb ~ the hand** coger a alguien de la mano; **~ candlelight** a la luz de las velas; **he got rich ~ buying land** se hizo rico comprando terrenos; **~ nature** por naturaleza; **~ profession/trade** de profesión/oficio **-3.** [beside, close to] junto a; **~ the sea** junto al mar **-4.** [past] por delante de; **to walk ~ sb/sthg** pasear por delante de alguien/algo; **we drove ~ the castle** pasamos por el castillo (conduciendo) **-5.** [via, through] por; **we entered ~ the back door** entramos por la puerta trasera **-6.** [with time - at or before, during] para; **I'll be there ~ eight** estaré allí para las ocho; ~ **1916 it was all over** en 1916 ya todo estaba decidido; ~ **now** ya; ~ **day/night** por el día/la noche, de día/noche **-7.** [according to] según; ~ **law/my standards** según la ley/mis criterios **- 8.** [in division] entre; [in multiplication, measurements] por; **to divide 20 ~ 2** dividir 20 entre 2; **to multiply 20 ~ 2** multiplicar 20 por 2; **twelve feet ~ ten** doce pies por diez **- 9.** [in quantities, amounts] por; ~ **the thousand** *OR* **thousands** por miles; ~ **the metre** por metros; ~ **the day/hour** por día/horas; **prices were cut ~ 50%** los precios fueron rebajados (en) un 50% **-10.** [indicating gradual change]: **day ~ day** día a día; **one ~ one** uno a uno **-11.** [to explain a word or expression] con, por; **what do you mean ~ 'all right'?** ¿qué quieres decir con 'bien'?; **what do you understand ~ the word 'subsidiarity'?** ¿qué entiendes por 'subsidiariedad'? **-12.** *phr*: **(all) ~ oneself** solo(la); **did you do it all ~ yourself?** ¿lo hiciste tú solo? ◇ *adv* ▷ **go, pass** *etc.*

bye(-bye) [baɪ(baɪ)] *excl inf* ¡hasta luego!

bye-election = **by-election**.

byelaw ['baɪlɔː] = **bylaw**.

by-election *n* elección *f* parcial.

Byelorussia [bɪˌeləʊ'rʌʃə] = **Belorussia**.

bygone ['baɪgɒn] *adj* pasado(da).
◆ **bygones** *npl*: **let ~s be ~s** lo pasado, pasado está.

bylaw ['baɪlɔː] *n* reglamento *m OR* estatuto *m* local.

by-line *n* [in article] pie *m* de autor.

bypass ['baɪpɑːs] ◇ *n* **-1.** [road] carretera *f* de circunvalación **- 2.** *MED*: ~ **(operation)** (operación *f* de) by-pass *m*. ◇ *vt* evitar.

by-product *n* **-1.** [product] subproducto *m* **-2.** [consequence] consecuencia *f*.

bystander ['baɪˌstændəʳ] *n* espectador *m*, -ra *f*.

byte [baɪt] *n COMPUT* byte *m*.

byword ['baɪwɜːd] *n*: **to be a ~ (for)** ser sinónimo de.

c¹ (*pl* **c's** *OR* **cs**), **C** (*pl* **C's** *OR* **Cs**) [siː] *n* [letter] c *f*, C *f*.
◆ **C** *n* **-1.** *MUS* do *m* **-2.** (*abbr of* **celsius, centigrade**) C.

c² **-1.** (*abbr of* **century**) s. **-2.** (*abbr of* **cent(s)**) cént.

c. (*abbr of* **circa**) h.

ca. (*abbr of* **circa**) h.

c/a **-1.** *abbr of* **credit account** **- 2.** (*abbr of* **current account**) c/c.

CA **-1.** *abbr of* **Central America** **- 2.** *abbr of* **California**.

CAA *n* **-1.** (*abbr of* **Civil Aviation Authority**) *organismo independiente regulador de la aviación civil en Gran Bretaña* **- 2.** (*abbr of* **Civil Aeronautics Authority**) *dirección estadounidense de aviación civil*.

cab [kæb] *n* **-1.** [taxi] taxi *m* **- 2.** [of lorry] cabina *f*.

CAB (*abbr of* **Citizens' Advice Bureau**) *n oficina británica de información y asistencia al ciudadano*.

cabaret ['kæbəreɪ] *n* cabaret *m*.

cabbage ['kæbɪdʒ] *n* col *f*, repollo *m*.

cabbie, cabby ['kæbɪ] *n inf* taxista *m OR f*.

caber ['keɪbəʳ] *n Scot*: **tossing the ~** *prueba de lanzamiento de una pesada pértiga en los 'Highland Games'*.

cabin ['kæbɪn] *n* **-1.** [on ship] camarote *m* **- 2.** [in aircraft] cabina *f* **- 3.** [house] cabaña *f*.

cabin crew *n* personal *m* de a bordo.

cabin cruiser *n* yate *m* de motor.

cabinet ['kæbɪnɪt] *n* **-1.** [cupboard] armario *m*; [with glass pane] vitrina *f* **- 2.** *POL* consejo *m* de ministros, gabinete *m*.

cabinet-maker *n* ebanista *m OR f*.

cabinet minister *n* ministro *m*, -tra *f* (en el gabinete).

cable ['keɪbl] ◇ *n* **-1.** [rope, wire] cable *m* **- 2.** [telegram] cablegrama *m*. ◇ *vt* cablegrafiar.

cable car *n* teleférico *m*.

cable railway *n* funicular *m* aéreo.

cable television, cable TV *n* televisión *f* por cable.

caboodle [kəˈbu:dl] *n inf*: **the whole ~** todo el rollo.

cabriolet [ˈkæbrɪəʊleɪ] *n* [car] cabriolé *m*.

cache [kæʃ] ◇ *n* **-1.** [store] alijo *m* **-2.** COMPUT caché *f*. ◇ *vt* COMPUT poner en la memoria caché.

cache memory *n* COMPUT memoria *f* caché.

cachet [ˈkæʃeɪ] *n fml* caché *m*.

cackle [ˈkækl] ◇ *n* **-1.** [of hen] cacareo *m* **-2.** [of person] risotada *f*. ◇ *vi* **-1.** [hen] cacarear **-2.** [person] reírse.

cacophony [kæˈkɒfənɪ] *n* cacofonía *f*.

cactus [ˈkæktəs] (*pl* **-tuses** OR **-ti** [-taɪ]) *n* cactus *m inv*.

CAD (*abbr of* **computer-aided design**) *n* CAD *m*.

caddie [ˈkædɪ] ◇ *n* cadi *m* OR *f*. ◇ *vi*: **to ~ (for)** hacer de cadi (para).

caddy [ˈkædɪ] (*pl* **-ies**) *n* cajita *f* para el té.

cadence [ˈkeɪdəns] *n* [of voice] cadencia *f*, ritmo *m*.

cadet [kəˈdet] *n* cadete *m*.

cadge [kædʒ] *UK inf* ◇ *vt*: **to ~ sthg (off** OR **from sb)** gorronear algo (a alguien). ◇ *vi*: **to ~ off** OR **from sb** gorronear a alguien.

Cadiz [kəˈdɪz] *n* Cádiz.

Caesar [ˈsi:zəʳ] *n* César *m*.

caesarean (section) [sɪˈzeərɪən-] *UK*, **cesarean (section)** *US* *n* cesárea *f*.

CAF (*abbr of* **cost and freight**) C y F.

cafe, café [ˈkæfeɪ] *n* café *m*, cafetería *f*.

cafeteria [ˌkæfɪˈtɪərɪə] *n* (restaurante *m*) autoservicio *m*, cantina *f*.

cafetiere [ˌkæfətjeə] *n* cafetera *f* de émbolo.

caffeine [ˈkæfi:n] *n* cafeína *f*.

cage [keɪdʒ] *n* jaula *f*.

caged [keɪdʒd] *adj* enjaulado(da).

cagey [ˈkeɪdʒɪ] (*compar* **-ier**, *superl* **-iest**) *adj inf* reservado(da).

cagoule [kəˈgu:l] *n UK* chubasquero *m*, canguro *m*.

cahoots [kəˈhu:ts] *n*: **in ~ (with)** *inf* confabulado(da) (con).

CAI (*abbr of* **computer-aided instruction**) *n* EAO *f*.

cairn [keən] *n* hito *m* de piedras.

Cairo [ˈkaɪərəʊ] *n* El Cairo.

cajole [kəˈdʒəʊl] *vt*: **to ~ sb (into doing sthg)** engatusar a alguien (para que haga algo).

cake [keɪk] *n* **-1.** [sweet food] pastel *m*, tarta *f*, torta *f Amér*; **to be a piece of ~** *inf fig* ser pan comido; **to sell like hot ~s** *inf* venderse como rosquillas, venderse como pan caliente *Amér*; **you can't have your ~ and eat it** *inf* no se puede estar en misa y repicando **-2.** [of fish, potato] medallón *m* empanado **-3.** [of soap] pastilla *f*.

caked [keɪkt] *adj*: **~ with mud** cubierto(ta) de barro seco.

cake tin *UK*, **cake pan** *US* *n* molde *m*.

cal. [kæl] (*abbr of* **calorie**) cal.

calamine lotion [kæləmaɪn-] *n* loción *f* de calamina.

calamitous [kəˈlæmɪtəs] *adj fml* calamitoso(sa).

calamity [kəˈlæmɪtɪ] (*pl* **-ies**) *n fml* calamidad *f*.

calcium [ˈkælsɪʊm] *n* calcio *m*.

calculate [ˈkælkjʊleɪt] *vt* **-1.** [work out] calcular **-2.** [plan]: **to be ~d to do sthg** estar pensado(da) para hacer algo.

◆ **calculate on** *vi*: **to ~ on sthg** contar con algo; **you can't ~ on them accepting** no puedes contar con que acepten.

calculated [ˈkælkjʊleɪtɪd] *adj* [murder, deception] premeditado(da); [risk] calculado(da), medido(da).

calculating [ˈkælkjʊleɪtɪŋ] *adj pej* calculador(ra).

calculation [ˌkælkjʊˈleɪʃn] *n* cálculo *m*.

calculator [ˈkælkjʊleɪtəʳ] *n* calculadora *f*.

calculus [ˌkælkjʊləs] *n* cálculo *m*.

calendar [ˈkælɪndəʳ] *n* calendario *m*.

calendar month *n* mes *m* civil.

calendar year *n* año *m* civil.

calf [kɑ:f] (*pl* **calves**) *n* **-1.** [young animal - of cow] ternero *m*, -ra *f*, becerro *m*, -rra *f*; [- of whale] ballenato *m*; [- of other animals] cría *f* **-2.** [leather] piel *f* de becerro **-3.** [of leg] pantorrilla *f*.

caliber *US* = **calibre**.

calibrate [ˈkælɪbreɪt] *vt* calibrar.

calibre, caliber *US* [ˈkælɪbəʳ] *n* **-1.** [quality] nivel *m* **-2.** [size] calibre *m*.

calico [ˈkælɪkəʊ] *n* percal *m*, calicó *m*.

California [ˌkælɪˈfɔ:njə] *n* California.

Californian [ˌkælɪˈfɔ:njən] ◇ *adj* californiano(na). ◇ *n* californiano *m*, -na *f*.

calipers *US* = **callipers**.

call [kɔ:l] ◇ *n* **-1.** [cry, attraction, vocation] llamada *f*, llamado *m Amér*; [cry of bird] reclamo *m* **-2.** TELEC llamada *f*, llamado *m Amér*; **to give sb a ~** llamar a alguien **-3.** [visit] visita *f*; **to pay a ~ on sb** hacerle una visita a alguien **-4.** [demand]: **~ for** llamamiento *m* a **-5.** [summons]: **on ~** de guardia. ◇ *vt* **-1.** [gen & TELEC] llamar; **I'm ~ed Joan** me llamo Joan; **what is it ~ed?** ¿cómo se llama?; **he ~ed my name** me llamó por el nombre; **we'll ~ it £10** dejémoslo en 10 libras **-2.** [announce - flight] anunciar; [- strike, meeting, election] convocar. ◇ *vi* **-1.** [gen &

TELEC] llamar; **who's ~ing?** ¿quién es? **-2.** [visit] pasar.

◆ **call at** *vt fus* [subj: train] efectuar parada en.

◆ **call back** ◇ *vt sep* **-1.** [on phone] volver a llamar **-2.** [ask to return] hacer volver. ◇ *vi* **-1.** [on phone] volver a llamar **-2.** [visit again] volver a pasarse.

◆ **call by** *vi inf* pasarse.

◆ **call for** *vt fus* **-1.** [collect] ir a buscar **-2.** [demand] pedir; **this ~s for a drink** esto merece un trago.

◆ **call in** ◇ *vt sep* **-1.** [send for] llamar **-2.** [recall - product, banknotes] retirar; [- loan] exigir pago de. ◇ *vi*: **to ~ in (at)** pasarse (por).

◆ **call off** *vt sep* **-1.** [meeting, party] suspender; [strike] desconvocar **-2.** [dog etc] llamar *(para deje de atacar)*.

◆ **call on** *vt fus* **-1.** [visit] visitar **-2.** [ask]: **to ~ on sb to do sthg** pedir a alguien que haga algo.

◆ **call out** ◇ *vt sep* **-1.** [order to help - troops] movilizar; [- police, firemen] hacer intervenir **-2.** [order to strike] llamar a la huelga a, llamar al paro a *Amér* **-3.** [cry out] gritar. ◇ *vi* gritar.

◆ **call round** *vi* pasarse.

◆ **call up** *vt sep* **-1.** MIL llamar a filas **-2.** *esp US* [on telephone] llamar (por teléfono) **-3.** COMPUT visualizar.

call box *n UK* cabina *f* telefónica.

call centre *n* centro *m* de atención telefónica.

caller ['kɔːləʳ] *n* **-1.** [visitor] visita *f* **-2.** [on telephone] persona *f* que llama.

caller (ID) display *n* [on telephone] identificador *m* de llamada.

call girl *n* prostituta *f (que concierta sus citas por teléfono)*.

calligraphy [kəˈlɪgrəfɪ] *n* caligrafía *f*.

call-in *n US* RADIO & TV programa *m* a micrófono abierto.

calling ['kɔːlɪŋ] *n* **-1.** [profession] profesión *f* **-2.** [vocation] vocación *f*.

calling card *n US* tarjeta *f* de visita.

callipers *UK*, **calipers** *US* ['kælɪpəz] *npl* **-1.** MED aparato *m* ortopédico **-2.** [for measuring] calibrador *m*.

callisthenics *UK* [ˌkælɪs'θenɪks] *n* calistenia *f*.

callous ['kæləs] *adj* despiadado(da), cruel.

callously ['kæləslɪ] *adv* despiadadamente, cruelmente.

callousness ['kæləsnɪs] *n* crueldad *f*.

call-up *n UK* llamamiento *m* a filas, reclutamiento *m*.

callus ['kæləs] (*pl* **-es**) *n* callo *m*.

calm [kɑːm] ◇ *adj* **-1.** [not worried or excited] tranquilo(la) **-2.** [evening, weather] apacible **-3.** [sea] en calma. ◇ *n* calma *f*. ◇ *vt* calmar.

◆ **calm down** ◇ *vt sep* calmar. ◇ *vi* calmarse.

calmly ['kɑːmlɪ] *adv* tranquilamente, con calma.

calmness ['kɑːmnɪs] *n* calma *f*.

Calor gas® ['kæləʳ-] *n UK* (gas *m*) butano *m*.

calorie ['kælərɪ] *n* caloría *f*.

calorific [ˌkælə'rɪfɪk] *adj* [fattening] que engorda.

calve [kɑːv] *vi* parir (un becerro).

calves [kɑːvz] *pl* ▷ **calf**.

cam [kæm] *n* leva *f*.

CAM (*abbr of* **computer aided manufacture**) *n* FAO *f*.

camaraderie [ˌkæmə'rɑːdərɪ] *n* camaradería *f*.

camber ['kæmbəʳ] *n* [of road] peralte *m*.

Cambodia [kæm'bəʊdjə] *n* Camboya.

Cambodian [kæm'bəʊdjən] ◇ *adj* camboyano(na). ◇ *n* camboyano *m*, -na *f*.

Cambs (*abbr of* **Cambridgeshire**) *condado inglés*.

camcorder ['kæmˌkɔːdəʳ] *n* camcorder *m*, videocámara *f*.

came [keɪm] *pt* ▷ **come**.

camel ['kæml] *n* camello *m*.

camellia [kə'miːljə] *n* camelia *f*.

cameo ['kæmɪəʊ] (*pl* **-s**) *n* **-1.** [jewellery] camafeo *m* **-2.** [in acting] actuación *f* breve y memorable; [in writing] excelente descripción *f*.

camera ['kæmərə] *n* cámara *f*.

◆ **in camera** *adv fml* a puerta cerrada.

cameraman ['kæmərəmæn] (*pl* **-men** [-men]) *n* cámara *m*.

Cameroon [ˌkæmə'ruːn] *n* (el) Camerún.

Cameroonian [ˌkæmə'ruːnɪən] ◇ *adj* camerunés(esa). ◇ *n* camerunés *m*, -esa *f*.

camisole ['kæmɪsəʊl] *n* combinación *f*, picardías *m inv*.

camomile ['kæməmaɪl] ◇ *n* manzanilla *f*. ◇ *comp*: **~ tea** manzanilla *f*.

camouflage ['kæməflɑːʒ] ◇ *n* camuflaje *m*. ◇ *vt* camuflar.

camp [kæmp] ◇ *n* **-1.** [gen & MIL] campamento *m* **-2.** [temporary mass accommodation] campo *m*; **prison ~** campo de prisioneros; **(summer) ~** *US* colonia *f*, campamento *m* de verano **-3.** [faction] bando *m*. ◇ *vi* acampar. ◇ *adj inf* amanerado(da).

◆ **camp out** *vi* acampar (al aire libre).

campaign [kæm'peɪn] ◇ *n* campaña *f*. ◇ *vi*: **to ~ (for/against)** hacer campaña (a favor de/en contra de).

campaigner [kæm'peɪnəʳ] *n* **-1.** [supporter of cause] defensor *m*, -ra *f* **-2.** [experienced person]:

an experienced ~ un veterano.

camp bed *n* cama *f* plegable.

camper ['kæmpəʳ] *n* **-1.** [person] campista *m* OR *f* **-2.**: ~ **(van)** autocaravana *f*.

campground ['kæmpgraʊnd] *n US* camping *m*.

camphor ['kæmfəʳ] *n* alcanfor *m*.

camping ['kæmpɪŋ] *n* camping *m*, acampada *f*; **to go** ~ ir de acampada.

camping site, campsite ['kæmpsaɪt] *n* camping *m*.

campus ['kæmpəs] (*pl* **-es**) *n* campus *m inv*, ciudad *f* universitaria.

camshaft ['kæmʃɑːft] *n* árbol *m* de levas.

can¹ [kæn] (*pt* & *pp* **-ned**, *cont* **-ning**) ◇ *n* [for drink, food] lata *f*, bote *m*; [for oil, paint] lata; *US* [for garbage] cubo *m*. ◇ *vt* enlatar.

can² [*weak form* kən, *strong form* kæn] (*pt* & *conditional* **could**, *negative* **cannot** OR **can't**) *modal vb* **-1.** [be able to] poder; ~ **you come to lunch?** ¿puedes venir a comer?; **she couldn't come** no pudo venir; **I** ~**'t** OR **cannot afford it** no me lo puedo permitir; ~ **you see/hear something?** ¿ves/oyes algo? **-2.** [know how to] saber; **I** ~ **speak French** hablo francés, sé hablar francés; **I** ~ **play the piano** sé tocar el piano; ~ **you drive/cook?** ¿sabes conducir/cocinar ? **-3.** [indicating permission, in polite requests] poder; **you** ~ **use my car if you like** puedes utilizar mi coche si quieres; **we** ~**'t wear jeans to work** no nos dejan llevar vaqueros en el trabajo; ~ **I speak to John, please?** ¿puedo hablar con John, por favor? **-4.** [indicating disbelief, puzzlement]: **you** ~**'t be serious** estás de broma ¿no?; **what** ~ **she have done with it?** ¿qué puede haber hecho con ello?; **we** ~**'t just leave him here** no podemos dejarlo aquí de esta forma **-5.** [indicating possibility] poder; **you could have done it** podrías haberlo hecho; **I could see you tomorrow** podríamos vernos mañana **-6.** [indicating usual state or behaviour] poder; **she** ~ **be a bit stubborn sometimes** a veces puede ser un poco terca; **this city** ~ **be very chilly** esta ciudad puede llegar a ser muy fría.

Canada ['kænədə] *n* (el) Canadá.

Canadian [kə'neɪdjən] ◇ *adj* canadiense. ◇ *n* [person] canadiense *m* OR *f*.

canal [kə'næl] *n* canal *m*.

canary [kə'neərɪ] (*pl* **-ies**) *n* canario *m*.

Canary Islands, Canaries [kə'neərɪz] *npl*: **the** ~ las (islas) Canarias.

cancan ['kænkæn] *n* cancán *m*.

cancel ['kænsl] (*UK pt* & *pp* **-led**, *cont* **-ling**, *US pt* & *pp* **-ed**, *cont* **-ing**) *vt* **-1.** [call off] cancelar, suspender **-2.** [invalidate - cheque, debt] cancelar; [- order] anular; [- stamp] matar.

◆ **cancel out** *vt sep* anular.

cancellation [,kænsə'leɪʃn] *n* suspensión *f*.

cancellation fee *n* tarifa *f* de cancelación.

cancer ['kænsəʳ] ◇ *n* [disease] cáncer *m*. ◇ *comp* de cáncer; ~ **patient** enfermo *m*, -ma *f* de cáncer; ~ **research** investigación *f* sobre el cáncer.

◆ **Cancer** *n* Cáncer *m*; **to be (a)** ~ ser Cáncer.

cancerous ['kænsərəs] *adj* canceroso(sa).

candelabra [,kændɪ'lɑːbrə] *n* candelabro *m*.

C and F (*abbr of* **cost and freight**) C y F.

candid ['kændɪd] *adj* franco(ca), sincero(ra).

candidacy ['kændɪdəsɪ] *n* candidatura *f*.

candidate ['kændɪdət] *n*: ~ **(for)** candidato *m*, -ta *f* (a).

candidature ['kændɪdətʃəʳ] *n* candidatura *f*.

candidly ['kændɪdlɪ] *adv* con franqueza OR sinceridad.

candidness ['kændɪdnɪs] = **candour**.

candied ['kændɪd] *adj* confitado(da).

candle ['kændl] *n* vela *f*, esperma *f Amér*; **to burn the** ~ **at both ends** *inf* no descansar en todo el día.

candlelight ['kændllaɪt] *n*: **by** ~ a la luz de una vela.

candlelit ['kændllɪt] *adj* [dinner] a la luz de las velas.

candlestick ['kændlstɪk] *n* candelero *m*.

candour *UK*, **candor** *US* ['kændəʳ] *n* franqueza *f*, sinceridad *f*.

candy ['kændɪ] (*pl* **-ies**) *n esp US* **-1.** *(U)* [confectionery] golosinas *fpl*; ~ **bar** chocolatina *f* **-2.** [sweet] caramelo *m*.

candyfloss *UK* ['kændɪflɒs], **cotton candy** *US n* azúcar *m* hilado, algodón *m*.

cane [keɪn] ◇ *n* **-1.** *(U)* [for making furniture, supporting plant] caña *f*, mimbre *m* **-2.** [walking stick] bastón *m* **-3.** [for punishment]: **the** ~ la vara. ◇ *comp* de caña OR mimbre. ◇ *vt* azotar *(con la vara)*.

cane sugar *n* azúcar *m* o *f* de caña.

canine ['keɪnaɪn] ◇ *adj* canino(na). ◇ *n*: ~ **(tooth)** (diente *m*) canino *m*, colmillo *m*.

canister ['kænɪstəʳ] *n* [for tea] bote *m*; [for film] lata *f*; [for gas] bombona *f*; **smoke** ~ bote de humo.

cannabis ['kænəbɪs] *n* cannabis *m*.

canned [kænd] *adj* **-1.** [food, drink] enlatado(da), en lata **-2.** *inf fig* [applause, music, laughter] grabado(da).

cannelloni [,kænɪ'ləʊnɪ] *n (U)* canelones *mpl*.

cannibal ['kænɪbl] *n* caníbal *m* OR *f*.

cannibalize, -ise ['kænɪbəlaɪz] *vt desmontar*

para aprovechar algunas piezas.

cannon ['kænən] (*pl inv* OR **-s**) *n* cañón *m*.

◆ **cannon into** *vt fus UK* chocar de lleno con.

cannonball ['kænənbɔːl] *n* bala *f* de cañón.

cannot ['kænɒt] *fml* ⊳ **can**².

canny ['kænɪ] (*compar* **-ier**, *superl* **-iest**) *adj* [shrewd] astuto(ta).

canoe [kə'nuː] (*cont* **canoeing**) ◇ *n* [gen] canoa *f*; SPORT piragua *f*. ◇ *vi* ir en canoa.

canoeing [kə'nuːɪŋ] *n* piragüismo *m*.

canon ['kænən] *n* **-1.** [clergyman] canónigo *m* **-2.** [general principle] canon *m* **-3.** [of mass]: **the Canon** el canon.

canonize, -ise ['kænənaɪz] *vt* canonizar.

canoodle [kə'nuːdl] *vi UK inf* hacerse arrumacos.

can opener *n esp US* abrelatas *m inv*.

canopy ['kænəpɪ] (*pl* **-ies**) *n* **-1.** [over bed, seat] dosel *m* **-2.** [of trees] copas *fpl*.

cant [kænt] *n (U) pej* [insincere talk] hipocresías *fpl*.

can't [kɑːnt] = **cannot**.

Cantab. (*abbr of* **cantabrigiensis**) *de o relativo a Cambridge, especialmente su universidad.*

Cantabrian Mountains [kæn'teɪbrɪən-] *npl*: **the** ~ la cordillera Cantábrica.

cantaloup *UK*, **cantaloupe** *US* ['kæntəluːp] *n* melón *m* cantaluoup.

cantankerous [kæn'tæŋkərəs] *adj* [person] refunfuñón(ona), cascarrabias *(inv)*.

canteen [kæn'tiːn] *n* **-1.** [restaurant] cantina *f* **-2.** [set of cutlery] (juego *m* de) cubertería *f*.

canter ['kæntə^r] ◇ *n* medio galope *m*. ◇ *vi* ir a medio galope.

cantilever ['kæntɪliːvə^r] *n* voladizo *m*.

Canton [kæn'tɒn] *n* Cantón.

Cantonese [ˌkæntə'niːz] ◇ *adj* cantonés(esa). ◇ *n* **-1.** [person] cantonés *m*, -esa *f* **-2.** [language] cantonés *m*.

canvas ['kænvəs] *n* **-1.** [cloth] lona *f*; **under** ~ [in a tent] en una tienda (de campaña) **-2.** [for painting on, finished painting] lienzo *m*.

canvass ['kænvəs] ◇ *vt* **-1.** POL [person] solicitar el voto a **-2.** [opinion] pulsar. ◇ *vi solicitar votos yendo de puerta en puerta.*

canvasser ['kænvəsə^r] *n* **-1.** [for political support] *persona que solicita votos yendo de puerta en puerta* **-2.** [for poll] encuestador *m*, -ra *f*.

canvassing ['kænvəsɪŋ] *n* **-1.** *(U)* [for political support]: **to go** ~ ir a solicitar votos **-2.** [for poll] sondeos *mpl*.

canyon ['kænjən] *n* cañón *m*.

cap [kæp] (*pt* & *pp* **-ped**, *cont* **-ping**) ◇ *n* **-1.** [hat - peaked] gorra *f*; [- with no peak] gorro *m*; **to go** ~ **in hand to sb** acudir a alguien en actitud humilde **-2.** [on bottle] tapón *m*; [on jar] tapa *f*; [on pen] capuchón *m* **-3.** [limit] tope *m* **-4.** *UK* [contraceptive device] diafragma *m*. ◇ *vt* **-1.** [top]: **to be capped with** estar coronado(da) de **-2.** [outdo]: **to** ~ **it all** para colmo.

CAP [kæp, ˌsiːeɪ'piː] (*abbr of* **Common Agricultural Policy**) *n* PAC *f*.

capability [ˌkeɪpə'bɪlətɪ] (*pl* **-ies**) *n* capacidad *f*.

capable ['keɪpəbl] *adj* **-1.** [able]: **to be** ~ **of sthg/of doing sthg** ser capaz de algo/de hacer algo **-2.** [competent] competente.

capably ['keɪpəblɪ] *adv* competentemente.

capacious [kə'peɪʃəs] *adj fml* espacioso(sa).

capacitor [kə'pæsɪtə^r] *n* condensador *m* eléctrico.

capacity [kə'pæsɪtɪ] (*pl* **-ies**) ◇ *n* **-1.** [gen]: ~ **(for)** capacidad *f* (de); **seating** ~ aforo *m*; **to** ~ al completo; ~ **for doing** OR **to do sthg** capacidad de hacer algo; **within one's** ~ dentro de las posibilidades de uno **-2.** [position] calidad *f*; **in my** ~ **as ...** en calidad de ... ◇ *comp*: ~ **audience** lleno *m* absoluto OR total.

cape [keɪp] *n* **-1.** GEOGR cabo *m* **-2.** [cloak] capa *f*.

Cape Canaveral [-kə'nævərəl] *n* Cabo Cañaveral.

Cape Cod *n* Cabo Cod.

Cape Horn *n* Cabo de Hornos.

Cape of Good Hope *n*: **the** ~ el Cabo de Buena Esperanza.

caper ['keɪpə^r] ◇ *n* **-1.** [food] alcaparra *f* **-2.** *inf* [escapade] treta *f*. ◇ *vi* retozar.

Cape Town *n* Ciudad del Cabo.

Cape Verde [-vɜːd] *n*: **the** ~ **Islands** las islas de Cabo Verde.

capillary [kə'pɪlərɪ] (*pl* **-ies**) *n* capilar *m*.

capita ⊳ **per capita**.

capital ['kæpɪtl] ◇ *adj* **-1.** [letter] mayúscula **-2.** [punishable by death] capital. ◇ *n* **-1.** [of country, main centre] capital *f* **-2.**: ~ **(letter)** mayúscula *f*; **in** ~**s** en mayúsculas **-3.** [money] capital *m*; **to make** ~ **(out) of** *fig* sacar partido de.

capital allowance *n* desgravación *f* por inversiones.

capital assets *npl* bienes *mpl* de capital, activo *m* fijo.

capital expenditure *n (U)* inversión *f* de capital.

capital gains tax *n* impuesto *m* sobre plusvalías.

capital goods *npl* bienes *mpl* de capital.

capital-intensive *adj* que utiliza gran volumen de capital.

capital investment *n* inversiones *fpl* de capital.
capitalism ['kæpɪtəlɪzm] *n* capitalismo *m*.
capitalist ['kæpɪtəlɪst] <> *adj* capitalista. <> *n* capitalista *m* OR *f*.
capitalize, -ise ['kæpɪtəlaɪz] *vi*: **to ~ on sthg** aprovechar algo, capitalizar algo.
capital punishment *n (U)* pena *f* capital.
capital stock *n* capital *m* social.
Capitol ['kæpɪtl] *n*: **the ~** el Capitolio.
Capitol Hill ['kæpɪtl-] *n* el Capitolio, *ubicación del Congreso estadounidense, en Washington*.
capitulate [kə'pɪtjʊleɪt] *vi*: **to ~ (to)** capitular (ante).
capitulation [kə,pɪtjʊ'leɪʃn] *n* capitulación *f*.
caplet ['kæplɪt] *n* **US** pastilla *f* (de forma ovalada).
cappuccino [,kæpʊ'tʃi:nəʊ] (*pl* **-s**) *n* capuchino *m*.
capricious [kə'prɪʃəs] *adj* [person] caprichoso (sa) [behaviour] inconstante; [weather] variable.
Capricorn ['kæprɪkɔ:n] *n* Capricornio *m*; **to be (a) ~** ser Capricornio.
caps [kæps] (*abbr of* **capital letters**) mayúsc.
capsicum ['kæpsɪkəm] *n* pimiento *m*.
capsize [kæp'saɪz] <> *vt* hacer volcar OR zozobrar. <> *vi* volcar, zozobrar.
capsule ['kæpsju:l] *n* cápsula *f*.
Capt. (*abbr of* **captain**) Capt.
captain ['kæptɪn] <> *n* [gen] capitán *m*, -ana *f*; [of aircraft] comandante *m* OR *f*. <> *vt* capitanear.
caption ['kæpʃn] *n* [under picture etc] pie *m*, leyenda *f*; [heading] encabezamiento *m*.
captivate ['kæptɪveɪt] *vt* cautivar.
captivating ['kæptɪveɪtɪŋ] *adj* cautivador(ra).
captive ['kæptɪv] <> *adj* **-1.** [imprisoned] en cautividad, en cautiverio **-2.** *fig* [market] asegurado(da); **~ audience** *público forzado a ver o escuchar algo*. <> *n* cautivo *m*, -va *f*.
captivity [kæp'tɪvətɪ] *n*: **in ~** en cautividad, en cautiverio.
captor ['kæptə^r] *n* apresador *m*, -ra *f*.
capture ['kæptʃə^r] <> *vt* **-1.** [gen] capturar **-2.** [audience, share of market] hacerse con; [city] tomar **-3.** [scene, mood, attention] captar **-4.** [comput] introducir. <> *n* [of person] captura *f*; [of city] toma *f*.
car [kɑ:^r] <> *n* **-1.** [motorcar] coche *m*, automóvil *m*, carro *m* **Amér**, auto *m* **CSur**; **by ~** en coche **-2.** [on train] vagón *m*, coche *m*. <> *comp* [door, tyre etc] del coche; IND del automóvil; [accident] de automóvil.
Caracas [kə'rækəs] *n* Caracas.
carafe [kə'ræf] *n* garrafa *f*.
car alarm *n* alarma *f* de coche.
caramel ['kærəmel] *n* **-1.** [burnt sugar] caramelo *m* (líquido), azúcar *m* quemado **-2.** [sweet] tofe *m*.
caramelize, -ise ['kærəməlaɪz] *vt* poner a punto de caramelo, caramelizar.
carat ['kærət] *n* **UK** quilate *m*; **24-~ gold** oro de 24 quilates.
caravan ['kærəvæn] <> *n* caravana *f*, roulotte *f*. <> *comp* [holiday] en caravana OR roulotte; [park] para caravanas OR roulottes.
caravanning ['kærəvænɪŋ] *n* **UK**: **to go ~** ir de caravaning.
caravan site *n* **UK** camping *m* para caravanas OR roulottes.
caraway seed ['kærəweɪ-] *n* carvi *m*.
carbohydrate [,kɑ:bəʊ'haɪdreɪt] *n* CHEM hidrato *m* de carbono.
◆ **carbohydrates** *npl* [in food] féculas *fpl*.
carbon ['kɑ:bən] *n* **-1.** [element] carbono *m* **-2.** = **carbon copy -3.** = **carbon paper**.
carbonated ['kɑ:bəneɪtɪd] *adj* con gas, carbónico(ca).
carbon copy *n* [document] copia *f* en papel carbón; *fig* [exact copy] calco *m*.
carbon dating [-'deɪtɪŋ] *n* datación *f* por carbono 14.
carbon dioxide [-daɪ'ɒksaɪd] *n* bióxido *m* OR dióxido *m* de carbono.
carbon fibre *n* **UK** fibra *f* de carbono.
carbon monoxide [-mɒ'nɒksaɪd] *n* monóxido *m* de carbono.
carbon paper *n (U)* papel *m* carbón.
car-boot sale *n venta de objetos usados colocados en el portaequipajes del coche*.
carburettor UK, **carburetor US** [,kɑ:bə'retə^r] *n* carburador *m*.
carcass ['kɑ:kəs] *n* [gen] cadáver *m* (de animal); [of bird] carcasa *f*; [at butcher's] canal *m*.
carcinogenic [,kɑ:sɪnə'dʒenɪk] *adj* cancerígeno(na).
card [kɑ:d] <> *n* **-1.** [playing card] carta *f*, naipe *m*; **to play one's ~s right** hacer las cosas bien; **to put** OR **lay one's ~s on the table** poner las cartas boca arriba OR sobre la mesa **-2.** [for information, greetings, computers] tarjeta *f*; [for identification] carné *m* **-3.** [postcard] postal *f* **-4.** [cardboard] cartulina *f*. <> *vt* **US** [ask for ID] pedir el carné a.
◆ **cards** *npl* las cartas, los naipes; **to play ~s** jugar a las cartas.
◆ **on the cards UK**, **in the cards US** *adv inf* más que probable.
cardamom ['kɑ:dəməm] *n* cardamomo *m*.
cardboard ['kɑ:dbɔ:d] <> *n (U)* cartón *m*.

<> *comp* de cartón.
cardboard box *n* caja *f* de cartón.
card-carrying [-'kærɪɪŋ] *adj*: **to be a ~ member of the party** ser miembro del partido.
card catalog *n US* fichero *m*.
cardholder ['kɑ:d,həʊldə-] *n* titular *m* OR *f* (de tarjeta de crédito).
cardiac ['kɑ:dɪæk] *adj* cardíaco(ca).
cardiac arrest *n* paro *m* cardíaco.
cardigan ['kɑ:dɪgən] *n* rebeca *f*, cárdigan *m*.
cardinal ['kɑ:dɪnl] <> *adj* capital. <> *n* RELIG cardenal *m*.
cardinal number, cardinal numeral *n* número *m* cardinal.
card index *n UK* fichero *m*.
cardiograph ['kɑ:dɪəgrɑ:f] *n* cardiógrafo *m*.
cardiology [,kɑ:dɪ'ɒlədʒɪ] *n* cardiología *f*.
cardphone ['kɑ:dfəʊn] *n* tarjeta *f* telefónica.
cardiovascular [,kɑ:dɪəʊ'væskjʊlə^r] *adj* cardiovascular.
cardsharp ['kɑ:d,ʃɑ:p] *n* fullero *m*, -ra *f*.
card table *n* mesita *f* plegable *(para jugar a cartas)*.
card vote *n UK* voto *m* por delegación.
care [keə^r] <> *n* **-1.** [gen] cuidado *m*; **medical ~** asistencia *f* médica; **in sb's ~** al cargo OR cuidado de alguien; **to be in/be taken into ~** estar/ser internado en un centro de protección de menores; **to take ~ of** [person] cuidar de; [animal, machine] cuidar; [deal with] encargarse de; **take ~!** [goodbye] ¡nos vemos!, ¡cuídate!; **to take ~ (to do sthg)** tener cuidado (de hacer algo) **-2.** [cause of worry] preocupación *f*, problema *m*. <> *vi* **-1.** [be concerned]: **to ~ (about)** preocuparse (de OR por) **-2.** [mind]: **I don't ~** no me importa; **I couldn't ~ less** *inf* me importa un pito.
◆ **care of** *prep* al cuidado de, en casa de.
◆ **care for** *vt fus dated* [like]: **I don't ~ for cheese** no me gusta el queso; **he still ~s for her** todavía la quiere.
CARE [keə^r] (*abbr of* **Cooperative for American Relief Everywhere**) *n organización humanitaria estadounidense*.
career [kə'rɪə^r] <> *n* carrera *f*. <> *comp* de carrera. <> *vi* ir a toda velocidad.
careerist [kə'rɪərɪst] *n pej* arribista *m* OR *f*.
careers [kə'rɪəz] *comp* vocacional, profesional.
careers adviser *n asesor m*, -ra *f de orientación profesional*.
career woman *n* mujer *f* de carrera.
carefree ['keəfri:] *adj* despreocupado(da).
careful ['keəfʊl] *adj* [gen] cuidadoso(sa); [driver] prudente; [work] esmerado(da); **be ~!** ¡ten cuidado!; **to be ~ with money** ser mirado OR cuidadoso con el dinero; **to be ~ to do sthg** tener cuidado de hacer algo.
carefully ['keəflɪ] *adv* **-1.** [cautiously] cuidadosamente, con cuidado; [drive] con cuidado **-2.** [thoroughly] detenidamente.
careless ['keəlɪs] *adj* **-1.** [inattentive] descuidado(da) **-2.** [unconcerned] despreocupado(da).
carelessly ['keəlɪslɪ] *adv* **-1.** [inattentively - gen] descuidadamente; [- drive] con poco cuidado **-2.** [unconcernedly] despreocupadamente.
carelessness ['keələsnɪs] *n* **-1.** [inattention] descuido *m* **-2.** [lack of concern] despreocupación *f*.
carer ['keərə] *n persona que cuida de un familiar impedido o enfermo*.
caress [kə'res] <> *n* caricia *f*, apapacho *m Méx*. <> *vt* acariciar.
caretaker ['keə,teɪkə^r] *n UK* conserje *m* OR *f*.
caretaker government *n* gobierno *m* provisional.
car ferry *n* transbordador *m* OR ferry *m* de coches.
cargo ['kɑ:gəʊ] (*pl* **-es** OR **-s**) <> *n* carga *f*, cargamento *m*. <> *comp* de carga.
car hire *n UK* alquiler *m* OR renta *f Méx* de coches, arrendamiento *m* de autos *CSur*.
Carib ['kærɪb] *n* [language] caribe *m*.
Caribbean [*UK* kærɪ'bɪən, *US* kə'rɪbɪən] <> *adj* caribe. <> *n*: **the ~ (Sea)** el (mar) Caribe.
caribou ['kærɪbu:] (*pl inv* OR **-s**) *n* caribú *m*.
caricature ['kærɪkə,tjʊə^r] <> *n lit & fig* caricatura *f*. <> *vt* caricaturizar.
caries ['keəri:z] *n* caries *f inv*.
caring ['keərɪŋ] *adj* solícito(ta), dedicado(da).
caring professions *npl*: **the ~** *las profesiones relacionadas con la asistencia social*.
carnage ['kɑ:nɪdʒ] *n* carnicería *f*, matanza *f*.
carnal ['kɑ:nl] *adj literary* carnal.
carnation [kɑ:'neɪʃn] *n* clavel *m*.
carnival ['kɑ:nɪvl] *n* carnaval *m*.
carnivore ['kɑ:nɪvɔ:^r] *n* carnívoro *m*, -ra *f*.
carnivorous [kɑ:'nɪvərəs] *adj* carnívoro(ra).
carol ['kærəl] *n* villancico *m*.
carouse [kə'raʊz] *vi* andar de parranda.
carousel [,kærə'sel] *n* **-1.** *esp US* [at fair] tiovivo *m* **-2.** [at airport] cinta *f* transportadora.
carp [kɑ:p] (*pl inv* OR **-s**) <> *n* carpa *f*. <> *vi*: **to ~ (about)** refunfuñar OR renegar (de).
car park *n UK* aparcamiento *m*, parqueadero *m Col & Pan*, estacionamiento *m Amér*.
Carpathians [kɑ:'peɪθɪənz] *npl*: **the ~** los Cárpatos.
carpenter ['kɑ:pəntə^r] *n* carpintero *m*, -ra *f*.
carpentry ['kɑ:pəntrɪ] *n* carpintería *f*.

carpet ['kɑ:pɪt] <> *n lit & fig* alfombra *f*; **fitted ~** moqueta *f*; **to sweep sthg under the ~** *fig* echar tierra a algo. <> *vt* **-1.** [fit with carpet] enmoquetar **-2.** *fig* [cover] cubrir.

carpetbagger ['kɑ:pɪt,bægəʳ] *n* [politician] candidato *m*, -ta *f* cunero, -ra *f*.

carpet slipper *n* zapatilla *f*.

carpet sweeper [-'swi:pəʳ] *n* cepillo *m* mecánico (de alfombras).

car phone *n* teléfono *m* de coche.

car pool *n* **-1.** *UK* [of company] *parque m móvil* **-2.** [car-sharing scheme] *acuerdo para ir al trabajo compartiendo un vehículo*.

carport ['kɑ:,pɔ:t] *n US* cochera *f*.

car radio *n* radio *f* de coche.

car rental *n US* alquiler *m* OR renta *f Méx* de coches, arrendamiento *m* de autos *CSur*.

carriage ['kærɪdʒ] *n* **-1.** [horsedrawn vehicle] carruaje *m* **-2.** *UK* [railway coach] vagón *m* **-3.** [transport of goods] transporte *m*; **~ paid** OR **free** *UK* porte pagado; **~ forward** *UK* porte a cuenta del destinatario **-4.** [on typewriter] carro *m* **-5.** *literary* [bearing] porte *m*.

carriage clock *n reloj grande con asa*.

carriage return *n* retorno *m* de carro.

carriageway ['kærɪdʒweɪ] *n UK* calzada *f*.

carrier ['kærɪəʳ] *n* **-1.** COMM transportista *m* OR *f* **-2.** [airline] aerolínea *f* **-3.** [of disease] portador *m*, -ra *f* **-4.** MIL: **(aircraft) ~** portaaviones *m inv* **-5.** [on bicycle] portaequipajes *m inv* **-6.** = **carrier bag**.

carrier bag *n* bolsa *f (de papel o plástico)*.

carrier pigeon *n* paloma *f* mensajera.

carrion ['kærɪən] *n* carroña *f*.

carrot ['kærət] *n* **-1.** [vegetable] zanahoria *f* **-2.** *inf* [incentive] señuelo *m*, aliciente *m*.

carry ['kærɪ] (*pt & pp* **-ied**) <> *vt* **-1.** [transport] llevar **-2.** [have about one's person] llevar encima **-3.** [disease] ser portador de **-4.** [involve] acarrear, conllevar **-5.** [motion, proposal] aprobar **-6.** [be pregnant with] estar embarazada de **-7.** MATH llevarse. <> *vi* [sound] oírse.

◆ **carry away** *vt fus*: **to get carried away** exaltarse.

◆ **carry forward** *vt sep* llevar a la página siguiente; **carried forward** suma y sigue.

◆ **carry off** *vt sep* **-1.** [make a success of] llevar a cabo **-2.** [win] llevarse.

◆ **carry on** <> *vt fus* **-1.** [continue] continuar, seguir; **to ~ on doing sthg** continuar OR seguir haciendo algo **-2.** [conversation] mantener. <> *vi* **-1.** [continue]: **to ~ on (with)** continuar OR seguir (con) **-2.** *inf* [make a fuss] exagerar la nota **-3.** *inf dated* [have a love affair]: **to ~ on with** tener un lío con.

◆ **carry out** *vt fus* **-1.** [perform] llevar a cabo **-2.** [fulfil] cumplir.

◆ **carry over** = **carry forward**.

◆ **carry through** *vt sep* [accomplish] llevar a cabo.

carryall ['kærɪɔ:l] *n US* bolsa *f* de viaje.

carrycot ['kærɪkɒt] *n esp UK* moisés *m*, capazo *m*.

carry-on *n UK inf* lío *m*, follón *m*.

carry-out *n US & Scot* comida *f* para llevar.

carsick ['kɑ:,sɪk] *adj* mareado(da) *(al ir en coche)*.

cart [kɑ:t] <> *n* **-1.** [for horse] carro *m*, carreta *f* **-2.** *US* [trolley] carrito *m*. <> *vt inf* acarrear.

carte blanche ['kartblãʃ] *n* carta *f* blanca.

cartel [kɑ:'tel] *n pej* cártel *m*.

cartilage ['kɑ:tɪlɪdʒ] *n* cartílago *m*.

carton ['kɑ:tn] *n* **-1.** [strong cardboard box] caja *f* de cartón **-2.** [for liquids] cartón *m*, envase *m*.

cartoon [kɑ:'tu:n] *n* **-1.** [satirical drawing] chiste *m* (en viñeta) **-2.** [comic strip] tira *f* cómica **-3.** [film] dibujos *mpl* animados.

cartoonist [kɑ:'tu:nɪst] *n* dibujante *m* OR *f* de chistes.

cartridge ['kɑ:trɪdʒ] *n* **-1.** [for gun, camera & COMPUT] cartucho *m* **-2.** [for pen] recambio *m* **-3.** [for record player] portaagujas *m inv*.

cartridge paper *n* papel *m* de dibujo.

cartwheel ['kɑ:twi:l] *n* voltereta *f* lateral.

carve [kɑ:v] <> *vt* **-1.** [wood] tallar; [stone] esculpir **-2.** [meat] trinchar **-3.** [name, message] grabar. <> *vi* trinchar.

◆ **carve out** *vt sep* [niche, place] conquistar; **to ~ out a future for o.s.** labrarse un porvenir.

◆ **carve up** *vt sep* repartir.

carving ['kɑ:vɪŋ] *n* **-1.** [art, work - wooden] tallado *m*; [- stone] labrado *m*, cincelado *m* **-2.** [object - wooden, stone] talla *f*.

carving knife *n* cuchillo *m* de trinchar.

car wash *n* lavado *m* de coches.

Casablanca [,kæsə'blæŋkə] *n* Casablanca.

cascade [kæ'skeɪd] <> *n* cascada *f*. <> *vi* caer en cascada.

case [keɪs] *n* **-1.** [gen & GRAMM] caso *m*; **to be the ~** ser el caso; **a ~ in point** un ejemplo claro; **in that/which ~** en ese/cuyo caso; **as** OR **whatever the ~ may be** según sea el caso; **in ~ of** en caso de **-2.** [argument] argumentos *mpl*; **the ~ for/against (sthg)** los argumentos a favor/en contra (de algo) **-3.** JUR [trial, inquiry] pleito *m*, causa *f* **-4.** [container - of leather] funda *f*; [- of hard material] estuche *m* **-5.** *UK* [suitcase] maleta *f*, petaca *f Méx*, valija *f RP*.

◆ **in any case** *adv* en cualquier caso, de todas formas.

◆ **in case** *conj & adv* por si acaso; **in ~ she doesn't come** por si no viene.
case history *n* historial *m* (clínico), historia *f* clínica *Amér.*
case-sensitive *adj* COMPUT: **it's ~** hay que respetar las mayúsculas y las minúsculas.
case study *n* estudio *m* de casos prácticos.
cash [kæʃ] ◇ *n* **-1.** [notes and coins] (dinero *m*) efectivo *m*, metálico *m*; **to pay (in) ~** pagar al contado OR en efectivo **-2.** *inf* [money] dinero *m*, plata *f Amér* **-3.** [payment]: **~ in advance** pago *m* al contado por adelantado; **~ on delivery** entrega *f* contra reembolso. ◇ *vt* cobrar, hacer efectivo.
◆ **cash in** *vi*: **to ~ in on** *inf* sacar partido de.
cash and carry *n almacén de venta al por mayor.*
cashbook ['kæʃbʊk] *n* libro *m* de caja.
cash box *n* caja *f* con cerradura (para el dinero).
cash card *n esp US* tarjeta *f* de cajero automático.
cash crop *n* cultivo *m* para comercialización.
cash desk *n UK* caja *f*.
cash discount *n* descuento *m* por pronto pago.
cash dispenser [-dɪ'spensəʳ] *n esp US* cajero *m* automático.
cashew (nut) ['kæʃuː-] *n* (nuez *f* de) anacardo *m*.
cash flow *n* flujo *m* de fondos, cash-flow *m*.
cashier [kæ'ʃɪəʳ] *n* cajero *m*, -ra *f*.
cash machine = **cash dispenser**.
cashmere [kæʃ'mɪəʳ] ◇ *n* cachemir *m*, cachemira *f*. ◇ *comp* de cachemir OR cachemira.
cash payment *n* pago *m* en efectivo OR al contado.
cashpoint ['kæʃpɔɪnt] = **cash dispenser**.
cash price *n* precio *m* al contado.
cash register *n* caja *f* (registradora).
cash sale *n* venta *f* al contado.
casing ['keɪsɪŋ] *n* [of tyre, machine] cubierta *f*; [of electric cable] revestimiento *m*.
casino [kə'siːnəʊ] (*pl* **-s**) *n* casino *m*.
cask [kɑːsk] *n* tonel *m*, barril *m*.
casket ['kɑːskɪt] *n* **-1.** [for jewels] estuche *m* **-2.** *US* [coffin] ataúd *m*.
Caspian Sea ['kæspɪən-] *n*: **the ~** el mar Caspio.
casserole ['kæsərəʊl] *n* **-1.** [stew] guiso *m* **-2.** [pan] cazuela *f*, cacerola *f*.
cassette [kæ'set] *n* cinta *f*, casete *f*.
cassette deck *n* platina *f*, pletina *f*.
cassette player *n* casete *m*, magnetófono *m*.
cassette recorder *n* casete *m*, magnetófono *m*.
cassock ['kæsək] *n* sotana *f*.
cast [kɑːst] (*pt* & *pp* **cast**) ◇ *n* [of play, film] reparto *m*. ◇ *vt* **-1.** [look] echar, lanzar; **to ~ doubt on sthg** poner algo en duda; **to ~ a spell on** embrujar OR hechizar a **-2.** [light] irradiar; [shadow] proyectar **-3.** [throw] arrojar, lanzar **-4.** [choose for play]: **to ~ sb as** asignar a alguien el papel de **-5.** [vote] emitir **-6.** [metal, statue] fundir **-7.** [shed - skin] mudar.
◆ **cast about, cast around** *vi*: **to ~ about for sthg** buscar algo.
◆ **cast aside** *vt sep* [person] abandonar; [idea] rechazar.
◆ **cast off** ◇ *vt sep* desechar, abandonar. ◇ *vi* NAUT soltar amarras.
castanets [ˌkæstə'nets] *npl* castañuelas *fpl*.
castaway ['kɑːstəweɪ] *n* náufrago *m*, -ga *f*.
caste [kɑːst] *n* casta *f*.
caster ['kɑːstəʳ] *n* [wheel] ruedecilla *f*.
caster sugar *n UK* azúcar *m* extrafino.
castigate ['kæstɪgeɪt] *vt fml* [behaviour, report] censurar.
Castile [kæs'tiːl] *n* Castilla.
Castilian [kæ'stɪljən] ◇ *adj* castellano(na). ◇ *n* **-1.** [person] castellano *m*, -na *f* **-2.** [language] castellano *m*.
casting ['kɑːstɪŋ] *n* [for film, play] reparto *m*.
casting vote ['kɑːstɪŋ-] *n* voto *m* de calidad.
cast iron *n* hierro *m* fundido.
◆ **cast-iron** *adj* **-1.** [made of cast iron] de hierro fundido **-2.** [alibi, excuse] irrebatible, indiscutible; [will] férreo(a), de hierro.
castle ['kɑːsl] *n* **-1.** [building] castillo *m* **-2.** [in chess] torre *f*.
castoffs ['kɑːstɒfs] *npl* ropa *f* vieja OR usada.
castor ['kɑːstəʳ] = **caster**.
castor oil *n* aceite *m* de ricino.
castor sugar = **caster sugar**.
castrate [kæ'streɪt] *vt* castrar.
castration [kæ'streɪʃn] *n* castración *f*.
casual ['kæʒʊəl] *adj* **-1.** [relaxed, indifferent] despreocupado(da) **-2.** *pej* [offhand] descuidado (da), informal **-3.** [chance - visitor] ocasional; [- remark] casual **-4.** [informal] [clothes] de sport, informal **-5.** [irregular - labourer etc] eventual.
casually ['kæʒʊəlɪ] *adv* **-1.** [in a relaxed manner, indifferently] con aire despreocupado **-2.** [informally] informalmente.
casual sex *n* relaciones *fpl* sexuales ocasionales.
casualty ['kæʒjʊəltɪ] (*pl* **-ies**) *n* **-1.** [gen] víctima *f*; MIL baja *f* **-2.** *(U)* [ward] urgencias *fpl*.

casualty department *n* unidad *f* de urgencias.

cat [kæt] *n* **-1.** [domestic] gato *m*, -ta *f*; **to let the ~ out of the bag** descubrir el pastel; **to be like a ~ on hot bricks** *UK* *OR* **on a hot tin roof** *US* estar en ascuas; **to put the ~ among the pigeons** *UK* meter el lobo en el redil; **to rain ~s and dogs** llover a cántaros; **to think that one is the ~'s whiskers** *UK* creerse que uno es el oro y el moro **-2.** [wild] felino *m*.

cataclysmic [ˌkætəˈklɪzmɪk] *adj* catastrófico(ca).

catacombs [ˈkætəkuːmz] *npl* catacumbas *fpl*.

Catalan [ˈkætəˌlæn] ◇ *adj* catalán(ana). ◇ *n* **-1.** [person] catalán *m*, -ana *f* **-2.** [language] catalán *m*.

catalogue *UK*, **catolog** *US* [ˈkætəlɒg] ◇ *n* **-1.** [of items] catálogo *m* **-2.** *fig* [series] serie *f*. ◇ *vt* **-1.** [make official list of] catalogar **-2.** *fig* [list] enumerar.

Catalonia [ˌkætəˈləʊnɪə] *n* Cataluña.

Catalonian [ˌkætəˈləʊnɪən] ◇ *adj* catalán(ana). ◇ *n* [person] catalán *m*, -ana *f*.

catalyst [ˈkætəlɪst] *n lit & fig* catalizador *m*.

catalytic convertor [ˌkætəˈlɪtɪk kənˈvɜːtəʳ] *n* catalizador *m*.

catamaran [ˌkætəməˈræn] *n* catamarán *m*.

catapult [ˈkætəpʊlt] *UK* ◇ *n* **-1.** *HIST* [hand-held] tirachinas *m inv* **-2.** *HIST* [machine] catapulta *f*. ◇ *vt* **-1.** [hurl] lanzar **-2.** *fig* [propel] catapultar.

cataract [ˈkætərækt] *n* [waterfall, in eye] catarata *f*.

catarrh [kəˈtɑːʳ] *n (U)* catarro *m*.

catastrophe [kəˈtæstrəfɪ] *n* catástrofe *f*.

catastrophic [ˌkætəˈstrɒfɪk] *adj* catastrófico(ca).

cat burglar *n UK ladrón que entra trepando.*

catcall [ˈkætkɔːl] *n* silbido *m*, pitido *m*.

catch [kætʃ] (*pt & pp* **caught**) ◇ *vt* **-1.** [gen] coger, agarrar *Amér*; [ball] atrapar **-2.** [fish] pescar; [stop - person] parar **-3.** [be in time for]: **I've got a train to ~** tengo que coger un tren; **to ~ the (last) post** *UK* llegar a la (última) recogida del correo **-4.** [hear clearly] entender, llegar a oír **-5.** [interest, imagination] despertar **-6.** [see]: **to ~ sight** *OR* **a glimpse of** alcanzar a ver **-7.** [hook - shirt etc] engancharse; [shut in door - finger] pillarse **-8.** [light] reflejar **-9.** [strike] golpear. ◇ *vi* **-1.** [become hooked, get stuck] engancharse **-2.** [start to burn] prenderse, encenderse. ◇ *n* **-1.** [of ball etc] parada *f* **-2.** [of fish] pesca *f*, captura *f* **-3.** [fastener - on door] pestillo *m*; [- on necklace] cierre *m* **-4.** [snag] trampa *f*.

◆ **catch at** *vt fus* intentar agarrar.

◆ **catch on** *vi* **-1.** [become popular] hacerse popular **-2.** *inf* [understand]: **to ~ on (to)** caer en la cuenta (de).

◆ **catch out** *vt sep* [trick] pillar.

◆ **catch up** ◇ *vt sep* alcanzar. ◇ *vi*: **we'll soon ~ up** pronto nos pondremos a la misma altura; **to ~ up on** [sleep] recuperar; [work, reading] ponerse al día con.

◆ **catch up with** *vt fus* **-1.** [group etc] alcanzar **-2.** [criminal] pillar, descubrir.

catch-22 *n* callejón *m* sin salida.

catch-all *adj* general.

catching [ˈkætʃɪŋ] *adj* contagioso(sa).

catchment area [ˈkætʃmənt-] *n UK* zona *f* de captación.

catchphrase [ˈkætʃfreɪz] *n* muletilla *f*.

catchword [ˈkætʃwɜːd] *n* eslogan *m*, lema *m*.

catchy [ˈkætʃɪ] (*compar* **-ier**, *superl* **-iest**) *adj* pegadizo(za).

catechism [ˈkætəkɪzm] *n* catecismo *m*.

categorical [ˌkætɪˈgɒrɪkl] *adj* [statement] categórico(ca); [denial] rotundo(da).

categorically [ˌkætɪˈgɒrɪklɪ] *adv* [state] categóricamente; [deny] rotundamente.

categorize, -ise [ˈkætəgəraɪz] *vt*: **to ~ sb (as)** clasificar *OR* catalogar a alguien (de).

category [ˈkætəgərɪ] (*pl* **-ies**) *n* categoría *f*.

cater [ˈkeɪtəʳ] ◇ *vi* proveer comida. ◇ *vt US* [party, event] dar el servicio de comida y bebida de.

◆ **cater for** *vt fus UK* [tastes, needs] atender a; [social group] estar destinado(da) a; **I hadn't ~ed for that** no había contado con eso.

◆ **cater to** *vt fus* complacer.

caterer [ˈkeɪtərəʳ] *n* [firm] empresa *f* de hostelería.

catering [ˈkeɪtərɪŋ] *n* [at wedding etc] servicio *m* de banquetes; [trade] hostelería *f*.

caterpillar [ˈkætəpɪləʳ] *n* oruga *f*.

caterpillar tracks *npl* (rodado *m* de) oruga *f*.

cat flap *n UK* gatera *f*.

catharsis [kəˈθɑːsɪs] (*pl* **catharses** [kəˈθɑːsiːz]) *n fml* catarsis *f inv*.

cathedral [kəˈθiːdrəl] *n* catedral *f*.

catheter [ˈkæθɪtəʳ] *n* catéter *m*.

cathode ray tube [ˈkæθəʊd-] *n* tubo *m* de rayos catódicos.

Catholic [ˈkæθlɪk] ◇ *adj* católico(ca). ◇ *n* católico *m*, -ca *f*.

◆ **catholic** *adj* diverso(sa), variado(da).

Catholicism [kəˈθɒlɪsɪzm] *n* catolicismo *m*.

catkin [ˈkætkɪn] *n* candelilla *f*, amento *m*.

CAT scan [ˈkæt-] *n* escáner *m* TAC.

Catseyes® [ˈkætsaɪz] *npl UK* catafaros *mpl*.

catsuit [ˈkætsuːt] *n UK malla de manga larga*

hasta el tobillo.

catsup ['kætsəp] *n US* ketchup *m.*

cattle ['kætl] *npl* ganado *m* (vacuno).

cattle grid *n UK reja de tubos metálicos en la calzada para impedir el paso al ganado.*

catty ['kætɪ] (*compar* **-ier**, *superl* **-iest**) *adj inf pej* [spiteful] malintencionado(da).

catwalk ['kætwɔ:k] *n* pasarela *f.*

Caucasian [kɔ:'keɪzjən] ◇ *adj* **-1.** GEOGR caucásico(ca) **-2.** [white] de raza blanca. ◇ *n* **-1.** GEOGR caucásico *m*, -ca *f* **-2.** [white person] persona *f* de raza blanca.

Caucasus ['kɔ:kəsəs] *n*: **the** ~ el Cáucaso.

caucus ['kɔ:kəs] *n* [political group] comité *m.*
◆ **Caucus** *n US congreso de los principales partidos estadounidenses.*

caught [kɔ:t] *pt & pp* ⇨ **catch**.

cauliflower ['kɒlɪˌflaʊəʳ] *n* coliflor *f.*

causal ['kɔ:zl] *adj* causal.

cause [kɔ:z] ◇ *n* **-1.** [gen] causa *f* **-2.** [grounds]: ~ **(for)** motivo *m* (para); ~ **for complaint** motivo de queja; ~ **to do sthg** motivo para hacer algo. ◇ *vt* causar; **to** ~ **sb to do sthg** hacer que alguien haga algo.

causeway ['kɔ:zweɪ] *n* [road] carretera *f* elevada.

caustic ['kɔ:stɪk] *adj* **-1.** CHEM cáustico(ca) **-2.** [comment] mordaz, hiriente.

caustic soda *n* sosa *f* cáustica.

cauterize, -ise ['kɔ:təraɪz] *vt* cauterizar.

caution ['kɔ:ʃn] ◇ *n* **-1.** *(U)* [care] precaución *f*, cautela *f* **-2.** [warning] advertencia *f*, amonestación *f.* ◇ *vt* **-1.** [warn - against danger] prevenir; [- against behaving rudely etc] advertir, avisar **-2.** *UK* [subj: policeman]: **to** ~ **sb (for)** amonestar a alguien (por).

cautionary ['kɔ:ʃənərɪ] *adj* instructivo(va), con moraleja.

cautious ['kɔ:ʃəs] *adj* prudente, cauto(ta).

cautiously ['kɔ:ʃəslɪ] *adv* prudentemente, cautelosamente.

cautiousness ['kɔ:ʃəsnɪs] *n* cautela *f*, precaución *f.*

cavalier [ˌkævə'lɪəʳ] *adj* arrogante, desdeñoso(sa).

cavalry ['kævlrɪ] *n* caballería *f.*

cave [keɪv] *n* cueva *f.*
◆ **cave in** *vi* **-1.** [roof, ceiling] hundirse, derrumbarse **-2.** [yield]: **to** ~ **in (to)** ceder OR transigir (ante).

caveman ['keɪvmæn] (*pl* **-men** [-men]) *n* cavernícola *m* OR *f*, hombre *m* de las cavernas.

cavern ['kævən] *n* caverna *f.*

cavernous ['kævənəs] *adj* cavernoso(sa), grande y profundo(da).

caviar(e) ['kævɪɑ:ʳ] *n* caviar *m.*

caving ['keɪvɪŋ] *n UK* espeleología *f.*

cavity ['kævətɪ] (*pl* **-ies**) *n* **-1.** [in object, structure] cavidad *f* **-2.** [in tooth] caries *f inv* **-3.** [in body]: **nasal** ~ fosa *f* nasal.

cavity wall insulation *n UK* aislamiento *m* de doble pared.

cavort [kə'vɔ:t] *vi* retozar, brincar.

cayenne (pepper) [keɪ'en-] *n* [powder] (pimienta *f* de) cayena *f*; [pepper] guindilla *f.*

CB *n abbr of* **citizens' band**.

CBC (*abbr of* **Canadian Broadcasting Corporation**) *n cadena canadiense de radiotelevisión.*

CBE (*abbr of* **Commander of (the Order of) the British Empire**) *n* (*titular de*) *distinción honorífica británica.*

CBI *abbr of* **Confederation of British Industry**.

CBS (*abbr of* **Columbia Broadcasting System**) *n* ≃ CBS *f*, *cadena estadounidense de televisión.*

cc ◇ *n* (*abbr of* **cubic centimetre**) cc. ◇ (*abbr of* **carbon copy**) cc.

CCTV (*abbr of* **closed-circuit television**) *n circuito cerrado de televisión.*

CD ◇ *n* (*abbr of* **compact disc**) CD *m.* ◇ (*abbr of* **Corps Diplomatique**) CD.

CD burner *n* grabadora *f* de CD.

CDI (*abbr of* **compact disc interactive**) *n* COMPUT CDI *m.*

CD player *n* reproductor *m* de CD.

CD-R (*abbr of* **compact disc recordable**) *n* CD-R *m.*

CD-R drive *n* grabadora *f* de CD-R.

CD rewriter = **CD-RW drive**.

CD-ROM [ˌsi:di:'rɒm] (*abbr of* **compact disc read only memory**) *n* CD-ROM *m.*

CD-ROM burner *n* estampadora *f* de CD.

CD-ROM drive *n* unidad *f* de CD-ROM.

CD-RW (*abbr of* **compact disc rewritable**) *n* CD-RW *m.*

CD-RW drive *n* grabadora *f* de CD-RW.

CD single *n* CD *m* sencillo.

CDT (*abbr of* **Central Daylight Time**) *hora de verano del centro de Estados Unidos.*

CD tower *n* torre *f* de almacenamiento de CDs.

CDW *n abbr of* **collision damage waiver**.

CE *abbr of* **Church of England**.

cease [si:s] *fml* ◇ *vt* cesar; **to** ~ **doing** OR **to do sthg** dejar de hacer algo; ~ **fire!** ¡alto el fuego! ◇ *vi* cesar.

cease-fire *n* alto *m* el fuego.

ceaseless ['si:slɪs] *adj fml* incesante.

ceaselessly ['si:slɪslɪ] *adv fml* incesantemente.

cedar (tree) ['si:dəʳ-] *n* cedro *m*.
cede [si:d] *vt*: **to ~ sthg (to)** ceder algo (a).
CEEB (*abbr of* **College Entry Examination Board**) *n organismo encargado del acceso a la enseñanza superior en Estados Unidos.*
Ceefax® ['si:fæks] *n UK servicio de teletexto de la BBC.*
ceilidh ['keɪlɪ] *n en Escocia e Irlanda, fiesta en la que se baila y se canta música regional.*
ceiling ['si:lɪŋ] *n* **-1.** [of room] techo *m* **-2.** [limit] tope *m*, límite *m*.
celebrate ['selɪbreɪt] ◇ *vt* celebrar. ◇ *vi* celebrarlo.
celebrated ['selɪbreɪtɪd] *adj* célebre, famoso(sa).
celebration [,selɪ'breɪʃn] *n* **-1.** *(U)* [activity, feeling] celebración *f* **-2.** [event] fiesta *f*, festejo *m*.
celebrity [sɪ'lebrətɪ] (*pl* **-ies**) *n* celebridad *f*.
celeriac [sɪ'lerɪæk] *n* apio *m* nabo.
celery ['selərɪ] *n* apio *m*.
celestial [sɪ'lestjəl] *adj* celestial.
celibacy ['selɪbəsɪ] *n* celibato *m*.
celibate ['selɪbət] *adj* célibe.
cell [sel] *n* **-1.** BIOL & POL célula *f* **-2.** COMPUT celda *f* **-3.** [prisoner's, nun's or monk's room] celda *f*, separo *m Amér* **-4.** ELEC pila *f*.
cellar ['seləʳ] *n* **-1.** [basement] sótano *m* **-2.** [stock of wine] bodega *f*.
cellist ['tʃelɪst] *n* violoncelista *m* OR *f*.
cello ['tʃeləʊ] (*pl* **-s**) *n* violoncelo *m*.
Cellophane® ['seləfeɪn] *n* celofán® *m*.
cellphone ['selfəʊn], **cellular phone** ['seljʊləʳ-] *n US* teléfono *m* móvil, celular *m Amér*.
cellulite ['seljʊlaɪt] *n* celulitis *f inv*.
Celluloid® ['seljʊlɔɪd] *n* celuloide *m*.
cellulose ['seljʊləʊs] *n* celulosa *f*.
Celsius ['selsɪəs] *adj* centígrado(da); **20 degrees ~** 20 grados centígrados.
Celt [kelt] *n* celta *m* OR *f*.
Celtic ['keltɪk] ◇ *adj* celta, céltico(ca). ◇ *n* celta *m*.
cement [sɪ'ment] ◇ *n* **-1.** [for concrete] cemento *m* **-2.** [glue] cola *f*, pegamento *m*. ◇ *vt* **-1.** [cover with cement] cubrir con cemento **-2.** [glue] pegar, encolar **-3.** [agreement, relationship] cimentar, fortalecer.
cement mixer *n* hormigonera *f*.
cemetery ['semɪtrɪ] (*pl* **-ies**) *n* cementerio *m*.
cenotaph ['senətɑ:f] *n* cenotafio *m*.
censor ['sensəʳ] ◇ *n* censor *m*, -ra *f*. ◇ *vt* censurar.
censorship ['sensəʃɪp] *n* censura *f*.
censure ['senʃəʳ] ◇ *n* censura *f*. ◇ *vt* censurar.
census ['sensəs] (*pl* **-uses**) *n* censo *m*.
cent [sent] *n* centavo *m*.
centenary *UK* [sen'ti:nərɪ] (*pl* **-ies**), **centennial** *US* [sen'tenjəl] *n* centenario *m*.
center *US* = **centre**.
centigrade ['sentɪgreɪd] *adj* centígrado(da); **20 degrees ~** 20 grados centígrados.
centigram(me) ['sentɪgræm] *n* centigramo *m*.
centilitre *UK*, **centiliter** *US* ['sentɪ,li:təʳ] *n* centilitro *m*.
centimetre *UK*, **centimeter** *US* ['sentɪ,mi:təʳ] *n* centímetro *m*.
centipede ['sentɪpi:d] *n* ciempiés *m inv*.
central ['sentrəl] *adj* **-1.** [gen] central; **in ~ Spain** en el centro de España; **to be ~ to** ser el eje OR la pieza clave de **-2.** [easily reached] céntrico(ca).
Central African ◇ *adj* centroafricano(na). ◇ *n* centroafricano *m*, -na *f*.
Central African Republic *n*: **the ~** la república Centroafricana.
Central America *n* Centroamérica.
Central American ◇ *adj* centroamericano(na). ◇ *n* centroamericano *m*, -na *f*.
Central Asia *n* Asia Central.
central bank *n* banco *m* central.
Central Europe *n* Europa Central.
Central European ◇ *adj* centroeuropeo(a). ◇ *n* centroeuropeo *m*, -a *f*.
central government *n* gobierno *m* central.
central heating *n* calefacción *f* central.
centralization [,sentrəlaɪ'zeɪʃn] *n* centralización *f*.
centralize, -ise ['sentrəlaɪz] *vt* centralizar.
centralized ['sentrəlaɪzd] *adj* centralizado(da).
central locking [-'lɒkɪŋ] *n* cierre *m* centralizado.
centrally ['sentrəlɪ] *adv*: **~ situated** OR **located** céntrico(ca).
centrally heated *adj* con calefacción central.
central nervous system *n* sistema *m* nervioso central.
central processing unit *n* unidad *f* central de proceso.
central reservation *n UK* mediana *f*.
centre *UK*, **center** *US* ['sentəʳ] ◇ *n* centro *m*; **~ of attention/gravity** centro de atención/gravedad; **the ~** POL el centro. ◇ *adj* **-1.** [middle] central **-2.** POL centrista. ◇ *vt* centrar.
◆ **centre around, centre on** *vt fus* centrarse en.
centre back *n* defensa *m* OR *f* central.

centre-fold *n* póster *m* central.

centre forward *n* delantero *m*, -ra *f* centro *(inv)*.

centre half = **centre back**.

centrepiece *UK*, **centerpiece** *US* ['sentəpi:s] *n* **-1.** [decoration] centro *m* de mesa **-2.** [principal element] punto *m* central.

centre-spread *n* póster *m* central.

centrifugal force [sentrɪ'fju:gl-] *n* fuerza *f* centrífuga.

century ['sentʃʊrɪ] (*pl* **-ies**) *n* siglo *m*; **the 20th ~** el siglo XX.

CEO (*abbr of* **chief executive officer**) *n* presidente *m*, -ta *f*.

ceramic [sɪ'ræmɪk] *adj* de cerámica, cerámico(ca).

◆ **ceramics** ◇ *n* cerámica *f*. ◇ *npl* [objects] piezas *fpl* de cerámica.

cereal ['sɪərɪəl] *n* **-1.** [crop] cereal *m* **-2.** [breakfast food] cereales *mpl*.

cerebral ['serɪbrəl] *adj* cerebral.

cerebral palsy *n* parálisis *f inv* cerebral.

ceremonial [ˌserɪ'məʊnjəl] ◇ *adj* ceremonial. ◇ *n* ceremonial *m*.

ceremonious [ˌserɪ'məʊnjəs] *adj* ceremonioso(sa).

ceremony ['serɪmənɪ] (*pl* **-ies**) *n* ceremonia *f*; **without ~** sin miramientos; **to stand on ~** andarse con cumplidos *OR* ceremonias.

cert [sɜ:t] *n UK inf* cosa *f* segura.

certain ['sɜ:tn] *adj* **-1.** [gen] seguro(ra); **he's ~ to be late** (es) seguro que llega tarde; **to be ~ (of)** estar seguro (de); **to make ~ (of)** asegurarse (de); **for ~** con toda seguridad **-2.** [particular, some] cierto(ta); **to a ~ extent** hasta cierto punto **-3.** [named person]: **a ~ ...** un (una) tal ...

certainly ['sɜ:tnlɪ] *adv* desde luego; **~ not!** ¡claro que no!

certainty ['sɜ:tntɪ] (*pl* **-ies**) *n* seguridad *f*; **it's a ~ that ...** es seguro que ...

CertEd [ˌsɜ:t'ed] (*abbr of* **Certificate in Education**) *n diploma universitario de pedagogía.*

certifiable [ˌsɜ:tɪ'faɪəbl] *adj* [mad]: **she's ~** está para que la encierren.

certificate [sə'tɪfɪkət] *n* [gen] certificado *m*; *SCH & UNIV* diploma *m*, título *m*; [of birth, death] partida *f*.

certification [ˌsɜ:tɪfɪ'keɪʃn] *n* certificación *f*.

certified ['sɜ:tɪfaɪd] *adj* [document] certificado(da); [person] diplomado(da).

certified mail *n US* correo *m* certificado.

certified public accountant *n US* contable diplomado *m*, contable diplomada *f*, contador público *m*, contadora pública *f Amér*.

certify ['sɜ:tɪfaɪ] (*pt & pp* **-ied**) *vt* **-1.** [declare true] certificar **-2.** [declare officially]: **to ~ sb dead** dar constancia de la muerte de alguien **-3.** [declare insane] declarar demente.

cervical [sə'vaɪkl] *adj* cervical.

cervical smear *n* citología *f*, frotis *f* cervical.

cervix ['sɜ:vɪks] (*pl* **-ices** [-ɪsi:z]) *n* [of womb] cuello *m* del útero.

cesarean (section) = **caesarean (section)**.

cessation [se'seɪʃn] *n fml* cese *m*.

cesspit ['sespɪt], **cesspool** ['sespu:l] *n* pozo *m* negro.

CET (*abbr of* **Central European Time**) *hora de Europa Central.*

cf. (*abbr of* **confer**) cf., cfr.

c/f (*abbr of* **carried forward**) suma y sigue.

c & f (*abbr of* **cost and freight**) c y f.

CFC (*abbr of* **chlorofluorocarbon**) *n* CFC *m*.

cg (*abbr of* **centigram**) cg *m*.

C & G (*abbr of* **City and Guilds**) *n diploma británico de formación profesional.*

CGA (*abbr of* **colour graphics adapter**) *n* CGA *m*.

CGI (*abbr of* **computer-generated images**) *n* imágenes *fpl* generadas por ordenador.

ch (*abbr of* **central heating**) cal. cent.

ch. (*abbr of* **chapter**) cap.

Chad [tʃæd] *n* el Chad.

chafe [tʃeɪf] ◇ *vt* [rub] rozar. ◇ *vi* **-1.** [skin] irritarse **-2.** [person]: **to ~ at** irritarse por.

chaff [tʃɑ:f] *n* barcia *f*.

chaffinch ['tʃæfɪntʃ] *n* pinzón *m*.

chain [tʃeɪn] ◇ *n* cadena *f*; **~ of mountains** cordillera *f*, cadena *f* montañosa; **~ of office** ≃ collar *m* de mando; **~ of events** serie *f OR* cadena *f* de acontecimientos. ◇ *vt* [person, object] encadenar.

chain letter *n carta que se hace circular en cadena para obtener algún beneficio.*

chain reaction *n* reacción *f* en cadena.

chain saw *n* motosierra *f*, sierra *f* mecánica.

chain-smoke *vi* fumar un cigarrillo tras otro.

chain-smoker *n* fumador empedernido *m*, fumadora empedernida *f*.

chain store *n* tienda *f (de una cadena)*.

chair [tʃeəʳ] ◇ *n* **-1.** [gen] silla *f*; [armchair] sillón *m* **-2.** [university post] cátedra *f* **-3.** [of meeting] presidencia *f*; **to take the ~** presidir, tomar la presidencia. ◇ *vt* presidir.

chair lift *n* telesilla *m*.

chairman ['tʃeəmən] (*pl* **-men** [-mən]) *n* presidente *m*.

chairmanship ['tʃeəmənʃɪp] *n* presidencia *f*.

chairperson [ˈtʃeəˌpɜːsn] (*pl* **-s**) *n* presidente *m*, -ta *f*.

chairwoman [ˈtʃeəˌwʊmən] (*pl* **-women** [ˌwɪmɪn]) *n* presidenta *f*.

chaise longue [ʃeɪzˈlɒŋ] (*pl* **chaises longues** [ʃeɪzˈlɒŋ]) *n* tumbona *f*, chaise-longue *f*.

chalet [ˈʃæleɪ] *n* chalé *m*, chalet *m*.

chalice [ˈtʃælɪs] *n* cáliz *m*.

chalk [tʃɔːk] *n* **-1.** [for drawing] tiza *f*, gis *m* ***Méx*** **-2.** [type of rock] creta *f*.

◆ **by a long chalk** *adv* con diferencia, con mucho.

◆ **not by a long chalk** *adv* ni mucho menos, de ninguna manera.

◆ **chalk up** *vt sep* [attain] apuntarse, anotarse ***Amér.***

chalkboard [ˈtʃɔːkbɔːd] *n* ***US*** pizarra *f*, encerado *m*.

challenge [ˈtʃælɪndʒ] ◇ *n* desafío *m*, reto *m*. ◇ *vt* **-1.** [to fight, competition]: **to ~ sb (to sthg/to do sthg)** desafiar a alguien (a algo/a que haga algo) **-2.** [question] poner en tela de juicio.

challenger [ˈtʃælɪndʒəʳ] *n* [for title, leadership] aspirante *m* OR *f*; [opponent] contrincante *m* OR *f*.

challenging [ˈtʃælɪndʒɪŋ] *adj* **-1.** [task, job] estimulante, que supone un reto **-2.** [look, tone of voice] desafiante.

chamber [ˈtʃeɪmbəʳ] *n* [room] cámara *f*.

◆ **chambers** *npl* despacho *m*.

chambermaid [ˈtʃeɪmbəmeɪd] *n* [at hotel] camarera *f*.

chamber music *n* música *f* de cámara.

chamber of commerce *n* cámara *f* de comercio.

chamber orchestra *n* orquesta *f* de cámara.

chameleon [kəˈmiːljən] *n* camaleón *m*.

chamois[1] [ˈʃæmwɑː] (*pl inv*) *n* [animal] gamuza *f*.

chamois[2] [ˈʃæmɪ] *n*: **~ (leather)** gamuza *f*.

champ [tʃæmp] ◇ *n inf* campeón *m*, -ona *f*. ◇ *vi* mordisquear.

champagne [ˌʃæmˈpeɪn] *n* champán *m*.

champion [ˈtʃæmpjən] ◇ *n* **-1.** [of competition] campeón *m*, -ona *f* **-2.** [of cause] defensor *m*, -ra *f*. ◇ *vt* defender.

championship [ˈtʃæmpjənʃɪp] *n* campeonato *m*.

chance [tʃɑːns] ◇ *n* **-1.** [luck] azar *m*, suerte *f*; **by ~** por casualidad **-2.** [likelihood] posibilidad *f*; **not to stand a ~ (of)** no tener ninguna posibilidad (de); **by any ~** por casualidad, acaso; **on the off ~** por si acaso **-3.** [opportunity] oportunidad *f* **-4.** [risk] riesgo *m*; **to take a ~ (on)** correr un riesgo OR arriesgarse (con). ◇ *adj* fortuito(ta), casual. ◇ *vt* arriesgar; **to ~ it** arriesgarse. ◇ *vi literary* [happen]: **to ~ to do sthg** hacer algo por casualidad.

chancellor [ˈtʃɑːnsələʳ] *n* **-1.** [chief minister] canciller *m* **-2.** ***US*** UNIV ≃ rector *m*, -ra *f*.

Chancellor of the Exchequer *n* ***UK*** Ministro *m*, -tra *f* de Economía y Hacienda.

chancy [ˈtʃɑːnsɪ] (*compar* **-ier**, *superl* **-iest**) *adj inf* arriesgado(da).

chandelier [ˌʃændəˈlɪəʳ] *n* (lámpara *f* de) araña *f*, candil *m* ***Méx.***

change [tʃeɪndʒ] ◇ *n* **-1.** [gen] cambio *m*; **~ of clothes** muda *f*; **it makes a ~** es un cambio; **for a ~** para variar **-2.** [from payment] vuelta *f*, cambio *m*, vuelto *m* ***Amér*** **-3.** [coins] suelto *m*, calderilla *f*, sencillo *m* ***Andes***, feria *f* ***Méx***, menudo *m* ***Col*** **-4.** [money in exchange]: **have you got ~ for £5?** ¿tienes cambio de 5 libras? ◇ *vt* **-1.** [gen] cambiar; **to ~ sthg into** transformar algo en; **to ~ pounds into francs** cambiar libras en ***Esp*** OR a francos; **to ~ direction** cambiar de rumbo; **to ~ one's mind** cambiar de idea OR opinión **-2.** [goods in shop] cambiar **-3.** [switch - job, gear, train] cambiar de; **to ~ hands** [- COMM] cambiar de mano; **to ~ one's shirt** cambiarse de camisa; **to get ~d** cambiarse de ropa. ◇ *vi* **-1.** [alter] cambiar; **to ~ into sthg** transformarse en algo **-2.** [change clothes] cambiarse **-3.** [change trains, buses] hacer transbordo.

◆ **change over** *vi* [convert]: **to ~ over to** cambiar a.

changeable [ˈtʃeɪndʒəbl] *adj* variable.

changed [tʃeɪndʒd] *adj*: **he's a ~ man** es otro, es un hombre nuevo.

change machine *n* máquina *f* de cambio.

change of life *n*: **the ~** la menopausia.

changeover [ˈtʃeɪndʒˌəʊvəʳ] *n*: **~ (to)** cambio *m* (a).

change purse *n* ***US*** portamonedas *m inv*, monedero *m*, chauchera *f* ***Chile.***

changing [ˈtʃeɪndʒɪŋ] *adj* cambiante.

changing room *n* **-1.** SPORT vestuario *m* **-2.** [in clothes shop] probador *m*.

channel [ˈtʃænl] (***UK*** *pt* & *pp* **-led**, *cont* **-ling**, ***US*** *pt* & *pp* **-ed**, *cont* **-ing**) ◇ *n* canal *m*. ◇ *vt lit* & *fig* canalizar.

◆ **Channel** *n*: **the (English) Channel** el Canal de la Mancha.

◆ **channels** *npl* [procedure] conductos *mpl*, medios *mpl*.

Channel Islands *npl*: **the ~** las islas del canal de la Mancha.

Channel tunnel *n*: the ~ el túnel del Canal de la Mancha.
chant [tʃɑ:nt] <> *n* **-1.** RELIG canto *m* **-2.** [of demonstrators] consigna *f*; [at sports match] cántico *m*. <> *vt* **-1.** RELIG cantar **-2.** [words] corear. <> *vi* **-1.** RELIG salmodiar **-2.** [repeat words] corear.
chaos ['keɪɒs] *n* caos *m inv.*
chaotic [keɪ'ɒtɪk] *adj* caótico(ca).
chap [tʃæp] *n UK inf* tipo *m*, tío *m*.
chapat(t)i [tʃə'pætɪ] *n* chapati *m*, *pan indio sin levadura.*
chapel ['tʃæpl] *n* capilla *f.*
chaperon(e) ['ʃæpərəʊn] <> *n* carabina *f*, acompañanta *f.* <> *vt* acompañar.
chaplain ['tʃæplɪn] *n* capellán *m.*
chapped [tʃæpt] *adj* agrietado(da).
chapter ['tʃæptə^r] *n lit & fig* capítulo *m.*
char [tʃɑ:^r] (*pt* & *pp* **-red**, *cont* **-ring**) <> *n UK* [cleaner] mujer *f* de la limpieza. <> *vt* [burn] carbonizar, calcinar. <> *vi* [work as cleaner] trabajar de mujer de la limpieza.
character ['kærəktə^r] *n* **-1.** [nature, quality, letter] carácter *m*; **to be out of/in ~ (for)** no ser/ser típico (de) **-2.** [in film, book, play] personaje *m* **-3.** *inf* [person of stated kind] tipo *m* **-4.** *inf* [person with strong personality]: **to be a ~** ser todo un carácter.
characteristic [ˌkærəktə'rɪstɪk] <> *adj* característico(ca). <> *n* característica *f.*
characteristically [ˌkærəktə'rɪstɪklɪ] *adv* típicamente.
characterization [ˌkærəktəraɪ'zeɪʃn] *n* caracterización *f.*
characterize, -ise ['kærəktəraɪz] *vt* **-1.** [typify] caracterizar **-2.** [portray]: **to ~ sthg as** definir algo como.
character set *n* COMPUT juego *m* de caracteres.
charade [ʃə'rɑ:d] *n* farsa *f.*
◆ **charades** *n (U)* charadas *fpl.*
charbroil [ˌtʃɑ:'brɔɪl] *vt US* asar a la parrilla.
charcoal ['tʃɑ:kəʊl] *n* [for barbecue etc] carbón *m* (vegetal); [for drawing] carboncillo *m.*
chard [tʃɑ:d] *n* acelga *f.*
charge [tʃɑ:dʒ] <> *n* **-1.** [cost] precio *m*; **admission ~** entrada *f*; **free of ~** gratis; **will that be cash or ~?** *US* ¿pagará en efectivo o con tarjeta? **-2.** JUR cargo *m*, acusación *f* **-3.** [responsibility]: **to have ~ of sthg** tener algo al cargo de uno; **to take ~ (of)** hacerse cargo (de); **to be in ~** ser el encargado (la encargada); **in ~ of** encargado(da) de **-4.** ELEC carga *f* **-5.** MIL [of cavalry] carga *f.* <> *vt* **-1.** [customer, sum] cobrar; **to ~ sthg to sb** cargar algo en la cuenta de alguien **-2.** [suspect, criminal]: **to ~ sb (with)** acusar a alguien (de) **-3.** [attack] cargar contra **-4.** [battery] cargar. <> *vi* **-1.** [ask in payment]: **to ~ (for)** cobrar (por) **-2.** [rush] cargar; **to ~ in/out** entrar/salir en tromba.
chargeable ['tʃɑ:dʒəbl] *adj* **-1.** [costs] cobrable, cobradero(ra) **-2.** [offence] punible.
charge account *n* cuenta *f* de crédito.
charge card *n tarjeta f de compra.*
charged [tʃɑ:dʒd] *adj* cargado(da).
chargé d'affaires [ˌʃɑ:zeɪdæ'feə] (*pl* **chargés d'affaires** [ˌʃɑ:zeɪdæ'feə]) *n* encargado *m*, -da *f* de negocios.
charge hand *n UK* ayudante *m* OR *f* de capataz.
charge nurse *n UK* enfermero *m*, -ra *f* jefe.
charger ['tʃɑ:dʒə^r] *n* **-1.** [for batteries] cargador *m* **-2.** *literary* [horse] caballo *m* de batalla.
charge sheet *n UK* atestado *m* policial.
chariot ['tʃærɪət] *n* carro *m*, cuadriga *f.*
charisma [kə'rɪzmə] *n* carisma *m.*
charismatic [ˌkærɪz'mætɪk] *adj* carismático(ca).
charitable ['tʃærətəbl] *adj* **-1.** [person, remark] caritativo(va) **-2.** [organization] benéfico(ca).
charity ['tʃærətɪ] (*pl* **-ies**) *n* **-1.** [kindness, money] caridad *f* **-2.** [organization] institución *f* benéfica.
charity shop *n UK tienda de una entidad benéfica en la que se venden productos de segunda mano dondados por simpatizantes.*
charlatan ['ʃɑ:lətən] *n* charlatán *m*, -ana *f.*
charm [tʃɑ:m] <> *n* **-1.** [appeal, attractiveness] encanto *m* **-2.** [spell] encantamiento *m*, hechizo *m* **-3.** [on bracelet] dije *m*, amuleto *m.* <> *vt* dejar encantado(da).
charm bracelet *n* pulsera *f* con dijes.
charmer ['tʃɑ:mə^r] *n*: **he's a real ~** es muy cumplido.
charming ['tʃɑ:mɪŋ] *adj* encantador(ra).
charmingly ['tʃɑ:mɪŋlɪ] *adv* [attractive, naïve] encantadoramente; [smile, dress] de un modo encantador.
charred [tʃɑ:d] *adj* carbonizado(da), calcinado(da).
chart [tʃɑ:t] <> *n* **-1.** [diagram] gráfico *m*; **weather ~** mapa *m* del tiempo **-2.** [map] carta *f.* <> *vt* **-1.** [plot, map] representar en un mapa **-2.** *fig* [describe] trazar.
◆ **charts** *npl*: **the ~s** la lista de éxitos.
charter ['tʃɑ:tə^r] <> *n* [document] carta *f.* <> *comp* chárter *(inv)*, alquilado(da). <> *vt* [plane, boat] fletar.
chartered accountant ['tʃɑ:təd-] *n UK* contable colegiado *m*, contable colegiada *f*, con-

tador colegiado *m*, contadora colegiada *f* *Amér.*

charter flight *n* vuelo *m* chárter.

chart-topping *adj UK* número uno en la lista de éxitos.

chary ['tʃeərɪ] (*compar* **-ier**, *superl* **-iest**) *adj*: **to be ~ of doing sthg** ser reacio(cia) a la hora de hacer algo.

chase [tʃeɪs] ◇ *n* [pursuit] persecución *f*; **to give ~** emprender la persecución. ◇ *vt* **-1.** [pursue] perseguir **-2.** [drive away] ahuyentar **-3.** [money, jobs] ir detrás de, ir a la caza de. ◇ *vi*: **to ~ after sthg/sb** perseguir algo/a alguien.
◆ **chase up** *vt sep UK* [person] localizar; [information] buscar, intentar hacerse con; **to ~ sb up about sthg** ponerse en contacto con alguien para recordarle algo.

chaser ['tʃeɪsəʳ] *n copa de licor tomada después de una cerveza.*

chasm ['kæzm] *n* [deep crack] sima *f*; *fig* [divide] abismo *m*.

chassis ['ʃæsɪ] (*pl inv*) *n* [of vehicle] chasis *m inv.*

chaste [tʃeɪst] *adj* casto(ta).

chasten ['tʃeɪsn] *vt* escarmentar.

chastise [tʃæ'staɪz] *vt fml* [scold] reprender.

chastity ['tʃæstətɪ] *n* castidad *f*.

chat [tʃæt] (*pt* & *pp* **-ted**, *cont* **-ting**) ◇ *n* [gen & COMPUT] charla *f*, conversación *f Amér*, plática *f CAm, Méx.* ◇ *vi* [gen & COMPUT] charlar.
◆ **chat up** *vt sep UK inf* intentar ligar con, tirarse un lance con *CSur.*

chatiquette ['tʃætɪket] *n* COMPUT etiqueta *f* en los chats.

chat line *n* línea *f* compartida.

chat room *n* COMPUT sala *f* de conversación.

chatter ['tʃætəʳ] ◇ *n* **-1.** [of person] cháchara *f*, parloteo *m* **-2.** [of bird] gorjeo *m*; [of monkey] chillidos *mpl.* ◇ *vi* **-1.** [person] parlotear **-2.** [bird] gorjear; [monkey] chillar **-3.** [teeth] castañetear.

chatterbox ['tʃætəbɒks] *n inf* parlanchín *m*, -ina *f*.

chatty ['tʃætɪ] (*compar* **-ier**, *superl* **-iest**) *adj* **-1.** [person] dicharachero(ra) **-2.** [letter] informal.

chauffeur ['ʃəʊfəʳ] ◇ *n* chófer *m* OR *f*. ◇ *vt* hacer de chófer para; **we were ~ed to our hotel** un chófer nos llevó al hotel.

chauvinist ['ʃəʊvɪnɪst] *n* **-1.** [sexist] sexista *m* OR *f*; **male ~** machista *m* **-2.** [nationalist] chovinista *m* OR *f*.

chauvinistic ['ʃəʊvɪ'nɪstɪk] *adj* **-1.** [sexist] sexista **-2.** [nationalistic] chovinista.

cheap [tʃi:p] ◇ *adj* **-1.** [inexpensive] barato(ta) **-2.** [low - quality] de mala calidad **-3.** [vulgar - joke etc] de mal gusto **-4.** *US* [stingy] mezquino(na). ◇ *adv* barato. ◇ *n*: **on the ~** en plan barato.

cheapen ['tʃi:pn] *vt* [degrade] rebajar, degradar.

cheaply ['tʃi:plɪ] *adv* barato.

cheapness ['tʃi:pnɪs] *n* **-1.** [low cost] lo barato, baratura *f* **-2.** [low quality] baja calidad *f* **-3.** [vulgarity - of joke etc] mal gusto *m*.

cheap rate *n* [on phone] tarifa *f* reducida.

cheapskate ['tʃi:pskeɪt] *n inf pej* agarrado *m*, -da *f*.

cheat [tʃi:t] ◇ *n* tramposo *m*, -sa *f*. ◇ *vt* engañar, estafar; **to ~ sb out of sthg** estafar algo a alguien; **to feel ~ed** sentirse engañado. ◇ *vi* **-1.** [in exam] copiar; [at cards] hacer trampas **-2.** *inf* [be unfaithful]: **to ~ on sb** pegársela a alguien.

cheating ['tʃi:tɪŋ] *n* [in games] trampas *fpl*; [in business] fraude *m*.

check [tʃek] ◇ *n* **-1.** [inspection, test]: **~ (on)** inspección *f* OR control *m* (de); **to keep a ~ on** controlar **-2.** [restraint]: **~ (on)** restricción *f* (en); **to put a ~ on sthg** controlar OR restringir algo; **in ~** bajo control **-3.** *US* [cheque] cheque *m* **-4.** *US* [bill] cuenta *f*, nota *f* **-5.** *US* [tick] señal *f* de visto bueno **-6.** [pattern] cuadros *mpl* **-7.** [in chess] jaque *m*. ◇ *vt* **-1.** [test, verify] comprobar **-2.** [inspect - machine, product] inspeccionar; [- ticket, passport] revisar, controlar **-3.** [restrain, stop] refrenar, contener; **to ~ o.s.** detenerse. ◇ *vi* comprobar; **to ~ (for/on sthg)** comprobar (algo).
◆ **check in** ◇ *vt sep* [luggage, coat] facturar, despachar *Amér.* ◇ *vi* **-1.** [at hotel] inscribirse, registrarse **-2.** [at airport] facturar.
◆ **check off** *vt sep* ir comprobando (en una lista).
◆ **check out** ◇ *vt sep* **-1.** [luggage, coat] recoger **-2.** [investigate] comprobar **-3.** *inf* [look at] mirar. ◇ *vi* [from hotel] dejar el hotel.
◆ **check up** *vi*: **to ~ up (on sthg)** informarse (acerca de algo); **to ~ up on sb** hacer averiguaciones sobre alguien.

checkbook *US* = **chequebook**.

checked [tʃekt] *adj* a cuadros.

checkered *US* = **chequered**.

checkers ['tʃekəz] *n US (U)* damas *fpl*.

check guarantee card *n US* tarjeta *f* de identificación bancaria.

check-in *n* facturación *f*.

check-in desk *n* mostrador *m* de facturación.

checking account ['tʃekɪŋ-] *n US* cuenta *f* corriente.

checklist ['tʃeklɪst] *n* lista *f* (de cosas por hacer).

checkmate ['tʃekmeɪt] *n* jaque *m* mate.
checkout ['tʃekaʊt] *n* caja *f*.
checkpoint ['tʃekpɔɪnt] *n* control *m*.
checkroom ['tʃekrʊm] *n US* consigna *f*.
checkup ['tʃekʌp] *n* chequeo *m*, revisión *f*.
Cheddar (cheese) ['tʃedəʳ-] *n* (queso *m*) cheddar *m*.
cheek [tʃi:k] <> *n* **-1.** [of face] mejilla *f* **-2.** *inf* [impudence] cara *f*, descaro *m*. <> *vt inf* ser descarado(da) con.
cheekbone ['tʃi:kbəʊn] *n* pómulo *m*.
cheekily ['tʃi:kɪlɪ] *adv* con descaro.
cheekiness ['tʃi:kɪnɪs] *n* descaro *m*.
cheeky ['tʃi:kɪ] (*compar* **-ier**, *superl* **-iest**) *adj* descarado(da).
cheer [tʃɪəʳ] <> *n* [shout] aclamación *f*, grito *m* de entusiasmo; **~s** vítores *mpl*. <> *vt* **-1.** [shout approval, encouragement at] aclamar, vitorear **-2.** [gladden] animar. <> *vi* gritar con entusiasmo.
◆ **cheers** *excl* [when drinking] ¡salud!; *UK inf* [thank you] ¡gracias!; *inf* [goodbye] ¡hasta luego!
◆ **cheer on** *vt sep* animar con gritos de aliento.
◆ **cheer up** <> *vt sep* animar. <> *vi* animarse.
cheerful ['tʃɪəfʊl] *adj* **-1.** [gen] alegre **-2.** [attitude, agreement] entusiasta.
cheerfully ['tʃɪəfʊlɪ] *adv* **-1.** [joyfully - smile, sing] alegremente; [- dress, decorate] con colores vivos **-2.** [willingly] con entusiasmo.
cheerfulness ['tʃɪəfʊlnɪs] *n* [of person] buen humor *m*; [of dress, song] alegría *f*.
cheering ['tʃɪərɪŋ] <> *adj* [gladdening] alentador(ra). <> *n (U)* vítores *mpl*, aclamaciones *fpl*.
cheerio [ˌtʃɪərɪ'əʊ] *excl UK inf* ¡hasta otra!, ¡hasta luego!
cheerleader ['tʃɪəˌli:dəʳ] *n* animadora *f* (de un equipo).
cheerless ['tʃɪəlɪs] *adj* triste, deprimente.
cheery ['tʃɪərɪ] (*compar* **-ier**, *superl* **-iest**) *adj* animado(da), alegre.
cheese [tʃi:z] *n* queso *m*.
cheeseboard ['tʃi:zbɔ:d] *n* tabla *f* de quesos.
cheeseburger ['tʃi:zˌbɜ:gəʳ] *n* hamburguesa *f* con queso.
cheesecake ['tʃi:zkeɪk] *n* pastel *m* OR tarta *f* de queso.
cheesy ['tʃi:zɪ] (*compar* **-ier**, *superl* **-iest**) *adj* **-1.** [tasting of cheese] con sabor a queso **-2.** [smell] a queso.
cheetah ['tʃi:tə] *n* guepardo *m*, onza *f*.
chef [ʃef] *n* chef *m*, jefe *m* de cocina.
chemical ['kemɪkl] <> *adj* químico(ca). <> *n* sustancia *f* química.
chemically ['kemɪklɪ] *adv* químicamente.
chemical weapons *npl* armas *fpl* químicas.
chemist ['kemɪst] *n* **-1.** *UK* [pharmacist] farmacéutico *m*, -ca *f*; **~'s (shop)** farmacia *f* **-2.** [scientist] químico *m*, -ca *f*.
chemistry ['kemɪstrɪ] *n* **-1.** [science] química *f* **-2.** [composition, characteristics] composición *f* (química).
chemotherapy [ˌki:məʊ'θerəpɪ] *n* quimioterapia *f*.
cheque *UK*, **check** *US* [tʃek] *n* cheque *m*, talón *m*; **to pay by ~** pagar con cheque.
cheque account *n* cuenta *f* corriente.
chequebook *UK*, **checkbook** *US* ['tʃekbʊk] *n* talonario *m* de cheques, chequera *f Amér.*
cheque card *n UK* tarjeta *f* de identificación bancaria.
chequered *UK* ['tʃekəd], **checkered** *US* ['tʃekerd] *adj* **-1.** [patterned] a cuadros **-2.** [varied] lleno(na) de altibajos.
Chequers ['tʃekəz] *n segunda residencia oficial del primer ministro británico.*
cherish ['tʃerɪʃ] *vt* **-1.** [hope, memory] abrigar, albergar **-2.** [privilege, right] apreciar **-3.** [person, thing] tener mucho cariño a.
cherished ['tʃerɪʃt] *adj* [memory] querido(da); [hope] anhelado(da).
cherry ['tʃerɪ] (*pl* **-ies**) *n* [fruit] cereza *f*; **~ (tree)** cerezo *m*.
cherub ['tʃerəb] (*pl* **-s** OR **-im** [-ɪm]) *n* **-1.** [angel] querubín *m* **-2.** [child] ricura *f*, angelito *m*.
chervil ['tʃɜ:vɪl] *n* perifollo *m*, cerafolio *m*.
Ches. (*abbr of* **Cheshire**) *condado inglés.*
chess [tʃes] *n* ajedrez *m*.
chessboard ['tʃesbɔ:d] *n* tablero *m* de ajedrez.
chessman ['tʃesmæn] (*pl* **-men** [-men]), **chess piece** *n* pieza *f (de ajedrez)*.
chest [tʃest] *n* **-1.** ANAT pecho *m*; **to get sthg off one's ~** *inf* contar algo para desahogarse **-2.** [box, trunk - gen] arca *f*, cofre *m*; [- for tools] caja *f*.
chestnut ['tʃesnʌt] <> *adj* [colour] castaño(ña). <> *n* [nut] castaña *f*; **~ (tree)** castaño *m*.
chest of drawers (*pl* **chests of drawers**) *n* cómoda *f*.
chesty ['tʃestɪ] (*compar* **-ier**, *superl* **-iest**) *adj* [cough] de pecho.
chevron ['ʃevrən] *n* [on uniform] galón *m*.
chew [tʃu:] <> *n* [sweet] gominola *f*. <> *vt* **-1.** [food] masticar **-2.** [nails] morderse; [carpet] morder.
◆ **chew over** *vt sep fig* rumiar.
◆ **chew up** *vt sep* [food] masticar; [slippers] mordisquear; [tape] destrozar.

chewing gum ['tʃu:ɪŋ-] *n* chicle *m*, goma *f* de mascar.
chewy [tʃu:ɪ] (*compar* **-ier**, *superl* **-iest**) *adj* [meat, pasta] correoso(sa); [toffee, sweets] gomoso(sa).
chic [ʃi:k] <> *adj* chic *(inv)*, elegante. <> *n* estilo *m*, elegancia *f*.
chicanery [ʃɪ'keɪnərɪ] *n (U)* supercherías *fpl*, engaños *mpl*.
chick [tʃɪk] *n* **-1.** [baby bird] polluelo *m* **-2.** *inf* [woman] nena *f*.
chicken ['tʃɪkɪn] <> *adj inf* [cowardly] gallina. <> *n* **-1.** [bird] gallina *f*; **it's a ~ and egg situation** es como lo del huevo y la gallina **-2.** [food] pollo *m* **-3.** *inf* [coward] gallina *m* OR *f*.
◆ **chicken out** *vi inf*: **to ~ out (of sthg/of doing sthg)** rajarse (a la hora de algo/de hacer algo).
chickenfeed ['tʃɪkɪnfi:d] *n (U) fig* miseria *f*.
chickenpox ['tʃɪkɪnpɒks] *n* varicela *f*.
chicken wire *n* tela *f* metálica (con agujeros hexagonales).
chickpea ['tʃɪkpi:] *n* garbanzo *m*.
chicory ['tʃɪkərɪ] *n* achicoria *f*.
chide [tʃaɪd] (*pt* **chided** OR **chid** [tʃɪd], *pp* **chid** OR **chidden** ['tʃɪdn]) *vt literary*: **to ~ sb for** reprender a alguien por.
chief [tʃi:f] <> *adj* principal. <> *n* jefe *m*, -fa *f*.
chief constable *n UK* ≃ jefe *m*, -fa *f* superior de policía.
Chief Executive *n US* [US president] presidente *m*, -ta *f*.
chief executive officer *n US* [head of company] director *m*, -ra *f* general.
◆ **Chief Executive** *n US* [US president] presidente *m*, -ta *f*.
chief justice *n* presidente *m*, -ta *f* del tribunal supremo.
chiefly ['tʃi:flɪ] *adv* **-1.** [mainly] principalmente **-2.** [especially, above all] por encima de todo.
chief of staff *n* jefe *m*, -fa *f* del estado mayor.
chief superintendent *n* inspector *m*, -ra *f* jefe.
chieftain ['tʃi:ftən] *n* jefe *m*, -fa *f*, cacique *m*.
chiffon ['ʃɪfɒn] *n* gasa *f*.
chihuahua [tʃɪ'wɑ:wə] *n* chihuahua *m* OR *f*.
chilblain ['tʃɪlbleɪn] *n* sabañón *m*.
child [tʃaɪld] (*pl* **children**) *n* **-1.** [boy, girl] niño *m*, -ña *f* **-2.** [son, daughter] hijo *m*, -ja *f*.
child abuse *n (U) malos tratos o abusos deshonestos a menores.*
childbearing ['tʃaɪld,beərɪŋ] *n*: **of ~ age** en edad de tener hijos.
child benefit *n (U) UK subsidio pagado a todas las familias por cada hijo.*
childbirth ['tʃaɪldbɜ:θ] *n (U)* parto *m*.
childcare ['tʃaɪldkeə^r] *n* cuidado *m* de los niños.
childhood ['tʃaɪldhʊd] *n* infancia *f*, niñez *f*.
childish ['tʃaɪldɪʃ] *adj pej* infantil.
childishly ['tʃaɪldɪʃlɪ] *adv pej* de manera infantil.
childless ['tʃaɪldlɪs] *adj* sin hijos.
childlike ['tʃaɪldlaɪk] *adj* [person] como un niño; [smile, trust] de niño.
childminder ['tʃaɪld,maɪndə^r] *n UK* niñera *f (durante el día)*.
child prodigy *n* niño *m*, -ña *f* prodigio.
childproof ['tʃaɪldpru:f] *adj* a prueba de niños.
children ['tʃɪldrən] *pl* ▷ **child**.
children's home *n* hogar *m* infantil.
Chile ['tʃɪlɪ] *n* Chile.
Chilean ['tʃɪlɪən] <> *adj* chileno(na). <> *n* chileno *m*, -na *f*.
chili ['tʃɪlɪ] = **chilli**.
chill [tʃɪl] <> *adj* frío(a). <> *n* **-1.** [illness] resfriado *m* **-2.** [in temperature]: **there's a ~ in the air** hace un poco de fresco **-3.** [feeling of fear] escalofrío *m*. <> *vt* **-1.** [drink, food] (dejar) enfriar **-2.** [person - with cold] enfriar; [- with fear] hacer sentir escalofríos. <> *vi* **-1.** enfriarse **-2.** *inf* [relax] relajarse.
◆ **chill out** *vi inf* relajarse.
chilli ['tʃɪlɪ] (*pl* **-ies**) *n* guindilla *f*, chile *m*, ají *m Andes & RP*.
chilling ['tʃɪlɪŋ] *adj* [frightening] escalofriante.
chilli powder *n* guindilla *f* en polvo.
chilly ['tʃɪlɪ] (*compar* **-ier**, *superl* **-iest**) *adj* frío(a).
chime [tʃaɪm] <> *n* [of clock] campanada *f*; [of bells] repique *m*. <> *vt* [time] dar. <> *vi* [bell] repicar; [clock] sonar.
chimney ['tʃɪmnɪ] *n* chimenea *f*.
chimneypot ['tʃɪmnɪpɒt] *n* cañón *m* de chimenea.
chimneysweep ['tʃɪmnɪswi:p] *n* deshollinador *m*, -ra *f*.
chimp [tʃɪmp], **chimpanzee** [,tʃɪmpən'zi:] *n* chimpancé *m* OR *f*.
chin [tʃɪn] *n* barbilla *f*.
china ['tʃaɪnə] <> *n* porcelana *f*. <> *comp* de porcelana.
China ['tʃaɪnə] *n* la China; **the People's Republic of ~** la República Popular China.
china clay *n* caolín *m*.
China Sea *n*: **the ~** el mar de China.
Chinatown ['tʃaɪnətaʊn] *n* barrio *m* chino *(de la comunidad oriental)*.
chinchilla [tʃɪn'tʃɪlə] *n* chinchilla *f*.
Chinese [,tʃaɪ'ni:z] <> *adj* chino(na). <> *n* **-1.** [person] chino *m*, -na *f* **-2.** [language] chino *m*. <> *npl*: **the ~** los chinos.

Chinese cabbage *n* (hojas *fpl* de) col *f* china.
Chinese lantern *n* farolillo *m* chino.
Chinese leaves *npl UK* (hojas *fpl* de) col *f* china.
chink [tʃɪŋk] ◇ *n* **-1.** [narrow opening] grieta *f*; [of light] resquicio *m* **-2.** [sound] tintineo *m*. ◇ *vi* tintinear.
chinos ['tʃiːnəʊz] *npl* pantalones *mpl* de algodón.
chintz [tʃɪnts] ◇ *n* zaraza *f*. ◇ *comp* de zaraza.
chinwag ['tʃɪnwæg] *n inf* charla *f*.
chip [tʃɪp] (*pt* & *pp* **-ped**, *cont* **-ping**) ◇ *n* **-1.** *UK* [fried potato chip] patata *f* frita; *US* [potato crisp] patata *f* frita *(de bolsa o de churrería)* **-2.** [fragment - gen] pedacito *m*; [- of wood] viruta *f*; [- of stone] lasca *f* **-3.** [flaw - in cup, glass] mella *f*, desportilladura *f* **-4.** *COMPUT* chip *m* **-5.** [token] ficha *f* **-6.** *phr*: **when the ~s are down** cuando llega la hora de la verdad; **to have a ~ on one's shoulder** estar resentido, tener uno un poco de complejo. ◇ *vt* [damage] mellar, desportillar.
◆ **chip in** ◇ *vt fus inf* [pay money] poner. ◇ *vi* **-1.** [pay money] poner dinero **-2.** [in conversation] intervenir.
◆ **chip off** *vt sep* desconchar.
chipboard ['tʃɪpbɔːd] *n* aglomerado *m*.
chipmunk ['tʃɪpmʌŋk] *n* ardilla *f* listada.
chipolata [ˌtʃɪpə'lɑːtə] *n* salchicha *f* pequeña.
chipped ['tʃɪpt] *adj* [flawed] mellado(da), desconchado(da).
chippings ['tʃɪpɪŋz] *npl esp US* [of stone] gravilla *f*; [of wood] virutas *fpl*; **'loose ~'** 'gravilla suelta'.
chip shop *n UK tienda en la que se vende pescado y patatas fritas.*
chiropodist [kɪ'rɒpədɪst] *n* podólogo *m*, -ga *f*, pedicuro *m*, -ra *f*.
chiropody [kɪ'rɒpədɪ] *n* podología *f*.
chirp [tʃɜːp] *vi* [bird] piar; [insect] chirriar.
chirpy ['tʃɜːpɪ] (*compar* **-ier**, *superl* **-iest**) *adj esp UK inf* alegre.
chisel ['tʃɪzl] (*UK pt* & *pp* **-led**, *cont* **-ling**, *US pt* & *pp* **-ed**, *cont* **-ing**) ◇ *n* [for wood] formón *m*, escoplo *m*; [for stone] cincel *m*. ◇ *vt* [wood] escoplear; [stone] cincelar.
chit [tʃɪt] *n* [note] nota *f*.
chitchat ['tʃɪttʃæt] *n (U) inf* cháchara *f*.
chivalrous ['ʃɪvlrəs] *adj* caballeroso(sa).
chivalry ['ʃɪvlrɪ] *n* **-1.** *literary* [of knights] caballería *f* **-2.** [good manners] caballerosidad *f*.
chives [tʃaɪvz] *npl* cebollinos *mpl*.
chivy (*pt* & *pp* **-ied**), **chivvy** (*pt* & *pp* **-ied**) ['tʃɪvɪ] *vt inf* meter prisa a.
chloride ['klɔːraɪd] *n* cloruro *m*.
chlorinated ['klɔːrɪneɪtɪd] *adj* clorado(da).
chlorine ['klɔːriːn] *n* cloro *m*.
chlorofluorocarbon ['klɔːrəʊˌflʊərəʊ'kɑːbən] *n* clorofluorocarbono *m*.
chloroform ['klɒrəfɔːm] *n* cloroformo *m*.
choc-ice ['tʃɒkaɪs] *n UK* bombón *m* helado.
chock [tʃɒk] *n* cuña *f*, calzo *m*.
chock-a-block, chock-full *adj inf*: **~ (with)** hasta los topes (de).
chocolate ['tʃɒkələt] ◇ *n* **-1.** [food, drink] chocolate *m* **-2.** [sweet] bombón *m*. ◇ *comp* de chocolate.
choice [tʃɔɪs] ◇ *n* **-1.** [gen] elección *f*; **to do sthg by** *OR* **from ~** elegir hacer algo; **to have no ~ but to do sthg** no tener más remedio que hacer algo **-2.** [person chosen] preferido *m*, -da *f*; [thing chosen] alternativa *f* preferida **-3.** [variety, selection] surtido *m*. ◇ *adj* de primera calidad.
choir ['kwaɪəʳ] *n* coro *m*.
choirboy ['kwaɪəbɔɪ] *n* niño *m* de coro.
choke [tʃəʊk] ◇ *n AUT* estárter *m*. ◇ *vt* **-1.** [subj: person] estrangular, ahogar **-2.** [subj: fumes] asfixiar, ahogar; [subj: fishbone etc] hacer atragantarse **-3.** [block - pipes, gutter] atascar. ◇ *vi* [on fishbone etc] atragantarse; [to death] asfixiarse.
◆ **choke back** *vt fus* contener, reprimir.
cholera ['kɒlərə] *n* cólera *m*.
cholesterol [kə'lestərɒl] *n* colesterol *m*.
choose [tʃuːz] (*pt* **chose**, *pp* **chosen**) ◇ *vt* **-1.** [select] elegir, escoger; **there's little** *OR* **not much to ~ between them** no se sabe cuál es mejor **-2.** [decide]: **to ~ to do sthg** decidir hacer algo; **do whatever you ~** haz lo que quieras. ◇ *vi* elegir, escoger.
choos(e)y ['tʃuːzɪ] (*compar* **-ier**, *superl* **-iest**) *adj* [gen] quisquilloso(sa); [about food] exigente, remilgado(da).
chop [tʃɒp] (*pt* & *pp* **-ped**, *cont* **-ping**) ◇ *n* **-1.** *CULIN* chuleta *f* **-2.** [blow - with axe] hachazo *m*; [- with hand] golpe *m*, tajo *m*; **I'm for the ~** *fig* mi puesto es uno de los que se van a cargar. ◇ *vt* **-1.** [vegetables, meat] picar; [wood] cortar **-2.** *inf* [funding, budget] recortar. ◇ *vi*: **to ~ and change** cambiar cada dos por tres.
◆ **chops** *npl inf* morros *mpl*, jeta *f*.
◆ **chop down** *vt sep* talar.
◆ **chop up** *vt sep* [vegetables, meat] picar; [wood] cortar.
chopper ['tʃɒpəʳ] *n* **-1.** [for wood] hacha *f*; [for meat] cuchillo *m* de carnicero **-2.** *inf* [helicopter] helicóptero *m*.

chopping board ['tʃɒpɪŋ-] *n* tajo *m* *OR* tabla *f* de cocina.

choppy ['tʃɒpɪ] (*compar* **-ier**, *superl* **-iest**) *adj* picado(da).

chopsticks ['tʃɒpstɪks] *npl* palillos *mpl*.

choral ['kɔːrəl] *adj* coral.

chord [kɔːd] *n* *MUS* acorde *m*; **to strike a ~ (with)** calar hondo (en).

chore [tʃɔː^r] *n* **-1.** [task] tarea *f*, faena *f* **-2.** *inf* [boring thing] lata *f*.

choreographer [ˌkɒrɪ'ɒgrəfə^r] *n* coreógrafo *m*, -fa *f*.

choreography [ˌkɒrɪ'ɒgrəfɪ] *n* coreografía *f*.

chortle ['tʃɔːtl] *vi* reírse con satisfacción.

chorus ['kɔːrəs] ◇ *n* **-1.** [part of song, refrain] estribillo *m* **-2.** [choir, group of singers or dancers] coro *m*. ◇ *vt* corear todos a una.

chose [tʃəʊz] *pt* ▷ **choose**.

chosen ['tʃəʊzn] *pp* ▷ **choose**.

choux pastry [ʃuː-] *n* pasta *f* brisa.

chow [tʃaʊ] *n* *inf* [food] manduca *f*.

chowder ['tʃaʊdə^r] *n* *sopa espesa de pescado o mariscos*.

Christ [kraɪst] ◇ *n* Cristo *m*. ◇ *excl* ¡vaya por Dios!

christen ['krɪsn] *vt* bautizar.

christening ['krɪsnɪŋ] ◇ *n* bautizo *m*. ◇ *comp* de bautizo.

Christian ['krɪstʃən] ◇ *adj* cristiano(na). ◇ *n* cristiano *m*, -na *f*.

Christianity [ˌkrɪstɪ'ænətɪ] *n* cristianismo *m*.

Christian name *n* nombre *m* de pila.

Christmas ['krɪsməs] ◇ *n* Navidad *f*; **happy** *OR* **merry ~!** ¡Feliz Navidad! ◇ *comp* navideño(ña).

Christmas cake *n* *UK* *pastel de Navidad con frutas cubierto de mazapán y glaseado por encima*.

Christmas card *n* crismas *m inv*, christmas *m inv*.

Christmas carol *n* villancico *m*.

Christmas cracker *n* *UK* *cilindro de papel que produce un estallido al abrirlo y que tiene dentro un regalito de Navidad*.

Christmas Day *n* día *m* de Navidad.

Christmas Eve *n* Nochebuena *f*.

Christmas pudding *n* *UK* *pudín de frutas que se come caliente el día de Navidad*.

Christmas stocking *n* *calcetín largo en el que se meten regalos por Nochebuena*.

Christmastime ['krɪsməstaɪm] *n* (*U*) Navidad *f*, Navidades *fpl*.

Christmas tree *n* árbol *m* de Navidad.

chrome [krəʊm], **chromium** ['krəʊmɪəm] ◇ *n* cromo *m*. ◇ *comp* cromado(da).

chromosome ['krəʊməsəʊm] *n* cromosoma *m*.

chronic ['krɒnɪk] *adj* **-1.** [illness, unemployment] crónico(ca) **-2.** [liar, alcoholic] empedernido(da).

chronically ['krɒnɪklɪ] *adv* crónicamente.

chronicle ['krɒnɪkl] ◇ *n* crónica *f*. ◇ *vt* narrar cronológicamente.

chronological [ˌkrɒnə'lɒdʒɪkl] *adj* cronológico(ca).

chronologically [ˌkrɒnə'lɒdʒɪklɪ] *adv* cronológicamente.

chronology [krə'nɒlədʒɪ] *n* [sequence] cronología *f*.

chrysalis ['krɪsəlɪs] (*pl* **-lises** [-lɪsiːz]) *n* crisálida *f*.

chrysanthemum [krɪ'sænθəməm] (*pl* **-s**) *n* crisantemo *m*.

chubby ['tʃʌbɪ] (*compar* **-bier**, *superl* **-biest**) *adj* [person, hands] rechoncho(cha); **to have ~ cheeks** ser mofletudo(da).

chuck [tʃʌk] *vt* *inf* **-1.** [throw] tirar, arrojar, aventar *Amér*; **to ~ sb out** echar a alguien **-2.** [job, girlfriend] mandar a paseo, dejar.
◆ **chuck away, chuck out** *vt sep inf* tirar.

chuckle ['tʃʌkl] ◇ *n* risita *f*. ◇ *vi* reírse entre dientes.

chuffed [tʃʌft] *adj* *UK inf*: **to be ~ (with sthg/to do sthg)** estar como unas castañuelas (con algo/al hacer algo).

chug [tʃʌg] (*pt* & *pp* **-ged**, *cont* **-ging**) *vi* [train] traquetear; [car] resoplar.

chum [tʃʌm] *n* *inf* [gen] amiguete *m*, -ta *f*, manito *m Méx*; [at school] compañero *m*, -ra *f*.

chummy ['tʃʌmɪ] (*compar* **-mier**, *superl* **-miest**) *adj inf*: **to be ~ (with)** ser muy amiguete(ta) (de).

chump [tʃʌmp] *n* *inf* tontín *m*, -ina *f*.

chunk [tʃʌŋk] *n* **-1.** [piece] trozo *m* **-2.** *inf* [large amount] tajada *f*.

chunky ['tʃʌŋkɪ] (*compar* **-ier**, *superl* **-iest**) *adj* **-1.** [person] cuadrado(da), fornido(da) **-2.** [furniture] macizo(za); [jumper] grueso(sa).

Chunnel ['tʃʌnl] *n* *inf*: **the ~** el Eurotúnel.

church [tʃɜːtʃ] *n* iglesia *f*; **to go to ~** ir a misa.

churchgoer ['tʃɜːtʃˌgəʊə^r] *n* practicante *m* *OR* *f*.

churchman ['tʃɜːtʃmən] (*pl* **-men** [-mən]) *n* clérigo *m*.

Church of England *n*: **the ~** la Iglesia Anglicana.

CHURCH OF ENGLAND

La Iglesia anglicana es la Iglesia oficial de Inglaterra. Su jefe laico es el monarca, y su jefe espiritual, el arzobispo de Canterbury.

Church of Scotland *n*: **the ~** la Iglesia de Escocia.
churchyard ['tʃɜ:tʃjɑ:d] *n* cementerio *m*, camposanto *m*.
churlish ['tʃɜ:lɪʃ] *adj* descortés, maleducado(da).
churn [tʃɜ:n] <> *n* **-1.** [for making butter] mantequera *f* **-2.** [for transporting milk] lechera *f*. <> *vt* [stir up] agitar. <> *vi*: **my stomach ~ed** se me revolvió el estómago.
◆ **churn out** *vt sep inf* hacer como churros OR en cantidades industriales.
◆ **churn up** *vt sep* agitar.
chute [ʃu:t] *n* [for water] vertedor *m*, conducto *m*; [slide] tobogán *m*; [for waste] rampa *f*.
chutney ['tʃʌtnɪ] *n salsa agridulce y picante de fruta y semillas.*
CI *abbr of* **Channel Islands**.
CIA (*abbr of* **Central Intelligence Agency**) *n* CIA *f*.
cicada [sɪ'kɑ:də] *n* cigarra *f*.
CID (*abbr of* **Criminal Investigation Department**) *n UK* ≃ Brigada *f* de Policía Judicial.
cider ['saɪdəʳ] *n* **-1.** sidra *f* **-2.** *US* [non-alcoholic] zumo *m* *Esp* OR jugo *m* *Amér* de manzana.
cigar [sɪ'gɑ:ʳ] *n* puro *m*.
cigarette [,sɪgə'ret] *n* cigarrillo *m*.
cigarette butt *n* colilla *f*.
cigarette end *UK* = **cigarette butt**.
cigarette holder *n* boquilla *f*.
cigarette lighter *n* mechero *m*, encendedor *m*.
cigarette paper *n* papel *m* de fumar.
cilantro [sɪ'lɑ:ntrəʊ] *n US* [coriander] cilantro *m*.
C-in-C *abbr of* **commander-in-chief**.
cinch [sɪntʃ] *n inf*: **it's a ~** está tirado, es pan comido.
cinder ['sɪndəʳ] *n* ceniza *f*.
cinderblock ['sɪndəblɒk] *n US ladrillo grande de cemento y cenizas de coque.*
Cinderella [,sɪndə'relə] *n* Cenicienta *f*.
cine-camera ['sɪnɪ-] *n* cámara *f* cinematográfica.
cine-film ['sɪnɪ-] *n* película *f* cinematográfica.
cinema ['sɪnəmə] *n* cine *m*.
cinematic [,sɪnɪ'mætɪk] *adj* cinematográfico(ca).
cinnamon ['sɪnəmən] *n* canela *f*.
cipher ['saɪfəʳ] *n* [secret writing system] código *m*, cifra *f*.
circa ['sɜ:kə] *prep* hacia.
circle ['sɜ:kl] <> *n* **-1.** [gen] círculo *m*; **to come full ~** volver al punto de partida; **to go round in ~s** darle (mil) vueltas al mismo tema **-2.** [in theatre] anfiteatro *m*; [in cinema] entresuelo *m*. <> *vt* **-1.** [draw a circle round] rodear con un círculo **-2.** [move round] describir círculos alrededor de. <> *vi* dar vueltas.
circuit ['sɜ:kɪt] *n* **-1.** [gen] circuito *m* **-2.** [of track] vuelta *f*.
circuit board *n* tarjeta *f* de circuito impreso.
circuit breaker *n* cortacircuitos *m inv*.
circuitous [sə'kju:ɪtəs] *adj* tortuoso(sa).
circular ['sɜ:kjʊləʳ] <> *adj* **-1.** [gen] circular **-2.** [argument, discussion] que no lleva a ninguna parte. <> *n* circular *f*.
circulate ['sɜ:kjʊleɪt] <> *vi* **-1.** [gen] circular **-2.** [socialize] alternar. <> *vt* [rumour, document] hacer circular.
circulation [,sɜ:kjʊ'leɪʃn] *n* **-1.** [of blood, money] circulación *f*; **in ~** en circulación **-2.** [of magazine, newspaper] tirada *f*.
circumcise ['sɜ:kəmsaɪz] *vt* circuncidar.
circumcision [,sɜ:kəm'sɪʒn] *n* circuncisión *f*; **female ~** circuncisión femenina.
circumference [sə'kʌmfərəns] *n* circunferencia *f*.
circumflex ['sɜ:kəmfleks] *n*: **~ (accent)** (acento *m*) circunflejo *m*.
circumnavigate [,sɜ:kəm'nævɪgeɪt] *vt* circunnavegar.
circumscribe ['sɜ:kəmskraɪb] *vt fml* circunscribir.
circumspect ['sɜ:kəmspekt] *adj* circunspecto(ta).
circumstance ['sɜ:kəmstəns] *n* circunstancia *f*; **~s** circunstancias *fpl*; **under** OR **in no ~s** bajo ningún concepto; **in** OR **under the ~s** dadas las circunstancias.
circumstantial [,sɜ:kəm'stænʃl] *adj fml*: **~ evidence** pruebas *fpl* indiciarias.
circumvent [,sɜ:kəm'vent] *vt fml* burlar, evadir.
circus ['sɜ:kəs] *n* **-1.** [for entertainment] circo *m* **-2.** [in place names] glorieta *f*.
cirrhosis [sɪ'rəʊsɪs] *n* cirrosis *f inv*.
CIS (*abbr of* **Commonwealth of Independent States**) *n* CEI *f*.
cissy ['sɪsɪ] (*pl* **-ies**) *n UK inf* **-1.** [cowardly male] cobardica *m* **-2.** [effeminate male] mariquita *m*.
cistern ['sɪstən] *n* **-1.** *UK* [in roof] depósito *m* de agua **-2.** [in toilet] cisterna *f*.
citation [saɪ'teɪʃn] *n* **-1.** [official praise]: **~ (for)** mención *f* (por) **-2.** [quotation] cita *f*.
cite [saɪt] *vt* citar.
citizen ['sɪtɪzn] *n* ciudadano *m*, -na *f*.
Citizens' Advice Bureau *n oficina británica de información y asistencia al ciudadano.*
Citizens' Band *n banda de radio reservada para radioaficionados y conductores.*
citizenship ['sɪtɪznʃɪp] *n* ciudadanía *f*.

citric acid ['sɪtrɪk-] *n* ácido *m* cítrico.
citrus fruit ['sɪtrəs-] *n* cítrico *m*.
city ['sɪtɪ] (*pl* **-ies**) *n* ciudad *f*.
◆ **City** *n* **UK**: **the City** la City, *barrio financiero de Londres.*

THE CITY

La City, barrio financiero de Londres, es una circunscripción administrativa autónoma de la capital inglesa y tiene su propio cuerpo de policía. Por extensión, se hace referencia con este nombre al mundo financiero británico.

city centre *n* centro *m* de la ciudad.
city hall *n* **US** ayuntamiento *m*.
city technology college *n* **UK** *centro de formación profesional financiado por la industria.*
civic ['sɪvɪk] *adj* **-1.** [duty, pride] cívico(ca) **-2.** [leader, event] público(ca).
civic centre *n* **UK** *zona de la ciudad donde se encuentran los edificios públicos.*
civil ['sɪvl] *adj* **-1.** [involving ordinary citizens] civil **-2.** [polite] cortés, correcto(ta).
civil aviation *n* aviación *f* civil.
civil defence *n* protección *f* civil.
civil disobedience *n* desobediencia *f* civil.
civil engineer *n* ingeniero *m*, -ra *f* civil.
civil engineering *n* ingeniería *f* civil.
civilian [sɪ'vɪljən] ◇ *n* civil *m* OR *f*. ◇ *comp* [organization] civil; [clothes] de paisano.
civility [sɪ'vɪlətɪ] *n* urbanidad *f*, cortesía *f*.
civilization [ˌsɪvɪlaɪ'zeɪʃn] *n* civilización *f*.
civilize, -ise ['sɪvɪlaɪz] *vt* civilizar.
civilized ['sɪvɪlaɪzd] *adj* civilizado(da).
civil law *n* derecho *m* civil.
civil liberties *npl* libertades *fpl* civiles.
civil list *n* **UK** *presupuesto de la familia real votado cada año en el Parlamento.*
civil rights *npl* derechos *mpl* civiles.
civil servant *n* funcionario *m*, -ria *f* público, -ca *f*.
civil service *n* administración *f* pública.
civil war *n* guerra *f* civil.
CJD (*abbr of* **Creutzfeldt-Jakob disease**) *n* enfermedad *f* de Creutzfeldt-Jakob.
cl (*abbr of* **centilitre**) cl.
clad [klæd] *adj literary*: ~ **in** vestido(da) de.
cladding ['klædɪŋ] *n* **UK** revestimiento *m*.
claim [kleɪm] ◇ *n* **-1.** [for pay, insurance, expenses] reclamación *f*; **pay** ~ reivindicación *f* salarial **-2.** [of right] reivindicación *f*, demanda *f*; **to have a ~ on sb** tener un derecho sobre alguien; **to lay ~ to sthg** reclamar algo **-3.** [assertion] afirmación *f*. ◇ *vt* **-1.** [allowance, expenses, lost property] reclamar **-2.** [responsibility, credit] atribuirse **-3.** [maintain]: **to ~ (that)** mantener que. ◇ *vi*: **to ~ on one's insurance** reclamar al seguro; **to ~ for sthg** reclamar algo.
claimant ['kleɪmənt] *n* [to throne] pretendiente *m* OR *f*; [of unemployment benefit] solicitante *m* OR *f*; JUR demandante *m* OR *f*.
claim form *n* impreso *m* de solicitud, formulario *m* de solicitud, forma *f* de solicitud **Méx**.
clairvoyant [kleə'vɔɪənt] ◇ *adj* clarividente. ◇ *n* clarividente *m* OR *f*.
clam [klæm] (*pt & pp* **-med**, *cont* **-ming**) *n* almeja *f*.
◆ **clam up** *vi inf* cerrar la boca OR el pico.
clamber ['klæmbəʳ] *vi* trepar; **to ~ down a tree** bajar por un árbol.
clammy ['klæmɪ] (*compar* **-mier**, *superl* **-miest**) *adj* [hands] húmedo(da), pegajoso(sa); [weather] bochornoso(sa).
clamor **US** = **clamour**.
clamorous ['klæmərəs] *adj* clamoroso(sa).
clamour **UK**, **clamor** **US** ['klæməʳ] ◇ *n* (*U*) **-1.** [noise] clamor *m* **-2.** [demand]: ~ **(for)** demandas *fpl* (de). ◇ *vi*: **to ~ for sthg** exigir a voces algo.
clamp [klæmp] ◇ *n* [gen] abrazadera *f*; [for car wheel] cepo *m*. ◇ *vt* **-1.** [with clamp] sujetar (con una abrazadera) **-2.** [with wheel clamp] poner un cepo a.
◆ **clamp down** *vi*: **to ~ down on** poner freno a.
clampdown ['klæmpdaʊn] *n*: **a ~ on speeding** medidas *fpl* contundentes contra los excesos de velocidad.
clan [klæn] *n* clan *m*.
clandestine [klæn'destɪn] *adj* clandestino(na).
clang [klæŋ] ◇ *n* ruido *m* metálico. ◇ *vi* hacer un ruido metálico.
clanger ['klæŋəʳ] *n* **UK** *inf* metedura *f* de pata; **to drop a ~** meter la pata.
clank [klæŋk] ◇ *n* ruido *m* seco y metálico. ◇ *vi* hacer un ruido seco y metálico.
clap [klæp] (*pt & pp* **-ped**, *cont* **-ping**) ◇ *n* **-1.** [on back] palmada *f* **-2.** [sound]: **a ~ of thunder** un trueno. ◇ *vt* **-1.**: **to ~ one's hands** dar palmadas **-2.** *inf* [place]: **he ~ped the book onto the table** golpeó el libro en la mesa; **to ~ eyes on** *inf* ver. ◇ *vi* aplaudir.
clapboard ['klæpbɔːd] *n* **US** tablilla *f*.
clapped-out [klæpt-] *adj* **UK** *inf* [car] destartalado(da).
clapperboard ['klæpəbɔːd] *n* claqueta *f*.
clapping ['klæpɪŋ] *n* (*U*) aplausos *mpl*.
claptrap ['klæptræp] *n* (*U*) *inf* chorradas *fpl*.

claret ['klærət] *n* burdeos *m inv.*
clarification [ˌklærɪfɪ'keɪʃn] *n* aclaración *f.*
clarify ['klærɪfaɪ] (*pt* & *pp* **-ied**) *vt* aclarar.
clarinet [ˌklærə'net] *n* clarinete *m.*
clarity ['klærətɪ] *n* claridad *f.*
clash [klæʃ] <> *n* **-1.** [difference - of interests] conflicto *m*; [- of personalities] choque *m* **-2.** [fight, disagreement]: **~ (with)** conflicto *m* (con) **-3.** [noise] estruendo *m*, estrépito *m.* <> *vi* **-1.** [fight, disagree]: **to ~ (with)** enfrentarse (con) **-2.** [opinions, policies] estar en desacuerdo **-3.** [date, event]: **to ~ (with)** coincidir (con) **-4.** [colour]: **to ~ (with)** desentonar (con) **-5.** [cymbals] sonar.
clasp [klɑ:sp] <> *n* [on necklace, bracelet] broche *m*; [on belt] cierre *m*, hebilla *f.* <> *vt* [person] abrazar; [thing] agarrar.
class [klɑ:s] <> *n* **-1.** [gen] clase *f* **-2.** [category] clase *f*, tipo *m*; **to be in a ~ of one's own** ser incomparable. <> *comp* [struggle] de clases. <> *vt*: **to ~ sb (as)** clasificar a alguien (de).
class-conscious *adj pej* clasista.
classic ['klæsɪk] <> *adj* [typical] clásico(ca). <> *n* clásico *m.*
◆ **classics** *npl* (lenguas *fpl*) clásicas *fpl.*
classical ['klæsɪkl] *adj* clásico(ca).
classical music *n* música *f* clásica.
classification [ˌklæsɪfɪ'keɪʃn] *n* clasificación *f.*
classified ['klæsɪfaɪd] *adj* [secret] reservado(da), secreto(ta).
classified ad *n* anuncio *m* por palabras.
classify ['klæsɪfaɪ] (*pt* & *pp* **-ied**) *vt* clasificar.
classless ['klɑ:slɪs] *adj* sin clases.
classmate ['klɑ:smeɪt] *n* compañero *m*, -ra *f* de clase.
classroom ['klɑ:srʊm] *n* aula *f*, clase *f.*
classy ['klɑ:sɪ] (*compar* **-ier**, *superl* **-iest**) *adj inf* con clase.
clatter ['klætə[r]] <> *n* [gen] estrépito *m*; [of pots, pans, dishes] ruido *m* (de cacharros); [of hooves] chacoloteo *m.* <> *vi* [hooves] chacolotear; [person, car etc]: **to ~ down/into sthg** armar un gran estrépito al caer por/chocar con algo.
clause [klɔ:z] *n* **-1.** [in legal document] cláusula *f* **-2.** *GRAMM* oración *f.*
claustrophobia [ˌklɔ:strə'fəʊbjə] *n* claustrofobia *f.*
claustrophobic [ˌklɔ:strə'fəʊbɪk] *adj* claustrofóbico(ca).
claw [klɔ:] <> *n* **-1.** [of animal, bird] garra *f*; [of cat] uña *f* **-2.** [of crab, lobster] pinza *f.* <> *vt* arañar. <> *vi*: **to ~ at sthg** [cat] arañar algo; [person] intentar agarrarse a algo.
◆ **claw back** *vt sep UK* lograr recuperar.
clay [kleɪ] *n* arcilla *f.*
clay court *n* [in tennis] pista *f* de tierra batida.
clay pigeon shooting *n* tiro *m* al plato.
clean [kli:n] <> *adj* **-1.** [gen] limpio(pia) **-2.** [page] en blanco **-3.** [environmentally-friendly] no contaminante **-4.** [record, reputation] impecable, irreprochable; [driving licence] sin multas; **to come ~ about sthg** confesar algo **-5.** [joke] inocente **-6.** [outline] neto(ta), nítido(da). <> *adv* totalmente. <> *vt* & *vi* limpiar; **to ~ one's teeth** limpiarse los dientes. <> *n* limpieza *f*; **to give sthg a ~** limpiar algo.
◆ **clean out** *vt sep* **-1.** [clear out] limpiar el interior de **-2.** *inf* [take money from] desplumar **-3.** *inf* [take everything from]: **the burglars ~ed us out** (los ladrones) nos limpiaron la casa.
◆ **clean up** <> *vt sep* [clear up] ordenar, limpiar; **to ~ o.s. up** asearse. <> *vi* [win money, prizes] *inf* arrasar.
cleaner ['kli:nə[r]] *n* **-1.** [person] limpiador *m*, -ra *f* **-2.** [substance] producto *m* de limpieza **-3.** [shop]: **~'s** tintorería *f.*
cleaning ['kli:nɪŋ] *n* limpieza *f.*
cleaning lady *n* mujer *f OR* señora *f* de la limpieza.
cleanliness ['klenlɪnɪs] *n* limpieza *f.*
cleanly ['kli:nlɪ] *adv* limpiamente.
cleanness ['kli:nnɪs] *n* limpieza *f.*
cleanse [klenz] *vt* [gen] limpiar; [soul] purificar; **to ~ sthg/sb of sthg** limpiar algo/a alguien de algo.
cleanser ['klenzə[r]] *n* crema *f OR* loción *f* limpiadora.
clean-shaven [-'ʃeɪvn] *adj* [never growing a beard] barbilampiño(ña); [recently shaved] bien afeitado(da).
cleansing lotion ['klenzɪŋ-] *n* loción *f* limpiadora.
cleanup ['kli:nʌp] *n* limpieza *f.*
clear [klɪə[r]] <> *adj* **-1.** [gen] claro(ra); [day, road, view] despejado(da); **to make sthg ~ (to)** dejar algo claro (a); **it's ~ that ...** está claro que ...; **are you ~ about it?** ¿lo entiendes?; **to make o.s. ~** explicarse con claridad **-2.** [transparent] transparente **-3.** [well-defined] [sound, picture] nítido(da) **-4.** [free of blemishes - skin] terso(sa) **-5.** [free - time] libre **-6.** [not touching]: **to be ~ of the ground** no tocar el suelo **-7.** [conscience] tranquilo(la), limpio(pia) **-8.** [complete - day, week] entero(ra); [- profit] limpio(pia), neto(ta). <> *adv* [out of the way]: **stand ~!** ¡aléjense!; **to jump/step ~** saltar/dar un paso para hacerse a un lado. <> *n*: **in the ~** [out of danger] fuera de peligro; [free from suspicion] fuera de (toda) sospecha. <> *vt* **-1.** [remove objects, obstacles from] despejar; [forest] talar; [pipe] desatascar; **they ~ed the area of mines**

limpiaron el área de minas; **to ~ a space** hacer sitio; **to ~ the table** quitar la mesa; **to ~ one's throat** aclararse la garganta **-2.** [remove] quitar **-3.** [jump] saltar **-4.** [pay] liquidar **-5.** [authorize] aprobar **-6.** [prove not guilty] declarar inocente; **to be ~ed of sthg** salir absuelto de algo **-7.** [cheque] conformar, dar por bueno **-8.** [not touch]: **it must ~ the ground** no debe tocar el suelo. ◇ *vi* despejarse.

◆ **clear away** *vt sep* poner en su sitio.

◆ **clear off** *vi UK inf* largarse.

◆ **clear out** ◇ *vt sep* limpiar a fondo. ◇ *vi inf* largarse.

◆ **clear up** ◇ *vt sep* **-1.** [room, mess] limpiar; [toys, books] recoger **-2.** [disagreement] aclarar; [mystery] resolver. ◇ *vi* **-1.** [weather] despejarse; [infection] desaparecer **-2.** [tidy up] ordenar, recoger.

clearance ['klɪərəns] *n* **-1.** [removal - of rubbish, litter] despeje *m*, limpieza *f*; [of slums, houses] eliminación *f* **-2.** [permission] autorización *f*, permiso *m* **-3.** [free space] distancia *f* libre.

clearance sale *n* (venta *f* de) liquidación *f*.

clear-cut *adj* [issue, plan] bien definido(da); [division] nítido(da).

clear-headed [-'hedɪd] *adj* lúcido(da).

clearing ['klɪərɪŋ] *n* claro *m*.

clearing bank *n UK* banco *m* de compensación.

clearing house *n* **-1.** [bank] cámara *f* de compensación **-2.** [organization] centro *m* de intercambio de información.

clearing up *n* limpieza *f*.

clearly ['klɪəlɪ] *adv* **-1.** [gen] claramente **-2.** [plainly] obviamente.

clearout ['klɪəraʊt] *n esp UK inf* limpieza *f*; **to have a ~** ordenar y tirar lo que no sirva.

clear-sighted [-'saɪtɪd] *adj* perspicaz.

clearway ['klɪəweɪ] *n UK carretera donde no se puede parar.*

cleavage ['kli:vɪdʒ] *n* [between breasts] escote *m*.

cleaver ['kli:vəʳ] *n* cuchillo *m* OR cuchilla *f* de carnicero.

clef [klef] *n* clave *f*.

cleft [kleft] *n* grieta *f*.

cleft palate *n* fisura *f* de paladar.

clematis ['klemətɪs] *n* clemátide *f*.

clemency ['klemənsɪ] *n fml* [mercy] clemencia *f*.

clementine ['kleməntaɪn] *n* clementina *f*.

clench [klentʃ] *vt* apretar.

clergy ['klɜ:dʒɪ] *npl*: **the ~** el clero.

clergyman ['klɜ:dʒɪmən] (*pl* **-men** [-mən]) *n* clérigo *m*.

cleric ['klerɪk] *n* clérigo *m*.

clerical ['klerɪkl] *adj* **-1.** [work] de oficina; [worker] administrativo(va) **-2.** [in church] clerical.

clerk [*UK* klɑ:k, *US* klɜ:rk] *n* **-1.** [in office] oficinista *m* OR *f* **-2.** [in court] secretario *m*, escribano *m* **-3.** *US* [shop assistant] dependiente *m*, -ta *f*.

clever ['klevəʳ] *adj* **-1.** [intelligent] listo(ta), inteligente **-2.** [idea, invention] ingenioso(sa); [with hands] hábil.

cleverly ['klevəlɪ] *adv* **-1.** [intelligently] inteligentemente **-2.** [skilfully] ingeniosamente.

cleverness ['klevənɪs] *n* [intelligence] inteligencia *f*.

cliché ['kli:ʃeɪ] *n* cliché *m*.

click [klɪk] ◇ *n* [of tongue, fingers] chasquido *m*; [of camera, door & COMPUT] clic *m*. ◇ *vt* [fingers, tongue] chasquear. ◇ *vi* **-1.** [heels] sonar con un taconazo; [camera] dar un chasquido, hacer clic **-2.** *inf* [fall into place]: **suddenly, it ~ed** de pronto, caí en la cuenta **-3.** COMPUT hacer clic; **to ~ on sthg** hacer clic en algo.

client ['klaɪənt] *n* cliente *m*, -ta *f*.

clientele [ˌkli:ən'tel] *n* clientela *f*.

cliff [klɪf] *n* [on coast] acantilado *m*; [inland] precipicio *m*.

cliffhanger ['klɪfˌhæŋəʳ] *n* [film, story] historia *f* de suspense.

climactic [klaɪ'mæktɪk] *adj* culminante.

climate ['klaɪmɪt] *n* [weather] clima *m*; *fig* [atmosphere] ambiente *m*.

climate change *n* cambio *m* climático.

climatic [klaɪ'mætɪk] *adj* climático(ca).

climax ['klaɪmæks] *n* [culmination] clímax *m*, culminación *f*.

climb [klaɪm] ◇ *n* [gen] subida *f*; [up mountain] escalada *f*. ◇ *vt* [stairs, ladder] subir; [tree] trepar a; [mountain] escalar. ◇ *vi* **-1.** [clamber]: **to ~ over sthg** trepar por algo; **to ~ into sthg** meterse en algo **-2.** [plant] trepar; [road, plane] subir **-3.** [increase] subir.

◆ **climb down** *vi* apearse del burro.

climb-down *n* vuelta *f* atrás.

climber ['klaɪməʳ] *n* **-1.** [mountaineer] alpinista *m* OR *f*, andinista *m* OR *f Amér*; [rock climber] escalador *m*, -ra *f* **-2.** [plant] enredadera *f*.

climbing ['klaɪmɪŋ] *n* montañismo *m*, alpinismo *m*, andinismo *m Amér*.

climbing frame *n UK barras de metal para que trepen los niños.*

climes [klaɪmz] *npl literary* parajes *mpl*.

clinch [klɪntʃ] *vt* [deal] cerrar.

cling [klɪŋ] (*pt* & *pp* **clung**) *vi* **-1.** [hold tightly]: **to ~ (to)** agarrarse (a) **-2.** [clothes, person]: **to ~ (to)** pegarse (a) **-3.** [to ideas, principles]: **to ~ to** aferrarse a.

clingfilm ['klɪŋfɪlm] *n UK* film *m* de plástico adherente.

clinging ['klɪŋɪŋ] *adj* **-1.** [person, child] pegajoso(sa) **-2.** [clothes] ajustado(da), ceñido(da).

clinic ['klɪnɪk] *n* clínica *f*.

clinical ['klɪnɪkl] *adj* **-1.** MED clínico(ca) **-2.** [cold] frío(a).

clinically ['klɪnɪklɪ] *adv* **-1.** MED clínicamente **-2.** [coldly] fríamente.

clink [klɪŋk] ◇ *n* tintineo *m*. ◇ *vi* tintinear.

clip [klɪp] (*pt* & *pp* **-ped**, *cont* **-ping**) ◇ *n* **-1.** [for paper] clip *m*; [for hair] horquilla *f*; [on earring] cierre *m* **-2.** [of film] fragmento *m*, secuencias *fpl* **-3.** [cut]: **to give sb's hair a ~** cortarle el pelo a alguien. ◇ *vt* **-1.** [fasten] sujetar **-2.** [cut - lawn, newspaper cutting] recortar; [punch - tickets] picar **-3.** *inf* [hit] dar un golpecito en.

clipboard ['klɪpbɔːd] *n* **-1.** [for writing] tabloncillo *m* con pinza sujetapapeles **-2.** COMPUT portapapeles *m inv*.

clip-on *adj* [gen] de enganche; [earrings] de clip.

clipped [klɪpt] *adj* [staccato] entrecortado(da).

clippers ['klɪpəz] *npl* [for nails] cortaúñas *m inv*; [for hair] maquinilla *f* para cortar el pelo; [for hedges, grass] tijeras *fpl* de podar.

clipping ['klɪpɪŋ] *n* **-1.** [from newspaper] recorte *m* **-2.** [of nails] pedazo *m*.

clique [kliːk] *n pej* camarilla *f*.

cloak [kləʊk] ◇ *n* **-1.** [garment] capa *f* **-2.** [of secrecy] manto *m*. ◇ *vt*: **to be ~ed in** estar rodeado(da) de.

cloak-and-dagger *adj* de intriga.

cloakroom ['kləʊkrʊm] *n* **-1.** [for clothes] guardarropa *m* **-2.** *UK* [toilets] servicios *mpl*.

clobber ['klɒbəʳ] *inf* ◇ *n UK (U)* **-1.** [things] bártulos *mpl*, trastos *mpl* **-2.** [clothes] indumentaria *f*, trapos *mpl*. ◇ *vt* atizar.

clock [klɒk] *n* **-1.** [timepiece] reloj *m*; **round the ~** día y noche, las 24 horas; **to put the ~ back** *lit* atrasar el reloj OR la hora; *fig* retroceder en el tiempo; **to put the ~ forward** adelantar el reloj OR la hora **-2.** [mileometer] cuentakilómetros *m inv*.

◆ **clock in, clock on** *vi UK* fichar (a la entrada).

◆ **clock off, clock out** *vi UK* fichar (a la salida).

◆ **clock up** *vt fus* [miles etc] recorrer.

clock speed *n* COMPUT velocidad *f* de reloj.

clockwise ['klɒkwaɪz] *adj* & *adv* en el sentido de las agujas del reloj.

clockwork ['klɒkwɜːk] ◇ *n*: **to go like ~** ir sobre ruedas. ◇ *comp* de cuerda.

clod [klɒd] *n* terrón *m*.

clog [klɒg] (*pt* & *pp* **-ged**, *cont* **-ging**) *vt* atascar, obstruir.

◆ **clogs** *npl* zuecos *mpl*.

◆ **clog up** ◇ *vt sep* [drain, pipe] atascar; [eyes, nose] congestionar. ◇ *vi* atascarse.

clogged [klɒgd] *adj* [drains, roads] atascado(da); [pores] obstruido(da).

cloister ['klɔɪstəʳ] *n* claustro *m*.

clone [kləʊn] ◇ *n* [gen & COMPUT] clon *m*. ◇ *vt* clonar.

cloning ['kləʊnɪŋ] *n* clonación *f*.

close[1] [kləʊs] ◇ *adj* **-1.** [near] cercano(na); **~ to** cerca de; **~ to tears/laughter** a punto de llorar/reír; **~ up, ~ to** de cerca; **~ by, ~ at hand** muy cerca; **we arrived on time, but it was a ~ shave** OR **thing** llegamos a tiempo, pero por los pelos **-2.** [relationship, friend] íntimo(ma); **to be ~ to sb** estar muy unido(da) a alguien **-3.** [relative, family] cercano(na), próximo(ma); [resemblance]: **to bear a ~ resemblance to sb** parecerse mucho a alguien; [link, tie, cooperation] estrecho(cha) **-4.** [questioning] minucioso(sa); [examination] detallado(da); [look] de cerca; **to keep a ~ watch on** vigilar de cerca **-5.** [room, air] cargado(da); [weather] bochornoso(sa) **-6.** [contest, race] reñido(da); [result] apretado(da). ◇ *adv* cerca; **~ to** cerca de. ◇ *n* [in street names] callejón *m*.

◆ **close on, close to** *prep* [almost] cerca de.

close[2] [kləʊz] ◇ *vt* **-1.** [gen] cerrar **-2.** [meeting, conference] clausurar; [discussion, speech] acabar, terminar **-3.** [gap] reducir. ◇ *vi* **-1.** [gen] cerrarse **-2.** [shop] cerrar **-3.** [meeting, film, day] terminar. ◇ *n* final *m*; **to bring sthg to a ~** dar por terminado algo; **to draw to a ~** tocar a su fin.

◆ **close down** ◇ *vt sep* cerrar (definitivamente). ◇ *vi* [factory etc] cerrarse (definitivamente).

◆ **close in** *vi* acercarse; **to ~ in on sthg/sb** rodear OR cercar algo/a alguien.

◆ **close off** *vt fus* [road] cortar; [room] cerrar.

close-cropped [ˌkləʊs-] *adj* al rape.

closed [kləʊzd] *adj* cerrado(da).

closed circuit television *n* televisión *f* por circuito cerrado.

closedown ['kləʊzdaʊn] *n* cierre *m*.

closed shop *n empresa donde sólo se contrata a afiliados de un determinado sindicato.*

close-fitting [ˌkləʊs-] *adj* ajustado(da), ceñido(da).

close-knit [ˌkləʊs-] *adj* muy unido(da).

closely ['kləʊslɪ] *adv* **-1.** [of connection, relation etc] estrechamente; **to be ~ involved in sthg** estar muy metido en algo; [resemble] mucho **-2.** [carefully] atentamente.

closeness ['kləʊsnɪs] *n* **-1.** [nearness] proximidad *f* **-2.** [intimacy] intimidad *f.*

closeout ['kləʊzaʊt] *n US* liquidación *f.*

close quarters [ˌkləʊs-] *npl*: **at ~** de cerca.

close season ['kləʊs-] *n UK* (temporada *f* de) veda *f.*

closet ['klɒzɪt] <> *adj inf* en secreto. <> *n* **-1.** *US* armario *m* **-2.** *phr*: **to come out of the ~** declararse homosexual públicamente. <> *vt*: **to be ~ed with** estar encerrado(da) con.

close-up ['kləʊs-] *n* primer plano *m.*

closing ['kləʊzɪŋ] *adj* final, último(ma).

closing date *n* fecha *f* límite.

closing price *n* precio *m OR* cotización *f* de cierre.

closing time *n* hora *f* de cierre.

closure ['kləʊʒə^r] *n* cierre *m.*

clot [klɒt] (*pt* & *pp* **-ted**, *cont* **-ting**) <> *n* **-1.** [in blood] coágulo *m* **-2.** *UK inf* [fool] bobo *m*, -ba *f.* <> *vi* [blood] coagularse.

cloth [klɒθ] *n* **-1.** *(U)* [fabric] tela *f* **-2.** [piece of cloth] trapo *m.*

clothe [kləʊð] *vt fml* vestir; **~d in** vestido(da) de.

clothes [kləʊðz] *npl* ropa *f*; **to put one's ~ on** ponerse la ropa, vestirse; **to take one's ~ off** quitarse la ropa, desvestirse.

clothes basket *n* cesta *f* de la ropa sucia.

clothes brush *n* cepillo *m* para la ropa.

clotheshorse ['kləʊðzhɔːs] *n* tendedero *m* (plegable).

clothesline ['kləʊðzlaɪn] *n* cuerda *f* para tender la ropa.

clothes peg *UK*, **clothespin** *US* ['kləʊðzpɪn] *n* pinza *f* (para la ropa).

clothing ['kləʊðɪŋ] *n* ropa *f.*

clotted cream [ˌklɒtɪd-] *n* *nata muy espesa típica de Cornualles.*

cloud [klaʊd] <> *n* nube *f*; **to be under a ~** ser mirado con malos ojos; **every ~ has a silver lining** no hay mal que por bien no venga. <> *vt* **-1.** [mirror, window] empañar **-2.** [memory, happiness] oscurecer **-3.** [mind] obnubilar; [issue] complicar.

◆ **cloud over** *vi lit & fig* nublarse.

cloudburst ['klaʊdbɜːst] *n* chaparrón *m.*

cloudless ['klaʊdlɪs] *adj* despejado(da), sin nubes.

cloudy ['klaʊdɪ] (*compar* **-ier**, *superl* **-iest**) *adj* **-1.** [overcast] nublado(da) **-2.** [murky] turbio(bia) **-3.** [confused - idea etc] vago(ga), impreciso(sa).

clout [klaʊt] *inf* <> *n* **-1.** [blow] bofetón *m*, tortazo *m* **-2.** *(U)* [influence] influencia *f.* <> *vt* dar un tortazo a.

clove [kləʊv] *n*: **a ~ of garlic** un diente de ajo.

◆ **cloves** *npl* [spice] clavos *mpl.*

clover ['kləʊvə^r] *n* trébol *m.*

cloverleaf ['kləʊvəliːf] (*pl* **-leaves** [-liːvz]) *n* [plant] hoja *f* de trébol.

clown [klaʊn] *n* **-1.** [performer] payaso *m* **-2.** [fool] payaso *m*, -sa *f.*

◆ **clown around** *vi* hacer payasadas.

cloying ['klɔɪɪŋ] *adj* empalagoso(sa).

club [klʌb] (*pt* & *pp* **-bed**, *cont* **-bing**) <> *n* **-1.** [organization, place] club *m* **-2.** [nightclub] discoteca *f* **-3.** [weapon] porra *f*, garrote *m* **-4.**: **(golf) ~** palo *m* de golf. <> *comp* del club. <> *vt* apalear, aporrear.

◆ **clubs** *npl* [cards] tréboles *mpl.*

◆ **club together** *vi UK* recolectar dinero.

clubbing ['klʌbɪŋ] *n*: **to go ~** ir de discotecas.

club car *n US* RAIL vagón *m OR* coche *m* club.

clubhouse ['klʌbhaʊs, *pl* -haʊzɪz] *n* [for golfers] (edificio *m* del) club *m.*

club soda *n US* soda *f.*

club sandwich *n US* sandwich *m* de tres pisos.

cluck [klʌk] *vi* **-1.** [hen] cloquear **-2.** [person] chasquear la lengua.

clue [kluː] *n* **-1.** [in crime] pista *f*; **not to have a ~ (about)** no tener ni idea (de) **-2.** [explanation] clave *f* **-3.** [in crossword] pregunta *f*, clave *f.*

clued-up [kluːd-] *adj UK inf* bien informado(da), al tanto.

clueless ['kluːlɪs] *adj UK inf*: **to be ~ (about)** no tener ni idea (de).

clump [klʌmp] <> *n* **-1.** [of bushes] mata *f*; [of trees, flowers] grupo *m* **-2.** [sound] ruido *m* de pisadas. <> *vi*: **to ~ about** andar pesadamente.

clumsily ['klʌmzɪlɪ] *adv* **-1.** [ungracefully] torpemente **-2.** [awkwardly, unskillfully] toscamente, rudimentariamente **-3.** [tactlessly] torpemente, sin tacto.

clumsy ['klʌmzɪ] (*compar* **-ier**, *superl* **-iest**) *adj* **-1.** [ungraceful] torpe **-2.** [unwieldy] difícil de manejar **-3.** [tactless] torpe, sin tacto.

clung [klʌŋ] *pt* & *pt* ▷ **cling**.

cluster ['klʌstə^r] <> *n* [group] grupo *m*; [of grapes] racimo *m.* <> *vi* agruparse.

clutch [klʌtʃ] <> *n* AUT embrague *m.* <> *vt* [hand] estrechar; [arm, baby] agarrar. <> *vi*: **to ~ at sthg** tratar de agarrarse a algo.

◆ **clutches** *npl*: **in the ~ of** en las garras de.

clutch bag *n* bolso *m* de mano *(sin asas).*

clutter ['klʌtə^r] <> *n* desorden *m.* <> *vt* cubrir desordenadamente.

cm (*abbr of* **centimetre**) cm.

CNAA (*abbr of* **Council for National Academic Awards**) *n organismo británico independiente de las universidades que otorga títulos superiores.*

CND (*abbr of* **Campaign for Nuclear Disarmament**) *n organización británica contra el armamento nuclear.*

co- [kəʊ] *prefix* co-.

c/o (*abbr of* **care of**) c/d.

Co. **-1.** (*abbr of* **Company**) Cía. **-2.** *abbr of* **County**.

CO <> *n* (*abbr of* **commanding officer**) *rango militar,* ≃ Cte. *m* OR *f.* <> *abbr of* **Colorado**.

coach [kəʊtʃ] <> *n* **-1.** [bus] autocar *m* **-2.** RAIL vagón *m* **-3.** [horsedrawn] carruaje *m* **-4.** SPORT entrenador *m*, -ra *f* **-5.** [tutor] profesor *m*, -ra *f* particular **-6.**: ~ **(class)** *US* clase *f* turista. <> *vt* **-1.** SPORT entrenar **-2.** [tutor] dar clases particulares a.

coaching ['kəʊtʃɪŋ] *n (U)* **-1.** SPORT entrenamiento *m* **-2.** [tutoring] clases *fpl* particulares.

coach trip *n UK* excursión *f* en autocar.

coagulate [kəʊ'ægjʊleɪt] *vi* coagularse.

coal [kəʊl] *n* carbón *m*.

coalesce [,kəʊə'les] *vi fml* fundirse.

coalface ['kəʊlfeɪs] *n* frente *m* de una mina de carbón.

coalfield ['kəʊlfi:ld] *n* yacimiento *m* de carbón.

coalition [,kəʊə'lɪʃn] *n* coalición *f*.

coalman ['kəʊlmæn] (*pl* **-men** [-men]) *n UK* carbonero *m*.

coalmine ['kəʊlmaɪn] *n* mina *f* de carbón.

coalminer ['kəʊl,maɪnəʳ] *n* minero *m* (de carbón).

coalmining ['kəʊl,maɪnɪŋ] *n* minería *f* del carbón.

coarse [kɔ:s] *adj* **-1.** [skin, hair, sandpaper] áspero(ra); [fabric] basto(ta) **-2.** [person, joke] ordinario(ria), guarango(ga) *Chile & RP.*

coarse fishing *n UK pesca de río exceptuando a los salmónidos.*

coarsen ['kɔ:sn] <> *vt* **-1.** [person, manners] embrutecer **-2.** [make rough] curtir. <> *vi* **-1.** [become vulgar] embrutecerse **-2.** [become rough] curtirse.

coast [kəʊst] <> *n* costa *f*. <> *vi* **-1.** [in car] ir en punto muerto **-2.** [progress easily]: **they ~ed into the semifinals** se metieron en las semifinales sin ningún esfuerzo.

coastal ['kəʊstl] *adj* costero(ra).

coaster ['kəʊstəʳ] *n* [small mat] posavasos *m inv.*

coastguard ['kəʊstgɑ:d] *n* **-1.** [person] guardacostas *m* OR *f inv* **-2.** [organization]: **the ~** los guardacostas *(pl)*.

coastline ['kəʊstlaɪn] *n* litoral *m*.

coat [kəʊt] <> *n* **-1.** [overcoat] abrigo *m*, sobretodo *m RP*; [for women] tapado *m RP*; [jacket] chaqueta *f* **-2.** [of animal] pelo *m*, pelaje *m* **-3.** [layer] capa *f*. <> *vt*: **to ~ sthg (with)** cubrir algo (de).

coat hanger *n* percha *f*, gancho *m CAm, Andes, Méx.*

coat hook *n* colgador *m*.

coating ['kəʊtɪŋ] *n* [of dust etc] capa *f*; [of chocolate, silver] baño *m*.

coat of arms (*pl* **coats of arms**) *n* escudo *m* de armas.

coauthor [kəʊ'ɔ:θəʳ] *n* coautor *m*, -ra *f*.

coax [kəʊks] *vt*: **to ~ sb (to do** OR **into doing sthg)** engatusar a alguien (para que haga algo).

coaxial cable [kəʊ'æksɪəl-] *n* COMPUT cable *m* coaxial.

cob [kɒb] ⊳ **corn.**

cobalt ['kəʊbɔ:lt] *n* **-1.** CHEM cobalto *m* **-2.** [colour] azul *m* cobalto.

cobble ['kɒbl] ◆ **cobble together** *vt sep* pergeñar (de cualquier manera).

cobbled ['kɒbld] *adj* adoquinado(da).

cobbler ['kɒbləʳ] *n* zapatero (remendón) *m*, zapatera *f*.

cobbles ['kɒblz], **cobblestones** ['kɒblstəʊnz] *npl* adoquines *mpl.*

Cobol ['kəʊbɒl] (*abbr of* **Common Business Orientated Language**) *n* COMPUT Cobol *m*.

cobra ['kəʊbrəl] *n* cobra *f*.

cobweb ['kɒbweb] *n* telaraña *f (abandonada)*.

Coca-Cola® [,kəʊkə'kəʊlə] *n* Coca-Cola® *f*.

cocaine [kəʊ'keɪn] *n* cocaína *f*.

cock [kɒk] <> *n* **-1.** [male chicken] gallo *m* **-2.** [male bird] macho *m* **-3.** [penis] ***vulg*** polla *f*. <> *vt* **-1.** [gun] montar, amartillar **-2.** [head] ladear.

◆ **cock up** *vt sep UK v inf* jorobar, fastidiar.

cock-a-hoop *adj inf* [delighted]: **to be ~** estar como unas castañuelas.

cockatoo [,kɒkə'tu:] (*pl* **-s**) *n* cacatúa *f*.

cockerel ['kɒkrəl] *n* gallo *m* joven.

cocker spaniel [,kɒkə-] *n* cocker *m*.

cockeyed ['kɒkaɪd] *adj inf* **-1.** [lopsided] torcido(da) **-2.** [foolish] disparatado(da).

cockfight ['kɒkfaɪt] *n* pelea *f* de gallos.

cockle ['kɒkl] *n* berberecho *m*.

Cockney ['kɒknɪ] (*pl* **Cockneys**) <> *n* **-1.** [person] cockney *m* OR *f*, *persona procedente del este de Londres* **-2.** [dialect, accent] cockney *m*, *dialecto del este de Londres.* <> *comp* cockney, *del este de Londres.*

cockpit ['kɒkpɪt] *n* [in civil aviation] cabina *f*; MIL carlinga *f*.
cockroach ['kɒkrəʊtʃ] *n* cucaracha *f*.
cocksure [ˌkɒk'ʃʊə[r]] *adj* presuntuoso(sa).
cocktail ['kɒkteɪl] *n* cóctel *m*.
cocktail dress *n* vestido *m* de fiesta.
cocktail party *n* cóctel *m*.
cocktail shaker [-ˌʃeɪkə[r]] *n* coctelera *f*.
cocktail stick *n* palillo *m*.
cock-up *n v inf* pifia *f*.
cocky ['kɒkɪ] (*compar* **-ier**, *superl* **-iest**) *adj inf* chulo(la).
cocoa ['kəʊkəʊ] *n* **-1.** [powder] cacao *m* **-2.** [drink] chocolate *m*.
coconut ['kəʊkənʌt] *n* coco *m*.
cocoon [kə'ku:n] ◇ *n* **-1.** ZOOL capullo *m* **-2.** *fig* [protective environment]: **to live in a ~** vivir entre algodones. ◇ *vt fig* arropar.
cod [kɒd] (*pl inv* OR **-s**) *n* bacalao *m*.
COD (*abbr of* **cash on delivery**) *entrega contra reembolso*.
code [kəʊd] ◇ *n* **-1.** [gen] código *m* **-2.** [for telephone] prefijo *m*. ◇ *vt* **-1.** [encode] codificar, cifrar **-2.** [give identifier to] clasificar.
coded ['kəʊdɪd] *adj* codificado(da).
codeine ['kəʊdi:n] *n* codeína *f*.
code name *n* nombre *m* en clave.
code of practice *n* código *m* (de ética) profesional.
cod-liver oil *n* aceite *m* de hígado de bacalao.
codswallop ['kɒdzˌwɒləp] *n (U) UK inf* bobadas *fpl*.
coed [ˌkəʊ'ed] ◇ *adj* (*abbr of* **coeducational**) mixto(ta). ◇ *n* **-1.** *US* (*abbr of* **coeducational student**) *estudiante de un colegio mixto* **-2.** *UK* (*abbr of* **coeducational school**) *colegio mixto*.
coeducational [ˌkəʊedju:'keɪʃənl] *adj* mixto(ta).
coefficient [ˌkəʊɪ'fɪʃnt] *n* coeficiente *m*.
coerce [kəʊ'ɜ:s] *vt*: **to ~ sb (into doing sthg)** coaccionar a alguien (para que haga algo).
coercion [kəʊ'ɜ:ʃn] *n* coacción *f*.
coexist [ˌkəʊɪg'zɪst] *vi* coexistir.
coexistence [ˌkəʊɪg'zɪstəns] *n* coexistencia *f*.
C of E (*abbr of* **Church of England**) *n UK iglesia anglicana*; **she's ~** es anglicana.
coffee ['kɒfɪ] *n* café *m*.
coffee bar *n UK* cafetería *f*.
coffee beans *npl* granos *mpl* de café.
coffee break *n* descanso *m* para el café.
coffee cake *n US sweet, rich cake often made with nuts and dried fruit, usually served with coffee*.
coffee cup *n* taza *f* de café.
coffee machine *n* cafetera *f (máquina)*.
coffee mill *n* molinillo *m* de café.
coffee morning *n UK reunión matinal, generalmente benéfica, en la que se sirve café*.
coffeepot ['kɒfɪpɒt] *n* cafetera *f (para servir)*.
coffee shop *n* **-1.** *UK* [shop] cafetería *f* **-2.** *US* [restaurant] café *m*.
coffee table *n* mesita *f* baja (de salón).
coffee-table book *n libro grande con fotografías o ilustraciones que se coloca a la vista, generalmente sobre la mesita del salón*.
coffers ['kɒfəz] *npl* arcas *fpl*.
coffin ['kɒfɪn] *n* ataúd *m*.
cog [kɒg] *n* [tooth on wheel] diente *m*; [wheel] rueda *f* dentada; **a ~ in the machine** una pieza insignificante del engranaje.
cogent ['kəʊdʒənt] *adj* contundente, convincente.
cogitate ['kɒdʒɪteɪt] *vi fml* meditar.
cognac ['kɒnjæk] *n* coñac *m*.
cognitive ['kɒgnɪtɪv] *adj* cognitivo(va), cognoscitivo(va).
cogwheel ['kɒgwi:l] *n* rueda *f* dentada.
cohabit [ˌkəʊ'hæbɪt] *vi fml*: **to ~ (with)** cohabitar (con).
coherent [kəʊ'hɪərənt] *adj* coherente.
coherently [kəʊ'hɪərəntlɪ] *adv* coherentemente.
cohesion [kəʊ'hi:ʒn] *n* cohesión *f*.
cohesive [kəʊ'hi:sɪv] *adj* [group] unido(da).
cohort ['kəʊhɔ:t] *n pej* acólito *m*, -ta *f*, secuaz *m* OR *f*.
COI (*abbr of* **Central Office of Information**) *n oficina gubernamental británica de información al público*.
coil [kɔɪl] ◇ *n* **-1.** [of rope, wire] rollo *m*; [of hair] tirabuzón *m*; [of smoke] espiral *f* **-2.** ELEC bobina *f* **-3.** *UK* [contraceptive device] DIU *m*, espiral *f*. ◇ *vi* enrollarse, enroscarse. ◇ *vt* enrollar, enroscar.
◆ **coil up** *vt sep* enrollar.
coiled [kɔɪld] *adj* [rope etc] enrollado(da); [spring] en espiral.
coin [kɔɪn] ◇ *n* moneda *f*. ◇ *vt* [invent] acuñar; **to ~ a phrase ...** como se suele decir ...
coinage ['kɔɪnɪdʒ] *n* **-1.** [currency] moneda *f* **-2.** [invention] palabra *f* de nuevo cuño.
coin-box *n* depósito *m* de monedas.
coincide [ˌkəʊɪn'saɪd] *vi*: **to ~ (with)** coincidir (con).
coincidence [kəʊ'ɪnsɪdəns] *n* coincidencia *f*.

coincidental [kəʊˌɪnsɪ'dentl] *adj* fortuito(ta).
coincidentally [kəʊˌɪnsɪ'dentəlɪ] *adv*: **~ his name was the same as mine** dio la coincidencia de que tenía el mismo nombre que yo.
coin-operated [-'ɒpəˌreɪtɪd] *adj* que funciona con monedas.
coitus ['kəʊɪtəs] *n fml* coito *m*.
coke [kəʊk] *n* **-1.** [fuel] coque *m* **-2.** *drugs sl* coca *f*.
Coke® [kəʊk] *n* Coca-Cola® *f*.
Col. (*abbr of* **colonel**) Col.
cola ['kəʊlə] *n* (bebida *f* de) cola *f*.
colander ['kʌləndəʳ] *n* colador *m*, escurridor *m*.
cold [kəʊld] ◇ *adj* frío(a); **it's ~** hace frío; **my hands are ~** tengo las manos frías; **I'm ~** tengo frío; **to get ~** enfriarse. ◇ *n* **-1.** [illness] resfriado *m*, constipado *m*; **to catch (a) ~** resfriarse, coger un resfriado **-2.** [low temperature] frío *m*.
cold-blooded [-'blʌdɪd] *adj* **-1.** [animal] de sangre fría **-2.** [person] despiadado(da); [killing] a sangre fría.
cold cream *n* crema *f* limpiadora.
cold cuts *npl esp* **US** embutidos *mpl*, fiambres *mpl*.
cold feet *npl*: **he got ~** *inf* se echó atrás.
cold-hearted [-'hɑːtɪd] *adj* [person] duro(ra) de corazón; [action] despiadado(da).
coldly ['kəʊldlɪ] *adv* con frialdad.
coldness ['kəʊldnɪs] *n* frialdad *f*.
cold shoulder *n*: **to give sb the ~** *inf* dar de lado a alguien *Esp*, hacer el vacio a alguien.
cold sore *n* calentura *f*.
cold storage *n* [of food] conservación *f* en frío.
cold sweat *n* sudor *m* frío.
cold war *n*: **the ~** la guerra fría.
coleslaw ['kəʊlslɔː] *n ensalada de col, zanahoria, cebolla y mayonesa.*
colic ['kɒlɪk] *n* cólico *m*.
collaborate [kə'læbəreɪt] *vi*: **to ~ (with)** colaborar (con).
collaboration [kəˌlæbə'reɪʃn] *n* **-1.** [teamwork]: **~ (with)** colaboración *f* (con) **-2.** *pej* [with enemy]: **~ (with)** colaboracionismo *m* (con).
collaborative [kə'læbərətɪv] *adj* de colaboración.
collaborator [kə'læbəreɪtəʳ] *n* **-1.** [colleague] colaborador *m*, -ra *f* **-2.** *pej* [traitor] colaboracionista *m* OR *f*.
collage ['kɒlɑːʒ] *n* collage *m*.
collagen ['kɒlədʒən] *n* colágeno *m*.
collapse [kə'læps] ◇ *n* **-1.** [of building] derrumbamiento *m*, desplome *m*; [of roof] hundimiento *m* **-2.** [of marriage, system] fracaso *m*; [of government, currency] caída *f*; [of empire] derrumbamiento *m* **-3.** MED colapso *m*. ◇ *vi* **-1.** [building, person] derrumbarse, desplomarse; [roof, prices] hundirse; **to ~ with laughter** partirse de risa **-2.** [plan, business] venirse abajo **-3.** MED sufrir un colapso **-4.** [fold up] plegarse.
collapsible [kə'læpsəbl] *adj* plegable.
collar ['kɒləʳ] ◇ *n* **-1.** [on clothes] cuello *m* **-2.** [for dog] collar *m* **-3.** TECH collar *m*. ◇ *vt inf* [subj: police] pescar, cazar; [subj: boss etc] pillar, parar.
collarbone ['kɒləbəʊn] *n* clavícula *f*.
collate [kə'leɪt] *vt* **-1.** [compare] cotejar **-2.** [put in order] poner en orden.
collateral [kɒ'lætərəl] *n* garantía *f* subsidiaria, seguridad *f* colateral.
collateral damage *n* MIL *(U)* daños *mpl* colaterales.
collation [kə'leɪʃn] *n* **-1.** [comparison] cotejo *m* **-2.** [ordering] ordenación *f*.
colleague ['kɒliːg] *n* colega *m* OR *f*.
collect [kə'lekt] ◇ *vt* **-1.** [gather together] reunir, juntar; **to ~ o.s.** concentrarse **-2.** [as a hobby] coleccionar **-3.** [go to get - person, parcel] recoger **-4.** [money, taxes] recaudar. ◇ *vi* **-1.** [gather] congregarse, reunirse **-2.** [accumulate] acumularse **-3.** [for charity, gift] hacer una colecta. ◇ *adv* **US** TELEC: **to call (sb) ~** llamar (a alguien) a cobro revertido.
◆ **collect up** *vt sep* recoger.
collectable [kə'lektəbl] ◇ *adj* interesante para un coleccionista. ◇ *n* pieza *f* interesante para un coleccionista.
collected [kə'lektɪd] *adj* **-1.** [calm] sosegado(da) **-2.** LITER: **~ works** obras *fpl* completas.
collecting [kə'lektɪŋ] *n* [hobby] coleccionismo *m*.
collection [kə'lekʃn] *n* **-1.** [of stamps, art etc] colección *f* **-2.** [of poems, stories etc] recopilación *f* **-3.** [of rubbish, mail] recogida *f*; [of taxes] recaudación *f* **-4.** [of money] colecta *f*.
collective [kə'lektɪv] ◇ *adj* colectivo(va). ◇ *n* colectivo *m*.
collective bargaining *n* negociación *f* colectiva.
collectively [kə'lektɪvlɪ] *adv* colectivamente.
collective ownership *n* propiedad *f* colectiva.
collector [kə'lektəʳ] *n* **-1.** [as a hobby] coleccionista *m* OR *f* **-2.** [of taxes] recaudador *m*, -ra *f* **-3.** [of debts, rent] cobrador *m*, -ra *f*.
collector's item *n* pieza *f* de coleccionista.
college ['kɒlɪdʒ] ◇ *n* **-1.** [for further education] instituto *m*, escuela *f* **-2.** **US** [university] universidad *f* **-3.** **UK** [of university] *colegio universitario*

que forma parte de ciertas universidades **-4.** [organized body] colegio *m.* <> *comp* universitario(ria).

college of education *n UK escuela de formación de profesores de enseñanza primaria y secundaria.*

collide [kə'laɪd] *vi*: **to ~ (with)** [gen] chocar (con); [vehicles] colisionar OR chocar (con).

collie ['kɒlɪ] *n* collie *m.*

colliery ['kɒljərɪ] (*pl* **-ies**) *n* mina *f* de carbón.

collision [kə'lɪʒn] *n lit & fig*: **~ (with/between)** choque *m* (con/entre), colisión *f* (con/entre); **to be on a ~ course (with)** *fig* estar al borde del enfrentamiento (con).

collision damage waiver *n* franquicia *f.*

colloquial [kə'ləʊkwɪəl] *adj* coloquial.

collude [kə'lu:d] *vi*: **to ~ with** estar en connivencia con.

collusion [kə'lu:ʒn] *n*: **in ~ with** en connivencia con.

cologne [kə'ləʊn] *n* colonia *f.*

Cologne [kə'ləʊn] *n* Colonia.

Colombia [kə'lɒmbɪə] *n* Colombia.

Colombian [kə'lɒmbɪən] <> *adj* colombiano(na). <> *n* colombiano *m*, -na *f.*

Colombo [kə'lʌmbəʊ] *n* Colombo.

colon ['kəʊlən] *n* **-1.** ANAT colon *m* **-2.** [punctuation mark] dos puntos *mpl.*

colonel ['kɜ:nl] *n* coronel *m* OR *f.*

colonial [kə'ləʊnjəl] *adj* colonial.

colonialism [kə'ləʊnjəlɪzm] *n* colonialismo *m.*

colonic irrigation [kɒ'lənɪk-] *n* irrigación *f* de colon.

colonist ['kɒlənɪst] *n* colono *m.*

colonize, -ise ['kɒlənaɪz] *vt* colonizar.

colonnade [ˌkɒlə'neɪd] *n* columnata *f.*

colony ['kɒlənɪ] (*pl* **-ies**) *n* colonia *f.*

color *etc US* = **colour** *etc.*

Colorado [ˌkɒlə'rɑ:dəʊ] *n* Colorado.

colorado beetle *n* escarabajo *m* de la patata.

colossal [kə'lɒsl] *adj* colosal.

colostomy [kə'lɒstəmɪ] (*pl* **-ies**) *n* colostomía *f.*

colour *UK*, **color** *US* ['kʌlə^r] <> *n* color *m*; **what ~ is it?** ¿de qué color es?; **in ~** [magazine] a color; [film] en color; **to change ~** cambiar de color. <> *adj* en color. <> *vt* **-1.** [give colour to] dar color a; [with pen, crayon] colorear **-2.** [dye] teñir **-3.** [affect] influenciar. <> *vi* [blush] ruborizarse.

◆ **colours** *npl* colores *mpl.*

◆ **colour in** *vt sep* colorear.

colour bar *n* discriminación *f* racial.

colour-blind *adj* daltónico(ca).

colour-coded *adj* identificado(da) por color.

coloured *UK*, **colored** *US* ['kʌləd] *adj* **-1.** [pens, sheets etc] de colores **-2.** [with stated colour]: **maroon-~** de color granate; **brightly-~** de vivos colores **-3.** [person - black] de color.

colourfast *UK*, **colorfast** *US* ['kʌləfɑ:st] *adj* que no destiñe.

colourful *UK*, **colorful** *US* ['kʌləfʊl] *adj* **-1.** [brightly coloured] de vivos colores **-2.** [story] animado(da) **-3.** [person] pintoresco(ca) **-4.** [language] expresivo(va).

colouring *UK*, **coloring** *US* ['kʌlərɪŋ] *n* **-1.** [in food] colorante *m* **-2.** [complexion, hair] tez *f* **-3.** [of animal's skin] color *m*, coloración *f.*

colourless *UK*, **colorless** *US* ['kʌləlɪs] *adj* **-1.** [not coloured] incoloro(ra) **-2.** *fig* [uninteresting] soso(sa), anodino(na).

colour scheme *n* combinación *f* de colores.

colour supplement *n UK* suplemento *m* en color.

colour television *n* televisión *f* en color.

colt [kəʊlt] *n* potro *m.*

column ['kɒləm] *n* **-1.** [gen] columna *f* **-2.** [of people, vehicles] hilera *f.*

columnist ['kɒləmnɪst] *n* columnista *m* OR *f.*

coma ['kəʊmə] *n* coma *m.*

comatose ['kəʊmətəʊs] *adj* MED comatoso(sa).

comb [kəʊm] <> *n* peine *m.* <> *vt lit & fig* peinar.

combat ['kɒmbæt] <> *n* combate *m.* <> *vt* combatir.

combative ['kɒmbətɪv] *adj* combativo(va).

combination [ˌkɒmbɪ'neɪʃn] *n* combinación *f.*

combination lock *n* cerradura *f* de combinación.

combine [*vb* kəm'baɪn, *n* 'kɒmbaɪn] <> *vt*: **to ~ sthg (with)** combinar algo (con). <> *vi* combinarse, unirse. <> *n* **-1.** [group] grupo *m* **-2.** = **combine harvester.**

combine harvester [-'hɑ:vɪstə^r] *n* cosechadora *f.*

combustible [kəm'bʌstəbl] *adj* combustible.

combustion [kəm'bʌstʃn] *n* combustión *f.*

come [kʌm] (*pt* **came**, *pp* **come**) *vi* **-1.** [move] venir; [arrive] llegar; **coming!** ¡ahora voy!; **the news came as a shock** la noticia constituyó un duro golpe; **the time has ~** ha llegado la hora; **he doesn't know whether he's coming or going** *fig* no sabe si va o viene **-2.** [reach]: **to ~ up/down to** llegar hasta; **the water came up to her thighs** el agua le llegaba hasta los muslos **-3.** [happen] pasar; **~ what may** pase lo que pase; **how did you ~ to fail your exam?** ¿cómo es que suspendiste el examen? **-4.** [become]: **to ~ true** hacerse realidad; **to ~ unstuck** despegarse; **my shoelaces have ~ undone** se me han desatado los cordones **-5.** [begin gradually]: **to ~ to do sthg** llegar a hacer algo **-6.** [be placed in order]: **to ~ first/last in a race** llegar el primero/el último en una carrera; **she came second in the exam** quedó segunda en el examen; **P ~s before Q** la P viene antes de la Q **-7.** *v inf* [sexually] correrse **-8.** *phr*: **~ to think of it** ahora que lo pienso.

◆ **to come** *adv*: **in (the) days/years to ~** en días/años venideros.

◆ **come about** *vi* [happen] pasar, ocurrir.

◆ **come across** ◇ *vt fus* [find] encontrar. ◇ *vi* [speaker, message]: **to ~ across well/badly** causar buena/mala impresión; **to ~ across as sthg** resultar ser algo.

◆ **come along** *vi* **-1.** [arrive by chance - opportunity] surgir; [- bus] aparecer, llegar **-2.** [progress] ir; **the project is coming along nicely** el proyecto va muy bien **-3.** *phr*: **~ along!** [expressing encouragement] ¡venga!; [hurry up] ¡date prisa!

◆ **come apart** *vi* deshacerse.

◆ **come at** *vt fus* [attack] atacar.

◆ **come back** *vi* **-1.** [return] volver **-2.** [in talk, writing]: **to ~ back to sthg** volver a algo **-3.** [memory]: **to ~ back to sb** volverle a la memoria a alguien **-4.** [become fashionable again] volver a estar de moda.

◆ **come by** *vt fus* **-1.** [get, obtain] conseguir **-2.** [visit, drop in on]: **they came by our house** se pasaron por nuestra casa.

◆ **come down** *vi* **-1.** [from upstairs] bajar **-2.** [decrease] bajar **-3.** [descend - plane, parachutist] aterrizar; [- rain] caer.

◆ **come down to** *vt fus* reducirse a.

◆ **come down with** *vt fus* coger, agarrar *(enfermedad)*.

◆ **come forward** *vi* presentarse.

◆ **come from** *vt fus* [noise etc] venir de; [person] ser de.

◆ **come in** *vi* **-1.** [enter] entrar, pasar; **~ in!** ¡pase! **-2.** [arrive - train, letters, donations] llegar **-3.** [be involved] entrar; **it's a good plan, but where do I ~ in?** el plan está bien pero ¿dónde encajo yo? **-4.** [be introduced] entrar en vigor.

◆ **come in for** *vt fus* [criticism etc] recibir, llevarse.

◆ **come into** *vt fus* **-1.** [inherit] heredar **-2.** [begin to be]: **to ~ into being** nacer, ver la luz; **to ~ into force** entrar en vigor; **to ~ into sight** vislumbrarse.

◆ **come of** *vt fus* [result from] resultar de; **what came of your plans?** ¿qué fue de tus planes?

◆ **come off** ◇ *vi* **-1.** [button] descoserse; [label] despegarse; [lid] soltarse; [stain] quitarse **-2.** [plan, joke] salir bien, dar resultado **-3.** [person]: **to ~ off well/badly** salir bien/mal parado. ◇ *vt fus* **-1.** [medicine] dejar de tomar **-2.** *phr*: **~ off it!** *inf* ¡venga ya!

◆ **come on** *vi* **-1.** [start] empezar; **I think I have a cold coming on** creo que me estoy constipando **-2.** [start working - lights, heating] encenderse **-3.** [progress] ir; **it's coming on nicely** va muy bien **-4.** *phr*: **~ on!** [expressing encouragement, urging haste] ¡vamos!; [expressing disbelief] ¡venga ya!

◆ **come out** *vi* **-1.** [screw, tooth] caerse **-2.** [stain] quitarse **-3.** [become known] salir a la luz **-4.** [appear - product, book, sun] salir; [- film] estrenarse **-5.** [in exam, race etc] terminar, acabar; **who came out on top?** ¿quién acabó ganando? **-6.** [go on strike] ponerse en huelga **-7.** [declare publicly]: **to ~ out for/against sthg** declararse a favor/en contra de algo **-8.** [as homosexual] declararse homosexual **-9.** [photograph] salir.

◆ **come out in** *vt fus*: **she has ~ out in spots** le han salido unos granos.

◆ **come out with** *vt fus* [remark] decir.

◆ **come over** ◇ *vt fus* [subj: feeling] sobrevenir; **I don't know what has ~ over her** no sé qué le pasa. ◇ *vi* [to visit] pasarse.

◆ **come round** *vi* **-1.** [to visit] pasarse **-2.** [change opinion]: **to ~ round (to sthg)** terminar por aceptar (algo) **-3.** [regain consciousness] volver en sí **-4.** [happen] volver.

◆ **come through** ◇ *vt fus* [difficult situation, period] pasar por, atravesar; [operation, war] sobrevivir a. ◇ *vi* **-1.** [arrive] llegar **-2.** [survive] sobrevivir.

◆ **come to** ◇ *vt fus* **-1.** [reach]: **to ~ to an end** tocar a su fin; **to ~ to power** subir al poder; **to ~ to a decision** alcanzar una decisión **-2.** [amount to] ascender a; **the plan came to nothing** el plan se quedó en nada **-3.** [subj: memory, thought]: **the idea suddenly came to me** se me ocurrió la idea de pronto. ◇ *vi* [regain consciousness] volver en sí.

◆ **come under** *vt fus* **-1.** [be governed by] estar bajo **-2.** [heading in book etc] venir en, ir bajo **-3.** [suffer]: **to ~ under attack** ser atacado.

◆ **come up** *vi* **-1.** [name, topic, opportunity] surgir **-2.** [be imminent] estar al llegar **-3.** [sun, moon] salir.

◆ **come up against** *vt fus* tropezarse OR toparse con.

◆ **come upon** *vt fus* [find] cruzarse con, encontrar.

◆ **come up to** *vt fus* **-1.** [approach - in space] acercarse a; [- in time]: **it's coming up to Christ-**

mas/six o'clock nos acercamos a la Navidad/a las seis de la tarde **-2.** [expectations] estar a la altura de.

◆ **come up with** *vt fus* [idea] salir con; [solution] encontrar.

comeback ['kʌmbæk] *n* [return] reaparición *f*; **to make a ~** [fashion] volver (a ponerse de moda); [actor] hacer una reaparición; [in match] recuperarse.

Comecon ['kɒmɪkɒn] (*abbr of* **Council for Mutual Economic Aid**) *n* CAME *m*.

comedian [kə'mi:djən] *n* cómico *m*, humorista *m*.

comedienne [kə,mi:dɪ'en] *n* cómica *f*, humorista *f*.

comedown ['kʌmdaʊn] *n inf* degradación *f*.

comedy ['kɒmədɪ] (*pl* **-ies**) *n* **-1.** [film, play] comedia *f*; [on television] serie *f* de humor **-2.** [humorous entertainment] humorismo *m* **-3.** [amusing nature] comicidad *f*.

comely ['kʌmlɪ] *adj literary* hermoso(sa), bello(lla).

come-on *n*: **to give sb the ~** *inf* insinuarse a alguien.

comet ['kɒmɪt] *n* cometa *m*.

come-uppance [,kʌm'ʌpəns] *n*: **to get one's ~** *inf* llevarse uno su merecido.

comfort ['kʌmfət] ◇ *n* **-1.** [gen] comodidad *f*; **we managed it, but it was a bit too close for ~** lo conseguimos, pero por poco **-2.** [solace] consuelo *m*. ◇ *vt* consolar, confortar.

comfortable ['kʌmftəbl] *adj* **-1.** [gen] cómodo(da) **-2.** [financially secure] acomodado(da) **-3.** [after operation, accident] en estado satisfactorio **-4.** [victory, job, belief] fácil; [lead, majority] amplio(plia); **it's a ~ hour's walk away** está a una buena hora de camino.

comfortably ['kʌmftəblɪ] *adv* **-1.** [sit, sleep] cómodamente **-2.** [without financial difficulty] sin aprietos; **~ off** acomodado(da) **-3.** [easily] fácilmente.

comforter ['kʌmfətə^r] *n* **-1.** [for baby] chupete *m* **-2.** *US* [quilt] edredón *m*.

comforting ['kʌmfətɪŋ] *adj* reconfortante.

comfort station *n US euphemism* aseos *mpl*.

comfy ['kʌmfɪ] (*compar* **-ier**, *superl* **-iest**) *adj inf* cómodo(da).

comic ['kɒmɪk] ◇ *adj* cómico(ca). ◇ *n* **-1.** [comedian] cómico *m*, -ca *f*, humorista *m* OR *f* **-2.** [magazine - for children] tebeo *m*; [- for adults] cómic *m*.

◆ **comics** *npl US* [in newspaper] sección *f* de tiras cómicas.

comical ['kɒmɪkl] *adj* cómico(ca).

comic strip *n* tira *f* cómica.

coming ['kʌmɪŋ] ◇ *adj* [future] próximo(ma). ◇ *n*: **~s and goings** idas *fpl* y venidas.

comma ['kɒmə] *n* coma *f*.

command [kə'mɑ:nd] ◇ *n* **-1.** [order] orden *f* **-2.** *(U)* [control] mando *m*; **to be in ~ of** [of people, tasks, operations] estar al mando de; [of senses] tener pleno dominio de **-3.** [of language, skill] dominio *m*; **to have sthg at one's ~** dominar algo **-4.** COMPUT comando *m*. ◇ *vt* **-1.** [order]: **to ~ sb (to do sthg)** ordenar OR mandar a alguien (que haga algo) **-2.** MIL [control] comandar **-3.** [deserve - respect, attention] hacerse acreedor(ra) de; [- high price] alcanzar.

commandant [,kɒmən'dænt] *n* comandante *m* OR *f*.

commandeer [,kɒmən'dɪə^r] *vt* requisar.

commander [kə'mɑ:ndə^r] *n* **-1.** [in army] comandante *m* OR *f* **-2.** [in navy] capitán *m*, -ana *f* de fragata.

commander in chief (*pl* **commanders in chief**) *n* comandante *m* OR *f* en jefe.

commanding [kə'mɑ:ndɪŋ] *adj* **-1.** [lead, position, height] dominante **-2.** [voice, manner] autoritario(ria).

commanding officer *n* oficial *m* OR *f* al mando.

commandment [kə'mɑ:ndmənt] *n* RELIG mandamiento *m*.

command module *n* módulo *m* de mando.

commando [kə'mɑ:ndəʊ] (*pl* **-s** OR **-es**) *n* comando *m*.

command performance *n obra teatral representada a petición del jefe de estado o rey*.

commemorate [kə'meməreɪt] *vt* conmemorar.

commemoration [kə,memə'reɪʃn] *n* conmemoración *f*.

commemorative [kə'memərətɪv] *adj* conmemorativo(va).

commence [kə'mens] *fml* ◇ *vt*: **to ~ (doing sthg)** comenzar OR empezar (a hacer algo). ◇ *vi* comenzar, empezar.

commencement [kə'mensmənt] *n fml* inicio *m*, comienzo *m*.

commend [kə'mend] *vt* **-1.** [praise] alabar **-2.** [recommend]: **to ~ sthg (to)** recomendar algo (a).

commendable [kə'mendəbl] *adj* admirable, loable.

commendation [,kɒmen'deɪʃn] *n* [special award] distinción *f*, mención *f*.

commensurate [kə'menʃərət] *adj fml*: **~ with** acorde OR en proporción con.

comment ['kɒment] ◇ *n* comentario *m*; **no**

~ sin comentarios. ◇ *vt*: **to ~ that** comentar que. ◇ *vi* comentar; **to ~ on** hacer comentarios sobre.

commentary ['kɒməntrɪ] (*pl* **-ies**) *n* **-1.** [on match, event] comentarios *mpl* **-2.** [analysis] comentario *m*.

commentate ['kɒmənteɪt] *vi* RADIO & TV: **to ~ (on sthg)** hacer de comentarista (de algo).

commentator ['kɒmənteɪtəʳ] *n* comentarista *m* OR *f*.

commerce ['kɒmɜːs] *n (U)* comercio *m*.

commercial [kə'mɜːʃl] ◇ *adj* comercial. ◇ *n* anuncio *m (televisivo o radiofónico)*.

commercial bank *n* banco *m* comercial.

commercial break *n* pausa *f* publicitaria.

commercialism [kə'mɜːʃəlɪzm] *n* comercialismo *m*.

commercialize, -ise [kə'mɜːʃəlaɪz] *vt* comercializar.

commercialized [kə'mɜːʃəlaɪzd] *adj* comercializado(da).

commercially [kə'mɜːʃəlɪ] *adv* comercialmente.

commercial television *n UK* televisión *f* comercial.

commercial traveller *n UK dated* viajante *m* OR *f* de comercio.

commercial vehicle *n UK* vehículo *m* de transporte de mercancías.

commie ['kɒmɪ] *inf pej* ◇ *adj* rojo(ja), comunista. ◇ *n* rojo *m*, -ja *f*, comunista *m* OR *f*.

commiserate [kə'mɪzəreɪt] *vi*: **I ~ed with her** le dije cuánto lo sentía.

commiseration [kəˌmɪzə'reɪʃn] *n* conmiseración *f*; **my ~s** cuánto lo siento.

commission [kə'mɪʃn] ◇ *n* **-1.** [money, investigative body] comisión *f* **-2.** [piece of work] encargo *m*. ◇ *vt* encargar; **to ~ sb (to do sthg)** encargar a alguien (que haga algo).

commissionaire [kəˌmɪʃə'neəʳ] *n UK* portero *m* (uniformado).

commissioned officer [kə'mɪʃnd-] *n oficial o suboficial (salvo sargentos) del ejército*.

commissioner [kə'mɪʃnəʳ] *n* comisario *m*, -ria *f*.

commit [kə'mɪt] (*pt* & *pp* **-ted**, *cont* **-ting**) *vt* **-1.** [crime, sin etc] cometer **-2.** [pledge - money, resources] destinar; **to ~ o.s. (to)** comprometerse (a) **-3.** [consign - to mental hospital] ingresar; **to ~ sb to prison** encarcelar a alguien; **to ~ sthg to memory** aprender algo de memoria.

commitment [kə'mɪtmənt] *n* compromiso *m*.

committed [kə'mɪtɪd] *adj* comprometido(da); **~ to the cause** entregado(da) a la causa.

committee [kə'mɪtɪ] *n* comisión *f*, comité *m*.

commode [kə'məʊd] *n* [with chamber pot] silla *f* con orinal incorporado.

commodity [kə'mɒdətɪ] (*pl* **-ies**) *n* producto *m* básico.

commodity market *n* mercado *m* de materias primas.

common ['kɒmən] ◇ *adj* **-1.** [gen]: **~ (to)** común (a) **-2.** [ordinary - man, woman] corriente, de la calle **-3.** *UK pej* [vulgar] vulgar, ordinario(ria). ◇ *n* campo *m* común.
◆ **in common** *adv* en común.

Common Agricultural Policy *n* POL Política *f* Agrícola Común.

commoner ['kɒmənəʳ] *n* plebeyo *m*, -ya *f*.

common good *n*: **for the ~** para el bien común.

common ground *n* puntos *mpl* en común.

common knowledge *n*: **it's ~** es de todos sabido, es del dominio público.

common law *n* derecho *m* consuetudinario.
◆ **common-law** *adj* [wife, husband] de hecho.

commonly ['kɒmənlɪ] *adv* generalmente, comúnmente.

Common Market *n*: **the ~** el Mercado Común.

commonplace ['kɒmənpleɪs] *adj* corriente, común.

common room *n* [for pupils] sala *f* de estudiantes; [for teachers] sala *f* de profesores.

Commons ['kɒmənz] *npl UK*: **the ~** la Cámara de los Comunes.

common sense *n* sentido *m* común.

Commonwealth ['kɒmənwelθ] *n*: **the ~** la Commonwealth.

Commonwealth of Independent States *n*: **the ~** la Comunidad de Estados Independientes.

commotion [kə'məʊʃn] *n* alboroto *m*.

communal ['kɒmjʊnl] *adj* comunal.

commune [*n* 'kɒmjuːn, *vb* kə'mjuːn] ◇ *n* comuna *f*. ◇ *vi*: **to ~ with** estar en comunión OR comulgar con.

communicate [kə'mjuːnɪkeɪt] ◇ *vt* transmitir, comunicar. ◇ *vi*: **to ~ (with)** comunicarse (con).

communicating [kə'mjuːnɪkeɪtɪŋ] *adj* [door] que comunica.

communication [kəˌmjuːnɪ'keɪʃn] *n* **-1.** [contact] comunicación *f* **-2.** [letter, phone call] comunicado *m*.
◆ **communications** *npl* comunicaciones *fpl*.

communication cord *n UK* alarma *f (de un tren o metro)*.

communications satellite *n* satélite *m* de comunicaciones.
communications technology *n* tecnología *f* de las comunicaciones.
communicative [kə'mju:nɪkətɪv] *adj* comunicativo(va).
communicator [kə'mju:nɪkeɪtəʳ] *n*: **a good/bad ~** una persona con/sin dotes para comunicar ideas.
communion [kə'mju:njən] *n* [communication] comunión *f*.
◆ **Communion** *n (U)* RELIG comunión *f*.
communiqué [kə'mju:nɪkeɪ] *n* comunicado *m*.
Communism ['kɒmjʊnɪzm] *n* comunismo *m*.
Communist ['kɒmjʊnɪst] ◇ *adj* comunista. ◇ *n* comunista *m* OR *f*.
community [kə'mju:nətɪ] (*pl* **-ies**) *n* comunidad *f*.
community centre *n* centro *m* social.
community home *n UK* centro *m* docente para delincuentes menores de edad.
community policing *n fomento de las buenas relaciones entre policía y vecindario.*
community service *n (U)* servicios *mpl* a la comunidad.
community spirit *n* civismo *m*.
commutable [kə'mju:təbl] *adj* [sentence] conmutable.
commutation ticket [,kɒmju:'teɪʃn-] *n US* abono *m*, boleto *m* de abono *Amér*.
commute [kə'mju:t] ◇ *vt* JUR conmutar. ◇ *vi* [to work] *viajar diariamente al lugar de trabajo, esp en tren.*
commuter [kə'mju:təʳ] *n persona que viaja diariamente al lugar de trabajo, esp en tren.*
commy ['kɒmɪ] = **commie**.
Comoros ['kɒmərəʊz] *npl*: **the ~** las islas Comores.
compact [*adj & vb* kəm'pækt, *n* 'kɒmpækt] ◇ *adj* [small and neat] compacto(ta). ◇ *n* **-1.** [for face powder] polvera *f* **-2.** *US* [car] utilitario *m*. ◇ *vt* comprimir.
compact disc *n* disco *m* compacto, compact disc *m*.
compact disc player *n* compact *m* (disc), reproductor *m* de discos compactos.
companion [kəm'pænjən] *n* compañero *m*, -ra *f*.
companionable [kəm'pænjənəbl] *adj* [person] sociable; [evening, silence] agradable.
companionship [kəm'pænjənʃɪp] *n* [friendly relationship] compañerismo *m*.
company ['kʌmpənɪ] (*pl* **-ies**) *n* [gen] compañía *f*; [business] empresa *f*, compañía *f*; **to keep sb ~** hacer compañía a alguien; **to part ~ (with)** separarse (de).
company car *n* coche *m* de la empresa, carro *m* de la compania *Amér*, auto *m* de la compania *CSur*.
company director *n* gerente *m* OR *f* OR director *m*, -ra *f* de la empresa.
company secretary *n secretario del consejo de administración.*
comparable ['kɒmprəbl] *adj*: **~ (to** OR **with)** comparable (a).
comparative [kəm'pærətɪv] ◇ *adj* **-1.** [relative] relativo(va) **-2.** [study] comparado(da) **-3.** GRAMM comparativo(va). ◇ *n* GRAMM comparativo *m*.
comparatively [kəm'pærətɪvlɪ] *adv* relativamente.
compare [kəm'peəʳ] ◇ *vt*: **to ~ sthg/sb (with), to ~ sthg/sb (to)** comparar algo/a alguien (con); **~d with** OR **to** [as opposed to] comparado con; [in comparison with] en comparación con. ◇ *vi*: **to ~ (with)** compararse (con); **to ~ favourably/unfavourably with** ser mejor/peor que.
comparison [kəm'pærɪsn] *n* comparación *f*; **in ~ (with** OR **to)** en comparación (con).
compartment [kəm'pɑ:tmənt] *n* **-1.** [container] compartimento *m*, compartimiento *m* **-2.** RAIL departamento *m*, compartimento *m*.
compartmentalize, -ise [,kɒmpɑ:t'mentəlaɪz] *vt* compartimentar.
compass ['kʌmpəs] *n* **-1.** [magnetic] brújula *f* **-2.** *fml* [scope] alcance *m*.
◆ **compasses** *npl* compás *m*.
compassion [kəm'pæʃn] *n* compasión *f*.
compassionate [kəm'pæʃənət] *adj* compasivo(va).
compatibility [kəm,pætə'bɪlətɪ] *n*: **~ (with)** compatibilidad *f* (con).
compatible [kəm'pætəbl] *adj*: **~ (with)** compatible (con).
compatriot [kəm'pætrɪət] *n* compatriota *m* OR *f*.
compel [kəm'pel] (*pt & pp* **-led**, *cont* **-ling**) *vt* **-1.** [force] obligar; **to ~ sb to do sthg** forzar OR obligar a alguien a hacer algo **-2.** [cause - feeling] despertar.
compelling [kəm'pelɪŋ] *adj* **-1.** [argument, reason] convincente **-2.** [book, film] absorbente.
compendium [kəm'pendɪəm] (*pl* **-diums** OR **-dia** [-dɪə]) *n* [book] compendio *m*.
compensate ['kɒmpenseɪt] ◇ *vt*: **to ~ sb for sthg** [financially] compensar OR indemnizar

a alguien por algo. <> *vi*: **to ~ for sthg** compensar algo.

compensation [ˌkɒmpen'seɪʃn] *n* **-1.** [money]: **~ (for)** indemnización *f* (por) **-2.** [way of compensating]: **~ (for)** compensación *f* (por).

compere ['kɒmpeəʳ] *UK* <> *n* presentador *m*, -ra *f*. <> *vt* presentar.

compete [kəm'pi:t] *vi* **-1.** [gen]: **to ~ (for/in)** competir (por/en); **to ~ (with** *OR* **against)** competir (con) **-2.** [be in conflict] rivalizar.

competence ['kɒmpɪtəns] *n* [proficiency] competencia *f*.

competent ['kɒmpɪtənt] *adj* competente, capaz.

competently ['kɒmpɪtəntlɪ] *adv* competentemente.

competing [kəm'pi:tɪŋ] *adj* [conflicting] contrapuesto(ta).

competition [ˌkɒmpɪ'tɪʃn] *n* **-1.** [rivalry] competencia *f* **-2.** [competitors, rivals]: **the ~** la competencia **-3.** [race, sporting event] competición *f* **-4.** [contest] concurso *m*.

competitive [kəm'petətɪv] *adj* **-1.** [match, exam, prices] competitivo(va) **-2.** [person, spirit] competidor(ra).

competitively [kəm'petətɪvlɪ] *adv* **-1.** [play] competitivamente **-2.** *COMM* [price, market] de forma competitiva.

competitor [kəm'petɪtəʳ] *n* competidor *m*, -ra *f*.

compilation [ˌkɒmpɪ'leɪʃn] *n* recopilación *f*, compilación *f*.

compile [kəm'paɪl] *vt* recopilar, compilar.

complacency [kəm'pleɪsnsɪ] *n* autocomplacencia *f*.

complacent [kəm'pleɪsnt] *adj* autocomplaciente.

complacently [kəm'pleɪsntlɪ] *adv* con autosatisfacción.

complain [kəm'pleɪn] *vi* **-1.** [moan]: **to ~ (about)** quejarse (de) **-2.** *MED*: **to ~ of sthg** sufrir algo.

complaining [kəm'pleɪnɪŋ] *adj* protestón(ona).

complaint [kəm'pleɪnt] *n* **-1.** [gen] queja *f* **-2.** *MED* problema *m*, dolencia *f*.

complement [*n* 'kɒmplɪmənt, *vb* 'kɒmplɪˌment] <> *n* **-1.** [gen & *GRAMM*] complemento *m* **-2.** [number]: **we offer a full ~ of services** ofrecemos una gama completa de servicios. <> *vt* complementar.

complementary [ˌkɒmplɪ'mentərɪ] *adj* **-1.** [gen] complementario(ria) **-2.** [medicine] alternativo(va).

complete [kəm'pli:t] <> *adj* **-1.** [total] total; **a ~ idiot** un auténtico idiota **-2.** [lacking nothing] completo(ta); **bathroom ~ with shower** baño con ducha **-3.** [finished] terminado(da). <> *vt* **-1.** [finish] terminar, acabar **-2.** [form] rellenar **-3.** [make whole - collection] completar; [- disappointment, amazement] colmar, rematar.

completely [kəm'pli:tlɪ] *adv* completamente.

completion [kəm'pli:ʃn] *n* finalización *f*, terminación *f*.

complex ['kɒmpleks] <> *adj* complejo(ja). <> *n* complejo *m*.

complexion [kəm'plekʃn] *n* **-1.** [of face] tez *f*, cutis *m inv* **-2.** [nature] naturaleza *f*, carácter *m*.

complexity [kəm'pleksətɪ] (*pl* **-ies**) *n* complejidad *f*.

compliance [kəm'plaɪəns] *n* [obedience]: **~ (with)** cumplimiento *m* (de), acatamiento *m* (de).

compliant [kəm'plaɪənt] *adj* dócil, sumiso(sa).

complicate ['kɒmplɪkeɪt] *vt* complicar.

complicated ['kɒmplɪkeɪtɪd] *adj* complicado(da).

complication [ˌkɒmplɪ'keɪʃn] *n* complicación *f*.

complicity [kəm'plɪsətɪ] *n*: **~ (in)** complicidad *f* (en).

compliment [*n* 'kɒmplɪmənt, *vb* 'kɒmplɪment] <> *n* cumplido *m*; **my ~s to the cook** felicitaciones a la cocinera. <> *vt*: **to ~ sb (on)** felicitar a alguien (por).

◆ **compliments** *npl fml* saludos *mpl*.

complimentary [ˌkɒmplɪ'mentərɪ] *adj* **-1.** [remark] elogioso(sa); [person] halagador(ra) **-2.** [drink, seats] gratis *(inv)*.

complimentary ticket *n* entrada *f* gratuita.

compliments slip *n* nota *f* de cortesía.

comply [kəm'plaɪ] (*pt* & *pp* **-ied**) *vi*: **to ~ with sthg** [standards] cumplir (con) algo; [request] acceder a algo; [law] acatar algo.

component [kəm'pəʊnənt] *n TECH* pieza *f*; [element] elemento *m*, parte *f* integrante.

compose [kəm'pəʊz] *vt* **-1.** [constitute] componer; **to be ~d of** estar compuesto *OR* componerse de **-2.** [music, poem, letter] componer **-3.** [calm]: **to ~ o.s.** calmarse, tranquilizarse.

composed [kəm'pəʊzd] *adj* tranquilo(la).

composer [kəm'pəʊzəʳ] *n* compositor *m*, -ra *f*.

composite ['kɒmpəzɪt] <> *adj* compuesto(ta). <> *n* combinación *f*, conjunto *m*.

composition [ˌkɒmpə'zɪʃn] *n* **-1.** [gen] composición *f* **-2.** [essay] redacción *f*.

compost [*UK* 'kɒmpɒst, *US* 'kɒmpəʊst] *n* compost *m*, abono *m*.

composure [kəm'pəʊʒə^r] *n* compostura *f*, calma *f*.

compound [*adj* & *n* 'kɒmpaʊnd, *vb* kəm'paʊnd] ◇ *adj* compuesto(ta). ◇ *n* **-1.** [gen & *CHEM*] compuesto *m* **-2.** [enclosed area] recinto *m*. ◇ *vt* [exacerbate] agravar.

compound fracture *n* fractura *f* complicada.

compound interest *n* interés *m* compuesto.

comprehend [ˌkɒmprɪ'hend] *vt* comprender.

comprehension [ˌkɒmprɪ'henʃn] *n* comprensión *f*.

comprehensive [ˌkɒmprɪ'hensɪv] ◇ *adj* **-1.** [wide-ranging] completo(ta) **-2.** [defeat, victory] rotundo(da) **-3.** [insurance] a todo riesgo. ◇ *n* *UK* = **comprehensive school**.

comprehensively [ˌkɒmprɪ'hensɪvlɪ] *adv* [cover] extensamente; [study] minuciosamente; [beat] abrumadoramente.

comprehensive school *n* *instituto de enseñanza media no selectiva en Gran Bretaña.*

compress [kəm'pres] *vt* **-1.** [squeeze, press & *COMPUT*] comprimir **-2.** [shorten] reducir.

compression [kəm'preʃn] *n* **-1.** [of air & *COMPUT*] compresión *f* **-2.** [of text] reducción *f*.

comprise [kəm'praɪz] *vt* **-1.** [consist of] comprender **-2.** [form] constituir.

compromise ['kɒmprəmaɪz] ◇ *n* arreglo *m*, término *m* medio. ◇ *vt* comprometer; **to ~ o.s.** comprometerse. ◇ *vi* llegar a un arreglo, transigir.

compromising ['kɒmprəmaɪzɪŋ] *adj* comprometedor(ra).

compulsion [kəm'pʌlʃn] *n* **-1.** [strong desire] ganas *fpl* irrefrenables **-2.** *(U)* [force] obligación *f*.

compulsive [kəm'pʌlsɪv] *adj* **-1.** [gambler] empedernido(da); [liar] compulsivo(va) **-2.** [fascinating, compelling] absorbente.

compulsory [kəm'pʌlsərɪ] *adj* [gen] obligatorio(ria); [redundancy, retirement] forzoso(sa).

compulsory purchase *n* **UK** expropiación *f*.

compunction [kəm'pʌŋkʃn] *n* *(U)* escrúpulos *mpl*, reparos *mpl*.

computation [ˌkɒmpju:'teɪʃn] *n* cálculo *m*.

compute [kəm'pju:t] *vt* computar, calcular.

computer [kəm'pju:tə^r] ◇ *n* ordenador *m*, computadora *f* **Amér.** ◇ *comp* de ordenadores, de computadoras **Amér.**

computer animation *n* animación *f* por ordenador.

computer dating [-'deɪtɪŋ] *n* *citas organizadas por una agencia matrimonial a través de ordenador.*

computer game *n* juego *m* de ordenador.

computer graphics *npl* infografía *f*.

computerization [kəmˌpju:təraɪ'zeɪʃn] *n* informatización *f*.

computerize, -ise [kəm'pju:təraɪz] *vt* informatizar.

computerized [kəm'pju:təraɪzd] *adj* informatizado(da), computerizado(da).

computer language *n* lenguaje *m* de ordenador.

computer-literate *adj* con conocimientos de informática.

computing [kəm'pju:tɪŋ], **computer science** *n* informática *f*.

computer program *n* programa *m* informático.

comrade ['kɒmreɪd] *n* camarada *m* *OR* *f*.

comradeship ['kɒmreɪdʃɪp] *n* camaradería *f*.

comsat ['kɒmsæt] = **communications satellite**.

con [kɒn] (*pt* & *pp* **-ned**, *cont* **-ning**) *inf* ◇ *n* **-1.** [trick] timo *m*, estafa *f* **-2.** ***prison sl*** presidiario *m*, -ria *f*. ◇ *vt* timar, estafar; **to ~ sb out of sthg** timarle algo a alguien; **to ~ sb into doing sthg** engañar a alguien para que haga algo.

concave [ˌkɒn'keɪv] *adj* cóncavo(va).

conceal [kən'si:l] *vt* [object, substance, information] ocultar; [feelings] disimular; **to ~ sthg from sb** ocultarle algo a alguien.

concede [kən'si:d] ◇ *vt* **-1.** [defeat, a point] admitir, reconocer **-2.** [goal] encajar. ◇ *vi* [gen] ceder; [in sports, chess] rendirse.

conceit [kən'si:t] *n* engreimiento *m*, vanidad *f*.

conceited [kən'si:tɪd] *adj* engreído(da), vanidoso(sa).

conceivable [kən'si:vəbl] *adj* concebible, imaginable.

conceivably [kən'si:vəblɪ] *adv* posiblemente; **I can't ~ do that** no puedo hacer eso por nada del mundo.

conceive [kən'si:v] ◇ *vt* concebir. ◇ *vi* **-1.** *MED* concebir **-2.** [imagine]: **to ~ of sthg** imaginarse algo.

concentrate ['kɒnsəntreɪt] ◇ *vt* concentrar. ◇ *vi*: **to ~ (on)** concentrarse (en).

concentrated ['kɒnsəntreɪtɪd] *adj* **-1.** [fruit juice, washing powder] concentrado(da) **-2.** [effort] decidido(da), intenso(sa).

concentration [ˌkɒnsən'treɪʃn] *n* concentración *f*.

concentration camp *n* campo *m* de concentración.

concentric [kən'sentrɪk] *adj* concéntrico(ca).

concept ['kɒnsept] *n* concepto *m*.

conception [kən'sepʃn] *n* **-1.** [gen] concepción *f* **-2.** [idea] concepto *m*, idea *f*.

conceptualize, -ise [kən'septʃʊəlaɪz] *vt* formarse un concepto de, conceptualizar.

concern [kən'sɜːn] ◇ *n* **-1.** [worry, anxiety] preocupación *f* **-2.** [matter of interest] asunto *m*; **it's no ~ of yours** no es asunto tuyo **-3.** [company] negocio *m*, empresa *f*. ◇ *vt* **-1.** [worry] preocupar; **to be ~ed about** preocuparse por **-2.** [involve] concernir; **those ~ed** los interesados; **to be ~ed with** [subj: person] ocuparse de; **to ~ o.s. with sthg** preocuparse de *OR* por algo; **as far as ... is ~ed** por lo que a ... respecta **-3.** [book, film etc] tratar de; **it ~s your parents** tiene que ver con tus padres.

concerned [kən'sɜːnd] *adj* [person] preocupado(da); [expression] de preocupación.

concerning [kən'sɜːnɪŋ] *prep* en relación con.

concert ['kɒnsət] *n* concierto *m*.

◆ **in concert** *adv* **-1.** *MUS* en directo, en concierto **-2.** *fml* [acting as one] conjuntamente.

concerted [kən'sɜːtɪd] *adj* conjunto(ta).

concertgoer ['kɒnsət,gəʊə^r] *n* asiduo *m*, -dua *f* a conciertos.

concert hall *n* sala *f* de conciertos.

concertina [,kɒnsə'tiːnə] (*pt* & *pp* **-ed**, *cont* **-ing**) ◇ *n* concertina *f*. ◇ *vi* quedarse hecho(cha) un acordeón.

concerto [kən'tʃeətəʊ] (*pl* **-s**) *n* concierto *m*.

concession [kən'seʃn] *n* **-1.** [allowance, franchise] concesión *f* **-2.** *UK* [special price] descuento *m*, rebaja *f* **-3.** *UK* [reduced ticket - for cinema, theatre] entrada *f* con descuento; [- for public transport] billete *m* con descuento.

concessionary [kən'seʃnərɪ] *adj* de descuento, especial.

concierge [,kɒnsɪ'eəʒ] *n* *US* [in hotel] conserje *m* *OR* *f*.

conciliation [kən,sɪlɪ'eɪʃn] *n* conciliación *f*.

conciliatory [kən'sɪlɪətrɪ] *adj* conciliador(ra).

concise [kən'saɪs] *adj* conciso(sa).

concisely [kən'saɪslɪ] *adv* de manera concisa.

conclave ['kɒŋkleɪv] *n* cónclave *m*.

conclude [kən'kluːd] ◇ *vt* **-1.** [bring to an end] concluir, terminar **-2.** [deduce]: **to ~ (that)** concluir que **-3.** [agreement] llegar a; [business deal] cerrar; [treaty] firmar. ◇ *vi* terminar, concluir.

conclusion [kən'kluːʒn] *n* **-1.** [decision] conclusión *f*; **to jump to the wrong ~** sacar precipitadamente una conclusión errónea **-2.** [ending] conclusión *f*, final *m*; **a foregone ~** un resultado inevitable **-3.** [of business deal] cierre *m*; [of treaty, agreement] firma *f*.

conclusive [kən'kluːsɪv] *adj* concluyente.

concoct [kən'kɒkt] *vt* **-1.** [excuse, story] ingeniar **-2.** [food] confeccionar; [drink] preparar.

concoction [kən'kɒkʃn] *n* [drink] brebaje *m*; [food] mezcla *f*.

concord ['kɒŋkɔːd] *n* concordia *f*.

concourse ['kɒŋkɔːs] *n* [of station etc] vestíbulo *m*.

concrete ['kɒŋkriːt] ◇ *adj* [definite, real] concreto(ta). ◇ *n* hormigón *m*, concreto *m* ***Amér***. ◇ *comp* [made of concrete] de hormigón. ◇ *vt* cubrir con hormigón.

concrete mixer *n* hormigonera *f*.

concubine ['kɒŋkjʊbaɪn] *n* concubina *f*.

concur [kən'kɜː^r] (*pt* & *pp* **-red**, *cont* **-ring**) *vi* [agree]: **to ~ (with)** estar de acuerdo *OR* coincidir (con).

concurrently [kən'kʌrəntlɪ] *adv* simultáneamente, al mismo tiempo.

concussed [kən'kʌst] *adj*: **to be ~ed** haber sufrido una conmoción cerebral.

concussion [kən'kʌʃn] *n* conmoción *f* cerebral.

condemn [kən'dem] *vt* **-1.** [gen]: **to ~ sb (for/to)** condenar a alguien (por/a) **-2.** [building] declarar en ruinas.

condemnation [,kɒndem'neɪʃn] *n* condena *f*.

condemned [kən'demd] *adj* **-1.** *JUR* [condemned to death] condenado(da) a muerte **-2.** [building] declarado(da) en ruinas.

condensation [,kɒnden'seɪʃn] *n* [on walls] condensación *f*; [on glass] vaho *m*.

condense [kən'dens] ◇ *vt* condensar. ◇ *vi* condensarse.

condensed milk [kən'denst-] *n* leche *f* condensada.

condescend [,kɒndɪ'send] *vi* **-1.** [talk down]: **to ~ to sb** hablar a alguien con tono de superioridad **-2.** [deign]: **to ~ to do sthg** condescender *OR* rebajarse a hacer algo.

condescending [,kɒndɪ'sendɪŋ] *adj* altivo(va), condescendiente.

condiment ['kɒndɪmənt] *n* condimento *m*.

condition [kən'dɪʃn] ◇ *n* **-1.** [state] estado *m*; **in good/bad ~** en buen/mal estado; **to be out of ~** no estar en forma **-2.** *MED* [disease, complaint] afección *f* **-3.** [provision] condición *f*; **on ~ that** a condición de que; **on one ~** con una condición. ◇ *vt* **-1.** [gen] condicionar **-2.** [hair] acondicionar.

◆ **conditions** *npl* condiciones *fpl*; **weather ~s** estado del tiempo.

conditional [kən'dɪʃənl] ◇ *adj* condicional; **to be ~ on** *OR* **upon** depender de. ◇ *n*: **the ~** el condicional.

conditionally [kən'dɪʃnəlɪ] *adv* condicionalmente.
conditioner [kən'dɪʃnəʳ] *n* suavizante *m*.
conditioning [kən'dɪʃnɪŋ] *n* **-1.** [psychological] condicionamiento *m* **-2.** [physical] preparación *f*.
condo ['kɒndəʊ] *n US inf abbr of* **condominium.**
condolences [kən'dəʊlənsɪz] *npl* pésame *m*; **to offer one's ~** dar uno su más sentido pésame.
condom ['kɒndəm] *n* preservativo *m*, condón *m*.
condominium [,kɒndə'mɪnɪəm] *n US* **-1.** [apartment] piso *m*, apartamento *m* **-2.** [apartment block] bloque *m* de pisos *OR* apartamentos.
condone [kən'dəʊn] *vt* perdonar, tolerar.
condor ['kɒndɔːʳ] *n* cóndor *m*.
conducive [kən'djuːsɪv] *adj*: **~ to** favorable para.
conduct [*n* 'kɒndʌkt, *vb* kən'dʌkt] <> *n* **-1.** [behaviour] conducta *f* **-2.** [carrying out] dirección *f*. <> *vt* **-1.** [carry out] dirigir, llevar a cabo **-2.** [behave]: **to ~ o.s. well/badly** comportarse bien/mal **-3.** *MUS* dirigir **-4.** *PHYS* conducir. <> *vi* [lead orchestra, choir] dirigir.
conducted tour [kən'dʌktɪd-] *n* visita *f* con guía.
conductor [kən'dʌktəʳ] *n* **-1.** [of orchestra, choir] director *m*, -ra *f* **-2.** [on bus] cobrador *m* **-3.** *US* [on train] revisor *m*, -ra *f*.
conductress [kən'dʌktrɪs] *n* [on bus] cobradora *f*.
conduit ['kɒndɪt] *n* conducto *m*.
cone [kəʊn] *n* **-1.** [shape] cono *m* **-2.** [for ice cream] cucurucho *m* **-3.** [from tree] piña *f*.
◆ **cone off** *vt sep UK cortar temporalmente (un carril o carretera) con conos.*
confectioner [kən'fekʃnəʳ] *n* confitero *m*, -ra *f*; **~'s (shop)** confitería *f*.
confectioner's sugar [kən'fekʃnəz-] *n US* azúcar *m* glas.
confectionery [kən'fekʃnərɪ] *n (U)* dulces *mpl*, golosinas *fpl*.
confederation [kən,fedə'reɪʃn] *n* confederación *f*.
Confederation of British Industry *n*: **the ~** *organización patronal británica*, ≃ la CEOE.
confer [kən'fɜːʳ] (*pt* & *pp* **-red**, *cont* **-ring**) <> *vt fml*: **to ~ sthg (on)** otorgar *OR* conferir algo (a). <> *vi*: **to ~ (with)** consultar (con).
conference ['kɒnfərəns] *n* congreso *m*, conferencia *f*; **in ~** reunido.
conference call *n multiconferencia f, llamada f OR llamado m en conferencia Amér.*
conference centre *n* **-1.** [purpose-built building] palacio *m* de congresos **-2.** [in hotel, etc] centro *m* de congresos.
conference hall *n* sala *f* de conferencias *OR* congresos.
conferencing ['kɒnfərənsɪŋ] *n multiconferencias fpl.*
confess [kən'fes] <> *vt* confesar; **to ~ (that)** admitir *OR* confesar que. <> *vi* **-1.** [to crime & *RELIG*] confesarse; **to ~ to sthg** confesar algo **-2.** [admit]: **to ~ to sthg** admitir algo.
confession [kən'feʃn] *n* confesión *f*.
confessional [kən'feʃənl] *n* confesionario *m*.
confetti [kən'fetɪ] *n* confeti *m*.
confidant [,kɒnfɪ'dænt] *n* confidente *m*.
confidante [,kɒnfɪ'dænt] *n* confidente *f*.
confide [kən'faɪd] <> *vt* confiar. <> *vi*: **to ~ (in)** confiarse (a).
confidence ['kɒnfɪdəns] *n* **-1.** [self-assurance] confianza *f OR* seguridad *f* (en sí mismo/misma) **-2.** [trust] confianza *f*; **to have ~ in sb** tener confianza en alguien **-3.** [secrecy]: **in ~** en secreto **-4.** [secret] intimidad *f*, secreto *m*.
confidence trick *n* timo *m*, estafa *f*.
confident ['kɒnfɪdənt] *adj* **-1.** [self-assured - person] seguro de sí mismo (segura de sí misma); [- smile, attitude] confiado(da) **-2.** [sure]: **~ (of)** seguro(ra) (de).
confidential [,kɒnfɪ'denʃl] *adj* [gen] confidencial; [secretary, clerk] de confianza.
confidentiality ['kɒnfɪ,denʃɪ'ælətɪ] *n* confidencialidad *f*.
confidentially [,kɒnfɪ'denʃəlɪ] *adv* **-1.** [secretly] en confianza **-2.** [secretively] confidencialmente.
confidently ['kɒnfɪdəntlɪ] *adv* **-1.** [with self-assurance] con seguridad **-2.** [trustingly] con toda confianza.
configuration [kən,fɪgə'reɪʃn] *n* [gen & *COMPUT*] configuración *f*.
confine [kən'faɪn] *vt* **-1.** [limit, restrict] limitar, restringir; **to be ~d to** limitarse a; **to ~ o.s. to** limitarse a **-2.** [shut up] recluir, encerrar.
confined [kən'faɪnd] *adj* [space] reducido(da), limitado(da).
confinement [kən'faɪnmənt] *n* **-1.** [imprisonment] reclusión *f* **-2.** *dated* & *MED* parto *m*.
confines ['kɒnfaɪnz] *npl* confines *mpl*, límites *mpl*.
confirm [kən'fɜːm] *vt* confirmar.
confirmation [,kɒnfə'meɪʃn] *n* confirmación *f*.
confirmed [kən'fɜːmd] *adj* [non-smoker] inveterado(da); [bachelor] empedernido.
confiscate ['kɒnfɪskeɪt] *vt* confiscar.

confiscation [ˌkɒnfɪ'skeɪʃn] *n* confiscación *f*, incautación *f*.
conflagration [ˌkɒnflə'greɪʃn] *n fml* conflagración *f*.
conflict [*n* 'kɒnflɪkt, *vb* kən'flɪkt] <> *n* conflicto *m*; ~ **of interests** conflicto de intereses. <> *vi*: **to** ~ **(with)** estar en desacuerdo (con).
conflicting [kən'flɪktɪŋ] *adj* contrapuesto(ta).
conform [kən'fɔːm] *vi* **-1.** [behave as expected] amoldarse a las normas sociales **-2.** [be in accordance]: **to** ~ **(to** OR **with)** [expectations] corresponder (a); [rules] ajustarse (a).
conformist [kən'fɔːmɪst] <> *adj* conformista. <> *n* conformista *m* OR *f*.
conformity [kən'fɔːmətɪ] *n*: ~ **(to** OR **with)** conformidad *f* (con).
confound [kən'faʊnd] *vt* [confuse, defeat] confundir, desconcertar.
confounded [kən'faʊndɪd] *adj inf* maldito(ta).
confront [kən'frʌnt] *vt* **-1.** [problem, task] afrontar, hacer frente a **-2.** [subj: problem, task] presentarse a **-3.** [enemy etc] enfrentarse con **-4.** [challenge]: **to** ~ **sb (with)** poner a alguien cara a cara (con).
confrontation [ˌkɒnfrʌn'teɪʃn] *n* enfrentamiento *m*, confrontación *f*.
confuse [kən'fjuːz] *vt* **-1.** [bewilder] desconcertar, confundir **-2.** [mix up]: **to** ~ **(with)** confundir (con) **-3.** [complicate, make less clear] complicar.
confused [kən'fjuːzd] *adj* **-1.** [person] confundido(da), desconcertado(da) **-2.** [reasoning, situation] confuso(sa).
confusing [kən'fjuːzɪŋ] *adj* confuso(sa).
confusion [kən'fjuːʒn] *n* **-1.** [gen] confusión *f* **-2.** [of person] desconcierto *m*.
conga ['kɒŋgə] *n*: **the** ~ la conga.
congeal [kən'dʒiːl] *vi* [fat] solidificarse; [blood] coagularse.
congenial [kən'dʒiːnjəl] *adj* ameno(na), agradable.
congenital [kən'dʒenɪtl] *adj* MED congénito(ta).
conger eel ['kɒŋgəʳ-] *n* congrio *m*.
congested [kən'dʒestɪd] *adj* **-1.** [road] congestionado(da); [area] superpoblado(da) **-2.** MED congestionado(da).
congestion [kən'dʒestʃn] *n* [of traffic & MED] congestión *f*.
conglomerate [kən'glɒmərət] *n* COMM conglomerado *m*.
conglomeration [kənˌglɒmə'reɪʃn] *n fml* conglomerado *m*.
Congo ['kɒŋgəʊ] *n* [country, river]: **the** ~ el Congo.
Congolese [ˌkɒŋgə'liːz] <> *adj* congoleño(ña). <> *n* congoleño *m*, -ña *f*.
congratulate [kən'grætʃʊleɪt] *vt*: **to** ~ **sb (on)** felicitar a alguien (por); **to** ~ **o.s. (on)** sentirse satisfecho(cha) (con).
congratulations [kənˌgrætʃʊ'leɪʃənz] <> *npl* felicitaciones *fpl*. <> *excl* ¡enhorabuena!
congratulatory [kən'grætʃʊlətrɪ] *adj* de felicitación.
congregate ['kɒŋgrɪgeɪt] *vi* [people] congregarse; [animals] juntarse.
congregation [ˌkɒŋgrɪ'geɪʃn] *n* RELIG feligreses *mpl*.
congress ['kɒŋgres] *n* congreso *m*.
◆ **Congress** *n* [in US]: **(the) Congress** el Congreso.

CONGRESS

El Congreso, órgano legislativo estadounidense, está formado por el Senado y la Cámara de Representantes. Un proyecto de ley debe ser aprobado obligatoriamente y de manera separada por las dos cámaras para que dicha ley entre en vigor.

congressional [kəŋ'greʃənl] *adj US* POL del Congreso.
congressman ['kɒŋgresmən] (*pl* **-men** [-mən]) *n US* congresista *m*.
congresswoman ['kɒŋgresˌwʊmən] (*pl* **-women** [-ˌwɪmɪn]) *n US* congresista *m*.
conical ['kɒnɪkl] *adj* cónico(ca).
conifer ['kɒnɪfəʳ] *n* conífera *f*.
coniferous [kə'nɪfərəs] *adj* conífero(ra).
conjecture [kən'dʒektʃəʳ] <> *n* conjetura *f*. <> *vt*: **to** ~ **(that)** conjeturar que. <> *vi* hacer conjeturas.
conjugal ['kɒndʒʊgl] *adj* conyugal.
conjugate ['kɒndʒʊgeɪt] *vt* conjugar.
conjugation [ˌkɒndʒʊ'geɪʃn] *n* conjugación *f*.
conjunction [kən'dʒʌŋkʃn] *n* **-1.** GRAMM conjunción *f* **-2.** [combination]: **in** ~ **with** juntamente con.
conjunctivitis [kənˌdʒʌŋktɪ'vaɪtɪs] *n* conjuntivitis *f inv*.
conjure ['kʌndʒəʳ] <> *vt* hacer aparecer. <> *vi* hacer juegos de manos.
◆ **conjure up** *vt sep* [evoke] evocar.
conjurer ['kʌndʒərəʳ] *n* prestidigitador *m*, -ra *f*.
conjuring trick ['kʌndʒərɪŋ-] *n* juego *m* de manos.
conjuror ['kʌndʒərəʳ] = **conjurer**.
conk [kɒŋk] *n inf* [nose] napia *f*.
◆ **conk out** *vi inf* **-1.** [break down] escacharrarse **-2.** [fall asleep] quedarse roque.
conker ['kɒŋkəʳ] *n UK* castaña *f (del castaño de Indias)*.

conman ['kɒnmæn] (*pl* **-men** [-men]) *n* estafador *m*, timador *m*.

connect [kə'nekt] ◇ *vt* **-1.** [join]: **to ~ sthg (to)** conectar algo (a); **to get ~ed** conectarse **-2.** [on telephone]: **I'll ~ you now** ahora le paso *OR* pongo **-3.** [associate]: **to ~ sthg/sb (with)** asociar algo/a alguien (con) **-4.** *ELEC*: **to ~ sthg to** conectar algo a. ◇ *vi* [train, plane, bus]: **to ~ (with)** enlazar (con).

connected [kə'nektɪd] *adj* [related]: **~ (with)** relacionado(da) (con).

Connecticut [kə'netɪkət] *n* Connecticut.

connecting [kə'nektɪŋ] *adj* **-1.** [service, flight] de enlace **-2.** [door] que comunica.

connection [kə'nekʃn] *n* **-1.** [gen, *ELEC & COMPUT*]: **~ (between/with)** conexión *f* (entre/con); **in ~ with** con relación *OR* respecto a **-2.** [plane, train, bus] enlace *m* **-3.** [professional acquaintance] contacto *m*; **to have good ~s** tener mucho enchufe.

connective tissue [kə'nektɪv-] *n* tejido *m* conjuntivo.

connexion [kə'nekʃn] *UK* = **connection.**

connive [kə'naɪv] *vi* **-1.** [plot]: **to ~ (with)** confabularse (con) **-2.** [allow to happen]: **to ~ at sthg** hacer la vista gorda con algo.

conniving [kə'naɪvɪŋ] *adj* intrigante.

connoisseur [ˌkɒnə'sɜːʳ] *n* entendido *m*, -da *f*.

connotation [ˌkɒnə'teɪʃn] *n* connotación *f*.

conquer ['kɒŋkəʳ] *vt* **-1.** [take by force] conquistar **-2.** [gain control of, overcome] vencer.

conqueror ['kɒŋkərəʳ] *n* conquistador *m*, -ra *f*.

conquest ['kɒŋkwest] *n* conquista *f*.

cons [kɒnz] *npl* **-1.** *UK inf*: **all mod ~** con todas las comodidades **-2.** ▷ **pro.**

Cons. *abbr of* **Conservative.**

conscience ['kɒnʃəns] *n* conciencia *f*; **in all ~** en conciencia.

conscientious [ˌkɒnʃɪ'enʃəs] *adj* concienzudo(da).

conscientiously [ˌkɒnʃɪ'enʃəslɪ] *adv* a conciencia.

conscientious objector *n* objetor *m*, -ra *f* de conciencia.

conscious ['kɒnʃəs] *adj* **-1.** [gen] consciente; **to be ~ of** ser consciente de; **to become ~ of** darse cuenta de **-2.** [intentional] deliberado(da).

consciously ['kɒnʃəslɪ] *adv* deliberadamente.

consciousness ['kɒnʃəsnɪs] *n* **-1.** [gen] conciencia *f* **-2.** [state of being awake] conocimiento *m*; **to lose/regain ~** perder/recobrar el conocimiento.

conscript [*n* 'kɒnskrɪpt, *vb* kən'skrɪpt] ◇ *n* recluta *m OR f*. ◇ *vt* reclutar.

conscription [kən'skrɪpʃn] *n* servicio *m* militar obligatorio.

consecrate ['kɒnsɪkreɪt] *vt RELIG & fig* consagrar.

consecration [ˌkɒnsɪ'kreɪʃn] *n RELIG* consagración *f*.

consecutive [kən'sekjʊtɪv] *adj* consecutivo(va); **on three ~ days** tres días seguidos.

consecutively [kən'sekjʊtɪvlɪ] *adv* consecutivamente.

consensus [kən'sensəs] *n* consenso *m*.

consent [kən'sent] ◇ *n (U)* **-1.** [permission] consentimiento *m* **-2.** [agreement]: **by general** *OR* **common ~** de común acuerdo. ◇ *vi*: **to ~ (to)** consentir (en).

consenting [kən'sentɪŋ] *adj*: **~ adults** *adultos que aceptan mutuamente tener relaciones sexuales.*

consequence ['kɒnsɪkwəns] *n* **-1.** [result] consecuencia *f*; **in ~** por consiguiente **-2.** [importance] importancia *f*.

consequent ['kɒnsɪkwənt] *adj* consiguiente.

consequently ['kɒnsɪkwəntlɪ] *adv* por consiguiente.

conservation [ˌkɒnsə'veɪʃn] *n* [gen] conservación *f*; [environmental protection] protección *f* del medio ambiente.

conservation area *n* zona *f* protegida.

conservationist [ˌkɒnsə'veɪʃənɪst] *n* ecologista *m OR f*.

conservatism [kən'sɜːvətɪzm] *n* conservadurismo *m*.
◆ **Conservatism** *n POL* conservadurismo *m*.

conservative [kən'sɜːvətɪv] ◇ *adj* **-1.** [not modern] conservador(ra) **-2.** [estimate, guess] moderado(da). ◇ *n* conservador *m*, -ra *f*.
◆ **Conservative** *POL* ◇ *adj* conservador(ra). ◇ *n* conservador *m*, -ra *f*.

Conservative Party *n*: **the ~** el Partido Conservador.

conservatory [kən'sɜːvətrɪ] (*pl* **-ies**) *n pequeña habitación acristalada aneja a la casa.*

conserve [*n* 'kɒnsɜːv, *vb* kən'sɜːv] ◇ *n* compota *f*. ◇ *vt* [energy, supplies] ahorrar; [nature, wildlife] conservar, preservar.

consider [kən'sɪdəʳ] *vt* **-1.** [gen] considerar; **to ~ doing sthg** considerar hacer algo; **to ~ whether to do sthg** pensarse si hacer algo; **to ~ o.s. lucky** considerarse afortunado **-2.** [take into account] tener en cuenta; **all things ~ed** teniéndolo todo en cuenta.

considerable [kən'sɪdrəbl] *adj* considerable.

considerably [kən'sɪdrəblɪ] *adv* considerablemente, sustancialmente.

considerate [kən'sɪdərət] *adj* considerado(da).

consideration [kənˌsɪdə'reɪʃn] *n* **-1.** [gen] consideración *f*; **to take sthg into ~** tomar *OR* tener algo en cuenta; **several options are under ~** se están considerando varias posibilidades **-2.** [factor] factor *m* **-3.** [amount of money] retribución *f*.

considered [kən'sɪdəd] *adj*: **it is my ~ opinion that ...** tras pensarlo detenidamente creo que ...

considering [kən'sɪdərɪŋ] ◇ *prep* habida cuenta de, teniendo en cuenta. ◇ *conj* después de todo.

consign [kən'saɪn] *vt*: **to ~ sthg/sb to** relegar algo/a alguien a.

consignee [ˌkɒnsaɪ'ni:] *n* consignatario *m*, -ria *f*.

consignment [ˌkən'saɪnmənt] *n* remesa *f*.

consignment note *n* talón *m* de expedición.

consignor [kən'saɪnəʳ] *n* consignador *m*, -ra *f*.

consist [kən'sɪst] ◆ **consist in** *vt fus* consistir en.

◆ **consist of** *vt fus* constar de.

consistency [kən'sɪstənsɪ] (*pl* **-ies**) *n* **-1.** [coherence - of behaviour, policy] consecuencia *f*, coherencia *f*; [of work, performances] regularidad *f* **-2.** [texture] consistencia *f*.

consistent [kən'sɪstənt] *adj* **-1.** [regular] constante **-2.** [coherent]: **~ (with)** consecuente (con).

consistently [kən'sɪstəntlɪ] *adv* **-1.** [without exception] constantemente **-2.** [argue, reason] consecuentemente.

consolation [ˌkɒnsə'leɪʃn] *n* consuelo *m*.

consolation prize *n* premio *m* de consolación.

console [*n* 'kɒnsəʊl, vt kən'səʊl] ◇ *n* consola *f*. ◇ *vt* consolar; **to ~ o.s. with the thought that ...** consolarse pensando que ...

consolidate [kən'sɒlɪdeɪt] ◇ *vt* **-1.** [strengthen] consolidar **-2.** [merge] fusionar. ◇ *vi* [merge] fusionarse.

consolidation [kənˌsɒlɪ'deɪʃn] *(U)* *n* **-1.** [strengthening] consolidación *f* **-2.** [merging] fusión *f*.

consommé [*UK* kən'sɒmeɪ, *US* ˌkɒnsə'meɪ] *n* consomé *m*.

consonant ['kɒnsənənt] *n* consonante *f*.

consort [*vb* kən'sɔ:t, n 'kɒnsɔ:t] ◇ *vi fml*: **to ~ with sb** asociarse con *OR* frecuentar a alguien. ◇ *n* consorte *m OR f*.

consortium [kən'sɔ:tjəm] (*pl* **-tiums** *OR* **-tia** [-tjəl]) *n* consorcio *m*.

conspicuous [kən'spɪkjʊəs] *adj* [building] visible; [colour] llamativo(va); **he felt ~** le pareció que llamaba mucho la atención; **to be ~ by its absence** brillar por su ausencia.

conspicuously [kən'spɪkjʊəslɪ] *adv* [behave] ostentosamente; **they have ~ failed to solve the problem** han tenido un fracaso estrepitoso en su intento de resolver el problema.

conspiracy [kən'spɪrəsɪ] (*pl* **-ies**) *n* conspiración *f*.

conspiracy theory *n teoría que sostiene la existencia de una conspiración oculta.*

conspirator [kən'spɪrətəʳ] *n* conspirador *m*, -ra *f*.

conspiratorial [kənˌspɪrə'tɔ:rɪəl] *adj* cómplice.

conspire [kən'spaɪəʳ] ◇ *vt*: **to ~ to do sthg** conspirar para hacer algo. ◇ *vi* **-1.** [plan secretly]: **to ~ (against/with)** conspirar (contra/con) **-2.** [combine] confabularse.

constable ['kʌnstəbl] *n* policía *m OR f*, agente *m OR f*.

constabulary [kən'stæbjʊlərɪ] (*pl* **-ies**) *n* policía *f (de una zona determinada).*

constancy ['kɒnstənsɪ] *n* **-1.** [of purpose] constancia *f* **-2.** *literary* [faithfulness] fidelidad *f*.

constant ['kɒnstənt] ◇ *adj* **-1.** [gen] constante **-2.** *literary* [faithful] fiel. ◇ *n* constante *f*.

constantly ['kɒnstəntlɪ] *adv* [forever] constantemente.

constellation [ˌkɒnstə'leɪʃn] *n* constelación *f*.

consternation [ˌkɒnstə'neɪʃn] *n* consternación *f*.

constipated ['kɒnstɪpeɪtɪd] *adj* estreñido(da).

constipation [ˌkɒnstɪ'peɪʃn] *n* estreñimiento *m*.

constituency [kən'stɪtjʊənsɪ] (*pl* **-ies**) *n* [area] distrito *m* electoral, circunscripción *f*.

constituency party *n UK* delegación *f* local de un partido.

constituent [kən'stɪtjʊənt] ◇ *adj* integrante, constituyente. ◇ *n* **-1.** [voter] votante *m OR f*, elector *m*, -ra *f* **-2.** [element] componente *m*.

constitute ['kɒnstɪtju:t] *vt* constituir.

constitution [ˌkɒnstɪ'tju:ʃn] *n* constitución *f*.

◆ **Constitution** *n*: **the Constitution** [in US] la Constitución.

CONSTITUTION

La Constitución británica, a diferencia de la estadounidense (texto escrito y definitivo), no es un documento propiamente dicho, sino el resultado virtual de la sucesión, a lo largo de la historia, de leyes con base en el principio de jurisprudencia.

constitutional [ˌkɒnstɪ'tju:ʃənl] *adj* constitucional.

constrain [kən'streɪn] *vt* **-1.** [coerce]: **to ~ sb to do sthg** forzar a alguien a hacer algo **-2.** [re-

strict] coartar, constreñir.
constrained [kən'streɪnd] *adj* [smile] forzado(da); [manner] inhibido(da).
constraint [kən'streɪnt] *n* **-1.** [restriction]: ~ **(on)** limitación *f* (de) **-2.** [coercion] coacción *f*.
constrict [kən'strɪkt] *vt* **-1.** [compress] apretar **-2.** [limit] limitar.
constricting [kən'strɪktɪŋ] *adj* **-1.** [clothing] que aprieta **-2.** [circumstances, lifestyle] opresivo(va).
construct [*vb* kən'strʌkt, *n* 'kɒnstrʌkt] ◇ *vt lit & fig* construir. ◇ *n fml* concepto *m*.
construction [kən'strʌkʃn] ◇ *n* construcción *f*; **under** ~ en construcción. ◇ *comp* de la construcción; ~ **site** obra *f*.
construction industry *n* (industria *f* de la) construcción *f*.
constructive [kən'strʌktɪv] *adj* constructivo(va).
constructively [kən'strʌktɪvlɪ] *adv* de forma constructiva.
construe [kən'stru:] *vt fml*: **to** ~ **sthg as** interpretar algo como.
consul ['kɒnsəl] *n* cónsul *m* OR *f*.
consular ['kɒnsjʊlə^r] *adj* consular.
consulate ['kɒnsjʊlət] *n* consulado *m*.
consult [kən'sʌlt] ◇ *vt* consultar. ◇ *vi*: **to** ~ **with sb** consultar a OR con alguien.
consultancy [kən'sʌltənsɪ] (*pl* **-ies**) *n* **-1.** [company] consultoría *f* **-2.** *UK* MED puesto *m* de especialista.
consultancy fee *n* honorarios *mpl* por la consulta.
consultant [kən'sʌltənt] *n* **-1.** [expert] asesor *m*, -ra *f* **-2.** *UK* [hospital doctor] (médico) especialista *m*, especialista *f*.
consultation [ˌkɒnsəl'teɪʃn] *n* **-1.** [gen] consulta *f* **-2.** [discussion] discusión *f*.
consulting room [kən'sʌltɪŋ-] *n* consultorio *m*, consulta *f*.
consume [kən'sju:m] *vt lit & fig* consumir.
consumer [kən'sju:mə^r] ◇ *n* consumidor *m*, -ra *f*. ◇ *comp* [protection, rights] del consumidor; [advice] al consumidor.
consumer credit *n (U)* crédito *m* al consumidor.
consumer durables *npl* bienes *mpl* de consumo duraderos.
consumer goods *npl* bienes *mpl* de consumo.
consumerism [kən'sju:mərɪzm] *n* ***usu pej*** [theory] consumismo *m*.
consumer price index *n* índice *m* de precios al consumo.
consumer society *n* sociedad *f* de consumo.
consumer spending *n* gasto *m* de bienes de consumo.
consummate [*adj* kən'sʌmət, *vb* 'kɒnsəmeɪt] ◇ *adj* **-1.** [skill, ease] absoluto(ta) **-2.** [liar, politician, snob] consumado(da). ◇ *vt* **-1.** [marriage] consumar **-2.** [deal] cerrar; [achievement] completar, redondear.
consummation [ˌkɒnsə'meɪʃn] *n* **-1.** [of marriage] consumación *f* **-2.** [culmination] culminación *f*.
consumption [kən'sʌmpʃn] *n* **-1.** [use] consumo *m* **-2.** ***dated*** [tuberculosis] tisis *f inv*.
cont. *abbr of* **continued**.
contact ['kɒntækt] ◇ *n* contacto *m*; **in** ~ **(with)** en contacto (con); **to lose** ~ **with** perder (el) contacto con; **to make** ~ **with** ponerse en contacto con. ◇ *vt* ponerse en contacto con.
◆ **contacts** *npl inf* [contact lenses] lentillas *fpl*, lentes *fpl* de contacto.
contact lens *n* lentilla *f*, lente *f* de contacto.
contact number *n* número *m* de contacto.
contagious [kən'teɪdʒəs] *adj* contagioso(sa).
contain [kən'teɪn] *vt* contener; **to** ~ **o.s.** contenerse.
contained [kən'teɪnd] *adj* [unemotional] mesurado(da).
container [kən'teɪnə^r] *n* **-1.** [box, bottle etc] recipiente *m*, envase *m* **-2.** [for transporting goods] contenedor *m*.
containerize, -ise [kən'teɪnəraɪz] COMM *vt* [goods] poner en contenedores.
container ship *n* barco *m* OR buque *m* de transporte de contenedores.
containment [kən'teɪnmənt] *n* contención *f*.
contaminate [kən'tæmɪneɪt] *vt* contaminar.
contaminated [kən'tæmɪneɪtɪd] *adj* contaminado(da).
contamination [kənˌtæmɪ'neɪʃn] *n* contaminación *f*.
cont'd *abbr of* **continued**.
contemplate ['kɒntempleɪt] ◇ *vt* **-1.** [consider] considerar, pensar en; **to** ~ **doing sthg** contemplar la posibilidad de hacer algo **-2.** *fml* [look at] contemplar. ◇ *vi* reflexionar.
contemplation [ˌkɒntem'pleɪʃn] *n* **-1.** [thought] reflexión *f* **-2.** *fml* [act of looking quietly] contemplación *f*.
contemplative [kən'templətɪv] *adj* contemplativo(va).
contemporary [kən'tempərərɪ] (*pl* **-ies**) ◇ *adj* contemporáneo(a). ◇ *n* contemporáneo *m*, -a *f*.
contempt [kən'tempt] *n* **-1.** [scorn]: ~ **(for)** desprecio *m* OR desdén *m* (por); **to hold sb in**

~ despreciar a alguien **-2.** *JUR* desacato *m.*

contemptible [kən'temptəbl] *adj* despreciable.

contemptuous [kən'temptʃʊəs] *adj* despreciativo(va); **to be ~ of sthg** despreciar algo.

contend [kən'tend] ◇ *vi* **-1.** [deal]: **to ~ with** enfrentarse a; **I've got enough to ~ with** ya tengo suficientes problemas que afrontar **-2.** [compete]: **to ~ for/against** competir por/contra. ◇ *vt fml*: **to ~ that** sostener *OR* afirmar que.

contender [kən'tendəʳ] *n* [gen] contendiente *m OR f*; [for title] aspirante *m OR f.*

content [*n* 'kɒntent, *adj & vb* kən'tent] ◇ *adj*: **~ (with)** contento(ta) *OR* satisfecho(cha) (con); **to be ~ to do sthg** contentarse con hacer algo; **I'd be quite ~ to go** iría de buena gana. ◇ *n* contenido *m.* ◇ *vt*: **to ~ o.s. with sthg/with doing sthg** contentarse con algo/con hacer algo.

◆ **contents** *npl* **-1.** [of container, letter, etc] contenido *m* **-2.** [heading in book] índice *m.*

contented [kən'tentɪd] *adj* satisfecho(cha), contento(ta).

contentedly [kən'tentɪdlɪ] *adv* con satisfacción.

contention [kən'tenʃn] *n fml* **-1.** [argument, assertion] argumento *m*; **it is my ~ that ...** en mi opinión ... **-2.** *(U)* [disagreement] disputas *fpl* **-3.** [competition]: **to be in ~ for sthg** tener posibilidades de ganar algo.

contentious [kən'tenʃəs] *adj fml* controvertido(da), polémico(ca).

contentment [kən'tentmənt] *n* satisfacción *f.*

contest [*n* 'kɒntest, *vb* kən'test] ◇ *n* **-1.** [competition] concurso *m*; [in boxing] combate *m* **-2.** [for power, control] lucha *f*, contienda *f.* ◇ *vt* **-1.** [seat, election] presentarse como candidato(ta) a **-2.** [dispute - statement] disputar; [- decision] impugnar.

contestant [kən'testənt] *n* [in quiz show] concursante *m OR f*; [in race] participante *m OR f*; [in boxing match] contrincante *m OR f.*

context ['kɒntekst] *n* contexto *m*; **out of ~** fuera de contexto.

continent ['kɒntɪnənt] *n* continente *m.*

◆ **Continent** *n UK*: **the Continent** la Europa continental.

continental [,kɒntɪ'nentl] ◇ *adj* **-1.** *GEOGR* continental **-2.** *UK* [European] de la Europa continental. ◇ *n UK inf* europeo (no británico) *m*, europea *f.*

continental breakfast *n* desayuno *m* continental.

continental drift *n* deriva *f* continental.

continental quilt *n UK* edredón *m.*

continental shelf *n* plataforma *f* continental.

contingency [kən'tɪndʒənsɪ] (*pl* **-ies**) *n* contingencia *f.*

contingency plan *n* plan *m* de emergencia.

contingent [kən'tɪndʒənt] ◇ *adj fml*: **~ on** *OR* **upon** supeditado(da) a. ◇ *n* **-1.** *MIL* contingente *m* **-2.** [group] representación *f.*

continual [kən'tɪnjʊəl] *adj* continuo(nua), constante.

continually [kən'tɪnjʊəlɪ] *adv* continuamente, constantemente.

continuation [kən,tɪnjʊ'eɪʃn] *n* continuación *f.*

continue [kən'tɪnju:] ◇ *vt*: **to ~ (doing** *OR* **to do sthg)** continuar (haciendo algo); **to be ~d** continuará. ◇ *vi*: **to ~ (with sthg)** continuar (con algo).

continuity [,kɒntɪ'nju:ətɪ] *n* **-1.** [coherence] continuidad *f*; **~ announcer** locutor *m*, -ra *f* de continuidad **-2.** *CINEMA*: **~ girl** script *f*, anotadora *f.*

continuous [kən'tɪnjʊəs] *adj* continuo(nua).

continuous assessment *n* evaluación *f* continua.

continuously [kən'tɪnjʊəslɪ] *adv* continuamente, ininterrumpidamente.

contort [kən'tɔ:t] ◇ *vt* retorcer. ◇ *vi* retorcerse.

contortion [kən'tɔ:ʃn] *n* contorsión *f.*

contour ['kɒn,tʊəʳ] ◇ *n* **-1.** [outline] contorno *m* **-2.** [on map] curva *f* de nivel. ◇ *comp*: **~ map** mapa *m* topográfico; **~ line** curva *f* de nivel.

contraband ['kɒntrəbænd] ◇ *adj* de contrabando. ◇ *n* contrabando *m.*

contraception [,kɒntrə'sepʃn] *n* anticoncepción *f.*

contraceptive [,kɒntrə'septɪv] ◇ *adj* anticonceptivo(va). ◇ *n* anticonceptivo *m.*

contraceptive pill *n* píldora *f* anticonceptiva.

contract [*n* 'kɒntrækt, *vb* kən'trækt] ◇ *n* contrato *m.* ◇ *vt* **-1.** [through legal agreement]: **to ~ sb (to do sthg)** contratar a alguien (para hacer algo); **to ~ to do sthg** comprometerse a hacer algo (por contrato) **-2.** *fml* [illness, disease] contraer **-3.** [muscle, word, debt] contraer. ◇ *vi* [decrease in size, length] contraerse.

◆ **contract in** *vi esp UK* acceder formalmente a participar.

◆ **contract out** ◇ *vt sep*: **they've ~ed out refuse collection to a private firm** han contratado a una empresa privada para que se encargue de la recogida de la basura. <> *vi esp UK*: **to ~ out (of)** optar formalmente por no participar (en).

contraction [kən'trækʃn] *n* contracción *f*.

contractor [kən'træktəʳ] *n* contratista *m* OR *f*.

contractual [kən'træktʃʊəl] *adj* contractual.

contradict [ˌkɒntrə'dɪkt] *vt* contradecir.

contradiction [ˌkɒntrə'dɪkʃn] *n* contradicción *f*; **~ in terms** contradicción *f* en sí misma.

contradictory [ˌkɒntrə'dɪktərɪ] *adj* contradictorio(ria).

contraflow ['kɒntrəfləʊl] *n habilitación f del carril contrario*.

contralto [kən'træltəʊ] (*pl* **-s**) *n* contralto *f*.

contraption [kən'træpʃn] *n* chisme *m*, artilugio *m*.

contrary ['kɒntrərɪ, *adj sense 2* kən'treərɪ] <> *adj* **-1.** [opposite] contrario(ria); **~ to** en contra de **-2.** [awkward] puñetero(ra), que lleva la contraria siempre. <> *n*: **the ~** lo contrario; **on the ~** al contrario; **to the ~** en contra; **unless I hear to the ~** a menos que me digan otra cosa.

◆ **contrary to** *prep* en contra de.

contrast [*n* 'kɒntrɑːst, *vb* kən'trɑːst] <> *n*: **~ (between)** contraste *m* (entre); **by** OR **in ~** en cambio; **in ~ with** OR **to** a diferencia de; **to be a ~ (to** OR **with)** contrastar (con). <> *vt*: **to ~ sthg with** contrastar algo con. <> *vi*: **to ~ (with)** contrastar (con).

contrasting [kən'trɑːstɪŋ] *adj* [personalities, views] opuesto(ta); [colours] que contrastan.

contravene [ˌkɒntrə'viːn] *vt* contravenir.

contravention [kɒntrə'venʃn] *n* contravención *f*.

contribute [kən'trɪbjuːt] <> *vt* **-1.** [give] contribuir, aportar **-2.** [to magazine, newspaper]: **to ~ (to)** escribir (para). <> *vi* **-1.** [gen]: **to ~ (to)** contribuir (a) **-2.** [write material]: **to ~ to** colaborar con.

contributing [kən'trɪbjuːtɪŋ] *adj* contribuyente.

contribution [ˌkɒntrɪ'bjuːʃn] *n* **-1.** [gen]: **~ (to)** contribución *f* (a) **-2.** [article] colaboración *f* **-3.** [to social security] cotización *f*.

contributor [kən'trɪbjʊtəʳ] *n* **-1.** [of money] contribuyente *m* OR *f* **-2.** [to magazine, newspaper] colaborador *m*, -ra *f*.

contributory [kən'trɪbjʊtərɪ] *adj* [factor] contribuyente.

contributory pension scheme *n* plan *m* de pensiones contributivo.

contrite ['kɒntraɪt] *adj* arrepentido(da).

contrition [kən'trɪʃn] *n* arrepentimiento *m*.

contrivance [kən'traɪvns] *n* **-1.** [contraption] artilugio *m* **-2.** [ploy] estratagema *f*, treta *f*.

contrive [kən'traɪv] *fml vt* **-1.** [engineer] maquinar, idear **-2.** [manage]: **to ~ to do sthg** lograr hacer algo.

contrived [kən'traɪvd] *adj* inverosímil.

control [kən'trəʊl] (*pt* & *pp* **-led**, *cont* **-ling**) <> *n* **-1.** [gen & COMPUT] control *m*; [on spending] restricción *f*; **beyond** OR **outside one's ~** fuera del control de uno; **in ~ of** al mando de; **to be in ~ of o.s.** tener el control de sí mismo; **to be in ~ of the situation** dominar la situación; **out of/under ~** fuera de/bajo control; **to gain ~ (of)** hacerse con el poder (en); **to take ~ (of)** tomar el control (de) **-2.** [of emotions] dominio *m*, control *m*; **to lose ~** perder el dominio. <> *vt* **-1.** [gen] controlar; **to ~ o.s.** dominarse, controlarse **-2.** [operate - machine, plane] manejar; [- central heating] regular. <> *comp* de control.

◆ **controls** *npl* [of machine, vehicle] mandos *mpl*.

control group *n* grupo *m* de control.

control key *n* COMPUT tecla *f* de control.

controlled [kən'trəʊld] *adj* **-1.** [person] controlado(da) **-2.** ECON dirigido(da).

controller [kən'trəʊləʳ] *n* FIN interventor *m*, -ra *f*; RADIO & TV director *m*, -ra *f*.

controlling interest *n* participación *f* mayoritaria.

control panel *n* tablero *m* de instrumentos OR de mandos.

control tower *n* torre *f* de control.

controversial [ˌkɒntrə'vɜːʃl] *adj* polémico(ca), controvertido(da).

controversy ['kɒntrəvɜːsɪ, UK kən'trɒvəsɪ] (*pl* **-ies**) *n* polémica *f*, controversia *f*.

conundrum [kə'nʌndrəm] (*pl* **-s**) *n fml* [problem] enigma *m*.

conurbation [ˌkɒnɜː'beɪʃn] *n* conurbación *f*.

convalesce [ˌkɒnvə'les] *vi* convalecer.

convalescence [ˌkɒnvə'lesns] *n* convalecencia *f*.

convalescent [ˌkɒnvə'lesnt] <> *adj* [patient] convaleciente. <> *n* convaleciente *m* OR *f*.

convalescent home *n* clínica *f* de reposo.

convection [kən'vekʃn] *n* convección *f*.

convector [kən'vektəʳ] *n* calentador *m* de convección, convector *m*.

convene [kən'viːn] <> *vt* convocar. <> *vi* reunirse.

convener [kən'viːnəʳ] *n UK* [trade union official] *sindicalista que supervisa a los delegados sindicales de una empresa*.

convenience [kən'viːnjəns] *n* comodidad *f*, conveniencia *f*; **do it at your ~** hágalo cuando le venga bien; **at your earliest** ~ a la mayor brevedad posible.

convenience food *n* comida *f* preparada.

convenience store *n* tienda *f* de ultramarinos que abre hasta tarde.

convenient [kən'vi:njənt] *adj* **-1.** [suitable] conveniente; **is Monday ~?** ¿te viene bien el lunes? **-2.** [handy - size] práctico(ca); [- position] adecuado(da); ~ **for** [well-situated] bien situado para.

conveniently [kən'vi:njəntlı] *adv* convenientemente; ~ **located** bien situado.

convent ['kɒnvənt] *n* convento *m*.

convention [kən'venʃn] *n* convención *f*.

conventional [kən'venʃənl] *adj* convencional.

conventionally [kən'venʃnəlı] *adv* de manera convencional.

convent school *n* colegio *m* de monjas.

converge [kən'vɜ:dʒ] *vi lit & fig*: **to ~ (on)** converger (en); **the protesters ~d on the palace** los manifestantes se dieron cita ante el palacio.

convergence [kən'vɜ:dʒəns] *n* [in EU] convergencia *f*; ~ **criteria** criterios *mpl* de convergencia.

conversant [kən'vɜ:sənt] *adj fml*: ~ **with** familiarizado(da) con.

conversation [ˌkɒnvə'seıʃn] *n* conversación *f*; **to make ~ (with)** dar conversación (a).

conversational [ˌkɒnvə'seıʃənl] *adj* coloquial; ~ **style** estilo familiar.

conversationalist [ˌkɒnvə'seıʃnəlıst] *n* conversador *m*, -ra *f*.

converse [*n & adj* 'kɒnvɜ:s, *vb* kən'vɜ:s] ◇ *adj fml* contrario(ria), opuesto(ta). ◇ *n*: **the ~** lo contrario OR opuesto. ◇ *vi fml*: **to ~ (with)** conversar (con).

conversely [kən'vɜ:slı] *adv fml* a la inversa.

conversion [kən'vɜ:ʃn] *n* **-1.** [gen, COMPUT & RELIG] conversión *f* **-2.** [in building] reforma *f* **-3.** [in rugby] transformación *f*.

conversion table *n* tabla *f* de conversión.

convert [*vb* kən'vɜ:t, *n* 'kɒnvɜ:t] ◇ *vt* **-1.** [gen & COMPUT]: **to ~ sthg (to OR into)** convertir algo (en) **-2.** [change belief of]: **to ~ sb (to)** convertir a alguien (a) **-3.** [in rugby] transformar. ◇ *vi* **-1.** [change]: **to ~ from sthg to** pasarse de algo a **-2.** RELIG: **to ~ to sthg** convertirse a algo **-3.** [in rugby] hacer una transformación. ◇ *n* converso *m*, -sa *f*.

converted [kən'vɜ:tıd] *adj* **-1.** [building, ship] acondicionado(da) **-2.** RELIG converso(sa).

convertible [kən'vɜ:təbl] ◇ *adj* **-1.** [sofa]: ~ **sofa** sofá-cama *m* **-2.** [currency] convertible **-3.** [car] descapotable. ◇ *n* (coche *m*) descapotable *m*.

convex [kɒn'veks] *adj* convexo(xa).

convey [kən'veı] *vt* **-1.** *fml* [transport] transportar, llevar **-2.** [express]: **to ~ sthg (to)** transmitir algo (a).

conveyancing [kən'veıənsıŋ] *n (U)* redacción *f* de escrituras de traspaso.

conveyer belt [kən'veıəʳ-] *n* cinta *f* transportadora.

convict [*n* 'kɒnvıkt, *vb* kən'vıkt] ◇ *n* presidiario *m*, -ria *f*. ◇ *vt*: **to ~ sb of** condenar a alguien por, declarar a alguien culpable de.

convicted [kən'vıktıd] *adj* convicto(ta).

conviction [kən'vıkʃn] *n* **-1.** [belief, fervour] convicción *f* **-2.** JUR condena *f*.

convince [kən'vıns] *vt*: **to ~ sb (of sthg/to do sthg)** convencer a alguien (de algo/para que haga algo).

convinced [kən'vınst] *adj*: ~ **(of)** convencido(da) (de).

convincing [kən'vınsıŋ] *adj* convincente.

convivial [kən'vıvıəl] *adj* [gathering, atmosphere] agradable; [group] alegre.

convoluted ['kɒnvəlu:tıd] *adj* [tortuous] enrevesado(da).

convoy ['kɒnvɔı] *n* convoy *m*; **in ~** en convoy.

convulse [kən'vʌls] *vt*: **to be ~d with** [pain] retorcerse de; [laughter] troncharse de.

convulsion [kən'vʌlʃn] *n* MED convulsión *f*.

convulsive [kən'vʌlsıv] *adj* convulsivo(va).

coo [ku:] *vi* arrullar.

cook [kʊk] ◇ *n* cocinero *m*, -ra *f*. ◇ *vt* **-1.** [gen] cocinar, guisar; [prepare] preparar, hacer **-2.** *inf* [falsify] falsificar. ◇ *vi* **-1.** [prepare food] cocinar, guisar **-2.** [subj: food] cocerse, hacerse.

◆ **cook up** *vt sep* [plan, deal] tramar, urdir; [excuse] inventarse.

cookbook ['kʊkˌbʊk] = **cookery book**.

cooked [kʊkt] *adj* cocido(da).

cooker ['kʊkəʳ] *n esp UK* cocina *f (aparato)*.

cookery ['kʊkərı] *n* cocina *f (arte)*.

cookery book *n* libro *m* de cocina.

cookie ['kʊkı] *n* **-1.** *US* [biscuit] galleta *f* **-2.** COMPUT cookie *m*.

cooking ['kʊkıŋ] ◇ *n* **-1.** [activity]: **do you like ~?** ¿te gusta cocinar? **-2.** [food] cocina *f*. ◇ *comp* [utensils, salt] de cocina; [oil, sherry] para cocinar OR guisar.

cooking apple *n* manzana *f* para asar.

cookout ['kʊkaʊt] *n US* barbacoa *f* al aire libre.

cool [ku:l] ◇ *adj* **-1.** [not warm] fresco(ca); [lukewarm] tibio(a); **it's ~** hace fresco **-2.** [calm] tranquilo(la) **-3.** [unfriendly] frío(a) **-4.** *inf* [hip] guay, chachi. <> *vt* refrescar. <> *vi* **-1.** [become less warm] enfriarse **-2.** [abate] calmarse, aplacarse. <> *n*: **to keep/lose one's ~** mantener/perder la calma.

◆ **cool down** <> *vt sep* **-1.** [make less warm] refrescar **-2.** [make less angry] calmar. <> *vi* **-1.** [become less warm] enfriarse **-2.** [become less angry] calmarse.

◆ **cool off** *vi* **-1.** [become less warm] refrescarse **-2.** [become less angry] calmarse.

coolant ['ku:lənt] *n* refrigerante *m*.

cool box *n* nevera *f* portátil.

cool-headed [-'hedɪd] *adj* [person] sereno(na); [reaction] calmado(da).

cooling-off period ['ku:lɪŋ-] *n tiempo en el que los sindicatos y la patronal pueden intentar llegar a un acuerdo antes de declararse una huelga*.

cooling tower ['ku:lɪŋ-] *n* torre *f* de refrigeración.

coolly ['ku:lɪ] *adv* **-1.** [calmly] con tranquilidad **-2.** [coldly] con frialdad.

coolness ['ku:lnɪs] *n* **-1.** [in temperature] frescor *m* **-2.** [unfriendliness] frialdad *f* **-3.** [calmness] serenidad *f*.

coop [ku:p] *n* gallinero *m*.

◆ **coop up** *vt sep inf* encerrar.

cooperate [kəʊ'ɒpəreɪt] *vi*: **to ~ (with)** cooperar (con).

cooperation [kəʊ,ɒpə'reɪʃn] *n* cooperación *f*.

cooperative [kəʊ'ɒpərətɪv] <> *adj* **-1.** [helpful] servicial, dispuesto(ta) a ayudar **-2.** [collective] cooperativo(va). <> *n* cooperativa *f*.

co-opt *vt*: **to ~ sb onto sthg** nombrar a alguien miembro de algo.

coordinate [*n* kəʊ'ɔ:dɪnət, *vt* kəʊ'ɔ:dɪneɪt] <> *n* coordenada *f*. <> *vt* coordinar.

◆ **coordinates** *npl* [clothes] conjuntos *mpl*.

coordination [kəʊ,ɔ:dɪ'neɪʃn] *n* coordinación *f*.

co-ownership *n* copropiedad *f*.

cop [kɒp] (*pt* & *pp* **-ped**, *cont* **-ping**) *n inf* poli *m* OR *f*; **the ~s** la poli.

◆ **cop out** *vi inf*: **to ~ out (of)** escaquearse (de).

cope [kəʊp] *vi* arreglárselas; **to ~ with** [work] poder con; [problem, situation] hacer frente a.

Copenhagen [,kəʊpən'heɪgən] *n* Copenhague.

copier ['kɒpɪə^r] *n* copiadora *f*, fotocopiadora *f*.

copilot ['kəʊ,paɪlət] *n* copiloto *m* OR *f*.

copious ['kəʊpjəs] *adj* copioso(sa), abundante.

cop-out *n inf* escaqueo *m*.

copper ['kɒpə^r] *n* **-1.** [metal] cobre *m* **-2.** *UK inf* [policeman] poli *m* OR *f*, paco *m*, -ca *f* ***Andes***.

◆ **coppers** *npl UK calderilla formada por monedas de 1 y 2 peniques*.

coppice ['kɒpɪs], **copse** [kɒps] *n* bosquecillo *m*.

copulate ['kɒpjʊleɪt] *vi*: **to ~ (with)** copular (con).

copulation [,kɒpjʊ'leɪʃn] *n* cópula *f*.

copy ['kɒpɪ] (*pt* & *pp* **-ied**) <> *n* **-1.** [imitation, duplicate] copia *f* **-2.** [of book, magazine] ejemplar *m*. <> *vt* **-1.** [imitate & COMPUT] copiar **-2.** [photocopy] fotocopiar. <> *vi* copiar.

◆ **copy down** *vt sep* copiar (por escrito).

◆ **copy out** *vt sep* copiar, pasar a limpio.

copycat ['kɒpɪkæt] <> *n inf* copión *m*, -ona *f*. <> *comp* [crime] calcado de otro (calcada de otra).

copy protect *vt* COMPUT proteger contra copia.

copyright ['kɒpɪraɪt] *n (U)* derechos *mpl* de autor.

copy typist *n UK* mecanógrafo *m*, -fa *f*.

copywriter ['kɒpɪ,raɪtə^r] *n* redactor *m*, -ra *f* de textos publicitarios.

coral ['kɒrəl] <> *n* coral *m*. <> *comp* de coral.

coral reef *n* arrecife *m* de coral.

Coral Sea *n*: **the ~** el mar del Coral.

cord [kɔ:d] <> *n* **-1.** [string] cuerda *f*; [for tying clothes] cordón *m* **-2.** [cable] cable *m*, cordón *m* **-3.** [fabric] pana *f*. <> *comp* de pana.

◆ **cords** *npl* pantalones *mpl* de pana.

cordial ['kɔ:djəl] <> *adj* cordial. <> *n bebida de frutas concentrada*.

cordially ['kɔ:dɪəlɪ] *adv* cordialmente.

cordless phone ['kɔ:dlɪs-] *n* teléfono *m* inalámbrico.

Cordoba ['kɔ:dəbəl] *n* Córdoba.

cordon ['kɔ:dn] *n* cordón *m*.

◆ **cordon off** *vt sep* acordonar.

cordon bleu [-'blɜ:] *adj* de primera clase.

corduroy ['kɔ:dərɔɪ] <> *n* pana *f*. <> *comp* de pana.

core [kɔ:^r] <> *n* **-1.** [of fruit] corazón *m* **-2.** [of Earth, nuclear reactor, group] núcleo *m* **-3.** [of issue, matter] meollo *m*; **to the ~** hasta la médula. <> *vt* quitar el corazón de.

corer ['kɔ:rə^r] *n* sacacorazones *m inv*.

core time *n UK periodo en el que todos deben estar trabajando en un sistema de horario flexible*.

Corfu [kɔ:'fu:] *n* Corfú.

corgi ['kɔ:gɪ] (*pl* **-s**) *n* corgi *mf*.

coriander [,kɒrɪ'ændə^r] *n* cilantro *m*.

cork [kɔ:k] *n* corcho *m*.

corkage ['kɔ:kɪdʒ] *n recargo a pagar en*

restaurantes si se consumen bebidas de fuera.

corked [kɔ:kt] *adj* con sabor a corcho.

corkscrew ['kɔ:kskru:] *n* sacacorchos *m inv.*

cormorant ['kɔ:mərənt] *n* cormorán *m.*

corn [kɔ:n] ◇ *n* **-1.** *UK* [wheat, barley, oats] cereal *m* **-2.** *US* [maize] maíz *m*, choclo *m* ***Andes*** & ***RP***; ~ **on the cob** mazorca *f* **-3.** [callus] callo *m.* ◇ *comp* ***US*** de maíz.

Corn *abbr of* **Cornwall**.

cornea ['kɔ:nɪə] (*pl* **-s**) *n* córnea *f.*

corned beef [kɔ:nd-] *n* carne de vaca cocinada y enlatada.

corner ['kɔ:nə^r] ◇ *n* **-1.** [angle - of street, page, screen] esquina *f*; [- of room, cupboard] rincón *m*; [- of mouth] comisura *f*; **to cut ~s** economizar esfuerzos, atajar; **just around the ~** a la vuelta de la esquina **-2.** [bend - in street, road] curva *f* **-3.** [faraway place] rincón *m* **-4.** [in football] saque *m* de esquina, córner *m.* ◇ *vt* **-1.** [trap] arrinconar **-2.** [monopolize] monopolizar, acaparar.

corner flag *n* banderín *m* de córner.

corner kick *n* FTBL saque *m* de esquina, córner *m.*

corner shop *n tienda pequeña de barrio que vende comida, artículos de limpieza etc.*

cornerstone ['kɔ:nəstəʊn] *n* ***fig*** piedra *f* angular.

cornet ['kɔ:nɪt] *n* **-1.** [instrument] corneta *f* **-2.** *UK* [ice-cream cone] cucurucho *m.*

cornfield ['kɔ:nfi:ld] *n* **-1.** *UK* campo *m* de cereal **-2.** *US* maizal *m.*

cornflakes ['kɔ:nfleɪks] *npl* copos *mpl* de maíz, cornflakes *mpl.*

cornflour *UK* ['kɔ:nflaʊə^r], **cornstarch** *US* ['kɔ:nstɑ:tʃ] *n* harina *f* de maíz, maicena® *f.*

cornice ['kɔ:nɪs] *n* cornisa *f.*

Cornish ['kɔ:nɪʃ] ◇ *adj* de Cornualles. ◇ *n* [language] córnico *m.* ◇ *npl*: **the ~** los córnicos.

cornstarch *US* = **cornflour**.

cornucopia [ˌkɔ:njʊ'kəʊpjə] *n* ***literary*** cornucopia *f.*

Cornwall ['kɔ:nwɔ:l] *n* Cornualles.

corny ['kɔ:nɪ] (*compar* **-ier**, *superl* **-iest**) *adj inf* trillado(da).

corollary [kə'rɒlərɪ] (*pl* **-ies**) *n* corolario *m.*

coronary ['kɒrənrɪ] (*pl* **-ies**), **coronary thrombosis** [-θrɒm'bəʊsɪs] (*pl* **coronary thromboses** [-θrɒm'bəʊsi:z]) *n* trombosis *f inv* coronaria, infarto *m.*

coronation [ˌkɒrə'neɪʃn] *n* coronación *f.*

coroner ['kɒrənə^r] *n juez de instrucción que investiga las causas de muertes sospechosas.*

Corp. (*abbr of* **corporation**) Corp.

corpora ['kɔ:pərə] *pl* ▷ **corpus**.

corporal ['kɔ:pərəl] *n* cabo *m* OR *f.*

corporal punishment *n* castigo *m* corporal.

corporate ['kɔ:pərət] *adj* **-1.** [business] corporativo(va); [strategy, culture] empresarial **-2.** [collective] colectivo(va).

corporate hospitality *n (U)* atenciones *fpl* de la compañía.

corporate identity, corporate image *n* imagen *f* corporativa.

corporation [ˌkɔ:pə'reɪʃn] *n* **-1.** [company] ≃ sociedad *f* anónima **-2.** *UK* [council] ayuntamiento *m.*

corporation tax *n UK* impuesto *m* de sociedades.

corps [kɔ:^r] (*pl inv*) *n* cuerpo *m*; **press ~** prensa *f* acreditada.

corpse [kɔ:ps] *n* cadáver *m.*

corpulent ['kɔ:pjʊlənt] *adj* obeso(sa).

corpus ['kɔ:pəs] (*pl* **-pora** OR **-puses**) *n* corpus *m inv.*

corpuscle ['kɔ:pʌsl] *n* glóbulo *m.*

corral [kɒ'rɑ:l] *n* corral *m.*

correct [kə'rekt] ◇ *adj* **-1.** [accurate - time, amount, forecast] exacto(ta); [- answer, spelling, information] correcto(ta); **you're ~** tienes razón **-2.** [socially acceptable] correcto(ta) **-3.** [appropriate, required] apropiado(da). ◇ *vt* corregir.

correction [kə'rekʃn] *n* corrección *f.*

correctly [kə'rektlɪ] *adv* **-1.** [gen] correctamente; **I don't think I can have heard you ~** no estoy segura de haberte oído bien **-2.** [appropriately, as required] apropiadamente.

correlate ['kɒrəleɪt] ◇ *vt* relacionar, vincular. ◇ *vi*: **to ~ (with)** guardar correspondencia (con).

correlation [ˌkɒrə'leɪʃn] *n*: **~ (between)** correlación *f* (entre).

correspond [ˌkɒrɪ'spɒnd] *vi* **-1.** [correlate]: **to ~ (with** OR **to)** corresponder (con OR a) **-2.** [match]: **to ~ (with** OR **to)** coincidir (con) **-3.** [write letters]: **to ~ (with)** cartearse (con).

correspondence [ˌkɒrɪ'spɒndəns] *n*: **~ (with/between)** correspondencia *f* (con/entre).

correspondence course *n* curso *m* por correspondencia.

correspondent [ˌkɒrɪ'spɒndənt] *n* [reporter] corresponsal *m* OR *f.*

corresponding [ˌkɒrɪ'spɒndɪŋ] *adj* correspondiente.

corridor ['kɒrɪdɔ:^r] *n* pasillo *m*, corredor *m.*

corroborate [kə'rɒbəreɪt] *vt* corroborar.

corroboration [kə,rɒbə'reɪʃn] *n* corroboración *f*.
corrode [kə'rəʊd] <> *vt* corroer. <> *vi* corroerse.
corrosion [kə'rəʊʒn] *n* corrosión *f*.
corrosive [kə'rəʊsɪv] *adj* [poison, substance] corrosivo(va).
corrugated ['kɒrəgeɪtɪd] *adj* ondulado(da).
corrugated iron *n* chapa *f* ondulada.
corrupt [kə'rʌpt] <> *adj* [gen & COMPUT] corrupto(ta). <> *vt* [gen & COMPUT] corromper; **to ~ a minor** pervertir a un menor.
corruption [kə'rʌpʃn] *n* corrupción *f*.
corsage [kɔ:'sɑ:ʒ] *n* ramillete *m*.
corset ['kɔ:sɪt] *n* corsé *m*.
Corsica ['kɔ:sɪkə] *n* Córcega.
Corsican ['kɔ:sɪkən] <> *adj* corso(sa). <> *n* **-1.** [person] corso *m*, -sa *f* **-2.** [language] corso *m*.
cortege, cortège [kɔ:'teɪʒ] *n* cortejo *m*.
cortisone ['kɔ:tɪzəʊn] *n* cortisona *f*.
cos[1] [kɒz] *UK inf* = **because**.
cos[2] [kɒs] = **cos lettuce**.
cosh [kɒʃ] <> *n* porra *f*. <> *vt* aporrear.
cosignatory [,kəʊ'sɪgnətrɪ] (*pl* **-ies**) *n* cosignatario *m*, -ria *f*.
cosine ['kəʊsaɪn] *n* coseno *m*.
cos lettuce [kɒs-] *n UK* lechuga *f* romana.
cosmetic [kɒz'metɪk] <> *n* cosmético *m*. <> *adj fig* superficial.
cosmetic surgery *n* cirugía *f* estética.
cosmic ['kɒzmɪk] *adj* cósmico(ca).
cosmology [kɒz'mɒlədʒɪ] *n* cosmología *f*.
cosmonaut ['kɒzmənɔ:t] *n* cosmonauta *m* OR *f*.
cosmopolitan [kɒzmə'pɒlɪtn] *adj* cosmopolita.
cosmos ['kɒzmɒs] *n*: **the ~** el cosmos.
Cossack ['kɒsæk] *n* cosaco *m*, -ca *f*.
cosset ['kɒsɪt] *vt* mimar.
cost [kɒst] (*pt* & *pp* **cost** OR **-ed**) <> *n* coste *m*, costo *m*; **at ~** COMM a precio de coste; **at no extra ~** sin costo adicional; **at the ~ of** a costa de; **at all ~ s** a toda costa. <> *vt* **-1.** [gen] costar; **it ~ us £20/a lot of effort** nos costó 20 libras/mucho esfuerzo; **how much does it ~?** ¿cuánto cuesta OR vale? **-2.** [estimate] presupuestar, preparar un presupuesto de.
◆ **costs** *npl* JUR litisexpensas *fpl*, costas *fpl*.
cost accounting *n* contabilidad *f* de costes.
co-star ['kəʊ-] <> *n* coprotagonista *m* OR *f*. <> *vt*: **the film ~s ...** la película está coprotagonizada por ... <> *vi*: **to ~ in a film** coprotagonizar una película.
Costa Rica [,kɒstə'ri:kə] *n* Costa Rica.
Costa Rican [,kɒstə'ri:kən] <> *adj* costarricense. <> *n* costarricense *m* OR *f*.
cost-benefit analysis *n* análisis *m inv* coste-beneficio.
cost-effective *adj* rentable.
cost-effectiveness *n* rentabilidad *f*.
costing ['kɒstɪŋ] *n* cálculo *m* del coste.
costly ['kɒstlɪ] (*compar* **-ier**, *superl* **-iest**) *adj* costoso(sa).
cost of living *n*: **the ~** el coste de la vida.
cost-of-living index *n* índice *m* del coste de la vida.
cost price *n* precio *m* de coste.
costume ['kɒstju:m] *n* **-1.** [gen] traje *m* **-2.** [swimming costume] traje *m* de baño.
costume drama *n* [film] película *f* de época.
costume jewellery *n (U)* joyas *fpl* de fantasía, bisutería *f*.
cosy *UK*, **cozy** *US* ['kəʊzɪ] (*compar* **-ier**, *superl* **-iest**, *pl* **-ies**) <> *adj* **-1.** [warm and comfortable - room] acogedor(ra); [- clothes] cómodo(da) **-2.** [intimate] agradable, amigable. <> *n* funda *f* para tetera.
cot [kɒt] *n* **-1.** *UK* [for child] cuna *f* **-2.** *US* [folding bed] cama *f* plegable, catre *m*.
cot death *n* muerte *f* súbita infantil.
cottage ['kɒtɪdʒ] *n* casa *f* de campo, chalé *m*.
cottage cheese *n* queso *m* fresco.
cottage hospital *n UK hospital pequeño en el campo*.
cottage industry *n* industria *f* casera.
cottage pie *n UK pastel de carne picada con una capa de puré de patatas*.
cotton ['kɒtn] <> *n* **-1.** [fabric] algodón *m* **-2.** [thread] hilo *m* (de algodón) **-3.** [plant] algodonero *m*. <> *comp* [dress, shirt, mill] de algodón; IND algodonero(ra).
◆ **cotton on** *vi inf*: **to ~ on (to)** caer en la cuenta (de).
cotton bud *UK*, **cotton swab** *US n* bastoncillo *m* de algodón.
cotton candy *n US* azúcar *m* hilado, algodón *m*.
cotton swab *US* = **cotton bud**.
cotton wool *n* algodón *m* (hidrófilo).
couch [kaʊtʃ] <> *n* **-1.** [sofa] sofá *m* **-2.** [in doctor's surgery] diván *m*. <> *vt*: **to ~ sthg in** formular algo en.
couchette [ku:'ʃet] *n UK* litera *f*.
couch potato *n inf persona perezosa que pasa mucho tiempo en el sofá viendo la televisión*.
cougar ['ku:gər] (*pl inv* OR **-s**) *n* puma *m*.
cough [kɒf] <> *n* tos *f*; **to have a ~** tener tos. <> *vi* toser. <> *vt* escupir.
◆ **cough up** *vt sep* **-1.** [bring up] escupir **-2.**

v inf [pay up] soltar.

coughing ['kɒfɪŋ] *n (U)* tos *f*.

cough mixture *n UK* jarabe *m* para la tos.

cough sweet *n UK* caramelo *m* para la tos.

cough syrup = **cough mixture**.

could [kʊd] *pt* ▷ **can²**.

couldn't ['kʊdnt] = **could not**.

could've ['kʊdəv] = **could have**.

council ['kaʊnsl] ◇ *n* **-1.** [of a town] ayuntamiento *m*; [of a county] ≃ diputación *f* **-2.** [group, organization] consejo *m* **-3.** [meeting] junta *f*, consejo *m*. ◇ *comp* [meeting, leader] del ayuntamiento; [tenant] de una vivienda protegida.

council estate *n urbanización de viviendas de protección oficial.*

council house *n UK* ≃ casa *f* de protección oficial.

councillor ['kaʊnsələʳ] *n* concejal *m*, -la *f*.

Council of Europe *n* Consejo *m* de Europa.

Council of Ministers *n POL* Consejo *m* de Ministros.

council tax *n UK impuesto municipal basado en el valor de la propiedad,* ≃ contribución *f* urbana.

counsel ['kaʊnsəl] (*UK pt* & *pp* **-led**, *cont* **-ling**, *US pt* & *pp* **-ed**, *cont* **-ing**) ◇ *n* **-1.** *(U) fml* [advice] consejo *m*; **to keep one's own ~** reservarse su opinión **-2.** [lawyer] abogado *m*, -da *f*. ◇ *vt* aconsejar; **to ~ sb to do sthg** *fig* aconsejar a alguien hacer algo.

counselling *UK*, **counseling** *US* ['kaʊnsəlɪŋ] *n (U)* ayuda *f* psicológica.

counsellor *UK*, **counselor** *US* ['kaʊnsələʳ] *n* **-1.** [gen] consejero *m*, -ra *f* **-2.** [therapist] psicólogo *m*, -ga *f* **-3.** *US* [lawyer] abogado *m*, -da *f*.

count [kaʊnt] ◇ *n* **-1.** [total] total *m*; [of votes] recuento *m*; **to keep/lose ~ of** llevar/perder la centa de **-2.** [point] punto *m* **-3.** *JUR* [charge] cargo *m* **-4.** [aristocrat] conde *m*. ◇ *vt* **-1.** [add up] contar; [total, cost] calcular **-2.** [consider]: **to ~ sb as** considerar a alguien como **-3.** [include] incluir, contar. ◇ *vi* contar; **to ~ (up) to** contar hasta; **to ~ for nothing** no contar para nada; **to ~ as** contar como.

◆ **count against** *vt fus* perjudicar.

◆ **count in** *vt sep inf* contar con.

◆ **count (up)on** *vt fus* contar con.

◆ **count out** *vt sep* **-1.** [money] ir contando **-2.** [leave out] *inf* no contar con.

◆ **count up** *vt fus* contar.

countdown ['kaʊntdaʊn] *n* cuenta *f* atrás.

countenance ['kaʊntənəns] ◇ *n literary* [face] semblante *m*. ◇ *vt* aceptar.

counter ['kaʊntəʳ] ◇ *n* **-1.** [in shop] mostrador *m*; **over the ~** sin receta médica; [in bank] ventanilla *f* **-2.** [in board game] ficha *f*. ◇ *vt*: **to ~ sthg with** responder a algo mediante; **to ~ sthg by doing sthg** contrarrestar algo haciendo algo. ◇ *vi*: **to ~ with sthg/by doing sthg** contestar con algo/haciendo algo.

◆ **counter to** *adv* en contra de; **to run ~ to** ir en contra de.

counteract [ˌkaʊntə'rækt] *vt* contrarrestar.

counterattack [ˌkaʊntərə'tæk] ◇ *n* contraataque *m*. ◇ *vt* & *vi* contraatacar.

counterbalance [ˌkaʊntə'bæləns] *vt fig* contrapesar, compensar.

counterclaim ['kaʊntəkleɪm] *n* contrarréplica *f*.

counterclockwise [ˌkaʊntə'klɒkwaɪz] *adv US* en sentido opuesto a las agujas del reloj.

counterespionage [ˌkaʊntər'espɪənɑːʒ] *n* contraespionaje *m*.

counterfeit ['kaʊntəfɪt] ◇ *adj* falsificado(da). ◇ *vt* falsificar.

counterfoil ['kaʊntəfɔɪl] *n* matriz *f*.

counterintelligence [ˌkaʊntərɪn'telɪdʒəns] *n* contraespionaje *m*.

countermand [ˌkaʊntə'mɑːnd] *vt* revocar.

countermeasure [ˌkaʊntə'meʒəʳ] *n* medida *f* en contra, contramedida *f*.

counteroffensive [ˌkaʊntərə'fensɪv] *n* contraofensiva *f*.

counterpane ['kaʊntəpeɪn] *n* cubrecama *m*, colcha *f*.

counterpart ['kaʊntəpɑːt] *n* homólogo *m*, -ga *f*.

counterpoint ['kaʊntəpɔɪnt] *n MUS* contrapunto *m*.

counterproductive [ˌkaʊntəprə'dʌktɪv] *adj* contraproducente.

counter-revolution *n* contrarrevolución *f*.

countersank ['kaʊntəsæŋk] *pt* ▷ **countersink**.

countersign ['kaʊntəsaɪn] *vt* refrendar, ratificar.

countersink ['kaʊntəsɪŋk] (*pt* **-sank**, *pp* **-sunk** [-sʌŋk]) *vt* avellanar.

countess ['kaʊntɪs] *n* condesa *f*.

countless ['kaʊntlɪs] *adj* innumerables.

countrified ['kʌntrɪfaɪd] *adj pej* [person] pueblerino(na); [area] provinciano(na).

country ['kʌntrɪ] (*pl* **-ies**) ◇ *n* **-1.** [nation] país *m* **-2.** [population]: **the ~** el pueblo **-3.** [countryside]: **the ~** el campo **-4.** [terrain] terreno *m*. ◇ *comp* campestre.

country and western ◇ *n* música *f* country. ◇ *comp* [music] country *(inv)*; [fan] del country.

country club *n* club *m* de campo.
country dancing *n (U)* baile *m* tradicional.
country house *n* casa *f* solariega.
countryman ['kʌntrɪmən] (*pl* **-men** [-mən]) *n* [from same country] compatriota *m*.
country music = **country and western**.
country park *n UK parque natural abierto al público*.
countryside ['kʌntrɪsaɪd] *n* [land] campo *m*; [landscape] paisaje *m*.
countrywoman ['kʌntrɪˌwʊmən] (*pl* **-women** [-ˌwɪmɪn]) *n* [from same country] compatriota *f*.
county ['kaʊntɪ] (*pl* **-ies**) *n* condado *m*.
county council *n UK organismo que gobierna un condado*, ≃ diputación *f* provincial.
county court *n UK tribunal de justicia de un condado*, ≃ audiencia *f* provincial.
county town *UK*, **county seat** *US n* capital *f* de condado.
coup [ku:] *n* **-1.** [rebellion]: ~ **(d'état)** golpe *m* (de estado) **-2.** [masterstroke] éxito *m*.
coupé ['ku:peɪ] *n* cupé *m*.
couple ['kʌpl] <> *n* **-1.** [two people in relationship] pareja *f* **-2.** [two objects, people]: **a ~ (of)** un par (de) **-3.** [a few - objects, people]: **a ~ (of)** un par (de), unos(nas). <> *vt* **-1.** [join]: **to ~ sthg (to)** enganchar algo (con) **-2.** *fig* [associate]: **to ~ sthg with** asociar algo con; **~d with** unido(da) a, junto con.
couplet ['kʌplɪt] *n* pareado *m*.
coupling ['kʌplɪŋ] *n* RAIL enganche *m*.
coupon ['ku:pɒn] *n* [gen] vale *m*, cupón *m*; [for pools] boleto *m*.
courage ['kʌrɪdʒ] *n* valor *m*; **to take ~ (from)** animarse (con); **she didn't have the ~ of her convictions** no fue consecuente con sus principios.
courageous [kə'reɪdʒəs] *adj* valiente.
courageously [kə'reɪdʒəslɪ] *adv* valientemente.
courgette [kɔ:'ʒet] *n UK* calabacín *m*, calabacita *f Méx*, zapallito *m* (italiano) *CSur*.
courier ['kʊrɪə^r] *n* **-1.** [on holiday] guía *m* OR *f* **-2.** [to deliver letters, packages] mensajero *m*, -ra *f*.
course [kɔ:s] <> *n* **-1.** [gen] curso *m*; [of lectures] ciclo *m*; UNIV carrera *f*; **~ of treatment** MED tratamiento *m*; **to change ~** cambiar de rumbo; **to be on ~ for** [ship, plane] ir rumbo a; *fig* [on target] ir camino de; **to run** OR **take its ~** seguir su curso; **off ~** fuera de su rumbo; **~ (of action)** camino *m* (a seguir); **in the ~ of** a lo largo de **-2.** [of meal] plato *m* **-3.** SPORT [for golf] campo *m*; [for race] circuito *m*. <> *vi literary* [flow] correr.
◆ **of course** *adv* **-1.** [inevitably, not surprisingly] naturalmente **-2.** [certainly] claro, por supuesto; **of ~ not** claro que no, desde luego que no.
coursebook ['kɔ:sbʊk] *n* libro *m* de texto.
coursework ['kɔ:swɜ:k] *n (U)* trabajo *m* realizado durante el curso.
court [kɔ:t] <> *n* **-1.** [place of trial, judge, jury etc] tribunal *m*; **to appear in ~** comparecer ante el juez; **to go to ~** ir a juicio; **to take sb to ~** llevar a alguien a juicio **-2.** SPORT cancha *f*, pista *f*; **on ~** en la cancha OR pista **-3.** [of king, queen etc] corte *f* **-4.** [courtyard] patio *m*. <> *vt* [danger] exponerse a; [favour] solicitar. <> *vi dated* [go out together] cortejarse.
court case *n* juicio *m*.
courteous ['kɜ:tjəs] *adj* cortés.
courtesan [ˌkɔ:tɪ'zæn] *n* cortesana *f*.
courtesy ['kɜ:tɪsɪ] <> *n* cortesía *f*. <> *comp* de cortesía.
◆ **(by) courtesy of** *prep* [the author] con permiso de; [a company] por cortesía OR gentileza de.
courtesy bus *n* [at airport] *autobús gratuito para llevar húespedes al hotel*.
courtesy car *n* coche *m* de cortesía, carro *m* de cortesía *Amér*, auto *m* de cortesía *CSur*.
courthouse ['kɔ:thaʊs, *pl* -haʊzɪz] *n US* palacio *m* de justicia.
courtier ['kɔ:tjə^r] *n* cortesano *m*.
court-martial (*pl* **court-martials** OR **courts-martial**, *UK pt* & *pp* **-led**, *cont* **-ling**, *US pt* & *pp* **-ed**, *cont* **-ing**) <> *n* consejo *m* de guerra. <> *vt* juzgar en consejo de guerra.
court of appeal *UK*, **court of appeals** *US* *n* tribunal *m* de apelación.
court of inquiry *n* comisión *f* de investigación.
court of law *n* tribunal *m* (de justicia).
court order *n* orden *f* (judicial).
courtroom ['kɔ:trʊm] *n* sala *f* del tribunal.
courtship ['kɔ:tʃɪp] *n* **-1.** [of people] noviazgo *m* **-2.** [of animals] cortejo *m*.
court shoe *n zapato liso de tacón*.
courtyard ['kɔ:tjɑ:d] *n* patio *m*.
cousin ['kʌzn] *n* primo *m*, -ma *f*.
couture [ku:'tʊə^r] *n* alta costura *f*.
cove [kəʊv] *n* cala *f*, ensenada *f*.
coven ['kʌvən] *n* aquelarre *m*.
covenant ['kʌvənənt] *n* **-1.** [of money] *compromiso escrito para el pago regular de una contribución esp con fines caritativos* **-2.** [agreement] convenio *m*.
Covent Garden [ˌkɒvənt-] *n famosa galería comercial londinense donde se dan cita todo tipo de artistas callejeros*.

Coventry ['kɒvəntrɪ] *n*: **to send sb to ~** hacer el vacío a alguien.

cover ['kʌvə'] ◇ *n* **-1.** [covering] cubierta *f*; [lid] tapa *f*; [for seat, typewriter] funda *f* **-2.** [blanket] manta *f*; **under the ~s** debajo de las sábanas **-3.** [of book] tapa *f*, cubierta *f*; [of magazine - at the front] portada *f*; [- at the back] contraportada *f* **-4.** [protection, shelter] refugio *m*, cobijo *m*; **air ~** apoyo *m* aéreo, cobertura *f* aérea; **to take ~** [from weather, gunfire] ponerse a cubierto, refugiarse; **under ~** [from weather] a cubierto, bajo techo **-5.** [concealment] tapadera *f*; **under ~ of** al amparo *OR* abrigo de; **to break ~** salir al descubierto **-6.** [insurance] cobertura *f*. ◇ *vt* **-1.** [gen]: **to ~ sthg (with)** cubrir algo (de); [with lid] tapar algo (con) **-2.** [insure]: **to ~ sb (against)** cubrir *OR* asegurar a alguien (contra) **-3.** [include] abarcar **-4.** [report on] informar sobre, cubrir **-5.** [discuss, deal with] abarcar, cubrir.

◆ **cover up** *vt sep* **-1.** [place sthg over] tapar **-2.** [conceal] encubrir.

coverage ['kʌvərɪdʒ] *n* [of news] cobertura *f* informativa.

coveralls ['kʌvərɔ:lz] *npl US* mono *m*.

cover charge *n* cubierto *m*.

cover girl *n* modelo *f OR* chica *f* de portada.

covering ['kʌvərɪŋ] *n* **-1.** [for floor etc] cubierta *f* **-2.** [of snow, dust] capa *f*.

covering letter *UK*, **cover letter** *US n* [with CV] carta *f* de presentación; [with parcel, letter] nota *f* aclaratoria.

cover note *n UK* póliza *f* provisional.

cover price *n* [of magazine] precio *m (de una revista)*.

cover story *n* [of magazine] tema *m* de portada.

covert ['kʌvət] *adj* [operation] encubierto(ta), secreto(ta); [glance] furtivo(va).

cover-up *n* encubrimiento *m*.

cover version *n* versión *f*.

covet ['kʌvɪt] *vt* codiciar.

cow [kaʊ] ◇ *n* **-1.** [female type of cattle] vaca *f* **-2.** [female elephant, whale, seal] hembra *f* **-3.** *UK inf pej* [woman] bruja *f*. ◇ *vt* acobardar, intimidar.

coward ['kaʊəd] *n* cobarde *m OR f*.

cowardice ['kaʊədɪs] *n* cobardía *f*.

cowardly ['kaʊədlɪ] *adj* cobarde.

cowboy ['kaʊbɔɪ] ◇ *n* **-1.** [cattlehand] vaquero *m*, tropero *m RP* **-2.** *UK inf* [dishonest workman] chorizo *m*. ◇ *comp* de vaqueros; **~ boots** botas *fpl* camperas.

cower ['kaʊə'] *vi* encogerse.

cowhide ['kaʊhaɪd] *n* cuero *m*.

co-worker *n US* compañero *m*, -ra *f* de trabajo.

cowpat ['kaʊpæt] *n* boñiga *f*.

cowshed ['kaʊʃed] *n* establo *m*.

cox [kɒks], **coxswain** ['kɒksən] *n* timonel *m OR f*.

coy [kɔɪ] *adj* tímido(da).

coyly ['kɔɪlɪ] *adv* con timidez afectada.

coyote [kɔɪ'əʊtɪ] *n* coyote *m*.

cozy *US* = **cosy**.

c/p (*abbr of* **carriage paid**) pp.

CPA *n US abbr of* **certified public accountant**.

CPI (*abbr of* **Consumer Price Index**) *n* IPC *m*.

Cpl. *abbr of* **corporal**.

c.p.s. (*abbr of* **characters per second**) c.p.s.

CPS (*abbr of* **Crown Prosecution Service**) *acusación popular*.

CPU (*abbr of* **central processing unit**) *n COMPUT* CPU *f*.

crab [kræb] *n* cangrejo *m*.

crab apple *n* manzana *f* silvestre.

crack [kræk] ◇ *n* **-1.** [split - in wood, ground] grieta *f*; [- in glass, pottery] raja *f* **-2.** [gap] rendija *f*; **at the ~ of dawn** al romper el alba **-3.** [sharp noise - of whip] chasquido *m*; [- of twigs] crujido *m* **-4.** [joke] chiste *m* **-5.** *inf* [attempt]: **to have a ~ at sthg** intentar algo **-6.** [cocaine] crack *m*. ◇ *adj* de primera. ◇ *vt* **-1.** [cause to split] romper, partir **-2.** [egg, nut] cascar **-3.** [whip etc] chasquear **-4.** [bang]: **to ~ one's head** golpearse la cabeza **-5.** *inf* [open - bottle] abrir; [- safe] forzar **-6.** [code] dar con la clave de, descifrar; [problem] resolver **-7.** *inf* [tell - joke] contar. ◇ *vi* **-1.** [split - skin, wood, ground] agrietarse; [- pottery, glass] partirse, rajarse **-2.** [break down] hundirse, venirse abajo **-3.** [make sharp noise - whip] chasquear; [- twigs] crujir **-4.** *UK inf* [act quickly]: **to get ~ing** ponerse manos a la obra.

◆ **crack down** *vi*: **to ~ down (on)** tomar medidas severas (contra).

◆ **crack up** *vi* **-1.** [under pressure] venirse abajo **-2.** *inf* [laugh] partirse de risa.

crackdown ['krækdaʊn] *n*: **~ (on)** ofensiva *f* (contra).

cracked ['krækt] *adj* **-1.** [damaged - wall] agrietado(da); [- vase] rajado(da) **-2.** [voice] ronco(ca) **-3.** *inf* [mad] majara.

cracker ['krækə'] *n* **-1.** [biscuit] galleta *f* (salada) **-2.** *UK* [for Christmas] *cilindro de papel que produce un estallido al abrirlo y que tiene dentro un regalito de Navidad*.

crackers ['krækəz] *adj UK inf* majara.

cracking ['krækɪŋ] *adj inf* **-1.** [fast]: **a ~ pace** un ritmo tremendo **-2.** [excellent] genial.

crackle ['krækl] ◇ *n* [of fire, cooking] crujido *m*,

chasquido *m*; [on phone, radio] interferencias *fpl*. ◇ *vi* [fire] crujir, chasquear; [radio] sonar con interferencias.

crackling ['kræklɪŋ] *n (U)* **-1.** [of fire, dry leaves] crujido *m*; [on phone, radio] interferencias *fpl* **-2.** [pork skin] cortezas *fpl*.

crackpot ['krækpɒt] *inf* ◇ *adj* descabellado(da). ◇ *n* chiflado *m*, -da *f*.

cradle ['kreɪdl] ◇ *n* **-1.** [baby's bed, birthplace] cuna *f* **-2.** [hoist] andamio *m* colgado. ◇ *vt* acunar, mecer.

craft [krɑ:ft] (*pl sense 2 inv*) *n* **-1.** [trade] oficio *m*; [skill] arte *m* **-2.** [boat] embarcación *f*.
◆ **crafts** *npl* artesanía *f*.

craftsman ['krɑ:ftsmən] (*pl* **-men** [-mən]) *n* artesano *m*.

craftsmanship ['krɑ:ftsmənʃɪp] *n (U)* **-1.** [skill] destreza *f*, habilidad *f* **-2.** [skilled work] artesanía *f*.

craftsmen *pl* ▷ **craftsman**.

crafty ['krɑ:ftɪ] (*compar* **-ier**, *superl* **-iest**) *adj* astuto(ta).

crag [kræg] *n* peñasco *m*.

craggy ['krægɪ] (*compar* **-ier**, *superl* **-iest**) *adj* **-1.** [rock] escarpado(da) **-2.** [face] anguloso(sa), de facciones pronunciadas.

Crakow ['krækaʊ] *n* Cracovia.

cram [kræm] (*pt* & *pp* **-med**, *cont* **-ming**) ◇ *vt* **-1.** [push - books, clothes] embutir; [people] apiñar **-2.** [overfill]: **to ~ sthg with** atiborrar *OR* atestar algo de; **to be crammed (with)** estar repleto(ta) (de). ◇ *vi* [study] empollar.

cramming ['kræmɪŋ] *n* [studying] empolladura *f*, empollada *f*.

cramp [kræmp] ◇ *n* calambre *m*; **stomach ~s** retortijones *mpl* de vientre. ◇ *vt* [restrict, hinder] coartar, limitar.

cramped [kræmpt] *adj* [flat, conditions] estrecho(cha).

crampon ['kræmpən] *n* crampón *m*.

cranberry ['krænbərɪ] (*pl* **-ies**) *n* arándano *m* (agrio).

crane [kreɪn] ◇ *n* **-1.** [machine] grúa *f* **-2.** [bird] grulla *f*. ◇ *vt* estirar. ◇ *vi* estirarse.

crane fly *n* típula *f*.

cranium ['kreɪnjəm] (*pl* **-niums** *OR* **-nia** [-njə]) *n* cráneo *m*.

crank [kræŋk] ◇ *n* **-1.** [handle] manivela *f* **-2.** *inf* [eccentric] majareta *m OR f*. ◇ *vt* **-1.** [wind] girar **-2.** *AUT* poner en marcha con la manivela.

crankshaft ['kræŋkʃɑ:ft] *n* cigüeñal *m*.

cranky ['kræŋkɪ] (*compar* **-ier**, *superl* **-iest**) *adj inf* **-1.** [odd] extravagante, estrambótico(ca) **-2.** *US* [bad-tempered] refunfuñón(ona).

cranny ['krænɪ] ▷ **nook**.

crap [kræp] *v inf* ◇ *n (U)* **-1.** [gen] mierda *f* **-2.** [nonsense]: **to talk ~** decir gilipolleces. ◇ *adj UK* de mierda, muy chungo(ga).

crappy ['kræpɪ] (*compar* **-ier**, *superl* **-iest**) *adj v inf* de mierda, muy chungo(ga).

crash [kræʃ] ◇ *n* **-1.** [accident] colisión *f*, choque *m*, estrellón *m Amér*; **train ~** accidente *m* de tren **-2.** [loud noise] estruendo *m* **-3.** *FIN* crac *m*, quiebra *f*. ◇ *vt* [plane] estrellar; **to ~ the car** tener un accidente con el coche. ◇ *vi* **-1.** [collide - two vehicles] chocar, colisionar; [one vehicle - into wall etc] estrellarse; **to ~ into sthg** chocar *OR* estrellarse contra algo **-2.** [make crashing noise] armar estruendo; **to ~ to the ground** caerse y hacerse añicos **-3.** *FIN* quebrar **-4.** *COMPUT* bloquearse, colgarse.

crash barrier *n* valla *f* protectora.

crash course *n* cursillo *m* intensivo de introducción, curso *m* acelerado.

crash diet *n* régimen *m* drástico.

crash-dive *vi sumergirse a gran profundidad y con gran rapidez.*

crash helmet *n* casco *m* protector.

crash-land ◇ *vt* hacer un aterrizaje forzoso con. ◇ *vi* realizar un aterrizaje forzoso.

crash landing *n* aterrizaje *m* forzoso.

crass [kræs] *adj* burdo(da); **a ~ error** un error básico.

crate [kreɪt] *n* caja *f (para embalaje o transporte)*.

crater ['kreɪtəʳ] *n* cráter *m*.

cravat [krə'væt] *n* pañuelo *m* (de hombre).

crave [kreɪv] ◇ *vt* ansiar. ◇ *vi*: **to ~ for sthg** ansiar algo.

craving ['kreɪvɪŋ] *n* [gen]: **~ (for sthg/to do sthg)** anhelo *m* (de algo/de hacer algo); [of pregnant woman]: **~ (for sthg)** antojo *m* (de algo).

crawfish ['krɔ:fɪʃ] = **crayfish**.

crawl [krɔ:l] ◇ *vi* **-1.** [baby] andar a gatas, gatear **-2.** [insect, person] arrastrarse **-3.** [move slowly, with difficulty] avanzar lentamente, ir a paso de tortuga **-4.** *inf* [be covered]: **to be ~ing with sthg** estar infestado(da) de algo **-5.** *inf* [grovel]: **to ~ (to)** arrastrarse (ante). ◇ *n* **-1.** [slow pace]: **at a ~** a paso de tortuga **-2.** [swimming stroke]: **the ~** el crol.

crawler lane ['krɔ:ləʳ-] *n UK* carril *m* de los lentos.

crayfish ['kreɪfɪʃ] (*pl inv OR* **-es**) *n* [freshwater] cangrejo *m* de río; [spiny lobster] cigala *f*.

crayon ['kreɪɒn] *n* lápiz *m* de cera.

craze [kreɪz] *n* moda *f*.

crazed [kreɪzd] *adj* enloquecido(da); ~ **with** loco(ca) de.

crazy [ˈkreɪzɪ] (*compar* **-ier**, *superl* **-iest**) *adj inf* **-1.** [mad - person] loco(ca); [- idea] disparatado(da); **like** ~ como un loco **-2.** [enthusiastic]: **to be** ~ **about** estar loco(ca) por.

crazy paving *n UK* enlosado *m* irregular.

creak [kriːk] ◇ *n* [of floorboard, bed] crujido *m*; [of door, hinge] chirrido *m*. ◇ *vi* [floorboard, bed] crujir; [door, hinge] chirriar.

creaky [ˈkriːkɪ] (*compar* **-ier**, *superl* **-iest**) *adj* [floorboard, bed] que cruje; [door, hinge] chirriante.

cream [kriːm] ◇ *adj* [in colour] (color) crema *(inv)*. ◇ *n* **-1.** [food] nata *f* **-2.** [cosmetic, mixture for food] crema *f*; ~ **of tomato soup** crema de tomate **-3.** [colour] (color *m*) crema *m* **-4.** [elite]: **the** ~ la flor y nata, la crema. ◇ *vt* CULIN batir; ~**ed potatoes** puré *m* de patatas.

◆ **cream off** *vt sep* seleccionar, separar.

cream cake *n UK* pastel *m* de nata, pastel *m* de crema *Amér*, masa *f* de crema *RP*.

cream cheese *n* queso *m* cremoso *OR* blanco.

cream cracker *n UK galleta sin azúcar que generalmente se come con queso.*

cream of tartar *n* crémor *m* tártaro.

cream tea *n UK merienda de té con bollos, nata y mermelada.*

creamy [ˈkriːmɪ] (*compar* **-ier**, *superl* **-iest**) *adj* **-1.** [taste, texture] cremoso(sa) **-2.** [colour] (color) crema *(inv)*.

crease [kriːs] ◇ *n* [deliberate - in shirt] pliegue *m*; [- in trousers] raya *f*; [accidental] arruga *f*. ◇ *vt* arrugar. ◇ *vi* [gen] arrugarse; [forehead] fruncirse.

creased [kriːst] *adj* arrugado(da).

crease-resistant *adj* inarrugable.

create [kriːˈeɪt] *vt* [gen] crear; [interest] producir.

creation [kriːˈeɪʃn] *n* creación *f*.

creative [kriːˈeɪtɪv] *adj* [gen] creativo(va); [energy] creador(ra); ~ **writing** creación *f* literaria.

creativity [ˌkriːeɪˈtɪvətɪ] *n* creatividad *f*.

creator [kriːˈeɪtəʳ] *n* creador *m*, -ra *f*.

creature [ˈkriːtʃəʳ] *n* criatura *f*; **a** ~ **of habit** un animal de costumbres.

crèche [kreʃ] *n UK* guardería *f* (infantil).

credence [ˈkriːdns] *n*: **to give** *OR* **lend** ~ **to** dar crédito a.

credentials [krɪˈdenʃlz] *npl* credenciales *fpl*.

credibility [ˌkredəˈbɪlətɪ] *n* credibilidad *f*.

credible [ˈkredəbl] *adj* creíble, digno(na) de crédito.

credit [ˈkredɪt] ◇ *n* **-1.** [financial aid] crédito *m*; **to be in** ~ tener saldo acreedor *OR* positivo; **on** ~ a crédito **-2.** *(U)* [praise] reconocimiento *m*; **to have sthg to one's** ~ [successfully completed] tener uno algo en su haber; **to be to sb's** ~ [in sb's favour] ir en favor de alguien; **to do sb credit** decir mucho en favor de alguien; **to give sb** ~ **for** reconocer a alguien el mérito de **-3.** [towards qualification, degree] crédito *m* **-4.** [money credited] saldo *m* acreedor *OR* positivo. ◇ *vt* **-1.** FIN [add] abonar; **we'll** ~ **your account** lo abonaremos en su cuenta **-2.** [believe] creer **-3.** [give the credit to]: **to** ~ **sb with** atribuir a alguien el mérito de.

◆ **credits** *npl* [on film] títulos *mpl*.

creditable [ˈkredɪtəbl] *adj fml* meritorio(ria), encomiable.

credit account *n UK* cuenta *f* de crédito.

credit card *n* tarjeta *f* de crédito.

credit control *n* control *m* de crédito.

credit facilities *npl* facilidades *fpl* de crédito.

credit limit *UK*, **credit line** *US n* límite *m* de crédito.

credit note *n* [from shop] vale *m* de compra.

creditor [ˈkredɪtəʳ] *n* acreedor *m*, -ra *f*.

credit rating *n* calificación *f* de solvencia.

credit squeeze *n* restricción *f* de créditos.

credit transfer *n* transferencia *f* bancaria.

creditworthy [ˈkredɪtˌwɜːðɪ] *adj* solvente.

credulity [krɪˈdjuːlətɪ] *n fml* credulidad *f*.

credulous [ˈkredjʊləs] *adj* crédulo(la).

creed [kriːd] *n* credo *m*.

creek [kriːk] *n* **-1.** [inlet] cala *f* **-2.** *US* [stream] riachuelo *m*.

creep [kriːp] (*pt* & *pp* **crept**) ◇ *vi* **-1.** [person] deslizarse, andar con sigilo **-2.** [insect] arrastrarse; [traffic etc] avanzar lentamente **-3.** *inf* [grovel]: **to** ~ **(to sb)** hacer la pelota (a alguien). ◇ *n inf* **-1.** [unctuous person] pelotillero *m*, -ra *f*, pelota *m OR f* **-2.** [horrible person] asqueroso *m*, -sa *f*.

◆ **creeps** *npl*: **to give sb the** ~**s** *inf* ponerle a alguien la piel de gallina.

◆ **creep in** *vi* [mistake] introducirse.

◆ **creep up on** *vt* **-1.** [subj: person, animal] acercarse sigilosamente a **-2.** [subj: old age, deadline] aproximarse a.

creeper [ˈkriːpəʳ] *n* enredadera *f*, bejuco *m Amér*.

creepy [ˈkriːpɪ] (*compar* **-ier**, *superl* **-iest**) *adj inf* horripilante, espeluznante.

creepy-crawly [-ˈkrɔːlɪ] (*pl* **-ies**) *n inf* bicho *m*.

cremate [krɪˈmeɪt] *vt* incinerar.

cremation [krɪˈmeɪʃn] *n* incineración *f*.

crematorium *UK* [ˌkreməˈtɔːrɪəm] (*pl* **-riums** *OR* **-ria** [-rɪə]), **crematory** *US* [ˈkremətrɪ] (*pl* **-ies**) *n* crematorio *m*.

crème caramel [krem-] *n* flan *m*.

creosote ['krɪəsəʊt] ◇ *n* creosota *f*. ◇ *vt* aplicar creosota a.

crepe [kreɪp] *n* **-1.** [cloth] crespón *m* **-2.** [rubber] crepé *m* **-3.** [thin pancake] crepe *f*.

crepe bandage *n UK* venda *f* de gasa.

crepe paper *n (U)* papel *m* crespón.

crepe-soled shoes [-səʊld-] *npl UK* zapatos *mpl* de suela de crepé.

crept [krept] *pt & pp* ▷ **creep.**

Cres. *abbr of* **Crescent.**

crescendo [krɪ'ʃendəʊ] (*pl* **-s**) *n* crescendo *m*.

crescent ['kresnt] ◇ *adj* creciente. ◇ *n* **-1.** [shape] media luna *f* **-2.** [street] *calle en forma de arco.*

cress [kres] *n* berro *m*.

crest [krest] *n* **-1.** [on bird's head, of wave] cresta *f* **-2.** [of hill] cima *f*, cumbre *f* **-3.** [on coat of arms] blasón *m*.

crestfallen ['krest,fɔ:ln] *adj* alicaído(da).

Crete [kri:t] *n* Creta.

cretin ['kretɪn] *n inf* [idiot] cretino *m*, -na *f*.

Creutzfeldt-Jakob disease [,krɔɪtsfelt-'jækɒb-] *n* enfermedad *f* de Creutzfeldt-Jakob.

crevasse [krɪ'væs] *n* grieta *f*, fisura *f*.

crevice ['krevɪs] *n* grieta *f*, hendidura *f*.

crew [kru:] *n* **-1.** [of ship, plane] tripulación *f* **-2.** [on film set etc] equipo *m*.

crew cut *n* rapado *m*, corte *m* al cero.

crewman ['kru:mæn] (*pl* **-men** [-men]) *n* [of ship, plane] tripulante *m*; [on film set etc] miembro *m* del equipo.

crew-neck(ed) [-nek(t)] *adj* con cuello redondo.

crib [krɪb] (*pt & pp* **-bed**, *cont* **-bing**) ◇ *n* **-1.** [cot] cuna *f* **-2.** *US inf* [place] casa *f*, cantón *f Méx.* ◇ *vt inf*: **to ~ sthg off** *OR* **from sb** copiar algo de alguien.

cribbage ['krɪbɪdʒ] *n juego de cartas en que la puntuación se anota colocando clavijas en un tablero.*

crick [krɪk] ◇ *n*: **to have a ~ in one's neck** tener tortícolis. ◇ *vt* torcerse.

cricket ['krɪkɪt] ◇ *n* **-1.** [game] críquet *m* **-2.** [insect] grillo *m*. ◇ *comp* de críquet.

cricketer ['krɪkɪtə^r] *n* jugador *m*, -ra *f* de críquet.

crikey ['kraɪkɪ] *excl UK inf* ¡caramba!

crime [kraɪm] ◇ *n* **-1.** [serious offence] crimen *m*; [less serious offence] delito *m* **-2.** [criminal behaviour - serious] criminalidad *f*; [- less serious] delincuencia *f* **-3.** [immoral act] crimen *m*. ◇ *comp*: **~ squad** brigada *f* de investigación criminal; **~ novel** novela *f* policíaca.

crime wave *n* ola *f* delictiva.

criminal ['krɪmɪnl] ◇ *adj* **-1.** *JUR* [act, behaviour] criminal, delictivo(va); [law] penal; [lawyer] criminalista; **~ offence** delito *m* **-2.** [shameful]: **it's ~** es un crimen. ◇ *n* [serious] criminal *m OR f*; [less serious] delincuente *m OR f*.

criminalize, -ise ['krɪmɪnəlaɪz] *vt* [person] convertir en delincuente.

criminal record *n* antecedentes *mpl* penales.

criminology [,krɪmɪ'nɒlədʒɪ] *n* criminología *f*.

crimp [krɪmp] *vt* ondular, rizar.

crimson ['krɪmzn] ◇ *adj* **-1.** [in colour] carmesí **-2.** [with embarrassment] colorado(da). ◇ *n* carmesí *m*.

cringe [krɪndʒ] *vi* **-1.** [out of fear] encogerse **-2.** *inf* [with embarrassment] sentir vergüenza ajena.

crinkle ['krɪŋkl] ◇ *n* arruga *f*. ◇ *vt* arrugar. ◇ *vi* arrugarse.

cripple ['krɪpl] ◇ *n dated & offensive* tullido *m*, -da *f*, lisiado *m*, -da *f*. ◇ *vt* **-1.** *MED* dejar inválido(da) **-2.** [country, industry] paralizar, inmovilizar; [ship, plane] inutilizar.

crippling ['krɪplɪŋ] *adj* **-1.** *MED* postrador(ra) **-2.** [severe] abrumador(ra).

crisis ['kraɪsɪs] (*pl* **crises** ['kraɪsi:z]) *n* crisis *f inv.*

crisp [krɪsp] *adj* **-1.** [pastry, bacon, snow] crujiente; [banknote, vegetables, weather] fresco(ca) **-2.** [brisk] directo(ta), categórico(ca).

◆ **crisps** *npl UK* patatas *fpl* fritas *(de bolsa).*

crispbread ['krɪspbred] *n galleta salada y alargada de centeno o trigo.*

crispy ['krɪspɪ] (*compar* **-ier**, *superl* **-iest**) *adj* crujiente.

crisscross ['krɪskrɒs] ◇ *adj* entrecruzado (da). ◇ *vt* entrecruzar. ◇ *vi* entrecruzarse.

criterion [kraɪ'tɪərɪən] (*pl* **-ria** [-rɪə], **-rions**) *n* criterio *m*.

critic ['krɪtɪk] *n* crítico *m*, -ca *f*.

critical ['krɪtɪkl] *adj* [gen] crítico(ca); [illness] grave; **to be ~ of** criticar; **~ acclaim** la aclamación de la crítica.

critically ['krɪtɪklɪ] *adv* [gen] críticamente; **~ important** de vital importancia; **~ acclaimed** aclamado(da) por la crítica; [ill] gravemente.

criticism ['krɪtɪsɪzm] *n* crítica *f*.

criticize, -ise ['krɪtɪsaɪz] *vt & vi* criticar.

critique [krɪ'ti:k] *n* crítica *f*.

croak [krəʊk] ◇ *n* **-1.** [of frog] croar *m*, canto *m*; [of raven] graznido *m* **-2.** [hoarse voice] ronquido *m*, estertor *m*. ◇ *vi* **-1.** [frog] croar; [raven] graznar **-2.** [person] ronquear.

Croat ['krəʊæt], **Croatian** [krəʊ'eɪʃn] ◇ *adj* croata. ◇ *n* **-1.** [person] croata *m OR f* **-2.** [language] croata *m*.

Croatia [krəʊ'eɪʃə] *n* Croacia.
Croatian = **Croat**.
crochet ['krəʊʃeɪ] ◇ *n* ganchillo *m.* ◇ *vt* hacer a ganchillo.
crockery ['krɒkərɪ] *n* loza *f*, vajilla *f.*
crocodile ['krɒkədaɪl] (*pl inv* OR **-s**) *n* cocodrilo *m.*
crocus ['krəʊkəs] (*pl* **-es**) *n* azafrán *m (planta).*
croft [krɒft] *n* ***UK*** *granja pequeña que pertenecé a una familia y les proporciona sustento.*
croissant ['krwæsɑɒ] *n* croissant *m*, medialuna *f* ***RP***, cachito *m* ***Ven.***
crony ['krəʊnɪ] (*pl* **-ies**) *n inf* amiguete *m*, -ta *f.*
crook [krʊk] ◇ *n* **-1.** [criminal] ratero *m*, -ra *f*, delincuente *m* OR *f* **-2.** ***inf*** [dishonest person] ladrón *m*, -ona *f*, sinvergüenza *m* OR *f* **-3.** [of arm, elbow] pliegue *m* **-4.** [shepherd's staff] cayado *m.* ◇ *vt* doblar.
crooked ['krʊkɪd] *adj* **-1.** [teeth, tie] torcido(da) **-2.** [back] encorvado(da); [path] sinuoso(sa) **-3.** *inf* [dishonest - person, policeman] corrupto(ta); [- deal] sucio(cia).
croon [kru:n] *vt & vi* canturrear.
crop [krɒp] (*pt & pp* **-ped**, *cont* **-ping**) ◇ *n* **-1.** [kind of plant] cultivo *m* **-2.** [harvested produce] cosecha *f*, pizca *f* ***Méx*** **-3.** ***inf*** [group - of people] hornada *f*; [- of books] cosecha *f* **-4.** [whip] fusta *f.* ◇ *vt* **-1.** [cut short] cortar (muy corto) **-2.** [subj: cows, sheep] pacer.
◆ **crop up** *vi* surgir.
cropper ['krɒpəʳ] *n* ***inf***: **to come a ~** [fall] darse un batacazo; [slip up] pegar un patinazo; [business] irse a la porra.
crop spraying [-,spreɪɪŋ] *n* fumigación *f.*
croquet ['krəʊkeɪ] *n* croquet *m.*
croquette [krɒ'ket] *n* croqueta *f.*
cross [krɒs] ◇ *adj* enfadado(da); **to get ~ (with)** enfadarse (con). ◇ *n* **-1.** [gen] cruz *f* **-2.** [hybrid] cruce *m*, cruza *f* ***Amér***; **a ~ between** [combination] una mezcla de **-3.** SPORT centro *m.* ◇ *vt* **-1.** [gen & FIN] cruzar **-2.** [face - subj: expression] reflejarse en **-3.** SPORT centrar **-4.** [oppose] contrariar **-5.** RELIG: **to ~ o.s.** santiguarse. ◇ *vi* **-1.** [intersect] cruzarse **-2.** [boat, ship] hacer una travesía.
◆ **cross off, cross out** *vt sep* tachar.
crossbar ['krɒsbɑ:ʳ] *n* **-1.** [on goal] larguero *m*, travesaño *m* **-2.** [on bicycle] barra *f.*
cross-border *adj* transfronterizo(za).
crossbow ['krɒsbəʊ] *n* ballesta *f.*
crossbreed ['krɒsbri:d] *n* híbrido *m.*
cross-Channel *adj* [ferry] que hace la travesía del Canal de la Mancha; [route] a través del Canal de la Mancha.
cross-check *n* verificación *f* con otro método.
◆ **crosscheck** *vt* verificar con otro método.
cross-country ◇ *adj & adv* a campo traviesa. ◇ *n* cross *m.*
cross-cultural *adj* intercultural.
cross-dressing *n* travestismo *m.*
crossed line [krɒst-] *n* TELEC cruce *m* de líneas.
cross-examination *n* interrogatorio *m (para comprobar veracidad).*
cross-examine *vt* interrogar *(para comprobar veracidad).*
cross-eyed ['krɒsaɪd] *adj* bizco(ca).
cross-fertilize *vt* [plants] fecundar por fertilización cruzada.
crossfire ['krɒs,faɪəʳ] *n* fuego *m* cruzado.
crosshead ['krɒs,hed] *adj*: **~ screw** tornillo *m* de cabeza en cruz; **~ screwdriver** destornillador *m* de cabeza en cruz.
crossing ['krɒsɪŋ] *n* **-1.** [on road] cruce *m*, paso *m* de peatones; [on railway line] paso a nivel **-2.** [sea journey] travesía *f.*
crossing guard *n* **-1.** ***US*** *persona encargada de ayudar a cruzar la calle a los colegiales*; [on railway line] paso a nivel **-2.** [sea journey] travesía *f.*
cross-legged ['krɒslegd] *adv* con las piernas cruzadas.
crossly ['krɒslɪ] *adv* con enfado.
crossply ['krɒsplaɪ] (*pl* **-ies**) ◇ *adj* de carcasa diagonal. ◇ *n* neumático *m* de carcasa diagonal.
cross-purposes *npl*: **I think we're at ~** creo que estamos hablando de cosas distintas.
cross-question *vt* interrogar *(para comprobar veracidad).*
cross-refer *vt* remitir.
cross-reference *n* remisión *f*, referencia *f.*
crossroads ['krɒsrəʊdz] (*pl inv*) *n* cruce *m*; **to be at a ~** *fig* estar en una encrucijada.
cross-section *n* **-1.** [drawing] sección *f* transversal **-2.** [sample] muestra *f* representativa.
crosswalk ['krɒswɔ:k] *n* ***US*** paso *m* de peatones.
crossways ['krɒsweɪz] = **crosswise**.
crosswind ['krɒswɪnd] *n* viento *m* de costado.
crosswise ['krɒswaɪz] *adv* en diagonal, transversalmente.
crossword (puzzle) ['krɒswɜ:d-] *n* crucigrama *m.*
crotch [krɒtʃ] *n* entrepierna *f.*
crotchet ['krɒtʃɪt] *n* negra *f.*
crotchety ['krɒtʃɪtɪ] *adj* ***UK inf*** refunfuñón(ona).
crouch [kraʊtʃ] *vi* [gen] agacharse; [ready to spring] agazaparse.

croup [kru:p] *n* **-1.** [illness] crup *m* **-2.** [of horse] grupa *f.*

croupier ['kru:pɪəʳ] *n* crupier *m* OR *f.*

crouton ['kru:tɒn] *n* cuscurro *m*, picatoste *m.*

crow [krəʊ] <> *n* corneja *f*; **as the ~ flies** en línea recta. <> *vi* **-1.** [cock] cantar **-2.** *inf* [gloat] darse pisto, vanagloriarse.

crowbar ['krəʊbɑ:ʳ] *n* palanca *f.*

crowd [kraʊd] <> *n* **-1.** [mass of people] multitud *f*, muchedumbre *f*; [at football match etc] público *m* **-2.** [particular group] gente *f.* <> *vi* agolparse, apiñarse; **to ~ in/out** entrar/salir en tropel. <> *vt* **-1.** [room, theatre etc] llenar **-2.** [people] meter, apiñar.

crowded ['kraʊdɪd] *adj*: **~ (with)** repleto(ta) OR atestado(da) (de).

crown [kraʊn] <> *n* **-1.** [of royalty, on tooth] corona *f* **-2.** [of hat] copa *f*; [of head] coronilla *f*; [of hill] cumbre *f*, cima *f.* <> *vt* **-1.** [gen] coronar; **to ~ it all** para colmo **-2.** [tooth] poner una corona a.

◆ **Crown** <> *n*: **the Crown** [monarchy] la corona. <> *comp* de la corona.

crown court *n* ≃ tribunal *m* superior de lo penal.

crowning ['kraʊnɪŋ] *adj* supremo(ma).

crown jewels *npl* joyas *fpl* de la corona.

crown prince *n* príncipe *m* heredero.

crow's feet *npl* patas *fpl* de gallo.

crow's nest *n* cofa *f.*

crucial ['kru:ʃl] *adj* crucial.

crucially ['kru:ʃlɪ] *adv* lo que fue crucial; **~ important** de importancia crucial.

crucible ['kru:sɪbl] *n* crisol *m.*

crucifix ['kru:sɪfɪks] *n* crucifijo *m.*

Crucifixion [ˌkru:sɪ'fɪkʃn] *n*: **the ~** la crucifixión.

crucify ['kru:sɪfaɪ] (*pt* & *pp* **-ied**) *vt lit* & *fig* crucificar.

crude [kru:d] <> *adj* **-1.** [rubber, oil, joke] crudo(da) **-2.** [person, behaviour] basto(ta), vulgar **-3.** [drawing, sketch] tosco(ca). <> *n* crudo *m.*

crudely ['kru:dlɪ] *adv* **-1.** [say, remark] vulgarmente **-2.** [sketch, write] toscamente.

crude oil *n* crudo *m.*

cruel [krʊəl] (*compar* **-ler**, *superl* **-lest**) *adj* [gen] cruel; [blow] duro(ra); [winter] crudo(da).

cruelly ['krʊəlɪ] *adv* **-1.** [sadistically] cruelmente **-2.** [painfully, harshly] dolorosamente.

cruelty ['krʊəltɪ] *n (U)* crueldad *f.*

cruelty-free *adj* no probado(da) en animales.

cruet ['kru:ɪt] *n* vinagreras *fpl*, convoy *m.*

cruise [kru:z] <> *n* crucero *m.* <> *vi* **-1.** [sail] hacer un crucero **-2.** [drive, fly] ir a velocidad de crucero.

cruise missile *n* misil *m* de crucero.

cruiser ['kru:zəʳ] *n* **-1.** [warship] crucero *m* **-2.** [cabin cruiser] yate *m* (para cruceros).

crumb [krʌm] *n* **-1.** [of food] miga *f*, migaja *f* **-2.** [of information] migaja *f*, pizca *f.*

crumble ['krʌmbl] <> *n postre a base de compota de fruta con una pasta seca por encima.* <> *vt* desmigajar. <> *vi* **-1.** [building, cliff] desmoronarse; [plaster] caerse **-2.** *fig* [relationship, hopes] derrumbarse, venirse abajo.

crumbly ['krʌmblɪ] (*compar* **-ier**, *superl* **-iest**) *adj* que se desmigaja con facilidad.

crummy ['krʌmɪ] (*compar* **-mier**, *superl* **-miest**) *adj inf* [bad] chungo(ga).

crumpet ['krʌmpɪt] *n* **-1.** [food] *bollo que se come tostado* **-2.** [women] *inf (U)* tías *fpl.*

crumple ['krʌmpl] <> *vt* [dress, suit] arrugar; [letter] estrujar. <> *vi* **-1.** [dress, suit, face] arrugarse; [car] quedarse hecho un acordeón **-2.** [body] desplomarse; [army, government] sucumbir.

◆ **crumple up** *vt sep* estrujar.

crunch [krʌntʃ] <> *n* crujido *m*; **when it comes to the ~** *inf* a la hora de la verdad. <> *vt* [with teeth] ronzar. <> *vi* crujir.

crunchy ['krʌntʃɪ] (*compar* **-ier**, *superl* **-iest**) *adj* crujiente.

crusade [kru:'seɪd] <> *n lit* & *fig* cruzada *f.* <> *vi*: **to ~ for/against** hacer una cruzada en pro/en contra de.

crusader [kru:'seɪdəʳ] *n* **-1.** HIST cruzado *m* **-2.** [campaigner] paladín *m*, defensor *m*, -ra *f.*

crush [krʌʃ] <> *n* **-1.** [crowd] gentío *m*, aglomeración *f* **-2.** *inf* [infatuation]: **to have a ~ on sb** estar colado(da) OR loco(ca) por alguien **-3.** *UK* [drink] *zumo con agua añadida.* <> *vt* **-1.** [squash] aplastar **-2.** [grind - garlic, grain] triturar; [- ice] picar; [- grapes] exprimir **-3.** [destroy] demoler.

crush barrier *n UK* valla *f* de contención.

crushing ['krʌʃɪŋ] *adj* **-1.** [defeat, blow] aplastante, abrumador(ra) **-2.** [remark] demoledor(ra).

crust [krʌst] *n* **-1.** [on bread, of snow, earth] corteza *f* **-2.** [on pie] parte *f* dura.

crustacean [krʌ'steɪʃn] *n* crustáceo *m.*

crusty ['krʌstɪ] (*compar* **-ier**, *superl* **-iest**) *adj* **-1.** [food] crujiente **-2.** [person] brusco(ca).

crutch [krʌtʃ] *n* **-1.** [stick] muleta *f*; *fig* [support] apoyo *m*, soporte *m* **-2.** [crotch] entrepierna *f.*

crux [krʌks] *n*: **the ~ of the matter** el quid de la cuestión.

cry [kraɪ] (*pt* & *pp* **cried**, *pl* **cries**) <> *n* **-1.** [weep] llanto *m*, llorera *f* **-2.** [shout] grito *m*; **to be a far ~ from** no parecerse en nada a **-3.** [of bird] chillido *m.* <> *vt*: **to ~ o.s. to sleep** llorar hasta dormirse. <> *vi* **-1.** [weep] llorar **-2.** [shout] gritar; **to ~ for help** gritar pidiendo ayuda.

◆ **cry off** *vi* volverse atrás.

◆ **cry out** <> *vt* gritar. <> *vi* [call out] gritar.

◆ **cry out for** *vt fus* pedir a voces.

crybaby ['kraɪˌbeɪbɪ] (*pl* **-ies**) *n inf pej* llorón *m*, -ona *f*.

crying ['kraɪɪŋ] <> *adj*: **a ~ shame** una verdadera vergüenza; **a ~ need for sthg** una necesidad imperiosa de algo. <> *n (U)* llanto *m*.

crypt [krɪpt] *n* cripta *f*.

cryptic ['krɪptɪk] *adj* críptico(ca).

crystal ['krɪstl] <> *n* cristal *m*. <> *comp* de cristal.

crystal ball *n* bola *f* de cristal.

crystal clear *adj* **-1.** [transparent] cristalino(na) **-2.** [clearly stated] claro(ra) como el agua.

crystallize, -ise ['krɪstəlaɪz] <> *vi lit & fig* cristalizar. <> *vt* **-1.** [make clear] cristalizar **-2.** [preserve in sugar] confitar, escarchar.

CSA (*abbr of* **Child Support Agency**) *n en Gran Bretaña, agencia que vela por el cumplimiento de la ley en materia de pensiones alimenticias.*

CSE (*abbr of* **Certificate of Secondary Education**) *n antiguo título de enseñanza secundaria en Gran Bretaña para alumnos de bajo rendimiento escolar.*

CS gas *n* gas *m* lacrimógeno.

CST (*abbr of* **Central Standard Time**) *hora oficial en el centro de los EE.UU.*

ct (*abbr of* **carat**) quil.

CT *abbr of* **Connecticut**.

CTC *n abbr of* **city technology college**.

cu. (*abbr of* **cubic**) c.

cub [kʌb] *n* **-1.** [young animal] cachorro *m* **-2.** [boy scout] lobato *m*, *boy scout de entre 8 y 11 años.*

Cuba ['kju:bə] *n* Cuba.

Cuban ['kju:bən] <> *adj* cubano(na). <> *n* [person] cubano *m*, -na *f*.

cubbyhole ['kʌbɪhəʊl] *n* [room] cuchitril *m*; [cupboard] armario *m*.

cube [kju:b] <> *n* [gen] cubo *m*; [of sugar] terrón *m*. <> *vt* **-1.** MATH elevar al cubo **-2.** [cut up] cortar en dados.

cube root *n* raíz *f* cúbica.

cubic ['kju:bɪk] *adj* cúbico(ca).

cubicle ['kju:bɪkl] *n* [at swimming pool] caseta *f*; [in shop] probador *m*; [in toilets] cubículo *m*.

cubism ['kju:bɪzml] *n* cubismo *m*.

cubist ['kju:bɪst] *n* cubista *m* OR *f*.

Cub Scout *n* lobato *m*, *boy scout de entre 8 y 11 años.*

cuckoo ['kʊku:] *n* cuco *m*, cuclillo *m*.

cuckoo clock *n* reloj *m* de cuco.

cucumber ['kju:kʌmbəʳ] *n* pepino *m*.

cud [kʌd] *n*: **to chew the ~** *lit & fig* rumiar.

cuddle ['kʌdl] <> *n* abrazo *m*. <> *vt* abrazar, apapachar *Méx*. <> *vi* abrazarse.

◆ **cuddle up** *vi*: **to ~ up (to)** arrimarse (a).

cuddly ['kʌdlɪ] (*compar* **-ier**, *superl* **-iest**) *adj* [person, child] mimoso(sa).

cuddly toy ['kʌdlɪ-] *n* muñeco *m* de peluche.

cudgel ['kʌdʒəl] (*UK pt & pp* **-led**, *cont* **-ling**, *US pt & pp* **-ed**, *cont* **-ing**) <> *n* porra *f*; **to take up the ~s for** salir en defensa de. <> *vt* aporrear; **to ~ one's brains** *US* devanarse los sesos.

cue [kju:] *n* **-1.** RADIO, THEATRE & TV entrada *f*; **on ~** justo en aquel instante; **to take one's ~ from** guiarse por **-2.** *fig* [stimulus, signal] señal *f* **-3.** [in snooker, pool] taco *m*.

cuff [kʌf] <> *n* **-1.** [of sleeve] puño *m*; **off the ~** [speech, remarks] improvisado(da), sacado(da) de la manga **-2.** *US* [of trouser leg] vuelta *f* **-3.** [blow] cachete *m*. <> *vt* dar un cachete a.

cuff link *n* gemelo *m*, collera *f Andes*.

cuisine [kwɪ'zi:n] *n* cocina *f*.

cul-de-sac ['kʌldəsæk] *n* callejón *m* sin salida.

culinary ['kʌlɪnərɪ] *adj* culinario(ria).

cull [kʌl] <> *n* sacrificio *m* selectivo. <> *vt* **-1.** [animals] sacrificar selectivamente **-2.** *fml* [information, facts] recoger.

culminate ['kʌlmɪneɪt] *vi*: **to ~ in** culminar en.

culmination [ˌkʌlmɪ'neɪʃn] *n* culminación *f*.

culottes [kju:'lɒts] *npl* falda *f* pantalón.

culpable ['kʌlpəbl] *adj fml*: **~ (of)** culpable (de); **~ homicide** homicidio *m* involuntario.

culprit ['kʌlprɪt] *n* culpable *m* OR *f*.

cult [kʌlt] <> *n* **-1.** RELIG culto *m* **-2.** [person, activity, object] objeto *m* de culto. <> *comp* [series, movie] de culto.

cultivate ['kʌltɪveɪt] *vt* **-1.** [gen] cultivar **-2.** [get to know - person] hacer amistad con.

cultivated ['kʌltɪveɪtɪd] *adj* **-1.** [cultured] culto(ta) **-2.** [land] cultivado(da).

cultivation [ˌkʌltɪ'veɪʃn] *n (U)* cultivo *m*.

cultural ['kʌltʃərəl] *adj* cultural.

culture ['kʌltʃəʳ] *n* **-1.** [gen] cultura *f* **-2.** [of bacteria] cultivo *m*.

cultured ['kʌltʃəd] *adj* culto(ta).

cultured pearl *n* perla *f* cultivada.

culture shock *n* choque *m* cultural.

culture vulture *n inf hum devorador insaciable de cultura.*

culvert ['kʌlvət] *n* alcantarilla *f*, desagüe *m*.

cumbersome ['kʌmbəsəm] *adj* **-1.** [package]

abultado(da), voluminoso(sa); [machinery] aparatoso(sa) **- 2.** [system] torpe.

cumin ['kʌmɪn] *n* comino *m.*

cum laude [kʊm'laʊdeɪ] *adv* ***US*****: to graduate ~** licenciarse cum laude.

cumulative ['kju:mjʊlətɪv] *adj* acumulativo(va).

cunning ['kʌnɪŋ] ◇ *adj* [gen] astuto(ta); [device, idea] ingenioso(sa). ◇ *n (U)* astucia *f.*

cunt [kʌnt] *n* ***vulg*** [vagina] coño *m*; [person] hijo *m*, -ja *f* de puta.

cup [kʌp] (*pt* & *pp* **-ped**, *cont* **-ping**) ◇ *n* **- 1.** [gen] taza *f* **- 2.** [prize, of bra] copa *f.* ◇ *vt* ahuecar.

cupboard ['kʌbəd] *n* armario *m.*

cupcake ['kʌpkeɪk] *n* ***US*** magdalena *f.*

Cup Final *n*: **the ~** ≃ la final de la Copa.

cup holder *n* [team, person] (actual) campeón *m* de copa.

cupid ['kju:pɪd] *n* [figure] cupido *m.*

cupola ['kju:pələ] (*pl* **-s**) *n* cúpula *f.*

cup tie *n* ***UK*** partido *m* de copa.

curable ['kjʊərəbl] *adj* curable.

curate ['kjʊərət] *n* coadjutor *m*, -ra *f*, auxiliar *m* OR *f.*

curator [ˌkjʊə'reɪtə^r] *n* conservador *m*, -ra *f.*

curb [kɜ:b] ◇ *n* **- 1.** [control]: **~ (on)** control *m* OR restricción *f* (de); **to put a ~ on sthg** poner freno a algo **- 2.** ***US*** [in road] bordillo *m*, bordo *m* de la banqueta ***Méx***, cordón *m* de la vereda ***RP***, cuneta *f* ***Chile***, sardinel *m* ***Col.*** ◇ *vt* controlar, contener.

curd cheese [kɜ:d-] *n* ***UK*** requesón *m.*

curdle ['kɜ:dl] *vi* [milk] cuajarse; ***fig*** [blood] helarse.

cure [kjʊə^r] ◇ *n* **- 1.** MED: **~ (for)** cura *f* (para) **- 2.** [solution]: **~ (for)** remedio *m* (a). ◇ *vt* **- 1.** MED curar **- 2.** [problem, inflation] remediar **- 3.** [rid]: **to ~ sb of sthg** hacer a alguien abandonar algo **- 4.** [food, tobacco] curar; [leather] curtir.

cure-all *n* panacea *f.*

curfew ['kɜ:fju:] *n* toque *m* de queda.

curio ['kjʊərɪəʊ] (*pl* **-s**) *n* curiosidad *f*, rareza *f.*

curiosity [ˌkjʊərɪ'ɒsətɪ] *n* curiosidad *f.*

curious ['kjʊərɪəs] *adj* curioso(sa); **to be ~ about** sentir curiosidad por; **I'm ~ to know ...** tengo ganas de saber ...

curiously ['kjʊərɪəslɪ] *adv* **- 1.** [inquisitively] con curiosidad **- 2.** [oddly] curiosamente.

curl [kɜ:l] ◇ *n* **- 1.** [of hair] rizo *m* **- 2.** [of smoke] voluta *f.* ◇ *vt* **- 1.** [hair] rizar **- 2.** [twist] enroscar. ◇ *vi* **- 1.** [hair] rizarse **- 2.** [paper] abarquillarse, curvarse; **to ~ into a ball** acurrucarse, hacerse un ovillo.

◆ **curl up** *vi* [person, animal] acurrucarse, hacerse un ovillo; [leaf, paper] abarquillarse, curvarse.

curler ['kɜ:lə^r] *n* rulo *m.*

curling ['kɜ:lɪŋ] *n* curling *m*, *deporte que consiste en hacer deslizar piedras planas sobre el hielo.*

curling tongs *npl* tenacillas *fpl* de rizar.

curly ['kɜ:lɪ] (*compar* **-ier**, *superl* **-iest**) *adj* [hair] rizado(da); [pig's tail] enroscado(da).

currant ['kʌrənt] *n* pasa *f* de Corinto.

currency ['kʌrənsɪ] (*pl* **-ies**) *n* **- 1.** FIN moneda *f*; **foreign ~** divisa *f* **- 2.** ***fml*** [acceptability]: **to gain ~** ganar aceptación.

current ['kʌrənt] ◇ *adj* [price, method, girlfriend] actual; [year] presente, en curso; [issue] último(ma); [ideas, expressions, customs] común, corriente; **in ~ use** de uso común. ◇ *n* corriente *f.*

current account *n* ***UK*** cuenta *f* corriente.

current affairs *npl* temas *mpl* de actualidad.

current assets *npl* activo *m* circulante.

current liabilities *npl* pasivo *m* circulante.

currently ['kʌrəntlɪ] *adv* actualmente.

curriculum [kə'rɪkjələm] (*pl* **-lums** OR **-la** [-lə]) *n* [course of study] plan *m* de estudios, temario *m.*

curriculum vitae [-'vi:taɪ] (*pl* **curricula vitae**) *n* ***UK*** currículum *m* (vitae).

curried ['kʌrɪd] *adj* al curry.

curry ['kʌrɪ] (*pl* **-ies**) *n* curry *m.*

curry powder *n* curry *m* en polvo.

curse [kɜ:s] ◇ *n* **- 1.** [evil charm] maldición *f*; **to put a ~ on** echar una maldición a **- 2.** [swearword] taco *m*, palabrota *f* **- 3.** [source of problems] azote *m.* ◇ *vt* maldecir. ◇ *vi* [swear] maldecir, soltar tacos.

cursor ['kɜ:sə^r] *n* COMPUT cursor *m.*

cursory ['kɜ:sərɪ] *adj* superficial, por encima.

curt [kɜ:t] *adj* brusco(ca), seco(ca).

curtail [kɜ:'teɪl] *vt* **- 1.** [visit] acortar **- 2.** [expenditure] reducir; [rights] restringir.

curtailment [kɜ:'teɪlmənt] *n* ***fml*** [of expenditure] reducción *f*; [of rights] restricción *f.*

curtain ['kɜ:tn] *n* **- 1.** [gen] cortina *f* **- 2.** [in theatre] telón *m.*

◆ **curtain off** *vt sep* separar con una cortina.

curtain call *n* salida *f* a escena para saludar.

curtain raiser *n* ***fig*** preludio *m*, preámbulo *m.*

curts(e)y ['kɜ:tsɪ] (*pt* & *pp* **curtsied**) ◇ *n* reverencia *f (de mujer).* ◇ *vi* hacer una reverencia *(una mujer).*

curvaceous [kɜ:'veɪʃəs] *adj* ***inf*** escultural.

curvature ['kɜ:vətʃə^r] *(U) n* **- 1.** [of Earth] curvatura *f* - **2.** MED [of spine] desviación *f*.

curve [kɜ:v] ◇ *n* curva *f*. ◇ *vi* [river] torcer, hacer una curva; [surface] curvarse, arquearse.

curved [kɜ:vd] *adj* curvo(va).

curvy ['kɜ:vɪ] (*compar* **-ier**, *superl* **-iest**) *adj* - **1.** [line] sinuoso(sa) - **2.** *inf* [figure] escultural.

cushion ['kʊʃn] ◇ *n* - **1.** [for sitting on] cojín *m*, almohadón *m* - **2.** [protective layer] colchón *m*. ◇ *vt lit & fig* amortiguar; **to be ~ed against** estar protegido contra.

cushy ['kʊʃɪ] (*compar* **-ier**, *superl* **-iest**) *adj inf* cómodo(da); **a ~ job** OR **number** un chollo (de trabajo).

custard ['kʌstəd] *n (U)* natillas *fpl*.

custard pie *n* tarta *f* de crema.

custard powder *n (U)* polvos *mpl* para natillas.

custodial sentence [kʌ'stəʊdjəl-] *n* pena *f* de cárcel.

custodian [kʌ'stəʊdjən] *n* - **1.** [of building, museum] conservador *m*, -ra *f* - **2.** [of tradition, values] guardián *m*, -ana *f*.

custody ['kʌstədɪ] *n* custodia *f*; **to take sb into ~** detener a alguien; **in ~** bajo custodia.

custom ['kʌstəm] ◇ *n* - **1.** [tradition, habit] costumbre *f* - **2.** *(U) fml* [trade] clientela *f*. ◇ *adj* hecho(cha) de encargo.

◆ **customs** *n* [place] aduana *f*; **to go through ~s** pasar por la aduana.

customary ['kʌstəmrɪ] *adj* acostumbrado(da), habitual.

custom-built *adj* hecho(cha) de encargo.

customer ['kʌstəmə^r] *n* - **1.** [client] cliente *m* OR *f* - **2.** *inf* [person] tipo *m*, individuo *m*.

customer services *npl* servicio *m* de atención al cliente.

customize, -ise ['kʌstəmaɪz] *vt* [gen & COMPUT] personalizar.

custom-made *adj* [shoes, suit] hecho(cha) a la medida; [car] hecho de encargo.

Customs and Excise *n (U) UK oficina del gobierno británico encargada de la recaudación de derechos arancelarios.*

customs duty *n (U)* derechos *mpl* de aduana, aranceles *mpl*.

customs officer *n* empleado *m*, -da *f* de aduanas.

customs union *n* unión *f* aduanera.

cut [kʌt] (*pt & pp* **cut**, *cont* **-ting**) ◇ *n* - **1.** [gen] corte *m* - **2.** [reduction]: **~ (in)** reducción *f* (de); **wage ~** recorte *m* salarial - **3.** *inf* [share] parte *f* - **4.** *phr*: **to be a ~ above the rest** *inf* ser superior al resto. ◇ *vt* - **1.** [gen & COMPUT] cortar; **to ~ sb's hair** cortarle el pelo a alguien; **to ~ a hole** hacer un agujero; **to ~ class** *US* faltar a clase; [one's finger etc] cortarse; **to ~ o.s.** cortarse - **2.** [spending, staff etc] reducir, recortar; [text] acortar - **3.** [tooth] echar - **4.** *inf* [lecture] fumarse. ◇ *vi* [gen & COMPUT] cortar.

◆ **cut across** *vt fus* - **1.** [take short cut] atajar OR cortar por - **2.** [go beyond] rebasar, trascender.

◆ **cut back** ◇ *vt sep* - **1.** [plant] podar - **2.** [expenditure, budget] reducir, recortar. ◇ *vi*: **to ~ back (on sthg)** reducir OR recortar (algo).

◆ **cut down** ◇ *vt sep* - **1.** [chop down] cortar, talar - **2.** [reduce] reducir. ◇ *vi*: **to ~ down on smoking** OR **cigarettes** fumar menos.

◆ **cut in** *vi* - **1.** [interrupt]: **to ~ in (on sb)** cortar OR interrumpir (a alguien) - **2.** [in car] colarse.

◆ **cut off** *vt sep* - **1.** [gen] cortar - **2.** [interrupt] interrumpir - **3.** [separate]: **to be ~ off (from)** [person] estar aislado(da) (de); [town, village] quedarse incomunicado(da) (de).

◆ **cut out** ◇ *vt sep* - **1.** [remove] recortar - **2.** [dress, pattern etc] cortar; **to be ~ out for sthg** *fig* [person] estar hecho para algo - **3.** [stop]: **to ~ out smoking** OR **cigarettes** dejar de fumar; **~ it out!** *inf* ¡basta ya! - **4.** [exclude - light etc] eliminar; **to ~ sb out of one's will** desheredar a alguien. ◇ *vi* [stall] calarse, pararse.

◆ **cut through** *vt fus* - **1.** [object, liquid] cortar - **2.** [take short cut through] atajar OR cortar por.

◆ **cut up** *vt sep* [chop up] cortar, desmenuzar.

cut-and-dried *adj* [issue, result] claro(ra); [formula, answer] preestablecido(da).

cut and paste COMPUT *vt & vi* cortar y pegar.

cutback ['kʌtbæk] *n*: **~ (in)** recorte *m* OR reducción *f* (en).

cute [kju:t] *adj* [appealing] mono(na), lindo(da).

cut glass ◇ *n* cristal *m* tallado. ◇ *comp* de cristal tallado.

cuticle ['kju:tɪkl] *n* cutícula *f*.

cutlery ['kʌtlərɪ] *n (U)* cubertería *f*, cubiertos *mpl*.

cutlet ['kʌtlɪt] *n* chuleta *f*.

cutoff date ['kʌtɒf-] *n* fecha *f* tope.

cutoff point *n* [limit] límite *m*.

cutout ['kʌtaʊt] *n* - **1.** [on machine] cortacircuitos *m inv* - **2.** [shape] recorte *m*.

cut-price, cut-rate *US adj* de oferta, rebajado(da); **~ offers** ofertas *fpl*.

cutter ['kʌtə^r] *n* [tool]: **wire ~s** cortaalambres *m inv*; **glass ~** diamante *m*.

cutthroat ['kʌtθrəʊt] *adj* [ruthless] encarnizado(da).

cutting ['kʌtɪŋ] ◇ *adj* [sarcastic] cortante, hiriente. ◇ *n* - **1.** [of plant] esqueje *m* - **2.** [from newspaper] recorte *m* **-3.** *UK* [for road, railway] desmonte *m*, paso *m* estrecho.

cuttlefish ['kʌtlfɪʃ] (*pl inv*) *n* jibia *f*, sepia *f*.

cut-up *adj UK inf* [upset] disgustado(da).

CV (*abbr of* **curriculum vitae**) *n UK* CV *m*.

cwo (*abbr of* **cash with order**) *pago al contado*.

cwt. *abbr of* **hundredweight**.

cyanide ['saɪənaɪd] *n* cianuro *m*.

cybercafe ['saɪbəˌkæfeɪ] *n* cibercafé *m*.

cybernetics [ˌsaɪbə'netɪks] *n (U)* cibernética *f*.

cyberspace ['saɪbəspeɪs] *n* ciberespacio *m*.

cyclamen ['sɪkləmən] (*pl inv*) *n* ciclamen *m*.

cycle ['saɪkl] ◇ *n* **-1.** [series of events, poems, songs] ciclo *m* **-2.** [bicycle] bicicleta *f*. ◇ *comp*: ~ **lane** carril *m* bici; ~ **path** camino *m* para bicicletas; ~ **race** carrera *f* ciclista. ◇ *vi* ir en bicicleta.

cyclic(al) ['saɪklɪk(l)] *adj* cíclico(ca).

cycling ['saɪklɪŋ] *n* ciclismo *m*; **to go** ~ salir en bicicleta.

cyclist ['saɪklɪst] *n* ciclista *m* OR *f*.

cyclone ['saɪkləʊn] *n* ciclón *m*.

cygnet ['sɪgnɪt] *n* pollo *m* de cisne.

cylinder ['sɪlɪndəʳ] *n* **-1.** [shape, engine component] cilindro *m* **-2.** [container - for gas] bombona *f*.

cylinder block *n* bloque *m* de cilindros.

cylinder head *n* culata *f* del cilindro.

cylinder-head gasket *n* junta *f* de la culata.

cylindrical [sɪ'lɪndrɪkl] *adj* cilíndrico(ca).

cymbals ['sɪmblz] *npl* platillos *mpl*.

cynic ['sɪnɪk] *n* cínico *m*, -ca *f*.

cynical ['sɪnɪkl] *adj* cínico(ca).

cynically ['sɪnɪklɪ] *adv* cínicamente.

cynicism ['sɪnɪsɪzm] *n* cinismo *m*.

cypher ['saɪfəʳ] = **cipher**.

cypress ['saɪprəs] *n* ciprés *m*.

Cypriot ['sɪprɪət] ◇ *adj* chipriota. ◇ *n* chipriota *m* OR *f*; **Greek** ~ chipriota griego *m*, chipriota griega *f*; **Turkish** ~ chipriota turco *m*, chipriota turca *f*.

Cyprus ['saɪprəs] *n* Chipre.

cyst [sɪst] *n* quiste *m*.

cystic fibrosis [ˌsɪstɪkfaɪ'brəʊsɪs] *n (U)* fibrosis *f inv* quística (del páncreas).

cystitis [sɪs'taɪtɪs] *n* cistitis *f inv*.

cytology [saɪ'tɒlədʒɪ] *n* citología *f*.

CZ (*abbr of* **canal zone**) *área del canal de Panamá*.

czar [zɑːʳ] *n* zar *m*; **the government drugs** ~ *UK* jefe *m*, -fa *f* de la lucha contra el narcotráfico.

Czech [tʃek] ◇ *adj* checo(ca). ◇ *n* **-1.** [person] checo *m*, -ca *f* **-2.** [language] checo *m*.

Czechoslovakia [ˌtʃekəslə'vækɪə] *n* Checoslovaquia.

Czechoslovakian [ˌtʃekəslə'vækɪən] ◇ *adj* checoslovaco(ca). ◇ *n* [person] checoslovaco *m*, -ca *f*.

Czech Republic *n*: **the** ~ la República Checa.

D

d (*pl* **d's** OR **ds**), **D** (*pl* **D's** OR **Ds**) [diː] *n* [letter] d *f*, D *f*.

◆ **D** ◇ *n* **-1.** MUS re *m* **-2.** SCH ≃ suspenso *m*. ◇ *US abbr of* **Democrat, Democratic**.

d [diː] (*abbr of* **penny**) *antiguamente, penique*.

d. (*abbr of* **died**) m.; ~ **1913** m. 1913.

D.A. *n US abbr of* **district attorney**.

dab [dæb] (*pt* & *pp* **-bed**, *cont* **-bing**) ◇ *n* [small amount] toque *m*, pizca *f*; [of powder] pizca *f*. ◇ *vt* **-1.** [skin, wound] dar ligeros toques en **-2.** [cream, ointment]: **to** ~ **sthg on** OR **onto** aplicar algo sobre. ◇ *vi*: **to** ~ **at** dar ligeros toques en.

dabble ['dæbl] *vi*: **to** ~ **(in)** pasar el tiempo OR entretenerse (con).

dab hand *n UK*: **to be a** ~ **(at sthg)** ser un fenómeno OR un hacha (haciendo algo).

Dacca ['dækə] *n* Dacca.

dachshund ['dækshʊnd] *n* perro *m* salchicha.

dad [dæd], **daddy** ['dædɪ] (*pl* **-ies**) *n inf* papá *m*.

daddy longlegs [-'lɒŋlegz] (*pl inv*) *n* típula *f*.

daffodil ['dæfədɪl] *n* narciso *m*.

daft [dɑːft] *adj UK inf* tonto(ta), baboso(sa) *Amér*.

dagger ['dægəʳ] *n* daga *f*, puñal *m*.

dahlia ['deɪljə] *n* dalia *f*.

daily ['deɪlɪ] (*pl* **-ies**) ◇ *adj* diario(ria); **on a** ~ **basis** día a día, cada día. ◇ *adv* diariamente; **twice** ~ dos veces al día. ◇ *n* [newspaper] diario *m*.

daintily ['deɪntɪlɪ] *adv* delicadamente, finamente.

dainty ['deɪntɪ] (*compar* **-ier**, *superl* **-iest**) *adj* delicado(da), fino(na).

dairy ['deərɪ] (*pl* **-ies**) *n* **-1.** [on farm] vaquería *f* **-2.** [shop] lechería *f* **-3.** [factory] central *f* lechera.

dairy cattle *npl* vacas *fpl* lecheras.
dairy farm *n* vaquería *f*.
dairy products *npl* productos *mpl* lácteos.
dais ['deɪɪs] *n* tarima *f*, estrado *m*.
daisy ['deɪzɪ] (*pl* **-ies**) *n* margarita *f*.
daisy wheel *n* margarita *f (de máquina de escribir)*.
Dakar ['dækɑ:] *n* Dakar.
Dakota [də'kəʊtə] *n* Dakota.
dal [dɑ:l] = **dhal**.
dale [deɪl] *n* valle *m*.
dalmatian [dæl'meɪʃn] *n* [dog] dálmata *m*.
dam [dæm] (*pt* & *pp* **-med**, *cont* **-ming**) ◇ *n* [across river] presa *f*. ◇ *vt* represar.
◆ **dam up** *vt sep* [feelings] reprimir.
damage ['dæmɪdʒ] ◇ *n* **-1.** [physical harm]: ~ **(to)** daño *m* (a); **to cause ~ to sthg** ocasionar daños a algo **-2.** [harmful effect]: ~ **(to)** perjuicio *m* (a). ◇ *vt* dañar.
◆ **damages** *npl* JUR daños *mpl* y perjuicios.
damaging ['dæmɪdʒɪŋ] *adj*: ~ **(to)** perjudicial (para).
Damascus [də'mæskəs] *n* Damasco.
Dame [deɪm] *n UK título honorífico concedido a una mujer*.
damn [dæm] ◇ *adj inf* maldito(ta), pinche *Méx*. ◇ *adv inf* tela de, muy; **don't be so ~ stupid** no seas tan rematadamente estúpido. ◇ *n inf*: **I don't give** OR **care a ~ (about it)** me importa un bledo. ◇ *vt* **-1.** [gen & RELIG] condenar **-2.** *v inf* [curse]: ~ **it!** ¡maldita sea! ◇ *excl v inf* ¡maldita sea!
damnable ['dæmnəbl] *adj dated* [appalling] terrible, detestable.
damnation [dæm'neɪʃn] ◇ *n* RELIG condenación *f*. ◇ *excl v inf* ¡maldición!
damned [dæmd] *inf* ◇ *adj* maldito(ta), pinche *Méx*; **I'm ~ if I know why she did it** que me maten si lo sé; **well I'll be** OR **I'm ~!** ¡ostras! ◇ *adv* tela de, muy.
damning ['dæmɪŋ] *adj* condenatorio(ria).
damp [dæmp] ◇ *adj* húmedo(da). ◇ *n* humedad *f*. ◇ *vt* [make wet] humedecer.
◆ **damp down** *vt sep* **-1.** [fire] sofocar **-2.** [enthusiasm] apagar.
damp course *n UK* (aislante *m*) hidrófugo *m*.
dampen ['dæmpən] *vt* **-1.** [make wet] humedecer **-2.** *fig* [emotion] apagar.
damper ['dæmpəʳ] *n* **-1.** MUS apagador *m*, sordina *f* **-2.** [for fire] regulador *m* de tiro **-3.** *phr*: **to put a ~ on sthg** aguar OR estropear algo.
dampness ['dæmpnɪs] *n* humedad *f*.
damson ['dæmzn] *n* (ciruela *f*) damascena *f*.
dance [dɑ:ns] ◇ *n* baile *m*. ◇ *vt* bailar. ◇ *vi* **-1.** [to music] bailar **-2.** [move quickly and lightly] agitarse, moverse.
dance floor *n* pista *f* de baile.
dance music *n* música *f* de baile.
dancer ['dɑ:nsəʳ] *n* bailarín *m*, -ina *f*.
dancing ['dɑ:nsɪŋ] *n (U)* baile *m*.
D and C (*abbr of* **dilation and curettage**) *n* legrado, raspado *m*.
dandelion ['dændɪlaɪən] *n* diente *m* de león.
dandruff ['dændrʌf] *n* caspa *f*.
dandy ['dændɪ] (*pl* **-ies**) *n* dandi *m*.
Dane [deɪn] *n* danés *m*, -esa *f*.
danger ['deɪndʒəʳ] *n*: ~ **(to)** peligro *m* (para); **in/out of ~** en/fuera de peligro; **to be in ~ of doing sthg** correr el riesgo de hacer algo.
danger list *n UK*: **to be on the ~** [species, institution] estar en vías de desaparición; [person] estar en estado crítico.
danger money *n (U) UK* plus *m* OR prima *f* de peligrosidad.
dangerous ['deɪndʒərəs] *adj* peligroso(sa).
dangerous driving *n* JUR conducción *f* temeraria.
dangerously ['deɪndʒərəslɪ] *adv* **-1.** [riskily] peligrosamente **-2.** MED: **to be ~ ill** estar grave OR en estado crítico.
danger zone *n* zona *f* de peligro.
dangle ['dæŋgl] ◇ *vt* colgar; *fig*: **to ~ sthg before sb** tentar a alguien con algo. ◇ *vi* colgar, pender.
Danish ['deɪnɪʃ] ◇ *adj* danés(esa). ◇ *n* **-1.** [language] danés *m* **-2.** *US* = **Danish pastry**. ◇ *npl* [people]: **the ~** los daneses.
Danish blue *n* queso *m* azul danés.
Danish pastry *n pastel de hojaldre con crema o manzana o almendras etc*.
dank [dæŋk] *adj* húmedo(da) e insalubre.
Danube ['dænju:b] *n*: **the ~** el Danubio.
dapper ['dæpəʳ] *adj* pulcro(cra), atildado(da).
dappled ['dæpld] *adj* **-1.** [light] moteado(da) **-2.** [horse] rodado(da).
dare [deəʳ] ◇ *vt* **-1.** [be brave enough]: **to ~ to do sthg** atreverse a hacer algo, osar hacer algo **-2.** [challenge]: **to ~ sb to do sthg** desafiar a alguien a hacer algo **-3.** *phr*: **I ~ say (...)** supongo OR me imagino (que ...). ◇ *vi* atreverse, osar; **how ~ you!** ¿cómo te atreves? ◇ *n* desafío *m*, reto *m*.
daredevil ['deə,devl] *n* temerario *m*, -ria *f*.
daren't [deənt] = **dare not**.
Dar es-Salaam [,dɑ:ressə'lɑ:m] *n* Dar es Salam.
daring ['deərɪŋ] ◇ *adj* atrevido(da), audaz. ◇ *n* audacia *f*.
dark [dɑ:k] ◇ *adj* **-1.** [night, colour, hair] oscu-

ro(ra); **it's getting** ~ está oscureciendo; **it was already** ~ ya era de noche **-2.** [person, skin] moreno(na), cambujo(ja) *Amér* **-3.** [thoughts, days, mood] sombrío(a), triste **-4.** [look, comment, side of character etc] siniestro(tra). <> *n* **-1.** [darkness]: **the** ~ la oscuridad; **to be in the** ~ **about sthg** estar a oscuras sobre algo **-2.** [night]: **before/after** ~ antes/después del anochecer.

Dark Ages *npl*: **the** ~ la Alta Edad Media.

darken ['dɑ:kn] <> *vt* oscurecer. <> *vi* **-1.** [become darker] oscurecerse **-2.** [look angry] ensombrecerse.

dark glasses *npl* gafas *fpl* oscuras, anteojos *mpl* OR lentes *mpl* oscuros *Amér*.

dark horse *n* **-1.** [person who does sthg unexpected] figura *f* OR persona *f* enigmática **-2.** [in competition] competidor *m*, -ra *f* sorpresa.

darkness ['dɑ:knɪs] *n* oscuridad *f*.

darkroom ['dɑ:krʊm] *n* PHOT cuarto *m* oscuro.

darling ['dɑ:lɪŋ] <> *adj* **-1.** [dear] querido(da) **-2.** *inf* [cute] adorable, encantador(ra). <> *n* **-1.** [loved person] encanto *m* **-2.** *inf* [addressing any woman] maja *f* **-3.** [idol] preferido *m*, -da *f*, niño bonito *m*, niña bonita *f*.

darn [dɑ:n] <> *adj inf* maldito(ta), condenado(da). <> *adv inf* tela de, muy; **don't be so** ~ **stupid** no seas tan rematadamente estúpido. <> *n* zurcido *m*. <> *vt* zurcir. <> *excl inf* ¡maldita sea!

darning ['dɑ:nɪŋ] *n (U)* [things] ropa *f* para zurcir; [task] zurcido *m*.

darning needle *n* aguja *f* de zurcir.

dart [dɑ:t] <> *n* **-1.** [arrow] dardo *m* **-2.** SEWING pinza *f*. <> *vt* [look, glance] lanzar. <> *vi* precipitarse.

◆ **darts** *n (U)* [game] dardos *mpl*.

dartboard ['dɑ:tbɔ:d] *n* blanco *m*, diana *f*.

dash [dæʃ] <> *n* **-1.** [of liquid] gotas *fpl*, chorrito *m*; [of colour] toque *m* **-2.** [in punctuation] guión *m* **-3.** *esp US* AUT salpicadero *m* **-4.** [rush]: **to make a** ~ **for sthg** salir disparado hacia algo. <> *vt* **-1.** *literary* [throw] arrojar **-2.** [hopes] frustrar, malograr. <> *vi* ir de prisa; **I must** ~**!** ¡me voy pitando!

◆ **dash off** *vt sep* [write quickly] escribir de prisa.

dashboard ['dæʃbɔ:d] *n* salpicadero *m*.

dashing ['dæʃɪŋ] *adj* gallardo(da), apuesto(ta).

dastardly ['dæstədlɪ] *adj dated* ruin, malvado(da).

DAT [dæt] (*abbr of* **digital audio tape**) *n* DAT *f*.

data ['deɪtə] *n (U)* datos *mpl*.

databank ['deɪtəbæŋk] *n* banco *m* de datos.

database ['deɪtəbeɪs] *n* COMPUT base *f* de datos.

data capture *n* introducción *f* de datos.

data link *n* enlace *m* para transmisión de datos.

data management *n* COMPUT gestión *f* de datos.

data processing *n* proceso *m* de datos.

data protection *n* COMPUT protección *f* de datos.

data recovery *n* COMPUT recuperación *f* de datos.

data transmission *n* transmisión *f* de datos.

date [deɪt] <> *n* **-1.** [in time] fecha *f*; **to** ~ hasta la fecha **-2.** [appointment] cita *f* **-3.** *US* [person] pareja *f (con la que se sale)* **-4.** [performance] actuación *f* **-5.** [fruit] dátil *m*. <> *vt* **-1.** [establish the date of] datar **-2.** [mark with the date] fechar **-3.** *US* [go out with] salir con. <> *vi* [go out of fashion] pasar de moda, quedarse anticuado.

◆ **date back to, date from** *vt fus* [object, building] datar de; [custom] remontarse a.

dated ['deɪtɪd] *adj* anticuado(da).

date line *n* línea *f* de cambio de fecha.

date of birth *n* fecha *f* de nacimiento.

date stamp *n* **-1.** [device] fechador *m* **-2.** [mark] sello *m* de fecha.

daub [dɔ:b] *vt*: **to** ~ **sthg with** embadurnar algo con.

daughter ['dɔ:tə^r] *n* hija *f*.

daughter-in-law (*pl* **daughters-in-law**) *n* nuera *f*.

daunt [dɔ:nt] *vt* intimidar, acobardar.

daunting ['dɔ:ntɪŋ] *adj* amedrantador(ra).

dawdle ['dɔ:dl] *vi* entretenerse.

dawn [dɔ:n] <> *n* **-1.** [of day] amanecer *m*, alba *f*; **at** ~ al amanecer; **from** ~ **to dusk** de sol a sol **-2.** [of era, period] albores *mpl*, amanecer *m*. <> *vi* **-1.** [day] amanecer **-2.** [era, period] nacer.

◆ **dawn (up)on** *vt fus*: **it** ~**ed on me that ...** caí en la cuenta de que ...

dawn chorus *n* canto *m* de los pájaros al amanecer.

day [deɪ] *n* **-1.** [gen] día *m*; **I work an eight-hour** ~ trabajo una jornada de ocho horas; **the** ~ **before/after** el día anterior/siguiente; **the** ~ **before yesterday** anteayer; **the** ~ **after tomorrow** pasado mañana; **any** ~ **now** cualquier día de estos; **from** ~ **to** ~ de un día para otro; **one** OR **some** ~, **one of these** ~**s** un día de estos; ~ **and night** día y noche; **to call it a** ~ dejarlo por hoy; **to make sb's** ~ dar un alegrón a alguien; **to save sthg for a rainy** ~ guardar algo para cuando haga verdadera falta; **his** ~**s are numbered** tiene los días contados; **it's early** ~**s yet** es aún pronto para hablar, sería

prematuro aventurar nada **-2.** [period in history]**: in my/your** *etc* ~ en mis/tus *etc* tiempos; **in the ~s of ...** en tiempos de ...; **in those ~s** en aquellos tiempos; **in this ~ and age** en nuestros días; **these ~s** hoy día.
◆ **days** *adv* de día.

dayboy ['deɪbɔɪ] *n UK SCH* (alumno *m*) externo *m*.

daybreak ['deɪbreɪk] *n* amanecer *m*, alba *f*; **at ~** al amanecer.

day-care centre *n* guardería *f*.

daycentre ['deɪsentəʳ] *n UK centro estatal diurno donde se da acogida y cuidado a niños, ancianos, minusválidos etc.*

daydream ['deɪdri:m] ◇ *n* sueño *m*, ilusión *f*. ◇ *vi* soñar despierto(ta).

daygirl ['deɪgɜ:l] *n UK SCH* (alumna *f*) externa *f*.

Day-Glo® ['deɪgləʊ] *adj* fluorescente.

daylight ['deɪlaɪt] *n* **-1.** [light] luz *f* del día; **in broad ~** a plenaluz del día; **it was still ~** todavía era de día **-2.** [dawn] amanecer *m* **-3.** *inf phr*: **to scare the (living) ~s out of sb** dar un susto de muerte a alguien.

daylight robbery *n (U) inf*: **that's ~!** ¡es un auténtico timo OR robo!

daylight saving time *n* horario *m* oficial de verano.

day nursery *n* guardería *f* (infantil).

day off (*pl* **days off**) *n* día *m* libre.

day pupil *n UK SCH* externo *m*, -na *f*.

day release *n (U) sistema en que los trabajadores dedican un día de trabajo a la formación profesional en un centro de enseñanza.*

day return *n UK* billete *m* de ida y vuelta para un día.

dayroom ['deɪru:m] *n* sala *f* de estar *(en hospital, asilo etc)*.

day school *n* colegio *m* sin internado.

day shift *n* turno *m* de día.

daytime ['deɪtaɪm] ◇ *n (U)* día *m*. ◇ *comp* de día, diurno(na).

day-to-day *adj* cotidiano(na), diario(ria).

daytrader ['deɪtreɪdəʳ] *n ST EX* operador *m*, -ra *f* de posiciones diarias.

day trip *n* excursión *f* (de un día).

day-tripper *n UK* excursionista *m* OR *f*.

daze [deɪz] ◇ *n*: **in a ~** aturdido(da). ◇ *vt lit & fig* aturdir.

dazed [deɪzd] *adj lit & fig* aturdido(da).

dazzle ['dæzl] ◇ *n (U)* **-1.** [of light] resplandor *m* **-2.** [impressiveness] hechizo *m*, fascinación *f*. ◇ *vt lit & fig* deslumbrar.

dazzling ['dæzlɪŋ] *adj lit & fig* deslumbrante.

DC ◇ *n* (*abbr of* **direct current**) CC *f*. ◇ *abbr of* **District of Columbia**.

D/D *abbr of* **direct debit**.

D-day ['di:deɪ] *n* el día D.

DDT (*abbr of* **dichlorodiphenyltrichloroethane**) *n* DDT *m*.

DE *abbr of* **Delaware**.

DEA (*abbr of* **Drug Enforcement Administration**) *n organismo estadounidense para la lucha contra la droga.*

deacon ['di:kn] *n* diácono *m*.

deaconess [,di:kə'nes] *n* diaconisa *f*.

deactivate [,di:'æktɪveɪt] *vt* desactivar.

dead [ded] ◇ *adj* **-1.** [person, animal, plant] muerto(ta); **a ~ body** un cadáver; **to be ~ on arrival** ingresar cadáver; **to shoot sb ~** matar a alguien a tiros; **he wouldn't be seen ~ doing that** no haría eso por nada del mundo **-2.** [numb - leg, arm] dormido(da), entumecido(da); **my arm has gone ~** se me ha dormido el brazo **-3.** [telephone] cortado(da); [car battery] descargado(da) **-4.** [silence] absoluto(ta), completo(ta) **-5.** [lifeless - town, party] sin vida. ◇ *adv* **-1.** [directly, precisely] justo **-2.** [completely] totalmente, completamente; **to be ~ set against sthg** estar totalmente en contra de algo; **to be ~ set on sthg** estar decidido a hacer algo; **'~ slow'** 'al paso' **-3.** *inf* [very] la mar de, muy **-4.** [suddenly]**: to stop ~** parar en seco. ◇ *n* [middle, depth]**: at ~ of night** en mitad de la noche. ◇ *npl*: **the ~** los muertos.

deadbeat ['dedbi:t] *n US inf* holgazán *m*, -ana *f*.

dead centre *n*: **in the ~** justo en el centro.

dead duck *n inf*: **it's a ~** está condenado al fracaso.

deaden ['dedn] *vt* atenuar.

dead end *n lit & fig* callejón *m* sin salida.

dead-end job *n* trabajo *m* sin futuro.

deadhead ['dedhed] *vt* quitar las flores marchitas a.

dead heat *n* empate *m*.

dead letter *n fig* [rule, law] letra *f* muerta.

deadline ['dedlaɪn] *n* [period] plazo *m*; [date] fecha *f* tope.

deadlock ['dedlɒk] *n* punto *m* muerto.

deadlocked ['dedlɒkt] *adj* paralizado(da).

dead loss *n inf* **-1.** [person] inútil *m* OR *f* **-2.** [thing] inutilidad *f*.

deadly ['dedlɪ] (*compar* **-ier**, *superl* **-iest**) ◇ *adj* **-1.** [gen] mortal **-2.** [accuracy] absoluto(ta). ◇ *adv* [boring] mortalmente, terriblemente; [serious] totalmente.

deadly nightshade [-'naɪtʃeɪd] *n (U)* belladona *f*.

deadpan ['dedpæn] *adj* [expression] inexpresivo(va), serio(ria); [humour] socarrón(ona).

Dead Sea *n*: the ~ el mar Muerto.

dead wood *UK*, **deadwood** *US* ['dedwʊd] *n (U) fig* [people] gente *f* que sobra; [in text] paja *f*.

deaf [def] ◇ *adj* **-1.** [unable to hear] sordo(da) **-2.** [unwilling to hear]: **to be ~ to sthg** hacer oídos sordos a algo. ◇ *npl*: **the ~** los sordos.

deaf-aid *n UK* audífono *m*.

deaf-and-dumb *adj* sordomudo(da).

deafen ['defn] *vt* ensordecer.

deafening ['defnɪŋ] *adj* ensordecedor(ra).

deaf-mute ◇ *adj* sordomudo(da). ◇ *n* sordomudo *m*, -da *f*.

deafness ['defnɪs] *n* sordera *f*.

deal [di:l] (*pt* & *pp* **dealt**) ◇ *n* **-1.** [quantity]: **a good** *OR* **great ~ (of)** mucho **-2.** [agreement] acuerdo *m*; [business agreement] trato *m*; **to do** *OR* **strike a ~ with sb** hacer un trato con alguien; **it's a ~!** ¡trato hecho! **-3.** *inf* [treatment] trato *m*; **big ~!** ¡vaya cosa! **-4.** [price]: **to get a good ~ on sthg** conseguir algo a un precio barato. ◇ *vt* **-1.** [strike]: **to ~ sb/sthg a blow, to ~ a blow to sb/sthg** *lit* & *fig* asestar un golpe a alguien/algo **-2.** [cards] repartir, dar. ◇ *vi* **-1.** [in cards] repartir, dar **-2.** [in drugs] traficar con droga.

◆ **deal in** *vt fus COMM* comerciar en, vender.

◆ **deal out** *vt sep* repartir.

◆ **deal with** *vt fus* **-1.** [handle - situation, problem] hacer frente a, resolver; [- customer] tratar con **-2.** [be about] tratar de **-3.** [be faced with] enfrentarse a.

dealer ['di:ləʳ] *n* **-1.** [trader] comerciante *m OR f* **-2.** [in drugs, arms] traficante *m OR f* **-3.** [in cards] repartidor *m*, -ra *f*.

dealership ['di:ləʃɪp] *n* concesionario *m*.

dealing ['di:lɪŋ] *n* comercio *m*.

◆ **dealings** *npl* [personal] trato *m*; [in business] tratos *mpl*.

dealt [delt] *pt* & *pp* ▷ **deal**.

dean [di:n] *n* **-1.** [of university] ≃ decano *m*, -na *f* **-2.** [of church] deán *m*.

dean's list *n US lista de los alumnos considerados más sobresalientes por el decano de una universidad.*

dear [dɪəʳ] ◇ *adj* **-1.** [loved] querido(da); **~ to sb** preciado(da) para alguien **-2.** [expensive] caro(ra) **-3.** [in letter]: **Dear Sir** Estimado señor, Muy señor mío; **Dear Madam** Estimada señora; **Dear Daniela** Querida Daniela. ◇ *n*: **my ~** cariño *m*, -ña *f*. ◇ *excl*: **oh ~!** ¡vaya por Dios!

dearly ['dɪəlɪ] *adv* **-1.** [very much]: **I love you ~** te quiero muchísimo; **I would ~ love to ...** me encantaría ... **-2.** [severely]: **to pay ~ for sthg** pagar algo caro.

dearth [dɜ:θ] *n* carencia *f*, escasez *f*.

death [deθ] *n* muerte *f*; **to be put to ~** ser ejecutado(da); **to frighten sb to ~** dar un susto de muerte a alguien; **to be sick to ~ of sthg/of doing sthg** estar hasta las narices de algo/de hacer algo; **to starve to ~** morir de hambre; **to be at ~'s door** estar a las puertas de la muerte.

deathbed ['deθbed] *n* lecho *m* de muerte.

death certificate *n* partida *f OR* certificado *m* de defunción.

death duty *UK*, **death tax** *US n* impuesto *m* de sucesiones.

death knell *n fig*: **to sound the ~ of** hacer presagiar el final de.

deathly ['deθlɪ] (*compar* **-ier**, *superl* **-iest**) ◇ *adj* [silence] sepulcral. ◇ *adv*: **he was ~ pale** estaba pálido como un muerto; **her hands were ~ cold** sus manos estaban frías como la muerte.

death penalty *n* pena *f* de muerte.

death rate *n* índice *m OR* tasa *f* de mortalidad.

death row *n US* corredor *m* de la muerte.

death sentence *n* pena *f* de muerte.

death squad *n* escuadrón *m* de la muerte.

death tax *US* = **death duty**.

death toll *n* número *m* de víctimas mortales.

death trap *n inf* trampa *f* mortal, sitio *m* muy peligroso.

Death Valley *n* la Valle de la Muerte.

deathwatch beetle ['deθwɒtʃ-] *n* carcoma *f*.

death wish *n* ganas *fpl* de morir.

deb [deb] *UK inf* = **debutante**.

débâcle [de'bɑ:kl] *n* debacle *f*.

debar [di:'bɑ:ʳ] (*pt* & *pp* **-red**, *cont* **-ring**) *vt*: **to ~ sb from** [place] prohibir a alguien la entrada en; **to ~ sb from doing sthg** prohibir a alguien hacer algo.

debase [dɪ'beɪs] *vt* degradar; **to ~ o.s.** rebajarse.

debasement [dɪ'beɪsmənt] *n* degradación *f*.

debatable [dɪ'beɪtəbl] *adj* discutible.

debate [dɪ'beɪt] ◇ *n* debate *m*; **that's open to ~** eso es discutible. ◇ *vt* **-1.** [issue] discutir, debatir **-2.** [what to do]: **to ~ (whether to do sthg)** pensarse (si hacer algo). ◇ *vi* discutir, debatir.

debating society [dɪ'beɪtɪŋ-] *n asociación de debates especialmente universitaria.*

debauched [dɪ'bɔ:tʃt] *adj* depravado(da).

debauchery [dɪ'bɔ:tʃərɪ] *n* depravación *f*, libertinaje *m*.

debenture [dɪ'bentʃəʳ] *n* obligación *f*.

debenture stock *n (U) UK* obligaciones *fpl*.

debilitate [dɪ'bɪlɪteɪt] *vt* debilitar.
debilitating [dɪ'bɪlɪteɪtɪŋ] *adj* debilitador(ra), debilitante.
debility [dɪ'bɪlətɪ] *n* debilidad *f*.
debit ['debɪt] ◇ *n* debe *m*, débito *m*. ◇ *vt*: **to ~ sb** *OR* **sb's account with an amount, to ~ an amount to sb** adeudar *OR* cargar una cantidad en la cuenta de alguien.
debit card *n* tarjeta *f* de débito.
debit note *n* nota *f* de cargo.
debonair [,debə'neəʳ] *adj* apuesto(ta).
debrief [,di:'bri:f] *vt* pedir un informe completo a *(tras una misión)*.
debriefing [,di:'bri:fɪŋ] *n* sesión *f* informativa (tras una misión).
debris ['deɪbri:] *n (U)* [of building] escombros *mpl*; [of aircraft] restos *mpl*.
debt [det] *n* deuda *f*; **to be in ~ (to sb)** tener una deuda (con alguien); **to get into ~** endeudarse; **to be in sb's ~** *fig* estar en deuda con alguien.
debt collector *n* cobrador *m*, -ra *f* de morosos.
debtor ['detəʳ] *n* deudor *m*, -ra *f*.
debug [,di:'bʌg] (*pt* & *pp* **-ged**, *cont* **-ging**) *vt* **-1.** [room] quitar micrófonos ocultos de **-2.** *COMPUT* depurar.
debunk [,di:'bʌŋk] *vt* desmentir, desacreditar.
debut ['deɪbju:] *n* debut *m*.
debutante ['debjʊtɑ:nt] *n* debutante *f*.
Dec. (*abbr of* **December**) dic.
decade ['dekeɪd] *n* década *f*.
decadence ['dekədəns] *n* decadencia *f*.
decadent ['dekədənt] *adj* decadente.
decaff ['di:kæf] *n* **inf** descafeinado *m*.
decaffeinated [dɪ'kæfɪneɪtɪd] *adj* descafeinado(da).
decal ['di:kæl] *n* **US** calcomanía *f*.
decamp [dɪ'kæmp] *vi* **inf** escabullirse, esfumarse.
decant [dɪ'kænt] *vt* decantar.
decanter [dɪ'kæntəʳ] *n* licorera *f*.
decapitate [dɪ'kæpɪteɪt] *vt* decapitar.
decathlete [dɪ'kæθli:t] *n* decatleta *m OR f*.
decathlon [dɪ'kæθlɒn] *n* decatlón *m*.
decay [dɪ'keɪ] ◇ *n (U)* **-1.** [of tooth] caries *f inv*; [of body, plant] descomposición *f* **-2.** *fig* [of building] deterioro *m*; [of society] corrupción *f*, degradación *f*. ◇ *vi* **-1.** [tooth] picarse; [body, plant] pudrirse, descomponerse **-2.** *fig* [building] deteriorarse; [society] corromperse, degradarse.
deceased [dɪ'si:st] (*pl inv*) **fml** ◇ *adj* difunto(ta), fallecido(da). ◇ *n*: **the ~** el difunto (la difunta).
deceit [dɪ'si:t] *n* engaño *m*.
deceitful [dɪ'si:tfʊl] *adj* [person, smile] embustero(ra); [behaviour] falso(sa).
deceive [dɪ'si:v] *vt* engañar; **to ~ o.s.** engañarse (a uno mismo/una misma).
decelerate [,di:'seləreɪt] *vi* desacelerar.
December [dɪ'sembəʳ] *n* diciembre *m*; *see also* **September**.
decency ['di:snsɪ] *n* **-1.** [respectability] decencia *f* **-2.** [consideration]: **to have the ~ to do sthg** tener la delicadeza de hacer algo.
decent ['di:snt] *adj* **-1.** [gen] decente **-2.** [considerate]: **that's very ~ of you** es muy amable de tu parte.
decently ['di:sntlɪ] *adv* [behave, dress] decentemente.
decentralization [di:,sentrəlaɪ'zeɪʃn] *n* descentralización *f*.
decentralize, -ise [,di:'sentrəlaɪz] *vt* descentralizar.
deception [dɪ'sepʃn] *n* engaño *m*.
deceptive [dɪ'septɪv] *adj* engañoso(sa).
deceptively [dɪ'septɪvlɪ] *adv* engañosamente.
decibel ['desɪbel] *n* decibelio *m*.
decide [dɪ'saɪd] ◇ *vt* **-1.** [gen]: **to ~ (to do sthg)** decidir (hacer algo); **to ~ (that)** decidir que **-2.** [person] hacer decidirse **-3.** [issue, case] resolver. ◇ *vi* decidir; **I couldn't ~** no me decidía; **I ~d against doing it** decidí no hacerlo.
◆ **decide (up)on** *vt fus* decidirse por.
decided [dɪ'saɪdɪd] *adj* **-1.** [advantage, improvement] indudable **-2.** [person] decidido(da); [opinion] categórico(ca).
decidedly [dɪ'saɪdɪdlɪ] *adv* **-1.** [clearly] decididamente, indudablemente **-2.** [resolutely] con decisión.
deciding [dɪ'saɪdɪŋ] *adj*: **~ vote** voto *m* decisivo.
deciduous [dɪ'sɪdjʊəs] *adj* de hoja caduca.
decimal ['desɪml] ◇ *adj* decimal. ◇ *n* (número *m*) decimal *m*.
decimal currency *n* moneda *f* de sistema decimal.
decimalize, -ise ['desɪməlaɪz] *vt* **UK** convertir al sistema decimal.
decimal place *n* cifra *f OR* posición *f* decimal.
decimal point *n* coma *f* decimal.
decimate ['desɪmeɪt] *vt* diezmar.
decimation [,desɪ'meɪʃn] *n* práctica destrucción *f*.
decipher [dɪ'saɪfəʳ] *vt* descifrar.
decision [dɪ'sɪʒn] *n* decisión *f*; **to make a ~** tomar una decisión.

decision-making *n* toma *f* de decisiones.
decisive [dɪ'saɪsɪv] *adj* **-1.** [person] decidido(da) **-2.** [factor, event] decisivo(va).
decisively [dɪ'saɪsɪvlɪ] *adv* **-1.** [act, speak] con decisión, decididamente **-2.** [beaten, superior] claramente.
decisiveness [dɪ'saɪsɪvnɪs] *n* decisión *f*.
deck [dek] ◇ *n* **-1.** [of ship] cubierta *f*; [of bus] piso *m* **-2.** [of cards] baraja *f* **-3.** *US* [of house] entarimado *m (junto a una casa)*. ◇ *vt*: **to ~ sthg with** engalanar algo con.
◆ **deck out** *vt sep* [place, object] engalanar, adornar; [person] ataviar.
deckchair ['dektʃeəʳ] *n* tumbona *f*.
deckhand ['dekhænd] *n* marinero *m*.
declaration [ˌdeklə'reɪʃn] *n* declaración *f*.
Declaration of Independence *n*: **the ~** *la declaración de independencia estadounidense de 1776.*
declare [dɪ'kleəʳ] *vt* declarar.
declared [dɪ'kleəd] *adj* declarado(da).
declassify [ˌdiː'klæsɪfaɪ] (*pt* & *pp* **-ied**) *vt* [information] levantar el secreto oficial a.
decline [dɪ'klaɪn] ◇ *n* declive *m*; **in ~** en decadencia; **on the ~** en declive. ◇ *vt* [offer] declinar; [request] denegar; **to ~ to do sthg** rehusar hacer algo. ◇ *vi* **-1.** [number, importance] decrecer, disminuir **-2.** [standards, quality] decaer; [health] deteriorarse **-3.** [refuse] rehusar, negarse.
declutch [dɪ'klʌtʃ] *vi* AUT desembragar, quitar el embrague.
decode [ˌdiː'kəʊd] *vt* descodificar.
decoder [ˌdiː'kəʊdəʳ] *n* descodificador *m*.
decommission [ˌdiːkə'mɪʃn] *vt* **-1.** [nuclear power station] desmantelar **-2.** [arms] entregar.
decommissioning [ˌdiːkəmɪʃənɪŋ] *n* [of arms] entrega *f* de armas.
decompose [ˌdiːkəm'pəʊz] *vi* descomponerse.
decomposition [ˌdiːkɒmpə'zɪʃn] *n* descomposición *f*.
decompression chamber [ˌdiːkəm'preʃn-] *n* cámara *f* de descompresión.
decompression sickness [ˌdiːkəm'preʃn-] *n* aeroembolismo *m*.
decongestant [ˌdiːkən'dʒestənt] *n* descongestionante *m*.
decontaminate [ˌdiːkən'tæmɪneɪt] *vt* descontaminar.
décor ['deɪkɔːʳ] *n* decoración *f*.
decorate ['dekəreɪt] *vt* **-1.** [make pretty]: **to ~ sthg (with)** decorar algo (de) **-2.** [with paint] pintar; [with wallpaper] empapelar **-3.** [with medal] condecorar.
decoration [ˌdekə'reɪʃn] *n* **-1.** [gen] decoración *f* **-2.** [ornament] adorno *m* **-3.** [medal] condecoración *f*.
decorative ['dekərətɪv] *adj* decorativo(va).
decorator ['dekəreɪtəʳ] *n* [painter] pintor *m*, -ra *f*; [paperhanger] empapelador *m*, -ra *f*.
decorous ['dekərəs] *adj fml* decoroso(sa).
decorum [dɪ'kɔːrəm] *n* decoro *m*.
decoy [*n* 'diːkɔɪ, *vb* dɪ'kɔɪ] ◇ *n* señuelo *m*. ◇ *vt* atraer *(mediante señuelo)*.
decrease [*n* 'diːkriːs, *vb* dɪ'kriːs] ◇ *n*: **~ (in)** disminución *f* (de), reducción *f* (de). ◇ *vt* & *vi* disminuir.
decreasing [diː'kriːsɪŋ] *adj* decreciente.
decree [dɪ'kriː] ◇ *n* **-1.** [order, decision] decreto *m* **-2.** *US* [judgment] sentencia *f*, fallo *m*. ◇ *vt* decretar.
decree absolute (*pl* **decrees absolute**) *n UK* JUR sentencia *f* de divorcio definitiva.
decree nisi [-'naɪsaɪ] (*pl* **decrees nisi**) *n UK* JUR sentencia *f* provisional de divorcio.
decrepit [dɪ'krepɪt] *adj* **-1.** [person] decrépito(ta) **-2.** [thing] deteriorado(da).
decriminalize [ˌdiː'krɪmɪnəlaɪz] *vt* despenalizar.
decry [dɪ'kraɪ] (*pt* & *pp* **-ied**) *vt fml* censurar, deplorar.
decrypt [dɪ'krɪpt] *vt* [comput] descifrar.
dedicate ['dedɪkeɪt] *vt* **-1.** dedicar; **to ~ o.s. to sthg** consagrarse OR dedicarse a algo **-2.** *US* [open for public use] inaugurar.
dedicated ['dedɪkeɪtɪd] *adj* [person & COMPUT] dedicado(da).
dedication [ˌdedɪ'keɪʃn] *n* **-1.** [commitment] dedicación *f* **-2.** [in book] dedicatoria *f*.
deduce [dɪ'djuːs] *vt*: **to ~ (sthg from sthg)** deducir (algo de algo).
deduct [dɪ'dʌkt] *vt*: **to ~ (from)** deducir (de), descontar (de).
deduction [dɪ'dʌkʃn] *n* deducción *f*.
deed [diːd] *n* **-1.** [action] acción *f*, obra *f* **-2.** JUR escritura *f*.
deed poll (*pl* **deed polls** OR **deeds poll**) *n UK*: **to change one's name by ~** cambiarse oficialmente de nombre.
deem [diːm] *vt fml* estimar; **to ~ it wise to do sthg** estimar prudente hacer algo.
deep [diːp] ◇ *adj* **-1.** [gen] profundo(da); **to be 10 feet ~** tener 10 pies de profundidad **-2.** [sigh, breath, bowl] hondo(da); **to take a ~ breath** respirar hondo **-3.** [colour] intenso(sa) **-4.** [sound, voice] grave. ◇ *adv* [dig, cut] hondo; **to advance ~ into enemy territory** adentrarse en territorio enemigo; **~ down** OR **inside** por dentro; **to be ~ in thought** estar sumido en

sus pensamientos; **to go** *OR* **run ~** estar muy arraigado.

deepen ['di:pn] <> *vt* [hole, channel] ahondar, hacer más profundo(da). <> *vi* **-1.** [river, sea] ahondarse, hacerse más profundo(da) **-2.** [crisis, recession] agudizarse; [emotion, darkness] hacerse más intenso(sa).

deepening ['di:pnɪŋ] *adj* [crisis, recession] cada vez más agudo(da).

deep freeze *n* congelador *m*.
◆ **deep-freeze** *vt* congelar.

deep fry *vt* freír (con mucho aceite).

deeply ['di:plɪ] *adv* [gen] profundamente; [dig, breathe, sigh] hondo.

deep-rooted *adj* profundamente arraigado(da).

deep-sea *adj*: **~ diving** buceo *m* de profundidad; **~ fishing** pesca *f* de altura.

deep-seated *adj* profundamente arraigado(da).

deep-set *adj* [eyes] hundido(da).

deer [dɪəʳ] (*pl inv*) *n* ciervo *m*.

deerstalker ['dɪə,stɔ:kəʳ] *n especie de gorro con orejeras.*

de-escalate [,di:'eskəleɪt] <> *vt* suavizar, paliar. <> *vi* suavizarse.

deface [dɪ'feɪs] *vt* pintarrajear.

de facto [deɪ'fæktu] *adj & adv* de hecho.

defamation [,defə'meɪʃn] *n fml* difamación *f*.

defamatory [dɪ'fæmətrɪ] *adj fml* difamatorio(ria).

default [dɪ'fɔ:lt] <> *n* **-1.** [on payment, agreement] incumplimiento *m*; [failure to attend] incomparecencia *f*; **by ~** [win] por incomparecencia **-2.** *COMPUT*: **~ (setting)** valor *m* por omisión. <> *vi* incumplir un compromiso; **to ~ on sthg** incumplir algo.

defaulter [dɪ'fɔ:ltəʳ] *n* [on payment] moroso *m*, -sa *f*.

defeat [dɪ'fi:t] <> *n* derrota *f*; **to admit ~** darse por vencido(da). <> *vt* [team, opponent] derrotar; [motion] rechazar; [plans] frustrar.

defeatism [dɪ'fi:tɪzm] *n* derrotismo *m*.

defeatist [dɪ'fi:tɪst] <> *adj* derrotista. <> *n* derrotista *m y f*.

defecate ['defəkeɪt] *vi fml* defecar.

defect [*n* 'di:fekt, *vb* dɪ'fekt] <> *n* [fault] defecto *m*. <> *vi POL* desertar; **to ~ to the other side** pasarse al otro bando.

defection [dɪ'fekʃn] *n* [to another country] deserción *f*; [to another party] cambio *m* de bando.

defective [dɪ'fektɪv] *adj* defectuoso(sa).

defector [dɪ'fektəʳ] *n* [to another country] desertor *m*, -ra *f*; [to another party] tránsfuga *m OR f*.

defence *UK*, **defense** *US* [dɪ'fens] *n* defensa *f*; **in ~ of** en defensa de.
◆ **defences** *npl* [of country] defensas *fpl*.

defenceless *UK*, **defenseless** *US* [dɪ'fenslɪs] *adj* indefenso(sa).

defend [dɪ'fend] <> *vt* defender; **to ~ o.s.** defenderse. <> *vi SPORT* defender.

defendant [dɪ'fendənt] *n* acusado *m*, -da *f*.

defender [dɪ'fendəʳ] *n* **-1.** [gen] defensor *m*, -ra *f* **-2.** *SPORT* defensa *m y f*.

defending champion [dɪ'fendɪŋ-] *n* actual campeón *m*, -ona *f*.

defense *US* = **defence**.

defenseless *US* = **defenceless**.

defensive [dɪ'fensɪv] <> *adj* **-1.** [weapons, tactics] defensivo(va) **-2.** [person]: **to be ~** ponerse a la defensiva. <> *n*: **on the ~** a la defensiva.

defer [dɪ'fɜ:ʳ] (*pt & pp* **-red**, *cont* **-ring**) <> *vt* aplazar. <> *vi*: **to ~ to sb** deferir con *OR* a alguien.

deference ['defərəns] *n* deferencia *f*.

deferential [,defə'renʃl] *adj* deferente, respetuoso(sa).

defiance [dɪ'faɪəns] *n* desafío *m*; **in ~ of** en desafío de, a despecho de.

defiant [dɪ'faɪənt] *adj* desafiante.

defiantly [dɪ'faɪəntlɪ] *adv* de manera desafiante.

deficiency [dɪ'fɪʃnsɪ] (*pl* **-ies**) *n* **-1.** [lack] escasez *f*, insuficiencia *f* **-2.** [inadequacy] deficiencia *f*.

deficient [dɪ'fɪʃnt] *adj* **-1.** [lacking]: **to be ~ in** ser deficitario(ria) en, estar falto(ta) de **-2.** [inadequate] deficiente.

deficit ['defɪsɪt] *n* déficit *m*.

defile [dɪ'faɪl] *vt* [desecrate] profanar; *fig* [mind, purity] corromper.

define [dɪ'faɪn] *vt* definir.

definite ['defɪnɪt] *adj* **-1.** [plan, date, answer] definitivo(va) **-2.** [improvement, difference] indudable, claro(ra) **-3.** [sure - person] seguro(ra); **I am quite ~ (about it)** estoy totalmente seguro (de ello) **-4.** [categorical] tajante, concluyente.

definitely ['defɪnɪtlɪ] *adv* **-1.** [without doubt] sin duda **-2.** [for emphasis] desde luego, con (toda) seguridad; **~ not** desde luego que no.

definition [defɪ'nɪʃn] *n* **-1.** [gen] definición *f*; **by ~** por definición **-2.** [clarity] nitidez *f*.

definitive [dɪ'fɪnɪtɪv] *adj* definitivo(va).

deflate [dɪ'fleɪt] <> *vt* **-1.** [balloon] desinflar; *fig* [person] bajar los humos a **-2.** *ECON* reducir la inflación en. <> *vi* desinflarse.

deflation [dɪ'fleɪʃn] *n ECON* deflación *f*.

deflationary [dɪ'fleɪʃnərɪ] *adj ECON* deflacionario(ria), deflacionista.

deflect [dɪ'flekt] *vt* [gen] desviar; [criticism] soslayar.

deflection [dɪ'flekʃn] *n* desviación *f*.

defog [ˌdiː'fɒg] *vt US AUT* desempañar.

defogger [ˌdiː'fɒgəʳ] *n US AUT* dispositivo *m* antivaho, luneta *f* térmica.

deforest [ˌdiː'fɒrɪst] *vt* deforestar.

deforestation [diːˌfɒrɪ'steɪʃn] *n* deforestación *f*.

deform [diː'fɔːm] *vt* deformar.

deformed [dɪ'fɔːmd] *adj* deforme.

deformity [dɪ'fɔːmətɪ] (*pl* **-ies**) *n* [in foetus, baby] malformación *f* (congénita); [in adult] deformidad *f*.

defragment [ˌdiːfræg'ment] *vt COMPUT* desfragmentar.

defraud [dɪ'frɔːd] *vt* defraudar, estafar.

defray [dɪ'freɪ] *vt* sufragar, correr con.

defrost [ˌdiː'frɒst] ◇ *vt* **-1.** [gen] descongelar **-2.** *US AUT* [demist] desempañar. ◇ *vi* descongelarse.

deft [deft] *adj* habilidoso(sa), diestro(tra).

deftly ['deftlɪ] *adv* con destreza.

defunct [dɪ'fʌŋkt] *adj* [body, organization] desaparecido(da); [plan] desechado(da).

defuse [ˌdiː'fjuːz] *vt UK* **-1.** [bomb] desactivar **-2.** [situation] distender.

defy [dɪ'faɪ] (*pt* & *pp* **-ied**) *vt* **-1.** [disobey - person, authority] desobedecer; [law, rule] violar **-2.** [challenge]: **to ~ sb to do sthg** retar *OR* desafiar a alguien a hacer algo **-3.** [attempts, efforts] hacer inútil; **to ~ description** ser indescriptible; **to ~ explanation** ser inexplicable.

degenerate [*adj* & *n* dɪ'dʒenərət, *vb* dɪ'dʒenəreɪt] ◇ *adj* degenerado(da). ◇ *n* degenerado *m*, -da *f*. ◇ *vi*: **to ~ (into)** degenerar (en).

degenerative [dɪ'dʒenərətɪv] *adj* degenerativo(va).

degradation [ˌdegrə'deɪʃn] *n* degradación *f*.

degrade [dɪ'greɪd] *vt* degradar; **to ~ o.s.** rebajarse.

degrading [dɪ'greɪdɪŋ] *adj* denigrante, degradante.

degree [dɪ'griː] *n* **-1.** [unit of measurement, amount] grado *m*; **a ~ of risk** un cierto riesgo; **by ~s** paulatinamente, poco a poco **-2.** [qualification] título *m* universitario, ≃ licenciatura *f*; **to have/take a ~ (in sthg)** tener/hacer una licenciatura (en algo) **-3.** [course] ≃ carrera *f*.

dehumanize, -ise [diː'hjuːmənaɪz] *vt* deshumanizar.

dehumidifier [ˌdiːhjuːmɪdɪfaɪəʳ] *n* deshumidificador *m*.

dehydrated [ˌdiːhaɪ'dreɪtɪd] *adj* deshidratado(-da).

dehydration [ˌdiːhaɪ'dreɪʃn] *n* deshidratación *f*.

de-ice [diː'aɪs] *vt* quitar el hielo de.

de-icer [diː'aɪsəʳ] *n* (producto *m*) descongelante *m*.

deign [deɪn] *vt*: **to ~ to do sthg** dignarse a hacer algo.

deity ['diːɪtɪ] (*pl* **-ies**) *n* deidad *f*, divinidad *f*.

déjà vu [ˌdeʒɑː'vjuː] *n* (sensación *f* de) déjà vu *m*.

dejected [dɪ'dʒektɪd] *adj* abatido(da).

dejection [dɪ'dʒekʃn] *n* abatimiento *m*.

del (*abbr of* **delete**) [on keyboard] supr.

Del. *abbr of* **Delaware**.

Delaware ['deləweəʳ] *n* Delaware.

delay [dɪ'leɪ] ◇ *n* retraso *m*; **without ~** sin demora. ◇ *vt* retrasar; **to ~ starting sthg** retrasar el comienzo de algo. ◇ *vi*: **to ~ (in doing sthg)** retrasarse (en hacer algo).

delayed [dɪ'leɪd] *adj*: **to be ~** [person] retrasarse; [train, flight] llevar retraso.

delayed-action [dɪ'leɪd-] *adj* de efecto retardado; **~ shutter** *PHOT* (disparador *m*) automático *m*.

delectable [dɪ'lektəbl] *adj* **-1.** [food] deleitable **-2.** [person] apetecible.

delegate [*n* 'delɪgət, *vb* 'delɪgeɪt] ◇ *n* delegado *m*, -da *f*. ◇ *vt*: **to ~ sthg (to sb)** delegar algo (en alguien); **to ~ sb to do sthg** delegar a alguien para hacer algo. ◇ *vi* delegar responsabilidades.

delegation [ˌdelɪ'geɪʃn] *n* delegación *f*.

delete [dɪ'liːt] *vt* [gen & *COMPUT*] borrar, suprimir; [cross out] tachar.

deletion [dɪ'liːʃn] *n* supresión *f*.

Delhi ['delɪ] *n* Delhi.

deli ['delɪ] *n inf abbr of* **delicatessen**.

deliberate [*adj* dɪ'lɪbərət, *vb* dɪ'lɪbəreɪt] ◇ *adj* **-1.** [intentional] deliberado(da) **-2.** [slow] pausado(da). ◇ *vi fml* deliberar.

deliberately [dɪ'lɪbərətlɪ] *adv* **-1.** [on purpose] adrede, deliberadamente **-2.** [slowly] pausadamente.

deliberation [dɪˌlɪbə'reɪʃn] *n* **-1.** [careful consideration] deliberación *f* **-2.** [slowness] pausa *f*.
◆ **deliberations** *npl* deliberaciones *fpl*.

delicacy ['delɪkəsɪ] (*pl* **-ies**) *n* **-1.** [gracefulness, tact] delicadeza *f* **-2.** [food] exquisitez *f*, manjar *m*.

delicate ['delɪkət] *adj* **-1.** [gen] delicado(da) **-2.** [subtle - colour, taste] suave, sutil **-3.** [tactful] delicado(da), prudente; [instrument] sensible.

delicately ['delɪkətlɪ] *adv* **-1.** [gracefully, tactfully] con delicadeza **-2.** [subtly] suavemente, sutilmente.

delicatessen [ˌdelɪkəˈtesn] *n* ≃ charcutería *f*, ≃ (tienda *f* de) ultramarinos *m inv*.

delicious [dɪˈlɪʃəs] *adj* delicioso(sa).

delight [dɪˈlaɪt] <> *n* **-1.** [great pleasure] gozo *m*, regocijo *m*; **to our ~** para gran alegría nuestra; **to take ~ in doing sthg** disfrutar haciendo algo **-2.** [thing, person] delicia *f*, placer *m*. <> *vt* encantar. <> *vi*: **to ~ in sthg/in doing sthg** disfrutar con algo/haciendo algo.

delighted [dɪˈlaɪtɪd] *adj* encantado(da), muy contento(ta); **~ by** *OR* **with** encantado con; **to be ~ to do sthg/that** estar encantado de hacer algo/de que; **I'd be ~ (to come)** me encantaría (ir).

delightful [dɪˈlaɪtfʊl] *adj* [gen] encantador(ra); [meal] delicioso(sa); [view] muy agradable.

delightfully [dɪˈlaɪtfʊlɪ] *adv* maravillosamente.

delimit [diːˈlɪmɪt] *vt fml* delimitar.

delineate [dɪˈlɪnɪeɪt] *vt fml* concretar, precisar.

delinquency [dɪˈlɪŋkwənsɪ] *n* delincuencia *f*.

delinquent [dɪˈlɪŋkwənt] <> *adj* [behaviour] delictivo(va); [child] delincuente. <> *n* delincuente *m y f*.

delirious [dɪˈlɪrɪəs] *adj* [with fever] delirante; *fig* [ecstatic] enfervorizado(da).

delirium [dɪˈlɪrɪəm] *n* delirio *m*, desvarío *m*.

deliver [dɪˈlɪvə^r] <> *vt* **-1.** [hand over] entregar; [distribute] repartir; **to ~ sthg to sb** entregar algo a alguien **-2.** [give - speech, verdict, lecture] pronunciar; [- message, warning, ultimatum] transmitir; [- blow, kick] asestar **-3.** [service] prestar **-4.** [baby] traer al mundo **-5.** *fml* [free] liberar, libertar **-6.** *US POL* [votes] captar. <> *vi* **-1.** [take to home, office] hacer reparto **-2.** [fulfil promise] cumplir (lo prometido).

deliverance [dɪˈlɪvərəns] *n fml* liberación *f*.

delivery [dɪˈlɪvərɪ] (*pl* **-ies**) *n* **-1.** [handing over] entrega *f*; [distribution] reparto *m* **-2.** [goods delivered] partida *f* **-3.** [way of speaking] (estilo *m* de) discurso *m* **-4.** [birth] parto *m*.

delivery note *n* albarán *m*.

delivery van *UK*, **delivery truck** *US* *n* furgoneta *f* de reparto.

delphinium [delˈfɪnɪəm] (*pl* **-s**) *n* espuela *f* de caballero.

delta [ˈdeltə] (*pl* **-s**) *n* [of river] delta *m*.

delude [dɪˈluːd] *vt* engañar; **to ~ o.s.** engañarse (a uno mismo/una misma).

deluge [ˈdeljuːdʒ] <> *n* [flood] diluvio *m*, aluvión *m*; *fig* [huge number] aluvión *m*. <> *vt*: **to be ~d with** verse inundado(da) por.

delusion [dɪˈluːʒn] *n* espejismo *m*, engaño *m*; **~s of grandeur** delirios *mpl* de grandeza.

de luxe [dəˈlʌks] *adj* de lujo.

delve [delv] *vi*: **to ~ (into)** [bag, cupboard] hurgar (en); *fig* [mystery] ahondar (en), profundizar (en).

Dem. **-1.** *abbr of* **Democrat** **-2.** *abbr of* **Democratic**.

demagogue [ˈdeməgɒg] *n* demagogo *m*, -ga *f*.

demand [dɪˈmɑːnd] <> *n* **-1.** [claim, firm request] exigencia *f*, reclamación *f*; **on ~** a petición; **wage ~** demanda *f OR* reivindicación salarial **-2.** [need & *ECON*]: **~ for** demanda *f* de; **in ~** solicitado(da). <> *vt* [gen] exigir; [pay rise] reivindicar, demandar; **to ~ to do sthg** exigir hacer algo.

demanding [dɪˈmɑːndɪŋ] *adj* **-1.** [exhausting] que exige mucho esfuerzo **-2.** [not easily satisfied] exigente.

demarcation [ˌdiːmɑːˈkeɪʃn] *n* demarcación *f*.

demarcation dispute *n conflicto entre sindicatos sobre las funciones laborales a realizar por sus miembros.*

dematerialize, -ise [diːməˈtɪərɪəlaɪz] *vi* inmaterializarse.

demean [dɪˈmiːn] *vt* humillar, degradar; **to ~ o.s.** humillarse, rebajarse.

demeaning [dɪˈmiːnɪŋ] *adj* humillante, denigrante.

demeanour *UK*, **demeanor** *US* [dɪˈmiːnə^r] *n* (*U*) *fml* comportamiento *m*.

demented [dɪˈmentɪd] *adj* demente.

dementia [dɪˈmenʃə] *n* demencia *f*.

demerara sugar [ˌdeməˈreərə-] *n UK* azúcar *m* moreno.

demigod [ˈdemɪgɒd] *n* semidiós *m*.

demijohn [ˈdemɪdʒɒn] *n* damajuana *f*.

demilitarized zone, demilitarised zone [ˌdiːˈmɪlɪtəraɪzd-] *n* zona *f* desmilitarizada.

demise [dɪˈmaɪz] *n fml* **-1.** [death] defunción *f*, fallecimiento *m* **-2.** [end] desaparición *f*.

demist [ˌdiːˈmɪst] *vt UK* desempañar.

demister [ˌdiːˈmɪstə^r] *n UK AUT* dispositivo *m* antivaho, luneta *f* térmica.

demo [ˈdeməʊ] (*abbr of* **demonstration**) *n inf* **-1.** mani *f* **-2.** *MUS* maqueta *f*.

demobilize, -ise [ˌdiːˈməʊbɪlaɪz] *vt* desmovilizar.

democracy [dɪˈmɒkrəsɪ] (*pl* **-ies**) *n* democracia *f*.

democrat [ˈdeməkræt] *n* demócrata *m y f*.

◆ **Democrat** *n US* demócrata *m y f*.

democratic [deməˈkrætɪk] *adj* democrático(ca).

◆ **Democratic** *adj US* demócrata.

democratically [ˌdeməˈkrætɪklɪ] *adv* democráticamente.
Democratic Party *n US* Partido *m* Demócrata (de Estados Unidos).
democratize, -ise [dɪˈmɒkrətaɪz] *vt* democratizar.
demographic [ˌdeməˈɡræfɪk] *adj* demográfico(ca).
demography [dɪˈmɒɡrəfɪ] *n* **-1.** [science] demografía *f* **-2.** [composition] perfil *m* demográfico.
demolish [dɪˈmɒlɪʃ] *vt* **-1.** [building] demoler; [argument, myth] destrozar **-2.** [defeat] aplastar **-3.** *inf* [eat] zamparse.
demolition [ˌdeməˈlɪʃn] *n* [of building] demolición *f*; [of argument, myth] destrucción *f*.
demon [ˈdiːmən] ◇ *n* demonio *m*. ◇ *comp inf* fenomenal.
demonstrable [dɪˈmɒnstrəbl] *adj* demostrable.
demonstrably [dɪˈmɒnstrəblɪ] *adv* [better, different] manifiestamente.
demonstrate [ˈdemənstreɪt] ◇ *vt* **-1.** [prove] demostrar **-2.** [show] hacer una demostración de. ◇ *vi* manifestarse; **to ~ for/against sthg** manifestarse a favor/en contra de algo.
demonstration [demənˈstreɪʃn] *n* **-1.** [of machine, product] demostración *f* **-2.** [public meeting] manifestación *f*.
demonstrative [dɪˈmɒnstrətɪv] *adj* efusivo(va), expresivo(va).
demonstrator [ˈdemənstreɪtəʳ] *n* **-1.** [in march] manifestante *m y f* **-2.** [of machine, product] demostrador *m*, -ra *f* comercial.
demoralize, -ise [dɪˈmɒrəlaɪz] *vt* desmoralizar.
demoralized [dɪˈmɒrəlaɪzd] *adj* desmoralizado(da).
demote [ˌdiːˈməʊt] *vt* descender de categoría.
demotion [ˌdiːˈməʊʃn] *n* descenso *m* de categoría.
demotivate [ˌdiːˈməʊtɪveɪt] *vt* desmotivar.
demure [dɪˈmjʊəʳ] *adj* recatado(da).
demutualize [diːˈmjuːtjʊəlaɪz] *vi UK* [convert to plc] convertir en banco.
demystify [ˌdiːˈmɪstɪfaɪ] (*pt* & *pp* **-ied**) *vt* arrojar luz sobre.
den [den] *n* [lair] guarida *f*.
denationalization [ˈdiːˌnæʃnəlaɪˈzeɪʃn] *n* privatización *f*, desnacionalización *f*.
denationalize, -ise [ˌdiːˈnæʃnəlaɪz] *vt* privatizar, desnacionalizar.
denial [dɪˈnaɪəl] *n* **-1.** [refutation] negación *f*, rechazo *m* **-2.** [of rumour] desmentido *m* **-3.** [refusal] denegación *f*.
denier [ˈdenɪəʳ] *n* denier *m*.
denigrate [ˈdenɪɡreɪt] *vt fml* desacreditar.
denim [ˈdenɪm] *n* tela *f* vaquera.
◆ **denims** *npl* (pantalones *mpl*) vaqueros *mpl*.
denim jacket *n* cazadora *f* vaquera.
denizen [ˈdenɪzn] *n literary* OR *hum* morador *m*, -ra *f*.
Denmark [ˈdenmɑːk] *n* Dinamarca.
denomination [dɪˌnɒmɪˈneɪʃn] *n* **-1.** [religious group] confesión *f* **-2.** [of money] valor *m*.
denominator [dɪˈnɒmɪneɪtəʳ] *n* denominador *m*.
denote [dɪˈnəʊt] *vt fml* denotar.
denouement [deɪˈnuːmɒn] *n* desenlace *m*.
denounce [dɪˈnaʊns] *vt* denunciar.
dense [dens] *adj* **-1.** [gen] denso(sa); [trees] tupido(da) **-2.** *inf* [stupid] bruto(ta).
densely [ˈdenslɪ] *adv* densamente; **~ packed** muy apretado(da).
density [ˈdensətɪ] (*pl* **-ies**) *n* densidad *f*.
dent [dent] ◇ *n* [on car] abolladura *f*. ◇ *vt* [car] abollar.
dental [ˈdentl] *adj* dental; **~ surgery** clínica *f* OR consultorio *m* dental.
dental floss *n* hilo *m* OR seda *f* dental.
dental plate *n* [dentures] dentadura *f* postiza.
dental surgeon *n* odontólogo *m*, -ga *f*.
dental treatment *n* tratamiento *f* dental.
dented [ˈdentɪd] *adj* [car] abollado(da).
dentist [ˈdentɪst] *n* dentista *m* OR *f*; **to go to the ~'s** ir al dentista.
dentistry [ˈdentɪstrɪ] *n* odontología *f*.
dentures [ˈdentʃəz] *npl* dentadura *f* postiza.
denunciation [dɪˌnʌnsɪˈeɪʃn] *n* denuncia *f*, condena *f*.
deny [dɪˈnaɪ] (*pt* & *pp* **-ied**) *vt* **-1.** [refute] negar, rechazar; **to ~ doing sthg** negar haber hecho algo **-2.** [rumour] desmentir **-3.** *fml* [refuse]: **to ~ sb sthg** denegar algo a alguien.
deodorant [diːˈəʊdərənt] *n* desodorante *m*.
depart [dɪˈpɑːt] *vi fml* **-1.** [leave]: **to ~ (from)** salir (de); **this train will ~ from Platform 2** este tren efectuará su salida por la vía 2 **-2.** [differ]: **to ~ from sthg** apartarse de algo.
department [dɪˈpɑːtmənt] *n* **-1.** [gen] departamento *m* **-2.** [in government] ministerio *m*.
departmental [ˌdiːpɑːtˈmentl] *adj* [gen] departamental; [head, secretary] del departamento.
department store *n* grandes almacenes *mpl*.
departure [dɪˈpɑːtʃəʳ] *n* **-1.** [of train, plane] salida *f*; [of person] marcha *f*, partida *f* **-2.** [change]: **~ (from)** abandono *m* (de); **a new ~** un nuevo enfoque.
departure lounge *n* [in airport] sala *f* de

embarque; [in coach station] vestíbulo *m* de salidas.
depend [dɪ'pend] *vi*: **to ~ on** depender de; **you can ~ on me** puedes confiar en mí; **it ~s** depende; **~ing on** según, dependiendo de.
dependable [dɪ'pendəbl] *adj* fiable.
dependant [dɪ'pendənt] *n*: **my ~s** las personas a mi cargo.
dependence [dɪ'pendəns] *n*: **~ (on)** dependencia *f* (de); **drug ~** drogodependencia *f*.
dependent [dɪ'pendənt] *adj* **-1.** [gen]: **to be ~ (on)** depender (de) **-2.** [addicted] adicto(ta).
depict [dɪ'pɪkt] *vt* **-1.** [in picture] representar, retratar **-2.** [describe]: **to ~ sthg/sb as sthg** describir algo/a alguien como algo.
depilatory [dɪ'pɪlətrɪ] *adj* depilador(ra), depilatorio(ria).
deplete [dɪ'pliːt] *vt* mermar, reducir.
depletion [dɪ'pliːʃn] *n* [gen] merma *f*, reducción *f*; [of ozone layer] degradación *f*.
deplorable [dɪ'plɔːrəbl] *adj* deplorable.
deplore [dɪ'plɔːʳ] *vt* deplorar.
deploy [dɪ'plɔɪ] *vt* desplegar.
deployment [dɪ'plɔɪmənt] *n* despliegue *m*.
depopulated [ˌdiː'pɒpjʊleɪtɪd] *adj* despoblado(da).
depopulation [diːˌpɒpjʊ'leɪʃn] *n* despoblación *f*.
deport [dɪ'pɔːt] *vt* deportar.
deportation [ˌdiːpɔː'teɪʃn] *n* deportación *f*.
deportation order *n* orden *f* de deportación.
depose [dɪ'pəʊz] *vt* deponer.
deposit [dɪ'pɒzɪt] ◇ *n* **-1.** GEOL yacimiento *m* **-2.** [sediment] poso *m*, sedimento *m* **-3.** [payment into bank] ingreso *m*, imposición *f*; **to make a ~** hacer un ingreso **-4.** [down payment - on house, car] entrada *f*; [- on hotel room] señal *f*, adelanto *m*; [- on hired goods] fianza *f*, enganche *m Méx*; [- on bottle] dinero *m* del envase OR casco. ◇ *vt* **-1.** [put down] depositar **-2.** [in bank] ingresar.
deposit account *n UK* cuenta *f* de ahorro a plazo fijo.
depositor [də'pɒzɪtəʳ] *n* impositor *m*, -ra *f*, depositante *m* OR *f*.
depot ['depəʊ] *n* **-1.** [storage facility] almacén *m*; [for arms] depósito *m*; [storage facility] almacén *m*; [for buses] cochera *f* **-2.** *US* [bus or train terminus] terminal *f*, estación *f*.
depraved [dɪ'preɪvd] *adj* depravado(da).
depravity [dɪ'prævətɪ] *n* depravación *f*.
deprecate ['deprɪkeɪt] *vt fml* censurar.
deprecating ['deprɪkeɪtɪŋ] *adj* desaprobatorio(ria).
depreciate [dɪ'priːʃɪeɪt] *vi* depreciarse.
depreciation [dɪˌpriːʃɪ'eɪʃn] *n* depreciación *f*.
depress [dɪ'pres] *vt* **-1.** [person] deprimir **-2.** [economy] desactivar **-3.** [price, share value] reducir.
depressant [dɪ'presənt] *n* depresor *m*.
depressed [dɪ'prest] *adj* deprimido(da).
depressing [dɪ'presɪŋ] *adj* deprimente.
depression [dɪ'preʃn] *n* **-1.** [gen & ECON] depresión *f*; **to suffer from ~** sufrir depresiones **-2.** *fml* [in pillow] hueco *m*.
◆ **Depression** *n* ECON: **the (Great) Depression** la Gran Depresión.
depressive [dɪ'presɪv] *adj* depresivo(va).
deprivation [ˌdeprɪ'veɪʃn] *n* **-1.** [poverty] miseria *f* **-2.** [lack] privación *f*.
deprive [dɪ'praɪv] *vt*: **to ~ sb of sthg** privar a alguien de algo.
deprived [dɪ'praɪvd] *adj* [children, childhood] necesitado(da); [area] desfavorecido(da).
dept. *abbr of* **department**.
depth [depθ] *n* profundidad *f*; **in ~** a fondo; **to be out of one's ~** [in water] no hacer pie; **he was out of his ~ with that job** ese trabajo le venía grande.
◆ **depths** *npl*: **the ~s** [of the sea] las profundidades; **in the ~s of winter** en pleno invierno; **to be in the ~s of despair** estar en un abismo de desesperación.
depth charge *n* carga *f* de profundidad.
deputation [ˌdepjʊ'teɪʃn] *n* delegación *f*.
deputize, -ise ['depjʊtaɪz] *vi*: **to ~ (for)** actuar en representación (de).
deputy ['depjʊtɪ] (*pl* **-ies**) ◇ *adj*: **~ head** subdirector *m*, -ra *f*; **~ prime minister** vicepresidente *m*, -ta *f* del gobierno. ◇ *n* **-1.** [second-in-command] asistente *m* OR *f*, suplente *m* OR *f* **-2.** POL diputado *m*, -da *f* **-3.** *US* [deputy sheriff] ayudante *m* OR *f* del sheriff.
derail [dɪ'reɪl] *vt* & *vi* [train] descarrilar.
derailment [dɪ'reɪlmənt] *n* descarrilamiento *m*.
deranged [dɪ'reɪndʒd] *adj* perturbado(da), trastornado(da).
derby [*UK* 'dɑːbɪ, *US* 'dɜːbɪ] (*pl* **-ies**) *n* **-1.** [sports event] derby *m* (local) **-2.** *US* [hat] bombín *m*, sombrero *m* hongo.
deregulate [ˌdiː'regjʊleɪt] *vt* liberalizar.
deregulation [ˌdiːregjʊ'leɪʃn] *n* liberalización *f*.
derelict ['derəlɪkt] *adj* abandonado(da) y en ruinas.
deride [dɪ'raɪd] *vt* mofarse de.
derision [dɪ'rɪʒn] *n* mofa *f*, burla *f*.
derisive [dɪ'raɪsɪv] *adj* burlón(ona).
derisory [də'raɪzərɪ] *adj* **-1.** [puny, trivial] irriso-

rio(ria) **-2.** [derisive] burlón(ona).

derivation [ˌderɪ'veɪʃn] *n* [of word] origen *m*.

derivative [dɪ'rɪvətɪv] ◇ *adj* ***pej*** carente de originalidad. ◇ *n* derivado *m*.

derive [dɪ'raɪv] ◇ *vt* **-1.** [draw, gain]: **to ~ sthg from sthg** encontrar algo en algo **-2.** [come]: **to be ~d from** derivar de. ◇ *vi*: **to ~ from** derivar de.

dermatitis [ˌdɜːmə'taɪtɪs] *n* dermatitis *f inv*.

dermatologist [ˌdɜːmə'tɒlədʒɪst] *n* dermatólogo *m*, -ga *f*.

dermatology [ˌdɜːmə'tɒlədʒɪ] *n* dermatología *f*.

derogatory [dɪ'rɒgətrɪ] *adj* despectivo(va).

derrick ['derɪk] *n* **-1.** [crane] grúa *f* **-2.** [over oil well] torre *f* de perforación.

derv [dɜːv] *n* ***UK*** gasóleo *m*, gasoil *m*.

desalination [diːˌsælɪ'neɪʃn] *n* desalinización *f*.

descale [diː'skeɪl] *vt* quitar el sarro a.

descant ['deskænt] *n* contrapunto *m*.

descend [dɪ'send] ◇ *vt* ***fml*** [go down] descender por. ◇ *vi* **-1.** ***fml*** [go down] descender **-2.** [subj: silence, gloom]: **to ~ (on sthg/sb)** invadir (algo/a alguien) **-3.** [arrive]: **to ~ on sb** presentarse en casa de alguien **-4.** [stoop]: **to ~ to sthg/to doing sthg** rebajarse a algo/a hacer algo.

descendant [dɪ'sendənt] *n* descendiente *m* OR *f*.

descended [dɪ'sendɪd] *adj*: **to be ~ from** ser descendiente de, descender de.

descending [dɪ'sendɪŋ] *adj*: **in ~ order** en orden descendente OR decreciente.

descent [dɪ'sent] *n* **-1.** [downwards movement] descenso *m*, bajada *f* **-2.** [origin] ascendencia *f*.

describe [dɪ'skraɪb] *vt* describir; **to ~ o.s. as** definirse como.

description [dɪ'skrɪpʃn] *n* **-1.** [account] descripción *f* **-2.** [type]: **of all ~s** de todo tipo.

descriptive [dɪ'skrɪptɪv] *adj* descriptivo(va).

desecrate ['desɪkreɪt] *vt* profanar.

desecration [ˌdesɪ'kreɪʃn] *n* profanación *f*.

desegregate [ˌdiː'segrɪgeɪt] *vt* abolir la segregación racial en.

desegregation [ˌdiːsegrɪ'geɪʃn] *n* abolición *f* de la segregación racial.

deselect [ˌdiːsɪ'lekt] *vt* ***UK*** no reelegir como candidato.

desensitize, -ise [diː'sensɪtaɪz] *vt* insensibilizar.

desert [*n* 'dezət, *vb & npl* dɪ'zɜːt] ◇ *n* **-1.** GEOGR desierto *m* **-2.** [boring place]: **(cultural) ~** páramo *m* cultural. ◇ *vt* abandonar. ◇ *vi* MIL desertar.

◆ **deserts** *npl*: **he got his just ~s** se llevó su merecido.

deserted [dɪ'zɜːtɪd] *adj* [place] desierto(ta).

deserter [dɪ'zɜːtə^r] *n* desertor *m*, -ra *f*.

desertion [dɪ'zɜːʃn] *n* **-1.** [gen] abandono *m* **-2.** MIL deserción *f*.

desert island ['dezət-] *n* isla *f* desierta.

deserve [dɪ'zɜːv] *vt* merecer, ameritar ***Amér***; **to ~ to do sthg** merecer hacer algo; **they got what they ~d** se llevaron su merecido.

deserved [dɪ'zɜːvd] *adj* merecido(da).

deservedly [dɪ'zɜːvɪdlɪ] *adv* merecidamente.

deserving [dɪ'zɜːvɪŋ] *adj* meritorio(ria), encomiable; **~ of** ***fml*** merecedor(ra) de.

desiccated ['desɪkeɪtɪd] *adj* desecado(da); **~ coconut** *coco rallado y seco*.

design [dɪ'zaɪn] ◇ *n* **-1.** [gen] diseño *m*; [of garment] corte *m* **-2.** [pattern] dibujo *m* **-3.** ***fml*** [intention] designio *m*, intención *f*; **by ~** adrede; **to have ~s on** tener las miras puestas en. ◇ *vt* **-1.** [gen] diseñar **-2.** [conceive, intend] concebir.

designate [*adj* 'dezɪgnət, *vb* 'dezɪgneɪt] ◇ *adj* designado(da). ◇ *vt* designar, nombrar; **to ~ sb as sthg/to do sthg** designar a alguien algo/para hacer algo.

designation [ˌdezɪg'neɪʃn] *n* ***fml*** [name] denominación *f*.

designer [dɪ'zaɪnə^r] ◇ *adj* [clothes, drugs] de diseño; [glasses] de marca. ◇ *n* [gen] diseñador *m*, -ra *f*; THEATRE escenógrafo *m*, -fa *f*.

desirable [dɪ'zaɪərəbl] *adj* **-1.** ***fml*** [appropriate] deseable, conveniente **-2.** [attractive] atractivo(va), apetecible.

desire [dɪ'zaɪə^r] ◇ *n*: **~ (for sthg/to do sthg)** deseo *m* (de algo/de hacer algo). ◇ *vt* desear; **it leaves a lot to be ~d** deja mucho que desear.

desirous [dɪ'zaɪərəs] *adj* ***fml***: **~ of sthg/of doing sthg** deseoso(sa) de algo/de hacer algo.

desist [dɪ'zɪst] *vi* ***fml***: **to ~ (from doing sthg)** desistir (de hacer algo).

desk [desk] *n* **-1.** [gen] mesa *f*, escritorio *m*; [in school] pupitre *m*; **cash ~** caja *f* **-2.** [service area]: **cash ~** caja *f*; **information ~** (mostrador *m* de) información *f*.

desk clerk *n* ***US*** recepcionista *m* OR *f*.

desk job *n* trabajo *m* de oficina.

desk lamp *n* flexo *m*, lámpara *f* de mesa.

desktop ['deskˌtɒp] *adj* COMPUT: **~ (computer)** ordenador *m* de sobremesa.

desktop publishing *n* COMPUT autoedición *f*.

desolate ['desələt] *adj* [place, person] desolado(da); [feeling] desolador(ra).

desolation [ˌdesə'leɪʃn] *n* desolación *f*.

despair [dɪ'speəʳ] ◇ *n* desesperación *f*; **to do sthg in ~** hacer algo desesperadamente. ◇ *vi* desesperarse; **to ~ of sb** desesperarse con alguien; **to ~ of sthg/doing sthg** perder la esperanza de algo/hacer algo.

despairing [dɪ'speərɪŋ] *adj* [attempt] desesperado(da); [look, cry] de desesperación.

despairingly [dɪ'speərɪŋlɪ] *adv* con desesperación.

despatch [dɪ'spætʃ] = **dispatch**.

desperate ['desprət] *adj* desesperado(da); **to be ~ for sthg** necesitar desesperadamente algo.

desperately ['desprətlɪ] *adv* **-1.** [want, fight, love] desesperadamente **-2.** [ill] gravemente; [poor, unhappy, shy] tremendamente.

desperation [ˌdespə'reɪʃn] *n* desesperación *f*; **in ~** con desesperación.

despicable [dɪ'spɪkəbl] *adj* despreciable.

despise [dɪ'spaɪz] *vt* despreciar.

despite [dɪ'spaɪt] *prep* a pesar de, pese a.

despondent [dɪ'spɒndənt] *adj* descorazonado(da).

despot ['despɒt] *n* déspota *m* OR *f*.

despotic [de'spɒtɪk] *adj* despótico(ca).

dessert [dɪ'zɜ:t] *n* postre *m*.

dessertspoon [dɪ'zɜ:tspu:n] *n* **-1.** [spoon] cuchara *f* de postre **-2.** [spoonful] cucharada *f* *(de postre)*.

dessert wine *n* vino *m* dulce.

destabilize, -ise [ˌdi:'steɪbɪlaɪz] *vt* desestabilizar.

destination [ˌdestɪ'neɪʃn] *n* destino *m*.

destined ['destɪnd] *adj* **-1.** [fated, intended]: **~ for sthg/to do sthg** destinado(da) a algo/a hacer algo **-2.** [bound]: **~ for** con destino a.

destiny ['destɪnɪ] (*pl* **-ies**) *n* destino *m*.

destitute ['destɪtju:t] *adj* indigente, en la miseria.

destroy [dɪ'strɔɪ] *vt* **-1.** [ruin] destruir **-2.** [defeat] aplastar **-3.** [put down] matar, sacrificar.

destroyer [dɪ'strɔɪəʳ] *n* **-1.** [ship] destructor *m* **-2.** [person or thing] destructor *m*, -ra *f*.

destruction [dɪ'strʌkʃn] *n* destrucción *f*.

destructive [dɪ'strʌktɪv] *adj* [gen] destructivo(va); [influence] pernicioso(sa).

destructively [dɪ'strʌktɪvlɪ] *adv* destructivamente.

desultory ['desəltrɪ] *adj* *fml* [conversation] sin interés; [attempt] sin convicción.

Det. *abbr of* **Detective**.

detach [dɪ'tætʃ] *vt* **-1.** [pull off]: **to ~ sthg (from)** quitar OR separar algo (de) **-2.** [disassociate]: **to ~ o.s. from sthg** distanciarse de algo.

detachable [dɪ'tætʃəbl] *adj* [handle etc] de quita y pon; [collar] postizo(za).

detached [dɪ'tætʃt] *adj* [objective] objetivo(va); [aloof] distante.

detached house *n* casa *f* OR chalet *m* individual.

detachment [dɪ'tætʃmənt] *n* **-1.** [objectivity] objetividad *f*; [aloofness] distanciamiento *m* **-2.** MIL destacamento *m*.

detail ['di:teɪl] ◇ *n* **-1.** [small point] detalle *m* **-2.** *(U)* [facts, points] detalles *mpl*; **to go into ~** entrar en detalles; **in ~** detalladamente, con detalle **-3.** MIL destacamento *m*. ◇ *vt* [list] detallar.

◆ **details** *npl* [information] información *f*; [personal] datos *mpl*.

detailed ['di:teɪld] *adj* detallado(da).

detain [dɪ'teɪn] *vt* [gen] retener; [in police station] detener.

detainee [ˌdi:teɪ'ni:] *n* [gen] detenido *m*, -da *f*; [political] preso político *m*, presa política *f*.

detect [dɪ'tekt] *vt* [gen] detectar; [difference] notar, percibir.

detection [dɪ'tekʃn] *(U)* *n* **-1.** [gen] detección *f* **-2.** [of crime] investigación *f*; [of drugs] descubrimiento *m*.

detective [dɪ'tektɪv] *n* [private] detective *m* OR *f*; [policeman] agente *m* OR *f*.

detective novel *n* novela *f* policíaca.

detector [dɪ'tektəʳ] *n* detector *m*.

détente [deɪ'tɒnt] *n* POL distensión *f*.

detention [dɪ'tenʃn] *n* **-1.** [of suspect, criminal] detención *f*, arresto *m*; **in ~** bajo arresto **-2.** [at school] *castigo de permanecer en la escuela después de clase*.

detention centre *n* **UK -1.** [for juvenile delinquents] centro *m* de internamiento de delincuentes juveniles **-2.** [for asylum seekers] *centro de internamiento de inmigrantes que esperan recibir asilo político*.

deter [dɪ'tɜ:ʳ] (*pt* & *pp* **-red**, *cont* **-ring**) *vt*: **to ~ sb (from doing sthg)** disuadir a alguien (de hacer algo).

detergent [dɪ'tɜ:dʒənt] *n* detergente *m*.

deteriorate [dɪ'tɪərɪəreɪt] *vi* [health, economy] deteriorarse; [weather] empeorar.

deterioration [dɪˌtɪərɪə'reɪʃn] *n* [of health, economy] deterioro *m*; [of weather] empeoramiento *m*.

determination [dɪˌtɜ:mɪ'neɪʃn] *n* determinación *f*.

determine [dɪ'tɜ:mɪn] *vt* determinar; **to ~ to do sthg** *fml* decidir OR resolver hacer algo.

determined [dɪ'tɜ:mɪnd] *adj* decidido(da); **~ to do sthg** decidido OR resuelto a hacer algo.

deterrent [dɪ'terənt] ◇ *adj* disuasorio(ria).

◇ *n* elemento *m* de disuasión; **to serve as a ~** tener un efecto disuasorio; **nuclear ~** armas *fpl* nucleares disuasorias.

detest [dɪ'test] *vt* detestar.

detestable [dɪ'testəbl] *adj* detestable.

dethrone [dɪ'θrəʊn] *vt* destronar.

detonate ['detəneɪt] ◇ *vt* hacer detonar. ◇ *vi* detonar.

detonator ['detəneɪtəʳ] *n* detonador *m*.

detour ['di:ˌtʊəʳ] *n* desvío *m*; **to make a ~** dar un rodeo.

detox ['di:tɒks] *n* desintoxicación *f*.

detract [dɪ'trækt] *vi*: **to ~ from sthg** [gen] mermar algo, aminorar algo; [achievement] restar importancia a algo.

detractor [dɪ'træktəʳ] *n* detractor *m*, -ra *f*.

detriment ['detrɪmənt] *n*: **to the ~ of** en detrimento de.

detrimental [ˌdetrɪ'mentl] *adj* perjudicial.

detritus [dɪ'traɪtəs] *n (U)* desperdicios *mpl*; *GEOL* detrito *m*, detritus *m inv*.

deuce [dju:s] *n (U) TENNIS* deuce *m*, cuarenta *f*.

Deutschmark ['dɔɪtʃˌmɑ:k] *n* marco *m* alemán.

devaluation [ˌdi:væljʊ'eɪʃn] *n* devaluación *f*.

devalue [ˌdi:'vælju:] *vt* **-1.** *FIN* devaluar **-2.** [person, achievement] menospreciar.

devastate ['devəsteɪt] *vt* [area, city] devastar, asolar; *fig* [person] desolar.

devastated ['devəsteɪtɪd] *adj* [area, city] devastado(da), asolado(da); *fig* [person] desolado(da).

devastating ['devəsteɪtɪŋ] *adj* **-1.** [destructive - hurricane etc] devastador(ra) **-2.** [effective - remark, argument] abrumador(ra) **-3.** [upsetting - news, experience] desolador(ra) **-4.** [attractive] imponente, irresistible.

devastation [ˌdevə'steɪʃn] *n* [destruction] devastación *f*.

develop [dɪ'veləp] ◇ *vt* **-1.** [idea, argument, product, method] desarrollar **-2.** [land] urbanizar; [region] desarrollar **-3.** [illness] contraer; [habit] adquirir; **to ~ a fault** estropearse **-4.** *PHOT* revelar. ◇ *vi* **-1.** [grow] desarrollarse; **to ~ into sthg** transformarse en algo **-2.** [appear] presentarse.

developed [dɪ'veləpt] *adj* [country, region] desarrollado(da).

developer [dɪ'veləpəʳ] *n* **-1.** [of land] promotor *m*, -ra *f* **-2.** [person]: **early/late ~** niño *m*, -ña *f* con desarrollo precoz/tardío **-3.** *PHOT* [chemical] líquido *m* de revelado, revelador *m*.

developing country [dɪ'veləpɪŋ-] *n* país *m* en vías de desarrollo.

development [dɪ'veləpmənt] *(U) n* **-1.** [growth] desarrollo *m* **-2.** [of design] elaboración *f*; [of product] desarrollo *m* **-3.** [developed land] urbanización *f* **-4.** [new event] (nuevo) acontecimiento *m*; **recent ~s** la evolución reciente **-5.** [advance - in science etc] avance *m* **-6.** [of illness] contracción *f*; [of fault] aparición *f*.

development aid *n* ≃ ayuda *f* al desarrollo.

development area *n UK* ≃ zona de urgente reindustrialización.

deviant ['di:vjənt] ◇ *adj* irregular, anómalo(la); [sexually] pervertido(da). ◇ *n* pervertido *m*, -da *f*.

deviate ['di:vɪeɪt] *vi*: **to ~ from sthg** desviarse de algo.

deviation [ˌdi:vɪ'eɪʃn] *n* desviación *f*.

device [dɪ'vaɪs] *n* **-1.** [gen] dispositivo *m*; **to leave sb to their own ~s** [with nothing to do] dejar a alguien a su aire; [without help] dejar a alguien que se las componga solo **-2.** *COMPUT* dispositivo *m* periférico.

devil ['devl] *n* diablo *m*, demonio *m*; **little ~** diablillo *m*; **poor ~** pobre diablo; **you lucky ~!** ¡vaya suerte que tienes!; **who/where/why the ~ ...?** ¿quién/dónde/por qué demonios ...?

◆ **Devil** *n* [Satan]: **the Devil** el Diablo, el Demonio.

devilish ['devlɪʃ] *adj* diabólico(ca).

devil-may-care *adj* irresponsable.

devil's advocate *n* abogado *m* del diablo.

devil's food cake *n US* pastel *m* de chocolate.

devious ['di:vjəs] *adj* **-1.** [person, scheme] retorcido(da); [means] enrevesado(da) **-2.** [route] sinuoso(sa), tortuoso(sa).

devise [dɪ'vaɪz] *vt* [instrument, system] diseñar; [plan] concebir.

devoid [dɪ'vɔɪd] *adj fml*: **~ of** desprovisto(ta) de.

devolution [ˌdi:və'lu:ʃn] *n POL* ≃ autonomía *f*, ≃ traspaso *m* de competencias.

devolve [dɪ'vɒlv] ◇ *vt* transferir. ◇ *vi fml*: **to ~ on** *OR* **upon** recaer en.

devote [dɪ'vəʊt] *vt*: **to ~ sthg to** dedicar *OR* consagrar algo a; **to ~ o.s. to** dedicarse *OR* consagrarse a.

devoted [dɪ'vəʊtɪd] *adj* [lovers] unido(da); [follower, admirer] ferviente; **to be ~ to sb** tenerle mucho cariño a alguien.

devotee [ˌdevə'ti:] *n* [fan] devoto *m*, -ta *f*, admirador *m*, -ra *f*.

devotion [dɪ'vəʊʃn] *(U) n* **-1.** [commitment]: **~ (to)** dedicación *f* (a) **-2.** [to family, lover & *RELIG*] devoción *f*.

devour [dɪ'vaʊəʳ] *vt lit & fig* devorar.

devout [dɪ'vaʊt] *adj RELIG* devoto(ta), piadoso(sa).

dew [dju:] *n* rocío *m*.
dexterity [dek'sterətɪ] *n* destreza *f*, habilidad *f*.
dexterous ['dekstrəs] *adj* diestro(tra).
dextrose ['dekstrəʊs] *n* dextrosa *f*.
dextrous ['dekstrəs] = **dexterous**.
DFE (*abbr of* **Department for Education**) *n* *ministerio británico de educación.*
dhal [dɑ:l] *n* *potaje de legumbres indio muy especiado.*
DHSS (*abbr of* **Department of Health and Social Security**) *n* *antiguo ministerio británico de la seguridad social.*
diabetes [ˌdaɪə'bi:ti:z] *n* diabetes *f inv*.
diabetic [ˌdaɪə'betɪk] ◇ *adj* **-1.** [person] diabético(ca) **-2.** [jam, chocolate] para diabéticos. ◇ *n* diabético *m*, -ca *f*.
diabolic(al) [ˌdaɪə'bɒlɪk(l)] *adj* **-1.** [evil] diabólico(ca) **-2.** *inf* [very bad] pésimo(ma).
diaeresis *UK* (*pl* **-eses** [-ɪsi:z]), **dieresis** *US* (*pl* **-eses**) [daɪ'erɪsɪs] *n* diéresis *f inv*.
diagnose ['daɪəgnəʊz] *vt* MED diagnosticar; **she was ~d as having cancer** le diagnosticaron cáncer.
diagnosis [ˌdaɪəg'nəʊsɪs] (*pl* **-oses** [-əʊsi:z]) *n* MED [verdict] diagnóstico *m*; [science, activity] diagnosis *f inv*.
diagnostic [ˌdaɪəg'nɒstɪk] *adj* MED diagnóstico(ca).
diagonal [daɪ'ægənl] ◇ *adj* diagonal. ◇ *n* diagonal *f*.
diagonally [daɪ'ægənəlɪ] *adv* diagonalmente, en diagonal.
diagram ['daɪəgræm] *n* diagrama *m*.
diagrammatic [ˌdaɪəgrə'mætɪk] *adj* gráfico(ca), esquemático(ca).
dial ['daɪəl] (*UK pt & pp* **-led**, *cont* **-ling**, *US pt & pp* **-ed**, *cont* **-ing**) ◇ *n* **-1.** [of watch, clock] esfera *f* **-2.** [of meter] cuadrante *m* **-3.** [of telephone] disco *m*; [of radio] dial *m*. ◇ *vt* [number] marcar.
dialect ['daɪəlekt] *n* dialecto *m*.
dialling code ['daɪəlɪŋ-] *n UK* prefijo *m* (telefónico).
dialling tone *UK* ['daɪəlɪŋ-], **dial tone** *US n* señal *f* de llamada.
dialogue *UK*, **dialog** *US* ['daɪəlɒg] *n* diálogo *m*.
dialogue box *UK*, **dialog box** *US n* COMPUT cuadro *m* dediálogo.
dial tone *US* = **dialling tone**.
dialysis [daɪ'ælɪsɪs] *n* diálisis *f inv*.
diameter [daɪ'æmɪtə^r] *n* diámetro *m*.
diametrically [ˌdaɪə'metrɪklɪ] *adv*: **~ opposed** diametralmente opuesto(ta).
diamond ['daɪəmənd] *n* **-1.** [gem, playing card, in baseball] diamante *m* **-2.** [shape] rombo *m*.
◆ **diamonds** *npl* diamantes *mpl*.
diamond wedding *n* bodas *fpl* de diamante.
diaper ['daɪpə^r] *n US* pañal *m*.
diaphanous [daɪ'æfənəs] *adj* diáfano(na).
diaphragm ['daɪəfræm] *n* diafragma *m*.
diarrh(o)ea [ˌdaɪə'rɪə] *n* diarrea *f*.
diary ['daɪərɪ] (*pl* **-ies**) *n* **-1.** [appointment book] agenda *f* **-2.** [journal] diario *m*.
diatribe ['daɪətraɪb] *n* diatriba *f*.
dice [daɪs] (*pl inv*) ◇ *n* dado *m*. ◇ *npl*: **to play ~** jugar a los dados; **no ~!** *US inf* ¡qué va! ◇ *vt* cortar en cuadraditos.
dicey ['daɪsɪ] (*compar* **-ier**, *superl* **-iest**) *adj esp UK inf* arriesgado(da).
dichotomy [daɪ'kɒtəmɪ] (*pl* **-ies**) *n* dicotomía *f*.
dick [dɪk] *n vulg* [penis] polla *f*.
Dictaphone® ['dɪktəfəʊn] *n* dictáfono *m*.
dictate [*vb* dɪk'teɪt, *n* 'dɪkteɪt] ◇ *vt*: **to ~ sthg (to sb)** dictar algo (a alguien). ◇ *vi* **-1.** [read out]: **to ~ (to sb)** dictar (a alguien) **-2.** [make demands]: **to ~ to sb** dar órdenes a alguien. ◇ *n* [of one's conscience] dictado *m*.
dictation [dɪk'teɪʃn] *n* dictado *m*; **to take** OR **do ~** escribir al dictado.
dictator [dɪk'teɪtə^r] *n* dictador *m*, -ra *f*.
dictatorship [dɪk'teɪtəʃɪp] *n* dictadura *f*.
diction ['dɪkʃn] *n* dicción *f*.
dictionary ['dɪkʃənrɪ] (*pl* **-ies**) *n* diccionario *m*; **Japanese ~** diccionario de japonés.
did [dɪd] *pt* ▷ **do**.
didactic [dɪ'dæktɪk] *adj* didáctico(ca).
diddle ['dɪdl] *vt inf* timar.
didn't ['dɪdnt] = **did not**.
die [daɪ] (*pl sense 2 only* **dice**, *pt & pp* **died**, *cont* **dying**) ◇ *vi* **-1.** [gen] morir; **to be dying** estar muriéndose; **to be dying for sthg/to do sthg** morirse por algo/por hacer algo **-2.** *literary* [feeling, fire] extinguirse. ◇ *n* **-1.** [for stamping metal] cuño *m*, troquel *m*; [for casting metal] troquel *m* **-2.** *esp US* [dice] dado *m*.
◆ **die away** *vi* desvanecerse.
◆ **die down** *vi* [wind] amainar; [sound] apaciguarse; [fire] remitir; [excitement, fuss] calmarse.
◆ **die out** *vi* extinguirse.
diehard ['daɪhɑ:d] *n* intransigente *m* OR *f*.
dieresis *US* = **diaeresis**.
diesel ['di:zl] *n* **-1.** [fuel] gasóleo *m*, gasoil *m* **-2.** [vehicle] vehículo *m* diesel.
diesel engine *n* AUT motor *m* diesel; RAIL locomotora *f* diesel.
diesel fuel, diesel oil *n* gasóleo *m*, gasoil *m*.
diet ['daɪət] ◇ *n* **-1.** [eating pattern] dieta *f* **-2.** [to lose weight] régimen *m*; **to be on a ~** estar a

régimen. <> *comp* [low-calorie] light *(inv)*, bajo(ja) en calorías. <> *vi* estar a régimen.

dietary ['daɪətrɪ] *adj* dietético(ca), alimenticio(cia).

dietary fibre *n (U)* fibra *f* (alimenticia).

dieter ['daɪətəʳ] *n* persona *f* a régimen.

dietician [ˌdaɪə'tɪʃn] *n* especialista *m* OR *f* en dietética.

differ ['dɪfəʳ] *vi* **-1.** [be different] ser diferente; **to ~ from sthg** distinguirse OR diferir de algo **-2.** [disagree]: **to ~ with sb (about sthg)** disentir OR discrepar de alguien (en algo).

difference ['dɪfrəns] *n* diferencia *f*; **it didn't make any ~** [changed nothing] no cambió nada; **it doesn't make any ~** [it's all the same] da lo mismo; **to make all the ~** suponer una gran diferencia; **they settled their ~s** resolvieron sus diferencias.

different ['dɪfrənt] *adj*: **~ (from)** diferente OR distinto(ta) (de); **she's a ~ person** es otra.

differential [ˌdɪfə'renʃl] <> *adj* diferencial. <> *n* **-1.** [between pay scales] diferencia *f* salarial **-2.** TECH diferencial *m*.

differentiate [ˌdɪfə'renʃɪeɪt] <> *vt*: **to ~ (sthg from sthg)** diferenciar OR distinguir (algo de algo). <> *vi*: **to ~ between** diferenciar OR distinguir entre.

differently ['dɪfrəntlɪ] *adv* de forma diferente, de otra forma; **~ abled** discapacitado(da).

difficult ['dɪfɪkəlt] *adj* difícil.

difficulty ['dɪfɪkəltɪ] (*pl* **-ies**) *n* dificultad *f*; **to have ~ in doing sthg** tener dificultad en OR para hacer algo.

diffidence ['dɪfɪdəns] *n* retraimiento *m*.

diffident ['dɪfɪdənt] *adj* retraído(da).

diffuse [*adj* dɪ'fju:s, *vb* dɪ'fju:z] <> *adj* **-1.** [gen] difuso(sa) **-2.** [city, company] extenso(sa). <> *vt* difundir. <> *vi* difundirse.

diffusion [dɪ'fju:ʒn] *n* difusión *f*.

dig [dɪg] (*pt* & *pp* **dug**, *cont* **digging**) <> *vt* **-1.** [hole - with spade] cavar; [- with hands, paws] escarbar **-2.** [garden] cavar en; [mine] excavar **-3.** [press]: **to ~ sthg into** clavar OR hundir algo en. <> *vi* **-1.** [with spade] cavar; [with hands, paws] escarbar **-2.** [press]: **to ~ into** clavarse OR hundirse en. <> *n* **-1.** [unkind remark] pulla *f* **-2.** ARCHEOL excavación *f*.

◆ **dig out** *vt sep* **-1.** [rescue] desenterrar, sacar **-2.** *inf* [find - letter, object] rescatar, desempolvar; [- information] encontrar.

◆ **dig up** *vt sep* [body, treasure, information] desenterrar; [plant, tree] arrancar.

digest [*n* 'daɪdʒest, *vb* dɪ'dʒest] <> *n* compendio *m*. <> *vt lit* & *fig* digerir.

digestible [dɪ'dʒestəbl] *adj* digerible.

digestion [dɪ'dʒestʃn] *n* digestión *f*.

digestive [dɪ'dʒestɪv] *adj* digestivo(va); **~ system** aparato *m* digestivo.

digestive biscuit [dɪ'dʒestɪv-] *n UK* galleta *f* integral.

digit ['dɪdʒɪt] *n* **-1.** [figure] dígito *m* **-2.** [finger, toe] dedo *m*.

digital ['dɪdʒɪtl] *adj* digital.

digital camera *n* cámara *f* digital.

digital organizer *n* agenda *f* electrónica.

digital recording *n* grabación *f* digital.

digital television, digital TV *n* televisión *f* digital.

digital watch *n* reloj *m* digital.

digitize, ise ['dɪdʒɪtaɪz] *vt* digitalizar.

dignified ['dɪgnɪfaɪd] *adj* [gen] digno(na); [ceremonious] ceremonioso(sa).

dignify ['dɪgnɪfaɪ] (*pt* & *pp* **-ied**) *vt* dignificar.

dignitary ['dɪgnɪtrɪ] (*pl* **-ies**) *n* dignatario *m*, -ria *f*.

dignity ['dɪgnətɪ] *n* dignidad *f*.

digress [daɪ'gres] *vi* apartarse del tema; **to ~ from** apartarse OR desviarse de.

digression [daɪ'greʃn] *n* digresión *f*.

digs [dɪgz] *npl UK inf* alojamiento *m*; **to live in ~** vivir en un cuarto de alquiler.

dike [daɪk] *n* **-1.** [wall, bank] dique *m* **-2.** *inf pej* [lesbian] tortillera *f*.

dilapidated [dɪ'læpɪdeɪtɪd] *adj* [building] derruido(da); [car] destartalado(da).

dilate [daɪ'leɪt] <> *vt* dilatar. <> *vi* dilatarse.

dilated [daɪ'leɪtɪd] *adj* dilatado(da).

dilemma [dɪ'lemə] *n* dilema *m*.

dilettante [ˌdɪlɪ'tæntɪ] (*pl* **-tes** OR **-ti** [-tɪ]) *n* diletante *m* OR *f*.

diligence ['dɪlɪdʒəns] *n* [hard work] diligencia *f*.

diligent ['dɪlɪdʒənt] *adj* diligente.

dill [dɪl] *n* eneldo *m*.

dillydally ['dɪlɪdælɪ] (*pt* & *pp* **-ied**) *vi inf* andar perdiendo el tiempo.

dilute [daɪ'lu:t] <> *adj* diluido(da). <> *vt* diluir.

dilution [daɪ'lu:ʃn] *n* dilución *f*.

dim [dɪm] (*compar* **-mer**, *superl* **-mest**, *pt* & *pp* **-med**, *cont* **-ming**) <> *adj* **-1.** [light] tenue; [room] sombrío(bría) **-2.** [outline, figure] borroso(sa) **-3.** [eyesight] débil **-4.** [memory] vago(ga) **-5.** *inf* [stupid] tonto(ta), torpe. <> *vt* atenuar. <> *vi* [light] atenuarse.

dime [daɪm] *n US moneda de diez centavos*; **they're a ~ a dozen** [common] los hay a porrillo OR mansalva.

dimension [dɪ'menʃn] *n* dimensión *f*.

◆ **dimensions** *npl* dimensiones *fpl*.

-dimensional [dɪ'menʃənl] *suffix*: **one ~** unidimensional; **two ~** bidimensional.
diminish [dɪ'mɪnɪʃ] *vt & vi* disminuir.
diminished [dɪ'mɪnɪʃt] *adj* reducido(da).
diminished responsibility *n* JUR responsabilidad *f* atenuada (por enajenación mental).
diminishing returns [dɪ'mɪnɪʃɪŋ] *npl*: **the law of ~** la ley del rendimiento decreciente.
diminutive [dɪ'mɪnjʊtɪv] *fml* <> *adj* diminuto(ta). <> *n* GRAMM diminutivo *m*.
dimly ['dɪmlɪ] *adv* **-1.** [see] indistintamente; [remember] vagamente **-2.**: **a ~lit room** una habitación con luz tenue.
dimmer ['dɪmə^r], **dimmer switch** *n* potenciómetro *m*, regulador *m* de intensidad.
dimmers ['dɪməz] *npl* **US** [dipped headlights] luces *fpl* cortas OR de cruce; [parking lights] luces de posición OR situación.
dimmer switch = **dimmer**.
dimple ['dɪmpl] *n* hoyuelo *m*.
dimwit ['dɪmwɪt] *n inf* bobo *m*, -ba *f*.
dim-witted [-'wɪtɪd] *adj inf* lerdo(da), bobo(ba).
din [dɪn] *n inf* estrépito *m*, relajo *m* **Amér**.
dine [daɪn] *vi fml* cenar.
◆ **dine out** *vi* cenar fuera.
diner ['daɪnə^r] *n* **-1.** [person] comensal *m* OR *f* **-2.** **US** [restaurant - cheap] restaurante *m* barato; [- on the road] ≃ restaurante *m* OR parador *m* de carretera.
dingdong [ˌdɪŋ'dɒŋ] <> *adj inf* [battle, argument] reñido(da). <> *n* [of bell] din don *m*.
dinghy ['dɪŋgɪ] (*pl* **-ies**) *n* [sailing boat] bote *m*; [made of rubber] lancha *f* neumática.
dingo ['dɪŋgəʊ] (*pl* **-es**) *n* dingo *m*.
dingy ['dɪndʒɪ] (*compar* **-ier**, *superl* **-iest**) *adj* [room, street] lóbrego(ga); [clothes, carpet] deslustrado(da).
dining car ['daɪnɪŋ-] *n* vagón *m* restaurante, coche *m* comedor **Amér**.
dining room ['daɪnɪŋ-] *n* comedor *m*.
dining table ['daɪnɪŋ-] *n* mesa *f* grande (de comedor).
dinner ['dɪnə^r] *n* **-1.** [evening meal] cena *f*; [midday meal] comida *f*, almuerzo *m*; **to have ~** [in the evening] cenar; [at lunchtime] comer, almorzar **-2.** [formal event] cena *f* de gala, banquete *m*.
dinner dance *n* cena *f* con baile.
dinner jacket *n* esmoquin *m*.
dinner party *n* cena *f (de amigos en casa)*.
dinner plate *n* plato *m* llano.
dinner service *n* vajilla *f*.
dinner table *n* mesa *f (para comer)*.
dinnertime ['dɪnətaɪm] *n* [in the evening] la hora de la cena; [at midday] la hora del almuerzo OR de la comida.
dinosaur ['daɪnəsɔː^r] *n* [reptile] dinosaurio *m*.
dint [dɪnt] *n fml*: **by ~ of** a base de.
diocese ['daɪəsɪs] *n* diócesis *f inv*.
diode ['daɪəʊd] *n* diodo *m*.
dioxin [daɪ'ɒksɪn] *n* dioxina *f*.
dip [dɪp] (*pt & pp* **-ped**, *cont* **-ping**) <> *n* **-1.** [in road, ground] pendiente *f* **-2.** [sauce] salsa *f* **-3.** [swim] chapuzón *m*; **to go for/take a ~** ir a darse/darse un chapuzón. <> *vt* **-1.** [into liquid]: **to ~ sthg in** OR **into sthg** mojar algo en algo **-2.** **UK** [headlights]: **to ~ one's lights** poner las luces de cruce. <> *vi* descender suavemente.
Dip. **UK** *abbr of* **diploma**.
diphtheria [dɪf'θɪərɪə] *n* difteria *f*.
diphthong ['dɪfθɒŋ] *n* diptongo *m*.
diploma [dɪ'pləʊmə] (*pl* **-s**) *n* diploma *m*.
diplomacy [dɪ'pləʊməsɪ] *n* diplomacia *f*.
diplomat ['dɪpləmæt] *n* **-1.** [official] diplomático *m*, -ca *f* **-2.** [tactful person] persona *f* diplomática.
diplomatic [ˌdɪplə'mætɪk] *adj* diplomático(ca).
diplomatic bag *n* valija *f* diplomática.
diplomatic corps *n* cuerpo *m* diplomático.
diplomatic immunity *n* inmunidad *f* diplomática.
diplomatic relations *npl* relaciones *fpl* diplomáticas.
dipsomaniac [ˌdɪpsə'meɪnɪæk] *n* dipsomaníaco *m*, -ca *f*.
dipstick ['dɪpstɪk] *n* AUT varilla *f* (para medir el nivel) del aceite.
dipswitch ['dɪpswɪtʃ] *n* **UK** AUT interruptor *m* de luces de cruce.
dire ['daɪə^r] *adj* **-1.** [consequences] grave; [warning] serio(ria); [need, poverty] extremo(ma) **-2.** **UK** *inf* [terrible] fatal.
direct [dɪ'rekt] <> *adj* directo(ta). <> *vt* **-1.** [gen]: **to ~ sthg at sb** dirigir algo a alguien **-2.** [person to place]: **to ~ sb (to)** indicar a alguien el camino (a) **-3.** [order]: **to ~ sb to do sthg** mandar a alguien hacer algo. <> *adv* directamente.
direct action *n* acción *f* directa.
direct current *n* corriente *f* continua.
direct debit *n* **UK** domiciliación *f* (de pago).
direct dialling [-'daɪəlɪŋ] *n* llamada *f* directa.
direct hit *n*: **to score a ~** dar en el blanco.
direction [dɪ'rekʃn] *n* dirección *f*; **in all ~s** en todas direcciones; **sense of ~** sentido *m* de la orientación; **under the ~ of** bajo la dirección de.
◆ **directions** *npl* **-1.** [instructions to place]

señas *fpl*, indicaciones *fpl* **-2.** [instructions for use] instrucciones *fpl* (de uso), modo *m* de empleo.
directive [dɪ'rektɪv] *n* directiva *f*.
directly [dɪ'rektlɪ] *adv* **-1.** [gen] directamente **-2.** [immediately] inmediatamente **-3.** [very soon] pronto, en breve.
direct mail *n* propaganda *f* por correo.
director [dɪ'rektə^r] *n* director *m*, -ra *f*.
directorate [dɪ'rektərət] *n* [board of directors] dirección *f*, (junta *f*) directiva *f*.
director-general (*pl* **directors-general** *OR* **director-generals**) *n* director general *m*, directora general *f*.
Director of Public Prosecutions *n UK* ≃ fiscal general *m OR f* del estado.
directorship [dɪ'rektəʃɪp] *n* dirección *f*.
directory [dɪ'rektərɪ] (*pl* **-ies**) *n* **-1.** [gen] guía *f* (alfabética) **-2.** *COMPUT* directorio *m*.
directory assistance *n US* (servicio *m* de) información *f* telefónica.
directory enquiries *n UK* (servicio *m* de) información *f* telefónica.
direct rule *n* gobierno *m* directo.
direct selling *n (U)* venta *f* directa.
direct speech *n* estilo *m* directo.
direct taxation *n (U)* impuestos *mpl* directos.
dire straits *npl*: **in ~** en serios aprietos.
dirge [dɜːdʒ] *n* canto *m* fúnebre.
dirt [dɜːt] *n (U)* **-1.** [mud, dust] suciedad *f* **-2.** [earth] tierra *f*.
dirt cheap *inf* ◇ *adj* tirado(da) de precio. ◇ *adv* a precio de ganga.
dirt track *n* camino *m* de tierra.
dirty ['dɜːtɪ] (*compar* **-ier**, *superl* **-iest**, *pt & pp* **-ied**) ◇ *adj* **-1.** [gen] sucio(cia); **to get ~** ensuciarse **-2.** [joke] verde; [film] pornográfico(ca); [book, language] obsceno(na); **~ word** palabrota *f*. ◇ *vt* ensuciar.
disability [ˌdɪsə'bɪlətɪ] (*pl* **-ies**) *n* minusvalía *f*, discapacidad *f*.
disable [dɪs'eɪbl] *vt* **-1.** [person] dejar inválido(da) *OR* incapacitado(da) **-2.** [tank, machinery] inutilizar.
disabled [dɪs'eɪbld] ◇ *adj* [person] minusválido(da), discapacitado(da); **~ toilet** servicio *m* para minusválidos. ◇ *npl*: **the ~** los minusválidos, los discapacitados.
disablement [dɪs'eɪblmənt] *n* discapacidad *f*.
disabuse [ˌdɪsə'bjuːz] *vt fml*: **to ~ sb (of sthg)** desengañar a alguien (de algo).
disadvantage [ˌdɪsəd'vɑːntɪdʒ] *n* desventaja *f*; **to be at a ~** estar en desventaja; **to be to one's ~** ir en perjuicio de uno.
disadvantaged [ˌdɪsəd'vɑːntɪdʒd] *adj* desfavorecido(da).
disadvantageous [ˌdɪsædvɑːn'teɪdʒəs] *adj* desventajoso(sa), desfavorable.
disaffected [ˌdɪsə'fektɪd] *adj* desafecto(ta).
disaffection [ˌdɪsə'fekʃn] *n* desafección *f*.
disagree [ˌdɪsə'griː] *vi* **-1.** [have different opinions]: **to ~ (with)** no estar de acuerdo (con) **-2.** [conflict] contradecirse, no concordar **-3.** [subj: food, drink]: **to ~ with sb** sentar mal a alguien.
disagreeable [ˌdɪsə'griːəbl] *adj* desagradable.
disagreement [ˌdɪsə'griːmənt] *n* **-1.** [fact of disagreeing] desacuerdo *m* **-2.** [argument] discusión *f* **-3.** [dissimilarity] discrepancia *f*.
disallow [ˌdɪsə'laʊ] *vt* **-1.** *fml* [appeal, claim] rechazar **-2.** [goal] anular.
disappear [ˌdɪsə'pɪə^r] *vi* desaparecer.
disappearance [ˌdɪsə'pɪərəns] *n* desaparición *f*.
disappoint [ˌdɪsə'pɔɪnt] *vt* [person] decepcionar, desilusionar; [expectations, hopes] defraudar.
disappointed [ˌdɪsə'pɔɪntɪd] *adj* **-1.** [person]: **~ (in** *OR* **with sthg)** decepcionado(da) (con algo) **-2.** [expectations, hopes] defraudado(da).
disappointing [ˌdɪsə'pɔɪntɪŋ] *adj* decepcionante.
disappointment [ˌdɪsə'pɔɪntmənt] *n* decepción *f*, desilusión *f*; **to be a ~** ser decepcionante.
disapproval [ˌdɪsə'pruːvl] *n* desaprobación *f*.
disapprove [ˌdɪsə'pruːv] *vi* estar en contra; **to ~ of sthg** desaprobar algo; **to ~ of sb** no ver con buenos ojos a alguien.
disapproving [ˌdɪsə'pruːvɪŋ] *adj* desaprobatorio(ria).
disarm [dɪs'ɑːm] ◇ *vt lit & fig* desarmar. ◇ *vi* desarmarse.
disarmament [dɪs'ɑːməmənt] *n* desarme *m*.
disarming [dɪs'ɑːmɪŋ] *adj* arrebatador(ra).
disarray [ˌdɪsə'reɪ] *n*: **in ~** [clothes, hair] en desorden; [army, political party] sumido(da) en el desconcierto.
disassociate [ˌdɪsə'səʊʃɪeɪt] *vt*: **to ~ o.s. from** desasociarse *OR* disociarse de.
disaster [dɪ'zɑːstə^r] *n* [gen] desastre *m*; [earthquake, eruption] catástrofe *f*.
disaster area *n* [after natural disaster] zona *f* catastrófica.
disastrous [dɪ'zɑːstrəs] *adj* desastroso(sa).
disastrously [dɪ'zɑːstrəslɪ] *adv* desastrosamente.
disband [dɪs'bænd] ◇ *vt* disolver, disgregar. ◇ *vi* disolverse, disgregarse.
disbelief [ˌdɪsbɪ'liːf] *n*: **in** *OR* **with ~** con incredulidad.
disbelieve [ˌdɪsbɪ'liːv] *vt* dudar de, no creer.

disc *UK*, **disk** *US* [dɪsk] *n* disco *m*.

discard [dɪ'skɑ:d] *vt* [old clothes etc] desechar; [possibility] descartar.

discarded [dɪ'skɑ:dɪd] *adj* desechado(da).

disc brake *n* freno *m* de disco.

discern [dɪ'sɜ:n] *vt* **-1.** [gen] discernir; [improvement] percibir **-2.** [figure, outline] distinguir.

discernible [dɪ'sɜ:nəbl] *adj* **-1.** [visible] distinguible **-2.** [noticeable] apreciable.

discerning [dɪ'sɜ:nɪŋ] *adj* refinado(da); [audience] entendido(da).

discharge [*n* 'dɪstʃɑ:dʒ, *vb* dɪs'tʃɑ:dʒ] ◇ *n* **-1.** [of patient] alta *f*; [of prisoner, defendant] puesta *f* en libertad; [of soldier] licencia *f* **-2.** *fml* [of duty etc] cumplimiento *m* **-3.** [of gas, smoke] emisión *f*; [of sewage] vertido *m* **-4.** [of debt] liquidación *f* **-5.** [*MED* - from nose] mucosidad *f*; [- from wound] supuración *f* **-6.** *ELEC* descarga *f*. ◇ *vt* **-1.** [patient] dar de alta; [prisoner, defendant] poner en libertad; [soldier] licenciar **-2.** *fml* [duty etc] cumplir **-3.** [gas, smoke] emitir, despedir; [sewage] verter; [cargo] descargar **-4.** [debt] liquidar.

discharged bankrupt [dɪs'tʃɑ:dʒd-] *n* quebrado *m* rehabilitado.

disciple [dɪ'saɪpl] *n* **-1.** [follower] discípulo *m*, -la *f* **-2.** *RELIG* discípulo *m*.

disciplinarian [ˌdɪsɪplɪ'neərɪən] *n* amante *m* *OR* *f* de la severa disciplina.

disciplinary ['dɪsɪplɪnərɪ] *adj* disciplinario (ria); ~ **action** medidas *fpl* disciplinarias.

discipline ['dɪsɪplɪn] ◇ *n* disciplina *f*. ◇ *vt* **-1.** [control] disciplinar **-2.** [punish] castigar.

disciplined ['dɪsɪplɪnd] *adj* disciplinado(da).

disc jockey *n* pinchadiscos *m OR f inv*.

disclaim [dɪs'kleɪm] *vt fml* negar.

disclaimer [dɪs'kleɪmə^r] *n* descargo *m* de responsabilidad.

disclose [dɪs'kləʊz] *vt* revelar.

disclosure [dɪs'kləʊʒə^r] *n* revelación *f*.

disco ['dɪskəʊ] (*pl* **-s**) (*abbr of* **discotheque**) *n* **-1.** [place] discoteca *f*; [event] baile *m* **-2.** [type of music] música *f* disco.

discoloration [dɪsˌkʌlə'reɪʃn] *n* [fading, staining] descoloramiento *m*; [stain] mancha *f* descolorida.

discolour *UK*, **discolor** *US* [dɪs'kʌlə^r] ◇ *vt* descolorir. ◇ *vi* descolorirse.

discoloured *UK*, **discolored** *US* [dɪs'kʌləd] *adj* descolorido(da).

discomfort [dɪs'kʌmfət] *n* **-1**: [uncomfortableness] incomodidad *f* **-2.** [pain] molestia *f*.

disconcert [ˌdɪskən'sɜ:t] *vt* desconcertar.

disconcerting [ˌdɪskən'sɜ:tɪŋ] *adj* [worrying] desconcertante; [embarrassing] enojoso(sa).

disconnect [ˌdɪskə'nekt] ◇ *vt* **-1.** [detach] quitar, separar **-2.** [from gas, electricity - appliance] desconectar; [- house, subscriber] cortar el suministro a; [- supply] cortar **-3.** [on phone - person] cortar la línea a; [- phone] cortar. ◇ *vi* [from Internet] desconectarse.

disconnected [ˌdɪskə'nektɪd] *adj* inconexo(xa).

disconsolate [dɪs'kɒnsələt] *adj* desconsolado (da).

discontent [ˌdɪskən'tent] *n*: ~ **(with)** descontento *m* (con).

discontented [ˌdɪskən'tentɪd] *adj* descontento(ta).

discontentment [ˌdɪskən'tentmənt] *n*: ~ **(with)** descontento *m* (con).

discontinue [ˌdɪskən'tɪnju:] *vt* interrumpir.

discontinued line [ˌdɪskən'tɪnju:d-] *n COMM* producto *m* que ya no se fabrica.

discord ['dɪskɔ:d] *n* **-1.** [disagreement] discordia *f* **-2.** *MUS* disonancia *f*.

discordant [dɪ'skɔ:dənt] *adj* **-1.** [unpleasant] discordante **-2.** *MUS* disonante.

discotheque ['dɪskəʊtek] *n* discoteca *f*.

discount [*n* 'dɪskaʊnt, *vb UK* dɪs'kaʊnt, *US* 'dɪskaʊnt] ◇ *n* descuento *m*; **at a** ~ con descuento. ◇ *vt* [report, claim] descartar.

discount rate *n* tipo *m OR* tarifa *f* de descuento.

discount store *n* tienda *f* de saldos.

discourage [dɪ'skʌrɪdʒ] *vt* **-1.** [dispirit] desanimar **-2.** [crime, behaviour] impedir; [thieves, tourists] ahuyentar; **to** ~ **sb from doing sthg** disuadir a alguien de hacer algo.

discouraging [dɪ'skʌrɪdʒɪŋ] *adj* desalentador(ra).

discourse ['dɪskɔ:s] *n fml*: ~ **(on)** discurso *m* (sobre).

discourteous [dɪs'kɜ:tjəs] *adj fml* descortés.

discourtesy [dɪs'kɜ:tɪsɪ] *n* descortesía *f*.

discover [dɪ'skʌvə^r] *vt* descubrir.

discoverer [dɪ'skʌvərə^r] *n* descubridor *m*, -ra *f*.

discovery [dɪ'skʌvərɪ] (*pl* **-ies**) *n* descubrimiento *m*.

discredit [dɪs'kredɪt] ◇ *n* descrédito *m*, desprestigio *m*. ◇ *vt* **-1.** [person, organization] desacreditar, desprestigiar **-2.** [idea, report] refutar.

discredited [dɪskredɪtɪd] *adj* desacreditado(da), desprestigiado(da).

discreet [dɪ'skri:t] *adj* discreto(ta).

discreetly [dɪ'skri:tlɪ] *adv* discretamente, con discreción.

discrepancy [dɪ'skrepənsɪ] (*pl* **-ies**) *n*: ~ **(in/between)** discrepancia *f* (en/entre).

discrete [dɪs'kri:t] *adj fml* diferente, independiente.

discretion [dɪ'skreʃn] *(U) n* **-1.** [tact] discreción *f* **-2.** [judgment] criterio *m*; **at the ~ of** a voluntad de.

discretionary [dɪ'skreʃənərɪ] *adj* discrecional.

discriminate [dɪ'skrɪmɪneɪt] *vi* **-1.** [distinguish]: **to ~ (between)** discriminar *OR* distinguir (entre) **-2.** [treat unfairly]: **to ~ against sb** discriminar a alguien.

discriminating [dɪ'skrɪmɪneɪtɪŋ] *adj* refinado(da); [audience] entendido(da).

discrimination [dɪˌskrɪmɪ'neɪʃn] *n* **-1.** [prejudice]: **~ (against)** discriminación *f* (hacia) **-2.** [judgment] (buen) gusto *m*.

discus ['dɪskəs] (*pl* **-es**) *n* [object] disco *m (en atletismo)*; **the ~** [competition] el lanzamiento de disco.

discuss [dɪ'skʌs] *vt* **-1.** [gen]: **to ~ sthg (with sb)** hablar de algo (con alguien) **-2.** [subj: book, lecture] tratar de.

discussion [dɪ'skʌʃn] *n* discusión *f*; **it's under ~** está siendo discutido.

disdain [dɪs'deɪn] *fml* ◇ *n*: **~ (for)** desdén *m OR* desprecio *m* (hacia). ◇ *vt* desdeñar, despreciar. ◇ *vi*: **to ~ to do sthg** no dignarse (a) hacer algo.

disdainful [dɪs'deɪnfʊl] *adj* desdeñoso(sa).

disease [dɪ'zi:z] *n lit & fig* enfermedad *f*.

diseased [dɪ'zi:zd] *adj lit & fig* enfermo(ma).

disembark [ˌdɪsɪm'bɑ:k] *vi* desembarcar.

disembarkation [ˌdɪsembɑ:'keɪʃn] *n* [of people] desembarco *m*; [of goods] desembarque *m*.

disembodied [ˌdɪsɪm'bɒdɪd] *adj* incorpóreo(a).

disembowel [ˌdɪsɪm'baʊəl] (*UK pt & pp* **-led**, *cont* **-ling**, *US pt & pp* **-ed**, *cont* **-ing**) *vt* destripar, achurar *RP*.

disenchanted [ˌdɪsɪn'tʃɑ:ntɪd] *adj*: **~ (with)** desencantado(da) (con).

disenchantment [ˌdɪsɪn'tʃɑ:ntmənt] *n* desencanto *m*.

disenfranchise [ˌdɪsɪn'fræntʃaɪz] = **disfranchise**.

disengage [ˌdɪsɪn'geɪdʒ] *vt* **-1.** [release]: **to ~ sthg (from)** soltar *OR* desenganchar algo (de); **to ~ o.s. (from)** soltarse *OR* desengancharse (de) **-2.** *TECH* [gears] quitar; [clutch] soltar; [mechanism] liberar.

disentangle [ˌdɪsɪn'tæŋgl] *vt*: **to ~ sthg (from)** desenredar algo (de); **to ~ o.s. from** [barbed wire etc] desenredarse de; *fig* [relationship] zafarse de, desembarazarse de.

disfavour *UK*, **disfavor** *US* [dɪs'feɪvəʳ] *n* **-1.** [disapproval] desaprobación *f* **-2.** [state of being disapproved of] desgracia *f*; **in ~ with** en desgracia con.

disfigure [dɪs'fɪgəʳ] *vt* desfigurar.

disfranchise [ˌdɪs'fræntʃaɪz] *vt* privar del derecho al voto.

disgorge [dɪs'gɔ:dʒ] *vt* expulsar.

disgrace [dɪs'greɪs] ◇ *n* vergüenza *f*; **he's a ~ to his family** es una deshonra para su familia; **to be in ~** [minister, official] estar desprestigiado(da); [child, pet] estar castigado(da). ◇ *vt* deshonrar; **to ~ o.s.** desprestigiarse.

disgraceful [dɪs'greɪsfʊl] *adj* vergonzoso(sa); **it's ~** es una vergüenza.

disgruntled [dɪs'grʌntld] *adj* disgustado(da).

disguise [dɪs'gaɪz] ◇ *n* disfraz *m*; **in ~** [policeman, famous person] de incógnito. ◇ *vt* disfrazar; **to ~ o.s. as** disfrazarse de.

disgust [dɪs'gʌst] ◇ *n*: **~ (at)** [physical] asco *m* (hacia); [moral] indignación *f* (ante); **in ~** [physical] lleno de asco; [moral] lleno de indignación. ◇ *vt* [physically] repugnar; [morally] indignar; **the smell ~s me** el olor me da asco.

disgusting [dɪs'gʌstɪŋ] *adj* [physically] asqueroso(sa); [morally] indignante.

dish [dɪʃ] *n* **-1.** [container] fuente *f* **-2.** *US* [plate] plato *m* **-3.** [course] plato *m*.

◆ **dishes** *npl* platos *mpl*; **to do** *OR* **wash the ~es** fregar (los platos).

◆ **dish out** *vt sep inf* repartir.

◆ **dish up** *vt sep inf* servir.

dish aerial *UK*, **dish antenna** *US n* (antena *f*) parabólica *f*.

disharmony [ˌdɪs'hɑ:mənɪ] *n* discordia *f*.

dishcloth ['dɪʃklɒθ] *n* [for washing, wiping] trapo *m* de fregar los platos; [for drying] paño *m* de cocina.

disheartened [dɪs'hɑ:tnd] *adj* descorazonado(da).

disheartening [dɪs'hɑ:tnɪŋ] *adj* descorazonador(ra).

dishevelled *UK*, **disheveled** *US* [dɪ'ʃevəld] *adj* desaliñado(da); [hair] despeinado(da).

dishonest [dɪs'ɒnɪst] *adj* deshonesto(ta), nada honrado(da).

dishonesty [dɪs'ɒnɪstɪ] *n* falta *f* de honradez.

dishonor *etc US* = **dishonour** *etc*.

dishonour *UK*, **dishonor** *US* [dɪs'ɒnəʳ] *fml* ◇ *n* deshonra *f*, deshonor *m*. ◇ *vt* deshonrar.

dishonourable *UK*, **dishonorable** *US* [dɪs'ɒnərəbl] *adj* deshonroso(sa).

dish soap *n US* detergente *m* para vajillas.

dish towel *n US* paño *m* de cocina.

dishwasher ['dɪʃˌwɒʃəʳ] *n* **-1.** [machine] lavavajillas *m inv* **-2.** [person] lavaplatos *m OR f inv*.

dishwashing liquid *n US* lavavajillas *m inv.*
dishy ['dɪʃɪ] (*compar* **-ier**, *superl* **-iest**) *adj UK inf*: **to be ~** estar buenísimo(ma).
disillusioned [ˌdɪsɪ'lu:ʒnd] *adj* desilusionado(-da); **to become ~ (with)** desilusionarse (con).
disillusionment [ˌdɪsɪ'lu:ʒnmənt] *n*: **~ (with)** desilusión *f* (con).
disincentive [ˌdɪsɪn'sentɪv] *n* traba *f*.
disinclined [ˌdɪsɪn'klaɪnd] *adj*: **to be ~ to do sthg** no tener ganas de hacer algo.
disinfect [ˌdɪsɪn'fekt] *vt* desinfectar.
disinfectant [ˌdɪsɪn'fektənt] *n* desinfectante *m*.
disinformation [ˌdɪsɪnfə'meɪʃn] *n* desinformación *f*.
disingenuous [ˌdɪsɪn'dʒenjʊəs] *adj* falso(sa), poco honrado(da).
disinherit [ˌdɪsɪn'herɪt] *vt* desheredar.
disintegrate [dɪs'ɪntɪgreɪt] *vi lit & fig* desintegrarse.
disintegration [dɪsˌɪntɪ'greɪʃn] *n* desintegración *f*.
disinterested [ˌdɪs'ɪntrəstɪd] *adj* **-1.** [objective] desinteresado(da) **-2.** *inf* [uninterested]: **~ (in)** indiferente (a).
disinvestment [ˌdɪsɪn'vestmənt] *n* desinversión *f*.
disjointed [dɪs'dʒɔɪntɪd] *adj* deslabazado(da).
disk [dɪsk] *n* **-1.** COMPUT disco *m*; [diskette] disquete *m* **-2.** *US* = **disc**.
disk drive *n* COMPUT disquetera *f*, unidad *f* de disco.
diskette [dɪsk'et] *n* disquete *m*.
disk operating system [-ɒpəreɪtɪŋ-] *n* COMPUT sistema *m* operativo de disco.
dislike [dɪs'laɪk] ◇ *n* **-1.** [feeling]: **~ (for)** [things] aversión *f* (a); [people] antipatía *f* (por); **to take a ~ to** cogerle manía a **-2.** [thing not liked]: **her likes and ~s** las cosas que le gustan y las que no le gustan. ◇ *vt*: **I ~ her** no me gusta; **I ~ them** no me gustan.
dislocate ['dɪsləkeɪt] *vt* **-1.** MED dislocar; **to ~ one's shoulder** dislocarse el hombro **-2.** [disrupt] trastocar.
dislodge [dɪs'lɒdʒ] *vt*: **to ~ sthg/sb (from)** sacar algo/a alguien (de).
disloyal [ˌdɪs'lɔɪəl] *adj*: **~ (to)** desleal (a).
dismal ['dɪzml] *adj* **-1.** [weather, future] oscuro(ra), sombrío(a); [place, atmosphere] deprimente **-2.** [attempt, failure] penoso(sa), lamentable.
dismantle [dɪs'mæntl] *vt* [machine] desmontar; [organization] desmantelar.
dismay [dɪs'meɪ] ◇ *n (U)* consternación *f*; **to my/his** *etc* **~** para mi/su *etc* consternación. ◇ *vt* consternar.
dismember [dɪs'membəʳ] *vt* desmembrar.
dismiss [dɪs'mɪs] *vt* **-1.** [refuse to take seriously] desechar **-2.** [from job]: **to ~ sb (from)** despedir a alguien (de) **-3.** [allow to leave] dar permiso para irse a.
dismissal [dɪs'mɪsl] *n* **-1.** [from job] despido *m*, remoción *f Amér* **-2.** [refusal to take seriously] rechazo *m*.
dismissive [dɪs'mɪsɪv] *adj*: **~ (of)** despreciativo(va) (hacia).
dismount [ˌdɪs'maʊnt] *vi*: **to ~ (from sthg)** desmontar (de algo).
disobedience [ˌdɪsə'bi:djəns] *n* desobediencia *f*.
disobedient [ˌdɪsə'bi:djənt] *adj*: **~ (to)** desobediente (con).
disobey [ˌdɪsə'beɪ] *vt & vi* desobedecer.
disorder [dɪs'ɔ:dəʳ] *n* **-1.** [disarray]: **in ~** en desorden **-2.** *(U)* [rioting] disturbios *mpl* **-3.** MED [physical] afección *f*, dolencia *f*; [mental] trastorno *m*, perturbación *f*.
disordered [dɪs'ɔ:dəd] *adj* **-1.** [in disarray] desordenado(da) **-2.** MED: **mentally ~** perturbado(da), con trastornos mentales.
disorderly [dɪs'ɔ:dəlɪ] *adj* **-1.** [untidy] desordenado(da) **-2.** [unruly - behaviour] incontrolado(da); [- person] alborotador(ra).
disorderly conduct *n* JUR conducta *f* escandalosa.
disorganized, -ised [dɪs'ɔ:gənaɪzd] *adj* desorganizado(da).
disorientated *UK* [dɪs'ɔ:rɪənteɪtɪd], **disoriented** *US* [dɪs'ɔ:rɪəntɪd] *adj* desorientado (da).
disown [dɪs'əʊn] *vt* [gen] renegar de; [statement] no reconocer como propio(pia).
disparage [dɪ'spærɪdʒ] *vt* menospreciar.
disparaging [dɪ'spærɪdʒɪŋ] *adj* menospreciativo(va).
disparate ['dɪspərət] *adj fml* dispar.
disparity [dɪ'spærətɪ] (*pl* **-ies**) *n*: **~ (between/in)** disparidad *f* (entre/en).
dispassionate [dɪ'spæʃnət] *adj* desapasionado(da).
dispatch [dɪ'spætʃ] ◇ *n* **-1.** [message] despacho *m* **-2.** [sending] envío *m*. ◇ *vt* [goods, parcel] expedir; [message, messenger, troops] enviar.
dispatch box *n UK* POL *zona donde dan sus discursos los parlamentarios más importantes en la Cámara de los Comunes.*
dispatch rider *n* MIL correo *m*; [courier] mensajero *m*.
dispel [dɪ'spel] (*pt & pp* **-led**, *cont* **-ling**) *vt* disipar.
dispensable [dɪ'spensəbl] *adj* prescindible.

dispensary [dɪ'spensərɪ] (*pl* **-ies**) *n* dispensario *m*.
dispensation [ˌdɪspen'seɪʃn] *n* [permission] dispensa *f*.
dispense [dɪ'spens] *vt* **-1.** [advice] ofrecer; [justice] administrar **-2.** [drugs, medicine] despachar.
◆ **dispense with** *vt fus* prescindir de.
dispenser [dɪ'spensəʳ] *n* [machine, container] máquina *f* expendedora.
dispensing chemist *UK*, **dispensing pharmacist** *US* [dɪ'spensɪŋ-] *n* farmacéutico *m*, -ca *f*.
dispersal [dɪ'spɜːsl] *n* dispersión *f*.
disperse [dɪ'spɜːs] ◇ *vt* dispersar. ◇ *vi* dispersarse.
dispirited [dɪ'spɪrɪtɪd] *adj* desanimado(da).
dispiriting [dɪ'spɪrɪtɪŋ] *adj* descorazonador(ra).
displace [dɪs'pleɪs] *vt* [supplant] reemplazar, sustituir.
displaced person [dɪs'pleɪst-] *n* desplazado *m*, -da *f*.
displacement [dɪs'pleɪsmənt] *n* [of people] desplazamiento *m*.
display [dɪ'spleɪ] ◇ *n* **-1.** [arrangement - in shop window] escaparate *m*; [- in museum] exposición *f*; [- on stall, pavement] muestrario *m*; **on ~** expuesto(ta) **-2.** [demonstration, public event] demostración *f* **-3.** [sporting] exhibición *f* **-4.** *COMPUT* pantalla *f*. ◇ *vt* **-1.** [arrange] exponer **-2.** [show] demostrar **-3.** [on screen] mostrar.
display advertising *n* publicidad *f* a gran escala.
display cabinet *n* vitrina *f*.
displease [dɪs'pliːz] *vt* [annoy] disgustar; [anger] enfadar.
displeasure [dɪs'pleʒəʳ] *n* [annoyance] disgusto *m*; [anger] enfado *m*.
disposable [dɪ'spəʊzəbl] *adj* desechable; **~ income** poder *m* adquisitivo.
disposal [dɪ'spəʊzl] *n* **-1.** [removal] eliminación *f* **-2.** *US* trituradora *f* de basuras **-3.** [availability]: **to have sthg at one's ~** disponer de algo.
dispose [dɪ'spəʊz] ◆ **dispose of** *vt fus* [rubbish] deshacerse de; [problem] quitarse de encima *OR* de en medio.
disposed [dɪ'spəʊzd] *adj* **-1.** [willing]: **to be ~ to do sthg** estar dispuesto(ta) a hacer algo **-2.** [friendly]: **to be well ~ to** *OR* **towards sb** tener buena disposición hacia alguien.
disposition [ˌdɪspə'zɪʃn] *n* **-1.** [temperament] carácter *m* **-2.** [willingness, tendency]: **~ to do sthg** predisposición *f* a hacer algo.
dispossess [ˌdɪspə'zes] *vt fml*: **to ~ sb of sthg** desposeer a alguien de algo.
disproportion [ˌdɪsprə'pɔːʃn] *n* desproporción *f*.
disproportionate [ˌdɪsprə'pɔːʃnət] *adj*: **~ (to)** desproporcionado(da) (a).
disprove [ˌdɪs'pruːv] *vt* refutar.
dispute [dɪ'spjuːt] ◇ *n* **-1.** [quarrel] disputa *f* **-2.** *(U)* [disagreement] conflicto *m*, desacuerdo *m*; **in ~** [people] en desacuerdo; [matter] en litigio, en entredicho **-3.** *IND* conflicto *m* laboral. ◇ *vt* cuestionar.
disqualification [dɪsˌkwɒlɪfɪ'keɪʃn] *n* descalificación *f*.
disqualify [ˌdɪs'kwɒlɪfaɪ] (*pt* & *pp* **-ied**) *vt* **-1.** [subj: authority, illness etc]: **to ~ sb (from doing sthg)** incapacitar a alguien (para hacer algo) **-2.** *SPORT* descalificar **-3.** *UK* [from driving] retirar el permiso de conducir a.
disquiet [dɪs'kwaɪət] *n* inquietud *f*, desasosiego *m*.
disregard [ˌdɪsrɪ'gɑːd] ◇ *n*: **~ (for)** indiferencia *f* (a), despreocupación *f* (por). ◇ *vt* hacer caso omiso de.
disrepair [ˌdɪsrɪ'peəʳ] *n*: **in a state of ~** deteriorado(da).
disreputable [dɪs'repjʊtəbl] *adj* [person, company] de mala fama; [behaviour] vergonzante.
disrepute [ˌdɪsrɪ'pjuːt] *n*: **to bring sthg into ~** desprestigiar *OR* desacreditar algo; **to fall into ~** desprestigiarse, desacreditarse.
disrespectful [ˌdɪsrɪ'spektfʊl] *adj* irrespetuoso(sa).
disrupt [dɪs'rʌpt] *vt* [meeting] interrumpir; [transport system] trastornar, perturbar; [class] revolucionar, enredar en.
disruption [dɪs'rʌpʃn] *n* [of meeting] interrupción *f*; [of transport system] trastorno *m*.
disruptive [dɪs'rʌptɪv] *adj* [effect] perjudicial; [child, behaviour] revoltoso(sa).
dissatisfaction ['dɪsˌsætɪs'fækʃn] *n* descontento *m*.
dissatisfied [ˌdɪs'sætɪsfaɪd] *adj*: **~ (with)** insatisfecho(cha) *OR* descontento(ta) (con).
dissect [dɪ'sekt] *vt MED* disecar; *fig* [study] analizar minuciosamente.
dissection [dɪ'sekʃn] *n MED* disección *f*; *fig* [study] análisis *m inv* minucioso.
disseminate [dɪ'semɪneɪt] *vt* difundir, divulgar.
dissemination [dɪˌsemɪ'neɪʃn] *n* difusión *f*, divulgación *f*.
dissension [dɪ'senʃn] *n* disensión *f*.
dissent [dɪ'sent] ◇ *n* [gen] disconformidad *f*, disentimiento *m*; *SPORT*: **he was booked for ~** le amonestaron por protestar. ◇ *vi*: **to ~**

(from) disentir (de).
dissenter [dɪ'sentəʳ] *n* disidente *m* OR *f*.
dissenting [dɪ'sentɪŋ] *adj* discrepante.
dissertation [ˌdɪsə'teɪʃn] *n* **-1.** *US* [doctoral] tesis *f* **-2.** *UK* [lower degree] tesina *f*.
disservice [ˌdɪs'sɜ:vɪs] *n*: **to do sb a ~** hacer un flaco servicio a alguien.
dissident ['dɪsɪdənt] *n* disidente *m* OR *f*.
dissimilar [ˌdɪ'sɪmɪləʳ] *adj*: **~ (to)** distinto(ta) (de).
dissipate ['dɪsɪpeɪt] ◇ *vt* **-1.** [heat, fears] disipar **-2.** [efforts, money] desperdiciar, derrochar. ◇ *vi* disiparse.
dissipated ['dɪsɪpeɪtɪd] *adj* disoluto(ta).
dissociate [dɪ'səʊʃɪeɪt] *vt* disociar, separar; **to ~ o.s. from** desvincularse de.
dissolute ['dɪsəlu:t] *adj* disoluto(ta).
dissolution [ˌdɪsə'lu:ʃn] *n* disolución *f*.
dissolve [dɪ'zɒlv] ◇ *vt* disolver. ◇ *vi* **-1.** [substance] disolverse **-2.** *fig* [disappear] desvanecerse, desaparecer.
◆ **dissolve in(to)** *vt fus* [tears] deshacerse en.
dissuade [dɪ'sweɪd] *vt*: **to ~ sb (from doing sthg)** disuadir a alguien (de hacer algo).
distance ['dɪstəns] ◇ *n* distancia *f*; **at a ~** a distancia; **from a ~** desde lejos; **in the ~** a lo lejos. ◇ *vt*: **to ~ o.s. from** distanciarse de.
distance learning *n* educación *f* a distancia.
distant ['dɪstənt] *adj* **-1.** [place, time, relative] lejano(na); **~ from** distante de **-2.** [person, manner] frío(a), distante.
distaste [dɪs'teɪst] *n*: **~ (for)** desagrado *m* (por).
distasteful [dɪs'teɪstfʊl] *adj* desagradable.
Dist. Atty *abbr of* **district attorney**.
distemper [dɪ'stempəʳ] *n* **-1.** [paint] (pintura *f* al) temple *m* **-2.** [disease] moquillo *m*.
distended [dɪ'stendɪd] *adj* dilatado(da).
distil *UK* (*pt* & *pp* **-led**, *cont* **-ling**), **distill** *US* [dɪ'stɪl] *vt* **-1.** [liquid] destilar **-2.** [information] extraer.
distiller [dɪ'stɪləʳ] *n* destilador *m*, -ra *f*.
distillery [dɪ'stɪlərɪ] (*pl* **-ies**) *n* destilería *f*.
distinct [dɪ'stɪŋkt] *adj* **-1.** [different]: **~ (from)** distinto(ta) (de); **as ~ from** a diferencia de **-2.** [clear - improvement] notable, visible; [- possibility] claro(ra).
distinction [dɪ'stɪŋkʃn] *n* **-1.** [difference, excellence] distinción *f*; **to draw** OR **make a ~ between** hacer una distinción entre **-2.** [in exam result] sobresaliente *m*.
distinctive [dɪ'stɪŋktɪv] *adj* característico(ca), particular.
distinctly [dɪ'stɪŋktlɪ] *adv* **-1.** [see, remember] claramente **-2.** [improve] notablemente **-3.** [very]: **it is ~ possible that ...** es muy posible que ...
distinguish [dɪ'stɪŋgwɪʃ] *vt* **-1.** [gen]: **to ~ sthg (from)** distinguir algo (de) **-2.** [perform well]: **to ~ o.s.** distinguirse.
distinguished [dɪ'stɪŋgwɪʃt] *adj* distinguido(da).
distinguishing [dɪ'stɪŋgwɪʃɪŋ] *adj* distintivo(va).
distort [dɪ'stɔ:t] *vt* **-1.** [shape, face] deformar; [sound] distorsionar **-2.** [truth, facts] tergiversar.
distorted [dɪ'stɔ:tɪd] *adj* **-1.** [shape, face] deformado(da); [sound] distorsionado(da) **-2.** [account, report] tergiversado(da).
distortion [dɪ'stɔ:ʃn] *n* **-1.** [of shape, face] deformación *f*; [of sound] distorsión *f* **-2.** [of truth, facts] tergiversación *f*.
distract [dɪ'strækt] *vt* [person, attention]: **to ~ sb (from)** distraer a alguien (de).
distracted [dɪ'stræktɪd] *adj* ausente.
distraction [dɪ'strækʃn] *n* **-1.** [interruption, diversion] distracción *f* **-2.** [state of mind] confusión *f*; **to drive sb to ~** volver loco a alguien.
distraught [dɪ'strɔ:t] *adj* consternado(da).
distress [dɪ'stres] ◇ *n* **-1.** [anxiety] angustia *f*; [pain] dolor *m* **-2.** [danger, difficulty] peligro *m*. ◇ *vt* afligir, apenar.
distressed [dɪ'strest] *adj* angustiado(da), afligido(da).
distressing [dɪ'stresɪŋ] *adj* angustioso(sa).
distress signal *n* señal *f* de socorro.
distribute [dɪ'strɪbju:t] *vt* distribuir, repartir.
distribution [ˌdɪstrɪ'bju:ʃn] *n* distribución *f*.
distributor [dɪ'strɪbjʊtəʳ] *n* **-1.** COMM distribuidor *m*, -ra *f* **-2.** AUT delco® *m*, distribuidor *m*.
district ['dɪstrɪkt] *n* **-1.** [area - of country] zona *f*, región *f*; [- of town] barrio *m* **-2.** [administrative area] distrito *m*.
district attorney *n US* fiscal *m* OR *f* (del distrito).
district council *n UK* ADMIN ≃ municipio *m*.
district nurse *n UK enfermera encargada de atender a domicilio a los pacientes de una zona.*
District of Columbia *n* distrito *m* de Columbia.
distrust [dɪs'trʌst] ◇ *n* desconfianza *f*. ◇ *vt* desconfiar de.
distrustful [dɪs'trʌstfʊl] *adj* desconfiado (da).
disturb [dɪ'stɜ:b] *vt* **-1.** [interrupt - person] molestar; [- concentration, sleep] perturbar **-2.** [upset, worry] inquietar **-3.** [alter - surface,

arrangement] alterar; [- papers] desordenar.

disturbance [dɪ'stɜ:bəns] *n* **-1.** [fight] tumulto *m*, alboroto *m*; **there were a number of minor ~s throughout the night** se produjeron algunos disturbios durante la noche **-2.** *JUR*: **~ of the peace** alteración *f* del orden público **-3.** [interruption] interrupción *f* **-4.** [of mind, emotions] trastorno *m*.

disturbed [dɪ'stɜ:bd] *adj* **-1.** [upset, ill] trastornado(da) **-2.** [worried] inquieto(ta).

disturbing [dɪ'stɜ:bɪŋ] *adj* inquietante, preocupante.

disuse [ˌdɪs'ju:s] *n*: **to fall into ~** [regulation] caer en desuso; [building, mine] verse paulatinamente abandonado(da).

disused [ˌdɪs'ju:zd] *adj* abandonado(da).

ditch [dɪtʃ] ◇ *n* [gen] zanja *f*; [by road] cuneta *f*. ◇ *vt inf* **-1.** [end relationship with] romper con **-2.** [get rid of] deshacerse de.

dither ['dɪðəʳ] *vi* vacilar.

ditto ['dɪtəʊ] *adv* ídem.

diuretic [ˌdaɪjʊ'retɪk] *n* diurético *m*.

diva ['di:və] (*pl* **-s**) *n* diva *f*.

divan [dɪ'væn] *n* diván *m*.

divan bed *n* cama *f* turca.

dive [daɪv] (*UK pt* & *pp* **-d**, *US pt* **-d** *OR* **dove**, *pp* **-d**) ◇ *vi* **-1.** [into water - person] zambullirse, tirarse al agua; [- submarine, bird, fish] sumergirse **-2.** [with breathing apparatus] bucear, clavarse *Amér* **-3.** [through air - person] lanzarse; [- plane] caer en picado **-4.** [into bag, cupboard]: **to ~ into** meter la mano en. ◇ *n* **-1.** [of person - into water] zambullida *f* **-2.** [of submarine] inmersión *f* **-3.** [of person - through air] salto *m*; [- *SPORT*] [by goalkeeper] estirada *f*; **it was a ~** se ha tirado **-4.** [of plane] picado *m* **-5.** *inf pej* [bar, restaurant] garito *m*, antro *m*.

dive-bomb *vt* bombardear (cayendo en picado).

diver ['daɪvəʳ] *n* [underwater] buceador *m*, -ra *f*; [professional] buzo *m*; [from diving board] saltador *m*, -ra *f* (de trampolín).

diverge [daɪ'vɜ:dʒ] *vi* **-1.** [gen]: **to ~ (from)** divergir (de) **-2.** [disagree] discrepar.

divergence [daɪ'vɜ:dʒəns] *n* divergencia *f*.

divergent [daɪ'vɜ:dʒənt] *adj* divergente.

diverse [daɪ'vɜ:s] *adj* diverso(sa).

diversification [daɪˌvɜ:sɪfɪ'keɪʃn] *n* diversificación *f*.

diversify [daɪ'vɜ:sɪfaɪ] (*pt* & *pp* **-ied**) ◇ *vt* diversificar. ◇ *vi* diversificarse.

diversion [daɪ'vɜ:ʃn] *n* **-1.** [of traffic, river, funds] desvío *m* **-2.** [distraction] distracción *f*.

diversionary [daɪ'vɜ:ʃnrɪ] *adj* (hecho(cha)) para despistar.

diversity [daɪ'vɜ:sətɪ] *n* diversidad *f*.

divert [daɪ'vɜ:t] *vt* **-1.** [traffic, river, funds] desviar **-2.** [person, attention] distraer.

divest [daɪ'vest] *vt fml*: **to ~ sb of sthg** despojar a alguien de algo; **to ~ o.s. of** despojarse *OR* deshacerse de.

divestment [daɪ'vestmənt] *n* desinversión *f*.

divide [dɪ'vaɪd] ◇ *vt*: **to ~ sthg (between** *OR* **among)** dividir algo (entre); **to ~ sthg into** dividir algo en; **to ~ sthg by** dividir algo entre *OR* por; **~ 3 into 89** divide 89 entre 3. ◇ *vi* **-1.** [river, road, wall] bifurcarse **-2.** [group] dividirse. ◇ *n* [difference] división *f*.

◆ **divide up** *vt sep* **-1.** [split up] dividir **-2.** [share out] repartir.

divided [dɪ'vaɪdɪd] *adj* dividido(da).

dividend ['dɪvɪdend] *n FIN* dividendo *m*; [profit] beneficio *m*; **to pay ~s** proporcionar beneficios.

dividers [dɪ'vaɪdəz] *npl* compás *m* de puntas.

dividing line [dɪ'vaɪdɪŋ-] *n* línea *f* divisoria.

divine [dɪ'vaɪn] ◇ *adj* divino(na). ◇ *vt* [guess] adivinar.

diving ['daɪvɪŋ] (*U*) *n* **-1.** [into water] salto *m* **-2.** [with breathing apparatus] buceo *m*; **to go ~** hacer submarinismo.

divingboard ['daɪvɪŋbɔ:d] *n* trampolín *m*.

diving suit *n* traje *m* de buceo, escafandra *f*.

divinity [dɪ'vɪnətɪ] (*pl* **-ies**) *n* **-1.** [godliness, deity] divinidad *f* **-2.** [study] teología *f*.

divisible [dɪ'vɪzəbl] *adj*: **~ (by)** divisible (por).

division [dɪ'vɪʒn] *n* **-1.** [gen] división *f* **-2.** [of labour, responsibility] reparto *m*.

division sign *n* signo *m* de división.

divisive [dɪ'vaɪsɪv] *adj* divisivo(va).

divorce [dɪ'vɔ:s] ◇ *n* divorcio *m*. ◇ *vt* **-1.** [husband, wife] divorciarse de **-2.** [separate]: **to ~ sthg from** separar algo de. ◇ *vi* divorciarse.

divorced [dɪ'vɔ:st] *adj* divorciado(da).

divorcee [dɪvɔ:'si:] *n* divorciado *m*, -da *f*.

divulge [daɪ'vʌldʒ] *vt* divulgar, revelar.

DIY *abbr of* **do-it-yourself**.

dizziness ['dɪzɪnɪs] *n* [because of heights] vértigo *m*; [because of illness etc] mareo *m*.

dizzy ['dɪzɪ] (*compar* **-ier**, *superl* **-iest**) *adj* **-1.** [because of illness etc] mareado(da) **-2.** [because of heights]: **to feel ~** sentir vértigo **-3.** *fig* [heights] inimaginable, de vértigo.

DJ *n* **-1.** *abbr of* **disc jockey** **-2.** *abbr of* **dinner jacket**.

Djakarta [dʒə'kɑ:tə] = **Jakarta**.

Djibouti [dʒɪ'bu:tɪ] *n* Yibuti.

dl (*abbr of* **decilitre**) dl.

DLit(t) [ˌdi:'lɪt] (*abbr of* **Doctor of Letters**) (*titular* *de un) doctorado de letras.*

dm (*abbr of* **decimetre**) dm.

DM (*abbr of* **Deutsch Mark**) DM *m.*

DMA (*abbr of* **direct memory access**) *n acceso directo a la memoria.*

DMus [ˌdi:'mju:z] (*abbr of* **Doctor of Music**) (*titular de un) doctorado de música.*

DMV *US* (*abbr of* **Department of Motor Vehicles**) *organismo que controla la matriculación de vehículos y emite permisos de conducir.*

DMZ *abbr of* **demilitarized zone.**

DNA (*abbr of* **deoxyribonucleic acid**) *n* ADN *m.*

D-notice *n UK petición oficial a la prensa de que cierta información no se haga pública por razones de seguridad nacional.*

DNS (*abbr of* **Domain Name System**) *n COMPUT* DNS *m.*

do [du:] (*pt* **did**, *pp* **done**, *pl* **dos** *OR* **do's**) <> *aux vb* **-1.** *(in negatives)*: **don't leave it there** no lo dejes ahí; **I didn't want to see him** no quería verlo **-2.** *(in questions)*: **what did he want?** ¿qué quería?; ~ **you think she'll come?** ¿crees que vendrá? **-3.** *(referring back to previous verb)*: ~ **you think so? - yes, I** ~ ¿tú crees? - sí; **she reads more than I** ~ lee más que yo; **so** ~ **I/they** yo/ellos también **-4.** *(in question tags)*: **you know her, don't you?** la conoces ¿no?; **I annoyed you, didn't I?** te molesté ¿verdad?; **so you think you can dance,** ~ **you?** así que te crees que sabes bailar ¿no? **-5.** *(for emphasis)*: **I did tell you but you've forgotten** sí que te lo dije, pero te has olvidado; ~ **come in** ¡pase, por favor! <> *vt* **-1.** [gen] hacer; **she does aerobics/gymnastics** hace aerobic/gimnasia; **to** ~ **the cooking/cleaning** hacer la comida/limpieza; **to** ~ **one's hair** peinarse; **to** ~ **one's teeth** lavarse los dientes; **he did his duty** cumplió con su deber; **what can I** ~ **for you?** ¿en qué puedo servirle?; **they** ~ **cheap meals for students** dan *OR* hacen comidas baratas para estudiantes; **what can we** ~**?** ¿qué le vamos a hacer?; **we'll have to** ~ **something about that tree** tendremos que hacer algo con ese árbol **-2.** [have particular effect] causar, hacer; **to** ~ **more harm than good** hacer más mal que bien **-3.** [referring to job]: **what** ~ **you** ~**?** ¿a qué te dedicas? **-4.** [study] hacer; **I did physics at school** hice física en la escuela **-5.** [travel at a particular speed] ir a; **the car can** ~ **110 mph** el coche alcanza las 110 millas por hora **-6.** [be good enough for]: **will that** ~ **you?** ¿te vale eso?; **that'll** ~ **me nicely** eso me viene estupendamente. <> *vi* **-1.** [gen] hacer; ~ **as she says** haz lo que te dice; **they're** ~**ing really well** les va muy bien; **he could** ~ **better** lo podría hacer mejor; **how did you** ~ **in the exam?** ¿qué tal te salió el examen?; **you would** ~ **well to reconsider** harías bien en volverlo a pensar **-2.** [be good enough, sufficient] servir, valer; **this kind of behaviour won't** ~ ese tipo de comportamiento no es aceptable; **that will** ~ **(nicely)** con eso vale; **that will** ~**!** [showing annoyance] ¡basta ya! **-3.** *phr*: **how** ~ **you** ~**?** [greeting] ¿cómo está usted?; [answer] mucho gusto. <> *n* [party] fiesta *f.*

◆ **dos** *npl*: ~**s and don'ts** normas *fpl* básicas.

◆ **do away with** *vt fus* [disease, poverty] acabar con; [law, reforms] suprimir.

◆ **do down** *vt sep inf*: **to** ~ **sb down** menospreciar a alguien; **to** ~ **o.s. down** menospreciarse.

◆ **do for** *vt fus inf*: **these kids will** ~ **for me** estos críos van a terminar conmigo; **I thought I was done for** me creí morir.

◆ **do in** *vt sep inf* [kill] cargarse, cepillarse; [beat up] inflar a palos.

◆ **do out of** *vt sep*: **to** ~ **sb out of sthg** estafar algo a alguien.

◆ **do over** *vt sep US* volver a hacer.

◆ **do up** *vt sep* **-1.** [fasten - shoelaces, tie] atar; [- coat, buttons] abrochar; ~ **your shoes up** átate los zapatos; ~ **your coat up** abróchate el abrigo **-2.** [decorate] renovar, redecorar; **to** ~ **o.s. up** arreglarse **-3.** [wrap up] envolver.

◆ **do with** *vt fus* **-1.** [need]: **I could** ~ **with a drink/new car** no me vendría mal una copa/un coche nuevo **-2.** [have connection with]: **that has nothing to** ~ **with it** eso no tiene nada que ver (con ello); **it's something to** ~ **with the way he speaks** tiene que ver con su forma de hablar.

◆ **do without** <> *vt fus* pasar sin; **I can** ~ **without your sarcasm** podrías ahorrarte tu sarcasmo. <> *vi* apañárselas.

DOA (*abbr of* **dead on arrival**) *adj*: **she was** ~ ingresó cadáver.

doable ['du:əbl] *adj inf* realizable, factible.

dob *abbr of* **date of birth.**

Doberman ['dəubəmən] (*pl* **-s**) *n*: ~ **(pinscher)** doberman *m.*

docile [*UK* 'dəusaɪl, *US* 'dɒsəl] *adj* dócil.

dock [dɒk] <> *n* **-1.** [in harbour] dársena *f*, muelle *m* **-2.** [in court] banquillo *m* (de los acusados). <> *vt* [wages] recortar; [money from wages] descontar. <> *vi* [ship] atracar; [spacecraft] acoplarse.

docker ['dɒkə^r] *n* estibador *m.*

docket ['dɒkɪt] *n* **-1.** *UK* marbete *m* **-2.** *US JUR* orden *m* del día.

docklands ['dɒkləndz] *npl UK* barrio *m* portuario.

dockworker ['dɒkwɜːkəʳ] = **docker**.

dockyard ['dɒkjɑːd] *n* astillero *m*.

doctor ['dɒktəʳ] ◇ *n* **-1.** [of medicine] médico *m*, -ca *f*; **to go to the ~'s** ir al médico **-2.** [holder of PhD] doctor *m*, -ra *f*. ◇ *vt* **-1.** [results, text] amañar **-2.** *UK* [cat] castrar **-3.** [food, drink] adulterar.

doctorate ['dɒktərət], **doctor's degree** *n* doctorado *m*.

doctrinaire [ˌdɒktrɪ'neəʳ] *adj* doctrinario (ria).

doctrine ['dɒktrɪn] *n* doctrina *f*.

docudrama [ˌdɒkjʊ'drɑːmə] (*pl* **-s**) *n* TV docudrama *m*.

document [*n* 'dɒkjʊmənt, *vb* dɒkjʊment] ◇ *n* [gen & COMPUT] documento *m*. ◇ *vt* documentar.

documentary [ˌdɒkjʊ'mentərɪ] (*pl* **-ies**) ◇ *adj* documental. ◇ *n* documental *m*.

documentation [ˌdɒkjʊmen'teɪʃn] *n* documentación *f*.

doddering ['dɒdərɪŋ], **doddery** ['dɒdərɪ] *adj inf* renqueante.

doddle ['dɒdl] *n UK inf*: **it's a ~** está tirado(da) OR chupado(da).

Dodecanese [ˌdəʊdɪkə'niːz] *npl*: **the ~** el Dodecaneso.

dodge [dɒdʒ] ◇ *n inf* [fraud] artimaña *f*, truco *m*; **a tax ~** un truco para pagar menos impuestos. ◇ *vt* esquivar. ◇ *vi* echarse a un lado, apartarse bruscamente.

Dodgems® ['dɒdʒəmz] *npl UK* coches *mpl* de choque.

dodgy ['dɒdʒɪ] *adj UK inf* [business, plan] arriesgado(da); [brakes, weather, situation] chungo (ga).

doe [dəʊ] *n* **-1.** [female deer] gama *f* **-2.** [female rabbit] coneja *f*.

DOE *n* **-1.** (*abbr of* **Department of the Environment**) *ministerio de medio ambiente británico* **-2.** (*abbr of* **Department of Energy**) *ministerio de energía estadounidense*.

doer ['duːəʳ] *n inf* emprendedor *m*, -ra *f*, persona *f* práctica.

does [*weak form* dəz, *strong form* dʌz] *v* ▷ **do**.

doesn't ['dʌznt] = **does not**.

dog [dɒg] (*pt* & *pp* **-ged**, *cont* **-ging**) ◇ *n* **-1.** [animal] perro *m*; **it's a ~'s life** es una vida de perros; **to go to the ~s** *inf* echarse a perder, irse al garete **-2.** *US* [hot dog] perrito *m* caliente. ◇ *vt* **-1.** [subj: person] seguir **-2.** [subj: problems, bad luck] perseguir.

dog biscuit *n* galleta *f* de perro.

dog collar *n* **-1.** [of dog] collar *m* de perro **-2.** [of priest] alzacuello *m*.

dog-eared [-ɪəd] *adj* manoseado(da), sobado(da).

dog-eat-dog *adj* de todos contra todos, muy competitivo(va).

dog-end *n inf* colilla *f*.

dogfight ['dɒgfaɪt] *n* **-1.** [between dogs] pelea *f* de perros **-2.** [between aircraft] combate *m* aéreo.

dog food *n* comida *f* para perros.

dogged ['dɒgɪd] *adj* tenaz, obstinado(da).

doggone ['dɒgɒn], **doggoned** ['dɒgɒnd] *adj US inf* puñetero(ra).

doggy ['dɒgɪ] (*pl* **-ies**) *n* perrito *m*.

doggy bag *n bolsa que da el restaurante para llevarse las sobras a casa*.

doghouse ['dɒghaʊs] *n US* [kennel] perrera *f*.

dogma ['dɒgmə] *n* dogma *m*.

dogmatic [dɒg'mætɪk] *adj* dogmático(ca).

do-gooder [-'gʊdəʳ] *n pej persona bien intencionada que sin querer resulta entrometida*.

dog paddle *n*: **to do the ~** nadar como los perros.

dogsbody ['dɒgzˌbɒdɪ] (*pl* **-ies**) *n UK inf* último mono *m*, burro *m* de carga.

dog tag *n* placa *f* de identificación (de un soldado).

doing ['duːɪŋ] *n*: **this is all your ~** tú eres responsable por esto.
◆ **doings** *npl* actividades *fpl*.

do-it-yourself *n* bricolaje *m*.

doldrums ['dɒldrəmz] *npl fig*: **to be in the ~** [trade] estar estancado(da); [person] estar abatido(da).

dole [dəʊl] *n* (subsidio *m* de) paro *m*; **to be on the ~** estar parado(da).
◆ **dole out** *vt sep* distribuir, repartir.

doleful ['dəʊlfʊl] *adj* triste, lastimero(ra).

doll [dɒl] *n* [toy] muñeca *f*.

dollar ['dɒləʳ] *n* dólar *m*.

dolled up [dɒld-] *adj inf* [woman] emperifollada.

dollhouse *US* = **doll's house**.

dollop ['dɒləp] *n inf* cucharada *f*.

doll's house *UK*, **dollhouse** *US* ['dɒlhaʊs] *n* casa *f* de muñecas.

dolly ['dɒlɪ] (*pl* **-ies**) *n* **-1.** [doll] muñequita *f* **-2.** TECH [for TV or film camera] travelín *m*, plataforma *f* móvil.

Dolomites ['dɒləmaɪts] *npl*: **the ~** los Dolomitas.

dolphin ['dɒlfɪn] *n* delfín *m*.

domain [də'meɪn] *n* **-1.** [sphere of interest] campo *m*, ámbito *m* **-2.** [land] dominios *mpl*.

domain name *n* COMPUT nombre *m* de dominio.

dome [dəʊm] *n* [roof] cúpula *f*; [ceiling] bóveda *f*.

domestic [dəˈmestɪk] ◇ *adj* **-1.** [internal - policy, flight] nacional **-2.** [chores, water supply, animal] doméstico(ca) **-3.** [home-loving] hogareño(ña), casero(ra). ◇ *n* **-1.** [servant] doméstico *m*, -ca *f*, criado *m*, -da *f* **-2.** [row] *inf* riña *f*.

domestic appliance *n* electrodoméstico *m*.

domesticated [dəˈmestɪkeɪtɪd] *adj* **-1.** [animal] domesticado(da) **-2.** *hum* [person] bien domesticado (da).

domesticity [ˌdəʊmeˈstɪsətɪ] *n (U)* vida *f* hogareña.

domestic science *n UK* economía *f* doméstica.

domestic violence *n* violencia *f* en el hogar.

domicile [ˈdɒmɪsaɪl] *n fml* domicilio *m*.

dominance [ˈdɒmɪnəns] *n (U)* **-1.** [control, power] dominación *f*, control *m* **-2.** [importance] predominancia *f*.

dominant [ˈdɒmɪnənt] *adj* dominante.

dominate [ˈdɒmɪneɪt] *vt* dominar.

dominating [ˈdɒmɪneɪtɪŋ] *adj* dominante.

domination [ˌdɒmɪˈneɪʃn] *n* **-1.** [control, power] dominación *f* **-2.** [importance] predominancia *f*.

domineering [ˌdɒmɪˈnɪərɪŋ] *adj* dominante.

Dominica [dəˈmɪnɪkəl] *n* Dominica.

Dominican Republic [dəˈmɪnɪkən-] *n*: **the ~** la República Dominicana.

dominion [dəˈmɪnjən] *n* **-1.** *(U)* [power] dominio *m* **-2.** [land] dominios *mpl*.

domino [ˈdɒmɪnəʊ] (*pl* **-es**) *n* dominó *m*.
◆ **dominoes** *npl* dominó *m*.

domino effect *n* efecto *m* dominó.

don [dɒn] (*pt* & *pp* **-ned**, *cont* **-ning**) ◇ *n UK UNIV* profesor *m*, -ra *f* de universidad. ◇ *vt* ponerse.

donate [dəˈneɪt] *vt* donar.

donation [dəˈneɪʃn] *n* **-1.** [act of donating] donación *f* **-2.** [sum] donativo *m*.

done [dʌn] ◇ *pp* ▷ **do**. ◇ *adj* **-1.** [finished] listo(ta) **-2.** [cooked] hecho(cha); **well-~** muy hecho **-3.** [socially acceptable]: **it's not the ~ thing** no se hace, está mal visto. ◇ *adv* [to conclude deal]: **done!** ¡(trato) hecho!

dongle [ˈdɒngl] *n COMPUT* llave *f* de hardware, mochila *f*.

donkey [ˈdɒŋkɪ] (*pl* **donkeys**) *n* burro *m*.

donkey jacket *n chaqueta gruesa que suelen llevar los obreros.*

donkeywork [ˈdɒŋkɪwɜːk] *n UK inf* parte *f* más pesada del trabajo.

donor [ˈdəʊnəʳ] *n* donante *m* OR *f*.

donor card *n* carné *m* de donante.

don't [dəʊnt] = **do not**.

donut [ˈdəʊnʌt] *n US* [with hole] dónut® *m*.

doodle [ˈduːdl] ◇ *n* garabato *m*. ◇ *vi* garabatear.

doom [duːm] *n* perdición *f*, fatalidad *f*.

doomed [duːmd] *adj* [plan, mission] condenado(da) al fracaso; **to be ~ to sthg/to do sthg** estar condenado a algo/a hacer algo.

door [dɔːʳ] *n* **-1.** [gen] puerta *f*; **to open the ~ to** *fig* abrir la puerta a **-2.** [doorway] entrada *f*.

doorbell [ˈdɔːbel] *n* timbre *m* (de la puerta).

doorhandle [ˈdɔːhændl] *n* [gen] tirador *m* (de la puerta); [of car] manija *f*.

doorknob [ˈdɔːnɒb] *n* pomo *m*.

doorknocker [ˈdɔːˌnɒkəʳ] *n* aldaba *f*.

doorman [ˈdɔːmən] (*pl* **-men** [-mən]) *n* portero *m*.

doormat [ˈdɔːmæt] *n* **-1.** [mat] felpudo *m* **-2.** *fig* [person]: **he's a ~** se deja pisar por todo el mundo.

doorstep [ˈdɔːstep] *n* peldaño *m* de la puerta; **to turn up on sb's ~** aparecer en la puerta de alguien.

doorstop [ˈdɔːstɒp] *n* tope *m* (de la puerta).

door-to-door *adj* a domicilio.

doorway [ˈdɔːweɪ] *n* entrada *f*.

dope [dəʊp] ◇ *n inf* **-1.** [cannabis] maría *f* **-2.** [for athlete, horse] estimulante *m* **-3.** [fool] bobo *m*, -ba *f*, tonto *m*, -ta *f*. ◇ *vt* drogar, dopar.

dope test *n inf* control *m* OR prueba *f* antidoping.

dopey [ˈdəʊpɪ] (*compar* **-ier**, *superl* **-iest**) *adj inf* **-1.** [groggy] atontado(da), grogui **-2.** [stupid] bobo(ba).

dork [dɔːk] *n US inf* petardo(da).

dormant [ˈdɔːmənt] *adj* **-1.** [volcano] inactivo(va) **-2.** [idea, law] (en estado) latente.

dormer (window) [ˈdɔːməʳ-] *n* claraboya *f*, buhardilla *f*.

dormice [ˈdɔːmaɪs] *pl* ▷ **dormouse**.

dormitory [ˈdɔːmətrɪ] (*pl* **-ies**) *n* dormitorio *m (colectivo)*.

Dormobile® [ˈdɔːməˌbiːl] *n* combi *m*.

dormouse [ˈdɔːmaʊs] (*pl* **-mice**) *n* lirón *m*.

Dors (*abbr of* **Dorset**) *condado inglés.*

DOS [dɒs] (*abbr of* **disk operating system**) *n* DOS *m*.

dosage [ˈdəʊsɪdʒ] *n* dosis *f inv*.

dose [dəʊs] ◇ *n lit* & *fig* dosis *f inv*; **a ~ of flu** un ataque de gripe. ◇ *vt*: **to ~ sb (with)** medicar a alguien (con).

doss [dɒs] ◆ **doss down** *vi UK inf* echarse a dormir.

dosser [ˈdɒsəʳ] *n UK inf* gandul *m*, -la *f*, vago *m*, -ga *f*.

dosshouse [ˈdɒshaʊs, *pl* -haʊzɪz] *n UK inf*

pensión *f* de mala muerte.

dossier ['dɒsɪeɪ] *n* expediente *m*, dosier *m*.

dot [dɒt] (*pt* & *pp* -ted, *cont* -ting) ◇ *n* punto *m*; on the ~ en punto. ◇ *vt* salpicar.

DOT (*abbr of* Department of Transportation) *n* *ministerio de transporte estadounidense*.

dotage ['dəʊtɪdʒ] *n*: to be in one's ~ chochear.

dotcom ['dɒtkɒm] *adj* puntocom.

dote [dəʊt] ◆ dote (up)on *vt fus* adorar.

doting ['dəʊtɪŋ] *adj* complaciente.

dot-matrix printer *n* COMPUT impresora *f* matricial.

dotted line ['dɒtɪd-] *n* línea *f* de puntos; to sign on the ~ firmar.

dotty ['dɒtɪ] (*compar* -ier, *superl* -iest) *adj inf* chiflado(da).

double ['dʌbl] ◇ *adj* -1. [gen] doble -2. [repeated] repetido(da); it's ~ the price cuesta el doble; ~ three eight two treinta y tres, ochenta y dos; written with a ~ 't' con dos tes. ◇ *adv* -1. [twice] el doble; to cost ~ costar el doble; to see ~ ver doble -2. [in two - fold] en dos; to bend ~ doblarse, agacharse. ◇ *n* -1. [twice as much] el doble -2. [drink] doble *m* -3. [lookalike] doble *m* OR *f*. ◇ *vt* doblar. ◇ *vi* -1. [increase twofold] doblarse, duplicarse -2. [have second purpose]: to ~ as hacer las veces de.
◆ **doubles** *npl* TENNIS dobles *mpl*; ~s match partido *m* de dobles.
◆ **double up** ◇ *vt sep*: to be ~d up doblarse; to be ~d up with laughter troncharse de risa. ◇ *vi* [bend over] doblarse.

double act *n* pareja *f* de humoristas.

double agent *n* agente *m* OR *f* doble.

double-barrelled *UK*, **double-barreled** *US* [-'bærəld] *adj* -1. [shotgun] de dos cañones -2. [name] *con dos apellidos unidos con guión*.

double bass [-beɪs] *n* contrabajo *m*.

double bed *n* cama *f* de matrimonio.

double-breasted [-'brestɪd] *adj* cruzado(da).

double-check *vt* & *vi* verificar dos veces.

double chin *n* papada *f*.

double-click COMPUT ◇ *n* doble clic *m*. ◇ *vt* hacer doble clic en. ◇ *vi* hacer doble clic.

double cream *n* nata *f* enriquecida.

double-cross *vt* traicionar.

double-dealer *n* traicionero *m*, -ra *f*.

double-decker [-'dekəʳ] *n* autobús *m* de dos pisos.

double-declutch *vi UK* AUT desembragar *(mediante doble embrague)*.

double-density *adj* COMPUT de doble densidad.

double-dutch *n UK hum*: to talk ~ hablar en chino; it's ~ to me me suena a chino.

double-edged *adj lit* & *fig* de doble filo.

double entendre [ˌdu:blɑɔ'tɑɔndr] *n* frase *f* ambigua, equívoco *m*.

double figures *npl* números *mpl* de dos cifras.

double-glazing [-'gleɪzɪŋ] *n* doble acristalamiento *m*.

double-jointed [-'dʒɔɪntɪd] *adj* con articulaciones muy flexibles.

double-park *vi* aparcar en doble fila.

double-quick *inf* ◇ *adj* rapidísimo(ma). ◇ *adv* rapidísimamente.

double room *n* habitación *f* doble.

double-sided *adj* COMPUT [disk] de dos caras.

double standards *npl*: to have ~ tener una doble moral.

double take *n*: to do a ~ quedarse atónito(ta) OR con la boca abierta.

double-talk *n (U)* embustes *mpl*, engañifas *fpl*.

double time *n* paga *f* doble.

double vision *n* visión *f* doble.

double whammy [-'wæmɪ] *n* mazazo *m* por partida doble.

doubly ['dʌblɪ] *adv* doblemente.

doubt [daʊt] ◇ *n* duda *f*; there is no ~ that no hay OR cabe duda de que; without (a) ~ sin duda (alguna); beyond all ~ fuera de toda duda; to be in ~ about sthg estar dudando acerca de algo; to cast ~ on poner en duda; no ~ sin duda. ◇ *vt* -1. [not trust] dudar de -2. [consider unlikely] dudar; I ~ it lo dudo; to ~ whether OR if dudar que.

doubtful ['daʊtfʊl] *adj* -1. [gen] dudoso(sa) -2. [unsure] incierto(ta); to be ~ about OR of tener dudas acerca de.

doubtless ['daʊtlɪs] *adv* sin duda.

dough [dəʊ] *n (U)* -1. [for baking] masa *f*, pasta *f* -2. *v inf* [money] pasta *f*, lana *f Méx*.

doughnut ['dəʊnʌt] *n* [without hole] buñuelo *m*; [with hole] dónut® *m*.

dour [dʊəʳ] *adj* adusto(ta).

douse [daʊs] *vt* -1. [put out] apagar -2. [drench] mojar, empapar.

dove[1] [dʌv] *n* paloma *f*.

dove[2] [dəʊv] *US pt* ▷ **dive**.

dovecot(e) ['dʌvkɒt] *n* palomar *m*.

dovetail ['dʌvteɪl] *vt* & *vi* encajar.

dovetail joint *n* cola *f* de milano.

dowager ['daʊədʒəʳ] *n literary* viuda *f* rica.

dowdy ['daʊdɪ] (*compar* -ier, *superl* -iest) *adj* poco elegante.

Dow-Jones average [ˌdaʊ'dʒəʊnz-] *n* índice *m* Dow-Jones.

down [daʊn] ◇ *adv* **-1.** [downwards] (hacia) abajo; **to fall ~** caer; **to bend ~** agacharse; **~ here/there** aquí/allí abajo **-2.** [along]: **I'm going ~ the pub** voy a acercarme al pub **-3.** [southwards] hacia el sur; **we're going ~ to Brighton** vamos a bajar a Brighton **-4.** [lower in amount]: **you must keep your weight ~** debes mantenerte bajo de peso; **prices are coming ~** van bajando los precios **-5.** [including]: **~ to the last detail** hasta el último detalle **-6.** [as deposit]: **to pay £5 ~** pagar 5 libras ahora (y el resto después) **-7.** [in written form]: **to write sthg ~** apuntar algo. ◇ *prep* **-1.** [downwards]: **they ran ~ the hill** corrieron cuesta abajo; **he walked ~ the stairs** bajó la escalera; **rain poured ~ the window** la lluvia resbalaba por la ventana **-2.** [along]: **she was walking ~ the street** iba andando por la calle. ◇ *adj* **-1.** [depressed] deprimido(da) **-2.** [behind]: **he's a minute ~ on the leader** va un minuto por detrás del líder; **we're three goals ~** nos sacan tres goles **-3.** [written] por escrito **-4.** [not in operation]: **the computer is ~ again** el ordenador se ha estropeado otra vez **-5.** [lower in amount]: **prices are ~** los precios han bajado **-6.** [ill]: **to be ~ with the flu** estar con gripe. ◇ *n* [feathers] plumón *m*; [hair] pelusa *f*, vello *m*; ***US*** [in American football] *cada uno de los cuatro intentos de avance que tiene el equipo atacante.* ◇ *vt* **-1.** [knock over] derribar **-2.** [swallow] beberse de un trago **-3.** *phr*: **to ~ tools** [go on strike] declararse en huelga.

◆ **downs** *npl* ***UK*** *montes, especialmente los del sur de Inglaterra.*

◆ **down with** *excl*: **~ with the King!** ¡abajo el rey!

down-and-out ◇ *adj* vagabundo(da). ◇ *n* vagabundo *m*, -da *f*.

down-at-heel *adj esp **UK*** desastrado(da).

downbeat ['daʊnbiːt] *adj inf* pesimista.

downcast ['daʊnkɑːst] *adj fml* **-1.** [sad] alicaído(da), triste **-2.** [looking downwards] mirando al suelo.

downer ['daʊnə^r] *n inf* **-1.** [drug] tranquilizante *m* **-2.** [depressing event or person]: **it's a real ~** es muy deprimente; **to be on a ~** estar con la depre.

downfall ['daʊnfɔːl] *n* [of person] ruina *f*; [of regime] caída *f*.

downgrade ['daʊngreɪd] *vt* degradar.

downhearted [ˌdaʊn'hɑːtɪd] *adj* desanimado(da).

downhill [ˌdaʊn'hɪl] ◇ *adj* cuesta abajo. ◇ *adv* **-1.** [downwards] cuesta abajo **-2.** [worse]: **to be going ~** ir cuesta abajo. ◇ *n* [skiing] descenso *m*.

Downing Street ['daʊnɪŋ-] *n calle londinense donde se encuentran las residencias del Primer Ministro y el ministro de Finanzas; por extensión el gobierno británico.*

DOWNING STREET

En esta calle de Londres se encuentran las residencias oficiales del primer ministro, en el número 10, y del ministro de Finanzas, en el 11. Con frecuencia se utiliza esta expresión para referirse al gobierno británico.

download [ˌdaʊn'ləʊd] COMPUT ◇ *n* descarga *f*. ◇ *vt* descargar, bajar.

down-market *adj* barato(ta).

down payment *n* entrada *f*.

downplay ['daʊnpleɪ] *vt* minimizar.

downpour ['daʊnpɔː^r] *n* chaparrón *m*, aguacero *m*.

downright ['daʊnraɪt] ◇ *adj* patente, manifiesto(ta). ◇ *adv* completamente.

downside ['daʊnsaɪd] *n* desventaja *f*, inconveniente *m*.

downsizing ['daʊnsaɪzɪŋ] *n* reajuste *m* de plantillas.

Down's syndrome *n* síndrome *m* de Down.

downstairs [ˌdaʊn'steəz] ◇ *adj* de abajo. ◇ *adv* abajo; **to come/go ~** bajar (la escalera).

downstream [ˌdaʊn'striːm] *adv* río OR aguas abajo.

downtime ['daʊntaɪm] *n* tiempo *m* de inactividad, paro *m* técnico.

down-to-earth *adj* realista, práctico(ca).

downtown [ˌdaʊn'taʊn] ***US*** ◇ *adj* del centro (de la ciudad). ◇ *n* centro *m* (urbano). ◇ *adv* [live] en el centro; **he gave me a lift ~** me llevó OR me dió un aventón ***Cam, Méx, Perú*** al centro ; [go] al centro.

downtrodden ['daʊnˌtrɒdn] *adj* oprimido(da).

downturn ['daʊntɜːn] *n* bajón *m*.

down under *adv en/a Australia o Nueva Zelanda.*

downward ['daʊnwəd] ◇ *adj* **-1.** [towards the ground] hacia abajo **-2.** [decreasing] descendente. ◇ *adv* ***US*** = **downwards**.

downwards ['daʊnwədz] *adv* **-1.** [gen] hacia abajo; **face ~** boca abajo **-2.** [in hierarchy]: **everyone, from the president ~** todos, empezando por el presidente.

downwind [ˌdaʊn'wɪnd] *adv* a favor del viento.

dowry ['daʊərɪ] (*pl* **-ies**) *n* dote *f*.

doz. (*abbr of* **dozen**) doc.

doze [dəʊz] ◇ *n* sueñecito *m*; **to have a ~** echar una cabezada. ◇ *vi* dormitar.

◆ **doze off** *vi* dormirse, quedarse adormilado(da).

dozen ['dʌzn] ◇ *num adj*: **a ~ eggs** una docena de huevos. ◇ *n* docena *f*; **50p a ~** 50 peniques la docena.

◆ **dozens** *npl inf*: **~s of** montones *mpl* de.

dozy ['dəʊzɪ] (*compar* **-ier**, *superl* **-iest**) *adj* **-1.** [sleepy] soñoliento(ta), amodorrado(da) **-2.** *UK inf* [stupid] tonto(ta).

DP (*abbr of* **data processing**) *n* informática *f*.

DPh, DPhil [ˌdiː'fɪl] (*abbr of* **Doctor of Philosophy**) *n* (*titular de un*) *doctorado en el campo de las humanidades*.

dpi (*abbr of* **dots per inch**) *n* COMPUT ppp.

DPP *n abbr of* **Director of Public Prosecutions**.

Dr. **-1.** (*abbr of* **Doctor**) Dr **-2.** (*abbr of* **Drive**) ≃ c/.

drab [dræb] (*compar* **-ber**, *superl* **-best**) *adj* [colour] apagado(da); [building, clothes] soso(sa); [lives] monótono(na).

draconian [drə'kəʊnjən] *adj fml* draconiano(na).

draft [drɑːft] ◇ *n* **-1.** [early version] borrador *m* **-2.** [money order] letra *f* de cambio, giro *m* **-3.** *US* MIL: **the ~** la llamada a filas **-4.** *US* = **draught**. ◇ *vt* **-1.** [write] redactar, hacer un borrador de **-2.** *US* MIL llamar a filas **-3.** [transfer - staff etc] transferir.

draft dodger [-dɒdʒər] *n US* prófugo *m*.

draftee [ˌdrɑːf'tiː] *n US* recluta *m*.

draftsman *US* = **draughtsman**.

draftsmanship *US* = **draughtsmanship**.

drafty *US* = **draughty**.

drag [dræg] (*pt* & *pp* **-ged**, *cont* **-ging**) ◇ *vt* **-1.** [gen & COMPUT] arrastrar **-2.** [lake, river] dragar, rastrear. ◇ *vi* **-1.** [dress, coat] arrastrarse **-2.** [time, play] ir muy despacio. ◇ *n inf* **-1.** [bore - thing] lata *f*, rollo *m*; [- person] pesado *m*, -da *f* **-2.** [on cigarette] calada *f*, chupada *f*, pitada *f Amér* **-3.** [cross-dressing]: **in ~** vestido de mujer **-4.** [air resistance] resistencia *f* aerodinámica.

◆ **drag down** *vt sep* hundir, deprimir.

◆ **drag in to** *vt sep* [person] meter OR involucrar en.

◆ **drag on** *vi* ser interminable.

◆ **drag out** *vt sep* **-1.** [protract] prolongar **-2.** [extract - fact, information] sacar.

dragnet ['drægnet] *n* **-1.** [net] red *f* barredera **-2.** *fig* [to catch criminal] emboscada *f*.

dragon ['drægən] *n* **-1.** [beast] dragón *m* **-2.** *inf* [woman] bruja *f*.

dragonfly ['drægnflaɪ] (*pl* **-ies**) *n* libélula *f*.

dragoon [drə'guːn] ◇ *n* dragón *m*. ◇ *vt*: **to ~ sb into** forzar a alguien a.

drag racing *n (U)* carreras *fpl* de coches trucados OR modificados.

dragster ['drægstə^r] *n* coche *m* trucado OR modificado.

drain [dreɪn] ◇ *n* **-1.** [for water] desagüe *m*; [for sewage] alcantarilla *f*; [grating] sumidero *m*; **to go down the ~** echarse a perder **-2.** [depletion]: **it's a ~ on my energy** agota todas mis energías. ◇ *vt* **-1.** [marsh, field] drenar; [vegetables] escurrir **-2.** [energy, resources] agotar **-3.** [drink, glass] apurar. ◇ *vi* **-1.** [dishes] escurrirse **-2.** [colour, blood, tension] desaparecer poco a poco.

drainage ['dreɪnɪdʒ] *n* **-1.** [pipes, ditches] alcantarillado *m* **-2.** [of land] drenaje *m*.

draining board *UK* ['dreɪnɪŋ-], **drainboard** *US* ['dreɪnbɔːrd] *n* escurridero *m*.

drainpipe ['dreɪnpaɪp] *n* tubo *m* de desagüe.

drainpipes, drainpipe trousers *npl UK* pantalón *m* de pitillo.

drake [dreɪk] *n* pato *m* (macho).

dram [dræm] *n* chupito *m*.

drama ['drɑːmə] ◇ *n* **-1.** [gen] drama *m* **-2.** [subject] teatro *m* **-3.** [excitement] dramatismo *m*. ◇ *comp* de arte dramático.

dramatic [drə'mætɪk] *adj* **-1.** [concerned with theatre] dramático(ca) **-2.** [gesture, escape, improvement] espectacular.

dramatically [drə'mætɪklɪ] *adv* **-1.** [noticeably] espectacularmente **-2.** [theatrically] dramáticamente.

dramatist ['dræmətɪst] *n* dramaturgo *m*, -ga *f*.

dramatization [ˌdræmətaɪ'zeɪʃn] *n* dramatización *f*.

dramatize, -ise ['dræmətaɪz] *vt* **-1.** [rewrite as play] adaptar **-2.** *pej* [make exciting] dramatizar.

drank [dræŋk] *pt* ▷ **drink**.

drape [dreɪp] *vt*: **to ~ sthg over sthg** cubrir algo con algo; **~d with** OR **in** cubierto con.

◆ **drapes** *npl US* cortinas *fpl*.

draper ['dreɪpə^r] *n* pañero *m*, -ra *f*.

drastic ['dræstɪk] *adj* [extreme, urgent, noticeable] drástico(ca).

drastically ['dræstɪklɪ] *adv* [change, decline] drásticamente.

draught *UK*, **draft** *US* [drɑːft] *n* **-1.** [air current] corriente *f* de aire **-2.** [gulp] trago *m* **-3.**: **on ~** [beer] de barril.

◆ **draughts** *n UK (U)* damas *fpl*.

draught beer *n UK* cerveza *f* de barril.

draughtboard ['drɑːftbɔːd] *n UK* tablero *m* de damas.

draughtsman *UK*, **draftsman** *US* ['drɑːftsmən (*pl* **-men** [-mən])] *n* delineante *m f*.

draughtsmanship *UK*, **draftsmanship** *US* ['drɑ:ftsmənʃɪp] *n* **-1.** [technique] dibujo *m* lineal **-2.** [skill] ejecución *f* de un dibujo lineal.

draughty *UK* (*compar* **-ier**, *superl* **-iest**), **drafty** *US* (*compar* **-ier**, *superl* **-iest**) ['drɑ:ftɪ] *adj* que tiene corrientes de aire; **it's ~** hay corriente.

draw [drɔ:] (*pt* **drew**, *pp* **drawn**) ◇ *vt* **-1.** [sketch] dibujar; [line, circle] trazar; [a picture] hacer **-2.** [pull - cart etc] tirar de; **she drew the comb through her hair** se pasó el peine por el cabello; **he drew her towards him** la atrajo hacia él, tomándola en sus brazos **-3.** [curtains - open] descorrer; [- close] correr **-4.** [breathe]: **to ~ breath** respirar **-5.** [gun, sword] sacar **-6.** [pension, benefit] percibir **-7.** [cheque] librar **-8.** [conclusion] sacar, llegar a **-9.** [distinction, comparison] establecer **-10.** [attract - criticism, praise, person] atraer; **to ~ sb's attention to sthg** llamar la atención de alguien hacia algo; **to be** *OR* **feel drawn to** sentirse atraído a *OR* por. ◇ *vi* **-1.** [sketch] dibujar **-2.** [move] moverse; **to ~ away** alejarse; **to ~ closer** acercarse; **to ~ to an end** *OR* **a close** llegar a su fin **-3.** *SPORT*: **to ~ (with)** empatar (con). ◇ *n* **-1.** *SPORT* empate *m* **-2.** [lottery] sorteo *m* **-3.** [attraction] atracción *f*.

◆ **draw in** *vi* [days] acortarse.

◆ **draw into** *vt sep*: **to ~ sb into sthg** involucrar a alguien en algo.

◆ **draw on** *vt fus* **-1.** [reserves, experience] recurrir a; [statistics, facts] barajar **-2.** [cigarette] dar una calada a.

◆ **draw out** *vt sep* **-1.** [encourage to talk] hacer hablar **-2.** [prolong] prolongar **-3.** [money] sacar.

◆ **draw up** ◇ *vt sep* [draft] preparar, redactar. ◇ *vi* [stop] pararse.

◆ **draw upon** *vt fus* [reserves, experience] recurrir a; [statistics, facts] barajar.

drawback ['drɔ:bæk] *n* inconveniente *m*, desventaja *f*.

drawbridge ['drɔ:brɪdʒ] *n* puente *m* levadizo.

drawer [drɔ:ʳ] *n* [in desk, chest] cajón *m*.

drawing ['drɔ:ɪŋ] *n* dibujo *m*.

drawing board *n* tablero *m* de delineante; **back to the ~!** *inf* ¡a empezar de nuevo!

drawing pin *n UK* chincheta *f*.

drawing room *n* cuarto *m* de estar, salón *m*.

drawl [drɔ:l] ◇ *n manera lenta y poco clara de hablar, alargando las vocales.* ◇ *vt hablar de manera lenta y poco clara, alargando las vocales.*

drawn [drɔ:n] ◇ *pp* ▷ **draw.** ◇ *adj* **-1.** [curtain, blind] corrido(da), cerrado(da) **-2.** [tired, ill] cansado(da), ojeroso(sa).

drawn-out *adj* interminable.

drawstring ['drɔ:strɪŋ] *n* cordón *m*.

dread [dred] ◇ *n* terror *m*, pavor *m*. ◇ *vt*: **to ~ (doing sthg)** temer (hacer algo); **I ~ to think** me horroriza (el) pensarlo.

dreaded ['dredɪd] *adj* terrible.

dreadful ['dredfʊl] *adj* **-1.** [very unpleasant - pain, weather] terrible, espantoso(sa) **-2.** [poor - play, English] horrible, fatal **-3.** [for emphasis - waste, bore] espantoso(sa).

dreadfully ['dredfʊlɪ] *adv* terriblemente.

dreadlocks ['dredlɒks] *npl* pelo *m* al estilo rastafari.

dream [dri:m] (*pt* & *pp* **-ed** *OR* **dreamt**) ◇ *n lit* & *fig* sueño *m*; **bad ~** pesadilla *f*. ◇ *adj* ideal. ◇ *vt*: **to ~ (that)** soñar que; **I never ~t this would happen** jamás creí *OR* imaginé que esto pudiera pasar. ◇ *vi lit* & *fig*: **to ~ of doing sthg** soñar con hacer algo; **to ~ (of** *OR* **about)** soñar (con); **I wouldn't ~ of it** ¡ni hablar!, ¡de ninguna manera!

◆ **dream up** *vt sep* inventar, idear.

dreamer ['dri:məʳ] *n* soñador *m*, -ra *f*.

dreamily ['dri:mɪlɪ] *adv* distraídamente.

dreamlike ['dri:mlaɪk] *adj* de ensueño.

dreamt [dremt] *pp* ▷ **dream.**

dream world *n* mundo *m* de ensueño.

dreamy ['dri:mɪ] (*compar* **-ier**, *superl* **-iest**) *adj* **-1.** [distracted] soñador(ra) **-2.** [peaceful, dreamlike] de ensueño.

dreary ['drɪərɪ] (*compar* **-ier**, *superl* **-iest**) *adj* **-1.** [weather, day] triste **-2.** [job, life] monótono(na); [persona] gris.

dredge [dredʒ] *vt* dragar.

◆ **dredge up** *vt sep* **-1.** [with dredger] extraer (del agua) con draga **-2.** *fig* [from past] sacar a (la) luz.

dredger ['dredʒəʳ] *n NAUT* draga *f*.

dregs [dregz] *npl* **-1.** [of liquid] posos *mpl* **-2.** *fig* [of society] escoria *f*.

drench [drentʃ] *vt* empapar; **~ed to the skin** calado hasta los huesos; **to be ~ed in** *OR* **with** estar empapado en.

Dresden ['drezdən] *n* Dresde.

dress [dres] ◇ *n* **-1.** [woman's garment] vestido *m* **-2.** *(U)* [clothing] traje *m*. ◇ *vt* **-1.** [clothe] vestir; **to be ~ed in** ir vestido de; **to be ~ed** estar vestido; **to get ~ed** vestirse **-2.** [bandage] vendar **-3.** *CULIN* aliñar, aderezar. ◇ *vi* **-1.** [put on clothing] vestirse **-2.** [wear clothes] vestir; **to ~ well/badly** vestir bien/mal.

◆ **dress up** ◇ *vt sep* disfrazar. ◇ *vi* **-1.** [in costume] disfrazarse **-2.** [in best clothes] engalanarse.

dressage ['dresɑ:ʒ] *n* doma *f* de caballos.

dress circle *n* piso *m* principal.

dresser ['dresəʳ] *n* **-1.** [for dishes] aparador *m* **-2.**

US [chest of drawers] cómoda *f* **-3.** [person]: **he's a smart/sloppy ~** es elegante/descuidado en el vestir.

dressing ['dresɪŋ] *n* **-1.** [bandage] vendaje *m* **-2.** [for salad] aliño *m* **-3.** *US* [for turkey etc] relleno *m.*

dressing gown *n* bata *f.*

dressing room *n* *THEATRE* camerino *m*; *SPORT* vestuario *m.*

dressing table *n* tocador *m.*

dressmaker ['dres,meɪkəʳ] *n* costurero *m*, -ra *f*, modisto *m*, -ta *f.*

dressmaking ['dres,meɪkɪŋ] *n* costura *f.*

dress rehearsal *n* ensayo *m* general.

dress shirt *n* camisa *f* de vestir.

dressy ['dresɪ] (*compar* **-ier**, *superl* **-iest**) *adj* elegante.

drew [druː] *pt* ▷ **draw.**

dribble ['drɪbl] ◇ *n* **-1.** [saliva] baba *f* **-2.** [trickle] hilo *m.* ◇ *vt* **-1.** *SPORT* [ball] regatear **-2.** [liquid]: **to ~ saliva** babear. ◇ *vi* **-1.** [drool] babear **-2.** [spill] gotear, caer gota a gota.

dribs [drɪbz] *npl*: **in ~ and drabs** poco a poco.

dried [draɪd] ◇ *pp* & *pt* ▷ **dry.** ◇ *adj* [gen] seco(ca); [milk, eggs] en polvo.

dried fruit *n (U)* fruta *f* pasa.

dried-up *adj* seco(ca).

drier ['draɪəʳ] = **dryer.**

drift [drɪft] ◇ *n* **-1.** [trend, movement] movimiento *m*, tendencia *f*; [of current] flujo *m* **-2.** [meaning] sentido *m*; **I get your ~** entiendo la idea **-3.** [mass - of snow] ventisquero *m*; [- of sand, leaves] montículo *m.* ◇ *vi* **-1.** [boat] ir a la deriva **-2.** [snow, sand, leaves] amontonarse **-3.** [person] ir sin rumbo; **to ~ into** [job, marriage] dejarse llevar a; **to ~ apart** tener cada vez menos en común.

◆ **drift off** *vi* [person] dormirse, quedarse dormido(da).

drifter ['drɪftəʳ] *n* [person] *persona que no permanece por mucho tiempo en un sitio o empleo.*

driftwood ['drɪftwʊd] *n* madera *f* de deriva.

drill [drɪl] ◇ *n* **-1.** [tool - gen] taladro *m*; [- bit] broca *f*; [- dentist's] fresa *f*; [- in mine, oilfield] perforadora *f* **-2.** [exercise - for fire, battle] simulacro *m.* ◇ *vt* **-1.** [tooth, wood, oil well] perforar **-2.** [instruct - people, pupils] adiestrar, entrenar; [- soldiers] instruir; **to ~ sthg into sb** inculcar algo en alguien. ◇ *vi*: **to ~ into/for** perforar en/en busca de.

drilling platform ['drɪlɪŋ-] *n* plataforma *f* de perforación.

drily ['draɪlɪ] = **dryly.**

drink [drɪŋk] (*pt* **drank**, *pp* **drunk**) ◇ *n* **-1.** [gen] bebida *f*; **a ~ of water** un trago de agua **-2.** [alcoholic beverage] copa *f*; **would you like a ~?** ¿quieres tomar algo (de beber)?; **to have a ~** tomar algo, tomar una copa. ◇ *vt* beber. ◇ *vi* beber; **to ~ to sb/sb's success** beber a la salud de alguien/por el éxito de alguien.

drinkable ['drɪŋkəbl] *adj* **-1.** [suitable for drinking] potable **-2.** [palatable]: **this wine is very ~** este vino no está nada mal.

drink-driving *UK*, **drunk-driving** *US* *n* conducción *f* en estado de embriaguez.

drinker ['drɪŋkəʳ] *n* **-1.** [of alcohol] bebedor *m*, -ra *f* **-2.** [of tea, coffee]: **tea/coffee ~** persona que bebe té/café.

drinking ['drɪŋkɪŋ] *n (U)* bebida *f.*

drinking chocolate *n* chocolate *m* (a la taza).

drinking fountain *n* fuente *f* (de agua potable).

drinking-up time *n UK inf tiempo concedido en los bares para apurar el trago antes de cerrar.*

drinking water ['drɪŋkɪŋ-] *n* agua *f* potable.

drip [drɪp] (*pt* & *pp* **-ped**, *cont* **-ping**) ◇ *n* **-1.** [drop] gota *f*; [drops] goteo *m* **-2.** *MED* gota a gota *m inv* **-3.** *inf* [wimp] soso *m*, -sa *f.* ◇ *vt* [sweat, blood] chorrear. ◇ *vi* **-1.** [liquid, tap, nose] gotear **-2.** [person]: **to be dripping with sthg** [sweat, blood] estar chorreando algo; [diamonds, furs] estar cubierto(ta) de algo.

drip-dry *adj* de lava y pon.

drip-feed ◇ *n* gota a gota *m inv.* ◇ *vt* alimentar gota a gota.

dripping ['drɪpɪŋ] ◇ *adj*: **~ (wet)** chorreando, empapado(da). ◇ *n* grasa *f* (de carne), pringue *m f.*

drive [draɪv] (*pt* **drove**, *pp* **driven**) ◇ *n* **-1.** [outing] paseo *m* (en coche); **to go for a ~** ir a dar una vuelta en coche **-2.** [journey] viaje *m* (en coche); **it's a two-hour ~ (away)** está a dos horas en coche **-3.** [urge] instinto *m* **-4.** [campaign] campaña *f* **-5.** [energy] vigor *m*, energía *f* **-6.** [road to house] camino *m* (de entrada) **-7.** [street] calle *f* **-8.** [in golf, tennis] drive *m* **-9.** *COMPUT* unidad *f* de disco. ◇ *vt* **-1.** [vehicle] conducir, manejar *Amér* **-2.** [passenger] llevar (en coche) **-3.** [fuel, power] impulsar **-4.** [force to move - gen] arrastrar; [- cattle] arrear; **it drove people from their homes** obligó a la gente a abandonar sus hogares **-5.** [motivate] motivar **-6.** [force]: **to ~ sb to do sthg** conducir *OR* llevar a alguien a hacer algo; **to ~ sb to despair** hacer desesperar a alguien; **to ~ sb mad** *OR* **crazy** volver loco a alguien **-7.** [hammer] clavar **-8.** *SPORT* [hit hard] golpear con fuerza. ◇ *vi* *AUT* conducir, manejar *Amér*; **I don't ~** no sé conducir; **I**

drove there fui en coche.

◆ **drive at** *vt fus* insinuar, querer decir.

drive-in *esp US* ◇ *n* **-1.** [restaurant] *restaurante de comida rápida donde se sirve a la clientela en su coche* **-2.** CINEMA autocine *m.* ◇ *adj*: ~ **bank** *banco en el que se puede realizar transacciones desde el coche.*

drivel ['drɪvl] *n inf (U)* tonterías *fpl.*

driven ['drɪvn] *pp* ▷ **drive.**

driver ['draɪvəʳ] *n* **-1.** [gen] conductor *m*, -ra *f*; RAIL maquinista *m* OR *f*; [of racing car] piloto *m* OR *f* **-2.** COMPUT controlador *m.*

driver's license *US* = **driving licence.**

drive shaft *n* (eje *m* de) transmisión *f.*

driveway ['draɪvweɪl] *n* camino *m* de entrada.

driving ['draɪvɪŋ] ◇ *adj* [rain] torrencial; [wind] huracanado(da). ◇ *n (U)* conducción *f*, el conducir.

driving force *n* fuerza *f* motriz.

driving instructor *n* instructor *m*, -ra *f* de conducción.

driving lesson *n* clase *f* de conducir OR conducción.

driving licence *UK*, **driver's license** *US n* carné *m* OR permiso *m* de conducir.

driving mirror *n* retrovisor *m.*

driving school *n* autoescuela *f.*

driving test *n* examen *m* de conducir.

drizzle ['drɪzl] ◇ *n* llovizna *f*, garúa *f* **Andes** & *RP.* ◇ *v impers* lloviznar.

drizzly ['drɪzlɪ] (*compar* **-ier**, *superl* **-iest**) *adj* lloviznoso(sa).

droll [drəʊl] *adj* gracioso(sa).

dromedary ['drɒmədrɪ] (*pl* **-ies**) *n* dromedario *m.*

drone [drəʊn] ◇ *n* **-1.** [hum] zumbido *m* **-2.** [bee] zángano *m.* ◇ *vi* zumbar.

◆ **drone on** *vi*: **to ~ on (about)** soltar una perorata(sobre).

drool [dru:l] *vi* **-1.** [dribble] babear **-2.** *fig* [admire]: **he was ~ing over her** se le caía la baba con ella.

droop [dru:p] *vi* **-1.** [shoulders] encorvarse; [eyelids] cerrarse; [head] inclinarse; [flower] marchitarse **-2.** [person]: **their spirits ~ed** se desanimaron.

drop [drɒp] (*pt* & *pp* **-ped**, *cont* **-ping**) ◇ *n* **-1.** [of liquid, milk, whisky] gota *f* **-2.** [sweet] pastilla *f* **-3.** [decrease]: ~ **(in)** [price] caída *f* (de); [temperature] descenso *m* (de); [demand, income] disminución *f*(en) **-4.** [distance down] caída *f.* ◇ *vt* **-1.** [let fall - gen] dejar caer; [- bomb] lanzar; **I dropped the book** se me cayó el libro; **she dropped a stitch** se le escapó un punto **-2.** [decrease] reducir **-3.** [voice] bajar **-4.** [abandon - subject, course] dejar; [- charges] retirar; [- person, lover] abandonar; [- player] excluir, no seleccionar **-5.** [utter - hint, remark] lanzar, soltar; **he's always dropping names** siempre se las está dando de conocer a gente importante **-6.** SPORT [game, set] perder **-7.** [write]: **to ~ sb a line** mandar unas líneas a alguien **-8.** [let out of car] dejar. ◇ *vi* **-1.** [fall down] caer; **it dropped onto the ground** se cayó al suelo; **to ~ to one's knees** arrodillarse; **~ dead!** ¡vete a la porra!; **we walked until we dropped** estuvimos andando hasta no poder más **-2.** [fall away - ground] ceder **-3.** [decrease - temperature, price, voice] bajar; [- attendance, demand, unemployment] disminuir; [- wind] calmarse, amainar.

◆ **drops** *npl* MED gotas *fpl.*

◆ **drop by** *vi inf*: **to ~ by (at)** pasarse (por).

◆ **drop in** *vi inf*: **to ~ in on** pasarse por casa de.

◆ **drop off** ◇ *vt sep* [person, letter] dejar. ◇ *vi* **-1.** [fall asleep] quedarse dormido(da), dormirse **-2.** [grow less] disminuir, bajar.

◆ **drop out** *vi*: **to ~ out (of** OR **from)** [school, college] dejar de asistir (a); [competition] retirarse (de).

drop-in centre *n centro patrocinado por los servicios sociales, iglesias etc, a donde la gente puede ir a pasar un rato.*

droplet ['drɒplɪt] *n* gotita *f.*

dropout ['drɒpaʊt] *n* [from society] marginado *m*, -da *f*; [from university] persona *f* que ha dejado los estudios.

dropper ['drɒpəʳ] *n* cuentagotas *m inv.*

droppings ['drɒpɪŋz] *npl* excremento *m (de animales).*

drop shot *n* dejada *f.*

dross [drɒs] *n* [rubbish] *inf* basura *f.*

drought [draʊt] *n* sequía *f.*

drove [drəʊv] ◇ *pt* ▷ **drive.** ◇ *n* [of people] multitud *f.*

drown [draʊn] ◇ *vt* **-1.** [kill] ahogar **-2.** [sound]: **to ~ sb/sthg (out)** ahogar a alguien/algo. ◇ *vi* ahogarse.

drowsy ['draʊzɪ] (*compar* **-ier**, *superl* **-iest**) *adj* [person] somnoliento(ta).

drudge [drʌdʒ] *n* esclavo *m*, -va *f* del trabajo.

drudgery ['drʌdʒərɪ] *n trabajo pesado y monótono.*

drug [drʌg] (*pt* & *pp* **-ged**, *cont* **-ging**) ◇ *n* **-1.** [medicine] medicamento *m* **-2.** [narcotic] droga *f*; **to be on** OR **take ~s** drogarse. ◇ *vt* **-1.** [person] drogar **-2.** [food, drink] echar droga a.

drug abuse *n* consumo *m* de drogas.

drug addict *n* drogadicto *m*, -ta *f*, toxicómano *m*, -na *f.*

drug addiction *n* drogadicción *f*, toxicomanía *f*.
drug dealer *n* narcotraficante *m* OR *f*.
druggist ['drʌgɪst] *n US* farmacéutico *m*, -ca *f*.
drug pedlar *n* traficante *m f* de drogas al por menor.
drugs test *n* prueba *f* antidoping.
drugstore ['drʌgstɔːʳ] *n US* farmacia *f (que también vende productos de perfumería, cosméticos, periódicos etc).*
druid ['druːɪd] *n* druida *m*.
drum [drʌm] (*pt & pp* **-med**, *cont* **-ming**) ◇ *n* **-1.** [instrument, of machine] tambor *m*; **~s** batería *f* **-2.** [container, cylinder] bidón *m*. ◇ *vt* [fingers] tamborilear con. ◇ *vi* [rain, hoofs] golpetear.
◆ **drum into** *vt sep*: **to ~ sthg into sb** inculcar algo a alguien.
◆ **drum up** *vt sep* intentar conseguir.
drumbeat ['drʌmbiːt] *n* toque *m* de tambor.
drum brake *n* freno *m* de tambor.
drum machine *n* caja *f* de ritmos.
drummer ['drʌməʳ] *n* [in orchestra] tambor *m* OR *f*; [in pop group] batería *m* OR *f*.
drumming ['drʌmɪŋ] *n* **-1.** [of fingers, rain] tamborileo *m* **-2.** [playing drum] el tocar el tambor; **the ~ on the album is fantastic** la batería en el disco es sensacional.
drum roll *n* redoble *m* de tambor.
drumstick ['drʌmstɪk] *n* **-1.** [for drum] palillo *m* **-2.** [food] muslo *m*.
drunk [drʌŋk] ◇ *pp* ▷ **drink**. ◇ *adj* **-1.** [on alcohol] borracho(cha); **to get ~** emborracharse; **to be ~** estar borracho; **~ and disorderly** borracho y escandaloso **-2.** *fig* [excited, carried away]: **to be ~ with** OR **on** estar ebrio(bria) de. ◇ *n* borracho *m*, -cha *f*.
drunkard ['drʌŋkəd] *n* borracho *m*, -cha *f*.
drunk-driving *US* = **drink-driving**.
drunken ['drʌŋkn] *adj* **-1.** [person] borracho (cha) **-2.** [talk, steps, stupor] de borracho(cha).
drunken driving = **drink-driving**.
drunkenness ['drʌŋkənnɪs] *n* embriaguez *f*.
dry [draɪ] (*compar* **-ier**, *superl* **-iest**, *pt & pp* **dried**) ◇ *adj* **-1.** [gen] seco(ca) **-2.** [day] sin lluvia **-3.** [earth, soil] árido(da) **-4.** [thirsty] sediento(ta); **to feel** OR **be ~** tener sed **-5.** [dull] aburrido(da) **-6.** [humour] lacónico(ca). ◇ *vt* [gen] secar; [hands, hair] secarse; **to ~ o.s** secarse; **to ~ one's eyes** secarse las lágrimas. ◇ *vi* secarse.
◆ **dry out** ◇ *vt sep* secar. ◇ *vi* secarse.
◆ **dry up** ◇ *vt sep* secar. ◇ *vi* **-1.** [river, well] secarse **-2.** [stop - supply] agotarse **-3.** [stop speaking] quedarse en blanco **-4.** [dry dishes] secar.
dry battery *n* pila *f* (seca).
dry-clean *vt* limpiar en seco.
dry cleaner *n*: **~'s (shop)** tintorería *f*.
dry-cleaning *n* limpieza *f* en seco.
dry dock *n* dique *m* seco.
dryer ['draɪəʳ] *n* [for clothes] secadora *f*.
dry ginger *n* ginger ale *m*.
dry goods *npl* **-1.** *US* [cloth products] artículos *mpl* de mercería **-2.** [tobacco, coffee, etc] áridos *mpl*.
dry goods store *n US* mercería *f* OR tienda *f* de confección.
dry ice *n* nieve *f* carbónica.
dry land *n* tierra *f* firme.
dryly ['draɪlɪ] *adv* [wryly] secamente.
dryness ['draɪnɪs] *n* **-1.** [gen] sequedad *f* **-2.** [of ground, lecture] aridez *f* **-3.** [of comment, humour] laconismo *m*.
dry rot *n* putrefacción *f* de la madera.
dry run *n* ensayo *m*.
dry ski slope *n* pista *f* de esquí artificial.
dry-stone wall *n muro construido con piedras amontonadas y sin mortero.*
DSS (*abbr of* **Department of Social Security**) *n ministerio británico de la seguridad social.*
DST (*abbr of* **daylight saving time**) *hora de verano.*
DT *abbr of* **data transmission**.
DTI (*abbr of* **Department of Trade and Industry**) *n ministerio británico de comercio e industria.*
DTP (*abbr of* **desktop publishing**) *n* autoed. *f*.
DT's [ˌdiːˈtiːz] (*abbr of* **delirium tremens**) *npl inf*: **to have the ~** tener un delirium tremens.
dual ['djuːəl] *adj* doble.
dual carriageway *n UK carretera de dos sentidos y doble vía separados,* ≃ autovía *f*.
dual control *n* doble mando *m*.
dual nationality *n* doble nacionalidad *f*.
dual-purpose *adj* de doble uso.
Dubai [ˌduːˈbaɪ] *n* Dubai.
dubbed [dʌbd] *adj* **-1.** CINEMA doblado(da) **-2.** [nicknamed] apodado(da).
dubious ['djuːbjəs] *adj* **-1.** [questionable - person, deal, reasons] sospechoso(sa); [- honour, distinction] paradójico(ca) **-2.** [uncertain, undecided] dudoso(sa); **to feel** OR **be ~ (about)** tener dudas (sobre).
Dublin ['dʌblɪn] *n* Dublín.
Dubliner ['dʌblɪnər] *n* dublinés *m*, -esa *f*.
duchess ['dʌtʃɪs] *n* duquesa *f*.
duchy ['dʌtʃɪ] (*pl* **-ies**) *n* ducado *m*.
duck [dʌk] ◇ *n* **-1.** [bird] pato *m*, -ta *f*; **to take to sthg like a ~ to water** encontrarse en seguida en su salsa con algo **-2.** [food] pato *m*.

◇ *vt* **-1.** [lower] agachar, bajar **-2.** [try to avoid - duty] eludir, esquivar **-3.** [submerge] sumergir. ◇ *vi* **-1.** [lower head] agacharse **-2.** [dive]: **to ~ behind/into sthg** esconderse detrás de/en algo.

◆ **duck out** *vi*: **to ~ out (of sthg/of doing sthg)** esquivar (algo/hacer algo).

duckling [ˈdʌklɪŋ] *n* patito *m*.

duct [dʌkt] *n* conducto *m*.

dud [dʌd] ◇ *adj* [gen] falso(sa); [mine] que no estalla ; [cheque] sin fondos. ◇ *n persona o cosa inútil*.

dude [dju:d] *n* **US** *inf* [man] tipo *m*, tío *m* **Esp**; [term of address] colega *m* **Esp**, tío *m* **Esp**, mano *m* **Andes, CAm, Carib, Méx**, flaco *m* **RP**.

dude ranch *n* **US** rancho *m* para turistas.

due [dju:] ◇ *adj* **-1.** [expected] esperado(da); **it's ~ out in May** saldrá en mayo; **she's ~ back soon** tendría que volver dentro de poco; **the train's ~ in half an hour** el tren debe llegar dentro de media hora **-2.** [appropriate] debido(da); **with all ~ respect** sin ganas de ofender; **in ~ course** [at appropriate time] a su debido tiempo; [eventually] al final **-3.** [owed, owing] pagadero(ra); **I'm ~ a bit of luck** ya sería hora que tuviera un poco de suerte; **how much are you ~?** ¿cuánto te deben?; **to be ~ to** deberse a. ◇ *n* [deserts]: **to give sb their ~** hacer justicia a alguien. ◇ *adv*: **~ north/south** derecho hacia el norte/sur.

◆ **dues** *npl* cuota *f*.

◆ **due to** *prep* debido a.

due date *n* (fecha *f* de) vencimiento *m*.

duel [ˈdju:əl] (*Br pt & pp* **-led**, *cont* **-ling**, *Am pt & pp* **-ed**, *cont* **-ing**) ◇ *n* duelo *m*. ◇ *vi* batirse en duelo.

duet [dju:ˈet] *n* dúo *m*.

duff [dʌf] *adj* **UK** *inf* inútil.

◆ **duff up** *vt sep* **UK** *inf* dar una paliza a.

duffel bag [ˈdʌfl-] *n* morral *m*.

duffel coat [ˈdʌfl-] *n* trenca *f*, montgomery *m* **CSur**.

duffle bag [ˈdʌfl-] = **duffel bag**.

duffle coat [ˈdʌfl-] = **duffel coat**.

dug [dʌg] *pt & pp* ▷ **dig**.

dugout [ˈdʌgaʊt] *n* **-1.** [canoe] *canoa hecha de un tronco ahuecado* **-2.** SPORT foso *m*, banquillo *m*.

duke [dju:k] *n* duque *m*.

dull [dʌl] ◇ *adj* **-1.** [boring] aburrido(da) **-2.** [listless] torpe **-3.** [dim] apagado(da) **-4.** [cloudy] gris, triste **-5.** [thud, boom, pain] sordo(da). ◇ *vt* **-1.** [senses] embotar, entorpecer; [pain] aliviar; [pleasure, memory] enturbiar **-2.** [make less bright] deslustrar.

duly [ˈdju:lɪ] *adv* **-1.** [properly] debidamente **-2.** [as expected] como era de esperar.

dumb [dʌm] *adj* **-1.** [unable to speak] mudo(da); **to be struck ~** quedarse de una pieza **-2.** *esp* **US** *inf* [stupid] estúpido(da).

dumbbell [ˈdʌmbel] *n* [weight] pesa *f*.

dumbfound [dʌmˈfaʊnd] *vt* dejar mudo(da) de asombro; **to be ~ed** quedar mudo de asombro.

dumbstruck [ˈdʌmstrʌk] *adj* mudo(da) de asombro.

dumbwaiter [ˌdʌmˈweɪtəʳ] *n* [lift] montaplatos *m inv*.

dumdum (bullet) [ˈdʌmdʌm-] *n* (bala *f*) dumdum *f*.

dummy [ˈdʌmɪ] (*pl* **-ies**) ◇ *adj* falso(sa). ◇ *n* **-1.** [of ventriloquist] muñeco *m*; [in shop window] maniquí *m* **-2.** [copy] imitación *f* **-3. UK** [for baby] chupete *m*, chupón *m* **Méx** **-4.** SPORT amago *m* **-5.** [idiot] *inf* imbécil *m* OR *f*. ◇ *vt* SPORT amagar.

dummy run *n* ensayo *m*, prueba *f*.

dump [dʌmp] ◇ *n* **-1.** [for rubbish] basurero *m*, vertedero *m* **-2.** [for ammunition] depósito *m* **-3.** COMPUT volcado *m* de memoria **-4.** *inf* [ugly place - house] casucha *f* ; [- hotel] hotelucho *m*. ◇ *vt* **-1.** [put down - sand, load] descargar; [- bags, washing] dejar **-2.** [dispose of] deshacerse de **-3.** COMPUT volcar **-4.** *inf* [jilt] deshacerse de.

◆ **dumps** *npl*: **to be (down) in the ~s** tener murria, estar por los suelos.

dumper (truck) [ˈdʌmpəʳ-] **UK**, **dump truck US** *n* volquete *m*.

dumping [ˈdʌmpɪŋ] *n* [of rubbish] vertido *m*; **'no ~'** 'prohibido verter basura'.

dumping ground *n* vertedero *m*.

dumpling [ˈdʌmplɪŋ] *n bola de masa que se guisa al vapor con carne y verduras*.

Dumpster® [ˈdʌmpstər] *n* **US** contenedor *m (de escombros)*.

dump truck US = **dumper (truck)**.

dumpy [ˈdʌmpɪ] (*compar* **-ier**, *superl* **-iest**) *adj inf* bajito y regordete (bajita y regordete).

dunce [dʌns] *n* zoquete *m* OR *f*, burro *m*, -rra *f*.

dune [dju:n] *n* duna *f*.

dung [dʌŋ] *n* [of animal] excremento *m*; [used as manure] estiércol *m*.

dungarees [ˌdʌŋgəˈri:z] *npl* **-1. UK** [for work] mono *m*, overol *m* **Amér**; [fashion garment] pantalones *mpl* de peto, mameluco *m* **CSur** **-2. US** [heavy jeans] *vaqueros de tela gruesa utilizados para trabajar*.

dungeon [ˈdʌndʒən] *n* mazmorra *f*, calabozo *m*.

dunk [dʌŋk] *vt* mojar.

Dunkirk [dʌnˈkɜ:k] *n* Dunkerque.

duo [ˈdjuːəʊ] *n* dúo *m*.
duodenal ulcer [ˈdjuːəʊˈdiːnl-] *n* úlcera *f* de duodeno.
dupe [djuːp] ◇ *n* primo *m*, -ma *f*, inocente *m* OR *f*. ◇ *vt*: **to ~ sb (into doing sthg)** embaucar a alguien (a que haga algo).
duplex [ˈdjuːpleks] *n US* **-1.** [apartment] dúplex *m* **-2.** [house] casa *f* adosada.
duplicate [*adj & n* ˈdjuːplɪkət, *vb* ˈdjuːplɪkeɪt] ◇ *adj* duplicado(da). ◇ *n* copia *f*, duplicado *m*; **in ~** por duplicado. ◇ *vt* **-1.** [copy] duplicar, hacer una copia de **-2.** [double, repeat] repetir.
duplication [ˌdjuːplɪˈkeɪʃn] *(U) n* **-1.** [copying] duplicación *f* **-2.** [doubling, repetition] repetición *f*.
duplicity [djuːˈplɪsətɪ] *n fml* doblez *f*, duplicidad *f*.
Dur (*abbr of* **Durham**) *condado inglés.*
durability [ˌdjʊərəˈbɪlətɪ] *n* durabilidad *f*.
durable [ˈdjʊərəbl] *adj* duradero(ra).
duration [djʊˈreɪʃn] *n* duración *f*; **for the ~ of** durante.
duress [djʊˈres] *n*: **under ~** bajo coacción.
Durex® [ˈdjʊəreks] *n* [condom] preservativo *m*, condón *m*.
during [ˈdjʊərɪŋ] *prep* durante.
dusk [dʌsk] *n* crepúsculo *m*, anochecer *m*.
dusky [ˈdʌskɪ] (*compar* **-ier**, *superl* **-iest**) *adj literary* moreno(na).
dust [dʌst] ◇ *n* polvo *m*; **coal ~** cisco *m*; **to gather ~** [get dusty] cubrirse de polvo; *fig* [be ignored] quedar arrinconado. ◇ *vt* **-1.** [clean] quitar el polvo a, limpiar **-2.** [cover with powder]: **to ~ sthg (with)** espolvorear algo (con). ◇ *vi* quitar el polvo.
◆ **dust off** *vt sep lit & fig* desempolvar.
dustbin [ˈdʌstbɪn] *n UK* cubo *m* de la basura.
dustbowl [ˈdʌstbəʊl] *n* zona *f* semiárida *(que sufre vendavales de polvo).*
dustcart [ˈdʌstkɑːt] *n UK* camión *m* de la basura.
dustcloth [ˈdʌstklɒθ] *n US* trapo *m* del polvo.
dust cover = **dust jacket**.
duster [ˈdʌstəʳ] *n* **-1.** [cloth] bayeta *f*, trapo *m* (de quitar el polvo) **-2.** *US* [overall] guardapolvo *m*.
dust jacket *n* sobrecubierta *f*.
dustman [ˈdʌstmən] (*pl* **-men** [-mən]) *n UK* basurero *m*.
dustpan [ˈdʌstpæn] *n* recogedor *m*.
dustsheet [ˈdʌstʃiːt] *n UK* guardapolvo *m (para muebles).*
dust storm *n* vendaval *m* de polvo.
dustup [ˈdʌstʌp] *n inf* reyerta *f*, riña *f*.
dusty [ˈdʌstɪ] (*compar* **-ier**, *superl* **-iest**) *adj* [covered in dust] polvoriento(ta).
Dutch [dʌtʃ] ◇ *adj* holandés(esa). ◇ *n* [language] holandés *m*. ◇ *npl*: **the ~** los holandeses.
Dutch auction *n UK subasta en la que se va reduciendo el precio de venta hasta encontrar comprador.*
Dutch cap *n UK* diafragma *m*.
Dutch courage *n* valentía *f* causada por la embriaguez.
Dutch elm disease *n hongo que ataca a los olmos.*
Dutchman [ˈdʌtʃmən] (*pl* **-men** [-mən]) *n* holandés *m*.
Dutchwoman [ˈdʌtʃˌwʊmən] (*pl* **-women** [-ˌwɪmɪn]) *n* holandesa *f*.
dutiable [ˈdjuːtjəbl] *adj* sujeto(ta) a derechos de aduana.
dutiful [ˈdjuːtɪfʊl] *adj* obediente, sumiso(sa).
duty [ˈdjuːtɪ] (*pl* **-ies**) *n* **-1.** *(U)* [moral, legal responsibility] deber *m*; **to do one's ~** cumplir uno con su deber **-2.** [work] servicio *m*; **to be on/off ~** estar/no estar de servicio **-3.** [tax] impuesto *m*; **customs ~** derechos *mpl* de aduana.
◆ **duties** *npl* tareas *fpl*.
duty bound *adj*: **to be ~ (to do sthg)** estar obligado(da) (a hacer algo).
duty-free ◇ *adj* libre de impuestos. ◇ *n (U) inf* artículos *mpl* libres de impuestos.
duty-free shop *n* tienda *f* libre de impuestos.
duty officer *n* oficial *m* OR *f* de guardia.
duvet [ˈduːveɪ] *n UK* edredón *m*.
duvet cover *n UK* funda *f* del edredón.
DVD (*abbr of* **Digital Versatile Disk**) *n* DVD *m*.
DVD player *n* reproductor *m* de DVD.
DVD ROM (*abbr of* **Digital Versatile Disk read only memory**) *n* DVD ROM *m*.
DVLA (*abbr of* **Driver and Vehicle Licensing Agency**) *n organismo británico encargado de la matriculación de coches y la emisión de carnets de conducir,* ≃ Dirección *f* General de Tráfico.
dwarf [dwɔːf] (*pl* **-s** OR **dwarves** [dwɔːvz]) ◇ *adj* enano(na). ◇ *n* enano *m*, -na *f*. ◇ *vt* achicar, empequeñecer.
dwell [dwel] (*pt & pp* **-ed** OR **dwelt**) *vi literary* morar, habitar.
◆ **dwell on** *vt fus* darle vueltas a.
-dweller [ˈdweləʳ] *suffix*: **cave ~** habitante *m* OR *f* de las cavernas; **city ~** habitante *m* OR *f* de la ciudad.
dwelling [ˈdwelɪŋ] *n literary* morada *f*.
dwelt [dwelt] *pt & pp* ▷ **dwell**.
dwindle [ˈdwɪndl] *vi* ir disminuyendo.
dwindling [ˈdwɪndlɪŋ] *adj* decreciente.

dye [daɪ] ◇ *n* tinte *m*, colorante *m*. ◇ *vt* teñir; **to ~ one's hair** teñirse el pelo.
dyed [daɪd] *adj* teñido(da).
dying ['daɪɪŋ] ◇ *cont* ▷ **die**. ◇ *adj* **-1.** [person, animal] moribundo(da) **-2.** [activity, practice] en vías de desaparición. ◇ *npl*: **the ~** los moribundos.
dyke [daɪk] = **dike**.
dynamic [daɪ'næmɪk] *adj* dinámico(ca).
◆ **dynamics** *npl* dinámica *f*.
dynamism ['daɪnəmɪzm] *n* dinamismo *m*.
dynamite ['daɪnəmaɪt] ◇ *n lit & fig* dinamita *f*. ◇ *vt* dinamitar.
dynamo ['daɪnəməʊ] (*pl* **-s**) *n* dinamo *f*.
dynasty [*UK* 'dɪnəstɪ, *US* 'daɪnəstɪ] (*pl* **-ies**) *n* dinastía *f*.
dysentery ['dɪsntrɪ] *n* disentería *f*.
dysfunctional [dɪs'fʌŋkʃənəl] *adj* disfuncional.
dyslexia [dɪs'leksɪə] *n* dislexia *f*.
dyslexic [dɪs'leksɪk] *adj* disléxico(ca).
dyspepsia [dɪs'pepsɪə] *n* dispepsia *f*.
dystrophy ['dɪstrəfɪ] ▷ **muscular dystrophy**.

e (*pl* **e's** *OR* **es**), **E** (*pl* **E's** *OR* **Es**) [iː] *n* [letter] e *f*, E *f*.
◆ **E** *n* **-1.** *MUS* mi *m* **-2.** *SCH* [mark] ≃ suspenso *m* **-3.** (*abbr of* **east**) E *m* **-4.** (*abbr of* **ecstasy**) *inf* [drug] extasis *m inv*.
ea. (*abbr of* **each**) c/u; **£3.00 ~** 3 libras cada uno.
each [iːtʃ] ◇ *adj* cada. ◇ *pron* cada uno *m*, una *f*; **one ~** uno cada uno; **~ of us/the boys** cada uno de nosotros/los niños; **two of ~** dos de cada (uno); **~ other** el uno al otro; **they kissed ~ other** se besaron; **we know ~ other** nos conocemos.
eager ['iːgəʳ] *adj* [pupil] entusiasta; [smile, expression] de entusiasmo; **to be ~ for sthg/to do sthg** ansiar algo/hacer algo, desear vivamente algo/hacer algo.
eagerly ['iːgəlɪ] *adv* con entusiasmo; **~ awaited** largamente esperado(da).
eagle ['iːgl] *n* águila *f*.
eagle-eyed [-'aɪd] *adj* con ojos de lince.
eaglet ['iːglɪt] *n* aguilucho *m*.
E and OE (*abbr of* **errors and omissions excepted**) s.e.u.o.
ear [ɪəʳ] *n* **-1.** [outer part] oreja *f*; [inner part] oído *m*; **to go in one ~ and out the other** *inf* entrar por un oído y salir por el otro; **to have** *OR* **keep one's ~ to the ground** *inf* mantenerse al corriente **-2.** *fig* [attention] atención *f* **-3.** *fig* [talent]: **to have an ~ for** tener oído para **-4.** [of corn] espiga *f* **-5.** *MUS*: **by ~** de oído; **to play it by ~** *fig* obrar sobre la marcha.
earache ['ɪəreɪk] *n* dolor *m* de oídos.
eardrum ['ɪədrʌm] *n* tímpano *m*.
earl [ɜːl] *n* conde *m*.
earlier ['ɜːlɪəʳ] ◇ *adj* anterior. ◇ *adv* antes; **~ on** antes.
earliest ['ɜːlɪəst] ◇ *adj* primero(ra). ◇ *n*: **at the ~** como muy pronto.
earlobe ['ɪələʊb] *n* lóbulo *m* (de la oreja).
early ['ɜːlɪ] (*compar* **-ier**, *superl* **-iest**) ◇ *adj* **-1.** [before expected time, in day] temprano(na); **she was ~** llegó temprano; **I'll take an ~ lunch** almorzaré pronto *OR* temprano; **to get up ~** madrugar **-2.** [at beginning]: **~ morning** la madrugada; **the ~ chapters** los primeros capítulos; **her ~ life** los primeros años de su vida; **in the ~ 1950s** a principios de los años 50. ◇ *adv* **-1.** [before expected time] temprano, pronto; **we got up ~** nos levantamos temprano; **it arrived ten minutes ~** llegó con diez minutos de adelanto **-2.** [at beginning]: **as ~ as 1920** ya en 1920; **~ this morning** esta mañana temprano; **~ in the year** a principios de año; **~ in the book** al comienzo del libro; **~ on** temprano.
early retirement *n* prejubilación *f*, jubilación *f* anticipada.
early warning system *n MIL* sistema *m* de alerta precoz.
earmark ['ɪəmɑːk] *vt*: **to be ~ed for** estar destinado(da) a.
earn [ɜːn] *vt* **-1.** [be paid] ganar **-2.** [generate - subj: business, product] generar **-3.** *fig* [gain - respect, praise] ganarse.
earned income [ɜːnd-] *n* rentas *fpl* del trabajo.
earner ['ɜːnəʳ] *n* fuente *f* de ingresos.
earnest ['ɜːnɪst] *adj* [gen] serio(ria); [wish] sincero(ra).
◆ **in earnest** ◇ *adj* serio(ria). ◇ *adv* [seriously] en serio.
earnestly ['ɜːnɪstlɪ] *adv* [talk] seriamente; [wish] sinceramente.
earnings ['ɜːnɪŋz] *npl* [of person] ingresos *mpl*;

[of company] ganancias *fpl*.

earnings-related *adj* proporcional a los ingresos.

ear, nose and throat specialist *n* otorrinolaringólogo *m*, -ga *f*.

earphones ['ɪəfəʊnz] *npl* auriculares *mpl*.

earplugs ['ɪəplʌgz] *npl* tapones *mpl* para los oídos.

earring ['ɪərɪŋ] *n* pendiente *m*, arete *m Amér.*

earshot ['ɪəʃɒt] *n*: **within/out of ~** al alcance/fuera del alcance del oído.

ear-splitting *adj* ensordecedor(ra).

earth [ɜ:θ] ◇ *n* **-1.** [gen] tierra *f*; **how/what/where/why on ~ ...?** ¿cómo/qué/dónde/por qué demonios ...?; **to cost the ~** *UK* costar un dineral **-2.** [in electric plug, appliance] toma *f* de tierra. ◇ *vt UK*: **to be ~ed** estar conectado(da) a tierra.

earthenware ['ɜ:θnweə^r] ◇ *adj* de loza, de barro. ◇ *n* loza *f*.

earthling ['ɜ:θlɪŋ] *n* terrícola *m* OR *f*.

earthly ['ɜ:θlɪ] *adj* **-1.** [of material world] terrenal **-2.** *inf* [possible] posible; **what ~ reason could she have for doing it?** ¿a cuento de qué haría lo que hizo?

earthquake ['ɜ:θkweɪk] *n* terremoto *m*.

earthshattering ['ɜ:θ,ʃætərɪŋ] *adj UK inf* extraordinario(ria).

earth tremor *n* temblor *m* de tierra.

earthward(s) ['ɜ:θwəd(z)] *adv* hacia la tierra.

earthworks ['ɜ:θwɜ:ks] *npl* ARCHEOL terraplén *m*.

earthworm ['ɜ:θwɜ:m] *n* lombriz *f* (de tierra).

earthy ['ɜ:θɪ] (*compar* **-ier**, *superl* **-iest**) *adj* **-1.** [rather crude] natural, desinhibido(da) **-2.** [of, like earth] terroso(sa).

earwax ['ɪəwæks] *n* cerumen *m*.

earwig ['ɪəwɪg] *n* tijereta *f*.

ease [i:z] ◇ *n* (*U*) **-1.** [lack of difficulty] facilidad *f*; **with ~** con facilidad **-2.** [comfort] comodidad *f*; **at ~** cómodo(da); **ill at ~** incómodo(da). ◇ *vt* **-1.** [pain, grief] calmar, aliviar; [problems, tension] atenuar **-2.** [move carefully]: **to ~ sthg open** abrir algo con cuidado; **to ~ o.s. out of sthg** levantarse despacio de algo. ◇ *vi* [problem] atenuarse; [pain] calmarse; [rain, wind] amainar; [grip] relajarse, aflojarse.

◆ **ease off** *vi* [problem] atenuarse; [pain] calmarse; [rain, wind] amainar.

◆ **ease up** *vi* **-1.** *inf* [treat less severely]: **to ~ up on sb** no ser tan duro(ra) con alguien **-2.** [rain, wind] aflojar, amainar **-3.** [relax - person] tomarse las cosas con más calma.

easel ['i:zl] *n* caballete *m*.

easily ['i:zɪlɪ] *adv* **-1.** [without difficulty] fácilmente **-2.** [without doubt] sin lugar a dudas **-3.** [in a relaxed manner] tranquilamente, relajadamente.

easiness ['i:zɪnɪs] *n* [lack of difficulty] facilidad *f*.

east [i:st] ◇ *n* **-1.** [direction] este *m* **-2.** [region]: **the ~** el este. ◇ *adj* oriental; [wind] del este. ◇ *adv*: **~ (of)** al este (de).

◆ **East** *n*: **the East** POL el Este; [Asia] el Oriente.

eastbound ['i:stbaʊnd] *adj* con dirección este.

East End *n*: **the ~** *el este de Londres*.

Easter ['i:stə^r] *n* **-1.** [period] Semana *f* Santa **-2.** [festival] Pascua *f*.

Easter day *n* Domingo *m* de Resurrección.

Easter egg *n* huevo *m* de Pascua.

Easter Island *n* la isla de Pascua.

easterly ['i:stəlɪ] *adj* del este; **in an ~ direction** hacia el este.

eastern ['i:stən] *adj* del este, oriental.

◆ **Eastern** *adj* [gen & POL] del Este; [from Asia] oriental.

Eastern bloc [-'blɒk] *n*: **the ~** el bloque del Este.

Easterner ['i:stənə^r] *n habitante del este de los E.E.U.U.*

Eastern Europe *n* Europa *f* Oriental.

Easter Sunday *n* Domingo *m* de Resurrección.

East German ◇ *adj* de Alemania Oriental. ◇ *n* [person] alemán *m*, -ana *f* oriental.

East Germany *n*: **(the former) ~** (la antigua) Alemania Oriental.

eastward ['i:stwəd] ◇ *adj* hacia el este. ◇ *adv* = **eastwards**.

eastwards ['i:stwədz] *adv* hacia el este.

easy ['i:zɪ] (*compar* **-ier**, *superl* **-iest**) ◇ *adj* **-1.** [not difficult] fácil **-2.** [life, time] cómodo(da) **-3.** [manner] natural, relajado(da). ◇ *adv*: **to go ~ on sb** *inf* no ser muy duro(ra) con alguien; **to go ~ on sthg** *inf* no pasarse con algo; **to take it** OR **things ~** tomarse las cosas con calma.

easy-care *adj UK* no delicado(da).

easy chair *n* [armchair] sillón *m*, butaca *f*.

easygoing [,i:zɪ'gəʊɪŋ] *adj* [person] tolerante, tranquilo(la); [manner] relajado(da).

eat [i:t] (*pt* **ate**, *pp* **eaten**) *vt* & *vi* comer.

◆ **eat away, eat into** *vt sep* **-1.** [corrode] corroer **-2.** [deplete] mermar.

◆ **eat out** *vi* comer fuera.

◆ **eat up** *vt sep* **-1.** [food] comerse **-2.** [money, time] consumir un montón de.

eatable ['i:təbl] *adj* comible, comestible.

eaten ['i:tn] *pp* ▷ **eat**.

eater ['i:tə^r] *n*: **I'm not a great fruit ~** no como mucha fruta.

eatery ['i:tərɪ] *n US* restaurante *m*.

eating apple ['i:tɪŋ-] *n* manzana *f* (para comer).

eau de cologne [ˌəʊdəkə'ləʊn] *n* (agua *f* de) colonia *f*.

eaves ['i:vz] *npl* alero *m*.

eavesdrop ['i:vzdrɒp] (*pt* & *pp* **-ped**, *cont* **-ping**) *vi*: **to ~ (on)** escuchar secretamente (a).

ebb [eb] ◇ *n* reflujo *m*; **the ~ and flow of** *fig* los altibajos de; **at a low ~** *fig* de capa caída. ◇ *vi* **-1.** [tide, sea] bajar **-2.** *literary* [strength, pain, feeling]: **to ~ (away)** decrecer, disminuir.

ebb tide *n* marea *f* baja, bajamar *f*.

ebony ['ebənɪ] ◇ *adj literary* [colour] de color ébano. ◇ *n* ébano *m*.

ebullient [ɪ'bʊljənt] *adj* [person] entusiasta; [wit, manner] exuberante.

e-business *n* **-1.** [company] empresa *f* electrónica **-2.** [electronic commerce] comercio *m* electrónico.

EC (*abbr of* **European Community**) *n* CE *f*.

ECB (*abbr of* **European Central Bank**) *n* BCE *m*.

eccentric [ɪk'sentrɪk] ◇ *adj* excéntrico(ca). ◇ *n* excéntrico *m*, -ca *f*.

eccentricity [ˌeksen'trɪsətɪ] (*pl* **-ies**) *n* excentricidad *f*.

ecclesiastic(al) [ɪˌkli:zɪ'æstɪ(l)] *adj* eclesiástico(ca).

ECG (*abbr of* **electrocardiogram**) *n* ECG *m*.

ECH (*abbr of* **electric central heating**) *UK* cal. cent. eléc.

echelon ['eʃəlɒn] *n fml* [level in organization] esfera *f*, rango *m*.

echo ['ekəʊ] (*pl* **-es**, *pt* & *pp* **-ed**, *cont* **-ing**) ◇ *n lit* & *fig* eco *m*. ◇ *vt* [words] repetir; [opinion] hacerse eco de. ◇ *vi* resonar.

éclair [eɪ'kleəʳ] *n pastelillo relleno de nata*.

eclectic [ɪ'klektɪk] *adj* ecléctico(ca).

eclipse [ɪ'klɪps] ◇ *n lit* & *fig* eclipse *m*; **a total/partial ~** un eclipse total/parcial. ◇ *vt fig* eclipsar.

eco-friendly ['i:kəʊ'frendlɪ] *adj* ecológico(ca).

ecological [ˌi:kə'lɒdʒɪkl] *adj* **-1.** [pattern, balance, impact] ecológico(ca) **-2.** [group, movement, person] ecologista.

ecologically [ˌi:kə'lɒdʒɪklɪ] *adv* ecológicamente.

ecologist [ɪ'kɒlədʒɪst] *n* **-1.** [scientist] ecólogo *m*, -ga *f* **-2.** [conservationist] ecologista *m* OR *f*.

ecology [ɪ'kɒlədʒɪ] *n* ecología *f*.

e-commerce *n* comercio *m* electrónico.

economic [ˌi:kə'nɒmɪk] *adj* **-1.** [of money, industry] económico(ca) **-2.** [profitable] rentable.

Economic and Monetary Union *n* Unión *f* Económica y Monetaria.

economical [ˌi:kə'nɒmɪkl] *adj* económico (ca); **to be ~ with the truth** no decir toda la verdad.

economics [ˌi:kə'nɒmɪks] ◇ *n (U)* economía *f*. ◇ *npl* [of plan, business] aspecto *m* económico.

economist [ɪ'kɒnəmɪst] *n* economista *m* OR *f*.

economize, -ise [ɪ'kɒnəmaɪz] *vi*: **to ~ (on)** economizar (en).

economy [ɪ'kɒnəmɪ] (*pl* **-ies**) *n* economía *f*; **economies of scale** economías *fpl* de escala.

economy class *n* clase *f* turista.

economy drive *n* campaña *f* de ahorro.

economy-size(d) *adj* de tamaño económico.

ecosystem ['i:kəʊˌsɪstəm] *n* ecosistema *m*.

ecotax ['i:kəʊtæks] *n* ecotasa *f*.

ecotourism [ˌi:kəʊ'tʊərɪzm] *n* ecoturismo *m*.

ECSC (*abbr of* **European Coal & Steel Community**) *n* CECA *f*.

ecstasy ['ekstəsɪ] (*pl* **-ies**) *n* **-1.** [great happiness] éxtasis *m inv*; **to go into ecstasies about** extasiarse ante **-2.** [drug] éxtasis *m inv*.

ecstatic [ek'stætɪk] *adj* extático(ca).

ecstatically [ek'stætɪklɪ] *adv* eufóricamente.

ECT (*abbr of* **electroconvulsive therapy**) *n terapia de electrochoque*.

ectoplasm ['ektəplæzm] *n* ectoplasma *m*.

ECU, Ecu ['ekju:] (*abbr of* **European Currency Unit**) *n* ecu *m*.

Ecuador ['ekwədɔ:ʳ] *n* (el) Ecuador.

Ecuadoran [ˌekwə'dɔ:rən], **Ecuadorian** [ˌekwə'dɔ:rɪən] ◇ *adj* ecuatoriano(na). ◇ *n* ecuatoriano *m*, -na *f*.

ecumenical [i:kjʊ'menɪkl] *adj* ecuménico(ca).

eczema ['eksɪmə] *n* eccema *m*, eczema *m*.

ed. -1. (*abbr of* **edition**) ed. **-2.** (*abbr of* **editor**) ed.

eddy ['edɪ] (*pl* **-ies**, *pt* & *pp* **-ied**) ◇ *n* remolino *m*. ◇ *vi* arremolinarse.

Eden ['i:dn] *n*: **(the Garden of) ~** (el jardín del) Edén *m*.

edge [edʒ] ◇ *n* **-1.** [of cliff, table, garden] borde *m*; **to be on the ~ of** estar al borde de **-2.** [of coin] canto *m*; [of knife] filo *m* **-3.** [advantage]: **to have an ~ over** OR **the ~ on** llevar ventaja a **-4.** *fig* [sharpness - of voice] nota *f* de enfado, aspereza *f*. ◇ *vi*: **to ~ towards** ir poco a poco hacia; **to ~ away/closer** ir alejándose/acercándose poco a poco.

◆ **on edge** *adj* con los nervios de punta.

edged [edʒd] *adj*: **~ with** [trees] bordeado(da) de; [lace, gold] ribeteado(da) de.

edgeways ['edʒweɪz], **edgewise** ['edʒwaɪz] *adv* de lado.

edging ['edʒɪŋ] *n* ribete *m*, orla *f*.

edgy ['edʒɪ] (*compar* **-ier**, *superl* **-iest**) *adj* nervioso(sa).
edible ['edɪbl] *adj* comestible.
edict ['i:dɪkt] *n* edicto *m*.
edifice ['edɪfɪs] *n fml* edificio *m* imponente.
edify ['edɪfaɪ] (*pt* & *pp* **-ied**) *vt fml* edificar.
edifying ['edɪfaɪɪŋ] *adj fml* edificante.
Edinburgh ['edɪnbrə] *n* Edimburgo.
edit ['edɪt] *vt* **-1.** [correct - text] corregir, revisar **-2.** COMPUT editar **-3.** [select material for - book] editar **-4.** CINEMA, RADIO & TV montar **-5.** [run - newspaper, magazine] dirigir.
◆ **edit out** *vt sep* eliminar.
edition [ɪ'dɪʃn] *n* edición *f*.
editor ['edɪtə'] *n* **-1.** [of newspaper, magazine] director *m*, -ra *f* **-2.** [of section of newspaper, programme, text] redactor *m*, -ra *f* **-3.** [compiler - of book] editor *m*, -ra *f* **-4.** CINEMA, RADIO & TV montador *m*, -ra *f* **-5.** COMPUT editor *m*.
editorial [,edɪ'tɔ:rɪəl] ◇ *adj* editorial; ~ **staff** redacción *f*. ◇ *n* editorial *m*.
EDP (*abbr of* **electronic data processing**) *n* TED *m*.
EDT (*abbr of* **Eastern Daylight Time**) *n hora de verano de Nueva York*.
educate ['edʒʊkeɪt] *vt* **-1.** [at school, college] educar **-2.** [inform] informar.
educated ['edʒʊkeɪtɪd] *adj* **-1.** [person] culto(ta) **-2.** [guess] bien fundado(da).
education [,edʒʊ'keɪʃn] *n (U)* **-1.** [activity, sector] enseñanza *f* **-2.** [process or result of teaching] educación *f*.
educational [,edʒʊ'keɪʃənl] *adj* educativo(va); [establishment] docente.
educationalist [,edʒʊ'keɪʃnəlɪst] *n* pedagogo *m*, -ga *f*.
educative ['edʒʊkətɪv] *adj fml* educativo(va).
educator ['edʒʊkeɪtə'] *n esp US fml* educador *m*, educadora *f*.
edutainment [edʒʌ;'teɪnmənt] *n* juegos *mpl* educativos.
Edwardian [ed'wɔ:dɪən] *adj* eduardiano(na).
EEC (*abbr of* **European Economic Community**) *n* CEE *f*.
EEG (*abbr of* **electroencephalogram**) *n* EEG *m*.
eel [i:l] *n* anguila *f*.
EENT (*abbr of* **eye, ear, nose and throat**) *n otorrinolaringología y ojos*.
eerie ['ɪərɪ] *adj* espeluznante.
EET (*abbr of* **Eastern European Time**) *n hora de Europa oriental*.
efface [ɪ'feɪs] *vt* borrar.
effect [ɪ'fekt] ◇ *n* efecto *m*; **to have an** ~ **on** tener OR surtir efecto en; **to do sthg for** ~ hacer algo para causar efecto; **to take** ~ [law, rule] entrar en vigor; [drug] hacer efecto; **to put sthg into** ~ poner algo en práctica; **to the** ~ **that** en el sentido de que; **to that** ~ a tal efecto; **words to that** ~ palabras por el estilo. ◇ *vt* efectuar, llevar a cabo.
◆ **effects** *npl*: **(special)** ~**s** efectos *mpl* especiales.
effective [ɪ'fektɪv] *adj* **-1.** [successful] eficaz **-2.** [actual, real] efectivo(va) **-3.** [law, ceasefire] operativo(va).
effectively [ɪ'fektɪvlɪ] *adv* **-1.** [well, successfully] eficazmente **-2.** [in fact] de hecho.
effectiveness [ɪ'fektɪvnɪs] *n* eficacia *f*.
effeminate [ɪ'femɪnət] *adj pej* afeminado(da).
effervesce [,efə'ves] *vi* estar en efervescencia.
effervescent [,efə'vesənt] *adj* efervescente.
effete [ɪ'fi:t] *adj pej* [weak, effeminate] afeminado(da).
efficacious [efɪ'keɪʃəs] *adj fml* eficaz.
efficacy ['efɪkəsɪ] *n* eficacia *f*.
efficiency [ɪ'fɪʃənsɪ] *n* [gen] eficiencia *f*; [of machine] rendimiento *m*.
efficient [ɪ'fɪʃənt] *adj* [gen] eficiente; [machine] de buen rendimiento.
efficiently [ɪ'fɪʃəntlɪ] *adv* [competently] con eficiencia, eficientemente.
effigy ['efɪdʒɪ] (*pl* **-ies**) *n* efigie *f*.
effluent ['eflʊənt] *n* aguas *fpl* residuales.
effort ['efət] *n* **-1.** [gen] esfuerzo *m*; **to be worth the** ~ merecer la pena; **with** ~ con esfuerzo; **to make the** ~ **to do sthg** hacer el esfuerzo de hacer algo; **to make an/no** ~ **to do sthg** hacer un esfuerzo/no hacer ningún esfuerzo por hacer algo **-2.** *inf* [result of trying] tentativa *f*.
effortless ['efətlɪs] *adj* fácil, sin gran esfuerzo.
effortlessly ['efətlɪslɪ] *adv* sin esfuerzo alguno, fácilmente.
effrontery [ɪ'frʌntərɪ] *n* descaro *m*.
effusive [ɪ'fju:sɪv] *adj* efusivo(va).
effusively [ɪ'fju:sɪvlɪ] *adv* efusivamente.
EFL ['efəl, ,i:ef'el] (*abbr of* **English as a foreign language**) *n inglés para extranjeros*.
EFTA ['eftə] (*abbr of* **European Free Trade Association**) *n* EFTA *f*.
e.g. (*abbr of* **exempli gratia**) *adv* p. ej.
EGA (*abbr of* **enhanced graphics adapter**) *n* COMPUT EGA *f*.
egalitarian [ɪ,gælɪ'teərɪən] *adj* igualitario(ria).
egg [eg] *n* **-1.** [gen] huevo *m*, blanquillo *m* **Cam** & **Méx** **-2.** [ovum] óvulo *m*.
◆ **egg on** *vt sep* incitar.
eggcup ['egkʌp] *n* huevera *f*.
eggplant ['egplɑ:nt] *n* **US** berenjena *f*.

eggshell ['egʃel] *n* cáscara *f* de huevo.
egg timer *n* reloj *m* de arena.
egg whisk *n* batidor *m* (de huevos), varilla *f*.
egg white *n* clara *f* (de huevo).
egg yolk [-jəʊk] *n* yema *f* (de huevo).
ego ['i:gəʊ] (*pl* **-s**) *n* **-1.** [opinion of self] amor *m* propio **-2.** [psych] ego *m*.
egocentric [ˌi:gəʊ'sentrɪk] *adj* egocéntrico(ca).
egoism ['i:gəʊɪzm] *n* egoísmo *m*.
egoist ['i:gəʊɪst] *n* egoísta *m* OR *f*.
egoistic [ˌi:gəʊ'ɪstɪk] *adj* egoísta.
egotism ['i:gətɪzm] *n* egotismo *m*.
egotist ['i:gətɪst] *n* egotista *m* OR *f*.
egotistic(al) [ˌi:gə'tɪstɪk(l)] *adj* egotista.
ego trip *n inf*: **to be on an ~** estar haciendo algo que hace a uno sentirse el ombligo del mundo.
Egypt ['i:dʒɪpt] *n* Egipto.
Egyptian [ɪ'dʒɪpʃn] ◇ *adj* egipcio(cia). ◇ *n* [person] egipcio *m*, -cia *f*.
eh [eɪ] *excl UK inf* **-1.** [inviting reply, agreement] ¿no?, ¿verdad? **-2.** [asking for repeat] ¿cómo?, ¿qué?
eiderdown ['aɪdədaʊn] *n esp UK* edredón *m*.
eight [eɪt] *num* ocho; *see also* **six**.
eighteen [ˌeɪ'ti:n] *num* dieciocho; *see also* **six**.
eighteenth [ˌeɪ'ti:nθ] *num* decimoctavo(va); *see also* **sixth**.
eighth [eɪtθ] *num* octavo(va); *see also* **sixth**.
eightieth ['eɪtɪɪθ] *num* octogésimo(ma); *see also* **sixth**.
eighty ['eɪtɪ] (*pl* **-ies**) *num* ochenta; *see also* **sixty**.
Eire ['eərə] *n* Eire.
either ['aɪðə^r, 'i:ðə^r] ◇ *adj* **-1.** [one or the other] cualquiera de los dos; **she couldn't find ~ jumper** no podía encontrar ninguno de los dos jerseys; **you can do it ~ way** lo puedes hacer de cualquiera de las formas; **I don't care ~ way** me da igual **-2.** [each] cada; **on ~ side** a ambos lados. ◇ *pron*: **~ (of them)** cualquiera (de ellos (ellas)); **I don't like ~ (of them)** no me gusta ninguno de ellos (ninguna de ellas). ◇ *adv (in negatives)* tampoco; **she can't and I can't ~** ella no puede y yo tampoco. ◇ *conj*: **~ ... or** o ... o; **~ you or me** o tú o yo; **I don't like ~ him or his wife** no me gusta ni él ni su mujer (tampoco).
ejaculate [ɪ'dʒækjʊleɪt] ◇ *vt* [exclaim] exclamar. ◇ *vi* [have orgasm] eyacular.
eject [ɪ'dʒekt] *vt* **-1.** [object] expulsar **-2.** [person]: **to ~ sb (from)** expulsar a alguien (de).
ejector seat *UK* [ɪ'dʒektə^r-], **ejection seat** *US* [ɪ'dʒekʃn-] *n* asiento *m* eyectable.
eke [i:k] ◆ **eke out** ◇ *vt sep* [money, supply] estirar. ◇ *vt fus*: **to ~ out a living** ganarse la vida a duras penas.
EKG (*abbr of* **electrocardiogram**) *n US* ECG *m*.
elaborate [*adj* ɪ'læbrət, *vb* ɪ'læbəreɪt] ◇ *adj* [ceremony] complicado(da); [carving] trabajado(da); [explanation, plan] detallado(da). ◇ *vi*: **to ~ on sthg** ampliar algo, explicar algo con más detalle.
elaborately [ɪ'læbərətlɪ] *adv* [decorate] laboriosamente, profusamente; [plan] detalladamente.
elapse [ɪ'læps] *vi* transcurrir.
elastic [ɪ'læstɪk] ◇ *adj* **-1.** [gen] elástico(ca) **-2.** *fig* [flexible] flexible. ◇ *n* elástico *m*.
elasticated [ɪ'læstɪkeɪtɪd] *adj* elástico(ca).
elastic band *n UK* gomita *f*, goma *f* (elástica).
elasticity [ˌelæ'stɪsətɪ] *n* [stretchiness] elasticidad *f*.
elated [ɪ'leɪtɪd] *adj* eufórico(ca).
elation [ɪ'leɪʃn] *n* euforia *f*, regocijo *m*.
elbow ['elbəʊ] ◇ *n* codo *m*. ◇ *vt*: **to ~ sb aside** apartar a alguien a codazos.
elbow grease *n inf*: **he put a lot of ~ into polishing the silver** hizo un gran esfuerzo físico limpiando la plata.
elbowroom ['elbəʊrʊm] *n inf* espacio *m* (libre), sitio *m*.
elder ['eldə^r] ◇ *adj* mayor. ◇ *n* **-1.** [older person] mayor *m* OR *f* **-2.** [of tribe, church] anciano *m* **-3.**: **~ (tree)** saúco *m*.
elderberry ['eldəˌberɪ] (*pl* **-ies**) *n* baya *f* de saúco.
elderly ['eldəlɪ] ◇ *adj* mayor, anciano(na). ◇ *npl*: **the ~** los ancianos.
elder statesman *n* antiguo mandatario *m*.
eldest ['eldɪst] *adj* mayor.
elect [ɪ'lekt] ◇ *adj* electo(ta); **the president ~** el presidente electo. ◇ *vt* **-1.** [by voting] elegir; **to ~ sb (as) sthg** elegir a alguien (como) algo **-2.** *fml* [choose]: **to ~ to do sthg** optar por OR decidir hacer algo.
elected [ɪ'lektɪd] *adj* elegido(da).
election [ɪ'lekʃn] *n* elección *f*; **to have** OR **hold an ~** celebrar (unas) elecciones; **local ~s** elecciones *fpl* municipales.

ELECTION

Las elecciones presidenciales estadounidenses tienen lugar cada cuatro años. Por ley, el presidente no puede mantenerse en el cargo más de dos períodos consecutivos. Las elecciones generales británicas se celebran cada cinco años, pero el primer ministro puede convocar elecciones en cualquier momento de la legislatura. Tanto los británicos como los estadounidenses pueden abstenerse de votar si así lo deciden.

election campaign *n* campaña *f* electoral.
electioneering [ɪˌlekʃəˈnɪərɪŋ] *n usu pej* electoralismo *m*.
elective [ɪˈlektɪv] *n US & Scot SCH & UNIV* materia *f* optativa.
elector [ɪˈlektəʳ] *n* elector *m*, -ra *f*.
electoral [ɪˈlektərəl] *adj* electoral.
electoral college *n cuerpo de compromisarios de un colegio electoral.*
electoral register, electoral roll *n*: **the ~** el censo electoral.
electorate [ɪˈlektərət] *n*: **the ~** el electorado.
electric [ɪˈlektrɪk] *adj* **-1.** [gen] eléctrico(ca) **-2.** *fig* [exciting] electrizante.
◆ **electrics** *npl UK inf* sistema *m* eléctrico.
electrical [ɪˈlektrɪkl] *adj* eléctrico(ca).
electrical engineer *n* ingeniero *m*, -ra *f* en electrónica.
electrical engineering *n* ingeniería *f* eléctrica, electrotecnia *f*.
electrically [ɪˈlektrɪklɪ] *adv* por electricidad.
electrical shock *US* = **electric shock**.
electric blanket *n* manta *f* eléctrica, frazada *f* eléctrica *Amér*, cobija *f* eléctrica *Amér*.
electric chair *n*: **the ~** la silla eléctrica.
electric cooker *n* cocina *f* eléctrica.
electric current *n* corriente *f* eléctrica.
electric fire *n* estufa *f* eléctrica.
electric guitar *n* guitarra *f* eléctrica.
electrician [ˌɪlekˈtrɪʃn] *n* electricista *m* OR *f*.
electricity [ˌɪlekˈtrɪsətɪ] *n* electricidad *f*.
electricity bill *n UK* factura *f* de la luz.
electric light *n* luz *f* eléctrica.
electric shock *UK*, **electrical shock** *US n* descarga *f* eléctrica.
electric shock therapy *n* terapia *f* de electrochoque.
electric storm *n* tormenta *f* eléctrica.
electrify [ɪˈlektrɪfaɪ] (*pt & pp* **-ied**) *vt* **-1.** [rail line] electrificar **-2.** *fig* [excite] electrizar.
electrifying [ɪˈlektrɪfaɪɪŋ] *adj* electrizante.
electro- [ɪˈlektrəʊ] *prefix* electro-.
electrocardiograph [ɪˌlektrəʊˈkɑːdɪəgrɑːf] *n* electrocardiógrafo *m*.
electrocute [ɪˈlektrəkjuːt] *vt* electrocutar; **to ~ o.s., to be ~d** electrocutarse.
electrode [ɪˈlektrəʊd] *n* electrodo *m*.
electroencephalograph [ɪˌlektrəʊenˈsefələgrɑːf] *n* electroencefalógrafo *m*.
electrolysis [ˌɪlekˈtrɒləsɪs] *n* electrólisis *f inv*.
electrolyte [ɪˈlektrəʊlaɪt] *n* electrólito *m*.
electromagnetic [ɪˌlektrəʊmægˈnetɪk] *adj* electromagnético(ca).
electron [ɪˈlektrɒn] *n* electrón *m*.
electronic [ˌɪlekˈtrɒnɪk] *adj* electrónico(ca).
◆ **electronics** ◇ *n (U)* [technology] electrónica *f*. ◇ *npl* [equipment] sistema *m* electrónico.
electronic banking *n* banca *f* electrónica.
electronic data processing *n* proceso *m* electrónico de datos.
electronic engineer *n* ingeniero *m* electrónico, -ra *f* electrónica.
electronic engineering *n* ingeniería *f* electrónica.
electronic mail *n* correo *m* electrónico.
electron microscope *n* microscopio *m* electrónico.
electronic organizer *n* agenda *f* electrónica.
electroplated [ɪˈlektrəʊˌpleɪtɪd] *adj* galvanizado(da).
elegance [ˈelɪgəns] *n* elegancia *f*.
elegant [ˈelɪgənt] *adj* elegante, elegantoso(sa) *Amér*.
elegantly [ˈelɪgəntlɪ] *adv* elegantemente, con elegancia.
elegy [ˈelɪdʒɪ] (*pl* **-ies**) *n* elegía *f*.
element [ˈelɪmənt] *n* **-1.** [gen] elemento *m* **-2.** [amount, proportion] toque *m*, matiz *m* **-3.** [in heater, kettle] resistencia *f* **-4.** *phr*: **to be in one's ~** estar uno en su elemento.
◆ **elements** *npl* **-1.** [basics] elementos *mpl* **-2.** [weather]: **the ~s** los elementos.
elementary [ˌelɪˈmentərɪ] *adj* elemental; **~ education** enseñanza *f* primaria.
elementary school *n US* escuela *f* primaria.
elephant [ˈelɪfənt] (*pl inv* OR **-s**) *n* elefante *m*.
elevate [ˈelɪveɪt] *vt*: **to ~ sthg/sb (to** OR **into)** elevar algo/a alguien (a la categoría de).
elevated [ˈelɪveɪtɪd] *adj fml* elevado(da).
elevation [ˌelɪˈveɪʃn] *n fml* **-1.** [promotion] elevación *f* **-2.** [height] altura *f*, altitud *f*.
elevator [ˈelɪveɪtəʳ] *n US* ascensor *m*, elevador *m Méx*.
eleven [ɪˈlevn] *num* once *m*; *see also* **six**.
elevenses [ɪˈlevnzɪz] *n (U) UK* tentempié *m* que se toma sobre las once de la mañana.
eleventh [ɪˈlevnθ] *num* undécimo(ma); *see also* **sixth**.
eleventh hour *n fig*: **at the ~** en el último momento.
elf [elf] (*pl* **elves**) *n* duende *m*, elfo *m*.
elicit [ɪˈlɪsɪt] *vt fml* **-1.** [response, reaction]: **to ~ sthg (from sb)** provocar algo (en alguien) **-2.** [information]: **to ~ sthg (from sb)** sacar algo (a alguien).
eligibility [ˌelɪdʒəˈbɪlətɪ] *n* **-1.** [suitability] elegibi-

lidad *f* **-2.** ***dated*** [of bachelor] idoneidad *f*.

eligible ['elɪdʒəbl] *adj* **-1.** [suitable, qualified] elegible; **to be ~ for sthg/to do sthg** reunir los requisitos para algo/para hacer algo **-2.** ***dated*** [marriageable]: **to be ~** ser un buen partido.

eliminate [ɪ'lɪmɪneɪt] *vt* eliminar; **to be ~d from sthg** ser eliminado(da) de algo.

elimination [ɪˌlɪmɪ'neɪʃn] *n* eliminación *f*.

elite [ɪ'liːt] ◇ *adj* selecto(ta). ◇ *n* élite *f*.

elitism [ɪ'liːtɪzm] *n* ***pej*** elitismo *m*.

elitist [ɪ'liːtɪst] ***pej*** ◇ *adj* elitista. ◇ *n* elitista *m* OR *f*.

elixir [ɪ'lɪksəʳ] *n* ***literary lit*** & ***fig*** elixir *m*.

Elizabethan [ɪˌlɪzə'biːθn] ◇ *adj* isabelino(na). ◇ *n* isabelino *m*, -na *f*.

elk [elk] (*pl inv* OR **-s**) *n* **-1.** [in Europe] alce *m* **-2.** [in North America] ciervo *m* canadiense.

ellipse [ɪ'lɪps] *n* elipse *f*.

elliptical [ɪ'lɪptɪkl] *adj* elíptico(ca).

elm [elm] *n*: **~ (tree)** olmo *m*.

elocution [ˌelə'kjuːʃn] *n* dicción *f*.

elongated ['iːlɒŋgeɪtɪd] *adj* alargado(da).

elope [ɪ'ləʊp] *vi*: **to ~ (with)** fugarse (con).

elopement [ɪ'ləʊpmənt] *n* fuga *f*.

eloquence ['eləkwəns] *n* elocuencia *f*.

eloquent ['eləkwənt] *adj* elocuente.

eloquently ['eləkwəntlɪ] *adv* elocuentemente.

El Salvador [ˌel'sælvədɔːʳ] *n* El Salvador.

else [els] *adv*: **anything ~?** ¿algo más?; **I don't need anything ~** no necesito nada más; **everyone ~** todos los demás (todas las demás); **everywhere ~** en/a todas las otras partes; **little ~** poco más; **nothing/nobody ~** nada/nadie más; **someone/something ~** otra persona/cosa; **somewhere ~** en/a otra parte; **who ~?** ¿quién si no?; **who ~ came?** ¿quién más vino?; **what ~?** ¿qué más?; **where ~?** ¿en/a qué otro sitio?

◆ **or else** *conj* **-1.** [or if not] si no, de lo contrario **-2.** [as threat]: **you had better watch it, or ~** ándate con cuidado, o verás.

elsewhere [els'weəʳ] *adv* a/en otra parte.

ELT (*abbr of* **English language teaching**) *n enseñanza del inglés*.

elucidate [ɪ'luːsɪdeɪt] ***fml*** ◇ *vt* elucidar. ◇ *vi* aclararlo.

elude [ɪ'luːd] *vt* [gen] escaparse de, eludir a; [blow] esquivar; **his name ~s me** no consigo recordar su nombre.

elusive [ɪ'luːsɪv] *adj* [person, success] esquivo(va); [quality] difícil de encontrar.

elves [elvz] *pl* ▷ **elf.**

'em [əm] ***inf*** = them.

emaciated [ɪ'meɪʃɪeɪtɪd] *adj* demacrado(da).

e-mail (*abbr of* **electronic mail**) COMPUT ◇ *n* correo *m* electrónico; **~ account** cuenta *f* de correo electrónico; **~ address** dirreción *f* electrónica; **~ phone** teléfono *m* con correo electrónico. ◇ *vt* **-1.** [document] enviar por correo electrónico **-2.** [person] enviar un correo electrónico a.

emanate ['emənəɪt] ***fml*** ◇ *vt* emanar. ◇ *vi*: **to ~ from** emanar de.

emancipate [ɪ'mænsɪpeɪt] *vt*: **to ~ sb (from)** emancipar a alguien (de).

emancipation [ɪˌmænsɪ'peɪʃn] *n*: **~ (from)** emancipación *f* (de).

emasculate [ɪ'mæskjʊleɪt] *vt* ***fml*** [weaken] debilitar, minar.

emasculation [ɪˌmæskjʊ'leɪʃn] *n* ***fml*** [weakening] debilitación *f*.

embalm [ɪm'bɑːm] *vt* embalsamar.

embankment [ɪm'bæŋkmənt] *n* **-1.** RAIL terraplén *m* **-2.** [of river] dique *m*.

embargo [em'bɑːgəʊ] (*pl* **-es**, *pt* & *pp* **-ed**, *cont* **-ing**) ◇ *n*: **~ (on)** embargo *m* OR prohibición *f* (de). ◇ *vt* prohibir.

embark [ɪm'bɑːk] *vi* embarcar; **to ~ on** ***fig*** embarcarse en.

embarkation [ˌembɑː'keɪʃn] *n* [gen] embarque *m*; [of troops] embarco *m*.

embarkation card *n* ***UK*** tarjeta *f* de embarque.

embarrass [ɪm'bærəs] *vt* **-1.** [gen] avergonzar; **it ~es me** me da vergüenza **-2.** [financially] poner en un aprieto.

embarrassed [ɪm'bærəst] *adj* [ashamed] avergonzado(da); [uneasy] violento(ta).

embarrassing [ɪm'bærəsɪŋ] *adj* embarazoso(sa), violento(ta); **how ~!** ¡qué vergüenza!

embarrassingly [ɪm'bærəsɪŋlɪ] *adv*: **it was ~ bad** era tan malo que daba vergüenza ajena.

embarrassment [ɪm'bærəsmənt] *n* **-1.** [feeling] vergüenza *f*, pena *f* ***Andes, CAm, Carib, Méx*** **-2.** [embarrassing person or thing]: **to be an ~ to sb** ser motivo de vergüenza para alguien.

embassy ['embəsɪ] (*pl* **-ies**) *n* embajada *f*.

embattled [ɪm'bætld] *adj* [troubled] asediado(da), acosado(da).

embedded [ɪm'bedɪd] *adj* **-1.** [buried & COMPUT]: **~ (in)** incrustado(da) (en) **-2.** [ingrained]: **~ (in)** arraigado(da) (en).

embellish [ɪm'belɪʃ] *vt*: **to ~ sthg (with)** adornar algo (con).

embers ['embəz] *npl* brasas *fpl*, rescoldos *mpl*.

embezzle [ɪm'bezl] *vt* malversar.

embezzlement [ɪm'bezlmənt] *n* malversación *f*.

embezzler [ɪm'bezləʳ] *n* malversador *m*, -ra *f*.

embittered [ɪm'bɪtəd] *adj* amargado(da), resentido(da).

emblazoned [ɪm'bleɪznd] *adj* **-1.** [in heraldry]: ~ **(on/with)** blasonado(da) (en/con) **-2.** [shown prominently]: ~ **across** estampado(da) en.

emblem ['embləm] *n* emblema *m*.

embodiment [ɪm'bɒdɪmənt] *n* personificación *f*, encarnación *f*.

embody [ɪm'bɒdɪ] (*pt* & *pp* **-ied**) *vt* personificar, encarnar; **to be embodied in sthg** estar plasmado en algo.

embolism ['embəlɪzm] *n* embolia *f*.

embossed [ɪm'bɒst] *adj* **-1.** [heading, design]: ~ **(on)** [paper] estampado(da) (en); [leather, metal] repujado(da) (en) **-2.** [paper]: ~ **(with)** estampado(da) (con) **-3.** [leather, metal]: ~ **(with)** repujado(da) (con).

embrace [ɪm'breɪs] ◇ *n* abrazo *m*. ◇ *vt* **-1.** [hug] abrazar, dar un abrazo a **-2.** *fml* [convert to] convertirse a, abrazar **-3.** *fml* [include] abarcar. ◇ *vi* abrazarse.

embrocation [ˌembrə'keɪʃn] *n fml* linimento *m*.

embroider [ɪm'brɔɪdə[r]] ◇ *vt* **-1.** SEWING bordar **-2.** *pej* [embellish] adornar. ◇ *vi* SEWING bordar.

embroidered [ɪm'brɔɪdəd] *adj* SEWING bordado(da).

embroidery [ɪm'brɔɪdərɪ] *n (U)* bordado *m*.

embroil [ɪm'brɔɪl] *vt*: **to get/be ~ed (in)** enredarse/estar enredado (en).

embryo ['embrɪəʊ] (*pl* **-s**) *n* embrión *m*; **in ~** *fig* en estado embrionario.

embryonic [ˌembrɪ'ɒnɪk] *adj fig* en estado embrionario.

emcee [ˌem'siː] (*abbr of* **master of ceremonies**) *n inf* presentador *m*, -ra *f*.

emend [ɪ'mend] *vt* enmendar, corregir.

emerald ['emərəld] ◇ *adj* [colour] esmeralda *m inv*; ~ **green** verde *m* esmeralda; **the Emerald Isle** Irlanda. ◇ *n* [stone] esmeralda *f*.

emerge [ɪ'mɜːdʒ] ◇ *vi* **-1.** [gen]: **to ~ (from)** salir (de) **-2.** [come into existence, become known] surgir, emerger. ◇ *vt*: **it ~d that ...** resultó que ...

emergence [ɪ'mɜːdʒəns] *n* surgimiento *m*, aparición *f*.

emergency [ɪ'mɜːdʒənsɪ] (*pl* **-ies**) ◇ *adj* [case, exit] de emergencia; [ward, services] de urgencia; [supplies] de reserva; [meeting] extraordinario(ria). ◇ *n* emergencia *f*.

emergency brake *n US* freno *m* de mano.

emergency exit *n* salida *f* de emergencia.

emergency landing *n* aterrizaje *m* forzoso.

emergency room *n US* (sala *f* de) urgencias *fpl*.

emergency services *npl* servicios *mpl* de urgencia.

emergency stop *n* parada *f* en seco.

emergent [ɪ'mɜːdʒənt] *adj* pujante, emergente.

emery board ['emərɪ-] *n* lima *f* de uñas.

emetic [ɪ'metɪk] ◇ *adj* emético(ca). ◇ *n* emético *m*.

emigrant ['emɪgrənt] *n* emigrante *m* OR *f*.

emigrate ['emɪgreɪt] *vi*: **to ~ (to/from)** emigrar (a/de).

emigration [ˌemɪ'greɪʃn] *n* emigración *f*.

émigré ['emɪgreɪ] *n fml* emigrado político *m*, emigrada política *f*.

eminence ['emɪnəns] *n (U)* [prominence] eminencia *f*.

eminent ['emɪnənt] *adj* eminente.

eminently ['emɪnəntlɪ] *adv fml* eminentemente, sumamente.

emir [e'mɪə[r]] *n* emir *m*.

emirate ['emərət] *n* emirato *m*.

emissary ['emɪsərɪ] (*pl* **-ies**) *n fml* emisario *m*, -ria *f*.

emission [ɪ'mɪʃn] *n* emisión *f*.

emit [ɪ'mɪt] (*pt* & *pp* **-ted**, *cont* **-ting**) *vt* [gen] emitir; [smell, smoke] despedir.

emollient [ɪ'mɒlɪənt] *n* MED emoliente *m*.

emolument [ɪ'mɒljʊmənt] *n fml* emolumento *m*.

emoticon [ɪ'məʊtɪkɒn] *n* COMPUT emoticono *m*.

emotion [ɪ'məʊʃn] *n* emoción *f*.

emotional [ɪ'məʊʃənl] *adj* **-1.** [gen] emotivo(va) **-2.** [needs, problems] emocional; **to get ~** emocionarse.

emotionally [ɪ'məʊʃnəlɪ] *adv* **-1.** [with strong feeling] emotivamente **-2.** [psychologically] emocionalmente.

emotionless [ɪ'məʊʃnlɪs] *adj* desapasionado(da).

emotive [ɪ'məʊtɪv] *adj* emotivo(va); [issue] que despierta pasiones.

empathize, -ise ['empəθaɪz] *vi*: **to ~ (with)** identificarse (con).

empathy ['empəθɪ] *n*: ~ **(with)** empatía *f* (con).

emperor ['empərə[r]] *n* emperador *m*.

emphasis ['emfəsɪs] (*pl* **-ases** [-əsiːz]) *n*: ~ **(on)** énfasis *m inv* (en); **to lay** OR **place ~ on** poner énfasis en, hacer hincapié en.

emphasize, -ise ['emfəsaɪz] *vt* [word, syllable] acentuar; [point, fact, feature] subrayar, hacer hincapié en; **to ~ that ...** subrayar que ...

emphatic [ɪm'fætɪk] *adj* [denial] rotundo(da),

categórico(ca); [victory] convincente.
emphatically [ɪm'fætɪklɪ] *adv* **-1.** [deny] rotundamente, enfáticamente; [win] convincentemente **-2.** [certainly] ciertamente.
emphysema [ˌemfɪ'si:mə] *n* enfisema *m.*
empire ['empaɪəʳ] *n* imperio *m.*
empire building *n* construcción *f* de imperios económicos.
empirical [ɪm'pɪrɪkl] *adj* empírico(ca).
empiricism [ɪm'pɪrɪsɪzm] *n* empirismo *m.*
employ [ɪm'plɔɪ] *vt* **-1.** [give work to] emplear; **to be ~ed as** estar empleado de **-2.** *fml* [use] utilizar, emplear; **to ~ sthg as sthg/to do sthg** utilizar algo de algo/para hacer algo.
employable [ɪm'plɔɪəbl] *adj* empleable.
employee [ɪm'plɔɪi:] *n* empleado *m*, -da *f.*
employer [ɪm'plɔɪəʳ] *n* **-1.** [individual] patrono *m*, -na *f*, empresario *m*, -ria *f* **-2.** [company]: **one of the country's biggest ~s** una de las empresas que más trabajadores tiene en el país.
employment [ɪm'plɔɪmənt] *n* empleo *m*; **to be in ~** tener trabajo.
employment agency *n* agencia *f* de trabajo.
employment office *n* oficina *f* de empleo.
emporium [em'pɔ:rɪəm] *n* [shop] almacenes *mpl*, tienda *f* grande.
empower [ɪm'paʊəʳ] *vt fml*: **to be ~ed to do sthg** estar autorizado(da) a *OR* para hacer algo.
empowerment [ɪm'paʊəmənt] *n* capacitación *f.*
empress ['emprɪs] *n* emperatriz *f.*
emptiness ['emptɪnɪs] *(U) n* **-1.** [of place] soledad *f*, vacuidad *f* **-2.** [feeling] vacío *m.*
empty ['emptɪ] (*compar* **-ier**, *superl* **-iest**, *pt* & *pp* **-ied**, *pl* **-ies**) ◇ *adj* **-1.** [gen] vacío(a); [town] desierto(ta) **-2.** *pej* [words, threat, promise] vano(na). ◇ *vt* vaciar; **to ~ sthg into sthg** vaciar algo en algo; **to ~ the water out of the bottle** vaciar de agua la botella. ◇ *vi* vaciarse. ◇ *n inf* casco *m.*
empty-handed [-'hændɪd] *adv* con las manos vacías.
empty-headed [-'hedɪd] *adj pej* bobo(ba).
EMS (*abbr of* **European Monetary System**) *n* SME *m.*
EMU (*abbr of* **Economic and Monetary Union**) *n* UEM *f.*
emu ['i:mju:] (*pl inv OR* **-s**) *n* [bird] emú *m.*
emulate ['emjʊleɪt] *vt* emular.
emulsion [ɪ'mʌlʃn] *n* **-1.**: **~ (paint)** pintura *f* al agua **-2.** *PHOT* emulsión *f.*
enable [ɪ'neɪbl] *vt* **-1.** [allow]: **to ~ sb to do sthg** permitir a alguien hacer algo **-2.** *COMPUT* ejecutar.
enact [ɪ'nækt] *vt* **-1.** *JUR* promulgar **-2.** [act] representar.
enactment [ɪ'næktmənt] *n JUR* promulgación *f.*
enamel [ɪ'næml] *n* **-1.** [gen] esmalte *m* **-2.** [paint] pintura *f* de esmalte.
enamelled *UK*, **enameled** *US* [ɪ'næmld] *adj* esmaltado(da).
enamel paint *n* pintura *f* de esmalte.
enamoured *UK*, **enamored** *US* [ɪ'næməd] *adj*: **~ of** [thing] entusiasmado(da) con; [person] enamorado(da) de.
en bloc [ɑɔ'blɒk] *adv fml* en bloque.
enc. (*abbr of* **enclosure, enclosed**) adj.
encampment [ɪn'kæmpmənt] *n* campamento *m.*
encapsulate [ɪn'kæpsjʊleɪt] *vt*: **to ~ sthg (in)** sintetizar algo (en).
encase [ɪn'keɪs] *vt*: **~d in** revestido(da) de.
encash [ɪn'kæʃ] *vt UK fml* cobrar, hacer efectivo.
enchanted [ɪn'tʃɑ:ntɪd] *adj*: **~ (by** *OR* **with)** encantado(da) (con).
enchanting [ɪn'tʃɑ:ntɪŋ] *adj* encantador(ra).
encircle [ɪn'sɜ:kl] *vt* rodear.
enclave ['enkleɪv] *n* enclave *m.*
enclose [ɪn'kləʊz] *vt* **-1.** [surround, contain] rodear; **~d by** *OR* **with** rodeado de; **an ~d space** un espacio cerrado **-2.** [put in envelope] adjuntar; **please find ~d ...** envío adjunto ...
enclosure [ɪn'kləʊʒəʳ] *n* **-1.** [place] recinto *m* (vallado) **-2.** [in letter] anexo *m*, documento *m* adjunto.
encompass [ɪn'kʌmpəs] *vt fml* **-1.** [include] abarcar **-2.** [surround] rodear.
encore ['ɒŋkɔ:ʳ] ◇ *n* bis *m.* ◇ *excl* ¡otra!
encounter [ɪn'kaʊntəʳ] ◇ *n* encuentro *m.* ◇ *vt fml* encontrarse con.
encourage [ɪn'kʌrɪdʒ] *vt* **-1.** [give confidence to]: **to ~ sb (to do sthg)** animar a alguien (a hacer algo) **-2.** [foster] fomentar.
encouragement [ɪn'kʌrɪdʒmənt] *n* [confidence boosting] ánimo *m*, aliento *m*; [fostering] fomento *m.*
encouraging [ɪn'kʌrɪdʒɪŋ] *adj* alentador(ra), esperanzador(ra).
encroach [ɪn'krəʊtʃ] *vi*: **to ~ on** *OR* **upon** [rights, territory] usurpar; [privacy, time] invadir.
encrusted [ɪn'krʌstɪd] *adj*: **~ with** incrustado(da) de.
encrypt [ɪn'krɪpt] *vt COMPUT* encriptar.
encumber [ɪn'kʌmbəʳ] *vt fml*: **to be ~ed with** tener que cargar con.
encyclop(a)edia [ɪnˌsaɪklə'pi:djə] *n* enciclopedia *f.*

encyclop(a)edic [ɪnˌsaɪkləʊ'piːdɪk] *adj* enciclopédico(ca).

end [end] ◇ *n* **-1.** [last part, finish] fin *m*, final *m*; **at the ~ of May/1992** a finales de mayo/1992; **at the ~ of the week** al final de la semana; **my patience is at an ~** se me está agotando la paciencia; **to be at the ~ of one's tether** *UK OR* **rope** *US* estar hasta la coronilla; **to bring sthg to an ~** poner fin a algo; **to come to an ~** llegar a su fin; **'the ~'** [in films] 'FIN'; **to put an ~ to sthg** poner fin a algo; **at the ~ of the day** *fig* a fin de cuentas, al fin y al cabo; **in the ~** al final **-2.** [of two-ended thing] extremo *m*; [of pointed thing] punta *f*; [of stadium] fondo *m*; [of phone line] lado *m*; **~ to ~** extremo con extremo; **to turn sthg on its ~** poner algo boca abajo; **cigarette ~** colilla *f* **-3.** *fml* [purpose] fin *m*, objetivo *m*; **an ~ in itself** un fin en sí mismo **-4.** *literary* [death] final *m*. ◇ *vt* terminar; **to ~ sthg (with)** terminar algo (con). ◇ *vi* [finish] acabarse, terminarse; **to ~ in/with** acabar en/con, terminar en/con.

◆ **no end** *adv inf*: **it cheered me up no ~** me alegró un montón.

◆ **no end of** *prep inf* la mar de.

◆ **on end** *adv* **-1.** [upright - hair] de punta; [- object] de pie **-2.** [continuously]: **for days on ~** durante días y días.

◆ **end up** *vi* acabar, terminar; **to ~ up doing sthg** acabar por hacer algo/haciendo algo, terminar por hacer algo/haciendo algo; **to ~ up in** ir a parar a.

endanger [ɪn'deɪndʒə^r] *vt* poner en peligro.

endangered species [ɪn'deɪndʒəd-] *n* especie *f* en peligro de extinción.

endear [ɪn'dɪə^r] *vt*: **to ~ sb to sb** hacer que alguien congenie con alguien; **to ~ o.s. to sb** hacerse querer por alguien.

endearing [ɪn'dɪərɪŋ] *adj* atrayente, simpático(ca).

endearment [ɪn'dɪəmənt] *n*: **term of ~** palabra *f* tierna *OR* cariñosa.

endeavour *UK*, **endeavor** *US* [ɪn'devə^r] *fml* ◇ *n* esfuerzo *m*. ◇ *vt*: **to ~ to do sthg** procurar hacer algo.

endemic [en'demɪk] *adj lit* & *fig* endémico(ca).

ending ['endɪŋ] *n* final *m*, desenlace *m*.

endive ['endaɪv] *n* **-1.** [curly lettuce] escarola *f* **-2.** [chicory] endibia *f*, achicoria *f*.

endless ['endlɪs] *adj* [gen] interminable; [patience, resources] inagotable.

endlessly ['endlɪslɪ] *adv* interminablemente; [patient, kind] infinitamente.

endorse [ɪn'dɔːs] *vt* **-1.** [approve] apoyar, respaldar **-2.** [cheque] endosar **-3.** *UK AUT*: **to ~ sb's driving licence** hacer constar una sanción en el carnet de conducir de alguien.

endorsement [ɪn'dɔːsmənt] *n* **-1.** [approval] apoyo *m*, respaldo *m* **-2.** [of cheque] endoso *m* **-3.** *UK* [on driving licence] *nota de sanción que consta en el carnet de conducir.*

endow [ɪn'daʊ] *vt* **-1.** *fml* [equip]: **to be ~ed with** estar dotado(da) de **-2.** [donate money to] donar fondos a.

endowment [ɪn'daʊmənt] *n* **-1.** *fml* [ability] dote *f* **-2.** [gift of money] donación *f*.

endowment insurance *n* seguro *m* de vida mixto.

endowment mortgage *n* hipoteca-inversión *f*, *hipoteca mixta en la que se pagan los plazos a un seguro de vida y los intereses al acreedor.*

end product *n* producto *m* final.

end result *n* resultado *m* final.

endurable [ɪn'djʊərəbl] *adj* tolerable.

endurance [ɪn'djʊərəns] *n* resistencia *f*.

endurance test *n* prueba *f* de resistencia.

endure [ɪn'djʊə^r] ◇ *vt* soportar, aguantar. ◇ *vi fml* perdurar.

enduring [ɪn'djʊərɪŋ] *adj fml* perdurable.

end user *n COMPUT* usuario *m* final.

endways ['endweɪz] *adv* **-1.** [not sideways] de frente **-2.** [with ends touching] extremo con extremo.

enema ['enɪmə] *n* enema *m*.

enemy ['enɪmɪ] (*pl* **-ies**) ◇ *n* enemigo *m*, -ga *f*. ◇ *comp* enemigo(ga).

energetic [ˌenə'dʒetɪk] *adj* **-1.** [lively, physically taxing] enérgico(ca) **-2.** [enthusiastic] activo(va), vigoroso(sa).

energy ['enədʒɪ] (*pl* **-ies**) *n* energía *f*.

energy-saving *adj* ahorrador(ra) de energía.

enervate ['enəveɪt] *vt fml* enervar, debilitar.

enervating ['enəveɪtɪŋ] *adj fml* enervante.

enfold [ɪn'fəʊld] *vt literary*: **to ~ sthg/sb (in)** envolver algo/a alguien (en).

enforce [ɪn'fɔːs] *vt* [law] hacer cumplir, aplicar; [standards] imponer.

enforceable [ɪn'fɔːsəbl] *adj* aplicable.

enforced [ɪn'fɔːst] *adj* forzoso(sa).

enforcement [ɪn'fɔːsmənt] *n* aplicación *f*.

enfranchise [ɪn'fræntʃaɪz] *vt* **-1.** [give vote to] conceder el derecho a votar a **-2.** [set free] manumitir.

engage [ɪn'geɪdʒ] ◇ *vt* **-1.** [attract] atraer; **to ~ sb in conversation** entablar conversación con alguien **-2.** [*TECH* - clutch] pisar; [- gear] meter **-3.** *fml* [employ] contratar; **to be ~d in** *OR* **on** dedicarse a, estar ocupado(da) en. ◇

vi [be involved]: **to ~ in** [gen] dedicarse a; [conversation] entablar.

engaged [ɪn'geɪdʒd] *adj* **-1.** [to be married]: **~ (to)** prometido(da) (con); **to get ~** prometerse **-2.** [busy, in use] ocupado(da); **~ in sthg** ocupado en algo **-3.** *TELEC* comunicando.

engaged tone *n UK* señal *f* de comunicando.

engagement [ɪn'geɪdʒmənt] *n* **-1.** [to be married] compromiso *m*; [period] noviazgo *m* **-2.** [appointment] cita *f*, compromiso *m*.

engagement ring *n* anillo *m* de compromiso.

engaging [ɪn'geɪdʒɪŋ] *adj* atractivo(va).

engender [ɪn'dʒendəʳ] *vt fml* engendrar.

engine ['endʒɪn] *n* **-1.** [of vehicle] motor *m* **-2.** *RAIL* locomotora *f*, máquina *f*.

engine driver *n UK* maquinista *m* *OR* *f*.

engineer [,endʒɪ'nɪəʳ] ◇ *n* **-1.** [gen] ingeniero *m*, -ra *f* **-2.** *US* [engine driver] maquinista *m OR f*. ◇ *vt* **-1.** [construct] construir **-2.** [contrive] tramar.

engineering [,endʒɪ'nɪərɪŋ] *n* ingeniería *f*.

England ['ɪŋglənd] *n* Inglaterra.

English ['ɪŋglɪʃ] ◇ *adj* inglés(esa). ◇ *n* [language] inglés *m*. ◇ *npl* [people]: **the ~** los ingleses.

English breakfast *n* desayuno *m* inglés.

> **ENGLISH BREAKFAST**
>
> El desayuno tradicional inglés consiste en un plato caliente (huevos con jamón, por ejemplo), cereales o *porridge* (especie de gachas de avena) y tostadas con mermelada de naranja, todo ello acompañado de café o té; actualmente se tiende a sustituirlo por algo más ligero.

English Channel *n*: **the ~** el canal de la Mancha.

Englishman ['ɪŋglɪʃmən] (*pl* **-men** [-mən]) *n* inglés *m*.

English muffin *n US* ≃ bollo *m*.

Englishwoman ['ɪŋglɪʃ,wʊmən] (*pl* **-women** [-,wɪmɪn]) *n* inglesa *f*.

engrave [ɪn'greɪv] *vt lit & fig*: **to ~ sthg (on)** grabar algo (en).

engraver [ɪn'greɪvəʳ] *n* grabador *m*, -ra *f*.

engraving [ɪn'greɪvɪŋ] *n* grabado *m*.

engrossed [ɪn'grəʊst] *adj*: **to be ~ (in)** estar absorto(ta) (en).

engrossing [ɪn'grəʊsɪŋ] *adj* absorbente.

engulf [ɪn'gʌlf] *vt*: **to be ~ed in** [flames etc] verse devorado(da) por; [fear, despair] verse sumido(da) en.

enhance [ɪn'hɑːns] *vt* [gen] aumentar, acrecentar; [status, position] elevar; [beauty] realzar.

enhancement [ɪn'hɑːnsmənt] *n* [gen] aumento *m*; [of status, position] elevación *f*; [of beauty] realce *m*.

enigma [ɪ'nɪgmə] *n* enigma *m*.

enigmatic [,enɪg'mætɪk] *adj* enigmático(ca).

enjoy [ɪn'dʒɔɪ] ◇ *vt* **-1.** [like] disfrutar de; **did you ~ the film/book?** ¿te gustó la película/el libro?; **she ~s reading** le gusta leer; **~ your meal!** ¡que aproveche!, ¡buen provecho!; **to ~ o.s.** pasarlo bien, divertirse **-2.** *fml* [possess] gozar *OR* disfrutar de. ◇ *vi US*: **~!** [enjoy yourself] ¡que lo pases bien!; [before meal] ¡que aproveche!

enjoyable [ɪn'dʒɔɪəbl] *adj* agradable.

enjoyment [ɪn'dʒɔɪmənt] *n* **-1.** [pleasure] placer *m* **-2.** [possession] disfrute *m*, posesión *f*.

enlarge [ɪn'lɑːdʒ] *vt* [gen, *PHOT & POL*] ampliar.

◆ **enlarge (up)on** *vt fus* ampliar, explicar con detalle.

enlargement [ɪn'lɑːdʒmənt] *n* [gen, *PHOT & POL*] ampliación *f*.

enlighten [ɪn'laɪtn] *vt fml* aclarar, iluminar.

enlightened [ɪn'laɪtnd] *adj* amplio(plia) de miras.

enlightening [ɪn'laɪtnɪŋ] *adj* instructivo(va), informativo(va).

enlightenment [ɪn'laɪtnmənt] *n (U)* aclaración *f*.

◆ **Enlightenment** *n*: **the Enlightenment** la Ilustración.

enlist [ɪn'lɪst] ◇ *vt* **-1.** [person] alistar, reclutar **-2.** [support] obtener. ◇ *vi MIL*: **to ~ (in)** alistarse (en).

enlisted man [ɪn'lɪstɪd-] *n US* recluta *m*.

enliven [ɪn'laɪvn] *vt* avivar, animar.

en masse [,ɒn'mæs] *adv* en masa.

enmeshed [ɪn'meʃt] *adj*: **to be ~ in** estar enredado(da) en.

enmity ['enmətɪ] (*pl* **-ies**) *n* enemistad *f*.

ennoble [ɪ'nəʊbl] *vt* ennoblecer.

enormity [ɪ'nɔːmətɪ] *n* [extent] enormidad *f*.

enormous [ɪ'nɔːməs] *adj* enorme.

enormously [ɪ'nɔːməslɪ] *adv* enormemente.

enough [ɪ'nʌf] ◇ *adj* bastante, suficiente; **do you have ~ glasses?** ¿tienes suficientes vasos? ◇ *pron* bastante; **is this ~?** ¿basta con eso?; **more than ~** más que suficiente; **that's ~** [sufficient] ya está bien; **~ is ~** ya basta, ya está bien; **that's ~ (of that)!** ¡basta ya!; **to have had ~ (of)** [expressing annoyance] estar harto (de). ◇ *adv* bastante, suficientemente; **I was stupid ~ to believe him** fui lo bastante tonto como para creerle; **he was good ~ to lend me his car** *fml* tuvo la bondad de dejarme su coche;

strangely ~ curiosamente.

enquire [ɪn'kwaɪəʳ] *vi* [ask for information] informarse, pedir información; **to ~ about sthg** informarse de algo; **to ~ when/how/whether ...** preguntar cuándo/cómo/si ...

◆ **enquire after** *vt fus* preguntar por.

◆ **enquire into** *vt fus* investigar.

enquiry [ɪn'kwaɪərɪ] (*pl* **-ies**) *n* **-1.** [question] pregunta *f*; **'Enquiries'** 'Información' **-2.** [investigation] investigación *f*.

enraged [ɪn'reɪdʒd] *adj* enfurecido(da).

enrich [ɪn'rɪtʃ] *vt* enriquecer; [soil] fertilizar.

enrol *UK* (*pt* & *pp* **-led**, *cont* **-ling**), **enroll** *US* [ɪn'rəʊl] ◇ *vt* matricular. ◇ *vi*: **to ~ (on)** matricularse (en).

enrolment *UK*, **enrollment** *US* [ɪn'rəʊlmənt] *n (U)* matrícula *f*, inscripción *f*.

en route [ˌɒn'ru:t] *adv*: **~ (from/to)** en el camino (de/a).

ensconced [ɪn'skɒnst] *adj fml*: **~ (in)** repantigado(da) *OR* arrellanado(da) (en).

enshrine [ɪn'ʃraɪn] *vt*: **to be ~d in sthg** estar amparado(da) *OR* salvaguardado(da) por algo.

ensign ['ensaɪn] *n* **-1.** [flag] bandera *f*, enseña *f* **-2.** *US* [sailor] ≃ alférez *m* de fragata.

enslave [ɪn'sleɪv] *vt* esclavizar.

ensue [ɪn'sju:] *vi fml* seguir; [war] sobrevenir.

ensuing [ɪn'sju:ɪŋ] *adj fml* subsiguiente.

en suite [ã'swi:t] *adj*: **with an ~ bathroom** con cuarto de baño privado.

ensure [ɪn'ʃʊəʳ] *vt*: **to ~ (that)** asegurar que.

ENT (*abbr of* **Ear, Nose & Throat**) *n* otorrinolaringología *f*.

entail [ɪn'teɪl] *vt* [involve] conllevar, suponer.

entangled [ɪn'tæŋgld] *adj* **-1.** [gen]: **to be ~ (in)** estar enredado(da) (en) **-2.** [emotionally]: **to be ~ with sb** tener un lío con alguien.

entanglement [ɪn'tæŋglmənt] *n* [emotional] lío *m*.

enter ['entəʳ] ◇ *vt* **-1.** [gen] entrar en **-2.** [join - profession, parliament] ingresar en; [- university] matricularse en; [- army, navy] alistarse en **-3.** [become involved in - politics etc] meterse en; [- race, examination etc] inscribirse en **-4.** [register]: **to ~ sthg/sb for sthg** inscribir algo/a alguien en algo **-5.** [write down] anotar, apuntar **-6.** [appear in] presentarse *OR* aparecer en **-7.** *COMPUT* introducir. ◇ *vi* **-1.** [come or go in] entrar **-2.** [participate]: **to ~ (for sthg)** **inscribirse** (en algo).

◆ **enter into** *vt fus* entrar en; [agreement] comprometerse a; [conversation, negotiations] entablar.

enteritis [ˌentə'raɪtɪs] *n* enteritis *f inv*.

enter key *n COMPUT* tecla *f* enter.

enterprise ['entəpraɪz] *n* **-1.** [project, company] empresa *f* **-2.** [initiative] iniciativa *f*.

enterprise culture *n* cultura *f* empresarial.

enterprise zone *n zona del Reino Unido donde se fomenta la actividad industrial y empresarial.*

enterprising ['entəpraɪzɪŋ] *adj* emprendedor(ra).

entertain [ˌentə'teɪn] ◇ *vt* **-1.** [amuse] divertir, entretener **-2.** [invite] recibir (en casa) **-3.** *fml* [idea, proposal] considerar **-4.** *fml* [hopes, ambitions] abrigar. ◇ *vi* **-1.** [amuse] divertir, entretener **-2.** [have guests] recibir.

entertainer [ˌentə'teɪnəʳ] *n* artista *m OR f*.

entertaining [ˌentə'teɪnɪŋ] ◇ *adj* divertido(da), entretenido(da). ◇ *n (U)*: **she does a lot of ~** siempre tiene invitados en casa.

entertainment [ˌentə'teɪnmənt] ◇ *n* **-1.** *(U)* [amusement] diversión *f*, entretenimiento *m*, entretención *f Amér* **-2.** [show] espectáculo *m*. ◇ *comp* del espectáculo.

entertainment allowance *n* gastos *mpl* de representación.

enthral (*pt* & *pp* **-led**, *cont* **-ling**), **enthrall** *US* [ɪn'θrɔ:l] *vt* cautivar, embelesar.

enthralling [ɪn'θrɔ:lɪŋ] *adj* cautivador(ra).

enthrone [ɪn'θrəʊn] *vt fml* entronizar.

enthuse [ɪn'θju:z] *vi*: **to ~ (about)** entusiasmarse (por).

enthusiasm [ɪn'θju:zɪæzm] *n* **-1.** [passion, eagerness]: **~ (for)** entusiasmo *m* (por) **-2.** [interest] pasión *f*, interés *m*.

enthusiast [ɪn'θju:zɪæst] *n* entusiasta *m OR f*.

enthusiastic [ɪnˌθju:zɪ'æstɪk] *adj* [person] entusiasta; [cry, response] entusiástico(ca).

enthusiastically [ɪnˌθju:zɪ'æstɪklɪ] *adv* con entusiasmo.

entice [ɪn'taɪs] *vt* seducir, atraer; **nothing could ~ me to do that** no haría eso de ninguna manera.

enticing [ɪn'taɪsɪŋ] *adj* tentador(ra), atractivo(va).

entire [ɪn'taɪəʳ] *adj* entero(ra); **the ~ evening** toda la noche.

entirely [ɪn'taɪəlɪ] *adv* completamente; **I'm not ~ sure** no estoy del todo seguro.

entirety [ɪn'taɪrətɪ] *n fml*: **in its ~** en su totalidad.

entitle [ɪn'taɪtl] *vt* [allow]: **to ~ sb to sthg** dar a alguien derecho a algo; **to ~ sb to do sthg** autorizar a alguien a hacer algo.

entitled [ɪn'taɪtld] *adj* **-1.** [allowed]: **to be ~ to sthg/to do sthg** tener derecho a algo/a hacer algo **-2.** [book, song, film] titulado(da).

entitlement [ɪn'taɪtlmənt] *n* derecho *m*.

entity [ˈentətɪ] (*pl* **-ies**) *n* entidad *f*.
entomology [ˌentəˈmɒlədʒɪ] *n* entomología *f*.
entourage [ˌɒntʊˈrɑːʒ] *n* séquito *m*.
entrails [ˈentreɪlz] *npl* entrañas *fpl*.
entrance [*n* ˈentrəns, *vb* ɪnˈtrɑːns] ◇ *n*: ~ **(to)** entrada *f* (a OR de); **to gain ~ to** *fml* [building] lograr acceso a; [society, university] lograr el ingreso en. ◇ *vt* encantar, hechizar.
entrance examination *n* examen *m* de ingreso.
entrance fee *n* [for museum] (precio *m* de) entrada *f*.
entrancing [ɪnˈtrɑːnsɪŋ] *adj* encantador(ra), cautivador(ra).
entrant [ˈentrənt] *n* participante *m* OR *f*.
entreat [ɪnˈtriːt] *vt*: **to ~ sb (to do sthg)** suplicar OR rogar a alguien (que haga algo).
entreaty [ɪnˈtriːtɪ] (*pl* **-ies**) *n* ruego *m*, súplica *f*.
entreé [ˈntreɪ] *n* **US** [main course] plato *m* principal.
entrepreneur [ˌɒntrəprəˈnɜː'] *n* empresario *m*, -ria *f*.
entrepreneurial [ˌɒntrəprəˈnɜːrɪəl] *adj* empresarial.
entrust [ɪnˈtrʌst] *vt*: **to ~ sthg to sb**, **to ~ sb with sthg** confiar algo a alguien.
entry [ˈentrɪ] (*pl* **-ies**) *n* **-1.** [gen]: ~ **(into)** entrada *f* (en); **no ~** se prohibe la entrada, prohibido el paso **-2.** *fig* [joining - of group, society] ingreso *m* **-3.** [in competition] participante *m* OR *f* **-4.** [in diary] anotación *f*; [in ledger] partida *f*.
entry fee *n* [for competition] cuota *f* de inscripción.
entry form *n* boleto *m* OR impreso *m* de inscripción.
entry phone *n* **UK** portero *m* automático.
entryway [ˈentrɪˌweɪ] *n* **US** camino *m* de entrada.
entwine [ɪnˈtwaɪn] ◇ *vt* entrelazar. ◇ *vi* entrelazarse.
E number *n* número *m* E.
enumerate [ɪˈnjuːməreɪt] *vt* enumerar.
enunciate [ɪˈnʌnsɪeɪt] ◇ *vt* **-1.** [word] pronunciar **-2.** [idea, plan] enunciar. ◇ *vi* vocalizar.
envelop [ɪnˈveləp] *vt*: **to ~ sthg/sb in** envolver algo/a alguien en.
envelope [ˈenvələʊp] *n* sobre *m*.
enviable [ˈenvɪəbl] *adj* envidiable.
envious [ˈenvɪəs] *adj* [person] envidioso(sa); [look] de envidia; **to be ~ of** tener envidia de.
enviously [ˈenvɪəslɪ] *adv* con envidia.
environment [ɪnˈvaɪərənmənt] *n* **-1.** [natural world]: **the ~** el medio ambiente; **Department of the Environment UK** ministerio *m* del medio ambiente **-2.** [surroundings] entorno *m* **-3.** [atmosphere] ambiente *m* **-4.** COMPUT entorno *m*.
environmental [ɪnˌvaɪərənˈmentl] *adj* **-1.** [gen] medioambiental, ambiental; ~ **pollution** contaminación *f* del medio ambiente **-2.** [group, campaigner] ecologista.
environmentalist [ɪnˌvaɪərənˈmentəlɪst] *n* ecologista *m* OR *f*.
environmentally [ɪnˌvaɪərənˈmentəlɪ] *adv* ecológicamente; ~ **friendly** ecológico(ca), que no daña al medio ambiente.
Environmental Protection Agency *n* **US** *agencia gubernamental de protección medioambiental.*
environs [ɪnˈvaɪərənz] *npl* alrededores *mpl*.
envisage [ɪnˈvɪzɪdʒ], **envision US** [ɪnˈvɪʒn] *vt* prever.
envoy [ˈenvɔɪ] *n* enviado *m*, -da *f*.
envy [ˈenvɪ] (*pt* & *pp* **-ied**) ◇ *n* envidia *f*; **to be the ~ of** ser la envidia de; **to be green with ~** estar muerto de envidia. ◇ *vt*: **to ~ (sb sthg)** envidiar (algo a alguien).
enzyme [ˈenzaɪm] *n* enzima *f*.
EOC *n abbr of* **Equal Opportunities Commission.**
eon US = **aeon.**
EP (*abbr of* **extended-play**) *n* MUS EP *m*.
EPA *n abbr of* **Environmental Protection Agency.**
epaulet(te) [ˈepəˈlet] *n* charretera *f*.
ephemeral [ɪˈfemərəl] *adj* efímero(ra).
epic [ˈepɪk] ◇ *adj* épico(ca). ◇ *n* [poem, work] epopeya *f*; [film] película *f* épica.
epicentre UK, **epicenter US** [ˈepɪsentə'] *n* epicentro *m*.
epidemic [ˌepɪˈdemɪk] *n* epidemia *f*.
epidural [ˌepɪˈdjʊərəl] *n* epidural *f*.
epigram [ˈepɪɡræm] *n* epigrama *m*.
epilepsy [ˈepɪlepsɪ] *n* epilepsia *f*.
epileptic [ˌepɪˈleptɪk] ◇ *adj* epiléptico(ca). ◇ *n* epiléptico *m*, -ca *f*.
epilogue UK, **epilog US** [ˈepɪlɒɡ] *n* epílogo *m*.
Epiphany [ɪˈpɪfənɪ] *n* Epifanía *f*.
episcopal [ɪˈpɪskəpl] *adj* [of bishop] episcopal.
episode [ˈepɪsəʊd] *n* **-1.** [event] episodio *m* **-2.** [of story, TV series] capítulo *m*.
episodic [ˌepɪˈsɒdɪk] *adj* episódico(ca).
epistle [ɪˈpɪsl] *n* epístola *f*.
epitaph [ˈepɪtɑːf] *n* epitafio *m*.
epithet [ˈepɪθet] *n* epíteto *m*.
epitome [ɪˈpɪtəmɪ] *n*: **the ~ of** [person] la personificación de; [thing] el vivo ejemplo de.
epitomize, -ise [ɪˈpɪtəmaɪz] *vt* [subj: person] personificar; [subj: thing] representar el paradigma de.

epoch ['i:pɒk] *n* época *f.*
epoch-making *adj* histórico(ca), que hace época.
eponymous [ɪ'pɒnɪməs] *adj* epónimo(ma).
EPOS ['i:pɒs] (*abbr of* **electronic point of sale**) *n* *punto de venta electrónica.*
EPROM ['i:prɒm] (*abbr of* **erasable programmable read only memory**) *n* COMPUT eprom *f.*
equable ['ekwəbl] *adj* [calm, reasonable] ecuánime.
equal ['i:kwəl] (*UK pt & pp* **-led**, *cont* **-ling**, *US pt & pp* **-ed**, *cont* **-ing**) ◇ *adj* igual; ~ **to** [sum] igual a; ~ **rights** igualdad de derechos; **on ~ terms** en igualdad de condiciones; **to be ~ to** [task etc] estar a la altura de. ◇ *n* igual *m* OR *f*; **to treat sb as an ~** tratar a alguien de igual a igual. ◇ *vt* **-1.** MATH ser igual a **-2.** [person, quality] igualar.
equality [i:'kwɒlətɪ] *n* igualdad *f.*
equalize, -ise ['i:kwəlaɪz] ◇ *vt* igualar. ◇ *vi* SPORT empatar.
equalizer ['i:kwəlaɪzə^r] *n* SPORT gol *m* del empate.
equally ['i:kwəlɪ] *adv* **-1.** [gen] igualmente; ~ **important** igual de importante **-2.** [share, divide] a partes iguales, por igual **-3.** [just as likely] de igual modo.
equal opportunities *npl* igualdad *f* de oportunidades.
Equal Opportunities Commission *n* *organismo gubernamental británico contra la discriminación sexual.*
equal(s) sign *n* signo *m* de igualdad.
equanimity [ˌekwə'nɪmətɪ] *n* ecuanimidad *f.*
equate [ɪ'kweɪt] *vt*: **to ~ sthg with** equiparar algo con.
equation [ɪ'kweɪʒn] *n* ecuación *f.*
equator [ɪ'kweɪtə^r] *n*: **the ~** el ecuador.
equatorial [ˌekwə'tɔ:rɪəl] *adj* ecuatorial.
Equatorial Guinea *n* Guinea Ecuatorial *f.*
equestrian [ɪ'kwestrɪən] *adj* ecuestre.
equidistant [ˌi:kwɪ'dɪstənt] *adj*: ~ **(from)** equidistante (de).
equilateral triangle [ˌi:kwɪ'lætərəl-] *n* triángulo *m* equilátero.
equilibrium [ˌi:kwɪ'lɪbrɪəm] *n* equilibrio *m.*
equine ['ekwaɪn] *adj* equino(na).
equinox ['i:kwɪnɒks] *n* equinoccio *m.*
equip [ɪ'kwɪp] (*pt & pp* **-ped**, *cont* **-ping**) *vt* **-1.** [provide with equipment]: **to ~ sthg (with)** equipar algo (con); **to ~ sb (with)** proveer a alguien (de) **-2.** [prepare]: **to be equipped for** estar preparado(da) para.
equipment [ɪ'kwɪpmənt] *n (U)* equipo *m.*
equitable ['ekwɪtəbl] *adj* equitativo(va).
equity ['ekwətɪ] *n (U)* FIN [of company] capital *m* social; [of shareholders] fondos *mpl* propios.
◆ **equities** *npl* ST EX acciones *fpl* ordinarias.
equivalent [ɪ'kwɪvələnt] ◇ *adj* equivalente; **to be ~ to** equivaler a. ◇ *n* equivalente *m.*
equivocal [ɪ'kwɪvəkl] *adj* equívoco(ca).
equivocate [ɪ'kwɪvəkeɪt] *vi* andarse con ambigüedades.
er [ɜ:^r] *excl* ¡ejem!
ER ◇ *n US* (*abbr of* **Emergency Room**) (*sala f de*) urgencias *fpl.* ◇ (*abbr of* **Elizabeth Regina**) *emblema de la reina Isabel.*
era ['ɪərə] (*pl* **-s**) *n* era *f*, época *f.*
ERA ['ɪərə] (*abbr of* **Equal Rights Amendment**) *n* *ley estadounidense de igualdad de derechos para las mujeres.*
eradicate [ɪ'rædɪkeɪt] *vt* erradicar.
eradication [ɪˌrædɪ'keɪʃn] *n* erradicación *f.*
erase [ɪ'reɪz] *vt lit & fig* borrar.
eraser [ɪ'reɪzə^r] *n esp US* goma *f* de borrar.
erect [ɪ'rekt] ◇ *adj* **-1.** [person, posture] erguido(da) **-2.** [penis] erecto(ta). ◇ *vt* **-1.** [building, statue] erigir, levantar **-2.** [tent] montar.
erection [ɪ'rekʃn] *n* **-1.** *(U)* [of building, statue] construcción *f* **-2.** [erect penis] erección *f.*
ergonomic [ˌɜ:gə'nɒmɪk] *adj* ergonómico(ca).
ergonomics [ˌɜ:gə'nɒmɪks] *n* ergonomía *f.*
Eritrea [ˌerɪ'treɪə] *n* Eritrea.
Eritrean [ˌerɪ'treɪən] ◇ *adj* eritreo(a). ◇ *n* eritreo *m*, -a *f.*
ERM (*abbr of* **Exchange Rate Mechanism**) *n* *mecanismo de tipos de cambio del SME.*
ermine ['ɜ:mɪn] *n* armiño *m.*
erode [ɪ'rəʊd] ◇ *vt* **-1.** [rock, soil] erosionar; [metal] desgastar **-2.** [confidence, rights] mermar. ◇ *vi* **-1.** [rock, soil] erosionarse; [metal] desgastarse **-2.** [confidence, rights] mermarse.
erogenous zone [ɪ'rɒdʒɪnəs-] *n* zona *f* erógena.
erosion [ɪ'rəʊʒn] *n* **-1.** [of rock, soil] erosión *f*; [of metal] desgaste *m* **-2.** [of confidence, rights] merma *f.*
erotic [ɪ'rɒtɪk] *adj* erótico(ca).
eroticism [ɪ'rɒtɪsɪzm] *n* erotismo *m.*
err [ɜ:^r] *vi* equivocarse, errar; **to ~ is human** errar es humano; **to ~ on the side of caution** pecar de prudente.
errand ['erənd] *n* recado *m*, mandado *m*; **to go on** OR **run an ~** hacer un recado.
errand boy *n* recadero *m*, chico *m* de los recados, mandadero *m* *RP*, chico *m* de los mandados *Amér*, junior *m* *Chile*.
erratic [ɪ'rætɪk] *adj* irregular.
erroneous [ɪ'rəʊnjəs] *adj fml* erróneo(a).

error [ˈerəʳ] *n* error *m*; **to make an ~** cometer un error; **spelling ~** falta *f* de ortografía; **~ of judgment** error de cálculo; **in ~** por equivocación.
error message *n* COMPUT mensaje *m* de error.
erstwhile [ˈɜːstwaɪl] *adj literary* antiguo(gua).
erudite [ˈeruːdaɪt] *adj* erudito(ta).
erupt [ɪˈrʌpt] *vi* [volcano] entrar en erupción; *fig* [violence, war] estallar.
eruption [ɪˈrʌpʃn] *n* **-1.** [of volcano] erupción *f* **-2.** [of violence, war] estallido *m*, explosión *f*.
ESA (*abbr of* **European Space Agency**) *n* ESA *f*.
escalate [ˈeskəleɪt] *vi* **-1.** [conflict] intensificarse **-2.** [costs] ascender, incrementarse.
escalation [ˌeskəˈleɪʃn] *n* **-1.** [of conflict, violence] intensificación *f*, escalada *f* **-2.** [of costs] ascenso *m*, incremento *m*.
escalator [ˈeskəleɪtəʳ] *n* escalera *f* mecánica.
escapade [ˌeskəˈpeɪd] *n* aventura *f*.
escape [ɪˈskeɪp] ◇ *n* **-1.** [gen] fuga *f* **-2.** [leakage - of gas, water] escape *m*. ◇ *vt* **-1.** [avoid] escapar a, eludir; **to ~ notice** pasar inadvertido(da) **-2.** [subj: fact, name]: **her name ~s me right now** ahora mismo no caigo en su nombre. ◇ *vi* **-1.** [gen]: **to ~ (from)** escaparse (de) **-2.** [survive] escapar.
escape clause *n* cláusula *f* de escape.
escape key *n* COMPUT tecla *f* de escape.
escape route *n* **-1.** [from prison] vía *f* de escape **-2.** [from fire] salida *f* de emergencia.
escapism [ɪˈskeɪpɪzm] *n* (*U*) escapismo *m*, evasión *f*.
escapist [ɪˈskeɪpɪst] *adj* de evasión.
escapologist [ˌeskəˈpɒlədʒɪst] *n* escapista *m* OR *f*.
escarpment [ɪˈskɑːpmənt] *n* escarpa *f*.
eschew [ɪsˈtʃuː] *vt fml* evitar.
escort [*n* ˈeskɔːt, *vb* ɪˈskɔːt] ◇ *n* **-1.** [guard] escolta *f*; **under ~** bajo escolta **-2.** [companion] acompañante *m* OR *f*. ◇ *vt* escoltar; **to ~ sb home** acompañar a alguien a casa.
escort agency *n* agencia *f* de acompañantes.
Eskimo [ˈeskɪməʊ] (*pl* **-s**) ◇ *adj* esquimal. ◇ *n* **-1.** [person] esquimal *m* OR *f* **-2.** [language] esquimal *m*.
ESL (*abbr of* **English as a Second Language**) *n* *inglés como segunda lengua*.
esophagus *US* = **oesophagus**.
esoteric [ˌesəˈterɪk] *adj* esotérico(ca).
esp. (*abbr of* **especially**) esp.
ESP *n* **-1.** (*abbr of* **extrasensory perception**) percepción *f* extrasensorial **-2.** (*abbr of* **English for special purposes**) *inglés especializado*.
espadrille [ˌespəˈdrɪl] *n* alpargata *f*.
especially [ɪˈspeʃəlɪ] *adv* **-1.** [more than usually, specifically] especialmente **-2.** [in particular] sobre todo.
Esperanto [ˌespəˈræntəʊ] *n* esperanto *m*.
espionage [ˈespɪəˌnɑːʒ] *n* espionaje *m*.
esplanade [ˌespləˈneɪd] *n* paseo *m* marítimo.
espouse [ɪˈspaʊz] *vt* apoyar.
espresso [eˈspresəʊ] (*pl* **-s**) *n* café *m* exprés.
Esq. (*abbr of* **esquire**) D.; **James Roberts, ~** D. James Roberts.
Esquire [ɪˈskwaɪəʳ] *n* Sr. Don; **B. Jones ~** Sr. Don B. Jones.
essay [ˈeseɪ] *n* **-1.** SCH redacción *f*, composición *f*; UNIV trabajo *m* **-2.** LITER ensayo *m*.
essayist [ˈeseɪɪst] *n* ensayista *m* OR *f*.
essence [ˈesns] *n* esencia *f*; **in ~** esencialmente.
essential [ɪˈsenʃl] *adj* **-1.** [absolutely necessary]: **~ (to** OR **for)** esencial OR indispensable (para) **-2.** [basic] fundamental, esencial.
◆ **essentials** *npl* **-1.**: **the ~s** [basic commodities] lo indispensable **-2.** [most important elements] los elementos esenciales.
essential oil *n* aceite *m* esencial.
essentially [ɪˈsenʃəlɪ] *adv* [basically] esencialmente.
est. **-1.** *abbr of* **established** **-2.** *abbr of* **estimated**.
EST (*abbr of* **Eastern Standard Time**) *n hora oficial de la costa este de los EEUU*.
establish [ɪˈstæblɪʃ] *vt* **-1.** [gen] establecer; **to ~ contact with** establecer contacto con; **to ~ o.s. (as)** establecerse (como) **-2.** [facts, cause] verificar.
established [ɪˈstæblɪʃt] *adj* **-1.** [custom] arraigado(da) **-2.** [company] establecido(da), consolidado(da).
establishment [ɪˈstæblɪʃmənt] *n* establecimiento *m*.
◆ **Establishment** *n*: **the Establishment** el sistema.
estate [ɪˈsteɪt] *n* **-1.** [land, property] finca *f* **-2.**: **(housing) ~** urbanización *f* **-3.**: **(industrial) ~** polígono *m* industrial **-4.** JUR [inheritance] herencia *f*.
estate agency *n UK* agencia *f* inmobiliaria.
estate agent *n UK* agente inmobiliario *m*, agente inmobiliaria *f*.
estate car *n UK* ranchera *f*, coche *m* familiar.
estd., est'd. *abbr of* **established**.
esteem [ɪˈstiːm] ◇ *n* estima *f*; **to hold sthg/sb in high ~** tener en mucha estima algo/a alguien. ◇ *vt* estimar, apreciar.
esthetic *etc US* = **aesthetic** *etc*.

estimate [*n* 'estɪmət, *vb* 'estɪmeɪt] ◇ *n* **-1.** [calculation, judgment] cálculo *m*, estimación *f* **-2.** [written quote] presupuesto *m*. ◇ *vt* estimar.
estimated ['estɪmeɪtɪd] *adj* estimado(da), calculado(da).
estimation [ˌestɪ'meɪʃn] *n* **-1.** [opinion] juicio *m*; **in my ~** a mi juicio **-2.** [calculation] cálculo *m*.
Estonia [e'stəʊnɪə] *n* Estonia.
Estonian [e'stəʊnɪən] ◇ *adj* estonio(nia). ◇ *n* **-1.** [person] estonio *m*, -nia *f* **-2.** [language] estonio *m*.
estranged [ɪ'streɪndʒd] *adj* [from husband, wife] separado(da); **his ~ son** su hijo con el que no se habla.
estrogen *US* = **oestrogen**.
estuary ['estjʊərɪ] (*pl* **-ies**) *n* estuario *m*.
ETA (*abbr of* **estimated time of arrival**) *n hora prevista de llegada*.
e-tailer ['i:teɪlə^r] *n* tienda *f* electrónica.
et al. [ˌet'æl] (*abbr of* **et alii**) et al.
etc. (*abbr of* **etcetera**) etc.
etcetera [ɪt'setərə] *adv* etcétera.
etch [etʃ] *vt* [engrave] grabar al aguafuerte; *fig* [imprint]: **to be ~ed on sb's memory** estar grabado(da) en la memoria de alguien.
etching ['etʃɪŋ] *n* aguafuerte *m* OR *f*.
eternal [ɪ'tɜ:nl] *adj* [gen] eterno(na); *fig* [complaints, whining] perpetuo(tua), continuo (nua).
eternally [ɪ'tɜ:nəlɪ] *adv* [gen] eternamente; [complain, whine] continuamente.
eternity [ɪ'tɜ:nətɪ] *n* eternidad *f*.
eternity ring *n UK* alianza *f* del amor eterno.
ether ['i:θə^r] *n* éter *m*.
ethereal [ɪ'θɪərɪəl] *adj* etéreo(a).
ethic ['eθɪk] *n* ética *f*.
◆ **ethics** ◇ *n (U)* [study] ética *f*. ◇ *npl* [morals] moralidad *f*.
ethical ['eθɪkl] *adj* ético(ca).
Ethiopia [ˌi:θɪ'əʊpɪə] *n* Etiopía.
Ethiopian [ˌi:θɪ'əʊpɪən] ◇ *adj* etíope. ◇ *n* etíope *m* OR *f*.
ethnic ['eθnɪk] *adj* **-1.** [traditions, groups, conflict] étnico(ca) **-2.** [food] *típico de una cultura distinta a la occidental*; **~ music** música étnica.
ethnic cleansing [-'klensɪŋ] *n* limpieza *f* étnica.
ethnic minority *n* minoría *f* étnica.
ethnology [eθ'nɒlədʒɪ] *n* etnología *f*.
ethos ['i:θɒs] *n* ética *f*, código *m* de valores.
etiquette ['etɪket] *n* etiqueta *f*.
etymology [ˌetɪ'mɒlədʒɪ] (*pl* **-ies**) *n* etimología *f*.
EU (*abbr of* **European Union**) *n* UE *f*.
eucalyptus [ˌju:kə'lɪptəs] *n* eucalipto *m*.
eulogize, -ise ['ju:lədʒaɪz] *vt* elogiar.
eulogy ['ju:lədʒɪ] (*pl* **-ies**) *n* elogio *m*.
eunuch ['ju:nək] *n* eunuco *m*.
euphemism ['ju:fəmɪzm] *n* eufemismo *m*.
euphemistic [ˌju:fə'mɪstɪk] *adj* eufemístico(ca).
euphoria [ju:'fɔ:rɪə] *n* euforia *f*.
euphoric [ju:'fɒrɪk] *adj* eufórico(ca).
Eurasia [jʊə'reɪʒə] *n* Eurasia *f*.
Eurasian [jʊə'reɪʒən] ◇ *adj* euroasiático(ca). ◇ *n* euroasiático *m*, -ca *f*.
eureka [jʊə'ri:kə] *excl* ¡eureka!
euro ['jʊərəʊ] *n* [currency] euro *m*.
Euro- ['jʊərəʊ] *prefix* euro-.
Eurocheque ['jʊərəʊˌtʃek] *n* eurocheque *m*.
Eurocrat ['jʊərəˌkræt] *n* eurócrata *m* OR *f*.
Eurocurrency ['ju:rəʊˌkʌrənsɪ] (*pl* **-ies**) *n* eurodivisa *f*.
Eurodollar ['jʊərəʊˌdɒlə^r] *n* eurodólar *m*.
Euro MP *n* eurodiputado *m*, -da *f*.
Europe ['jʊərəp] *n* Europa *f*.
European [ˌjʊərə'pi:ən] ◇ *adj* europeo(a). ◇ *n* europeo *m*, -a *f*.
European Central Bank *n*: **the ~** el Banco Central Europeo.
European Commission *n*: **the ~** la Comisión Europea.
European Community *n*: **the ~** la Comunidad Europea.
European Court of Human Rights *n*: **the ~** el Tribunal Europeo de Derechos Humanos.
European Court of Justice *n*: **the ~** el Tribunal de Justicia Europeo.
European Currency Unit *n* Unidad *f* Monetaria Europea, ecu *m*.
Europeanism [ˌjʊərə'pi:ənɪzm] *n* europeísmo *m*.
Europeanize, -ise [ˌjʊərə'pi:ənaɪz] *vt* europeizar.
European Monetary System *n*: **the ~** el Sistema Monetario Europeo.
European Parliament *n*: **the ~** el Parlamento Europeo.
European Union *n*: **the ~** la Unión Europea.
Eurosceptic ['ʊrəʊˌskeptɪk] ◇ *adj* euroescéptico(ca). ◇ *n* euroescéptico *m*, -ca *f*.
Eurostar ['ʊrəʊstɑ:^r] *n* Euroestar *m*.
euthanasia [ˌju:θə'neɪzjə] *n* eutanasia *f*.
evacuate [ɪ'vækjʊeɪt] *vt* evacuar.
evacuation [ɪˌvækjʊ'eɪʃn] *n* evacuación *f*.
evacuee [ɪˌvækju:'i:] *n* evacuado *m*, -da *f*.

evade [ɪ'veɪd] *vt* [gen] eludir; [taxes] evadir.
evaluate [ɪ'væljʊeɪt] *vt* evaluar.
evaluation [ɪˌvæljʊ'eɪʃn] *n* evaluación *f*.
evangelical [ˌi:væn'dʒelɪkl] *adj* evangélico(ca).
evangelism [ɪ'vændʒəlɪzm] *n* evangelismo *m*.
evangelist [ɪ'vændʒəlɪst] *n* evangelista *m* OR *f*.
evangelize, -ise [ɪ'vændʒəlaɪz] *vt* evangelizar.
evaporate [ɪ'væpəreɪt] *vi* [liquid] evaporarse; *fig* [feeling] desvanecerse.
evaporated milk [ɪ'væpəreɪtɪd-] *n* leche *f* evaporada.
evaporation [ɪˌvæpə'reɪʃn] *n* evaporación *f*.
evasion [ɪ'veɪʒn] *n* **-1.** [of responsibility, payment etc] evasión *f* **-2.** [lie] evasiva *f*.
evasive [ɪ'veɪsɪv] *adj* evasivo(va); **to take ~ action** quitarse de en medio.
evasiveness [ɪ'veɪsɪvnɪs] *n* actitud *f* evasiva.
eve [i:v] *n*: **on the ~ of** en la víspera de.
even ['i:vn] ◇ *adj* **-1.** [regular] uniforme, constante **-2.** [calm] sosegado(da) **-3.** [flat, level] llano(na), liso(sa) **-4.** [equal - contest, teams] igualado(da); [- chance] igual; **to get ~ with** ajustarle las cuentas a **-5.** [number] par. ◇ *adv* **-1.** [gen] incluso, hasta; **~ now/then** incluso ahora/entonces; **not ~** ni siquiera **-2.** [in comparisons] aun; **~ more** aun más.
◆ **even as** *conj* incluso mientras.
◆ **even if** *conj* aunque, aun cuando, así *Amér.*
◆ **even so** *conj* aun así.
◆ **even though** *conj* aunque.
◆ **even out** ◇ *vt sep* igualar. ◇ *vi* igualarse.
even-handed [-'hændɪd] *adj* imparcial.
evening ['i:vnɪŋ] *n* **-1.** [end of day - early part] tarde *f*; [- later part] noche *f*; **in the ~** por la tarde/noche **-2.** [event, entertainment] velada *f*.
◆ **evenings** *adv* [early] por la tarde; [late] por la noche.
evening class *n* clase *f* nocturna.
evening dress *n* **-1.** [worn by man] traje *m* de etiqueta **-2.** [worn by woman] traje *m* de noche.
evening star *n*: **the ~** el lucero de la tarde.
evenly ['i:vnlɪ] *adv* **-1.** [regularly] de modo uniforme **-2.** [equally] igualmente, equitativamente; **~ matched** muy igualados **-3.** [calmly] sosegadamente.
evenness ['i:vnnɪs] *n* **-1.** [regularity] uniformidad *f* **-2.** [equality] igualdad *f*.
evensong ['i:vnsɒŋ] *n (U)* vísperas *fpl*.
event [ɪ'vent] *n* **-1.** [happening] acontecimiento *m*, suceso *m*; **in the ~ of** en caso de; **in the ~ that it rains** (en) caso de que llueva **-2.** SPORT prueba *f*.
◆ **in any event** *adv* en todo caso.
◆ **in the event** *adv UK* al final, llegada la hora.
even-tempered [-'tempəd] *adj* apacible, ecuánime.
eventful [ɪ'ventfʊl] *adj* accidentado(da).
eventide home ['i:vntaɪd-] *n UK euphemism* residencia *f* de ancianos.
eventing [ɪ'ventɪŋ] *n UK* SPORT: **(three-day) ~** *concurso hípico de tres días*.
eventual [ɪ'ventʃʊəl] *adj* final.
eventuality [ɪˌventʃʊ'ælətɪ] (*pl* **-ies**) *n* eventualidad *f*.
eventually [ɪ'ventʃʊəlɪ] *adv* finalmente.
ever ['evəʳ] *adv* **-1.** [at any time] alguna vez; **have you ~ done it?** ¿lo has hecho alguna vez?; **the best ~** el mejor de todos los tiempos; **hardly ~** casi nunca; **if ~** si acaso **-2.** [all the time] siempre; **all he ~ does is complain** no hace más que quejarse; **as ~** como siempre; **for ~** para siempre **-3.** [for emphasis]: **~ so big** muy grande; **~ such a mess** un lío tan grande; **we had ~ such a good time** lo pasamos verdaderamente en grande; **why/how ~ did you do it?** ¿por qué/cómo diablos lo hiciste?; **what ~ can it be?** ¿qué diablos puede ser?
◆ **ever since** ◇ *adv* desde entonces. ◇ *conj* desde que. ◇ *prep* desde.
Everest ['evərɪst] *n* Everest.
Everglades ['evəˌgleɪdz] *npl*: **the ~** los Everglades.
evergreen ['evəgri:n] ◇ *adj* de hoja perenne. ◇ *n* árbol *m* de hoja perenne.
everlasting [ˌevə'lɑ:stɪŋ] *adj* eterno(na).
every ['evrɪ] *adj* cada; **~ day** cada día, todos los días; **~ week** todas las semanas; **there's ~ chance he'll win** tiene bastantes posibilidades de ganar.
◆ **every now and then, every so often** *adv* de vez en cuando.
◆ **every other** *adj*: **~ other day** un día sí y otro no, cada dos días.
◆ **every which way** *adv US* en todas direcciones, sin orden ni concierto.
everybody ['evrɪˌbɒdɪ] = **everyone**.
everyday ['evrɪdeɪ] *adj* diario(ria), cotidiano(na).
everyone ['evrɪwʌn] *pron* todo el mundo, todos(das).
everyplace *US* = **everywhere**.
everything ['evrɪθɪŋ] *pron* todo; **money isn't ~** el dinero no lo es todo.
everywhere ['evrɪweəʳ], **everyplace** *US* ['evrɪˌpleɪs] *adv* en OR por todas partes; [with verbs of motion] a todas partes; **~ you go**

dondequiera que vayas.

evict [ɪ'vɪkt] *vt*: **to ~ sb from** desahuciar a alguien de.

eviction [ɪ'vɪkʃn] *n* desahucio *m*.

eviction notice *n* notificación *f* de desahucio.

evidence ['evɪdəns] *(U) n* **-1.** [proof] pruebas *fpl* **-2.** JUR [of witness] declaración *f*, testimonio *m*; **to give ~** dar testimonio, prestar declaración.

◆ **in evidence** *adj* [noticeable]: **to be in ~** hacerse notar.

evident ['evɪdənt] *adj* evidente, manifiesto(ta).

evidently ['evɪdəntlɪ] *adv* **-1.** [seemingly] por lo visto, al parecer **-2.** [obviously] evidentemente.

evil ['i:vl] ◇ *adj* [person] malo(la), malvado (da); [torture, practice] perverso(sa), vil. ◇ *n* **-1.** [evil quality] maldad *f* **-2.** [evil thing] mal *m*.

evil-minded [-'maɪndɪd] *adj* malintencionado(da).

evince [ɪ'vɪns] *vt fml* mostrar.

evocation [ˌevəʊ'keɪʃn] *n* evocación *f*.

evocative [ɪ'vɒkətɪv] *adj* evocador(ra), sugerente.

evoke [ɪ'vəʊk] *vt* **-1.** [memory, emotion] evocar **-2.** [response] producir.

evolution [ˌi:və'lu:ʃn] *n* **-1.** BIOL evolución *f* **-2.** [development] desarrollo *m*.

evolve [ɪ'vɒlv] ◇ *vt* desarrollar. ◇ *vi* **-1.** BIOL: **to ~ (into/from)** evolucionar (en/de) **-2.** [develop] desarrollarse.

ewe [ju:] *n* oveja *f*.

ex [eks] *n inf* [former spouse, lover, etc] ex *m* OR *f*.

ex- [eks] *prefix* ex-.

exacerbate [ɪg'zæsəbeɪt] *vt* exacerbar.

exact [ɪg'zækt] ◇ *adj* exacto(ta); **to be ~** para ser exactos. ◇ *vt*: **to ~ sthg (from)** arrancar algo (a).

exacting [ɪg'zæktɪŋ] *adj* **-1.** [job, work] arduo (dua) **-2.** [standards] severo(ra); [person] exigente.

exactitude [ɪg'zæktɪtju:d] *n fml* exactitud *f*.

exactly [ɪg'zæktlɪ] ◇ *adv* [precisely] exactamente; **it's ~ ten o'clock** son las diez en punto; **not ~** [not really] no precisamente; [as reply] no exactamente. ◇ *excl* ¡exacto!, ¡exactamente!

exaggerate [ɪg'zædʒəreɪt] *vt & vi* exagerar.

exaggerated [ɪg'zædʒəreɪtɪd] *adj* exagerado(da).

exaggeration [ɪgˌzædʒə'reɪʃn] *n* exageración *f*.

exalted [ɪg'zɔ:ltɪd] *adj* [person, position] elevado(da).

exam [ɪg'zæm] (*abbr of* **examination**) *n* examen *m*; **to take** OR **sit an ~** hacer un examen.

examination [ɪgˌzæmɪ'neɪʃn] *n* **-1.** = **exam** **-2.** [inspection] inspección *f*, examen *m* **-3.** MED reconocimiento *m* **-4.** [consideration] estudio *m*.

examination board *n* tribunal *m* examinador.

examination paper *n UK* papel *m* de examen.

examine [ɪg'zæmɪn] *vt* **-1.** [gen] examinar **-2.** MED reconocer **-3.** [consider - idea, proposal] estudiar **-4.** JUR interrogar.

examiner [ɪg'zæmɪnə^r] *n* examinador *m*, -ra *f*; **internal ~** *examinador perteneciente al centro*; **external ~** *examinador independiente o externo*.

example [ɪg'zɑ:mpl] *n* ejemplo *m*; **for ~** por ejemplo; **to follow sb's ~** seguir el ejemplo de alguien; **to make an ~ of sb** dar un castigo ejemplar a alguien.

exasperate [ɪg'zæspəreɪt] *vt* exasperar, sacar de quicio.

exasperating [ɪg'zæspəreɪtɪŋ] *adj* exasperante.

exasperation [ɪgˌzæspə'reɪʃn] *n* exasperación *f*.

excavate ['ekskəveɪt] *vt* excavar.

excavation [ˌekskə'veɪʃn] *n* excavación *f*.

excavator ['ekskəˌveɪtə^r] *n UK* [machine] excavadora *f*.

exceed [ɪk'si:d] *vt* **-1.** [amount, number] exceder, sobrepasar **-2.** [limit, expectations] rebasar.

exceedingly [ɪk'si:dɪŋlɪ] *adv* extremadamente.

excel [ɪk'sel] (*pt & pp* **-led**, *cont* **-ling**) ◇ *vi*: **to ~ (in** OR **at)** sobresalir (en). ◇ *vt*: **to ~ o.s.** *UK* lucirse.

excellence ['eksələns] *n* excelencia *f*.

Excellency ['eksələnsɪ] (*pl* **-ies**) *n*: **Your/His ~** Su Excelencia.

excellent ['eksələnt] *adj* excelente.

except [ɪk'sept] ◇ *prep & conj*: **~ (for)** excepto, salvo. ◇ *vt*: **to ~ sb (from)** exceptuar OR excluir a alguien (de).

excepted [ɪk'septɪd] *adj* exceptuando a, excepto.

excepting [ɪk'septɪŋ] = **except**.

exception [ɪk'sepʃn] *n* **-1.** [exclusion]: **~ (to)** excepción *f* (a); **with the ~ of** a excepción de; **without ~** sin excepción **-2.** [offence]: **to take ~ to** ofenderse por.

exceptional [ɪk'sepʃənl] *adj* excepcional.

exceptionally [ɪk'sepʃnəlɪ] *adv* excepcionalmente.

excerpt ['eksɜ:pt] *n*: **~ (from)** extracto *m* (de).

excess [ɪk'ses, *before nouns* 'ekses] ◇ *adj*

excedente. ◇ *n* exceso *m*; **in ~ of** por encima de; **to ~** en exceso.
◆ **excesses** *npl* excesos *mpl*.

excess baggage *n* exceso *m* de equipaje.

excess fare *n UK* suplemento *m*.

excessive [ɪk'sesɪv] *adj* excesivo(va).

excess luggage = **excess baggage**.

exchange [ɪks'tʃeɪndʒ] ◇ *n* **-1.** [gen] intercambio *m*; **in ~ (for)** a cambio (de) **-2.** *FIN* cambio *m* **-3.** *TELEC*: **(telephone) ~** central *f* telefónica **-4.** *fml* [conversation]: **a heated ~** una acalorada discusión. ◇ *vt* [swap] intercambiar; [goods in shop] cambiar; **to ~ sthg for sthg** cambiar algo por algo; **to ~ sthg with sb** intercambiar algo con alguien.

exchange rate *n FIN* tipo *m* de cambio.

Exchequer [ɪks'tʃekə^r] *n UK*: **the ~** ≃ Hacienda.

excise ['eksaɪz] ◇ *n (U)* impuestos *mpl* sobre el consumo interior. ◇ *vt fml* extirpar.

excise duties *npl* derechos *mpl* arancelarios.

excitable [ɪk'saɪtəbl] *adj* excitable.

excite [ɪk'saɪt] *vt* **-1.** [person] emocionar; [sexually] excitar **-2.** [suspicion, interest] despertar, suscitar.

excited [ɪk'saɪtɪd] *adj* emocionado(da), entusiasmado(da).

excitement [ɪk'saɪtmənt] *n* emoción *f*.

exciting [ɪk'saɪtɪŋ] *adj* emocionante, apasionante.

excl. (*abbr of* **excluding**) sin incluir; **~ taxes** sin incluir impuestos.

exclaim [ɪk'skleɪm] ◇ *vt* exclamar. ◇ *vi*: **to ~ (at)** exclamar (ante).

exclamation [ˌekskləˈmeɪʃn] *n* exclamación *f*.

exclamation mark *UK*, **exclamation point** *US* *n* signo *m* de admiración.

exclude [ɪk'skluːd] *vt*: **to ~ sthg/sb (from)** excluir algo/a alguien (de).

excluding [ɪk'skluːdɪŋ] *prep* sin incluir, con excepción de.

exclusion [ɪk'skluːʒn] *n*: **~ (from)** exclusión *f* (de); **to the ~ of** haciendo caso omiso de.

exclusion clause *n* cláusula *f* de exclusión.

exclusive [ɪk'skluːsɪv] ◇ *adj* **-1.** [sole] exclusivo(va) **-2.** [high-class] selecto(ta). ◇ *n* [news story] exclusiva *f*.
◆ **exclusive of** *prep* excluyendo.

exclusively [ɪk'skluːsɪvlɪ] *adv* exclusivamente.

excommunicate [ˌekskə'mjuːnɪkeɪt] *vt* excomulgar.

excommunication ['ekskəˌmjuːnɪ'keɪʃn] *n* excomunión *f*.

excrement ['ekskrɪmənt] *n* excremento *m*.

excrete [ɪk'skriːt] *vt fml* excretar.

excruciating [ɪk'skruːʃɪeɪtɪŋ] *adj* insoportable.

excursion [ɪk'skɜːʃn] *n* excursión *f*.

excusable [ɪk'skjuːzəbl] *adj* perdonable.

excuse [*n* ɪk'skjuːs, *vb* ɪk'skjuːz] ◇ *n* excusa *f*; **to make an ~** dar una excusa, excusarse. ◇ *vt* **-1.** [gen]: **to ~ sb (for sthg/for doing sthg)** perdonar a alguien (por algo/por haber hecho algo); **to ~ o.s. (for doing sthg)** excusarse *OR* disculparse (por haber hecho algo) **-2.** [let off]: **to ~ sb (from)** dispensar a alguien (de) **-3.** *phr*: **~ me** [to attract attention] oiga (por favor); [when coming past] ¿me deja pasar?; [apologizing] perdone; *US* [pardon me?] ¿perdón?, ¿cómo?

ex-directory *adj UK* *que no figura en la guía telefónica.*

exec [ɪg'zek] *abbr of* **executive**.

execrable ['eksɪkrəbl] *adj fml* execrable.

execute ['eksɪkjuːt] *vt* [gen & *COMPUT*] ejecutar.

execution [ˌeksɪ'kjuːʃn] *n* ejecución *f*.

executioner [ˌeksɪ'kjuːʃnə^r] *n* verdugo *m*.

executive [ɪg'zekjʊtɪv] ◇ *adj* **-1.** [decision-making] ejecutivo(va) **-2.** [for company executives] para *OR* de ejecutivos. ◇ *n* **-1.** [person] ejecutivo *m*, -va *f* **-2.** [committee] ejecutiva *f*, órgano *m* ejecutivo.

executive director *n* director ejecutivo *m*, directora ejecutiva *f*.

executive toy *n* juego *m* de concentración (para la oficina).

executor [ɪg'zekjʊtə^r] *n* albacea *m*.

exemplary [ɪg'zemplərɪ] *adj* [perfect] ejemplar.

exemplify [ɪg'zemplɪfaɪ] (*pt & pp* **-ied**) *vt* ejemplificar.

exempt [ɪg'zempt] ◇ *adj*: **~ (from)** exento(ta) (de). ◇ *vt*: **to ~ sthg/sb (from)** eximir algo/a alguien (de).

exemption [ɪg'zempʃn] *n* exención *f*.

exercise ['eksəsaɪz] ◇ *n* **-1.** [gen] ejercicio *m*; **an ~ in** un ejercicio de; **to take ~** hacer ejercicio **-2.** *MIL* maniobra *f*. ◇ *vt* **-1.** [dog] llevar de paseo; [horse] entrenar **-2.** *fml* [power, right] ejercer; [caution, restraint] mostrar **-3.** [trouble]: **to ~ sb's mind** preocupar a alguien. ◇ *vi* hacer ejercicio.

exercise bike *n* bicicleta *f* estática.

exercise book *n* cuaderno *m* de ejercicios.

exert [ɪg'zɜːt] *vt* ejercer; **to ~ o.s.** esforzarse.

exertion [ɪg'zɜːʃn] *n* esfuerzo *m*.

exfoliating cream [eks'fəʊlɪeɪtɪŋ-] *n* crema *f* exfoliante.

ex gratia [eks'greɪʃə] *adj UK* ex gratia.

exhale [eks'heɪl] ◇ *vt* exhalar, despedir. ◇ *vi* espirar.

exhaust [ɪg'zɔːst] ◇ *n (U)* [fumes] gases *mpl* de

combustión; ~ **(pipe)** tubo *m* de escape. <> *vt* agotar.
exhausted [ɪg'zɔ:stɪd] *adj* [person] agotado(da).
exhausting [ɪg'zɔ:stɪŋ] *adj* agotador(ra).
exhaustion [ɪg'zɔ:stʃn] *n* agotamiento *m*.
exhaustive [ɪg'zɔ:stɪv] *adj* exhaustivo(va).
exhibit [ɪg'zɪbɪt] <> *n* **-1.** *ART* objeto *m* expuesto; *US* [exhibition] exposición *f* **-2.** *JUR* prueba *f* (instrumental). <> *vt* **-1.** *fml* [feeling] mostrar, manifestar **-2.** *ART* exponer. <> *vi ART* exponer.
exhibition [ˌeksɪ'bɪʃn] *n* **-1.** *ART* exposición *f* **-2.** [of feeling] manifestación *f*, demostración *f* **-3.** *phr*: **to make an ~ of o.s.** *UK* ponerse en evidencia, hacer el ridículo.
exhibitionist [ˌeksɪ'bɪʃnɪst] *n* exhibicionista *m OR f*.
exhibitor [ɪg'zɪbɪtəʳ] *n* expositor *m*, -ra *f*.
exhilarating [ɪg'zɪləreɪtɪŋ] *adj* estimulante.
exhort [ɪg'zɔ:t] *vt fml*: **to ~ sb to do sthg** exhortar a alguien a hacer algo.
exhume [eks'hju:m] *vt fml* exhumar.
exile ['eksaɪl] <> *n* **-1.** [condition] exilio *m*; **in ~** en el exilio **-2.** [person] exiliado *m*, -da *f*. <> *vt*: **to ~ sb (from/to)** exiliar a alguien (de/a).
exiled ['eksaɪld] *adj* exiliado(da).
exist [ɪg'zɪst] *vi* existir.
existence [ɪg'zɪstəns] *n* existencia *f*; **to be in ~** existir; **to come into ~** nacer.
existentialism [ˌegzɪ'stenʃəlɪzm] *n* existencialismo *m*.
existentialist [ˌegzɪ'stenʃəlɪst] <> *adj* existencialista. <> *n* existencialista *m OR f*.
existing [ɪg'zɪstɪŋ] *adj* existente, actual.
exit ['eksɪt] <> *n* salida *f*. <> *vi* [gen & *COMPUT*] salir; *THEATRE* hacer mutis.
exit poll *n UK* sondeo *m* electoral *(a la salida de los colegios electorales)*.
exit ramp *n US* carril *m* de salida.
exit visa *n* visado *m* de salida, visa *f* de salida *Amér.*
exodus ['eksədəs] *n* éxodo *m*.
ex officio [eksə'fɪʃɪəʊ] *adj* & *adv fml* en virtud del cargo.
exonerate [ɪg'zɒnəreɪt] *vt*: **to ~ sb (from)** exonerar a alguien (de).
exorbitant [ɪg'zɔ:bɪtənt] *adj* [cost] excesivo(va); [demand, price] exorbitante.
exorcist ['eksɔ:sɪst] *n* exorcista *m OR f*.
exorcize, -ise ['eksɔ:saɪz] *vt* exorcizar.
exotic [ɪg'zɒtɪk] *adj* exótico(ca).
expand [ɪk'spænd] <> *vt* ampliar. <> *vi* extenderse, ampliarse; [materials, fluids] expandirse, dilatarse.
◆ **expand (up)on** *vt fus* desarrollar.
expanse [ɪk'spæns] *n* extensión *f*.
expansion [ɪk'spænʃn] *n* expansión *f*.
expansion card *n COMPUT* tarjeta *f* de expansión.
expansionist [ɪk'spænʃənɪst] *adj* expansionista.
expansion slot *n COMPUT* ranura *f* de expansión.
expansive [ɪk'spænsɪv] *adj* [relaxed, talkative] expansivo(va).
expat ['ekspæt] *n UK inf* emigrado *m*, -da *f*.
expatriate [eks'pætrɪət] <> *adj* expatriado(da). <> *n* expatriado *m*, -da *f*.
expect [ɪk'spekt] <> *vt* **-1.** [gen] esperar; **to ~ sb to do sthg** esperar que alguien haga algo; **to ~ sthg (from sb)** esperar algo (de alguien); **to ~ the worst** esperarse lo peor; **as ~ed** como era de esperar **-2.** [suppose] imaginarse, suponer; **I ~ so** supongo que sí. <> *vi* **-1.** [anticipate]: **to ~ to do sthg** esperar hacer algo **-2.** [be pregnant]: **to be ~ing** estar embarazada *OR* en estado.
expectancy ⊳ **life expectancy**.
expectant [ɪk'spektənt] *adj* expectante.
expectantly [ɪk'spektəntlɪ] *adv* con expectación.
expectant mother *n* futura madre *f*, mujer *f* embarazada.
expectation [ˌekspek'teɪʃn] *n* esperanza *f*; **against all ~** *OR* **~s, contrary to all ~** *OR* **~s** contrariamente a lo que se esperaba; **to live up to/fall short of ~s** estar/no estar a la altura de lo esperado.
expectorant [ɪk'spektərənt] *n* expectorante *m*.
expedient [ɪk'spi:djənt] *fml* <> *adj* conveniente, oportuno(na). <> *n* recurso *m*.
expedite ['ekspɪdaɪt] *vt fml* acelerar.
expedition [ˌekspɪ'dɪʃn] *n* **-1.** [journey] expedición *f* **-2.** [outing] salida *f*.
expeditionary force [ˌekspɪ'dɪʃnərɪ-] *n* cuerpo *m* expedicionario.
expel [ɪk'spel] (*pt* & *pp* **-led**, *cont* **-ling**) *vt* **-1.** [person]: **to ~ sb (from)** expulsar a alguien (de) **-2.** [gas, liquid]: **to ~ sthg (from)** expeler algo (de).
expend [ɪk'spend] *vt*: **to ~ sthg (on)** emplear algo (en).
expendable [ɪk'spendəbl] *adj* reemplazable.
expenditure [ɪk'spendɪtʃəʳ] *n (U)* gasto *m*.
expense [ɪk'spens] *n (U)* gasto *m*; **to go to great ~ (to do sthg)** incurrir en grandes gastos (para hacer algo); **at the ~ of** [sacrificing] a costa de; **at sb's ~** *lit* & *fig* a costa de alguien; **to spare no ~** no repararse en gastos.
◆ **expenses** *npl COMM* gastos *mpl*; **on ~s**

a cargo de la empresa.

expense account *n* cuenta *f* de gastos.

expensive [ɪk'spensɪv] *adj* caro(ra).

experience [ɪk'spɪərɪəns] ◇ *n* experiencia *f*. ◇ *vt* experimentar.

experienced [ɪk'spɪərɪənst] *adj*: ~ **(at** *OR* **in)** experimentado(da) (en).

experiment [ɪk'sperɪmənt] ◇ *n* experimento *m*; **to carry out an** ~ llevar a cabo un experimento. ◇ *vi*: **to** ~ **(with/on)** experimentar (con), hacer experimentos (con).

experimental [ɪk,sperɪ'mentl] *adj* experimental.

expert ['ekspɜ:t] ◇ *adj*: ~ **(at sthg/at doing sthg)** experto(ta) (en algo/en hacer algo); ~ **advice** la opinión de un experto. ◇ *n* experto *m*, -ta *f*.

expertise [,ekspɜ:'ti:z] *n (U)* pericia *f*.

expertly ['ekspɜ:tlɪ] *adv* diestramente.

expert system *n* *COMPUT* sistema *m* experto.

expire [ɪk'spaɪəʳ] *vi* [licence, membership] caducar; [lease, deadline] vencer.

expiry [ɪk'spaɪərɪ] *n* [of licence, membership] caducación *f*; [of lease, deadline] vencimiento *m*.

expiry date *n* fecha *f* de caducidad.

explain [ɪk'spleɪn] ◇ *vt*: **to** ~ **sthg (to sb)** explicar algo (a alguien). ◇ *vi* explicar; **to** ~ **to sb about sthg** explicarle algo a alguien.
◆ **explain away** *vt sep* justificar.

explanation [,eksplə'neɪʃn] *n*: ~ **(for)** explicación *f* (de).

explanatory [ɪk'splænətrɪ] *adj* explicativo(va), aclaratorio(ria).

expletive [ɪk'spli:tɪv] *n fml* palabrota *f*.

explicit [ɪk'splɪsɪt] *adj* explícito(ta).

explode [ɪk'spləʊd] ◇ *vt* [bomb] hacer explotar; [building etc] volar; *fig* [theory] reventar. ◇ *vi lit & fig* estallar, explotar.

exploit [*n* 'eksplɔɪt, *vb* ɪk'splɔɪt] ◇ *n* proeza *f*, hazaña *f*. ◇ *vt* explotar.

exploitation [,eksplɔɪ'teɪʃn] *n (U)* explotación *f*.

exploration [,eksplə'reɪʃn] *n* exploración *f*.

exploratory [ɪk'splɒrətrɪ] *adj* [operation, examination] exploratorio(ria); [talks] preparatorio(ria).

explore [ɪk'splɔ:ʳ] *vt & vi lit & fig* explorar.

explorer [ɪk'splɔ:rəʳ] *n* explorador *m*, -ra *f*.

explosion [ɪk'spləʊʒn] *n* explosión *f*.

explosive [ɪk'spləʊsɪv] ◇ *adj* explosivo(va). ◇ *n* explosivo *m*.

explosive device *n* artefacto *m* explosivo.

exponent [ɪk'spəʊnənt] *n* **-1.** [supporter] partidario *m*, -ria *f* **-2.** [expert] experto *m*, -ta *f*.

exponential [,ekspə'nenʃl] *adj fml* [growth] vertiginoso(sa).

export [*n & comp* 'ekspɔ:t, *vb* ɪk'spɔ:t] ◇ *n* **-1.** [act] exportación *f* **-2.** [exported product] artículo *m* de exportación. ◇ *comp* de exportación. ◇ *vt* *COMM & COMPUT* exportar.
◆ **exports** *npl* exportaciones *fpl*.

exportable [ɪk'spɔ:təbl] *adj* exportable.

exportation [,ekspɔ:'teɪʃn] *n* exportación *f*.

exporter [ek'spɔ:təʳ] *n* exportador *m*, -ra *f*.

export licence *n UK* licencia *f* de exportación.

expose [ɪk'spəʊz] *vt* **-1.** [to sunlight, danger, etc & *PHOT*] exponer; **to be** ~**d to sthg** estar *OR* verse expuesto a algo **-2.** [reveal, uncover] descubrir.

exposé [eks'pəʊzeɪ] *n* revelación *f*.

exposed [ɪk'spəʊzd] *adj* [land, house, position] expuesto(ta), al descubierto.

exposition [,ekspə'zɪʃn] *n* **-1.** *fml* [explanation] explicación *f* **-2.** [exhibition] feria *f*.

exposure [ɪk'spəʊʒəʳ] *n* **-1.** [to light, radiation] exposición *f* **-2.** *MED* hipotermia *f* **-3.** [unmasking - of person] desenmascaramiento *m*; [- of corruption] revelación *f* **-4.** *PHOT* [time] (tiempo *m* de) exposición *f*; [photograph] fotografía *f* **-5.** [publicity] publicidad *f*.

exposure meter *n* fotómetro *m*.

expound [ɪk'spaʊnd] *fml* ◇ *vt* exponer. ◇ *vi*: **to** ~ **on sthg** hablar sobre algo.

express [ɪk'spres] ◇ *adj* **-1.** *UK* [letter, delivery] urgente **-2.** [train, coach] expreso(sa), rápido(da) **-3.** *fml* [specific] expreso(sa). ◇ *adv* urgente. ◇ *n* [train] expreso *m*. ◇ *vt* expresar; **to** ~ **o.s.** expresarse.

expression [ɪk'spreʃn] *n* expresión *f*.

expressionism [ɪk'spreʃənɪzm] *n* expresionismo *m*.

expressionist [ɪk'spreʃənɪst] ◇ *adj* expresionista. ◇ *n* expresionista *m OR f*.

expressionless [ɪk'spreʃənlɪs] *adj* inexpresivo(va).

expressive [ɪk'spresɪv] *adj* [full of feeling] expresivo(va).

expressively [ɪk'spresɪvlɪ] *adv* de manera expresiva.

expressly [ɪk'spreslɪ] *adv* [specifically] expresamente.

expressway [ɪk'spresweɪ] *n US* autopista *f*.

expropriate [eks'prəʊprɪeɪt] *vt fml* expropiar.

expropriation [eks,prəʊprɪ'eɪʃn] *n fml* expropiación *f*.

expulsion [ɪk'spʌlʃn] *n*: ~ **(from)** expulsión *f* (de).

exquisite [ɪk'skwɪzɪt] *adj* exquisito(ta).

exquisitely [ɪk'skwɪzɪtlɪ] *adv* [beautifully] de forma exquisita.

ex-serviceman *n UK* excombatiente *m*.

ex-servicewoman *n UK* excombatiente *f.*

ext., extn. (*abbr of* **extension**) ext., extn.; ~ **4174** ext. 4174.

extant [ek'stænt] *adj* existente.

extemporize, -ise [ɪk'stempəraɪz] *vi fml* improvisar.

extend [ɪk'stend] ◇ *vt* **-1.** [gen] extender; [house] ampliar; [road, railway] prolongar; [visa, deadline] prorrogar **-2.** [offer - welcome, help] brindar; [- credit] conceder. ◇ *vi* **-1.** [become longer] extenderse **-2.** [include]: **to ~ to sthg** incluir algo **-3.** [from surface, object] sobresalir.

extendable [ɪk'stendəbl] *adj* **-1.** [deadline, visa] prorrogable **-2.** [ladder] extensible.

extended-play [ɪk'stendɪd-] *adj* [record] EP *(inv).*

extension [ɪk'stenʃn] *n* **-1.** [gen & *TELEC*] extensión *f* **-2.** [to building] ampliación *f* **-3.** [of visit] prolongación *f*; [of deadline, visa] prórroga *f* **-4.** *COMPUT*: **filename ~** extensión *f* del nombre de fichero **-5.** *ELEC*: **~ (lead)** alargador *m.*

extension cable *n* alargador *m.*

extensive [ɪk'stensɪv] *adj* [gen] extenso(sa); [changes] profundo(da); [negotiations] amplio(plia); **to make ~ use of** hacer (un) gran uso de.

extensively [ɪk'stensɪvlɪ] *adv* [gen] extensamente; [change] profundamente; **to use sthg ~** hacer (un) gran uso de algo.

extent [ɪk'stent] *n* **-1.** [size] extensión *f* **-2.** [of problem, damage] alcance *m* **-3.** [degree]: **to what ~ ...?** ¿hasta qué punto ...?; **to the ~ that** [in that, in so far as] en la medida en que; [to the point where] hasta tal punto que; **to some/a certain ~** hasta cierto punto; **to a large** *OR* **great ~** en gran medida.

extenuating circumstances [ɪk'stenjʊeɪtɪŋ-] *npl* circunstancias *fpl* atenuantes.

exterior [ɪk'stɪərɪə^r] ◇ *adj* exterior. ◇ *n* exterior *m.*

exterminate [ɪk'stɜːmɪneɪt] *vt* exterminar.

extermination [ɪk,stɜːmɪ'neɪʃn] *n* exterminio *m.*

external [ɪk'stɜːnl] *adj* externo(na).

◆ **externals** *npl* aspecto *m* exterior.

externally [ɪk'stɜːnəlɪ] *adv* por fuera; **'to be applied ~'** 'de uso tópico'.

extinct [ɪk'stɪŋkt] *adj* extinto(ta).

extinction [ɪk'stɪŋkʃn] *n* [of species] extinción *f.*

extinguish [ɪk'stɪŋgwɪʃ] *vt fml* [gen] extinguir; [cigarette] apagar.

extinguisher [ɪk'stɪŋgwɪʃə^r] *n* extintor *m.*

extn. = **ext.**

extol (*pt* & *pp* **-led**, *cont* **-ling**), **extoll** *US* [ɪk'stəʊl] *vt* [merits, values] ensalzar.

extort [ɪk'stɔːt] *vt*: **to ~ sthg from sb** [confession, promise] arrancar algo a alguien; [money] sacar algo a alguien.

extortion [ɪk'stɔːʃn] *n* extorsión *f.*

extortionate [ɪk'stɔːʃnət] *adj* desorbitado(da), exorbitante.

extra ['ekstrə] ◇ *adj* [additional] adicional; [spare] de más, de sobra; **take ~ care** pon sumo cuidado. ◇ *n* **-1.** [addition] extra *m* **-2.** [additional charge] suplemento *m* **-3.** *CINEMA & THEATRE* extra *m OR f.* ◇ *adv* extra; **to pay/charge ~** pagar/cobrar un suplemento; **be ~ careful** pon sumo cuidado.

extra- ['ekstrə] *prefix* extra-.

extract [*n* 'ekstrækt, *vb* ɪk'strækt] ◇ *n* **-1.** [from book, piece of music] fragmento *m* **-2.** *CHEM* extracto *m.* ◇ *vt*: **to ~ sthg (from)** [gen] extraer algo (de); [confession] arrancar algo (de).

extraction [ɪk'strækʃn] *n* extracción *f.*

extractor (fan) [ɪk'stræktə^r-] *n UK* extractor *m* (de humos).

extracurricular [,ekstrəkə'rɪkjʊlə^r] *adj SCH* extraescolar.

extradite ['ekstrədaɪt] *vt*: **to ~ sb (from/to)** extraditar a alguien (de/a).

extradition [,ekstrə'dɪʃn] ◇ *n* extradición *f.* ◇ *comp* de extradición.

extramarital [,ekstrə'mærɪtl] *adj* extramatrimonial.

extramural [,ekstrə'mjʊərəl] *adj UNIV fuera de la universidad pero organizado por ella.*

extraneous [ɪk'streɪnjəs] *adj* **-1.** [irrelevant] ajeno(na) **-2.** [outside] externo(na).

extraordinary [ɪk'strɔːdnrɪ] *adj* extraordinario(ria).

extraordinary general meeting *n* junta *f* (general) extraordinaria.

extrapolate [ɪk'stræpəleɪt] ◇ *vt* **-1.** *MATH*: **to ~ sthg (from)** extrapolar algo (a partir de) **-2.** [deduce]: **to ~ sthg (from)** deducir algo (a partir de). ◇ *vi* **-1.** *MATH*: **to ~ from** extrapolar a partir de **-2.** [deduce]: **to ~ from** deducir a partir de.

extrasensory perception [,ekstrə'sensərɪ-] *n* percepción *f* extrasensorial.

extraterrestrial [,ekstrətə'restrɪəl] ◇ *adj* extraterrestre. ◇ *n* extraterrestre *m OR f.*

extra time *n UK FTBL* prórroga *f.*

extravagance [ɪk'strævəgəns] *n* **-1.** *(U)* [excessive spending] derroche *m*, despilfarro *m* **-2.** [luxury] extravagancia *f.*

extravagant [ɪk'strævəgənt] *adj* **-1.** [wasteful] derrochador(ra) **-2.** [expensive] caro(ra) **-3.** [exaggerated] extravagante.

extravaganza [ɪkˌstrævəˈgænzə] *n* fastos *mpl*, *espectáculo público de enorme fastuosidad.*

extreme [ɪkˈstriːm] ◇ *adj* extremo(ma). ◇ *n* [furthest limit] extremo *m*; **to go to ~s** llegar a grandes extremos; **in the ~** en grado sumo, en extremo.

extremely [ɪkˈstriːmlɪ] *adv* [very] sumamente, extremadamente.

extreme sports *npl* deportes *mpl* extremos.

extremism [ɪkˈstriːmɪzm] *n* extremismo *m*.

extremist [ɪkˈstriːmɪst] ◇ *adj* extremista. ◇ *n* extremista *m* OR *f*.

extremity [ɪkˈstremətɪ] (*pl* **-ies**) *n* **-1.** *fml* [extreme adversity] suma gravedad *f* **-2.** [extremeness] extremosidad *f* **-3.** *fml* [end] extremo *m*.
◆ **extremities** *npl* [of body] extremidades *fpl*.

extricate [ˈekstrɪkeɪt] *vt*: **to ~ sthg from** lograr sacar algo de; **to ~ o.s. from** lograr salirse de.

extrovert [ˈekstrəvɜːt] ◇ *adj* extrovertido (da). ◇ *n* extrovertido *m*, -da *f*.

extruded [ɪkˈstruːdɪd] *adj* [metal, plastic] extrudido(da).

exuberance [ɪgˈzjuːbərəns] *n* euforia *f*.

exuberant [ɪgˈzjuːbərənt] *adj* eufórico(ca).

exude [ɪgˈzjuːd] *vt lit & fig* rezumar.

exult [ɪgˈzʌlt] *vi*: **to ~ (at** OR **in)** regocijarse (por).

exultant [ɪgˈzʌltənt] *adj* [person] jubiloso(sa); [cry] de júbilo.

eye [aɪ] (*cont* **eyeing** OR **eying**) ◇ *n* ojo *m*; **all ~s will be on her** todas las miradas recaerán sobre ella; **before my** *etc* **(very) ~s** ante mis *etc* propios ojos; **to cast** OR **run one's ~ over sthg** echar un ojo OR un vistazo a algo; **to catch one's/sb's ~** llamar la atención de uno/alguien; **to clap** OR **lay** OR **set ~s on sb** poner la vista en alguien; **to cry one's ~s out** llorar a moco tendido; **to feast one's ~s on sthg** regalarse la vista con algo; **to have an ~ for sthg** tener buen ojo para algo; **to have one's ~ on sthg** tener el ojo echado a algo; **in my** *etc* **~s** a mi *etc* entender; **in the ~s of the law** a (los) ojos de la ley; **to keep one's ~s open for, to keep an ~ out for** estar atento a; **to keep an ~ on sthg** echar un ojo a algo, vigilar algo; **there is more to this than meets the ~** esto tiene más enjundia de lo que parece; **to open sb's ~s (to sthg)** abrirle los ojos a alguien (sobre algo); **not to see ~ to ~ with sb** no ver las cosas de la misma forma que alguien; **to close** OR **shut one's ~s to sthg** cerrar los ojos a algo; **to turn a blind ~ (to sthg)** hacer la vista gorda (a algo); **to be up to one's ~s in work** *UK* estar hasta arriba de trabajo. ◇ *vt* mirar.
◆ **eye up** *vt sep UK* comerse con los ojos a.

eyeball [ˈaɪbɔːl] ◇ *n* globo *m* ocular. ◇ *vt inf* clavar los ojos en.

eyebath [ˈaɪbɑːθ] *n* lavaojos *m inv*, baño *m* ocular.

eyebrow [ˈaɪbraʊ] *n* ceja *f*; **to raise one's ~s** *fig* arquear las cejas.

eyebrow pencil *n* lápiz *m* de cejas.

eye-catching *adj* llamativo(va).

eye contact *n* contacto *m* visual.

eyedrops [ˈaɪdrɒps] *npl* colirio *m*.

eyeglasses [ˈaɪglɑsɪz] *n US* [spectacles] gafas *fpl Esp*, lentes *mpl Amér.*

eyelash [ˈaɪlæʃ] *n* pestaña *f*.

eyelet [ˈaɪlɪt] *n* ojete *m*.

eye level *n*: **at ~** a la altura de los ojos.

eyelid [ˈaɪlɪd] *n* párpado *m*; **she didn't bat an ~** ni siquiera parpadeó.

eyeliner [ˈaɪˌlaɪnə^r] *n* lápiz *m* de ojos.

eye-opener *n inf* [revelation] revelación *f*; [surprise] sorpresa *f*.

eyepatch [ˈaɪpætʃ] *n* parche *m* (en el ojo).

eye piece *n* ocular *m*.

eye shadow *n* sombra *f* de ojos.

eyesight [ˈaɪsaɪt] *n* vista *f*; **to have good ~** tener buena vista.

eyesore [ˈaɪsɔː^r] *n* horror *m*, monstruosidad *f*.

eyestrain [ˈaɪstreɪn] *n* vista *f* cansada.

eye test *n* revisión *f* ocular.

eyetooth [ˈaɪtuːθ] (*pl* **-teeth**) *n*: **to give one's eyeteeth for sthg/to do sthg** dar lo que fuera por algo/por hacer algo.

eyewash [ˈaɪwɒʃ] *n (U) inf* [nonsense] disparates *mpl*, tonterías *fpl*.

eyewitness [ˌaɪˈwɪtnɪs] *n* testigo *m* OR *f* ocular.

eyrie [ˈɪərɪ] *n* aguilera *f*.

e-zine [ˈiːziːn] *n* fanzine *m* electrónico.

f (*pl* **f's** OR **fs**), **F** (*pl* **F's** OR **Fs**) [ef] *n* [letter] f *f*, F *f*.
◆ **F** ◇ *n* **-1.** MUS fa *m* **-2.** SCH ≃ muy deficiente *m*. ◇ *adj* (*abbr of* **Fahrenheit**) F.

FA (*abbr of* **Football Association**) *n federación inglesa de fútbol.*

FAA (*abbr of* **Federal Aviation Administration**) *n dirección federal estadounidense de aviación civil.*
fable ['feɪbl] *n* [traditional story] fábula *f.*
fabled ['feɪbld] *adj* legendario(ria).
fabric ['fæbrɪk] *n* **-1.** [cloth] tela *f*, tejido *m* **-2.** [of building, society] estructura *f.*
fabricate ['fæbrɪkeɪt] *vt* **-1.** [invent - story] inventar; [- evidence] falsear **-2.** [manufacture] fabricar.
fabrication [ˌfæbrɪ'keɪʃn] *n* **-1.** [lying, lie] invención *f* **-2.** [manufacture] fabricación *f.*
fabulous ['fæbjʊləs] *adj* *inf* [excellent] fabuloso(sa).
fabulously ['fæbjʊləslɪ] *adv* fabulosamente, increíblemente.
facade [fə'sɑːd] *n* fachada *f.*
face [feɪs] ◇ *n* **-1.** [of person] cara *f*, rostro *m*; **~ to ~** cara a cara; **to fly in the ~ of sthg** oponerse a algo; **to look sb in the ~** mirar a alguien a la cara; **to lose ~** quedar mal; **to save ~** salvar las apariencias; **to say sthg to sb's ~** decir algo a alguien en su cara; **to show one's ~** dejarse ver; **~ time** *US* [meeting] tiempo *m* de contacto personal **-2.** [expression] semblante *m*, cara *f*; **to make** *OR* **pull a ~** hacer muecas; **her ~ fell** puso cara larga **-3.** [person] cara *f*; **new ~s** caras nuevas **-4.** [of cliff, mountain, coin] cara *f*; [of building] fachada *f* **-5.** [of clock, watch] esfera *f* **-6.** [appearance, nature] aspecto *m* **-7.** [surface] superficie *f*; **the ~ of the earth** la faz de la tierra; **on the ~ of it** a primera vista. ◇ *vt* **-1.** [point towards] mirar a **-2.** [confront, accept, deal with] hacer frente a, enfrentarse a; **let's ~ it** no nos engañemos **-3.** *inf* [cope with] aguantar, soportar. ◇ *vi*: **to ~ forwards/south** mirar hacia delante/al sur.
◆ **face down** *adv* boca abajo.
◆ **face up** *adv* boca arriba.
◆ **in the face of** *prep* [in spite of] ante.
◆ **face up to** *vt fus* hacer frente a, enfrentarse a.
facecloth ['feɪsklɒθ] *n* *UK* toallita *f (para lavarse).*
face cream *n* crema *f* facial.
faceless ['feɪslɪs] *adj* anónimo(ma), sin rostro.
face-lift *n* [on face] lifting *m*, estiramiento *m* de piel; **to have a ~** hacerse un lifting; *fig* [on building etc] lavado *m* de cara.
face pack *n* mascarilla *f* facial.
face painting *n* pintado *m* del rostro.
face powder *n (U)* polvos *mpl* para la cara.
face-saving [-'seɪvɪŋ] *adj* para salvar las apariencias.
facet ['fæsɪt] *n* faceta *f.*
facetious [fə'siːʃəs] *adj* guasón(ona).
face-to-face *adj* cara a cara.
face value *n* [of coin, stamp] valor *m* nominal; **to take sthg at ~** tomarse algo literalmente.
facial ['feɪʃl] ◇ *adj* facial; [expression] de la cara. ◇ *n* limpieza *f* de cutis.
facile [*UK* 'fæsaɪl, *US* 'fæsl] *adj* ***fml*** & ***pej*** [remark, analysis] superficial; [reply, solution] facilón(ona).
facilitate [fə'sɪlɪteɪt] *vt* ***fml*** facilitar.
facility [fə'sɪlətɪ] (*pl* **-ies**) *n* **-1.** [ability]: **to have a ~ for sthg** tener facilidad para algo **-2.** [feature] prestación *f.*
◆ **facilities** *npl* [amenities] instalaciones *fpl*; [services] servicios *mpl.*
facing ['feɪsɪŋ] *adj* opuesto(ta).
facsimile [fæk'sɪmɪlɪ] *n* facsímil *m.*
facsimile machine ***fml*** = **fax machine.**
fact [fækt] *n* **-1.** [piece of information] dato *m*; [established truth] hecho *m*; **the ~ is** el hecho es que; **the ~ remains that ...** no obstante ...; **to know sthg for a ~** saber algo a ciencia cierta **-2.** *(U)* [truth] realidad *f.*
◆ **in fact** *conj* & *adv* de hecho, en realidad.
fact-finding [-'faɪndɪŋ] *adj* de investigación.
faction ['fækʃn] *n* [group] facción *f.*
factional ['fækʃənl] *adj* [dispute] entre facciones.
fact of life *n*: **it's a ~** es un hecho ineludible.
◆ **facts of life** *npl* ***euphemism***: **to tell sb (about) the facts of life** contar a alguien cómo nacen los niños.
factor ['fæktəʳ] *n* factor *m.*
factory ['fæktərɪ] (*pl* **-ies**) *n* fábrica *f.*
factory farming *n* cría *f* intensiva de animales de granja.
factory ship *n* buque *m* factoría.
factotum [fæk'təʊtəm] (*pl* **-s**) *n* factótum *m.*
fact sheet *n* *UK* hoja *f* informativa.
factual ['fæktʃʊəl] *adj* basado(da) en hechos reales.
faculty ['fækltɪ] (*pl* **-ies**) *n* **-1.** [gen] facultad *f* **-2.** *US* [in college]: **the ~** el profesorado.
FA Cup *n* ≃ Copa *f* del Rey.
fad [fæd] *n* [of society] moda *f* pasajera; [of person] capricho *m.*
faddy ['fædɪ] (*compar* **-ier**, *superl* **-iest**) *adj* ***inf pej*** tiquismiquis *(inv).*
fade [feɪd] ◇ *vt* descolorar, desteñir. ◇ *vi* **-1.** [jeans, curtains, paint] descolorarse, desteñirse; [flower] marchitarse **-2.** [light, sound, smile] irse apagando **-3.** [memory, feeling, interest] desvanecerse.
◆ **fade away** *vi* desvanecerse.
◆ **fade out** ◇ *vt* CINEMA fundir en negro. ◇ *vi* CINEMA fundirse en negro; MUS apagarse.

faded ['feɪdɪd] *adj* descolorido(da), desteñido(da).

faeces *UK*, **feces** *US* ['fi:si:z] *npl* heces *fpl*.

Faeroe, Faroe ['feərəʊ] *n*: **the ~ Islands, the ~s** las islas Faroe.

faff [fæf] ◆ **faff about, faff around** *vi UK inf* enredar, perder el tiempo.

fag [fæg] *n inf* **-1.** *UK* [cigarette] pitillo *m* **-2.** *UK* [chore] lata *f* **-3.** rollo *m* **-4.** *US pej* [homosexual] marica *m*, maricón *m*, joto *m Méx*.

fag end *n UK inf* colilla *f*.

fagged out [fægd-] *adj UK inf* molido(da), hecho(cha) polvo.

faggot, fagot *US* ['fægət] *n* **-1.** *UK* CULIN *tipo de albóndiga* **-2.** *US inf pej* [homosexual] marica *m*, maricón *m*, joto *m Méx*.

Fahrenheit ['færənhaɪt] *adj* Fahrenheit *(inv)*.

fail [feɪl] ◇ *vt* **-1.** [exam, test, candidate] suspender **-2.** [not succeed]: **to ~ to do sthg** no lograr hacer algo **-3.** [neglect]: **to ~ to do sthg** no hacer algo **-4.** [let down] fallar. ◇ *vi* **-1.** [not succeed] fracasar; **if all else ~s** en último extremo **-2.** [not pass exam] suspender **-3.** [stop functioning] fallar **-4.** [weaken] debilitarse.

failed [feɪld] *adj* fracasado(da).

failing ['feɪlɪŋ] ◇ *n* [weakness] fallo *m*. ◇ *prep* a falta de; **~ that** en su defecto.

fail-safe *adj* [device] protegido(da) en caso de fallos.

failure ['feɪljə^r] *n* **-1.** [lack of success, unsuccessful thing] fracaso *m* **-2.** [person] fracasado *m*, -da *f* **-3.** [in exam] suspenso *m* **-4.** [act of neglecting]: **her ~ to do it** el que no lo hiciera **-5.** [breakdown, malfunction] avería *f*, fallo *m* **-6.** [of nerve, courage etc] pérdida *f*.

faint [feɪnt] ◇ *adj* **-1.** [weak, vague] débil, tenue; [outline] impreciso(sa); [memory, longing] vago(ga); [trace, hint, smell] ligero(ra), leve **-2.** [chance] reducido(da), remoto(ta) **-3.** [dizzy] mareado(da). ◇ *vi* desmayarse.

faintest ['feɪntəst] *adj*: **I haven't the ~ idea** no tengo ni la más remota idea.

faint-hearted [-'hɑ:tɪd] *adj* pusilánime.

faintly ['feɪntlɪ] *adv* **-1.** [smile, shine] débilmente; [recall] vagamente **-2.** [ludicrous, pathetic] ligeramente.

faintness ['feɪntnɪs] *n (U)* **-1.** [dizziness] mareos *mpl* **-2.** [of image] imprecisión *f* **-3.** [of memory] vaguedad *f*; [of smell, sound] levedad *f*.

fair [feə^r] ◇ *adj* **-1.** [just] justo(ta); **it's not ~!** ¡no hay derecho!; **to be ~ ...** para ser justos ... **-2.** [quite large] considerable **-3.** [quite good] bastante bueno(na); **'~'** SCH 'regular' **-4.** [hair] rubio(bia) **-5.** [skin, complexion] claro(ra) **-6.** [weather] bueno(na) **-7.** *literary* [beautiful] hermoso(sa). ◇ *n* **-1.** *UK* [funfair] feria *f* **-2.** [trade fair] feria *f*. ◇ *adv* [fairly] limpio.
◆ **fair enough** *adv UK inf* está bien, vale.

fair copy *n* copia *f* en limpio.

fair game *n*: **to be ~ (for)** ser un blanco *m* legítimo (para).

fairground ['feəgraʊnd] *n* feria *f*.

fair-haired [-'heəd] *adj* rubio(bia).

fairly ['feəlɪ] *adv* **-1.** [moderately] bastante **-2.** [justly] justamente, equitativamente.

fair-minded [-'maɪndɪd] *adj* justo(ta), equitativo(va).

fairness ['feənɪs] *n* [justness] justicia *f*; **in ~ (to)** para ser justos (con).

fair play *n* juego *m* limpio.

fair trade *n* comercio *m* justo.

fairway ['feəweɪ] *n* calle *f (en golf)*.

fairy ['feərɪ] (*pl* **-ies**) *n* hada *f*.

fairy lights *npl UK* bombillas *fpl* OR luces *fpl* de colores.

fairy story, fairy tale *n* cuento *m* de hadas.

fait accompli [ˌfeɪtə'kɒmplɪ] (*pl* **faits accomplis** [ˌfeɪtə'kɒmplɪ]) *n* hecho *m* consumado.

faith [feɪθ] *n* fe *f*; **in good/bad ~** de buena/mala fe.

faithful ['feɪθfʊl] ◇ *adj* fiel. ◇ *npl* RELIG: **the ~** los fieles.

faithfully ['feɪθfʊlɪ] *adv* fielmente; **Yours ~** *UK* [in letter] le saluda atentamente.

faithfulness ['feɪθfʊlnɪs] *n* fidelidad *f*.

faith healer *n persona que cura enfermedades mediante la fe religiosa*.

faithless ['feɪθlɪs] *adj* [disloyal] desleal.

fake [feɪk] ◇ *adj* falso(sa). ◇ *n* **-1.** [object, painting] falsificación *f* **-2.** [person] impostor *m*, -ra *f*. ◇ *vt* **-1.** [results, signature] falsificar **-2.** [illness, emotions] fingir. ◇ *vi* [pretend] fingir.

falcon ['fɔ:lkən] *n* halcón *m*.

Falkland Islands ['fɔ:klənd-], **Falklands** ['fɔ:kləndz] *npl*: **the ~** las (Islas) Malvinas.

fall [fɔ:l] (*pt* **fell**, *pp* **fallen**) ◇ *vi* **-1.** [gen] caer; **he fell off the chair** se cayó de la silla; **she fell backwards** se cayó hacia atrás; **to ~ to bits** OR **pieces** hacerse pedazos; **to ~ flat** *fig* no causar el efecto deseado **-2.** [decrease] bajar, disminuir **-3.** [become]: **to ~ asleep** dormirse; **to ~ ill** ponerse enfermo(ma); **to ~ silent** quedarse en silencio; **to ~ vacant** quedar libre; **to ~ in love** enamorarse, encamotarse *Andes & CAm*; **to ~ open** caer abierto **-4.** [belong, be classed]: **to ~ into/under** pertenecer a **-5.** [MIL - city]: **to ~ (to)** caer (en manos de) **-6.** *UK* POL [constituency]: **to ~ to sb/sthg** ir a parar a alguien/algo **-7.** [cover]: **to ~ on** OR **across** [light] iluminar; [shadow] oscurecer. ◇ *n* **-1.** [gen]

caída *f* **-2.** [meteor]: **a ~ of snow** una nevada **-3.** [MIL - of city] caída *f* **-4.** [decrease]: **~ (in)** descenso *m* (de) **-5.** *US* [autumn] otoño *m.*

◆ **falls** *npl* cataratas *fpl.*

◆ **fall about** *vi UK inf*: **to ~ about (laughing)** partirse (de risa), troncharse.

◆ **fall apart** *vi* [book, chair] caerse a trozos, romperse; *fig* [country, person] desmoronarse.

◆ **fall away** *vi* **-1.** [land] descender **-2.** [plaster] desprenderse.

◆ **fall back** *vi* [person, crowd] echarse atrás, retroceder.

◆ **fall back on** *vt fus* [resort to] recurrir a.

◆ **fall behind** *vi* **-1.** [in race] quedarse atrás **-2.** [with rent, work] retrasarse.

◆ **fall down** *vi* **-1.** [to ground] caerse **-2.** [fail] fallar.

◆ **fall for** *vt fus* **-1.** *inf* [fall in love with] enamorarse de **-2.** [trick, lie] tragarse.

◆ **fall in** *vi* **-1.** [roof, ceiling] desplomarse, hundirse **-2.** MIL formar filas.

◆ **fall in with** *vt fus* [plan] aceptar; [crowd] juntarse con.

◆ **fall off** *vi* **-1.** [branch, handle] desprenderse **-2.** [demand, numbers] disminuir.

◆ **fall on** *vt fus* **-1.** [subj: eyes, gaze] posarse en **-2.** [attack] caer OR lanzarse sobre.

◆ **fall out** *vi* **-1.** [hair, tooth]: **his hair is ~ing out** se le está cayendo el pelo **-2.** [argue] pelearse, discutir **-3.** MIL romper filas.

◆ **fall over** ◇ *vt fus* tropezar con; **to be ~ing over o.s. to do sthg** *inf* desvivirse por hacer algo. ◇ *vi* [person, chair etc] caerse.

◆ **fall through** *vi* [plan, deal] fracasar.

◆ **fall to** *vt fus*: **it fell to me to do it** me tocó a mí hacerlo.

fallacious [fə'leɪʃəs] *adj fml* erróneo(a), falso(sa).

fallacy ['fæləsɪ] (*pl* **-ies**) *n* concepto *m* erróneo, falacia *f.*

fallen ['fɔ:ln] *pp* ▷ **fall.**

fall guy *n US inf* [scapegoat] cabeza *f* de turco.

fallible ['fæləbl] *adj* falible.

falling ['fɔ:lɪŋ] *adj* [decreasing] descendente, en descenso.

fallopian tube [fə'ləʊpɪən-] *n* trompa *f* de Falopio.

fallout ['fɔ:laʊt] *n (U)* **-1.** [radiation] lluvia *f* radiactiva **-2.** [consequences] secuelas *fpl.*

fallout shelter *n* refugio *m* atómico.

fallow ['fæləʊ] *adj* en barbecho; **to lie ~** quedar en barbecho.

false [fɔ:ls] *adj* [gen] falso(sa); [eyelashes, nose] postizo(za).

false alarm *n* falsa alarma *f.*

falsehood ['fɔ:lshʊd] *n fml* falsedad *f.*

falsely ['fɔ:lslɪ] *adv* falsamente.

false start *n* [in race] salida *f* nula; *fig* comienzo *m* en falso.

false teeth *npl* dentadura *f* postiza.

falsetto [fɔ:l'setəʊ] (*pl* **-s**) ◇ *n* falsete *m.* ◇ *adv* con falsete.

falsify ['fɔ:lsɪfaɪ] (*pt* & *pp* **-ied**) *vt* [facts, accounts] falsificar.

falter ['fɔ:ltə^r] *vi* vacilar.

faltering ['fɔ:ltərɪŋ] *adj* [steps, voice] vacilante, titubeante.

fame [feɪm] *n* fama *f.*

familiar [fə'mɪljə[r]] *adj* **-1.** [known] familiar, conocido(da); **to be ~ to sb** serle familiar a alguien **-2.** [conversant]: **~ with** familiarizado(da) con; **to be on ~ terms with sb** tenerle confianza con alguien **-3.** *pej* [too informal - person] que se toma muchas confianzas; [- tone, manner] demasiado amistoso(sa).

familiarity [fə,mɪlɪ'ærətɪ] *n (U)* **-1.** [knowledge]: **~ with** conocimiento *m* de **-2.** [normality] familiaridad *f* **-3.** *pej* [excessive informality] familiaridades *fpl*, confianzas *fpl.*

familiarize, -ise [fə'mɪljəraɪz] *vt*: **to ~ o.s./sb with sthg** familiarizarse/familiarizar a alguien con algo.

family ['fæmlɪ] (*pl* **-ies**) ◇ *n* familia *f.* ◇ *comp* **-1.** [belonging to family] familiar **-2.** [suitable for all ages] para toda la familia.

family business *n* negocio *m* familiar.

family credit *n (U) UK* ≃ prestación *f* OR ayuda *f* familiar.

family doctor *n* médico *m* de cabecera.

family life *n* vida *f* familiar.

family man *n* hombre *m* de familia.

family planning *n* planificación *f* familiar.

family tree *n* árbol *m* genealógico.

famine ['fæmɪn] *n* hambruna *f.*

famished ['fæmɪʃt] *adj inf* [very hungry] muerto(ta) de hambre, famélico(ca).

famous ['feɪməs] *adj*: **~ (for)** famoso(sa) (por).

famously ['feɪməslɪ] *adv dated*: **to get on** OR **along ~ (with sb)** llevarse de maravilla (con alguien).

fan [fæn] (*pt* & *pp* **-ned**, *cont* **-ning**) ◇ *n* **-1.** [of paper, silk] abanico *m* **-2.** [electric or mechanical] ventilador *m* **-3.** [of musician, artist, etc] fan *m* OR *f*, admirador *m*, -ra *f*; [of music, art, etc] aficionado *m*, -da *f*; FTBL hincha *m* OR *f.* ◇ *vt* **-1.** [cool] abanicar; **to ~ o.s.** abanicarse **-2.** [stimulate - fire, feelings] avivar.

◆ **fan out** *vi* desplegarse en abanico.

fanatic [fə'nætɪk] *n* fanático *m*, -ca *f.*

fanatical [fə'nætɪkl] *adj* fanático(ca).

fanaticism [fə'nætɪsɪzm] *n* fanatismo *m.*

fan belt *n* correa *f* del ventilador.

fanciful ['fænsɪfʊl] *adj* **-1.** [odd] rocambolesco(ca) **-2.** [elaborate] extravagante.

fan club *n* club *m* de fans.

fancy ['fænsɪ] (*compar* **-ier**, *superl* **-iest**, *pl* **-ies**, *pt* & *pp* **-ied**) <> *vt* **-1.** *inf* [feel like]: **I ~ a cup of tea/going to the cinema** me apetece una taza de té/ir al cine **-2.** *inf* [desire]: **do you ~ her?** ¿te gusta?; **to ~ o.s.** tenérselo creído; **to ~ o.s. as sthg** dárselas de algo **-3.** [imagine]: **~ meeting you here!** ¡qué casualidad encontrarte por aquí!; **~ that!** ¡imagínate!, ¡mira por dónde! **-4.** *dated* [think] creer. <> *n* **-1.** [desire, liking] capricho *m*; **to take a ~ to** encapricharse con **-2.** [fantasy] fantasía *f*. <> *adj* **-1.** [elaborate] elaborado(da) **-2.** [expensive] de lujo, caro(ra); [prices] exorbitante.

fancy dress *n (U)* disfraz *m*.

fancy-dress party *n* fiesta *f* de disfraces.

fancy goods *npl* artículos *mpl* de fantasía.

fanfare ['fænfeəʳ] *n* fanfarria *f*.

fang [fæŋ] *n* colmillo *m*.

fan heater *n* convector *m*, estufa *f* de aire.

fanlight ['fænlaɪt] *n UK* montante *m* en abanico.

fan mail *n (U)* cartas *fpl* de fans.

fanny ['fænɪ] *n US inf* [buttocks] culo *m*.

fanny pack *n US* riñonera *f*, banano *m* ***Chile***.

fantasize, -ise ['fæntəsaɪz] *vi* fantasear; **to ~ about sthg/about doing sthg** soñar con algo/con hacer algo.

fantastic [fæn'tæstɪk] *adj* **-1.** [gen] fantástico(ca), chévere ***Andes*** & ***Carib*** **-2.** [exotic] exótico(ca).

fantastically [fæn'tæstɪklɪ] *adv* **-1.** [extremely] enormemente **-2.** [exotically] de manera exótica.

fantasy ['fæntəsɪ] (*pl* **-ies**) <> *n* fantasía *f*. <> *comp* de ensueño.

fantasy football *n (U)* ≃ la liga fantástica®.

fanzine ['fænzi:n] *n* fanzine *m*.

fao (*abbr of* **for the attention of**) a/a.

FAO (*abbr of* **Food and Agriculture Organization**) *n* FAO *f*.

FAQ (*abbr of* **free alongside quay**) *muelle franco*. <> *n* (*abbr of* **frequently asked questions**) COMPUT FAQ *m*.

far [fɑ:ʳ] (*compar* **farther** OR **further**, *superl* **farthest** OR **furthest**) <> *adv* **-1.** [in distance, time] lejos; **is it ~?** ¿está lejos?; **how ~ is it?** ¿a qué distancia está?; **how ~ is it to Prague?** ¿cuánto hay de aquí a Praga?; **~ away** OR **off** [a long way away, a long time away] lejos; **as ~ back as 1900** ya en 1900; **so ~** por ahora, hasta ahora; **~ and wide** por todas partes; **from ~ and wide** de todas partes; **as ~ as** hasta **-2.** [in degree or extent]: **~ more/better/stronger** mucho más/mejor/más fuerte; **I wouldn't trust him very ~** no me fiaría mucho de él; **how ~ have you got?** ¿hasta dónde has llegado?; **he's not ~ wrong** OR **out** OR **off** no anda del todo descaminado; **as ~ as I know** que yo sepa; **as ~ as I'm concerned** por OR en lo que a mí respecta; **as ~ as possible** en (la medida de) lo posible; **it's all right as ~ as it goes** para lo que es, no está mal; **~ and away, by ~** con mucho; **~ from it** en absoluto, todo lo contrario; **so ~** [until now] hasta el momento; [to a certain extent] hasta un cierto punto; **so ~ so good** por OR hasta ahora todo va bien; **to go so ~ as to do sthg** llegar incluso a hacer algo; **to go too ~** ir demasiado lejos. <> *adj* **-1.** [extreme] extremo(ma) **-2.** *literary* [remote] lejano(na).

faraway ['fɑ:rəweɪ] *adj* **-1.** [land etc] lejano(na) **-2.** [look, expression] ausente.

farce [fɑ:s] *n lit* & *fig* farsa *f*.

farcical ['fɑ:sɪkl] *adj* absurdo(da), grotesco(ca).

fare [feəʳ] <> *n* **-1.** [payment] (precio *m* del) billete *m*; [in taxi] tarifa *f*; [passenger] cliente *m* OR *f (de taxi)* **-2.** *(U) fml* [food] comida *f*. <> *vi* [manage]: **she ~d well/badly** le fue bien/mal.

Far East *n*: **the ~** el Extremo Oriente.

fare stage *n UK* [of bus] zona *f* tarifaria.

farewell [ˌfeə'wel] <> *n* despedida *f*. <> *excl literary* ¡vaya con Dios!

farfetched [ˌfɑ:'fetʃt] *adj* traído(da) por los pelos, inverosímil.

farm [fɑ:m] <> *n* [smaller] granja *f*, chacra *f* ***Amér***; [larger] hacienda *f*. <> *vt* [land] cultivar; [livestock] criar. <> *vi* [grow crops] cultivar la tierra; [raise livestock] criar ganado.

◆ **farm out** *vt sep* subcontratar.

farmer ['fɑ:məʳ] *n* [on smaller farm] granjero *m*, -ra *f*, chacarero *m*, -ra *f* ***Amér***; [on larger farm] agricultor *m*, -ra *f*.

farmer's market *n US mercado en donde se venden verduras y frutas de cosecha local y normalmente orgánicas*.

farmhand ['fɑ:mhænd] *n* peón *m*, labriego *m*, -ga *f*.

farmhouse ['fɑ:mhaʊs, *pl* -haʊzɪz] *n* granja *f*, caserío *m*.

farming ['fɑ:mɪŋ] *(U) n* **-1.** AGR & IND agricultura *f* **-2.** [act - of crops] cultivo *m*; [- of animals] cría *f*, crianza *f*.

farm labourer = **farmhand**.

farmland ['fɑ:mlænd] *n (U)* tierras *fpl* de labranza.

farmstead ['fɑ:msted] *n US* granja *f*.

farm worker = farmhand.

farmyard ['fɑ:mjɑ:d] *n* corral *m*.

Faroe = Faeroe.

far-off *adj* lejano(na), remoto(ta).

far-reaching [-'ri:tʃɪŋ] *adj* trascendental, de amplio alcance.

farrier ['færɪə^r] *n* herrero *m*, -ra *f*.

farsighted [ˌfɑ:'saɪtɪd] *adj* **-1.** [gen] con visión de futuro **-2.** *US* [long-sighted] présbita.

fart [fɑ:t] *v inf* <> *n* **-1.** [flatulence] pedo *m* **-2.** [person] gilipuertas *m* OR *f inv.* <> *vi* tirarse un pedo.

farther ['fɑ:ðə^r] *compar* ▷ **far.**

farthest ['fɑ:ðəst] *superl* ▷ **far.**

fascia ['feɪʃəl *n* **-1.** [on shop] rótulo *m* **-2.** AUT salpicadero *m* **-3.** [for mobile phone] carcasa *f*.

fascinate ['fæsɪneɪt] *vt* fascinar.

fascinating ['fæsɪneɪtɪŋ] *adj* fascinante.

fascination [ˌfæsɪ'neɪʃn] *n* fascinación *f*.

fascism ['fæʃɪzm] *n* fascismo *m*.

fascist ['fæʃɪst] <> *adj* fascista. <> *n* fascista *m* OR *f*.

fashion ['fæʃn] <> *n* **-1.** [clothing, style, vogue] moda *f*; **in/out of ~** de/pasado de moda **-2.** [manner] manera *f*; **after a ~** más o menos. <> *vt fml* **-1.** [make] elaborar **-2.** *fig* [mould] forjar.

fashionable ['fæʃnəbl] *adj* de moda.

fashion-conscious *adj* que sigue la moda.

fashion designer *n* diseñador *m*, -ra *f* de modas.

fashion show *n* pase *m* OR desfile *m* de modelos.

fast [fɑ:st] <> *adj* **-1.** [rapid] rápido(da) **-2.** [clock, watch]: **her watch is two minutes ~** su reloj lleva dos minutos de adelanto **-3.** [dye, colour] sólido(da), que no destiñe. <> *adv* **-1.** [rapidly] rápido, rápidamente; **how ~ were they going?** ¿a qué velocidad conducían? **-2.** [firmly]: **stuck ~** bien pegado(da); **to hold ~ to sthg** [person, object] agarrarse fuerte a algo; [principles] mantenerse fiel a algo; **~ asleep** profundamente dormido. <> *n* ayuno *m*. <> *vi* ayunar.

fast breeder reactor *n* reactor *m* (reproductor) rápido.

fasten ['fɑ:sn] <> *vt* **-1.** [gen] sujetar; [clothes, belt] abrochar; **he ~ed his coat** se abrochó el abrigo **-2.** [attach]: **to ~ sthg to sthg** fijar algo a algo **-3.** [hands, teeth] apretar. <> *vi*: **to ~ on to sb/sthg** aferrarse a alguien/algo.

fastener ['fɑ:snə^r] *n* cierre *m*; [zip] cremallera *f*.

fastening ['fɑ:snɪŋ] *n* [of door, window] cerrojo *m*, pestillo *m*.

fast food *n (U)* comida *f* rápida.

fast-forward <> *n* avance *m* rápido. <> *vt & vi* correr hacia adelante.

fastidious [fə'stɪdɪəs] *adj* [fussy] quisquilloso(sa).

fast lane *n* [on motorway] carril *m* rápido; **to live life in the ~** *fig* llevar un frenético tren de vida.

fat [fæt] (*compar* **-ter**, *superl* **-test**) <> *adj* **-1.** [gen] gordo(da); **to get ~** engordar **-2.** [meat] con mucha grasa **-3.** [book, package] grueso(sa) **-4.** [profit, fee, cheque] jugoso(sa) **-5.** *iro* [small]: **a ~ lot of good** OR **use that was!** ¡pues sí que sirvió de mucho eso! <> *n* **-1.** [gen] grasa *f* **-2.** [for cooking] manteca *f*.

fatal ['feɪtl] *adj* **-1.** [mortal] mortal **-2.** [serious] fatal, funesto(ta).

fatalism ['feɪtəlɪzm] *n* fatalismo *m*.

fatalistic [ˌfeɪtə'lɪstɪk] *adj* fatalista.

fatality [fə'tælətɪ] (*pl* **-ies**) *n* **-1.** [accident victim] víctima *f* mortal **-2.** = **fatalism.**

fatally ['feɪtəlɪ] *adv* **-1.** [mortally] mortalmente **-2.** [seriously] gravemente.

fat cat executive *n pej alto ejecutivo con un sueldo desproporcionado.*

fate [feɪt] *n* **-1.** [destiny] destino *m*; **to tempt ~** tentar a la suerte **-2.** [result, end] final *m*, suerte *f*.

fated ['feɪtɪd] *adj* predestinado(da); **to be ~ to do sthg** estar predestinado a hacer algo.

fateful ['feɪtfʊl] *adj* fatídico(ca).

fat-free *adj* sin grasas.

father ['fɑ:ðə^r] <> *n lit & fig* padre *m*. <> *vt* engendrar.

◆ **Father** *n* **-1.** [priest] padre *m* **-2.** [God] Padre *m*.

Father Christmas *n UK* Papá *m* Noel.

fatherhood ['fɑ:ðəhʊd] *n* paternidad *f*.

father-in-law (*pl* **father-in-laws** OR **fathers-in-law**) *n* suegro *m*.

fatherly ['fɑ:ðəlɪ] *adj* paternal.

Father's Day *n* día *m* del padre.

fathom ['fæðəm] <> *n* braza *f*. <> *vt*: **to ~ sthg/sb (out)** llegar a comprender algo/a alguien.

fatigue [fə'ti:g] <> *n* fatiga *f*. <> *vt* fatigar.

◆ **fatigues** *npl* traje *m* de faena.

fatness ['fætnɪs] *n* [of person] gordura *f*.

fatten ['fætn] *vt* engordar.

◆ **fatten up** *vt sep* engordar, cebar.

fattening ['fætnɪŋ] *adj* que engorda.

fatty ['fætɪ] (*compar* **-ier**, *superl* **-iest**, *pl* **-ies**) <> *adj* graso(sa). <> *n inf pej* gordinflón *m*, -ona *f*.

fatuous ['fætjʊəs] *adj* necio(cia).

fatwa ['fætwə] *n* fatwa *f.*

faucet ['fɔ:sɪt] *n* ***US*** grifo *m*, llave *f* ***Amér***, canilla *f* ***RP***, paja *f* ***CAm***, caño *m* ***Perú***.

fault [fɔ:lt] ◇ *n* **-1.** [responsibility] culpa *f*; **it's my ~** es culpa mía; **through no ~ of my own** sin que la culpa sea mía; **to be at ~** tener la culpa **-2.** [mistake, imperfection] defecto *m*; **to find ~ with** encontrar defectos a **-3.** *GEOL* falla *f* **-4.** [in tennis] falta *f.* ◇ *vt*: **to ~ sb (on sthg)** criticar a alguien (en algo).

faultless ['fɔ:ltlɪs] *adj* perfecto(ta), impecable.

faulty ['fɔ:ltɪ] (*compar* **-ier**, *superl* **-iest**) *adj* [machine, system] defectuoso(sa); [reasoning, logic] imperfecto(ta).

fauna ['fɔ:nə] *n* fauna *f.*

faux pas [ˌfəʊ'pɑ:] (*pl inv*) *n* metedura *f* de pata.

fava bean ['fɑ:vəbi:n] *n* ***US*** haba *f.*

favour *UK*, **favor** *US* ['feɪvəʳ] ◇ *n* **-1.** [gen] favor *m*; **in sb's ~** a favor de alguien; **to be in/out of ~ (with)** ser/dejar de ser popular (con); **to do sb a ~** hacerle un favor a alguien; **to curry ~ with sb** tratar de congraciarse con alguien; **to rule in sb's ~** decidir a favor de alguien **-2.** [favouritism] favoritismo *m.* ◇ *vt* **-1.** [prefer] decantarse por, preferir **-2.** [treat better, help] favorecer **-3.** *iro* [honour]: **to ~ sb with sthg** honrar a alguien con algo.
◆ **in favour** *adv* [in agreement] a favor.
◆ **in favour of** *prep* **-1.** [in preference to] en favor de **-2.** [in agreement with]: **to be in ~ of sthg/of doing sthg** estar a favor de algo/de hacer algo.

favourable *UK*, **favorable** *US* ['feɪvrəbl] *adj* [positive] favorable.

favourably *UK*, **favorably** *US* ['feɪvrəblɪ] *adv* favorablemente.

favoured *UK*, **favored** *US* ['feɪvəd] *adj* [with special advantages] privilegiado(da), favorecido(da).

favourite *UK*, **favorite** *US* ['feɪvrɪt] ◇ *adj* favorito(ta). ◇ *n* favorito *m*, -ta *f.*

favouritism *UK*, **favoritism** *US* ['feɪvrɪtɪzm] *n* favoritismo *m.*

fawn [fɔ:n] ◇ *adj* beige *(inv).* ◇ *n* [animal] cervato *m*, cervatillo *m.* ◇ *vi*: **to ~ on sb** adular a alguien.

fax [fæks] ◇ *n* fax *m.* ◇ *vt* **-1.** [send fax to] mandar un fax a **-2.** [send by fax] enviar por fax.

fax machine *n* fax *m.*

fax number *n* número *m* de fax.

faze [feɪz] *vt esp* ***US inf*** desconcertar.

FBI (*abbr of* **Federal Bureau of Investigation**) *n* FBI *m.*

FD (*abbr of* **Fire Department**) *n cuerpo de bomberos en Estados Unidos.*

FDA (*abbr of* **Food and Drug Administration**) *n organismo estadounidense para el control de medicamentos y productos alimentarios.*

FE *n abbr of* **Further Education**.

fear [fɪəʳ] ◇ *n* **-1.** [gen] miedo *m*, temor *m*; **for ~ of** por miedo a **-2.** [risk] peligro *m.* ◇ *vt* **-1.** [be afraid of] temer **-2.** [anticipate] temerse; **to ~ (that) ...** temerse que ... ◇ *vi* [be afraid]: **to ~ for sb/sthg** temer por alguien/algo.

fearful ['fɪəfʊl] *adj* **-1.** *fml* [frightened] temeroso(sa) **-2.** [frightening] terrible, pavoroso(sa).

fearless ['fɪəlɪs] *adj* valiente, intrépido(da).

fearlessly ['fɪəlɪslɪ] *adv* sin miedo.

fearsome ['fɪəsəm] *adj* terrible, espantoso(sa).

feasibility [ˌfi:zə'bɪlətɪ] *n* viabilidad *f.*

feasibility study *n* estudio *m* de viabilidad.

feasible ['fi:zəbl] *adj* factible, viable.

feast [fi:st] ◇ *n* [meal] banquete *m*, festín *m.* ◇ *vi*: **to ~ on** *OR* **off sthg** darse un banquete a base de algo.

feat [fi:t] *n* hazaña *f.*

feather ['feðəʳ] *n* pluma *f.*

feather bed *n* colchón *m* de plumas.

featherbrained ['feðəbreɪnd] *adj* [person] atontolinado(da); [idea, scheme] disparatado(da).

featherweight ['feðəweɪt] *n* [boxer] peso *m* pluma.

feature ['fi:tʃəʳ] ◇ *n* **-1.** [characteristic] característica *f* **-2.** [of face] rasgo *m* **-3.** *GEOGR* accidente *m* geográfico **-4.** [article] artículo *m* de fondo **-5.** *RADIO & TV* [programme] programa *m* especial **-6.** *CINEMA* = **feature film**. ◇ *vt* [subj: film] tener como protagonista a; [subj: exhibition] tener como atracción principal a. ◇ *vi*: **to ~ (in)** aparecer *OR* figurar (en).

feature film *n* largometraje *m.*

featureless ['fi:tʃəlɪs] *adj* anodino(na).

Feb. [feb] (*abbr of* **February**) feb.

February ['februərɪ] *n* febrero *m*; *see also* **September**.

feces *US* = **faeces**.

feckless ['feklɪs] *adj* irresponsable.

fed [fed] *pt & pp* ▷ **feed**.

Fed [fed] ◇ *n inf* **-1.** (*abbr of* **Federal Reserve Board**) *órgano de control del banco central estadounidense* **-2.** ***US*** [FBI agent] agente *m OR f* del FBI. ◇ **-1.** *abbr of* **federal** **-2.** *abbr of* **federation**.

federal ['fedrəl] *adj* federal.

Federal Bureau of Investigation *n* FBI *m.*

federalism ['fedrəlɪzm] *n* federalismo *m.*

federation [ˌfedəˈreɪʃn] *n* federación *f.*
fed up *adj*: ~ **(with)** harto(ta) (de).
fee [fiː] *n* [to lawyer, doctor etc] honorarios *mpl*; **membership** ~ cuota *f* de socio; **entrance** ~ entrada *f*; **school** ~**s** (precio *m* de) matrícula *f.*
feeble [ˈfiːbəl] *adj* **-1.** [weak] débil **-2.** [poor, silly] pobre, flojo(ja).
feebleminded [ˌfiːbəlˈmaɪndɪd] *adj* corto(ta) de entendederas.
feebleness [ˈfiːblnɪs] *n (U)* **-1.** [weakness] debilidad *f* **-2.** [of excuse, joke] flojedad *f.*
feebly [ˈfiːblɪ] *adv* **-1.** [weakly] débilmente **-2.** [ineffectively] de modo poco convincente.
feed [fiːd] (*pt* & *pp* **fed**) ◇ *vt* **-1.** [gen] alimentar; [animal] dar de comer a **-2.** [put, insert]: **to** ~ **sthg into sthg** introducir algo en algo. ◇ *vi* comer; **to** ~ **on** *OR* **off sthg** *lit* & *fig* alimentarse de algo. ◇ *n* **-1.** [of baby] toma *f* **-2.** [animal food] pienso *m.*
feedback [ˈfiːdbæk] *n (U)* **-1.** [reaction] respuesta *f*, reacciones *fpl* **-2.** *COMPUT & ELEC* realimentación *f*; [on guitar etc] feedback *m.*
feedbag [ˈfiːdbæg] *n US* morral *m.*
feeder [ˈfiːdə^r] ◇ *n* [baby]: **he's a messy** ~ se ensucia mucho al comer. ◇ *comp*: ~ **road** carretera *f* secundaria.
feeding bottle [ˈfiːdɪŋ-] *n UK* biberón *m.*
feel [fiːl] (*pt* & *pp* **felt**) ◇ *vt* **-1.** [touch] tocar **-2.** [sense, notice, experience] sentir; **I felt myself blushing** noté que me ponía colorado **-3.** [believe] creer; **to** ~ **(that)** creer *OR* pensar que **-4.** *phr*: **not to** ~ **o.s.** no encontrarse bien. ◇ *vi* **-1.** [have sensation]: **to** ~ **hot/cold/sleepy** tener calor/frío/sueño; **how do you** ~**?** ¿cómo te encuentras? **-2.** [have emotion]: **to** ~ **safe/happy** sentirse seguro/feliz **-3.** [seem] parecer (al tacto) **-4.** [by touch]: **to** ~ **for sthg** buscar algo a tientas **-5.** [be in mood]: **do you** ~ **like a drink/eating out?** ¿te apetece beber algo/comer fuera?, ¿te provoca beber algo/comer fuera? *Andes & Méx.* ◇ *n* **-1.** [sensation, touch] tacto *m*, sensación *f* **-2.** [atmosphere] atmósfera *f* **-3.** *phr*: **to have a** ~ **for sthg** tener un don especial para algo.
feeler [ˈfiːlə^r] *n* antena *f.*
feelgood movie [ˈfiːlgʊd-] *n* película *f* que levanta la moral.
feeling [ˈfiːlɪŋ] *n* **-1.** [emotion] sentimiento *m*; **bad** ~ resentimiento *m* **-2.** [sensation] sensación *f* **-3.** [intuition] presentimiento *m*; **I have a** *OR* **get the** ~ **(that) ...** me da la sensación de que ... **-4.** [opinion] opinión *f* **-5.** [understanding] apreciación *f*, entendimiento *m*; **to have a** ~ **for sthg** saber apreciar algo.
◆ **feelings** *npl* sentimientos *mpl*; **to hurt sb's** ~**s** herir los sentimientos de alguien; **no hard** ~**s?** ¿todo olvidado?
fee-paying [-ˈpeɪɪŋ] *adj UK* de pago.
feet [fiːt] *pl* ⊳ **foot.**
feign [feɪn] *vt fml* fingir, aparentar.
feint [feɪnt] ◇ *n* finta *f.* ◇ *vi* fintar.
feisty [ˈfaɪstɪ] (*compar* **-ier**, *superl* **-iest**) *adj esp US inf* combativo(va).
felicitous [fɪˈlɪsɪtəs] *adj fml* afortunado(da).
feline [ˈfiːlaɪn] ◇ *adj* felino(na). ◇ *n fml* felino *m.*
fell [fel] ◇ *pt* ⊳ **fall.** ◇ *vt* **-1.** [tree] talar **-2.** [person] derribar.
◆ **fells** *npl GEOGR* monte *m.*
fellow [ˈfeləʊ] ◇ *adj*: ~ **students/prisoners** compañeros de clase/celda; ~ **citizens** conciudadanos. ◇ *n* **-1.** *dated* [man] tipo *m* **-2.** [comrade, peer] camarada *m OR f*, compañero *m*, -ra *f* **-3.** [of a society] miembro *m* **-4.** [of college] miembro *m* del claustro de profesores.
fellowship [ˈfeləʊʃɪp] *n* **-1.** [comradeship] camaradería *f* **-2.** [society] asociación *f* **-3.** [grant] beca *f* de investigación.
felony [ˈfelənɪ] (*pl* **-ies**) *n US JUR* crimen *m*, delito *m* grave.
felt [felt] ◇ *pt* & *pp* ⊳ **feel.** ◇ *n (U)* fieltro *m.*
felt-tip pen [felttɪp-] *n* rotulador *m.*
female [ˈfiːmeɪl] ◇ *adj* [animal, plant, connector] hembra; [figure, sex] femenino(na). ◇ *n* **-1.** [female animal] hembra *f* **-2.** [woman] mujer *f.*
feminine [ˈfemɪnɪn] ◇ *adj* femenino(na). ◇ *n GRAMM* femenino *m.*
femininity [femɪˈnɪnətɪ] *n* femineidad *f.*
feminism [ˈfemɪnɪzm] *n* feminismo *m.*
feminist [ˈfemɪnɪst] *n* feminista *m OR f.*
fence [fens] ◇ *n* valla *f*; **to sit on the** ~ *fig* nadar entre dos aguas. ◇ *vt* [surround] vallar, cercar.
◆ **fence off** *vt sep* cerrar con una valla *OR* cerca.
fencing [ˈfensɪŋ] *n* **-1.** *SPORT* esgrima *f* **-2.** [material] material *m* para cercas.
fend [fend] *vi*: **to** ~ **for o.s.** valerse por sí mismo.
◆ **fend off** *vt sep* [blows] defenderse de, desviar; [questions, reporters] eludir.
fender [ˈfendə^r] *n* **-1.** [round fireplace] pantalla *f*, guardafuego *m* **-2.** [on boat] defensa *f* **-3.** *US* [on car] guardabarros *m inv.*
fennel [ˈfenl] *n* hinojo *m.*
fens [fenz] *npl UK* pantanal *m*, zona *f* pantanosa.
feral [ˈfɪərəl] *adj* asilvestrado(da).
ferment [*n* ˈfɜːment, *vb* fəˈment] ◇ *n* [unrest] agitación *f*; **in** ~ en estado de agitación. ◇ *vi* fermentar.

fermentation [ˌfɜ:mən'teɪʃn] *n* fermentación *f*.

fermented [fə'mentɪd] *adj* fermentado(da).

fern [fɜ:n] *n* helecho *m*.

ferocious [fə'rəʊʃəs] *adj* feroz.

ferociously [fə'rəʊʃəslɪ] *adv* ferozmente.

ferocity [fə'rɒsətɪ] *n* ferocidad *f*.

ferret ['ferɪt] *n* hurón *m*.

◆ **ferret about, ferret around** *vi inf* rebuscar.

◆ **ferret out** *vt sep inf* conseguir, descubrir.

ferris wheel ['ferɪs-] *n esp US* noria *f*.

ferry ['ferɪ] ◇ *n* [large, for cars] transbordador *m*, ferry *m*; [small] barca *f*. ◇ *vt* llevar, transportar.

ferryboat ['ferɪbəʊt] = **ferry**.

ferryman ['ferɪmən] (*pl* **-men** [-mən]) *n* barquero *m*.

fertile ['fɜ:taɪl] *adj* fértil.

fertility [fɜ:'tɪlətɪ] *n* fertilidad *f*.

fertility drug *n* medicamento *m* fertilizante.

fertilization [ˌfɜ:tɪlaɪ'zeɪʃn] *n* **-1.** AGR fertilización *f*, abono *m* **-2.** BIOL fecundación *f*.

fertilize, -ise ['fɜ:tɪlaɪz] *vt* **-1.** AGR fertilizar, abonar **-2.** BIOL fecundar.

fertilizer ['fɜ:tɪlaɪzə^{r}] *n* fertilizante *m*, abono *m*.

fervent ['fɜ:vənt] *adj* ferviente.

fervour *UK*, **fervor** *US* ['fɜ:və^{r}] *n* fervor *m*.

fester ['festə^{r}] *vi lit & fig* enconarse.

festival ['festəvl] *n* **-1.** [event, celebration] festival *m* **-2.** [holiday] día *m* festivo.

festive ['festɪv] *adj* festivo(va).

festive season *n*: **the ~** las Navidades.

festivities [fes'tɪvətɪz] *npl* festividades *fpl*.

festoon [fe'stu:n] *vt* engalanar.

feta cheese ['fetə-] *n* queso *m* feta.

fetal ['fi:tl] *US* = **foetal**.

fetch [fetʃ] *vt* **-1.** [go and get] ir a buscar, traer **-2.** *inf* [raise - money] venderse por, alcanzar.

fetching ['fetʃɪŋ] *adj* atractivo(va).

fete, fête [feɪt] ◇ *n* fiesta *f* benéfica. ◇ *vt* festejar, agasajar.

fetid ['fetɪd] *adj* fétido(da).

fetish ['fetɪʃ] *n* **-1.** [object of sexual obsession] fetiche *m* **-2.** [mania] obsesión *f*, manía *f*.

fetishism ['fetɪʃɪzm] *n* fetichismo *m*.

fetlock ['fetlɒk] *n* espolón *m*.

fetter ['fetə^{r}] *vt* encadenar, atar.

◆ **fetters** *npl* grilletes *mpl*.

fettle ['fetl] *n*: **in fine ~** en plena forma.

fetus ['fi:təs] *US* = **foetus**.

feud [fju:d] ◇ *n* disputa *f*, enfrentamiento *m* duradero. ◇ *vi* pelearse.

feudal ['fju:dl] *adj* feudal.

fever ['fi:və^{r}] *n lit & fig* fiebre *f*; **to have a ~** tener fiebre.

fevered ['fi:vəd] *adj lit & fig* febril.

feverish ['fi:vərɪʃ] *adj lit & fig* febril.

fever pitch *n*: **excitement was at ~** los ánimos estaban muy exaltados.

few [fju:] ◇ *adj* pocos(cas); **the next ~ weeks** las próximas semanas; **a ~** algunos(nas); **a ~ more potatoes** algunas patatas más; **quite a ~, a good ~** bastantes; **~ and far between** escasos, contados. ◇ *pron* pocos *mpl*, -cas *fpl*; **a ~ (of them)** algunos *mpl*, -nas *fpl*; **quite a ~** bastantes *mpl* OR *fpl*.

fewer ['fju:ə^{r}] ◇ *adj* menos; **no ~ than** nada menos que. ◇ *pron* menos.

fewest ['fju:əst] *adj* menos; **I made the ~ mistakes** fui el que cometió menos errores.

FHA (*abbr of* **Federal Housing Administration**) *n* *organismo estadounidense para la gestión de viviendas sociales*.

fiancé [fɪ'ɒnseɪ] *n* prometido *m*.

fiancée [fɪ'ɒnseɪ] *n* prometida *f*.

fiasco [fɪ'æskəʊ] (*UK pl* **-s**, *US pl* **-es**) *n* fiasco *m*.

fib [fɪb] (*pt & pp* **-bed**, *cont* **-bing**) *inf* ◇ *n* bola *f*, trola *f*. ◇ *vi* decir bolas OR trolas.

fibber ['fɪbə^{r}] *n inf* bolero *m*, -ra *f*, trolero *m*, -ra *f*.

fibre *UK*, **fiber** *US* ['faɪbə^{r}] *n* fibra *f*.

fibreboard *UK*, **fiberboard** *US* ['faɪbəbɔ:d] *n* (*U*) tablero *m* de fibras.

fibreglass *UK*, **fiberglass** *US* ['faɪbəglɑ:s] ◇ *n* (*U*) fibra *f* de vidrio. ◇ *comp* de fibra de vidrio.

fibre-optic ['faɪbəˌɒptɪk] *adj* de fibra óptica.

fibre optics *n* (*U*) fibra *f* óptica.

fibroid ['faɪbrɔɪd] *n* fibroma *m*.

fibrositis [ˌfaɪbrə'saɪtɪs] *n* fibrositis *f inv*.

fickle ['fɪkl] *adj* voluble.

fiction ['fɪkʃn] *n* **-1.** [stories] (literatura *f* de) ficción *f* **-2.** [fabrication] ficción *f*.

fictional ['fɪkʃənl] *adj* **-1.** [literary] novelesco(ca) **-2.** [invented] ficticio(cia).

fictionalize, -ise ['fɪkʃənəlaɪz] *vt* novelar.

fictitious [fɪk'tɪʃəs] *adj* [false] ficticio(cia).

fiddle ['fɪdl] ◇ *n* **-1.** [violin] violín *m*; **(as) fit as a ~** sano como una manzana; **to play second ~ (to)** estar relegado(da) a un segundo plano (respecto a) **-2.** *UK inf* [fraud] timo *m*. ◇ *vt UK inf* amañar. ◇ *vi* [play around]: **to ~ (with sthg)** juguetear (con algo).

◆ **fiddle about, fiddle around** *vi* [play around]: **to ~ about (with sthg)** juguetear (con algo).

fiddler ['fɪdlə^{r}] *n* violinista *m* OR *f*.

fiddly ['fɪdlɪ] (*compar* **-ier**, *superl* **-iest**) *adj UK* [job] delicado(da); [gadget] intrincado(da).

fidelity [fɪ'delətɪ] *n* fidelidad *f*.

fidget ['fɪdʒɪt] *vi* moverse sin parar, no estarse quieto(ta).

fidgety ['fɪdʒɪtɪ] *adj inf* nervioso(sa), inquieto(ta).

fiduciary [fɪ'du:ʃjərɪ] (*pl* **-ies**) ◇ *adj* fiduciario(ria). ◇ *n* fiduciario *m*, -ria *f*.

field [fi:ld] ◇ *n* [gen & COMPUT] campo *m*; **in the ~** sobre el terreno; **~ of vision** campo visual. ◇ *vt* **-1.** [team] alinear; [candidate] presentar **-2.** [ball] parar y devolver.

field day *n*: **to have a ~** disfrutar de lo lindo.

fielder ['fi:ldə[r]] *n* jardinero *m*, -ra *f*.

field event *n* prueba *f* atlética de salto/lanzamiento.

field glasses *npl* prismáticos *mpl*, gemelos *mpl*.

field hockey *n US* hockey *m* sobre hierba.

field marshal *n* mariscal *m* de campo.

field mouse *n* ratón *m* de campo.

field trip *n* excursión *f* para hacer trabajo de campo.

fieldwork ['fi:ldwɜ:k] *n (U)* trabajo *m* de campo.

fieldworker ['fi:ldwɜ:kə[r]] *n* investigador *m*, -ra *f* que hace trabajo de campo.

fiend [fi:nd] *n* **-1.** [cruel person] malvado *m*, -da *f* **-2.** *inf* [fanatic] fanático *m*, -ca *f*.

fiendish ['fi:ndɪʃ] *adj* **-1.** [evil] malévolo(la), diabólico(ca) **-2.** *inf* [very difficult] endiablado(da).

fierce [fɪəs] *adj* [gen] feroz; [temper] endiablado(da); [loyalty] ferviente; [heat] asfixiante.

fiercely ['fɪəslɪ] *adv* **-1.** [aggressively, ferociously] ferozmente **-2.** [wildly] furiosamente **-3.** [intensely] encarnizadamente, intensamente.

fiery ['faɪərɪ] (*compar* **-ier**, *superl* **-iest**) *adj* **-1.** [burning] ardiente **-2.** [volatile - temper] endiablado(da); [- speech] encendido(da), fogoso(sa); [- person] apasionado(da) **-3.** [bright red] encendido(da).

FIFA ['fi:fə] (*abbr of* **Fédération Internationale de Football Association**) *n* FIFA *f*.

fifteen [fɪf'ti:n] *num* quince; *see also* **six**.

fifteenth [ˌfɪf'ti:nθ] *num* decimoquinto(ta); *see also* **sixth**.

fifth [fɪfθ] *num* quinto(ta); *see also* **sixth**.

Fifth Amendment *n*: **the ~** *la quinta enmienda de la Constitución de los Estados Unidos que garantiza los derechos de las personas inculpadas por un delito.*

fifth column *n* quinta columna *f*.

fiftieth ['fɪftɪəθ] *num* quincuagésimo(ma); *see also* **sixth**.

fifty ['fɪftɪ] *num* cincuenta; *see also* **sixty**.

fifty-fifty ◇ *adj* al cincuenta por ciento; **a ~ chance** unas posibilidades del cincuenta por ciento. ◇ *adv*: **to go ~** ir a medias.

fig [fɪg] *n* higo *m*.

fight [faɪt] (*pt* & *pp* **fought**) ◇ *n* [physical, verbal] pelea *f*; *fig* [struggle] lucha *f*; **to have a ~ (with)** pelearse (con); **to put up a ~** oponer resistencia. ◇ *vt* [gen] luchar contra; [in punch-up] pelearse con; [battle, campaign] librar; [war] luchar en. ◇ *vi* **-1.** [in punch-up] pelearse; [in war] luchar **-2.** *fig* [battle, struggle]: **to ~ (for/against)** luchar (por/contra) **-3.** [argue]: **to ~ (about** OR **over)** pelearse OR discutir (por).

◆ **fight back** ◇ *vt fus* [tears, feelings] reprimir, contener. ◇ *vi* defenderse.

◆ **fight off** *vt sep* **-1.** [deter] rechazar **-2.** [overcome] ahuyentar, sobreponerse a.

◆ **fight out** *vt sep*: **they are left ~ing it out for second place** van a tener que disputarse el segundo puesto.

fighter ['faɪtə[r]] *n* **-1.** [plane] caza *m* **-2.** [soldier] combatiente *m* OR *f* **-3.** [boxer] púgil *m* OR *f* **-4.** [combative person] luchador *m*, -ra *f*.

fighting ['faɪtɪŋ] *n (U)* [on streets, terraces] peleas *fpl*; [in war] combates *mpl*.

fighting chance *n*: **to have a ~ (of doing sthg)** tener posibilidades (de hacer algo).

figment ['fɪgmənt] *n*: **a ~ of sb's imagination** un producto de la imaginación de alguien.

figurative ['fɪgərətɪv] *adj* figurado(da).

figuratively ['fɪgərətɪvlɪ] *adv* figuradamente.

figure [*UK* 'fɪgə[r], *US* 'fɪgjər] ◇ *n* **-1.** [statistic, number] cifra *f*; **to put a ~ on sthg** dar un número exacto de algo; **to be in single/double ~s** no sobrepasar/sobrepasar la decena **-2.** [shape of person, personality] figura *f* **-3.** [diagram] figura *f*. ◇ *vt esp US* [suppose] figurarse, suponer. ◇ *vi* **-1.** [feature] figurar **-2.** *inf* [be logical]: **that ~s** es lógico.

◆ **figure out** *vt sep* [reason, motives] figurarse; [problem etc] resolver; [amount, quantity] calcular; **to ~ out how to do sthg** dar con la forma de hacer algo.

figurehead ['fɪgəhed] *n* **-1.** [on ship] mascarón *m* de proa **-2.** [leader without real power] testaferro *m*.

figure of eight *UK*, **figure eight** *US n* forma *f* de ocho.

figure of speech *n* forma *f* de hablar.

figure skating *n* patinaje *m* artístico.

figurine [*UK* 'fɪgəri:n, *US* ˌfɪgjə'ri:n] *n* estatuilla *f*.

Fiji ['fi:dʒi:] *n* Fiji.

Fijian [ˌfi:'dʒi:ən] ◇ *adj* fijiano(na). ◇ *n* fijiano *m*, -na *f*.

filament ['fɪləmənt] *n* [in lightbulb] filamento *m*.
filch [fɪltʃ] *vt inf* birlar, mangar.
file [faɪl] ◇ *n* **-1.** [folder] carpeta *f*; [box] archivador *m* **-2.** [report] expediente *m*, dossier *m*; **on ~, on the ~s** archivado **-3.** COMPUT archivo *m* **-4.** [tool] lima *f* **-5.** [line]: **in single ~** en fila india. ◇ *vt* **-1.** [put in file] archivar **-2.** JUR presentar **-3.** [shape, smoothe] limar. ◇ *vi* **-1.** [walk in single file] ir en fila **-2.** JUR: **to ~ for divorce** presentar una demanda de divorcio.
file manager *n* COMPUT administrador *m* de archivos.
filename ['faɪl,neɪm] *n* COMPUT nombre *m* de archivo.
filet *US* = **fillet**.
filibuster ['fɪlɪbʌstəʳ] *vi esp US* POL pronunciar discursos obstruccionistas.
filigree ['fɪlɪgriː] ◇ *adj* de filigrana. ◇ *n (U)* filigrana *f*.
filing cabinet ['faɪlɪŋ-] *n* archivador *m*.
filing clerk ['faɪlɪŋ-] *n UK* archivero *m*, -ra *f* (de oficina).
Filipino [,fɪlɪ'piːnəʊ] (*pl* **-s**) ◇ *adj* filipino (na). ◇ *n* filipino *m*, -na *f*.
fill [fɪl] ◇ *vt* **-1.** [gen]: **to ~ sthg (with)** llenar algo (de) **-2.** [gap, hole, crack] rellenar; [tooth] empastar, calzar *Col* **-3.** [need, vacancy etc] cubrir; [time] ocupar. ◇ *n*: **to eat one's ~** comer hasta hartarse; **to have had one's ~ of sthg** estar hasta la coronilla de algo.
◆ **fill in** ◇ *vt sep* **-1.** [complete] rellenar **-2.** [inform]: **to ~ sb in (on)** poner a alguien al corriente (de). ◇ *vt fus*: **to be ~ing in time** estar matando el tiempo. ◇ *vi* [substitute]: **to ~ in (for sb)** sustituir (a alguien).
◆ **fill out** ◇ *vt sep* [complete] rellenar. ◇ *vi* [get fatter] engordar.
◆ **fill up** ◇ *vt sep* llenar (hasta arriba). ◇ *vi* **-1.** [gen] llenarse **-2.** [buy petrol] repostar.
filled [fɪld] *adj* **-1.** [roll] relleno(na) **-2.** [with emotion]: **~ with** lleno(na) de.
filler ['fɪləʳ] *n* [for cracks] masilla *f*.
filler cap *n UK* tapón *m* del depósito de gasolina.
fillet *UK*, **filet** *US* ['fɪlɪt] ◇ *n* filete *m*. ◇ *vt* cortar en filetes.
fillet steak *n* filete *m* (de carne), bife *m* de lomo *RP*.
fill-in *n inf* [person] sustituto *m*, -ta *f*; [thing] sustitutivo *m*.
filling ['fɪlɪŋ] ◇ *adj* [satisfying] que llena mucho. ◇ *n* **-1.** [in tooth] empaste *m Esp*, calza *f Col*, tapadura *f Chile, Méx*, emplomadura *f RP* **-2.** [in cake, sandwich] relleno *m*.
filling station *n* estación *f* de servicio OR de nafta *RP*, gasolinera *f*, bomba *f Chile, Col, Ecuad, Ven*, grifo *m Perú*.
fillip ['fɪlɪp] *n* estímulo *m*.
filly ['fɪlɪ] (*pl* **-ies**) *n* potranca *f*.
film [fɪlm] ◇ *n* **-1.** [gen] película *f* **-2.** *(U)* [art of cinema] cine *m*; **the ~ industry** la industria cinematográfica. ◇ *vt* & *vi* filmar, rodar.
film festival *n* festival *m* de cine.
filming ['fɪlmɪŋ] *n (U)* filmación *f*, rodaje *m*.
film star *n* estrella *f* de cine.
filmstrip ['fɪlm,strɪp] *n* serie *f* de diapositivas.
film studio *n* estudio *m* cinematográfico.
Filofax® ['faɪləʊfæks] *n* agenda *f* de anillas.
filo pastry® ['fiːləʊ-] *n* hojaldre *m* griego.
filter ['fɪltəʳ] ◇ *n* filtro *m*. ◇ *vt* [purify] filtrar. ◇ *vi* [people]: **to ~ in/out** ir entrando/saliendo.
◆ **filter out** *vt sep* [remove by filtering] filtrar.
◆ **filter through** *vi* filtrarse.
filter coffee *n* café *m* de filtro.
filter lane *n UK* carril *m* de giro.
filter paper *n* (papel *m* de) filtro *m*.
filter-tipped [-'tɪpt] *adj* con filtro.
filth [fɪlθ] *n (U)* **-1.** [dirt] suciedad *f*, porquería *f* **-2.** [obscenity] obscenidades *fpl*.
filthy ['fɪlθɪ] (*compar* **-ier**, *superl* **-iest**) *adj* **-1.** [very dirty] mugriento(ta), sucísimo(ma) **-2.** [obscene] obsceno(na).
filtration plant [fɪl'treɪʃn-] *n* estación *f* depuradora.
fin [fɪn] *n* **-1.** [on fish] aleta *f* **-2.** *US* [on swimmer] aleta *f*.
final ['faɪnl] ◇ *adj* **-1.** [last] último(ma) **-2.** [at end] final **-3.** [definitive] definitivo(va). ◇ *n* final *f*.
◆ **finals** *npl* UNIV exámenes *mpl* finales.
final demand *n* último aviso *m*.
finale [fɪ'nɑːlɪ] *n* final *m*.
finalist ['faɪnəlɪst] *n* finalista *m* OR *f*.
finalize, -ise ['faɪnəlaɪz] *vt* ultimar.
finally ['faɪnəlɪ] *adv* **-1.** [at last] por fin, finalmente **-2.** [lastly] finalmente, por último.
finance [*n* 'faɪnæns, *vb* faɪ'næns] ◇ *n (U)* **-1.** [money management] finanzas *fpl* **-2.** [money] fondos *mpl*. ◇ *vt* financiar.
◆ **finances** *npl* finanzas *fpl*.
financial [fɪ'nænʃl] *adj* financiero(ra).
financial adviser *n* asesor financiero *m*, asesora financiera *f*.
financially [fɪ'nænʃəlɪ] *adv* económicamente; **to be ~ independent** tener independencia económica.
financial services *npl* servicios *mpl* financieros.
financial year *UK*, **fiscal year** *US* *n* [for budg-

ets] ejercicio *m*; [for tax purposes] año *m* fiscal.

financier [fɪ'nænsɪəʳ] *n UK* financiero *m*, -ra *f*, financista *m OR f Amér.*

finch [fɪntʃ] *n* pinzón *m*.

find [faɪnd] (*pt* & *pp* **found**) ◇ *vt* **-1.** [gen] encontrar; **to ~ one's way** encontrar el camino; **a species not found in Britain** una especie que no se encuentra en Gran Bretaña; **I found it easy** me resultó fácil; **how did you ~ the film?** ¿qué te pareció la película? **-2.** [realize - fact] darse cuenta de, descubrir **-3.** JUR: **to be found guilty/not guilty (of)** ser declarado(da) culpable/inocente (de). ◇ *n* hallazgo *m*, descubrimiento *m*.

◆ **find out** ◇ *vi* **-1.** [become aware] enterarse **-2.** [obtain information] informarse. ◇ *vt fus* [truth] descubrir; [fact] averiguar. ◇ *vt sep* [person] descubrir.

findings ['faɪndɪŋz] *npl* resultados *mpl*, conclusiones *fpl*.

fine [faɪn] ◇ *adj* **-1.** [excellent] magnífico(ca), excelente **-2.** [perfectly satisfactory]: **it's/that's ~** está bien; **how are you? - fine thanks** ¿qué tal? - muy bien **-3.** [weather] bueno(na); **it will be ~ tomorrow** mañana hará buen día **-4.** [thin, smooth, delicate] fino(na) **-5.** [minute - detail, distinction] sutil; [- adjustment, tuning] milimétrico(ca). ◇ *adv* [well] bien; [very well] muy bien. ◇ *n* multa *f*. ◇ *vt* multar.

fine arts *npl* bellas artes *fpl*.

finely ['faɪnlɪ] *adv* **-1.** [chopped] muyfino(na), en trocitos **-2.** [accurately] con precisión.

fineness ['faɪnnɪs] *n* **-1.** [quality] excelencia *f* **-2.** [thinness, smoothness, delicateness] finura *f* **-3.** [subtlety] sutileza *f*.

finery ['faɪnərɪ] *n (U)* galas *fpl*.

finesse [fɪ'nes] *n* finura *f*, delicadeza *f*.

fine-tooth comb ['faɪntuːθ] *n*: **to go over sthg with a ~** examinar algo minuciosamente.

fine-tune ['faɪntjuːn] *vt* poner a punto.

finger ['fɪŋgəʳ] ◇ *n* dedo *m*; **she didn't lay a ~ on him** no le tocó un pelo de la ropa; **he didn't lift a ~ to help** no movió un dedo para ayudar; **to keep one's ~s crossed** cruzar los dedos; **to point a** *OR* **the ~ at sb** señalar a alguien con el dedo; **to put one's ~ on sthg** acertar a identificar algo; **to twist sb round one's little ~** tener a alguien en el bote. ◇ *vt* acariciar con los dedos.

fingermark ['fɪŋgəmɑːk] *n* huella *f* (de dedo), dedada *f*.

fingernail ['fɪŋgəneɪl] *n* uña *f (de las manos)*.

fingerprint ['fɪŋgəprɪnt] *n* huella *f* dactilar *OR* digital; **to take sb's ~s** tomar las huellas dactilares *OR* digitales a alguien.

fingertip ['fɪŋgətɪp] *n* punta *f* del dedo; **at one's ~s** al alcance de la mano; **to have a subject at one's ~s** saber un tema al dedillo.

finicky ['fɪnɪkɪ] *adj pej* [person] melindroso(sa); [task] minucioso(sa), delicado(da).

finish ['fɪnɪʃ] ◇ *n* **-1.** [end] final *m*; [in race] meta *f* **-2.** [surface texture] acabado *m*. ◇ *vt*: **to ~ sthg/doing sthg** acabar algo/de hacer algo, terminar algo/de hacer algo. ◇ *vi* terminar; **to ~ second** terminar en segundo lugar.

◆ **finish off** *vt sep* [food, task] acabar *OR* terminar del todo.

◆ **finish up** *vi* acabar, terminar.

◆ **finish with** *vt fus* [boyfriend etc] romper con.

finished ['fɪnɪʃt] *adj* **-1.** [ready, over] acabado (da), terminado(da) **-2.** [no longer interested]: **to be ~ with sthg** no querer tener nada que ver con algo **-3.** *inf* [done for] acabado(da).

finishing line ['fɪnɪʃɪŋ-] *n* línea *f* de meta.

finishing school ['fɪnɪʃɪŋ-] *n colegio privado donde se prepara a las alumnas de clase alta para entrar en sociedad.*

finite ['faɪnaɪt] *adj* **-1.** [limited] finito(ta) **-2.** GRAMM conjugado(da).

Finland ['fɪnlənd] *n* Finlandia *f*.

Finn [fɪn] *n* [person] finlandés *m*, -esa *f*.

Finnish ['fɪnɪʃ] ◇ *adj* finlandés(esa). ◇ *n* [language] finlandés *m*.

fiord [fjɔːd] = **fjord**.

fir [fɜːʳ] *n* abeto *m*.

fire ['faɪəʳ] ◇ *n* **-1.** [gen] fuego *m*; **on ~** en llamas; **to catch ~** prender; **to open ~ (on sb)** abrir fuego (contra alguien); **to set ~ to** prender fuego a **-2.** [blaze] incendio *m* **-3.** *UK* [heater]: **(electric/gas) ~** estufa *f* (eléctrica/de gas). ◇ *vt* **-1.** [shoot] disparar; **to ~ a shot** disparar **-2.** [rap out]: **to ~ questions at sb** acribillar a preguntas a alguien **-3.** *esp US* [dismiss] despedir. ◇ *vi*: **to ~ (on** *OR* **at)** disparar (contra).

fire alarm *n* alarma *f* antiincendios.

firearm ['faɪərɑːm] *n* arma *f* de fuego.

fireball ['faɪəbɔːl] *n* bola *f* de fuego.

firebomb ['faɪəbɒm] ◇ *n* bomba *f* incendiaria. ◇ *vt* lanzar bombas incendiarias a.

firebreak ['faɪəbreɪk] *n* cortafuego *m*.

fire brigade *UK*, **fire department** *US n* cuerpo *m* de bomberos.

fire chief *US* = **fire master**.

firecracker ['faɪə,krækəʳ] *n* petardo *m*.

fire department *US* = **fire brigade**.

fire door *n* puerta *f* cortafuegos.

fire drill *n* simulacro *m* de incendio.
fire-eater *n* [performer] tragafuegos *m* OR *f inv.*
fire engine *n* coche *m* de bomberos.
fire escape *n* escalera *f* de incendios.
fire exit *n* salida *f* de incendios.
fire extinguisher *n* extintor *m* (de incendios).
fire fighter *n* bombero *m*, -ra *f*.
fireguard ['faɪəgɑːd] *n* pantalla *f* (de chimenea).
fire hazard *n* objeto *m* que supone peligro de incendio.
fire hydrant [-'haɪdrənt], **fireplug** ['faɪəplʌg] *n* boca *f* de incendio.
firelight ['faɪəlaɪt] *n* luz *f* del fuego.
firelighter ['faɪəlaɪtəʳ] *n* pastilla *f* para encender el fuego.
fireman ['faɪəmən] (*pl* **-men** [-mən]) *n* bombero *m*.
fire master *UK*, **fire chief** *US* *n* jefe *m*, -fa *f* del cuerpo de bomberos.
fireplace ['faɪəpleɪs] *n* chimenea *f*.
fireplug *US* = **fire hydrant**.
firepower ['faɪəˌpaʊəʳ] *n* potencia *f* de fuego.
fireproof ['faɪəpruːf] *adj* incombustible, ininflamable.
fire-raiser [-ˌreɪzəʳ] *n UK* pirómano *m*, -na *f*, incendiario *m*, -ria *f*.
fire regulations *npl* normativa *f* sobre incendios.
fire service *n UK* cuerpo *m* de bomberos.
fireside ['faɪəsaɪd] *n*: **by the ~** al calor de la chimenea.
fire station *n* parque *m* de bomberos.
firewood ['faɪəwʊd] *n* leña *f*.
firework ['faɪəwɜːk] *n* fuego *m* de artificio.
◆ **fireworks** *npl* fuegos *mpl* artificiales.
firework display *n* espectáculo *m* pirotécnico.
firing ['faɪərɪŋ] *n (U)* MIL disparos *mpl*.
firing squad *n* pelotón *m* de ejecución OR fusilamiento.
firm [fɜːm] ◇ *adj* **-1.** [gen] firme; **to stand ~** mantenerse firme **-2.** FIN [steady] estable. ◇ *n* empresa *f*.
◆ **firm up** ◇ *vt sep* [arrangements] concretar. ◇ *vi* [prices] afianzarse.
firmly ['fɜːmlɪ] *adv* firmemente.
firmness ['fɜːmnɪs] *n* firmeza *f*.
firmware ['fɜːmweəʳ] *n* COMPUT firmware *m*.
first [fɜːst] ◇ *adj* primero(ra); **the ~ day** el primer día; **for the ~ time** por primera vez; **~ thing (in the morning)** a primera hora (de la mañana); **~ things ~** lo primero es lo primero; **I don't know the ~ thing about it** no tengo ni la más remota idea del asunto. ◇ *adv* **-1.** [gen] primero; **to come ~** quedar primero; **~ of all** en primer lugar **-2.** [for the first time] por primera vez. ◇ *n* **-1.** [person] primero *m*, -ra *f* **-2.** [unprecedented event] acontecimiento *m* sin precedentes **-3.** *UK* UNIV ≃ sobresaliente *m*.
◆ **at first** *adv* al principio.
◆ **at first hand** *adv* de primera mano.
first aid *n (U)* [treatment] primeros auxilios *mpl*; [technique] socorrismo *m*.
first-aider [-'eɪdəʳ] *n* socorrista *m* OR *f*.
first-aid kit *n* botiquín *m* de primeros auxilios.
first-class ◇ *adj* **-1.** [excellent] de primera, clase *Amér* **-2.** *UK* UNIV: **~ degree** ≃ sobresaliente *m* **-3.** [letter, ticket] de primera clase. ◇ *adv* [travel] en primera clase.
first-class mail *n servicio de correo más caro y rápido que el de segunda clase.*
first cousin *n* primo *m*, -ma *f* carnal.
first day cover *n sobre timbrado en el primer día de emisión de sus sellos.*
first-degree *adj* **-1.** MED: **~ burn** quemadura *f* de primer grado **-2.** *US* JUR: **~ murder** homicidio *m* en primer grado.
first floor *n* **-1.** *UK* [above ground level] primer piso *m* **-2.** *US* [at ground level] planta *f* baja.
firsthand [ˌfɜːst'hænd] ◇ *adj* de primera mano. ◇ *adv* directamente.
first lady *n* primera dama *f*.
first language *n* lengua *f* materna.
first lieutenant *n* ≃ teniente *m* OR *f*.
firstly ['fɜːstlɪ] *adv* en primer lugar.
first mate *n* segundo *m* de a bordo.
first name *n* nombre *m* de pila.
◆ **first-name** *adj*: **to be on first-name terms (with)** ≃ tutearse (con).
first night *n* noche *f* del estreno.
first offender *n* delincuente *m* OR *f* sin antecedentes penales.
first officer = **first mate**.
first-past-the-post system *n UK* sistema *m* de mayoría simple.
first-rate *adj* de primera.
first refusal *n* primera opción *f* de compra.
First World War *n*: **the ~** la Primera Guerra Mundial.
firtree ['fɜːtriː] = **fir**.
fiscal ['fɪskl] *adj* fiscal.
fiscal year *n US* año *m* fiscal.
fish [fɪʃ] (*pl inv*) ◇ *n* **-1.** [animal] pez *m* **-2.** *(U)* [food] pescado *m*. ◇ *vt* pescar en. ◇ *vi* **-1.** [for fish]: **to ~ (for sthg)** pescar (algo) **-2.** [for compliments etc]: **to ~ for sthg** buscar algo.

◆ **fish out** *vt sep inf* [bring out] sacar.

fish and chips *npl* pescado *m* frito con patatas fritas.

fish and chip shop *n UK* tienda *f* de pescado frito con patatas fritas.

fishbowl ['fɪʃbəʊl] *n* pecera *f*.

fishcake ['fɪʃkeɪk] *n* pastelillo *m* de pescado.

fisherman ['fɪʃəmən] (*pl* **-men** [-mən]) *n* pescador *m*.

fishery ['fɪʃərɪ] (*pl* **-ies**) *n* caladero *m*.

fish-eye lens *n* objetivo *m* de ojo de pez.

fish factory *n* fábrica *f* de pescado.

fish farm *n* piscifactoría *f*.

fish fingers *UK*, **fish sticks** *US npl* palitos *mpl* de pescado.

fishhook ['fɪʃˌhʊk] *n* anzuelo *m*.

fishing ['fɪʃɪŋ] *n* pesca *f*; **to go ~** ir de pesca.

fishing boat *n* barco *m* pesquero.

fishing line *n* sedal *m*.

fishing net *n* red *f* de pesca.

fishing rod *n* caña *f* de pescar.

fishmonger ['fɪʃˌmʌŋgəʳ] *n esp UK* pescadero *m*, -ra *f*; **~'s (shop)** pescadería *f*.

fishnet ['fɪʃnet] *n*: **~ tights** medias *fpl* de malla.

fish slice *n UK* paleta *f*, espátula *f*.

fish sticks *US* = **fish fingers**.

fishwife ['fɪʃwaɪf] (*pl* **-wives** [-waɪvz]) *n pej* verdulera *f*.

fishy ['fɪʃɪ] (*compar* **-ier**, *superl* **-iest**) *adj* **-1.** [smell, taste] a pescado **-2.** *inf* [suspicious] sospechoso(sa).

fission ['fɪʃn] *n* fisión *f*.

fissure ['fɪʃəʳ] *n* fisura *f*.

fist [fɪst] *n* puño *m*.

fit [fɪt] (*pt* & *pp* **-ted**, *cont* **-ting**) ◇ *adj* **-1.** [suitable]: **~ (for sthg/to do sthg)** apto(ta) (para algo/para hacer algo); **to see** *OR* **think ~ to do sthg** creer conveniente hacer algo; **do as you think ~** haz lo que te parezca conveniente **-2.** [healthy] en forma; **to keep ~** mantenerse en forma. ◇ *n* **-1.** [of clothes, shoes etc]: **it's a good ~** le/te *etc* sienta *OR* va bien; **it's a tight fit** le/te *etc* va justo **-2.** [bout, seizure] ataque *m*; **he had a ~** *lit* & *fig* le dio un ataque; **in ~s and starts** a trompicones. ◇ *vt* **-1.** [be correct size for] sentar bien a, ir bien a **-2.** [place]: **to ~ sthg into** encajar algo en **-3.** [provide]: **to ~ sthg with** equipar algo con; **to have an alarm fitted** poner una alarma **-4.** [be suitable for] adecuarse a, corresponder a **-5.** [for clothes]: **she was fitted for her dress** le tomaron las medidas para el vestido. ◇ *vi* **-1.** [clothes, shoes] estar bien de talla **-2.** [part - when assembling etc]: **this bit ~s in here** esta pieza encaja aquí **-3.** [have enough room] caber.

◆ **fit in** ◇ *vt sep* [accommodate] hacer un hueco a. ◇ *vi* **-1.** [subj: person]: **to ~ in (with)** adaptarse (a) **-2.** [be compatible]: **it doesn't ~ in with our plans** no encaja con nuestros planes.

fitful ['fɪtfʊl] *adj* irregular, intermitente.

fitment ['fɪtmənt] *n* accesorio *m*.

fitness ['fɪtnɪs] (*U*) *n* **-1.** [health] buen estado *m* físico **-2.** [suitability]: **~ (for)** idoneidad *f* (para).

fitted ['fɪtəd] *adj* **-1.** [suited]: **~ (for** *OR* **to)** idóneo(a) (para); **to be ~ to do sthg** ser idóneo para hacer algo **-2.** [tailored] a medida **-3.** *UK* [built-in] empotrado(da).

fitted carpet ['fɪtəd-] *n* moqueta *f*.

fitted kitchen ['fɪtəd-] *n UK* cocina *f* amueblada a medida.

fitter ['fɪtəʳ] *n* [mechanic] (mecánico *m*) ajustador *m*.

fitting ['fɪtɪŋ] ◇ *adj fml* adecuado(da). ◇ *n* **-1.** [part] accesorio *m* **-2.** [for clothing] prueba *f*.

◆ **fittings** *npl* accesorios *mpl*.

fitting room *n* probador *m*.

five [faɪv] *num* cinco; *see also* **six**.

five-day week *n* semana *f* inglesa.

fiver ['faɪvəʳ] *n UK inf* (billete de) cinco libras.

five-star *adj* [hotel] de cinco estrellas; [treatment] de primera.

fix [fɪks] ◇ *vt* **-1.** [attach, decide on] fijar; **to ~ sthg (to)** fijar algo (a) **-2.** [repair] arreglar, refaccionar *Amér* **-3.** *inf* [rig] amañar **-4.** *esp US* [prepare - food, drink] preparar. ◇ *n* **-1.** *inf* [difficult situation]: **to be in a ~** estar en un aprieto **-2.** *drugs sl* dosis *f inv*.

◆ **fix up** *vt sep* **-1.** [provide]: **to ~ sb up with** proveer a alguien de **-2.** [arrange] organizar, preparar.

fixation [fɪk'seɪʃn] *n*: **~ (on** *OR* **about)** fijación *f* (con).

fixed [fɪkst] *adj* fijo(ja).

fixed assets *npl* activo *m* inmovilizado.

fixed-rate mortgage *n* hipoteca *f* a interés fijo.

fixed-term contract *n* contrato *m* temporal.

fixture ['fɪkstʃəʳ] *n* **-1.** [furniture] instalación *f* fija **-2.** [permanent feature] rasgo *m* característico **-3.** [sports event] encuentro *m*.

fizz [fɪz] ◇ *vi* burbujear. ◇ *n* [sound] burbujeo *m*.

fizzle ['fɪzl] ◆ **fizzle out** *vi* [firework, fire] apagarse; [enthusiasm] disiparse.

fizzy ['fɪzɪ] (*compar* **-ier**, *superl* **-iest**) *adj* [gen] gaseoso(sa); [water, soft drink] con gas.

fjord [fjɔ:d] *n* fiordo *m.*

FL *abbr of* **Florida.**

flab [flæb] *n (U)* grasa *f,* michelines *mpl.*

flabbergasted ['flæbəgɑ:stɪd] *adj* pasmado(da).

flabby ['flæbɪ] (*compar* **-ier**, *superl* **-iest**) *adj* fofo(fa).

flaccid ['flæsɪd] *adj* fláccido(da).

flag [flæg] (*pt* & *pp* **-ged**, *cont* **-ging**) ◇ *n* [banner] bandera *f.* ◇ *vi* decaer.

◆ **flag down** *vt sep* [taxi] parar; **to ~ sb down** hacer señales a alguien para que se detenga.

Flag Day *n* [in the US] *14 de junio, día de la bandera en Estados Unidos.*

flag of convenience *n* pabellón *m* de conveniencia.

flagon ['flægən] *n* **-1.** [bottle] botellón *m* **-2.** [jug] jarro *m.*

flagpole ['flægpəʊl] *n* asta *f* (de bandera).

flagrant ['fleɪgrənt] *adj* flagrante.

flagship ['flægʃɪp] *n* **-1.** [ship] buque *m* insignia **-2.** [model] modelo *m* bandera.

flagstone ['flægstəʊn] *n* losa *f.*

flail [fleɪl] ◇ *vt* sacudir, agitar con violencia. ◇ *vi* agitarse con violencia.

flair [fleəʳ] *n* **-1.** [ability] don *m*; **to have a ~ for sthg** tener un don para algo **-2.** [style] estilo *m.*

flak [flæk] *n (U)* **-1.** [gunfire] fuego *m* antiaéreo **-2.** *inf* [criticism] críticas *fpl.*

flake [fleɪk] ◇ *n* [of skin] escama *f*; [of snow] copo *m*; [of paint] desconchón *m.* ◇ *vi* [skin] descamarse; [paint, plaster] desconcharse.

◆ **flake out** *vi inf* caer rendido(da).

flaky ['fleɪkɪ] (*compar* **-ier**, *superl* **-iest**) *adj* **-1.** [skin] con escamas; [paintwork] desconchado(da) **-2.** *US inf* [person] raro(ra).

flaky pastry *n* hojaldre *m.*

flambé ['flɑ:mbeɪ] (*pt* & *pp* **-ed**, *cont* **-ing**) ◇ *adj* flameado(da). ◇ *vt* flamear.

flamboyant [flæm'bɔɪənt] *adj* **-1.** [person, behaviour] extravagante **-2.** [clothes, design] vistoso(sa), llamativo(va).

flame [fleɪm] ◇ *n* llama *f*; **in ~s** en llamas; **to burst into ~s** estallar en llamas; **an old ~** un antiguo amor. ◇ *vt* COMPUT lanzar llamaradas a. ◇ *vi* [be on fire] llamear.

flameproof ['fleɪmpru:f] *adj* ignífugo(ga).

flame-retardant [-rɪ'tɑ:dənt] *adj* resistente al fuego.

flame-thrower [-'θrəʊəʳ] *n* lanzallamas *m inv.*

flaming ['fleɪmɪŋ] *adj* **-1.** [fire-coloured] llameante **-2.** *UK* [row, argument] acalorado(da) **-3.** *UK inf* [expressing annoyance] maldito(ta).

flamingo [flə'mɪŋgəʊ] (*pl* **-s** OR **-es**) *n* flamenco *m.*

flammable ['flæməbl] *adj* inflamable.

flan [flæn] *n* tarta *f (de fruta etc).*

Flanders ['flɑ:ndəz] *n* Flandes.

flange [flændʒ] *n* pestaña *f,* reborde *m.*

flank [flæŋk] ◇ *n* **-1.** [of animal] costado *m,* ijada *f* **-2.** [of army] flanco *m.* ◇ *vt*: **to be ~ed by** estar flanqueado(da) por.

flannel ['flænl] *n* **-1.** [fabric] franela *f* **-2.** *UK* [facecloth] toallita *f* (de baño para lavarse).

◆ **flannels** *npl* pantalones *mpl* de franela.

flannelette [flænə'let] *n* muletón *m.*

flap [flæp] (*pt* & *pp* **-ped**, *cont* **-ping**) ◇ *n* **-1.** [of pocket, book, envelope] solapa *f*; [of skin] colgajo *m* **-2.** *inf* [panic]: **to be in a ~** estar histérico(ca). ◇ *vt* agitar; [wings] batir. ◇ *vi* [flag, skirt] ondear; [wings] aletear.

flapjack ['flæpdʒæk] *n* **-1.** *UK* [biscuit] galleta *f* de avena **-2.** *US* [pancake] torta *f,* crepe *f.*

flare [fleəʳ] ◇ *n* [signal] bengala *f.* ◇ *vi* **-1.** [burn brightly]: **to ~ (up)** llamear **-2.** [intensify]: **to ~ (up)** estallar **-3.** [widen] acampanarse.

◆ **flares** *npl UK* pantalones *mpl* de campana.

flared [fleəd] *adj* acampanado(da).

flash [flæʃ] ◇ *adj* **-1.** [photography] con flash **-2.** *inf* [expensive-looking] chulo(la); *pej* ostentoso(sa). ◇ *n* **-1.** [of light] destello *m*; **a ~ of lightning** un relámpago, un refucilo *RP* **-2.** PHOT flash *m* **-3.** [of genius, inspiration etc] momento *m*; [of anger] acceso *m*; **in a ~** en un instante; **quick as a ~** como un relámpago. ◇ *vt* **-1.** [shine in specified direction] dirigir; [switch on briefly] encender intermitentemente **-2.** [a smile, look] lanzar **-3.** [show - picture, image] mostrar; [- information, news] emitir. ◇ *vi* **-1.** [light] destellar **-2.** [eyes] brillar **-3.** [rush]: **to ~ by** OR **past** pasar como un rayo **-4.** [appear] aparecer; **it ~ed across his mind that ...** de pronto se le ocurrió que ...

flashback ['flæʃbæk] *n* escena *f* retrospectiva, flashback *m.*

flashbulb ['flæʃbʌlb] *n* flash *m.*

flash card *n tarjeta en la que aparece una palabra o dibujo y que se emplea como material didáctico.*

flashcube ['flæʃkju:b] *n* flash *m* (en forma) de cubo.

flasher ['flæʃəʳ] *n* **-1.** [light] indicador *m* **-2.** *UK inf* [man] exhibicionista *m.*

flash flood *n* riada *f.*

flashgun ['flæʃgʌn] *n* disparador *m* de flash.

flashlight ['flæʃlaɪt] *n US* [torch] linterna *f.*

flash point *n* **-1.** [moment] punto *m* álgido **-2.**

[place] punto *m* conflictivo.

flashy ['flæʃɪl] (*compar* **-ier**, *superl* **-iest**) *adj inf* chulo(la); *pej* ostentoso(sa).

flask [flɑːsk] *n* **-1.** [thermos flask] termo *m* **-2.** [used in chemistry] matraz *m* **-3.** [hip flask] petaca *f*.

flat [flæt] (*compar* **-ter**, *superl* **-test**) ◇ *adj* **-1.** [surface, ground] llano(na); [feet] plano **-2.** [shoes] bajo(ja), de piso *Méx* **-3.** [tyre] desinflado(da), ponchado(da) *Méx* **-4.** [refusal, denial] rotundo(da) **-5.** [business, trade] flojo(ja); [voice, tone] monótono(na); [colour] soso(sa); [performance, writing] desangelado(da) **-6.** MUS [lower than correct note] desafinado(da); [lower than stated note] bemol *(inv)* **-7.** [fare, price] único(ca) **-8.** [beer, lemonade] muerto(ta), sin fuerza **-9.** [battery] descargado(da). ◇ *adv* **-1.** [level]: **to lie ~** estar totalmente extendido; **to fall ~ on one's face** [person] caerse de bruces **-2.** [absolutely]: **~ broke** sin un duro, quebrado, sin un centavo *Amér* **-3.** [of time]: **in five minutes ~** en cinco minutos justos **-4.** MUS: **to sing/play ~** desafinar. ◇ *n* **-1.** *UK* [apartment] piso *m*, apartamento *m*, departamento *m Amér* **-2.** *US* [tyre] pinchazo *m* **-3.** MUS bemol *m*.

◆ **flat out** *adv* a toda velocidad.

flatbed scanner ['flætbed] *n* escáner *m* plano.

flat cap *n UK* gorra *f* de tela.

flat-chested [-'tʃestɪd] *adj* de poco pecho, liso(sa).

flatfish ['flætfɪʃ] (*pl inv*) *n* pez *m* plano *(lenguado etc)*.

flat-footed [-'fʊtɪd] *adj* [with flat feet] de pies planos.

flatly ['flætlɪ] *adv* **-1.** [refuse, deny] de plano, rotundamente **-2.** [speak, perform] monótonamente.

flatmate ['flætmeɪt] *n UK* compañero *m*, -ra *f* de piso.

flat racing *n (U)* carreras *fpl* de caballos sin obstáculos.

flat rate *n* tarifa *f* plana.

flatscreen television, flatscreen TV ['flæt,skriːn] *n* televisor *m* de pantalla plana.

flatten ['flætn] *vt* **-1.** [surface, paper, bumps] allanar, aplanar; [paper] alisar; **to ~ o.s. against sthg** pegarse a algo **-2.** [building, city] arrasar **-3.** *inf* [person, boxer] tumbar.

◆ **flatten out** ◇ *vi* allanarse, nivelarse. ◇ *vt sep* allanar.

flatter ['flætəʳ] *vt* **-1.** [subj: person, report] adular, halagar; **to ~ o.s. (that)** congratularse de que, felicitarse de que **-2.** [subj: clothes, colour, photograph] favorecer.

flatterer ['flætərəʳ] *n* adulador *m*, -ra *f*.

flattering ['flætərɪŋ] *adj* **-1.** [remark, interest] halagador(ra) **-2.** [clothes, colour, photograph] favorecedor(ra).

flattery ['flætərɪ] *n (U)* halagos *mpl*, adulación *f*.

flatulence ['flætjʊləns] *n* flatulencia *f*.

flatware ['flætweəʳ] *n (U) US* cubiertos *mpl*.

flaunt [flɔːnt] *vt* ostentar, hacer gala de.

flautist *UK* ['flaʊtɪst], **flutist** *US* ['fluːtɪst] *n* flautista *m* OR *f*.

flavour *UK*, **flavor** *US* ['fleɪvəʳ] ◇ *n* **-1.** [taste] sabor *m* **-2.** *fig* [atmosphere] aire *m*, sabor *m*. ◇ *vt* condimentar.

flavouring *UK*, **flavoring** *US* ['fleɪvərɪŋ] *n (U)* condimento *m*; **artificial ~** aromatizante *m* artificial.

flaw [flɔː] *n* [fault] desperfecto *m*, imperfección *f*.

flawed [flɔːd] *adj* imperfecto(ta), defectuoso(sa).

flawless ['flɔːlɪs] *adj* impecable.

flax [flæks] *n* lino *m*.

flay [fleɪ] *vt lit & fig* desollar.

flea [fliː] *n* pulga *f*; **to send sb away with a ~ in his/her ear** echar una regañina a alguien.

flea market *n* rastro *m*.

fleck [flek] ◇ *n* mota *f*. ◇ *vt*: **~ed with** salpicado(da) de.

fled [fled] *pt & pp* ▷ **flee**.

fledg(e)ling ['fledʒlɪŋ] ◇ *adj* [person] novato(ta); [state] joven. ◇ *n* polluelo *m*.

flee [fliː] (*pt & pp* **fled**) ◇ *vt* huir de. ◇ *vi*: **to ~ (from/to)** huir (de/a).

fleece [fliːs] ◇ *n* **-1.** vellón *m* **-2.** [garment] forro *m* polar. ◇ *vt inf* [cheat] desplumar.

fleet [fliːt] *n* **-1.** [of ships] flota *f* **-2.** [of cars, buses] parque *m* (móvil).

fleeting ['fliːtɪŋ] *adj* fugaz.

Fleet Street *n calle londinense que antiguamente fue el centro de la prensa inglesa y cuyo nombre todavía se utiliza para referirse a ésta.*

FLEET STREET

Esta calle, que se encuentra en la City londinense, fue antiguamente el centro de la prensa inglesa. Aunque hoy día muchos periódicos se han trasladado a otros barrios, especialmente a los *docklands*, se sigue utilizando el nombre de esta calle para referirse a la prensa en general.

Fleming ['flemɪŋ] *n* flamenco *m*, -ca *f*.

Flemish ['flemɪʃ] ◇ *adj* flamenco(ca). ◇ *n* [language] flamenco *m*. ◇ *npl*: **the ~** los flamencos.

flesh [fleʃ] *n* **-1.** [of body] carne *f*; **to be one's**

(own) ~ and blood [family] ser de la misma (carne y) sangre que uno; **in the ~** en persona **-2.** [of fruit, vegetable] pulpa *f.*
◆ **flesh out** *vt sep* desarrollar.
flesh wound *n* herida *f* superficial.
fleshy ['fleʃɪ] (*compar* **-ier**, *superl* **-iest**) *adj* [fat] gordo(da).
flew [flu:] *pt* ▷ **fly**.
flex [fleks] ◇ *n* ELEC cable *m*, cordón *m*. ◇ *vt* flexionar.
flexibility [ˌfleksə'bɪlətɪ] *n* flexibilidad *f.*
flexible ['fleksəbl] *adj* flexible.
flexitime ['fleksɪtaɪm] *n (U)* horario *m* flexible.
flick [flɪk] ◇ *n* **-1.** [of whip, towel] golpe *m* rápido **-2.** [with finger] toba *f.* ◇ *vt* **-1.** [whip, towel] dar un golpe rápido con **-2.** [with finger] dar una toba a **-3.** [switch] apretar, pulsar.
◆ **flicks** *npl inf*: **the ~s** el cine.
◆ **flick through** *vt fus* hojear.
flicker ['flɪkə^r] ◇ *n* parpadeo *m*; *fig*: **a ~ of hope** un rayo de esperanza; **a ~ of interest** un atisbo de interés. ◇ *vi* [eyes, flame] parpadear.
flick knife *n UK* navaja *f* automática.
flier ['flaɪə^r] *n* **-1.** [pilot] aviador *m*, -ra *f* **-2.** *esp US* [advertising leaflet] folleto *m* publicitario.
flight [flaɪt] *n* **-1.** [gen] vuelo *m*; **~ of fancy** OR **of the imagination** vuelo de la imaginación **-2.** [of steps, stairs] tramo *m* **-3.** [of birds] bandada *f* **-4.** [escape] huida *f*, fuga *f.*
flight attendant *n* auxiliar *m* OR *f* de vuelo.
flight crew *n* tripulación *f* de vuelo.
flight deck *n* **-1.** [of plane] cabina *f* del piloto **-2.** [of aircraft carrier] cubierta *f* de vuelo.
flight path *n* ruta *f* de vuelo.
flight recorder *n* caja *f* negra.
flighty ['flaɪtɪ] (*compar* **-ier**, *superl* **-iest**) *adj* frívolo(la), veleidoso(sa).
flimsy ['flɪmzɪ] (*compar* **-ier**, *superl* **-iest**) *adj* **-1.** [dress, material] muy ligero(ra) **-2.** [structure] débil, poco sólido(da) **-3.** [excuse] flojo(ja).
flinch [flɪntʃ] *vi* **-1.** [shudder] estremecerse; **without ~ing** sin pestañear **-2.** [be reluctant]: **to ~ (from sthg/from doing sthg)** retroceder (ante algo/ante hacer algo); **without ~ing** sin inmutarse.
fling [flɪŋ] (*pt* & *pp* **flung**) ◇ *n* **-1.** [affair] aventura *f* amorosa **-2.** [irresponsible adventure]: **to have a ~** echar una cana al aire. ◇ *vt* arrojar; **he flung himself to the ground** se arrojó al suelo.
flint [flɪnt] *n* **-1.** [rock] sílex *m* **-2.** [in lighter] piedra *f.*
flip [flɪp] (*pt* & *pp* **-ped**, *cont* **-ping**) ◇ *vt* **-1.** [turn] dar la vuelta a; **to ~ sthg open** abrir algo de golpe **-2.** [switch] pulsar **-3.** [coin] lanzar al aire. ◇ *vi inf* **-1.** [become angry] ponerse hecho(cha) una furia **-2.** [go mad] volverse majara. ◇ *n* [of coin] lanzamiento *m* al aire.
◆ **flip through** *vt fus* hojear.
flip chart *n* pizarra *f* de conferencia.
flip-flop *n* [shoe] chancleta *f.*
flippant ['flɪpənt] *adj* frívolo(la).
flippantly ['flɪpəntlɪ] *adv* frívolamente.
flipper ['flɪpə^r] *n* aleta *f.*
flipping ['flɪpɪŋ] *UK inf* ◇ *adj* condenado (da), maldito(ta). ◇ *adv* condenadamente.
flip side *n* [of record] cara *f* B; [of situation] otra cara *f* de la moneda.
flirt [flɜ:t] ◇ *n* coqueto *m*, -ta *f.* ◇ *vi* **-1.** [with person]: **to ~ (with)** flirtear OR coquetear (con) **-2.** [with idea]: **to ~ with** acariciar, contemplar.
flirtation [flɜ:'teɪʃn] *n* **-1.** [flirting] flirteo *m*, coqueteo *m* **-2.** [love affair] amorío *m*, aventura *f* **-3.** [brief interest]: **I had a brief ~ with the idea of going abroad** me pasó por la cabeza la idea de ir al extranjero.
flirtatious [flɜ:'teɪʃəs] *adj* coqueto(ta).
flit [flɪt] (*pt* & *pp* **-ted**, *cont* **-ting**) *vi* **-1.** [bird] revolotear **-2.** [expression, idea]: **to ~ through** pasar rápidamente por, cruzar.
float [fləʊt] ◇ *n* **-1.** [for fishing line] corcho *m* **-2.** [for swimming] flotador *m* **-3.** [in procession] carroza *f* **-4.** [supply of change] cambio *m.* ◇ *vt* **-1.** [on water] hacer flotar **-2.** [idea, project] plantear, lanzar **-3.** [company] lanzar a bolsa. ◇ *vi* flotar.
floating ['fləʊtɪŋ] *adj* flotante.
floating voter *n UK* votante indeciso *m*, votante indecisa *f.*
flock [flɒk] ◇ *n* **-1.** [of sheep] rebaño *m*; [of birds] bandada *f* **-2.** *fig* [of people] multitud *f*, tropel *m* **-3.** RELIG grey *f.* ◇ *vi*: **to ~ to** acudir en masa OR tropel a.
floe [fləʊ] *n* témpano *m.*
flog [flɒg] (*pt* & *pp* **-ged**, *cont* **-ging**) *vt* **-1.** [whip] azotar **-2.** *UK inf* [sell] vender.
flood [flʌd] ◇ *n* **-1.** [of water] inundación *f* **-2.** [of letters, people] aluvión *m*, riada *f.* ◇ *vt lit* & *fig*: **to ~ sthg (with)** inundar algo (de). ◇ *vi* **-1.** [river] desbordarse **-2.** [street, land] inundarse, anegarse **-3.** [arrive in masses]: **to ~ in** [letters etc] llegar a montones; [people] entrar a raudales; **the memories came flooding back** los recuerdos le embargaron de pronto.
◆ **floods** *npl fig*: **to be in ~s of tears** llorar a mares.
floodgates ['flʌdgeɪts] *npl*: **to open the ~** to abrir paso a.

flooding ['flʌdɪŋ] *n (U)* inundación *f.*
floodlight ['flʌdlaɪt] *n* foco *m.*
floodlit ['flʌdlɪt] *adj* iluminado(da) con focos.
flood tide *n* pleamar *f*, marea *f* alta.
floor [flɔːʳ] ◇ *n* **-1.** [of room, forest] suelo *m*; [of club, disco] pista *f* **-2.** [of sea, valley] fondo *m* **-3.** [of building] piso *m*, planta *f* **-4.** [at meeting, debate]: **to give/have the ~** dar/tener la palabra **-5.** [of stock exchange] patio *m*, parqué *m.* ◇ *vt* **-1.** [knock down] derribar **-2.** [baffle] desconcertar, dejar perplejo (ja).
floorboard ['flɔːbɔːd] *n* tabla *f* (del suelo).
floor cloth *n UK* trapo *m* del suelo.
flooring ['flɔːrɪŋ] *n* solería *f*, suelo *m.*
floor lamp *n US* lámpara *f* de pie.
floor show *n* espectáculo *m* de cabaret.
floorwalker ['flɔːˌwɔːkəʳ] *n esp US* jefe *m*, -fa *f* de sección *(en tiendas).*
floozy ['fluːzɪ] (*pl* **-ies**) *n* **dated & pej** pelandusca *f.*
flop [flɒp] (*pt & pp* **-ped**, *cont* **-ping**) *inf* ◇ *n* [failure] fracaso *m.* ◇ *vi* **-1.** [fail] fracasar **-2.** [fall] desplomarse.
floppy ['flɒpɪ] (*compar* **-ier**, *superl* **-iest**) *adj* caído(da), flojo(ja).
floppy (disk) *n* disquete *m.*
flora ['flɔːrə] *n* flora *f*; **~ and fauna** flora y fauna.
floral ['flɔːrəl] *adj* **-1.** [made of flowers] floral **-2.** [patterned with flowers] de flores.
Florence ['flɒrəns] *n* Florencia.
floret ['flɒrɪt] *n* [of broccoli] cogollo *m.*
florid ['flɒrɪd] *adj* **-1.** [extravagant] florido(da) **-2.** [red] rojizo(za).
Florida ['flɒrɪdə] *n* Florida.
florist ['flɒrɪst] *n* florista *m* OR *f*; **~'s (shop)** floristería *f.*
floss [flɒs] ◇ *n (U)* [dental floss] hilo *m* dental. ◇ *vt*: **to ~ one's teeth** limpiarse los dientes con hilo dental.
flotation [fləʊ'teɪʃn] *n* COMM [of shares] emisión *f*; [of company] salida *f* a bolsa.
flotation tank *n* cámara *f* de balneoterapia.
flotilla [flə'tɪlə] *n* flotilla *f.*
flotsam ['flɒtsəm] *n (U)*: **~ and jetsam** restos *mpl* de un naufragio; *fig* desechos *mpl* de la humanidad.
flounce [flaʊns] ◇ *n* **-1.** [movement] desplante *m*, bufido *m* **-2.** SEWING volante *m.* ◇ *vi* moverse con aire de indignación; **to ~ out** salir airadamente.
flounder ['flaʊndəʳ] (*pl inv* OR **-s**) ◇ *n* platija *f.* ◇ *vi* **-1.** [move with difficulty] debatirse, forcejear **-2.** [when speaking] titubear.
flour ['flaʊəʳ] *n* harina *f.*
flourish ['flʌrɪʃ] ◇ *vi* florecer. ◇ *vt* agitar. ◇ *n*: **to do sthg with a ~** hacer algo con una floritura.
flourishing ['flʌrɪʃɪŋ] *adj* floreciente.
flout [flaʊt] *vt* desobedecer.
flow [fləʊ] ◇ *n* flujo *m*; **traffic ~** circulación *f.* ◇ *vi* **-1.** [gen] fluir, correr **-2.** [tide] subir, crecer **-3.** [hair, clothes] ondear **-4.** [result]: **to ~ from** emanar de.
flow chart, flow diagram *n* organigrama *m*, cuadro *m* sinóptico.
flower ['flaʊəʳ] ◇ *n* **lit & fig** flor *f.* ◇ *comp* de flores. ◇ *vi* **lit & fig** florecer.
flowerbed ['flaʊəbed] *n* arriate *m*, parterre *m*, cantero *m* **Cuba, RP.**
flowering ['flaʊərɪŋ] ◇ *adj* floreciente. ◇ *n* florecimiento *m.*
flowerpot ['flaʊəpɒt] *n* maceta *f*, tiesto *m.*
flowery ['flaʊərɪ] (*compar* **-ier**, *superl* **-iest**) *adj* **-1.** [patterned] de flores, floreado(da) **-2.** *pej* [elaborate] florido(da).
flowing ['fləʊɪŋ] *adj* [movement, writing, style] fluido(da); [water] corriente; [hair, clothes] suelto(ta).
flown [fləʊn] *pp* ▷ **fly.**
fl. oz. *abbr of* **fluid ounce.**
flu [fluː] *n* gripe *f*, gripa *f* **Amér**; **to have ~** tener la gripe.
fluctuate ['flʌktʃʊeɪt] *vi* fluctuar.
fluctuation [ˌflʌktʃʊ'eɪʃn] *n* fluctuación *f.*
flue [fluː] *n* [of chimney] tiro *m.*
fluency ['fluːənsɪ] *n* soltura *f*, fluidez *f*; **~ in French** dominio *m* del francés.
fluent ['fluːənt] *adj* **-1.** [in foreign language]: **to be ~ in French, to speak ~ French** dominar el francés **-2.** [style] fluido(da).
fluently ['fluːəntlɪ] *adv* con soltura; **to speak French ~** dominar el francés.
fluff [flʌf] ◇ *n* pelusa *f.* ◇ *vt inf* [action, task] hacer mal; [words, lines] decir mal.
◆ **fluff up** *vt sep* [cushion] mullir; [feathers] ahuecar.
fluffy ['flʌfɪ] (*compar* **-ier**, *superl* **-iest**) *adj* [jumper] de pelusa; [toy] de peluche.
fluid ['fluːɪd] ◇ *n* fluido *m*, líquido *m.* ◇ *adj* **-1.** [flowing] fluido(da) **-2.** [situation, opinion] incierto(ta).
fluid ounce *n* = 0,03 *litre*, onza *f* líquida.
fluke [fluːk] *n inf* chiripa *f*; **by a ~** por OR de chiripa.
flummox ['flʌməks] *vt UK inf* desconcertar.
flung [flʌŋ] *pt & pp* ▷ **fling.**
flunk [flʌŋk] *vt & vi esp US inf* catear.
◆ **flunk out** *vi US inf* ser expulsado(da).
fluorescent [flʊə'resnt] *adj* fluorescente.

fluorescent light *n* luz *f* fluorescente.
fluoride ['flʊəraɪd] *n* fluoruro *m*.
fluorine ['flʊəri:n] *n* flúor *m*.
flurry ['flʌrɪ] (*pl* **-ies**) *n* **-1.** [shower] ráfaga *f* **-2.** [burst] torbellino *m*.
flush [flʌʃ] ◇ *adj* **-1.** [level]: **~ with** nivelado(da) con **-2.** *inf* [with plenty of money]: **to be ~** andar bien de dinero. ◇ *n* **-1.** [lavatory mechanism] cadena *f*; **give the toilet a ~** tira de la cadena **-2.** [blush] rubor *m* **-3.** [sudden feeling] arrebato *m*; **in the first ~ of youth** *literary* en la primera juventud. ◇ *vt* **-1.** [toilet]: **to ~ the toilet** tirar de la cadena **-2.** [down toilet]: **to ~ sthg away** tirar algo al wáter **-3.** [force out of hiding]: **to ~ sb out** hacer salir a alguien. ◇ *vi* [blush] ruborizarse.
flushed [flʌʃt] *adj* **-1.** [red-faced] encendido(da) **-2.** [excited]: **~ (with)** enardecido(da) (por).
fluster ['flʌstə^r] ◇ *n*: **to get in a ~** aturullarse. ◇ *vt* aturullar.
flustered ['flʌstəd] *adj* aturullado(da).
flute [flu:t] *n* MUS flauta *f*.
fluted ['flu:tɪd] *adj* acanalado(da).
flutist *US* = **flautist**.
flutter ['flʌtə^r] ◇ *n* **-1.** [of wings] aleteo *m*; [of eyelashes] pestañeo *m* **-2.** [of heart] palpitación *f* **-3.** *inf* [of excitement] arranque *m*. ◇ *vt* agitar; **to ~ one's eyelashes** parpadear. ◇ *vi* **-1.** [bird] aletear **-2.** [flag, dress] ondear **-3.** [heart] palpitar.
flux [flʌks] *n* [change]: **to be in a state of ~** cambiar constantemente.
fly [flaɪ] (*pt* **flew**, *pp* **flown**, *pl* **flies**) ◇ *n* **-1.** [insect] mosca *f*; **a ~ in the ointment** una pega **-2.** [of trousers] bragueta *f*. ◇ *vt* **-1.** [plane] pilotar; [kite, model aircraft] hacer volar **-2.** [passengers, supplies] transportar en avión **-3.** [flag] ondear. ◇ *vi* **-1.** [bird, plane] volar; **time flies** el tiempo vuela; **I must ~!** ¡me voy volando!; **to go ~ing** *inf* [fall over] caer aparatosamente; **to send sthg/sb ~ing, to knock sthg/sb ~ing** *inf* mandar algo/a alguien por los aires **-2.** [travel by plane] ir en avión **-3.** [pilot a plane] pilotar **-4.** [rumours, stories] abundar **-5.** [attack]: **to ~ at sb** arremeter contra alguien **-6.** [flag] ondear.
◆ **fly away** *vi* irse volando.
◆ **fly in** ◇ *vt sep* traer (en avión). ◇ *vi* [person] llegar (en avión); [plane] aterrizar.
◆ **fly into** *vt fus*: **to ~ into a rage** OR **a temper** montar en cólera.
◆ **fly out** ◇ *vt sep* llevarse (en avión). ◇ *vi* irse (en avión).
flyby *US* = **flypast**.
fly-fishing *n* pesca *f* con mosca.
fly half *n UK* (medio *m*) apertura *m*.
flying ['flaɪɪŋ] ◇ *adj* **-1.** [able to fly] volador(ra), volante **-2.** [running]: **a ~ leap** OR **jump** un salto con carrerilla. ◇ *n*: **I hate/love ~** odio/me encanta ir en avión; **her hobby is ~** es aficionada a la aviación.
flying colours *npl*: **to pass (sthg) with ~** salir airoso(sa) (de algo).
flying doctor *n médico que utiliza el avión para visitar a sus pacientes en zonas muy alejadas.*
flying officer *n UK* ≃ teniente *m* de aviación.
flying picket *n* piquete *m* volante.
flying saucer *n* platillo *m* volante.
flying squad *n* brigada *f* volante.
flying start *n*: **to get off to a ~** empezar con muy buen pie.
flying visit *n* visita *f* relámpago.
flyleaf ['flaɪli:f] (*pl* **-leaves**) *n* (hoja *f* de) guarda *f*.
flyover ['flaɪ,əʊvə^r] *n UK* paso *m* elevado.
flypast *UK* ['flaɪ,pɑ:st], **flyby** *US* ['flaɪ,baɪ] *n* desfile *m* aéreo.
flysheet ['flaɪʃi:t] *n* doble techo *m*.
fly spray *n* matamoscas *m inv* (en aerosol).
flyweight ['flaɪweɪt] *n* peso *m* mosca.
flywheel ['flaɪwi:l] *n* volante *m (de motor)*.
FM (*abbr of* **frequency modulation**) FM *f*.
FMCS (*abbr of* **Federal Mediation and Conciliation Services**) *n organismo estadounidense de arbitraje en conflictos laborales,* ≃ IMAC *m*.
FO *n abbr of* **Foreign Office**.
foal [fəʊl] *n* potro *m*.
foam [fəʊm] ◇ *n* **-1.** [bubbles] espuma *f* **-2.**: **~ (rubber)** gomaespuma *f*. ◇ *vi* hacer espuma; **to ~ at the mouth** echar espuma por la boca.
foamy ['fəʊmɪ] (*compar* **-ier**, *superl* **-iest**) *adj* espumoso(sa).
fob [fɒb] (*pt* & *pp* **-bed**, *cont* **-bing**) ◆ **fob off** *vt sep*: **to ~ sb off (with sthg)** quitarse a alguien de encima (con algo); **to ~ sthg off on sb** endosar a alguien algo.
FOB, f.o.b. (*abbr of* **free on board**) f.a.b.
fob watch *n* reloj *m* de bolsillo.
focal ['fəʊkl] *adj* [important] clave *(inv)*.
focal point ['fəʊkl-] *n* punto *m* focal OR central.
focus ['fəʊkəs] (*pl* **-cuses** OR **-ci** [-saɪ]) ◇ *n* [gen] foco *m*; **in ~** enfocado; **out of ~** desenfocado; **~ of attention** centro *m* de atención. ◇ *vt* **-1.** [eyes, lens, rays] enfocar **-2.** [attention] fijar, centrar. ◇ *vi* **-1.** [eyes, lens]: **to ~ (on sthg)** enfocar (algo) **-2.** [attention]: **to ~ on sthg** centrarse en algo.

fodder ['fɒdəʳ] *n* forraje *m*.
foe [fəʊ] *n literary* enemigo *m*, -ga *f*.
FOE *n* **-1.** (*abbr of* **Friends of the Earth**) AT *mpl* **-2.** (*abbr of* **Fraternal Order of Eagles**) *organización benéfica estadounidense*.
foetal ['fiːtl] *adj* fetal.
foetus ['fiːtəs] *n* feto *m*.
fog [fɒg] *n* niebla *f*.
fogbound ['fɒgbaʊnd] *adj* inmovilizado(da) por la niebla.
fogey ['fəʊgɪ] = **fogy**.
foggiest ['fɒgɪəst] *n inf*: **I haven't the ~** no tengo la menor idea.
foggy ['fɒgɪ] (*compar* **-ier**, *superl* **-iest**) *adj* [day] de niebla; **it's ~** hay niebla.
foghorn ['fɒghɔːn] *n* sirena *f (de niebla)*.
fog lamp *n* faro *m* antiniebla.
fogy ['fəʊgɪ] (*pl* **-ies**) *n inf* carroza *m* OR *f*, carca *m* OR *f*.
foible ['fɔɪbl] *n* manía *f*.
foil [fɔɪl] ◇ *n* **-1.** *(U)* [metal sheet] papel *m* de aluminio OR de plata **-2.** [contrast]: **to be a ~ to** OR **for** complementar. ◇ *vt* frustrar.
foist [fɔɪst] *vt*: **to ~ sthg on sb** endosar algo a alguien.
fold [fəʊld] ◇ *vt* [sheet, blanket] doblar; [chair, pram] plegar; **to ~ one's arms** cruzar los brazos. ◇ *vi* **-1.** [table, chair etc] plegarse **-2.** *inf* [collapse] venirse abajo. ◇ *n* **-1.** [in material, paper] pliegue *m* **-2.** [for animals] redil *m* **-3.** *fig* [spiritual home]: **the ~** el redil.
◆ **fold up** ◇ *vt sep* **-1.** [bend] doblar **-2.** [close up] plegar. ◇ *vi* **-1.** [bend] doblarse **-2.** [close up] plegarse **-3.** [collapse] venirse abajo.
foldaway ['fəʊldəˌweɪ] *adj* plegable.
folder ['fəʊldəʳ] *n* [gen & COMPUT] carpeta *f*.
folding ['fəʊldɪŋ] *adj* plegable; [ladder] de tijera.
foliage ['fəʊlɪɪdʒ] *n* follaje *m*.
folk [fəʊk] ◇ *adj* popular. ◇ *npl* [people] gente *f*. ◇ *n* = **folk music**.
◆ **folks** *npl inf* **-1.** [parents] padres *mpl* **-2.** [everyone] chicos *mpl*, -cas *fpl*.
folklore ['fəʊklɔːʳ] *n* folklore *m*.
folk music *n* **-1.** [traditional] música *f* folklórica OR popular **-2.** [contemporary] música *f* folk.
folk singer *n* **-1.** [traditional] cantante *m* OR *f* de música popular **-2.** [contemporary] cantante *m* OR *f* folk.
folk song *n* **-1.** [traditional] canción *f* popular **-2.** [contemporary] canción *f* folk.
folksy ['fəʊksɪ] (*compar* **-ier**, *superl* **-iest**) *adj US inf* [friendly] campechano(na).
follicle ['fɒlɪkl] *n* folículo *m*.
follow ['fɒləʊ] ◇ *vt* **-1.** [gen] seguir **-2.** [understand] comprender. ◇ *vi* **-1.** [gen] seguir; **the numbers are as ~s** los números son los siguientes **-2.** [be logical] ser lógico(ca); **it ~s that** se deduce que **-3.** [understand] comprender.
◆ **follow up** *vt sep* **-1.** [monitor] hacer un seguimiento de **-2.** [continue]: **to ~ sthg up with** proseguir algo con.
follower ['fɒləʊəʳ] *n* partidario *m*, -ria *f*, seguidor *m*, -ra *f*.
following ['fɒləʊɪŋ] ◇ *adj* siguiente. ◇ *n* partidarios *mpl*; [of team] afición *f*. ◇ *prep* tras.
follow-up ◇ *adj* de seguimiento. ◇ *n* **-1.** [service] seguimiento *m* **-2.** [continuation] continuación *f*.
folly ['fɒlɪ] *n (U)* [foolishness] locura *f*.
foment [fəʊ'ment] *vt fml* fomentar.
fond [fɒnd] *adj* **-1.** [affectionate] afectuoso(sa), cariñoso(sa) **-2.** [having a liking]: **to be ~ of sb** tener cariño a alguien; **to be ~ of sthg/of doing sthg** ser aficionado(da) a algo/a hacer algo **-3.** *fml* [naive, unrealistic] inocente.
fondle ['fɒndl] *vt* acariciar.
fondly ['fɒndlɪ] *adv* **-1.** [affectionately] afectuosamente, con cariño **-2.** [naively] inocentemente.
fondness ['fɒndnɪs] *n* **-1.** [affection]: **~ (for)** cariño *m* (a) **-2.** [liking]: **~ for** afición *f* a.
fondue ['fɒndjuː] *n* fondue *f*.
font [fɒnt] *n* **-1.** [in church] pila *f* bautismal **-2.** COMPUT fuente *f*.
food [fuːd] *n* comida *f*; **~ for thought** materia *f* de reflexión.
food chain *n* cadena *f* alimentaria.
food mixer *n* batidora *f* eléctrica.
food poisoning [-'pɔɪznɪŋ] *n* intoxicación *f* alimenticia.
food processor [-ˌprəʊsesəʳ] *n* robot *m* de cocina.
food stamp *n* **US** *cupón estatal canjeable por comida*.
foodstuffs ['fuːdstʌfs] *npl* comestibles *mpl*.
fool [fuːl] ◇ *n* **-1.** [idiot] idiota *m* OR *f*, imbécil *m* OR *f*; **to make a ~ of sb/of o.s.** poner a alguien/ponerse en ridículo; **to act** OR **play the ~** hacer el tonto **-2.** *UK* [dessert] *mousse de fruta con nata*. ◇ *vt* [deceive] engañar; **to ~ sb into doing sthg** embaucar a alguien para que haga algo. ◇ *vi* bromear.
◆ **fool about, fool around** *vi* **-1.** [behave foolishly]: **to ~ about (with sthg)** hacer el tonto (con algo) **-2.** [be unfaithful]: **to ~ about (with sb)** tontear (con alguien).
foolhardy ['fuːlˌhɑːdɪ] *adj* temerario(ria).
foolish ['fuːlɪʃ] *adj* tonto(ta), estúpido(da).

foolishly ['fu:lɪʃlɪ] *adv* tontamente, estúpidamente.

foolishness ['fu:lɪʃnɪs] *n (U)* necedad *f.*

foolproof ['fu:lpru:f] *adj* infalible.

foolscap ['fu:lzkæp] *n (U)* ≃ pliego *m.*

foosball ['fu:zbɔ:l] *n US* futbolín *m*, metegol *m Arg.*

foot [fʊt] (*pl sense 1* **feet**, *pl sense 2 inv* OR **feet**) ◇ *n* **-1.** [gen] pie *m*; [of bird, animal] pata *f*; **to be on one's feet** estar de pie; **to get to one's feet** levantarse; **on ~** a pie, andando; **to be back on one's feet** haberse recuperado; **to be rushed off one's feet** andar muy atareado; **to have itchy feet** tener ganas de viajar; **to put one's ~ down** [be firm] ponerse firme; [accelerate] pisar fuerte; **to put one's ~ in it** meter la pata; **to put one's feet up** descansar; **to set ~ in** poner los pies en; **to stand on one's own two feet** valerse por sí mismo **-2.** [unit of measurement] = *30,48 cm.*, pie *m.* ◇ *vt inf*: **to ~ the bill (for sthg)** pagar la cuenta (de algo).

footage ['fʊtɪdʒ] *n (U)* secuencias *fpl.*

foot-and-mouth disease *n* fiebre *f* aftosa.

football ['fʊtbɔ:l] *n* **-1.** [game - soccer] fútbol *m*; [- American football] fútbol *m* americano **-2.** [ball] balón *m.*

football club *n UK* club *m* de fútbol.

footballer ['fʊtbɔ:lə^r] *n UK* futbolista *m* OR *f.*

football field *n US* campo *m* de fútbol americano.

football game *n US* partido *m* de fútbol americano.

football ground *n UK* estadio *m* de fútbol.

football match *n UK* partido *m* de fútbol.

football pitch *n UK* campo *m* de fútbol.

football player = **footballer**.

football pools *npl UK* quinielas *fpl.*

football supporter *n UK* hincha *m* OR *f.*

football team *n UK* equipo *m* de fútbol.

footbrake ['fʊtbreɪk] *n* freno *m* de pedal.

footbridge ['fʊtbrɪdʒ] *n* puente *m* peatonal, pasarela *f.*

footer ['fʊtə^r] *n* COMPUT pie *m* de página.

foothills ['fʊthɪlz] *npl* estribaciones *fpl.*

foothold ['fʊthəʊld] *n* punto *m* de apoyo para el pie; **to get a ~** [on mountain, rockface] encontrar un punto de apoyo; [in organization, company] afianzarse.

footing ['fʊtɪŋ] *n* **-1.** [foothold] equilibrio *m*; **to lose one's ~** perder el equilibrio **-2.** [basis] base *f*; **on an equal ~ (with)** en pie de igualdad (con).

footlights ['fʊtlaɪts] *npl* candilejas *fpl.*

footman ['fʊtmən] (*pl* **-men** [-mən]) *n* lacayo *m.*

footmark ['fʊtmɑ:k] *n* pisada *f.*

footmen ['fʊtmən] *pl* ▷ **footman**.

footnote ['fʊtnəʊt] *n* nota *f* a pie de página.

footpath ['fʊtpɑ:θ, *pl* -pɑ:ðz] *n* senda *f*, camino *m.*

footprint ['fʊtprɪnt] *n* huella *f*, pisada *f.*

footsore ['fʊtsɔ:^{r}] *adj* con los pies doloridos.

footstep ['fʊtstep] *n* **-1.** [sound] paso *m* **-2.** [footprint] pisada *f*; **to follow in sb's ~s** seguir los pasos de alguien.

footwear ['fʊtweə^r] *n* calzado *m.*

footwork ['fʊtwɜ:k] *n (U)* juego *m* de piernas.

for [fɔ:^{r}] ◇ *prep* **-1.** [indicating intention, destination, purpose] para; **this is ~ you** esto es para ti; **I'm going ~ the paper** voy (a) por el periódico; **the plane ~ Paris** el avión para OR de París; **it's time ~ bed** es hora de irse a la cama; **we did it ~ a laugh** OR **~ fun** lo hicimos de broma OR por divertirnos; **to wait ~ the bus** esperar al autobús; **to go ~ a walk** ir a dar un paseo; **what's it ~?** ¿para qué es OR sirve? **-2.** [representing, on behalf of] por; **the MP ~ Barnsley** el diputado por Barnsley; **let me do it ~ you** deja que lo haga por ti; **he plays ~ England** juega en la selección inglesa; **to work ~** trabajar para **-3.** [because of] por; **~ various reasons** por varias razones; **a prize ~ bravery** un premio a la valentía; **to jump ~ joy** dar saltos de alegría; **~ fear of failing** por miedo a fracasar **-4.** [with regard to] para; **to be ready ~ sthg** estar listo para algo; **it's not ~ me to say** no me toca a mí decidir; **he looks young ~ his age** parece más joven de lo que es; **to feel sorry/glad ~ sb** sentirlo/alegrarse por alguien **-5.** [indicating amount of time, space] para; **there's no time/room ~ it** no hay tiempo/sitio para eso **-6.** [indicating period of time - during] durante [- by, in time for] para; **she cried ~ two hours** estuvo llorando durante dos horas; **I've lived here ~ three years** llevo tres años viviendo aquí, he vivido aquí (durante) tres años; **I've worked here ~ years** trabajo aquí desde hace años; **I'll do it ~ tomorrow** lo tendré hecho para mañana **-7.** [indicating distance] en; **there were roadworks ~ 50 miles** había obras en 50 millas; **we walked ~ miles** andamos millas y millas **-8.** [indicating particular occasion] para; **I got it ~ my birthday** me lo regalaron para OR por mi cumpleaños; **it's scheduled ~ the 30th** está programado para el día 30; **~ the first time** por vez primera **-9.** [indicating amount of money, price] por; **I bought/sold it ~ £10** lo compré/vendí por 10 libras; **they're 50p ~ ten** son a 50 peniques cada diez **-10.** [in favour of, in support of] a favor de; **is she ~ or against it?** ¿está a favor o en contra?; **to vote ~ sthg/sb** votar por algo/a alguien; **to be all ~ sthg** estar completamente a favor de algo **-11.** [in ratios] por **-12.** [indicating meaning]: **green is ~ go** el verde quiere decir adelante; **P ~ Peter** P de Pedro; **what's the Greek ~ 'mother'?** ¿cómo se dice 'madre' en griego? ◇ *conj fml* [as, since] ya que.

◆ **for all** ◇ *prep* **-1.** [in spite of] a pesar de, pese a; **~ all your moaning** a pesar de lo mucho que te quejas **-2.** [considering how little] para; **~ all the good it has done me** para lo que me ha servido. ◇ *conj*: **~ all he promised to do it, he never actually did** con todo lo que prometió que lo haría, al final nada; **~ all I care, she could be dead** por mí, como si se muere; **~ all I know** por lo que yo sé, que yo sepa; **~ all I know, he could be dead** no tengo ni idea; podría hasta haber muerto.

forage ['fɒrɪdʒ] *vi* [search]: **to ~ (for sthg)** buscar (algo).

foray ['fɒreɪ] *n lit & fig*: **~ (into)** incursión *f* (en).

forbad [fə'bæd], **forbade** [fə'beɪd] *pt* ▻ **forbid**.

forbearing [fɔː'beərɪŋ] *adj* tolerante.

forbid [fə'bɪd] (*pt* **-bade** *OR* **-bad**, *pp* **forbid** *OR* **-bidden**, *cont* **-bidding**) *vt*: **to ~ sb (to do sthg)** prohibir a alguien (hacer algo); **God** *OR* **Heaven ~!** ¡no quiera Dios!

forbidden [fə'bɪdn] *adj* prohibido(da).

forbidding [fə'bɪdɪŋ] *adj* [building, landscape] inhóspito(ta); [person, expression] severo(ra), austero(ra).

force [fɔːs] ◇ *n* fuerza *f*; **a ~ to be reckoned with** alguien/algo a tener en cuenta; **a ~ for change** una fuerza impulsora del cambio; **~ of habit** la fuerza de la costumbre; **sales ~** personal *m* de ventas; **security ~s** fuerzas *fpl* de seguridad; **by ~** a la fuerza; **to be in/come into ~** estar/entrar en vigor; **in ~** [in large numbers] en masa, en gran número. ◇ *vt* forzar; **to ~ sb to do sthg** [gen] forzar a alguien a hacer algo; [subj: event, circumstances] obligar a alguien a hacer algo; **to ~ sthg on sb** imponer algo a alguien; **to ~ sthg open** forzar algo, abrir algo a la fuerza; **to ~ one's way through/into** abrirse paso a la fuerza a través de/para entrar en.

◆ **forces** *npl*: **the ~s** las fuerzas armadas; **to join ~s (with)** unirse (con).

◆ **by force of** *prep* a fuerza de.

◆ **force back** *vt sep* [crowd, enemy] hacer retroceder; [emotion, tears] contener, reprimir.

◆ **force down** *vt sep* **-1.** [food, drink] tragar a la fuerza **-2.** [aircraft] obligar a aterrizar.

forced [fɔːst] *adj* forzado(da).

forced landing *n* aterrizaje *m* forzoso.

force-feed *vt* alimentar a la fuerza.

forceful ['fɔːsfʊl] *adj* [person, impression] fuerte; [support, recommendation] enérgico(ca); [speech, idea, argument] contundente.

forcefully ['fɔːsfʊlɪ] *adv* enérgicamente.

forcemeat ['fɔːsmiːt] *n esp UK* (picadillo *m* de) relleno *m*.

forceps ['fɔːseps] *npl* fórceps *m inv*.

forcible ['fɔːsəbl] *adj* **-1.** [using physical force] por la fuerza **-2.** [reminder, example, argument] contundente.

forcibly ['fɔːsəblɪ] *adv* **-1.** [using physical force] por la fuerza **-2.** [remind] vivamente; [express, argue] convincentemente.

ford [fɔːd] ◇ *n* vado *m*. ◇ *vt* vadear.

fore [fɔːʳ] ◇ *adj* NAUT de proa. ◇ *n*: **to come to the ~** empezar a destacar, emerger.

forearm ['fɔːrɑːm] *n* antebrazo *m*.

forebears ['fɔːbeəz] *npl fml* antepasados *mpl*.

foreboding [fɔː'bəʊdɪŋ] *n* **-1.** [presentiment] presagio *m* **-2.** [apprehension] desasosiego *m*.

forecast ['fɔːkɑːst] (*pt* & *pp* **forecast** *OR* **-ed**) ◇ *n* [prediction] predicción *f*, previsión *f*; [of weather] pronóstico *m*. ◇ *vt* [predict] predecir; [weather] pronosticar.

forecaster ['fɔːkɑːstəʳ] *n* [economic, political] analista *m OR f*; [of weather] meteorólogo *m*, -ga *f*.

foreclose [fɔː'kləʊz] ◇ *vi*: **to ~ on sb** privar a alguien del derecho a redimir su hipoteca. ◇ *vt* ejecutar.

foreclosure [fɔː'kləʊʒəʳ] *n* ejecución *f*.

forecourt ['fɔːkɔːt] *n* patio *m*.

forefathers ['fɔːˌfɑːðəz] *npl* = **forebears**.

forefinger ['fɔːˌfɪŋgəʳ] *n* (dedo *m*) índice *m*.

forefront ['fɔːfrʌnt] *n*: **in** *OR* **at the ~ of** en *OR* a la vanguardia de.

forego [fɔː'gəʊ] = **forgo**.

foregoing [fɔː'gəʊɪŋ] ◇ *adj* anterior, precedente. ◇ *n fml*: **the ~** lo anteriormente dicho.

foregone conclusion ['fɔːgɒn-] *n*: **it's a ~** es un resultado inevitable.

foreground ['fɔːgraʊnd] *n* primer plano *m*; **in the ~** en primer plano.

forehand ['fɔːhænd] *n* [stroke] golpe *m* natural, drive *m*.

forehead ['fɔːhed] *n* frente *f*.

foreign ['fɒrən] *adj* **-1.** [from abroad] extranjero(ra) **-2.** [external - policy, trade] exterior; [- correspondent, holiday] en el extranjero **-3.** [unwanted, harmful] extraño(ña) **-4.** [alien, untypical]: **~ (to sb/sthg)** ajeno(na) (a alguien/algo).

foreign affairs *npl* asuntos *mpl* exteriores.

foreign aid *n* [received] ayuda *f* extranjera;

[granted] ayuda *f* al exterior.
foreign body *n* cuerpo *m* extraño.
foreign currency *n (U)* divisa *f*.
foreign debt *n* deuda *f* externa.
foreigner ['fɒrənə[r]] *n* extranjero *m*, -ra *f*.
foreign exchange *(U) n* divisas *fpl*; ~ **markets/rates** mercados *mpl*/cambio *m* de divisas.
foreign investment *n (U)* inversión *f* extranjera.
foreign minister *n* ministro *m*, -tra *f* de asuntos exteriores.
Foreign Office *n UK*: **the** ~ el Ministerio de Asuntos Exteriores británico.
Foreign Secretary *n UK* Ministro *m*, -tra *f* de Asuntos Exteriores.
foreleg ['fɔːleg] *n* pata *f* delantera.
foreman ['fɔːmən] (*pl* **-men** [-mən]) *n* **-1.** [of workers] encargado *m* **-2.** [of jury] presidente *m*.
foremost ['fɔːməʊst] ◇ *adj* primero(ra). ◇ *adv*: **first and** ~ ante todo, por encima de todo.
forename ['fɔːneɪm] *n* nombre *m* (de pila).
forensic [fə'rensɪk] *adj* forense.
forensic medicine *n* medicina *f* forense.
forensic scientist *n* forense *m* OR *f*.
forerunner ['fɔːˌrʌnə[r]] *n* [precursor] precursor *m*, -ra *f*.
foresee [fɔː'siː] (*pt* **-saw** [-'sɔː], *pp* **-seen**) *vt* prever.
foreseeable [fɔː'siːəbl] *adj* previsible; **for/in the** ~ **future** en un futuro próximo.
foreseen [fɔː'siːn] *pp* ▷ **foresee**.
foreshadow [fɔː'ʃædəʊ] *vt* presagiar.
foreshortened [fɔː'ʃɔːtnd] *adj* escorzado(da).
foresight ['fɔːsaɪt] *n (U)* previsión *f*.
foreskin ['fɔːskɪn] *n* prepucio *m*.
forest ['fɒrɪst] *n* bosque *m*.
forestall [fɔː'stɔːl] *vt* anticiparse a.
forest fire *n* incendio *m* forestal.
forest ranger *n US* guarda *mf* forestal, guardabosques *mf inv*.
forestry ['fɒrɪstrɪ] *n* silvicultura *f*.
Forestry Commission *n UK*: **the** ~ *la comisión británica del patrimonio forestal.*
foretaste ['fɔːteɪst] *n* anticipo *m*, adelanto *m*.
foretell [fɔː'tel] (*pt* & *pp* **-told**) *vt* predecir.
forethought ['fɔːθɔːt] *n* previsión *f*.
foretold [fɔː'təʊld] *pt* & *pp* ▷ **foretell**.
forever [fə'revə[r]] *adv* **-1.** [eternally] para siempre **-2.** *inf* [incessantly] siempre, continuamente **-3.** *inf* [a long time]: **it took (us)** ~ nos llevó una eternidad.
forewarn [fɔː'wɔːn] *vt* prevenir, advertir.
foreword ['fɔːwɜːd] *n* prefacio *m*.
forfeit ['fɔːfɪt] ◇ *n* [penalty] precio *m*; [in game] prenda *f*. ◇ *vt* renunciar a, perder.
forgave [fə'geɪv] *pt* ▷ **forgive**.
forge [fɔːdʒ] ◇ *n* fragua *f*, forja *f*. ◇ *vt* **-1.** [gen] forjar, fraguar **-2.** [falsify] falsificar.
◆ **forge ahead** *vi* hacer grandes progresos.
forger ['fɔːdʒə[r]] *n* falsificador *m*, -ra *f*.
forgery ['fɔːdʒərɪ] (*pl* **-ies**) *n* falsificación *f*.
forget [fə'get] (*pt* **-got**, *pp* **-gotten**, *cont* **-getting**) ◇ *vt*: **to** ~ **(to do sthg)** olvidar (hacer algo); **I've forgotten it** se me ha olvidado; ~ **it!** [no way] ¡ni hablar!; **to** ~ **o.s.** dejarse llevar por un impulso. ◇ *vi*: **to** ~ **(about sthg)** olvidarse (de algo).
forgetful [fə'getfʊl] *adj* olvidadizo(za), desmemoriado(da).
forgetfulness [fə'getfʊlnɪs] *n* mala memoria *f*.
forget-me-not *n* nomeolvides *m inv*.
forgive [fə'gɪv] (*pt* **-gave**, *pp* **-given**) *vt*: **to** ~ **sb (for sthg/for doing sthg)** perdonar a alguien (algo/por haber hecho algo).
forgiveness [fə'gɪvnɪs] *n* perdón *m*.
forgiving [fə'gɪvɪŋ] *adj* indulgente.
forgo [fɔː'gəʊ] (*pt* **-went**, *pp* **-gone** [-'gɒn]) *vt* sacrificar, renunciar a.
forgot [fə'gɒt] *pt* ▷ **forget**.
forgotten [fə'gɒtn] *pp* ▷ **forget**.
fork [fɔːk] ◇ *n* **-1.** [for food] tenedor *m* **-2.** [for gardening] horca *f* **-3.** [in road etc] bifurcación *f*. ◇ *vi* bifurcarse.
◆ **fork out** *inf* ◇ *vt fus*: **to** ~ **out money on** OR **for sthg** soltar pelas para algo. ◇ *vi*: **to** ~ **out for sthg** soltar pelas para algo.
forklift truck ['fɔːklɪft-] *n* carretilla *f* elevadora.
forlorn [fə'lɔːn] *adj* **-1.** [person, expression] consternado(da) **-2.** [place, landscape] desolado(da) **-3.** [hope, attempt] desesperado(da).
form [fɔːm] ◇ *n* **-1.** [shape, type] forma *f*; **in the** ~ **of** en forma de; **to take the** ~ **of** consistir en **-2.** [fitness]: **on** ~ *UK*, **in** ~ *US* en forma; **off** ~ en baja forma **-3.** [document] impreso *m*, formulario *m*, planilla *f Amér* **-4.** [figure - of person] figura *f* **-5.** *UK* [class] clase *f* **-6.** [usual behaviour]: **true to** ~ como era de esperar. ◇ *vt* formar; [plan] concebir; [impression, idea] formarse. ◇ *vi* formarse.
formal ['fɔːml] *adj* **-1.** [gen] formal; [education] convencional **-2.** [clothes, wedding, party] de etiqueta.
formality [fɔː'mælətɪ] (*pl* **-ies**) *n* formalidad *f*.
formalize, -ise ['fɔːməlaɪz] *vt* formalizar.

formally [ˈfɔːməlɪ] *adv* formalmente; [dressed] de etiqueta.

format [ˈfɔːmæt] (*pt* & *pp* **-ted**, *cont* **-ting**) ◇ *n* [gen & COMPUT] formato *m*; [of meeting] plan *m*. ◇ *vt* COMPUT formatear.

formation [fɔːˈmeɪʃn] *n* formación *f*.

formative [ˈfɔːmətɪv] *adj* formativo(va).

former [ˈfɔːməʳ] ◇ *adj* **-1.** [previous] antiguo(gua); **in ~ times** antiguamente **-2.** [first of two] primero(ra). ◇ *n*: **the ~** el primero (la primera)/los primeros (las primeras).

formerly [ˈfɔːməlɪ] *adv* antes, antiguamente.

form feed *n* avance *m* de página.

Formica® [fɔːˈmaɪkə] *n* formica® *f*.

formidable [ˈfɔːmɪdəbl] *adj* **-1.** [frightening] imponente, temible **-2.** [impressive] formidable.

formless [ˈfɔːmlɪs] *adj* sin forma, informe.

Formosa [fɔːˈməʊsə] *n* Formosa.

formula [ˈfɔːmjʊlə] (*pl* **-as** OR **-ae** [-iː]) *n* **-1.** [gen] fórmula *f* **-2.** [baby milk] leche *f* maternizada.

formulate [ˈfɔːmjʊleɪt] *vt* formular.

formulation [ˌfɔːmjʊˈleɪʃn] *n* formulación *f*.

fornicate [ˈfɔːnɪkeɪt] *vi fml* fornicar.

forsake [fəˈseɪk] (*pt* **forsook**, *pp* **forsaken**) *vt literary* abandonar.

forsaken [fəˈseɪkn] *adj* abandonado(da).

forsook [fəˈsʊk] *pt* ▻ **forsake**.

forsythia [fɔːˈsaɪθjə] *n* forsitia *f*.

fort [fɔːt] *n* fuerte *m*, fortaleza *f*; **to hold the ~ (for sb)** quedarse al cargo (en lugar de alguien).

forte [ˈfɔːtɪ] *n* fuerte *m*.

forth [fɔːθ] *adv literary* **-1.** [outwards, onwards] hacia adelante; **to go ~** partir **-2.** [into future]: **from that day ~** desde aquel día en adelante.

forthcoming [fɔːθˈkʌmɪŋ] *adj* **-1.** [election, events] próximo(ma); [book] de próxima aparición **-2.** [help, information, answer] disponible; **no reply was ~** no hubo respuesta **-3.** [person] abierto(ta).

forthright [ˈfɔːθraɪt] *adj* [person, manner, opinions] directo(ta), franco(ca); [opposition] rotundo(da).

forthwith [ˌfɔːθˈwɪθ] *adv fml* inmediatamente.

fortieth [ˈfɔːtɪɪθ] ◇ *num adj* cuadragésimo (ma). ◇ *num n* **-1.** [in order] cuadragésimo *m*, -ma *f* **-2.** [fraction] cuarentavo *m*; *see also* **sixth**.

fortification [ˌfɔːtɪfɪˈkeɪʃn] *n* fortificación *f*.

fortified wine [ˈfɔːtɪfaɪd-] *n* vino *m* licoroso.

fortify [ˈfɔːtɪfaɪ] (*pt* & *pp* **-ied**) *vt* **-1.** MIL fortificar **-2.** [person, resolve] fortalecer.

fortitude [ˈfɔːtɪtjuːd] *n* fortaleza *f*, valor *m*.

fortnight [ˈfɔːtnaɪt] *n* quincena *f*; **in a ~** en quince días.

fortnightly [ˈfɔːtˌnaɪtlɪ] ◇ *adj* quincenal. ◇ *adv* quincenalmente.

fortress [ˈfɔːtrɪs] *n* fortaleza *f*.

fortuitous [fɔːˈtjuːɪtəs] *adj fml* fortuito(ta), casual.

fortunate [ˈfɔːtʃnət] *adj* afortunado(da).

fortunately [ˈfɔːtʃnətlɪ] *adv* afortunadamente.

fortune [ˈfɔːtʃuːn] *n* **-1.** [money, luck] fortuna *f* **-2.** [future]: **to tell sb's ~** decir a alguien la buenaventura.

◆ **fortunes** *npl* [vicissitudes] vicisitudes *fpl*; [luck] suerte *f*.

fortune-teller [-ˌteləʳ] *n* adivino *m*, -na *f*.

forty [ˈfɔːtɪ] *num* cuarenta; *see also* **sixty**.

forum [ˈfɔːrəm] (*pl* **-s**) *n lit* & *fig* foro *m*.

forward [ˈfɔːwəd] ◇ *adj* **-1.** [towards front - movement] hacia adelante; [near front - position etc] delantero(ra) **-2.** [towards future]: **~ planning** planificación *f* de futuro **-3.** [advanced]: **we're (no) further ~** (no) hemos adelantado (nada) **-4.** [impudent] atrevido(da). ◇ *adv* **-1.** [ahead] hacia adelante; **to go** OR **move ~** avanzar **-2.** [in time]: **to bring sthg ~** adelantar algo; **to put a clock ~ (by 30 minutes)** adelantar un reloj (30 minutos). ◇ *n* SPORT delantero *m*, -ra *f*. ◇ *vt* **-1.** [letter, e-mail] remitir; **'please ~'** 'remítase al destinatario' **-2.** *fml* [further] promover.

forwarding address [ˈfɔːwədɪŋ-] *n* nueva dirección *f* para reenvío de correo.

forward-looking [-ˈlʊkɪŋ] *adj* progresista.

forwardness [ˈfɔːwədnɪs] *n* [boldness] atrevimiento *m*.

forwards [ˈfɔːwədz] = **forward**.

forward slash *n* TYPO barra *f* inclinada.

forwent [fɔːˈwent] *pt* ▻ **forgo**.

fossil [ˈfɒsl] *n* fósil *m*.

fossil fuel *n* combustible *m* fósil.

fossilized, -ised [ˈfɒsɪlaɪzd] *adj* fosilizado(da).

foster [ˈfɒstəʳ] ◇ *adj* [home] de acogida. ◇ *vt* **-1.** [child] acoger **-2.** [idea, arts, relations] promover. ◇ *vi* acoger a un niño dentro de la familia de uno.

foster child *n* menor *m* OR *f* en régimen de acogida.

foster parents *npl* familia *f* de acogida.

fought [fɔːt] *pt* & *pp* ▻ **fight**.

foul [faʊl] ◇ *adj* **-1.** [unclean - smell] fétido(da); [- taste] asqueroso(sa); [- water, language] sucio(cia) **-2.** [very unpleasant] horrible; **to fall ~ of sb** ponerse a mal con alguien. ◇ *n* falta *f*. ◇ *vt* **-1.** [make dirty] ensuciar **-2.** SPORT cometer una falta contra **-3.** [obstruct] enmarañarse en.

◆ **foul up** *vt sep inf* fastidiar, echar a perder.

foul-mouthed [-ˈmaʊðd] *adj pej* malhablado(da).

foul play *n (U)* **-1.** *SPORT* juego *m* sucio **-2.** [criminal acts] actos *mpl* criminales.

found [faʊnd] ◇ *pt & pp* ▷ **find.** ◇ *vt*: **to ~ sthg (on)** fundar algo (en).

foundation [faʊnˈdeɪʃn] *n* **-1.** [organization, act of establishing] fundación *f* **-2.** [basis] fundamento *m*, base *f* **-3.** [make-up]: **~ (cream)** crema *f* base.

◆ **foundations** *npl CONSTR & fig* cimientos *mpl*.

foundation stone *n* primera piedra *f*.

founder [ˈfaʊndəʳ] ◇ *n* fundador *m*, -ra *f*. ◇ *vi lit & fig* hundirse, irse a pique.

founder member *n* miembro fundador *m*, miembro fundadora *f*.

founding [ˈfaʊndɪŋ] *n* fundación *f*.

founding father *n* fundador *m*.

foundry [ˈfaʊndrɪ] (*pl* **-ies**) *n* fundición *f*.

fount [faʊnt] *n* [origin] fuente *f*.

fountain [ˈfaʊntɪn] *n* **-1.** [structure] fuente *f* **-2.** [jet] chorro *m*.

fountain pen *n* (pluma *f*) estilográfica *f*.

four [fɔːʳ] *num* cuatro; **on all ~s** a gatas; *see also* **six**.

four-leaved clover [-liːvd-] *n* trébol *m* de cuatro hojas.

four-letter word *n* palabrota *f*, taco *m*.

four-poster (bed) *n* cama *f* de columnas.

foursome [ˈfɔːsəm] *n* grupo *m* de cuatro personas.

four-star *adj* [hotel] de cuatro estrellas.

fourteen [ˌfɔːˈtiːn] *num* catorce; *see also* **six**.

fourteenth [ˌfɔːˈtiːnθ] ◇ *num adj* decimocuarto(ta). ◇ *num n* **-1.** [in order] decimocuarto *m*, -ta *f* **-2.** [fraction] catorceavo *m*; *see also* **sixth**.

fourth [fɔːθ] *num* cuarto(ta); *see also* **sixth**.

Fourth of July *n*: **the ~** *el cuatro de julio, día de la independencia estadounidense.*

FOURTH OF JULY

El 4 de julio, también llamado *Día de la Independencia*, es una de las fiestas nacionales de mayor importancia en los Estados Unidos. Como parte de los festejos, en muchas ciudades de ese país se organizan desfiles en las calles y por la noche se encienden castillos de fuegos artificiales en los que predominan los colores rojo, blanco y azul. Los edificios son decorados con adornos de estos mismos colores o con banderas estadounidenses. Mucha gente sale de la ciudad, hace picnic con la familia y, siguiendo la tradición, come perritos calientes y sandía.

four-way stop *n US* cruce *m (de cuatro estops)*.

four-wheel drive *n* [system] tracción *f* a las cuatro ruedas; [car] cuatro por cuatro *m*.

fowl [faʊl] (*pl inv OR* **-s**) *n* ave *f* de corral.

fox [fɒks] ◇ *n* zorro *m*. ◇ *vt* [perplex] dejar perplejo(ja).

foxglove [ˈfɒksglʌv] *n* digital *f*, dedalera *f*.

foxhole [ˈfɒkshəʊl] *n* hoyo *m* para atrincherarse.

foxhound [ˈfɒkshaʊnd] *n* perro *m* raposero *OR* zorrero.

foxhunt [ˈfɒkshʌnt] *n* cacería *f* de zorros.

foxhunting [ˈfɒksˌhʌntɪŋ] *n* caza *f* de zorros.

foxy [ˈfɒksɪ] *adj inf* [sexy] cañón *(inv)*, sexy.

foyer [ˈfɔɪeɪ] *n* vestíbulo *m*.

FP *n* (*abbr of* **former pupil**) AA *m OR f*.

fr. (*abbr of* **franc**) fr.

Fr. (*abbr of* **father**) P.

fracas [ˈfrækɑː, *US* ˈfreɪkəs] (*UK pl inv, US pl* **fracases**) *n fml* riña *f*, gresca *f*.

fraction [ˈfrækʃn] *n* **-1.** *MATH* quebrado *m*, fracción *f* **-2.** [small part] fracción *f*; **can you lift it up a ~?** ¿puedes levantarlo un poquito?

fractionally [ˈfrækʃnəlɪ] *adv* ligeramente.

fractious [ˈfrækʃəs] *adj* desapacible, irritable.

fracture [ˈfræktʃəʳ] ◇ *n* fractura *f*. ◇ *vt* fracturar.

fragile [ˈfrædʒaɪl] *adj* frágil.

fragility [frəˈdʒɪlətɪ] *n* fragilidad *f*.

fragment [*n* ˈfrægmənt, *vb* frægˈment] ◇ *n* [of glass, text] fragmento *m*; [of paper, plastic] trozo *m*. ◇ *vi* fragmentarse.

fragmentary [ˈfrægməntrɪ] *adj* fragmentario(ria).

fragmented [frægˈmentɪd] *adj* fragmentado(da).

fragrance [ˈfreɪgrəns] *n* fragancia *f*.

fragrant [ˈfreɪgrənt] *adj* fragante.

frail [freɪl] *adj* frágil.

frailty [ˈfreɪltɪ] (*pl* **-ies**) *n* **-1.** fragilidad *f* **-2.** [imperfection] flaqueza *f*.

frame [freɪm] ◇ *n* **-1.** [of picture, door] marco *m*; [of glasses] montura *f*; [of chair, bed] armadura *f*; [of bicycle] cuadro *m*; [of boat] armazón *m OR f* **-2.** [physique] cuerpo *m*. ◇ *vt* **-1.** [put in a frame] enmarcar **-2.** [express] formular, expresar **-3.** *inf* [set up] tender una trampa a, amañar la culpabilidad de.

frame of mind *n* estado *m* de ánimo, humor *m*.

framework [ˈfreɪmwɜːk] *n* **-1.** [physical structure] armazón *m OR f*, esqueleto *m* **-2.** [basis] marco *m*.

franc [fræŋk] *n* franco *m*.

France [frɑ:ns] *n* Francia.

franchise ['fræntʃaɪz] *n* **-1.** *POL* sufragio *m*, derecho *m* de voto **-2.** *COMM* concesión *f*, licencia *f* exclusiva.

franchisee [ˌfræntʃaɪ'zi:] *n* concesionario *m*, -ria *f*.

frank [fræŋk] ◇ *adj* franco(ca). ◇ *vt* franquear.

Frankfurt ['fræŋkfət] *n*: ~ **(am Main)** Francfort (del Meno).

frankfurter ['fræŋkfɜ:təʳ] *n* salchicha *f* de Francfort.

frankincense ['fræŋkɪnsens] *n* incienso *m*.

franking machine ['fræŋkɪŋ-] *n* máquina *f* de franquear.

frankly ['fræŋklɪ] *adv* francamente.

frankness ['fræŋknɪs] *n* franqueza *f*.

frantic ['fræntɪk] *adj* frenético(ca).

frantically ['fræntɪklɪ] *adv* frenéticamente.

fraternal [frə'tɜ:nl] *adj* fraternal, fraterno (na).

fraternity [frə'tɜ:nətɪ] (*pl* **-ies**) *n* **-1.** *fml* [community] gremio *m*, cofradía *f* **-2.** *US* [in university] *asociación de estudiantes que suele funcionar como club social* **-3.** *(U) fml* [friendship] fraternidad *f*.

FRATERNITY

Los clubes de estudiantes, masculinos (*fraternities*) o femeninos (*sororities*), son un elemento sobresaliente de la vida social universitaria estadounidense. Muchos estudiantes se hacen socios desde el primer año y continúan siéndolo incluso después de haber finalizado sus estudios. Cada club posee su propio nombre, constituido por letras del alfabeto griego, y tiene su sede en el edificio donde residen la mayoría de sus miembros. Estos clubes realizan trabajos para instituciones de asistencia social, pero también son famosas sus juergas con alcohol y sus ceremonias secretas. Algunas universidades han decidido prohibirlos porque sus ceremonias de iniciación incluían novatadas crueles y peligrosas.

fraternize, -ise ['frætənaɪz] *vi*: **to ~ (with)** fraternizar (con).

fraud [frɔ:d] *n* **-1.** *(U)* [deceit] fraude *m* **-2.** *pej* [impostor] farsante *m* *OR* *f*.

fraudulent ['frɔ:djʊlənt] *adj* fraudulento(ta).

fraught [frɔ:t] *adj* **-1.** [full]: **~ with** lleno(na) *OR* cargado(da) de **-2.** *UK* [frantic] tenso(sa).

fray [freɪ] ◇ *vt* *fig* [nerves] crispar, poner de punta. ◇ *vi* **-1.** [sleeve, cuff] deshilacharse **-2.** *fig* [temper, nerves] crisparse. ◇ *n* *literary*: **to enter the ~** saltar a la palestra.

frayed [freɪd] *adj* [sleeve, cuff] deshilachado(da).

frazzled ['fræzld] *adj inf* rendido(da).

FRB (*abbr of* **Federal Reserve Board**) *n órgano de control del banco central estadounidense.*

FRCP (*abbr of* **Fellow of the Royal College of Physicians**) *miembro del colegio británico de médicos.*

FRCS (*abbr of* **Fellow of the Royal College of Surgeons**) *miembro del colegio británico de cirujanos.*

freak [fri:k] ◇ *adj* inesperado(da). ◇ *n* **-1.** [strange creature - in appearance] fenómeno *m*, monstruo *m*; [- in behaviour] estrafalario *m*, -ria *f* **-2.** [unusual event] anormalidad *f*, caso *m* insólito **-3.** *inf* [fanatic]: **film/fitness ~** fanático *m*, -ca *f* del cine/ejercicio.

◆ **freak out** *inf* ◇ *vi* flipar, alucinar. ◇ *vt sep* flipar, alucinar.

freaking ['fri:kɪŋ] *adj US inf*: **where are those ~ kids?** ¿dónde están esos demonios de chicos?

freakish ['fri:kɪʃ] *adj* anormal, extraño(ña).

freckle ['frekl] *n* peca *f*.

free [fri:] (*compar* **freer**, *superl* **freest**, *pt* & *pp* **freed**) ◇ *adj* **-1.** [gen]: **~ (from** *OR* **of)** libre (de); **to be ~ to do sthg** ser libre de hacer algo; **feel ~!** ¡adelante!, ¡cómo no!; **to set ~** liberar **-2.** [not paid for] gratis *(inv)*, gratuito(ta); **~ of charge** gratis *(inv)* **-3.** [unattached] suelto(ta) **-4.** [generous]: **to be ~ with sthg** no regatear algo. ◇ *adv* **-1.** [without payment]: **(for) ~** gratis **-2.** [run] libremente **-3.** [loose]: **to pull/cut sthg ~** soltar algo tirando/cortando. ◇ *vt* **-1.** [release] liberar, libertar; **to ~ sb of sthg** librar a alguien de algo **-2.** [make available] dejar libre **-3.** [extricate - person] rescatar; [- one's arm, oneself] soltar.

◆ **free up** *vt sep* [space, funds] liberar; [time, person] dejar libre.

-free [fri:] *suffix*: **lead~** sin plomo.

freebie ['fri:bɪ] *n inf* regalito *m*.

freedom ['fri:dəm] *n* libertad *f*; **~ from** indemnidad *f* ante *OR* de.

freedom fighter *n* luchador *m*, -ra *f* por la libertad.

free enterprise *n* libre empresa *f*.

free-fall *n (U)* caída *f* libre.

Freefone® ['fri:fəʊn] *n (U) UK* teléfono *m* *OR* número *m* gratuito.

free-for-all *n* refriega *f*.

free gift *n* obsequio *m*.

freehand ['fri:hænd] *adj* & *adv* a pulso.

freehold ['fri:həʊld] ◇ *adv* en propiedad absoluta. ◇ *n* propiedad *f* absoluta.

freeholder ['fri:həʊldəʳ] *n* propietario absoluto *m*, propietaria absoluta *f*.

free house *n pub no controlado por una compañía cervecera.*
free kick *n* tiro *m* libre.
freelance ['fri:lɑ:ns] <> *adj* free-lance. <> *adv* como free-lance. <> *n* free-lance *m* OR *f.* <> *vi* trabajar como free-lance.
freelancer ['fri:lɑ:nsəʳ] *n* free-lance *m* OR *f.*
freeloader ['fri:ləʊdəʳ] *n inf* gorrón *m*, -ona *f.*
freely ['fri:lɪ] *adv* **-1.** [readily - admit, confess] sin reparos; [- available] fácilmente **-2.** [openly] abiertamente, francamente **-3.** [without restrictions] libremente **-4.** [generously] liberalmente.
freeman ['fri:mən] (*pl* **-men**) *n* ciudadano *m* honorífico, ciudadana *f* honorífica.
free-market economy *n* economía *f* de libre mercado.
Freemason ['fri:ˌmeɪsn] *n* francmasón *m.*
Freemasonry ['fri:ˌmeɪsnrɪ] *n* francmasonería *f*, masonería *f.*
freemen ['fri:mən] ▻ **freeman.**
freephone ['fri:fəʊn] = **Freefone.**
Freepost® ['fri:pəʊst] *n* franqueo *m* pagado.
free-range *adj* de granja.
free sample *n* muestra *f* (gratuita).
freesia ['fri:zjə] *n* fresia *f.*
free speech *n* libertad *f* de expresión.
freestanding [ˌfri:'stændɪŋ] *adj* independiente.
freestyle ['fri:staɪl] *n* [in swimming] estilo *m* libre.
freethinker [ˌfri:'θɪŋkəʳ] *n* librepensador *m*, -ra *f.*
free trade *n* libre cambio *m.*
freeware ['fri:weəʳ] *n* COMPUT freeware *m.*
freeway ['fri:weɪ] *n* **US** autopista *f.*
freewheel [ˌfri:'wi:l] *vi* [on bicycle] andar sin pedalear; [in car] ir en punto muerto.
freewheeling [ˌfri:'wi:lɪŋ] *adj inf* informal.
free will *n* libre albedrío *m*; **to do sthg of one's own ~** hacer algo por voluntad propia.
free world *n*: **the ~** el mundo libre.
freeze [fri:z] (*pt* **froze**, *pp* **frozen**) <> *vt* **-1.** [gen] helar **-2.** [food, wages, prices] congelar **-3.** [assets] bloquear. <> *vi* **-1.** [gen] helarse **-2.** [food, wages, prices] congelarse. <> *v impers* METEOR helar. <> *n* **-1.** [cold weather] helada *f* **-2.** [of wages, prices] congelación *f.*
◆ **freeze over** *vi* helarse.
◆ **freeze up** *vi* helarse.
freeze-dried [-'draɪd] *adj* liofilizado(da).
freeze frame *n* **-1.** [photograph] fotograma *m* **-2.** [on video] imagen *f* congelada.
freezer ['fri:zəʳ] *n* congelador *m.*
freezing ['fri:zɪŋ] <> *adj* **-1.** [gen] helado(da) **-2.** [weather] muy frío(a); **it's ~ in here** hace un frío espantoso aquí. <> *n* = **freezing point.**
freezing point *n* punto *m* de congelación.
freight [freɪt] *n (U)* **-1.** [goods] mercancías *fpl*, flete *m* **-2.** [transport] transporte *m.*
freight train *n* (tren *m* de) mercancías *m inv.*
French [frentʃ] <> *adj* francés(esa). <> *n* [language] francés *m.* <> *npl*: **the ~** los franceses.
French bean *n* judía *f* verde, ejote *m* **CAm, Méx**, chaucha *f* **RP**, poroto *m* verde **Chile**, habichuela *f* **Col**, vainita *f* **Ven.**
French bread *n (U)* pan *m* de barra.
French Canadian <> *adj* francocanadiense. <> *n* francocanadiense *m* OR *f.*
French chalk *n (U)* jaboncillo *m*, jabón *m* de sastre.
French dressing *n* [vinaigrette] vinagreta *f.*
French fries *npl esp* **US** patatas *fpl* fritas.
Frenchman ['frentʃmən] (*pl* **-men** [-mən]) *n* francés *m.*
French polish *n* laca *f.*
French Riviera *n*: **the ~** la Riviera francesa.
French stick *n* **UK** barra *f* de pan.
French toast *n esp* **US** torrija *f.*
French windows *npl* puertaventanas *fpl.*
Frenchwoman ['frentʃˌwʊmən] (*pl* **-women** [-ˌwɪmɪn]) *n* francesa *f.*
frenetic [frə'netɪk] *adj* frenético(ca).
frenzied ['frenzɪd] *adj* [haste, activity] frenético(ca).
frenzy ['frenzɪ] (*pl* **-ies**) *n* frenesí *m*; **a ~ of activity** una actividad febril.
frequency ['fri:kwənsɪ] (*pl* **-ies**) *n* frecuencia *f.*
frequency modulation *n* RADIO frecuencia *f* modulada.
frequent [*adj* 'fri:kwənt, *vb* frɪ'kwent] <> *adj* frecuente. <> *vt* frecuentar.
frequently ['fri:kwəntlɪ] *adv* a menudo, con frecuencia.
fresco ['freskəʊ] (*pl* **-es** OR **-s**) *n* fresco *m.*
fresh [freʃ] <> *adj* **-1.** [gen] fresco(ca); [flavour, taste] refrescante; **~ from** recién salido(da) de **-2.** [bread] del día **-3.** [not canned] natural **-4.** [water] dulce **-5.** [pot of tea, fighting] nuevo(va); **to make a ~ start** empezar de nuevo. <> *adv* **-1.** recién; **to be ~ out of sthg** *inf* haberse quedado sin algo **-2.** [original] original.
freshen ['freʃn] <> *vt* [air] refrescar. <> *vi* [wind] soplar más fuerte.
◆ **freshen up** <> *vt sep* **-1.** [wash]: **to ~ o.s up** refrescarse **-2.** [smarten up] arreglar. <> *vi* [person] refrescarse.
fresher ['freʃəʳ] *n* **UK** estudiante *m* OR *f* de primer año.
freshly ['freʃlɪ] *adv* recién.
freshman ['freʃmən] (*pl* **-men** [-mən]) *n* estu-

diante *m* OR *f* de primer año.

freshness ['freʃnɪs] *n (U)* **-1.** [of food] frescura *f* **-2.** [originality] novedad *f*, originalidad *f* **-3.** [brightness] pulcritud *f* **-4.** [refreshing quality] frescor *m*.

freshwater ['freʃ,wɔ:təʳ] *adj* de agua dulce.

fret [fret] (*pt* & *pp* **-ted**, *cont* **-ting**) *vi* preocuparse.

fretful ['fretfʊl] *adj* [baby] quejoso(sa); [night, sleep] agitado(da), inquieto(ta).

fretsaw ['fretsɔ:] *n* [manual] segueta *f*; [electrical] sierra *f* de calar.

Freudian slip ['frɔɪdɪən-] *n* desliz *m*, lapsus *m inv*.

FRG (*abbr of* **Federal Republic of Germany**) *n* RFA *f*.

Fri. (*abbr of* **Friday**) viern.

friar ['fraɪəʳ] *n* fraile *m*.

friction ['frɪkʃn] *n* fricción *f*.

Friday ['fraɪdɪ] *n* viernes *m inv*; *see also* **Saturday**.

fridge [frɪdʒ] *n esp UK* nevera *f*, refrigerador *m* *Amér*, heladera *f RP*, refrigeradora *f Col, Perú*.

fridge-freezer *n UK* combi *m*, nevera *f* congeladora.

fried [fraɪd] *adj* frito(ta).

friend [frend] *n* **-1.** [close acquaintance] amigo *m*, -ga *f*, cuate *m* OR *f inv CAm, Méx*; **to be ~s** ser amigos; **to be ~s with sb** ser amigo de alguien; **to make ~s (with)** hacerse amigo (de), trabar amistad (con) **-2.** [supporter - of cause] partidario *m*, -ria *f*; [- of country] aliado *m*, -da *f*.

friendless ['frendlɪs] *adj* sin amigos.

friendly ['frendlɪ] (*compar* **-ier**, *superl* **-iest**, *pl* **-ies**) ◇ *adj* **-1.** [person] amable, simpático (ca); [attitude, manner, welcome] amistoso(sa); **to be ~ with sb** ser amigo de alguien **-2.** [nation] amigo(ga), aliado(da) **-3.** [argument, game] amistoso(sa). ◇ *n esp UK* partido *m* amistoso.

friendly fire *n* fuego *m* amigo.

friendly society *n UK* mutua *f*, mutualidad *f*.

friendship ['frendʃɪp] *n* amistad *f*.

fries [fraɪz] = **French fries**.

Friesian (cow) ['fri:zjən-] *n* vaca *f* frisona.

frieze [fri:z] *n* friso *m*.

frigate ['frɪgət] *n* fragata *f*.

fright [fraɪt] *n* **-1.** [fear] miedo *m*; **to take ~** espantarse, asustarse **-2.** [shock] susto *m*; **to give sb a ~** darle un susto a alguien.

frighten ['fraɪtn] *vt* asustar; **to ~ sb into doing sthg** atemorizar a alguien para que haga algo.

◆ **frighten away, frighten off** *vt sep* espantar, ahuyentar.

frightened ['fraɪtnd] *adj* asustado(da); **to be ~ of sthg/of doing sthg** tener miedo a algo/a hacer algo.

frightening ['fraɪtnɪŋ] *adj* aterrador(ra), espantoso(sa).

frightful ['fraɪtfʊl] *adj dated* terrible, espantoso(sa).

frigid ['frɪdʒɪd] *adj* [sexually] frígido(da).

frill [frɪl] *n* **-1.** [decoration] volante *m* **-2.** *inf* [extra] adorno *m*.

frilly ['frɪlɪ] (*compar* **-ier**, *superl* **-iest**) *adj* con volantes.

fringe [frɪndʒ] (*cont* **fringeing**) ◇ *n* **-1.** [decoration] flecos *mpl* **-2.** *UK* [of hair] flequillo *m*, cerquillo *m Amér* **-3.** [edge] periferia *f* **-4.** [extreme] margen *m*. ◇ *vt* [edge] bordear.

fringe benefit *n* beneficio *m* complementario.

fringe group *n* grupo *m* marginal.

fringe theatre *n UK* teatro *m* experimental.

Frisbee® ['frɪzbɪ] *n* frisbee® *m*, plato *m* volador.

Frisian Islands ['frɪʒən-] *npl*: **the ~** las islas Frisias.

frisk [frɪsk] ◇ *vt* cachear, registrar. ◇ *vi* retozar, brincar.

frisky ['frɪskɪ] (*compar* **-ier**, *superl* **-iest**) *adj inf* retozón(ona), juguetón(ona).

fritter ['frɪtəʳ] *n* buñuelo *m*.

◆ **fritter away** *vt sep*: **to ~ money/time away on sthg** malgastar dinero/tiempo en algo.

frivolity [frɪ'vɒlətɪ] (*pl* **-ies**) *n* frivolidad *f*.

frivolous ['frɪvələs] *adj* frívolo(la).

frizzy ['frɪzɪ] (*compar* **-ier**, *superl* **-iest**) *adj* crespo(pa), ensortijado(da).

fro [frəʊ] ▻ **to**.

frock [frɒk] *n dated* vestido *m*.

frog [frɒg] *n* [animal] rana *f*; **to have a ~ in one's throat** tener carraspera.

frogman ['frɒgmən] (*pl* **-men**) *n* hombre-rana *m*.

frogmarch ['frɒgmɑ:tʃ] *vt* llevar por la fuerza.

frogmen ['frɒgmən] *pl* ▻ **frogman**.

frogspawn ['frɒgspɔ:n] *n (U)* huevos *mpl* de rana.

frolic ['frɒlɪk] (*pt* & *pp* **-ked**, *cont* **-king**) ◇ *n* juego *m* alegre. ◇ *vi* retozar, triscar.

from [*weak form* frəm, *strong form* frɒm] *prep* **-1.** [indicating source, origin, removal] de; **where are you ~?** ¿de dónde eres?; **I got a letter ~ her today** hoy me ha llegado una carta suya; **a flight ~ Paris** un vuelo de París; **to translate ~ Spanish into English** traducir del español al inglés; **he took a notebook ~ his pocket** sacó un cuaderno del bolsillo; **he's not back ~ work yet** aún no ha vuelto del trabajo; **to take sthg away ~ sb** quitarle algo a alguien **-2.** [indicating a deduction]: **take 15 (away) ~ 19** quita 15 a 19; **to deduct sthg ~ sthg** deducir *OR* descontar algo de algo **-3.** [indicating escape, separation] de; **he ran away ~ home** huyó de casa **-4.** [indicating position] desde; **seen ~ above/below** visto desde arriba/abajo; **a light bulb hung ~ the ceiling** una bombilla colgaba del techo **-5.** [indicating distance] de; **it's 60 km ~ here** está a 60 kms de aquí; **how far is London ~ here?** ¿a cuánto está Londres de aquí? **-6.** [indicating material object is made out of] de; **it's made ~ wood/plastic** está hecho de madera/plástico **-7.** [starting at a particular time] desde; **closed ~ 1 pm to 2 pm** cerrado de 13h a 14h; **~ birth** desde el nacimiento; **~ now on** de ahora en adelante; **~ the moment I saw him** desde el momento en que lo vi **-8.** [indicating difference, change] de; **to be different ~** ser diferente de; **~ ... to** de ... a; **the price went up ~ £100 to £150** el precio subió de 100 a 150 libras **-9.** [because of, as a result of] de; **to die ~ cold** morir de frío; **to suffer ~ cold/hunger** padecer frío/hambre **-10.** [on the evidence of] por; **to speak ~ personal experience** hablar por propia experiencia; **I could see ~ her face she was angry** por la cara que tenía vi que estaba enfadada **-11.** [indicating lowest amount]: **prices range ~ £5 to £500** los precios oscilan entre 5 y 500 libras; **prices start ~ £50** los precios empiezan desde 50 libras; **it could take anything ~ 15 to 20 weeks** podría llevar de 15 a 20 semanas.

frond [frɒnd] *n* fronda *f*.

front [frʌnt] ◇ *n* **-1.** [gen] parte *f* delantera; [of building] fachada *f*; [of queue] principio *m*; [of dress, shirt] parte *f* de delante **-2.** *METEOR, MIL & POL* frente *m* **-3.** [issue, area] terreno *m*; **on the domestic/employment ~** a nivel nacional/de empleo **-4.** [on coast]: **(sea) ~** paseo *m* marítimo **-5.** [outward appearance] fachada *f*; **to put on a ~** ponerse una máscara. ◇ *adj* [gen] delantero(ra); [page] primero(ra). ◇ *vt* [lead] dirigir; [rock band] liderar.

◆ **in front** *adv* **-1.** [further forward] delante **-2.** [winning] ganando.

◆ **in front of** *prep* delante de.

◆ **front onto** *vt fus* [be opposite] dar a.

frontage ['frʌntɪdʒ] *n* fachada *f*.

frontal ['frʌntl] *adj* frontal.

front bench [ˌfrʌnt'bentʃ] *n UK en la Cámara de los Comunes, cada una de las dos filas de escaños ocupadas respectivamente por los ministros del Gobierno y los principales líderes de la oposición mayoritaria.*

front desk *n* recepción *f*.

front door *n* puerta *f* principal.

frontier ['frʌnˌtɪə^r, *US* frʌn'tɪər] *n lit & fig* frontera *f*.

frontispiece ['frʌntɪspi:s] *n* frontispicio *m*.

front line *n*: **the ~** la primera línea.

front man *n* **-1.** [of group] portavoz *m OR f* **-2.** [of programme] presentador *m* **-3.** [of rock band] líder *m*.

front-page *adj* de primera página *OR* plana.

front room *n* sala *f* de estar.

front-runner *n* favorito *m*, -ta *f*.

front-wheel drive *n* [vehicle] vehículo *m* de tracción delantera.

frost [frɒst] ◇ *n* **-1.** [layer of ice] escarcha *f* **-2.** [weather] helada *f*. ◇ *vi*: **to ~ over** *OR* **up** cubrirse de escarcha.

frostbite ['frɒstbaɪt] *n (U)* congelación *f* MED.

frostbitten ['frɒstˌbɪtn] *adj* congelado(da).

frosted ['frɒstɪd] *adj* **-1.** [glass] esmerilado(da) **-2.** *US CULIN* escarchado(da).

frosting ['frɒstɪŋ] *n US* glaseado *m*, betún *m Méx*.

frosty ['frɒstɪ] (*compar* **-ier**, *superl* **-iest**) *adj* **-1.** [very cold] de helada **-2.** [covered with frost] escarchado(da) **-3.** *fig* [unfriendly] glacial.

froth [frɒθ] ◇ *n* espuma *f*. ◇ *vi* hacer espuma.

frothy ['frɒθɪ] (*compar* **-ier**, *superl* **-iest**) *adj* espumoso(sa).

frown [fraʊn] ◇ *n*: **to give a ~** fruncir el ceño. ◇ *vi* fruncir el ceño.

◆ **frown (up)on** *vt fus* desaprobar.

froze [frəʊz] *pt* ▷ **freeze**.

frozen [frəʊzn] ◇ *pp* ▷ **freeze**. ◇ *adj* **-1.** [gen] helado(da) **-2.** [foodstuffs] congelado(da) **-3.** *fig* [rigid]: **~ (with)** tieso(sa) (de).

FRS *n* **-1.** (*abbr of* **Fellow of the Royal Society**) *miembro de la Royal Society, organización británica para la investigación científica* **-2.** (*abbr of* **Federal Reserve System**) *banco central estadounidense.*

frugal ['fru:gl] *adj* frugal.

fruit [fru:t] (*pl inv OR* **fruits**) ◇ *n* **-1.** [food] fruta *f* **-2.** [result] fruto *m*; **to bear ~** dar fruto. ◇ *comp* [made with fruit] de frutas; [producing fruit] frutal; **~ bowl** frutero *m*. ◇ *vi* dar fruto.

fruitcake ['fru:tkeɪk] *n* pastel *m* de frutas.

fruiterer ['fru:tərə^r] *n UK* frutero *m*, -ra *f*; **~'s (shop)** frutería *f*.

fruitful ['fru:tfʊl] *adj* [successful] fructífero(ra).

fruition [fru:'ɪʃn] *n*: **to come to ~** [plan] realizarse; [hope] cumplirse.

fruit juice *n* zumo *m* de fruta.

fruitless ['fru:tlɪs] *adj* infructuoso(sa).

fruit machine *n UK* máquina *f* tragaperras.

fruit salad *n* macedonia *f* (de frutas).
frumpy ['frʌmpɪ] (*compar* **-ier**, *superl* **-iest**) *adj* chapado(da) a la antigua en el vestir.
frustrate [frʌ'streɪt] *vt* frustrar.
frustrated [frʌ'streɪtɪd] *adj* frustrado(da).
frustrating [frʌ'streɪtɪŋ] *adj* frustrante.
frustration [frʌ'streɪʃn] *n* frustración *f*.
fry [fraɪ] (*pt* & *pp* **fried**) ◇ *vt* [food] freír. ◇ *vi* [food] freírse.
frying pan ['fraɪɪŋ-] *n* sartén *f*, paila *f* **Andes, CAm**; **to jump out of the ~ into the fire** salir de Guatemala y meterse en Guatepeor.
ft. *abbr of* **foot, feet**.
FT (*abbr of* **Financial Times**) *n diario británico de información económica*; **the ~ index** *el índice bursátil del Financial Times*.
FTC (*abbr of* **Federal Trade Commission**) *n organismo estadounidense encargado de hacer respetar la legislación sobre monopolios*.
FTP (*abbr of* **file transfer protocol**) *n* COMPUT FTP *m*.
fuchsia ['fju:ʃə] *n* fucsia *f*.
fuck [fʌk] *vulg* ◇ *vt* & *vi* joder, follar, chingar *Méx*. ◇ *excl* ¡joder!
◆ **fuck off** *vi vulg*: **~ off!** ¡vete a tomar por culo!
fucking ['fʌkɪŋ] *adj vulg* **-1.** [to show anger]: **you ~ idiot!** ¡idiota de los cojones! **-2.** [for emphasis]: **where are my ~ keys?** ¿dónde coño están mis llaves?; **you must be ~ stupid** hay que ser gilipollas.
fuddled ['fʌdld] *adj* aturdido(da).
fuddy-duddy ['fʌdɪˌdʌdɪ] (*pl* **fuddy-duddies**) *n inf* carcamal *m* OR *f*.
fudge [fʌdʒ] ◇ *n (U)* [sweet] *dulce de azúcar, leche y mantequilla*. ◇ *vt inf* esquivar, eludir.
fuel [fjʊəl] (*UK pt* & *pp* **-led**, *cont* **-ling**, *US pt* & *pp* **-ed**, *cont* **-ing**) ◇ *n* combustible *m*; **to add ~ to the fire** OR **the flames** echar leña al fuego. ◇ *vt* **-1.** [supply with fuel] abastecer de combustible, alimentar **-2.** [increase] exacerbar, agravar.
fuel cell *n* pila *f* de combustible.
fuel consumption *n* consumo *m* de combustible.
fuel pump *n* bomba *f* de combustible.
fuel tank *n* depósito *m* de gasolina.
fugitive ['fju:dʒətɪv] *n* fugitivo *m*, -va *f*.
fugue [fju:g] *n* fuga *f*.
fulcrum ['fʊlkrəm] (*pl* **-crums** OR **-cra** [-krə]) *n* fulcro *m*, punto *m* de apoyo.
fulfil (*pt* & *pp* **-led**, *cont* **-ling**), **fulfill** *US* [fʊl'fɪl] *vt* [promise, duty, threat] cumplir; [hope, ambition] realizar; [obligation] cumplir con; [role] desempeñar; [requirement] satisfacer; **to ~ o.s.** realizarse.
fulfilling [fʊl'fɪlɪŋ] *adj* gratificante.
fulfilment, fulfillment *US* [fʊl'fɪlmənt] *n* **-1.** [satisfaction] satisfacción *f*, realización *f* (de uno mismo) **-2.** [of promise, duty, threat] cumplimiento *m*; [of hope, ambition] realización *f*; [of role] desempeño *m*; [of requirement] satisfacción *f*.
full [fʊl] ◇ *adj* **-1.** [filled]: **~ (of)** lleno(na) (de); **I'm ~!** [after meal] ¡no puedo más! **-2.** [schedule] completo(ta) **-3.** [complete - recovery, employment, control] pleno(na); [- name, price, fare] completo(ta); [- explanation, information] detallado(da); [- member, professor] numerario(ria); **three ~ weeks** tres semanas enteras **-4.** [maximum - volume, power etc] máximo(ma); **at ~ speed** a toda velocidad **-5.** [flavour, sound] rico(ca) **-6.** [plump] grueso(sa) **-7.** [wide] holgado(da), amplio(plia). ◇ *adv* **-1.** [directly] justo, de lleno **-2.** [very]: **to know sthg ~ well** saber algo perfectamente **-3.** [at maximum] al máximo. ◇ *n*: **to pay in ~** pagar el total; **write your name in ~** escriba su nombre y apellidos; **to the ~** al máximo, completamente; **to live life to the ~** disfrutar de la vida al máximo.
fullback ['fʊlbæk] *n* (defensa *m* OR *f*) lateral *m* OR *f*.
full-blooded [-'blʌdɪd] *adj* **-1.** [pure-blooded] de pura raza **-2.** [strong, complete] vigoroso(sa).
full-blown [-'bləʊn] *adj* [gen] auténtico(ca); [AIDS]: **to have ~ AIDS** haber desarrollado el SIDA por completo.
full board *n* pensión *f* completa.
full-bodied [-'bɒdɪd] *adj* de mucho cuerpo.
full dress *n (U)* [of soldiers etc] uniforme *m* de gala.
full-face *adj* de frente.
full-fat milk *n* leche *f* entera.
full-fledged *US* = **fully-fledged**.
full-frontal *adj*: **a ~ picture** un desnudo frontal.
full-grown [-'grəʊn] *adj* adulto(ta).
full house *n* **-1.** [at show, event] lleno *m* **-2.** [in bingo] cartón *m* completo **-3.** [at cards] full *m*.
full-length ◇ *adj* **-1.** [portrait, mirror] de cuerpo entero **-2.** [dress] largo(ga) **-3.** [novel] extenso(sa); [film] de largo metraje. ◇ *adv* [stretched out] a lo largo, completamente.
full moon *n* luna *f* llena.
fullness ['fʊlnɪs] *n* [of voice] riqueza *f*; [of life] plenitud *f*; **in the ~ of time** a su debido tiempo.
full-page *adj* a toda plana.
full-scale *adj* **-1.** [life-size] de tamaño natural **-2.** [complete] a gran escala.

full-size(d) *adj* **-1.** [life-size] de tamaño natural **-2.** [adult] adulto(ta) **-3.** *US AUT:* ~ **car** turismo *m.*

full stop ◇ *n* punto *m.* ◇ *adv UK* [and that's that] y punto.

full time *n UK SPORT* final *m* del (tiempo reglamentario del) partido.
◆ **full-time** *adj & adv* a tiempo completa.

full up *adj* lleno(na).

fully ['fʊlɪ] *adv* **-1.** [completely] completamente **-2.** [thoroughly] detalladamente.

fully-fashioned *UK*, **full-fashioned** *US* [-'fæʃnd] *adj* ajustado(da).

fully-fledged *UK*, **full-fledged** *US* [-'fledʒd] *adj fig* hecho(cha) y derecho(cha); [member] de pleno derecho.

fulness ['fʊlnɪs] = **fullness**.

fulsome ['fʊlsəm] *adj* exagerado(da), excesivo(va); **to be ~ in one's praise (of sb/sthg)** colmar de elogios (a alguien/algo).

fumble ['fʌmbl] ◇ *vt* perder, no agarrar bien. ◇ *vi* hurgar; **to ~ for sthg** [for key, light switch] buscar algo a tientas; [for words] buscar algo titubeando.

fume [fju:m] *vi* [with anger] echar humo, rabiar.
◆ **fumes** *npl* humo *m.*

fumigate ['fju:mɪgeɪt] *vt* fumigar.

fun [fʌn] ◇ *n (U)* **-1.** [pleasure, amusement] diversión *f*; **my uncle/parachuting is great ~** mi tío/el paracaidismo es muy divertido; **to have ~** divertirse; **have ~!** ¡que te diviertas!; **for ~, for the ~ of it** por diversión **-2.** [playfulness]: **he's full of ~** le encanta todo lo que sea diversión **-3.** [at sb else's expense]: **to make ~ of sb, to poke ~ at sb** reírse *OR* burlarse de alguien. ◇ *adj inf* divertido(da).

function ['fʌŋkʃn] ◇ *n* **-1.** [gen & *MATH*] función *f* **-2.** [formal social event] acto *m.* ◇ *vi* funcionar; **to ~ as** hacer de.

functional ['fʌŋkʃnəl] *adj* **-1.** [practical] funcional **-2.** [operational] en funcionamiento.

functionary ['fʌŋkʃnərɪ] *(pl* **-ies**) *n* funcionario *m*, -ria *f.*

function key *n COMPUT* tecla *f* de función.

fund [fʌnd] ◇ *n* fondo *m.* ◇ *vt* financiar.
◆ **funds** *npl* fondos *mpl.*

fundamental [ˌfʌndə'mentl] *adj*: **~ (to)** fundamental (para).
◆ **fundamentals** *npl* fundamentos *mpl.*

fundamentalism [ˌfʌndə'mentəlɪzm] *n* integrismo *m*, fundamentalismo *m.*

fundamentalist [ˌfʌndə'mentəlɪst] *n* integrista *m OR f*, fundamentalista *m OR f.*

fundamentally [ˌfʌndə'mentəlɪ] *adv* fundamentalmente.

funding ['fʌndɪŋ] *n* **-1.** [financing] financiación *f* **-2.** [funds] fondos *mpl.*

fund-raising [-ˌreɪzɪŋ] ◇ *n* recaudación *f* de fondos. ◇ *comp* de *OR* para recaudación de fondos.

funeral ['fju:nərəl] *n* funeral *m.*

funeral director *n* director *m* de funeraria.

funeral parlour *n* funeraria *f.*

funeral service *n* honras *fpl* fúnebres, exequias *fpl.*

funereal [fju:'nɪərɪəl] *adj* fúnebre.

funfair ['fʌnfeəʳ] *n* feria *f.*

fungus ['fʌŋgəs] *(pl* **-gi** [-gaɪ], **-guses**) *n* hongo *m.*

funk [fʌŋk] *n (U)* **-1.** *MUS* (música *f*) funky *m* **-2.** *dated* [fear] canguis *m inv*, mieditis *f inv.*

funky ['fʌŋkɪ] (*compar* **-ier**, *superl* **-iest**) *adj MUS* funky *(inv).*

funnel ['fʌnl] (*UK pt & pp* **-led**, *cont* **-ling**, *US pt & pp* **-ed**, *cont* **-ing**) ◇ *n* **-1.** [for pouring] embudo *m* **-2.** [on ship] chimenea *f.* ◇ *vt* [liquid] pasar por un embudo; [money, food] canalizar. ◇ *vi* pasar.

funnily ['fʌnɪlɪ] *adv* [strangely] de manera rara; **~ enough** curiosamente.

funny ['fʌnɪ] (*compar* **-ier**, *superl* **-iest**) *adj* **-1.** [amusing] divertido(da); **I don't think that's ~** no me hace gracia **-2.** [odd] raro(ra) **-3.** [ill] pachucho(cha).

funny bone *n* hueso *m* de la risa.

funny farm *n US inf hum* casa *f* de los locos.

fun run *n carrera atlética de fondo con fines benéficos.*

fur [fɜ:ʳ] *n* **-1.** [on animal] pelaje *m*, pelo *m* **-2.** [garment] (prenda *f* de) piel *f.*

fur coat *n* abrigo *m* de piel *OR* pieles.

furious ['fjʊərɪəs] *adj* **-1.** [very angry] furioso(sa) **-2.** [frantic] frenético(ca).

furiously ['fjʊərɪəslɪ] *adv* **-1.** [angrily] con furia **-2.** [frantically] frenéticamente.

furled [fɜ:ld] *adj* plegado(da).

furlong ['fɜ:lɒŋ] *n 201,17 metros.*

furnace ['fɜ:nɪs] *n* horno *m.*

furnish ['fɜ:nɪʃ] *vt* **-1.** [fit out] amueblar **-2.** *fml* [provide - goods, explanation] proveer, suministrar; [- proof] aducir; **to ~ sb with sthg** proporcionar algo a alguien.

furnished ['fɜ:nɪʃt] *adj* amueblado(da).

furnishings ['fɜ:nɪʃɪŋz] *npl* mobiliario *m.*

furniture ['fɜ:nɪtʃəʳ] *n (U)* muebles *mpl*, mobiliario *m*; **a piece of ~** un mueble.

furniture polish *n* cera *f* para muebles.

furore *UK* [fjʊ'rɔ:rɪ], **furor** *US* ['fjʊrɔ:r] *n* escándalo *m.*

furrier ['fʌrɪəʳ] *n* peletero *m*, -ra *f.*

furrow ['fʌrəʊ] *n lit & fig* surco *m.*

furrowed ['fʌrəʊd] *adj* **-1.** [field, land] arado(da) **-2.** [brow] arrugado(da).

furry ['fɜ:rɪ] (*compar* **-ier**, *superl* **-iest**) *adj* **-1.** [animal] peludo(da) **-2.** [toy] de peluche.

further ['fɜ:ðəʳ] ◇ *compar* ▷ **far**. ◇ *adv* **-1.** [in distance] más lejos; **how much ~ is it?** ¿cuánto queda (de camino)?; **~ on** más adelante **-2.** [to a more advanced point]: **they decided not to take the matter any ~** decidieron no seguir adelante con el asunto; **this mustn't go any ~** esto debe quedar entre nosotros **-3.** [in degree, extent, time] más; **~ on/back** más adelante/atrás **-4.** [in addition] además. ◇ *adj* otro(tra); **until ~ notice** hasta nuevo aviso; **nothing ~** nada más. ◇ *vt* promover, fomentar.

◆ **further to** *prep fml* con relación a.

further education *n UK estudios postescolares no universitarios.*

furthermore [ˌfɜ:ðə'mɔ:ʳ] *adv* lo que es más.

furthermost ['fɜ:ðəməʊst] *adj* más lejano(na).

furthest ['fɜ:ðɪst] ◇ *superl* ▷ **far**. ◇ *adj* **-1.** [in distance] más lejano(na) **-2.** [greatest - in degree, extent] extremo(ma). ◇ *adv* **-1.** [in distance] más lejos **-2.** [to greatest degree, extent] más.

furtive ['fɜ:tɪv] *adj* furtivo(va).

furtively ['fɜ:tɪvlɪ] *adv* furtivamente.

fury ['fjʊərɪ] *n* furia *f*; **in a ~** furioso(sa).

fuse *esp UK*, **fuze** *US* [fju:z] ◇ *n* **-1.** *ELEC* fusible *m* **-2.** [of bomb] espoleta *f*; [of firework] mecha *f*. ◇ *vt* fundir. ◇ *vi* **-1.** [gen & *ELEC*] fundirse **-2.** [companies] fusionarse.

fuse-box *n* caja *f* de fusibles.

fused [fju:zd] *adj* [fitted with a fuse] con fusible.

fuselage ['fju:zəlɑ:ʒ] *n* fuselaje *m*.

fuse wire *n* alambre *m* de fusibles.

fusillade [ˌfju:zə'leɪd] *n* descarga *f* de fusilería.

fusion ['fju:ʒn] *n* fusión *f*.

fuss [fʌs] ◇ *n (U)* **-1.** [excitement, anxiety] jaleo *m*, alboroto *m*; **to make a ~** armar un escándalo **-2.** [complaints] protestas *fpl* **-3.** *phr*: **to make a ~ of sb** *UK* mimar a alguien. ◇ *vi* apurarse, angustiarse.

◆ **fuss over** *vt fus* mimar.

fusspot ['fʌspɒt] *n inf* quisquilloso *m*, -sa *f*.

fussy ['fʌsɪ] (*compar* **-ier**, *superl* **-iest**) *adj* **-1.** [fastidious] quisquilloso(sa); **I'm not ~** me da lo mismo **-2.** [over-decorated] recargado(da), aparatoso(sa).

fusty ['fʌstɪ] (*compar* **-ier**, *superl* **-iest**) *adj* **-1.** [not fresh] con olor a cerrado **-2.** [old-fashioned] anticuado(da), rancio(cia).

futile ['fju:taɪl] *adj* inútil, vano(na).

futility [fju:'tɪlətɪ] *n* inutilidad *f*.

futon ['fu:tɒn] *n* futón *m*.

future ['fju:tʃəʳ] ◇ *n* futuro *m*; **in ~** de ahora en adelante; **in the ~** en el futuro; **in the not too distant ~** en un futuro próximo; **~ (tense)** futuro *m*. ◇ *adj* futuro(ra).

◆ **futures** *npl FIN* futuros *mpl*.

futuristic [ˌfju:tʃə'rɪstɪk] *adj* futurista.

fuzz [fʌz] *n* **-1.** [hair] vello *m* **-2.** *inf* [police]: **the ~** la poli.

fuzzy ['fʌzɪ] (*compar* **-ier**, *superl* **-iest**) *adj* **-1.** [hair] crespo(pa) **-2.** [photo, image] borroso(sa) **-3.** [thoughts, mind] confuso(sa).

fwd. *abbr of* **forward**.

FYI *abbr of* **for your information**.

G

g¹ (*pl* **g's** *OR* **gs**), **G** (*pl* **G's** *OR* **Gs**) [dʒi:] *n* [letter] g *f*, G *f*.

◆ **G** *n* **-1.** *MUS* sol *m* **-2.** (*abbr of* **good**) B. **-3.** *US CINEMA* (*abbr of* **general (audience)**) para todos los públicos.

g² *n* **-1.** (*abbr of* **gram**) g. *m* **-2.** (*abbr of* **gravity**) g. *f*.

GA *abbr of* **Georgia**.

gab [gæb] ▷ **gift**.

gabardine [ˌgæbə'di:n] *n* gabardina *f*.

gabble ['gæbl] ◇ *vt & vi* farfullar, balbucir. ◇ *n* farfulleo *m*.

gable ['geɪbl] *n* aguilón *m*.

Gabon [gæ'bɒn] *n* (el) Gabón.

Gabonese [ˌgæbɒ'ni:z] ◇ *adj* gabonés(esa). ◇ *n* gabonés *m*, -esa *f*. ◇ *npl*: **the ~** los gaboneses.

gad [gæd] (*pt & pp* **-ded**, *cont* **-ding**) ◆ **gad about** *vi inf* andar por ahí holgazaneando.

gadget ['gædʒɪt] *n* artilugio *m*, chisme *m*.

gadgetry ['gædʒɪtrɪ] *n (U)* artilugios *mpl*.

Gaelic ['geɪlɪk] ◇ *adj* gaélico(ca). ◇ *n* [language] gaélico *m*.

gaffe [gæf] *n* metedura *f* de pata, patinazo *m*.

gaffer ['gæfəʳ] *n UK inf* [boss] mandamás *m*.

gag [gæg] (*pt & pp* **-ged**, *cont* **-ging**) ◇ *n* **-1.** [for mouth] mordaza *f* **-2.** *inf* [joke] chiste *m*.

◇ *vt* amordazar. ◇ *vi* [retch] tener arcadas.
gaiety ['geɪətɪ] *n* alegría *f*, regocijo *m*.
gaily ['geɪlɪ] *adv* alegremente.
gain [geɪn] ◇ *n* **-1.** [profit] beneficio *m*, ganancia *f* **-2.** [improvement] mejora *f* **-3.** [increase] aumento *m*. ◇ *vt* **-1.** [gen] ganar **-2.** [speed] cobrar **-3.** [access] lograr **-4.** [subj: watch, clock] adelantarse. ◇ *vi* **-1.** [advance]: **to ~ in sthg** ganar algo **-2.** [benefit]: **to ~ (from** OR **by)** beneficiarse (de) **-3.** [watch, clock] adelantarse.
◆ **gain on** *vt fus* ganar terreno a.
gainful ['geɪnfʊl] *adj fml*: **~ employment** trabajo *m* remunerado.
gainfully ['geɪnfʊlɪ] *adv fml* provechosamente.
gainsay [ˌgeɪn'seɪ] (*pt* & *pp* **-said**) *vt fml* negar, contradecir.
gait [geɪt] *n* andares *mpl*, forma *f* de andar.
gaiters ['geɪtəz] *npl* polainas *fpl*.
gal. *abbr of* **gallon**.
gala ['gɑːlə] ◇ *n* [celebration] fiesta *f*. ◇ *comp* de gala.
Galapagos Islands [gə'læpəgəs-] *npl*: **the ~** las islas Galápagos.
galaxy ['gæləksɪ] (*pl* **-ies**) *n* galaxia *f*.
gale [geɪl] *n* vendaval *m*.
Galicia [gə'lɪʃɪə] *n* Galicia *f*.
gall [gɔːl] ◇ *n* [nerve]: **to have the ~ to do sthg** tener el descaro de hacer algo. ◇ *vt* indignar.
gall. *abbr of* **gallon**.
gallant [*sense 1* 'gælənt, *sense 2* gə'lænt, 'gælənt] *adj* **-1.** [courageous] valiente, valeroso(sa) **-2.** [polite to women] galante.
gallantry ['gæləntrɪ] *n* **-1.** [courage] valentía *f*, heroísmo *m* **-2.** [politeness to women] galantería *f*.
gall bladder *n* vesícula *f* biliar.
galleon ['gælɪən] *n* galeón *m*.
gallery ['gælərɪ] (*pl* **-ies**) *n* **-1.** [for exhibiting art] museo *m*; [for selling art] galería *f* **-2.** [in courtroom, parliament] tribuna *f* **-3.** [in theatre] gallinero *m*, paraíso *m*.
galley ['gælɪ] (*pl* **galleys**) *n* **-1.** [ship] galera *f* **-2.** [kitchen] cocina *f*.
Gallic ['gælɪk] *adj* galo(la).
galling ['gɔːlɪŋ] *adj* indignante.
gallivant [ˌgælɪ'vænt] *vi inf* andar por ahí holgazaneando.
gallon ['gælən] *n* **-1.** [en Gran Bretaña] = *4,546 litros*, galón *m* **-2.** [en Estados Unidos] = *3,785 litros*, galón *m*.
gallop ['gæləp] ◇ *n* galope *m*. ◇ *vi lit* & *fig* galopar.
galloping ['gæləpɪŋ] *adj* [soaring] galopante.
gallows ['gæləʊz] (*pl inv*) *n* horca *f*, patíbulo *m*.
gallstone ['gɔːlstəʊn] *n* cálculo *m* biliar.
Gallup poll ['gæləp-] *n UK* sondeo *m* de opinión.
galore [gə'lɔː^r] *adj* en abundancia.
galoshes [gə'lɒʃɪz] *npl* chanclos *mpl*.
galvanize, -ise ['gælvənaɪz] *vt* **-1.** TECH galvanizar **-2.** [impel]: **to ~ sb into action** impulsar a alguien a la acción.
Gambia ['gæmbɪə] *n*: **(the) ~** Gambia.
Gambian ['gæmbɪən] ◇ *adj* gambiano(na). ◇ *n* gambiano *m*, -na *f*.
gambit ['gæmbɪt] *n* táctica *f*.
gamble ['gæmbl] ◇ *n* [calculated risk] riesgo *m*; **to take a ~** arriesgarse. ◇ *vi* **-1.** [bet] jugar; **to ~ on** [race etc] apostar a; [stock exchange] jugar a **-2.** [take risk]: **to ~ on** contar de antemano con que.
gambler ['gæmblə^r] *n* jugador *m*, -ra *f*.
gambling ['gæmblɪŋ] *n (U)* juego *m*.
gambol ['gæmbl] (*UK pt* & *pp* **-led**, *cont* **-ling**, *US pt* & *pp* **-ed**, *cont* **-ing**) *vi* triscar, retozar.
game [geɪm] ◇ *n* **-1.** [gen] juego *m* **-2.** [of football, rugby etc] partido *m*; [of snooker, chess, cards] partida *f* **-3.** [hunted animals] caza *f* **-4.** *phr*: **to beat sb at their own ~** ganar a alguien la partida en su propio terreno; **the ~'s up** se acabó el juego; **to give the ~ away** desvelar el secreto. ◇ *adj* **-1.** [brave] valiente **-2.** [willing]: **~ (for sthg/to do sthg)** dispuesto(ta) (a algo/a hacer algo).
◆ **games** ◇ *n (U)* [at school] deportes *mpl*. ◇ *npl* [sporting contest] juegos *mpl*.
gamekeeper ['geɪmˌkiːpə^r] *n* guarda *m* de caza.
gamely ['geɪmlɪ] *adv* **-1.** [bravely] con determinación **-2.** [willingly] de buena gana.
game reserve *n* coto *m* de caza.
gamesmanship ['geɪmzmənʃɪp] *n* falta *f* de deportividad.
gamma rays ['gæmə-] *npl* rayos *mpl* gamma.
gammon ['gæmən] *n* jamón *m*; **~ steak** loncha *f* de jamón a la plancha.
gammy ['gæmɪ] (*compar* **-ier**, *superl* **-iest**) *adj UK inf* fastidiado(da).
gamut ['gæmət] *n* gama *f*; **to run the ~ of sthg** recorrer toda la gama de algo.
gander ['gændə^r] *n* [male goose] ganso *m* (macho).
gang [gæŋ] *n* **-1.** [of criminals] banda *f* **-2.** [of young people] pandilla *f*.
◆ **gang up** *vi inf*: **to ~ up (on sb)** confabularse (contra alguien).
Ganges ['gændʒiːz] *n*: **the (River) ~** el (río) Ganges.

gangland ['gæŋlænd] *n (U)* mundo *m* del hampa.

gangling ['gæŋglɪŋ], **gangly** ['gæŋglɪ] (*compar* **-ier**, *superl* **-iest**) *adj* larguirucho(cha), desgarbado(da).

gangplank ['gæŋplæŋk] *n* pasarela *f*, plancha *f*.

gangrene ['gæŋgri:n] *n* gangrena *f*.

gangrenous ['gæŋgrɪnəs] *adj* gangrenoso(sa).

gangster ['gæŋstə^r] *n* gángster *m*.

gangway ['gæŋweɪ] *n* **-1.** *UK* [aisle] pasillo *m* **-2.** = **gangplank**.

gannet ['gænɪt] (*pl inv* OR **-s**) *n* [bird] alcatraz *m*.

gantry ['gæntrɪ] (*pl* **-ies**) *n* pórtico *m (para grúas)*.

gaol [dʒeɪl] *UK* = **jail**.

gap [gæp] *n* **-1.** [empty space, in market] hueco *m*; [in traffic, trees, clouds] claro *m*; [in text] espacio *m* en blanco **-2.** [interval] intervalo *m* **-3.** *fig* [in knowledge, report] laguna *f* **-4.** *fig* [great difference] desfase *m*.

gape [geɪp] *vi* [person] mirar boquiabierto(ta).

gaping ['geɪpɪŋ] *adj* **-1.** [open-mouthed] boquiabierto(ta) **-2.** [wound] abierto(ta); [hole] enorme.

garage [*UK* 'gærɑ:ʒ, 'gærɪdʒ, *US* gə'rɑ:ʒ] *n* **-1.** [for keeping car] garaje *m* **-2.** *UK* [for fuel] gasolinera *f* **-3.** [for car repair] taller *m* **-4.** *UK* [for selling cars] concesionario *m* de automóviles.

garb [gɑ:b] *n fml* atuendo *m*.

garbage ['gɑ:bɪdʒ] *n esp US (U)* **-1.** [refuse] basura *f* **-2.** *inf* [nonsense] chorradas *fpl*, tonterías *fpl*.

garbage can *n US* cubo *m* de la basura.

garbage collector *n US* basurero *m*, -ra *f*.

garbage truck *n US* camión *m* de la basura.

garbled ['gɑ:bld] *adj* confuso(sa).

garden ['gɑ:dn] <> *n* jardín *m*. <> *comp* de jardín. <> *vi* trabajar en el jardín.
◆ **gardens** *npl* jardines *mpl*.

garden centre *n* centro *m* de jardinería.

garden city *n UK* ciudad *f* jardín.

gardener ['gɑ:dnə^r] *n* jardinero *m*, -ra *f*.

gardenia [gɑ:'di:njə] *n* gardenia *f*.

gardening ['gɑ:dnɪŋ] <> *n* jardinería *f*; **to do some ~** trabajar en el jardín. <> *comp* de jardinería.

garden party *n* recepción *f* al aire libre.

gargantuan [gɑ:'gæntjʊən] *adj* descomunal.

gargle ['gɑ:gl] *vi* hacer gárgaras.

gargoyle ['gɑ:gɔɪl] *n* gárgola *f*.

garish ['geərɪʃ] *adj* chillón(ona), llamativo(va).

garland ['gɑ:lənd] *n* guirnalda *f*.

garlic ['gɑ:lɪk] *n* ajo *m*.

garlic bread *n* pan *m* de ajo.

garlicky ['gɑ:lɪkɪ] *adj inf* [food] con mucho ajo; [breath] con olor a ajo.

garlic press *n* triturador *m* de ajos.

garment ['gɑ:mənt] *n* prenda *f* (de vestir).

garner ['gɑ:nə^r] *vt fml* hacer acopio de.

garnet ['gɑ:nɪt] *n* granate *m*.

garnish ['gɑ:nɪʃ] <> *n* guarnición *f*. <> *vt* guarnecer.

garret ['gærət] *n* desván *m*, buhardilla *f*.

garrison ['gærɪsn] <> *n* guarnición *f*. <> *vt* **-1.** [town, fort] guarnecer, proteger **-2.** [troops] acuartelar.

garrulous ['gærələs] *adj* parlanchín(ina), gárrulo(la).

garter ['gɑ:tə^r] *n* **-1.** [band round leg] liga *f* **-2.** *US* [suspender] portaligas *m inv*, liguero *m*.

gas [gæs] (*pl* **-es** OR **-ses**, *pt* & *pp* **-sed**, *cont* **-sing**) <> *n* **-1.** [gen] gas *m* **-2.** *US* [petrol] gasolina *f*, bencina *f Chile*, nafta *f RP*. <> *vt* asfixiar con gas.

gas chamber *n* cámara *f* de gas.

gas cooker *n UK* cocina *f* de gas, estufa *f* de gas *CAm, Col, Méx*.

gas cylinder *n* bombona *f* de gas, garrafa *f* de gas *RP*, balón *m* de gas *Chile*.

gas fire *n UK* estufa *f* de gas.

gas fitter *n* técnico *m*, -ca *f* (de la compañía de gas).

gas gauge *n US* indicador *m* del nivel de gasolina OR bencina *Chile* OR nafta *RP*.

gash [gæʃ] <> *n* raja *f*. <> *vt* rajar.

gasket ['gæskɪt] *n* junta *f*.

gasman ['gæsmæn] (*pl* **-men** [-men]) *n* hombre *m* del gas.

gas mask *n* máscara *f* antigás.

gas meter *n* contador *m* del gas, medidor *m* del gas *Amér*.

gasoline ['gæsəli:n] *n US* gasolina *f*.

gasometer [gæ'sɒmɪtə^r] *n* gasómetro *m*.

gas oven *n* **-1.** [for cooking] horno *m* de gas **-2.** [gas chamber] cámara *f* de gas.

gasp [gɑ:sp] <> *n* **-1.** [pant] resuello *m*, jadeo *m* **-2.** [of shock, surprise] grito *m* ahogado. <> *vi* **-1.** [breathe quickly] resollar, jadear **-2.** [in shock, surprise] ahogar un grito.

gas pedal *n US* acelerador *m*.

gasping ['gɑ:spɪŋ] *adj UK inf*: **to be ~ (for a drink)** estar muerto(ta) de sed.

gas station *n US* gasolinera *f*, grifo *m Perú*, bomba *f Chile, Col, Ven*, estación *f* de nafta *RP*.

gas stove = **gas cooker**.

gassy ['gæsɪ] (*compar* **-ier**, *superl* **-iest**) *adj pej* con mucho gas.

gas tank *n US* depósito *m* de gasolina, tanque

m de gasolina *Perú* OR de bencina *Chile* OR de nafta *RP.*

gas tap *n* llave *f* del gas.

gastric ['gæstrɪk] *adj* gástrico(ca).

gastric ulcer *n* úlcera *f* gástrica.

gastritis [gæs'traɪtɪs] *n* gastritis *f inv.*

gastroenteritis ['gæstrəʊ,entə'raɪtɪs] *n (U)* gastroenteritis *f inv.*

gastronomic [,gæstrə'nɒmɪk] *adj* gastronómico(ca).

gastronomy [gæs'trɒnəmɪ] *n* gastronomía *f.*

gasworks ['gæswɜːks] *(pl inv) n* fábrica *f* de gas.

gate [geɪt] *n* **-1.** [gen] puerta *f*; [metal] verja *f* **-2.** SPORT [takings] taquilla *f*; [attendance] entrada *f.*

gâteau ['gætəʊ] *(pl* **-x** [-z]) *n* **UK** tarta *f* (con nata).

gatecrash ['geɪtkræʃ] *inf* ◇ *vt* colarse en. ◇ *vi* colarse.

gatecrasher ['geɪt,kræʃəʳ] *n inf* intruso *m*, -sa *f.*

gatehouse ['geɪthaʊs, *pl* -haʊzɪz] *n* casa *f* del guarda/portero.

gatekeeper ['geɪt,kiːpəʳ] *n* portero *m*, -ra *f.*

gatepost ['geɪtpəʊst] *n* poste *m.*

gateway ['geɪtweɪ] *n* **-1.** [entrance] puerta *f*, pórtico *m* **-2.** [means of access]: **the Pyrenees, ~ to the Iberian Peninsula** los Pirineos, antesala de la Península Ibérica **-3.** COMPUT pasarela *f.*

gather ['gæðəʳ] ◇ *vt* **-1.** [collect] recoger; **to ~ together** reunir **-2.** [dust] llenarse de **-3.** [increase - speed, strength] ganar, cobrar **-4.** [understand]: **to ~ (that)** deducir que **-5.** [cloth] fruncir. ◇ *vi* [people, animals] reunirse; [clouds] acumularse.

◆ **gather up** *vt sep* recoger.

gathering ['gæðərɪŋ] *n* [meeting] reunión *f.*

GATT [gæt] *(abbr of* **General Agreement on Tariffs and Trade**) *n* GATT *m.*

gauche [gəʊʃ] *adj* torpe.

gaudy ['gɔːdɪ] *(compar* **-ier**, *superl* **-iest**) *adj* chillón(ona), llamativo(va).

gauge, gage *US* [geɪdʒ] ◇ *n* **-1.** [for fuel, temperature] indicador *m*; [for width of tube, wire] calibrador *m* **-2.** [calibre] calibre *m* **-3.** RAIL ancho *m* de vía. ◇ *vt lit & fig* calibrar.

Gaul [gɔːl] *n* **-1.** [country] la Galia **-2.** [person] galo *m*, -la *f.*

gaunt [gɔːnt] *adj* **-1.** [person, face] demacrado(da) **-2.** [building, landscape] adusto(ta).

gauntlet ['gɔːntlɪt] *n* guante *m*; **to run the ~ of sthg** exponerse a algo; **to throw down the ~ (to sb)** arrojar el guante (a alguien).

gauze [gɔːz] *n* gasa *f.*

gave [geɪv] *pt* ▻ **give.**

gawky ['gɔːkɪ] *(compar* **-ier**, *superl* **-iest**) *adj* desgarbado(da).

gawp [gɔːp] *vi*: **to ~ (at sthg/sb)** mirar boquiabierto(ta) (algo/a alguien).

gay [geɪ] ◇ *adj* **-1.** [homosexual] gay, homosexual **-2.** [cheerful, lively, bright] alegre. ◇ *n* gay *m* OR *f.*

Gaza Strip ['gɑːzə-] *n*: **the ~** la franja de Gaza.

gaze [geɪz] ◇ *n* mirada *f* fija. ◇ *vi*: **to ~ (at sthg/sb)** mirar fijamente (algo/a alguien).

gazebo [gə'ziːbəʊ] *(pl* **-s**) *n* belvedere *m.*

gazelle [gə'zel] *(pl inv* OR **-s**) *n* gacela *f.*

gazette [gə'zet] *n* [newspaper] gaceta *f.*

gazetteer [,gæzɪ'tɪəʳ] *n* índice *m* geográfico.

gazump [gə'zʌmp] *vt UK inf*: **to ~ sb** *acordar vender una casa a alguien y luego vendérsela a otro a un precio más alto.*

GB *n* **-1.** *(abbr of* **Great Britain**) GB *f* **-2.** COMPUT *(abbr of* **gigabyte**) GB *m.*

GBH *n abbr of* **grievous bodily harm.**

GC *(abbr of* **George Cross**) *n (titular de la) segunda condecoración británica en importancia.*

GCE *(abbr of* **General Certificate of Education**) *n* **-1.** [O level] *antiguo examen final de enseñanza secundaria en Gran Bretaña para alumnos de buen rendimiento escolar* **-2.** = **A level.**

GCH *UK (abbr of* **gas central heating**) cal. cent. por gas.

GCHQ *(abbr of* **Government Communications Headquarters**) *n centro de recogida de información de los servicios secretos británicos.*

GCSE *(abbr of* **General Certificate of Secondary Education**) *n examen final de enseñanza secundaria en Gran Bretaña.*

Gdns. *abbr of* **Gardens.**

GDP *(abbr of* **gross domestic product**) *n* PIB *m.*

GDR *(abbr of* **German Democratic Republic**) *n* RDA *f.*

gear [gɪəʳ] ◇ *n* **-1.** [mechanism] engranaje *m* **-2.** [speed - of car, bicycle] marcha *f*; **in ~** con una marcha metida; **out of ~** en punto muerto; **to change ~** cambiar de marcha **-3.** *(U)* [equipment, clothes] equipo *m* **-4.** *(U) inf* [stuff, possessions] bártulos *mpl.* ◇ *vt*: **to ~ sthg to** orientar OR encaminar algo hacia.

◆ **gear up** *vi*: **to ~ up for sthg/to do sthg** hacer preparativos para algo/para hacer algo.

gearbox ['gɪəbɒks] *n* caja *f* de cambios.

gear lever, gear stick *UK*, **gear shift** *US n* palanca *f* de cambios.

gear wheel *n* rueda *f* dentada.

GED *n US (abbr of* **General Equivalency Diploma**) *diploma de estudios secundarios para* *aquellos que no siguieron la ruta tradicional del bachillerato.*

gee [dʒiː] *excl* **-1.** [to horse]: ~ **up!** ¡arre! **-2.** *US inf* [expressing surprise, excitement]: ~ **(whiz)!** ¡caramba!, ¡jolines!

geek [giːk] *n esp US inf* lelo *m*, -la *f*, tontaina *mf*; **a computer** ~ un monstruo de la informática.

geese [giːs] *pl* ▷ **goose.**

Geiger counter [ˈgaɪgəʳ-] *n* contador *m* Geiger.

geisha (girl) [ˈgeɪʃə-] *n* geisha *f*.

gel [dʒel] (*pt* & *pp* **-led**, *cont* **-ling**) ◇ *n* [for shower] gel *m*; [for hair] gomina *f*. ◇ *vi* **-1.** [thicken] aglutinarse **-2.** [plan] cuajar; [idea, thought] tomar forma.

gelatin [ˈdʒelətɪn], **gelatine** [ˌdʒeləˈtiːn] *n* gelatina *f*.

gelding [ˈgeldɪŋ] *n* caballo *m* castrado.

gelignite [ˈdʒelɪgnaɪt] *n* gelignita *f*.

gem [dʒem] *n* [precious stone] gema *f*; [jewel, special person, thing] joya *f*.

Gemini [ˈdʒemɪnaɪ] *n* Géminis *m inv*; **to be (a)** ~ ser Géminis.

gemstone [ˈdʒemstəʊn] *n* piedra *f* preciosa.

gen [dʒen] (*pt* & *pp* **-ned**, *cont* **-ning**) *n UK inf (U)* información *f*, detalles *mpl*.
◆ **gen up** *vi UK inf*: **to** ~ **up (on sthg)** informarse (sobre algo).

gen. **-1.** (*abbr of* **general**) gral **-2.** (*abbr of* **generally**) grlte.

Gen. (*abbr of* **General**) *rango militar*, ≃ Gen.

gender [ˈdʒendəʳ] *n* **-1.** GRAMM género *m* **-2.** [sex] sexo *m*.

gene [dʒiːn] *n* gen *m*.

genealogist [ˌdʒiːnɪˈælədʒɪst] *n* genealogista *m* OR *f*.

genealogy [ˌdʒiːnɪˈælədʒɪ] (*pl* **-ies**) *n* genealogía *f*.

genera [ˈdʒenərə] *pl* ▷ **genus.**

general [ˈdʒenərəl] ◇ *adj* general. ◇ *n* general *m*.
◆ **in general** *adv* **-1.** [as a whole] en general **-2.** [usually] por lo general.

general anaesthetic *n* anestesia *f* general.

general delivery *n US* lista *f* de correos.

general election *n* elecciones *fpl* generales.

generality [ˌdʒenəˈrælətɪ] (*pl* **-ies**) *n* generalidad *f*.

generalization [ˌdʒenərəlaɪˈzeɪʃn] *n* generalización *f*.

generalize, -ise [ˈdʒenərəlaɪz] *vi*: **to** ~ **(about)** generalizar (sobre).

general knowledge *n* cultura *f* general.

generally [ˈdʒenərəlɪ] *adv* en general.

general manager *n* director *m*, -ra *f* general.

general practice *n* **-1.** [work] medicina *f* general **-2.** [clinic] consulta *f*.

general practitioner *n* médico *m*, -ca *f* de cabecera.

general public *n*: **the** ~ el gran público.

general-purpose *adj* de uso general.

general strike *n* huelga *f* general.

generate [ˈdʒenəreɪt] *vt* generar.

generation [ˌdʒenəˈreɪʃn] *n* generación *f*; **first/second** ~ de primera/segunda generación.

generation gap *n* brecha *f* generacional.

generator [ˈdʒenəreɪtəʳ] *n* generador *m*.

generic [dʒɪˈnerɪk] *adj* genérico(ca).

generosity [ˌdʒenəˈrɒsətɪ] *n* generosidad *f*.

generous [ˈdʒenərəs] *adj* generoso(sa); [cut of clothes] amplio(plia).

generously [ˈdʒenərəslɪ] *adv* generosamente.

genesis [ˈdʒenəsɪs] (*pl* **-eses** [-əsiːz]) *n* génesis *f inv*.

genetic [dʒɪˈnetɪk] *adj* genético(ca).
◆ **genetics** *n (U)* genética *f*.

genetically modified [dʒɪˈnetɪkəlɪˈmɒdɪfaɪd] *adj* modificado(da) genéticamente, transgénico(ca).

genetic engineering *n* ingeniería *f* genética.

genetic fingerprinting [-ˈfɪŋgəprɪntɪŋ] *n* identificación *f* genética.

geneticist [dʒɪˈnetɪsɪst] *n* genetista *m* OR *f*.

Geneva [dʒɪˈniːvə] *n* Ginebra.

genial [ˈdʒiːnjəl] *adj* cordial, afable.

genie [ˈdʒiːnɪ] (*pl* **genies** OR **genii** [ˈdʒiːnɪaɪ]) *n* genio *m*, duende *m*.

genitals [ˈdʒenɪtlz] *npl* genitales *mpl*.

genius [ˈdʒiːnjəs] (*pl* **-es**) *n* genio *m*; ~ **for sthg/for doing sthg** don *m* para algo/para hacer algo.

Genoa [dʒəˈnəʊə] *n* Génova.

genocide [ˈdʒenəsaɪd] *n* genocidio *m*.

genome [ˈdʒiːnəʊm] *n* genoma *m*.

genre [ˈʒɑːrə] *n* género *m*.

gent [dʒent] *n inf* caballero *m*.
◆ **gents** *n UK* [toilets] servicio *m* de caballeros.

genteel [dʒenˈtiːl] *adj* fino(na), refinado(da).

gentile [ˈdʒentaɪl] ◇ *adj* gentil, no judío(a). ◇ *n* gentil *m* OR *f*.

gentle [ˈdʒentl] *adj* **-1.** [kind] tierno(na), dulce **-2.** [breeze, movement, slope] suave **-3.** [scolding] ligero(ra); [hint] sutil.

gentleman ['dʒentlmən] (*pl* **-men** [-mən]) *n* **-1.** [well-behaved man] caballero *m*; **~'s agreement** pacto *m* de caballeros **-2.** [man] señor *m*, caballero *m*.
gentlemanly ['dʒentlmənlɪ] *adj* caballeroso(sa).
gentleness ['dʒentlnɪs] *n* **-1.** [kindness] ternura *f*, dulzura *f* **-2.** [softness] suavidad *f*.
gently ['dʒentlɪ] *adv* **-1.** [kindly] tiernamente, dulcemente **-2.** [softly, smoothly] suavemente **-3.** [carefully] con cuidado.
gentry ['dʒentrɪ] *n* alta burguesía *f*.
genuflect ['dʒenju:flekt] *vi fml* hacer una genuflexión.
genuine ['dʒenjuɪn] *adj* **-1.** [real] auténtico(ca), genuino(na) **-2.** [sincere] sincero(ra).
genuinely ['dʒenjuɪnlɪ] *adv* **-1.** [really] auténticamente **-2.** [sincerely] sinceramente.
genus ['dʒi:nəs] (*pl* **genera**) *n* género *m*.
geographer [dʒɪ'ɒgrəfə^r] *n* geógrafo *m*, -fa *f*.
geographical [ˌdʒɪə'græfɪkl] *adj* geográfico(ca).
geography [dʒɪ'ɒgrəfɪ] *n* geografía *f*.
geological [ˌdʒɪə'lɒdʒɪkl] *adj* geológico(ca).
geologist [dʒɪ'ɒlədʒɪst] *n* geólogo *m*, -ga *f*.
geology [dʒɪ'ɒlədʒɪ] *n* geología *f*.
geometric(al) [ˌdʒɪə'metrɪk(l)] *adj* geométrico(ca).
geometry [dʒɪ'ɒmətrɪ] *n* geometría *f*.
geophysics [ˌdʒi:əʊ'fɪzɪks] *n (U)* geofísica *f*.
Geordie ['dʒɔ:dɪ] ◇ *adj de o relativo a Tyneside.* ◇ *n* [person] *natural o habitante de Tyneside.*
George Cross ['dʒɔ:dʒ-] *n UK* ≃ medalla *f* al mérito civil.
Georgia ['dʒɔ:dʒə] *n* [in US, in Europe] Georgia.
Georgian ['dʒɔ:dʒjən] ◇ *adj* GEOGR & HIST georgiano(na). ◇ *n* **-1.** [person] georgiano *m*, -na *f* **-2.** [language] georgiano *m*.
geranium [dʒɪ'reɪnjəm] (*pl* **-s**) *n* geranio *m*.
gerbil ['dʒɜ:bɪl] *n* jerbo *m*, gerbo *m*.
geriatric [ˌdʒerɪ'ætrɪk] ◇ *adj* [of old people] geriátrico(ca). ◇ *n* **-1.** MED anciano *m*, -na *f* **-2.** [very old person] *inf* vejestorio *m*.
germ [dʒɜ:m] *n* BIOL & *fig* germen *m*; MED microbio *m*.
German ['dʒɜ:mən] ◇ *adj* alemán(ana). ◇ *n* **-1.** [person] alemán *m*, -ana *f* **-2.** [language] alemán *m*.
Germanic [dʒɜ:'mænɪk] *adj* germánico(ca).
German measles *n* rubéola *f*.
German shepherd (dog) *n* pastor *m* alemán.
Germany ['dʒɜ:mənɪ] (*pl* **-ies**) *n* Alemania.
germicide ['dʒɜ:mɪsaɪd] *n* germicida *m*.
germinate ['dʒɜ:mɪneɪt] *vt & vi lit & fig* germinar.
germination [ˌdʒɜ:mɪ'neɪʃn] *n lit & fig* germinación *f*.
germ warfare *n* guerra *f* bacteriológica.
Gerona [dʒə'rəʊnə] *n* Gerona.
gerrymandering ['dʒerɪmændərɪŋ] *n división de una zona electoral de forma que se da ventaja a un partido frente a otros.*
gerund ['dʒerənd] *n* gerundio *m*.
gestation [dʒe'steɪʃn] *n* gestación *f*.
gestation period *n lit & fig* periodo *m* de gestación.
gesticulate [dʒes'tɪkjʊleɪt] *vi* gesticular.
gesticulation [dʒeˌstɪkjʊ'leɪʃn] *n* gesticulación *f*.
gesture ['dʒestʃə^r] ◇ *n* gesto *m*. ◇ *vi*: **to ~ to** OR **towards sb** hacer gestos a alguien.
get [get] (*UK pt & pp* **got**, *cont* **-ting**, *US pt* **got**, *pp* **gotten**, *cont* **-ting**) ◇ *vt* **-1.** [bring, fetch] traer; **can I ~ you something to eat/drink?** ¿te traigo algo de comer/beber?; **I'll ~ my coat** voy a por el abrigo; **could you ~ me the boss, please?** [when phoning] póngame con el jefe **-2.** [door, phone] contestar a **-3.** [obtain] conseguir; **she got top marks** sacó las mejores notas **-4.** [buy] comprar **-5.** [receive] recibir; **when did you ~ the news?** ¿cuándo recibiste la noticia?; **what did you ~ for your birthday?** ¿qué te regalaron para tu cumpleaños?; **she ~s a good salary** gana un buen sueldo; **we don't ~ much rain** no llueve mucho **-6.** [catch - bus, criminal, illness] coger, agarrar *Amér*; **I've got a cold** estoy resfriado; **he got cancer** contrajo cáncer **-7.** [cause to do]: **to ~ sb to do sthg** hacer que alguien haga algo; **I'll ~ my sister to help** le pediré a mi hermana que ayude **-8.** [cause to be done]: **to ~ sthg done** mandar hacer algo; **have you got the car fixed yet?** ¿te han arreglado ya el coche? **-9.** [cause to become]: **to ~ sthg ready** preparar algo; **to ~ sthg dirty** ensuciar algo; **to ~ sb pregnant** dejar a alguien preñada; **to ~ things going** poner las cosas en marcha **-10.** [cause to move]: **can you ~ it through the gap?** ¿puedes meterlo por el hueco?; **to ~ sthg/sb out of sthg** conseguir sacar algo/a alguien de algo **-11.** [experience - a sensation]: **do you ~ the feeling he doesn't like us?** ¿no te da la sensación de que no le gustamos?; **I got the impression she was unhappy** me dio la impresión de que era infeliz; **I ~ a thrill out of driving fast** encuentro emocionante lo de conducir deprisa **-12.** [understand] entender; **I don't ~ it** *inf* no me aclaro, no lo entiendo; **he didn't seem to ~ the point** no pareció captar el sentido

-**13.** *inf* [annoy] poner negro(gra); **what really ~s me is his smugness** lo que me pone negro es lo engreído que es -**14.** [find]: **you ~ a lot of artists here** hay mucho artista por aquí; *see also* **have**. ◇ *vi* -**1.** [become] ponerse; **to ~ angry/pale** ponerse furioso/pálido; **to ~ ready** prepararse; **to ~ dressed** vestirse; **I'm getting cold/bored** me estoy enfriando/aburriendo; **it's getting late** se está haciendo tarde -**2.** [arrive] llegar; **how do I ~ there?** ¿cómo se llega (allí)?; **to ~ home** llegar a casa; **I only got back yesterday** regresé justo ayer -**3.** [eventually succeed]: **to ~ to do sthg** llegar a hacer algo; **I never got to know him/visit Moscow** nunca llegué a conocerle/visitar Moscú; **she got to enjoy the classes** llegaron a gustarle las clases; **did you ~ to see him?** ¿conseguiste verlo? -**4.** [progress] llegar; **how far have you got?** ¿cuánto llevas?, ¿hasta dónde has llegado?; **we only got as far as buying the paint** no llegamos más que a comprar la pintura; **I got to the point where I didn't care any more** llegó un punto en el que ya nada me importaba; **now we're getting somewhere** ahora sí que vamos por buen camino; **we're getting nowhere** así no llegamos a ninguna parte. ◇ *aux vb*: **to ~ excited** emocionarse; **someone could ~ hurt** alguien podría resultar herido; **I got beaten up** me zurraron; **let's ~ going** *OR* **moving** vamos a ponernos en marcha.

◆ **get about, get around** *vi* -**1.** [move from place to place] salir a menudo -**2.** [circulate - news etc] difundirse; *see also* **get around**.

◆ **get across** *vt sep*: **to ~ sthg across to sb** hacerle comprender algo a alguien; **to ~ a message across** transmitir un mensaje.

◆ **get ahead** *vi* [in life] abrirse camino.

◆ **get along** *vi* -**1.** [manage] arreglárselas, apañárselas -**2.** [progress]: **how are you getting along?** ¿cómo te va? -**3.** [have a good relationship]: **to ~ along (with sb)** llevarse bien (con alguien).

◆ **get around, get round** ◇ *vt fus* [overcome - problem] evitar; [- obstacle] sortear. ◇ *vi* -**1.** [circulate - news etc] difundirse -**2.** [eventually do]: **to ~ around to (doing) sthg** sacar tiempo para (hacer) algo; *see also* **get about**.

◆ **get at** *vt fus* -**1.** [reach] llegar a, alcanzar; **he's determined to ~ at the truth** está decidido a descubrir la verdad -**2.** [imply] referirse a; **what are you getting at?** ¿qué quieres decir con eso? -**3.** *inf* [criticize]: **stop getting at me!** ¡deja ya de meterte conmigo!

◆ **get away** *vi* -**1.** [leave] salir, irse -**2.** [go on holiday]: **I really need to ~ away** necesito unas buenas vacaciones; **to ~ away from it all** escaparse de todo -**3.** [escape] escaparse.

◆ **get away with** *vt fus* salir impune de; **she lets him ~ away with everything** ella se lo consiente todo.

◆ **get back** ◇ *vt sep* [recover, regain] recuperar; **they got their money back** les devolvieron el dinero. ◇ *vi* -**1.** [move away] echarse atrás, apartarse -**2.** [return] volver.

◆ **get back to** *vt fus* -**1.** [return to previous state, activity] volver a; **to ~ back to sleep/normal** volver a dormirse/a la normalidad; **to ~ back to work** volver a trabajar *OR* al trabajo -**2.** *esp US inf* [phone back]: **I'll ~ back to you later** te llamo de vuelta más tarde.

◆ **get by** *vi* apañárselas.

◆ **get down** *vt sep* -**1.** [depress] deprimir -**2.** [fetch from higher level] bajar -**3.** [write down] anotar.

◆ **get down to** *vt fus*: **to ~ down to doing sthg** ponerse a hacer algo; **to ~ down to work** ponerse manos a la obra.

◆ **get in** ◇ *vi* -**1.** [enter] entrar -**2.** [arrive] llegar -**3.** [be elected] salir elegido(da). ◇ *vt sep* -**1.** [bring in - washing] meter dentro; [- harvest] recoger; [- provisions] aprovisionarse de -**2.** [interject]: **to ~ a word in** decir algo.

◆ **get in on** *vt fus* apuntarse a.

◆ **get into** *vt fus* -**1.** [car] subir a -**2.** [become involved in] meterse en; **to ~ into an argument (with)** meterse en una discusión (con) -**3.** [enter into a particular situation, state]: **to ~ into a panic** *OR* **state** ponerse nerviosísimo; **to ~ into trouble** meterse en líos; **to ~ into the habit of doing sthg** adquirir el hábito *OR* coger la costumbre de hacer algo -**4.** [be accepted as a student at]: **she managed to ~ into Oxford** consiguió entrar en Oxford -**5.** *inf* [affect]: **what's got into you?** ¿qué mosca te ha picado?

◆ **get off** ◇ *vt sep* -**1.** [remove] quitar -**2.** [prevent from being punished] librar. ◇ *vt fus* -**1.** [go away from] irse *OR* salirse de; **~ off my land!** ¡fuera de mis tierras! -**2.** [train, bus, table] bajarse de. ◇ *vi* -**1.** [leave bus, train] bajarse, desembarcarse *Amér* -**2.** [escape punishment] escaparse; **he got off lightly** salió bien librado -**3.** [depart] irse, salir.

◆ **get off with** *vt fus UK inf* ligar con.

◆ **get on** ◇ *vt sep* [put on] ponerse. ◇ *vt fus* [bus, train, horse] subirse a. ◇ *vi* -**1.** [enter bus, train] subirse, montarse -**2.** [have good relationship] llevarse bien -**3.** [progress]: **how are you getting on?** ¿cómo te va? -**4.** [proceed]: **to ~ on with sthg** seguir *OR* continuar con algo -**5.** [be successful professionally] triunfar -**6.** [grow old]: **he's getting on a** bit se está haciendo mayor.

◆ **get on for** *vt fus inf* [be approximately]: **it's getting on for five o'clock** casi son las cinco; **she's getting on for 65** ronda los 65.

◆ **get on to** *vt fus* **-1.** [begin talking about] ponerse a hablar de **-2.** [contact] ponerse en contacto con.

◆ **get out** ◇ *vt sep* [remove - object, prisoner] sacar; [- stain etc] quitar; **she got a pen out of her bag** sacó un bolígrafo del bolso. ◇ *vi* **-1.** [leave] salir; ~ **out!** ¡vete de aquí! **-2.** [leave car, bus, train] bajarse **-3.** [become known - news] difundirse, filtrarse.

◆ **get out of** ◇ *vt fus* **-1.** [car, bus, train] bajar de; [bed] levantarse de **-2.** [escape from] escapar OR huir de **-3.** [avoid] librarse de, eludir; **to** ~ **out of (doing) sthg** librarse de (hacer) algo. ◇ *vt sep* [cause to escape from]: **to** ~ **sb out of jail** ayudar a alguien a escapar de la cárcel.

◆ **get over** ◇ *vt fus* **-1.** [recover from] recuperarse de; **you'll** ~ **over it** ya se te pasará **-2.** [overcome] superar. ◇ *vt sep* [communicate] hacer comprender.

◆ **get over with** *vt sep*: **to** ~ **sthg over with** terminar con algo.

◆ **get round** = **get around**.

◆ **get through** ◇ *vt fus* **-1.** [job, task] terminar, acabar **-2.** [exam] aprobar **-3.** [food, drink] consumir **-4.** [unpleasant situation] sobrevivir a, aguantar. ◇ *vi* **-1.** [make oneself understood]: **to** ~ **through (to sb)** hacerse comprender (por alguien) **-2.** TELEC conseguir comunicar.

◆ **get to** ◇ *vt fus inf* [annoy] fastidiar, molestar. ◇ *vi* [end up] ir a parar.

◆ **get together** ◇ *vt sep* [organize - project, demonstration] organizar, montar; [- team] juntar; [- report] preparar. ◇ *vi* juntarse, reunirse.

◆ **get up** ◇ *vi* levantarse. ◇ *vt fus* [organize - petition etc] preparar, organizar.

◆ **get up to** *vt fus inf* hacer, montar; **I wonder what they're getting up to** me pregunto qué demonios estarán haciendo.

getaway ['getəweɪ] *n* fuga *f*, huida *f*; **to make one's** ~ darse a la fuga.

getaway car *n coche en que huyen los criminales de la escena del crimen.*

get-together *n inf* reunión *f*.

getup ['getʌp] *n inf* indumentaria *f*, atuendo *m*.

get-up-and-go *n inf* dinamismo *m*.

get-well card *n tarjeta que se envía a una persona enferma deseándole que se mejore pronto.*

geyser ['gi:zəʳ] *n* **-1.** [hot spring] géiser *m* **-2.** *UK* [water heater] calentador *m* de agua.

Ghana ['gɑ:nə] *n* Ghana.

Ghanaian [gɑ:'neɪən] ◇ *adj* ghanés(esa). ◇ *n* ghanés *m*, -esa *f*.

ghastly ['gɑ:stlɪ] (*compar* **-ier**, *superl* **-iest**) *adj* **-1.** *inf* [very bad, unpleasant] horrible, espantoso(sa) **-2.** [horrifying] horripilante **-3.** [ill] fatal.

gherkin ['gɜ:kɪn] *n* pepinillo *m*.

ghetto ['getəʊ] (*pl* **-s** OR **-es**) *n* gueto *m*.

ghetto blaster [-'blɑ:stəʳ] *n inf radiocasete portátil de gran tamaño y potencia.*

ghost [gəʊst] ◇ *n* [spirit] fantasma *m*; **he doesn't have a** ~ **of a chance** no tiene ni la más remota posibilidad. ◇ *vt* = **ghostwrite**.

ghostly ['gəʊstlɪ] (*compar* **-ier**, *superl* **-iest**) *adj* fantasmal.

ghost town *n* pueblo *m* fantasma.

ghostwrite ['gəʊstraɪt] (*pt* **-wrote**, *pp* **-written**) *vt escribir anónimamente para otras personas.*

ghostwriter ['gəʊst,raɪtəʳ] *n escritor anónimo que escribe un libro en lugar de su autor oficial.*

ghostwritten ['gəʊst,rɪtn] *pp* ▷ **ghostwrite**.

ghostwrote ['gəʊstrəʊt] *pp* ▷ **ghostwrite**.

ghoul [gu:l] *n* **-1.** [spirit] espíritu *m* del mal **-2.** *pej* [ghoulish person] persona *f* macabra.

ghoulish ['gu:lɪʃ] *adj* macabro(bra).

GHQ (*abbr of* **general headquarters**) *n cuartel general.*

GI (*abbr of* **government issue**) *n US* soldado *m* raso.

giant ['dʒaɪənt] ◇ *adj* gigantesco(ca). ◇ *n* gigante *m*.

giant-size(d) *adj* de tamaño gigante.

gibber ['dʒɪbəʳ] *vi* farfullar.

gibberish ['dʒɪbərɪʃ] *n* galimatías *m inv*.

gibbon ['gɪbən] *n* gibón *m*.

gibe [dʒaɪb] ◇ *n* pulla *f*. ◇ *vi*: **to** ~ **(at)** mofarse (de).

giblets ['dʒɪblɪts] *npl* menudillos *mpl*.

Gibraltar [dʒɪ'brɔ:ltəʳ] *n* Gibraltar; **the Rock of** ~ el Peñón.

giddy ['gɪdɪ] (*compar* **-ier**, *superl* **-iest**) *adj* mareado(da); **to be** ~ [have vertigo] tener vértigo.

gift [gɪft] *n* **-1.** [present] regalo *m*, obsequio *m* **-2.** [talent] don *m*; **to have a** ~ **for sthg/for doing sthg** tener un don especial para algo/para hacer algo; **to have the** ~ **of the gab** tener un pico de oro.

gift certificate *US* = **gift token**.

gifted ['gɪftɪd] *adj* **-1.** [talented] dotado(da), de talento **-2.** [extremely intelligent] superdotado(da).

gift token, gift voucher *n UK* vale *m* OR cupón *m* para regalo.

gift-wrapped [-ræpt] *adj* envuelto(ta) para regalo.

gig [gɪg] *n inf* [concert] actuación *f*, concierto *m*.

gigabyte ['gaɪgəbaɪt] *n* COMPUT gigabyte *m*.

gigantic [dʒaɪ'gæntɪk] *adj* gigantesco(ca).

giggle ['gɪgl] ◇ *n* **-1.** [laugh] risita *f*, risa *f* tonta **-2.** *UK inf* [fun]: **it's a real ~** es la mar de divertido; **to do sthg for a ~** hacer algo por puro cachondeo. ◇ *vi* [laugh] soltar risitas.

giggly ['gɪglɪ] (*compar* **-ier**, *superl* **-iest**) *adj* con la risa tonta.

GIGO ['gaɪgəʊ] (*abbr of* **garbage in, garbage out**) *información errónea genera resultados erróneos.*

gigolo ['ʒɪgələʊ] (*pl* **-s**) *n pej* gigoló *m*.

gigot ['ʒi:gəʊ] *n* pierna *f* de cordero.

gilded ['gɪldɪd] = **gilt**.

gill [dʒɪl] *n* [unit of measurement] = *0,142 litros.*

gills [gɪlz] *npl* [of fish] agallas *fpl*.

gilt [gɪlt] ◇ *adj* dorado(da). ◇ *n* dorado *m*.

◆ **gilts** *npl* FIN valores *mpl* de máxima garantía.

gilt-edged *adj* FIN de máxima garantía.

gimme ['gɪmɪ] *inf* = **give me**.

gimmick ['gɪmɪk] *n pej* artilugio *m* innecesario; **advertising ~** reclamo *m* publicitario.

gin [dʒɪn] *n* ginebra *f*; **~ and tonic** gin-tonic *m*.

ginger ['dʒɪndʒə^r] ◇ *adj UK* **-1.** [hair] bermejo(ja); **to have ~ hair** ser pelirrojo(ja) **-2.** [cat] de color bermejo. ◇ *n* jengibre *m*.

ginger ale *n* [mixer] ginger-ale *m*.

ginger beer *n* [slightly alcoholic] refresco *m* de jengibre.

gingerbread ['dʒɪndʒəbred] *n* **-1.** [cake] pan *m* de jengibre **-2.** [biscuit] galleta *f* de jengibre.

ginger-haired [-'heəd] *adj* pelirrojo(ja).

gingerly ['dʒɪndʒəlɪ] *adv* con mucho tiento.

gingham ['gɪŋəm] *n* guinga *f*.

gingivitis [ˌdʒɪndʒɪ'vaɪtɪs] *n* gingivitis *f inv*.

ginseng ['dʒɪnseŋ] *n* ginseng *m*.

gipsy ['dʒɪpsɪ] (*pl* **-ies**) ◇ *adj* gitano(na). ◇ *n UK* gitano *m*, -na *f*.

giraffe [dʒɪ'rɑ:f] (*pl inv* OR **-s**) *n* jirafa *f*.

gird [gɜ:d] ▷ **loin**.

girder ['gɜ:də^r] *n* viga *f*.

girdle ['gɜ:dl] *n* [corset] faja *f*.

girl [gɜ:l] *n* **-1.** [child] niña *f* **-2.** [young woman] chica *f* **-3.** [daughter] niña *f*, chica *f* **-4.** *inf* [female friend]: **the ~s** las amigas, las chicas.

girl Friday *n* secretaria *f*.

girlfriend ['gɜ:lfrend] *n* **-1.** [female lover] novia *f* **-2.** [female friend] amiga *f*.

girl guide *UK*, **girl scout** *US n* [individual] exploradora *f*.

◆ **Girl Guides** *n* [organization]: **the Girl Guides** las exploradoras.

girlie magazine ['gɜ:lɪ-] *n inf* revista *f* porno.

girlish ['gɜ:lɪʃ] *adj* de niña.

girl scout *US* = **girl guide**.

giro ['dʒaɪrəʊ] (*pl* **-s**) *n UK* **-1.** *(U)* [system] giro *m* **-2.**: **~ (cheque)** cheque *m* para giro bancario.

girth [gɜ:θ] *n* **-1.** [circumference] circunferencia *f* **-2.** [of horse] cincha *f*.

GIS (*abbr of* **geographic information system**) *n sistema de información geográfica.*

gist [dʒɪst] *n*: **the ~ of** lo esencial de; **to get the ~ (of sthg)** entender el sentido (de algo).

give [gɪv] (*pt* **gave**, *pp* **given**) ◇ *vt* **-1.** [gen] dar; [time, effort] dedicar; [attention] prestar; **to ~ sb/sthg sthg, to ~ sthg to sb/sthg** dar algo a alguien/algo; **he was ~n twenty years** [sentenced to] le cayeron veinte años; **to ~ a shrug** encogerse de hombros; **to ~ sb a look** lanzar una mirada a alguien **-2.** [as present]: **to ~ sb sthg, to ~ sthg to sb** regalar algo a alguien **-3.** [hand over]: **to ~ sb sthg, to ~ sthg to sb** entregar OR dar algo a alguien **-4.** *inf* [pay]: **to ~ sthg (for sthg)** dar OR pagar algo (por algo) **-5.** *phr*: **I am given to believe** OR **understand that ...** *fml* tengo entendido que ...; **I'd ~ anything** OR **my right arm to do that** daría cualquier cosa por hacer eso. ◇ *vi* [collapse, break] romperse, ceder; [stretch] dar de sí. ◇ *n* [elasticity] elasticidad *f*.

◆ **give or take** *prep* más o menos; **in half an hour ~ or take five minutes** en media hora, cinco minutos más o menos.

◆ **give away** *vt sep* **-1.** [as present] regalar **-2.** [reveal] revelar, descubrir **-3.** [bride] llevar al altar.

◆ **give back** *vt sep* [return] devolver, regresar *Méx*.

◆ **give in** *vi* **-1.** [admit defeat] rendirse, darse por vencido(da), transar *Amér* **-2.** [agree unwillingly]: **to ~ in to sthg** ceder ante algo.

◆ **give off** *vt fus* [produce, emit] despedir.

◆ **give out** ◇ *vt sep* [distribute] repartir, distribuir. ◇ *vi* [supply, strength] agotarse, acabarse; [legs, machine] fallar.

◆ **give over** ◇ *vt sep* [dedicate]: **to be given over to sthg** dedicarse a algo. ◇ *vi UK inf* [stop]: **~ over!** ¡ basta OR vale ya!

◆ **give up** ◇ *vt sep* **-1.** [stop] abandonar; **to ~ up chocolate** dejar de comer chocolate **-2.** [job] dejar **-3.** [surrender]: **to ~ o.s. up (to sb)** entregarse (a alguien). ◇ *vi* rendirse, darse por vencido(da).

◆ **give up on** *vt fus* [abandon] dejar por imposible.

give-and-take *n* toma y daca *m.*

giveaway ['gɪvə,weɪ] ◇ *adj* **-1.** [tell-tale] revelador(ra) **-2.** [very cheap] de regalo. ◇ *n* [telltale sign] indicio *m*, signo *m* revelador.

given ['gɪvn] ◇ *pp* ▷ **give**. ◇ *adj* **-1.** [set, fixed] dado(da); **at any ~ time** en cualquier momento **-2.** [prone]: **to be ~ to sthg/to doing sthg** ser dado(da) a algo/a hacer algo. ◇ *prep* [taking into account] dado(da); **~ that** dado que.

given name *n esp US* nombre *m* de pila.

giver ['gɪvə^r] *n* donante *m* OR *f.*

glacé cherry ['glæseɪ-] *n* cereza *f* escarchada OR confitada.

glacial ['gleɪsjəl] *adj lit & fig* glacial.

glacier ['glæsjə^r] *n* glaciar *m.*

glad [glæd] (*compar* **-der**, *superl* **-dest**) *adj* **-1.** [happy, pleased] alegre, contento(ta); **to be ~ about/that** alegrarse de/de que **-2.** [willing]: **to be ~ to do sthg** tener gusto en hacer algo **-3.** [grateful]: **to be ~ of sthg** agradecer algo.

gladden ['glædn] *vt literary* regocijar, llenar de gozo.

glade [gleɪd] *n literary* claro *m.*

gladiator ['glædɪeɪtə^r] *n* gladiador *m.*

gladioli [,glædɪ'əʊlaɪ] *npl* gladiolos *mpl.*

gladly ['glædlɪ] *adv* **-1.** [happily, eagerly] alegremente **-2.** [willingly] con mucho gusto.

glamor *US* = **glamour**.

glamorize, -ise ['glæməraɪz] *vt* hacer más atractivo(va).

glamorous ['glæmərəs] *adj* atractivo(va), lleno(na) de encanto.

glamour *UK*, **glamor** *US* ['glæmə^r] *n* encanto *m*, atractivo *m.*

glance [glɑ:ns] ◇ *n* [quick look] mirada *f*, vistazo *m*; **to cast** OR **take a ~ at sthg** echar un vistazo a algo; **at a ~** de un vistazo; **at first ~** a primera vista. ◇ *vi* [look quickly]: **to ~ at sb** lanzar una mirada a alguien; **to ~ at sthg** echar una ojeada OR un vistazo a algo; **to ~ at** OR **through sthg** hojear algo.

◆ **glance off** *vt fus* rebotar en.

glancing ['glɑ:nsɪŋ] *adj* de refilón.

gland [glænd] *n* glándula *f.*

glandular fever ['glændjʊlə^r-] *n* mononucleosis *f inv* infecciosa.

glare [gleə^r] ◇ *n* **-1.** [scowl] mirada *f* asesina **-2.** [blaze, dazzle] resplandor *m*, deslumbramiento *m* **-3.** *(U) fig* [of publicity] foco *m.* ◇ *vi* **-1.** [scowl]: **to ~ (at sthg/sb)** mirar con furia (algo/a alguien) **-2.** [blaze, dazzle] brillar.

glaring ['gleərɪŋ] *adj* **-1.** [very obvious] flagrante **-2.** [blazing, dazzling] deslumbrante.

glasnost ['glæznɒst] *n* glasnost *f.*

glass [glɑ:s] ◇ *n* **-1.** [material] vidrio *m*, cristal *m* **-2.** [drinking vessel, glassful] vaso *m*; [with stem] copa *f* **-3.** *(U)* [glassware] cristalería *f.* ◇ *comp* de vidrio, de cristal.

◆ **glasses** *npl* [spectacles] gafas *fpl.*

glassblowing ['glɑ:s,bləʊɪŋ] *n* soplado *m* de vidrio.

glass fibre *n (U) UK* fibra *f* de vidrio.

glasshouse ['glɑ:shaʊs, *pl* -haʊzɪz] *n UK* [greenhouse] invernadero *m.*

glassware ['glɑ:sweə^r] *n (U)* cristalería *f.*

glassy ['glɑ:sɪ] (*compar* **-ier**, *superl* **-iest**) *adj* **-1.** [smooth, shiny] cristalino(na) **-2.** [blank, lifeless] vidrioso(sa).

Glaswegian [glæz'wi:dʒjən] ◇ *adj de o relativo a Glasgow.* ◇ *n* [person] *natural o habitante de Glasgow.*

glaucoma [glɔ:'kəʊmə] *n* glaucoma *m.*

glaze [gleɪz] ◇ *n* [on pottery] vidriado *m*; [on food] glaseado *m.* ◇ *vt* **-1.** [pottery] vidriar; [food] glasear **-2.** [window] acristalar.

◆ **glaze over** *vi* [eyes] velarse.

glazed [gleɪzd] *adj* **-1.** [dull, bored] vidrioso(sa) **-2.** [pottery] vidriado(da); [food] glaseado(da) **-3.** [door, window] acristalado(da).

glazier ['gleɪzjə^r] *n* vidriero *m*, -ra *f.*

GLC (*abbr of* **Greater London Council**) *n antiguo ayuntamiento de Londres.*

gleam [gli:m] ◇ *n* destello *m*; [of hope] rayo *m.* ◇ *vi* relucir.

gleaming ['gli:mɪŋ] *adj* reluciente.

glean [gli:n] *vt* [gather] recoger; [information] extraer.

glee [gli:] *n (U)* [joy, delight] alegría *f*, regocijo *m.*

gleeful ['gli:fʊl] *adj* alegre, jubiloso(sa).

glen [glen] *n Scot* cañada *f.*

glib [glɪb] (*compar* **-ber**, *superl* **-best**) *adj pej* de mucha labia.

glibly ['glɪblɪ] *adv pej* con mucha labia.

glide [glaɪd] *vi* **-1.** [move smoothly] deslizarse **-2.** [fly] planear.

glider ['glaɪdə^r] *n* [plane] planeador *m.*

gliding ['glaɪdɪŋ] *n* [sport] vuelo *m* sin motor.

glimmer ['glɪmə^r] ◇ *n* **-1.** [faint light] luz *f* tenue **-2.** *fig* [trace, sign] atisbo *m*; [of hope] rayo *m.* ◇ *vi* brillar tenuemente.

glimpse [glɪmps] ◇ *n* **-1.** [look, sight] vislumbre *f*; **to catch a ~ of sthg/sb** entrever algo/a alguien **-2.** [idea, perception] asomo *m*, atisbo *m.* ◇ *vt* entrever, vislumbrar.

glint [glɪnt] ◇ *n* **-1.** [flash] destello *m* **-2.** [in eyes] brillo *m.* ◇ *vi* destellar.

glisten ['glɪsn] *vi* relucir, brillar.

glitch [glɪtʃ] *n inf* pequeño fallo *m* técnico.

glitter ['glɪtə^r] <> *n* **-1.** [shine] brillo *m* **-2.** [for decoration] purpurina *f.* <> *vi* relucir, brillar.

glittering ['glɪtərɪŋ] *adj* brillante, reluciente.

glitzy ['glɪtsɪ] (*compar* **-ier**, *superl* **-iest**) *adj inf* [glamorous] deslumbrante.

gloat [gləʊt] *vi*: **to ~ (over sthg)** regodearse (con algo).

global ['gləʊbl] *adj* [worldwide] mundial, global; **the ~ village** la aldea global.

globalization [ˌgləʊbəlaɪ'zeɪʃn] *n* globalización *f.*

globally ['gləʊbəlɪ] *adv* **-1.** [overall] en términos globales **-2.** [worldwide] mundialmente.

global warming [-'wɔːmɪŋ] *n* calentamiento *m* global, cambio *m* climático.

globe [gləʊb] *n* **-1.** [gen] globo *m* **-2.** [spherical map] globo *m* (terráqueo).

globetrotter ['gləʊbˌtrɒtə^r] *n inf* trotamundos *m* OR *f inv.*

globule ['glɒbjuːl] *n* gota *f.*

gloom [gluːm] *n (U)* **-1.** [darkness] penumbra *f* **-2.** [unhappiness] pesimismo *m*, melancolía *f.*

gloomy ['gluːmɪ] (*compar* **-ier**, *superl* **-iest**) *adj* **-1.** [dark, cloudy] oscuro(ra) **-2.** [unhappy] triste, melancólico(ca) **-3.** [without hope - report, forecast] pesimista; [- situation, prospects] desalentador(ra).

glorification [ˌglɔːrɪfɪ'keɪʃn] *n* glorificación *f.*

glorified ['glɔːrɪfaɪd] *adj pej* [jumped-up] con pretensiones.

glorify ['glɔːrɪfaɪ] (*pt* & *pp* **-ied**) *vt* [overpraise] ensalzar.

glorious ['glɔːrɪəs] *adj* magnífico(ca), espléndido(da).

glory ['glɔːrɪ] (*pl* **-ies**) *n* **-1.** [gen] gloria *f* **-2.** [beauty, splendour] esplendor *m.*

◆ **glories** *npl* [triumphs] éxitos *mpl*, triunfos *mpl.*

◆ **glory in** *vt fus* [relish] disfrutar de, regocijarse con.

Glos (*abbr of* **Gloucestershire**) *condado inglés.*

gloss [glɒs] *n* **-1.** [shine] lustre *m*, brillo *m* **-2.**: **~ (paint)** pintura *f* esmalte.

◆ **gloss over** *vt fus* tocar muy por encima.

glossary ['glɒsərɪ] (*pl* **-ies**) *n* glosario *m.*

glossy ['glɒsɪ] (*compar* **-ier**, *superl* **-iest**) *adj* **-1.** [smooth, shiny] brillante, lustroso(sa) **-2.** [on shiny paper] de papel satinado.

glossy magazine *n* revista *f* lujosa a todo color.

glove [glʌv] *n* guante *m.*

glove compartment *n* guantera *f.*

glove puppet *n UK* guiñol *m (marioneta).*

glow [gləʊ] <> *n* **-1.** [light] brillo *m*, fulgor *m* **-2.** [flush] rubor *m* **-3.** [feeling] calor *m*, ardor *m.* <> *vi* **-1.** [gen] brillar **-2.** [flush]: **to ~ (with)** [embarrassment] sonrojarse (de); [happiness, pleasure etc] estar rebosante (de).

glower ['glaʊə^r] *vi*: **to ~ (at sthg/sb)** mirar con furia (algo/a alguien).

glowing ['gləʊɪŋ] *adj* [very favourable] entusiasta.

glow-worm *n* luciérnaga *f.*

glucose ['gluːkəʊs] *n* glucosa *f.*

glue [gluː] (*cont* **glueing** OR **gluing**) <> *n* [paste] pegamento *m*; [for glueing wood, metal etc] cola *f.* <> *vt* [paste] pegar (con pegamento); [wood, metal etc] encolar; **to be ~d to sthg** [absorbed by] estar pegado a algo.

glue-sniffing [-ˌsnɪfɪŋ] *n* inhalación *f* de pegamento.

glum [glʌm] (*compar* **-mer**, *superl* **-mest**) *adj* [unhappy] sombrío(a).

glut [glʌt] *n* exceso *m*, superabundancia *f.*

gluten ['gluːtən] *n* gluten *m.*

glutinous ['gluːtɪnəs] *adj* pegajoso(sa), glutinoso(sa).

glutton ['glʌtn] *n* [greedy person] glotón *m*, -ona *f*; **to be a ~ for punishment** ser un masoquista.

gluttony ['glʌtənɪ] *n* glotonería *f*, gula *f.*

glycerin ['glɪsərɪn], **glycerine** ['glɪsəriːn] *n* glicerina *f.*

gm (*abbr of* **gram**) gr.

GMB *n importante sindicato de obreros británicos.*

GM foods *npl* alimentos *mpl* transgénicos.

GMO (*abbr of* **genetically modified organism**) <> *adj* transgénico(ca). <> *n* OMG *m.*

GMT (*abbr of* **Greenwich Mean Time**) *hora GMT del meridiano de Greenwich.*

gnarled [nɑːld] *adj* nudoso(sa).

gnash [næʃ] *vt*: **to ~ one's teeth** hacer rechinar los dientes.

gnat [næt] *n* mosquito *m.*

gnaw [nɔː] *vt* [chew] roer; **to ~ (away) at sb** corroer a alguien.

gnome [nəʊm] *n* gnomo *m.*

GNP (*abbr of* **gross national product**) *n* PNB *m.*

gnu [nuː] (*pl inv* OR **-s**) *n* ñu *m.*

GNVQ (*abbr of* **General National Vocational Qualification**) *n* EDUC *curso de formación profesional de dos años de duración para los mayores de 16 años en Inglaterra y Gales.*

go [gəʊ] (*pt* **went**, *pp* **gone**, *pl* **goes**) <> *vi* **-1.** [move, travel, attend] ir; **where are you ~ing?** ¿dónde vas?; **he's gone to Portugal** se ha ido a Portugal; **we went by bus/train** fuimos en autobús/tren; **to ~ and do sthg** ir a hacer algo; **where does this path ~?** ¿a dónde lleva este camino?; **to ~ right/left** girar a la derecha/izquierda; **to ~ swimming/shopping** ir a nadar/de compras; **to ~ for a walk/run** ir a dar un paseo/a correr; **to ~ to church/school** ir a misa/la escuela; **to ~ to work** ir a trabajar; **where do we ~ from here?** ¿y ahora qué? **-2.** [depart - person] irse, marcharse; [- bus] irse, salir; **I must ~, I have to ~** tengo que irme; **what time does the bus ~?** ¿a qué hora sale *OR* se va el autobús?; **it's time we went** es hora de irse *OR* marcharse; **let's ~!** ¡vámonos! **-3.** [pass - time] pasar; **the time went slowly/quickly** el tiempo pasaba lentamente/rápido **-4.** [progress] ir; **to ~ well/badly** ir bien/mal; **how's it ~ing?** *inf* [how are you?] ¿qué tal? **-5.** [belong, fit] ir; **the plates ~ in the cupboard** los platos van en el armario; **it won't ~ into the suitcase** no cabe en la maleta **-6.** [become] ponerse; **to ~ grey** ponerse gris; **to ~ mad** volverse loco; **to ~ blind** quedarse ciego **-7.** [be or remain in a particular state]: **to ~ naked** andar desnudo; **to ~ hungry** pasar hambre; **we went in fear of our lives** temíamos por nuestras vidas; **to ~ unpunished** salir impune **-8.** [indicating intention, certainty, expectation]: **to be ~ing to do sthg** ir a hacer algo; **what are you ~ing to do now?** ¿qué vas a hacer ahora?; **he said he was ~ing to be late** dijo que llegaría tarde; **it's ~ing to rain/snow** va a llover/nevar; **I feel like I'm ~ing to be sick** me parece que voy a devolver; **she's ~ing to have a baby** va a tener un niño **-9.** [match, be compatible]: **to ~ (with)** ir bien (con); **this blouse goes well with the skirt** esta blusa va muy bien *OR* hace juego con la falda; **those colours don't really ~** la verdad es que esos colores no combinan bien **-10.** [function, work] funcionar; **is the tape recorder still ~ing?** [still in working order] ¿funciona todavía el casete?; [still on] ¿está todavía encendido el casete? **-11.** [bell, alarm] sonar **-12.** [start] empezar; **ready to ~** listo para empezar **-13.** [when referring to saying, story or song] decir; **as the saying goes** como dice el refrán; **how does that song ~?** ¿cómo es *OR* dice esa canción? **-14.** [stop working] estropearse; **the fuse must have gone** se ha debido fundir el fusible **-15.** [deteriorate]: **her sight/hearing is ~ing** está perdiendo la vista/el oído **-16.** [be spent]: **to ~ on** ir a parar a, gastarse en; **all my money goes on food and rent** todo el dinero se me va en comida y alquiler **-17.** [be given]: **the prize/contract went to B. Jones** el premio/contrato le fue concedido a B. Jones **-18.** [be disposed of]: **he'll have to ~** habrá que despedirle; **everything must ~!** ¡gran liquidación! **-19.** *inf* [with negative - in giving advice]: **now, don't ~ catching cold** y cuidado no cojas frío ¿eh? **-20.** *inf* [expressing irritation, surprise]: **now what's he gone and done?** ¿qué leches ha hecho ahora?; **she's gone and bought a new car!** ¡ha ido y se ha comprado un coche nuevo!; **you've gone and done it now!** ¡ya la has liado! **-21.** [in division]: **three into two won't ~** dos entre tres no cabe **-22.** *phr*: **it just goes to show (that) ...** eso demuestra *OR* prueba que ... ◇ *vt* **-1.** [make noise of] hacer; **the dog went 'woof'** el perro hizo '¡guau!' **-2.** *inf* [say] decir. ◇ *n* **-1.** [turn] turno *m*; **it's my ~** me toca a mí **-2.** *inf* [attempt]: **to have a ~ at sthg** intentar *OR* probar algo; **have a ~!** ¡prueba!, ¡inténtalo! **-3.** *inf* [success]: **to make a ~ of sthg** tener éxito con *OR* en algo **-4.** *phr*: **to have a ~ at sb** *inf* echar una bronca a alguien; **to be on the ~** *inf* no parar, estar muy liado.

◆ **to go** *adv* **-1.** [remaining]: **there are only three days to ~** sólo quedan tres días **-2.** [to take away] para llevar.

◆ **go about** ◇ *vt fus* **-1.** [perform] hacer, realizar; **to ~ about one's business** ocuparse uno de sus asuntos **-2.** [tackle]: **to ~ about doing sthg** apañárselas para hacer algo; **how do you intend ~ing about it?** ¿cómo piensas hacerlo? ◇ *vi* = **go around**.

◆ **go after** *vt fus* ir a por *OR* detrás de.

◆ **go against** *vt fus* **-1.** [conflict with, be unfavourable to] ir en contra de **-2.** [act contrary to] actuar en contra de.

◆ **go ahead** *vi* **-1.** [begin]: **to ~ ahead (with sthg)** seguir adelante (con algo); **~ ahead!** ¡adelante! **-2.** [take place] celebrarse **-3.** [in match, contest] ponerse por delante.

◆ **go along** *vi* [proceed]: **as you ~ along** a medida que lo vayas haciendo; **he made it up as he went along** se lo inventaba sobre la marcha.

◆ **go along with** *vt fus* estar de acuerdo con; **he agreed to ~ along with our ideas** aceptó nuestras ideas sin demasiado entusiasmo.

◆ **go around** *vi* **-1.** *inf* [behave in a certain way]: **to ~ around doing sthg** ir por ahí haciendo algo **-2.** [associate]: **to ~ around with sb** juntarse con alguien **-3.** [joke, illness, story] correr (por ahí); **there's a rumour ~ing around about her** corren rumores acerca de ella.

◆ **go away** *vi* **-1.** [person, animal] irse; **~ away!** ¡vete! **-2.** [pain] desaparecer.

◆ **go back** *vi* **-1.** [return] volver **-2.** [clocks] atrasarse.

◆ **go back on** *vt fus* [one's word, promise] faltar a.

◆ **go back to** *vt fus* **-1.** [return to activity] continuar OR seguir con; **to ~ back to sleep** volver a dormir **-2.** [return to previous topic] volver a **-3.** [date from] datar de, remontarse a.

◆ **go before** *vi* [precede] preceder; **we wanted to forget what had gone before** queríamos olvidar lo ocurrido.

◆ **go by** ◇ *vi* [time, people, vehicles] pasar. ◇ *vt fus* **-1.** [be guided by] guiarse por **-2.** [judge from]: **~ing by her voice, I'd say she was French** a juzgar por su voz yo diría que es francesa.

◆ **go down** ◇ *vi* **-1.** [descend] bajar **-2.** [get lower - prices, temperature, swelling] bajar **-3.** [be accepted]: **to ~ down well/badly** tener una buena/mala acogida **-4.** [sun] ponerse **-5.** [tyre, balloon] deshincharse **-6.** [be relegated] descender. ◇ *vt fus* bajar.

◆ **go down with** *vt fus inf* [illness] coger, pillar, agarrar *Amér.*

◆ **go for** *vt fus* **-1.** [choose] decidirse por, escoger **-2.** [be attracted to]: **I don't really ~ for men like him** no me gustan mucho los hombres como él **-3.** [attack] lanzarse sobre, atacar **-4.** [try to obtain - record, job] ir a por **-5.** [be valid] valer para; **does that ~ for me too?** ¿eso va por mí también?

◆ **go forward** *vi* [clocks] adelantarse.

◆ **go in** *vi* entrar.

◆ **go in for** *vt fus* **-1.** [competition, exam] presentarse a **-2.** [take up as a profession] dedicarse a **-3.** *inf* [enjoy]: **he goes in for sports in a big way** hace un montón de deporte; **I don't really ~ in for classical music** no me va la música clásica.

◆ **go into** *vt fus* **-1.** [enter] entrar en **-2.** [discuss, describe in detail] entrar en; **to ~ into detail** entrar en detalle **-3.** [investigate] investigar **-4.** [take up as a profession] dedicarse a **-5.** [be put into - subj: effort, money] invertirse; [- subj: work]: **a lot of hard work went into that book** se dedicó mucho trabajo a ese libro **-6.** [begin]: **to ~ into a rage** ponerse frenético; **to ~ into a dive** empezar a caer en picado.

◆ **go off** ◇ *vi* **-1.** [leave] irse **-2.** [explode - bomb] estallar; [- gun] dispararse **-3.** [alarm] saltar, sonar **-4.** [go bad - food] echarse a perder, estropearse; [- milk] cortarse **-5.** [lights, heating] apagarse **-6.** [happen]: **to ~ off (well/badly)** salir (bien/mal). ◇ *vt fus inf* [lose interest in] perder el gusto a OR el interés en.

◆ **go off with** *vt fus inf*: **he went off with his best friend's wife** se largó con la mujer de su mejor amigo.

◆ **go on** ◇ *vi* **-1.** [take place] pasar, ocurrir **-2.** [continue]: **to ~ on (doing sthg)** seguir (haciendo algo); **I can't ~ on!** ¡no puedo más!; **shall I tell you? - ~ on** ¿te lo cuento? - vale **-3.** [proceed to further activity]: **to ~ on to sthg/to do sthg** pasar a algo/a hacer algo **-4.** [proceed to another place]: **we went on to a nightclub afterwards** después nos fuimos a una discoteca **-5.** [pass - time] pasar **-6.** [go in advance]: **you ~ on, I'll wait here** tú continúa, yo te espero aquí **-7.** [heating etc] encenderse **-8.** [talk for too long]: **to ~ on (about)** no parar de hablar (de); **don't ~ on about it** déjalo ya, no sigas con eso. ◇ *vt fus* **-1.** [be guided by] guiarse por **-2.** [start]: **to ~ on a diet** ponerse a dieta. ◇ *excl* ¡venga!, ¡vamos!; **~ on, treat yourself** ¡venga, hombre! ¡date el gusto!

◆ **go on at** *vt fus* [nag] dar la lata a.

◆ **go out** *vi* **-1.** [leave house] salir; **to ~ out for a meal** cenar fuera **-2.** [as friends or lovers]: **to ~ out (with sb)** salir (con alguien), pololear (con alguien) *Chile* **-3.** [tide] bajar **-4.** [light, fire, cigarette] apagarse **-5.** [stop being fashionable] pasarse de moda.

◆ **go over** *vt fus* **-1.** [examine] repasar **-2.** [repeat] repetir.

◆ **go over to** *vt fus* **-1.** [change to] cambiar OR pasar a **-2.** [change sides to] pasarse a; **to ~ over to the other side** pasarse al otro bando **-3.** RADIO & TV conectar con.

◆ **go round** *vi* **-1.** [be enough for everyone]: **there's just enough to ~ round** hay lo justo para que alcance para todos **-2.** [revolve] girar, dar vueltas; *see also* **go around**.

◆ **go through** ◇ *vt fus* **-1.** [penetrate] atravesar **-2.** [experience] pasar por, experimentar **-3.** [spend] gastarse **-4.** [study, search through] registrar; **she went through his pockets** le miró en los bolsillos **-5.** [read] examinar leyendo; [say out loud] enumerar, decir en alto; **I'll ~ through it again** lo voy a repetir. ◇ *vi* **-1.** [enter] pasar **-2.** [in competition] clasificarse **-3.** [bill, divorce etc] aprobarse.

◆ **go through with** *vt fus* llevar a cabo.

◆ **go towards** *vt fus* contribuir a.

◆ **go under** *vi lit & fig* hundirse.

◆ **go up** ◇ *vi* **-1.** [rise - person, prices, temperature, balloon] subir **-2.** [be built] levantarse, construirse **-3.** [be promoted] subir **-4.** [explode] explotar, saltar por los aires **-5.** [burst into flames]: **to ~ up (in flames)** ser pasto de las llamas **-6.** [be uttered]: **a shout went up from amongst the crowd** unos gritos surgieron de entre la multitud. ◇ *vt fus* subir; **we went up the Eiffel Tower** subimos a la torre Eiffel.

◆ **go up to** *vt fus* [approach] acercarse a.
◆ **go with** *vt fus* [be included with] ir con.
◆ **go without** ◇ *vt fus* prescindir de. ◇ *vi* apañárselas.

goad [gəʊd] *vt* [provoke] aguijonear, incitar; **to ~ sb into doing sthg** incitar a alguien a hacer algo.

go-ahead ◇ *adj* [dynamic] emprendedor(ra), dinámico(ca). ◇ *n (U)* [permission] luz *f* verde; **to give sb the ~ (for)** darle a alguien luz verde (para).

goal [gəʊl] *n* **-1.** SPORT [point scored] gol *m*; [area between goalposts] portería *f*, meta *f*, arco *m* *Amér*; **to score a ~** marcar un gol **-2.** [aim] objetivo *m*, meta *f*.

goalie ['gəʊlɪ] *n inf* portero *m*, -ra *f*, guardameta *m* OR *f*, arquero *m*, -ra *f Amér*.

goalkeeper ['gəʊl,ki:pəʳ] *n* portero *m*, -ra *f*, guardameta *m* OR *f*, arquero *m*, -ra *f Amér*.

goal kick *n* saque *m* de puerta.

goalless ['gəʊllɪs] *adj*: **~ draw** empate *m* a cero.

goalmouth ['gəʊlmaʊθ, *pl* -maʊðz] *n* portería *f*, meta *f*, arco *m Amér*.

goalpost ['gəʊlpəʊst] *n* poste *m* (de la portería).

goat [gəʊt] *n* [animal] cabra *f*.

goatee [gəʊ'ti:] *n* perilla *f*.

gob [gɒb] (*pt* & *pp* **-bed**, *cont* **-bing**) *v inf* ◇ *n UK* [mouth] pico *m*. ◇ *vi* [spit] escupir.

gobble ['gɒbl] *vt* [food] engullir, tragar.
◆ **gobble down, gobble up** *vt sep* engullir, tragar.

gobbledygook ['gɒbldɪgu:k] *n (U)* **-1.** [incomprehensible language] jerga *f* incomprensible, jerigonza *f* **-2.** *inf* [nonsense] tonterías *fpl*.

go-between *n* intermediario *m*, -ria *f*.

Gobi ['gəʊbɪ] *n*: **the ~ Desert** el desierto de Gobi.

goblet ['gɒblɪt] *n* copa *f*.

goblin ['gɒblɪn] *n* duende *m*.

gobsmacked ['gɒbsmækt] *adj UK inf* alucinado(da), flipado(da).

go-cart = **go-kart**.

god [gɒd] *n* dios *m*.
◆ **God** ◇ *n* Dios *m*; **God knows** sabe Dios; **for God's sake** ¡por el amor de Dios!; **thank God** ¡gracias a Dios! ◇ *excl*: **(my) God!** ¡Dios (mío)!
◆ **gods** *npl UK inf*: **the ~s** THEATRE el gallinero.

godchild ['gɒdtʃaɪld] (*pl* **-children** [-,tʃɪldrən]) *n* ahijado *m*, -da *f*.

goddam(n) ['gɒdæm] *esp US* ◇ *adj* maldito(ta). ◇ *excl* ¡maldita sea!

goddaughter ['gɒd,dɔ:təʳ] *n* ahijada *f*.

goddess ['gɒdɪs] *n* diosa *f*.

godfather ['gɒd,fɑ:ðəʳ] *n* padrino *m*.

godforsaken ['gɒdfə,seɪkn] *adj* dejado(da) de la mano de Dios.

godmother ['gɒd,mʌðəʳ] *n* madrina *f*.

godparents ['gɒd,peərənts] *npl* padrinos *mpl*.

godsend ['gɒdsend] *n*: **to be a ~** venir como agua de mayo.

godson ['gɒdsʌn] *n* ahijado *m*.

goes [gəʊz] ▷ **go**.

gofer ['gəʊfəʳ] *n US inf* recadero *m*, -ra *f*.

go-getter [-'getəʳ] *n* persona *f* emprendedora y ambiciosa.

goggle ['gɒgl] *vi*: **to ~ (at sthg/sb)** mirar con ojos desorbitados (algo/a alguien).

goggles ['gɒglz] *npl* [for swimming] gafas *fpl* submarinas; [for skiing] gafas de esquí; [for welding] gafas de protección.

go-go dancer *n* (chica *f*) gogó *f*.

going ['gəʊɪŋ] ◇ *adj* **-1.** *UK* [available] disponible; **is there any beer ~?** ¿no habrá una cervecita para mí?; **you have a lot ~ for you** *inf* tienes mucho futuro **-2.** [rate] actual. ◇ *n (U)* **-1.** [rate of advance] marcha *f*; **that's** OR **that was good ~** ¡qué rápido! **-2.** [conditions] condiciones *fpl*; **to be rough** OR **heavy ~** hacerse pesado; **to be easy ~** ser fácil.

going concern *n* empresa *f* rentable y en marcha.

goings-on *npl inf* tejemanejes *mpl*.

go-kart [-kɑ:t] *n* kart *m*.

Golan Heights ['gəʊ,læn-] *npl*: **the ~** los altos del Golán.

gold [gəʊld] ◇ *adj* [gold-coloured] dorado(da). ◇ *n* **-1.** [gen] oro *m*; **to be as good as ~** ser más bueno que el pan **-2.** [medal] medalla *f* de oro. ◇ *comp* [made of gold] de oro.

golden ['gəʊldən] *adj* **-1.** [made of gold] de oro **-2.** [gold-coloured] dorado(da).

golden age *n* edad *f* de oro.
◆ **Golden Age** *n* [in Spanish history] Siglo *m* de Oro.

golden eagle *n* águila *f* real.

golden handshake *n gratificación cuantiosa al jubilarse.*

golden opportunity *n* ocasión *f* de oro.

golden retriever *n* golden retriever *m*.

golden rule *n* regla *f* de oro.

golden wedding *n* bodas *fpl* de oro.

goldfish ['gəʊldfɪʃ] (*pl inv*) *n* pez *m* de colores.

goldfish bowl *n* pecera *f*.

gold leaf *n* pan *m* de oro.

gold medal *n* medalla *f* de oro.

goldmine ['gəʊldmaɪn] *n lit* & *fig* mina *f* de oro.

gold-plated [-'pleɪtɪd] *adj* chapado(da) en oro.
goldsmith ['gəʊldsmɪθ] *n* orfebre *m* OR *f*.
gold standard *n*: **the ~** el patrón oro.
golf [gɒlf] *n* golf *m*.
golf ball *n* pelota *f* de golf.
golf club *n* **-1.** [society, place] club *m* de golf **-2.** [stick] palo *m* de golf.
golf course *n* campo *m* de golf.
golfer ['gɒlfəʳ] *n* golfista *m* OR *f*.
golly ['gɒlɪ] *excl inf dated* ¡caray!, ¡cáspita!
gondola ['gɒndələ] *n* [boat] góndola *f*.
gondolier [ˌgɒndə'lɪəʳ] *n* gondolero *m*, -ra *f*.
gone [gɒn] ◇ *pp* ▷ **go**. ◇ *adj*: **those days are ~** esos tiempos ya pasaron. ◇ *prep* [past]: **it was ~ six already** ya eran las seis pasadas.
gong [gɒŋ] *n* gong *m*.
gonna ['gɒnə] *inf* = **going to**.
gonorrh(o)ea [ˌgɒnə'rɪə] *n* gonorrea *f*.
goo [gu:] *n inf* pringue *m*.
good [gʊd] (*compar* **better**, *superl* **best**) ◇ *adj* **-1.** [gen] bueno(na); **it's ~ to see you** me alegro de verte; **she's ~ at it** se le da bien; **he's a very ~ singer** canta muy bien; **to be ~ with** saber manejárselas con; **she's ~ with her hands** es muy mañosa; **it's ~ for you** es bueno, es beneficioso; **to feel ~** sentirse fenomenal; **that feels ~!** ¡qué gusto!; **it's ~ that ...** está bien que ...; **to look ~** [attractive] estar muy guapo; [appetizing, promising] tener buena pinta; **it looks ~ on you** te queda bien; **~ looks** atractivo *m*; **be ~!** ¡sé bueno!, ¡pórtate bien!; **~!** ¡muy bien!, ¡estupendo! **-2.** [kind] amable; **to be ~ to sb** ser amable con alguien; **to be ~ enough to do sthg** ser tan amable de hacer algo; **that was very ~ of him** fue muy amable de su parte **-3.** *phr*: **it's a ~ job** OR **thing (that) ...** menos mal que ...; **~ for you!** ¡muy bien!, ¡bien hecho!; **to give as ~ as one gets** devolver todos los golpes; **to make sthg ~** reparar OR enmendar algo. ◇ *n* **-1.** *(U)* [benefit] bien *m*; **for the ~ of** por el bien de; **for your own ~** por tu propio bien; **it will do him ~** le hará bien **-2.** [use] beneficio *m*, provecho *m*; **what's the ~ of ...?** ¿de OR para qué sirve ...?; **it's no ~** no sirve para nada; **will this be any ~?** ¿servirá esto para algo? **-3.** [morally correct behaviour] el bien; **to be up to no ~** estar tramando algo malo. ◇ *adv* **-1.** [expresses approval] estupendo **-2.** *US inf* [well] bien.
◆ **goods** *npl* **-1.** [COMM - for sale] productos *mpl*, artículos *mpl*; [- when transported] mercancías *fpl*; **to come up with** OR **deliver the ~s** *UK inf* cumplir (lo prometido) **-2.** ECON bienes *mpl*.
◆ **as good as** *adv* casi, prácticamente; **it's as ~ as new** está como nuevo.
◆ **for good** *adv* [forever] para siempre.
◆ **good afternoon** *excl* ¡buenas tardes!
◆ **good day** *excl dated, Austr* ¡buenas!, ¡buenos días!
◆ **good evening** *excl* [in the evening] ¡buenas tardes!; [at night] ¡buenas noches!
◆ **good morning** *excl* ¡buenos días!, ¡buen día! *Amér.*
◆ **good night** *excl* ¡buenas noches!
goodbye [ˌgʊd'baɪ] ◇ *excl* ¡adiós!; **to say ~** despedirse. ◇ *n* adiós *m*.
good-for-nothing ◇ *adj* inútil. ◇ *n* inútil *m* OR *f*.
Good Friday *n* Viernes *m* Santo.
good-humoured [-'hju:məd] *adj* jovial.
good-looking [-'lʊkɪŋ] *adj* [person] guapo(pa).
good-natured [-'neɪtʃəd] *adj* bondadoso(sa).
goodness ['gʊdnɪs] ◇ *n (U)* **-1.** [kindness] bondad *f* **-2.** [nutritive quality] alimento *m*. ◇ *excl*: **(my) ~!** ¡Dios mío!; **for ~' sake!** ¡por Dios!; **thank ~** ¡gracias a Dios!
goods train [gʊdz-] *n UK* mercancías *m inv*.
good-tempered [-'tempəd] *adj* afable.
good turn *n*: **to do sb a ~** hacer un favor a alguien.
goodwill [ˌgʊd'wɪl] *n* **-1.** [kind feelings] buena voluntad *f* **-2.** COMM fondo *m* de comercio.
goody ['gʊdɪ] (*pl* **-ies**) *inf* ◇ *n* [person] bueno *m*, -na *f*. ◇ *excl* ¡qué chupi!
◆ **goodies** *npl inf* **-1.** [delicious food] golosinas *fpl* **-2.** [desirable objects] cosas *fpl* apetecibles.
gooey ['gu:ɪ] (*compar* **gooier**, *superl* **gooiest**) *adj inf* [sticky] pegajoso(sa); [cake, dessert, film] empalagoso(sa).
goof [gu:f] *US inf* ◇ *n* [mistake] metedura *f* de pata. ◇ *vi* meter la pata.
◆ **goof off** *vi US inf* escaquearse.
goofy ['gu:fɪ] (*compar* **-ier**, *superl* **-iest**) *adj inf* [silly] bobo(ba), tonto(ta).
goose [gu:s] (*pl* **geese**) *n* [bird] ganso *m*, oca *f*.
gooseberry ['gʊzbərɪ] (*pl* **-ies**) *n* **-1.** [fruit] grosella *f* silvestre, uva *f* espina **-2.** *esp UK inf* [third person]: **to play ~** hacer de carabina.
gooseflesh ['gu:sfleʃ], *n* **goose pimples** *UK*, **goosebumps** *US* ['gu:sbʌmps] *npl* carne *f* de gallina.
goosestep ['gu:sˌstep] (*pt* & *pp* **-ped**, *cont* **-ping**) ◇ *n* paso *m* de ganso. ◇ *vi* marchar a paso de ganso.
GOP (*abbr of* **Grand Old Party**) *n US partido republicano estadounidense*.

gopher ['gəʊfəʳ] *n* taltuza *f*.

gore [gɔːʳ] ◇ *n literary* [blood] sangre *f* (derramada). ◇ *vt* dar una cornada a, cornear.

gorge [gɔːdʒ] ◇ *n* cañón *m*, garganta *f*. ◇ *vt*: **to ~ o.s. on** *OR* **with** atracarse de. ◇ *vi* hartarse, saciarse.

gorgeous ['gɔːdʒəs] *adj* **-1.** [lovely] magnífico(ca), espléndido(da) **-2.** *inf* [good-looking]: **to be ~** estar como un tren.

gorilla [gə'rɪlə] *n* gorila *m OR f*.

gormless ['gɔːmlɪs] *adj UK inf* memo(ma), lerdo(da).

gorse [gɔːs] *n (U)* tojo *m*.

gory ['gɔːrɪ] (*compar* **-ier**, *superl* **-iest**) *adj* [death, scene] sangriento(ta); [details, film] escabroso(sa).

gosh [gɒʃ] *excl inf* ¡joroba!, ¡caray!

go-slow *n UK* huelga *f* de celo.

gospel ['gɒspl] ◇ *n* **-1.** [doctrine] evangelio *m* **-2.**: **~ (truth)** la pura verdad. ◇ *comp MUS* espiritual negro, gospel *(inv)*.
◆ **Gospel** *n* [in Bible] Evangelio *m*.

gossamer ['gɒsəməʳ] *n (U)* **-1.** [spider's thread] telaraña *f* **-2.** [material] gasa *f*.

gossip ['gɒsɪp] ◇ *n* **-1.** [conversation] cotilleo *m* **-2.** [person] cotilla *m OR f*, chismoso *m*, -sa *f*. ◇ *vi* cotillear.

gossip column *n* ecos *mpl* de sociedad.

got [gɒt] *pt & pp* ▷ **get**.

Gothic ['gɒθɪk] *adj* gótico(ca).

gotta ['gɒtə] *inf* = **got to**.

gotten ['gɒtn] *pp US* ▷ **get**.

gouge [gaʊdʒ]
◆ **gouge out** *vt sep* [hole] excavar; [eyes] arrancar.

goulash ['guːlæʃ] *n* gulasch *m*.

gourd [gʊəd] *n* calabaza *f*.

gourmet ['gʊəmeɪ] ◇ *n* gastrónomo *m*, -ma *f*, gourmet *m OR f*. ◇ *comp* para/de gastrónomos.

gout [gaʊt] *n* gota *f*.

govern ['gʌvən] ◇ *vt* **-1.** *POL* gobernar **-2.** [control] dictar, guiar. ◇ *vi POL* gobernar.

governess ['gʌvənɪs] *n* institutriz *f*.

governing ['gʌvənɪŋ] *adj* gobernante.

governing body *n* organismo *m* rector.

government ['gʌvnmənt] ◇ *n* gobierno *m*. ◇ *comp* gubernamental.

governmental [,gʌvn'mentl] *adj* gubernamental.

governor ['gʌvənəʳ] *n* **-1.** *US POL* gobernador *m*, -ra *f* **-2.** [of school, bank, prison] director *m*, -ra *f*.

governor-general (*pl* **governor-generals** *OR* **governors-general**) *n* gobernador *m*, -ra *f* general.

govt (*abbr of* **government**) gob.

gown [gaʊn] *n* **-1.** [dress] vestido *m*, traje *m* **-2.** [of judge etc] toga *f*.

GP (*abbr of* **general practitioner**) *n médico de cabecera*.

GPO (*abbr of* **General Post Office**) *n* **-1.** [in UK] *antiguo servicio de correos británico* **-2.** [in US] *servicio de correos estadounidense*.

gr. *abbr of* **gross**.

grab [græb] (*pt & pp* **-bed**, *cont* **-bing**) ◇ *vt* **-1.** [snatch away] arrebatar; **to ~ sthg off sb** arrebatar algo a alguien **-2.** [grip] agarrar, asir **-3.** *inf* [sandwich, lunch] pillar, coger **-4.** *inf* [appeal to] seducir. ◇ *vi*: **to ~ at sthg** intentar agarrar algo. ◇ *n*: **to make a ~ at** *OR* **for sthg** intentar arrebatar/agarrar algo.

grace [greɪs] ◇ *n* **-1.** *(U)* [elegance] elegancia *f*, gracia *f* **-2.** [graciousness]: **to do sthg with good ~** hacer algo de buena gana; **to have the ~ to do sthg** tener la delicadeza de hacer algo **-3.** *(U)* [delay] prórroga *f* **-4.** [prayer] bendición *f* de la mesa; **to say ~** bendecir la mesa. ◇ *vt fml* **-1.** [honour] honrar **-2.** [decorate] adornar, embellecer.

graceful ['greɪsfʊl] *adj* **-1.** [beautiful] elegante **-2.** [gracious] cortés.

graceless ['greɪslɪs] *adj* **-1.** [ugly] desagradable, feo(a) **-2.** [ill-mannered] descortés.

gracious ['greɪʃəs] ◇ *adj* **-1.** [polite] cortés **-2.** [elegant] elegante. ◇ *excl*: **(good) ~!** ¡Dios mío!

graciously ['greɪʃəslɪ] *adv* **-1.** [politely] cortésmente **-2.** [elegantly] elegantemente.

gradation [grə'deɪʃn] *n* gradación *f*.

grade [greɪd] ◇ *n* **-1.** [level, quality] clase *f*, calidad *f*; **to make the ~** dar la talla **-2.** *US* [class] curso *m*, clase *f* **-3.** [mark] nota *f*. ◇ *vt* **-1.** [classify] clasificar **-2.** [mark, assess] calificar.

grade crossing *n US* paso *m* a nivel.

grade school *n US* escuela *f* primaria.

gradient ['greɪdjənt] *n* pendiente *f*.

grad school *n US* escuela *f* de posgrado.

gradual ['grædʒʊəl] *adj* gradual.

gradually ['grædʒʊəlɪ] *adv* gradualmente.

graduate [*n* 'grædʒʊət, *vb* 'grædʒʊeɪt] ◇ *n* **-1.** [person with a degree] licenciado *m*, -da *f*, egresado *m*, -da *f Amér* **-2.** *US* [of high school] ≃ bachiller *m OR f*. ◇ *comp US* [postgraduate] de posgrado. ◇ *vi* **-1.** [with a degree]: **to ~ (from)** licenciarse (por), licensiarse (en) *Amér*, egresar (de) *Amér* **-2.** *US* [from high school]: **to ~ (from)** ≃ obtener el título de bachiller (en) **-3.** [progress]: **to ~ from sthg (to)** pasar de algo (a).

graduated ['grædjʊeɪtɪd] *adj* graduado(da).

graduate school *n US* departamento *f* de posgraduados.

graduation [ˌgrædʒʊ'eɪʃn] *n* graduación *f*, egreso *m Amér.*

graffiti [grə'fi:tɪ] *n (U)* pintadas *fpl.*

graft [grɑ:ft] <> *n* **-1.** MED & BOT injerto *m* **-2.** *UK inf* [hard work] curro *m* muy duro **-3.** *US inf* [corruption] chanchullos *mpl*, corruptelas *fpl.* <> *vt* **-1.** MED & BOT: **to ~ sthg (onto sthg)** injertar algo (en algo) **-2.** [idea, system]: **to ~ sthg (onto sthg)** implantar algo (en algo).

grain [greɪn] *n* **-1.** [seed, granule] grano *m* **-2.** *(U)* [crop] cereales *mpl* **-3.** *fig* [small amount] pizca *f* **-4.** [pattern] veta *f*; **to go against the ~** ir contra natura.

gram [græm] *n* gramo *m.*

grammar ['græməʳ] *n* gramática *f.*

grammar school *n* [in UK] *colegio subvencionado para mayores de once años con un programa de asignaturas tradicional*; [in US] escuela *f* primaria.

grammatical [grə'mætɪkl] *adj* **-1.** [of grammar] gramatical **-2.** [correct] (gramaticalmente) correcto(ta).

gramme [græm] *UK* = **gram.**

gramophone ['græməfəʊn] *dated* <> *n* gramófono *m.* <> *comp* de gramófono.

gran [græn] *n UK inf* abuelita *f*, yaya *f*, mamá *f* grande *Méx.*

Granada [grə'nɑ:də] *n* Granada.

granary ['grænərɪ] (*pl* **-ies**) *n* granero *m.*

grand [grænd] <> *adj* **-1.** [impressive] grandioso(sa) **-2.** [ambitious] ambicioso(sa) **-3.** [important] distinguido(da) **-4.** *inf dated* [excellent] fenomenal. <> *n inf* [thousand pounds or dollars]: **a ~** mil libras/dólares; **five ~** cinco mil libras/dólares.

Grand Canyon *n*: **the ~** el Gran Cañón.

grandchild ['græntʃaɪld] (*pl* **-children** [-ˌtʃɪldrən]) *n* nieto *m*, -ta *f.*

grand(d)ad ['grændæd] *n inf* abuelito *m*, yayo *m*, papá *m* grande *Méx.*

granddaughter ['grænˌdɔ:təʳ] *n* nieta *f.*

grand duke *n* gran duque *m.*

grandeur ['grændʒəʳ] *n* **-1.** [splendour] grandiosidad *f* **-2.** [status] grandeza *f.*

grandfather ['grændˌfɑ:ðəʳ] *n* abuelo *m.*

grandfather clock *n* reloj *m* de caja, reloj *m* de pie.

grandiose ['grændɪəʊz] *adj pej* [building, design] fastuoso(sa), ostentoso(sa); [plan] ambicioso(sa).

grand jury *n US* jurado *m* de acusación.

grandma ['grænmɑ:] *n inf* abuelita *f*, yaya *f.*

grand master *n* gran maestro *m.*

grandmother ['grænˌmʌðəʳ] *n* abuela *f.*

Grand National *n*: **the ~** *importante carrera anual de caballos que se celebra en Aintree.*

grandpa ['grænpɑ:] *n inf* abuelito *m*, yayo *m.*

grandparents ['grænˌpeərənts] *npl* abuelos *mpl.*

grand piano *n* piano *m* de cola.

grand prix [ˌgrɒn'pri:] (*pl* **grands prix** [ˌgrɒn'pri:]) *n* gran premio *m*, grand prix *m.*

grand slam *n* SPORT gran slam *m.*

grandson ['grænsʌn] *n* nieto *m.*

grandstand ['grændstænd] *n* tribuna *f.*

grand total *n* [total number] cantidad *f* total; [total sum, cost] importe *m* total.

granite ['grænɪt] *n* granito *m.*

granny ['grænɪ] (*pl* **-ies**) *n inf* abuelita *f*, yaya *f*, mamá *f* grande *Méx.*

granny flat *n UK alojamiento independiente que forma parte de una vivienda (concebido para un familiar anciano).*

granola [grə'nəʊlə] *n US* muesli *m* de avena.

grant [grɑ:nt] <> *n* subvención *f*; [for study] beca *f.* <> *vt fml* **-1.** [gen] conceder; **to take sthg/sb for ~ed** no apreciar algo/a alguien en lo que vale; **it is taken for ~ed that ...** se da por sentado que ... **-2.** [admit - truth, logic] admitir, aceptar; **I ~ (that) ...** admito que ...

granulated sugar ['grænjʊleɪtɪd-] *n* azúcar *m* granulado.

granule ['grænju:l] *n* gránulo *m.*

grape [greɪp] *n* uva *f*; **a bunch of ~s** un racimo de uvas.

grapefruit ['greɪpfru:t] (*pl inv* OR **-s**) *n* pomelo *m*, toronja *f Amér.*

grape picking [-'pɪkɪŋ] *n (U)* vendimia *f.*

grapevine ['greɪpvaɪn] *n* **-1.** [plant] vid *f*; [against wall] parra *f* **-2.** [information channel]: **I heard on the ~ that ...** me ha dicho un pajarito que ...

graph [grɑ:f] *n* gráfico *m*, gráfica *f.*

graphic ['græfɪk] *adj lit & fig* gráfico(ca).

◆ **graphics** *npl* **-1.** [pictures] ilustraciones *fpl* **-2.** COMPUT gráficos *mpl.*

graphic design *n* diseño *m* gráfico.

graphic designer *n* grafista *m* OR *f*, diseñador gráfico *m*, diseñadora gráfica *f.*

graphic equalizer *n* ecualizador *m* gráfico.

graphics card *n* COMPUT tarjeta *f* gráfica.

graphite ['græfaɪt] *n* grafito *m.*

graphology [græ'fɒlədʒɪ] *n* grafología *f.*

graph paper *n (U)* papel *m* cuadriculado.

grapple ['græpl]

◆ **grapple with** *vt fus* **-1.** [person] forcejear con **-2.** [problem] esforzarse por resolver.

grappling iron ['græplɪŋ-] *n* rezón *m.*

grasp [grɑːsp] ◇ *n* **-1.** [grip] agarre *m*, asimiento *m* **-2.** [power to achieve]: **in** *OR* **within sb's ~** al alcance de alguien **-3.** [understanding] comprensión *f*; **to have a good ~ of sthg** dominar algo. ◇ *vt* **-1.** [grip, seize] agarrar, asir **-2.** [understand] comprender **-3.** [opportunity] aprovechar.

grasping ['grɑːspɪŋ] *adj pej* avaro(ra), codicioso(sa).

grass [grɑːs] ◇ *n* **-1.** [plant] hierba *f*, pasto *m* *Amér*, zacate *f* *Méx*; [lawn] césped *m*; [pasture] pasto *m*, grama *f* *CAm, Ven*; **'keep off the ~'** 'prohibido pisar el césped' **-2.** *inf* [marijuana] hierba *f*, maría *f*. ◇ *vi UK inf*: **to ~ (on sb)** chivarse (de alguien) *Esp*, delatar (a alguien) *Amér*.

grass court *n* pista *f* de hierba.

grasshopper ['grɑːsˌhɒpə^r] *n* saltamontes *m inv*.

grassland ['grɑːslænd] *n* pastos *mpl*, pastizal *m*.

grass roots ◇ *npl* bases *fpl*. ◇ *comp* de base.

grass snake *n* culebra *f*.

grassy ['grɑːsɪ] (*compar* **-ier**, *superl* **-iest**) *adj* cubierto(ta) de hierba.

grate [greɪt] ◇ *n* parrilla *f*, rejilla *f*. ◇ *vt* rallar. ◇ *vi* rechinar, chirriar; **to ~ on sb's nerves** poner a alguien los nervios de punta.

grateful ['greɪtfʊl] *adj* [gen] agradecido(da); [smile, letter] de agradecimiento; **to be ~ to sb (for sthg)** estar agradecido a alguien (por algo); **I'm very ~ to you** te lo agradezco mucho; **I'd be ~ if you could do it by tomorrow** te agradecería que lo hicieras para mañana.

gratefully ['greɪtfʊlɪ] *adv* con agradecimiento.

grater ['greɪtə^r] *n* rallador *m*.

gratification [ˌgrætɪfɪ'keɪʃn] *n* satisfacción *f*.

gratify ['grætɪfaɪ] (*pt* & *pp* **-ied**) *vt* **-1.** [please - person]: **to be gratified** estar satisfecho **-2.** [satisfy - wish] satisfacer.

gratifying ['grætɪfaɪɪŋ] *adj* satisfactorio(ria), gratificante.

grating ['greɪtɪŋ] ◇ *adj* chirriante. ◇ *n* [grille] reja *f*, enrejado *m*.

gratitude ['grætɪtjuːd] *n (U)*: **~ (to sb for)** agradecimiento *m* *OR* gratitud *f* (a alguien por).

gratuitous [grə'tjuːɪtəs] *adj fml* gratuito(ta).

gratuity [grə'tjuːɪtɪ] (*pl* **-ies**) *n fml* [tip] propina *f*.

grave [greɪv] ◇ *adj* grave. ◇ *n* sepultura *f*, tumba *f*; **he must be turning in his ~!** ¡si levantara la cabeza!

grave accent [grɑːv-] *n* acento *m* grave.

gravedigger ['greɪvˌdɪgə^r] *n* sepulturero *m*, -ra *f*.

gravel ['grævl] ◇ *n* grava *f*, gravilla *f*. ◇ *comp* de grava *OR* gravilla.

gravelled *UK*, **graveled** *US* ['grævld] *adj* cubierto(ta) de grava *OR* gravilla.

gravestone ['greɪvstəʊn] *n* lápida *f* (sepulcral).

graveyard ['greɪvjɑːd] *n* cementerio *m*.

gravitate ['grævɪteɪt] *vi*: **to ~ towards** [be attracted] verse atraído(da) por.

gravity ['grævətɪ] *n* gravedad *f*.

gravy ['greɪvɪ] *n* **-1.** *(U)* [meat juice] salsa *f* *OR* jugo *m* de carne **-2.** *US v inf* [easy money] pasta *f* fácil.

gravy boat *n* salsera *f*.

gravy train *n inf*: **the ~** el chollo del siglo.

gray *US* = **grey**.

graze [greɪz] ◇ *vt* **-1.** [feed on] pacer *OR* pastar en **-2.** [cause to feed] apacentar **-3.** [skin, knee etc] rasguñar **-4.** [touch lightly] rozar. ◇ *vi* pacer, pastar. ◇ *n* rasguño *m*.

grease [griːs] ◇ *n* grasa *f*. ◇ *vt* engrasar.

grease gun *n* pistola *f* engrasadora.

greasepaint ['griːspeɪnt] *n* maquillaje *m* (de actores).

greaseproof paper [ˌgriːspruːf-] *n (U) UK* papel *m* de cera (para envolver).

greasy ['griːzɪ] (*compar* **-ier**, *superl* **-iest**) *adj* grasiento(ta); [inherently] graso(sa).

great [greɪt] ◇ *adj* **-1.** [gen] grande; [heat] intenso(sa); **with ~ care** con mucho cuidado; **a ~ deal of ...** un montón de ... **-2.** *inf* [splendid] estupendo(da), fenomenal, chévere *Andes, Carib*; **we had a ~ time** lo pasamos en grande; **~!** ¡estupendo! ◇ *adv*: **~ big** enorme; **you ~ big coward!** ¡pero qué cobardica eres! ◇ *n* grande *m* *OR* *f*.

Great Barrier Reef *n*: **the ~** la Gran Barrera de Coral.

Great Bear *n*: **the ~** la Osa Mayor.

Great Britain *n* Gran Bretaña.

greatcoat ['greɪtkəʊt] *n* gabán *m*.

Great Dane *n* gran danés *m*.

Greater ['greɪtə^r] *adj*: **~ London/Manchester** el área metropolitana de Londres/Manchester.

great-grandchild *n* bisnieto *m*, -ta *f*.

great-grandfather *n* bisabuelo *m*.

great-grandmother *n* bisabuela *f*.

Great Lakes *npl*: **the ~** los grandes Lagos.

greatly ['greɪtlɪ] *adv* enormemente.

greatness ['greɪtnɪs] *n* grandeza *f*.

Great Wall of China *n*: **the ~** la Muralla China.

Great War *n*: **the ~** la Gran Guerra, la

Primera Guerra Mundial.
Grecian ['gri:ʃn] *adj* griego(ga).
Greece [gri:s] *n* Grecia.
greed [gri:d] *n (U)*: ~ **(for)** [food] glotonería *f* (con); [money] codicia *f* (de); [power] ambición *f* (de).
greedily ['gri:dɪlɪ] *adv* con avidez.
greedy ['gri:dɪ] (*compar* **-ier**, *superl* **-iest**) *adj* **-1.** [for food] glotón(ona) **-2.** [for money, power]: ~ **for** codicioso(sa) OR ávido(da) de.
Greek [gri:k] <> *adj* griego(ga); **the ~ Islands** las islas griegas. <> *n* **-1.** [person] griego *m*, -ga *f* **-2.** [language] griego *m*.
green [gri:n] <> *adj* **-1.** [gen] verde **-2.** [environmentalist] verde, ecologista **-3.** *inf* [inexperienced] novato(ta) **-4.** *inf* [jealous]: ~ **(with envy)** muerto(ta) de envidia **-5.** *inf* [ill, pale] pálido(da). <> *n* **-1.** [colour] verde *m*; **in ~** de verde **-2.** [in village] parque *m* comunal **-3.** [in golf] green *m*.
◆ **Green** *n* POL verde *m* OR *f*, ecologista *m* OR *f*; **the Greens** los verdes.
◆ **greens** *npl* [vegetables] verdura *f*.
greenback ['gri:nbæk] *n* **US** *inf billete de banco americano.*
green bean *n* judía *f* verde, ejote *m* **CAm, Méx**, chauta *f* **RP**, vainita *f* **Ven**, poroto *m* verde **Chile**, habichuela *f* **Col**.
green belt *n* **UK** cinturón *m* verde.
Green Beret *n* **US** *inf*: **the ~s** las boinas verdes.
green card *n* **-1. UK** [for vehicle] *seguro que cubre a conductores en el extranjero* **-2. US** [work permit] permiso *m* de trabajo *(en Estados Unidos)*.

GREEN CARD

A pesar de que ya no es verde, así se denomina aún el documento que permite a un ciudadano de otro país vivir y trabajar en los Estados Unidos. El proceso de adquirir una *green card* es largo y complicado. Las personas interesadas deben tener un pariente cercano que sea ciudadano estadounidense, ser empleado de una compañía de este país o poder invertir en él una ingente cantidad de dinero.

Green Cross Code *n en Gran Bretaña, código de seguridad vial básica para niños.*
greenery ['gri:nərɪ] *n* follaje *m*, vegetación *f*.
greenfield site ['gri:n,fi:ld-] *n* terreno *m* en zona de baja intensidad industrial.
greenfinch ['gri:nfɪntʃ] *n* verderón *m*.
green fingers *npl* **UK**: **to have ~** tener dotes para la jardinería.
greenfly ['gri:nflaɪ] (*pl inv* OR **-ies**) *n* pulgón *m*.
greengage ['gri:ngeɪdʒ] *n* ciruela *f* claudia.
greengrocer ['gri:n,grəʊsəʳ] *n* verdulero *m*, -ra *f*; **~'s (shop)** verdulería *f*.
greenhorn ['gri:nhɔ:n] *n* **US -1.** [newcomer] recién llegado *m*, recién llegada *f* **-2.** [novice] novato *m*, -ta *f*.
greenhouse ['gri:nhaʊs, *pl* -haʊzɪz] *n* invernadero *m*.
greenhouse effect *n*: **the ~** el efecto invernadero.
greenhouse gas *n* gas *m* invernadero.
greenish ['gri:nɪʃ] *adj* verdoso(sa).
greenkeeper ['gri:n,ki:pəʳ] *n persona encargada del cuidado de un campo de golf.*
Greenland ['gri:nlənd] *n* Groenlandia.
Greenlander ['gri:nləndəʳ] *n* groenlandés *m*, -esa *f*.
green light *n fig*: **to give sb the ~** dar a alguien luz verde.
green paper *n* POL libro *m* verde.
Green Party *n*: **the ~** los verdes, el partido verde.
green salad *n* ensalada *f* verde.
green thumb *n* **US**: **to have a ~** tener dotes para la jardinería.
greet [gri:t] *vt* **-1.** [say hello to] saludar **-2.** [receive] recibir **-3.** [subj: sight, smell]: **he was ~ed by total chaos** se encontró con un auténtico caos.
greeting ['gri:tɪŋ] *n* saludo *m*.
◆ **greetings** *npl*: **Christmas/birthday ~s!** ¡feliz navidad/cumpleaños!; **~s from ...** recuerdos de ...
greetings card UK ['gri:tɪŋz-], **greeting card US** *n* tarjeta *f* de felicitación.
gregarious [grɪ'geərɪəs] *adj* [person] sociable; [animal] gregario(ria).
gremlin ['gremlɪn] *n inf* duende *m*.
Grenada [grə'neɪdə] *n* Granada.
grenade [grə'neɪd] *n*: **(hand) ~** granada *f* (de mano).
Grenadian [grə'neɪdjən] <> *adj* granadino(na). <> *n* granadino *m*, -na *f*.
grenadier [,grenə'dɪəʳ] *n* granadero *m*.
grenadine ['grenədi:n] *n* granadina *f*.
grew [gru:] *pt* ▷ **grow**.
grey UK, gray US [greɪ] <> *adj lit & fig* gris; **a ~ hair** una cana; **to go ~** [grey-haired] echar canas, encanecer. <> *n* gris *m*; **in ~** de gris.
grey area *n* tema *m* oscuro, área *f* difusa.
grey-haired [-'heəd] *adj* canoso(sa).
greyhound ['greɪhaʊnd] *n* galgo *m*.
Greyhound (bus)® *n* autobús *m* de largo recorrido.
greying UK, graying US ['greɪɪŋ] *adj* canoso(sa).

grey matter *n (U)* **- 1.** MED materia *f* gris **- 2.** *inf* [brain power] cerebro *m*.

greyscale *UK*, **grayscale** *US* ['greɪskeɪl] *n* COMPUT escala *f* de grises.

grey squirrel *n* ardilla *f* gris.

grid [grɪd] *n* **- 1.** [grating] reja *f*, enrejado *m* **- 2.** [system of squares] cuadrícula *f*.

griddle ['grɪdl] *n* plancha *f*.

gridiron ['grɪd,aɪən] *n* **- 1.** [in cooking] parrilla *f* **- 2.** *US* [game] fútbol *m* americano; [field] *campo m de fútbol americano*.

gridlock ['grɪdlɒk] *n* *US* embotellamiento *m*, atasco *m*.

grief [gri:f] *n (U)* **- 1.** [sorrow] dolor *m*, pesar *m* **- 2.** *inf* [trouble] problemas *mpl* **- 3.** *phr*: **to come to ~** [person] sufrir un percance; [plans] irse al traste; **good ~!** ¡madre mía!

grief-stricken *adj* desconsolado(da), apesadumbrado(da).

grievance ['gri:vns] *n* (motivo *m* de) queja *f*.

grieve [gri:v] <> *vt*: **it ~s me to say it** *fml* me apena decirlo. <> *vi*: **to ~ (for)** llorar (por).

grieving ['gri:vɪŋ] *n (U)* aflicción *f*.

grievous ['gri:vəs] *adj* *fml* grave.

grievous bodily harm *n (U)* lesiones *fpl* graves.

grievously ['gri:vəslɪ] *adv* *fml* gravemente.

grill [grɪl] <> *n* **- 1.** [on cooker] grill *m*; [for barbecue] parrilla *f* **- 2.** [food] parrillada *f*. <> *vt* **- 1.** [on cooker] asar al grill; [on barbecue] asar a la parrilla **- 2.** *inf* [interrogate] someter a un duro interrogatorio.

grille [grɪl] *n* [on radiator, machine] rejilla *f*; [on window, door] reja *f*.

grim [grɪm] (*compar* **-mer**, *superl* **-mest**) *adj* **- 1.** [expression] adusto(ta); [determination] inexorable **- 2.** [place, facts, prospect] desolador(ra).

grimace [grɪ'meɪs] <> *n* mueca *f*. <> *vi* hacer una mueca.

grime [graɪm] *n* mugre *f*.

grimly ['grɪmlɪ] *adv* **- 1.** [resolutely] con determinación **- 2.** [mirthlessly] lúgubremente.

grimy ['graɪmɪ] (*compar* **-ier**, *superl* **-iest**) *adj* mugriento(ta).

grin [grɪn] (*pt* & *pp* **-ned**, *cont* **-ning**) <> *n* sonrisa *f* (abierta). <> *vi*: **to ~ (at)** sonreír (a); **to ~ and bear it** poner al mal tiempo buena cara.

grind [graɪnd] (*pt* & *pp* **ground**) <> *vt* **- 1.** [crush] moler **- 2.** [press]: **to ~ sthg into sthg** aplastar algo contra algo. <> *vi* [scrape] rechinar, chirriar. <> *n* **- 1.** [hard, boring work] rutina *f*; **what a ~!** ¡qué lata! **- 2.** *US inf* [hard worker] currante *m* OR *f*.

◆ **grind down** *vt sep* [oppress] oprimir, acogotar.

◆ **grind up** *vt sep* pulverizar, hacer polvo.

grinder ['graɪndəʳ] *n* molinillo *m*.

grinding ['graɪndɪŋ] *adj* **- 1.** [unbearable] insoportable **- 2.** [poverty] absoluto(ta).

grip [grɪp] (*pt* & *pp* **-ped**, *cont* **-ping**) <> *n* **- 1.** [grasp, hold]: **to have a ~ (on sthg/sb)** tener (algo/a alguien) bien agarrado **- 2.** [control, domination]: **~ on** control *m* de, dominio *m* de; **in the ~ of sthg** en las garras de algo, dominado por algo; **to get to ~s with** llegar a controlar; **to get a ~ on o.s.** calmarse, controlarse; **to lose one's ~** *fig* perder el control **- 3.** [adhesion] sujeción *f*, adherencia *f* **- 4.** [handle] asidero *m* **- 5.** [bag] bolsa *f* de viaje. <> *vt* **- 1.** [grasp] agarrar, asir; [hand] apretar; [weapon] empuñar **- 2.** [seize] apoderarse de. <> *vi* adherirse.

gripe [graɪp] *inf* <> *n* [complaint] queja *f*. <> *vi*: **to ~ (about)** quejarse (de).

gripping ['grɪpɪŋ] *adj* apasionante.

grisly ['grɪzlɪ] (*compar* **-ier**, *superl* **-iest**) *adj* [horrible, macabre] espeluznante, horripilante.

grist [grɪst] *n*: **it's all ~ to the mill** todo vale OR sirve.

gristle ['grɪsl] *n* cartílago *m*, ternilla *f*.

gristly ['grɪslɪ] (*compar* **-ier**, *superl* **-iest**) *adj* cartilaginoso(sa).

grit [grɪt] (*pt* & *pp* **-ted**, *cont* **-ting**) <> *n* **- 1.** [stones] grava *f*; [sand, dust] arena *f* **- 2.** *inf* [courage] valor *m*. <> *vt* echar arena en *(las calles)*.

◆ **grits** *npl* *US* granos *mpl* de maíz molidos.

gritter ['grɪtəʳ] *n* *vehículo que esparce arena o gravilla por las carreteras en tiempos de heladas*.

gritty ['grɪtɪ] (*compar* **-ier**, *superl* **-iest**) *adj* **- 1.** [stony] arenoso(sa) **- 2.** *inf* [brave] valiente.

grizzled ['grɪzld] *adj* canoso(sa).

grizzly ['grɪzlɪ] (*pl* **-ies**) *n*: **~ (bear)** oso *m* pardo.

groan [grəʊn] <> *n* gemido *m*, quejido *m*. <> *vi* **- 1.** [moan] gemir **- 2.** [creak] crujir.

grocer ['grəʊsəʳ] *n* tendero *m*, -ra *f*, abarrotero *m*, -ra *f* *Amér*; **~'s (shop)** tienda *f* de comestibles OR ultramarinos, abarrotería *f* *CAm*.

groceries ['grəʊsərɪz] *npl* [foods] comestibles *mpl*, abarrotes *mpl* *Amér*.

grocery ['grəʊsərɪ] (*pl* **-ies**) *n* *US* [shop] tienda *f* de comestibles OR ultramarinos, supermercado *m*, abarrotería *f* *Amér*.

groggy ['grɒgɪ] (*compar* **-ier**, *superl* **-iest**) *adj* atontado(da).

groin [grɔɪn] *n* ingle *f*.

groom [gru:m] <> *n* **- 1.** [of horses] mozo *m* de

cuadra **-2.** [bridegroom] novio *m.* ◇ *vt* **-1.** [brush] cepillar, almohazar **-2.** [prepare]: **to ~ sb (for sthg)** preparar a alguien (para algo).

groove [gru:v] *n* [deep line] ranura *f*; [in record] surco *m.*

grope [grəʊp] ◇ *vt* **-1.** [try to find]: **to ~ one's way** andar a tientas **-2.** [fondle] toquetear, meter mano a. ◇ *vi*: **to ~ (about) for sthg** [object] buscar algo a tientas; [solution, remedy] buscar algo a ciegas.

gross [grəʊs] (*pl inv* OR **-es**) ◇ *adj* **-1.** [total] bruto(ta) **-2.** *fml* [serious, inexcusable] grave, intolerable **-3.** [coarse, vulgar] basto(ta), vulgar **-4.** *inf* [obese] obeso(sa) **-5.** *inf* [revolting] asqueroso(sa). ◇ *n* gruesa *f.* ◇ *vt* ganar en bruto.

gross domestic product *n* producto *m* interior bruto.

grossly ['grəʊslɪ] *adv* [seriously] enormemente.

gross national product *n* producto *m* nacional bruto.

gross profit *n* beneficio *m* bruto.

grotesque [grəʊ'tesk] *adj* grotesco(ca).

grotto ['grɒtəʊ] (*pl* **-es** OR **-s**) *n* gruta *f.*

grotty ['grɒtɪ] (*compar* **-ier**, *superl* **-iest**) *adj UK inf* asqueroso(sa), cochambroso(sa).

grouchy ['graʊtʃɪ] (*compar* **-ier**, *superl* **-iest**) *adj inf* refunfuñón(ona).

ground [graʊnd] ◇ *pt & pp* ▷ **grind.** ◇ *n* **-1.** [surface of earth] suelo *m*; [soil] tierra *f*; **above/below ~** sobre/bajo tierra; **on the ~** en el suelo; **to be thin on the ~** ser escaso; **to get sthg off the ~** *fig* poner algo en marcha **-2.** [area of land] terreno *m*; SPORT campo *m* **-3.** [subject area] terreno *m*; **to be on familiar ~** pisar terreno conocido; **to break fresh** OR **new ~** abrir nuevas fronteras **-4.** [advantage]: **to gain/lose ~** ganar/perder terreno **-5.** *phr*: **to cut the ~ from under sb's feet** pisar el terreno a alguien adelantándosele; **to go to ~** esconderse, refugiarse; **to run sthg/sb to ~** encontrar algo/a alguien (finalmente); **to stand one's ~** mantenerse firme. ◇ *vt* **-1.** [base]: **to be ~ed on** OR **in sthg** basarse en algo **-2.** [aircraft, pilot] hacer permanecer en tierra **-3.** *US inf* [child] castigar sin salir **-4.** *US* ELEC: **to be ~ed** estar conectado(da) a tierra.

◆ **grounds** *npl* **-1.** [reason]: **~s (for sthg/for doing sthg)** motivos *mpl* (para algo/para hacer algo); **on the ~s of** por motivos de; **on the ~s that** aduciendo que, debido a que **-2.** [around house] jardines *mpl*; [of public building] terrenos *mpl* **-3.** [of coffee] posos *mpl* **-4.** [area] zona *f.*

ground beef *n US* carne *f* picada.

groundbreaking ['graʊnd,breɪkɪŋ] *adj* pionero(ra).

ground control *n* control *m* de tierra.

ground cover *n* maleza *f.*

ground crew *n* personal *m* de tierra.

ground floor *n* planta *f* baja; **~ flat** (piso *m*) bajo *m.*

grounding ['graʊndɪŋ] *n*: **~ (in)** base *f* (de), conocimientos *mpl* básicos (de).

groundless ['graʊndlɪs] *adj* infundado(da), sin fundamento.

ground level *n*: **at ~** a nivel del suelo.

groundnut ['graʊndnʌt] *n* cacahuete *m.*

ground plan *n* [of building] planta *f.*

ground rent *n alquiler pagado al propietario de un terreno durante largo tiempo con el fin de edificar.*

ground rules *npl* reglas *fpl* básicas.

groundsheet ['graʊndʃi:t] *n* lona *f* impermeable *(para camping etc).*

groundsman ['graʊndzmən] (*pl* **-men** [-mən]) *n UK* cuidador *m* del campo OR terreno de juego.

ground staff *n* **-1.** [at sports ground] personal *m* al cargo de las instalaciones **-2.** *UK* = **ground crew.**

groundswell ['graʊndswell] *n* [of opinion etc] oleada *f*, ola *f.*

groundwork ['graʊndwɜ:k] *n (U)* trabajo *m* preliminar.

group [gru:p] ◇ *n* grupo *m.* ◇ *vt* agrupar. ◇ *vi*: **to ~ (together)** agruparse.

groupie ['gru:pɪ] *n inf* groupie *mf.*

group practice *n* gabinete *m* médico.

group therapy *n* terapia *f* de grupo.

grouse [graʊs] (*pl inv* OR **-s**) ◇ *n* **-1.** [bird] urogallo *m* **-2.** *inf* [complaint] queja *f.* ◇ *vi inf* quejarse.

grove [grəʊv] *n* [of trees] arboleda *f*; **lemon ~** limonar *m.*

◆ **Grove** *n* [in street names] *nombre de ciertas calles británicas.*

grovel ['grɒvl] (*UK pt & pp* **-led**, *cont* **-ling**, *US pt & pp* **-ed**, *cont* **-ing**) *vi lit & fig*: **to ~ (to)** arrastrarse (ante).

grow [grəʊ] (*pt* **grew**, *pp* **grown**) ◇ *vi* **-1.** [gen] crecer **-2.** [become] volverse, ponerse; **to ~ dark** oscurecer; **to ~ old** envejecer **-3.** [come]: **to ~ to do sthg** llegar a hacer algo. ◇ *vt* **-1.** [plants] cultivar **-2.** [hair, beard] dejarse crecer.

◆ **grow apart** *vi* distanciarse.

◆ **grow into** *vt fus* **-1.** [clothes, shoes] crecer lo suficiente para poder llevar **-2.** [become, turn into] convertirse en.

◆ **grow on** *vt fus inf*: **it's ~ing on me** me gusta cada vez más.

◆ **grow out** *vi* [perm, dye] irse, desaparecer.

◆ **grow out of** *vt fus* **-1.** [become too big for]: **he has grown out of his clothes** se le ha quedado pequeña la ropa **-2.** [lose - habit] perder; **he'll ~ out of it** ya se le pasará.

◆ **grow up** *vi* crecer; **when I ~ up** cuando sea mayor; **I grew up in Ireland** me crié en Irlanda; **~ up!** ¡no seas niño!

grower ['grəʊəʳ] *n* cultivador *m*, -ra *f*.

growl [graʊl] ◇ *n* [of dog, person] gruñido *m*; [of engine] rugido *m*. ◇ *vi* [dog, person] gruñir; [liengine] rugir.

grown [grəʊn] ◇ *pp* ▷ **grow**. ◇ *adj* adulto(ta).

grown-up ◇ *adj* [mature] maduro(ra). ◇ *n* persona *f* mayor.

growth [grəʊθ] *n* **-1.** [gen]: **~ (of** *OR* **in)** crecimiento *m* (de) **-2.** *MED* tumor *m*.

growth rate *n* tasa *f* de crecimiento.

grub [grʌb] *n* **-1.** [insect] larva *f*, gusano *m* **-2.** *inf* [food] manduca *f*, papeo *m*.

grubby ['grʌbɪ] (*compar* **-ier**, *superl* **-iest**) *adj* sucio(cia), mugriento(ta).

grudge [grʌdʒ] ◇ *n* rencor *m*; **to bear sb a ~, to bear a ~ against sb** guardar rencor a alguien. ◇ *vt*: **to ~ sb sthg** conceder algo a alguien a regañadientes; **to ~ doing sthg** hacer algo a regañadientes.

grudging ['grʌdʒɪŋ] *adj* concedido(da) a regañadientes.

grudgingly ['grʌdʒɪŋlɪ] *adv* a regañadientes, de mala gana.

gruelling *UK*, **grueling** *US* ['grʊəlɪŋ] *adj* agotador(ra).

gruesome ['gru:səm] *adj* espantoso(sa), horripilante.

gruff [grʌf] *adj* **-1.** [hoarse] bronco(ca) **-2.** [rough, unfriendly] hosco(ca), brusco(ca).

grumble ['grʌmbl] ◇ *n* **-1.** [complaint] queja *f* **-2.** [of stomach] gruñido *m* (de tripas). ◇ *vi* **-1.** [complain] quejarse, refunfuñar; **to ~ about sthg** quejarse de algo, refunfuñar por algo **-2.** [stomach] gruñir, hacer ruido.

grumbling ['grʌmblɪŋ] *n* (*U*) **-1.** [complaining] refunfuñeo *m*, quejas *fpl* **-2.** [of stomach] gruñidos *mpl* (de las tripas).

grumpy ['grʌmpɪ] (*compar* **-ier**, *superl* **-iest**) *adj inf* gruñón(ona).

grunge [grʌndʒ] *n MUS* grunge *m*.

grunt [grʌnt] ◇ *n* gruñido *m*. ◇ *vi* gruñir.

G-string *n* taparrabos *m inv*, tanga *m*.

GU *abbr of* **Guam**.

Guadeloupe [ˌgwɑ:də'lu:p] *n* Guadalupe.

guarantee [ˌgærən'ti:] ◇ *n* garantía *f*; **under ~** en periodo de garantía. ◇ *vt* garantizar.

guarantor [ˌgærən'tɔ:ʳ] *n* garante *m OR f*.

guard [gɑ:d] ◇ *n* **-1.** [person] guardia *m OR f*; [in prison] carcelero *m*, -ra *f* **-2.** [group of guards, operation] guardia *f*; **to be on/stand ~** estar de/hacer guardia; **to be on (one's) ~ (against)** estar en guardia *OR* alerta (contra); **to catch sb off ~** coger a alguien desprevenido **-3.** *UK RAIL* jefe *m* de tren **-4.** [protective device - for body] protector *m*; [- for machine] cubierta *f* protectora. ◇ *vt* **-1.** [protect, hide] guardar **-2.** [prevent from escaping] vigilar.

◆ **guard against** *vt fus* evitar.

guard dog *n* perro *m* guardián.

guarded ['gɑ:dɪd] *adj* cauteloso(sa).

guardian ['gɑ:djən] *n* **-1.** [of child] tutor *m*, -ra *f* **-2.** [protector] guardián *m*, -ana *f*, protector *m*, -ra *f*.

guardian angel *n* ángel *m* de la guarda, ángel *m* custodio.

guardianship ['gɑ:djənʃɪp] *n* tutela *f*.

guardrail ['gɑ:dreɪl] *n US* [on road] barrera *f* de protección.

guardsman ['gɑ:dzmən] (*pl* **-men** [-mən]) *n* [in UK] guardia *m* (de la guardia real).

guard's van *n UK* furgón *m* de cola.

Guatemala [ˌgwɑ:tə'mɑ:lə] *n* Guatemala.

Guatemalan [ˌgwɑ:tə'mɑ:lən] ◇ *adj* guatemalteco(ca). ◇ *n* guatemalteco *m*, -ca *f*.

guava ['gwɑ:və] *n* guayaba *f*.

guerilla [gə'rɪlə] = **guerrilla**.

Guernsey ['gɜ:nzɪ] *n* **-1.** [place] Guernsey **-2.** [sweater] jersey *m* grueso de lana **-3.** [cow] vaca *f* de Guernsey.

guerrilla [gə'rɪlə] *n* guerrillero *m*, -ra *f*; **urban ~** guerrillero de ciudad.

guerrilla warfare *n* (*U*) guerra *f* de guerrillas.

guess [ges] ◇ *n* suposición *f*, conjetura *f*; **to take a ~** intentar adivinar; **it's anybody's ~** vete a saber, ¿quién sabe? ◇ *vt* adivinar; **~ what?** ¿sabes qué? ◇ *vi* **-1.** [conjecture] adivinar; **to ~ at sthg** tratar de adivinar algo; **to ~ right** acertar; **to ~ wrong** equivocarse; **to keep sb ~ing** tener a alguien en la incertidumbre **-2.** [suppose]: **I ~ (so)** supongo *OR* me imagino que sí.

guesstimate ['gestɪmət] *n inf* cálculo *m* a bulto.

guesswork ['geswɜ:k] *n* (*U*) conjeturas *fpl*, suposiciones *fpl*.

guest [gest] *n* **-1.** [at home, on programme] invitado *m*, -da *f* **-2.** [at hotel] huésped *m OR f* **-3.** *phr*: **be my ~!** ¡pues claro!

guesthouse ['gesthaʊs, *pl* -haʊzɪz] *n* casa *f* de huéspedes.

guest of honour *n* invitado *m*, -da *f* de honor.
guestroom ['gestrʊm] *n* cuarto *m* de los huéspedes.
guest star *n* estrella *f* invitada.
guffaw [gʌ'fɔ:] <> *n* risotada *f*, carcajada *f*. <> *vi* reírse a carcajadas.
Guiana [gaɪ'ænə] *n* (la) Guayana.
guidance ['gaɪdəns] *n (U)* **-1.** [help] orientación *f*, consejos *mpl* **-2.** [leadership] dirección *f*; **under the ~ of** bajo la dirección de.
guide [gaɪd] <> *n* **-1.** [person] guía *m* OR *f* **-2.** [book] guía *f*. <> *vt* **-1.** [show by leading] guiar **-2.** [control] conducir, dirigir **-3.** [influence]: **to be ~d by** guiarse por.
◆ **Guide** = **Girl Guide**.
guide book *n* guía *f*.
guided missile ['gaɪdɪd-] *n* misil *m* teledirigido.
guide dog *n* perro *m* lazarillo.
guidelines ['gaɪdlaɪnz] *npl* directrices *fpl*.
guiding ['gaɪdɪŋ] *adj* [principle] rector(ra).
guild [gɪld] *n* **-1.** HIST gremio *m* **-2.** [association] corporación *f*.
guildhall ['gɪldhɔ:l] *n sede de un gremio*.
guile [gaɪl] *n (U)* astucia *f*.
guileless ['gaɪllɪs] *adj* ***literary*** inocente, candoroso(sa).
guillemot ['gɪlɪmɒt] *n* arao *m* común.
guillotine ['gɪlə,ti:n] <> *n* **-1.** [gen] guillotina *f* **-2.** *UK* POL *estipulación de un tiempo determinado para debatir un proyecto de ley*. <> *vt* guillotinar.
guilt [gɪlt] *n* **-1.** [remorse] culpa *f* **-2.** JUR culpabilidad *f*.
guiltily ['gɪltɪlɪ] *adv* con aire de culpabilidad.
guilty ['gɪltɪ] (*compar* **-ier**, *superl* **-iest**) *adj* **-1.** [gen]: ~ **(of)** culpable (de); **to be found ~/not ~** ser declarado culpable/inocente; **to have a ~ conscience** tener remordimientos de conciencia **-2.** [secret, thought] que causa remordimiento.
guinea ['gɪnɪ] *n* guinea *f*.
Guinea ['gɪnɪ] *n* Guinea.
Guinea-Bissau [-bɪ'saʊ] *n* Guinea-Bissau.
guinea fowl *n* gallina *f* de Guinea.
guinea pig *n* ***lit*** & ***fig*** conejillo *m* de Indias.
guise [gaɪz] *n* ***fml*** apariencia *f*.
guitar [gɪ'tɑ:ʳ] *n* guitarra *f*.
guitarist [gɪ'tɑ:rɪst] *n* guitarrista *m* OR *f*.
gulch [gʌltʃ] *n* ***US*** barranco *m*.
gulf [gʌlf] *n* **-1.** [sea] golfo *m* **-2.** [chasm] sima *f*, abismo *m* **-3.** [big difference]: ~ **(between)** abismo *m* (entre).
◆ **Gulf** *n*: **the Gulf** el Golfo.
Gulf States *npl*: **the ~** los países del Golfo.
Gulf Stream *n*: **the ~** la corriente del Golfo.
Gulf War *n*: **the ~** la guerra del Golfo.
gull [gʌl] *n* gaviota *f*.
gullet ['gʌlɪt] *n* esófago *m*.
gullible ['gʌləbl] *adj* crédulo(la).
gully ['gʌlɪ] (*pl* **-ies**) *n* barranco *m*.
gulp [gʌlp] <> *n* trago *m*. <> *vt* [liquid] tragarse; [food] engullir. <> *vi* tragar saliva.
◆ **gulp down** *vt sep* [liquid] tragarse; [food] engullir.
gum [gʌm] (*pt* & *pp* **-med**, *cont* **-ming**) <> *n* **-1.** [chewing gum] chicle *m* **-2.** [adhesive] pegamento *m* **-3.** ANAT encía *f*. <> *vt* pegar, engomar.
gumboil ['gʌmbɔɪl] *n* flemón *m*.
gumboots ['gʌmbu:ts] *npl* ***UK*** botas *fpl* de agua OR de goma.
gumption ['gʌmpʃn] *n (U)* ***inf*** **-1.** [common sense] seso *m*, sentido *m* común **-2.** [determination] agallas *fpl*, coraje *m*.
gumshoe ['gʌmʃu:] *n* ***US crime sl*** sabueso *m*, polizonte *m* OR *f*.
gun [gʌn] (*pt* & *pp* **-ned**, *cont* **-ning**) *n* **-1.** [pistol] pistola *f*; [rifle] escopeta *f*, fusil *m*; [artillery] cañón *m*; **to stick to one's ~s** mantenerse en sus trece; **to jump the ~** adelantarse a los acontecimientos **-2.** [tool] pistola *f*.
◆ **gun down** *vt sep* abatir (a tiros).
gunboat ['gʌnbəʊt] *n* lancha *f* cañonera, cañonero *m*.
gundog ['gʌndɒg] *n* perro *m* de caza.
gunfire ['gʌnfaɪəʳ] *n (U)* disparos *mpl*, tiroteo *m*.
gunge [gʌndʒ] *n (U)* ***UK inf*** porquería *f*.
gung-ho [,gʌŋ'həʊ] *adj* ***UK inf*** **-1.** [overenthusiastic] demasiado entusiasta **-2.** [jingoistic] belicoso(sa).
gunk [gʌŋk] *n* ***inf*** porquería *f*.
gunman ['gʌnmən] (*pl* **-men** [-mən]) *n* pistolero *m*.
gunner ['gʌnəʳ] *n* artillero *m*.
gunpoint ['gʌnpɔɪnt] *n*: **at ~** a punta de pistola.
gunpowder ['gʌn,paʊdəʳ] *n* pólvora *f*.
gunrunning ['gʌn,rʌnɪŋ] *n* tráfico *m* de armas.
gunshot ['gʌnʃɒt] *n* tiro *m*, disparo *m*.
gunsmith ['gʌnsmɪθ] *n* armero *m*.
gurgle ['gɜ:gl] <> *vi* **-1.** [water] gorgotear **-2.** [baby] gorjear. <> *n* **-1.** [of water] gorgoteo *m* **-2.** [of baby] gorjeo *m*.
guru ['gʊru:] *n* ***lit*** & ***fig*** gurú *m*.
gush [gʌʃ] <> *n* chorro *m*. <> *vt* chorrear. <> *vi* **-1.** [flow out] chorrear, manar **-2.** ***pej*** [enthuse] ser muy efusivo(va).
gushing ['gʌʃɪŋ] *adj* ***pej*** efusivo(va).

gusset ['gʌsɪt] *n* escudete *m.*

gust [gʌst] ◇ *n* ráfaga *f*, racha *f.* ◇ *vi* [wind] soplar racheado(da).

gusto ['gʌstəʊ] *n*: **with ~** con deleite.

gusty ['gʌstɪ] (*compar* **-ier**, *superl* **-iest**) *adj* [day] ventoso(sa); [wind] racheado(da).

gut [gʌt] (*pt* & *pp* **-ted**, *cont* **-ting**) ◇ *n* **-1.** MED intestino *m* **-2.** [strong thread] sedal *m.* ◇ *vt* **-1.** [animal] destripar; [fish] limpiar **-2.** [subj: fire] destruir el interior de.

◆ **guts** *npl inf* **-1.** [intestines] tripas *fpl*; **to hate sb's ~s** odiar a alguien a muerte **-2.** [courage] agallas *fpl.*

gut reaction *n* primer impulso *m.*

gutsy ['gʌtsɪ] *adj* con agallas.

gutter ['gʌtəʳ] *n* **-1.** [ditch] cuneta *f* **-2.** [on roof] canalón *m.*

guttering ['gʌtərɪŋ] *n (U)* canalones *mpl.*

gutter press *n pej* prensa *f* amarilla OR sensacionalista.

guttural ['gʌtərəl] *adj* gutural.

guv [gʌv] *n UK inf* jefe *m.*

guy [gaɪ] *n* **-1.** *inf* [man] tipo *m*, tío *m*, chavo *m Méx* **-2.** UK [dummy] *muñeco que se quema en Gran Bretaña la noche de Guy Fawkes.*

Guyana [gaɪ'ænə] *n* Guyana.

Guy Fawkes' Night *n fiesta que se celebra el 5 de noviembre en Gran Bretaña en que se encienden hogueras y se lanzan fuegos artificiales.*

GUY FAWKES' NIGHT

Se trata de un festejo británico que se celebra la noche del 5 de noviembre y que conmemora el complot católico encabezado por Guy Fawkes en 1605 para volar las casas del Parlamento. En esta noche se encienden hogueras en las que se quema una efigie de Guy Fawkes y se lanzan fuegos artificiales; por ello esta noche también se llama *Fireworks Night* o *Bonfire Night*.

guy rope *n* viento *m*, cuerda *f (de tienda de campaña).*

guzzle ['gʌzl] ◇ *vt* zamparse. ◇ *vi* zampar.

gym [dʒɪm] *n inf* **-1.** [gymnasium] gimnasio *m* **-2.** [exercises] gimnasia *f.*

gymkhana [dʒɪm'kɑːnə] *n* gincana *f.*

gymnasium [dʒɪm'neɪzjəm] (*pl* **-siums** OR **-sia** [-zjə]) *n* gimnasio *m.*

gymnast ['dʒɪmnæst] *n* gimnasta *m* OR *f.*

gymnastics [dʒɪm'næstɪks] *n (U)* gimnasia *f.*

gym shoes *npl* zapatillas *fpl* de gimnasia.

gymslip ['dʒɪm,slɪp] *n UK* bata *f* de colegio.

gynaecological UK, **gynecological** US [,gaɪnəkə'lɒdʒɪkl] *adj* ginecológico(ca).

gynaecologist UK, **gynecologist** US [,gaɪnə'kɒlədʒɪst] *n* ginecólogo *m*, -ga *f.*

gynaecology UK, **gynecology** US [,gaɪnə'kɒlədʒɪ] *n* ginecología *f.*

gyp [dʒɪp] ◇ *vt US* timar, estafar. ◇ *n UK*: **my knee has been giving me ~** tengo la rodilla fastidiada.

gypsy ['dʒɪpsɪ] (*pl* **-ies**) = **gipsy**.

gyrate [dʒaɪ'reɪt] *vi* girar.

gyration [dʒaɪ'reɪʃn] *n* giro *m*, rotación *f.*

gyroscope ['dʒaɪrəskəʊp] *n* giroscopio *m.*

h (*pl* **h's** OR **hs**), **H** (*pl* **H's** OR **Hs**) [eɪtʃ] *n* [letter] h *f*, H *f.*

ha [hɑː] *excl* ¡ah!

habeas corpus [,heɪbjəs'kɔːpəs] *n* hábeas corpus *m.*

haberdashery ['hæbədæʃərɪ] (*pl* **-ies**) *n* **-1.** UK [selling sewing materials] mercería *f* **-2.** US [selling men's clothing] tienda *f* de ropa para caballeros.

habit ['hæbɪt] *n* **-1.** [custom] costumbre *f*, hábito *m*; **to be in the ~ of doing sthg** tener la costumbre de hacer algo; **to make a ~ of sthg** tomar algo por costumbre; **to make a ~ of doing sthg** tener por costumbre hacer algo; **to have a drug ~** ser drogadicto **-2.** [garment] hábito *m.*

habitable ['hæbɪtəbl] *adj* habitable.

habitat ['hæbɪtæt] *n* hábitat *m.*

habitation [hæbɪ'teɪʃn] *n* **-1.** [occupation] ocupación *f*, habitación *f* **-2.** [house] morada *f.*

habit-forming [-,fɔːmɪŋ] *adj* que crea hábito.

habitual [hə'bɪtʃʊəl] *adj* **-1.** [usual] habitual, acostumbrado(da) **-2.** [smoker, gambler] empedernido(da).

habitually [hə'bɪtʃʊəlɪ] *adv* por costumbre, habitualmente.

hack [hæk] ◇ *n* **-1.** *pej* [writer] escritorzuelo *m*, -la *f*; [journalist] gacetillero *m*, -ra *f* **-2.** *US inf* [taxi] taxi *m.* ◇ *vt* **-1.** [cut] cortar en tajos, acuchillar - 2. COMPUT piratear. <> *vi* [cut] dar tajos OR hachazos.

◆ **hack into** *vt fus* piratear.

◆ **hack through** *vt fus* [cut]: **to ~ (one's way) through sthg** abrirse paso por algo a hachazos.

hacker ['hækəʳ] *n*: **(computer) ~** pirata *m* OR *f* informático.

hacking ['hækɪŋ] *n* COMPUT piratería *f (informática)*.

hacking cough *n* tos *f* seca.

hackles ['hæklz] *npl pelo o plumas del cuello de un animal*; **to make sb's ~ rise** poner negro a alguien.

hackney cab, hackney carriage ['hæknɪ-] *n fml* [taxi] taxi *m*.

hackneyed ['hæknɪd] *adj pej* trillado(da), gastado(da).

hacksaw ['hæksɔ:] *n* sierra *f* para metales.

had [*weak form* həd, *strong form* hæd] *pt & pp* ▻ **have**.

haddock ['hædək] (*pl inv*) *n* eglefino *m*.

hadn't ['hædnt] = **had not**.

haematology [ˌhi:mə'tɒlədʒɪ] = **hematology**.

haemoglobin [ˌhi:mə'gləʊbɪn] = **hemoglobin**.

haemophilia [ˌhi:mə'fɪlɪə] = **hemophilia**.

haemophiliac [ˌhi:mə'fɪlɪæk] = **hemophiliac**.

haemorrhage ['hemərɪdʒ] = **hemorrhage**.

haemorrhoids ['hemərɔɪdz] = **hemorrhoids**.

hag [hæg] *n pej* bruja *f*, arpía *f*.

haggard ['hægəd] *adj* ojeroso(sa).

haggis ['hægɪs] *n plato típico escocés hecho con las asaduras del cordero*.

haggle ['hægl] *vi*: **to ~ (with sb over** OR **about sthg)** regatear (algo con alguien).

haggling ['hæglɪŋ] *n* regateo *m*.

Hague [heɪg] *n*: **The ~** La Haya.

hail [heɪl] <> *n* **-1.** METEOR granizo *m*, pedrisco *m* **-2.** *fig* [large number] lluvia *f*. <> *vt* **-1.** [call] llamar; [taxi] parar **-2.** [acclaim]: **to ~ sb as sthg** aclamar a alguien algo; **to ~ sthg as sthg** ensalzar algo catalogándolo de algo. <> *v impers*: **it's ~ing** está granizando.

hailstone ['heɪlstəʊn] *n* granizo *m*, piedra *f*.

hair [heəʳ] *n* **-1.** *(U)* [gen] pelo *m*; **to have short ~** tener el pelo corto; **to do one's ~** arreglarse el pelo; **to let one's ~ down** [fig] soltarse el pelo; **to make sb's ~ stand on end** ponerle a alguien los pelos de punta; **to split ~s** hilar muy fino, rizar el rizo **-2.** [on person's skin] vello *m*.

hairbrush ['heəbrʌʃ] *n* cepillo *m* para el pelo.

haircut ['heəkʌt] *n* corte *m* de pelo; **to have a ~** cortarse el pelo.

hairdo ['heədu:] (*pl* **-s**) *n inf* peinado *m*.

hairdresser ['heəˌdresəʳ] *n* peluquero *m*, -ra *f*; **~'s (salon)** peluquería *f*.

hairdressing ['heəˌdresɪŋ] <> *n* peluquería *f*. <> *comp* de peluquería.

hairdryer ['heəˌdraɪəʳ] *n* secador *m* (de pelo).

hair gel *n* gomina *f*.

hairgrip ['heəgrɪp] *n UK* horquilla *f*.

hairline ['heəlaɪn] *n* nacimiento *m* del pelo.

hairline fracture *n* fractura *f* muy fina.

hairnet ['heənet] *n* redecilla *f*.

hairpiece ['heəpi:s] *n* peluquín *m*, postizo *m*.

hairpin ['heəpɪn] *n* horquilla *f* de moño.

hairpin bend *n* curva *f* muy cerrada.

hair-raising [-ˌreɪzɪŋ] *adj* espeluznante.

hair remover [-rɪˌmu:vəʳ] *n* crema *f* depilatoria, depilatorio *m*.

hair-restorer *n* crecepelo *m*, loción *f* capilar.

hair's breadth *n*: **by a ~** por un pelo; **within a ~ of** al borde de.

hair slide *n UK* pasador *m*.

hair-splitting *n (U) pej* sutilezas *fpl*.

hairspray ['heəspreɪ] *n* laca *f* (para el pelo).

hairstyle ['heəstaɪl] *n* peinado *m*.

hairstylist ['heəˌstaɪlɪst] *n* peluquero *m*, -ra *f*.

hairy ['heərɪ] (*compar* **-ier**, *superl* **-iest**) *adj* **-1.** [covered in hair] peludo(da) **-2.** *inf* [scary] espeluznante, espantoso(sa).

Haiti ['heɪtɪ] *n* Haití.

Haitian ['heɪʃn] <> *adj* haitiano(na). <> *n* haitiano *m*, -na *f*.

hake [heɪk] (*pl inv* OR **-s**) *n* merluza *f*.

halal [hə'lɑ:l] <> *adj* [meat] *que ha sido matado de acuerdo con la ley musulmana*. <> *n carne de animal matado de acuerdo con la ley musulmana*.

halcyon days ['hælsɪən-] *npl literary* días *mpl* idílicos.

hale [heɪl] *adj*: **~ and hearty** sano y fuerte (sana y fuerte).

half [*UK* hɑ:f, *US* hæf] (*pl senses 1 and 3* **halves**, *pl senses 2 and 4* **halves** OR **halfs**) <> *adj* medio(dia); **~ a dozen/mile** media docena/milla; **~ an hour** media hora. <> *adv* **-1.** [gen]: **~ naked/Spanish** medio desnudo/español; **~ full/open** medio lleno/abierto; **~ and ~** mitad y mitad; **not ~!** *UK inf* ¡y cómo! **-2.** [by half]: **~ as big (as)** la mitad de grande (que) **-3.** [in telling the time]: **~ past nine**, **~ after nine** *US* las nueve y media; **it's ~ past** son y media. <> *n* **-1.** [one of two parts] mitad *f*; **one ~ of the group** una mitad del grupo; **a pound/mile and a ~** una libra/milla y media; **by ~** en un cincuenta por ciento; **in ~** por la mitad, en dos; **he doesn't do things by halves** no hace las cosas a medias; **to be too clever by ~** pasarse de listo; **to go halves (with sb)** ir a medias (con alguien) **-2.** [fraction, halfback, child's ticket] medio *m* **-3.** [of sports match] tiempo *m*, mitad *f* **-4.** [of beer] media pinta *f*. <> *pron* la mitad; ~ **of it/them** la mitad.

half-and-half *n US* [in coffee] leche *f* con nata *Esp* OR crema *Amér.*

halfback ['hɑ:fbæk] *n* [in rugby] medio *m*.

half-baked [-'beɪkt] *adj* descabalado(da).

half board *n* media pensión *f*.

half-breed <> *adj* mestizo(za). <> *n* mestizo *m*, -za *f (atención: el término 'half-breed' se considera racista).*

half-brother *n* hermanastro *m*.

half-caste [-kɑ:st] <> *adj* mestizo(za). <> *n* mestizo *m*, -za *f (atención: el término 'half-caste' se considera racista).*

half cock *n*: **to go off (at)** ~ fracasar por falta de preparación.

half-day *n* media jornada *f*.

half-hearted [-'hɑ:tɪd] *adj* poco entusiasta.

half-heartedly [-'hɑ:tɪdlɪ] *adv* sin entusiasmo.

half hour *n* media hora *f*.
◆ **half-hour** = **half-hourly**.

half-hourly *adj* [update, check] cada media hora; [intervals] de media hora.

half-length *adj* de medio cuerpo.

half-light *n* media luz *f*.

half-mast *n*: **at** ~ [flag] a media asta.

half measures *npl* medias tintas *fpl*.

half moon *n* media luna *f*.

half note *n US* MUS blanca *f*.

halfpenny ['heɪpnɪ] (*pl* **-pennies** OR **-pence**) *n* medio penique *m*.

half-price *adj* a mitad de precio.
◆ **half price** *adv* a mitad de precio.

half-sister *n* hermanastra *f*.

half step *n US* MUS semitono *m*.

half term *n UK breves vacaciones escolares a mitad de trimestre.*

half time *n (U)* descanso *m*.

half tone *n US* MUS semitono *m*.

half-truth *n* verdad *f* a medias.

halfway [hɑ:f'weɪ] <> *adj* intermedio(dia). <> *adv* **-1.** [in space]: **I was ~ down the street** llevaba la mitad de la calle andada **-2.** [in time]: **the film was ~ through** la película iba por la mitad **-3.** *phr*: **to meet sb** ~ llegar a un acuerdo con alguien *(cediendo ambas partes).*

half-wit *n* imbécil *m* OR *f*.

half-yearly *adj* semestral.
◆ **half yearly** *adv* semestralmente.

halibut ['hælɪbət] (*pl inv* OR **-s**) *n* halibut *m*, fletán *m*.

halitosis [ˌhælɪ'təʊsɪs] *n* halitosis *f inv*.

hall [hɔ:l] *n* **-1.** [entrance to house] vestíbulo *m*; [corridor] pasillo *m* **-2.** [public building, large room] sala *f* **-3.** *UK* UNIV residencia *f* universitaria, colegio *m* mayor; **to live in ~s** vivir en una residencia universitaria **-4.** [country house] mansión *f*, casa *f* solariega.

halleluja [ˌhælɪ'lu:jə] *excl* ¡aleluya!

hallmark ['hɔ:lmɑ:k] *n* **-1.** [typical feature] sello *m* distintivo **-2.** [on metal] contraste *m*.

hallo [hə'ləʊ] = **hello**.

hall of residence (*pl* **halls of residence**) *n UK* residencia *f* universitaria, colegio *m* mayor.

hallowed ['hæləʊd] *adj* [respected] santificado(da), sagrado(da).

Hallowe'en [ˌhæləʊ'i:n] *n fiesta celebrada la noche del 31 de octubre.*

HALLOWE'EN

En esta fiesta, que se celebra en los Estados Unidos y en Gran Bretaña la noche del 31 de octubre, los niños, disfrazados de brujas, fantasmas, etc., van de puerta en puerta pidiendo golosinas a cambio de no asustar a la gente. El elemento más característico de esta fiesta son las calabazas huecas e iluminadas en su interior con una vela.

hallucinate [hə'lu:sɪneɪt] *vi* alucinar.

hallucination [həˌlu:sɪ'neɪʃn] *n* alucinación *f*.

hallucinogenic [həˌlu:sɪnə'dʒenɪk] *adj* alucinógeno(na).

hallway ['hɔ:lweɪ] *n* [entrance to house] vestíbulo *m*; [corridor] pasillo *m*.

halo ['heɪləʊ] (*pl* **-es** OR **-s**) *n* halo *m*, aureola *f*.

halogen ['hælədʒen] <> *n* halógeno *m*. <> *comp* halógeno(na).

halt [hɔ:lt] <> *n* [stop]: **to come to a** ~ [vehicle] pararse; [activity] interrumpirse; **to grind to a** ~ [vehicle] ir parando lentamente; [process] paralizarse; **to call a ~ to** poner fin a. <> *vt* [person] parar, detener; [development, activity] interrumpir. <> *vi* [person, train] pararse, detenerse; [development, activity] interrumpirse.

halter ['hɔ:ltə^r] *n* [for horse] ronzal *m*, cabestro *m*, bozal *m Amér.*

halterneck ['hɔ:ltənek] *adj* escotado(da) por detrás.

halting ['hɔ:ltɪŋ] *adj* vacilante.

halve [*UK* hɑ:v, *US* hæv] *vt* **-1.** [reduce by half] reducir a la mitad **-2.** [divide] partir en dos, partir por la mitad.

halves [*UK* hɑ:vz, *US* hævz] *pl* ▷ **half**.

ham [hæm] (*pt* & *pp* **-med**, *cont* **-ming**) <> *n* **-1.** [meat] jamón *m* **-2.** *pej* [actor] histrión *m*, comicastro *m* **-3.** [radio fanatic]: **(radio)** ~ radioaficionado *m*, -da *f*. <> *comp* de jamón.

◇ *vt*: **to ~ it up** sobreactuar.

Hamburg [ˈhæmbɜːg] *n* Hamburgo.

hamburger [ˈhæmbɜːgəʳ] *n* **-1.** [burger] hamburguesa *f* **-2.** *(U)* ***US*** [mince] carne *f* picada.

ham-fisted [-ˈfɪstɪd] *adj* torpe, desmañado(da).

hamlet [ˈhæmlɪt] *n* aldea *f*.

hammer [ˈhæməʳ] ◇ *n* [gen & SPORT] martillo *m*. ◇ *vt* **-1.** [with tool] martillear **-2.** [with fist] aporrear **-3.** ***inf*** [defeat] dar una paliza a. ◇ *vi* **-1.** [with tool] martillear **-2.** [with fist]: **to ~ (on sthg)** aporrear (algo) **-3.** ***phr***: **to ~ away at sthg** [task] trabajar con ahínco en algo; [demand, subject] machacar algo.

◆ **hammer in** *vt sep*: **to ~ sthg into sb** meter algo en la cabeza a alguien.

◆ **hammer out** ◇ *vt fus* [solution, agreement] alcanzar con esfuerzo. ◇ *vt sep* [dent] quitar a martillo.

hammock [ˈhæmək] *n* hamaca *f*, chinchorro *m* ***Méx***.

hammy [ˈhæmɪ] (*compar* **-ier**, *superl* **-iest**) *adj inf* histriónico(ca), exagerado(da).

hamper [ˈhæmpəʳ] ◇ *n* **-1.** [for food] cesta *f*, canasta *f* **-2.** ***US*** [for laundry] cesto *m* de la ropa sucia. ◇ *vt* obstaculizar.

hamster [ˈhæmstəʳ] *n* hámster *m*.

hamstring [ˈhæmstrɪŋ] (*pt* & *pp* **-strung** [-strʌŋ]) ◇ *n* tendón *m* de la corva. ◇ *vt* paralizar.

hand [hænd] ◇ *n* **-1.** [gen] mano *f*; **~s up!** ¡manos arriba!; **to hold ~s** ir cogidos de la mano; **~ in ~** [people] (cogidos) de la mano; **by ~** a mano; **at the ~s of** a manos de; **in ~** [problem, situation] bajo control; **to have two games in ~** haber jugado dos partidos menos; **in the ~s of** en manos de; **to have sthg on one's ~s** tener uno algo en sus manos; **to change ~s** cambiar de manos OR de dueño; **to force sb's ~** apretarle las tuercas a alguien; **to get OR lay one's ~s on sthg** hacerse con algo; **to get OR lay one's ~s on sb** pillar a alguien; **to get out of ~** [situation] hacerse incontrolable; [person] desmandarse; **to give sb a free ~** dar carta blanca a alguien; **to give OR lend sb a ~ (with)** echar una mano a alguien (con); **to go ~ in ~** [things] ir de la mano; **to have one's ~s full** estar muy ocupado; **to have time in ~** tener tiempo de sobra; **to overplay one's ~** *fig* extralimitarse; **to take sb in ~** hacerse cargo OR ocuparse de alguien; **to try one's ~ at sthg** intentar hacer algo; **to wait on sb ~ and foot** traérselo todo en bandeja a alguien; **to wash one's ~s of sthg** lavarse las manos con respecto a algo; **with his bare ~s** con sus propias manos **-2.** [influence] intervención *f*, influencia *f*; **to have a ~ in sthg/in doing sthg** intervenir en algo/al hacer algo **-3.** [worker - on farm] bracero *m*, peón *m*; [- on ship] tripulante *m* **-4.** [of clock, watch] manecilla *f*, aguja *f* **-5.** [handwriting] letra *f* **-6.** [applause]: **a big ~** un gran aplauso. ◇ *vt*: **to ~ sthg to sb, to ~ sb sthg** dar OR entregar algo a alguien.

◆ **(close) at hand** *adv* cerca.

◆ **on hand** *adv* al alcance de la mano.

◆ **on the other hand** *conj* por otra parte.

◆ **out of hand** *adv* [completely] terminantemente.

◆ **to hand** *adv* a mano.

◆ **hand back** *vt sep* devolver.

◆ **hand down** *vt sep* [heirloom] pasar en herencia; [knowledge] transmitir.

◆ **hand in** *vt sep* [essay, application] entregar; [resignation] presentar.

◆ **hand on** *vt sep* pasar, hacer circular.

◆ **hand out** *vt sep* repartir, distribuir.

◆ **hand over** ◇ *vt sep* **-1.** [baton, money] entregar **-2.** [responsibility, power] ceder. ◇ *vi*: **to ~ over (to)** dar paso (a).

handbag [ˈhændbæg] *n* bolso *m*, bolsa *f* ***Méx***, cartera *f* ***Andes, CSur***.

hand baggage *n* equipaje *m* de mano.

handball [ˈhændbɔːl] *n* balonmano *m*.

handbill [ˈhændbɪl] *n* panfleto *m*.

handbook [ˈhændbʊk] *n* manual *m*.

handbrake [ˈhændbreɪk] *n* freno *m* de mano.

handclap [ˈhændklæp] *n*: **slow ~** *aplauso lento y rítmico de protesta.*

handcrafted [ˈhændˌkrɑːftɪd] *adj* hecho(cha) a mano, de artesanía.

handcuff [ˈhændkʌf] *vt* esposar.

handcuffs [ˈhændkʌfs] *npl* esposas *fpl*.

handful [ˈhændfʊl] *n* **-1.** [gen] puñado *m* **-2.** ***inf*** [uncontrollable person]: **to be a ~** ser un demonio.

hand grenade *n* granada *f* de mano.

handgun [ˈhændgʌn] *n* pistola *f*.

handheld PC [ˈhændheld-] *n* ordenador *m* de bolsillo, asistente *m* personal.

handicap [ˈhændɪkæp] (*pt* & *pp* **-ped**, *cont* **-ping**) ◇ *n* **-1.** [disability] discapacidad *f*, minusvalía *f* **-2.** [disadvantage] desventaja *f*, obstáculo *m* **-3.** SPORT hándicap *m*. ◇ *vt* estorbar, obstaculizar.

handicapped [ˈhændɪkæpt] ◇ *adj* minusválido(da). ◇ *npl*: **the ~** los minusválidos.

handicraft [ˈhændɪkrɑːft] *n* [skill] artesanía *f*.

handiwork [ˈhændɪwɜːk] *n (U)* [doing, work] obra *f*.

handkerchief [ˈhæŋkətʃɪf] (*pl* **-chiefs** OR **-chieves** [-tʃiːvz]) *n* pañuelo *m*.

handle ['hændl] <> *n* [of tool, broom, knife] mango *m*; [of door, window] manilla *f*; [of suitcase, cup, jug] asa *f*; [of racket] empuñadura *f*; **to fly off the ~** perder los estribos. <> *vt* [gen] manejar; [order, complaint, application] encargarse de; [negotiations, takeover] conducir; [people] tratar.

handlebars ['hændlbɑːz] *npl* manillar *m*, manubrio *m Amér.*

handler ['hændləʳ] *n* **-1.** [of animal] adiestrador *m*, -ra *f* **-2.** [at airport]: **(baggage) ~** mozo *m* de equipajes.

handling charges ['hændlɪŋ-] *npl* [at bank] gastos *mpl* de tramitación.

hand lotion *n* loción *f* para las manos.

hand luggage *n UK* equipaje *m* de mano.

handmade [ˌhænd'meɪd] *adj* hecho(cha) a mano.

hand-me-down *n inf* prenda *f* heredada.

handout ['hændaʊt] *n* **-1.** [gift] donativo *m* **-2.** [leaflet] hoja *f* (informativa); [in class] notas *fpl*.

handover ['hændəʊvəʳ] *n* [of power] cesión *f*, transferencia *f*; [of prisoners, baton] entrega *f*.

handpicked [ˌhænd'pɪkt] *adj* cuidadosamente escogido(da).

handrail ['hændreɪl] *n* pasamano *m*, barandilla *f*.

hands-down *adj US* [winner, favourite] indiscutible.

handset ['hændset] *n* auricular *m (de teléfono)*; **to lift/replace the ~** descolgar/colgar (el teléfono).

handshake ['hændʃeɪk] *n* apretón *m* de manos.

hands-off *adj* de no intervención.

handsome ['hænsəm] *adj* **-1.** [man] guapo, atractivo **-2.** [literary] [woman] bella **-3.** [reward, profit] considerable.

handsomely ['hænsəmlɪ] *adv* [generously] generosamente.

hands-on *adj* práctico(ca).

handstand ['hændstænd] *n* pino *m*.

hand-to-mouth *adj* precario(ria).

◆ **hand to mouth** *adv* precariamente.

handwriting ['hændˌraɪtɪŋ] *n* letra *f*, caligrafía *f*.

handwritten ['hændˌrɪtn] *adj* escrito(ta) a mano.

handy ['hændɪ] (*compar* **-ier**, *superl* **-iest**) *adj inf* **-1.** [useful] práctico(ca); **to come in ~** venir bien **-2.** [skilful] mañoso(sa) **-3.** [near] a mano, cerca; **to keep sthg ~** tener algo a mano.

handyman ['hændɪmæn] (*pl* **-men** [-men]) *n*: **a good ~** un manitas.

hang [hæŋ] (*pt* & *pp sense 1* **hung**, *pt* & *pp sense 2* **hung** OR **hanged**) <> *vt* **-1.** [fasten] colgar; [washing] tender; [wallpaper] poner **-2.** [execute] ahorcar; **to ~ o.s.** ahorcarse. <> *vi* **-1.** [be fastened] colgar, pender **-2.** [be executed] ser ahorcado(da) **-3.** *US inf*: **I'm going to ~ with my friends tonight** voy a andar por ahí con los amigos esta noche. <> *n*: **to get the ~ of sthg** *inf* coger el tranquillo a algo.

◆ **hang about, hang around** *vi* **-1.** [spend time] pasar el rato; **they didn't ~ about** se pusieron en marcha sin perder un minuto **-2.** [wait] esperar; **~ about!** ¡un momento!

◆ **hang on** <> *vt fus* [depend on] depender de. <> *vi* **-1.** [keep hold]: **to ~ on (to)** agarrarse (a) **-2.** *inf* [continue waiting] esperar, aguardar **-3.** [persevere] resistir.

◆ **hang onto** *vt fus* **-1.** [keep hold of] agarrarse a **-2.** [keep] quedarse con; [power] aferrarse a.

◆ **hang out** <> *vt sep* [washing] tender. <> *vi inf* [spend time] pasar el rato.

◆ **hang round** = **hang about**.

◆ **hang together** *vi* [alibi, argument] sostenerse, tenerse en pie.

◆ **hang up** <> *vt sep* colgar. <> *vi* colgar.

◆ **hang up on** *vt fus*: **to ~ up on sb** colgarle a alguien.

hangar ['hæŋəʳ] *n* hangar *m*.

hangdog ['hæŋdɒg] *adj* avergonzado(da).

hanger ['hæŋəʳ] *n* percha *f*.

hanger-on (*pl* **hangers-on**) *n* lapa *f*, parásito *m*.

hang glider *n* [apparatus] ala *f* delta.

hang gliding *n* vuelo *m* con ala delta.

hanging ['hæŋɪŋ] *n* **-1.** *(U)* [form of punishment] la horca **-2.** [execution] ahorcamiento *m* **-3.** [drapery] colgadura *f*.

hangman ['hæŋmən] (*pl* **-men** [-mən]) *n* verdugo *m*.

hangover ['hæŋˌəʊvəʳ] *n* **-1.** [from drinking] resaca *f* **-2.** [from past]: **~ (from)** vestigio *m* (de).

hang-up *n inf* complejo *m*.

hanker ['hæŋkəʳ] ◆ **hanker after, hanker for** *vt fus* anhelar.

hankering ['hæŋkərɪŋ] *n*: **~ after** OR **for** anhelo *m* de.

hankie, hanky ['hæŋkɪ] (*pl* **-ies**) (*abbr of* **handkerchief**) *n inf* pañuelo *m*.

Hanoi [hæ'nɔɪ] *n* Hanoi.

Hansard ['hænsɑːd] *n actas oficiales de los debates del parlamento británico.*

Hants [hænts] (*abbr of* **Hampshire**) *condado inglés.*

haphazard [ˌhæp'hæzəd] *adj* [arrangement] desordenado(da), caótico(ca); [decision] arbitrario(ria).

haphazardly [ˌhæp'hæzədlɪ] *adv* [arranged] desordenadamente, de cualquier manera.

hapless ['hæplɪs] *adj literary* desventurado(da).

happen ['hæpən] *vi* **-1.** [occur] pasar, ocurrir; **to ~ to sb** pasarle OR sucederle a alguien **-2.** [chance]: **I ~ed to be looking out of the window ...** dio la casualidad de que estaba mirando por la ventana ...; **do you ~ to have a pen on you?** ¿no tendrás un boli acaso OR por casualidad?; **as it ~s ...** da la casualidad de que ...

happening ['hæpənɪŋ] *n* suceso *m*, acontecimiento *m*.

happily ['hæpɪlɪ] *adv* **-1.** [with pleasure] alegremente, felizmente **-2.** [willingly] con mucho gusto **-3.** [fortunately] afortunadamente.

happiness ['hæpɪnɪs] *n* [state] felicidad *f*; [feeling] alegría *f*.

happy ['hæpɪ] (*compar* **-ier**, *superl* **-iest**) *adj* **-1.** [generally contented] feliz; [pleased] contento(ta); [cheerful] alegre; **~ Christmas/birthday!** ¡Feliz Navidad/cumpleaños!; **to be ~ with/about sthg** estar contento con algo **-2.** [causing contentment] feliz, alegre **-3.** [fortunate] feliz, oportuno(na) **-4.** [willing]: **to be ~ to do sthg** estar más que dispuesto(ta) a hacer algo; **I'd be ~ to do it** yo lo haría con gusto.

happy event *n*: **when's the ~?** ¿cuándo nacerá el niño?

happy-go-lucky *adj* despreocupado(da).

happy hour *n inf espacio de tiempo durante el cual se venden las bebidas a precio reducido en un bar.*

happy medium *n* término *m* medio.

harangue [hə'ræŋ] ◇ *n* arenga *f*. ◇ *vt* arengar.

Harare [hə'rɑ:rɪ] *n* Harare.

harass ['hærəs] *vt* acosar.

harassed ['hærəst] *adj* agobiado(da).

harassment ['hærəsmənt] *n* acoso *m*.

harbinger ['hɑ:bɪndʒə^r] *n literary* precursor *m*, heraldo *m*.

harbour *UK*, **harbor** *US* ['hɑ:bə^r] ◇ *n* puerto *m*. ◇ *vt* **-1.** [feeling] abrigar **-2.** [person] dar refugio a, encubrir.

harbour master *n* capitán *m* de puerto.

hard [hɑ:d] ◇ *adj* **-1.** [gen] duro(ra); [frost] fuerte; **to go ~** endurecerse; **to be ~ on sb/sthg** [subj: person] ser duro con alguien/algo; [subj: work, strain] perjudicar a alguien/algo; [subj: result] ser inmerecido para alguien/algo **-2.** [difficult] difícil; **~ of hearing** duro de oído **-3.** [forceful - push, kick etc] fuerte **-4.** [fact, news] concreto(ta) **-5.** *UK* [extreme]: **~ left/right** extrema izquierda/derecha. ◇ *adv* **-1.** [try, rain] mucho; [work] duro; [listen] atentamente; [think] detenidamente **-2.** [push, kick] fuerte, con fuerza **-3.** *phr*: **to be ~ pushed** OR **put** OR **pressed to do sthg** vérselas y deseárselas para hacer algo; **to feel ~ done by** sentirse tratado injustamente.

hard-and-fast *adj* fijo(ja).

hardback ['hɑ:dbæk] ◇ *adj* de pasta dura. ◇ *n* edición *f* en pasta dura.

hardball ['hɑ:dbɔ:l] *n US* béisbol *m*; **to play ~ (with sb)** ponerse duro(ra) (con alguien), adoptar una línea dura (con alguien).

hard-bitten *adj* duro(ra), curtido(da).

hardboard ['hɑ:dbɔ:d] *n* madera *f* conglomerada.

hard-boiled *adj lit & fig* duro(ra).

hard cash *n* dinero *m* contante y sonante.

hard cider *n US* sidra *f*.

hard copy *n* COMPUT copia *f* impresa.

hard-core *adj* **-1.** [support] acérrimo(ma) **-2.** [pornography] duro(ra).

◆ **hard core** *n* [of group] núcleo *m*.

hard court *n* pista *f* de cemento, pista de superficie dura.

hard currency *n* divisa *f* fuerte.

hard disk *n* COMPUT disco *m* duro.

hard drive *n* COMPUT unidad *f* de disco duro.

hard drugs *npl* drogas *fpl* duras.

harden ['hɑ:dn] ◇ *vt* **-1.** [gen] endurecer **-2.** [resolve, opinion] reforzar. ◇ *vi* **-1.** [gen] endurecerse **-2.** [resolve, opinion] reforzarse.

hardened ['hɑ:dnd] *adj* [criminal] habitual.

hardening ['hɑ:dnɪŋ] *n* endurecimiento *m*.

hard hat *n* casco *m* (de protección).

hard-headed [-'hedɪd] *adj* práctico(ca), realista.

hard-hearted [-'hɑ:tɪd] *adj* insensible, sin corazón.

hard-hitting [-'hɪtɪŋ] *adj* impactante.

hard labour *n (U)* trabajos *mpl* forzados.

hard line *n*: **to take a ~ on sthg** seguir una tendencia de mano dura con algo.

◆ **hard-line** *adj* de línea dura.

◆ **hard lines** *npl UK*: **~s!** ¡mala suerte!

hard-liner *n* partidario *m*, -ria *f* de la línea dura.

hardly ['hɑ:dlɪ] *adv* apenas; **~ ever/anything** casi nunca/nada; **that's ~ fair** eso no es justo; **I'm ~ a communist, am I?** ¡pues sí que tengo yo mucho que ver con el comunismo!

hardness ['hɑ:dnɪs] *n* **-1.** [firmness] dureza *f* **-2.** [difficulty] dificultad *f*.

hard-nosed [-'nəʊzd] *adj* contundente, decidido(da).

hard sell *n* venta *f* agresiva.

hardship ['hɑːdʃɪp] *n* **-1.** *(U)* [difficult conditions] privaciones *fpl*, penurias *fpl* **-2.** [difficult circumstance] infortunio *m*.

hard shoulder *n UK* AUT arcén *m*, acotamiento *m Méx*, berma *f Andes*, banquina *f RP*, hombrillo *m Ven*.

hard up *adj inf*: **to be ~** andar mal de dinero; **to be ~ for sthg** andar escaso de algo.

hardware ['hɑːdweəʳ] *(U) n* **-1.** [tools, equipment] artículos *mpl* de ferretería **-2.** COMPUT hardware *m*, soporte *m* físico.

hardware store *n US* ferretería *f*.

hardwearing [ˌhɑːd'weərɪŋ] *adj UK* resistente.

hardwood ['hɑːdwʊd] *n* madera *f* noble.

hardworking [ˌhɑːd'wɜːkɪŋ] *adj* trabajador(ra).

hardy ['hɑːdɪ] (*compar* **-ier**, *superl* **-iest**) *adj* **-1.** [person, animal] fuerte, robusto(ta) **-2.** [plant] resistente.

hare [heəʳ] ◇ *n* liebre *f*. ◇ *vi UK inf*: **to ~ off** echar a correr a toda pastilla.

harebrained ['heəˌbreɪnd] *adj inf* atolondrado(da).

harelip [ˌheə'lɪp] *n* labio *m* leporino.

harem [*UK* hɑː'riːm, *US* 'hærəm] *n* harén *m*.

haricot (bean) ['hærɪkəʊ-] *n* judía *f*, alubia *f*, frijol *m Amér*, poroto *m Andes, CSur*, caraota *f Ven*.

hark [hɑːk]

◆ **hark back** *vi* [subj: person]: **to ~ back to sthg** volver a OR rememorar algo.

harlequin ['hɑːləkwɪn] *n* arlequín *m*.

Harley Street ['hɑːlɪ-] *n calle londinense famosa por sus médicos especialistas*.

harm [hɑːm] ◇ *n* daño *m*; **to do ~ to sthg/sb, to do sthg/sb ~** [physically] hacer daño a algo/alguien; *fig* perjudicar algo/a alguien; **to mean no ~ (by sthg)** no tener mala intención (al hacer algo); **there's no ~ in it** no hay nada malo en ello; **there's no ~ in trying/asking** no pasa nada por intentarlo/preguntar; **to be out of ~'s way** estar a salvo; **to come to no ~** [person] salir sano y salvo; [thing] no dañarse. ◇ *vt* [gen] hacer daño a, dañar; [reputation, chances, interests] dañar.

harmful ['hɑːmfʊl] *adj*: **~ (to)** perjudicial OR dañino(na) (para); [substance] nocivo(va) (para).

harmless ['hɑːmlɪs] *adj* inofensivo(va).

harmlessly ['hɑːmlɪslɪ] *adv* sin causar daño.

harmonic [hɑː'mɒnɪk] *adj* armónico(ca).

harmonica [hɑː'mɒnɪkəl] *n* armónica *f*.

harmonious [hɑː'məʊnjəs] *adj* armonioso(sa).

harmonium [hɑː'məʊnjəm] (*pl* **-s**) *n* armonio *m*.

harmonize, -ise ['hɑːmənaɪz] ◇ *vi*: **to ~ (with)** armonizar (con). ◇ *vt* armonizar.

harmony ['hɑːmənɪ] (*pl* **-ies**) *n* armonía *f*; **in ~ with** en armonía con.

harness ['hɑːnɪs] ◇ *n* **-1.** [for horse] arreos *mpl*, guarniciones *fpl* **-2.** [for child] andadores *mpl*; [for climbing etc] correaje *m*. ◇ *vt* **-1.** [horse] enjaezar, poner los arreos a **-2.** [use] aprovechar.

harp [hɑːp] *n* arpa *f*.

◆ **harp on** *vi*: **to ~ on (about sthg)** dar la matraca (con algo).

harpist ['hɑːpɪst] *n* arpista *m* OR *f*.

harpoon [hɑː'puːn] ◇ *n* arpón *m*. ◇ *vt* arponear.

harpsichord ['hɑːpsɪkɔːd] *n* clavicémbalo *m*.

harrowing ['hærəʊɪŋ] *adj* horroroso(sa), pavoroso(sa).

harry ['hærɪ] (*pt* & *pp* **-ied**) *vt* **-1.** [badger]: **to ~ sb (for sthg)** acosar a alguien (para obtener algo) **-2.** MIL hostigar.

harsh [hɑːʃ] *adj* **-1.** [life, conditions, winter] duro(ra) **-2.** [punishment, decision, person] severo(ra) **-3.** [texture, taste, voice] áspero(ra); [light, sound] violento(ta).

harshly ['hɑːʃlɪ] *adv* **-1.** [punish, criticize, treat] severamente, duramente **-2.** [grate] ásperamente; [shine] violentamente.

harshness ['hɑːʃnɪs] *n* **-1.** [of life, conditions, winter] dureza *f* **-2.** [of punishment, decision, person] severidad *f* **-3.** [of texture, taste, voice] aspereza *f*; [of light, sound] violencia *f*.

harvest ['hɑːvɪst] ◇ *n* [gen] cosecha *f*, pizca *f Méx*; [of grapes] vendimia *f*. ◇ *vt* cosechar.

harvest festival *n festividad religiosa para celebrar la recogida de la cosecha*.

has [*weak form* həz, *strong form* hæz] *3rd person sg* ▷ **have**.

has-been *n inf pej* vieja gloria *f*.

hash [hæʃ] *n* **-1.** [meat] picadillo *m* (de carne) **-2.** *inf* [mess]: **to make a ~ of sthg** hacer algo fatal **-3.** *inf* [hashish] hachís *m*, chocolate *m*.

◆ **hash up** *vt sep UK inf* [make a mess of] fastidiar.

hash browns *npl US patatas cortadas en cuadraditos, fritas y servidas en forma de croqueta*.

hashish ['hæʃiːʃ] *n* hachís *m*.

hasn't ['hæznt] = **has not**.

hassle ['hæsl] *inf* ◇ *n (U)* [annoyance] rollo *m*, lío *m*; **it's a real ~** es una lata. ◇ *vt* dar la lata a.

haste [heɪst] *n* prisa *f*; **to do sthg in ~** hacer algo de prisa y corriendo; **to make ~** *dated* darse prisa, apresurarse.

hasten ['heɪsn] *fml* ◇ *vt* acelerar. ◇ *vi*: **to ~ (to do sthg)** apresurarse (a hacer algo).

hastily ['heɪstɪlɪ] *adv* **-1.** [quickly] de prisa, precipitadamente **-2.** [rashly] a la ligera, sin reflexionar.

hasty ['heɪstɪ] (*compar* **-ier**, *superl* **-iest**) *adj* **-1.** [quick] apresurado(da), precipitado(da) **-2.** [rash] irreflexivo(va).

hat [hæt] *n* sombrero *m*; **keep it under your ~** de esto ni palabra a nadie; **to be talking through one's ~** no decir más que pamplinas; **that's old ~** eso está más visto que el tebeo.

hatbox ['hæt,bɒks] *n* sombrerera *f*.

hatch [hætʃ] ◇ *vi* [chick] romper el cascarón, salir del huevo; **when the eggs ~** cuando los polluelos rompen el cascarón. ◇ *vt* **-1.** [chick, egg] empollar, incubar **-2.** *fig* [scheme, plot] tramar. ◇ *n* [for serving food] ventanilla *f*.

hatchback ['hætʃ,bæk] *n* coche *m* con puerta trasera; **a four-door ~** un cinco puertas.

hatchet ['hætʃɪt] *n* hacha *f*; **to bury the ~** hacer las paces.

hatchet job *n inf*: **to do a ~ on sb** despellejar a alguien.

hatchway ['hætʃ,weɪ] *n* escotilla *f*.

hate [heɪt] ◇ *n* odio *m*. ◇ *vt* odiar; **to ~ doing sthg** odiar hacer algo; **I ~ to admit it** me cuesta admitirlo; **I ~ to seem pernickety, but ...** no es que quiera ser quisquillosa, pero ...

hateful ['heɪtfʊl] *adj* odioso(sa).

hatred ['heɪtrɪd] *n* odio *m*.

hat trick *n* SPORT *tres tantos marcados por un jugador en el mismo partido.*

haughty ['hɔːtɪ] (*compar* **-ier**, *superl* **-iest**) *adj* altanero(ra), altivo(va).

haul [hɔːl] ◇ *n* **-1.** [of stolen goods] botín *m*; [of drugs] alijo *m* **-2.** [distance]: **long ~** largo camino *m*, largo trayecto *m*. ◇ *vt* **-1.** [pull] tirar, arrastrar **-2.** [by lorry] transportar.

haulage ['hɔːlɪdʒ] *n* transporte *m*.

haulage contractor *n* transportista *m* OR *f*, contratista *m* OR *f* de transportes.

haulier *UK* ['hɔːlɪə^r], **hauler** *US* ['hɔːlər] *n* transportista *m* OR *f*, contratista *m* OR *f* de transportes.

haunch [hɔːntʃ] *n* **-1.** [of person] asentaderas *fpl*; **to squat on one's ~es** ponerse en cuclillas **-2.** [of animal] pernil *m*.

haunt [hɔːnt] ◇ *n* sitio *m* favorito, lugar *m* predilecto. ◇ *vt* **-1.** [subj: ghost - house] aparecer en; [- person] aparecerse a **-2.** [subj: memory, fear, problem] atormentar, obsesionar.

haunted ['hɔːntɪd] *adj* **-1.** [house, castle] encantado(da) **-2.** [look] atormentado(da).

haunting ['hɔːntɪŋ] *adj* fascinante e inquietante.

Havana [hə'vænə] *n* La Habana.

have [hæv] (*pt* & *pp* **had**) ◇ *aux vb (to form perfect tenses)* haber; **to ~ eaten** haber comido; **I've been on holiday** he estado de vacaciones; **we've never met before** no nos conocemos; **he hasn't gone yet, has he?** no se habrá ido ya ¿no?; **I've finished - have you?** he terminado - ¿ah sí?; **no, he hasn't (done it)** no, no lo ha hecho; **yes, he has (done it)** sí, lo ha hecho; **I was out of breath, having run all the way** estaba sin aliento después de haber corrido todo el camino. ◇ *vt* **-1.** [possess, receive]: **to ~ (got)** tener; **I ~ no money, I haven't got any money** no tengo dinero; **he has big hands** tiene las manos grandes; **I've got things to do** tengo cosas que hacer; **I had a letter from her** tuve carta de ella; **she's got loads of imagination** tiene mucha imaginación; **do you ~ a car?**, **~ you got a car?** ¿tienes coche? **-2.** [experience, suffer] tener; **I had an accident** tuve un accidente; **I had a nasty surprise** me llevé una desagradable sorpresa; **to ~ a cold** tener un resfriado; **to ~ a good time** pasarlo bien **-3.** *(referring to an action, instead of another verb)*: **it will ~ no effect** no tendrá ningún efecto; **to ~ a look** mirar, echar una mirada; **to ~ a walk** dar un paseo; **to ~ a swim** darse un baño, nadar; **to ~ breakfast** desayunar; **to ~ lunch** comer; **to ~ dinner** cenar; **to ~ a cigarette** fumarse un cigarro; **to ~ an operation** operarse **-4.** [give birth to]: **to ~ a baby** tener un niño **-5.** [cause to be done]: **to ~ sb do sthg** hacer que alguien haga algo; **she had me clean my teeth again** me hizo lavarme los dientes otra vez; **to ~ sthg done** hacer que se haga algo; **I'm having the house decorated** voy a contratar a alguien para que me decore la casa; **to ~ one's hair cut** (ir a) cortarse el pelo **-6.** [be treated in a certain way]: **I had my car stolen** me robaron el coche **-7.** *inf* [cheat]: **you've been had** te han timado **-8.** *phr*: **to ~ it in for sb** tenerla tomada con alguien; **to ~ had it** [car, machine] estar para el arrastre; **these clothes ~ had it** esta ropa está para tirarla; **I've had it!** [expressing exhaustion] ¡no puedo más! ◇ *modal vb* [be obliged]: **to ~ (got) to do sthg** tener que hacer algo; **do you ~ to go?**, **~ you got to go?** ¿tienes que irte?; **I've got to go to work** tengo que ir a trabajar.

◆ **haves** *npl*: **the ~s and ~ nots** los privilegiados y los desposeídos.

◆ **have off** *vt sep* [as holiday] tener libre.

◆ **have on** *vt sep* **-1.** [be wearing] llevar (puesto); **to ~ nothing on** no llevar nada encima *OR* puesto **-2.** [tease] vacilar, tomar el pelo a **-3.** [have to do]: **to ~ (got) a lot on** tener mucho que hacer; **~ you got anything on on Friday?** ¿estás libre *OR* haces algo el viernes?

◆ **have out** *vt sep* **-1.** [have removed]: **to ~ one's tonsils out** operarse de las amígdalas; **she had a tooth out** le sacaron una muela **-2.** [discuss frankly]: **to ~ it out with sb** poner las cuentas claras con alguien.

◆ **have up** *vt sep inf UK*: **to ~ sb up for sthg** llevar al juzgado a alguien por algo.

haven ['heɪvn] *n fig* refugio *m*, asilo *m*.

haven't ['hævnt] = **have not**.

haversack ['hævəsæk] *n* mochila *f*, zurrón *m*.

havoc ['hævək] *n (U)* estragos *mpl*; **to play ~ with sthg** causar estragos en algo.

Hawaii [hə'waiː] *n* Hawai.

Hawaiian [hə'waɪjən] ◇ *adj* hawaiano(na). ◇ *n* hawaiano *m*, -na *f*.

hawk [hɔːk] ◇ *n lit & fig* halcón *m*; **to watch sb like a ~** observar a alguien con ojos de lince. ◇ *vt* vender por las calles.

hawker ['hɔːkə^r] *n* vendedor *m*, -ra *f* ambulante, abonero *m*, -ra *f Méx*.

hawthorn ['hɔːθɔːn] *n* majuelo *m*, espino *m*.

hay [heɪ] *n* heno *m*.

hay fever *n (U)* fiebre *f* del heno.

haystack ['heɪˌstæk] *n* almiar *m*.

haywire ['heɪˌwaɪə^r] *adj inf*: **to go ~** [person] volverse majara; [plan] liarse, embrollarse; [computer, TV etc] changarse.

hazard ['hæzəd] ◇ *n* riesgo *m*, peligro *m*. ◇ *vt* [guess, suggestion] aventurar, atreverse a hacer.

hazardous ['hæzədəs] *adj* peligroso(sa).

hazard warning lights *npl UK* luces *fpl* de emergencia.

haze [heɪz] *n* neblina *f*.

hazel ['heɪzl] ◇ *adj* color avellana *(inv)*. ◇ *n* [tree] avellano *m*.

hazelnut ['heɪzlˌnʌt] *n* avellana *f*.

hazy ['heɪzɪ] (*compar* **-ier**, *superl* **-iest**) *adj* **-1.** [misty] neblinoso(sa) **-2.** [vague] vago(ga), confuso(sa).

H-bomb *n* bomba *f* H.

h & c (*abbr of* **hot and cold (water)**) c & f.

he [hiː] ◇ *pers pron* él; **~'s tall/happy** es alto/feliz; **~ loves fish** le encanta el pescado; ***HE* can't do it** *ÉL* no puede hacerlo; **there ~ is** allí está; **~ who** *fml* aquel que, el que. ◇ *n inf*: **it's a ~** [animal] es macho; [baby] es (un) niño. ◇ *comp*: **~-goat** macho cabrío *m*; **~-bear** oso *m* macho.

HE (*abbr of* **His/Her Excellency**) S. Exc., S.E.

head [hed] ◇ *n* **-1.** *ANAT & COMPUT* cabeza *f*; **a** *OR* **per ~** por persona, por cabeza; **it never entered my ~** nunca se me pasó por la cabeza; **off the top of one's ~** así de repente; **I couldn't make ~ nor tail of it** aquello no tenía ni pies ni cabeza; **on your own ~ be it** tú veras lo que haces, la responsabilidad es tuya; **to be banging one's ~ against a brick wall** predicar en el desierto; **to be soft in the ~** estar mal de la sesera; **to bite** *OR* **snap sb's ~ off** soltar un bufido a alguien sin motivo; **to be off one's ~** *UK*, **to be out of one's ~** *US* estar como una cabra; **it was over my ~** no me enteré de nada; **we put our ~s together** tratamos de resolverlo juntos; **it went to her ~** se le subió a la cabeza; **to keep/lose one's ~** no perder/perder la cabeza; **to laugh one's ~ off** reír a mandíbula batiente; **to sing/shout one's ~ off** cantar/gritar a todo pulmón **-2.** [mind, brain] talento *m*, aptitud *f*; **she has a ~ for figures** se le dan bien las cuentas **-3.** [top - gen] cabeza *f*; [- of bed] cabecera *f* **-4.** [of flower] cabezuela *f*; [of cabbage] cogollo *m* **-5.** [on beer] espuma *f* **-6.** [leader] jefe *m*, -fa *f* **-7.** [head teacher] director *m*, -ra *f* (de colegio) **-8.** *phr*: **to come to a ~** llegar a un punto crítico. ◇ *vt* **-1.** [procession, convoy, list, page] encabezar **-2.** [organization, delegation] dirigir **-3.** *FTBL* cabecear. ◇ *vi*: **to ~ north/for home** dirigirse hacia el norte/a casa.

◆ **heads** *npl* [on coin] cara *f*; **~s or tails?** ¿cara o cruz?

◆ **head for** *vt fus* **-1.** [place] dirigirse a **-2.** *fig* [trouble, disaster] ir camino de.

◆ **head off** ◇ *vt sep* **-1.** [intercept] interceptar **-2.** *fig* [forestall] anticiparse a. ◇ *vi* [go] marcharse.

headache ['hedeɪk] *n* **-1.** *MED* dolor *m* de cabeza; **I have a ~** me duele la cabeza **-2.** *fig* [problem] quebradero *m* de cabeza.

headband ['hedbænd] *n* cinta *f*, banda *f (para el pelo)*.

headboard ['hedˌbɔːd] *n* cabecero *m*.

head boy *n UK* [at school] *alumno delegado principal que suele representar a sus condiscípulos en actos escolares*.

head cold *n resfriado que provoca dolor de cabeza pero no tos*.

head count *n* recuento *m* (de los asistentes).

headdress ['hedˌdres] *n* tocado *m*.

header ['hedə^r] *n* **-1.** *FTBL* cabezazo *m* **-2.** *TYPO* encabezamiento *m*.

headfirst [ˌhed'fɜːst] *adv* de cabeza.

headgear ['hedˌgɪə^r] *n (U)* tocado *m*.

head girl *n UK* [in school] *alumna delegada principal que suele representar a sus con-*

discípulas en actos escolares.

headhunt ['hedhʌnt] *vt* contratar *(nuevos talentos).*

headhunter ['hed,hʌntəʳ] *n* cazatalentos *m* OR *f inv.*

heading ['hedɪŋ] *n* encabezamiento *m.*

headlamp ['hedlæmp] *n UK* faro *m.*

headland ['hedlənd] *n* cabo *m*, promontorio *m.*

headlight ['hedlaɪt] *n* faro *m.*

headline ['hedlaɪn] *n* titular *m.*

headlong ['hedlɒŋ] ◇ *adv* **-1.** [headfirst] de cabeza **-2.** [quickly, unthinkingly] precipitadamente. ◇ *adj* [unthinking] precipitado(da).

headmaster [,hed'mɑːstəʳ] *n* director *m* (de colegio).

headmistress [,hed'mɪstrɪs] *n* directora *f* (de colegio).

head office *n* oficina *f* central.

head of state *n* jefe *m* de Estado.

head-on ◇ *adj* de frente, frontal. ◇ *adv* de frente.

headphones ['hedfəʊnz] *npl* auriculares *mpl.*

headquarters [,hed'kwɔːtəz] *npl* (oficina *f*) central *f*, sede *f*; MIL cuartel *m* general.

headrest ['hedrest] *n* reposacabezas *m inv.*

headroom ['hedrʊm] *n (U)* [in car] espacio *m* entre la cabeza y el techo; [below bridge] altura *f* libre, gálibo *m.*

headscarf ['hedskɑːf] (*pl* **-scarves** [-skɑːvz], **-scarfs**) *n* pañuelo *m* (para la cabeza).

headset ['hedset] *n* auriculares *mpl* con micrófono.

headship ['hedʃɪp] *n* EDUC dirección *f* (de colegio).

headstand ['hedstænd] *n*: **to do a ~** hacer el pino *(con la cabeza tocando el suelo).*

head start *n*: **~ (on** OR **over)** ventaja *f* (con respecto a).

headstone ['hedstəʊn] *n* lápida *f* mortuoria.

headstrong ['hedstrɒŋ] *adj* obstinado(da).

head teacher *n* director *m*, -ra *f* (de colegio).

head waiter *n* maître *m*, capitán *m* de meseros *Méx.*

headway ['hedweɪ] *n*: **to make ~** avanzar, hacer progresos.

headwind ['hedwɪnd] *n* viento *m* de proa.

heady ['hedɪ] (*compar* **-ier**, *superl* **-iest**) *adj* **-1.** [exciting] excitante, emocionante **-2.** [causing giddiness] embriagador(ra).

heal [hiːl] ◇ *vt* **-1.** [person] curar; [wound] cicatrizar **-2.** *fig* [troubles, discord] remediar. ◇ *vi* [wound] cicatrizar.

◆ **heal up** *vi* cicatrizarse.

healing ['hiːlɪŋ] ◇ *adj* curativo(va). ◇ *n* curación *f.*

health [helθ] *n* **-1.** [gen] salud *f*; **to be in good/poor ~** estar bien/mal de salud; **to drink (to) sb's ~** brindar por alguien **-2.** *fig* [of country, organization] buen estado *m.*

health care *n* asistencia *f* sanitaria.

health centre *n* ambulatorio *m*, centro *m* sanitario.

health-conscious *adj* consciente de los problemas relacionados con la salud.

health farm *n* clínica *f* de adelgazamiento.

health food *n* comida *f* dietética.

health food shop *n* tienda *f* de dietética.

health hazard *n* peligro *m* para la salud.

health service *n* servicio *m* sanitario de la Seguridad Social, ≃ INSALUD *m.*

health visitor *n UK* enfermero *m*, -ra *f* visitante.

healthy ['helθɪ] (*compar* **-ier**, *superl* **-iest**) *adj* **-1.** [gen] sano(na), saludable **-2.** [profit] pingüe **-3.** [attitude, respect] natural, sano(na).

heap [hiːp] ◇ *n* montón *m*, pila *f*, ruma *f Amér*; **in a ~** amontonado. ◇ *vt* **-1.** [pile up]: **to ~ sthg (on** OR **onto sthg)** amontonar algo (sobre algo) **-2.** [give]: **to ~ sthg on sb** colmar a alguien de algo.

◆ **heaps** *npl inf* montones *fpl*, mogollón *m.*

heaping ['hiːpɪŋ] *adj US* [spoonful] colmado(da).

hear [hɪəʳ] (*pt & pp* **heard** [hɜːd]) ◇ *vt* **-1.** [gen] oír; **I ~ (that...)** me dicen que ... **-2.** JUR ver. ◇ *vi* **-1.** [gen] oír; **did you ~ about her husband?** ¿te enteraste de lo de su marido?; **have you heard about that job yet?** ¿sabes algo del trabajo ese?; **to ~ from sb** tener noticias de alguien **-2.** *phr*: **to have heard of** haber oído hablar de; **I won't ~ of it!** ¡de eso ni hablar!

◆ **hear out** *vt sep* escuchar (sin interrumpir).

hearing ['hɪərɪŋ] *n* **-1.** [sense] oído *m*; **in** OR **within sb's ~** al alcance del oído de alguien; **hard of ~** duro de oído **-2.** JUR vista *f*; **to give sb a fair ~** *fig* dar a alguien la oportunidad de que se exprese.

hearing aid *n* audífono *m.*

hearsay ['hɪəseɪ] *n (U)* habladurías *fpl.*

hearse [hɜːs] *n* coche *m* fúnebre.

heart [hɑːt] *n* **-1.** [gen] corazón *m*; **from the ~** con toda sinceridad; **my ~ leapt** me dio un vuelco el corazón; **my ~ sank** se me cayó el alma a los pies; **it's a subject close to my ~** es un tema que me apasiona; **from the bottom of my ~** de (todo) corazón; **his ~ isn't in it** no pone el corazón en ello; **in my ~ of ~s** en lo más profundo de mi corazón; **to do sthg to**

one's ~'s content hacer algo cuanto uno quiera; **to break sb's ~** romper *OR* partir el corazón a alguien; **to set one's ~ on sthg/on doing sthg** estar muy ilusionado con algo/con hacer algo; **to take sthg to ~** tomarse algo a pecho; **to have a ~ of gold** tener un corazón de oro **-2.** [courage]: **I didn't have the ~ to tell her** no tuve valor para decírselo; **to lose ~** descorazonarse **-3.** [centre - of issue, problem] quid *m*; [- of city etc] centro *m*; [- of lettuce] cogollo *m*.

◆ **hearts** *npl* corazones *mpl*; **the six of ~s** el seis de corazones.

◆ **at heart** *adv* en el fondo.

◆ **by heart** *adv* de memoria.

heartache ['hɑ:teɪk] *n* dolor *m*.

heart attack *n* infarto *m*.

heartbeat ['hɑ:tbi:t] *n* latido *m*.

heartbreaking ['hɑ:tˌbreɪkɪŋ] *adj* desolador(ra).

heartbroken ['hɑ:tˌbrəʊkn] *adj* desolado(da), abatido(da).

heartburn ['hɑ:tbɜ:n] *n* ardor *m* de estómago.

heart disease *n* enfermedades *fpl* cardíacas *OR* del corazón.

heartening ['hɑ:tnɪŋ] *adj* alentador(ra).

heart failure *n* paro *m* cardíaco.

heartfelt ['hɑ:tfelt] *adj* sincero(ra), de todo corazón.

hearth [hɑ:θ] *n* hogar *m*.

heartland ['hɑ:tlænd] *n* *fig* núcleo *m*, corazón *m*.

heartless ['hɑ:tlɪs] *adj* cruel, inhumano(na).

heartrending ['hɑ:tˌrendɪŋ] *adj* desgarrador(ra).

heart-searching *n (U)* examen *m* de conciencia.

heartthrob ['hɑ:tθrɒb] *n* ídolo *m*.

heart-to-heart ◇ *n* charla *f* íntima. ◇ *adj* íntimo(ma).

heart transplant *n* transplante *m* de corazón.

heartwarming ['hɑ:tˌwɔ:mɪŋ] *adj* gratificante, grato(ta).

hearty ['hɑ:tɪ] (*compar* **-ier**, *superl* **-iest**) *adj* **-1.** [laughter] bonachón(ona); [welcome, congratulations, thanks] cordial; [person] fuertote(ta) **-2.** [meal] abundante; [appetite] bueno(na) **-3.** [dislike, distrust] profundo(da).

heat [hi:t] ◇ *n* **-1.** [gen] calor *m* **-2.** [specific temperature] temperatura *f* **-3.** *fig* [pressure] tensión *f*; **in the ~ of the moment** en el calor del momento **-4.** [eliminating round] serie *f*, prueba *f* eliminatoria **-5.** *ZOOL*: **on** *UK OR* **in ~** en celo. ◇ *vt* calentar.

◆ **heat up** ◇ *vt sep* calentar. ◇ *vi* calentarse.

heated ['hi:tɪd] *adj* **-1.** [swimming pool] climatizado(da) **-2.** [debate, argument] acalorado(da).

heater ['hi:tə^r] *n* calentador *m*, estufa *f*.

heath [hi:θ] *n* [place] brezal *m*.

heathen ['hi:ðn] ◇ *adj* pagano(na). ◇ *n* pagano *m*, -na *f*.

heather ['heðə^r] *n* brezo *m*.

heating ['hi:tɪŋ] *n* calefacción *f*.

heat rash *n* sarpullido *m (por el calor)*.

heat-resistant *adj* refractario(ria), resistente al calor.

heat-seeking [-ˌsi:kɪŋ] *adj* termodirigido(da).

heatstroke ['hi:tstrəʊk] *n (U)* insolación *f*.

heat wave *n* ola *f* de calor.

heave [hi:v] ◇ *vt* **-1.** [pull] tirar de, arrastrar; [push] empujar **-2.** *inf* [throw] tirar, lanzar. ◇ *vi* **-1.** [pull] tirar **-2.** [rise and fall - waves] ondular; [- chest] palpitar **-3.** [retch]: **my stomach ~d** tuve náuseas. ◇ *n* [pull] tirón *m*; [push] empujón *m*.

heaven ['hevn] *n* [Paradise] cielo *m*; **~ (alone) knows!** ¡sabe Dios!; **for ~'s sake!** ¡por el amor de Dios!; **thank ~!** ¡gracias a Dios!; **it was ~** [delightful] fue divino.

◆ **heavens** *npl*: **the ~s** *literary* los cielos; **(good) ~s!** ¡cielos!

heavenly ['hevnlɪ] *adj* **-1.** *inf dated* [delightful] divino(na) **-2.** *literary* [of the skies] celestial.

heavily ['hevɪlɪ] *adv* **-1.** [smoke, drink] mucho; [rain] con fuerza; **~ in debt** con muchas deudas **-2.** [solidly]: **~ built** corpulento(ta) **-3.** [breathe, sigh] profundamente **-4.** [sit, move, fall] pesadamente **-5.** [speak] pesarosamente.

heaviness ['hevɪnɪs] *n* **-1.** [of fighting, traffic] intensidad *f*; [of casualties] gran número *m* **-2.** [of soil, mixture] densidad *f* **-3.** [of movement, breathing] pesadez *f*; [of blow] dureza *f*.

heavy ['hevɪ] (*compar* **-ier**, *superl* **-iest**) *adj* **-1.** [gen] pesado(da); [solid] sólido(da); **how ~ is it?** ¿cuánto pesa?; **~ build** corpulencia *f* **-2.** [traffic, rain, fighting] intenso(sa); **a ~ cold** un fuerte resfriado; **to be a ~ sleeper** tener el sueño muy profundo; **to be a ~ smoker/drinker** ser un fumador/bebedor empedernido **-3.** [losses, responsibility] grande **-4.** [soil, mixture] denso(sa) **-5.** [blow] duro(ra); [fine, defeat] duro(ra) **-6.** [busy - schedule, day] apretado(da) **-7.** [work] duro(ra) **-8.** [weather, air, day] cargado(da) **-9.** [sad]: **with a ~ heart** con pesar **-10.** [laden]: **~ with** *literary* cargado(da) de.

heavy cream *n US* nata *f* para montar.

heavy-duty *adj* [materials] resistente; [machinery] sólido(da), para grandes cargas.

heavy goods vehicle *n UK* vehículo *m* (de transporte) pesado.

heavy-handed [-'hændɪd] *adj* torpe, poco sutil.

heavy industry *n* industria *f* pesada.

heavy metal *n MUS* música *f* heavy, heavy metal *m*.

heavyweight ['hevɪweɪt] *SPORT* <> *adj* de los pesos pesados. <> *n* peso *m* pesado.

Hebrew ['hi:bru:] <> *adj* hebreo(a). <> *n* **-1.** [person] hebreo *m*, -a *f* **-2.** [language] hebreo *m*.

Hebrides ['hebrɪdi:z] *npl*: **the ~** las Hébridas.

heck [hek] *excl*: **what/where/why the ~ ...?** ¿qué/dónde/por qué demonios ...?; **a ~ of a lot of** la mar de.

heckle ['hekl] *vt* & *vi* interrumpir con exabruptos.

heckler ['heklə^r] *n persona que interrumpe a un orador, cómico etc.*

hectare ['hekteə^r] *n* hectárea *f*.

hectic ['hektɪk] *adj* muy agitado(da), ajetreado(da).

hector ['hektə^r] *vt* intimidar.

he'd [hi:d] = **he had, he would**.

hedge [hedʒ] <> *n* seto *m*. <> *vi* [prevaricate] contestar con evasivas.

hedgehog ['hedʒhɒg] *n* erizo *m*.

hedgerow ['hedʒrəʊ] *n* seto *m (en el campo)*.

hedonism ['hi:dənɪzm] *n* hedonismo *m*.

hedonist ['hi:dənɪst] *n* hedonista *m OR f*.

heed [hi:d] <> *n*: **to pay ~ to sb** hacer caso a alguien; **to take ~ of sthg** tener algo en cuenta. <> *vt fml* tener en cuenta.

heedless ['hi:dlɪs] *adj*: **to be ~ of sthg** no hacer caso de algo.

heel [hi:l] *n* **-1.** [of foot] talón *m*; **to dig one's ~s in** plantarse, mantenerse en sus trece; **to follow hard on the ~s (of)** ir inmediatamente a continuación (de); **to take to one's ~s** poner pies en polvorosa; **to turn on one's ~** dar media vuelta **-2.** [of shoe] tacón *m*, taco *m Amér.*

hefty ['heftɪ] (*compar* **-ier**, *superl* **-iest**) *adj inf* **-1.** [person] fornido(da) **-2.** [salary, fee, fine] considerable, importante.

heifer ['hefə^r] *n* vaquilla *f*.

height [haɪt] *n* **-1.** [gen] altura *f*; [of person] estatura *f*; **5 metres in ~** 5 metros de altura; **what ~ is it/are you?** ¿cuánto mide/mides?; **to gain/lose ~** ganar/perder altura **-2.** [zenith]: **the ~ of** [gen] el punto álgido de; [ignorance, bad taste] el colmo de.

◆ **heights** *npl* [high places] alturas *fpl*; **to be afraid of ~s** tener vértigo.

heighten ['haɪtn] <> *vt* intensificar, aumentar. <> *vi* intensificarse, aumentar.

heinous ['heɪnəs] *adj fml* execrable, atroz.

heir [eə^r] *n* heredero *m*.

heir apparent (*pl* **heirs apparent**) *n* heredero *m* forzoso.

heiress ['eərɪs] *n* heredera *f*.

heirloom ['eəlu:m] *n* reliquia *f* de familia.

heist [haɪst] *n inf* golpe *m*, robo *m*.

held [held] *pt* & *pp* ▷ **hold**.

helices ['helɪsi:z] *pl* ▷ **helix**.

helicopter ['helɪkɒptə^r] *n* helicóptero *m*.

heliport ['helɪpɔ:t] *n* helipuerto *m*.

helium ['hi:lɪəm] *n* helio *m*.

helix ['hi:lɪks] (*pl* **-es** *OR* **helices**) *n* [spiral] hélice *f*.

hell [hel] <> *n* infierno *m*; **what/where/why the ~ ...?** *inf* ¿qué/dónde/por qué demonios ...?; **one** *OR* **a ~ of a lot** *inf* muchísimo; **one** *OR* **a ~ of a mess** *inf* un lío de mil demonios; **one** *OR* **a ~ of a nice guy** *inf* un tipo estupendo; **like ~** [a lot] una barbaridad; [not at all so] ¡qué va!; **to run like ~** *inf* correr como un loco; **to get the ~ out (of)** *inf* salir echando leches (de); **all ~ broke loose** *inf* se armó la gorda; **to do sthg for the ~ of it** *inf* hacer algo porque sí; **to give sb ~** *inf* hacérselas pasar canutas a alguien; **go to ~!** *v inf* ¡vete al infierno!; **to play ~ with sthg** *inf* causar estragos en algo; **to ~ with ...** *inf* ¡a la porra (con) ...! <> *excl inf* ¡hostias!

he'll [hi:l] = **he will**.

hell-bent *adj*: **to be ~ on sthg/on doing sthg** estar totalmente decidido(da) a hacer algo.

hellish ['helɪʃ] *adj inf* diabólico(ca), infernal.

hello [hə'ləʊ] *excl* **-1.** [as greeting] ¡hola!; [on phone - when answering] ¡diga!, ¡bueno! *Méx*, ¡holá! *RP*, ¡aló! *Andes, Carib*; [- when calling] ¡oiga!, ¡holá! *RP*, ¡aló! *Andes, Carib*; **to say ~ to sb** saludar a alguien **-2.** [to attract attention] ¡oiga!

helm [helm] *n lit* & *fig* timón *m*; **at the ~** al timón.

helmet ['helmɪt] *n* casco *m*.

helmsman ['helmzmən] (*pl* **-men** [-mən]) *n NAUT* timonel *m*.

help [help] <> *n* **-1.** [gen & *COMPUT*] ayuda *f*; **with the ~ of** con la ayuda de; **to be a ~** ser una ayuda; **to be of ~** ayudar **-2.** *(U)* [emergency aid] socorro *m*, ayuda *f*. <> *vt* **-1.** [assist]: **to ~ sb (to) do sthg/with sthg** ayudar a alguien (a hacer algo/con algo); **can I ~ you?** [in shop, bank] ¿en qué puedo servirle? **-2.** [avoid]: **I can't ~ it/feeling sad** no puedo evitarlo/evitar que me dé pena; **it can't be ~ed** ¿qué se le va a hacer? **-3.** [with food, drink]: **to ~ o.s. (to sthg)** servirse (algo). <> *vi*: **to ~ (with)** ayudar (con). <> *excl* ¡socorro!, ¡auxilio!

◆ **help out** <> *vt sep* echar una mano a.

<> *vi* echar una mano.
helper ['helpə^r] *n* **-1.** [gen] ayudante *m* OR *f* **-2.** *US* [to do housework] mujer *f* OR señora *f* de la limpieza.
helpful ['helpfʊl] *adj* **-1.** [willing to help] servicial, atento(ta) **-2.** [providing assistance] útil.
helping ['helpɪŋ] *n* ración *f*; **would you like a second ~?** ¿quiere repetir?
helping hand *n*: **to lend a ~** ayudar.
helpless ['helplɪs] *adj* [child] indefenso(sa); [look, gesture] impotente.
helplessly ['helplɪslɪ] *adv* **-1.** [unable to stop] sin poder parar **-2.** [in a helpless manner] impotentemente.
helpline ['helplaɪn] *n* servicio *m* telefónico de ayuda.
help menu *n* COMPUT menú *m* de ayuda.
Helsinki ['helsɪŋkɪ] *n* Helsinki.
helter-skelter [ˌheltə'skeltə^r] *UK* <> *n* tobogán *m* gigante. <> *adv* atropelladamente.
hem [hem] (*pt* & *pp* **-med**, *cont* **-ming**) <> *n* dobladillo *m*. <> *vt* hacerle el dobladillo a.
◆ **hem in** *vt sep* rodear, cercar.
he-man *n inf hum* tiarrón *m*.
hematology [ˌhi:mə'tɒlədʒɪ] *n* hematología *f*.
hemisphere ['hemɪˌsfɪə^r] *n* [of earth & ANAT] hemisferio *m*.
hemline ['hemlaɪn] *n* bajo *m (de falda etc)*.
hemoglobin [ˌhi:mə'gləʊbɪn] *n* hemoglobina *f*.
hemophilia [ˌhi:mə'fɪlɪə] *n* hemofilia *f*.
hemophiliac [ˌhi:mə'fɪlɪæk] *n* hemofílico *m*, -ca *f*.
hemorrhage ['hemərɪdʒ] <> *n* hemorragia *f*. <> *vi* tener una hemorragia.
hemorrhoids ['hemərɔɪdz] *npl* hemorroides *fpl*.
hemp [hemp] *n* cáñamo *m*.
hen [hen] *n* **-1.** [female chicken] gallina *f* **-2.** [female bird] hembra *f*.
hence [hens] *adv fml* **-1.** [therefore] por lo tanto, así pues **-2.** [from now]: **five years ~** de aquí a cinco años.
henceforth [ˌhens'fɔ:θ] *adv fml* de ahora en adelante, en lo sucesivo.
henchman ['hentʃmən] (*pl* **-men** [-mən]) *n pej* esbirro *m*.
henna ['henə] <> *n* henna *f*. <> *vt* teñir con henna.
hen party, hen night *n inf* despedida *f* de soltera.
henpecked ['henpekt] *adj pej*: **a ~ husband** un calzonazos.
hepatitis [ˌhepə'taɪtɪs] *n* hepatitis *f inv*.
her [hɜ:^r] <> *pers pron* **-1.** *(direct - unstressed)* la; *(- stressed)* ella; [referring to ship, car etc] lo; **I know ~** la conozco; **I like ~** me gusta; **it's ~** es ella; **if I were** OR **was ~** si (yo) fuera ella; **you can't expect HER to do it** no esperarás que ELLA lo haga; **fill ~ up!** AUT ¡llénemelo!, ¡lleno, por favor! **-2.** *(indirect - gen)* le; *(- with other third person pronouns)* se; **he sent ~ a letter** le mandó una carta; **we spoke to ~** hablamos con ella; **I gave it to ~** se lo di **-3.** *(after prep, in comparisons etc)* ella; **I'm shorter than ~** yo soy más bajo que ella. <> *poss adj* su, sus *(pl)*; **~ coat** su abrigo; **~ children** sus niños; **~ name is Sarah** se llama Sarah; **it wasn't HER fault** no fue culpa suya OR su culpa; **she washed ~ hair** se lavó el pelo.
herald ['herəld] <> *vt fml* **-1.** [signify, usher in] anunciar **-2.** [proclaim] proclamar. <> *n* **-1.** [messenger] heraldo *m* **-2.** [sign] anuncio *m*.
heraldry ['herəldrɪ] *n* heráldica *f*.
herb [*UK* hɜ:b, *US* ɜ:b] *n* hierba *f (aromática o medicinal)*.
herbaceous [hɜ:'beɪʃəs] *adj* herbáceo(a).
herbal [*UK* 'hɜ:bl, *US* ɜ:bl] *adj* [remedy, medicine] a base de hierbas.
herbalist ['hɜ:blɪst] *n* herbolario *m*, -ria *f*.
herbal tea *n* infusión *f*.
herbivore ['hɜ:bɪvɔ:^r] *n* herbívoro *m*, -ra *f*.
herd [hɜ:d] <> *n* [of cattle, goats] rebaño *m*; [of elephants] manada *f*. <> *vt* **-1.** [drive] llevar en rebaño **-2.** *fig* [push] conducir (en grupo) bruscamente.
herdsman ['hɜ:dzmən] (*pl* **-men** [-mən]) *n* [of cattle] vaquero *m*.
here [hɪə^r] *adv* aquí; **~ he is/they are** aquí está/están; **~ it is** aquí está; **~ is the book** aquí tienes el libro; **~ are the keys** aquí tienes las llaves; **~ you are** [when giving] aquí tienes; **~ and there** aquí y allá; **~'s to** [in toast] brindemos por.
hereabouts *UK* ['hɪərəˌbaʊts], **hereabout** *US* [ˌhɪərə'baʊt] *adv* por aquí.
hereafter [ˌhɪər'ɑ:ftə^r] <> *adv fml* [from now on] a partir de ahora, de ahora en adelante; [later on] más tarde. <> *n*: **the ~** el más allá, la otra vida.
hereby [ˌhɪə'baɪ] *adv fml* **-1.** [in documents] por la presente **-2.** [when speaking]: **I ~ declare you the winner** desde este momento te declaro vencedor.
hereditary [hɪ'redɪtrɪ] *adj* hereditario(ria).
heredity [hɪ'redətɪ] *n* herencia *f*.
heresy ['herəsɪ] (*pl* **-ies**) *n* RELIG & *fig* herejía *f*.
heretic ['herətɪk] *n* RELIG hereje *m* OR *f*.
herewith [ˌhɪə'wɪð] *adv fml* [with letter]: **please find ~ ...** le mando adjunto ...

heritage ['herɪtɪdʒ] *n* patrimonio *m*.
heritage centre *n edificio o museo en un lugar de interés histórico.*
hermaphrodite [hɜː'mæfrədaɪt] ZOOL <> *adj* hermafrodita. <> *n* hermafrodita *m* OR *f*.
hermetic [hɜː'metɪk] *adj* hermético(ca).
hermetically [hɜː'metɪklɪ] *adv*: ~ **sealed** cerrado(da) herméticamente.
hermit ['hɜːmɪt] *n* ermitaño *m*, -ña *f*.
hernia ['hɜːnjə] *n* hernia *f*.
hero ['hɪərəʊ] (*pl* **-es**) *n* **-1.** [gen] héroe *m* **-2.** [idol] ídolo *m* **-3.** *US* [sandwich] *sandwich hecho con una barra de pan larga y estrecha, relleno de varios ingredientes.*
heroic [hɪ'rəʊɪk] *adj* heroico(ca).
heroin ['herəʊɪn] *n* heroína *f (droga)*; ~ **addict** heroinómano *m*, -na *f*.
heroine ['herəʊɪn] *n* heroína *f*.
heroism ['herəʊɪzm] *n* heroísmo *m*.
heron ['herən] (*pl inv* OR **-s**) *n* garza *f* real.
hero worship *n* veneración *f*.
herpes ['hɜːpiːz] *n* herpes *m inv*.
herring ['herɪŋ] (*pl inv* OR **-s**) *n* arenque *m*.
herringbone ['herɪŋbəʊn] *n* [pattern] espiga *f*, espiguilla *f*.
hers [hɜːz] *poss pron* suyo (suya); **that money is** ~ ese dinero es suyo; **those keys are** ~ esas llaves son suyas; **it wasn't his fault, it was HERS** no fue culpa de él sino de ella; **a friend of** ~ un amigo suyo, un amigo de ella; **mine is good, but** ~ **is bad** el mío es bueno pero el suyo es malo.
herself [hɜː'self] *pron* **-1.** *(reflexive)* se; *(after prep)* sí misma; **with** ~ consigo misma **-2.** *(for emphasis)* ella misma; **she did it** ~ lo hizo ella sola.
Herts. [hɑːts] (*abbr of* **Hertfordshire**) *condado inglés.*
he's [hiːz] = **he is, he has.**
hesitant ['hezɪtənt] *adj* **-1.** [unsure of oneself] indeciso(sa), inseguro(ra) **-2.** [faltering, slow to appear] vacilante.
hesitate ['hezɪteɪt] *vi* vacilar, dudar; **to** ~ **to do sthg** dudar en hacer algo.
hesitation [ˌhezɪ'teɪʃn] *n* vacilación *f*; **without** ~ sin vacilar; **to have no** ~ **in doing sthg** no dudar en hacer algo.
hessian ['hesɪən] *n UK* arpillera *f*.
heterogeneous [ˌhetərə'dʒiːnjəs] *adj fml* heterogéneo(a).
heterosexual [ˌhetərəʊ'sekʃʊəl] <> *adj* heterosexual. <> *n* heterosexual *m* OR *f*.
het up [het-] *adj inf* **-1.** [nervous] nervioso(sa) **-2.** [annoyed] mosqueado(da).
hew [hjuː] (*pt* **-ed**, *pp* **-ed** OR **-n**) *vt literary* [tree, branch] talar; [figure, statue] tallar.
hex [heks] *n* [curse] maleficio *m*, maldición *f*.
hexagon ['heksəgən] *n* hexágono *m*.
hexagonal [hek'sægənl] *adj* hexagonal.
hey [heɪ] *excl* ¡eh!, ¡oye!, ¡che! *Amér.*
heyday ['heɪdeɪ] *n* apogeo *m*, auge *m*.
hey presto [-'prestəʊ] *excl* ¡tachaaán!
HF (*abbr of* **high frequency**) AF *f*.
HGV *n abbr of* **heavy goods vehicle**; **an** ~ **licence** un carnet de vehículo de gran tonelaje.
hi [haɪ] *excl inf* [hello] ¡hola!
HI *abbr of* **Hawaii**.
hiatus [haɪ'eɪtəs] (*pl* **-es**) *n fml* [pause] interrupción *f*.
hiatus hernia *n* hernia *f* de hiato.
hibernate ['haɪbəneɪt] *vi* hibernar.
hibernation [ˌhaɪbə'neɪʃn] *n* hibernación *f*.
hiccough, hiccup ['hɪkʌp] (*pt* & *pp* **-ped**, *cont* **-ping**) <> *n* **-1.** [caused by wind] hipo *m*; **to have (the)** ~**s** tener hipo **-2.** *fig* [difficulty] contratiempo *m*. <> *vi* hipar.
hick [hɪk] *n esp US inf pej* paleto *m*, -ta *f*, palurdo *m*, -da *f*.
hickey [hɪkɪ] *n esp US inf* [lovebite] marca *f* de un beso, chupetón *m*.
hid [hɪd] *pt* ▻ **hide**.
hidden ['hɪdn] <> *pp* ▻ **hide**. <> *adj* oculto(ta).
hide [haɪd] (*pt* **hid**, *pp* **hidden**) <> *vt* **-1.** [conceal] esconder, ocultar; **to** ~ **sthg (from sb)** esconder OR ocultar algo (a alguien) **-2.** [cover] tapar, ocultar. <> *vi* esconderse. <> *n* **-1.** [animal skin] piel *f* **-2.** [for watching birds, animals] puesto *m*.
hide-and-seek *n* escondite *m*.
hideaway ['haɪdəweɪ] *n inf* escondite *m*.
hidebound ['haɪdbaʊnd] *adj pej* de miras estrechas.
hideous ['hɪdɪəs] *adj* horrible, espantoso(sa).
hideout ['haɪdaʊt] *n* guarida *f*, escondrijo *m*.
hiding ['haɪdɪŋ] *n* **-1.** [concealment]: **in** ~ escondido(da) **-2.** *inf* [beating]: **to give sb/get a (good)** ~ darle a alguien/recibir una (buena) paliza.
hiding place *n* escondite *m*.
hierarchical [ˌhaɪə'rɑːkɪkl] *adj* jerárquico(ca).
hierarchy ['haɪərɑːkɪ] (*pl* **-ies**) *n* jerarquía *f*.
hieroglyphics [ˌhaɪərə'glɪfɪks] *npl* jeroglíficos *mpl*.
hi-fi ['haɪfaɪ] <> *adj* de alta fidelidad. <> *n* equipo *m* de alta fidelidad.
higgledy-piggledy [ˌhɪgldɪ'pɪgldɪ] *inf* <> *adj* desordenado(da). <> *adv* de cual-

quier manera, a la buena de Dios.

high [haɪ] ◇ *adj* **-1.** [gen] alto(ta); [altitude] grande; **it's 6 metres ~** tiene 6 metros de alto *OR* altura; **how ~ is it?** ¿cuánto mide?; **temperatures in the ~ 30s** temperaturas cercanas a los 30 grados; **at ~ speed** a gran velocidad; **to have a ~ opinion of** tener muy buen concepto de **-2.** [wind] fuerte **-3.** [risk, quality] grande **-4.** [ideals, principles, tone] elevado(da) **-5.** [high-pitched] agudo(da) **-6.** *inf* colocado(da). ◇ *adv* alto; **he threw the ball ~ in the air** lanzó la bola muy alto. ◇ *n* **-1.** [highest point] punto *m* álgido; **to reach a new ~** alcanzar un nuevo récord **-2.** [weather front] anticiclón *m*; [top temperature] máxima *f*.

highball ['haɪbɔːl] *n US* highball *m*.

highbrow ['haɪbraʊ] *adj* culto(ta), intelectual.

high chair *n* trona *f*.

high-class *adj* [superior] de (alta) categoría.

high command *n* alto mando *m*.

high commissioner *n* alto comisario *m*, alta comisaria *f*.

High Court *n UK* tribunal *m* supremo.

high-density *adj COMPUT* de alta densidad.

high-end *adj* de gama alta.

higher ['haɪəʳ] *adj* [exam, qualification] superior.
◆ **Higher** *n*: **Higher (Grade)** *en Escocia, examen realizado al final de la enseñanza secundaria.*

higher education *n* enseñanza *f* superior.

high explosive *n* explosivo *m* de gran potencia.

high-fidelity *adj* de alta fidelidad.

high-flier *n persona ambiciosa y con un prometedor futuro.*

high-flying *adj* [ambitious] ambicioso y prometedor (ambiciosa y prometedora).

high-handed [-'hændɪd] *adj* despótico(ca).

high-heeled [-'hiːld] *adj* de tacón alto.

high horse *n inf*: **to get on one's ~** echar un sermón.

high jump *n* salto *m* de altura; **you're** *OR* **you'll be for the ~** *UK inf* te la vas a cargar.

Highland Games ['haɪlənd-] *npl fiesta de deportes escoceses.*

Highlands ['haɪləndz] *npl*: **the ~** [of Scotland] las Tierras Altas de Escocia.

high-level *adj* de alto nivel.

high life *n*: **the ~** la buena vida.

highlight ['haɪlaɪt] ◇ *n* [of event, occasion] punto *m* culminante. ◇ *vt* **-1.** [visually] resaltar, marcar **-2.** [emphasize] destacar, resaltar. ◆ **highlights** *npl* **-1.** [in hair] reflejos *mpl* **-2.** [of match] mejores momentos *mpl*.

highlighter (pen) ['haɪlaɪtəʳ-] *n* rotulador *m*, marcador *m*.

highly ['haɪlɪ] *adv* **-1.** [very, extremely] muy; **~ paid** bien pagado **-2.** [favourably]: **to speak ~ of sb** hablar muy bien de alguien; **to think ~ of sb** tener a alguien en mucha estima.

highly-strung *adj* muy nervioso(sa).

high mass *n* misa *f* mayor.

high-minded [-'maɪndɪd] *adj* de moral elevada.

Highness ['haɪnɪs] *n*: **His/Her/Your (Royal) ~** Su Alteza *f* (Real); **their (Royal) ~es** Sus Altezas (Reales).

high-octane *adj* de alto octanaje.

high-pitched [-'pɪtʃt] *adj* agudo(da).

high point *n* [of occasion] momento *m OR* punto *m* culminante.

high-powered [-'paʊəd] *adj* **-1.** [powerful] de gran potencia **-2.** [prestigious - activity, place] prestigioso(sa); [- person] de altos vuelos.

high-pressure *adj* **-1.** [cylinder, gas etc] a alta presión **-2.** *METEOR* [zone, area] de altas presiones **-3.** [tactics, approach] agresivo(va).

high priest *n RELIG* sumo sacerdote *m*.

high-ranking [-'ræŋkɪŋ] *adj* [in army etc] de alta graduación; [in government]: **~ official** alto cargo *m*.

high resolution *adj COMPUT* de alta resolución.

high-rise *adj*: **~ building** torre *f*.

high-risk *adj* de alto riesgo.

high school *n* ≃ instituto *m* de bachillerato.

high seas *npl*: **the ~** alta mar.

high season *n* temporada *f* alta.

high-speed *adj* de alta velocidad.

high-spirited *adj* [person] animado(da).

high spot *n* punto *m* culminante.

high street ◇ *adj UK* [bank] comercial. ◇ *n* calle *f* mayor *OR* principal.

high-strung *adj US* muy nervioso(sa).

hightail ['haɪteɪl] *vt esp US inf*: **to ~ it** pirárselas.

high tea *n UK* merienda *f* cena.

high tech [-'tek] *adj* de alta tecnología.

high technology *n* alta tecnología *f*.

high-tension *adj* de alta tensión.

high tide *n* [of sea] marea *f* alta.

high treason *n* alta traición *f*.

high water *n (U)* marea *f* alta.

highway ['haɪweɪ] *n* **-1.** *US* [main road between cities] autopista *f* **-2.** *UK* [any main road] carretera *f*.

Highway Code *n UK*: **the ~** el código de la circulación.

high wire *n* alambre *m*, cuerda *f* floja.

hijack ['haɪdʒæk] ◇ *n* [of aircraft] secuestro *m* aéreo. ◇ *vt* [aircraft] secuestrar.

hijacker ['haɪdʒækəʳ] *n* secuestrador *m*, -ra *f (de un avión)*.

hijacking ['haɪdʒækɪŋ] *n* secuestro *m (de un avión)*.

hike [haɪk] ◇ *n* **-1.** [long walk] excursión *f*, caminata *f*; **to go for** OR **on a ~** ir de excursión **-2.** [increase] subida *f*. ◇ *vi* [go for walk] ir de excursión.

hiker ['haɪkəʳ] *n* excursionista *m* OR *f*.

hiking ['haɪkɪŋ] *n* excursionismo *m*; **to go ~** ir de excursión.

hilarious [hɪ'leərɪəs] *adj* desternillante.

hilarity [hɪ'lærətɪ] *n fml* hilaridad *f*.

hill [hɪl] *n* **-1.** [mound] colina *f* **-2.** [slope] cuesta *f*.

hillbilly ['hɪl,bɪlɪ] (*pl* **-ies**) *n US pej* palurdo *m*, -da *f* de las montañas.

hillock ['hɪlək] *n* altozano *m*, collado *m*.

hillside ['hɪlsaɪd] *n* ladera *f*.

hill start *n* AUT arranque *m* en una cuesta.

hilltop ['hɪltɒp] *n* cumbre *f* de una colina.

hilly ['hɪlɪ] (*compar* **-ier**, *superl* **-iest**) *adj* montañoso(sa).

hilt [hɪlt] *n* puño *m*, empuñadura *f*; **to support/defend sb to the ~** apoyar/defender a alguien sin reservas; **to be mortgaged to the ~** tener una hipoteca enorme.

him [hɪm] *pers pron* **-1.** *(direct - unstressed)* lo, le; *(- stressed)* él; **I know ~** lo OR le conozco; **I like ~** me gusta; **it's ~** es él; **if I were** OR **was ~** si (yo) fuera él; **you can't expect HIM to do it** no esperarás que ÉL lo haga **-2.** *(indirect - gen)* le; *(- with other third person pronouns)* se; **she sent ~ a letter** le mandó una carta; **we spoke to ~** hablamos con él; **I gave it to ~** se lo di **-3.** *(after prep, in comparisons etc)* él; **I'm shorter than ~** yo soy más bajo que él.

Himalayan [,hɪmə'leɪən] *adj* himalayo(ya).

Himalayas [,hɪmə'leɪəz] *npl*: **the ~** el Himalaya.

himself [hɪm'self] *pron* **-1.** *(reflexive)* se; *(after prep)* sí mismo; **with ~** consigo mismo **-2.** *(for emphasis)* él mismo; **he did it ~** lo hizo él solo.

hind [haɪnd] (*pl inv* OR **-s**) ◇ *adj* trasero(ra). ◇ *n* cierva *f*.

hinder ['hɪndəʳ] *vt* [gen] estorbar; [progress, talks, attempts] entorpecer, dificultar.

Hindi ['hɪndɪ] *n* [language] hindi *m*.

hindmost ['haɪndməʊst] *adj* postrero(ra).

hindquarters ['haɪndkwɔːtəz] *npl* cuartos *mpl* traseros.

hindrance ['hɪndrəns] *n* [obstacle] obstáculo *m*, impedimento *m*; [person] estorbo *m*.

hindsight ['haɪndsaɪt] *n*: **with the benefit of ~** ahora que se sabe lo que pasó.

Hindu ['hɪnduː] (*pl* **-s**) ◇ *adj* hindú. ◇ *n* hindú *m* OR *f*.

Hinduism ['hɪnduːɪzm] *n* hinduismo *m*.

hinge [hɪndʒ] (*cont* **hingeing**) *n* [on door, window] bisagra *f*.

◆ **hinge (up)on** *vt fus* [depend on] depender de.

hint [hɪnt] ◇ *n* **-1.** [indication] indirecta *f*; **to drop a ~** lanzar una indirecta; **to take the ~** darse por aludido(da) **-2.** [piece of advice] consejo *m* **-3.** [small amount, suggestion] atisbo *m*, asomo *m*; [of colour] pizca *f*. ◇ *vi*: **to ~ at sthg** insinuar algo. ◇ *vt*: **to ~ that** insinuar que.

hinterland ['hɪntəlænd] *n* [area around coast, river] interior *m*.

hip [hɪp] ◇ *n* ANAT cadera *f*. ◇ *adj inf* moderno(na).

hipbath ['hɪpbɑːθ] *n* baño *m* de asiento.

hipbone ['hɪpbəʊn] *n* hueso *m* de la cadera.

hip flask *n* petaca *f*.

hip-hop *n* MUS hip hop *m*.

hippie ['hɪpɪ] *n* hippy *m* OR *f*.

hippo ['hɪpəʊ] (*pl* **-s**) *n inf* hipopótamo *m*.

hippopotamus [,hɪpə'pɒtəməs] (*pl* **-muses** OR **-mi** [-maɪ]) *n* hipopótamo *m*.

hippy ['hɪpɪ] (*pl* **-ies**) = **hippie**.

hire ['haɪəʳ] ◇ *n (U)* [of car, equipment] alquiler *m*; **for ~** [taxi] libre; **boats for ~** se alquilan barcos; **on ~** de alquiler. ◇ *vt* **-1.** [rent] alquilar **-2.** [employ] contratar.

◆ **hire out** *vt sep* [car, equipment] alquilar; [one's services] ofrecer.

hire car *n UK* coche *m* de alquiler.

hire purchase *n (U) UK* compra *f* a plazos; **to buy sthg on ~** comprar algo a plazos.

his [hɪz] ◇ *poss adj* su, sus *(pl)*; **~ house** su casa; **~ children** sus niños; **~ name is Joe** se llama Joe; **it wasn't HIS fault** no fue culpa suya OR su culpa; **he washed ~ hair** se lavó el pelo. ◇ *poss pron* suyo (suya); **that money is ~** ese dinero es suyo; **those keys are ~** esas llaves son suyas; **it wasn't her fault, it was HIS** no fue culpa de ella sino de él; **a friend of ~** un amigo suyo, un amigo de él; **mine is good, but ~ is bad** el mío es bueno pero el suyo es malo.

Hispanic [hɪ'spænɪk] ◇ *adj* hispánico(ca). ◇ *n esp US* hispano *m*, -na *f*.

hiss [hɪs] ◇ *n* **-1.** [of person] bisbiseo *m*, siseo *m* **-2.** [of steam, gas, snake] silbido *m*. ◇ *vt* [performance] ≃ silbar, ≃ pitar. ◇ *vi* **-1.** [person] bisbisear, sisear; [to express disapproval] ≃ silbar, ≃ pitar **-2.** [steam, gas, snake] silbar.

histogram ['hɪstəgræm] *n* histograma *m*.

historian [hɪˈstɔːrɪən] *n* historiador *m*, -ra *f*.

historic [hɪˈstɒrɪk] *adj* [significant] histórico(ca).

historical [hɪˈstɒrɪkəl] *adj* histórico(ca).

history [ˈhɪstərɪ] (*pl* **-ies**) ◇ *n* **-1.** [gen] historia *f*; **to go down in ~** pasar a la historia; **to make ~** hacer historia **-2.** [past record] historial *m*. ◇ *comp* [book, teacher, programme] de historia.

histrionics [hɪstrɪˈɒnɪks] *npl pej* teatro *m*, teatralidad *f*.

hit [hɪt] (*pt* & *pp* **hit**, *cont* **-ting**) ◇ *n* **-1.** [blow] golpe *m* **-2.** [successful strike] impacto *m*; **to score a direct ~** dar de lleno en el blanco **-3.** [success, record] éxito *m* **-4.** COMPUT visita *f*. ◇ *comp* de éxito. ◇ *vt* **-1.** [subj: person] pegar, golpear **-2.** [crash into] chocar contra OR con **-3.** [reach] alcanzar; [bull's-eye] dar en **-4.** [affect badly] afectar **-5.** [occur to]: **the solution ~ me** se me ocurrió la solución **-6.** *phr*: **to ~ it off (with sb)** hacer buenas migas (con alguien).

◆ **hit back** *vi*: **to ~ back (at sb)** devolver la pelota (a alguien); **to ~ back (at sthg)** responder (a algo).

◆ **hit on** *vt fus* **-1.** = **hit upon -2.** *US inf* [chat up] ligar con.

◆ **hit out** *vi*: **to ~ out at** [physically] tratar de golpear; [criticize] condenar.

◆ **hit upon** *vt fus* [think of] dar con.

hit-and-miss = **hit-or-miss**.

hit-and-run *adj* [driver] que se da a la fuga después de causar un accidente; [accident] en que el conductor se da a la fuga.

hitch [hɪtʃ] ◇ *n* [problem, snag] problema *m*, pega *f*. ◇ *vt* **-1.** [catch]: **to ~ a lift** conseguir que le lleven en coche a uno **-2.** [fasten]: **to ~ sthg on** OR **onto sthg** enganchar algo a algo. ◇ *vi* [hitchhike] hacer autoestop.

◆ **hitch up** *vt sep* [clothes] subirse.

hitchhike [ˈhɪtʃhaɪk] *vi* hacer autoestop.

hitchhiker [ˈhɪtʃhaɪkəʳ] *n* autoestopista *m* OR *f*.

hi-tech [ˌhaɪˈtek] = **high tech**.

hither [ˈhɪðəʳ] *adv literary* hasta aquí, acá; **~ and thither** acá y acullá.

hitherto [ˌhɪðəˈtuː] *adv fml* hasta ahora.

hit list *n* lista *f* negra, lista *f* de futuras víctimas.

hit man *n* asesino *m* a sueldo.

hit-or-miss *adj* azaroso(sa), a la buena de Dios.

hit parade *n dated* lista *f* de éxitos.

HIV (*abbr of* **human immunodeficiency virus**) *n* VIH *m*; **to be ~-positive** ser seropositivo.

hive [haɪv] *n* [for bees] colmena *f*; **a ~ of activity** un enjambre, un centro de actividad.

◆ **hive off** *vt sep* [separate] transferir.

HM (*abbr of* **His** (or **Her**) Majesty) SM.

HMG (*abbr of* **His** (or **Her**) Majesty's Government) *expresión utilizada en documentos oficiales en Gran Bretaña.*

HMI (*abbr of* **His** (or **Her**) Majesty's Inspector) *n inspector de enseñanza en Gran Bretaña.*

HMO (*abbr of* **health maintenance organization**) *n US organización para el mantenimiento de la salud.*

HMS (*abbr of* **His** (or **Her**) Majesty's Ship) *buque de guerra británico.*

HMSO (*abbr of* **His** (or **Her**) Majesty's Stationery Office) *n servicio oficial de publicaciones en Gran Bretaña*, ≃ Imprenta *f* Nacional.

HNC (*abbr of* **Higher National Certificate**) *n diploma técnico en Gran Bretaña.*

HND (*abbr of* **Higher National Diploma**) *n diploma técnico superior en Gran Bretaña.*

hoard [hɔːd] ◇ *n* [store] acumulación *f*, acopio *m*. ◇ *vt* [collect, save] acumular; [food] acaparar.

hoarding [ˈhɔːdɪŋ] *n UK* [for advertisements, posters] valla *f* publicitaria.

hoarfrost [ˈhɔːfrɒst] *n* escarcha *f*.

hoarse [hɔːs] *adj* **-1.** [voice] ronco(ca) **-2.** [person] afónico(ca).

hoax [həʊks] *n* engaño *m*; **~ call** falsa alarma telefónica.

hoaxer [ˈhəʊksəʳ] *n* bromista *m* OR *f*.

hob [hɒb] *n UK* [on cooker] encimera *f*.

hobble [ˈhɒbl] *vi* [limp] cojear.

hobby [ˈhɒbɪ] (*pl* **-ies**) *n* [leisure activity] hobby *m*, afición *f*.

hobbyhorse [ˈhɒbɪhɔːs] *n* **-1.** [toy] caballo *m* de juguete **-2.** [favourite topic] caballo *m* de batalla, tema *m* favorito.

hobnob [ˈhɒbnɒb] (*pt* & *pp* **-bed**, *cont* **-bing**) *vi*: **to ~ with sb** codearse con alguien.

hobo [ˈhəʊbəʊ] (*pl* **-es** OR **-s**) *n US* [tramp] vagabundo *m*, -da *f*.

Ho Chi Minh City [ˈhəʊˌtʃiːˈmɪn-] *n* Ho Chi Minh.

hock [hɒk] *n* [wine] vino *m* blanco del Rin.

hockey [ˈhɒkɪ] *n* **-1.** [on grass] hockey *m* sobre hierba **-2.** *US* [ice hockey] hockey *m* sobre hielo.

hocus-pocus [ˌhəʊkəsˈpəʊkəs] *n (U)* [trickery] camelo *m*, engaño *m*.

hod [hɒd] *n* [for bricks] artesa *f*, gaveta *f*.

hodgepodge *US* = **hotchpotch**.

hoe [həʊ] ◇ *n* azada *f*, azadón *m*. ◇ *vt* azadonar.

hog [hɒg] (*pt* & *pp* **-ged**, *cont* **-ging**) ◇ *n US* [pig] cerdo *m*, puerco *m*; **to go the whole ~** *fig* tirar la casa por la ventana. ◇ *vt inf* [monopolize] acaparar.

Hogmanay [ˈhɒgməneɪ] *n denominación es-*

cocesa de la Nochevieja.

hoist [hɔɪst] ◇ *n* [pulley, crane] grúa *f*; [lift] montacargas *m inv.* ◇ *vt* izar.

hokum ['həʊkəm] *n* **US** *inf* palabrería *f.*

hold [həʊld] (*pt* & *pp* **held**) ◇ *vt* **-1.** [have hold of] tener cogido(da) **-2.** [keep in position] sujetar **-3.** [sustain, support] sostener, aguantar **-4.** [embrace] abrazar **-5.** [as prisoner] detener; **to ~ sb prisoner/hostage** tener a alguien como prisionero/rehén **-6.** [keep] guardar **-7.** [maintain - interest etc] mantener **-8.** [have, possess] poseer **-9.** [contain - gen] contener; [- number of people] tener cabida para; [- fears, promise etc] guardar **-10.** [conduct, stage - event] celebrar; [- conversation] mantener; [- inquiry] realizar **-11.** *fml* [consider] considerar; **to ~ (that)** mantener *OR* sostener que; **to ~ sb responsible for sthg** considerar a alguien responsable de algo; **to ~ sthg dear** apreciar mucho algo **-12.** [on telephone]: **please ~ the line** no cuelgue por favor **-13.** *MIL* ocupar, tener **-14.** *phr*: **~ it** *OR* **everything!** ¡para!, ¡espera!; **to ~ one's own** defenderse. ◇ *vi* **-1.** [luck, weather] continuar así; [promise, offer] seguir en pie; **to ~ still** *OR* **steady** estarse quieto **-2.** [on phone] esperar. ◇ *n* **-1.** [grasp, grip]: **to have a firm ~ on sthg** tener algo bien agarrado; **to take** *OR* **lay ~ of sthg** agarrar algo; **to get ~ of sthg** [obtain] hacerse con algo; **to get ~ of sb** [find] localizar a alguien **-2.** [of ship, aircraft] bodega *f* **-3.** [control, influence] dominio *m*, control *m*; **to take ~** [fire] extenderse.

◆ **on hold** *adv*: **to put sthg on ~** suspender algo temporalmente; **to put sb on ~** [on phone] poner a alguien a la espera.

◆ **hold against** *vt sep*: **to ~ sthg against sb** *fig* tomarle a alguien algo en cuenta.

◆ **hold back** ◇ *vi* [hesitate] vacilar; **to ~ back from doing sthg** abstenerse de hacer algo. ◇ *vt sep* **-1.** [tears, anger] contener, reprimir **-2.** [secret] ocultar, no revelar **-3.** [person]: **to ~ sb back from doing sthg** impedir a alguien hacer algo.

◆ **hold down** *vt sep* [job] conservar.

◆ **hold off** ◇ *vt sep* [fend off] rechazar. ◇ *vi* no producirse; **the rain held off** no llovió.

◆ **hold on** *vi* **-1.** [wait] esperar; [on phone] no colgar **-2.** [grip]: **to ~ on (to sthg)** agarrarse (a algo).

◆ **hold onto** *vt fus* [keep] retener.

◆ **hold out** ◇ *vt sep* [hand] tender; [arms] extender. ◇ *vi* **-1.** [last] durar **-2.** [resist]: **to ~ out (against sthg/sb)** resistir (ante algo/a alguien).

◆ **hold out for** *vt fus* insistir en.

◆ **hold up** ◇ *vt sep* **-1.** [raise] levantar, alzar **-2.** [delay] retrasar **-3.** *inf* [rob] atracar, asaltar. ◇ *vi* [theory, facts] tenerse en pie.

◆ **hold with** *vt fus* [approve of] estar de acuerdo con.

holdall ['həʊldɔːl] *n* **UK** bolsa *f* de viaje.

holder ['həʊldə^r] *n* **-1.** [container] soporte *m*; [for candle] candelero *m*; [for cigarette] boquilla *f* **-2.** [owner] titular *m OR f*; [of ticket, record, title] poseedor *m*, -ra *f.*

holding ['həʊldɪŋ] ◇ *n* **-1.** [investment] participación *f* **-2.** [farm] propiedad *f*, terreno *m* de cultivo. ◇ *adj* [action, operation] de mantenimiento.

holding company *n* holding *m.*

holding pattern *n* vuelo *m* de espera antes de aterrizar.

holdup ['həʊldʌp] *n* **-1.** [delay] retraso *m* **-2.** [robbery] atraco *m* a mano armada.

hole [həʊl] *n* **-1.** [gen] agujero *m*; [in ground, road etc] hoyo *m*; [of animal] madriguera *f*; **to pick ~s in sthg** [criticize] encontrar defectos en algo **-2.** [in golf] hoyo *m*; **~ in one** hoyo en uno **-3.** [horrible place] cuchitril *m* **-4.** *inf* [predicament] apuro *m*, aprieto *m.*

◆ **hole up** *vi* [hide, take shelter] esconderse, refugiarse.

hole in the wall *n* **UK** *inf* cajero *m* automático.

holiday ['hɒlɪdeɪ] *n* **-1.** [vacation] vacaciones *fpl*; **to be/go on ~** estar/ir de vacaciones **-2.** [public holiday] fiesta *f*, día *m* festivo.

◆ **holidays** *n* **US**: **the ~s** las fiestas *OR* vacaciones (de Navidad); **happy ~s!** ¡felices fiestas!

holiday camp *n* **UK** colonia *f* veraniega.

holiday home *n* **UK** casa *f* para las vacaciones.

holidaymaker ['hɒlɪdeɪˌmeɪkə^r] *n* **UK** turista *m OR f.*

holiday resort *n* **UK** lugar *m* de veraneo.

holiday season *n* temporada *f* turística *OR* de vacaciones.

holiness ['həʊlɪnɪs] *n* santidad *f.*

◆ **Holiness** *n* [in titles]: **His/Your Holiness** Su Santidad.

holistic [həʊ'lɪstɪk] *adj* holístico(ca).

Holland ['hɒlənd] *n* Holanda.

hollandaise sauce [ˌhɒlən'deɪz-] *n* salsa *f* holandesa.

holler ['hɒlə^r] *vt & vi inf esp* **US** gritar.

hollow ['hɒləʊ] ◇ *adj* **-1.** [not solid] hueco(ca) **-2.** [cheeks, eyes] hundido(da) **-3.** [resonant] sonoro(ra), resonante **-4.** [false, meaningless] vano(na); [laugh] falso(sa). ◇ *n* hueco *m*; [in ground] depresión *f*, hondonada *f.*

◆ **hollow out** *vt sep* **-1.** [make hollow] dejar hueco **-2.** [make by hollowing] hacer ahuecando.
holly ['hɒlɪ] *n* acebo *m.*
Hollywood ['hɒlɪwʊd] ◇ *n* [film industry] Hollywood *m.* ◇ *comp* de Hollywood.
holocaust ['hɒləkɔːst] *n* holocausto *m.*
◆ **Holocaust** *n*: **the Holocaust** el Holocausto.
hologram ['hɒləgræm] *n* holograma *m.*
hols [hɒlz] (*abbr of* **holidays**) *npl UK inf* vacas *fpl*, vacaciones *fpl.*
holster ['həʊlstə^r] *n* pistolera *f*, funda *f* (de pistola).
holy ['həʊlɪ] (*compar* **-ier**, *superl* **-iest**) *adj* **-1.** [sacred] sagrado(da); [water] bendito(ta) **-2.** [pure and good] santo(ta).
Holy Communion *n* Sagrada Comunión *f.*
Holy Ghost *n*: **the ~** el Espíritu Santo.
Holy Grail [-'greɪl] *n*: **the ~** el Santo Grial.
Holy Land *n*: **the ~** Tierra Santa.
holy orders *npl* sagradas órdenes *fpl*; **to take ~** ordenarse (sacerdote).
Holy See *n*: **the ~** la Santa Sede.
Holy Spirit *n*: **the ~** el Espíritu Santo.
holy war *n* guerra *f* santa.
homage ['hɒmɪdʒ] *n (U) fml* homenaje *m*; **to pay ~ to** rendir homenaje a.
home [həʊm] ◇ *n* **-1.** [house, flat] casa *f*; **away from ~** [not in & SPORT] fuera de casa; **to make one's ~ somewhere** establecerse en algún sitio; **to work from ~** *UK* trabajar desde casa; **it's a ~ from ~** *UK* OR **~ away from ~** *US* para mí es como mi propia casa **-2.** [own country] tierra *f*; [own city] ciudad *f* natal **-3.** [family] hogar *m*; **to leave ~** independizarse, irse de casa **-4.** [place of origin] cuna *f* **-5.** [institution] residencia *f.* ◇ *adj* **-1.** [not foreign] nacional **-2.** [in one's own home - cooking] casero(ra); [- life] familiar; [- improvements] en la casa; [- delivery] a domicilio **-3.** SPORT de casa. ◇ *adv* **-1.** [to one's house] a casa; [at one's house] en casa **-2.** *phr*: **to bring sthg ~ to sb** hacer que alguien se dé cuenta de algo; **to drive** OR **hammer sthg ~ to sb** hacer que alguien se dé perfecta cuenta de algo.
◆ **at home** *adv* **-1.** [in one's house, flat] en casa **-2.** [comfortable]: **at ~ (with)** a gusto (con); **to make o.s. at ~** acomodarse; **make yourself at ~** estás en tu casa **-3.** [in one's own country] en mi país **-4.** SPORT: **to play at ~** jugar en casa.
◆ **home in** *vi*: **to ~ in on sthg** dirigirse hacia algo; *fig* centrarse en algo.
home address *n* domicilio *m* particular.
home banking *n (U)* telebanco *m.*
homeboy ['həʊmbɔɪ] *n US* [friend] amiguete *m.*
home brew *n* [beer] cerveza *f* casera.
homecoming ['həʊm,kʌmɪŋ] *n* **-1.** [return] regreso *m* a casa **-2.** *US* SCH & UNIV recepción *f* para ex-alumnos.
homecoming queen *n US reina de las fiestas durante una reunión de alumnos.*
home computer *n* ordenador *m* doméstico.
Home Counties *npl*: **the ~** *los condados de los alrededores de Londres.*
home economics *n (U)* economía *f* doméstica.
home ground *n* **-1.** [familiar place]: **to be on ~** estar en territorio conocido **-2.** [familiar subject]: **to be on ~** estar en su terreno **-3.** SPORT campo *m* propio.
homegrown [,həʊm'grəʊn] *adj* [grown in one's garden] de cosecha propia; [not imported] de la tierra, local.
home help *n UK asistente empleado por el ayuntamiento para ayudar en las tareas domésticas a enfermos y ancianos.*
homeland ['həʊmlænd] *n* **-1.** [country of birth] tierra *f* natal, patria *f* **-2.** [in South Africa] homeland *m*, *territorio donde se confinaba a la población negra.*
homeless ['həʊmlɪs] ◇ *adj* sin hogar. ◇ *npl*: **the ~** las personas sin hogar.
homelessness ['həʊmlɪsnəs] *n* (fenómeno *m* de la) carencia *f* de hogar.
home loan *n* crédito *m* para reforma de vivienda.
homely ['həʊmlɪ] *adj* **-1.** [simple] sencillo(lla) **-2.** [unattractive] feúcho(cha) **-3.** *US* [ugly] feúcho(cha).
homemade [,həʊm'meɪd] *adj* [food] casero(ra); [clothes] de fabricación casera.
homemaker ['həʊm,meɪkə^r] *n US* ama *f* de casa.
homeroom ['həʊmruːm] *n US aula donde cada alumno debe presentarse todas las mañanas.*
home movie *n* película *f* casera.
Home Office *n UK*: **the ~** el Ministerio del Interior británico.
homeopathic [,həʊmɪəʊ'pæθɪk] *adj* homeopático(ca).
homeopathy [,həʊmɪ'ɒpəθɪ] *n* homeopatía *f.*
homeowner ['həʊm,əʊnə^r] *n* propietario *m*, -ria *f* de vivienda.
home page *n* [on Internet] página *f* inicial OR de inicio.
home rule *n* autonomía *f.*
home run *n US inf* home run *m.*
home school *vt US* educar en casa.

Home Secretary *n UK*: **the ~** el Ministro del Interior británico.

home shopping *n* telecompra *f.*

homesick ['həʊmsɪk] *adj* nostálgico(ca); **to be ~** tener morriña.

homesickness ['həʊmˌsɪknɪs] *n* morriña *f.*

homespun ['həʊmspʌn] *adj fig* [unsophisticated] popular.

homestead ['həʊmsted] *n* granja *f.*

home straight *n*: **the ~** la recta final.

hometown ['həʊmtaʊn] *n* pueblo *m*/ciudad *f* natal.

home truth *n*: **to tell sb a few ~s** soltarle a alguien cuatro verdades.

homeward ['həʊmwəd] <> *adj* de regreso OR vuelta (a casa). <> *adv* = **homewards**.

homewards ['həʊmwədz] *adv* hacia casa.

homework ['həʊmwɜ:k] *n (U) lit & fig* deberes *mpl.*

homey, homy ['həʊmɪ] *US* <> *adj* confortable, agradable. <> *n inf* [friend] amiguete *m*, -ta *f.*

homicidal [ˌhɒmɪ'saɪdl] *adj* homicida.

homicide ['hɒmɪsaɪd] *n* homicidio *m.*

homily ['hɒmɪlɪ] (*pl* **-ies**) *n* [lecture] sermón *m.*

homing ['həʊmɪŋ] *adj*: **~ instinct** querencia *f*; **~ device** [on missile] sistema *m* de guiado pasivo.

homing pigeon *n* paloma *f* mensajera.

homogeneous [ˌhɒmə'dʒi:njəs] *adj* homogéneo(a).

homogenize, -ise [hə'mɒdʒənaɪz] *vt UK* homogeneizar.

homophobic ['həʊməʊ'fəʊbɪk] *adj* homofóbico(ca).

homosexual [ˌhɒmə'sekʃʊəl] <> *adj* homosexual. <> *n* homosexual *m* OR *f.*

homosexuality [ˌhɒməˌsekʃʊ'ælətɪ] *n* homosexualidad *f.*

homy = **homey**.

Hon. **-1.** *abbr of* **Honourable** **-2.** *abbr of* **Honorary**.

Honduran [hɒn'djʊərən] <> *adj* hondureño(ña). <> *n* hondureño *m*, -ña *f.*

Honduras [hɒn'djʊərəs] *n* Honduras.

hone [həʊn] *vt* **-1.** [sharpen] afilar **-2.** [develop, refine] afinar.

honest ['ɒnɪst] <> *adj* **-1.** [trustworthy, legal] honrado(da) **-2.** [frank] franco(ca), sincero(ra); **to be ~ ...** si he de serte franco ... <> *adv inf* = **honestly 2**.

honestly ['ɒnɪstlɪ] <> *adv* **-1.** [truthfully] honradamente **-2.** [expressing sincerity] de verdad, en serio. <> *excl* [expressing impatience, disapproval] ¡será posible!

honesty ['ɒnɪstɪ] *n* **-1.** [trustworthiness] honradez *f* **-2.** [frankness] sinceridad *f*; **in all ~ ...** si he de serte franco ...

honey ['hʌnɪ] *n* **-1.** [food] miel *f* **-2.** *esp US* [form of address] cielo *m*, mi vida *f.*

honeybee ['hʌnɪbi:] *n* abeja *f* (obrera).

honeycomb ['hʌnɪkəʊm] *n* panal *m.*

honeymoon ['hʌnɪmu:n] <> *n* luna *f* de miel; *fig* periodo *m* idílico. <> *vi* pasar la luna de miel.

honeysuckle ['hʌnɪˌsʌkl] *n* madreselva *f.*

Hong Kong [ˌhɒŋ'kɒŋ] *n* Hong Kong.

honk [hɒŋk] <> *vi* **-1.** [motorist] tocar el claxon **-2.** [goose] graznar. <> *vt* tocar. <> *n* **-1.** [of horn] bocinazo *m* **-2.** [of goose] graznido *m.*

honky ['hɒŋkɪ] (*pl* **-ies**) *n US v inf término peyorativo que designa a un blanco.*

Honolulu [ˌhɒnə'lu:lu:] *n* Honolulú.

honor *etc US* = **honour** *etc.*

honorary [*UK* 'ɒnərərɪ, *US* ɒnə'reərɪ] *adj* **-1.** [given as an honour] honorario(ria) **-2.** [unpaid] honorífico(ca).

honor roll *n US* lista *f* de honor.

honour *UK*, **honor** *US* ['ɒnə[r]] <> *n* **-1.** [gen] honor *m*, honra *f*; **in ~ of** en honor de **-2.** [source of pride - person] honra *f.* <> *vt* **-1.** [promise, agreement] cumplir; [debt] satisfacer; [cheque] pagar, aceptar **-2.** *fml* [bring honour to] honrar.

◆ **Honour** *n* [in titles]: **His/Her/Your Honour** Su Señoría.

◆ **honours** *npl* **-1.** [tokens of respect] honores *mpl* **-2.** *UK* UNIV: **~s degree** *licenciatura de cuatro años necesaria para acceder a un máster* **-3.** *phr*: **to do the ~s** hacer los honores de la casa.

honourable *UK*, **honorable** *US* ['ɒnrəbl] *adj* **-1.** [proper] honroso(sa) **-2.** [morally upright] honorable.

◆ **Honourable** *adj* [in titles] Honorable; **the Honourable gentleman/lady** Su Señoría el señor diputado/la señora diputada.

honourably *UK*, **honorably** *US* ['ɒnərəblɪ] *adv* [properly] honrosamente.

honour bound *adj*: **to be ~ to do sthg** estar obligado(da) moralmente a hacer algo.

honours list *n UK lista de personas que reciben un título nobiliario de manos de la corona británica.*

Hons. *abbr of* **honours degree**.

hooch [hu:tʃ] *n US inf* alcohol *m (destilado clandestinamente).*

hood [hʊd] *n* **-1.** [on cloak, jacket] capucha *f* **-2.** [of pram, convertible car] capota *f*; [of cooker] campana *f* **-3.** *US* [car bonnet] capó *m.*

hooded ['hʊdɪd] *adj* **-1.** [wearing a hood] encapuchado(da) **-2.** [eyes] de grandes párpados.
hoodlum ['hu:dləm] *n US inf* matón *m*.
hoodwink ['hʊdwɪŋk] *vt* engañar.
hooey ['hu:ɪ] *n (U) US inf* tonterías *fpl*, bobadas *fpl*.
hoof [hu:f, hʊf] (*pl* **-s** *OR* **hooves**) *n* [of horse] casco *m*; [of cow etc] pezuña *f*.
hook [hʊk] ◇ *n* **-1.** [gen] gancho *m*; **off the ~** [phone] descolgado(da) **-2.** [for catching fish] anzuelo *m* **-3.** [fastener] corchete *m* **-4.** *phr*: **to get sb off the ~** sacar a alguien del apuro. ◇ *vt* **-1.** [attach with hook] enganchar **-2.** [fish] pescar, coger **-3.** [arm, leg]: **he ~ed his leg around the chair** enganchó la silla con el pie.
◆ **hook up** *vt sep*: **to ~ sthg up to sthg** conectar algo a algo; **to ~ with sb** reunirse *OR* juntarse con alguien, ligar con alguien.
hook and eye (*pl* **hooks and eyes**) *n* corchete *m*.
hooked [hʊkt] *adj* **-1.** [nose] aguileño(ña), ganchudo(da) **-2.** *inf* [addicted]: **to be ~ (on)** estar enganchado(da) (a).
hooker ['hʊkəʳ] *n US inf* puta *f*.
hook(e)y ['hʊkɪ] *n US inf*: **to play ~** hacer novillos.
hooligan ['hu:lɪgən] *n* gamberro *m*.
hooliganism ['hu:lɪgənɪzm] *n* gamberrismo *m*.
hoop [hu:p] *n* aro *m*.
hoop-la ['hu:plɑ:] *n (U)* [game] *juego de feria en que se intentan colar aros en los premios.*
hooray [hʊ'reɪ] = **hurray**.
hoot [hu:t] ◇ *n* **-1.** [of owl] grito *m*, ululato *m*; [of horn] bocinazo *m*; **a ~ of laughter** una carcajada **-2.** *UK inf* [amusing thing or person]: **she's/it was a ~** es/fue la monda. ◇ *vi* [owl] ulular; [horn] sonar; **to ~ with laughter** reírse a carcajadas. ◇ *vt* tocar.
hooter ['hu:təʳ] *n* **-1.** [horn] claxon *m*, bocina *f* **-2.** *UK inf* [nose] napias *fpl*.
Hoover® ['hu:vəʳ] *n UK* aspiradora *f*.
◆ **hoover** ◇ *vt* pasar la aspiradora por. ◇ *vi* pasar la aspiradora.
hooves [hu:vz] *pl* ▷ **hoof**.
hop [hɒp] (*pt* & *pp* **-ped**, *cont* **-ping**) ◇ *n* **-1.** [of person] salto *m* a la pata coja **-2.** [of bird etc] saltito *m* **-3.** *inf* [air trip] vuelo *m* corto. ◇ *vi* **-1.** [person] saltar a la pata coja **-2.** [bird etc] dar saltitos **-3.** [move nimbly] ponerse de un brinco. ◇ *vt US inf* [bus, train] subirse a.
◆ **hops** *npl* lúpulo *m*.
hope [həʊp] ◇ *vi*: **to ~ (for sthg)** esperar (algo); **I ~ so/not** espero que sí/no; **to ~ for the best** esperar que todo vaya bien. ◇ *vt*: **to ~ (that)** esperar que; **to ~ to do sthg** esperar hacer algo. ◇ *n* esperanza *f*; **to be beyond ~** ser un caso desesperado; **in the ~ of** con la esperanza de; **to pin one's ~s on sthg** poner uno todas sus esperanzas en algo; **I don't hold out much ~** no tengo muchas esperanzas; **to raise sb's ~s** dar esperanzas a alguien.
hope chest *n US* ajuar *m*.
hopeful ['həʊpfʊl] ◇ *adj* **-1.** [optimistic] optimista; **to be ~ of sthg/of doing sthg** tener esperanzas de algo/hacer algo **-2.** [promising] prometedor(ra), esperanzador(ra). ◇ *n* aspirante *m OR f*.
hopefully ['həʊpfəlɪ] *adv* **-1.** [in a hopeful way] esperanzadamente **-2.** [with luck] con suerte; **~ not** espero que no.
hopeless ['həʊplɪs] *adj* **-1.** [despairing] desesperado(da) **-2.** [impossible] imposible **-3.** *inf* [useless] inútil.
hopelessly ['həʊplɪslɪ] *adv* **-1.** [despairingly] desesperadamente **-2.** [completely] totalmente.
hopper ['hɒpəʳ] *n* [funnel] tolva *f*.
hopping ['hɒpɪŋ] *adv*: **to be ~ mad** estar echando chispas.
hopscotch ['hɒpskɒtʃ] *n* tejo *m*, rayuela *f Amér*.
horde [hɔ:d] *n* horda *f*.
◆ **hordes** *npl fig* una multitud.
horizon [hə'raɪzn] *n* [of sky] horizonte *m*; **on the ~** en el horizonte; *fig* a la vuelta de la esquina.
◆ **horizons** *npl* horizontes *mpl*.
horizontal [,hɒrɪ'zɒntl] ◇ *adj* horizontal. ◇ *n*: **the ~** la horizontal.
hormone ['hɔ:məʊn] *n* hormona *f*.
hormone replacement therapy *n* terapia *f* de sustitución hormonal.
horn [hɔ:n] *n* **-1.** [of animal] cuerno *m*, cacho *m Amér* **-2.** *MUS* [instrument] trompa *f* **-3.** [on car] claxon *m*, bocina *f*; [on ship] sirena *f* **-4.** *US inf* [telephone] teléfono *m*.
hornet ['hɔ:nɪt] *n* avispón *m*.
horn-rimmed [-'rɪmd] *adj* con montura de concha.
horny ['hɔ:nɪ] (*compar* **-ier**, *superl* **-iest**) *adj* **-1.** [scale, body, armour] córneo(a); [hand] calloso(sa) **-2.** *v inf* [sexually excited] cachondo(da), caliente.
horoscope ['hɒrəskəʊp] *n* horóscopo *m*.
horrendous [hɒ'rendəs] *adj* horrendo(da).
horrible ['hɒrəbl] *adj* **-1.** [gen] horrible **-2.** [nasty, mean] malo(la).
horribly ['hɒrəblɪ] *adv* **-1.** [horrifically] horriblemente **-2.** *inf* [very] terriblemente, tremendamente.

horrid ['hɒrɪd] *adj esp UK* [person] antipático(ca); [idea, place] horroroso(sa).
horrific [hɒ'rɪfɪk] *adj* horrendo(da).
horrify ['hɒrɪfaɪ] (*pt* & *pp* **-ied**) *vt* horrorizar.
horrifying ['hɒrɪfaɪɪŋ] *adj* horroroso(sa), horripilante.
horror ['hɒrəʳ] *n* horror *m*; **to my/his ~** para mi/su horror; **to have a ~ of sthg** tener horror a algo.
horror film *n* película *f* de terror *OR* de miedo.
horror-struck *adj* horrorizado(da).
hors d'oeuvre [ɔː'dɜːvr] (*pl* **hors d'oeuvres** [ɔː'dɜːvr]) *n* entremeses *mpl*.
horse [hɔːs] *n* [animal] caballo *m*.
horseback ['hɔːsbæk] ◇ *adj*: **~ riding** equitación *f*. ◇ *n*: **on ~** a caballo.
horsebox *UK* ['hɔːsbɒks], **horsecar** *US* ['hɔːskɑːʳ] *n* remolque *m* para el transporte de caballos.
horse chestnut *n* [nut] castaña *f* de Indias; **~ (tree)** castaño *m* de Indias.
horse-drawn *adj* tirado(da) por caballos.
horsefly ['hɔːsflaɪ] (*pl* **-flies**) *n* tábano *m*.
horsehair ['hɔːsheəʳ] *n* crin *f*.
horseman ['hɔːsmən] (*pl* **-men** [-mən]) *n* jinete *m*.
horse opera *n US hum* western *m*, película *f* del oeste.
horseplay ['hɔːspleɪ] *n (U)* pelea *f* en broma.
horsepower ['hɔːsˌpaʊəʳ] *n (U)* caballos *mpl* de vapor.
horse racing *n (U)* carreras *fpl* de caballos.
horseradish ['hɔːsˌrædɪʃ] *n* rábano *m* silvestre.
horse riding *n* equitación *f*; **to go ~** montar a caballo.
horseshoe ['hɔːsʃuː] *n* herradura *f*.
horse show *n* concurso *m* hípico.
horse-trading *n fig & pej* regateo *m*.
horse trials *npl* concurso *m* hípico.
horsewhip ['hɔːswɪp] (*pt* & *pp* **-ped**, *cont* **-ping**) *vt* azotar.
horsewoman ['hɔːsˌwʊmən] (*pl* **-women** [-ˌwɪmɪn]) *n* amazona *f*.
horticultural [ˌhɔːtɪ'kʌltʃərəl] *adj* hortícola.
horticulture ['hɔːtɪkʌltʃəʳ] *n* horticultura *f*.
hose [həʊz] ◇ *n* [hosepipe] manguera *f*. ◇ *vt* [irrigate] regar con manguera; [wash] limpiar con manguera.
◆ **hose down** *vt sep* limpiar con manguera.
hosepipe ['həʊzpaɪp] = **hose**.
hosiery ['həʊzɪərɪ] *n (U)* medias *fpl* y calcetines.
hospice ['hɒspɪs] *n* hospital *m* para enfermos terminales.
hospitable [hɒ'spɪtəbl] *adj* hospitalario(ria).
hospital ['hɒspɪtl] *n* hospital *m*, nosocomio *m Amér.*
hospitality [ˌhɒspɪ'tælətɪ] *n* hospitalidad *f*.
hospitality suite *n* bar *m* con barra libre *(en conferencias etc)*.
hospitalize, -ise ['hɒspɪtəlaɪz] *vt* hospitalizar.
host [həʊst] ◇ *n* **-1.** [person, place, organization] anfitrión *m*, -ona *f*; **~ country** país *m* anfitrión *OR* organizador **-2.** [compere] presentador *m*, -ra *f* **-3.** *literary* [large number]: **a ~ of** una multitud de **-4.** *RELIG* hostia *f* **-5.** *COMPUT* host *m*, sistema *m* central. ◇ *vt* [show] presentar; [event] ser el anfitrión de.
hostage ['hɒstɪdʒ] *n* rehén *m*; **to be taken/held ~** ser cogido(da)/mantenido(da) como rehén.
hostel ['hɒstl] *n* albergue *m*.
hostelry ['hɒstəlrɪ] (*pl* **-ries**) *n hum* [pub] bar *m*.
hostess ['həʊstes] *n* **-1.** [at party] anfitriona *f* **-2.** [in club etc] chica *f* de alterne.
hostile [*UK* 'hɒstaɪl, *US* 'hɒstl] *adj* **-1.** [antagonistic, enemy]: **~ (to)** hostil (hacia) **-2.** [unfavourable] adverso(sa), desfavorable.
hostility [hɒ'stɪlətɪ] *n* [antagonism] hostilidad *f*.
◆ **hostilities** *npl* hostilidades *fpl*.
hot [hɒt] (*compar* **-ter**, *superl* **-test**, *pt* & *pp* **-ted**, *cont* **-ting**) *adj* **-1.** [gen] caliente; **I'm ~** tengo calor **-2.** [weather, climate] caluroso(sa); **it's (very) ~** hace (mucho) calor **-3.** [spicy] picante, picoso(sa) *Méx* **-4.** *inf* [expert]: **~ on** *OR* **at** experto(ta) en **-5.** [recent] caliente, último(ma) **-6.** [temper] vivo(va).
◆ **hot up** *vi inf* animarse, calentarse.
hot-air balloon *n* aeróstato *m*, globo *m*.
hotbed ['hɒtbed] *n* semillero *m*.
hotchpotch *UK* ['hɒtʃpɒtʃ], **hodgepodge** *US* ['hɒdʒpɒdʒ] *n inf* revoltijo *m*, batiburrillo *m*.
hot-cross bun *n bollo a base de especias y pasas con una cruz dibujada en una cara que se come en Semana Santa.*
hot dog *n* perrito *m* caliente.
hotel [həʊ'tel] ◇ *n* hotel *m*. ◇ *comp* [gen] de hotel; *IND* hotelero(ra).
hotelier [həʊ'telɪəʳ] *n* hotelero *m*, -ra *f*.
hot flush *UK*, **hot flash** *US* *n* sofoco *m*.
hotheaded [ˌhɒt'hedɪd] *adj* irreflexivo(va).
hothouse ['hɒthaʊs, *pl* -haʊzɪz] ◇ *n* [greenhouse] invernadero *m*. ◇ *comp* de invernadero.
hot line *n* **-1.** [for information, help, etc] línea *f* directa **-2.** [for politician] teléfono *m* rojo.
hotly ['hɒtlɪ] *adv* **-1.** [passionately] acaloradamente **-2.** [closely]: **we were ~ pursued** nos pisaban los talones.

hotplate ['hɒtpleɪt] *n* **-1.** [for cooking] placa *f* **-2.** [for keeping food warm] calientaplatos *m inv.*

hotpot ['hɒtpɒt] *n UK estofado de cabrito típico de Lancashire.*

hot potato *n inf fig* tema *m* espinoso.

hot rod *n AUT* coche *m* trucado.

hot seat *n inf*: **to be in the ~** ser quien tiene que sacar las castañas del fuego.

hot spot *n* **-1.** [exciting place] lugar *m* de moda **-2.** *POL* zona *f* conflictiva, polvorín *m.*

hot-tempered *adj* iracundo(da).

hottie ['hɒtɪ] *n US inf* bombón *m.*

hot water *n fig*: **to get into/be in ~** meterse/estar en un berenjenal.

hot-water bottle *n* bolsa *f* de agua caliente.

hot-wire *vt inf*: **to ~ a car** poner un coche en marcha haciendo un puente.

hound [haʊnd] <> *n* [dog] perro *m* de caza, sabueso *m.* <> *vt* **-1.** [persecute] acosar **-2.** [drive]: **to ~ sb out (of somewhere)** conseguir echar a alguien (de algún sitio) acosándolo.

hour ['aʊəʳ] *n* **-1.** [gen] hora *f*; **half an ~** media hora; **70 miles per** *OR* **an ~** 70 millas por hora; **to pay by the ~** pagar por horas; **on the ~** a la hora en punto cada hora; **in the small ~s** a altas horas de la madrugada **-2.** *literary* [important time] momento *m.*
◆ **hours** *npl* **-1.** [of business] horas *fpl*; **after ~s** fuera de horas **-2.** [of person - routine]: **to keep late ~s** acostarse siempre tarde.

hourly ['aʊəlɪ] *adj & adv* **-1.** [every hour] cada hora **-2.** [per hour] por hora.

house [*n & adj* haʊs, *pl* 'haʊzɪz, *vb* haʊz] <> *n* **-1.** [gen] casa *f*; **it's on the ~** la casa invita, es cortesía de la casa; **to put** *OR* **set one's ~ in order** poner las cosas en orden **-2.** *POL* cámara *f* **-3.** [in theatre] audiencia *f*; **to bring the ~ down** *inf* ser un exitazo, ser muy aplaudido. <> *vt* [person, family] alojar; [department, library, office] albergar. <> *adj* **-1.** [within business] de la empresa **-2.** [wine] de la casa.

house arrest *n*: **under ~** bajo arresto domiciliario.

houseboat ['haʊsbəʊt] *n* casa *f* flotante.

housebound ['haʊsbaʊnd] *adj* confinado(da) en casa.

housebreaking ['haʊsˌbreɪkɪŋ] *n* allanamiento *m* de morada.

housebroken ['haʊsˌbrəʊkn] *adj US* [pet] bien enseñado(da).

housecoat ['haʊskəʊt] *n* bata *f.*

household ['haʊshəʊld] <> *adj* **-1.** [domestic] doméstico(ca), de la casa **-2.** [word, name] conocido(da) por todos. <> *n* hogar *m.*

householder ['haʊsˌhəʊldəʳ] *n* [owner] dueño *m*, -ña *f*; [tenant] inquilino *m*, -na *f.*

househunting ['haʊsˌhʌntɪŋ] *n* búsqueda *f* de vivienda.

house husband *n hombre encargado de las tareas domésticas.*

housekeeper ['haʊsˌkiːpəʳ] *n* ama *f* de llaves.

housekeeping ['haʊsˌkiːpɪŋ] *n (U)* **-1.** [work] quehaceres *mpl* domésticos, tareas *fpl* domésticas **-2.**: **~ (money)** dinero *m* para los gastos de la casa.

houseman ['haʊsmən] (*pl* **-men** [-mən]) *n UK* interno *m*, -na *f.*

house music *n* música *f* house.

House of Commons *n UK*: **the ~** la Cámara de los Comunes.

HOUSE OF COMMONS

En Gran Bretaña, la Cámara de los Comunes está compuesta por 650 diputados, elegidos para un período de 5 años, que se reúnen unos 175 días al año.

House of Lords *n UK*: **the ~** la Cámara de los Lores.

HOUSE OF LORDS

La Cámara de los Lores está compuesta por personas con título nobiliario y clérigos. Algunos de sus miembros son elegidos ahora por el gran público. Es el tribunal de última instancia para toda Gran Bretaña excepto Escocia. La Cámara de los Lores puede enmendar determinados proyectos de ley aprobados por la Cámara de los Comunes.

House of Representatives *n US*: **the ~** la Cámara de los Representantes.

HOUSE OF REPRESENTATIVES

Junto con el Senado, la Cámara de Representantes constituye el cuerpo legislativo de los Estados Unidos. Los diputados son elegidos a través de un sistema proporcional basado en la población de cada estado.

house-owner *n* propietario *m*, -ria *f* (de vivienda).

houseplant ['haʊsplɑːnt] *n* planta *f* interior.

house-proud *adj* muy ama de su casa.

Houses of Parliament *n*: **the ~** el Parlamento británico.

house-to-house *adj* de casa en casa.

house-train *vt UK* enseñar dónde hacer sus necesidades a *(perro, gato).*

housewarming (party) ['haʊsˌwɔːmɪŋ-] *n* fiesta *f* de inauguración de una casa.

housewife ['haʊswaɪf] (*pl* **-wives** [-waɪvz]) *n* ama *f* de casa.

housework ['haʊswɜ:k] *n (U)* quehaceres *mpl* domésticos.

housing ['haʊzɪŋ] <> *n* **-1.** [houses] vivienda *f*; [act of accommodating] alojamiento *m* **-2.** [covering] cubierta *f* protectora; AUT cárter *m*. <> *comp* de la vivienda.

housing association *n UK* cooperativa *f* de viviendas.

housing benefit *n (U) subsidio estatal para ayudar con el pago del alquiler y otros gastos.*

housing development *n* urbanización *f*.

housing estate *UK*, **housing project** *US n urbanización generalmente de protección oficial*, ≃ fraccionamiento *m Méx*.

HOV (*abbr of* **High Occupancy Vehicle**) *n*: ~ **lane** *carril para vehículos de alta ocupación.*

hovel ['hɒvl] *n* casucha *f*, tugurio *m*.

hover ['hɒvəʳ] *vi* **-1.** [fly] cernerse **-2.** [linger] merodear **-3.** [hesitate] debatirse.

hovercraft ['hɒvəkrɑ:ft] (*pl inv* OR **-s**) *n* aerodeslizador *m*.

hoverport ['hɒvəpɔ:t] *n* puerto *m* para aerodeslizadores.

how [haʊ] *adv* **-1.** [gen] cómo; ~ **do you do it?** ¿cómo se hace?; **I found out ~ he did it** averigüé cómo lo hizo; ~ **are you?** ¿cómo estás?; ~ **do you do?** mucho gusto **-2.** [referring to degree, amount]: ~ **high is it?** ¿cuánto mide de alto OR de altura?; **he asked ~ high it was** preguntó cuánto medía de alto; ~ **expensive is it?** ¿cómo de caro es?, ¿es muy caro?; ~ **far is it to Paris?** ¿a cuánto está París de aquí?; ~ **long have you been waiting?** ¿cuánto llevas esperando?; ~ **many people came?** ¿cuánta gente vino?; ~ **old are you?** ¿qué edad OR cuántos años tienes? **-3.** [in exclamations] qué; ~ **nice/awful!** ¡qué bonito/horrible!; ~ **I hate doing it!** ¡cómo OR cuánto odio tener que hacerlo!; ~ **can you say that?** ¿cómo puedes decir eso?

◆ **how about** *adv*: ~ **about a drink?** ¿qué tal una copa?; ~ **about you?** ¿qué te parece?, ¿y tú?

◆ **how much** <> *pron* cuánto(ta); ~ **much does it cost?** ¿cuánto cuesta? <> *adj* cuánto(ta); ~ **much bread?** ¿cuánto pan?

howdy ['haʊdɪ] *excl US inf* ¡hola!

however [haʊ'evəʳ] <> *adv* **-1.** [nevertheless] sin embargo, no obstante **-2.** [no matter how]: ~ **difficult it may be** por (muy) difícil que sea; ~ **many times** OR **much I told her** por mucho que se lo dijera **-3.** [how] cómo; ~ **did you know?** ¿cómo lo sabías? <> *conj* comoquiera que; ~ **you want** como quieras.

howl [haʊl] <> *n* **-1.** [of animal] aullido *m* **-2.** [of person - in pain, anger] alarido *m*, grito *m*; **a ~ of laughter** una carcajada. <> *vi* **-1.** [animal] aullar **-2.** [person - in pain, anger] gritar; **to ~ with laughter** reírse a carcajadas **-3.** [wind] bramar.

howler ['haʊləʳ] *n inf* error *m* garrafal.

howling ['haʊlɪŋ] *adj inf* [success] clamoroso(sa).

hp (*abbr of* **horsepower**) CV *m*, cv *m*.

HP *n* **-1.** *UK* (*abbr of* **hire purchase**); **to buy sthg on ~** comprar algo a plazos **-2.** = **hp**.

HQ *n abbr of* **headquarters**.

hr (*abbr of* **hour**) h.

HRH (*abbr of* **His/Her Royal Highness**) S.A.R. *m* OR *f*.

HRT *n abbr of* **hormone replacement therapy**.

HS (*abbr of* **high school**) Inst. *m*.

HST (*abbr of* **Hawaiian Standard Time**) *hora oficial de Hawai.*

ht *abbr of* **height**.

HT (*abbr of* **high tension**) AT *f*.

HTML (*abbr of* **hypertext markup language**) *n* COMPUT HTML *m*.

HTTP (*abbr of* **hypertext transfer protocol**) *n* COMPUT HTTP *m*.

hub [hʌb] *n* **-1.** [of wheel] cubo *m* **-2.** [of activity] centro *m*, eje *m*.

hub airport *n US* aeropuerto *m* principal.

hubbub ['hʌbʌb] *n* alboroto *m*, barullo *m*.

hubcap ['hʌbkæp] *n* tapacubos *m inv*.

huddle ['hʌdl] <> *vi* **-1.** [crouch, curl up] acurrucarse **-2.** [cluster] apretarse unos contra otros, apiñarse. <> *n* piña *f*, grupo *m*.

hue [hju:] *n* **-1.** [shade] tono *m*, matiz *m* **-2.** [colour] color *m*.

huff [hʌf] <> *n*: **in a ~** mosqueado(da). <> *vi*: **to ~ and puff** bufar, resoplar.

huffy ['hʌfɪ] (*compar* **-ier**, *superl* **-iest**) *adj inf* **-1.** [offended] mosqueado(da) **-2.** [touchy] susceptible, enfadadizo(za).

hug [hʌg] (*pt* & *pp* **-ged**, *cont* **-ging**) <> *n* abrazo *m*; **to give sb a ~** abrazar a alguien, dar un abrazo a alguien. <> *vt* **-1.** [embrace, hold] abrazar; **to ~ sthg to o.s.** abrazar algo fuertemente **-2.** [stay close to] ceñirse OR ir pegado a.

huge [hju:dʒ] *adj* enorme.

huh [hʌ] *excl* **-1.** [after questions] ¿eh? **-2.** [expressing surprise, asking to repeat] ¿eh?, ¿qué? **-3.** [expressing scorn] ¡ja!

hulk [hʌlk] *n* **-1.** [of ship] casco *m* abandonado **-2.** [person] tiarrón *m*, -ona *f*.

hulking ['hʌlkɪŋ] *adj* gigantesco(ca).

hull [hʌl] *n* casco *m*.
hullabaloo [ˌhʌləbəˈluː] *n inf* conmoción *f*, alboroto *m*.
hullo [həˈləʊ] = **hello**.
hum [hʌm] (*pt* & *pp* **-med**, *cont* **-ming**) ◇ *vi* **-1.** [buzz] zumbar **-2.** [sing] canturrear, tararear **-3.** [be busy] bullir, hervir **-4.** *phr*: **to ~ and haw** titubear, vacilar. ◇ *vt* tararear, canturrear. ◇ *n (U)* zumbido *m*; [of conversation] murmullo *m*.
human [ˈhjuːmən] ◇ *adj* humano(na). ◇ *n*: **~ (being)** (ser *m*) humano *m*.
humane [hjuːˈmeɪn] *adj* humano(na).
humanely [hjuːˈmeɪnlɪ] *adv* humanamente.
human error *n* error *m* humano.
humanist [ˈhjuːmənɪst] *n* humanista *m* OR *f*.
humanitarian [hjuːˌmænɪˈteərɪən] ◇ *adj* humanitario(ria). ◇ *n* luchador *m*, -ra *f* por la justicia social.
humanity [hjuːˈmænətɪ] *n* humanidad *f*.
◆ **humanities** *npl*: **the humanities** las humanidades.
humankind [ˈhjuːməkaɪnd] *n (U)* el género humano.
humanly [ˈhjuːmənlɪ] *adv*: **~ possible** humanamente posible.
human nature *n* la naturaleza humana.
human race *n*: **the ~** la raza humana.
human resources *npl* recursos *mpl* humanos.
human rights *npl* derechos *mpl* humanos.
humble [ˈhʌmbl] ◇ *adj* humilde. ◇ *vt fml* humillar; **to ~ o.s.** humillarse.
humbly [ˈhʌmblɪ] *adv* humildemente.
humbug [ˈhʌmbʌg] *n* **-1.** *(U) dated* [hypocrisy] farsa *f*, hipocresía *f* **-2.** *UK* [sweet] caramelo *m* de menta.
humdrum [ˈhʌmdrʌm] *adj* rutinario(ria), aburrido(da).
humid [ˈhjuːmɪd] *adj* húmedo(da).
humidity [hjuːˈmɪdətɪ] *n* humedad *f*.
humiliate [hjuːˈmɪlɪeɪt] *vt* humillar.
humiliating [hjuːˈmɪlɪeɪtɪŋ] *adj* humillante.
humiliation [hjuːˌmɪlɪˈeɪʃn] *n* humillación *f*.
humility [hjuːˈmɪlətɪ] *n* humildad *f*.
hummingbird [ˈhʌmɪŋbɜːd] *n* colibrí *m*.
humor *US* = **humour**.
humorist [ˈhjuːmərɪst] *n* humorista *m* OR *f*.
humorous [ˈhjuːmərəs] *adj* **-1.** [remark, situation] gracioso(sa) **-2.** [play, publication] humorístico(ca).
humour *UK*, **humor** *US* [ˈhjuːməʳ] ◇ *n* **-1.** [sense of fun, mood] humor *m*; **in good/bad ~** *fml* de buen/mal humor **-2.** [funny side] gracia *f*. ◇ *vt* complacer, seguir la corriente a.
hump [hʌmp] ◇ *n* **-1.** [hill] montículo *m* **-2.** [on back] joroba *f*, giba *f*, curca *f* **Amér**. ◇ *vt inf* [carry] acarrear, cargar con.
humpbacked bridge [ˈhʌmpbækt-] *n* puente *m* peraltado.
humus [ˈhjuːməs] *n* humus *m inv*.
hunch [hʌntʃ] ◇ *n inf* presentimiento *m*, corazonada *f*. ◇ *vt* encorvar. ◇ *vi* encorvarse.
hunchback [ˈhʌntʃbæk] *n* jorobado *m*, -da *f*.
hunched [hʌntʃt] *adj* encorvado(da).
hundred [ˈhʌndrəd] *num* cien; **a** OR **one ~** cien; **a** OR **one ~ and eighty** ciento ochenta; **three ~** trescientos; **five ~** quinientos; *see also* **six**.
◆ **hundreds** *npl* cientos *mpl*, centenares *mpl*.
hundredth [ˈhʌndrətθ] ◇ *num adj* centésimo(ma). ◇ *num n* [fraction] centésimo *m*; **a ~ of a second** una centésima; *see also* **sixth**.
hundredweight [ˈhʌndrədweɪt] *n* [in UK] = *50,8 kg*; [in US] = *45,3 kg*.
hung [hʌŋ] ◇ *pt* & *pp* ▷ **hang**. ◇ *adj* POL sin mayoría.
Hungarian [hʌŋˈgeərɪən] ◇ *adj* húngaro(ra). ◇ *n* **-1.** [person] húngaro *m*, -ra *f* **-2.** [language] húngaro *m*.
Hungary [ˈhʌŋgərɪ] *n* Hungría.
hunger [ˈhʌŋgəʳ] *n* **-1.** [for food] hambre *f* **-2.** *literary* [for change, knowledge etc] sed *f*.
◆ **hunger after, hunger for** *vt fus literary* anhelar, ansiar.
hunger strike *n* huelga *f* de hambre.
hung over *adj inf*: **to be ~** tener resaca.
hungry [ˈhʌŋgrɪ] (*compar* **-ier**, *superl* **-iest**) *adj* **-1.** [for food] hambriento(ta); **to be/go ~** tener/pasar hambre **-2.** [eager]: **to be ~ for** estar ávido(da) de.
hung up *adj inf* acomplejado(da).
hunk [hʌŋk] *n* **-1.** [large piece] pedazo *m*, trozo *m* **-2.** *inf* [attractive man] tío *m* bueno, macizo *m*.
hunky-dory [ˌhʌŋkɪˈdɔːrɪ] *adj inf*: **to be ~** ir de perlas.
hunt [hʌnt] ◇ *n* **-1.** [of animals, birds] caza *f*; *UK* [foxhunting party] partida *f* de caza **-2.** [for person, clue etc] busca *f*, búsqueda *f*. ◇ *vi* **-1.** [for animals, birds] cazar **-2.** [for person, clue etc]: **to ~ (for sthg)** buscar (algo). ◇ *vt* **-1.** [animals, birds] cazar **-2.** [person] perseguir.
◆ **hunt down** *vt sep* atrapar.
hunter [ˈhʌntəʳ] *n* **-1.** [of animals, birds] cazador *m*, -ra *f* **-2.** [of things]: **bargain/autograph ~** *persona que anda a la caza de gangas/autógrafos*.
hunting [ˈhʌntɪŋ] ◇ *n* **-1.** [of animals] caza *f*; **to go ~** ir de caza OR cacería **-2.** *UK* [of foxes]

caza *f* del zorro. ◇ *comp* de caza.
huntsman [ˈhʌntsmən] (*pl* **-men** [-mən]) *n* cazador *m*.
hurdle [ˈhɜːdl] ◇ *n* **-1.** [in race] valla *f* **-2.** [obstacle] obstáculo *m*. ◇ *vt* saltar.
hurl [hɜːl] *vt* **-1.** [throw] lanzar, arrojar **-2.** [shout] proferir, soltar.
hurrah [hʊˈrɑː] *excl dated* ¡hurra!
hurray [hʊˈreɪ] *excl* ¡hurra!
hurricane [ˈhʌrɪkən] *n* huracán *m*.
hurried [ˈhʌrɪd] *adj* [hasty] apresurado(da).
hurriedly [ˈhʌrɪdlɪ] *adv* apresuradamente.
hurry [ˈhʌrɪ] (*pt* & *pp* **-ied**) ◇ *n* prisa *f*; **to be in a ~** tener prisa; **to do sthg in a ~** hacer algo de prisa OR apresuradamente; **to be in no ~ to do sthg** [unwilling] no tener ningunas ganas de hacer algo. ◇ *vt* [person] meter prisa a; [work, speech] apresurar. ◇ *vi*: **to ~ (to do sthg)** apresurarse (a hacer algo), darse prisa (en hacer algo).
◆ **hurry up** ◇ *vi* darse prisa. ◇ *vt sep* meter prisa a.
hurt [hɜːt] (*pt* & *pp* **hurt**) ◇ *vt* **-1.** [physically - person] hacer daño a; [- one's leg, arm] hacerse daño en; **nobody was ~** nadie resultó herido; **to ~ o.s.** hacerse daño **-2.** [emotionally] herir **-3.** [harm] perjudicar. ◇ *vi* **-1.** [gen] doler; **my head ~s** me duele la cabeza **-2.** [cause physical pain, do harm] hacer daño. ◇ *adj* **-1.** [injured] herido(da) **-2.** [offended] dolido(da), ofendido(da); [feelings] herido(da). ◇ *n (U)* [emotional pain] dolor *m*.
hurtful [ˈhɜːtfʊl] *adj* hiriente.
hurtle [ˈhɜːtl] *vi*: **to ~ past** pasar como un rayo; **to ~ over** precipitarse por.
husband [ˈhʌzbənd] *n* marido *m*.
husbandry [ˈhʌzbəndrɪ] *n fml* [of animals] cría *f*.
hush [hʌʃ] ◇ *n* silencio *m*. ◇ *excl* ¡silencio!, ¡a callar!
◆ **hush up** *vt* echar tierra a.
hush money *n (U) inf* soborno *m* OR coima *f (para pagar el silencio de alguien)* ***Andes, RP***.
hushpuppy [ˈhʌʃˈpʌpɪ] *n* ***US*** *masa de harina de maíz frita en forma de bolita*.
husk [hʌsk] *n* [of seed, grain] cáscara *f*, cascarilla *f*.
husky [ˈhʌskɪ] (*compar* **-ier**, *superl* **-iest**) ◇ *adj* [hoarse] ronco(ca). ◇ *n* husky *m*, perro *m* esquimal.
hustings [ˈhʌstɪŋz] *npl* ***UK*** campaña *f* electoral.
hustle [ˈhʌsl] ◇ *vt* **-1.** [hurry] meter prisa a **-2.** ***US*** [persuade]: **to ~ sb into doing sthg** presionar a alguien para que haga algo. ◇ *n*: **~ (and bustle)** bullicio *m*, ajetreo *m*.
hut [hʌt] *n* **-1.** [rough house] cabaña *f*, choza *f*, jacal *m* ***Guat, Méx, Ven*** **-2.** [shed] cobertizo *m*.
hutch [hʌtʃ] *n* conejera *f*.
hyacinth [ˈhaɪəsɪnθ] *n* jacinto *m*.
hybrid [ˈhaɪbrɪd] ◇ *adj* híbrido(da). ◇ *n* híbrido *m*.
hydrangea [haɪˈdreɪndʒə] *n* hortensia *f*.
hydrant [ˈhaɪdrənt] *n* boca *f* de riego; [for fire] boca *f* de incendio.
hydraulic [haɪˈdrɔːlɪk] *adj* hidráulico(ca).
◆ **hydraulics** *n (U)* hidráulica *f*.
hydrocarbon [ˌhaɪdrəˈkɑːbən] *n* hidrocarburo *m*.
hydrochloric acid [ˌhaɪdrəˈklɔːrɪk-] *n* ácido *m* clorhídrico.
hydroelectric [ˌhaɪdrəʊɪˈlektrɪk] *adj* hidroeléctrico(ca).
hydroelectricity [ˌhaɪdrəʊɪlekˈtrɪsətɪ] *n* hidroelectricidad *f*.
hydrofoil [ˈhaɪdrəfɔɪl] *n* embarcación *f* con hidroala.
hydrogen [ˈhaɪdrədʒən] *n* hidrógeno *m*.
hydrogen bomb *n* bomba *f* de hidrógeno.
hydrophobia [ˌhaɪdrəˈfəʊbjə] *n fml* [rabies] hidrofobia *f*.
hydroplane [ˈhaɪdrəpleɪn] *n* **-1.** [speedboat] hidroplano *m* **-2.** [hydrofoil] embarcación *f* con hidroala.
hyena [haɪˈiːnə] *n* hiena *f*.
hygiene [ˈhaɪdʒiːn] *n* higiene *f*.
hygienic [haɪˈdʒiːnɪk] *adj* higiénico(ca).
hygienist [haɪˈdʒiːnɪst] *n* higienista *m* OR *f* dental.
hymn [hɪm] *n* himno *m*.
hymn book *n* himnario *m*.
hype [haɪp] *inf* ◇ *n* bombo *m*, publicidad *f* exagerada. ◇ *vt* dar mucho bombo a.
hyped up [haɪpd-] *adj inf* [nervous] hecho(cha) un manojo de nervios.
hyper [ˈhaɪpəʳ] *adj inf* nervioso(sa), excitable.
hyperactive [ˌhaɪpərˈæktɪv] *adj* hiperactivo(va).
hyperbole [haɪˈpɜːbəlɪ] *n* hipérbole *f*.
hyperlink [ˈhaɪpəˌlɪŋk] *n* COMPUT hiperenlace *m*.
hypermarket [ˈhaɪpəˌmɑːkɪt] *n* hipermercado *m*.
hypersensitive [ˌhaɪpəˈsensɪtɪv] *adj* hipersensible.
hypertension [ˌhaɪpəˈtenʃn] *n* MED hipertensión *f*.
hypertext [ˈhaɪpətekst] COMPUT ◇ *n* hipertexto *m*. ◇ *comp*: **~ link** enlace *m* hipertextual/de hipertexto.
hyperventilate [ˌhaɪpəˈventɪleɪt] *vi* hiperventilar.

hyphen ['haɪfn] *n* guión *m*.
hyphenate ['haɪfəneɪt] *vt* escribir con guión.
hypnosis [hɪp'nəʊsɪs] *n* hipnosis *f inv*; **under ~** bajo los efectos de la hipnosis.
hypnotic [hɪp'nɒtɪk] *adj* hipnótico(ca).
hypnotism ['hɪpnətɪzm] *n* hipnotismo *m*.
hypnotist ['hɪpnətɪst] *n* hipnotizador *m*, -ra *f*.
hypnotize, -ise ['hɪpnətaɪz] *vt* hipnotizar.
hypoallergenic ['haɪpəʊˌælə'dʒenɪk] *adj* hipoalergénico(ca).
hypochondriac [ˌhaɪpə'kɒndrɪæk] *n* hipocondríaco *m*, -ca *f*.
hypocrisy [hɪ'pɒkrəsɪ] *n* hipocresía *f*.
hypocrite ['hɪpəkrɪt] *n* hipócrita *m* OR *f*.
hypocritical [ˌhɪpə'krɪtɪkl] *adj* hipócrita.
hypodermic needle [ˌhaɪpə'dɜːmɪk-] *n* aguja *f* hipodérmica.
hypodermic syringe [ˌhaɪpə'dɜːmɪk-] *n* jeringuilla *f* hipodérmica.
hypothermia [ˌhaɪpəʊ'θɜːmɪəl *n* hipotermia *f*.
hypothesis [haɪ'pɒθɪsɪs] (*pl* **-theses** [-θɪsiːz]) *n* hipótesis *f inv*.
hypothesize, -ise [haɪ'pɒθɪsaɪz] ◇ *vt* plantear como hipótesis. ◇ *vi* hacer hipótesis.
hypothetical [ˌhaɪpə'θetɪkl] *adj* hipotético(ca).
hysterectomy [ˌhɪstə'rektəmɪ] (*pl* **-ies**) *n* histerectomía *f*.
hysteria [hɪs'tɪərɪəl *n* histeria *f*.
hysterical [hɪs'terɪkl] *adj* **-1.** [frantic] histérico(ca) **-2.** *inf* [very funny] tronchante, desternillante.
hysterics [hɪs'terɪks] *npl* **-1.** [panic, excitement] histeria *f*, histerismo *m* **-2.** *inf* [fits of laughter]: **to be in ~** troncharse OR partirse de risa.
Hz (*abbr of* **hertz**) Hz.

I

i (*pl* **i's** OR **is**), **I** (*pl* **I's** OR **Is**) [aɪ] *n* [letter] i *f*, I *f*.
I¹ [aɪ] *pers pron* yo; **I'm happy** soy feliz; **I'm leaving** me voy; **she and I were at college together** ella y yo fuimos juntos a la universidad; **it is I** *fml* soy yo; **I can't do that** yo no puedo hacer eso.
I² *abbr of* **Island, Isle.**
IA *abbr of* **Iowa.**
IAEA (*abbr of* **International Atomic Energy Agency**) *n* AIEA *f*.
IBA (*abbr of* **Independent Broadcasting Authority**) *n* *organismo británico de regulación de las cadenas privadas de radio y televisión.*
Iberian [ai'bɪrɪən] ◇ *adj* ibérico(ca). ◇ *n* ibero *m*, -ra *f*.
Iberian peninsula *n*: **the ~** la Península Ibérica.
ibid (*abbr of* **ibidem**) ibid.
IBRD (*abbr of* **International Bank for Reconstruction and Development**) *n* BIRD *m*.
i/c *abbr of* **in charge.**
ICBM (*abbr of* **intercontinental ballistic missile**) *n* ICBM *m*.
ICC *n* (*abbr of* **Interstate Commerce Commission**) *comité federal regulador del comercio interestatal en Estados Unidos.*
ice [aɪs] ◇ *n* **-1.** [frozen water] hielo *m*; **to break the ~** *fig* romper el hielo **-2.** *UK* [ice cream] helado *m*. ◇ *vt* CULIN glasear, alcorzar.
◆ **ice over, ice up** *vi* helarse.
ice age *n* era *f* glaciar.
iceberg ['aɪsbɜːg] *n* iceberg *m*.
iceberg lettuce *n* lechuga *f* iceberg.
icebox ['aɪsbɒks] *n* **-1.** *UK* [in refrigerator] congelador *m* **-2.** *US* [refrigerator] refrigerador *m*.
icebreaker ['aɪsˌbreɪkə'] *n* [ship] rompehielos *m inv*.
ice bucket *n* cubo *m* del hielo.
ice cap *n* casquete *m* polar.
ice-cold *adj* helado(da).
ice cream *n* helado *m*.
ice cream van *n UK furgoneta de venta de helados.*
ice cube *n* cubito *m* de hielo.
iced [aɪst] *adj* **-1.** [cooled with ice] con hielo **-2.** [covered in icing] glaseado(da).
ice floe *n* témpano *m* de hielo.
ice hockey *n* hockey *m* sobre hielo.
Iceland ['aɪslənd] *n* Islandia.
Icelander ['aɪsləndə'] *n* islandés *m*, -esa *f*.
Icelandic [aɪs'lændɪk] ◇ *adj* islandés(esa). ◇ *n* [language] islandés *m*.
ice lolly *n UK* polo *m*.
ice pick *n* pico *m* para el hielo.
ice rink *n* pista *f* de (patinaje sobre) hielo.
ice skate *n* patín *m* de cuchilla.
◆ **ice-skate** *vi* patinar sobre hielo.
ice-skater *n* patinador *m*, -ra *f* sobre hielo.
ice-skating *n* patinaje *m* sobre hielo.

icicle [ˈaɪsɪkl] *n* carámbano *m*.

icily [ˈaɪsɪlɪ] *adv* [in unfriendly way] glacialmente, con mucha frialdad.

icing [ˈaɪsɪŋ] *n* glaseado *m*; **the ~ on the cake** *fig* la guinda.

icing sugar *n UK* azúcar *m* glas.

ICJ (*abbr of* **International Court of Justice**) *n* TIJ *m*.

icon [ˈaɪkɒn] *n* COMPUT & RELIG icono *m*.

iconoclast [aɪˈkɒnəklæst] *n* iconoclasta *m* OR *f*.

ICU (*abbr of* **intensive care unit**) *n* UCI *f*.

icy [ˈaɪsɪ] (*compar* **-ier**, *superl* **-iest**) *adj* **-1.** [gen] helado(da) **-2.** *fig* [unfriendly] glacial.

id [ɪd] *n* ello *m*, id *m*.

I'd [aɪd] = **I would, I had**.

ID -1. *abbr of* **identification**. **-2.** *abbr of* **Idaho**.

Idaho [ˈaɪdəˌhəʊ] *n* Idaho.

ID card = **identity card**.

IDD (*abbr of* **international direct dialling**) *sistema de llamadas telefónicas internacionales directas*.

idea [aɪˈdɪə] *n* **-1.** [gen] idea *f*; **to have an ~ of sthg** tener (alguna) idea de algo; **to have no ~** no tener ni idea; **to get the ~** *inf* captar la idea, hacerse una idea; **to get the ~ (that) ...** tener la impresión de que ...; **the ~ is to ...** la idea es ... **-2.** [intuition, feeling] sensación *f*, impresión *f*; **to have an ~ (that) ...** tener la sensación de que ...

ideal [aɪˈdɪəl] ◇ *adj*: **~ (for)** ideal (para). ◇ *n* ideal *m*.

idealism [aɪˈdɪəlɪzm] *n* idealismo *m*.

idealist [aɪˈdɪəlɪst] *n* idealista *m* OR *f*.

idealize, -ise [aɪˈdɪəlaɪz] *vt* idealizar.

ideally [aɪˈdɪəlɪ] *adv* **-1.** [perfectly] idealmente; [suited] perfectamente **-2.** [preferably] preferiblemente, a ser posible.

identical [aɪˈdentɪkl] *adj* idéntico(ca).

identical twins *npl* gemelos *mpl* idénticos.

identifiable [aɪˈdentɪfaɪəbl] *adj* identificable.

identification [aɪˌdentɪfɪˈkeɪʃn] *n* **-1.** [gen]: **~ (with)** identificación *f* (con) **-2.** [documentation] documentación *f*.

identify [aɪˈdentɪfaɪ] (*pt* & *pp* **-ied**) ◇ *vt* identificar; **to ~ sb with sthg** relacionar a alguien con algo. ◇ *vi*: **to ~ with sb/sthg** identificarse con alguien/algo.

Identikit picture® [aɪˈdentɪkɪt-] *n* fotorrobot *f*.

identity [aɪˈdentətɪ] (*pl* **-ies**) *n* identidad *f*.

identity card *n* carné *m* OR documento *m* de identidad, cédula *f* de identidad *Amér*.

identity parade *n* rueda *f* de identificación.

ideological [ˌaɪdɪəˈlɒdʒɪkl] *adj* ideológico(ca).

ideology [ˌaɪdɪˈɒlədʒɪ] (*pl* **-ies**) *n* ideología *f*.

idiom [ˈɪdɪəm] *n* **-1.** [phrase] locución *f*, modismo *m* **-2.** *fml* [style] lenguaje *m*.

idiomatic [ˌɪdɪəˈmætɪk] *adj* natural.

idiosyncrasy [ˌɪdɪəˈsɪŋkrəsɪ] (*pl* **-ies**) *n* rareza *f*, manía *f*.

idiot [ˈɪdɪət] *n* [fool] idiota *m* OR *f*.

idiotic [ˌɪdɪˈɒtɪk] *adj* idiota.

idle [ˈaɪdl] ◇ *adj* **-1.** [lazy] perezoso(sa), vago(ga) **-2.** [not working - machine, factory] parado(da); [- person] desocupado(da), sin trabajo **-3.** [rumour] infundado(da); [threat, boast] vano(na); [curiosity] que no viene a cuento. ◇ *vi* estar en punto muerto.

◆ **idle away** *vt sep* perder, desperdiciar.

idleness [ˈaɪdlnɪs] *n* [laziness] pereza *f*, holgazanería *f*.

idler [ˈaɪdləʳ] *n* vago *m*, -ga *f*, holgazán *m*, -ana *f*.

idly [ˈaɪdlɪ] *adv* **-1.** [lazily] sin hacer nada, haciendo el vago **-2.** [without purpose] distraídamente.

idol [ˈaɪdl] *n* ídolo *m*.

idolize, -ise [ˈaɪdəlaɪz] *vt* idolatrar.

idyl(l) [ˈɪdɪl] *n* idilio *m*.

idyllic [ɪˈdɪlɪk] *adj* idílico(ca).

i.e. (*abbr of* **id est**) i.e.

if [ɪf] ◇ *conj* **-1.** [gen] si; **~ I were you** yo que tú, yo en tu lugar **-2.** [though] aunque; **he's clever, ~ a little arrogant** es listo, aunque algo arrogante. ◇ *n*: **~s and buts** peros *mpl*, pegas *fpl*.

◆ **if not** *conj* **-1.** [otherwise] si no, de lo contrario **-2.** [not to say] por no decir; **it was cheeky, ~ not downright rude of him** fue mucha caradura de su parte, por no decir grosería.

◆ **if only** ◇ *conj* **-1.** [naming a reason] aunque sólo sea; **at least he got me a present, ~ only a little one** por lo menos me compraron un regalo, aunque sea pequeño **-2.** [expressing regret] si; **~ only I'd been quicker!** ¡ojalá hubiera sido más rápido! ◇ *excl* ¡ojalá!

iffy [ˈɪfɪ] (*compar* **-ier**, *superl* **-iest**) *adj inf* dudoso(sa).

igloo [ˈɪgluː] (*pl* **-s**) *n* iglú *m*.

ignite [ɪgˈnaɪt] ◇ *vt* encender. ◇ *vi* encenderse.

ignition [ɪgˈnɪʃn] *n* **-1.** [act of igniting] ignición *f* **-2.** [in car] encendido *m*; **to switch on the ~** arrancar (el motor).

ignition key *n* llave *f* de contacto.

ignoble [ɪgˈnəʊbl] *adj fml* innoble.

ignominious [ˌɪgnəˈmɪnɪəs] *adj fml* ignominioso(sa).

ignominy [ˈɪɡnəmɪnɪ] *n (U) fml* ignominia *f.*
ignoramus [ˌɪɡnəˈreɪməs] (*pl* **-es**) *n* ignorante *m* OR *f.*
ignorance [ˈɪɡnərəns] *n* ignorancia *f.*
ignorant [ˈɪɡnərənt] *adj* **-1.** [uneducated, rude] ignorante **-2.** *fml* [unaware]: **to be ~ of sthg** ignorar algo.
ignore [ɪɡˈnɔːʳ] *vt* [thing] no hacer caso de, ignorar; [person] no hacer caso a, ignorar.
iguana [ɪˈɡwɑːnə] (*pl inv* OR **-s**) *n* iguana *f.*
ikon [ˈaɪkɒn] = **icon**.
IL *abbr of* **Illinois**.
ileum [ˈɪlɪəm] (*pl* **ilea** [ˈɪlɪə]) *n* íleon *m.*
ilk [ɪlk] *n*: **of that ~** [of that sort] de ese tipo.
ill [ɪl] ◇ *adj* **-1.** [unwell] enfermo(ma); **to feel ~** encontrarse mal; **to be taken** OR **to fall ~** caer OR ponerse enfermo **-2.** [bad] malo (la). ◇ *adv* **-1.** [badly] mal **-2.** *fml* [unfavourably]: **to speak/think ~ of sb** hablar/pensar mal de alguien.
◆ **ills** *npl* desgracias *fpl*, infortunios *mpl.*
ill. *abbr of* **illustration**.
I'll [aɪl] = **I will, I shall**.
ill-advised [-ədˈvaɪzd] *adj* [action] poco aconsejable; [person] imprudente; **you would be ~ to do that** harías mal en hacer eso.
ill at ease *adj* incómodo(da).
ill-bred *adj* maleducado(da).
ill-considered *adj* poco meditado(da).
ill-disposed *adj*: **to be ~ towards** tener una actitud poco propicia hacia.
illegal [ɪˈliːɡl] *adj* ilegal.
illegal immigrant *n* inmigrante *m* OR *f* ilegal.
illegally [ɪˈliːɡəlɪ] *adv* ilegalmente.
illegible [ɪˈledʒəbl] *adj* ilegible.
illegitimate [ˌɪlɪˈdʒɪtɪmət] *adj* ilegítimo(ma).
ill-equipped [-ɪˈkwɪpt] *adj*: **to be ~ to do sthg** estar mal preparado(da) para hacer algo.
ill-fated [-ˈfeɪtɪd] *adj* infausto(ta).
ill feeling *n* resentimiento *m.*
ill-founded [-ˈfaʊndɪd] *adj* sin fundamento, infundado(da).
ill-gotten gains [-ˈɡɒtən-] *npl fml* ganancias *fpl* ilícitas.
ill health *n* mala salud *f.*
illicit [ɪˈlɪsɪt] *adj* ilícito(ta).
illicitly [ɪˈlɪsɪtlɪ] *adv* de manera ilícita.
ill-informed *adj* mal informado(da).
Illinois *n* Illinois.
illiteracy [ɪˈlɪtərəsɪ] *n* analfabetismo *m.*
illiterate [ɪˈlɪtərət] ◇ *adj* analfabeto(ta). ◇ *n* analfabeto *m*, -ta *f.*
ill-mannered *adj* grosero(ra), descortés.
illness [ˈɪlnɪs] *n* enfermedad *f.*
illogical [ɪˈlɒdʒɪkl] *adj* ilógico(ca).
ill-suited *adj*: **~ (for)** poco adecuado(da) (para).
ill-tempered *adj* malhumorado(da).
ill-timed [-ˈtaɪmd] *adj* inoportuno(na).
ill-treat *vt* maltratar.
ill-treatment *n (U)* malos tratos *mpl.*
illuminate [ɪˈluːmɪneɪt] *vt* **-1.** [light up] iluminar **-2.** [explain] ilustrar, aclarar.
illuminated [ɪˈluːmɪneɪtɪd] *adj* iluminado(da).
illuminating [ɪˈluːmɪneɪtɪŋ] *adj* esclarecedor(ra).
illumination [ɪˌluːmɪˈneɪʃn] *n* [lighting] alumbrado *m*, iluminación *f.*
◆ **illuminations** *npl UK* iluminaciones *fpl*, alumbrado *m* decorativo.
illusion [ɪˈluːʒn] *n* **-1.** [gen] ilusión *f*; **to have no ~s about** no hacerse ilusiones sobre; **to be under the ~ that** creer equivocadamente que **-2.** [magic trick] truco *m* de ilusionismo.
illusionist [ɪˈluːʒənɪst] *n* ilusionista *m* OR *f.*
illusory [ɪˈluːsərɪ] *adj fml* ilusorio(ria).
illustrate [ˈɪləstreɪt] *vt* ilustrar.
illustration [ˌɪləˈstreɪʃn] *n* ilustración *f.*
illustrator [ˈɪləstreɪtəʳ] *n* ilustrador *m*, -ra *f.*
illustrious [ɪˈlʌstrɪəs] *adj fml* ilustre.
ill will *n* rencor *m*, animadversión *f*; **to bear sb ~** guardarle rencor a alguien.
ill wind [-wɪnd] *n*: **it's an ~ (that blows nobody any good)** *proverb* no hay mal que por bien no venga *proverb.*
ILO (*abbr of* **International Labour Organization**) *n* OIT *f.*
I'm [aɪm] = **I am**.
image [ˈɪmɪdʒ] *n* imagen *f*; **to be the ~ of sb** [exactly like] ser el vivo retrato de alguien.
image processing *n* COMPUT tratamiento *m* de imagen.
imagery [ˈɪmɪdʒrɪ] *n (U)* imágenes *fpl.*
imaginable [ɪˈmædʒɪnəbl] *adj* imaginable.
imaginary [ɪˈmædʒɪnrɪ] *adj* imaginario(ria).
imagination [ɪˌmædʒɪˈneɪʃn] *n* imaginación *f*; **use your ~!** ¡imagínatelo!
imaginative [ɪˈmædʒɪnətɪv] *adj* imaginativo(va).
imagine [ɪˈmædʒɪn] *vt* **-1.** [gen] imaginar; **~ never having to work!** ¡imagina que nunca tuvieras que trabajar!; **~ (that)!** ¡imagínate!; **I can't ~ what he means** no tengo ni idea de qué quiere decir **-2.** [suppose]: **to ~ (that)** imaginarse que.
imaginings [ɪˈmædʒɪnɪŋz] *npl* imaginaciones *fpl.*

imbalance [ˌɪm'bæləns] *n* desequilibrio *m*.
imbecile ['ɪmbɪsi:l] *n* imbécil *m* OR *f*.
imbue [ɪm'bju:] *vt*: **to be ~d with** estar imbuido(da) de.
IMF (*abbr of* **International Monetary Fund**) *n* FMI *m*.
imitate ['ɪmɪteɪt] *vt* imitar.
imitation [ˌɪmɪ'teɪʃn] ◇ *n* imitación *f*. ◇ *adj* de imitación; ~ **jewellery** bisutería *f*.
imitator ['ɪmɪteɪtəʳ] *n* imitador *m*, -ra *f*.
immaculate [ɪ'mækjʊlət] *adj* **-1.** [clean and tidy] inmaculado(da); [taste] exquisito(ta) **-2.** [performance, timing] impecable, perfecto (ta).
immaculately [ɪ'mækjʊlətlɪ] *adv* **-1.** [cleanly, tidily] de manera inmaculada **-2.** [performed, timed] impecablemente, a la perfección.
immaterial [ˌɪmə'tɪərɪəl] *adj* [irrelevant, unimportant] irrelevante.
immature [ˌɪmə'tjʊəʳ] *adj* inmaduro(ra); [animal] joven.
immaturity [ˌɪmə'tjʊərətɪ] *n* **-1.** [lack of judgment] inmadurez *f* **-2.** [youth] juventud *f*.
immeasurable [ɪ'meʒrəbl] *adj* inmenso(sa), inconmensurable.
immediacy [ɪ'mi:djəsɪ] *n* inmediatez *f*.
immediate [ɪ'mi:djət] *adj* **-1.** [gen] inmediato(ta); **in the ~ future** en el futuro más cercano; **in the ~ vicinity** en las inmediaciones **-2.** [family] más cercano(na).
immediately [ɪ'mi:djətlɪ] ◇ *adv* **-1.** [at once] inmediatamente **-2.** [directly] directamente. ◇ *conj* en cuanto, tan pronto como.
immemorial [ˌɪmɪ'mɔ:rɪəl] *adj* inmemorial; **from time ~** desde tiempos inmemoriales.
immense [ɪ'mens] *adj* inmenso(sa).
immensely [ɪ'menslɪ] *adv* [gen] inmensamente; [enjoyable, difficult] enormemente.
immensity [ɪ'mensətɪ] *n* inmensidad *f*.
immerse [ɪ'mɜ:s] *vt* **-1.** [plunge]: **to ~ sthg in sthg** sumergir algo en algo **-2.** [involve]: **to ~ o.s. in sthg** enfrascarse en algo.
immersion heater [ɪ'mɜ:ʃn-] *n* calentador *m* de inmersión.
immigrant ['ɪmɪgrənt] ◇ *n* inmigrante *m* OR *f*. ◇ *comp* inmigrante.
immigration [ˌɪmɪ'greɪʃn] ◇ *n* inmigración *f*. ◇ *comp* de inmigración.
imminence ['ɪmɪnəns] *n* inminencia *f*.
imminent ['ɪmɪnənt] *adj* inminente.
immobile [ɪ'məʊbaɪl] *adj* inmóvil.
immobilization [ɪˌməʊbɪlaɪ'zeɪʃn] *n* inmovilización *f*.
immobilize, -ise [ɪ'məʊbɪlaɪz] *vt* inmovilizar.
immodest [ɪ'mɒdɪst] *adj* **-1.** [vain] vanidoso (sa), inmodesto(ta) **-2.** [indecent] indecente, indecoroso(sa).
immoral [ɪ'mɒrəl] *adj* inmoral.
immorality [ˌɪmə'rælətɪ] *n* inmoralidad *f*.
immortal [ɪ'mɔ:tl] ◇ *adj* inmortal. ◇ *n* **-1.** [god] dios *m* OR divinidad *f* inmortal **-2.** [hero] inmortal *m* OR *f*.
immortality [ˌɪmɔ:'tælətɪ] *n* inmortalidad *f*.
immortalize, -ise [ɪ'mɔ:təlaɪz] *vt* inmortalizar.
immovable [ɪ'mu:vəbl] *adj* **-1.** [fixed] fijo(ja), inamovible **-2.** [determined, decided] inconmovible, inflexible.
immune [ɪ'mju:n] *adj* **-1.** [gen & MED]: **~ (to)** inmune (a) **-2.** [exempt]: **~ (from)** exento(ta) (de).
immune system *n* sistema *m* inmunológico.
immunity [ɪ'mju:nətɪ] *n* **-1.** [gen & MED]: **~ (to)** inmunidad *f* (a) **-2.** [exemption]: **~ (from)** exención *f* (de).
immunization [ˌɪmju:naɪ'zeɪʃn] *n* inmunización *f*.
immunize, -ise ['ɪmju:naɪz] *vt*: **to ~ sb (against sthg)** inmunizar a alguien (contra algo).
immunodeficiency [ˌɪmju:nəʊdɪ'fɪʃənsɪ] *n* inmunodeficiencia *f*.
immunology [ˌɪmju:n'ɒlədʒɪ] *n* inmunología *f*.
immutable [ɪ'mju:təbl] *adj fml* inmutable.
imp [ɪmp] *n* **-1.** [creature] duendecillo *m* **-2.** [naughty child] diablillo *m*.
impact [*n* 'ɪmpækt, *vb* ɪm'pækt] ◇ *n* impacto *m*; **on ~** en el momento del impacto; **to make an ~ on** OR **upon** causar impacto en. ◇ *vt* **-1.** [collide with] chocar con **-2.** [influence] influenciar.
impair [ɪm'peəʳ] *vt* [sight, hearing] dañar, debilitar; [movement] entorpecer; [ability, efficiency] mermar; [prospects] perjudicar.
impaired [ɪm'peəd] *adj* defectuoso(sa).
impale [ɪm'peɪl] *vt*: **to be ~d on sthg** quedar atravesado(da) en algo.
impart [ɪm'pɑ:t] *vt fml* **-1.** [information]: **to ~ sthg (to sb)** comunicar algo (a alguien) **-2.** [feeling, quality]: **to ~ sthg (to sthg)** conferir algo (a algo).
impartial [ɪm'pɑ:ʃl] *adj* imparcial.
impartiality [ɪmˌpɑ:ʃɪ'ælətɪ] *n* imparcialidad *f*.
impassable [ɪm'pɑ:səbl] *adj* intransitable, impracticable.
impasse [æm'pɑ:s] *n* impasse *m*, callejón *m* sin salida.
impassioned [ɪm'pæʃnd] *adj* apasionado(da).

impassive [ɪm'pæsɪv] *adj* impasible.

impatience [ɪm'peɪʃns] *n* impaciencia *f.*

impatient [ɪm'peɪʃnt] *adj* impaciente; **to be ~ to do sthg** estar impaciente por hacer algo; **to be ~ for sthg** esperar algo con impaciencia; **to get ~** impacientarse.

impatiently [ɪm'peɪʃntlɪ] *adv* impacientemente, con impaciencia.

impeach [ɪm'pi:tʃ] *vt US* [president, official] iniciar un proceso de destitución contra.

impeachment [ɪm'pi:tʃmənt] *n US* [of president, official] proceso *m* de destitución.

impeccable [ɪm'pekəbl] *adj* impecable.

impeccably [ɪm'pekəblɪ] *adv* impecablemente.

impecunious [ˌɪmpɪ'kju:njəs] *adj fml* indigente, menesteroso(sa).

impede [ɪm'pi:d] *vt* dificultar, entorpecer.

impediment [ɪm'pedɪmənt] *n* **-1.** [obstacle] impedimento *m*, obstáculo *m* **-2.** [disability] defecto *m.*

impel [ɪm'pel] (*pt* & *pp* **-led**, *cont* **-ling**) *vt*: **to ~ sb to do sthg** impulsar a alguien a hacer algo.

impending [ɪm'pendɪŋ] *adj* inminente.

impenetrable [ɪm'penɪtrəbl] *adj* **-1.** [impossible to penetrate] impenetrable **-2.** [impossible to understand] incomprensible.

imperative [ɪm'perətɪv] <> *adj* [need] apremiante, imperativo(va); **it is ~ that ...** es imprescindible que ... <> *n* imperativo *m.*

imperceptible [ˌɪmpə'septəbl] *adj* imperceptible.

imperfect [ɪm'pɜ:fɪkt] <> *adj* [not perfect] imperfecto(ta). <> *n* GRAMM: **~ (tense)** (pretérito *m*) imperfecto *m.*

imperfection [ˌɪmpə'fekʃn] *n* imperfección *f.*

imperial [ɪm'pɪərɪəl] *adj* **-1.** [of an empire or emperor] imperial **-2.** [system of measurement]: **~ system** sistema anglosajón de medidas.

imperialism [ɪm'pɪərɪəlɪzm] *n* imperialismo *m.*

imperialist [ɪm'pɪərɪəlɪst] <> *adj* imperialista. <> *n* imperialista *m* OR *f.*

imperil [ɪm'perɪl] (*UK pt* & *pp* **-led**, *cont* **-ling**, *US pt* & *pp* **-ed**, *cont* **-ing**) *vt fml* poner en peligro.

imperious [ɪm'pɪərɪəs] *adj* imperioso(sa).

impersonal [ɪm'pɜ:snl] *adj* impersonal.

impersonate [ɪm'pɜ:səneɪt] *vt* [try to pass as] hacerse pasar por; [do impression of] imitar.

impersonation [ɪmˌpɜ:sə'neɪʃn] *n* **-1.** [pretending to be]: **charged with ~ of a policeman** acusado de hacerse pasar por policía **-2.** [impression] imitación *f*; **to do ~s (of)** imitar (a), hacer imitaciones (de).

impersonator [ɪm'pɜ:səneɪtə[r]] *n* imitador *m*, -ra *f.*

impertinence [ɪm'pɜ:tɪnəns] *n (U)* impertinencia *f*, insolencia *f.*

impertinent [ɪm'pɜ:tɪnənt] *adj* impertinente, insolente.

imperturbable [ˌɪmpə'tɜ:bəbl] *adj* imperturbable.

impervious [ɪm'pɜ:vjəs] *adj* [not influenced]: **~ to** insensible a.

impetuous [ɪm'petʃʊəs] *adj* impetuoso(sa).

impetus ['ɪmpɪtəs] *n (U)* **-1.** [momentum] ímpetu *m* **-2.** [stimulus] impulso *m.*

impinge [ɪm'pɪndʒ] *vi*: **to ~ on sthg/sb** afectar algo/a alguien.

impish ['ɪmpɪʃ] *adj* travieso(sa).

implacable [ɪm'plækəbl] *adj* implacable.

implant [*n* 'ɪmplɑ:nt, *vb* ɪm'plɑ:nt] <> *n* implante *m.* <> *vt* **-1.** [fix - idea etc]: **to ~ sthg in** OR **into** inculcar algo en **-2.** MED: **to ~ sthg in** OR **into** implantar algo en.

implausible [ɪm'plɔ:zəbl] *adj* inverosímil.

implement [*n* 'ɪmplɪmənt, *vt* 'ɪmplɪment] <> *n* herramienta *f.* <> *vt* llevar a cabo, poner en práctica.

implementation [ˌɪmplɪmen'teɪʃn] *n* puesta *f* en práctica.

implicate ['ɪmplɪkeɪt] *vt*: **to ~ sb in** implicar OR involucrar a alguien en.

implication [ˌɪmplɪ'keɪʃn] *n* **-1.** [involvement] implicación *f*, complicidad *f* **-2.** [inference] consecuencia *f*; **by ~** de forma indirecta.

implicit [ɪm'plɪsɪt] *adj* **-1.** [gen]: **~ (in)** implícito(ta) (en) **-2.** [complete - belief] absoluto(ta); [- faith] incondicional.

implicitly [ɪm'plɪsɪtlɪ] *adv* **-1.** [by inference] implícitamente **-2.** [completely] incondicionalmente, ciegamente.

implied [ɪm'plaɪd] *adj* implícito(ta).

implode [ɪm'pləʊd] *vi* **-1.** [star, building] implosionar **-2.** [government, organization] estallar.

implore [ɪm'plɔ:[r]] *vt*: **to ~ sb (to do sthg)** suplicar a alguien (que haga algo).

imploring [ɪm'plɔ:rɪŋ] *adj* suplicante.

imply [ɪm'plaɪ] (*pt* & *pp* **-ied**) *vt* **-1.** [suggest] insinuar, dar a entender **-2.** [involve] implicar, suponer.

impolite [ˌɪmpə'laɪt] *adj* maleducado(da), descortés.

imponderable [ɪm'pɒndrəbl] *adj* imponderable, inestimable.

◆ **imponderables** *npl* imponderables *mpl.*

import [*n* 'ɪmpɔ:t, *vt* ɪm'pɔ:t] <> *n* **-1.** [act of importing, product] importación *f* **-2.** *fml* [meaning] sentido *m*, significado *m* **-3.** *fml* [importance] trascendencia *f*, importancia *f.* <> *vt* [gen & COMPUT] importar.

importance [ɪm'pɔːtns] *n* importancia *f*.

important [ɪm'pɔːtnt] *adj*: ~ **(to)** importante (para); **it's not** ~ no importa.

importantly [ɪm'pɔːtntlɪ] *adv*: **more** ~ lo que es aún más importante.

importation [ˌɪmpɔː'teɪʃn] *n* importación *f*.

imported [ɪm'pɔːtɪd] *adj* importado(da), de importación.

importer [ɪm'pɔːtə^r] *n* importador *m*, -ra *f*.

impose [ɪm'pəʊz] ◇ *vt*: **to** ~ **sthg (on)** imponer algo (a). ◇ *vi*: **to** ~ **(on)** abusar (de), molestar (a).

imposing [ɪm'pəʊzɪŋ] *adj* imponente, impresionante.

imposition [ˌɪmpə'zɪʃn] *n* **-1.** [enforcement] imposición *f* **-2.** [cause of trouble] molestia *f*.

impossibility [ɪmˌpɒsə'bɪlətɪ] (*pl* **-ies**) *n* imposibilidad *f*.

impossible [ɪm'pɒsəbl] ◇ *adj* **-1.** [gen] imposible **-2.** [person, behaviour] inaguantable, insufrible. ◇ *n*: **to do the** ~ hacer lo imposible.

impossibly [ɪm'pɒsəblɪ] *adv* [very] increíblemente.

impostor, imposter *US* [ɪm'pɒstə^r] *n* impostor *m*, -ra *f*.

impotence ['ɪmpətəns] *n* impotencia *f*.

impotent ['ɪmpətənt] *adj* impotente.

impound [ɪm'paʊnd] *vt* confiscar, incautarse.

impoverished [ɪm'pɒvərɪʃt] *adj* [country, people, imagination] empobrecido(da).

impracticable [ɪm'præktɪkəbl] *adj* impracticable, irrealizable.

impractical [ɪm'præktɪkl] *adj* poco práctico(ca).

imprecation [ˌɪmprɪ'keɪʃn] *n fml* imprecación *f*.

imprecise [ɪmprɪ'saɪs] *adj* impreciso(sa).

impregnable [ɪm'pregnəbl] *adj* *lit* & *fig* incontestable.

impregnate ['ɪmpregneɪt] *vt* **-1.** [introduce substance into]: **to** ~ **sthg (with)** impregnar *OR* empapar algo (de) **-2.** *fml* [fertilize] fecundar.

impresario [ˌɪmprɪ'sɑːrɪəʊ] (*pl* **-s**) *n* empresario *m*, -ria *f* de espectáculos.

impress [ɪm'pres] ◇ *vt* **-1.** [produce admiration in] impresionar; **I was favourably** ~**ed** me causó buena impresión **-2.** [stress]: **to** ~ **sthg on sb** hacer comprender a alguien la importancia de algo. ◇ *vi* [create good impression] causar buena impresión; [show off] impresionar.

impression [ɪm'preʃn] *n* **-1.** [gen] impresión *f*; **to make an** ~ impresionar; **to make a good/bad** ~ causar una buena/mala impresión; **to be under the** ~ **that** tener la impresión de que **-2.** [imitation] imitación *f*.

impressionable [ɪm'preʃnəbl] *adj* impresionable.

impressionism [ɪm'preʃənɪzm] *n* impresionismo *m*.

impressionist [ɪm'preʃənɪst] ◇ *adj* ART impresionista. ◇ *n* **-1.** [imitator] imitador *m*, -ra *f* **-2.** ART impresionista *m OR f*.

impressive [ɪm'presɪv] *adj* impresionante.

imprint ['ɪmprɪnt] *n* **-1.** [mark] huella *f*, impresión *f* **-2.** [publisher's name] pie *m* de imprenta.

imprinted [ɪm'prɪntɪd] *adj* **-1.** [marked] marcado(da) **-2.** *fig* [on mind, memory]: ~ **on** impreso(sa) *OR* grabado(da) en.

imprison [ɪm'prɪzn] *vt* encarcelar.

imprisonment [ɪm'prɪznmənt] *n* encarcelamiento *m*.

improbable [ɪm'prɒbəbl] *adj* [event] improbable; [story, excuse] inverosímil; [clothes, hat] estrafalario(ria); [contraption] extraño(ña).

impromptu [ɪm'prɒmptjuː] *adj* improvisado(da).

improper [ɪm'prɒpə^r] *adj* **-1.** [unsuitable] impropio(pia) **-2.** [incorrect, illegal] indebido(da) **-3.** [rude] indecente, indecoroso(sa).

impropriety [ɪmprə'praɪətɪ] *n* **-1.** [unsuitability] impropiedad *f* **-2.** [rudeness] indecencia *f*.

improve [ɪm'pruːv] ◇ *vi* mejorar; **to** ~ **on** *OR* **upon sthg** mejorar algo. ◇ *vt* mejorar.

improved [ɪm'pruːvd] *adj* mejorado(da).

improvement [ɪm'pruːvmənt] *n* **-1.** [gen]: ~ **(in/on)** mejora *f* (en/con respecto a); **to be an** ~ **on sthg** ser mejor que algo **-2.** [in health] mejoría *f* **-3.** [to home] reforma *f*.

improvisation [ˌɪmprəvaɪ'zeɪʃn] *n* improvisación *f*.

improvise ['ɪmprəvaɪz] *vt* & *vi* improvisar.

imprudent [ɪm'pruːdənt] *adj* imprudente.

impudent ['ɪmpjʊdənt] *adj* insolente, descarado(da).

impugn [ɪm'pjuːn] *vt fml* impugnar.

impulse ['ɪmpʌls] *n* impulso *m*; **on** ~ sin pensar.

impulse buying [-'baɪɪŋ] *n (U)* compra *f* impulsiva.

impulsive [ɪm'pʌlsɪv] *adj* impulsivo(va).

impunity [ɪm'pjuːnətɪ] *n*: **with** ~ impunemente.

impure [ɪm'pjʊə^r] *adj* *lit* & *fig* impuro(ra).

impurity [ɪm'pjʊərətɪ] (*pl* **-ies**) *n* impureza *f*.

IMRO ['ɪmrəʊ] (*abbr of* **Investment Management Regulatory Organization**) *n organismo regulador de inversiones.*

in [ɪn] ◇ *prep* **-1.** [indicating place, position] en; ~ **a box/the garden/the lake** en una caja/el jardín/el lago; ~ **Paris/Belgium/the country** en París/Bélgica/el campo; **that coat ~ the window** el abrigo del escaparate; **to be ~ hospital/prison** estar en el hospital/la cárcel; ~ **here/there** aquí/allí dentro **-2.** [wearing]: **she was still ~ her nightclothes** todavía llevaba su vestido de noche; **he was dressed ~ a suit** llevaba un traje; **the woman ~ the skirt** la mujer de la falda **-3.** [appearing in, included in] en; **there's a mistake ~ this paragraph** hay un error en este párrafo; **she's ~ today's paper** sale en el periódico de hoy **-4.** [at a particular time]: **at four o'clock ~ the morning/afternoon** a las cuatro de la mañana/tarde; ~ **the morning/afternoon** por la mañana/tarde; ~ **1992/May/the spring** en 1992/mayo/primavera **-5.** [within] en; **he learned to type ~ two weeks** aprendió a escribir a máquina en dos semanas; **I'll be ready ~ five minutes** estoy listo en cinco minutos **-6.** [during] desde hace; **it's my first decent meal ~ weeks** es lo primero decente que como desde hace *OR* en semanas **-7.** [indicating situation, circumstances]: ~ **these circumstances** en estas circunstancias; **to live/die ~ poverty** vivir/morir en la pobreza; ~ **danger/difficulty** en peligro/dificultades; ~ **the sun** al sol; ~ **the rain** bajo la lluvia; **don't go out ~ this weather** no salgas con este tiempo; **a rise ~ prices** un aumento de los precios **-8.** [indicating manner, condition] en; ~ **a loud/soft voice** en voz alta/baja; ~ **pencil/ink** a lápiz/bolígrafo; ~ **this way** de este modo **-9.** [indicating emotional state] con; ~ **anger/joy** con enfado/alegría; ~ **my excitement I forgot the keys** con la emoción se me olvidaron las llaves **-10.** [specifying area of activity]: **advances ~ medicine** avances en la medicina; **he's ~ computers** se dedica a informática **-11.** [with numbers - showing quantity, age]: ~ **large/small quantities** en grandes/pequeñas cantidades; ~ **(their) thousands** a *OR* por millares; **she's ~ her sixties** anda por los sesenta **-12.** [describing arrangement]: ~ **a line/circle** en línea/círculo; **to stand ~ twos** estar en pares *OR* parejas **-13.** [as regards] en; ~ **these matters** en estos temas; **two metres ~ length/width** dos metros de largo/ancho; **a change ~ direction** un cambio de dirección **-14.** [in ratios]: **one ~ ten** uno de cada diez; **five pence ~ the pound** cinco peniques por libra **-15.** *(after superl)* de; **the best ~ the world** el mejor del mundo **-16.** *(+ present participle)*: ~ **doing sthg** al hacer algo **-17.** *phr*: **there's nothing ~ it for us** no tiene ninguna ventaja para nosotros. ◇ *adv* **-1.** [inside] dentro; **put the clothes ~** mete la ropa (dentro); **to jump ~** saltar adentro; **do come ~** pasa por favor **-2.** [at home, work]: **is Judith ~?** ¿está Judith?; **I'm staying ~ tonight** esta noche no salgo **-3.** [of train, boat, plane]: **is the train ~ yet?** ¿ha llegado el tren? **-4.** [of tide]: **the tide's ~** la marea está alta **-5.** *phr*: **you're ~ for a surprise** te vas a llevar una sorpresa; **we're ~ for some bad weather** nos espera mal tiempo; **you're ~ for it** *inf* te vas a enterar de lo que vale un peine; **to be ~ on it** estar en el ajo; **to have it ~ for sb** tenerla tomada con alguien. ◇ *adj inf* de moda; **short skirts are ~ this year** las faldas cortas se llevan este año.

◆ **ins** *npl*: **the ~s and outs** los detalles, los pormenores.

◆ **in that** *conj* en el sentido de que.

in. *abbr of* **inch.**

IN *abbr of* **Indiana.**

inability [ˌɪnəˈbɪlətɪ] *n*: ~ **(to do sthg)** incapacidad *f* (de hacer algo).

inaccessible [ˌɪnəkˈsesəbl] *adj* inaccesible.

inaccuracy [ɪnˈækjʊrəsɪ] (*pl* **-ies**) *n* **-1.** *(U)* [quality of being inaccurate] inexactitud *f* **-2.** [imprecise statement] incorrección *f*, error *m*.

inaccurate [ɪnˈækjʊrət] *adj* inexacto(ta).

inaction [ɪnˈækʃn] *n* pasividad *f*, inacción *f*.

inactive [ɪnˈæktɪv] *adj* inactivo(va).

inactivity [ˌɪnækˈtɪvətɪ] *n* inactividad *f*.

inadequacy [ɪnˈædɪkwəsɪ] (*pl* **-ies**) *n* [of thing, system] insuficiencia *f*; [of person] incapacidad *f*.

inadequate [ɪnˈædɪkwət] *adj* **-1.** [insufficient] insuficiente **-2.** [person] incapaz.

inadmissible [ˌɪnədˈmɪsəbl] *adj* inadmisible.

inadvertent [ˌɪnədˈvɜːtnt] *adj* accidental, fortuito(ta).

inadvertently [ˌɪnədˈvɜːtəntlɪ] *adv* sin querer, accidentalmente.

inadvisable [ˌɪnədˈvaɪzəbl] *adj* desaconsejable, poco aconsejable.

inalienable [ɪnˈeɪljənəbl] *adj fml* inalienable.

inane [ɪˈneɪn] *adj* necio(cia).

inanely [ɪˈneɪnlɪ] *adv* neciamente.

inanimate [ɪnˈænɪmət] *adj* inanimado(da).

inanity [ɪˈnænətɪ] *n* necedad *f*.

inapplicable [ˌɪnəˈplɪkəbl] *adj* inaplicable.

inappropriate [ˌɪnəˈprəʊprɪət] *adj* [remark, clothing] impropio(pia); [time] inoportuno(na).

inarticulate [ˌɪnɑːˈtɪkjʊlət] *adj* [person] que no se expresa bien; [speech] mal pronunciado(da) *OR* expresado(da).

inasmuch [ˌɪnəzˈmʌtʃ]

◆ **inasmuch as** *conj* en la medida en que.

inattention [ˌɪnəˈtenʃn] *n*: ~ **(to)** falta *f* de atención (a).

inattentive [ˌɪnəˈtentɪv] *adj*: ~ **(to)** desatento(ta) (a).
inaudible [ɪˈnɔːdɪbl] *adj* inaudible.
inaugural [ɪˈnɔːgjʊrəl] *adj* [gen] inaugural; [ceremony] de investidura.
inaugurate [ɪˈnɔːgjʊreɪt] *vt* **-1.** [leader, president] investir **-2.** [building, system] inaugurar.
inauguration [ɪˌnɔːgjʊˈreɪʃn] *n* **-1.** [of leader, president] investidura *f* **-2.** [of building, system] inauguración *f*.
inauspicious [ˌɪnɔːˈspɪʃəs] *adj* [circumstances] desfavorable; [beginning, time] poco propicio(cia).
in-between *adj* intermedio(dia).
inborn [ˌɪnˈbɔːn] *adj* innato(ta).
inbound [ˈɪnbaʊnd] *adj* de llegada.
in-box *n* [for e-mail] buzón *m* de entrada.
inbred [ˌɪnˈbred] *adj* **-1.** [closely related] consanguíneo(a), endogámico(ca) **-2.** [inborn] innato(ta).
inbreeding [ˈɪnˌbriːdɪŋ] *n* endogamia *f*.
inbuilt [ˌɪnˈbɪlt] *adj* [in person] innato(ta); [in thing] inherente.
inc. (*abbr of* **inclusive**) inclus.; **12th-15th April** ~ 12-15 de abril inclus.
Inc. [ɪŋk] *US* (*abbr of* **incorporated**) ≃ S.A.
Inca [ˈɪŋkə] *n* inca *m* OR *f*.
incalculable [ɪnˈkælkjʊləbl] *adj* [very great] incalculable.
incandescent [ˌɪnkænˈdesnt] *adj* incandescente.
incantation [ˌɪnkænˈteɪʃn] *n* conjuro *m*, ensalmo *m*.
incapable [ɪnˈkeɪpəbl] *adj* **-1.** [unable]: **to be ~ of sthg/of doing sthg** ser incapaz de algo/de hacer algo **-2.** [useless] incompetente.
incapacitate [ˌɪnkəˈpæsɪteɪt] *vt* incapacitar.
incapacitated [ˌɪnkəˈpæsɪteɪtɪd] *adj* incapacitado(da).
incapacity [ˌɪnkəˈpæsətɪ] *n*: ~ **(for)** incapacidad *f* (para).
incarcerate [ɪnˈkɑːsəreɪt] *vt fml* encarcelar.
incarceration [ɪnˌkɑːsəˈreɪʃn] *n fml* encarcelamiento *m*.
incarnate [ɪnˈkɑːneɪt] *adj*: **she's generosity ~** es la generosidad personificada.
incarnation [ˌɪnkɑːˈneɪʃn] *n* **-1.** [personification] personificación *f* **-2.** [existence] encarnación *f*.
incendiary device [ɪnˈsendjərɪ-] *n* artefacto *m* incendiario.
incense [*n* ˈɪnsens, *vt* ɪnˈsens] ◇ *n* incienso *m*. ◇ *vt* enfurecer, indignar.
incentive [ɪnˈsentɪv] *n* incentivo *m*.
incentive scheme *n* plan *m* de incentivos.
inception [ɪnˈsepʃn] *n fml* inicio *m*, origen *m*.
incessant [ɪnˈsesnt] *adj* incesante, constante.
incessantly [ɪnˈsesntlɪ] *adv* incesantemente, constantemente.
incest [ˈɪnsest] *n* incesto *m*.
incestuous [ɪnˈsestjʊəs] *adj* **-1.** [sexually] incestuoso(sa) **-2.** *fig* [too close] cerrado en sí mismo, cerrada en sí misma.
inch [ɪntʃ] ◇ *n* = *2,54 cm*, pulgada *f*; **to be within an ~ of doing sthg** estar en un tris de hacer algo. ◇ *vi*: **to ~ forward** avanzar poco a poco.
incidence [ˈɪnsɪdəns] *n* [of disease, theft] índice *m*.
incident [ˈɪnsɪdənt] *n* incidente *m*, suceso *m*.
incidental [ˌɪnsɪˈdentl] *adj* accesorio(ria), secundario(ria).
incidentally [ˌɪnsɪˈdentəlɪ] *adv* por cierto, a propósito.
incidental music *n* música *f* de acompañamiento.
incinerate [ɪnˈsɪnəreɪt] *vt* incinerar, quemar.
incinerator [ɪnˈsɪnəreɪtə^r] *n* incinerador *m*.
incipient [ɪnˈsɪpɪənt] *adj fml* incipiente.
incision [ɪnˈsɪʒn] *n* incisión *f*.
incisive [ɪnˈsaɪsɪv] *adj* [comment, person] incisivo(va); [mind] penetrante.
incisor [ɪnˈsaɪzə^r] *n* incisivo *m*.
incite [ɪnˈsaɪt] *vt* incitar; **to ~ sb to do sthg** incitar a alguien a que haga algo.
incitement [ɪnˈsaɪtmənt] *n (U)*: ~ **(to sthg/to do sthg)** instigación *f* (a algo/a hacer algo).
incl. *abbr of* **including**, **inclusive**.
inclement [ɪnˈklemənt] *adj fml* inclemente.
inclination [ˌɪnklɪˈneɪʃn] *n* **-1.** *(U)* [liking, preference] inclinación *f*, propensión *f* **-2.** [tendency]: ~ **to do sthg** tendencia *f* a hacer algo.
incline [*n* ˈɪnklaɪn, *vb* ɪnˈklaɪn] ◇ *n* pendiente *f*, cuesta *f*. ◇ *vt* [head] inclinar, ladear.
inclined [ɪnˈklaɪnd] *adj* **-1.** [tending]: **to be ~ to sthg** ser propenso OR tener tendencia a algo; **to be ~ to do sthg** tener tendencia a hacer algo; **I'm ~ to agree** creo que estoy de acuerdo **-2.** *fml* [wanting]: **to be ~ to do sthg** estar dispuesto a hacer algo **-3.** [sloping] inclinado(da).
include [ɪnˈkluːd] *vt* **-1.** [gen] incluir **-2.** [with letter] adjuntar.
included [ɪnˈkluːdɪd] *adj* incluido(da).
including [ɪnˈkluːdɪŋ] *prep* incluyendo; **six died, ~ a child** murieron seis personas, incluyendo un niño.
inclusion [ɪnˈkluːʒn] *n* inclusión *f*.
inclusive [ɪnˈkluːsɪv] *adj* **-1.** [including everything] inclusivo(va); **one to nine ~** uno a nueve inclusive **-2.** [including all costs]: ~ **of VAT** con el IVA incluido; **£150 ~** 150 libras todo incluido.

incognito [ˌɪnkɒg'ni:təʊ] *adv* de incógnito.
incoherent [ˌɪnkəʊ'hɪərənt] *adj* incoherente.
income ['ɪŋkʌm] *n (U)* [gen] ingresos *mpl*; [from property] renta *f*; [from investment] réditos *mpl*.
incomes policy *n UK* política *f* de rentas.
income support *n (U) UK subsidio para personas con muy bajos ingresos o desempleados sin derecho a subsidio de paro*, ≃ salario *m* social.
income tax *n* impuesto *m* sobre la renta.
incoming ['ɪnˌkʌmɪŋ] *adj* **-1.** [tide] ascendente **-2.** [flight] de llegada **-3.** [government, president] entrante **-4.** [mail, report] recibido(da); ~ **phone call** llamada de fuera *OR* del exterior.
incommunicado [ˌɪnkəmju:nɪ'kɑ:dəʊ] *adv* en aislamiento, incomunicado(da).
incomparable [ɪn'kɒmpərəbl] *adj* incomparable, sin par.
incompatible [ˌɪnkəm'pætɪbl] *adj* [gen & *COMPUT*]: ~ **(with)** incompatible (con).
incompetence [ɪn'kɒmpɪtəns] *n* incompetencia *f*, incapacidad *f*.
incompetent [ɪn'kɒmpɪtənt] *adj* incompetente, incapaz.
incomplete [ˌɪnkəm'pli:t] *adj* incompleto(ta).
incomprehensible [ɪnˌkɒmprɪ'hensəbl] *adj* incomprensible.
inconceivable [ˌɪnkən'si:vəbl] *adj* inconcebible.
inconclusive [ˌɪnkən'klu:sɪv] *adj* [evidence, argument] poco convincente; [meeting, outcome] sin conclusión clara.
incongruous [ɪn'kɒŋgrʊəs] *adj* incongruente.
inconsequential [ˌɪnkɒnsɪ'kwenʃl] *adj* intrascendente, de poca importancia.
inconsiderable [ˌɪnkən'sɪdərəbl] *adj*: **not** ~ nada insignificante *OR* despreciable.
inconsiderate [ˌɪnkən'sɪdərət] *adj* desconsiderado(da).
inconsistency [ˌɪnkən'sɪstənsɪ] (*pl* **-ies**) *n* **-1.** [between theory and practice] inconsecuencia *f*; [between statements etc] falta *f* de correspondencia **-2.** [contradictory point] contradicción *f*.
inconsistent [ˌɪnkən'sɪstənt] *adj* **-1.** [translation, statement]: ~ **(with)** falto(ta) de correspondencia (con) **-2.** [group, government, person] inconsecuente **-3.** [erratic] irregular, desigual.
inconsolable [ˌɪnkən'səʊləbl] *adj* inconsolable.
inconspicuous [ˌɪnkən'spɪkjʊəs] *adj* discreto(ta).
incontinence [ɪn'kɒntɪnəns] *n* incontinencia *f*.
incontinent [ɪn'kɒntɪnənt] *adj* incontinente.
incontrovertible [ˌɪnkɒntrə'vɜ:təbl] *adj* incontrovertible.
inconvenience [ˌɪnkən'vi:njəns] <> *n* **-1.** [difficulty, discomfort] molestia *f*, incomodidad *f*; **we apologize for any ~ caused** disculpen las molestias **-2.** [inconvenient thing] inconveniente *m*. <> *vt* causar molestias a.
inconvenient [ˌɪnkən'vi:njənt] *adj* [time] inoportuno(na); [location] incómodo(da); **that date is** ~ esa fecha no me viene bien.
incorporate [ɪn'kɔ:pəreɪt] *vt* **-1.** [integrate]: **to ~ sthg/sb (in)**, **to ~ sthg/sb (into)** incorporar algo/a alguien (en) **-2.** [include] incluir, comprender.
incorporated [ɪn'kɔ:pəreɪtɪd] *adj COMM*: ~ **company** sociedad *f* anónima.
incorporation [ɪnˌkɔ:pə'reɪʃn] *n* **-1.** [integration] incorporación *f* **-2.** *COMM* [of company] constitución *f* en sociedad anónima.
incorrect [ˌɪnkə'rekt] *adj* incorrecto(ta), erróneo(a).
incorrigible [ɪn'kɒrɪdʒəbl] *adj* incorregible.
incorruptible [ˌɪnkə'rʌptəbl] *adj* incorruptible.
increase [*n* 'ɪnkri:s, *vb* ɪn'kri:s] <> *n*: ~ **(in)** [gen] aumento *m* (de); [in price, temperature] subida *f* (de); **to be on the** ~ ir en aumento. <> *vt* **-1.** [gen] aumentar, incrementar **-2.** [price] subir. <> *vi* [gen] aumentar; [price, temperature] subir.
increased [ɪn'kri:st] *adj* mayor.
increasing [ɪn'kri:sɪŋ] *adj* creciente.
increasingly [ɪn'kri:sɪŋlɪ] *adv* cada vez más.
incredible [ɪn'kredəbl] *adj* increíble.
incredibly [ɪn'kredəblɪ] *adv* increíblemente.
incredulous [ɪn'kredjʊləs] *adj* incrédulo(la).
increment ['ɪnkrɪmənt] *n* incremento *m*.
incriminate [ɪn'krɪmɪneɪt] *vt* incriminar; **to ~ o.s.** incriminarse a sí mismo.
incriminating [ɪn'krɪmɪneɪtɪŋ] *adj* comprometedor(ra).
incrust [ɪn'krʌst] = **encrust**.
incubate ['ɪnkjʊbeɪt] <> *vt* [egg] incubar, empollar. <> *vi* **-1.** [egg] incubarse **-2.** [infection] incubar.
incubation [ˌɪnkjʊ'beɪʃn] *n* incubación *f*.
incubator ['ɪnkjʊbeɪtə'] *n* [for baby] incubadora *f*.
inculcate ['ɪnkʌlkeɪt] *vt fml*: **to ~ sthg in** *OR* **into** inculcar algo en.
incumbent [ɪn'kʌmbənt] *fml* <> *adj*: **to be ~ on** *OR* **upon sb to do sthg** incumbir a alguien hacer algo. <> *n* titular *m OR f*.
incur [ɪn'kɜ:'] (*pt* & *pp* **-red**, *cont* **-ring**) *vt* [wrath, criticism] incurrir en, atraerse; [debt] contraer; [expenses] incurrir en.
incurable [ɪn'kjʊərəbl] *adj lit* & *fig* incurable.

incursion [*UK* ɪn'kɜːʃn, *US* ɪn'kɜːʒn] *n* incursión *f.*

indebted [ɪn'detɪd] *adj* **-1.** [grateful]: ~ **(to)** en deuda (con) **-2.** [owing money]: ~ **(to)** endeudado(da) (con).

indecency [ɪn'diːsnsɪ] *n* indecencia *f.*

indecent [ɪn'diːsnt] *adj* **-1.** [improper] indecente **-2.** [unreasonable, excessive] desmedido(da).

indecent assault *n* abusos *mpl* deshonestos.

indecent exposure *n* exhibicionismo *m.*

indecipherable [ˌɪndɪ'saɪfərəbl] *adj* indescifrable.

indecision [ˌɪndɪ'sɪʒn] *n* indecisión *f.*

indecisive [ˌɪndɪ'saɪsɪv] *adj* **-1.** [person] indeciso(sa) **-2.** [result] no decisivo(va).

indeed [ɪn'diːd] *adv* **-1.** [certainly] ciertamente; **are you coming? - ~ I am** ¿vienes tú? - por supuesto que sí **-2.** [in fact] de hecho **-3.** [for emphasis] realmente; **very big ~** grandísimo; **very few ~** poquísimos **-4.** [to express surprise, disbelief]: **~?** ¿ah sí? **-5.** [what is more] es más.

indefatigable [ˌɪndɪ'fætɪgəbl] *adj* infatigable, incansable.

indefensible [ˌɪndɪ'fensəbl] *adj* [position, view] insostenible, indefendible; [behaviour] inexcusable.

indefinable [ˌɪndɪ'faɪnəbl] *adj* indefinible.

indefinite [ɪn'defɪnɪt] *adj* **-1.** [time, number] indefinido(da) **-2.** [answer, opinion] impreciso(sa) **-3.** *GRAMM* indeterminado(da), indefinido(da).

indefinitely [ɪn'defɪnətlɪ] *adv* **-1.** [for unfixed period] indefinidamente **-2.** [imprecisely] de forma imprecisa.

indelible [ɪn'deləbl] *adj* indeleble.

indelicate [ɪn'delɪkət] *adj* poco delicado(da).

indemnify [ɪn'demnɪfaɪ] (*pt* & *pp* **-ied**) *vt*: **to ~ sb for** indemnizar a alguien por; **to ~ sb against** asegurar a alguien contra.

indemnity [ɪn'demnətɪ] *n* **-1.** [insurance] indemnidad *f* **-2.** [compensation] indemnización *f.*

indent [ɪn'dent] ◇ *n* [in text] sangrado *m.* ◇ *vt* **-1.** [dent] mellar **-2.** [text] sangrar.

indentation [ˌɪnden'teɪʃn] *n* **-1.** [dent] mella *f*, muesca *f* **-2.** [in text] sangrado *m.*

indenture [ɪn'dentʃəʳ] *n* contrato *m* de aprendizaje.

independence [ˌɪndɪ'pendəns] *n* independencia *f*; **to gain ~** independizarse.

Independence Day *n* el Día de la Independencia.

independent [ˌɪndɪ'pendənt] *adj*: ~ **(of)** independiente (de).

independently [ˌɪndɪ'pendəntlɪ] *adv* independientemente; ~ **of** aparte de.

independent school *n UK* colegio *m* privado.

in-depth *adj* a fondo, exhaustivo(va).

indescribable [ˌɪndɪ'skraɪbəbl] *adj* indescriptible.

indestructible [ˌɪndɪ'strʌktəbl] *adj* indestructible.

indeterminate [ˌɪndɪ'tɜːmɪnət] *adj* indeterminado(da).

index ['ɪndeks] (*pl* **-es** *OR* **indices**) ◇ *n* índice *m.* ◇ *vt* [book] poner un índice a.

index card *n* ficha *f.*

index finger *n* (dedo *m*) índice *m.*

index-linked [-lɪŋkt] *adj* indexado(da).

India ['ɪndjə] *n* (la) India.

India ink *US* = **Indian ink**.

Indian ['ɪndjən] ◇ *adj* **-1.** [from India] indio (dia), hindú **-2.** [from the Americas] indio(dia). ◇ *n* **-1.** [from India] indio *m*, -dia *f*, hindú *m OR f* **-2.** [from the Americas] indio *m*, -dia *f.*

Indiana [ˌɪndɪ'ænə] *n* Indiana.

Indian ink *UK*, **India ink** *US* *n* tinta *f* china.

Indian Ocean *n*: **the ~** el océano Índico.

Indian summer *n* veranillo *m* de San Martín.

india rubber *n* [material] caucho *m*; [eraser] goma *f* de borrar.

indicate ['ɪndɪkeɪt] ◇ *vt* indicar. ◇ *vi* [when driving]: **to ~ left/right** indicar a la izquierda/derecha.

indication [ˌɪndɪ'keɪʃn] *n* **-1.** [suggestion, idea] indicación *f* **-2.** [sign] indicio *m*, señal *f.*

indicative [ɪn'dɪkətɪv] ◇ *adj*: **~ of sthg** indicativo(va) de algo. ◇ *n GRAMM* indicativo *m.*

indicator ['ɪndɪkeɪtəʳ] *n* **-1.** [sign, criterion] indicador *m* **-2.** [on car] intermitente *m.*

indices ['ɪndɪsiːz] *pl* ▷ **index**.

indict [ɪn'daɪt] *vt*: **to ~ sb (for)** acusar a alguien (de).

indictable [ɪn'daɪtəbl] *adj* procesable.

indictment [ɪn'daɪtmənt] *n* **-1.** *JUR* acusación *f* **-2.** [criticism] crítica *f* severa.

indie ['ɪndɪ] *adj UK inf* independiente.

indifference [ɪn'dɪfrəns] *n* indiferencia *f.*

indifferent [ɪn'dɪfrənt] *adj* **-1.** [uninterested]: **~ (to)** indiferente (a) **-2.** [mediocre] mediocre.

indigenous [ɪn'dɪdʒɪnəs] *adj* indígena.

indigestible [ˌɪndɪ'dʒestəbl] *adj lit* & *fig* indigesto(ta).

indigestion [ˌɪndɪ'dʒestʃn] *n (U)* indigestión *f.*

indignant [ɪn'dɪgnənt] *adj*: **~ (at)** indignado(da) (por).

indignantly [ɪn'dɪgnəntlɪ] *adv* con indignación.

indignation [ˌɪndɪgˈneɪʃn] *n* indignación *f*.
indignity [ɪnˈdɪgnətɪ] (*pl* **-ies**) *n* indignidad *f*.
indigo [ˈɪndɪgəʊ] ◇ *adj* (color) añil. ◇ *n* añil *m*.
indirect [ˌɪndɪˈrekt] *adj* indirecto(ta).
indirect costs *npl* gastos *mpl* indirectos.
indirect lighting *n* iluminación *f* indirecta.
indirectly [ˌɪndɪˈrektlɪ] *adv* indirectamente.
indirect speech *n* estilo *m* indirecto.
indirect taxation *n (U)* impuestos *mpl* indirectos.
indiscipline [ˌɪnˈdɪsɪplɪn] *n* indisciplina *f*.
indiscreet [ˌɪndɪˈskriːt] *adj* indiscreto(ta).
indiscretion [ˌɪndɪˈskreʃn] *n* indiscreción *f*.
indiscriminate [ˌɪndɪˈskrɪmɪnət] *adj* indiscriminado(da).
indiscriminately [ˌɪndɪˈskrɪmɪnətlɪ] *adv* indiscriminadamente.
indispensable [ˌɪndɪˈspensəbl] *adj* indispensable, imprescindible.
indisposed [ˌɪndɪˈspəʊzd] *adj fml* [unwell] indispuesto(ta).
indisputable [ˌɪndɪˈspjuːtəbl] *adj* incuestionable.
indistinct [ˌɪndɪˈstɪŋkt] *adj* [memory] confuso(sa); [words] imperceptible, indistinto(ta); [picture, marking] borroso(sa), indistinto(ta).
indistinguishable [ˌɪndɪˈstɪŋgwɪʃəbl] *adj*: ~ **(from)** indistinguible (de).
individual [ˌɪndɪˈvɪdʒʊəl] ◇ *adj* **-1.** [gen] individual **-2.** [tuition] particular **-3.** [approach, style] personal. ◇ *n* individuo *m*.
individualist [ˌɪndɪˈvɪdʒʊəlɪst] *n* individualista *m* OR *f*.
individualistic [ˈɪndɪˌvɪdʒʊəˈlɪstɪk] *adj* individualista.
individuality [ˈɪndɪˌvɪdʒʊˈælətɪ] *n* individualidad *f*.
individually [ˌɪndɪˈvɪdʒʊəlɪ] *adv* [separately] individualmente, por separado.
indivisible [ˌɪndɪˈvɪzəbl] *adj* indivisible.
Indochina [ˌɪndəʊˈtʃaɪnə] *n* Indochina.
indoctrinate [ɪnˈdɒktrɪneɪt] *vt* adoctrinar.
indoctrination [ɪnˌdɒktrɪˈneɪʃn] *n* adoctrinamiento *m*.
indolent [ˈɪndələnt] *adj* indolente.
indomitable [ɪnˈdɒmɪtəbl] *adj* indómito(ta), indomable.
Indonesia [ˌɪndəˈniːzjə] *n* Indonesia.
Indonesian [ˌɪndəˈniːzjən] ◇ *adj* indonesio(sia). ◇ *n* **-1.** [person] indonesio *m*, -sia *f* **-2.** [language] indonesio *m*.
indoor [ˈɪndɔːʳ] *adj* [gen] interior; [shoes] de andar por casa; [plant] de interior; [sports] en pista cubierta; ~ **swimming pool** piscina *f* cubierta.
indoors [ˌɪnˈdɔːz] *adv* [gen] dentro; [at home] en casa.
indubitably [ɪnˈdjuːbɪtəblɪ] *adv fml* indudablemente, sin duda.
induce [ɪnˈdjuːs] *vt* **-1.** [persuade]: **to ~ sb to do sthg** inducir OR persuadir a alguien a que haga algo **-2.** [labour, sleep, anger] provocar.
inducement [ɪnˈdjuːsmənt] *n* [incentive] incentivo *m*, aliciente *m*.
induction [ɪnˈdʌkʃn] *n* **-1.** [into official position]: ~ **into** introducción *f* OR inducción *f* a **-2.** ELEC & MED inducción *f* **-3.** [introduction to job] introducción *f*.
induction course *n* cursillo *m* introductorio, curso *m* de iniciación.
indulge [ɪnˈdʌldʒ] ◇ *vt* **-1.** [whim, passion] satisfacer **-2.** [child, person] consentir; **to ~ o.s.** darse un gusto, permitirse un lujo. ◇ *vi*: **to ~ in sthg** permitirse algo.
indulgence [ɪnˈdʌldʒəns] *n* **-1.** [act of indulging] indulgencia *f* **-2.** [special treat] capricho *m*.
indulgent [ɪnˈdʌldʒənt] *adj* indulgente.
industrial [ɪnˈdʌstrɪəl] *adj* industrial.
industrial accident *n* accidente *m* laboral.
industrial action *n* huelga *f*; **to take ~** declararse en huelga.
industrial disease *n* enfermedad *f* laboral.
industrial estate UK, **industrial park** US *n* polígono *m* industrial.
industrial injury *n* lesión *f* laboral.
industrialist [ɪnˈdʌstrɪəlɪst] *n* industrial *m* OR *f*.
industrialization [ɪnˌdʌstrɪəlaɪˈzeɪʃn] *n* industrialización *f*.
industrialize, -ise [ɪnˈdʌstrɪəlaɪz] ◇ *vt* industrializar. ◇ *vi* industrializarse.
industrial park US = **industrial estate**.
industrial relations *npl* relaciones *fpl* laborales.
industrial revolution *n* revolución *f* industrial.
industrial tribunal *n* magistratura *f* de trabajo.
industrious [ɪnˈdʌstrɪəs] *adj* diligente, trabajador(ra).
industry [ˈɪndəstrɪ] (*pl* **-ies**) *n* **-1.** [gen] industria *f*; **the tourist ~** el sector turístico **-2.** *fml* [hard work] laboriosidad *f*.
inebriated [ɪˈniːbrɪeɪtɪd] *adj fml* ebrio (ebria).
inedible [ɪnˈedɪbl] *adj* **-1.** [that cannot be eaten] no comestible **-2.** [bad-tasting] incomible.
ineffective [ˌɪnɪˈfektɪv] *adj* ineficaz, inútil.
ineffectual [ˌɪnɪˈfektʃʊəl] *adj* inútil.
inefficiency [ˌɪnɪˈfɪʃnsɪ] *n* ineficiencia *f*.

inefficient [ˌɪnɪ'fɪʃnt] *adj* ineficiente.
inelegant [ɪn'elɪgənt] *adj* poco elegante.
ineligible [ɪn'elɪdʒəbl] *adj* inelegible; **to be ~ for** no tener derecho a.
inept [ɪ'nept] *adj* inepto(ta); **~ at** incapaz para.
ineptitude [ɪ'neptɪtju:d] *n* ineptitud *f*.
inequality [ˌɪnɪ'kwɒlətɪ] (*pl* **-ies**) *n* desigualdad *f*.
inequitable [ɪn'ekwɪtəbl] *adj fml* injusto(ta).
inert [ɪ'nɜ:t] *adj* inerte.
inertia [ɪ'nɜ:ʃə] *n* inercia *f*.
inertia-reel seat belt *n* cinturón *m* de seguridad autotensable *OR* con retensor.
inescapable [ˌɪnɪ'skeɪpəbl] *adj* ineludible.
inessential [ˌɪnɪ'senʃl] *adj*: **~ (to)** innecesario(ria) (para).
inestimable [ɪn'estɪməbl] *adj fml* inestimable.
inevitable [ɪn'evɪtəbl] ◇ *adj* inevitable. ◇ *n*: **the ~** lo inevitable.
inevitably [ɪn'evɪtəblɪ] *adv* inevitablemente.
inexact [ˌɪnɪg'zækt] *adj* inexacto(ta).
inexcusable [ˌɪnɪk'skju:zəbl] *adj* inexcusable, imperdonable.
inexhaustible [ˌɪnɪg'zɔ:stəbl] *adj* inagotable.
inexorable [ɪn'eksərəbl] *adj* [unpreventable] inexorable.
inexorably [ɪn'eksərəblɪ] *adv* inexorablemente.
inexpensive [ˌɪnɪk'spensɪv] *adj* barato(ta), económico(ca).
inexperience [ˌɪnɪk'spɪərɪəns] *n* inexperiencia *f*.
inexperienced [ˌɪnɪk'spɪərɪənst] *adj* inexperto(ta); **to be ~ at sthg** no tener experiencia en algo.
inexpert [ɪn'ekspɜ:t] *adj* inexperto(ta).
inexplicable [ˌɪnɪk'splɪkəbl] *adj* inexplicable.
inexplicably [ˌɪnɪk'splɪkəblɪ] *adv* inexplicablemente.
inextricably [ˌɪnɪk'strɪkəblɪ] *adv* indisolublemente, inseparablemente.
infallible [ɪn'fæləbl] *adj* infalible.
infamous ['ɪnfəməs] *adj* infame.
infancy ['ɪnfənsɪ] *n* primera infancia *f*; **to be in its ~** *fig* dar sus primeros pasos.
infant ['ɪnfənt] *n* **-1.** [baby] bebé *m* **-2.** [young child] niño pequeño *m*, niña pequeña *f*.
infantile ['ɪnfəntaɪl] *adj* infantil.
infant mortality *n* mortalidad *f* infantil.
infantry ['ɪnfəntrɪ] *n* infantería *f*.
infantryman ['ɪnfəntrɪmən] (*pl* **-men** [-mən]) *n* soldado *m* de infantería.
infant school *n UK* colegio *m* preescolar *(para niños de entre 4 y 7 años)*.
infatuated [ɪn'fætjʊeɪtɪd] *adj*: **~ (with)** encaprichado(da) (con).
infatuation [ɪnˌfætjʊ'eɪʃn] *n*: **~ (with)** encaprichamiento *m* (con).
infect [ɪn'fekt] *vt* **-1.** [wound] infectar; [person]: **to ~ sb (with sthg)** contagiar a alguien (algo) **-2.** *fig* [spread to] contagiar.
infected [ɪn'fektɪd] *adj*: **~ (with)** [wound] infectado(da) (de); [patient] contagiado(da) (de).
infection [ɪn'fekʃn] *n* **-1.** [disease] infección *f* **-2.** [spreading of germs] contagio *m*.
infectious [ɪn'fekʃəs] *adj* **-1.** [disease] infeccioso(sa) **-2.** [laugh, attitude] contagioso(sa).
infer [ɪn'fɜ:ʳ] (*pt* & *pp* **-red**, *cont* **-ring**) *vt* **-1.** [deduce]: **to ~ (that)** deducir *OR* inferir que; **to ~ sthg (from sthg)** deducir *OR* inferir algo (de algo) **-2.** *inf* [imply] insinuar.
inference ['ɪnfrəns] *n* **-1.** [conclusion] conclusión *f* **-2.** [deduction]: **by ~** por deducción.
inferior [ɪn'fɪərɪəʳ] ◇ *adj*: **~ (to)** inferior (a). ◇ *n* [in status] inferior *m OR f*.
inferiority [ɪnˌfɪərɪ'ɒrətɪ] *n* inferioridad *f*.
inferiority complex *n* complejo *m* de inferioridad.
inferno [ɪn'fɜ:nəʊ] (*pl* **-s**) *n* [hell] infierno *m*; **the building was an ~** el edificio sufría un pavoroso incendio.
infertile [ɪn'fɜ:taɪl] *adj* estéril.
infertility [ˌɪnfə'tɪlətɪ] *n* esterilidad *f*.
infestation [ˌɪnfe'steɪʃn] *n* plaga *f*.
infested [ɪn'festɪd] *adj*: **~ with** infestado(da) de.
infidelity [ˌɪnfɪ'delətɪ] *n* [of partner] infidelidad *f*.
infighting ['ɪnˌfaɪtɪŋ] *n (U)* disputas *fpl* internas.
infiltrate ['ɪnfɪltreɪt] ◇ *vt* infiltrar. ◇ *vi*: **to ~ into sthg** infiltrarse en algo.
infinite ['ɪnfɪnət] *adj* infinito(ta).
infinitely ['ɪnfɪnətlɪ] *adv* infinitamente.
infinitesimal [ˌɪnfɪnɪ'tesɪml] *adj* infinitesimal.
infinitive [ɪn'fɪnɪtɪv] *n* infinitivo *m*; **in the ~** en infinitivo.
infinity [ɪn'fɪnətɪ] *n* **-1.** *MATH* infinito *m* **-2.** [incalculable number]: **an ~ (of)** infinidad *f* (de).
infirm [ɪn'fɜ:m] ◇ *adj* achacoso(sa). ◇ *npl*: **the ~** los enfermos.
infirmary [ɪn'fɜ:mərɪ] (*pl* **-ies**) *n* **-1.** [hospital] hospital *m* **-2.** [room] enfermería *f*.
infirmity [ɪn'fɜ:mətɪ] (*pl* **-ies**) *n* **-1.** [illness] dolencia *f* **-2.** [state] enfermedad *f*.
inflamed [ɪn'fleɪmd] *adj MED* inflamado(da).
inflammable [ɪn'flæməbl] *adj* [burning easily] inflamable.
inflammation [ˌɪnflə'meɪʃn] *n MED* inflamación *f*.

inflammatory [ɪn'flæmətrɪ] *adj* incendiario(ria).
inflatable [ɪn'fleɪtəbl] *adj* inflable, hinchable.
inflate [ɪn'fleɪt] <> *vt* **-1.** [gen] inflar, hinchar **-2.** [prices] inflar, aumentar. <> *vi* inflarse, hincharse.
inflated [ɪn'fleɪtɪd] *adj* **-1.** [gen] inflado(da), hinchado(da) **-2.** [prices] desorbitado(da).
inflation [ɪn'fleɪʃn] *n* ECON inflación *f*.
inflationary [ɪn'fleɪʃnrɪ] *adj* ECON inflacionista.
inflation-proof *adj* que no se ve afectado(da) por la inflación.
inflexible [ɪn'fleksəbl] *adj* **-1.** [material, person, attitude] inflexible **-2.** [decision, arrangement] fijo(ja).
inflict [ɪn'flɪkt] *vt*: **to ~ sthg on sb** infligir algo a alguien.
in-flight *adj* durante el vuelo.
inflow ['ɪnfləʊ] *n* afluencia *f*.
influence ['ɪnflʊəns] <> *n*: **~ (on** OR **over sb)** influencia *f* (sobre alguien); **~ (on sthg)** influencia (en algo); **to be a bad ~ on sb** tener una mala influencia en alguien; **under the ~ of** [person, group] bajo la influencia de; [alcohol, drugs] bajo los efectos de. <> *vt* influenciar.
influential [ˌɪnflʊ'enʃl] *adj* influyente.
influenza [ˌɪnflʊ'enzə] *n fml* gripe *f*.
influx ['ɪnflʌks] *n* afluencia *f*.
info ['ɪnfəʊ] *n (U) inf* información *f*.
inform [ɪn'fɔ:m] *vt*: **to ~ sb (of/about sthg)** informar a alguien (de/sobre algo).
◆ **inform on** *vt fus* delatar.
informal [ɪn'fɔ:ml] *adj* informal; [language] familiar.
informally [ɪn'fɔ:məlɪ] *adv* de manera informal.
informant [ɪn'fɔ:mənt] *n* **-1.** [informer] confidente *m* OR *f*, delator *m*, -ra *f* **-2.** [of researcher] informante *m* OR *f*.
information [ˌɪnfə'meɪʃn] *n (U)*: **~ (on** OR **about)** información *f* OR datos *mpl* (sobre); **a piece of ~** un dato; **for your ~** para tu información.
information desk *n* (mostrador *m* de) información *f*.
information office *n* oficina *f* de información.
information processing *n* proceso *m* de datos.
information retrieval *n* recuperación *f* de información.
information society *n* sociedad *f* de la información.
information technology *n* informática *f*.
informative [ɪn'fɔ:mətɪv] *adj* informativo(va).
informed [ɪn'fɔ:md] *adj* informado(da); **~ guess** conjetura *f* bien fundada.
informer [ɪn'fɔ:mə[r]] *n* confidente *m* OR *f*, delator *m*, -ra *f*.
infrared [ˌɪnfrə'red] *adj* infrarrojo(ja).
infrastructure ['ɪnfrəˌstrʌktʃə[r]] *n* infraestructura *f*.
infrequent [ɪn'fri:kwənt] *adj* infrecuente.
infringe [ɪn'frɪndʒ] (*cont* **infringing**) <> *vt* **-1.** [rule] infringir **-2.** [right] vulnerar. <> *vi*: **to ~ on sthg** vulnerar algo.
infringement [ɪn'frɪndʒmənt] *n* **-1.** [of rule] infracción *f* **-2.** [of right] violación *f*.
infuriate [ɪn'fjʊərɪeɪt] *vt* enfurecer, exasperar.
infuriating [ɪn'fjʊərɪeɪtɪŋ] *adj* exasperante.
infuse [ɪn'fju:z] <> *vt*: **to ~ sb with sthg** infundir algo a alguien. <> *vi* reposar *(una infusión)*.
infusion [ɪn'fju:ʒn] *n* infusión *f*.
ingenious [ɪn'dʒi:njəs] *adj* ingenioso(sa).
ingenuity [ˌɪndʒɪ'nju:ətɪ] *n* ingenio *m*, inventiva *f*.
ingenuous [ɪn'dʒenjʊəs] *adj fml* ingenuo(nua).
ingest [ɪn'dʒest] *vt fml* ingerir.
ingot ['ɪŋgət] *n* lingote *m*.
ingrained [ˌɪn'greɪnd] *adj* **-1.** [ground in] incrustado(da) **-2.** [deeply rooted] arraigado(da).
ingratiate [ɪn'greɪʃɪeɪt] *vt*: **to ~ o.s. with sb** congraciarse con alguien.
ingratiating [ɪn'greɪʃɪeɪtɪŋ] *adj* obsequioso(sa), lisonjero(ra).
ingratitude [ɪn'grætɪtju:d] *n* ingratitud *f*.
ingredient [ɪn'gri:djənt] *n* ingrediente *m*.
ingrowing ['ɪnˌgrəʊɪŋ], **ingrown** ['ɪnˌgrəʊn] *adj* encarnado(da).
inhabit [ɪn'hæbɪt] *vt* habitar.
inhabitant [ɪn'hæbɪtənt] *n* habitante *m* OR *f*.
inhalation [ˌɪnhə'leɪʃn] *n* inhalación *f*.
inhale [ɪn'heɪl] <> *vt* inhalar. <> *vi* [gen] inspirar; [smoker] tragarse el humo.
inhaler [ɪn'heɪlə[r]] *n* MED inhalador *m*.
inherent [ɪn'hɪərənt, ɪn'herənt] *adj*: **~ (in)** inherente (a).
inherently [ɪn'hɪərentlɪ, ɪn'herəntlɪ] *adv* intrínsecamente.
inherit [ɪn'herɪt] *vt*: **to ~ sthg (from sb)** heredar algo (de alguien).
inheritance [ɪn'herɪtəns] *n* herencia *f*.
inheritor [ɪn'herɪtə[r]] *n* heredero *m*, -ra *f*.
inhibit [ɪn'hɪbɪt] *vt* **-1.** [restrict] impedir **-2.** [person] cohibir.

inhibited [ɪn'hɪbɪtɪd] *adj* [repressed, reserved] cohibido(da), inhibido(da).
inhibition [ˌɪnhɪ'bɪʃn] *n* inhibición *f*.
inhospitable [ˌɪnhɒ'spɪtəbl] *adj* **-1.** [unwelcoming] inhospitalario(ria) **-2.** [harsh] inhóspito(ta).
in-house ◇ *adj* [journal, report] de circulación interna; [worker] de plantilla; [training] en el lugar de trabajo. ◇ *adv* en la misma empresa.
inhuman [ɪn'hjuːmən] *adj* **-1.** [cruel] inhumano(na) **-2.** [not human] infrahumano(na).
inhumane [ˌɪnhjuː'meɪn] *adj* inhumano(na).
inimitable [ɪ'nɪmɪtəbl] *adj* inimitable.
iniquitous [ɪ'nɪkwɪtəs] *adj fml* inicuo(cua).
iniquity [ɪ'nɪkwətɪ] (*pl* **-ies**) *n* iniquidad *f*.
initial [ɪ'nɪʃl] (*UK pt* & *pp* **-led**, *cont* **-ling**, *US pt* & *pp* **-ed**, *cont* **-ing**) ◇ *adj* inicial. ◇ *vt* poner las iniciales a.
◆ **initials** *npl* [of person] iniciales *fpl*.
initialize, -ise [ɪ'nɪʃəlaɪz] *vt* COMPUT inicializar.
initially [ɪ'nɪʃəlɪ] *adv* inicialmente.
initiate [ɪ'nɪʃɪeɪt] ◇ *vt* iniciar; **to ~ sb into sthg** iniciar a alguien en algo. ◇ *n* iniciado *m*, -da *f*.
initiation [ɪˌnɪʃɪ'eɪʃn] *n* iniciación *f*.
initiative [ɪ'nɪʃətɪv] *n* iniciativa *f*; **to have/take the ~** llevar/tomar la iniciativa; **to use one's ~** hacer (uno) uso de su propia iniciativa; **on one's own ~** por iniciativa propia.
inject [ɪn'dʒekt] *vt* **-1.** MED: **to ~ sb with sthg, to ~ sthg into sb** inyectarle algo a alguien **-2.** [life, excitement etc]: **to ~ sthg into sthg** infundir algo a algo **-3.** [funds, capital]: **to ~ sthg into sthg** inyectar algo en OR a algo.
injection [ɪn'dʒekʃn] *n* inyección *f*.
injudicious [ˌɪndʒuː'dɪʃəs] *adj fml* imprudente, poco juicioso(sa).
injunction [ɪn'dʒʌŋkʃn] *n* requerimiento *m* judicial.
injure ['ɪndʒə[r]] *vt* [gen] herir; SPORT lesionar; [reputation] dañar; [chances] perjudicar; **to ~ o.s.** lesionarse, hacerse daño.
injured ['ɪndʒəd] ◇ *adj* [gen] herido(da); SPORT lesionado(da); [reputation] dañado(da). ◇ *npl*: **the ~** los heridos.
injurious [ɪn'dʒʊərɪəs] *adj fml*: **~ (to)** pernicioso(sa) (para).
injury ['ɪndʒərɪ] (*pl* **-ies**) *n* **-1.** [wound] herida *f*; [to muscle, broken bone] lesión *f*; **to do o.s. an ~** hacerse daño **-2.** *(U)* [physical harm] lesiones *fpl*.
injury time *n* (tiempo *m* de) descuento *m*.
injustice [ɪn'dʒʌstɪs] *n* injusticia *f*; **to do sb an ~** ser injusto(ta) con alguien.
ink [ɪŋk] ◇ *n* tinta *f*. ◇ *comp* de tinta.
◆ **ink in** *vt sep* repasar con tinta.
ink-jet printer *n* COMPUT impresora *f* de chorro de tinta.
inkling ['ɪŋklɪŋ] *n*: **to have an ~ of sthg** tener una vaga idea de algo; **to have an ~ that** tener la vaga idea de que.
inkpad ['ɪŋkpæd] *n* tampón *m*, almohadilla *f*.
inkwell ['ɪŋkwel] *n* tintero *m*.
inlaid [ˌɪn'leɪd] *adj* incrustado(da); **~ with** [jewels] con incrustaciones de.
inland [*adj* 'ɪnlənd, *adv* ɪn'lænd] ◇ *adj* interior. ◇ *adv* [go] hacia el interior; [remain] en el interior.
Inland Revenue *n UK*: **the ~** ≃ Hacienda *f*.
in-laws *npl* suegros *mpl*.
inlet ['ɪnlet] *n* **-1.** [stretch of water] entrante *m* **-2.** [way in] entrada *f*, admisión *f*.
inmate ['ɪnmeɪt] *n* [of prison] preso *m*, -sa *f*; [of mental hospital] interno *m*, -na *f*.
inmost ['ɪnməʊst] *adj literary* [deepest] más íntimo(ma), más profundo(da).
inn [ɪn] *n* fonda *f*; [pub] *pub decorado a la vieja usanza*.
innards ['ɪnədz] *npl* tripas *fpl*.
innate [ˌɪ'neɪt] *adj* innato(ta).
inner ['ɪnə[r]] *adj* **-1.** [gen] interior **-2.** [feelings] íntimo(ma); [fears, doubts, meaning] interno(na).
inner city ◇ *n* núcleo *m* urbano deprimido. ◇ *comp* de los núcleos urbanos deprimidos.
innermost ['ɪnəməʊst] = **inmost**.
inner tube *n* cámara *f* (de aire).
inning ['ɪnɪŋ] *n* [in baseball] entrada *f*, inning *m*.
innings ['ɪnɪŋz] (*pl inv*) *n* [in cricket] entrada *f*, turno *m*; **to have had a good ~** *fig* haber tenido una vida larga y provechosa.
innocence ['ɪnəsəns] *n* inocencia *f*.
innocent ['ɪnəsənt] ◇ *adj*: **~ (of)** inocente (de). ◇ *n* [naive person] inocente *m* OR *f*.
innocuous [ɪ'nɒkjʊəs] *adj* inocuo(cua), inofensivo(va).
innovation [ˌɪnə'veɪʃn] *n* innovación *f*.
innovative ['ɪnəvətɪv] *adj* innovador(ra).
innovator ['ɪnəveɪtə[r]] *n* innovador *m*, -ra *f*.
innuendo [ˌɪnjuː'endəʊ] (*pl* **-es** OR **-s**) *n* **-1.** [individual remark] insinuación *f*, indirecta *f* **-2.** *(U)* [style of speaking] insinuaciones *fpl*, indirectas *fpl*; **sexual ~** juegos *mpl* de palabras sobre sexo.
innumerable [ɪ'njuːmərəbl] *adj* innumerable.
inoculate [ɪ'nɒkjʊleɪt] *vt*: **to ~ sb (against sthg)** inocular a alguien (contra algo); **to ~ sb with sthg** inocular algo a alguien.
inoculation [ɪˌnɒkjʊ'leɪʃn] *n* inoculación *f*.
inoffensive [ˌɪnə'fensɪv] *adj* inofensivo(va).
inoperable [ɪn'ɒprəbl] *adj* **-1.** MED inoperable

-2. *fml* [unworkable] impracticable.

inoperative [ɪn'ɒprətɪv] *adj* **-1.** [rule, tax etc] en suspenso **-2.** [machine]: **to be ~** no funcionar.

inopportune [ɪn'ɒpətjuːn] *adj fml* inoportuno(na).

inordinate [ɪ'nɔːdɪnət] *adj fml* desmesurado(da).

inordinately [ɪ'nɔːdɪnətlɪ] *adv fml* desmesuradamente.

inorganic [ˌɪnɔː'gænɪk] *adj* inorgánico(ca).

in-patient *n* paciente interno *m*, paciente interna *f*.

input ['ɪnpʊt] (*pt* & *pp* **input** *OR* **-ted**, *cont* **-ting**) ◇ *n* **-1.** [contribution] aportación *f*, contribución *f* **-2.** *COMPUT* & *ELEC* entrada *f*. ◇ *vt COMPUT* introducir.

input/output *n COMPUT* entrada/salida *f*.

inquest ['ɪnkwest] *n* investigación *f* judicial.

inquire [ɪn'kwaɪəʳ] ◇ *vi* [ask for information] informarse, preguntar; **to ~ about sthg** informarse de algo. ◇ *vt*: **to ~ when/if/how ...** preguntar cuándo/si/cómo ...

◆ **inquire after** *vt fus* preguntar por.

◆ **inquire into** *vt fus* investigar.

inquiring [ɪn'kwaɪərɪŋ] *adj* **-1.** [mind] inquieto(ta), lleno(na) de curiosidad **-2.** [look, tone] inquisitivo(va).

inquiry [ɪn'kwaɪərɪ] (*pl* **-ies**) *n* **-1.** [question] consulta *f*, pregunta *f*; **'Inquiries'** 'Información' **-2.** [investigation] investigación *f*; **to hold an ~ (into)** emprender una investigación (sobre).

inquiry desk *n* (mostrador *m* de) información *f*.

inquisition [ˌɪnkwɪ'zɪʃn] *n* interrogatorio *m*.

◆ **Inquisition** *n*: **the Inquisition** la Inquisición.

inquisitive [ɪn'kwɪzətɪv] *adj* curioso(sa).

inroads ['ɪnrəʊdz] *npl*: **to make ~ into** [savings, supplies] mermar; [market, enemy territory] abrirse paso en.

insane [ɪn'seɪn] ◇ *adj* [mad] demente; *fig* [jealousy, person] loco(ca); **to drive sb ~** volver loco a alguien. ◇ *npl*: **the ~** los enfermos mentales.

insanitary [ɪn'sænɪtrɪ] *adj* antihigiénico(ca).

insanity [ɪn'sænətɪ] *n MED* demencia *f*; [craziness] locura *f*.

insatiable [ɪn'seɪʃəbl] *adj* insaciable.

inscribe [ɪn'skraɪb] *vt* **-1.** [engrave]: **to ~ sthg (on sthg)** inscribir algo (en algo) **-2.** [write]: **to ~ sthg in sthg** escribir algo en algo a modo de dedicatoria.

inscription [ɪn'skrɪpʃn] *n* **-1.** [engraved] inscripción *f* **-2.** [written] dedicatoria *f*.

inscrutable [ɪn'skruːtəbl] *adj* inescrutable.

insect ['ɪnsekt] *n* insecto *m*.

insect bite *n* picadura *f* de insecto.

insecticide [ɪn'sektɪsaɪd] *n* insecticida *m*.

insect repellent *n* loción *f* antiinsectos.

insecure [ˌɪnsɪ'kjʊəʳ] *adj* **-1.** [not confident] inseguro(ra) **-2.** [not safe] poco seguro(ra).

insecurity [ˌɪnsɪ'kjʊərətɪ] *n* inseguridad *f*.

insensible [ɪn'sensəbl] *adj fml* **-1.** [unconscious] inconsciente **-2.** [unaware]: **to be ~ of sthg** no ser consciente de algo **-3.** [unable to feel]: **to be ~ to sthg** ser insensible a algo.

insensitive [ɪn'sensətɪv] *adj*: **~ (to)** insensible (a).

insensitivity [ɪnˌsensə'tɪvətɪ] *n*: **~ (to)** insensibilidad *f* (a).

inseparable [ɪn'seprəbl] *adj*: **~ (from)** inseparable (de).

insert [*vb* ɪn'sɜːt, *n* 'ɪnsɜːt] ◇ *vt*: **to ~ sthg (in** *OR* **into)** [hole] introducir algo (en); [text] insertar algo (en). ◇ *n PRESS* encarte *m*.

insertion [ɪn'sɜːʃn] *n* inserción *f*.

in-service training *n UK* formación *f* continua.

inset ['ɪnset] *n* recuadro *m (insertado en la esquina de otro de mayor tamaño)*.

inshore [*adj* 'ɪnʃɔːʳ, *adv* ɪn'ʃɔːʳ] ◇ *adj* costero(ra). ◇ *adv* hacia la orilla *OR* la costa.

inside [ɪn'saɪd] ◇ *prep* dentro de; **~ three months** en menos de tres meses. ◇ *adv* **-1.** [be, remain] dentro; [go, move, look] adentro; **come ~!** ¡metéos dentro! **-2.** *fig* [feel, hurt etc] por dentro **-3.** *inf* [in prison] en chirona. ◇ *adj* interior; **~ leg measurement** medida *f* de la entrepierna. ◇ *n* interior *m*; **from the ~** desde dentro; **to overtake on the ~** [of road] adelantar por dentro; **~ out** [wrong way] al revés; **to turn sthg ~ out** [clothing] dar la vuelta a algo; **to know sthg ~ out** conocer algo de arriba abajo *OR* al dedillo.

◆ **insides** *npl inf* tripas *fpl*.

◆ **inside of** *prep US* [building, object] dentro de.

inside information *n (U)* información *f* confidencial.

inside job *n inf robo cometido con la ayuda de un empleado de la empresa o local allanados.*

inside lane *n AUT* carril *m* de dentro; *SPORT* calle *f* de dentro.

insider [ˌɪn'saɪdəʳ] *n* persona *f* con información confidencial *(dentro de una organización)*.

insider dealing, insider trading *n (U) en bolsa, uso indebido de información privilegiada.*

inside story *n* historia *f* real.

insidious [ɪn'sɪdɪəs] *adj* insidioso(sa).
insight ['ɪnsaɪt] *n* **-1.** *(U)* [power of understanding] perspicacia *f*, capacidad *f* de penetración **-2.** [understanding] idea *f*.
insignia [ɪn'sɪgnɪə] *(pl inv) n* insignias *fpl*.
insignificance [ˌɪnsɪg'nɪfɪkəns] *n* insignificancia *f*.
insignificant [ˌɪnsɪg'nɪfɪkənt] *adj* insignificante.
insincere [ˌɪnsɪn'sɪəʳ] *adj* insincero(ra).
insincerity [ˌɪnsɪn'serətɪ] *n* insinceridad *f*.
insinuate [ɪn'sɪnjʊeɪt] *vt pej*: **to ~ (that)** insinuar (que).
insinuation [ɪnˌsɪnjʊ'eɪʃn] *n pej* insinuación *f*.
insipid [ɪn'sɪpɪd] *adj pej* soso(sa), insípido(da).
insist [ɪn'sɪst] ◇ *vt*: **to ~ that** insistir en que. ◇ *vi*: **to ~ on sthg** exigir algo; **to ~ (on doing sthg)** insistir (en hacer algo).
insistence [ɪn'sɪstəns] *n* insistencia *f*; **~ on sthg/on doing sthg** empeño *m* en algo/en hacer algo.
insistent [ɪn'sɪstənt] *adj* **-1.** [determined] insistente; **to be ~ on sthg** insistir en algo **-2.** [continual] persistente.
in situ [ˌɪn'sɪtjuː] *adv* in situ.
insofar [ˌɪnsəʊ'fɑːʳ]
◆ **insofar as** *conj* en la medida en que.
insole ['ɪnsəʊl] *n* plantilla *f*.
insolence ['ɪnsələns] *n* insolencia *f*.
insolent ['ɪnsələnt] *adj* insolente.
insoluble *UK* [ɪn'sɒljʊbl], **insolvable** *US* [ɪn'sɒlvəbl] *adj* insoluble.
insolvency [ɪn'sɒlvənsɪ] *n* insolvencia *f*.
insolvent [ɪn'sɒlvənt] *adj* insolvente.
insomnia [ɪn'sɒmnɪə] *n* insomnio *m*.
insomniac [ɪn'sɒmnɪæk] *n* insomne *m* OR *f*.
insomuch [ˌɪnsəʊ'mʌtʃ]
◆ **insomuch as** *conj* en la medida en que.
inspect [ɪn'spekt] *vt* inspeccionar; [troops] pasar revista a.
inspection [ɪn'spekʃn] *n* inspección *f*; [of troops] revista *f*; **on closer ~** tras un examen más detallado.
inspector [ɪn'spektəʳ] *n* inspector *m*, -ra *f*; [on bus, train] revisor *m*, -ra *f*.
inspector of taxes *n* ≃ inspector *m*, -ra *f* de Hacienda.
inspiration [ˌɪnspə'reɪʃn] *n* **-1.** [gen] inspiración *f* **-2.** [source of inspiration]: **~ (for)** fuente *f* de inspiración (para).
inspirational [ˌɪnspə'reɪʃnl] *adj* inspirador(ra).
inspire [ɪn'spaɪəʳ] *vt* **-1.** [stimulate, encourage]: **to ~ sb (to do sthg)** alentar OR animar a alguien (a hacer algo) **-2.** [fill]: **to ~ sb with sthg, to ~ sthg in sb** inspirar algo a alguien.
inspired [ɪn'spaɪəd] *adj* inspirado(da).
inspiring [ɪn'spaɪərɪŋ] *adj* [stimulating, exciting] inspirador(ra).
inst. [ɪnst] *(abbr of* **instant***)* cte.; **on the 4th ~** el 4 del cte.
instability [ˌɪnstə'bɪlətɪ] *n* inestabilidad *f*.
install *UK*, **instal** *US* [ɪn'stɔːl] *vt* **-1.** [gen & COMPUT] instalar **-2.** [appoint]: **to ~ sb (as)** investir a alguien (con el cargo de) **-3.** [settle]: **to ~ o.s. in front of the fire** instalarse frente al fuego.
installation [ˌɪnstə'leɪʃn] *n* [gen & COMPUT] instalación *f*.
installment *US* = **instalment**.
installment plan *n US* compra *f* a plazos.
instalment *UK*, **installment** *US* [ɪn'stɔːlmənt] *n* **-1.** [payment] plazo *m*, abono *m Méx*; **in ~s** a plazos **-2.** TV & RADIO episodio *m*; [of novel] entrega *f*.
instance ['ɪnstəns] *n* [example, case] ejemplo *m*; **for ~** por ejemplo; **in the first ~** *fml* en primer lugar; **in this ~** en este caso.
instant ['ɪnstənt] ◇ *adj* instantáneo(a). ◇ *n* [moment] instante *m*; **at that** OR **the same ~** en aquel mismo instante; **the ~ (that)...** en cuanto ...; **this ~** ahora mismo.
instantaneous [ˌɪnstən'teɪnjəs] *adj* instantáneo(a).
instantly ['ɪnstəntlɪ] *adv* en el acto.
instead [ɪn'sted] *adv* en cambio; **I came ~** yo vine en su lugar; **if you haven't got any sugar, you can use honey ~** si no tienen azúcar, utilice miel en su lugar.
◆ **instead of** *prep* en lugar de, en vez de; **I came ~ of her** yo vine en su lugar.
instep ['ɪnstep] *n* [of foot] empeine *m*.
instigate ['ɪnstɪgeɪt] *vt* iniciar; **to ~ sb to do sthg** instigar a alguien a hacer algo.
instigation [ˌɪnstɪ'geɪʃn] *n*: **at the ~ of** a instancias de.
instigator ['ɪnstɪgeɪtəʳ] *n* instigador *m*, -ra *f*.
instil *UK (pt & pp* **-led**, *cont* **-ling***)*, **instill** *US (pt & pp* **-ed**, *cont* **-ing***)* [ɪn'stɪl] *vt*: **to ~ sthg in** OR **into sb** inculcar algo a alguien.
instinct ['ɪnstɪŋkt] *n* instinto *m*; **my first ~ was** ... mi primer impulso fue ...
instinctive [ɪn'stɪŋktɪv] *adj* instintivo(va).
instinctively [ɪn'stɪŋktɪvlɪ] *adv* instintivamente.
institute ['ɪnstɪtjuːt] ◇ *n* instituto *m*. ◇ *vt* [proceedings] iniciar, entablar; [system] instituir.
institution [ˌɪnstɪ'tjuːʃn] *n* **-1.** [gen] institución *f* **-2.** [home - for children, old people] asilo *m*; [- for mentally-handicapped] hospital *m* psiquiátrico.
institutional [ˌɪnstɪ'tjuːʃənl] *adj* **-1.** [of organiza-

tion] institucional **-2.** [food, life etc] *típico de un hospital, una cárcel, etc.*
institutionalized, -ised [ˌɪnstɪ'tjuːʃnəˈlaɪzd] *adj* **-1.** *pej* [influenced by institutional life] *acostumbrado a la vida hospitalaria, carcelaria etc* **-2.** [established] institucionalizado(da).
instruct [ɪn'strʌkt] *vt* **-1.** [tell, order]: **to ~ sb to do sthg** mandar *OR* ordenar a alguien que haga algo **-2.** [teach]: **to ~ sb (in sthg)** instruir a alguien (en algo).
instruction [ɪn'strʌkʃn] *n* [gen & *COMPUT*] instrucción *f.*
◆ **instructions** *npl* [for use] instrucciones *fpl.*
instruction manual *n* manual *m* de instrucciones.
instructive [ɪn'strʌktɪv] *adj* instructivo(va).
instructor [ɪn'strʌktə^r] *n* **-1.** [gen] instructor *m* **-2.** [in skiing] monitor *m* **-3.** [in driving] profesor *m* **-4.** *US* [at college] profesor *m*, -ra *f.*
instructress [ɪn'strʌktrɪs] *n* instructora *f*; [in skiing] monitora *f*; [in driving] profesora *f.*
instrument ['ɪnstrʊmənt] *n* instrumento *m.*
instrumental [ˌɪnstrʊ'mentl] ◇ *adj* **-1.** [important, helpful]: **to be ~ in sthg** jugar un papel fundamental en algo **-2.** *MUS* instrumental. ◇ *n* pieza *f* instrumental.
instrumentalist [ˌɪnstrʊ'mentəlɪst] *n* instrumentista *m OR f.*
instrument panel *n* tablero *m* de instrumentos.
insubordinate [ˌɪnsə'bɔːdɪnət] *adj* insubordinado(da).
insubordination ['ɪnsəˌbɔːdɪ'neɪʃn] *n* insubordinación *f.*
insubstantial [ˌɪnsəb'stænʃl] *adj* [frame, structure] endeble; [meal] poco sustancioso(sa).
insufferable [ɪn'sʌfərəbl] *adj* insufrible.
insufficient [ˌɪnsə'fɪʃnt] *adj*: **~ (for)** insuficiente (para).
insular ['ɪnsjʊlə^r] *adj* [narrow-minded] estrecho(cha) de miras.
insulate ['ɪnsjʊleɪt] *vt* aislar; **to ~ sb against** *OR* **from sthg** aislar a alguien de algo.
insulating tape ['ɪnsjʊleɪtɪŋ-] *n UK* cinta *f* aislante.
insulation [ˌɪnsjʊ'leɪʃn] *n* [electrical] aislamiento *m*; [against the cold] aislamiento *m* térmico.
insulin ['ɪnsjʊlɪn] *n* insulina *f.*
insult [*vt* ɪn'sʌlt, *n* 'ɪnsʌlt] ◇ *vt* [with words] insultar; [with actions] ofender. ◇ *n* [remark] insulto *m*; [action] ofensa *f*; **to add ~ to injury** para colmo, para más inri.
insulting [ɪn'sʌltɪŋ] *adj* [remark] insultante; [behaviour] ofensivo(va), insultante.
insuperable [ɪn'suːprəbl] *adj fml* insalvable, insuperable.
insurance [ɪn'ʃʊərəns] ◇ *n* **-1.** [against fire, accident, theft]: **~ (against)** seguro *m* (contra) **-2.** *fig* [safeguard, protection]: **~ (against)** prevención *f* (contra). ◇ *comp* de seguros; **~ company** compañía *f* de seguros.
insurance broker *n* agente *m OR f* de seguros.
insurance policy *n* póliza *f* de seguros.
insurance premium *n* prima *f* (del seguro).
insure [ɪn'ʃʊə^r] ◇ *vt* **-1.** [against fire, accident, theft]: **to ~ sthg/sb (against)** asegurar algo/a alguien (contra) **-2.** *US* [make certain] asegurar. ◇ *vi* [prevent]: **to ~ (against)** prevenir *OR* prevenirse (contra).
insured [ɪn'ʃɔːd] ◇ *adj* **-1.** [against fire, accident, theft]: **~ (against** *OR* **for)** asegurado(da) (contra) **-2.** *US* [certain] asegurado(da). ◇ *n*: **the ~** el asegurado (la asegurada).
insurer [ɪn'ʃʊərə^r] *n* asegurador *m*, -ra *f.*
insurgent [ɪn'sɜːdʒənt] *n* insurgente *m OR f.*
insurmountable [ˌɪnsə'maʊntəbl] *adj fml* infranqueable, insuperable.
insurrection [ˌɪnsə'rekʃn] *n* insurrección *f.*
intact [ɪn'tækt] *adj* intacto(ta).
intake ['ɪnteɪk] *n* **-1.** [of food, drink] ingestión *f*; [of air] inspiración *f* **-2.** [in army] reclutamiento *m*; [in organization] número *m* de ingresos **-3.** *TECH* [inlet] toma *f.*
intangible [ɪn'tændʒəbl] *adj* intangible; **~ assets** bienes *mpl* inmateriales.
integral ['ɪntɪgrəl] *adj* integrante, intrínseco(ca); **to be ~ to** ser parte integrante de.
integrate ['ɪntɪgreɪt] ◇ *vi*: **to ~ (with** *OR* **into)** integrarse (en). ◇ *vt*: **to ~ sthg/sb with sthg, to ~ sthg/sb into sthg** integrar algo/a alguien en algo.
integrated ['ɪntɪgreɪtɪd] *adj* [gen & *COMPUT*] integrado(da).
integrated circuit *n* circuito *m* integrado.
integration [ˌɪntɪ'greɪʃn] *n*: **~ (with** *OR* **into)** integración *f* (en).
integrity [ɪn'tegrətɪ] *n* integridad *f.*
intellect ['ɪntəlekt] *n* [mind, cleverness] intelecto *m*, inteligencia *f.*
intellectual [ˌɪntə'lektjʊəl] ◇ *adj* intelectual. ◇ *n* intelectual *m OR f.*
intellectualize, -ise [ˌɪntə'lektjʊəlaɪz] *vt* intelectualizar, dar tono intelectual a.
intelligence [ɪn'telɪdʒəns] *n (U)* **-1.** [ability to think] inteligencia *f* **-2.** [information] información *f* secreta **-3.** [information service] servicio *m* secreto *OR* de espionaje.

intelligence quotient *n* coeficiente *m* de inteligencia.

intelligence test *n* test *m* de inteligencia.

intelligent [ɪn'telɪdʒənt] *adj* [gen & COMPUT] inteligente.

intelligently [ɪn'telɪdʒəntlɪ] *adv* inteligentemente.

intelligentsia [ɪn,telɪ'dʒentsɪə] *n*: **the** ~ la intelectualidad.

intelligible [ɪn'telɪdʒəbl] *adj* inteligible.

intemperate [ɪn'tempərət] *adj fml* [remarks, climate] destemplado(da); [behaviour] inmoderado(da).

intend [ɪn'tend] *vt* pretender; **to** ~ **doing** OR **to do sthg** tener la intención de hacer algo; **what do you** ~ **to do?** ¿qué piensas hacer?; **later than I had** ~**ed** más tarde de lo que había pensado; **to be** ~**ed for/as sthg** [project, book] estar pensado para/como algo; **the flowers were** ~**ed for you** las flores eran para ti.

intended [ɪn'tendɪd] *adj* [effect, result] pretendido(da).

intense [ɪn'tens] *adj* **-1.** [extreme, profound] intenso(sa) **-2.** [serious - person] muy serio(ria).

intensely [ɪn'tenslɪ] *adv* **-1.** [very - boring, irritating] enormemente **-2.** [very much - suffer] intensamente; [- dislike] profundamente.

intensify [ɪn'tensɪfaɪ] (*pt* & *pp* **-ied**) <> *vt* intensificar. <> *vi* intensificarse.

intensity [ɪn'tensətɪ] *n* intensidad *f*.

intensive [ɪn'tensɪv] *adj* [concentrated] intensivo(va).

intensive care *n (U)*: **(in)** ~ (bajo) cuidados *mpl* intensivos.

intensive care unit *n* unidad *f* de cuidados intensivos OR de vigilancia intensiva.

intent [ɪn'tent] <> *adj* **-1.** [absorbed] atento(ta) **-2.** [determined]: **to be** ~ **on** OR **upon doing sthg** estar empeñado(da) en hacer algo. <> *n fml* intención *f*; **to all** ~**s and purposes** para todos los efectos.

intention [ɪn'tenʃn] *n* intención *f*; **to have no** ~ **of** no tener la menor intención de.

intentional [ɪn'tenʃənl] *adj* deliberado(da), intencionado(da); **it wasn't** ~ fue sin querer.

intentionally [ɪn'tenʃənəlɪ] *adv* deliberadamente, intencionadamente.

intently [ɪn'tentlɪ] *adv* atentamente.

inter [ɪn'tɜː[r]] (*pt* & *pp* **-red**, *cont* **-ring**) *vt fml* sepultar.

interact [,ɪntər'ækt] *vi* **-1.** [communicate, work together]: **to** ~ **(with sb)** relacionarse (con alguien) **-2.** [react]: **to** ~ **(with sthg)** interaccionar (con algo).

interaction [,ɪntər'ækʃn] *n* interacción *f*.

interactive [,ɪntər'æktɪv] *adj* COMPUT interactivo(va).

intercede [,ɪntə'siːd] *vi fml*: **to** ~ **(with/for)** interceder (ante/por).

intercept [,ɪntə'sept] *vt* interceptar.

interception [,ɪntə'sepʃn] *n* interceptación *f*.

interchange [*n* 'ɪntətʃeɪndʒ, *vb* ,ɪntə'tʃeɪndʒ] <> *n* **-1.** [exchange] intercambio *m* **-2.** [on motorway] enlace *m*. <> *vt* intercambiar.

interchangeable [,ɪntə'tʃeɪndʒəbl] *adj*: ~ **(with)** intercambiable (con).

intercity [,ɪntə'sɪtɪ] <> *adj UK* interurbano(na), intercity. <> *n* [train] tren *m* interurbano.

intercom ['ɪntəkɒm] *n* [for block of flats] portero *m* automático; [within a building] interfono *m*.

interconnect [,ɪntəkə'nekt] <> *vt* interconectar. <> *vi*: **to** ~ **(with)** relacionarse (con).

interconnection [,ɪntəkə'nekʃn] *n* interconexión *f*.

intercontinental ['ɪntə,kɒntɪ'nentl] *adj* intercontinental.

intercontinental ballistic missile *n* misil *m* balístico intercontinental.

intercourse ['ɪntəkɔːs] *n (U)*: **sexual** ~ relaciones *fpl* sexuales, coito *m*.

interdenominational ['ɪntədɪ,nɒmɪ'neɪʃənl] *adj* interconfesional.

interdepartmental ['ɪntə,diːpɑːt'mentl] *adj* interdepartamental.

interdependent [,ɪntədɪ'pendənt] *adj* interdependiente.

interdict ['ɪntədɪkt] *n* JUR & RELIG interdicto *m*.

interest ['ɪntrəst] <> *n* **-1.** [gen]: ~ **(in)** interés *m* (en OR por); **that's of no** ~ eso no tiene interés; **in the** ~ OR ~**s of** [in order to benefit] en interés de; [in order to achieve] en pro de; **to take an** ~ **in sthg** interesarse por algo **-2.** FIN interés *m*; **to pay the** ~ **of a loan** pagar los intereses de un préstamo **-3.** [hobby] afición *f*. <> *vt* interesar; **to** ~ **sb in sthg/in doing sthg** interesar a alguien en algo/en hacer algo.

interested ['ɪntrəstɪd] *adj* interesado(da); **I'm not** ~ no me interesa; **to be** ~ **in sthg/in doing sthg** estar interesado en algo/en hacer algo; **I'm** ~ **in that subject** me interesa el tema.

interest-free *adj* sin interés.

interest group *n* grupo *m* con intereses comunes.

interesting ['ɪntrəstɪŋ] *adj* interesante.

interest rate *n* tipo *m* de interés.

interface [*n* 'ɪntəfeɪs, *vb* ɪntə'feɪs] <> *n* **-1.** COMPUT interfaz *f*, interface *m* **-2.** [junction, boundary] zona *f* de interacción. <> *vt* COMPUT conectar mediante interfaz.

interfere [,ɪntə'fɪə[r]] *vi* **-1.** [meddle]: **to** ~ **(with**

OR **in sthg)** entrometerse *OR* interferir (en algo) **-2.** [damage] interferir; **to ~ with sthg** [career, routine] interferir en algo; [work, performance] interrumpir algo.

interference [ˌɪntə'fɪərəns] *n (U)* **-1.** [meddling]: **~ (with** *OR* **in)** intromisión *f OR* interferencia *f* (en) **-2.** [on radio, TV, telephone] interferencia *f.*

interfering [ˌɪntə'fɪərɪŋ] *adj pej* entrometido(da).

interim ['ɪntərɪm] ◇ *adj* [report] parcial; [measure] provisional; [government] interino(na). ◇ *n*: **in the ~** entre tanto.

interior [ɪn'tɪərɪəʳ] ◇ *adj* **-1.** [inner] interior **-2.** *POL* [minister, department] del Interior. ◇ *n* interior *m.*

interior decorator, interior designer *n* interiorista *m OR f.*

interject [ˌɪntə'dʒekt] *vt fml* interponer.

interjection [ˌɪntə'dʒekʃn] *n* **-1.** [remark] exclamación *f* **-2.** *GRAMM* interjección *f.*

interleave [ˌɪntə'li:v] *vt*: **to ~ sthg (with)** interfoliar algo (con).

interlock [ˌɪntə'lɒk] ◇ *vi* [fingers] entrelazarse; [cogs] engranar. ◇ *vt*: **to ~ sthg (with)** [fingers] entrelazar algo (con); [cogs] engranar algo (con).

interloper ['ɪntələʊpəʳ] *n* intruso *m*, -sa *f.*

interlude ['ɪntəlu:d] *n* **-1.** [pause] intervalo *m* **-2.** [interval] descanso *m*, intermedio *m.*

intermarry [ˌɪntə'mærɪ] (*pt* & *pp* **-ied**) *vi*: **to ~ (with)** casarse (con) *(parientes o personas de distinta raza, religión etc).*

intermediary [ˌɪntə'mi:djərɪ] (*pl* **-ies**) *n* intermediario *m*, -ria *f*, mediador *m*, -ra *f.*

intermediate [ˌɪntə'mi:djət] *adj* intermedio(dia).

interminable [ɪn'tɜ:mɪnəbl] *adj* interminable.

intermingle [ˌɪntə'mɪŋgl] *vi*: **to ~ (with)** entremezclarse (con).

intermission [ˌɪntə'mɪʃn] *n* [of film] descanso *m*; [of play, opera, ballet] entreacto *m.*

intermittent [ˌɪntə'mɪtənt] *adj* intermitente.

intern [*vb* ɪn'tɜ:n, *n* 'ɪntɜ:n] ◇ *vt* recluir, internar. ◇ *n esp US* médico *m* interno residente.

internal [ɪn'tɜ:nl] *adj* **-1.** [gen] interno(na) **-2.** [within a country] interior, nacional; **~ flight** vuelo *m* nacional.

internal combustion engine *n* motor *m* de combustión interna.

internally [ɪn'tɜ:nəlɪ] *adv* **-1.** [gen] internamente **-2.** [within a country] a nivel nacional.

Internal Revenue Service *n US*: **the ~** ≃ la Agencia Triburaria *Esp*, ≃ la Dirección General Impositiva *Amér.*

international [ˌɪntə'næʃənl] ◇ *adj* internacional. ◇ *n UK SPORT* **-1.** [match] encuentro *m* internacional **-2.** [player] internacional *m OR f.*

international date line *n*: **the ~** la línea de cambio de fecha.

internationally [ˌɪntə'næʃnəlɪ] *adv* internacionalmente.

International Monetary Fund *n*: **the ~** el Fondo Monetario Internacional.

international relations *npl* relaciones *fpl* internacionales.

internecine [*UK* ˌɪntə'ni:saɪn, *US* ˌɪntər'ni:sn] *adj fml* intestino(na).

internee [ˌɪntɜ:'ni:] *n* recluso *m*, -sa *f*, internado *m*, -da *f.*

Internet ['ɪntənet] *n*: **the ~** Internet *f*; **on the ~** en Internet.

Internet access *n* acceso *m* a Internet.

Internet access provider *n* proveedor *m* de acceso a Internet.

Internet café *n* cibercafé *m.*

Internet connection *n* conexión *f* a Internet.

Internet Service Provider *n* proveedor *m* de servicios Internet.

Internet start-up company *n* empresa *f* electrónica aparecida con Internet.

Internet television, Internet TV *n* televisión *f* por Internet.

internment [ɪn'tɜ:nmənt] *n* reclusión *f*, internamiento *m.*

interpersonal [ˌɪntə'pɜ:sənl] *adj* interpersonal.

interplay ['ɪntəpleɪ] *n (U)*: **~ (of/between)** interacción *f* (de/entre).

Interpol ['ɪntəpɒl] *n* Interpol *f.*

interpolate [ɪn'tɜ:pəleɪt] *vt fml*: **to ~ sthg (into)** interpolar algo (en).

interpose [ˌɪntə'pəʊz] *vt fml* interponer; **to ~ o.s.** interponerse.

interpret [ɪn'tɜ:prɪt] ◇ *vt* interpretar. ◇ *vi* hacer de intérprete.

interpretation [ɪnˌtɜ:prɪ'teɪʃn] *n* interpretación *f.*

interpreter [ɪn'tɜ:prɪtəʳ] *n* [person] intérprete *m OR f.*

interpreting [ɪn'tɜ:prɪtɪŋ] *n* [occupation] interpretación *f.*

interracial [ˌɪntə'reɪʃl] *adj* interracial.

interrelate [ˌɪntərɪ'leɪt] ◇ *vt* interrelacionar. ◇ *vi*: **to ~ (with)** interrelacionarse (con).

interrogate [ɪn'terəgeɪt] *vt* [gen & *COMPUT*] interrogar.

interrogation [ɪnˌterə'geɪʃn] *n* interrogatorio *m.*

interrogation mark *n* ***US*** signo *m* de interrogación.
interrogative [ˌɪntəˈrɒgətɪv] *GRAMM* ◇ *adj* interrogativo(va). ◇ *n* **-1.** [form]: **the ~** la forma interrogativa **-2.** [word] interrogativo *m*.
interrogator [ɪnˈterəgeɪtəʳ] *n* interrogador *m*, -ra *f*.
interrupt [ˌɪntəˈrʌpt] *vt & vi* interrumpir.
interruption [ˌɪntəˈrʌpʃn] *n* interrupción *f*.
intersect [ˌɪntəˈsekt] ◇ *vi* cruzarse. ◇ *vt* cruzar.
intersection [ˌɪntəˈsekʃn] *n* ***US*** [of roads] cruce *m*, intersección *f*.
intersperse [ˌɪntəˈspɜːs] *vt*: **to be ~d with** *OR* **by** estar entremezclado con.
interstate [ˈɪntərsteɪt] *n* ***US*** autopista *f* interestatal.
interval [ˈɪntəvl] *n* **-1.** [gen & *MUS*]: **~ (between)** intervalo *m* (entre); **at ~s** [now and again] a ratos; **at regular ~s** a intervalos regulares; **at monthly/yearly ~s** a intervalos de un mes/un año **-2.** ***UK*** [at play, concert] intermedio *m*, descanso *m*.
intervene [ˌɪntəˈviːn] *vi* **-1.** [gen]: **to ~ (in)** intervenir (en) **-2.** [prevent thing from happening] interponerse; **the war ~d** sobrevino la guerra **-3.** [pass] transcurrir.
intervening [ˌɪntəˈviːnɪŋ] *adj* [time] transcurrido(da); [space] intermedio(dia); **the ~ period** el ínterin.
intervention [ˌɪntəˈvenʃn] *n* intervención *f*.
interventionist [ˌɪntəˈvenʃənɪst] ◇ *adj* intervencionista. ◇ *n* intervencionista *m OR f*.
interview [ˈɪntəvjuː] ◇ *n* [gen] entrevista *f*; [with police] interrogatorio *m*. ◇ *vt* [gen] entrevistar; [subj: policeman] interrogar.
interviewee [ˌɪntəvjuːˈiː] *n* entrevistado *m*, -da *f*.
interviewer [ˈɪntəvjuːəʳ] *n* entrevistador *m*, -ra *f*.
interweave [ˌɪntəˈwiːv] (*pt* **-wove**, *pp* **-woven**) *fig* ◇ *vt* entretejer. ◇ *vi* entretejerse.
intestate [ɪnˈtesteɪt] *adj*: **to die ~** morir intestado(da).
intestine [ɪnˈtestɪn] *n* intestino *m*.
◆ **intestines** *npl* intestinos *mpl*.
intimacy [ˈɪntɪməsɪ] (*pl* **-ies**) *n*: **~ (between/with)** intimidad *f* (entre/con).
intimate [*adj & n* ˈɪntɪmət, *vb* ˈɪntɪmeɪt] ◇ *adj* **-1.** [gen] íntimo(ma) **-2.** ***fml*** [sexually]: **to be ~ with sb** tener relaciones íntimas con alguien **-3.** [knowledge] profundo(da). ◇ *n* ***fml*** amigo íntimo *m*, amiga íntima *f*. ◇ *vt* ***fml***: **to ~ (that)** dar a entender (que).
intimately [ˈɪntɪmətlɪ] *adv* **-1.** [very closely] íntimamente **-2.** [acquainted] en la intimidad **-3.** [in detail] a fondo.
intimation [ˌɪntɪˈmeɪʃn] *n* ***fml*** señal *f*, indicio *m*.
intimidate [ɪnˈtɪmɪdeɪt] *vt* intimidar.
intimidation [ɪnˌtɪmɪˈdeɪʃn] *n* intimidación *f*.
into [ˈɪntʊ] *prep* **-1.** [inside] en; **to go ~ a room** entrar en una habitación; **to put sthg ~ sthg** meter algo en algo; **to get ~ a car** subir a un coche **-2.** [against] con; **to bump/crash ~** tropezar/chocar con **-3.** [referring to change in condition etc]: **to turn** *OR* **develop ~** convertirse en; **to translate sthg ~ Spanish** traducir algo al español **-4.** [concerning] en relación con; **research ~ electronics** investigación en torno a la electrónica **-5.** [in expressions of time]: **fifteen minutes ~ the game** a los quince minutos de empezar el partido; **well ~ the spring** hasta bien entrada la primavera **-6.** *MATH*: **to divide 4 ~ 8** dividir 8 entre 4 **-7.** ***inf*** [interested in]: **I'm ~ classical music** me va *OR* me mola la música clásica.
intolerable [ɪnˈtɒlrəbl] *adj* ***fml*** [position, conditions] intolerable; [boredom, pain] inaguantable.
intolerance [ɪnˈtɒlərəns] *n* intolerancia *f*.
intolerant [ɪnˈtɒlərənt] *adj* intolerante; **to be ~ of** ser intolerante con.
intonation [ˌɪntəˈneɪʃn] *n* entonación *f*.
intoxicated [ɪnˈtɒksɪkeɪtɪd] *adj* **-1.** [drunk] embriagado(da), ebrio (ebria) **-2.** ***fig*** [excited]: **~ (by** *OR* **with)** ebrio (ebria) (de).
intoxicating [ɪnˈtɒksɪkeɪtɪŋ] *adj* embriagador(ra); **~ liquor** bebida *f* alcohólica.
intoxication [ɪnˌtɒksɪˈkeɪʃn] *n* embriaguez *f*.
intractable [ɪnˈtræktəbl] *adj* ***fml*** **-1.** [stubborn] intratable **-2.** [insoluble] inextricable, insoluble.
intranet [ˈɪntrənet] *n COMPUT* intranet *f*.
intransigent [ɪnˈtrænzɪdʒənt] *adj* intransigente.
intransitive [ɪnˈtrænzətɪv] *adj* intransitivo (va).
intrauterine device [ˌɪntrəˈjuːtəraɪn-] *n* dispositivo *m* intrauterino.
intravenous [ˌɪntrəˈviːnəs] *adj* intravenoso (sa).
in-tray *n* bandeja *f* de entrada.
intrepid [ɪnˈtrepɪd] *adj* ***literary*** intrépido(da).
intricacy [ˈɪntrɪkəsɪ] (*pl* **-ies**) *n* **-1.** [complexity] complejidad *f* **-2.** [detail] entresijo *m*.
intricate [ˈɪntrɪkət] *adj* intrincado(da), enrevesado(da).
intrigue [ɪnˈtriːg] ◇ *n* intriga *f*. ◇ *vt* intrigar. ◇ *vi*: **to ~ (against sb)** intrigar (contra alguien).

intriguing [ɪn'tri:gɪŋ] *adj* intrigante.
intrinsic [ɪn'trɪnsɪk] *adj* intrínseco(ca).
intro ['ɪntrəʊ] (*pl* **-s**) *n inf* [of song] entrada *f*.
introduce [ˌɪntrə'dju:s] *vt* **-1.** [present - person, programme] presentar; **to ~ sb (to sb)** presentar a alguien (a alguien); **to ~ o.s.** presentarse **-2.** [bring in]: **to ~ sthg (to** *OR* **into)** introducir algo (en) **-3.** [show for first time]: **to ~ sb to sthg** iniciar a alguien en algo **-4.** [signal beginning of] preludiar.
introduction [ˌɪntrə'dʌkʃn] *n* **-1.** [gen]: **~ (to sthg)** introducción *f* (a algo) **-2.** [of people]: **~ (to sb)** presentación *f* (a alguien).
introductory [ˌɪntrə'dʌktrɪ] *adj* [chapter] introductorio(ria); [remarks] preliminar; [price, offer] de lanzamiento.
introspective [ˌɪntrə'spektɪv] *adj* introspectivo(va).
introvert ['ɪntrəvɜ:t] *n* introvertido *m*, -da *f*.
introverted ['ɪntrəvɜ:tɪd] *adj* introvertido(da).
intrude [ɪn'tru:d] *vi* [interfere]: **to ~ (on** *OR* **upon sb)** inmiscuirse (en los asuntos de alguien); **to ~ (on** *OR* **upon sthg)** inmiscuirse (en algo); [disturb] molestar.
intruder [ɪn'tru:dəʳ] *n* intruso *m*, -sa *f*.
intrusion [ɪn'tru:ʒn] *n* [into sb's business] intromisión *f*; [into a place] intrusión *f*.
intrusive [ɪn'tru:sɪv] *adj* [interfering] entrometido(da); [unwanted] indeseado(da).
intuition [ˌɪntju:'ɪʃn] *n* intuición *f*.
intuitive [ɪn'tju:ɪtɪv] *adj* intuitivo(va).
Inuit ['ɪnʊɪt] ◇ *adj* inuit *(inv)*. ◇ *n* inuit *m* *OR f inv*.
inundate ['ɪnʌndeɪt] *vt* **-1.** *fml* [flood] inundar **-2.** [overwhelm] desbordar; **to be ~d with** verse desbordado por.
inured [ɪ'njʊəd] *adj fml*: **to be/become ~ to sthg** estar habituado(da)/habituarse a algo.
invade [ɪn'veɪd] *vt* invadir.
invader [ɪn'veɪdəʳ] *n* invasor *m*, -ra *f*.
invalid [*adj* ɪn'vælɪd, *n & vb* 'ɪnvəlɪd] ◇ *adj* **-1.** [marriage, vote, ticket] nulo(la) **-2.** [argument, result] que no es válido(da). ◇ *n* inválido *m*, -da *f*.
◆ **invalid out** *vt sep*: **to be ~ed out (of)** ser licenciado(da) por invalidez (de).
invalidate [ɪn'vælɪdeɪt] *vt* [theory] refutar; [rule] invalidar; [marriage, election] anular, invalidar.
invaluable [ɪn'væljʊəbl] *adj*: **~ (to)** [information, advice] inestimable (para); [person] valiosísimo(ma) (para).
invariable [ɪn'veərɪəbl] *adj* invariable.
invariably [ɪn'veərɪəblɪ] *adv* siempre, invariablemente.
invasion [ɪn'veɪʒn] *n* invasión *f*.
invective [ɪn'vektɪv] *n (U) fml* invectivas *fpl*.
inveigle [ɪn'veɪgl] *vt*: **to ~ sb into doing sthg** embaucar a alguien para que haga algo.
invent [ɪn'vent] *vt* inventar.
invention [ɪn'venʃn] *n* **-1.** [gen] invención *f* **-2.** [ability to invent] inventiva *f*.
inventive [ɪn'ventɪv] *adj* [person, mind] inventivo(va); [solution] ingenioso(sa).
inventor [ɪn'ventəʳ] *n* inventor *m*, -ra *f*.
inventory ['ɪnvəntrɪ] (*pl* **-ies**) *n* **-1.** [list] inventario *m* **-2.** [goods] existencias *fpl*.
inventory control *n* control *m* de inventario.
inverse [ɪn'vɜ:s] ◇ *adj* [proportion, relation] inverso(sa). ◇ *n fml*: **the ~** lo contrario.
invert [ɪn'vɜ:t] *vt* invertir.
invertebrate [ɪn'vɜ:tɪbreɪt] *n* invertebrado *m*.
inverted commas [ɪn'vɜ:tɪd-] *npl UK* comillas *fpl*; **in ~** entre comillas.
inverted snob [ɪn'vɜ:tɪd-] *n persona que finge que no le gustan las cosas caras o de buena calidad*.
invest [ɪn'vest] ◇ *vt* **-1.** [money, time, energy]: **to ~ sthg (in)** invertir algo (en) **-2.** *fml* [endow]: **to ~ sb with** investir a alguien de. ◇ *vi lit & fig*: **to ~ (in)** invertir (en).
investigate [ɪn'vestɪgeɪt] *vt & vi* investigar.
investigation [ɪnˌvestɪ'geɪʃn] *n* [enquiry, examination]: **~ (into)** investigación *f* (en).
investigative [ɪn'vestɪgətɪv] *adj* de investigación.
investigator [ɪn'vestɪgeɪtəʳ] *n* investigador *m*, -ra *f*.
investiture [ɪn'vestɪtʃəʳ] *n* investidura *f*.
investment [ɪn'vestmənt] *n* inversión *f*.
investment account *n* cuenta *f* de inversiones.
investment analyst *n* analista financiero *m*, analista financiera *f*.
investment bank *n* banco *m* de inversiones.
investment trust *n* fondo *m* de inversiones.
investor [ɪn'vestəʳ] *n* inversor *m*, -ra *f*.
inveterate [ɪn'vetərət] *adj* [liar] incorregible; [reader, smoker] empedernido(da).
invidious [ɪn'vɪdɪəs] *adj* [task, role] desagradable; [comparison] odioso(sa).
invigilate [ɪn'vɪdʒɪleɪt] *vt & vi UK* vigilar *(en un examen)*.
invigilator [ɪn'vɪdʒɪleɪtəʳ] *n UK* vigilante *m OR f (en un examen)*.
invigorating [ɪn'vɪgəreɪtɪŋ] *adj* [bath, walk] vigorizante; [experience] estimulante.
invincible [ɪn'vɪnsɪbl] *adj* **-1.** [unbeatable] inven-

cible **-2.** [determination] inalterable, inamovible.
invisible [ɪnˈvɪzɪbl] *adj* invisible.
invisible assets *npl* activo *m* inmaterial.
invisible earnings *npl* ingresos *mpl* invisibles.
invisible ink *n* tinta *f* simpática.
invitation [ˌɪnvɪˈteɪʃn] *n* invitación *f*; **an ~ to sthg/to do sthg** una invitación a algo/a hacer algo.
invite [ɪnˈvaɪt] *vt* **-1.** [gen]: **to ~ sb (to sthg/to do sthg)** invitar a alguien (a algo/a hacer algo) **-2.** [ask for, provoke] buscarse.
inviting [ɪnˈvaɪtɪŋ] *adj* tentador(ra).
in vitro fertilization [ˌɪnˈviːtrəʊ-] *n* fertilización *f* in vitro.
invoice [ˈɪnvɔɪs] ◇ *n* factura *f*. ◇ *vt* **-1.** [send invoice to] mandar la factura a **-2.** [prepare invoice for] facturar.
invoke [ɪnˈvəʊk] *vt* **-1.** ***fml*** [quote as justification] invocar, acogerse a **-2.** [cause] suscitar.
involuntary [ɪnˈvɒləntrɪ] *adj* involuntario(ria).
involve [ɪnˈvɒlv] *vt* **-1.** [entail, require]: **to ~ sthg/doing sthg** conllevar algo/hacer algo; **it ~s working weekends** supone OR implica trabajar los fines de semana **-2.** [concern, affect] afectar a; **to be ~d in sthg** [accident, crash] verse envuelto en algo **-3.** [make part of sthg]: **to ~ sb (in)** involucrar a alguien (en); **to ~ o.s. in** meterse en.
involved [ɪnˈvɒlvd] *adj* **-1.** [complex] enrevesado(da), complicado(da) **-2.** [participating]: **to be ~ in** estar metido(da) en; **he didn't want to get ~** no quería tener nada que ver **-3.** [in a relationship]: **to be/get ~ with sb** estar liado(da)/liarse con alguien.
involvement [ɪnˈvɒlvmənt] *n* **-1.**: **~ (in)** [crime] implicación *f* (en); [running sthg] participación *f* (en) **-2.** [concern, enthusiasm]: **~ (in)** compromiso *m* (con) **-3.** [relationship] *(U)* relación *f* sentimental.
invulnerable [ɪnˈvʌlnərəbl] *adj*: **to be ~ (to)** ser invulnerable (a).
inward [ˈɪnwəd] ◇ *adj* **-1.** [inner] interno(na) **-2.** [towards the inside] hacia el interior. ◇ *adv* ***US*** = **inwards**.
inwardly [ˈɪnwədlɪ] *adv* por dentro.
inwards [ˈɪnwədz] *adv* hacia dentro.
in-your-face *adj* ***inf*** impactante.
IOC (*abbr of* **International Olympic Committee**) *n* COI *m*.
iodine [*UK* ˈaɪədiːn, *US* ˈaɪədaɪn] *n* yodo *m*.
IOM *abbr of* **Isle of Man**.
ion [ˈaɪən] *n* ión *m*.
Ionian Sea [aɪˈəʊnjən-] *n*: **the ~** el mar Jónico.
iota [aɪˈəʊtə] *n* pizca *f*, ápice *m*.
IOU (*abbr of* **I owe you**) *n pagaré*.
IOW *abbr of* **Isle of Wight**.
Iowa [ˈaɪəʊə] *n* Iowa.
IPA (*abbr of* **International Phonetic Alphabet**) *n* AFI *m*.
IQ (*abbr of* **intelligence quotient**) *n* C.I. *m*.
IRA ◇ *n* (*abbr of* **Irish Republican Army**) IRA *m*. ◇ *n* ***US*** (*abbr of* **Individual Retirement Account**) cuenta *f* de retiro OR jubilación individual.
Iran [ɪˈrɑːn] *n* (el) Irán.
Iranian [ɪˈreɪnjən] ◇ *adj* iraní. ◇ *n* [person] iraní *m* OR *f*.
Iraq [ɪˈrɑːk] *n* (el) Irak.
Iraqi [ɪˈrɑːkɪ] ◇ *adj* iraquí. ◇ *n* [person] iraquí *m* OR *f*.
irascible [ɪˈræsəbl] *adj* irascible.
irate [aɪˈreɪt] *adj* iracundo(da), airado(da).
IRC *n* (*abbr of* **Internet Relay Chat**) IRC *m*.
Ireland [ˈaɪələnd] *n* Irlanda; **the Republic of ~** la República de Irlanda.
iridescent [ˌɪrɪˈdesənt] *adj* iridiscente.
iris [ˈaɪərɪs] (*pl* **-es**) *n* **-1.** [flower] lirio *m* **-2.** [of eye] iris *m inv*.
Irish [ˈaɪrɪʃ] ◇ *adj* irlandés(esa). ◇ *n* [language] irlandés *m*. ◇ *npl* [people]: **the ~** los irlandeses.
Irish coffee *n* café *m* irlandés.
Irishman [ˈaɪrɪʃmən] (*pl* **-men** [-mən]) *n* irlandés *m*.
Irish Sea *n*: **the ~** el mar de Irlanda.
Irish stew *n estofado de carne, patatas y verdura*.
Irishwoman [ˈaɪrɪʃˌwʊmən] (*pl* **-women** [-ˌwɪmɪn]) *n* irlandesa *f*.
irk [ɜːk] *vt* fastidiar.
irksome [ˈɜːksəm] *adj* fastidioso(sa).
IRN (*abbr of* **Independent Radio News**) *n agencia británica de noticias para emisoras de radio privadas*.
iron [ˈaɪən] ◇ *adj* ***lit*** & ***fig*** de hierro. ◇ *n* **-1.** [metal, nutrient] hierro *m* **-2.** [for clothes] plancha *f* **-3.** [golf club] hierro *m*. ◇ *vt* & *vi* planchar.
◆ **iron out** *vt sep* ***fig*** [overcome] resolver.
Iron Age ◇ *n*: **the ~** la Edad del Hierro. ◇ *comp* de la Edad del Hierro.
Iron Curtain *n*: **the ~** el telón de acero.
ironic(al) [aɪˈrɒnɪk(l)] *adj* irónico(ca); **how ~!** ¡qué ironía!
ironically [aɪˈrɒnɪklɪ] *adv* irónicamente.
ironing [ˈaɪənɪŋ] *n* **-1.** [work] planchado *m*; **to do the ~** planchar la ropa **-2.** [clothes to be ironed] ropa *f* para planchar.

ironing board *n* tabla *f* de planchar.
iron lung *n* pulmón *m* de acero OR artificial.
ironmonger ['aɪən,mʌŋgəʳ] *n UK* ferretero *m*, -ra *f*; **~'s (shop)** ferretería *f*, tlapalería *f Méx*.
ironworks ['aɪənwɜ:ks] (*pl inv*) *n* [where iron is smelted] fundición *f*; [where iron is cast] herrería *f*.
irony ['aɪrənɪ] (*pl* **-ies**) *n* ironía *f*; **the ~ of it is that ...** lo curioso del caso es que ...
irradiate [ɪ'reɪdɪeɪt] *vt* irradiar.
irrational [ɪ'ræʃənl] *adj* irracional.
irreconcilable [ɪ,rekən'saɪləbl] *adj* [completely different] irreconciliable.
irredeemable [,ɪrɪ'di:məbl] *adj fml* **-1.** [hopeless] irreparable, insalvable **-2.** FIN no amortizable.
irrefutable [,ɪrɪ'fju:təbl] *adj fml* irrefutable.
irregular [ɪ'regjʊləʳ] *adj* [gen & GRAMM] irregular.
irregularity [ɪ,regjʊ'lærətɪ] (*pl* **-ies**) *n* irregularidad *f*.
irregularly [ɪ'regjʊləlɪ] *adv* [at uneven intervals] de forma irregular.
irrelevance [ɪ'reləvəns], **irrelevancy** [ɪ'reləvənsɪ] (*pl* **-ies**) *n* **-1.** [state of being irrelevant] irrelevancia *f*, falta *f* de pertinencia **-2.** [something irrelevant]: **to be an ~** ser algo sin importancia.
irrelevant [ɪ'reləvənt] *adj* irrelevante, que no viene al caso; **that's ~** eso no viene al caso.
irreligious [,ɪrɪ'lɪdʒəs] *adj* irreligioso(sa).
irremediable [,ɪrɪ'mi:djəbl] *adj fml* irremediable, irreparable.
irreparable [ɪ'repərəbl] *adj* irreparable, irremediable.
irreplaceable [,ɪrɪ'pleɪsəbl] *adj* irreemplazable, insustituible.
irrepressible [,ɪrɪ'presəbl] *adj* [enthusiasm] irreprimible; [person] imparable.
irreproachable [,ɪrɪ'prəʊtʃəbl] *adj* irreprochable.
irresistible [,ɪrɪ'zɪstəbl] *adj* irresistible.
irresolute [ɪ'rezəlu:t] *adj fml* irresoluto(ta).
irrespective [,ɪrɪ'spektɪv]
◆ **irrespective of** *prep* independientemente de.
irresponsible [,ɪrɪ'spɒnsəbl] *adj* irresponsable.
irretrievable [,ɪrɪ'tri:vəbl] *adj* **-1.** [damage, situation] irreparable **-2.** [lost thing] irrecuperable.
irreverent [ɪ'revərənt] *adj* irreverente, irrespetuoso(sa).
irreversible [,ɪrɪ'vɜ:səbl] *adj* [judgment] irrevocable; [change] irreversible.
irrevocable [ɪ'revəkəbl] *adj* irrevocable.
irrigate ['ɪrɪgeɪt] *vt* regar, irrigar.
irrigation [,ɪrɪ'geɪʃn] ◇ *n* riego *m*, irrigación *f*. ◇ *comp* de riego; **~ channel** acequia *f*.
irritable ['ɪrɪtəbl] *adj* [person] irritable; [answer, tone] irritado(da).
irritable bowel syndrome *n* colon *m* irritable.
irritant ['ɪrɪtənt] *n* **-1.** [irritating situation] motivo *m* de irritación **-2.** [substance] sustancia *f* irritante.
irritate ['ɪrɪteɪt] *vt* irritar.
irritating ['ɪrɪteɪtɪŋ] *adj* irritante.
irritation [ɪrɪ'teɪʃn] *n* **-1.** [anger, soreness] irritación *f* **-2.** [cause of anger] motivo *m* de irritación.
IRS (*abbr of* **Internal Revenue Service**) *n US*: **the ~** ≃ Hacienda *f*.
is [ɪz] *3rd person sg* ▷ **be**.
ISBN (*abbr of* **International Standard Book Number**) *n* ISBN *m*.
ISDN (*abbr of* **Integrated Services Delivery Network**) *n* COMPUT RDSI *f*.
Islam ['ɪzlɑ:m] *n* [religion] islam *m*, islamismo *m*.
Islamabad [ɪz'lɑ:məbæd] *n* Islamabad.
Islamic [ɪz'læmɪk] *adj* islámico(ca).
island ['aɪlənd] *n* **-1.** [in water] isla *f* **-2.** [in traffic] isleta *f*, refugio *m*.
islander ['aɪləndəʳ] *n* isleño *m*, -ña *f*.
isle [aɪl] *n* [as part of name] isla *f*; *literary* [island] ínsula *f*.
Isle of Man *n*: **the ~** la isla de Man.
Isle of Wight [-waɪt] *n*: **the ~** la isla de Wight.
isn't ['ɪznt] = **is not**.
ISO (*abbr of* **International Standards Organization**) *n* ISO *f*, *organización internacional de normalización*.
isobar ['aɪsəbɑ:ʳ] *n* isobara *f*.
isolate ['aɪsəleɪt] *vt* **-1.**: **to ~ sb (from)** [physically] aislar a alguien (de); [socially] marginar a alguien (de) **-2.** MED: **to ~ sb** poner a alguien en cuarentena **-3.** CHEM & ELEC: **to ~ sthg (from)** aislar algo (de).
isolated ['aɪsəleɪtɪd] *adj* aislado(da).
isolation [aɪsə'leɪʃn] *n* [solitariness] aislamiento *m*; **in ~** [alone] en soledad; [separately] aisladamente.
isolationism [,aɪsə'leɪʃənɪzm] *n* aislacionismo *m*.
isosceles triangle [aɪ'sɒsɪli:z-] *n* triángulo *m* isósceles.
isotope ['aɪsətəʊp] *n* isótopo *m*.
ISP (*abbr of* **Internet Service Provider**) *n* PSI *m*.
Israel ['ɪzreɪəl] *n* Israel.
Israeli [ɪz'reɪlɪ] ◇ *adj* israelí. ◇ *n* israelí *m* OR *f*.

Israelite ['ɪzrəlaɪt] <> *adj* israelita. <> *n* israelita *m* OR *f*.

issue ['ɪʃu:] <> *n* **-1.** [important subject] cuestión *f*, tema *m*; **at ~** en cuestión; **to avoid the ~** evitar el tema; **to make an ~ of sthg** darle demasiada importancia a algo **-2.** [of newspaper, magazine] número *m* **-3.** [of stamps, shares, banknotes] emisión *f*. <> *vt* **-1.** [statement, warning] hacer público(ca); [decree] promulgar **-2.** [stamps, shares, banknotes] emitir, poner en circulación **-3.** [give]: **to ~ sthg to sb, to ~ sb with sthg** [passport, document] expedir algo a alguien; [ticket] proporcionar algo a alguien. <> *vi fml*: **to ~ (from)** surgir (de).

Istanbul [ˌɪstæn'bʊl] *n* Estambul.

isthmus ['ɪsməs] *n* istmo *m*.

it [ɪt] *pron* **-1.** [referring to specific thing or person - subj] él *m*, ella *f*; [- direct object] lo *m*, la *f*; [- indirect object] le; **~ is in my hand** está en mi mano; **~ broke** se rompió; **did you find ~?** ¿lo encontraste?; **give ~ to me** dámelo; **I like ~** me gusta; **he gave ~ a kick** le dio una patada **-2.** *(with prepositions)* él *m*, ella *f*; [meaning 'this matter' etc] ello; **as if his life depended on ~** como si le fuera la vida en ello; **in ~** dentro; **give this bone to ~** dale este hueso; **have you been to ~ before?** ¿has estado antes?; **he's good at ~** se le da bien; **on ~** encima; **to talk about ~** hablar de él/ella/ello; **under/beneath ~** debajo; **beside ~** al lado; **from/of ~** de él/ella/ello; **over ~** por encima **-3.** *(impersonal use)*: **~ was raining** llovía; **~ is cold today** hace frío hoy; **~'s two o'clock** son las dos; **who is ~? - it's Mary/me** ¿quién es? - soy Mary/yo; **what day is ~?** ¿a qué (día) estamos hoy?; **~'s Monday** es lunes; **~ says here that ...** aquí dice que ...; **~'s the children who worry me most** son los niños lo que más me preocupa.

IT *n abbr of* **information technology**.

Italian [ɪ'tæljən] <> *adj* italiano(na). <> *n* **-1.** [person] italiano *m*, -na *f* **-2.** [language] italiano *m*.

italic [ɪ'tælɪk] *adj* cursiva.
◆ **italics** *npl* cursiva *f*.

Italy ['ɪtəlɪ] *n* Italia.

itch [ɪtʃ] <> *n* picor *m*, picazón *f*. <> *vi* **-1.** [be itchy - person] tener picazón; [- arm, leg etc] picar; **my arm is ~ing** me pica el brazo **-2.** *fig* [be impatient]: **to be ~ing to do sthg** estar deseando hacer algo.

itchy ['ɪtʃɪ] (*compar* **-ier**, *superl* **-iest**) *adj* [garment, material] que pica; **I've got an ~ arm** me pica el brazo.

it'd ['ɪtəd] = **it would, it had**.

item ['aɪtəm] *n* **-1.** [in collection] artículo *m*; [on list, agenda] punto *m* **-2.** [article in newspaper] artículo *m*; **news ~** noticia *f*.

itemize, -ise ['aɪtəmaɪz] *vt* detallar.

itemized bill ['aɪtəmaɪzd-] *n* factura *f* detallada.

itinerant [ɪ'tɪnərənt] *adj* itinerante, ambulante.

itinerary [aɪ'tɪnərərɪ] (*pl* **-ies**) *n* itinerario *m*.

it'll [ɪtl] = **it will**.

ITN (*abbr of* **Independent Television News**) *n* *agencia de noticias para los canales de la Independent Broadcasting Authority.*

its [ɪts] *poss adj* su, sus *(pl)*; **the dog broke ~ leg** el perro se rompió la pata.

it's [ɪts] = **it is, it has**.

itself [ɪt'self] *pron* **-1.** *(reflexive)* se; *(after prep)* sí mismo(ma); **with ~** consigo mismo(ma) **-2.** *(for emphasis)*: **the town ~ is lovely** el pueblo en sí es muy bonito; **in ~** en sí; **it's simplicity ~** es la sencillez misma.

ITV (*abbr of* **Independent Television**) *n* ITV *f*, *canal privado de televisión en Gran Bretaña.*

IUCD (*abbr of* **intrauterine contraceptive device**) *n* DIU *m*.

IUD (*abbr of* **intrauterine device**) *n* DIU *m*.

I've [aɪv] = **I have**.

IVF (*abbr of* **in vitro fertilization**) *n fertilización in vitro.*

ivory ['aɪvərɪ] <> *adj* [ivory-coloured] de color marfil, marfileño(ña). <> *n* marfil *m*. <> *comp* de marfil.

Ivory Coast *n*: **the ~** la Costa de Marfil.

ivory tower *n* torre *f* de marfil.

ivy ['aɪvɪ] *n* hiedra *f*.

Ivy League *n US grupo de ocho prestigiosas universidades del este de los EE.UU.*

j (*pl* **j's** OR **js**), **J** (*pl* **J's** OR **Js**) [dʒeɪ] *n* [letter] j *f*, J *f*.

jab [dʒæb] (*pt* & *pp* **-bed**, *cont* **-bing**) <> *n* **-1.** [with elbow] codazo *m*; [in boxing] golpe *m* corto **-2.** *UK inf* [injection] pinchazo *m*. <> *vt*: **to ~ sthg into** clavar algo en; **to ~ sthg at** apuntarle algo a. <> *vi*: **to ~ at sthg/sb** intentar golpear algo/a alguien.

jabber ['dʒæbəʳ] <> *vt* farfullar. <> *vi* charlotear.

jack [dʒæk] *n* **-1.** [device] gato *m* **-2.** ELEC [plug] clavija *f*; [socket] clavijero *m* **-3.** [French deck playing card] ≃ jota *f*; [Spanish deck playing card] ≃ sota *f*.

◆ **jack in** *vt sep* ***UK inf*** mandar a paseo, dejar.

◆ **jack up** *vt sep* **-1.** [lift with a jack] levantar con gato **-2.** [force up] subir.

jackal ['dʒækəl] *n* chacal *m*.

jackdaw ['dʒækdɔ:] *n* grajilla *f*.

jacket ['dʒækɪt] *n* **-1.** [garment] chaqueta *f*, americana *f*, saco *m* ***Amér*** **-2.** [potato skin] piel *f* **-3.** [book cover] sobrecubierta *f* **-4.** ***US*** [of record] cubierta *f*.

jacket potato *n* patata *f* asada con piel.

jackhammer ['dʒæk,hæməʳ] *n* ***US*** martillo *m* neumático.

jack-in-the-box *n* caja *f* sorpresa.

jack knife *n* navaja *f*.

◆ **jack-knife** *vi*: **the lorry ~d** derrapó la parte delantera del camión.

jack-of-all-trades (*pl* **jacks-of-all-trades**) *n* *persona que sabe un poco de todo.*

jack plug *n* clavija *f*.

jackpot ['dʒækpɒt] *n* (premio *m*) gordo *m*.

Jacobean [,dʒækə'bɪən] *adj* de la época de Jacobo I.

Jacobite ['dʒækəbaɪt] <> *adj* jacobita. <> *n* jacobita *m* OR *f*.

Jacuzzi® [dʒə'ku:zɪ] *n* jacuzzi® *m*.

jade [dʒeɪd] <> *adj* [jade-coloured] jade *(inv)*. <> *comp* de jade. <> *n* **-1.** [stone] jade *m* **-2.** [colour] color *m* jade.

jaded ['dʒeɪdɪd] *adj* [tired] agotado(da); [bored] hastiado(da).

jagged ['dʒægɪd] *adj* dentado(da).

jaguar ['dʒægjʊəʳ] *n* jaguar *m*.

jail [dʒeɪl] <> *n* cárcel *f*; **in ~** en la cárcel. <> *vt* encarcelar.

jailbird ['dʒeɪlbɜ:d] *n* ***inf*** preso *m*, -sa *f* reincidente.

jailbreak ['dʒeɪlbreɪk] *n* fuga *f*, evasión *f*.

jailer ['dʒeɪləʳ] *n* carcelero *m*, -ra *f*.

Jakarta [dʒə'kɑ:tə] *n* Yakarta.

jam [dʒæm] (*pt* & *pp* **-med**, *cont* **-ming**) <> *n* **-1.** [preserve] mermelada *f* **-2.** [of traffic] embotellamiento *m*, atasco *m* **-3.** MUS jam session *f*, *sesión improvisada de jazz o rock* **-4.** ***inf*** [difficult situation]: **to get into/be in a ~** meterse/estar en un apuro. <> *vt* **-1.** [place roughly] meter a la fuerza **-2.** [fix] sujetar; **~ the door shut** atranca la puerta **-3.** [pack tightly] apiñar **-4.** [fill] abarrotar, atestar **-5.** TELEC bloquear **-6.** [cause to stick] atascar; **it's ~med** se ha atascado **-7.** RADIO interferir. <> *vi* **-1.** [stick] atascarse **-2.** MUS improvisar.

Jamaica [dʒə'meɪkə] *n* Jamaica.

Jamaican [dʒə'meɪkn] <> *adj* jamaicano(na). <> *n* jamaicano *m*, -na *f*.

jamb [dʒæm] *n* jamba *f*.

jamboree [,dʒæmbə'ri:] *n* **-1.** [celebration] juerga *f* **-2.** [gathering of scouts] reunión *f* de niños exploradores.

jam jar *n* tarro *m* de mermelada.

jamming ['dʒæmɪŋ] *n* RADIO interferencia *f*.

jam-packed [-'pækt] *adj* ***inf*** a tope, atestado(da).

jam session *n* jam session *f*, *sesión improvisada de jazz o rock.*

jam tart *n pastel de confitura relleno de mermelada de fresa o frambuesa.*

Jan. [dʒæn] (*abbr of* **January**) ene. *m*.

Jane Doe *n* ***US*** [unidentified woman] *nombre con el que se hace referencia a una desconocida.*

jangle ['dʒæŋgl] <> *n* tintineo *m*. <> *vt* hacer tintinear. <> *vi* tintinear.

janitor ['dʒænɪtəʳ] *n* ***US*** & ***Scot*** conserje *m*, portero *m*.

January ['dʒænjʊərɪ] *n* enero *m*; *see also* **September**.

Japan [dʒə'pæn] *n* (el) Japón.

Japanese [,dʒæpə'ni:z] (*pl inv*) <> *adj* japonés(esa). <> *n* [language] japonés *m*. <> *npl*: **the ~** los japoneses.

jape [dʒeɪp] *n* ***dated*** broma *f*.

jar [dʒɑ:ʳ] (*pt* & *pp* **-red**, *cont* **-ring**) <> *n* tarro *m*. <> *vt* [shake] sacudir. <> *vi* **-1.** [upset]: **to ~ (on sb)** poner los nervios de punta (a alguien) **-2.** [clash - opinions] discordar; [- colours] desentonar.

jargon ['dʒɑ:gən] *n* jerga *f*.

jarring ['dʒɑ:rɪŋ] *adj* **-1.** [upsetting] crispante **-2.** [blow] contundente **-3.** [clashing - opinions] discordante; [- colours] que desentonan.

jasmine ['dʒæzmɪn] *n* jazmín *m*.

jaundice ['dʒɔ:ndɪs] *n* ictericia *f*.

jaundiced ['dʒɔ:ndɪst] *adj* ***fig*** [attitude, view] desencantado(da).

jaunt [dʒɔ:nt] *n* excursión *f*.

jaunty ['dʒɔ:ntɪ] (*compar* **-ier**, *superl* **-iest**) *adj* [hat, wave] airoso(sa); [person] vivaz, desenvuelto(ta).

Java ['dʒɑ:və] *n* **-1.** Java **-2.** ***US inf*** [coffee] café *m*.

javelin ['dʒævlɪn] *n* jabalina *f*.

jaw [dʒɔ:] <> *n* [of person, animal] mandíbula *f*. <> *vi* ***inf*** cotorrear.

jawbone ['dʒɔ:bəʊn] *n* [of person, animal]

mandíbula *f*, maxilar *m*.
jay [dʒeɪ] *n* arrendajo *m*.
jaywalk ['dʒeɪwɔ:k] *vi* cruzar la calle descuidadamente.
jaywalker ['dʒeɪwɔ:kə^r] *n* peatón *m* imprudente.
jazz [dʒæz] *n* **-1.** MUS jazz *m* **-2.** *inf* [insincere talk] palabrería *f*; **and all that ~** y todo el rollo.
◆ **jazz up** *vt sep inf* alegrar, avivar.
jazz band *n* conjunto *m* OR banda *f* de jazz.
jazz singer *n* cantante *m* OR *f* de jazz.
jazzy ['dʒæzɪ] (*compar* **-ier**, *superl* **-iest**) *adj* [bright] llamativo(va).
JCB® *n* ≃ pala *f* excavadora.
JCR (*abbr of* **junior common room**) *n cuarto de estudiantes*.
JD (*abbr of* **Justice Department**) *n ministerio de justicia estadounidense*.
jealous ['dʒeləs] *adj* **-1.** [envious]: **to be ~ (of)** tener celos OR estar celoso(sa) (de) **-2.** [possessive]: **to be ~ (of)** ser celoso(sa) (de).
jealously ['dʒeləslɪ] *adv* celosamente.
jealousy ['dʒeləsɪ] *n (U)* celos *mpl*.
jeans [dʒi:nz] *npl* vaqueros *mpl*, bluyínes *mpl Amér.*
Jedda ['dʒedə] *n* Yedda.
jeep [dʒi:p] *n* jeep *m*, campero *m Amér.*
jeer [dʒɪə^r] <> *vt* [boo] abuchear; [mock] mofarse de. <> *vi*: **to ~ (at sb)** [boo] abuchear (a alguien); [mock] mofarse (de alguien).
◆ **jeers** *npl* [booing] abucheo *m*; [mocking] burlas *fpl*.
jeering ['dʒɪərɪŋ] *adj* burlón(ona).
Jehovah's Witness [dʒɪ'həʊvəz-] *n* testigo *m* OR *f* de Jehová.
Jell-O® ['dʒeləʊ] *n US* jalea *f*, gelatina *f*.
jelly ['dʒelɪ] (*pl* **-ies**) *n* **-1.** [dessert] jalea *f*, gelatina *f* **-2.** [jam] mermelada *f*.
jelly baby *n UK gominola en forma de muñeco*.
jelly bean *n* gominola *f*, caramelo *m* de goma *Amér*, gomita *f Chile*.
jellyfish ['dʒelɪfɪʃ] (*pl inv* OR **-es**) *n* medusa *f*.
jelly roll *n US* brazo *m* de gitano.
jemmy *UK* ['dʒemɪ], **jimmy** *US* ['dʒɪmɪ] (*pl* **-ies**) *n* palanqueta *f*.
jeopardize, -ise ['dʒepədaɪz] *vt* poner en peligro, arriesgar.
jeopardy ['dʒepədɪ] *n*: **in ~** en peligro.
jerk [dʒɜ:k] <> *n* **-1.** [of head] movimiento *m* brusco; [of arm] tirón *m*; [of vehicle] sacudida *f* **-2.** *v inf* [fool] idiota *m* OR *f*, majadero *m*, -ra *f*. <> *vt* tirar bruscamente de; **he ~ed his head round** giró la cabeza bruscamente. <> *vi* [person] saltar; [vehicle] dar sacudidas.
jerkily ['dʒɜ:kɪlɪ] *adv* [person] a trompicones; [vehicle] a tirones, a sacudidas.
jerkin ['dʒɜ:kɪn] *n* **-1.** HIST jubón *m* **-2.** [modern garment] chaqueta *f* sin mangas.
jerky ['dʒɜ:kɪ] (*compar* **-ier**, *superl* **-iest**) <> *adj* brusco(ca), espasmódico(ca). <> *n US* tasajo *m*, cecina *f*.
jerry-built ['dʒerɪ-] *adj* mal construido(da).
jersey ['dʒɜ:zɪ] (*pl* **jerseys**) *n* **-1.** [sweater] jersey *m* **-2.** [in cycling] maillot *m* **-3.** [cloth] tejido *m* de punto.
Jersey ['dʒɜ:zɪ] *n* Jersey.
Jerusalem [dʒə'ru:sələm] *n* Jerusalén.
jest [dʒest] *n*: **in ~** en broma.
jester ['dʒestə^r] *n* bufón *m*.
Jesuit ['dʒezjʊɪt] <> *adj* jesuita. <> *n* jesuita *m*.
Jesus (Christ) ['dʒi:zəs-] <> *n* Jesús *m*, Jesucristo *m*. <> *excl inf* ¡Santo Dios!
jet [dʒet] (*pt* & *pp* **-ted**, *cont* **-ting**) <> *n* **-1.** [aircraft] reactor *m* **-2.** [stream] chorro *m* **-3.** [nozzle, outlet] boca *f*, boquilla *f*. <> *vi* [travel by plane] viajar en avión.
jet-black *adj* negro(gra) azabache.
jet engine *n* reactor *m*.
jetfoil ['dʒetfɔɪl] *n* hidroplano *m*.
jet lag *n* desfase *m* horario.
jet-propelled [-prə'peld] *adj* a reacción.
jetsam ['dʒetsəm] ▷ **flotsam**.
jet set *n*: **the ~** la jet-set.
jet ski *n* moto *f* acuática.
jettison ['dʒetɪsən] *vt* [cargo] deshacerse de; *fig* [ideas] desechar.
jetty ['dʒetɪ] (*pl* **-ies**) *n* embarcadero *m*, malecón *m*.
Jew [dʒu:] *n* judío *m*, -a *f*.
jewel ['dʒu:əl] *n* **-1.** [gemstone] piedra *f* preciosa **-2.** [jewellery] joya *f* **-3.** [in watch] rubí *m*.
jeweller *UK*, **jeweler** *US* ['dʒu:ələ^r] *n* joyero *m*, -ra *f*; **~'s (shop)** joyería *f*.
jewellery *UK*, **jewelry** *US* ['dʒu:əlrɪ] *n (U)* joyas *fpl*, alhajas *fpl*.
Jewess ['dʒu:ɪs] *n* judía *f*.
Jewish ['dʒu:ɪʃ] *adj* judío(a).
JFK *abbr of* **John Fitzgerald Kennedy International Airport**.
jib [dʒɪb] (*pt* & *pp* **-bed**, *cont* **-bing**) <> *n* **-1.** [beam] aguilón *m* **-2.** [sail] foque *m*. <> *vi*: **to ~ at doing sthg** vacilar en hacer algo.
jibe [dʒaɪb] *n* pulla *f*, burla *f*.
jiffy ['dʒɪfɪ] *n inf*: **in a ~** en un segundo.
Jiffy bag® *n* sobre *m* acolchado.
jig [dʒɪg] (*pt* & *pp* **-ged**, *cont* **-ging**) <> *n* giga *f*. <> *vi* danzar dando brincos.

jiggle ['dʒɪgl] *vt* menear.
jigsaw (puzzle) ['dʒɪgsɔ:-] *n* rompecabezas *m inv*, puzzle *m*.
jihad [dʒɪ'hɑ:d] *n* yihad *f*, guerra *f* santa.
jilt [dʒɪlt] *vt* dejar plantado(da).
jimmy *US* = **jemmy**.
jingle ['dʒɪŋgl] ◇ *n* **-1.** [sound] tintineo *m* **-2.** [song] sintonía *f (de anuncio publicitario)*. ◇ *vi* tintinear.
jingoism ['dʒɪŋgəʊɪzm] *n* patriotería *f*.
jinx [dʒɪŋks] *n* gafe *m*.
jinxed ['dʒɪŋkst] *adj* gafado(da).
jitters ['dʒɪtəz] *npl inf*: **to have the ~** estar como un flan.
jittery ['dʒɪtərɪ] *adj inf*: **to be ~** estar como un flan.
jive [dʒaɪv] ◇ *n* **-1.** [dance] swing *m* **-2.** *US inf* [glib talk] palabrería *f*. ◇ *vi* bailar el swing.
job [dʒɒb] *n* **-1.** [paid employment] trabajo *m*, empleo *m*; **out of a ~** sin trabajo; **to learn on the ~** aprender con la práctica **-2.** [task & COMPUT] tarea *f*; **to do a good ~** hacerlo bien; **to make a good ~ of sthg** hacer un buen trabajo con algo **-3.** [difficult task]: **we had a ~ doing it** nos costó mucho hacerlo **-4.** [function] cometido *m*, deber *m* **-5.** *inf* [plastic surgery]: **she's had a nose ~** se ha hecho la cirugía en la nariz **-6.** *UK phr*: **it's a good ~ that ...** *inf* menos mal que ...; **that's just the ~** *inf* eso me viene de perilla.
jobbing ['dʒɒbɪŋ] *adj UK* (que trabaja) a destajo.
Jobcentre *n UK* oficina *f* de empleo.
job creation scheme *n* proyecto *m* de creación de empleo.
job cuts *npl* despidos *mpl*.
job description *n* descripción *f* de trabajo.
jobless ['dʒɒblɪs] ◇ *adj* desempleado(da). ◇ *npl*: **the ~** los desempleados.
job lot *n* lote *m* de saldos.
job satisfaction *n* satisfacción *f* en el trabajo.
job security *n* seguridad *f* en el trabajo.
job seeker *n* demandante *m* OR *f* de empleo.
Job Seekers Allowance *n UK* subsidio *m* de desempleo.
jobsharing ['dʒɒbʃeərɪŋ] *n (U)* empleo *m* compartido.
Joburg ['dʒəʊbɜ:g] *n inf* Johanesburgo.
jockey ['dʒɒkɪ] (*pl* **-s**) ◇ *n* jockey *m*, jinete *m*. ◇ *vi*: **to ~ for position** competir por colocarse en mejor posición.
Jockey shorts® *n US* calzoncillos *mpl*.
jockstrap ['dʒɒkstræp] *n* suspensorio *m*.
jocular ['dʒɒkjʊlə^r] *adj* **-1.** [cheerful] bromista **-2.** [funny] jocoso(sa).
jodhpurs ['dʒɒdpəz] *npl* pantalón *m* de montar.
Joe Public [dʒəʊ-] *n UK* el hombre de la calle.
jog [dʒɒg] (*pt* & *pp* **-ged**, *cont* **-ging**) ◇ *n* trote *m*; **to go for a ~** hacer footing. ◇ *vt* golpear ligeramente; **to ~ sb's memory** refrescar la memoria a alguien. ◇ *vi* hacer footing.
jogger ['dʒɒgə^r] *n* persona *f* que hace footing.
jogging ['dʒɒgɪŋ] *n* footing *m*.
joggle ['dʒɒgl] *vt* menear.
Johannesburg [dʒəʊ'hænɪsbɜ:g] *n* Johanesburgo.
john [dʒɒn] *n US inf* [toilet] wáter *m*.
John Doe *n US* [unidentified man] *nombre con el que se hace referencia a un desconocido*.
John Hancock [-'hænkɒk] *n US inf* [signature] firma *f*.
join [dʒɔɪn] ◇ *n* juntura *f*. ◇ *vt* **-1.** [unite] unir, juntar, empatar *Amér* **-2.** [get together with] reunirse con; **I'll ~ you for lunch** os acompaño a almorzar; **may I ~ you?** ¿te importa si me siento aquí? **-3.** [become a member of - political party, trade union] afiliarse a; [- club] hacerse socio de; [- army] alistarse en **-4.** [take part in] unirse a; **to ~ the queue** *UK*, **to ~ the line** *US* meterse en la cola. ◇ *vi* **-1.** [rivers] confluir; [edges, pieces] unirse, juntarse **-2.** [become a member - of political party, trade union] afiliarse; [- of club] hacerse socio; [- of army] alistarse.
◆ **join in** ◇ *vt fus* participar en, tomar parte en. ◇ *vi* participar, tomar parte.
◆ **join up** *vi* MIL alistarse.
joiner ['dʒɔɪnə^r] *n* carpintero *m*.
joinery ['dʒɔɪnərɪ] *n* carpintería *f*.
joint [dʒɔɪnt] ◇ *adj* [responsibility] compartido(da); [effort] conjunto(ta); **~ owner** copropietario *m*, -ria *f*. ◇ *n* **-1.** ANAT articulación *f* **-2.** [place where things are joined] juntura *f*, junta *f*, empate *m Amér* **-3.** *UK* [of meat - uncooked] corte *m* para asar; [- cooked] asado *m* **-4.** *inf pej* [place] antro *m*, garito *m* **-5.** *inf* [cannabis cigarette] porro *m*.
joint account *n* cuenta *f* conjunta.
jointed ['dʒɔɪntɪd] *adj* articulado(da).
joint leader *n* colíder *m* OR *f*.
jointly ['dʒɔɪntlɪ] *adv* conjuntamente.
joint ownership *n* copropiedad *f*.
joint-stock company *n* ≃ sociedad *f* anónima.
joint venture *n* empresa *f* conjunta.
joist [dʒɔɪst] *n* vigueta *f*.
jojoba [hə'həʊbə] *n* jojoba *f*.
joke [dʒəʊk] ◇ *n* [funny story] chiste *m*; [funny action] broma *f*; **to do sthg for a ~** hacer algo

en broma; **to go beyond a ~** pasarse de castaño oscuro; **to play a ~ on sb** gastarle una broma a alguien; **to be a ~** [person] ser un inútil; [situation] ser una tomadura de pelo; **it's no ~** [not easy] no es (nada) fácil. <> *vi* bromear; **you're joking** estás de broma; **I'm not joking** hablo en serio; **to ~ about sthg/ with sb** bromear acerca de algo/con alguien.

joker ['dʒəʊkəʳ] *n* **-1.** [funny person] bromista *m* OR *f* **-2.** [useless person] inútil *m* OR *f* **-3.** [playing card] comodín *m*.

jollity ['dʒɒlətɪ] *n* alegría *f*.

jolly ['dʒɒlɪ] (*compar* **-ier**, *superl* **-iest**) <> *adj* [person, laugh] alegre; [time] divertido(da). <> *adv UK inf* muy; **~ good!** ¡genial!

jolt [dʒəʊlt] <> *n* **-1.** *lit* sacudida *f* **-2.** *fig* susto *m*. <> *vt* **-1.** [jerk] sacudir, zarandear **-2.** [shock] sacudir; **to ~ sb into doing sthg** acabar convenciendo a alguien de hacer algo. <> *vi* traquetear.

jones [dʒəʊnz] *n US inf* [craving]: **a sugar ~** ganas de comer cosas dulces.

Joneses ['dʒəʊnzɪz] *npl*: **to keep up with the ~** no ser menos que el vecino.

Jordan ['dʒɔːdn] *n* Jordania; **the (River) ~** el (río) Jordán.

Jordanian [dʒɔː'deɪnjən] <> *adj* jordano(na). <> *n* jordano *m*, -na *f*.

joss stick [dʒɒs-] *n* varita *f* de incienso.

jostle ['dʒɒsl] <> *vt* empujar, dar empujones a. <> *vi* empujar, dar empujones.

jot [dʒɒt] (*pt* & *pp* **-ted**, *cont* **-ting**) *n* pizca *f*; **I don't care a ~** no me importa en lo más mínimo.

◆ **jot down** *vt sep* apuntar, anotar.

jotter ['dʒɒtəʳ] *n* bloc *m*.

jottings ['dʒɒtɪŋz] *npl* apuntes *mpl*, notas *fpl*.

journal ['dʒɜːnl] *n* **-1.** [magazine] revista *f*, boletín *m* **-2.** [diary] diario *m*.

journalese [ˌdʒɜːnə'liːz] *n pej* jerga *f* periodística.

journalism ['dʒɜːnəlɪzm] *n* periodismo *m*.

journalist ['dʒɜːnəlɪst] *n* periodista *m* OR *f*.

journey ['dʒɜːnɪ] (*pl* **-s**) <> *n* viaje *m*. <> *vi* viajar.

joust [dʒaʊst] *vi* justar.

jovial ['dʒəʊvjəl] *adj* jovial.

jowls [dʒaʊlz] *npl* carrillos *mpl*.

joy [dʒɔɪ] *n* **-1.** [happiness] alegría *f*, regocijo *m* **-2.** [cause of joy] placer *m*, deleite *m*.

joyful ['dʒɔɪfʊl] *adj* alegre.

joyfully ['dʒɔɪfʊlɪ] *adv* alegremente.

joyous ['dʒɔɪəs] *adj* jubiloso(sa).

joyously ['dʒɔɪəslɪ] *adv* jubilosamente.

joyride ['dʒɔɪraɪd] (*pt* **-rode**, *pp* **-ridden**) <> *n* vuelta *f* en un coche robado. <> *vi* darse una vuelta en un coche robado.

joyrider ['dʒɔɪraɪdəʳ] *n persona que se da una vuelta en un coche robado.*

joystick ['dʒɔɪstɪk] *n* [of aircraft] palanca *f* de mando; [for video games, computers] joystick *m*.

JP *n abbr of* **Justice of the Peace**.

Jr. *US* (*abbr of* **Junior**) jr; **Mark Andrews ~** Mark Andrews, hijo.

jubilant ['dʒuːbɪlənt] *adj* [person] jubiloso(sa); [shout] alborozado(da).

jubilation [ˌdʒuːbɪ'leɪʃn] *n* júbilo *m*, alborozo *m*.

jubilee ['dʒuːbɪliː] *n* aniversario *m*.

Judaism [dʒuː'deɪɪzm] *n* judaísmo *m*.

judder ['dʒʌdəʳ] *vi UK* vibrar; **to ~ to a halt** pararse con una sacudida.

judge [dʒʌdʒ] <> *n* [gen & JUR] juez *m* OR *f*; **to be a good ~ of character** tener buen ojo para la gente. <> *vt* **-1.** [gen & JUR] juzgar **-2.** [age, distance] calcular. <> *vi* juzgar; **to ~ from** OR **by, judging from** OR **by** a juzgar por.

judg(e)ment ['dʒʌdʒmənt] *n* **-1.** JUR fallo *m*, sentencia *f*; **to pass ~ (on sb)** pronunciar sentencia (sobre alguien) **-2.** [opinion] juicio *m*; **to pass ~ (on sb/sthg)** pronunciarse (sobre alguien/algo); **to reserve ~** reservarse la opinión **-3.** [ability to form opinion] juicio *m*; **against my better ~** en contra de lo que me dicta el juicio **-4.** [punishment] castigo *m*.

judg(e)mental [dʒʌdʒ'mentl] *adj pej*: **to be ~** emitir juicios.

judicial [dʒuː'dɪʃl] *adj* judicial.

judiciary [dʒuː'dɪʃərɪ] *n*: **the ~** [part of government] el poder judicial; [judges] la judicatura.

judicious [dʒuː'dɪʃəs] *adj* juicioso(sa).

judo ['dʒuːdəʊ] *n* judo *m*.

jug [dʒʌg] *n* jarra *f*.

juggernaut ['dʒʌgənɔːt] *n* camión *m* grande.

juggle ['dʒʌgl] <> *vt* **-1.** [throw] hacer juegos malabares con **-2.** [rearrange] jugar con. <> *vi* hacer juegos malabares.

juggler ['dʒʌgləʳ] *n* malabarista *m* OR *f*.

jugular (vein) ['dʒʌgjʊləʳ-] *n* yugular *f*.

juice [dʒuːs] *n* **-1.** [from fruit, vegetables] zumo *m* **-2.** [from meat] jugo *m*.

juicer ['dʒuːsəʳ] *n* exprimidor *m*.

juicy ['dʒuːsɪ] (*compar* **-ier**, *superl* **-iest**) *adj* **-1.** [gen] jugoso(sa) **-2.** *inf* [scandalous] sabroso(sa), picante.

jujitsu [dʒuː'dʒɪtsuː] *n* jiu-jitsu *m*.

jukebox ['dʒuːkbɒks] *n* máquina *f* de discos.

Jul. (*abbr of* **July**) jul.

July [dʒuː'laɪ] *n* julio *m*; *see also* **September**.

jumble ['dʒʌmbl] <> *n* [mixture] revoltijo *m*. <>

vt: **to ~ (up)** revolver.

jumble sale *n UK* rastrillo *m* benéfico.

jumbo jet ['dʒʌmbəʊ-] *n* jumbo *m*.

jumbo-sized ['dʒʌmbəʊsaɪzd] *adj* gigante, de tamaño familiar.

jump [dʒʌmp] <> *n* **-1.** [act of jumping] salto *m* **-2.** [start, surprised movement] sobresalto *m* **-3.** [fence in horsejumping] obstáculo *m* **-4.** [rapid increase] incremento *m*, salto *m* **-5.** *phr*: **to keep one ~ ahead of sb** mantener la delantera con respecto a alguien. <> *vt* **-1.** [cross by jumping] saltar **-2.** [attack] asaltar **-3.** [miss out] saltarse **-4.** *US* [train, bus] colarse en. <> *vi* **-1.** [spring] saltar; **to ~ across sthg** cruzar algo de un salto; **to ~ out of the window** tirarse por la ventana **-2.** [make a sudden movement] sobresaltarse; **his heart ~ed** le dio un vuelco el corazón **-3.** [increase rapidly] dar un salto, aumentar de golpe.

◆ **jump at** *vt fus* no dejar escapar.

jumped-up ['dʒʌmpt-] *adj UK inf pej* creído (da), presuntuoso(sa).

jumper ['dʒʌmpəʳ] *n* **-1.** *UK* [pullover] jersey *m*, chomba *f RP*, chompa *f Andes* **-2.** *US* [dress] pichi *m*.

jumper cables *npl US* cables *mpl* de empalme *(de batería)*.

jump jet *n* avión *m* de despegue vertical.

jump leads *npl* cables *mpl* de empalme *(de batería)*.

jump-start *vt* [by pushing] arrancar empujando; [using jump leads] arrancar haciendo un puente.

jumpsuit ['dʒʌmpsu:t] *n* mono *m*.

jumpy ['dʒʌmpɪ] (*compar* **-ier**, *superl* **-iest**) *adj* inquieto(ta).

Jun, Jun. *abbr of* **June** jun.

Jun., Junr *US* (*abbr of* **Junior**) jr.

junction ['dʒʌŋkʃn] *n* [of roads] cruce *m*; *UK* [on motorway] salida *f*; [of railway lines] empalme *m*.

junction box *n* caja *f* de empalmes.

juncture ['dʒʌŋktʃəʳ] *n fml*: **at this ~** en esta coyuntura.

June [dʒu:n] *n* junio *m*; *see also* **September**.

jungle ['dʒʌŋgl] *n lit & fig* selva *f*.

jungle gym *n US barras de metal para que trepen los niños*.

junior ['dʒu:njəʳ] <> *adj* **-1.** [partner, member] de menor antigüedad, júnior *(inv)*; [officer] subalterno(na) **-2.** [after name]: **Mark Andrews ~** Mark Andrews, hijo. <> *n* **-1.** [person of lower rank] subalterno *m*, -na *f* **-2.** [younger person]: **he's my ~** soy mayor que él **-3.** *US SCH & UNIV alumno de penúltimo año*.

junior college *n US colegio universitario para los dos primeros años*.

junior doctor *n médico que lleva poco ejerciendo*.

junior high school *n US* ≃ instituto *m* de bachillerato *(13-15 años)*.

junior minister *n UK* subsecretario *m*, -ria *f*.

junior school *n UK* ≃ escuela *f* primaria.

juniper ['dʒu:nɪpəʳ] *n* enebro *m*.

junk [dʒʌŋk] *inf* <> *n (U)* [unwanted things] trastos *mpl*. <> *vt inf* tirar a la basura.

junket ['dʒʌŋkɪt] *n* **-1.** [pudding] dulce *m* de leche cuajada **-2.** *inf pej* [trip] *viaje lujoso pagado con dinero del estado*.

junk food *n pej* comida *f* basura.

junkie ['dʒʌŋkɪ] *n inf* yonqui *m* OR *f*.

junk mail *n (U) pej* propaganda *f (por correo)*.

junk shop *n* tienda *f* de objetos usados, cambalache *m RP*.

junta [*UK* 'dʒʌntə, *US* 'hʊntə] *n* junta *f* militar.

Jupiter ['dʒu:pɪtəʳ] *n* Júpiter *m*.

jurisdiction [ˌdʒʊərɪs'dɪkʃn] *n* jurisdicción *f*.

jurisprudence [ˌdʒʊərɪs'pru:dəns] *n* jurisprudencia *f*.

juror ['dʒʊərəʳ] *n* jurado *m*.

jury ['dʒʊərɪ] (*pl* **-ies**) *n* jurado *m*; **the ~ is still out on that** eso está por ver.

jury box *n* tribuna *f* del jurado.

jury service *n servicio realizado como miembro de un jurado*.

just [dʒʌst] <> *adv* **-1.** [recently]: **he has ~ left/moved** acaba de salir/mudarse **-2.** [at that moment]: **we were ~ leaving when ...** justo íbamos a salir cuando ...; **I'm ~ about to do it** voy a hacerlo ahora; **I couldn't do it ~ then** no lo podía hacer en aquel momento; **~ as I was leaving** justo en el momento en que salía; **~ recently** hace muy poco; **~ yesterday** ayer mismo **-3.** [only, simply] sólo, solamente; **he's ~ a child** no es más que un niño; **~ add water** simplemente añada un poco de agua; **if you need help, ~ ask** si necesitas ayuda, no tienes más que pedirla; **~ a minute** OR **moment** OR **second** un momento **-4.** [almost not] apenas; **I (only) ~ did it** conseguí hacerlo por muy poco **-5.** [for emphasis]: **I ~ know it!** ¡estoy seguro!; **~ imagine!** ¡imagínate!; **~ look what you've done!** ¡mira lo que has hecho! **-6.** [exactly, precisely] exactamente, precisamente; **~ what I need** justo lo que necesito; **~ here/there** aquí/allí mismo **-7.** [in requests]: **could you ~ open your mouth?** ¿podrías abrir la boca un momento, por favor? <> *adj* justo(ta).

◆ **just about** *adv* **-1.** [nearly] casi **-2.** [more or less] más o menos.

◆ **just as** *adv*: ~ **as ... as** tan ... como, igual de ... que.

◆ **just now** *adv* **-1.** [a short time ago] hace un momento **-2.** [at this moment] justo ahora, ahora mismo.

justice [ˈdʒʌstɪs] *n* justicia *f*; **to bring sb to ~** llevar a alguien ante los tribunales; **to do ~ to sthg** [to a job] estar a la altura de algo; [to a meal] hacerle los honores a algo.

Justice of the Peace (*pl* **Justices of the Peace**) *n* juez *m* OR *f* de paz.

justifiable [ˈdʒʌstɪfaɪəbl] *adj* justificable.

justifiable homicide *n* ≃ homocidio *m* con eximente de defensa propia.

justifiably [ˈdʒʌstɪfaɪəblɪ] *adv* justificadamente.

justification [ˌdʒʌstɪfɪˈkeɪʃn] *n* justificación *f*.

justify [ˈdʒʌstɪfaɪ] (*pt* & *pp* **-ied**) *vt* **-1.** [explain]: **to ~ (sthg/doing sthg)** justificar (algo/el haber hecho algo) **-2.** *TYPO* justificar.

justly [ˈdʒʌstlɪ] *adv* justamente.

jut [dʒʌt] (*pt* & *pp* **-ted**, *cont* **-ting**) *vi*: **to ~ (out)** sobresalir.

jute [dʒuːt] *n* yute *m*.

juvenile [ˈdʒuːvənaɪl] ◇ *adj* **-1.** *JUR* juvenil **-2.** *pej* [childish] infantil. ◇ *n JUR* menor *m* OR *f* (de edad).

juvenile court *n* tribunal *m* (tutelar) de menores.

juvenile delinquent *n* delincuente *m* OR *f* juvenil.

juxtapose [ˌdʒʌkstəˈpəʊz] *vt*: **to ~ sthg (with)** yuxtaponer algo (a).

juxtaposition [ˌdʒʌkstəpəˈzɪʃn] *n* yuxtaposición *f*.

K

k (*pl* **k's** OR **ks**), **K** (*pl* **K's** OR **Ks**) [keɪ] *n* [letter] k *f*, K *f*.

◆ **K -1.** (*abbr of* **kilobyte(s)**) K **-2.** *abbr of* **Knight -3.** *abbr of* **thousand**; **40 ~** cuarenta mil.

Kabul [ˈkɑːbʊl] *n* Kabul.

kaftan [ˈkæftæn] *n* caftán *m*.

Kalahari Desert [ˌkæləˈhɑːrɪ-] *n*: **the ~** el desierto de Kalahari.

kale [keɪl] *n* col *f* rizada.

kaleidoscope [kəˈlaɪdəskəʊp] *n lit* & *fig* caleidoscopio *m*, calidoscopio *m*.

kamikaze [ˌkæmɪˈkɑːzɪ] *n* kamikaze *m*.

Kampala [kæmˈpɑːlə] *n* Kampala.

Kampuchea [ˌkæmpʊˈtʃɪə] *n* Kampuchea.

kangaroo [ˌkæŋgəˈruː] *n* canguro *m*.

Kansas [ˈkænzəs] *n* Kansas.

kaolin [ˈkeɪəlɪn] *n* caolín *m*.

kaput [kəˈpʊt] *adj inf* escacharrado(da).

karaoke [kɑːrəˈəʊkɪ] *n* karaoke *m*.

karat [ˈkærət] *n US* quilate *m*.

karate [kəˈrɑːtɪ] *n* kárate *m*.

karting [ˈkɑːtɪŋ] *n* karting *m*.

Kashmir [kæʃˈmɪə] *n* Cachemira.

Kashmiri [kæʃˈmɪrɪ] ◇ *adj de o relativo a Cachemira.* ◇ *n natural o habitante de Cachemira.*

Katar = **Qatar**.

Katmandu [ˌkætmænˈduː] *n* Katmandú.

kayak [ˈkaɪæk] *n* kayac *m*.

Kazakhstan [ˌkæzækˈstɑːn] *n* (el) Kazajstán.

Kb *n* [comput] Kb.

KC (*abbr of* **King's Counsel**) *abogado del Estado.*

kcal (*abbr of* **kilocalorie**) kcal.

kebab [kɪˈbæb] *n* pincho *m* moruno, brocheta *f*.

kedgeree [ˈkedʒəriː] *n UK (U) plato de arroz, pescado y huevo duro.*

keel [kiːl] *n* quilla *f*; **on an even ~** en equilibrio estable.

◆ **keel over** *vi* [ship] zozobrar; [person] desplomarse.

keen [kiːn] *adj* **-1.** [enthusiastic] entusiasta; **to be ~ on sthg** ser aficionado(da) a algo; **she is ~ on you** tú le gustas; **I'm not ~ on the idea** no me entusiasma la idea; **to be ~ to do** OR **on doing sthg** tener ganas de hacer algo **-2.** [intense - interest, desire] profundo(da); [- competition] reñido(da) **-3.** [sharp - sense of smell, hearing, vision] agudo(da); [- eye, ear] fino(na); [- mind] agudo, penetrante.

keenly [ˈkiːnlɪ] *adv* **-1.** [intensely - interested] vivamente; [- contested] reñidamente **-2.** [intently] atentamente.

keenness [ˈkiːnnɪs] *n* **-1.** [enthusiasm] entusiasmo *m* **-2.** [of interest] intensidad *f*, viveza *f*; [of competition] ferocidad *f* **-3.** [sharpness] agudeza *f*.

keep [kiːp] (*pt* & *pp* **kept**) ◇ *vt* **-1.** [maintain in a particular place or state or position] mantener; **to ~ sb waiting/awake** tener a alguien esperando/despierto; **to ~ sb talking** darle conversación a alguien **-2.** [retain] quedarse con; **~ the**

change quédese con la vuelta **-3.** [put aside, store] guardar; **to ~ sthg for sb** guardar algo para alguien **-4.** [prevent]: **to ~ sb/sthg from doing sthg** impedir a alguien/algo hacer algo **-5.** [detain] detener; **what kept you?** ¿por qué llegas tan tarde? **-6.** [fulfil, observe - appointment] acudir a; [- promise, vow] cumplir **-7.** [not disclose]: **to ~ sthg from sb** ocultar algo a alguien; **to ~ sthg to o.s.** no contarle algo a nadie **-8.** [in writing - record, account] llevar; [- diary] escribir; [- note] tomar **-9.** [own - animals, shop] tener **-10.** *phr*: **they ~ themselves to themselves** no tienen mucho trato con nadie. <> *vi* **-1.** [remain] mantenerse; **to ~ quiet** callarse; **to ~ still** estarse quieto **-2.** [continue]: **to ~ doing sthg** [repeatedly] no dejar de hacer algo; [without stopping] continuar OR seguir haciendo algo; **to ~ going** seguir adelante **-3.** [continue in a particular direction] continuar, seguir; **to ~ left/right** circular por la izquierda/derecha; **to ~ north/south** seguir hacia el norte/el sur **-4.** [food] conservarse **-5.** *UK* [be in a particular state of health] estar, andar; **how are you ~ing?** ¿qué tal estás? <> *n* **-1.** [food, board etc] manutención *f*, sustento *m*; **to earn one's ~** ganarse el pan **-2.** [of castle] torre *f* del homenaje.

◆ **keeps** *n*: **for ~s** para siempre.

◆ **keep at** *vt fus*: **to ~ at it** perseverar.

◆ **keep back** <> *vt sep* [information] ocultar; [money, salary] retener. <> *vi* no acercarse.

◆ **keep down** *vt sep* **-1.** [repress] contener **-2.** [food]: **she can't ~ anything down** lo vomita todo.

◆ **keep off** *vt fus* [subject] evitar; **~ off the grass** no pisar la hierba.

◆ **keep on** <> *vi* **-1.** [continue]: **to ~ on doing sthg** [continue to do] continuar OR seguir haciendo algo; [do repeatedly] no dejar de hacer algo **-2.** [talk incessantly]: **to ~ on (about)** seguir dale que te pego (con). <> *vt sep* [not sack] mantener en el puesto.

◆ **keep on at** *vt fus UK* dar la lata a.

◆ **keep out** <> *vt sep* no dejar pasar. <> *vi*: **'~ out'** 'prohibida la entrada'.

◆ **keep to** <> *vt fus* **-1.** [follow] ceñirse a **-2.** [fulfil, meet] cumplir. <> *vt sep* [limit] limitar a.

◆ **keep up** <> *vt sep* mantener; **to ~ up appearances** guardar las apariencias; **~ up the good work!** ¡sigue así! <> *vi* **-1.** [maintain pace, level etc] mantener el ritmo; **to ~ up with sb/sthg** seguir el ritmo de alguien/algo **-2.** [stay in contact]: **to ~ up with sb** mantener contacto con alguien.

keeper ['ki:pə^r] *n* **-1.** [of park, zoo] guarda *m* OR *f* **-2.** *UK* [goalkeeper] guardameta *m*.

keep-fit *UK* <> *n (U)* ejercicios *mpl* de mantenimiento. <> *comp* [class, exercises] de mantenimiento; [enthusiast] de ejercicios de mantenimiento.

keeping ['ki:pɪŋ] *n* **-1.** [care]: **in sb's ~** al cuidado de alguien; **in safe ~** en lugar seguro **-2.** [conformity, harmony]: **in/out of ~ (with)** de acuerdo/en desacuerdo (con).

keepsake ['ki:pseɪk] *n* recuerdo *m*.

keg [keg] *n* barrilete *m*.

kelp [kelp] *n* varec *m*, alga *f* marina.

ken [ken] *n*: **to be beyond one's ~** resultar del todo incomprensible para uno.

kennel ['kenl] *n* **-1.** [for dog] caseta *f* del perro **-2.** *US* = **kennels**.

◆ **kennels** *npl UK* residencia *f* para perros.

Kentucky [ken'tʌkɪ] *n* Kentucky.

Kenya ['kenjə] *n* Kenia.

Kenyan ['kenjən] <> *adj* keniano(na). <> *n* keniano *m*, -na *f*.

kept [kept] *pt & pp* ▷ **keep**.

kerb [kɜ:b] *n UK* bordillo *m*, cordón *m* de la vereda *RP*, cuneta *f* **Chile**, bordo *m* de la banqueta *Méx*, sardinel *m* **Col**.

kerb crawler [-ˌkrɔ:lə^r] *n UK conductor que busca prostitutas desde el coche*.

kerbstone ['kɜ:bstəʊn] *n UK* piedra *f* de bordillo.

kerfuffle [kə'fʌfl] *n UK inf* follón *m*.

kernel ['kɜ:nl] *n* [of nut, fruit] pepita *f*.

kerosene ['kerəsi:n] *n* queroseno *m*.

kestrel ['kestrəl] *n* cernícalo *m*.

ketchup ['ketʃəp] *n* ketchup *m*, catsup *m*.

kettle ['ketl] *n* tetera *f* para hervir, hervidor *m*; **to put the ~ on** poner el agua a hervir.

kettledrum ['ketldrʌm] *n* timbal *m*.

key [ki:] <> *n* **-1.** [for lock] llave *f* **-2.** [of typewriter, computer, piano] tecla *f* **-3.** [explanatory list] clave *f* **-4.** [solution, answer]: **the ~ (to)** la clave (de) **-5.** MUS [scale of notes] tono *m*; **off ~** desafinado(da). <> *adj* clave *(inv)*.

◆ **key in** *vt sep* teclear.

keyboard ['ki:bɔ:d] *n* teclado *m*.

keyboarder ['ki:bɔ:də^r] *n* teclista *m* OR *f*.

keyed up [ki:d-] *adj* nervioso(sa).

keyhole ['ki:həʊl] *n* ojo *m* de la cerradura.

keyhole surgery *n* cirugía *f* endoscópica.

keynote ['ki:nəʊt] <> *n* núcleo *m* fundamental. <> *comp*: **~ speech** discurso *m* principal.

keypad ['ki:pæd] *n* teclado *m* numérico.

keypunch ['ki:pʌntʃ] *n* perforadora *f*.

key ring *n* llavero *m*.

keystone ['ki:stəʊn] *n* **-1.** [stone] clave *f* **-2.** [essential idea] piedra *f* angular.

keystroke ['ki:strəʊk] *n* pulsación *f (de tecla)*.

kg (*abbr of* **kilogram**) kg *m*.
KGB *n* KGB *m*.
khaki ['kɑːkɪ] ◇ *adj* caqui. ◇ *n* caqui *m*.
◆ **khakis** *npl US* pantalones *mpl* de soldado.
Khmer [kə'meəʳ] ◇ *adj* jemer. ◇ *n* **-1.** [person] jemer *m* OR *f*; **the ~ Rouge** los Jemeres Rojos **-2.** [language] jemer *m*.
kibbutz [kɪ'bʊts] (*pl* **kibbutzim** [ˌkɪbʊt'siːm], **-es**) *n* kibutz *m*.
kick [kɪk] ◇ *n* **-1.** [from person] patada *f*, puntapié *m*; [from animal] coz *f* **-2.** *inf* [excitement]: **to do sthg for ~s** hacer algo para divertirse; **to get a ~ from sthg** disfrutar con algo **-3.** *inf* [of drink]: **to have a ~** estar cantidad de fuerte. ◇ *vt* **-1.** [hit once with foot] dar una patada OR un puntapié a; [hit repeatedly with foot] dar patadas OR puntapiés a; **he ~ed the ball back to them** les devolvió la pelota de un puntapié **-2.** *fig* [be angry with]: **I could have ~ed myself** estaba que me tiraba de los pelos **-3.** *inf* [give up] dejar. ◇ *vi* [person] dar patadas; [animal] dar coces, cocear.
◆ **kick about, kick around** *vi UK inf* andar rondando por ahí.
◆ **kick back** *vi US* [relax] relajarse.
◆ **kick in** *vi* **-1.** [drug] surtir efecto **-2.** [start] empezar.
◆ **kick off** *vi* **-1.** [football] hacer el saque inicial **-2.** *inf* [start activity] empezar.
◆ **kick out** *vt sep inf* echar, poner de patitas en la calle.
◆ **kick up** *vt fus inf* [a fuss, racket] armar.
kickoff ['kɪkɒf] *n* saque *m* inicial.
kick-start *vt* [bike] arrancar *(dando una patada al pedal)*; [economy] reactivar.
kid [kɪd] (*pt* & *pp* **-ded**, *cont* **-ding**) ◇ *n* **-1.** *inf* [child] crío *m*, -a *f*, chavalín *m*, -ina *f* **-2.** *inf* [young person] chico *m*, -ca *f*, chaval *m*, -la *f*, pibe *m*, -ba *f* **Amér -3.** [young goat] cabrito *m* **-4.** [leather] cabritilla *f*. ◇ *comp inf* [brother, sister] menor, pequeño(ña). ◇ *vt inf* **-1.** [tease] tomar el pelo a **-2.** [delude]: **to ~ o.s.** hacerse ilusiones. ◇ *vi inf*: **to be kidding** estar de broma; **no kidding!** [honestly] ¡en serio!; [really] ¡no me digas!
kiddie, kiddy ['kɪdɪ] (*pl* **-ies**) *n inf* crío *m*, -a *f*.
kid gloves *npl*: **to treat** OR **handle sb with ~** tratar a alguien con mucho tacto.
kidnap ['kɪdnæp] (*UK pt* & *pp* **-ped**, *cont* **-ping**, *US pt* & *pp* **-ed**, *cont* **-ing**) *vt* secuestrar, raptar, plagiar **Amér**.
kidnapper *UK*, **kidnaper** *US* ['kɪdnæpəʳ] *n* secuestrador *m*, -ra *f*, raptor *m*, -ra *f*, plagiario *m*, -ria *f* **Amér**.
kidnapping *UK*, **kidnaping** *US* ['kɪdnæpɪŋ] *n* secuestro *m*, rapto *m*, plagio *m* **Amér**.
kidney ['kɪdnɪ] (*pl* **kidneys**) *n* ANAT & CULIN riñón *m*.
kidney bean *n* judía *f* pinta, frijol *m* **Amér** OR poroto *m* **Andes, CSur** rojo *(con forma de riñón)*, caraota *f* roja *(con forma de riñón)* **Ven**.
kidney machine *n* riñón *m* artificial.
Kilimanjaro [ˌkɪlɪmən'dʒɑːrəʊ] *n* Kilimanjaro.
kill [kɪl] ◇ *vt* **-1.** [gen] matar; **he was ~ed in an accident** murió en un accidente; **my feet are ~ing me!** ¡cómo me duelen los pies! **-2.** *fig* [cause to end, fail] poner fin a **-3.** [occupy]: **to ~ time** matar el tiempo. ◇ *vi* matar. ◇ *n* **-1.** [killing]: **we watched the wolves move in for the ~** vimos cómo los lobos se preparaban para caer sobre su presa **-2.** [dead animal] presa *f*.
◆ **kill off** *vt sep* **-1.** [cause death of] acabar con **-2.** *fig* [cause to end] poner fin a.
killer ['kɪləʳ] *n* **-1.** [person, animal] asesino *m*, -na *f* **-2.** [disease] enfermedad *f* mortal.
killer whale *n* orca *f*.
killing ['kɪlɪŋ] ◇ *adj inf* [very funny] desternillante. ◇ *n* asesinato *m*; **to make a ~** *inf* hacer su agosto, forrarse.
killjoy ['kɪldʒɔɪ] *n* aguafiestas *m y f inv*.
kiln [kɪln] *n* horno *m*.
kilo ['kiːləʊ] (*pl* **-s**) (*abbr of* **kilogram**) *n* kilo *m*.
kilo- [kɪlə] *prefix* kilo-.
kilobyte ['kɪləbaɪt] *n* kilobyte *m*.
kilocalorie ['kɪləˌkælərɪ] *n* kilocaloría *f*.
kilogram(me) ['kɪləgræm] *n* kilogramo *m*.
kilohertz ['kɪləhɜːtz] (*pl inv*) *n* kilohercio *m*.
kilojoule ['kɪlədʒuːl] *n* kilojulio *m*.
kilometre *UK* ['kɪləˌmiːtəʳ], **kilometer** *US* [kɪ'lɒmɪtəʳ] *n* kilómetro *m*.
kilowatt ['kɪləwɒt] *n* kilovatio *m*.
kilt [kɪlt] *n* falda *f* escocesa.
kimono [kɪ'məʊnəʊ] (*pl* **-s**) *n* kimono *m*.
kin [kɪn] ▷ **kith**.
kind [kaɪnd] ◇ *adj* [person, gesture] amable; [thought] considerado(da); **to be ~ to sb** ser amable con alguien; **would you be so ~ as to ...?** ¿sería usted tan amable de ...? ◇ *n* tipo *m*, clase *f*; **a ~ of** una especie de; **all ~s of** todo tipo de; **~ of** *Esp US inf* bastante; **nothing of the ~** nada por el estilo; **coffee of a ~** una especie de café; **they're two of a ~** son tal para cual; **in ~** [payment] en especie.
kindergarten ['kɪndəˌgɑːtn] *n* jardín *m* de infancia.
kind-hearted [-'hɑːtɪd] *adj* bondadoso(sa).
kindle ['kɪndl] *vt* **-1.** [fire] encender **-2.** *fig* [idea, feeling] despertar.

kindling ['kɪndlɪŋ] *n (U)* leña *f* menuda, astillas *fpl*.
kindly ['kaɪndlɪ] (*compar* **-ier**, *superl* **-iest**) ◇ *adj* amable, bondadoso(sa). ◇ *adv* **-1.** [gently, favourably] amablemente; **to look ~ on sthg/sb** mirar algo/a alguien con buenos ojos **-2.** [please]: **will you ~ ...?** ¿sería tan amable de ...? **-3.** *phr*: **not to take ~ to sthg** no tomarse algo bien.
kindness ['kaɪndnɪs] *n* **-1.** [gentleness] amabilidad *f* **-2.** [helpful act] favor *m*.
kindred ['kɪndrɪd] *adj* [similar] afín; **~ spirit** alma *f* gemela.
kinetic [kɪ'netɪk] *adj* cinético(ca).
kinfolk(s) ['kɪnfəʊk(s)] *npl US* = **kinsfolk**.
king [kɪŋ] *n* rey *m*.
kingdom ['kɪŋdəm] *n* reino *m*.
kingfisher ['kɪŋ,fɪʃəʳ] *n* martín *m* pescador.
kingpin ['kɪŋpɪn] *n fig* [person] persona *f* clave.
king-size(d) [-saɪz(d)] *adj* [cigarette] extralargo; [pack] gigante; [bed] extragrande.
kink [kɪŋk] *n* [in rope] retorcimiento *m*; [in hair] rizo *m*.
kinky ['kɪŋkɪ] (*compar* **-ier**, *superl* **-iest**) *adj inf* morboso(sa), pervertido(da).
kinsfolk ['kɪnzfəʊk] parientes *mpl*.
kinship ['kɪnʃɪp] *n* **-1.** [family relationship] parentesco *m* **-2.** [closeness] afinidad *f*.
kiosk ['ki:ɒsk] *n* **-1.** [small shop] quiosco *m* **-2.** *UK* [telephone box] cabina *f* telefónica.
kip [kɪp] (*pt* & *pp* **-ped**, *cont* **-ping**) *UK inf* ◇ *n* cabezadita *f*, sueñecito *m*. ◇ *vi* sobar.
kipper ['kɪpəʳ] *n* arenque *m* ahumado.
Kirk [kɜ:k] *n Scot*: **the ~** la Iglesia de Escocia.
kirsch [kɪəʃ] *n* kirsch *m*.
kiss [kɪs] ◇ *n* beso *m*. ◇ *vt* besar; **to ~ sb goodbye** dar un beso de despedida a alguien. ◇ *vi* besarse.
kiss curl *n UK* caracol *m (rizo)*.
kiss of life *n* [to resuscitate sb]: **the ~** la respiración boca a boca.
kissogram ['kɪsəgræm] *n forma de felicitar a alguien contratando a una persona para que le bese.*
kit [kɪt] (*pt* & *pp* **-ted**, *cont* **-ting**) *n* **-1.** [set of implements] equipo *m* **-2.** *UK* [clothes] equipo *m* **-3.** [to be assembled] modelo *m* para armar, kit *m*.
◆ **kit out** *vt sep UK* equipar.
kit bag *n* macuto *m*, petate *m*.
kitchen ['kɪtʃɪn] *n* cocina *f*.
kitchenette [,kɪtʃɪ'net] *n* cocina *f* pequeña.
kitchen garden *n* huerto *m*.
kitchen knife *n* cuchillo *m* de cocina.
kitchen roll *n* papel *m* de cocina.
kitchen sink *n* fregadero *m*.
kitchen unit *n* módulo *m* de cocina.
kitchenware ['kɪtʃɪnweəʳ] *n (U)* artículos *mpl* de cocina.
kite [kaɪt] *n* **-1.** [toy] cometa *f*, papalote *m CAm, Méx*, volantín *m Chile*, barrilete *m RP*, papagayo *m Ven* **-2.** [bird] milano *m*.
Kite mark *n UK marchamo oficial de calidad.*
kith [kɪθ] *n*: **~ and kin** parientes *mpl* y amigos.
kitsch [kitʃ] *n* kitsch *m*.
kitten ['kɪtn] *n* gatito *m*.
kitty ['kɪtɪ] (*pl* **-ies**) *n* [for bills, drinks] fondo *m* común; [in card games] bote *m*, puesta *f*.
kitty-corner *adj US inf* en diagonal, diagonalmente.
kiwi ['ki:wi:] *n* **-1.** [bird] kiwi *m* **-2.** *inf* [New Zealander] neocelandés *m*, -esa *f*.
kiwi (fruit) *n* kiwi *m*.
KKK *abbr of* **Ku Klux Klan**.
klaxon ['klæksn] *n* bocina *f*, claxon *m*.
Kleenex® ['kli:neks] *n* kleenex® *m*, pañuelo *m* de papel.
kleptomaniac [,kleptə'meɪnɪæk] *n* cleptómano *m*, -na *f*.
km (*abbr of* **kilometre**) km.
km/h (*abbr of* **kilometres per hour**) km/h.
knack [næk] *n*: **it's easy once you've got the ~** es fácil cuando le coges el tranquillo; **he has the ~ of appearing at the right moment** tiene el don de aparecer en el momento adecuado.
knacker ['nækəʳ] *UK* ◇ *n* [horse slaughterer] matarife *m*. ◇ *vt inf* **-1.** [exhaust] dejar hecho(cha) polvo a **-2.** [break] cascar.
knackered ['nækəd] *adj UK inf* **-1.** [exhausted] hecho(cha) polvo **-2.** [broken] cascado(da).
knapsack ['næpsæk] *n* mochila *f*.
knave [neɪv] *n* [playing card - in British pack] jota *f*; [- in Spanish pack] sota *f*.
knead [ni:d] *vt* amasar.
knee [ni:] ◇ *n* rodilla *f*; **to be on one's ~s** [kneeling] estar de rodillas; **to bring sb to their ~s** *fig* hacer hincar la rodilla a alguien. ◇ *vt* dar un rodillazo a.
kneecap ['ni:kæp] *n* rótula *f*.
knee-deep *adj* [snow, water]: **the snow was ~** la nieve llegaba hasta las rodillas; [person]: **~ in water** con el agua hasta las rodillas.
knee-high *adj* que llega hasta las rodillas.
kneel [ni:l] (*UK pt* & *pp* **knelt**, *US pt* & *pp* **-ed** *OR* **knelt**) *vi* [go down on knees] arrodillarse; [be on knees] estar de rodillas.
◆ **kneel down** *vi* arrodillarse.
knee-length *adj* hasta las rodillas.
knees-up *n UK inf* jolgorio *m*, juerga *f*.
knell [nel] *n* toque *m* de difuntos.

knelt [nelt] *pt & pp* ▷ **kneel.**

knew [nju:] *pt* ▷ **know.**

knickers ['nɪkəz] *npl* **-1.** *UK* [underwear] bragas *fpl*, calzones *mpl* *Amér*, pantaletas *fpl* *CAm, Carib, Méx*, bombacha *f RP*, blúmer *m CAm, Carib* **-2.** *US* [knickerbockers] bombachos *mpl*.

knick-knack ['nɪknæk] *n* chuchería *f*, baratija *f*.

knife [naɪf] (*pl* **knives**) ◇ *n* cuchillo *m*. ◇ *vt* acuchillar.

knife-edge *n*: **to be on a ~** pender de un hilo.

knight [naɪt] ◇ *n* **-1.** HIST caballero *m* **-2.** [knighted man] *hombre con el título de 'Sir'* **-3.** [in chess] caballo *m*. ◇ *vt conceder el título de 'Sir' a*.

knighthood ['naɪthʊd] *n* **-1.** [present-day title] título *m* de 'Sir' **-2.** HIST título *m* de caballero.

knit [nɪt] (*pt & pp* **knit** OR **-ted**, *cont* **-ting**) ◇ *adj*: **closely** OR **tightly ~** muy unido(da). ◇ *vt* [make with wool] tejer, tricotar. ◇ *vi* **-1.** [with wool] hacer punto **-2.** [join] soldarse.

knitted ['nɪtɪd] *adj* de punto.

knitting ['nɪtɪŋ] *n (U)* **-1.** [activity] labor *f* de punto **-2.** [work produced] punto *m*, calceta *f*.

knitting machine *n* máquina *f* de tricotar, tricotosa *f*.

knitting needle *n* aguja *f* de hacer punto.

knitwear ['nɪtweə^r] *n (U)* género *m* OR ropa *f* de punto.

knives [naɪvz] *pl* ▷ **knife.**

knob [nɒb] *n* **-1.** [on door, drawer, bedstead] pomo *m* **-2.** [on TV, radio etc] botón *m*.

knobbly *UK* ['nɒblɪ] (*compar* **-ier**, *superl* **-iest**), **knobby** *US* ['nɒbɪ] (*compar* **-ier**, *superl* **-iest**) *adj* [gen] nudoso(sa); [knees] huesudo(da).

knock [nɒk] ◇ *n* **-1.** [hit] golpe *m* **-2.** *inf* [piece of bad luck] revés *m*. ◇ *vt* **-1.** [hit hard] golpear; **to ~ a nail into a wall** clavar un clavo en una pared; **to ~ one's head** darse en la cabeza; **to ~ sb over** [gen] hacer caer a alguien; AUT atropellar a alguien; **to ~ sthg over** tirar OR volcar algo, voltear algo *Amér* **-2.** [make by hitting] hacer, abrir; **to ~ a hole in a wall** abrir un agujero en una pared **-3.** *inf* [criticize] cargarse, poner por los suelos. ◇ *vi* **-1.** [on door]: **to ~ (at** OR **on)** llamar (a) **-2.** [car engine] golpetear.

◆ **knock about, knock around** *inf* ◇ *vt sep* [beat up] pegar. ◇ *vi* **-1.** [travel a lot] rodar **-2.** [spend time]: **to ~ about with sb** andar con alguien.

◆ **knock back** *vt sep inf* pimplarse.

◆ **knock down** *vt sep* **-1.** [subj: car, driver] atropellar **-2.** [building] derribar **-3.** [price] rebajar.

◆ **knock off** ◇ *vt sep* **-1.** [lower price by]: **I'll ~ £5 off it** lo rebajaré en cinco libras **-2.** *inf* [do quickly] despachar. ◇ *vi inf* [stop working] parar de currar.

◆ **knock out** *vt sep* **-1.** [subj: person, punch] dejar sin conocimiento; [subj: boxer] dejar fuera de combate; [subj: drug] dejar dormido a **-2.** [eliminate from competition] eliminar.

◆ **knock up** ◇ *vt sep* [make hurriedly] hacer de prisa. ◇ *vi* TENNIS pelotear.

knocker ['nɒkə^r] *n* [on door] aldaba *f*.

knocking ['nɒkɪŋ] *n* **-1.** *(U)* [on door etc] golpes *mpl* **-2.** *inf* [criticism] palos *mpl*, críticas *fpl*.

knock-kneed [-'ni:dl *adj* patizambo(ba).

knock-on effect *n UK* reacción *f* en cadena; **to have a ~ on sthg** repercutir en algo.

knockout ['nɒkaʊt] *n* K.O. *m*.

knockout competition *n UK* competición *f* por el sistema de eliminación.

knock-up *n* TENNIS peloteo *m*.

knot [nɒt] (*pt & pp* **-ted**, *cont* **-ting**) ◇ *n* **-1.** [gen] nudo *m*; **to tie/untie a ~** hacer/deshacer un nudo; **to tie the ~** *inf* [marry] casarse **-2.** [of people] corrillo *m*. ◇ *vt* anudar.

knotty ['nɒtɪ] (*compar* **-ier**, *superl* **-iest**) *adj* intrincado(da).

know [nəʊ] (*pt* **knew**, *pp* **known**) ◇ *vt* **-1.** [gen]: **to ~ (that)** saber (que); [language] saber hablar; **to ~ how to do sthg** saber hacer algo; **to ~ sthg backwards** saberse algo al dedillo; **to get to ~ sthg** enterarse de algo; **to let sb ~ (about)** avisar a alguien (de) **-2.** [be familiar with - person, place] conocer; **to get to ~ sb** llegar a conocer a alguien. ◇ *vi* **-1.** [have knowledge] saber; **to ~ of** OR **about sthg** saber algo, estar enterado(da) de algo; **he's not her brother - I ~** no es su hermano - ya lo sé; **I don't ~** no lo sé; **you ~** [to emphasize] ¿sabes?; [to remind] ¡ya sabes!, ¡sí hombre!; **as far as I ~** que yo sepa; **God** OR **Heaven ~s!** ¡sabe Dios!; **there is no ~ing ...** no hay modo de saber ...; **I ~ better** a mí no me engaña **-2.** [be knowledgeable]: **to ~ about sthg** saber de algo. ◇ *n*: **to be in the ~** estar enterado(da).

know-all *n UK* sabelotodo *m* OR *f*, sabihondo *m*, -da *f*.

know-how *n* conocimientos *mpl*, know-how *m*.

knowing ['nəʊɪŋ] *adj* cómplice.

knowingly ['nəʊɪŋlɪ] *adv* **-1.** [in knowing manner] con complicidad **-2.** [intentionally] a sabiendas.

know-it-all = **know-all.**

knowledge ['nɒlɪdʒ] *n (U)* **-1.** [awareness] conocimiento *m*; **it's common ~ that** es de dominio común que; **to my ~** que yo sepa, según tengo entendido; **to the best of my** ~ por lo que yo sé **-2.** [facts known by individual] conocimientos *mpl.*

knowledgeable ['nɒlɪdʒəbl] *adj* entendido(da).

known [nəʊn] ◇ *pp* ▷ **know.** ◇ *adj* conocido(da).

knuckle ['nʌkl] *n* **-1.** [on hand] nudillo *m* **-2.** [of pork] codillo *m.*

◆ **knuckle down** *vi* ponerse seriamente a trabajar; **to** ~ **down to sthg/to doing sthg** dedicarse seriamente a algo/a hacer algo.

◆ **knuckle under** *vi* pasar por el aro.

KO (*abbr of* **knock-out**) K.O. *m.*

koala (bear) [kəʊ'ɑːlə-] *n* koala *m.*

kook [kuːk] *n US inf* majara *m* OR *f*, majareta *m* OR *f.*

kooky ['kuːkɪ] (*compar* **-ier**, *superl* **-iest**) *adj US inf* majara, majareta.

Koran [kɒ'rɑːn] *n*: **the** ~ el Corán.

Korea [kə'rɪəl] *n* Corea.

Korean [kə'rɪən] ◇ *adj* coreano(na). ◇ *n* **-1.** [person] coreano *m*, -na *f* **-2.** [language] coreano *m.*

kosher ['kəʊʃə^r] *adj* **-1.** [meat] kosher, permitido(da) por la religión judía **-2.** *inf* [reputable] limpio(pia), legal.

kowtow [ˌkaʊ'taʊ] *vi*: **to** ~ **(to)** arrastrarse OR rebajarse (ante).

Krakow ['krækaʊ] = **Crakow.**

Kremlin ['kremlɪn] *n*: **the** ~ el Kremlin.

KS *abbr of* **Kansas.**

KT *abbr of* **Knight.**

Kuala Lumpur [ˌkwɑːlə'lʊmpə^r] *n* Kuala Lumpur.

kudos ['kjuːdɒs] *n* prestigio *m.*

Ku Klux Klan [kuːklʌks'klæn] *n*: **the** ~ el Ku-Klux-Klan.

kumquat ['kʌmkwɒt] *n* naranjita *f* china.

kung fu [ˌkʌŋ'fuː] *n* kung-fu *m.*

Kurd [kɜːd] *n* kurdo *m*, -da *f.*

Kurdish ['kɜːdɪʃ] *adj* kurdo(da).

Kurdistan [kɜːdɪ'stɑːn] *n* (el) Kurdistán.

Kuwait [kʊ'weɪt] *n* Kuwait.

Kuwaiti [kʊ'weɪtɪ] ◇ *adj* kuwaití. ◇ *n* kuwaití *m* OR *f.*

kW (*abbr of* **kilowatt**) kW.

Kwanza *n US festival afroamericano que tiene una semana de duración, del 26 de diciembre al 1 de enero.*

KY *abbr of* **Kentucky.**

l[1] (*pl* **l's** OR **ls**), **L** (*pl* **L's** OR **Ls**) [el] *n* [letter] l *f*, L *f.*

◆ **L -1.** *abbr of* **lake -2.** (*abbr of* **large**) G **-3.** (*abbr of* **left**) izq. **-4.** (*abbr of* **learner**) L.

L

En Gran Bretaña, la letra 'L' pegada en la parte trasera de un vehículo indica que el conductor todavía no tiene carné de conducir pero que va acompañado por alguien que sí lo tiene.

l[2] (*abbr of* **litre**) l.

la [lɑː] *n MUS* la *m.*

La *abbr of* **Louisiana.**

LA -1. *abbr of* **Los Angeles -2.** *abbr of* **Louisiana.**

lab [læb] *inf* = **laboratory.**

label ['leɪbl] (*UK pt* & *pp* **-led**, *cont* **-ling**, *US pt* & *pp* **-ed**, *cont* **-ing**) ◇ *n* **-1.** [identification] etiqueta *f* **-2.** [of record] sello *m* discográfico, casa *f* discográfica. ◇ *vt* **-1.** [fix label to] etiquetar **-2.** *usu pej* [describe]: **to** ~ **sb (as)** calificar OR etiquetar a alguien (de).

labor *etc US* = **labour** *etc.*

laboratory [*UK* lə'bɒrətrɪ, *US* 'læbrəˌtɔːrɪ] (*pl* **-ies**) ◇ *n* laboratorio *m.* ◇ *comp* de laboratorio.

Labor Day *n US* Día *m* del Trabajador *(el primer lunes de septiembre).*

laborious [lə'bɔːrɪəs] *adj* laborioso(sa).

labor union *n US* sindicato *m.*

labour *UK*, **labor** *US* ['leɪbə^r] ◇ *n* **-1.** [work] trabajo *m* **-2.** [piece of work] esfuerzo *m* **-3.** [workers] mano *f* de obra **-4.** [giving birth] parto *m*; **in** ~ de parto. ◇ *vt* insistir sobre. ◇ *vi* **-1.** [work] trabajar **-2.** [work with difficulty]: **to** ~ **at** OR **over** trabajar afanosamente en **-3.** [persist]: **to** ~ **under a delusion** ser víctima de una ilusión.

◆ **Labour** *POL* ◇ *adj* laborista. ◇ *n UK (U)* los laboristas.

LABOR DAY

El *Labor Day*, (Día del Trabajador o Trabajo), se festeja el primer lunes de septiembre en los Estados Unidos. No se hacen desfiles ni manifestaciones, es tan sólo el último puente del verano y mucha gente tiene el día libre. La mayoría de las escuelas reanudan las clases la semana después del *Labor Day*, por lo que este día marca el fin de las vacaciones y el principio del año escolar.

labour camp *n* campo *m* de trabajo.

labour costs *npl* coste *m* de mano de obra.

laboured *UK*, **labored** *US* ['leɪbəd] *adj* [style] trabajoso(sa); [gait, breathing] penoso(sa), fatigoso(sa).

labourer *UK*, **laborer** *US* ['leɪbərəʳ] *n* obrero *m*, -ra *f*.

labour force *n* mano *f* de obra.

labour-intensive *adj* que emplea mucha mano de obra.

labour market *n* mercado *m* de trabajo.

labour of love *n* trabajo *m* hecho por amor al arte.

labour pains *npl* dolores *mpl* del parto.

Labour Party *n UK*: **the ~** el partido Laborista.

labour relations *npl* relaciones *fpl* laborales.

laboursaving *UK*, **laborsaving** *US* ['leɪbə-'seɪvɪŋ] *adj* que ahorra trabajo.

Labrador ['læbrədɔːʳ] *n* **-1.** [dog] labrador *m* **-2.** *GEOGR* Labrador.

labyrinth ['læbərɪnθ] *n* laberinto *m*.

lace [leɪs] ◇ *n* **-1.** [fabric] encaje *m* **-2.** [shoelace] cordón *m*. ◇ *comp* de encaje. ◇ *vt* **-1.** [shoe, boot] atar **-2.** [drink, food]: **coffee ~d with brandy** café con unas gotas de coñac.
◆ **lace up** *vt sep* atar.

lacemaking ['leɪsˌmeɪkɪŋ] *n* labor *f* de encaje.

laceration [ˌlæsə'reɪʃn] *n fml* laceración *f*.

lace-up ◇ *adj* de cordón. ◇ *n UK* zapato *m* de cordón.

lack [læk] ◇ *n* falta *f*, carencia *f*; **for** *OR* **through ~ of** por falta de; **there was no ~ of excitement** no faltó emoción. ◇ *vt* carecer de. ◇ *vi*: **to be ~ing in** carecer de; **to be ~ing** faltar.

lackadaisical [ˌlækə'deɪzɪkl] *adj pej* apático(ca).

lackey ['lækɪ] (*pl* **lackeys**) *n pej* lacayo *m*.

lacklustre *UK*, **lackluster** *US* ['lækˌlʌstəʳ] *adj pej* soso(sa), apagado(da).

laconic [lə'kɒnɪk] *adj* lacónico(ca).

lacquer ['lækəʳ] ◇ *n* laca *f*. ◇ *vt* **-1.** [wood, metal] laquear **-2.** [hair] poner laca en.

lacrosse [lə'krɒs] *n* lacrosse *m*.

lactic acid ['læktɪk-] *n* ácido *m* láctico.

lacy ['leɪsɪ] (*compar* **-ier**, *superl* **-iest**) *adj* de encaje.

lad [læd] *n inf* [boy] chaval *m*, chavalo *m* ***Amér***; **come on ~s!** ¡vamos chicos!

ladder ['lædəʳ] ◇ *n* **-1.** [for climbing] escalera *f* **-2.** *UK* [in tights] carrera *f*. ◇ *vt UK* [tights] hacerse una carrera en. ◇ *vi UK* [tights] hacerse una carrera.

laden ['leɪdn] *adj*: **~ (with)** cargado(da) (de).

la-di-da [ˌlɑːdɪ'dɑː] *adj inf pej* cursi, afectado(da).

ladies *UK* ['leɪdɪz], **ladies' room** *US* *n* lavabo *m* de señoras.

lading ['leɪdɪŋ] ▷ **bill**.

ladle ['leɪdl] ◇ *n* cucharón *m*. ◇ *vt* servir con cucharón.

lady ['leɪdɪ] (*pl* **-ies**) ◇ *n* **-1.** [woman] señora *f* **-2.** [woman of high status] dama *f* **-3.** *US inf* [to address woman] señora *f*. ◇ *comp* mujer; **~ doctor** doctora *f*.
◆ **Lady** *n* **-1.** [woman of noble rank] lady *f* **-2.** *RELIG*: **Our Lady** Nuestra Señora *f*.

ladybird *UK* ['leɪdɪbɜːd], **ladybug** *US* ['leɪdɪbʌg] *n* mariquita *f*.

lady-in-waiting [-'weɪtɪŋ] (*pl* **ladies-in-waiting**) *n* dama *f* de honor.

lady-killer *n inf* tenorio *m*, castigador *m*.

ladylike ['leɪdɪlaɪk] *adj* elegante, propio(pia) de una señora.

Ladyship ['leɪdɪʃɪp] *n*: **her/your ~** su señoría *f*.

lag [læg] (*pt* & *pp* **-ged**, *cont* **-ging**) ◇ *vi* **-1.** [move more slowly]: **to ~ (behind)** rezagarse **-2.** [develop more slowly]: **to ~ (behind)** andar a la zaga. ◇ *vt* [pipes] revestir. ◇ *n* [delay] retraso *m*, demora *f*.

lager ['lɑːgəʳ] *n* cerveza *f* rubia.

lager lout *n UK* ≃ gamberro *m* de litrona.

lagging ['lægɪŋ] *n* revestimiento *m*.

lagoon [lə'guːn] *n* laguna *f*.

Lagos ['leɪgɒs] *n* Lagos.

lah-di-dah [ˌlɑːdɪ'dɑː] = **la-di-da**.

laid [leɪd] *pt* & *pp* ▷ **lay**.

laid-back *adj inf* relajado(da), cachazudo(da).

lain [leɪn] *pp* ▷ **lie**.

lair [leəʳ] *n* guarida *f*.

laissez-faire [ˌleɪseɪ'feəʳ] ◇ *adj* no intervencionista. ◇ *n* política *f* económica de no intervencionismo.

laity ['leɪətɪ] *n RELIG*: **the ~** los seglares, los legos.

lake [leɪk] *n* lago *m*.

Lake District *n*: **the ~** *el Distrito de los Lagos al noroeste de Inglaterra.*

Lake Geneva *n* lago *m* Leman.

lakeside ['leɪksaɪd] *adj* a orillas del lago.
lamb [læm] *n* cordero *m*.
lambast [læm'bæst], **lambaste** [læm'beɪst] *vt* vapulear.
lamb chop *n* chuleta *f* de cordero.
lambing ['læmɪŋ] *n* época *f* del parto de las ovejas.
lambskin ['læmskɪn] *n* piel *f* de cordero.
lambswool ['læmzwʊl] ◇ *n* lana *f* de cordero. ◇ *comp* de lana de cordero.
lame [leɪm] *adj* **-1.** [person, horse] cojo(ja) **-2.** [excuse, argument] pobre.
lamé ['lɑ:meɪ] *n* lamé *m*.
lame duck *n* **-1.** *fig* [person] inútil *m* OR *f*; [business] fracaso *m* **-2.** *US* [President] presidente *m* saliente.
lamely ['leɪmlɪ] *adv* poco convincentemente.
lament [lə'ment] ◇ *n* lamento *m*. ◇ *vt* lamentar.
lamentable ['læməntəbl] *adj* lamentable.
laminated ['læmɪneɪtɪd] *adj* **-1.** [gen] laminado(da) **-2.** [ID card] plastificado(da).
lamp [læmp] *n* lámpara *f*.
lamplight ['læmplaɪt] *n* luz *f* de la lámpara.
lampoon [læm'pu:n] ◇ *n* pasquín *m*, sátira *f*. ◇ *vt* satirizar.
lamppost ['læmppəʊst] *n* farola *f*, farol *m*.
lampshade ['læmpʃeɪd] *n* pantalla *f (de lámpara)*.
lance [lɑ:ns] ◇ *n* lanza *f*. ◇ *vt* abrir con lanceta.
lance corporal *n* soldado *m* de primera.
lancet ['lɑ:nsɪt] *n* lanceta *f*.
Lancs. (*abbr of* **Lancashire**) *condado inglés*.
land [lænd] ◇ *n* **-1.** [gen] tierra *f* **-2.** [property] tierras *fpl*, finca *f*. ◇ *vt* **-1.** [unload] desembarcar **-2.** [plane] hacer aterrizar **-3.** [catch - fish] pescar **-4.** *inf* [obtain] conseguir, pillar **-5.** *inf* [place]: **to ~ sb in sthg** meter a alguien en algo; **to ~ sb with sb/sthg** cargar a alguien con alguien/algo. ◇ *vi* **-1.** [by plane] aterrizar, tomar tierra **-2.** [from ship] desembarcar **-3.** [fall] caer **-4.** [end up] ir a parar.
◆ **land up** *vi inf*: **to ~ up (in)** ir a parar (a).
landed gentry ['lændɪd-] *npl*: **the ~** la aristocracia terrateniente.
landfill site ['lændfɪl-] *n* vertedero *m* de basuras.
landing ['lændɪŋ] *n* **-1.** [of stairs] rellano *m*, descansillo *m* **-2.** [of aeroplane] aterrizaje *m* **-3.** [of person] desembarque *m*, desembarco *m*.
landing card *n* tarjeta *f* de desembarque.
landing craft *n* lancha *f* de desembarco.
landing gear *n (U)* tren *m* de aterrizaje.
landing stage *n* desembarcadero *m*.
landing strip *n* pista *f* de aterrizaje.
landlady ['lænd,leɪdɪ] (*pl* **-ies**) *n* **-1.** [of rented room or building] casera *f* **-2.** [of hotel, pub] patrona *f*.
landlocked ['lændlɒkt] *adj* sin acceso al mar.
landlord ['lændlɔ:d] *n* **-1.** [of rented room or building] dueño *m*, casero *m* **-2.** [of pub] patrón *m*.
landmark ['lændmɑ:k] *n* **-1.** [prominent feature] punto *m* de referencia **-2.** *fig* [in history] hito *m*.
landmine ['lændmaɪn] *n* mina *f* de tierra.
landowner ['lænd,əʊnə^r] *n* terrateniente *m* OR *f*.
landscape ['lændskeɪp] ◇ *n* paisaje *m*. ◇ *vt* ajardinar.
landscape gardener *n* (jardinero *m*) paisajista *m*, (jardinera *f*) paisajista.
landslide ['lændslaɪd] *n* **-1.** [of earth, rocks] desprendimiento *m* de tierras **-2.** POL victoria *f* arrolladora OR aplastante.
landslip ['lændslɪp] *n* pequeño desprendimiento *m* de tierras.
lane [leɪn] *n* **-1.** [road in country] camino *m* **-2.** [road in town] callejuela *f*, callejón *m* **-3.** [for traffic] carril *m*; **'keep in ~'** *cartel que prohibe el cambio de carril* **-4.** [in swimming pool, race track] calle *f* **-5.** [for shipping, aircraft] ruta *f*.
language ['læŋgwɪdʒ] *n* **-1.** [gen] idioma *m*, lengua *f* **-2.** [faculty or style of communication & COMPUT] lenguaje *m*.
language laboratory *n* laboratorio *m* de idiomas.
languid ['læŋgwɪd] *adj* lánguido(da).
languish ['læŋgwɪʃ] *vi* [in misery] languidecer; [in prison] pudrirse.
languorous ['læŋgərəs] *adj literary* lánguido(da).
lank [læŋk] *adj* lacio(cia).
lanky ['læŋkɪ] (*compar* **-ier**, *superl* **-iest**) *adj* larguirucho(cha).
lanolin(e) ['lænəlɪn] *n* lanolina *f*.
lantern ['læntən] *n* farol *m*.
Laos [laʊs] *n* Laos.
Laotian ['laʊʃən] ◇ *adj* laosiano(na). ◇ *n* **-1.** [person] laosiano *m*, -na *f* **-2.** [language] laosiano *m*.
lap [læp] (*pt* & *pp* **-ped**, *cont* **-ping**) ◇ *n* **-1.** [of person] regazo *m* **-2.** [of race] vuelta *f*. ◇ *vt* **-1.** [subj: animal] beber a lengüetadas **-2.** [overtake in race] doblar. ◇ *vi* [water, waves] romper con suavidad.
◆ **lap up** *vt sep* **-1.** [drink] beber a lengüetadas **-2.** *fig* [compliments, lies] tragarse; [information] asimilar con avidez.
laparoscopy [,læpə'rɒskəpɪ] (*pl* **-ies**) *n* laparoscopia *f*.

La Paz [læ'pæz] *n* La Paz.
lapdog ['læpdɒg] *n* [dog] perro *m* faldero.
lapel [lə'pel] *n* solapa *f.*
Lapland ['læplænd] *n* Laponia.
Lapp [læp] <> *adj* lapón(ona). <> *n* **-1.** [person] lapón *m*, -ona *f* **-2.** [language] lapón *m.*
lapse [læps] <> *n* **-1.** [slip-up] fallo *m*, lapsus *m inv* **-2.** [in behaviour] desliz *m* **-3.** [of time] lapso *m*, periodo *m.* <> *vi* **-1.** [membership] caducar; [treatment, agreement] cumplir, expirar **-2.** [standards, quality] bajar momentáneamente; [tradition] extinguirse, desaparecer **-3.** [subj: person]: **to ~ into** terminar cayendo en.
lapsed [læpst] *adj* no practicante.
lap-top (computer) *n* COMPUT ordenador *m* portátil.
larceny ['lɑ:sənɪ] *n (U)* hurto *m*, latrocinio *m.*
larch [lɑ:tʃ] *n* alerce *m.*
lard [lɑ:d] *n* manteca *f* de cerdo.
larder ['lɑ:dəʳ] *n* despensa *f.*
large [lɑ:dʒ] *adj* [gen] grande; [family] numeroso(sa); [sum] importante.
◆ **at large** *adv* **-1.** [as a whole] en general **-2.** [escaped prisoner, animal] suelto(ta).
◆ **by and large** *adv* en general.
largely ['lɑ:dʒlɪ] *adv* [mostly] en gran parte; [chiefly] principalmente.
larger-than-life ['lɑ:dʒəʳ-] *adj* exageradamente arquetípico(ca).
large-scale *adj* a gran escala.
largesse, largess *US* [lɑ:'dʒes] *n* generosidad *f.*
lark [lɑ:k] *n* **-1.** [bird] alondra *f* **-2.** *inf* [joke] broma *f*; **for a ~** para divertirse.
◆ **lark about** *vi* hacer el tonto.
larva ['lɑ:və] (*pl* **-vae** [-vi:]) *n* larva *f.*
laryngitis [ˌlærɪn'dʒaɪtɪs] *n (U)* laringitis *f inv.*
larynx ['lærɪŋks] *n* laringe *f.*
lasagna, lasagne [lə'zænjə] *n (U)* lasaña *f.*
lascivious [lə'sɪvɪəs] *adj* lascivo(va), lujurioso(sa).
laser ['leɪzəʳ] *n* láser *m.*
laser beam *n* rayo *m* láser.
laser printer *n* COMPUT impresora *f* láser.
laser show *n* juego *m* de luces láser.
lash [læʃ] <> *n* **-1.** [eyelash] pestaña *f* **-2.** [blow with whip] latigazo *m.* <> *vt* **-1.** *lit & fig* [whip] azotar **-2.** [tie]: **to ~ sthg (to)** amarrar algo (a).
◆ **lash out** *vi* **-1.** [attack]: **to ~ out at sb** [physically] soltar un golpe a alguien; [verbally] arremeter contra alguien **-2.** *UK inf* [spend money]: **to ~ out (on sthg)** tirar la casa por la ventana (con algo).
lass [læs] *n* chavala *f*, muchacha *f.*
lasso [læ'su:] (*pl* **-s**, *pt* & *pp* **-ed**, *cont* **-ing**) <> *n* lazo *m.* <> *vt* coger con lazo, lazar.
last [lɑ:st] <> *adj* último(ma); **~ month/Tuesday** el mes/martes pasado; **~ March** en marzo del año pasado; **~ but one** penúltimo(ma); **~ but two** antepenúltimo(ma); **~ night** anoche; **down to the ~ detail** hasta el último detalle. <> *adv* **-1.** [most recently] por última vez; **when I ~ called him** la última vez que lo llamé **-2.** [finally, in final position] en último lugar; **he arrived ~** llegó el último; **~ but not least** por último, pero no por ello menos importante. <> *pron*: **the year/Saturday before ~** no el año/sábado pasado, sino el anterior; **the ~ but one** el penúltimo (la penúltima); **the night before ~** anteanoche; **the time before ~** la vez anterior a la pasada; **to leave sthg till ~** dejar algo para el final. <> *n*: **the ~ I saw/heard of him** la última vez que lo vi/que oí de él. <> *vi* durar; [food] conservarse.
◆ **at (long) last** *adv* por fin.
last-ditch *adj* último(ma), desesperado(da).
lasting ['lɑ:stɪŋ] *adj* [peace, effect] duradero(ra).
lastly ['lɑ:stlɪ] *adv* **-1.** [to conclude] por último **-2.** [at the end] al final.
last-minute *adj* de última hora.
last name *n* apellido *m.*
last post *n UK* **-1.** [postal collection] última recogida *f* **-2.** MIL (toque *m* de) retreta *f.*
last rites *npl* últimos sacramentos *mpl.*
last straw *n*: **it was the ~** fue la gota que colmó el vaso.
Last Supper *n*: **the ~** la Última Cena.
last word *n*: **to have the ~** tener la última palabra.
latch [lætʃ] *n* pestillo *m*; **the door is on the ~** la puerta sólo tiene el pestillo echado.
◆ **latch onto** *vt fus inf* [person] pegarse OR engancharse a; [idea] pillar.
latchkey ['lætʃki:] (*pl* **latchkeys**) *n* llave *f (de la casa).*
late [leɪt] <> *adj* **-1.** [not on time] con retraso; **to be ~ (for)** llegar tarde (a); **the flight is twenty minutes ~** el vuelo lleva veinte minutos de retraso; **the bus was an hour ~** el autobús llegó con una hora de retraso **-2.** [near end of]: **in the ~ afternoon** al final de la tarde; **in ~ December** a finales de diciembre; **it's getting ~** se está haciendo tarde **-3.** [later than normal] tardío(a); **we had a ~ breakfast** desayunamos tarde **-4.** [former]: **the ~ president** el expresidente **-5.** [dead] difunto(ta). <> *adv* **-1.** [gen] tarde; **they are open ~** abren hasta tarde

-2. [near end of period]: ~ **in the day** al final del día; ~ **in August** a finales de agosto.

◆ **of late** *adv* últimamente, recientemente.

latecomer ['leɪtˌkʌmə^r] *n* persona *f* que llega tarde.

lately ['leɪtlɪ] *adv* últimamente, recientemente.

lateness ['leɪtnɪs] *n (U)* retraso *m*.

late-night *adj* [late evening] nocturno(na), de noche; [after midnight] de madrugada; ~ **chemist's** farmacia *f* de guardia.

latent ['leɪtənt] *adj* latente.

later ['leɪtə^r] ◇ *adj* **-1.** [date, edition] posterior **-2.** [near end of]: **in** ~ **life** en la madurez; **in the** ~ **15th century** a finales del siglo XV. ◇ *adv* [at a later time]: ~ **(on)** más tarde; **no** ~ **than Friday** el viernes como muy tarde.

lateral ['lætərəl] *adj* lateral.

latest ['leɪtɪst] ◇ *adj* [most recent] último(ma). ◇ *n*: **at the** ~ a más tardar, como muy tarde.

latex ['leɪteks] ◇ *n* látex *m*. ◇ *comp* de látex.

lath [lɑ:θ] *n* listón *m*.

lathe [leɪð] *n* torno *m*.

lather ['lɑ:ðə^r] ◇ *n* espuma *f* (de jabón). ◇ *vt* enjabonar.

Latin ['lætɪn] ◇ *adj* **-1.** [temperament, blood] latino(na) **-2.** [studies] de latín. ◇ *n* [language] latín *m*.

Latin America *n* Latinoamérica *f*, América *f* Latina.

Latin American ◇ *adj* latinoamericano(na). ◇ *n* [person] latinoamericano *m*, -na *f*.

latitude ['lætɪtju:d] *n* **-1.** GEOGR latitud *f* **-2.** *fml* [freedom] libertad *f*.

latrine [lə'tri:n] *n* letrina *f*.

latter ['lætə^r] ◇ *adj* **-1.** [near to end] último(ma) **-2.** [second] segundo(da). ◇ *n*: **the** ~ éste *m*, -ta *f*.

latter-day *adj* moderno(na).

latterly ['lætəlɪ] *adv* últimamente, recientemente.

lattice ['lætɪs] *n* enrejado *m*, celosía *f*.

lattice window *n* ventana *f* de celosía.

Latvia ['lætvɪə] *n* Letonia.

Latvian ['lætvɪən] ◇ *adj* letón(ona). ◇ *n* **-1.** [person] letón *m*, -ona *f* **-2.** [language] letón *m*.

laudable ['lɔ:dəbl] *adj* loable.

laugh [lɑ:f] ◇ *n* **-1.** [sound] risa *f*; **to have the last** ~ ser el último en reírse **-2.** *inf* [fun, joke]: **to have a** ~ divertirse; **he's a good** ~ es un cachondo; **to do sthg for** ~**s** OR **a** ~ hacer algo para divertirse OR en cachondeo. ◇ *vi* reírse.

◆ **laugh at** *vt fus* [mock] reírse de.

◆ **laugh off** *vt sep* [dismiss] tomarse a risa.

laughable ['lɑ:fəbl] *adj pej* [absurd] ridículo(la), risible.

laughing gas ['lɑ:fɪŋ-] *n* gas *m* hilarante.

laughing stock ['lɑ:fɪŋ-] *n* hazmerreír *m*.

laughter ['lɑ:ftə^r] *n (U)* risa *f*.

launch [lɔ:ntʃ] ◇ *n* **-1.** [of boat, ship] botadura *f* **-2.** [of rocket, missile, product] lanzamiento *m* **-3.** [boat] lancha *f*. ◇ *vt* **-1.** [boat, ship] botar **-2.** [missile, attack, product & COMPUT] lanzar **-3.** [company] fundar.

◆ **launch into** *vt fus* [attack] emprender; [lecture, explanation] enfrascarse en.

launching ['lɔ:ntʃɪŋ] *n* **-1.** [of boat, ship] botadura *f* **-2.** [of rocket, missile, product] lanzamiento *m*.

launch(ing) pad ['lɔ:ntʃ(ɪŋ)-] *n* plataforma *f* de lanzamiento.

launder ['lɔ:ndə^r] *vt* **-1.** [wash] lavar **-2.** *inf* [money] blanquear.

laund(e)rette [lɔ:n'dret], **Laundromat**® *US* ['lɔ:ndrəmæt] *n* lavandería *f* (automática).

laundry ['lɔ:ndrɪ] (*pl* **-ies**) *n* **-1.** [clothes - about to be washed] colada *f*, ropa *f* sucia; [- newly washed] ropa *f* limpia; **to do the** ~ hacer la colada **-2.** [business, room] lavandería *f*.

laundry basket *n* cesto *m* de la ropa sucia.

laureate ['lɔ:rɪət] ▷ **poet laureate**.

laurels ['lɒrəlz] *npl*: **to rest on one's** ~ dormirse en los laureles.

lava ['lɑ:və] *n* lava *f*.

lavatory ['lævətrɪ] (*pl* **-ies**) *n* **-1.** [receptacle] wáter *m* **-2.** [room] servicio *m*; **to go to the** ~ ir al baño.

lavatory paper *n UK* papel *m* higiénico.

lavender ['lævəndə^r] ◇ *adj* [colour] de color lavanda. ◇ *n* **-1.** [plant] lavanda *f*, espliego *m* **-2.** [colour] color *m* lavanda.

lavish ['lævɪʃ] ◇ *adj* **-1.** [person] pródigo(ga); [gifts, portions] muy generoso(sa); **to be** ~ **with** [praise, attention] ser pródigo en; [money] ser desprendido(da) con **-2.** [sumptuous] espléndido(da), suntuoso(sa). ◇ *vt*: **to** ~ **sthg on** [praise, care] prodigar algo a; [time, money] gastar algo en.

lavishly ['lævɪʃlɪ] *adv* **-1.** [generously] generosamente **-2.** [sumptuously] suntuosamente.

law [lɔ:] ◇ *n* **-1.** [gen] ley *f*; **against the** ~ ilegal; **to break the** ~ infringir OR violar la ley; ~ **and order** el orden público; **the** ~ **of the jungle** la ley de la selva **-2.** [set of rules, study, profession] derecho *m* **-3.** *inf* [police]: **the** ~ la poli **-4.** *phr*: **to lay down the** ~ imponer OR dictar la ley. ◇ *comp* [degree] en derecho; [student] de derecho; [firm] jurídico(ca).

law-abiding [-əˌbaɪdɪŋ] *adj* observante de la ley.

law-breaker *n* infractor *m*, -ra *f* de la ley.

law court *n* tribunal *m* de justicia.

law enforcement officer *n* agente *m* OR *f* de policía.

law firm *n* bufete *m* de abogados.

lawful [ˈlɔːfʊl] *adj fml* legal, lícito(ta).

lawfully [ˈlɔːfʊlɪ] *adv fml* legalmente, lícitamente.

lawless [ˈlɔːlɪs] *adj* [without laws] anárquico(ca).

Law Lords *npl UK* JUR: **the ~** *los miembros de la Cámara de los Lores que forman el Tribunal Supremo.*

lawmaker [ˈlɔːˌmeɪkəʳ] *n* legislador *m*, -ra *f*.

lawn [lɔːn] *n* [grass] césped *m*, pasto *m Amér*, grama *f CAm, Ven*.

lawnmower [ˈlɔːnˌməʊəʳ] *n* cortacésped *m* OR *f*.

lawn party *n US* recepción *f* al aire libre.

lawn tennis *n* tenis *m* sobre hierba.

law school *n* facultad *f* de derecho; **he went to ~** estudió derecho.

lawsuit [ˈlɔːsuːt] *n* pleito *m*.

lawyer [ˈlɔːjəʳ] *n* abogado *m*, -da *f*.

lax [læks] *adj* [discipline, morals] relajado(da); [person] negligente; [security] poco riguroso(sa).

laxative [ˈlæksətɪv] *n* laxante *m*.

laxity [ˈlæksətɪ], **laxness** [ˈlæksnɪs] *n* [of discipline] relajamiento *m*, relajación *f*; [of person] negligencia *f*; [of security] falta *f* de rigor.

lay [leɪ] (*pt* & *pp* **laid**) ◇ *pt* ▷ **lie**. ◇ *vt* **-1.** [put, place] colocar, poner; **to ~ o.s. open to sthg** exponerse a algo **-2.** [prepare - plans] hacer **-3.** [put in position - bricks] poner; [- cable, trap] tender; [- foundations] echar; **to ~ the table** poner la mesa **-4.** [egg] poner **-5.** [blame, curse]: **to ~ sthg on sb** echar algo a alguien. ◇ *adj* **-1.** [not clerical] laico(ca) **-2.** [untrained, unqualified] profano(na), lego(ga).

◆ **lay aside** *vt sep* **-1.** [store for future - food] guardar; [- money] ahorrar **-2.** [prejudices, reservations] dejar a un lado.

◆ **lay before** *vt sep* [present] exponer, presentar.

◆ **lay down** *vt sep* **-1.** [set out] imponer, establecer **-2.** [put down - arms] deponer, entregar; [- tools] dejar.

◆ **lay into** *vt fus inf* arremeter contra.

◆ **lay off** ◇ *vt sep* [make redundant] despedir. ◇ *vt fus inf* [stop, give up]: **to ~ off (doing sthg)** dejar (de hacer algo). ◇ *vi inf*: **~ off!** ¡déjame en paz!

◆ **lay on** *vt sep* [transport, entertainment] organizar; [food] preparar.

◆ **lay out** *vt sep* **-1.** [arrange, spread out] disponer **-2.** [plan, design] diseñar el trazado de.

◆ **lay over** *vi US* hacer noche.

layabout [ˈleɪəbaʊt] *n UK inf* holgazán *m*, -ana *f*, gandul *m*, -la *f*, atorrante *m* OR *f Amér*.

lay-by (*pl* **lay-bys**) *n UK* área *f* de descanso.

layer [ˈleɪəʳ] ◇ *n* **-1.** [of substance, material] capa *f* **-2.** *fig* [level] nivel *m*. ◇ *vt* [hair] cortar a capas.

layette [leɪˈet] *n* ajuar *m* (del bebé).

layman [ˈleɪmən] (*pl* **-men** [-mən]) *n* **-1.** [untrained, unqualified person] profano *m*, -na *f*, lego *m*, -ga *f* **-2.** RELIG laico *m*, -ca *f*.

lay-off *n* [redundancy] despido *m*.

layout [ˈleɪaʊt] *n* [of building, garden] trazado *m*, diseño *m*; [of text] presentación *f*, composición *f*; [of page & COMPUT] diseño *m*.

layover [ˈleɪəʊvəʳ] *n US* [gen] parada *f*; [of plane] escala *f*.

laze [leɪz] *vi*: **to ~ (about** OR **around)** gandulear, holgazanear.

lazily [ˈleɪzɪlɪ] *adv* perezosamente.

laziness [ˈleɪzɪnɪs] *n* [idleness] pereza *f*.

lazy [ˈleɪzɪ] (*compar* **-ier**, *superl* **-iest**) *adj* **-1.** [person] perezoso(sa), vago(ga), atorrante *RP* **-2.** [stroll, gesture] lento(ta); [afternoon] ocioso(sa).

lazybones [ˈleɪzɪbəʊnz] (*pl inv*) *n inf* gandul *m*, -la *f*, holgazán *m*, -ana *f*.

lb (*abbr of* **pound**) lb.

LB *abbr of* **Labrador**.

lbw (*abbr of* **leg before wicket**) *protección ilegal de los palos con la pierna en cricket.*

lc (*abbr of* **lower case**) cb.

LC (*abbr of* **Library of Congress**) *n biblioteca del Congreso de Estados Unidos.*

L/C *abbr of* **letter of credit**.

LCD *n abbr of* **liquid crystal display**.

Ld *abbr of* **Lord**.

L-driver *n UK conductor que lleva la L.*

LEA (*abbr of* **local education authority**) *n organismo responsable de educación en un área determinada de Gran Bretaña.*

lead[1] [liːd] (*pt* & *pp* **led**) ◇ *n* **-1.** [winning position] delantera *f*; **to be in** OR **have the ~** llevar la delantera, ir en cabeza; **to take the ~** ponerse a la cabeza **-2.** [amount ahead]: **to have a ~ of ...** llevar una ventaja de ... **-3.** [initiative, example] ejemplo *m*; **to take the ~** [do sthg first] tomar la delantera **-4.** THEATRE: **(to play) the ~** (hacer) el papel principal **-5.** [clue] pista *f* **-6.** [for dog] correa *f* **-7.** [wire, cable] cable *m*. ◇ *adj* [singer, actor] principal; [guitar, guitarist] solista; [story in newspaper] más destacado(da). ◇ *vt* **-1.** [be in front of] encabezar; **to ~**

sb by ten minutes llevar a alguien diez minutos de ventaja; **they are ~ing France three-nil** van ganando a Francia por tres goles a cero **-2.** [take, guide, direct] conducir; **to ~ the way** enseñar el camino **-3.** [be in charge of, take the lead in] dirigir; [debate] moderar **-4.** [life] llevar **-5.** [cause]: **to ~ sb to do sthg** llevar a alguien a hacer algo; **we were led to believe that ...** nos dieron a entender que ... ◇ *vi* **-1.** [go]: **to ~ (to)** conducir *OR* llevar (a) **-2.** [give access to]: **to ~ (to** *OR* **into)** dar (a) **-3.** [be winning] ir en cabeza **-4.** [result in]: **to ~ to** conducir a **-5.** [in cards] salir.

◆ **lead away** *vt sep*: **to ~ sb away** llevarse a alguien.

◆ **lead off** *vi* [road, corridor]: **to ~ off (from)** salir (de); [in card game, discussion] empezar.

◆ **lead on** *vt sep* [pretend to be attracted to] dar esperanzas a.

◆ **lead up to** *vt fus* **-1.** [build up to] conducir a, preceder **-2.** [plan to introduce] apuntar a.

lead² [led] ◇ *n* **-1.** [metal] plomo *m* **-2.** [in pencil] mina *f.* ◇ *comp* [made of or with lead] de plomo.

leaded ['ledɪd] *adj* **-1.** [petrol] con plomo **-2.** [window] emplomado(da).

leaden ['ledn] *adj literary* **-1.** [dark grey] plomizo(za) **-2.** [heavy] pesado(da).

leader ['li:dəʳ] *n* **-1.** [of party etc, in competition] líder *m OR f* **-2.** *UK* [in newspaper] editorial *m*, artículo *m* de fondo.

leadership ['li:dəʃɪp] *n (U)* **-1.** [people in charge]: **the ~** los líderes, los dirigentes **-2.** [position of leader] liderazgo *m* **-3.** [qualities of leader] autoridad *f*, dotes *fpl* de mando.

lead-free [led-] *adj* sin plomo.

leading ['li:dɪŋ] *adj* **-1.** [major - athlete, writer] destacado(da); [- company] principal **-2.** [main - role, part] principal **-3.** [at front] que va en cabeza.

leading article *n UK* editorial *m*, artículo *m* de fondo.

leading lady *n* primera actriz *f.*

leading light *n* figura *f* destacada.

leading man *n* primer actor *m.*

leading question *n pregunta formulada de tal manera que sugiere una respuesta determinada.*

lead pencil [led-] *n* lápiz *m* de mina.

lead poisoning [led-] *n* saturnismo *m.*

lead time [li:d-] *n COMM* tiempo *m* de entrega.

leaf [li:f] *(pl* **leaves***)* *n* **-1.** [of tree, book] hoja *f* **-2.** [of table] hoja *f* abatible.

◆ **leaf through** *vt fus* hojear.

leaflet ['li:flɪt] ◇ *n* [small brochure] folleto *m*; [piece of paper] octavilla *f.* ◇ *vt* repartir folletos en.

leafy ['li:fɪ] *(compar* **-ier**, *superl* **-iest***)* *adj* frondoso(sa).

league [li:g] *n* [gen & *SPORT*] liga *f*; **to be in ~ with** [work with] estar confabulado con.

league table *n* clasificación *f.*

leak [li:k] ◇ *n* **-1.** [hole - in tank, bucket] agujero *m*; [- in roof] gotera *f* **-2.** [escape] escape *m*, fuga *f* **-3.** [of information] filtración *f.* ◇ *vt* [information] filtrar. ◇ *vi* **-1.** [bucket] tener un agujero; [roof] tener goteras; [boot] calar **-2.** [water, gas] salirse, escaparse; **to ~ (out) from** salirse de.

◆ **leak out** *vi* **-1.** [liquid] salirse, escaparse **-2.** [secret, information] filtrarse.

leakage ['li:kɪdʒ] *n* fuga *f*, escape *m.*

leaky ['li:kɪ] *(compar* **-ier**, *superl* **-iest***)* *adj* [tank, bucket] con agujeros; [roof] con goteras; [tap] que gotea.

lean [li:n] *(pt & pp* **leant** *OR* **-ed***)* ◇ *adj* **-1.** [person] delgado(da) **-2.** [meat] magro(gra) **-3.** [winter, year] de escasez. ◇ *vt* [support, prop]: **to ~ sthg against** apoyar algo contra. ◇ *vi* **-1.** [bend, slope] inclinarse; **to ~ out of the window** asomarse a la ventana **-2.** [rest]: **to ~ on/against** apoyarse en/contra.

leaning ['li:nɪŋ] *n*: **~ (towards)** inclinación *f* (hacia *OR* por).

leant [lent] *pt & pp* ▻ **lean**.

lean-to *(pl* **lean-tos***)* *n* cobertizo *m.*

leap [li:p] *(pt & pp* **leapt** *OR* **-ed***)* ◇ *n* salto *m.* ◇ *vi* [gen] saltar; [prices] dispararse.

◆ **leap at** *vt fus* [opportunity] no dejar escapar.

leapfrog ['li:pfrɒg] *(pt & pp* **-ged**, *cont* **-ging***)* ◇ *n* pídola *f*, rango *m RP.* ◇ *vt* saltar.

leapt [lept] *pt & pp* ▻ **leap**.

leap year *n* año *m* bisiesto.

learn [lɜ:n] *(pt & pp* **-ed** *OR* **learnt***)* ◇ *vt* **-1.** [acquire knowledge of, memorize] aprender; **to ~ (how) to do sthg** aprender a hacer algo **-2.** [hear]: **to ~ (that)** enterarse de (que). ◇ *vi* **-1.** [acquire knowledge] aprender **-2.** [hear]: **to ~ (of** *OR* **about)** enterarse (de).

learned ['lɜ:nɪd] *adj* erudito(ta).

learner ['lɜ:nəʳ] *n* [beginner] principiante *m OR f*; [student] estudiante *m OR f.*

learner (driver) *n* conductor *m* principiante *OR* en prácticas.

learner's permit *n US* carné *m* de conducir provisional.

learning ['lɜ:nɪŋ] *n* saber *m*, erudición *f.*

learning curve *n* ritmo *m* de aprendizaje.

learnt [lɜ:nt] *pt & pp* ▻ **learn**.

lease [li:s] ◇ *n JUR* contrato *m* de arrendamiento, arriendo *m*; **to give sb a new ~ of life** *UK* *OR* **on life** *US* darle nueva vida a alguien. ◇ *vt* arrendar; **to ~ sthg from/to sb** arrendar algo de/a alguien.

leaseback [ˈliːsbæk] *n* retroarriendo *m*.

leasehold [ˈliːshəʊld] ◇ *adj* arrendado(da). ◇ *adv* en arriendo.

leaseholder [ˈliːsˌhəʊldəʳ] *n* arrendátario *m*, -ria *f*.

leash [liːʃ] *n* [for dog] correa *f*.

least [liːst] (*superl of* **little**) ◇ *adj* [smallest in amount, degree] menor; **he earns the ~ money** es el que menos dinero gana. ◇ *pron* [smallest amount]: **the ~** lo menos; **it's the ~ (that) he can do** es lo menos que puede hacer; **not in the ~** en absoluto; **to say the ~** por no decir otra cosa. ◇ *adv* [to the smallest amount, degree] menos.
◆ **at least** *adv* por lo menos, al menos.
◆ **least of all** *adv* y menos (todavía).
◆ **not least** *adv* sobre todo.

leather [ˈleðəʳ] ◇ *n* piel *f*, cuero *m*. ◇ *comp* [jacket, trousers] de cuero; [shoes, bag] de piel.

leatherette [ˌleðəˈret] *n* polipiel *f*, skay *m*.

leave [liːv] (*pt* & *pp* **left**) ◇ *vt* **-1.** [gen] dejar; **he left it to her to decide** dejó que ella decidiera; **to ~ sb alone** dejar a alguien en paz; **it ~s me cold** me da igual, me trae al fresco **-2.** [go away from - place] irse de; [- house, room, work] salir de; [- wife] abandonar; **to ~ home** irse de casa **-3.** [do not take, forget] dejarse **-4.** [bequeath]: **to ~ sb sthg, to ~ sthg to sb** dejarle algo a alguien. ◇ *vi* [bus, train, plane] salir; [person] irse, marcharse. ◇ *n* [time off, permission] permiso *m*; **to be on ~** estar de permiso.
◆ **leave behind** *vt sep* **-1.** [abandon] dejar **-2.** [forget] dejarse **-3.** [walking, in race]: **to get left behind** quedarse atrás.
◆ **leave off** ◇ *vt sep* [omit] no incluir en. ◇ *vt fus* [stop]: **to ~ off (doing sthg)** dejar (de hacer algo). ◇ *vi*: **to carry on from where one left off** continuar desde donde uno lo había dejado.
◆ **leave out** *vt sep* **-1.** [omit] omitir **-2.** [exclude] excluir; **to feel left out** sentirse excluido(da).
◆ **leave over** *vt sep*: **to be left over** sobrar.

leave of absence *n* excedencia *f*.

leaves [liːvz] *pl* ⊳ **leaf**.

Lebanese [ˌlebəˈniːz] (*pl inv*) ◇ *adj* libanés(esa). ◇ *n* [person] libanés *m*, -esa *f*.

Lebanon [ˈlebənən] *n*: **(the) ~** (el) Líbano.

lecherous [ˈletʃərəs] *adj* lascivo(va), lujurioso(sa).

lechery [ˈletʃərɪ] *n* lascivia *f*, lujuria *f*.

lectern [ˈlektən] *n* atril *m*.

lecture [ˈlektʃəʳ] ◇ *n* **-1.** [talk - at university] clase *f*; [- at conference] conferencia *f*; **to give a ~ (on)** [at university] dar una clase (sobre); [at conference] dar una conferencia (sobre) **-2.** [criticism, reprimand] sermón *m*. ◇ *vt* [scold] echar un sermón a. ◇ *vi* [give talk]: **to ~ (on/in)** [at university] dar clases (de/en); [at conference] dar una conferencia (sobre/en).

lecture hall *n* [at university] aula *f*; [in conference centre] sala *f* de conferencias.

lecturer [ˈlektʃərəʳ] *n* [at university] profesor *m*, -ra *f* de universidad.

lectureship [ˈlektʃərʃɪp] *n* [at university] puesto *m* de profesor de universidad.

lecture theatre *n* [at university] aula *f*; [in conference centre] sala *f* de conferencias.

led [led] *pt* & *pp* ⊳ **lead** [1].

LED (*abbr of* **light-emitting diode**) *n* LED *m*.

ledge [ledʒ] *n* **-1.** [of window] alféizar *m*, antepecho *m* **-2.** [of mountain] saliente *m*.

ledger [ˈledʒəʳ] *n* libro *m* mayor.

lee [liː] *n* [shelter]: **in the ~ of** al abrigo de.

leech [liːtʃ] *n lit* & *fig* sanguijuela *f*.

leek [liːk] *n* puerro *m*.

leer [lɪəʳ] ◇ *n* mirada *f* lasciva. ◇ *vi*: **to ~ at sb** mirar lascivamente a alguien.

Leeward Islands [ˈliːwəd-] *npl*: **the ~** las islas de Sotavento.

leeway [ˈliːweɪ] *n* [room to manoeuvre] libertad *f* (de acción *OR* movimientos).

left [left] ◇ *adj* **-1.** [remaining]: **to be ~** quedar; **there's no wine ~** no queda vino **-2.** [not right] izquierdo(da). ◇ *adv* a la izquierda. ◇ *n* izquierda *f*; **on** *OR* **to the ~** a la izquierda; **keep to the ~!** [on road signs] ¡circulen por la izquierda!
◆ **Left** *n POL*: **the Left** la izquierda.

left-hand *adj* de la izquierda, izquierdo(da); **the ~ side** el lado izquierdo, la izquierda.

left-hand drive *n* vehículo *m* que tiene el volante a la izquierda.

left-handed [-ˈhændɪd] ◇ *adj* **-1.** [person] zurdo(da) **-2.** [implement] para zurdos **-3.** *US* [compliment] con doble sentido. ◇ *adv* con la (mano) izquierda.

left-hander [-ˈhændəʳ] *n* zurdo *m*, -da *f*.

Leftist *POL* ◇ *adj* izquierdista, de izquierdas. ◇ *n* izquierdista *m OR f*.

left luggage (office) *n UK* consigna *f*.

leftover [ˈleftəʊvəʳ] *adj* sobrante.
◆ **leftovers** *npl* sobras *fpl*.

left wing *POL n* izquierda *f*.

◆ **left-wing** *adj* de izquierdas, izquierdista.
left-winger *n* POL izquierdista *m* OR *f*.
lefty ['leftɪ] (*pl* **-ies**) *n* **-1.** *UK inf pej* & POL izquierdoso *m*, -sa *f* **-2.** *US* [left-handed person] zurdo *m*, -da *f*.
leg [leg] *n* **-1.** [of person] pierna *f*; **to be on one's last ~s** estar en las últimas; **you don't have a ~ to stand on** no tienes en qué basarte; **to pull sb's ~** tomarle el pelo a alguien **-2.** [of animal] pata *f* **-3.** [of trousers] pernera *f*, pierna *f* **-4.** CULIN [of lamb, pork] pierna *f*; [of chicken] muslo *m* **-5.** [of furniture] pata *f* **-6.** [of journey] etapa *f*; [of cup tie] partido *m*.
legacy ['legəsɪ] (*pl* **-ies**) *n lit* & *fig* legado *m*.
legal ['li:gl] *adj* **-1.** [lawful] legal **-2.** [concerning the law] jurídico(ca), legal.
legal action *n* pleito *m*, demanda *f*; **to take ~ against sb** presentar una demanda contra alguien.
legal aid *n* asistencia *f* de un abogado de oficio.
legality [li:'gælətɪ] *n* legalidad *f*.
legalize, -ise ['li:gəlaɪz] *vt* legalizar.
legally ['li:gəlɪ] *adv* legalmente; **~ responsible** responsable ante la ley; **~ binding** con fuerza de ley.
legal tender *n* moneda *f* de curso legal.
legation [lɪ'geɪʃn] *n* legación *f*.
legend ['ledʒənd] *n lit* & *fig* leyenda *f*.
legendary ['ledʒəndrɪ] *adj* legendario(ria).
leggings ['legɪŋz] *npl* mallas *fpl*.
leggy ['legɪ] (*compar* **-ier**, *superl* **-iest**) *adj* de largas y bonitas piernas.
legible ['ledʒəbl] *adj* legible.
legibly ['ledʒəblɪ] *adv* de manera legible.
legion ['li:dʒən] ◇ *n lit* & *fig* legión *f*. ◇ *adj fml*: **to be ~** ser innumerables.
legionnaire's disease [ˌli:dʒə'neəz-] *n* legionella *f*.
legislate ['ledʒɪsleɪt] *vi* legislar; **to ~ for/against** dictar una ley a favor de/en contra de.
legislation [ˌledʒɪs'leɪʃn] *n* legislación *f*.
legislative ['ledʒɪslətɪv] *adj* legislativo(va).
legislator ['ledʒɪsleɪtə^r] *n* legislador *m*, -ra *f*.
legislature ['ledʒɪsleɪtʃə^r] *n* asamblea *f* legislativa.
legitimacy [lɪ'dʒɪtɪməsɪ] *n* legitimidad *f*.
legitimate [lɪ'dʒɪtɪmət] *adj* legítimo(ma).
legitimately [lɪ'dʒɪtɪmətlɪ] *adv* legítimamente.
legitimize, -ise [lɪ'dʒɪtəmaɪz] *vt* legitimar.
legless ['leglɪs] *adj UK inf* [drunk] trompa, como una cuba.
legroom ['legrʊm] *n (U)* espacio *m* para las piernas.
leg-warmers [-ˌwɔ:məz] *npl* calentadores *mpl*.
legwork ['legwɜ:k] *n (U)*: **to do the ~** encargarse del trabajo de campo.
Leics (*abbr of* **Leicestershire**) *condado inglés*.
leisure [*UK* 'leʒə^r, *US* 'li:ʒər] *n* ocio *m*; **do it at your ~** hazlo cuando tengas tiempo.
leisure centre *n* centro *m* deportivo y cultural.
leisurely [*UK* 'leʒəlɪ, *US* 'li:ʒərlɪ] *adj* lento(ta).
leisure time *n* tiempo *m* libre.
lemming ['lemɪŋ] *n* [animal] lemming *m*.
lemon ['lemən] *n* [fruit] limón *m*.
lemonade [ˌlemə'neɪd] *n* **-1.** *UK* [fizzy drink] gaseosa *f* **-2.** [made with fresh lemons] limonada *f*.
lemon curd *n UK* crema *f* OR cuajada *f* de limón.
lemon juice *n* zumo *m* de limón.
lemon sole *n* mendo *m* limón.
lemon squash *n UK* refresco *m* de limón.
lemon squeezer [-'skwi:zə^r] *n* exprimidor *m*, exprimelimones *m inv*.
lemon tea *n* té *m* con limón.
lend [lend] (*pt* & *pp* **lent**) *vt* **-1.** [loan] prestar, dejar; **to ~ sb sthg, to ~ sthg to sb** prestarle algo a alguien **-2.** [offer]: **to ~ sthg (to sb)** prestar algo (a alguien); **to ~ sb a hand** echar una mano a alguien; **to ~ itself to sthg** prestarse a algo **-3.** [add]: **to ~ sthg to** prestar algo a.
lender ['lendə^r] *n* prestamista *m* OR *f*.
lending library ['lendɪŋ-] *n* biblioteca *f* pública.
lending rate ['lendɪŋ-] *n* tipo *m* de interés (en un crédito).
length [leŋθ] *n* **-1.** [measurement] longitud *f*, largo *m*; **what ~ is it?** ¿cuánto mide de largo?; **it's a metre in ~** tiene un metro de largo **-2.** [whole distance, size] extensión *f*; **throughout the ~ and breadth of** a lo largo y ancho de **-3.** [duration] duración *f* **-4.** [of swimming pool] largo *m* **-5.** [piece - of string, wood] trozo *m*; [- of cloth] largo *m* **-6.** *phr*: **to go to great ~s to do sthg** hacer todo lo posible para hacer algo.
◆ **at length** *adv* **-1.** [eventually] por fin **-2.** [in detail - speak] largo y tendido; [- discuss] con detenimiento.
lengthen ['leŋθən] ◇ *vt* alargar. ◇ *vi* alargarse.
lengthways ['leŋθweɪz] *adv* a lo largo.
lengthy ['leŋθɪ] (*compar* **-ier**, *superl* **-iest**) *adj* [stay, visit] extenso(sa); [discussions, speech] prolijo(ja), prolongado(da).
leniency ['li:njənsɪ] *n* indulgencia *f*.

lenient ['li:njənt] *adj* indulgente.
Leningrad ['lenɪngræd] *n* Leningrado.
Leninism ['lenɪnɪzm] *n* leninismo *m*.
lens [lenz] *n* **-1.** [in glasses] lente *f*; [in camera] objetivo *m* **-2.** [contact lens] lentilla *f*, lente *f* de contacto.
lent [lent] *pt* & *pp* ▻ **lend**.
Lent [lent] *n* Cuaresma *f*.
lentil ['lentɪl] *n* lenteja *f*.
Leo ['li:əʊ] *n* Leo *m*; **to be (a) ~** ser Leo.
leopard ['lepəd] *n* leopardo *m*.
leopardess ['lepədɪs] *n* leopardo *m* hembra.
leotard ['li:ətɑ:d] *n* malla *f*.
leper ['lepə^r] *n* leproso *m*, -sa *f*.
leprechaun ['leprəkɔ:n] *n duende de las leyendas irlandesas*.
leprosy ['leprəsɪ] *n* lepra *f*.
lesbian ['lezbɪən] ◇ *adj* lesbiano(na). ◇ *n* lesbiana *f*.
lesbianism ['lezbɪənɪzm] *n* lesbianismo *m*.
lesion ['li:ʒn] *n* lesión *f*.
Lesotho [lə'sʊːtəʊ] *n* Lesoto.
less [les] *(compar of little)* ◇ *adj* menos; **~ ... than** menos ... que; **~ and ~ ...** cada vez menos ... ◇ *pron* menos; **the ~ you work, the ~ you earn** cuanto menos trabajas, menos ganas; **it costs ~ than you think** cuesta menos de lo que piensas; **no ~ than** nada menos que. ◇ *adv* menos; **~ than five** menos de cinco; **~ often** menos; **~ and ~** cada vez menos. ◇ *prep* [minus] menos.
lessee [le'si:] *n fml* [of land, business premises] arrendatario *m*, -ria *f*; [of house, flat] inquilino *m*, -na *f*.
lessen ['lesn] ◇ *vt* aminorar, reducir. ◇ *vi* aminorarse, reducirse.
lesser ['lesə^r] *adj* menor; **to a ~ extent** OR **degree** en menor grado.
lesson ['lesn] *n* **-1.** [class] clase *f*; **to give/take ~s (in)** dar/recibir clases (de) **-2.** [warning experience] lección *f*; **to teach sb a ~** darle una buena lección a alguien.
lessor [le'sɔ:^r] *n fml* arrendador *m*, -ra *f*.
lest [lest] *conj fml* para que no; **~ we forget** no sea que nos olvidemos.
let [let] (*pt* & *pp* **let**, *cont* **-ting**) *vt* **-1.** [allow]: **to ~ sb do sthg** dejar a alguien hacer algo; **to ~ sthg happen** dejar que algo ocurra; **she ~ her hair grow** se dejó crecer el pelo; **to ~ sb know sthg** avisar a alguien de algo; **to ~ go of sthg/sb** soltar algo/a alguien; **to ~ sthg/sb go** [release] liberar a algo/alguien, soltar a algo/alguien; **to ~ o.s. go** [relax] soltarse el pelo; [become slovenly] abandonarse **-2.** [in verb forms]: **~'s go!** ¡vamos!; **~'s see** veamos; **~ him wait!** ¡déjale que espere! **-3.** [rent out - house, room] alquilar; [- land] arrendar; **'to ~'** 'se alquila'.
◆ **let alone** *adv* ni mucho menos.
◆ **let down** *vt sep* **-1.** [deflate] desinflar **-2.** [disappoint] fallar, defraudar.
◆ **let in** *vt sep* **-1.** [admit] dejar entrar; **he ~ himself in** entró con su llave **-2.** [leak] dejar pasar.
◆ **let in for** *vt sep*: **to ~ o.s. in for sthg** meterse en algo.
◆ **let in on** *vt sep*: **to ~ sb in on sthg** confiar OR revelar a alguien algo.
◆ **let off** *vt sep* **-1.** [excuse]: **to ~ sb off sthg** eximir a alguien de algo **-2.** [not punish] perdonar **-3.** [cause to explode - bomb] hacer estallar; [- gun] disparar **-4.** [gas] despedir.
◆ **let on** *vi*: **don't ~ on!** ¡no cuentes nada!
◆ **let out** *vt sep* **-1.** [allow to go out] dejar salir **-2.** [emit - sound] soltar.
◆ **let up** *vi* **-1.** [heat, rain] amainar **-2.** [person] parar.
letdown ['letdaʊn] *n inf* chasco *m*, decepción *f*.
lethal ['li:θl] *adj* letal, mortífero(ra).
lethargic [lə'θɑ:dʒɪk] *adj* **-1.** [mood] letárgico(ca); [person] aletargado(da) **-2.** [apathetic] apático(ca).
lethargy ['leθədʒɪ] *n* **-1.** [drowsiness] letargo *m* **-2.** [apathy] apatía *f*.
let's [lets] = **let us**.
letter ['letə^r] *n* **-1.** [written message] carta *f* **-2.** [of alphabet] letra *f*; **to the ~** *fig* al pie de la letra.
letter bomb *n* carta *f* bomba.
letterbox ['letəbɒks] *n UK* buzón *m*.
letter carrier *n US* [postman] cartero *m*, -ra *f*.
letterhead ['letəhed] *n* membrete *m*.
lettering ['letərɪŋ] *n (U)* [writing] letra *f*.
letter of credit *n* carta *f* de crédito.
letter opener *n* abrecartas *m inv*.
letter-perfect *adj US* impecable.
letters patent *npl* patente *f*.
lettuce ['letɪs] *n* lechuga *f*.
letup ['letʌp] *n* tregua *f*, respiro *m*.
leuk(a)emia [lu:'ki:mɪə] *n* leucemia *f*.
levee ['levɪ] *n US* [embankment] dique *m*.
level ['levl] (*UK pt* & *pp* **-led**, *cont* **-ling**, *US pt* & *pp* **-ed**, *cont* **-ing**) ◇ *adj* **-1.** [equal in speed, score] igualado(da); **they are ~** van igualados; [equal in height] nivelado(da); **to be ~ (with sthg)** estar al mismo nivel (que algo) **-2.** [flat - floor, surface] liso(sa), llano(na); [- spoonful] raso(sa). ◇ *adv*: **~ (with)** al mismo nivel OR altura (que); **to fly ~ with the ground** volar a ras de suelo; **to draw ~ with sb** llegar a la altura de alguien. ◇ *n* **-1.** [gen] nivel *m*; **to be on a ~ (with)** estar al mismo nivel (que) **-2.** *phr*: **to be**

on the ~ *inf* ser de fiar **-3.** [storey] piso *m* **-4.** ***US*** [spirit level] nivel *m* de burbuja de aire. ◇ *vt* **-1.** [make flat] allanar **-2.** [demolish - building] derribar; [- forest] arrasar **-3.** [weapon]: **to ~ sthg at** apuntar (con) algo a **-4.** [accusation, criticism]: **to ~ sthg at** *OR* **against sb** dirigir algo a alguien.

◆ **level off, level out** *vi* **-1.** [stabilize, slow down] estabilizarse **-2.** [ground] nivelarse; [plane] enderezarse.

◆ **level with** *vt fus inf* ser sincero(ra) con.

level crossing *n UK* paso *m* a nivel.

level-headed [-'hedɪd] *adj* sensato(ta), equilibrado(da).

level pegging [-'pegɪŋ] *adj UK*: **to be ~** estar igualado(da).

lever [*UK* 'li:vəʳ, *US* 'levər] *n* **-1.** [handle, bar] palanca *f* **-2.** *fig* [tactic] resorte *m*.

leverage [*UK* 'li:vərɪdʒ, *US* 'levərɪdʒ] *n (U)* **-1.** [force] fuerza *f* de apalanque **-2.** *fig* [influence] influencia *f*.

leviathan [lɪ'vaɪəθn] *n* [huge thing or person] gigante *m*.

levitation [ˌlevɪ'teɪʃn] *n* levitación *f*.

levity ['levətɪ] *n* ligereza *f*.

levy ['levɪ] (*pt* & *pp* **-ied**) ◇ *n*: **~ (on)** [financial contribution] contribución *f* (a *OR* para); [tax] tasa *f OR* impuesto *m* (sobre). ◇ *vt* **-1.** [impose] imponer **-2.** [collect] recaudar.

lewd [lju:d] *adj* [person, look] lascivo(va); [behaviour, song] obsceno(na); [joke] verde.

lexical ['leksɪkl] *adj* léxico(ca).

LI *abbr of* **Long Island**.

liability [ˌlaɪə'bɪlətɪ] (*pl* **-ies**) *n* **-1.** [legal responsibility]: **~ (for)** responsabilidad *f* (de *OR* por) **-2.** [hindrance] estorbo *m*.

◆ **liabilities** *npl FIN* pasivo *m*, deudas *fpl*.

liable ['laɪəbl] *adj* **-1.** [likely]: **that's ~ to happen** eso pueda que ocurra **-2.** [prone]: **to be ~ to** ser propenso(sa) a **-3.** [legally responsible]: **to be ~ (for)** ser responsable (de).

liaise [lɪ'eɪz] *vi*: **to ~ (with)** estar en contacto (con); **to ~ (between)** servir de enlace (entre).

liaison [lɪ'eɪzɒn] *n* **-1.** [contact, co-operation]: **~ (with/between)** coordinación *f* (con/entre), enlace *m* (con/entre) **-2.** [affair, relationship]: **~ (with/between)** amorío *m* (con/entre).

liar ['laɪəʳ] *n* mentiroso *m*, -sa *f*.

Lib. *abbr of* **Liberal**.

Lib-Dem [lɪb'dem] *abbr of* **Liberal Democrat**.

libel ['laɪbl] (*UK pt* & *pp* **-led**, *cont* **-ling**, *US pt* & *pp* **-ed**, *cont* **-ing**) ◇ *n* libelo *m*. ◇ *vt* calumniar.

libellous *UK*, **libelous** *US* ['laɪbələs] *adj* difamatorio(ria).

liberal ['lɪbərəl] ◇ *adj* **-1.** [tolerant] liberal **-2.** [generous, abundant] generoso(sa). ◇ *n* liberal *m OR f*.

◆ **Liberal** *POL* ◇ *adj* liberal. ◇ *n* liberal *m OR f*.

liberal arts *npl esp US* letras *fpl*.

Liberal Democrat *UK* ◇ *adj* demócrata liberal. ◇ *n* demócrata liberal *m OR f*.

liberalize, -ise ['lɪbərəlaɪz] *vt* liberalizar.

liberal-minded [-'maɪndɪd] *adj* liberal.

liberate ['lɪbəreɪt] *vt* liberar.

liberation [ˌlɪbə'reɪʃn] *n* liberación *f*.

liberator ['lɪbəreɪtəʳ] *n* libertador *m*, -ra *f*.

Liberia [laɪ'bɪərɪə] *n* Liberia.

Liberian [laɪ'bɪərɪən] ◇ *adj* liberiano(na). ◇ *n* liberiano *m*, -na *f*.

libertine ['lɪbəti:n] *n* libertino *m*, -na *f*.

liberty ['lɪbətɪ] (*pl* **-ies**) *n* libertad *f*; **at ~** en libertad; **to be at ~ to do sthg** ser libre de hacer algo; **to take liberties (with sb)** tomarse demasiadas libertades (con alguien).

libido [lɪ'bi:dəʊ] (*pl* **-s**) *n* libido *f*.

Libra ['li:brə] *n* Libra *f*; **to be (a) ~** ser Libra.

librarian [laɪ'breərɪən] *n* bibliotecario *m*, -ria *f*.

librarianship [laɪ'breərɪənʃɪp] *n* biblioteconomía *f*.

library ['laɪbrərɪ] (*pl* **-ies**) *n* **-1.** [public institution] biblioteca *f* **-2.** [private collection] colección *f*.

library book *n* libro *m* de biblioteca.

libretto [lɪ'bretəʊ] (*pl* **-s**) *n* libreto *m*.

Libya ['lɪbɪə] *n* Libia.

Libyan ['lɪbɪən] ◇ *adj* libio(bia). ◇ *n* libio *m*, -bia *f*.

lice [laɪs] *pl* ▷ **louse**.

licence ['laɪsəns] ◇ *n* **-1.** [gen] permiso *m*, licencia *f*; **under ~** con autorización *OR* permiso oficial **-2.** *AUT* carné *m OR* permiso *m* de conducir. ◇ *vt* ***US*** = **license**.

licence fee *n UK TV impuesto anual que tienen que pagar todos los hogares con un televisor y que se usa para financiar la televisión pública.*

licence number *n AUT* matrícula *f*.

license ['laɪsəns] ◇ *vt* [person, organization] dar licencia a; [activity] autorizar. ◇ *n* ***US*** = **licence**.

licensed ['laɪsənst] *adj* **-1.** [person]: **to be ~ to do sthg** estar autorizado(da) para hacer algo **-2.** [object] registrado(da), con licencia **-3.** ***UK*** [premises] autorizado(da) a vender alcohol.

licensee [ˌlaɪsən'si:] *n* concesionario *m*, -ria *f*.

license plate *n* ***US*** (placa *f* de) matrícula *f*.

licensing hours ['laɪsənsɪŋ-] *npl* ***UK*** *horas en que un pub está autorizado a servir alcohol.*

LICENSING HOURS

Tradicionalmente, los horarios comerciales de los pubs en Gran Bretaña han estado sujetos a una reglamentación muy estricta (ligada a la legislación sobre la venta de bebidas alcohólicas), aunque ésta se volvió más flexible a partir de 1988. En lugar de abrir únicamente de 11.30 a 14.30 h y de 18 a 23 h, desde ese año los pubs pueden hacer un horario de 11 a 23 h, excepto el domingo (de 11 a 15 h y de 19 a 22.30 h). En Escocia, esta reglamentación no es tan estricta.

licensing laws ['laɪsənsɪŋ-] *npl UK leyes que controlan la venta de bebidas alcohólicas.*

licentious [laɪ'senʃəs] *adj fml & pej* licencioso(sa).

lichen ['laɪkən] *n* liquen *m.*

lick [lɪk] ◇ *n* **-1.** [act of licking] lametón *m*, lametada *f* **-2.** *inf* [small amount]: **a ~ of paint** una mano de pintura. ◇ *vt* **-1.** *lit & fig* lamer, lamber *Amér*; **to ~ one's lips** relamerse (los labios) **-2.** *inf* [defeat] dar una paliza a.

licorice ['lɪkərɪs] = **liquorice**.

lid [lɪd] *n* **-1.** [cover] tapa *f* **-2.** [eyelid] párpado *m.*

lido ['li:dəʊ] (*pl* **-es**) *n* **-1.** *UK* [swimming pool] piscina *f* (al aire libre) **-2.** [resort] balneario *m.*

lie [laɪ] (*pt sense 1* **lied**, *pt senses 2-5* **lay**, *pp sense 1* **lied**, *pp senses 2-5* **lain**, *cont all senses* **lying**) ◇ *n* mentira *f*; **to tell ~s** contar mentiras, mentir. ◇ *vi* **-1.** [tell lie] mentir; **to ~ to sb** mentirle a alguien **-2.** [lie down] tumbarse, echarse; [be buried] yacer; **to be lying** estar tumbado(da) **-3.** [be situated] hallarse; **there is snow lying on the ground** hay nieve en el suelo; **he is lying in fourth place** se encuentra en cuarto lugar **-4.** [be - solution, attraction] hallarse, encontrarse **-5.** *phr*: **to ~ low** permanecer escondido(da).

◆ **lie about, lie around** *vi* estar OR andar tirado(da).

◆ **lie down** *vi* tumbarse, echarse; **not to take sthg lying down** no quedarse cruzado de brazos ante algo.

◆ **lie in** *vi UK* quedarse en la cama hasta tarde.

Liechtenstein ['lɪktənˌstaɪn] *n* Liechtenstein.

lie detector *n* detector *m* de mentiras.

lie-down *n UK*: **to have a ~** echarse un rato.

lie-in *n UK*: **to have a ~** quedarse en la cama hasta tarde.

lieu [lju:, lu:]

◆ **in lieu** *adv* a cambio; **in ~ of** en lugar de.

Lieut. (*abbr of* **lieutenant**) ≃ Tte.

lieutenant [*UK* lef'tenənt, *US* lu:'tenənt] *n* **-1.** *MIL* teniente *m* **-2.** [deputy] lugarteniente *m* OR *f* **-3.** *US* [police officer] oficial *m* OR *f* de policía.

lieutenant colonel *n* teniente *m* coronel.

life [laɪf] (*pl* **lives**) ◇ *n* **-1.** [gen] vida *f*; **that's ~!** ¡así es la vida!; **for ~** de por vida, para toda la vida; **for the ~ of me** *inf* por mucho que lo intento; **not on your ~!** *inf* ¡ni en broma!; **to breathe ~ into sthg** infundir una nueva vida a algo; **to come to ~** [thing] cobrar vida; [person] reanimarse de pronto; **how's ~?** *inf* ¿qué tal?; **to lay down one's ~** dar (uno) su vida; **to risk ~ and limb** jugarse el pellejo; **to scare the ~ out of sb** pegarle a alguien un susto de muerte; **to take sb's ~** acabar con la vida de alguien; **to take one's own ~** quitarse la vida **-2.** *inf* [life imprisonment] cadena *f* perpetua. ◇ *comp* [member etc] vitalicio(cia).

life-and-death *adj* [situation] de vida o muerte; [struggle] a vida o muerte.

life annuity *n* renta *f* OR pensión *f* anual vitalicia.

life assurance = **life insurance**.

life belt *n* flotador *m*, salvavidas *m inv.*

lifeblood ['laɪfblʌd] *n* [source of strength] alma *f*, sustento *m.*

lifeboat ['laɪfbəʊt] *n* [on a ship] bote *m* salvavidas; [on shore] lancha *f* de salvamento.

life buoy *n* flotador *m*, salvavidas *m inv.*

life cycle *n* ciclo *m* vital.

life expectancy *n* expectativa *f* de vida.

lifeguard ['laɪfgɑ:d] *n* socorrista *m* OR *f.*

life imprisonment [-ɪm'prɪznmənt] *n* cadena *f* perpetua.

life insurance *n (U)* seguro *m* de vida.

life jacket *n* chaleco *m* salvavidas.

lifeless ['laɪflɪs] *adj* **-1.** [dead] sin vida **-2.** [listless] insulso(sa).

lifelike ['laɪflaɪk] *adj* realista, natural.

lifeline ['laɪflaɪn] *n* **-1.** [rope] cuerda *f* OR cable *m* (de salvamento) **-2.** [something vital for survival] cordón *m* umbilical.

lifelong ['laɪflɒŋ] *adj* de toda la vida.

life peer *n UK noble británico con título no hereditario.*

life preserver [-prɪˌzɜ:vəʳ] *n US* **-1.** [life jacket] chaleco *m* salvavidas **-2.** [life belt] flotador *m*, salvavidas *m inv.*

life raft *n* balsa *f* salvavidas.

lifesaver ['laɪfˌseɪvəʳ] *n* **-1.** [person] socorrista *m* OR *f* **-2.** *fig* [relief, help]: **it was a real ~** me salvó la vida, me sacó de un gran apuro.

life sentence *n* (condena *f* a) cadena *f* perpetua.

life-size(d) [-saɪz(d)] *adj* (de) tamaño natural.

lifespan ['laɪfspæn] *n* vida *f.*

lifestyle ['laɪfstaɪl] *n* estilo *m* OR modo *m* de vida.

life-support system *n* aparato *m* de respiración artificial.

lifetime ['laɪftaɪm] *n* vida *f*.

lift [lɪft] <> *n* **-1.** [ride - in car etc]: **to give sb a ~ (somewhere)** acercar *OR* llevar a alguien (a algún sitio), dar (un) aventón a alguien (a algún sitio) *Col, Méx* **-2.** *UK* [elevator] ascensor *m*, elevador *m Méx*. <> *vt* **-1.** [gen] levantar; **to ~ sthg down** bajar algo; **to ~ sthg out of sthg** sacar algo de algo **-2.** [plagiarize] copiar. <> *vi* **-1.** [rise] levantarse, alzarse **-2.** [disappear - mist] disiparse.

lift-off *n* despegue *m*.

ligament ['lɪgəmənt] *n* ligamento *m*.

light [laɪt] (*pt* & *pp* **lit** *OR* **-ed**) <> *adj* **-1.** [gen] ligero(ra); [rain] fino(na); [traffic] ligero(ra) **-2.** [not strenuous - duties, responsibilities] simple; [- work] suave; [- punishment] leve **-3.** [low-calorie, low-alcohol] light **-4.** [bright] luminoso(-sa), lleno(na) de luz; **it's growing ~** se hace de día **-5.** [pale - colour] claro(ra). <> *n* **-1.** [brightness, source of light] luz *f* **-2.** [for cigarette, pipe] fuego *m*, lumbre *f*; **have you got a ~?** ¿tienes fuego? **-3.** [perspective]: **in the ~ of** *UK*, **in ~ of** *US* a la luz de; **to see sthg/sb in a different ~** ver algo/a alguien de otra manera distinta **-4.** *literary* [look in eyes] brillo *m* **-5.** *phr*: **to bring sthg to ~** sacar algo a la luz; **to come to ~** salir a la luz (pública); **to set ~ to** prender fuego a; **to see the ~** verlo claro; **to throw** *OR* **cast** *OR* **shed ~ on** arrojar luz sobre. <> *vt* **-1.** [ignite] encender **-2.** [illuminate] iluminar. <> *vi* prenderse. <> *adv* [travel] con poco equipaje.

◆ **light up** <> *vt sep* **-1.** [illuminate] iluminar **-2.** [start smoking] encender. <> *vi* **-1.** [look happy] iluminarse, encenderse **-2.** *inf* [start smoking] encender un cigarrillo.

light aircraft (*pl inv*) *n* avioneta *f*.

light ale *n UK tipo suave de cerveza rubia*.

light bulb *n* bombilla *f*, foco *m Méx*, bombillo *m CAm, Carib, Col*, bombita *f RP*, bujía *f CAm*, ampolleta *f Chile*.

light cream *n US* nata *f* líquida.

lighted ['laɪtɪd] *adj* [illuminated] iluminado(da).

light-emitting diode [-ɪ'mɪtɪŋ-] *n* diodo *m* emisor de luz.

lighten ['laɪtn] <> *vt* **-1.** [make brighter - room] iluminar; [- hair] aclarar **-2.** [make less heavy] aligerar. <> *vi* **-1.** [brighten] aclararse **-2.** [become happier, more relaxed] alegrarse.

light entertainment *n (U)* espectáculos *mpl* de entretenimiento.

lighter ['laɪtə^r] *n* [cigarette lighter] encendedor *m*, mechero *m*.

light-fingered [-'fɪŋgəd] *adj inf* largo(ga) de uñas.

light-headed [-'hedɪd] *adj* [dizzy] mareado(da); [emotionally] exaltado(da).

light-hearted [-'hɑːtɪd] *adj* **-1.** [cheerful] alegre **-2.** [amusing] frívolo(la).

lighthouse ['laɪthaʊs, *pl* -haʊzɪz] *n* faro *m*.

light industry *n* industria *f* ligera.

lighting ['laɪtɪŋ] *n* iluminación *f*; **street ~** alumbrado *m* público.

lighting-up time *n* hora *f* de encendida del alumbrado público.

lightly ['laɪtlɪ] *adv* **-1.** [gently] suavemente **-2.** [slightly] ligeramente **-3.** [frivolously] a la ligera.

light meter *n* fotómetro *m*.

lightning ['laɪtnɪŋ] *n (U)*: **a flash of ~** un relámpago; **a bolt of ~** un rayo; **it was struck by ~** lo alcanzó un rayo.

lightning conductor *UK*, **lightning rod** *US n* pararrayos *m inv*.

lightning strike *n UK* huelga *f* salvaje.

lightning visit *n* visita *f* relámpago.

light opera *n* opereta *f*.

light pen *n* lápiz *m* óptico.

light railway *n* tren *m* ligero.

lights-out *n hora en que se apagan las luces*.

lightweight ['laɪtweɪt] <> *adj* **-1.** [object] ligero(ra) **-2.** *fig* [person] de poca monta. <> *n* **-1.** [boxer] peso *m* ligero **-2.** *fig* [person] figura *f* menor.

light year *n* año *m* luz.

likable ['laɪkəbl] *adj* simpático(ca).

like [laɪk] <> *prep* **-1.** [gen] como; *(in questions or indirect questions)* cómo; **what did it taste ~?** ¿a qué sabía?; **what did it look ~?** ¿cómo era?; **tell me what it's ~** dime cómo es; **something ~ £100** algo así como cien libras; **something ~ that** algo así, algo por el estilo **-2.** [in the same way as] como, igual que; **~ this/that** así **-3.** [typical of] propio(pia) *OR* típico(ca) de; **it's not ~ them** no es su estilo. <> *vt* **-1.** [find pleasant, approve of]: **I ~ cheese** me gusta el queso; **I ~ it/them** me gusta/gustan; **I don't ~ it/them** no me gusta/gustan; **he ~s doing** *OR* **to do sthg** (a él) le gusta hacer algo **-2.** [want] querer; **would you ~ some more?** ¿quieres un poco más?; **I'd ~ to come tomorrow** querría *OR* me gustaría venir mañana; **I'd ~ you to come to dinner** me gustaría que vinieras a cenar; **whenever you ~** cuando quieras; **I don't ~ to bother her** no quiero molestarla; [in shops, restaurants]: **I'd ~ a kilo of apples/the soup** póngame un kilo de manzanas/la sopa. <> *vi* querer; **if you ~** si quieres. <> *adj* [similar] semejante; [the same] igual. <> *n*: **the ~ of sb/sthg** alguien/algo del estilo; **and the ~** y

similares, y cosas por el estilo; **I've never seen the ~ (of it)** nunca he visto nada igual.
◆ **likes** *npl* [things one likes] gustos *mpl*, preferencias *fpl*.

likeable ['laɪkəbl] = **likable**.

likelihood ['laɪklɪhʊd] *n* probabilidad *f*; **in all ~** con toda probabilidad.

likely ['laɪklɪ] ◇ *adj* **-1.** [probable] probable; **rain is ~** es probable que llueva; **he's ~ to come** es probable que venga; **a ~ story!** *iron* ¡puro cuento! **-2.** [suitable] indicado(da). ◇ *adv*: **most ~** muy probablemente.

like-minded [-'maɪndɪd] *adj* de ideas afines.

liken ['laɪkn] *vt*: **to ~ sthg/sb to** comparar algo/a alguien con.

likeness ['laɪknɪs] *n* **-1.** [resemblance]: **~ (to)** parecido *m* (con) **-2.** [portrait] retrato *m*.

likewise ['laɪkwaɪz] *adv* [similarly] de la misma forma; **to do ~** hacer lo mismo.

liking ['laɪkɪŋ] *n*: **to have a ~ for sthg** tener afición *f* por *OR* a algo; **to take a ~ to sb** tomar *OR* coger cariño *m* a alguien; **to be to sb's ~** ser del gusto de alguien; **for my/his ~** *etc* para mi/su gusto *etc*.

lilac ['laɪlək] ◇ *adj* [colour] lila. ◇ *n* **-1.** [tree, flower] lila *f* **-2.** [colour] lila *m*.

Lilo® ['laɪləʊ] (*pl* **-s**) *n UK* colchoneta *f*, colchón *m* hinchable.

lilt [lɪlt] *n* entonación *f*, deje *m*.

lilting ['lɪltɪŋ] *adj* melodioso(sa).

lily ['lɪlɪ] (*pl* **-ies**) *n* lirio *m*, azucena *f*.

lily of the valley (*pl* **lilies of the valley**) *n* lirio *m* de los valles.

Lima ['li:mə] *n* Lima.

limb [lɪm] *n* **-1.** [of body] miembro *m* **-2.** [of tree] rama *f* **-3.** *phr*: **to be out on a ~** estar aislado(da).

limber ['lɪmbəʳ]
◆ **limber up** *vi* calentar, desentumecerse.

limbo ['lɪmbəʊ] (*pl* **-s**) *n* **-1.** *(U)* [uncertain state]: **to be in ~** estar en un estado de incertidumbre **-2.** [dance]: **the ~** el limbo.

lime [laɪm] *n* **-1.** [fruit] lima *f* **-2.** [drink]: **~ (juice)** lima *f* **-3.** [linden tree] tilo *m* **-4.** *CHEM* cal *f*.

lime cordial *n* refresco *m* de lima.

lime-green *adj* (de color) verde lima.

limelight ['laɪmlaɪt] *n*: **in the ~** en (el) candelero.

limerick ['lɪmərɪk] *n copla humorística de cinco versos.*

limestone ['laɪmstəʊn] *n (U)* (piedra *f*) caliza *f*.

limey ['laɪmɪ] (*pl* **limeys**) *n US inf término peyorativo que designa a un inglés.*

limit ['lɪmɪt] ◇ *n* **-1.** [gen] límite *m* **-2.** [test of patience]: **you're the ~!** *inf* ¡eres el colmo! **-3.** *phr*: **off ~s** en zona prohibida; **within ~s** dentro de un límite. ◇ *vt* limitar; **to ~ o.s. to** limitarse a.

limitation [,lɪmɪ'teɪʃn] *n* limitación *f*.

limited ['lɪmɪtɪd] *adj* [restricted] limitado(da); **to be ~ to** estar limitado a.

limited edition *n* edición *f* limitada.

limited (liability) company *n* sociedad *f* limitada.

limitless ['lɪmɪtlɪs] *adj* ilimitado(da).

limo ['lɪməʊ] *n inf abbr of* **limousine**.

limousine ['lɪməzi:n] *n* limusina *f*.

limp [lɪmp] ◇ *adj* flojo(ja). ◇ *n* cojera *f*; **to have a ~** cojear. ◇ *vi* cojear.

limpet ['lɪmpɪt] *n* lapa *f*.

limply ['lɪmplɪ] *adv* lánguidamente.

linchpin ['lɪntʃpɪn] *n fig* eje *m*.

Lincs. [lɪŋks] (*abbr of* **Lincolnshire**) *condado inglés.*

linctus ['lɪŋktəs] *n UK* jarabe *m* para la tos.

line [laɪn] ◇ *n* **-1.** [gen & *MIL*] línea *f* **-2.** [row] fila *f*; **in a ~** en fila **-3.** *esp US* [queue] cola *f*; **to stand** *OR* **wait in ~** hacer cola **-4.** [course - direction] línea *f*; [- of action] camino *m*; **to walk in a straight ~** andar en línea recta; **what's his ~ of business?** ¿a qué negocios se dedica?; **to follow the party ~** seguir las directrices del partido; **along the same ~s** por el estilo **-5.** [length - of rope, for washing] cuerda *f*; [- for fishing] sedal *m*; [- of wire] hilo *m*, cable *m* **-6.** *TELEC*: **(telephone) ~** línea *f* (telefónica); **hold the ~, please** no cuelgue, por favor; **the ~ is busy** está comunicando; **it's a bad ~** hay interferencias; **your wife is on the ~ for you** su mujer al teléfono **-7.** [on page] línea *f*, renglón *m*; [of poem, song] verso *m*; [letter]: **to drop sb a ~** *inf* mandar unas letras a alguien **-8.** [system of transport]: **(railway) ~** [track] vía *f* (férrea); [route] línea *f* (férrea); **shipping ~** [company] compañía *f* naviera; [route] ruta *f* marítima **-9.** [wrinkle] arruga *f* **-10.** [alignment]: **in ~** alineado(da); **to be in ~ for promotion** estar camino de un ascenso **-11.** [succession of kings etc] línea *f*; **a long ~ of mistakes** una larga serie de errores **-12.** [borderline] límite *m*, frontera *f* **-13.** *COMM* línea *f*; **~ of credit** línea *f* de crédito **-14.** *phr*: **to be on the right ~s** estar en el buen camino; **along similar ~s** de manera parecida; **to draw the ~ at sthg** no pasar por algo, negarse a algo; **to read between the ~s** leer entre líneas; **to step out of ~** saltarse las reglas. ◇ *vt* **-1.** [form rows along] alinearse a lo largo de; **crowds ~d the street** la gente se apiñaba a los lados de la calle **-2.** [coat, curtains] forrar; [drawer] cubrir el interior de.

◆ **lines** *npl* **-1.** *SCH castigo consistente en escribir la misma frase gran número de veces* **-2.** THEATRE papel *m.*
◆ **on the line** *adv*: **to be on the ~** estar en juego.
◆ **out of line** *adv*: **to be out of ~** estar fuera de lugar.
◆ **line up** ◇ *vt sep* **-1.** [make into a row or queue] alinear **-2.** [arrange] programar, organizar. ◇ *vi* [form a queue] alinearse, ponerse en fila.

lineage ['lɪnɪɪdʒ] *n fml* linaje *m.*
linear ['lɪnɪəʳ] *adj* lineal.
lined [laɪnd] *adj* **-1.** [of paper] reglado(da), de rayos **-2.** [wrinkled] arrugado(da).
line drawing *n* dibujo *m* lineal.
line feed *n* avance *m* de línea.
linen ['lɪnɪn] ◇ *n* **-1.** [cloth] lino *m* **-2.** [tablecloths, sheets] ropa *f* blanca OR de hilo; **bed ~** ropa *f* de cama. ◇ *comp* **-1.** [suit, napkins] de hilo **-2.** [cupboard, drawer] de la ropa.
linen basket *n* cesta *f* de la ropa (sucia).
line-out *n* [in rugby] saque *m* de banda.
line printer *n* impresora *f* de línea.
liner ['laɪnəʳ] *n* [ship] transatlántico *m.*
linesman ['laɪnzmən] (*pl* **-men** [-mən]) *n* juez *m* de línea.
lineup ['laɪnʌp] *n* **-1.** [of players, competitors] alineación *f* **-2.** *US* [identification parade] rueda *f* de identificación.
linger ['lɪŋgəʳ] *vi* **-1.** [remain - over activity] entretenerse; [- in a place] rezagarse **-2.** [persist] persistir.
lingerie ['lænʒərɪ] *n* ropa *f* interior femenina.
lingering ['lɪŋgrɪŋ] *adj* [illness, hopes] persistente; [death] lento(ta); [kiss] largo(ga).
lingo ['lɪŋgəʊ] (*pl* **-es**) *n inf* [foreign language] idioma *m*; [jargon] jerga *f.*
linguist ['lɪŋgwɪst] *n* **-1.** [someone good at languages]: **he's a good ~** tiene facilidad para las lenguas **-2.** [student or teacher of linguistics] lingüista *m* OR *f.*
linguistic [lɪŋ'gwɪstɪk] *adj* lingüístico(ca).
linguistics [lɪŋ'gwɪstɪks] *n (U)* lingüística *f.*
liniment ['lɪnɪmənt] *n* linimento *m.*
lining ['laɪnɪŋ] *n* **-1.** [gen & AUT] forro *m* **-2.** [of stomach, nose] paredes *fpl* interiores.
link [lɪŋk] ◇ *n* **-1.** [of chain] eslabón *m*; **the weakest ~** el punto más débil **-2.** [connection] conexión *f*, enlace *m*; **rail ~** enlace ferroviario; **telephone ~** conexión OR línea *f* telefónica; **~s (between/with)** lazos *mpl* (entre/con), vínculos *mpl* (entre/con). ◇ *vt* **-1.** [connect - cities] comunicar, enlazar; [- computers] conectar; [- facts] relacionar, asociar; **to ~ sthg with** OR **to** relacionar OR asociar algo con **-2.** [join - arms] enlazar.
◆ **link up** *vt sep*: **to ~ sthg up (with)** conectar algo (con).

linkage ['lɪŋkɪdʒ] *n (U)* [relationships] conexión *f.*
linked [lɪŋkt] *n* **-1.** [connected - cities] unido(da); [- computers] conectado(da); [- facts] relacionado(da) **-2.** [joined - arms] enlazado(da).
links [lɪŋks] (*pl inv*) *n* campo *m* de golf *(cerca del mar).*
linkup ['lɪŋkʌp] *n* [of TV channels] conexión *f*; [of spaceships] acoplamiento *m.*
lino ['laɪnəʊ], **linoleum** [lɪ'nəʊljəm] *n* linóleo *m.*
linseed oil ['lɪnsi:d-] *n* aceite *m* de linaza.
lint [lɪnt] *n (U)* **-1.** [dressing] hilas *fpl* **-2.** *US* [fluff] pelusa *f.*
lintel ['lɪntl] *n* dintel *m.*
lion ['laɪən] *n* león *m.*
lion cub *n* cachorro *m* de león.
lioness ['laɪənes] *n* leona *f.*
lionize, -ise ['laɪənaɪz] *vt* encumbrar.
lip [lɪp] *n* **-1.** [of mouth] labio *m*; **my ~s are sealed** soy una tumba; **to keep a stiff upper ~** mantener el tipo **-2.** [of cup] borde *m*; [of jug] pico *m.*
liposuction ['lɪpəʊˌsʌkʃən] *n* liposucción *f.*
lip-read *vi* leer los labios.
lip-reading *n* lectura *f* de labios.
lip salve [-sælv] *n UK* vaselina® *f*, cacao *m.*
lip service *n*: **to pay ~ to sthg** hablar en favor de algo sin hacer nada al respeto.
lipstick ['lɪpstɪk] *n* **-1.** [container] lápiz *m* OR barra *f* de labios **-2.** [substance] carmín *m.*
liquefy ['lɪkwɪfaɪ] (*pt* & *pp* **-ied**) ◇ *vt* licuar. ◇ *vi* licuarse.
liqueur [lɪ'kjʊəʳ] *n* licor *m.*
liquid ['lɪkwɪd] ◇ *adj* líquido(da). ◇ *n* líquido *m.*
liquid assets *npl* activo *m* disponible.
liquidate ['lɪkwɪdeɪt] *vt* liquidar.
liquidation [ˌlɪkwɪ'deɪʃn] *n* liquidación *f*; **to go into ~** ir a la quiebra.
liquidator ['lɪkwɪdeɪtəʳ] *n* liquidador *m*, -ra *f.*
liquid crystal display *n* pantalla *f* de cristal líquido.
liquidity [lɪ'kwɪdətɪ] *n* [having money] liquidez *f.*
liquidize, -ise ['lɪkwɪdaɪz] *vt UK* licuar.
liquidizer ['lɪkwɪdaɪzəʳ] *n UK* licuadora *f.*
liquor ['lɪkəʳ] *n (U) esp US* alcohol *m*, bebida *f* alcohólica.
liquorice ['lɪkərɪʃ, 'lɪkərɪs] *n (U)* regaliz *m.*
liquor store *n US tienda donde se venden bebidas alcohólicas para llevar.*
lira ['lɪərə] *n* lira *f.*

Lisbon [ˈlɪzbən] *n* Lisboa.
lisp [lɪsp] ◇ *n* ceceo *m*. ◇ *vi* cecear.
lissom(e) [ˈlɪsəm] *adj literary* grácil, esbelto(ta).
list [lɪst] ◇ *n* lista *f*. ◇ *vt* **-1.** [in writing] hacer una lista de **-2.** [in speech] enumerar. ◇ *vi* NAUT escorar.
listed building [ˌlɪstɪd-] *n UK edificio declarado de interés histórico y artístico.*
listed company [ˌlɪstɪd-] *n UK* sociedad *f* que se cotiza en bolsa.
listen [ˈlɪsn] *vi* **-1.** [give attention]: **to ~ (to sthg/sb)** escuchar (algo/a alguien); **to ~ for** estar atento a **-2.** [heed advice]: **to ~ (to sb/sthg)** hacer caso (a alguien/de algo); **to ~ to reason** atender a razones.
◆ **listen in** *vi* **-1.** RADIO: **to ~ in (to a programme)** escuchar OR sintonizar (un programa en) una emisora **-2.** [eavesdrop]: **to ~ in (on sthg)** escuchar (algo) a hurtadillas.
◆ **listen up** *vi US inf* escuchar.
listener [ˈlɪsnəʳ] *n* **-1.** [person listening]: **she's a good ~** sabe escuchar **-2.** [to radio] radioyente *m* OR *f*.
listeria [lɪsˈtiːərɪə] *n* **-1.** [illness] listeriosis *f inv* **-2.** [bacteria] listeria *f*.
listing [ˈlɪstɪŋ] *n* listado *m*.
◆ **listings** *npl* cartelera *f*.
listless [ˈlɪstlɪs] *adj* apático(ca).
list price *n* precio *m* de catálogo.
lit [lɪt] *pt & pp* ▷ **light**.
litany [ˈlɪtənɪ] (*pl* **-ies**) *n lit & fig* letanía *f*.
liter *US* = **litre**.
literacy [ˈlɪtərəsɪ] *n* alfabetización *f*.
literal [ˈlɪtərəl] *adj* literal.
literally [ˈlɪtərəlɪ] *adv* literalmente; **to take sthg ~** tomarse algo al pie de la letra.
literary [ˈlɪtərərɪ] *adj* [gen] literario(ria).
literate [ˈlɪtərət] *adj* **-1.** [able to read and write] alfabetizado(da) **-2.** [well-read] culto(ta), instruido(da).
literature [ˈlɪtrətʃəʳ] *n* **-1.** [novels, plays, poetry] literatura *f* **-2.** [books on a particular subject] publicaciones *fpl*, bibliografía *f* **-3.** [printed information] documentación *f*.
lithe [laɪð] *adj* ágil.
lithium [ˈlɪθɪəm] *n* litio *m*.
lithograph [ˈlɪθəgrɑːf] *n* litografía *f*.
Lithuania [ˌlɪθjʊˈeɪnɪə] *n* Lituania.
Lithuanian [ˌlɪθjʊˈeɪnjən] ◇ *adj* lituano(na). ◇ *n* **-1.** [person] lituano *m*, -na *f* **-2.** [language] lituano *m*.
litigant [ˈlɪtɪgənt] *n fml* litigante *m* OR *f*, pleiteante *m* OR *f*.
litigate [ˈlɪtɪgeɪt] *vi fml* litigar, pleitear.
litigation [ˌlɪtɪˈgeɪʃn] *n fml* litigio *m*, pleito *m*.
litmus paper [ˈlɪtməs-] *n* papel *m* de tornasol.
litmus test [ˈlɪtməs-] *n fig* prueba *f* de fuego.
litre *UK*, **liter** *US* [ˈliːtəʳ] *n* litro *m*.
litter [ˈlɪtəʳ] ◇ *n* **-1.** [waste material] basura *f* **-2.** [newborn animals] camada *f*. ◇ *vt*: **to ~ sthg (with)** ensuciar algo (de); **papers ~ed the floor** había papeles esparcidos por el suelo.
litterbin [ˈlɪtəˌbɪn] *n UK* papelera *f*.
litterlout *UK* [ˈlɪtəlaʊt], **litterbug** [ˈlɪtəbʌg] *n persona que ensucia la vía pública.*
litter tray *n bandeja para la arena del gato.*
little [ˈlɪtl] (*compar sense 3* **less**, *superl sense 3* **least**) ◇ *adj* **-1.** [small in size, younger] pequeño(ña); **a ~ dog** un perrito; **you poor ~ thing!** ¡pobrecillo! **-2.** [short in length] corto(ta); **a ~ while** un ratito **-3.** [not much] poco(ca); **a ~ bit** un poco; **he speaks ~ English** habla poco inglés; **he speaks a ~ English** habla un poco de inglés. ◇ *pron*: **I understood very ~** entendí muy poco; **a ~** un poco; **a ~ under half** algo menos de la mitad. ◇ *adv* poco; **~ by ~** poco a poco.
little finger *n* dedo *m* meñique.
little-known *adj* poco conocido(da).
little toe *n* meñique *m* del pie.
liturgy [ˈlɪtədʒɪ] (*pl* **-ies**) *n* [form of worship] liturgia *f*.
live¹ [lɪv] ◇ *vi* **-1.** [gen] vivir; **the greatest that ever ~d** el mejor de todos los tiempos **-2.** [continue to be alive] seguir viviendo, vivir; **long ~ the Queen!** ¡viva la reina! ◇ *vt* vivir; **to ~ a quiet life** llevar una vida tranquila; **to ~ it up** *inf* pegarse la gran vida.
◆ **live down** *vt sep* lograr hacer olvidar.
◆ **live for** *vt fus* vivir para.
◆ **live in** *vi* [student] ser interno(na); [servant, nanny] residir OR vivir en la casa.
◆ **live off** *vt fus* [savings, land] vivir de; [people] vivir a costa de.
◆ **live on** ◇ *vt fus* **-1.** [survive on] vivir con OR de; **it wasn't enough to ~ on** no daba para vivir **-2.** [eat] vivir de, alimentarse de. ◇ *vi* [memory, feeling] permanecer, perdurar.
◆ **live out** *vt fus* **-1.** [life] acabar; **he won't ~ out the month** no va a vivir hasta finales de mes **-2.** [dream, fantasy] realizar.
◆ **live together** *vi* vivir juntos.
◆ **live up to** *vt fus* estar a la altura de.
◆ **live with** *vt fus* **-1.** [live in same house as] vivir con **-2.** [accept - situation, problem] aceptar.
live² [laɪv] ◇ *adj* **-1.** [living] vivo(va) **-2.** [coals] encendido(da) **-3.** [bomb] sin explotar; [ammunition] real **-4.** ELEC cargado(da) **-5.** [broadcast, performance] en directo. ◇ *adv* [broadcast, perform] en directo, en vivo.

live-in [lɪv-] *adj inf* [housekeeper] residente; **Jane's ~ lover** el amante de Jane instalado en su casa.
livelihood ['laɪvlɪhʊd] *n* sustento *m*, medio *m* de vida.
liveliness ['laɪvlɪnɪs] *n* [of person] vivacidad *f*, viveza *f*; [of mind] sagacidad *f*, agudeza *f*; [of debate] animación *f*.
lively ['laɪvlɪ] (*compar* **-ier**, *superl* **-iest**) *adj* **-1.** [person, debate, time] animado(da) **-2.** [mind] agudo(da), perspicaz **-3.** [colours] vivo(va).
liven ['laɪvn]
◆ **liven up** ◇ *vt sep* animar. ◇ *vi* animarse.
liver ['lɪvəʳ] *n* hígado *m*.
Liverpudlian [ˌlɪvə'pʌdlɪən] ◇ *adj de o relativo a Liverpool.* ◇ *n natural o habitante de Liverpool.*
liver sausage *UK*, **liverwurst** *US* ['lɪvəwɜːst] *n* paté *m* de hígado en embutido.
livery ['lɪvərɪ] (*pl* **-ies**) *n* [of servant] librea *f*; [of company] uniforme *m*.
lives [laɪvz] *pl* ▻ **life**.
livestock ['laɪvstɒk] *n* ganado *m*.
live wire [laɪv-] *n* **-1.** [wire] cable *m* cargado *OR* con corriente **-2.** *inf* [person] persona *f* llena de vida.
livid ['lɪvɪd] *adj* **-1.** [angry] furioso(sa) **-2.** [blue-grey] lívido(da).
living ['lɪvɪŋ] ◇ *adj* [relatives, language] vivo(va); [artist etc] contemporáneo(a). ◇ *n* **-1.** [means of earning money] medio *m* de vida; **what do you do for a ~?** ¿cómo te ganas la vida?; **to earn a ~** ganarse la vida **-2.** [lifestyle] vida *f*.
living conditions *npl* condiciones *fpl* de vida.
living expenses *npl* gastos *mpl* de mantenimiento.
living room *n* sala *f* de estar, salón *m*.
living standards *npl* nivel *m* de vida.
lizard ['lɪzəd] *n* [small] lagartija *f*; [big] lagarto *m*.
llama ['lɑːmə] (*pl inv OR* **-s**) *n* llama *f*.
lo [ləʊ] *excl*: **~ and behold** ¡he aquí!
load [ləʊd] ◇ *n* **-1.** [thing carried] carga *f* **-2.** [amount of work]: **a heavy/light ~** mucho/poco trabajo **-3.** [large amount]: **~s/a load of** *inf* montones *OR* un montón de; **it was a ~ of rubbish** *inf* fue una porquería. ◇ *vt* **-1.** [gen & *COMPUT*]: **to ~ sthg/sb (with)** cargar algo/a alguien (de) **-2.** [camera, video recorder]: **he ~ed the camera with a film** cargó la cámara con una película.
◆ **load up** *vt sep & vi* cargar.
loaded ['ləʊdɪd] *adj* **-1.** [dice] trucado(da); [question, statement] con doble sentido *OR* intención **-2.** *inf* [rich] forrado(da).
loading bay ['ləʊdɪŋ-] *n* zona *f* de carga y descarga.
loaf [ləʊf] (*pl* **loaves**) *n* [of bread] pan *m*; **a ~ of bread** un pan.
loafer ['ləʊfəʳ] *n* [shoe] mocasín *m*.
loam [ləʊm] *n* marga *f*.
loan [ləʊn] ◇ *n* préstamo *m*; **on ~** prestado(da). ◇ *vt* prestar; **to ~ sthg to sb, to ~ sb sthg** prestar algo a alguien.
loan account *n* cuenta *f* de crédito.
loan capital *n* capital *m* en préstamo.
loan shark *n inf pej* usurero *m*, -ra *f*.
loath [ləʊθ] *adj*: **to be ~ to do sthg** ser reacio(cia) a hacer algo.
loathe [ləʊð] *vt*: **to ~ (doing sthg)** aborrecer *OR* detestar (hacer algo).
loathing ['ləʊðɪŋ] *n* aborrecimiento *m*, odio *m*.
loathsome ['ləʊðsəm] *adj* [person, behaviour] odioso(sa), detestable; [smell] repugnante.
loaves [ləʊvz] *pl* ▻ **loaf**.
lob [lɒb] (*pt & pp* **-bed**, *cont* **-bing**) ◇ *n TENNIS* lob *m*. ◇ *vt* **-1.** [throw] lanzar **-2.** *TENNIS* [ball] hacer un lob con, bombear; [opponent] hacer un lob a.
lobby ['lɒbɪ] (*pl* **-ies**, *pt & pp* **-ied**) ◇ *n* **-1.** [hall] vestíbulo *m* **-2.** [pressure group] grupo *m* de presión, lobby *m*. ◇ *vt* ejercer presión (política) sobre.
lobbyist ['lɒbɪɪst] *n* miembro *m OR f* de un lobby.
lobe [ləʊb] *n* lóbulo *m*.
lobelia [lə'biːljə] *n* lobelia *f*.
lobotomy [lə'bɒtəmɪ] (*pl* **-ies**) *n* lobotomía *f*.
lobster ['lɒbstəʳ] *n* langosta *f*.
local ['ləʊkl] ◇ *adj* local. ◇ *n inf* **-1.** [person]: **the ~s** [in village] los lugareños; [in town] los vecinos del lugar **-2.** *UK* [pub] bar *m* del barrio **-3.** *US* [bus, train] omnibús *m*.
local anaesthetic *n* anestesia *f* local.
local area network *n COMPUT* red *f* de área local.
local authority *n UK* autoridad *f* local.
local call *n* llamada *f* local.
local colour *n* ambientación *f*.
local derby *n UK* partido *m* entre dos equipos locales.
locale [ləʊ'kɑːl] *n fml* lugar *m*, emplazamiento *m*.
local government *n* gobierno *m* municipal.
locality [ləʊ'kælətɪ] (*pl* **-ies**) *n* localidad *f*.
localized, -ised ['ləʊkəlaɪzd] *adj* localizado(da).
locally ['ləʊkəlɪ] *adv* **-1.** [on local basis] local-

mente, en el lugar **-2.** [nearby] cerca, por la zona.

local time *n* hora *f* local.

locate [*UK* ləʊ'keɪt, *US* 'ləʊkeɪt] ◇ *vt* **-1.** [find] localizar **-2.** [situate] ubicar. ◇ *vi* ***US*** [settle] establecerse.

location [ləʊ'keɪʃn] *n* **-1.** [place] ubicación *f*, situación *f* **-2.** [finding] localización *f* **-3.** CINEMA: **on ~** en exteriores.

loc. cit. (*abbr of* **loco citato**) loc. cit.

loch [lɒk] *n Scot* lago *m*.

lock [lɒk] ◇ *n* **-1.** [of door] cerradura *f*, chapa *f* ***Amér***; [of bicycle] candado *m*; **under ~ and key** bajo siete llaves **-2.** [on canal] esclusa *f* **-3.** AUT [steering lock] ángulo *m* de giro **-4.** ***literary*** [of hair] mechón *m* **-5.** ***phr***: **~, stock and barrel** por completo. ◇ *vt* **-1.** [with key] cerrar con llave; [with padlock] cerrar con candado **-2.** [keep safely] poner bajo llave **-3.** [immobilize] bloquear **-4.** [hold firmly]: **to be ~ed in an embrace** estar abrazados(das) fuertemente; **to be ~ed in combat** estar enzarzados(das) en una lucha. ◇ *vi* **-1.** [with key, padlock] cerrarse **-2.** [become immobilized] bloquearse.

◆ **locks** *npl **literary*** [hair] cabellos *mpl*.

◆ **lock in** *vt sep* encerrar.

◆ **lock out** *vt sep* **-1.** [accidentally] dejar fuera al cerrar accidentalmente la puerta; **to ~ o.s. out** quedarse fuera *(por olvidarse la llave dentro)* **-2.** [deliberately] dejar fuera a.

◆ **lock up** ◇ *vt sep* **-1.** [person - in prison] encerrar; [- in asylum] internar **-2.** [house] cerrar (con llave) **-3.** [valuables] guardar bajo llave. ◇ *vi* cerrar (con llave).

lockable ['lɒkəbl] *adj* bloqueable.

locker ['lɒkə^r] *n* taquilla *f*, armario *m*.

locker room *n **US*** vestuario *m* con taquillas.

locket ['lɒkɪt] *n* guardapelo *m*.

lockout ['lɒkaʊt] *n* cierre *m* patronal.

locksmith ['lɒksmɪθ] *n* cerrajero *m*, -ra *f*.

lockup ['lɒkʌp] *n* **-1.** [prison] calabozo *m*, prisión *f* **-2.** ***UK*** [garage] garaje *m*.

loco ['ləʊkəʊ] (*pl* **-s**) ***inf*** ◇ *adj* ***US*** loco(ca). ◇ *n* ***UK*** [locomotive] locomotora *f*.

locomotive ['ləʊkə,məʊtɪv] *n* locomotora *f*.

locum ['ləʊkəm] (*pl* **-s**) *n* interino *m*, -na *f*.

locust ['ləʊkəst] *n* langosta *f (insecto)*.

lodge [lɒdʒ] ◇ *n* **-1.** [caretaker's etc room] portería *f* **-2.** [of manor house] casa *f* del guarda **-3.** [for hunting] refugio *m* **-4.** [of freemasons] logia *f*. ◇ *vi* **-1.** [stay]: **to ~ (with sb)** alojarse (con alguien) **-2.** [become stuck] alojarse **-3.** ***fig*** [in mind] grabarse. ◇ *vt **fml*** [appeal, complaint] presentar.

lodger ['lɒdʒə^r] *n* huésped *m* OR *f*.

lodging ['lɒdʒɪŋ] ⊳ **board**.

◆ **lodgings** *npl* habitación *f* (alquilada).

loft [lɒft] *n* [in house] desván *m*, entretecho *m **Chile, Col***; [for hay] pajar *m*; ***US*** [warehouse apartment] *almacén reformado y convertido en apartamento.*

lofty ['lɒftɪ] (*compar* **-ier**, *superl* **-iest**) *adj* **-1.** [noble] noble, elevado(da) **-2.** ***pej*** [haughty] arrogante, altanero(ra) **-3.** ***literary*** [high] elevado(da), alto(ta).

log [lɒg] (*pt* & *pp* **-ged**, *cont* **-ging**) ◇ *n* **-1.** [of wood] tronco *m*; [for fire] leño *m* **-2.** [written record - of ship] diario *m* de a bordo; [- COMPUT] registro *m*. ◇ *vt* registrar.

◆ **log in** *vi* COMPUT entrar.

◆ **log off** *vi* COMPUT salir.

◆ **log on** *vi* COMPUT entrar.

◆ **log out** *vi* COMPUT salir.

loganberry ['ləʊgənbərɪ] (*pl* **-ies**) *n* zarza *f* frambuesa.

logarithm ['lɒgərɪðm] *n* logaritmo *m*.

logbook ['lɒgbʊk] *n* **-1.** [of ship] diario *m* de a bordo; [of plane] diario *m* de vuelo **-2.** [of car] documentación *f*.

log cabin *n* cabaña *f*.

log fire *n* fuego *m* (de leña).

loggerheads ['lɒgəhedz] *n*: **to be at ~** estar a matar.

logging ['lɒgɪŋ] *n* tala *f* de árboles.

logic ['lɒdʒɪk] *n* lógica *f*.

logical ['lɒdʒɪkl] *adj* lógico(ca).

logically ['lɒdʒɪklɪ] *adv* **-1.** [gen] lógicamente **-2.** [reasonably, sensibly] razonablemente, sensatamente.

logistical [lə'dʒɪstɪkl] *adj* logístico(ca).

logistics [lə'dʒɪstɪks] ◇ *n (U)* logística *f*. ◇ *npl* logística *f*.

logjam ['lɒgdʒæm] *n* atolladero *m*.

logo ['ləʊgəʊ] (*pl* **-s**) *n* logo *m*, logotipo *m*.

logrolling ['lɒgrəʊlɪŋ] *n (U)* ***US*** *acción de alabar o respaldar el trabajo de alguien para recibir después el mismo trato.*

loin [lɔɪn] *n* lomo *m*.

◆ **loins** *npl* ijada *f*; **to gird one's ~s** prepararse para la batalla.

loincloth ['lɔɪnklɒθ] *n* taparrabos *m inv*.

loiter ['lɔɪtə^r] *vi* [for bad purpose] merodear; [hang around] vagar.

loll [lɒl] *vi* **-1.** [sit, lie about] repantigarse **-2.** [hang down] colgar; **his head was ~ing** cabeceaba.

lollipop ['lɒlɪpɒp] *n* pirulí *m*.

lollipop lady *n **UK** mujer encargada de parar el tráfico en un paso de cebra para que crucen los niños.*

lollipop man *n **UK** hombre encargado de*

parar el tráfico en un paso de cebra para que crucen los niños.

lolly ['lɒlɪ] (*pl* **-ies**) *n inf* **-1.** [lollipop] pirulí *m* **-2.** *UK* [ice lolly] polo *m* **-3.** *UK* [money] pasta *f.*

London ['lʌndən] *n* Londres.

Londoner ['lʌndənəʳ] *n* londinense *m OR f.*

lone [ləʊn] *adj* solitario(ria).

loneliness ['ləʊnlɪnɪs] *n* soledad *f.*

lonely ['ləʊnlɪ] (*compar* **-ier**, *superl* **-iest**) *adj* **-1.** [person] solo(la) **-2.** [time, childhood, place] solitario(ria).

lone parent *n UK* [man] padre *m* soltero; [woman] madre *f* soltera.

loner ['ləʊnəʳ] *n* solitario *m*, -ria *f.*

lonesome ['ləʊnsəm] *adj US inf* **-1.** [person] solo(la) **-2.** [place] solitario(ria).

long [lɒŋ] ◇ *adj* largo(ga); **the table is 5m ~** la mesa mide *OR* tiene 5m de largo; **two days ~** de dos días de duración; **the journey is 50km ~** el viaje es de 50 km; **the book is 500 pages ~** el libro tiene 500 páginas; **a ~ time** mucho tiempo; **a ~ way from** muy lejos de. ◇ *adv* mucho tiempo; **how ~ will it take?** ¿cuánto se tarda?; **how ~ will you be?** ¿cuánto tardarás?; **how ~ have you been waiting?** ¿cuánto tiempo llevas esperando?; **how ~ have you known them?** ¿cuánto hace que los conoces?; **how ~ is the journey?** ¿cuánto hay de viaje?; **I'm no ~er young** ya no soy joven; **I can't wait any ~er** no puedo esperar más; **as ~ as a week** hasta una semana; **so ~** *inf* hasta luego *OR* pronto; **before ~** pronto; **for ~** mucho tiempo. ◇ *n*: **the ~ and the short of it is that ...** en pocas palabras lo que pasa es que ... ◇ *vt*: **to ~ to do sthg** desear ardientemente hacer algo.

◆ **as long as, so long as** *conj* mientras; **as ~ as you do it, so will I** siempre y cuando tú lo hagas, yo también lo haré.

◆ **long for** *vt fus* desear ardientemente.

long. (*abbr of* **longitude**) long.

long-awaited [-ə'weɪtɪd] *adj* tan esperado (tan esperada).

long-distance *adj* [runner] de fondo; [lorry driver] para distancias grandes.

long-distance call *n* conferencia *f* (telefónica) *Esp*, llamada *f* de larga distancia.

long division *n* división *f* no abreviada.

long-drawn-out *adj* interminable.

long drink *n* [without alcohol] refresco *m*; [with alcohol] combinado *m.*

longevity [lɒn'dʒevətɪ] *n* longevidad *f.*

longhaired [ˌlɒŋ'heəd] *adj* de pelo largo.

longhand ['lɒŋhænd] *n* escritura *f* a mano.

long-haul *adj* de larga distancia.

longing ['lɒŋɪŋ] ◇ *adj* anhelante. ◇ *n* **-1.** [desire] anhelo *m*, deseo *m*; [nostalgia] nostalgia *f*, añoranza *f* **-2.** [strong wish]: **(a) ~ (for)** (un) ansia *f* (de).

longingly ['lɒŋɪŋlɪ] *adv* de manera anhelante.

Long Island *n* Long Island.

longitude ['lɒndʒɪtju:d] *n* longitud *f.*

long johns *npl* calzones *mpl* largos.

long jump *n* salto *m* de longitud.

long-lasting *adj* duradero(ra).

long-life *adj* de larga duración.

long-lost *adj* desaparecido(da) hace tiempo.

long-playing record [-'pleɪɪŋ-] *n* elepé *m.*

long-range *adj* **-1.** [missile, bomber] de largo alcance **-2.** [plan, forecast] a largo plazo.

long-running *adj* [TV programme] en antena mucho tiempo; [play] en cartelera mucho tiempo; [dispute] que dura desde tiempo inmemorial.

longshoreman ['lɒŋʃɔ:mən] (*pl* **-men** [-mən]) *n US* estibador *m.*

long shot *n* posibilidad *f* remota.

longsighted [ˌlɒŋ'saɪtɪd] *adj* présbita.

long-standing *adj* antiguo(gua).

long-stay *adj* [car park] para estacionamiento prolongado.

longsuffering [ˌlɒŋ'sʌfərɪŋ] *adj* sufrido(da).

long term *n*: **in the ~** a largo plazo.

◆ **long-term** *adj* [gen] a largo plazo; [unemployed] de larga duración.

long vacation *n UK* vacaciones *fpl* de verano.

long wave *n (U)* onda *f* larga.

longways ['lɒŋweɪz] *adv* a lo largo, longitudinalmente.

longwearing [ˌlɒŋ'weərɪŋ] *adj US* resistente.

long weekend *n* fin *m* de semana largo, puente *m.*

longwinded [ˌlɒŋ'wɪndɪd] *adj* prolijo(ja).

loo [lu:] (*pl* **-s**) *n UK inf* retrete *m*, wáter *m.*

loofa(h) ['lu:fə] *n* esponja *f* vegetal.

look [lʊk] ◇ *n* **-1.** [with eyes] mirada *f*; **to give sb a ~** mirar a alguien; **to take** *OR* **have a ~ (at sthg)** mirar algo; **let her have a ~** déjale ver; **to have a ~ through sthg** ojear algo **-2.** [search]: **to have a ~ (for sthg)** buscar (algo) **-3.** [appearance] aspecto *m*; **his new ~** su nuevo look; **I don't like the ~ of it** no me gusta nada; **by the ~** *OR* **~s of it, it has been here for ages** parece que hace años que está aquí. ◇ *vi* **-1.** [with eyes]: **to ~ (at sthg/sb)** mirar (algo/a alguien) **-2.** [search]: **to ~ (for sthg/sb)** buscar (algo/a alguien) **-3.** [building, window]: **to ~ (out) onto** dar a **-4.** [have stated appearance] verse; [seem] parecer; **what does it ~ like?**

¿cómo es?; **it ~s good on you** te queda bien; **he ~s as if he hasn't slept** tiene pinta de no haber dormido; **it ~s like rain** *OR* **as if it will rain** parece que va a llover; **she ~s like her mother** se parece a su madre. ◇ *vt* **-1.** [look at] mirar **-2.** [appear]: **to ~ one's age** representar la edad que se tiene; **to ~ one's best** vestir elegantemente. ◇ *excl*: **~!**, **~ here!** ¡mira!

◆ **looks** *npl* belleza *f.*

◆ **look after** *vt fus* **-1.** [take care of] cuidar **-2.** [be responsible for] encargarse de.

◆ **look at** *vt fus* **-1.** [see, glance at] mirar, aguaitar *Amér*; [examine] examinar; [check over] echar un vistazo a **-2.** [judge, evaluate] ver.

◆ **look back** *vi* [reminisce]: **to ~ back on sthg** recordar algo; **she's never ~ed back** no ha dejado de prosperar.

◆ **look down on** *vt fus* [condescend to] despreciar.

◆ **look for** *vt fus* buscar.

◆ **look forward to** *vt fus* esperar (con ilusión); **I'm ~ing forward to the trip** creo que la excursión va a ser buenísima; **to be ~ ing forward to doing sthg** estar deseando hacer algo.

◆ **look into** *vt fus* [problem, possibility] estudiar; [issue] investigar.

◆ **look on** ◇ *vt fus* = **look upon**. ◇ *vi* mirar, observar.

◆ **look out** *vi* [be careful] tener cuidado; **~ out!** ¡cuidado!

◆ **look out for** *vt fus* estar atento(ta) a.

◆ **look over** *vt sep* mirar por encima.

◆ **look round** ◇ *vt fus* [shop] echar un vistazo a; [castle, town] visitar. ◇ *vi* **-1.** [turn head] volver la cabeza **-2.** [in shop] mirar.

◆ **look through** *vt fus* **-1.** [look at briefly - book, paper] hojear; [- collection, pile] echar un vistazo a **-2.** [check] revisar.

◆ **look to** *vt fus* **-1.** [turn to] recurrir a **-2.** [think about] pensar en.

◆ **look up** ◇ *vt sep* **-1.** [in book] buscar **-2.** [visit - person] ir a ver *OR* visitar. ◇ *vi* [improve] mejorar.

◆ **look upon** *vt fus*: **to ~ upon sthg/sb as** considerar algo/a alguien como.

◆ **look up to** *vt fus* respetar, admirar.

look-alike *n* sosia *m.*

look-in *n UK inf*: **to get a ~** [chance to win] tener la posibilidad (de ganar); [chance to participate] tener la oportunidad (de participar).

lookout ['lʊkaʊt] *n* **-1.** [place] puesto *m* de observación, atalaya *f* **-2.** [person] guardia *m OR f*, centinela *m OR f* **-3.** [search]: **to be on the ~ for** estar al acecho de.

loom [lu:m] ◇ *n* telar *m.* ◇ *vi* **-1.** [rise up] surgir *OR* aparecer amenazante **-2.** *fig* [be imminent] cernerse; **to ~ large** [be worrying] ser agobiante.

◆ **loom up** *vi* divisarse sombríamente.

LOOM (*abbr of* **Loyal Order of the Moose**) *n organización benéfica estadounidense.*

looming ['lu:mɪŋ] *adj* inminente.

loony ['lu:nɪ] (*compar* **-ier**, *superl* **-iest**, *pl* **-ies**) *inf* ◇ *adj* majara, chiflado(da). ◇ *n* majara *m OR f*, chiflado *m*, -da *f.*

loop [lu:p] ◇ *n* **-1.** [shape] lazo *m* **-2.** *COMPUT* bucle *m* **-3.** [contraceptive] esterilete *m* **-4.**: **to be out of the ~** *US* no estar al corriente. ◇ *vt*: **to ~ sthg round sthg** pasar algo alrededor de algo. ◇ *vi* hacer un lazo.

loophole ['lu:phəʊl] *n* laguna *f.*

loo roll *n UK inf* rollo *m* de papel higiénico.

loose [lu:s] ◇ *adj* **-1.** [not firmly fixed] flojo(ja); **to come ~** aflojarse **-2.** [unattached - paper, sweets, hair, knot] suelto(ta) **-3.** [clothes, fit] holgado(da) **-4.** *dated* [promiscuous] promiscuo(cua) **-5.** [inexact - translation] poco exacto (poco exacta), impreciso(sa) **-6.** [association] no muy estrecho (no muy estrecha) **-7.** *US inf* [relaxed]: **to stay ~** estar tranqui. ◇ *n (U)*: **to be on the ~** andar suelto(ta).

loose change *n* (dinero *m*) suelto *m*, sencillo *m Andes*, feria *f Méx*, menudo *m Col.*

loose end *n* cabo *m* suelto; **to be at a ~** *UK*, **to be at ~s** *US* no tener nada que hacer.

loose-fitting *adj* amplio(plia), holgado(da).

loose-leaf binder *n* carpeta *f* de hojas sueltas.

loosely ['lu:slɪ] *adv* **-1.** [not firmly] holgadamente, sin apretar **-2.** [inexactly] vagamente.

loosen ['lu:sn] ◇ *vt* aflojar. ◇ *vi* aflojarse.

◆ **loosen up** *vi* **-1.** [before game, race] desentumecerse **-2.** *inf* [relax] relajarse.

loot [lu:t] ◇ *n* botín *m.* ◇ *vt* saquear.

looter ['lu:tə^r] *n* saqueador *m*, -ra *f.*

looting ['lu:tɪŋ] *n* saqueo *m.*

lop [lɒp] (*pt* & *pp* **-ped**, *cont* **-ping**) *vt* podar.

◆ **lop off** *vt sep* cortar.

lope [ləʊp] *vi* andar con paso largo y ligero.

lop-sided [-'saɪdɪd] *adj* **-1.** [uneven] ladeado(da), torcido(da) **-2.** *fig* [biased] desequilibrado(da).

lord [lɔ:d] *n UK* [man of noble rank] noble *m.*

◆ **Lord** *n* **-1.** *RELIG*: **the Lord** [God] el Señor; **good Lord!** *UK* ¡Dios mío! **-2.** [in titles] lord *m*; [as form of address]: **my Lord** [bishop] su Ilustrísima; [judge] su Señoría.

◆ **Lords** *npl UK* POL: **the Lords** la Cámara de los Lores.

Lord Chancellor *n UK presidente de la Cámara de los Lores y responsable de Justicia en Inglaterra y Gales.*

lordly ['lɔ:dlɪ] (*compar* **-ier**, *superl* **-iest**) *adj* **-1.** [noble] señorial, noble **-2.** *pej* [arrogant] arrogante, altivo(va).

Lord Mayor *n UK* alcalde *m*.

Lordship ['lɔ:dʃɪp] *n*: **your/his ~** su Señoría *f*.

Lord's Prayer *n*: **the ~** el Padrenuestro.

lore [lɔ:ʳ] *n (U)* saber *m* OR tradición *f* popular.

lorry ['lɒrɪ] (*pl* **-ies**) *n UK* camión *m*.

lorry driver *n UK* camionero *m*, -ra *f*.

lose [lu:z] (*pt* & *pp* **lost**) ◇ *vt* perder; **to ~ one's way** perderse; **my watch has lost ten minutes** mi reloj se ha atrasado diez minutos; **to ~ o.s. in sthg** *fig* quedarse absorto(ta) en algo; **to ~ sight of sthg/sb** *lit* & *fig* perder de vista algo/a alguien. ◇ *vi* **-1.** [fail to win] perder **-2.** [clock, watch] atrasarse.

◆ **lose out** *vi* salir perdiendo; **to ~ out on sthg** salir perdiendo en algo.

loser ['lu:zəʳ] *n* **-1.** [of competition] perdedor *m*, -ra *f*; **to be a good/bad ~** saber/no saber perder **-2.** *inf pej* [unsuccessful person] desgraciado *m*, -da *f*.

losing ['lu:zɪŋ] *adj* vencido(da), derrotado(da).

loss [lɒs] *n* **-1.** [gen] pérdida *f*; **~ of life** muertes *fpl*; **to make a ~** sufrir pérdidas **-2.** [failure to win] derrota *f* **-3.**: **a dead ~** *inf* una birria **-4.** *phr*: **to be at a ~ to explain sthg** no saber cómo explicar algo; **to cut one's ~es** ahorrarse problemas cortando por lo sano.

loss adjuster [-ə'dʒʌstəʳ] *n* perito *m* tasador de seguros.

loss leader *n* COMM artículo *m* de reclamo.

lost [lɒst] ◇ *pt* & *pp* ⊳ **lose**. ◇ *adj* **-1.** [unable to find way] perdido(da); **to get ~** perderse; **get ~!** *inf* ¡vete a la porra! **-2.** [that cannot be found] extraviado(da), perdido(da) **-3.** [ineffective]: **to be ~ on sb** no surtir efecto en alguien **-4.** [opportunity] desaprovechado(da).

lost-and-found office *n US* oficina *f* de objetos perdidos.

lost cause *n* causa *f* perdida.

lost property *n (U)* objetos *mpl* perdidos.

lost property office *n UK* oficina *f* de objetos perdidos.

lot [lɒt] *n* **-1.** [large amount]: **a ~ of, ~s of** mucho(cha); **a ~ of people** mucha gente, muchas personas; **a ~ of problems** muchos problemas; **the ~** todo **-2.** [group, set] lote *m* **-3.** *inf* [group of people] panda *f*, pandilla *f* **-4.** [destiny] destino *m*, suerte *f* **-5.** *US* [of land] terreno *m*; [car park] aparcamiento *m* **-6.** [at auction] partida *f*, lote *m* **-7.** *phr*: **to draw ~s** echar a suerte.

◆ **a lot** *adv* mucho; **quite a ~** bastante; **such a ~** tanto.

loth [ləʊθ] = **loath**.

lotion ['ləʊʃn] *n* loción *f*.

lottery ['lɒtərɪ] (*pl* **-ies**) *n* lotería *f*.

lottery ticket *n* billete *m* de lotería.

lotus position ['ləʊtəs-] *n* posición *f* de loto.

loud [laʊd] ◇ *adj* **-1.** [voice, music] alto(ta); [bang, noise] fuerte; [person] ruidoso(sa) **-2.** [emphatic]: **to be ~ in one's criticism of** ser enérgico(ca) en la crítica de **-3.** [too bright] chillón(ona), llamativo(va). ◇ *adv* alto, fuerte; **~ and clear** alto y claro; **out ~** en voz alta.

loudhailer [ˌlaʊd'heɪləʳ] *n UK* megáfono *m*.

loudly ['laʊdlɪ] *adv* **-1.** [shout] a voz en grito; [talk] en voz alta **-2.** [gaudily] con colores chillones OR llamativos.

loudmouth ['laʊdmaʊθ, *pl* -maʊðz] *n inf* bocazas *m* OR *f inv*.

loudness ['laʊdnɪs] *n* fuerza *f*, intensidad *f*.

loudspeaker [ˌlaʊd'spi:kəʳ] *n* altavoz *m*, altoparlante *m Amér*.

Louisiana [lu:ˌi:zɪ'ænəl] *n* Luisiana.

lounge [laʊndʒ] (*cont* **lounging**) ◇ *n* **-1.** [in house] salón *m* **-2.** [in airport] sala *f* de espera **-3.** *UK* [lounge bar] salón-bar *m*. ◇ *vi* repantigarse.

◆ **lounge about, lounge around** *vi* holgazanear.

lounge bar *n UK* salón-bar *m*.

lounge suit *n UK* traje *m*.

louse [laʊs] (*pl sense 1* **lice**, *pl sense 2* **-s**) *n* **-1.** [insect] piojo *m* **-2.** *inf pej* [person] canalla *m* OR *f*.

◆ **louse up** *US vt sep v inf* jorobar, fastidiar.

lousy ['laʊzɪ] (*compar* **-ier**, *superl* **-iest**) *adj inf* **-1.** [poor quality] fatal, pésimo(ma) **-2.** [ill]: **to feel ~** sentirse fatal.

lout [laʊt] *n* gamberro *m*.

louvre *UK*, **louver** *US* ['lu:vəʳ] *n* persiana *f*.

lovable ['lʌvəbl] *adj* encantador(ra), adorable.

love [lʌv] ◇ *n* **-1.** [gen] amor *m*; **give her my ~** dale un abrazo de mi parte; **she sends her ~** te manda recuerdos; **~ from** [at end of letter] un abrazo de; **a ~-hate relationship** una relación de amor y odio; **to be in ~ (with)** estar enamorado(da) (de); **to fall in ~ with sb** enamorarse de alguien; **to make ~** hacer el amor **-2.** [liking, interest] pasión *f*; **a ~ of** OR **for** una pasión por **-3.** *inf* [form of address] cariño *m* OR *f* **-4.** TENNIS: **30 ~** 30 a nada. ◇ *vt* **-1.** [sexually, sentimentally] amar, querer **-2.** [son, daughter, parents, friend] querer **-3.** [like]: **I ~ football** me encanta el fútbol; **I ~ going to** *OR* **to go to the theatre** me encanta ir al teatro.

love affair *n* aventura *f* amorosa.

lovebite ['lʌvbaɪt] *n* chupetón *m.*

loveless ['lʌvlɪs] *adj* sin amor.

love letter *n* carta *f* de amor.

love life *n* vida *f* amorosa.

lovely ['lʌvlɪ] (*compar* **-ier**, *superl* **-iest**) *adj* **-1.** [beautiful - person] encantador(ra); [- dress, place] precioso(sa) **-2.** [pleasant] estupendo(da).

lovemaking ['lʌvˌmeɪkɪŋ] *n (U)* relaciones *fpl* sexuales.

lover ['lʌvəʳ] *n* **-1.** [sexual partner] amante *m OR f* **-2.** [enthusiast] amante *m OR f*, aficionado *m*, -da *f.*

love seat *n US* [small sofa] confidente *m.*

lovesick ['lʌvsɪk] *adj* enfermo(ma) de amor (no correspondido).

love song *n* canción *f* de amor.

love story *n* historia *f* de amor.

loving ['lʌvɪŋ] *adj* cariñoso(sa), afectuoso(sa).

lovingly ['lʌvɪŋlɪ] *adv* cariñosamente, afectuosamente.

low [ləʊ] ◇ *adj* **-1.** [gen] bajo(ja); **cook on a ~ heat** cocinar a fuego lento; **in the ~ twenties** 20 y algo; **a ~ trick** una mala jugada **-2.** [little remaining] escaso(sa); **to be ~ on sthg** andar escaso de algo; **the batteries are ~** se me están acabando las pilas **-3.** [unfavourable - opinion] malo(la); [- esteem] poco(ca) **-4.** [dim] tenue **-5.** [dress, neckline] escotado(da) **-6.** [depressed] deprimido(da). ◇ *adv* **-1.** [gen] bajo; **the batteries are running ~** las pilas están acabándose; **morale is running very ~** la moral está por los suelos; **~ paid** mal pagado **-2.** [speak] en voz baja. ◇ *n* **-1.** [low point] punto *m* más bajo **-2.** *METEOR* [low pressure area] área *f* de bajas presiones; [lowest temperature] mínima *f.*

low-alcohol *adj* bajo(ja) en alcohol.

lowbrow ['ləʊbraʊ] *adj PRESS & TV* para las masas.

low-budget *adj* de bajo presupuesto.

low-calorie *adj* light *(inv)*, bajo(ja) en calorías.

Low Church *n corriente evangélica de la iglesia anglicana.*

low-cost *adj* económico(ca).

Low Countries *npl*: **the ~** los Países Bajos.

low-cut *adj* escotado(da).

low-down *inf* ◇ *adj* bajo(ja), sucio (cia). ◇ *n*: **to give sb the ~ (on sthg)** dar los detalles concretos (sobre algo) a alguien.

lower¹ ['ləʊəʳ] ◇ *adj* inferior. ◇ *vt* **-1.** [gen] bajar; [flag] arriar; **to ~ o.s. to do sthg** rebajarse a hacer algo; **to ~ one's eyes** bajar la mirada **-2.** [reduce] reducir.

lower² ['laʊəʳ] *vi* **-1.** [be dark] estar oscuro(ra) **-2.** [frown]: **to ~ at sb** fruncir el ceño a alguien.

Lower Chamber [ˌləʊəʳ-] *n POL* Cámara *f* Baja.

lower class [ˌləʊəʳ-] *n*: **the ~** *OR* **~es** las clases bajas.

◆ **lower-class** *adj* de clase baja.

Lower House [ˌləʊəʳ-] *n* Cámara *f* Baja.

lowest common denominator ['ləʊɪst-] *n* mínimo común denominador *m.*

low-fat *adj* bajo(ja) en grasas.

low-flying *adj* de vuelo bajo *OR* rasante.

low frequency *n* baja frecuencia *f.*

low gear *n*: **in ~** en primera o segunda.

low-key *adj* discreto(ta).

Lowlands ['ləʊləndz] *npl*: **the ~** [of Scotland] las Tierras Bajas (de Escocia).

low-level *adj* [talks] de bajo nivel; *COMPUT*: **~ language** lenguaje *m* de bajo nivel.

lowly ['ləʊlɪ] (*compar* **-ier**, *superl* **-iest**) *adj* humilde.

low-lying *adj* bajo(ja).

Low Mass *n* misa *f* hablada.

low-necked [-'nekt] *adj* escotado(da).

low-paid *adj* mal pagado (mal pagada).

low-rise *adj* bajo(ja), de poca altura.

low season *n* temporada *f* baja.

low-tech [-'tek] *adj* [industry] de baja tecnología; [solution] rudimentario(ria).

low tide *n* marea *f* baja.

loyal ['lɔɪəl] *adj* leal, fiel.

loyalist ['lɔɪəlɪst] *n* [gen] leal *m OR f*; [in Northern Ireland] lealista *m OR f.*

loyalty ['lɔɪəltɪ] (*pl* **-ies**) *n* lealtad *f*, fidelidad *f.*

loyalty card *n* tarjeta *f* de fidelización.

lozenge ['lɒzɪndʒ] *n* **-1.** [tablet] pastilla *f* **-2.** [shape] rombo *m.*

LP (*abbr of* **long-playing record**) *n* LP *m.*

L-plate *n UK* placa *f* L (de prácticas).

LSD (*abbr of* **lysergic acid diethylamide**) *n* LSD *m.*

LSE (*abbr of* **London School of Economics**) *n escuela londinense de ciencias políticas y económicas.*

LSO (*abbr of* **London Symphony Orchestra**) *n* Orquesta Sinfónica de Londres.

Lt. (*abbr of* **lieutenant**) ≃ Tte.

LT (*abbr of* **low tension**) *n* BT.

Ltd, ltd (*abbr of* **limited**) S.L.

lubricant ['lu:brɪkənt] *n* lubricante *m.*

lubricate ['lu:brɪkeɪt] *vt* lubricar.

lubrication [ˌlu:brɪ'keɪʃn] *n* lubricación *f*.
lucid ['lu:sɪd] *adj* **-1.** [clear] claro(ra) **-2.** [not confused] lúcido(da).
lucidly ['lu:sɪdlɪ] *adv* claramente, lúcidamente.
luck [lʌk] *n* suerte *f*; **good/bad ~** [good, bad fortune] buena/mala suerte; **good ~!** [said to express best wishes] ¡suerte!; **bad** *OR* **hard ~!** ¡mala suerte!; **to be in ~** estar de suerte; **to try one's ~ at sthg** probar suerte a *OR* con algo; **with (any) ~** con un poco de suerte.
◆ **luck out** *vi US inf* tener potra.
luckily ['lʌkɪlɪ] *adv* afortunadamente.
luckless ['lʌklɪs] *adj* desafortunado(da).
lucky ['lʌkɪ] (*compar* **-ier**, *superl* **-iest**) *adj* **-1.** [fortunate - person] afortunado(da); [- event] oportuno(na); **to be ~** [person] tener suerte; **it's ~ he came** fue una suerte que llegara **-2.** [bringing good luck] que trae buena suerte; **~ number** número *m* de la suerte.
lucky dip *n UK* caja *f* de las sorpresas.
lucrative ['lu:krətɪv] *adj* lucrativo(va).
ludicrous ['lu:dɪkrəs] *adj* absurdo(da), ridículo(la).
ludo ['lu:dəʊ] *n UK* parchís *m*.
lug [lʌg] (*pt* & *pp* **-ged**, *cont* **-ging**) *vt inf* arrastrar.
luggage ['lʌgɪdʒ] *n UK* equipaje *m*.
luggage rack *n UK* [of car] baca *f*; [in train] portaequipajes *m inv*.
luggage van *n UK* furgón *m* de equipajes.
lugubrious [lu:'gu:brɪəs] *adj fml* lúgubre.
lukewarm ['lu:kwɔ:m] *adj* **-1.** [tepid] tibio(bia), templado(da) **-2.** [unenthusiastic] indiferente.
lull [lʌl] ◇ *n*: **~ (in)** [activity] respiro *m* (en); [conversation] pausa *f* (en); [fighting] tregua *f* (en); **the ~ before the storm** *fig* la calma antes de la tormenta. ◇ *vt*: **to ~ sb into a false sense of security** infundir una sensación de falsa seguridad a alguien; **to ~ sb to sleep** adormecer *OR* hacer dormir a alguien.
lullaby ['lʌləbaɪ] (*pl* **-ies**) *n* nana *f*, canción *f* de cuna.
lumbago [lʌm'beɪgəʊ] *n (U)* lumbago *m*.
lumber ['lʌmbər] ◇ *n (U)* **-1.** *US* [timber] maderos *mpl* **-2.** *UK* [bric-a-brac] trastos *mpl*. ◇ *vi* moverse pesadamente.
◆ **lumber with** *vt sep UK inf*: **to ~ sb with sthg** cargar a alguien con algo.
lumbering ['lʌmbərɪŋ] *adj* torpe, pesado(da).
lumberjack ['lʌmbədʒæk] *n* leñador *m*, -ra *f*.
lumbermill ['lʌmbəˌmɪl] *n US* aserradero *m*, serrería *f*.
lumber-room *n UK* cuarto *m* trastero.
lumberyard ['lʌmbəjɑ:d] *n* almacén *m* de madera.
luminous ['lu:mɪnəs] *adj* luminoso(sa).
lump [lʌmp] ◇ *n* **-1.** [of coal, earth] trozo *m*; [of sugar] terrón *m*; [in sauce] grumo *m* **-2.** [on body] bulto *m* **-3.** *fig* [in throat] nudo *m*. ◇ *vt*: **to ~ sthg together** [things] amontonar algo; [people, beliefs] agrupar *OR* juntar algo; **you can ~ it!** *inf* ¡te aguantas!
lumpectomy [ˌlʌm'pektəmɪ] (*pl* **-ies**) *n* extirpación *f* de un tumor de pecho.
lump sum *n* suma *f OR* cantidad *f* global.
lumpy ['lʌmpɪ] (*compar* **-ier**, *superl* **-iest**) *adj* [sauce] grumoso(sa); [mattress] lleno(na) de bultos.
lunacy ['lu:nəsɪ] *n* locura *f*.
lunar ['lu:nər] *adj* lunar.
lunatic ['lu:nətɪk] ◇ *adj pej* demencial. ◇ *n* **-1.** *pej* [fool] idiota *m OR f* **-2.** [insane person] loco *m*, -ca *f*.
lunatic asylum *n* manicomio *m*.
lunatic fringe *n* sector *m* extremista.
lunch [lʌntʃ] ◇ *n* comida *f*, almuerzo *m*; **to have ~** almorzar, comer; **why don't we do ~ some time?** ¿por qué no almorzamos juntos algún día de estos? ◇ *vi* almorzar, comer.
lunch box *n* fiambrera *f*.
luncheon ['lʌntʃən] *n* comida *f*, almuerzo *m*.
luncheon meat *n carne de cerdo en lata troceada.*
luncheon voucher *n UK* vale *m* del almuerzo.
lunch hour *n* hora *f* del almuerzo.
lunchtime ['lʌntʃtaɪm] *n* hora *f* del almuerzo.
lung [lʌŋ] *n* pulmón *m*.
lung cancer *n* cáncer *m* de pulmón.
lunge [lʌndʒ] (*cont* **lunging**) *vi* lanzarse; **to ~ at sb** arremeter contra alguien.
lupin *UK* ['lu:pɪn], **lupine** *US* ['lu:paɪn] *n* altramuz *m*, lupino *m*.
lurch [lɜ:tʃ] ◇ *n* [of boat] bandazo *m*; [of person] tumbo *m*; **to leave sb in the ~** dejar a alguien en la estacada. ◇ *vi* [boat] dar bandazos; [person] tambalearse.
lure [ljʊər] ◇ *n* fascinación *f*, atracción *f*. ◇ *vt* atraer.
lurid ['ljʊərɪd] *adj* **-1.** [brightly coloured] chillón(ona) **-2.** [shockingly unpleasant] espeluznante **-3.** [sensational] escabroso(sa).
lurk [lɜ:k] *vi* **-1.** [person] estar al acecho **-2.** [memory, danger, fear] ocultarse.
lurking ['lɜ:kɪŋ] *adj* [suspicion] que sigue rondando.
Lusaka [lu:'sɑ:kə] *n* Lusaka.
luscious ['lʌʃəs] *adj lit* & *fig* apetitoso(sa).
lush [lʌʃ] ◇ *adj* **-1.** [luxuriant] exuberante **-2.** *inf*

[rich] lujoso(sa). ◇ *n US inf* [drunkard] borracho *m*, -cha *f*.

lust [lʌst] *n* **-1.** [sexual desire] lujuria *f* **-2.** [strong desire]: ~ **for sthg** ansia *f* de algo.

◆ **lust after, lust for** *vt fus* **-1.** [desire - wealth, success] codiciar **-2.** [desire sexually] desear.

luster *US* = **lustre**.

lustful ['lʌstfʊl] *adj* lascivo(va).

lustre *UK*, **luster** *US* ['lʌstəʳ] *n* [brightness] lustre *m*.

lusty ['lʌstɪ] (*compar* **-ier**, *superl* **-iest**) *adj* vigoroso(sa).

lute [luːt] *n* laúd *m*.

luv [lʌv] *n UK inf* rey *m*, reina *f*; **what do you want,** ~**?** ¿qué quieres, rey?

luvvie ['lʌvɪ] *n inf* actor *m*, -triz *f* pedante.

Luxembourg ['lʌksəm,bɜːg] *n* Luxemburgo.

luxuriant [lʌg'ʒʊərɪənt] *adj* exuberante, abundante.

luxuriate [lʌg'ʒʊərɪeɪt] *vi*: **to** ~ **(in)** deleitarse (con).

luxurious [lʌg'ʒʊərɪəs] *adj* [gen] lujoso(sa); [lifestyle] de lujo.

luxury ['lʌkʃərɪ] (*pl* **-ies**) ◇ *n* lujo *m*. ◇ *comp* de lujo.

luxury goods *npl* artículos *mpl* de lujo.

LV *abbr of* **luncheon voucher**.

LW (*abbr of* **long wave**) *n* OL *f*.

lychee [,laɪ'tʃiː] *n* lichi *m*.

Lycra® ['laɪkrə] ◇ *n* lycra® *f*. ◇ *comp* de lycra®.

lying ['laɪɪŋ] ◇ *adj* mentiroso(sa). ◇ *n (U)* mentiras *fpl*.

lymph gland [lɪmf-] *n* glándula *f* linfática.

lynch [lɪntʃ] *vt* linchar.

lynx [lɪŋks] (*pl inv* OR **-es**) *n* lince *m*.

lyre ['laɪəʳ] *n* lira *f*.

lyric ['lɪrɪk] *adj* lírico(ca).

lyrical ['lɪrɪkl] *adj* **-1.** [poetic] lírico(ca) **-2.** [enthusiastic] entusiasmado(da).

lyrics ['lɪrɪks] *npl* letra *f*.

m[1] (*pl* **m's** OR **ms**), **M** (*pl* **M's** OR **Ms**) [em] *n* [letter] m *f*, M *f*.

◆ **M -1.** *abbr of* **motorway -2.** (*abbr of* **medium**) M.

m[2] **-1.** (*abbr of* **metre**) m **-2.** (*abbr of* **million**) m **-3.** *abbr of* **mile**.

ma [mɑː] *n esp US inf* mamá *f*.

MA ◇ *n abbr of* **Master of Arts**. ◇ *abbr of* **Massachusetts**.

ma'am [mæm] *n* señora *f*.

mac [mæk] (*abbr of* **mackintosh**) *n UK inf* [coat] impermeable *m*.

macabre [mə'kɑːbrə] *adj* macabro(bra).

macadamia nut [,mækə'deɪmɪə-] *n* nuez *f* de macadamia.

Macao [mə'kaʊ] *n* Macao.

macaroni [,mækə'rəʊnɪ] *n (U)* macarrones *mpl*.

macaroni cheese *n (U)* macarrones *mpl* al gratén.

macaroon [,mækə'ruːn] *n* mostachón *m*, macarrón *m*.

mace [meɪs] *n* **-1.** [ornamental rod] maza *f* **-2.** [spice] macis *f inv*.

Macedonia [,mæsɪ'dəʊnɪə] *n* Macedonia.

Macedonian [,mæsɪ'dəʊnɪən] ◇ *adj* macedonio(nia). ◇ *n* **-1.** [person] macedonio *m*, -nia *f* **-2.** [language] macedonio *m*.

machete [mə'ʃetɪ] *n* machete *m*.

Machiavellian [,mækɪə'velɪən] *adj* maquiavélico(ca).

machinations [,mækɪ'neɪʃnz] *npl* maquinaciones *fpl*.

machine [mə'ʃiːn] ◇ *n* **-1.** [power-driven device] máquina *f* **-2.** [organization] aparato *m*. ◇ *vt* **-1.** SEWING coser a máquina **-2.** TECH producir a máquina.

machine code *n* COMPUT código *m* máquina.

machinegun [mə'ʃi:ngʌn] (*pt* & *pp* **-ned**, *cont* **-ning**) <> *n* [with tripod] ametralladora *f*; [hand-held] metralleta *f*. <> *vt* ametrallar.
machine language *n COMPUT* lenguaje *m* máquina.
machine-readable *adj COMPUT* legible para el ordenador.
machinery [mə'ʃi:nərɪ] *n* ***lit*** & ***fig*** maquinaria *f*.
machine shop *n* taller *m* de máquinas.
machine tool *n* máquina *f* herramienta.
machine-washable *adj* lavable a máquina.
machinist [mə'ʃi:nɪst] *n* operario *m*, -ria *f* (de máquina).
machismo [mə'tʃɪzməʊ] *n* machismo *m*.
macho ['mætʃəʊ] *adj* ***inf*** macho.
mackerel ['mækrəl] (*pl inv* OR **-s**) *n* caballa *f*.
mackintosh ['mækɪntɒʃ] *n* ***UK*** impermeable *m*.
macramé [mə'krɑ:mɪ] *n* macramé *m*.
macro ['mækrəʊ] (*abbr of* **macroinstruction**) *n COMPUT* macro *f*.
macrobiotic [ˌmækrəʊbaɪ'ɒtɪk] *adj* macrobiótico(ca).
macrocosm ['mækrəʊkɒzm] *n* macrocosmo *m*.
macroeconomic ['mækrəʊˌi:kə'nɒmɪk] *adj* macroeconómico(ca).
macroeconomics ['mækrəʊˌi:kə'nɒmɪks] *n (U)* macroeconomía *f*.
mad [mæd] (*compar* **-der**, *superl* **-dest**) *adj* **-1.** [gen] loco(ca); [attempt, idea] disparatado (da), descabellado(da); **to be ~ about sb/sthg** estar loco(ca) por alguien/algo; **to go ~** volverse loco **-2.** [furious] furioso(sa) **-3.** [hectic] desenfrenado(da); **like ~** como loco.
Madagascan [ˌmædə'gæskən] <> *adj* malgache. <> *n* **-1.** [person] malgache *m* OR *f* **-2.** [language] malgache *m*.
Madagascar [ˌmædə'gæskəʳ] *n* Madagascar.
madam ['mædəm] *n* **-1.** [woman] señora *f* **-2.** [in brothel] madam *f*.
madcap ['mædkæp] *adj* descabellado(da), disparatado(da).
mad cow disease *n* el mal de las vacas locas.
madden ['mædn] *vt* volver loco(ca), exasperar.
maddening ['mædnɪŋ] *adj* enloquecedor(ra).
made [meɪd] *pt* & *pp* ▷ **make**.
-made [məɪd] *suffix*: **French ~** fabricado(da) en Francia.
Madeira [mə'dɪərə] *n* **-1.** [wine] madeira *m*, madera *m* **-2.** *GEOGR* Madeira.
made-to-measure *adj* hecho(cha) a la medida.
made-up *adj* **-1.** [with make-up - face, person] maquillado(da); [- lips, eyes] pintado(da) **-2.** [prepared] (ya) preparado(da) **-3.** [invented] inventado(da).
madhouse ['mædhaʊs, *pl* -haʊzɪz] *n* manicomio *m*.
madly ['mædlɪ] *adv* [frantically] enloquecidamente; **~ in love** locamente enamorado.
madman ['mædmən] (*pl* **-men** [-mən]) *n* loco *m*.
madness ['mædnɪs] *n* locura *f*; **it's ~** es una locura.
Madonna [mə'dɒnə] *n* **-1.** *RELIG*: **the ~** la Virgen **-2.** *ART* madona *f*.
Madrid [mə'drɪd] *n* Madrid.
madrigal ['mædrɪgl] *n* madrigal *m*.
madwoman ['mædˌwʊmən] (*pl* **-women** [-ˌwɪmɪn]) *n* loca *f*.
maestro ['maɪstrəʊ] (*pl* **-tros** OR **-tri** [-trɪ]) *n* maestro *m*.
MAFF (*abbr of* **Ministry of Agriculture, Fisheries and Food**) *n* ***UK*** *ministerio de agricultura, pesca y alimentación.*
Mafia ['mæfɪə] *n*: **the ~** la mafia.
mag [mæg] (*abbr of* **magazine**) *n* ***inf*** revista *f*.
magazine [ˌmægə'zi:n] *n* **-1.** [periodical] revista *f* **-2.** [news programme] magazín *m* **-3.** [on a gun] recámara *f*.
magenta [mə'dʒentə] <> *adj* magenta. <> *n* magenta *m*.
maggot ['mægət] *n* gusano *m*, larva *f*.
Maghreb ['mʌgreb] *n*: **the ~** el Magreb.
magic ['mædʒɪk] <> *adj* **-1.** [gen] mágico(ca); **~ spell** hechizo *m* **-2.** [referring to conjuring] de magia **-3.** [very good] ***inf*** genial. <> *n* magia *f*; **as if by ~** como por arte de magia.
magical ['mædʒɪkl] *adj* ***lit*** & ***fig*** mágico(ca).
magic carpet *n* alfombra *f* mágica.
magic eye *n* ***UK*** célula *f* fotoeléctrica.
magician [mə'dʒɪʃn] *n* **-1.** [conjuror] mago *m*, -ga *f*, prestidigitador *m*, -ra *f* **-2.** [wizard] mago *m*.
magic wand *n* varita *f* mágica.
magisterial [ˌmædʒɪ'stɪərɪəl] *adj* ***fml*** [authoritative] magistral.
magistrate ['mædʒɪstreɪt] *n* juez *m* OR *f* de primera instancia.
magistrates' court *n* ***UK*** juzgado *m* de primera instancia.
Magna Carta [ˌmægnə'kɑ:tə] *n*: **the ~** la Carta Magna.
magna cum laude [ˌmægnəkʌm'laʊdeɪ] *n*: **to graduate ~** licenciarse magna cum laude.
magnanimous [mæg'nænɪməs] *adj* magnánimo(ma).
magnate ['mægneɪt] *n* magnate *m* OR *f*.
magnesium [mæg'ni:zɪəm] *n* magnesio *m*.

magnet ['mægnɪt] *n* imán *m*.
magnetic [mæg'netɪk] *adj* **-1.** [attracting iron] magnético(ca) **-2.** *fig* [appealingly forceful] carismático(ca).
magnetic disk *n* disco *m* magnético.
magnetic field *n* campo *m* magnético.
magnetic tape *n* cinta *f* magnética.
magnetism ['mægnɪtɪzm] *n lit & fig* magnetismo *m*.
magneto-optical [mæg'ni:təʊ'ɒptɪkl] *adj* COMPUT magneto-óptico(ca).
magnification [,mægnɪfɪ'keɪʃn] *n* **-1.** [process] ampliación *f* **-2.** [degree of enlargement] aumento *m*.
magnificence [mæg'nɪfɪsəns] *n* grandiosidad *f*, esplendor *m*.
magnificent [mæg'nɪfɪsənt] *adj* [building, splendour] grandioso(sa); [idea, book, game] magnífico(ca).
magnify ['mægnɪfaɪ] (*pt & pp* **-ied**) *vt* **-1.** [in vision] aumentar, ampliar **-2.** [in the mind] exagerar.
magnifying glass ['mægnɪfaɪɪŋ-] *n* lupa *f*, lente *f* de aumento.
magnitude ['mægnɪtju:d] *n* magnitud *f*.
magnolia [mæg'nəʊljə] *n* **-1.** [tree] magnolio *m* **-2.** [flower] magnolia *f*.
magnum ['mægnəm] (*pl* **-s**) *n* *botella de champán o vino de 1,5 litros de capacidad.*
magpie ['mægpaɪ] *n* urraca *f*.
maharaja(h) [,mɑ:hə'rɑ:dʒə] *n* maharajá *m*.
mahogany [mə'hɒgənɪ] *n* **-1.** [wood] caoba *f* **-2.** [colour] caoba *m*.
maid [meɪd] *n* [in hotel] camarera *f*, recamarera *f* *CAm, Méx*; [domestic] criada *f*, china *f* *Amér.*
maiden ['meɪdn] ◇ *adj* inaugural. ◇ *n literary* doncella *f*.
maiden aunt *n* tía *f* soltera.
maiden name *n* nombre *m* de soltera.
maiden speech *n* POL primer discurso *m* como parlamentario.
mail [meɪl] ◇ *n* **-1.** [system] correo *m*; **by ~** por correo **-2.** [letters, parcels received] correspondencia *f*. ◇ *vt esp US* [send] mandar por correo; [put in mail box] echar al buzón.
mailbag ['meɪlbæg] *n* saca *f* de correspondencia.
mailbox ['meɪlbɒks] *n* **-1.** *US* [letterbox] buzón *m* **-2.** COMPUT buzón *m*.
mailing list ['meɪlɪŋ-] *n* [for mailshots] lista *f* de distribución de publicidad OR información; COMPUT lista *f* de correo.
mailman ['meɪlmən] (*pl* **-men** [-mən]) *n US* cartero *m*.
mail order *n* venta *f* por correo.
mailshot ['meɪlʃɒt] *n* folleto *m* de publicidad (por correo).
mail train *n* tren *m* correo.
mail van *n UK* **-1.** AUT furgoneta *f* postal **-2.** RAIL vagón *m* postal.
maim [meɪm] *vt* mutilar.
main [meɪn] ◇ *adj* principal. ◇ *n* [pipe] tubería *f* principal; [wire] cable *m* principal.
◆ **mains** *npl*: **the ~s** [gas, water] la tubería principal; [electricity] la red eléctrica.
◆ **in the main** *adv* por lo general.
main course *n* plato *m* fuerte.
Maine [meɪn] *n* Maine.
mainframe (computer) ['meɪnfreɪm-] *n* unidad *f* central, procesador *m* central.
mainland ['meɪnlənd] ◇ *adj* continental; **~ Spain** la Península. ◇ *n*: **on the ~** en tierra firme.
main line *n* RAIL línea *f* principal.
◆ **mainline** ◇ *adj* [station] de una línea principal. ◇ *vt & vi* **drugs sl** chutarse.
mainly ['meɪnlɪ] *adv* principalmente.
main road *n* carretera *f* principal.
mainsail ['meɪnseɪl, 'meɪnsəl] *n* vela *f* mayor.
mainstay ['meɪnsteɪ] *n* fundamento *m*, base *f*.
mainstream ['meɪnstri:m] ◇ *adj* [gen] predominante; [taste] corriente; [political party] convencional. ◇ *n*: **the ~** la tendencia general.
maintain [meɪn'teɪn] *vt* **-1.** [gen] mantener **-2.** [support, provide for] sostener, sustentar **-3.** [assert]: **to ~ (that)** sostener que.
maintenance ['meɪntənəns] *n* **-1.** [gen] mantenimiento *m* **-2.** [money] pensión *f* alimenticia.
maintenance order *n UK* JUR orden *m* de pensión alimenticia.
maisonette [,meɪzə'net] *n* **US** dúplex *m inv.*
maître d' [,metrə'di:] *n* maître *m* OR *f* (d'hotel), capitán *m* OR *f* (de meseros).
maize [meɪz] *n* maíz *m*.
Maj. (*abbr of* **Major**) ≃ Cte.
majestic [mə'dʒestɪk] *adj* majestuoso(sa).
majestically [mə'dʒestɪklɪ] *adv* majestuosamente.
majesty ['mædʒəstɪ] (*pl* **-ies**) *n* [grandeur] majestad *f*.
◆ **Majesty** *n*: **His/Her/Your Majesty** Su Majestad.
major ['meɪdʒə^r] ◇ *adj* **-1.** [important] importante; [main] principal; **of ~ importance** de gran importancia **-2.** MUS mayor. ◇ *n* MIL comandante *m*; *US* [subject] especialidad *f*. ◇ *vi*: **to ~ in** *US* [subject] especializarse en.
Majorca [mə'jɔ:kə, mə'dʒɔ:kə] *n* Mallorca.
Majorcan [mə'jɔ:kən, mə'dʒɔ:kən] ◇ *adj* mallorquín(ina). ◇ *n* mallorquín *m*, -ina *f*.

majorette [ˌmeɪdʒəˈret] *n* majorette *f.*

major general *n* general *m* de división.

majority [məˈdʒɒrətɪ] (*pl* **-ies**) *n* mayoría *f*; **in a** *OR* **the ~** en una *OR* la mayoría.

majority shareholder *n* accionista *m OR f* principal.

make [meɪk] (*pt* & *pp* **made**) ◇ *vt* **-1.** [produce] hacer; **it made a lot of noise** hizo mucho ruido; **she ~s her own clothes** se hace su propia ropa **-2.** [perform - action] hacer; **to ~ a speech** pronunciar *OR* dar un discurso; **to ~ a decision** tomar una decisión; **to ~ a mistake** cometer un error; **to ~ a payment** efectuar un pago **-3.** [cause to be, cause to do] hacer; **it ~s me seem fatter** me hace parecer más gordo; **it ~s me sick** me pone enfermo; **it ~s me want to ...** me da ganas de ...; **it made him angry** hizo que se enfadara; **you made me jump!** ¡vaya susto que me has dado!; **we were made to wait in the hall** nos hicieron esperar en el vestíbulo; **to ~ sb happy** hacer a alguien feliz; **to ~ sb sad** entristecer a alguien; **to ~ sb nervous** poner nervioso a alguien; **to ~ o.s. heard** hacerse oír; **don't ~ me laugh!** ¡no me hagas reír! **-4.** [force]: **to ~ sb do sthg** hacer que alguien haga algo, obligar a alguien a hacer algo; **they made the hostages lie on the ground** hicieron tumbarse en el suelo a los rehenes **-5.** [construct]: **to be made of sthg** estar hecho(cha) de algo; **it's made of wood/metal** está hecho de madera/metal; **made in Spain** fabricado en España; **what's it made of?** ¿de qué está hecho? **-6.** [add up to] hacer, ser; **2 and 2 ~ 4** 2 y 2 hacen *OR* son 4 **-7.** [calculate] calcular; **I ~ it 50/six o'clock** calculo que serán 50/las seis; **what time do you ~ it?** ¿qué hora tienes? **-8.** [earn] ganar; **she ~s £20,000 a year** gana 20.000 libras al año; **to ~ a profit** obtener beneficios; **to ~ a loss** sufrir pérdidas **-9.** [have the right qualities for] ser; **she'd ~ a good doctor** seguro que sería una buena doctora; **books ~ excellent presents** los libros son un regalo excelente **-10.** [reach] llegar a **-11.** [cause to be a success]: **she really ~s the play** ella es la que de verdad levanta la obra **-12.** [gain - friend, enemy] hacer; **to ~ friends with sb** hacerse amigo de alguien **-13.** *phr*: **to ~ it** [arrive in time] conseguir llegar a tiempo; [be a success] alcanzar el éxito; [be able to attend] venir/ir; [survive] vivir; **to have it made** tenerlo hecho, tener el éxito asegurado; **to ~ do with sthg** apañarse *OR* arreglarse con algo; **~ a right/left** *US* da vuelta a la derecha/izquierda. ◇ *n* **-1.** [brand] marca *f*; **what ~ is your car?** ¿de qué marca es tu coche? **-2.** *v inf pej*: **to be on the ~** [act dishonestly, selfishly] barrer siempre para dentro.

◆ **make for** *vt fus* **-1.** [move towards] dirigirse a *OR* hacia **-2.** [contribute to] posibilitar, contribuir a.

◆ **make into** *vt sep*: **to ~ sth into sth** convertir algo en algo.

◆ **make of** *vt sep* **-1.** [understand] entender; **what do you ~ of this word?** ¿qué entiendes tú por esta palabra? **-2.** [have opinion of] opinar de.

◆ **make off** *vi* darse a la fuga.

◆ **make off with** *vt fus inf* largarse con.

◆ **make out** ◇ *vt sep* **-1.** *inf* [see] distinguir; [hear] entender, oír **-2.** *inf* [understand - word, number] descifrar; [- person, attitude] comprender **-3.** [fill out - form] rellenar, cumplimentar; [- cheque, receipt] extender; [- list] hacer **-4.** *US inf* [sexually] darse el lote, fajar *Méx* **-5.** *inf* [pretend]: **to ~ o.s. out to be sth** dárselas de algo. ◇ *vt fus inf* [pretend] fingir, pretender; **she ~s out she's tough** se las da de dura.

◆ **make up** ◇ *vt sep* **-1.** [compose, constitute] componer, constituir **-2.** [invent] inventar **-3.** [apply cosmetics to] maquillar; **to ~ o.s. up** maquillarse **-4.** [prepare - parcel, prescription, bed] preparar, hacer **-5.** [make complete - amount] completar; [- difference] cubrir; [- deficit, lost time] recuperar **-6.** [resolve - quarrel]: **to ~ it up (with sb)** hacer las paces (con alguien). ◇ *vi* [become friends again]: **to ~ up (with sb)** hacer las paces (con alguien). ◇ *n US* [test] *examen que se realiza más tarde si no se pude hacer en su día.*

◆ **make up for** *vt fus* compensar; **to ~ up for lost time** recuperar el tiempo perdido.

◆ **make up to** *vt sep*: **to ~ it up to sb (for sthg)** recompensar a alguien (por algo).

make-believe *n (U)* fantasías *fpl.*

makeover [ˈmeɪkəʊvəʳ] *n* [of person] cambio *m* de imagen; [of home, garden] reforma *f* completa.

maker [ˈmeɪkəʳ] *n* [of film, programme] creador *m*, -ra *f*; [of product] fabricante *m OR f.*

makeshift [ˈmeɪkʃɪft] *adj* [temporary] provisional; [improvized] improvisado(da).

make-up *n* **-1.** [cosmetics] maquillaje *m*; **~ bag** neceser *m*; **~ remover** loción *f OR* leche *f* desmaquilladora **-2.** [person's character] carácter *m* **-3.** [structure] estructura *f*; [of team] composición *f.*

making [ˈmeɪkɪŋ] *n* [of product] fabricación *f*; [of film] rodaje *m*; [of decision] toma *f*; **this is history in the ~** esto pasará a la historia; **your problems are of your own ~** tus problemas te los has buscado tú mismo; **to be the ~ of sb/sthg** ser la causa del éxito de alguien/algo; **to**

have the ~s of tener madera de.
maladjusted [ˌmælə'dʒʌstɪd] *adj* inadaptado(da).
malaise [mə'leɪz] *n fml* malestar *m*.
malaria [mə'leərɪəl] *n* malaria *f*.
Malawi [mə'lɑ:wɪ] *n* Malaui.
Malawian [mə'lɑ:wɪən] <> *adj* malauita. <> *n* malauita *m* OR *f*.
Malay [mə'leɪ] <> *adj* malayo(ya). <> *n* -1. [person] malayo *m*, -ya *f* -2. [language] malayo *m*.
Malaya [mə'leɪə] *n* Malaya.
Malayan [mə'leɪən] <> *adj* malayo(ya). <> *n* malayo *m*, -ya *f*.
Malaysia [mə'leɪzɪə] *n* Malaisia.
Malaysian [mə'leɪzɪən] <> *adj* malaisio(sia). <> *n* malaisio *m*, -sia *f*.
Maldives ['mɔ:ldi:vz] *npl*: **the ~** las Maldivas.
male [meɪl] <> *adj* -1. [animal] macho -2. [human] masculino(na), varón -3. [concerning men] masculino(na), del hombre. <> *n* -1. [animal] macho *m* -2. [human] varón *m*.
male chauvinist (pig) *n* machista *m*.
male nurse *n* enfermero *m*.
malevolent [mə'levələnt] *adj* malévolo(la).
malformed [mæl'fɔ:md] *adj* malformado (da).
malfunction [mæl'fʌŋkʃn] <> *n* fallo *m*. <> *vi* averiarse.
Mali ['mɑ:lɪ] *n* Malí.
malice ['mælɪs] *n* malicia *f*.
malicious [mə'lɪʃəs] *adj* malicioso(sa).
malign [mə'laɪn] <> *adj* maligno(na), perjudicial. <> *vt fml* difamar.
malignant [mə'lɪgnənt] *adj* -1. MED maligno (na) -2. *fml* [full of hate] malvado(da).
malinger [mə'lɪŋgə^r] *vi pej* fingirse enfermo (ma).
malingerer [mə'lɪŋgərə^r] *n pej* enfermo fingido *m*, enferma fingida *f*.
mall [mɔ:l] *n esp US*: **(shopping) ~** centro *m* comercial peatonal.
malleable ['mælɪəbl] *adj lit & fig* maleable.
mallet ['mælɪt] *n* mazo *m*.
malnourished [ˌmæl'nʌrɪʃt] *adj* malnutrido(da).
malnutrition [ˌmælnju:'trɪʃn] *n* malnutrición *f*.
malpractice [ˌmæl'præktɪs] *n (U)* JUR negligencia *f*.
malt [mɔ:lt] *n* -1. [grain] malta *f* -2. [whisky] whisky *m* de malta -3. *US leche malteada con helado.*
Malta ['mɔ:ltə] *n* Malta.
Maltese [ˌmɔ:l'ti:z] (*pl inv*) <> *adj* maltés (esa). <> *n* -1. [person] maltés *m*, -esa *f* -2. [language] maltés *m*.
maltreat [ˌmæl'tri:t] *vt* maltratar.
maltreatment [ˌmæl'tri:tmənt] *n* malos tratos *mpl*.
malt whisky *n* whisky *m* de malta.
mammal ['mæml] *n* mamífero *m*.
mammoth ['mæməθ] <> *adj* descomunal, gigante. <> *n* mamut *m*.
man [mæn] (*pl* **men**, *pt & pp* **-ned**, *cont* **-ning**) <> *n* -1. [gen] hombre *m*; **the ~ in the street** el hombre de la calle, el ciudadano de a pie; **to talk ~ to ~** hablar de hombre a hombre; **to be ~ enough to do sthg** ser lo suficientemente hombre para hacer algo -2. [humankind] el hombre. <> *vt* [gen] manejar; [ship, plane] tripular; **manned 24 hours a day** [telephone] en servicio las 24 horas del día.
manacles ['mænəklz] *npl* esposas *fpl*, grilletes *mpl*.
manage ['mænɪdʒ] <> *vi* -1. [cope] poder -2. [survive] apañárselas. <> *vt* -1. [succeed]: **to ~ to do sthg** conseguir hacer algo -2. [company] dirigir, llevar; [money] administrar, manejar; [pop star] representar; [time] organizar -3. [be available for]: **I can only ~ an hour tonight** sólo dispongo de una hora esta noche -4. [cope with] poder con; **can you ~ that box?** ¿puedes con la caja?
manageable ['mænɪdʒəbl] *adj* [task] factible, posible; [children] dominable; [inflation, rate] controlable.
management ['mænɪdʒmənt] *n* -1. [control, running] gestión *f* -2. [people in control] dirección *f*.
management consultant *n* asesor *m*, -ra *f* en gestión de empresas.
manager ['mænɪdʒə^r] *n* -1. [of company] director *m*, -ra *f*; [of shop] jefe *m*, -fa *f*; [of pop star] manager *m* OR *f* -2. SPORT ≃ entrenador *m*, -ra *f*.
manageress [ˌmænɪdʒə'res] *n UK* [of company] directora *f*; [of shop] jefa *f*.
managerial [ˌmænɪ'dʒɪərɪəl] *adj* directivo (va).
managing director ['mænɪdʒɪŋ-] *n* director *m*, -ra *f* gerente.
Managua [mə'nægwə] *n* Managua.
Mancunian [mæŋ'kju:njən] <> *adj de o relativo a Manchester.* <> *n natural o habitante de Manchester.*
mandarin ['mændərɪn] *n* -1. [fruit] mandarina *f* -2. [civil servant] mandarín *m*, -ina *f*, alto burócrata *m*.
mandate ['mændeɪt] *n* -1. [elected right or authority] mandato *m*; **to have a ~ to do sthg** tener autoridad para hacer algo -2. [task] misión *f*.

mandatory ['mændətrɪ] *adj* obligatorio(ria).
mandolin [mændə'lɪn] *n* mandolina *f.*
mane [meɪn] *n* [of horse] crin *f*; [of lion] melena *f.*
man-eating [-ˌi:tɪŋ] *adj* que come carne humana.
maneuver *US* = **manoeuvre**.
manfully ['mænfʊlɪ] *adv* valientemente.
mange [meɪndʒ] *n* sarna *f.*
manger ['meɪndʒəʳ] *n* pesebre *m.*
mangetout (pea) [ˌmɑʒ'tu:-] *n UK* guisante *m* mollar, tirabeque *m*, arveja *f* china ***Andes, Col, CSur, Ven***, chícharo *m* chino ***CAm, Méx***.
mangle ['mæŋgl] *vt* [crush] aplastar; [tear to pieces] despedazar.
mango ['mæŋgəʊ] (*pl* **-es** OR **-s**) *n* mango *m.*
mangrove ['mæŋgrəʊv] *n* mangle *m*; ~ **swamp** manglar *m.*
mangy ['meɪndʒɪ] (*compar* **-ier**, *superl* **-iest**) *adj* sarnoso(sa).
manhandle ['mænˌhændl] *vt* [person]: **they ~ed her into the van** la metieron en el camión a empujones.
manhole ['mænhəʊl] *n* boca *f* (del alcantarillado).
manhood ['mænhʊd] *n* **-1.** [state] virilidad *f* **-2.** [time] edad *f* adulta.
manhour ['mænˌaʊəʳ] *n* hora *f* hombre.
manhunt ['mænhʌnt] *n* búsqueda *f* (de un delincuente).
mania ['meɪnjə] *n* **-1.** [excessive liking]: ~ **(for)** pasión *f* (por) **-2.** PSYCH manía *f.*
maniac ['meɪnɪæk] *n* **-1.** [madman] maníaco *m*, -ca *f* **-2.** [fanatic] fanático *m*, -ca *f.*
manic ['mænɪk] *adj* maníaco(ca).
manic-depressive ◇ *adj* maníacodepresivo(va). ◇ *n* maníacodepresivo *m*, -va *f.*
manicure ['mænɪˌkjʊəʳ] ◇ *n* manicura *f.* ◇ *vt*: **to ~ sb** hacerle la manicura a alguien; **to ~ one's nails** arreglarse las uñas.
manifest ['mænɪfest] *fml* ◇ *adj* manifiesto(ta), evidente. ◇ *vt* manifestar.
manifestation [ˌmænɪfes'teɪʃn] *n fml* manifestación *f.*
manifestly ['mænɪfestlɪ] *adv fml* evidentemente.
manifesto [ˌmænɪ'festəʊ] (*pl* **-s** OR **-es**) *n* manifiesto *m.*
manifold ['mænɪfəʊld] ◇ *adj literary* múltiple. ◇ *n* AUT colector *m.*
manil(l)a [mə'nɪlə] *adj* manila *(inv).*
Manila [mə'nɪlə] *n* Manila.
manipulate [mə'nɪpjʊleɪt] *vt* **-1.** [control for personal benefit] manipular **-2.** [controls, lever] manejar.
manipulation [məˌnɪpjʊ'leɪʃn] *n* **-1.** [control for personal benefit] manipulación *f* **-2.** [of controls, lever] manejo *m.*
manipulative [mə'nɪpjʊlətɪv] *adj* manipulador(ra).
Manitoba [ˌmænɪ'təʊbə] *n* Manitoba.
mankind [mæn'kaɪnd] *n* la humanidad.
manly ['mænlɪ] (*compar* **-ier**, *superl* **-iest**) *adj* varonil, viril.
man-made *adj* [environment, problem, disaster] producido(da) por el hombre; [fibre, lake, goods] artificial.
manna ['mænə] *n* maná *m.*
manned [mænd] *adj* tripulado(da).
mannequin ['mænɪkɪn] *n dated* maniquí *m* OR *f.*
manner ['mænəʳ] *n* **-1.** [method] manera *f*, forma *f*; **in a ~ of speaking** por así decirlo **-2.** [bearing, attitude] actitud *f* **-3.** *esp literary* [type, sort] tipo *m*, clase *f*; **all ~ of** toda clase OR todo tipo de.
◆ **manners** *npl* modales *mpl*; **it's good/bad ~s to do sthg** es de buena/mala educación hacer algo.
mannered ['mænəd] *adj fml* afectado(da), amanerado(da).
mannerism ['mænərɪzm] *n* costumbre *f* (típica de uno).
mannish ['mænɪʃ] *adj* [woman] hombruno(na).
manoeuvrable *UK*, **maneuverable** *US* [mə'nu:vrəbl] *adj* manejable.
manoeuvre *UK*, **maneuver** *US* [mə'nu:vəʳ] ◇ *n lit & fig* maniobra *f.* ◇ *vt* maniobrar, manejar. ◇ *vi* maniobrar.
◆ **manoeuvres** *npl* MIL maniobras *fpl.*
manor ['mænəʳ] *n* [house] casa *f* solariega.
manpower ['mænˌpaʊəʳ] *n* [manual workers] mano *f* de obra; [white-collar workers] personal *m.*
manservant ['mænsɜ:vənt] (*pl* **menservants**) *n dated* criado *m*, sirviente *m*, mucamo *m Amér.*
mansion ['mænʃn] *n* [manor] casa *f* solariega; [big house] casa grande.
man-size(d) *adj* de tamaño extralargo.
manslaughter ['mænˌslɔ:təʳ] *n* homicidio *m* involuntario.
mantelpiece ['mæntlpi:s] *n* repisa *f* (de la chimenea).
mantle ['mæntl] *n* **-1.** [layer, covering] capa *f* **-2.** [of leadership, high office] manto *m.*
man-to-man *adj* de hombre a hombre.
manual ['mænjʊəl] ◇ *adj* manual. ◇ *n* manual *m.*
manually ['mænjʊəlɪ] *adv* manualmente, a mano.
manual worker *n* obrero *m*, -ra *f.*

manufacture [ˌmænjʊ'fæktʃəʳ] <> *n* manufactura *f*, fabricación *f*. <> *vt* **-1.** [make] manufacturar, fabricar **-2.** [invent] inventar.

manufacturer [ˌmænjʊ'fæktʃərəʳ] *n* fabricante *m* OR *f*.

manufacturing [ˌmænjʊ'fæktʃərɪŋ] *n* manufactura *f*, fabricación *f*.

manufacturing industries *npl* industrias *fpl* manufactureras.

manure [mə'njʊəʳ] *n* estiércol *m*, abono *m*.

manuscript ['mænjʊskrɪpt] *n* **-1.** [gen] manuscrito *m* **-2.** [in exam] hoja *f* de examen.

Manx [mæŋks] <> *adj de o relativo a la Isla de Man.* <> *n* [language] *lengua de la Isla de Man.*

many ['menɪ] (*compar* **more**, *superl* **most**) <> *adj* muchos(chas); ~ **people** muchas personas, mucha gente; **how** ~? ¿cuántos(tas)?; **I wonder how** ~ **people went** me pregunto cuánta gente fue; **too** ~ demasiados(das); **there weren't too** ~ **students** no había muchos estudiantes; **as** ~ **... as** tantos(tas) ... como; **they have three times as** ~ **soldiers as us** tienen el triple de soldados que nosotros; **so** ~ tantos(tas); **I've never seen so** ~ **people** nunca había visto tanta gente; **a good** OR **great** ~ muchísimos(mas). <> *pron* muchos(chas); **twice as** ~ el doble; **four times as** ~ cuatro veces esa cantidad.

Maori ['maʊrɪ] <> *adj* maorí. <> *n* maorí *m* OR *f*.

map [mæp] (*pt* & *pp* **-ped**, *cont* **-ping**) *n* mapa *m*.
◆ **map out** *vt sep* planear, planificar.

maple ['meɪpl] *n* arce *m*.

maple leaf *n* hoja *f* de arce.

maple syrup *n* jarabe *m* de arce.

Maputo [mə'pu:təʊ] *n* Maputo.

mar [mɑ:ʳ] (*pt* & *pp* **-red**, *cont* **-ring**) *vt* deslucir.

Mar. (*abbr of* **March**) mar.

marathon ['mærəθn] <> *adj* maratoniano(na). <> *n* maratón *m*.

marathon runner *n* corredor *m*, -ra *f* de maratón.

marauder [mə'rɔ:dəʳ] *n* merodeador *m*, -ra *f*.

marauding [mə'rɔ:dɪŋ] *adj* **-1.** [human] merodeador(ra) **-2.** [animal] en busca de su presa.

marble ['mɑ:bl] *n* **-1.** [stone] mármol *m* **-2.** [for game] canica *f*.
◆ **marbles** *n (U)* [game] canicas *fpl*, bolitas *fpl RP*.

march [mɑ:tʃ] <> *n* **-1.** MIL marcha *f* **-2.** [of demonstrators] marcha *f (de protesta)* **-3.** [steady progress] avance *m*. <> *vi* **-1.** [in formation, in protest] marchar **-2.** [speedily]: **to** ~ **out** salir enfadado(da); **to** ~ **up to sb** abordar a alguien decididamente. <> *vt* llevar por la fuerza.

March [mɑ:tʃ] *n* marzo *m*; *see also* **September**.

marcher ['mɑ:tʃəʳ] *n* [protester] manifestante *m* OR *f*.

marching orders ['mɑ:tʃɪŋ-] *npl*: **to give sb his/her** ~ expulsar a alguien.

marchioness ['mɑ:ʃənes] *n* marquesa *f*.

march-past *n* desfile *m*.

Mardi Gras [ˌmɑ:dɪ'grɑ:] *n* martes *m inv* de Carnaval.

mare [meəʳ] *n* yegua *f*.

margarine [ˌmɑ:dʒə'ri:n, ˌmɑ:gə'ri:n] *n* margarina *f*.

marge [mɑ:dʒ] *n inf* margarina *f*.

margin ['mɑ:dʒɪn] *n* **-1.** [gen] margen *m* **-2.** [of desert, forest] límite *m*, lindero *m*.

marginal ['mɑ:dʒɪnl] *adj* **-1.** [unimportant] marginal **-2.** *UK* POL: ~ **seat** OR **constituency** *escaño vulnerable a ser perdido en las elecciones por tener una mayoría escasa.*

marginally ['mɑ:dʒɪnəlɪ] *adv* ligeramente.

marigold ['mærɪgəʊld] *n* caléndula *f*.

marihuana, marijuana [ˌmærɪ'wɑ:nə] *n* marihuana *f*.

marina [mə'ri:nə] *n* puerto *m* deportivo.

marinade [ˌmærɪ'neɪd] <> *n* [of fish] marinada *f*; [of meat] adobo *m*. <> *vt* & *vi* [fish] marinar.

marinate ['mærɪneɪt] *vt* & *vi* [fish] marinar; [meat] adobar.

marine [mə'ri:n] <> *adj* marino(na). <> *n* soldado *m* de infantería de marina.

marionette [ˌmærɪə'net] *n* marioneta *f*, títere *m*.

marital ['mærɪtl] *adj* marital, matrimonial.

marital status *n* estado *m* civil.

maritime ['mærɪtaɪm] *adj* marítimo(ma).

Maritime Provinces, Maritimes *npl*: **the** ~ las Provincias Marítimas.

marjoram ['mɑ:dʒərəm] *n* mejorana *f*.

mark [mɑ:k] <> *n* **-1.** [stain] mancha *f*; [scratch] marca *f* **-2.** [written symbol - on paper] marca *f*; [- in the sand] señal *f* **-3.** [in exam] nota *f*; [point] punto *m*; **to get good** ~**s** sacar buenas notas **-4.** [stage, level]: **once past the halfway** ~ una vez llegado a medio camino; **above the billion** ~ por encima del billón **-5.** [sign - of respect] señal *f*; [- of illness, old age] huella *f* **-6.** SPORT: **on your** ~**s, get set, go!** preparados, listos, ¡ya! **-7.** [currency] marco *m* **-8.** *phr*: **to make one's** ~ dejar huella, distinguirse; **to be quick/slow off the** ~ reaccionar rápido/tarde; **wide of the** ~ lejos de la verdad. <> *vt* **-1.** [stain] manchar; [scratch] marcar **-2.** [label - with initials etc] señalar **-3.** [exam, essay] puntuar, calificar **-4.** [identify - place] señalar; [- beginning, end] marcar **-5.** [commemorate] conmemorar - **6.** [characterize] caracterizar - **7.** SPORT marcar.

◆ **mark down** *vt sep* - **1.** COMM [price] rebajar; [goods] bajar el precio de - **2.** [downgrade] bajar la nota a.

◆ **mark off** *vt sep* [cross off] poner una marca en.

◆ **mark up** *vt sep* - **1.** COMM [price] subir; [goods] subir el precio de - **2.** [give higher grade] subir la nota a.

marked [mɑːkt] *adj* [improvement] notable; [difference] marcado(da), acusado(da).

markedly [ˈmɑːkɪdlɪ] *adv* [better] sensiblemente; [worse] acusadamente; [different] marcadamente.

marker [ˈmɑːkəʳ] *n* - **1.** [sign] señal *f* - **2.** SPORT marcador *m*, -ora *f*.

marker pen *n* rotulador *m*.

market [ˈmɑːkɪt] ◇ *n* mercado *m*; **on the ~** a la venta. ◇ *vt* comercializar.

marketable [ˈmɑːkɪtəbl] *adj* vendible, comercializable.

market analyst *n* analista *m* OR *f* de mercados.

market day *n* (día *m* de) mercado *m*.

market economy *n* economía *f* de mercado.

market forces *npl* fuerzas *fpl* del mercado.

market garden *n esp UK* [small] huerto *m*; [large] huerta *f*.

marketing [ˈmɑːkɪtɪŋ] *n* [subject] marketing *m*; [selling] comercialización *f*.

market leader *n* líder *m* OR *f* del mercado.

marketplace [ˈmɑːkɪtpleɪs] *n lit & fig* mercado *m*.

market price *n* precio *m* de mercado.

market research *n* estudio *m* de mercados.

market town *n* población *f* con mercado.

market value *n* valor *m* actual OR en venta.

marking [ˈmɑːkɪŋ] *n* - **1.** [of exams etc] corrección *f* - **2.** SPORT marcaje *m*.

◆ **markings** *npl* [of flower, animal] pintas *fpl*, manchas *fpl*; [on road] señales *fpl*.

marksman [ˈmɑːksmən] (*pl* **-men** [-mən]) *n* tirador *m*.

marksmanship [ˈmɑːksmənʃɪp] *n* puntería *f*.

markup [ˈmɑːkʌp] *n* recargo *m*.

marmalade [ˈmɑːməleɪd] *n* mermelada *f (de cítricos)*.

maroon [məˈruːn] *adj* granate.

marooned [məˈruːnd] *adj* incomunicado(da), aislado(da).

marquee [mɑːˈkiː] *n* carpa *f*, toldo *m* grande; *US* [of building] marquesina *f*.

marquess [ˈmɑːkwɪs] marquesa *f*.

marquis [ˈmɑːkwɪs] *n* marqués *m*.

marriage [ˈmærɪdʒ] *n* - **1.** [act] boda *f* - **2.** [state, institution] matrimonio *m*.

marriage bureau *n UK* agencia *f* matrimonial.

marriage certificate *n* certificado *m* de matrimonio.

marriage guidance *n* asesoría *f* matrimonial.

marriage guidance counsellor *n* consejero *m*, -ra *f* matrimonial.

married [ˈmærɪd] *adj* - **1.** [person] casado(da); **a ~ couple** un matrimonio - **2.** [life] matrimonial, de casado(da).

marrow [ˈmærəʊ] *n* - **1.** *UK* [vegetable] calabacín *m* grande - **2.** [in bones] médula *f*.

marry [ˈmærɪ] (*pt & pp* **-ied**) ◇ *vt* - **1.** [take as husband or wife] casarse con; **to get married** casarse - **2.** [sanction marriage of] casar. ◇ *vi* casarse.

Mars [mɑːz] *n* Marte *m*.

Marseilles [mɑːˈseɪlz] *n* Marsella.

marsh [mɑːʃ] *n* - **1.** [area of land] zona *f* pantanosa - **2.** [type of land] pantano *m*.

marshal [ˈmɑːʃl] (*UK pt & pp* **-led**, *cont* **-ling**, *US pt & pp* **-ed**, *cont* **-ing**) ◇ *n* - **1.** MIL mariscal *m* - **2.** [steward] oficial *m* OR *f*, miembro *m* OR *f* del servicio de orden - **3.** *US* [officer] jefe *m*, -fa *f* de policía. ◇ *vt* [people] dirigir, conducir; [thoughts] ordenar.

marshalling yard [ˈmɑːʃlɪŋ-] *n* estación *f* de clasificación de trenes.

marshland [ˈmɑːʃlænd] *n* tierra *f* pantanosa.

marshmallow [*UK* ˌmɑːʃˈmæləʊ, *US* ˈmɑːrʃˌmeləʊ] *n* - **1.** [sweet] esponja *f*, *golosina de merengue blando* - **2.** [substance] malvavisco *m*.

marshy [ˈmɑːʃɪ] (*compar* **-ier**, *superl* **-iest**) *adj* pantanoso(sa).

marsupial [mɑːˈsuːpjəl] *n* marsupial *m*.

martial [ˈmɑːʃl] *adj* [music, discipline] militar.

martial arts [ˌmɑːʃl-] *npl* artes *fpl* marciales.

martial law [ˌmɑːʃl-] *n* ley *f* marcial.

Martian [ˈmɑːʃn] ◇ *adj* marciano(na). ◇ *n* marciano *m*, -na *f*.

martin [ˈmɑːtɪn] *n* avión *m*.

martini [mɑːˈtiːnɪ] *n* martini *m*.

Martinique [ˌmɑːtɪˈniːk] *n* (la) Martinica.

martyr [ˈmɑːtəʳ] *n* mártir *m* OR *f*.

martyrdom [ˈmɑːtədəm] *n* martirio *m*.

martyred [ˈmɑːtəd] *adj* [expression] de mártir.

marvel [ˈmɑːvl] (*UK pt & pp* **-led**, *cont* **-ling**, *US pt & pp* **-ed**, *cont* **-ing**) ◇ *n* maravilla *f*; **it's a ~ he managed** es un milagro que haya podido.

◇ *vi*: **to ~ (at)** maravillarse *OR* asombrarse (ante).
marvellous *UK*, **marvelous** *US* ['mɑːvələs] *adj* maravilloso(sa).
Marxism ['mɑːksɪzm] *n* marxismo *m*.
Marxist ['mɑːksɪst] ◇ *adj* marxista. ◇ *n* marxista *m OR f*.
Maryland ['meərɪlænd] *n* Maryland.
marzipan ['mɑːzɪpæn] *n* mazapán *m*.
mascara [mæs'kɑːrə] *n* rímel *m*.
mascot ['mæskət] *n* mascota *f*.
masculine ['mæskjʊlɪn] *adj* [gen] masculino(na); [woman, appearance] hombruno(na).
masculinity [ˌmæskjʊ'lɪnətɪ] *n* masculinidad *f*.
mash [mæʃ] ◇ *n* ***inf*** puré *m* de patatas. ◇ *vt* hacer puré.
MASH [mæʃ] (*abbr of* **mobile army surgical hospital**) *n* *hospital militar estadounidense de campaña.*
mashed potatoes [mæʃt-] *npl* puré *m* de patatas.
mask [mɑːsk] ◇ *n* ***lit & fig*** máscara *f*. ◇ *vt* **-1.** [to hide] enmascarar **-2.** [cover up] ocultar, disfrazar.
masked [mɑːskt] *adj* enmascarado(da).
masking tape ['mɑːskɪŋ-] *n* cinta *f* adhesiva de pintor.
masochism ['mæsəkɪzm] *n* masoquismo *m*.
masochist ['mæsəkɪst] *n* masoquista *m OR f*.
masochistic [ˌmæsə'kɪstɪk] *adj* masoquista.
mason ['meɪsn] *n* **-1.** [stonemason] cantero *m* **-2.** [freemason] masón *m*.
masonic [mə'sɒnɪk] *adj* masónico(ca).
masonry ['meɪsnrɪ] *n* [stones] albañilería *f*.
masquerade [ˌmæskə'reɪd] *vi*: **to ~ as** hacerse pasar por; **he ~d under the name of ...** se identificó baja el nombre de ...
mass [mæs] ◇ *n* **-1.** [gen] masa *f* **-2.** [large amount] montón *m* **-3.** [religious ceremony] misa *f*. ◇ *adj* [unemployment] masivo(va); [communication] de masas. ◇ *vt* agrupar, concentrar. ◇ *vi* agruparse, concentrarse.
◆ **masses** *npl* **-1.** ***inf*** [lots] montones *mpl* **-2.** [workers]: **the ~es** las masas.
Massachusetts [ˌmæsə'tʃuːsɪts] *n* Massachusetts.
massacre ['mæsəkə^r] ◇ *n* matanza *f*, masacre *f*. ◇ *vt* masacrar.
massage [*UK* 'mæsɑːʒ, *US* mə'sɑːʒ] ◇ *n* masaje *m*. ◇ *vt* dar un masaje a.
massage parlour *n* **-1.** [for massage] salón *m* de masajes **-2.** ***euphemism*** [brothel] burdel *m*.
masseur [mæ'sɜːr] *n* masajista *m*.
masseuse [mæ'sɜːz] *n* masajista *f*.
mass grave *n* fosa *f* común.
massive ['mæsɪv] *adj* [gen] enorme; [majority] aplastante.
massively ['mæsɪvlɪ] *adv* enormemente.
mass-market *adj* para un mercado masivo.
mass media *n & npl*: **the ~** los medios de comunicación de masas.
mass murderer *n* asesino *m*, -na *f* múltiple.
mass-produce *vt* producir *OR* fabricar en serie.
mass production *n* producción *f OR* fabricación *f* en serie.
mast [mɑːst] *n* **-1.** [on boat] mástil *m* **-2.** *RADIO & TV* poste *m*, torre *f*.
master ['mɑːstə^r] ◇ *n* **-1.** [of people, animals] amo *m*, dueño *m*; [of house] señor *m* **-2.** ***fig*** [of situation] dueño *m*, -ña *f* **-3.** ***UK*** [teacher - primary school] maestro *m*; [- secondary school] profesor *m* **-4.** [of recording] original *m*. ◇ *adj* maestro(tra). ◇ *vt* **-1.** [situation] dominar, controlar; [difficulty] vencer, superar **-2.** [technique etc] dominar.
master bedroom *n* dormitorio *m* principal.
master class *n* clase *f* magistral.
master disk *n COMPUT* disco *m* maestro.
masterful ['mɑːstəfʊl] *adj* autoritario(ria).
master key *n* llave *f* maestra.
masterly ['mɑːstəlɪ] *adj* magistral.
mastermind ['mɑːstəmaɪnd] ◇ *n* cerebro *m*. ◇ *vt* ser el cerebro de, dirigir.
Master of Arts (*pl* **Masters of Arts**) *n* **-1.** [degree] máster *m* en Letras **-2.** [person] licenciado *m*, -da *f* con máster en Letras.
master of ceremonies (*pl* **masters of ceremonies**) *n* maestro *m* de ceremonias.
Master of Science (*pl* **Masters of Science**) *n* **-1.** [degree] máster *m* en Ciencias **-2.** [person] licenciado *m*, -da *f* con máster en Ciencias.
masterpiece ['mɑːstəpiːs] *n* ***lit & fig*** obra *f* maestra.
master plan *n* plan *m* maestro.
master's degree *n* máster *m*.
masterstroke ['mɑːstəstrəʊk] *n* golpe *m* maestro.
master switch *n* interruptor *m* general.
masterwork ['mɑːstəwɜːk] *n* obra *f* maestra.
mastery ['mɑːstərɪ] *n* dominio *m*.
mastic ['mæstɪk] *n* masilla *f*.
masticate ['mæstɪkeɪt] *vt & vi* ***fml*** masticar.
mastiff ['mæstɪf] *n* mastín *m*.
masturbate ['mæstəbeɪt] *vi* masturbarse.
masturbation [ˌmæstə'beɪʃn] *n* masturbación *f*.
mat [mæt] *n* **-1.** [rug] alfombrilla *f*; [beer mat] posavasos *m inv*; [tablemat] salvamanteles *m inv* **-2.** [doormat] felpudo *m*.

matador ['mætədɔːʳ] *n* matador *m.*
match [mætʃ] ◇ *n* **-1.** [game] partido *m* **-2.** [for lighting] cerilla *f*, cerillo *m CAm, Méx*, fósforo *m Amér* **-3.** [equal]: **to be a ~ for** estar a la altura de; **to be no ~ for** no poder competir con. ◇ *vt* **-1.** [be the same as] coincidir con **-2.** [pair off]: **to ~ sthg (to)** emparejar algo (con) **-3.** [be equal with] competir con, llegar a la altura de **-4.** [go well with] hacer juego con. ◇ *vi* **-1.** [be the same] coincidir **-2.** [go together well] hacer juego, combinar.
matchbox ['mætʃbɒks] *n* caja *f* de cerillas.
matched [mætʃt] *adj*: **to be well ~** [well suited] hacer buena pareja; [equal in strength] estar igualados(das).
matching ['mætʃɪŋ] *adj* a juego.
matchless ['mætʃlɪs] *adj literary* sin par.
matchmaker ['mætʃ,meɪkəʳ] *n* casamentero *m*, -ra *f*, celestina *f.*
match play *n* GOLF matchplay *m*, juego *m* por hoyos.
match point *n* TENNIS pelota *f* OR punto *m* de partido.
matchstick ['mætʃstɪk] *n* cerilla *f*, cerillo *m Andes, Méx.*
mate [meɪt] ◇ *n* **-1.** *inf* [friend] amigo *m*, -ga *f*, compañero *m*, -ra *f*, compa *m* OR *f Amér* **-2.** *US* [spouse] esposo *m*, -sa *f* **-3.** *UK inf* [term of address] colega *m* **-4.** [of animal] macho *m*, hembra *f* **-5.** NAUT: **(first) ~** (primer) oficial *m.* ◇ *vi* [animals]: **to ~ (with)** aparearse (con).
material [mə'tɪərɪəl] ◇ *adj* **-1.** [physical] material **-2.** [important] sustancial. ◇ *n* **-1.** [substance] material *m* **-2.** [type of substance] materia *f* **-3.** [fabric] tela *f*, tejido *m* **-4.** [type of fabric] tejido *m* **-5.** *(U)* [ideas, information] información *f*, documentación *f.*
◆ **materials** *npl*: **building ~s** materiales *mpl* de construcción; **writing ~s** objetos *mpl* de escritorio; **cleaning ~s** productos *mpl* de limpieza.
materialism [mə'tɪərɪəlɪzm] *n* materialismo *m.*
materialist [mə'tɪərɪəlɪst] *n* materialista *m* OR *f.*
materialistic [mə,tɪərɪə'lɪstɪk] *adj* materialista.
materialize, -ise [mə'tɪərɪəlaɪz] *vi* **-1.** [happen] materializarse, producirse **-2.** [appear] aparecer.
materially [mə'tɪərɪəlɪ] *adv* **-1.** [physically] materialmente **-2.** [significantly, importantly] sustancialmente.
maternal [mə'tɜːnl] *adj* [gen] maternal; [grandparent] materno(na).
maternity [mə'tɜːnətɪ] *n* maternidad *f.*
maternity dress *n* vestido *m* premamá.
maternity hospital *n* hospital *m* de maternidad.
maternity leave *n* baja *f* por maternidad.
maternity ward *n* pabellón *m* de maternidad.
math *US* = **maths.**
mathematical [,mæθə'mætɪkl] *adj* matemático(ca).
mathematician [,mæθəmə'tɪʃn] *n* matemático *m*, -ca *f.*
mathematics [,mæθə'mætɪks] *n (U)* matemáticas *fpl.*
maths *UK* [mæθs], **math** *US* [mæθ] (*abbr of* **mathematics**) *inf* ◇ *n (U)* mates *fpl.* ◇ *comp* de matemáticas.
maths coprocessor [-,kəʊ'prəʊsesəʳ] *n* COMPUT coprocesador *m* matemático.
matinée ['mætɪneɪ] *n* [at cinema] primera sesión *f*; [at theatre] función *f* de tarde, vermú *f Amér.*
mating call ['meɪtɪŋ-] *n* llamada *f* nupcial.
mating season ['meɪtɪŋ-] *n* época *f* de celo.
matriarch ['meɪtrɪɑːk] *n* matriarca *f.*
matrices ['meɪtrɪsiːz] *pl* ▷ **matrix.**
matriculate [mə'trɪkjʊleɪt] *vi* matricularse.
matriculation [mə,trɪkjʊ'leɪʃn] *n* matrícula *f.*
matrimonial [,mætrɪ'məʊnjəl] *adj* matrimonial.
matrimony ['mætrɪmənɪ] *n (U)* matrimonio *m.*
matrix ['meɪtrɪks] (*pl* **matrices** OR **-es**) *n* matriz *f.*
matron ['meɪtrən] *n* **-1.** *UK* [in hospital] enfermera *f* jefa **-2.** [in school] *mujer a cargo de la enfermería* **-3.** *US* [in prison] funcionaria *f* de prisiones, carcelera *f.*
matronly ['meɪtrənlɪ] *adj euphemism* [figure] corpulenta y de edad madura.
matt *UK*, **matte** *US* [mæt] *adj* mate.
matted ['mætɪd] *adj* enmarañado(da).
matter ['mætəʳ] ◇ *n* **-1.** [question, situation] asunto *m*; **a ~ of life and death** un asunto de vida o muerte; **the fact** OR **truth of the ~ is (that)...** la verdad es que ...; **that's another** OR **a different ~** es otra cuestión OR cosa; **as a ~ of course** automáticamente; **to make ~s worse** para colmo de desgracias; **as a ~ of principle** por principio; **within a ~ of hours** en cuestión de horas; **a ~ of opinion** una cuestión de opiniones; **it's a ~ of time** es cuestión de tiempo **-2.** [trouble, cause of pain]: **what's the ~ (with it/her)?** ¿qué (le) pasa?; **is anything the ~?** ¿pasa algo?; **something's the ~ with my car** algo le pasa a mi coche **-3.** PHYS materia *f* **-4.** *(U)* [material] material *m*; **printed ~** impresos *mpl.* ◇ *vi* [be important] importar; **it doesn't ~** no importa.
◆ **as a matter of fact** *adv* en realidad.

◆ **for that matter** *adv* de hecho.
◆ **no matter** *adv*: **no ~ how hard I try** por mucho que lo intente; **no ~ what he does** haga lo que haga; **we must win, no ~ what** tenemos que ganar como sea.

Matterhorn ['mætə,hɔ:n] *n*: **the ~** el monte Cervino.

matter-of-fact *adj* pragmático(ca).

matting ['mætɪŋ] *n* estera *f*.

mattress ['mætrɪs] *n* colchón *m*.

mature [mə'tjʊə^r] ◇ *adj* [person, wine] maduro(ra); [cheese] curado(da). ◇ *vi* **-1.** [gen] madurar **-2.** [wine] envejecer.

mature student *n UK UNIV* estudiante *m OR f* adulto, -ta.

maturity [mə'tjʊərətɪ] *n* **-1.** [gen] madurez *f* **-2.** *FIN* vencimiento *m*.

maudlin ['mɔ:dlɪn] *adj* [tearful] llorón(ona); [sentimental] sensiblero(ra).

maul [mɔ:l] *vt* [savage] herir gravemente.

Mauritania [,mɒrɪ'teɪnɪə] *n* Mauritania.

Mauritanian [,mɒrɪ'teɪnɪən] ◇ *adj* mauritano(na). ◇ *n* mauritano *m*, -na *f*.

Mauritian [mə'rɪʃən] ◇ *adj* mauriciano(na). ◇ *n* mauriciano *m*, -na *f*.

Mauritius [mə'rɪʃəs] *n* (la) isla Mauricio.

mausoleum [,mɔ:sə'lɪəm] (*pl* **-s**) *n* mausoleo *m*.

mauve [məʊv] ◇ *adj* malva. ◇ *n* malva *m*.

maverick ['mævərɪk] *n* inconformista *m OR f*.

mawkish ['mɔ:kɪʃ] *adj* sensiblero(ra).

max. [mæks] (*abbr of* **maximum**) máx.

maxim ['mæksɪm] (*pl* **-s**) *n* máxima *f*.

maxima ['mæksɪmə] *pl* ▷ **maximum**.

maximize, -ise ['mæksɪmaɪz] *vt* maximizar.

maximum ['mæksɪməm] (*pl* **maxima** *OR* **-s**) ◇ *adj* máximo(ma). ◇ *n* máximo *m*; **at the ~** como máximo.

may [meɪ] *modal vb* poder; **the coast ~ be seen** se puede ver la costa; **you ~ like it** puede *OR* es posible que te guste; **I ~ come, I ~ not** puede que venga, puede que no; **will you do it? - I ~ do** ¿lo harás? - puede que sí; **it ~ be done in two different ways** puede hacerse de dos maneras (distintas); **~ I come in?** ¿se puede (pasar)?; **~ I?** ¿me permite?; **if I ~** si me permite; **it ~ be cheap, but it's good** puede que sea barato, pero es bueno; **~ all your dreams come true!** ¡que todos tus sueños se hagan realidad!; **be that as it ~** aunque así sea; **come what ~** pase lo que pase; *see also* **might**.

May [meɪ] *n* mayo *m*; *see also* **September**.

Maya ['maɪə] *n*: **the ~** los mayas.

Mayan ['maɪən] *adj* maya.

maybe ['meɪbi:] *adv* **-1.** [perhaps] quizás, tal vez; **~ she'll come** tal vez venga **-2.** [approximately] más o menos.

mayday ['meɪdeɪ] *n* s.o.s. *m*, señal *f* de socorro.

May Day *n* Primero *m* de Mayo.

mayfly ['meɪflaɪ] (*pl* **-flies**) *n* cachipolla *f*, efímera *f*.

mayhem ['meɪhem] *n* alboroto *m*, jaleo *m*.

mayonnaise [,meɪə'neɪz] *n* mayonesa *f*.

mayor [meə^r] *n* alcalde *m*, -esa *f*.

mayoress ['meərɪs] *n* alcaldesa *f*.

maypole ['meɪpəʊl] *n* mayo *m*.

maze [meɪz] *n lit & fig* laberinto *m*.

MB **-1.** (*abbr of* **megabyte**) MB *m* **-2.** *abbr of* **Manitoba**.

MBA (*abbr of* **Master of Business Administration**) *n* (*titular de un*) *título postuniversitario de empresariales de unos dos años de duración.*

MBE (*abbr of* **Member of the Order of the British Empire**) *n* (*titular de*) *distinción honorífica británica.*

MBO (*abbr of* **management buyout**) *n COMM* *adquisición f por directivos.*

MC *n abbr of* **master of ceremonies**.

MCAT (*abbr of* **Medical College Admissions Test**) *n examen de acceso a los estudios de medicina en Estados Unidos.*

McCarthyism [mə'kɑ:rθiɪzəm] *n* macartismo *m*.

McCoy [mə'kɔɪ] *n inf*: **it's the real ~** es auténtico(ca).

MCP *n inf abbr of* **male chauvinist pig**.

MD ◇ *n* **-1.** *abbr of* **Doctor of Medicine** **-2.** *abbr of* **managing director**. ◇ *abbr of* **Maryland**.

MDT (*abbr of* **Mountain Daylight Time**) *hora de verano de los Estados de las montañas Rocosas.*

me [mi:] *pers pron* **-1.** *(direct, indirect)* me; **can you see/hear ~?** ¿me ves/oyes?; **it's ~** soy yo; **they spoke to ~** hablaron conmigo; **she gave it to ~** me lo dio; **give it to ~!** ¡dámelo! **-2.** *(stressed)*: **you can't expect ME to do it** no esperarás que *YO* lo haga **-3.** *(after prep)* mí; **they went with/without ~** fueron conmigo/sin mí **-4.** *(in comparisons)* yo; **she's shorter than ~** (ella) es más baja que yo.

ME ◇ *n* **-1.** (*abbr of* **myalgic encephalomyelitis**) *encefalomielitis miálgica* **-2.** (*abbr of* **medical examiner**) *médico forense.* ◇ *abbr of* **Maine**.

meadow ['medəʊ] *n* prado *m*, pradera *f*.

meagre *UK*, **meager** *US* ['mi:gə^r] *adj* miserable, escaso(sa).

meal [mi:l] *n* comida *f*; **to make a ~ of sthg** *UK fig & pej* recrearse en algo.

meals on wheels *npl UK servicio domiciliario de comidas preparadas para ancianos y necesitados.*

mealtime ['mi:ltaɪm] *n* hora *f* de la comida; **at ~s** en la hora de la comida.

mealy-mouthed [ˌmi:lɪ'maʊðd] *adj pej* evasivo(va).

mean [mi:n] (*pt* & *pp* **meant**) ◇ *vt* **-1.** [signify] significar, querer decir; **what does that word ~?** ¿qué quiere decir esa palabra?; **it ~s nothing to me** no significa nada para mí **-2.** [have in mind] querer decir, referirse a; **what do you ~?** ¿qué quieres decir?; **do you know what I ~?** ¿sabes?; **to ~ to do sthg** tener la intención de *OR* querer hacer algo; **I meant to phone you earlier** iba a llamarte antes; **to be meant for** estar destinado(da) a; **they were meant for each other** estaban hechos el uno para el otro; **to be meant to do sthg** deber hacer algo; **that's not meant to be there** eso no debería estar allí; **it was meant to be a surprise** se suponía que era una sorpresa; **it was meant to be a joke** era solamente una broma; **to ~ well** tener buenas intenciones **-3.** [be serious about]: **I ~ it** hablo *OR* lo digo en serio **-4.** [be important, matter] significar; **it ~s a lot to us** significa mucho para nosotros **-5.** [entail] suponer, implicar **-6.** *phr*: **I ~** quiero decir, o sea. ◇ *adj* **-1.** [miserly] tacaño(ña), amarrete *(inv) Chile, RP*; **to be ~ with** ser tacaño con **-2.** [unkind] mezquino(na), malo(la); **to be ~ to sb** ser malo con alguien **-3.** [average] medio(dia) **-4.**: **he's no ~ singer** [excellent] es un cantante de primera; **it's no ~ task** [difficult, challenging] es una tarea muy difícil. ◇ *n* [average] promedio *m*, media *f*; *see also* **means.**

meander [mɪ'ændəʳ] *vi* **-1.** [river, road] serpentear **-2.** [walk aimlessly] vagar; [write, speak aimlessly] divagar.

meaning ['mi:nɪŋ] *n* **-1.** [sense - of a word etc] significado *m* **-2.** [significance] intención *f*, sentido *m* **-3.** [purpose, point] propósito *m*, razón *f* de ser.

meaningful ['mi:nɪŋfʊl] *adj* **-1.** [expressive] significativo(va) **-2.** [profound] profundo(da).

meaningless ['mi:nɪŋlɪs] *adj* **-1.** [without meaning, purpose] sin sentido **-2.** [irrelevant, unimportant] irrelevante.

meanness ['mi:nnɪs] *n* **-1.** [stinginess] tacañería *f* **-2.** [unkindness] mezquindad *f*.

means [mi:nz] ◇ *n* [method, way] medio *m*; **we have no ~ of doing it** no tenemos manera de hacerlo; **a ~ to an end** un medio para alcanzar un objetivo; **by ~ of** por medio de; **by legal ~** legalmente. ◇ *npl* [money] recursos *mpl*, medios *mpl*.

◆ **by all means** *adv* por supuesto.

◆ **by no means** *adv* en absoluto, de ningún modo.

means test *n esp UK* evaluación *f* sobre los ingresos económicos.

meant [ment] *pt* & *pp* ⊳ **mean**.

meantime ['mi:nˌtaɪm] *n*: **in the ~** mientras tanto.

meanwhile ['mi:nˌwaɪl] *adv* mientras tanto.

measles ['mi:zlz] *n*: **(the) ~** sarampión *m*.

measly ['mi:zlɪ] (*compar* **-ier**, *superl* **-iest**) *adj inf* raquítico(ca).

measurable ['meʒərəbl] *adj* [significant] notable, sensible.

measurably ['meʒərəblɪ] *adv* notablemente, sensiblemente.

measure ['meʒəʳ] ◇ *n* **-1.** [step, action] medida *f* **-2.** [degree]: **a ~ of** cierto grado de; **and for good ~** y encima, y además **-3.** [of alcohol] medida *f* **-4.** [indication, sign]: **a ~ of** una muestra de **-5.** *US* *MUS* compás *m*. ◇ *vt* [object] medir; [damage, impact etc] determinar, evaluar. ◇ *vi* medir.

◆ **measure up** *vi* dar la talla; **to ~ up to** estar a la altura de.

measured ['meʒəd] *adj* [tone] moderado(da); [step] pausado(da).

measurement ['meʒəmənt] *n* medida *f*.

measuring jug ['meʒərɪŋ-] *n* jarra *f* graduada.

measuring tape ['meʒərɪŋ-] *n* cinta *f* métrica.

meat [mi:t] *n* **-1.** [foodstuff] carne *f*; **cold ~** fiambre *m* **-2.** [substance, content] sustancia *f*.

meatball ['mi:tbɔ:l] *n* albóndiga *f*.

meat loaf *n pastel de carne picada.*

meat pie *n UK* empanada *f* de carne.

meaty ['mi:tɪ] (*compar* **-ier**, *superl* **-iest**) *adj fig* sustancioso(sa).

Mecca ['mekə] *n GEOGR* La Meca; *fig* meca *f*.

mechanic [mɪ'kænɪk] *n* mecánico *m*, -ca *f*.

◆ **mechanics** ◇ *n (U)* [study] mecánica *f*. ◇ *npl fig* mecanismos *mpl*.

mechanical [mɪ'kænɪkl] *adj* [worked by machinery, routine] mecánico(ca).

mechanical engineering *n* ingeniería *f* mecánica, mecánica *f* industrial.

mechanism ['mekənɪzm] *n lit* & *fig* mecanismo *m*.

mechanize, -ise ['mekənaɪz] *vt* mecanizar.

MEd [ˌem'ed] (*abbr of* **Master of Education**) *n (titular de un) título postuniversitario de pedagogía de unos dos años de duración.*

medal ['medl] *n* medalla *f*.

medallion [mɪ'dæljən] *n* medallón *m*.
medallist *UK*, **medalist** *US* ['medəlɪst] *n* ganador *m*, -ra *f* de una medalla.
meddle ['medl] *vi*: **to ~ (in)** entrometerse (en); **to ~ with sthg** manosear algo.
meddlesome ['medlsəm] *adj* entrometido (da), meterete *RP*.
media ['mi:djə] ◇ *pl* ▷ **medium**. ◇ *n* & *npl*: **the ~** los medios de comunicación.
mediaeval [ˌmedɪ'i:vl] = **medieval**.
media event *n montaje de los medios de difusión*.
median ['mi:djən] ◇ *adj* mediano(na). ◇ *n US* [of road] mediana *f*.
media studies *npl* ciencias *fpl* de la información.
mediate ['mi:dɪeɪt] ◇ *vt* negociar. ◇ *vi*: **to ~ (for/between)** mediar (por/entre).
mediation [ˌmi:dɪ'eɪʃn] *n* mediación *f*.
mediator ['mi:dɪeɪtə'] *n* mediador *m*, -ra *f*.
medic ['medɪk] *n inf* **-1.** [medical student] estudiante *m* OR *f* de medicina **-2.** [doctor] médico *m*, -ca *f*.
Medicaid ['medɪkeɪd] *n* **US** *sistema estatal de ayuda médica*.

MEDICAID / MEDICARE

Dada la falta de un sistema de salud nacionalizado en los Estados Unidos, en 1965 se crearon los programas *Medicaid* y *Medicare* para proporcionar un seguro médico a ancianos y gente sin recursos económicos. *Medicare* está dirigido a la población mayor de 65 años y se financia a base de los impuestos del seguro social junto con una contribución mensual de cada participante; también hay que pagar una pequeña cuota cuando se recibe cualquier tratamiento médico. *Medicaid* es para personas con pocos recursos económicos, y lo financian los gobiernos federal y estatales.

medical ['medɪkl] ◇ *adj* médico(ca). ◇ *n* reconocimiento *m* médico, chequeo *m*.
medical certificate *n* **-1.** [result of medical exam] certificado *m* médico **-2.** [for sickness] parte *m* OR notificación *f* de baja médica.
medical certificate *n* **-1.** [result of medical exam] certificado *m* médico **-2.** [for sickness] parte *m* OR notificación *f* de baja médica.
medical examiner *n* **US** forense *m* OR *f*.
medical student *n* estudiante *m* OR *f* de medicina.
Medicare ['medɪkeə'] *n* **US** *ayuda médica estatal para ancianos*.
medicated ['medɪkeɪtɪd] *adj* medicinal.
medication [ˌmedɪ'keɪʃn] *n* medicación *f*; **to be on ~** tomar medicación.
medicinal [me'dɪsɪnl] *adj* medicinal.
medicine ['medsɪn] *n* **-1.** [treatment of illness] medicina *f*; **Doctor of Medicine** UNIV doctor *m*, -ra *f* en medicina **-2.** [substance] medicina *f*, medicamento *m*.
medicine man *n* chamán *m*, hechicero *m*.
medieval [ˌmedɪ'i:vl] *adj* medieval.
mediocre [ˌmi:dɪ'əʊkə'] *adj* mediocre.
mediocrity [ˌmi:dɪ'ɒkrətɪ] *n* mediocridad *f*.
meditate ['medɪteɪt] *vi*: **to ~ (on** OR **upon)** meditar (sobre).
meditation [ˌmedɪ'teɪʃn] *n* meditación *f*.
Mediterranean [ˌmedɪtə'reɪnjən] ◇ *n* **-1.** [sea]: **the ~ (Sea)** el (mar) Mediterráneo **-2.** [person] mediterráneo *m*, -a *f*. ◇ *adj* mediterráneo(a).
medium ['mi:djəm] (*pl sense 1* **media**, *pl sense 2* **mediums**) ◇ *adj* mediano(na). ◇ *n* **-1.** [way of communicating] medio *m* **-2.** [spiritualist] médium *m* OR *f*.
medium-dry *adj* semiseco(ca).
medium-sized [-saɪzd] *adj* de tamaño mediano.
medium wave *n* onda *f* media.
medley ['medlɪ] (*pl* **medleys**) *n* **-1.** [mixture] mezcla *f*, amalgama *f* **-2.** [selection of music] popurrí *m*.
meek [mi:k] *adj* sumiso(sa), dócil.
meekly ['mi:klɪ] *adv* sumisamente, dócilmente.
meet [mi:t] (*pt* & *pp* **met**) ◇ *vt* **-1.** [by chance] encontrarse con; [for first time, come across] conocer; [by arrangement, for a purpose] reunirse con **-2.** [go to meet - person] ir/venir a buscar; [- train, bus]: **I met the eight o'clock train to pick up my son** fui a buscar a mi hijo en el tren de las ocho **-3.** [need, demand, condition] satisfacer; [target] cumplir con; [deadline] cumplir **-4.** [deal with - problem, challenge] hacer frente a **-5.** [costs, debts] pagar **-6.** [experience - problem, situation] encontrarse con **-7.** [hit, touch] darse OR chocar contra **-8.** [face]: **her eyes met his** sus ojos se encontraron con los de él **-9.** [join] juntarse OR unirse con **-10.** [play against] enfrentarse con. ◇ *vi* **-1.** [by chance] encontrarse; [by arrangement] verse; [for a purpose] reunirse **-2.** [get to know sb] conocerse; **shall we ~ at eight?** ¿quedamos a las ocho? **-3.** [hit in collision] chocar; [touch] tocar **-4.** [eyes]: **their eyes met** sus miradas se cruzaron **-5.** [join - roads etc] juntarse **-6.** [play each other] enfrentarse. ◇ *n* **US** [meeting] encuentro *m*.
◆ **meet up** *vi*: **to ~ up (with sb)** quedar (con alguien); **we're ~ing up for lunch** hemos

quedado para comer.

◆ **meet with** *vt fus* **-1.** [problems, resistance]: ~ **with refusal** ser rechazado(da); **to ~ with success** tener éxito; **to ~ with failure** fracasar **-2.** *US* [by arrangement] reunirse con.

meeting ['mi:tɪŋ] *n* **-1.** [for discussions, business] reunión *f* **-2.** [by chance, in sport] encuentro *m*; [by arrangement] cita *f*; [formal] entrevista *f* **-3.** [people at meeting]: **the ~** la asamblea.

meeting place *n* lugar *m* de encuentro.

mega- [megə] *prefix* **-1.** [in measurements] mega- **-2.** *inf* [very big] super-.

megabyte ['megəbaɪt] *n* COMPUT megabyte *m*, mega *m*.

megahertz ['megəhɜ:ts] *n* megahercio *m*.

megalomania [ˌmegələ'meɪnjə] *n* megalomanía *f*.

megalomaniac [ˌmegələ'meɪnɪæk] *n* megalómano *m*, -na *f*.

megaphone ['megəfəʊn] *n* megáfono *m*.

megastore ['megəstɔ:ʳ] *n* macrotienda *f*.

megaton ['megətʌn] *n* megatón *m*.

megawatt ['megəwɒt] *n* megavatio *m*.

melamine ['meləmi:n] *n* melamina *f*.

melancholy ['melənkəlɪ] ◇ *adj* melancólico(ca). ◇ *n* melancolía *f*.

mellow ['meləʊ] ◇ *adj* **-1.** [sound, colour, light] suave; [wine] añejo(ja) **-2.** [fruit] maduro(ra). ◇ *vt*: **to be ~ed by** [age] estar apaciguado(da) por; [alcohol] sentirse relajado(da) por. ◇ *vi* [sound, light] suavizarse; [person] ablandarse.

melodic [mɪ'lɒdɪk] *adj* melódico(ca).

melodious [mɪ'ləʊdjəs] *adj* melodioso(sa).

melodrama ['melədrɑ:mə] *n* melodrama *m*.

melodramatic [ˌmelədrə'mætɪk] *adj* melodramático(ca).

melody ['melədɪ] (*pl* **-ies**) *n* melodía *f*.

melon ['melən] *n* melón *m*.

melt [melt] ◇ *vt* **-1.** [make liquid] derretir **-2.** *fig* [soften] ablandar. ◇ *vi* **-1.** [become liquid] derretirse **-2.** *fig* [soften] ablandarse **-3.** [disappear]: **to ~ into the crowd** desaparecer entre la multitud; **to ~ away** [savings] esfumarse; [anger] desvanecerse.

◆ **melt down** *vt sep* fundir.

meltdown ['meltdaʊn] *n* **-1.** [act of melting] fusión *f* **-2.** [incident] fuga *f* radiactiva.

melting point ['meltɪŋ-] *n* punto *m* de fusión.

melting pot ['meltɪŋ-] *n fig* crisol *m*.

member ['membəʳ] ◇ *n* **-1.** [of social group] miembro *m* OR *f* **-2.** [of party, union] afiliado *m*, -da *f*; [of organization, club] socio *m*, -cia *f* **-3.** [limb, penis] miembro *m*. ◇ *comp* miembro.

Member of Congress (*pl* **Members of Congress**) *n* miembro *m* OR *f* del Congreso *(de los Estados Unidos)*.

Member of Parliament (*pl* **Members of Parliament**) *n UK* diputado *m*, -da *f (del parlamento británico)*.

membership ['membəʃɪp] *n* **-1.** [of party, union] afiliación *f*; [of club] calidad *f* de socio **-2.** [number of members - of party, union] número *m* de afiliados; [- of club] número *m* socios **-3.** [people themselves]: **the ~** [of organization] los miembros; [of party, union] los afiliados; [of club] los socios.

membership card *n* [of party, union] carnet *m* de afiliado, -da *f*; [of club] carnet *m* de socio, -cia *f*.

membrane ['membreɪn] *n* membrana *f*.

memento [mɪ'mentəʊ] (*pl* **-s**) *n* recuerdo *m*.

memo ['meməʊ] (*pl* **-s**) *n* memorándum *m*.

memoirs ['memwɑ:z] *npl* memorias *fpl*.

memo pad *n* bloc *m* de notas.

memorabilia [ˌmemərə'bɪlɪə] *npl objetos personales de una celebridad.*

memorable ['memərəbl] *adj* memorable.

memorandum [ˌmemə'rændəm] (*pl* **-da** [-də] OR **-dums**) *n fml* memorándum *m*.

memorial [mɪ'mɔ:rɪəl] ◇ *adj* conmemorativo(va). ◇ *n* monumento *m* conmemorativo.

memorize, -ise ['meməraɪz] *vt* memorizar, aprender de memoria.

memory ['memərɪ] (*pl* **-ies**) *n* **-1.** [faculty, of computer] memoria *f* **-2.** [thing or things remembered] recuerdo *m*; **from ~** de memoria; **within living ~** que se recuerda; **to have no ~ of sthg** no recordar algo; **to lose one's ~** perder la memoria; **to keep sb's ~ alive** mantener vivo el recuerdo de alguien; **to search one's ~** intentar recordar; **in ~ of** en memoria de.

memory card *n* COMPUT tarjeta *f* de expansión de memoria.

men [men] *pl* ▷ **man**.

menace ['menəs] ◇ *n* **-1.** [threat] amenaza *f*; [danger] peligro *m* **-2.** [threatening quality]: **with ~** de modo amenazador **-3.** *inf* [nuisance, pest] pesadez *f*, lata *f*. ◇ *vt* amenazar.

menacing ['menəsɪŋ] *adj* amenazador(ra).

menacingly ['menəsɪŋlɪ] *adv* amenazadoramente.

menagerie [mɪ'nædʒərɪ] *n* colección *f* particular de animales.

mend [mend] ◇ *n inf*: **to be on the ~** ir recuperándose. ◇ *vt* [shoes, toy] arreglar; [socks] zurcir; [clothes] remendar; **to ~ one's ways** enmendarse.

mending ['mendɪŋ] *n*: **to do the ~** zurcir OR remendar la ropa.

menfolk ['menfəʊk] *npl* hombres *mpl*.

menial [ˈmiːnjəl] *adj* servil, de baja categoría.

meningitis [ˌmenɪnˈdʒaɪtɪs] *n (U)* meningitis *f inv.*

menopause [ˈmenəpɔːz] *n*: **the ~** la menopausia.

menservants [ˈmensɜːvənts] *pl* ▻ **manservant.**

men's room *n US*: **the ~** los servicios de caballeros.

menstrual [ˈmenstrʊəl] *adj* menstrual.

menstruate [ˈmenstrʊeɪt] *vi* menstruar, tener la menstruación.

menstruation [ˌmenstrʊˈeɪʃn] *n* menstruación *f.*

menswear [ˈmenzweəʳ] *n* ropa *f* de caballeros.

mental [ˈmentl] *adj* mental.

mental age *n* edad *f* mental.

mental block *n*: **to have a ~ about** tener bloqueo mental respecto a.

mental hospital *n* hospital *m* psiquiátrico.

mentality [menˈtælətɪ] *n* mentalidad *f.*

mentally [ˈmentəlɪ] *adv* mentalmente; **to be ~ ill/retarded** ser un enfermo/retrasado mental.

mentally handicapped *npl*: **the ~** los disminuidos psíquicos.
◆ **mentally-handicapped** *adj* disminuido psíquico (disminuida psíquica).

mental note *n*: **to make a ~ to do sthg** tomar nota mentalmente de hacer algo.

menthol [ˈmenθɒl] *n* mentol *m.*

mentholated [ˈmenθəleɪtɪd] *adj* mentolado (da).

mention [ˈmenʃn] ◇ *vt*: **to ~ sthg (to)** mencionar algo (a); **not to ~** sin mencionar, además de; **don't ~ it!** ¡de nada!, ¡no hay de qué! ◇ *n* mención *f.*

mentor [ˈmentɔːʳ] *n fml* mentor *m*, -ra *f.*

menu [ˈmenjuː] *n* **-1.** [in restaurant] carta *f* **-2.** COMPUT menú *m.*

menu bar *n* COMPUT barra *f* de menú.

menu-driven *adj* COMPUT a base de menús.

meow *US* = **miaow.**

MEP (*abbr of* **Member of the European Parliament**) *n* eurodiputado *m*, -da *f.*

mercantile [ˈmɜːkəntaɪl] *adj* mercantil.

mercenary [ˈmɜːsɪnrɪ] (*pl* **-ies**) ◇ *adj* mercenario(ria). ◇ *n* mercenario *m*, -ria *f.*

merchandise [ˈmɜːtʃəndaɪz] *n (U)* mercancías *fpl*, géneros *mpl.*

merchant [ˈmɜːtʃənt] ◇ *adj* [seaman, ship] mercante. ◇ *n* comerciante *m* OR *f.*

merchant bank *n UK* banco *m* mercantil.

merchant navy *UK*, **merchant marine** *US n* marina *f* mercante.

merciful [ˈmɜːsɪfʊl] *adj* **-1.** [showing mercy] compasivo(va) **-2.** [fortunate] afortunado(da).

mercifully [ˈmɜːsɪfʊlɪ] *adv* [fortunately] afortunadamente.

merciless [ˈmɜːsɪlɪs] *adj* implacable, despiadado(da).

mercilessly [ˈmɜːsɪlɪslɪ] *adv* implacablemente, despiadadamente.

mercurial [mɜːˈkjʊərɪəl] *adj* voluble.

mercury [ˈmɜːkjʊrɪ] *n* mercurio *m.*

Mercury [ˈmɜːkjʊrɪ] *n* Mercurio *m.*

mercy [ˈmɜːsɪ] (*pl* **-ies**) *n* **-1.** [kindness, pity] compasión *f*; **to have ~ on** apiadarse de; **to beg for ~** pedir clemencia; **at the ~ of** *fig* a merced de **-2.** [blessing] suerte *f.*

mercy killing *n* eutanasia *f.*

mere [mɪəʳ] *adj* simple, mero(ra); **she's a ~ child** no es más que una niña.

merely [ˈmɪəlɪ] *adv* simplemente, sólo.

merge [mɜːdʒ] ◇ *vt* **-1.** [gen] mezclar **-2.** COMM & COMPUT fusionar. ◇ *vi* **-1.** [join, combine]: **to ~ (with)** [company] fusionarse (con); [roads, branches] unirse OR convergir (con) **-2.** [blend - colours] fundirse, mezclarse; **to ~ into** confundirse con. ◇ *n* COMPUT fusión *f.*

merger [ˈmɜːdʒəʳ] *n* COMM fusión *f.*

meridian [məˈrɪdɪən] *n* meridiano *m.*

meringue [məˈræŋ] *n* merengue *m.*

merino [məˈriːnəʊ] *adj* [wool] merino(na); [jumper, scarf] de lana merina.

merit [ˈmerɪt] ◇ *n* mérito *m.* ◇ *vt* merecer, ser digno(na) de.
◆ **merits** *npl* ventajas *fpl*; **to consider the ~s of** sopesar las ventajas de; **to judge sthg on its ~s** evaluar OR juzgar algo según sus méritos.

meritocracy [ˌmerɪˈtɒkrəsɪ] (*pl* **-ies**) *n* meritocracia *f.*

mermaid [ˈmɜːmeɪd] *n* sirena *f.*

merrily [ˈmerɪlɪ] *adv* **-1.** [gen] alegremente **-2.** [burn, sparkle] resplandeciente.

merriment [ˈmerɪmənt] *n literary* alegría *f*, diversión *f.*

merry [ˈmerɪ] (*compar* **-ier**, *superl* **-iest**) *adj* **-1.** [gen] alegre **-2.** [party] animado(da); **Merry Christmas!** ¡feliz Navidad! **-3.** *inf* [tipsy] alegre, achispado(da).

merry-go-round *n* tiovivo *m*, calesitas *fpl RP.*

merrymaking [ˈmerɪˌmeɪkɪŋ] *n (U) literary* diversión *f*, juerga *f.*

mesh [meʃ] ◇ *n* malla *f.* ◇ *vi fig* encajar.

mesmerize, -ise [ˈmezməraɪz] *vt*: **to be ~d (by)** estar fascinado(da) (por).

mess [mes] *n* **-1.** [untidy state] desorden *m*,

entrevero *m RP*; **to be a ~** estar revuelto (ta); **to make a ~ of sthg** hacer algo muy mal **-2.** [muddle, problematic situation] lío *m* **-3.** *MIL* [room] comedor *m*; [food] rancho *m*.

◆ **mess about, mess around** *inf* ◇ *vt sep* vacilar. ◇ *vi* **-1.** [waste time] pasar el rato; [fool around] hacer el tonto **-2.** [interfere]: **to ~ about with sthg** manosear algo.

◆ **mess up** *vt sep inf* **-1.** [clothes] ensuciar; [room] desordenar **-2.** [plan, evening] echar a perder.

◆ **mess with** *vt fus inf* meterse con.

message ['mesɪdʒ] *n* **-1.** [piece of information] mensaje *m*, recado *m* **-2.** [of book etc] mensaje *m* **-3.** *phr*: **to get the ~** *inf* entender.

message board *n* [gen & *COMPUT*] tablón *m* de anuncios.

messenger ['mesɪndʒəʳ] *n* mensajero *m*, -ra *f*; **by ~** por mensajero.

Messiah [mɪ'saɪə] *n*: **the ~** el Mesías.

Messrs, Messrs. ['mesəz] (*abbr of* **messieurs**) Sres.

messy ['mesɪ] (*compar* **-ier**, *superl* **-iest**) *adj* **-1.** [dirty] sucio(cia); [untidy] desordenado(da) **-2.** *inf* [complicated, confused] complicado(da), enredado(da).

met [met] *pt & pp* ▷ **meet**.

Met [met] *n* **-1.** (*abbr of* **Metropolitan Opera**): **the ~** el (teatro de la ópera) Metropolitan de Nueva York **-2.** *UK* (*abbr of* **Metropolitan Police**): **the ~** *la policía de Londres*.

metabolism [mə'tæbəlɪzm] *n* metabolismo *m*.

metal ['metl] ◇ *n* metal *m*. ◇ *comp* de metal, metálico(ca).

metal detector *n* detector *m* de metales.

metallic [mɪ'tælɪk] *adj* **-1.** [gen] metálico(ca) **-2.** [paint, finish] metalizado(da).

metallurgy [mə'tælədʒɪ] *n* metalurgia *f*.

metalwork ['metəlwɜ:k] *n* [craft] metalistería *f*.

metalworker ['metəl,wɜ:kəʳ] *n* metalista *m*.

metamorphose [,metə'mɔ:fəʊz] *vi fml*: **to ~ (into)** transformarse (en).

metamorphosis [,metə'mɔ:fəsɪs, ,metəmɔ:'fəʊsɪs] (*pl* **-phoses** [-si:z]) *n lit & fig* metamorfosis *f inv*.

metaphor ['metəfəʳ] *n* metáfora *f*.

metaphorical [,metə'fɒrɪkl] *adj* metafórico(ca).

metaphysical [,metə'fɪzɪkl] *adj* metafísico(ca).

metaphysics [,metə'fɪzɪks] *n* metafísica *f*.

mete [mi:t]

◆ **mete out** *vt sep*: **to ~ sthg out to sb** imponer algo a alguien.

meteor ['mi:tɪəʳ] *n* bólido *m*.

meteoric [mi:tɪ'ɒrɪk] *adj fig* meteórico(ca), vertiginoso(sa).

meteorite ['mi:tjəraɪt] *n* meteorito *m*.

meteorological [,mi:tjərə'lɒdʒɪkl] *adj* meteorológico(ca).

meteorologist [,mi:tjə'rɒlədʒɪst] *n* meteorólogo(ga).

meteorology [,mi:tjə'rɒlədʒɪ] *n* meteorología *f*.

meter ['mi:təʳ] ◇ *n* **-1.** [device] contador *m* **-2.** *US* = **metre**. ◇ *vt* [measure] medir.

methadone ['meθədəʊn] *n* metadona *f*.

methane ['mi:θeɪn] *n* metano *m*.

method ['meθəd] *n* método *m*.

methodical [mɪ'θɒdɪkl] *adj* metódico(ca).

methodically [mɪ'θɒdɪklɪ] *adv* metódicamente.

Methodist ['meθədɪst] ◇ *adj* metodista. ◇ *n* metodista *m* *OR* *f*.

methodology [,meθə'dɒlədʒɪ] (*pl* **-ies**) *n* metodología *f*.

meths [meθs] *n UK inf* alcohol *m* metilado *OR* desnaturalizado.

methylated spirits ['meθɪleɪtɪd-] *n* alcohol *m* metilado *OR* desnaturalizado.

meticulous [mɪ'tɪkjʊləs] *adj* meticuloso(sa), minucioso(sa).

meticulously [mɪ'tɪkjʊləslɪ] *adv* meticulosamente, minuciosamente.

Met Office (*abbr of* **Meteorological Office**) *n instituto británico de meteorología*.

metre *UK*, **meter** *US* ['mi:təʳ] *n* metro *m*.

metric ['metrɪk] *adj* métrico(ca).

metrication [,metrɪ'keɪʃn] *n UK* adopción *f* del sistema métrico decimal.

metric system *n*: **the ~** el sistema métrico.

metric ton *n* tonelada *f* métrica.

metro ['metrəʊ] (*pl* **-s**) *n* metro *m*.

metronome ['metrənəʊm] *n* metrónomo *m*.

metropolis [mɪ'trɒpəlɪs] (*pl* **-es**) *n* metrópoli *f*.

metropolitan [,metrə'pɒlɪtn] *adj* [of a metropolis] metropolitano(na).

Metropolitan Police *npl policía de Londres*.

mettle ['metl] *n*: **to be on one's ~** estar dispuesto(ta) a hacer lo mejor posible; **he showed** *OR* **proved his ~** mostró su valor.

mew [mju:] = **miaow**.

mews [mju:z] (*pl inv*) *n UK callejuela de antiguas caballerizas convertidas en viviendas de lujo*.

Mexican ['meksɪkn] ◇ *adj* mexicano(na), mejicano(na). ◇ *n* mexicano *m*, -na *f*, mejicano *m*, -na *f*.

Mexico ['meksɪkəʊ] *n* México, Méjico.

Mexico City *n* México DF, Ciudad *f* de México.
mezzanine ['metsəni:n] *n* **-1.** [floor] entresuelo *m* **-2.** *US* [in theatre] primer palco *m* OR piso *m*.
mfr *abbr of* **manufacturer**.
mg (*abbr of* **milligram**) mg *m*.
Mgr -1. (*abbr of* **Monseigneur, Monsignor**) Mons. **-2.** *abbr of* **manager**.
MHR *n abbr of* **Member of the House of Representatives**.
MHz (*abbr of* **megahertz**) MHz.
MI *adj abbr of* **Michigan**.
MI5 (*abbr of* **Military Intelligence 5**) *n organismo británico de contraespionaje.*
MI6 (*abbr of* **Military Intelligence 6**) *n organismo británico de espionaje.*
MIA (*abbr of* **missing in action**) *desaparecido en combate.*
miaow *UK* [mi:'aʊ], **meow** *US* [mɪ'aʊ] ◇ *n* maullido *m*. ◇ *vi* maullar.
mice [maɪs] *pl* ▷ **mouse**.
Mich. *abbr of* **Michigan**.
Michigan ['mɪʃɪgən] *n* Michigan.
mickey ['mɪkɪ] *n UK inf*: **to take the ~ out of sb** tomar el pelo a alguien; **to take the ~ out of sthg** burlarse de algo.
micro ['maɪkrəʊ] (*pl* **-s**) *n* microordenador *m*, microcomputadora *f Amér.*
micro- ['maɪkrəʊ] *prefix* micro-.
microbe ['maɪkrəʊb] *n* microbio *m*.
microbiologist [ˌmaɪkrəʊbaɪ'ɒlədʒɪst] *n* microbiólogo *m*, -ga *f*.
microbiology [ˌmaɪkrəʊbaɪ'ɒlədʒɪ] *n* microbiología *f*.
microchip ['maɪkrəʊtʃɪp] *n* COMPUT microchip *m*.
microcircuit ['maɪkrəʊˌsɜ:kɪt] *n* microcircuito *m*.
microcomputer [ˌmaɪkrəʊkəm'pju:tə^r] *n* microordenador *m*, microcomputadora *f Amér.*
microcosm ['maɪkrəkɒzm] *n* microcosmos *m inv.*
microfiche ['maɪkrəʊfi:ʃ] (*pl inv* OR **-s**) *n* microficha *f*.
microfilm ['maɪkrəʊfɪlm] *n* microfilm *m*.
microlight ['maɪkrəlaɪt] *n* ultraligero *m*.
micromesh ['maɪkrəʊmeʃ] *n* malla *f* extrafina (para medias).
micron ['maɪkrɒn] *n* micra *f*, micrón *m*.
microorganism [ˌmaɪkrəʊ'ɔ:gənɪzm] *n* microorganismo *m*.
microphone ['maɪkrəfəʊn] *n* micrófono *m*.
microprocessor ['maɪkrəʊˌprəʊsesə^r] *n* COMPUT microprocesador *m*.
micro scooter *n* patinete *m*.
microscope ['maɪkrəskəʊp] *n* microscopio *m*.
microscopic [ˌmaɪkrə'skɒpɪk] *adj lit & fig* microscópico(ca).
microsurgery [ˌmaɪkrə'sɜ:dʒərɪ] *n* microcirugía *f*.
microwave ['maɪkrəweɪv] ◇ *n*: **~ (oven)** microondas *m inv.* ◇ *vt* cocinar en el microondas.
mid- [mɪd] *prefix* medio(dia); **(in) ~morning** a media mañana; **(in) ~August** a mediados de agosto; **(in) ~winter** en pleno invierno; **she's in her ~twenties** tiene unos 25 años.
midair [mɪd'eə^r] ◇ *adj* en el aire. ◇ *n*: **in ~** en el aire.
midday ['mɪddeɪ] *n* mediodía *m*.
middle ['mɪdl] ◇ *adj* **-1.** [gen] del medio **-2.** [in time]: **she's in her ~ twenties** tiene unos 25 años. ◇ *n* **-1.** [of room, town etc] medio *m*, centro *m*; **in the ~ (of)** en el medio OR centro (de); **the one in the ~** el del medio; **in the ~ of the month/the 19th century** a mediados del mes/del siglo XIX; **in the ~ of the week** a mitad de semana; **to be in the ~ of doing sthg** estar haciendo algo; **in the ~ of the night** en plena noche; **in the ~ of nowhere** en el quinto pino **-2.** [waist] cintura *f*.
middle age *n* madurez *f*.
middle-aged *adj* de mediana edad.
Middle Ages *npl*: **the ~** la Edad Media.
middle-class *adj* de clase media.
middle classes *npl*: **the ~** la clase media.
middle distance *n*: **in the ~** en segundo plano OR término.
◆ **middle-distance** *adj* [race] de medio fondo.
Middle East *n*: **the ~** el Oriente Medio.
Middle Eastern *adj* del Oriente Medio.
middleman ['mɪdlmæn] (*pl* **-men** [-men]) *n* intermediario *m*.
middle management *n (U)* cuadros *mpl* OR mandos *mpl* intermedios.
middle name *n* segundo nombre *m (en un nombre compuesto).*
middle-of-the-road *adj* **-1.** [music] convencional **-2.** POL moderado(da).
middle school *n UK escuela para niños de 8 a 12 años.*
middleweight ['mɪdlweɪt] *n* peso *m* medio.
middling ['mɪdlɪŋ] *adj* regular.
Middx (*abbr of* **Middlesex**) *antiguo condado inglés.*
midfield [ˌmɪd'fi:ld] *n* FTBL centro *m* del campo.
midfielder [ˌmɪd'fi:ldə^r] *n* FTBL centrocampista *m* OR *f*.
midge [mɪdʒ] *n* (tipo *m* de) mosquito *m*.

midget [ˈmɪdʒɪt] *n* enano *m*, -na *f*.
midi system [ˈmɪdɪ-] *n* minicadena *f*.
Midlands [ˈmɪdləndz] *npl*: **the ~** *la región central de Inglaterra*.
midnight [ˈmɪdnaɪt] ◇ *n* medianoche *f*. ◇ *comp* de medianoche.
midriff [ˈmɪdrɪf] *n* diafragma *m*.
midst [mɪdst] *n*: **in the ~ of** en medio de; **in our ~** entre nosotros.
midstream [mɪdˈstriːm] *n* **-1.** [of river]: **in ~** en medio de la corriente **-2.** ***fig*** [when talking]: **in ~** en medio de la conversación.
midsummer [ˈmɪdˌsʌməʳ] *n* pleno verano *m*.
Midsummer's Day *n* Día *m* de San Juan *(24 de junio)*.
midterms [ˈmidˈtɜːmz] *n* ***US*** exámenes *mpl* de mitad de semestre.
midway [ˌmɪdˈweɪ] *adv* **-1.** [in space]: **~ (between)** a medio camino (entre) **-2.** [in time]: **~ (through)** a la mitad (de).
midweek [*adj* mɪdˈwiːk, *adv* ˈmɪdwiːk] ◇ *adj* de entre semana. ◇ *adv* entre semana.
Midwest [ˌmɪdˈwest] *n*: **the ~** *la llanura central de los Estados Unidos*.
Midwestern [ˌmɪdˈwestən] *adj de o relativo a la llanura central de los Estados Unidos*.
midwife [ˈmɪdwaɪf] (*pl* **-wives** [-waɪvz]) *n* comadrona *f*.
midwifery [ˈmɪdˌwɪfərɪ] *n* obstetricia *f*.
miffed [mɪft] *adj* ***inf*** mosqueado(da), fastidiado(da).
might [maɪt] ◇ *modal vb* **-1.** [expressing possibility]: **he ~ be armed** podría estar armado; **I ~ do it** puede que *OR* quizás lo haga; **I ~ come, I ~ not** puede que venga, puede que no; **will you do it? - I ~ do** ¿lo harás? - puede que sí; **we ~ have been killed, had we not been careful** si no hubiéramos tenido cuidado, podríamos haber muerto; **will you tell them? - I ~ as well** ¿se lo dirás? - ¿por qué no? **-2.** [expressing suggestion]: **you ~ have told me!** ¡podrías habérmelo dicho!; **it ~ be better to wait** quizás sea mejor esperar **-3.** ***fml*** [asking permission]: **he asked if he ~ leave the room** pidió permiso para salir **-4.** [expressing concession]: **you ~ well be right, but ...** puede que tengas razón, pero ... **-5.** *phr*: **I ~ have known** *OR* **guessed** podría haberlo sospechado. ◇ *n (U)* fuerza *f*, poder *m*.
mightn't [ˈmaɪtənt] = **might not**.
might've [ˈmaɪtəv] = **might have**.
mighty [ˈmaɪtɪ] (*compar* **-ier**, *superl* **-iest**) ◇ *adj* **-1.** [strong] fuerte; [powerful] poderoso(sa) **-2.** [very large] enorme. ◇ *adv esp* ***US*** muy.
migraine [ˈmiːgreɪn, ˈmaɪgreɪn] *n* jaqueca *f*, migraña *f*.
migrant [ˈmaɪgrənt] ◇ *adj* **-1.** [bird, animal] migratorio(ria) **-2.** [workers] inmigrante. ◇ *n* **-1.** [bird] ave *f* migratoria **-2.** [person] emigrante *m OR f*.
migrate [*UK* maɪˈgreɪt, *US* ˈmaɪgreɪt] *vi* emigrar.
migration [maɪˈgreɪʃn] *n* emigración *f*.
migratory [ˈmaɪgrətrɪ] *adj* migratorio(ria).
mike [maɪk] (*abbr of* **microphone**) *n* ***inf*** micro *m*.
mild [maɪld] ◇ *adj* **-1.** [taste, disinfectant, wind] suave; [effect, surprise, illness, punishment] leve **-2.** [person, nature] apacible; [tone of voice] sosegado(da), sereno(na) **-3.** [climate] templado(da). ◇ *n tipo de cerveza ligera*.
mildew [ˈmɪldjuː] *n* [gen] moho *m*; [on plants] añublo *m*.
mildly [ˈmaɪldlɪ] *adv* **-1.** [gen] ligeramente, levemente; **to put it ~** por no decir más **-2.** [talk] suavemente.
mild-mannered *adj* apacible, sosegado(da).
mildness [ˈmaɪldnɪs] *n* [of voice, manner, person] suavidad *f*, serenidad *f*; [of reproach, illness, punishment] levedad *f*.
mile [maɪl] *n* milla *f*; **we could see for ~s** la vista nos alcanzaba a ver mucho; **we had walked for ~s** habíamos andado muchísimo; **this is ~s better** esto es muchísimo mejor; **it's ~s away** [place] está muy lejos; **to be ~s away** ***fig*** estar en la luna.
mileage [ˈmaɪlɪdʒ] *n* distancia *f* en millas.
mileage allowance *n* pago *m* por millas recorridas, ≃ kilometraje *m*.
mileometer [maɪˈlɒmɪtəʳ] *n* cuentamillas *m inv*, ≃ cuentakilómetros *m inv*.
milestone [ˈmaɪlstəʊn] *n* **-1.** [marker stone] mojón *m*, hito *m* **-2.** ***fig*** [event] hito *m*.
milieu [*UK* ˈmiːljɜː, *US* miːlˈjuː] (*pl* **-s** *OR* **-x**) *n* entorno *m*, (medio) ambiente *m*.
militant [ˈmɪlɪtənt] ◇ *adj* militante. ◇ *n* militante *m OR f*.
militarism [ˈmɪlɪtərɪzm] *n* militarismo *m*.
militarist [ˈmɪlɪtərɪst] *n* militarista *m OR f*.
militarized zone, militarised zone [ˈmɪlɪtəraɪzd-] *n* zona *f* militar.
military [ˈmɪlɪtrɪ] ◇ *adj* militar. ◇ *n*: **the ~** los militares, las fuerzas armadas.
military police *n* policía *f* militar.
military service *n* servicio *m* militar.
militate [ˈmɪlɪteɪt] *vi* ***fml***: **to ~ against sthg** militar en contra de algo.
militia [mɪˈlɪʃə] *n* milicia *f*.
milk [mɪlk] ◇ *n* leche *f*. ◇ *vt* **-1.** [cow etc]

ordeñar **-2.** [use to own ends] sacar todo el jugo a; **they ~ed him for every penny he had** le chuparon hasta el último centavo.

milk chocolate ◇ *n* chocolate *m* con leche. ◇ *comp* de chocolate con leche.

milk float *UK*, **milk truck** *US n vehículo eléctrico distribuidor de leche.*

milking ['mɪlkɪŋ] *n* ordeño *m.*

milkman ['mɪlkmən] (*pl* **-men** [-mən]) *n* lechero *m.*

milk round *n UK* [by milkman] recorrido *m* del lechero.

milk shake *n* batido *m.*

milk tooth *n* diente *m* de leche.

milk truck *US* = **milk float.**

milky ['mɪlkɪ] (*compar* **-ier**, *superl* **-iest**) *adj* **-1.** *UK* [with milk] con mucha leche **-2.** [pale white] lechoso(sa), pálido(da).

Milky Way *n*: **the ~** la Vía Láctea.

mill [mɪl] ◇ *n* **-1.** [flour-mill] molino *m* **-2.** [factory] fábrica *f* **-3.** [grinder] molinillo *m.* ◇ *vt* moler.

◆ **mill about, mill around** *vi* arremolinarse.

millennium [mɪ'lenɪəm] (*pl* **-nnia** [-nɪə]) *n* milenio *m.*

millennium bug *n* COMPUT: **the ~** el efecto 2000.

miller ['mɪlə^r] *n* molinero *m*, -ra *f.*

millet ['mɪlɪt] *n* mijo *m.*

milli- ['mɪlɪ] *prefix* mili-.

millibar ['mɪlɪbɑː^r] *n* milibar *m.*

milligram(me) ['mɪlɪgræm] *n* miligramo *m.*

millilitre *UK*, **milliliter** *US* ['mɪlɪˌliːtə^r] *n* mililitro *m.*

millimetre *UK*, **millimeter** *US* ['mɪlɪˌmiːtə^r] *n* milímetro *m.*

millinery ['mɪlɪnrɪ] *n* sombrerería *f* (de señoras).

million ['mɪljən] *n* millón *m*; **four ~ dollars** cuatro millones de dólares; **a ~, ~s of** *fig* millones de.

millionaire [ˌmɪljə'neə^r] *n* millonario *m.*

millionairess [ˌmɪljə'neərɪs] *n* millonaria *f.*

millipede ['mɪlɪpiːd] *n* milpiés *m inv.*

millisecond ['mɪlɪˌsekənd] *n* milésima *f* de segundo.

millstone ['mɪlstəʊn] *n* piedra *f* de molino, muela *f*; **a ~ round one's neck** una cruz.

millwheel ['mɪlwiːl] *n* rueda *f* de molino.

milometer [maɪ'lɒmɪtə^r] = **mileometer.**

mime [maɪm] ◇ *n* **-1.** [acting] mímica *f*, pantomima *f* **-2.** [act] imitación *f* a base de gestos. ◇ *vt* describir con gestos. ◇ *vi* hacer mímica.

mimic ['mɪmɪk] (*pt* & *pp* **-ked**, *cont* **-king**) ◇ *n* imitador *m*, -ra *f.* ◇ *vt* imitar.

mimicry ['mɪmɪkrɪ] *n* imitación *f.*

mimosa [mɪ'məʊzə] *n* mimosa *f.*

min. [mɪn] **-1.** (*abbr of* **minute**) min **-2.** (*abbr of* **minimum**) mín.

Min. *abbr of* **ministry.**

mince [mɪns] ◇ *n UK* carne *f* picada. ◇ *vt* picar. ◇ *vi* andar con afectación.

mincemeat ['mɪnsmiːt] *n* [fruit] *mezcla de fruta confitada y especias.*

mince pie *n* [sweet cake] *pastelillo navideño de fruta confitada y frutos secos.*

mincer ['mɪnsə^r] *n* máquina *f* de picar carne.

mind [maɪnd] ◇ *n* **-1.** [gen] mente *f*; **state of ~** estado *m* de ánimo; **to calculate sthg in one's ~** calcular algo mentalmente; **to come into** OR **to cross sb's ~** pasársele a alguien por la cabeza; **the first thing that came into my ~** lo primero que me vino a la mente; **to have sthg on one's ~** estar preocupado por algo; **to keep an open ~** tener una actitud abierta; **to put** OR **set sb's ~ at rest** tranquilizar a alguien; **it slipped my ~** se me olvidó; **to take sb's ~ off sthg** hacer olvidar algo a alguien; **that was a load** OR **weight off my ~** me quité un peso de encima; **are you out of your ~?** ¿estás loco?; **great ~s think alike!** ¡ves! ahí estamos de acuerdo; **to broaden one's ~** ampliar los horizontes de uno; **to make one's ~ up** decidirse **-2.** [attention] atención *f*; **to concentrate one's ~** hacer que uno se concentre; **to put one's ~ to sthg** poner empeño en algo **-3.** [opinion]: **to change one's ~** cambiar de opinión; **to my ~** en mi opinión; **to be in two ~s about sthg** no estar seguro(ra) de algo; **to speak one's ~** hablar sin rodeos **-4.** [memory] memoria *f*; **to bear sthg in ~** tener presente algo; **to call sthg to ~** recordar algo; **to cast one's ~ back** echar la mente OR mirada atrás **-5.** [intention]: **to have sthg in ~** tener algo en mente; **to have a ~ to do sthg** estar pensando en hacer algo; **nothing could be further from my ~** nada más lejos de mis intenciones. ◇ *vi* **-1.** [be bothered]: **do you ~?** ¿te importa?; **I don't ~ ...** no me importa ...; **which do you want? - I don't ~** ¿cuál prefieres? - me da igual; **never ~** [don't worry] no te preocupes; [it's not important] no importa **-2.** [be careful]: **~ out!** *UK* ¡cuidado! ◇ *vt* **-1.** [be bothered about, dislike]: **do you ~ if I leave?** ¿te molesta si me voy?; **I don't ~ waiting** no me importa esperar; **I wouldn't ~ a ...** no me vendría mal un ... **-2.** [pay attention to] tener cuidado con; **~ you don't fall** ten cuidado no te vayas a caer **-3.** [take care of] cuidar **-4.** [concentrate on]: ~ **your own business!** ¡métete en tus asuntos!

◆ **mind you** *adv*: **he's a bit deaf; ~ you, he is old** está un poco sordo; te advierto que es ya mayor.

mind-boggling [-ˈbɒglɪŋ] *adj inf* alucinante.

minder [ˈmaɪndəʳ] *n UK inf* [bodyguard] guardaespaldas *m* OR *f inv*.

mindful [ˈmaɪndfʊl] *adj*: ~ **of** consciente de.

mindless [ˈmaɪndlɪs] *adj* **-1.** [stupid] absurdo(da), sin sentido **-2.** [not requiring thought] aburrido(da).

mind reader *n* adivinador *m*, -ora *f* del pensamiento.

mindset [ˈmaɪndset] *n* mentalidad *f*.

mind's eye *n*: **in one's ~** en la mente (de uno).

mine¹ [maɪn] *poss pron* mío (mía); **that money is ~** ese dinero es mío; **his car hit ~** su coche chocó contra el mío; **it wasn't your fault, it was MINE** la culpa no fue tuya sino *MÍA*; **a friend of ~** un amigo mío.

mine² [maɪn] <> *n* mina *f*; **a ~ of information** una mina de información. <> *vt* **-1.** [excavate - coal] extraer **-2.** [lay mines in] minar.

mine detector *n* detector *m* de minas.

minefield [ˈmaɪnfiːld] *n lit & fig* campo *m* de minas.

minelayer [ˈmaɪnˌleɪəʳ] *n* minador *m*.

miner [ˈmaɪnəʳ] *n* minero *m*, -ra *f*.

mineral [ˈmɪnərəl] <> *adj* mineral. <> *n* mineral *m*.

mineralogy [ˌmɪnəˈrælədʒɪ] *n* mineralogía *f*.

mineral water *n* agua *f* mineral.

minestrone [ˌmɪnɪˈstrəʊnɪ] *n* (sopa *f*) minestrone *f*.

minesweeper [ˈmaɪnˌswiːpəʳ] *n* dragaminas *m inv*.

mingle [ˈmɪŋgl] <> *vt*: **to ~ sthg with** mezclar algo con. <> *vi* **-1.** [combine]: **to ~ (with)** mezclarse (con) **-2.** [socially]: **to ~ (with)** alternar (con).

mini [ˈmɪnɪ] *n* minifalda *f*.

miniature [ˈmɪnətʃəʳ] <> *adj* en miniatura. <> *n* **-1.** [painting] miniatura *f* **-2.** [of alcohol] botellín *f* de licor en miniatura **-3.** [small scale]: **in ~** en miniatura.

minibus [ˈmɪnɪbʌs] (*pl* **-es**) *n* microbús *m*, micro *m*, buseta *f Col, CRica, Ecuad, Ven*, pesero *m Méx*, liebre *f Chile*.

minicab [ˈmɪnɪkæb] *n UK taxi que se puede pedir por teléfono, pero no se puede parar en la calle.*

minicomputer [ˌmɪnɪkəmˈpjuːtəʳ] *n* miniordenador *m*, minicomputadora *f Amér*.

MiniDisc® [ˈmɪdɪsk] *n* MiniDisc® *m*.

MiniDisc player® *n* reproductor *m* de MiniDisc®.

minidish [ˈmɪnɪdɪʃ] *n* miniparabólica *f*.

minim [ˈmɪnɪm] *n* blanca *f*.

minima [ˈmɪnɪmə] *pl* ▷ **minimum**.

minimal [ˈmɪnɪml] *adj* mínimo(ma).

minimize, -ise [ˈmɪnɪˌmaɪz] *vt* minimizar.

minimum [ˈmɪnɪməm] (*pl* **-mums** OR **-ma**) <> *adj* mínimo(ma). <> *n* mínimo *m*.

minimum lending rate [-ˈlendɪŋ-] *n* tipo *m* de descuento oficial.

minimum wage *n* salario *m* mínimo.

mining [ˈmaɪnɪŋ] <> *n* minería *f*. <> *adj* minero(ra); ~ **engineer** ingeniero *m*, -ra *f* de minas.

minion [ˈmɪnjən] *n hum or pej* lacayo *m*.

miniseries [ˈmɪnɪsɪərɪz] (*pl inv*) *n* miniserie *f*.

miniskirt [ˈmɪnɪskɜːt] *n* minifalda *f*.

minister [ˈmɪnɪstəʳ] *n* **-1.** POL: ~ **(for)** ministro *m*, -tra *f* (de) **-2.** RELIG pastor *m*, -ra *f*.

◆ **minister to** *vt fus* [needs] atender a.

ministerial [ˌmɪnɪˈstɪərɪəl] *adj* ministerial.

minister of state *n*: ~ **(for)** secretario *m*, -ria *f* de estado (para).

ministry [ˈmɪnɪstrɪ] (*pl* **-ies**) *n* **-1.** POL ministerio *m*; **Ministry of Defence** Ministerio de Defensa **-2.** RELIG: **the ~** el clero, el sacerdocio.

mink [mɪŋk] (*pl inv*) *n* visón *m*.

mink coat *n* abrigo *m* de visón.

Minnesota [ˌmɪnɪˈsəʊtəl] *n* Minnesota.

minnow [ˈmɪnəʊ] *n* **-1.** [fish] pececillo *m* (de agua dulce) **-2.** [team] comparsa *f*.

minor [ˈmaɪnəʳ] <> *adj* [gen] menor; [injury] leve; **of ~ importance** de poca importancia. <> *n* menor *m* OR *f* (de edad); **US** [subject] subespecialidad *f*. <> *vi* **US** [subject] estudiar una subespecialidad.

Minorca [mɪˈnɔːkə] *n* Menorca.

minority [maɪˈnɒrətɪ] (*pl* **-ies**) *n* minoría *f*; **to be in a** OR **the ~** estar en la minoría, ser minoría.

minority government *n* gobierno *m* minoritario.

minster [ˈmɪnstəʳ] *n* catedral *f*.

minstrel [ˈmɪnstrəl] *n* juglar *m*.

mint [mɪnt] <> *n* **-1.** [herb] menta *f*, hierbabuena *f* **-2.** [peppermint] pastilla *f* de menta **-3.** [for coins]: **the ~** la Casa de la Moneda; **in ~ condition** en perfecto estado, como nuevo(va). <> *vt* acuñar.

mint sauce *n* salsa *f* de menta.

mint tea *n* poleo *m*.

minuet [ˌmɪnjʊˈet] *n* minué *m*.

minus [ˈmaɪnəs] (*pl* **-es**) <> *prep* **-1.** MATH [less]: **4 ~ 2 is 2** 4 menos 2 es 2 **-2.** [in temperatures]:

it's ~ 5°C estamos a 5 grados bajo cero. ◇ *adj* MATH [less than zero] negativo(va). ◇ *n* -**1.** MATH signo *m* (de) menos -**2.** [disadvantage] desventaja *f*.

minuscule ['mɪnəskju:l] *adj* minúsculo(la).

minus sign *n* signo *m* (de) menos.

minute[1] ['mɪnɪt] *n* minuto *m*; **at any** ~ en cualquier momento; **at the** ~ en este momento; **at the last** ~ en el último momento; **just a** ~ un momento; **this** ~ ahora mismo; **up to the** ~ [news] de última hora; [technology] punta *(inv)*; **wait a** ~ espera un momento.
◆ **minutes** *npl* acta *f*; **to take (the)** ~**s** levantar OR tomar acta.

minute[2] [maɪ'nju:t] *adj* [very small] diminuto(ta).

minutiae [maɪ'nju:ʃɪaɪ] *npl* minucias *fpl*.

miracle ['mɪrəkl] *n lit & fig* milagro *m*.

miraculous [mɪ'rækjʊləs] *adj* milagroso(sa).

miraculously [mɪ'rækjʊləslɪ] *adv* milagrosamente.

mirage [mɪ'rɑ:ʒ] *n lit & fig* espejismo *m*.

mire [maɪə^r] *n* fango *m*, lodo *m*.

mirror ['mɪrə^r] ◇ *n* espejo *m*. ◇ *vt* reflejar.

mirror image *n* reflejo *m* a la inversa.

mirth [mɜ:θ] *n* risa *f*.

misadventure [,mɪsəd'ventʃə^r] *n* desgracia *f*, desventura *f*; **death by** ~ JUR muerte *f* accidental.

misanthropist [mɪs'ænθrəpɪst] *n* misántropo *m*, -pa *f*.

misapprehension ['mɪs,æprɪ'henʃn] *n* -**1.** [misunderstanding] malentendido *m* -**2.** [mistaken belief] creencia *f* errónea.

misappropriate [,mɪsə'prəʊprɪeɪt] *vt* malversar.

misappropriation ['mɪsə,prəʊprɪ'eɪʃn] *n*: ~ **(of)** malversación *f* (de).

misbehave [,mɪsbɪ'heɪv] *vi* portarse mal.

misbehaviour *UK*, **misbehavior** *US* [,mɪsbɪ'heɪvjə^r] *n* mal comportamiento *m*, mala conducta *f*.

misc *abbr of* **miscellaneous**.

miscalculate [,mɪs'kælkjʊleɪt] *vt & vi* calcular mal.

miscalculation [,mɪskælkjʊ'leɪʃn] *n* -**1.** *(U)* [poor judgment] cálculos *mpl* erróneos -**2.** [mistake] error *m* de cálculo.

miscarriage [,mɪs'kærɪdʒ] *n* [at birth] aborto *m* (natural).

miscarriage of justice *n* error *m* judicial.

miscarry [,mɪs'kærɪ] (*pt & pp* **-ied**) *vi* -**1.** [woman] tener un aborto (natural) -**2.** [plan] fracasar.

miscellaneous [,mɪsə'leɪnjəs] *adj* diverso (sa).

miscellany [*UK* mɪ'selənɪ, *US* 'mɪsəleɪnɪ] (*pl* **-ies**) *n* miscelánea *f*.

mischance [,mɪs'tʃɑ:ns] *n* -**1.** [piece of bad luck] infortunio *m*, desgracia *f* -**2.** [bad luck] mala suerte *f*; **by** ~ por desgracia.

mischief ['mɪstʃɪf] *n (U)* -**1.** [playfulness] picardía *f* -**2.** [naughty behaviour] travesuras *fpl*, diabluras *fpl* -**3.** [harm] daño *m*.

mischievous ['mɪstʃɪvəs] *adj* -**1.** [playful] lleno(na) de picardía -**2.** [naughty] travieso(sa).

misconceived [,mɪskən'si:vd] *adj* mal concebido(da).

misconception [,mɪskən'sepʃn] *n* concepto *m* erróneo, idea *f* falsa.

misconduct [,mɪs'kɒndʌkt] *n* mala conducta *f*.

misconstrue [,mɪskən'stru:] *vt fml* malinterpretar.

miscount [,mɪs'kaʊnt] *vt & vi* contar mal.

misdeed [,mɪs'di:d] *n literary* fechoría *f*.

misdemeanour *UK*, **misdemeanor** *US* [,mɪsdɪ'mi:nə^r] *n fml* delito *m* menor, falta *f*.

misdirected [,mɪsdɪ'rektɪd] *adj* [efforts] mal encaminado(da); [letter] con la dirección equivocada.

miser ['maɪzə^r] *n* avaro *m*, -ra *f*.

miserable ['mɪzrəbl] *adj* -**1.** [unhappy] infeliz, triste -**2.** [wretched, poor] miserable -**3.** [weather] horrible -**4.** [pathetic] lamentable.

miserably ['mɪzrəblɪ] *adv* -**1.** [unhappily] tristemente -**2.** [wretchedly, poorly] miserablemente -**3.** [pathetically] lamentablemente.

miserly ['maɪzəlɪ] *adj* miserable, mezquino(na).

misery ['mɪzərɪ] (*pl* **-ies**) *n* -**1.** [unhappiness] desdicha *f*, tristeza *f* -**2.** [suffering] sufrimiento *m*.

misfire [,mɪs'faɪə^r] *vi* -**1.** [gun] encasquillarse -**2.** [car engine] no arrancar -**3.** [plan] fracasar.

misfit ['mɪsfɪt] *n* inadaptado *m*, -da *f*.

misfortune [mɪs'fɔ:tʃu:n] *n* -**1.** [bad luck] mala suerte *f* -**2.** [piece of bad luck] desgracia *f*.

misgivings [mɪs'gɪvɪŋz] *npl* recelo *m*, recelos *mpl*.

misguided [,mɪs'gaɪdɪd] *adj* [person] descaminado(da); [attempt] equivocado(da).

mishandle [,mɪs'hændl] *vt* -**1.** [person, animal] maltratar -**2.** [affair] llevar mal.

mishap ['mɪshæp] *n* percance *m*, contratiempo *m*; **without** ~ sin problemas.

mishear [,mɪs'hɪə^r] (*pt & pp* **-heard** [-'hɜ:d]) *vt & vi* oír mal.

mishmash ['mɪʃmæʃ] *n inf* batiburrillo *m*.

misinform [,mɪsɪn'fɔ:m] *vt* informar mal.

misinformation [,mɪsɪnfə'meɪʃn] *n* información *f* errónea.

misinterpret [ˌmɪsɪnˈtɜːprɪt] *vt* malinterpretar.

misjudge [ˌmɪsˈdʒʌdʒ] *vt* **-1.** [guess wrongly] calcular mal **-2.** [appraise wrongly] juzgar mal.

misjudg(e)ment [ˌmɪsˈdʒʌdʒmənt] *n* **-1.** [poor judgment] estimación *f* equivocada **-2.** [error of judgment] error *m* de juicio.

mislay [ˌmɪsˈleɪ] (*pt* & *pp* **-laid**) *vt* extraviar, perder.

mislead [ˌmɪsˈliːd] (*pt* & *pp* **-led**) *vt* engañar.

misleading [ˌmɪsˈliːdɪŋ] *adj* engañoso(sa).

misled [ˌmɪsˈled] *pt* & *pp* ▷ **mislead**.

mismanage [ˌmɪsˈmænɪdʒ] *vt* [company] gestionar mal; [situation] llevar mal.

mismanagement [ˌmɪsˈmænɪdʒmənt] *n* mala administración *f*.

mismatch [ˌmɪsˈmætʃ] *vt*: **to be ~ed** emparejar mal.

misnomer [ˌmɪsˈnəʊməʳ] *n* término *m* equivocado.

misogynist [mɪˈsɒdʒɪnɪst] *n* misógino *m*.

misplace [ˌmɪsˈpleɪs] *vt* extraviar, perder.

misplaced [ˌmɪsˈpleɪst] *adj* [trust] mal encaminado(da), fuera de lugar.

misprint [ˈmɪsprɪnt] *n* errata *f*, error *m* de imprenta.

mispronounce [ˌmɪsprəˈnaʊns] *vt* pronunciar mal.

misquote [ˌmɪsˈkwəʊt] *vt* citar incorrectamente.

misread [ˌmɪsˈriːd] (*pt* & *pp* **-read**) *vt* **-1.** [read wrongly] leer mal **-2.** [misinterpret] malinterpretar.

misrepresent [ˈmɪsˌreprɪˈzent] *vt* [person] dar una imagen equivocada de; [words] tergiversar.

misrepresentation [ˈmɪsˌreprɪzenˈteɪʃn] *n* **-1.** *(U)* [wrong interpretation] mala interpretación *f* **-2.** [false account] tergiversación *f*.

misrule [ˌmɪsˈruːl] *n* mal gobierno *m*.

miss [mɪs] ◇ *vt* **-1.** [fail to see - TV programme, film] perderse; [- error, person in crowd] no ver **-2.** [fail to hear] no oír **-3.** [omit] saltarse **-4.** [shot] fallar; [ball] no dar a; **to ~ the target** no dar en el blanco **-5.** [feel absence of] echar de menos OR en falta; **I ~ you** te echo de menos **-6.** [opportunity] perder, dejar pasar; [turning] pasarse **-7.** [train, bus] perder **-8.** [appointment] faltar a, no asistir a; [deadline] no cumplir **-9.** [avoid] evitar; **I just ~ed being run over** no me atropellaron por muy poco. ◇ *vi* fallar. ◇ *n* fallo *m*; **to give sthg a ~** *inf* pasar de algo.

◆ **miss out** ◇ *vt sep* pasar por alto. ◇ *vi*: **to ~ out (on sthg)** perderse (algo).

Miss [mɪs] *n* señorita *f*; **~ Brown** la señorita Brown.

misshapen [ˌmɪsˈʃeɪpn] *adj* deforme.

missile [*UK* ˈmɪsaɪl, *US* ˈmɪsəl] *n* **-1.** [weapon] misil *m* **-2.** [thrown object] proyectil *m*.

missile launcher [-ˌlɔːntʃəʳ] *n* lanzamisiles *m inv*.

missing [ˈmɪsɪŋ] *adj* **-1.** [lost] perdido(da), extraviado(da) **-2.** [not present] ausente; **to be ~** faltar.

missing link *n* eslabón *m* perdido.

missing person *n* desaparecido *m*, -da *f*.

mission [ˈmɪʃn] *n* misión *f*.

missionary [ˈmɪʃənrɪ] (*pl* **-ies**) *n* misionero *m*, -ra *f*.

Mississippi [ˌmɪsɪˈsɪpɪ] *n* **-1.** [river]: **the ~ (River)** el (río) Misisipí **-2.** [state] Misisipí.

missive [ˈmɪsɪv] *n fml* misiva *f*.

Missouri [mɪˈzʊərɪ] *n* Misuri.

misspell [ˌmɪsˈspel] (*pt* & *pp* **-spelt** OR **-spelled**) *vt* escribir mal.

misspelling [ˌmɪsˈspelɪŋ] *n* falta *f* de ortografía.

misspelt [ˌmɪsˈspelt] *pt* & *pp* ▷ **misspell**.

misspent [ˌmɪsˈspent] *adj* malgastado(da).

mist [mɪst] *n* [gen] neblina *f*; [at sea] bruma *f*.

◆ **mist over, mist up** *vi* [windows, spectacles] empañarse; [eyes] llenarse de lágrimas.

mistake [mɪˈsteɪk] (*pt* **-took**, *pp* **-taken**) ◇ *n* error *m*; **to make a ~** equivocarse, cometer un error; **by ~** por error. ◇ *vt* **-1.** [misunderstand] entender mal **-2.** [fail to recognize]: **to ~ sthg/sb for** confundir algo/a alguien con; **there's no mistaking it** es inconfundible.

mistaken [mɪˈsteɪkn] ◇ *pp* ▷ **mistake**. ◇ *adj* equivocado(da); **to be ~ about sb/sthg** estar equivocado respecto a alguien/algo.

mistaken identity *n*: **a case of ~** un caso de identificación errónea.

mistakenly [mɪsˈteɪknlɪ] *adv* equivocadamente.

mister [ˈmɪstəʳ] *n inf* amigo *m*.

◆ **Mister** *n* señor *m*; **~ Brown** el señor Brown.

mistime [ˌmɪsˈtaɪm] *vt* hacer a destiempo, calcular mal.

mistletoe [ˈmɪsltəʊ] *n* muérdago *m*.

mistook [mɪˈstʊk] *pt* ▷ **mistake**.

mistranslation [ˌmɪstrænsˈleɪʃn] *n* traducción *f* equivocada.

mistreat [ˌmɪsˈtriːt] *vt* maltratar.

mistreatment [ˌmɪsˈtriːtmənt] *n (U)* malos tratos *mpl*.

mistress [ˈmɪstrɪs] *n* **-1.** [female lover] amante *f*, querida *f* **- 2.** *UK* [school teacher - primary] maestra *f*, señorita *f*; [- secondary] profesora *f* **- 3.** [woman in control] señora *f*; ~ **of the situation** dueña *f* de la situación.

mistrial [ˈmɪstraɪəl] *n* juicio *m* nulo.

mistrust [ˌmɪsˈtrʌst] ◇ *n* desconfianza *f*, recelo *m*. ◇ *vt* desconfiar de.

mistrustful [ˌmɪsˈtrʌstfʊl] *adj* desconfiado(da), receloso(sa); **to be ~ of** desconfiar de.

misty [ˈmɪstɪ] (*compar* **-ier**, *superl* **-iest**) *adj* [gen] neblinoso(sa); [at sea] brumoso(sa).

misunderstand [ˌmɪsʌndəˈstænd] (*pt* & *pp* **-stood**) *vt* & *vi* entender mal.

misunderstanding [ˌmɪsʌndəˈstændɪŋ] *n* malentendido *m*.

misunderstood [ˌmɪsʌndəˈstʊd] *pt* & *pp* ▷ **misunderstand**.

misuse [*n* ˌmɪsˈju:s, *vb* ˌmɪsˈju:z] ◇ *n* uso *m* indebido. ◇ *vt* hacer uso indebido de.

MIT (*abbr of* **Massachusetts Institute of Technology**) *n principal instituto de investigación tecnológica en Estados Unidos*.

mite [maɪt] *n* **- 1.** [insect] ácaro *m*, insecto *m* diminuto **- 2.** *inf* [small amount]: **a ~** un pelín, una pizca **- 3.** [small child] criatura *f*.

miter *US* = **mitre**.

mitigate [ˈmɪtɪgeɪt] *vt fml* mitigar, atenuar.

mitigating [ˈmɪtɪgeɪtɪŋ] *adj fml*: **~ circumstances** circunstancias *fpl* atenuantes.

mitigation [ˌmɪtɪˈgeɪʃn] *n* [circumstance] *fml* descargo *m*, atenuante *m*.

mitre *UK*, **miter** *US* [ˈmaɪtəʳ] *n* **- 1.** [hat] mitra *f* **- 2.** [joint] inglete *m*.

mitt [mɪt] *n* manopla *f*; *US* [for baseball] guante *m*.

mitten [ˈmɪtn] *n* manopla *f*.

mix [mɪks] ◇ *vt*: **to ~ sthg (with)** mezclar algo (con). ◇ *vi* **- 1.** [substances] mezclarse; [activities] ir bien juntos(tas) **- 2.** [socially]: **to ~ with** alternar con. ◇ *n* mezcla *f*.

◆ **mix up** *vt sep* **- 1.** [confuse] confundir **- 2.** [disorder] mezclar.

mixed [mɪkst] *adj* **- 1.** [of different kinds] surtido(da), variado(da); **to have ~ feelings about** tener sentimientos encontrados acerca de; **~ salad** ensalada *f* mixta **- 2.** [of different sexes] mixto(ta).

mixed-ability *adj UK* [class, group] con alumnos de varios niveles.

mixed blessing *n*: **it is a ~** tiene su lado bueno y su lado malo.

mixed doubles *n (U)* dobles *mpl* mixtos.

mixed economy *n* economía *f* mixta.

mixed grill *n* parrillada *f* mixta.

mixed marriage *n* matrimonio *m* mixto.

mixed up *adj* **- 1.** [confused] confuso(sa); **to get ~** confundirse **- 2.** [involved]: **~ in** [fight, crime] involucrado(da) en.

mixer [ˈmɪksəʳ] *n* **- 1.** [for food] batidora *f*; [for cement] hormigonera *f* **- 2.** [for music] mesa *f* de mezclas **- 3.** [non-alcoholic drink] *bebida no alcohólica para mezclar con bebidas alcohólicas*.

mixer tap *n UK* monomando *m*, grifo *OR* caño *m Perú* único *OR* llave *f Amér OR* paja *f CAm OR* canilla *f RP* única (*para agua fría y caliente*), caño *m* único (*para agua fría y caliente*) *Perú*.

mixing bowl [ˈmɪksɪŋ-] *n* cuenco *m* (para mezclar).

mixture [ˈmɪkstʃəʳ] *n* [gen] mezcla *f*; [of sweets] surtido *m*.

mix-up *n inf* confusión *f*.

MK, mk *abbr of* **mark**.

ml (*abbr of* **millilitre**) ml.

MLitt [ˌemˈlɪt] (*abbr of* **Master of Literature, Master of Letters**) *n* (*titular de un*) *título postuniversitario de unos dos años de duración en el campo de las humanidades*.

MLR *n abbr of* **minimum lending rate**.

mm (*abbr of* **millimetre**) mm.

MN *abbr of* **Minnesota**.

mnemonic [nɪˈmɒnɪk] *n* frase *f* mnemotécnica.

m.o. *abbr of* **money order**.

MO ◇ *n* **- 1.** (*abbr of* **medical officer**) *oficial médico* **- 2.** (*abbr of* **modus operandi**) *modus operandi*. ◇ *abbr of* **Missouri**.

moan [məʊn] ◇ *n* **- 1.** [of pain, sadness] gemido *m* **- 2.** *inf* [complaint] queja *f*. ◇ *vi* **- 1.** [in pain, sadness] gemir **- 2.** *inf* [complain]: **to ~ (about)** quejarse (de).

moaning [ˈməʊnɪŋ] *n (U)* [complaining] quejas *fpl*.

moat [məʊt] *n* foso *m*.

mob [mɒb] (*pt* & *pp* **-bed**, *cont* **-bing**) ◇ *n* muchedumbre *f*, turba *f*. ◇ *vt* agolparse en torno de, asediar.

mobile [ˈməʊbaɪl] ◇ *adj* **- 1.** [able to move] móvil **- 2.** [able to travel]: **to be ~** poder viajar. ◇ *n* móvil *m*.

mobile home *n* caravana *f*.

mobile library *n* bibliobús *m*.

mobile phone *n* teléfono *m* móvil.

mobility [məˈbɪlətɪ] *n* movilidad *f*.

mobility allowance *n UK ayuda económica que reciben los minusválidos para poder viajar*.

mobilization [ˌməʊbɪlaɪˈzeɪʃn] *n* movilización *f*.

mobilize, -ise [ˈməʊbɪlaɪz] ◇ *vt* movilizar. ◇ *vi* movilizarse.

mobster ['mɒbstəʳ] *n US* gángster *m*.
moccasin ['mɒkəsɪn] *n* mocasín *m*.
mock [mɒk] ◇ *adj* fingido(da); ~ **(exam)** simulacro *m* de examen. ◇ *vt* burlarse de. ◇ *vi* burlarse.
mockery ['mɒkərɪ] *n* burlas *fpl*; **to make a ~ of sthg** poner en ridículo algo.
mocking ['mɒkɪŋ] *adj* burlón(ona).
mockingbird ['mɒkɪŋbɜːd] *n* sinsonte *m*.
mock-up *n* maqueta *f* de tamaño natural.
mod [mɒd] *n UK* mod *m* OR *f*, *aficionado a la música soul inglesa de los años 60*.
MOD *n abbr of* **Ministry of Defence**.
mod cons [ˌmɒd-] (*abbr of* **modern conveniences**) *npl UK inf*: **all ~** con todas las comodidades.
mode [məʊd] *n* modo *m*.
model ['mɒdl] (*UK pt & pp* **-led**, *cont* **-ling**, *US pt & pp* **-ed**, *cont* **-ing**) ◇ *n* **-1.** [gen] modelo *m* **-2.** [small copy] maqueta *f* **-3.** [for painter, in fashion] modelo *m* OR *f*. ◇ *adj* **-1.** [exemplary] modelo (*inv*) **-2.** [reduced-scale] en miniatura. ◇ *vt* **-1.** [shape] modelar **-2.** [wear] lucir *(en pase de modelos)* **-3.** [copy]: **to ~ o.s. on sb** tener a alguien como modelo **-4.** COMPUT simular por ordenador. ◇ *vi* trabajar de modelo.
model aircraft *n* aeromodelo *m*.
modem ['məʊdem] *n* COMPUT módem *m*.
moderate [*adj & n* 'mɒdərət, *vb* 'mɒdəreɪt] ◇ *adj* moderado(da). ◇ *n* POL moderado *m*, -da *f*. ◇ *vt* moderar. ◇ *vi* [in debate] hacer de moderador.
moderately ['mɒdərətlɪ] *adv* moderadamente.
moderation [ˌmɒdə'reɪʃn] *n* moderación *f*; **in ~** con moderación.
moderator ['mɒdəreɪtəʳ] *n* [of exam] moderador *m*, -ra *f*.
modern ['mɒdən] *adj* moderno(na).
modern-day *adj* de nuestros días.
modernism ['mɒdənɪzm] *n* modernismo *m*.
modernization [ˌmɒdənaɪ'zeɪʃn] *n* modernización *f*.
modernize, -ise ['mɒdənaɪz] ◇ *vt* modernizar. ◇ *vi* modernizarse.
modern languages *npl* lenguas *fpl* modernas.
modest ['mɒdɪst] *adj* **-1.** [gen] modesto(ta) **-2.** [improvement] ligero(ra); [price] módico(ca).
modestly ['mɒdɪstlɪ] *adv* [gen] modestamente; [improve] ligeramente.
modesty ['mɒdɪstɪ] *n* modestia *f*.
modicum ['mɒdɪkəm] *n fml*: **a ~ of** un mínimo de.
modification [ˌmɒdɪfɪ'keɪʃn] *n* modificación *f*.
modify ['mɒdɪfaɪ] (*pt & pp* **-ied**) *vt* modificar.
modular ['mɒdjʊləʳ] *adj* modular.
modulated ['mɒdjʊleɪtɪd] *adj* modulado(da).
modulation [ˌmɒdjʊ'leɪʃn] *n* modulación *f*.
module ['mɒdjuːl] *n* módulo *m*.
Mogadishu [ˌmɒgə'dɪʃuː] *n* Mogadiscio.
moggy ['mɒgɪ] (*pl* **-ies**) *n UK inf* minino *m*.
mogul ['məʊgl] *n* magnate *m* OR *f*.
mohair ['məʊheəʳ] ◇ *n* mohair *m*. ◇ *comp* de mohair.
Mohammedan [mə'hæmɪdn] ◇ *adj* mahometano(na). ◇ *n* mahometano *m*, -na *f*.
Mohican [məʊ'hiːkən] *n* **-1.** [person] mohicano *m*, -na *f* **-2.** [hairstyle] cresta *f*.
moist [mɔɪst] *adj* húmedo(da).
moisten ['mɔɪsn] *vt* humedecer.
moisture ['mɔɪstʃəʳ] *n* humedad *f*.
moisturize, -ise ['mɔɪstʃəraɪz] *vt* hidratar.
moisturizer ['mɔɪstʃəraɪzəʳ] *n* (crema *f*) hidratante *m*.
molar ['məʊləʳ] *n* muela *f*.
molasses [mə'læsɪz] *n (U)* melaza *f*.
mold *US* = **mould**.
Moldavia [mɒl'deɪvɪə] *n* Moldavia.
mole [məʊl] *n* **-1.** [animal, spy] topo *m* **-2.** [spot] lunar *m*.
molecular [mə'lekjʊləʳ] *adj* molecular.
molecule ['mɒlɪkjuːl] *n* molécula *f*.
molehill ['məʊlhɪl] *n* topera *f*.
molest [mə'lest] *vt* **-1.** [sexually] abusar sexualmente de **-2.** [annoy] molestar.
molester [mə'lestəʳ] *n*: **child ~** pervertidor *m*, -ra *f* de menores.
mollify ['mɒlɪfaɪ] (*pt & pp* **-ied**) *vt fml* apaciguar.
mollusc, mollusk *US* ['mɒləsk] *n* molusco *m*.
mollycoddle ['mɒlɪˌkɒdl] *vt inf* mimar.
Molotov cocktail ['mɒlətɒf-] *n* cóctel *m* molotov.
molt *US* = **moult**.
molten ['məʊltn] *adj* fundido(da).
mom [mɒm] *n US inf* mamá *f*.
moment ['məʊmənt] *n* momento *m*; **~ of truth** momento de la verdad; **at any ~** de un momento a otro; **at the ~** en este momento; **at the last ~** en el último momento; **for the ~** de momento; **for one ~** por un momento; **in a ~** enseguida; **just a ~** un momento.
momentarily ['məʊməntərɪlɪ] *adv* **-1.** [for a short time] momentáneamente **-2.** *US* [soon] pronto, de un momento a otro.
momentary ['məʊməntrɪ] *adj* momentáneo(a).
momentous [mə'mentəs] *adj* trascendental.
momentum [mə'mentəm] *n (U)* **-1.** PHYS mo-

mento *m* - **2.** *fig* [speed, force] ímpetu *m*, impulso *m*; **to gather ~** cobrar intensidad.

momma ['mɒmə], **mommy** ['mɒmɪ] *n US* mamá *f*.

Mon. (*abbr of* **Monday**) lun.

Monaco ['mɒnəkəʊ] *n* Mónaco.

monarch ['mɒnək] *n* monarca *m* OR *f*.

monarchist ['mɒnəkɪst] *n* monárquico *m*, -ca *f*.

monarchy ['mɒnəkɪ] (*pl* **-ies**) *n* - **1.** [gen] monarquía *f* - **2.** [royal family]: **the ~** la familia real.

monastery ['mɒnəstrɪ] (*pl* **-ies**) *n* monasterio *m*.

monastic [mə'næstɪk] *adj* monástico(ca).

Monday ['mʌndɪ] *n* lunes *m inv*; *see also* **Saturday**.

monetarism ['mʌnɪtərɪzm] *n* monetarismo *m*.

monetarist ['mʌnɪtərɪst] *n* monetarista *m* OR *f*.

monetary ['mʌnɪtrɪ] *adj* monetario(ria).

money ['mʌnɪ] *n* dinero *m*, plata *f* ***Andes, Col, CSur, Ven***; **to make ~** hacer dinero; **we got our ~'s worth** sacamos provecho a nuestro dinero; **for my ~** en mi opinión.

money belt *n* cinturón *m* monedero.

moneybox ['mʌnɪbɒks] *n* hucha *f*.

money laundering *n* blanqueo *m* de dinero.

moneylender ['mʌnɪˌlendə^r] *n* prestamista *m* OR *f*.

moneymaker ['mʌnɪˌmeɪkə^r] *n* mina *f* (de dinero).

moneymaking ['mʌnɪˌmeɪkɪŋ] *adj* [scheme] para hacer dinero.

money market *n* mercado *m* monetario.

money order *n* giro *m* postal.

money-spinner [-ˌspɪnə^r] *n esp* ***UK inf*** mina *f* (de dinero).

money supply *n* oferta *f* monetaria.

mongol ['mɒŋgəl] ***dated & offensive*** ◇ *adj* mongólico(ca). ◇ *n* mongólico *m*, -ca *f*.
◆ **Mongol** = **Mongolian**.

Mongolia [mɒŋ'gəʊlɪə] *n* Mongolia.

Mongolian [mɒŋ'gəʊlɪən] ◇ *adj* mongol(la). ◇ *n* - **1.** [person] mongol *m*, -la *f* - **2.** [language] mongol *m*.

mongoose ['mɒŋgu:s] (*pl* **-s**) *n* mangosta *f*.

mongrel ['mʌŋgrəl] *n* perro *m* cruzado.

monitor ['mɒnɪtə^r] ◇ *n* [gen & COMPUT] monitor *m*. ◇ *vt* - **1.** [check] controlar, hacer un seguimiento de - **2.** [listen in to] escuchar.

monk [mʌŋk] *n* monje *m*.

monkey ['mʌŋkɪ] (*pl* **monkeys**) *n* mono *m*.

monkey nut *n* cacahuete *m*.

monkey wrench *n* llave *f* inglesa.

mono ['mɒnəʊ] ◇ *adj* monoaural, mono (*inv*). ◇ *n* - **1.** [sound] *inf*: **in ~** en mono - **2.** ***US inf*** [glandular fever] mononucleosis *f inv* infecciosa.

monochrome ['mɒnəkrəʊm] *adj* monocromo(ma).

monocle ['mɒnəkl] *n* monóculo *m*.

monogamous [mɒ'nɒgəməs] *adj* monógamo(ma).

monogamy [mɒ'nɒgəmɪ] *n* monogamia *f*.

monogrammed ['mɒnəgræmd] *adj* bordado(da) con iniciales.

monolingual [ˌmɒnə'lɪŋgwəl] *adj* monolingüe.

monolithic [ˌmɒnə'lɪθɪk] *adj* monolítico(ca).

monologue, monolog *US* ['mɒnəlɒg] *n* monólogo *m*.

mononucleosis ['mɒnəʊˌnju:klɪ'əʊsɪs] *n* mononucleosis *f inv* infecciosa.

monoplane ['mɒnəpleɪn] *n* monoplano *m*.

monopolize, -ise [mə'nɒpəlaɪz] *vt* monopolizar.

monopoly [mə'nɒpəlɪ] (*pl* **-ies**) *n*: **~ (on** OR **of)** monopolio *m* (de); **Monopolies and Mergers Commission** *comisión antimonopolios británica*.

monorail ['mɒnəreɪl] *n* monorraíl *m*.

monosodium glutamate [ˌmɒnə'səʊdjəm'glu:təmeɪt] *n* glutamato *m* monosódico.

monosyllabic [ˌmɒnəsɪ'læbɪk] *adj* [word] monosilábico(ca).

monosyllable ['mɒnəˌsɪləbl] *n* monosílabo *m*.

monotone ['mɒnətəʊn] *n*: **in a ~** con voz monótona.

monotonous [mə'nɒtənəs] *adj* monótono(na).

monotonously [mə'nɒtənəslɪ] *adv* de forma monótona.

monotony [mə'nɒtənɪ] *n* monotonía *f*.

monoxide [mɒ'nɒksaɪd] *n* monóxido *m*.

Monrovia [mɒn'rəʊvɪə] *n* Monrovia.

Monsignor [ˌmɒn'si:ɲə^r] *n* monseñor *m*.

monsoon [mɒn'su:n] *n* monzón *m*.

monster ['mɒnstə^r] ◇ *n* - **1.** [imaginary creature, cruel person] monstruo *m* - **2.** [very large thing] mastodonte *m*. ◇ *adj* gigantesco(ca), enorme.

monstrosity [mɒn'strɒsətɪ] (*pl* **-ies**) *n* monstruosidad *f*.

monstrous ['mɒnstrəs] *adj* - **1.** [very unfair, frightening, ugly] monstruoso(sa) - **2.** [very large] gigantesco(ca).

montage ['mɒntɑ:ʒ] *n* montaje *m*.

Montana [mɒn'tænə] *n* Montana.

Mont Blanc [mɒnt] *n* Mont Blanc.

Montenegro [ˌmɒntɪ'ni:grəʊ] *n* Montenegro.

Montevideo [ˌmɒntɪvɪ'deɪəʊ] *n* Montevideo.

month [mʌnθ] *n* mes *m.*

monthly ['mʌnθlɪ] (*pl* **-ies**) ◇ *adj* mensual. ◇ *adv* mensualmente. ◇ *n* revista *f* mensual.

Montreal [mɒntrɪ'ɔ:l] *n* Montreal.

monument ['mɒnjʊmənt] *n* monumento *m.*

monumental [ˌmɒnjʊ'mentl] *adj* **-1.** [gen] monumental **-2.** [error] descomunal.

moo [mu:] (*pl* **-s**) ◇ *n* mugido *m.* ◇ *vi* mugir.

mooch [mu:tʃ]

◆ **mooch about, mooch around** *vi inf* deambular.

mood [mu:d] *n* [of individual] humor *m*; [of public, voters] disposición *f*; **in a (bad) ~** de mal humor; **in a good ~** de buen humor; **not to be in the ~ for sthg** no estar de humor para algo.

moody ['mu:dɪ] (*compar* **-ier**, *superl* **-iest**) *adj pej* **-1.** [changeable] de humor variable **-2.** [bad-tempered] malhumorado(da), irritable.

moon [mu:n] *n* luna *f*; **to be over the ~** *inf* estar dando saltos de alegría.

moonbeam ['mu:nbi:m] *n* rayo *m* de luna.

moonlight ['mu:nlaɪt] (*pt* & *pp* **-ed**) ◇ *n* luz *f* de la luna; **by ~** a la luz de la luna. ◇ *vi inf* estar pluriempleado(da).

moonlighting ['mu:nlaɪtɪŋ] *n* pluriempleo *m.*

moonlit ['mu:nlɪt] *adj* [night] de luna; [landscape] iluminado(da) por la luna.

moonscape ['mu:nskeɪp] *n* paisaje *m* lunar.

moonshine ['mu:nʃaɪn] *n* alcohol *m* destilado ilegalmente.

moonstruck ['mu:nstrʌk] *adj inf* chiflado(da), chalado(da).

moor [mɔ:ʳ] ◇ *n esp* **UK** páramo *m*, brezal *m.* ◇ *vt* amarrar. ◇ *vi* echar las amarras.

Moor [mɔ:ʳ] *n* moro *m*, -ra *f.*

moorings ['mɔ:rɪŋz] *npl* [ropes, chains] amarras *fpl*; [place] amarradero *m.*

Moorish ['mɔ:rɪʃ] *adj* moro(ra), morisco(ca).

moorland ['mɔ:lənd] *n esp* **UK** páramo *m*, brezal *m.*

moose [mu:s] (*pl inv*) *n* [North American] alce *m.*

moot [mu:t] *vt* proponer.

moot point *n*: **it's a ~** es discutible.

mop [mɒp] (*pt* & *pp* **-ped**, *cont* **-ping**) ◇ *n* **-1.** [for cleaning] fregona *f* **-2.** *inf* [of hair] pelambrera *f*, chasca *f* **Andes**. ◇ *vt* **-1.** [clean with mop] fregar, pasar la fregona por **-2.** [dry with cloth - sweat] enjugar.

◆ **mop up** *vt sep* [clean up] limpiar.

mope [məʊp] *vi pej* estar deprimido(da).

◆ **mope about, mope around** *vi pej* vagar como un alma en pena.

moped ['məʊped] *n* ciclomotor *m*, motoneta *f* **Amér.**

moral ['mɒrəl] ◇ *adj* moral; **~ support** apoyo *m* moral. ◇ *n* [lesson] moraleja *f.*

◆ **morals** *npl* [principles] moral *f.*

morale [mə'rɑ:l] *n (U)* moral *f.*

moralistic [ˌmɒrə'lɪstɪk] *adj pej* moralista.

morality [mə'rælətɪ] (*pl* **-ies**) *n* **-1.** [gen] moralidad *f* **-2.** [system of principles] moral *f.*

moralize, -ise ['mɒrəlaɪz] *vi pej*: **to ~ (about** OR **on)** moralizar (sobre).

morally ['mɒrəlɪ] *adv* moralmente.

Moral Majority *n grupo de presión ultraconservador apoyado por las iglesias fundamentalistas en Estados Unidos.*

morass [mə'ræs] *n* cenagal *m.*

moratorium [ˌmɒrə'tɔ:rɪəm] (*pl* **-ria** [-rɪə]) *n fml*: **~ (on)** moratoria *f* (para).

morbid ['mɔ:bɪd] *adj* morboso(sa).

more [mɔ:ʳ] ◇ *adv* **-1.** *(with adjectives and adverbs)* más; **~ important (than)** más importante (que); **~ quickly/often (than)** más rápido/a menudo (que) **-2.** [to a greater degree] más; **she's ~ like a mother to me than a sister** para mí ella es más una madre que una hermana; **we were ~ hurt than angry** más que enfadados estábamos heridos; **I couldn't agree ~** estoy completamente de acuerdo **-3.** [another time]: **once/twice ~** una vez/dos veces más. ◇ *adj* más; **there are ~ trains in the morning** hay más trenes por la mañana; **~ food than drink** más comida que bebida; **~ than 70 people died** más de 70 personas murieron; **have some ~ tea** toma un poco más de té; **I finished two ~ chapters today** acabé otros dos capítulos hoy. ◇ *pron* más; **~ than five** más de cinco; **he's got ~ than I have** él tiene más que yo; **there's ~ if you want it** hay más si quieres; **I don't want any ~** no quiero más; **there's no ~ (left)** no queda nada (más); **what ~ do you want?** ¿qué más quieres?; **(and) what's ~** (y lo que) es más.

◆ **any more** *adv*: **not ... any ~** ya no ...; **she doesn't live here any ~** ya no vive aquí.

◆ **more and more** *adv, adj & pron* cada vez más.

◆ **more or less** *adv* más o menos; **she ~ or less suggested I had stolen it** lo que vino a decir es que yo lo había robado.

moreover [mɔ:'rəʊvəʳ] *adv fml* además, es más.

morgue [mɔ:g] *n* depósito *m* de cadáveres.

MORI ['mɔ:rɪ] (*abbr of* **Market & Opinion Research Institute**) *n empresa británica especializada en encuestas de opinión.*

moribund ['mɒrɪbʌnd] *adj fml* agonizante *fig.*

Mormon ['mɔ:mən] *n* mormón *m*, -ona *f.*

morning ['mɔːnɪŋ] *n* **-1.** [first part of day] mañana *f*; **in the ~** por la mañana; **six o'clock in the ~** las seis de la mañana; **on Monday ~** el lunes por la mañana **-2.** [between midnight and dawn] madrugada *f* **-3.** [tomorrow morning]: **in the ~** mañana por la mañana.
◆ **mornings** *adv US* por la mañana.

morning-after pill *n* píldora *f* del día siguiente.

morning dress *n esp UK* traje *m* de etiqueta.

morning sickness *n (U)* náuseas *fpl* del embarazo.

Moroccan [mə'rɒkən] ◇ *adj* marroquí. ◇ *n* marroquí *m* OR *f*.

Morocco [mə'rɒkəʊ] *n* Marruecos.

moron ['mɔːrɒn] *n inf* imbécil *m* OR *f*.

moronic [mə'rɒnɪk] *adj* imbécil.

morose [mə'rəʊs] *adj* malhumorado(da).

morphine ['mɔːfiːn] *n* morfina *f*.

morris dancing ['mɒrɪs-] *n (U) baile regional inglés cuyos bailarines llevan campanillas cosidas a la ropa.*

Morse (code) [mɔːs-] *n* (código *m*) morse *m*.

morsel ['mɔːsl] *n* bocado *m*.

mortal ['mɔːtl] ◇ *adj* **-1.** [gen] mortal **-2.** [fear] espantoso(sa). ◇ *n* mortal *m* OR *f*.

mortality [mɔː'tæləti] *n* mortalidad *f*.

mortality rate *n* tasa *f* de mortalidad.

mortally ['mɔːtəli] *adv* **-1.** [wounded] mortalmente, de muerte **-2.** [offended] profundamente.

mortar ['mɔːtə^r] *n* **-1.** [cement mixture] argamasa *f* **-2.** [gun, bowl] mortero *m*.

mortarboard ['mɔːtəbɔːd] *n sombrero en forma de cuadrado negro del cual cuelga una borla, típico de las graduaciones.*

mortgage ['mɔːgɪdʒ] ◇ *n* hipoteca *f*. ◇ *vt* hipotecar.

mortgagee [ˌmɔːgɪ'dʒiː] *n* acreedor hipotecario *m*, acreedora hipotecaria *f*.

mortgage rate *n* tipo *m* de interés hipotecario.

mortgagor [ˌmɔːgɪ'dʒɔː^r] *n* deudor hipotecario *m*, deudora hipotecaria *f*.

mortician [mɔː'tɪʃn] *n US* director *m*, -ra *f* de funeraria.

mortified ['mɔːtɪfaɪd] *adj* muerto(ta) de vergüenza.

mortise lock ['mɔːtɪs-] *n* cerradura *f* embutida.

mortuary ['mɔːtʃʊəri] (*pl* **-ies**) *n* depósito *m* de cadáveres, tanatorio *m*.

mosaic [mə'zeɪɪk] *n* mosaico *m*.

Moscow ['mɒskəʊ] *n* Moscú.

Moslem ['mɒzləm] = **Muslim**.

mosque [mɒsk] *n* mezquita *f*.

mosquito [mə'skiːtəʊ] (*pl* **-es** OR **-s**) *n* mosquito *m*, zancudo *m Amér*.

mosquito net *n* mosquitera *f*.

moss [mɒs] *n* musgo *m*.

mossy ['mɒsi] (*compar* **-ier**, *superl* **-iest**) *adj* cubierto(ta) de musgo.

most [məʊst] (*superl of* **many**) ◇ *adj* **-1.** [the majority of] la mayoría de; **~ people** la mayoría de la gente **-2.** [largest amount of]: **(the) ~** más; **who has got (the) ~ money?** ¿quién es el que tiene más dinero? ◇ *pron* **-1.** [the majority]: **~ (of)** la mayoría (de); **~ are women** la mayoría son mujeres; **~ of the time** la mayor parte del tiempo **-2.** [largest amount]: **I earn (the) ~** soy el que más dinero gana; **the ~ I've ever won** lo máximo que he ganado; **~ of the time** la mayor parte del tiempo; **at ~** como mucho **-3.** *phr*: **to make the ~ of sthg** sacarle el mayor partido a algo. ◇ *adv* **-1.** [to the greatest extent]: **(the) ~** el/la/lo más; **the ~ handsome man** el hombre más guapo; **what I like ~** lo que más me gusta; **~ often** más a menudo **-2.** *fml* [very] muy; **~ certainly** con toda seguridad **-3.** *US* [almost] casi.

mostly ['məʊstli] *adv* [in the main part] principalmente; [usually] normalmente.

MOT (*abbr of* **Ministry of Transport test**) *n* ≃ ITV *f*; **to have one's car ~'d** ≃ pasar la ITV.

motel [məʊ'tel] *n* motel *m*.

moth [mɒθ] *n* polilla *f*.

mothball ['mɒθbɔːl] *n* bola *f* de naftalina.

moth-eaten *adj* apolillado(da).

mother ['mʌðə^r] ◇ *n* madre *f*. ◇ *vt usu pej* [spoil] mimar.

motherboard ['mʌðəˌbɔːd] *n* COMPUT placa *f* madre.

motherhood ['mʌðəhʊd] *n* maternidad *f*.

Mothering Sunday ['mʌðərɪŋ-] *n* el día de la madre.

mother-in-law (*pl* **mothers-in-law** OR **mother-in-laws**) *n* suegra *f*.

motherland ['mʌðəlænd] *n* madre *f* patria.

motherless ['mʌðəlɪs] *adj* sin madre, huérfano(na) de madre.

motherly ['mʌðəli] *adj* maternal.

Mother Nature *n* la madre naturaleza.

mother-of-pearl ◇ *n* nácar *m*. ◇ *comp* de nácar.

Mother's Day *n* el día de la madre.

mother superior *n* madre *f* superiora.

mother-to-be (*pl* **mothers-to-be**) *n* futura madre *f*.

mother tongue *n* lengua *f* materna.

motif [məʊ'tiːf] *n* ART & MUS motivo *m*.

motion ['məʊʃn] <> *n* **-1.** [gen] movimiento *m*; **to set sthg in ~** poner algo en marcha; **to go through the ~s (of doing sthg)** (hacer algo para) cubrir el expediente **-2.** [proposal] moción *f*. <> *vt*: **to ~ sb to do sthg** indicar a alguien con un gesto que haga algo. <> *vi*: **to ~ to sb** hacer una señal (con la mano) a alguien.

motionless ['məʊʃənlɪs] *adj* inmóvil.

motion picture *n US* película *f*.

motivate ['məʊtɪveɪt] *vt* motivar.

motivated ['məʊtɪveɪtɪd] *adj* motivado(da).

motivation [ˌməʊtɪ'veɪʃn] *n* motivación *f*.

motive ['məʊtɪv] *n* [gen] motivo *m*; [for crime] móvil *m*.

motley ['mɒtlɪ] *adj pej* variopinto(ta), abigarrado(da).

motocross ['məʊtəkrɒs] *n* motocross *m*.

motor ['məʊtə^r] <> *adj UK* [industry, accident] automovilístico(ca); [mechanic] de automóviles. <> *n* **-1.** [engine] motor *m* **-2.** *UK inf* [car] coche *m*. <> *vi* [go fast] *inf* ir a toda pastilla.

Motorail® ['məʊtəreɪl] *n UK* servicio *m* ferroviario de transporte de coches.

motorbike ['məʊtəbaɪk] *n* moto *f*.

motorboat ['məʊtəbəʊt] *n* lancha *f* motora.

motorcade ['məʊtəkeɪd] *n* caravana *f* de coches.

motorcar ['məʊtəkɑː^r] *n* automóvil *m*.

motorcycle ['məʊtəˌsaɪkl] *n* motocicleta *f*.

motorcyclist ['məʊtəˌsaɪklɪst] *n* motociclista *m* OR *f*.

motoring ['məʊtərɪŋ] <> *adj UK* automovilístico(ca); **~ offence** infracción *f* de tráfico. <> *n* automovilismo *m*.

motorist ['məʊtərɪst] *n* automovilista *m* OR *f*, conductor *m*, -ra *f*.

motorize, -ise ['məʊtəraɪz] *vt* motorizar.

motor lodge *n US* motel *m*.

motor racing *n (U)* carreras *fpl* de coches, automovilismo *m* deportivo.

motor scooter *n* Vespa® *f*, escúter *m*.

motor show *n* salón *m* del automóvil.

motor vehicle *n* vehículo *m* de motor.

motorway ['məʊtəweɪ] *UK* <> *n* autopista *f*. <> *comp* de autopista.

mottled ['mɒtld] *adj* con manchas, moteado(da).

motto ['mɒtəʊ] (*pl* **-s** OR **-es**) *n* lema *m*.

mould, mold *US* [məʊld] <> *n* **-1.** [growth] moho *m* **-2.** [shape] molde *m*. <> *vt lit & fig* moldear.

moulding, molding *US* ['məʊldɪŋ] *n* [decoration] moldura *f*.

mouldy (*compar* **-ier**, *superl* **-iest**), **moldy** *US* (*compar* **-ier**, *superl* **-iest**) ['məʊldɪ] *adj* mohoso(sa).

moult, molt *US* [məʊlt] <> *vt* mudar. <> *vi* [bird] mudar la pluma; [dog] mudar el pelo.

mound [maʊnd] *n* **-1.** [small hill] montículo *m* **-2.** [untidy pile] montón *m*.

mount [maʊnt] <> *n* **-1.** [gen] montura *f*; [for photograph] marco *m*; [for jewel] engaste *m* **-2.** [mountain] monte *m*. <> *vt* **-1.** [horse, bike] subirse a, montar en **-2.** *fml* [hill, steps] subir **-3.** [attack] lanzar; **to ~ guard over sthg/sb** montar guardia para vigilar algo/a alguien **-4.** [exhibition] montar **-5.** [jewel] engastar; [photograph] enmarcar. <> *vi* **-1.** [increase] aumentar **-2.** [climb on horse] montar.

mountain ['maʊntɪn] *n lit & fig* montaña *f*; **to make a ~ out of a molehill** hacer una montaña de un grano de arena.

mountain bike *n* bicicleta *f* de montaña.

mountain climbing *n* montañismo *m*, andinismo *m Amér*.

mountaineer [ˌmaʊntɪ'nɪə^r] *n* montañero *m*, -ra *f*, andinista *m* OR *f Amér*.

mountaineering [ˌmaʊntɪ'nɪərɪŋ] *n* montañismo *m*, andinismo *m Amér*.

mountainous ['maʊntɪnəs] *adj* montañoso(sa).

mountain range *n* cordillera *f*, cadena *f* montañosa.

mountain rescue *n* rescate *m* de montaña.

mounted ['maʊntɪd] *adj* montado(da).

Mountie ['maʊntɪ] *n inf agente de la policía montada del Canadá.*

mourn [mɔːn] <> *vt* [person] llorar por; [thing] lamentarse de. <> *vi*: **to ~ for sb** llorar la muerte de alguien.

mourner ['mɔːnə^r] *n* doliente *m* OR *f*.

mournful ['mɔːnfʊl] *adj* [face, voice] afligido(da), lúgubre; [sound] lastimero(ra).

mourning ['mɔːnɪŋ] *n* luto *m*; **in ~** de luto.

mouse [maʊs] (*pl* **mice**) *n* ZOOL & COMPUT ratón *m*.

mouse mat *n* COMPUT alfombrilla *f*.

mousetrap ['maʊstræp] *n* ratonera *f*.

moussaka [muː'sɑːkə] *n* musaka *f*.

mousse [muːs] *n* **-1.** [food] mousse *m* **-2.** [for hair] espuma *f*.

moustache *UK* [mə'stɑːʃ], **mustache** *US* ['mʌstæʃ] *n* bigote *m*.

mouth [*n* maʊθ, *vt* maʊð] <> *n* [gen] boca *f*; [of river] desembocadura *f*; **to keep one's ~ shut** *inf* callarse, no abrir la boca. <> *vt* articular con los labios (sin hablar).

mouthful ['maʊθfʊl] *n* **-1.** [of food] bocado *m*; [of drink] trago *m* **-2.** *inf* [difficult word] trabalenguas *m inv*.

mouthorgan [ˈmaʊθˌɔːgən] *n* armónica *f*, rondín *m* ***Amér.***

mouthpiece [ˈmaʊθpiːs] *n* **-1.** [of telephone] micrófono *m* **-2.** [of musical instrument] boquilla *f* **-3.** [spokesperson] portavoz *m* OR *f*.

mouth-to-mouth *adj*: **~ resuscitation** (respiración *f*) boca a boca *m*.

mouthwash [ˈmaʊθwɒʃ] *n* elixir *m* bucal.

mouth-watering [-ˌwɔːtərɪŋ] *adj* muy apetitoso(sa).

movable [ˈmuːvəbl] *adj* movible.

move [muːv] ◇ *n* **-1.** [movement] movimiento *m*; **a ~ towards** un paso hacia; **a ~ away from** un alejamiento de; **on the ~** [travelling around] viajando; [beginning to move] en marcha; **to get a ~ on** *inf* espabilarse, darse prisa **-2.** [change - of house] mudanza *f*; [- of job] cambio *m* **-3.** [in board game] jugada *f*; **it's your ~** mueves tú **-4.** [course of action] medida *f*. ◇ *vt* **-1.** [shift] mover; **to ~ sthg closer** acercar algo **-2.** [change - house] mudarse de; [- job] cambiar de **-3.** [transfer, postpone] trasladar **-4.** [affect] conmover **-5.** [in debate - motion] proponer **-6.** [cause]: **to ~ sb to do sthg** mover OR llevar a alguien a hacer algo. ◇ *vi* **-1.** [gen] moverse; [events] cambiar **~ closer** acércate; **-2.** [change house] mudarse; [change job] cambiar de trabajo.

◆ **move about** *vi* **-1.** [fidget] ir de aquí para allá **-2.** [travel] viajar.

◆ **move along** ◇ *vt sep* dispersar. ◇ *vi* **-1.** [move towards front or back] hacerse a un lado, correrse **-2.** [move away - crowd, car] circular.

◆ **move around** = **move about**.

◆ **move away** *vi* **-1.** [walk away] apartarse **-2.** [go to live elsewhere] marcharse.

◆ **move in** ◇ *vt sep* [troops] mandar. ◇ *vi* **-1.** [to new house] instalarse; **to ~ in with sb** irse a vivir con alguien **-2.** [take control, attack] intervenir.

◆ **move off** *vi* [vehicle, procession] ponerse en marcha.

◆ **move on** ◇ *vt sep* dispersar. ◇ *vi* **-1.** [go away] marcharse **-2.** [progress] avanzar, cambiar; **to ~ on (to a different subject)** pasar a otro tema.

◆ **move out** ◇ *vt sep* [troops] retirar. ◇ *vi* mudarse; **my girlfriend ~ed out yesterday** mi novia se fue a vivir a otra casa ayer.

◆ **move over** *vi* hacer sitio, correrse.

◆ **move up** *vi* [on bench etc] hacer sitio, correrse.

moveable = **movable**.

movement [ˈmuːvmənt] *n* [gen] movimiento *m*; **the free ~ of goods** la libre circulación de mercancías.

movie [ˈmuːvɪ] *n esp* ***US*** película *f*; **to go to the ~s** ir al cine.

movie camera *n* cámara *f* cinematográfica.

moviegoer [ˈmuːvɪˌgəʊəʳ] *n* ***US*** persona *f* que va mucho al cine.

movie star *n* ***US*** estrella *f* de cine.

movie theater *n* ***US*** cine *m*.

moving [ˈmuːvɪŋ] *adj* **-1.** [touching] conmovedor(ra) **-2.** [not fixed] móvil.

moving staircase *n* escalera *f* mecánica.

mow [məʊ] (*pt* **-ed**, *pp* **-ed** OR **mown**) *vt* [grass, lawn] cortar; [corn] segar.

◆ **mow down** *vt sep* acribillar.

mower [ˈməʊəʳ] *n* cortacésped *m* OR *f*.

mown [məʊn] *pp* ▷ **mow**.

Mozambican [ˌməʊzəmˈbiːkən] ◇ *adj* mozambiqueño(ña). ◇ *n* mozambiqueño *m*, -ña *f*.

Mozambique [ˌməʊzəmˈbiːk] *n* Mozambique.

mozzarella [ˌmɒtsəˈrelə] *n* mozzarella *f*.

MP *n* **-1.** (*abbr of* **Military Police**) PM *f* **-2.** ***UK*** *abbr of* **Member of Parliament** **-3.** (*abbr of* **Mounted Police**) *la policía montada del Canadá*.

MP3 (*abbr of* **MPEG-1 Audio Layer-3**) *n* COMPUT MP3 *m*.

MPEG (*abbr of* **Moving Pictures Expert Group**) *n* COMPUT MPEG *m*.

mpg (*abbr of* **miles per gallon**) millas/galón; **it does 35 ~** consume 35 millas/galón.

mph (*abbr of* **miles per hour**) mph.

MPhil [ˌemˈfɪl] (*abbr of* **Master of Philosophy**) *n* (*titular de un*) *título postuniversitario de unos dos años de duración en el campo de las humanidades*.

Mr [ˈmɪstəʳ] *n* Sr.; **~ Jones** el Sr. Jones.

MRC (*abbr of* **Medical Research Council**) *n* *principal organismo gubernamental para la investigación en el campo de la medicina*.

MRI (*abbr of* **magnetic resonance imaging**) *n* RM *f*.

MRP (*abbr of* **manufacturer's recommended price**) *n* PVP *m* recomendado.

Mrs [ˈmɪsɪz] *n* Sra.; **~ Jones** la Sra. Jones.

ms. (*abbr of* **manuscript**) *n* ms.

Ms [mɪz] *n abreviatura utilizada delante de un apellido de mujer cuando no se quiere especificar si está casada o no*.

MS[1] ◇ *n* **-1.** (*abbr of* **manuscript**) ms. **-2.** (*abbr of* **Master of Science**) (*titular de un*) *título postuniversitario de unos dos años de duración en el campo de las ciencias*. ◇ *abbr of* **Mississippi**.

MS[2], **ms** *n abbr of* **multiple sclerosis**.

MSc (*abbr of* **Master of Science**) *n* (titular *m* OR *f* de un) máster *m* en Ciencias.
MSF (*abbr of* **Manufacturing, Science and Finance Union**) *n antiguo sindicato británico.*
MSG *n abbr of* **monosodium glutamate**.
Msgr (*abbr of* **Monsignor**) Msr.
MST (*abbr of* **Mountain Standard Time**) *hora oficial de los Estados de las montañas Rocosas.*
Mt (*abbr of* **mount**) mte.
MT *abbr of* **Montana**.
much [mʌtʃ] (*compar* **more**, *superl* **most**) <> *adj* mucho(cha); **there isn't ~ rice left** no queda mucho arroz; **after ~ thought** tras mucho reflexionar; **as ~ time as ...** tanto tiempo como ...; **twice as ~ flour** el doble de harina; **how ~ ...?** ¿cuánto(ta) ...?; **how ~ time?** ¿cuánto tiempo?; **so ~** tanto(ta); **too ~** demasiado(da). <> *pron* mucho; **have you got ~?** ¿tienes mucho?; **I don't see ~ of him** no lo veo mucho; **~ of the time** una buena parte del tiempo; **I don't think ~ of it** no me parece gran cosa; **this isn't ~ of a party** esta fiesta no es nada del otro mundo; **as ~ as** tanto como; **twice as ~** el doble; **I thought as ~** ya me lo imaginaba; **how ~?** ¿cuánto?; **so ~ for** tanto con; **too ~** demasiado; **it's not up to ~** *inf* no es precisamente una maravilla. <> *adv* mucho; **I don't go out ~** no salgo mucho; **~ too cold** demasiado frío; **they are ~ the same** son muy parecidos; **thank you very ~** muchas gracias; **as ~ as** tanto como; **so ~** tanto; **he is not so ~ stupid as lazy** más que tonto es vago; **without so ~ as ...** sin siquiera ...; **too ~** demasiado.
◆ **much as** *conj*: **~ as (I like him)** por mucho OR más que (me guste).
muchness ['mʌtʃnɪs] *n*: **to be much of a ~** venir a ser lo mismo.
muck [mʌk] *inf n (U)* **-1.** [dirt] mugre *f*, porquería *f* **-2.** [manure] estiércol *m*.
◆ **muck about, muck around** *UK inf* <> *vt sep* hacer perder el tiempo. <> *vi* hacer el indio OR tonto.
◆ **muck in** *vi UK inf* arrimar el hombro.
◆ **muck out** *vt sep* limpiar.
◆ **muck up** *vt sep inf UK* fastidiar.
muckraking ['mʌkreɪkɪŋ] *fig n* sensacionalismo *m*, periodismo *m* del cotilleo.
mucky ['mʌkɪ] (*compar* **-ier**, *superl* **-iest**) *adj* mugriento(ta).
mucus ['mju:kəs] *n* mucosidad *f*.
mud [mʌd] *n* barro *m*, lodo *m*.
muddle ['mʌdl] <> *n* **-1.** [disorder] desorden *m*; **to be in a ~** estar en desorden **-2.** [confusion] lío *m*, confusión *f*; **to be in a ~** estar hecho un lío; **to get into a ~** hacerse un lío. <> *vt* **-1.** [put into disorder] desordenar **-2.** [confuse] liar, confundir.
◆ **muddle along** *vi* apañárselas más o menos.
◆ **muddle through** *vi* arreglárselas.
◆ **muddle up** *vt sep* [put into disorder] desordenar; [confuse] liar, confundir.
muddle-headed [-ˌhedɪd] *adj* [plan] confuso (sa); [person] incapaz de pensar con claridad.
muddy ['mʌdɪ] (*compar* **-ier**, *superl* **-iest**, *pt* & *pp* **-ied**) <> *adj* **-1.** [gen] embarrado(da), lleno(na) de barro; [river] cenagoso(sa) **-2.** [in colour] marrón. <> *vt fig* embrollar.
mudflap ['mʌdflæp] *n* alfombra *f* salpicadero.
mudflat ['mʌdflæt] *n* marisma *f*.
mudguard ['mʌdgɑ:d] *n* guardabarros *m inv*, tapabarro *m Andes*.
mudpack ['mʌdpæk] *n* mascarilla *f* facial (de barro).
mudslinging ['mʌdˌslɪŋɪŋ] *n (U) fig* insultos *mpl*, improperios *mpl*.
muesli ['mju:zlɪ] *n UK* muesli *m*.
muff [mʌf] <> *n* manguito *m*. <> *vt inf* [catch] fallar; [chance] dejar escapar.
muffin ['mʌfɪn] *n* **-1.** *UK* [eaten with butter] *especie de bollo de pan que se come caliente* **-2.** *US* [cake] *especie de magdalena que se come caliente.*
muffle ['mʌfl] *vt* [sound] amortiguar.
muffled ['mʌfld] *adj* **-1.** [sound] apagado(da) **-2.** [wrapped up warmly]: **~ (up)** abrigado(da), tapado(da).
muffler ['mʌfləʳ] *n US* [for car] silenciador *m*.
mug [mʌg] (*pt* & *pp* **-ged**, *cont* **-ging**) <> *n* **-1.** [cup] taza *f* (alta) **-2.** *inf* [fool] primo *m*, -ma *f* **-3.** *inf* [face] jeta *f*. <> *vt* asaltar, atracar.
mugger ['mʌgəʳ] *n* atracador *m*, -ra *f*.
mugging ['mʌgɪŋ] *n* [attack] atraco *m*.
muggy ['mʌgɪ] (*compar* **-ier**, *superl* **-iest**) *adj* bochornoso(sa).
mugshot ['mʌgʃɒt] *n inf* foto *f* (hecha por la policía).
mujaheddin [ˌmu:dʒəhe'di:n] *npl* muyahidín *mpl*.
mulatto [mju:'lætəʊ] (*pl* **-s** OR **-es**) *n* mulato *m*, -ta *f*.
mulberry ['mʌlbərɪ] (*pl* **-ies**) *n* **-1.** [tree] morera *f*, moral *m* **-2.** [fruit] mora *f*.
mule [mju:l] *n* mula *f*.
mull [mʌl] ◆ **mull over** *vt sep* reflexionar sobre.
mullah ['mʌlə] *n* mulá *m*.
mulled [mʌld] *adj*: **~ wine** *vino caliente con azúcar y especias.*

mullet ['mʌlɪt] (*pl inv* OR **-s**) *n*: **grey ~** mújol *m*; **red ~** salmonete *m*.

mulligatawny [ˌmʌlɪgə'tɔ:nɪ] *n sopa de carne con especias.*

multi- ['mʌltɪ] *prefix* multi-.

multicoloured *UK*, **multicolored** *US* [ˌmʌltɪ'kʌləd] *adj* multicolor.

multicultural [ˌmʌltɪ'kʌltʃərəl] *adj* multicultural.

multidisciplinary [ˌmʌltɪ'dɪsɪplɪnərɪ] *adj* multidisciplinar.

multifaceted [ˌmʌltɪ'fæsɪtɪd] *adj* con múltiples aspectos.

multifarious [ˌmʌltɪ'feərɪəs] *adj* múltiple.

multigym [mʌltɪ'dʒɪm] *n* multiestación *f* (de musculación).

multilateral [ˌmʌltɪ'lætərəl] *adj* multilateral.

multimedia [ˌmʌltɪ'mi:djəl *adj* COMPUT multimedia *(inv)*.

multimillionaire ['mʌltɪˌmɪljə'neə^r] *n* multimillonario *m*, -ria *f*.

multinational [ˌmʌltɪ'næʃənl] <> *adj* multinacional. <> *n* multinacional *f*.

multiple ['mʌltɪpl] <> *adj* múltiple. <> *n* múltiplo *m*.

multiple-choice *adj* tipo test *(inv)*.

multiple crash *n* colisión *f* múltiple OR en cadena.

multiple injuries *npl* heridas *fpl* múltiples.

multiple sclerosis [-sklɪ'rəʊsɪs] *n* esclerosis *f inv* múltiple.

multiplex cinema ['mʌltɪpleks-] *n* (cine *m*) multisalas *m inv*.

multiplication [ˌmʌltɪplɪ'keɪʃn] *n* multiplicación *f*.

multiplication sign *n* signo *m* de multiplicación.

multiplication table *n* tabla *f* de multiplicar.

multiplicity [ˌmʌltɪ'plɪsətɪ] *n* multiplicidad *f*.

multiply ['mʌltɪplaɪ] (*pt* & *pp* **-ied**) <> *vt* multiplicar. <> *vi* **-1.** MATH multiplicar **-2.** [increase, breed] multiplicarse.

multipurpose [ˌmʌltɪ'pɜ:pəs] *adj* multiuso *(inv)*.

multiracial [ˌmʌltɪ'reɪʃl] *adj* multirracial.

multistorey *UK*, **multistory** *US* [ˌmʌltɪ'stɔ:rɪ] <> *adj* de varias plantas. <> *n* aparcamiento *m* de varias plantas.

multitude ['mʌltɪtju:d] *n* multitud *f*.

multi-user *adj* COMPUT multiusuario.

mum [mʌm] *UK inf* <> *n* mamá *f*. <> *adj*: **to keep ~** no decir ni pío, mantener la boca cerrada.

mumble ['mʌmbl] <> *vt* mascullar, decir entre dientes. <> *vi* musitar, hablar entre dientes.

mumbo jumbo [ˌmʌmbəʊ'dʒʌmbəʊ] *n pej* galimatías *m inv*.

mummify ['mʌmɪfaɪ] (*pt* & *pp* **-ied**) *vt* momificar.

mummy ['mʌmɪ] (*pl* **-ies**) *n* **-1.** *UK inf* [mother] mamá *f* **-2.** [preserved body] momia *f*.

mumps [mʌmps] *n (U)* paperas *fpl*.

munch [mʌntʃ] *vt* & *vi* masticar.

mundane [mʌn'deɪn] *adj* prosaico(ca).

mung bean [mʌŋ-] *n tipo de legumbre procedente de Asia.*

municipal [mju:'nɪsɪpl] *adj* municipal.

municipality [mju:ˌnɪsɪ'pælətɪ] (*pl* **-ies**) *n* municipio *m*.

munificent [mju:'nɪfɪsənt] *adj fml* munífico(ca), dadivoso(sa).

munitions [mju:'nɪʃnz] *npl* municiones *fpl*.

mural ['mju:ərəl] *n* mural *m*.

murder ['mɜ:də^r] <> *n* asesinato *m*; **to get away with ~** hacer lo que a uno le viene en gana. <> *vt* **-1.** [kill] asesinar **-2.** *inf* [defeat] dar una paliza a.

murderer ['mɜ:dərə^r] *n* asesino *m*.

murderess ['mɜ:dərɪs] *n* asesina *f*.

murderous ['mɜ:dərəs] *adj* asesino(na), homicida.

murky ['mɜ:kɪ] (*compar* **-ier**, *superl* **-iest**) *adj* **-1.** [water, past] turbio(bia) **-2.** [night, street] sombrío(a), lúgubre.

murmur ['mɜ:mə^r] <> *n* **-1.** [low sound] murmullo *m* **-2.** MED [of heart] soplo *m*. <> *vt* & *vi* murmurar.

muscle ['mʌsl] *n* **-1.** MED músculo *m* **-2.** *fig* [power] poder *m*.

◆ **muscle in** *vi* entrometerse.

muscleman ['mʌslmən] (*pl* **-men** [-mən]) *n* forzudo *m*.

Muscovite ['mʌskəvaɪt] <> *adj* moscovita. <> *n* moscovita *m* OR *f*.

muscular ['mʌskjʊlə^r] *adj* **-1.** [of muscles] muscular **-2.** [strong] musculoso(sa).

muscular dystrophy [-'dɪstrəfɪ] *n* distrofia *f* muscular.

muse [mju:z] <> *n* musa *f*. <> *vi* meditar, reflexionar.

museum [mju:'zi:əm] *n* museo *m*.

mush [mʌʃ] *n inf (U)* **-1.** [gunge] pasta *f*, masa *f* blandengue **-2.** [drivel] sensiblerías *fpl*.

mushroom ['mʌʃrʊm] <> *n* [button] champiñón *m*; [field] seta *f*; BOT hongo *m*, callampa *f Chile*. <> *vi* extenderse rápidamente.

mushroom cloud *n* hongo *m* nuclear.

mushy ['mʌʃɪ] (*compar* **-ier**, *superl* **-iest**) *adj* **-1.**

[very soft] blandengue **-2.** [over-sentimental] sensiblero(ra).

music ['mju:zɪk] *n* música *f.*

musical ['mju:zɪkl] <> *adj* **-1.** [gen] musical **-2.** [talented in music] con talento para la música. <> *n* musical *m.*

musical box *UK*, **music box** *US n* caja *f* de música.

musical chairs *n (U)* el juego de las sillas.

musical instrument *n* instrumento *m* musical.

music box *US* = **musical box.**

music centre *n* cadena *f* (musical), equipo *m* (de música).

music hall *n UK* [building] teatro *m* de variedades *OR* de revista; [genre] music-hall *m.*

musician [mju:'zɪʃn] *n* músico *m*, -ca *f.*

music stand *n* atril *m.*

musk [mʌsk] *n* almizcle *m.*

musket ['mʌskɪt] *n* mosquete *m.*

muskrat ['mʌskræt] *n* rata *f* almizclada.

Muslim ['mʊzlɪm] <> *adj* musulmán(ana). <> *n* musulmán *m*, -ana *f.*

muslin ['mʌzlɪn] *n* muselina *f.*

musquash ['mʌskwɒʃ] *n* **-1.** [animal] rata *f* almizclada **-2.** [fur] piel *f* de rata almizclada.

muss [mʌs] *vt US*: **to ~ sthg (up)** [hair] despeinar; [clothes] arrugar.

mussel ['mʌsl] *n* mejillón *m*, choro *m* ***Andes.***

must [mʌst] <> *aux vb* **-1.** [have to, intend to] deber, tener que; **I ~ go** tengo que *OR* debo irme; **if I ~** si no hay más remedio **-2.** [as suggestion] tener que; **you ~ come and see us** tienes que venir a vernos **-3.** [to express likelihood] deber (de); **it ~ be true** debe (de) ser verdad; **they ~ have known** deben de haberlo sabido. <> *n inf*: **binoculars are a ~** unos prismáticos son imprescindibles; **the film is a ~** no puedes perderte esta película.

mustache *US* = **moustache.**

mustard ['mʌstəd] *n* mostaza *f*; **~ and cress** *UK* brotes *mpl* de mostaza y berro.

mustard gas *n* gas *m* mostaza.

muster ['mʌstə^r] <> *vt* reunir; **to ~ the courage to do sthg** armarse de valor para hacer algo. <> *vi* reunirse.

◆ **muster up** *vt fus* [strength, support] reunir; [courage] armarse de.

mustn't ['mʌsnt] = **must not.**

must've ['mʌstəv] = **must have.**

musty ['mʌstɪ] (*compar* **-ier**, *superl* **-iest**) *adj* [room] que huele a cerrado; [book] que huele a viejo.

mutant ['mju:tənt] <> *adj* mutante. <> *n* mutante *m OR f.*

mutate [mju:'teɪt] *vi*: **to ~ (into)** mutarse (en).

mutation [mju:'teɪʃn] *n* mutación *f.*

mute [mju:t] <> *adj* mudo(da). <> *n* [person] mudo *m*, -da *f.* <> *vt* amortiguar.

muted ['mju:tɪd] *adj* **-1.** [not bright] apagado(da) **-2.** [subdued] contenido(da).

mutilate ['mju:tɪleɪt] *vt* mutilar.

mutilation [ˌmju:tɪ'leɪʃn] *n* mutilación *f.*

mutineer [ˌmju:tɪ'nɪə^r] *n* amotinado *m*, -da *f.*

mutinous ['mju:tɪnəs] *adj* rebelde.

mutiny ['mju:tɪnɪ] (*pl* **-ies**, *pt* & *pp* **-ied**) <> *n* motín *m.* <> *vi* amotinarse.

mutt [mʌt] *n inf* **-1.** [fool] bobo *m*, -ba *f* **-2.** ***esp US*** [dog] chucho *m.*

mutter ['mʌtə^r] <> *vt* musitar, mascullar. <> *vi* murmurar; **to ~ to sb** gruñirle a alguien; **to ~ to o.s.** refunfuñar.

muttering ['mʌtərɪŋ] *n (U)* murmullos *mpl.*

mutton ['mʌtn] *n* (carne *f* de) carnero *m*; **~ dressed as lamb** *UK* lobo *m* con piel de cordero, *mujer madura vestida de jovencita.*

mutual ['mju:tʃʊəl] *adj* **-1.** [reciprocal] mutuo(tua) **-2.** [common] común.

mutual fund *n US* fondo *m* de inversión colectiva.

mutually ['mju:tʃjʊəlɪ] *adv* mutuamente; **~ exclusive** que se excluyen mutuamente.

Muzak® ['mju:zæk] *n* ≃ hilo *m* musical®.

muzzle ['mʌzl] <> *n* **-1.** [animal's nose and jaws] hocico *m*, morro *m* **-2.** [wire guard] bozal *m* **-3.** [of gun] boca *f.* <> *vt* **-1.** [put muzzle on] poner bozal a **-2.** ***fig*** [silence] amordazar, silenciar.

muzzy ['mʌzɪ] (*compar* **-ier**, *superl* **-iest**) *adj* [head] embotado(da); [memory] borroso(sa).

MVP (*abbr of* **most valuable player**) *jugador más valioso.*

MW (*abbr of* **medium wave**) OM *f.*

my [maɪ] *poss adj* **-1.** [gen] mi, mis *(pl)*; **~ house/sister** mi casa/hermana; **~ children** mis hijos; **~ name is Sarah** me llamo Sarah; **it wasn't MY fault** no fue culpa mía *OR* mi culpa; **I washed ~ hair** me lavé el pelo **-2.** [in titles]: **~ Lord** milord; **~ Lady** milady.

myopic [maɪ'ɒpɪk] *adj* **-1.** *MED* miope **-2.** [attitude, policy] corto(ta) de miras.

myriad ['mɪrɪəd] ***literary*** <> *adj* innumerables. <> *n* miríada *f.*

myrrh [mɜ:^r] *n* mirra *f.*

myrtle ['mɜ:tl] *n* mirto *m*, arrayán *m.*

myself [maɪ'self] *pron* **-1.** *(reflexive)* me; *(after prep)* mí mismo(ma); **with ~** conmigo mismo **-2.** *(for emphasis)* yo mismo(ma); **I did it ~** lo hice yo solo(la).

mysterious [mɪ'stɪərɪəs] *adj* misterioso(sa); **to be ~ about sthg** andarse con misterios sobre algo.

mysteriously [mɪ'stɪərɪəslɪ] *adv* misteriosamente.

mystery ['mɪstərɪ] (*pl* **-ies**) <> *adj* sorpresa. <> *n* misterio *m*.

mystery story *n* novela *f* de intriga.

mystery tour *n* viaje *m* sorpresa.

mystic ['mɪstɪk] <> *adj* místico(ca). <> *n* místico *m*, -ca *f*.

mystical ['mɪstɪkl] *adj* místico(ca).

mysticism ['mɪstɪsɪzm] *n* misticismo *m*.

mystified ['mɪstɪfaɪd] *adj* desconcertado(da), perplejo(ja).

mystifying ['mɪstɪfaɪɪŋ] *adj* desconcertante.

mystique [mɪ'sti:k] *n* misterio *m*.

myth [mɪθ] *n* mito *m*.

mythic ['mɪθɪk] *adj* [like a myth] mítico(ca).

mythical ['mɪθɪkl] *adj* **-1.** [imaginary] mítico(ca) **-2.** [untrue] falso(sa).

mythological [ˌmɪθə'lɒdʒɪkl] *adj* mitológico(ca).

mythology [mɪ'θɒlədʒɪ] (*pl* **-ies**) *n* **-1.** [collection of myths] mitología *f* **-2.** [set of false beliefs] mito *m*.

myxomatosis [ˌmɪksəmə'təʊsɪs] *n* mixomatosis *f inv*.

n (*pl* **n's** *OR* **ns**), **N** (*pl* **N's** *OR* **Ns**) [en] *n* [letter] n *f*, N *f*.
◆ **N** (*abbr of* **north**) N.

n/a, N/A (*abbr of* **not applicable**) *no corresponde*.

NA (*abbr of* **Narcotics Anonymous**) *n organización estadounidense de ayuda a los toxicómanos*.

NAACP (*abbr of* **National Association for the Advancement of Colored People**) *n organización estadounidense de ayuda a la gente de color*.

NAAFI ['næfɪ] (*abbr of* **Navy, Army & Air Force Institute**) *n organización gubernamental encargada del aprovisionamiento de las fuerzas armadas británicas*.

nab [næb] (*pt* & *pp* **-bed**, *cont* **-bing**) *vt inf* **-1.** [arrest] pillar **-2.** [get quickly] coger.

nadir ['neɪˌdɪə^r] *n* **-1.** *ASTRON* nadir *m* **-2.** *fig* [low point] punto *m* más bajo.

naff [næf] *adj UK inf* [film, story] hortera; [behaviour] de mal gusto.

NAFTA (*abbr of* **North American Free Trade Agreement**) *n* NAFTA *f*, TLC *m*.

nag [næg] (*pt* & *pp* **-ged**, *cont* **-ging**) <> *vt* [subj: person] dar la lata a. <> *vi* **-1.** [person]: **to ~ (at sb)** dar la lata (a alguien) **-2.** [thought, doubt]: **to ~ at sb** consumir *OR* corroer a alguien. <> *n inf* **-1.** [person] pesado *m*, -da *f* **-2.** [horse] jamelgo *m*, rocín *m*.

nagging ['nægɪŋ] *adj* **-1.** [thought, doubt] persistente **-2.** [person] gruñón(ona).

nail [neɪl] <> *n* **-1.** [for fastening] clavo *m*; **to hit the ~ on the head** dar en el clavo **-2.** [of finger, toe] uña *f*. <> *vt*: **to ~ sthg to sthg** clavar algo en *OR* a algo.
◆ **nail down** *vt sep* **-1.** [fasten] clavar **-2.** [person]: **I couldn't ~ him down** no pude hacerle concretar.

nail-biting *adj* emocionantísimo(ma), lleno(na) de suspense.

nailbrush ['neɪlbrʌʃ] *n* cepillo *m* de uñas.

nail file *n* lima *f* de uñas.

nail polish *n* esmalte *m* para las uñas.

nail scissors *npl* tijeras *fpl* para las uñas.

nail varnish *n* esmalte *m* para las uñas.

nail varnish remover [-rɪ'mu:və^r] *n* quitaesmaltes *m inv*.

Nairobi [naɪ'rəʊbɪ] *n* Nairobi.

naive, naïve [naɪ'i:v] *adj* ingenuo(nua).

naivety, naïvety [naɪ'i:vtɪ] *n* ingenuidad *f*.

naked ['neɪkɪd] *adj* **-1.** [gen] desnudo(da); **~ flame** llama *f* sin protección **-2.** [blatant - hostility, greed] abierto(ta); [- facts] sin tapujos **-3.** [unaided]: **with the ~ eye** a simple vista.

NALGO ['nælgəʊ] (*abbr of* **National and Local Government Officers' Association**) *n antiguo sindicato de funcionarios británicos*.

Nam [næm] (*abbr of* **Vietnam**) *n US inf* Vietnam *m*.

NAM (*abbr of* **National Association of Manufacturers**) *n organización de empresarios estadounidenses*.

name [neɪm] <> *n* [gen] nombre *m*; [surname] apellido *m*; **what's your ~?** ¿cómo te llamas?; **my ~ is John** me llamo John; **by ~** por el nombre; **is there anyone by the ~ of ...?** ¿hay alguien que se llame ...?; **it's in my wife's ~** está a nombre de mi mujer; **in the ~ of** en nombre de; **in ~ only** sólo de nombre; **to call sb ~s** llamar de todo a alguien; **to have a good ~** tener buena fama; **to make a ~ for o.s.** hacerse un nombre. <> *vt* **-1.** [christen] poner nombre a; **we ~d him Jim** le llamamos Jim; **to ~ sb after sb** *UK*, **to ~ sb for sb** *US* poner a alguien el nombre de alguien **-2.** [identify] nombrar **-3.** [date, price] poner, decir **-4.** [appoint] nombrar.

namedropping ['neɪmdrɒpɪŋ] *n*: **he loves ~** le encanta alardear mencionando nombres de gente que conoce o a la que ha leído.

nameless ['neɪmlɪs] *adj* **-1.** [unknown - person, author] anónimo(ma) **-2.** [indescribable] indescriptible.

namely ['neɪmlɪ] *adv* a saber.

nameplate ['neɪmpleɪt] *n* placa *f* con el nombre.

namesake ['neɪmseɪk] *n* tocayo *m*, -ya *f*.

Namibia [nɑː'mɪbɪə] *n* Namibia.

Namibian [nɑː'mɪbɪən] ◇ *adj* namibio(bia). ◇ *n* namibio *m*, -bia *f*.

nan(a) [næn(ə)] *n inf UK* yaya *f*, abuelita *f*.

nan bread [næn-] *n (U) pan indio sin levadura*.

nanny ['nænɪ] (*pl* **-ies**) *n* niñera *f*.

nanny goat *n* cabra *f*.

nap [næp] (*pt* & *pp* **-ped**, *cont* **-ping**) ◇ *n* siesta *f*; **to take** OR **have a ~** echar una siesta. ◇ *vi* echar una siesta; **we were caught napping** *inf* nos pillaron desprevenidos.

napalm ['neɪpɑːm] *n* napalm *m*.

nape [neɪp] *n*: **~ of the neck** nuca *f*.

napkin ['næpkɪn] *n* servilleta *f*.

nappy ['næpɪ] (*pl* **-ies**) *n UK* pañal *m*.

nappy liner *n parte desechable de un pañal de gasa*.

narcissi [nɑː'sɪsaɪ] *pl* ▻ **narcissus**.

narcissism ['nɑːsɪsɪzm] *n* narcisismo *m*.

narcissistic [ˌnɑːsɪ'sɪstɪk] *adj* narcisista.

narcissus [nɑː'sɪsəs] (*pl* **-cissuses** OR **-cissi**) *n* narciso *m*.

narcotic [nɑː'kɒtɪk] ◇ *adj* narcótico(ca). ◇ *n* narcótico *m*.

nark [nɑːk] *UK inf* ◇ *n* [police informer] soplón *m*, -ona *f*. ◇ *vt* cabrear.

narky ['nɑːkɪ] (*compar* **-ier**, *superl* **-iest**) *adj UK inf* de mala uva.

narrate [*UK* nə'reɪt, *US* 'næreɪt] *vt* narrar.

narration [*UK* nə'reɪʃn, *US* næ'reɪʃn] *n* narración *f*.

narrative ['nærətɪv] ◇ *adj* narrativo(va). ◇ *n* **-1.** [account] narración *f* **-2.** [art of narrating] narrativa *f*.

narrator [*UK* nə'reɪtə^r, *US* 'næreɪtər] *n* narrador *m*, -ra *f*.

narrow ['nærəʊ] ◇ *adj* **-1.** [not wide] estrecho(cha) **-2.** [limited] estrecho(cha) de miras **-3.** [victory, defeat] por un estrecho margen; [majority] escaso(sa); [escape, miss] por muy poco, por los pelos. ◇ *vt* **-1.** [eyes] entornar **-2.** [gap, choice] reducir. ◇ *vi* **-1.** [become less wide] estrecharse **-2.** [eyes] entornarse **-3.** [gap] acortarse, reducirse.

◆ **narrow down** *vt sep* reducir.

narrow-gauge *adj* RAIL de vía estrecha.

narrowly ['nærəʊlɪ] *adv* [barely] por muy poco.

narrow-minded [-'maɪndɪd] *adj* estrecho(cha) de miras.

NASA ['næsə] (*abbr of* **National Aeronautics and Space Administration**) *n* la NASA.

nasal ['neɪzl] *adj* nasal.

nascent ['neɪsənt] *adj fml* naciente.

nastily ['nɑːstɪlɪ] *adv* **-1.** [unkindly] con mala intención **-2.** [painfully]: **he fell ~** tuvo una caída muy mala.

nastiness ['nɑːstɪnɪs] *n* [unkindness] mala intención *f*.

nasturtium [nəs'tɜːʃəm] (*pl* **-s**) *n* capuchina *f*.

nasty ['nɑːstɪ] (*compar* **-ier**, *superl* **-iest**) *adj* **-1.** [unkind] malintencionado(da); **to be ~ to sb** ser malo(la) con alguien **-2.** [smell, taste, feeling] desagradable; [weather] horrible; **cheap and ~** barato(ta) y de mal gusto **-3.** [problem, decision] peliagudo(da) **-4.** [injury, disease] doloroso(sa); [accident] grave; [fall] malo(la).

NAS/UWT (*abbr of* **National Association of Schoolmasters/Union of Women Teachers**) *n sindicato británico de profesores*.

Natal [nə'tæl] *n* Natal.

nation ['neɪʃn] *n* nación *f*.

national ['næʃənl] ◇ *adj* nacional. ◇ *n* súbdito *m*, -ta *f*.

national anthem *n* himno *m* nacional.

National Curriculum *n programa de estudios oficial en Inglaterra y Gales*.

national debt *n* deuda *f* pública.

national dress *n* traje *m* típico (de un país).

National Front *n*: **the ~** *partido político minoritario de extrema derecha en Gran Bretaña*.

national grid *n UK red eléctrica nacional*.

National Guard *n US*: **the ~** la Guardia Nacional estadounidense.

National Health Service *n UK*: **the ~** *organismo gestor de la salud pública*, ≃ el Insalud.

National Insurance *n UK* ≃ Seguridad *f* Social.

nationalism ['næʃnəlɪzm] *n* nacionalismo *m*.

nationalist ['næʃnəlɪst] ◇ *adj* nacionalista. ◇ *n* nacionalista *m* OR *f*.

nationality [ˌnæʃə'nælətɪ] (*pl* **-ies**) *n* nacionalidad *f*.

nationalization [ˌnæʃnəlaɪ'zeɪʃn] *n* nacionalización *f*.

nationalize, -ise ['næʃnəlaɪz] *vt* nacionalizar.

nationalized ['næʃnəlaɪzd] *adj* nacionalizado(da).

National Lottery *n lotería nacional británica.*

national park *n* parque *m* nacional.

national service *n UK* MIL servicio *m* militar.

National Trust *n UK*: **the ~** *organización británica encargada de la preservación de edificios históricos y lugares de interés,* ≃ el Patrimonio Nacional.

nation state *n* estado *m* nación.

nationwide ['neɪʃənwaɪd] ◇ *adj* de ámbito nacional. ◇ *adv* [travel] por todo el país; [be broadcast] a todo el país.

native ['neɪtɪv] ◇ *adj* **-1.** [country, area] natal **-2.** [speaker] nativo(va); **~ language** lengua *f* materna **-3.** [plant, animal]: **~ (to)** originario(ria) (de). ◇ *n* [of country, area] natural *m* OR *f*, nativo *m*, -va *f*.

Native American *n* indio americano *m*, india americana *f*.

NATIVE AMERICAN

Las tribus de aborígenes americanos que poblaban los Estados Unidos antes de la llegada de los europeos poseían sus propias lenguas y modos de vida. Entre los siglos XVII y XIX se vieron obligadas a defender sus tierras de los colonos europeos, a menudo luchando. Muchos indios murieron en combate o tras contraer alguna de las enfermedades que los europeos llevaron a América. Otros muchos fueron obligados a vivir en reservas, territorios apartados especialmente para ellos. A lo largo del siglo XX, el gobierno estadounidense ha procurado conceder más derechos a los grupos étnicos nativos del país, y ha ido mostrando cada vez mayor interés por su historia y su cultura tradicional.

Nativity [nə'tɪvətɪ] *n*: **the ~** la Natividad.

nativity play *n obra teatral sobre la Natividad.*

NATO ['neɪtəʊ] (*abbr of* **North Atlantic Treaty Organization**) *n* la OTAN.

natter ['nætə^r] *UK inf* ◇ *n*: **to have a ~** charlar. ◇ *vi* charlar.

natty ['nætɪ] (*compar* **-ier**, *superl* **-iest**) *adj inf* [smart] chulo(la), elegante.

natural ['nætʃrəl] ◇ *adj* **-1.** [gen] natural **-2.** [comedian, musician] nato(ta); **to die of ~ causes** morir por causas naturales. ◇ *n*: **to be a ~** tener talento natural.

natural childbirth *n* parto *m* natural.

natural gas *n* gas *m* natural.

natural history *n* historia *f* natural.

naturalist ['nætʃrəlɪst] *n* naturalista *m* OR *f*.

naturalize, -ise ['nætʃrəlaɪz] *vt* naturalizar; **to be ~d** naturalizarse.

naturally ['nætʃrəlɪ] *adv* **-1.** [as expected, understandably] naturalmente **-2.** [unaffectedly] con naturalidad **-3.** [instinctively] por naturaleza; **to come ~ to sb** ser innato en alguien **-4.** [in nature] de forma natural, en la naturaleza.

natural mother *n* madre *f* biológica.

naturalness ['nætʃrəlnɪs] *n* naturalidad *f*.

natural resources *npl* recursos *mpl* naturales.

natural science *n* ciencias *fpl* naturales.

natural selection *n* selección *f* natural.

natural wastage *n (U) reducción de plantilla por jubilación escalonada.*

nature ['neɪtʃə^r] *n* **-1.** [gen] naturaleza *f*; **matters of this ~** asuntos de esta índole **-2.** [disposition] modo *m* de ser, carácter *m*; **by ~** por naturaleza.

nature reserve *n* reserva *f* natural.

nature trail *n* sendero *m* natural.

naturist ['neɪtʃərɪst] *n* naturista *m* OR *f*.

naughty ['nɔ:tɪ] (*compar* **-ier**, *superl* **-iest**) *adj* **-1.** [badly behaved] travieso(sa), malo(la) **-2.** [rude] verde, atrevido(da).

nausea ['nɔ:sjə] *n* náuseas *fpl*.

nauseam ['nɔ:zɪæm] ▷ **ad nauseam**.

nauseate ['nɔ:sɪeɪt] *vt lit & fig* dar náuseas a.

nauseating ['nɔ:sɪeɪtɪŋ] *adj lit & fig* nauseabundo(da).

nauseous ['nɔ:sjəs] *adj* **-1.** [sick]: **to feel ~** sentir náuseas **-2.** *fig* [revolting] nauseabundo(da).

nautical ['nɔ:tɪkl] *adj* náutico(ca), marítimo(ma).

nautical mile *n* milla *f* marina.

naval ['neɪvl] *adj* naval.

naval officer *n* oficial *m* OR *f* de marina.

Navarre [nə'vɑ:^r] *n* Navarra.

nave [neɪv] *n* nave *f*.

navel ['neɪvl] *n* ombligo *m*.

navigable ['nævɪgəbl] *adj* navegable.

navigate ['nævɪgeɪt] ◇ *vt* **-1.** [steer] pilotar, gobernar **-2.** [travel safely across] surcar, navegar por. ◇ *vi* [in plane, ship] dirigir, gobernar; [in car] dar direcciones.

navigation [ˌnævɪ'geɪʃn] *n* navegación *f*.

navigator ['nævɪgeɪtə^r] *n* oficial *m* OR *f* de navegación, navegante *m* OR *f*.

navvy ['nævɪ] (*pl* **-ies**) *n UK inf* peón *m* caminero.

navy ['neɪvɪ] (*pl* **-ies**) ◇ *n* armada *f*. ◇ *adj* [in colour] azul marino *(inv).*

navy blue ◇ *adj* azul marino *(inv).* ◇ *n* azul *m* marino.

Nazi ['nɑ:tsɪ] *(pl* **-s)** ◇ *adj* nazi. ◇ *n* nazi *m* OR *f.*

NB -1. (*abbr of* **nota bene**) N.B. **-2.** *abbr of* **New Brunswick**.

NBA *n* **-1.** (*abbr of* **National Basketball Association**) NBA *f* **-2.** (*abbr of* **National Boxing Association**) *federación de boxeo estadounidense.*

NBC (*abbr of* **National Broadcasting Company**) *n* NBC *f, cadena de televisión estadounidense.*

NC -1. (*abbr of* **no charge**) gratis **-2.** *abbr of* **North Carolina**.

NCC (*abbr of* **Nature Conservancy Council**) *n instituto británico para la conservación de la naturaleza,* ≃ Icona *m.*

NCCL (*abbr of* **National Council for Civil Liberties**) *n organización independiente británica para la defensa de los derechos del ciudadano.*

NCO *n abbr of* **noncommissioned officer**.

ND *abbr of* **North Dakota**.

NE -1. *abbr of* **Nebraska -2.** *abbr of* **New England -3.** (*abbr of* **north-east**) NE.

Neanderthal [nɪ'ændətɑ:l] ◇ *adj* de Neanderthal. ◇ *n* (hombre *m* de) Neanderthal *m.*

neap tide [ni:p-] *n* marea *f* muerta.

near [nɪəʳ] ◇ *adj* **-1.** [close in distance, time] cercano(na); **the ~ side** el lado más cercano; **in the ~ future** en un futuro próximo **-2.** [related] cercano(na), próximo(ma); **the ~est thing to ...** lo más parecido a ... **-3.** [almost happened]: **it was ~ chaos** faltó poco para el caos; **it was a ~ thing** poco le faltó. ◇ *adv* **-1.** [close in distance, time] cerca; **nowhere ~** ni de lejos, ni mucho menos; **to draw** OR **come ~** acercarse **-2.** [almost] casi. ◇ *prep* **-1.** [close in position]: **~ (to)** cerca de; **to go ~ sthg** acercarse a algo **-2.** [close in time]: **it's getting ~ (to) Christmas** ya estamos casi en Navidades; **~ the end** casi al final; **~er the time** cuando se acerque la fecha **-3.** [on the point of]: **~ (to)** al borde de **-4.** [similar to]: **~ (to)** cerca de; **it's ~ (to) the truth** se acerca a la verdad. ◇ *vt* acercarse OR aproximarse a. ◇ *vi* acercarse, aproximarse.

nearby [nɪə'baɪ] ◇ *adj* cercano(na). ◇ *adv* cerca.

Near East *n*: **the ~** el Oriente Próximo.

nearly ['nɪəlɪ] *adv* casi; **I ~ fell** por poco me caigo; **not ~** ni con mucho, ni mucho menos.

near miss *n* **-1.** [nearly a hit]: **it was a ~** falló por poco **-2.** [nearly a collision] incidente *m* aéreo (sin colisión).

nearness ['nɪənɪs] *n* proximidad *f,* cercanía *f.*

nearside ['nɪəsaɪd] ◇ *adj* [right-hand drive] del lado izquierdo; [left-hand drive] del lado derecho. ◇ *n* [right-hand drive] lado *m* izquierdo; [left-hand drive] lado derecho.

nearsighted [ˌnɪə'saɪtɪd] *adj* **US** miope, corto(ta) de vista.

neat [ni:t] *adj* **-1.** [tidy, precise - gen] pulcro(cra); [- room, house] arreglado(da); [- handwriting] esmerado(da) **-2.** [smart] arreglado(da), pulcro(cra) **-3.** [skilful] hábil **-4.** [undiluted] solo(la) **-5. US inf** [very good] guay.

neatly ['ni:tlɪ] *adv* **-1.** [tidily, smartly] con pulcritud; [write] con esmero **-2.** [skilfully] hábilmente.

neatness ['ni:tnɪs] *n* [gen] pulcritud *f;* [of handwriting] esmero *m;* [skilfulness] habilidad *f.*

Nebraska [nɪ'bræskə] *n* Nebraska.

nebula ['nebjʊlə] *n* nebulosa *f.*

nebulous ['nebjʊləs] *adj* **fml** nebuloso(sa).

NEC (*abbr of* **National Exhibition Centre**) *n gran complejo para ferias y exposiciones de Birmingham, Gran Bretaña.*

necessarily ['nesəsrəlɪ, ˌnesə'serəlɪ] *adv* necesariamente, por fuerza; **not ~** no necesariamente.

necessary ['nesəsrɪ] *adj* **-1.** [required] necesario(ria) **-2.** [inevitable] inevitable.

necessitate [nɪ'sesɪteɪt] *vt* **fml** requerir, exigir.

necessity [nɪ'sesətɪ] (*pl* **-ies**) *n* necesidad *f;* **of ~** por fuerza, por necesidad.

◆ **necessities** *npl* artículos *mpl* de primera necesidad.

neck [nek] ◇ *n* [of person, bottle, dress] cuello *m;* [of animal] pescuezo *m,* cuello; **to be up to one's ~ (in sthg)** estar hasta el cuello (de algo); **to breathe down sb's ~** estar encima de alguien; **to stick one's ~ out** arriesgarse. ◇ *vi inf* pegarse el lote.

neckerchief ['nekətʃɪf] (*pl* **-chiefs** OR **-chieves** [-tʃɪvz]) *n* pañuelo *m* de cuello.

necklace ['neklɪs] *n* collar *m.*

neckline ['neklaɪn] *n* escote *m.*

necktie ['nektaɪ] *n* **US** corbata *f.*

nectar ['nektəʳ] *n* néctar *m.*

nectarine ['nektərɪn] *n* nectarina *f.*

née [neɪ] *adj* de soltera.

need [ni:d] ◇ *n*: **~ (for sthg/to do sthg)** necesidad *f* (de algo/de hacer algo); **to be in** OR **to have ~ of sthg** necesitar algo; **he was in ~ of rest** le hacía falta descansar; **to have no ~ of** no necesitar; **there's no ~ for you to cry** no hace falta que llores; **if ~ be** si hace falta; **in ~** necesitado(da). ◇ *vt* **-1.** [require] necesitar; **I ~ a haircut** me hace falta un corte de pelo; **the floor ~s cleaning** hay que limpiar el

suelo; **that's all we ~!** ¡sólo nos faltaba eso! **-2.** [be obliged]: **to ~ to do sthg** tener que hacer algo. <> *modal vb*: **to ~ to do sthg** necesitar hacer algo; **~ we go?** ¿tenemos que irnos?; **it ~ not happen** no tiene por qué ser así.
◆ **needs** *adv*: **if ~s must** si es menester.

needle ['ni:dl] <> *n* aguja *f*; **it's like looking for a ~ in a haystack** es como buscar una aguja en un pajar. <> *vt inf* pinchar.

needlecord ['ni:dlkɔ:d] *n* pana *f* fina.

needlepoint ['ni:dlpɔɪnt] *n* bordado *m*.

needless ['ni:dlɪs] *adj* innecesario(ria); **~ to say ...** está de más decir que ...

needlessly ['ni:dlɪslɪ] *adv* innecesariamente.

needlework ['ni:dlwɜ:k] *n* **-1.** [embroidery] bordado *m* **-2.** *(U)* [activity] costura *f*.

needn't ['ni:dnt] = **need not**.

need-to-know *adj*: **you will be given information on a ~ basis** sólo les proporcionaremos la información que necesiten.

needy ['ni:dɪ] (*compar* **-ier**, *superl* **-iest**) <> *adj* necesitado(da). <> *npl*: **the ~** los necesitados.

nefarious [nɪ'feərɪəs] *adj fml* execrable, infame.

negate [nɪ'geɪt] *vt fml* anular, invalidar.

negation [nɪ'geɪʃn] *n fml* invalidación *f*, anulación *f*.

negative ['negətɪv] <> *adj* negativo(va). <> *n* **-1.** PHOT negativo *m* **-2.** LING partícula *f* negativa, negación *f*; **to answer in the ~** decir que no.

negative equity *n depreciación del valor de mercado de una vivienda por debajo de su valor hipotecado.*

neglect [nɪ'glekt] <> *n* [of garden, work] descuido *m*, desatención *f*; [of duty] incumplimiento *m*; **a state of ~** un estado de abandono. <> *vt* **-1.** [ignore] desatender **-2.** [duty, work] no cumplir con; **to ~ to do sthg** dejar de hacer algo.

neglected [nɪ'glektɪd] *adj* desatendido(da).

neglectful [nɪ'glektfʊl] *adj* descuidado(da), negligente; **to be ~ of sthg/sb** desatender algo/a alguien.

negligee ['neglɪʒeɪ] *n* salto *m* de cama.

negligence ['neglɪdʒəns] *n* negligencia *f*.

negligent ['neglɪdʒənt] *adj* negligente.

negligently ['neglɪdʒəntlɪ] *adv* con negligencia.

negligible ['neglɪdʒəbl] *adj* insignificante.

negotiable [nɪ'gəʊʃjəbl] *adj* negociable.

negotiate [nɪ'gəʊʃɪeɪt] <> *vt* **-1.** [obtain through negotiation] negociar **-2.** [obstacle] salvar, franquear; [bend] remontar, tomar. <> *vi*: **to ~ (with sb for sthg)** negociar (con alguien algo).

negotiation [nɪˌgəʊʃɪ'eɪʃn] *n* negociación *f*.
◆ **negotiations** *npl* negociaciones *fpl*.

negotiator [nɪ'gəʊʃɪeɪtə^r] *n* negociador *m*, -ra *f*.

Negress ['ni:grɪs] *n* negra *f*.

Negro ['ni:grəʊ] (*pl* **-es**) <> *adj* negro(gra). <> *n* negro *m*, -gra *f*.

neigh [neɪ] *vi* relinchar.

neighbour *UK*, **neighbor** *US* ['neɪbə^r] *n* vecino *m*, -na *f*.

neighbourhood *UK*, **neighborhood** *US* ['neɪbəhʊd] *n* **-1.** [of town] barrio *m*, vecindad *f*; **in the ~ (of)** en la zona (de) **-2.** [approximate figure]: **in the ~ of** alrededor de.

neighbourhood watch *n UK* vigilancia *f* de vecinos.

neighbouring *UK*, **neighboring** *US* ['neɪbərɪŋ] *adj* vecino(na).

neighbourly *UK*, **neighborly** *US* ['neɪbəlɪ] *adj* [advice] de buen vecino; **to be ~** ser un buen vecino.

neither ['naɪðə^r, 'ni:ðə^r] <> *adv*: **I don't drink - me ~** no bebo - yo tampoco; **the food was ~ good nor bad** la comida no era ni buena ni mala; **to be ~ here nor there** no tener nada que ver. <> *pron* ninguno(na); **~ of us/them** ninguno de nosotros/ellos. <> *adj*: **~ cup is blue** ninguna de las dos tazas es azul. <> *conj*: **~ ... nor ...** ni ... ni ...; **she could ~ eat nor sleep** no podía ni comer ni dormir.

neo- ['ni:əʊ] *prefix* neo-.

neoclassical [ˌni:əʊ'klæsɪkl] *adj* neoclásico(ca).

neoliberal [ˌni:əʊ'lɪbərəl] <> *adj* neoliberal. <> *n* neoliberal *m* OR *f*.

neolithic [ˌni:əʊ'lɪθɪk] *adj* neolítico(ca).

neologism [ni:'ɒlədʒɪzm] *n* neologismo *m*.

neon ['ni:ɒn] *n* neón *m*.

Neo-Nazi <> *adj* neonazi. <> *n* neonazi *m* OR *f*.

neon light *n* luz *f* de neón.

neon sign *n* letrero *m* de neón.

Nepal [nɪ'pɔ:l] *n* (el) Nepal.

Nepalese [ˌnepə'li:z] (*pl inv*) <> *adj* nepalés(esa). <> *n* [person] nepalés *m*, -esa *f*.

Nepali [nɪ'pɔ:lɪ] *n* [language] nepalés *m*, nepalí *m*.

nephew ['nefju:] *n* sobrino *m*.

nepotism ['nepətɪzm] *n* nepotismo *m*.

Neptune ['neptju:n] *n* Neptuno *m*.

nerve [nɜ:v] *n* **-1.** ANAT nervio *m* **-2.** [courage] valor *m*; **to keep one's ~** mantener la calma, no perder los nervios; **to lose one's ~** echarse atrás, perder el valor **-3.** [cheek] cara *f*; **to have the ~ to do sthg** tener la cara de hacer algo.

◆ **nerves** *npl* nervios *mpl*; **to get on sb's ~s** sacar de quicio a alguien.
nerve cell *n* ANAT neurona *f*.
nerve centre *n fig* [headquarters] punto *m* OR centro *m* neurálgico.
nerve gas *n* gas *m* nervioso.
nerve-racking [-ˌrækɪŋ] *adj* crispante, angustioso(sa).
nervous [ˈnɜːvəs] *adj* **-1.** ANAT & PSYCH nervioso(sa) **-2.** [apprehensive] inquieto(ta), aprensivo(va); **to be ~ of sthg/of doing sthg** tener miedo a algo/a hacer algo; **to be ~ about sthg** estar inquieto por algo.
nervous breakdown *n* crisis *f inv* nerviosa.
nervously [ˈnɜːvəslɪ] *adv* con nerviosismo, nerviosamente.
nervousness [ˈnɜːvəsnɪs] *n* nerviosismo *m*.
nervous system *n* sistema *m* nervioso.
nervous wreck *n* manojo *m* de nervios.
nervy [ˈnɜːvɪ] (*compar* **-ier**, *superl* **-iest**) *adj* **-1.** *inf* [nervous] nervioso(sa) **-2.** *US* [cheeky] descarado(da).
nest [nest] ◇ *n* nido *m*; **ant's ~** hormiguero *m*; **wasps' ~** avispero *m*; **~ of tables** mesas *fpl* nido. ◇ *vi* anidar.
nest egg *n* ahorros *mpl*.
nestle [ˈnesl] *vi* **-1.** [settle snugly - in chair] arrellanarse; [- in bed] acurrucarse **-2.** [be situated] estar situado(da) OR emplazado (da).
nestling [ˈneslɪŋ] *n* polluelo *m*.
net [net] (*pt* & *pp* **-ted**, *cont* **-ting**) ◇ *adj* **-1.** [weight, price, loss] neto(ta) **-2.** [result, effect] final. ◇ *n* red *f*. ◇ *vt* **-1.** [catch] coger con red **-2.** [acquire] embolsarse **-3.** [gain as profit - subj: person] obtener un beneficio neto de; [- subj: deal] reportar un beneficio neto de.
Net [net] *n* COMPUT: **the ~** la Red; **to surf the ~** navegar por la Red.
netball [ˈnetbɔːl] *n deporte parecido al baloncesto femenino*.
net curtains *npl* visillos *mpl*.
Netherlands [ˈneðələndz] *npl*: **the ~** los Países Bajos.
nethermost [ˈneðəməʊst] *adj literary* más bajo (más baja).
netiquette [ˈnetɪket] *n* COMPUT netiqueta *f*.
net profit *n* beneficio *m* neto.
net revenue *n US* facturación *f*.
netting [ˈnetɪŋ] *n* red *f*, malla *f*.
nettle [ˈnetl] ◇ *n* ortiga *f*. ◇ *vt* irritar, molestar.
network [ˈnetwɜːk] ◇ *n* **-1.** [gen & COMPUT] red *f* **-2.** RADIO & TV [station] cadena *f*. ◇ *vt* **-1.** RADIO & TV [broadcast] emitir en toda la cadena **-2.** COMPUT conectar a la red.
networking [ˈnetwɜːkɪŋ] *n* establecimiento *m* de contactos.
neuralgia [njʊəˈrældʒə] *n* neuralgia *f*.
neurological [ˌnjʊərəˈlɒdʒɪkl] *adj* neurológico(ca).
neurologist [ˌnjʊəˈrɒlədʒɪst] *n* neurólogo *m*, -ga *f*.
neurology [ˌnjʊəˈrɒlədʒɪ] *n* neurología *f*.
neurosis [ˌnjʊəˈrəʊsɪs] (*pl* **-ses** [-siːz]) *n* neurosis *f inv*.
neurosurgery [ˌnjʊərəʊˈsɜːdʒərɪ] *n* neurocirugía *f*.
neurotic [ˌnjʊəˈrɒtɪk] ◇ *adj* neurótico(ca). ◇ *n* neurótico *m*, -ca *f*.
neuter [ˈnjuːtə^r] ◇ *adj* neutro(tra). ◇ *vt* castrar.
neutral [ˈnjuːtrəl] ◇ *adj* **-1.** [gen] neutro(tra) **-2.** [non-allied] neutral **-3.** [unexpressive] inexpresivo(va) **-4.** [shoe cream] incoloro(ra). ◇ *n* **-1.** AUT punto *m* muerto **-2.** [country] país *m* neutral; [person] persona *f* neutral.
neutrality [njuːˈtrælətɪ] *n* neutralidad *f*.
neutralize, -ise [ˈnjuːtrəlaɪz] *vt* neutralizar.
neutron [ˈnjuːtrɒn] *n* neutrón *m*.
neutron bomb *n* bomba *f* de neutrones.
Nevada [nɪˈvɑːdə] *n* Nevada.
never [ˈnevə^r] *adv* **-1.** [at no time] nunca, jamás; **I've ~ done it** no lo he hecho nunca; **~ again** nunca más; **~ ever** nunca jamás, nunca en la vida; **well I ~!** ¡vaya!, ¡caramba! **-2.** *inf* [as negative] no; **I ~ knew** no lo sabía; **you ~ did!** ¡no (me digas)!
never-ending *adj* interminable, inacabable.
never-never *n UK inf*: **on the ~** a plazos *mpl*.
nevertheless [ˌnevəðəˈles] *adv* sin embargo, no obstante.
new [njuː] *adj* nuevo(va); [baby] recién nacido (recién nacida); **we'll have to buy a ~ one** tendremos que comprar otro; **to be ~ to sthg** ser nuevo(va) en algo; **as good as ~** como nuevo.
◆ **news** *n (U)* noticias *fpl*; **a piece of ~s** una noticia; **the ~s** [gen] las noticias; [on TV] el telediario; **that's ~s to me** me coge de nuevas; **to break the ~s to sb** dar la noticia a alguien.
New Age *n* new age *m*, *movimiento que gira en torno a las ciencias ocultas, medicinas alternativas, religiones orientales etc*.
new arrival *n* recién llegado *m*, recién llegada *f*.
new blood *n fig* sangre *f* OR savia *f* nueva.
newborn [ˈnjuːbɔːn] *adj* recién nacido (recién nacida).
New Brunswick [-ˈbrʌnzwɪk] *n* New Brunswick.

New Caledonia [-ˌkælɪ'dəʊnjəl] *n* Nueva Caledonia.
New Caledonian [-ˌkælɪ'dəʊnjən] ◇ *adj* neocaledonio(nia). ◇ *n* neocaledonio *m*, -nia *f*.
newcomer ['nju:ˌkʌmə^r] *n*: ~ **(to)** recién llegado *m*, recién llegada *f* (a).
New Delhi *n* Nueva Delhi.
New England *n* Nueva Inglaterra.
newfangled [ˌnju:'fæŋgld] *adj inf pej* moderno(na).
new-found *adj* [gen] recién descubierto (recién descubierta); [friend] reciente.
Newfoundland ['nju:fəndlənd] *n* Terranova.
New Guinea *n* Nueva Guinea.
New Hampshire [-'hæmpʃə^r] *n* New Hampshire.
New Hebrides *npl*: **the** ~ las Nuevas Hébridas.
New Jersey *n* Nueva Jersey.
newly ['nju:lɪ] *adv* recién.
newlyweds ['nju:lɪwedz] *npl* recién casados *mpl*.
New Mexico *n* Nuevo Méjico.
new moon *n* luna *f* nueva.
New Orleans [-'ɔ:lɪənz] *n* Nueva Orleans.
new potato *n* patata *f* nueva.
news agency *n* agencia *f* de noticias.
newsagent *UK* ['nju:zeɪdʒənt], **newsdealer** *US* ['nju:zdi:lər] *n* [person] vendedor *m*, -ra *f* de periódicos; **~'s (shop)** *tienda en la que se vende prensa así como tabaco y chucherías*.
news bulletin *n* boletín *m* de noticias.
newscast ['nju:zkɑ:st] *n* TV telediario *m*; RADIO noticiario *m*.
newscaster ['nju:zkɑ:stə^r] *n* presentador *m*, -ra *f*, locutor *m*, -ra *f*.
news conference *n* rueda *f* de prensa.
New South Wales *n* Nueva Gales del Sur.
newsdealer *US* = **newsagent**.
newsflash ['nju:zflæʃ] *n* noticia *f* de última hora.
newsgroup ['nju:zgru:p] *n* COMPUT grupo *m* (de noticias).
newshound ['nju:zhaʊnd] *n* sabueso *m* de la prensa.
newsletter ['nju:zˌletə^r] *n* boletín *m*.
newsman ['nju:zmæn] (*pl* **-men** [-men]) *n* periodista *m*, reportero *m*.
newspaper ['nju:zˌpeɪpə^r] *n* **-1.** [publication, company] periódico *m*; [daily] diario *m* **-2.** [paper] papel *m* de periódico.
newspaperman ['nju:zˌpeɪpəmæn] (*pl* **-men** [-men]) *n* periodista *m* OR *f*.
newsprint ['nju:zprɪnt] *n* papel *m* de periódico.
newsreader ['nju:zˌri:də^r] *n* presentador *m*, -ra *f*, locutor *m*, -ra *f*.
newsreel ['nju:zri:l] *n* noticiario *m* cinematográfico.
newsroom ['nju:zrʊm] *n* (sala *f* de) redacción *f*.
newssheet ['nju:zˌʃi:t] *n* hoja *f* informativa.
newsstand ['nju:zstænd] *n US* quiosco *m* de periódicos.
newsworthy ['nju:zˌwɜ:ðɪ] *adj* de interés periodístico.
newt [nju:t] *n* tritón *m*.
new technology *n* nueva tecnología *f*.
New Testament *n*: **the** ~ el Nuevo Testamento.
new town *n UK ciudad nueva construida por el gobierno*.
new wave *n* nueva ola *f*.
New World *n*: **the** ~ el Nuevo Mundo.
New Year *n* Año *m* Nuevo; **Happy ~!** ¡Feliz Año Nuevo!
New Year's Day *n* el día de Año Nuevo.
New Year's Eve *n* Nochevieja *f*.
New York [-'jɔ:k] *n* **-1.** [city]: ~ **(City)** Nueva York **-2.** [state]: ~ **(State)** (el estado de) Nueva York.
New Yorker [-'jɔ:kə^r] *n* neoyorquino *m*, -na *f*.
New Zealand [-'zi:lənd] *n* Nueva Zelanda.
New Zealander [-'zi:ləndə^r] *n* neozelandés *m*, -esa *f*.
next [nekst] ◇ *adj* **-1.** [in time] próximo(ma); **the ~ day** el día siguiente; **~ Tuesday/year** el martes/el año que viene; **~ week** la semana próxima OR que viene; **the ~ week** los próximos siete días **-2.** [in space - page etc] siguiente; [- room, house] de al lado. ◇ *pron* el siguiente (la siguiente); **who's ~?** ¿quién es el siguiente?; **~, please!** ¡el siguiente, por favor!; **the day after ~** pasado mañana; **the week after ~** la semana que viene no, la otra. ◇ *adv* **-1.** [afterwards] después; **what should I do ~?** ¿qué hago ahora?; **it's my go ~** ahora me toca a mí **-2.** [again] de nuevo; **when do they ~ play?** ¿cuándo vuelven a jugar? **-3.** [with superlatives]: **~ best/biggest** *etc* el segundo mejor/más grande etc. ◇ *prep US* al lado de, junto a.
◆ **next to** *prep* al lado de, junto a; **~ to nothing** casi nada; **in ~ to no time** en un abrir y cerrar de ojos.
next door *adv* (en la casa de) al lado.
◆ **next-door** *adj*: **next-door neighbour** vecino *m*, -na *f* de al lado.

next of kin *n* pariente más cercano *m*, pariente más cercana *f*.

NF ◇ *n abbr of* **National Front**. ◇ *abbr of* **Newfoundland**.

NFL (*abbr of* **National Football League**) *n federación estadounidense de fútbol americano.*

NFU (*abbr of* **National Farmers' Union**) *n asociación británica de agricultores.*

NG *abbr of* **National Guard**.

NGO (*abbr of* **non-governmental organization**) *n* ONG *f*.

NH *abbr of* **New Hampshire**.

NHL (*abbr of* **National Hockey League**) *n federación estadounidense de hockey sobre hielo.*

NHS *n abbr of* **National Health Service**.

NI ◇ *n abbr of* **National Insurance**. ◇ *abbr of* **Northern Ireland**.

Niagara [naɪˈægrəl] *n*: ~ **Falls** las cataratas del Niágara.

nib [nɪb] *n* plumilla *f*.

nibble [ˈnɪbl] ◇ *n* mordisquito *m*. ◇ *vt* mordisquear. ◇ *vi*: **to ~ at sthg** mordisquear algo.

Nicaragua [ˌnɪkəˈrægjʊəl] *n* Nicaragua.

Nicaraguan [ˌnɪkəˈrægjʊən] ◇ *adj* nicaragüense. ◇ *n* nicaragüense *m* OR *f*.

nice [naɪs] *adj* **-1.** [attractive] bonito(ta); **you look ~** estás guapa; [good] bueno(na); **it smells ~** huele bien **-2.** [kind] amable; [friendly] agradable, simpático(ca), dije *Amér*; **that was ~ of you** fue muy amable de tu parte; **to be ~ to sb** ser bueno con alguien **-3.** [pleasant] agradable; **to have a ~ time** pasarlo bien.

nice-looking [-ˈlʊkɪŋ] *adj* [person] atractivo(va), guapo(pa); [car, room] bonito(ta).

nicely [ˈnaɪslɪ] *adv* **-1.** [well, attractively] bien **-2.** [politely] educadamente, con educación **-3.** [satisfactorily] bien; **that will do ~** esto irá de perlas.

nicety [ˈnaɪsətɪ] (*pl* **-ies**) *n* detalle *m*.

niche [niːʃ] *n* **-1.** [in wall] nicho *m*, hornacina *f* **-2.** [in life] hueco *m* **-3.** COMM nicho *m*.

nick [nɪk] ◇ *n* **-1.** [cut] cortecito *m*; [notch] muesca *f* **-2.** *UK inf* [jail]: **the ~** el trullo, la trena **-3.** [condition]: **in good/bad ~** *UK inf* en buenas/malas condiciones **-4.** *phr*: **in the ~ of time** justo a tiempo. ◇ *vt* **-1.** [cut] cortar; [make notch in] mellar **-2.** *UK inf* [steal] birlar, mangar **-3.** *UK inf* [arrest] trincar, pillar.

nickel [ˈnɪkl] *n* **-1.** [metal] níquel *m* **-2.** *US* [coin] moneda *f* de cinco centavos.

nickname [ˈnɪkneɪm] ◇ *n* apodo *m*. ◇ *vt* apodar.

Nicosia [ˌnɪkəˈsiːəl] *n* Nicosia.

nicotine [ˈnɪkətiːn] *n* nicotina *f*.

niece [niːs] *n* sobrina *f*.

nifty [ˈnɪftɪ] (*compar* **-ier**, *superl* **-iest**) *adj inf* [clever] apañado(da).

Niger [ˈnaɪdʒəʳ] *n* **-1.** [country] Níger **-2.** [river]: **the (River) ~** el (río) Níger.

Nigeria [naɪˈdʒɪərɪəl] *n* Nigeria.

Nigerian [naɪˈdʒɪərɪən] ◇ *adj* nigeriano(na). ◇ *n* nigeriano *m*, -na *f*.

Nigerien [naɪˈdʒɪərɪən] ◇ *adj* nigerino(na). ◇ *n* nigerino *m*, -na *f*.

niggardly [ˈnɪgədlɪ] *adj* [person] avaro(ra), tacaño(ña); [gift, amount] miserable.

niggle [ˈnɪgl] ◇ *n* [worry] duda *f* (insignificante). ◇ *vt UK* **-1.** [worry] inquietar **-2.** [criticize] meterse con. ◇ *vi* **-1.** [worry]: **it ~d at me all day** le di vueltas todo el día **-2.** [criticize] criticar, quejarse.

nigh [naɪ] *adv literary* [near] cerca; **well ~** [almost] casi.

night [naɪt] ◇ *adj* nocturno(na). ◇ *n* noche *f*; [evening] tarde *f*; **last ~** anoche, ayer por la noche; **tomorrow ~** mañana por la noche; **on Monday ~** el lunes por la noche; **at ~** por la noche, de noche; **~ and day, day and ~** noche y día, día y noche; **to have an early/late ~** irse a dormir pronto/tarde.

◆ **nights** *adv* **-1.** *US* [at night] por las noches **-2.** *UK* [nightshift]: **to work ~s** hacer el turno de noche.

nightcap [ˈnaɪtkæp] *n* **-1.** [drink] *bebida que se toma antes de ir a dormir* **-2.** [hat] gorro *m* de dormir.

nightclothes [ˈnaɪtkləʊðz] *npl* ropa *f* de dormir.

nightclub [ˈnaɪtklʌb] *n* club *m* nocturno.

nightdress [ˈnaɪtdres] *n* camisón *m*, dormilona *f Ven*.

nightfall [ˈnaɪtfɔːl] *n* anochecer *m*.

nightgown [ˈnaɪtgaʊn] *n* camisón *m*, dormilona *f Amér*.

nightie [ˈnaɪtɪ] *n inf* camisón *m*.

nightingale [ˈnaɪtɪŋgeɪl] *n* ruiseñor *m*.

nightlife [ˈnaɪtlaɪf] *n* vida *f* nocturna.

nightlight [ˈnaɪtlaɪt] *n* lucecita *f (que se deja encendida durante la noche)*.

nightly [ˈnaɪtlɪ] ◇ *adj* nocturno(na), de cada noche. ◇ *adv* cada noche, todas las noches.

nightmare [ˈnaɪtmeəʳ] *n lit & fig* pesadilla *f*.

nightmarish [ˈnaɪtmeərɪʃ] *adj* de pesadilla.

night owl *n fig* noctámbulo *m*, -la *f*.

night porter *n* recepcionista *m* OR *f* del turno de noche.

night safe *n* cajero *m* nocturno.

night school *n (U)* escuela *f* nocturna.

night shift *n* turno *m* de noche.

nightshirt [ˈnaɪtʃɜːt] *n* camisa *f* de dormir (masculina).
nightspot [ˈnaɪtspɒt] *n* club *m* nocturno.
nightstick [ˈnaɪtstɪk] *n US* porra *f*.
nighttime [ˈnaɪttaɪm] *n* noche *f*.
night watchman *n* vigilante *m* nocturno, nochero *m Chile, Urug.*
nihilism [ˈnaɪəlɪzm] *n* nihilismo *m*.
nil [nɪl] *n* **-1.** [nothing] nada *f* **-2.** *UK* SPORT cero *m*; five ~ cinco a cero.
Nile [naɪl] *n*: **the ~** el Nilo.
nimble [ˈnɪmbl] *adj* **-1.** [person, fingers] ágil **-2.** [mind] rápido(da).
nimbly [ˈnɪmblɪ] *adv* con agilidad.
nine [naɪn] *num* nueve; *see also* **six**.
nineteen [ˌnaɪnˈtiːn] *num* diecinueve; *see also* **six**.
nineteenth [naɪnˈtiːnθ] *num* decimonoveno(na).
ninetieth [ˈnaɪntɪəθ] <> *num adj* nonagésimo(ma). <> *num n* [fraction] noventa *m*; *see also* **sixth**.
ninety [ˈnaɪntɪ] *num* noventa; *see also* **sixty**.
ninth [naɪnθ] *num* noveno(na); *see also* **sixth**.
nip [nɪp] (*pt* & *pp* **-ped**, *cont* **-ping**) <> *n* **-1.** [pinch] pellizco *m*; [bite] mordisco *m* **-2.** [of drink] trago *m*. <> *vt* [pinch] pellizcar; [bite] mordisquear. <> *vi inf* [dash]: **to ~ out** salir un momento.
nipper [ˈnɪpəʳ] *n UK inf* chiquillo *m*, chaval *m*, chigüín *m CAm.*
nipple [ˈnɪpl] *n* **-1.** [of woman] pezón *m* **-2.** [of baby's bottle, man] tetilla *f*.
nippy [ˈnɪpɪ] (*compar* **-ier**, *superl* **-iest**) *adj* **-1.** [cold] fresco(ca); **it's a bit ~ this morning** hace fresquito esta mañana **-2.** [quick] rápido(da).
nit [nɪt] *n* **-1.** [in hair] liendre *f* **-2.** *UK inf* [idiot] imbécil *m* OR *f*.
nitpicking [ˈnɪtpɪkɪŋ] *inf* <> *adj* puñetero(ra). <> *n (U)*: **that's just ~** no son más que nimiedades.
nitrate [ˈnaɪtreɪt] *n* nitrato *m*.
nitric acid [ˈnaɪtrɪk-] *n* ácido *m* nítrico.
nitrogen [ˈnaɪtrədʒən] *n* nitrógeno *m*.
nitroglycerin(e) [ˌnaɪtrəʊˈglɪsəriːn] *n* nitroglicerina *f*.
nitty-gritty [ˌnɪtɪˈgrɪtɪ] *n inf*: **to get down to the ~** ir al grano.
nitwit [ˈnɪtwɪt] *n inf* imbécil *m* OR *f*.
nix [nɪks] *US* <> *n* [nothing] nada *f*. <> *adv* no. <> *vt* [say no to] decir (que) no a.
NJ *abbr of* **New Jersey**.
NLQ (*abbr of* **near letter quality**) *de calidad correspondencia*.
NLRB (*abbr of* **National Labor Relations Board**) *n organismo estadounidense para arbitraje laboral*, ≃ IMAC *m*.
NM *abbr of* **New Mexico**.
no [nəʊ] (*pl* **-es**) <> *adv* [gen] no; **to say ~** decir que no; **you're ~ better than me** tú no eres mejor que yo. <> *adj* no; **I have ~ time** no tengo tiempo; **there are ~ taxis** no hay taxis; **a woman with ~ money** una mujer sin dinero; **that's ~ excuse** esa no es excusa que valga; **he's ~ fool** no es ningún tonto; **she's ~ friend of mine** no es amiga mía; **'~ smoking/parking/cameras'** 'prohibido fumar/aparcar/hacer fotos'. <> *n* no *m*; **he/she won't take ~ for an answer** no acepta una respuesta negativa.
No., no. (*abbr of* **number**) nº.
Noah's ark [ˈnəʊəz-] *n* el arca *f* de Noé.
nobble [ˈnɒbl] *vt UK inf* **-1.** [racehorse] drogar **-2.** [bribe] sobornar **-3.** [detain - person] coger por banda y dar la lata a.
Nobel prize [nəʊˈbel-] *n* premio *m* Nobel; **~ winner** premio *m* OR *f* Nobel.
nobility [nəˈbɪlətɪ] *n* nobleza *f*.
noble [ˈnəʊbl] <> *adj* noble. <> *n* noble *m* OR *f*.
nobleman [ˈnəʊblmən] (*pl* **-men** [-mən]) *n* noble *m*.
noblewoman [ˈnəʊblˌwʊmən] (*pl* **-women** [-ˌwɪmɪn]) *n* noble *f*.
nobly [ˈnəʊblɪ] *adv* noblemente, con generosidad.
nobody [ˈnəʊbədɪ] (*pl* **-ies**) <> *pron* nadie. <> *n pej* don nadie *m*.
no-brainer [ˈnəʊˈbreɪnəʳ] *n US inf*: **it's a ~** es pan comido.
no-claims bonus *n* bonificación *f* por ausencia de siniestralidad.
nocturnal [nɒkˈtɜːnl] *adj* nocturno(na).
nod [nɒd] (*pt* & *pp* **-ded**, *cont* **-ding**) <> *n* inclinación *f* de cabeza. <> *vt*: **to ~ one's head** [in agreement] asentir con la cabeza; [to indicate sthg] indicar con la cabeza; [as greeting] saludar con la cabeza. <> *vi* **-1.** [in agreement] asentir con la cabeza **-2.** [to indicate sthg] indicar con la cabeza **-3.** [as greeting] saludar con la cabeza.
◆ **nod off** *vi* quedarse dormido(da).
node [nəʊd] *n* nodo *m*.
nodule [ˈnɒdjuːl] *n* nódulo *m*.
no-frills [ˈnəʊˌfrɪlz] *adj* sencillo(lla).
no-go area *n UK* zona *f* (de entrada) prohibida.
noise [nɔɪz] *n* ruido *m*; **to make a ~** hacer ruido.
noiseless [ˈnɔɪzlɪs] *adj* silencioso(sa).
noiselessly [ˈnɔɪzlɪslɪ] *adv* silenciosamente.
noisily [ˈnɔɪzɪlɪ] *adv* ruidosamente.

noisy ['nɔɪzɪ] (*compar* **-ier**, *superl* **-iest**) *adj* ruidoso(sa); **it was very ~** había mucho ruido.
nomad ['nəʊmæd] *n* nómada *m* OR *f*.
nomadic [nə'mædɪk] *adj* nómada.
no-man's-land *n* tierra *f* de nadie.
nominal ['nɒmɪnl] *adj* nominal.
nominally ['nɒmɪnəlɪ] *adv* nominalmente.
nominate ['nɒmɪneɪt] *vt* **-1.** [propose]: **to ~ sb (for** OR **as)** proponer a alguien (por OR como) **-2.** [appoint]: **to ~ sb (to sthg)** nombrar a alguien (algo).
nomination [,nɒmɪ'neɪʃn] *n* **-1.** [proposal] nominación *f* **-2.** [appointment]: **~ (to sthg)** nombramiento *m* (a algo).
nominee [,nɒmɪ'ni:] *n* candidato *m*, -ta *f*.
non- [nɒn] *prefix* no.
nonaddictive [,nɒnə'dɪktɪv] *adj* que no crea adicción.
nonaggression [,nɒnə'greʃn] *n* no agresión *f*.
nonalcoholic [,nɒnælkə'hɒlɪk] *adj* sin alcohol.
nonaligned [,nɒnə'laɪnd] *adj* no alineado(da).
nonbeliever [,nɒnbɪ'li:vəʳ] *n* no creyente *m* OR *f*.
nonchalant [*UK* 'nɒnʃələnt, *US* ,nɒnʃə'lɑ:nt] *adj* despreocupado(da).
nonchalantly [*UK* 'nɒnʃələntlɪ, *US* ,nɒnʃə'lɑ:ntlɪ] *adv* con despreocupación.
noncombatant [*UK* ,nɒn'kɒmbətənt, *US* ,nɒnkəm'bætənt] *n* no combatiente *m* OR *f*.
noncommissioned officer [,nɒnkə'mɪʃənd-] *n* suboficial *m* OR *f*.
noncommittal [,nɒnkə'mɪtl] *adj* evasivo(va).
noncompetitive [,nɒnkəm'petɪtɪv] *adj* no competitivo(va).
non compos mentis [-,kɒmpəs'mentɪs] *adj* que no está en posesión de sus facultades mentales.
nonconformist [,nɒnkən'fɔ:mɪst] ◇ *adj* inconformista. ◇ *n* inconformista *m* OR *f*.
noncontributory [,nɒnkən'trɪbjʊtərɪ] *adj* no contributivo (no contributiva).
noncooperation ['nɒnkəʊ,ɒpə'reɪʃn] *n* no cooperación *f*.
nondescript [*UK* 'nɒndɪskrɪpt, *US* ,nɒndɪ'skrɪpt] *adj* anodino(na), soso(sa).
nondrinker [,nɒn'drɪŋkəʳ] *n* persona *f* que no bebe (alcohol).
nondrip [,nɒn'drɪp] *adj* que no gotea.
nondriver [,nɒn'draɪvəʳ] *n* persona *f* que no sabe conducir.
none [nʌn] ◇ *pron* **-1.** [not any] nada; **there is ~ left** no queda nada; **it's ~ of your business** no es asunto tuyo; **I'll have ~ of your nonsense** no voy a aguantar tus tonterías **-2.** [not one - object, person] ninguno(na); **~ of us/the books** ninguno de nosotros/de los libros; **I had ~** no tenía ninguno. ◇ *adv*: **I'm ~ the worse/better** no me ha perjudicado/ayudado en nada; **I'm ~ the wiser** no me ha aclarado nada.
◆ **none too** *adv* no demasiado; **~ too soon** justo a tiempo.
nonentity [nɒ'nentətɪ] (*pl* **-ies**) *n* cero *m* a la izquierda.
nonessential [,nɒnɪ'senʃl] *adj* no esencial.
nonetheless [,nʌnðə'les] *adv* sin embargo, no obstante.
non-event *n* chasco *m*.
nonexecutive director [,nɒn'ɪgsekjətɪv-] *n* director no ejecutivo *m*, directora no ejecutiva *f*.
nonexistent [,nɒnɪg'zɪstənt] *adj* inexistente.
non-fat *adj* sin grasa.
nonfiction [,nɒn'fɪkʃn] *n* no ficción *f*.
nonflammable [,nɒn'flæməbl] *adj* ininflamable.
noninfectious [,nɒnɪn'fekʃəs] *adj* no infeccioso(sa).
noninflammable [,nɒnɪn'flæməbl] *adj* ininflamable.
noninterference [,nɒnɪntə'fɪərəns], **nonintervention** [,nɒnɪntə'venʃn] *n* no intervención *f*.
non-invasive *adj* no invasivo (no invasiva).
non-iron *adj* que no necesita plancha.
nonmalignant [,nɒnmə'lɪgnənt] *adj* no maligno (no maligna).
non-member *n* no socio *m*.
non-negotiable *adj* no negociable.
no-no *n inf*: **it's a ~** eso no se hace.
no-nonsense *adj* práctico(ca).
nonparticipation [,nɒnpɑ:tɪsə'peɪʃən] *n* no participación *f*.
nonpayment [,nɒn'peɪmənt] *n* impago *m*.
nonplussed, nonplused *US* [,nɒn'plʌst] *adj* perplejo(ja).
non-profit-making *UK*, **non-profit** *US* *adj* sin fines lucrativos.
nonproliferation ['nɒnprə,lɪfə'reɪʃn] *n* no proliferación *f*.
nonrenewable [,nɒnrɪ'nju:əbl] *adj* [natural resources] no renovable; [contract] no prorrogable.
nonresident [,nɒn'rezɪdənt] *n* **-1.** [of country] no residente *m* OR *f* **-2.** [of hotel]: **open to ~s** abierto al público.
nonreturnable [,nɒnrɪ'tɜ:nəbl] *adj* no retornable, sin retorno.
nonsense ['nɒnsəns] ◇ *n (U)* **-1.** [gen] tonterías *fpl*; **it is ~ to suggest that ...** es absurdo sugerir que ...; **stop this ~ at once!** ¡dejaros de tonterías ahora mismo!; **to make (a) ~ of sthg**

dar al traste con algo **-2.** [incomprehensible words] galimatías *m inv*; **it's ~ to me** me es incomprensible. ◇ *excl* ¡tonterías!

nonsensical [nɒn'sensɪkl] *adj* disparatado(da), absurdo(da).

non sequitur [-'sekwɪtəʳ] *n* incoherencia *f*, incongruencia *f*.

nonshrink [ˌnɒn'ʃrɪŋk] *adj* que no encoge.

nonslip [ˌnɒn'slɪp] *adj* antideslizante.

nonsmoker [ˌnɒn'sməʊkəʳ] *n* no fumador *m*, no fumadora *f*.

nonstarter [ˌnɒn'stɑːtəʳ] *n UK* **-1.** [plan]: **to be a ~** *inf* estar condenado(da) al fracaso **-2.** [in race] *caballo participante en una carrera que no toma la salida.*

nonstick [ˌnɒn'stɪk] *adj* antiadherente.

nonstop [ˌnɒn'stɒp] ◇ *adj* [activity, rain] continuo(nua), incesante; [flight] sin escalas. ◇ *adv* sin parar.

nontoxic [ˌnɒn'tɒksɪk] *adj* no tóxico(ca).

nontransferable [ˌnɒntrænz'fɜːrəbl] *adj* intransferible.

non-union *adj* [employee] no sindicado(da).

nonviolence [ˌnɒn'vaɪələns] *n* no violencia *f*.

nonvoter [ˌnɒn'vəʊtəʳ] *n* persona *f* que no vota.

nonvoting [ˌnɒn'vəʊtɪŋ] *adj* **-1.** [person] sin voto **-2.** FIN [shares] sin derecho a voto.

nonwhite [ˌnɒn'waɪt] ◇ *adj* que no es de raza blanca. ◇ *n* persona *f* que no es de raza blanca.

noodles ['nuːdlz] *npl* tallarines *mpl* chinos.

nook [nʊk] *n* [of room] rincón *m*, recoveco *m*; **every ~ and cranny** todos los recovecos.

noon [nuːn] *n* mediodía *m*.

noonday ['nuːndeɪ] *comp* de mediodía.

no one *pron* = **nobody**.

noose [nuːs] *n* [loop] nudo *m* corredizo; [for hanging] soga *f*.

no-place *US* = **nowhere**.

nor [nɔːʳ] *conj* **-1.** ▷ **neither -2.** [and not] ni; **I don't smoke – ~ do I** no fumo – yo tampoco; **I don't know, ~ do I care** ni lo sé, ni me importa.

Nordic ['nɔːdɪk] *adj* nórdico(ca).

Norf (*abbr of* **Norfolk**) *condado inglés.*

norm [nɔːm] *n* norma *f*; **the ~** lo normal.

normal ['nɔːml] ◇ *adj* normal. ◇ *n*: **above ~** por encima de lo normal; **to return to ~** volver a la normalidad.

normality [nɔː'mælɪtɪ], **normalcy** *US* ['nɔːmlsɪ] *n* normalidad *f*.

normalize, -ise ['nɔːməlaɪz] ◇ *vt* normalizar. ◇ *vi* normalizarse.

normally ['nɔːməlɪ] *adv* normalmente.

Normandy ['nɔːməndɪ] *n* Normandía.

Norse [nɔːs] *adj* nórdico(ca).

north [nɔːθ] ◇ *n* **-1.** [direction] norte *m* **-2.** [region]: **the North** el norte. ◇ *adj* del norte; **North London** el norte de Londres. ◇ *adv*: **~ (of)** al norte (de).

North Africa *n* África del Norte.

North America *n* Norteamérica.

North American ◇ *adj* norteamericano(na). ◇ *n* norteamericano *m*, -na *f*.

Northants [nɔː'θænts] (*abbr of* **Northamptonshire**) *condado inglés.*

northbound ['nɔːθbaʊnd] *adj* (con) dirección (al) norte.

North Carolina [-ˌkærə'laɪnə] *n* Carolina del Norte.

Northd (*abbr of* **Northumberland**) *condado inglés.*

North Dakota [-də'kəʊtə] *n* Dakota del Norte.

northeast [ˌnɔːθ'iːst] ◇ *n* **-1.** [direction] nordeste *m* **-2.** [region]: **the Northeast** el nordeste. ◇ *adj* del nordeste. ◇ *adv*: **~ (of)** al nordeste (de).

northeasterly [ˌnɔːθ'iːstəlɪ] *adj* del nordeste; **in a ~ direction** hacia el nordeste.

northerly ['nɔːðəlɪ] *adj* del norte; **in a ~ direction** hacia el norte.

northern ['nɔːðən] *adj* del norte, norteño(ña); **~ France** el norte de Francia.

Northerner ['nɔːðənəʳ] *n* norteño *m*, -ña *f*.

Northern Ireland *n* Irlanda del Norte.

Northern Lights *npl*: **the ~** la aurora boreal.

northernmost ['nɔːðənməʊst] *adj* más septentrional OR al norte.

Northern Territory *n* (el) Territorio del Norte.

North Korea *n* Corea del Norte.

North Korean ◇ *adj* norcoreano(na). ◇ *n* norcoreano *m*, -na *f*.

North Pole *n*: **the ~** el Polo Norte.

North Sea ◇ *n*: **the ~** el Mar del Norte. ◇ *comp* [fishing] en el Mar del Norte; [oil, oilrig] del Mar del Norte.

North Star *n*: **the ~** la estrella Polar.

North Vietnam *n* Vietnam del Norte.

North Vietnamese ◇ *adj* norvietnamita. ◇ *n* norvietnamita *m* OR *f*.

northward ['nɔːθwəd] ◇ *adj* hacia el norte. ◇ *adv* = **northwards**.

northwards ['nɔːθwədz] *adv* hacia el norte.

northwest [ˌnɔːθ'west] ◇ *n* **-1.** [direction] noroeste *m* **-2.** [region]: **the Northwest** el noroeste. ◇ *adj* del noroeste. ◇ *adv*: **~ (of)** al noroeste (de).

northwesterly [ˌnɔːθ'westəlɪ] *adj* del noroeste; **in a ~ direction** hacia el noroeste.

Northwest Territories *npl Can*: **the ~** los territorios del Noroeste.

North Yemen *n* (el) Yemen del Norte.

Norway [ˈnɔːweɪ] *n* Noruega.

Norwegian [nɔːˈwiːdʒən] ◇ *adj* noruego(ga). ◇ *n* **-1.** [person] noruego *m*, -ga *f* **-2.** [language] noruego *m*.

Nos., nos. (*abbr of* **numbers**) n^os^.

nose [nəʊz] *n* [of person] nariz *f*; [of animal] hocico *m*; [of plane, car] morro *m*; **under one's ~** delante de las narices de uno; **to cut off one's ~ to spite one's face** *salir uno perjudicado al intentar perjudicar a otro*; **to have a ~ for sthg** tener olfato para algo; **he gets up my ~** *inf* me saca de quicio; **to keep one's ~ out of sthg** no meter las narices en algo; **to look down one's ~ at sb/sthg** mirar por encima del hombro a alguien/algo; **to pay through the ~** pagar un dineral; **to poke** *OR* **stick one's ~ in** *inf* meter las narices; **to turn up one's ~ at sthg** hacerle ascos a algo.

◆ **nose about, nose around** *vi* curiosear.

nosebag [ˈnəʊzbæg] *n* morral *m*.

nosebleed [ˈnəʊzbliːd] *n* hemorragia *f* nasal.

nosecone [ˈnəʊzkəʊn] *n* morro *m*.

nosedive [ˈnəʊzdaɪv] ◇ *n* [of plane] picado *m*. ◇ *vi lit & fig* bajar en picado.

nose ring *n* pendiente *m* en la nariz *(en forma de aro)*.

nose stud *n* pendiente *m* en la nariz *(en forma de joya)*.

nosey [ˈnəʊzɪ] = **nosy**.

nosh [nɒʃ] *n UK inf* papeo *m*.

nosh-up *n UK inf* comilona *f*.

no-smoking *adj* [area, carriage] para no fumadores; [flight] de no fumadores.

nostalgia [nɒˈstældʒəl *n*: **~ (for)** nostalgia *f* (de).

nostalgic [nɒˈstældʒɪk] *adj* nostálgico(ca).

nostril [ˈnɒstrəl] *n* ventana *f* de la nariz.

nosy [ˈnəʊzɪ] (*compar* **-ier**, *superl* **-iest**) *adj* fisgón(ona), entrometido(da).

not [nɒt] *adv* no; **this is ~ the first time** no es la primera vez; **it's green, isn't it?** es verde, ¿no?; **~ me** yo no; **I hope/think ~** espero/creo que no; **~ a chance** de ninguna manera; **~ even a ...** ni siquiera un (una) ...; **~ all** *OR* **every** no todos(das); **~ always** no siempre; **~ that ...** no es que ...; **~ at all** [no] en absoluto; [to acknowledge thanks] de nada.

notable [ˈnəʊtəbl] ◇ *adj* notable; **to be ~ for sthg** destacar por algo. ◇ *n* notable *m OR f*, personaje *m*.

notably [ˈnəʊtəblɪ] *adv* **-1.** [in particular] especialmente **-2.** [noticeably] notablemente, marcadamente.

notarize [ˈnəʊtəraɪz] *vt US* [document] autenticar, legalizar.

notary [ˈnəʊtərɪ] (*pl* **-ies**) *n*: **~ (public)** notario *m*, -ria *f*.

notation [nəʊˈteɪʃn] *n* notación *f*.

notch [nɒtʃ] *n* **-1.** [cut] muesca *f* **-2.** *fig* [on scale] punto *m*.

◆ **notch up** *vt fus* apuntarse.

note [nəʊt] ◇ *n* **-1.** [gen] nota *f*; **to make a ~ of sthg** tomar nota de algo; **to take ~ of sthg** tener algo presente; **to compare ~s** cambiar impresiones **-2.** [paper money] billete *m* **-3.** [tone] tono *m* **-4.** [importance]: **of ~** de importancia, notable. ◇ *vt* **-1.** [observe] notar; **please ~ that ...** tenga en cuenta que ... **-2.** [mention] mencionar.

◆ **notes** *npl* [written record] apuntes *mpl*; **to take ~s** tomar apuntes; [in book] notas *fpl*.

◆ **note down** *vt sep* anotar, apuntar.

notebook [ˈnəʊtbʊk] *n* **-1.** [for taking notes] libreta *f*, cuaderno *m* **-2.** COMPUT: **~ (computer)** ordenador *m* portátil.

noted [ˈnəʊtɪd] *adj* destacado(da); **to be ~ for** distinguirse por.

notepad [ˈnəʊtpæd] *n* bloc *m* de notas.

notepaper [ˈnəʊtpeɪpəʳ] *n* papel *m* de escribir *OR* de cartas.

noteworthy [ˈnəʊtˌwɜːðɪ] (*compar* **-ier**, *superl* **-iest**) *adj* digno(na) de mención, significativo(va).

nothing [ˈnʌθɪŋ] ◇ *pron* nada; **I've got ~ to do** no tengo nada que hacer; **there's ~ complicated about it** no tiene nada de complicado; **there's ~ in it** [it's untrue] es falso; **there's ~ to it** es facilísimo; **for ~** [free] gratis; [for no purpose] en vano, en balde; **he's ~ if not generous** otra cosa no será pero desde luego generoso sí que es; **~ but** tan sólo; **there's ~ for it (but to do sthg)** *UK* no hay más remedio (que hacer algo); **~ much** no mucho. ◇ *adv*: **to be ~ like sb/sthg** no parecerse en nada a alguien/algo; **I'm ~ like finished** no he terminado ni mucho menos.

nothingness [ˈnʌθɪŋnɪs] *n* nada *f*.

notice [ˈnəʊtɪs] ◇ *n* **-1.** [on wall, door] cartel *m*; [in newspaper] anuncio *m* **-2.** [attention] atención *f*; **to come to one's ~** llegar al conocimiento de uno; **to escape one's ~** pasarle inadvertido *OR* escapársele a uno; **to take ~ (of)** hacer caso (de), prestar atención (a); **to take no ~ (of)** no hacer caso (de); **he/she didn't take a blind bit of ~** no hizo ni el más mínimo caso **-3.** [warning] aviso *m*; **at short ~** casi sin previo aviso; **until further ~** hasta nuevo aviso; **with-**

out ~ sin previo aviso **-4.** [at work]: **to be given one's ~** ser despedido(da); **to hand in one's ~** presentar la dimisión. <> *vt* **-1.** [sense, smell] notar; [see] fijarse en, ver; **to ~ sb doing sthg** fijarse en alguien que está haciendo algo **-2.** [realize] darse cuenta de. <> *vi* darse cuenta.

noticeable ['nəʊtɪsəbl] *adj* notable.

noticeably ['nəʊtɪsəblɪ] *adv* notablemente.

notice board *n* tablón *m* de anuncios.

notification [ˌnəʊtɪfɪ'keɪʃn] *n* notificación *f.*

notify ['nəʊtɪfaɪ] (*pt* & *pp* **-ied**) *vt*: **to ~ sb (of sthg)** notificar OR comunicar (algo) a alguien.

notion ['nəʊʃn] *n* noción *f.*

◆ **notions** *npl US* artículos *mpl* de mercería.

notional ['nəʊʃənl] *adj* hipotético(ca).

notoriety [ˌnəʊtə'raɪətɪ] *n* mala fama *f.*

notorious [nəʊ'tɔːrɪəs] *adj* famoso(sa), célebre; **to be ~ for sthg** ser muy conocido(da) por algo.

notoriously [nəʊ'tɔːrɪəslɪ] *adv*: **it is ~ difficult** es conocido por lo difícil que es.

Notts [nɒts] (*abbr of* **Nottinghamshire**) *condado inglés.*

notwithstanding [ˌnɒtwɪθ'stændɪŋ] *fml* <> *prep* a pesar de. <> *adv* sin embargo, no obstante.

nougat ['nuːgɑː] *n dulce hecho a base de nueces y frutas.*

nought [nɔːt] *num* cero; **~s and crosses** tres *m* en raya.

noun [naʊn] *n* nombre *m*, sustantivo *m.*

nourish ['nʌrɪʃ] *vt* **-1.** [feed] nutrir, alimentar **-2.** [entertain] alimentar, albergar.

nourishing ['nʌrɪʃɪŋ] *adj* nutritivo(va), rico(ca).

nourishment ['nʌrɪʃmənt] *n* alimento *m*, sustento *m.*

Nov. (*abbr of* **November**) nov.

Nova Scotia [ˌnəʊvə'skəʊʃə] *n* Nueva Escocia.

Nova Scotian [ˌnəʊvə'skəʊʃn] <> *adj* neoescocés(esa). <> *n* neoescocés *m*, -esa *f.*

novel ['nɒvl] <> *adj* original. <> *n* novela *f.*

novelist ['nɒvəlɪst] *n* novelista *m* OR *f.*

novelty ['nɒvltɪ] (*pl* **-ies**) *n* **-1.** [gen] novedad *f* **-2.** [cheap object] baratija *f* (poco útil).

November [nə'vembəʳ] *n* noviembre *m*; *see also* **September**.

novice ['nɒvɪs] *n* **-1.** [inexperienced person] principiante *m* OR *f* **-2.** RELIG novicio *m*, -cia *f.*

Novocaine® ['nəʊvəkeɪn] *n* novocaína® *f.*

now [naʊ] <> *adv* **-1.** [at this time, at once] ahora; **do it ~** hazlo ahora; **he's been away for two weeks ~** lleva dos semanas fuera; **any day ~** cualquier día de éstos; **any time ~** en cualquier momento; **for ~** por ahora, por el momento; **~ and then** OR **again** de vez en cuando **-2.** [nowadays] hoy día **-3.** [at a particular time in the past] entonces **-4.** [to introduce statement] vamos a ver. <> *conj*: **~ (that)** ahora que, ya que. <> *n* ahora; **five days from ~** de aquí a cinco días; **from ~ on** a partir de ahora; **they should be here by ~** ya deberían estar aquí; **up until ~** hasta ahora.

NOW [naʊ] (*abbr of* **National Organization for Women**) *n principal organización estadounidense contra la discriminación sexual.*

nowadays ['naʊədeɪz] *adv* hoy en día, actualmente.

nowhere *UK* ['nəʊweəʳ], **no-place** *US* <> *adv* [be] en ninguna parte; [go] a ninguna parte; **~ else** en ninguna otra parte; **to appear out of** OR **from ~** salir de la nada; **to be getting ~** no estar avanzando nada, no ir a ninguna parte; **(to be) ~ near (as ... as ...)** (no ser) ni mucho menos (tan ... como ...); **this is getting us ~** esto no nos lleva a nada. <> *n*: **we have ~ to hide** no tenemos dónde escondernos.

no-win situation *n situación en la que se haga lo que se haga se sale perdiendo.*

noxious ['nɒkʃəs] *adj* nocivo(va).

nozzle ['nɒzl] *n* boquilla *f.*

NP *n abbr of* **notary public**.

NS *abbr of* **Nova Scotia**.

NSC (*abbr of* **National Security Council**) *n consejo federal estadounidense para la coordinación de la política exterior y de defensa.*

NSPCC (*abbr of* **National Society for the Prevention of Cruelty to Children**) *n organización benéfica británica para la prevención de malos tratos a los niños.*

NSW *n abbr of* **New South Wales**.

NT *n* **-1.** (*abbr of* **New Testament**) N.T. *m* **-2.** *abbr of* **National Trust**.

nth [enθ] *adj inf*: **to the ~ degree** al máximo; **for the ~ time** por enésima vez.

nuance [njuː'ɑːns] *n* matiz *m.*

nub [nʌb] *n*: **the ~** el quid.

nubile [*UK* 'njuːbaɪl, *US* 'nuːbəl] *adj fml* OR *hum* núbil.

nuclear ['njuːklɪəʳ] *adj* nuclear.

nuclear bomb *n* bomba *f* atómica.

nuclear disarmament *n* desarme *m* nuclear.

nuclear energy *n* energía *f* nuclear.

nuclear family *n* familia *f* nuclear.

nuclear fission *n* fisión *f* nuclear.

nuclear-free zone *n* zona *f* desnuclearizada.

nuclear fusion *n* fusión *f* nuclear.
nuclear physics *n* física *f* nuclear.
nuclear power *n* energía *f* nuclear.
nuclear power station *n* central *f* nuclear.
nuclear reactor *n* reactor *m* nuclear.
nuclear war *n* guerra *f* nuclear.
nuclear warfare *n (U)* guerra *f* nuclear.
nuclear warhead *n* cabeza *f* nuclear.
nuclear waste *n (U)* residuos *mpl* nucleares.
nuclear weapon *n* arma *f* nuclear.
nuclear winter *n* invierno *m* nuclear.
nucleus ['nju:klɪəs] (*pl* **-lei** [-lɪaɪ]) *n lit & fig* núcleo *m*.
nude [nju:d] ◇ *adj* desnudo(da). ◇ *n* ART desnudo *m*; **in the ~** desnudo(da).
nudge [nʌdʒ] ◇ *n* **-1.** [with elbow] codazo *m* **-2.** *fig* [to encourage] empujón *m*. ◇ *vt* **-1.** [with elbow] dar un codazo a **-2.** *fig* [to encourage] empujar.
nudist ['nju:dɪst] ◇ *adj* nudista. ◇ *n* nudista *m* OR *f*.
nudity ['nju:dətɪ] *n* desnudez *f*.
nugget ['nʌgɪt] *n* **-1.** [of gold] pepita *f* **-2.** *fig* [valuable piece]: **~s of wisdom** gotas *fpl* de sabiduría.
nuisance ['nju:sns] *n* [thing] fastidio *m*, molestia *f*; [person] pesado *m*; **to make a ~ of o.s.** dar la lata.
NUJ (*abbr of* **National Union of Journalists**) *n sindicato británico de periodistas.*
nuke [nju:k] *inf* ◇ *n* bomba *f* atómica. ◇ *vt* **-1.** MIL atacar con arma nuclear **-2.** [cook in microwave] cocinar en el microondas.
null [nʌl] *adj*: **~ and void** nulo(la) y sin efecto.
nullify ['nʌlɪfaɪ] (*pt* & *pp* **-ied**) *vt* anular.
NUM (*abbr of* **National Union of Mineworkers**) *n sindicato británico de mineros.*
numb [nʌm] ◇ *adj* entumecido(da); **to be ~ with cold** estar helado(da) de frío; **to be ~ with fear** estar paralizado(da) de miedo. ◇ *vt* entumecer.
number ['nʌmbəʳ] ◇ *n* **-1.** [gen] número *m*; **a ~ of** varios(rias); **a large ~ of** gran número de; **large ~s of** grandes cantidades de; **any ~ of** la mar de **-2.** [of car] matrícula *f*. ◇ *vt* **-1.** [amount to] ascender a **-2.** [give a number to] numerar **-3.** [include]: **to be ~ed among** figurar entre.
number-crunching [-ˌkrʌntʃɪŋ] *n inf* cálculo *m* a gran escala.
numberless ['nʌmbəlɪs] *adj* incontables, innumerables.
number one ◇ *adj* principal, número uno. ◇ *n inf* [oneself] uno mismo (una misma).
numberplate ['nʌmbəpleɪt] *n* matrícula *f* (de vehículo).
Number Ten *n el número 10 de Downing Street, residencia oficial del primer ministro británico.*
numbness ['nʌmnɪs] *n* **-1.** [with cold] entumecimiento *m* **-2.** *fig* [with shock, fear] parálisis *f inv*.
numbskull ['nʌmskʌl] *n* = **numskull**.
numeracy ['nju:mərəsɪ] *n* UK conocimiento *m* básico de aritmética.
numeral ['nju:mərəl] *n* número *m*, cifra *f*.
numerate ['nju:mərət] *adj* UK competente en aritmética.
numerical [nju:'merɪkl] *adj* numérico(ca).
numeric keypad [nju:'merɪk-] *n* COMPUT teclado *m* numérico.
numerous ['nju:mərəs] *adj* numeroso(sa).
numskull ['nʌmskʌl] *n inf* imbécil *m* OR *f*, mentecato *m*, -ta *f*.
nun [nʌn] *n* monja *f*.
nuptial ['nʌpʃl] *adj fml* nupcial.
nurse [nɜ:s] ◇ *n* MED enfermero *m*, -ra *f*; [nanny] niñera *f*. ◇ *vt* **-1.** [care for] cuidar, atender **-2.** [try to cure - a cold] curarse **-3.** *fig* [nourish] abrigar **-4.** [subj: mother] criar, amamantar.
nursemaid ['nɜ:smeɪd] *n* niñera *f*.
nursery ['nɜ:sərɪ] (*pl* **-ies**) ◇ *adj* [education] preescolar. ◇ *n* **-1.** [at home] cuarto *m* de los niños; [away from home] guardería *f* **-2.** [for plants] semillero *m*, vivero *m*.
nursery nurse *n* UK [at school] niñera *f*; [in hospital] enfermera *f* puericultora.
nursery rhyme *n* poema *m* OR canción *f* infantil.
nursery school *n* parvulario *m*, escuela *f* de párvulos.
nursery slopes *npl* pista *f* para principiantes.
nursing ['nɜ:sɪŋ] *n* [profession] profesión *f* de enfermera; [of patient] asistencia *f*, cuidado *m*.
nursing home *n* [for old people] clínica *f* de reposo (privada); [for childbirth] clínica *f* (privada) de maternidad.
nurture ['nɜ:tʃəʳ] *vt* **-1.** [child, plant] criar **-2.** [plan, feelings] alimentar.
NUS (*abbr of* **National Union of Students**) *n sindicato nacional de estudiantes en Gran Bretaña.*
nut [nʌt] *n* **-1.** [to eat] nuez *f* **-2.** [of metal] tuerca *f*; **the ~s and bolts** *fig* lo esencial, lo básico **-3.** *inf* [mad person] chiflado *m*, -da *f* **-4.** *inf* [enthusiast] maniático *m*, -ca *f* **-5.** *inf* [head]: **she's off her ~** UK está mal del coco.
◆ **nuts** *inf* ◇ *adj*: **to be ~s** estar chala-

do(da). <> *excl US* ¡maldita sea!
NUT (*abbr of* **National Union of Teachers**) *n* *sindicato británico de profesores.*
nutcase ['nʌtkeɪs] *n inf* pirado *m*, -da *f*.
nutcrackers ['nʌt,krækəz] *npl* cascanueces *m inv.*
nutmeg ['nʌtmeg] *n* nuez *f* moscada.
nutrient ['nju:trɪənt] *n* sustancia *f* nutritiva.
nutrition [nju:'trɪʃn] *n* nutrición *f*, alimentación *f*.
nutritional [nju:'trɪʃənl] *adj* nutritivo(va).
nutritionist [nju:'trɪʃənɪst] *n* dietista *m* OR *f*.
nutritious [nju:'trɪʃəs] *adj* nutritivo(va).
nutshell ['nʌtʃel] *n*: **in a ~** en una palabra.
nutter ['nʌtə'] *n UK inf* chiflado *m*, -da *f*.
nuzzle ['nʌzl] <> *vt* rozar con el hocico. <> *vi*: **to ~ (up) against** arrimarse a.
NV *abbr of* **Nevada**.
NVQ (*abbr of* **National Vocational Qualification**) *n título de formación profesional en Inglaterra y Gales.*
NW (*abbr of* **north-west**) NO.
NWT *abbr of* **Northwest Territories**.
NY *abbr of* **New York**.
NYC *abbr of* **New York City**.
nylon ['naɪlɒn] <> *n* nylon *m*. <> *comp* de nylon.
◆ **nylons** *npl dated* medias *fpl* de nylon.
nymph [nɪmf] *n* ninfa *f*.
nymphomaniac [,nɪmfə'meɪnɪæk] *n* ninfómana *f*.
NYSE (*abbr of* **New York Stock Exchange**) *n la Bolsa de Nueva York.*
NZ *abbr of* **New Zealand**.

O

o (*pl* **o's** OR **os**), **O** (*pl* **O's** OR **Os**) [əʊ] *n* **-1.** [letter] o *f*, O *f* **-2.** [zero] cero *m*.
oaf [əʊf] *n* zoquete *m* OR *f*, lerdo *m*, -da *f*.
oak [əʊk] <> *n* roble *m*. <> *comp* de roble.
OAP *n abbr of* **old age pensioner**.
oar [ɔ:'] *n* remo *m*; **to put** OR **stick one's ~ in** entrometerse.
oarlock ['ɔ:lɒk] *n US* [rowlock] escálamo *m*, tolete *m*.
oarsman ['ɔ:zmən] (*pl* **-men** [-mən]) *n* remero *m*.
oarswoman ['ɔ:z,wʊmən] (*pl* **-women** [-,wɪmɪn]) *n* remera *f*.
OAS (*abbr of* **Organization of American States**) *n* OEA *f*.
oasis [əʊ'eɪsɪs] (*pl* **oases** [əʊ'eɪsi:z]) *n lit & fig* oasis *m inv.*
oatcake ['əʊtkeɪk] *n* galleta *f* de avena.
oath [əʊθ] *n* **-1.** [promise] juramento *m*; **on** OR **under ~** bajo juramento **-2.** [swearword] palabrota *f*.
oatmeal ['əʊtmi:l] *US* <> *n* [flakes] copos *mpl* de avena; [porridge] avena *f*. <> *comp* de avena.
oats [əʊts] *npl* [grain] avena *f*.
OAU (*abbr of* **Organization of African Unity**) *n* OUA *f*.
obdurate ['ɒbdjʊrət] *adj fml* obstinado(da).
OBE (*abbr of* **Order of the British Empire**) *n* (*titular de*) *distinción honorífica británica.*
obedience [ə'bi:djəns] *n*: **~ (to sb)** obediencia *f* (a alguien).
obedient [ə'bi:djənt] *adj* obediente.
obediently [ə'bi:djəntlɪ] *adv* obedientemente.
obelisk ['ɒbəlɪsk] *n* obelisco *m*.
obese [əʊ'bi:s] *adj fml* obeso(sa).
obesity [əʊ'bi:sətɪ] *n* obesidad *f*.
obey [ə'beɪ] *vt & vi* obedecer.
obfuscate ['ɒbfʌskeɪt] *vt fml* oscurecer.
obituary [ə'bɪtʃʊərɪ] (*pl* **-ies**) *n* nota *f* necrológica, necrología *f*.
object [*n* 'ɒbdʒɪkt, *vb* ɒb'dʒekt] <> *n* **-1.** [gen & COMPUT] objeto *m* **-2.** [aim] objeto *m*, propósito *m* **-3.** GRAMM complemento *m*. <> *vt* objetar. <> *vi*: **to ~ (to sthg/to doing sthg)** oponerse (a algo/a hacer algo); **I ~ to that comment** me parece muy mal ese comentario.
objection [əb'dʒekʃn] *n* objeción *f*, reparo *m*; **to have no ~ (to sthg/to doing sthg)** no tener inconveniente (en algo/en hacer algo).
objectionable [əb'dʒekʃənəbl] *adj* [person] desagradable; [behaviour] censurable.
objective [əb'dʒektɪv] <> *adj* objetivo(va). <> *n* objetivo *m*.
objectively [əb'dʒektɪvlɪ] *adv* objetivamente.
objectivity [,ɒbdʒek'tɪvətɪ] *n* objetividad *f*.
object lesson ['ɒbdʒɪkt-] *n*: **an ~ in sthg** un perfecto ejemplo de algo.
objector [əb'dʒektə'] *n* oponente *mf*.
obligate ['ɒblɪgeɪt] *vt fml*: **to ~ sb to do sthg** obligar a alguien a hacer algo.
obligation [,ɒblɪ'geɪʃn] *n* **-1.** [compulsion] obligación *f*; **to be under an ~ to do sthg** tener la

obligación de hacer algo **-2.** [duty] deber *m*.
obligatory [əˈblɪgətrɪ] *adj* obligatorio(ria).
oblige [əˈblaɪdʒ] ◇ *vt* **-1.** [force]: **to ~ sb to do sthg** obligar a alguien a hacer algo **-2.** *fml* [do a favour to] hacer un favor a; **I would be much ~d if ...** le estaría muy agradecido si ... ◇ *vi* hacer el favor.
obliging [əˈblaɪdʒɪŋ] *adj* servicial, atento(ta).
oblique [əˈbliːk] ◇ *adj* **-1.** [indirect - reference] indirecto(ta) **-2.** [slanting] oblicuo(cua). ◇ *n* *TYPO* barra *f*.
obliquely [əˈbliːklɪ] *adv* [indirectly] indirectamente.
obliterate [əˈblɪtəreɪt] *vt* arrasar.
obliteration [əˌblɪtəˈreɪʃn] *n* arrasamiento *m*.
oblivion [əˈblɪvɪən] *n* olvido *m*.
oblivious [əˈblɪvɪəs] *adj* inconsciente; **to be ~ to** *OR* **of sthg** no ser consciente de algo.
oblong [ˈɒblɒŋ] ◇ *adj* rectangular, oblongo(ga). ◇ *n* rectángulo *m*.
obnoxious [əbˈnɒkʃəs] *adj* repugnante, detestable.
oboe [ˈəʊbəʊ] *n* oboe *m*.
oboist [ˈəʊbəʊɪst] *n* oboe *m OR f*, oboísta *m OR f*.
obscene [əbˈsiːn] *adj* obsceno(na), indecente.
obscenity [əbˈsenətɪ] (*pl* **-ies**) *n* obscenidad *f*.
obscure [əbˈskjʊəʳ] ◇ *adj lit* & *fig* oscuro(ra). ◇ *vt* **-1.** [make difficult to understand] oscurecer **-2.** [hide] esconder.
obscurity [əbˈskjʊərətɪ] *n lit* & *fig* oscuridad *f*.
obsequious [əbˈsiːkwɪəs] *adj fml* & *pej* servil.
observable [əbˈzɜːvəbl] *adj* visible, observable.
observably [əbˈzɜːvəblɪ] *adv* visiblemente.
observance [əbˈzɜːvns] *n* observancia *f*, cumplimiento *m*.
observant [əbˈzɜːvnt] *adj* observador(ra).
observation [ˌɒbzəˈveɪʃn] *n* **-1.** [by police] vigilancia *f*; [by doctor] observación *f* **-2.** [comment] observación *f*, comentario *m*.
observation post *n* puesto *m* de observación.
observatory [əbˈzɜːvətrɪ] (*pl* **-ies**) *n* observatorio *m*.
observe [əbˈzɜːv] *vt* **-1.** [gen] observar **-2.** [obey] cumplir con, observar.
observer [əbˈzɜːvəʳ] *n* observador *m*, -ra *f*.
obsess [əbˈses] *vt* obsesionar; **to be ~ed by** *OR* **with** estar obsesionado con.
obsession [əbˈseʃn] *n* obsesión *f*.
obsessional [əbˈseʃənl] *adj* obsesivo(va).
obsessive [əbˈsesɪv] *adj* obsesivo(va).
obsolescence [ˌɒbsəˈlesns] *n* obsolescencia *f*.
obsolescent [ˌɒbsəˈlesnt] *adj* obsolescente, que está cayendo en desuso.
obsolete [ˈɒbsəliːt] *adj* obsoleto(ta).
obstacle [ˈɒbstəkl] *n* **-1.** [object] obstáculo *m* **-2.** [difficulty] estorbo *m*, impedimento *m*.
obstacle race *n* carrera *f* de obstáculos.
obstetrician [ˌɒbstəˈtrɪʃn] *n* tocólogo *m*, -ga *f*, obstetra *m OR f*.
obstetrics [ɒbˈstetrɪks] *n* obstetricia *f*.
obstinacy [ˈɒbstɪnəsɪ] *n* terquedad *f*, obstinación *f*.
obstinate [ˈɒbstənət] *adj* **-1.** [stubborn] obstinado(da), terco(ca) **-2.** [persistent] tenaz.
obstinately [ˈɒbstənətlɪ] *adv* obstinadamente, tercamente.
obstreperous [əbˈstrepərəs] *adj fml OR hum* [unruly] desmandado(da).
obstruct [əbˈstrʌkt] *vt* **-1.** [block] obstruir, bloquear **-2.** [hinder] estorbar, entorpecer.
obstruction [əbˈstrʌkʃn] *n* [gen & *SPORT*] obstrucción *f*; [blockage] atasco *m*.
obstructive [əbˈstrʌktɪv] *adj* obstructor(ra).
obtain [əbˈteɪn] *vt* obtener, conseguir.
obtainable [əbˈteɪnəbl] *adj* que se puede conseguir, disponible.
obtrusive [əbˈtruːsɪv] *adj* [smell] penetrante; [colour] chillón(ona); [person] entrometido(da).
obtrusively [əbˈtruːsɪvlɪ] *adv* indiscretamente.
obtuse [əbˈtjuːs] *adj lit* & *fig* obtuso(sa).
obverse [ˈɒbvɜːs] *n* **-1.** [front side] anverso *m* **-2.** [opposite]: **the ~ of** la otra cara de.
obviate [ˈɒbvɪeɪt] *vt fml* evitar, obviar.
obvious [ˈɒbvɪəs] ◇ *adj* obvio(via), evidente. ◇ *n*: **to state the ~** afirmar lo obvio *OR* lo evidente.
obviously [ˈɒbvɪəslɪ] *adv* **-1.** [of course] evidentemente, obviamente; **~ not** claro que no **-2.** [clearly] claramente, obviamente; **he's ~ lying** está claro que miente.
obviousness [ˈɒbvɪəsnɪs] *n* obviedad *f*, lo evidente.
OCAS (*abbr of* **Organization of Central American States**) *n* ODECA *f*.
occasion [əˈkeɪʒn] ◇ *n* **-1.** [time] vez *f*, ocasión *f*; **on one ~** una vez, en una ocasión; **on several ~s** varias veces, en varias ocasiones; **on ~** *fml* de vez en cuando **-2.** [important event] acontecimiento *m*; **to rise to the ~** ponerse a la altura de las circunstancias **-3.** *fml* [opportunity] ocasión *f*. ◇ *vt fml* [cause] ocasionar, causar.
occasional [əˈkeɪʒənl] *adj* [trip, drink] esporádico(ca); [showers] ocasional.
occasionally [əˈkeɪʒnəlɪ] *adv* de vez en cuando.
occasional table *n* mesita *f* (auxiliar).

occult [ɒ'kʌlt] <> *adj* oculto(ta). <> *n*: **the ~** lo oculto.

occupancy ['ɒkjʊpənsɪ] *n* ocupación *f*.

occupant ['ɒkjʊpənt] *n* **-1.** [of building, room] inquilino *m*, -na *f* **-2.** [of chair, vehicle] ocupante *m* OR *f*.

occupation [,ɒkjʊ'peɪʃn] *n* **-1.** [job] empleo *m*, ocupación *f* **-2.** [pastime] pasatiempo *m* **-3.** MIL [of country, building] ocupación *f*.

occupational [,ɒkju:'peɪʃənl] *adj* laboral, profesional.

occupational disease *n* enfermedad *f* profesional.

occupational hazard *n*: **~s** gajes *mpl* del oficio.

occupational therapist *n* terapeuta *m* OR *f* ocupacional.

occupational therapy *n* terapia *f* ocupacional.

occupied ['ɒkjʊpaɪd] *adj* ocupado(da).

occupier ['ɒkjʊpaɪə^r] *n* inquilino *m*, -na *f*.

occupy ['ɒkjʊpaɪ] (*pt* & *pp* **-ied**) *vt* **-1.** [gen] ocupar **-2.** [live in] habitar **-3.** [entertain]: **to ~ o.s.** entretenerse.

occur [ə'kɜ:^r] (*pt* & *pp* **-red**, *cont* **-ring**) *vi* **-1.** [happen] ocurrir, suceder **-2.** [be present] encontrarse **-3.** [thought, idea]: **to ~ to sb** ocurrírsele a alguien; **it ~s to me that ...** se me ocurre que ...

occurrence [ə'kʌrəns] *n* **-1.** [event] acontecimiento *m* **-2.** [coming about] aparición *f*.

ocean ['əʊʃn] *n* océano *m*.

oceangoing ['əʊʃn,gəʊɪŋ] *adj* marítimo(ma).

Oceania [,əʊʃɪ'ɑ:nɪə] *n* Oceanía.

Oceanian [,əʊʃɪ'ɑ:nɪən] <> *adj* oceánico(ca). <> *n* oceánico *m*, -ca *f*.

ochre *UK*, **ocher** *US* ['əʊkə^r] *adj* ocre.

o'clock [ə'klɒk] *adv*: **it's one ~** es la una; **it's two/three ~** son las dos/las tres; **at one/two ~** a la una/las dos.

OCR *n* COMPUT **-1.** (*abbr of* **optical character reader**) LOC *m* **-2.** (*abbr of* **optical character recognition**) ROC *m*.

Oct. (*abbr of* **October**) oct.

octagon ['ɒktəgən] *n* octágono *m*.

octagonal [ɒk'tægənl] *adj* octagonal.

octane ['ɒkteɪn] *n* octano *m*.

octane number, octane rating *n* octanaje *m*.

octave ['ɒktɪv] *n* octava *f*.

octet [ɒk'tet] *n* octeto *m*.

October [ɒk'təʊbə^r] *n* octubre *m*; *see also* **September**.

octogenarian [,ɒktəʊdʒɪ'neərɪən] *n* octogenario *m*, -ria *f*.

octopus ['ɒktəpəs] (*pl* **-puses** OR **-pi** [-paɪ]) *n* pulpo *m*.

OD -1. *abbr of* **overdose -2.** *abbr of* **overdrawn**.

odd [ɒd] *adj* **-1.** [strange] raro(ra), extraño(ña) **-2.** [not part of pair] sin pareja, suelto(ta) **-3.** [number] impar **-4.** *inf* [leftover] sobrante **-5.** *inf* [occasional]: **I play the ~ game** juego alguna que otra vez **-6.** *inf* [approximately]: **30 ~ years** 30 y tantos OR y pico años.

◆ **odds** *npl* **-1.**: **the ~s** [probability] las probabilidades; [in betting] las apuestas; **the ~s are that ...** lo más probable es que ...; **against all ~s** contra viento y marea; **against the ~s** contra (todo) pronóstico **-2.** [bits]: **~s and ends** chismes *mpl*, cosillas *fpl* **-3.** *phr*: **to be at ~s with sthg** no concordar con algo; **to be at ~s with sb** estar reñido con alguien.

oddball ['ɒdbɔ:l] *n inf* excéntrico *m*, -ca *f*.

oddity ['ɒdɪtɪ] (*pl* **-ies**) *n* rareza *f*.

odd-job man *UK*, **odd jobber** *US* *n* hombre *m* que hace chapuzas.

odd jobs *npl* chapuzas *fpl*.

oddly ['ɒdlɪ] *adv* extrañamente; **~ enough** aunque parezca mentira.

oddments ['ɒdmənts] *npl* retales *mpl*.

odds-on ['ɒdz-] *adj inf*: **the ~ favourite** el favorito indiscutible; **it's ~ that ...** fijo que ...

ode [əʊd] *n* oda *f*.

odious ['əʊdjəs] *adj* odioso(sa), detestable.

odometer [əʊ'dɒmɪtə^r] *n* *US* cuentakilómetros *m inv*.

odorless *US* *adj* = **odourless**.

odour *UK*, **odor** *US* ['əʊdə^r] *n* [gen] olor *m*; [of perfume] fragancia *f*.

odourless *UK*, **odorless** *US* ['əʊdəlɪs] *adj* inodoro(ra).

odyssey ['ɒdɪsɪ] (*pl* **odysseys**) *n literary* odisea *f*.

OECD (*abbr of* **Organization for Economic Cooperation and Development**) *n* OCDE *f*.

oesophagus *UK*, **esophagus** *US* [ɪ'sɒfəgəs] *n* esófago *m*.

oestrogen *UK*, **estrogen** *US* [i:strədʒən] *n* estrógeno *m*.

of [*unstressed* əv, *stressed* ɒv] *prep* **-1.** [gen] de; **the cover ~ a book** la portada de un libro; **the King ~ England** el rey de Inglaterra; **a cousin ~ mine** un primo mío; **both ~ us** nosotros dos, los dos; **the worst ~ them** el peor de ellos; **to die ~ sthg** morir de algo **-2.** [expressing quantity, referring to container] de; **thousands ~ people** miles de personas; **there are three ~ us** somos tres; **a litre ~ petrol** un litro de gasolina; **a cup ~ coffee** un café, una taza de café **-3.** [indicating amount, age, time] de; **a child ~ five** un niño de cinco (años); **at the age ~**

five a los cinco años; **an increase ~ 6%** un incremento del 6% **the 12th ~ February** el 12 de febrero; **the night ~ the disaster** la noche del desastre **-4.** [made from] de; **a dress ~ silk** un vestido de seda; **to be made ~ sthg** estar hecho de algo **-5.** [with emotions, opinions]: **fear ~ ghosts** miedo a los fantasmas; **love ~ good food** amor por la buena mesa; **it was very kind ~ you** fue muy amable de *OR* por tu parte.

off [ɒf] ◇ *adv* **-1.** [away]: **to drive ~** alejarse conduciendo; **to turn ~** salir de la carretera; **I'm ~!** ¡me voy! **-2.** [at a distance - in time]: **it's two days ~** quedan dos días; **that's a long time ~** aún queda mucho para eso; [- in space]: **it's ten miles ~** está a diez millas; **far ~** lejos **-3.** [so as to remove]: **to take sthg ~** [gen] quitar algo; [one's clothes] quitarse algo; **to cut sthg ~** cortar algo; **could you help me ~ with my coat?** ¿me ayudas a quitarme el abrigo? **-4.** [so as to complete]: **to finish ~** terminar, acabar; **to kill ~** rematar **-5.** [not at work] libre; **a day ~** un día libre; **time ~** tiempo *m* libre **-6.** [so as to separate]: **to fence ~** vallar; **to wall ~** tapiar **-7.** [so as to stop working]: **to turn ~** [light, radio] apagar; [water, tap] cerrar **-8.** [discounted]: **£10 ~** 10 libras de descuento **-9.** [having money]: **to be well/badly ~** andar bien/mal de dinero. ◇ *prep* **-1.** [away from]: **to get ~ sthg** bajarse de algo; **to keep ~ sthg** mantenerse alejado de algo; **'keep ~ the grass'** 'prohibido pisar el césped' **-2.** [close to]: **just ~ the coast** muy cerca de la costa; **it's ~ Oxford Street** está al lado de Oxford Street **-3.** [removed from]: **to cut a slice ~ sthg** cortar un pedazo de algo; **take your hands ~ me!** ¡quítame las manos de encima! **-4.** [not attending]: **to be ~ work/duty** no estar trabajando/de servicio; **a day ~ work** un día de vacaciones **-5.** *inf* [no longer liking]: **she's ~ coffee/her food** no le apetece café/comer **-6.** [deducted from]: **there's 10% ~ the price** hay un 10% de rebaja sobre el precio **-7.** *inf* [from]: **I bought it ~ him** se lo compré a él. ◇ *adj* **-1.** [gone bad - meat, cheese] pasado(da), estropeado(da); [- milk] cortado(da) **-2.** [light, radio, device] apagado(da); [water, electricity] desconectado(da); [tap] cerrado(da) **-3.** [cancelled] suspendido(da); **the wedding's ~** se ha cancelado la boda **-4.** [not being served]: **the ice cream's ~ today** no hay helado hoy **-5.** *inf* [offhand] brusco(ca), descortés.

offal ['ɒfl] *n (U)* asaduras *fpl*.

off-balance *adv* **-1.** [not standing firmly] en equilibrio precario; **to throw** *OR* **push sb ~** hacer perder el equilibrio a alguien **-2.** [unprepared] desprevenido(da).

offbeat ['ɒfbi:t] *adj inf* original, poco convencional.

off-centre ◇ *adj* descentrado(da). ◇ *adv* a un lado.

off-chance *n*: **on the ~** por si acaso.

off colour *adj* indispuesto(ta).

offcut ['ɒfkʌt] *n* [of fabric] retazo *m*; [of wood] trozo *m* suelto.

off-day *n* mal día *m*.

off duty *adj* [policeman] fuera de servicio; [soldier] de permiso.

offence *UK*, **offense** *US* [ə'fens] *n* **-1.** [crime] delito *m* **-2.** [cause of upset] ofensa *f*; **to cause sb ~** ofender a alguien; **to take ~** ofenderse.

offend [ə'fend] ◇ *vt* ofender. ◇ *vi* **-1.** [contravene]: **to ~ against sthg** infringir algo **-2.** [commit a crime] cometer un delito.

offended [ə'fendɪd] *adj* ofendido(da).

offender [ə'fendəʳ] *n* **-1.** [criminal] delincuente *m OR f* **-2.** [culprit] culpable *m OR f*.

offending [ə'fendɪŋ] *adj* [object] enojoso(sa); [word, statement] ofensivo(va).

offense *US* [*sense 2* 'ɒfens] *n* **-1.** = **offence -2.** *SPORT* ataque *m*.

offensive [ə'fensɪv] ◇ *adj* **-1.** [remark, behaviour] ofensivo(va); [smell] repugnante **-2.** [aggressive] atacante. ◇ *n* **-1.** *MIL* ofensiva *f* **-2.** *fig* [attack]: **to go on** *OR* **take the ~** tomar la ofensiva.

offensiveness [ə'fensɪvnɪs] *n*: **the ~ of** lo ofensivo de.

offer ['ɒfəʳ] ◇ *n* oferta *f*; **on ~** [available] disponible; [at a special price] en oferta. ◇ *vt* ofrecer; **to ~ sthg to sb, to ~ sb sthg** ofrecer algo a alguien; [be willing]: **to ~ to do sthg** ofrecerse a hacer algo. ◇ *vi* [volunteer] ofrecerse.

OFFER ['ɒfəʳ] (*abbr of* **Office of Electricity Regulation**) *n organismo británico regulador de las compañías regionales de electricidad.*

offering ['ɒfərɪŋ] *n* **-1.** [thing offered] ofrecimiento *m*; [gift] regalo *m* **-2.** [sacrifice] ofrenda *f*.

off-guard *adj* desprevenido(da).

offhand [ˌɒf'hænd] ◇ *adj* frío(a), indiferente. ◇ *adv* de improviso.

office ['ɒfɪs] *n* **-1.** [gen] oficina *f* **-2.** [room] despacho *m*, oficina *f* **-3.** *US* [of doctor, dentist] consulta *f*, consultorio *m* **-4.** [position of authority] cargo *m*; **in ~** [political party] en el poder; [person] en el cargo; **to take ~** [political party] subir al poder; [person] asumir el cargo.

office automation *n* ofimática *f*.

office block *n* bloque *m* de oficinas.

office boy *n* chico *m* de los recados.

officeholder [ˈɒfɪsˌhəʊldəʳ] *n* alto cargo *m* gubernamental.
office hours *npl* horas *fpl* de oficina.
office junior *n UK* subalterno *m*, -na *f*, cadete *m RP.*
Office of Fair Trading *n organismo gubernamental regulador de la competencia en Gran Bretaña.*
officer [ˈɒfɪsəʳ] *n* **-1.** MIL oficial *m* OR *f* **-2.** [in organization, trade union] delegado *m*, -da *f* **-3.** [in police force] agente *m* OR *f*.
office work *n* trabajo *m* de oficina.
office worker *n* oficinista *m* OR *f*.
official [əˈfɪʃl] ◇ *adj* oficial. ◇ *n* [of government] funcionario *m*, -ria *f*; [of trade union] representante *m* OR *f*.
officialdom [əˈfɪʃəldəm] *n* burocracia *f*.
officially [əˈfɪʃəlɪ] *adv* oficialmente.
official receiver *n* síndico *m*, depositario *m*, -ria *f* judicial.
officiate [əˈfɪʃɪeɪt] *vi*: **to ~ (at)** oficiar (en).
officious [əˈfɪʃəs] *adj* **pej** *que se excede en cumplir su deber.*
offing [ˈɒfɪŋ] *n*: **to be in the ~** estar al caer OR a la vista.
off-key ◇ *adj* desafinado(da). ◇ *adv* desafinadamente.
off-licence *n UK tienda donde se venden bebidas alcohólicas para llevar.*
off limits *adj esp US* prohibido(da).
off-line ◇ *adj* **-1.** [printer] desconectado(da) **-2.** [operation] fuera de línea. ◇ *adv*: **to go ~** desconectarse.
offload [ɒfˈləʊd] *vt inf*: **to ~ sthg onto sb** echarle a alguien algo encima.
off-peak ◇ *adj* [electricity, phone call, travel] de tarifa reducida; [period] económico(ca). ◇ *adv* en las horas de tarifa reducida.
off-putting [-ˌpʊtɪŋ] *adj* **-1.** [unpleasant] repelente, chocante **-2.** [distracting]: **it's very ~** me distrae mucho.
off-ramp *n US* carril *m* de deceleración OR de salida.
off sales *npl UK venta de bebidas alcohólicas para llevar.*
off season *n*: **the ~** la temporada baja.
◆ **off-season** *adj* de temporada baja.
offset [ˈɒfset] (*pt* & *pp* **offset**, *cont* **-ting**) *vt* compensar, contrarrestar.
offshoot [ˈɒfʃuːt] *n* vástago *m*, retoño *m*.
offshore [ˈɒfʃɔːʳ] ◇ *adj* [wind] costero(ra); [fishing] de bajura; [oil rig] marítimo(ma); [banking] en bancos extranjeros. ◇ *adv* mar adentro, cerca de la costa; **two miles ~** a dos millas de la costa.
offside [*adj* & *adv* ˌɒfˈsaɪd, *n* ˈɒfsaɪd] ◇ *adj* **-1.** [part of vehicle - right-hand drive] izquierdo(da); [- left-hand drive] derecho(cha) **-2.** SPORT fuera de juego. ◇ *adv* SPORT fuera de juego. ◇ *n* [of vehicle - right-hand drive] lado *m* izquierdo; [- left-hand drive] lado *m* derecho.
offspring [ˈɒfsprɪŋ] (*pl inv*) *n* **-1.** [of people - child] *fml or hum* descendiente *m* OR *f*; [- children] descendencia *f*, prole *f* **-2.** [of animals] crías *fpl*.
offstage [ˌɒfˈsteɪdʒ] *adj* & *adv* entre bastidores.
off-the-cuff ◇ *adj* improvisado(da). ◇ *adv* improvisadamente.
off-the-peg *adj UK* confeccionado(da).
off-the-record ◇ *adj* extraoficial, oficioso(sa). ◇ *adv* extraoficialmente, oficiosamente.
off-the-wall *adj* descabellado(da), extravagante.
off-white *adj* blancuzco(ca).
OFGAS [ˈɒfgæs] (*abbr of* **Office of Gas Supply**) *n organismo británico regulador del suministro de gas.*
OFLOT [ˈɒflɒt] (*abbr of* **Office of the National Lottery**) *n organismo británico regulador de la lotería nacional.*
OFT *n abbr of* **Office of Fair Trading**.
OFTEL [ˈɒftel] (*abbr of* **Office of Telecommunications**) *n organismo gubernamental británico para la supervisión de los servicios de telecomunicaciones.*
often [ˈɒfn, ˈɒftn] *adv* [many times] a menudo; **how ~ do you go?** ¿cada cuánto OR con qué frecuencia vas?; **I don't ~ see him** no lo veo mucho; **I don't do it as ~ as I used to** no lo hago tanto como antes.
◆ **all too often** *adv* con demasiada frecuencia.
◆ **as often as not** *adv* con frecuencia, muchas veces.
◆ **every so often** *adv* cada cierto tiempo.
◆ **more often than not** *adv* la mayoría de las veces.
OFWAT [ˈɒfwɒt] (*abbr of* **Office of Water Supply**) *n organismo gubernamental británico para la supervisión del suministro de agua.*
ogle [ˈəʊgl] *vt pej* comerse con los ojos.
ogre [ˈəʊgəʳ] *n* [in fairy tales] ogro *m*.
oh [əʊ] *excl* **-1.** [to introduce comment] ¡ah!; **~ really?** ¿de verdad? **-2.** [expressing hesitation] mmm ... **-3.** [expressing joy, surprise, fear] ¡oh!; **~ no!** ¡no!
OH *abbr of* **Ohio**.
Ohio [əʊˈhaɪəʊ] *n* Ohio.
ohm [əʊm] *n* ohmio *m*.
OHMS (*abbr of* **On His/Her Majesty's Service**)

expresión que indica el carácter oficial de un documento en Gran Bretaña.

oil [ɔɪl] <> *n* **-1.** [gen] aceite *m* **-2.** [petroleum] petróleo *m.* <> *vt* engrasar, lubricar.

◆ **oils** *npl* ART: **to paint in ~s** pintar al óleo.

oilcan [ˈɔɪlkæn] *n* aceitera *f.*

oil change *n* cambio *m* de aceite.

oilcloth [ˈɔɪlklɒθ] *n* hule *m.*

oil company *n* compañía *f* petrolera.

oilfield [ˈɔɪlfiːld] *n* yacimiento *m* petrolífero.

oil filter *n* filtro *m* del aceite.

oil-fired [-ˌfaɪəd] *adj* de fuel-oil.

oil industry *n*: **the ~** la industria petrolífera.

oilman [ˈɔɪlmən] (*pl* **-men** [-mən]) *n* [businessman] magnate *m* del petróleo; [worker] trabajador *m* (del sector) petrolero.

oil paint *n* pintura *f* al óleo.

oil painting *n* (pintura *f* al) óleo *m.*

oil pipeline *n* oleoducto *m.*

oilrig [ˈɔɪlrɪg] *n* plataforma *f* petrolífera.

oilskins [ˈɔɪlskɪnz] *npl* [coat] impermeable *m*, chubasquero *m.*

oil slick *n* marea *f* negra.

oil tanker *n* **-1.** [ship] petrolero *m* **-2.** [lorry] camión *m* cisterna.

oil well *n* pozo *m* petrolífero *OR* de petróleo.

oily [ˈɔɪlɪ] (*compar* **-ier**, *superl* **-iest**) *adj* **-1.** [food] aceitoso(sa); [rag, cloth] grasiento(ta); [skin, hair] graso(sa) **-2.** *pej* [smarmy] empalagoso(sa).

ointment [ˈɔɪntmənt] *n* pomada *f*, ungüento *m.*

OK¹ (*pl* **OKs**, *pt* & *pp* **OKed**, *cont* **OKing**), **okay** [ˌəʊˈkeɪ] *inf* <> *adj*: **I'm ~** estoy bien; **the food was ~** la comida no estuvo mal; **is it ~ with you?** ¿te parece bien? <> *n*: **to give (sb) the ~** dar el visto bueno (a alguien). <> *adv* bastante bien. <> *excl* **-1.** [gen] vale, de acuerdo **-2.** [to introduce new topic] bien, vale. <> *vt* aprobar, dar el visto bueno a.

OK² *abbr of* **Oklahoma.**

Oklahoma [ˌəʊkləˈhəʊməl *n* Oklahoma.

okra [ˈəʊkrə] *n* quingombó *m.*

old [əʊld] <> *adj* **-1.** [gen] viejo(ja); **how ~ are you?** ¿cuántos años tienes?, ¿qué edad tienes?; **I'm 20 years ~** tengo 20 años; **an ~ woman** una vieja; **~ people** las personas mayores; **when I'm ~er** cuando sea mayor **-2.** [former] antiguo(gua); **in the ~ days** antiguamente, en el pasado **-3.** *inf* [as intensifier]: **any ~ thing** cualquier cosa. <> *npl*: **the ~** los ancianos.

old age *n* la vejez.

old age pension *n UK* jubilación *f*, pensión *f.*

old age pensioner *n UK* pensionista *m OR f*, jubilado *m*, -da *f.*

Old Bailey [-ˈbeɪlɪ] *n*: **the ~** *el juzgado criminal central de Inglaterra.*

old boy *n* [former pupil] antiguo alumno *m.*

olden [ˈəʊldn] *adj*: **in the ~ days** antaño.

old-fashioned [-ˈfæʃnd] *adj* **-1.** [outmoded] pasado(da) de moda, anticuado(da) **-2.** [traditional] antiguo(gua), tradicional.

old flame *n* antiguo amor *m.*

old hat *adj inf pej*: **to be ~** estar muy visto(ta).

old maid *n pej* [spinster] vieja solterona *f.*

old master *n* **-1.** [painter] antiguo maestro *m* de la pintura **-2.** [painting] antigua obra *f* maestra de la pintura.

old people's home *n* residencia *f OR* hogar *m* de ancianos.

Old Testament *n*: **the ~** el Antiguo Testamento.

old-time *adj* de antaño, antiguo(gua).

old-timer *n* **-1.** [veteran] veterano *m*, -na *f* **-2.** *esp US* [old man] viejo *m*, -ja *f.*

old wives' tale *n* cuento *m* de viejas.

Old World *n*: **the ~** el Viejo Mundo.

O level *n UK* examen y calificación sobre una asignatura concreta que se pasaba a los 16 años.

oligarchy [ˈɒlɪgɑːkɪ] (*pl* **-ies**) *n* oligarquía *f.*

olive [ˈɒlɪv] <> *adj*: **~ (green)** verde oliva. <> *n* [fruit] aceituna *f*, oliva *f*; **~ (tree)** olivo *m.*

olive oil *n* aceite *m* de oliva.

Olympic [əˈlɪmpɪk] *adj* olímpico(ca).

◆ **Olympics** *npl*: **the ~s** los Juegos Olímpicos.

Olympic Games *npl*: **the ~** los Juegos Olímpicos.

OM (*abbr of* **Order of Merit**) *n* (*titular de*) *distinción honorífica británica.*

Oman [əʊˈmɑːn] *n* Omán.

OMB (*abbr of* **Office of Management and Budget**) *n organismo estadounidense de asesoramiento al presidente en materia presupuestaria.*

ombudsman [ˈɒmbʊdzmən] (*pl* **-men** [-mən]) *n* ≃ defensor *m* del pueblo.

omelet(te) [ˈɒmlɪt] *n* tortilla *f.*

omen [ˈəʊmen] *n* presagio *m.*

ominous [ˈɒmɪnəs] *adj* siniestro(tra), de mal agüero.

ominously [ˈɒmɪnəslɪ] *adv* siniestramente, amenazadoramente.

omission [əˈmɪʃn] *n* omisión *f.*

omit [əˈmɪt] (*pt* & *pp* **-ted**, *cont* **-ting**) *vt* omitir; [name - from list] pasar por alto; **to ~ to do sthg**

no hacer algo.

omnibus ['ɒmnɪbəs] *n* **-1.** [book] antología *f* **-2.** *UK* RADIO & TV *programa que emite todos los capítulos de la semana seguidos.*

omnipotence [ɒm'nɪpətəns] *n fml* omnipotencia *f.*

omnipotent [ɒm'nɪpətənt] *adj fml* omnipotente.

omnipresent [ˌɒmnɪ'prezənt] *adj fml* omnipresente.

omniscient [ɒm'nɪsɪənt] *adj fml* omnisciente.

omnivorous [ɒm'nɪvərəs] *adj* omnívoro(ra).

on [ɒn] ◇ *prep* **-1.** [indicating position - gen] en; [- on top of] sobre, en; **~ a chair** en *OR* sobre una silla; **~ the wall/ground** en la pared/el suelo; **to stand ~ one leg** ponerse a la pata coja; **he was lying ~ his side/back** estaba tumbado de costado/de espaldas; **she had a strange look ~ her face** su rostro tenía un extraño aspecto; **~ the left/right** a la izquierda/derecha; **I haven't got any money ~ me** no llevo nada de dinero encima **-2.** [indicating means]: **it runs ~ diesel** funciona con diesel; **~ TV/the radio** en la tele/la radio; **she's ~ the telephone** está al teléfono; **he lives ~ fruit** vive (a base) de fruta; **to hurt o.s. ~ sthg** hacerse daño con algo **-3.** [indicating mode of transport]: **to travel ~ a bus/train/ship** viajar en autobús/tren/barco; **I was ~ the bus** iba en el autobús; **to get ~ a bus/train/ship** subirse a un autobús/tren/barco; **~ foot** a pie; **~ horseback** a caballo **-4.** [indicating time, activity]: **~ Thursday** el jueves; **~ Thursdays** los jueves; **~ my birthday** el día de mi cumpleaños; **~ the 10th of February** el 10 de febrero; **~ the 10th** el día 10; **~ my return**, **~ returning** al volver; **~ business/holiday** de negocios/vacaciones **-5.** [concerning] sobre, acerca de; **a book ~ astronomy** un libro acerca de *OR* sobre astronomía **-6.** [indicating membership]: **to be ~ a committee** estar en un comité **-7.** [indicating influence] en, sobre; **the impact ~ the environment** el impacto en *OR* sobre el medio ambiente **-8.** [using, supported by]: **to be ~ social security** cobrar dinero de la seguridad social; **he's ~ tranquillizers** está tomando tranquilizantes; **to be ~ drugs** [addicted] drogarse **-9.** [earning]: **she's ~ £25,000 a year** gana 25.000 libras al año; **to be ~ a low income** tener bajos ingresos **-10.** [obtained from]: **interest ~ investments** intereses de *OR* por inversiones; **a tax ~ alcohol** un impuesto sobre el alcohol **-11.** [referring to musical instrument] con; **~ the violin** con el violín; **~ the piano** al piano **-12.** *inf* [paid by]: **the drinks are ~ me** yo pago las copas, a las copas invito yo. ◇ *adv* **-1.** [indicating covering, clothing]: **put the lid ~** pon la tapa; **what did she have ~?** ¿qué llevaba encima *OR* puesto?; **put your coat ~** ponte el abrigo **-2.** [taking place]: **when the war was ~** cuando la guerra **-3.** [being shown]: **what's ~ at the cinema?** ¿qué echan *OR* ponen en el cine? **-4.** [working - machine] funcionando; [- radio, TV, light] encendido(da); [- tap] abierto(ta); [- brakes] puesto(ta); **turn ~ the power** pulse el botón de encendido **-5.** [indicating continuing action]: **we talked/worked ~ into the night** seguimos hablando/trabajando hasta bien entrada la noche; **he kept ~ walking** siguió caminando **-6.** [forward]: **send my mail ~ (to me)** reenvíame el correo; **later ~** más tarde, después; **earlier ~** antes **-7.** [of transport]: **the train stopped and we all got ~** paró el tren y todos nos subimos **-8.** *inf* [referring to behaviour]: **it's just not ~!** ¡es una pasada! **-9.** *inf* : **to be** *OR* **go ~ at sb (to do sthg)** darle la tabarra a alguien (para que haga algo).

◆ **from ... on** *adv*: **from now ~** de ahora en adelante; **from that moment/time ~** desde aquel momento.

◆ **on about** *adv inf*: **to go ~ about sthg** dar la tabarra con algo.

◆ **on and on** *adv*: **to go ~ and ~** seguir sin parar; **she chattered ~ and ~** no paraba de charlar.

◆ **on and off** *adv* de vez en cuando.

◆ **on to, onto** *prep (only written as* **onto** *for senses 4 and 5)* **-1.** [to a position on top of] encima de, sobre; **she jumped ~ to the chair** salto encima de *OR* sobre la silla **-2.** [to a position on a vehicle]: **to get ~ to a bus/train/plane** subirse a un autobús/tren/avión **-3.** [to a position attached to] a; **stick the photo ~ to the page** pega la foto a la hoja **-4.** [aware of wrongdoing]: **to be onto sb** andar detrás de alguien **-5.** [into contact with]: **get onto the factory** ponte en contacto con la fábrica.

ON *abbr of* **Ontario**.

ONC (*abbr of* **Ordinary National Certificate**) *n titulación técnica de enseñanza secundaria en Gran Bretaña.*

once [wʌns] ◇ *adv* **-1.** [on one occasion] una vez; **~ a week** una vez a la semana; **~ again** *OR* **more** otra vez; **for ~** por una vez; **more than ~** más de una vez; **~ and for all** de una vez por todas; **~ or twice** alguna que otra vez; **~ in a while** de vez en cuando **-2.** [previously] en otro tiempo, antiguamente; **~ upon a time** érase una vez. ◇ *conj* una vez que; **~ you have done it** una vez que lo hayas hecho.

◆ **at once** *adv* **-1.** [immediately] en seguida, inmediatamente **-2.** [at the same time] a la vez, al mismo tiempo; **all at ~** de repente, de golpe.

once-over *n inf*: **to give sthg the ~** echar un vistazo a algo.

oncoming ['ɒnˌkʌmɪŋ] *adj* [traffic] que viene en dirección contraria.

OND (*abbr of* **Ordinary National Diploma**) *n titulación superior que se obtiene tras dos años de formación técnica en Gran Bretaña.*

one [wʌn] ◇ *num* [the number 1] un (una); **I only want ~** sólo quiero uno; **~ hundred** cien; **~ thousand** mil; **~ fifth** un quinto, una quinta parte; **~ hundred** cien; **~ of my friends** uno de mis amigos; **on page a hundred and ~** en la página ciento uno; **(number) ~** el uno; **to arrive in ~s and twos** llegar poco a poco *OR* con cuentagotas. ◇ *adj* **-1.** [only] único(ca); **it's her ~ ambition** es su única ambición **-2.** [indefinite]: **~ day we went to Athens** un día fuimos a Atenas; **~ of these days** un día de éstos **-3.** *inf* [a]: **~ hell of a bang/racket** una explosión/un jaleo de la leche. ◇ *pron* **-1.** [referring to a particular thing or person] uno (una); **I want the red ~** yo quiero el rojo; **the ~ with the blond hair** la del pelo rubio; **which ~ do you want?** ¿cuál quieres?; **this ~** éste (ésta); **that ~** ése (ésa); **another ~** otro (otra); **she's the ~ I told you about** es (ésa) de la que te hablé; **I'm not** *OR* **I've never been ~ to gossip, but ...** yo no soy de ésos que van por ahí cotilleando, pero ... **-2.** *fml* [you, anyone] uno (una); **to do ~'s duty** cumplir uno con su deber **-3.** *inf* [blow] tortazo *m*, galleta *f*; **she really thumped him ~** le dio un galletón que no veas.

◆ **at one** *adv*: **to be at ~ with** estar completamente de acuerdo con.

◆ **for one** *adv* por lo menos, por mi/tu *etc* parte; **I for ~ remain unconvinced** yo, por lo menos *OR* por mi parte, sigo poco convencido.

◆ **one up on** *adv*: **to be** *OR* **have ~ up on sb** aventajar a alguien.

one-armed bandit *n* (máquina *f*) tragaperras *f inv.*

one-liner *n* golpe *m*.

one-man *adj* individual, en solitario.

one-man band *n* **-1.** [musician] hombre *m* orquesta **-2.** [business, operation] aventura *f* en solitario.

one-night stand *n* **-1.** [performance] representación *f* única **-2.** *inf* [sexual relationship] ligue *m* de una noche.

one-off *inf* ◇ *adj* excepcional. ◇ *n* caso *m* excepcional.

one-on-one *US* = **one-to-one.**

one-parent family *n* familia *f* monoparental.

one-piece *adj* de una pieza.

onerous ['əʊnərəs] *adj* oneroso(sa), pesado(da).

oneself [wʌn'self] *pron* **-1.** *(reflexive, after prep)* uno mismo (una misma); **to buy presents for ~** hacerse regalos a sí mismo; **to take care of ~** cuidarse **-2.** *(for emphasis)*: **by ~** [without help] solo(la).

one-sided [-'saɪdɪd] *adj* **-1.** [unequal] desigual **-2.** [biased] parcial.

onetime ['wʌntaɪm] *adj* [former] antiguo(gua).

one-to-one *UK*, **one-on-one** *US adj* [relationship] entre dos; [discussion] cara a cara; [tuition] individual.

one-touch dialling *UK*, **one-touch dialing** *US n* marcación *f* automática.

one-upmanship [ˌwʌn'ʌpmənʃɪp] *n habilidad para colocarse en una situación de ventaja.*

one-way *adj* **-1.** [street] de dirección única, de sentido único **-2.** [ticket] de ida.

ongoing ['ɒnˌgəʊɪŋ] *adj* [gen] en curso; [problem, situation] pendiente.

onion ['ʌnjən] *n* cebolla *f*.

online ['ɒnlaɪn] ◇ *adj* *COMPUT* en línea; **to be ~** estar conectado a Internet. ◇ *adv* en línea; **to go ~** conectarse a Internet.

online banking *n* banca *f* en línea.

online shopping *n* compras *fpl* en línea.

onlooker ['ɒnˌlʊkə^r] *n* espectador *m*, -ra *f*.

only ['əʊnlɪ] ◇ *adj* único(ca); **to be an ~ child** ser hijo único. ◇ *adv* [exclusively] sólo, solamente; **I was ~ too willing to help** estaba encantado de poder ayudar; **I ~ wish I could!** ¡ojalá pudiera!; **it's ~ natural** es completamente normal; **it's ~ to be expected** no es de sorprender; **not ~ ... but** no sólo ... sino; **~ just** apenas. ◇ *conj* sólo que; **I would go, ~ I'm too tired** iría, lo que pasa es que estoy muy cansado.

o.n.o., ono (*abbr of* **or near(est) offer**): **£50 ~** 50 libras negociables.

on-ramp *n* *US* carril *m* de aceleración *OR* de incorporación.

onrush ['ɒnrʌʃ] *n* avalancha *f*.

on-screen *adj & adv COMPUT* en pantalla.

onset ['ɒnset] *n* comienzo *m*.

onshore ['ɒnʃɔː^r] ◇ *adj* [wind] procedente del mar; [oil production] en tierra firme. ◇ *adv* [blow] hacia la tierra; [produce oil] en tierra firme.

onside [ɒn'saɪd] *adj & adv SPORT* en posición

legal OR correcta.

onslaught ['ɒnslɔ:t] *n lit & fig* acometida *f*, embestida *f*.

Ont. *abbr of* **Ontario**.

Ontario [ɒn'teərɪəʊ] *n* Ontario.

on-the-job *adj* en el trabajo, práctico(ca).

on-the-spot *adj* en el acto.

onto [*unstressed before consonant* 'ɒntə, *unstressed before vowel* 'ɒntʊ, *stressed* 'ɒntu:] = **on to**.

onus ['əʊnəs] *n* responsabilidad *f*; **the ~ is on you** en tí recae la responsabilidad.

onward ['ɒnwəd] <> *adj* [in space] hacia delante; [in time] progresivo(va). <> *adv* = **onwards**.

onwards ['ɒnwədz] *adv* [in space] adelante, hacia delante; [in time]: **from now/then ~** de ahora/allí en adelante.

onyx ['ɒnɪks] *n* ónice *m*.

oodles ['u:dlz] *npl inf* montones *mpl*.

ooh [u:] *excl inf* ¡oh!

oops [ʊps, u:ps] *excl inf* ¡uy!, ¡ay!

ooze [u:z] <> *vt fig* rebosar. <> *vi*: **to ~ (from** OR **out of)** rezumar (de); **to ~ with sthg** *fig* rebosar OR irradiar algo. <> *n* cieno *m*.

opacity [ə'pæsətɪ] *n* **-1.** [non-transparency] opacidad *f* **-2.** *fig* [obscurity] obscuridad *f*.

opal ['əʊpl] *n* ópalo *m*.

opaque [əʊ'peɪk] *adj* **-1.** [not transparent] opaco(ca) **-2.** *fig* [obscure] oscuro(ra).

op cit (*abbr of* **opere citato**) op. cit.

OPEC ['əʊpek] (*abbr of* **Organization of Petroleum Exporting Countries**) *n* OPEP *f*.

open ['əʊpn] <> *adj* **-1.** [gen] abierto(ta); [curtains] descorrido(da); [view, road] despejado(da) **-2.** [receptive]: **to be ~ to** [ideas, suggestions] estar abierto a; [blame, criticism, question] prestarse a; **to lay o.s. ~ to criticism** quedar expuesto a las críticas **-3.** [frank] sincero(ra), franco(ca) **-4.** [uncovered - car] descubierto(ta); **~ fire** chimenea *f* **-5.** [available - subj: choice, chance]: **to be ~ to sb** estar disponible para alguien. <> *n* **-1.**: **in the ~** [fresh air] al aire libre; **to bring sthg out into the ~** sacar a luz algo **-2.** SPORT open *m*, abierto *m*. <> *vt* **-1.** [gen] abrir; **to ~ fire** abrir fuego **-2.** [curtains] correr **-3.** [inaugurate - public area, event] inaugurar **-4.** [negotiations] entablar. <> *vi* **-1.** [door, flower] abrirse **-2.** [shop, office] abrir **-3.** [event, play] dar comienzo.

◆ **open on to** *vt fus* dar a.

◆ **open out** *vi* extenderse.

◆ **open up** <> *vt sep* abrir. <> *vi* **-1.** [become available] surgir **-2.** [unlock door] abrir.

open-air *adj* al aire libre.

open-and-shut *adj* claro(ra).

opencast ['əʊpnkɑ:st] *adj* a cielo abierto.

open day *n* jornada *f* de puertas abiertas.

open-ended [-'endɪd] *adj* abierto(ta).

opener ['əʊpnə^r] *n* [gen] abridor *m*; [for tins] abrelatas *m inv*; [for bottles] abrebotellas *m inv*.

open-handed [-'hændɪd] *adj* generoso(sa).

openhearted [ˌəʊpn'hɑ:tɪd] *adj* franco(ca), sincero(ra).

open-heart surgery *n* cirugía *f* a corazón abierto.

opening ['əʊpnɪŋ] <> *adj* inicial. <> *n* **-1.** [beginning] comienzo *m*, principio *m* **-2.** [gap - in fence] abertura *f*; [- in clouds] claro *m* **-3.** [opportunity] oportunidad *f*; **~ for** oportunidad para **-4.** [job vacancy] puesto *m* vacante.

opening hours *npl* horario *m* (de apertura).

opening night *n* noche *f* del estreno.

opening time *n UK* hora *f* de abrir.

open letter *n* carta *f* abierta.

openly ['əʊpənlɪ] *adv* abiertamente.

open market *n* mercado *m* abierto.

open marriage *n* matrimonio *m* abierto.

open-minded [-'maɪndɪd] *adj* sin prejuicios.

open-mouthed [-'maʊðd] <> *adj* boquiabierto(ta). <> *adv*: **to stare ~** mirar boquiabierto(ta).

open-necked [-'nekt] *adj* con el cuello abierto.

openness ['əʊpənnɪs] *n* [frankness] franqueza *f*.

open-plan *adj* de planta abierta.

open prison *n* cárcel *f* de régimen abierto.

open sandwich *n bocadillo con sólo un trozo de pan.*

open season *n* temporada *f* (de caza).

open ticket *n* billete *f* abierto.

Open University *n UK*: **the ~** ≃ la Universidad Nacional de Educación a Distancia.

open verdict *n* JUR *fallo en que no se da la causa de la muerte.*

opera ['ɒpərəl] *n* ópera *f*.

opera glasses *npl* gemelos *mpl* (de teatro).

opera house *n* teatro *m* de la ópera.

opera singer *n* cantante *m* OR *f* de ópera.

operate ['ɒpəreɪt] <> *vt* **-1.** [machine] hacer funcionar **-2.** [business, system] dirigir; [service] proporcionar. <> *vi* **-1.** [carry out trade, business] operar, actuar **-2.** [function] funcionar **-3.** MED: **to ~ (on sb/sthg)** operar (a alguien/de algo).

operatic [ˌɒpə'rætɪk] *adj* operístico(ca).

operating profit ['ɒpəreɪtɪŋ-] *n* beneficio *m* de explotación.

operating room ['ɒpəreɪtɪŋ-] *n US* = **operating theatre**.

operating system [ˈɒpəreɪtɪŋ-] *n* COMPUT sistema *m* operativo.

operating theatre *UK*, **operating room** *US* [ˈɒpəreɪtɪŋ-] *n* quirófano *m*.

operation [ˌɒpəˈreɪʃn] *n* **-1.** [planned activity - police, rescue, business] operación *f*; [- military] maniobra *f* **-2.** [running - of business] administración *f* **-3.** [functioning - of machine] funcionamiento *m*; **to be in ~** [machine] estar funcionando; [law, system] estar en vigor **-4.** MED operación *f*, intervención *f* quirúrgica; **to have an ~ (for/on)** operarse (de).

operational [ˌɒpəˈreɪʃənl] *adj* **-1.** [ready for use] en funcionamiento **-2.** [concerning an operation] de operaciones.

operative [ˈɒprətɪv] ◇ *adj* en vigor, vigente. ◇ *n* [worker] operario *m*, -ria *f*; [spy] agente *m* OR *f*.

operator [ˈɒpəreɪtə^r] *n* **-1.** TELEC operador *m*, -ra *f*, telefonista *m* OR *f* **-2.** [worker] operario *m*, -ria *f* **-3.** [company] operadora *f*.

operetta [ˌɒpəˈretə] *n* opereta *f*.

ophthalmic optician [ɒfˈθælmɪk-] *n* óptico *m*, -ca *f*.

ophthalmologist [ˌɒfθælˈmɒlədʒɪst] *n* oftalmólogo *m*, -ga *f*.

opinion [əˈpɪnjən] *n* opinión *f*; **to be of the ~ that** opinar OR creer que; **in my ~** a mi juicio, en mi opinión; **what is her ~ of ...?** ¿qué opina de ...?

opinionated [əˈpɪnjəneɪtɪd] *adj pej* dogmático(ca).

opinion poll *n* sondeo *m*, encuesta *f*.

opium [ˈəʊpjəm] *n* opio *m*.

opponent [əˈpəʊnənt] *n* **-1.** POL adversario *m*, -ria *f*; [of system, approach] opositor *m*, -ora *f* **-2.** SPORT contrincante *m* OR *f*, adversario *m*, -ria *f*.

opportune [ˈɒpətjuːn] *adj* oportuno(na).

opportunism [ˌɒpəˈtjuːnɪzm] *n* oportunismo *m*.

opportunist [ˌɒpəˈtjuːnɪst] *n* oportunista *m* OR *f*.

opportunity [ˌɒpəˈtjuːnətɪ] (*pl* **-ies**) *n* oportunidad *f*, ocasión *f*, chance *f Amér*; **to take the ~ to do** OR **of doing sthg** aprovechar la ocasión de OR para hacer algo.

oppose [əˈpəʊz] *vt* oponerse a.

opposed [əˈpəʊzd] *adj* opuesto(ta); **to be ~ to** oponerse a; **as ~ to** en vez de, en lugar de; **I like beer as ~ to wine** me gusta la cerveza y no el vino.

opposing [əˈpəʊzɪŋ] *adj* opuesto(ta), contrario(ria).

opposite [ˈɒpəzɪt] ◇ *adj* **-1.** [facing - side, house] de enfrente; [- end] opuesto(ta) **-2.** [very different]: **~ (to)** opuesto(ta) OR contrario(ria) (a). ◇ *adv* enfrente. ◇ *prep* enfrente de. ◇ *n* contrario *m*; **the ~** lo contrario; **Janet and John are complete ~s** Janet y John son totalmente diferentes.

opposite number *n* homólogo *m*, -ga *f*.

opposite sex *n*: **the ~** el sexo opuesto.

opposition [ˌɒpəˈzɪʃn] *n* **-1.** [gen] oposición *f* **-2.** [opposing team]: **the ~** los contrincantes.

◆ **Opposition** *n UK* POL: **the Opposition** la oposición.

oppress [əˈpres] *vt* **-1.** [persecute] oprimir **-2.** [depress] agobiar.

oppressed [əˈprest] ◇ *adj* oprimido(da). ◇ *npl*: **the ~** los oprimidos.

oppression [əˈpreʃn] *n* opresión *f*.

oppressive [əˈpresɪv] *adj* **-1.** [unjust] tiránico(ca), opresivo(va) **-2.** [stifling] agobiante, sofocante **-3.** [causing unease] opresivo(va), agobiante.

oppressor [əˈpresə^r] *n* opresor *m*, -ra *f*.

opprobrium [əˈprəʊbrɪəm] *n fml* oprobio *m*.

opt [ɒpt] ◇ *vt*: **to ~ to do sthg** optar por OR elegir hacer algo. ◇ *vi*: **to ~ for sthg** optar por OR elegir algo.

◆ **opt in** *vi*: **to ~ in (to sthg)** decidir participar (en algo).

◆ **opt out** *vi*: **to ~ out (of sthg)** decidir no participar(en algo).

optic [ˈɒptɪk] *adj* óptico(ca).

optical [ˈɒptɪkl] *adj* óptico(ca).

optical character reader *n* COMPUT lector *m* óptico de caracteres.

optical character recognition *n* COMPUT reconocimiento *m* óptico de caracteres.

optical fibre *n* fibra *f* óptica.

optical illusion *n* ilusión *f* óptica.

optician [ɒpˈtɪʃn] *n* óptico *m*, -ca *f*; **the ~'s (shop)** la óptica.

optics [ˈɒptɪks] *n (U)* óptica *f*.

optimal [ˈɒptɪml] *adj* óptimo(ma).

optimism [ˈɒptɪmɪzm] *n* optimismo *m*.

optimist [ˈɒptɪmɪst] *n* optimista *m* OR *f*.

optimistic [ˌɒptɪˈmɪstɪk] *adj* optimista; **to be ~ about** ser optimista respecto a.

optimize, -ise [ˈɒptɪmaɪz] *vt* optimizar.

optimum [ˈɒptɪməm] *adj* óptimo(ma).

option [ˈɒpʃn] *n* opción *f*; **to have the ~ to do** OR **of doing sthg** tener la opción OR la posibilidad de hacer algo; **to have no ~** no tener otra opción.

optional [ˈɒpʃənl] *adj* facultativo(va), optativo(va); **~ extra** extra *m* opcional.

opulence [ˈɒpjʊləns] *n* opulencia *f*.

opulent [ˈɒpjʊlənt] *adj* opulento(ta).

opus [ˈəʊpəs] (*pl* **-es** *OR* **opera**) *n MUS* opus *m inv.*

or [ɔːʳ] *conj* **-1.** [gen] o; *(before 'o' or 'ho')* u; ~ **(else)** de lo contrario, si no; **he must be okay ~ he wouldn't be eating** debe estar bien, si no no comería **-2.** *(after negative)*: **he cannot read ~ write** no sabe ni leer ni escribir.

OR *abbr of* **Oregon**.

oracle [ˈɒrəkl] *n* oráculo *m.*

oral [ˈɔːrəl] <> *adj* **-1.** [spoken] oral **-2.** [relating to the mouth] bucal. <> *n* examen *m* oral.

orally [ˈɔːrəlɪ] *adv* **-1.** [in spoken form] oralmente **-2.** [via the mouth] por vía oral.

orange [ˈɒrɪndʒ] <> *adj* naranja *(inv).* <> *n* **-1.** [fruit] naranja *f*; ~ **tree** naranjo *m* **-2.** [colour] color *m* naranja.

orangeade [ˌɒrɪndʒˈeɪd] *n* naranjada *f.*

orange blossom *n (U)* azahar *m.*

orange juice *n* zumo *m* de naranja.

Orangeman [ˈɒrɪndʒmən] (*pl* **-men** [-mən]) *n UK* orangista *m.*

orangutang [ɔːˌræŋuːˈtæŋ] *n* orangután *m.*

oration [ɔːˈreɪʃn] *n fml* discurso *m.*

orator [ˈɒrətəʳ] *n* orador *m,* -ra *f.*

oratorio [ˌɒrəˈtɔːrɪəʊ] (*pl* **-s**) *n* oratorio *m.*

oratory [ˈɒrətrɪ] *n* oratoria *f.*

orb [ɔːb] *n* esfera *f.*

orbit [ˈɔːbɪt] <> *n* órbita *f*; **to be in/go into ~ (around)** estar/entrar en órbita (alrededor de); **to put sthg into ~ (around)** poner algo en órbita (alrededor de). <> *vt* girar alrededor de.

orbital [ˈɔːbɪtl] *n UK* carretera *f* de circunvalación.

orchard [ˈɔːtʃəd] *n* huerto *m.*

orchestra [ˈɔːkɪstrə] *n* **-1.** orquesta *f* **-2.** [in theatre] platea *f OR* patio *m* de butacas.

orchestral [ɔːˈkestrəl] *adj* orquestal.

orchestra pit *n* foso *m* (de la orquesta).

orchestrate [ˈɔːkɪstreɪt] *vt MUS & fig* orquestar.

orchestration [ˌɔːkeˈstreɪʃn] *n MUS & fig* orquestación *f.*

orchid [ˈɔːkɪd] *n* orquídea *f.*

ordain [ɔːˈdeɪn] *vt* **-1.** *fml* [decree] decretar **-2.** *RELIG*: **to be ~ed** ordenarse (sacerdote).

ordeal [ɔːˈdiːl] *n* calvario *m.*

order [ˈɔːdəʳ] <> *n* **-1.** [instruction] orden *f*; **to be under ~s to do sthg** tener órdenes de hacer algo **-2.** *COMM* [request] pedido *m*; **to be on ~** estar pedido; **to ~** por encargo **-3.** [in restaurant] ración *f*; **can I take your ~ now?** ¿ya ha decidido lo que va a tomar? **-4.** [sequence, discipline, system] orden *m*; **in ~** en orden; **out of ~** desordenado(da); **in ~ of importance** por orden de importancia; **to keep ~** mantener el orden **-5.** [fitness for use]: **in working ~** en funcionamiento; **'out of ~'** 'no funciona'; **to be out of ~** [not working] estar estropeado(da); [incorrect behaviour] ser improcedente; **in ~** [correct] en regla **-6.** *RELIG* orden *f.* <> *vt* **-1.** [command]: **to ~ sb (to do sthg)** ordenar a alguien (que haga algo); **to ~ that** ordenar que **-2.** [request - drink, taxi] pedir **-3.** *COMM* pedir, encargar **-4.** [put in order] ordenar. <> *vi* pedir.

◆ **orders** *npl RELIG*: **(holy) ~s** órdenes *fpl* sagradas.

◆ **in the order of** *UK*, **on the order of** *US* *prep* del orden de.

◆ **in order that** *conj* para que.

◆ **in order to** *conj* para.

◆ **order about, order around** *vt sep* mangonear.

order book *n* libro *m* de pedidos.

order form *n* hoja *f* de pedido.

orderly [ˈɔːdəlɪ] (*pl* **-ies**) <> *adj* [person, crowd] disciplinado(da), pacífico(ca); [room] ordenado(da). <> *n* **-1.** [in hospital] auxiliar *m OR f* sanitario **-2.** [in army] ordenanza *m OR f.*

order number *n* número *m* de pedido.

ordinal [ˈɔːdɪnl] <> *adj* ordinal. <> *n* ordinal *m.*

ordinarily [ˈɔːdənrəlɪ] *adv* generalmente.

ordinary [ˈɔːdənrɪ] <> *adj* **-1.** [normal] corriente, normal **-2.** *pej* [unexceptional] mediocre, ordinario(ria). <> *n*: **out of the ~** fuera de lo común.

ordinary level *n UK* examen y calificación sobre una asignatura concreta que se pasaba a los 16 años.

ordinary shares *npl UK FIN* acciones *fpl* ordinarias.

ordination [ˌɔːdɪˈneɪʃn] *n* ordenación *f.*

ordnance [ˈɔːdnəns] *n (U)* **-1.** [military supplies] pertrechos *mpl* de guerra **-2.** [artillery] artillería *f.*

Ordnance Survey *n UK*: **the ~** *servicio oficial de topografía y cartografía.*

ore [ɔːʳ] *n* mineral *m.*

oregano [ˌɒrɪˈgɑːnəʊ] *n* orégano *m.*

Oregon [ˈɒrɪgən] *n* Oregón.

organ [ˈɔːgən] *n* [gen, *ANAT & MUS*] órgano *m.*

organic [ɔːˈgænɪk] *adj* **-1.** [gen] orgánico(ca) **-2.** [food] ecológico(ca), orgánico(ca).

organic farming *n* agricultura *f* ecológica.

organically [ɔːˈgænɪklɪ] *adv* orgánicamente.

organic chemistry *n* química *f* orgánica.

organism [ˈɔːgənɪzm] *n* organismo *m.*

organist [ˈɔːgənɪst] *n* organista *m OR f.*

organization [ˌɔːgənaɪˈzeɪʃn] *n* organización *f.*

organizational [ˌɔːgənaɪˈzeɪʃnl] *adj* organizativo(va).
organize, -ise [ˈɔːgənaɪz] ◇ *vt* organizar. ◇ *vi* organizarse, sindicarse.
organized [ˈɔːgənaɪzd] *adj* organizado(da).
organized crime *n* crimen *m* organizado.
organizer [ˈɔːgənaɪzəʳ] *n* organizador *m*, -ra *f*.
organza [ɔːˈgænzə] *n* organza *f*.
orgasm [ˈɔːgæzm] *n* orgasmo *m*.
orgy [ˈɔːdʒɪ] (*pl* **-ies**) *n lit & fig* orgía *f*.
orient [ˈɔːrɪənt] *vt esp US* = **orientate**.
Orient [ˈɔːrɪənt] *n*: **the** ~ el Oriente.
oriental [ˌɔːrɪˈentl] ◇ *adj* oriental. ◇ *n* oriental *m* OR *f (atención: el término 'oriental' se considera racista)*.
orientate [ˈɔːrɪenteɪt] *vt* orientar; **to ~ o.s.** orientarse.
orientation [ˌɔːrɪenˈteɪʃn] *n* orientación *f*.
orienteering [ˌɔːrɪənˈtɪərɪŋ] *n* deporte *m* de orientación.
orifice [ˈɒrɪfɪs] *n* orificio *m*.
origami [ˌɒrɪˈgɑːmɪ] *n* papiroflexia *f*.
origin [ˈɒrɪdʒɪn] *n* origen *m*; **country of** ~ país *m* de origen.
◆ **origins** *npl* origen *m*.
original [ɒˈrɪdʒənl] ◇ *adj* original; **the ~ owner** el primer propietario. ◇ *n* original *m*.
originality [əˌrɪdʒəˈnælətɪ] *n* originalidad *f*.
originally [əˈrɪdʒənəlɪ] *adv* [at first] originariamente; [with originality] originalmente.
original sin *n* pecado *m* original.
originate [əˈrɪdʒəneɪt] ◇ *vt* originar, producir. ◇ *vi*: **to ~ (in)** nacer OR surgir (de); **to ~ from** nacer OR surgir de.
originator [əˈrɪdʒəneɪtəʳ] *n* autor *m*, -ra *f*, inventor *m*, -ra *f*.
Orinoco [ˌɒrɪˈnəʊkəʊ] *n*: **the (River)** ~ el (río) Orinoco.
Orkney Islands [ˈɔːknɪ-], **Orkneys** [ˈɔːknɪz] *npl*: **the** ~ las Orcadas.
ornament [ˈɔːnəmənt] *n* adorno *m*.
ornamental [ˌɔːnəˈmentl] *adj* ornamental, decorativo(va).
ornamentation [ˌɔːnəmenˈteɪʃn] *n* ornamentación *f*, adorno *m*.
ornate [ɔːˈneɪt] *adj* [style] recargado(da); [decoration, vase] muy vistoso(sa).
ornately [ɔːˈneɪtlɪ] *adv* vistosamente.
ornery [ˈɔːnərɪ] *adj US inf* borde.
ornithologist [ˌɔːnɪˈθɒlədʒɪst] *n* ornitólogo *m*, -ga *f*.
ornithology [ˌɔːnɪˈθɒlədʒɪ] *n* ornitología *f*.
orphan [ˈɔːfn] ◇ *n* huérfano *m*, -na *f*. ◇ *vt*: **to be ~ed** quedarse huérfano.
orphanage [ˈɔːfənɪdʒ] *n* orfanato *m*.
orthodontist [ˌɔːθəˈdɒntɪst] *n* ortodontista *m* OR *f*.
orthodox [ˈɔːθədɒks] *adj* ortodoxo(xa).
Orthodox Church *n*: **the** ~ la Iglesia Ortodoxa.
orthodoxy [ˈɔːθədɒksɪ] *n* ortodoxia *f*.
orthopaedic [ˌɔːθəˈpiːdɪk] *adj* ortopédico(ca).
orthopaedics [ˌɔːθəˈpiːdɪks] *n (U)* ortopedia *f*.
orthopaedist [ˌɔːθəˈpiːdɪst] *n* ortopedista *m* OR *f*.
orthopedic [ˌɔːθəˈpiːdɪk] *etc* = **orthopaedic** *etc*.
OS *n* **-1.** *abbr of* **Ordnance Survey** **-2.** *abbr of* **operating system**.
Oscar [ˈɒskəʳ] *n* CINEMA Oscar *m*.
oscillate [ˈɒsɪleɪt] *vi lit & fig*: **to ~ (between)** oscilar (entre).
oscilloscope [ɒˈsɪləskəʊp] *n* osciloscopio *m*.
OSD (*abbr of* **optical scanning device**) *n* LO *m*.
OSHA (*abbr of* **Occupational Safety and Health Administration**) *n organismo estadounidense de seguridad e higiene laborales*.
Oslo [ˈɒzləʊ] *n* Oslo.
osmosis [ɒzˈməʊsɪs] *n* ósmosis *f inv*.
osprey [ˈɒsprɪ] (*pl* **ospreys**) *n* águila *f* pescadora.
Ostend [ɒsˈtend] *n* Ostende.
ostensible [ɒˈstensəbl] *adj* aparente.
ostensibly [ɒˈstensəblɪ] *adv* aparentemente.
ostentation [ˌɒstənˈteɪʃn] *n* ostentación *f*.
ostentatious [ˌɒstənˈteɪʃəs] *adj* ostentoso(sa).
osteoarthritis [ˌɒstɪəʊɑːˈθraɪtɪs] *n* osteoartritis *f inv*.
osteopath [ˈɒstɪəpæθ] *n* osteópata *m* OR *f*.
osteopathy [ˌɒstɪˈɒpəθɪ] *n* osteopatía *f*.
ostracize, -ise [ˈɒstrəsaɪz] *vt* [colleague etc] marginar, hacer el vacío a; POL condenar al ostracismo.
ostrich [ˈɒstrɪtʃ] *n* avestruz *m*.
OT *n* **-1.** (*abbr of* **Old Testament**) A.T. *m* **-2.** *abbr of* **occupational therapy**.
OTC (*abbr of* **Officer Training Corps**) *n unidad de formación de oficiales del ejército británico*.
other [ˈʌðəʳ] ◇ *adj* otro (otra); **the ~ one** el otro (la otra); **the ~ three** los otros tres; **the ~ day** el otro día; **the ~ week** hace unas semanas. ◇ *pron* **-1.** [different one]: **~s** otros (otras) **-2.** [remaining, alternative one]: **the** ~ el otro (la otra); **the ~s** los otros (las otras), los demás (las demás); **one after the** ~ uno tras otro; **one or** ~ uno u otro; **to be none ~ than** no ser otro sino.
◆ **something or other** *pron* una cosa u otra.

◆ **somehow or other** *adv* de una u otra forma.

◆ **other than** *conj* excepto, salvo; ~ **that** por lo demás.

otherwise ['ʌðəwaɪz] ◇ *adv* **-1.** [or else] si no **-2.** [apart from that] por lo demás **-3.** [differently] de otra manera; **deliberately or** ~ adrede o no. ◇ *conj* si no, de lo contrario.

other world *n*: **the** ~ el otro mundo, el más allá.

otherworldly [ˌʌðə'wɜːldlɪ] *adj* espiritual, poco realista.

OTT (*abbr of* **over the top**) *adj UK inf*: **it's a bit** ~ eso es pasarse un poco de la raya.

Ottawa ['ɒtəwəl] *n* Ottawa.

otter ['ɒtə[r]] *n* nutria *f*.

OU *n abbr of* **Open University**.

ouch [aʊtʃ] *excl* ¡ay!

ought [ɔːt] *aux vb* deber; **you** ~ **to go/to be nicer** deberías irte/ser más amable; **she** ~ **to pass the exam** debería aprobar el examen; **it** ~ **to be fun** promete ser divertido.

oughtn't [ɔːtnt] = **ought not**.

Ouija board® ['wiːdʒə-] *n* tablero *m* de ouija.

ounce [aʊns] *n* **-1.** [unit of measurement] = *28,35g*, ≃ onza *f* **-2.** *fig* [small amount] pizca *f*.

our ['aʊə[r]] *poss adj* nuestro(tra), nuestros(tras) *(pl)*; ~ **money** nuestro dinero; ~ **house** nuestra casa; ~ **children** nuestros hijos; **it wasn't OUR fault** no fue culpa nuestra *OR* nuestra culpa; **we washed** ~ **hair** nos lavamos el pelo.

ours ['aʊəz] *poss pron* nuestro(tra); **that money is** ~ ese dinero es nuestro; **those keys are** ~ esas llaves son nuestras; **it wasn't their fault, it was OURS** no fue culpa de ellos sino de nosotros; **a friend of** ~ un amigo nuestro; **their car hit** ~ suyo coche chocó contra el nuestro.

ourselves [aʊə'selvz] *pron pl* **-1.** *(reflexive)* nos *mpl OR fpl*; *(after prep)* nosotros *mpl*, nosotras *fpl* **-2.** *(for emphasis)* nosotros mismos *mpl*, nosotras mismas *fpl*; **we did it by** ~ lo hicimos nosotros solos.

oust [aʊst] *vt fml*: **to** ~ **sb (from)** [job] desbancar a alguien (de); [land] desalojar a alguien (de).

ouster ['aʊstə[r]] *n US* [from country] expulsión *f*; [from office] destitución *f*.

out [aʊt] *adv* **-1.** [not inside, out of doors] fuera; **we all went** ~ todos salimos fuera; **I'm going** ~ **for a walk** voy a salir a dar un paseo; **they ran** ~ salieron corriendo; **he poured the water** ~ sirvió el agua; ~ **here/there** aquí/allí fuera; ~ **you go!** ¡hala, afuera! **-2.** [away from home, office] fuera; **John's** ~ **at the moment** John está fuera ahora mismo; **don't stay** ~ **too late** no estés fuera hasta muy tarde; **an afternoon** ~ una tarde fuera **-3.** [extinguished] apagado(da); **the fire went** ~ el fuego se apagó **-4.** [of tides]: **the tide had gone** ~ la marea estaba baja **-5.** [out of fashion] pasado(da) de moda **-6.** [published, released - book] publicado(da); **they've a new record** ~ han sacado un nuevo disco **-7.** [in flower] en flor; **the blossom's** ~ **already** ya ha florecido **-8.** [visible]: **the moon's** ~ ha salido la luna **-9.** *inf* [on strike] en huelga **-10.** [not possible]: **sorry, that's** ~ lo siento, pero eso no se puede hacer **-11.** [determined]: **to be** ~ **to do sthg** estar decidido(da) a hacer algo.

◆ **out of** *prep* **-1.** [away from, outside] fuera de; **I was** ~ **of the country** estaba fuera del país; **to go** ~ **of the room** salir de la habitación **-2.** [indicating cause] por; ~ **of spite/love** por rencor/amor **-3.** [indicating origin, source] de; **a page** ~ **of a book** una página de un libro; **to drink** ~ **of a glass** beber del vaso; **to get information** ~ **of sb** sacar información a alguien **-4.** [without] sin; **we're** ~ **of sugar** estamos sin azúcar, se nos ha acabado el azúcar **-5.** [made from] de; **it's made** ~ **of plastic** está hecho de plástico **-6.** [using] de; **we can pay for it** ~ **of petty cash** podemos pagarlo con el dinero para gastos **-7.** [sheltered from] a resguardo de; **we're** ~ **of the wind here** aquí estamos resguardados del viento **-8.** [to indicate proportion]: **one** ~ **of ten people** una de cada diez personas; **ten** ~ **of ten** [mark] diez de *OR* sobre diez.

out-and-out *adj* [disgrace, lie] infame; [liar, crook] redomado(da).

outback ['aʊtbæk] *n*: **the** ~ *los llanos del interior de Australia*.

outbid [ˌaʊt'bɪd] (*pt* & *pp* **outbid**, *cont* **-ding**) *vt*: **to** ~ **sb (for)** pujar más alto que alguien (por).

outboard (motor) ['aʊtbɔːd-] *n* (motor *m*) fueraborda *m*.

outbound ['aʊtbaʊnd] *adj* [train, flight] de ida; [traffic] de salida.

outbreak ['aʊtbreɪk] *n* [of war] comienzo *m*; [of crime] ola *f*; [of illness] oleada *f*, epidemia *f*; [of spots] erupción *f*.

outbuildings ['aʊtbɪldɪŋz] *npl* dependencias *fpl*.

outburst ['aʊtbɜːst] *n* **-1.** [sudden expression of emotion] explosión *f*, arranque *m* **-2.** [sudden occurrence] estallido *m*.

outcast ['aʊtkɑːst] *n* marginado *m*, -da *f*, paria *m OR f*.

outclass [ˌaʊt'klɑːs] *vt* aventajar en *OR* con mucho.

outcome ['aʊtkʌm] *n* resultado *m*.

outcrop ['aʊtkrɒp] *n* afloramiento *m*.

outcry ['aʊtkraɪ] (*pl* **-ies**) *n* protestas *fpl*.

outdated [ˌaʊt'deɪtɪd] *adj* anticuado(da), pasado(da) de moda.

outdid [ˌaʊt'dɪd] *pt* ▷ **outdo**.

outdistance [ˌaʊt'dɪstəns] *vt lit & fig* dejar atrás.

outdo [ˌaʊt'du:] (*pt* **-did**, *pp* **-done** [-dʌn]) *vt* aventajar, superar.

outdoor ['aʊtdɔ:ʳ] *adj* [life, swimming pool] al aire libre; [clothes] de calle.

outdoors [aʊt'dɔ:z] *adv* al aire libre; **let's eat ~** vamos a comer fuera.

outer ['aʊtəʳ] *adj* exterior, externo(na); **Outer London** las afueras de Londres.

Outer Mongolia *n* Mongolia Exterior.

outermost ['aʊtəməʊst] *adj* [layer] más exterior; [place, planet] más remoto(ta).

outer space *n* espacio *m* exterior.

outfit ['aʊtfɪt] *n* **-1.** [clothes] conjunto *m*, traje *m* **-2.** *inf* [organization] grupo *m*, equipo *m*.

outfitters ['aʊtˌfɪtəz] *n dated* tienda *f* de confección.

outflank [ˌaʊt'flæŋk] *vt* **-1.** MIL sorprender por la retaguardia **-2.** *fig* [in argument, business] superar.

outgoing ['aʊtˌgəʊɪŋ] *adj* **-1.** [chairman] saliente **-2.** [train] de salida **-3.** [sociable] extrovertido(da), abierto(ta).

◆ **outgoings** *npl UK* gastos *mpl*.

outgrow [ˌaʊt'grəʊ] (*pt* **-grew**, *pp* **-grown**) *vt* **-1.** [grow too big for]: **he has ~n his shirts** las camisas se le han quedado pequeñas **-2.** [grow too old for] ser demasiado mayor para.

outhouse ['aʊthaʊs, *pl* -haʊzɪz] *n* dependencia *f*.

outing ['aʊtɪŋ] *n* **-1.** [trip] excursión *f* **-2.** [of homosexuals] *revelación de la condición homosexual de un personaje célebre*.

outlandish [aʊt'lændɪʃ] *adj* extravagante, estrafalario(ria).

outlast [ˌaʊt'lɑ:st] *vt* sobrevivir a, durar más tiempo que.

outlaw ['aʊtlɔ:] ◇ *n* proscrito *m*, -ta *f*. ◇ *vt* **-1.** [make illegal] ilegalizar **-2.** [declare an outlaw] proscribir, declarar fuera de la ley.

outlay ['aʊtleɪ] *n* desembolso *m*, inversión *f*.

outlet ['aʊtlet] *n* **-1.** [for emotions] salida *f*, desahogo *m* **-2.** [for water] desagüe *m*; [for gas] salida *f* **-3.** [shop] punto *m* de venta **-4.** *US* ELEC toma *f* de corriente.

outline ['aʊtlaɪn] ◇ *n* **-1.** [brief description] esbozo *m*, resumen *m*; **in ~** en líneas generales **-2.** [silhouette] contorno *m*. ◇ *vt* **-1.** [describe briefly] esbozar, resumir **-2.** [silhouette]: **to be ~d against** perfilarse contra.

outlive [ˌaʊt'lɪv] *vt* **-1.** [subj: person] sobrevivir a **-2.** [subj: idea, object] durar más tiempo que.

outlook ['aʊtlʊk] *n* **-1.** [attitude, disposition] enfoque *m*, actitud *f* **-2.** [prospect] perspectiva *f* (de futuro).

outlying ['aʊtˌlaɪɪŋ] *adj* [remote] lejano(na), remoto(ta); [on edge of town] periférico(ca).

outmanoeuvre *UK*, **outmaneuver** *US* [ˌaʊtmə'nu:vəʳ] *vt* superar estratégicamente.

outmoded [ˌaʊt'məʊdɪd] *adj* anticuado(da), pasado(da) de moda.

outnumber [ˌaʊt'nʌmbəʳ] *vt* exceder en número.

out-of-date *adj* **-1.** [clothes, belief] anticuado(da), anticuado(da), pasado(da) de moda **-2.** [passport, season ticket] caducado(da).

out of doors *adv* al aire libre.

out-of-the-way *adj* [far away] remoto(ta), aislado(da); [unusual] poco común.

outpace [ˌaʊt'peɪs] *vt lit & fig* dejar atrás.

outpatient ['aʊtˌpeɪʃnt] *n* paciente externo *m*, paciente externa *f*.

outplay [ˌaʊt'pleɪ] *vt* superar, jugar mejor que.

outpost ['aʊtpəʊst] *n* puesto *m* avanzado.

outpouring ['aʊtˌpɔ:rɪŋ] *n literary* efusión *f*.

output ['aʊtpʊt] ◇ *n* **-1.** [production] producción *f*, rendimiento *m* **-2.** [COMPUT - printing out] salida *f*; [- printout] impresión *f*. ◇ *vt* COMPUT imprimir.

outrage ['aʊtreɪdʒ] ◇ *n* **-1.** [anger] indignación *f* **-2.** [atrocity] atrocidad *f*, escándalo *m*. ◇ *vt* ultrajar, atropellar.

outraged ['aʊtreɪdʒd] *adj* indignado(da).

outrageous [aʊt'reɪdʒəs] *adj* **-1.** [offensive, shocking] indignante, escandaloso(sa) **-2.** [very unusual] extravagante.

outran [ˌaʊt'ræn] *pt* ▷ **outrun**.

outrank [ˌaʊt'ræŋk] *vt* ser de categoría superior a.

outrider ['aʊtˌraɪdəʳ] *n* [on motorcyle] escolta *m* en moto; [on horse] escolta a caballo.

outright [*adj* 'aʊtraɪt, *adv* ˌaʊt'raɪt] ◇ *adj* **-1.** [categoric] categórico(ca) **-2.** [total - disaster] completo(ta); [- victory, winner] indiscutible. ◇ *adv* **-1.** [ask] abiertamente; [deny] francamente, categóricamente **-2.** [win, ban] totalmente; [be killed] completamente, en el acto.

outrun [ˌaʊt'rʌn] (*pt* **-ran**, *pp* **-run**, *cont* **-ning**) *vt* correr más que.

outsell [ˌaʊt'sell] (*pt & pp* **-sold**) *vt* vender más que.

outset ['aʊtset] *n*: **at the ~** al principio; **from the ~** desde el principio.

outshine [ˌaʊtˈʃaɪn] (*pt* & *pp* **-shone** [-ʃɒn]) *vt fig* eclipsar.

outside [*adv* ˌaʊtˈsaɪd, *adj, prep* & *n* ˈaʊtsaɪd] ◇ *adj* **-1.** [gen] exterior **-2.** [opinion, criticism] independiente **-3.** [chance] remoto(ta). ◇ *adv* fuera; **to go/run/look ~** ir/correr/mirar fuera. ◇ *prep* fuera de; **we live half an hour ~ London** vivimos a media hora de Londres. ◇ *n* **-1.** [exterior] exterior *m* **-2.** [limit]: **at the ~** a lo sumo.
◆ **outside of** *prep US* [apart from] aparte de.

outside broadcast *n UK* RADIO & TV emisión *f* desde exteriores.

outside lane *n* carril *m* de adelantamiento.

outside line *n* línea *f* exterior.

outsider [ˌaʊtˈsaɪdəʳ] *n* **-1.** [stranger] forastero *m*, -ra *f*, desconocido *m*, -da *f* **-2.** [in horse race] *caballo que no es uno de los favoritos.*

outsize [ˈaʊtsaɪz] *adj* **-1.** [bigger than usual] enorme **-2.** [clothes] de talla muy grande.

outsized [ˈaʊtsaɪzd] *adj* enorme.

outskirts [ˈaʊtskɜːts] *npl*: **the ~** las afueras.

outsmart [ˌaʊtˈsmɑːt] *vt* ser más listo(ta) que.

outsold [ˌaʊtˈsəʊld] *pt* & *pp* ⊳ **outsell.**

outspoken [ˌaʊtˈspəʊkn] *adj* abierto(ta), franco(ca).

outspread [ˌaʊtˈspred] *adj* extendido(da), desplegado(da).

outstanding [ˌaʊtˈstændɪŋ] *adj* **-1.** [excellent] destacado(da) **-2.** [not paid, unfinished] pendiente.

outstay [ˌaʊtˈsteɪ] *vt*: **to ~ one's welcome** quedarse más tiempo de lo debido.

outstretched [ˌaʊtˈstretʃt] *adj* extendido(da).

outstrip [ˌaʊtˈstrɪp] (*pt* & *pp* **-ped**, *cont* **-ping**) *vt lit* & *fig* aventajar, dejar atrás.

out-take *n* CINEMA & TV descarte *m*.

out-tray *n cubeta o bandeja de asuntos ya resueltos.*

outvote [ˌaʊtˈvəʊt] *vt*: **to be ~d** perder en una votación.

outward [ˈaʊtwəd] ◇ *adj* **-1.** [journey] de ida **-2.** [composure, sympathy] aparente **-3.** [sign, proof] visible, exterior. ◇ *adv US* = **outwards.**

outwardly [ˈaʊtwədlɪ] *adv* [apparently] aparentemente, de cara al exterior.

outwards *UK* [ˈaʊtwədz], **outward** *US adv* hacia fuera.

outweigh [ˌaʊtˈweɪ] *vt* pesar más que.

outwit [ˌaʊtˈwɪt] (*pt* & *pp* **-ted**, *cont* **-ting**) *vt* ser más listo(ta) que.

outworker [ˈaʊtˌwɜːkəʳ] *n* colaborador externo *m*, colaboradora externa *f*.

oval [ˈəʊvl] ◇ *adj* oval, ovalado(da). ◇ *n* óvalo *m*.

Oval Office *n*: **the ~** el Despacho Oval, *oficina que tiene el presidente de Estados Unidos en la Casa Blanca.*

ovarian [əʊˈveərɪən] *adj* [gen] ovárico(ca); [cancer] de ovario.

ovary [ˈəʊvərɪ] (*pl* **-ies**) *n* ovario *m*.

ovation [əʊˈveɪʃn] *n* ovación *f*; **a standing ~** una ovación de gala (con el público en pie).

oven [ˈʌvn] *n* horno *m*.

oven glove *n* guante *m* para el horno.

ovenproof [ˈʌvnpruːf] *adj* refractario(ria).

oven-ready *adj* listo(ta) para meter al horno.

ovenware [ˈʌvnweəʳ] *n (U)* utensilios *mpl* para el horno.

over [ˈəʊvəʳ] ◇ *prep* **-1.** [directly above, on top of] encima de; **a fog hung ~ the river** una espesa niebla flotaba sobre el río; **put your coat ~ the chair** pon el abrigo encima de la silla **-2.** [to cover] sobre; **she wore a veil ~ her face** un velo le cubría el rostro **-3.** [on other side of] al otro lado de; **he lives ~ the road** vive enfrente **-4.** [across surface of] por encima de; **they sailed ~ the ocean** cruzaron el océano en barco **-5.** [more than] más de; **~ and above** además de **-6.** [senior to] por encima de **-7.** [with regard to] por; **a fight ~ a woman** una pelea por una mujer **-8.** [during] durante; **~ the weekend** (en) el fin de semana. ◇ *adv* **-1.** [short distance away]: **~ here** aquí; **~ there** allí **-2.** [across]: **to cross ~** cruzar; **to go ~** ir **-3.** [down]: **to fall ~** caerse; **to push ~** empujar, tirar **-4.** [round]: **to turn sthg ~** dar la vuelta a algo; **to roll ~** darse la vuelta **-5.** [more] más **-6.** [remaining]: **to be (left) ~** quedar, sobrar **-7.** [at sb's house]: **~ at Mum's** en casa de mamá; **invite them ~** invítalos a casa **-8.** RADIO: **~ (and out)!** ¡cambio (y cierro)! **-9.** [involving repetitions]: **(all) ~ again** otra vez desde el principio; **~ and ~ (again)** una y otra vez. ◇ *adj* [finished] terminado(da). ◇ *n en críquet, serie de seis lanzamientos de un mismo jugador.*
◆ **all over** ◇ *prep* por todo(da). ◇ *adv* [everywhere] por todas partes. ◇ *adj* [finished] terminado(da), acabado(da).

over- [ˈəʊvəʳ] *prefix* sobre-, super-.

overabundance [ˌəʊvərəˈbʌndəns] *n* superabundancia *f*.

overact [ˌəʊvərˈækt] *vi pej* [in play] sobreactuar, exagerar.

overactive [ˌəʊvərˈæktɪv] *adj* demasiado activo(va).

overall [*adj* & *n* ˈəʊvərɔːl, *adv* ˌəʊvərˈɔːl] ◇ *adj* [general] global, total. ◇ *adv* en conjunto, en general. ◇ *n* **-1.** [gen] guardapolvo *m*, bata *f* **-2.** *US* [for work] mono *m*.

◆ **overalls** *npl* **-1.** [for work] mono *m* **-2.** *US* [dungarees] pantalones *mpl* de peto.

overambitious [ˌəʊvəræm'bɪʃəs] *adj* demasiado ambicioso(sa).

overanxious [ˌəʊvər'æŋkʃəs] *adj* demasiado preocupado(da).

overarm ['əʊvərɑːm] *adj & adv* por encima del hombro.

overate [ˌəʊvər'et] *pt* ▷ **overeat.**

overawe [ˌəʊvər'ɔː] *vt* intimidar.

overbalance [ˌəʊvə'bæləns] *vi* perder el equilibrio.

overbearing [ˌəʊvə'beərɪŋ] *adj pej* despótico(ca).

overblown [ˌəʊvə'bləʊn] *adj pej* exagerado(da).

overboard ['əʊvəbɔːd] *adv*: **to fall ~** caer al agua OR por la borda; **to go ~ (about sb/sthg)** *inf* [be over-enthusiastic about] ponerse como loco(ca) (con alguien/algo).

overbook [ˌəʊvə'bʊk] *vi* hacer overbooking.

overburden [ˌəʊvə'bɜːdn] *vt*: **to be ~ed with sthg** estar sobrecargado(da) de algo.

overcame [ˌəʊvə'keɪm] *pt* ▷ **overcome.**

overcapitalize, -ise [ˌəʊvə'kæpɪtəlaɪz] FIN *vt & vi* sobrecapitalizar.

overcast ['əʊvəkɑːst] *adj* cubierto(ta), nublado(da).

overcharge [ˌəʊvə'tʃɑːdʒ] ◇ *vt*: **to ~ sb (for sthg)** cobrar a alguien en exceso (por algo). ◇ *vi*: **to ~ (for sthg)** cobrar en exceso (por algo).

overcoat ['əʊvəkəʊt] *n* abrigo *m*.

overcome [ˌəʊvə'kʌm] (*pt* **-came**, *pp* **-come**) *vt* **-1.** [deal with] vencer, superar **-2.** [overwhelm]: **to be ~ (by** OR **with)** [fear, grief, emotion] estar abrumado(da) (por); [smoke, fumes] estar asfixiado(da) (por).

overcompensate [ˌəʊvə'kɒmpənseɪt] *vi*: **to ~ (for sthg)** compensar en exceso (por algo).

overconfident [ˌəʊvə'kɒnfɪdənt] *adj* demasiado confiado(da).

overcook [ˌəʊvə'kʊk] *vt* hacer demasiado.

overcrowded [ˌəʊvə'kraʊdɪd] *adj* [room] atestado(da) de gente; [country] superpoblado(da).

overcrowding [ˌəʊvə'kraʊdɪŋ] *n* [of country] superpoblación *f*; [of prison] hacinamiento *m*.

overdeveloped [ˌəʊvədə'veləpt] *adj* **-1.** PHOT sobreprocesado(da) **-2.** [too high, too big] excesivo(va).

overdo [ˌəʊvə'duː] (*pt* **-did** [-dɪd], *pp* **-done**) *vt* **-1.** *pej* [exaggerate] exagerar **-2.** [do too much]: **to ~ one's work/the walking** trabajar/andar demasiado; **to ~ it** pasarse **-3.** [overcook] hacer demasiado.

overdone [ˌəʊvə'dʌn] ◇ *pp* ▷ **overdo.** ◇ *adj* muy hecho(cha).

overdose [*n* 'əʊvədəʊs, *vb* əʊvə'dəʊs] ◇ *n* sobredosis *f inv.* ◇ *vi*: **to ~ on** tomar una sobredosis de.

overdraft ['əʊvədrɑːft] *n* [sum owed] saldo *m* deudor; [loan arranged] (giro *m* OR crédito *m* en) descubierto *m*.

overdrawn [ˌəʊvə'drɔːn] *adj*: **to be ~** tener un saldo deudor.

overdress [ˌəʊvə'dres] *vi* trajearse.

overdrive ['əʊvədraɪv] *n fig*: **to go into ~** ir a marchas forzadas.

overdue [ˌəʊvə'djuː] *adj* **-1.** [late]: **to be ~** [train] ir con retraso; [library book] estar con el plazo de préstamo caducado; **I'm ~ (for) a bit of luck** va siendo hora de tener un poco de suerte **-2.** [awaited]: **(long) ~** (largamente) esperado(da), ansiado(da) **-3.** [unpaid] vencido(da) y sin pagar.

overeager [ˌəʊvər'iːgə^r] *adj* demasiado ansioso(sa).

overeat [ˌəʊvər'iːt] (*pt* **-ate**, *pp* **-eaten**) *vi* comer con exceso, atracarse.

overemphasize, -ise [ˌəʊvər'emfəsaɪz] *vt* poner demasiado énfasis en.

overenthusiastic ['əʊvərɪnˌθjuːzɪ'æstɪk] *adj* demasiado entusiasta.

overestimate [ˌəʊvər'estɪmeɪt] *vt* sobreestimar.

overexcited [ˌəʊvərɪk'saɪtɪd] *adj* sobreexcitado(da).

overexpose [ˌəʊvərɪk'spəʊz] *vt* PHOT sobreexponer.

overfeed [ˌəʊvə'fiːd] (*pt & pp* **-fed** [-fed]) *vt* sobrealimentar.

overfill [ˌəʊvə'fɪl] *vt* llenar demasiado.

overflow [*vb* ˌəʊvə'fləʊ, *n* 'əʊvəfləʊ] ◇ *vi* **-1.** [spill over] rebosar; [river] desbordarse **-2.** [go beyond limits]: **to ~ (into)** rebosar (hacia) **-3.** [be very full]: **to be ~ing (with)** rebosar (de); **full to ~ing** lleno a rebosar. ◇ *vt* desbordarse de, salir de. ◇ *n* [pipe] cañería *f* de desagüe.

overgrown [ˌəʊvə'grəʊn] *adj* cubierto(ta) de matojos.

overhang [*n* 'əʊvəhæŋ, *vb* ˌəʊvə'hæŋ] (*pt & pp* **-hung**) ◇ *n* saliente *m*. ◇ *vt* sobresalir por encima de. ◇ *vi* sobresalir.

overhaul [*n* 'əʊvəhɔːl, *vb* ˌəʊvə'hɔːl] ◇ *n* **-1.** [of car, machine] revisión *f* **-2.** [of method, system] repaso *m* general. ◇ *vt* revisar.

overhead [*adv* ˌəʊvə'hed, *adj & n* 'əʊvəhed] ◇ *adj* aéreo(a). ◇ *adv* por lo alto, por encima. ◇ *n US* (U) gastos *mpl* generales.

◆ **overheads** *npl* gastos *mpl* generales.

overhead projector *n* retroproyector *m.*
overhear [ˌəʊvəˈhɪəʳ] (*pt* & *pp* **-heard** [-hɜːd]) *vt* oír por casualidad.
overheat [ˌəʊvəˈhiːt] ◇ *vt* recalentar. ◇ *vi* recalentarse.
overhung [ˌəʊvəˈhʌŋ] *pt* & *pp* ▷ **overhang.**
overindulge [ˌəʊvərɪnˈdʌldʒ] ◇ *vt* mimar excesivamente. ◇ *vi*: **to ~ (in sthg)** abusar (de algo).
overjoyed [ˌəʊvəˈdʒɔɪd] *adj*: **to be ~ (at sthg)** estar encantado(da) (con algo).
overkill [ˈəʊvəkɪl] *n* exageración *f*, exceso *m.*
overladen [ˌəʊvəˈleɪdn] ◇ *pp* ▷ **overload.** ◇ *adj* sobrecargado(da).
overlaid [ˌəʊvəˈleɪd] *pt* & *pp* ▷ **overlay.**
overland [ˈəʊvəlænd] ◇ *adj* terrestre. ◇ *adv* por tierra.
overlap [*n* ˈəʊvəlæp, *vb* ˌəʊvəˈlæp] (*pt* & *pp* **-ped**, *cont* **-ping**) ◇ *n* **-1.** [similarity] coincidencia *f* **-2.** [overlapping part, amount] superposición *f.* ◇ *vt* **-1.** [cover] superponerse a **-2.** [be similar to] coincidir en parte con. ◇ *vi* **-1.** [cover each other] superponerse **-2.** [be similar]: **to ~ (with sthg)** coincidir en parte (en algo).
overlay [ˌəʊvəˈleɪ] (*pt* & *pp* **-laid**) *vt*: **to be overlaid with** estar revestido(da) de.
overleaf [ˌəʊvəˈliːf] *adv* al dorso, a la vuelta.
overload [ˌəʊvəˈləʊd] (*pp* **-loaded** OR **-laden**) *vt* sobrecargar; **to be ~ed (with sthg)** estar sobrecargado (de algo).
overlong [ˌəʊvəˈlɒŋ] ◇ *adj* demasiado largo(ga). ◇ *adv* demasiado tiempo.
overlook [ˌəʊvəˈlʊk] *vt* **-1.** [look over] mirar OR dar a **-2.** [disregard, miss] pasar por alto, no considerar **-3.** [forgive] perdonar.
overlord [ˈəʊvəlɔːd] *n fml* señor *m.*
overly [ˈəʊvəlɪ] *adv* demasiado.
overmanning [ˌəʊvəˈmænɪŋ] *n* exceso *m* de mano de obra.
overnight [*adj* ˈəʊvənaɪt, *adv* ˌəʊvəˈnaɪt] ◇ *adj* **-1.** [for all of night] de noche, nocturno(na) **-2.** [for a night's stay - clothes] para una noche; **~ bag** bolso *m* de viaje **-3.** [very sudden] súbito(ta), de la noche a la mañana. ◇ *adv* **-1.** [for all of night] durante la noche **-2.** [very suddenly] de la noche a la mañana.
overpaid [ˌəʊvəˈpeɪd] ◇ *pt* & *pp* ▷ **overpay.** ◇ *adj* pagado(da) en exceso.
overpass [ˈəʊvəpɑːs] *n US* paso *m* elevado.
overpay [ˌəʊvəˈpeɪ] (*pt* & *pp* **-paid**) *vt* pagar en exceso.
overplay [ˌəʊvəˈpleɪ] *vt* exagerar.
overpopulated [ˌəʊvəˈpɒpjʊleɪtɪd] *adj* superpoblado(da).
overpower [ˌəʊvəˈpaʊəʳ] *vt* **-1.** [in fight] vencer, subyugar **-2.** *fig* [overwhelm] sobreponerse a, vencer.
overpowering [ˌəʊvəˈpaʊərɪŋ] *adj* arrollador(ra), abrumador(ra).
overpriced [ˌəʊvəˈpraɪst] *adj* de precio excesivo.
overproduction [ˌəʊvəprəˈdʌkʃn] *n* exceso *m* de producción, superproducción *f.*
overprotective [ˌəʊvəprəˈtektɪv] *adj* que protege excesivamente.
overran [ˌəʊvəˈræn] *pt* ▷ **overrun.**
overrated [ˌəʊvəˈreɪtɪd] *adj* sobreestimado(da).
overreach [ˌəʊvəˈriːtʃ] *vt*: **to ~ o.s.** extralimitarse, ir demasiado lejos.
overreact [ˌəʊvərɪˈækt] *vi*: **to ~ (to sthg)** reaccionar demasiado (a algo).
override [ˌəʊvəˈraɪd] (*pt* **-rode**, *pp* **-ridden**) *vt* **-1.** [be more important than] predominar sobre **-2.** [overrule] desautorizar.
overriding [ˌəʊvəˈraɪdɪŋ] *adj* predominante.
overripe [ˌəʊvəˈraɪp] *adj* pasado(da), demasiado maduro(ra).
overrode [ˌəʊvəˈrəʊd] *pt* ▷ **override.**
overrule [ˌəʊvəˈruːl] *vt* [person] desautorizar; [decision] anular; [request] denegar.
overrun [ˌəʊvəˈrʌn] (*pt* **-ran**, *pp* **-run**, *cont* **-running**) ◇ *vt* **-1.** MIL [enemy, army] apabullar, arrasar; [country] ocupar, invadir **-2.** *fig* [cover]: **to be ~ with** estar invadido(da) de. ◇ *vi* rebasar el tiempo previsto.
oversaw [ˌəʊvəˈsɔː] *pt* ▷ **oversee.**
overseas [*adj* ˈəʊvəsiːz, *adv* ˌəʊvəˈsiːz] ◇ *adj* **-1.** [in or to foreign countries - market] exterior; [- sales, aid] al extranjero; [- network, branches] en el extranjero **-2.** [from abroad] extranjero(ra). ◇ *adv* [go, travel] al extranjero; [study, live] en el extranjero.
oversee [ˌəʊvəˈsiː] (*pt* **-saw**, *pp* **-seen** [-ˈsiːn]) *vt* supervisar.
overseer [ˈəʊvəˌsiːəʳ] *n* supervisor *m*, -ra *f.*
overshadow [ˌəʊvəˈʃædəʊ] *vt* **-1.** [be taller than] ensombrecer, eclipsar **-2.** [be more important than]: **to be ~ed by** ser eclipsado(da) por **-3.** [mar]: **to be ~ed by sthg** ser ensombrecido(da) por algo.
overshoot [ˌəʊvəˈʃuːt] (*pt* & *pp* **-shot**) *vt* [go past] pasarse.
oversight [ˈəʊvəsaɪt] *n* descuido *m.*
oversimplification [ˈəʊvəˌsɪmplɪfɪˈkeɪʃn] *n* simplificación *f* excesiva.
oversimplify [ˌəʊvəˈsɪmplɪfaɪ] (*pt* & *pp* **-ied**) *vt* & *vi* simplificar demasiado.
oversleep [ˌəʊvəˈsliːp] (*pt* & *pp* **-slept** [-ˈslept]) *vi* no despertarse a tiempo, quedarse dormido(da).

overspend [ˌəʊvəˈspend] (*pt* & *pp* **-spent** [-ˈspent]) *vi* gastar más de la cuenta.
overspill [ˈəʊvəspɪl] *n* exceso *m* de población.
overstaffed [ˌəʊvəˈstɑːft] *adj* con exceso de empleados.
overstate [ˌəʊvəˈsteɪt] *vt* exagerar.
overstay [ˌəʊvəˈsteɪ] *vt*: **to ~ one's welcome** quedarse más tiempo de lo debido.
overstep [ˌəʊvəˈstep] (*pt* & *pp* **-ped**, *cont* **-ping**) *vt* pasar de; **to ~ the mark** pasarse de la raya.
overstock [ˌəʊvəˈstɒk] *vt* abarrotar.
overstrike [ˈəʊvəstraɪk] (*pt* & *pp* **-struck**) COMPUT ◇ *n* superposición *f*. ◇ *vt* superponer.
oversubscribed [ˌəʊvəsʌbˈskraɪbd] *adj* suscrito(ta) en exceso.
overt [ˈəʊvɜːt] *adj* abierto(ta), evidente.
overtake [ˌəʊvəˈteɪk] (*pt* **-took**, *pp* **-taken** [-ˈteɪkn]) ◇ *vt* **-1.** AUT adelantar **-2.** [subj: event] sorprender, coger de improviso **-3.** [subj: emotion] abrumar, apabullar. ◇ *vi* AUT adelantar.
overtaking [ˌəʊvəˈteɪkɪŋ] *n* adelantamiento *m*; **'no ~'** 'prohibido adelantar'.
overthrow [*n* ˈəʊvəθrəʊ, *vb* ˌəʊvəˈθrəʊ] (*pt* **-threw**, *pp* **-thrown**) ◇ *n* [of government] derrocamiento *m*, derrumbamiento *m*. ◇ *vt* **-1.** [oust] derrocar **-2.** [idea, standard] echar abajo.
overtime [ˈəʊvətaɪm] ◇ *n (U)* **-1.** [extra work] horas *fpl* extra **-2.** *US* SPORT (tiempo *m* de) descuento *m*. ◇ *adv*: **to work ~** trabajar horas extra.
overtly [ˈəʊvɜːtlɪ] *adv* abiertamente, públicamente.
overtones [ˈəʊvətəʊnz] *npl* tono *m*, matiz *m*.
overtook [ˌəʊvəˈtʊk] *pt* ▷ **overtake**.
overture [ˈəʊvəˌtjʊə^r] *n* MUS obertura *f*.
◆ **overtures** *npl*: **to make ~s to sb** hacer una propuesta a alguien.
overturn [ˌəʊvəˈtɜːn] ◇ *vt* **-1.** [turn over] volcar **-2.** [overrule] rechazar **-3.** [overthrow] derrocar, derrumbar. ◇ *vi* [vehicle] volcar; [boat] zozobrar.
overuse [ˌəʊvəˈjuːz] *vt* usar demasiado.
overview [ˈəʊvəvjuː] *n* visión *f* general OR de conjunto.
overweening [ˌəʊvəˈwiːnɪŋ] *adj* desmesurado(da).
overweight [ˌəʊvəˈweɪt] *adj* grueso(sa), gordo(da).
overwhelm [ˌəʊvəˈwelm] *vt* **-1.** [make helpless] abrumar **-2.** [defeat] aplastar, arrollar.
overwhelming [ˌəʊvəˈwelmɪŋ] *adj* **-1.** [despair, kindness] abrumador(ra) **-2.** [defeat, majority] contundente, aplastante.
overwhelmingly [ˌəʊvəˈwelmɪŋlɪ] *adv* abrumadoramente.
overwork [ˌəʊvəˈwɜːk] ◇ *n* trabajo *m* excesivo. ◇ *vt* **-1.** [give too much work to] hacer trabajar demasiado **-2.** [overuse] usar demasiado. ◇ *vi* trabajar demasiado.
overwrought [ˌəʊvəˈrɔːt] *adj fml* nerviosísimo(ma), sobreexcitado(da).
ovulate [ˈɒvjʊleɪt] *vi* ovular.
ovulation [ˌɒvjʊˈleɪʃn] *n* ovulación *f*.
ow [aʊ] *excl* ¡ay!
owe [əʊ] *vt*: **to ~ sthg to sb**, **to ~ sb sthg** deber algo a alguien.
owing [ˈəʊɪŋ] *adj* que se debe.
◆ **owing to** *prep* debido a, por causa de.
owl [aʊl] *n* búho *m*, lechuza *f*, tecolote *m* *Cam & Méx*.
own [əʊn] ◇ *adj*: **my/your/his** *etc* **~ car** mi/tu/su *etc* propio coche. ◇ *pron*: **my ~** el mío (la mía); **his/her ~** el suyo (la suya); **a house of my/his ~** mi/su propia casa; **on one's ~** solo(la); **to get one's ~ back** *inf* tomarse la revancha, desquitarse. ◇ *vt* poseer, tener.
◆ **own up** *vi*: **to ~ up (to sthg)** confesar (algo).
own brand *n* COMM marca *f* propia (del comerciante).
owner [ˈəʊnə^r] *n* propietario *m*, -ria *f*.
owner-occupier *n esp UK persona que ha comprado la vivienda en la que habita.*
ownership [ˈəʊnəʃɪp] *n* propiedad *f*.
own goal *n esp UK* **-1.** FTBL gol *m* en propia meta, autogol *m* **-2.** *UK fig* [foolish mistake] metedura *f* de pata, metida *f* de pata *Amér*.
ox [ɒks] (*pl* **oxen**) *n* buey *m*.
Oxbridge [ˈɒksbrɪdʒ] *n (U) las universidades de Oxford y Cambridge.*
oxen [ˈɒksn] *pl* ▷ **ox**.
Oxfam [ˈɒksfæm] *n sociedad benéfica de ayuda a países subdesarrollados.*
oxide [ˈɒksaɪd] *n* óxido *m*.
oxidize, -ise [ˈɒksɪdaɪz] *vi* oxidarse.
Oxon (*abbr of* **Oxfordshire**) *condado inglés.*
Oxon. (*abbr of* **Oxoniensis**) *de o relativo a Oxford, esp su universidad.*
oxtail soup [ˈɒksteɪl-] *n* sopa *f* de rabo de buey.
ox tongue *n* lengua *f* de buey.
oxyacetylene [ˌɒksɪəˈsetɪliːn] ◇ *n* oxiacetileno *m*. ◇ *comp* oxiacetilénico(ca).
oxygen [ˈɒksɪdʒən] *n* oxígeno *m*.
oxygenate [ˈɒksɪdʒəneɪt] *vt* oxigenar.
oxygen mask *n* máscara *f* de oxígeno.
oxygen tent *n* tienda *f* de oxígeno.
oyster [ˈɔɪstə^r] *n* ostra *f*.

oz. *abbr of* **ounce**.

ozone [ˈəʊzəʊn] *n* ozono *m*.

ozone-friendly *adj* que no daña a la capa de ozono.

ozone layer *n* capa *f* de ozono.

p[1] (*pl* **p's** *OR* **ps**), **P** (*pl* **P's** *OR* **Ps**) [piː] *n* [letter] p *f*, P *f*.

p[2] **-1.** (*abbr of* **page**) p., pág. **-2.** *UK abbr of* **penny, pence**.

pa [pɑː] *n inf esp US* papá *m*.

p.a. (*abbr of* **per annum**) p.a.

PA ◇ *n* **-1.** *UK abbr of* **personal assistant** **-2.** *abbr of* **public-address system**. ◇ *abbr of* **Pennsylvania**.

PAC (*abbr of* **political action committee**) *n comité estadounidense de acción política*.

pace [peɪs] ◇ *n* paso *m*, ritmo *m*; **she did it at her own ~** lo hizo a su ritmo; **to keep ~ (with sthg)** [change, events] mantenerse al corriente (de algo); **to keep ~ (with sb)** seguir el ritmo (a alguien). ◇ *vt* pasearse por. ◇ *vi*: **to ~ (up and down)** pasearse de un lado a otro.

pacemaker [ˈpeɪsˌmeɪkəʳ] *n* **-1.** *MED* marcapasos *m inv* **-2.** [in race] liebre *f*.

pacesetter [ˈpeɪsˌsetəʳ] *n US* [in race] liebre *f*.

pachyderm [ˈpækɪdɜːm] *n* paquidermo *m*.

Pacific [pəˈsɪfɪk] ◇ *adj* del Pacífico. ◇ *n*: **the ~ (Ocean)** el (océano) Pacífico.

pacification [ˌpæsɪfɪˈkeɪʃn] *n fml* **-1.** [calming] apaciguamiento *m* **-2.** [bringing of peace] pacificación *f*.

pacifier [ˈpæsɪfaɪəʳ] *n US* [for child] chupete *m*.

pacifism [ˈpæsɪfɪzm] *n* pacifismo *m*.

pacifist [ˈpæsɪfɪst] *n* pacifista *m OR f*.

pacify [ˈpæsɪfaɪ] (*pt* & *pp* **-ied**) *vt* **-1.** [person, mob] calmar, apaciguar **-2.** [country, area] pacificar.

pack [pæk] ◇ *n* **-1.** [bundle] lío *m*, fardo *m*; [rucksack] mochila *f* **-2.** *esp US* [packet] paquete *m* **-3.** [of cards] baraja *f* **-4.** [of dogs] jauría *f*; [of wolves] manada *f*; *pej* [of people] banda *f*; **a ~ of lies** una sarta de mentira **-5.** [of cyclists, runners] pelotón *m* **-6.** *RUGBY* delanteros *mpl*. ◇ *vt* **-1.** [for journey - bags, suitcase] hacer; [- clothes, etc] meter (en la maleta) **-2.** [put in parcel] empaquetar; [put in container] envasar **-3.** [fill] llenar, abarrotar; **to be ~ed into sthg** estar apretujados dentro de algo. ◇ *vi* hacer las maletas, hacer el equipaje.

◆ **pack in** *inf* ◇ *vt sep UK* [stop] dejar; **~ it in!** ¡déjalo!, ¡ya basta! ◇ *vi* [break down] escacharrarse.

◆ **pack off** *vt sep inf* enviar, mandar.

◆ **pack up** ◇ *vt sep* **-1.** [for journey] meter en la maleta **-2.** *UK inf* [stop] dejar. ◇ *vi* **-1.** [for journey] hacer las maletas **-2.** *inf* [finish work] terminar de currar **-3.** *UK inf* [break down] escacharrarse **-4.** *inf* [stop] parar.

package [ˈpækɪdʒ] ◇ *n* [gen & *COMPUT*] paquete *m*. ◇ *vt* [wrap up] envasar.

package deal *n* convenio *m OR* acuerdo *m* global.

package holiday *n UK* paquete *m* turístico.

packager [ˈpækɪdʒəʳ] *n* **-1.** [person packaging] empaquetador *m*, -ra *f* **-2.** *COMM* productora *f* independiente.

package tour *n* paquete *m* turístico.

packaging [ˈpækɪdʒɪŋ] *n* [wrapping] envasado *m*.

packed [pækt] *adj*: **~ (with)** repleto(ta) (de).

packed lunch *n UK almuerzo preparado de antemano que se lleva uno al colegio, la oficina etc*.

packed-out *adj UK inf* a tope, de bote en bote.

packet [ˈpækɪt] *n* **-1.** [gen] paquete *m*; [of crisps, sweets] bolsa *f* **-2.** *UK inf* [lot of money] dineral *m*; **to cost a ~** costar un dineral; **to earn or make a ~** ganar una fortuna.

pack ice *n* (*U*) banco *m* de hielo.

packing [ˈpækɪŋ] *n* **-1.** [protective material] embalaje *m* **-2.** [for journey]: **to do the ~** hacer el equipaje.

packing case *n* cajón *m* de embalaje.

pact [pækt] *n* pacto *m*.

pad [pæd] (*pt* & *pp* **-ded**, *cont* **-ding**) ◇ *n* **-1.** [of material] almohadilla *f*; **shin ~** espinillera *f*; **shoulder ~** hombrera *f* **-2.** [of cotton wool] tampón *m* **-3.** [of paper] bloc *m* **-4.** *SPACE*: **(launch) ~** plataforma *f* (de lanzamiento) **-5.** *US* [sanitary napkin] compresa *f*, toalla *f* higiénica *Amér* **-6.** *UK* [of cat, dog] almohadilla *f* **-7.** *inf dated* [home] casa *f*. ◇ *vt* acolchar, rellenar. ◇ *vi* [walk softly] andar con suavidad.

◆ **pad out** *vt sep* [fill out] meter paja en.

padded [ˈpædɪd] *adj* [shoulders] con hombreras; [chair] acolchado(da).

padded cell *n* celda *f* acolchada.

padding ['pædɪŋ] *n (U)* **-1.** [in jacket, chair] relleno *m* **-2.** [in speech] paja *f*.

paddle ['pædl] <> *n* **-1.** [for canoe, dinghy] pala *f*, canalete *m*; *US* [for table tennis] pala *f* **-2.** [walk in sea] paseo *m* por la orilla. <> *vt UK* remar en. <> *vi* **-1.** [in canoe] remar **-2.** [duck] chapotear **-3.** [person - in sea] pasear por la orilla.

paddle boat, paddle steamer *n* vapor *m* de paletas *OR* ruedas.

paddling pool ['pædlɪŋ-] *n UK* **-1.** [inflatable] piscina *f* inflable **-2.** [in park] piscina *f* infantil.

paddock ['pædək] *n* **-1.** [small field] potrero *m*, corral *m* **-2.** [at racecourse] paddock *m*.

paddy field ['pædɪ-] *n* arrozal *m*.

paddy wagon ['pædɪ-] *n US* [Black Maria] coche *m* celular, furgón *m* policial.

padlock ['pædlɒk] <> *n* candado *m*. <> *vt* cerrar con candado.

paederast ['pedəræst] *n UK* = **pederast**.

paediatric [ˌpiːdɪ'ætrɪk] *adj UK* = **pediatric**.

paediatrician [ˌpiːdɪə'trɪʃn] *n UK* = **pediatrician**.

paediatrics [ˌpiːdɪ'ætrɪks] *UK* = **pediatrics**.

paedophile ['piːdəfaɪl] *n UK* = **pedophile**.

paella [paɪ'elə] *n* paella *f*.

paeony ['piːənɪ] *n UK* = **peony**.

pagan ['peɪgən] <> *adj* pagano(na). <> *n* pagano *m*, -na *f*.

paganism ['peɪgənɪzm] *n* paganismo *m*.

page [peɪdʒ] <> *n* [of book, newspaper] página *f*; **on ~ ten** en la página diez. <> *vt* [in hotel, airport] llamar por megafonía.

pageant ['pædʒənt] *n* procesión *f*, desfile *m*.

pageantry ['pædʒəntrɪ] *n* boato *m*, pompa *f*.

page boy *n* **-1.** *UK* [at wedding] paje *m* **-2.** [hairstyle] peinado *m* estilo paje.

pager ['peɪdʒə^r] *n* busca *m*, buscapersonas *m inv*.

pagination [ˌpædʒɪ'neɪʃn] *n* paginación *f*.

pagoda [pə'gəʊdə] *n* pagoda *f*.

paid [peɪd] <> *pt & pp* ▷ **pay**. <> *adj* [holiday, leave] pagado(da); [work, staff] remunerado(da); **badly/well ~** mal/bien pagado.

paid-up *adj UK*: **a ~ member** un afiliado.

pail [peɪl] *n* cubo *m*.

pain [peɪn] <> *n* **-1.** [ache] dolor *m*; **to be in ~** sufrir dolor **-2.** [mental suffering] pena *f*, sufrimiento *m* **-3.** *inf* [annoyance - person] pesado *m*, -da *f*; [- thing] pesadez *f*; **a ~ in the neck** [person] un pesado (una pesada); [thing] una lata, un latazo. <> *vt fml*: **to ~ sb (to do sthg)** dolerle a alguien (hacer algo).

◆ **pains** *npl* [effort, care] esfuerzos *mpl*; **to be at ~s to do sthg** afanarse por hacer algo; **to take ~s to do sthg** esforzarse en hacer algo; **he got absolutely nothing for his ~s** tantas molestias y no obtuvo nada de nada.

pained [peɪnd] *adj* apenado(da).

painful ['peɪnfʊl] *adj* [back, eyes] dolorido(da); [injury, exercise, memory] doloroso(sa); **my shoes are ~** los zapatos me hacen daño; **that's ~** eso me duele.

painfully ['peɪnfʊlɪ] *adv* **-1.** [causing pain] dolorosamente **-2.** [extremely] terriblemente.

painkiller ['peɪnˌkɪlə^r] *n* analgésico *m*.

painless ['peɪnlɪs] *adj* **-1.** [physically] indoloro(ra) **-2.** [emotionally] sencillo(lla), sin complicaciones.

painlessly ['peɪnlɪslɪ] *adv* **-1.** [without physical pain] sin dolor **-2.** [without emotional pain] sin complicaciones.

painstaking ['peɪnzˌteɪkɪŋ] *adj* meticuloso(sa), minucioso(sa).

painstakingly ['peɪnzˌteɪkɪŋlɪ] *adv* meticulosamente, minuciosamente.

paint [peɪnt] <> *n* pintura *f*. <> *vt* pintar; **to ~ the ceiling white** pintar el techo de blanco; **to ~ one's lips/nails** pintarse los labios/las uñas. <> *vi* pintar.

paintball ['peɪntbɔːl] *n juego bélico en el que los participantes se disparan pintura con armas de aire comprimido.*

paintbox ['peɪntbɒks] *n ART* caja *f* de acuarelas.

paintbrush ['peɪntbrʌʃ] *n* **-1.** *ART* pincel *m* **-2.** [of decorator] brocha *f*.

painted ['peɪntɪd] *adj* pintado(da).

painter ['peɪntə^r] *n* pintor *m*, -ra *f*; **~ and decorator** pintor *m*, -ra *f* y decorador, -ra *f*.

painting ['peɪntɪŋ] *n* **-1.** [picture] cuadro *m*, pintura *f* **-2.** *(U)* [art form, trade] pintura *f*.

paint stripper *n* quitapinturas *f inv*.

paintwork ['peɪntwɜːk] *n (U)* pintura *f*.

pair [peə^r] *n* **-1.** [of shoes, socks, wings] par *m*; [of aces] pareja *f* **-2.** [two-part object]: **a ~ of scissors** unas tijeras; **a ~ of trousers** unos pantalones; **a ~ of compasses** un compás **-3.** [couple - of people] pareja *f*.

◆ **pair off** <> *vt sep* emparejar. <> *vi* emparejarse.

paisley (pattern) ['peɪzlɪ-] <> *n (U)* cachemira *f (dibujo de una tela)*. <> *comp* de cachemira.

pajamas [pə'dʒɑːməz] *esp US* = **pyjamas**.

Paki ['pækɪ] *n UK v inf término racista que designa a un paquistaní.*

Pakistan [*UK* ˌpɑːkɪ'stɑːn, *US* ˌpækɪ'stæn] *n* (el) Paquistán.

Pakistani [*UK* ˌpɑːkɪ'stɑːnɪ, *US* ˌpækɪ'stænɪ] <> *adj* paquistaní. <> *n* paquistaní *m OR f*.

pakora [pə'kɔːrə] *n bola de verdura rebozada*

típica de la comida india.

pal [pæl] *n inf* **-1.** [friend] amiguete *m*, -ta *f*, colega *m* OR *f* **-2.** [as term of address] tío *m*, -a *f*.

palace ['pælɪs] *n* palacio *m*.

palaeontology *UK*, **paleontology** *US* [ˌpælɪɒn'tɒlədʒɪ] *n* paleontología *f*.

palatable ['pælətəbl] *adj* **-1.** [pleasant to taste] sabroso(sa) **-2.** [acceptable] aceptable, admisible.

palate ['pælət] *n* paladar *m*.

palatial [pə'leɪʃl] *adj* señorial, fastuoso(sa).

palaver [pə'lɑːvə^r] *n UK inf* [fuss] lío *m*, follón *m*.

pale [peɪl] ◇ *adj* **-1.** [colour, clothes, paint] claro(ra); [light] tenue **-2.** [person, skin] pálido(da); **to turn ~** palidecer. ◇ *vi* palidecer.

pale ale *n tipo de cerveza rubia y amarga.*

paleness ['peɪlnɪs] *n* [lack of brightness] palidez *f*.

Palestine ['pælɪˌstaɪn] *n* Palestina.

Palestinian [ˌpælə'stɪnɪən] ◇ *adj* palestino(na). ◇ *n* [person] palestino *m*, -na *f*.

palette ['pælət] *n* paleta *f*.

palette knife *n* espátula *f*.

palimony ['pælɪmənɪ] *n pensión alimenticia pagada al ex-amante.*

palings ['peɪlɪŋz] *npl* cerca *f*, empalizada *f*.

pall [pɔːl] ◇ *n* **-1.** [of smoke] nube *f*, cortina *f* **-2.** *US* [coffin] féretro *m*. ◇ *vi* cansar, hacerse pesado(da).

pallbearer ['pɔːlˌbeərə^r] *n* portador *m*, -ra *f* del féretro.

pallet ['pælɪt] *n* palet *m*.

palliative ['pælɪətɪv] *n fml* paliativo *m*.

pallid ['pælɪd] *adj literary* pálido(da).

pallor ['pælə^r] *n literary* palidez *f*.

palm [pɑːm] *n* **-1.** [tree] palmera *f* **-2.** [of hand] palma *f*; **to read sb's ~** leerle la mano a alguien.

◆ **palm off** *vt sep inf*: **to ~ sthg off on sb** endosar OR encasquetar algo a alguien; **to ~ sb off with** despachar a alguien con; **to ~ sthg off as** hacer pasar algo por.

palmistry ['pɑːmɪstrɪ] *n* quiromancia *f*.

palm leaf *n* palma *f*.

palm oil *n* aceite *m* de palma.

Palm Sunday *n* Domingo *m* de Ramos.

palmtop ['pɑːmtɒp] *n* COMPUT palmtop *m*.

palm tree *n* palmera *f*.

palomino [ˌpælə'miːnəʊ] (*pl* **-s**) *n* palomino *m*.

palpable ['pælpəbl] *adj* palpable.

palpably ['pælpəblɪ] *adv* evidentemente.

palpitate ['pælpɪteɪt] *vi* **-1.** [beat quickly] palpitar **-2.** *fml* [tremble]: **to ~ (with)** estremecerse (de).

palpitations [ˌpælpɪ'teɪʃənz] *npl* palpitaciones *fpl*.

paltry ['pɔːltrɪ] (*compar* **-ier**, *superl* **-iest**) *adj* mísero(ra).

pampas ['pæmpəz] *n*: **the ~** la Pampa.

pampas grass *n* cortadera *f*.

pamper ['pæmpə^r] *vt* mimar.

pamphlet ['pæmflɪt] ◇ *n* [publicity, information] folleto *m*; [political] panfleto *m*. ◇ *vi* repartir panfletos.

pamphleteer [ˌpæmflə'tɪə^r] *n* POL panfletista *m* OR *f*.

pan [pæn] (*pt* & *pp* **-ned**, *cont* **-ning**) ◇ *n* **-1.** [saucepan] cazuela *f*, cacerola *f*; [frying pan] sartén *f* **-2.** *US* [for bread, cakes etc] molde *m*. ◇ *vt inf* [criticize] poner por los suelos. ◇ *vi* **-1.** [for gold] extraer **-2.** CINEMA: **the camera ~s right/left** la cámara se mueve hacia la derecha/la izquierda.

◆ **pan out** *vi inf* [happen succesfully] resultar, salir.

panacea [ˌpænə'sɪə] *n*: **a ~ (for)** la panacea (de).

panache [pə'næʃ] *n* garbo *m*, donaire *m*.

Panama ['pænəˌmɑː] *n* Panamá.

Panama Canal *n*: **the ~** el canal de Panamá.

Panama City *n* Ciudad de Panamá.

panama (hat) *n* panamá *m*.

Panamanian [ˌpænə'meɪnɪən] ◇ *adj* panameño(ña). ◇ *n* panameño *m*, -ña *f*.

pan-American *adj* panamericano(na).

pancake ['pæŋkeɪk] *n* torta *f*, crepe *f*, panqueque *m CSur*, panqué *m CAm, Col*, crepa *f Méx*, panqueca *f Ven*.

Pancake Day *n UK* ≃ Martes *m inv* de Carnaval.

Pancake Tuesday *n* = **Pancake Day**.

pancreas ['pæŋkrɪəs] *n* pancreas *m inv*.

panda ['pændə] (*pl inv* OR **-s**) *n* panda *m*.

Panda car *n UK* coche *m* patrulla, auto *m* patrulla *Cam, Méx, Chile*, patrullero *m CSur*, patrulla *f Col, Méx*.

pandemonium [ˌpændɪ'məʊnjəm] *n* pandemónium *m*, jaleo *m*; **it was ~** fue un auténtico pandemónium.

pander ['pændə^r] *vi*: **to ~ to** complacer a.

pane [peɪn] *n* (hoja *f* de) cristal *m*.

panel ['pænl] *n* **-1.** [group of people] equipo *m*; [in debates] mesa *f* **-2.** [of wood, metal] panel *m* **-3.** [of a machine] tablero *m*, panel *m*.

panel game *n UK* programa *m* concurso de equipos.

panelling *UK*, **paneling** *US* ['pænəlɪŋ] *n (U)* [on a ceiling] artesonado *m*; [on a wall] paneles *mpl*.

panellist *UK*, **panelist** *US* ['pænəlɪst] *n* participante *m* OR *f*.

pang [pæŋ] *n* punzada *f*.

panhandle ['pæn,hændl] *vi US* mendingar.

panic ['pænɪk] (*pt* & *pp* **-ked**, *cont* **-king**) <> *n* pánico *m*; **to be in a ~ about sthg** ponerse muy nervioso por algo. <> *vi* aterrarse, aterrorizarse; **don't ~** que no cunda el pánico.

panicky ['pænɪkɪ] *adj*: **he feels ~** tiene pánico; **she got ~** le entró el pánico.

panic stations *n UK inf*: **it was ~** cundió el pánico.

panic-stricken *adj* preso(sa) OR víctima del pánico.

pannier ['pænɪəʳ] *n* [on horse, bicycle] alforja *f*.

panoply ['pænəplɪ] *n fml* pompa *f*.

panorama [,pænə'rɑːmə] *n* panorama *m*.

panoramic [,pænə'ræmɪk] *adj* panorámico(ca).

panpipes ['pænpaɪps] *n* zampoña *f*.

pant [pænt] *vi* jadear.

panther ['pænθəʳ] (*pl inv* OR **-s**) *n* pantera *f*.

panties ['pæntɪz] *npl US* bragas *fpl*, calzones *mpl Amér*, pantaletas *fpl CAm, Carib, Méx*, bombacha *f RP*, blúmer *m CAm, Carib*.

pantihose ['pæntɪhəʊz] = **panty hose**.

panto ['pæntəʊ] (*pl* **-s**) *n UK inf* = **pantomime**.

pantomime ['pæntəmaɪm] *n* **-1.** *UK obra musical humorística para niños celebrada en Navidad* **-2.** [mime] *pantomima f*.

PANTOMIME

El género teatral típicamente británico de la *pantomime* posee una serie de convenciones, tales como personajes-tipo (*pantomime dame, principal boy*) y frases concretas ('Look behind you!', 'Oh, yes, he is!', 'Oh, no, he isn't!'), que se repiten en todas las obras. Estas obras, que se representan durante las fiestas navideñas, se inspiran generalmente en los cuentos de hadas.

pantry ['pæntrɪ] (*pl* **-ies**) *n* despensa *f*.

pants [pænts] <> *npl* **-1.** *UK* [underpants] calzoncillos *mpl* **-2.** *US* [trousers] pantalones *mpl*. <> *adj UK inf* [bad]: **to be ~** ser un churro.

pantsuit ['pæntsuːt] *n* traje *m* pantalón.

panty hose ['pæntɪ-] *npl US* medias *fpl*.

papa [*UK* pə'pɑː, *US* 'pæpə] *n* papá *m*.

papadum ['pæpədəm] *n* = **popadum**.

papal ['peɪpl] *adj* papal, pontificio(cia).

paparazzi [,pæpə'rætsɪ] *npl usu pej* paparazzi *mpl*.

papaya [pə'paɪə] *n* papaya *f*.

paper ['peɪpəʳ] <> *n* **-1.** *(U)* [material] papel *m*; **piece of ~** [sheet] hoja *f* de papel; [scrap] trozo *m* de papel; **on ~** [written down] por escrito; [in theory] sobre el papel **-2.** [newspaper] periódico *m* **-3.** *UK* [in exam] examen *m* **-4.** [essay - gen] estudio *m*, ensayo *m*; [- for conference] ponencia *f*. <> *adj* [made of paper] de papel. <> *vt* empapelar.

◆ **papers** *npl* **-1.** [official documents] documentación *f* **-2.** [collected information] documentos *mpl*.

◆ **paper over** *vt fus fig* disimular.

paperback ['peɪpəbæk] <> *n* libro *m* en rústica; **in ~** en rústica. <> *comp*: **~ book** libro *m* en rústica.

paperboy ['peɪpəbɔɪ] *n* repartidor *m* de periódicos.

paper clip *n* clip *m*.

papergirl ['peɪpəgɜːl] *n* repartidora *f* de periódicos.

paper handkerchief *n* pañuelo *m* de papel, klínex® *m inv*.

paper knife *n* abrecartas *m inv*, cortapapeles *m inv*.

paper money *n (U)* papel *m* moneda.

paper shop *n UK* quiosco *m* de periódicos.

paper towel *n* toallita *f* de papel.

paperweight ['peɪpəweɪt] *n* pisapapeles *m inv*.

paperwork ['peɪpəwɜːk] *n* papeleo *m*.

papier-mâché [,pæpjeɪ'mæʃeɪ] <> *n* cartón *m* piedra. <> *comp* de cartón piedra.

papist ['peɪpɪst] *n pej* papista *m* OR *f*.

paprika ['pæprɪkə] *n* pimentón *m*.

Pap smear, Pap test *n US* citología *f*.

Papuan ['pæpjʊən] <> *adj* papú, papúa. <> *n* papú *m* OR *f*, papúa *m* OR *f*.

Papua New Guinea *n* Papúa Nueva Guinea.

par [pɑːʳ] *n* **-1.** [parity]: **on a ~ with** al mismo nivel que **-2.** GOLF par *m*; **under/over ~** bajo/sobre par **-3.** [good health]: **to be below** OR **under ~** estar un poco enfermo.

para ['pærə] *n UK* paracaidista *m* OR *f (del ejército)*.

parable ['pærəbl] *n* parábola *f*.

parabola [pə'ræbələ] *n* parábola *f*.

paracetamol [,pærə'siːtəmɒl] *n UK* paracetamol *m*.

parachute ['pærəʃuːt] <> *n* paracaídas *m inv*. <> *vi* saltar en paracaídas.

parade [pə'reɪd] <> *n* **-1.** [procession] desfile *m*; **on ~** MIL pasando revista **-2.** *UK* [street of shops] *calle de tiendas*. <> *vt* **-1.** [soldiers] hacer desfilar; [criminals, captives] pasear **-2.** [trophy, medal] pasear **-3.** *fig* [flaunt] exhibir, hacer alarde de. <> *vi* desfilar.

parade ground *n* plaza *f* de armas.

paradigm ['pærədaɪm] *n* paradigma *m*.

paradise [ˈpærədaɪs] *n fig* paraíso *m*.
◆ **Paradise** *n* [Heaven] el Paraíso.
paradox [ˈpærədɒks] *n* paradoja *f*.
paradoxical [ˌpærəˈdɒksɪkl] *adj* paradójico(ca).
paradoxically [ˌpærəˈdɒksɪklɪ] *adv* paradójicamente.
paraffin [ˈpærəfɪn] *n* parafina *f*.
paraffin wax *n* parafina *f*.
paragliding [ˈpærəˌglaɪdɪŋ] *n* parapente *m*.
paragraph [ˈpærəgrɑːf] *n* párrafo *m*, acápite *m Amér.*
Paraguay [ˈpærəgwaɪ] *n* (el) Paraguay.
Paraguayan [ˌpærəˈgwaɪən] ◇ *adj* paraguayo(ya). ◇ *n* paraguayo *m*, -ya *f*.
parakeet [ˈpærəkiːt] *n* periquito *m*.
paralegal [ˌpærəˈliːgl] *n* **US** *ayudante de un abogado*.
parallel [ˈpærəlel] ◇ *adj*: ~ **(to** *OR* **with)** paralelo(la) (a). ◇ *n* **-1.** [parallel line, surface] paralela *f* **-2.** [something, someone similar]: **to have no ~** no tener precedente **-3.** [similarity] semejanza *f*, paralelo *m* **-4.** GEOGR paralelo *m*. ◇ *vt* ser equiparable a.
parallel bars *npl* paralelas *fpl*.
parallel port *npl* COMPUT puerto *m* paralelo.
Paralympics [ˌpærəˈlɪmpɪks] *n*: **the ~** los parolímpicos.
paralyse *UK*, **paralyze** *US* [ˈpærəlaɪz] *vt lit & fig* paralizar.
paralysed *UK*, **paralyzed** *US* [ˈpærəlaɪzd] *adj lit & fig* paralizado(da).
paralysis [pəˈrælɪsɪs] (*pl* **-lyses** [-lɪsiːz]) *n* parálisis *f inv*.
paralytic [ˌpærəˈlɪtɪk] *adj* **-1.** MED paralítico(ca) **-2.** *UK inf* [drunk]: **to be ~** estar como una cuba.
paramedic [ˌpærəˈmedɪk] *n esp* **US** auxiliar sanitario *m*, auxiliar sanitaria *f*.
paramedical [ˌpærəˈmedɪkl] *adj esp* **US** de auxiliar sanitario.
parameter [pəˈræmɪtəʳ] *n* parámetro *m*.
paramilitary [ˌpærəˈmɪlɪtrɪ] *adj* paramilitar.
paramount [ˈpærəmaʊnt] *adj* vital, fundamental; **of ~ importance** de suma importancia.
paranoia [ˌpærəˈnɔɪə] *n* paranoia *f*.
paranoiac [ˌpærəˈnɔɪæk] ◇ *adj* paranoico(ca). ◇ *n* paranoico *m*, -ca *f*.
paranoid [ˈpærənɔɪd] *adj* paranoico(ca).
paranormal [ˌpærəˈnɔːml] *adj* paranormal.
parapet [ˈpærəpɪt] *n* parapeto *m*.
paraphernalia [ˌpærəfəˈneɪljə] *n* parafernalia *f*.
paraphrase [ˈpærəfreɪz] ◇ *n* paráfrasis *f inv*. ◇ *vt* parafrasear.
paraplegic [ˌpærəˈpliːdʒɪk] ◇ *adj* parapléjico(ca). ◇ *n* parapléjico *m*, -ca *f*.
parapsychology [ˌpærəsaɪˈkɒlədʒɪ] *n* parapsicología *f*.
parascending® [ˌpærəˈsendɪŋ] *n* parapente *m* *(a remolque de lancha motora)*.
parasite [ˈpærəsaɪt] *n* parásito *m*, -ta *f*.
parasitic [ˌpærəˈsɪtɪk] *adj* parásito(ta).
parasol [ˈpærəsɒl] *n* sombrilla *f*.
paratrooper [ˈpærətruːpəʳ] *n* paracaidista *m OR f (del ejército)*.
parboil [ˈpɑːbɔɪl] *vt* cocer a medias.
parcel [ˈpɑːsl] (*UK pt & pp* **-led**, *cont* **-ling**, *US pt & pp* **-ed**, *cont* **-ing**) *n* paquete *m*, encomienda *f Amér.*
◆ **parcel up** *vt sep UK* empaquetar.
parcel bomb *n* paquete *m* bomba.
parcel post *n* (servicio *m* de) paquete *m* postal.
parched [pɑːtʃt] *adj* **-1.** [land] abrasado(da); [plant] agostado(da) **-2.** [throat, mouth] muy seco(ca); [lips] quemado(da) **-3.** *inf* [very thirsty] seco(ca).
parchment [ˈpɑːtʃmənt] *n* [paper] pergamino *m*.
pardon [ˈpɑːdn] ◇ *n* **-1.** JUR perdón *m*, indulto *m* **-2.** [forgiveness] perdón *m*; **I beg your ~?** [showing surprise, asking for repetition] ¿perdón?, ¿cómo (dice)?; **I beg your ~** [to apologize] le ruego me disculpe, perdón. ◇ *vt* **-1.** [forgive]: **to ~ sb (for sthg)** perdonar a alguien (por algo); **pardon?** ¿perdón?, ¿cómo (dice)?; **~ me** [touching sb accidentally, belching] discúlpeme, perdón; [excuse me] con permiso **-2.** JUR indultar.
pardonable [ˈpɑːdnəbl] *adj* perdonable.
pare [peəʳ] *vt* [apple] pelar; [fingernails] cortar.
◆ **pare down** *vt sep* recortar.
parent [ˈpeərənt] *n* [father] padre *m*; [mother] madre *f*.
◆ **parents** *npl* padres *mpl*.
parentage [ˈpeərəntɪdʒ] *n (U)* origen *m*, ascendencia *f*.
parental [pəˈrentl] *adj* de los padres.
parent company *n* compañía *f OR* casa *f* matriz.
parenthesis [pəˈrenθɪsɪs] (*pl* **-theses** [-θɪsiːz]) *n* paréntesis *m inv*; **in ~** entre paréntesis.
parenthood [ˈpeərənthʊd] *n* [fatherhood] paternidad *f*; [motherhood] maternidad *f*.
parenting [ˈpeərəntɪŋ] *n*: **to learn ~ skills** aprender a ser buenos padres.
parent-teacher association *n asociación de padres y maestros*.
par excellence *adj* por excelencia.
pariah [pəˈraɪə] *n pej* paria *m OR f*.
Paris [ˈpærɪs] *n* París.

parish ['pærɪʃ] *n* **-1.** [of church] parroquia *f* **-2.** *UK* [area of local government] ≃ municipio *m.*

parish council *n UK* ≃ consejo *m* parroquial *OR* municipal.

parishioner [pə'rɪʃənəʳ] *n* parroquiano *m,* -na *f.*

Parisian [pə'rɪzjən] ◇ *adj* parisino(na). ◇ *n* parisino *m,* -na *f.*

parity ['pærətɪ] *n*: ~ **(with/between)** igualdad *f* (con/entre).

park [pɑːk] ◇ *n* parque *m.* ◇ *vt & vi* aparcar, estacionar *Amér,* parquear *Amér.*

parka ['pɑːkə] *n* parka *f.*

park-and-ride *n* aparcamiento *m* disuasorio *Esp.*

parking ['pɑːkɪŋ] *n* aparcamiento *m Esp,* estacionamiento *m Amér;* **'no ~'** 'prohibido aparcar'.

parking brake *n US* freno *m* de mano.

parking garage *n US* aparcamiento *OR* estacionamiento *Amér m (en edificio).*

parking light *n US* luz *f* de estacionamiento.

parking lot *n US* aparcamiento *m* (al aire libre).

parking meter *n* parquímetro *m.*

parking place, parking space *n* aparcamiento *m.*

parking ticket *n* multa *f* por aparcamiento indebido, multa *f* por estacionamiento indebido *Amér.*

Parkinson's (disease) ['pɑːkɪnsnz-] *n* enfermedad *f* de Parkinson.

park keeper *n UK* guarda *m OR f* del parque.

parkland ['pɑːklænd] *n (U)* zonas *fpl* verdes.

parkway ['pɑːkweɪ] *n US* avenida *f.*

parky ['pɑːkɪ] (*compar* **-ier**, *superl* **-iest**) *adj UK inf*: **'it's ~'** 'hace fresquito'.

parlance ['pɑːləns] *n*: **in common/legal ~** en el habla común/legal, en el lenguaje común/legal.

parliament ['pɑːləmənt] *n* **-1.** [assembly, institution] parlamento *m* **-2.** [session] legislatura *f.*

parliamentarian [ˌpɑːləmen'teərɪən] *n* parlamentario *m,* -ria *f.*

parliamentary [ˌpɑːlə'mentərɪ] *adj* parlamentario(ria).

parlour *UK,* **parlor** *US* ['pɑːləʳ] *n dated* salón *m.*

parlour game *n* juego *m* de salón.

parlous ['pɑːləs] *adj fml* precario(ria).

Parmesan (cheese) [ˌpɑːmɪ'zæn-] *n* (queso *m*) parmesano *m.*

parochial [pə'rəʊkjəl] *adj* **-1.** *pej* de miras estrechas **-2.**: ~ **school** *US* colegio *m* privado religioso.

parody ['pærədɪ] (*pl* **-ies**, *pt & pp* **-ied**) ◇ *n* parodia *f.* ◇ *vt* parodiar.

parole [pə'rəʊl] ◇ *n* libertad *f* condicional (bajo palabra); **on ~** en libertad condicional. ◇ *vt* poner en libertad condicional.

paroxysm ['pærəksɪzm] *n* [of anger, laughter] acceso *m.*

parquet ['pɑːkeɪ] *n* parqué *m.*

parrot ['pærət] *n* loro *m.*

parrot fashion *adv UK* como un loro.

parry ['pærɪ] (*pt & pp* **-ied**) *vt* **-1.** [blow] parar; [attack] desviar **-2.** [question] eludir.

parsimonious [ˌpɑːsɪ'məʊnjəs] *adj fml & pej* mezquino(na), tacaño(ña).

parsley ['pɑːslɪ] *n* perejil *m.*

parsnip ['pɑːsnɪp] *n* chirivía *f,* pastinaca *f.*

parson ['pɑːsn] *n* párroco *m.*

parson's nose *n UK* rabadilla *f (del pollo).*

part [pɑːt] ◇ *n* **-1.** [gen] parte *f;* **in ~** en parte; **the best** *OR* **better ~ of** la mayor parte de; **for the most ~** en su mayoría; **~ and parcel of** parte integrante de **-2.** [component] pieza *f* **-3.** *THEATRE* papel *m* **-4.** [involvement]: **~ (in)** participación *f* (en); **to play an important ~ (in)** desempeñar *OR* jugar un papel importante (en); **to take ~ (in)** tomar parte (en); **to want no ~ in** no querer tener nada que ver con; **for my/his ~** por mi/su parte; **on my/his ~** por mi/su parte **-5.** *US* [hair parting] raya *f.* ◇ *adv*: **it's ~ living room, ~ office** es mitad salón, mitad oficina. ◇ *vt* **-1.** [lips, curtains] abrir **-2.** [hair] peinar con raya. ◇ *vi* **-1.** [leave one another] separarse **-2.** [separate - lips, curtains] abrirse.

◆ **parts** *npl* [place]: **in these ~** por estas tierras.

◆ **part with** *vt fus* desprenderse de, separarse de.

partake [pɑː'teɪk] (*pt* **-took**, *pp* **-taken**) *vi fml*: **to ~ of** [wine] beber; [food] comer.

part exchange *n UK sistema de pagar parte de algo con un artículo usado;* **in ~** como parte del pago.

partial ['pɑːʃl] *adj* **-1.** [incomplete, biased] parcial **-2.** [fond]: **~ to** amigo(ga) de, aficionado(da) a.

partiality [ˌpɑːʃɪ'ælətɪ] *n* **-1.** [bias] parcialidad *f* **-2.** [fondness]: **~ for** afición *f* a.

partially ['pɑːʃəlɪ] *adv* parcialmente.

participant [pɑː'tɪsɪpənt] *n* participante *m OR f.*

participate [pɑː'tɪsɪpeɪt] *vi*: **to ~ (in)** participar (en).

participation [pɑːˌtɪsɪ'peɪʃn] *n* participación *f.*

participle ['pɑːtɪsɪpl] *n* participio *m.*

particle ['pɑːtɪkl] *n* partícula *f.*

particular [pə'tɪkjʊləʳ] *adj* **-1.** [specific, unique] en particular OR especial; **did you want any ~ colour?** ¿quería algún color en particular? **-2.** [extra, greater] especial **-3.** [difficult] exigente.

◆ **particulars** *npl* [of person] datos *mpl*; [of thing] detalles *mpl*.

◆ **in particular** *adv* en particular, en especial.

particularly [pəˈtɪkjʊləlɪ] *adv* especialmente.

parting [ˈpɑːtɪŋ] *n* **-1.** [separation] despedida *f* **-2.** *UK* [in hair] raya *f*.

parting shot *n*: **to deliver a ~** lanzar un último comentario hiriente antes de marcharse.

partisan [ˌpɑːtɪˈzæn] ◇ *adj* partidista. ◇ *n* [freedom fighter] partisano *m*, -na *f*.

partition [pɑːˈtɪʃn] ◇ *n* **-1.** [wall] tabique *m*; [screen] separación *f* **-2.** COMPUT partición *f*. ◇ *vt* **-1.** [room] dividir con tabiques **-2.** [country] dividir **-3.** COMPUT crear particiones en.

partly [ˈpɑːtlɪ] *adv* en parte.

partner [ˈpɑːtnə^r] ◇ *n* **-1.** [spouse, lover] pareja *f* **-2.** [in an activity] compañero *m*, -ra *f* **-3.** [in a business] socio *m*, -cia *f* **-4.** [ally] colega *m* OR *f*. ◇ *vt* ir de pareja de OR con.

partnership [ˈpɑːtnəʃɪp] *n* **-1.** [relationship] asociación *f*; **to go into ~ (with)** asociarse (con) **-2.** [business] sociedad *f*.

part of speech *n* categoría *f* gramatical.

partook [pɑːˈtʊk] *pt* ▷ **partake**.

partridge [ˈpɑːtrɪdʒ] *n* perdiz *f*.

part-time ◇ *adj* a tiempo parcial. ◇ *adv* a tiempo parcial.

part-timer *n* trabajador *m*, -ra *f* a tiempo parcial.

party [ˈpɑːtɪ] (*pl* **-ies**) ◇ *n* **-1.** POL partido *m* **-2.** [social gathering] fiesta *f* **-3.** [group] grupo *m* **-4.** JUR parte *f* **-5.** [involved person]: **to be a ~ to** participar en. ◇ *vi inf* estar de juerga.

party animal *n*: **to be a ~** ser un(una) fiestero(ra).

party line *n* **-1.** POL línea *f* (política) del partido **-2.** TELEC línea *f* (telefónica) compartida.

party piece *n UK inf número favorito que alguien suele ejecutar siempre para entretener a la gente en fiestas etc.*

party political broadcast *n UK* espacio *m* electoral.

party politics *n (U)* política *f* del partidismo.

party wall *n* pared *f* medianera.

pass [pɑːs] ◇ *n* **-1.** [in football, rugby, hockey] pase *m*; [in tennis] passing-shot *m* **-2.** [document, permit] pase *m*; **travel ~** tarjeta *f* OR abono *m* de transportes **-3.** *UK* [successful result] aprobado *m* **-4.** [route between mountains] puerto *m* **-5.** *phr*: **to make a ~ at sb** intentar ligar con alguien. ◇ *vt* **-1.** [gen] pasar; **to ~ sthg (to sb)**, **to ~ (sb) sthg** pasar OR pasarle algo (a alguien); **~ the string through the hole** pase la cuerda por el agujero **-2.** [move past - thing] pasar por (delante de); [- person] pasar delante de; **to ~ sb in the street** cruzarse con alguien **-3.** AUT adelantar **-4.** [exceed] sobrepasar **-5.** [exam, candidate, law] aprobar; **to ~ sthg fit (for)** dar algo por bueno (para) **-6.** [opinion, judgement] formular; [sentence] dictar. ◇ *vi* **-1.** [gen] pasar **-2.** AUT adelantar **-3.** [in exam] aprobar **-4.** [occur] transcurrir; **to ~ unnoticed** pasar desapercibido.

◆ **pass around** *vt sep* = **pass round**.

◆ **pass as** *vt fus* pasar por.

◆ **pass away** *vi* fallecer, pasar a mejor vida.

◆ **pass by** ◇ *vt sep* [subj: people] hacer caso omiso a; [subj: events, life] pasar desapercibido(da) a; **he felt like life was passing him by** sentía que la vida se le estaba escurriendo de las manos. ◇ *vi* pasar cerca.

◆ **pass for** *vt fus* = **pass as**.

◆ **pass off** *vt sep*: **to ~ sthg/sb off as sthg** hacer pasar algo/a alguien por algo.

◆ **pass on** ◇ *vt sep*: **to ~ sthg on (to)** pasar algo (a). ◇ *vi* **-1.** [move on] continuar; **to ~ on to the next subject** pasar al siguiente tema **-2.** = **pass away**.

◆ **pass out** *vi* **-1.** [faint] desmayarse **-2.** *UK* MIL graduarse.

◆ **pass over** *vt fus* hacer caso omiso de, pasar por alto.

◆ **pass round** *vt sep UK* ir pasando, pasar.

◆ **pass to** *vt fus* [be left to] pasar a.

◆ **pass up** *vt sep* dejar pasar OR escapar.

passable [ˈpɑːsəbl] *adj* **-1.** [satisfactory] pasable, aceptable **-2.** [not blocked] transitable.

passably [ˈpɑːsəblɪ] *adv* aceptablemente.

passage [ˈpæsɪdʒ] *n* **-1.** [corridor - between houses] pasadizo *m*, pasaje *m*; [- between rooms] pasillo *m* **-2.** [of music, speech] pasaje *m* **-3.** *fml* [of vehicle, person, time] paso *m* **-4.** [sea journey] travesía *f*.

passageway [ˈpæsɪdʒweɪ] *n* [between houses] pasadizo *m*, pasaje *m*; [between rooms] pasillo *m*.

passbook [ˈpɑːsbʊk] *n* ≃ cartilla *f* OR libreta *f* de banco.

passenger [ˈpæsɪndʒə^r] *n* pasajero *m*, -ra *f*.

passerby [ˌpɑːsəˈbaɪ] (*pl* **passersby** [ˌpɑːsəzˈbaɪ]) *n* transeúnte *m* OR *f*.

passing [ˈpɑːsɪŋ] ◇ *adj* [fad] pasajero(ra); [remark] de pasada. ◇ *n* paso *m*, transcurso *m*.

◆ **in passing** *adv* de pasada.

passion [ˈpæʃn] *n*: **~ (for)** pasión *f* (por).

◆ **Passion** *n*: **the Passion** la Pasión.
passionate ['pæʃənət] *adj* apasionado(da).
passionately ['pæʃənətlı] *adv* apasionadamente.
passionfruit ['pæʃənfru:t] *n* granadilla *f*.
passive ['pæsıv] ◇ *adj* pasivo(va). ◇ *n*: **the** ~ la pasiva.
passively ['pæsıvlı] *adv* con pasividad.
passive resistance *n* resistencia *f* pasiva.
passive smoker *n* fumador *m* pasivo.
passkey ['pɑ:ski:] *n* **-1.** [particular] llave *f* **-2.** [universal] llave *f* maestra.
Passover ['pɑ:s,əʊvə^r] *n*: **(the)** ~ (la) Pascua judía.
passport ['pɑ:spɔ:t] *n* pasaporte *m*; ~ **to sthg** *fig* pasaporte a algo.
passport control *n UK* control *m* de pasaportes.
password ['pɑ:swɜ:d] *n* [gen & COMPUT] contraseña *f*.
past [pɑ:st] ◇ *adj* **-1.** [former] anterior **-2.** [most recent] último(ma); **over the** ~ **week** durante la última semana **-3.** [finished] terminado(da); **our problems are** ~ se han acabado nuestros problemas. ◇ *adv* **-1.** [telling the time]: **it's ten** ~ son y diez **-2.** [beyond, in front] por delante; **to walk/run** ~ pasar andando/corriendo. ◇ *n* **-1.** [time]: **the** ~ el pasado **-2.** [personal history] pasado *m*. ◇ *prep* **-1.** [telling the time]: **it's five/half/a quarter** ~ **ten** son las diez y cinco/media/cuarto **-2.** [alongside, in front of] por delante de; **to walk/run** ~**sthg** pasar algo andando/corriendo **-3.** [beyond] más allá de; **it's** ~ **the bank** está pasado el banco; **to be** ~ **it** *inf* estar para el arrastre; **I wouldn't put it** ~ **him** *inf* tratándose de él no me extrañaría un pelo.
pasta ['pæstə] *n (U)* pasta *f*.
paste [peıst] ◇ *n* **-1.** [smooth mixture] pasta *f* **-2.** [food] paté *m* **-3.** [glue] engrudo *m*. ◇ *vt* [labels, stamps] pegar; [surface] engomar, engrudar; COMPUT pegar.
pastel ['pæstl] ◇ *adj* pastel *(inv)*. ◇ *n* **-1.** [colour] color *m* pastel **-2.** ART [crayon] pastel *m*.
pasteurize, -ise ['pɑ:stʃəraız] *vt* pasteurizar.
pastiche [pæ'sti:ʃ] *n* **-1.** [imitation] imitación *f* **-2.** [mixture] pastiche *m*.
pastille ['pæstıl] *n UK* pastilla *f*.
pastime ['pɑ:staım] *n* pasatiempo *m*, afición *f*.
pasting ['peıstıŋ] *n inf* paliza *f*.
pastor ['pɑ:stə^r] *n* RELIG pastor *m*.
pastoral ['pɑ:stərəl] *adj* **-1.** RELIG pastoral **-2.** [of the country] pastoril, bucólico(ca).
past participle *n* participio *m* pasado.
pastrami [pə'strɑ:mı] *n* *embutido de ternera ahumada*.
pastry ['peıstrı] (*pl* **-ies**) *n* **-1.** [mixture] pasta *f*, masa *f* **-2.** [cake] pastel *m*.
past tense *n*: **the** ~ el pasado.
pasture ['pɑ:stʃə^r] *n* pasto *m*.
pasty[1] ['peıstı] (*compar* **-ier**, *superl* **-iest**) *adj* pálido(da).
pasty[2] ['pæstı] (*pl* **-ies**) *n UK* empanada *f*.
pasty-faced ['peıstı-] *adj* pálido(da).
pat [pæt] (*compar* **-ter**, *superl* **-test**, *pt* & *pp* **-ted**, *cont* **-ting**) ◇ *adj* preparado(da), ensayado(da). ◇ *n* **-1.** [gen] golpecito *m*; [to dog] caricia *f*; [on back, hand] palmadita *f* **-2.** [of butter etc] porción *f*. ◇ *vt* [gen] golpear ligeramente; [dog] acariciar; **to** ~ **sb on the back/hand** darle a alguien una palmadita en la espalda/la mano.
Patagonia [,pætə'gəʊnıə] *n* (la) Patagonia.
patch [pætʃ] ◇ *n* **-1.** [for mending] remiendo *m*; [on elbow] codera *f*; [to cover eye] parche *m* **-2.** [part of surface] área *f* **-3.** [area of land] bancal *m*, parcela *f* **-4.** [period of time] periodo *m* **-5.** COMPUT parche *m* **-6.** *phr UK*: **not to be a** ~ **on** *inf* no igualar ni con mucho a. ◇ *vt* remendar.
◆ **patch together** *vt sep* [government, team] formar a duras penas; [agreement, solution] alcanzar a duras penas.
◆ **patch up** *vt sep* **-1.** [mend] reparar **-2.** [resolve - relationship] salvar; **we have patched things up** hemos hecho las paces.
patchwork ['pætʃwɜ:k] ◇ *adj de trozos de distintos colores y formas*. ◇ *n fig* [of fields] mosaico *m*.
patchy ['pætʃı] (*compar* **-ier**, *superl* **-iest**) *adj* **-1.** [uneven - fog, sunshine] irregular; [- colour] desigual **-2.** [incomplete] deficiente, incompleto(ta) **-3.** [good in parts] irregular.
pâté ['pæteı] *n* paté *m*.
patent [*UK* 'peıtənt, *US* 'pætənt] ◇ *adj* [obvious] patente, evidente. ◇ *n* patente *f*. ◇ *vt* patentar.
patented [*UK* 'peıtəntıd, *US* 'pætəntıd] *adj* patentado(da).
patentee [*UK* ,peıtən'ti:, *US* ,pætən'ti:] *n* poseedor *m*, -ra *f* de una patente.
patent leather *n* charol *m*.
patently [*UK* 'peıtəntlı, *US* 'pætəntlı] *adv* evidentemente, patentemente.
paternal [pə'tɜ:nl] *adj* [love, attitude] paternal; [grandmother, grandfather] paterno(na).
paternalistic [pə,tɜ:nə'lıstık] *adj pej* paternalista.
paternity [pə'tɜ:nətı] *n* paternidad *f*.

paternity leave *n* permiso *m* por paternidad.
paternity suit *n* litigio *m* de paternidad.
path [pɑ:θ, *pl* pɑ:ðz] *n* **-1.** [track, way ahead] camino *m*; **our ~s had crossed before** nuestros caminos se habían cruzado anteriormente **-2.** COMPUT camino *m* **-3.** [trajectory - of bullet] trayectoria *f*; [- of flight] rumbo *m* **-4.** [course of action] curso *m*.
pathetic [pə'θetɪk] *adj* **-1.** [causing pity] patético(ca), lastimoso(sa) **-2.** [attempt, person] inútil, infeliz; [actor, film] malísimo(ma).
pathetically [pə'θetɪklɪ] *adv* **-1.** [causing pity] patéticamente **-2.** [uselessly] lastimosamente.
pathological [ˌpæθə'lɒdʒɪkl] *adj* patológico(ca).
pathologist [pə'θɒlədʒɪst] *n* forense *mf*.
pathology [pə'θɒlədʒɪ] *n* patología *f*.
pathos ['peɪθɒs] *n* patetismo *m*.
pathway ['pɑ:θweɪ] *n* camino *m*, sendero *m*.
patience ['peɪʃns] *n* **-1.** [quality] paciencia *f*; **to try sb's ~** poner a prueba la paciencia de alguien **-2.** *UK* [card game] solitario *m*.
patient ['peɪʃnt] <> *adj* paciente. <> *n* paciente *m* OR *f*.
patiently ['peɪʃntlɪ] *adv* pacientemente.
patina ['pætɪnə] *n* pátina *f*.
patio ['pætɪəʊ] (*pl* **-s**) *n* [paved] *área pavimentada al lado de una casa utilizada para el esparcimiento*.
patio doors *npl puertas de cristal que dan a un patio*.
patisserie [pə'ti:sərɪ] *n* pastelería *f*.
patois ['pætwɑ:] (*pl inv*) *n* dialecto *m*.
patriarch ['peɪtrɪɑ:k] *n* [head of family] patriarca *m*.
patriarchy ['peɪtrɪɑ:kɪ] (*pl* **-ies**) *n* patriarcado *m*.
patrimony [*UK* 'pætrɪmənɪ, *US* 'pætrɪməʊnɪ] *n fml* patrimonio *m*.
patriot [*UK* 'pætrɪət, *US* 'peɪtrɪət] *n* patriota *m* OR *f*.
patriotic [*UK* ˌpætrɪ'ɒtɪk, *US* ˌpeɪtrɪ'ɒtɪk] *adj* patriótico(ca).
patriotism [*UK* 'pætrɪətɪzm, *US* 'peɪtrɪətɪzm] *n* patriotismo *m*.
patrol [pə'trəʊl] (*pt* & *pp* **-led**, *cont* **-ling**) <> *n* patrulla *f*; **on ~** de patrulla. <> *vt* patrullar.
patrol car *n* coche *m* patrulla, auto *m* patrulla *CAm, Méx, Chile*, patrullero *m CSur*, patrulla *f Col, Méx*.
patrolman [pə'trəʊlmən] (*pl* **-men** [-mən]) *n US* policía *m*, guardia *m*.
patrol wagon *n US* coche *m* celular.
patrolwoman [pə'trəʊlˌwʊmən] (*pl* **-women** [-ˌwɪmɪn]) *n* (mujer *f*) policía *f*, guardia *f*.
patron ['peɪtrən] *n* **-1.** [of arts] mecenas *m y f inv* **-2.** *UK* [of charity, campaign] patrocinador *m*, -ra *f* **-3.** *fml* [customer] cliente *m* OR *f*.
patronize, -ise ['pætrənaɪz] *vt* **-1.** *pej* [talk down to] tratar con aire paternalista OR condescendiente **-2.** *fml* [back financially] patrocinar.
patronizing ['pætrənaɪzɪŋ] *adj pej* paternalista, condescendiente.
patron saint *n* santo patrón *m*, santa patrona *f*.
patter ['pætə^r] <> *n* **-1.** [of raindrops] repiqueteo *m*; [of feet] golpeteo *m*, pasitos *mpl* **-2.** [sales talk] charlatanería *f*. <> *vi* [dog, feet] corretear; [rain] repiquetear.
pattern ['pætən] *n* **-1.** [design] dibujo *m*, diseño *m* **-2.** [of life, work] estructura *f*; [of illness, events] desarrollo *m*, evolución *f* **-3.** [for sewing, knitting] patrón *m* **-4.** [model] modelo *m*.
patterned ['pætənd] *adj* estampado(da).
patty ['pætɪ] (*pl* **-ies**) *n* **-1.** [pie] empanada *f* **-2.** *US* [burger] hamburguesa *f*.
paucity ['pɔ:sətɪ] *n fml* escasez *f*.
paunch [pɔ:ntʃ] *n* barriga *f*, panza *f*.
paunchy ['pɔ:ntʃɪ] (*compar* **-ier**, *superl* **-iest**) *adj* barrigón(ona).
pauper ['pɔ:pə^r] *n* indigente *m* OR *f*.
pause [pɔ:z] <> *n* pausa *f*. <> *vi* **-1.** [stop speaking] hacer una pausa **-2.** [stop moving, doing sthg] detenerse.
pave [peɪv] *vt* pavimentar; **to ~ the way for** preparar el terreno para.
paved [peɪvd] *adj* pavimentado(da).
pavement ['peɪvmənt] *n* **-1.** *UK* [at side of road] acera *f*, andén *m CAm, Col*, vereda *f CSur, Perú*, banqueta *f CAm, Méx* **-2.** *US* [roadway] calzada *f*.
pavement artist *n UK artista callejero que dibuja en las aceras*.
pavilion [pə'vɪljən] *n* **-1.** *UK* [at sports field] vestuarios *mpl* **-2.** [at exhibition] pabellón *m*.
paving ['peɪvɪŋ] *n (U)* pavimento *m*.
paving stone *n* losa *f*.
paw [pɔ:] <> *n* [of dog] pata *f*; [of lion, cat] zarpa *f*, garra *f*. <> *vt* **-1.** [subj: animal] dar zarpazos a; **to ~ the ground** piafar **-2.** *pej* [subj: person] manosear, sobar.
pawn [pɔ:n] <> *n* **-1.** [chesspiece] peón *m* **-2.** [unimportant person] marioneta *f*. <> *vt* empeñar.
pawnbroker ['pɔ:nˌbrəʊkə^r] *n* prestamista *m* OR *f*.
pawnshop ['pɔ:nʃɒp] *n* casa *f* de empeños.
pay [peɪ] (*pt* & *pp* **paid**) <> *vt* **-1.** [gen] pagar; **to ~ sb for sthg** pagar a alguien por algo; **he paid £20 for it** pagó 20 libras por ello; **to ~ one's way** costearse sus propios gastos **-2.** *UK* [put

into bank account]: **to ~ sthg into** ingresar algo en; **he paid in his wages** ingresó su sueldo **-3.** [be advantageous to] ser provechoso(sa) a; **it will ~ you not to say anything** más te vale no decir nada **-4.** [compliment, visit] hacer; [respects] ofrecer; [attention] prestar; [homage] rendir. ◇ *vi* **-1.** [gen] pagar; **to ~ by credit card** pagar con tarjeta de crédito; **it pays well** está bien pagado; **to ~ dearly for sthg** pagar caro (por) algo **-2.** [be profitable] ser rentable. ◇ *n* sueldo *m*, paga *f*.

◆ **pay back** *vt sep* **-1.** [money] devolver, reembolsar; [person] devolver el dinero a **-2.** [revenge oneself]: **to ~ sb back (for sthg)** hacer pagar a alguien (por algo).

◆ **pay for** *vt fus* pagar.

◆ **pay off** ◇ *vt sep* **-1.** [repay - debt] liquidar, saldar **-2.** [dismiss] despedir con indemnización **-3.** [bribe] comprar, pagar. ◇ *vi* [efforts] dar fruto.

◆ **pay out** ◇ *vt sep* **-1.** [spend] pagar, desembolsar **-2.** [rope] ir soltando. ◇ *vi* [spend money] pagar.

◆ **pay up** *vi* pagar.

payable ['peɪəbl] *adj* **-1.** [to be paid] pagadero(ra) **-2.** [on cheque]: **~ to** a favor de.

paybed ['peɪbed] *n UK cama utilizada por un paciente de pago en un hospital público*.

paycheck ['peɪtʃek] *n US* paga *f*.

payday ['peɪdeɪ] *n* día *m* de paga.

PAYE (*abbr of* **pay as you earn**) *n en el Reino Unido, sistema de retención fiscal de parte del sueldo del trabajador por la empresa*.

payee [peɪ'iː] *n* beneficiario *m*, -ria *f*.

pay envelope *n US* sobre *m* de paga.

payer ['peɪəʳ] *n* pagador *m*, -ra *f*.

paying guest ['peɪɪŋ-] *n* huésped *m* OR *f* de pago.

paying-in ['peɪɪŋ-] *adj*: **UK ~ slip** hoja *f* de ingreso.

payload ['peɪləʊd] *n* **-1.** [gen] carga *f* útil **-2.** [explosive in missile] carga *f* explosiva.

paymaster ['peɪ,mɑːstəʳ] *n* (oficial *m*) pagador *m*.

payment ['peɪmənt] *n* pago *m*.

payoff ['peɪɒf] *n* **-1.** [result] resultado *m* **-2.** [redundancy payment] indemnización *f* (por despido).

payola [peɪ'əʊlə] *n inf esp US* soborno *m*, propina *f*.

payout ['peɪaʊt] *n inf* reparto *m* de dinero.

pay packet *n UK* **-1.** [envelope] sobre *m* de paga **-2.** [wages] paga *f*.

pay-per-view *n* pago *m* por visión.

pay phone *n* teléfono *m* público.

pay rise *n* aumento *m* de sueldo.

payroll ['peɪrəʊl] *n* nómina *f*.

payslip ['peɪslɪp] *n UK* hoja *f* de paga.

pay station *US* = **pay phone**.

pay TV *n* televisión *f* de pago.

PBS (*abbr of* **Public Broadcasting Service**) *n organización americana que produce y transmite programas de televisión de contenido cultural y educativo*.

pc ◇ *abbr of* **postcard**. ◇ (*abbr of* **per cent**) p.c.

PC ◇ *n* **-1.** (*abbr of* **personal computer**) PC *m* **-2.** *UK abbr of* **police constable**. ◇ *adj abbr of* **politically correct**.

PCB (*abbr of* **printed circuit board**) *n* PCB *m*.

PCI (*abbr of* **peripheral component interconnect**) *n*: **~ card** tarjeta PCI.

pd *abbr of* **paid**.

PD *abbr of* **police department**.

pdq (*abbr of* **pretty damn quick**) *adv inf* superrápido.

PDT (*abbr of* **Pacific Daylight Time**) *hora de verano de la costa oeste de Estados Unidos*.

PE (*abbr of* **physical education**) *n* educación *f* física.

pea [piː] *n* guisante *m*, arveja *f* **Andes, Col, CSur, Ven**, chícharo *m* **CAm, Méx**, petipuá *m* **Ven**.

peace [piːs] *n* **-1.** [gen] paz *f*; **to be at ~ (with)** estar en paz (con) **-2.** [quiet] calma *f*, tranquilidad *f*; **~ of mind** tranquilidad de espíritu **-3.** [freedom from disagreement] orden *m*; **to make (one's) ~ (with)** hacer las paces (con).

peaceable ['piːsəbl] *adj* [not aggressive] pacífico(ca).

Peace Corps *n organización estadounidense para la cooperación con los países en vías de desarrollo*.

peaceful ['piːsfʊl] *adj* **-1.** [quiet, calm] tranquilo(la) **-2.** [not aggressive] pacífico(ca).

peacefully ['piːsfʊlɪ] *adv* **-1.** [quietly, calmly] tranquilamente **-2.** [without aggression] pacíficamente.

peacekeeping force ['piːs,kiːpɪŋ-] *n* fuerzas *fpl* de pacificación.

peacekeepers ['piːs,kiːpəz] *npl*: **UN ~** fuerzas *fpl* de pacificación de la ONU.

peace offering *n inf* ofrenda *f* de paz.

peacetime ['piːstaɪm] *n (U)* tiempos *mpl* de paz.

peach [piːtʃ] ◇ *adj* [in colour] de color melocotón OR durazno **Amér**. ◇ *n* **-1.** [fruit] melocotón *m*, durazno *m* **Amér -2.** [colour] color *m* melocotón OR durazno **Amér**. ◇ *comp* de melocotón OR durazno **Amér**.

Peach Melba [-'melbə] *n melocotón servido*

con helado y zumo de frambuesa.

pea coat *n US* chaquetón *m*.

peacock ['pi:kɒk] *n* pavo *m* real.

peahen ['pi:hen] *n* pava *f* real.

peak [pi:k] <> *n* **-1.** [mountain top] pico *m*, cima *f* **-2.** [highest point] apogeo *m* **-3.** [of cap] visera *f*. <> *adj* [season] alto(ta); [condition] perfecto(ta). <> *vi* alcanzar el máximo.

peaked [pi:kt] *adj* con visera.

peak hour *n UK* [of traffic] hora *f* punta.

peak period *n UK* [of electricity etc] periodo *m* de tarifa máxima; [of traffic] horas *fpl* punta.

peak rate *n* tarifa *f* máxima.

peaky ['pi:kɪ] (*compar* **-ier**, *superl* **-iest**) *adj UK inf* pachucho(cha).

peal [pi:l] <> *n* [of bells] repique *m*; **~ (of laughter)** carcajada *f*; **~ (of thunder)** trueno *m*. <> *vi* repicar.

peanut ['pi:nʌt] *n* cacahuete *m*, maní *m* ***Amér***, cacahuate *m* ***Méx***.

peanut brittle *n US dulce de caramelo con cacahuetes.*

peanut butter *n* manteca *f* de cacahuete *OR* de maní ***RP***, mantequilla *f* de maní ***Amér*** *OR* de cacahuate ***Méx***.

pear [peəʳ] *n* pera *f*.

pearl [pɜ:l] *n* perla *f*.

pear-shaped *adj*: **to go ~** irse a paseo.

peasant ['peznt] *n* **-1.** [in countryside] campesino *m*, -na *f*, guajiro *m*, -ra *f* ***Cuba*** **-2.** ***pej*** [ignorant person] paleto *m*, palurdo *m*.

peasantry ['pezntrɪ] *n*: **the ~** los campesinos.

peashooter ['pi:ˌʃu:təʳ] *n* cerbatana *f*.

peat [pi:t] *n* turba *f*.

peaty ['pi:tɪ] (*compar* **-ier**, *superl* **-iest**) *adj* [taste] a turba; [whisky] con sabor a turba.

pebble ['pebl] *n* guijarro *m*.

pebbledash ['peblˌdæʃ] *n UK* enguijarrado *m*.

pecan (nut) [pɪ'kæn-] *n* pacana *f*.

peck [pek] <> *n* **-1.** [with beak] picotazo *m* **-2.** [kiss] besito *m*. <> *vt* **-1.** [with beak] picotear **-2.** [kiss] dar un besito a. <> *vi* picotear.

pecking order ['pekɪŋ-] *n* jerarquía *f*.

peckish ['pekɪʃ] *adj UK inf*: **to feel ~** estar algo hambriento(ta).

pecs [peks] *npl inf* pectorales *mpl*.

pectin ['pektɪn] *n* pectina *f*.

peculiar [pɪ'kju:ljəʳ] *adj* **-1.** [odd] singular, extraño(ña) **-2.** *UK* [slightly ill] raro(ra), indispuesto(ta) **-3.** [characteristic]: **to be ~ to** ser propio(pia) de.

peculiarity [pɪˌkju:lɪ'ærətɪ] (*pl* **-ies**) *n* **-1.** [eccentricity] extravagancia *f* **-2.** [characteristic] peculiaridad *f* **-3.** [oddness] rareza *f*.

peculiarly [pɪ'kju:ljəlɪ] *adv* **-1.** [especially] particularmente **-2.** [oddly] de una manera extraña.

pedagogic [ˌpedə'gɑ:dʒɪk] *adj* pedagógico(ca).

pedal ['pedl] (*UK pt* & *pp* **-led**, *cont* **-ling**, *US pt* & *pp* **-ed**, *cont* **-ing**) <> *n* pedal *m*. <> *vi* pedalear.

pedal bin *n UK* cubo *m* de basura con pedal.

pedalo ['pedələʊ] *n UK* patín *m*.

pedant ['pedənt] *n* ***pej*** puntilloso *m*, -sa *f*.

pedantic [pɪ'dæntɪk] *adj* ***pej*** puntilloso(sa).

peddle ['pedl] *vt* **-1.** [drugs] traficar con; [wares] vender de puerta en puerta **-2.** [rumours] divulgar, difundir.

peddler ['pedləʳ] *n* **-1.** [drug dealer] traficante *m* *OR* *f* (de drogas) **-2.** ***US*** = **pedlar**.

pederast ['pedəræst] *n* pederasta *m*.

pedestal ['pedɪstl] *n* pedestal *m*; **to put sb on a ~** poner a alguien en un pedestal.

pedestrian [pɪ'destrɪən] <> *adj* ***pej*** pedestre. <> *n* peatón *m*.

pedestrian crossing *n UK* paso *m* de peatones.

pedestrianize, -ise [pɪ'destrɪənaɪz] *vt* peatonizar, convertir en zona peatonal.

pedestrian precinct *UK*, **pedestrian mall** *US n* zona *f* peatonal.

pediatric [ˌpi:dɪ'ætrɪk] *adj* pediátrico(ca).

pediatrician [ˌpi:dɪə'trɪʃn] *n* pediatra *m OR f*.

pediatrics [ˌpi:dɪ'ætrɪks] *n* pediatría *f*.

pedicure ['pedɪˌkjʊəʳ] *n* pedicura *f*.

pedigree ['pedɪgri:] <> *adj* de raza. <> *n* **-1.** [of animal] pedigrí *m* **-2.** [of person] linaje *m*.

pedlar *UK*, **peddler** *US* ['pedləʳ] *n* vendedor *m*, -ra *f* ambulante.

pedophile ['pi:dəfaɪl] *n* pedófilo *m*, -la *f*.

pee [pi:] *inf* <> *n* pis *m*; **to go for a ~** ir a hacer pis. <> *vi* mear, hacer pis.

peek [pi:k] *inf* <> *n* mirada *f*, ojeada *f*. <> *vi* mirar a hurtadillas.

peel [pi:l] <> *n* [gen] piel *f*; [of orange, lemon] corteza *f*; [once removed] mondaduras *fpl*. <> *vt* pelar. <> *vi* [walls, paint] desconcharse; [wallpaper] despegarse; [skin, nose] pelarse.

◆ **peel off** *vt sep* **-1.** [label] despegar; [cover] quitar **-2.** [clothes] quitarse.

peeler ['pi:ləʳ] *n* mondador *m*.

peelings ['pi:lɪŋz] *npl* peladuras *fpl*.

peep [pi:p] <> *n* **-1.** [look] mirada *f*, ojeada *f* **-2.** *inf* [sound] pío *m*. <> *vi* [look] mirar furtivamente.

◆ **peep out** *vi* asomar.

peephole ['pi:phəʊl] *n* mirilla *f*.

peeping Tom [ˌpi:pɪŋ'tɒm] *n* mirón *m*.

peep show *n* mundonuevo *m*, cosmorama *m*.

peer [pɪəʳ] <> *n* **-1.** [noble] par *m* **-2.** [equal] igual *m.* ◇ *vi* mirar con atención.

peerage [ˈpɪərɪdʒ] *n* **-1.** [rank] rango *m* de par **-2.** [group]: **the ~** la nobleza.

peeress [ˈpɪərɪs] *n* paresa *f.*

peer group *n grupo generacional o social.*

peer pressure *n presión ejercida por el grupo generacional o social al que uno pertenece.*

peeved [pi:vd] *adj inf* fastidiado(da), disgustado(da).

peevish [ˈpi:vɪʃ] *adj* malhumorado(da).

peg [peg] (*pt* & *pp* **-ged**, *cont* **-ging**) ◇ *n* **-1.** *UK* [for washing line] pinza *f* **-2.** [on tent] estaca *f* **-3.** [hook] gancho *m.* ◇ *vt* **-1.** [prices] fijar, estabilizar **-2.** *US* [person]: **to ~sb as sthg** identificar a alguien como algo.

◆ **peg out** *vi UK inf* estirar la pata.

pegboard [ˈpegbɔ:d] *n tablero vertical con agujeros donde se depositan clavijas.*

pejorative [pɪˈdʒɒrətɪv] *adj* peyorativo(va), despectivo(va).

Peking [pi:ˈkɪŋ] *n* Pekín.

pekingese *n* = **pekinese.**

pelican [ˈpelɪkən] (*pl inv* OR **-s**) *n* pelícano *m.*

pelican crossing *n UK paso de peatones con semáforo accionado por el usuario.*

pellet [ˈpelɪt] *n* **-1.** [small ball] bolita *f* **-2.** [for gun] perdigón *m.*

pell-mell [ˌpelˈmel] *adv* atropelladamente.

pelmet [ˈpelmɪt] *n UK* galería *f (de cortinas).*

pelt [pelt] ◇ *n* **-1.** [animal skin] piel *f* **-2.** [speed]: **(at) full ~** a toda pastilla, a todo meter. ◇ *vt*: **to ~ sb with sthg** acribillar a alguien con algo, arrojar algo a alguien. ◇ *vi* **-1.** [rain]: **it was pelting down** OR **with rain** llovía a cántaros **-2.** [run very fast] correr a toda pastilla.

pelvic [ˈpelvɪk] *adj* pélvico(ca).

pelvis [ˈpelvɪs] (*pl* **-vises** OR **-ves** [-vi:z]) *n* pelvis *f.*

pen [pen] (*pt* & *pp* **-ned**, *cont* **-ning**) ◇ *n* **-1.** [ballpoint] bolígrafo *m*, lapicera *f RP* & *Chile*; [fountain pen] pluma *f*; [felt-tip] rotulador *m* **-2.** [enclosure] redil *m*, corral *m.* ◇ *vt* **-1.** *literary* [write] escribir **-2.** [enclose] encerrar.

◆ **pen in** *vt sep* encerrar.

penal [ˈpi:nl] *adj* penal.

penalize, ise [ˈpi:nəlaɪz] *vt* **-1.** [gen] penalizar; SPORT penalizar, castigar **-2.** [put at a disadvantage] perjudicar.

penal settlement *n* colonia *f* penal.

penalty [ˈpenltɪ] (*pl* **-ies**) *n* **-1.** [punishment] pena *f*; **to pay the ~ (for sthg)** *fig* pagar las consecuencias (de algo) **-2.** [fine] multa *f* **-3.** SPORT penalty *m*; **~ (kick)** FTBL penalty *m*; RUGBY golpe *m* de castigo.

penalty area *n* FTBL área *f* de castigo.

penalty box *n* **-1.** FTBL área *f* de castigo **-2.** [en hockey] banquillo *m* de castigo.

penalty clause *n* cláusula *f* penal.

penalty goal *n* RUGBY gol *m* de castigo.

penalty kick ▷ **penalty.**

penalty spot *n* FTBL punto *m* de penalty.

penance [ˈpenəns] *n* penitencia *f.*

pen-and-ink *adj* a pluma.

pence [pens] *UK pl* ▷ **penny.**

penchant [*UK* pɑ̃ʃɑ̃, *US* ˈpentʃənt] *n*: **to have a ~ for sthg** tener debilidad por algo; **to have a ~ for doing sthg** tener propensión a hacer algo.

pencil [ˈpensl] (*UK pt* & *pp* **-led**, *cont* **-ling**, *US pt* & *pp* **-ed**, *cont* **-ing**) ◇ *n* lápiz *m*; **in ~** a lápiz. ◇ *vt* escribir a lápiz.

◆ **pencil in** *vt sep* [date, appointment] apuntar provisionalmente.

pencil case *n* estuche *m*, plumero *m Esp.*

pencil sharpener *n* sacapuntas *m inv.*

pendant [ˈpendənt] *n* [jewel on chain] colgante *m.*

pending [ˈpendɪŋ] *fml* ◇ *adj* **-1.** [waiting to be dealt with] pendiente **-2.** [about to happen] inminente. ◇ *prep* a la espera de.

pending tray *n UK* bandeja *f* OR cajón *m* de asuntos pendientes.

pendulum [ˈpendjʊləm] (*pl* **-s**) *n* [of clock] péndulo *m.*

penetrate [ˈpenɪtreɪt] ◇ *vt* **-1.** [barrier] salvar, atravesar; [jungle, crowd] adentrarse en, introducirse en; [subj: wind, rain, sharp object] penetrar en **-2.** [infiltrate - organization] infiltrarse en. ◇ *vi inf* [be understood] hacer mella.

penetrating [ˈpenɪtreɪtɪŋ] *adj* penetrante.

penetration [ˌpenɪˈtreɪʃn] *n* **-1.** [act of penetrating] penetración *f* **-2.** *fml* [insight] agudeza *f*, perspicacia *f.*

pen friend *n UK* amigo *m*, -ga *f* por correspondencia.

penguin [ˈpeŋgwɪn] *n* pingüino *m.*

penicillin [ˌpenɪˈsɪlɪn] *n* penicilina *f.*

peninsula [pəˈnɪnsjʊlə] (*pl* **-s**) *n* península *f*; **the Iberian Peninsula** la Península Ibérica.

penis [ˈpi:nɪs] (*pl* **penises** [ˈpi:nɪsɪz]) *n* pene *m.*

penitent [ˈpenɪtənt] *adj fml* arrepentido(da).

penitentiary [ˌpenɪˈtenʃərɪ] (*pl* **-ies**) *n US* penitenciaría *f.*

penknife [ˈpennaɪf] (*pl* **-knives** [-naɪvz]) *n* navaja *f*, chaveta *f Andes.*

pen name *n* seudónimo *m.*

pennant [ˈpenənt] *n* banderín *m.*

penniless [ˈpenɪlɪs] *adj*: **to be ~** estar sin un centavo.

Pennines [ˈpenaɪnz] *npl*: **the ~** los Peninos.

Pennsylvania [ˌpensɪlˈveɪnɪəl *n* Pensilvania.

penny [ˈpenɪ] (*pl sense 1* **-ies**, *pl sense 2* **pence**) *n* **-1.** [coin] *UK* penique *m*; *US* centavo *m* **-2.** *UK* [value] penique *m*; **it was worth every ~** valía realmente la pena **-3.** *phr*: **a ~ for your thoughts** ¿en qué estás pensando?; **as I listened, the ~ dropped** *UK inf* mientras le escuchaba, caí en la cuenta; **to spend a ~** *UK inf* ir al váter; **they're two** *OR* **ten a ~** *UK inf* los haya porrillo.

penny-pinching [-ˌpɪntʃɪŋ] ◇ *adj* tacaño(ña), mezquino(na). ◇ *n* tacañería *f*, miseria *f*.

pen pal *n inf* amigo *m*, -ga *f* por correspondencia.

pension [ˈpenʃn] *n* **-1.** [gen] pensión *f* **-2.** [disability pension] subsidio *m*.

◆ **pension off** *vt sep* jubilar.

pensionable [ˈpenʃənəbl] *adj*: **of ~ age** en edad de jubilación.

pension book *n UK* libreta *f* de pensiones.

pensioner [ˈpenʃənəʳ] *n*: **(old-age) ~** pensionista *m OR f*.

pension fund *n* fondo *m* de pensiones.

pension plan, pension scheme *n* plan *m* de pensiones.

pensive [ˈpensɪv] *adj* pensativo(va).

pentagon [ˈpentəgən] *n* pentágono *m*.

◆ **Pentagon** *n US*: **the Pentagon** el Pentágono, *sede del ministerio de Defensa estadounidense.*

PENTAGON

El Pentágono, un inmenso edificio con cinco fachadas situado en Washington, alberga el ministerio de Defensa de los Estados Unidos. De manera más general, este nombre se utiliza también para referirse al poder militar estadounidense.

pentathlon [penˈtæθlən] (*pl* **-s**) *n* pentatlón *m*.

Pentecost [ˈpentɪkɒst] *n* Pentecostés *m*.

penthouse [ˈpenthaʊs, *pl* -haʊzɪz] *n* ático *m*; **~ suite** suite en el ático.

pent up [ˈpent-] *adj* reprimido(da).

penultimate [peˈnʌltɪmət] *adj* penúltimo(ma).

penury [ˈpenjʊrɪ] *n fml* miseria *f*, pobreza *f*.

peony [ˈpɪənɪ] (*pl* **-ies**) *n* peonía *f*.

people [ˈpiːpl] ◇ *n* [nation, race] pueblo *m*. ◇ *npl* **-1.** [gen] gente *f*; [individuals] personas *fpl*; **a table for eight ~** una mesa para ocho personas; **~ say that ...** dice la gente que ...; **young ~** los jóvenes **-2.** [inhabitants] habitantes *mpl* **-3.** *POL*: **the ~** el pueblo. ◇ *vt*: **to be ~d by** *OR* **with** estar poblado(da) de.

pep [pep] (*pt* & *pp* **-ped**, *cont* **-ping**) *n inf* vitalidad *f*.

◆ **pep up** *vt sep* [person] animar; [food] alegrar.

PEP (*abbr of* **personal equity plan**) *n UK plan personal de inversión.*

pepper [ˈpepəʳ] *n* **-1.** [spice] pimienta *f*; **black / white ~** pimienta negra/blanca **-2.** [vegetable] pimiento *m*; **red / green ~** pimiento rojo/verde.

peppercorn [ˈpepəkɔːn] *n* grano *m* de pimienta.

peppered [ˈpepəd] *adj* **-1.** [with mistakes, statistics]: **~ with** salpicado(da) de **-2.** [with bullets]: **~ with** acribillado(da) de.

pepper mill *n* molinillo *m* de pimienta.

peppermint [ˈpepəmɪnt] *n* **-1.** [sweet] pastilla *f* de menta **-2.** [herb] menta *f*.

pepperoni [ˌpepəˈrəʊnɪ] *n* pepperoni *m*.

pepper pot *UK*, **peppershaker** *US n* pimentero *m*.

peppery [ˈpepərɪ] *adj* [spicy] picante.

pep talk *n inf* palabras *fpl* de ánimo.

peptic ulcer [ˈpeptɪk-] *n* úlcera *f* estomacal.

per [pɜːʳ] *prep* [expressing rate, ratio] por; **~ hour / kilo / person** por hora/kilo/persona; **~ day** al día; **as ~ instructions** de acuerdo con *OR* según las instrucciones; **as ~ usual** como de costumbre.

per annum *adv* al *OR* por año.

per capita [pəˈkæpɪtə] ◇ *adj* per cápita. ◇ *adv* por cabeza.

perceive [pəˈsiːv] *vt* **-1.** [notice] percibir, apreciar **-2.** [understand, realize] advertir, apreciar **-3.** [see]: **to ~ sthg / sb as** ver algo/a alguien como.

per cent *adv* por ciento; **fifty ~ of the population** el cincuenta por ciento de la población.

percentage [pəˈsentɪdʒ] *n* porcentaje *m*.

perceptible [pəˈseptəbl] *adj* perceptible, apreciable.

perception [pəˈsepʃn] *n* **-1.** [noticing] percepción *f* **-2.** [insight] perspicacia *f* **-3.** [opinion] idea *f*.

perceptive [pəˈseptɪv] *adj* perspicaz.

perceptively [pəˈseptɪvlɪ] *adv* perspicazmente.

perch [pɜːtʃ] (*pl sense 3 only inv OR* **-es**) ◇ *n* **-1.** [for bird] percha *f*, vara *f* **-2.** [high position] posición *f* elevada **-3.** [fish] perca *f*. ◇ *vi*: **to ~ (on)** [bird] posarse (en); [person] sentarse (en).

percolate [ˈpɜːkəleɪt] *vi lit* & *fig* filtrarse.

percolator [ˈpɜːkəleɪtəʳ] *n* cafetera *f* eléctrica.

percussion [pəˈkʌʃn] *n MUS* percusión *f*; **the ~** la percusión.

percussionist [pəˈkʌʃənɪst] *n* percusionista *m* OR *f*.
peregrine (falcon) [ˈperəgrən] *n* halcón *m* peregrino.
peremptory [pəˈremptərɪ] *adj* perentorio(ria).
perennial [pəˈrenjəl] <> *adj* [gen & *BOT*] perenne. <> *n BOT* planta *f* perenne.
perfect [*adj* & *n* ˈpɜːfɪkt, *vb* pəˈfekt] <> *adj* perfecto(ta); **he's a ~ stranger to me** me es completamente desconocido; **it makes ~ sense** es totalmente lógico. <> *n GRAMM*: **the ~ (tense)** el perfecto. <> *vt* perfeccionar.
perfection [pəˈfekʃn] *n* perfección *f*; **to ~** a la perfección.
perfectionist [pəˈfekʃənɪst] *n* perfeccionista *m* OR *f*.
perfectly [ˈpɜːfɪktlɪ] *adv* **-1.** [for emphasis] absolutamente; **~ well** perfectamente bien **-2.** [to perfection] perfectamente.
perforate [ˈpɜːfəreɪt] *vt* perforar.
perforation [ˌpɜːfəˈreɪʃn] *n* [in paper] perforación *f*.
perform [pəˈfɔːm] <> *vt* **-1.** [carry out] llevar a cabo, realizar; [duty] cumplir **-2.** [music, dance] interpretar; [play] representar. <> *vi* **-1.** [function - car, machine] funcionar; [- person, team] desenvolverse **-2.** [actor] actuar; [singer, dance] interpretar.
performance [pəˈfɔːməns] *n* **-1.** [carrying out] realización *f*, ejecución *f*; [of duty] cumplimiento *m* **-2.** [show] representación *f* **-3.** [of actor, singer etc] interpretación *f*, actuación *f* **-4.** [of car, engine] rendimiento *m*.
performance art *n* arte *m* interpretativo.
performance car *n* coche *m* de altas prestaciones.
performer [pəˈfɔːməʳ] *n* [actor, singer etc] intérprete *m* OR *f*.
performing arts [pəˈfɔːmɪŋ-] *npl*: **the ~** las artes interpretativas.
perfume [ˈpɜːfjuːm] *n* perfume *m*.
perfumed [*UK* ˈpɜːfjuːmd, *US* pərˈfjuːmd] *adj* perfumado(da).
perfunctory [pəˈfʌŋktərɪ] *adj* superficial.
perhaps [pəˈhæps] *adv* **-1.** [maybe] quizás, quizá; **~ she'll do it** quizás ella lo haga; **~ so/not** tal vez sí/no **-2.** [in polite requests, suggestions, remarks]: **~ you could help?** ¿te importaría ayudar?; **~ you should start again** ¿por qué no empiezas de nuevo? **-3.** [approximately] aproximadamente.
peril [ˈperɪl] *n literary* peligro *m*; **at one's ~** a su propio riesgo.
perilous [ˈperələs] *adj literary* peligroso(sa).
perilously [ˈperələslɪ] *adv* peligrosamente.
perimeter [pəˈrɪmɪtəʳ] *n* perímetro *m*; **~ fence** OR **wall** cerca *f*.
period [ˈpɪərɪəd] <> *n* **-1.** [of time] período *m*, periodo *m* **-2.** *HIST* época *f* **-3.** *SCH* clase *f*, hora *f* **-4.** [menstruation] período *m*; **to be on one's ~** tener el período **-5.** *US* [full stop] punto *m* **-6.** *SPORT* tiempo *m*. <> *comp* de época.
periodic [ˌpɪərɪˈɒdɪk] *adj* periódico(ca).
periodical [ˌpɪərɪˈɒdɪkl] <> *adj* = **periodic**. <> *n* [magazine] revista *f*, publicación *f* periódica.
periodic table *n* tabla *f* periódica.
period pains *npl* dolores *mpl* menstruales.
period piece *n* obra *f* de época.
peripatetic [ˌperɪpəˈtetɪk] *adj* ambulante, itinerante.
peripheral [pəˈrɪfərəl] <> *adj* **-1.** [of little importance] marginal **-2.** [at edge] periférico(ca). <> *n COMPUT* periférico *m*.
periphery [pəˈrɪfərɪ] (*pl* **-ies**) *n* **-1.** [edge] periferia *f* **-2.** [unimportant area] márgenes *mpl*.
periscope [ˈperɪskəʊp] *n* periscopio *m*.
perish [ˈperɪʃ] *vi* **-1.** [die] perecer **-2.** [decay] deteriorarse.
perishable [ˈperɪʃəbl] *adj* perecedero(ra).
◆ **perishables** *npl* productos *mpl* perecederos.
perishing [ˈperɪʃɪŋ] *adj UK inf* **-1.** [cold]: **it's ~ (cold)** hace un frío que pela **-2.** [damn] condenado(da).
peritonitis [ˌperɪtəˈnaɪtɪs] *n (U)* peritonitis *f inv*.
perjure [ˈpɜːdʒəʳ] *vt JUR*: **to ~ o.s.** perjurarse.
perjury [ˈpɜːdʒərɪ] *n JUR* perjurio *m*.
perk [pɜːk] *n inf* extra *m*, beneficio *m* adicional.
◆ **perk up** *vi* animarse.
perky [ˈpɜːkɪ] (*compar* **-ier**, *superl* **-iest**) *adj inf* alegre, animado(da).
perm [pɜːm] <> *n* permanente *f*. <> *vt*: **to have one's hair ~ed** hacerse la permanente.
permanence [ˈpɜːmənəns] *n* permanencia *f*.
permanent [ˈpɜːmənənt] <> *adj* **-1.** [gen] permanente; [job, address] fijo(ja) **-2.** [continuous, constant] constante. <> *n US* [perm] permanente *f*.
permanently [ˈpɜːmənəntlɪ] *adv* permanentemente.
permeable [ˈpɜːmjəbl] *adj* permeable.
permeate [ˈpɜːmɪeɪt] *vt* impregnar.
permissible [pəˈmɪsəbl] *adj* permisible.
permission [pəˈmɪʃn] *n*: **~ (to do sthg)** permiso *m* (para hacer algo).
permissive [pəˈmɪsɪv] *adj* permisivo(va).
permissiveness [pəˈmɪsɪvnɪs] *n* permisividad *f*.
permit [*vb* pəˈmɪt, *n* ˈpɜːmɪt] (*pt* & *pp* **-ted**, *cont* **-ting**) <> *vt* permitir; **to ~ sb sthg/to do sthg**

permitir a alguien algo/hacer algo. ◇ *vi*: **if time ~s** si hay tiempo; **weather permitting** si el tiempo lo permite. ◇ *n* permiso *m*.
permutation [ˌpɜ:mju:ˈteɪʃn] *n* permutación *f*.
pernicious [pəˈnɪʃəs] *adj fml* pernicioso(sa).
pernickety [pəˈnɪkətɪ] *adj inf* quisquilloso(sa).
peroxide [pəˈrɒksaɪd] *n* peróxido *m*.
peroxide blonde *n* rubia *f* oxigenada.
perpendicular [ˌpɜ:pənˈdɪkjʊləʳ] ◇ *adj* **-1.** MATH: **~ (to)** perpendicular (a) **-2.** [upright] vertical. ◇ *n* MATH perpendicular *f*.
perpetrate [ˈpɜ:pɪtreɪt] *vt fml* perpetrar.
perpetration [ˌpɜ:pɪˈtreɪʃn] *n fml* perpetración *f*.
perpetrator [ˈpɜ:pɪtreɪtəʳ] *n fml* perpetrador *m*, -ra *f*, autor *m*, -ra *f*.
perpetual [pəˈpetʃʊəl] *adj* **-1.** *pej* [constant] constante **-2.** [everlasting] perpetuo(tua).
perpetually [pəˈpetʃʊəlɪ] *adv* **-1.** *pej* [constantly] continuamente, constantemente **-2.** [for ever] perpetuamente.
perpetuate [pəˈpetʃʊeɪt] *vt* perpetuar.
perpetuation [pəˌpetʃʊˈeɪʃn] *n* perpetuación *f*.
perpetuity [ˌpɜ:pɪˈtju:ətɪ] *n*: **in ~** *fml* a perpetuidad.
perplex [pəˈpleks] *vt* confundir, dejar perplejo(ja).
perplexed [pəˈplekst] *adj* perplejo(ja).
perplexing [pəˈpleksɪŋ] *adj* desconcertante.
perplexity [pəˈpleksətɪ] *n* perplejidad *f*.
perquisite [ˈpɜ:kwɪzɪt] *n fml* beneficio *m* adicional.
per se [pɜ:ˈseɪ] *adv* en sí.
persecute [ˈpɜ:sɪkju:t] *vt* perseguir.
persecution [ˌpɜ:sɪˈkju:ʃn] *n* persecución *f*.
persecutor [ˈpɜ:sɪkju:təʳ] *n* perseguidor *m*, -ra *f*.
perseverance [ˌpɜ:sɪˈvɪərəns] *n* perseverancia *f*.
persevere [ˌpɜ:sɪˈvɪəʳ] *vi*: **to ~ (with sthg/in doing sthg)** perseverar (en algo/en hacer algo).
Persia [ˈpɜ:ʃə] *n* Persia.
Persian [ˈpɜ:ʃn] ◇ *adj* persa. ◇ *n* [language] persa *m*.
Persian cat *n* gato *m* persa.
Persian Gulf *n*: **the ~** el Golfo Pérsico.
persist [pəˈsɪst] *vi* **-1.** [problem, rain] persistir **-2.** [person]: **to ~ in doing sthg** empeñarse en hacer algo.
persistence [pəˈsɪstəns] *n* **-1.** [continuation] persistencia *f* **-2.** [determination] perseverancia *f*.
persistent [pəˈsɪstənt] *adj* **-1.** [constant] continuo(nua) **-2.** [determined] persistente.
persistently [pəˈsɪstəntlɪ] *adv* **-1.** [constantly] continuamente **-2.** [determinedly] con persistencia **-3.** [repeatedly] repetidamente.
persnickety [pəˈsnɪkɪtɪ] *adj US* quisquilloso(sa).
person [ˈpɜ:sn] (*pl* **people** OR **persons** *fml*) *n* **-1.** [man, woman] persona *f*; **in ~** en persona **-2.** [body]: **to have sthg about one's ~** llevar algo encima **-3.** GRAMM persona *f*; **in the first ~** en primera persona.
persona [pəˈsəʊnə] (*pl* **-s** OR **-ae** [-i:]) *n* imagen *f*.
personable [ˈpɜ:snəbl] *adj* agradable.
personage [ˈpɜ:sənɪdʒ] *n fml* personaje *m*.
personal [ˈpɜ:sənl] ◇ *adj* **-1.** [gen] personal **-2.** [private - life, problem] privado(da) **-3.** *pej* [rude] ofensivo(va); **to be ~** hacer alusiones personales. ◇ *n US* anuncio *m* personal (por palabras).
personal account *n* cuenta *f* personal.
personal ad *n* anuncio *m* personal (por palabras).
personal allowance *n* [regular payment] renta *f* personal; [in tax] desgravación *f* personal.
personal assistant *n* secretario *m*, -ria *f* personal.
personal call *n* llamada *f* personal.
personal column *n* sección *f* de asuntos personales.
personal computer *n* ordenador *m* personal.
personal foul *n* falta *f* personal.
personal hygiene *n* higiene *f* personal.
personality [ˌpɜ:səˈnælətɪ] (*pl* **-ies**) *n* personalidad *f*.
personalize, -ise [ˈpɜ:sənəlaɪz] *vt* personalizar.
personalized [ˈpɜ:sənəlaɪzd] *adj* personalizado(da).
personally [ˈpɜ:snəlɪ] *adv* **-1.** [gen] personalmente; **to take sthg ~** tomarse algo como algo personal **-2.** [in person] en persona.
personal loan *n* crédito *m* personal.
personal organizer *n* agenda *f* (personal).
personal pension plan *n* plan *m* de jubilación personalizado.
personal pronoun *n* pronombre *m* personal.
personal property *n (U)* bienes *mpl* muebles.
personal stereo *n* walkman® *m inv*.
persona non grata [-ˈgrɑ:tə] (*pl* **personae non gratae** [-ˈgrɑ:ti:]) *n* persona *f* no grata.
personify [pəˈsɒnɪfaɪ] (*pt* & *pp* **-ied**) *vt* personificar.
personnel [ˌpɜ:səˈnel] ◇ *n (U)* [department]

departamento *m* de personal. <> *npl* [staff] personal *m*.

personnel department *n* departamento *m* de personal.

personnel manager *n* jefe *m*, -fa *f* de personal.

person-to-person *adj esp US* de persona a persona.

perspective [pə'spektɪv] *n* perspectiva *f*; **to get sthg in ~** *fig* poner algo en perspectiva.

Perspex® ['pɜːspeks] *n UK* ≃ plexiglás® *m*.

perspicacious [ˌpɜːspɪ'keɪʃəs] *adj fml* perspicaz.

perspiration [ˌpɜːspə'reɪʃn] *n* transpiración *f*.

perspire [pə'spaɪəʳ] *vi* transpirar.

persuade [pə'sweɪd] *vt*: **to ~ sb (of sthg/to do sthg)** persuadir a alguien (de algo/a hacer algo); **to ~ sb that** convencer a alguien (de) que.

persuasion [pə'sweɪʒn] *n* **-1.** [act of persuading] persuasión *f* **-2.** [belief] creencia *f*.

persuasive [pə'sweɪsɪv] *adj* persuasivo(va).

persuasively [pə'sweɪsɪvlɪ] *adv* de modo persuasivo.

pert [pɜːt] *adj* **-1.** [person] vivaracho(cha) **-2.** [part of body] respingón(ona).

pertain [pə'teɪn] *vi fml*: **~ing to** relacionado(da) con.

pertinence ['pɜːtɪnəns] *n* pertinencia *f*.

pertinent ['pɜːtɪnənt] *adj* pertinente.

perturb [pə'tɜːb] *vt fml* perturbar, inquietar.

perturbed [pə'tɜːbd] *adj fml* perturbado(da), inquieto(ta).

Peru [pə'ruː] *n* (el) Perú.

perusal [pə'ruːzl] *n* [careful reading] lectura *f* detenida; [brief reading] lectura por encima.

peruse [pə'ruːz] *vt* [read carefully] leer detenidamente; [browse through] leer por encima.

Peruvian [pə'ruːvjən] <> *adj* peruano(na). <> *n* [person] peruano *m*, -na *f*.

pervade [pə'veɪd] *vt* impregnar.

pervasive [pə'veɪsɪv] *adj* **-1.** [smell] penetrante **-2.** [influence] dominante.

perverse [pə'vɜːs] *adj* [delight, enjoyment] perverso(sa); [contrary] puñetero(ra).

perversely [pə'vɜːslɪ] *adv* **-1.** [ironically] paradójicamente **-2.** [contrarily] contra toda lógica.

perversion [*UK* pə'vɜːʃn, *US* pə'vɜːrʒn] *n* **-1.** [sexual deviation] perversión *f* **-2.** [of justice, truth] tergiversación *f*.

perversity [pə'vɜːsətɪ] *n* [contrariness] puñetería *f*.

pervert [*n* 'pɜːvɜːt, *vb* pə'vɜːt] <> *n* pervertido *m*, -da *f*. <> *vt* **-1.** [course of justice] tergiversar **-2.** [corrupt sexually] pervertir.

perverted [pə'vɜːtɪd] *adj* **-1.** [sexually deviant] pervertido(da) **-2.** [twisted] torcido(da).

peseta [pə'seɪtə] *n* peseta *f*.

peso ['peɪsəʊ] (*pl* **-s**) *n* peso *m*.

pessary ['pesərɪ] (*pl* **-ies**) *n* pesario *m*.

pessimism ['pesɪmɪzm] *n* pesimismo *m*.

pessimist ['pesɪmɪst] *n* pesimista *m* OR *f*.

pessimistic [ˌpesɪ'mɪstɪk] *adj* pesimista.

pest [pest] *n* **-1.** [insect] insecto *m* nocivo; [animal] animal *m* nocivo **-2.** *inf* [annoying person] pesado *m*, -da *f*; [annoying thing] lata *f*.

pester ['pestəʳ] *vt* dar la lata a, cargosear ***Amér***.

pesticide ['pestɪsaɪd] *n* pesticida *m*.

pestle ['pesl] *n* mano *f* (de mortero).

pet [pet] (*pt & pp* **-ted**, *cont* **-ting**) <> *adj* [subject, theory] preferido(da); **~ hate** gran fobia *f*. <> *n* **-1.** [domestic animal] animal *m* doméstico **-2.** [favourite person] preferido *m*, -da *f*, favorito *m*, -ta *f*. <> *vt* acariciar. <> *vi* pegarse el lote.

petal ['petl] *n* pétalo *m*.

peter ['piːtəʳ] ◆ **peter out** *vi* [supplies, interest] agotarse; [path] desaparecer.

petit bourgeois [pəˌtiː'bʊəʒwɑː] (*pl* **petits bourgeois** [pəˌtiː'bʊəʒwɑː]) <> *adj* pequeño burgués (pequeña burguesa). <> *n* pequeño burgués *m*, pequeña burguesa *f*.

petite [pə'tiːt] *adj* [woman] chiquita.

petit four [ˌpetɪ-] (*pl* **petits fours** [ˌpetɪ-]) *n* *dulce de bizcocho cubierto de alcorza.*

petition [pɪ'tɪʃn] <> *n* petición *f*. <> *vt* presentar una petición a. <> *vi* **-1.** [campaign]: **to ~ for sthg** solicitar algo; **to ~ against sthg** presentar una petición contra algo **-2.** JUR: **to ~ for divorce** pedir el divorcio.

petitioner [pɪ'tɪʃənəʳ] *n* solicitante *m* OR *f*.

pet name *n* nombre *m* cariñoso.

petrified ['petrɪfaɪd] *adj* [terrified] petrificado(da).

petrify ['petrɪfaɪ] (*pt & pp* **-ied**) *vt* [terrify] petrificar.

petrochemical [ˌpetrəʊ'kemɪkl] *adj* petroquímico(ca).

petrodollar ['petrəʊˌdɒləʳ] *n* petrodólar *m*.

petrol ['petrəl] *n UK* gasolina *f*, nafta *f* ***RP***, bencina *f* ***Chile***.

petrol bomb *n UK* bomba *f* de gasolina.

petrol can *n UK* lata *f* de gasolina OR de nafta ***RP*** OR de bencina ***Chile***.

petroleum [pɪ'trəʊljəm] *n* petróleo *m*.

petroleum jelly *n* vaselina *f*.

petrol pump *n UK* surtidor *m* de gasolina OR de nafta ***RP*** OR de bencina ***Chile***, bomba *f* ***Chile, Col, Ven***.

petrol station *n UK* gasolinera *f*, grifo *m* ***Perú***, bomba *f* ***Chile, Col, Ven***, estación *f* de nafta ***RP***.

petrol tank *n UK* depósito *m* de gasolina, tanque *m* de gasolina *Amér OR* de bencina *Chile OR* de nafta *RP*.
pet shop *n* pajarería *f*.
petticoat ['petɪkəʊt] *n* [underskirt] enaguas *fpl*, enagua *f*, fustán *m Amér*; [full-length] combinación *f*.
pettiness ['petɪnɪs] *n* [small-mindedness] mezquindad *f*.
petting zoo ['petɪŋ'zu:] *n US parque zoológico en el que los niños pueden acariciar y dar de comer a los animales.*
petty ['petɪ] (*compar* **-ier**, *superl* **-iest**) *adj* **-1.** [small-minded] mezquino(na) **-2.** [trivial] insignificante.
petty cash *n* dinero *m* para gastos menores.
petty officer *n* sargento *m* de la marina.
petty thief *n* ladronzuelo *m*, -la *f*.
petulant ['petjʊlənt] *adj* cascarrabias *(inv)*.
pew [pju:] *n* banco *m*.
pewter ['pju:tə^r] *n* peltre *m*.
PG (*abbr of* **parental guidance**) para menores acompañados.
PGA (*abbr of* **Professional Golfers' Association**) *n PGA f*.
p & h (*abbr of* **postage and handling**) *n US* gastos *mpl* de envío.
pH *n* (*abbr of* **potential of hydrogen**) pH *m*.
phallic ['fælɪk] *adj* fálico(ca); ~ **symbol** símbolo *m* fálico.
phallus ['fæləs] (*pl* **-es** *OR* **phalli** ['fælaɪ]) *n* falo *m*.
phantom ['fæntəm] ◇ *adj* ilusorio(ria). ◇ *n* [ghost] fantasma *m*.
phantom pregnancy *n* embarazo *m* psicológico.
pharaoh ['feərəʊ] *n* faraón *m*.
Pharisee ['færɪsi:] *n* fariseo *m*, -a *f*.
pharmaceutical [ˌfɑ:mə'sju:tɪkl] *adj* farmacéutico(ca).
◆ **pharmaceuticals** *npl* productos *mpl* farmacéuticos.
pharmacist ['fɑ:məsɪst] *n* farmacéutico *m*, -ca *f*.
pharmacology [ˌfɑ:mə'kɒlədʒɪ] *n* farmacología *f*.
pharmacy ['fɑ:məsɪ] (*pl* **-ies**) *n* [shop] farmacia *f*.
phase [feɪz] ◇ *n* fase *f*. ◇ *vt* escalonar.
◆ **phase in** *vt sep* introducir progresivamente.
◆ **phase out** *vt sep* retirar progresivamente.
PhD (*abbr of* **Doctor of Philosophy**) *n* **-1.** [qualification] doctorado *m* **-2.** [person] doctor *m*, -ra *f*.
pheasant ['feznt] (*pl inv OR* **-s**) *n* faisán *m*.
phenobarbitone *UK* [ˌfi:nəʊ'bɑ:bɪtəʊn], **phenobarbitol** *US* [ˌfi:nəʊ'bɑ:bɪtl] *n* fenobarbital *m*.
phenomena [fɪ'nɒmɪnə] *pl* ▷ **phenomenon**.
phenomenal [fɪ'nɒmɪnl] *adj* extraordinario(ria).
phenomenon [fɪ'nɒmɪnən] (*pl* **-mena**) *n lit & fig* fenómeno *m*.
phew [fju:] *excl* ¡puf!
phial ['faɪəl] *n* frasco *m* (pequeño).
Philadelphia [ˌfɪlə'delfɪəl] *n* Filadelfia.
philanderer [fɪ'lændərə^r] *n* tenorio *m*.
philanthropic [ˌfɪlən'θrɒpɪk] *adj* filantrópico(ca).
philanthropist [fɪ'lænθrəpɪst] *n* filántropo *m*, -pa *f*.
philately [fɪ'lætəlɪ] *n* filatelia *f*.
philharmonic [ˌfɪlɑ:'mɒnɪk] *adj* filarmónico(ca).
Philippine ['fɪlɪpi:n] *adj* filipino(na); **the ~ Islands** las Filipinas.
◆ **Philippines** *npl*: **the ~s** las Filipinas.
philistine [*UK* 'fɪlɪstaɪn, *US* 'fɪlɪsti:n] *n fig* inculto *m*, -ta *f*.
Phillips® ['fɪlɪps] *comp*: ~ **screw** tornillo *m* de cabeza en cruz; ~ **screwdriver** destornillador *m* de cabeza en cruz.
philosopher [fɪ'lɒsəfə^r] *n* filósofo *m*, -fa *f*.
philosophical [ˌfɪlə'sɒfɪkl] *adj* filosófico(ca).
philosophize, -ise [fɪ'lɒsəfaɪz] *vi* filosofar.
philosophy [fɪ'lɒsəfɪ] (*pl* **-ies**) *n* filosofía *f*.
phlegm [flem] *n* [mucus, composure] flema *f*.
phlegmatic [fleg'mætɪk] *adj* flemático(ca).
Phnom Penh [ˌnɒm'pen] *n* Phnom Penh.
phobia ['fəʊbjə] *n* fobia *f*; **to have a ~ about sthg** tener fobia a algo.
phoenix ['fi:nɪks] *n* fénix *m inv*.
phone [fəʊn] ◇ *n* teléfono *m*; **to be on the ~** [speaking] estar al teléfono; *UK* [connected to network] tener teléfono; **to talk about sthg on the ~** discutir algo por teléfono. ◇ *comp* telefónico(ca). ◇ *vt & vi* llamar, telefonear.
◆ **phone in** *vi* llamar.
◆ **phone up** *vt sep & vi* llamar.
phone bill *n* factura *f* del teléfono.
phone book *n* guía *f* telefónica.
phone booth *n* teléfono *m* público.
phone box *n UK* cabina *f* telefónica.
phone call *n* llamada *f* telefónica; **to make a ~** hacer una llamada.
phonecard ['fəʊnkɑ:d] *n* tarjeta *f* telefónica.
phone-in *n RADIO & TV programa con llamadas de los oyentes.*
phone line *n* **-1.** [wire] cable *m* de teléfonos **-2.** [connection] línea *f* telefónica.

phone number *n* número *m* de teléfono.
phone-tapping [-ˌtæpɪŋ] *n* interceptación *f* telefónica.
phonetics [fəˈnetɪks] *n (U)* fonética *f*.
phoney *UK*, **phony** *US* [ˈfəʊnɪ] (*compar* **-ier**, *superl* **-iest**, *pl* **-ies**) <> *adj inf* falso(sa). <> *n* farsante *m* OR *f*.
phoney war *n estado de guerra sin confrontación armada.*
phony *US adj* = **phoney**.
phosphate [ˈfɒsfeɪt] *n* fosfato *m*.
phosphorus [ˈfɒsfərəs] *n* fósforo *m*.
photo [ˈfəʊtəʊ] *n* foto *f*; **to take a ~ (of)** sacar una foto (de).
photocall [ˈfəʊtəʊkɔːl] *n cita de una persona famosa con la prensa para que le saquen fotos.*
photocopier [ˈfəʊtəʊˌkɒpɪəʳ] *n* fotocopiadora *f*.
photocopy [ˈfəʊtəʊˌkɒpɪ] (*pl* **-ies**, *pt* & *pp* **-ied**) <> *n* fotocopia *f*. <> *vt* fotocopiar.
photoelectric cell [ˌfəʊtəʊɪˈlektrɪk-] *n* célula *f* fotoeléctrica.
photo finish *n* SPORT foto-finish *f*.
Photofit® [ˈfəʊtəʊfɪt] *n*: **~ (picture)** fotorrobot *f*.
photogenic [ˌfəʊtəʊˈdʒenɪk] *adj* fotogénico(ca).
photograph [ˈfəʊtəgrɑːf] <> *n* fotografía *f*; **to take a ~ (of)** sacar una fotografía (de). <> *vt* fotografiar.
photographer [fəˈtɒgrəfəʳ] *n* fotógrafo *m*, -fa *f*.
photographic [ˌfəʊtəˈgræfɪk] *adj* fotográfico(ca).
photographic memory *n* memoria *f* fotográfica.
photography [fəˈtɒgrəfɪ] *n (U)* fotografía *f*.
photojournalism [ˌfəʊtəʊˈdʒɜːnəlɪzm] *n* periodismo *m* gráfico.
photon [ˈfəʊtɒn] *n* fotón *m*.
photo opportunity *n oportunidad de ofrecer una imagen favorable mediante una foto.*
photosensitive [ˌfəʊtəʊˈsensɪtɪv] *adj* fotosensible.
Photostat® [ˈfəʊtəstæt] (*pt* & *pp* **-ted**, *cont* **-ting**) *n* fotostato *m*.
◆ **photostat** *vt* fotocopiar.
photosynthesis [ˌfəʊtəʊˈsɪnθəsɪs] *n* fotosíntesis *f inv*.
photovoltaic cell [ˌfəʊtəʊvɒlˈteɪɪk-] *n* célula *f* fotovoltaica.
phrasal verb [ˈfreɪzl-] *n* verbo *m* con preposición.
phrase [freɪz] <> *n* **-1.** [group of words] locución *f*, frase *f* **-2.** [expression] expresión *f*. <> *vt* [apology, refusal] expresar; [letter] redactar.
phrasebook [ˈfreɪzbʊk] *n* guía *f* de conversación.
physical [ˈfɪzɪkl] <> *adj* físico(ca). <> *n* [examination] examen *m* médico.
physical chemistry *n* fisicoquímica *f*.
physical education *n* educación *f* física.
physical examination *n* examen *m* médico.
physical geography *n* geografía *f* física.
physical jerks *npl UK hum* gimnasia *f*, ejercicios *mpl* físicos.
physically [ˈfɪzɪklɪ] *adv* físicamente.
physically handicapped <> *adj* discapacitado físico (discapacitada física). <> *npl*: **the ~** los discapacitados físicos.
physical science *n (U)* ciencias *fpl* físicas.
physical training *n* preparación *f* física.
physician [fɪˈzɪʃn] *n* médico *m* OR *f*.
physicist [ˈfɪzɪsɪst] *n* físico *m*, -ca *f*.
physics [ˈfɪzɪks] *n (U)* física *f*.
physio [ˈfɪzɪəʊ] (*pl* **-s**) *n UK inf* **-1.** (*abbr of* **physiotherapist**) fisioterapeuta *m* OR *f* **-2.** (*abbr of* **physiotherapy**) fisioterapia *f*.
physiognomy [ˌfɪzɪˈɒnəmɪ] (*pl* **-ies**) *n fml* fisionomía *f*.
physiological [ˌfɪzɪəˈlɒdʒɪkl] *n* fisiológico(ca).
physiology [ˌfɪzɪˈɒlədʒɪ] *n* fisiología *f*.
physiotherapist [ˌfɪzɪəʊˈθerəpɪst] *n* fisioterapeuta *m* OR *f*.
physiotherapy [ˌfɪzɪəʊˈθerəpɪ] *n* fisioterapia *f*.
physique [fɪˈziːk] *n* físico *m*.
PI *n* (*abbr of* **private investigator**) *US* investigador *m*, -dora *f* privado, -da *f*.
pianist [ˈpɪənɪst] *n* pianista *m* OR *f*.
piano [pɪˈænəʊ] (*pl* **-s**) *n* [instrument] piano *m*.
piano accordion *n* acordeón-piano *m*.
piccalilli [ˌpɪkəˈlɪlɪ] *n salsa amarilla picante con coliflor y mostaza.*
piccolo [ˈpɪkələʊ] (*pl* **-s**) *n* flautín *m*.
pick [pɪk] <> *n* **-1.** [tool] piqueta *f* **-2.** [for guitar] púa *f* **-3.** [selection]: **take your ~** escoge el que quieras **-4.** [best]: **the ~ of** lo mejor de. <> *vt* **-1.** [team, winner] seleccionar; [time, book, dress] elegir; **to ~ one's way across** OR **through** andar con tiento por **-2.** [fruit, flowers] coger **-3.** [remove - hairs etc]: **to ~ sthg off sthg** quitar algo de algo **-4.** [nose] hurgarse; [teeth] mondarse; [scab, spot] arrancarse **-5.** [provoke]: **to ~ a fight/quarrel (with)** buscar pelea/bronca (con) **-6.** [open - lock] forzar (con ganzúa). <> *vi*: **he can afford to ~ and choose** puede permitirse el lujo de ser exigente.

◆ **pick at** *vt fus* **-1.** [food] picar, picotear **-2.** [scab, spot] rascarse.

◆ **pick on** *vt fus* meterse con.

◆ **pick out** *vt sep* **-1.** [recognize] reconocer **-2.** [identify] identificar **-3.** [select] escoger, elegir.

◆ **pick up** ◇ *vt sep* **-1.** [gen] recoger; **she's ~ing us up at seven** pasará a buscarnos a las siete; **to ~ up the pieces** *fig* volver a la normalidad **-2.** [lift up] levantar; [the phone] descolgar **-3.** [buy, acquire] adquirir; **to ~ up speed** cobrar velocidad **-4.** [illness, bug] contraer **-5.** [learn - tips, language] aprender; [- habit] adquirir **-6.** [subj: police]: **to ~ sb up for sthg** coger a alguien por algo **-7.** *inf* [find partner] ligar con **-8.** RADIO & TELEC captar, recibir **-9.** [start again] reanudar. ◇ *vi* **-1.** [improve] mejorar **-2.** [start again] seguir **-3.** [wind] aumentar.

pickaxe *UK*, **pickax** *US* ['pɪkæks] *n* piqueta *f*.

picker ['pɪkəʳ] *n* recolector *m*, -ra *f*.

picket ['pɪkɪt] ◇ *n* piquete *m*. ◇ *vt* formar piquetes en.

picketing ['pɪkətɪŋ] *n (U)* piquetes *mpl*.

picket line *n* piquete *m* (de huelga).

pickings ['pɪkɪŋz] *npl*: **easy/rich ~** dinero *m* fácil/a raudales.

pickle ['pɪkl] ◇ *n* **-1.** [vinegar preserve] encurtido *m*; [sweet vegetable sauce] *salsa espesa agridulce con trozos de cebolla etc*; *US* [cucumber] pepinillos *mpl* en vinagre **-2.** *inf* [difficult situation]: **to be in a ~** estar en un lío. ◇ *vt* encurtir.

pickled ['pɪkld] *adj* **-1.** [food] encurtido(da) **-2.** *inf* [drunk] bebido(da).

pickled onion *n* cebolla *f* en vinagre.

pick-me-up *n inf* tónico *m*, reconstituyente *m*.

pickpocket ['pɪk,pɒkɪt] *n* carterista *m* OR *f*.

pick-up *n* **-1.** [of record player] fonocaptor *m* **-2.** [truck] camioneta *f*, furgoneta *f*.

pick-up truck *n* camioneta *f*, furgoneta *f*.

picky ['pɪkɪ] (*compar* **-ier**, *superl* **-iest**) *adj* quisquilloso(sa).

picnic ['pɪknɪk] (*pt* & *pp* **-ked**, *cont* **-king**) ◇ *n* comida *f* campestre, picnic *m*. ◇ *vi* ir de merienda al campo.

picnicker ['pɪknɪkəʳ] *n* excursionista *m* OR *f*.

Pict [pɪkt] *n*: **the ~s** los Pictos.

pictorial [pɪk'tɔːrɪəl] *adj* ilustrado(da).

picture ['pɪktʃəʳ] ◇ *n* **-1.** [painting] cuadro *m*; [drawing] dibujo *m* **-2.** [photograph] foto *f*; [illustration] ilustración *f* **-3.** [on TV] imagen *f* **-4.** [cinema film] película *f* **-5.** [in mind] idea *f*, imagen *f* **-6.** [situation] situación *f* **-7.** [epitome]: **the ~ of** la imagen de **-8.** *phr*: **to get the ~** *inf* entenderlo; **to put sb in the ~** poner a alguien al corriente; **to be in/out of the ~** estar/no estar en el ajo. ◇ *vt* **-1.** [in mind] imaginarse **-2.** [in media]: **to be ~d** aparecer en la foto **-3.** [in painting] pintar; [in drawing] dibujar.

◆ **pictures** *npl UK*: **the ~s** el cine.

picture book *n* libro *m* ilustrado.

picture rail *n* moldura *f* para colgar cuadros.

picturesque [,pɪktʃə'resk] *adj* pintoresco(ca).

picture window *n* ventanal *m*.

piddling ['pɪdlɪŋ] *adj inf pej* de poca monta.

pidgin ['pɪdʒɪn] ◇ *n* lengua *f* híbrida. ◇ *comp* híbrido(da).

pie [paɪ] *n* [sweet] tarta *f (cubierta de hojaldre)*; [savoury] empanada *f*, pastel *m*; **~ in the sky** castillos en el aire.

piebald ['paɪbɔːld] *adj* pío(a).

piece [piːs] *n* **-1.** [individual part or portion] trozo *m*, pedazo *m*; **to come to ~s** deshacerse; **to be smashed to ~s** ser destrozado; **to take sthg to ~s** desmontar algo; **to tear sthg to ~s** hacer trizas algo; **in ~s** en pedazos; **in one ~** [intact] intacto(ta); [unharmed] sano y salvo (sana y salva); **to go to ~s** *fig* venirse abajo **-2.** *(with uncountable noun)* [individual object]: **~ of furniture** mueble *m*; **~ of clothing** prenda *f* de vestir; **~ of fruit** fruta *f*; **~ of luggage** bulto *m* de equipaje; **~ of advice** consejo *m*; **~ of news** noticia *f*; **a ~ of information** una información; **~ of luck** golpe *m* de suerte; **~ of work** [object] pieza *f*; [nasty person] *inf* elemento *m* **-3.** [in board game] pieza *f*; [in draughts] ficha *f* **-4.** [valuable or interesting object, composition, play] pieza *f* **-5.** [of journalism] artículo *m* **-6.** [coin] moneda *f*.

◆ **piece together** *vt sep* [discover] componer.

pièce de résistance [,pjesdərezɪs'tɑɔːs] (*pl* **pièces de résistance** [,pjesdərezɪs'tɑɔːs]) *n* plato *m* principal.

piecemeal ['piːsmiːl] ◇ *adj* poco sistemático(ca). ◇ *adv* [gradually] gradualmente, por etapas.

piecework ['piːswɜːk] *n (U)* trabajo *m* a destajo.

pie chart *n* gráfico *m* de sectores.

pied-a-terre [,pɪeɪdæ'teəʳ] (*pl* **pieds-a-terre** [,pɪeɪdæ'teəʳ]) *n* apeadero *m (casa)*.

pier [pɪəʳ] *n* **-1.** [at seaside] *paseo marítimo en un malecón* **-2.** [for landing boat] embarcadero *m*.

pierce [pɪəs] *vt* **-1.** [subj: bullet, needle] perforar; **to have one's ears ~d** hacerse agujeros en las orejas **-2.** [subj: voice, scream] romper.

pierced [pɪəst] *adj* perforado(da).
piercing ['pɪəsɪŋ] *adj* **-1.** [scream] desgarrador(ra); [sound, voice] agudo(da) **-2.** [wind] cortante **-3.** [look, eyes] penetrante.
piety ['paɪətɪ] *n* piedad *f.*
piffle ['pɪfl] *n (U) inf* tonterías *fpl.*
piffling ['pɪflɪŋ] *adj inf* ridículo(la).
pig [pɪg] (*pt* & *pp* **-ged**, *cont* **-ging**) *n* **-1.** [animal] cerdo *m*, puerco *m*, chancho *m* ***Amér*** **-2.** *inf pej* [greedy eater] tragón *m*, -ona *f*, comilón *m*, -ona *f*; **to make a ~ of o.s.** darse un atracón **-3.** *inf pej* [unkind person] cerdo *m*, -da *f*, chancho *m*, -cha *f* ***Amér*** **-4.** *inf pej* [policeman] madero *m*; **the ~s** la madera.
◆ **pig out** *vi inf* darse un atracón.
pigeon ['pɪdʒɪn] (*pl inv* OR **-s**) *n* paloma *f.*
pigeon-chested [-ˌtʃestɪd] *adj* de pecho estrecho y salido.
pigeonhole ['pɪdʒɪnhəʊl] <> *n* [compartment] casilla *f.* <> *vt* [classify] encasillar.
pigeon-toed [-ˌtəʊd] *adj*: **he is ~** tiene las puntas de los pies hacia dentro.
piggish ['pɪgɪʃ] *adj inf* [dirty] cochino(na); [eating too much] cerdo(da).
piggy ['pɪgɪ] (*compar* **-ier**, *superl* **-iest**, *pl* **-ies**) <> *adj* [eyes] de cerdito. <> *n inf* cerdito *m.*
piggyback ['pɪgɪbæk] *n*: **to give sb a ~** llevar a alguien a cuestas.
piggybank ['pɪgɪbæŋk] *n* hucha *f* con forma de cerdito.
pigheaded [ˌpɪg'hedɪd] *adj* cabezota.
piglet ['pɪglɪt] *n* cerdito *m*, cochinillo *m.*
pigment ['pɪgmənt] *n* pigmento *m.*
pigmentation [ˌpɪgmən'teɪʃn] *n* pigmentación *f.*
pigmy *adj* & *n* = **pygmy**.
pigpen *US* = **pigsty**.
pigskin ['pɪgskɪn] <> *n* piel *f* de cerdo. <> *comp* de piel de cerdo.
pigsty ['pɪgstaɪ] (*pl* **-ies**), **pigpen** *US* ['pɪgpen] *n lit* & *fig* pocilga *f.*
pigswill ['pɪgswɪl] *n* bazofia *f.*
pigtail ['pɪgteɪl] *n* [girl's] trenza *f*; [Chinese, bullfighter's] coleta *f.*
pike [paɪk] (*pl sense 1 only inv* OR **-s**) *n* **-1.** [fish] lucio *m* **-2.** [weapon] pica *f.*
pilaster [pɪ'læstə^r] *n* pilastra *f.*
pilchard ['pɪltʃəd] *n* sardina *f.*
pile [paɪl] <> *n* **-1.** [heap] montón *m*, ruma *f* ***Andes***; **a ~** OR **~s of** [a lot] un montón de **-2.** [neat stack] pila *f* **-3.** [of carpet, fabric] pelo *m.* <> *vt* apilar, amontonar; **a plate ~d with food** un plato colmado de comida.
◆ **piles** *npl* MED almorranas *fpl.*
◆ **pile in** *vi inf* entrar en tropel.
◆ **pile into** *vt fus inf* meterse atropelladamente en.
◆ **pile out** *vi inf*: **to ~ out (of)** salir en tropel (de).
◆ **pile up** <> *vt sep* apilar, amontonar. <> *vi* **-1.** [form a heap] apilarse, amontonarse **-2.** [mount up] acumularse.
pile driver *n* martinete *m.*
pileup ['paɪlʌp] *n* accidente *m* en cadena.
pilfer ['pɪlfə^r] <> *vt* sisar. <> *vi*: **to ~ (from)** sisar (de).
pilgrim ['pɪlgrɪm] *n* peregrino *m*, -na *f.*
pilgrimage ['pɪlgrɪmɪdʒ] *n* peregrinación *f.*
pill [pɪl] *n* **-1.** MED píldora *f*, pastilla *f* **-2.** [contraceptive]: **the ~** la píldora (anticonceptiva); **to be on the ~** tomar la píldora.
pillage ['pɪlɪdʒ] <> *n* pillaje *m*, saqueo *m.* <> *vt* saquear.
pillar ['pɪlə^r] *n lit* & *fig* pilar *m*; **to be a ~ of strength** mostrar gran fortaleza.
pillar box *n UK* buzón *m.*
pillbox ['pɪlbɒks] *n* **-1.** [box for pills] cajita *f* para pastillas **-2.** MIL fortín *m.*
pillion ['pɪljən] *n* asiento *m* trasero; **to ride ~** ir en el asiento trasero *(de una moto)*.
pillock ['pɪlək] *n UK inf* gilipollas *m y f inv.*
pillory ['pɪlərɪ] (*pl* **-ies**, *pt* & *pp* **-ied**) <> *n* picota *f.* <> *vt* poner en la picota.
pillow ['pɪləʊ] *n* **-1.** [for bed] almohada *f* **-2.** ***US*** [on sofa, chair] cojín *m.*
pillowcase ['pɪləʊkeɪs], **pillowslip** ['pɪləʊslɪp] *n* funda *f* de almohada.
pilot ['paɪlət] <> *n* **-1.** AERON & NAUT piloto *m* **-2.** TV programa *m* piloto. <> *comp* [project, study] piloto *(inv)*, de prueba. <> *vt* **-1.** AERON & NAUT pilotar **-2.** [test] poner a prueba.
pilot burner, pilot light *n* piloto *m*, luz *f* indicadora.
pilot scheme *n* proyecto *m* piloto.
pilot study *n* estudio *m* piloto.
pimento [pɪ'mentəʊ] (*pl inv* OR **-s**) *n* pimiento *m* morrón.
pimp [pɪmp] *n inf* chulo *m*, padrote *m* ***Méx***.
pimple ['pɪmpl] *n* grano *m.*
pimply ['pɪmplɪ] (*compar* **-ier**, *superl* **-iest**) *adj* cubierto(ta) de granos.
pin [pɪn] (*pt* & *pp* **-ned**, *cont* **-ning**) <> *n* **-1.** [for sewing] alfiler *m*; **~s and needles** hormigueo *m* **-2.** [drawing pin] chincheta *f* **-3.** [safety pin] imperdible *m* **-4.** [of plug] clavija *f*; COMPUT pin *m* **-5.** TECH clavija *f* **-6.** [in grenade] seguro *m.* <> *vt* **-1.** [fasten]: **to ~ sthg to** OR **on** [sheet of paper] clavar con alfileres algo en; [medal, piece of cloth] prender algo en **-2.** [trap]: **to ~ sb against** OR **to** inmovilizar a alguien contra **-3.** [apportion]:

to ~ **sthg on** *OR* **upon sb** cargar algo a alguien.

◆ **pin down** *vt sep* **-1.** [identify] determinar, identificar **-2.** [force to make a decision]: **to ~ sb down (to)** obligar a alguien a comprometerse (a).

◆ **pin up** *vt sep* **-1.** [fasten with pins] clavar **-2.** [hem] prender con alfileres; [hair] recoger.

PIN [pɪn] (*abbr of* **personal identification number**) *n* PIN *m*.

pinafore ['pɪnəfɔːʳ] *n* **-1.** [apron] delantal *m* **-2.** *UK* [dress] pichi *m*.

pinball ['pɪnbɔːl] *n* millón *m*, flípper *m*.

pinball machine *n* máquina *f* de millón *OR* flípper.

pincer movement ['pɪnsə-] *n* movimiento *m* de tenazas.

pincers ['pɪnsəz] *npl* **-1.** [tool] tenazas *fpl* **-2.** [front claws] pinzas *fpl*.

pinch [pɪntʃ] ◇ *n* **-1.** [nip] pellizco *m*; **to feel the ~** tener que apretarse el cinturón **-2.** [small quantity] pizca *f*. ◇ *vt* **-1.** [nip] pellizcar; [subj: shoes] apretar **-2.** *inf* [steal] mangar. ◇ *vi* [shoes] apretar.

◆ **at a pinch** *UK*, **in a pinch** *US* *adv* si no hay más remedio.

pinched [pɪntʃt] *adj* [thin, pale] demacrado(da); **~ with** [cold] aterido(da) de; [hunger] muerto(ta) de; **~ for** [time, money] escaso(sa) de.

pinch hit *vi US* **-1.** [in baseball] *sustituir a un bateador en un momento decisivo del partido* **-2.** *fig* [substitute] sustituir a alguien *(en una emergencia)*.

pincushion ['pɪn,kʊʃn] *n* acerico *m*.

pine [paɪn] ◇ *n* pino *m*. ◇ *comp* de pino. ◇ *vi*: **to ~ for** suspirar por.

◆ **pine away** *vi* morirse de pena.

pineapple ['paɪnæpl] *n* piña *f*, ananá *m RP*.

pinecone ['paɪnkəʊn] *n* piña *f*.

pine kernel *n* piñón *m*.

pine needle *n* aguja *f* de pino.

pine nut *n* piñón *m*.

pinetree ['paɪntriː] *n* pino *m*.

pinewood ['paɪnwʊd] *n* **-1.** [forest] pinar *m* **-2.** [material] madera *f* de pino.

ping [pɪŋ] ◇ *n* [of metal] sonido *m* metálico. ◇ *vi* producir un sonido metálico.

Ping-Pong® [-pɒŋ] *n* ping-pong® *m*.

pinhole ['pɪnhəʊl] *n* agujero *m* de alfiler.

pinion ['pɪnjən] ◇ *n TECH* piñón *m*. ◇ *vt* [hold down] inmovilizar.

pink [pɪŋk] ◇ *adj* rosa. ◇ *n* **-1.** [colour] rosa *m* **-2.** [flower] clavel *m*.

pink gin *n UK* ginebra *f* con angostura.

pinkie ['pɪŋkɪ] *n US* & *Scot* dedo *m* meñique.

pinking scissors, pinking shears *npl* tijeras *fpl* dentadas.

pink pound *UK*, **pink dollar** *US* *n*: **the ~** *el poder adquisitivo de los homosexuales*.

pin money *n dinero adicional para gastos menores*.

pinnacle ['pɪnəkl] *n* **-1.** [high point] cumbre *f*, cúspide *f* **-2.** [mountain peak] cima *f*; [spire] pináculo *m*.

pinny ['pɪnɪ] (*pl* **-ies**) *n UK inf* delantal *m*.

pinpoint ['pɪnpɔɪnt] *vt* determinar, identificar.

pinprick ['pɪnprɪk] *n* **-1.** [mark, hole] marca *f* de pinchazo **-2.** [slight irritation] pequeña molestia *f*.

pin-striped [-,straɪpt] *adj* a rayas.

pint [paɪnt] *n* **-1.** [unit of measurement] *UK* = *0,568 litros*; *US* = *0,473 litros*, ≃ pinta *f* **-2.** *UK* [beer]: **to go for a ~** salir a tomar una caña.

pinto ['pɪntəʊ] (*pl* **-s** *OR* **-es**) *US* ◇ *adj* pinto(ta). ◇ *n* caballo *m* pinto.

pint-size(d) *adj inf* enano(na), muy pequeño(ña).

pinup ['pɪnʌp] *n* [of model] (*póster de*) *mujer medio desnuda*; [of film star etc] (*póster de*) *una atractiva estrella del pop, del cine etc*.

pinwheel ['pɪnwiːl] *n US* [toy windmill] molinillo *m*.

pioneer [,paɪə'nɪəʳ] ◇ *n* pionero *m*, -ra *f*. ◇ *vt* iniciar, introducir.

pioneering [,paɪə'nɪərɪŋ] *adj* pionero(ra).

pious ['paɪəs] *adj* **-1.** [religious] piadoso(sa) **-2.** *pej* [sanctimonious] mojigato(ta).

piously ['paɪəslɪ] *adv pej* piadosamente.

pip [pɪp] *n* **-1.** [seed] pepita *f* **-2.** *UK* [bleep] señal *f*.

pipe [paɪp] ◇ *n* **-1.** [for gas, water] tubería *f* **-2.** [for smoking] pipa *f*. ◇ *vt* **-1.** [transport via pipes] conducir por tuberías **-2.** [say] decir con voz de pito.

◆ **pipes** *npl MUS* gaita *f*.

◆ **pipe down** *vi inf* cerrar la boca.

◆ **pipe up** *vi inf*: **to ~ up with a suggestion** saltar con una sugerencia.

pipe cleaner *n* limpiapipas *m inv*.

piped music [paɪpt-] *n UK* hilo *m* musical®.

pipe dream *n* sueño *m* imposible, castillos *mpl* en al aire.

pipeline ['paɪplaɪn] *n* tubería *f*; [for gas] gasoducto *m*; [for oil] oleoducto *m* **... is in the ~** hay planes para ...

piper ['paɪpəʳ] *n* gaitero *m*, -ra *f*.

piping hot ['paɪpɪŋ-] *adj* humeante, calentito(ta).

piquant ['piːkənt] *adj* **-1.** [food] picante **-2.** [story] intrigante; [situation] que suscita un placer mordaz.

pique [pi:k] ◇ *n* resentimiento *m*; **a fit of ~** un arrebato de despecho. ◇ *vt* **-1.** [upset] ofender **-2.** [arouse] despertar.

piracy ['paɪrəsɪ] *n* **-1.** [at sea] piratería *f* **-2.** [illegal copying] piratería *f*.

piranha [pɪ'rɑːnə] *n* piraña *f*.

pirate ['paɪrət] ◇ *adj* [gen & COMPUT] pirata. ◇ *n* **-1.** [sailor] pirata *m* OR *f* **-2.** [illegal copy] edición *f* pirata. ◇ *vt* piratear.

pirate radio *n UK* radio *f* pirata.

pirouette [ˌpɪrʊ'et] ◇ *n* pirueta *f*. ◇ *vi* hacer piruetas.

Pisces ['paɪsiːz] *n* Piscis *m inv*; **to be (a) ~** ser Piscis.

piss [pɪs] *v inf* ◇ *n* **-1.** [urine] meada *f*; **to take the ~ out of** vacilar a **-2.** [urination]: **to have a ~** mear. ◇ *vi* mear.

◆ **piss about, piss around** *UK v inf* ◇ *vt sep* vacilar. ◇ *vi* [waste time] tocarse los huevos; [fool around] hacer el gilipollas.

◆ **piss down** *vi UK* llover a cántaros.

◆ **piss off** ◇ *vt sep* cabrear. ◇ *vi UK* irse a la mierda; **~ off!** ¡vete a la mierda!

pissed [pɪst] *adj vulg* **-1.** *UK* [drunk] pedo *(inv)*, cocido(da) **-2.** *US* [annoyed] cabreado(da).

pissed off *adj vulg*: **to be** OR **to feel ~** estar cabreado(da).

pistachio [pɪ'stɑːʃɪəʊ] (*pl* **-s**) *n* pistacho *m*.

piste [piːst] *n* pista *f* de esquí.

pistol ['pɪstl] *n* pistola *f*.

pistol-whip *vt golpear con la culata de una pistola.*

piston ['pɪstən] *n* pistón *m*, émbolo *m*.

pit [pɪt] (*pt* & *pp* **-ted**, *cont* **-ting**) ◇ *n* **-1.** [large hole] hoyo *m* **-2.** [small hole - in metal, glass] señal *f*, marca *f*; [- on face] picadura *f*, piquete *m Méx* **-3.** [for orchestra] foso *m* de la orquesta **-4.** [mine] mina *f* **-5.** [quarry] cantera *f* **-6.** *US* [of fruit] hueso *m*, cuesco *m*, carozo *m RP*, pepa *f Col* **-7.** *phr*: **the ~ of one's stomach** las entrañas. ◇ *vt*: **to be pitted against** ser enfrentado(da) con; **to ~ one's wits against** medirse con.

◆ **pits** *npl* **-1.** [in motor racing]: **the ~s** el box **-2.** *inf* [awful]: **it's the ~s** está fatal.

pit bull terrier *n* pitbull terrier *m*.

pitch [pɪtʃ] ◇ *n* **-1.** SPORT campo *m* **-2.** MUS tono *m* **-3.** [level, degree] grado *m*, punto *m* **-4.** *UK* [selling place] puesto *m* **-5.** *inf* [sales talk] labia *f* de comerciante **-6.** [motion - of ship, plane] tumbo *m*, bandazo *m*. ◇ *vt* **-1.** [throw] lanzar, arrojar; **to be ~ed into a situation** encontrarse de la noche a la mañana en una situación **-2.** [design]: **to be ~ed in order to do sthg** estar diseñado para hacer algo **-3.** [speech] dar un tono a **-4.** [tent] montar, poner. ◇ *vi* **-1.** [ball] tocar el suelo; **to ~ forwards** [person] precipitarse hacia delante **-2.** [ship, plane] dar un bandazo.

◆ **pitch in** *vi* ponerse manos a la obra.

pitch-black *adj* negro(gra) como boca de lobo.

pitched [pɪtʃt] *adj* [sloping] inclinado(da), pendiente.

pitched battle [ˌpɪtʃt-] *n* HIST batalla *f* campal; *fig* [bitter struggle] lucha *f* encarnizada.

pitcher ['pɪtʃə^r] *n* **-1.** [jug] cántaro *m*, jarro *m* **-2.** *US* [in baseball] lanzador *m*, pitcher *m*.

pitchfork ['pɪtʃfɔːk] *n* horca *f*.

piteous ['pɪtɪəs] *adj* lastimero(ra).

piteously ['pɪtɪəslɪ] *adv* lastimeramente.

pitfall ['pɪtfɔːl] *n* peligro *m*, escollo *m*.

pith [pɪθ] *n* piel *f* blanca.

pithead ['pɪthed] *n* bocamina *f*.

pith helmet *n* salacot *m*.

pithy ['pɪθɪ] (*compar* **-ier**, *superl* **-iest**) *adj* conciso(sa) y contundente.

pitiable ['pɪtɪəbl] *adj* lastimoso(sa).

pitiful ['pɪtɪfʊl] *adj* [condition, excuse, effort] lamentable; [person, appearance] lastimoso(sa).

pitifully ['pɪtɪfʊlɪ] *adv*: **she looks ~ thin** está tan delgada que da pena; **a ~ poor excuse** una excusa lamentable.

pitiless ['pɪtɪlɪs] *adj* [person] despiadado(da).

pitman ['pɪtmən] (*pl* **-men** [-mən]) *n* minero *m*.

pit pony *n UK tipo de poni que antiguamente hacía de animal de carga en las minas británicas.*

pit stop *n* [in motor racing] parada *f* en boxes.

pitta bread ['pɪtə-] *n tipo de pan sin levadura en el que se pone carne, ensalada etc.*

pittance ['pɪtəns] *n* miseria *f*.

pitted ['pɪtɪd] *adj* **-1.** [marked]: **~ with** picado(da) de **-2.** [olive] sin hueso.

pitter-patter ['pɪtəˌpætə^r] *n* golpeteo *m*.

pituitary [pɪ'tjʊɪtrɪ] (*pl* **-ies**) *n*: **~ (gland)** glándula *f* pituitaria.

pity ['pɪtɪ] (*pt* & *pp* **-ied**) ◇ *n* [compassion] compasión *f*; [shame] pena *f*, lástima *f*; **what a ~!** ¡qué pena!; **to take** OR **have ~ on** compadecerse de. ◇ *vt* compadecerse de, sentir pena por.

pitying ['pɪtɪɪŋ] *adj* compasivo(va).

pivot ['pɪvət] ◇ *n* **-1.** TECH pivote *m*, eje *m* **-2.** *fig* [person] eje *m*. ◇ *vi*: **to ~ (on)** girar (sobre).

pivotal ['pɪvətl] *adj* clave.

pixel ['pɪksl] *n* COMPUT & TV pixel *m*.

pixie, pixy ['pɪksɪ] (*pl* **-ies**) *n* duendecillo *m*.

pizza ['piːtsə] *n* pizza *f*.

pizza parlour *n* pizzería *f*.

pizzazz [pɪ'zæz] *n inf* vitalidad *f*, energía *f*.
pizzeria [ˌpɪtsə'rɪəl] *n* pizzería *f*.
Pl. *abbr of* Place.
P & L (*abbr of* **profit and loss**) *n* ganancias y pérdidas *fpl*.
placard ['plækɑ:d] *n* pancarta *f*.
placate [plə'keɪt] *vt* aplacar, apaciguar.
placatory [plə'keɪtərɪ] *adj* apaciguador(ra).
place [pleɪs] ◇ *n* **-1.** [gen] lugar *m*, sitio *m*; ~ **of birth** lugar de nacimiento; **it's good in ~s** tiene algunas partes buenas **-2.** [proper position] sitio *m*; **to fall into** ~ encajar; **to put sb in their** ~ poner a alguien en su sitio **-3.** [suitable occasion, time] momento *m* **-4.** [home] casa *f* **-5.** [specific seat] asiento *m*; [in queue] sitio *m*; THEATRE localidad *f* **-6.** [setting at table] cubierto *m* **-7.** [on course, at university] plaza *f* **-8.** [on committee, in team] puesto *m* **-9.** [role, function] papel *m*; **to have an important ~ in** desempeñar un papel importante en; **it's not my ~ to question it** no es de mi incumbencia cuestionarlo; **put yourself in my** ~ ponte en mi lugar **-10.** [position, rank] lugar *m*, posición *f* **-11.** [in book] página *f*; [in speech]: **to lose one's** ~ no saber (uno) dónde estaba **-12.** MATH: **decimal** ~ punto *m* decimal **-13.** [instance]: **in the first** ~ [from the start] desde el principio; **in the first ~ ... and in the second ~ ...** [firstly, secondly] en primer lugar ... y en segundo lugar ... **-14.** *phr*: **to take** ~ tener lugar; **to take the ~ of** sustituir a. ◇ *vt* **-1.** [position, put] colocar, poner; **to be well ~d to do sthg** estar en buena posición para hacer algo **-2.** [lay, apportion]: **to ~ the blame on** echar la culpa a; **to ~ emphasis on** poner énfasis en; **to ~ pressure on** ejercer presión sobre **-3.** [identify]: **I recognize the face, but I can't ~ her** me suena su cara, pero no sé de qué **-4.** [bet, order etc] hacer **-5.** [in horse racing]: **to be ~d** llegar entre los tres primeros.
◆ **all over the place** *adv* por todas partes.
◆ **in place** *adv* **-1.** [in proper position] en su sitio **-2.** [established, set up] en marcha OR funcionamiento; **everything is now in** ~ los preparativos ya están finalizados.
◆ **in place of** *prep* en lugar de.
◆ **out of place** *adv* **-1.** [in wrong position]: **to be out of** ~ no estar en su sitio **-2.** [inappropriate, unsuitable] fuera de lugar.
placebo [plə'si:bəʊ] (*pl* **-s** OR **-es**) *n* placebo *m*.
place card *n* tarjeta *f* (de colocación de los invitados).
placed [pleɪst] *adj* situado(da).
place kick *n* RUGBY puntapié *m* colocado.
place mat *n* mantel *m* individual.
placement ['pleɪsmənt] *n* colocación *f*.
placement test *n* examen *m* de nivel.
placenta [plə'sentə] (*pl* **-s** OR **-tae** [-ti:]) *n* placenta *f*.
place of worship *n* templo *m*.
place setting *n* cubierto *m*.
placid ['plæsɪd] *adj* **-1.** [even-tempered] apacible **-2.** [peaceful] tranquilo(la).
placidly ['plæsɪdlɪ] *adv* apaciblemente.
plagiarism ['pleɪdʒjərɪzm] *n* plagio *m*.
plagiarist ['pleɪdʒjərɪst] *n* plagiario *m*, -ria *f*.
plagiarize, -ise ['pleɪdʒəraɪz] *vt* plagiar.
plague [pleɪg] ◇ *n* **-1.** [attack of disease] peste *f* **-2.** [disease]: **(the)** ~ la peste; **to avoid sb/sthg like the** ~ huir de alguien/algo como de la peste **-3.** [of rats, insects] plaga *f*. ◇ *vt*: **to ~ sb with** [complaints, requests] acosar a alguien con; [questions] acribillar a alguien a; **to be ~d by** [ill health] estar acosado de; [doubts] estar atormentado de.
plaice [pleɪs] (*pl inv*) *n* platija *f*.
plaid [plæd] *n* tejido *m* escocés.
Plaid Cymru [ˌplaɪd'kʌmrɪ] *n UK* POL *partido nacionalista galés.*
plain [pleɪn] ◇ *adj* **-1.** [not patterned] liso(sa) **-2.** [simple - gen] sencillo(lla); [- yoghurt] natural **-3.** [clear] evidente, claro(ra); **to make sthg ~ to sb** dejar algo bien claro a alguien **-4.** [speaking, statement] franco(ca) **-5.** [absolute - madness etc] auténtico(ca) **-6.** [not pretty] sin atractivo. ◇ *adv inf* completamente. ◇ *n* GEOGR llanura *f*, planicie *f*.
plain chocolate *n UK* chocolate *m* amargo.
plain-clothes *adj* vestido(da) de paisano.
plain flour *n UK* harina *f* (sin levadura).
plainly ['pleɪnlɪ] *adv* **-1.** [upset, angry] evidentemente **-2.** [visible, audible] claramente **-3.** [frankly] francamente **-4.** [simply] sencillamente.
plain sailing *n*: **it's** ~ es coser y cantar.
plainspoken [ˌpleɪn'spəʊkən] *adj* franco(ca).
plaintiff ['pleɪntɪf] *n* demandante *m* OR *f*.
plaintive ['pleɪntɪv] *adj* quejumbroso(sa), lastimero(ra).
plait [plæt] ◇ *n* trenza *f*. ◇ *vt* trenzar.
plan [plæn] (*pt* & *pp* **-ned**, *cont* **-ning**) ◇ *n* **-1.** [strategy] plan *m*; **to go according to** ~ salir según lo previsto **-2.** [of story, essay] esquema *m* **-3.** [of building etc] plano *m*. ◇ *vt* **-1.** [organize] planear **-2.** [career, future, economy] planificar; **to ~ to do sthg** tener la intención de hacer algo; **it wasn't planned** no estaba previsto **-3.** [design, devise] trazar un esquema OR boceto de. ◇ *vi* hacer planes; **we hadn't ~ned for that** no lo habíamos previsto.
◆ **plans** *npl* planes *mpl*; **to have ~s for** tener planes para.

◆ **plan on** *vt fus*: **to ~ on doing sthg** pensar hacer algo.
◆ **plan out** *vt sep* planear.
plane [pleɪn] ◇ *adj* plano(na). ◇ *n* **-1.** [aircraft] avión *m* **-2.** *GEOM* [flat surface] plano *m* **-3.** *fig* [level - intellectual] nivel *m*, plano *m* **-4.** [tool] cepillo *m* **-5.** [tree] plátano *m*. ◇ *vt* cepillar.
planet ['plænɪt] *n* planeta *m*.
planetarium [,plænɪ'teərɪəm] (*pl* **-riums** *OR* **-ria** [-rɪəl]) *n* planetario *m*.
planetary ['plænɪtrɪ] *adj* planetario(ria).
plane tree *n* plátano *m*.
plank [plæŋk] *n* **-1.** [piece of wood] tablón *m*, tabla *f* **-2.** *POL* [main policy] punto *m* fundamental.
plankton ['plæŋktən] *n* plancton *m*.
planned [plænd] *adj* [crime] planeado(da); [economy] planificado(da).
planner ['plænəʳ] *n* planificador *m*, -ra *f*; **town ~** urbanista *m OR f*.
planning ['plænɪŋ] *n* [gen] planificación *f*; **town ~** urbanismo *m*.
planning permission *n* permiso *m* de construcción *OR* de obras.
plan of action *n* plan *m* de acción.
plant [plɑ:nt] ◇ *n* **-1.** *BOT* planta *f* **-2.** [factory] planta *f*, fábrica *f* **-3.** [heavy machinery] maquinaria *f*. ◇ *vt* **-1.** [seed, tree, vegetable]: **to ~ sthg (in)** plantar algo (en) **-2.** [field, garden]: **to ~ sthg with** sembrar algo de **-3.** [kiss, chair] colocar **-4.** [bomb, bug] colocar secretamente; **to ~ sthg on sb** [drugs, weapon] endosar algo a alguien.
◆ **plant out** *vt sep* trasplantar.
plantain ['plæntɪn] *n* llantén *m*.
plantation [plæn'teɪʃn] *n* plantación *f*.
planter ['plɑ:ntəʳ] *n* **-1.** [farmer] plantador *m*, -ra *f* **-2.** [container] macetero *m*.
plant pot *n* maceta *f*, tiesto *m*.
plaque [plɑ:k] *n* [gen & *MED*] placa *f*.
plasma ['plæzməl] *n* plasma *m*; **~ display** pantalla *f* de plasma.
plaster ['plɑ:stəʳ] ◇ *n* **-1.** [for wall, ceiling] yeso *m* **-2.** [for broken bones] escayola *f*; **in ~** escayolado(da) **-3.** *UK* [bandage] tirita® *f*. ◇ *vt* **-1.** [put plaster on] enyesar **-2.** [cover]: **to ~ sthg (with)** cubrir algo (de).
plasterboard ['plɑ:stəbɔ:d] *n* cartón *m* yeso.
plaster cast *n* **-1.** [for broken bones] escayola *f* **-2.** [model, statue] vaciado *m* en yeso.
plastered ['plɑ:stəd] *adj inf* [drunk] cocido(da).
plasterer ['plɑ:stərəʳ] *n* yesero *m*, -ra *f*.
plastering ['plɑ:stərɪŋ] *n* enyesado *m*.
plaster of Paris *n* yeso *m* mate.
plastic ['plæstɪk] ◇ *adj* [made from plastic] de plástico. ◇ *n* plástico *m*.
plastic bag *n* bolsa *f* de plástico.
plastic bullet *n* bala *f* de goma.
plastic explosive *n* (explosivo *m*) plástico *m*.
Plasticine® ['plæstɪsi:n] *n UK* plastilina® *f*.
plastic money *n (U)* plástico *m*.
plastic surgeon *n* cirujano plástico *m*, cirujana plástica *f*.
plastic surgery *n* cirugía *f* plástica.
plastic wrap *n US* [clingfilm] plástico *m* transparente *(para envolver alimentos)*.
plate [pleɪt] ◇ *n* **-1.** [dish, plateful] plato *m*; **to have a lot on one's ~** [be busy] estar hasta el cuello de trabajo; **to hand sthg on a ~ to sb** ponerle algo a alguien en bandeja de plata **-2.** [on machinery, wall, door] placa *f* **-3.** *(U)* [metal covering]: **gold/silver ~** chapa *f* de oro/plata **-4.** [photograph] lámina *f* **-5.** [in dentistry] dentadura *f* postiza. ◇ *vt*: **to be ~d (with)** estar chapado(da) (en *OR* de).
Plate [pleɪt] *n*: **the River ~** el río de la Plata.
plateau ['plætəʊ] (*pl* **-s** *OR* **-x** [-zl]) *n* **-1.** [high, flat land] meseta *f* **-2.** *fig* [steady level]: **to reach a ~** estancarse.
plateful ['pleɪtfʊl] *n* plato *m*.
plate glass *n* vidrio *m* cilindrado.
plate rack *n* escurreplatos *m inv*.
platform ['plætfɔ:m] *n* **-1.** [gen & *COMPUT*] plataforma *f*; [stage] estrado *m*; [at meeting] tribuna *f* **-2.** *RAIL* andén *m*; **~ 12** la vía 12 **-3.** *POL* programa *m* electoral.
plating ['pleɪtɪŋ] *n* chapeado *m*.
platinum ['plætɪnəm] ◇ *adj* [colour] platino *(inv)*. ◇ *n* platino *m*. ◇ *comp* [made of platinum] de platino.
platinum blonde *n* rubia *f* platino.
platitude ['plætɪtju:d] *n* tópico *m*, cliché *m*.
platonic [plə'tɒnɪk] *adj* platónico(ca).
platoon [plə'tu:n] *n* pelotón *m*.
platter ['plætəʳ] *n* [dish] fuente *f*.
platypus ['plætɪpəs] (*pl* **-es**) *n* ornitorrinco *m*.
plaudits ['plɔ:dɪts] *npl* aplausos *mpl*.
plausible ['plɔ:zəbl] *adj* plausible, admisible.
plausibly ['plɔ:zəblɪ] *adv* plausiblemente.
play [pleɪ] ◇ *n* **-1.** *(U)* [amusement] juego *m*; **at ~** jugando **-2.** [piece of drama] obra *f* **-3.** *SPORT*: **in ~** en juego; **out of ~** fuera del campo **-4.** [consideration]: **to come into ~** entrar en juego **-5.** [game]: **~ on words** juego *m* de palabras **-6.** *TECH* juego *m*. ◇ *vt* **-1.** [game, sport] jugar a; [match] jugar; [in specific position] jugar de **-2.** [play game against]: **to ~ sb (at sthg)** jugar contra alguien (a algo) **-3.** [perform for amusement]: **to ~ a joke on** gastar una broma a; **to ~ a dirty trick on** jugar una mala pasada a **-4.** [act - part, character] representar; **to ~ a part**

OR **role in** *fig* desempeñar un papel en; **to ~ the fool** hacer el tonto **-5.** [instrument, tune] tocar; [record, cassette] poner **-6.** *phr*: **to ~ it safe** actuar sobre seguro; **to ~ it cool** comportarse con calma. <> *vi* **-1.** [gen]: **to ~ (with/against)** jugar (con/contra); **to ~ for sb/a team** jugar para alguien/con un equipo **-2.** [act]: **to ~ in sthg** actuar en algo **-3.** [be performed, shown - play] representarse; [- film] exhibirse **-4.** [*MUS* - person] tocar; [- music] sonar.

◆ **play along** *vi*: **to ~ along (with)** seguir la corriente (a).

◆ **play at** *vt fus* jugar a.

◆ **play back** *vt sep* volver a poner.

◆ **play down** *vt sep* quitar importancia a.

◆ **play off** <> *vt sep*: **to ~ sthg/sb off against** oponer algo/a alguien contra. <> *vi* jugar un partido de desempate.

◆ **play (up)on** *vt fus* aprovecharse de.

◆ **play up** <> *vt sep* [emphasize] hacer resaltar, realzar. <> *vi* [machine, part of body, child] dar guerra.

playable ['pleɪəbl] *adj* en condiciones para que se juegue (un partido).

play-act *vi* fingir, hacer comedia.

playback ['pleɪbæk] *n* reproducción *f*.

playbill ['pleɪbɪl] *n* cartel *m* anunciador.

playboy ['pleɪbɔɪ] *n* playboy *m*, fifí *m* ***Amér.***

player ['pleɪə^r] *n* **-1.** [of sport, game] jugador *m*, -ra *f* **-2.** *MUS* intérprete *m* OR *f* **-3.** *THEATRE* actor *m*, actriz *f* **-4.** [important person or organization] protagonista *m* OR *f*.

playfellow ['pleɪˌfeləʊ] *n* compañero *m*, -ra *f* de juego.

playful ['pleɪfʊl] *adj* juguetón(ona).

playfully ['pleɪfʊlɪ] *adv* de manera juguetona.

playground ['pleɪgraʊnd] *n* **-1.** [at school] patio *m* de recreo **-2.** [in park] zona *f* de juegos.

playgroup ['pleɪgru:p] *n* jardín *m* de infancia, guardería *f*.

playhouse ['pleɪhaʊs, *pl* -haʊzɪz] *n* ***US*** *casita de juguete del tamaño de un niño.*

playing card ['pleɪɪŋ-] *n* naipe *m*, carta *f*.

playing field ['pleɪɪŋ-] *n* campo *m* de juego.

playlist ['pleɪlɪst] *n* ***UK*** *lista de éxitos que pone un disc-jockey en la radio.*

playmate ['pleɪmeɪt] *n* compañero *m*, -ra *f* de juego.

play-off *n* partido *m* de desempate.

playpen ['pleɪpen] *n* parque *m* (de niños) *(tipo cuna).*

playroom ['pleɪrʊm] *n* cuarto *m* de los juguetes.

playschool ['pleɪsku:l] *n* jardín *m* de infancia, guardería *f*.

plaything ['pleɪθɪŋ] *n lit* & *fig* juguete *m*.

playtime ['pleɪtaɪm] *n* recreo *m*.

playwright ['pleɪraɪt] *n* autor *m*, -ra *f* de teatro, dramaturgo *m*, -ga *f*.

plaza ['plɑ:zə] *n* [for shopping] centro *m* comercial.

plc *abbr of* **public limited company**.

plea [pli:] *n* **-1.** [appeal] súplica *f*, petición *f* **-2.** *JUR* *declaración por parte del acusado de culpabilidad o inocencia.*

plea bargaining *n negociación extrajudicial entre el abogado y el fiscal por la que el acusado acepta su culpabilidad en cierto grado a cambio de no ser juzgado or un delito más grave.*

plead [pli:d] (*pt* & *pp* **-ed** OR **pled**) <> *vt* **-1.** *JUR* [one's cause] defender; **to ~ guilty/not guilty** declararse culpable/inocente; **to ~ insanity** alegar desequilibrio mental **-2.** [give as excuse] pretender. <> *vi* **-1.** [beg]: **to ~ (with sb to do sthg)** rogar OR implorar (a alguien que haga algo); **to ~ for sthg** pedir algo **-2.** *JUR* declarar.

pleading ['pli:dɪŋ] <> *adj* de súplica, implorante. <> *n (U)* súplicas *fpl*.

pleasant ['pleznt] *adj* **-1.** [smell, taste, view] agradable; [surprise, news] grato(ta) **-2.** [person, smile, face] simpático(ca), dije ***Chile***.

pleasantly ['plezntlɪ] *adv* [smile, say] agradablemente; [be surprised] gratamente.

pleasantry ['plezntrɪ] (*pl* **-ies**) *n*: **to exchange pleasantries** intercambiar cumplidos.

please [pli:z] <> *vt* complacer, agradar; **he always ~s himself** él siempre hace lo que le da la gana; **~ yourself!** ¡como quieras! <> *vi* **-1.** [give satisfaction] satisfacer, agradar **-2.** [think appropriate]: **to do as one ~s** hacer como a uno le parezca; **if you ~** si no le importa. <> *adv* por favor.

pleased [pli:zd] *adj*: **to be ~ (about/with)** estar contento(ta) (por/con); **to be ~ for sb** alegrarse por alguien; **to be very ~ with o.s.** estar muy satisfecho de sí mismo; **~ to meet you!** ¡encantado(da) de conocerle!, ¡mucho gusto!

pleasing ['pli:zɪŋ] *adj* agradable, grato(ta).

pleasingly ['pli:zɪŋlɪ] *adv* agradablemente.

pleasurable ['pleʒərəbl] *adj* agradable, grato(ta).

pleasure ['pleʒə^r] *n* **-1.** [feeling of happiness] gusto *m*; **to take ~ in doing sthg** disfrutar haciendo algo; **with ~** con gusto **-2.** [enjoyment] diversión *f* **-3.** [delight] placer *m*; **it's a ~ to talk to him** da gusto hablar con él; **it's a ~, my ~** no hay de qué.

pleat [pliːt] ◇ *n* pliegue *m*. ◇ *vt* plisar.
pleated [ˈpliːtɪd] *adj* plisado(da).
plebiscite [ˈplebɪsaɪt] *n* plebiscito *m*.
plectrum [ˈplektrəm] (*pl* -s) *n* púa *f*, plectro *m*.
pled [pled] *pt* & *pp* ▷ **plead**.
pledge [pledʒ] ◇ *n* -**1.** [promise] promesa *f* -**2.** [token] señal *f*, prenda *f*. ◇ *vt* -**1.** [promise] prometer -**2.** [commit]: **to ~ sb to sthg** hacer jurar a alguien algo; **to ~ o.s. to** comprometerse a -**3.** [pawn] empeñar.

PLEDGE OF ALLEGIANCE

El juramento de fidelidad, *Pledge of Allegiance*, es un voto de lealtad a la bandera de los Estados Unidos. Hasta hace poco, los escolares estadounidenses lo pronunciaban todas las mañanas antes de comenzar las clases. El texto del juramento dice así 'Juro fidelidad a la bandera de los Estados Unidos de Norteamérica y a la república que representa, una nación en Dios, indivisible, con libertad y justicia para todos'.

plenary session [ˈpliːnərɪ-] *n* sesión *f* plenaria.
plentiful [ˈplentɪfʊl] *adj* abundante.
plenty [ˈplentɪ] ◇ *n (U)* abundancia *f*. ◇ *pron*: **we've got ~** tenemos de sobra; **that's ~** es más que suficiente; **~ of** mucho(cha); **~ of reasons** muchas razones; **~ of time** tiempo de sobra. ◇ *adv* **US** [very] muy; [a lot] mucho.
plethora [ˈpleθərəl] *n* plétora *f*.
pleurisy [ˈplʊərəsɪ] *n* pleuresía *f*.
Plexiglas® [ˈpleksɪglɑːs] *n* **US** plexiglás® *m*.
pliable [ˈplaɪəbl], **pliant** [ˈplaɪənt] *adj* flexible.
pliers [ˈplaɪəz] *npl* tenazas *fpl*, alicates *mpl*.
plight [plaɪt] *n* grave situación *f*.
plimsoll [ˈplɪmsəl] *n* **UK** playera *f*, zapato *m* de tenis.
plinth [plɪnθ] *n* [for statue] peana *f*; [for pillar] plinto *m*.
PLO (*abbr of* **Palestine Liberation Organization**) *n* OLP *f*.
plod [plɒd] (*pt* & *pp* **-ded**, *cont* **-ding**) *vi* -**1.** [walk slowly] caminar con paso cansino -**2.** [work steadily]: **to ~ away at sthg** trabajar pacientemente en algo.
plodder [ˈplɒdəʳ] *n* **pej** persona *f* mediocre pero voluntariosa (en el trabajo).
plonk [plɒŋk] *n (U)* **UK inf** [wine] vino *m* peleón.
◆ **plonk down** *vt sep* **inf** dejar caer.
plop [plɒp] (*pt* & *pp* **-ped**, *cont* **-ping**) ◇ *n* glup *m*. ◇ *vi* hacer glup.
plot [plɒt] (*pt* & *pp* **-ted**, *cont* **-ting**) ◇ *n* -**1.** [plan] complot *m*, conspiración *f* -**2.** [story] argumento *m*, trama *f* -**3.** [of land] parcela *f* -**4.** **US** [house plan] plano *m* básico, plano *m* inicial. ◇ *vt* -**1.** [plan] tramar, urdir -**2.** [on map, graph] trazar. ◇ *vi*: **to ~ (to do sthg)** tramar (hacer algo); **to ~ against** conspirar contra.
plotter [ˈplɒtəʳ] *n* -**1.** [schemer] conspirador *m*, -ra *f* -**2.** COMPUT plotter *m*.
plough *UK*, **plow** *US* [plaʊ] ◇ *n* arado *m*. ◇ *vt* arar.
◆ **plough into** ◇ *vt sep* [invest] invertir. ◇ *vt fus* [hit] chocar contra.
◆ **plough on** *vi* continuar trabajosamente.
◆ **plough up** *vt sep* -**1.** AGR arar -**2.** *fig* [fill with ruts] llenar de surcos.
ploughman's [ˈplaʊmənz] (*pl inv*) *n* **UK**: **~ (lunch)** *queso, cebolletas y ensalada con pan.*
ploughshare *UK*, **plowshare** *US* [ˈplaʊʃeəʳ] *n* reja *f* del arado.
plow *etc* **US** = **plough** *etc*.
ploy [plɔɪ] *n* táctica *f*, estratagema *f*.
pluck [plʌk] ◇ *vt* -**1.** [fruit, flower] coger -**2.** [pull sharply] arrancar -**3.** [bird] desplumar -**4.** [eyebrows] depilar -**5.** [instrument] puntear. ◇ *n dated* valor *m*, ánimo *m*.
◆ **pluck up** *vt fus*: **to ~ up the courage to do sthg** armarse de valor para hacer algo.
plucky [ˈplʌkɪ] (*compar* **-ier**, *superl* **-iest**) *adj dated* valiente.
plug [plʌg] (*pt* & *pp* **-ged**, *cont* **-ging**) ◇ *n* -**1.** ELEC enchufe *m* -**2.** [for bath or sink] tapón *m* -**3.** *inf* [favourable mention] publicidad *f*. ◇ *vt* -**1.** [hole, leak] tapar, taponar -**2.** *inf* [mention favourably] dar publicidad a.
◆ **plug in** *vt sep* enchufar.
plughole [ˈplʌghəʊl] *n* desagüe *m*.
plug-in *n* COMPUT plug-in *m*.
plum [plʌm] ◇ *adj* -**1.** [colour] de color ciruela -**2.** [choice]: **~ job** chollo *m*. ◇ *n* [fruit] ciruela *f*.
plumage [ˈpluːmɪdʒ] *n* plumaje *m*.
plumb [plʌm] ◇ *adv* -**1.** **UK** [exactly]: **~ in the middle** justo en medio -**2.** **US** [completely] completamente. ◇ *vt*: **to ~ the depths of** alcanzar las cotas más bajas de.
◆ **plumb in** *vt sep* **UK** instalar.
plumber [ˈplʌməʳ] *n* fontanero *m*, -ra *f* **Esp**, plomero *m*, -ra *f* **Amér**, gásfiter *mf* **Chile**, gásfitero *m*, -ra *f* **Perú**.
plumbing [ˈplʌmɪŋ] *n (U)* -**1.** [fittings] tuberías *fpl* -**2.** [work] fontanería *f*, plomería *f* **Amér**.
plumb line *n* (hilo *m* de) plomada *f*.
plume [pluːm] *n* -**1.** [feather] pluma *f* -**2.** [decoration, of smoke] penacho *m*.
plummet [ˈplʌmɪt] *vi* caer en picado.
plummy [ˈplʌmɪ] (*compar* **-ier**, *superl* **-iest**) *adj* **UK inf pej** [posh] afectado(da).

plump [plʌmp] *adj* regordete(ta), rollizo(za).
◆ **plump for** *vt fus* optar *OR* decidirse por.
◆ **plump up** *vt sep* ahuecar.

plumpness ['plʌmpnɪs] *n* rechonchez *f.*

plum pudding *n budín navideño con pasas.*

plunder ['plʌndəʳ] ◇ *n* **-1.** [stealing, raiding] saqueo *m*, pillaje *m* **-2.** [stolen goods] botín *m.* ◇ *vt* saquear.

plunge [plʌndʒ] ◇ *n* **-1.** [dive] zambullida *f*; **to take the ~** [get married] dar el paso decisivo; [take risk] lanzarse **-2.** [decrease] caída *f* vertiginosa. ◇ *vt* **-1.** [knife etc]: **to ~ sthg into** hundir algo en **-2.** [into darkness, water]: **to ~ sthg into** sumergir algo en. ◇ *vi* **-1.** [dive] zambullirse **-2.** [decrease] bajar vertiginosamente.

plunger ['plʌndʒəʳ] *n* [for blocked pipes] desatascador *m.*

plunging ['plʌndʒɪŋ] *adj*: **~ neckline** escote *m* pronunciado.

pluperfect [ˌplu:'pɜ:fɪkt] *n*: **~ (tense)** (pretérito *m*) pluscuamperfecto *m.*

plural ['plʊərəl] ◇ *adj* [gen] plural. ◇ *n* plural *m*; **in the ~** en plural.

pluralistic [ˌplʊərə'lɪstɪk] *adj* pluralista.

plurality [plʊ'rælətɪ] *n* **-1.** [large number] pluralidad *f* **-2.** *US* [majority] mayoría *f.*

plus [plʌs] (*pl* **-es** *OR* **-ses**) ◇ *adj* **-1.** [or more]: **35-~** 35 o más **-2.** [in marks]: **B-~** ≃ notable *m* alto. ◇ *n* **-1.** *MATH* [sign] signo *m* más **-2.** [bonus] ventaja *f.* ◇ *prep* más. ◇ *conj* además.

plus fours *npl* (pantalones *mpl*) bombachos *mpl.*

plush [plʌʃ] *adj* lujoso(sa).

plus sign *n* signo *m* más.

Pluto ['plu:təʊ] *n* [planet] Plutón *m.*

plutocrat ['plu:təkræt] *n* plutócrata *m OR f.*

plutonium [plu:'təʊnɪəm] *n* plutonio *m.*

ply [plaɪ] (*pt* & *pp* **plied**) ◇ *n* [of wood] número *m* de capas; [of wool, rope] número de cabos. ◇ *vt* **-1.** [trade] ejercer **-2.** [supply, provide]: **to ~ sb with sthg** [questions] acosar a alguien con algo; [food, drink] no parar de ofrecer a alguien algo. ◇ *vi* navegar.

plywood ['plaɪwʊd] *n* contrachapado *m.*

p.m., pm (*abbr of* **post meridiem**): **at 3 ~** a las tres de la tarde.

PM *n abbr of* **prime minister**.

PMT, PMS (*abbr of* **premenstrual tension, premenstrual syndrome**) *n* tensión *f* premenstrual.

pneumatic [nju:'mætɪk] *adj* **-1.** [pump, lift] de aire comprimido **-2.** [tyre, chair] neumático(ca).

pneumatic drill *n* martillo *m* neumático.

pneumonia [nju:'məʊnjə] *n* (*U*) pulmonía *f.*

PO *n abbr of* **Post Office**.

PO, po *n abbr of* **postal order**.

poach [pəʊtʃ] ◇ *vt* **-1.** [game] cazar furtivamente; [fish] pescar furtivamente **-2.** [copy] plagiar **-3.** *CULIN* [salmon] cocer; [egg] escalfar. ◇ *vi* [for game] cazar furtivamente; [for fish] pescar furtivamente.

poacher ['pəʊtʃəʳ] *n* [hunter] cazador furtivo *m*, cazadora furtiva *f*; [fisherman] pescador furtivo *m*, pescadora furtiva *f.*

poaching ['pəʊtʃɪŋ] *n* [for game] caza *f* furtiva; [for fish] pesca *f* furtiva.

PO Box (*abbr of* **Post Office Box**) *n* apdo. *m*, casilla *f* (de correos) *Andes, CSur.*

pocket ['pɒkɪt] ◇ *n* **-1.** [in clothes] bolsillo *m*; **to live in each other's ~s** vivir continuamente pegado el uno al otro; **to be £10 out of ~** salir perdiendo 10 libras; **to pick sb's ~** vaciar a alguien el bolsillo **-2.** [in car door etc] bolsa *f*, bolsillo *m* **-3.** [of resistance] foco *m*; [of air] bolsa *f*; [on pool, snooker table] tronera *f.* ◇ *vt* **-1.** [place in pocket] meterse en el bolsillo **-2.** [steal] birlar. ◇ *adj* de bolsillo.

pocketbook ['pɒkɪtbʊk] *n* **-1.** [notebook] libreta *f* **-2.** *US* [handbag] bolso *m*; [wallet] cartera *f.*

pocket calculator *n* calculadora *f* de bolsillo.

pocketful ['pɒkɪtfʊl] *n* bolsillo *m.*

pocket handkerchief *n* pañuelo *m.*

pocketknife ['pɒkɪtnaɪf] (*pl* **-knives** [-naɪvz]) *n* navaja *f* (de bolsillo).

pocket money *n* **-1.** [from parents] propina *f* **-2.** [for minor expenses] dinero *m* para gastar.

pocket-sized *adj* de bolsillo.

pockmark ['pɒkmɑ:k] *n* marca *f*, señal *f.*

pod [pɒd] *n* **-1.** [of plants] vaina *f* **-2.** [of spacecraft] módulo *m* espacial.

podgy ['pɒdʒɪ] (*compar* **-ier**, *superl* **-iest**) *adj inf* gordinflón(ona).

podiatrist [pə'daɪətrɪst] *n US* podólogo *m*, -ga *f*, pedicuro *m*, -ra *f.*

podium ['pəʊdɪəm] (*pl* **-diums** *OR* **-dia** [-dɪə]) *n* podio *m.*

poem ['pəʊɪm] *n* poema *m*, poesía *f.*

poet ['pəʊɪt] *n* poeta *m OR f.*

poetic [pəʊ'etɪk] *adj* poético(ca).

poetic justice *n*: **it was ~ that he was sacked too** se llevó su merecido con el despido.

poet laureate *n poeta de la corte británica que escribe poemas para ocasiones oficiales.*

poetry ['pəʊɪtrɪ] *n* poesía *f.*

pogo stick *n palo provisto de un muelle para dar saltos.*

pogrom ['pɒgrəm] *n* pogromo *m.*

poignancy ['pɔɪnjənsɪ] *n* patetismo *m.*

poignant ['pɔɪnjənt] *adj* patético(ca), conmovedor(ra).

poinsettia [pɔɪn'setɪə] *n* flor *f* de Pascua.

point [pɔɪnt] ◇ *n* **-1.** [gen] punto *m*; ~ **of no return** punto de no retorno; **a sore** ~ *fig* un asunto espinoso OR delicado **-2.** [in time] momento *m*; **at that** ~ en ese momento **-3.** [tip] punta *f* **-4.** [detail, argument]: **to make a** ~ hacer una observación; **to make one's** ~ explicar la postura de uno; **it proves my** ~ prueba lo que digo; **to have a** ~ tener razón; ~ **taken!** ¡tienes razón! **-5.** [main idea]: **the** ~ **is ...** lo fundamental es ...; **that's the whole** ~ de eso se trata; **to miss the** ~ **of** no coger la idea de; **to get** OR **come to the** ~ ir al grano; **it's beside the** ~ no viene al caso; **to be to the** ~ venir al caso **-6.** [feature] aspecto *m*; **weak/strong** ~ punto *m* débil/fuerte **-7.** [purpose] sentido *m*; **what's the** ~**?** ¿para qué?; **there's no** ~ **in it** no tiene sentido **-8.** [decimal point] coma *f*; **two** ~ **six** dos coma seis **-9.** *UK* ELEC toma *f* de corriente **-10.** GEOGR punta *f* **-11.** *phr*: **to make a** ~ **of doing sthg** preocuparse de hacer algo. ◇ *vt*: **to** ~ **a gun at sthg/sb** apuntar a algo/alguien con una pistola; **to** ~ **one's finger at sthg/sb** señalar algo/a alguien con el dedo. ◇ *vi* **-1.** [indicate with finger]: **to** ~ **at sthg/sb**, **to** ~ **to sthg/sb** señalar algo/a alguien con el dedo **-2.** [hands of clock etc]: **to** ~ **north/to ten o'clock** indicar el norte/las diez **-3.** *fig* [suggest]: **everything** ~**s to her guilt** todo indica que ella es la culpable.

◆ **points** *npl* **-1.** *UK* RAIL agujas *fpl* **-2.** AUT platinos *mpl*.

◆ **up to a point** *adv* hasta cierto punto.

◆ **on the point of** *prep*: **to be on the** ~ **of doing sthg** estar a punto de hacer algo.

◆ **point out** *vt sep* [person, object, fact] señalar, indicar; [mistake] hacer notar.

point-blank ◇ *adj* **-1.** [refusal etc] categórico(ca) **-2.** [close]: **at** ~ **range** a quemarropa. ◇ *adv* **-1.** [refuse, deny] categóricamente **-2.** [at close range] a quemarropa.

point duty *n UK* control *m* de tráfico en un cruce.

pointed ['pɔɪntɪd] *adj* **-1.** [sharp, angular] en punta, puntiagudo(da) **-2.** [cutting, incisive] intencionado(da).

pointedly ['pɔɪntɪdlɪ] *adv* intencionadamente.

pointer ['pɔɪntə^r] *n* **-1.** [piece of advice] consejo *m* **-2.** [needle] aguja *f* **-3.** [for map, blackboard] puntero *m* **-4.** COMPUT puntero *m.*

pointing ['pɔɪntɪŋ] *n* [on wall] rejuntado *m.*

pointless ['pɔɪntlɪs] *adj* sin sentido, inútil; **it's** ~ no tiene sentido.

point of order (*pl* **points of order**) *n*: **to raise a** ~ hacer una moción sobre el acatamiento de las normas.

point of sale (*pl* **points of sale**) *n* punto *m* de venta.

point of view (*pl* **points of view**) *n* **-1.** [opinion] punto *m* de vista **-2.** [aspect, perspective] perspectiva *f.*

point-to-point *n UK carrera de caballos por el campo señalizada con banderines.*

poise [pɔɪz] *n* [self-assurance] aplomo *m*, serenidad *f*; [elegance] elegancia *f.*

poised [pɔɪzd] *adj* **-1.** [ready]: **to be** ~ **to do sthg** estar listo(ta) para hacer algo; **to be** ~ **for sthg** estar preparado(da) para algo **-2.** [calm and dignified] sereno(na).

poison ['pɔɪzn] ◇ *n* veneno *m.* ◇ *vt* **-1.** [gen - intentionally] envenenar; [- unintentionally] intoxicar **-2.** [environment] contaminar **-3.** *fig* [spoil, corrupt] corromper.

poisoning ['pɔɪznɪŋ] *n* **-1.** [intentional] envenenamiento *m*; [unintentional] intoxicación *f* **-2.** [of environment] contaminación *f.*

poisonous ['pɔɪznəs] *adj* **-1.** [substance, gas] tóxico(ca) **-2.** [snake] venenoso(sa) **-3.** *fig* [influence] pernicioso(sa); [rumours] malintencionado(da).

poison-pen letter *n* anónimo *m* ofensivo.

poke [pəʊk] ◇ *n* [blow] golpe *m*; [push] empujón *m*; [with elbow] codazo *m.* ◇ *vt* **-1.** [with finger, stick] empujar; [with elbow] dar un codazo a; [fire] atizar; **to** ~ **sb in the eye** meter el dedo en el ojo de alguien **-2.** [push, stuff]: **to** ~ **sthg into** meter algo en **-3.** [stretch]: **he** ~**d his head round the door** asomó la cabeza por la puerta. ◇ *vi* **-1.** [protrude]: **to** ~ **out of sthg** sobresalir por algo **-2.** [prod]: **his elbow was poking into my back** me estaba clavando el codo en la espalda.

◆ **poke about, poke around** *vi inf* fisgonear, hurgar.

◆ **poke at** *vt fus* dar golpecitos a.

poker ['pəʊkə^r] *n* **-1.** [game] póker *m* **-2.** [for fire] atizador *m.*

poker-faced [-ˌfeɪst] *adj* con cara inexpresiva.

poky ['pəʊkɪ] (*comp* **-ier**, *superl* **-iest**) *adj pej*: **a** ~ **little room** un cuartucho.

Poland ['pəʊlənd] *n* Polonia.

polar ['pəʊlə^r] *adj* polar.

polar bear *n* oso *m* polar.

polarity [pəʊ'lærətɪ] *n* polaridad *f.*

polarization [ˌpəʊləraɪˈzeɪʃn] *n* polarización *f*.

polarize, -ise [ˈpəʊləraɪz] *vt* polarizar.

Polaroid® [ˈpəʊlərɔɪd] *n* **-1.** [camera] polaroid® *f* **-2.** [photograph] fotografía *f* polaroid.

Polaroids® [ˈpəʊlərɔɪdz] *npl* gafas *fpl* de sol (de polaroid).

pole [pəʊl] *n* **-1.** [rod, post] poste *m*; [for tent, flag] mástil *m*; **telegraph ~** poste *m* telegráfico **-2.** *ELEC & GEOGR* polo *m*; **to be ~s apart** *fig* ser polos opuestos.

Pole [pəʊl] *n* polaco *m*, -ca *f*.

poleaxed [ˈpəʊlækst] *adj* atolondrado(da).

polecat [ˈpəʊlkæt] *n* turón *m*.

polemic [pəˈlemɪk] *n fml* [controversy] polémica *f*.

polenta [pəʊˈlɛntəl] *n* polenta *f*.

pole position *n* pole-position *f*.

Pole Star *n*: **the ~** la estrella polar.

pole vault *n*: **the ~** el salto con pértiga.

◆ **pole-vault** *vi* saltar con pértiga.

pole-vaulter [-ˌvɔːltəʳ] *n* saltador *m*, -ra *f* con pértiga.

police [pəˈliːs] ◇ *npl* **-1.** [police force]: **the ~** la policía **-2.** [policemen, policewomen] policías *mpl* *OR fpl*. ◇ *vt* mantener el orden en, vigilar.

police car *n* coche *m* patrulla, auto *m* patrulla *CAm, Chile, Méx*, patrullero *m CSur*, patrulla *f Col, Méx*.

police constable *n UK* policía *m OR f*.

police department *n US* jefatura *f* de policía.

police dog *n* perro *m* policía.

police force *n* cuerpo *m* de policía.

policeman [pəˈliːsmən] (*pl* **-men** [-mən]) *n* policía *m*.

police officer *n* agente *m OR f* de policía.

police record *n*: **(to have a) ~** (tener) antecedentes *mpl* policiales.

police state *n* estado *m* policial.

police station *n* comisaría *f* (de policía).

policewoman [pəˈliːsˌwʊmən] (*pl* **-women** [-ˌwɪmɪn]) *n* (mujer *f*) policía *f*.

policy [ˈpɒləsɪ] (*pl* **-ies**) *n* **-1.** [plan, practice] política *f*; **it's not our usual ~ to do this** no tenemos por norma hacer esto **-2.** [document, agreement] póliza *f*.

policy-holder *n* asegurado *m*, -da *f*.

polio [ˈpəʊlɪəʊ] *n* polio *f*.

polish [ˈpɒlɪʃ] ◇ *n* **-1.** [for floor, furniture] cera *f*; [for shoes] betún *m*; [for metal] abrillantador *m*; [for nails] esmalte *m* **-2.** [shine] brillo *m*, lustre *m* **-3.** *fig* [refinement] refinamiento *m*. ◇ *vt* [stone, wood] pulir; [floor] encerar; [shoes, car] limpiar; [cutlery, silver, glasses] sacar brillo a.

◆ **polish off** *vt sep inf* [food] zamparse; [job] despachar.

Polish [ˈpəʊlɪʃ] ◇ *adj* polaco(ca). ◇ *n* [language] polaco *m*. ◇ *npl*: **the ~** los polacos.

polished [ˈpɒlɪʃt] *adj* **-1.** [person, manner] refinado(da) **-2.** [performance, speech] esmerado(da).

polite [pəˈlaɪt] *adj* educado(da), cortés; **it is ~ to ...** es de buena educación ...; **~ society** gente *f* educada.

politely [pəˈlaɪtlɪ] *adv* educadamente, con cortesía.

politeness [pəˈlaɪtnɪs] *n* educación *f*, cortesía *f*.

politic [ˈpɒlətɪk] *adj fml* oportuno(na), conveniente.

political [pəˈlɪtɪkl] *adj* **-1.** [concerning politics] político(ca) **-2.** [interested in politics] interesado(da) en política.

political asylum *n* asilo *m* político.

political correctness *n* corrección *f* política.

political geography *n* geografía *f* política.

politically [pəˈlɪtɪklɪ] *adv* políticamente.

politically correct [pəˌlɪtɪklɪ-] *adj* políticamente correcto(ta).

POLITICALLY CORRECT

Se aplica el término *politically correct* ('políticamente correcto') a personas, actitudes y términos nacidos de un movimiento, principalmente americano, llamado *PC*, que intenta sustituir términos que pueden resultar insultantes (racistas, sexistas, etc.) por otros considerados aceptables. Por ejemplo *American Indian* por *native American*, o *disabled* por *differently abled*.

political prisoner *n* preso político *m*, presa política *f*.

political science *n (U)* ciencias *fpl* políticas.

politician [ˌpɒlɪˈtɪʃn] *n* político *m*, -ca *f*.

politicize, -ise [pəˈlɪtɪsaɪz] *vt* politizar.

politics [ˈpɒlətɪks] ◇ *n (U)* política *f*. ◇ *npl* **-1.** [personal beliefs] ideas *fpl* políticas **-2.** [of a group, area] política *f*.

polka [ˈpɒlkə] *n* polca *f*.

polka dot *n* lunar *m (en un vestido)*.

poll [pəʊl] ◇ *n* [vote] votación *f*; [of opinion] encuesta *f*. ◇ *vt* **-1.** [people] sondear **-2.** [votes] obtener.

◆ **polls** *npl*: **the ~s** las elecciones, los comicios; **to go to the ~s** acudir a las urnas.

pollen [ˈpɒlən] *n* polen *m*.

pollen count *n* índice *m* de polen en el aire.

pollinate [ˈpɒləneɪt] *vt* polinizar.

pollination [ˌpɒlɪˈneɪʃn] *n* polinización *f*.

polling ['pəʊlɪŋ] *n (U)* [votes] votación *f.*
polling booth ['pəʊlɪŋ-] *n* cabina *f* electoral.
polling day ['pəʊlɪŋ-] *n UK* día *m* de las elecciones.
polling station ['pəʊlɪŋ-] *n* colegio *m* OR centro *m* electoral.
pollster ['pəʊlstə^r] *n* encuestador *m*, -ra *f.*
poll tax *n impuesto sobre las personas adultas.*
◆ **Poll Tax** *n UK*: **the Poll Tax** ≃ la contribución urbana.
pollutant [pə'lu:tnt] *n* contaminante *m.*
pollute [pə'lu:t] *vt* contaminar.
pollution [pə'lu:ʃn] *n (U)* **-1.** [process of polluting] contaminación *f* **-2.** [impurities] sustancias *fpl* contaminantes.
polo ['pəʊləʊ] *n* polo *m.*
polo neck *UK n* **-1.** [neck] cuello *m* alto **-2.** [jumper] jersey *m* de cuello alto.
◆ **polo-neck** *adj* de cuello alto.
poltergeist ['pɒltəgaɪst] *n* poltergeist *m*, *espíritu que habita una casa, produciendo ruidos y moviendo objetos.*
poly ['pɒlɪ] (*pl* **polys**) *n UK inf abbr of* **polytechnic**.
polyanthus [,pɒlɪ'ænθəs] (*pl* **-thuses** OR **-thi** [-θaɪ]) *n* prímula *f.*
poly bag *n UK inf* bolsa *f* de plástico.
polyester [,pɒlɪ'estə^r] *n* poliéster *m.*
polyethylene *US* = **polythene**.
polygamous [pə'lɪgəməs] *adj* polígamo(ma).
polygamy [pə'lɪgəmɪ] *n* poligamia *f.*
polygon ['pɒlɪgɒn] *n* polígono *m.*
polymer ['pɒlɪmə^r] *n* polímero *m.*
Polynesia [,pɒlɪ'ni:ʒə] *n* Polinesia.
Polynesian [,pɒlɪ'ni:ʒən] ◇ *adj* polinesio(sia). ◇ *n* **-1.** [person] polinesio *m*, -sia *f* **-2.** [language] polinesio *m.*
polyp ['pɒlɪp] *n* MED pólipo *m.*
polyphony [pə'lɪfənɪ] *n* polifonía *f.*
polystyrene [,pɒlɪ'staɪri:n] *n* poliestireno *m.*
polytechnic [,pɒlɪ'teknɪk] *n UK* escuela *f* politécnica.
polythene *UK* ['pɒlɪθi:n], **polyethylene** *US* [,pɒlɪ'eθɪli:n] *n* polietileno *m*, politeno *m.*
polythene bag *n UK* bolsa *f* de plástico.
polyunsaturated [,pɒlɪʌn'sætʃəreɪtɪd] *adj* poliinsaturado(da).
polyurethane [,pɒlɪ'jʊərəθeɪn] *n* poliuretano *m.*
pom [pɒm] *n Austr inf término a veces peyorativo que designa a un británico.*
pomander [pə'mændə^r] *n* bola *f* de loza perfumada.
pomegranate ['pɒmɪ,grænɪt] *n* granada *f.*
pommel ['pɒml] *n* **-1.** [on saddle] perilla *f* **-2.** [on sword] pomo *m.*
pomp [pɒmp] *n* pompa *f.*
pompom ['pɒmpɒm] *n* borla *f*, pompón *m.*
pompous ['pɒmpəs] *adj* **-1.** [self-important] presumido(da), pretencioso(sa) **-2.** [style] pomposo(sa); [building] ostentoso(sa).
ponce [pɒns] *n UK v inf pej* **-1.** [effeminate man] afeminado *m*, maricón *m* **-2.** [pimp] chulo *m.*
poncho ['pɒntʃəʊ] (*pl* **-s**) *n* poncho *m*, ruana *f Andes.*
pond [pɒnd] *n* estanque *m.*
ponder ['pɒndə^r] ◇ *vt* considerar. ◇ *vi*: **to ~ (on** OR **over)** reflexionar OR meditar (sobre).
ponderous ['pɒndərəs] *adj* **-1.** [speech, book] pesado(da) **-2.** [action, walk] lento(ta) y torpe **-3.** [progress] muy lento(ta).
pong [pɒŋ] *UK inf* ◇ *n* (olor *m* a) peste *f.* ◇ *vi* apestar.
pontiff ['pɒntɪf] *n* pontífice *m.*
pontificate [pɒn'tɪfɪkeɪt] *vi pej*: **to ~ (about** OR **on)** pontificar (sobre).
pontoon [pɒn'tu:n] *n* **-1.** [bridge] pontón *m* **-2.** *UK* [game] veintiuna *f.*
pony ['pəʊnɪ] (*pl* **-ies**) *n* poni *m.*
ponytail ['pəʊnɪteɪl] *n* coleta *f* (de caballo).
pony-trekking [-,trekɪŋ] *n (U)*: **to go ~** hacer una excursión en poni.
poodle ['pu:dl] *n* caniche *m.*
poof [pʊf] *n UK v inf pej* maricón *m.*
pooh [pu:] *excl* [said in scorn] ¡bah!; [said in disgust] ¡puaj!
pooh-pooh *vt inf* despreciar, desdeñar.
pool [pu:l] ◇ *n* **-1.** [of water, blood, ink] charco *m*; [pond] estanque *m* **-2.** [swimming pool] piscina *f* **-3.** [of light] foco *m* **-4.** COMM [fund] fondo *m* común **-5.** [of people, things]: **typing ~** servicio *m* de mecanografía; **car ~** parque *m* móvil **-6.** [game] billar *m* americano. ◇ *vt* [resources, funds] juntar; [knowledge] poner en común.
◆ **pools** *npl UK*: **the ~s** las quinielas.
pooped [pu:pt] *adj US* hecho(cha) migas OR polvo.
poor [pɔ:^r] ◇ *adj* **-1.** [gen] pobre; **~ old John!** ¡el pobre de John!; **you ~ thing!** ¡pobrecito! **-2.** [quality, result] malo(la); **to be in ~ health** estar mal de salud **-3.** [prospects, chances] escaso(sa). ◇ *npl*: **the ~** los pobres.
poorhouse ['pɔ:haʊs, *pl* -haʊzɪz] *n* asilo *m* para pobres.
poorly ['pɔ:lɪ] ◇ *adj UK* pachucho(cha). ◇ *adv* mal; **~ off** pobre.
poor relation *n fig* pariente *m* pobre.
pop [pɒp] (*pt* & *pp* **-ped**, *cont* **-ping**) ◇ *n* **-1.**

[music] (música *f*) pop *m* **- 2.** *(U)* *inf* [fizzy drink] gaseosa *f* **- 3.** *esp US inf* [father] papá *m* **- 4.** [sound] pequeña explosión *f.* ◇ *vt* **- 1.** [balloon, bubble] pinchar **- 2.** [put quickly]: **to ~ sthg into** meter algo en; **he popped his head round the door** asomó la cabeza por la puerta. ◇ *vi* **- 1.** [balloon] explotar, reventar; [cork, button] saltar **- 2.** [eyes] salirse de las órbitas **- 3.** [ears]: **her ears ~ped** se le destaparon los oídos **- 4.** [go quickly]: **I'm just popping round to the shop** voy un momento a la tienda.

◆ **pop in** *vi* entrar un momento.

◆ **pop up** *vi* aparecer de repente.

popadum ['pɒpədəm] *n tipo de pan indio muy delgado y frito en aceite.*

pop art *n* pop art *m.*

pop concert *n* concierto *m* de música pop.

popcorn ['pɒpkɔːn] *n* palomitas *fpl* (de maíz).

pope [pəʊp] *n* papa *m.*

pop group *n* grupo *m* (de música) pop.

poplar ['pɒplə^r] *n* álamo *m.*

poplin ['pɒplɪn] *n* popelina *f.*

pop music *n* música *f* pop.

popper ['pɒpə^r] *n UK* [on clothes] corchete *m.*

poppy ['pɒpɪ] (*pl* -ies) *n* amapola *f.*

poppycock ['pɒpɪkɒk] *n (U) inf pej* bobadas *fpl.*

Poppy Day *n UK día en conmemoración de los caídos de las guerras mundiales.*

POPPY DAY

Poppy Day o *Remembrance Sunday* es una jornada de conmemoración durante la cual la gente lleva una amapola de papel en la solapa como recuerdo de los soldados británicos muertos en las guerras mundiales. Se celebra el segundo domingo de noviembre.

Popsicle® ['pɒpsɪkl] *n US* polo *m.*

pop singer *n* cantante *m* OR *f* pop.

pop song *n* canción *f* pop.

populace ['pɒpjʊləs] *n*: **the ~** [masses] el populacho; [people] el pueblo.

popular ['pɒpjʊlə^r] *adj* **- 1.** [gen] popular; [person] estimado(da) **- 2.** [belief, attitude, discontent] generalizado(da), común **- 3.** [newspaper, politics] para las masas.

popularity [ˌpɒpjʊ'lærətɪ] *n* popularidad *f.*

popularize, -ise ['pɒpjʊləraɪz] *vt* **- 1.** [make popular] popularizar **- 2.** [simplify] vulgarizar.

popularly ['pɒpjʊləlɪ] *adv* **- 1.** [unofficially]: **~ known as** conocido(da) popularmente como **- 2.** [believed] generalmente.

populate ['pɒpjʊleɪt] *vt* poblar.

populated ['pɒpjʊleɪtɪd] *adj* poblado(da).

population [ˌpɒpjʊ'leɪʃn] *n* población *f.*

population explosion *n* explosión *f* demográfica.

populist ['pɒpjʊlɪst] *n* populista *m* OR *f.*

pop-up *adj* **- 1.** [toaster] automático(ca) **- 2.** [book & COMPUT] desplegable.

porcelain ['pɔːsəlɪn] *n* porcelana *f.*

porch [pɔːtʃ] *n* **- 1.** [entrance] porche *m*, pórtico *m* **- 2.** *US* [verandah] porche *m.*

porcupine ['pɔːkjʊpaɪn] *n* puerco *m* espín.

pore [pɔː^r] *n* poro *m.*

◆ **pore over** *vt fus* estudiar esmeradamente.

pork [pɔːk] *n* carne *f* de cerdo.

pork chop *n* chuleta *f* de cerdo.

pork pie *n* empanada *f* de carne de cerdo.

porn [pɔːn] (*abbr of* **pornography**) *n inf* porno *m*; **hard/soft ~** porno duro/blando.

pornographic [ˌpɔːnə'græfɪk] *adj* pornográfico(ca).

pornography [pɔː'nɒgrəfɪ] *n* pornografía *f.*

porous ['pɔːrəs] *adj* poroso(sa).

porpoise ['pɔːpəs] *n* marsopa *f.*

porridge ['pɒrɪdʒ] *n* papilla *f* OR gachas *fpl* de avena.

port [pɔːt] ◇ *n* **- 1.** [coastal town, harbour] puerto *m* **- 2.** NAUT [left-hand side] babor *m*; **to ~** a babor **- 3.** [drink] oporto *m* **- 4.** COMPUT puerto *m.* ◇ *comp* **- 1.** [relating to a port] portuario(ria) **- 2.** NAUT [right-hand] a babor.

portable ['pɔːtəbl] *adj* portátil.

Portacrib® ['pɔːtəˌkrɪb] *n US* moisés *m*, cuco *m.*

portal ['pɔːtl] *n* **- 1.** COMPUT portal *m* **- 2.** *literary* pórtico *m.*

Port-au-Prince [ˌpɔːtəʊ'prɪns] *n* Puerto Príncipe.

portcullis [ˌpɔːt'kʌlɪs] *n* rastrillo *m.*

portend [pɔː'tend] *vt literary* presagiar, augurar.

portent ['pɔːtənt] *n literary* presagio *m*, augurio *m.*

porter ['pɔːtə^r] *n* **- 1.** *UK* [in block of flats] portero *m*, -ra *f*; [in public building, hotel] conserje *m* OR *f* **- 2.** [for luggage] mozo *m* **- 3.** *US* [on train] empleado *m*, -da *f* de coche cama.

portfolio [ˌpɔːt'fəʊljəʊ] (*pl* -s) *n* **- 1.** ART, FIN & POL cartera *f* **- 2.** [sample of work] carpeta *f.*

porthole ['pɔːthəʊl] *n* portilla *f.*

portion ['pɔːʃn] *n* **- 1.** [part, section] porción *f* **- 2.** [of chips, vegetables etc] ración *f.*

portly ['pɔːtlɪ] (*compar* **-ier**, *superl* **-iest**) *adj* corpulento(ta).

port of call *n* **- 1.** NAUT puerto *m* de escala **- 2.** *fig* [on journey] escala *f*, parada *f.*

Port of Spain *n* Puerto España.

portrait ['pɔːtrɪt] *n* **- 1.** [picture] retrato *m* **- 2.**

COMPUT formato *m* vertical.

portraitist ['pɔːtrɪtɪst] *n* retratista *m* OR *f*.

portray [pɔː'treɪ] *vt* **-1.** [represent - in a play, film] representar **-2.** [describe] describir **-3.** [paint] retratar.

portrayal [pɔː'treɪəl] *n* **-1.** [representation - in a play, film] representación *f* **-2.** [painting, photograph] retrato *m* **-3.** [description] descripción *f*.

Portugal ['pɔːtʃʊgl] *n* Portugal.

Portuguese [ˌpɔːtʃʊ'giːz] ◇ *adj* portugués(esa). ◇ *n* [language] portugués *m*. ◇ *npl*: **the ~** los portugueses.

Portuguese man-of-war *n* medusa *f* venenosa.

POS *n abbr of* **point of sale**.

pose [pəʊz] ◇ *n* **-1.** [position, stance] postura *f* **-2.** *pej* [pretence, affectation] pose *f*. ◇ *vt* **-1.** [problem, threat] presentar **-2.** [question] formular. ◇ *vi* **-1.** [model] posar **-2.** *pej* [behave affectedly] adoptar poses **-3.** [pretend to be]: **to ~ as sb/sthg** fingir ser alguien/algo.

poser ['pəʊzə^r] *n* **-1.** *pej* [person] presumido *m*, -da *f* **-2.** *inf* [hard question] pregunta *f* difícil.

poseur [pəʊ'zɜː^r] *n pej* presumido *m*, -da *f*.

posh [pɒʃ] *adj inf* **-1.** [hotel, area etc] de lujo, elegante **-2.** *UK* [person, accent] afectado(da).

posit ['pɒzɪt] *vt fml* proponer.

position [pə'zɪʃn] ◇ *n* **-1.** [gen] posición *f* **-2.** [right place] sitio *m*, lugar *m*; **in ~** en su sitio **-3.** [status] rango *m* **-4.** [job] puesto *m* **-5.** [in a race, competition] lugar *m* **-6.** [state, situation] situación *f*; **to be in a/no ~ to do sthg** estar/no estar en condiciones de hacer algo **-7.** [stance, opinion]: **~ on** postura *f* respecto a. ◇ *vt* colocar; **to ~ o.s.** colocarse.

positive ['pɒzətɪv] *adj* **-1.** [gen] positivo(va); **the test was ~** la prueba dio positivo **-2.** [sure]: **to be ~ (about)** estar seguro(ra) (de) **-3.** [optimistic, confident]: **to be ~ (about)** ser optimista (respecto a) **-4.** [definite - action] decisivo(va); [- decision] categórico(ca) **-5.** [irrefutable - evidence, fact] irrefutable, evidente; [- proof] concluyente **-6.** [for emphasis - delight, nuisance] auténtico(ca), total.

positive discrimination *n* discriminación *f* positiva.

positively ['pɒzətɪvlɪ] *adv* **-1.** [optimistically - think etc] positivamente **-2.** [definitely - act] decisivamente **-3.** [favourably - react, reply] favorablemente **-4.** [irrefutably - prove] irrefutablemente **-5.** [for emphasis - rude, unbearable] realmente.

positive vetting *n UK investigación completa a la que es sometido un aspirante a un cargo público relacionado con la seguridad nacional.*

positivism ['pɒzɪtɪvɪzm] *n* positivismo *m*.

posse ['pɒsɪ] *n US* **-1.** [to pursue criminal] grupo *m* de hombres a caballo **-2.** [group] grupo *m*.

possess [pə'zes] *vt* **-1.** [gen] poseer **-2.** [subj: emotion] adueñarse de; **what ~ed him to do it?** ¿qué le empujó a hacerlo?

possessed [pə'zest] *adj* [mad] poseso(sa), poseído(da).

possession [pə'zeʃn] *n* posesión *f*; **to have sthg in one's ~, to be in ~ of sthg** tener (posesión de) algo.

◆ **possessions** *npl* bienes *mpl*.

possessive [pə'zesɪv] ◇ *adj* **-1.** [gen] posesivo(va) **-2.** *pej* [selfish] egoísta. ◇ *n* GRAMM posesivo *m*.

possessor [pə'zesə^r] *n fml* poseedor *m*, -ra *f*.

possibility [ˌpɒsə'bɪlətɪ] (*pl* **-ies**) *n* posibilidad *f*; **there's a ~ that ...** es posible que ...

possible ['pɒsəbl] ◇ *adj* **-1.** [gen] posible; **as soon as ~** cuanto antes; **as much as ~** [quantity] todo lo posible; [to the greatest possible extent] en la medida de lo posible; **I go as often as ~** voy siempre que puedo; **it's ~ that she'll come** es posible que venga **-2.** [viable - plan etc] viable, factible. ◇ *n* candidato *m*, -ta *f*.

possibly ['pɒsəblɪ] *adv* **-1.** [perhaps] posiblemente, quizás **-2.** [within one's power]: **I'll do all I ~ can** haré todo lo que pueda; **could you ~ help me?** ¿te importaría ayudarme? **-3.** [to show surprise]: **how could he ~ do that?** ¿cómo demonios pudo hacer eso? **-4.** [for emphasis]: **I can't ~ do it** no puedo hacerlo de ninguna manera.

possum ['pɒsəm] (*pl inv* OR **-s**) *n US* zarigüeya *f*.

post [pəʊst] ◇ *n* **-1.** [service]: **the ~** el correo; **by ~** por correo; **in the ~** en el correo **-2.** *(U)* [letters etc] cartas *fpl* **-3.** [delivery] reparto *m* **-4.** *UK* [collection] colecta *f* **-5.** [pole] poste *m* **-6.** [position, job] puesto *m* **-7.** MIL puesto *m* **-8.** *phr*: **to pip sb at the ~** ganar a alguien por los pelos. ◇ *vt* **-1.** [put in letterbox] echar al correo; [send by mail] mandar por correo **-2.** [transfer] enviar, destinar **-3.** COMPUT [message, query] enviar **-4.** *phr*: **to keep sb ~ed** mantener a alguien al tanto.

post- [pəʊst] *prefix* pos-.

postage ['pəʊstɪdʒ] *n* franqueo *m*, porte *m*; **~ and packing** gastos *mpl* de envío.

postage stamp *n fml* sello *m*, estampilla *f* *Amér*, timbre *m* *Méx*.

postal ['pəʊstl] *adj* postal.

postal order *n* giro *m* postal.

postal vote *n* voto *m* por correo.

postbag ['pəʊstbæg] *n* **-1.** *UK* [bag] saco *m* postal **-2.** *inf* [letters received] cartas *fpl*.

postbox ['pəʊstbɒks] *n UK* buzón *m*.
postcard ['pəʊstkɑ:d] *n* postal *f*.
postcode ['pəʊstkəʊd] *n UK* código *m* postal.
postdate [,pəʊst'deɪt] *vt* poner posfecha a; **a ~d cheque** extender un cheque con fecha posterior.
poster ['pəʊstə[r]] *n* cartel *m*, póster *m*.
poste restante [,pəʊst'restɑ:nt] *n esp UK* lista *f* de correos.
posterior [pɒ'stɪərɪə[r]] ◇ *adj* posterior, trasero(ra). ◇ *n hum* trasero *m*.
posterity [pɒ'sterətɪ] *n* posteridad *f*.
poster paint *n* aguada *f*.
post-free *adj esp UK* libre de gastos de envío, porte pagado *(inv)*.
postgraduate [,pəʊst'grædʒʊət] ◇ *adj* posgraduado(da). ◇ *n* posgraduado *m*, -da *f*.
posthaste [,pəʊst'heɪst] *adv dated* rápidamente, a toda prisa.
posthumous ['pɒstjʊməs] *adj* póstumo(ma).
posthumously ['pɒstjʊməslɪ] *adv* póstumamente.
post-industrial *adj* postindustrial.
posting ['pəʊstɪŋ] *n* destino *m*.
postman ['pəʊstmən] (*pl* **-men** [-mən]) *n* cartero *m*.
postmark ['pəʊstmɑ:k] ◇ *n* matasellos *m inv*. ◇ *vt* matasellar.
postmortem [,pəʊst'mɔ:təm] *n* **-1.** [autopsy] autopsia *f* **-2.** *fig* [analysis] reflexión *f* autocrítica retrospectiva.
postnatal [,pəʊst'neɪtl] *adj* posnatal, posparto.
post office *n* **-1.** [organization]: **the Post Office** ≃ Correos *m inv* **-2.** [building] oficina *f* de correos.
post office box *n* apartado *m* de correos, casilla *f* de correos *Andes & RP*.
postoperative [,pəʊst'ɒpərətɪv] *adj* postoperatorio(ria).
postpaid [,pəʊst'peɪd] *adj* libre de gastos de envío, porte pagado *(inv)*.
postpone [,pəʊst'pəʊn] *vt* posponer.
postponement [,pəʊst'pəʊnmənt] *n* aplazamiento *m*.
postscript ['pəʊstskrɪpt] *n* [additional message] posdata *f*; *fig* [additional information] postdata *f*, nota *f* final.
postulate [*n* 'pɒstjʊlət, *vb* 'pɒstjʊleɪt] *fml* ◇ *n* postulado *m*. ◇ *vt* postular.
posture ['pɒstʃə[r]] ◇ *n lit & fig* postura *f*; **~ on sthg** postura hacia algo. ◇ *vi* adoptar poses.
postwar [,pəʊst'wɔ:[r]] *adj* de (la) posguerra.
posy ['pəʊzɪ] (*pl* **-ies**) *n* ramillete *m*.
pot [pɒt] (*pt & pp* **-ted**, *cont* **-ting**) ◇ *n* **-1.** [for cooking] olla *f* **-2.** [for tea] tetera *f*; [for coffee] cafetera *f* **-3.** [for paint] bote *m*; [for jam] tarro *m* **-4.** [flowerpot] tiesto *m*, maceta *f* **-5.** *(U) inf* [cannabis] maría *f*, hierba *f* **-6.** *phr*: **to go to ~** ir al traste. ◇ *vt* plantar (en un tiesto).
potash ['pɒtæʃ] *n* potasa *f*.
potassium [pə'tæsɪəm] *n* potasio *m*.
potato [pə'teɪtəʊ] (*pl* **-es**) *n* patata *f*.
potato crisps *UK*, **potato chips** *US n* patatas *fpl* fritas *(de bolsa)*.
potato peeler [-,pi:lə[r]] *n* pelapatatas *m inv Esp*, pelapapas *m inv Amér*.
pot-bellied [-,belɪd] *adj* **-1.** [from overeating] barrigudo(da), guatón(ona) *Chile* **-2.** [from malnutrition] con el vientre hinchado.
potboiler ['pɒt,bɔɪlə[r]] *n* obra *f* con fin comercial (de escaso valor artístico).
potbound ['pɒtbaʊnd] *adj* con muchas raíces.
potency ['pəʊtənsɪ] *n* [gen] potencia *f*; [of argument] fuerza *f*.
potent ['pəʊtənt] *adj* **-1.** [powerful, influential] poderoso(sa) **-2.** [drink, drug] fuerte **-3.** [sexually capable] potente.
potentate ['pəʊtənteɪt] *n* potentado *m*, -da *f*.
potential [pə'tenʃl] ◇ *adj* potencial, posible. ◇ *n (U)* potencial *m*; **to have ~** tener posibilidades, prometer.
potentially [pə'tenʃəlɪ] *adv* en potencia.
pothole ['pɒthəʊl] *n* **-1.** [in road] bache *m* **-2.** [underground] cueva *f*.
potholer ['pɒt,həʊlə[r]] *n UK* espeleólogo *m*, -ga *f*.
potholing ['pɒt,həʊlɪŋ] *n UK* espeleología *f*.
potion ['pəʊʃn] *n* poción *f*.
potluck [,pɒt'lʌk] *n*: **to take ~** [gen] elegir a ojo; [at meal] conformarse con lo que haya.
potpie ['pɒtpaɪ] *n US pastel asado con carne o pollo troceados y verduras.*
pot plant *n* planta *f* de interior.
potpourri [,pəʊ'pʊərɪ] *n (U)* [dried flowers] popurrí *m (aromático)*.
pot roast *n* estofado *m* de carne.
potshot ['pɒt,ʃɒt] *n*: **to take a ~ (at sthg/sb)** disparar (a algo/alguien) sin apuntar.
potted ['pɒtɪd] *adj* **-1.** [plant] en tiesto **-2.** [meat, fish] en conserva **-3.** *UK fig* [biography, history] resumido(da).
potter ['pɒtə[r]] *n* alfarero *m*, -ra *f*, ceramista *m* OR *f*.
◆ **potter about, potter around** *vi UK* entretenerse.
Potteries ['pɒtərɪz] *npl*: **the ~** *parte de Staffordshire conocida por su industria alfarera.*
potter's wheel *n* torno *m* de alfarero.
pottery ['pɒtərɪ] (*pl* **-ies**) *n* **-1.** [gen] cerámica *f*,

alfarería *f* **-2.** [factory] fábrica *f* de cerámica.

potting compost ['pɒtɪŋ-] *n* abono *m* para plantas interiores.

potty ['pɒtɪ] (*compar* **-ier**, *superl* **-iest**, *pl* **-ies**) *UK inf* <> *adj* [person] chalado(da); **to be ~ about** estar chalado por. <> *n* orinal *m*.

potty-trained [-ˌtreɪnd] *adj* que ya no lleva pañales.

pouch [paʊtʃ] *n* **-1.** [small bag] bolsa *f* pequeña; [for tobacco] petaca *f* **-2.** [on animal's body] bolsa *f* (abdominal).

pouffe [pu:f] *n UK* [seat] puf *m*.

poultice ['pəʊltɪs] *n* cataplasma *f*, emplasto *m*.

poultry ['pəʊltrɪ] <> *n* [meat] carne *f* de pollería. <> *npl* [birds] aves *fpl* de corral.

pounce [paʊns] *vi* **-1.** [leap]: **to ~ (on** *OR* **upon)** abalanzarse (sobre) **-2.** *fig* [comment immediately]: **he's quick to ~ on** *OR* **upon the slightest error** siempre está a la que salta con el más mínimo error.

pound [paʊnd] <> *n* **-1.** [unit of money, weight] libra *f*; **the ~** la libra (esterlina) **-2.** [for cars] depósito *m* (de coches); [for dogs] perrera *f*. <> *vt* **-1.** [hammer on] golpear, aporrear **-2.** [pulverize] machacar. <> *vi* **-1.** [hammer]: **to ~ on sthg** golpear *OR* aporrear algo **-2.** [beat, throb] palpitar; **her heart was ~ing** le palpitaba el corazón.

pounding ['paʊndɪŋ] *n* **-1.** *(U)* [hammering] golpes *mpl*, aporreamiento *m* **-2.** *(U)* [beating, throbbing] palpitación *f* **-3.** *fig*: **to get** *OR* **take a ~** [team] recibir una soberana paliza; [city] verse sometido a un feroz bombardeo.

pound sterling *n* libra *f* esterlina.

pour [pɔ:ʳ] <> *vt* **-1.** [cause to flow]: **to ~ sthg (into)** echar *OR* verter algo (en); **to ~ sthg down the sink** tirar algo por el fregadero; **to ~ sb a drink, to ~ a drink for sb** servirle una copa a alguien; **can I ~ you a cup of tea?** ¿quieres que te sirva una taza de té? **-2.** *fig*: **to ~ money into sthg** invertir mucho dinero en algo. <> *vi* [liquid] chorrear; [smoke] salir a borbotones. <> *v impers* [rain hard] llover a cántaros; **it's ~ing (down)** está lloviendo a cántaros.

◆ **pour in** *vi* llegar a raudales.

◆ **pour out** <> *vt sep* **-1.** [empty] echar, vaciar **-2.** [serve] servir **-3.** *fig* [reveal]: **to ~ out one's feelings** *OR* **heart (to sb)** desahogarse (con alguien). <> *vi* [rush out] salir en manada.

pouring ['pɔ:rɪŋ] *adj* [rain] torrencial.

pout [paʊt] <> *n* [showing displeasure] puchero *m*, mohín *m*; [being provocative] gesto *m* provocador (de los labios). <> *vi* [showing displeasure] hacer pucheros; [being provocative] hacer un gesto provocador con los labios.

poverty ['pɒvətɪ] *n lit & fig* pobreza *f*.

poverty line *n* umbral *m* de pobreza.

poverty-stricken *adj* necesitado(da).

poverty trap *n UK* *situación del que gana menos trabajando que en el paro, porque sus ingresos superan por poco el nivel mínimo de contribución fiscal.*

pow [paʊ] *excl inf* ¡pum!, ¡pumba!

POW *n abbr of* **prisoner of war**.

powder ['paʊdəʳ] <> *n* polvo *m*; [make-up] polvos *mpl*. <> *vt* poner polvos en; **to ~ o.s.** darse polvos, empolvarse.

powder compact *n* polvera *f*.

powdered ['paʊdəd] *adj* **-1.** [in powder form] en polvo **-2.** [covered in powder] empolvado(da).

powdered sugar *n US* azúcar *m* glas.

powder puff *n* borla *f*.

powder room *n* servicios *mpl* de señoras, tocador *m*.

powdery ['paʊdərɪ] *adj* [snow] en polvo; [cake etc] harinoso(sa).

power ['paʊəʳ] <> *n* **-1.** *(U)* [authority, control] poder *m*; **to have ~ over sb** tener poder sobre alguien; **to come to/take ~** llegar al/hacerse con el poder; **to be in ~** estar en el poder **-2.** [ability] facultad *f*; **it isn't within my ~ to do it** no está dentro de mis posibilidades hacerlo; **I'll do everything in my ~ to help** haré todo lo que pueda por ayudar **-3.** [legal authority] autoridad *f*, competencia *f*; **to have the ~ to do sthg** tener autoridad para hacer algo **-4.** [physical strength] fuerza *f* **-5.** [energy - solar, steam etc] energía *f* **-6.** [electricity] corriente *f*; **to turn the ~ on/off** dar/cortar la corriente **-7.** [powerful nation, person, group] potencia *f*; **the ~s that be** el orden establecido **-8.** [phr]: **to do sb a ~ of good** sentar de maravilla a alguien. <> *vt* propulsar, impulsar.

powerboat ['paʊəbəʊt] *n* motora *f*.

power cut *n* apagón *m*, corte *m* de corriente.

power failure *n* corte *m* de corriente.

powerful ['paʊəfʊl] *adj* **-1.** [gen] poderoso(sa) **-2.** [blow, voice, drug] potente **-3.** [speech, film] conmovedor(ra).

powerhouse ['paʊəhaʊs, *pl* -haʊzɪz] *n fig* fuente *f* generadora.

powerless ['paʊəlɪs] *adj* **-1.** [helpless] impotente **-2.** [unable]: **to be ~ to do sthg** no poder hacer algo.

power line *n* cable *m* del tendido eléctrico.

power of attorney *n* poder *m*, procuración *f*.

power plant *n* central *f* eléctrica.

power point *n UK* toma *f* (de corriente).

power station *n* central *f* eléctrica.

power steering *n* dirección *f* asistida.
pp (*abbr of* **per procurationem**) p.p.
p & p *abbr of* **postage and packing**.
PPS ◇ *n* ◇ (*abbr of* **post postscriptum**) PPD.
PR *n* **-1.** *abbr of* **proportional representation** **-2.** *abbr of* **public relations**.
practicable ['præktɪkəbl] *adj* viable, factible.
practical ['præktɪkl] ◇ *adj* **-1.** [gen] práctico(ca) **-2.** [skilled with hands] hábil, mañoso(sa). ◇ *n* práctica *f*.
practicality [ˌpræktɪ'kælətɪ] *n* viabilidad *f*.
◆ **practicalities** *npl* aspectos *mpl* prácticos.
practical joke *n* broma *f* pesada.
practically ['præktɪklɪ] *adv* **-1.** [in a practical way] de manera práctica **-2.** [almost] prácticamente, casi.
practice ['præktɪs] *n* **-1.** [training, training session] práctica *f*; *SPORT* entrenamiento *m*; *MUS* ensayo *m*; **I'm out of ~** me falta práctica; **~ makes perfect** se aprende a base de práctica **-2.** [reality]: **to put sthg into ~** llevar algo a la práctica; **in ~** [in fact] en la práctica **-3.** [habit, regular activity] costumbre *f* **-4.** [of profession] ejercicio *m* **-5.** [business - of doctor] consulta *f*; [- of lawyer] bufete *m*, despacho *m*.
practiced *n US* = **practised**.
practicing *US* = **practising**.
practise, practice *US* ['præktɪs] ◇ *vt* **-1.** *SPORT* entrenar; *MUS & THEATRE* ensayar **-2.** [religion, economy, safe sex] practicar; **to ~ what one preaches** predicar con el ejemplo **-3.** [medicine, law] ejercer. ◇ *vi* **-1.** [train - gen] practicar; [- *SPORT*] entrenarse **-2.** [as doctor] practicar; [as lawyer] ejercer.
practised, practiced *US* ['præktɪst] *adj* experto(ta); **to be ~ at doing sthg** ser un experto en hacer algo.
practising, practicing *US* ['præktɪsɪŋ] *adj* **-1.** [Catholic, Jew etc] practicante **-2.** [doctor, lawyer] en ejercicio **-3.** [homosexual] activo(va).
practitioner [præk'tɪʃnə^r] *n*: **general ~** médico *m*, -ca *f* de cabecera; **medical ~** médico *m*, -ca *f*.
pragmatic [præg'mætɪk] *adj* pragmático(ca).
pragmatism ['prægmətɪzm] *n* pragmatismo *m*.
pragmatist ['prægmətɪst] *n* pragmatista *m* *OR* *f*.
Prague [prɑːg] *n* Praga.
prairie ['preərɪ] *n* pradera *f*, prado *m*.
praise [preɪz] ◇ *n (U)* elogio *m*, alabanza *f*; **to sing sb's ~s** cantar alabanzas de alguien. ◇ *vt* elogiar, alabar.
praiseworthy ['preɪzˌwɜːðɪ] *adj* digno(na) de elogio, encomiable.
pram [præm] *n* cochecito *m* de niño.
prance [prɑːns] *vi* **-1.** [person] ir dando brincos **-2.** [horse] hacer cabriolas.
prank [præŋk] *n* diablura *f*, travesura *f*; **to play a ~ on sb** gastarle una broma pesada a alguien.
prat [præt] *n UK inf* gilipuertas *m* *OR* *f inv*.
prattle ['prætl] *pej* ◇ *n* cháchara *f*. ◇ *vi* estar de cháchara; **to ~ on about sthg** rajar sobre algo.
prawn [prɔːn] *n* gamba *f*.
prawn cocktail *n* cóctel *m* de gambas.
prawn cracker *n* corteza *f* de gambas.
pray [preɪ] *vi* rezar, orar; **to ~ to sb** rogar a alguien; **to ~ for sthg/for sthg to happen** *lit & fig* rogar algo/que pase algo.
prayer [preə^r] *n* **-1.** *RELIG* oración *f*; **to say one's ~s** decir uno sus oraciones **-2.** *fig* [strong hope] ruego *m*, súplica *f*.
prayer book *n* devocionario *m*, misal *m*.
prayer meeting *n reunión de fieles para rezar*.
pre- [priː] *prefix* pre-.
preach [priːtʃ] ◇ *vt* [gen] predicar; [sermon] dar. ◇ *vi* **-1.** *RELIG*: **to ~ (to)** predicar (a) **-2.** *pej* [pontificate]: **to ~ (at)** sermonear (a).
preacher ['priːtʃə^r] *n* **-1.** predicador *m*, -ra *f* **-2.** *US* [minister] pastor *m*, -ra *f*.
preamble [priː'æmbl] *n* preámbulo *m*.
prearrange [ˌpriːə'reɪndʒ] *vt* organizar de antemano.
precarious [prɪ'keərɪəs] *adj* precario(ria).
precariously [prɪ'keərɪəslɪ] *adv* precariamente.
precast [ˌpriː'kɑːst] *adj*: **~ concrete** hormigón *m* en bloques.
precaution [prɪ'kɔːʃn] *n* precaución *f*; **as a ~ (against)** como precaución (contra).
precautionary [prɪ'kɔːʃənərɪ] *adj* preventivo(va).
precede [prɪ'siːd] *vt* preceder.
precedence ['presɪdəns] *n*: **to take ~ over** tener prioridad sobre.
precedent ['presɪdənt] *n* precedente *m*.
preceding [prɪ'siːdɪŋ] *adj* anterior, precedente.
precept ['priːsept] *n* precepto *m*.
precinct ['priːsɪŋkt] *n* **-1.** *UK* [shopping area] zona *f* comercial **-2.** *US* [district] distrito *m*.
◆ **precincts** *npl* recinto *m*.
precious ['preʃəs] *adj* **-1.** [gen] precioso(sa); **~ little** muy poco **-2.** [memories, possessions] preciado(da) **-3.** [affected] afectado(da) **-4.** *iron*: **I've heard enough about your ~ dog!** ¡ya estoy cansado de tu dichoso perro!
precious metal *n* metal *m* precioso.

precious stone *n* piedra *f* preciosa.

precipice ['presɪpɪs] *n lit & fig* precipicio *m*.

precipitate [*adj* prɪ'sɪpɪtət, *vb* prɪ'sɪpɪteɪt] ◇ *adj fml* precipitado(da). ◇ *vt* precipitar.

precipitation [prɪ,sɪpɪ'teɪʃn] *n* precipitación *f*.

precipitous [prɪ'sɪpɪtəs] *adj* **-1.** [very steep] escarpado(da) **-2.** [hasty] precipitado(da).

précis [*UK* 'preɪsi:, *US* 'presi:] *n* resumen *m*.

precise [prɪ'saɪs] *adj* preciso(sa), exacto(ta); **to be ~** para ser preciso.

precisely [prɪ'saɪslɪ] *adv* **-1.** [with accuracy] exactamente **-2.** [exactly, literally] precisamente **-3.** [as confirmation]: **precisely!** ¡eso es!, ¡exactamente!

precision [prɪ'sɪʒn] ◇ *n* precisión *f*. ◇ *comp* de precisión.

preclude [prɪ'klu:d] *vt fml* evitar, impedir; [possibility] excluir; **to ~ sthg/sb from doing sthg** impedir que algo/alguien haga algo.

precocious [prɪ'kəʊʃəs] *adj* precoz.

precocity [prɪ'kɒsətɪ] *n* precocidad *f*.

precognition [,pri:kɒg'nɪʃn] *n* precognición *f*.

preconceived [,pri:kən'si:vd] *adj* preconcebido(da).

preconception [,pri:kən'sepʃn] *n* idea *f* preconcebida.

precondition [,pri:kən'dɪʃn] *n fml*: **~ (for)** requisito *m* previo (para).

precooked [pri:'kʊkt] *adj* precocinado(da).

precursor [,pri:'kɜ:sə^r] *n fml* precursor *m*, -ra *f*; **to be a ~ of** *OR* **to sthg** ser el precursor de algo.

predate [pri:'deɪt] *vt* preceder.

predator ['predətə^r] *n* depredador *m*, -ra *f*; *fig* buitre *m OR f*.

predatory ['predətrɪ] *adj* depredador(ra); *fig* rapaz, rapiñero(ra).

predecessor ['pri:dɪsesə^r] *n* antecesor *m*, -ra *f*.

predestination [pri:,destɪ'neɪʃn] *n* predestinación *f*.

predestine [,pri:'destɪn] *vt*: **to be ~d to sthg/to do sthg** estar predestinado(da) a algo/a hacer algo.

predetermine [,pri:dɪ'tɜ:mɪn] *vt* predeterminar.

predetermined [,pri:dɪ'tɜ:mɪnd] *adj* predeterminado(da).

predicament [prɪ'dɪkəmənt] *n* apuro *m*, aprieto *m*.

predict [prɪ'dɪkt] *vt* predecir, pronosticar.

predictable [prɪ'dɪktəbl] *adj* **-1.** [result etc] previsible **-2.** [film, book, person] poco original.

predictably [prɪ'dɪktəblɪ] *adv* como era de esperar.

prediction [prɪ'dɪkʃn] *n* predicción *f*, pronóstico *m*.

predilection [,pri:dɪ'lekʃn] *n*: **~ (for)** predilección *f* (por).

predispose [,pri:dɪs'pəʊz] *vt*: **to be ~d to sthg/to do sthg** [by nature] estar predispuesto(ta) a algo/a hacer algo.

predisposition ['pri:,dɪspə'zɪʃn] *n*: **~ to** *OR* **towards sthg** predisposición *f* hacia *OR* propensión *f* a algo; **~ to do sthg** tendencia *f* a hacer algo.

predominance [prɪ'dɒmɪnəns] *n* predominio *m*.

predominant [prɪ'dɒmɪnənt] *adj* predominante.

predominantly [prɪ'dɒmɪnəntlɪ] *adv* fundamentalmente.

predominate [prɪ'dɒmɪneɪt] *vi* predominar.

preeminent [pri:'emɪnənt] *adj* preeminente.

preempt [,pri:'empt] *vt* **-1.** [make ineffective] adelantarse a **-2.** [acquire] apropiarse de.

preemptive [,pri:'emptɪv] *adj* preventivo(va).

preemptive strike *n* ataque *m* preventivo.

preen [pri:n] *vt* **-1.** [subj: bird] arreglar (con el pico); **to ~ itself** atusarse las plumas **-2.** *fig* [subj: person]: **to ~ o.s.** acicalarse.

prefab ['pri:fæb] *n inf* casa *f* prefabricada.

prefabricate [,pri:'fæbrɪkeɪt] *vt* prefabricar.

preface ['prefɪs] ◇ *n*: **~ (to)** prólogo *m OR* prefacio *m* (a). ◇ *vt*: **to ~ sthg with sthg/by doing sthg** introducir algo con algo/haciendo algo.

prefect ['pri:fekt] *n UK* [pupil] delegado *m*, -da *f* de curso.

prefer [prɪ'fɜ:^r] (*pt* & *pp* **-red**, *cont* **-ring**) *vt*: **to ~ sthg (to)** preferir algo (a); **to ~ to do sthg** preferir hacer algo.

preferable ['prefrəbl] *adj*: **to be ~ (to)** ser preferible (a).

preferably ['prefrəblɪ] *adv* preferentemente.

preference ['prefərəns] *n*: **~ (for)** preferencia *f* (por); **to give sb ~, to give ~ to sb** dar preferencia a alguien.

preference shares *UK npl*, **preferred stock** *US n (U)* acciones *fpl* preferentes.

preferential [,prefə'renʃl] *adj* preferente; **to give sb ~ treatment** dar tratamiento preferencial a alguien.

preferred [prɪ'fɜ:d] *adj* preferido(da).

preferred stock *n US* = **preference shares**.

prefix ['pri:fɪks] *n* prefijo *m*.

pregnancy ['pregnənsɪ] (*pl* **-ies**) *n* embarazo *m*.

pregnancy test *n* prueba *f* del embarazo.

pregnant ['pregnənt] *adj* **-1.** [woman] embarazada **-2.** [animal] preñada **-3.** *fig* [significant] significativo(va); ~ **with** cargado de.

preheated [ˌpri:ˈhi:tɪd] *adj* precalentado(da).

prehistoric [ˌpri:hɪˈstɒrɪk] *adj* prehistórico(ca).

prehistory [ˌpri:ˈhɪstərɪ] *n* prehistoria *f.*

pre-industrial *adj* preindustrial.

prejudge [ˌpri:ˈdʒʌdʒ] *vt* prejuzgar, juzgar de antemano.

prejudice [ˈpredʒʊdɪs] <> *n*: ~ **(against)** prejuicio *m* (contra); ~ **in favour of** predisposición *f* a favor de. <> *vt* **-1.** [bias]: **to ~ sb (in favour of/against)** predisponer a alguien (a favor de/en contra de) **-2.** [harm] perjudicar.

prejudiced [ˈpredʒʊdɪst] *adj* parcial; **to be ~ in favour of/against** estar predispuesto a favor de/en contra de.

prelate [ˈprelɪt] *n* prelado *m.*

preliminary [prɪˈlɪmɪnərɪ] (*pl* **-ies**) *adj* preliminar.

◆ **preliminaries** *npl* preliminares *mpl.*

prelims [ˈpri:lɪmz] *npl UK* [exams] exámenes *mpl* preliminares.

prelude [ˈprelju:d] *n* [event]: ~ **(to)** preludio *m* (a).

premarital [ˌpri:ˈmærɪtl] *adj* prematrimonial.

premature [ˈpreməˌtjʊəʳ] *adj* prematuro(ra).

prematurely [ˌpreməˈtjʊəlɪ] *adv* antes de tiempo.

premeditated [ˌpri:ˈmedɪteɪtɪd] *adj* premeditado(da).

premenstrual syndrome, premenstrual tension [pri:ˈmenstrʊəl-] *n* síndrome *m* premenstrual.

premier [ˈpremjəʳ] <> *adj* primero(ra). <> *n* primer ministro *m*, primera ministra *f.*

premiere [ˈpremɪeəʳ] *n* estreno *m.*

Premier League *n UK* FTBL *en Inglaterra, máxima división futbolística administrativamente independiente de las demás.*

premiership [ˈpremɪəʃɪp] *n* presidencia *f* del gobierno.

premise [ˈpremɪs] *n* premisa *f*; **on the ~ that** con la idea de que.

◆ **premises** *npl* local *m*; **on the ~s** en el local.

premium [ˈpri:mjəm] *n* prima *f*; **at a ~** [above usual value] por encima de su valor; [in great demand] muy solicitado(da); **to put** OR **place a high ~ on sthg** dar gran importancia a algo.

premium bond *n UK boleto numerado emitido por el Estado que autoriza a participar en sorteos mensuales de dinero hasta su amortización.*

premonition [ˌpreməˈnɪʃn] *n* premonición *f.*

prenatal [ˌpri:ˈneɪtl] *adj US* prenatal.

preoccupation [pri:ˌɒkjʊˈpeɪʃn] *n*: ~ **(with)** preocupación *f* (por).

preoccupied [pri:ˈɒkjʊpaɪd] *adj*: ~ **(with)** preocupado(da) (por).

preoccupy [pri:ˈɒkjʊpaɪ] (*pt* & *pp* **-ied**) *vt* preocupar.

preordain [ˌpri:ɔ:ˈdeɪn] *vt* predeterminar; **to be ~ed to do sthg** estar predestinado a hacer algo.

prep [prep] (*abbr of* **preparation**) *n (U) UK inf* tarea *f*, deberes *mpl*; **to do one's ~** hacer los deberes.

prepacked [ˌpri:ˈpækt] *adj* empaquetado(da).

prepaid [ˈpri:peɪd] *adj* [post paid] porte pagado.

preparation [ˌprepəˈreɪʃn] *n* **-1.** [act of preparing] preparación *f*; **in ~ for** en preparación para **-2.** [prepared mixture] preparado *m.*

◆ **preparations** *npl* preparativos *mpl*; **to make ~s for** hacer los preparativos para.

preparatory [prɪˈpærətrɪ] *adj* preparatorio(ria), preliminar.

prep(aratory) school *n* [in UK] *colegio de pago para niños de 7 a 12 años*; [in US] *escuela privada de enseñanza secundaria y preparación para estudios superiores.*

prepare [prɪˈpeəʳ] <> *vt* preparar. <> *vi*: **to ~ for sthg/to do sthg** prepararse para algo/para hacer algo.

prepared [prɪˈpeəd] *adj* **-1.** [gen] preparado(da); **to be ~ for sthg** estar preparado para algo **-2.** [willing]: **to be ~ to do sthg** estar dispuesto(ta) a hacer algo.

preponderance [prɪˈpɒndərəns] *n* predominio *m.*

preponderantly [prɪˈpɒndərəntlɪ] *adv* mayoritariamente.

preposition [ˌprepəˈzɪʃn] *n* preposición *f.*

prepossessing [ˌpri:pəˈzesɪŋ] *adj fml* atractivo(va), agradable.

preposterous [prɪˈpɒstərəs] *adj* absurdo(da).

preppy [ˈprepɪ] (*pl* **-ies**) *US inf* <> *adj* pijo(ja). <> *n* niño *m*, -ña *f* bien.

prep school *n inf abbr of* **preparatory school**.

Pre-Raphaelite [ˌpri:ˈræfəlaɪt] <> *adj* prerrafaelista. <> *n* prerrafaelista *m* OR *f.*

prerecorded [ˌpri:rɪˈkɔ:dɪd] *adj* pregrabado(da).

prerequisite [ˌpri:ˈrekwɪzɪt] *n*: ~ **(for)** requisito *m* (para).

prerogative [prɪˈrɒgətɪv] *n* prerrogativa *f.*

presage [ˈpresɪdʒ] *vt fml* presagiar.

Presbyterian [ˌprezbɪˈtɪərɪən] <> *adj* presbiteriano(na). <> *n* presbiteriano *m*, -na *f.*

presbytery [ˈprezbɪtrɪ] *n* [residence] presbiterio *m.*

preschool [ˈpri:ˌsku:l] <> *adj* preescolar. <>

n US parvulario *m*, escuela *f* de párvulos.
prescribe [prɪ'skraɪb] *vt* **-1.** MED recetar **-2.** [order] ordenar, mandar.
prescription [prɪ'skrɪpʃn] *n* receta *f*; **on ~** con receta médica.
prescription charge *n UK* *precio fijo por el coste de los medicamentos recetados por médicos de la seguridad social.*
prescriptive [prɪ'skrɪptɪv] *adj* preceptivo(va).
presence ['prezns] *n* presencia *f*; **to be in sb's ~** OR **in the ~ of sb** estar en presencia de alguien; **to have ~** tener presencia; **to make one's ~ felt** hacer sentir la presencia de uno.
presence of mind *n* presencia *f* de ánimo, aplomo *m*.
present [*adj* & *n* 'preznt, *vb* prɪ'zent] <> *adj* **-1.** [current] actual; **at the ~ time** actualmente **-2.** [in attendance] presente; **to be ~ at sthg** asistir a algo, estar presente en algo. <> *n* **-1.** [current time]: **the ~** el presente; **at ~** actualmente; **for the ~** de momento, por ahora **-2.** LING: **~ (tense)** (tiempo *m*) presente *m* **-3.** [gift] regalo *m*; **to give sb a ~** dar un regalo a alguien. <> *vt* **-1.** [gen] presentar; **to ~ sb with sthg, to ~ sthg to sb** [challenge, opportunity] representar algo para alguien; **to ~ sb to sb** presentar a alguien a alguien; **to ~ o.s.** [arrive] presentarse **-2.** [give]: **to ~ sb with sthg, to ~ sthg to sb** [as present] obsequiar algo a alguien; [at ceremony] entregar algo a alguien **-3.** [play etc] representar.
presentable [prɪ'zentəbl] *adj* presentable; **to look ~** tener un aspecto presentable; **to make o.s. ~** arreglarse.
presentation [,prezn'teɪʃn] *n* **-1.** [gen] presentación *f* **-2.** [ceremony] entrega *f* **-3.** [performance] representación *f*.
presentation copy *n* ejemplar *m* gratuito.
present day *n*: **the ~** el presente.
◆ **present-day** *adj* actual, de hoy en día.
presenter [prɪ'zentə[r]] *n UK* presentador *m*, -ra *f*.
presentiment [prɪ'zentɪmənt] *n fml* presentimiento *m*.
presently ['prezəntlɪ] *adv* **-1.** [soon] dentro de poco **-2.** [now] actualmente, ahora.
preservation [,prezə'veɪʃn] *n* preservación *f*, conservación *f*.
preservation order *n esp UK* orden *f* de protección.
preservative [prɪ'zɜːvətɪv] *n* conservante *m*.
preserve [prɪ'zɜːv] <> *vt* conservar. <> *n* [jam] mermelada *f*.
◆ **preserves** *npl* [jam] confituras *fpl*; [vegetables] conserva *f*.
preserved [prɪ'zɜːvd] *adj* conservado(da).
preset [,priː'set] (*pt* & *pp* **preset**, *cont* **-ting**) *vt* programar.
preshrunk [,priː'ʃrʌŋk] *adj* lavado(da) de antemano.
preside [prɪ'zaɪd] *vi*: **to ~ (over** OR **at sthg)** presidir (algo).
presidency ['prezɪdənsɪ] (*pl* **-ies**) *n* presidencia *f*.
president ['prezɪdənt] *n* presidente *m*, -ta *f*.
President-elect *n* el presidente electo (la presidenta electa).
presidential [,prezɪ'denʃl] *adj* presidencial.
press [pres] <> *n* **-1.** [push]: **to give sthg a ~** apretar algo **-2.** [newspapers, reporters]: **the ~** la prensa; **to get a good/bad ~** tener buena/mala prensa **-3.** [machine] prensa *f*; **to go to ~** entrar en prensa **-4.** [with iron] planchado *m*; **to give sthg a ~** dar un planchado a algo. <> *vt* **-1.** [gen] apretar; **to ~ sthg against sthg** apretar algo contra algo **-2.** [grapes, flowers] prensar **-3.** [iron] planchar **-4.** [urge]: **to ~ sb (to do sthg** OR **into doing sthg)** presionar a alguien (para que haga algo); **to ~ sb for sthg** presionar a alguien en busca de algo **-5.** [force]: **to ~ sthg on** OR **upon sb** obligar a alguien a aceptar algo **-6.** [pursue - claim] insistir en; **to ~ charges against sb** [- JUR] demandar a alguien. <> *vi* **-1.** [gen]: **to ~ (on sthg)** apretar (algo) **-2.** [crowd]: **to ~ forward** empujar hacia adelante.
◆ **press for** *vt fus* exigir, reclamar.
◆ **press on** *vi* [continue] proseguir, continuar; **to ~ on (with)** seguir adelante (con).
press agency *n* agencia *f* de prensa.
press agent *n* agente *m* OR *f* de prensa.
press conference *n* rueda *f* de prensa.
press corps *n US*: **the ~** la prensa.
press cutting *n UK* recorte *m* de prensa.
pressed [prest] *adj*: **to be ~ (for time/money)** andar escaso(sa) (de tiempo/de dinero).
pressing ['presɪŋ] *adj* apremiante, urgente.
pressman ['presmæn] (*pl* **-men** [-men]) *n UK* periodista *m*.
press officer *n* jefe *m*, -fa *f* de prensa.
press photographer *n* fotógrafo *m*, -fa *f* de prensa.
press release *n* comunicado *m* de prensa.
press-stud *n UK* automático *m*.
press-up *n UK* flexión *f*.
pressure ['preʃə[r]] <> *n* presión *f*; **to put ~ on sb (to do sthg)** presionar a alguien (para que haga algo); **to be under ~** estar OR verse presionado. <> *vt*: **to ~ sb to do** OR **into**

doing sthg presionar a alguien para que haga algo.
pressure cooker *n* olla *f* a presión.
pressure gauge *n* manómetro *m*.
pressure group *n* grupo *m* de presión.
pressurize, -ise ['preʃəraɪz] *vt* **-1.** *TECH* presurizar **-2.** *UK* [force]: **to ~ sb to do** *OR* **into doing sthg** presionar a alguien para que haga algo.
prestige [pre'sti:ʒ] *n* prestigio *m*.
prestigious [pre'stɪdʒəs] *adj* prestigioso(sa).
prestressed concrete [ˌpri:'strest-] *n* hormigón *m* pretensado.
presumably [prɪ'zju:məblɪ] *adv*: **~ you've read it** supongo que los has leído.
presume [prɪ'zju:m] *vt* suponer; **he is ~d dead** se supone que está muerto; **to ~ that** suponer que, imaginar que.
presumption [prɪ'zʌmpʃn] *n* **-1.** [assumption] suposición *f*; [of innocence] presunción *f* **-2.** *(U)* [audacity] presunción *f*, osadía *f*.
presumptuous [prɪ'zʌmptʃʊəs] *adj* presuntuoso(sa).
presuppose [ˌpri:sə'pəʊz] *vt* presuponer.
pretax [ˌpri:'tæks] *adj* bruto(ta).
pretence, pretense *US* [prɪ'tens] *n* fingimiento *m*, simulación *f*; **to make a ~ of doing sthg** fingir hacer algo; **under false ~s** con engaños, con falsos pretextos.
pretend [prɪ'tend] ◇ *vt*: **to ~ to do sthg** fingir hacer algo; **she ~ed not to notice** hizo como si no se hubiera dado cuenta; **don't ~ you didn't know!** ¡no finjas que no lo sabías! ◇ *vi* fingir, simular. ◇ *adj* [] *inf* de mentira.
pretense *US* = **pretence**.
pretension [prɪ'tenʃn] *n* pretensión *f*; **to have ~s to sthg** tener pretensiones de algo.
pretentious [prɪ'tenʃəs] *adj* pretencioso(sa).
pretentiously [prɪ'tenʃəslɪ] *adv* de forma pretenciosa.
pretentiousness [prɪ'tenʃəsnɪs] *n* pretenciosidad *f*.
preterite ['pretərət] *n* pretérito *m*.
pretext ['pri:tekst] *n* pretexto *m*; **on** *OR* **under the ~ that .../of doing sthg** con el pretexto de que .../de hacer algo.
prettify ['prɪtɪfaɪ] (*pt* & *pp* **-ied**) *vt* embellecer.
prettily ['prɪtɪlɪ] *adv* de una forma bonita.
prettiness ['prɪtɪnɪs] *n* belleza *f*.
pretty ['prɪtɪ] (*compar* **-ier**, *superl* **-iest**) ◇ *adj* bonito(ta). ◇ *adv* bastante; **~ much** más o menos; **~ well** [almost] casi.
pretzel ['pretsl] *n* galleta *f* salada.
prevail [prɪ'veɪl] *vi* **-1.** [be widespread] predominar, imperar **-2.** [triumph]: **to ~ (over)** prevalecer (sobre) **-3.** [persuade]: **to ~ on** *OR* **upon sb to do sthg** persuadir a alguien para que haga algo.
prevailing [prɪ'veɪlɪŋ] *adj* predominante.
prevalence ['prevələns] *n* predominio *m*.
prevalent ['prevələnt] *adj* predominante, imperante.
prevaricate [prɪ'værɪkeɪt] *vi* andarse con evasivas.
prevent [prɪ'vent] *vt* impedir; [event, illness, accident] evitar; **to ~ sthg (from) happening** impedir *OR* evitar que algo pase ; **to ~ sb (from) doing sthg** impedir a alguien que haga algo.
preventable [prɪ'ventəbl] *adj* evitable.
preventative [prɪ'ventətɪv] *adj* = **preventive**.
prevention [prɪ'venʃn] *n* prevención *f*.
preventive [prɪ'ventɪv] *adj* preventivo(va).
preview ['pri:vju:] *n* **-1.** [film] avance *m* **-2.** [exhibition] preestreno *m*.
previous ['pri:vjəs] *adj* previo(via), anterior; **the ~ week/president** la semana/el presidente anterior; **~ convictions** antecedentes *mpl* penales.
previously ['pri:vjəslɪ] *adv* **-1.** [formerly] anteriormente **-2.** [before]: **two years ~** dos años antes.
prewar [ˌpri:'wɔ:ʳ] *adj* de preguerra.
prey [preɪ] *n* presa *f*, víctima *f*; **to fall ~ to** ser víctima de.
◆ **prey on** *vt fus* **-1.** [live off] cazar, alimentarse de **-2.** [trouble]: **to ~ on sb's mind** atormentar a alguien.
price [praɪs] ◇ *n lit* & *fig* precio *m*; **to go up/down in ~** subir/bajar de precio; **you can't put a ~ on health** la salud no tiene precio; **to pay the ~ for sthg** pagar el precio de algo; **at any ~** a toda costa, a cualquier precio; **at a ~** a un alto precio; **to pay a high ~ for sthg** pagar algo caro. ◇ *vt* poner precio a; **to be wrongly ~d** tener el precio equivocado; **to ~ o.s. out of the market** salirse del mercado por vender demasiado caro.
price-cutting *n (U)* reducción *f* de precios.
price-fixing [-ˌfɪksɪŋ] *n (U)* fijación *f* de precios.
priceless ['praɪslɪs] *adj lit* & *fig* que no tiene precio, inestimable.
price list *n* lista *f* *OR* tarifa *f* de precios.
price range *n* escala *f* de precios; **to be within sb's ~** estar al alcance de alguien; **to be out of sb's ~** no estar al alcance de alguien.
price tag *n* [label] etiqueta *f* (del precio).
price war *n* guerra *f* de precios.
pricey ['praɪsɪ] (*compar* **-ier**, *superl* **-iest**) *adj* caro(ra).

prick [prɪk] ◇ *n* **-1.** [wound] pinchazo *m* **-2.** *vulg* [penis] polla *f*, pinga *f Andes & Méx* **-3.** *vulg* [stupid person] gilipollas *m y f inv.* ◇ *vt* **-1.** [gen] pinchar **-2.** [sting] picar.

◆ **prick up** *vt fus*: **to ~ up one's ears** [subj: animal] levantar las orejas; [subj: person] aguzar el oído.

prickle ['prɪkl] ◇ *n* **-1.** [thorn] espina *f*, pincho *m* **-2.** [sensation] comezón *f*. ◇ *vi* picar.

prickly ['prɪklɪ] (*compar* **-ier**, *superl* **-iest**) *adj* **-1.** [thorny] espinoso(sa) **-2.** *fig* [touchy] susceptible, enojadizo(za).

prickly heat *n (U) sarpullido por causa del calor.*

pride [praɪd] ◇ *n* orgullo *m*; **to take ~ in sthg/in doing sthg** enorgullecerse de algo/de hacer algo; **to be sb's ~ and joy** ser el orgullo de alguien; **to have ~ of place** ocupar el lugar de honor; **to swallow one's ~** tragarse el orgullo. ◇ *vt*: **to ~ o.s. on sthg** enorgullecerse de algo.

priest [pri:st] *n* sacerdote *m*.

priestess ['pri:stɪs] *n* sacerdotisa *f*.

priesthood ['pri:sthʊd] *n* **-1.** [position, office]: **the ~** el sacerdocio **-2.** [priests collectively]: **the ~** el clero.

prig [prɪg] *n* mojigato *m*, -ta *f*.

prim [prɪm] (*compar* **-mer**, *superl* **-mest**) *adj* remilgado(da) ; **~ and proper** remilgado(da).

primacy ['praɪməsɪ] *n* primacía *f*.

prima donna [,pri:mə'dɒnə] (*pl* **-s**) *n* **-1.** [female singer] prima donna *f* **-2.** *pej* [self-important person]: **to be a ~** ir de estrella.

primaeval [praɪ'mi:vəl] *adj* = **primeval**.

prima facie [,praɪmə'feɪʃi:] *adj* a primera vista.

primal ['praɪml] *adj* **-1.** [original] primario(ria) **-2.** [most important] primordial.

primarily ['praɪmərɪlɪ] *adv* principalmente.

primary ['praɪmərɪ] (*pl* **-ies**) ◇ *adj* **-1.** [main] principal **-2.** SCH primario(ria). ◇ *n* **US** POL primaria *f*.

PRIMARIES

Las primarias estadounidenses son unas elecciones (directas o indirectas, según los estados) mediante las cuales se selecciona a los candidatos que representarán a los dos partidos nacionales en las elecciones presidenciales.

primary colour *n* color *m* primario.

primary election *n* **US** primaria *f*.

primary school *n* escuela *f* primaria.

primate ['praɪmeɪt] *n* ZOOL primate *m*.

prime [praɪm] ◇ *adj* **-1.** [main] primero(ra), principal **-2.** [excellent] excelente; [quality] primero(ra). ◇ *n*: **to be in one's ~** estar en la flor de la vida. ◇ *vt* **-1.** [inform]: **to ~ sb about sthg** preparar a alguien a fondo para algo **-2.** [surface] preparar **-3.** [gun, pump] cebar.

prime minister *n* primer ministro *m*, primera ministra *f*.

prime mover [-'mu:vəʳ] *n* fuerza *f* motriz.

prime number *n* número *m* primo.

primer ['praɪməʳ] *n* **-1.** [paint] imprimación *f* **-2.** [textbook] cartilla *f*.

prime time *n (U)* hora *f* de mayor audiencia.

◆ **prime-time** *adj* de mayor audiencia.

primeval [praɪ'mi:vl] *adj* [ancient] primitivo(va); **~ forest** bosque *m* virgen.

primitive ['prɪmɪtɪv] *adj* [tribe, species etc] primitivo(va); [accommodation, sense of humour] rudimentario(ria).

primordial [praɪ'mɔ:djəl] *adj fml* primordial.

primrose ['prɪmrəʊz] *n* primavera *f*, prímula *f*.

Primus stove® ['praɪməs-] *n* hornillo *m* de camping.

prince [prɪns] *n* príncipe *m*.

◆ **Prince** *n*: **Prince of Wales** Príncipe de Gales.

Prince Charming *n hum* príncipe *m* azul.

princely ['prɪnslɪ] (*compar* **-ier**, *superl* **-iest**) *adj* **-1.** [of a prince] principesco(ca) **-2.** [magnificent] magnífico(ca).

princess [prɪn'ses] *n* princesa *f*.

◆ **Princess** *n*: **Princess Royal** Princesa Real.

principal ['prɪnsəpl] ◇ *adj* principal. ◇ *n* SCH director *m*, -ra *f*.

principality [,prɪnsɪ'pælətɪ] (*pl* **-ies**) *n* principado *m*.

principally ['prɪnsəplɪ] *adv* principalmente, sobre todo.

principle ['prɪnsəpl] *n* **-1.** [gen] principio *m*; **to be against sb's ~s** ir contra los principios de alguien **-2.** *(U)* [integrity] principios *mpl*; **on ~, as a matter of ~** por principio.

◆ **in principle** *adv* en principio.

principled ['prɪnsəpld] *adj* de principios.

print [prɪnt] ◇ *n* **-1.** *(U)* [type] caracteres *mpl* (de imprenta); **in ~** [available] disponible; [in printed characters] en letra impresa; **to be out of ~** estar agotado **-2.** [piece of artwork] grabado *m* **-3.** [reproduction] reproducción *f* **-4.** [photograph] fotografía *f* **-5.** [fabric] estampado *m* **-6.** [mark - of foot etc] huella *f*. ◇ *vt* **-1.** TYPO imprimir **-2.** [produce by printing - book, newspaper] tirar **-3.** [publish] publicar **-4.** [decorate - cloth etc] estampar **-5.** [write in block letters] escribir con letra de imprenta. ◇ *vi* imprimir.

◆ **print out** *vt sep* COMPUT imprimir.
printed circuit ['prɪntɪd-] *n* circuito *m* impreso.
printed matter ['prɪntɪd-] *n (U)* impresos *mpl*.
printer ['prɪntəʳ] *n* **-1.** [person] impresor *m*, -ra *f*; [firm] imprenta *f* **-2.** [machine] impresora *f*.
printing ['prɪntɪŋ] *n* **-1.** *(U)* [act of printing] impresión *f* **-2.** [trade] imprenta *f*.
printing press *n* prensa *f (máquina)*.
printout ['prɪntaʊt] *n* COMPUT salida *f* de impresora.
prior ['praɪəʳ] <> *adj* [previous] previo(via); **without ~ notice** sin previo aviso; **to have ~ commitments** tener compromisos previos; **to have a ~ engagement** tener un compromiso previo. <> *n* [monk] prior *m*.
◆ **prior to** *prep* antes de; **~ to doing sthg** con anterioridad a hacer algo.
prioritize, -ise [praɪ'ɒrɪtaɪz] *vt* dar prioridad a.
priority [praɪ'ɒrətɪ] (*pl* **-ies**) <> *adj* prioritario(ria). <> *n* prioridad *f*; **to have** OR **take ~ (over)** tener prioridad (sobre).
◆ **priorities** *npl* prioridades *fpl*; **to get one's priorities right** darse uno cuenta de lo que realmente es importante.
priory ['praɪərɪ] (*pl* **-ies**) *n* priorato *m*.
prise [praɪz] *vt*: **to ~ sthg open/away** abrir/separar algo haciendo palanca.
prism ['prɪzm] *n* prisma *m*.
prison ['prɪzn] <> *n* cárcel *f*, prisión *f*; **to be in ~** estar en la cárcel; **to be sentenced to 5 years in ~** ser condenado a cinco años de cárcel. <> *comp*: **to be given a ~ sentence** ser condenado a una pena de cárcel; **a ~ officer** un funcionario de prisiones.
prison camp *n* campamento *m* de prisioneros.
prisoner ['prɪznəʳ] *n* **-1.** [convict] preso *m*, -sa *f* **-2.** [captive] prisionero *m*, -ra *f*; **to be taken ~** ser hecho prisionero.
prisoner of war (*pl* **prisoners of war**) *n* prisionero *m*, -ra *f* de guerra.
prissy ['prɪsɪ] (*compar* **-ier**, *superl* **-iest**) *adj* remilgado(da).
pristine ['prɪsti:n] *adj* prístino(na).
privacy [*UK* 'prɪvəsɪ, *US* 'praɪvəsɪ] *n* intimidad *f*.
private ['praɪvɪt] <> *adj* **-1.** [gen] privado(da); [class] particular; [telephone call, belongings] personal **-2.** [thoughts, plans] secreto(ta) ; **a ~ joke** un chiste que entienden unos pocos **-3.** [secluded] retirado(da) **-4.** [unsociable - person] reservado(da). <> *n* **-1.** [soldier] soldado *m* raso **-2.**: **(to do sthg) in ~** [in secret] (hacer algo) en privado.
◆ **privates** *npl inf* partes *fpl* (pudendas).
private company *n* empresa *f* privada.
private detective *n* detective privado *m*, -da *f*.
private enterprise *n (U)* empresa *f* privada.
private eye *n* detective privado *m*, -da *f*.
private income *n UK* renta *f* personal.
private investigator *n* detective privado *m*, -da *f*.
privately ['praɪvɪtlɪ] *adv* **-1.** [not by the state] de forma privada; **~ owned** de propiedad privada **-2.** [confidentially] en privado **-3.** [secretly] en el fuero interno de uno.
private parts *npl inf* partes *fpl* (íntimas).
private practice *n UK* ejercicio *m* privado de la medicina.
private property *n* propiedad *f* privada.
private school *n* escuela *f* privada, colegio *m* privado.
private sector *n*: **the ~** el sector privado.
privation [praɪ'veɪʃn] *n* privación *f*.
privatization [,praɪvɪtaɪ'zeɪʃn] *n* privatización *f*.
privatize, -ise ['praɪvɪtaɪz] *vt* privatizar.
privet ['prɪvɪt] *n* alheña *f*.
privilege ['prɪvɪlɪdʒ] *n* privilegio *m*.
privileged ['prɪvɪlɪdʒd] *adj* privilegiado(da).
privy ['prɪvɪ] *adj*: **to be ~ to sthg** estar enterado(da) de algo.
Privy Council *n UK*: **the ~** *en Gran Bretaña, consejo privado que asesora al monarca*.
prize [praɪz] <> *adj* de primera. <> *n* premio *m*. <> *vt*: **to be ~d** ser apreciado(da).
prizefight ['praɪzfaɪt] *n* combate *m* de boxeo profesional.
prize-giving [-,gɪvɪŋ] *n UK* entrega *f* de premios.
prizewinner ['praɪz,wɪnəʳ] *n* premiado *m*, -da *f*.
pro [prəʊ] (*pl* **-s**) *n* **-1.** *inf* [professional] profesional *m* OR *f* **-2.** [advantage]: **the ~s and cons** los pros y los contras.
pro- [prəʊ] *prefix* pro-.
PRO (*abbr of* **public relations officer**) *n jefe de relaciones públicas*.
probability [,prɒbə'bɪlətɪ] (*pl* **-ies**) *n* probabilidad *f*; **in all ~ they'll win** es muy probable que ganen.
probable ['prɒbəbl] *adj* probable; **it is not very ~ that it will happen** no es muy probable que ocurra.
probably ['prɒbəblɪ] *adv* probablemente.

probate [ˈprəʊbeɪt] ◇ *n JUR* legalización *f* de un testamento. ◇ *vt US* legalizar *(un testamento)*.

probation [prəˈbeɪʃn] *n* **-1.** [of prisoner] libertad *f* condicional; **to put sb on ~** poner a alguien en libertad condicional **-2.** [trial period] periodo *m* de prueba; **to be on ~** estar en periodo de prueba.

probationary [prəˈbeɪʃnrɪ] *adj* **-1.** [teacher, nurse] en periodo de prueba **-2.** [period] de prueba.

probationer [prəˈbeɪʃnəʳ] *n* **-1.** [employee] empleado *m*, -da *f* a prueba **-2.** [offender] persona *f* en libertad condicional.

probation officer *n encargado de vigilar a los que están en libertad condicional.*

probe [prəʊb] ◇ *n* **-1.** [investigation]: **~ (into)** investigación *f* (sobre) **-2.** *MED & SPACE* sonda *f*. ◇ *vt* **-1.** [investigate] investigar **-2.** [with tool] sondar; [with finger, stick] hurgar en. ◇ *vi*: **to ~ for sthg** investigar para encontrar algo; **to ~ into sthg** explorar algo.

probing [ˈprəʊbɪŋ] *adj* inquisitivo(va).

probity [ˈprəʊbətɪ] *n fml* probidad *f*.

problem [ˈprɒbləm] ◇ *n* problema *m*; **no ~!** *inf* ¡por supuesto!, ¡desde luego! ◇ *comp* problemático(ca), difícil.

problematic(al) [ˌprɒbləˈmætɪk(l)] *adj* problemático(ca), difícil.

procedural [prəˈsiːdʒərəl] *adj* de procedimiento.

procedure [prəˈsiːdʒəʳ] *n* procedimiento *m*.

proceed [*vb* prəˈsiːd, *npl* ˈprəʊsiːdz] *vi* **-1.** [do subsequently]: **to ~ to do sthg** proceder a hacer algo **-2.** [continue]: **to ~ (with sthg)** proseguir (con algo) **-3.** *fml* [advance] avanzar.
◆ **proceeds** *npl* ganancias *fpl*, beneficios *mpl*.

proceedings [prəˈsiːdɪŋz] *npl* **-1.** [series of events] acto *m* **-2.** [legal action] proceso *m*; **to start ~ against sb** entablar proceso contra alguien.

process [ˈprəʊses] ◇ *n* proceso *m*; **in the ~** en el intento; **to be in the ~ of doing sthg** estar en vías de hacer algo. ◇ *vt* **-1.** [gen & *COMPUT*] procesar **-2.** [application] tramitar.

processed cheese [ˈprəʊsest-] *n* queso *m* fundido.

processing [ˈprəʊsesɪŋ] *n* **-1.** [gen & *COMPUT*] procesamiento *m* **-2.** [of applications etc] tramitación *f*.

procession [prəˈseʃn] *n* desfile *m*; [religious] procesión *f*.

processor [ˈprəʊsesəʳ] *n* **-1.** *COMPUT* unidad *f* central (de procesamiento) **-2.** *CULIN* procesador *m*.

pro-choice *adj* en favor del derecho de la mujer a decidir en materia de aborto.

proclaim [prəˈkleɪm] *vt* [gen] proclamar; [law] promulgar.

proclamation [ˌprɒkləˈmeɪʃn] *n* [gen] proclamación *f*; [of law] promulgación *f*.

proclivity [prəˈklɪvətɪ] (*pl* **-ies**) *n fml*: **~ (to** *OR* **towards)** propensión *f OR* tendencia *f* (a).

procrastinate [prəˈkræstɪneɪt] *vi* andarse con dilaciones.

procrastination [prəˌkræstɪˈneɪʃn] *n (U)* dilaciones *fpl*.

procreate [ˈprəʊkrɪeɪt] *vi* procrear.

procreation [ˌprəʊkrɪˈeɪʃn] *n* procreación *f*.

procurator fiscal [ˈprɒkjʊreɪtəʳ-] *n Scot* ≃ fiscal *m OR f*.

procure [prəˈkjʊəʳ] *vt* [obtain] obtener, conseguir.

procurement [prəˈkjʊəmənt] *n* obtención *f*.

prod [prɒd] (*pt* & *pp* **-ded**, *cont* **-ding**) ◇ *n* **-1.** [push, poke] empujoncito *m* **-2.** *fig* [reminder] toque *m*, aviso *m*. ◇ *vt* **-1.** [push, poke] dar empujoncitos a **-2.** [remind, prompt]: **to ~ sb (into doing sthg)** darle un toque a alguien (para que haga algo).

prodigal [ˈprɒdɪgl] *adj* [son, daughter] pródigo(ga).

prodigious [prəˈdɪdʒəs] *adj* prodigioso(sa).

prodigy [ˈprɒdɪdʒɪ] (*pl* **-ies**) *n* [person] prodigio *m*; **a child ~** un niño prodigio.

produce [*n* ˈprɒdjuːs, *vb* prəˈdjuːs] ◇ *n (U)* productos *mpl* agrícolas ; **'~ of France'** 'producto de Francia'. ◇ *vt* **-1.** [gen] producir; [offspring, flowers] engendrar **-2.** [evidence, argument] presentar **-3.** [bring out] mostrar, enseñar **-4.** *THEATRE* poner en escena.

producer [prəˈdjuːsəʳ] *n* **-1.** [gen] productor *m*, -ra *f* **-2.** *THEATRE* director *m*, -ra *f* de escena.

product [ˈprɒdʌkt] *n* producto *m*; **to be a ~ of** ser el resultado *OR* producto de.

production [prəˈdʌkʃn] *n* **-1.** [gen] producción *f*; **to put/go into ~** empezar a fabricar/fabricarse **-2.** *(U) THEATRE* puesta *f* en escena.

production line *n* cadena *f* de producción.

production manager *n* **-1.** *THEATRE* director *m*, -ra *f* de producción **-2.** [in factory] jefe *m*, -fa *f* de producción.

productive [prəˈdʌktɪv] *adj* **-1.** [efficient] productivo(va) **-2.** [rewarding] provechoso(sa).

productively [prəˈdʌktɪvlɪ] *adv* **-1.** [efficiently] de manera productiva **-2.** [rewardingly] de manera provechosa.

productivity [ˌprɒdʌkˈtɪvətɪ] *n* productividad *f*.

productivity bonus *n* plus *m* de productividad.

productivity deal *n* acuerdo *m* sobre la productividad.

Prof. [prɒf] (*abbr of* **Professor**) Catedr.

profane [prə'feɪn] *adj* [disrespectful] obsceno(na).

profanity [prə'fænətɪ] (*pl* **-ies**) *n* **-1.** [of language, behaviour] obscenidad *f*, indecencia *f* **-2.** [word] palabrota *f*, taco *m*.

profess [prə'fes] *vt* **-1.** [claim]: **to ~ (to do sthg)** pretender (hacer algo) **-2.** [declare] declarar.

professed [prə'fest] *adj* **-1.** [avowed] declarado(da) **-2.** [supposed] pretendido(da).

profession [prə'feʃn] *n* profesión *f*; **by ~** de profesión.

professional [prə'feʃənl] <> *adj* profesional. <> *n* profesional *m* OR *f*, profesionista *mf Méx*.

professional foul *n* falta *f* profesional.

professionalism [prə'feʃnəlɪzm] *n* profesionalismo *m*.

professionally [prə'feʃnəlɪ] *adv* **-1.** [for a profession]: **to be ~ trained/qualified** tener una formación/un título profesional **-2.** [not as amateur] profesionalmente **-3.** [skilfully] de manera profesional.

professor [prə'fesəʳ] *n* **-1.** *UK* [head of department] catedrático *m*, -ca *f* **-2.** *US* & *Can* [lecturer] profesor *m*, -ra *f* (de universidad).

professorship [prə'fesəʃɪp] *n* **-1.** *UK* [position of head of department] cátedra *f* **-2.** *US* & *Can* [lectureship] *cargo de profesor de universidad*.

proffer ['prɒfəʳ] *vt*: **to ~ sthg (to)** ofrecer algo (a).

proficiency [prə'fɪʃənsɪ] *n*: **~ (in)** competencia *f* (en).

proficient [prə'fɪʃənt] *adj*: **~ (in** OR **at)** competente (en).

profile ['prəʊfaɪl] *n* perfil *m*; **high ~** notoriedad *f*; **in ~** de perfil; **to keep a low ~** mantenerse en segundo plano.

profit ['prɒfɪt] <> *n* **-1.** [financial gain] beneficio *m*, ganancia *f*; **to make a ~** sacar un beneficio; **to sell sthg at a ~** vender algo con beneficios **-2.** [advantage] provecho *m*. <> *vi*: **to ~ (from** OR **by)** sacar provecho (de).

profitability [,prɒfɪtə'bɪlətɪ] *n* rentabilidad *f*.

profitable ['prɒfɪtəbl] *adj* **-1.** [making a profit] rentable **-2.** [beneficial] provechoso(sa).

profitably ['prɒfɪtəblɪ] *adv* **-1.** [at a profit] con beneficios **-2.** [spend time] de manera provechosa.

profiteering [,prɒfɪ'tɪərɪŋ] *n* especulación *f*.

profit-making <> *adj* con fines lucrativos. <> *n* obtención *f* de beneficios.

profit margin *n* margen *m* de beneficios.

profit sharing [-,ʃeərɪŋ] *n* participación *f* en los beneficios.

profligate ['prɒflɪgɪt] *adj* **-1.** [extravagant] derrochador(ra) **-2.** [immoral] libertino(na).

pro forma [-'fɔ:mə] *adj* proforma.

profound [prə'faʊnd] *adj* profundo(da).

profoundly [prə'faʊndlɪ] *adv* profundamente.

profuse [prə'fju:s] *adj* profuso(sa).

profusely [prə'fju:slɪ] *adv* profusamente; **to apologise ~** pedir disculpas cumplidamente.

profusion [prə'fju:ʒn] *n* profusión *f*.

progeny ['prɒdʒənɪ] (*pl* **-ies**) *n* progenie *f*.

progesterone [prə'dʒestərəʊn] *n* progesterona *f*.

prognosis [prɒg'nəʊsɪs] (*pl* **-noses** [-'nəʊsi:z]) *n* pronóstico *m*.

program ['prəʊgræm] (*pt* & *pp* **-med** OR **-ed**, *cont* **-ming** OR **-ing**) <> *n* **-1.** COMPUT programa *m* **-2.** *US* = **programme**. <> *vt* **-1.** COMPUT programar **-2.** *US* = **programme**. <> *vi* COMPUT programar.

programer *US* = **programmer**.

programmable [prəʊ'græməbl] *adj* programable.

programme *UK*, **program** *US* ['prəʊgræm] <> *n* programa *m*. <> *vt*: **to ~ sthg (to do sthg)** programar algo (para que haga algo).

programmer *UK*, **programer** *US* ['prəʊgræməʳ] *n* COMPUT programador *m*, -ra *f*.

programming ['prəʊgræmɪŋ] *n* programación *f*.

programming language *n* lenguaje *m* de programación.

progress [*n* 'prəʊgres, *vb* prə'gres] <> *n* **-1.** [gen] progreso *m*; **in ~** en curso; **to make ~** hacer progresos **-2.** [forward movement] avance *m*. <> *vi* **-1.** [gen] progresar; **as the year ~ed** conforme avanzaba el año; [pupil etc] hacer progresos **-2.** [move forward] avanzar **-3.** [move on]: **to ~ to sthg** pasar a algo.

progression [prə'greʃn] *n* **-1.** [development] evolución *f* **-2.** [series] sucesión *f*.

progressive [prə'gresɪv] *adj* **-1.** [enlightened] progresista **-2.** [gradual] progresivo(va).

progressively [prə'gresɪvlɪ] *adv* progresivamente.

progress report *n* [on work, project] informe *m* sobre el desarrollo del trabajo.

prohibit [prə'hɪbɪt] *vt* prohibir; **to ~ sb from doing sthg** prohibirle a alguien hacer algo; **fishing is ~ed** prohibido pescar.

prohibition [,prəʊɪ'bɪʃn] *n* prohibición *f*.

prohibitive [prə'hɪbətɪv] *adj* prohibitivo(va).

project [*n* 'prɒdʒekt, *vb* prə'dʒekt] <> *n* **-1.** [plan, idea] proyecto *m* **-2.** SCH: **~ (on)** estudio *m*

OR trabajo *m* (sobre) **-3.** *US*: **the ~s** *urbanización con viviendas de protección oficial.* <> *vt* **-1.** [gen] proyectar **-2.** [estimate - statistic, costs] estimar **-3.** [company, person] dar una imagen de; [image] proyectar. <> *vi* proyectarse.

projectile [prəˈdʒektaɪl] *n* proyectil *m*.

projection [prəˈdʒekʃn] *n* **-1.** [gen] proyección *f* **-2.** [protrusion] saliente *m*.

projectionist [prəˈdʒekʃənɪst] *n* operador *m*, -ra *f*, proyeccionista *m* OR *f*.

projection room *n* cabina *f* de proyecciones.

projector [prəˈdʒektəʳ] *n* proyector *m*.

proletarian [ˌprəʊlɪˈteərɪən] *adj* proletario(ria).

proletariat [ˌprəʊlɪˈteərɪət] *n* proletariado *m*.

pro-life *adj* pro-vida.

proliferate [prəˈlɪfəreɪt] *vi* proliferar.

prolific [prəˈlɪfɪk] *adj* prolífico(ca).

prologue, prolog *US* [ˈprəʊlɒg] *n* prólogo *m*; **to be the** OR **a ~ to sthg** *fig* ser el prólogo a algo.

prolong [prəˈlɒŋ] *vt* prolongar.

prom [prɒm] *n* **-1.** *abbr of* **promenade concert -2.** (*abbr of* **promenade**) *UK inf* [road by sea] paseo *m* marítimo **-3.** *US* [ball] baile *m* de gala (en la escuela).

promenade [ˌprɒməˈnɑːd] *n UK* [by sea] paseo *m* marítimo.

promenade concert *n UK concierto sinfónico en donde parte del público está de pie.*

prominence [ˈprɒmɪnəns] *n* **-1.** [importance] importancia *f* **-2.** [conspicuousness] prominencia *f*.

prominent [ˈprɒmɪnənt] *adj* **-1.** [important] destacado(da), importante **-2.** [noticeable] prominente.

prominently [ˈprɒmɪnəntlɪ] *adv* de forma destacada; **to figure ~ in sthg** destacar en algo; **to be ~ displayed** ocupar un lugar destacado.

promiscuity [ˌprɒmɪsˈkjuːətɪ] *n* promiscuidad *f*.

promiscuous [prɒˈmɪskjʊəs] *adj* promiscuo(cua).

promise [ˈprɒmɪs] <> *n* promesa *f*; **to make (sb) a ~** hacer una promesa (a alguien); **to show ~** prometer, ser prometedor. <> *vt*: **to ~ (to do sthg)** prometer (hacer algo); **to ~ sb sthg** prometer a alguien algo. <> *vi*: **I ~** te lo prometo.

promising [ˈprɒmɪsɪŋ] *adj* prometedor(ra).

promissory note [ˈprɒmɪsərɪ-] *n* pagaré *m*.

promo [ˈprəʊməʊ] (*pl* **-s**) (*abbr of* **promotion**) *n inf* film *m* promocional.

promontory [ˈprɒməntrɪ] (*pl* **-ies**) *n* promontorio *m*.

promote [prəˈməʊt] *vt* **-1.** [foster] fomentar, promover **-2.** [push, advertise] promocionar **-3.** [in job]: **to ~ sb (to sthg)** ascender a alguien (a algo) **-4.** SPORT: **to be ~d** subir.

promoter [prəˈməʊtəʳ] *n* **-1.** [organizer] organizador *m*, -ra *f* **-2.** [supporter] promotor *m*, -ra *f*.

promotion [prəˈməʊʃn] *n* **-1.** [in job] ascenso *m*; **to get** OR **be given ~** conseguir un ascenso **-2.** [advertising] promoción *f* **-3.** [campaign] campaña *f* de promoción.

prompt [prɒmpt] <> *adj* rápido(da), inmediato(ta); **the injury requires ~ treatment** las heridas requieren un tratamiento inmediato; **to be ~ in doing sthg** hacer algo con prontitud. <> *adv* en punto; **at 2 o'clock ~** a las dos en punto. <> *vt* **-1.** [motivate]: **to ~ sb (to do sthg)** inducir OR impulsar a alguien (a hacer algo) **-2.** [encourage]: **to ~ sb (to do sthg)** animar a alguien (a hacer algo) **-3.** THEATRE apuntar. <> *n* THEATRE [line] apunte *m*.

prompter [ˈprɒmptəʳ] *n* apuntador *m*, -ra *f*.

promptly [ˈprɒmptlɪ] *adv* **-1.** [reply, react, pay] inmediatamente, rápidamente **-2.** [arrive, leave] puntualmente.

promptness [ˈprɒmptnɪs] *n* **-1.** [of reply, reaction, payment] rapidez *f* **-2.** [of arrival, departure] puntualidad *f*.

promulgate [ˈprɒmlgeɪt] *vt* promulgar.

prone [prəʊn] *adj* **-1.** [susceptible]: **to be ~ to sthg/to do sthg** ser propenso(sa) a algo/a hacer algo **-2.** [lying flat] boca abajo.

prong [prɒŋ] *n* diente *m*, punta *f*.

pronoun [ˈprəʊnaʊn] *n* pronombre *m*.

pronounce [prəˈnaʊns] <> *vt* **-1.** [gen] pronunciar **-2.** [declare] declarar. <> *vi*: **to ~ on sthg** pronunciarse sobre algo.

pronounced [prəˈnaʊnst] *adj* pronunciado(da), marcado(da).

pronouncement [prəˈnaʊnsmənt] *n* declaración *f*.

pronunciation [prəˌnʌnsɪˈeɪʃn] *n* pronunciación *f*.

proof [pruːf] <> *n* **-1.** [gen & TYPO] prueba *f* **-2.** [of alcohol]: **to be 10% ~** tener 10 grados. <> *adj* [secure]: **~ against** a prueba de.

proofread [ˈpruːfriːd] (*pt* & *pp* **-read** [-red]) *vt* corregir las pruebas (de imprenta) de.

proofreader [ˈpruːfˌriːdəʳ] *n* corrector *m*, -ra *f* de pruebas.

prop [prɒp] (*pt* & *pp* **-ped**, *cont* **-ping**) <> *n* **-1.** [physical support] puntal *m*, apoyo *m* **-2.** *fig* [supporting thing, person] sostén *m*. <> *vt*: **to ~ sthg on** OR **against sthg** apoyar algo contra algo.

◆ **props** *npl* accesorios *mpl.*

◆ **prop up** *vt sep* **-1.** [physically support] apuntalar **-2.** *fig* [sustain] apoyar, sostener.

propaganda [ˌprɒpəˈgændə] *n* propaganda *f.*

propagate [ˈprɒpəgeɪt] ◇ *vt* propagar. ◇ *vi* propagarse.

propagation [ˌprɒpəˈgeɪʃn] *n* propagación *f.*

propane [ˈprəʊpeɪn] *n* propano *m.*

propel [prəˈpel] (*pt* & *pp* **-led**, *cont* **-ling**) *vt* propulsar, impulsar.

propeller [prəˈpeləʳ] *n* hélice *f.*

propelling pencil [prəˈpelɪŋ-] *n UK* portaminas *m inv.*

propensity [prəˈpensətɪ] (*pl* **-ies**) *n fml*: ~ **(for** *OR* **to sthg)** propensión *f* (a algo); **to have a ~ to do sthg** tener propensión a hacer algo.

proper [ˈprɒpəʳ] *adj* **-1.** [real] de verdad **-2.** [correct - gen] correcto(ta) ; [- time, place, equipment] adecuado(da) **-3.** [as emphasis]: **a ~ idiot** *inf* un perfecto idiota.

properly [ˈprɒpəlɪ] *adv* **-1.** [satisfactorily, correctly] bien **-2.** [decently] correctamente.

proper noun *n* nombre *m* propio.

property [ˈprɒpətɪ] (*pl* **-ies**) *n* **-1.** [gen] propiedad *f* **-2.** [estate] finca *f* **-3.** *fml* [house] inmueble *m.*

property developer *n* empresa *f* constructora.

property owner *n* propietario *m*, -ria *f* de un inmueble.

property tax *n* impuesto *m* sobre los bienes raíces.

prophecy [ˈprɒfɪsɪ] (*pl* **-ies**) *n* profecía *f.*

prophesy [ˈprɒfɪsaɪ] (*pt* & *pp* **-ied**) *vt* profetizar.

prophet [ˈprɒfɪt] *n* profeta *m OR f.*

prophetic [prəˈfetɪk] *adj* profético(ca).

propitious [prəˈpɪʃəs] *adj fml* propicio(cia).

proponent [prəˈpəʊnənt] *n* partidario *m*, -ria *f*, defensor *m*, -ra *f.*

proportion [prəˈpɔːʃn] *n* **-1.** [part] parte *f* **-2.** [ratio, comparison] proporción *f*; **in ~ to** en proporción a; **out of all ~ (to)** totalmente desproporcionado (con relación a) **-3.** [correct relationship]: **in ~** en proporción; **out of ~** desproporcionado(da); **to get things out of ~** *fig* sacar las cosas fuera de quicio; **to keep things in ~** *fig* no exagerar; **sense of ~** *fig* sentido *m* de la medida.

proportional [prəˈpɔːʃənl] *adj*: ~ **(to)** proporcional (a), en proporción (a).

proportional representation *n* representación *f* proporcional.

proportionate [prəˈpɔːʃnət] *adj*: ~ **(to)** proporcional (a).

proposal [prəˈpəʊzl] *n* **-1.** [plan, suggestion] propuesta *f* **-2.** [offer of marriage] proposición *f.*

propose [prəˈpəʊz] ◇ *vt* **-1.** [suggest] proponer; [motion] presentar; **to ~ doing sthg** proponer hacer algo **-2.** [intend]: **to ~ doing** *OR* **to do sthg** tener la intención de hacer algo. ◇ *vi* [make offer of marriage] declararse; **to ~ to sb** pedir la mano de alguien.

proposed [prəˈpəʊzd] *adj* propuesto(ta).

proposition [ˌprɒpəˈzɪʃn] ◇ *n* **-1.** [statement of theory] proposición *f* **-2.** [suggestion] propuesta *f*; **to make sb a ~** hacer una propuesta a alguien. ◇ *vt fml* hacer proposiciones a.

propound [prəˈpaʊnd] *vt fml* exponer, plantear.

proprietary [prəˈpraɪətrɪ] *adj fml* [brand name] registrado(da).

proprietor [prəˈpraɪətəʳ] *n* propietario *m*, -ria *f.*

propriety [prəˈpraɪətɪ] *n (U) fml* **-1.** [moral correctness] propiedad *f* **-2.** [rightness] conveniencia *f*, oportunidad *f.*

propulsion [prəˈpʌlʃn] *n* propulsión *f.*

pro rata [-ˈrɑːtə] *adj* & *adv* a prorrata.

prosaic [prəʊˈzeɪɪk] *adj* prosaico(ca).

Pros. Atty *abbr of* **prosecuting attorney**.

proscenium [prəˈsiːnjəm] (*pl* **-nia** [njə], **-niums**) *n*: ~ **(arch)** proscenio *m.*

proscribe [prəʊˈskraɪb] *vt fml* proscribir.

prose [prəʊz] *n* **-1.** *(U)* *LITER* prosa *f* **-2.** *SCH* traducción *f* inversa.

prosecute [ˈprɒsɪkjuːt] ◇ *vt* procesar, enjuiciar; **to be ~d for** ser procesado(da) por. ◇ *vi* **-1.** [bring a charge] entablar una acción judicial **-2.** [represent in court] representar al demandante.

prosecution [ˌprɒsɪˈkjuːʃn] *n* **-1.** [gen] procesamiento *m* **-2.** [lawyers]: **the ~** la acusación.

prosecutor [ˈprɒsɪkjuːtəʳ] *n esp US* fiscal *m OR f.*

prospect [*n* ˈprɒspekt, *vb* prəˈspekt] ◇ *n* **-1.** [gen] perspectiva *f*; **it was a pleasant ~** era una perspectiva agradable; **they were faced with the ~ of losing their jobs** tenían que hacer frente a la perspectiva de perder sus trabajos **-2.** [possibility] posibilidad *f*; **there's little ~ of that happening** hay pocas posibilidades de que eso ocurra. ◇ *vi*: **to ~ (for)** hacer prospecciones (de).

◆ **prospects** *npl*: **~s (for)** perspectivas *fpl* (de); **job ~s** perspectivas laborales.

prospecting [prəˈspektɪŋ] *n (U)* prospecciones *fpl.*

prospective [prəˈspektɪv] *adj* posible.

prospector [prəˈspektəʳ] *n* prospector *m*, -ra *f.*

prospectus [prəˈspektəs] (*pl* **-es**) *n* prospecto *m*, folleto *m* informativo.

prosper ['prɒspəʳ] *vi* prosperar.
prosperity [prɒ'sperətɪ] *n* prosperidad *f.*
prosperous ['prɒspərəs] *adj* próspero(ra).
prostate (gland) ['prɒsteɪt-] *n* próstata *f.*
prosthesis [prɒs'θi:sɪs] (*pl* **-theses** ['θi:si:z]) *n* prótesis *f inv.*
prostitute ['prɒstɪtju:t] *n* prostituta *f*; **male ~** prostituto *m.*
prostitution [,prɒstɪ'tju:ʃn] *n* prostitución *f.*
prostrate [*adj* 'prɒstreɪt, *vb* prɒ'streɪt] ◇ *adj* postrado(da). ◇ *vt*: **to ~ o.s. (before sb)** postrarse (ante alguien).
protagonist [prə'tægənɪst] *n* **-1.** *fml* [supporter] partidario *m*, -ria *f*, defensor *m*, -ra *f* **-2.** [main character] protagonista *m* OR *f.*
protect [prə'tekt] *vt*: **to ~ sthg/sb (against/from)** proteger algo/a alguien (contra/de).
protection [prə'tekʃn] *n*: **~ (against/from)** protección *f* (contra/de).
protectionism [prə'tekʃənɪzm] *n* proteccionismo *m.*
protectionist [prə'tekʃənɪst] *adj* proteccionista.
protection money *n* dinero *m* pagado a cambio de protección.
protective [prə'tektɪv] *adj* protector(ra); **to feel ~ towards sb** tener sentimientos protectores hacia alguien.
protective custody *n* detención *f* cautelar; **to be in ~** estar detenido(da) cautelarmente.
protectiveness [prə'tektɪvnɪs] *n* sentimiento *m* protector.
protector [prə'tektəʳ] *n* protector *m*, -ra *f.*
protectorate [prə'tektərət] *n* protectorado *m.*
protégé ['prɒteʒeɪ] *n* protegido *m.*
protégée ['prɒteʒeɪ] *n* protegida *f.*
protein ['prəʊti:n] *n* proteína *f.*
protest [*n* 'prəʊtest, *vb* prə'test] ◇ *n* protesta *f*; **under ~** bajo protesta; **without ~** sin protestar. ◇ *vt* **-1.** [complain]: **to ~ that** quejarse de **-2.** [state] manifestar, aseverar; **he ~ed his innocence** declaró su inocencia **-3.** *US* [oppose] protestar en contra de. ◇ *vi*: **to ~ (about/against/at)** protestar (por/en contra de/por).
Protestant ['prɒtɪstənt] ◇ *adj* protestante. ◇ *n* protestante *m* OR *f.*
Protestantism ['prɒtɪstəntɪzm] *n* protestantismo *m.*
protestation [,prɒte'steɪʃn] *n fml* proclamación *f.*
protester [prə'testəʳ] *n* manifestante *m* OR *f.*
protest march *n* manifestación *f.*
protocol ['prəʊtəkɒl] *n* protocolo *m.*
proton ['prəʊtɒn] *n* protón *m.*
prototype ['prəʊtətaɪp] *n* prototipo *m.*
protracted [prə'træktɪd] *adj* prolongado(da).
protractor [prə'træktəʳ] *n* transportador *m.*
protrude [prə'tru:d] *vi*: **to ~ (from)** sobresalir (de).
protruding [prə'tru:dɪŋ] *adj* [chin] prominente; [teeth] salido(da); [eyes] saltón(ona).
protrusion [prə'tru:ʒn] *n* saliente *m.*
protuberance [prə'tju:bərəns] *n* protuberancia *f.*
proud [praʊd] ◇ *adj* **-1.** [gen] orgulloso(sa); **to be ~ of** estar orgulloso(sa) de; **that's nothing to be ~ of!** ¡yo no estaría orgulloso de eso!; **to be ~ of o.s.** estar orgulloso de uno mismo; **to be ~ to do sthg** tener el honor de hacer algo **-2.** *pej* [arrogant] soberbio(bia), arrogante. ◇ *adv*: **to do sb ~** tratar muy bien a alguien.
proudly ['praʊdlɪ] *adv* **-1.** [with satisfaction] orgullosamente **-2.** *pej* [arrogantly] arrogantemente.
provable ['pru:vəbl] *adj* demostrable.
prove [pru:v] (*pp* **-d** OR **proven**) ◇ *vt* **-1.** [show to be true] probar, demostrar; **events ~d her right** los acontecimientos le dieron la razón **-2.** [show oneself to be]: **to ~ (to be) sthg** demostrar ser algo; **to ~ o.s. to be sthg** resultar ser algo; **to ~ o.s.** demostrar (uno) sus cualidades. ◇ *vi* resultar; **to ~ (to be) interesting/difficult** resultar interesante/difícil.
proven ['pru:vn, 'prəʊvn] ◇ *pp* ⊳ **prove**. ◇ *adj* probado(da).
Provençal [,prɒvɒn'sɑ:l] *adj* provenzal.-
Provence [prɒ'vɒns] *n* Provenza.
proverb ['prɒvɜ:b] *n* refrán *m*, proverbio *m.*
proverbial [prə'vɜ:bjəl] *adj* proverbial.
provide [prə'vaɪd] *vt* proporcionar, proveer; **to ~ sb with sthg** proporcionar a alguien algo; **to ~ sthg for sb** ofrecer algo a alguien.
◆ **provide for** *vt fus* **-1.** [support] mantener **-2.** *fml* [make arrangements for] tomar medidas para.
provided [prə'vaɪdɪd] ◆ **provided (that)** *conj* con tal (de) que, a condición de que; **you should pass, ~ you work hard** aprobarás, con tal de que trabajes duro.
providence ['prɒvɪdəns] *n* providencia *f.*
providential [,prɒvɪ'denʃl] *adj fml* providencial.
provider [prə'vaɪdəʳ] *n* proveedor *m*, -ra *f.*
providing [prə'vaɪdɪŋ] ◆ **providing (that)** *conj* = **provided**.
province ['prɒvɪns] *n* **-1.** [part of country] provincia *f* **-2.** [speciality] campo *m*, competencia *f.*
◆ **provinces** *npl*: **in the ~s** en provincias.
provincial [prə'vɪnʃl] *adj* **-1.** [of a province]

provincial **-2.** *pej* [narrow-minded] provinciano(na).
provision [prəˈvɪʒn] *n* **-1.** [gen] suministro *m* **-2.** *(U)* [arrangement]: **to make ~ for** [eventuality, future] tomar medidas para; [one's family] asegurar el porvenir de **-3.** [in agreement, law] disposición *f.*
◆ **provisions** *npl* [supplies] provisiones *fpl*, víveres *mpl.*
provisional [prəˈvɪʒənl] *adj* provisional.
Provisional IRA *n*: **the ~** el IRA Provisional.
provisional licence *n UK* carné *m* de conducir provisional.
provisionally [prəˈvɪʒnəlɪ] *adv* provisionalmente.
proviso [prəˈvaɪzəʊ] (*pl* **-s**) *n* condición *f*; **with the ~ that ...** con la condición de que ...
Provo [ˈprəʊvəʊ] (*pl* **-s**) (*abbr of* **Provisional**) *n inf*: **the ~s** los provisionales del IRA.
provocation [ˌprɒvəˈkeɪʃn] *n* provocación *f.*
provocative [prəˈvɒkətɪv] *adj* **-1.** [controversial] provocador(ra) **-2.** [sexy] provocativo(va).
provocatively [prəˈvɒkətɪvlɪ] *adv* **-1.** [controversially] provocadoramente **-2.** [sexily] provocativamente.
provoke [prəˈvəʊk] *vt* provocar; **to ~ sb to do sthg** *OR* **into doing sthg** provocar a alguien a que haga algo.
provoking [prəˈvəʊkɪŋ] *adj* provocador(ra).
prow [praʊ] *n* proa *f.*
prowess [ˈpraʊɪs] *n fml* proezas *fpl.*
prowl [praʊl] ◇ *n*: **on the ~** merodeando. ◇ *vt* merodear por. ◇ *vi* merodear.
prowler [ˈpraʊləʳ] *n* merodeador *m*, -ra *f.*
proximity [prɒkˈsɪmətɪ] *n fml* proximidad *f*; **in close ~ to** muy cerca de; **in the ~ of** en las proximidades de.
proxy [ˈprɒksɪ] (*pl* **-ies**) *n*: **by ~** por poderes.
prude [pru:d] *n* mojigato *m*, -ta *f.*
prudence [ˈpru:dns] *n fml* prudencia *f.*
prudent [ˈpru:dnt] *adj* prudente.
prudently [ˈpru:dntlɪ] *adv* prudentemente.
prudish [ˈpru:dɪʃ] *adj* mojigato(ta).
prune [pru:n] ◇ *n* [fruit] ciruela *f* pasa. ◇ *vt* podar.
prurient [ˈprʊərɪənt] *adj fml* lascivo(va).
Prussian [ˈprʌʃn] ◇ *adj* prusiano(na). ◇ *n* prusiano *m*, -na *f.*
pry [praɪ] (*pt* & *pp* **pried**) *vi* fisgonear, curiosear; **to ~ into sthg** entrometerse en algo.
PS (*abbr of* **postscript**) *n* P.D.
psalm [sɑ:m] *n* salmo *m.*
pseud [sju:d] *n UK inf* intelectualoide *m OR f.*
pseudo- [ˌsju:dəʊ] *prefix* pseudo-, seudo-.
pseudonym [ˈsju:dənɪm] *n* seudónimo *m.*
psoriasis [sɒˈraɪəsɪs] *n* soriasis *f inv.*
psst [pst] *excl* ¡pss!
PST (*abbr of* **Pacific Standard Time**) *hora oficial de la costa del Pacífico en EEUU.*
psych [saɪk] ◆ **psych up** *vt sep inf* mentalizar; **to ~ o.s. up** mentalizarse.
psyche [ˈsaɪkɪ] *n* psique *f.*
psychedelic [ˌsaɪkɪˈdelɪk] *adj* psicodélico(ca).
psychiatric [ˌsaɪkɪˈætrɪk] *adj* psiquiátrico(ca).
psychiatric nurse *n* enfermero psiquiátrico *m*, enfermera psiquiátrica *f.*
psychiatrist [saɪˈkaɪətrɪst] *n* psiquiatra *m OR f.*
psychiatry [saɪˈkaɪətrɪ] *n* psiquiatría *f.*
psychic [ˈsaɪkɪk] ◇ *adj* **-1.** [clairvoyant] clarividente **-2.** [mental] psíquico(ca). ◇ *n* médium *m OR f.*
psychoanalyse, -yze *US* [ˌsaɪkəʊˈænəlaɪz] *vt* psicoanalizar.
psychoanalysis [ˌsaɪkəʊəˈnæləsɪs] *n* psicoanálisis *m inv.*
psychoanalyst [ˌsaɪkəʊˈænəlɪst] *n* psicoanalista *m OR f.*
psychological [ˌsaɪkəˈlɒdʒɪkl] *adj* psicológico(ca).
psychological warfare *n (U)* guerra *f* psicológica.
psychologist [saɪˈkɒlədʒɪst] *n* psicólogo *m*, -ga *f.*
psychology [saɪˈkɒlədʒɪ] *n* psicología *f.*
psychopath [ˈsaɪkəpæθ] *n* psicópata *m OR f.*
psychosis [saɪˈkəʊsɪs] (*pl* **-choses** [ˈkəʊsi:z]) *n* psicosis *f inv.*
psychosomatic [ˌsaɪkəʊsəˈmætɪk] *adj* psicosomático(ca).
psychotherapy [ˌsaɪkəʊˈθerəpɪ] *n* psicoterapia *f.*
psychotic [saɪˈkɒtɪk] ◇ *adj* psicótico(ca). ◇ *n* psicótico *m*, -ca *f.*
pt **-1.** *abbr of* **pint** **-2.** *abbr of* **point**.
Pt. (*abbr of* **Point**) [on map] Pta.
PT *n abbr of* **physical training**.
PTA (*abbr of* **parent-teacher association**) *n* ≃ APA *f.*
Pte. *abbr of* **Private**.
PTO ◇ *n US* (*abbr of* **parent-teacher organization**) ≃ APA. ◇ (*abbr of* **please turn over**) sigue.
PTV **-1.** (*abbr of* **pay television**) *televisión de pago*, **-2.** (*abbr of* **public television**) *televisión pública*.
pub [pʌb] (*abbr of* **public house**) *n* pub *m* (británico).

PUB

En toda Gran Bretaña, el pub es uno de los grandes centros de vida local, pero su importancia varía según las zonas (Inglaterra, Escocia, Irlanda del Norte, Gales) y según se encuentre en una ciudad o un pueblo. Estos establecimientos – de acceso prohibido para los menores de 16 años que no vayan acompañados – eran conocidos por sus estrictos horarios, aunque desde hace poco éstos son mucho más flexibles (ver **licensing hours**). Los pubs suelen ofrecer una amplia gama de cervezas y los licores se sirven de acuerdo con estrictas medidas. Tradicionalmente, en los pubs lo típico era comer patatas fritas (*o* papas fritas) de bolsa pero hoy en día muchos sirven comidas ligeras también.

pub. *abbr of* **published**.
pub-crawl *n UK*: **to go on a ~** ir de bar en bar.
puberty ['pju:bətɪ] *n* pubertad *f*.
pubescent [pju:'besnt] *adj* pubescente.
pubic ['pju:bɪk] *adj* púbico(ca).
public ['pʌblɪk] <> *adj* público(ca); **to be ~ knowledge** ser del dominio público; **to make sthg ~** hacer público algo; **to go ~** COMM constituirse en sociedad anónima (con cotización en Bolsa). <> *n* público *m*; **in ~** en público; **the ~** el gran público.
public-address system *n* sistema *m* de megafonía.
publican ['pʌblɪkən] *n UK* patrón *m*, -ona *f* de un 'pub'.
publication [ˌpʌblɪ'keɪʃn] *n* publicación *f*.
public bar *n UK en ciertos pubs y hoteles, bar de sencilla decoración con precios más bajos que los del 'saloon bar'*.
public company *n* sociedad *f* anónima (con cotización en Bolsa).
public convenience *n UK* aseos *mpl* públicos.
public domain software *n* software *m* de gran consumo.
public holiday *n* fiesta *f* nacional, (dia *m*) feriado *m Amér*.
public house *n UK fml* pub *m* (británico).
publicist ['pʌblɪsɪst] *n* publicista *m* OR *f*.
publicity [pʌb'lɪsɪtɪ] <> *n* publicidad *f*. <> *comp* publicitario(ria).
publicity stunt *n* truco *m* publicitario.
publicize, -ise ['pʌblɪsaɪz] *vt* divulgar.
public limited company *n* sociedad *f* anónima (con cotización en Bolsa).
publicly ['pʌblɪklɪ] *adv* públicamente.
public office *n* cargo *m* público.
public opinion *n (U)* opinión *f* pública.
public ownership *n* propiedad *f* del estado.
public prosecutor *n* fiscal *m* OR *f* del Estado.
public relations <> *n (U)* relaciones *fpl* públicas. <> *npl* relaciones *fpl* públicas.
public relations officer *n* agente *m* OR *f* de relaciones públicas.
public school *n* **-1.** *UK* [private school] colegio *m* privado **-2.** *US* [state school] escuela *f* pública.

PUBLIC SCHOOL

En Inglaterra y Gales, una *public school* es una escuela privada tradicional. Algunas de estas escuelas (Eton y Harrow, por ejemplo) gozan de gran fama y están muy solicitadas. Se considera que las *public schools* forman a la élite de la nación. En los Estados Unidos, y a veces en Escocia, el término designa las escuelas públicas.

public sector *n* sector *m* estatal.
public servant *n* funcionario *m*, -ria *f*.
public service vehicle *n UK* vehículo *m* de servicio público.
public-spirited *adj* con sentido cívico.
public transport *n* transporte *m* público.
public utility *n* servicio *m* público.
public works *npl* obras *fpl* públicas.
publish ['pʌblɪʃ] <> *vt* **-1.** [gen] publicar **-2.** [make known] hacer público(ca). <> *vi* publicar.
publisher ['pʌblɪʃəʳ] *n* [person] editor *m*, -ra *f*; [firm] editorial *f*.
publishing ['pʌblɪʃɪŋ] *n (U)* industria *f* editorial.
publishing company, publishing house *n* (casa *f*) editorial *f*.
pub lunch *n almuerzo servido en un 'pub'*.
puce [pju:s] *adj* de color morado oscuro.
puck [pʌk] *n* disco *m (en hockey sobre hielo)*.
pucker ['pʌkəʳ] <> *vt* fruncir. <> *vi* fruncirse.
pudding ['pʊdɪŋ] *n* **-1.** [sweet] pudín *m*; [savoury] pastel *m* **-2.** *(U) UK* [course] postre *m*.
puddle ['pʌdl] *n* charco *m*.
pudgy ['pʌdʒɪ] *adj* = **podgy**.
puerile ['pjʊəraɪl] *adj fml* pueril.
Puerto Rican [ˌpwɜ:təʊ'ri:kən] <> *adj* puertorriqueño(ña). <> *n* puertorriqueño *m*, -ña *f*.
Puerto Rico [ˌpwɜ:təʊ'ri:kəʊ] *n* Puerto Rico.
puff [pʌf] <> *n* **-1.** [of cigarette, pipe] calada *f*, pitada *f Amér* **-2.** [gasp] jadeo *m* **-3.** [of air] soplo *m*; [of smoke] bocanada *f*. <> *vt* echar. <> *vi* **-1.** [smoke]: **to ~ at** OR **on** dar caladas a **-2.** [pant] jadear, resoplar.
◆ **puff out** *vt sep* **-1.** [cheeks, chest] hinchar;

[feathers] ahuecar **-2.** [smoke] echar.
◆ **puff up** *vi* hincharse.
puffed [pʌft] *adj* **-1.** [swollen]: ~ **(up)** hinchado(da) **-2.** *UK inf* [out of breath]: ~ **(out)** jadeante.
puffed sleeve *n* manga *f* ablusada.
puffin ['pʌfɪn] *n* frailecillo *m.*
puffiness ['pʌfɪnɪs] *n* hinchazón *f.*
puff pastry, puff paste *US n* hojaldre *m.*
puffy ['pʌfɪ] (*compar* **-ier**, *superl* **-iest**) *adj* hinchado(da).
pug [pʌg] *n* doguillo *m.*
pugnacious [pʌg'neɪʃəs] *adj fml* pugnaz, belicoso(sa).
puke [pju:k] *vi v inf* devolver, echar la papilla.
pull [pʊl] ◇ *vt* **-1.** [gen] tirar de; [trigger] apretar **-2.** [tooth, cork] sacar, extraer **-3.** [muscle] sufrir un tirón en **-4.** [attract] atraer **-5.** [gun] sacar y apuntar **-6.** [phr]: **to ~ sthg to bits** *OR* **pieces** hacer pedazos algo. ◇ *vi* tirar. ◇ *n* **-1.** [tug with hand] tirón *m* **-2.** *(U)* [influence] influencia *f.*
◆ **pull ahead** *vi*: **to ~ ahead (of)** adelantar (a).
◆ **pull apart** *vt sep* **-1.** [machine etc] desmontar **-2.** [toy, book etc] hacer pedazos.
◆ **pull at** *vt fus* dar tirones de.
◆ **pull away** *vi* **-1.** [from roadside] alejarse (de la acera) **-2.** [in race] despegarse.
◆ **pull back** *vi* retroceder, retirarse.
◆ **pull down** *vt sep* [building] derribar.
◆ **pull in** *vi* [train] pararse (en el andén).
◆ **pull off** *vt sep* **-1.** [clothes] quitarse rápidamente **-2.** [succeed in] conseguir llevar a cabo.
◆ **pull on** *vt sep* [clothes] ponerse rápidamente.
◆ **pull out** ◇ *vt sep* **-1.** [troops] retirar **-2.** [tooth] sacar. ◇ *vi* **-1.** [vehicle] alejarse (de la acera) **-2.** [withdraw] retirarse.
◆ **pull over** *vi AUT* hacerse a un lado.
◆ **pull through** ◇ *vi* recobrarse, reponerse. ◇ *vt sep* ayudar a salir de.
◆ **pull together** ◇ *vt sep*: **to ~ o.s. together** calmarse, serenarse. ◇ *vi fig* cooperar, aunar fuerzas.
◆ **pull up** ◇ *vt sep* **-1.** [move closer] acercar **-2.** [stop]: **to ~ sb up short** parar a alguien en seco. ◇ *vi* parar, detenerse.
pull-down menu *n COMPUT* menú *m* desplegable.
pulley ['pʊlɪ] (*pl* **pulleys**) *n* polea *f.*
pullout ['pʊlaʊt] *n* suplemento *m.*
pullover ['pʊl,əʊvəʳ] *n* jersey *m.*
pulp [pʌlp] ◇ *adj* [novel etc] de pacotilla. ◇ *n* **-1.** [soft mass] papilla *f*; **to beat sb to a ~** hacer papilla a alguien **-2.** [of fruit] pulpa *f* **-3.** [of wood] pasta *f* de papel.
pulpit ['pʊlpɪt] *n* púlpito *m.*
pulsar ['pʌlsɑ:ʳ] *n* púlsar *m.*
pulsate [pʌl'seɪt] *vi* palpitar.
pulse [pʌls] ◇ *n* **-1.** [in body] pulso *m*; **to take sb's ~** tomarle el pulso a alguien **-2.** *TECH* impulso *m.* ◇ *vi* latir.
◆ **pulses** *npl* [food] legumbres *fpl.*
pulverize, -ise ['pʌlvəraɪz] *vt lit & fig* pulverizar.
puma ['pju:mə] (*pl inv OR* **-s**) *n* puma *m.*
pumice (stone) ['pʌmɪs-] *n* piedra *f* pómez.
pummel ['pʌml] (*UK pt & pp* **-led**, *cont* **-ling**, *US pt & pp* **-ed**, *cont* **-ing**) *vt* aporrear.
pump [pʌmp] ◇ *n* **-1.** [machine] bomba *f* **-2.** [for petrol] surtidor *m.* ◇ *vt* **-1.** [convey by pumping] bombear **-2.** *inf* [invest]: **to ~ sthg into sthg** inyectar algo en algo **-3.** *inf* [interrogate] sonsacar; **to ~ sb for information** sonsacar a alguien. ◇ *vi* latir.
◆ **pumps** *npl* [shoes] zapatillas *fpl* de tenis.
◆ **pump up** *vt* [inflate] inflar.
pumpernickel ['pʌmpənɪkl] *n* pan *m* integral de centeno.
pumpkin ['pʌmpkɪn] *n* calabaza *f*, zapallo *m CSur, Perú*, auyama *f Carib, Col.*
pumpkin pie *n pastel de calabaza que constituye el postre tradicional de la cena de acción de gracias en Estados Unidos.*
pun [pʌn] *n* juego *m* de palabras.
punch [pʌntʃ] ◇ *n* **-1.** [blow] puñetazo *m* **-2.** [tool - for leather etc] punzón *m*; [- for tickets] máquina *f* para picar billetes **-3.** [drink] ponche *m.* ◇ *vt* **-1.** [hit] dar un puñetazo a, trompear *Amér* **-2.** [ticket] picar **-3.** [hole] perforar.
◆ **punch in** *vi US* fichar (a la entrada).
◆ **punch out** *vi US* fichar (a la salida).
Punch-and-Judy show [-'dʒu:dɪ-] *n teatro de guiñol para niños con personajes arquetípicos y representado normalmente en la playa.*
punch bag, punch ball, punching bag *US* ['pʌntʃɪŋ-] *n* punching ball *m.*
punch bowl *n* ponchera *f.*
punch-drunk *adj* grogui, aturdido(da).
punch(ed) card [pʌntʃ(t)-] *n* tarjeta *f* perforada.
punching bag *n US* = **punch bag.**
punch line *n* remate *m (de un chiste).*
punch-up *n UK inf* pelea *f.*
punchy ['pʌntʃɪ] (*compar* **-ier**, *superl* **-iest**) *adj inf* efectista, resultón(ona).
punctilious [pʌŋk'tɪlɪəs] *adj fml* puntilloso(sa).
punctual ['pʌŋktʃʊəl] *adj* puntual.

punctually ['pʌŋktʃʊəlɪ] *adv* puntualmente.
punctuate ['pʌŋktʃʊeɪt] *vt* **-1.** *GRAMM* puntuar **-2.** [interrupt]: **to be ~d by** *OR* **with** ser interrumpido(da) por.
punctuation [ˌpʌŋktʃʊ'eɪʃn] *n* puntuación *f*.
punctuation mark *n* signo *m* de puntuación.
puncture ['pʌŋktʃəʳ] ◇ *n* pinchazo *m*; **to have a ~** pinchar; [in skin] punción *f*. ◇ *vt* pinchar, ponchar ***Guat & Méx***.
pundit ['pʌndɪt] *n* lumbrera *f*, experto *m*, -ta *f*.
pungent ['pʌndʒənt] *adj* **-1.** [strong-smelling] penetrante, fuerte **-2.** *fig* [biting] mordaz.
punish ['pʌnɪʃ] *vt*: **to ~ sb (for sthg/for doing sthg)** castigar a alguien (por algo/por haber hecho algo).
punishable ['pʌnɪʃəbl] *adj* castigable, sancionable; **~ by death** castigado(da) con la pena de muerte.
punishing ['pʌnɪʃɪŋ] *adj* trabajoso(sa), penoso(sa).
punishment ['pʌnɪʃmənt] *n* **-1.** [for crime] castigo *m* **-2.** [severe treatment]: **to take a lot of ~** sufrir estragos.
punitive ['pju:nətɪv] *adj* punitivo(va).
punk [pʌŋk] ◇ *adj* punk. ◇ *n* **-1.** [music]: **~ (rock)** punk *m* **-2.** [person]: **~ (rocker)** punki *m* *OR* *f* **-3.** ***US inf*** [lout] gamberro *m*.
punnet ['pʌnɪt] *n* ***UK*** cajita *f (para fresas etc)*.
punt [pʌnt] ◇ *n* batea *f*. ◇ *vi* navegar en batea.
punter ['pʌntəʳ] *n* ***UK*** **-1.** [gambler] apostante *m OR f* **-2.** *inf* [customer] cliente *m*, -ta *f*.
puny ['pju:nɪ] (*compar* **-ier**, *superl* **-iest**) *adj* [person, limbs] enclenque, raquítico(ca); [effort] penoso(sa), lamentable.
pup [pʌp] *n* **-1.** [young dog] cachorro *m* **-2.** [young seal, otter] cría *f*.
pupil ['pju:pl] *n* **-1.** [student] alumno *m*, -na *f* **-2.** [follower] pupilo *m*, -la *f* **-3.** [of eye] pupila *f*.
puppet ['pʌpɪt] *n lit & fig* títere *m*.
puppet government *n* gobierno *m* títere.
puppet show *n* teatro *m* de títeres.
puppy ['pʌpɪ] (*pl* **-ies**) *n* cachorro *m*, perrito *m*.
puppy fat *n inf* gordura *f* infantil.
purchase ['pɜ:tʃəs] *fml* ◇ *n* compra *f*, adquisición *f*. ◇ *vt* comprar, adquirir.
purchase order *n* orden *f* de compra.
purchase price *n* precio *m* de compra.
purchaser ['pɜ:tʃəsəʳ] *n* comprador *m*, -ra *f*.
purchase tax *n* ***UK*** impuesto *m* sobre la venta.
purchasing power ['pɜ:tʃəsɪŋ-] *n* poder *m* adquisitivo.
pure [pjʊəʳ] *adj* puro(ra).
purebred ['pjʊəbred] *adj* de pura sangre.
puree ['pjʊəreɪ] *n* puré *m*; **tomato ~** concentrado *m* de tomate.
purely ['pjʊəlɪ] *adv* puramente; **~ and simply** pura y simplemente.
pureness ['pjʊənɪs] *n* pureza *f*.
purgative ['pɜ:gətɪv] *n* purgante *m*.
purgatory ['pɜ:gətrɪ] *n (U)* ***hum*** [suffering] purgatorio *m*.
◆ **Purgatory** *n* [place] Purgatorio *m*.
purge [pɜ:dʒ] ◇ *n* *POL* purga *f*. ◇ *vt*: **to ~ sthg (of)** purgar algo (de).
purification [ˌpjʊərɪfɪ'keɪʃn] *n* purificación *f*.
purifier ['pjʊərɪfaɪəʳ] *n* depurador *m*.
purify ['pjʊərɪfaɪ] (*pt & pp* **-ied**) *vt* purificar.
purist ['pjʊərɪst] *n* purista *m OR f*.
puritan ['pjʊərɪtən] ◇ *adj* puritano(na). ◇ *n* puritano *m*, -na *f*.
puritanical [ˌpjʊərɪ'tænɪkl] *adj* ***pej*** puritano(na).
purity ['pjʊərətɪ] *n* pureza *f*.
purl [pɜ:l] ◇ *n (U)* punto *m* del revés. ◇ *vt & vi* tejer con punto del revés.
purloin [pɜ:'lɔɪn] *vt* ***fml & hum*** hurtar.
purple ['pɜ:pl] ◇ *adj* morado(da). ◇ *n* (color *m*) morado *m*.
purport [pə'pɔ:t] *vi* ***fml***: **to ~ to do/be sthg** pretender hacer/ser algo.
purpose ['pɜ:pəs] *n* **-1.** [gen] propósito *m*; **what is the ~ of your visit?** ¿cuál es el objeto de tu visita?; **for tax ~s** a efectos fiscales; **for one's own ~s** por su propio interés; **it serves no ~** carece de sentido; **it has served its ~** ha servido; **to no ~** en vano **-2.** [determination] resolución *f*.
◆ **on purpose** *adv* a propósito, adrede.
purpose-built *adj* especialmente construido(da).
purposeful ['pɜ:pəsfʊl] *adj* resuelto(ta).
purposely ['pɜ:pəslɪ] *adv* adrede, a propósito.
purr [pɜ:ʳ] ◇ *n* **-1.** [of cat] ronroneo *m* **-2.** [of engine] zumbido *m*. ◇ *vi* **-1.** [cat, person] ronronear **-2.** [engine, machine] zumbar.
purse [pɜ:s] ◇ *n* **-1.** [for money] monedero *m* **-2.** ***US*** [handbag] bolso *m*, bolsa *f* ***Méx***, cartera *f* ***Andes, CSur***. ◇ *vt* fruncir (con desagrado); **she ~d her lips** frunció los labios.
purser ['pɜ:səʳ] *n* contador *m*, -ra *f*.
purse snatcher [-ˌsnætʃər] *n* ***US*** ladrón *m* que roba dando el tirón.
purse strings *npl*: **to hold the ~** administrar el dinero.
pursue [pə'sju:] *vt* **-1.** [follow] perseguir **-2.** *fml* [policy] llevar a cabo; [aim, pleasure etc] ir en pos de, buscar; [topic, question] profundizar en;

[hobby, studies] dedicarse a.

pursuer [pəˈsjuːəʳ] *n* perseguidor *m*, -ra *f*.

pursuit [pəˈsjuːt] *n* **-1.** *(U) fml* [attempt to achieve] búsqueda *f* **-2.** [chase, in cycling] persecución *f*; **in ~ of** en persecución de; **in hot ~ (of)** pisando los talones (a) **-3.** [occupation, activity] ocupación *f*; **leisure ~** pasatiempo *m*.

purveyor [pəˈveɪəʳ] *n fml* proveedor *m*, -ra *f*.

pus [pʌs] *n* pus *m*.

push [pʊʃ] ◇ *vt* **-1.** [shove] empujar; **to ~ sthg into sthg** meter algo en algo; **to ~ sthg open/shut** abrir/cerrar algo empujándolo **-2.** [press - button] apretar, pulsar **-3.** [encourage]: **to ~ sb (to do sthg)** empujar a alguien (a hacer algo) **-4.** [force]: **to ~ sb (into doing sthg)** obligar a alguien (a hacer algo) **-5.** *inf* [promote] promocionar **-6.** *drugs sl* pasar, vender. ◇ *vi* **-1.** [press forward] empujar; [on button] apretar, pulsar **-2.** [move past]: **to ~ through** abrirse paso (a empujones) entre. ◇ *n lit & fig* empujón *m*; **at the ~ of a button** con sólo apretar un botón; **to give sb the ~** *inf* [end relationship] dar calabazas a alguien; [from job] dar la patada a alguien; **at a ~** apurando mucho.

◆ **push ahead** *vi*: **to ~ ahead (with sthg)** seguir adelante sin parar (con algo).

◆ **push around** *vt sep inf* mandonear.

◆ **push for** *vt fus* [demand] reclamar.

◆ **push in** *vi* [in queue] colarse.

◆ **push off** *vi inf* largarse.

◆ **push on** *vi* seguir adelante sin parar.

◆ **push over** *vt sep* volcar.

◆ **push through** *vt sep* [law etc] conseguir que se apruebe.

pushbike [ˈpʊʃbaɪk] *n UK inf* bici *f*.

push-button *adj* de botón.

pushcart [ˈpʊʃkɑːt] *n* carrito *m*.

pushchair [ˈpʊʃtʃeəʳ] *n UK* silla *f* (de paseo).

pushed [pʊʃt] *adj inf*: **to be ~ for sthg** andar corto(ta) de algo; **to be hard ~ to do sthg** tenerlo difícil para hacer algo.

pusher [ˈpʊʃəʳ] *n inf* camello *m*.

pushing [ˈpʊʃɪŋ] *prep inf* alrededor de; **he's ~ 50** ronda los cincuenta.

pushover [ˈpʊʃˌəʊvəʳ] *n inf*: **it's a ~** está chupado.

pushpin [ˈpʊʃpɪn] *n US* chincheta *f*.

push-start *vt* arrancar empujando.

push-up *n esp US* flexión *f*.

pushy [ˈpʊʃɪ] (*compar* **-ier**, *superl* **-iest**) *adj pej* agresivo(va), insistente.

puss [pʊs], **pussy (cat)** [ˈpʊsɪ-] *n inf* gatito *m*, minino *m*.

pussy willow [ˈpʊsɪ-] *n* sauce *m* blanco.

put [pʊt] (*pt & pp* **put**, *cont* **-ting**) *vt* **-1.** [gen] poner; **to ~ sthg into sthg** meter algo en algo **-2.** [place exactly] colocar **-3.** [send - to prison etc] meter; **to ~ the children to bed** acostar a los niños **-4.** [express] expresar, formular; **to ~ it bluntly** hablando claro **-5.** [ask - question] hacer; [- proposal] presentar; **to ~ it to sb that ...** sugerir a alguien que ... **-6.** [estimate]: **to ~ sthg at** calcular algo en **-7.** [invest]: **to ~ money into a project** invertir dinero en un proyecto; **to ~ money into an account** ingresar dinero en una cuenta; **to ~ a lot of effort into sthg** esforzarse mucho con algo **-8.** [apply]: **to ~ pressure on** presionar a; **that ~s a great responsibility on us** eso nos supone una gran responsabilidad.

◆ **put across** *vt sep* transmitir; **to ~ o.s. across** hacerse entender.

◆ **put aside** *vt sep* **-1.** [money] ahorrar **-2.** [book, work, differences] dejar a un lado.

◆ **put away** *vt sep* **-1.** [tidy away] poner en su sitio, guardar **-2.** *inf* [lock up] encerrar **-3.** *inf* [consume] tragarse.

◆ **put back** *vt sep* **-1.** [replace] devolver a su sitio **-2.** [postpone] aplazar; [schedule] retrasar **-3.** [clock, watch] atrasar.

◆ **put by** *vt sep* ahorrar.

◆ **put down** *vt sep* **-1.** [lay down] dejar **-2.** [phone] colgar **-3.** [quell] sofocar, reprimir **-4.** *inf* [criticize]: **to ~ sb down** poner mal a alguien; **to ~ o.s. down** menospreciarse **-5.** *UK* [animal] sacrificar **-6.** [write down] apuntar.

◆ **put down to** *vt sep* achacar a.

◆ **put forward** *vt sep* **-1.** [plan, theory, name] proponer, presentar; [proposal] presentar **-2.** [clock, meeting, event] adelantar.

◆ **put in** *vt sep* **-1.** [spend - time] dedicar **-2.** [submit] presentar **-3.** [install] instalar.

◆ **put off** *vt sep* **-1.** [postpone] posponer, aplazar **-2.** [cause to wait] hacer esperar **-3.** [distract] distraer **-4.** [discourage] disuadir, desanimar **-5.** [cause to dislike]: **to ~ sb off sthg** quitarle a alguien las ganas de algo.

◆ **put on** *vt sep* **-1.** [wear] ponerse **-2.** [show, play] representar; [exhibition] hacer; [transport] organizar **-3.** [gain]: **to ~ on weight** engordar; **I've ~ on 10 kilos** he engordado 10 kilos **-4.** [radio, light] poner, encender; **to ~ on the brakes** frenar **-5.** [record, tape] poner **-6.** [start cooking] empezar a hacer OR cocinar; **to ~ the kettle on** poner el agua a hervir **-7.** [bet] apostar por **-8.** [add] añadir **-9.** [feign - air, accent] fingir **-10.** *US inf* [tease]: **to ~ sb on** tomar el pelo a alguien.

◆ **put onto** *vt sep* [tell about]: **to ~ sb onto sthg/sb** dirigir a alguien a algo/alguien.

◆ **put out** *vt sep* **-1.** [place outside] sacar **-2.**

[issue - statement] hacer público **- 3.** [extinguish, switch off] apagar **- 4.** [prepare for use - clothes] sacar **- 5.** [extend - hand, leg] extender; [- tongue] sacar **- 6.** *inf* [injure] dislocarse **- 7.** [upset]: **to be ~ out** estar disgustado(da) **- 8.** [inconvenience] causar molestias a; **to ~ o.s. out** molestarse.

◆ **put over** *vt sep* = **put across.**

◆ **put through** *vt sep* **- 1.** *TELEC* [call] poner; **to ~ sb through to sb** poner a alguien con alguien **- 2.** [cause to suffer]: **to ~ sb through sthg** hacer pasar a alguien por algo.

◆ **put together** *vt sep* **- 1.** [machine, tool] ensamblar; [team] reunir; [report, strategy] elaborar **- 2.** [combine] mezclar **- 3.** [organize - event] organizar.

◆ **put up** ◇ *vt sep* **- 1.** [build] construir; [tent] montar **- 2.** [umbrella] abrir; [flag] izar **- 3.** [raise - hand] levantar **- 4.** [poster] fijar; [painting] pegar, colgar **- 5.** [provide - money] poner **- 6.** [propose - candidate] proponer **- 7.** [increase] subir, aumentar **- 8.** [provide accommodation for] alojar. ◇ *vt fus* [resistance] ofrecer; **to ~ up a fight** ofrecer resistencia.

◆ **put up to** *vt sep*: **to ~ sb up to sthg** incitar a alguien a hacer algo.

◆ **put up with** *vt fus* aguantar, soportar.

putative ['pju:tətɪv] *adj fml* supuesto(ta).

put-down *n inf* desaire *m*, corte *m*.

putrefaction [ˌpju:trɪ'fækʃn] *n* putrefacción *f*.

putrefy ['pju:trɪfaɪ] (*pt* & *pp* **-ied**) *vi fml* pudrirse.

putrid ['pju:trɪd] *adj fml* putrefacto(ta).

putsch [pʊtʃ] *n* golpe *m* de estado.

putt [pʌt] ◇ *n* putt *m*. ◇ *vt* & *vi* tirar al hoyo.

putter ['pʌtə^r] *n* [club] putter *m*.

◆ **putter about, putter around** *vi insep US* entretenerse.

putting green ['pʌtɪŋ-] *n césped abierto al público en el que se puede jugar a golf con el putter.*

putty ['pʌtɪ] *n* masilla *f*.

put-up job *n inf* amaño *m*.

put-upon *adj*: **to feel ~** sentirse utilizado(da).

puzzle ['pʌzl] ◇ *n* **- 1.** [toy, game] rompecabezas *m inv* **- 2.** [mystery] misterio *m*, enigma *m*. ◇ *vt* dejar perplejo, desconcertar. ◇ *vi*: **to ~ over sthg** romperse la cabeza con algo.

◆ **puzzle out** *vt sep* descifrar, resolver.

puzzled ['pʌzld] *adj* desconcertado(da), perplejo(ja).

puzzling ['pʌzlɪŋ] *adj* desconcertante.

PVC (*abbr of* **polyvinyl chloride**) *n* PVC *m*.

pw (*abbr of* **per week**) *a la semana.*

PX (*abbr of* **post exchange**) *n US economato militar.*

pygmy ['pɪgmɪ] (*pl* **-ies**) ◇ *adj* pigmeo(a). ◇ *n* pigmeo *m*, -a *f*.

pyjamas [pə'dʒɑ:məz] *npl* pijama *m*; **a pair of ~** un pijama.

pylon ['paɪlən] *n* torre *f (de conducción eléctrica).*

pyramid ['pɪrəmɪd] *n* pirámide *f*.

pyramid selling *n* venta *f* piramidal.

pyre ['paɪə^r] *n* pira *f*.

Pyrenean [ˌpɪrə'ni:ən] *adj* pirenaico(ca).

Pyrenees [ˌpɪrə'ni:z] *npl*: **the ~** los Pirineos.

Pyrex® ['paɪreks] ◇ *n* pírex® *m*. ◇ *comp* de pírex.

pyromaniac [ˌpaɪrə'meɪnɪæk] *n* pirómano *m*, -na *f*.

pyrotechnics [ˌpaɪrəʊ'teknɪks] *npl* **- 1.** [show] fuegos *mpl* artificiales **- 2.** [skill] demostración *f* de habilidad extraordinaria.

python ['paɪθn] (*pl inv OR* **-s**) *n* pitón *m*.

q (*pl* **q's** *OR* **qs**), **Q** (*pl* **Q's** *OR* **Qs**) [kju:] *n* [letter] q *f*, Q *f*.

Qatar [kæ'tɑ:^r] *n* Qatar.

QC *n abbr of* **Queen's Counsel.**

QED (*abbr of* **quod erat demonstrandum**) Q.E.D.

QM *n abbr of* **quartermaster.**

q.t., QT (*abbr of* **quiet**) *inf*: **I did it on the ~** lo hice en secreto.

Q-tip® *n US* hisopo *m* de algodón.

qty (*abbr of* **quantity**) cdad.

quack [kwæk] ◇ *n* **- 1.** [noise] graznido *m (de pato)* **- 2.** *inf* [doctor] matasanos *m inv*. ◇ *vi* graznar *(el pato).*

quad [kwɒd] *n abbr of* **quadrangle.**

quadrangle ['kwɒdræŋgl] *n* **- 1.** [figure] cuadrángulo *m* **- 2.** [courtyard] patio *m*.

quadrant ['kwɒdrənt] *n* cuadrante *m*.

quadraphonic [ˌkwɒdrə'fɒnɪk] *adj* cuadrafónico(ca).

quadrilateral [ˌkwɒdrɪˈlætərəl] <> *adj* cuadrilátero(ra). <> *n* cuadrilátero *m*.

quadriplegic [ˌkwɒdrɪˈpliːdʒɪk] <> *adj* tetrapléjico(ca). <> *n* tetrapléjico *m*, -ca *f*.

quadruped [ˈkwɒdrʊped] *n* cuadrúpedo *m*.

quadruple [kwɒˈdruːpl] <> *adj* cuatro veces mayor. <> *vt* cuadruplicar. <> *vi* cuadruplicarse.

quadruplets [ˈkwɒdrʊplɪts] *npl* cuatrillizos *mpl*, -zas *fpl*.

quads [kwɒdz] *npl inf* cuatrillizos *mpl*, -zas *fpl*.

quaff [kwɒf] *vt dated* echarse al coleto.

quagmire [ˈkwægmaɪə^r] *n* lodazal *m*, cenagal *m*.

quail [kweɪl] (*pl inv* OR **-s**) <> *n* codorniz *f*. <> *vi literary* amedrentarse.

quaint [kweɪnt] *adj* **-1.** [picturesque] pintoresco(ca) **-2.** [odd] singular.

quake [kweɪk] <> *n inf* terremoto *m*. <> *vi* temblar, estremecerse.

Quaker [ˈkweɪkə^r] *n* cuáquero *m*, -ra *f*.

qualification [ˌkwɒlɪfɪˈkeɪʃn] *n* **-1.** [examination, certificate] título *m* **-2.** [ability, skill] aptitud *f* **-3.** [becoming qualified] obtención *f* del título **-4.** SPORT clasificación *f* **-5.** [qualifying statement] condición *f*.

qualified [ˈkwɒlɪfaɪd] *adj* **-1.** [trained] cualificado(da); **to be ~ to do sthg** estar cualificado para hacer algo **-2.** [limited] limitado(da).

qualify [ˈkwɒlɪfaɪ] (*pt* & *pp* **-ied**) <> *vt* **-1.** [modify] matizar **-2.** [entitle]: **to ~ sb to do sthg** capacitar a alguien para hacer algo. <> *vi* **-1.** [pass exams] sacar el título **-2.** [be entitled]: **to ~ (for)** tener derecho (a) **-3.** SPORT clasificarse.

qualifying [ˈkwɒlɪfaɪɪŋ] *adj* **-1.** [modifying] calificativo(va) **-2.** [in sport, exam] eliminatorio(ria); **~ round** eliminatoria *f*.

qualitative [ˈkwɒlɪtətɪv] *adj* cualitativo(va).

quality [ˈkwɒlətɪ] (*pl* **-ies**) <> *n* **-1.** [standard] calidad *f* **-2.** [characteristic] cualidad *f*. <> *comp* de calidad.

quality control *n* control *m* de calidad.

quality press *n UK*: **the ~** la prensa de calidad.

qualms [kwɑːmz] *npl* remordimientos *mpl*, escrúpulos *mpl*.

quandary [ˈkwɒndərɪ] (*pl* **-ies**) *n*: **to be in a ~ about** OR **over sthg** estar en un dilema sobre algo.

quango [ˈkwæŋgəʊ] (*pl* **-s**) (*abbr of* **quasiautonomous non-governmental organization**) *n UK usu pej* *organismo semiindependiente de la Administración*.

quantifiable [kwɒntɪˈfaɪəbl] *adj* cuantificable.

quantify [ˈkwɒntɪfaɪ] (*pt* & *pp* **-ied**) *vt* cuantificar.

quantitative [ˈkwɒntɪtətɪv] *adj* cuantitativo(va).

quantity [ˈkwɒntətɪ] (*pl* **-ies**) *n* cantidad *f*; **in ~** en cantidad; **unknown ~** incógnita *f*.

quantity surveyor *n* aparejador *m*, -ra *f*.

quantum leap [ˈkwɒntəm-] *n* enorme salto *m* adelante.

quantum mechanics *n (U)* mecánica *f* cuántica.

quantum theory [ˈkwɒntəm-] *n* la (teoría) cuántica.

quarantine [ˈkwɒrəntiːn] <> *n* cuarentena *f*; **to be in ~** estar en cuarentena. <> *vt* poner en cuarentena.

quark [kwɑːk] *n* **-1.** PHYS cuark *m* **-2.** CULIN *tipo de queso blando bajo en grasas*.

quarrel [ˈkwɒrəl] (*UK pt* & *pp* **-led**, *cont* **-ling**, *US pt* & *pp* **-ed**, *cont* **-ing**) <> *n* pelea *f*; **to have no ~ with sb/sthg** no tener nada en contra de alguien/algo. <> *vi* pelearse; **to ~ with sb** pelearse con alguien; **to ~ with sthg** no estar de acuerdo con algo.

quarrelsome [ˈkwɒrəlsəm] *adj* pendenciero(ra).

quarry [ˈkwɒrɪ] (*pl* **-ies**, *pt* & *pp* **-ied**) <> *n* **-1.** [place] cantera *f* **-2.** [prey] presa *f*. <> *vt* extraer.

quart [kwɔːt] *n* cuarto *m* de galón.

quarter [ˈkwɔːtə^r] *n* **-1.** [fraction] cuarto *m* **-2.** [in telling time]: **a ~ past two** *UK*, **~ after two** *US* las dos y cuarto; **a ~ to two** *UK*, **~ of two** *US* las dos menos cuarto; **a ~ of an hour** un cuarto de hora **-3.** [of year] trimestre *m* **-4.** *US* [coin] cuarto *m* de dólar, moneda *f* de 25 centavos **-5.** [four ounces] cuatro onzas *fpl*, cuarto *m* de libra **-6.** [area in town] barrio *m* **-7.** [group of people] lugar *m*, parte *f*; **in some ~s this is seen as lying** algunos ven eso como una mentira.

◆ **quarters** *npl* [rooms] residencia *f*, alojamiento *m*.

◆ **at close quarters** *adv* muy de cerca.

quarterback [ˈkwɔːtəbæk] *n US* quarterback *m*, *jugador de fútbol americano que lanza la pelota en las jugadas ofensivas*.

quarterdeck [ˈkwɔːtədek] *n* alcázar *m*.

quarterfinal [ˌkwɔːtəˈfaɪnl] *n* cuarto *m* de final.

quarter light *n UK* AUT ventanilla *f* triangular (para ventilación).

quarterly [ˈkwɔːtəlɪ] (*pl* **-ies**) <> *adj* trimestral. <> *adv* trimestralmente. <> *n* trimestral *f*.

quartermaster [ˈkwɔːtəˌmɑːstə^r] *n* oficial *m* de intendencia.

quarter note *n US* MUS negra *f*.

quarter sessions *npl* audiencia *f* trimestral.
quartet [kwɔːˈtet] *n* cuarteto *m*.
quarto [ˈkwɔːtəʊ] (*pl* **-s**) *n* cuarto *m*.
quartz [kwɔːts] *n* cuarzo *m*.
quartz watch *n* reloj *m* de cuarzo.
quasar [ˈkweɪzɑːʳ] *n* quasar *m*.
quash [kwɒʃ] *vt* **-1.** [reject] anular, invalidar **-2.** [quell] reprimir, sofocar.
quasi- [ˈkweɪzaɪ] *prefix* cuasi-.
quaver [ˈkweɪvəʳ] ◇ *n* **-1.** MUS corchea *f* **-2.** [in voice] trémolo *m*. ◇ *vi* temblar.
quavering [ˈkweɪvərɪŋ] *adj* trémulo(la).
quay [kiː] *n* muelle *m*.
quayside [ˈkiːsaɪd] *n* muelle *m*.
queasy [ˈkwiːzɪ] (*compar* **-ier**, *superl* **-iest**) *adj* mareado(da).
Quebec [kwɪˈbek] *n* Quebec.
Quebecer, Quebecker [kwɪˈbekəʳ] *n* quebequés *m*, -esa *f*.
queen [kwiːn] *n* **-1.** [gen] reina *f* **-2.** [playing card] dama *f*.
Queen Mother *n*: **the ~** la reina madre.
Queen's Counsel *n UK abogado inglés de alto rango.*
Queen's English *n UK*: **the ~** *el inglés hablado con mayor corrección en Gran Bretaña.*
queen's evidence *n UK*: **to turn ~** *testificar un delincuente ante un tribunal en contra de otros a cambio de una reducción de condena.*
queer [kwɪəʳ] ◇ *adj* **-1.** [odd] raro(ra), extraño(ña) **-2.** *inf pej* [homosexual] marica, maricón. ◇ *n inf pej* marica *m*, maricón *m*, joto *m Méx*.
quell [kwel] *vt* **-1.** [rebellion] sofocar, reprimir **-2.** [feelings] dominar, contener.
quench [kwentʃ] *vt* apagar.
querulous [ˈkwerʊləs] *adj fml* quejumbroso(sa).
query [ˈkwɪərɪ] (*pl* **-ies**, *pt* & *pp* **-ied**) ◇ *n* pregunta *f*, duda *f*. ◇ *vt* poner en duda.
quest [kwest] *n literary*: **~ (for)** búsqueda *f* (de).
question [ˈkwestʃn] ◇ *n* **-1.** [query, problem in exam] pregunta *f*; **to ask (sb) a ~** hacer una pregunta (a alguien) **-2.** [doubt] duda *f*; **to bring sthg into ~** hacer reflexionar sobre algo; **to call sthg into ~** poner algo en duda; **without ~** sin duda; **beyond ~** fuera de toda duda; **open to ~** debatible **-3.** [issue, matter] cuestión *f*, asunto *m* **-4.** *phr*: **it is a ~ of staying calm** se trata de mantener la calma; **there's no ~ of ...** es imposible que ... ◇ *vt* **-1.** [ask questions to] preguntar; [interrogate] interrogar **-2.** [express doubt about] cuestionar.
◆ **in question** *adv*: **the matter in ~** el asunto en cuestión.
◆ **out of the question** *adv* imposible; **that's out of the ~!** ¡ni hablar!
questionable [ˈkwestʃənəbl] *adj* [gen] cuestionable; [taste] dudoso(sa).
questioner [ˈkwestʃənəʳ] *n* interrogador *m*, -ra *f*.
questioning [ˈkwestʃənɪŋ] ◇ *adj* de interrogación, interrogativo(va). ◇ *n* interrogatorio *m*.
question mark *n* (signo *m* de) interrogación *f*.
question master *esp UK*, **quizmaster** [ˈkwɪzˌmɑːstəʳ] *esp US n* presentador *m*, -ra *f* de un concurso.
questionnaire [ˌkwestʃəˈneəʳ] *n* cuestionario *m*.
question time *n UK* POL *sesión de control parlamentario en la que los diputados realizan preguntas a los miembros del gobierno.*
queue [kjuː] *UK* ◇ *n* cola *f*; **to jump the ~** colarse. ◇ *vi*: **to ~ (up for sthg)** hacer cola (para algo).
queue-jump *vi UK* colarse.
quibble [ˈkwɪbl] *pej* ◇ *n* queja *f* OR pega *f* insignificante. ◇ *vi* quejarse por tonterías; **to ~ over** OR **about** quejarse tontamente por OR de.
quiche [kiːʃ] *n* quiche *f*.
quick [kwɪk] ◇ *adj* **-1.** [gen] rápido(da); **be ~!** ¡date prisa!; **could we have a ~ word?** ¿podríamos hablar un momento? **-2.** [clever - person] espabilado(da); [- wit] agudo(da) **-3.** [irritable]: **a ~ temper** un genio vivo; **to be ~ to take offence** ofenderse por nada. ◇ *adv* rápidamente.
quicken [ˈkwɪkn] ◇ *vt* [one's pace] apretar, acelerar. ◇ *vi* acelerarse.
quickfire [ˈkwɪkfaɪəʳ] *adj* rápido(da).
quickly [ˈkwɪklɪ] *adv* **-1.** [rapidly] rápidamente, de prisa **-2.** [without delay] rápidamente, en seguida.
quickness [ˈkwɪknɪs] *n* **-1.** [gen] rapidez *f* **-2.** [cleverness - of person] inteligencia *f* viva; [- of wit] agudeza *f* **-3.** [of temper] viveza *f*.
quicksand [ˈkwɪksænd] *n* arenas *fpl* movedizas.
quicksilver [ˈkwɪkˌsɪlvəʳ] *n* azogue *m*.
quickstep [ˈkwɪkstep] *n*: **the ~** *baile de salón de pasos rápidos.*
quick-tempered *adj* de genio vivo.
quick-witted [-ˈwɪtɪd] *adj* agudo(da).
quid [kwɪd] (*pl inv*) *n UK inf* libra *f* (esterlina).

quid pro quo [-'kwəʊ] (*pl* **quid pro quos**) *n* compensación *f*.

quiescent [kwaɪ'esnt] *adj fml* inactivo(va), en reposo.

quiet ['kwaɪət] ◇ *adj* **-1.** [silent - gen] silencioso(sa); [- room, place] tranquilo(la); **to be ~** [make no noise] no hacer ruido; **be ~!** ¡cállate!; **in a ~ voice** en voz baja; **to keep ~ about sthg** guardar silencio sobre algo **-2.** [not talkative] callado(da); **to go ~** callarse **-3.** [tranquil, uneventful] tranquilo(la); **business is ~** el negocio está un poco apagado **-4.** [unpublicized - wedding etc] privado(da), íntimo(ma) **-5.** [colours] apagado(da). ◇ *n* tranquilidad *f*, silencio *m*; **on the ~** a escondidas. ◇ *vt US* tranquilizar, calmar.

◆ **quiet down** ◇ *vt sep* tranquilizar, calmar. ◇ *vi* tranquilizarse, calmarse.

quieten ['kwaɪətn] *vt* tranquilizar, calmar.

◆ **quieten down** ◇ *vt sep* tranquilizar, calmar. ◇ *vi* tranquilizarse, calmarse.

quietly ['kwaɪətlɪ] *adv* **-1.** [without noise] silenciosamente, sin hacer ruido; **to speak ~** hablar en voz baja **-2.** [without moving] sin moverse **-3.** [without excitement] tranquilamente **-4.** [without fuss] discretamente.

quietness ['kwaɪətnɪs] *n* **-1.** [lack of noise] silencio *m* **-2.** [lack of movement] quietud *f*, tranquilidad *f*.

quiff [kwɪf] *n UK* copete *m*, tupé *m*.

quill (pen) [kwɪl-] *n* pluma *f*.

quilt [kwɪlt] *n* edredón *m*.

quilted ['kwɪltɪd] *adj* acolchado(da).

quince [kwɪns] *n* membrillo *m*.

quinine [kwɪ'ni:n] *n* quinina *f*.

quins *UK* [kwɪnz], **quints** *US* [kwɪnts] *npl inf* quintillizos *mpl*, -zas *fpl*.

quintessential [kwɪntə'senʃl] *adj* arquetípico(ca).

quintet [kwɪn'tet] *n* quinteto *m*.

quints *US* = **quins**.

quintuplets [kwɪn'tju:plɪts] *npl* quintillizos *mpl*, -zas *fpl*.

quip [kwɪp] (*pt* & *pp* **-ped**, *cont* **-ping**) ◇ *n* ocurrencia *f*, salida *f*. ◇ *vi* bromear.

quirk [kwɜ:k] *n* **-1.** [habit] manía *f*, rareza *f* **-2.** [strange event] extraña coincidencia *f*; **~ of fate** capricho del destino.

quirky ['kwɜ:kɪ] (*compar* **-ier**, *superl* **-iest**) *adj* peculiar, idiosincrásico(ca).

quit [kwɪt] (*UK pt* & *pp* **quit** OR **-ted**, *cont* **-ting**, *US pt* & *pp* **quit**, *cont* **-ting**) ◇ *vt* **-1.** [resign from] dejar, abandonar **-2.** [stop]: **to ~ doing sthg** dejar de hacer algo **-3.** COMPUT salir de. ◇ *vi* **-1.** [resign] dimitir **-2.** COMPUT salir.

quite [kwaɪt] *adv* **-1.** [completely] totalmente, completamente **-2.** [fairly] bastante; **~ a lot of people** bastante gente **-3.** [after negative]: **it's not ~ big enough** no es todo lo grande que tendría que ser; **I'm not ~ sure** no estoy del todo seguro; **I don't ~ understand/know** no entiendo/sé muy bien **-4.** [to emphasize]: **~ a ...** todo un (toda una) ...; **~ the opposite** todo lo contrario **-5.** [to express agreement]: **~ (so)!** ¡efectivamente!, ¡desde luego!

Quito ['ki:təʊ] *n* Quito.

quits [kwɪts] *adj inf*: **to be ~ (with sb)** estar en paz (con alguien); **to call it ~** dejarlo así.

quitter ['kwɪtə^r] *n inf pej*: **she's not a ~** no es de las que abandonan.

quiver ['kwɪvə^r] ◇ *n* **-1.** [shiver] temblor *m*, estremecimiento *m* **-2.** [for arrows] carcaj *m*, aljaba *f*. ◇ *vi* temblar, estremecerse.

quivering ['kwɪvərɪŋ] *adj* tembloroso(sa).

quixotic [kwɪk'sɒtɪk] *adj literary* quijotesco(ca).

quiz [kwɪz] (*pl* **-zes**, *pt* & *pp* **-zed**, *cont* **-zing**) ◇ *n* **-1.** [gen] concurso *m* **-2.** *US* SCH control *m*. ◇ *comp*: **~ programme** concurso *m*. ◇ *vt*: **to ~ sb (about)** interrogar a alguien (sobre).

quizmaster *n esp US* = **question master**.

quizzical ['kwɪzɪkl] *adj* burlón(ona).

quoits [kwɔɪts] *n* el juego de los aros.

Quonset hut ['kwɒnsɪt-] *n US* refugio *m* militar.

quorate ['kwɔ:reɪt] *adj UK*: **we are ~** hay quórum.

quorum ['kwɔ:rəm] *n* quórum *m*.

quota ['kwəʊtə] *n* cuota *f*.

quotation [kwəʊ'teɪʃn] *n* **-1.** [citation] cita *f* **-2.** COMM presupuesto *m*.

quotation marks *npl* comillas *fpl*.

quote [kwəʊt] ◇ *n* **-1.** [citation] cita *f* **-2.** COMM presupuesto *m*. ◇ *vt* **-1.** [cite] citar **-2.** [figures, example, price] dar; **he ~d £100** fijó un precio de 100 libras. ◇ *vi* **-1.** [cite]: **to ~ (from)** citar (de) **-2.** COMM: **to ~ for** dar un presupuesto por.

◆ **quotes** *npl inf* comillas *fpl*.

quoted company ['kwəʊtɪd-] *n UK* compañía *f* cotizada en la Bolsa.

quotient ['kwəʊʃnt] *n* cociente *m*.

qv (*abbr of* **quod vide**) v.

qwerty keyboard ['kwɜ:tɪ-] *n UK* teclado *m* qwerty.

R

r (*pl* **r's** *OR* **rs**), **R** (*pl* **R's** *OR* **Rs**) [ɑːʳ] *n* [letter] r *f*, R *f*. ◈ **R** -**1.** (*abbr of* **right**) dcha. -**2.** *abbr of* **River** -**3.** *US* (*abbr of* **restricted**) no recomendada para menores -**4.** *US abbr of* **Republican**.

RA (*abbr of* **Royal Academy**) *n academia británica de bellas artes*.

Rabat [rəˈbɑːt] *n* Rabat.

rabbi [ˈræbaɪ] *n* rabino *m*.

rabbit [ˈræbɪt] *n* conejo *m*.

rabbit hole *n* madriguera *f* de conejos.

rabbit hutch *n* conejera *f*.

rabbit warren *n* madriguera *f* de conejos.

rabble [ˈræbl] *n* chusma *f*, populacho *m*.

rabble-rousing *adj* que agita a las masas.

rabid [ˈræbɪd, ˈreɪbɪd] *adj* -**1.** [infected with rabies] rabioso(sa) -**2.** *pej* [fanatical] fanático(ca).

rabies [ˈreɪbiːz] *n* rabia *f*.

RAC (*abbr of* **Royal Automobile Club**) *n asociación británica del automóvil*, ≃ RACE *m*.

raccoon [rəˈkuːn] *n* mapache *m*.

race [reɪs] ◇ *n* -**1.** *lit & fig* [competition] carrera *f* -**2.** [people, descent] raza *f*. ◇ *vt* -**1.** [compete against] competir con *(corriendo)*; **they ~d each other to the door** echaron una carrera hasta la puerta -**2.** [cars, pigeons] hacer carreras de; [horses] hacer correr. ◇ *vi* -**1.** [rush] ir corriendo -**2.** [beat fast] acelerarse.

race car *US* = **racing car**.

racecourse [ˈreɪskɔːs] *n* hipódromo *m*.

race driver *US* = **racing driver**.

racehorse [ˈreɪshɔːs] *n* caballo *m* de carreras.

race meeting *n* concurso *m* de carreras de caballos.

race relations *npl* relaciones *fpl* raciales.

race riot *n* disturbio *m* racial.

racetrack [ˈreɪstræk] *n* [for horses] hipódromo *m*; [for cars] autódromo *m*; [for runners] pista *f* (de carreras).

racial [ˈreɪʃl] *adj* racial.

racial discrimination *n* discriminación *f* racial.

racialism *etc* [ˈreɪʃəlɪzm] *n* = **racism** *etc*.

racing [ˈreɪsɪŋ] *n* carreras *fpl*; **motor ~** carreras de coches.

racing car *UK*, **race car** *US* *n* coche *m* de carreras, auto *m* de carrera *CSur*.

racing driver *UK*, **race driver** *US* *n* piloto *m* *OR* *f* de carreras.

racism [ˈreɪsɪzm] *n* racismo *m*.

racist [ˈreɪsɪst] ◇ *adj* racista. ◇ *n* racista *m OR f*.

rack [ræk] ◇ *n* -**1.** [for magazines] revistero *m*; [for bottles] botellero *m*; [for plates] escurreplatos *m inv*; [for clothes] percha *f* -**2.** [for luggage] portaequipajes *m inv*. ◇ *vt*: **to be ~ed by** *OR* **with** *literary* estar transido(da) de; **to ~ one's brains** *UK* devanarse los sesos.

racket [ˈrækɪt] *n* -**1.** *SPORT* raqueta *f* -**2.** [noise] jaleo *m*, alboroto *m*, guachafita *f Col & Ven* -**3.** [swindle] timo *m* -**4.** [illegal activity] negocio *m* sucio.

racketeering [ˌrækəˈtɪərɪŋ] *n (U) pej* estafa *f*, timo *m*.

raconteur [ˌrækɒnˈtɜːʳ] *n persona que sabe contar anécdotas*.

racquet [ˈrækɪt] *n SPORT* = **racket**.

racy [ˈreɪsɪ] (*compar* **-ier**, *superl* **-iest**) *adj* entretenido(da) y picante.

RADA [ˈrɑːdə] (*abbr of* **Royal Academy of Dramatic Art**) *n academia británica de arte dramático*.

radar [ˈreɪdɑːʳ] *n* radar *m*.

radar trap *n* control *m* de velocidad por radar.

radial (tyre) [ˈreɪdjəl-] *n* neumático *m* radial.

radian [ˈreɪdjən] *n* radián *m*.

radiance [ˈreɪdjəns] *n* -**1.** [of face, smile] lo radiante -**2.** *literary* [brilliance] resplandor *m*.

radiant [ˈreɪdjənt] *adj* -**1.** [happy] radiante -**2.** *literary* [brilliant] resplandeciente.

radiate [ˈreɪdɪeɪt] ◇ *vt lit & fig* irradiar. ◇ *vi* -**1.** [be emitted] ser irradiado(da) -**2.** [spread from centre] salir, extenderse.

radiation [ˌreɪdɪˈeɪʃn] *n* radiación *f*.

radiation sickness *n* enfermedad *f* causada por la radiación.

radiator [ˈreɪdɪeɪtəʳ] *n* radiador *m*.

radiator grille *n* rejilla *f* del radiador.

radical [ˈrædɪkl] ◇ *adj* radical. ◇ *n POL* radical *m OR f*.

radically [ˈrædɪklɪ] *adv* radicalmente.

radii [ˈreɪdɪaɪ] *pl* ▷ **radius**.

radio [ˈreɪdɪəʊ] (*pl* **-s**) ◇ *n* radio *f*, radio *m*

Amér. ◇ *comp* de radio, radiofónico(ca). ◇ *vt* [person] mandar un mensaje por radio a; [message] transmitir por radio.

radioactive [ˌreɪdɪəʊˈæktɪv] *adj* radiactivo(va).

radioactive waste *n (U)* residuos *mpl* radiactivos.

radioactivity [ˌreɪdɪəʊækˈtɪvətɪ] *n* radiactividad *f*.

radio alarm *n* radiodespertador *m*.

radio-controlled [-kənˈtrəʊld] *adj* teledirigido(da).

radio frequency *n* radiofrecuencia *f*.

radiogram [ˈreɪdɪəʊˌgræm] *n* [apparatus] radiogramola *f*.

radiographer [ˌreɪdɪˈɒgrəfəʳ] *n* radiógrafo *m*, -fa *f*.

radiography [ˌreɪdɪˈɒgrəfɪ] *n* radiografía *f*.

radiology [ˌreɪdɪˈɒlədʒɪ] *n* radiología *f*.

radiopaging [ˈreɪdɪəʊˌpeɪdʒɪŋ] *n* localización *f* por busca.

radio station *n* emisora *f* de radio.

radiotelephone [ˌreɪdɪəʊˈtelɪfəʊn] *n* radioteléfono *m*.

radiotherapist [ˌreɪdɪəʊˈθerəpɪst] *n* radioterapeuta *m* OR *f*.

radiotherapy [ˌreɪdɪəʊˈθerəpɪ] *n* radioterapia *f*.

radish [ˈrædɪʃ] *n* rábano *m*.

radium [ˈreɪdɪəm] *n* radio *m*.

radius [ˈreɪdɪəs] (*pl* **radii**) *n* [gen & ANAT] radio *m*.

radon [ˈreɪdɒn] *n* radón *m*.

RAF [ɑːreɪˈef, ræf] *n abbr of* **Royal Air Force**.

raffia [ˈræfɪə] *n* rafia *f*.

raffish [ˈræfɪʃ] *adj* disoluto(ta) pero con encanto.

raffle [ˈræfl] ◇ *n* rifa *f*, sorteo *m*. ◇ *comp*: ~ **ticket** boleto *m*. ◇ *vt* rifar, sortear.

raft [rɑːft] *n* **-1.** [craft] balsa *f* **-2.** [large number]: **a ~ of policies** POL un montón de disposiciones.

rafter [ˈrɑːftəʳ] *n* viga *f (de armadura de tejado)*.

rag [ræg] *n* **-1.** [piece of cloth] trapo *m*; **it was like a red ~ to a bull** era una provocación total **-2.** *pej* [newspaper] periodicucho *m*.

◆ **rags** *npl* [clothes] trapos *mpl*; **from ~s to riches** de la pobreza a la riqueza.

ragamuffin [ˈrægəˌmʌfɪn] *n* golfillo *m*, galopín *m*.

rag-and-bone man *n* trapero *m*.

ragbag [ˈrægbæg] *n pej* batiburrillo *m*.

rag doll *n* muñeca *f* de trapo.

rage [reɪdʒ] ◇ *n* **-1.** [fury] rabia *f*, ira *f*; **to fly into a ~** montar en cólera **-2.** *inf* [fashion]: **the ~** la moda; **it's all the ~** es la última moda. ◇ *vi* **-1.** [behave angrily] estar furioso(sa) **-2.** [subj: storm, sea] enfurecerse; [subj: disease] hacer estragos; [subj: argument, controversy] continuar con violencia.

ragga [ˈrægəl] *n* MUS ragga *m*.

ragged [ˈrægɪd] *adj* **-1.** [wearing torn clothes] andrajoso(sa), harapiento(ta) **-2.** [torn] hecho(-cha) jirones **-3.** [uneven, poor-quality] desigual.

raging [ˈreɪdʒɪŋ] *adj* terrible.

ragout [ˈrægu:] *n* ragú *m*.

ragtime [ˈrægtaɪm] *n* ragtime *m*.

rag trade *n inf*: **the ~** la industria del vestir.

rag week *n UK semana en que los universitarios organizan actividades divertidas con fines benéficos.*

raid [reɪd] ◇ *n* **-1.** [attack] incursión *f* **-2.** [forced entry - by robbers] asalto *m*; [- by police] redada *f*. ◇ *vt* **-1.** [attack] atacar por sorpresa **-2.** [subj: robbers] asaltar; [subj: police] hacer una redada en.

raider [ˈreɪdəʳ] *n* **-1.** [attacker] invasor *m*, -ra *f* **-2.** [thief] asaltante *m* OR *f*.

rail [reɪl] ◇ *n* **-1.** [on staircase] baranda *f*, barandilla *f* **-2.** [bar] barra *f*; **towel ~** toallero *m* **-3.** *(U)* [form of transport] ferrocarril *m*; **by ~** por ferrocarril **-4.** [of railway line] carril *m*, riel *m*. ◇ *comp* ferroviario(ria).

railcard [ˈreɪlkɑːd] *n UK tarjeta que permite algunos descuentos al viajar en tren.*

railing [ˈreɪlɪŋ] *n* reja *f*.

railway *UK* [ˈreɪlweɪ], **railroad** *US* [ˈreɪlrəʊd] *n* **-1.** [company] ferrocarril *m* **-2.** [route] línea *f* de ferrocarril.

railway engine *n* locomotora *f*.

railway line *n* [route] línea *f* de ferrocarril; [track] vía *f* férrea.

railwayman [ˈreɪlweɪmən] (*pl* **-men** [-mən]) *n UK* ferroviario *m*.

railway station *n* estación *f* de ferrocarril.

railway track *n* vía *f* férrea.

rain [reɪn] ◇ *n* lluvia *f*; **in the ~** bajo la lluvia. ◇ *v impers* METEOR llover. ◇ *vi* caer.

◆ **rain down** *vi* llover.

◆ **rain off** *UK*, **rain out** *US vt sep*: **to be ~ed off** suspenderse a causa de la lluvia.

rainbow [ˈreɪnbəʊ] *n* arco *m* iris.

rainbow nation *n*: **the ~** Sudáfrica.

rain check *n esp US*: **I'll take a ~ (on that)** no lo quiero ahora, pero igual me apunto la próxima vez.

raincoat [ˈreɪnkəʊt] *n* impermeable *m*.

raindrop [ˈreɪndrɒp] *n* gota *f* de lluvia.

rainfall [ˈreɪnfɔːl] *n* pluviosidad *f*.

rain forest *n* bosque *m* tropical.

rain gauge *n* pluviómetro *m*.

rainproof [ˈreɪnpru:f] *adj* impermeable.

rainstorm ['reɪnstɔːm] *n* temporal *m* de lluvia.

rainwater ['reɪn,wɔːtəʳ] *n* agua *f* de lluvia.

rainy ['reɪnɪ] (*compar* **-ier**, *superl* **-iest**) *adj* lluvioso(sa).

raise [reɪz] <> *vt* **-1.** [lift up] levantar; [flag] izar **-2.** [increase - level] aumentar; **to ~ one's voice** levantar la voz **-3.** [improve] elevar **-4.** [obtain - from donations] recaudar; [- by selling, borrowing] conseguir **-5.** [memory, thoughts] traer, evocar; [doubts, fears] levantar **-6.** [bring up, breed] criar **-7.** [crops] cultivar **-8.** [mention] plantear **-9.** [build] construir, erigir. <> *n* **US** aumento *m*, subida *f*.

raisin ['reɪzn] *n* pasa *f*.

Raj [rɑːdʒ] *n*: **the ~** el imperio británico en la India *(antes de 1947)*.

rajah ['rɑːdʒə] *n* rajá *m*.

rake [reɪk] <> *n* **-1.** [implement] rastrillo *m* **-2.** *dated & literary* [immoral man] calavera *m*. <> *vt* **-1.** [smooth] rastrillar **-2.** [gather] recoger con el rastrillo.

◆ **rake in** *vt sep inf* amasar.

◆ **rake up** *vt sep* [sb's past] sacar a relucir.

rake-off *n inf* tajada *f*.

rakish ['reɪkɪʃ] *adj* **-1.** [dissolute] libertino(na), disoluto(ta) **-2.** [jaunty] ladeado(da).

rally ['rælɪ] (*pl* **-ies**, *pt* & *pp* **-ied**) <> *n* **-1.** [meeting] mitin *m* **-2.** [car race] rally *m* **-3.** [in tennis etc] peloteo *m*. <> *vt* reunir. <> *vi* **-1.** [come together] reunirse **-2.** [recover] recuperarse.

◆ **rally round** <> *vt fus* formar una piña con. <> *vi inf* formar una piña.

rallycross ['rælɪkrɒs] *n* autocross *m inv*.

rallying ['rælɪɪŋ] *n* rally *m*.

rallying cry *n* grito *m* de guerra.

rallying point *n* punto *m* de encuentro.

ram [ræm] (*pt* & *pp* **-med**, *cont* **-ming**) <> *n* carnero *m*. <> *vt* **-1.** [crash into] embestir **-2.** [force] embutir **-3.** *phr*: **to ~ sthg home** dejar algo bien claro.

RAM [ræm] (*abbr of* **random access memory**) *n* COMPUT RAM *f*.

Ramadan [,ræmə'dæn] *n* ramadán *m*.

ramble ['ræmbl] <> *n* paseo *m* por el campo. <> *vi* **-1.** [walk] pasear **-2.** [talk] divagar.

◆ **ramble on** *vi* divagar sin parar.

rambler ['ræmbləʳ] *n* [walker] excursionista *m* OR *f*.

rambling ['ræmblɪŋ] *adj* **-1.** [building, house] laberíntico(ca) **-2.** [speech, writing] incoherente.

RAMC (*abbr of* **Royal Army Medical Corps**) *n cuerpo médico de las fuerzas armadas británicas.*

ramekin ['ræmɪkɪn] *n* recipiente *m* individual para el horno.

ramification [,ræmɪfɪ'keɪʃn] *n* ramificación *f*.

ramp [ræmp] *n* **-1.** [slope] rampa *f* **-2.** AUT [in road] rompecoches *m inv*.

rampage [ræm'peɪdʒ] <> *n*: **to go on the ~** desbandarse. <> *vi* desbandarse.

rampant ['ræmpənt] *adj* desenfrenado(da).

ramparts ['ræmpɑːts] *npl* murallas *fpl*.

ramshackle ['ræm,ʃækl] *adj* destartalado(da).

ran [ræn] *pt* ▷ **run**.

ranch [rɑːntʃ] *n* rancho *m*.

rancher ['rɑːntʃəʳ] *n* ranchero *m*, -ra *f*.

ranch house *n* **US** **-1.** [house on ranch] hacienda *f*, estancia *f* **-2.** [ranch-style house] rancho *m*.

rancid ['rænsɪd] *adj* rancio(cia).

rancour **UK**, **rancor** **US** ['ræŋkəʳ] *n* rencor *m*.

random ['rændəm] <> *adj* **-1.** [arbitrary] hecho(cha) al azar **-2.** TECH aleatorio(ria). <> *n*: **at ~** al azar.

random access memory *n* COMPUT memoria *f* de acceso aleatorio.

randomly ['rændəmlɪ] *adv* al azar.

R and R (*abbr of* **rest and recreation**) *n* **US** *permiso militar.*

randy ['rændɪ] (*compar* **-ier**, *superl* **-iest**) *adj inf* cachondo(da), caliente.

rang [ræŋ] *pt* ▷ **ring**.

range [reɪndʒ] (*cont* **rangeing**) <> *n* **-1.** [of missile, telescope] alcance *m*; [of ship, plane] autonomía *f*; **to be out of/within ~** estar fuera del/al alcance; **at close ~** de cerca **-2.** [variety] gama *f* **-3.** [of prices, salaries] escala *f* **-4.** [of mountains] cordillera *f* **-5.** [shooting area] campo *m* de tiro **-6.** [of voice] registro *m*. <> *vt* alinear. <> *vi* **-1.** [vary]: **to ~ from ... to ..., to ~ between ... and ...** oscilar OR fluctuar entre ... y ...; **prices ~ing from \$20 to \$100** precios que van desde veinte hasta cien dólares **-2.** [deal with, include]: **to ~ over sthg** comprender algo.

ranger ['reɪndʒəʳ] *n* guardabosques *m y f inv*.

Rangoon [ræŋ'guːn] *n* Rangún.

rangy ['reɪndʒɪ] (*compar* **-ier**, *superl* **-iest**) *adj* zancudo(da).

rank [ræŋk] <> *adj* **-1.** [utter, absolute - bad luck, outsider] absoluto(ta); [- disgrace, injustice] flagrante **-2.** [foul] pestilente. <> *n* **-1.** [position, grade] grado *m*, rango *m*; **to pull ~** abusar de su autoridad **-2.** [social class] clase *f*, categoría *f*; **the ~ and file** las bases **-3.** [row] fila *f*, hilera *f*; **to close ~s** cerrar filas. <> *vt* **-1.** [class]: **to be ~ed** estar clasificado(da) **-2.** **US** [outrank] ser de más alta graduación que. <> *vi*: **to ~ as** estar considerado(da) (como); **to ~ among** encontrarse entre.

◆ **ranks** *npl* **-1.** MIL: **the ~s** los soldados rasos **-2.** *fig* [members] filas *fpl*.

ranking [ˈræŋkɪŋ] ◇ *n* clasificación *f*. ◇ *adj* *US* de alta graduación.
rankle [ˈræŋkl] *vi* doler.
ransack [ˈrænsæk] *vt* [search] registrar a fondo; [plunder] saquear.
ransom [ˈrænsəm] *n* rescate *m*; **to hold sb to ~** *fig* hacer chantaje a alguien.
rant [rænt] *vi* despotricar.
ranting [ˈræntɪŋ] *n* despotrique *m*.
rap [ræp] (*pt* & *pp* **-ped**, *cont* **-ping**) ◇ *n* **-1.** [knock] golpecito *m* **-2.** [type of music] rap *m* **-3.** *US* [legal charge] acusación *f*; **~ sheet** antecedentes *mpl* penales **-4.** *phr*: **to take the ~** pagar el pato. ◇ *vt* dar un golpecito en. ◇ *vi* **-1.** [knock]: **to ~ on sthg** dar golpecitos en algo **-2.** [sing rap music] cantar rap.
rapacious [rəˈpeɪʃəs] *adj fml* [greedy] rapaz.
rape [reɪp] ◇ *n* **-1.** [crime] violación *f* **-2.** [of countryside etc] destrucción *f* **-3.** *BOT* colza *f*. ◇ *vt* **-1.** [person] violar **-2.** [countryside etc] destruir.
rapeseed oil [ˈreɪpsiːd-] *n* aceite *m* de colza.
rapid [ˈræpɪd] *adj* rápido(da).
◆ **rapids** *npl* rápidos *mpl*.
rapid-fire *adj* **-1.** *MIL* [gun] de tiro rápido **-2.** *fig* [spoken quickly] lanzado uno tras otro (lanzada una tras otra).
rapidity [rəˈpɪdətɪ] *n* rapidez *f*.
rapidly [ˈræpɪdlɪ] *adv* rápidamente.
rapist [ˈreɪpɪst] *n* violador *m*, -ra *f*.
rapper [ˈræpəʳ] *n* rapero *m*, -ra *f*.
rapport [ræˈpɔːʳ] *n* compenetración *f*; **to have a ~ with sb** compenetrarse con alguien.
rapprochement [ræˈprɒʃmɑ̃] *n* acercamiento *m*.
rapt [ræpt] *adj* absorto(ta), ensimismado(da).
rapture [ˈræptʃəʳ] *n* arrebato *m*, arrobamiento *m*; **to go into ~s over** *OR* **about** deshacerse en elogios a.
rapturous [ˈræptʃərəs] *adj* muy entusiasta.
rare [reəʳ] *adj* **-1.** [scarce] poco común, raro(ra) **-2.** [infrequent] poco frecuente, raro(ra) **-3.** [exceptional] raro(ra), excepcional **-4.** *CULIN* poco hecho(cha).
rarefied [ˈreərɪfaɪd] *adj* **-1.** [exalted] exclusivo(va), elevado(da) **-2.** [lacking in oxygen] enrarecido(da).
rarely [ˈreəlɪ] *adv* raras veces.
rareness [ˈreənɪs] *n* **-1.** [scarcity] rareza *f* **-2.** [infrequency] infrecuencia *f*.
raring [ˈreərɪŋ] *adj*: **to be ~ to go** estar ansioso(sa) por empezar.
rarity [ˈreərətɪ] (*pl* **-ies**) *n* rareza *f*.
rascal [ˈrɑːskl] *n* pícaro *m*, -ra *f*.
rash [ræʃ] ◇ *adj* precipitado(da). ◇ *n* **-1.** *MED* erupción *f* (cutánea), sarpullido *m*, jiote *m* *Méx* **-2.** [spate] aluvión *m*.
rasher [ˈræʃəʳ] *n* loncha *f*.
rashly [ˈræʃlɪ] *adv* precipitadamente.
rashness [ˈræʃnɪs] *n* precipitación *f*, impetuosidad *f*.
rasp [rɑːsp] ◇ *n* **-1.** [harsh sound] chirrido *m* **-2.** [tool] lima *f* gruesa. ◇ *vi* [subj: person] hablar con voz áspera y estridente; [subj: voice] tener un sonido áspero y estridente.
raspberry [ˈrɑːzbərɪ] (*pl* **-ies**) *n* **-1.** [fruit] frambuesa *f* **-2.** [rude sound] pedorreta *f*.
rasping [ˈrɑːspɪŋ] *adj* áspero(ra) y estridente.
rasta [ˈræstə] *n inf* rasta *m* *OR* *f*.
rastafarian [ˌræstəˈfeərɪən] *n* rastafari *m* *OR* *f*.
rat [ræt] *n* **-1.** [animal] rata *f*; **I smell a ~** aquí hay gato encerrado **-2.** *pej* [person] canalla *m* *OR* *f*.
ratatouille [ˌrætəˈtwiː] *n* ≃ pisto *m*.
ratbag [ˈrætbæg] *n UK pej* granuja *m* *OR* *f*.
ratchet [ˈrætʃɪt] *n* trinquete *m*.
rate [reɪt] ◇ *n* **-1.** [speed] ritmo *m*; **at this ~** a este paso **-2.** [of birth, death] índice *m*; [of unemployment, inflation] tasa *f* **-3.** [price] precio *m*, tarifa *f*; [of interest] tipo *m*. ◇ *vt* **-1.** [consider]: **to ~ sthg/sb (as/among)** considerar algo/a alguien (como/entre); **to ~ sthg/sb highly** tener una buena opinión de algo/alguien **-2.** *UK inf* [have good opinion of] valorar mucho **-3.** [deserve] merecer.
◆ **rates** *npl UK* ≃ contribución *f* urbana.
◆ **at any rate** *adv* **-1.** [at least] al menos **-2.** [anyway] de todos modos.
rateable value [ˈreɪtəbl-] *n UK* valor *m* catastral.
rate of exchange *n* (tipo *m* de) cambio *m*.
ratepayer [ˈreɪtˌpeɪəʳ] *n UK* contribuyente *m* *OR* *f*.
rather [ˈrɑːðəʳ] *adv* **-1.** [to quite a large extent] bastante; **I ~ thought so** eso es lo que pensaba **-2.** [to a great extent] muy; **it's ~ good** está buenísimo **-3.** [to a limited extent] algo; **he's ~ like you** se parece (en) algo a ti **-4.** [as preference]: **I would ~ wait** preferiría esperar; **I'd ~ not stay** prefiero no quedarme; **would you like to come? – I'd ~ not** ¿quieres venir? – mejor no **-5.** [more exactly]: **or ~ ...** o más bien ..., o mejor dicho ... **-6.** [on the contrary]: **(but) ~ ...** (sino) más bien *OR* por el contrario ...
◆ **rather than** *conj* en vez de.
ratification [ˌrætɪfɪˈkeɪʃn] *n* ratificación *f*.
ratify [ˈrætɪfaɪ] (*pt* & *pp* **-ied**) *vt* ratificar.
rating [ˈreɪtɪŋ] *n* **-1.** [standing] clasificación *f* **-2.** *UK* [sailor] marinero *m*.
◆ **ratings** *npl* índices *mpl* de audiencia.
ratio [ˈreɪʃɪəʊ] (*pl* **-s**) *n* proporción *f*, relación *f*.

ration ['ræʃn] <> *n* ración *f.* <> *vt* racionar.
◆ **rations** *npl* [supplies] víveres *mpl.*
rational ['ræʃənl] *adj* racional.
rationale [ˌræʃə'nɑːl] *n* lógica *f*, razones *fpl.*
rationalization [ˌræʃənəlaɪ'zeɪʃn] *n* racionalización *f.*
rationalize, -ise ['ræʃənəlaɪz] *vt* racionalizar.
rationing ['ræʃənɪŋ] *n* racionamiento *m.*
rat race *n mundo despiadadamente competitivo de los negocios.*
rattle ['rætl] <> *n* **-1.** [of engine, metal] traqueteo *m*; [of chains] crujido *m*; [of glass] tintineo *m*; [of typewriter] repiqueteo *m* **-2.** [for baby] sonajero *m.* <> *vt* **-1.** [make rattle] hacer sonar **-2.** [unsettle] desconcertar. <> *vi* golpetear; [chains] crujir; [glass] tintinear.
◆ **rattle off** *vt sep* decir de corrido.
◆ **rattle on** *vi*: **to ~ on (about)** hablar sin parar (sobre).
◆ **rattle through** *vt fus* acabar en un santiamén.
rattlesnake ['rætlsneɪk], **rattler** *US* ['rætlə^r] *n* serpiente *f* de cascabel.
ratty ['rætɪ] (*compar* **-ier**, *superl* **-iest**) *adj inf* **-1.** *UK* [in bad mood] picajoso(sa), irritable **-2.** *US* [in bad condition - person] desastrado(da); [- thing] destartalado(da).
raucous ['rɔːkəs] *adj* ronco(ca) y estridente.
raunchy ['rɔːntʃɪ] (*compar* **-ier**, *superl* **-iest**) *adj* sexy *(inv).*
ravage ['rævɪdʒ] *vt* estragar, asolar.
◆ **ravages** *npl* estragos *mpl.*
rave [reɪv] <> *adj* muy entusiasta. <> *n* [party] macrofiesta *f* tecno. <> *vt inf*: **to ~ it up** divertirse de lo lindo. <> *vi* **-1.** [talk angrily]: **to ~ at sb** increpar a alguien; **to ~ against sb/sthg** despotricar contra alguien/algo **-2.** [talk enthusiastically]: **to ~ about sthg** deshacerse en alabanzas sobre algo.
raven ['reɪvn] <> *adj* negro azabache. <> *n* cuervo *m.*
ravenous ['rævənəs] *adj* [person, animal] famélico(ca), hambriento(ta); [appetite] voraz.
raver ['reɪvə^r] *n* **-1.** [person at a rave] aficionado *m*, -da *f* al bakalao **-2.** *UK inf* [person who is always partying] juerguista *m* OR *f.*
rave-up *n UK inf* juerga *f.*
ravine [rə'viːn] *n* barranco *m.*
raving ['reɪvɪŋ] *adj* [lunatic] de atar; [fantasy] delirante.
◆ **ravings** *npl* desvaríos *mpl.*
ravioli [ˌrævɪ'əʊlɪ] *n (U)* raviolis *mpl.*
ravish ['rævɪʃ] *vt* [enchant] embelesar.
ravishing ['rævɪʃɪŋ] *adj* [sight, beauty] de ensueño; [person] bellísimo(ma).
raw [rɔː] *adj* **-1.** [uncooked] crudo(da) **-2.** [untreated - silk] crudo(da); [- sewage] sin tratar; [- cane sugar] sin refinar **-3.** [painful - wound] en carne viva **-4.** [inexperienced] novato(ta) **-5.** [cold] crudo(da), frío(a).
raw deal *n*: **to get a ~** recibir un trato injusto.
raw material *n* materia *f* prima.
ray [reɪ] *n* rayo *m*; **~ of hope** resquicio *m* de esperanza.
rayon ['reɪɒn] *n* rayón *m.*
raze [reɪz] *vt* destruir por completo, arrasar.
razor ['reɪzə^r] *n* [wet shaver] navaja *f*; [electric machine] maquinilla *f* de afeitar.
razor blade *n* hoja *f* de afeitar.
razor-sharp *adj* **-1.** [very sharp] muy afilado(da) **-2.** *fig* [very quick] muy agudo(da).
razor-shell *n* [mollusc] navaja *f.*
razzle ['ræzl] *n UK inf*: **to go on the ~** irse de juerga.
razzmatazz ['ræzəmətæz] *n inf* revuelo *m.*
R & B *n abbr of* **rhythm and blues.**
RC *abbr of* **Roman Catholic.**
RCAF (*abbr of* **Royal Canadian Air Force**) *n fuerzas aéreas canadienses.*
RCMP (*abbr of* **Royal Canadian Mounted Police**) *n policía montada de Canadá.*
RCN *n* **-1.** (*abbr of* **Royal College of Nursing**) *sindicato británico de enfermeras* **-2.** (*abbr of* **Royal Canadian Navy**) *armada canadiense.*
Rd *abbr of* **road.**
R & D (*abbr of* **research and development**) *n* I + D *f.*
RDA (*abbr of* **recommended daily allowance**) *n cantidad diaria recomendada.*
re [riː] *prep* Ref.
RE *n* (*abbr of* **religious education**) religión *f.*
reach [riːtʃ] <> *n* alcance *m*; **he has a long ~** tiene los brazos largos; **within (sb's) ~** [easily touched] al alcance (de alguien); [easily travelled to] a poco distancia (de alguien); **out of** OR **beyond sb's ~** fuera del alcance de alguien. <> *vt* **-1.** [gen] alcanzar, llegar a; **to ~ an agreement/a decision** llegar a un acuerdo/una decisión; **to ~ an objective** alcanzar un objetivo **-2.** [arrive at - place etc] llegar a **-3.** [get by stretching - object, shelf] alcanzar **-4.** [contact] localizar, contactar con. <> *vi*: **I can't ~** no llego; **to ~ out/across** alargar la mano; **to ~ down** agacharse.
◆ **reaches** *npl* [of river]: **upper lower ~es** parte *f* alta/baja.
reachable ['riːtʃəbl] *adj* **-1.** [place] accesible **-2.** [person, organization] localizable; **he's ~ by phone** se le puede contactar por teléfono.

react [rɪ'ækt] *vi* **-1.** [respond]: **to ~ (to)** reaccionar (a *OR* ante) **-2.** [rebel]: **to ~ against** reaccionar en contra de **-3.** *CHEM*: **to ~ with** reaccionar con **-4.** *MED*: **to ~ to sthg** sufrir una reacción por algo.
reaction [rɪ'ækʃn] *n*: **~ (to/against)** reacción *f* (a/contra).
reactionary [rɪ'ækʃənrɪ] ◇ *adj* reaccionario(ria). ◇ *n* reaccionario *m*, -ria *f*.
reactivate [rɪ'æktɪveɪt] *vt* reactivar.
reactor [rɪ'æktə^r] *n* reactor *m*.
read [ri:d] (*pt* & *pp* **read** [red]) ◇ *vt* **-1.** [gen & *COMPUT*] leer; **she can't ~ my writing** no entiende mi letra **-2.** [subj: sign, words] poner, decir **-3.** [subj: thermometer, meter etc] marcar **-4.** [interpret] interpretar **-5.** *UK UNIV* estudiar. ◇ *vi* **-1.** [person] leer **-2.** [read aloud]: **to ~ to sb** leerle a alguien **-3.** [piece of writing]: **to ~ well** estar bien escrito. ◇ *n*: **to be a good ~** ser una lectura amena; **to give sthg a ~** leer algo.
◆ **read into** *vt sep*: **I wouldn't ~ too much into it** no le des demasiada importancia.
◆ **read out** *vt sep* leer en voz alta.
◆ **read through** *vt sep* leer.
◆ **read up on** *vt fus* leer *OR* documentarse sobre.
readable ['ri:dəbl] *adj* ameno(na).
readdress [,ri:ə'dres] *vt* reexpedir.
reader ['ri:də^r] *n* **-1.** [person who reads] lector *m*, -ra *f* **-2.** *COMPUT* lector *m*.
readership ['ri:dəʃɪp] *n* [total number of readers] lectores *mpl*.
readily ['redɪlɪ] *adv* **-1.** [willingly] de buena gana **-2.** [easily] fácilmente.
readiness ['redɪnɪs] *n* **-1.** [preparation]: **to be in a state of ~** estar preparado(da) **-2.** [willingness]: **~ (to do sthg)** buena disposición *f* (para hacer algo).
reading ['ri:dɪŋ] *n* **-1.** [gen] lectura *f* **-2.** [recital] recital *m*.
reading lamp *n* flexo *m*.
reading material *n* lectura *f*.
reading room *n* sala *f* de lectura.
readjust [,ri:ə'dʒʌst] ◇ *vt* reajustar. ◇ *vi*: **to ~ (to)** volverse a adaptar (a).
readmit [,ri:əd'mɪt] *vt* readmitir.
readout ['ri:daʊt] *n COMPUT* visualización *f*.
read-through [ri:d-] *n*: **to give sthg a ~** leer algo.
ready ['redɪ] (*pt* & *pp* **-ied**) ◇ *adj* **-1.** [prepared] listo(ta), preparado(da); **to be ~ for sthg/to do sthg** estar listo para algo/para hacer algo; **to get ~** [prepare] prepararse; [for going out] arreglarse **-2.** [willing]: **to be ~ to do sthg** estar dispuesto(ta) a hacer algo **-3.** [in need of]: **to be ~ for sthg** necesitar algo **-4.** [likely]: **to be ~ to do sthg** estar a punto de hacer algo **-5.** [smile] pronto(ta). ◇ *vt* preparar; **to ~ o.s. for sthg** prepararse para algo.
ready cash *n* dinero *m* contante.
ready-made *adj* **-1.** [products] hecho(cha); [clothes] confeccionado(da) **-2.** *fig* [excuse etc] a la medida.
ready money *n* dinero *m* contante.
ready-to-wear *adj* confeccionado(da).
reaffirm [,ri:ə'fɜ:m] *vt* reafirmar.
reafforest [,ri:ə'fɒrɪst] *vt* repoblar con árboles.
reafforestation ['ri:ə,fɒrɪ'steɪʃn] *n* repoblación *f* forestal.
real ['rɪəl] ◇ *adj* **-1.** [not imagined, actual] real; **the ~ thing** lo auténtico; **this isn't a joke, it's the ~ thing** esto no va en broma, va en serio; **for ~** de verdad; **in ~ terms** en términos reales **-2.** [genuine, proper] auténtico(ca); **a ~ friend** un amigo de verdad. ◇ *adv US* muy.
real ale *n UK* cerveza *f* hecha a la manera tradicional.
real estate *n* propiedad *f* inmobiliaria.
real estate agent *n US* agente inmobiliario *m*, agente inmobiliaria *f*.
realign [,ri:ə'laɪn] *vt* volver a alinear.
realignment [,ri:ə'laɪnmənt] *n* nueva alineación *f*.
realism ['rɪəlɪzm] *n* realismo *m*.
realist ['rɪəlɪst] *n* realista *m OR f*.
realistic [,rɪə'lɪstɪk] *adj* realista; **to be ~ about** ser realista acerca de.
realistically [,rɪə'lɪstɪklɪ] *adv* **-1.** [pragmatically speaking] para ser realistas **-2.** [accurately] con realismo.
reality [rɪ'ælətɪ] (*pl* **-ies**) *n* realidad *f*; **in ~** en realidad.
reality TV *n (U)* reality shows *mpl*.
realization [,rɪəlaɪ'zeɪʃn] *n* **-1.** [recognition] comprensión *f* **-2.** [achievement] consecución *f*.
realize, -ise ['rɪəlaɪz] *vt* **-1.** [become aware of] darse cuenta de; **I ~ it isn't easy** ya sé que no es fácil **-2.** [produce, achieve, make profit of] realizar.
reallocate [,ri:'æləkeɪt] *vt* redistribuir.
really ['rɪəlɪ] ◇ *adv* **-1.** [for emphasis] de verdad; **~ good** buenísimo; **~ bad** malísimo; **did you like it? – not ~** ¿te gustó? – la verdad es que no **-2.** [actually, honestly] realmente, en realidad **-3.** [to sound less negative] en realidad. ◇ *excl* **-1.** [expressing doubt]: **~?** [in affirmatives] ¿ah sí?; [in negatives] ¿ah no? **-2.** [expressing surprise, disbelief]: **really?** ¿de verdad?, ¿seguro? **-3.** [expressing anger]: **really!** ¡hay que ver!
realm [relm] *n* **-1.** [field] campo *m*, esfera *f* **-2.**

[kingdom] reino *m.*

real-time *adj* COMPUT en tiempo real.

realtor ['rɪəltər] *n* ***US*** agente inmobiliario *m,* agente inmobiliaria *f.*

ream [ri:m] *n* resma *f.*

◆ **reams** *npl* montones *mpl.*

reamer ['ri:məʳ] *n* ***US*** *exprimidor de cítricos hecho de madera.*

reap [ri:p] *vt* ***lit*** & ***fig*** cosechar.

reappear [ˌri:ə'pɪəʳ] *vi* reaparecer.

reappearance [ˌri:ə'pɪərəns] *n* reaparición *f.*

reapply [ˌri:ə'plaɪ] (*pt* & *pp* **-ied**) *vi*: **to ~ (for)** volver a presentar una solicitud (para).

reappraisal [ˌri:ə'preɪzl] *n* revaluación *f.*

reappraise [ˌri:ə'preɪz] *vt* replantear, reexaminar.

rear [rɪəʳ] ◇ *adj* trasero(ra), de atrás. ◇ *n* **-1.** [back] parte *f* de atrás; **to be at the ~** estar al final; **to bring up the ~** cerrar la marcha **-2.** *inf* [bottom] trasero *m.* ◇ *vt* criar. ◇ *vi*: **to ~ (up)** encabritarse.

rear admiral *n* contraalmirante *m.*

rear-end *vt* ***US*** chocar contra la parte trasera de.

rearguard action ['rɪəgɑ:d-] *n*: **to fight a ~** MIL atacar desde la retaguardia; ***fig*** emprender una última tentativa.

rear light *n* luz *f* trasera, calaveras *fpl* ***Méx.***

rearm [ri:'ɑ:m] ◇ *vt* rearmar. ◇ *vi* rearmarse.

rearmament [rɪ'ɑ:məmənt] *n* rearme *m.*

rearmost ['rɪəməʊst] *adj* último(ma).

rearrange [ˌri:ə'reɪndʒ] *vt* **-1.** [room, furniture] colocar de otro modo; [system, plans] reorganizar **-2.** [meeting] volver a concertar.

rearrangement [ˌri:ə'reɪndʒmənt] *n* [reorganization] reorganización *f.*

rearview mirror ['rɪəvju:-] *n* (espejo *m*) retrovisor *m.*

reason ['ri:zn] ◇ *n* **-1.** [cause]: **~ (for)** razón *f* (de); **I don't know the ~ why** no sé por qué; **by ~ of** *fml* a causa de; **for some ~** por alguna razón **-2.** [justification]: **to have ~ to do sthg** tener motivos para hacer algo **-3.** [rationality] razón *f*; **it stands to ~** es lógico; **to listen to ~** avenirse a razones. ◇ *vt* & *vi* razonar.

◆ **reason with** *vt fus* razonar con.

reasonable ['ri:znəbl] *adj* razonable.

reasonably ['ri:znəblɪ] *adv* razonablemente.

reasoned ['ri:znd] *adj* razonado(da).

reasoning ['ri:znɪŋ] *n* razonamiento *m.*

reassemble [ˌri:ə'sembl] ◇ *vt* **-1.** [reconstruct] volver a montar **-2.** [regroup] reagrupar. ◇ *vi* reagruparse.

reassess [ˌri:ə'ses] *vt* revaluar, reconsiderar.

reassessment [ˌri:ə'sesmənt] *n* revaluación *f.*

reassurance [ˌri:ə'ʃɔ:rəns] *n* **-1.** *(U)* [comfort] palabras *fpl* tranquilizadoras **-2.** [promise] promesa *f.*

reassure [ˌri:ə'ʃɔ:ʳ] *vt* tranquilizar.

reassuring [ˌri:ə'ʃɔ:rɪŋ] *adj* tranquilizador(ra).

reawaken [ˌri:ə'weɪkn] *vt* volver a despertar.

rebate ['ri:beɪt] *n* **-1.** [refund] devolución *f* **-2.** [discount] bonificación *f.*

rebel [*n* 'rebl, *vb* rɪ'bel] (*pt* & *pp* **-led**, *cont* **-ling**) ◇ *n* rebelde *m* OR *f.* ◇ *vi*: **to ~ (against)** rebelarse (contra), alebrestarse (contra) ***Col, Méx*** & ***Ven.***

rebellion [rɪ'beljən] *n* rebelión *f.*

rebellious [rɪ'beljəs] *adj* rebelde.

rebirth [ˌri:'bɜ:θ] *n* renacimiento *m.*

reboot [ˌri:'bu:t] *vt* COMPUT reinicializar.

rebound [*n* 'ri:baʊnd, *vb* ˌrɪ'baʊnd] ◇ *n*: **on the ~** [ball] de rebote *m*; **to marry on the ~** casarse por despecho. ◇ *vi* **-1.** [bounce back] rebotar **-2.** [harm]: **to ~ on** OR **upon sb** volverse contra alguien.

rebuff [rɪ'bʌf] ◇ *n* [slight] desaire *m*; [refusal] negativa *f.* ◇ *vt* [slight] desairar; [reject] rechazar.

rebuild [ˌri:'bɪld] (*pt* & *pp* **-built**) *vt* reconstruir.

rebuke [rɪ'bju:k] ◇ *n* reprimenda *f.* ◇ *vt*: **to ~ sb (for)** reprender a alguien (por).

rebut [ri:'bʌt] (*pt* & *pp* **-ted**, *cont* **-ting**) *vt* rebatir, refutar.

rebuttal [ri:'bʌtl] *n* refutación *f.*

rec. *abbr of* **received.**

recalcitrant [rɪ'kælsɪtrənt] *adj* recalcitrante.

recall [rɪ'kɔ:l] ◇ *n* **-1.** [memory] memoria *f* **-2.** [change]: **beyond ~** inalterable. ◇ *vt* **-1.** [remember] recordar, acordarse de **-2.** [ambassador] retirar; [goods] retirar del mercado.

recant [rɪ'kænt] ◇ *vt* [statement, opinion] retractarse de. ◇ *vi* [deny statement] retractarse; [deny religion] renegar de la fe.

recap ['ri:kæp] (*pt* & *pp* **-ped**, *cont* **-ping**) *inf* ◇ *n* resumen *m*, recapitulación *f.* ◇ *vt* **-1.** [summarize] recapitular, resumir **-2.** ***US*** [tyre] recauchutar. ◇ *vi* recapitular, resumir.

recapitulate [ˌri:kə'pɪtjʊleɪt] *vt* & *vi* recapitular, resumir.

recapture [ˌri:'kæptʃəʳ] ◇ *n* reconquista *f.* ◇ *vt* **-1.** [experience again] revivir, volver a experimentar **-2.** MIL [regain] reconquistar, volver a tomar **-3.** [criminal] volver a detener.

recd, rec'd (*abbr of* **received**) rbdo.

recede [ri:'si:d] *vi* **-1.** [person, car] alejarse; [coastline] retroceder **-2.** ***fig*** [disappear] esfumarse **-3.** [hair]: **his hair is receding** empieza a

tener entradas.
receding [rɪ'si:dɪŋ] *adj* [chin, forehead] hundida; **to have a ~ hairline** tener entradas.
receipt [rɪ'si:t] *n* recibo *m*; **to acknowledge ~** acusar recibo.
◆ **receipts** *npl* recaudación *f*.
receivable [rɪ'si:vəbl] *adj* **-1.** [able to be received] admisible **-2.** [liable for payment] por cobrar.
receive [rɪ'si:v] <> *vt* **-1.** [gen] recibir; **I ~d a fine** me pusieron una multa **-2.** [reaction] tener; [injury, setback] sufrir **-3.** [greet]: **to be well/badly ~d** tener una buena/mala acogida. <> *vi* [in tennis etc] restar.
receiver [rɪ'si:vəʳ] *n* **-1.** [of telephone] auricular *m* **-2.** [radio,TV set] receptor *m* **-3.** [criminal] perista *m* OR *f*, receptador *m*, -ra *f* **-4.** FIN síndico *m*, -ca *f*.
receivership [rɪ'si:vəʃɪp] *n* bancarrota *f*.
receiving end [rɪ'si:vɪŋ-] *n*: **to be on the ~ (of)** ser la víctima (de).
recent ['ri:snt] *adj* reciente.
recently ['ri:sntlɪ] *adv* recientemente.
receptacle [rɪ'septəkl] *n* receptáculo *m*.
reception [rɪ'sepʃn] *n* **-1.** [gen] recepción *f* **-2.** [welcome] recibimiento *m*.
reception centre *n* centro *m* de acogida.
reception class *n* UK primer curso *m* de primaria.
reception desk *n* recepción *f*.
receptionist [rɪ'sepʃənɪst] *n* recepcionista *m* OR *f*.
reception room *n* salón *m*.
receptive [rɪ'septɪv] *adj* receptivo(va); **to be ~ to sthg** estar abierto a algo.
recess ['ri:ses, UK rɪ'ses] *n* **-1.** [vacation] periodo *m* vacacional; **to be in ~** estar clausurado(da); **to go into ~** suspender las sesiones **-2.** [alcove] nicho *m*, hueco *m* **-3.** US SCH recreo *m*.
◆ **recesses** *npl* [of mind, heart] recovecos *mpl*; [of building] escondrijos *mpl*.
recessed ['ri:sest, UK rɪ'sest] *adj* empotrado(da).
recession [rɪ'seʃn] *n* recesión *f*.
recessionary [rɪ'seʃənrɪ] *adj* recesivo(va).
recessive [rɪ'sesɪv] *adj* BIOL recesivo(va).
recharge [,ri:'tʃɑ:dʒ] *vt* recargar.
rechargeable [,ri:'tʃɑ:dʒəbl] *adj* recargable.
recipe ['resɪpɪ] *n* CULIN & *fig* receta *f*.
recipient [rɪ'sɪpɪənt] *n* [of letter, cheque] destinatario *m*, -ria *f*.
reciprocal [rɪ'sɪprəkl] *adj* recíproco(ca).
reciprocate [rɪ'sɪprəkeɪt] <> *vt* corresponder a. <> *vi* corresponder.
recital [rɪ'saɪtl] *n* recital *m*.
recitation [,resɪ'teɪʃn] *n* recitación *f*.
recite [rɪ'saɪt] *vt* **-1.** [poem] recitar **-2.** [list] enumerar.
reckless ['reklɪs] *adj* [gen] imprudente; [driver, driving] temerario(ria).
recklessness ['reklɪsnɪs] *n* imprudencia *f*.
reckon ['rekn] *vt* **-1.** *inf* [think]: **to ~ (that)** pensar que **-2.** [consider, judge]: **to be ~ed to be sthg** ser considerado(da) algo **-3.** [expect]: **to ~ to do sthg** esperar hacer algo **-4.** [calculate] calcular.
◆ **reckon on** *vt fus* contar con.
◆ **reckon with** *vt fus* **-1.** [expect] contar con **-2.** [face, deal with]: **he/she** *etc* **is a force to be ~ed with** es alguien a tener muy en cuenta.
◆ **reckon without** *vt fus* no contar con.
reckoning ['rekənɪŋ] *n* [calculation] cálculo *m*; **by my ~** según mis cálculos.
reclaim [rɪ'kleɪm] *vt* **-1.** [claim back] reclamar **-2.** [recover] recuperar; **to ~ land from the sea** ganarle tierra al mar.
reclamation [,reklə'meɪʃn] *n* [of land] conversión *f* en terreno utilizable.
recline [rɪ'klaɪn] *vi* reclinarse.
reclining [rɪ'klaɪnɪŋ] *adj* [seat] reclinable.
recluse [rɪ'klu:s] *n* solitario *m*, -ria *f*.
reclusive [rɪ'klu:sɪv] *adj* solitario(ria), retraído(da).
recognition [,rekəg'nɪʃn] *n* reconocimiento *m*; **to have changed beyond** OR **out of all ~** estar irreconocible; **in ~ of** en reconocimiento a.
recognizable ['rekəgnaɪzəbl] *adj* reconocible.
recognize, -ise ['rekəgnaɪz] *vt* reconocer.
recoil [*vb* rɪ'kɔɪl, *n* 'ri:kɔɪl] <> *vi* **-1.** [draw back] retroceder, echarse atrás **-2.** *fig* [shrink from]: **to ~ from** OR **at sthg** [truth, bad news] esquivar OR rehuir algo; [idea, suggestion] estremecerse ante algo. <> *n* [of gun] retroceso *m*.
recollect [,rekə'lekt] *vt* & *vi* recordar.
recollection [,rekə'lekʃn] *n* recuerdo *m*; **I have no ~ of it** no lo recuerdo.
recommence [,ri:kə'mens] *vt* & *vi* recomenzar.
recommend [,rekə'mend] *vt* recomendar.
recommendation [,rekəmen'deɪʃn] *n* recomendación *f*.
recommended retail price [,rekə'mendɪd-] *n* precio *m* recomendado.
recompense ['rekəmpens] <> *n*: **~ (for)** compensación *f* OR indemnización *f* (por). <> *vt*: **to ~ sb (for)** recompensar a alguien (por).
reconcile ['rekənsaɪl] *vt* **-1.** [find agreement between] conciliar; **to ~ sthg with** hacer compatible algo con **-2.** [make friendly again] reconciliar; **to be ~d with sb** reconciliarse

con alguien **-3.** [accept]: **to ~ o.s. to** resignarse a.

reconciliation [ˌrekənsılı'eıʃn] *n* **-1.** [accommodation] conciliación *f* **-2.** [forgiveness] reconciliación *f.*

recondite ['rekəndaıt] *adj fml* abstruso(sa).

reconditioned [ˌri:kən'dıʃnd] *adj* reparado(da).

reconnaissance [rı'kɒnısəns] *n* reconocimiento *m.*

reconnect [ˌri:kə'nekt] *vt* volver a conectar.

reconnoitre *UK*, **reconnoiter** *US* [ˌrekə'nɔıtəʳ] <> *vt* reconocer. <> *vi* hacer un reconocimiento.

reconsider [ˌri:kən'sıdəʳ] *vt & vi* reconsiderar.

reconstitute [ˌri:'kɒnstıtju:t] *vt* **-1.** [re-form] reconstituir **-2.** [dried food] rehidratar.

reconstruct [ˌri:kən'strʌkt] *vt* **-1.** [building, crime] reconstruir **-2.** [system, policy] rehacer.

reconstruction [ˌri:kən'strʌkʃn] *n* reconstrucción *f.*

reconvene [ˌri:kən'vi:n] <> *vt* convocar de nuevo. <> *vi* volver a reunirse.

record [*n & adj* 'rekɔ:d, *vb* rı'kɔ:d] <> *n* **-1.** [of event, piece of information & *COMPUT*] registro *m*; [of meeting] actas *fpl*; **on ~** [on file] archivado; [ever recorded] de que se tiene constancia; **to go/be on ~ as saying that ...** declarar/haber declarado públicamente que ...; **off the ~** confidencial **-2.** [vinyl disc] disco *m* **-3.** [best achievement] récord *m* **-4.** [past results] resultados *mpl* **-5.** *HIST* historial *m*; **criminal ~** antecedentes *mpl* penales; **school ~** expediente *m* académico **-6.** *phr*: **to set** *OR* **put the ~ straight** dejar las cosas bien claras. <> *vt* **-1.** [write down] anotar **-2.** [document] documentar **-3.** [put on tape] grabar. <> *vi* grabar. <> *adj* récord *(inv).*

record-breaking *adj* que rompe todos los récords.

record company *n* compañía *f* discográfica.

recorded delivery [rı'kɔ:dıd-] *n* correo *m* certificado.

recorder [rı'kɔ:dəʳ] *n* **-1.** [machine] grabadora *f* **-2.** [musical instrument] flauta *f.*

record holder *n* plusmarquista *m OR f.*

recording [rı'kɔ:dıŋ] *n* grabación *f.*

recording studio *n* estudio *m* de grabación.

record library *n* fonoteca *f.*

record player *n* tocadiscos *m inv.*

recount [*n* 'ri:kaʊnt, *vt sense 1* rı'kaʊnt, *sense 2* ˌri:'kaʊnt] <> *n* segundo recuento *m.* <> *vt* **-1.** [narrate] narrar **-2.** [count again] volver a contar.

recoup [rı'ku:p] *vt* recuperar.

recourse [rı'kɔ:s] *n fml*: **to have ~ to** recurrir a.

recover [rı'kʌvəʳ] <> *vt* **-1.** [retrieve, recoup] recuperar **-2.** [regain - calm etc] recobrar; **to ~ o.s.** reponerse. <> *vi*: **to ~ (from)** recuperarse (de).

recoverable [rı'kʌvrəbl] *adj FIN* recuperable.

recovery [rı'kʌvərı] (*pl* **-ies**) *n* recuperación *f.*

recovery vehicle *n UK* grúa *f.*

recreate [ˌri:krı'eıt] *vt* [reproduce] recrear.

recreation [ˌrekrı'eıʃn] *n* [leisure] esparcimiento *m*, recreo *m.*

recreational [ˌrekrı'eıʃənl] *adj* de recreo.

recreational drugs *npl drogas de consumo ocasional y por placer.*

recreation ground *n UK* campo *m* de deportes.

recrimination [rıˌkrımı'neıʃn] *n* recriminación *f.*

recruit [rı'kru:t] <> *n* recluta *m OR f.* <> *vt* **-1.** [gen] reclutar; **to ~ sb (for sthg/to do sthg)** reclutar a alguien (para algo/para hacer algo) **-2.** [find, employ] contratar. <> *vi* buscar empleados nuevos.

recruitment [rı'kru:tmənt] *n* [gen] reclutamiento *m*; [of staff] contratación *f.*

rectangle ['rekˌtæŋgl] *n* rectángulo *m.*

rectangular [rek'tæŋgjʊləʳ] *adj* rectangular.

rectification [ˌrektıfı'keıʃn] *n fml* rectificación *f.*

rectify ['rektıfaı] (*pt & pp* **-ied**) *vt* rectificar.

rectitude ['rektıtju:d] *n fml* rectitud *f.*

rector ['rektəʳ] *n* **-1.** [priest] párroco *m* **-2.** *Scot* [head - of school] director *m*, -ra *f*; [- of college, university] rector *m*, -ra *f.*

rectory ['rektərı] (*pl* **-ies**) *n* rectoría *f.*

rectum ['rektəm] (*pl* **-s**) *n* recto *m.*

recuperate [rı'ku:pəreıt] <> *vt* recuperar. <> *vi*: **to ~ (from)** recuperarse (de).

recuperation [rıˌku:pə'reıʃn] *n* recuperación *f.*

recur [rı'kɜ:ʳ] (*pt & pp* **-red**, *cont* **-ring**) *vi* repetirse, volver a producirse.

recurrence [rı'kʌrəns] *n* repetición *f.*

recurrent [rı'kʌrənt] *adj* que se repite, periódico(ca).

recurring [rı'kɜ:rıŋ] *adj* **-1.** [often repeated] que se repite, periódico(ca) **-2.** *MATH*: **3.3 ~** 3,3 periódico.

recyclable [ˌri:'saıkləbl] *adj* reciclable.

recycle [ˌri:'saıkl] *vt* reciclar.

recycle bin *n COMPUT* papelera *f.*

red [red] (*compar* **-der**, *superl*. **-dest**) <> *adj* rojo(ja); **to have ~ hair** ser pelirrojo(ja); **to**

go ~ [with embarrassment] ponerse colorado(da). ◇ *n* [colour] rojo *m*; **to be in the ~** *inf* estar en números rojos; **to see ~** ponerse hecho(cha) una furia.

◆ **Red** *pej* & *POL* ◇ *adj* rojo(ja). ◇ *n* rojo *m*, -ja *f*.

red alert *n*: **(to be on) ~** (estar en) alerta *f* roja.

red blood cell *n* glóbulo *m* rojo.

red-blooded [-'blʌdɪd] *adj hum* viril.

red-brick *UK adj* [building] de ladrillo rojo.

◆ **redbrick** *adj UK UNIV*: **the redbrick universities** *las universidades británicas de provincias construidas a finales del siglo XIX.*

red cabbage *n* lombarda *f*.

red card *n FTBL*: **to show sb the ~** mostrarle a alguien (la) tarjeta roja.

red carpet *n*: **to roll out the ~ for sb** recibir a alguien con todos los honores.

◆ **red-carpet** *adj*: **to give sb the red-carpet treatment** dispensar a alguien un gran recibimiento.

Red Crescent *n*: **the ~** la Media Luna Roja.

Red Cross *n*: **the ~** la Cruz Roja.

redcurrant ['redkʌrənt] *n* **-1.** [fruit] grosella *f* **-2.** [bush] grosellero *m*.

red deer *n* ciervo *m*.

redden ['redn] ◇ *vt* [make red] teñir de rojo. ◇ *vi* [flush] enrojecer.

redecorate [,ri:'dekəreɪt] *vt* & *vi* volver a pintar *(o* empapelar*)*.

redeem [rɪ'di:m] *vt* **-1.** [save, rescue] salvar, rescatar; **he ~ed himself for his mistake** reparó su error **-2.** *RELIG* redimir **-3.** *fml* [at pawnbroker's] desempeñar.

redeeming [rɪ'di:mɪŋ] *adj*: **his only ~ feature** lo único que le salva.

redefine [,ri:dɪ'faɪn] *vt* redefinir.

redemption [rɪ'dempʃn] *n RELIG* redención *f*; **to be beyond** *OR* **past ~** *fig* no tener remedio.

redeploy [,ri:dɪ'plɔɪ] *vt* reorganizar.

redeployment [,ri:dɪ'plɔɪmənt] *n* reorganización *f*, redistribución *f*.

redesign [,ri:dɪ'zaɪn] *vt* **-1.** [replan, redraw] rediseñar **-2.** [rethink] elaborar de nuevo.

redevelop [,ri:dɪ'veləp] *vt* reurbanizar.

redevelopment [,ri:dɪ'veləpmənt] *n* reurbanización *f*.

red-faced [-'feɪst] *adj* **-1.** [flushed] rojo(ja), colorado(da) **-2.** [with embarrassment] rojo(ja) de vergüenza.

red-haired [-'heəd] *adj* pelirrojo(ja).

red-handed [-'hændɪd] *adj*: **to catch sb ~** coger a alguien con las manos en la masa.

redhead ['redhed] *n* pelirrojo *m*, -ja *f*.

red herring *n fig* [unhelpful clue] pista *f* falsa; [means of distracting attention] ardid *m* para distraer la atención.

red-hot *adj* [metal, person, passion] al rojo (vivo).

redid [,ri:'dɪd] *pt* ▷ **redo**.

Red Indian ◇ *adj* piel roja. ◇ *n* piel roja *m OR f (atención: el término 'Red Indian' se considera racista)*.

redirect [,ri:dɪ'rekt] *vt* **-1.** [retarget] redirigir **-2.** [divert] desviar **-3.** [forward] reexpedir.

rediscover [,ri:dɪs'kʌvə^r] *vt* **-1.** [re-experience] volver a descubrir **-2.** [make popular, famous again]: **to be ~ed** ser descubierto(ta) de nuevo.

redistribute [,ri:dɪs'trɪbju:t] *vt* redistribuir.

red-letter day *n* día *m* memorable.

red light *n* [traffic signal] semáforo *m* rojo.

red-light district *n* barrio *m* chino.

red meat *n* carne *f* roja.

redneck ['rednek] *n US pej sureño racista y reaccionario, de baja extracción social.*

redo [,ri:'du:] (*pt* **-did**, *pp* **-done**) *vt* **-1.** [do again] volver a hacer **-2.** *inf* [redecorate] volver a pintar *(o* empapelar*)*.

redolent ['redələnt] *adj literary* **-1.** [reminiscent]: **to be ~ of sthg** evocar algo **-2.** [smelling]: **to be ~ of sthg** oler a algo.

redouble [,ri:'dʌbl] *vt*: **to ~ one's efforts (to do sthg)** redoblar esfuerzos (para hacer algo).

redoubtable [rɪ'daʊtəbl] *adj fml* imponente.

redraft [,ri:'drɑ:ft] *vt* volver a redactar.

redraw [,ri:'drɔ:] (*pt* **-drew**, *pp* **-drawn** [-'drɔ:n]) *vt* volver a dibujar; *COMPUT* redibujar.

redress [rɪ'dres] *fml* ◇ *n (U)* reparación *f*. ◇ *vt*: **to ~ the balance (between)** equilibrar la balanza (entre).

redrew [,ri:'dru:] *pt* ▷ **redraw**.

Red Sea *n*: **the ~** el mar Rojo.

Red Square *n* la plaza Roja.

red squirrel *n* ardilla *f* roja.

red tape *n fig* papeleo *m*.

reduce [rɪ'dju:s] ◇ *vt* reducir; **to be ~d to doing sthg** verse rebajado *OR* forzado a hacer algo; **it ~d me to tears** me hizo llorar. ◇ *vi US* [diet] (intentar) adelgazar.

reduced [rɪ'dju:st] *adj* **-1.** [smaller] reducido(da) **-2.** [poorer]: **in ~ circumstances** venido(da) a menos.

reduction [rɪ'dʌkʃn] *n* **-1.** [gen]: **~ (in)** reducción *f* (de) **-2.** *COMM*: **~ (of)** descuento *m* (de).

redundancy [rɪ'dʌndənsɪ] (*pl* **-ies**) *n UK* [job loss] despido *m*.

redundancy pay *n UK* indemnización *f* (por despido).

redundant [rɪ'dʌndənt] *adj* **-1.** *UK* [jobless]: **to be made ~** perder el empleo; **to make sb ~** despedir a alguien **-2.** [not required - equipment, factory] innecesario(ria); [- comment] redundante.

redwood ['redwʊd] *n*: **~ (tree)** secoya *f*.

reed [ri:d] <> *n* **-1.** [plant] carrizo *m*, cañavera *f* **-2.** [of musical instrument] lengüeta *f*. <> *comp* de carrizo.

reeducate [ˌri:'edjʊkeɪt] *vt* reeducar.

reedy ['ri:dɪ] (*compar* **-ier**, *superl* **-iest**) *adj* [voice] agudo(da), chillón(ona).

reef [ri:f] *n* arrecife *m*.

reek [ri:k] <> *n* hedor *m*. <> *vi*: **to ~ (of)** apestar (a).

reel [ri:l] <> *n* **-1.** [of cotton, on fishing rod] carrete *m* **-2.** [of film] rollo *m*. <> *vi* **-1.** [stagger] tambalearse **-2.** [whirl - mind] dar vueltas **-3.** [be stunned]: **to ~ from sthg** quedarse atónito(ta) por algo.

◆ **reel in** *vt sep* sacar enrollando el carrete *(en pesca)*.

◆ **reel off** *vt sep* recitar al corrido.

reelect [ˌri:ɪ'lekt] *vt*: **to ~ sb (as)** reelegir a alguien (como).

reelection [ˌri:ɪ'lekʃn] *n* reelección *f*.

reemphasize [ˌri:'emfəsaɪz] *vt* recalcar OR subrayar de nuevo.

reenact [ˌri:ɪn'ækt] *vt* representar de nuevo.

reenter [ˌri:'entə^r] *vt* volver a entrar en.

reentry [ˌri:'entrɪ] *n* reingreso *m*.

reexamine [ˌri:ɪg'zæmɪn] *vt* reexaminar.

reexport [ˌri:'ekspɔ:t] COMM <> *n* [act of exporting] reexportación *f*. <> *vt* reexportar.

ref [ref] *n* **-1.** (*abbr of* **referee**) *inf* SPORT árbitro *m* **-2.** (*abbr of* **reference**) ADMIN ref.

refectory [rɪ'fektərɪ] (*pl* **-ies**) *n* refectorio *m*.

refer [rɪ'fɜ:^r] (*pt* & *pp* **-red**, *cont* **-ring**) *vt* **-1.** [send, direct]: **to ~ sb to** [to place] enviar a alguien a; [to source of information] remitir a alguien a **-2.** [report, submit]: **to ~ sthg to** remitir algo a.

◆ **refer to** *vt fus* **-1.** [mention, speak about] referirse a **-2.** [consult] consultar.

referee [ˌrefə'ri:] <> *n* **-1.** SPORT árbitro *m* **-2.** *UK* [for job application] *persona que proporciona referencias de alguien para un trabajo*. <> *vt* & *vi* SPORT arbitrar.

reference ['refrəns] *n* **-1.** [mention, reference number]: **to make ~ to** hacer referencia a; **with ~ to** *fml* con referencia a **-2.** *(U)* [for advice, information]: **~ (to)** consulta *f* (a); **for future ~** para consultas futuras **-3.** [for job - letter] referencia *f*; [- person] *persona que proporciona referencias de alguien para un trabajo*.

reference book *n* libro *m* de consulta.

reference library *n* biblioteca *f* de consulta.

reference number *n* número *m* de referencia.

referendum [ˌrefə'rendəm] (*pl* **-s** OR **-da** [-də]) *n* referéndum *m*.

referral [rɪ'fɜ:rəl] *n*: **ask for a ~ to a specialist** pide que te manden a un especialista; **this patient is a ~ from cardiology** a este paciente lo han mandado de cardiología.

refill [*n* 'ri:fɪl, *vb* ˌri:'fɪl] <> *n* [for pen] recambio *m*; [of drink] *inf*: **would you like a ~?** ¿te apetece otra copa? <> *vt* volver a llenar.

refillable [ˌri:'fɪləbl] *adj* [bottle] rellenable; [pen] recargable.

refine [rɪ'faɪn] *vt* **-1.** [oil, food] refinar **-2.** [plan, speech] pulir.

refined [rɪ'faɪnd] *adj* **-1.** [oil, food, person] refinado(da) **-2.** [equipment, theory] perfeccionado(da).

refinement [rɪ'faɪnmənt] *n* **-1.** [improvement]: **~ (on)** mejora *f* (de) **-2.** *(U)* [gentility] refinamiento *m*.

refinery [rɪ'faɪnərɪ] (*pl* **-ies**) *n* refinería *f*.

refit [*n* 'ri:fɪt, *vb* ˌri:'fɪt] (*pt* & *pp* **-ted**, *cont* **-ting**) <> *n* [of ship] reacondicionamiento *m*. <> *vt* [ship] reacondicionar.

reflate [ˌri:'fleɪt] ECON *vt* reflacionar.

reflation [ˌri:'fleɪʃn] *n* ECON reflación *f*.

reflationary [ri:'fleɪʃənrɪ] *adj* ECON reflacionario(ria).

reflect [rɪ'flekt] <> *vt* **-1.** [gen] reflejar; **to be ~ed in** reflejarse en **-2.** [think, consider]: **to ~ that ...** considerar que ... <> *vi*: **to ~ (on** OR **upon)** reflexionar (sobre).

reflection [rɪ'flekʃn] *n* **-1.** [gen] reflejo *m* **-2.** [criticism]: **~ on** crítica *f* de **-3.** [thinking] reflexión *f*; **on ~** pensándolo bien **-4.** [thought]: **~s (on)** reflexiones *fpl* (sobre).

reflective [rɪ'flektɪv] *adj* **-1.** [thoughtful] reflexivo(va) **-2.** [shiny] reflectante.

reflector [rɪ'flektə^r] *n* reflector *m*.

reflex ['ri:fleks] *n*: **~ (action)** (acto *m*) reflejo *m*.

◆ **reflexes** *npl* reflejos *mpl*.

reflex camera *n* cámara *f* réflex.

reflexive [rɪ'fleksɪv] *adj* GRAMM reflexivo(va).

reflexology [ˌri:flek'sɒlədʒɪ] *n* reflexoterapia *f*.

reforest *esp US* [ˌri:'fɒrɪst] *vt* = **reafforest**.

reforestation [ri:ˌfɒrɪ'steɪʃn] = **reafforestation**.

reform [rɪ'fɔ:m] <> *n* reforma *f*. <> *vt* reformar. <> *vi* reformarse.

reformat [ˌri:'fɔ:mæt] (*pt* & *pp* **-ted**, *cont* **-ting**)

vt COMPUT formatear de nuevo.
Reformation [ˌrefə'meɪʃn] *n*: **the ~** la Reforma.
reformatory [rɪ'fɔːmətrɪ] *n US* reformatorio *m*.
reformed [rɪ'fɔːmd] *adj* [better behaved] reformado(da).
reformer [rɪ'fɔːmə^r] *n* reformador *m*, -ra *f*.
reformist [rɪ'fɔːmɪst] <> *adj* reformista. <> *n* reformista *m* OR *f*.
refract [rɪ'frækt] <> *vt* refractar. <> *vi* refractarse.
refrain [rɪ'freɪn] <> *n* [chorus] estribillo *m*. <> *vi fml*: **to ~ from doing sthg** abstenerse de hacer algo.
refresh [rɪ'freʃ] *vt* [gen & COMPUT] refrescar; **to ~ sb's memory** refrescarle la memoria a alguien.
refreshed [rɪ'freʃt] *adj* descansado(da), vigorizado(da).
refresher course [rɪ'freʃə^r-] *n* cursillo *m* de reciclaje *(en el mismo trabajo)*.
refreshing [rɪ'freʃɪŋ] *adj* [change, honesty, drink] refrescante; [sleep] vigorizante.
refreshments [rɪ'freʃmənts] *npl* refrigerio *m*.
refrigerate [rɪ'frɪdʒəreɪt] *vt* refrigerar.
refrigeration [rɪˌfrɪdʒə'reɪʃn] *n* refrigeración *f*.
refrigerator [rɪ'frɪdʒəreɪtə^r] *n* nevera *f*, refrigerador *m Amér*, heladera *f RP*, refrigeradora *f Col, Perú*.
refuel [ˌriː'fjʊəl] (*UK pt* & *pp* **-led**, *cont* **-ling**, *US pt* & *pp* **-ed**, *cont* **-ing**) <> *vt* llenar de carburante. <> *vi* repostar.
refuge ['refjuːdʒ] *n* refugio *m*; **to seek** OR **take ~ (in)** *fig* buscar refugio (en).
refugee [ˌrefjʊ'dʒiː] *n* refugiado *m*, -da *f*.
refugee camp *n* campamento *m* de refugiados.
refund [*n* 'riːfʌnd, *vb* rɪ'fʌnd] <> *n* reembolso *m*. <> *vt*: **to ~ sthg to sb, to ~ sb sthg** reembolsar algo a alguien.
refurbish [ˌriː'fɜːbɪʃ] *vt* [building] restaurar; [office, shop] renovar.
refurbishment [ˌriː'fɜːbɪʃmənt] *n* [of building] restauración *f*; [of office, shop] renovación *f*.
refurnish [ˌriː'fɜːnɪʃ] *vt* volver a amueblar.
refusal [rɪ'fjuːzl] *n* **-1.** [disagreement, saying no]: **~ (to do sthg)** negativa *f* (a hacer algo) **-2.** [withholding, denial] denegación *f* **-3.** [non-acceptance]: **to meet with ~** ser rechazado(da).
refuse¹ [rɪ'fjuːz] <> *vt* **-1.** [withhold, deny]: **to ~ sb sthg, to ~ sthg to sb** denegar a alguien algo **-2.** [decline, reject] rechazar **-3.** [not agree, be completely unwilling]: **to ~ to do sthg** negarse a hacer algo. <> *vi* negarse.
refuse² ['refjuːs] *n* [rubbish] basura *f*.
refuse collection ['refjuːs-] *n* recogida *f* de basuras.
refuse collector ['refjuːs-] *n* basurero *m*, -ra *f*.
refuse dump ['refjuːs-] *n* vertedero *m* (de basuras).
refute [rɪ'fjuːt] *vt fml* refutar.
reg., regd. (*abbr of* **registered**): **~ trademark** marca *f* registrada.
regain [rɪ'geɪn] *vt* [leadership, first place] recuperar; [health, composure] recobrar.
regal ['riːgl] *adj* regio(gia).
regale [rɪ'geɪl] *vt*: **to ~ sb with** entretener a alguien con.
regalia [rɪ'geɪljə] *n (U)* ropaje *m*, vestiduras *fpl*.
regard [rɪ'gɑːd] <> *n* **-1.** *fml* [respect, esteem]: **~ (for)** estima *f* OR respeto *m* (por); **to hold sthg/sb in high ~** tener algo/a alguien en gran estima **-2.** [aspect]: **in this/that ~** a este/ese respecto **-3.** [consideration]: **with no ~ for** sin ninguna consideración por. <> *vt* **-1.** [consider]: **to ~ o.s. as sthg** considerarse algo; **to ~ sthg/sb as** considerar algo/a alguien como **-2.** [look at, view]: **to ~ sb/sthg with** ver a alguien/algo con; **to be highly ~ed** estar muy bien considerado.
◆ **regards** *npl* [in greetings] recuerdos *mpl*; **give them my ~s** salúdales de mi parte.
◆ **as regards** *prep* en cuanto a, por lo que se refiere a.
◆ **in regard to, with regard to** *prep* respecto a, en cuanto a.
regarding [rɪ'gɑːdɪŋ] *prep* respecto a, en cuanto a.
regardless [rɪ'gɑːdlɪs] *adv* a pesar de todo.
◆ **regardless of** *prep* sin tener en cuenta; **~ of the cost** cueste lo que cueste.
regatta [rɪ'gætə] *n* regata *f*.
Regency ['riːdʒənsɪ] *adj* del estilo regencia.
regenerate [rɪ'dʒenəreɪt] *vt* regenerar.
regeneration [rɪˌdʒenə'reɪʃn] *n* regeneración *f*.
regent ['riːdʒənt] <> *adj* regente. <> *n* regente *m* OR *f*.
reggae ['regeɪ] *n* reggae *m*.
regime [reɪ'ʒiːm] *n* régimen *m*.
regiment ['redʒɪmənt] *n* MIL regimiento *m*.
regimental [ˌredʒɪ'mentl] *adj* MIL del regimiento.
regimented ['redʒɪmentɪd] *adj pej* [life, workers] estrictamente controlado(da); [garden, rows] ordenado(da) en filas.
region ['riːdʒən] *n* región *f*; **in the ~ of** alrededor de.
regional ['riːdʒənl] *adj* regional.

register ['redʒɪstə^r] <> *n* [gen] registro *m*; [at school] lista *f*. <> *vt* **-1.** [record - gen] registrar; [- car] matricular **-2.** [express] mostrar, reflejar. <> *vi* **-1.** [be put on official list]: **to ~ (as/for)** inscribirse (como/para) **-2.** [book in - at hotel] registrarse; [- at conference] inscribirse **-3.** *inf* [be noticed]: **I told him but it didn't seem to ~** se lo dije, pero no pareció que lo captara.

registered ['redʒɪstəd] *adj* **-1.** [officially listed] inscrito(ta) oficialmente **-2.** [letter, parcel] certificado(da).

registered nurse *n* enfermera *f* diplomada.

registered post *UK*, **registered mail** *US n* correo *m* certificado.

registered trademark *n* marca *f* registrada.

registrar [,redʒɪ'strɑː^r] *n* **-1.** [keeper of records] registrador *m*, -ra *f* oficial **-2.** *UNIV* secretario *m*, -ria *f* general **-3.** [doctor] médico *m*, -ca *f* de hospital.

registration [,redʒɪ'streɪʃn] *n* **-1.** [gen] registro *m* **-2.** *AUT* = **registration number**.

registration document *n* documentos *mpl* de matriculación.

registration number *n AUT* número *m* de matrícula; *COMPUT* número *m* de registro.

registry ['redʒɪstrɪ] (*pl* **-ies**) *n* registro *m*.

registry office *n* registro *m* civil.

regress [rɪ'gres] *vi fml*: **to ~ (to)** sufrir un retroceso (a).

regression [rɪ'greʃn] *n fml* regresión *f*.

regressive [rɪ'gresɪv] *adj fml* regresivo(va).

regret [rɪ'gret] (*pt* & *pp* **-ted**, *cont* **-ting**) <> *n* **-1.** *fml* [sorrow] pesar *m* **-2.** [sad feeling]: **I've no ~s about it** no lo lamento en absoluto; **he sends his ~s** manda sus excusas. <> *vt* [be sorry about]: **to ~ sthg/doing sthg** lamentar algo/haber hecho algo; **we ~ to announce ...** lamentamos comunicar ...

regretful [rɪ'gretfʊl] *adj* [person] pesaroso(sa); [smile, look] de arrepentimiento.

regretfully [rɪ'gretfʊlɪ] *adv* con pesar; **~, we have to announce ...** lamentamos tener que anunciar ...

regrettable [rɪ'gretəbl] *adj* lamentable.

regrettably [rɪ'gretəblɪ] *adv* lamentablemente.

regroup [,riː'gruːp] *vi* reagruparse.

regt (*abbr of* **regiment**) regto.

regular ['regjʊlə^r] <> *adj* **-1.** [gen] regular **-2.** [customer] habitual **-3.** [time, place] acostumbrado(da); [problem] usual, normal **-4.** *US* [size] normal, mediano(na) **-5.** *US* [pleasant] legal. <> *n* cliente *m* habitual.

regular army *n* ejército *m* profesional.

regularity [,regjʊ'lærətɪ] *n* regularidad *f*.

regularly ['regjʊləlɪ] *adv* **-1.** [gen] con regularidad **-2.** [equally spaced] de manera uniforme.

regulate ['regjʊleɪt] *vt* regular.

regulation [,regjʊ'leɪʃn] <> *adj* [standard] reglamentario(ria). <> *n* **-1.** [rule] regla *f*, norma *f* **-2.** *(U)* [control] regulación *f*.

regurgitate [rɪ'gɜːdʒɪteɪt] *vt* **-1.** [bring up] regurgitar **-2.** *fig* & *pej* [repeat] repetir maquinalmente.

rehabilitate [,riːə'bɪlɪteɪt] *vt* rehabilitar.

rehabilitation ['riːə,bɪlɪ'teɪʃn] *n* rehabilitación *f*.

rehash [,riː'hæʃ] *vt inf pej* hacer un refrito de.

rehearsal [rɪ'hɜːsl] *n* ensayo *m*.

rehearse [rɪ'hɜːs] <> *vt* ensayar. <> *vi*: **to ~ (for)** ensayar (para).

rehouse [,riː'haʊz] *vt* realojar.

reign [reɪn] *lit* & *fig* <> *n* reinado *m*. <> *vi*: **to ~ (over)** reinar (sobre).

reigning ['reɪnɪŋ] *adj* [champion] actual.

reimburse [,riːɪm'bɜːs] *vt*: **to ~ sb (for sthg)** reembolsar a alguien (algo).

reimbursement [,riːɪm'bɜːsmənt] *n fml*: **~ (for)** reembolso *m* (de *OR* por).

rein [reɪn] *n fig*: **to give (a) free ~ to sb**, **to give sb free ~** dar rienda suelta a alguien; **to keep a tight ~ on sb/sthg** tener muy controlado(da) a alguien/algo.

◆ **reins** *npl* **-1.** [for horse] riendas *fpl* **-2.** [for child] andadores *mpl*.

◆ **rein in** *vt sep* refrenar.

reincarnation [,riːɪnkɑː'neɪʃn] *n* reencarnación *f*.

reindeer ['reɪn,dɪə^r] (*pl inv*) *n* reno *m*.

reinforce [,riːɪn'fɔːs] *vt* reforzar.

reinforced concrete [,riːɪn'fɔːst-] *n* cemento *m* *OR* hormigón *m* armado.

reinforcement [,riːɪn'fɔːsmənt] *n* refuerzo *m*.

◆ **reinforcements** *npl* refuerzos *mpl*.

reinstate [,riːɪn'steɪt] *vt* **-1.** [give job back to] restituir *OR* reintegrar en su puesto a **-2.** [bring back] restablecer.

reinstatement [,riːɪn'steɪtmənt] *n* [of worker] rehabilitación *f (laboral)*.

reinterpret [,riːɪn'tɜːprɪt] *vt* reinterpretar.

reintroduce ['riː,ɪntrə'djuːs] *vt* reintroducir.

reintroduction [riː,ɪntrə'dʌkʃn] *n* reintroducción *f*.

reissue [riː'ɪʃuː] <> *n* reedición *f*. <> *vt* [gen] reeditar; [film] reestrenar, reponer.

reiterate [riː'ɪtəreɪt] *vt fml* reiterar.

reiteration [riː,ɪtə'reɪʃn] *n fml* reiteración *f*.

reject [*n* 'riːdʒekt, *vb* rɪ'dʒekt] <> *n* **-1.** [thing]:

~s artículos *mpl* defectuosos **-2.** *inf* [person] desecho *m.* <> *vt* rechazar.

rejection [rɪ'dʒekʃn] *n* rechazo *m.*

rejig [ˌri:'dʒɪg] (*pt* & *pp* **-ged**, *cont* **-ging**) *vt UK inf* modificar un poco.

rejoice [rɪ'dʒɔɪs] *vi*: **to ~ (at** OR **in)** alegrarse OR regocijarse (con).

rejoicing [rɪ'dʒɔɪsɪŋ] *n*: **~ (at** OR **over)** regocijo *m* (por).

rejoin[1] [ˌri:'dʒɔɪn] *vt* **-1.** [go back to] volver (a encontrarse) con **-2.** [club] volver a hacerse socio(cia) de; [army] volver a alistarse en.

rejoin[2] [rɪ'dʒɔɪn] *vt literary* [reply] replicar.

rejoinder [rɪ'dʒɔɪndə^r] *n literary* réplica *f.*

rejuvenate [rɪ'dʒu:vəneɪt] *vt* rejuvenecer.

rejuvenation [rɪˌdʒu:və'neɪʃn] *n* renovación *f.*

rekindle [ˌri:'kɪndl] *vt* reavivar.

relapse [rɪ'læps] <> *n* recaída *f.* <> *vi*: **to ~ into** volver a caer en.

relate [rɪ'leɪt] <> *vt* **-1.** [connect]: **to ~ sthg (to)** relacionar algo (con) **-2.** [tell] contar, relatar. <> *vi* **-1.** [be connected]: **to ~ to** estar relacionado(da) con **-2.** [concern]: **to ~ to** referirse a **-3.** [empathize]: **to ~ (to sb)** tener mucho en común (con alguien).
◆ **relating to** *prep* concerniente OR referente a.

related [rɪ'leɪtɪd] *adj* **-1.** [in same family] emparentado(da); **to be ~ to sb** ser pariente de alguien **-2.** [connected] relacionado(da).

relation [rɪ'leɪʃn] *n* **-1.** [connection]: **~ (to/between)** relación *f* (con/entre); **to bear no ~ to** no tener nada que ver con; **in ~ to** [state, size] en relación a; [position] respecto a **-2.** [family member] pariente *m* OR *f*, familiar *m* OR *f.*
◆ **relations** *npl* [family, race, industrial] relaciones *fpl.*

relational database *n* COMPUT base *f* de datos relacional.

relationship [rɪ'leɪʃnʃɪp] *n* **-1.** [gen] relación *f*; **a good ~** buenas relaciones **-2.** [to family member] parentesco *m.*

relative ['relətɪv] <> *adj* relativo(va). <> *n* pariente *m* OR *f*, familiar *m* OR *f.*
◆ **relative to** *prep fml* con relación a.

relatively ['relətɪvlɪ] *adv* relativamente.

relativity [ˌrelə'tɪvətɪ] *n* relatividad *f.*

relax [rɪ'læks] <> *vt* **-1.** [gen] relajar **-2.** [loosen - grip] aflojar. <> *vi* **-1.** [gen] relajarse **-2.** [loosen] aflojarse.

relaxation [ˌri:læk'seɪʃn] *n* **-1.** [recreation] relajación *f*, esparcimiento *m* **-2.** [slackening - of discipline] relajación *f*, relajamiento *m.*

relaxed [rɪ'lækst] *adj* relajado(da).

relaxing [rɪ'læksɪŋ] *adj* relajante.

relay ['ri:leɪ] (*pt* & *pp senses 1 & 2* **-ed**, *pt* & *pp sense 3* **relaid**) <> *n* **-1.** SPORT: **~ (race)** carrera *f* de relevos; **in ~s** *fig* por turnos **-2.** RADIO & TV retransmisión *f.* <> *vt* **-1.** [broadcast] retransmitir **-2.** [repeat]: **to ~ sthg (to)** transmitir algo (a) **-3.** [lay again] volver a poner.

release [rɪ'li:s] <> *n* **-1.** [setting free] puesta *f* en libertad, liberación *f* **-2.** [relief] alivio *m* **-3.** [statement] comunicado *m* **-4.** [emitting - of gas] escape *m*; [- of heat, pressure] emisión *f* **-5.** [thing issued - of film] estreno *m*; [- of record] publicación *f*; **on ~** en pantalla; **new ~s** novedades. <> *vt* **-1.** [set free]: **to ~ sb (from)** liberar a alguien (de); **to be ~d** ser puesto en libertad **-2.** [lift restriction on]: **to ~ sb from** liberar a alguien de **-3.** [make available - funds, resources] entregar **-4.** [let go - rope, reins, brake, person] soltar; [- grip] aflojar; [- mechanism, trigger] disparar **-5.** [emit - gas, heat] despedir, emitir **-6.** [issue - film] estrenar; [- record] sacar; [- statement] hacer público.

relegate ['relɪgeɪt] *vt* **-1.** [demote]: **to ~ sthg/sb (to)** relegar algo/a alguien (a) **-2.** *UK* FTBL: **to be ~d** descender *(a una división inferior).*

relegation [ˌrelɪ'geɪʃn] *n* **-1.** [demotion]: **~ (to)** relegación *f* (a) **-2.** *UK* FTBL: **~ (to)** descenso *m* (a).

relent [rɪ'lent] *vi* [person] ablandarse; [wind, storm] remitir, aminorar.

relentless [rɪ'lentlɪs] *adj* implacable.

relentlessly [rɪ'lentlɪslɪ] *adv* implacablemente.

relevance ['reləvəns] *n* pertinencia *f.*

relevant ['reləvənt] *adj* **-1.** [connected]: **~ (to)** pertinente (a) **-2.** [important]: **~ (to)** importante OR relevante (para) **-3.** [appropriate] pertinente, oportuno(na).

reliability [rɪˌlaɪə'bɪlətɪ] *n* fiabilidad *f.*

reliable [rɪ'laɪəbl] *adj* **-1.** [dependable] fiable **-2.** [information] fidedigno(na).

reliably [rɪ'laɪəblɪ] *adv* **-1.** [dependably] sin fallar **-2.** [correctly]: **to be ~ informed about sthg** saber algo de fuentes fidedignas.

reliance [rɪ'laɪəns] *n*: **~ (on)** dependencia *f* (de OR respecto de).

reliant [rɪ'laɪənt] *adj*: **to be ~ on sb/sthg** depender de alguien/de algo.

relic ['relɪk] *n* **-1.** [gen] reliquia *f* **-2.** [custom still in use] vestigio *m.*

relief [rɪ'li:f] *n* **-1.** [comfort] alivio *m*; **she sighed with ~** suspiró aliviada **-2.** [for poor, refugees] ayuda *f* **-3.** *(U) US* [social security] subsidio *m.*

relief agency *n* organización *f* de ayuda humanitaria.

relief map *n* mapa *m* en relieve.

relief road *n esp UK* desvío *m.*

relieve [rɪ'li:v] *vt* **-1.** [ease, lessen] aliviar **-2.** [take away from]: **to ~ sb of sthg** liberar a alguien de algo.

relieved [rɪ'li:vd] *adj* aliviado(da).

religion [rɪ'lɪdʒn] *n* religión *f*.

religious [rɪ'lɪdʒəs] *adj* religioso(sa).

reline [ˌri:'laɪn] *vt* [cupboard, skirt] volver a forrar; [brakes] cambiar el forro de.

relinquish [rɪ'lɪŋkwɪʃ] *vt* [power, claim] renunciar a; **to ~ one's hold on sthg** soltar algo.

relish ['relɪʃ] ◇ *n* **-1.** [enjoyment]: **with (great) ~** con (gran) deleite **-2.** [pickle] *salsa rojiza agridulce con pepinillo etc.* ◇ *vt* disfrutar con; **to ~ the thought** OR **idea** OR **prospect of doing sthg** disfrutar de antemano con la idea de hacer algo.

relive [ˌri:'lɪv] *vt* revivir.

relocate [ˌri:ləʊ'keɪt] ◇ *vt* trasladar. ◇ *vi* trasladarse.

relocation [ˌrɪləʊ'keɪʃn] *n* traslado *m*.

relocation expenses *npl* gastos *mpl* de traslado.

reluctance [rɪ'lʌktəns] *n* reticencia *f*; **with ~** de mala gana.

reluctant [rɪ'lʌktənt] *adj* reacio(cia); **to be ~ to do sthg** estar poco dispuesto a hacer algo.

reluctantly [rɪ'lʌktəntlɪ] *adv* con desgana.

rely [rɪ'laɪ] (*pt* & *pp* **-ied**) ◆ **rely on** *vt fus* **-1.** [count on] contar con; **to be able to ~ on sb/sthg to do sthg** poder estar seguro de que alguien/algo hará algo **-2.** [be dependent on]: **to ~ on sb/sthg for sthg** depender de alguien/algo para algo.

REM (*abbr of* **rapid eye movement**) *n* REM *m*.

remain [rɪ'meɪn] ◇ *vt* continuar como; **to ~ the same** continuar siendo igual. ◇ *vi* **-1.** [stay] quedarse, permanecer **-2.** [survive - custom, problem] quedar, continuar **-3.** [be left]: **to ~ to be done/proved** quedar por hacer/probar; **it ~s to be seen** queda por ver. ◆ **remains** *npl* restos *mpl*.

remainder [rɪ'meɪndəʳ] *n* **-1.** [rest]: **the ~** el resto **-2.** MATH resto *m*.

remaining [rɪ'meɪnɪŋ] *adj* que queda, restante.

remake [*n* 'ri:meɪk, *vb* ˌri:'meɪk] CINEMA ◇ *n* nueva versión *f*. ◇ *vt* hacer una nueva versión de.

remand [rɪ'mɑ:nd] JUR ◇ *n*: **on ~** detenido(da) en espera de juicio. ◇ *vt*: **to be ~ed in custody** estar bajo custodia.

remand centre *n UK* centro *m* de prisión preventiva.

remark [rɪ'mɑ:k] ◇ *n* [comment] comentario *m*. ◇ *vt*: **to ~ (that)** comentar que. ◇ *vi*: **to ~ on** hacer una observación sobre.

remarkable [rɪ'mɑ:kəbl] *adj* **-1.** [fantastic] extraordinario(ria) **-2.** [surprising] sorprendente.

remarkably [rɪ'mɑ:kəblɪ] *adv* [extremely] extraordinariamente; [surprisingly] sorprendentemente.

remarry [ˌri:'mærɪ] (*pt* & *pp* **-ied**) *vi* volver a casarse.

remedial [rɪ'mi:djəl] *adj* **-1.** SCH [class, teacher] de refuerzo; [pupil] atrasado(da) **-2.** [corrective] correctivo(va).

remedy ['remədɪ] (*pl* **-ies**, *pt* & *pp* **-ied**) ◇ *n lit & fig*: **~ (for)** remedio *m* (para). ◇ *vt* remediar, poner remedio a.

remember [rɪ'membəʳ] ◇ *vt* **-1.** [gen] recordar, acordarse de; **~ that his eyesight is poor** ten presente que tiene la vista mal; **to ~ to do sthg** acordarse de hacer algo; **to ~ doing sthg** recordar OR acordarse de haber hecho algo; **he ~ed me in his will** me dejó algo en su testamento **-2.** [as greeting]: **to ~ sb to sb** dar recuerdos a alguien de parte de alguien. ◇ *vi* **-1.** [gen] recordar, acordarse **-2.** [not forget] acordarse.

remembrance [rɪ'membrəns] *n fml*: **in ~ of** en conmemoración de.

Remembrance Day *n en Gran Bretaña, día en conmemoración de los caídos en las dos guerras mundiales.*

remind [rɪ'maɪnd] *vt*: **to ~ sb (about sthg/to do sthg)** recordar a alguien (algo/que haga algo); **she ~s me of my sister** me recuerda a mi hermana.

reminder [rɪ'maɪndəʳ] *n* **-1.** [to jog memory] recordatorio *m*, recuerdo *m* **-2.** [letter, note] notificación *f*, aviso *m*.

reminisce [ˌremɪ'nɪs] *vi*: **to ~ (about sthg)** rememorar (algo).

reminiscences [ˌremɪ'nɪsənsɪz] *npl* reminiscencias *fpl*.

reminiscent [ˌremɪ'nɪsnt] *adj* [similar to]: **to be ~ of** evocar, recordar a.

remiss [rɪ'mɪs] *adj* negligente, remiso(sa); **it was ~ of me** fue una negligencia por mi parte.

remission [rɪ'mɪʃn] *n (U)* **-1.** JUR reducción *f* de condena **-2.** MED remisión *f*.

remit¹ [rɪ'mɪt] (*pt* & *pp* **-ted**, *cont* **-ting**) *vt* [money] remitir.

remit² ['ri:mɪt] *n* [responsibility] misión *f*.

remittance [rɪ'mɪtns] *n* giro *m*.

remix ['ri:mɪks] *n* remezcla *f*.

remnant ['remnənt] *n* **-1.** [remaining part] resto *m* **-2.** [of cloth] retal *m*.

remodel [ˌri:'mɒdl] (*UK pt* & *pp* **-led**, *cont* **-ling**,

US pt & *pp* **-ed**, *cont* **-ing**) *vt* remodelar, reformar.

remold *n* & *vt US* = **remould**.

remonstrate ['remənstreɪt] *vi fml*: **to ~ (with sb about sthg)** reprochar (a alguien algo).

remorse [rɪ'mɔ:s] *n (U)* remordimientos *mpl*.

remorseful [rɪ'mɔ:sfʊl] *adj* lleno(na) de remordimientos.

remorseless [rɪ'mɔ:slɪs] *adj* **-1.** [pitiless] despiadado(da) **-2.** [unstoppable] implacable.

remorselessly [rɪ'mɔ:slɪslɪ] *adv* **-1.** [pitilessly] de forma despiadada **-2.** [unstoppably] implacablemente.

remote [rɪ'məʊt] *adj* **-1.** [place, time possibility] remoto(ta) **-2.** [from reality etc]: **~ (from)** apartado(da) OR alejado(da) (de).

remote control *n* telemando *m*, mando *m* a distancia.

remote-controlled [-kən'trəʊld] *adj* teledirigido(da).

remotely [rɪ'məʊtlɪ] *adv* **-1.** [in the slightest]: **not ~** ni remotamente, en lo más mínimo **-2.** [far off] muy lejos.

remoteness [rɪ'məʊtnɪs] *n* **-1.** [of place] lejanía *f* **-2.** [of person] distanciamiento *m*.

remould *UK*, **remold** *US* ['ri:məʊld] *n* neumático *m* recauchutado.

removable [rɪ'mu:vəbl] *adj* **-1.** [stain] que se puede quitar **-2.** [detachable] separable **-3.** [hard disk] extraíble.

removal [rɪ'mu:vl] *n* **-1.** *(U)* [act of removing] separación *f*, extracción *f*; [of threat, clause] supresión *f* **-2.** *UK* [change of house] mudanza *f*.

removal man *n UK* encargado *m* de mudanzas.

removal van *n UK* camión *m* de mudanzas.

remove [rɪ'mu:v] *vt* **-1.** [take away, clean away]: **to ~ sthg (from)** quitar algo (de) **-2.** [clothing, shoes] quitarse **-3.** [from a job, post]: **to ~ sb (from)** destituir a alguien (de) **-4.** [problem, controls] eliminar; [suspicion] disipar.

removed [rɪ'mu:vd] *adj*: **to be far ~ from** estar bien lejos de.

remover [rɪ'mu:vəʳ] *n*: **stain ~** quitamanchas *m inv*; **paint ~** quitapinturas *m inv*.

remuneration [rɪˌmju:nə'reɪʃn] *n fml* remuneración *f*.

Renaissance [rə'neɪsəns] ◇ *n*: **the ~** el Renacimiento. ◇ *comp* renacentista.

rename [ˌri:'neɪm] *vt* poner un nombre nuevo a.

rend ['rend] (*pt* & *pp* **rent**) *vt literary* desgarrar.

render ['rendəʳ] *vt* **-1.** [make]: **to ~ sthg useless** hacer OR volver algo inútil; **to ~ sb speechless** dejar a alguien boquiabierto **-2.** [give - help, service] prestar.

rendering ['rendərɪŋ] *n* **-1.** [rendition] interpretación *f* **-2.** [of carcass] transformación *f*.

rendezvous ['rɒndɪvu:] (*pl inv*) *n* **-1.** [meeting] cita *f* **-2.** [place] lugar *m* de encuentro.

rendition [ren'dɪʃn] *n* interpretación *f*.

renegade ['renɪgeɪd] ◇ *adj* renegado(da). ◇ *n* renegado *m*, -da *f*.

renege [rɪ'ni:g] *vi fml*: **to ~ on sthg** incumplir algo.

renegotiate [ˌri:nɪ'gəʊʃɪeɪt] *vt* renegociar.

renew [rɪ'nju:] *vt* **-1.** [attempt, attack] reemprender **-2.** [relationship] reanudar **-3.** [licence, contract, passport] renovar **-4.** [strength, interest] reavivar.

renewable [rɪ'nju:əbl] *adj* renovable.

renewal [rɪ'nju:əl] *n* **-1.** [of activity] reanudación *f* **-2.** [of contract, licence, passport] renovación *f*.

rennet ['renɪt] *n* cuajo *m*.

renounce [rɪ'naʊns] *vt* renunciar a.

renovate ['renəveɪt] *vt* reformar, renovar.

renovation [ˌrenə'veɪʃn] *n* reforma *f*, renovación *f*.

renown [rɪ'naʊn] *n* renombre *m*.

renowned [rɪ'naʊnd] *adj*: **~ (for)** célebre (por).

rent [rent] ◇ *pt* & *pp* ▷ **rend**. ◇ *n* alquiler *m*. ◇ *vt* alquilar, rentar *Méx*. ◇ *vi US* [property] alquilarse; **this apartment ~s for $300 a month** este departamento se alquila por 300 dólares al mes.

◆ **rent out** *vt sep* alquilar, rentar *Méx*.

rental ['rentl] ◇ *adj* de alquiler. ◇ *n* alquiler *m*.

rent book *n libro que registra la fecha y el pago de alquiler por parte de un inquilino.*

rent boy *n UK inf* chapero *m*.

rented ['rentɪd] *adj* alquilado(da).

rent-free ◇ *adj* exento(ta) de alquiler. ◇ *adv* sin pagar alquiler.

renunciation [rɪˌnʌnsɪ'eɪʃn] *n* renuncia *f*.

reopen [ˌri:'əʊpn] ◇ *vt* **-1.** [gen] volver a abrir **-2.** [court case] rever. ◇ *vi* **-1.** [gen] volver a abrir **-2.** [start again] volver a iniciarse **-3.** [wound] volver a abrirse.

reorder [ˌri:'ɔ:dəʳ] *vt* COMM volver a pedir.

reorganization ['ri:ˌɔ:gənaɪ'zeɪʃn] *n* reorganización *f*.

reorganize, -ise [ˌri:'ɔ:gənaɪz] ◇ *vt* reorganizar. ◇ *vi* reorganizarse.

rep [rep] *n* **-1.** *abbr of* **representative** **-2.** *abbr of* **repertory** **-3.** *abbr of* **repertory company**.

Rep. *US* **-1.** *abbr of* **Representative** **-2.** *abbr of* **Republican**.

repaid [riː'peɪd] *pt & pp* ▷ **repay**.

repaint [ˌriː'peɪnt] *vt* repintar.

repair [rɪ'peə^r] ◇ *n* reparación *f*, refacción *f* *Amér*; **in good/bad** ~ en buen/mal estado; **it's beyond** ~ no tiene arreglo. ◇ *vt* reparar, refaccionar *Amér*.

repair kit *n caja de herramientas de una bicicleta*.

repaper [ˌriː'peɪpə^r] *vt* volver a empapelar.

reparations [ˌrepə'reɪʃnz] *npl* indemnizaciones *fpl*.

repartee [ˌrepɑː'tiː] *n* intercambio *m* de réplicas ingeniosas.

repatriate [ˌriː'pætrɪeɪt] *vt* repatriar.

repay [riː'peɪ] (*pt* & *pp* **repaid**) *vt* **-1.** [money] devolver; [debt, person] pagar; **to ~ sb sthg, to ~ sthg to sb** devolver a alguien algo **-2.** [thank] devolver el favor a.

repayment [riː'peɪmənt] *n* **-1.** [act of paying back] devolución *f* **-2.** [sum] pago *m*.

repeal [rɪ'piːl] ◇ *n* revocación *f*, abrogación *f*. ◇ *vt* revocar, abrogar.

repeat [rɪ'piːt] ◇ *vt* **-1.** [gen] repetir; **to ~ o.s.** repetirse **-2.** [TV, radio programme] volver a emitir. ◇ *n* **-1.** [recurrence] repetición *f* **-2.** [of programme] reposición *f*.

repeated [rɪ'piːtɪd] *adj* repetido(da).

repeatedly [rɪ'piːtɪdlɪ] *adv* repetidamente.

repel [rɪ'pel] (*pt* & *pp* **-led**, *cont* **-ling**) *vt* repeler.

repellent [rɪ'pelənt] ◇ *adj* repelente. ◇ *n* espray *m* antiinsectos.

repent [rɪ'pent] ◇ *vt* arrepentirse de. ◇ *vi*: **to ~ of** arrepentirse de.

repentance [rɪ'pentəns] *n* arrepentimiento *m*.

repentant [rɪ'pentənt] *adj* [person] arrepentido(da); [smile] de arrepentimiento.

repercussions [ˌriːpə'kʌʃnz] *npl* repercusiones *fpl*.

repertoire ['repətwɑː^r] *n* repertorio *m*.

repertory ['repətrɪ] *n* repertorio *m*.

repertory company *n* compañía *f* de repertorio.

repetition [ˌrepɪ'tɪʃn] *n* repetición *f*.

repetitious [ˌrepɪ'tɪʃəs], **repetitive** [rɪ'petɪtɪv] *adj* repetitivo(va).

repetitive strain injury *n (U)* lesión *f* por movimiento repetitivo.

rephrase [ˌriː'freɪz] *vt* reformular.

replace [rɪ'pleɪs] *vt* **-1.** [take the place of] sustituir **-2.** [change for something else]: **to ~ sthg (with)** cambiar algo (por) **-3.** [change for somebody else]: **to ~ sb (with)** sustituir a alguien (por) **-4.** [supply another]: **they ~d it** me dieron otro **-5.** [put back] poner en su sitio.

replacement [rɪ'pleɪsmənt] *n* **-1.** [act of substituting] sustitución *f* **-2.** [something new]: **~ (for)** sustituto *m*, -ta *f* (para) **-3.** [somebody new]: **~ (for)** sustituto *m*, -ta *f* OR suplente *m* OR *f* (de) **-4.** [another one]: **they gave me a ~** me dieron otro.

replacement part *n* pieza *f* de recambio.

replay [*n* 'riːpleɪ, *vb* ˌriː'pleɪ] ◇ *n* repetición *f*. ◇ *vt* **-1.** [match, game] volver a jugar **-2.** [film, tape] volver a poner.

replenish [rɪ'plenɪʃ] *vt*: **to ~ sthg (with)** reaprovisionar OR reponer algo (de).

replete [rɪ'pliːt] *adj fml* repleto(ta).

replica ['replɪkə] *n* réplica *f*.

replicate ['replɪkeɪt] *vt* reproducir exactamente.

replication [ˌreplɪ'keɪʃn] *n* **-1.** [process] reproducción *f* exacta **-2.** [copy] réplica *f*.

reply [rɪ'plaɪ] (*pl* **-ies**, *pt* & *pp* **-ied**) ◇ *n*: **~ (to)** respuesta *f* (a); **in ~ (to)** en respuesta (a). ◇ *vt* responder, contestar. ◇ *vi*: **to ~ (to sb/sthg)** responder (a alguien/algo).

reply coupon *n* cupón *m* de respuesta.

reply-paid *adj* con porte pagado.

report [rɪ'pɔːt] ◇ *n* **-1.** [gen] informe *m*, reporte *m* *Cam* & *Méx*; PRESS & TV reportaje *m*; [shorter] información *f* **-2.** *UK* SCH boletín *m* de evaluación, boletín *m* de calificaciones OR notas. ◇ *vt* **-1.** [say, make known]: **to ~ that** informar que, reportar que *Amér*; **to ~ sthg (to)** informar de algo (a), reportar algo (a) *Amér* **-2.** [losses] anunciar **-3.** [complain about] denunciar; **to ~ sb (to sb for sthg)** denunciar a alguien (a alguien por algo), reportar a alguien (a alguien por algo) *Amér*. ◇ *vi* **-1.** [give account]: **to ~ on** informar sobre **-2.** [present oneself]: **to ~ to sb/for sthg** presentarse a alguien/para algo, reportarse a alguien/para algo *Amér*.

◆ **report back** *vi*: **to ~ back (to sb)** presentar uninforme (a alguien).

reportage [ˌrepɔː'tɑːʒ] *n (U)* reportaje *m*.

report card *n* *US* boletín *m* de evaluación, boletín *m* de calificaciones OR notas.

reportedly [rɪ'pɔːtɪdlɪ] *adv* según se afirma.

reported speech [rɪ'pɔːtɪd-] *n* estilo *m* indirecto.

reporter [rɪ'pɔːtə^r] *n* reportero *m*, -ra *f*.

repose [rɪ'pəʊz] *n literary* reposo *m*.

repository [rɪ'pɒzɪtrɪ] (*pl* **-ies**) *n* [store] depósito *m*, almacén *m*.

repossess [ˌriːpə'zes] *vt* requisar la posesión de.

repossession [ˌriːpə'zeʃn] *n* recuperación *f*.

repossession order *n* orden *f* de requisición.

reprehensible [ˌreprɪ'hensəbl] *adj fml* reprensible.

represent [ˌreprɪ'zent] *vt* **-1.** [gen] representar; [person, country] representar a; **to be well** *OR* **strongly ~ed** estar bien representado(da) **-2.** [describe]: **to ~ sthg/sb as** describir algo/a alguien como.

representation [ˌreprɪzen'teɪʃn] *n* representación *f*.
 ◆ **representations** *npl fml*: **to make ~s to** presentar una queja a.

representative [ˌreprɪ'zentətɪv] ◇ *adj*: **~ (of)** representativo(va) (de). ◇ *n* representante *m OR f*.

repress [rɪ'pres] *vt* reprimir.

repressed [rɪ'prest] *adj* reprimido(da).

repression [rɪ'preʃn] *n* represión *f*.

repressive [rɪ'presɪv] *adj* represivo(va).

reprieve [rɪ'pri:v] ◇ *n* **-1.** [delay] tregua *f* **-2.** [of death sentence] indulto *m*. ◇ *vt* [prisoner] indultar.

reprimand ['reprɪmɑ:nd] ◇ *n* reprensión *f*. ◇ *vt* reprender.

reprint [*n* 'ri:prɪnt, *vb* ˌri:'prɪnt] ◇ *n* reimpresión *f*. ◇ *vt* reimprimir.

reprisal [rɪ'praɪzl] *n* represalia *f*.

reproach [rɪ'prəʊtʃ] ◇ *n* reproche *m*. ◇ *vt*: **to ~ sb (for** *OR* **with sthg)** reprochar a alguien (algo).

reproachful [rɪ'prəʊtʃfʊl] *adj* de reproche.

reprobate ['reprəbeɪt] *n hum* libertino *m*, -na *f*.

reproduce [ˌri:prə'dju:s] ◇ *vt* reproducir. ◇ *vi BIOL* reproducirse.

reproduction [ˌri:prə'dʌkʃn] *n* reproducción *f*.

reproductive [ˌri:prə'dʌktɪv] *adj* reproductor(ra).

reprogram [ˌri:'prəʊgræm] (*pt* & *pp* **-ed** *OR* **-med**, *cont* **-ing** *OR* **-ming**) *vt* volver a programar.

reproof [rɪ'pru:f] *n fml* **-1.** [words of blame] reprobación *f* **-2.** [disapproval] reproche *m*.

reproving [rɪ'pru:vɪŋ] *adj* de reprobación, reprobatorio(ria).

reptile ['reptaɪl] *n* reptil *m*.

Repub. *US abbr of* **Republican**.

republic [rɪ'pʌblɪk] *n* república *f*.

republican [rɪ'pʌblɪkən] ◇ *adj* republicano(na). ◇ *n* republicano *m*, -na *f*.
 ◆ **Republican** ◇ *adj* [in US, Northern Ireland] republicano(na); **the Republican Party** [in US] el partido republicano. ◇ *n* [in US, Northern Ireland] republicano *m*, -na *f*.

repudiate [rɪ'pju:dɪeɪt] *vt fml* [person, violence] repudiar; [accusation] rechazar.

repudiation [rɪˌpju:dɪ'eɪʃn] *n fml* [of person, violence] repulsa *f*; [of accusation] rechazo *m*.

repugnant [rɪ'pʌgnənt] *adj* repugnante; **to be ~ (to sb)** repugnar (a alguien).

repulse [rɪ'pʌls] *vt* rechazar.

repulsion [rɪ'pʌlʃn] *n* repulsión *f*.

repulsive [rɪ'pʌlsɪv] *adj* repulsivo(va).

reputable ['repjʊtəbl] *adj* de buena fama *OR* reputación.

reputation [ˌrepjʊ'teɪʃn] *n* reputación *f*; **to have a ~ for sthg/for being sthg** tener fama de algo/de ser algo.

repute [rɪ'pju:t] *n fml*: **of good/ill ~** de buena/mala fama; **of ~** de reputación.

reputed [rɪ'pju:tɪd] *adj* supuesto(ta); **to be ~ to be/do sthg** tener fama de ser/hacer algo.

reputedly [rɪ'pju:tɪdlɪ] *adv* según se dice.

reqd *abbr of* **required**.

request [rɪ'kwest] ◇ *n*: **~ (for)** petición *f* (de); **on ~** a petición del interesado; **at sb's ~** a petición de alguien. ◇ *vt* solicitar, pedir; **to ~ sb to do sthg** rogar a alguien que haga algo.

request stop *n UK* parada *f* discrecional.

requiem (mass) ['rekwɪəm-] *n* (misa *f* de) réquiem *m*.

require [rɪ'kwaɪə^r] *vt* **-1.** [need] necesitar, requerir **-2.** [demand] requerir; **to ~ sb to do sthg** exigir a alguien que haga algo.

required [rɪ'kwaɪəd] *adj* necesario(ria); **if ~d** si es necesario; **you are ~ to ...** es obligatorio ...

requirement [rɪ'kwaɪəmənt] *n* requisito *m*.

requisite ['rekwɪzɪt] *adj fml* preciso(sa).

requisition [ˌrekwɪ'zɪʃn] *vt* requisar.

reran [ˌri:'ræn] *pt* ▷ **rerun**.

reread [ˌri:'ri:d] (*pt* & *pp* **reread** [ˌri:'red]) *vt* releer.

rerecord [ˌri:rɪ'kɔ:d] *vt* volver a grabar.

reroof [ˌri:'ru:f] *vt* poner un nuevo techo a.

reroute [ˌri:'ru:t] *vt* desviar.

rerun [*n* 'ri:ˌrʌn, *vb* ri:'rʌn] (*pt* **-ran**, *pp* **-run**, *cont* **-ning**) ◇ *n* **-1.** [film, programme] reposición *f* **-2.** [repeated situation] repetición *f*. ◇ *vt* **-1.** [race] volver a correr **-2.** [film, programme] reponer **-3.** [tape] volver a poner.

resale price maintenance ['ri:seɪl-] *n UK FIN* mantenimiento *m* del precio de reventa.

resat [ˌri:'sæt] *pt* & *pp* ▷ **resit**.

reschedule [*UK* ˌri:'ʃedjʊl, *US* ˌri:'skedʒʊl] *vt* **-1.** [event] cambiar la fecha de **-2.** [debt] renegociar.

rescind [rɪ'sɪnd] *vt JUR* [contract] rescindir; [law] revocar.

rescue ['reskju:] ◇ *n* rescate *m*; **to go** *OR* **come to sb's ~** ir *OR* acudir al rescate de alguien. ◇ *vt*: **to ~ sb/sthg (from)** rescatar a alguien/algo (de).

rescue operation *n* operación *f* de rescate.

rescuer [ˈreskjʊə^{r}] *n* rescatador *m*, -ra *f*.

reseal [ˌriːˈsiːl] *vt* volver a cerrar.

resealable [ˌriːˈsiːləbl] *adj* que se puede volver a cerrar.

research [ˌrɪˈsɜːtʃ] ◇ *n (U)*: **~ (on** OR **into)** investigación *f* (de OR sobre); **~ and development** investigación y desarrollo. ◇ *vt* investigar. ◇ *vi*: **to ~ (into)** hacer una investigación (sobre).

researcher [rɪˈsɜːtʃə^{r}] *n* investigador *m*, -ra *f*.

research work *n (U)* investigaciones *fpl*, trabajos *mpl* de investigación.

resell [ˌriːˈsel] (*pt* & *pp* **resold**) *vt* revender.

resemblance [rɪˈzembləns] *n* parecido *m*, semejanza *f*; **to bear a strong ~ to** tener un gran parecido con.

resemble [rɪˈzembl] *vt* parecerse a.

resent [rɪˈzent] *vt*: **I ~ it** me molesta; **to ~ sb** tener celos de alguien.

resentful [rɪˈzentfʊl] *adj* [person] resentido(da); [look] de resentimiento.

resentfully [rɪˈzentfʊlɪ] *adv* con resentimiento.

resentment [rɪˈzentmənt] *n* resentimiento *m*.

reservation [ˌrezəˈveɪʃn] *n* **-1.** [booking] reserva *f* **-2.** [uncertainty]: **without ~** sin reserva **-3.** *US* [for Native Americans] reserva *f*.
◆ **reservations** *npl* [doubts] reservas *fpl*.

reserve [rɪˈzɜːv] ◇ *n* **-1.** [gen] reserva *f*; **in ~** en reserva **-2.** SPORT reserva *m* OR *f*, suplente *m* OR *f*. ◇ *vt* **-1.** [save, book] reservar **-2.** [retain]: **to ~ the right to do sthg** reservarse el derecho a hacer algo.

reserve bank *n banco de reserva federal estadounidense.*

reserve currency *n (U)* divisas *fpl* de reserva.

reserved [rɪˈzɜːvd] *adj* reservado(da).

reserve price *n UK* precio *m* mínimo.

reserve team *n UK* equipo *m* de reserva.

reservist [rɪˈzɜːvɪst] *n* reservista *m* OR *f*.

reservoir [ˈrezəvwɑː^{r}] *n* **-1.** [lake] pantano *m*, embalse *m* **-2.** [large supply] cantera *f*.

reset [ˌriːˈset] (*pt* & *pp* **reset**, *cont* **-ting**) *vt* **-1.** [clock] poner en hora; [meter, controls, computer] reinicializar **-2.** [bone] (volver a) encajar.

resettle [ˌriːˈsetl] ◇ *vt* reasentar. ◇ *vi* reasentarse.

resettlement [ˌriːˈsetlmənt] *n* **-1.** [of land] repoblación *f*, nueva colonización *f* **-2.** [of people] reasentamiento *m*.

reshape [ˌriːˈʃeɪp] *vt* [policy, thinking] reformar, rehacer.

reshuffle [ˌriːˈʃʌfl] ◇ *n* remodelación *f*; **cabinet ~** remodelación del gabinete. ◇ *vt* remodelar.

reside [rɪˈzaɪd] *vi fml* **-1.** [live] residir **-2.** [be found]: **to ~ in** residir en.

residence [ˈrezɪdəns] *n* **-1.** *fml* [house] residencia *f* **-2.** [state of residing]: **to be in ~ (at)** residir (a); **to take up ~** instalarse.

residence permit *n* permiso *m* de residencia.

residency [ˈrezɪdənsɪ] *n* MED *periodo de especialización después de los cinco años de residencia.*

resident [ˈrezɪdənt] ◇ *adj* **-1.** [settled, living] residente **-2.** [on-site, live-in] que vive en su lugar de trabajo. ◇ *n* residente *m* OR *f*.

residential [ˌrezɪˈdenʃl] *adj* [live-in] en régimen de internado.

residential area *n* zona *f* residencial.

residents' association *n* ≃ asociación *f* de vecinos.

residual [rɪˈzɪdjʊəl] *adj* residual.

residue [ˈrezɪdjuː] *n* residuo *m*.

resign [rɪˈzaɪn] ◇ *vt* **-1.** [give up] dimitir de, renunciar a **-2.** [accept calmly]: **to ~ o.s. to sthg** resignarse a algo. ◇ *vi* [quit]: **to ~ (from)** dimitir (de).

resignation [ˌrezɪgˈneɪʃn] *n* **-1.** [from job] dimisión *f* **-2.** [calm acceptance] resignación *f*.

resigned [rɪˈzaɪnd] *adj*: **~ (to)** resignado(da) (a).

resilience [rɪˈzɪlɪəns] *n* capacidad *f* de recuperación.

resilient [rɪˈzɪlɪənt] *adj* [person] resistente, fuerte; [rubber] elástico(ca).

resin [ˈrezɪn] *n* resina *f*.

resist [rɪˈzɪst] *vt* **-1.** [refuse to give in to - temptation] resistir **-2.** [refuse to accept] resistir, oponerse a **-3.** [fight against] resistir a.

resistance [rɪˈzɪstəns] *n*: **~ (to)** resistencia *f* (a).

resistant [rɪˈzɪstənt] *adj* **-1.** [opposed]: **to be ~ to sthg** resistirse a algo **-2.** [immune]: **~ (to sthg)** resistente (a algo).

resistor [rɪˈzɪstə^{r}] *n* ELEC resistencia *f*.

resit [*n* ˈriːsɪt, *vb* ˌriːˈsɪt] (*pt* & *pp* **-sat**, *cont* **-ting**) *UK* ◇ *n* (examen *m* de) repesca *f*. ◇ *vt* volver a presentarse a.

resold [ˌriːˈsəʊld] *pt* & *pp* ▷ **resell**.

resolute [ˈrezəluːt] *adj* resuelto(ta), determinado(da).

resolutely [ˈrezəluːtlɪ] *adv* con resolución, resueltamente.

resolution [ˌrezəˈluːʃn] *n* **-1.** [gen] resolución *f* **-2.** [vow, promise] propósito *m*.
resolve [rɪˈzɒlv] ◇ *n (U)* resolución *f.* ◇ *vt* **-1.** [vow, promise]: **to ~ that** resolver que; **to ~ to do sthg** resolver hacer algo **-2.** [solve] resolver.
resonance [ˈrezənəns] *n* resonancia *f.*
resonant [ˈrezənənt] *adj* resonante.
resonate [ˈrezəneɪt] *vi* resonar.
resort [rɪˈzɔːt] *n* **-1.** [for holidays] lugar *m* de vacaciones **-2.** [solution]: **as a** *OR* **in the last ~** como último recurso.
◆ **resort to** *vt fus* recurrir a.
resound [rɪˈzaʊnd] *vi* **-1.** [noise] resonar, retumbar **-2.** [place]: **the room ~ed with laughter** la risa resonaba por la habitación.
resounding [rɪˈzaʊndɪŋ] *adj* **-1.** [loud - noise, knock] retumbante; [- crash] estruendoso(sa) **-2.** [very great] clamoroso(sa).
resource [rɪˈsɔːs] *n* recurso *m.*
resourceful [rɪˈsɔːsfʊl] *adj* [person] de recursos; [solution] ingenioso(sa).
resourcefulness [rɪˈsɔːsfʊlnɪs] *n (U)* recursos *mpl*, inventiva *f.*
respect [rɪˈspekt] ◇ *n* **-1.** [gen]: **~ (for)** respeto *m* (por); **with ~** con respeto **-2.** [aspect] aspecto *m*; **in this ~** a este respecto; **in that ~** en cuanto a eso. ◇ *vt* [admire] respetar; **to ~ sb for sthg** respetar a alguien por algo.
◆ **respects** *npl*: **to pay one's ~s (to)** presentar uno sus respetos (a); **to pay one's last ~s (to)** rendir el último homenaje (a).
◆ **with respect to** *prep* con respecto a.
respectability [rɪˌspektəˈbɪlətɪ] *n* respetabilidad *f.*
respectable [rɪˈspektəbl] *adj* respetable.
respectably [rɪˈspektəblɪ] *adv* [correctly] de manera respetable.
respectful [rɪˈspektfʊl] *adj* respetuoso(sa).
respectfully [rɪˈspektfʊlɪ] *adv* respetuosamente.
respective [rɪˈspektɪv] *adj* respectivo(va).
respectively [rɪˈspektɪvlɪ] *adv* respectivamente.
respiration [ˌrespəˈreɪʃn] *n* respiración *f.*
respirator [ˈrespəreɪtəʳ] *n MED* respirador *m.*
respiratory [*UK* rɪˈspɪrətrɪ, *US* ˈrespərətɔːrɪ] *adj* respiratorio(ria).
respire [rɪˈspaɪəʳ] *vi* respirar.
respite [ˈrespaɪt] *n* **-1.** [lull] respiro *m* **-2.** [delay] aplazamiento *m.*
resplendent [rɪˈsplendənt] *adj* resplandeciente.
respond [rɪˈspɒnd] ◇ *vt* responder. ◇ *vi*: **to ~ (to)** responder (a); **to ~ by doing sthg** responder haciendo algo.
response [rɪˈspɒns] *n* respuesta *f*; **in ~** en respuesta.
responsibility [rɪˌspɒnsəˈbɪlətɪ] (*pl* **-ies**) *n*: **~ (for)** responsabilidad *f* (de); **to have a ~ to sb** ser responsable ante alguien; **to claim ~ for sthg** reivindicar algo.
responsible [rɪˈspɒnsəbl] *adj* **-1.** [gen] responsable; **~ (for)** responsable (de) **-2.** [answerable]: **~ to sb** responsable ante alguien **-3.** [job, position] de responsabilidad.
responsibly [rɪˈspɒnsəblɪ] *adv* de manera responsable.
responsive [rɪˈspɒnsɪv] *adj* **-1.** [quick to react]: **to be ~** responder muy bien **-2.** [aware]: **~ (to)** sensible *OR* perceptivo(va) (a).
respray [*n* ˈriːspreɪ, *vb* ˌriːˈspreɪ] ◇ *n*: **to give sthg a ~** volver a pintar algo. ◇ *vt* volver a pintar *(con pistola)*.
rest [rest] ◇ *n* **-1.** [remainder]: **the ~ (of)** el resto (de); **the ~ of us** los demás **-2.** [relaxation, break] descanso *m*; **to have a ~** descansar **-3.** [support - for feet] descanso *m*; [- for head] respaldo *m*; [- for snooker cue] *soporte m* **-4.** *phr*: **to come to ~** pararse. ◇ *vt* **-1.** [relax - eyes, feet] descansar **-2.** [support] apoyar, descansar. ◇ *vi* **-1.** [relax, be still] descansar **-2.** [depend]: **to ~ on** *OR* **upon** depender de **-3.** [duty, responsibility]: **to ~ with sb** pesar sobre alguien **-4.** [be supported] apoyarse, descansar **-5.** *literary* [eyes]: **to ~ on** pararse *OR* clavarse en **-6.** *phr*: **~ assured that ...** tenga la seguridad de que ...
rest area *n US & Austr* área *f* de descanso *(en la autopista)*.
restart [*n* ˈriːstɑːt, *vb* ˌriːˈstɑːt] ◇ *n* reanudación *f.* ◇ *vt* **-1.** [vehicle] (volver a) poner en marcha **-2.** [computer] reiniciar. ◇ *vi* **-1.** [play, film] empezar de nuevo **-2.** [vehicle] (volver a) arrancar.
restate [ˌriːˈsteɪt] *vt* **-1.** [intentions, position] reafirmar **-2.** [problem] replantear.
restaurant [ˈrestərɒnt] *n* restaurante *m.*
restaurant car *n UK* coche *m OR* vagón *m* restaurante, coche *m* comedor.
rest cure *n* cura *f* de reposo.
rested [ˈrestɪd] *adj* descansado(da).
restful [ˈrestfʊl] *adj* tranquilo(la), apacible.
rest home *n* [for the elderly] asilo *m* de ancianos; [for the sick] casa *f* de reposo.
resting place [ˈrestɪŋ-] *n* última morada *f.*
restitution [ˌrestɪˈtjuːʃn] *n fml* restitución *f.*
restive [ˈrestɪv] *adj* intranquilo(la), inquieto(ta).
restless [ˈrestlɪs] *adj* **-1.** [bored, dissatisfied] impa-

ciente, desasosegado(da) **-2.** [fidgety] inquieto(ta), agitado(da) **-3.** [sleepless] agitado(da).

restlessly ['restlɪslɪ] *adv* con impaciencia, con desasosiego.

restock [ˌriː'stɒk] <> *vt* [shop, cupboard] reabastecer, reaprovisionar; [lake, river] repoblar. <> *vi* reponer las existencias.

restoration [ˌrestə'reɪʃn] *n* restauración *f*.

restorative [rɪ'stɒrətɪv] *adj* reconstituyente.

restore [rɪ'stɔːʳ] *vt* **-1.** [reestablish] restablecer **-2.** [to a previous position or condition]: **to ~ sb to sthg** restaurar a alguien en algo; **to ~ sthg to sthg** volver a poner algo en algo **-3.** [renovate] restaurar **-4.** [give back] devolver.

restorer [rɪ'stɔːrəʳ] *n* **-1.** [person] restaurador *m*, -ra *f* **-2.** [substance]: **hair ~** crecepelo *m*.

restrain [rɪ'streɪn] *vt* controlar; **to ~ o.s. from doing sthg** contenerse para no hacer algo.

restrained [rɪ'streɪnd] *adj* comedido(da).

restraint [rɪ'streɪnt] *n* **-1.** [rule, check] restricción *f*, limitación *f* **-2.** [control] control *m*.

restrict [rɪ'strɪkt] *vt* [limit] restringir, limitar; **to ~ sthg/sb to** restringir algo/a alguien a; **to ~ o.s. to sthg** limitarse a algo.

restricted [rɪ'strɪktɪd] *adj* **-1.** [limited, small] restringido(da), limitado(da); **~ area** zona *f* de acceso restringido **-2.** [classified, not public] secreto(ta).

restriction [rɪ'strɪkʃn] *n* restricción *f*; **~s on** restricciones en *OR* de.

restrictive [rɪ'strɪktɪv] *adj* restrictivo(va).

restrictive practices *npl* prácticas *fpl* restrictivas.

rest room *n US* servicios *mpl*, aseos *mpl*.

restructure [ˌriː'strʌktʃəʳ] *vt* reestructurar.

result [rɪ'zʌlt] <> *n* resultado *m*; **as a ~** como resultado. <> *vi* **-1.** [cause]: **to ~ (in sthg)** tener como resultado (algo) **-2.** [be caused]: **to ~ (from)** resultar (de).

resultant [rɪ'zʌltənt] *adj fml* resultante.

resume [rɪ'zjuːm] <> *vt* **-1.** [start again] reanudar **-2.** *fml* [return to] volver a. <> *vi* volver a empezar, continuar.

résumé ['rezjuːmeɪ] *n* **-1.** [summary] resumen *m* **-2.** *US* [of career, qualifications] currículum *m* (vitae).

resumption [rɪ'zʌmpʃn] *n* reanudación *f*.

resurface [ˌriː'sɜːfɪs] <> *vt* pavimentar de nuevo. <> *vi* **-1.** [in water] volver a salir en la superficie **-2.** [reappear] reaparecer.

resurgence [rɪ'sɜːdʒəns] *n* resurgimiento *m*.

resurrect [ˌrezə'rekt] *vt* resucitar.

resurrection [ˌrezə'rekʃn] *n* resurrección *f*.
◆ **Resurrection** *n*: **the Resurrection** la Resurrección.

resuscitate [rɪ'sʌsɪteɪt] *vt* resucitar, revivir.

resuscitation [rɪˌsʌsɪ'teɪʃn] *n* resucitación *f*.

retail ['riːteɪl] <> *n* venta *f* al por menor *OR* al detalle. <> *vt* vender al por menor. <> *vi*: **to ~ for** tener un precio de venta al público de. <> *adv* al por menor, al detalle.

retailer ['riːteɪləʳ] *n* minorista *m OR f*, detallista *m OR f*.

retail outlet *n* punto *m* de venta.

retail price *n* precio *m* de venta al público.

retail price index *n UK* índice *m* de precios al consumo.

retain [rɪ'teɪn] *vt* retener.

retainer [rɪ'teɪnəʳ] *n* **-1.** [fee] anticipo *m* **-2.** [servant] criado *m*, -da *f (con muchos años de servicio en una familia)*.

retaining wall [rɪ'teɪnɪŋ-] *n* muro *m* de contención.

retaliate [rɪ'tælɪeɪt] *vi* **-1.** [react] responder **-2.** [take reprisals] tomar represalias.

retaliation [rɪˌtælɪ'eɪʃn] *n (U)* represalias *fpl*.

retarded [rɪ'tɑːdɪd] *adj* retrasado(da).

retch [retʃ] *vi* tener arcadas.

retention [rɪ'tenʃn] *n* retención *f*.

retentive [rɪ'tentɪv] *adj* retentivo(va).

rethink [*n* 'riːθɪŋk, *vb* ˌriː'θɪŋk] (*pt* & *pp* **-thought** [-'θɔːt]) <> *n*: **to have a ~** volver a pensar, reconsiderar. <> *vt* & *vi* volver a pensar, reconsiderar.

reticence ['retɪsəns] *n* reticencia *f*.

reticent ['retɪsənt] *adj* reservado(da).

retina ['retɪnə] (*pl* **-nas** *OR* **-nae** [-niː]) *n* retina *f*.

retinue ['retɪnjuː] *n* séquito *m*, comitiva *f*.

retire [rɪ'taɪəʳ] *vi* **-1.** [from work] jubilarse **-2.** *fml* [to another place, to bed] retirarse.

retired [rɪ'taɪəd] *adj* jubilado(da).

retirement [rɪ'taɪəmənt] *n* [act] jubilación *f*; [time] retiro *m*.

retirement age *n* edad *f* de jubilación.

retirement pension *n* pensión *f* de jubilación.

retiring [rɪ'taɪərɪŋ] *adj* **-1.** [shy] retraído(da), tímido(da) **-2.** [about to retire from work] que está a punto de jubilarse.

retort [rɪ'tɔːt] <> *n* [sharp reply] réplica *f*. <> *vt*: **to ~ (that)** replicar (que).

retouch [ˌriː'tʌtʃ] *vt* retocar.

retrace [rɪ'treɪs] *vt*: **to ~ one's steps** desandar lo andado.

retract [rɪ'trækt] <> *vt* **-1.** [withdraw, take back] retractarse de **-2.** [pull in - claws] meter, retraer. <> *vi* [subj: claws] meterse, retraerse; [subj: wheels] replegarse.

retractable [rɪ'træktəbl] *adj* [pencil] retráctil; [wheels] replegable.

retraction [rɪ'trækʃn] *n* [of statement] retractación *f*.

retrain [ˌri:'treɪn] ◇ *vt* reciclar. ◇ *vi* reciclarse.

retraining [ˌri:'treɪnɪŋ] *n* reciclaje *m*.

retread ['ri:tred] *n* neumático *m* recauchutado.

retreat [rɪ'tri:t] ◇ *n* **-1.** MIL: ~ **(from)** retirada *f* (de); **to beat a (hasty)** ~ marcharse a toda prisa **-2.** [backing down]: ~ **(from)** abandono *m* (de) **-3.** [peaceful place] refugio *m*. ◇ *vi* [move away]: **to** ~ **(from)** [gen] retirarse (de); [from a person] apartarse (de).

retrenchment [ri:'trentʃmənt] *n fml* reducción *f* de gastos.

retrial [ˌri:'traɪəl] *n* nuevo juicio *m*.

retribution [ˌretrɪ'bju:ʃn] *n (U)* castigo *m* merecido.

retrieval [rɪ'tri:vl] *n* [gen & COMPUT] recuperación *f*.

retrieve [rɪ'tri:v] *vt* **-1.** [get back] recobrar **-2.** COMPUT recuperar **-3.** [rescue - situation] salvar.

retriever [rɪ'tri:vəʳ] *n* perro *m* cobrador.

retro ['retrəʊ] *adj* retro.

retroactive [ˌretrəʊ'æktɪv] *adj fml* retroactivo(va).

retrograde ['retrəgreɪd] *adj fml* [gen] retrógrado(da); [step] hacia atrás.

retrospect ['retrəspekt] *n*: **in** ~ retrospectivamente, mirando hacia atrás.

retrospective [ˌretrə'spektɪv] ◇ *adj* **-1.** [gen] retrospectivo(va) **-2.** [law, pay rise] con efecto retroactivo. ◇ *n* exposición *f* retrospectiva.

retrospectively [ˌretrə'spektɪvlɪ] *adv* **-1.** [gen] retrospectivamente **-2.** [introduce law, pay rise] de forma retroactiva.

return [rɪ'tɜ:n] ◇ *n* **-1.** *(U)* [arrival back] vuelta *f*, regreso *m*; ~ **to** vuelta a **-2.** [giving back, article given back] devolución *f* **-3.** [in tennis] resto *m* **-4.** *UK* [ticket] billete *m* de ida y vuelta **-5.** [profit] ganancia *f*, rendimiento *m*. ◇ *comp* [journey] de vuelta, de regreso. ◇ *vt* **-1.** [book, visit, compliment, call] devolver **-2.** [reciprocate] corresponder a **-3.** [replace] devolver a su sitio **-4.** JUR [verdict] pronunciar **-5.** POL [candidate] elegir. ◇ *vi*: **to** ~ **(from/to)** volver (de/a).

◆ **returns** *npl* **-1.** COMM rendimiento *m*, réditos *mpl* **-2.** *phr*: **many happy ~s (of the day)!** ¡feliz cumpleaños!

◆ **in return** *adv* a cambio.

◆ **in return for** *prep* a cambio de.

returnable [rɪ'tɜ:nəbl] *adj* retornable.

returning officer [rɪ'tɜ:nɪŋ-] *n UK oficial encargado de organizar las elecciones al Parlamento en su distrito electoral y que anuncia oficialmente los resultados de éstas.*

return (key) *n* COMPUT tecla *f* de retorno.

return match *n* partido *m* de vuelta.

return ticket *n UK* billete *m* de ida y vuelta *Esp*, boleto *m* de ida y vuelta *Amér*, boleto *m* redondo *Méx*.

reunification [ˌri:ju:nɪfɪ'keɪʃn] *n* reunificación *f*.

reunion [ˌri:'ju:njən] *n* reunión *f*.

Reunion [ˌri:'ju:njən] *n*: ~ **(Island)** isla *f* Reunión.

reunite [ˌri:ju:'naɪt] *vt* [people]: **to be ~d with** volver a encontrarse con; [factions, parts] reunir.

reupholster [ˌri:ʌp'həʊlstəʳ] *vt* tapizar de nuevo.

reusable [ri:'ju:zəbl] *adj* reutilizable.

reuse [*n* ˌri:'ju:s, *vb* ˌri:'ju:z] ◇ *n* reutilización *f*. ◇ *vt* reutilizar.

rev [rev] (*pt* & *pp* **-ved**, *cont* **-ving**) *inf* ◇ *n* (*abbr of* **revolution**) revolución *f* (motriz). ◇ *vt*: **to** ~ **sthg (up)** acelerar algo. ◇ *vi* [subj: person]: **to** ~ **(up)** acelerar el motor.

Rev [rev] (*abbr of* **Reverend**) *n* R., Revdo.

revalue [ˌri:'vælju:] *vt* **-1.** [currency] revalorizar **-2.** [property] revaluar.

revamp [ˌri:'væmp] *vt inf* renovar.

rev counter *n* contador *m* de revoluciones.

Revd (*abbr of* **Reverend**) *n* R., Revdo.

reveal [rɪ'vi:l] *vt* revelar.

revealing [rɪ'vi:lɪŋ] *adj* **-1.** [comment, silence] revelador(ra) **-2.** [garment] atrevido(da).

reveille [*UK* rɪ'vælɪ, *US* 'revəlɪ] *n* toque *m* de diana.

revel ['revl] (*UK pt* & *pp* **-led**, *cont* **-ling**, *US pt* & *pp* **-ed**, *cont* **-ing**) *vi*: **to** ~ **in** deleitarse en.

revelation [ˌrevə'leɪʃn] *n* revelación *f*.

reveller *UK*, **reveler** *US* ['revələʳ] *n* juergista *m* OR *f*.

revelry ['revəlrɪ] *n (U)* juerga *f*.

revenge [rɪ'vendʒ] ◇ *n* venganza *f*; **to take** ~ **(on sb)** vengarse (de alguien). ◇ *comp* por venganza. ◇ *vt* vengar; **to** ~ **o.s. on sb/sthg** vengarse de alguien/en algo.

revenue ['revənju:] *n* ingresos *mpl*.

reverberate [rɪ'vɜ:bəreɪt] *vi* **-1.** [reecho] resonar **-2.** [have repercussions] repercutir.

reverberations [rɪˌvɜ:bə'reɪʃnz] *npl* **-1.** [echoes] reverberaciones *fpl* **-2.** [repercussions] repercusiones *fpl*.

revere [rɪ'vɪəʳ] *vt* venerar, reverenciar.

reverence ['revərəns] *n* reverencia *f*.

Reverend ['revərənd] *n* reverendo *m*.

Reverend Mother *n* reverenda madre *f*.

reverent [ˈrevərənt] *adj* reverente.
reverential [ˌrevəˈrenʃl] *adj* reverencial.
reverie [ˈrevərɪ] *n* ensueño *m*.
reversal [rɪˈvɜːsl] *n* **-1.** [turning around] cambio *m* total **-2.** [ill fortune] contratiempo *m*, revés *m*.
reverse [rɪˈvɜːs] <> *adj* inverso(sa). <> *n* **-1.** *AUT*: ~ **(gear)** marcha *f* atrás; **to be in** ~ tener puesta la marcha atrás; **to go into** ~ meter la marcha atrás **-2.** [opposite]: **the** ~ lo contrario **-3.** [opposite side, back]: **the** ~ [gen] el revés; [of coin] el reverso; [of piece of paper] el dorso. <> *vt* **-1.** *AUT* dar marcha atrás a **-2.** [change usual order] invertir **-3.** [change to opposite] cambiar completamente **-4.** *UK TELEC*: **to** ~ **the charges** llamar a cobro revertido. <> *vi AUT* dar marcha atrás.
reverse-charge call *n UK* llamada *f* a cobro revertido, llamada *f* por cobrar *Chile, Méx*.
reversible [rɪˈvɜːsəbl] *adj* reversible.
reversing light [rɪˈvɜːsɪŋ-] *n UK* luz *f* de marcha atrás.
reversion [rɪˈvɜːʃn] *n* vuelta *f*.
revert [rɪˈvɜːt] *vi*: **to** ~ **to** volver a.
review [rɪˈvjuː] <> *n* **-1.** [examination] revisión *f*; **to come under** ~ ser revisado; **under** ~ bajo revisión **-2.** [critique] reseña *f*. <> *vt* **-1.** [reexamine] revisar **-2.** [consider] reconsiderar **-3.** [write an article on] reseñar **-4.** *US* [study again] repasar.
reviewer [rɪˈvjuːəʳ] *n* crítico *m*, -ca *f*, reseñador *m*, -ra *f*.
revile [rɪˈvaɪl] *vt literary* injuriar.
revise [rɪˈvaɪz] <> *vt* **-1.** [reconsider] revisar **-2.** [rewrite] modificar, corregir **-3.** *UK* [study] repasar. <> *vi UK*: **to** ~ **(for sthg)** repasar (para algo).
revised [rɪˈvaɪzd] *adj* revisado(da).
revision [rɪˈvɪʒn] *n* **-1.** [alteration] corrección *f*, modificación *f* **-2.** *UK* [study] repaso *m*.
revisionist [rɪˈvɪʒnɪst] <> *adj* revisionista. <> *n* revisionista *m OR f*.
revisit [ˌriːˈvɪzɪt] *vt* volver a visitar.
revitalize, -ise [ˌriːˈvaɪtəlaɪz] *vt* revivificar.
revival [rɪˈvaɪvl] *n* **-1.** [of person] resucitación *f*; [of economy] reactivación *f* **-2.** [of play] reposición *f*.
revive [rɪˈvaɪv] <> *vt* **-1.** [person, plant, hopes] resucitar; [economy] reactivar **-2.** [tradition, memories] restablecer; [play] reponer. <> *vi* reponerse.
revoke [rɪˈvəʊk] *vt fml* revocar.
revolt [rɪˈvəʊlt] <> *n* rebelión *f*, sublevación *f*. <> *vt* repugnar. <> *vi*: **to** ~ **(against)** rebelarse *OR* sublevarse (contra).
revolting [rɪˈvəʊltɪŋ] *adj* repugnante, asqueroso(sa).
revolution [ˌrevəˈluːʃn] *n* revolución *f*; ~ **in sthg** revolución en *OR* de algo.
revolutionary [revəˈluːʃnərɪ] (*pl* **-ies**) <> *adj* revolucionario(ria). <> *n* revolucionario *m*, -ria *f*.
revolutionize, -ise [ˌrevəˈluːʃənaɪz] *vt* revolucionar.
revolve [rɪˈvɒlv] *vi* [go round] girar; **to** ~ **around** *OR* **round** *lit* & *fig* girar en torno a.
revolver [rɪˈvɒlvəʳ] *n* revólver *m*.
revolving [rɪˈvɒlvɪŋ] *adj* giratorio(ria).
revolving door *n* puerta *f* giratoria.
revue [rɪˈvjuː] *n* revista *f* (teatral).
revulsion [rɪˈvʌlʃn] *n* asco *m*, repugnancia *f*.
reward [rɪˈwɔːd] <> *n* recompensa *f*. <> *vt*: **to** ~ **sb (for/with)** recompensar a alguien (por/con).
rewarding [rɪˈwɔːdɪŋ] *adj* gratificador(ra).
rewind [ˌriːˈwaɪnd] (*pt* & *pp* **rewound**) *vt* rebobinar.
rewire [ˌriːˈwaɪəʳ] *vt* cambiar la instalación eléctrica de.
reword [ˌriːˈwɜːd] *vt* expresar de otra forma.
rework [ˌriːˈwɜːk] *vt* rehacer.
rewound [ˌriːˈwaʊnd] *pt* & *pp* ▻ **rewind**.
rewritable [ˌriːˈraɪtəbl] *adj COMPUT* regrabable.
rewrite [ˌriːˈraɪt] (*pt* **rewrote** [ˌriːˈrəʊt], *pp* **rewritten** [ˌriːˈrɪtn]) *vt* volver a escribir, rehacer.
Reykjavik [ˈrekjəvɪk] *n* Reikiavik.
RFC (*abbr of* **Rugby Football Club**) *n club de rugby*.
RGN (*abbr of* **registered general nurse**) *n UK* enfermero diplomado *m*, enfermera diplomada *f*.
Rh (*abbr of* **rhesus**) Rh.
rhapsody [ˈræpsədɪ] (*pl* **-ies**) *n* **-1.** *MUS* rapsodia *f* **-2.** [strong approval]: **to go into rhapsodies over** deshacerse en elogios sobre.
Rhesus [ˈriːsəs] *n*: ~ **positive/negative** Rhesus positivo/negativo.
rhetoric [ˈretərɪk] *n* retórica *f*.
rhetorical question [rɪˈtɒrɪkl-] *n* pregunta *f* retórica *(a la que no se espera contestación)*.
rheumatic [ruːˈmætɪk] *adj* reumático(ca).
rheumatism [ˈruːmətɪzm] *n* reumatismo *m*.
rheumatoid arthritis [ˈruːmətɔɪd-] *n* reuma *m* articular.
Rhine [raɪn] *n*: **the** ~ el Rin.
Rhineland [ˈraɪnlænd] *n* Renania.
rhinestone [ˈraɪnstəʊn] *n* diamante *m* falso.
rhino [ˈraɪnəʊ] (*pl inv OR* **-s**), **rhinoceros**

[raɪ'nɒsərəs] (*pl* **rhinoceros** *OR* **-es**) *n* rinoceronte *m.*

Rhode Island [rəʊd-] *n* Rhode Island.

Rhodes [rəʊdz] *n* Rodas.

Rhodesia [rəʊ'di:ʃə] *n* Rodesia.

Rhodesian [rəʊ'di:ʃn] ◇ *adj* rodesio(sia). ◇ *n* rodesio *m*, -sia *f.*

rhododendron [ˌrəʊdə'dendrən] *n* rododendro *m.*

Rhône [rəʊn] *n*: **the (River) ~** el (río) Ródano.

rhubarb ['ru:bɑ:b] *n* ruibarbo *m.*

rhyme [raɪm] ◇ *n* **-1.** [gen] rima *f* **-2.** [poem] poesía *f*, versos *mpl*; **in ~** en verso. ◇ *vi*: **to ~ (with)** rimar (con).

rhyming slang ['raɪmɪŋ-] *n* *UK* *rasgo del argot del este de Londres, que consiste en rimar dos palabras que dan el significado de una tercera.*

rhythm ['rɪðm] *n* ritmo *m.*

rhythm and blues *n* rhythm *m* and blues.

rhythmic(al) ['rɪðmɪk(l)] *adj* rítmico(ca).

RI ◇ *n* (*abbr of* **religious instruction**) religión *f.* ◇ *abbr of* **Rhode Island**.

rib [rɪb] *n* **-1.** *ANAT* costilla *f* **-2.** [of umbrella] varilla *f.*

ribald ['rɪbəld] *adj* escabroso(sa), verde.

ribbed [rɪbd] *adj* [sweater] de canalé.

ribbon ['rɪbən] *n* cinta *f.*

rib cage *n* caja *f* torácica.

rice [raɪs] *n* arroz *m.*

rice field *n* arrozal *m.*

rice paper *n* papel *m* de arroz.

rice pudding *n* arroz *m* con leche.

ricer ['raɪsəʳ] *n* *US* pasapuré *m.*

rich [rɪtʃ] ◇ *adj* **-1.** [gen] rico(ca) **-2.** [full]: **to be ~ in** abundar en **-3.** [fertile] fértil **-4.** [indigestible] pesado(da) **-5.** [vibrant - sound, voice] sonoro(ra); [- smell, colour] intenso(sa) **-6.** [sumptuous] suntuoso(sa). ◇ *npl*: **the ~** los ricos.

◆ **riches** *npl* **-1.** [natural resources] riquezas *fpl* **-2.** [wealth] riqueza *f.*

richly ['rɪtʃlɪ] *adv* **-1.** [rewarded] muy generosamente; **~ deserved** bien merecido **-2.** [plentifully] copiosamente, abundantemente **-3.** [sumptuously] suntuosamente.

richness ['rɪtʃnɪs] *n* **-1.** [gen] riqueza *f* **-2.** [fertility] fertilidad *f* **-3.** [indigestibility] pesadez *f* **-4.** [vibrancy - of sound, voice] sonoridad *f*; [- of smell, colour] intensidad *f* **-5.** [sumptuousness] suntuosidad *f.*

Richter scale ['rɪktəʳ-] *n*: **the ~** la escala Richter.

rickets ['rɪkɪts] *n (U)* raquitismo *m.*

rickety ['rɪkətɪ] *adj* tambaleante, desvencijado(da).

rickshaw ['rɪkʃɔ:] *n* jinrikisha *f.*

ricochet ['rɪkəʃeɪ] (*pt* & *pp* **-ed** *OR* **-ted**, *cont* **-ing** *OR* **-ting**) ◇ *n* rebote *m.* ◇ *vi*: **to ~ (off)** rebotar (de).

rid [rɪd] (*pt* **rid** *OR* **-ded**, *pp* **rid**, *cont* **-ding**) ◇ *adj*: **to be ~ of** estar libre de. ◇ *vt* : **to ~ sthg/sb of** librar algo/a alguien de; **to ~ o.s. of** librarse de; **to get ~ of** deshacerse de.

riddance ['rɪdəns] *n* *inf*: **good ~!** ¡adiós y viento fresco!

ridden ['rɪdn] *pp* ▷ **ride**.

riddle ['rɪdl] *n* **-1.** [verbal puzzle] acertijo *m*, adivinanza *f* **-2.** [mystery] enigma *m.*

riddled ['rɪdld] *adj*: **to be ~ with** [mistakes] estar plagado(da) de.

ride [raɪd] (*pt* **rode**, *pp* **ridden**) ◇ *n* **-1.** [gen] paseo *m*; **to go for a ~** [on horseback] darse un paseo a caballo; [on bike] darse un paseo en bicicleta; [in car] darse una vuelta en coche; **to take sb for a ~** *inf fig* embaucar a alguien **-2.** [journey] viaje *m*; **it's a short car ~ away** está a poca distancia en coche **-3.** [at fair] atracción *f.* ◇ *vt* **-1.** [horse] montar a **-2.** [bicycle, motorbike] montar en; **he rode his bike to the station** fue a la estación en bici **-3.** *US* [bus, train] ir en; [elevator] subir/bajar en **-4.** [distance] recorrer. ◇ *vi* **-1.** [on horseback] montar a caballo; **she rode over to see me** vino a verme a caballo **-2.** [on bicycle] ir en bici; [on motorbike] ir en moto **-3.** [in car]: **we rode to London in a jeep** fuimos a Londres en jeep.

◆ **ride out** *vt sep* aguantar.

◆ **ride up** *vi* subirse.

rider ['raɪdəʳ] *n* **-1.** [on horseback] jinete *m*, amazona *f* **-2.** [on bicycle] ciclista *m* *OR* *f*; [on motorbike] motorista *m* *OR* *f.*

ridge [rɪdʒ] *n* **-1.** [on mountain] cresta *f* **-2.** [on flat surface] rugosidad *f.*

ridicule ['rɪdɪkju:l] ◇ *n (U)* burlas *fpl.* ◇ *vt* burlarse de.

ridiculous [rɪ'dɪkjʊləs] *adj* ridículo(la).

ridiculously [rɪ'dɪkjʊləslɪ] *adv* **-1.** [dress, act] de forma ridícula **-2.** [extremely] absurdamente.

riding ['raɪdɪŋ] ◇ *n* equitación *f*; **to go ~** ir a montar a caballo. ◇ *comp* de equitación.

riding crop *n* fusta *f.*

riding school *n* escuela *f* de equitación.

rife [raɪf] *adj* extendido(da); **to be ~ with** estar lleno de.

riffraff ['rɪfræf] *n* gentuza *f.*

rifle ['raɪfl] ◇ *n* fusil *m*, rifle *m.* ◇ *vt* desvalijar.

◆ **rifle through** *vt fus* revolver.

rifle range *n* campo *m* de tiro.

rift [rɪft] *n* **-1.** *GEOL* hendidura *f*, grieta *f* **-2.** [quarrel] desavenencia *f* **-3.** *POL*: ~ **between/in** escisión *f* entre/en.

Rift Valley *n*: **the** ~ el Rift Valley.

rig [rɪg] (*pt* & *pp* **-ged**, *cont* **-ging**) <> *n* **-1.**: **(oil)** ~ [onshore] torre *f* de perforación; [offshore] plataforma *f* petrolífera **-2.** *US* [truck] camión *m*. <> *vt* [falsify] amañar, falsificar.

◆ **rig up** *vt sep* construir, armar.

rigging ['rɪgɪŋ] *n* cordaje *m*.

right [raɪt] <> *adj* **-1.** [correct] correcto(ta); **have you got the** ~ **time?** ¿tienes la hora buena?; **to be** ~ **(about)** tener razón (respecto a); **he never gets anything** ~ nunca le salen las cosas bien; **that's** ~ sí; **to get sthg** ~ acertar en algo **-2.** [morally correct, satisfactory, well] bien; **to be** ~ **to do sthg** hacer bien en hacer algo; **something isn't** ~ **with it** le pasa algo **-3.** [appropriate] apropiado(da); **it's just** ~ es perfecto; **the** ~ **moment** el momento oportuno **-4.** [uppermost]: ~ **side** cara *f* anterior *OR* de arriba **-5.** [on right-hand side] derecho(cha) **-6.** *UK inf* [complete - mess, idiot] auténtico(ca). <> *n* **-1.** *(U)* [moral correctness] el bien; **to be in the** ~ tener razón **-2.** [entitlement, claim] derecho *m*; **by** ~**s** en justicia; **in one's own** ~ por propio derecho **-3.** [right-hand side] derecha *f*; **on the** ~ a la derecha. <> *adv* **-1.** [correctly] bien, correctamente **-2.** [to right-hand side] a la derecha **-3.** [emphatic use]: ~ **here** aquí mismo; ~ **at the top** arriba del todo; ~ **in the middle** justo en el medio; **she crashed** ~ **into the tree** chocó de frente contra el árbol **-4.** [completely] completamente **-5.** [immediately]: **I'll be** ~ **back** ahora mismo vuelvo; ~ **before/after (sthg)** justo antes/después (de algo); ~ **now** ahora mismo, ahorita *Cam* & *Méx*; ~ **away** en seguida, luego *Amér*. <> *vt* **-1.** [correct] corregir, rectificar **-2.** [make upright] enderezar. <> *excl* ¡bien!

◆ **Right** *n POL*: **the Right** la derecha.

right angle *n* ángulo *m* recto; **at** ~**s (to)** en ángulo recto (con).

righteous ['raɪtʃəs] *adj* [anger] justo(ta); [person] honrado(da).

righteousness ['raɪtʃəsnɪs] *n* honradez *f*, rectitud *f*.

rightful ['raɪtfʊl] *adj* justo(ta), legítimo(ma).

rightfully ['raɪtfʊlɪ] *adv* legítimamente, justamente.

right-hand *adj* derecho(cha); **the** ~ **side** el lado derecho, la derecha.

right-hand drive *n* vehículo *f* con el volante a la derecha.

right-handed [-'hændɪd] *adj* diestro(tra).

right-hand man *n* brazo *m* derecho.

rightly ['raɪtlɪ] *adv* **-1.** [correctly] correctamente **-2.** [appropriately] debidamente, bien **-3.** [morally] justamente, con razón.

right-minded [-'maɪndɪd] *adj* honrado(da).

righto ['raɪtəʊ] *excl inf* ¡vale!

right of way *n* **-1.** *AUT* prioridad *f* **-2.** [access] derecho *m* de paso.

right-on *adj inf* progre.

rights issue *n* emisión *f* de derechos de suscripción.

right wing *n*: **the** ~ la derecha.

◆ **right-wing** *adj* de derechas, derechista.

right-winger *n* derechista *m OR f*.

rigid ['rɪdʒɪd] *adj* **-1.** [stiff] rígido(da) **-2.** [harsh, unbending] inflexible.

rigidity [rɪ'dʒɪdətɪ] *n* **-1.** [stiffness] rigidez *f* **-2.** [harshness] inflexibilidad *f*.

rigidly ['rɪdʒɪdlɪ] *adv* **-1.** [without moving] rígidamente **-2.** [inflexibly] inflexiblemente.

rigmarole ['rɪgmərəʊl] *n inf pej* **-1.** [process] ritual *m* **-2.** [story] galimatías *m inv*.

rigor *US* = **rigour**.

rigor mortis [-'mɔːtɪs] *n* rigor *m* mortis.

rigorous ['rɪgərəs] *adj* riguroso(sa).

rigorously ['rɪgərəslɪ] *adv* rigurosamente.

rigour *UK*, **rigor** *US* ['rɪgə^r] *n* [firmness] rigor *m*.

◆ **rigours** *npl* [severe conditions] dureza *f*, rigor *m*.

rig-out *n UK inf* atuendo *m*.

rile [raɪl] *vt* irritar, sacar de quicio.

rim [rɪm] *n* **-1.** [of container] borde *m* **-2.** [of spectacles] montura *f*.

rind [raɪnd] *n* [of bacon, cheese] corteza *f*; [of orange, lemon] cáscara *f*.

ring [rɪŋ] (*pt* **rang**, *pp vt senses 1 & 2 & vi* **rung**, *pt* & *pp* **ringed** *vt senses 3 & 4 only*) <> *n* **-1.** [telephone call]: **to give sb a** ~ llamar a alguien (por teléfono) **-2.** [sound of doorbell] timbrazo *m* **-3.** [quality]: **it has a familiar** ~ me suena (familiar) **-4.** [on finger, around planet] anillo *m* **-5.** [metal hoop] aro *m*; [for curtains, drinks can] anilla *f* **-6.** [circle - of trees] círculo *m*; [- of people] corro *m* **-7.** [for boxing] cuadrilátero *m*; [at circus] pista *f* **-8.** [illegal group] red *f*. <> *vt* **-1.** *UK* [phone] llamar por teléfono, telefonear **-2.** [bell] tocar **-3.** [draw a circle round] señalar con un círculo **-4.** [surround] cercar, rodear; **to be** ~**ed with** estar rodeado de. <> *vi* **-1.** *UK* [phone] llamar por teléfono, telefonear **-2.** [bell] sonar **-3.** [to attract attention]: **to** ~ **(for)** llamar (para) **-4.** [resound]: **to** ~ **with** resonar con **-5.** *phr*: **to** ~ **true** sonar a ser cierto.

◆ **ring back** *vt sep* & *vi UK* llamar más tarde.

◆ **ring off** *vi UK* colgar.

◆ **ring out** *vi* **-1.** [sound] sonar **-2.** *UK TELEC* llamar.

◆ **ring up** *vt sep UK* [telec] llamar (por teléfono).

ring binder *n* carpeta *f* de anillas.

ringer [ˈrɪŋəʳ] *n*: **to be a dead ~ for sb** ser el vivo retrato de alguien.

ring finger *n* (dedo *m*) anular *m*.

ringing [ˈrɪŋɪŋ] <> *adj* resonante, sonoro(ra). <> *n* [of bell] repique *m*, tañido *m*; [in ears] zumbido *m*.

ringing tone *n* tono *m* de llamada.

ringleader [ˈrɪŋˌliːdəʳ] *n* cabecilla *m OR f*.

ringlet [ˈrɪŋlɪt] *n* rizo *m*, tirabuzón *m*.

ringmaster [ˈrɪŋˌmɑːstəʳ] *n* director *m* de circo, jefe *m* de pista.

ring-pull *n* anilla *f*.

ring road *n UK* carretera *f* de circunvalación.

ringside [ˈrɪŋsaɪd] <> *n*: **the ~** *espacio inmediato al cuadrilátero o a la pista de circo*. <> *comp* de primera fila.

ring tone *n* [for mobile phone] melodía *f*.

ringway [ˈrɪŋweɪ] *n UK* carretera *f* de circunvalación.

ringworm [ˈrɪŋwɜːm] *n* tiña *f*.

rink [rɪŋk] *n* pista *f*.

rinse [rɪns] <> *n* [of dishes, vegetables] enjuague *m*; [of clothes] aclarado *m*. <> *vt* **-1.** [dishes, vegetables] enjuagar; [clothes] aclarar **-2.** [wash out]: **to ~ one's mouth out** enjuagarse la boca.

Rio (de Janeiro) [ˌriːəʊ(dədʒəˈnɪərəʊ)] *n* Río (de Janeiro).

Rio Grande [ˌriːəʊˈgrændɪ] *n*: **the ~** el río Bravo.

riot [ˈraɪət] <> *n* disturbio *m*; **to run ~** desbocarse. <> *vi* amotinarse.

rioter [ˈraɪətəʳ] *n* amotinado *m*, -da *f*.

rioting [ˈraɪətɪŋ] *n (U)* disturbios *mpl*.

riotous [ˈraɪətəs] *adj* desenfrenado(da).

riot police *npl* brigada *f* antidisturbios.

riot shield *n* escudo *m* antidisturbios.

rip [rɪp] (*pt* & *pp* **-ped**, *cont* **-ping**) <> *n* rasgón *m*. <> *vt* **-1.** [tear] rasgar, desgarrar **-2.** [remove violently] quitar de un tirón. <> *vi* rasgarse, romperse.

◆ **rip off** *vt sep inf* **-1.** [person] clavar **-2.** [product, idea] copiar.

◆ **rip up** *vt sep* hacer pedazos.

RIP (*abbr of* **rest in peace**) RIP.

ripcord [ˈrɪpkɔːd] *n* cable *m* de apertura manual.

ripe [raɪp] *adj* maduro(ra); **to be ~ (for sthg)** estar listo (para algo).

ripen [ˈraɪpn] *vt* & *vi* madurar.

ripeness [ˈraɪpnɪs] *n* madurez *f*.

rip-off *n inf* estafa *f*.

ripple [ˈrɪpl] <> *n* **-1.** [in water] onda *f*, rizo *m* **-2.** [of laughter, applause] murmullo *m*. <> *vt* rizar.

rip-roaring *adj inf* [party] bullicioso(sa); [success] apoteósico(ca).

rise [raɪz] (*pt* **rose**, *pp* **risen** [ˈrɪzn]) <> *n* **-1.** [increase, slope] subida *f* **-2.** *UK* [increase in salary] aumento *m* **-3.** [to fame, power, of practice] ascenso *m* **-4.** *phr*: **to give ~ to sthg** dar origen a algo. <> *vi* **-1.** [gen] elevarse **-2.** [price, wage, temperature] subir **-3.** [sun, moon] salir **-4.** [stand up, get out of bed] levantarse **-5.** [street, ground] subir **-6.** [respond]: **to ~ to** reaccionar ante; **to ~ to the challenge** estar a la altura de las circunstancias **-7.** [rebel] sublevarse **-8.** [move up in status] ascender; **to ~ to power/fame** ascender al poder/a la gloria.

◆ **rise above** *vt fus* **-1.** [handicap, difficulty] superar **-2.** [jealousy, resentment] estar por encima de.

riser [ˈraɪzəʳ] *n*: **early ~** madrugador *m*, -ra *f*; **late ~** persona que se levanta tarde.

risible [ˈrɪzəbl] *adj fml* risible.

rising [ˈraɪzɪŋ] <> *adj* **-1.** [sloping upwards] ascendente **-2.** [number, rate] creciente; [temperature, prices] en aumento **-3.** [increasingly successful] en alza. <> *n* rebelión *f*.

rising damp *n* humedad *f*.

risk [rɪsk] <> *n* [gen] riesgo *m*; [danger] peligro *m*; **a health ~** un peligro para la salud; **to run the ~ of sthg/of doing sthg** correr el riesgo de algo/de hacer algo; **to take a ~** arriesgarse; **at your own ~** bajo tu cuenta y riesgo; **at ~** en peligro; **at the ~ of** a riesgo de. <> *vt* **-1.** [put in danger] arriesgar **-2.** [take the chance of]: **to ~ doing sthg** correr el riesgo de hacer algo.

risk capital *n* capital *m* de riesgo.

risk-taking *n* toma *f* de riesgos.

risky [ˈrɪskɪ] (*compar* **-ier**, *superl* **-iest**) *adj* peligroso(sa), arriesgado(da).

risotto [rɪˈzɒtəʊ] (*pl* **-s**) *n* risotto *m*, *arroz guisado con pollo o verduras etc.*

risqué [ˈriːskeɪ] *adj* subido(da) de tono.

rissole [ˈrɪsəʊl] *n UK especie de albóndiga de carne o verduras.*

rite [raɪt] *n* rito *m*.

ritual [ˈrɪtʃʊəl] <> *adj* ritual. <> *n* ritual *m*.

rival [ˈraɪvl] (*UK pt* & *pp* **-led**, *cont* **-ling**, *US pt* & *pp* **-ed**, *cont* **-ing**) <> *adj* rival. <> *n* rival *m OR f*. <> *vt* rivalizar con.

rivalry [ˈraɪvlrɪ] *n* rivalidad *f*.

river [ˈrɪvəʳ] *n* río *m*.

river bank *n* orilla *f OR* margen *f* del río.

river basin *n* cuenca *f* fluvial.
riverbed ['rɪvəbed] *n* cauce *m* OR lecho *m* del río.
riverside ['rɪvəsaɪd] *n*: **the ~** la ribera OR orilla del río.
rivet ['rɪvɪt] <> *n* remache *m*. <> *vt* **-1.** [fasten] remachar **-2.** *fig* [fascinate]: **to be ~ed by sthg** estar fascinado(da) con algo.
riveting ['rɪvɪtɪŋ] *adj* fascinante.
Riviera [ˌrɪvɪ'eərə] *n*: **the French ~** la Riviera francesa; **the Italian ~** la Riviera italiana.
rivulet ['rɪvjʊlɪt] *n* [trickle] hilo *m*.
Riyadh ['ri:æd] *n* Riad.
RMT (*abbr of* **National Union of Rail, Maritime and Transport Workers**) *n sindicato británico de trabajadores del sector de transportes.*
RN *n* **-1.** *abbr of* **Royal Navy -2.** *abbr of* **registered nurse.**
RNA (*abbr of* **ribonucleic acid**) *n* ARN *m*.
RNLI (*abbr of* **Royal National Lifeboat Institution**) *n organización de voluntarios que ofrece un servicio de rescate marítimo en Gran Bretaña e Irlanda.*
roach [rəʊtʃ] *n* **US** [cockroach] cucaracha *f*.
road [rəʊd] *n* [major] carretera *f*; [street] calle *f*; [path, minor thoroughfare] camino *m*; **to be on the ~ to recovery** estar en vías de recuperación; **on the ~** [car] en circulación; [person] viajando; [rock band] de gira.
road accident *n* accidente *m* de carretera.
road atlas *n* guía *f* de carreteras.
roadblock ['rəʊdblɒk] *n* control *m*.
road-fund licence *n* **UK** ≃ impuesto *m* de circulación.
road hog *n inf pej conductor rápido y negligente.*
roadholding ['rəʊdˌhəʊldɪŋ] *n* agarre *m*.
roadie ['rəʊdɪ] *n inf encargado del transporte y montaje de un equipo musical en gira.*
road map *n* mapa *m* de carreteras.
road movie *n película que se desarrolla durante el transcurso de un viaje por carretera.*
road rage *n* violencia *f* en carretera.
road roller *n* apisonadora *f*.
road safety *n* seguridad *f* en carretera.
road sense *n* buen instinto *m* en la carretera.
roadshow ['rəʊdʃəʊ] *n programa radiofónico transmitido en directo desde un lugar de veraneo por un disc-jockey en gira.*
roadside ['rəʊdsaɪd] <> *n*: **the ~** el borde de la carretera. <> *comp* al borde de la carretera.
road sign *n* señal *f* de tráfico.
roadsweeper ['rəʊdˌswi:pə^r] *n* [vehicle] camión *m* limpiacarreteras.
road tax *n* impuesto *m* de circulación.
road test *n* prueba *f* en carretera.
◆ **road-test** *vt* probar en carretera.
road transport *n* transporte *m* por carretera.
roadtrip ['rəʊdtrɪp] *n* **US** viaje *m* hecho en automóvil.
roadway ['rəʊdweɪ] *n* calzada *f*.
road works *npl* obras *fpl*.
roadworthy ['rəʊdˌwɜ:ðɪ] *adj* apto(ta) para circular.
roam [rəʊm] <> *vt* vagar por. <> *vi* vagar.
roar [rɔ:^r] <> *vi* [make a loud noise] rugir; **to ~ with laughter** reírse a carcajadas. <> *vt* rugir, decir a voces. <> *n* **-1.** [of traffic] fragor *m*, estruendo *m* **-2.** [of lion, person] rugido *m*.
roaring ['rɔ:rɪŋ] *adj* **-1.** [loud] clamoroso(sa), fragoroso(sa) **-2.** [fire] muy vivo **-3.** [as emphasis]: **a ~ success** un éxito clamoroso; **to do a ~ trade in sthg** vender algo como rosquillas.
roast [rəʊst] <> *adj* asado(da). <> *n* asado *m*. <> *vt* **-1.** [potatoes, meat] asar **-2.** [nuts, coffee beans] tostar.
roast beef *n* rosbif *m*.
roasting ['rəʊstɪŋ] *inf* <> *adj* achicharrante. <> *adv*: **it's ~ hot** hace un calor que achicharra.
roasting tin *n* bandeja *f* de asar.
rob [rɒb] (*pt* & *pp* **-bed**, *cont* **-bing**) *vt* robar; [bank] atracar; **to ~ sb of sthg** *lit* & *fig* robar a alguien algo.
robber ['rɒbə^r] *n* ladrón *m*, -ona *f*; [of bank] atracador *m*, -ra *f*.
robbery ['rɒbərɪ] (*pl* **-ies**) *n* robo *m*; [of bank] atraco *m*.
robe [rəʊb] *n* **-1.** [towelling] albornoz *m* **-2.** [of student] toga *f* **-3.** [of priest] sotana *f* **-4.** **US** [dressing gown] bata *f*.
robin ['rɒbɪn] *n* petirrojo *m*.
robot ['rəʊbɒt] *n* robot *m*.
robotics [rəʊ'bɒtɪks] *n* (*U*) robótica *f*.
robust [rəʊ'bʌst] *adj* robusto(ta), fuerte.
robustly [rəʊ'bʌstlɪ] *adv* robustamente, fuertemente.
rock [rɒk] <> *n* **-1.** (*U*) [substance, boulder] roca *f* **-2.** [stone] piedra *f* **-3.** [crag] peñasco *m* **-4.** [music] rock *m* **-5.** **UK** [sweet] palo *m* de caramelo. <> *comp* [concert, group, singer] de rock. <> *vt* **-1.** [cause to move] mecer, balancear **-2.** [shock] sacudir. <> *vi* mecerse, balancearse.
◆ **Rock** *n inf* [Gibraltar]: **the Rock** el Peñón.
◆ **on the rocks** *adv* **-1.** [drink] con hielo **-2.** [marriage, relationship] que va mal.
rock and roll *n* rock and roll *m*.

rock bottom *n*: **to hit ~** tocar fondo.
◆ **rock-bottom** *adj*: **rock-bottom prices** precios muy bajos.
rock cake *n UK bizcocho con frutos secos.*
rock climber *n* escalador *m*, -ra *f* (de rocas).
rock-climbing *n* escalada *f* (de rocas).
rock dash *n US* enguijarrado *m*.
rocker ['rɒkəʳ] *n* [chair] mecedora *f*; **he's off his ~** *inf* le falta un tornillo.
rockery ['rɒkərɪ] (*pl* **-ies**) *n* jardín *m* de rocas.
rocket ['rɒkɪt] <> *n* **-1.** [vehicle, weapon, firework] cohete *m* **-2.** [plant] roqueta *f*. <> *vi* subir rápidamente.
rocket launcher [-ˌlɔːntʃəʳ] *n* lanzacohetes *m inv*.
rock face *n* pared *f* de roca.
rockfall ['rɒkfɔːl] *n* deslizamiento *m* de montaña.
rock-hard *adj* duro(ra) como una piedra.
Rockies ['rɒkɪz] *npl*: **the ~** las Rocosas.
rocking chair ['rɒkɪŋ-] *n* mecedora *f*.
rocking horse ['rɒkɪŋ-] *n* caballo *m* de balancín.
rock music *n* música *f* rock.
rock'n'roll [ˌrɒkən'rəʊl] = **rock and roll**.
rock pool *n* charca *f* entre las rocas en la playa.
rock salt *n* sal *f* gema.
rocky ['rɒkɪ] (*compar* **-ier**, *superl* **-iest**) *adj* **-1.** [full of rocks] rocoso(sa) **-2.** [unsteady] inestable.
Rocky Mountains *npl*: **the ~** las montañas Rocosas.
rococo [rə'kəʊkəʊ] *adj* rococó.
rod [rɒd] *n* [wooden] vara *f*; [metal] barra *f*; [for fishing] caña *f*.
rode [rəʊd] *pt* ▻ **ride**.
rodent ['rəʊdənt] *n* roedor *m*.
rodeo ['rəʊdɪəʊ] (*pl* **-s**) *n* rodeo *m*.
roe [rəʊ] *n* hueva *f*; **hard ~** hueva *f*; **soft ~** lecha *f*.
roe deer *n* corzo *m*.
rogue [rəʊg] <> *adj* **-1.** [animal] solitario y peligroso (solitaria y peligrosa) **-2.** *fig* [person] rebelde. <> *n* **-1.** [likeable rascal] picaruelo *m*, -la *f* **-2.** *dated* [dishonest person] bellaco *m*, -ca *f*.
roguish ['rəʊgɪʃ] *adj* picaruelo(la), travieso(sa).
role [rəʊl] *n* THEATRE & *fig* papel *m*; **to play an important ~ in sthg** *fig* desempeñar un papel importante en algo.
role model *n* modelo *m* a seguir.
roll [rəʊl] <> *n* **-1.** [gen] rollo *m*; [of paper, banknotes] fajo *m*; [of cloth] pieza *f* **-2.** [of bread] panecillo *m* **-3.** [list] lista *f*; [payroll] nómina *f* **-4.** [of drums] redoble *m*; [of thunder] retumbo *m*. <> *vt* **-1.** [turn over] hacer rodar; **to ~ one's eyes** poner los ojos en blanco **-2.** [roll up] enrollar; **~ed into one** todo en uno **-3.** [cigarette] liar. <> *vi* **-1.** [ball, barrel] rodar **-2.** [vehicle] ir, avanzar **-3.** [ship] balancearse **-4.** [thunder] retumbar; [drum] redoblar.
◆ **roll about, roll around** *vi*: **to ~ about** OR **around (on)** rodar (por).
◆ **roll back** *vt sep US* [prices] bajar.
◆ **roll in** *vi inf* llegar a raudales.
◆ **roll over** *vi* darse la vuelta.
◆ **roll up** <> *vt sep* **-1.** [make into roll] enrollar **-2.** [sleeves] remangarse. <> *vi* **-1.** [vehicle] llegar **-2.** *inf* [person] presentarse, aparecer.
roll call *n*: **to take a ~** pasar lista.
rolled gold [rəʊld-] *n* oro *m* laminado.
roller ['rəʊləʳ] *n* **-1.** [cylinder] rodillo *m* **-2.** [curler] rulo *m*.
Rollerblades® ['rəʊləˌbleɪdz] *npl* patines *mpl* en línea.
rollerblading ['rəʊləˌbleɪdɪŋ] *n* patinaje *m (con patines en línea)*; **to go ~** ir a patinar *(con patines en línea)*.
roller blind *n* persiana *f* enrollable.
roller coaster *n* montaña *f* rusa.
roller skate *n* patín *m* de ruedas.
◆ **roller-skate** *vi* ir en patines.
rolling ['rəʊlɪŋ] *adj* **-1.** [undulating] ondulante **-2.** *phr*: **to be ~ in it** *inf* nadar en la abundancia.
rolling mill *n* taller *m* de laminación.
rolling pin *n* rodillo *m* (de cocina).
rolling stock *n* material *m* rodante.
rollneck ['rəʊlnek] *adj* de cuello de cisne.
roll of honour *n* lista *f* de honor.
roll-on *adj* [deodorant etc] de bola.
roll-on roll-off *adj UK* de carga OR transbordo horizontal.
ROM [rɒm] (*abbr of* **read only memory**) *n* ROM *f*.
romaine lettuce [rəʊ'meɪn-] *n US* lechuga *f (de hoja larga)*.
Roman ['rəʊmən] <> *adj* romano(na). <> *n* romano *m*, -na *f*.
Roman candle *n tipo de fuego artificial.*
Roman Catholic <> *adj* católico (romano) (católica). <> *n* católico (romano) *m*, católica *f*.
romance [rəʊ'mæns] <> *n* **-1.** [romantic quality] lo romántico **-2.** [love affair] amorío *m* **-3.** [in fiction - modern] novela *f* romántica. <> *adj*: **Romance Languages** lenguas *fpl* romance.
Romanesque [ˌrəʊmə'nesk] *adj* románico(ca).
Romania [ruː'meɪnjə] *n* Rumanía.
Romanian [ruː'meɪnjən] <> *adj* rumano(na). <> *n* **-1.** [person] rumano *m*, -na *f* **-2.** [language] rumano *m*.

Roman numerals *npl* números *mpl* romanos.
romantic [rəʊ'mæntɪk] *adj* romántico(ca).
romanticism [rəʊ'mæntɪsɪzm] *n* romanticismo *m*.
romanticize, -ise [rəʊ'mæntɪsaɪz] ◇ *vt* poner una nota romántica en. ◇ *vi* soñar despierto, fantasear.
Romany ['rəʊmənɪ] (*pl* **-ies**) ◇ *adj* gitano(na), romaní. ◇ *n* **-1.** [person] romaní *m* OR *f*, gitano *m*, -na *f* **-2.** [language - gen] lengua *f* gitana; [- in Spain] caló *m*.
Rome [rəʊm] *n* Roma.
romp [rɒmp] ◇ *n* retozo *m*, jugueteo *m*. ◇ *vi* retozar, juguetear.
rompers ['rɒmpəz] *npl*, **romper suit** ['rɒmpəʳ-] *n* pelele *m*.
roof [ru:f] *n* **-1.** [of building] tejado *m*; [of vehicle] techo *m*; **under the same** ~ bajo el mismo techo; **under one's** ~ en la casa de uno; **to have a** ~ **over one's head** tener cobijo; **to go through** OR **hit the** ~ [person] subirse por las paredes **-2.** [of mouth] paladar *m*.
roof garden *n azotea o terraza con flores y plantas.*
roofing ['ru:fɪŋ] *n* materiales *mpl* para techar, techumbre *f*.
roof rack *n* baca *f*, portaequipajes *m inv*, parrilla *f Amér*.
rooftop ['ru:ftɒp] *n* tejado *m*.
rook [rʊk] *n* **-1.** [bird] grajo *m* **-2.** [chess piece] torre *f*.
rookie ['rʊkɪ] *n* **-1.** *US inf* [novice] novato *m*, -ta *f* **-2.** *US inf* [military recruit] novato *m*, -ta *f*.
room [ru:m, rʊm] ◇ *n* **-1.** [in house, building] habitación *f* **-2.** [for conferences etc] sala *f* **-3.** [bedroom] habitación *f*, cuarto *m*, ambiente *m Andes & RP* **-4.** *(U)* [space] sitio *m*, espacio *m* **-5.** [opportunity, possibility]: ~ **for improvement** posibilidad de mejora; ~ **to** OR **for manoeuvre** espacio para maniobrar. ◇ *vi sep US*: ~ **with** compartir alojamiento con.
rooming house ['ru:mɪŋ-] *n US* casa *f* de huéspedes, pensión *f*.
roommate ['ru:mmeɪt] *n* compañero *m*, -ra *f* de habitación.
room service *n* servicio *m* de habitación.
room temperature *n* temperatura *f* ambiente.
roomy ['ru:mɪ] (*compar* **-ier**, *superl* **-iest**) *adj* espacioso(sa), amplio(plia).
roost [ru:st] ◇ *n* percha *f*, palo *m*; **to rule the** ~ llevar el cotarro. ◇ *vi* dormir (en una percha).
rooster ['ru:stəʳ] *n* gallo *m*.
root [ru:t] ◇ *adj* [fundamental] de raíz. ◇ *n lit & fig* raíz *f*; **to take** ~ *lit & fig* arraigar; **to put down** ~**s** [person] echar raíces, radicarse. ◇ *vi* [pig etc] hozar; [person] hurgar, escarbar.
◆ **roots** *npl* [origins] raíces *fpl*.
◆ **root for** *vt fus US inf* apoyar a.
◆ **root out** *vt sep* [eradicate] desarraigar, arrancar de raíz.
root beer *n US cerveza sin alcohol hecha de raíces.*
root crop *n* tubérculos *mpl*.
rooted ['ru:tɪd] *adj*: **to be** ~ **to the spot** quedar inmóvil.
rootless ['ru:tlɪs] *adj* desarraigado(da).
root vegetable *n* tubérculo *m*.
rope [rəʊp] ◇ *n* [thin] cuerda *f*; [thick] cabuya *f Cam, Col & Ven*, soga *f*; NAUT maroma *f*, cable *m*; **to know the** ~**s** saber de qué va el asunto; **to show sb the** ~**s** poner a alguien al tanto. ◇ *vt* atar con cuerda.
◆ **rope in** *vt sep inf* arrastrar OR enganchar a; **to rope sb in to do sthg** liar a alguien para hacer algo.
◆ **rope off** *vt sep* acordonar.
rop(e)y ['rəʊpɪ] (*compar* **-ier**, *superl* **-iest**) *adj UK inf* **-1.** [poor-quality] malo(la) **-2.** [unwell] malucho(cha).
rosary ['rəʊzərɪ] (*pl* **-ies**) *n* rosario *m*.
rose [rəʊz] ◇ *pt* ▷ **rise**. ◇ *adj* [pink] rosa, color de rosa. ◇ *n* [flower] rosa *f*.
rosé ['rəʊzeɪ] *n* rosado *m*.
rosebed ['rəʊzbed] *n* rosaleda *f*.
rosebud ['rəʊzbʌd] *n* capullo *m* de rosa.
rose bush *n* rosal *m*.
rose hip *n* escaramujo *m*.
rosemary ['rəʊzmərɪ] *n* romero *m*.
rosette [rəʊ'zet] *n* [badge] escarapela *f*.
rosewater ['rəʊz,wɔ:təʳ] *n* agua *f* de rosas.
rosewood ['rəʊzwʊd] *n* palisandro *m*.
roster ['rɒstəʳ] *n* lista *f*.
rostrum ['rɒstrəm] (*pl* **-trums** OR **-tra** [-trə]) *n* tribuna *f*.
rosy ['rəʊzɪ] (*compar* **-ier**, *superl* **-iest**) *adj* **-1.** [pink] sonrosado(da) **-2.** [hopeful] prometedor(ra).
rot [rɒt] (*pt & pp* **-ted**, *cont* **-ting**) ◇ *n (U)* **-1.** [of wood, food] podredumbre *f*; [in society, organization] putrefacción *f*, decadencia *f* **-2.** *UK dated* [nonsense] tonterías *fpl*, bobadas *fpl*. ◇ *vt* pudrir, corromper. ◇ *vi* pudrirse, corromperse.
rota ['rəʊtə] *n* lista *f* (de turnos).
rotary ['rəʊtərɪ] ◇ *adj* giratorio(ria), rotativo(va). ◇ *n US* [roundabout] glorieta *f*, cruce *m* de circulación giratoria.
Rotary Club *n*: **the** ~ la Sociedad Rotaria.

rotate [rəʊ'teɪt] <> *vt* **-1.** [turn] hacer girar, dar vueltas a **-2.** [jobs] alternar; [crops] cultivar en rotación. <> *vi* **-1.** [turn] girar, dar vueltas **-2.** [jobs] alternarse; [crops] cultivarse en rotación.

rotation [rəʊ'teɪʃn] *n* **-1.** [gen] rotación *f* **-2.** [of jobs] turno *m*; **in ~** por turno *OR* turnos.

rote [rəʊt] *n*: **by ~** de memoria.

rote learning *n* aprendizaje *m* de memoria.

rotor ['rəʊtəʳ] *n* rotor *m*.

rotten ['rɒtn] *adj* **-1.** [decayed] podrido(da) **-2.** *inf* [poor-quality] malísimo(ma), fatal **-3.** *inf* [unpleasant] despreciable **-4.** *inf* [unwell]: **to feel ~** sentirse fatal *OR* muy mal **-5.** [unhappy]: **to feel ~ (about)** sentirse mal (por).

rotund [rəʊ'tʌnd] *adj fml* orondo(da).

rouble ['ru:bl] *n* rublo *m*.

rouge [ru:ʒ] *n* colorete *m*.

rough [rʌf] <> *adj* **-1.** [not smooth - surface, skin] áspero(ra); [- ground, road] desigual **-2.** [not gentle] bruto(ta) **-3.** [crude, not refined - person, manner] grosero(ra), tosco(ca); [- shelter] precario(ria); [- living conditions] duro(ra) **-4.** [approximate - plan, sketch] a grandes rasgos; [- estimate, translation] aproximado(da); **to write a rough draft of sthg** escribir un borrador de algo **-5.** [unpleasant] duro(ra), difícil **-6.** [wind] violento(ta); [sea] picado(da); [weather, day] embravecido(da), tormentoso(sa), borrascoso(sa) **-7.** [harsh - wine, voice] áspero(ra) **-8.** [violent - area] peligroso(sa); [- person] violento(ta) **-9.** [tired, ill]: **to look/feel ~** tener un aspecto/sentirse fatal. <> *adv*: **to sleep ~** dormir al raso. <> *n* **-1.** *GOLF*: **the ~** el rough **-2.** [undetailed form]: **in ~** en borrador. <> *vt phr*: **to ~ it** vivir sin comodidades.

roughage ['rʌfɪdʒ] *n (U)* fibra *f*.

rough and ready *adj* tosco(ca).

rough-and-tumble *n (U)* riña *f*.

rough diamond *n UK fig* diamante *m* en bruto.

roughen ['rʌfn] *vt* poner áspero(ra).

rough justice *n* injusticia *f*; **it was pretty rough justice** fue un caso de justicia sumaria.

roughly ['rʌflɪ] *adv* **-1.** [approximately] más o menos **-2.** [not gently] brutalmente **-3.** [crudely] toscamente.

roughneck ['rʌfnek] *n* **-1.** [oilworker] *trabajador en una explotación petrolífera* **-2.** *US inf* [ruffian] matón *m*, duro *m*.

roughness ['rʌfnɪs] *n* **-1.** [lack of smoothness] aspereza *f* **-2.** [lack of gentleness] brutalidad *f*.

roughshod ['rʌfʃɒd] *adv*: **to ride ~ over sthg/sb** tratar algo/a alguien sin contemplaciones.

roulette [ru:'let] *n* ruleta *f*.

round [raʊnd] <> *adj* redondo(da). <> *prep* **-1.** [surrounding] alrededor de; **the reeds ~ the pond** las cañas alrededor del estanque; **she put her arm ~ his shoulder** le puso el brazo al hombro **-2.** [near] cerca de; **~ here** por aquí **-3.** [all over - the world etc] por todo(da); **we went ~ the museum** dimos una vuelta por el museo **-4.** [in circular movement]: **~ (and ~)** alrededor de **-5.** [in measurements]: **she's 30 inches ~ the waist** mide 30 pulgadas de cintura **-6.** [at or to the other side of]: **they were waiting ~ the corner** esperaban a la vuelta de la esquina; **to drive ~ the corner** doblar la esquina; **we went ~ the lake** rodeamos el lago **-7.** [so as to avoid]: **he drove ~ the pothole** condujo esquivando el bache. <> *adv* **-1.** [on all sides]: **all ~** por todos lados; **to sit ~ in a circle** sentarse formando un círculo **-2.** [near]: **~ about** alrededor, en las proximidades **-3.** [all over]: **to travel ~** viajar por ahí **-4.** [in circular movement]: **she passed ~ a plate of biscuits** pasó un plato de galletas; **~ (and ~)** en redondo; **to go** *OR* **spin ~** girar **-5.** [to the other side] al otro lado; **we went ~ to the back of the house** dimos una vuelta hasta la parte de atrás de la casa **-6.** [at or to nearby place]: **he came ~ to see us** vino a vernos; **I'm going ~ to the shop** voy un momento a la tienda. <> *n* **-1.** [of talks, drinks, sandwiches] ronda *f*; **a ~ of toast** una tostada; **a ~ of applause** una salva de aplausos **-2.** [in championship] vuelta *f* **-3.** [of doctor] visitas *fpl*; [of milkman, postman] recorrido *m* **-4.** [of ammunition] cartucho *m* **-5.** [in boxing] asalto *m* **-6.** [in golf] vuelta *f*, round *m*. <> *vt* doblar.

◆ **rounds** *npl* [of doctor] visitas *fpl*; **he's out on his ~** está visitando pacientes; [of postman] recorrido *m*; **to do** *OR* **go the ~s** [joke, rumour] divulgarse; [illness] estar rodando.

◆ **round off** *vt sep* terminar.

◆ **round up** *vt sep* **-1.** [sheep] recoger; [people] reunir **-2.** *MATH* redondear al alza.

roundabout ['raʊndəbaʊt] <> *adj* indirecto(ta); **in a ~ way** después de un largo preámbulo. <> *n UK* **-1.** [on road] glorieta *f*, rotonda *f* **-2.** [at fairground] tiovivo *m*, caballitos *mpl* **-3.** [at playground] *plataforma giratoria para que los niños la empujen y monten en ella.*

rounded ['raʊndɪd] *adj* redondeado(da).

rounders ['raʊndəz] *n UK juego parecido al béisbol.*

Roundhead ['raʊndhed] *n seguidor de Oliver Cromwell en la guerra civil inglesa del siglo XVII.*

roundly ['raʊndlɪ] *adv* rotundamente.

round-shouldered [-'ʃəʊldəd] *adj* cargado(da) de espaldas.

round table *n* mesa *f* redonda.

round-table *adj* en igualdad de condiciones.

round the clock *adv* (durante) las 24 horas del día.

◆ **round-the-clock** *adj* continuo(nua), 24 horas al día.

round trip ◇ *adj US* de ida y vuelta. ◇ *n* viaje *m* de ida y vuelta.

roundup ['raʊndʌp] *n* **-1.** [summary] resumen *m*; **news ~** resumen *m* informativo **-2.** [of criminals] redada *f*.

rouse [raʊz] *vt* **-1.** *fml* [wake up] despertar **-2.** [impel]: **to ~ sb/o.s. to do sthg** animar a alguien/animarse a hacer algo **-3.** [excite] excitar; **it ~d his interest** le despertó el interés **-4.** [give rise to] suscitar.

rousing ['raʊzɪŋ] *adj* [speech] conmovedor(ra); [cheer] entusiasta.

rout [raʊt] ◇ *n* derrota *f* aplastante. ◇ *vt* derrotar, aplastar.

route [ru:t] ◇ *n* [gen] ruta *f*; [of bus] línea *f*, recorrido *m*; [of ship] rumbo *m*; [for deliveries] recorrido *m*, itinerario *m*; [main road] carretera *f* principal. ◇ *vt* [gen] dirigir; [goods] enviar.

route map *n* plano *m* (del camino).

routine [ru:'ti:n] ◇ *adj* rutinario(ria); **(to have) a ~ checkup** (hacerse) un reconocimiento médico rutinario. ◇ *n* rutina *f*.

routinely [ru:'ti:nlɪ] *adv* rutinariamente.

rove [rəʊv] *literary* ◇ *vt* vagar por. ◇ *vi*: **to ~ around** vagar.

roving ['rəʊvɪŋ] *adj* itinerante; **a ~ reporter** un periodista ambulante.

row¹ [rəʊ] ◇ *n* **-1.** [line] fila *f*, hilera *f* **-2.** [succession] serie *f*; **three in a ~** tres seguidos. ◇ *vt* **-1.** [boat] remar **-2.** [people, things] llevar en bote. ◇ *vi* remar.

row² [raʊ] ◇ *n* **-1.** [quarrel] pelea *f*, bronca *f* **-2.** *inf* [noise] estruendo *m*, ruido *m*. ◇ *vi* [quarrel] reñir, pelearse.

rowboat ['rəʊbəʊt] *n US* bote *m* de remos.

rowdiness ['raʊdɪnɪs] *n* alboroto *m*, ruido *m*.

rowdy ['raʊdɪ] (*compar* **-ier**, *superl* **-iest**) *adj* [noisy] ruidoso(sa); [quarrelsome] pendenciero(ra).

rower ['rəʊəʳ] *n* remero *m*, -ra *f*.

row house [rəʊ-] *n US* casa *f* adosada.

rowing ['rəʊɪŋ] *n* remo *m*.

rowing boat *n UK* bote *m* de remo.

rowing machine *n* máquina *f* de remar.

rowlock ['rɒlək] *n UK* escálamo *m*, tolete *m*.

royal ['rɔɪəl] ◇ *adj* real. ◇ *n inf* miembro *m* de la familia real; **the Royals** la realeza.

Royal Air Force *n*: **the ~** las Fuerzas Aéreas de Gran Bretaña.

royal blue *adj* azul marino.

royal family *n* familia *f* real.

royalist ['rɔɪəlɪst] *n* monárquico *m*, -ca *f*.

royal jelly *n* jalea *f* real.

Royal Mail *n UK*: **the ~** ≃ Correos *m*.

Royal Marines *npl UK*: **the ~** la Infantería de Marina de Gran Bretaña.

Royal Navy *n*: **the ~** la Armada de Gran Bretaña.

royalty ['rɔɪəltɪ] *n* realeza *f*.

◆ **royalties** *npl* derechos *mpl* de autor, royalties *mpl*.

RP (*abbr of* **received pronunciation**) *n pronunciación estándar del inglés.*

RPI (*abbr of* **retail price index**) *n* IPC *m*.

rpm (*abbr of* **revolutions per minute**) r.p.m. *fpl*.

RRP *n abbr of* **recommended retail price**.

RSA (*abbr of* **Royal Society of Arts**) *n sociedad británica para el fomento de las artes, la producción industrial y el comercio.*

RSC (*abbr of* **Royal Shakespeare Company**) *n compañía de teatro británica.*

RSI (*abbr of* **repetitive strain injury**) *n lesión muscular producida por ejemplo por el trabajo continuado tecleando en un ordenador.*

RSPB (*abbr of* **Royal Society for the Protection of Birds**) *n sociedad británica para la protección de las aves en su medio ambiente natural.*

RSPCA (*abbr of* **Royal Society for the Prevention of Cruelty to Animals**) *n sociedad británica protectora de animales,* ≃ SPA *f*.

RST (*abbr of* **Royal Shakespeare Theatre**) *n teatro británico especializado en la obra de Shakespeare.*

RSVP (*abbr of* **répondez s'il vous plaît**) s.r.c.

Rt Hon (*abbr of* **Right Honourable**) su Sría.

Rt Rev (*abbr of* **Right Reverend**) muy Rdo.

rub [rʌb] (*pt* & *pp* **-bed**, *cont* **-bing**) ◇ *vt*: **to ~ sthg (against** OR **on)** frotar algo (en OR contra); **to ~ sthg on** OR **onto** frotar algo en; **to ~ sthg in** OR **into** frotar algo en; **to ~ it in** *inf* insistir, machacar; **to ~ sb up the wrong way** *UK*, **to ~ sb the wrong way** *US* sacar a alguien de quicio. ◇ *vi*: **to ~ (against sthg)** rozar (algo); **to ~ (together)** rozarse.

◆ **rub off on** *vt fus* [subj: quality] influir en.

◆ **rub out** *vt sep* [erase] borrar.

rubber ['rʌbəʳ] ◇ *adj* de goma, de caucho, de hule *Amér*. ◇ *n* **-1.** [substance] goma *f*, caucho *m* **-2.** *UK* [eraser] goma *f* de borrar **-3.** *US inf* [condom] goma *f* **-4.** [in bridge] partida *f* **-5.** *US* [overshoe] chanclo *m*.

rubber band *n US* goma *f* elástica.

rubber plant *n* ficus *m inv.*
rubber boot *n US* bota *f* de agua.
rubber dinghy *n* lancha *f* neumática.
rubberize, -ise ['rʌbəraɪz] *vt* encauchar.
rubberneck ['rʌbənek] *vi US inf* curiosear.
rubber ring *n* flotador *m.*
rubber stamp *n* estampilla *f Esp*, sello *m* de goma, timbre *m* de goma *Chile.*
◆ **rubber-stamp** *vt* aprobar oficialmente.
rubber tree *n* árbol *m* de caucho, árbol gomero.
rubbery ['rʌbərɪ] *adj* elástico(ca), que parece de goma.
rubbing ['rʌbɪŋ] *n dibujo o impresión que se obtiene al frotar un papel, que cubre una superficie labrada, con carbón, ceras etc.*
rubbish ['rʌbɪʃ] <> *n (U)* **-1.** [refuse] basura *f* **-2.** *inf fig* [worthless matter] porquería *f*; **it was ~** fue una porquería **-3.** *inf* [nonsense] tonterías *fpl*, babosadas *fpl Cam & Méx*; **don't talk ~** no digas tonterías. <> *vt inf* poner por los suelos.
rubbish bin *n UK* cubo *m* de la basura.
rubbish dump *n UK* vertedero *m*, basurero *m.*
rubbishy ['rʌbɪʃɪ] *adj inf* de mala calidad.
rubble ['rʌbl] *n (U)* escombros *mpl.*
rubella [ru:'belə] *n* rubéola *f.*
ruby ['ru:bɪ] (*pl* **-ies**) *n* rubí *m.*
RUC (*abbr of* **Royal Ulster Constabulary**) *n fuerzas de seguridad del gobierno británico en Irlanda del Norte.*
ruched [ru:ʃt] *adj* fruncido(da).
rucksack ['rʌksæk] *n* mochila *f.*
ructions ['rʌkʃnz] *npl inf* bronca *f*, lío *m.*
rudder ['rʌdə^r] *n* timón *m.*
ruddy ['rʌdɪ] (*compar* **-ier**, *superl* **-iest**) *adj* [reddish] rojizo(za).
rude [ru:d] *adj* **-1.** [impolite - person, manners, word] grosero(ra), liso(sa) *Arg & Perú*; [- joke] verde **-2.** [shocking] violento(ta), brusco(ca).
rudely ['ru:dlɪ] *adv* **-1.** [impolitely] groseramente **-2.** [shockingly] bruscamente, violentamente.
rudeness ['ru:dnɪs] *n* grosería *f.*
rudimentary [ˌru:dɪ'mentərɪ] *adj* rudimentario(ria).
rudiments ['ru:dɪmənts] *npl* rudimentos *mpl*, nociones *fpl* básicas.
rue [ru:] *vt* lamentar, arrepentirse de.
rueful ['ru:fʊl] *adj* arrepentido(da).
ruff [rʌf] *n* [on clothes] gola *f.*
ruffian ['rʌfjən] *n* rufián *m.*
ruffle ['rʌfl] *vt* **-1.** [hair] revolver, despeinar; [water] perturbar, agitar; [feathers] encrespar **-2.** [composure, nerves] enervar, encrespar **-3.** [person] poner nervioso(sa) a.
rug [rʌg] *n* **-1.** [carpet] alfombra *f* **-2.** [blanket] manta *f* de viaje.
rugby ['rʌgbɪ] *n* rugby *m.*
Rugby League *n tipo de rugby con equipos de 13 jugadores profesionales.*
Rugby Union *n tipo de rugby con equipos de 15 jugadores aficionados.*
rugged ['rʌgɪd] *adj* **-1.** [wild, inhospitable] escabroso(sa), accidentado(da) **-2.** [sturdy] fuerte **-3.** [roughly handsome] duro y atractivo (dura y atractiva); **his ~ good looks** sus rasgos recios.
ruggedness ['rʌgɪdnɪs] *n* escabrosidad *f.*
rugger ['rʌgə^r] *n UK inf* rugby *m.*
ruin ['ru:ɪn] <> *n* ruina *f.* <> *vt* **-1.** [destroy] estropear **-2.** [spoil] arruinar **-3.** [bankrupt] arruinar.
◆ **in ruin(s)** *adv* en ruinas.
ruination [ru:ɪ'neɪʃn] *n* ruina *f.*
ruinous ['ru:ɪnəs] *adj* [expensive] ruinoso(sa).
rule [ru:l] <> *n* **-1.** [regulation, guideline] regla *f*, norma *f*; **to bend the ~s** hacer una pequeña excepción (con las normas); **to break the ~s** violar las normas; **to obey the ~s** obedecer las normas **-2.** [norm]: **the ~** la regla, la norma; **as a ~** por regla general **-3.** [government] dominio *m*; **to be under Roman ~** estar bajo dominio romano **-4.** [ruler] regla *f.* <> *vt* **-1.** *fml* [control] regir **-2.** [govern] gobernar **-3.** [decide]: **to ~ that** decidir OR ordenar que. <> *vi* **-1.** [give decision] decidir, fallar **-2.** *fml* [be paramount] regir, ser primordial **-3.** [govern] gobernar.
◆ **rule out** *vt sep* descartar.
rulebook ['ru:lbʊk] *n* [set of rules]: **the ~** el libro de reglamento.
ruled [ru:ld] *adj* rayado(da).
ruler ['ru:lə^r] *n* **-1.** [for measurement] regla *f* **-2.** [monarch] soberano *m*, -na *f.*
ruling ['ru:lɪŋ] <> *adj* en el poder. <> *n* fallo *m*, decisión *f.*
rum [rʌm] (*compar* **-mer**, *superl* **-mest**) <> *n* ron *m.* <> *adj UK dated* extraño(ña), raro(ra).
Rumania [ru:'meɪnjə] = **Romania.**
Rumanian [ru:'meɪnjən] = **Romanian.**
rumba ['rʌmbə] *n* rumba *f.*
rumble ['rʌmbl] <> *n* **-1.** [gen] estruendo *m*; [of stomach] ruido *m* **-2.** *US inf* [fight] riña *f* callejera. <> *vt UK inf dated* calar. <> *vi* [gen] retumbar; [stomach] hacer ruido.
rumbustious [rʌm'bʌstʃəs] *adj UK* bullicioso(sa).
ruminate ['ru:mɪneɪt] *vi fml*: **to ~ (about** OR **on sthg)** rumiar (algo).
rummage ['rʌmɪdʒ] *vi* hurgar, rebuscar; **to ~**

around in sthg revolver en algo.

rummage sale *n US venta de objetos usados con fines benéficos.*

rummy ['rʌmɪ] *n* rum *m.*

rumour *UK*, **rumor** *US* ['ru:mə^r] *n* rumor *m*; **there's a ~going around that ...** se rumorea que ...

rumoured *UK*, **rumored** *US* ['ru:məd] *adj*: **to be ~** rumorearse; **she is ~ to be very rich** se rumorea que es muy rica.

rump [rʌmp] *n* **-1.** [of animal] grupa *f*, ancas *fpl* **-2.** *inf* [of person] trasero *m*, culo *m*.

rumple ['rʌmpl] *vt* [clothes] arrugar; [hair] desordenar.

rump steak *n* filete *m* de lomo, churrasco *m* de cuadril *RP*.

rumpus ['rʌmpəs] *n inf* lío *m*, jaleo *m*, despiole *m Arg*.

rumpus room *n US* cuarto *m* de juegos.

run [rʌn] (*pt* **ran**, *pp* **run**, *cont*-**ning**) ◇ *n* **-1.** [on foot] carrera *f*; **to go for a ~** ir a correr; **on the ~** en fuga; **to make a ~ for it** tratar de fugarse **-2.** [journey - in car] paseo *m* *OR* vuelta *f* (en coche); **to go for a ~** ir a dar una vuelta; [- in plane, ship] viaje *m* **-3.** [series - of wins, disasters] serie *f*; [- of luck] racha *f* **-4.** *THEATRE*: **the play had a 6-week ~** la obra estuvo en cartelera 6 semanas **-5.** [great demand]: **a ~ on sthg** una gran demanda de algo **-6.** [in tights] carrera *f* **-7.** [in cricket, baseball] carrera *f* **-8.** [for skiing etc] pista *f* **-9.** [term]: **in the short/long ~** a corto/largo plazo. ◇ *vt* **-1.** [on foot] correr **-2.** [manage - business] dirigir, administrar; [- life, event] organizar **-3.** [operate - computer program, machine, film] poner; [- experiment] montar **-4.** [have and use - car etc] hacer funcionar; **it's cheap to ~** es barato de mantener; **it ~s on diesel/off the mains** funciona con diesel/electricidad **-5.** [open - tap] abrir; **to ~ a bath** llenar la bañera **-6.** [publish] publicar **-7.** *inf* [transport by car] llevar; **shall I ~ you to school?** ¿te llevo al colegio? **-8.** [move]: **to ~ sthg along** *OR* **over** pasar algo por. ◇ *vi* **-1.** [on foot] correr; **to ~ for it** echar a correr **-2.** [follow a direction]: **the road ~s paralell to the river** la carretera discurre paralela al río **-3.** *esp US* [in election]: **to ~ (for)** presentarse como candidato(ta) (a); **he's ~ning for president** se presenta a la presidencia **-4.** [factory, machine] funcionar; [engine] estar encendido(da); **to ~ on** *OR* **off sthg** funcionar con algo; **to ~ smoothly** ir bien **-5.** [bus, train] ir **-6.** [flow] correr; **to ~ dry** secarse, quedarse sin agua **-7.** [tap] gotear; **somebody has left the tap ~ning** alguien se ha dejado el grifo abierto; [nose] moquear; **my nose is ~ning** me moquea la nariz; [eyes] llorar **-8.** [colour] desteñir **-9.** *phr*: **feelings were ~ning high** la gente estaba indignada; **to be ~ning late** ir con retraso.

◆ **run across** *vt fus* [meet] encontrarse con.

◆ **run along** *vi dated*: **~ along now!** ¡vete!, ¡anda ya!

◆ **run away** *vi* **-1.** [flee]: **to ~ away (from)** huir *OR* fugarse (de) **-2.** *fig* [avoid]: **to ~ away from** [responsibility, subject] evadir; [thought] evitar.

◆ **run away with** *vt fus*: **he lets his enthusiasm ~ away with him** se deja llevar por el entusiasmo.

◆ **run down** ◇ *vt sep* **-1.** [run over] atropellar **-2.** [criticize] hablar mal de. ◇ *vi* [battery] acabarse; [clock] pararse; [project, business] debilitarse, perder energía.

◆ **run into** *vt fus* **-1.** [problem] encontrar; [person] tropezarse con; **to ~ into debt** endeudarse **-2.** [in vehicle] chocar con **-3.** [blend with]: **to ~ into each other** mezclarse **-4.** [amount to] ascender a.

◆ **run off** ◇ *vt sep* [copies, photocopies] sacar. ◇ *vi*: **to ~ off (with)** fugarse (con).

◆ **run on** *vi* [continue] continuar.

◆ **run out** *vi* **-1.** [become used up] acabarse **-2.** [expire] caducar.

◆ **run out of** *vt fus* quedarse sin; **we've ~ out of food** se nos ha acabado la comida.

◆ **run over** *vt sep* atropellar.

◆ **run through** *vt fus* **-1.** [be present in] recorrer, atravesar; **the vein of humour which ran through her work** el tono de humor que está presente en su trabajo **-2.** [practise] ensayar, practicar **-3.** [read through] echar un vistazo a.

◆ **run to** *vt fus* **-1.** [amount to] ascender a; **the bill ran to thousands** la cuenta subía a varios miles **-2.** [afford] permitirse; **I can't ~ to a new car** no me puedo permitir un nuevo coche.

◆ **run up** *vt fus* [amass] incurrir en, contraer; **he ran up a huge bill** acumuló una factura enorme.

◆ **run up against** *vt fus* tropezar con.

run-around *n inf*: **to give sb the ~** traerle a alguien al retortero.

runaway ['rʌnəweɪ] ◇ *adj* **-1.** [gen] fugitivo(va); [horse] desbocado(da); [train] fuera de control; [inflation] desenfrenado(da) **-2.** [victory] fácil. ◇ *n* fugitivo *m*, -va *f*.

rundown ['rʌndaʊn] *n* **-1.** [report] informe *m*, resumen *m*; **to give sb a ~on sthg** poner a alguien al tanto de algo **-2.** [decline] desmantelamiento *m* gradual.

◆ **run-down** *adj* **-1.** [dilapidated] en ruinas,

en decadencia **-2.** [tired] agotado(da); **to feel ~** sentirse débil.

rung [rʌŋ] ◇ *pp* ▷ **ring.** ◇ *n lit & fig* peldaño *m.*

run-in *n inf* altercado *m*, disputa *f.*

runner [ˈrʌnəʳ] *n* **-1.** [athlete] corredor *m*, -ra *f* **-2.** [smuggler] traficante *m* OR *f*, contrabandista *m* OR *f* **-3.** [on sledge] carril *m*; [of drawer, sliding seat] carro *m.*

runner bean *n UK* judía *f* verde, chaucha *f* ***RP***, vainita *f* ***Ven***, ejote *m* ***CAm, Méx***, poroto *m* verde ***Chile***.

runner-up (*pl* **runners-up**) *n* subcampeón *m*, -ona *f.*

running [ˈrʌnɪŋ] ◇ *adj* **-1.** [continuous] continuo(nua) **-2.** [consecutive] seguidos(das); **four days ~** cuatro días consecutivos **-3.** [water] corriente. ◇ *n* **-1.** [act of running] el correr; **to go ~** hacer footing **-2.** SPORT carreras *fpl* **-3.** [management] dirección *f*, organización *f* **-4.** [operation] funcionamiento *m* **-5.** *phr*: **to make the ~** ir en cabeza; **to be in/out of the ~ (for sthg)** tener/no tener posibilidades (de algo). ◇ *comp*: **~ shoes** zapatillas *fpl* deportivas.

running commentary *n* comentario *m* en directo; *fig* **there's no need to give us a ~!** ¡no hace falta que nos hagas un comentario en directo!

running costs *npl* gastos *mpl* corrientes (de mantenimiento).

running mate *n US* candidato *m*, -ta *f* a vicepresidente.

running repairs *npl* reparación *f* temporal.

runny [ˈrʌnɪ] (*compar* **-ier**, *superl* **-iest**) *adj* **-1.** [sauce, gravy] derretido(da) **-2.** [nose] que moquea; [eyes] llorosos(as).

run-of-the-mill *adj* normal y corriente.

runt [rʌnt] *n* **-1.** [animal] cría *f* más pequeña y débil **-2.** *pej* [person] renacuajo *m.*

run-through *n* ensayo *m.*

run-up *n* **-1.** [preceding time] periodo *m* previo; **the ~ to the elections** el periodo previo a las elecciones **-2.** SPORT carrerilla *f.*

runway [ˈrʌnweɪ] *n* pista *f.*

rupture [ˈrʌptʃəʳ] ◇ *n* **-1.** MED hernia *f* **-2.** [of relationship] ruptura *f.* ◇ *vt* romper.

rural [ˈrʊərəl] *adj* rural.

ruse [ru:z] *n* ardid *m.*

rush [rʌʃ] ◇ *n* **-1.** [hurry] prisa *f*; **to be in a ~** tener prisa; **there's no ~** no hay prisa **-2.** [burst of activity]: **~ (for** OR **on sthg)** avalancha *f* (en busca de algo); **there was a ~ to stock up on sugar** hubo una fiebre repentina por almacenar azúcar **-3.** [busy period] hora *f* punta **-4.** [surge - of air] ráfaga *f*; [- of water] torrente *m*; [- mental] arrebato *m*; **to make a ~ for sthg** ir en desbandada hacia algo; **there was a ~ for the exit** la gente salió apresuradamente. ◇ *vt* **-1.** [hurry] acelerar, apresurar; **don't ~ me!** ¡no me metas prisa!; **to ~ sb into doing sthg** apresurar a alguien para que haga algo **-2.** [send quickly] llevar rápidamente; **he was ~ed to hospital** lo llevaron al hospital a toda prisa **-3.** [attack suddenly] atacar repentinamente. ◇ *vi* **-1.** [hurry] ir de prisa, correr; **to ~ into sthg** meterse de cabeza en algo; **there's no need to ~** no hay ninguna prisa; **he ~ed to help her** corrió a ayudarla **-2.** [surge] correr, precipitarse.

◆ **rushes** *npl* **-1.** BOT juncos *mpl* **-2.** CINEMA primeras pruebas *fpl.*

rushed [rʌʃt] *adj* atareado(da).

rush hour *n* hora *f* punta, hora *f* pico ***Amér***, hora *f* peack ***Chile***.

rush job *n* trabajo *m* precipitado.

rusk [rʌsk] *n galleta que se da a los niños pequeños para que se acostumbran a masticar.*

russet [ˈrʌsɪt] *adj* rojizo(za).

Russia [ˈrʌʃə] *n* Rusia.

Russian [ˈrʌʃn] ◇ *adj* ruso(sa). ◇ *n* **-1.** [person] ruso *m*, -sa *f* **-2.** [language] ruso *m.*

Russian roulette *n* ruleta *f* rusa.

rust [rʌst] ◇ *n* óxido *m.* ◇ *vi* oxidarse.

rustic [ˈrʌstɪk] *adj* rústico(ca).

rustle [ˈrʌsl] ◇ *n* **-1.** [of wind, leaves] susurro *m*; [of paper] crujido *m* **-2.** [of silk] roce *m.* ◇ *vt* **-1.** [paper] hacer crujir **-2.** *US* [cattle] robar. ◇ *vi* [wind, leaves] susurrar; [paper] crujir.

rustling *n* : **cattle ~** robo *m* de ganado.

rustproof [ˈrʌstpru:f] *adj* inoxidable.

rusty [ˈrʌstɪ] (*compar* **-ier**, *superl* **-iest**) *adj lit & fig* oxidado(da); **my French is a bit ~** hace mucho que no practico el francés.

rut [rʌt] *n* [track] rodada *f*; **to get into/be in a ~** *fig* caer/estar metido en una rutina; **to get out of a ~** salir de la rutina.

rutabaga [ˌru:təˈbeɪgə] *n US* nabo *m* sueco.

ruthless [ˈru:θlɪs] *adj* despiadado(da).

ruthlessly [ˈru:θlɪslɪ] *adv* despiadadamente.

ruthlessness [ˈru:θlɪsnɪs] *n* crueldad *f.*

RV *n* **-1.** (*abbr of* **revised version**) *traducción al inglés de la Biblia de finales del siglo XIX* **-2.** *US* (*abbr of* **recreational vehicle**) casa-remolque *f.*

Rwanda [rʊˈændə] *n* Ruanda.

Rwandan [rʊˈændən] ◇ *adj* ruandés(esa). ◇ *n* ruandés *m*, -esa *f.*

rye [raɪ] *n* **-1.** [grain] centeno *m* **-2.** [bread] pan *m* de centeno.

rye bread *n* pan *m* de centeno.

rye whiskey *n* whisky *m* de centeno.

S

s (*pl* **ss** *OR* **s's**), **S** (*pl* **Ss** *OR* **S's**) [es] *n* [letter] s *f*, S *f*.
◆ **S** (*abbr of* **south**) S.

SA -1. *abbr of* **South Africa -2.** *abbr of* **South America.**

Sabbath ['sæbəθ] *n*: **the ~** [for Christians] el domingo; [for Jews] el sábado.

sabbatical [sə'bætɪkl] *n* sabático *m*; **on ~** de sabático.

saber *US* = **sabre.**

sabotage ['sæbətɑ:ʒ] <> *n* sabotaje *m*. <> *vt* sabotear.

saboteur [ˌsæbə'tɜ:ʳ] *n* saboteador *m*, -ra *f*.

sabre *UK*, **saber** *US* ['seɪbəʳ] *n* sable *m*.

saccharin(e) ['sækərɪn] *n* sacarina *f*.

sachet ['sæʃeɪ] *n* bolsita *f*.

sack [sæk] <> *n* **-1.** [bag] saco *m* **-2.** *UK inf* [dismissal]: **to get** *OR* **be given the ~** ser despedido(da); **to give sb the ~** despedir a alguien. <> *vt UK inf* despedir, remover *Amér*.

sackful ['sækfʊl] *n* saco *m*.

sacking ['sækɪŋ] *n* **-1.** [fabric] harpillera *f* **-2.** [dismissal] despido *m*.

sacrament ['sækrəmənt] *n* sacramento *m*.

sacred ['seɪkrɪd] *adj lit & fig* sagrado(da).

sacrifice ['sækrɪfaɪs] *RELIG & fig* <> *n* sacrificio *m*; **to make ~s** sacrificarse. <> *vt* sacrificar.

sacrilege ['sækrɪlɪdʒ] *n RELIG & fig* sacrilegio *m*.

sacrilegious [ˌsækrɪ'lɪdʒəs] *adj* sacrílego(ga).

sacrosanct ['sækrəʊsæŋkt] *adj* sacrosanto(ta).

sad [sæd] (*compar* **-der**, *superl* **-dest**) *adj* triste.

sadden ['sædn] *vt* entristecer.

saddle ['sædl] <> *n* **-1.** [for horse] silla *f* (de montar) **-2.** [of bicycle, motorcycle] sillín *m*, asiento *m*. <> *vt* **-1.** [horse] ensillar **-2.** *fig* [burden]: **to ~ sb with sthg** cargar a alguien con algo; **she was ~d with an elderly patient** le encajaron un pariente anciano.
◆ **saddle up** *vt fus & vi* ensillar.

saddlebag ['sædlbæg] *n* alforja *f*.

saddler ['sædləʳ] *n* talabartero *m*, -ra *f*.

sadism ['seɪdɪzm] *n* sadismo *m*.

sadist ['seɪdɪst] *n* sádico *m*, -ca *f*.

sadistic [sə'dɪstɪk] *adj* sádico(ca).

sadly ['sædlɪ] *adv* tristemente.

sadness ['sædnɪs] *n* tristeza *f*.

sadomasochism [ˌseɪdəʊ'mæsəˌkɪzəm] *n* sadomasoquismo *m*.

s.a.e., sae *n abbr of* **stamped addressed envelope.**

safari [sə'fɑ:rɪ] *n* safari *m*; **to go on ~** ir de safari.

safari park *n* safari *m*, reserva *f* de animales.

safe [seɪf] <> *adj* **-1.** [gen] seguro(ra); **a ~ place** un lugar seguro; **is this ladder ~?** ¿es segura esta escalera?; **you're ~ now** ahora estás seguro; **~ and sound** sano y salvo (sana y salva) **-2.** [without harm] sano y salvo (sana y salva) **-3.** [not causing disagreement]: **it's ~ to say that ...** se puede afirmar con seguridad que ...; **to be on the ~ side** por mayor seguridad **-4.** [reliable] digno(na) de confianza; **in ~ hands** en buenas manos. <> *n* caja *f* (de caudales).

safebreaker ['seɪfˌbreɪkəʳ] *n* ladrón *m*, -ona *f* de cajas.

safe-conduct *n* salvoconducto *m*.

safe-deposit box *n* caja *f* de seguridad.

safeguard ['seɪfgɑ:d] <> *n* salvaguardia *f*, protección *f*; **as a ~** como protección; **a ~ against sthg** una protección contra algo. <> *vt*: **to ~ sthg/sb (against sthg)** salvaguardar *OR* proteger algo/a alguien (contra algo).

safe house *n* piso *m* franco.

safekeeping [ˌseɪf'ki:pɪŋ] *n*: **she gave me the letter for ~** me dio la carta para que se la guardara en un lugar seguro.

safely ['seɪflɪ] *adv* **-1.** [with no danger] sin peligro, con seguridad **-2.** [not in danger] seguramente **-3.** [unharmed] sano y salvo (sana y salva) **-4.** [for certain]: **I can ~ say that ...** puedo decir con toda confianza que ...

safe sex *n* sexo *m* sin riesgo.

safety ['seɪftɪ] <> *n* seguridad *f*. <> *comp* de seguridad; **~ regulations** normas *fpl* de seguridad.

safety belt *n* cinturón *m* de seguridad.

safety catch *n* seguro *m*.

safety curtain *n* telón *m* de seguridad.

safety-deposit box = **safe-deposit box.**

safety island *n US* refugio *m*.

safety match *n* cerilla *f* de seguridad, fósforo *m* de seguridad *Amér*, cerillo *m* de seguridad *CAm, Méx, Ecuad*.

safety net *n* **-1.** [in circus] red *f* de seguridad

-2. *fig* [means of protection] protección *f*.

safety pin *n* imperdible *m*, seguro *m Méx*.

safety valve *n* -1. TECH válvula *f* de seguridad -2. *fig* [for emotions] válvula *f* de escape.

saffron ['sæfrən] *n* -1. [spice] azafrán *m* -2. [colour] color *m* azafrán.

sag [sæg] (*pt* & *pp* **-ged**, *cont* **-ging**) *vi* -1. [sink downwards] hundirse, combarse -2. *fig* [lessen] decaer.

saga ['sɑ:gə] *n* -1. LITERATURE saga *f* -2. *pej* [drawn-out account] historia *f*.

sage [seɪdʒ] ◇ *adj* sabio(bia). ◇ *n* -1. [herb] salvia *f* -2. [wise man] sabio *m*.

saggy ['sægɪ] (*compar* **-gier**, *superl* **-giest**) *adj* [bed] hundido(da); [breasts] caído(da).

Sagittarius [ˌsædʒɪ'teərɪəs] *n* Sagitario *m*; **to be (a) ~** ser Sagitario.

Sahara [sə'hɑ:rə] *n*: **the ~ (Desert)** el (desierto del) Sáhara.

Saharan [sə'hɑ:rən] ◇ *n* saharaui *m* OR *f*. ◇ *adj* saharaui, sahariano(na).

said [sed] *pt* & *pp* ▷ **say**.

sail [seɪl] ◇ *n* -1. [of boat] vela *f*; **to set ~** zarpar -2. [journey by boat] paseo *m* en barco de vela; **to go for a ~** salir a hacer una excursión en barco de vela. ◇ *vt* -1. [boat, ship] gobernar -2. [sea] cruzar. ◇ *vi* -1. [travel by boat] navegar -2. [move - boat]: **the ship ~ed across the ocean** el barco cruzó el océano -3. [leave by boat] zarpar; **we sail at 10 am** zarpamos a las 10 am -4. [move]: **she ~ed into the room** entró en la habitación con aire de elegancia.

◆ **sail through** *vt fus* hacer con facilidad.

sailboard ['seɪlbɔ:d] *n* tabla *f* de windsurf.

sailboat *US* = **sailing boat**.

sailcloth ['seɪlklɒθ] *n* lona *f*.

sailing ['seɪlɪŋ] *n* -1. (*U*) SPORT vela *f*; **to be plain ~** ser coser y cantar -2. [trip by ship] travesía *f*.

sailing boat *UK*, **sailboat** *US* ['seɪlbəʊt] *n* barco *m* de vela.

sailing ship *n* (buque *m*) velero *m*.

sailor ['seɪlə^r] *n* marinero *m*, -ra *f*, marino *m*, -na *f*; **to be a good ~** no marearse.

saint [seɪnt] *n* RELIG & *fig* santo *m*, -ta *f*; **he's no ~** no es ningún santo; **to have the patience of a ~** tener más paciencia que un santo.

Saint Lucia [-'lu:ʃə] *n* Santa Lucía.

saintly ['seɪntlɪ] (*compar* **-ier**, *superl* **-iest**) *adj* santo(ta), piadoso(sa).

sake [seɪk] *n*: **for the ~ of** por (el bien de); **to argue for its own ~** discutir por discutir; **for God's** OR **heaven's ~** ¡por el amor de Dios!

salad ['sæləd] *n* ensalada *f*.

salad bowl *n* ensaladera *f*.

salad cream *n UK salsa parecida a la mahonesa para aderezar la ensalada.*

salad dressing *n* aliño *m* (para la ensalada).

salamander ['sæləˌmændə^r] *n* salamandra *f*.

salami [sə'lɑ:mɪ] *n* salami *m*.

salaried ['sælərɪd] *adj* [person] asalariado(da); [job] de sueldo fijo.

salary ['sælərɪ] (*pl* **-ies**) *n* sueldo *m*.

salary scale *n* banda *f* salarial.

sale [seɪl] *n* -1. [gen] venta *f*; **on ~** en venta; **(up) for ~** en venta; **'for ~'** 'se vende' -2. [at reduced prices] liquidación *f*, saldo *m*.

◆ **sales** ◇ *npl* -1. ECON ventas *fpl* -2. [at reduced prices]: **the ~s** las rebajas. ◇ *comp* de ventas.

saleroom *UK* ['seɪlrʊm], **salesroom** *US* ['seɪlzrʊm] *n* sala *f* de subastas.

sales assistant ['seɪlz-], **salesclerk** *US* ['seɪlzklɜ:rk] *n* dependiente *m*, -ta *f*.

sales conference *n* conferencia *f* de ventas.

sales drive *n* promoción *f* de ventas.

sales force *n* personal *m* de ventas.

salesman ['seɪlzmən] (*pl* **-men** [-mən]) *n* [in shop] dependiente *m*, vendedor *m*; [travelling] viajante *m*.

sales pitch *n* cháchara *f* publicitaria.

sales rep *n inf* representante *m* OR *f*.

sales representative *n* representante *m* OR *f*.

salesroom *US* = **saleroom**.

sales slip *n US* [receipt] recibo *m*.

sales tax *n* impuesto *m* de venta.

sales team *n* personal *m* de ventas.

saleswoman ['seɪlzˌwʊmən] (*pl* **-women** [-ˌwɪmɪn]) *n* [in shop] dependienta *f*, vendedora *f*; [travelling] viajante *f*.

salient ['seɪljənt] *adj fml* sobresaliente.

saline ['seɪlaɪn] *adj* salino(na).

saliva [sə'laɪvə] *n* saliva *f*.

salivate ['sælɪveɪt] *vi* salivar.

sallow ['sæləʊ] *adj* cetrino(na), amarillento(ta).

sally ['sælɪ] (*pl* **-ies**, *pt* & *pp* **-ied**) *n* [clever remark] salida *f*.

◆ **sally forth** *vi hum or literary* salir resueltamente.

salmon ['sæmən] (*pl inv* OR **-s**) *n* salmón *m*.

salmonella [ˌsælmə'nelə] *n* salmonelosis *f inv*.

salmon pink ◇ *adj* rosa salmón. ◇ *n* color *m* rosa salmón.

salon ['sælɒn] *n* salón *m*.

saloon [sə'lu:n] *n* -1. *UK* [car] (coche *m*) utilitario *m* -2. *US* [bar] bar *m* -3. *UK* [in pub]: **~ (bar)** *en ciertos pubs y hoteles, bar elegante con precios más altos que los del 'public bar'* -4. [in ship] salón *m*.

salopettes [ˌsæləˈpets] *npl* pantalones *mpl* de peto para esquiar.

salt [sɔːlt, sɒlt] ◇ *n* sal *f*; **the ~ of the earth** la sal de la tierra; **to rub ~ into the wounds, he said ...** por si fuera poco, encima dijo ...; **to take sthg with a pinch of ~** considerar algo con cierta reserva. ◇ *comp* salado(da); **~ fish** pescado *m* salado. ◇ *vt* [food] salar; [roads] echar sal en *(las carreteras etc para evitar que se hielen)*.

◆ **salt away** *vt sep inf* ahorrar, guardar.

SALT [sɔːlt] (*abbr of* **Strategic Arms Limitation Talks/Treaty**) *n* SALT *fpl*.

salt cellar *UK*, **salt shaker** *US* [-ˌʃeɪkəʳ] *n* salero *m*.

salted [ˈsɔːltɪd] *adj* salado(da), con sal.

saltpetre *UK*, **saltpeter** *US* [ˌsɔːltˈpiːtəʳ] *n* salitre *m*.

salt shaker *US* = **salt cellar**.

saltwater [ˈsɔːltˌwɔːtəʳ] ◇ *n* agua *f* de mar, agua salada. ◇ *adj* de agua salada.

salty [ˈsɔːltɪ] (*compar* **-ier**, *superl* **-iest**) *adj* salado(da), salobre.

salubrious [səˈluːbrɪəs] *adj* salubre, sano(na).

salutary [ˈsæljʊtrɪ] *adj* saludable.

salute [səˈluːt] ◇ *n* **-1.** [with hand] saludo *m* **-2.** MIL [firing of guns] salva *f*, saludo *m* **-3.** [formal acknowledgement] homenaje *m*. ◇ *vt* **-1.** MIL [with hand] saludar **-2.** [acknowledge formally] reconocer. ◇ *vi* saludar.

Salvadorean, Salvadorian [ˌsælvəˈdɔːrɪən] ◇ *adj* salvadoreño(ña). ◇ *n* salvadoreño *m*, -ña *f*.

salvage [ˈsælvɪdʒ] ◇ *n (U)* **-1.** [rescue of ship] salvamento *m* **-2.** [property rescued] objetos *mpl* recuperados OR rescatados. ◇ *vt lit & fig*: **to ~ sthg (from)** salvar algo (de).

salvage vessel *n* nave *f* de salvamento.

salvation [sælˈveɪʃn] *n* salvación *f*.

Salvation Army *n*: **the ~** el Ejército de Salvación.

salve [sælv] ◇ *vt*: **to ~ one's conscience (by doing sthg)** apaciguar a la conciencia (haciendo algo). ◇ *n* [ointment] bálsamo *m*.

salver [ˈsælvəʳ] *n* bandeja *f* (metálica).

salvo [ˈsælvəʊ] (*pl* **-s** OR **-es**) *n* [of guns, missiles] salva *f*.

Samaritan [səˈmærɪtn] *n*: **good ~** buen alma *f*, buena persona *f*.

samba [ˈsæmbə] *n* samba *f*.

same [seɪm] ◇ *adj* mismo(ma); **the ~ colour as his** el mismo color que el suyo; **at the ~ time** [simultaneously] al mismo tiempo; [yet] aún así; **one and the ~** el mismo (la misma). ◇ *pron*: **the ~** el mismo (la misma); **she did the ~** hizo lo mismo; **the ingredients are the ~** los ingredientes son los mismos OR iguales; **his car is the ~ as yours** su coche es el mismo que el tuyo; **I'll have the ~ (again)** tomaré lo mismo (que antes); **all** OR **just the ~** [nevertheless, anyway] de todos modos; **it's all the ~ to me** me da igual; **it's not the ~** no es lo mismo; **happy Christmas! – the ~ to you!** ¡feliz Navidad! – ¡igualmente! ◇ *adv*: **the ~** lo mismo.

sameness [ˈseɪmnɪs] *n* uniformidad *f*.

samosa [səˈməʊsə] *n especie de empanadilla rellena de carne, verdura etc típica de la cocina india.*

sample [ˈsɑːmpl] ◇ *n* muestra *f*; **a free ~** una muestra gratuita. ◇ *vt* [food, wine, attractions] probar.

sanatorium (*pl* **-riums** OR **-ria** [-rɪə]), **sanitorium** *US* (*pl* **-riums** OR **-ria** [-rɪə]) [ˌsænəˈtɔːrɪəm] *n* sanatorio *m*.

sanctify [ˈsæŋktɪfaɪ] (*pt & pp* **-ied**) *vt* **-1.** RELIG santificar **-2.** [approve] aprobar.

sanctimonious [ˌsæŋktɪˈməʊnjəs] *adj pej* santurrón(ona).

sanction [ˈsæŋkʃn] ◇ *n* sanción *f*. ◇ *vt* sancionar.

◆ **sanctions** *npl* sanciones *fpl*; **economic ~s** sanciones económicas; **to impose ~s on a country** imponer sanciones a un país.

sanctity [ˈsæŋktətɪ] *n* santidad *f*.

sanctuary [ˈsæŋktʃʊərɪ] (*pl* **-ies**) *n* **-1.** [for wildlife] reserva *f*; **a bird ~** una reserva de aves **-2.** [refuge] refugio *m* **-3.** [holy place] santuario *m*.

sanctum [ˈsæŋktəm] (*pl* **-s**) *n* [private place] lugar *m* sagrado, espacio *m* privado; **the inner ~** el sanctasanctórum.

sand [sænd] ◇ *n* arena *f*. ◇ *vt* lijar; **to ~ down a surface** lijar una superficie.

◆ **sands** *npl* arenas *fpl*.

sandal [ˈsændl] *n* sandalia *f*; **a pair of ~s** unas sandalias.

sandalwood [ˈsændlwʊd] *n* sándalo *m*.

sandbag [ˈsændbæg] *n* saco *m* de arena.

sandbank [ˈsændbæŋk] *n* banco *m* de arena.

sandblast [ˈsændblɑːst] *vt* limpiar con chorro de arena.

sandbox *US* = **sandpit**.

sandcastle [ˈsændˌkɑːsl] *n* castillo *m* de arena.

sand dune *n* duna *f*.

sander [ˈsændəʳ] *n* lijadora *f*.

sandpaper [ˈsændˌpeɪpəʳ] ◇ *n (U)* papel *m* de lija. ◇ *vt* lijar.

sandpit *UK* [ˈsændpɪt], **sandbox** *US* [ˈsændbɒks] *n* cuadro *m* de arena.

sandstone [ˈsændstəʊn] *n* piedra *f* arenisca.

sandstorm ['sændstɔ:m] *n* tormenta *f* de arena.
sand trap *n US GOLF* bunker *m*.
sandwich ['sænwɪdʒ] <> *n* [made with roll etc] bocadillo *m*; [made with sliced bread] sandwich *m* frío; **a cheese** ~ un sandwich de queso. <> *vt fig* apretujar; **she was ~ed between two businessmen** quedó atrapada entre dos hombres de negocios.
sandwich board *n* cartelón *m* (de hombre-anuncio).
sandwich box *n* fiambrera *f*, vianda *f Amér.*
sandwich course *n UK curso universitario que incluye un cierto tiempo de experiencia profesional.*
sandy ['sændɪ] (*compar* **-ier**, *superl* **-iest**) *adj* **-1.** [covered in sand] arenoso(sa) **-2.** [sand-coloured] rojizo(za).
sane [seɪn] *adj* **-1.** [not mad] cuerdo(da) **-2.** [sensible] prudente, sensato(ta).
sang [sæŋ] *pt* ▷ **sing.**
sanguine ['sæŋgwɪn] *adj* optimista.
sanitary ['sænɪtrɪ] *adj* **-1.** [connected with health] sanitario(ria) **-2.** [clean, hygienic] higiénico(ca).
sanitary towel, sanitary napkin *US n* [disposable] compresa *f*, toalla *f* higiénica *Amér.*
sanitation [ˌsænɪ'teɪʃn] *n* sanidad *f*, higiene *f*.
sanitation worker *n US* basurero *m*, -ra *f*.
sanitize, -ise ['sænɪtaɪz] *vt* **-1.** [disinfect] desinfectar **-2.** *fig* descafeinar.
sanitorium *US* = **sanatorium.**
sanity ['sænətɪ] *n* **-1.** [saneness] cordura *f* **-2.** [good sense] sensatez *f*, prudencia *f*.
sank [sæŋk] *pt* ▷ **sink.**
Sanskrit ['sænskrɪt] *n* sánscrito *m*.
Santa (Claus) ['sæntə(ˌklaʊz)] *n* Papá *m* Noel.
sap [sæp] (*pt* & *pp* **-ped**, *cont* **-ping**) <> *n* **-1.** [of plant] savia *f* **-2.** *US inf* [gullible person] primo *m*, -ma *f*. <> *vt* [weaken] minar, agotar.
sapling ['sæplɪŋ] *n* árbol *m* nuevo, arbolito *m*.
sapphire ['sæfaɪə^r] *n* zafiro *m*.
Saragossa [ˌsærə'gɒsə] *n* Zaragoza.
Saran wrap® [sə'ræn-] *n US* plástico *m* transparente *(para envolver alimentos).*
sarcasm ['sɑ:kæzm] *n* sarcasmo *m*.
sarcastic [sɑ:'kæstɪk] *adj* sarcástico(ca).
sarcophagus [sɑ:'kɒfəgəs] (*pl* **-gi** [-gaɪ], **-es**) *n* sarcófago *m*.
sardine [sɑ:'di:n] *n* sardina *f*; **to be packed in like ~s** ir como sardinas en lata.
Sardinia [sɑ:'dɪnjə] *n* Cerdeña.
sardonic [sɑ:'dɒnɪk] *adj* sardónico(ca).
Sargasso Sea [sɑ:'gæsəʊ-] *n*: **the** ~ el mar de los Sargazos.
sari ['sɑ:rɪ] *n* sari *m*.
sarong [sə'rɒŋ] *n prenda de vestir malaya que se lleva como falda anudada a la cintura o bajo los brazos.*
sarsaparilla [ˌsɑ:spə'rɪlə] *n* zarzaparrilla *f*.
sartorial [sɑ:'tɔ:rɪəl] *adj fml* en el vestir.
SAS (*abbr of* **Special Air Service**) *n unidad especial del ejército británico encargada de operaciones de sabotaje.*
SASE *n US abbr of* **self-addressed stamped envelope.**
sash [sæʃ] *n* faja *f*.
sash window *n* ventana *f* de guillotina.
sassy ['sæsɪ] *adj US inf* descarado(da), fresco(ca).
sat [sæt] *pt* & *pp* ▷ **sit.**
Sat. (*abbr of* **Saturday**) sáb.
SAT [sæt] *n* **-1.** (*abbr of* **Standard Assessment Test**) *examen de aptitud que se realiza a los siete, once y catorce años en Inglaterra y Gales* **-2.** (*abbr of* **Scholastic Aptitude Test**) *examen de ingreso a la universidad en Estados Unidos.*

SAT

Examen de conocimientos generales que se administra en todo el ámbito estadounidense a los jóvenes que desean asistir a la universidad.. El examen se lleva a cabo en ciertas fechas fijas a lo largo del año escolar, y se puede realizar más de una vez, si es necesario, para obtener un buen resultado. Aunque es una parte importante de la solicitud universitaria, el SAT no es el único criterio de admisión; también se toman en consideración las calificaciones y actividades del estudiante.

Satan ['seɪtn] *n* Satanás *m*, Satán *m*.
satanic [sə'tænɪk] *adj* satánico(ca).
satchel ['sætʃəl] *n* cartera *f*.
sated ['seɪtɪd] *adj fml*: ~ **(with)** saciado(da) (de).
satellite ['sætəlaɪt] <> *n lit & fig* satélite *m*. <> *comp* **-1.** [link, broadcast] por satélite; ~ **dish** [for TV] antena *f* parabólica **-2.** [dependent] satélite.
satellite TV *n* televisión *f* por satélite.
satiate ['seɪʃɪeɪt] *vt fml* saciar, hartar.
satin ['sætɪn] <> *n* satén *m*, raso *m*. <> *comp* de satén, de raso.
satire ['sætaɪə^r] *n* sátira *f*.
satirical [sə'tɪrɪkl] *adj* satírico(ca).
satirist ['sætərɪst] *n* escritor satírico *m*, escritora satírica *f*.
satirize, -ise ['sætəraɪz] *vt* satirizar.
satisfaction [ˌsætɪs'fækʃn] *n* satisfacción *f*; **to do sthg to sb's** ~ hacer algo a la satisfacción OR al gusto de alguien.
satisfactory [ˌsætɪs'fæktərɪ] *adj* satisfactorio(ria).

satisfied ['sætɪsfaɪd] *adj* satisfecho(cha); **you're never ~!** ¡nunca te conformas con nada!; **a ~smile** una sonrisa de satisfacción; **to be ~ with sthg** estar satisfecho con algo; **to be ~ that** estar convencido (de) que.

satisfy ['sætɪsfaɪ] (*pt* & *pp* **-ied**) *vt* **-1.** [gen] satisfacer **-2.** [convince] convencer; **to ~ sb that** convencer a alguien (de) que; **to ~ o.s. that** convencerse (de) que **-3.** [requirements] cumplir, satisfacer.

satisfying ['sætɪsfaɪɪŋ] *adj* **-1.** [pleasant] satisfactorio(ria) **-2.** [filling] sustancioso(sa); **a ~ meal** una comida sustanciosa.

satsuma [ˌsæt'suːmə] *n* satsuma *f, tipo de mandarina.*

saturate ['sætʃəreɪt] *vt* **-1.** [drench]: **to ~ sthg (with)** empapar algo (de); **he was ~d with sweat** estaba empapado de sudor **-2.** [fill completely] saturar; **to ~ sthg (with)** saturar algo (de).

saturated fat ['sætʃəreɪtɪd-] *n* grasa *f* saturada.

saturation [ˌsætʃə'reɪʃn] ◇ *n* saturación *f.* ◇ *comp* [bombing] por saturación; *TV*: **~ coverage** cobertura exhaustiva.

saturation point *n*: **to reach ~** llegar al punto de saturación.

Saturday ['sætədɪ] ◇ *n* sábado *m*; **what day is it? – it's ~** ¿a qué estamos hoy? – estamos a sábado; **on ~** el sábado; **are you going ~?** *inf* ¿te vas el sábado?; **see you ~!** *inf* ¡hasta el sábado!; **on ~s** los sábados; **last ~** el sábado pasado; **this ~** este sábado, el sábado que viene; **next ~** el sábado de la semana que viene; **every ~** todos los sábados; **every other ~** cada dos sábados, un sábado sí y otro no; **the ~ before** el sábado anterior; **the ~ after next** no este sábado sino el siguiente; **the ~ before last** hace dos sábados; **~ week, a week on ~** del sábado en ocho días; **to work ~s** trabajar los sábados. ◇ *comp* del sábado; **~ morning/night** la mañana/noche del sábado; **~/afternoon/evening** la/tarde del sábado; **a ~ job** un trabajo los sábados.

Saturn ['sætən] *n* Saturno *m.*

sauce [sɔːs] *n* **-1.** *CULIN* salsa *f* **-2.** *UK inf* [cheek] frescura *f,* descaro *m.*

sauce boat *n* salsera *f.*

saucepan ['sɔːspən] *n* [with two handles] cacerola *f*; [with one long handle] cazo *m.*

saucer ['sɔːsəʳ] *n* platillo *m.*

saucy ['sɔːsɪ] (*compar* **-ier**, *superl* **-iest**) *adj inf* descarado(da), fresco(ca).

Saudi Arabia [ˌsaʊdɪə'reɪbjə] *n* Arabia Saudí.

Saudi (Arabian) ['saʊdɪ-] ◇ *adj* saudí, saudita. ◇ *n* [person] saudí *m OR f,* saudita *m OR f.*

sauna ['sɔːnə] *n* sauna *f.*

saunter ['sɔːntəʳ] *vi* pasearse (tranquilamente); **he ~ed into the room** entró desenfadadamente en la habitación.

sausage ['sɒsɪdʒ] *n* salchicha *f.*

sausage roll *n UK salchicha envuelta en masa como de empanadilla.*

sauté [*UK* 'səʊteɪ, *US* səʊ'teɪ] (*pt* & *pp* **sautéed** *OR* **sautéd**) ◇ *adj* salteado(da). ◇ *vt* saltear.

savage ['sævɪdʒ] ◇ *adj* [cruel, fierce] feroz, salvaje. ◇ *n pej* salvaje *m OR f.* ◇ *vt* **-1.** [subj: animal] embestir, atacar **-2.** [subj: person] atacar con ferocidad.

savageness ['sævɪdʒnɪs], **savagery** ['sævɪdʒrɪ] *n* salvajismo *m,* ferocidad *f.*

savanna(h) [sə'vænə] *n* sabana *f.*

save [seɪv] ◇ *vt* **-1.** [rescue] salvar, rescatar; **to ~ sb from sthg** salvar a alguien de algo **-2.** [prevent waste of - time, money, energy] ahorrar **-3.** [set aside - money] ahorrar; [- food, strength] guardar; **why don't you ~some of your sweets for later?** ¿por qué no te guardas algunos caramelos para más tarde?; **will you ~me some soup?** ¿me guardarás algo de sopa?; **~your strength for later** ahorra fuerzas para más tarde **-4.** [avoid] evitar; **it ~s having to go to the bank** ahorra tener que ir al banco; **to ~ sb from doing sthg** evitar a alguien (el) hacer algo **-5.** *SPORT* parar **-6.** *COMPUT* guardar **-7.** *phr*: **to ~face** salvar las apariencias. ◇ *vi* ahorrar. ◇ *n SPORT* parada *f.* ◇ *prep fml*: **~ (for)** excepto.

◆ **save up** *vi* ahorrar.

save-as-you-earn *n UK forma de ahorro en que la contribución mensual origina rédito libre de impuestos.*

saveloy ['sævəlɔɪ] *n UK salchicha ahumada muy sazonada.*

saver ['seɪvəʳ] *n* **-1.** [thing that prevents wastage]: **a time ~** algo que ahorra tiempo **-2.** *FIN* ahorrador *m,* -ra *f.*

saving grace ['seɪvɪŋ-] *n* lo único positivo.

savings ['seɪvɪŋz] *npl* ahorros *mpl.*

savings account *n* cuenta *f* de ahorros.

savings bank *n* ≃ caja *f* de ahorros.

saviour *UK*, **savior** *US* ['seɪvjəʳ] *n* salvador *m,* -ra *f.*

◆ **Saviour** *n*: **the Saviour** el Salvador.

savoir-faire [sævwɑː'feəʳ] *n* tacto *m,* don *m* de gentes.

savour *UK*, **savor** *US* ['seɪvəʳ] *vt lit* & *fig* saborear.

savoury *UK* (*pl* **-ies**), **savory** (*pl* **-ies**) *US* ['seɪvərɪ]

<> *adj* **-1.** [not sweet] salado(da) **-2.** *US* [tasty] sabroso(sa) **-3.** [respectable, pleasant] respetable, agradable; **not a very ~ character** un personaje no muy honesto. <> *n* comida *f* de aperitivo.

saw [sɔː] (*UK pt* **-ed**, *pp* **sawn**, *US pt* & *pp* **-ed**) <> *pt* ▷ **see**. <> *n* sierra *f*. <> *vt* serrar.

sawdust ['sɔːdʌst] *n* serrín *m*.

sawed-off shotgun *US* = **sawn-off shotgun**.

sawmill ['sɔːmɪl] *n* aserradero *m*.

sawn [sɔːn] *pp UK* ▷ **saw**.

sawn-off shotgun *UK*, **sawed-off shotgun** *US* [sɔːd-] *n* arma *f* de cañones recortados.

sax [sæks] *n inf* saxo *m*.

Saxon ['sæksn] <> *adj* sajón(ona). <> *n* sajón *m*, -ona *f*.

saxophone ['sæksəfəʊn] *n* saxofón *m*.

saxophonist [*UK* ˌsæks'ɒfənɪst, *US* 'sæksəfəʊnɪst] *n* saxofón *m* OR *f*.

say [seɪ] (*pt* & *pp* **said**) <> *vt* **-1.** [gen] decir; **she said that ...** dijo que ...; **you should have said so!** ¡haberlo dicho!; **to ~ sthg again** repetir algo; **you can ~ that again!** ¡ya lo creo!; **to ~ to o.s.** decirse a uno mismo; **to ~ yes** decir que sí; **he's said to be good** se dice que es bueno; **let's ~ you were to win** pongamos que ganaras; **shall we ~ 9.30?** ¿qué tal a las 9.30?; **to ~ nothing of** sin mencionar; **that goes without ~ing** ni que decir tiene; **to ~ the least** por no decir otra cosa; **I'll ~ this for him/her ...** hay que decir OR admitir que él/ella ...; **it has a lot to be said for it** tiene muy buenos puntos en su favor; **she didn't have much to ~ for herself** *inf* era muy reservada **-2.** [indicate - clock, meter] marcar. <> *n*: **to have a/no ~ in sthg** tener/no tener voz y voto en algo; **let me have my ~** déjame decir lo que pienso.

◆ **that is to say** *adv* es decir.

SAYE *n abbr of* **save as you earn**.

saying ['seɪɪŋ] *n* dicho *m*.

say-so *n inf* **-1.** [unproven statement]: **it's only ~** es algo que se dice, solamente **-2.** [permission] aprobación *f*.

SBA (*abbr of* **Small Business Administration**) *n organismo gubernamental estadounidense de ayuda a la pequeña empresa.*

s/c *abbr of* **self-contained**.

scab [skæb] *n* **-1.** MED costra *f* **-2.** *pej* [non-striker] esquirol *m*.

scabby ['skæbɪ] (*compar* **-ier**, *superl* **-iest**) *adj* costroso(sa).

scabies ['skeɪbiːz] *n (U)* sarna *f*.

scaffold ['skæfəʊld] *n* **-1.** [around building] andamio *m* **-2.** [for execution] cadalso *m*, patíbulo *m*.

scaffolding ['skæfəldɪŋ] *n (U)* andamios *mpl*, andamiaje *m*.

scalawag *US* = **scallywag**.

scald [skɔːld] <> *n* escaldadura *f*. <> *vt* escaldar.

scalding ['skɔːldɪŋ] *adj* hirviendo.

scale [skeɪl] <> *n* **-1.** [of map] escala *f*; **to ~** a escala; **not drawn to ~** no hecho(cha) a escala **-2.** [size, extent] tamaño *m*, escala *f*; **on a large ~** a gran escala **-3.** [on measuring equipment] escala *f* **-4.** [music] escala *f* **-5.** [of fish, snake] escama *f* **-6.** *US* = **scales**. <> *vt* **-1.** [climb] escalar **-2.** [remove scales from] escamar.

◆ **scales** *npl* **-1.** [for weighing food] balanza *f* **-2.** [for weighing person] báscula *f*; **bathroom ~s** báscula de baño.

◆ **scale down** *vt fus* reducir.

scale diagram *n* diagrama *m* en escala.

scale model *n* maqueta *f*.

scallion ['skæljən] *n US* cebolleta *f*.

scallop ['skɒləp] <> *n* ZOOL vieira *f*. <> *vt* [decorate edge of] festonear.

scalp [skælp] <> *n* cuero *m* cabelludo. <> *vt* cortar la cabellera a.

scalpel ['skælpəl] *n* bisturí *m*.

scaly ['skeɪlɪ] *adj* [skin] escamoso(sa).

scam [skæm] *n inf* estratagema *f*.

scamp [skæmp] *n inf* bribón *m*, -ona *f*, tunante *m*, -ta *f*.

scamper ['skæmpəʳ] *vi* corretear.

scampi ['skæmpɪ] *n (U)*: **(breaded) ~** gambas *fpl* a la gabardina.

scan [skæn] (*pt* & *pp* **-ned**, *cont* **-ning**) <> *n* exploración *f* ultrasónica. <> *vt* **-1.** [examine carefully] examinar **-2.** [glance at] dar un vistazo a **-3.** ELECTRON & TV registrar **-4.** COMPUT hacer un escáner de. <> *vi* **-1.** LITERATURE estar bien medido(da) **-2.** COMPUT hacer un escáner.

scandal ['skændl] *n* **-1.** [scandalous event, outrage] escándalo *m* **-2.** [scandalous talk] habladurías *fpl*.

scandalize, ise ['skændəlaɪz] *vt* escandalizar.

scandalous ['skændələs] *adj* escandaloso(sa).

Scandinavia [ˌskændɪ'neɪvjə] *n* Escandinavia.

Scandinavian [ˌskændɪ'neɪvjən] <> *adj* escandinavo(va). <> *n* [person] escandinavo *m*, -va *f*.

scanner ['skænəʳ] *n* COMPUT & MED escáner *m*.

scant [skænt] *adj* escaso(sa).

scanty ['skæntɪ] (*compar* **-ier**, *superl* **-iest**) *adj* [amount, resources] escaso(sa); [dress] ligero(ra); [meal] insuficiente.

scapegoat ['skeɪpgəʊt] *n* cabeza *f* de turco.

scar [skɑːʳ] (*pt* & *pp* **-red**, *cont* **-ring**) <> *n* **-1.** [physical] cicatriz *f* **-2.** *fig* [mental] señal *f*. <> *vt* **-1.** [physically] dejar una cicatriz en; **he was**

~red for life quedó marcado(da) de por vida **-2.** *fig* [mentally] marcar.

scarce ['skeəs] *adj* escaso(sa); **to make o.s. ~** esfumarse, quitarse de en medio.

scarcely ['skeəslɪ] *adv* apenas; **~ anyone/ever** casi nadie/nunca.

scarcity ['skeəsətɪ] *n* escasez *f*; **it has ~ value** tiene un gran valor debido a su rareza.

scare [skeəʳ] ◇ *n* **-1.** [sudden fear] susto *m*, sobresalto *m* **-2.** [public fear] temor *m* **-3.** [panic] **there was a bomb ~** hubo una amenaza de bomba. ◇ *vt* asustar, sobresaltar.

◆ **scare away, scare off** *vt sep* ahuyentar.

scarecrow ['skeəkrəʊ] *n* espantapájaros *m inv*.

scared ['skeəd] *adj* **-1.** [frightened] asustado(da); **don't be ~** no te asustes; **to be ~ stiff** *OR* **to death** estar muerto de miedo **-2.** [worried]: **to be ~ that** tener miedo que.

scarey ['skeərɪ] = **scary**.

scarf [skɑːf] (*pl* **-s** *OR* **scarves**) ◇ *n* [for neck] bufanda *f*; [for head] pañuelo *m* de cabeza. ◇ *vt US* [eat]: **~ (down)** zamparse.

scarlet ['skɑːlət] ◇ *adj* color escarlata. ◇ *n* escarlata *f*.

scarlet fever *n* escarlatina *f*.

scarves [skɑːvz] *pl* ▷ **scarf**.

scary ['skeərɪ] (*compar* **-ier**, *superl* **-iest**) *adj inf* espeluznante.

scathing ['skeɪðɪŋ] *adj* mordaz; **to be ~ about sthg/sb** criticar duramente algo/a alguien.

scatter ['skætəʳ] ◇ *vt* esparcir, desparramar. ◇ *vi* dispersarse.

scatterbrained ['skætəbreɪnd] *adj inf* atolondrado(da).

scattered ['skætəd] *adj* disperso(sa).

scattering ['skætərɪŋ] *n*: **a ~ of snow** un poco de nieve.

scatty ['skætɪ] (*compar* **-ier**, *superl* **-iest**) *adj UK inf* atolondrado(da).

scavenge ['skævɪndʒ] ◇ *vt* **-1.** [subj: animal]: **to ~ food** buscar carroña **-2.** [subj: person] rebuscar entre las basuras. ◇ *vi* **-1.** [animal]: **to ~ for food** buscar carroña **-2.** [person]: **to ~ for sthg** rebuscar algo.

scavenger ['skævɪndʒəʳ] *n* **-1.** [animal] carroñero *m*, -ra *f* **-2.** [person] persona *f* que rebusca en las basuras.

SCE (*abbr of* **Scottish Certificate of Education**) *n título de enseñanza secundaria en Escocia*.

scenario [sɪ'nɑːrɪəʊ] (*pl* **-s**) *n* **-1.** [possible situation] situación *f* hipotética **-2.** [of film, play] resumen *m* del argumento.

scene [siːn] *n* **-1.** [gen, theatre] escena *f*; **behind the ~s** entre bastidores; *fig* **and then she appeared on the ~** y entonces apareció en escena **-2.** [painting of place] panorama *m*, paisaje *m* **-3.** [location] sitio *m*; **on the ~** en el sitio; **the ~ of the crime** la escena del crimen; **a change of ~** un cambio de ambiente *OR* de aires; **it's not my ~** no es lo mío **-4.** [show of emotion] jaleo *m*, escándalo *m*; **to make a ~** montar una escena **-5.** *phr*: **to set the ~** [for person] describir la escena; [for event] crear el ambiente propicio.

scenery ['siːnərɪ] *n (U)* **-1.** [of countryside] paisaje *m* **-2.** *THEATRE* decorado *m*.

scenic ['siːnɪk] *adj* [view] pintoresco(ca); [tour] turístico(ca).

scenic route *n* ruta *f* turística.

scent [sent] ◇ *n* **-1.** [smell - of flowers] fragancia *f*; [- of animal] rastro *m* **-2.** *fig* [track] pista *f*; **to lose the ~** perder la pista; **to throw sb off the ~** burlar a alguien **-3.** [perfume] perfume *m*. ◇ *vt* **-1.** [subj: animal] olfatear, husmear **-2.** *fig* [subj: person] percibir.

scented ['sentɪd] *adj* perfumado(da).

scepter *US* = **sceptre**.

sceptic *UK*, **skeptic** *US* ['skeptɪk] *n* escéptico *m*, -ca *f*.

sceptical *UK*, **skeptical** *US* ['skeptɪkl] *adj* escéptico(ca); **to be ~ about** tener muchas dudas acerca de.

scepticism *UK*, **skepticism** *US* ['skeptɪsɪzm] *n* escepticismo *m*.

sceptre *UK*, **scepter** *US* ['septəʳ] *n* cetro *m*.

schedule [*UK* 'ʃedjuːl, *US* 'skedʒʊl] ◇ *n* **-1.** [plan] programa *m*, plan *m*; **(according) to ~** según lo previsto; **on ~** sin retraso; **ahead of ~** con adelanto; **behind ~** con retraso **-2.** [of prices, contents] lista *f*; [of times] horario *m*. ◇ *vt*: **to ~ sthg (for)** fijar algo (para).

scheduled flight [*UK* 'ʃedjuːld-, *US* 'skedʒʊld-] *n* vuelo *m* regular.

schematic [skɪ'mætɪk] *adj* esquemático(ca).

scheme [skiːm] ◇ *n* **-1.** [plan] plano *m*, proyecto *m*; **pension ~** plan *m* de pensiones **-2.** *pej* [dishonest plan] intriga *f*, treta *f* **-3.** [arrangement, decoration - of room] disposición *f*; **colour ~** combinación *f* de colores **-4.** *phr*: **the ~ of things** el orden de las cosas. ◇ *vi pej*: **to ~ (to do sthg)** intrigar (para hacer algo).

scheming ['skiːmɪŋ] *adj* intrigante.

schism ['sɪzm, 'skɪzm] *n* cisma *f*.

schizophrenia [ˌskɪtsə'friːnjə] *n* esquizofrenia *f*.

schizophrenic [ˌskɪtsə'frenɪk] ◇ *adj* esquizofrénico(ca). ◇ *n* esquizofrénico *m*, -ca *f*.

schlock [ʃlɒk] *n US* [worthless things] porquerías *fpl*.

schmal(t)z [ʃmɔːlts] *n inf* sensiblería *f*.

schmuck [ʃmʌk] *n US inf* tonto *m*, -ta *f*.
scholar [ˈskɒləʳ] *n* **-1.** [expert] erudito *m*, -ta *f* **-2.** *dated* [student] alumno *m*, -na *f* **-3.** [holder of scholarship] becario *m*, -ria *f*.
scholarship [ˈskɒləʃɪp] *n* **-1.** [grant] beca *f* **-2.** [learning] erudición *f*.
scholastic [skəˈlæstɪk] *adj fml* escolar.
school [sku:l] *n* **-1.** [for children] colegio *m*, escuela *f*; **to go to ~** ir al colegio, ir a la escuela; **the children are at ~** los niños están en el colegio; **art ~** escuela *f* de arte; **driving ~** autoescuela *f*; **law/medical ~** facultad *f* de derecho/medicina **-2.** *US* [university] universidad *f* **-3.** [group of fish, dolphins] banco *m*.
school age *n* edad *f* escolar.
schoolbook [ˈsku:lbʊk] *n* libro *m* de texto.
schoolboy [ˈsku:lbɔɪ] *n* colegial *m*, escolar *m*.
schoolchild [ˈsku:ltʃaɪld] (*pl* **-children** [-tʃɪldrən]) *n* colegial *m*, -la *f*, escolar *mf*.
schooldays [ˈsku:ldeɪz] *npl* años *mpl* de colegio.
school dinner *n* comida *f* del colegio.
school friend *n* amigo *m*, -ga *f* de colegio.
schoolgirl [ˈsku:lgɜ:l] *n* colegiala *f*, escolar *f*.
schooling [ˈsku:lɪŋ] *n* educación *f* escolar.
schoolkid [ˈsku:lkɪd] *n inf* colegial *m*, -la *f*, alumno *m*, -na *f*.
school-leaver [-ˌli:vəʳ] *n UK joven que ha terminado la enseñanza.*
school-leaving age [-ˈli:vɪŋ-] *n edad de finalización de la enseñanza obligatoria.*
schoolmaster [ˈsku:lˌmɑ:stəʳ] *n dated* [at primary school] maestro *m*; [at secondary school] profesor *m*.
schoolmistress [ˈsku:lˌmɪstrɪs] *n dated* [at primary school] maestra *f*; [at secondary school] profesora *f*.
school of thought *n* corriente *f* de opinión.
school report *n* informe *m* escolar.
schoolroom [ˈsku:lrʊm] *n dated* clase *f*, aula *f*.
schoolteacher [ˈsku:lˌti:tʃəʳ] *n* [primary] maestro *m*, -tra *f*; [secondary] profesor *m*, -ra *f*.
school uniform *n* uniforme *m* escolar.
schoolwork [ˈsku:lwɜ:k] *n (U)* trabajo *m* escolar.
school year *n* año *m* escolar.
schooner [ˈsku:nəʳ] *n* **-1.** [ship] goleta *f* **-2.** *UK* [sherry glass] copa *f* larga (para jerez).
sciatica [saɪˈætɪkəl] *n* ciática *f*.
science [ˈsaɪəns] ◇ *n* ciencia *f*; **his best subject is ~** su mejor asignatura son las ciencias. ◇ *comp* de ciencias; **~lab** laboratorio de ciencias.
science fiction *n* ciencia *f* ficción.
scientific [ˌsaɪənˈtɪfɪk] *adj* científico(ca).
scientist [ˈsaɪəntɪst] *n* científico *m*, -ca *f*.
sci-fi [ˈsaɪˈfaɪ] (*abbr of* **science fiction**) *n inf* ciencia *f* ficción.
Scilly Isles [ˈsɪlɪ-], **Scillies** [ˈsɪlɪz] *npl*: **the ~** las islas Sorlinga.
scintillating [ˈsɪntɪleɪtɪŋ] *adj* brillante, chispeante.
scissors [ˈsɪzəz] *npl* tijeras *fpl*; **a pair of ~** unas tijeras.
sclerosis ▷ **multiple sclerosis**.
scoff [skɒf] ◇ *vt UK inf* zamparse, tragarse. ◇ *vi*: **to ~ (at sb/sthg)** mofarse OR burlarse (de alguien/de algo).
scold [skəʊld] *vt* regañar, reñir.
scone [skɒn] *n bollo tomado con té a la hora de la merienda.*
scoop [sku:p] ◇ *n* **-1.** [utensil - for sugar] cucharita *f* plana; [- for ice cream] pinzas *fpl (de helado)*; [- for flour] paleta *f* **-2.** [amount - of sugar] cucharilla *f*; [- of ice cream] bola *f* **-3.** PRESS exclusiva *f*; **to make a ~** conseguir una exclusiva. ◇ *vt* **-1.** [with hands] recoger **-2.** [with utensil] recoger con cucharilla.
◆ **scoop out** *vt sep* sacar con cuchara.
scoot [sku:t] *vi inf* ir pitando; **go on, ~!** vamos, ¡lárgate!
scooter [ˈsku:təʳ] *n* **-1.** [toy] patinete *m* **-2.** [motorcycle] escúter *m*, Vespa® *f*, motoneta *f* *Amér.*
scope [skəʊp] *n (U)* **-1.** [opportunity] posibilidades *fpl*; **there is ~ for improvement** se puede mejorar **-2.** [range] alcance *m*.
scorch [skɔ:tʃ] ◇ *vt* [dress, fabric, grass] chamuscar; [face, skin] quemar. ◇ *vi* [burn - dress, material] chamuscarse; [face, skin] quemarse.
scorched earth policy [skɔ:tʃt-] *n* política *f* de tierra quemada.
scorcher [ˈskɔ:tʃəʳ] *n inf* día *m* abrasador.
scorching [ˈskɔ:tʃɪŋ] *adj inf* abrasador(ra).
score [skɔ:ʳ] ◇ *n* **-1.** [in test] calificación *f*, nota *f*; [in competition, game] puntuación *f*; **are you keeping (the) ~?** ¿llevas el tanteo? **-2.** SPORT resultado *m*; **what's the ~?** ¿cómo van?; **the final ~ was 2 all** el resultado final fue empate a dos **-3.** *dated* [twenty] veintena *f* **-4.** MUS partitura *f* **-5.** [subject]: **on that ~** a ese respecto, por lo que se refiere a eso **-6.** *phr* **to have a ~ to settle with sb** tener una cuenta que saldar con alguien; **to know the ~** conocer el percal. ◇ *vt* **-1.** SPORT marcar **-2.** [achieve - success, victory] obtener **-3.** [cut] grabar. ◇ *vi* **-1.** SPORT marcar **-2.** [in test etc] obtener una puntuación; **you ~d well in part one** obtuviste una buena puntuación en la prime-

ra parte **-3.** [win in an argument]: **to ~ over sb** aventajar a alguien.

◆ **scores** *npl* [large number]: **~s (of)** montones *mpl* (de).

◆ **score out** *vt sep UK* tachar.

scoreboard ['skɔːbɔːd] *n* tanteador *m*, marcador *m*.

scorer ['skɔːrəʳ] *n* **-1.** [official] tanteador *m*, -ra *f* **-2.** [player - in football] goleador *m*, -ra *f*; [- in other sports] marcador *m*, -ra *f*.

scorn [skɔːn] <> *n* menosprecio *m*, desdén *m*; **to pour ~ on sthg/sb** despreciar algo/a alguien. <> *vt* menospreciar, desdeñar.

scornful ['skɔːnfʊl] *adj* despectivo(va), de desdén; **to be ~ of sthg** desdeñar algo.

scornfully ['skɔːnfʊlɪ] *adv* con desdén.

Scorpio ['skɔːpɪəʊ] (*pl* **-s**) *n* Escorpión *m*; **to be (a) ~** ser Escorpión.

scorpion ['skɔːpjən] *n* escorpión *m*, alacrán *m*.

Scot [skɒt] *n* escocés *m*, -esa *f*.

scotch [skɒtʃ] *vt* [rumour] poner fin a, desmentir; [idea] desechar.

Scotch [skɒtʃ] *n* whisky *m* escocés.

Scotch egg *n UK bola de fiambre de salchicha rebozada y con huevo duro en el centro.*

Scotch tape® *n US* ≃ celo® *m*, cinta *f* Scotch® *Amér*, ≃ durex® *m Arg, Bol, Méx*, ≃ Scotch® *m Andes*.

scot-free *adj inf*: **to get off ~** salir impune.

Scotland ['skɒtlənd] *n* Escocia.

Scotland Yard *n sede central de la policía londinense. Por extensión, ésta última.*

Scots [skɒts] <> *adj* escocés(esa). <> *n* [dialect] escocés *m*.

Scotsman ['skɒtsmən] (*pl* **-men** [-mən]) *n* escocés *m*.

Scotswoman ['skɒtswʊmən] (*pl* **-women** [-ˌwɪmɪn]) *n* escocesa *f*.

Scottish ['skɒtɪʃ] *adj* escocés(esa).

Scottish National Party *n*: **the ~** el Partido Nacionalista Escocés.

scoundrel ['skaʊndrəl] *n dated* sinvergüenza *m*, canalla *m*.

scour [skaʊəʳ] *vt* **-1.** [clean] fregar, restregar **-2.** [search] registrar, batir; **they ~ed the countryside looking for the little girl** peinaron el campo en busca de la niña.

scourer ['skaʊrəʳ] *n* estropajo *m*.

scourge [skɜːdʒ] *n* [cause of suffering] azote *m*.

scout [skaʊt] *n* MIL explorador *m*.

◆ **Scout** *n* [boy scout] explorador *m*.

◆ **scout around** *vi*: **to ~ around (for)** explorar el terreno (en busca de).

scowl [skaʊl] <> *n* ceño *m* fruncido. <> *vi* fruncir el ceño; **to ~ at sb** mirar con ceño a alguien.

scrabble ['skræbl] *vi* **-1.** [scramble, scrape] escarbar; **to ~ up/down** subir/bajar escarbando **-2.** [feel around] palpar en busca de algo; **to ~ around for sthg** hurgar en busca de algo.

Scrabble® ['skræbl] *n* Scrabble® *m*.

scraggy ['skrægɪ] (*compar* **-ier**, *superl* **-iest**) *adj inf* flaco(ca).

scram [skræm] (*pt* & *pp* **-med**, *cont* **-ming**) *vi inf* largarse; **scram!** ¡lárgate!

scramble ['skræmbl] <> *n* [rush] pelea *f*; **he got hurt in the ~ for the door** resultó herido en la desbandada que hubo hacia la puerta. <> *vi* **-1.** [climb] trepar **-2.** [move clumsily]: **to ~ to one's feet** levantarse rápidamente y tambaleándose; **to ~ out of the way** apartarse atropelladamente.

scrambled eggs ['skræmbld-] *npl* huevos *mpl* revueltos.

scrambler ['skræmbləʳ] *n* COMPUT distorsionador *m* (de frecuencias).

scrambling ['skræmblɪŋ] *n* motocross *m*; **to go ~** hacer motocross.

scrap [skræp] (*pt* & *pp* **-ped**, *cont* **-ping**) <> *n* **-1.** [small piece] trozo *m*, pedazo *m*; **it won't make a ~ of difference** no lo cambiará en lo más mínimo **-2.** *(U)* [metal] chatarra *f*; **he sold it for ~** lo vendió para chatarra **-3.** *inf* [fight, quarrel] pelotera *f*; **to have a ~** pelearse. <> *vt* desechar, descartar.

◆ **scraps** *npl* [food] sobras *fpl*.

scrapbook ['skræpbʊk] *n* álbum *m* de recortes.

scrap dealer *n* chatarrero *m*, -ra *f*.

scrape [skreɪp] <> *n* **-1.** [noise] chirrido *m* **-2.** *dated* [difficult situation] apuro *m*, lío *m*. <> *vt* **-1.** [remove]: **to ~ sthg off sthg** raspar algo de algo **-2.** [vegetables] raspar **-3.** [car, bumper, glass] rayar; [knee, elbow, skin] rasguñar, arañar. <> *vi* [rub]: **to ~ against/on sthg** rozar contra/en algo.

◆ **scrape through** *vt fus* [exam] aprobar por los pelos.

◆ **scrape together, scrape up** *vt sep* juntar (a duras penas).

scraper ['skreɪpəʳ] *n* raspador *m*.

scrap heap *n* montón *m* de chatarra; **to end up on the ~** [idea, plan] ir a parar en el cubo de basura; [person] quedar arrinconado(da); **to throw sthg on the ~** descartar algo.

scrapings ['skreɪpɪŋz] *npl* raspaduras *fpl*.

scrap merchant *n UK* chatarrero *m*, -ra *f*.

scrap metal *n* chatarra *f*.

scrap paper *UK*, **scratch paper** *US n (U)*

papel *m* usado.

scrappy ['skræpɪ] (*compar* **-ier**, *superl* **-iest**) *adj pej* deshilvanado(da), fragmentario(ria).

scrapyard ['skræpjɑ:d] *n* [gen] depósito *m* de chatarra; [for cars] cementerio *m* de coches.

scratch [skrætʃ] ◇ *n* **-1.** [wound] arañazo *m*, rasguño *m* **-2.** [mark] raya *f*, surco *m* **-3.** *phr*: **to do sthg from ~** hacer algo partiendo desde el principio; **to be up to ~** estar a la altura requerida. ◇ *vt* **-1.** [wound] arañar, rasguñar **-2.** [mark] rayar **-3.** [rub - head, leg] rascar; **to ~ o.s.** rascarse; **he ~ed his head** se rascó la cabeza. ◇ *vi* **-1.** [make mark]: **to ~ at/against sthg** arañar algo **-2.** [rub] rascarse.

scratch card *n tarjeta con una zona que hay que rascar para ver si contiene premio.*

scratchpad ['skrætʃpæd] *n US* bloc *m* de notas.

scratch paper *US* = scrap paper.

scratchy ['skrætʃɪ] (*compar* **-ier**, *superl* **-iest**) *adj* **-1.** [record] rayado(da); [sound] que chirría **-2.** [material] áspero(ra); [pen] que raspea.

scrawl [skrɔ:l] ◇ *n* garabatos *mpl.* ◇ *vt* garabatear.

scrawny ['skrɔ:nɪ] (*compar* **-ier**, *superl* **-iest**) *adj* flaco(ca).

scream [skri:m] ◇ *n* **-1.** [cry, shout] grito *m*, chillido *m*; **~s of laughter** carcajadas *fpl* **-2.** [noise] chirrido *m* **-3.** *inf* [funny person]: **she's a ~** ella es la monda. ◇ *vt* vociferar. ◇ *vi* **-1.** [person] gritar, chillar; **to ~ at sb** gritar a alguien **-2.** [tyres] chirriar; [jet] silbar.

scree [skri:] *n montón de piedras desprendidas de la ladera de una montaña.*

screech [skri:tʃ] ◇ *n* **-1.** [of person] chillido *m*; [of bird] chirrido *m* **-2.** [of car, tyres] chirrido *m*, rechinar *m*. ◇ *vt* gritar. ◇ *vi* **-1.** [person, bird] chillar **-2.** [car, tyres] chirriar, rechinar.

screen [skri:n] ◇ *n* **-1.** TV, CINEMA & COMPUT pantalla *f* **-2.** [panel] biombo *m*. ◇ *vt* **-1.** [show in cinema] proyectar **-2.** [broadcast on TV] emitir **-3.** [shield]: **to ~ sthg/sb (from)** proteger algo/a alguien (de) **-4.** [candidate, patient] examinar; **to ~ sb for sthg** hacer un chequeo a alguien para algo.

◆ **screen off** *vt sep* separar mediante un biombo.

screen door *n* puerta *f* de tela metálica.

screening ['skri:nɪŋ] *n* **-1.** [of film] proyección *f* **-2.** [of TV programme] emisión *f* **-3.** [for security] examen *m*, investigación *f* **-4.** MED [examination] chequeo *m*.

screen memory *n* COMPUT memoria *f* en pantalla.

screenplay ['skri:npleɪ] *n* guión *m*.

screen saver *n* COMPUT salvapantallas *m inv.*

screen test *n* prueba *f* cinematográfica.

screenwriter ['skri:nˌraɪtəʳ] *n* guionista *m* OR *f*.

screw [skru:] ◇ *n* [for fastening] tornillo *m*. ◇ *vt* **-1.** [fix]: **to ~ sthg to** atornillar algo a **-2.** [twist] enroscar; **to ~ a lid on** poner la tapa de rosca **-3.** *vulg* [woman] follar, coger *Amér.* ◇ *vi*: **the lid ~s on/off** la tapa se abre/cierra enroscándola.

◆ **screw up** *vt sep* **-1.** [sheet of paper etc] arrugar **-2.** [eyes] entornar; [face] arrugar **-3.** *v inf* [ruin] jorobar.

screwball ['skru:bɔ:l] *n US* [person] cabeza *m* OR *f* loca; **~ comedy** *US* comedia *f* disparatada.

screwdriver ['skru:ˌdraɪvəʳ] *n* destornillador *m*, desarmador *m Méx.*

screwtop jar ['skru:tɒp-] *n* tarro *m* con tapa de rosca.

screwy ['skru:ɪ] *adj US inf* pirado(da).

scribble ['skrɪbl] ◇ *n* garabato *m*. ◇ *vt & vi* garabatear.

scribe [skraɪb] *n fml* amanuense *m* OR *f*, scriba *f*.

scrimp [skrɪmp] *vi*: **to ~ and save (to do sthg)** apretarse el cinturón (para hacer algo).

script [skrɪpt] *n* **-1.** [of play, film etc] guión *m* **-2.** [system of writing] escritura *f* **-3.** [handwriting] letra *f*.

scripted ['skrɪptɪd] *adj* con guión.

Scriptures ['skrɪptʃəz] *npl*: **the ~** las Sagradas Escrituras.

scriptwriter ['skrɪptˌraɪtəʳ] *n* guionista *m* OR *f*.

scroll [skrəʊl] ◇ *n* rollo *m* de pergamino/papel. ◇ *vt* COMPUT desplazar.

◆ **scroll down** *vi* COMPUT desplazarse hacia abajo.

◆ **scroll up** *vi* COMPUT desplazarse hacia arriba.

scroll bar *n* COMPUT barra *f* de desplazamiento.

scrooge [skru:dʒ] *n inf pej* ruin *m* OR *f*, tacaño *m*, -ña *f*.

scrotum ['skrəʊtəm] (*pl* **-ta** [-tə], **-tums**) *n* escroto *m*.

scrounge [skraʊndʒ] *inf* ◇ *vt* gorrear, gorronear. ◇ *vi*: **to ~ (off sb)** *UK* gorrear OR gorronear (de alguien).

scrounger ['skraʊndʒəʳ] *n inf* gorrón *m*, -ona *f*.

scrub [skrʌb] (*pt & pp* **-bed**, *cont* **-bing**) ◇ *n* **-1.** [rub] restregón *m*, fregado *m*; **give it a good ~** dale un buen fregado **-2.** [undergrowth] maleza *f*. ◇ *vt* restregar.

scrubbing brush *UK* ['skrʌbɪŋ-], **scrub brush** *US n* cepillo *m* de fregar.

scruff [skrʌf] *n*: **by the ~ of the neck** por el pescuezo.

scruffy ['skrʌfɪ] (*compar* **-ier**, *superl* **-iest**) *adj* [person] dejado(da); [clothes] andrajoso(sa); [room] desordenado(da).

scrum(mage) ['skrʌm(ɪdʒ)] *n* RUGBY melé *f*.

scrumptious ['skrʌmpʃəs] *adj inf* riquísimo(ma).

scrunch [skrʌntʃ] *inf* ◇ *vt* estrujar. ◇ *vi* crujir.

scruples ['skru:plz] *npl* escrúpulos *mpl*.

scrupulous ['skru:pjʊləs] *adj* escrupuloso(sa).

scrupulously ['skru:pjʊləslɪ] *adv* **-1.** [fairly] escrupulosamente **-2.** [thoroughly] completamente, totalmente; **~ clean** impecable.

scrutinize, -ise ['skru:tɪnaɪz] *vt* escudriñar.

scrutiny ['skru:tɪnɪ] *n (U)* escrutinio *m*, examen *m*; **to be open to public ~** estar expuesto(ta) al examen del público; **to come under the ~ of** ser cuidadosamente examinado(da) por.

scuba diving ['sku:bə-] *n* buceo *m* con botellas de oxígeno.

scud [skʌd] (*pt* & *pp* **-ded**, *cont* **-ding**) *vi literary* deslizarse rápidamente.

scuff [skʌf] *vt* **-1.** [drag] arrastrar **-2.** [damage - shoes] pelar; [- furniture, floor] rayar.

scuffle ['skʌfl] ◇ *n* refriega *f*, reyerta *f*; **there were ~s between the police and demonstrators** hubo enfrentamientos entre la policía y los manifestantes. ◇ *vi*: **to ~ (with sb)** pelearse (con alguien).

scull [skʌl] ◇ *n* [oar] remo *m*. ◇ *vi* remar.

scullery ['skʌlərɪ] (*pl* **-ies**) *n* trascocina *f*, fregadero *m*.

sculpt [skʌlpt] *vt* esculpir.

sculptor ['skʌlptə[r]] *n* escultor *m*, -ra *f*.

sculpture ['skʌlptʃə[r]] ◇ *n* escultura *f*. ◇ *vt* esculpir.

scum [skʌm] *n (U)* **-1.** [froth] espuma *f* **-2.** *v inf pej* [worthless people] escoria *f*; **to be the ~ of the earth** ser la escoria de la sociedad.

scupper ['skʌpə[r]] *vt* NAUT & *fig* hundir.

scurf [skɜ:f] *n* caspa *f*.

scurrilous ['skʌrələs] *adj fml* injurioso(sa), difamatorio(ria).

scurry ['skʌrɪ] (*pt* & *pp* **-ied**) *vi*: **to ~ off** OR **away** escabullirse.

scurvy ['skɜ:vɪ] *n* escorbuto *m*.

scuttle ['skʌtl] ◇ *n* cubo *m* del carbón, carbonera *f*. ◇ *vi* [rush]: **to ~ off** OR **away** escabullirse.

scythe [saɪð] ◇ *n* guadaña *f*. ◇ *vt* guadañar, segar.

SDI (*abbr of* **Strategic Defense Initiative**) *n* IDE *f*.

SDLP (*abbr of* **Social Democratic and Labour Party**) *n partido político norirlandés que defiende la integración pacífica en la república de Irlanda.*

SDP (*abbr of* **Social Democratic Party**) *n partido político británico formado como escisión centrista del partido laborista.*

SE (*abbr of* **south-east**) SE.

sea [si:] *n* **-1.** [not land] mar *m* OR *f*; **at ~** en el mar; **by ~** en barco; **by the ~** a orillas del mar; **out to ~** [away from shore] mar adentro; [across the water] hacia el mar **-2.** [not ocean] mar *m* **-3.** *fig* [large number] mar *m*; **a ~ of faces** un mar de caras **-4.** *phr*: **to be all at ~** estar totalmente perdido(da).

◆ **seas** *npl*: **the ~s** los mares; **to sail the ~s** surcar los mares.

sea air *n* aire *m* del mar.

sea anemone *n* anémona *f* de mar.

seabed ['si:bed] *n*: **the ~** el lecho marino.

seabird ['si:bɜ:d] *n* ave *f* marina.

seaboard ['si:bɔ:d] *n fml* litoral *m*.

sea breeze *n* brisa *f* marina.

seafaring ['si:ˌfeərɪŋ] *adj* marinero(ra).

seafood ['si:fu:d] *n (U)* mariscos *mpl*.

seafront ['si:frʌnt] *n* paseo *m* marítimo.

seagoing ['si:ˌgəʊɪŋ] *adj* de alta mar.

seagull ['si:gʌl] *n* gaviota *f*.

seahorse ['si:hɔ:s] *n* caballo *m* de mar.

seal [si:l] (*pl inv* OR **-s**) ◇ *n* **-1.** [animal] foca *f* **-2.** [official mark] sello *m*; **~ of approval** aprobación *f*, visto *m* bueno; **she has given it her ~ of approval** le ha dado el visto bueno; **to put** OR **set the ~ on sthg** sellar algo **-3.** [on bottle, meter] precinto *m*; [on letter] sello *m* **-4.** TECH sello *m*. ◇ *vt* **-1.** [envelope] sellar, cerrar **-2.** [opening, tube, crack] tapar, cerrar; **that decision has ~ed his** OR **fate** OR **doom** la decisión ha determinado su destino.

◆ **seal off** *vt sep* [entrance, exit] cerrar; [area] acordonar.

sealable ['si:lɪbl] *adj* precintable.

sea lane *n* ruta *f* marítima.

sealant ['si:lənt] *n* [of document, bottle] sello *m*; [for leaks, wood] aislante *m*.

sea level *n* nivel *m* del mar.

sealing wax ['si:lɪŋ-] *n* lacre *m*.

sea lion (*pl inv* OR **-s**) *n* león *m* marítimo.

sealskin ['si:lskɪn] *n* piel *f* de foca.

seam [si:m] *n* **-1.** SEWING costura *f*; **to be bursting at the ~s** estar a tope **-2.** [of coal] veta *f*.

seaman ['si:mən] (*pl* **-men** [-mən]) *n* marinero *m*.

seamanship ['si:mənʃɪp] *n* náutica *f*.

sea mist *n* bruma *f*.

seamless ['si:mlɪs] *adj* SEWING sin costura.

seamstress ['semstrɪs] *n* costurera *f*.

seamy ['si:mɪ] (*compar* **-ier**, *superl* **-iest**) *adj* sórdido(da).

séance ['seɪɒns] *n* sesión *f* de espiritismo.
seaplane ['si:pleɪn] *n* hidroavión *m*.
seaport ['si:pɔ:t] *n* puerto *m* de mar.
search [sɜ:tʃ] ◇ *n* [gen] búsqueda *f*; [of room, drawer] registro *m*; [of person] cacheo *m*; **~ for sthg** búsqueda de algo; **in ~ of** en busca de. ◇ *vt* [gen] registrar; [one's mind] escudriñar; **to ~ sthg for sthg** buscar algo en algo. ◇ *vi*: **to ~ (for sthg/sb)** buscar (algo/a alguien); **he was ~ed at the airport** lo registraron en el aeropuerto.
◆ **search out** *vt sep* encontrar, descubrir.
search engine *n* COMPUT motor *m* de búsqueda.
searcher ['sɜ:tʃə^r] *n* buscador *m*, -ra *f*.
searching ['sɜ:tʃɪŋ] *adj* [question] agudo(da); [look] penetrante.
searchlight ['sɜ:tʃlaɪt] *n* reflector *m*, proyector *m*.
search party *n* equipo *m* de búsqueda.
search warrant *n* mandamiento *m* de registro.
searing ['sɪərɪŋ] *adj* **-1.** [pain] punzante; [heat] abrasador(ra) **-2.** [criticism] acerado(da).
sea salt *n* sal *f* marina.
seashell ['si:ʃel] *n* concha *f* (marina).
seashore ['si:ʃɔ:^r] *n*: **the ~** la orilla del mar.
seasick ['si:sɪk] *adj* mareado(da); **to be/feel ~** estar/sentirse mareado(da).
seaside ['si:saɪd] *n*: **the ~** la playa.
seaside resort *n* lugar *m* de veraneo (en la playa).
season ['si:zn] ◇ *n* **-1.** [of year] estación *f*; **the four ~s** las cuatro estaciones **-2.** [particular period] época *f*, período *m*; **the planting ~** la época de plantar; **the football ~** la temporada futbolística; **the holiday ~** la temporada de vacaciones; **to book a holiday out of ~** reservar unas vacaciones fuera de temporada **-3.** [of fruit etc]: **out of/in ~** fuera de/en sazón; **plums are in ~** las ciruelas están en temporada **-4.** [of talks, films] temporada *f* **-5.** [zool] **to be in ~** estar en celo. ◇ *vt* sazonar, condimentar; **~ to taste** sazonar a gusto; **~ with salt and pepper** salpimentar.
seasonal ['si:zənl] *adj* [work] temporal; [change] estacional.
seasoned ['si:znd] *adj* [experienced] veterano(na); **to be a ~ traveller** ser un viajero experimentado.
seasoning ['si:znɪŋ] *n* condimento *m*.
season ticket *n* abono *m*.
seat [si:t] ◇ *n* **-1.** [in room, on train] asiento *m*; **is this ~ taken?** ¿está ocupado este asiento?; **take a ~, please** siéntese, por favor; **there only are a few ~s left** sólo quedan unos pocos asientos **-2.** [of trousers, skirt] trasero *m* **-3.** POL [in parliament] escaño *m* **-4.** [centre] sede *f*; **the ~ of government** la sede del gobierno. ◇ *vt* **-1.** [sit down] sentar; **be ~ed!** ¡siéntese!; **to ~ o.s.** sentarse **-2.** [subj: building, vehicle] tener cabida para.
seat belt *n* cinturón *m* de seguridad.
seated ['si:tɪd] *adj* sentado(da).
-seater ['si:tə^r] *suffix*: **a two~ car** un coche de dos plazas.
seating ['si:tɪŋ] ◇ *n (U)* [capacity] asientos *mpl*. ◇ *comp*: **~ capacity** cabida *f*; **~ plan** distribución *f* de asientos.
SEATO ['si:təʊ] (*abbr of* **Southeast Asia Treaty Organization**) *n* OTSEA *f*.
sea urchin *n* erizo *m* de mar.
seawall ['si:'wɔ:l] *n* dique *m*.
seawater ['si:ˌwɔ:tə^r] *n* agua *f* de mar.
seaweed ['si:wi:d] *n (U)* alga *f* marina, huiro *m* *Chile*.
seaworthy ['si:ˌwɜ:ðɪ] *adj* en condiciones de navegar.
sebaceous [sɪ'beɪʃəs] *adj* sebáceo(a).
sec. (*abbr of* **second**) seg.
SEC (*abbr of* **Securities and Exchange Commission**) *n organismo gubernamental estadounidense que regula las transacciones bursátiles*.
secateurs [ˌsekə'tɜ:z] *npl UK* podadera *f*.
secede [sɪ'si:d] *vi fml*: **to ~ (from sthg)** separarse (de algo).
secession [sɪ'seʃn] *n fml* secesión *f*.
secluded [sɪ'klu:dɪd] *adj* apartado(da).
seclusion [sɪ'klu:ʒn] *n* aislamiento *m*; **to live in ~** vivir aislado(da).
second ['sekənd] ◇ *n* **-1.** [of time] segundo *m*; **can you wait a ~?** ¿podrías esperar un momento?; [second gear] segunda *f* **-2.** *UK* UNIV ≃ licenciatura *f* con notable. ◇ *num* segundo(da); **to ask for a ~ chance/opinion** pedir una segunda oportunidad/opinión; **~ only to** después de; **Elizabeth the Second** Isabel II; *see also* **sixth**. ◇ *vt* secundar.
◆ **seconds** *npl* **-1.** COMM artículos *mpl* defectuosos **-2.** [of food]: **to have ~s** repetir *(en una comida)*; **are there any ~s?** ¿se puede repetir?
second [sɪ'kɒnd] *vt UK* [employee] trasladar temporalmente.
secondary ['sekəndrɪ] *adj* **-1.** [SCH - school] secundario(ria); [- education] medio(dia); [- teacher] de enseñanza media **-2.** [less important]: **to be ~ to** ser secundario(ria) a.

secondary school *n* escuela *f* de enseñanza media.

second best ['sekənd-] *adj* segundo(da) (mejor).

second-class ['sekənd-] <> *adj* **-1.** [gen] de segunda clase; **to be a ~ citizen** ser un ciudadano de segunda (clase); **~ mail** *servicio postal más barato y lento que el de primera clase* **-2.** *UK* UNIV: **~ degree** *nota global de licenciatura equivalente a un notable o un aprobado alto.* <> *adv*: **to travel ~** viajar en segunda; **to send a letter ~** *enviar una carta utilizando el correo de segunda clase.*

second cousin ['sekənd-] *n* primo segundo *m*, prima segunda *f*.

second-degree burn ['sekənd-] *n* quemadura *f* de segundo grado.

seconder ['sekəndə^r] *n* persona *f* que secunda una moción.

second floor ['sekənd-] *n UK* segundo piso *m*; *US* primer piso *m*.

second-guess ['sekənd-] *vt esp US inf* juzgar a posteriori.

second hand ['sekənd-] *n* [of clock] segundero *m*.

second-hand ['sekənd-] <> *adj* **-1.** [goods, information] de segunda mano **-2.** [shop] de artículos de segunda mano. <> *adv* **-1.** [not new] de segunda mano **-2.** *fig* [indirectly]: **to hear sthg ~** oír algo de segunda mano.

second-in-command ['sekənd-] *n* segundo *m* en jefe.

secondly ['sekəndlı] *adv* en segundo lugar.

secondment [sı'kɒndmənt] *n UK* traslado *m* temporal.

second nature ['sekənd-] *n (U) hábito muy arraigado en una persona*; **it's ~ to him** es algo natural en él.

second-rate ['sekənd-] *adj pej* de segunda categoría, mediocre.

second thought ['sekənd-] *n*: **to have ~s about sthg** tener dudas acerca de algo; **on ~s** *UK*, **on ~** *US* pensándolo bien.

secrecy ['si:krəsı] *n (U)* secreto *m*; **to be shrouded in ~** estar rodeado de un gran secreto.

secret ['si:krıt] <> *adj* secreto(ta). <> *n* secreto *m*; **in ~** en secreto; **to keep a ~** guardar un secreto; **to tell sb a ~** contar a alguien un secreto; **to make no ~ of sth** no ocultar algo; **the ~ of happiness** la clave de la felicidad.

secret agent *n* agente secreto *m*, agente secreta *f*.

secretarial [ˌsekrə'teərıəl] *adj* [course, training] de secretariado; [staff] de secretaría, administrativo(va).

secretariat [ˌsekrə'teərıət] *n* secretariado *m*.

secretary [*UK* 'sekrətrı, *US* 'sekrəˌterı] (*pl* **-ies**) *n* **-1.** [gen] secretario *m*, -ria *f* **-2.** POL [minister] ministro *m*.

secretary-general (*pl* **secretaries-general**) *n* secretario *m*, -ria *f* general.

Secretary of State *n* **-1.** *UK*: **~ (for)** ministro *m* (de) **-2.** *US* ministro *m* estadounidense de Asuntos Exteriores.

secrete [sı'kri:t] *vt* **-1.** [produce] secretar, segregar **-2.** *fml* [hide] esconder, ocultar.

secretion [sı'kri:ʃn] *n* secreción *f*.

secretive ['si:krətıv] *adj* [person] reservado(da); [organization] secreto(ta).

secretly ['si:krıtlı] *adv* [hope, think] secretamente; [tell] en secreto; **she was ~ pleased** aunque no lo expresara, estaba contenta.

secret police *n* policía *f* secreta.

secret service *n* [in UK] servicio *m* secreto; [in US] *departamento del gobierno de Estados Unidos que se encarga de la protección del presidente y vicepresidente del país y de sus familias.*

sect [sekt] *n* secta *f*.

sectarian [sek'teərıən] *adj* sectario(ria).

section ['sekʃn] <> *n* sección *f*. <> *vt* seccionar.

sector ['sektə^r] *n* sector *m*.

secular ['sekjʊlə^r] *adj* [education, life] laico(ca), secular; [music] profano(na).

secure [sı'kjʊə^r] <> *adj* **-1.** [gen] seguro(ra) **-2.** [house, building] protegido(da), seguro(ra). <> *vt* **-1.** [obtain] conseguir, obtener **-2.** [make safe] proteger **-3.** [fasten] cerrar bien.

securely [sı'kjʊəlı] *adv* [fixed, locked] firmemente.

security [sı'kjʊərətı] (*pl* **-ies**) <> *n* **-1.** seguridad *f* **-2.** [legal protection]: **~ of tenure** cargo *m* vitalicio **-3.** [for loan] garantía *f*. <> *comp* de seguridad.

◆ **securities** *npl* FIN valores *mpl*, títulos *mpl*.

security blanket *n manta u otro objeto con el cual un niño se siente protegido.*

Security Council *n*: **the ~** el Consejo de Seguridad.

security forces *npl* fuerzas *fpl* de seguridad.

security guard *n* guardia *m* jurado OR de seguridad.

security risk *n* persona *f* de dudosa lealtad.

secy (*abbr of* **secretary**) sec.

sedan [sı'dæn] *n US* (coche *m*) utilitario *m*.

sedan chair *n* silla *f* de manos.

sedate [sɪ'deɪt] ◇ *adj* sosegado(da). ◇ *vt* sedar.

sedation [sɪ'deɪʃn] *n (U)* sedación *f*; **to be under ~** estar sedado(da).

sedative ['sedətɪv] ◇ *adj* sedante. ◇ *n* sedante *m*, calmante *m*.

sedentary ['sedntrɪ] *adj* sedentario(ria).

sediment ['sedɪmənt] *n* sedimento *m*.

sedition [sɪ'dɪʃn] *n* sedición *f*.

seditious [sɪ'dɪʃəs] *adj* sedicioso(sa).

seduce [sɪ'dju:s] *vt*: **to ~ sb (into doing sthg)** seducir a alguien (a hacer algo).

seduction [sɪ'dʌkʃn] *n* seducción *f*.

seductive [sɪ'dʌktɪv] *adj* seductor(ra).

see [si:] (*pt* **saw**, *pp* **seen**) ◇ *vt* **-1.** [gen] ver **-2.** [visit - friend, doctor] ir a ver, visitar; **~ you soon/later/tomorrow!** ¡hasta pronto/luego/mañana!; **~ you!** ¡hasta luego!, ¡chau! *RP*; **as I ~ it** tal y como yo lo veo; **~ below/p 10** véase más abajo/pág. 10 **-3.** [accompany]: **to ~ sb to the door** acompañar a alguien a la puerta **-4.** [make sure]: **to ~ (to it) that ...** encargarse de que ... ◇ *vi* [gen] ver; [understand] entender; **I can't ~** no veo; **to ~ if one can do sthg** ver si uno puede hacer algo; **let's ~**, **let me ~** vamos a ver, veamos; **you ~ ...** verás, es que ...; **I ~** ya veo.

◆ **seeing as, seeing that** *conj inf* como.

◆ **see about** *vt fus* **-1.** [arrange] encargarse de **-2.** [consider further]: **we'll ~ about that** ya veremos.

◆ **see off** *vt sep* **-1.** [say goodbye to] despedir **-2.** *UK* [chase away] ahuyentar.

◆ **see through** *vt fus* [person] ver claramente las intenciones de; **I can ~ right through her** veo claramente sus intenciones.

◆ **see to** *vt fus* ocuparse de.

seed [si:d] *n* [of plant] semilla *f*; *fig* **to go to ~** venirse abajo.

◆ **seeds** *npl fig* [of doubt] semilla *f*; [of idea] germen *m*.

seedless ['si:dlɪs] *adj* sin pepitas.

seedling ['si:dlɪŋ] *n* plantón *m*.

seedy ['si:dɪ] (*compar* **-ier**, *superl* **-iest**) *adj* [room, area] sórdido(da); [person] desaliñado(da).

seek [si:k] (*pt* & *pp* **sought**) *fml* ◇ *vt* **-1.** [look for, try to obtain] buscar **-2.** [ask for] solicitar **-3.** [try]: **to ~ to do sthg** procurar hacer algo. ◇ *vi* **-1.** [look for]: **to ~ for sthg** buscar algo **-2.** [ask for]: **to ~ for sthg** solicitar algo.

◆ **seek out** *vt sep* buscar.

m [si:m] ◇ *vi* parecer; **it ~s (to be) good** (que es) bueno; **I can't ~ to do it** no hacerlo (por mucho que lo intente); **I ~ to remember that ...** creo recordar que ... ◇ *v impers*: **it ~s (that)** parece que; **it ~s to me that** me parece que.

seeming ['si:mɪŋ] *adj fml* aparente.

seemingly ['si:mɪŋlɪ] *adv* aparentemente.

seen [si:n] *pp* ▷ **see**.

seep [si:p] *vi* rezumar, filtrarse.

seersucker ['sɪəˌsʌkə^r] *n* sirsaca *f*; **a ~ dress** un vestido de sirsaca.

seesaw ['si:sɔ:] *n* balancín *m*, subibaja *m*.

seethe [si:ð] *vi* **-1.** [person] rabiar **-2.** [place]: **to be seething with** estar a rebosar de.

seething ['si:ðɪŋ] *adj* rabioso(sa).

see-through *adj* transparente.

segment ['segmənt] *n* **-1.** [proportion, section] segmento *m* **-2.** [of fruit] gajo *m*.

segregate ['segrɪgeɪt] *vt* segregar.

segregation [ˌsegrɪ'geɪʃn] *n* segregación *f*.

Seine [seɪn] *n*: **the (River) ~** el (río) Sena.

seismic ['saɪzmɪk] *adj* sísmico(ca).

seize [si:z] *vt* **-1.** [grab] agarrar, coger **-2.** [capture - control, power, town] tomar, hacerse con **-3.** [arrest] detener **-4.** [take advantage of] aprovechar.

◆ **seize (up)on** *vt fus* valerse de.

◆ **seize up** *vi* agarrotarse.

seizure ['si:ʒə^r] *n* **-1.** *MED* ataque *m* **-2.** [taking, capturing] toma *f*.

seldom ['seldəm] *adv* raramente.

select [sɪ'lekt] ◇ *adj* selecto(ta). ◇ *vt* [gen] elegir, escoger; [team] seleccionar.

select committee *n* comité *m* de investigación.

selected [sɪ'lektɪd] *adj* escogido(da).

selection [sɪ'lekʃn] *n* **-1.** [gen] selección *f* **-2.** [fact of being selected] elección *f* **-3.** [in shop] surtido *m*; **we have a wide ~ of ties** tenemos una amplia selección de corbatas.

selective [sɪ'lektɪv] *adj* selectivo(va).

selector [sɪ'lektə^r] *n* seleccionador *m*, -ra *f*.

self [self] (*pl* **selves**) *n* uno mismo *m*, una misma *f*; **he's his old ~ again** vuelve a ser el mismo de antes; **she's not her usual ~** no estaba como de costumbre; **the ~** el yo.

self- [self] *prefix* auto-.

self-addressed envelope [-ə'drest-] *n sobre con la dirección de uno mismo.*

self-addressed stamped envelope [-əˌdrest'stæmpt-] *n* **US** *sobre con sus señas y franqueo.*

self-adhesive *adj* autoadhesivo(va).

self-appointed [-ə'pɔɪntɪd] *adj pej* por nombramiento propio.

self-assertive *adj* que se impone ante los demás.

self-assurance *n* confianza *f* en sí mismo (sí misma).
self-assured *adj* seguro de sí mismo (segura de sí misma).
self-catering *adj* sin pensión; **a ~ holiday/chalet** unas vacaciones/un chalet sin servicio de comidas.
self-centred [-'sentəd] *adj* egocéntrico(ca).
self-cleaning *adj* autolimpiable.
self-confessed [-kən'fest] *adj* confeso(sa).
self-confidence *n* confianza *f* en sí mismo, -ma.
self-confident *adj* [person] seguro de sí mismo (segura de sí misma); [attitude, remark] lleno(na) de seguridad.
self-conscious *adj* cohibido(da).
self-contained [-kən'teɪnd] *adj* independiente; **a ~ flat** un apartamento independiente.
self-control *n* control *m* de sí mismo/misma.
self-controlled *adj* sereno(na).
self-defence *n* defensa *f* propia, autodefensa *f*; **in ~** en defensa propia.
self-denial *n* abnegación *f*.
self-destruct [-dɪs'trʌkt] ◇ *adj* autodestructor(ra). ◇ *vi* autodestruirse.
self-determination *n* autodeterminación *f*.
self-discipline *n* autodisciplina *f*.
self-doubt *n* inseguridad *f*, falta *f* de confianza en uno mismo (una misma).
self-drive *adj UK* alquilado(da) sin chófer.
self-educated *adj* autodidacta.
self-effacing [-ɪ'feɪsɪŋ] *adj* humilde.
self-employed [-ɪm'plɔɪd] *adj* autónomo(ma), que trabaja por cuenta propia.
self-esteem *n* amor *m* propio.
self-evident *adj* evidente, patente.
self-explanatory *adj* evidente, que queda muy claro(ra).
self-expression *n* autoexpresión *f*.
self-focusing [-'fəʊkəsɪŋ] *adj* con enfoque automático.
self-government *n* autogobierno *m*.
self-help *n (U)* ayuda *f* propia.
self-important *adj pej* engreído(da).
self-imposed [-ɪm'pəʊzd] *adj* auto-impuesto(ta).
self-indulgent *adj pej*: **a ~ person** una persona autocomplaciente; **to be ~** ser autocomplaciente.
self-inflicted [-ɪn'flɪktɪd] *adj* autoinfligido(da).
self-interest *n pej (U)* interés *m* propio.
selfish ['selfɪʃ] *adj* egoísta.
selfishness ['selfɪʃnɪs] *n* egoísmo *m*.
selfless ['selflɪs] *adj* desinteresado(da).
self-locking [-'lɒkɪŋ] *adj* de cierre automático.
self-made *adj*: **a ~ man** un hombre hecho a sí mismo.
self-opinionated *adj pej* que siempre tiene que decir la suya.
self-perpetuating [-pə'petʃʊeɪtɪŋ] *adj* que se perpetúa a sí mismo (sí misma).
self-pity *n pej* lástima *f* de uno mismo/una misma.
self-portrait *n* autorretrato *m*.
self-possessed [-pə'zest] *adj* dueño de sí mismo (dueña de sí misma).
self-proclaimed [-prə'kleɪmd] *adj pej* autodenominado(da), supuesto(ta).
self-raising flour *UK* [-ˌreɪzɪŋ-], **self-rising flour** *US n* harina *f* con levadura.
self-regard *n (U)* **-1.** *pej* [self-interest] interés *m* propio **-2.** [self-respect] propia estima *f*.
self-regulating [-'regjʊleɪtɪŋ] *adj* autorregulador(ra).
self-reliant *adj* independiente.
self-respect *n* amor *m* propio.
self-respecting [-rɪs'pektɪŋ] *adj* que se precie, digno(na); **no ~ person would eat this rubbish** nadie con un mínimo de dignidad se comería esa basura.
self-restraint *n* dominio *m* de sí mismo/misma.
self-righteous *adj pej* santurrón(ona).
self-rising flour *US* = **self-raising flour**.
self-rule *n* autogobierno *m*.
self-sacrifice *n* abnegación *f*.
selfsame ['selfseɪm] *adj* mismísimo(ma); **I said the ~ thing** yo dije exactamente lo mismo.
self-satisfied *adj pej* [person] satisfecho de sí mismo (satisfecha de sí misma); [smile] lleno(na) de suficiencia.
self-sealing [-'si:lɪŋ] *adj* [envelope] autoadhesivo(va).
self-seeking [-'si:kɪŋ] *pej* ◇ *adj* interesado(da), egoísta. ◇ *n* propio interés *m*, egoísmo *m*.
self-service ◇ *n* autoservicio *m*. ◇ *comp* de autoservicio; **a ~ restaurant** un autoservicio.
self-starter *n* **-1.** *AUT* arranque *m* automático **-2.** [person] emprendedor *m*, -ra *f*.
self-styled [-'staɪld] *adj pej* autodenominado(da), supuesto(ta).
self-sufficient *adj*: **~ (in)** autosuficiente (en).
self-supporting [-sə'pɔ:tɪŋ] *adj* [business, industry] económicamente independiente.

self-taught *adj* autodidacta.
self-test *n* COMPUT autotest *m*.
self-will *n pej* obstinación *f*.
sell [sel] (*pt* & *pp* **sold**) ◇ *vt* **-1.** [gen] vender; **to ~ sthg to sb, to ~ sb sthg** vender algo a alguien; **to ~ sthg for** vender algo por **-2.** *fig* [make acceptable, desirable]: **I'm not really sold on it** no estoy convencido(da) de ello; **to ~ o.s.** venderse. ◇ *vi* **-1.** [subj: businessman, firm] vender **-2.** [subj: merchandise] venderse; **this model ~s well** este modelo se vende muy bien; **to ~ (for OR at)** venderse (a).
◆ **sell off** *vt sep* liquidar.
◆ **sell out** ◇ *vt sep* [performance]: **to have sold out** estar agotado(da). ◇ *vi* **-1.** [shop]: **to ~ out (of sthg)** agotar las existencias (de algo) **-2.** [be disloyal, unprincipled] venderse.
◆ **sell up** *vi* venderlo todo.
sell-by date *n UK* fecha *f* de caducidad; **to be past its ~** haber caducado.
seller ['selə^r] *n* vendedor *m*, -ra *f*.
seller's market *n* mercado *m* de demanda OR favorable al vendedor.
selling ['selɪŋ] *n (U)* venta *f*.
selling price ['selɪŋ-] *n* precio *m* de venta.
Sellotape® ['seləteɪp] *n* **UK** celo® *m*, cinta *f* Scotch® *Amér*, ≃ durex® *m* **Arg, Bol, Méx**, ≃ Scotch® *m* **Andes**.
◆ **sellotape** *vt* pegar con celo *etc*.
sell-out *n* [performance, match] lleno *m*.
selves [selvz] *pl* ▷ **self**.
semantic [sɪ'mæntɪk] *adj* semántico(ca).
semantics [sɪ'mæntɪks] *n (U)* semántica *f*.
semaphore ['seməfɔː^r] *n (U)* semáforo *m*.
semblance ['sembləns] *n fml* apariencia *f*.
semen ['siːmen] *n* semen *m*.
semester [sɪ'mestə^r] *n* semestre *m*.
semi ['semɪ] *n* **-1.** *UK inf* (*abbr of* **semidetached house**) casa *f* adosada (a otra) **-2.** *US abbr of* **semitrailer**.
semi- ['semɪ] *prefix* semi-.
semiautomatic [ˌsemɪˌɔːtə'mætɪk] *adj* semiautomático(ca).
semicircle ['semɪˌsɜːkl] *n* semicírculo *m*; **arranged in a ~** poner en semicírculo.
semicircular [ˌsemɪ'sɜːkjʊlə^r] *adj* semicircular.
semicolon [ˌsemɪ'kəʊlən] *n* punto *m* y coma.
semiconscious [ˌsemɪ'kɒnʃəs] *adj* semiconsciente.
semidetached [ˌsemɪdɪ'tætʃt] ◇ *adj* adosado(da). ◇ *n UK* casa *f* adosada (a otra).
semifinal [ˌsemɪ'faɪnl] *n* semifinal *f*.
semifinalist [ˌsemɪ'faɪnəlɪst] *n* semifinalista *m* OR *f*.
seminar ['semɪnɑː^r] *n* seminario *m*.
seminary ['semɪnərɪ] (*pl* **-ies**) *n* RELIG seminario *m*.
semiprecious ['semɪˌpreʃəs] *adj* semiprecioso(sa).
semiskilled [ˌsemɪ'skɪld] *adj* semicualificado(da).
semi-skimmed [-'skɪmd] *adj* semidesnatado(da).
semitrailer [ˌsemɪ'treɪlə^r] *n* **-1.** [trailer] remolque *m* **-2.** *US* [lorry] camión *m* articulado.
semolina [ˌsemə'liːnə] *n* sémola *f*.
Sen. **-1.** *abbr of* **senator** **-2.** *abbr of* **Senior**.
SEN (*abbr of* **State Enrolled Nurse**) *n enfermero diplomado*.
Senate ['senɪt] *n* POL: **the (United States) ~** el Senado (de los Estados Unidos).

SENATE

El Senado forma, junto con la Cámara de Representantes, el cuerpo legislativo estadounidense. Formado por 100 miembros (dos por estado), tiene la prerrogativa del derecho de *impeachment*.

senator ['senətə^r] *n* senador *m*, -ra *f*.
send [send] (*pt* & *pp* **sent**) *vt* **-1.** [gen] mandar; **to ~ sb sthg, to ~ sthg to sb** mandar a alguien algo; **~ me a postcard!** ¡mándame una postal!; **~ them my best wishes** envíales saludos **-2.** [tell to go] enviar, mandar; **she sent her son to the shop for a newspaper** envío a su hijo a comprar un periódico en la tienda; **he was sent to prison** fue encarcelado **-3.** [subj: explosion, blow]: **to ~ sthg/sb flying** mandar algo/a alguien por los aires; **to ~ sb to sleep** dar sueño a alguien.
◆ **send down** *vt sep* [send to prison] encarcelar.
◆ **send for** *vt fus* **-1.** [person] mandar llamar a **-2.** [goods, information] pedir, encargar.
◆ **send in** *vt sep* mandar, enviar.
◆ **send off** *vt sep* **-1.** [by post] mandar (por correo) **-2.** SPORT expulsar.
◆ **send off for** *vt fus* [goods, information] pedir, encargar.
◆ **send up** *vt sep* **-1.** *UK inf* [imitate] parodiar, satirizar **-2.** *US* [send to prison] encarcelar.
sender ['sendə^r] *n* remitente *m* OR *f*.
send-off *n* despedida *f*; **to give sb a good ~** dar una buena despedida a alguien.
send-up *n UK inf* parodia *f*, sátira *f*.
Senegal [ˌsenɪ'gɔːl] *n* (el) Senegal.
Senegalese [ˌsenɪgə'liːz] ◇ *adj* senegalés (esa). ◇ *npl*: **the ~** los senegaleses.
senile ['siːnaɪl] *adj* senil.
senile dementia *n* demencia *f* senil.

senility [sɪ'nɪlətɪ] *n* senilidad *f*.

senior ['siːnjəʳ] ◇ *adj* **-1.** [highest-ranking] superior, de rango superior **-2.** [higher-ranking]: **~ to sb** superior a alguien **-3.** *SCH* [pupil] mayor; [class, common room] de los mayores; **~ year** *US* *último curso de la enseñanza secundaria y de la universidad en Estados Unidos.* ◇ *n* **-1.** [older person]: **I'm five years his ~** le llevo cinco años; **she's my ~** es mayor que yo **-2.** *SCH* mayor *m OR f*.

senior citizen *n* ciudadano *m*, -na *f* de la tercera edad.

senior high school *n US* ≃ instituto *m* de bachillerato (16-18 años).

seniority [ˌsiːnɪ'ɒrətɪ] *n* [degree of importance] categoría *f*.

sensation [sen'seɪʃn] *n* sensación *f*; **to cause a ~** causar sensación.

sensational [sen'seɪʃənl] *adj* **-1.** [gen] sensacional **-2.** [sensationalist] sensacionalista.

sensationalist [sen'seɪʃnəlɪst] *adj pej* sensacionalista.

sense [sens] ◇ *n* **-1.** [faculty, meaning] sentido *m*; **to make ~** [have meaning] tener sentido; **to make ~ of sthg** entender algo; **I can't make any ~ of this** no entiendo esto **-2.** [feeling - of guilt, terror] sentimiento *m*; [- of urgency] sensación *f*; [- of honour, duty] sentido *m* **-3.** [natural ability]: **business ~** talento *m* para los negocios; **dress ~** gusto *m* en el vestir; **~ of humour/style** sentido *m* del humor/estilo **-4.** [wisdom, reason] juicio *m*, sentido *m* común; **to make ~** [be sensible] ser sensato; **to talk ~** hablar con sentido común; **there's no** *OR* **little ~ in arguing** no tiene sentido discutir **-5.** *phr*: **to come to one's ~s** [see reason] entrar en razón. ◇ *vt* sentir, percibir; **to ~ (that)** percibir *OR* sentir que.

◆ **in a sense** *adv* en cierto sentido.

senseless ['senslɪs] *adj* **-1.** [stupid] sin sentido **-2.** [unconscious] inconsciente; **the blow knocked him ~** el golpe lo dejó inconsciente.

sensibilities [ˌsensɪ'bɪlətɪz] *npl* [delicate feelings] sensibilidad *f*; **to offend sb's ~** herir la sensibilidad de alguien.

sensible ['sensəbl] *adj* [person, decision] sensato (ta), razonable; [clothes] práctico(ca).

sensibly ['sensəblɪ] *adv* sensatamente.

sensitive ['sensɪtɪv] *adj* **-1.** [understanding]: **~ (to)** comprensivo(va) (hacia) **-2.** [easily hurt, touchy]: **~ (to/about)** susceptible (a/acerca de) **-3.** [controversial] delicado(da) **-4.** [easily damaged, tender] sensible; **to have ~ skin** tener la piel sensible; **~ to heat/light** sensible al calor/la luz **-5.** [responsive - instrument] sensible.

sensitivity [ˌsensɪ'tɪvətɪ] *n* **-1.** [understanding] comprensión *f* **-2.** [tenderness - of eyes, skin] sensibilidad *f*.

sensor ['sensəʳ] *n* sensor *m*.

sensual ['sensjʊəl] *adj* sensual.

sensuous ['sensjʊəs] *adj* sensual.

sent [sent] *pt & pp* ▷ **send**.

sentence ['sentəns] ◇ *n* **-1.** [group of words] frase *f*, oración *f* **-2.** *JUR* sentencia *f*; **a prison ~** una condena de cárcel. ◇ *vt*: **to ~ sb (to)** condenar a alguien (a); **he was ~d to death/3 years** lo condenaron a muerte/tres años de cárcel.

sententious [sen'tenʃəs] *adj pej* sentencioso (sa).

sentiment ['sentɪmənt] *n* **-1.** [feeling] sentimiento *m* **-2.** [opinion] opinión *f* **-3.** *(U) pej* [emotion, tenderness] sentimentalismo *m*.

sentimental [ˌsentɪ'mentl] *adj* sentimental.

sentimentality [ˌsentɪmen'tælətɪ] *n pej* sentimentalismo *m*.

sentinel ['sentɪnl] *n HISTORY* centinela *m*.

sentry ['sentrɪ] (*pl* **-ies**) *n* centinela *m*.

Seoul [səʊl] *n* Seúl.

separable ['seprəbl] *adj*: **~ (from)** separable (de).

separate [*adj & n* 'seprət, *vb* 'sepəreɪt] ◇ *adj* **-1.** [not joined, apart]: **~ (from)** separado(da) (de) **-2.** [individual, distinct] distinto(ta). ◇ *vt* **-1.** [keep or move apart]: **to ~ sthg/sb (from)** separar algo/a alguien (de) **-2.** [distinguish]: **to ~ sthg/sb from** diferenciar algo/a alguien de **-3.** [divide]: **to ~ sthg/sb into** dividir algo/a alguien en. ◇ *vi* **-1.** [gen]: **to ~ (from)** separarse (de) **-2.** [divide]: **to ~ (into)** dividirse (en).

◆ **separates** *npl UK* piezas *fpl (de vestir que combinan)*.

separated ['sepəreɪtɪd] *adj* separado(da); **her parents are ~** sus padres están separados; **she's ~ from him** está separada de él.

separately ['seprətlɪ] *adv* **-1.** [on one's own] independientemente **-2.** [one by one] separadamente, por separado.

separation [ˌsepə'reɪʃn] *n* separación *f*.

separatist ['seprətɪst] *n* separatista *m OR f*.

sepia ['siːpjə] *adj* sepia, de color sepia.

Sept. (*abbr of* **September**) sep.

September [sep'tembəʳ] *n* septiembre *m*, setiembre *m*; **when are you going? – ~** ¿cuándo te vas? – en septiembre; **one of the hottest ~s on record** uno de los septiembres más calurosos que se recuerdan; **1 ~ 1992** [in letters etc] 1 de septiembre de 1992; **by/in ~** para/en septiembre; **last/this/next ~** en septiembre del año pasado/de este año/del año que viene; **every ~** todos los años en septiembre;

during ~ en septiembre, durante el mes de septiembre; **at the beginning/end of ~** a principios/finales de septiembre; **in the middle of ~** a mediados de septiembre.

septic ['septɪk] *adj* séptico(ca); **to go ~** infectarse.

septicaemia *UK*, **septicemia** *US* [ˌseptɪ'si:mɪəl] *n* septicemia *f.*

septic tank *n* fosa *f* séptica.

sepulchre *UK* ['sepəlkəʳ], **sepulcher** *US* ['sepʌlkər] *n literary* sepulcro *m.*

sequel ['si:kwəl] *n* **-1.** [book, film]: **~ (to)** continuación *f* (de) **-2.** [consequence]: **~ (to)** secuela *f* (de).

sequence ['si:kwəns] *n* **-1.** [series] sucesión *f* **-2.** [order, of film] secuencia *f*; **in ~** en secuencia.

sequin ['si:kwɪn] *n* lentejuela *f.*

sera ['sɪərə] *pl* ▻ **serum.**

Serb = **Serbian.**

Serbia ['sɜ:bjə] *n* Serbia.

Serbian ['sɜ:bjən], **Serb** [sɜ:b] ◇ *adj* serbio(bia). ◇ *n* **-1.** [person] serbio *m*, -bia *f* **-2.** [dialect] serbio *m.*

Serbo-Croat [ˌsɜ:bəʊ'krəʊaet], **Serbo-Croatian** [ˌsɜ:bəʊkrəʊ'eɪʃn] ◇ *adj* serbocroata. ◇ *n* [language] serbocroata *m.*

serenade [ˌserə'neɪd] ◇ *n* serenata *f.* ◇ *vt* dar una serenata a.

serene [sɪ'ri:n] *adj* sereno(na).

serenely [sɪ'ri:nlɪ] *adv* serenamente.

serenity [sɪ'renətɪ] *n* serenidad *f.*

serf [sɜ:f] *n* HISTORY siervo *m*, -va *f.*

serge [sɜ:dʒ] *n* sarga *f.*

sergeant ['sɑ:dʒənt] *n* **-1.** MIL sargento *m* **-2.** [in police] ≃ subinspector *m* de policía.

sergeant major *n* sargento *m* mayor.

serial ['sɪərɪəl] *n* serial *m.*

serialize, -ise ['sɪərɪəlaɪz] *vt* publicar por entregas.

serial killer *n asesino que asesina en serie.*

serial number *n* número *m* de serie.

series ['sɪəri:z] (*pl inv*) *n* serie *f*; **a ~ of disasters** una serie de catástrofes; **a TV ~** una serie televisiva.

serious ['sɪərɪəs] *adj* **-1.** [gen] serio(ria); **are you ~?** ¿hablas en serio? **-2.** [very bad] grave.

seriously ['sɪərɪəslɪ] *adv* **-1.** [honestly] en serio **-2.** [very badly] gravemente; **to be ~ ill** estar gravemente enfermo **-3.** [in a considered, earnest, solemn manner] seriamente **-4.** *phr*: **to take sthg/sb ~** tomar algo/a alguien en serio.

seriousness ['sɪərɪəsnɪs] *n* **-1.** [gravity] gravedad *f* **-2.** [honesty]: **in all ~** seriamente **-3.** [solemnity] seriedad *f.*

sermon ['sɜ:mən] *n* RELIG & *pej* sermón *m.*

serpent ['sɜ:pənt] *n literary* serpiente *f*, sierpe *f.*

serrated [sɪ'reɪtɪd] *adj* serrado(da), dentado(da).

serum ['sɪərəm] (*pl* **serums** OR **sera**) *n* suero *m.*

servant ['sɜ:vənt] *n* sirviente *m*, -ta *f.*

serve [sɜ:v] ◇ *vt* **-1.** [work for] servir **-2.** [have effect]: **to ~ to do sthg** servir para hacer algo **-3.** [fulfil]: **to ~ a purpose** cumplir un propósito **-4.** [provide for] abastecer; **the town is ~d by three motorways** la ciudad tiene tres autopistas **-5.** [food, drink]: **to ~ sthg to sb, to ~ sb sthg** servir algo a alguien; **dinner will be ~d at 8** la cena será servida a las 8 **-6.** [customer] despachar, servir; **are you being ~d?** ¿lo atienden? **-7.** JUR: **to ~ sb with sthg, to ~ sthg on sb** entregar a alguien algo **-8.** [prison sentence] cumplir; [apprenticeship] hacer; [term of office] ejercer **-9.** SPORT servir, sacar **-10.** *phr*: **that ~s you right!** ¡bien merecido lo tienes! ◇ *vi* **-1.** [work, give food or drink] servir **-2.** [function]: **to ~ as** servir de **-3.** [in shop, bar etc] despachar **-4.** SPORT sacar. ◇ *n* saque *m.*

◆ **serve out, serve up** *vt sep* servir.

server ['sɜ:vəʳ] *n* COMPUT servidor *m.*

service ['sɜ:vɪs] ◇ *n* **-1.** [gen] servicio *m*; **in ~** en funcionamiento; **out of ~** fuera de servicio; **bus/train ~** servicio de autobús/tren **-2.** [mechanical check] revisión *f* **-3.** RELIG oficio *m*, servicio *m*; **to hold a ~** celebrar un oficio **-4.** [set - of plates etc] servicio *m*, juego *m*; **dinner ~** servicio de mesa **-5.** SPORT saque *m* **-6.** [use]: **to be of ~ (to sb)** servir (a alguien); **to do sb a ~** hacer un favor a alguien. ◇ *vt* [car, machine] revisar.

◆ **services** *npl* **-1.** [on motorway] área *f* de servicios **-2.** [armed forces]: **the ~s** las fuerzas armadas **-3.** [efforts, work] servicios *mpl.*

serviceable ['sɜ:vɪsəbl] *adj* útil, práctico(ca).

service area *n* área *f* de servicios.

service charge *n* servicio *m.*

service industries *npl* industrias *fpl* de servicios.

serviceman ['sɜ:vɪsmən] (*pl* **-men** [-mən]) *n* militar *m.*

service station *n* estación *f* de servicio.

serviette [ˌsɜ:vɪ'et] *n* servilleta *f.*

servile ['sɜ:vaɪl] *adj* servil.

servility [sɜ:'vɪlətɪ] *n* servilismo *m.*

serving ['sɜ:vɪŋ] *n* porción *f.*

serving dish *n* fuente *f.*

serving spoon *n* cuchara *f* de servir.

sesame ['sesəmɪ] *n* sésamo *m.*

session ['seʃn] *n* **-1.** [gen] sesión *f*; **in ~** en sesión **-2.** *US* [school term] trimestre *m.*

set [set] (*pt* & *pp* **set**, *cont* **-ting**) ◇ *adj* **-1.** [fixedexpression, amount] fijo(ja); [- pattern, method] establecido(da); ~ **phrase** frase hecha **-2.** *UK* *SCH* [text etc] asignado(da) **-3.** [ready, prepared]: ~ **(for sthg/to do sthg)** listo(ta) (para algo/para hacer algo) **-4.** [determined]: **to be ~ on sthg/doing sthg** estar empeñado(da) en algo/hacer algo **-5.** *phr*: **to be ~ in one's ways** tener costumbres muy arraigadas. ◇ *n* **-1.** [collection - gen] juego *m*; [- of stamps] serie *f* **-2.** [TV, radio] aparato *m* **-3.** *THEATRE* decorado *m*; *CINEMA* plató *m* **-4.** *TENNIS* set *m* **-5.** [hairdressing] marcado *m*. ◇ *vt* **-1.** [position, place] poner, colocar **-2.** [fix, insert]: **to ~ sthg in** *OR* **into** montar algo en **-3.** [cause to be or start]: **to ~ free** poner en libertad; **to ~ fire to** prender fuego a; **to ~ sthg in motion** poner algo en marcha; **to ~ sb's mind at rest** tranquilizar a alguien; **to ~ sb thinking** hacer pensar a alguien **-4.** [trap, table, essay] poner **-5.** [alarm, meter] poner **-6.** [time, wage] fijar **-7.** [example] dar; **to ~ a good example** dar ejemplo; [precedent] sentar; [trend] imponer, dictar **-8.** [target] fijar **-9.** *MED* [bones, leg] componer **-10.** [arrange]: **to ~ sthg to music** poner música a algo **-11.** [book, play, film] situar, ambientar; **the series is ~ in London** la serie está ambientada en Londres. ◇ *vi* **-1.** [sun] ponerse **-2.** [jelly] cuajarse; [glue, cement] secarse, solidificarse.

◆ **set about** *vt fus* [start - task] comenzar; [- problem] atacar; **to ~ about doing sthg** ponerse a hacer algo.

◆ **set against** *vt sep* **-1.** [lessen effect of] contrarrestar con; **the advantages must be ~ against the cost** hay que comparar las ventajas con el costo **-2.** [cause to oppose] enemistar con; **she ~ them against each other** los enemistó.

◆ **set ahead** *vt sep US* [clock] adelantar.

◆ **set apart** *vt sep*: **to ~ sthg/sb apart from** distinguir algo/a alguien de.

◆ **set aside** *vt sep* **-1.** [keep, save] reservar **-2.** [dismiss - enmity, differences] dejar de lado.

◆ **set back** *vt sep* **-1.** [delay] retrasar **-2.** *inf* [cost]: **this book ~ me back £10** este libro me costó 10 libras.

◆ **set down** *vt sep* **-1.** [write down] poner por escrito **-2.** [drop off] dejar.

◆ **set in** *vi* [depression] afianzarse; [winter, infection] comenzar.

◆ **set off** ◇ *vt sep* **-1.** [initiate, cause] provocar **-2.** [ignite - bomb] hacer estallar. ◇ *vi* ponerse en camino.

◆ **set on** *vt sep* arremeter contra.

◆ **set out** ◇ *vt sep* **-1.** [arrange] disponer **-2.** [explain] exponer. ◇ *vi* **-1.** [on journey] ponerse en camino **-2.** [intend]: **to ~ out to do sthg** proponerse a hacer algo.

◆ **set up** ◇ *vt sep* **-1.** [business] poner, montar; [committee, organization] crear; [procedure] establecer; [interview, meeting] organizar; **to ~ sb up in business** montar un negocio a alguien; **to ~ o.s. up** establecerse; **to ~ up house** *OR* **home** instalarse **-2.** [statue, roadblock] levantar **-3.** [cause, produce] provocar **-4.** [prepare for use] preparar **-5.** *inf* [frame] tender una trampa a. ◇ *vi* [establish o.s.] establecerse.

setback ['setbæk] *n* revés *m*, contratiempo *m*.

set menu *n* menú *m* del día.

set piece *n* *ART & LITERATURE* obra *f* de tema clásico.

setsquare ['setskweə^r] *n UK* escuadra *f*, cartabón *m*.

settee [se'ti:] *n* sofá *m*.

setter ['setə^r] *n* [dog] setter *m*.

setting ['setɪŋ] *n* **-1.** [surroundings] escenario *m* **-2.** [of dial, control] posición *f*.

settle ['setl] ◇ *vt* **-1.** [conclude, decide] resolver; **that ~s it, she can move out!** ¡no se hable más, que se vaya! **-2.** [pay] ajustar, saldar **-3.** [make oneself comfortable]: **to ~ o.s.** acomodarse, sentarse cómodamente **-4.** [calm - nerves] tranquilizar; **this should ~ your stomach** esto te asentará el estómago. ◇ *vi* **-1.** [stop travelling] instalarse **-2.** [make o.s. comfortable] acomodarse **-3.** [dust, sediment] depositarse, posarse; **the snow has ~d** la nieve ha cuajado **-4.** [calm down - person] calmarse **-5.** [bird etc]: **to ~ on** posarse en.

◆ **settle down** *vi* **-1.** [concentrate on]: **to ~ down to doing sthg** ponerse a hacer algo; **to ~ down to sthg** concentrarse en algo; **to ~ down (for sthg)** prepararse (para algo) **-2.** [become respectable] sentar la cabeza **-3.** [calm oneself] calmarse.

◆ **settle for** *vt fus* conformarse con.

◆ **settle in** *vi* [in new home] instalarse; [in new job] adaptarse.

◆ **settle on** *vt fus* [choose] decidirse por.

◆ **settle up** *vi*: **to ~ up (with sb)** ajustar las cuentas (con alguien).

settled ['setld] *adj* [unchanging] estable.

settlement ['setlmənt] *n* **-1.** [agreement] acuerdo *m* **-2.** [village] poblado *m*.

settler ['setlə^r] *n* colono *m*.

set-up *n inf* **-1.** [system, organization] sistema *m* **-2.** [frame, trap] trampa *f*, lazo *m*.

seven ['sevn] *num* siete; *see also* **six**.

seventeen [,sevn'ti:n] *num* diecisiete; *see also* **six**.

seventeenth [,sevn'ti:nθ] *num* decimoséptimo(ma); *see also* **sixth**.

seventh ['sevnθ] *num* séptimo(ma); *see also* **sixth**.
seventh heaven *n*: **to be in (one's) ~** estar en el séptimo cielo.
seventieth ['sevntjəθ] *num* septuagésimo(ma); *see also* **sixth**.
seventy ['sevntɪ] *num* setenta; *see also* **sixty**.
sever ['sevə^r] *vt* **-1.** [cut through] cortar **-2.** [finish completely] romper.
several ['sevrəl] ◇ *adj* varios(rias). ◇ *pron* varios *mpl*, -rias *fpl*.
severance ['sevrəns] *n fml* ruptura *f*.
severance pay *n* despido *m*.
severe [sɪ'vɪə^r] *adj* [gen] severo(ra); [pain] fuerte, agudo(da).
severely [sɪ'vɪəlɪ] *adv* **-1.** [badly] gravemente **-2.** [sternly] severamente, con severidad.
severity [sɪ'verətɪ] *n* [gen] gravedad *f*; [of shortage, problem] severidad *f*.
Seville [sə'vɪl] *n* Sevilla.
sew [səʊ] (*UK pp* **sewn**, *US pp* **sewed** *OR* **sewn**) *vt & vi* coser.
◆ **sew up** *vt sep* **-1.** [cloth] coser **-2.** *inf* [arrange, fix]: **to have sthg sewn up** [deal, election etc] tener algo atado y bien atado.
sewage ['su:ɪdʒ] *n (U)* aguas *fpl* residuales.
sewage farm *n* estación *f* depuradora.
sewer ['sʊə^r] *n* alcantarilla *f*, cloaca *f*.
sewerage ['sʊərɪdʒ] *n* alcantarillado *m*.
sewing ['səʊɪŋ] *n (U)* **-1.** [activity] labor *f* de costura **-2.** [items] costura *f*.
sewing machine *n* máquina *f* de coser.
sewn [səʊn] *pp* ▷ **sew**.
sex [seks] *n* sexo *m*; **to have ~** tener relaciones sexuales.
sex appeal *n* atractivo *m*, sex appeal *m*.
sex education *n* educación *f* sexual.
sexism ['seksɪzm] *n* sexismo *m*.
sexist ['seksɪst] ◇ *adj* sexista. ◇ *n* sexista *m* *OR f*.
sex life *n* vida *f* sexual.
sex shop *n* sex shop *m*.
sextet [seks'tet] *n* sexteto *m*.
sextuplet [seks'tjʊ:plɪt] *n* sextillizo *m*, -za *f*.
sexual ['sekʃʊəl] *adj* sexual.
sexual assault *n* atentado *m* sexual.
sexual harassment *n* acoso *m* sexual.
sexual intercourse *n (U)* relaciones *fpl* sexuales.
sexuality [ˌsekʃʊ'ælətɪ] *n* sexualidad *f*.
sexy ['seksɪ] (*compar* **-ier**, *superl* **-iest**) *adj inf* sexi *(inv)*.
Seychelles [seɪ'ʃelz] *npl*: **the ~** las islas Seychelles.
SF, sf *n abbr of* **science fiction**.
SG (*abbr of* **Surgeon General**) *n responsable de sanidad pública en Estados Unidos*.
Sgt (*abbr of* **sergeant**) ≃ sarg.
sh [ʃ] *excl* ¡chis!, ¡chitón!
shabby ['ʃæbɪ] (*compar* **-ier**, *superl* **-iest**) *adj* **-1.** [clothes, briefcase] desastrado(da); [street] de aspecto abandonado **-2.** [person] andrajoso(sa) **-3.** [treatment etc] mezquino(na).
shack [ʃæk] *n* chabola *f*.
shackle ['ʃækl] *vt* **-1.** [enchain] poner grilletes a **-2.** *literary* [restrict] restringir.
◆ **shackles** *npl* **-1.** [metal rings] grilletes *mpl*, grillos *mpl* **-2.** *literary* [restrictions] trabas *fpl*.
shade [ʃeɪd] ◇ *n* **-1.** *(U)* [shadow] sombra *f*; **in the ~** a la sombra **-2.** [lampshade] pantalla *f* **-3.** [of colour, meaning] matiz *m* **-4.** *US* [blind] persiana *f* **-5.** [little bit]: **a ~ too big** un poquito grande. ◇ *vt* [from light] sombrear, dar sombra a; **to ~ one's eyes** protegerse del sol con la mano; **the car was ~d from the sun** el coche estaba protegido dél sol.
◆ **shades** *npl inf* [sunglasses] gafas *fpl* de sol.
shading ['ʃeɪdɪŋ] *n* sombreado *m*.
shadow ['ʃædəʊ] ◇ *n* **-1.** [dark shape, form] sombra *f* **-2.** [darkness] oscuridad *f* **-3.** *phr*: **to be a ~ of one's former self** ser una sombra de lo que uno era; **there's not a** *OR* **the ~ of a doubt** no hay la menor duda; **to be scared of your own ~** tener miedo hasta de su propia sombra. ◇ *vt* [subj: detective] seguir.
shadow cabinet *n* gobierno *m* en la sombra, *directiva del principal partido de la oposición en Gran Bretaña*.
shadowy ['ʃædəʊɪ] *adj* **-1.** [dark] sombrío(a) **-2.** [hard to see] vago(ga) **-3.** [unknown, sinister] oscuro(ra).
shady ['ʃeɪdɪ] (*compar* **-ier**, *superl* **-iest**) *adj* **-1.** [sheltered from sun] sombreado(da) **-2.** [providing shade] que da sombra **-3.** *inf* [dishonest - businessman] dudoso(sa), sospechoso(sa); [- deal] turbio(bia).
shaft [ʃɑ:ft] *n* **-1.** [vertical passage] pozo *m* **-2.** [of lift] hueco *m* **-3.** [tech - rod] eje *m* **-4.** [of light] rayo *m* **-5.** [of spear] asta *f*.
shaggy ['ʃægɪ] (*compar* **-ier**, *superl* **-iest**) *adj* [dog] peludo(da).
shaggy-dog story *n chiste largo y pesado*.
shake [ʃeɪk] (*pt* **shook**, *pp* **shaken** ['ʃeɪkən]) ◇ *vt* **-1.** [move vigorously] sacudir, remecer *Méx*; **to ~ sb's hand** dar *OR* estrechar la mano a alguien; **to ~ hands** darse *OR* estrecharse la mano; **he shook hands with her** le dio la mano; **to ~ one's head** [in refusal] negar con la cabeza;

[in disbelief] mover la cabeza mostrando incredulidad; **he shook his fist at them** amenazar a alguien con el puño **-2.** [bottle, aerosol] agitar; **~well before using** agitar antes de usar **-3.** [shock] trastornar, conmocionar; **the disaster which shook the city** el desastre que sacudió la ciudad **-4.** [undermine] quebrantar, hacer flaquear; **it shook her confidence** quebrantó su confianza. ◇ *vi* **-1.** [tremble] temblar; **to ~ with fear** temblar de miedo **-2.** *inf* [shake hands]: **let's ~ on it** venga esa mano. ◇ *n* [of bottle etc] sacudida *f*; [of head in disbelief] movimiento *m* de la cabeza mostrando incredulidad; [of head in disagreement] negación *f* con la cabeza.

◆ **shake off** *vt sep* [pursuer] deshacerse de; [cold] quitarse de encima; [illness] superar.

◆ **shake up** *vt sep* [contents of bottle etc] agitar; [organisation] restructurar, reorganizar; [person]: **she wasn't hurt, just a bit ~n up** no resultó herida, sólo un poco conmocionada.

shaken [ˈʃeɪkn] *pp* ⊳ **shake**.

Shakespearean [ʃeɪkˈspɪərɪən] *adj* shakesperiano(na).

shake-up *n inf* restructuración *f*, reorganización *f*.

shaky [ˈʃeɪkɪ] (*compar* **-ier**, *superl* **-iest**) *adj* **-1.** [weak, nervous] tembloroso(sa); **to feel ~** encontrarse nervioso **-2.** [unconfident, insecure - start] incierto(ta); [- argument] poco sólido(da); [- finances] precario(ria) **-3.** [wobbly - chair, table] inestable; [- handwriting] tembloroso(sa).

shale [ʃeɪl] *n* esquisto *m*.

shall [*weak form* ʃəl, *strong form* ʃæl] *aux vb* **-1.** *(1st person sg, 1st person pl)* [to express future tense]: **we ~ be there tomorrow** mañana estaremos ahí; **I shan't be home till ten** no estaré en casa hasta las diez **-2.** *(esp 1st person sg, 1st person pl)* [in questions]: **~ we go for a walk?** ¿vamos a dar una vuelta?; **~ I give her a ring?** ¿la llamo?; **I'll do that, ~ I?** hago esto, ¿vale? **-3.** [will definitely]: **we ~ overcome!** ¡venceremos! **-4.** [in orders]: **you ~ do as I tell you!** ¡harás lo que yo te diga!; **no one ~ leave until I say so** que nadie salga hasta que yo lo diga.

shallot [ʃəˈlɒt] *n* chalote *m*.

shallow [ˈʃæləʊ] *adj* **-1.** [in size] poco profundo(da) **-2.** *pej* [superficial] superficial.

◆ **shallows** *npl* bajío *m*, bajos *mpl*.

sham [ʃæm] (*pt & pp* **-med**, *cont* **-ming**) ◇ *adj* fingido(da), simulado(da). ◇ *n* farsa *f*. ◇ *vi* fingir, simular.

shambles [ˈʃæmblz] *n* desbarajuste *m*, follón *m*; **in a ~** patas arriba.

shame [ʃeɪm] ◇ *n* **-1.** *(U)* [remorse] vergüenza *f*, pena *f* ***Andes, CAm, Carib, Méx*** **-2.** [dishonour]: **to bring ~ on** *OR* **upon sb** deshonrar a alguien **-3.** [pity]: **what a ~!** ¡qué pena *OR* lástima!; **it's a ~** es una pena *OR* lástima. ◇ *vt* **-1.** [fill with shame] avergonzar, apenar ***Andes, CAm, Carib, Méx*** **-2.** [force by making ashamed]: **to ~ sb into doing sthg** conseguir que alguien haga algo avergonzándole *OR* avergonzándolo ***Amér***.

shamefaced [ˌʃeɪmˈfeɪst] *adj* avergonzado(da).

shameful [ˈʃeɪmfʊl] *adj* vergonzoso(sa).

shameless [ˈʃeɪmlɪs] *adj* desvergonzado(da).

shammy [ˈʃæmɪ] (*pl* **-ies**) *n inf* gamuza *f*.

shampoo [ʃæmˈpuː] (*pl* **-s**, *pt & pp* **-ed**, *cont* **-ing**) ◇ *n* **-1.** [liquid] champú *m* **-2.** [act of shampooing] lavado *m* (con champú). ◇ *vt* lavar (con champú).

shamrock [ˈʃæmrɒk] *n* trébol *m*.

shandy [ˈʃændɪ] (*pl* **-ies**) *n* cerveza *f* con gaseosa, clara *f*.

shan't [ʃɑːnt] = **shall not**.

shantytown [ˈʃæntɪtaʊn] *n* barrio *m* de chabolas, cantegril *m* ***Amér***.

shape [ʃeɪp] ◇ *n* **-1.** [form] forma *f*; **it's oval in ~** tenía forma ovalada; **biscuits in the ~ of stars** galletas con forma de estrellas **-2.** [silhouette] figura *f* **-3.** [structure] configuración *f*; **to take ~** tomar forma **-4.** [guise]: **in the ~ of** en forma de; **in any ~ or form** de ningún tipo **-5.** [form, health]: **to be in good/bad ~** [person] estar/no estar en forma; [business etc] estar en buen/mal estado; **to get back in ~** ponerse en forma; **to lick** *OR* **knock sb into ~** poner a alguien a punto. ◇ *vt* **-1.** [mould]: **to ~ sthg (into)** dar a algo forma (de) **-2.** [cause to develop] desarrollar.

◆ **shape up** *vi* [develop] desarrollarse.

SHAPE [ʃeɪp] (*abbr of* **Supreme Headquarters Allied Powers, Europe**) *n cuartel general de las potencias aliadas en Europa.*

-shaped [ˈʃeɪpt] *suffix*: **egg/star ~** en forma de huevo/estrella.

shapeless [ˈʃeɪplɪs] *adj* sin forma.

shapely [ˈʃeɪplɪ] (*compar* **-ier**, *superl* **-iest**) *adj* bien hecho(cha).

shard [ʃɑːd] *n* [of glass] esquirla *f*; [of cup, vase] fragmento *m*.

share [ʃeəʳ] ◇ *n* **-1.** [portion]: **~ (of** *OR* **in)** parte *f* (de) **-2.** [contribution, quota]: **to have/do one's ~ of sthg** tener/hacer la parte que a uno le toca de algo. ◇ *vt* **-1.** [gen]: **to ~ sthg (with)** compartir algo (con); **we ~ a love of opera** nos une la pasión por la ópera **-2.** [reveal]: **to ~ sthg (with)** revelar algo (a). ◇ *vi* compartir.

◆ **shares** *npl* acciones *fpl*.

◆ **share out** *vt sep* repartir, distribuir.

share capital *n* capital *m* social.

share certificate *n* certificado *m* de acciones.

shareholder [ˈʃeəˌhəʊldəʳ] *n* accionista *m* OR *f.*

share index *n* índice *m* de cotización.

share-out *n* reparto *m.*

shareware [ˈʃeəˌweəʳ] *n* COMPUT shareware *m.*

shark [ʃɑːk] (*pl inv* OR **-s**) *n* tiburón *m*; *fig* estafador *m*, -ra *f.*

sharp [ʃɑːp] ◇ *adj* **-1.** [not blunt] afilado(da) **-2.** [well-defined - outline] definido(da); [- photograph] nítido(da); [- contrast] marcado(da) **-3.** [intelligent, keen - person] listo(ta), filoso(sa) *Amér*; [- eyesight] penetrante; [- hearing] fino(na); [- intelligence] vivo(va) **-4.** [abrupt, sudden] brusco(ca), repentino(na) **-5.** [quick, firm - blow] seco(ca) **-6.** [angry, severe] cortante **-7.** [piercing, acute - sound, cry, pain] agudo(da); [- cold, wind] penetrante **-8.** [acid] ácido(da) **-9.** MUS en tono demasiado alto, desafinado(da); **F ~** fa *m* sostenido. ◇ *adv* **-1.** [punctually]: **at seven o'clock ~** a las siete en punto **-2.** [quickly, suddenly] bruscamente **-3.** MUS demasiado alto, desafinadamente. ◇ *n* MUS sostenido *m.*

sharpen [ˈʃɑːpn] ◇ *vt* **-1.** [make sharp] afilar; [pencil] sacar punta a **-2.** [make keener, quicker, greater] agudizar **-3.** [make angrier - voice]: **to ~ one's voice** hablar con tono de enfado. ◇ *vi* **-1.** [gen] agudizarse **-2.** [become angrier]: **his voice ~ed** se le notaba el enfado en la voz.

sharpener [ˈʃɑːpnəʳ] *n* [for pencils] sacapuntas *m inv*; [for knives] afilador *m.*

sharp-eyed [-ˈaɪd] *adj* perspicaz.

sharply [ˈʃɑːplɪ] *adv* **-1.** [distinctly] claramente **-2.** [suddenly] repentinamente **-3.** [harshly] duramente.

sharpness [ˈʃɑːpnɪs] *n* **-1.** [of point, edge] lo afilado, agudeza *f* **-2.** [fine definition] nitidez *f* **-3.** [of intelligence, eyesight, hearing] agudeza *f* **-4.** [harshness, severity] dureza *f*, aspereza *f* **-5.** [loudness, painfulness] agudeza *f* **-6.** [of pain, cold] intensidad *f* **-7.** [of lemon, pickle] acritud *f.*

sharp-witted [-ˈwɪtɪd] *adj* agudo(da).

shat [ʃæt] *pt & pp* ▻ **shit**.

shatter [ˈʃætəʳ] ◇ *vt* **-1.** [smash] hacer añicos **-2.** [hopes etc] destruir, echar por tierra **-3.** [shock, upset]: **to be ~ed (by)** quedar destrozado(da) (por). ◇ *vi* hacerse añicos, romperse en pedazos.

shattered [ˈʃætəd] *adj* **-1.** [shocked, upset] destrozado(da) **-2.** *UK inf* [very tired] hecho(cha) polvo.

shattering [ˈʃætərɪŋ] *adj* **-1.** [shocking, upsetting] terrible **-2.** *UK* [tiring] agotador(ra).

shatterproof [ˈʃætəpruːf] *adj* inastillable.

shave [ʃeɪv] ◇ *n* afeitado *m*; **to have a ~** afeitarse; **it was a close ~** nos salvamos por los pelos. ◇ *vt* **-1.** [face, body] afeitar **-2.** [cut pieces off] raspar. ◇ *vi* afeitarse.

◆ **shave off** *vt sep* afeitar.

shaven [ˈʃeɪvn] *adj* rapado(da).

shaver [ˈʃeɪvəʳ] *n* maquinilla *f* (de afeitar) eléctrica.

shaving brush [ˈʃeɪvɪŋ-] *n* brocha *f* de afeitar.

shaving cream [ˈʃeɪvɪŋ-] *n* crema *f* de afeitar.

shaving foam [ˈʃeɪvɪŋ-] *n* espuma *f* de afeitar.

shavings [ˈʃeɪvɪŋz] *npl* virutas *fpl.*

shaving soap [ˈʃeɪvɪŋ-] *n* jabón *m* de afeitar.

shawl [ʃɔːl] *n* chal *m.*

she [ʃiː] ◇ *pers pron* **-1.** [referring to woman, girl, animal] ella; **~'s tall** es alta; **~ loves fish** le encanta el pescado; **I don't like it, but ~ does** no me gusta, pero a ella sí; SHE **can't do it** ella no puede hacerlo; **there ~ is** allí está **-2.** [referring to boat, car, country]: **~'s a fine ship** es un buen barco. ◇ *n*: **it's a ~** [animal] es hembra; [baby] es (una) niña. ◇ *comp*: **~-elephant** elefanta *f*; **~ bear** osa *f.*

sheaf [ʃiːf] (*pl* **sheaves**) *n* **-1.** [of papers, letters] fajo *m* **-2.** [of corn, grain] gavilla *f.*

shear [ʃɪəʳ] (*pt* **-ed**, *pp* **-ed** OR **shorn**) *vt* [sheep] esquilar.

◆ **shears** *npl* **-1.** [for garden] tijeras *fpl* de podar **-2.** [for dressmaking] tijeras *fpl.*

◆ **shear off** ◇ *vt fus* romper. ◇ *vi* romperse.

sheath [ʃiːθ] (*pl* **-s**) *n* **-1.** [covering for knife] funda *f*, vaina *f* **-2.** *UK* [condom] preservativo *m*, condón *m.*

sheathe [ʃiːð] *vt* **-1.** [put away] envainar, enfundar **-2.** [cover]: **to ~ sthg in** envolver algo en.

sheath knife *n* cuchillo *m* de monte.

sheaves [ʃiːvz] *pl* ▻ **sheaf**.

shed [ʃed] (*pt* & *pp* **shed**, *cont* **-ding**) ◇ *n* cobertizo *m*, galpón *m Andes, Nic & RP.* ◇ *vt* **-1.** [skin] mudar de; [leaves] despojarse de **-2.** [discard] deshacerse de **-3.** [accidentally lose]: **a lorry has ~ its load on the M1** un camión ha perdido su carga en la M1 **-4.** [tears, blood] derramar; **to ~ blood** derramar sangre.

she'd [*weak form* ʃɪd, *strong form* ʃiːd] = **she had, she would.**

sheen [ʃiːn] *n* brillo *m*, lustre *m.*

sheep [ʃiːp] (*pl inv*) *n* [animal] oveja *f.*

sheepdog [ˈʃiːpdɒg] *n* perro *m* pastor.

sheepish [ˈʃiːpɪʃ] *adj* avergonzado(da).

sheepishly [ˈʃiːpɪʃlɪ] *adv* tímidamente.

sheepskin [ˈʃiːpskɪn] *n* piel *f* de carnero.

sheepskin jacket *n* zamarra *f*, pelliza *f.*

sheer [ʃɪəʳ] *adj* **-1.** [absolute] puro(ra) **-2.** [very steep - cliff] escarpado(da); [- drop] vertical **-3.** [tights] transparente.

sheet [ʃi:t] *n* **-1.** [for bed] sábana *f*; **a double/fitted ~** una sábana doble/ajustable; **as white as a ~** blanco como el papel **-2.** [of paper] hoja *f* **-3.** [of glass, metal, wood] lámina *f*.

sheet feed *n* COMPUT alimentador *m* automático de papel.

sheeting ['ʃi:tɪŋ] *n (U)* chapas *fpl*.

sheet lightning *n (U)* fucilazo *m*, relámpago *m*.

sheet metal *n (U)* chapa *f* de metal.

sheet music *n (U)* partituras *fpl* sueltas.

sheik(h) [ʃeɪk] *n* jeque *m*.

shelf [ʃelf] (*pl* **shelves**) *n* estante *m*; **it's on the top ~** está en el estante de arriba.

shelf life *n* periodo *m* de conservación.

shell [ʃel] ◇ *n* **-1.** [of egg, nut] cáscara *f* **-2.** [of tortoise, crab] caparazón *m*; [of snail, mussels] concha *f* **-3.** [on beach] concha *f* **-4.** [of building] esqueleto *m*; [of boat] casco *m*; [of car] armazón *m*, chasis *m inv* **-5.** MIL [missile] proyectil *m*. ◇ *vt* **-1.** [peas] desvainar; [nuts, eggs] quitar la cáscara a **-2.** MIL [fire shells at] bombardear.

◆ **shell out** *inf* ◇ *vt sep* aflojar, soltar. ◇ *vi*: **to ~ out for** aflojar la pasta para.

she'll [ʃi:l] = **she will**, **she shall**.

shellfish ['ʃelfɪʃ] (*pl inv*) *n* **-1.** [creature] crustáceo *m* **-2.** *(U)* [food] mariscos *mpl*.

shelling ['ʃelɪŋ] *n* MIL bombardeo *m*.

shellshock ['ʃelʃɒk] *n (U)* trauma *m* de guerra.

shell suit *n* UK chandal *m* (de nailon).

shelter ['ʃeltəʳ] ◇ *n* **-1.** [building, protection] refugio *m*; **to seek ~** buscar refugio; **to take ~ (from)** refugiarse (de); **to run for ~** correr a refugiarse; **nuclear ~** refugio nuclear; **bus ~** marquesina *f* **-2.** [place to live] techo *m*; **their greatest needs are food and ~** lo que más necesitan es comida y refugio. ◇ *vt* **-1.** [protect]: **to be ~ed by/from** estar protegido(da) por/de **-2.** [provide place to live for] dar asilo OR cobijo a **-3.** [hide] proteger, esconder. ◇ *vi*: **to ~ from/in** resguardarse de/en, protegerse de/en.

sheltered ['ʃeltəd] *adj* **-1.** [place, existence] protegido(da) **-2.** [accommodation, housing]: **~ housing** *conjunto de viviendas especialmente diseñado para ancianos o minusválidos.*

shelve [ʃelv] *vt* dar carpetazo a.

shelves [ʃelvz] *pl* ▷ **shelf**.

shelving ['ʃelvɪŋ] *n (U)* estantería *f*.

shepherd ['ʃepəd] ◇ *n* pastor *m*. ◇ *vt fig* acompañar.

shepherd's pie ['ʃepədz-] *n carne picada cubierta de puré de patatas.*

sherbet ['ʃɜ:bət] *n* **-1.** UK [sweet powder] sidral *m* **-2.** US [sorbet] sorbete *m*.

sheriff ['ʃerɪf] *n* sheriff *m*.

sherry ['ʃerɪ] (*pl* **-ries**) *n* jerez *m*.

she's [ʃi:z] = **she is**, **she has**.

Shetland ['ʃetlənd] *n*: **(the) ~ (Islands)** las islas Shetland.

sh(h) [ʃ] *excl* ¡chis!, ¡chitón!

shield [ʃi:ld] ◇ *n* **-1.** [armour, sports trophy] escudo *m* **-2.** [protection]: **~ against** protección *f* contra. ◇ *vt*: **to ~ sb (from)** proteger a alguien (de); **to ~ o.s. (from)** protegerse (de).

shift [ʃɪft] ◇ *n* **-1.** [slight change] cambio *m*; **a ~ in sthg** un cambio en algo **-2.** [period of work, workers] turno *m*; **the night ~** el turno de noche. ◇ *vt* **-1.** [furniture etc] cambiar de sitio, mover **-2.** [attitude, belief] cambiar de **-3.** [transfer]: **to ~ the blame (on to sb)** echar la culpa (a alguien). ◇ *vi* **-1.** [person] moverse; [wind, opinion] cambiar **-2.** US AUT cambiar de marcha.

shift key *n* tecla *f* de mayúsculas.

shiftless ['ʃɪftlɪs] *adj* vago(ga), remolón(ona).

shift work *n* trabajo *m* por turnos; **to do ~** trabajar por turnos.

shifty ['ʃɪftɪ] (*compar* **-ier**, *superl* **-iest**) *adj inf* [person] con pinta deshonesta; [behaviour] sospechoso(sa); [look] huidizo(za).

Shiite ['ʃi:aɪt] ◇ *adj* chiíta. ◇ *n* chiíta *m* OR *f*.

shilling ['ʃɪlɪŋ] *n* chelín *m*.

shilly-shally ['ʃɪlɪˌʃælɪ] (*pt* & *pp* **-ied**) *vi* titubear, vacilar.

shimmer ['ʃɪməʳ] ◇ *n* resplandor *m* trémulo. ◇ *vi* rielar, brillar con luz trémula.

shin [ʃɪn] (*pt* & *pp* **-ned**, *cont* **-ning**) *n* espinilla *f*.

◆ **shin down** UK, **shinny down** US *vt fus* bajar de.

◆ **shin up** UK, **shinny up** US *vt fus* trepar.

shinbone ['ʃɪnbəʊn] *n* espinilla *f*.

shine [ʃaɪn] (*pt* & *pp* **shone**) ◇ *n* brillo *m*. ◇ *vt* [torch, lamp] dirigir; **she shone a torch into his eyes** la enfocó en los ojos con una linterna. ◇ *vi* **-1.** [gen] brillar **-2.** [excel]: **to ~ at** despuntar en.

shingle ['ʃɪŋgl] *n* **-1.** *(U)* [on beach] guijarros *mpl* **-2.** US [nameplate] placa *f* con el nombre; **to hang out one's ~** abrir un despacho/consultorio.

◆ **shingles** *n (U)* herpes *m inv*.

shining ['ʃaɪnɪŋ] *adj* **-1.** [gleaming] brillante, brilloso(sa) *Amér* **-2.** [outstanding] excepcional.

shinny ['ʃɪnɪ] US

◆ **shinny down** = **shin down**.

◆ **shinny up** = **shin up**.

shin pad *n* espinillera *f*.

shiny [ˈʃaɪnɪ] (*compar* **-ier**, *superl* **-iest**) *adj* brillante.

ship [ʃɪp] (*pt* & *pp* **-ped**, *cont* **-ping**) <> *n* barco *m*, buque *m*. <> *vt* enviar por barco.

shipbuilder [ˈʃɪpˌbɪldəʳ] *n* constructor *m*, -ra *f* de naves.

shipbuilding [ˈʃɪpˌbɪldɪŋ] *n* construcción *f* naval.

shipment [ˈʃɪpmənt] *n* envío *m*.

shipper [ˈʃɪpəʳ] *n* compañía *f* naviera.

shipping [ˈʃɪpɪŋ] *n (U)* **-1.** [transport] envío *m*, transporte *m* **-2.** [ships] barcos *mpl*, buques *mpl*.

shipping agent *n* agente marítimo *m*, agente marítima *f*.

shipping company *n* compañía *f* naviera.

shipping forecast *n* predicción *f* del estado de la mar.

shipping lane *n* ruta *f* marítima.

shipshape [ˈʃɪpʃeɪp] *adj* en orden.

shipwreck [ˈʃɪprek] <> *n* **-1.** [destruction of ship] naufragio *m* **-2.** [wrecked ship] barco *m* náufrago. <> *vt*: **to be ~ed** naufragar.

shipwrecked [ˈʃɪprekt] *adj* náufrago(ga).

shipyard [ˈʃɪpjɑːd] *n* astillero *m*.

shire [ʃaɪəʳ] *n* [county] condado *m*.

◆ **Shire** *n*: **the Shires** *los condados centrales de Inglaterra.*

shire horse *n* percherón *m*, caballo *m* de tiro.

shirk [ʃɜːk] *vt* eludir.

shirker [ˈʃɜːkəʳ] *n* vago *m*, -ga *f*.

shirt [ʃɜːt] *n* camisa *f*.

shirtsleeves [ˈʃɜːtsliːvz] *npl*: **to be in (one's) ~** ir en mangas de camisa.

shirttail [ˈʃɜːtteɪl] *n* faldón *m*.

shirty [ˈʃɜːtɪ] (*compar* **-ier**, *superl* **-iest**) *adj* ***UK inf*** de mala uva; **to get ~** mosquearse.

shit [ʃɪt] (*pt* & *pp* **shit** OR **-ted** OR **shat**, *cont* **-ting**) *vulg* <> *n* **-1.** [excrement] mierda *f* **-2.** *(U)* [nonsense] gilipolleces *fpl* **-3.** [person] hijo *m*, -ja *f* de puta. <> *vi* cagar. <> *excl* ¡mierda!

shiver [ˈʃɪvəʳ] <> *n* escalofrío *m*, estremecimiento *m*; **to give sb the ~s** dar escalofríos a alguien; **it sent ~s down her spine** le puso los pelos de punta. <> *vi*: **to ~ (with)** [fear] temblar OR estremecerse (de); [cold] tiritar (de).

shoal [ʃəʊl] *n* banco *m*.

shock [ʃɒk] <> *n* **-1.** [unpleasant surprise, reaction, emotional state] susto *m*; **I got a real ~** me dio un vuelco de corazón; **it came as a ~** fue un duro golpe **-2.** *(U)* MED: **to be suffering from ~, to be in ~** estar en un estado de choque **-3.** [impact] choque *m* **-4.** [electric shock] descarga *f* OR sacudida *f* (eléctrica); **to get a ~ from sthg** recibir una descarga de algo **-5.** [thick mass] mata *f*; **a ~ of hair** una mata de pelo. <> *vt* **-1.** [upset] conmocionar **-2.** [offend] escandalizar.

shock absorber [-əbˌzɔːbəʳ] *n* amortiguador *m*.

shocked [ʃɒkt] *adj* **-1.** [upset] horrorizado(da) **-2.** [offended] escandalizado(da), ofendido(da).

shocking [ˈʃɒkɪŋ] *adj* **-1.** [very bad] pésimo(ma) **-2.** [behaviour, film] escandaloso(sa); [price] de escándalo.

shockproof [ˈʃɒkpruːf] *adj* a prueba de choques.

shock tactics *npl* MIL & ***fig*** táctica *f* de choque.

shock therapy, shock treatment *n* tratamiento *m* a base de electrochoques.

shock troops *npl* tropas *fpl* de asalto.

shock wave *n* [intense heat, pressure] onda *f* expansiva; ***fig*** oleada *f* de turbación.

shod [ʃɒd] <> *pt* & *pp* ▷ **shoe**. <> *adj* calzado(da).

shoddy [ˈʃɒdɪ] (*compar* **-ier**, *superl* **-iest**) *adj* [work] chapucero(ra); [goods] de pacotilla; ***fig*** [treatment] vil, despreciable.

shoe [ʃuː] (*pt* & *pp* **shod** OR **shoed**, *cont* **shoeing**) <> *n* zapato *m*. <> *vt* herrar.

shoebrush [ˈʃuːbrʌʃ] *n* cepillo *m* para los zapatos.

shoehorn [ˈʃuːhɔːn] *n* calzador *m*.

shoelace [ˈʃuːleɪs] *n* cordón *m* del zapato, pasador *m* ***Amér***.

shoemaker [ˈʃuːˌmeɪkəʳ] *n* zapatero *m*, -ra *f*.

shoe polish *n* betún *m*.

shoe shop *n* zapatería *f*.

shoestring [ˈʃuːstrɪŋ] <> *adj* muy reducido(da). <> *n* ***fig***: **on a ~** con cuatro cuartos, con muy poco dinero.

shoetree [ˈʃuːtriː] *n* horma *f*.

shone [ʃɒn] *pt* & *pp* ▷ **shine**.

shoo [ʃuː] <> *vt* [animal] espantar, ahuyentar; **he ~ed the cat away** echó al gato; [person] mandar a otra parte. <> *excl* ¡fuera!

shook [ʃʊk] *pt* ▷ **shake**.

shoot [ʃuːt] (*pt* & *pp* **shot**) <> *n* **-1.** ***UK*** [hunting expedition] cacería *f* **-2.** [new growth] brote *m*, retoño *m*. <> *vt* **-1.** [fire gun at] disparar contra, abalear ***Andes, Cam*** & ***Ven***; [injure] herir a tiros; [kill] matar a tiros; **to ~ o.s.** pegarse un tiro; **he was shot in the leg** le dispararon en la pierna; **to ~ the breeze** ***US*** estar de cháchara **-2.** ***UK*** [hunt] cazar **-3.** [arrow] disparar **-4.** [direct - glance] lanzar, echar; **she shot him an inquisitive glance** le lanzó una mirada de curiosidad; [- question] disparar **-5.** CINEMA rodar, filmar **-6.** ***US*** [play]: **to ~ pool** jugar al billar americano. <>

vi **-1.** [fire gun]: **to ~ (at)** disparar (contra); **don't~!** ¡no dispare! **-2.** *UK* [hunt] cazar **-3.** [move quickly]: **to ~ in/out/past** entrar/salir/pasar disparado(da) **-4.** *CINEMA* rodar, filmar **-5.** *SPORT* chutar; **he shot at goal** chutó a puerta. ◇ *excl US inf* **-1.** [go ahead] ¡venga!, ¡vamos! **-2.** [damn] ¡ostras!

◆ **shoot down** *vt sep* **-1.** [plane] derribar **-2.** [person] matar a tiros.

◆ **shoot up** *vi* **-1.** [child, plant] crecer rápidamente **-2.** [prices] dispararse **-3.** *drugs sl* [take drugs] chutarse.

shooting ['ʃu:tɪŋ] *n* **-1.** [killing] asesinato *m (a tiros)* **-2.** *(U)* [hunting] caza *f*, cacería *f*.

shooting range *n* campo *m* de tiro.

shooting star *n* estrella *f* fugaz.

shoot-out *n* tiroteo *m*.

shop [ʃɒp] (*pt* & *pp* **-ped**, *cont* **-ping**) ◇ *n* [store] tienda *f*; **to talk ~** hablar del trabajo. ◇ *vi* comprar; **to go shopping** ir de compras.

◆ **shop around** *vi* comparar precios.

shop assistant *n UK* dependiente *m*, -ta *f*.

shop floor *n*: **the ~** el personal, los obreros.

shopkeeper ['ʃɒp,ki:pəʳ] *n* tendero *m*, -ra *f*.

shoplifter ['ʃɒp,lɪftəʳ] *n* ladrón *m*, -ona *f* en una tienda.

shoplifting ['ʃɒp,lɪftɪŋ] *n (U)* robo *m* en una tienda.

shopper ['ʃɒpəʳ] *n* comprador *m*, -ra *f*.

shopping ['ʃɒpɪŋ] *n (U)* **-1.** [purchases] compras *fpl* **-2.** [act of shopping] compra *f*; **to do some/the ~** hacer algunas compras/la compra.

shopping bag *n* bolsa *f* de la compra.

shopping basket *n UK* **-1.** [in supermarket] cesta *f* **-2.** [for online shopping] cesta *f* de la compra.

shopping cart *n US* **-1.** [in supermarket] carrito *m* de la compra **-2.** [for online shopping] cesta *f* de la compra.

shopping centre *UK*, **shopping mall** *US*, **shopping plaza** *US* [-,plɑ:zəl *n* centro *m* comercial.

shopping list *n* lista *f* de la compra.

shopping mall *US*, **shopping plaza** *US* = **shopping centre**.

shopsoiled *UK* ['ʃɒpsɔɪld], **shopworn** *US* ['ʃɒpwɔ:n] *adj* deteriorado(da).

shop steward *n* enlace *m OR f* sindical.

shopwindow [,ʃɒp'wɪndəʊ] *n* escaparate *m*.

shopworn *US* = **shopsoiled**.

shore [ʃɔ:ʳ] *n* **-1.** [of sea, lake, river] orilla *f* **-2.** [land]: **on ~** en tierra.

◆ **shore up** *vt sep* apuntalar.

shore leave *n* permiso *m* para bajar a tierra.

shoreline ['ʃɔ:laɪn] *n* orilla *f*.

shorn [ʃɔ:n] ◇ *pp* ▷ **shear**. ◇ *adj* [grass, hair] corto(ta); [head] rapado(da).

short [ʃɔ:t] ◇ *adj* **-1.** [gen] corto(ta); **a ~ time ago** hace poco **-2.** [not tall] bajo(ja) **-3.** [curt]: **to be ~ (with sb)** ser seco(ca) (con alguien); **to have a ~ temper** tener mal genio **-4.** [lacking] escaso(sa); **to be ~ on sthg** no andar sobrado de algo; **to be ~ of** estar *OR* andar mal de; **we're a chair/pound ~** nos falta una silla/libra; **to be ~ of breath** estar sin aliento **-5.** [be shorter form]: **to be ~ for** ser el diminutivo de. ◇ *adv* **-1.** [out of]: **we are running ~ of water** se nos está acabando el agua **-2.** [suddenly, abruptly]: **to cut sthg ~** interrumpir algo; **we had to cut ~ our trip to Cyprus** tuvimos que interrumpir nuestro viaje a Chipre; **to stop ~** parar en seco *OR* de repente; **to bring** *OR* **pull sb up ~** hacer a alguien parar en seco. ◇ *n* **-1.** *UK* [alcoholic drink] chupito *m* **-2.** [film] cortometraje *m*.

◆ **shorts** *npl* **-1.** [gen] pantalones *mpl* cortos, shorts *mpl* **-2.** *US* [underwear] calzoncillos *mpl*.

◆ **for short** *adv* para abreviar.

◆ **in short** *adv* en resumen, en pocas palabras.

◆ **nothing short of** *prep*: **it was nothing ~ of madness/a disgrace** fue una auténtica locura/vergüenza.

◆ **short of** *prep* **-1.** [just before] cerca de; **just ~ of the cliff** casi al bordo del precipicio **-2.** [without]: **~ of asking, I can't see how you'll find out** salvo que preguntes, no sé cómo lo vas a averiguar.

shortage ['ʃɔ:tɪdʒ] *n* falta *f*, escasez *f*; **there was a paper ~** había falta *OR* escasez de papel.

short back and sides *n UK* pelo *m* corto a los lados y en la nuca.

shortbread ['ʃɔ:tbred] *n especie de torta hecha de azúcar, harina y mantequilla*.

shortcake ['ʃɔ:tkeɪk] *n US bizcocho que se sirve relleno con fruta y crema batida*.

short-change *vt* [in shop] dar mal el cambio a; *fig* [reward unfairly] estafar, engañar.

short circuit *n* cortocircuito *m*.

◆ **short-circuit** ◇ *vt* provocar un cortocircuito en. ◇ *vi* tener un cortocircuito.

shortcomings ['ʃɔ:t,kʌmɪŋz] *npl* defectos *mpl*.

shortcrust pastry ['ʃɔ:tkrʌst-] *n* pasta *f* quebrada.

short cut *n* **-1.** [quick way] atajo *m*; **to take a ~** tomar un atajo **-2.** [quick method] método *m* rápido.

shorten ['ʃɔ:tn] ◇ *vt* acortar. ◇ *vi* acortarse.

shortening ['ʃɔ:tnɪŋ] *n CULIN grasa vegetal o*

animal utilizada para hacer masas pasteleras.

shortfall ['ʃɔːtfɔːl] *n*: ~ **(in** *OR* **of)** déficit *m* (de).

shorthand ['ʃɔːthænd] *n* **-1.** [writing system] taquigrafía *f* **-2.** [short form]: ~ **(for)** una forma breve (de decir).

shorthanded [ˌʃɔːt'hændɪd] *adj*: **to be** ~ estar falto(ta) de personal.

shorthand typist *n UK* taquimecanógrafo *m*, -fa *f*.

short-haul *adj* [flight] que cubre distancias cortas.

short list *n UK* [for job] lista *f* de candidatos seleccionados.

◆ **short-list** *vt*: **to be short-listed (for)** [job] estar entre los candidatos (para).

short-lived [-'lɪvd] *adj* efímero(ra).

shortly ['ʃɔːtlɪ] *adv* **-1.** [soon] dentro de poco; ~ **before/after** poco antes/después de **-2.** [curtly] secamente, bruscamente.

shortness ['ʃɔːtnɪs] *n* **-1.** [in time] brevedad *f* **-2.** [in height] baja estatura *f*; [in length] cortedad *f*.

short-range *adj* [aircraft] de corto radio de acción; [missile] de corto alcance.

short shrift [-'ʃrɪft] *n*: **to give sb** ~ prestar poca atención a alguien.

shortsighted [ˌʃɔːt'saɪtɪd] *adj* [myopic] miope, corto(ta) de vista; *fig* [lacking foresight] corto de miras.

short-staffed [-'stɑːft] *adj*: **to be** ~ estar falto(ta) de personal.

shortstop ['ʃɔːtstɒp] *n US* [baseball] *jugador que intenta interceptar bolas entre la segunda y tercera base.*

short story *n* cuento *m*.

short-tempered [-'tempəd] *adj* de mal genio, de genio vivo.

short-term *adj* a corto plazo.

short wave *n (U)* onda *f* corta.

shot [ʃɒt] ◇ *pt & pp* ▷ **shoot**. ◇ *n* **-1.** [gunshot] tiro *m*, disparo *m*; **he fired two** ~**s** disparó dos tiros; **like a** ~ [quickly] disparado(da) **-2.** [marksman] tirador *m*, -ra *f*; **to be a good** ~ ser un buen tirador **-3.** [in football] chut *m*, tiro *m*; [in golf, tennis] golpe *m*; **good** ~**!** ¡buen golpe! **-4.** [photograph] foto *f* **-5.** *CINEMA* plano *m*, toma *f* **-6.** *inf* [try, go] intento *m*; **go on, have a** ~ venga, inténtalo; **to have a** ~ **at (doing) sthg** intentar (hacer) algo **-7.** [injection] inyección *f* **-8.** [of alcohol] trago *m*.

shotgun ['ʃɒtgʌn] *n* escopeta *f*.

shot put *n*: **the** ~ el lanzamiento de peso.

should [ʃʊd] *aux vb* **-1.** [be desirable]: **we** ~ **leave now** deberíamos irnos ya *OR* ahora **-2.** [seeking advice, permission]: ~ **I go too?** ¿voy yo también? **-3.** [as suggestion]: **I** ~ **deny everything** yo lo negaría todo **-4.** [indicating probability]: **she** ~ **be home soon** tiene que llegar a casa pronto **-5.** [have been expected]: **they** ~ **have won the match** tendrían que *OR* deberían haber ganado el partido **-6.** [indicating intention, wish]: **I** ~ **like to come with you** me gustaría ir contigo **-7.** *(as conditional)*: **if you** ~ **see Mary, could you ask her to phone me?** si vieras a Mary, ¿le podrías pedir que me llamara?; ~ **you decide to accept the job ...** si decide aceptar el trabajo ... **-8.** *(in 'that' clauses)*: **we decided that you** ~ **do it** decidimos que lo hicieras tú **-9.** [expressing uncertain opinion]: **I** ~ **think he's about 50 (years old)** yo diría que tiene unos 50 (años) **-10.** [expressing indignation] **he tidied up afterwards - so he** ~**!** después lo limpió - ¡era lo menos que podía hacer!; **I** ~ **hope so!** ¡eso espero!; **I** ~ **think so, too!** ¡es lo mínimo que podía hacer!

shoulder ['ʃəʊldə^r] ◇ *n* **-1.** [part of body, clothing] hombro *m*; **to look over one's** ~ mirar hacia atrás; **a** ~ **to cry on** un paño de lágrimas; **to cry on sb's** ~ llorar en el hombro de nadie; **to rub** ~**s with** codearse con **-2.** *CULIN* espaldilla *f*, paleta *f Amér*. ◇ *vt* **-1.** [carry - load] echarse al hombro **-2.** [accept - responsibility] cargar con; **to** ~ **the blame** asumir la responsabilidad.

shoulder bag *n* bolso *m* de bandolera *Esp*, bolso *m OR* bolsa *f Méx OR* cartera *f CSur* con correa para colgar del hombro.

shoulder blade *n* omóplato *m*.

shoulder-length *adj* que llega hasta los hombros.

shoulder strap *n* **-1.** [on dress] tirante *m*, bretel *m CSur* **-2.** [on bag] correa *f*, bandolera *f*.

shouldn't ['ʃʊdnt] = **should not**.

should've ['ʃʊdəv] = **should have**.

shout [ʃaʊt] ◇ *n* grito *m*; **to let out a** ~ lanzar un grito. ◇ *vt* gritar. ◇ *vi*: **to** ~ **(at)** gritar (a).

◆ **shout down** *vt sep* acallar a gritos.

◆ **shout out** *vt sep* gritar.

shouting ['ʃaʊtɪŋ] *n (U)* gritos *mpl*.

shove [ʃʌv] ◇ *n*: **(to give sthg/sb) a** ~ (dar a algo/a alguien) un empujón. ◇ *vt* empujar; **to** ~ **sthg/sb in** meter algo/a alguien a empujones; **to** ~ **sthg/sb out** sacar algo/a alguien a empujones; **to** ~ **sthg/sb about** empujar algo/a alguien.

◆ **shove off** *vi* **-1.** [in boat] *alejarse del muelle, la orilla etc* **-2.** [go away] *inf* largarse.

shovel ['ʃʌvl] (*UK pt & pp* **-led**, *cont* **-ling**, *US pt & pp* **-ed**, *cont* **-ing**) ◇ *n* pala *f*. ◇ *vt* remover con la pala *OR* a paletadas; **to** ~ **food into**

one's mouth *fig* zamparse la comida.

show [ʃəʊ] (*pt* **-ed**, *pp* **shown** *OR* **-ed**) ◇ *n* **-1.** [display, demonstration] demostración *f*; **a ~ of strength** una demostración de fuerte **-2.** [piece of entertainment - at theatre] espectáculo *m*; [- on radio, TV] programa *m* **-3.** [performance] función *f* **-4.** [of dogs, flowers, art] exposición *f*; **on ~** expuesto; **for ~** para impresionar. ◇ *vt* **-1.** [gen] mostrar; **to ~ sb sthg, to ~ sthg to sb** enseñar *OR* mostrar a alguien algo; **to ~ sb how to do sthg** enseñar *OR* mostrar a alguien cómo hacer algo; **he has nothing to ~ for all his efforts** todos sus esfuerzos han sido en balde **-2.** [escort]: **to ~ sb to the door** llevar *OR* acompañar a alguien hasta algo; **he ~ed us to our seats** nos llevó a nuestros asientos **-3.** [make visible, reveal] dejar ver; **white clothes ~ the dirt** la ropa blanca deja ver la suciedad; **to ~ o.s.** dejarse ver; **come on, ~ yourself!** venga, ¡déjate ver! **-4.** [indicate - increase, profit, loss] arrojar, registrar; **it just goes to ~ that ...** viene a demostrar que ... **-5.** [broadcast - film] poner; [- TV programme] poner, emitir. ◇ *vi* **-1.** [indicate, make clear] indicar, mostrar **-2.** [be visible] verse, notarse; **does it ~?** ¿se ve? **-3.** [film]: **it is ~ing at the Odeon** lo ponen en el Odeon.

◆ **show around** = **show round**.

◆ **show off** ◇ *vt sep* lucir, presumir de. ◇ *vi* presumir.

◆ **show out** *vt sep* acompañar hasta la puerta; **~ the gentlemen out, please** acompañe a los caballeros hasta la puerta, por favor.

◆ **show round** *vt sep*: **to ~ sb round a flat** enseñarle a alguien un piso.

◆ **show up** ◇ *vt sep* poner en evidencia. ◇ *vi* **-1.** [stand out] resaltar **-2.** [turn up] aparecer.

show-and-tell *n US ejercicio escolar en que un alumno lleva a la clase un objeto de su elección y habla sobre él.*

showbiz ['ʃəʊbɪz] = **show business**.

show business *n (U)* mundo *m* del espectáculo.

showcase ['ʃəʊkeɪs] *n* **-1.** [glass case] vitrina *f* **-2.** *fig* [advantageous setting] escaparate *m*, plataforma *f*.

showdown ['ʃəʊdaʊn] *n*: **to have a ~ with** enfrentarse abiertamente a *OR* con.

shower ['ʃaʊə^r] ◇ *n* **-1.** [device] ducha *f*, regadera *f Col, Méx, Ven* **-2.** [wash]: **to have** *OR* **take a ~** ducharse **-3.** [of rain] chubasco *m*, chaparrón *m* **-4.** *US* [party] *fiesta con regalos organizada en honor de una mujer por sus amigas.* ◇ *vt* **-1.** [sprinkle] rociar **-2.** [bestow]: **to ~ sb with sthg, to ~ sthg on** *OR* **upon sb** [presents, compliments] colmar a alguien de algo; [insults] acribillar a alguien a algo. ◇ *vi* [wash] ducharse.

shower cap *n* gorro *m* de ducha.

showerproof ['ʃaʊəpru:f] *adj* impermeable.

showery ['ʃaʊərɪ] *adj* lluvioso(sa).

showing ['ʃəʊɪŋ] *n* [of film] pase *m*, proyección *f*; [of paintings] exposición *f*.

show jumping [-ˌdʒʌmpɪŋ] *n* concurso *m* hípico de salto.

showman ['ʃəʊmən] (*pl* **-men** [-mən]) *n* **-1.** [at fair, circus] empresario *m* **-2.** *fig* [publicity-seeker] showman *m*.

showmanship ['ʃəʊmənʃɪp] *n* teatralidad *f*, talento *m* teatral.

shown [ʃəʊn] *pp* ▷ **show**.

show-off *n inf* presumido *m*, -da *f*.

show of hands *n*: **to have a ~** votar a mano alzada.

showpiece ['ʃəʊpi:s] *n* pieza *f* de mayor interés.

showroom ['ʃəʊrʊm] *n* salón *m OR* sala *f* de exposición.

showy ['ʃəʊɪ] (*compar* **-ier**, *superl* **-iest**) *adj* [person] ostentoso(sa); [clothes, colour] llamativo(va).

shrank [ʃræŋk] *pt* ▷ **shrink**.

shrapnel ['ʃræpnl] *n* metralla *f*.

shred [ʃred] (*pt* & *pp* **-ded**, *cont* **-ding**) ◇ *n* [small piece - of material] jirón *m*; [- of paper] trocito *m*, pedacito *m*; *fig* [scrap] ápice *m*, pizca *f*; **there isn't a ~ of truth in what he says** no hay una pizca de verdad en lo que dice; **to be in ~s** *lit* & *fig* estar hecho (cha) pedazos. ◇ *vt* [paper] hacer trizas; [food] rallar.

shredder ['ʃredə^r] *n* [for paper] destructora *f*; [for food] rallador *m*.

shrew [ʃru:] *n ZOOL* musaraña *f*.

shrewd [ʃru:d] *adj* astuto(ta), abusado(da) ***Méx***.

shrewdness ['ʃru:dnɪs] *n* astucia *f*.

shriek [ʃri:k] ◇ *n* chillido *m*, grito *m*. ◇ *vt* chillar, gritar. ◇ *vi*: **to ~ (with** *OR* **in)** chillar (de).

shrill [ʃrɪl] *adj* [high-pitched] estridente, agudo(da).

shrimp [ʃrɪmp] *n US* gamba *f*, camarón *m* ***Amér***.

shrine [ʃraɪn] *n* santuario *m*.

shrink [ʃrɪŋk] (*pt* **shrank**, *pp* **shrunk**) ◇ *vt* encoger. ◇ *vi* **-1.** [become smaller] encoger **-2.** *fig* [contract, diminish] disminuir **-3.** [recoil]: **to ~ away from** retroceder *OR* arredrarse ante **-4.** [be reluctant]: **to ~ from sthg** eludir algo.

shrinkage ['ʃrɪŋkɪdʒ] *n* [loss in size] encogimiento *m*; *fig* [contraction] reducción *f*.

shrink-wrap *vt precintar o envasar con plástico termoretráctil.*

shrivel ['ʃrɪvl] (*UK pt & pp* **-led**, *cont* **-ling**, *US pt & pp* **-ed**, *cont* **-ing**) ◇ *vt*: **to ~ (up)** secar, marchitar. ◇ *vi*: **to ~ (up)** secarse, marchitarse.

shroud [ʃraʊd] ◇ *n* [cloth] mortaja *f*, sudario *m*. ◇ *vt*: **to be ~ed in sthg** estar envuelto(ta) en algo.

Shrove Tuesday ['ʃrəʊv-] *n* martes *m inv* de carnaval.

shrub [ʃrʌb] *n* arbusto *m*.

shrubbery ['ʃrʌbərɪ] *n* (zona *f* de) arbustos *mpl*.

shrug [ʃrʌg] (*pt & pp* **-ged**, *cont* **-ging**) ◇ *n* encogimiento *m* de hombros. ◇ *vt*: **to ~ one's shoulders** encogerse de hombros. ◇ *vi* encogerse de hombros.

◆ **shrug off** *vt sep* quitar importancia a.

shrunk [ʃrʌŋk] *pp* ▷ **shrink**.

shrunken ['ʃrʌŋkn] *adj* [person] encogido(da).

shucks [ʃʌks] *excl US inf* **-1.** [it was nothing] ¡no es nada! **-2.** [damn] ¡ostras!

shudder ['ʃʌdəʳ] ◇ *n* escalofrío *m*, estremecimiento *m*. ◇ *vi* **-1.** [tremble]: **to ~ (with)** estremecerse (de); **I ~ to think** me entran escalofríos sólo con pensar **-2.** [shake] temblar, dar sacudidas.

shuffle ['ʃʌfl] ◇ *n* **-1.** [of feet]: **to walk with a ~** andar arrastrando los pies **-2.** [of cards]: **to give the cards a ~** barajar las cartas. ◇ *vt* **-1.** [feet] arrastrar **-2.** [cards] barajar **-3.** [sheets of paper] revolver. ◇ *vi* **-1.** [walk by dragging feet]: **to ~ in/out/along** entrar/salir/andar arrastrando los pies **-2.** [fidget] moverse nerviosamente.

shun [ʃʌn] (*pt & pp* **-ned**, *cont* **-ning**) *vt* rehuir, esquivar.

shunt [ʃʌnt] *vt* RAIL cambiar de vía; *fig* [move] llevar (de un sitio a otro).

shush [ʃʊʃ] *excl* ¡chis!, ¡chitón!

shut [ʃʌt] (*pt & pp* **shut**, *cont* **-ting**) ◇ *adj* cerrado(da). ◇ *vt* cerrar; **~ your mouth** OR **face!** *v inf* ¡cierra el pico! ◇ *vi* **-1.** [close] cerrarse **-2.** [close for business] cerrar.

◆ **shut away** *vt sep* guardar bajo llave; **to ~ o.s. away** encerrarse.

◆ **shut down** *vt sep & vi* cerrar.

◆ **shut in** *vt sep* encerrar; **to ~ o.s. in** encerrarse.

◆ **shut out** *vt sep* **-1.** [person, cat] dejar fuera a; [light, noise] no dejar entrar **-2.** [thought, feeling] bloquear.

◆ **shut up** *inf* ◇ *vt sep* [silence] hacer callar. ◇ *vi* callarse; **~ up!** ¡cállate!

shutdown ['ʃʌtdaʊn] *n* cierre *m*.

shutter ['ʃʌtəʳ] *n* **-1.** [on window] postigo *m*, contraventana *f* **-2.** [in camera] obturador *m*.

shuttle ['ʃʌtl] ◇ *adj*: **~ service** [of planes] puente *m* aéreo; [of buses, trains] servicio *m* regular. ◇ *n* [plane] avión *m* (de puente aéreo). ◇ *vi* ir y venir.

shuttlecock ['ʃʌtlkɒk] *n* volante *m*.

shy [ʃaɪ] (*pt & pp* **shied**) ◇ *adj* **-1.** [timid] tímido(da) **-2.** [wary]: **to be ~ of doing sthg** no atreverse a hacer algo. ◇ *vi* asustarse, espantarse.

◆ **shy away from** *vt fus*: **to ~ away from sthg** huir de algo; **to ~ away from doing sthg** negarse a hacer algo.

shyly ['ʃaɪlɪ] *adv* tímidamente, con timidez.

shyness ['ʃaɪnɪs] *n* timidez *f*.

Siamese [ˌsaɪə'mi:z] (*pl inv*) ◇ *adj* siamés(esa). ◇ *n* ZOOL: **~ (cat)** (gato *m*) siamés *m*.

Siamese twins *npl* hermanos *mpl* siameses.

Siberia [saɪ'bɪərɪə] *n* Siberia.

Siberian [saɪ'bɪərɪən] ◇ *adj* siberiano(na). ◇ *n* siberiano *m*, -na *f*.

sibling ['sɪblɪŋ] *n* hermano *m*, -na *f*.

Sicilian [sɪ'sɪljən] ◇ *adj* siciliano(na). ◇ *n* [person] siciliano *m*, -na *f*.

Sicily ['sɪsɪlɪ] *n* Sicilia.

sick [sɪk] *adj* **-1.** [ill] enfermo(ma) **-2.** [nauseous]: **to feel ~** marearse **-3.** [vomiting]: **to be ~** *UK* devolver, vomitar **-4.** [fed up]: **to be ~ of sthg/of doing sthg** estar harto(ta) de algo/de hacer algo; **to be ~ and tired of (doing) sthg** estar hasta la coronilla de (hacer) algo **-5.** [angry, disgusted]: **to make sb ~** *fig* poner enfermo(ma) a alguien **-6.** [joke] de mal gusto.

sickbay ['sɪkbeɪ] *n* enfermería *f*.

sickbed ['sɪkbed] *n* cama *f* (donde yace un enfermo).

sicken ['sɪkn] ◇ *vt* poner enfermo(ma), asquear. ◇ *vi UK*: **to be ~ing for sthg** estar cogiendo algo.

sickening ['sɪknɪŋ] *adj* **-1.** [disgusting] asqueroso(sa), repugnante **-2.** [infuriating] exasperante.

sickle ['sɪkl] *n* hoz *f*.

sick leave *n (U)* baja *f* por enfermedad.

sickly ['sɪklɪ] (*compar* **-ier**, *superl* **-iest**) *adj* **-1.** [unhealthy] enfermizo(za) **-2.** [unpleasant] nauseabundo(da).

sickness ['sɪknɪs] *n* **-1.** [illness] enfermedad *f* **-2.** *UK (U)* [nausea, vomiting] mareo *m*.

sickness benefit *n (U)* subsidio *m* por enfermedad.

sick pay *n (U)* paga *f* por enfermedad.

sickroom ['sɪkrʊm] *n* habitación *f* de un enfermo.

side [saɪd] ◇ *n* **-1.** [gen] lado *m*; **at** *OR* **by one's ~** al lado de uno; **on every ~, on all ~s** por todos los lados; **from ~ to ~** de un lado a otro; **~ by ~** juntos, uno al lado de otro; **to put sthg to** *OR* **on one ~** poner algo a un lado **-2.** [of person] costado *m*; [of animal] ijada *f* **-3.** [edge] lado *m*, borde *m* **-4.** [of hill, valley] falda *f*, ladera *f* **-5.** [bank] orilla *f* **-6.** [page] cara *f* **-7.** [participant - in war, game] lado *m*, bando *m*; [- in sports match] equipo *m* **-8.** [viewpoint] punto *m* de vista; **you should try to see both ~s** deberías considerar las dos caras de la situación; **to take sb's ~** ponerse del lado *OR* de parte de alguien; **to take ~s** tomar partido; **to be on sb's ~** estar del lado *OR* de parte de alguien; **whose ~ are you on?** ¿de parte de quién estás? **-9.** [line of parentage]: **on my father's ~** por parte de mi padre **-10.** [aspect] aspecto *m*; **it does have its comical ~** tiene su lado cómico; **to be on the safe ~** para estar seguro **-11.** *phr*: **on the large/small ~** algo grande/pequeño; **to do sthg on the ~** hacer algo para sacarse un dinero extra; **to keep** *OR* **stay on the right ~ of sb** no llevarle la contraria a alguien. ◇ *adj* lateral.

◆ **side with** *vt fus* ponerse de parte de.

sideboard ['saɪdbɔːd] *n* aparador *m*.

sideboards *UK* ['saɪdbɔːdz], **sideburns** *US* ['saɪdbɜːnz] *npl* patillas *fpl*.

sidecar ['saɪdkɑːʳ] *n* sidecar *m*.

side dish *n* acompañamiento *m*, guarnición *f*.

side effect *n MED & fig* efecto *m* secundario.

sidekick ['saɪdkɪk] *n inf* compinche *m OR f*, secuaz *m OR f*.

sidelight ['saɪdlaɪt] *n* luz *f* lateral.

sideline ['saɪdlaɪn] *n* **-1.** [extra business] negocio *m* suplementario **-2.** [on tennis court] línea *f* lateral; [on football pitch] línea de banda **-3.** [periphery]: **on the ~s** al margen.

sidelong ['saɪdlɒŋ] *adj & adv* de reojo *OR* soslayo; **to give sb a ~ glance** mirar a alguien de reojo *OR* soslayo.

side-on ◇ *adj* lateral. ◇ *adv* de lado.

side plate *n* platillo *m* de pan.

side road *n* calle *f* lateral.

sidesaddle ['saɪd,sædl] *adv*: **to ride ~** montar a sentadillas *OR* mujeriegas.

sideshow ['saɪdʃəʊ] *n* barraca *f OR* caseta *f* de feria.

sidestep ['saɪdstep] (*pt & pp* **-ped**, *cont* **-ping**) *vt* **-1.** [in football, rugby] regatear **-2.** *fig* [problem, question] esquivar.

side street *n* calle *f* lateral.

sidetrack ['saɪdtræk] *vt*: **to be ~ed** desviarse *OR* salirse del tema; **I keep getting ~ed** me distraigo continuamente.

sidewalk ['saɪdwɔːk] *n US* acera *f*, andén *m CAm, Col*, vereda *f CSur, Perú*, banqueta *f Méx*.

sideways ['saɪdweɪz] ◇ *adj* [movement] de lado, hacia un lado; [glance] de soslayo. ◇ *adv* [move] de lado; [look] de reojo.

siding ['saɪdɪŋ] *n* apartadero *m*, vía *f* muerta.

sidle ['saɪdl] ◆ **sidle up** *vi*: **to ~ up to** acercarse furtivamente a.

siege [siːdʒ] *n* **-1.** [by army] sitio *m*, cerco *m* **-2.** [by police] cerco *m* policial.

Sierra Leone [sɪ'erəlɪ'əʊn] *n* Sierra Leona.

sieve [sɪv] ◇ *n* [utensil] colador *m*; **to have a head** *OR* **memory like a ~** tener muy mala memoria. ◇ *vt* [soup] colar; [flour, sugar] tamizar, cerner.

sift [sɪft] ◇ *vt* **-1.** [sieve] tamizar, cerner **-2.** *fig* [examine carefully] examinar cuidadosamente. ◇ *vi*: **to ~ through sthg** examinar cuidadosamente algo.

sigh [saɪ] ◇ *n* suspiro *m*; **to heave a ~ of relief** respirar aliviado. ◇ *vi* suspirar.

sight [saɪt] ◇ *n* **-1.** [vision] vista *f* **-2.** [act of seeing]: **her first ~ of the sea** la primera vez que vio el mar; **in ~** a la vista; **to disappear out of ~** perderse de vista; **to catch ~ of sthg/sb** alcanzar a ver algo/a alguien; **to know sb by ~** conocer a alguien de vista; **to lose ~ of** *lit & fig* perder de vista; **to shoot on ~** disparar sin esperar; **at first ~** a primera vista; **it was love at first ~** fue un flechazo **-3.** [something seen] espectáculo *m*; **a beautiful ~** una vista preciosa **-4.** [on gun] mira *f*; **to set one's ~s on sthg** echarle el ojo a algo; **it's not a pretty ~** no es muy agradable de ver **-5.** [small amount]: **a ~ better/worse** mucho mejor/peor. ◇ *vt* divisar, avistar.

◆ **sights** *npl* atracciones *fpl* turísticas; **to see the ~s** ir a ver la ciudad.

sighting ['saɪtɪŋ] *n*: **there had been only two ~s of the bird** el pájaro sólo se había visto dos veces.

sightseeing ['saɪt,siːɪŋ] *n (U)* recorrido *m* turístico; **to go ~** hacer turismo.

sightseer ['saɪt,siːəʳ] *n* turista *m OR f*.

sign [saɪn] ◇ *n* **-1.** [written symbol] signo *m* **-2.** [horoscope]: **~ of the zodiac** signo del zodiaco **-3.** [gesture] señal *f* **-4.** [of pub, shop] letrero *m*; [on road] señal *f*; [notice] cartel *m* **-5.** [indication] señal *f*, indicio *m*; **it's a good ~** es una buena señal; **there's no ~ of him** no se le ve por ninguna parte. ◇ *vt* firmar. ◇ *vi* firmar.

◆ **sign away** *vt sep* ceder.

◆ **sign for** *vt fus* **-1.** [sign receipt for] firmar

acusando recibo de **-2.** [sign contract for - football team] fichar por.

◆ **sign in** *vi* firmar en el registro.

◆ **sign on** *vi* **-1.** [enrol, register]: **to ~ on (for)** [army] alistarse (en); [job] firmar el contrato (de); [course] matricularse (en) **-2.** [register as unemployed] firmar para cobrar el paro.

◆ **sign out** *vi* firmar al marcharse (de un hotel o club).

◆ **sign up** ◇ *vt sep* [employee] contratar; [recruit] alistar. ◇ *vi*: **to ~ up (for)** [army] alistarse (en); [job] firmar el contrato (de); [course] matricularse (en).

signal ['sɪgnl] (*UK pp* & *pt* **-led**, *cont* **-ling**, *US pp* & *pt* **-ed**, *cont* **-ing**) ◇ *n* señal *f*. ◇ *vt* **-1.** [indicate] indicar **-2.** [tell]: **to ~ sb (to do sthg)** hacer señas a alguien (para que haga algo) **-3.** *fig* [change, event] señalar. ◇ *adj fml* [triumph] señalado(da); [failure] estrepitoso(sa). ◇ *vi* **-1.** *AUT* señalizar **-2.** [indicate]: **to ~ to sb (to do sthg)** hacer señas a alguien (para que haga algo); **to ~ for sthg** pedir algo por señas.

signal box *UK*, **signal tower** *US n* puesto *m* de mando.

signally ['sɪgnəlɪ] *adv fml* [fail] estrepitosamente.

signalman ['sɪgnlmən] (*pl* **-men** [-mən]) *n RAIL* guardavía *m*.

signal tower *US* = **signal box**.

signatory ['sɪgnətrɪ] (*pl* **-ies**) *n* signatario *m*, -ria *f*, firmante *m* *OR* *f*.

signature ['sɪgnətʃəʳ] *n* firma *f*.

signature tune *n* sintonía *f*.

signet ring ['sɪgnɪt-] *n* (anillo *m* de) sello *m*.

significance [sɪg'nɪfɪkəns] *n* trascendencia *f*, importancia *f*; **to attach ~ to sthg** atribuir importancia a algo; **to be of little/great/no ~** ser de poca/mucha/ninguna importancia.

significant [sɪg'nɪfɪkənt] *adj* **-1.** [considerable, meaningful] significativo(va); **to give sb a ~ look** mirar a alguien expresivamente **-2.** [important] trascendente.

significantly [sɪg'nɪfɪkəntlɪ] *adv* **-1.** [considerably, meaningfully] de manera significativa **-2.** [importantly]: **~, he was absent** fue significativo el hecho de su ausencia.

signify ['sɪgnɪfaɪ] (*pt* & *pp* **-ied**) *vt* significar.

signing ['saɪnɪŋ] *n UK SPORT* fichaje *m*.

sign language *n* lenguaje *m* por señas.

signpost ['saɪnpəʊst] *n* letrero *m* indicador.

Sikh [si:k] ◇ *adj* sij. ◇ *n* [person] sij *m* *OR* *f*.

silage ['saɪlɪdʒ] *n* ensilaje *m*.

silence ['saɪləns] ◇ *n* silencio *m*; **to do sthg in ~** hacer algo en silencio. ◇ *vt* [person, critic] acallar; [gun] hacer callar, silenciar.

silencer ['saɪlənsəʳ] *n* silenciador *m*.

silent ['saɪlənt] *adj* **-1.** [gen] silencioso(sa) **-2.** [not revealing anything]: **to be ~ about** quedar en silencio respecto a; **to remain ~** permanecer callado(da) **-3.** *CINEMA* & *LING* mudo(da); **a ~ movie** una película muda; **a ~ b** una b muda.

silently ['saɪləntlɪ] *adv* **-1.** [without speaking] en silencio **-2.** [noiselessly] silenciosamente.

silent partner *n US* socio comanditario *m*, socia comanditaria *f*.

silhouette [ˌsɪlu:'et] ◇ *n* silueta *f*. ◇ *vt*: **to be ~d against** perfilarse *OR* destacarse sobre.

silicon ['sɪlɪkən] *n* silicio *m*.

silicon chip [ˌsɪlɪkən-] *n* chip *m* de silicio.

silicone ['sɪlɪkəʊn] *n* silicona *f*.

Silicon Valley *pr n zona industrial californiana en la que se concentra la producción electrónica estadounidense.*

silk [sɪlk] ◇ *n* seda *f*. ◇ *comp* de seda; **a ~ blouse** una blusa de seda.

silk screen printing *n* serigrafía *f*.

silkworm ['sɪlkwɜ:m] *n* gusano *m* de seda.

silky ['sɪlkɪ] (*compar* **-ier**, *superl* **-iest**) *adj* [hair, dress, skin] sedoso(sa); [voice] aterciopelado (da).

sill [sɪl] *n* [of window] alféizar *m*.

silliness ['sɪlɪnɪs] *n (U)* estupidez *f*.

silly ['sɪlɪ] (*compar* **-ier**, *superl* **-iest**) *adj* estúpido(da), sonso(sa) *Amér*; **that was a ~ thing to say** qué tontería has dicho.

silo ['saɪləʊ] (*pl* **-s**) *n* silo *m*.

silt [sɪlt] *n* cieno *m*, légamo *m*.

◆ **silt up** *vi* cegarse.

silver ['sɪlvəʳ] ◇ *adj* **-1.** [in colour] plateado(da) **-2.** [made of silver] de plata. ◇ *n (U)* **-1.** [metal, silverware] plata *f* **-2.** [coins] monedas *fpl* plateadas.

silver foil, silver paper *n (U)* papel *m* de plata.

silver-plated [-'pleɪtɪd] *adj* bañado(da) de plata, plateado(da).

silver screen *n inf*: **the ~** el cine, las películas.

silversmith ['sɪlvəsmɪθ] *n* platero *m*, -ra *f*.

silverware ['sɪlvəweəʳ] *n (U)* **-1.** [dishes etc] plata *f* **-2.** *US* [cutlery] cubertería *f* de plata.

silver wedding *n* bodas *fpl* de plata.

similar ['sɪmɪləʳ] *adj*: **~ (to)** parecido(da) *OR* similar (a).

similarity [ˌsɪmɪ'lærətɪ] (*pl* **-ies**) *n*: **~ (between/to)** parecido *m* (entre/con), semejanza *f* (entre/con).

similarly ['sɪmɪləlɪ] *adv* [likewise] asimismo; [equally] igualmente.

simile ['sɪmɪlɪ] *n* símil *m*.

simmer ['sɪməʳ] *vt* & *vi* hervir a fuego lento.

◆ **simmer down** *vi inf* calmarse.

simper ['sɪmpəʳ] ◇ *n* sonrisa *f* boba. ◇ *vi* sonreír con cara de tonto(ta).
simpering ['sɪmpərɪŋ] *adj* [person] que sonríe con cara de tonto(ta); [smile] bobo(ba).
simple ['sɪmpl] *adj* **-1.** [gen] sencillo(lla) **-2.** *dated* [mentally retarded] simple **-3.** [plain - fact] mero(ra); [- truth] puro(ra).
simple-minded [-'maɪndɪd] *adj* simple.
simpleton ['sɪmpltən] *n* *dated* simplón *m*, -ona *f*.
simplicity [sɪm'plɪsətɪ] *n* sencillez *f*.
simplification [ˌsɪmplɪfɪ'keɪʃn] *n* simplificación *f*.
simplify ['sɪmplɪfaɪ] (*pt* & *pp* **-ied**) *vt* simplificar.
simplistic [sɪm'plɪstɪk] *adj* simplista.
simply ['sɪmplɪ] *adv* **-1.** [merely] sencillamente, simplemente **-2.** [for emphasis]: **you ~ must go and see it!** ¡no puedes perdértelo!; **~ dreadful/wonderful** francamente terrible/maravilloso; **I ~ can't believe it!** ¡no me lo puedo creer! **-3.** [in a simple way] de manera sencilla.
simulate ['sɪmjʊleɪt] *vt* simular.
simulation [ˌsɪmjʊ'leɪʃn] *n* **-1.** [gen & COMPUT] simulación *f* **-2.** [feigning] simulacro *m*.
simulator ['sɪmjʊleɪtəʳ] *n* simulador *m*.
simultaneous [*UK* ˌsɪmʊl'teɪnjəs, *US* ˌsaɪməl'teɪnjəs] *adj* simultáneo(a).
simultaneously [*UK* ˌsɪmʊl'teɪnjəslɪ, *US* ˌsaɪməl'teɪnjəslɪ] *adv* simultáneamente.
sin [sɪn] (*pt* & *pp* **-ned**, *cont* **-ning**) ◇ *n* pecado *m*; **to live in ~** vivir en pecado. ◇ *vi*: **to ~ (against)** pecar (contra).
since [sɪns] ◇ *adv* desde entonces; **we haven't been there ~** no hemos vuelto allí desde entonces; **long ~** hace mucho tiempo. ◇ *prep* desde; **~ last Tuesday** desde el último martes; **~ then** desde entonces; **he has worked here ~ 1975** trabaja aquí desde 1975. ◇ *conj* **-1.** [in time] desde que; **she's been miserable ever ~ she married him** desde que se casó con él ha sido desdichada; **it's ages ~ I saw you** hace siglos que no te veo **-2.** [because] ya que, puesto que.
sincere [sɪn'sɪəʳ] *adj* sincero(ra).
sincerely [sɪn'sɪəlɪ] *adv* sinceramente; **Yours ~** [at end of letter] atentamente.
sincerity [sɪn'serətɪ] *n* sinceridad *f*.
sinecure ['saɪnɪˌkjʊəʳ] *n* sinecura *f*.
sinew ['sɪnju:] *n* tendón *m*.
sinewy ['sɪnju:ɪ] *adj*: **a ~ man** un hombre que es pura fibra.
sinful ['sɪnfʊl] *adj* **-1.** [person] pecador(ra) **-2.** [thought, act] pecaminoso(sa).
sing [sɪŋ] (*pt* **sang**, *pp* **sung**) *vt* & *vi* cantar; **to ~ along with sb** cantar a coro con alguien.
Singapore [ˌsɪŋə'pɔ:ʳ] *n* Singapur.
singe [sɪndʒ] (*cont* **singeing**) ◇ *n* chamusco *m*. ◇ *vt* chamuscar.
singer ['sɪŋəʳ] *n* cantante *m* OR *f*; **she's a good ~** canta muy bien.
Singhalese [ˌsɪŋə'li:z] ◇ *adj* cingalés(esa). ◇ *n* [language] cingalés *m*.
singing ['sɪŋɪŋ] ◇ *adj* de canto; **she has a good ~ voice** tiene una excelente voz. ◇ *n* (*U*) canto *m*.
single ['sɪŋgl] ◇ *adj* **-1.** [only one] solo(la); **not a ~ person was there** no había ni una sola persona; **not one ~ time** ni una sola vez **-2.** [individual]: **every ~ penny** todos y cada uno de los peniques **-3.** [unmarried] soltero(ra); **he's ~** está soltero **-4.** *UK* [one-way] de ida. ◇ *n* **-1.** *UK* [one-way ticket] billete *m* de ida **-2.** MUS [record] sencillo *m*, single *m*.
◆ **singles** *npl* TENNIS (partido *m*) individual *m*.
◆ **single out** *vt sep*: **to ~ sb out (for)** escoger a alguien (para).
single bed *n* cama *f* individual.
single-breasted [-'brestɪd] *adj* recto(ta), sin cruzar.
single cream *n* *UK* crema *f* de leche, nata *f* líquida.
Single European Market *n*: **the ~** el Mercado Único Europeo.
single file *n*: **in ~** en fila india.
single-handed [-'hændɪd] *adv* sin ayuda.
single-minded [-'maɪndɪd] *adj* resuelto(ta); **to be ~ about** tener un objetivo muy claro respecto a.
single parent *n* padre *m* soltero, madre *f* soltera; **he's a ~** es padre soltero.
single-parent family *n* familia *f* monoparental.
single room *n* habitación *f* individual.
singles bar *n* *bar de encuentro para solteros*.
singlet ['sɪŋglɪt] *n* *UK* camiseta *f* sin mangas.
single ticket *n* *UK* billete *m* de ida.
singsong ['sɪŋsɒŋ] *inf* ◇ *adj* cantarín(ina). ◇ *n* *UK*: **to have a ~** ponerse a cantar.
singular ['sɪŋgjʊləʳ] ◇ *adj* singular. ◇ *n* singular *m*; **in the ~** en singular.
singularly ['sɪŋgjʊləlɪ] *adv* singularmente.
Sinhalese ['sɪnhəli:z] = **Singhalese**.
sinister ['sɪnɪstəʳ] *adj* siniestro(tra).
sink [sɪŋk] (*pt* **sank**, *pp* **sunk**) ◇ *n* **-1.** [in kitchen] fregadero *m* **-2.** [in bathroom] lavabo *m*. ◇ *vt* **-1.** [cause to go under water] hundir **-2.** [cause to penetrate]: **to ~ sthg into** [knife, claws] clavar algo en; [teeth] hincar algo en; **he sank his**

teeth into the steak le hincó los dientes al filete. ◇ *vi* **-1.** [go down - ship, sun] hundirse **-2.** [slump - person] hundirse; **she sank into a chair** se desplomó en una silla; **to ~ to one's knees** caer de rodillas **-3.** [decrease] bajar **-4.** [become quieter]: **her voice sank** bajó la voz **-5.** *fig* [into poverty, despair]: **to ~ into** hundirse en **-6.** [become depressed]: **his heart** *OR* **spirits sank** se le cayó el alma a los pies.

◆ **sink in** *vi* hacer mella; **it hasn't sunk in yet** todavía no lo tiene asumido.

sink board *n US* escurridero *m*.

sinking ['sɪŋkɪŋ] *n* hundimiento *m*; **to have a ~ feeling that** comenzar a preocuparse porque.

sinking fund *n* fondo *m* de amortización.

sink unit *n* fregadero *m* (con mueble debajo).

sinner ['sɪnəʳ] *n* pecador *m*, -ra *f*.

Sinn Féin [ˌʃɪn'feɪn] *n* Sinn Fein *m*, *rama política del IRA*.

sinuous ['sɪnjʊəs] *adj* sinuoso(sa).

sinus ['saɪnəs] (*pl* **-es**) *n* seno *m*.

sip [sɪp] (*pt* & *pp* **-ped**, *cont* **-ping**) ◇ *n* sorbo *m*. ◇ *vt* beber a sorbos.

siphon ['saɪfn] ◇ *n* sifón *m*. ◇ *vt* **-1.** [liquid] sacar con sifón **-2.** *fig* [funds] desviar.

◆ **siphon off** *vt sep* **-1.** [liquid] sacar con sifón **-2.** *fig* [funds] desviar.

sir [sɜːʳ] *n* **-1.** [form of address] señor *m*; **thank you, ~** gracias, señor; [in letter] **Dear ~,** Estimado Señor **-2.** [in titles]: **Sir Philip Holden** Sir Philip Holden.

siren ['saɪərən] *n* [alarm] sirena *f*.

sirloin (steak) ['sɜːlɔɪn] *n* solomillo *m*, (filete *m*) de lomo *m* **Andes, Col, CSur, Ven.**

sissy ['sɪsɪ] (*pl* **-ies**) *n inf* mariquita *m*.

sister ['sɪstəʳ] ◇ *adj* [organization, newspaper] hermano(na); [ship] gemelo(la). ◇ *n* **-1.** [gen] hermana *f* **-2.** *UK* [senior nurse] enfermera *f* jefe.

sisterhood ['sɪstəhʊd] *n* hermandad *f* (entre mujeres).

sister-in-law (*pl* **sisters-in-law** *OR* **sister-in-laws**) *n* cuñada *f*.

sisterly ['sɪstəlɪ] *adj* de buena hermana.

sit [sɪt] (*pt* & *pp* **sat**, *cont* **-ting**) ◇ *vi* **-1.** [be seated, sit down] sentarse **-2.** [be member]: **to ~ on** ser miembro de **-3.** [be in session] reunirse, celebrar sesión **-4.** [be situated] estar emplazado(da) **-5.** *phr*: **to ~ tight** quedarse quieto(ta). ◇ *vt UK* [exam] presentarse a.

◆ **sit about, sit around** *vi* estar sentado(da) sin hacer nada.

◆ **sit back** *vi* cruzarse de brazos; **to ~ and do nothing** quedarse de brazos cruzados y no hacer nada.

◆ **sit down** ◇ *vt sep* sentar. ◇ *vi* sentarse; **~, please** siéntese, por favor; **she was sitting down** estaba sentada.

◆ **sit in on** *vt fus* estar presente en *(sin tomar parte)*.

◆ **sit out** *vt sep* **-1.** [tolerate] aguantar (hasta el final) **-2.** [not participate in game, discussion] no tomar parte en; **I think I'll ~ this one out** [dance] creo que voy a saltarme ésta.

◆ **sit through** *vt fus* aguantar (hasta el final).

◆ **sit up** *vi* **-1.** [sit upright] incorporarse; **~straight!** siéntate derecho **-2.** [stay up] quedarse levantado(da); **we sat up until midnight** nos quedamos levantados hasta la medianoche.

sitcom ['sɪtkɒm] *n inf* comedia *f* de situación.

sit-down ◇ *adj* [meal] con los comensales sentados a la mesa; **~ strike** huelga *f* de brazos caídos. ◇ *n UK*: **to have a ~** sentarse un rato.

site [saɪt] ◇ *n* [place] sitio *m*, lugar *m*; [of construction work] obra *f*. ◇ *vt* situar.

sit-in *n* sentada *f*; **to stage a ~** protagonizar una sentada.

sitter ['sɪtəʳ] *n* **-1.** *ART* modelo *m OR f* **-2.** [babysitter] canguro *m OR f*.

sitting ['sɪtɪŋ] *n* **-1.** [serving of meal] turno *m* (para comer) **-2.** [session] sesión *f*.

sitting duck *n inf* blanco *m* fácil.

sitting room *n* sala *f* de estar.

sitting tenant *n UK* inquilino *m*, -na *f* legal.

situate ['sɪtjʊeɪt] *vt* [locate] situar, emplazar.

situated ['sɪtjʊeɪtɪd] *adj* [located]: **to be ~** estar situado(da).

situation [ˌsɪtjʊ'eɪʃn] *n* **-1.** [gen] situación *f* **-2.** [job]: **'Situations Vacant'** *UK* 'Ofertas de trabajo'.

situation comedy *n* comedia *f* de situación.

sit-up *n* abdominal *m*.

six [sɪks] ◇ *num adj* seis *(inv)*; **she's ~ (years old)** tiene seis años. ◇ *num n* **-1.** [the number six] seis *m inv*; **two hundred and ~** doscientos seis; **~ comes before seven** el seis va antes que el siete; **my favourite number is ~** mi número favorito es el seis **-2.** [in times]: **it's ~ (thirty)** son las seis (y media); **we arrived at ~** llegamos a las seis **-3.** [in temperatures]: **it's ~ below** hace seis grados bajo cero **-4.** [in addresses]: **~ Peyton Place** Peyton Place número seis, el seis de Peyton Place **-5.** [referring to group of six] seis *m inv*; **we sell them in ~es** se venden de seis en seis; **we need one more to make a ~** necesitamos uno más para ser seis; **to form into ~es** formar en grupos de (a) seis **-6.** [in scores]: **~-nil** seis a cero **-7.** [in cards] seis

m; **to lay** *OR* **play a ~** jugar un seis. <> *num pron* seis *m OR f*; **I want ~** quiero seis; **~ of us** seis de nosotros; **there are ~ of us** somos seis; **groups of ~** grupos de seis.
six-shooter [-'ʃu:tə^r] *n US* revólver *m* de seis tiros.
sixteen [sɪks'ti:n] *num* dieciséis; *see also* **six**.
sixteenth [sɪks'ti:nθ] *num* decimosexto(ta); *see also* **sixth**.
sixth [sɪksθ] <> *num adj* sexto(ta). <> *num adv* sexto(ta). <> *num pron* sexto *m*, -ta *f*. <> *n* **-1.** [fraction]: **a ~** *OR* **one ~ of** un sexto de, la sexta parte de **-2.** [in dates]: **the ~** el (día) seis; **the ~ of September** el seis de septiembre.
sixth form *n UK SCH curso optativo de dos años de enseñanza secundaria con vistas al examen de ingreso a la universidad,* ≃ COU *m*.
sixth form college *n UK centro público para alumnos de 16 a 18 años donde se preparan para los 'A levels' o para exámenes de formación profesional.*
sixth sense *n* sexto sentido *m*.
sixtieth ['sɪkstɪəθ] *num* sexagésimo(ma); *see also* **sixth**.
sixty ['sɪkstɪ] (*pl* **-ies**) *num* sesenta; *see also* **six**.
◆ **sixties** *npl* **-1.** [decade]: **the sixties** los años sesenta **-2.** [in ages]: **to be in one's sixties** estar en los sesenta **-3.** [in temperatures]: **the temperature was in the sixties** hacía más de sesenta grados (Fahrenheit).
size [saɪz] *n* **-1.** [gen] tamaño *m*; **what ~ do you take?** ¿cuál es su talla?; **what ~ shoes do you take?** ¿qué número calza? **-2.** [of clothes] talla *f*; [of shoes] número *m* **-3.** *phr*: **to cut sb down to ~** bajarle los humos a alguien.
◆ **size up** *vt sep* [situation] evaluar; [person] calar.
sizeable ['saɪzəbl] *adj* considerable.
-sized [saɪzd] *suffix*: **... ~** de tamaño ...
sizzle ['sɪzl] *vi* chisporrotear.
skate [skeɪt] (*pl sense 2 only inv OR* **-s**) <> *n* **-1.** [ice skate, roller skate] patín *m* **-2.** [fish] raya *f*. <> *vi* [on skates] patinar.
◆ **skate over, skate round** *vt fus* [problem] eludir.
skateboard ['skeɪtbɔ:d] *n* monopatín *m*.
skater ['skeɪtə^r] *n* patinador *m*, -ra *f*.
skating ['skeɪtɪŋ] *n* patinaje *m*.
skating rink *n* pista *f* de patinaje.
skein [skeɪn] *n* madeja *f*.
skeletal ['skelɪtl] *adj* [emaciated] esquelético(ca).
skeleton ['skelɪtn] *n ANAT* esqueleto *m*; **to have a ~ in the cupboard** *fig* guardar un secreto vergonzante.
skeleton key *n* llave *f* maestra.
skeleton staff *n* personal *m* mínimo.
skeptic *etc US* = **sceptic** *etc*.
sketch [sketʃ] <> *n* **-1.** [drawing, brief outline] esbozo *m*, bosquejo *m* **-2.** [humorous scene] sketch *m*. <> *vt* esbozar. <> *vi* hacer esbozos *OR* bosquejos.
◆ **sketch in** *vt sep* dar una idea rápida de.
sketchbook ['sketʃbʊk] *n* cuaderno *m* de dibujo.
sketchpad ['sketʃpæd] *n* bloc *m* de dibujo.
sketchy ['sketʃɪ] (*compar* **-ier**, *superl* **-iest**) *adj* incompleto(ta), poco detallado(da).
skewer ['skjʊə^r] <> *n* brocheta *f*, broqueta *f*. <> *vt* ensartar en una brocheta.
skew-whiff [ˌskju:'wɪf] *adj UK inf* torcido(da).
ski [ski:] (*pt* & *pp* **skied**, *cont* **skiing**) <> *n* esquí *m*. <> *vi* esquiar.
ski boots *npl* botas *fpl* de esquí.
skid [skɪd] (*pt* & *pp* **-ded**, *cont* **-ding**) <> *n* patinazo *m*, derrape *m*. <> *vi* patinar, derrapar.
skid mark *n* huella *f* de un derrape.
skid row [-rəʊ] *n US inf* barrio *m* bajo.
skier ['ski:ə^r] *n* esquiador *m*, -ra *f*.
skies [skaɪz] *pl* ▷ **sky**.
skiing ['ski:ɪŋ] <> *n (U)* esquí *m*; **to go ~** ir a esquiar. <> *comp* [holiday, accident] de esquí; [enthusiast] del esquí.
ski instructor *n* monitor *m*, -ra *f* de esquí.
ski jump *n* **-1.** [slope] pista *f* para saltos de esquí **-2.** [event] saltos *mpl* de esquí.
skilful, skillful *US* ['skɪlfʊl] *adj* hábil.
skilfully, skillfully *US* ['skɪlfʊlɪ] *adv* hábilmente, con habilidad.
ski lift *n* telesilla *m*.
skill [skɪl] *n* **-1.** *(U)* [expertise] habilidad *f*, destreza *f* **-2.** [craft, technique] técnica *f*.
skilled [skɪld] *adj* **-1.** [skilful] habilidoso(sa); **to be ~ (in** *OR* **at doing sthg)** ser experto(ta) (en hacer algo) **-2.** [trained] cualificado(da), especializado(da).
skillet ['skɪlɪt] *n US* sartén *f*.
skillful *etc US* = **skilful** *etc*.
skim [skɪm] (*pt* & *pp* **-med**, *cont* **-ming**) <> *vt* **-1.** [remove - cream] desnatar, sacar la nata a; [- grease] espumar **-2.** [fly above] volar rozando **-3.** [glance through] hojear, leer por encima. <> *vi*: **to ~ through sthg** hojear algo, leer algo por encima.
skimmed milk [skɪm(d)-mɪlk] *n* leche *f* desnatada.
skimp [skɪmp] <> *vt* [gen] escatimar; [work]

hacer de prisa y corriendo. ◇ *vi*: **to ~ on sthg** [gen] escatimar algo; [work] hacer algo de prisa y corriendo.

skimpy ['skɪmpɪ] (*compar* **-ier**, *superl* **-iest**) *adj* [clothes] muy corto y estrecho (muy corta y estrecha); [meal, facts] escaso(sa).

skin [skɪn] (*pt* & *pp* **-ned**, *cont* **-ning**) ◇ *n* **-1.** [gen] piel *f*; [on face] cutis *m*; **to have thick ~** *fig* tener mucho aguante; **to do sthg by the ~ of one's teeth** hacerse algo por los pelos; **to jump out of one's ~** *UK* llevarse un susto de muerte; **it makes my ~ crawl** me da escalofríos; **to save** *OR* **protect one's own ~** salvar el pellejo **-2.** [on milk, pudding] nata *f*; [on paint] capa *f*, película *f*. ◇ *vt* **-1.** [animal] despellejar, desollar **-2.** [knee, elbow etc] rasguñarse.

skin-deep *adj* superficial.

skin diver *n* submarinista *m* *OR* *f*.

skin diving *n* buceo *m*, submarinismo *m* (sin traje ni escafandra).

skinflint ['skɪnflɪnt] *n* agarrado *m*, -da *f*, roñoso *m*, -sa *f*.

skin graft *n* injerto *m* de piel.

skinhead ['skɪnhed] *n UK* cabeza *m* rapada, skinhead *m*.

skinny ['skɪnɪ] (*compar* **-ier**, *superl* **-iest**) ◇ *adj inf* flaco(ca). ◇ *n US*: **the ~** información *f* confidencial.

skint [skɪnt] *adj UK v inf* pelado(da), sin un duro; **to be ~** estar pelado(da) *OR* sin un duro.

skin test *n* cutirreacción *f*, dermorreacción *f*.

skin-tight *adj* muy ajustado(da).

skip [skɪp] (*pt* & *pp* **-ped**, *cont* **-ping**) ◇ *n* **-1.** [little jump] brinco *m*, saltito *m* **-2.** *UK* [large container] contenedor *m*, container *m*. ◇ *vt* [miss out] saltarse. ◇ *vi* **-1.** [move in little jumps] ir dando brincos **-2.** *UK* [jump over rope] saltar a la comba.

ski pants *npl* pantalones *mpl* de esquí.

ski pole *n* bastón *m* para esquiar.

skipper ['skɪpəʳ] *n NAUT* & *SPORT* capitán *m*, -ana *f*.

skipping ['skɪpɪŋ] *n UK* el saltar a la comba.

skipping rope ['skɪpɪŋ-] *n UK* comba *f*, cuerda *f* de saltar.

ski resort *n* estación *f* de esquí.

skirmish ['skɜːmɪʃ] ◇ *n lit* & *fig* escaramuza *f*. ◇ *vi MIL* sostener una escaramuza.

skirt [skɜːt] ◇ *n* **-1.** falda *f*, pollera *f CSur* **-2.** *US*: **(bed) ~** volante *m*. ◇ *vt* **-1.** [border] rodear, bordear **-2.** [go round - obstacle] sortear; [- person, group] esquivar **-3.** [avoid dealing with] evitar, eludir.

◆ **skirt round** *vt fus* **-1.** [obstacle] sortear **-2.** [issue, problem] evitar, eludir.

skirting board ['skɜːtɪŋ-] *n UK* zócalo *m*, rodapié *m*.

ski stick *n* bastón *m* para esquiar.

skit [skɪt] *n*: **~ (on)** parodia *f* (de).

skittish ['skɪtɪʃ] *adj* **-1.** [person] frívolo(la) **-2.** [animal] asustadizo(za).

skittle ['skɪtl] *n UK* bolo *m*.

◆ **skittles** *n (U)* bolos *mpl*.

skive [skaɪv] *vi UK inf*: **to ~ (off)** escaquearse.

skivvy ['skɪvɪ] (*pl* **-ies**) *UK inf n* fregona *f*.

skulduggery [skʌl'dʌgərɪ] *n (U)* chanchullos *mpl*.

skulk [skʌlk] *vi* esconderse.

skull [skʌl] *n* [gen] calavera *f*; *ANAT* cráneo *m*.

skullcap ['skʌlkæp] *n* [of priest] solideo *m*; [of Jew] casquete *m*.

skunk [skʌŋk] *n* mofeta *f*.

sky [skaɪ] (*pl* **skies**) *n* cielo *m*.

skydiver ['skaɪˌdaɪvəʳ] *n* paracaidista *m* *OR* *f* de estilo.

skydiving ['skaɪˌdaɪvɪŋ] *n* paracaidismo *m* de estilo.

sky-high *inf* ◇ *adj* por las nubes. ◇ *adv*: **to blow sthg ~** [blow up] volar algo; [destroy] echar por tierra algo; **to go ~** ponerse por las nubes.

skylark ['skaɪlɑːk] *n* alondra *f*.

skylight ['skaɪlaɪt] *n* claraboya *f*.

skyline ['skaɪlaɪn] *n* perfil *m* de la ciudad.

sky marshal *n US policía destinado en un avión para evitar secuestros*.

skyscraper ['skaɪˌskreɪpəʳ] *n* rascacielos *m inv*.

slab [slæb] *n* [of stone] losa *f*; [of cheese] trozo *m*, pedazo *m*; [of chocolate] tableta *f*.

slack [slæk] ◇ *adj* **-1.** [rope, cable] flojo(ja) **-2.** [business] inactivo(va) **-3.** [person - careless] descuidado(da). ◇ *n* [in rope] parte *f* floja; **to take up the ~** tensar la cuerda.

◆ **slacks** *npl dated* pantalones *mpl* (de esport).

slacken ['slækn] ◇ *vt* [speed, pace] reducir; [rope] aflojar. ◇ *vi* [speed, pace] reducirse.

slag [slæg] *n* [waste material] escoria *f*.

slagheap ['slæghiːp] *n* escorial *m*.

slain [sleɪn] *pp* ▷ **slay**.

slalom ['slɑːləm] *n* eslálom *m*.

slam [slæm] (*pt* & *pp* **-med**, *cont* **-ming**) ◇ *vt* **-1.** [shut] cerrar de golpe; **she ~med the door** dio un portazo **-2.** [criticize] vapulear, descuerar *Chile* **-3.** [place with force]: **to ~ sthg on** *OR* **onto sthg** dar un golpe con algo contra algo violentamente; **he ~med his fist on the desk** dio un puñetazo en la mesa. ◇ *vi* [shut] cerrarse de golpe.

slander ['slɑːndəʳ] ◇ *n* calumnia *f*, difamación *f.* <> *vt* calumniar, difamar.

slanderous ['slɑ:ndrəs] *adj* calumnioso(sa), difamatorio(ria).

slang [slæŋ] <> *adj* de argot. <> *n* argot *m*, jerga *f.*

slant [slɑ:nt] <> *n* **-1.** [diagonal angle] inclinación *f*; **on** *OR* **at a ~** inclinado(da), ladeado(da) **-2.** [perspective] enfoque *m.* <> *vt* [bias] dar un enfoque a. <> *vi* inclinarse.

slanting ['slɑ:ntɪŋ] *adj* inclinado(da).

slap [slæp] (*pt* & *pp* **-ped**, *cont* **-ping**) <> *n* [in face] bofetada *f*; [on back] palmada *f*; **it was a ~ in the face** *fig* fue una bofetada; **he gave him a ~ on the back** le dio una palmadita en la espalda. <> *vt* **-1.** [person, face] abofetear; **she ~ped him round the face** lo abofeteó, le dio una bofetada; [back] dar una palmada a **-2.** [place with force]: **he ~ped the folder on the desk** dejó la carpeta en la mesa dando un golpetazo; **she ~ped some paste on the wallpaper** embadurnó el papel pintado con cola. <> *adv inf* [directly] de narices; **he walked ~ into a lamp post** se dio de lleno con una farola; **~ in the middle of ...** justo en medio de ...

slapdash ['slæpdæʃ], **slaphappy** ['slæp,hæpɪ] *adj inf* chapucero(ra).

slapstick ['slæpstɪk] *n (U)* payasadas *fpl*; **~ comedy** astracanada *f.*

slap-up *adj UK inf*: **~ meal** comilona *f.*

slash [slæʃ] <> *n* **-1.** [long cut] raja *f*, tajo *m* **-2.** *esp US* [oblique stroke] barra *f* oblicua; **forward ~** barra inclinada. <> *vt* **-1.** [material, tyre] rasgar; **she ~ed her wrists** se cortó las venas **-2.** *inf* [prices etc] recortar drásticamente.

slat [slæt] *n* tablilla *f.*

slate [sleɪt] <> *n* pizarra *f.* <> *vt* [criticize] poner por los suelos.

slaughter ['slɔ:tə^r] <> *n lit* & *fig* matanza *f.* <> *vt* matar, carnear *Andes* & *RP.*

slaughterhouse ['slɔ:təhaʊs, *pl* -haʊzɪz] *n* matadero *m.*

Slav [slɑ:v] <> *adj* eslavo(va). <> *n* eslavo *m*, -va *f.*

slave [sleɪv] <> *n* esclavo *m*, -va *f*; **to be a ~ to** *fig* ser un esclavo de. <> *vi* [work hard] trabajar como un negro; **to ~ over a hot stove** *hum* pasarse el día bregando en la cocina.

slaver ['sleɪvə^r] *vi* [salivate] babear.

slavery ['sleɪvərɪ] *n lit* & *fig* esclavitud *f.*

slave trade *n*: **the ~** el comercio *OR* tráfico de esclavos.

slavish ['sleɪvɪʃ] *adj pej* [imitation, person] servil; [obedience, devotion] ciego(ga).

Slavonic [slə'vɒnɪk] = **Slavic.**

slaw [slɔ:] *n US inf ensalada de repollo y zanahoria con mayonesa.*

slay [sleɪ] (*pt* **slew**, *pp* **slain**) *vt literary* asesinar, matar.

sleazy ['sli:zɪ] (*compar* **-ier**, *superl* **-iest**) *adj* [disreputable] de mala muerte.

sledge [sledʒ], **sled** *US* [sled] *n* trineo *m.*

sledgehammer ['sledʒ,hæmə^r] *n* almádena *f.*

sleek [sli:k] *adj* **-1.** [hair] suave y brillante; [fur] lustroso(sa) **-2.** [shape] de línea depurada.

sleep [sli:p] (*pt* & *pp* **slept**) <> *n* sueño *m*; **to go to ~** [doze off] dormirse; **my foot has gone to ~** [become numb] se me ha dormido el pie; **to put to ~** [animal] matar *(a un animal que es viejo o está enfermo).* <> *vi* dormir.

◆ **sleep around** *vi inf pej* acostarse con medio mundo.

◆ **sleep in** *vi* dormir hasta tarde, levantarse tarde.

◆ **sleep off** *vt sep*: **to ~ off a hangover** dormir la borrachera.

◆ **sleep through** *vt fus* [alarm] no despertarse con.

◆ **sleep together** *vi* acostarse, tener relaciones sexuales.

◆ **sleep with** *vt fus* **euphemism** acostarse con.

sleeper ['sli:pə^r] *n* **-1.** [person]: **to be a heavy/light ~** tener el sueño profundo/ligero **-2.** [sleeping compartment] coche-cama *m* **-3.** [train] tren *m* nocturno (con literas) **-4.** *UK* [on railway track] traviesa *f.*

sleepily ['sli:pɪlɪ] *adv* soñolientamente.

sleeping bag ['sli:pɪŋ-] *n* saco *m* de dormir, bolsa *f RP.*

sleeping car ['sli:pɪŋ-] *n* coche-cama *m*, coche *m* dormitorio *CSur.*

sleeping partner ['sli:pɪŋ-] *n UK* socio comanditario *m*, socia comanditaria *f.*

sleeping pill ['sli:pɪŋ-] *n* pastilla *f* para dormir.

sleeping policeman ['sli:pɪŋ-] *n UK inf* rompecoches *m inv.*

sleeping tablet ['sli:pɪŋ-] *n* pastilla *f* para dormir.

sleepless ['sli:plɪs] *adj* [night] en blanco, sin dormir.

sleeplessness ['sli:plɪsnɪs] *n* insomnio *m.*

sleepover ['sli:p,əʊvə^r] *n US fiesta infantil en la que los niños pasan la noche en casa de otro niño.*

sleepwalk ['sli:pwɔ:k] *vi* [be a sleepwalker] ser somnámbulo(la); [walk in one's sleep] andar mientras uno duerme.

sleepy ['sli:pɪ] (*compar* **-ier**, *superl* **-iest**) *adj* **-1.** [person] soñoliento(ta) **-2.** [place] muerto(ta), poco animado(da).

sleet [sli:t] <> *n* aguanieve *f.* <> *v impers*: **it's ~ing** cae aguanieve.

sleeve [sli:v] *n* **-1.** [of garment] manga *f*; **to have sthg up one's ~** guardar una carta en la manga **-2.** [for record] cubierta *f.*

sleeveless ['sli:vlıs] *adj* sin mangas.

sleigh [sleı] *n* trineo *m.*

sleight of hand [ˌslaıt-] *n (U) lit & fig* juego *m* de manos.

slender ['slendəʳ] *adj* **-1.** [thin] esbelto(ta) **-2.** [scarce] escaso(sa).

slept [slept] *pt & pp* ▷ **sleep**.

sleuth [slu:θ] *n inf hum* sabueso *m*, detective *m* OR *f.*

slew [slu:] <> *pt* ▷ **slay**. <> *vi* girar bruscamente.

slice [slaıs] <> *n* **-1.** [of bread] rebanada *f*; [of cheese] loncha *f*; [of sausage] raja *f*; [of lemon] rodaja *f*; [of meat] tajada *f* **-2.** [of market, glory] parte *f* **-3.** TENNIS golpe *m* con efecto bajo. <> *vt* [gen] cortar; [bread] rebanar. <> *vi*: **to ~ through** OR **into sthg** cortar algo.

sliced bread [slaıst-] *n (U)* pan *m* de molde rebanado.

slick [slık] *adj* **-1.** [smooth, skilful] logrado(da) **-2.** *pej* [superficial - talk] aparentemente brillante; [- person] de labia fácil.

slide [slaıd] (*pt & pp* **slid** [slıd]) <> *n* **-1.** [decline] descenso *m* **-2.** PHOT diapositiva *f* **-3.** [in playground] tobogán *m* **-4.** [for microscope] portaobjeto *m* **-5.** *UK* [for hair] pasador *m.* <> *vt* deslizar. <> *vi* **-1.** [slip] resbalar **-2.** [glide] deslizarse **-3.** [decline gradually] caer; **to let things ~** dejar que las cosas empeoren.

slide projector *n* proyector *m* de diapositivas.

slide rule *n* regla *f* de cálculo.

sliding door [ˌslaıdıŋ-] *n* puerta *f* corredera.

sliding scale [ˌslaıdıŋ-] *n* escala *f* móvil.

slight [slaıt] <> *adj* **-1.** [improvement, hesitation etc] ligero(ra); [wound] superficial; **not in the ~est** *fml* en absoluto **-2.** [slender] menudo(da), de aspecto frágil. <> *n* desaire *m.* <> *vt* menospreciar, desairar.

slightly ['slaıtlı] *adv* **-1.** [to small extent] ligeramente **-2.** [slenderly]: **~ built** menudo(da).

slim [slım] (*compar* **-mer**, *superl* **-mest**, *pt & pp* **-med**, *cont* **-ming**) <> *adj* **-1.** [person, object] delgado(da) **-2.** [chance, possibility] remoto(ta). <> *vi* (intentar) adelgazar.

slime [slaım] *n* [in pond etc] lodo *m*, cieno *m*; [of snail, slug] baba *f.*

slimmer ['slıməʳ] *n* persona *f* que intenta adelgazar.

slimming ['slımıŋ] *n* adelgazamiento *m.*

slimming pill *n* pastilla *f* para adelgazar.

slimness ['slımnıs] *n* delgadez *f*, esbeltez *f.*

slimy ['slaımı] (*compar* **-ier**, *superl* **-iest**) *adj* **-1.** [pond etc] fangoso(sa); [snail] baboso(sa) **-2.** *pej* [servile] empalagoso(sa), zalamero(ra).

sling [slıŋ] (*pt & pp* **slung**) <> *n* **-1.** [for injured arm] cabestrillo *m* **-2.** [for carrying things] braga *f*, honda *f.* <> *vt* **-1.** [hang roughly] colgar descuidadamente **-2.** *inf* [throw] tirar **-3.** [hang by both ends] colgar.

slingback ['slıŋbæk] *n zapato abierto en la parte del tacón.*

slingshot ['slıŋʃɒt] *n US* tirachinas *m inv.*

slink [slıŋk] (*pt & pp* **slunk**) *vi*: **to ~ (away** OR **off)** escabullirse.

slip [slıp] (*pt & pp* **-ped**, *cont* **-ping**) <> *n* **-1.** [mistake] descuido *m*, desliz *m*; **a ~ of the pen/tongue** un lapsus **-2.** [of paper - gen] papelito *m*; [- form] hoja *f* **-3.** [underskirt] enaguas *fpl* **-4.** *phr*: **to give sb the ~** *inf* dar esquinazo a alguien. <> *vt*: **to ~ sthg into** meter algo rápidamente en; **to ~ into sthg, to ~ sthg on** [clothes] ponerse rápidamente algo. <> *vi* **-1.** [lose one's balance] resbalar, patinar **-2.** [slide] escurrirse, resbalar **-3.** [decline] empeorar; **to let things ~** dejar que las cosas empeoren **-4.** *phr*: **to let sthg ~** decir algo sin querer.

◆ **slip up** *vi* cometer un error (poco importante).

slip-on *adj* sin cordones.

◆ **slip-ons** *npl* zapatos *mpl* sin cordones.

slipcover ['slıpˌkʌvəʳ] *n US* [for furniture] funda *f.*

slipped disc [ˌslıpt-] *n* hernia *f* discal.

slipper ['slıpəʳ] *n* zapatilla *f.*

slippery ['slıpərı] *adj* resbaladizo(za).

slip road *n UK* [for joining motorway] acceso *m*; [for leaving motorway] salida *f.*

slipshod ['slıpʃɒd] *adj* descuidado(da), chapucero(ra).

slipstream ['slıpstri:m] *n* estela *f.*

slip-up *n inf* desliz *m*; **to make a ~** cometer un desliz.

slipway ['slıpweı] *n* grada *f.*

slit [slıt] (*pt & pp* **slit**, *cont* **-ting**) <> *n* ranura *f*, hendidura *f.* <> *vt* abrir, cortar (a lo largo).

slither ['slıðəʳ] *vi* deslizarse; **it ~ed away** se marchó deslizándose.

sliver ['slıvəʳ] *n* [of glass] esquirla *f*; [of wood] astilla *f*; [of cheese, ham] tajada *f* muy fina.

slob [slɒb] *n inf* guarro *m*, -rra *f.*

slobber ['slɒbəʳ] *vi* babear.

slog [slɒg] (*pt & pp* **-ged**, *cont* **-ging**) *inf* <> *n* **-1.** [work] curro *m*, trabajo *m* pesado **-2.** [journey] viaje *m* pesado. <> *vi* **-1.** [work]: **to ~ (away)**

at trabajar sin descanso en **-2.** [move] caminar con dificultad.

slogan ['sləʊgən] *n* eslogan *m.*

slop [slɒp] (*pt* & *pp* **-ped**, *cont* **-ping**) ◇ *vt* derramar. ◇ *vi* derramarse.

◆ **slops** *npl* bazofia *f.*

slope [sləʊp] ◇ *n* cuesta *f*, pendiente *f*; **to be on the slippery ~** ir cuesta abajo. ◇ *vi* inclinarse; **the road ~s down to the beach** la carretera desciende hasta la playa.

sloping ['sləʊpɪŋ] *adj* [gen] inclinado(da); [ground] en pendiente.

sloppy ['slɒpɪ] (*compar* **-ier**, *superl* **-iest**) *adj* **-1.** [person] descuidado(da); [work] chapucero(ra); [appearance] dejado(da) **-2.** *inf* [sentimental] sensiblero(ra).

slosh [slɒʃ] ◇ *vt* echar. ◇ *vi* chapotear; **the paste ~ed around in the bucket** la cola se agitaba ruidosamente en el cubo.

sloshed [slɒʃt] *adj inf*: **to be ~** estar como una cuba; **to get ~** ponerse como una cuba.

slot [slɒt] (*pt* & *pp* **-ted**, *cont* **-ting**) *n* **-1.** [opening] ranura *f* **-2.** [groove] muesca *f* **-3.** [place in schedule] espacio *m.*

◆ **slot in** ◇ *vt sep* [into slot] introducir en la ranura; [into timetable etc] hacer un hueco a; **I can ~ you in at 1.00** te puedo encajar a la 1. ◇ *vi* [fit neatly] encajar.

sloth [sləʊθ] *n* **-1.** [animal] perezoso *m* **-2.** *literary* [laziness] pereza *f.*

slot machine *n* **-1.** [vending machine] máquina *f* automática *(de bebidas, cigarrillos etc)* **-2.** [arcade machine] máquina *f* tragaperras.

slot meter *n UK* contador *m* que funciona con monedas.

slouch [slaʊtʃ] ◇ *n*: **to walk with a ~** andar con los hombros caídos. ◇ *vi* ir con los hombros caídos.

slough [slʌf] ◆ **slough off** *vt sep* [shed] mudar; *fig* [get rid of] deshacerse de.

Slovak ['sləʊvæk] ◇ *adj* eslovaco(ca). ◇ *n* **-1.** [person] eslovaco *m*, -ca *f* **-2.** [language] eslovaco *m.*

Slovakia [slə'vækɪəl] *n* Eslovaquia.

Slovakian [slə'vækɪən] ◇ *adj* eslovaco(ca). ◇ *n* eslovaco *m*, -ca *f.*

Slovenia [slə'vi:njəl] *n* Eslovenia.

Slovenian [slə'vi:njən] ◇ *adj* esloveno(na). ◇ *n* esloveno *m*, -na *f.*

slovenly ['slʌvnlɪ] *adj* [unkempt] desaliñado(da); [careless] descuidado(da).

slow [sləʊ] ◇ *adj* **-1.** [not fast] lento(ta); **to be a ~ reader** leer despacio **-2.** [not prompt]: **to be ~ to do sthg** tardar en hacer algo; **to be ~ to anger** tarda en enfadarse **-3.** [clock etc] atrasado(da); **my watch is a few minutes ~** mi reloj va atrasado unos cuantos minutos **-4.** [not busy - business] flojo(ja); [- place] poco activo(va) **-5.** [not intelligent] corto(ta) (de alcances) **-6.** [not hot]: **bake in a ~ oven** cocinar a horno moderado. ◇ *vt* aminorar, ralentizar. ◇ *vi* ir más despacio.

◆ **slow down, slow up** ◇ *vt sep* [growth] retrasar; [car] reducir la velocidad de. ◇ *vi* **-1.** [walker] ir más despacio; [car] reducir la velocidad **-2.** [take it easy] tomarse las cosas con calma.

slow-acting *adj* de efectos retardados.

slowcoach ['sləʊkəʊtʃ], **slow-poke** *US n inf* cachazudo *m*, -da *f.*

slowdown ['sləʊdaʊn] *n* **-1.** [slackening off] ralentización *f* **-2.** [go-slow] *US* huelga *f* de celo.

slow handclap *n aplauso lento y rítmico de protesta.*

slowly ['sləʊlɪ] *adv* despacio, lentamente; **~ but surely** lento pero seguro.

slow motion *n*: **in ~** a cámara lenta.

◆ **slow-motion** *adj* a cámara lenta.

slow-poke *US* = **slowcoach**.

sludge [slʌdʒ] *n (U)* [mud] fango *m*, lodo *m*; [sewage] aguas *fpl* residuales.

slug [slʌg] (*pt* & *pp* **-ged**, *cont* **-ging**) ◇ *n* **-1.** [insect] babosa *f* **-2.** *inf* [of alcohol] lingotazo *m* **-3.** *US inf* [bullet] bala *f.* ◇ *vt inf* pegar un puñetazo a.

sluggish ['slʌgɪʃ] *adj* [movement, activity] lento (ta); [feeling] aturdido(da).

sluice [slu:s] ◇ *n* [passage] canal *m* de desagüe; [gate] compuerta *f.* ◇ *vt* [rinse]: **to ~ sthg down** *OR* **out** lavar algo con mucha agua.

slum [slʌm] (*pt* & *pp* **-med**, *cont* **-ming**) ◇ *n* [area] barrio *m* bajo. ◇ *vt*: **to ~ it** *inf* instalarse de cualquier manera provisionalmente.

slumber ['slʌmbə^r] *literary* ◇ *n* sueño *m*; **~ party** *US fiesta de adolescentes en que se quedan a dormir en casa de quien la organiza.* ◇ *vi* dormir.

slump [slʌmp] ◇ *n* **-1.** [decline]: **~ (in)** bajón *m* (en) **-2.** *ECON* crisis *f* económica. ◇ *vi* **-1.** [fall in value] dar un bajón **-2.** [fall heavily - person] desplomarse, dejarse caer; **they found him ~ed on the floor** lo encontraron desplomado en el suelo.

slung [slʌŋ] *pt* & *pp* ▷ **sling**.

slunk [slʌŋk] *pt* & *pp* ▷ **slink**.

slur [slɜ:^r] (*pt* & *pp* **-red**, *cont* **-ring**) ◇ *n* [insult] agravio *m*, afrenta *f*; **to cast a ~ on sb** manchar la reputación de alguien. ◇ *vt* mascullar.

slurp [slɜ:p] *vt* sorber ruidosamente.

slurred [slɜ:d] *adj* indistinto(ta).

slush [slʌʃ] *n* nieve *f* medio derretida.

slush fund, slush money *US n fondos utilizados para actividades corruptas.*

slut [slʌt] *n* **-1.** *inf* [dirty or untidy woman] marrana *f* **-2.** *v inf* [sexually immoral woman] ramera *f.*

sly [slaɪ] (*compar* **slyer** *OR* **slier**, *superl* **slyest** *OR* **sliest**) ◇ *adj* **-1.** [look, smile] furtivo(va) **-2.** [person] astuto(ta), ladino(na). ◇ *n*: **on the ~** a escondidas.

slyness ['slaɪnɪs] *n (U)* [of person] astucia *f.*

S & M (*abbr of* **sadism and masochism**) *n* sadomaso *m.*

smack [smæk] ◇ *n* **-1.** [slap] cachete *m*, cachetada *f Amér* **-2.** [impact] golpe *m.* ◇ *vt* **-1.** [slap] pegar, dar un cachete a **-2.** [place violently] tirar de golpe **-3.** *phr*: **to ~ one's lips** relamerse. ◇ *vi*: **to ~ of sth** oler a algo. ◇ *adv inf* [directly]: **~ in the middle** justo en medio.

small [smɔ:l] ◇ *adj* [gen] pequeño(ña); [person] bajo(ja); [matter, attention] de poca importancia; [importance] poco(ca); **in a ~ way** a pequeña escala; **to make sb feel ~** hacer que alguien se sienta muy poca cosa; **to get ~er** empequeñecer. ◇ *n*: **the ~ of the back** la zona lumbar.

◆ **smalls** *npl UK inf dated* paños *mpl* menores.

small ads [-ædz] *npl UK* anuncios *mpl* clasificados.

small arms *npl* armas *fpl* portátiles *OR* de mano.

small change *n* cambio *m*, suelto *m*, calderilla *f Esp*, sencillo *m Andes*, feria *f Méx*, menudo *m Col.*

small fry *n* gente *f* de poco monta.

smallholder ['smɔ:lˌhəʊldə^r] *n UK* minifundista *m OR f.*

smallholding ['smɔ:lˌhəʊldɪŋ] *n* minifundio *m.*

small hours *npl* primeras horas *fpl* de la madrugada; **in the ~** en la madrugada.

smallness ['smɔ:lnɪs] *n* [gen] pequeñez *f*; [of rise, amount] escasez *f.*

smallpox ['smɔ:lpɒks] *n* viruela *f.*

small print *n*: **the ~** la letra pequeña.

small-scale *adj* en pequeña escala.

small talk *n (U)* conversación *f* trivial.

small-time *adj* de poca monta.

smarmy ['smɑ:mɪ] (*compar* **-ier**, *superl* **-iest**) *adj* cobista.

smart [smɑ:t] ◇ *adj* **-1.** [neat, stylish] elegante **-2.** *esp US* [clever] inteligente **-3.** [fashionable, exclusive] distinguido(da), elegante **-4.** [quick, sharp] rápido(da). ◇ *vi* **-1.** [eyes, wound] escocer **-2.** [person] sentir resquemor.

◆ **smarts** *n US* [intelligence] mollera *f.*

smart card *n* tarjeta *f* inteligente, tarjeta *f* con chip.

smarten ['smɑ:tn] ◆ **smarten up** *vt sep* arreglar; **to ~ o.s. up** arreglarse.

smash [smæʃ] ◇ *n* **-1.** [sound] estrépito *m* **-2.** *inf* [car crash] accidente *m* **-3.** *inf* [success] éxito *m* **-4.** TENNIS mate *m*, smash *m.* ◇ *vt* **-1.** [break into pieces] romper, hacer pedazos **-2.** [hit, crash]: **to ~ one's fist into sthg** dar un puñetazo en algo **-3.** *fig* [defeat] aplastar. ◇ *vi* **-1.** [break into pieces] romperse, hacerse pedazos **-2.** [crash, collide]: **to ~ through sthg** romper algo atravesándolo; **to ~ into sthg** chocar violentamente con algo.

◆ **smash up** *vt sep* romper, hacer pedazos.

smash-and-grab (raid) *UK n robo rápido después de romper un escaparate.*

smashed [smæʃt] *adj inf* [drunk] cocido(da), trompa.

smash hit *n* gran éxito *m.*

smashing ['smæʃɪŋ] *adj inf* fenomenal, estupendo(da).

smash-up *n* choque *m* violento, colisión *f.*

smattering ['smætərɪŋ] *n* nociones *fpl*; **he has a ~ of Spanish** tiene nociones de español.

SME (*abbr of* **small and medium-sized enterprise**) *n* PYME *f.*

smear [smɪə^r] ◇ *n* **-1.** [dirty mark] mancha *f* **-2.** **~ test** citología *f*, Papanicolau *m Amér* **-3.** [slander] calumnia *f*, difamación *f.* ◇ *vt* **-1.** [smudge] manchar **-2.** [spread]: **to ~ sthg onto sthg** untar algo con algo; **the screen was ~ed with grease** la pantalla estaba embadurnada de grasa **-3.** [slander] calumniar, difamar.

smear campaign *n* campaña *f* difamatoria.

smear test *n* citología *f*, Papanicolau *m Amér.*

smell [smel] (*pt* & *pp* **-ed** *OR* **smelt**) ◇ *n* **-1.** [odour] olor *m* **-2.** [sense of smell] olfato *m.* ◇ *vt lit* & *fig* oler. ◇ *vi* **-1.** [gen] oler; **to ~ of/like** oler a/como; **to ~ good/bad** oler bien/mal **-2.** [smell unpleasantly] apestar.

smelly ['smelɪ] (*compar* **-ier**, *superl* **-iest**) *adj* maloliente, apestoso(sa).

smelt [smelt] ◇ *pt* & *pp* ▷ **smell**. ◇ *vt* fundir.

smile [smaɪl] ◇ *n* sonrisa *f.* ◇ *vi* sonreír; **to smile ~ at sb** sonreírle a algn. ◇ *vt* mostrar con una sonrisa; **he ~d his approval** mostró su aprobación con una sonrisa.

smiling ['smaɪlɪŋ] *adj* sonriente.

smirk [smɜ:k] ◇ *n* sonrisa *f* desdeñosa. ◇ *vi* sonreír desdeñosamente.

smith [smɪθ] *n* herrero *m*, -ra *f.*

smithereens [ˌsmɪðəˈriːnz] *npl inf*: **to be smashed to ~** hacerse añicos; **to smash sthg to ~** hacer algo añicos.

smithy [ˈsmɪðɪ] (*pl* **-ies**) *n* herrería *f*.

smitten [ˈsmɪtn] *adj inf hum*: **to be ~ (with sb)** estar colado(da) (por alguien); **to be ~ (with sthg)** estar entusiasmado(da) (con algo).

smock [smɒk] *n* blusón *m*.

smog [smɒg] *n* niebla *f* baja, smog *m*.

smoke [sməʊk] ◇ *n* **-1.** [gen] humo *m*; **to go up in ~** ser consumido(da) por las llamas **-2.** [act of smoking]: **to have a ~** fumar. ◇ *vt* **-1.** [cigarette, cigar] fumar; **to ~ a pipe** fumar en pipa **-2.** [fish, meat, cheese] ahumar. ◇ *vi* **-1.** [smoke tobacco] fumar; **I don't ~** no fumo **-2.** [give off smoke] echar humo.

smoked [sməʊkt] *adj* ahumado(da).

smokeless fuel [ˈsməʊklɪs-] *n* combustible *m* que no hecha humo.

smokeless zone [ˈsməʊklɪs-] *n zona en la que se prohibe el uso de combustible que eche humo.*

smoker [ˈsməʊkəʳ] *n* **-1.** [person] fumador *m*, -ra *f* **-2.** RAIL [compartment] compartimiento *m* de fumadores.

smokescreen [ˈsməʊkskriːn] *n fig* cortina *f* de humo.

smoke shop *n US* estanco *m*.

smoke signal *n* señal *f* de humo.

smoking [ˈsməʊkɪŋ] *n*: **~ is bad for you** fumar es malo; **to give up ~** dejar de fumar; **'no ~'** 'prohibido fumar'.

smoking compartment *UK*, **smoking car** *US n* compartimiento *m* de fumadores.

smoky [ˈsməʊkɪ] (*compar* **-ier**, *superl* **-iest**) *adj* **-1.** [full of smoke] lleno(na) de humo **-2.** [taste, colour] ahumado(da).

smolder *US* = **smoulder**.

smooch [smuːtʃ] *vi inf* besuquearse.

smooth [smuːð] ◇ *adj* **-1.** [surface] liso(sa); [skin] terso(sa) **-2.** [mixture, gravy] sin grumos **-3.** [movement, taste] suave **-4.** [flight, ride] tranquilo(la) **-5.** *pej* [person, manner] meloso(sa) **-6.** [trouble-free] sin problemas. ◇ *vt* alisar; **to ~ the way** allanar el camino.

➜ **smooth out** *vt sep* **-1.** [table cloth, crease] alisar **-2.** [difficulties] allanar.

➜ **smooth over** *vt fus*: **to ~ things over** limar asperezas.

smoothly [ˈsmuːðlɪ] *adv* **-1.** [evenly] suavemente **-2.** [suavely] sin alterarse **-3.** [without problems] sin problemas; **everything went ~** todo transcurrió sin contratiempos.

smoothness [ˈsmuːðnɪs] *n* **-1.** [of surface] lisura *f* **-2.** [of movement, mixture] suavidad *f* **-3.** *pej* [of person] melosidad *f*.

smooth-talking *adj* que tiene mucha labia.

smother [ˈsmʌðəʳ] *vt* **-1.** [cover thickly]: **to ~ sthg in** OR **with** cubrir algo de **-2.** [kill] asfixiar **-3.** [extinguish] sofocar, apagar **-4.** *fig* [control] controlar, contener; **to ~ a yawn** contener un bostezo **-5.** [suffocate with love] abrumar de afecto.

smoulder *UK*, **smolder** *US* [ˈsməʊldəʳ] *vi* **-1.** [fire] arder sin llama **-2.** *fig* [person, feelings] arder.

SMS (*abbr of* **short message service**) *n* COMPUT servicio *m* de mensajes cortos.

smudge [smʌdʒ] ◇ *n* [dirty mark] mancha *f*; [ink blot] borrón *m*. ◇ *vt* [by blurring] emborronar; [by dirtying] manchar.

smug [smʌg] (*compar* **-ger**, *superl* **-gest**) *adj pej* pagado(da) OR satisfecho(cha) de sí mismo(ma).

smuggle [ˈsmʌgl] *vt* **-1.** [across frontiers] pasar de contrabando **-2.** [against rules]: **to ~ sthg in/out** pasar/sacar algo.

smuggler [ˈsmʌgləʳ] *n* contrabandista *m* OR *f*.

smuggling [ˈsmʌglɪŋ] *n (U)* contrabando *m*.

smugness [ˈsmʌgnɪs] *n pej* presunción *f*.

smut [smʌt] *n* **-1.** [dirty mark] tiznón *m*, tiznadura *f* **-2.** *(U) inf pej* [lewd matter] guarrerías *fpl*.

smutty [ˈsmʌtɪ] (*compar* **-ier**, *superl* **-iest**) *adj inf pej* guarro(rra).

snack [snæk] ◇ *n* bocado *m*, piscolabis *m inv*, botana *f Guat, Méx & Ven*. ◇ *vi US* picar.

snack bar *n* bar *m*, cafetería *f*.

snag [snæg] (*pt & pp* **-ged**, *cont* **-ging**) ◇ *n* [problem] pega *f*. ◇ *vt* engancharse. ◇ *vi*: **to ~ (on)** engancharse (en).

snail [sneɪl] *n* caracol *m*; **at a ~'s pace** a paso de tortuga.

snail mail *n* correo *m* caracol.

snake [sneɪk] ◇ *n* [large] serpiente *f*; [small] culebra *f*. ◇ *vi* serpentear.

snap [snæp] (*pt & pp* **-ped**, *cont* **-ping**) ◇ *adj* repentino(na); **a ~ decision** una decisión repentina. ◇ *n* **-1.** [act or sound] crujido *m*, chasquido *m* **-2.** *inf* [photograph] foto *f* **-3.** [card game] ≃ guerrilla *f* **-4.** *US* [fastener] broche *m* de presión. ◇ *vt* **-1.** [break] partir (en dos) **-2.** [move with a snap]: **to ~ sthg open** abrir algo de golpe **-3.** [speak sharply] decir bruscamente OR de mala manera. ◇ *vi* **-1.** [break] partirse (en dos) **-2.** [move with a snap]: **to ~ into place** colocarse con un golpe seco **-3.** [attempt to bite]: **to ~ at sthg/sb** intentar morder algo/a alguien **-4.** [speak sharply]: **to ~ (at sb)** contestar bruscamente OR de mala manera a alguien **-5.** *phr*: **to ~ out of it** animarse de repente.

◆ **snap up** *vt sep* no dejar escapar.

snappish ['snæpɪʃ] *adj* irritable.

snappy ['snæpɪ] (*compar* **-ier**, *superl* **-iest**) *adj inf* **-1.** [stylish] con estilo **-2.** [quick] rápido(da); **make it ~!** ¡date prisa! **-3.** [irritable] arisco(ca).

snapshot ['snæpʃɒt] *n* foto *f*.

snare [sneə^r] ◇ *n* trampa *f*. ◇ *vt* [animal] cazar con trampa; [person] hacer caer en la trampa.

snarl [snɑːl] ◇ *n* gruñido *m*. ◇ *vi* gruñir.

snarl-up *n* [gen] embrollo *m*; [of traffic] atasco *m*.

snatch [snætʃ] ◇ *n* [of conversation, song] fragmento *m*. ◇ *vt* **-1.** [grab] agarrar; **to ~ sthg from sb** arrancarle *OR* arrebatarle algo a alguien **-2.** [take as time allows]: **to ~ some sleep** sacar tiempo para dormir; **to ~ an opportunity/a few moments** aprovechar una oportunidad/unos minutos. ◇ *vi*: **to ~ at sthg** intentar agarrar algo; **don't ~!** ¡las cosas no se quitan de las manos!

snazzy ['snæzɪ] (*compar* **-ier**, *superl* **-iest**) *adj inf* [stylish] chulo(la); [showy] llamativo(va).

sneak [sniːk] (*US pt* **snuck**) ◇ *n UK inf* acusica *m OR f*, chivato *m*, -ta *f*. ◇ *vt* pasar a escondidas; **she tried to ~ the cakes out of the cupboard** intentó sacar los pasteles del armario a hurtadillas; **she ~ed him into her bedroom** lo coló en su dormitorio; **to ~ a look at** echar una mirada furtiva a. ◇ *vi*: **to ~ in/out** entrar/salir a escondidas; **he ~ed in without paying** se coló sin pagar; **don't try and ~ off!** ¡no intentes escabullirte!

◆ **sneak up on** *vt sep* acercarse sigilosamente a.

sneakers ['sniːkəz] *npl US* zapatos *mpl* de lona.

sneaking ['sniːkɪŋ] *adj* secreto(ta); **I have a ~ feeling that ...** tengo la sensación de que ...

sneak preview *n* pase *m* privado *(de una película aún no estrenada)*.

sneaky ['sniːkɪ] (*compar* **-ier**, *superl* **-iest**) *adj inf* solapado(da).

sneer [snɪə^r] ◇ *n* mueca *f* de desprecio. ◇ *vi* **-1.** [smile unpleasantly] sonreír con desprecio **-2.** [ridicule]: **to ~ (at)** burlarse (de).

sneeze [sniːz] ◇ *n* estornudo *m*. ◇ *vi* estornudar; **it's not to be ~d at** *inf* no es de despreciar.

snicker ['snɪkə^r] *vi US* reírse por lo bajo.

snide [snaɪd] *adj* sarcástico(ca).

sniff [snɪf] ◇ *n*: **to give a ~** sorber por la nariz. ◇ *vt* **-1.** [smell] oler **-2.** [drug] esnifar. ◇ *vi* **-1.** [to clear nose] sorber por la nariz **-2.** [to show disapproval]: **to ~ at sthg** desdeñar algo.

◆ **sniff out** *vt sep* **-1.** [detect by sniffing] olfatear **-2.** *inf* [seek out] descubrir.

sniffer dog ['snɪfə^r-] *n perro entrenado para descubrir drogas o explosivos.*

sniffle ['snɪfl] *vi* [during a cold] sorberse los mocos; [when crying] sorberse las lágrimas.

snigger ['snɪgə^r] ◇ *n* risa *f* disimulada. ◇ *vi* reírse por lo bajo.

snip [snɪp] (*pt* & *pp* **-ped**, *cont* **-ping**) ◇ *n inf* [bargain] ganga *f*. ◇ *vt* cortar con tijeras.

snipe [snaɪp] *vi* **-1.** [shoot]: **to ~ (at)** disparar (sobre) **-2.** [criticize]: **to ~ at sb** criticar a alguien.

sniper ['snaɪpə^r] *n* francotirador *m*, -ra *f*.

snippet ['snɪpɪt] *n* retazo *m*, fragmento *m*; **~ of information** un dato aislado.

snivel ['snɪvl] (*UK pt* & *pp* **-led**, *cont* **-ling**, *US pt* & *pp* **-ed**, *cont* **-ing**) *vi* lloriquear.

snob [snɒb] *n* esnob *m OR f*.

snobbery ['snɒbərɪ] *n* esnobismo *m*.

snobbish ['snɒbɪʃ], **snobby** ['snɒbɪ] (*compar* **-ier**, *superl* **-iest**) *adj* esnob.

snooker ['snuːkə^r] ◇ *n* snooker *m*, *juego parecido al billar*. ◇ *vt UK inf*: **to be ~ed** estar con las manos atadas.

snoop [snuːp] *vi inf*: **to ~ (around)** fisgonear.

snooper ['snuːpə^r] *n inf* fisgón *m*, -ona *f*.

snooty ['snuːtɪ] (*compar* **-ier**, *superl* **-iest**) *adj* engreído(da).

snooze [snuːz] ◇ *n* cabezada *f*; **to have a ~** echar una cabezada. ◇ *vi* dormitar.

snore [snɔː^r] ◇ *n* ronquido *m*. ◇ *vi* roncar.

snoring ['snɔːrɪŋ] *n (U)* ronquidos *mpl*.

snorkel ['snɔːkl] *n* tubo *m* respiratorio.

snorkelling *UK*, **snorkeling** *US* ['snɔːklɪŋ] *n* buceo *m* con tubo; **to go ~** bucear con tubo.

snort [snɔːt] ◇ *n* resoplido *m*. ◇ *vi* resoplar. ◇ *vt drugs sl* esnifar.

snotty ['snɒtɪ] (*compar* **-ier**, *superl* **-iest**) *adj inf* [snooty] altivo(va).

snout [snaʊt] *n* hocico *m*.

snow [snəʊ] ◇ *n* nieve *f*. ◇ *v impers* nevar; **it's ~ing** está nevando.

◆ **snow in** *vt sep*: **to be ~ed in** estar bloqueado(da) por la nieve.

◆ **snow under** *vt sep*: **to be ~ed under (with)** estar inundado(da) (de).

snowball ['snəʊbɔːl] ◇ *n* bola *f* de nieve. ◇ *vi fig* aumentar rápidamente.

snow blindness *n* ceguera *f* de la nieve.

snowboard ['snəʊbɔːd] *n* snowboard *m*.

snowboarding ['snəʊbɔːdɪŋ] *n* snowboard *m*;

to go ~ hacer snowboard.

snowbound ['snəʊbaʊnd] *adj* bloqueado(da) por la nieve.

snow-capped [-ˌkæpt] *adj* con el pico cubierto de nieve.

snowdrift ['snəʊdrɪft] *n* montón *m* de nieve.

snowdrop ['snəʊdrɒp] *n* campanilla *f* blanca.

snowfall ['snəʊfɔːl] *n* nevada *f*.

snowflake ['snəʊfleɪk] *n* copo *m* de nieve.

snowman ['snəʊmæn] (*pl* **-men** [-men]) *n* muñeco *m* de nieve.

snow pea *n* ***US*** guisante *m* mollar ***Esp***, tirabeque *m*, arveja *f* china ***Andes, Col, CSur, Ven***, chícharo *m* chino ***CAm, Méx***.

snowplough ***UK***, **snowplow** ***US*** ['snəʊplaʊ] *n* quitanieves *m inv*.

snowshoe ['snəʊʃuː] *n* raqueta *f* de nieve.

snowstorm ['snəʊstɔːm] *n* tormenta *f* de nieve.

snowy ['snəʊɪ] (*compar* **-ier**, *superl* **-iest**) *adj* de mucha nieve.

SNP *n abbr of* **Scottish National Party**.

Snr, snr (*abbr of* **senior**) sén.

snub [snʌb] (*pt* & *pp* **-bed**, *cont* **-bing**) ◇ *n* desaire *m*. ◇ *vt* desairar.

snuck [snʌk] *US pt* ▷ **sneak**.

snuff [snʌf] *n* [tobacco] rapé *m*.

snuffle ['snʌfl] *vi* [during a cold] sorberse los mocos; [when crying] sorberse las lágrimas.

snug [snʌg] (*compar* **-ger**, *superl* **-gest**) *adj* **-1.** [person] cómodo y calentito (cómoda y calentita); [feeling] de bienestar **-2.** [place] acogedor (ra) **-3.** [close-fitting] ajustado(da), ceñido(da).

snuggle ['snʌgl] *vi*: **to ~ up to sb** arrimarse a alguien acurrucándose; **to ~ down** acurrucarse.

so [səʊ] ◇ *adv* **-1.** [to such a degree] tan; **~ difficult (that)** tan difícil (que); **don't be ~ stupid!** ¡no seas bobo!; **I wish he wouldn't talk ~ much** ojalá no hablara tanto; **I've never seen ~ much money/many cars** en mi vida he visto tanto dinero/tantos coches; **thank you ~ much** muchísimas gracias; **he's not ~ stupid as he looks** no es tan bobo como parece; **we're ~ glad you could come** estamos tan contentos de que pudieras venir; **it's about ~ high** es así de alto **-2.** [in referring back to previous statement, event etc]: **~ what's the point then?** entonces ¿qué sentido tiene?; **~ you knew already?** ¿así que ya lo sabías?; **I don't think ~** no creo, me parece que no; **I'm afraid ~** me temo que sí; **if ~** si es así, de ser así; **is that ~?** ¿es cierto?, ¿es así? **-3.** [also] también; **~ can I** y yo (también puedo); **~ do I** y yo (también); **she speaks French and ~ does her husband** ella habla francés y su marido también; **as with children ~ with adults** igual que con los niños, también con los adultos; **just as some people like family holidays ~ others prefer to holiday alone** igual que hay gente a la que le gustan las vacaciones familiares, otros las prefieren pasar solos **-4.** [in such a way]: **(like) ~** así, de esta forma; **it was ~ arranged as to look impressive** estaba dispuesto de tal manera que pareciera impresionante **-5.** [in expressing agreement]: **~ there is!** ¡pues (sí que) es verdad!, ¡sí que lo hay, sí!; **~ I see** ya lo veo **-6.** [unspecified amount, limit]: **they pay us ~ much a week** nos pagan tanto a la semana; **it's not ~ much the money as the time involved** no es tanto el dinero como el tiempo que conlleva; **they didn't ~ much as say thank you** ni siquiera dieron las gracias; **or ~** o así; **a year/week or ~ ago** hace un año/una semana o así. ◇ *conj* **-1.** [with the result that, therefore] así que, por lo tanto; **he said yes and ~ we got married** dijo que sí, así que nos casamos **-2.** [to introduce a statement] (bueno) pues; **~ what have you been up to?** bueno, ¿y qué has estado haciendo?; **~ that's who she is!** ¡anda! ¡o sea que ella!; **~ what?** *inf* ¿y qué?; **~ there** *inf* ¡(y si no te gusta,) te chinchas!

◆ **and so on, and so forth** *adv* y cosas por el estilo.

◆ **so as** *conj* para; **we didn't knock ~ as not to disturb them** no llamamos para no molestarlos.

◆ **so far** *conj* [up to now] hasta ahora; **~ far, so good** por ahora todo bien.

◆ **so that** *conj* para que; **he lied ~ that she would go free** mintió para que ella saliera en libertad.

SO *abbr of* **standing order**.

soak [səʊk] ◇ *vt* **-1.** [leave immersed] poner en remojo **-2.** [wet thoroughly] empapar, ensopar ***Amér***; **to be ~ed with** estar empapado de. ◇ *vi* **-1.** [become thoroughly wet]: **to leave sthg to ~, to let sthg ~** dejar algo en remojo **-2.** [spread]: **to ~ into** *OR* **through sthg** calar algo.

◆ **soak up** *vt sep* [liquid] empapar, absorber.

soaked [səʊkt] *adj* empapado(da); **to be ~ through** *OR* **to the skin** estar empapado hasta los huesos.

soaking ['səʊkɪŋ] *adj* empapado(da); **to be ~ wet** estar empapado.

so-and-so *n inf* **-1.** [to replace a name] fulano *m*, -na *f* de tal **-2.** [annoying person] hijo *m*, -ja *f* de tal.

soap [səʊp] ◇ *n* **-1.** *(U)* [for washing] jabón *m* **-2.** *TV* culebrón *m*. ◇ *vt* enjabonar.

soap dish *n* jabonera *f*.

soap flakes *npl* escamas *fpl* de jabón.
soap opera *n* culebrón *m*.
soap powder *n* jabón *m* en polvo.
soapsuds ['səupsʌdz] *npl* espuma *f* de jabón, jabonaduras *fpl*.
soapy ['səupɪ] (*compar* **-ier**, *superl* **-iest**) *adj* **-1.** [full of soap] jabonoso(sa) **-2.** [taste] a jabón; [texture] de jabón.
soar [sɔː'] *vi* **-1.** [bird] remontar el vuelo **-2.** [rise into the sky] elevarse **-3.** [increase rapidly] alcanzar cotas muy altas **-4.** *literary* [be impressively high] elevarse.
soaring ['sɔːrɪŋ] *adj* **-1.** [rapidly increasing, rising] cada vez más alto(ta) **-2.** [impressively high] altísimo(ma).
sob [sɒb] (*pt* & *pp* **-bed**, *cont* **-bing**) ◇ *n* sollozo *m*. ◇ *vt* decir sollozando. ◇ *vi* sollozar.
sobbing ['sɒbɪŋ] *n (U)* sollozos *mpl*.
sober ['səubə'] *adj* **-1.** [gen] sobrio(bria) **-2.** [serious] serio(ria).
◆ **sober up** *vi* pasársele a uno la borrachera.
sobering ['səubərɪŋ] *adj* que hace reflexionar; **it was a ~ thought** dio mucho que pensar.
sobriety [səu'braɪətɪ] *n fml* sobriedad *f*.
Soc. *abbr of* **Society**.
so-called [-kɔːld] *adj* **-1.** [expressing scepticism] mal llamado(da), supuesto(ta) **-2.** [widely known as] así llamado(da).
soccer ['sɒkə'] *n (U)* fútbol *m*.
sociable ['səuʃəbl] *adj* sociable.
social ['səuʃl] *adj* social.
social climber *n pej* arribista *m* OR *f*.
social club *n* club *m* social.
social conscience *n* conciencia *f* social.
social democracy *n* socialdemocracia *f*.
Social Democrat *n* socialdemócrata *mf*.
social fund *n en Gran Bretaña, fondo de prestaciones en casos de extrema necesidad.*
socialism ['səuʃəlɪzm] *n* socialismo *m*.
socialist ['səuʃəlɪst] ◇ *adj* socialista. ◇ *n* socialista *m* OR *f*.
socialite ['səuʃəlaɪt] *n* persona *f* que frecuenta fiestas de sociedad.
socialize, -ise ['səuʃəlaɪz] *vi*: **to ~ (with)** alternar (con).
social life *n* vida *f* social.
socially ['səuʃəlɪ] *adv* **-1.** [relating to society] socialmente **-2.** [outside business] fuera del trabajo; **we don't meet ~** no tenemos relación fuera del trabajo.
social order *n* orden *m* social.
social science *n* **-1.** *(U)* [in general] ciencias *fpl* sociales **-2.** [individual science] ciencia *f* social.
social security *n* seguridad *f* social.
social services *npl* servicios *mpl* sociales.
social studies *n* estudios *mpl* sociales.
social work *n (U)* trabajo *m* social.
social worker *n* asistente *m*, -ta *f* social.
society [sə'saɪətɪ] (*pl* **-ies**) *n* **-1.** [gen] sociedad *f* **-2.** [club, organization] sociedad *f*, asociación *f*.
socioeconomic ['səusɪəu,iːkə'nɒmɪk] *adj* socioeconómico(ca).
sociological [,səusjə'lɒdʒɪkl] *adj* sociológico(ca).
sociologist [,səusɪ'ɒlədʒɪst] *n* sociólogo *m*, -ga *f*.
sociology [,səusɪ'ɒlədʒɪ] *n* sociología *f*.
sock [sɒk] *n* calcetín *m*, media *f Amér*; **to pull one's ~s up** *inf* hacer un esfuerzo.
socket ['sɒkɪt] *n* **-1.** ELEC enchufe *m* **-2.** [of eye] cuenca *f*; [of joint] glena *f*.
sod [sɒd] *n* **-1.** [of turf] tepe *m* **-2.** *v inf* [person] cabroncete *m*.
soda ['səudə] *n* **-1.** [gen] soda *f* **-2.** *US* [fizzy drink] gaseosa *f*.
soda syphon *n* sifón *m*.
soda water *n* soda *f*.
sodden ['sɒdn] *adj* empapado(da).
sodium ['səudɪəm] *n* sodio *m*.
sodium bicarbonate *n* bicarbonato *m* de sodio.
sodium chloride *n* cloruro *m* de sodio.
sofa ['səufə] *n* sofá *m*.
sofa bed *n* sofá cama *m*.
Sofia ['səufjə] *n* Sofía.
soft [sɒft] *adj* **-1.** [pliable, not stiff, not strict] blando(da); **to go ~** ablandarse **-2.** [smooth, gentle, not bright] suave **-3.** [caring - person] de buen corazón.
soft-boiled *adj* pasado(da) por agua.
soft drink *n* refresco *m*.
soft drugs *npl* drogas *fpl* blandas.
soften ['sɒfn] ◇ *vt* suavizar. ◇ *vi* **-1.** [substance] ablandarse **-2.** [expression] suavizarse, dulcificarse.
◆ **soften up** *vt sep inf* ablandar.
softener ['sɒfnə'] *n* suavizante *m*.
soft focus *n*: **in ~** en difuminado.
soft furnishings *UK*, **soft goods** *US npl artículos del tipo cortinas, cojines, alfombras.*
softhearted [,sɒft'hɑːtɪd] *adj* de buen corazón.
softly ['sɒftlɪ] *adv* **-1.** [gently] con delicadeza **-2.** [quietly, not brightly] suavemente **-3.** [leniently] con indulgencia.
softness ['sɒftnɪs] *n* **-1.** [gen] suavidad *f* **-2.** [plia-

bility] blandura *f* **- 3.** [lenience] indulgencia *f*.

soft sell *n inf sistema de venta en el que no se presiona al posible comprador.*

soft-spoken *adj* de voz suave.

soft toy *n* muñeco *m* de peluche.

software ['sɒftweəʳ] *n* COMPUT software *m*.

software package *n* COMPUT paquete *m* de software.

soft water *n* agua *f* blanda.

softy ['sɒftɪ] (*pl* **-ies**) *n inf* **- 1.** *pej* [weak person] blandengue *m* OR *f* **- 2.** [sensitive person] blando *m*, -da *f*.

soggy ['sɒgɪ] (*compar* **-ier**, *superl* **-iest**) *adj inf* empapado(da).

soil [sɔɪl] <> *n* **- 1.** [earth] tierra *f*, suelo *m* **- 2.** *fig* [territory] territorio *m*; **on British ~** en territorio británico. <> *vt* ensuciar.

soiled [sɔɪld] *adj* sucio(cia).

solace ['sɒləs] *n literary* consuelo *m*.

solar ['səʊləʳ] *adj* solar; **~ eclipse** eclipse de sol.

solarium [sə'leərɪəm] (*pl* **-riums** OR **-ria** [-rɪə]) *n* solarium *m*.

solar panel *n* panel *m* solar.

solar plexus [-'pleksəs] *n*: **the ~** el plexo solar.

solar power *n* energía *f* solar.

solar system *n*: **the Solar System** el sistema solar.

sold [səʊld] *pt* & *pp* ▷ **sell.**

solder ['səʊldəʳ] <> *n (U)* soldadura *f*. <> *vt* soldar.

soldering iron ['səʊldərɪŋ-] *n* soldador *m*.

soldier ['səʊldʒəʳ] *n* soldado *m*.

◆ **soldier on** *vi UK* seguir adelante a pesar de las dificultades.

sold out *adj* agotado(da); **the theatre was ~** se agotaron las localidades; **all the shops were ~ of lemons** se habían agotado los limones en todas las tiendas.

sole [səʊl] (*pl sense 2 only inv* OR **-s**) <> *adj* **- 1.** [only] único(ca) **- 2.** [exclusive] exclusivo(va). <> *n* **- 1.** [of foot] planta *f*; [of shoe] suela *f* **- 2.** [fish] lenguado *m*.

solely ['səʊllɪ] *adv* únicamente.

solemn ['sɒləm] *adj* solemne.

solemnly ['sɒləmlɪ] *adv* solemnemente, con solemnidad.

sole trader *n UK* comercio *m* individual.

solicit [sə'lɪsɪt] <> *vt fml* [request] solicitar. <> *vi* [prostitute] ofrecer sus servicios.

solicitor [sə'lɪsɪtəʳ] *n UK* JUR *abogado que lleva casos administrativos y legales, pero que no acude a los tribunales superiores.*

solicitous [sə'lɪsɪtəs] *adj fml* solícito(ta); **~ about** OR **of** OR **for** preocupado(da) por.

solid ['sɒlɪd] <> *adj* **- 1.** [gen] sólido(da) **- 2.** [rock, wood, gold] macizo(za) **- 3.** [reliable, respectable] serio(ria), formal **- 4.** [without interruption] sin interrupción; **it rained for two ~ weeks** llovió sin parar durante dos semanas. <> *n* sólido *m*; **to be on ~s** [subj: baby] estar tomando alimentos sólidos.

solidarity [,sɒlɪ'dærətɪ] *n* solidaridad *f*.

solid fuel *n* combustible *m* sólido.

solidify [sə'lɪdɪfaɪ] (*pt* & *pp* **-ied**) *vi* solidificarse.

solidly ['sɒlɪdlɪ] *adv* **- 1.** [sturdily] sólidamente; **~ built** de construcción sólida **- 2.** [completely, definitely] enteramente **- 3.** [without interruption] sin interrupción.

soliloquy [sə'lɪləkwɪ] (*pl* **-ies**) *n* soliloquio *m*.

solitaire [,sɒlɪ'teəʳ] *n* **- 1.** [jewel, board game] solitario *m* **- 2.** *US* [card game] solitario *m*.

solitary ['sɒlɪtrɪ] *adj* solitario(ria).

solitary confinement *n*: **to be in ~** estar incomunicado(da) (en la cárcel).

solitude ['sɒlɪtju:d] *n* soledad *f*.

solo ['səʊləʊ] (*pl* **-s**) <> *adj* & *adv* a solas. <> *n* solo *m*.

soloist ['səʊləʊɪst] *n* soloista *m* OR *f*.

Solomon Islands ['sɒləmən-] *npl*: **the ~** las islas Salomón.

solstice ['sɒlstɪs] *n* solsticio *m*.

soluble ['sɒljʊbl] *adj* soluble.

solution [sə'lu:ʃn] *n*: **~ (to)** solución *f* (a).

solve [sɒlv] *vt* resolver.

solvency ['sɒlvənsɪ] *n* FIN solvencia *f*.

solvent ['sɒlvənt] <> *adj* FIN solvente. <> *n* disolvente *m*.

solvent abuse [-ə'bju:s] *n aspiración por la nariz de gomas o colas.*

Somali [sə'mɑ:lɪ] <> *adj* somalí. <> *n* **- 1.** [person] somalí *m* OR *f* **- 2.** [language] somalí *m*.

Somalia [sə'mɑ:lɪə] *n* Somalia.

sombre *UK*, **somber** *US* ['sɒmbəʳ] *adj* sombrío(a).

some [sʌm] <> *adj* **- 1.** [a certain amount, number of]: **would you like ~ coffee?** ¿quieres café?; **give me ~ money** dame algo de dinero; **there are ~ good articles in it** tiene algunos artículos buenos; **I bought ~ socks** [one pair] me compré unos calcetines; [more than one pair] me compré calcetines **- 2.** [fairly large number or quantity of]: **I've known him for ~ years** lo conozco desde hace bastantes años; **we still have ~ way to go** nos queda un buen trecho todavía; **I had ~ difficulty getting here** me costó lo mío llegar aquí **- 3.** *(contrastive use)* [certain] algunos(as); **~ jobs are better paid than others** algunos trabajos están mejor pagados que otros; **~ people say that ...** los hay que dicen que ...; **in**

~ **ways** en cierto modo **-4.** [in imprecise statements] algún(una); **there must be ~ mistake** debe haber un *OR* algún error; **she married ~ writer or other** se casó con no sé qué escritor; ~ **day** algún día **-5.** *inf* [very good] menudo(da); **that's ~ car he's got** ¡menudo coche tiene!; ~ **help you are!** *iro* [not very good] ¡menuda *OR* valiente ayuda me das! <> *pron* **-1.** [a certain amount]: **can I have ~?** [money, milk, coffee etc] ¿puedo coger un poco?; **I've already had ~** ya he tomado; ~ **of** parte de **-2.** [a certain number] algunos(as); **can I have ~?** [books, potatoes etc] ¿puedo coger algunos?; ~ **(of them) left early** algunos se fueron temprano; ~ **say he lied** hay quien dice que mintió. <> *adv* **-1.** unos(as); **there were ~ 7,000 people there** habría unas 7.000 personas **-2.** *US* [slightly] algo, un poco; **shall I turn it up ~?** ¿lo subo algo or un poco?

somebody ['sʌmbədɪ] <> *pron* alguien; ~ **or other** alguien. <> *n*: **he thinks he's ~** se cree que es alguien.

someday ['sʌmdeɪ] *adv* algún día.

somehow ['sʌmhaʊ], **someway** *US* ['sʌmweɪ] *adv* **-1.** [by some action] de alguna manera; ~ **or other** de un modo u otro **-2.** [for some reason] por alguna razón.

someone ['sʌmwʌn] *pron* alguien; ~ **or other** alguien, no sé quien.

someplace *US* = **somewhere**.

somersault ['sʌməsɔːlt] <> *n* [in air] salto *m* mortal; [on ground] voltereta *f*. <> *vi* [in air] dar un salto mortal; [on ground] dar una voltereta.

something ['sʌmθɪŋ] <> *pron* algo; **or ~** *inf* o algo así; **that's ~ (at least)** ya es algo; **to be really ~** ser de lo que no hay, ser increíble; **she's ~ of a poet** ella es un poco poeta; **it came as ~ of a surprise to me** me pilló un poco por sorpresa; ~ **or other** alguna cosa. <> *adv*: ~ **like**, ~ **in the region of** algo así como.

sometime ['sʌmtaɪm] <> *adj* antiguo(gua). <> *adv* en algún momento; ~ **or other** en algún momento; ~ **next week** durante la semana que viene.

sometimes ['sʌmtaɪmz] *adv* a veces.

someway *US* = **somehow**.

somewhat ['sʌmwɒt] *adv fml* algo.

somewhere *UK* ['sʌmweəʳ], **someplace** *US* ['sʌmpleɪs] *adv* **-1.** [unknown place - with verbs of position] en alguna parte; [- with verbs of movement] a alguna parte; **it's ~ else** está en otra parte; **it's ~ in the kitchen** está en alguna parte de la cocina; **shall we go ~ else?** ¿nos vamos a otra parte?; **I need ~ to spend the night** necesito un lugar donde pasar la noche **-2.** [in approximations]: ~ **between five and ten** entre cinco y diez; ~ **around 20** alrededor de 20; **he's ~ in his fifties** tiene cincuenta años y pico **-3.** *phr*: **to be getting ~** avanzar, ir a alguna parte; **now we're getting ~!** ¡parece que las cosas empiezan a funcionar!

son [sʌn] *n* hijo *m*.

sonar ['səʊnɑːʳ] *n* sonar *m*.

sonata [sə'nɑːtə] *n* sonata *f*.

song [sɒŋ] *n* **-1.** [gen] canción *f*; **they burst into ~** se pusieron a cantar; **to make a ~ and dance about sthg** *inf* armar la de Dios es Cristo sobre algo **-2.** [of bird] canto *m* **-3.** *phr*: **for a ~** *inf* [cheaply] por cuatro cuartos.

songbook ['sɒŋbʊk] *n* cancionero *m*.

sonic ['sɒnɪk] *adj* sónico(ca).

sonic boom *n* estampido *m OR* boom *m* sónico.

son-in-law (*pl* **sons-in-law** *OR* **son-in-laws**) *n* yerno *m*.

sonnet ['sɒnɪt] *n* soneto *m*.

sonny ['sʌnɪ] (*pl* **-ies**) *n inf* hijo *m*, chico *m*.

soon [suːn] *adv* pronto; **how ~ will it be ready?** ¿para cuándo estará listo?; ~ **after** poco después; **as ~ as** tan pronto como; **as ~ as possible** cuanto antes; **see you ~** hasta pronto; **I'd just as ~ ...** igual me daría ..., no me importaría ...

sooner ['suːnəʳ] *adv* **-1.** [in time] antes; **no ~ did he arrive than ...** apenas había llegado cuando ...; **no ~ said than done** dicho y hecho; ~ **or later** (más) tarde o (más) temprano; **the ~ the better** cuanto antes mejor **-2.** [expressing preference]: **I'd ~ (not) ...** preferiría (no) ...

soot [sʊt] *n* hollín *m*.

soothe [suːð] *vt* **-1.** [pain] aliviar **-2.** [nerves etc] calmar.

soothing ['suːðɪŋ] *adj* **-1.** [pain-relieving] calmante **-2.** [calming] sedante, relajante.

sooty ['sʊtɪ] (*compar* **-ier**, *superl* **-iest**) *adj* cubierto(ta) de hollín.

sophisticated [sə'fɪstɪkeɪtɪd] *adj* **-1.** [gen] sofisticado(da) **-2.** [intelligent] inteligente.

sophistication [sə,fɪstɪ'keɪʃn] *n* **-1.** [gen] sofisticación *f* **-2.** [intelligence] inteligencia *f*.

sophomore ['sɒfəmɔːʳ] *n US* estudiante *m OR f* del segundo curso.

sophomoric ['sɒfəmɔrɪk] *adj US* immaduro(ra) y repipi.

soporific [,sɒpə'rɪk] *adj* soporífico(ca).

sopping ['sɒpɪŋ] *adj*: ~ **(wet)** chorreando.

soppy ['sɒpɪ] (*compar* **-ier**, *superl* **-iest**) *adj inf pej* sentimentaloide.

soprano [sə'prɑːnəʊ] (*pl* **-s**) *n* soprano *f*.

sorbet ['sɔːbeɪ] *n* sorbete *m*; **lemon ~** sorbete

de limón.

sorcerer ['sɔːsərəʳ] *n* mago *m*, -ga *f*, brujo *m*, -ja *f*.

sordid ['sɔːdɪd] *adj* **-1.** [immoral] obsceno(na) **-2.** [dirty, unpleasant] sórdido(da).

sore [sɔːʳ] ◇ *adj* **-1.** [painful] dolorido(da); **to have a ~ throat** tener dolor de garganta **-2.** *US* [upset] enfadado(da); **to get ~** enfadarse. ◇ *n* llaga *f*, úlcera *f*.

sorely ['sɔːlɪ] *adv literary* enormemente.

sorority [sə'rɒrətɪ] *n US club de estudiantes universitarias.*

sorrel ['sɒrəl] *n* acedera *f*.

sorrow ['sɒrəʊ] *n* pesar *m*, pena *f*.

sorrowful ['sɒrəfʊl] *adj* apesadumbrado(da), apenado(da).

sorry ['sɒrɪ] (*compar* **-ier**, *superl* **-iest**) ◇ *adj* **-1.** [expressing apology]: **to be ~ about sthg** sentir *OR* lamentar algo; **I'm ~ for what I did** siento lo que hice; **I'm ~** lo siento; **I'm ~ if I'm disturbing you** *OR* **to disturb you** siento molestarte **-2.** [expressing shame, disappointment]: **to be ~ that** sentir que; **we were ~ about his resignation** sentimos que dimitiera; **to be ~ for** arrepentirse de; **we're ~ to see you go** sentimos que te vayas **-3.** [expressing regret]: **I'm ~ to have to say that ...** siento tener que decir que ... **-4.** [expressing pity]: **to be** *OR* **feel ~ for sb** sentir lástima por alguien; **to be** *OR* **feel ~ for o.s.** sentir lástima de uno mismo (una misma) **-5.** [expressing polite disagreement]: **I'm ~, but ...** perdón, pero ... **-6.** [poor, pitiable] lamentable, penoso(sa); **it was a ~ sight** tenía un aspecto horrible. ◇ *excl* **-1.** [I apologise]: **sorry!** ¡perdón! **-2.** [pardon]: **sorry?** ¿perdón? **-3.** [to correct oneself]: **a girl, ~, a woman** una chica, perdón, una mujer.

sort [sɔːt] ◇ *n* tipo *m*, clase *f*; **what ~ of computer have you got?** ¿qué tipo de ordenador tienes?; **all ~s of** todo tipo de; **~ of** más o menos, así así; **a ~ of** una especie de; **she did nothing of the ~** no hizo nada por el estilo. ◇ *vt* clasificar.

◆ **sorts** *npl*: **a lawyer of ~s** una especie de abogado; **to be out of ~s** estar bajo(ja) de tono.

◆ **sort out** *vt sep* **-1.** [classify] clasificar **-2.** [solve] solucionar, resolver.

sortie ['sɔːtiː] *n* salida *f*; **to make a ~** hacer una salida.

sorting office ['sɔːtɪŋ-] *n oficina de clasificación del correo.*

sort-out *n UK inf* limpieza *f* general; **to have a ~** hacer limpieza general.

SOS (*abbr of* **save our souls**) *n* SOS *m*; **to send an ~** lanzar un SOS.

so-so *adj & adv inf* así así.

soufflé ['suːfleɪ] *n* suflé *m*; **a cheese ~** un suflé de queso.

sought [sɔːt] *pt & pp* ▷ **seek**.

sought-after *adj* solicitado(da), buscado(da).

soul [səʊl] *n* **-1.** [gen] alma *f*; **she's a good ~** es buena persona; **poor ~!** ¡pobrecito! **-2.** [of nation etc] espíritu *m* **-3.** [music] música *f* soul.

soul-destroying [-dɪˌstrɔɪɪŋ] *adj* desmoralizador(ra).

soulful ['səʊlfʊl] *adj* lleno(na) de sentimiento.

soulless ['səʊllɪs] *adj* desangelado(da).

soul mate *n* alma *f* gemela.

soul music *n* música *f* soul.

soul-searching *n (U)* examen *f* de conciencia; **to do a lot of ~** realizar un profundo examen de conciencia.

sound [saʊnd] ◇ *adj* **-1.** [healthy] sano(na) **-2.** [sturdy] sólido(da) **-3.** [reliable] fiable, seguro(ra). ◇ *adv*: **to be ~ asleep** estar profundamente dormido(da). ◇ *n* **-1.** [gen] sonido *m* **-2.** [particular noise] ruido *m* **-3.** [impression]: **I don't like the ~ of it** no me gusta nada; **by the ~ of it** por lo que parece. ◇ *vt* [bell etc] hacer sonar, tocar. ◇ *vi* **-1.** [gen] sonar **-2.** [give impression]: **it ~s interesting** parece interesante; **it ~s like fun** suena divertido; **he ~s like a nice man** parece un hombre simpático.

◆ **sound out** *vt sep*: **to ~ sb out (on** *OR* **about)** sondear a alguien (sobre).

sound barrier *n* barrera *f* del sonido.

sound card *n COMPUT* tarjeta *f* de sonido.

sound effects *npl* efectos *mpl* sonoros.

sounding ['saʊndɪŋ] *n NAUT* sondeo *m* marino.

sounding board *n lit & fig* caja *f* de resonancia.

soundly ['saʊndlɪ] *adv* **-1.** [severely - beat] totalmente **-2.** [deeply] profundamente.

soundness ['saʊndnɪs] *n* [reliability] solidez *f*.

soundproof ['saʊndpruːf] *adj* insonorizado(da).

soundtrack ['saʊndtræk] *n* banda *f* sonora.

sound wave *n* onda *f* sonora.

soup [suːp] *n* [thick] sopa *f*; [clear] caldo *m*, consomé *m*.

◆ **soup up** *vt sep inf* **-1.** [car] trucar **-2.** [book etc] emperifollar.

soup kitchen *n* comedor *m* de beneficiencia.

soup plate *n* plato *m* hondo *OR* sopero.

soup spoon *n* cuchara *f* sopera.

sour [saʊəʳ] ◇ *adj* **-1.** [acidic] ácido(da) **-2.** [milk, person, reply] agrio(gria) **-3.** *phr*: **to go** *OR* **turn ~** *fig* [evening, plans] irse al traste; [relationship] agriarse. ◇ *vt* agriar. ◇ *vi* agriarse.

source [sɔ:s] *n* **-1.** [gen] fuente *f* **-2.** [cause] origen *m* **-3.** [of river] nacimiento *m*.
sour cream *n* nata *f* agria.
sourdough (bread) ['saʊə'dəʊl *n* ***US*** pan *m* hecho de masa fermentada.
sour grapes *n (U) inf*: **it's ~!** ¡están verdes!
sourness ['saʊənɪs] *n* **-1.** [acidity] acidez *f* **-2.** [of milk] agrura *f* **-3.** [of person, relations] acritud *f*.
south [saʊθ] ◇ *n* **-1.** [direction] sur *m* **-2.** [region]: **the South** el sur. ◇ *adj* del sur. ◇ *adv*: **~ (of)** al sur (de).
South Africa *n*: **(the Republic of) ~** (la república de) Suráfrica.
South African ◇ *adj* surafricano(na). ◇ *n* [person] surafricano *m*, -na *f*.
South America *n* Sudamérica.
South American ◇ *adj* sudamericano(na). ◇ *n* [person] sudamericano *m*, -na *f*.
southbound ['saʊθbaʊnd] *adj* con rumbo al sur.
southeast [ˌsaʊθ'i:st] ◇ *n* **-1.** [direction] sudeste *m* **-2.** [region]: **the Southeast** el sudeste. ◇ *adj* del sudeste. ◇ *adv*: **~ (of)** hacia el sudeste (de).
Southeast Asia *n* el sureste asiático.
southeasterly [ˌsaʊθ'i:stəlɪ] *adj* del sudeste; **in a ~ direction** hacia el sudeste.
southeastern [ˌsaʊθ'i:stən] *adj* del sudeste.
southerly ['sʌðəlɪ] *adj* del sur; **in a ~ direction** hacia el sur.
southern ['sʌðən] *adj* del sur, sureño(ña); **the ~ hemisphere** el hemisferio sur.
Southerner ['sʌðənə[r]] *n* sureño *m*, -ña *f*.
South Korea *n* Corea del Sur.
South Pole *n*: **the ~** el polo Sur.
South Vietnam *n* (el) Vietnam del Sur.
southward ['saʊθwəd] ◇ *adj* sur. ◇ *adv* = **southwards.**
southwards ['saʊθwədz] *adv* hacia el sur.
southwest [ˌsaʊθ'west] ◇ *n* **-1.** [direction] suroeste *m* **-2.** [region]: **the Southwest** el suroeste. ◇ *adj* del suroeste. ◇ *adv*: **~ (of)** hacia el suroeste (de).
southwesterly [ˌsaʊθ'westəlɪ] *adj* del suroeste; **in a ~ direction** hacia el suroeste.
southwestern [ˌsaʊθ'westən] *adj* del suroeste.
souvenir [ˌsu:və'nɪə[r]] *n* recuerdo *m*.
sou'wester [saʊ'westə[r]] *n* [hat] sueste *m*.
sovereign ['sɒvrɪn] ◇ *adj* soberano(na). ◇ *n* **-1.** [ruler] soberano *m*, -na *f* **-2.** [coin] soberano *m*.
sovereignty ['sɒvrɪntɪ] *n* soberanía *f*.
Soviet ['səʊvɪət] ◇ *adj* soviético(ca). ◇ *n* [person] soviético *m*, -ca *f*.
Soviet Union *n*: **the (former) ~** la (antigua) Unión Soviética.
sow[1] [səʊ] (*pt* **-ed**, *pp* **sown** *OR* **-ed**) *vt lit & fig* sembrar.
sow[2] [saʊ] *n* cerda *f*, puerca *f*, chancha *f* ***Amér.***
sown [səʊn] *pp* ▷ **sow**[1].
soya ['sɔɪə] *n* soja *f*.
soy(a) bean ['sɔɪ(ə)-] *n esp* ***US*** semilla *f* de soja, frijol *m* de soja ***Amér***, poroto *m* de soja ***Andes, CSur.***
soy sauce [sɔɪ-] *n esp* ***US*** salsa *f* de soja.
sozzled ['sɒzld] *adj* ***UK inf*** trompa, mamado(da).
spa [spɑ:] *n* balneario *m*.
space [speɪs] ◇ *n* espacio *m*; **to stare into ~** tener la mirada perdida; **there isn't enough ~ for it** no hay suficiente espacio para ello; **in the ~ of 30 minutes** en el espacio de 30 minutos. ◇ *vt* espaciar.
◆ **space out** *vt sep* [arrange with spaces between] espaciar.
space age *n*: **the ~** la era espacial.
◆ **space-age** *adj inf* de la era espacial.
space bar *n* [typo] barra *f* espaciadora.
space capsule *n* cápsula *f* espacial.
spacecraft ['speɪskrɑ:ft] (*pl inv*) *n* nave *f* espacial, astronave *f*.
spaceman ['speɪsmæn] (*pl* **-men** [-men]) *n inf* astronauta *m*.
space probe *n* sonda *f* espacial.
spaceship ['speɪsʃɪp] *n* nave *f* espacial, astronave *f*.
space shuttle *n* transbordador *m* espacial.
space station *n* estación *f* espacial.
spacesuit ['speɪssu:t] *n* traje *m* espacial.
spacewoman ['speɪsˌwʊmən] (*pl* **-women** [-ˌwɪmɪn]) *n* astronauta *f*.
spacing ['speɪsɪŋ] *n TYPO* espacio *m*; **double ~** doble espacio.
spacious ['speɪʃəs] *adj* espacioso(sa).
spade [speɪd] *n* **-1.** [tool] pala *f* **-2.** [playing card] pica *f*.
◆ **spades** *npl* picas *fpl*; **the six of ~s** el seis de picas.
spadework ['speɪdwɜ:k] *n inf* trabajo *m* previo.
spaghetti [spə'getɪ] *n (U)* espaguetis *mpl*.
Spain [speɪn] *n* España.
spam [spæm] (*pt & pp* **-med**, *cont* **-ming**) *COMPUT* ◇ *n* correo *m* basura. ◇ *vt* enviar correo basura a.
span [spæn] (*pt & pp* **-ned**, *cont* **-ning**) ◇ *pt* ▷ **spin.** ◇ *n* **-1.** [in time] lapso *m*, periodo *m* **-2.** [range] gama *f* **-3.** [of wings] envergadura *f* **-4.** [of bridge, arch] ojo *m*. ◇ *vt* **-1.** [in time] abarcar

-2. [subj: bridge etc] cruzar, atravesar.

spangled ['spæŋgld] *adj literary*: **~ (with)** adornado(da) (con).

Spaniard ['spænjəd] *n* español *m*, -la *f*.

spaniel ['spænjəl] *n* perro *m* de aguas.

Spanish ['spænɪʃ] <> *adj* español(la). <> *n* [language] español *m*, castellano *m*. <> *npl* [people]: **the ~** los españoles.

Spanish America *n* Hispanoamérica.

Spanish American <> *adj* **-1.** [in US] hispano(na) **-2.** [in Latin America] hispanoamericano(na). <> *n* **-1.** [in US] hispano *m*, -na *f* **-2.** [in Latin America] hispanoamericano *m*, -na *f*.

spank [spæŋk] <> *n* azote *m*. <> *vt* dar unos azotes a.

spanner ['spænə^r] *n* llave *f* inglesa.

spar [spɑː^r] (*pt* & *pp* **-red**, *cont* **-ring**) <> *n* palo *m*, verga *f*. <> *vi* **-1.** BOXING: **to ~ (with)** entrenarse (con) **-2.** [verbally]: **to ~ (with)** discutir amistosamente (con).

spare [speə^r] <> *adj* **-1.** [surplus] de sobra **-2.** [free - chair, time] libre; **I've got a ~ pen you can borrow** tengo un bolígrafo de sobra que te puedo prestar; **have you got a ~ minute?** ¿tienes un minuto?; **there's one going ~** sobra uno **-3.** *inf* [crazy] **to go ~** volverse loco(ca). <> *n* **-1.** [extra one] **I always carry a ~** siempre llevo uno de sobra **-2.** *inf* [tyre] neumático *m* de recambio **-3.** *inf* [part] pieza *f* de recambio OR repuesto, refacción *f Chile* & *Méx*. <> *vt* **-1.** [time] conceder; [money] dejar; **we can't ~ any time/money** no tenemos tiempo/dinero; **to ~** de sobra **-2.** [not harm - person, life] perdonar; **they ~d his life** le perdonaron la vida; [- company, city] salvar **-3.** [not use, not take]: **to ~ no expense/effort** no escatimar gastos/esfuerzos **-4.** [save from]: **to ~ sb sthg** ahorrarle a alguien algo; **you've ~d me the trouble** me has ahorrado la molestia.

spare part *n* AUT pieza *f* de recambio OR repuesto, refacción *f Chile* & *Méx*.

spare room *n* habitación *f* de invitados.

spare time *n* tiempo *m* libre.

spare tyre *UK*, **spare tire** *US n* **-1.** AUT neumático *m* de recambio **-2.** *hum* [fat waist] michelines *mpl*.

spare wheel *n* rueda *f* de recambio.

sparing ['speərɪŋ] *adj*: **to be ~ with** OR **of** ser parco(ca) en.

sparingly ['speərɪŋlɪ] *adv* con moderación.

spark [spɑːk] <> *n lit* & *fig* chispa *f*. <> *vt* provocar; **to ~ sthg off** provocar algo.

sparking plug ['spɑːkɪŋ-] *UK* = **spark plug**.

sparkle ['spɑːkl] <> *n (U)* [of diamond] destello *m*; [of eyes] brillo *m*. <> *vi* [star, jewels] centellear; [eyes] brillar.

sparkler ['spɑːklə^r] *n* [firework] bengala *f*.

sparkling wine ['spɑːklɪŋ-] *n* vino *m* espumoso.

spark plug *n* bujía *f*.

sparrow ['spærəʊ] *n* gorrión *m*.

sparse [spɑːs] *adj* escaso(sa).

spartan ['spɑːtn] *adj* espartano(na).

spasm ['spæzm] *n* **-1.** MED [state] espasmo *m* **-2.** MED [attack] acceso *m* **-3.** [of emotion] ataque *m*.

spasmodic [spæz'mɒdɪk] *adj* espasmódico(ca).

spastic ['spæstɪk] MED <> *adj* espástico(ca). <> *n* espástico *m*, -ca *f*.

spat [spæt] *pt* & *pp* ▷ **spit**.

spate [speɪt] *n* cadena *f*, serie *f*.

spatial ['speɪʃl] *adj fml* espacial.

spatter ['spætə^r] <> *vt* salpicar. <> *vi*: **to ~ on sthg** salpicar algo.

spatula ['spætjʊlə] *n* espátula *f*.

spawn [spɔːn] <> *n (U)* huevas *fpl*. <> *vt fig* engendrar. <> *vi* desovar, frezar.

spay [speɪ] *vt* sacar los ovarios a *(un animal)*.

SPCA (*abbr of* **Society for the Prevention of Cruelty to Animals**) *n sociedad estadounidense protectora de animales*, ≃ SPA *f*.

SPCC (*abbr of* **Society for the Prevention of Cruelty to Children**) *n organización estadounidense para la prevención de malos tratos a los niños*.

speak [spiːk] (*pt* **spoke**, *pp* **spoken**) <> *vt* **-1.** [say] decir; **to ~ ill of** hablar mal de; **to ~ one's mind** decir lo que se piensa **-2.** [language] hablar; **can you ~ French?** ¿hablas francés? <> *vi* hablar; **to ~ to** OR **with** hablar con; **to ~ to sb (about)** hablar con alguien (de); **to ~ about** hablar de; **to ~ to sb (on sthg)** [give speech] hablar ante alguien (sobre algo); **to ~ well** OR **highly of** hablar bien de; **nobody/nothing to ~ of** nadie/nada especial; **we aren't ~ing** [we aren't friends] no nos hablamos; **is that Mrs Jones? – ~ing!** ¿la señora Jones? – sí, soy yo.

◆ **so to speak** *adv* como quien dice, por así decirlo.

◆ **speak for** *vt fus* [represent] hablar en nombre de; **~ for yourself!** ¡eso lo dirás tú!; **it ~s for itself** es evidente.

◆ **speak out** *vi*: **to ~ out (against/in favour of)** hablar claro (en contra de/a favor de).

◆ **speak up** *vi* **-1.** [speak out]: **to ~ up for** salir en defensa de **-2.** [speak louder] hablar más alto.

speaker ['spiːkə^r] *n* **-1.** [person talking] persona *f* que habla **-2.** [person making a speech - at meal etc] orador *m*, -ra *f*; [- at conference] conferenciante *m* OR *f* **-3.** [of a language] hablante *m* OR *f*; **English ~s** angloparlantes **-4.** [of radio] altavoz *m*.

speaking ['spi:kɪŋ] <> *adv*: **generally ~** en general; **legally ~** desde una perspectiva legal; **~ as** [in the position of] hablando como; **~ of** [on the subject of] hablando de. <> *n* oratoria *f*. <> *adj*: **we are not on ~ terms** no nos dirigimos la palabra.

spear [spɪəʳ] <> *n* [gen] lanza *f*; [for hunting] jabalina *f*. <> *vt* [animal] atravesar; [piece of food] pinchar.

spearhead ['spɪəhed] <> *n* punta *f* de lanza, abanderado *m*, -da *f*. <> *vt* encabezar.

spec [spek] *n UK inf*: **to buy on ~** comprar sin garantías; **to go on ~** ir sin haber reservado con anterioridad.

special ['speʃl] <> *adj* **-1.** [gen] especial **-2.** [particular, individual] particular. <> *n* **-1.** [on menu]: **today's ~** plato *m* del día **-2.** [TV programme] programa *m* especial.

special agent *n* agente *m* OR *f* especial.

special correspondent *n* enviado *m*, -da *f* especial.

special delivery *n* correo *m* urgente.

special effects *npl* efectos *mpl* especiales.

specialist ['speʃəlɪst] <> *adj* [doctor] especialista; [literature] especializado(da). <> *n* especialista *m* OR *f*.

speciality [ˌspeʃɪ'ælətɪ] (*pl* **-ies**), **specialty** *US* ['speʃltɪ] (*pl* **-ies**) *n* especialidad *f*.

specialize, -ise ['speʃəlaɪz] *vi*: **to ~ (in)** especializarse (en).

specially ['speʃəlɪ] *adv* especialmente.

special needs *npl* **~ children** niños con necesidades especiales.

special offer *n* oferta *f* especial.

special school *n* escuela *f* especial *(para disminuidos físicos o psíquicos)*.

specialty *US* = **speciality**.

species ['spi:ʃi:z] (*pl inv*) *n* especie *f*.

specific [spə'sɪfɪk] *adj* **-1.** [particular] determinado(da) **-2.** [precise] específico(ca) **-3.** [unique]: **~ to** específico(ca) de.

◆ **specifics** *npl* datos *mpl* específicos.

specifically [spə'sɪfɪklɪ] *adv* **-1.** [particularly] expresamente **-2.** [precisely] específicamente.

specification [ˌspesɪfɪ'keɪʃn] *n* [plan] especificación *f*.

◆ **specifications** *npl* [of machine etc] datos *mpl* técnicos, descripción *f* técnica.

specify ['spesɪfaɪ] (*pt* & *pp* **-ied**) *vt*: **to ~ (that)** especificar (que).

specimen ['spesɪmən] *n* **-1.** [example] espécimen *m*, ejemplar *m* **-2.** [sample] muestra *f*.

specimen copy *n* ejemplar *m* de muestra.

specimen signature *n* muestra *f* de firma.

speck [spek] *n* **-1.** [small stain] manchita *f* **-2.** [small particle] mota *f*.

speckled ['spekld] *adj*: **~ (with)** moteado(da) (de), con manchas (de).

specs [speks] *npl UK inf* [glasses] gafas *fpl*.

spectacle ['spektəkl] *n* [sight] espectáculo *m*; **to make a ~ of o.s.** dar el espectáculo.

◆ **spectacles** *npl UK* gafas *fpl*.

spectacular [spek'tækjʊləʳ] <> *adj* espectacular. <> *n* espectáculo *m*.

spectate [spek'teɪt] *vi* asistir como espectador.

spectator [spek'teɪtəʳ] *n* espectador *m*, -ra *f*.

spectator sport *n* deporte *m* de masas.

spectre *UK*, **specter** *US* ['spektəʳ] *n lit & fig* fantasma *m*.

spectrum ['spektrəm] (*pl* **-tra** [-trə]) *n* **-1.** [gen] espectro *m* **-2.** *fig* [variety] gama *f*, abanico *m*.

speculate ['spekjʊleɪt] *vi* especular.

speculation [ˌspekjʊ'leɪʃn] *n* especulación *f*.

speculative ['spekjʊlətɪv] *adj* especulativo(va).

speculator ['spekjʊleɪtəʳ] *n* FIN especulador *m*, -ra *f*.

sped [sped] *pt* & *pp* ▷ **speed**.

speech [spi:tʃ] *n* **-1.** [gen] habla *f* **-2.** [formal talk] discurso *m*; **to give** OR **make a ~ (on sthg to sb)** pronunciar un discurso (sobre algo a alguien) **-3.** [manner of speaking] manera *f* de hablar **-4.** [dialect] dialecto *m*, habla *f*.

speech day *n UK* día *m* de la entrega de premios.

speech impediment *n* defecto *m* en el habla.

speechless ['spi:tʃlɪs] *adj*: **to be ~ (with)** enmudecer (de).

speech therapist *n* logopeda *m* OR *f*.

speech therapy *n* logopedia *f*.

speed [spi:d] (*pt* & *pp* **-ed** OR **sped**) <> *n* **-1.** [rate of movement] velocidad *f*; **at ~** a gran velocidad; **at top ~** a toda velocidad; **at a ~ of 30 mph** a una velocidad de 30 millas por hora **-2.** [rapidity] rapidez *f* **-3.** [gear] marcha *f*. <> *vi* **-1.** [move fast]: **to ~ (along/away/by)** ir/alejarse/pasar a toda velocidad; **to ~ by** [subj: hours, years] pasar volando **-2.** AUT [go too fast] conducir con exceso de velocidad.

◆ **speed up** <> *vt sep* [gen] acelerar; [person] meter prisa a. <> *vi* [gen] acelerarse; [person] darse prisa.

speedboat ['spi:dbəʊt] *n* lancha *f* motora.

speed-dial button *n* [on phone, fax] botón *m*

de marcado abreviado.

speeding [ˈspiːdɪŋ] *n (U)* exceso *m* de velocidad.

speed limit *n* límite *m* de velocidad.

speedometer [spɪˈdɒmɪtəʳ] *n* velocímetro *m*.

speed trap *n* control *m* policial de velocidad.

speedway [ˈspiːdweɪ] *n* **-1.** *(U)* SPORT carreras *fpl* de moto **-2.** *US* [road] autopista *f*.

speedy [ˈspiːdɪ] (*compar* **-ier**, *superl* **-iest**) *adj* rápido(da).

speleology [ˌspiːlɪˈɒlədʒɪ] *n fml* espeleología *f*.

spell [spel] (*UK pt* & *pp* **spelt** OR **-ed**, *US pt* & *pp* **-ed**) ◇ *n* **-1.** [of time] temporada *f*; [of weather] racha *f*; **sunny ~s** intervalos de sol; **to go through a good/bad ~** pasar una buena/mala racha **-2.** [enchantment] hechizo *m*; **to cast** OR **put a ~ on sb** hechizar a alguien **-3.** [magic words] conjuro *m*. ◇ *vt* **-1.** [form by writing] deletrear; **how do you ~ that?** ¿cómo se escribe eso? **-2.** *fig* [signify] significar; **to ~ trouble** augurar problemas. ◇ *vi* escribir correctamente; **I can't ~** cometo muchas faltas de ortografía.

◆ **spell out** *vt sep* **-1.** [read aloud] deletrear **-2.** [explain]: **to ~ sthg out (for** OR **to sb)** decir algo por las claras (a alguien).

spellbinding *adj* fascinante.

spellbound [ˈspelbaʊnd] *adj* hechizado(da), embelesado(da); **to hold sb ~** tener hechizado(da) a alguien.

spellcheck [ˈspeltʃek] *vt* COMPUT pasar el corrector ortográfico a.

spellchecker [ˈspeltʃekəʳ] *n* COMPUT corrector *m* ortográfico.

spelling [ˈspelɪŋ] *n* ortografía *f*; **the right/wrong ~** la grafía correcta/incorrecta; **to be good at ~** tener buena ortografía; **~ mistake** falta *f* de ortografía.

spelt [spelt] *UK pt* & *pp* ▷ **spell**.

spend [spend] (*pt* & *pp* **spent**) *vt* **-1.** [gen] gastar; **to ~ sthg on** gastar algo en **-2.** [time, life] pasar; **to ~ one's time doing sth** pasar el tiempo haciendo algo.

spender [ˈspendəʳ] *n* gastador *m*, -ra *f*; **to be a big ~** gastar mucho.

spending [ˈspendɪŋ] *n (U)* gasto *m*.

spending money *n* dinero *m* para pequeños gastos.

spending power *n* poder *m* adquisitivo.

spendthrift [ˈspendθrɪft] *n* derrochador *m*, -ra *f*, despilfarrador *m*, -ra *f*.

spent [spent] ◇ *pt* & *pp* ▷ **spend**. ◇ *adj* [matches, ammunition] usado(da); [patience] agotado(da).

sperm [spɜːm] (*pl inv* OR **-s**) *n* esperma *m*.

spermicidal cream [ˌspɜːmɪˈsaɪdl-] *n* crema *f* espermicida.

sperm whale *n* cachalote *m*.

spew [spjuː] ◇ *vt* arrojar, escupir. ◇ *vi*: **flames ~ed out of the volcano** el volcán arrojaba llamas.

sphere [sfɪəʳ] *n* **-1.** [gen] esfera *f* **-2.** [of people] círculo *m*.

spherical [ˈsferɪkl] *adj* esférico(ca).

sphincter [ˈsfɪŋktəʳ] *n* esfínter *m*.

sphinx [sfɪŋks] (*pl* **-es**) *n* esfinge *f*.

spice [spaɪs] ◇ *n* **-1.** CULIN especia *f* **-2.** *fig* [excitement] sabor *m*. ◇ *vt* **-1.** CULIN: **to ~ sthg (with)** condimentar algo (con) **-2.** *fig* [add excitement to]: **to ~ sthg (up)** dar sabor a algo.

spick-and-span [ˌspɪkənˈspæn] *adj* inmaculado(da).

spicy [ˈspaɪsɪ] (*compar* **-ier**, *superl* **-iest**) *adj* [hot and peppery] *fig* picante; [with spices] con muchas especias.

spider [ˈspaɪdəʳ] *n* araña *f*.

spider's web, spiderweb *US* [ˈspaɪdəweb] *n* telaraña *f*.

spidery [ˈspaɪdərɪ] *adj* [handwriting] de rasgos largos y finos.

spiel [ʃpiːl] *n* rollo *m*.

spiffy [ˈspɪfɪ] *adj US* con estilo.

spike [spaɪk] *n* **-1.** [on railing etc] punta *f*; [on wall] clavo *m* **-2.** [on plant] pincho *m*; [of hair] pelo *m* de punta.

◆ **spikes** *npl UK* zapatillas *fpl* con clavos.

spiky [ˈspaɪkɪ] (*compar* **-ier**, *superl* **-iest**) *adj* puntiagudo(da); [hair] erizado(da), en punta.

spill [spɪl] (*UK pt* & *pp* **spilt** OR **-ed**, *US pt* & *pp* **-ed**) ◇ *vt* derramar, verter. ◇ *vi* **-1.** [flow] derramarse, verterse **-2.** [flood out]: **to ~ out of** salir en masa de.

spillage [ˈspɪlɪdʒ] *n* derrame *m*.

spilt [spɪlt] *UK pt* & *pp* ▷ **spill**.

spin [spɪn] (*pt* **span** OR **spun**, *pp* **spun**, *cont* **spinning**) ◇ *n* **-1.** [turn] vuelta *f* **-2.** AERON barrena *f* **-3.** *inf* [in car] vuelta *f*; **to go for a ~** ir a dar una vuelta. ◇ *vt* **-1.** [cause to rotate] girar, dar vueltas a **-2.** [clothes, washing] centrifugar **-3.** [wool, yarn] hilar. ◇ *vi* **-1.** [rotate] girar, dar vueltas; **to ~ out of control** [subj: vehicle] comenzar a dar trompos **-2.** [feel dizzy]: **my head is spinning** me da vueltas la cabeza **-3.** [make thread, wool, cloth] hilar.

◆ **spin out** *vt sep* [story] alargar, prolongar; [money] estirar.

spina bifida [ˌspaɪnəˈbɪfɪdə] *n* espina *f* bífida.

spinach [ˈspɪnɪdʒ] *n (U)* espinacas *fpl*.

spinal column [ˈspaɪnl-] *n* columna *f* vertebral.

spinal cord *n* médula *f* espinal.
spinal tap *n US* punción *f* lumbar.
spindle ['spɪndl] *n* **-1.** [machine rod] eje *m* **-2.** [for spinning] huso *m*.
spindly ['spɪndlɪ] (*compar* **-ier**, *superl* **-iest**) *adj* larguirucho(cha).
spin doctor *n pej persona encargada de las relaciones con la prensa y de manipular y filtrar la información que se le proporciona.*
spin-dry *vt UK* centrifugar.
spin-dryer *n UK* centrifugadora *f*.
spine [spaɪn] *n* **-1.** ANAT espina *f* dorsal **-2.** [of book] lomo *m* **-3.** [spike, prickle] espina *f*, púa *f*.
spine-chilling *adj* escalofriante, espeluznante.
spineless ['spaɪnlɪs] *adj* [feeble] pobre de espíritu.
spinner ['spɪnəʳ] *n* **-1.** [person] hilandera *f* **-2.** [machine] centrifugadora *f*.
spinning ['spɪnɪŋ] *n* hilado *m*.
spinning top *n* peonza *f*.
spin-off *n* [by-product] resultado *m* OR efecto *m* indirecto.
spinster ['spɪnstəʳ] *n* soltera *f*.
spiral ['spaɪərəl] (*UK pt* & *pp* **-led**, *cont* **-ling**, *US pt* & *pp* **-ed**, *cont* **-ing**) <> *adj* en espiral. <> *n* **-1.** [curve] espiral *f* **-2.** [increase] escalada *f* **-3.** [decrease] descenso *m* rápido. <> *vi* **-1.** [move in spiral curve] moverse en espiral **-2.** [increase rapidly] subir vertiginosamente **-3.** [decrease rapidly]: **to ~ downwards** bajar vertiginosamente.
spiral staircase *n* escalera *f* de caracol.
spire [spaɪəʳ] *n* aguja *f*.
spirit ['spɪrɪt] <> *n* **-1.** [gen] espíritu *m*; **to enter into the ~ of** entrar OR meterse en el ambiente de **-2.** [vigour] vigor *m*, valor *m*. <> *vt*: **to ~ sb in/out** meter/sacar a alguien a escondidas.
◆ **spirits** *npl* **-1.** [mood] humor *m*; **to be in high/low ~s** estar exultante/alicaído **-2.** [alcohol] licores *mpl*.
spirited ['spɪrɪtɪd] *adj* animado(da), enérgico(ca).
spirit level *n* nivel *m* de burbuja de aire.
spiritual ['spɪrɪtʃʊəl] *adj* espiritual.
spiritualism ['spɪrɪtʃʊəlɪzm] *n* espiritismo *m*.
spiritualist ['spɪrɪtʃʊəlɪst] *n* espiritista *m* OR *f*.
spit [spɪt] (*UK pt* & *pp* **spat**, *cont* **-ting**, *US pt* & *pp* **spit**, *cont* **-ting**) <> *n* **-1.** [saliva] saliva *f* **-2.** [skewer] asador *m*. <> *vi* escupir. <> *v impers UK* [rain lightly]: **it's spitting** está chispeando.
◆ **spit out** *vt sep lit* & *fig* escupir; **come on, ~ it out!** *fig* venga, ¡suéltalo!
spite [spaɪt] <> *n* rencor *m*; **to do sthg out of** OR **from ~** hacer algo por despecho. <> *vt* fastidiar, molestar.
◆ **in spite of** *prep* a pesar de; **I did it in ~ of myself** [unintentionally] lo hice muy a pesar mío.
spiteful ['spaɪtfʊl] *adj* [person, behaviour] rencoroso(sa); [action, remark] malintencionado(da).
spitting image ['spɪtɪŋ-] *n*: **to be the ~ of** ser el vivo retrato de.
spittle ['spɪtl] *n* saliva *f*.
splash [splæʃ] <> *n* **-1.** [sound] chapoteo *m* **-2.** [small quantity]: **a ~ of lemonade** un chorrito de limonada **-3.** [of colour, light] mancha *f*. <> *vt* salpicar. <> *vi* **-1.** [person]: **to ~ about** OR **around** chapotear **-2.** [water, liquid]: **to ~ on** OR **against sthg** salpicar algo.
◆ **splash out** <> *vt sep*: **to ~ sthg out on** gastar algo en. <> *vi inf*: **to ~ out (on sthg)** gastar un dineral (en algo).
splashdown ['splæʃdaʊn] *n* amerizaje *m*.
splashguard ['splæʃgɑ:d] *n US* alfombra *f* salpicadero.
splay [spleɪ] <> *vt* extender, estirar. <> *vi*: **to ~ (out)** extenderse, estirarse.
spleen [spli:n] *n* ANAT bazo *m*; *fig* [anger] cólera *f*.
splendid ['splendɪd] *adj* **-1.** [marvellous] espléndido(da) **-2.** [magnificent, beautiful] magnífico(ca).
splendidly ['splendɪdlɪ] *adv* **-1.** [marvellously] maravillosamente **-2.** [magnificently] magníficamente.
splendour *UK*, **splendor** *US* ['splendəʳ] *n* esplendor *m*.
splice [splaɪs] *vt* [rope] empalmar; [tape, film] montar.
splint [splɪnt] *n* tablilla *f*.
splinter ['splɪntəʳ] <> *n* [of wood] astilla *f*; [of glass, metal] fragmento *m*. <> *vt*: **to be ~ed** [wood] estar astillado(da); [glass, metal] estar fragmentado(da). <> *vi* astillarse.
splinter group *n* grupo *m* disidente.
split [splɪt] (*pt* & *pp* **split**, *cont* **-ting**) <> *n* **-1.** [crack - in wood] grieta *f*; [- in garment] desgarrón *m* **-2.** [division]: **~ (in)** escisión *f* (en) **-3.** [difference]: **~ (between)** diferencia *f* (entre). <> *vt* **-1.** [tear] desgarrar, rasgar; [crack] agrietar **-2.** [break in two] partir, romper **-3.** [party, organization] escindir **-4.** [share] repartir, dividir; **to ~ the difference** partir la diferencia. <> *vi* **-1.** [break up - road] bifurcarse; [- object] partirse, romperse **-2.** [party, organization] escindirse **-3.** [wood] partirse, agrietarse; [fabric] desgarrarse, rasgarse **-4.** *US inf* [leave] largarse.
◆ **splits** *npl*: **to do the ~s** hacer el spagat, *caer al suelo con las piernas abiertas.*
◆ **split off** <> *vt sep* [break off]: **to ~ sthg**

off (from) separar algo (de). ◇ *vi* [break off]: to ~ off (from) desprenderse (de).

◆ **split up** ◇ *vt sep*: **to ~ sthg up (into)** dividir algo (en). ◇ *vi* separarse.

split ends *npl* puntas *fpl* rotas.

split-level *adj* de dos niveles.

split pea *n* guisante *m* seco, arveja *f* seca *Amér*, chícharo *m* seco *CAm, Méx*.

split personality *n* desdoblamiento *m* de personalidad.

split screen *n* COMPUT pantalla *f* partida.

split second *n* fracción *f* de segundo; **for a ~** por una fracción de segundo.

split-second timing *n* precisión *f* milimétrica.

splitting ['splɪtɪŋ] *adj* [headache] insoportable.

splutter ['splʌtə^r] ◇ *n* [of person] balbuceo *m*. ◇ *vi* **-1.** [person] balbucear, farfullar **-2.** [fire, oil] chisporrotear.

spoil [spɔɪl] (*pt* & *pp* **-ed** OR **spoilt**) *vt* **-1.** [ruin] estropear, echar a perder **-2.** [child etc] mimar, regalonear *RP* & *Chile*; **to ~ o.s.** darse un capricho.

◆ **spoils** *npl* botín *m*.

spoiled [spɔɪld] = **spoilt**.

spoiler ['spɔɪlə^r] *n* COMPUT *mensaje que contiene información sobre el contenido de una serie o película no estrenada todavía.*

spoilsport ['spɔɪlspɔ:t] *n* aguafiestas *m* OR *f inv*.

spoilt [spɔɪlt] ◇ *pt* & *pp* ▷ **spoil**. ◇ *adj* mimado(da), consentido(da), regalón(ona) *RP* & *Chile*.

spoke [spəʊk] ◇ *pt* ▷ **speak**. ◇ *n* radio *m*.

spoken ['spəʊkn] *pp* ▷ **speak**.

spokesman ['spəʊksmən] (*pl* **-men** [-mən]) *n* portavoz *m*.

spokesperson ['spəʊks,pɜ:sn] *n* portavoz *m* OR *f*.

spokeswoman ['spəʊks,wʊmən] (*pl* **-women** [-,wɪmɪn]) *n* portavoz *f*.

sponge [spʌndʒ] (*UK cont* **spongeing**, *US cont* **sponging**) ◇ *n* **-1.** [for cleaning, washing] esponja *f* **-2.** [cake] bizcocho *m*. ◇ *vt* limpiar con una esponja. ◇ *vi inf*: **to ~ off** vivir a costa de.

sponge bag *n UK* neceser *m*.

sponge cake *n* bizcocho *m*, bizcochuelo *m* *CSur, Ven*.

sponge pudding *n UK pudín de bizcocho hecho al baño maría.*

sponger ['spʌndʒə^r] *n inf pej* gorrón *m*, -ona *f*.

spongy ['spʌndʒɪ] (*compar* **-ier**, *superl* **-iest**) *adj* esponjoso(sa).

sponsor ['spɒnsə^r] ◇ *n* patrocinador *m*, -ra *f*. ◇ *vt* **-1.** [gen] patrocinar **-2.** [support] respaldar.

sponsored walk [,spɒnsəd-] *n* marcha *f* benéfica.

sponsorship ['spɒnsəʃɪp] *n* patrocinio *m*.

spontaneity [,spɒntə'neɪətɪ] *n* espontaneidad *f*.

spontaneous [spɒn'teɪnjəs] *adj* espontáneo(a).

spontaneously [spɒn'teɪnjəslɪ] *adv* espontáneamente.

spoof [spu:f] *n*: **~ (of** OR **on)** parodia *f* (de).

spook [spu:k] *vt US* asustar.

spooky ['spu:kɪ] (*compar* **-ier**, *superl* **-iest**) *adj inf* escalofriante, estremecedor(ra).

spool [spu:l] *n* [gen & COMPUT] bobina *f*.

spoon [spu:n] ◇ *n* **-1.** [piece of cutlery] cuchara *f* **-2.** [spoonful] cucharada *f*. ◇ *vt*: **to ~ sthg onto** OR **into** poner una cucharada de algo en.

spoon-feed *vt* **-1.** [feed with spoon] dar de comer con cuchara a **-2.** *fig* [present in simple form] dar masticado.

spoonful ['spu:nfʊl] (*pl* **-s** OR **spoonsful** ['spu:nzfʊl]) *n* cucharada *f*.

sporadic [spə'rædɪk] *adj* esporádico(ca).

sport [spɔ:t] ◇ *n* [game] deporte *m*. ◇ *vt* lucir, llevar.

◆ **sports** *comp* deportivo(va).

sporting ['spɔ:tɪŋ] *adj lit* & *fig* deportivo(va); **to give sb a ~ chance** dar a alguien la oportunidad de ganar.

sports car ['spɔ:ts-] *n* coche *m* deportivo, auto *m* sport *CSur*, carro *m* sport *Amér*.

sports day *n UK* día *m* dedicado a los deportes.

sports jacket ['spɔ:ts-] *n* chaqueta *f* de esport.

sportsman ['spɔ:tsmən] (*pl* **-men** [-mən]) *n* deportista *m*.

sportsmanship ['spɔ:tsmənʃɪp] *n* deportividad *f*.

sports pages *npl* sección *f* OR páginas *fpl* de deportes.

sportswear ['spɔ:tsweə^r] *n* ropa *f* deportiva.

sportswoman ['spɔ:ts,wʊmən] (*pl* **-women** [-,wɪmɪn]) *n* deportista *f*.

sports utility vehicle *n US* todoterreno *m* utilitario.

sporty ['spɔ:tɪ] (*compar* **-ier**, *superl* **-iest**) *adj inf* **-1.** [fond of sports] aficionado(da) a los deportes **-2.** [flashy] llamativo(va).

spot [spɒt] (*pt* & *pp* **-ted**, *cont* **-ting**) ◇ *n* **-1.** [stain] mancha *f*, mota *f*; [dot] punto *m* **-2.** [pimple] grano *m* **-3.** [drop] gota *f* **-4.** *inf* [bit, small amount] pizca *f*, miaja *f* **-5.** [place] lugar *m*; **on the ~** en el lugar; **to do sthg on the ~** hacer algo en el acto **- 6.** *RADIO & TV* espacio *m* **- 7.** *phr:* **to have a soft ~ for sb** tener debilidad por alguien; **to put sb on the ~** poner a alguien en un aprieto *OR* contra las cuerdas. <> *vt* [notice] notar, ver.

spot check *n* control *m* aleatorio.

spotless ['spɒtlɪs] *adj* [thing] inmaculado(da); [reputation] intachable.

spotlight ['spɒtlaɪt] *n* [of car] faro *m* auxiliar; [in theatre, home] foco *m*, reflector *m* de luz; **to be in the ~** *fig* ser el centro de atención.

spot-on *adj UK inf* exacto(ta), preciso(sa).

spotted ['spɒtɪd] *adj* de lunares, moteado(da).

spotty ['spɒtɪ] (*compar* **-ier**, *superl* **-iest**) *adj* **- 1.** *UK* [skin] con granos **- 2.** *US* [patchy] irregular.

spouse [spaʊs] *n* cónyuge *m OR f*.

spout [spaʊt] <> *n* [of teapot] pitorro *m*; [of jug] pico *m*. <> *vt pej* [churn out] soltar. <> *vi*: **to ~ from** *OR* **out of** [liquid] salir a chorros de; [smoke, flames] salir incesantemente de.

sprain [spreɪn] <> *n* torcedura *f*. <> *vt* torcerse.

sprang [spræŋ] *pt* ▷ **spring**.

sprat [spræt] *n* espadín *m*.

sprawl [sprɔːl] <> *n (U)*: **urban ~** desorganización *f* urbana. <> *vi* **- 1.** [sit] repantigarse, arrellanarse; [lie] echarse, tumbarse **- 2.** [cover large area] extenderse.

sprawling ['sprɔːlɪŋ] *adj* [city] de urbanización caótica.

spray [spreɪ] <> *n* **- 1.** [small drops - of liquid] rociada *f*; [- of sea] espuma *f*; [- of aerosol] pulverización *f* **- 2.** [pressurized liquid] espray *m* **- 3.** [can, container - gen] atomizador *m*; [- for garden] pulverizador *m* **- 4.** [of flowers] ramo *m*. <> *vt* rociar, vaporizar. <> *vi*: **water ~ed all over the room** el agua salpicó toda la habitación.

spray can *n* aerosol *m*, espray *m*.

spray paint *n* pintura *f* en aerosol.

spread [spred] (*pt & pp* **spread**) <> *n* **- 1.** [soft food]: **cheese ~** queso *m* para untar **- 2.** [of fire, disease] propagación *f* **- 3.** [range of products] gama *f*, surtido *m* **- 4.** *PRESS*: **two-page ~** doble página *f*. <> *vt* **- 1.** [rug, tablecloth] extender; [map] desplegar **- 2.** [legs, fingers etc] estirar **- 3.** [butter, jam] untar; [glue] repartir; **to ~ sthg over sthg** extender algo por algo **- 4.** [disease] propagar; [news] difundir, diseminar **- 5.** [in time]: **to be ~ over** tener una duración de **- 6.** [wealth, work] repartir equitativamente. <> *vi* **- 1.** [disease, fire, news] extenderse, propagarse **- 2.** [gas, cloud] esparcirse.

◆ **spread out** <> *vt sep* **- 1.**: **to be ~ out** [far apart] estar diseminado(da); [sprawling] extenderse **- 2.** [rug, tablecloth, legs] extender; [map] desplegar. <> *vi* diseminarse, dispersarse.

spread-eagled [-ˌiːgld] *adj* despatarrado(da).

spreadsheet ['spredʃiːt] *n COMPUT* hoja *f* de cálculo electrónica.

spree [spriː] *n*: **a killing ~** una matanza; **to go on a shopping ~** salir a comprar a lo loco.

sprig [sprɪg] *n* ramita *f*.

sprightly ['spraɪtlɪ] (*compar* **-ier**, *superl* **-iest**) *adj* ágil, activo(va).

spring [sprɪŋ] (*pt* **sprang**, *pp* **sprung**) <> *n* **- 1.** [season] primavera *f*; **in ~** en primavera **- 2.** [coil] muelle *m* **- 3.** [jump] salto *m* **- 4.** [water source] manantial *m*, vertiente *f RP*. <> *vt* **- 1.** [make known suddenly]: **to ~ sthg on sb** soltar *OR* decir de repente algo a alguien **- 2.** [develop]: **to ~ a leak** empezar a hacer agua. <> *vi* **- 1.** [jump] saltar **- 2.** [move suddenly] moverse de repente; **she sprang to her feet** se levantó de un salto; **to ~ into action** *OR* **to life** entrar inmediatamente en acción **- 3.** [originate]: **to ~ from** derivar de.

◆ **spring up** *vi* surgir de repente.

springboard ['sprɪŋbɔːd] *n lit & fig* trampolín *m*.

spring-clean <> *vt* limpiar a fondo. <> *vi* hacer una limpieza general.

spring-cleaning *n* limpieza *f* a fondo.

spring onion *n UK* cebolleta *f*.

spring roll *n UK* rollito *m* de primavera.

spring tide *n* marea *f* viva.

springtime ['sprɪŋtaɪm] *n*: **in (the) ~** en primavera.

springy ['sprɪŋɪ] (*compar* **-ier**, *superl* **-iest**) *adj* [carpet, mattress, grass] mullido(da); [rubber] elástico(ca).

sprinkle ['sprɪŋkl] *vt* rociar, salpicar; **to ~ sthg over** *OR* **on sthg, to ~ sthg with sthg** rociar algo sobre algo.

sprinkler ['sprɪŋkləʳ] *n* aspersor *m*.

sprinkling ['sprɪŋklɪŋ] *n* [of water, sand] pizca *f*; **a ~ of people** unas cuantas personas.

sprint [sprɪnt] <> *n* **- 1.** *SPORT* esprint *m* **- 2.** [fast run] carrera *f*. <> *vi SPORT* esprintar; [run fast] correr a toda velocidad.

sprinter ['sprɪntəʳ] *n* corredor *m*, -ra *f* de velocidad, esprínter *m OR f*.

spritzer ['sprɪtsəʳ] *n* vino *m* con gaseosa.

sprocket ['sprɒkɪt] *n* rueda *f* dentada.

sprout [spraʊt] <> *n* **- 1.**: *CULIN* **(Brussels) ~s** coles *fpl* de Bruselas **- 2.** [shoot] brote *m*, retoño *m*. <> *vt* **- 1.** [subj: plant] echar **- 2.** [subj: person, animal]: **he has ~ed a beard** le ha salido barba. <> *vi* **- 1.** [plants, vegetables] crecer **- 2.**

[leaves, shoots] brotar **-3.** [hairs, feathers, horns] salir **-4.** [appear]: **to ~ (up)** aparecer rápidamente.

spruce [spru:s] ◇ *adj* pulcro(cra). ◇ *n* picea *f.*

◆ **spruce up** *vt sep* arreglar; **to ~ o.s. up** arreglarse.

sprung [sprʌŋ] *pp* ⊳ **spring.**

spry [spraɪ] (*compar* **-ier**, *superl* **-iest**) *adj* ágil, activo(va).

spud [spʌd] *n inf* papa *f*, patata *f.*

spun [spʌn] *pt & pp* ⊳ **spin.**

spunk [spʌŋk] *n (U) inf* [courage] agallas *fpl.*

spur [spɜ:ʳ] (*pt & pp* **-red**, *cont* **-ring**) ◇ *n* **-1.** [incentive]: **~ (to sthg)** estímulo *m* (para conseguir algo) **-2.** [on rider's boot] espuela *f.* ◇ *vt* [encourage]: **to ~ sb to do sthg** animar a alguien a hacer algo.

◆ **on the spur of the moment** *adv* sin pensarlo dos veces.

◆ **spur on** *vt sep*: **to ~ sb on** animar a alguien.

spurious ['spʊərɪəs] *adj* falso(sa).

spurn [spɜ:n] *vt* rechazar.

spurt [spɜ:t] ◇ *n* **-1.** [of water] chorro *m*; [of flame] llamarada *f* **-2.** [of activity, effort] arranque *m* **-3.** [of speed] acelerón *m*; **to put on a ~** acelerar. ◇ *vi* **-1.** [gush]: **to ~ (out of** OR **from)** [liquid] salir a chorros de; [flame] salir incesantemente de **-2.** [run] acelerar.

sputter ['spʌtəʳ] *vi* [engine] renquear; [fire, oil] chisporrotear.

spy [spaɪ] (*pl* **spies**, *pt & pp* **-ied**) ◇ *n* espía *m* OR *f.* ◇ *vt inf* divisar. ◇ *vi*: **to ~ (on)** espiar (a), aguaitar (a) *Amér.*

spying ['spaɪɪŋ] *n* espionaje *m.*

Sq., sq. *abbr of* **square.**

squabble ['skwɒbl] ◇ *n* riña *f.* ◇ *vi*: **to ~ (about** OR **over)** reñir (por).

squad [skwɒd] *n* **-1.** [of police] brigada *f* **-2.** MIL pelotón *m* **-3.** [SPORT - of club] plantilla *f*, equipo *m* completo; [- of national team] seleccionado *m*; **the England ~** el equipo inglés.

squad car *n US* coche *m* patrulla, auto *m* patrulla *CAm, Méx, Chile*, patrullero *m CSur*, patrulla *f Col, Méx.*

squadron ['skwɒdrən] *n* [of planes] escuadrilla *f*; [of warships] escuadra *f*; [of soldiers] escuadrón *m.*

squadron leader *n UK* ≃ comandante *m* de aviación.

squalid ['skwɒlɪd] *adj* **-1.** [filthy] miserable, sórdido(da) **-2.** [sordid] sórdido(da).

squall [skwɔ:l] *n* [storm] turbión *m.*

squalor ['skwɒləʳ] *n (U)* miseria *f.*

squander ['skwɒndəʳ] *vt* [opportunity] desaprovechar; [money] despilfarrar; [resources] malgastar.

square [skweəʳ] ◇ *adj* **-1.** [gen] cuadrado(da); **4 ~ metres** 4 metros cuadrados; **the kitchen is 4 metres ~** la cocina mide 4 metros por 4 **-2.** [not owing money]: **we're ~ now** ya estamos en paz. ◇ *n* **-1.** [shape] cuadrado *m* **-2.** [in town, city] plaza *f* **-3.** *inf* [unfashionable person] carroza *m* OR *f* **-4.** *phr*: **to be back to ~ one** haber vuelto al punto de partida. ◇ *vt* **-1.** MATH elevar al cuadrado **-2.** [balance, reconcile]: **how can you ~ that with your principles?** ¿cómo encajas esto con tus principios?; **it doesn't ~ with the facts** no cuadra con los hechos.

◆ **square up** *vi* **-1.** [settle up]: **to ~ up with** saldar cuentas con **-2.**: **to ~ up to** [confront] hacer frente a.

squared [skweəd] *adj* cuadriculado(da).

square dance *n* baile *m* de figuras.

square deal *n* trato *m* justo; **to give sb a ~** dar a alguien un trato justo.

squarely ['skweəlɪ] *adv* **-1.** [directly] justo, exactamente **-2.** [honestly] abiertamente, honradamente.

square meal *n* comida *f* satisfactoria.

square root *n* raíz *f* cuadrada.

squash [skwɒʃ] ◇ *n* **-1.** [game] squash *m* **-2.** *UK* [drink] zumo *m* **-3.** *US* [vegetable] cucurbitácea *f.* ◇ *vt* [squeeze, flatten] aplastar.

squat [skwɒt] (*compar* **-ter**, *superl* **-test**, *pt & pp* **-ted**, *cont* **-ting**) ◇ *adj* achaparrado(da). ◇ *n UK* [building] vivienda *f* ocupada. ◇ *vi* **-1.** [crouch]: **to ~ (down)** agacharse, ponerse en cuclillas **-2.** [be a squatter] vivir en una casa ocupada.

squatter ['skwɒtəʳ] *n UK* ocupante *m* OR *f* ilegal, squatter *m* OR *f.*

squawk [skwɔ:k] ◇ *n* [of bird] graznido *m*, chillido *m.* ◇ *vi* [bird] graznar, chillar.

squeak [skwi:k] ◇ *n* **-1.** [of animal] chillido *m* **-2.** [of hinge] chirrido *m.* ◇ *vi* **-1.** [animal] chillar **-2.** [hinge] chirriar **-3.** [shoes] crujir.

squeaky ['skwi:kɪ] (*compar* **-ier**, *superl* **-iest**) *adj* [voice] chillón(ona); [hinge] chirriante.

squeaky clean *adj* [hair] impoluto(ta).

squeal [skwi:l] ◇ *n* **-1.** [of person, animal] chillido *m*, grito *m* **-2.** [of brakes, tyres] chirrido *m.* ◇ *vi* **-1.** [person, animal] chillar, gritar **-2.** [brakes] chirriar.

squeamish ['skwi:mɪʃ] *adj* aprensivo(va).

squeeze [skwi:z] ◇ *n* **-1.** [pressure] apretón *m* **-2.** *inf* [squash]: **it was a real ~** estábamos totalmente apiñados. ◇ *vt* **-1.** [press firmly] apretar **-2.** [force out - toothpaste] sacar (estrujando); [- juice] exprimir **-3.** [cram]: **to ~ sthg into sthg** [into place] conseguir meter algo en algo; [into time] arreglárselas para hacer algo en algo **-4.** *fig*: **to ~ sthg out of sb** [extract] arrancar algo a alguien. ◇ *vi*: **to ~ into/through** conseguir meterse en/por.

squeezer ['skwi:zə^{r}] *n* exprimidor *m.*

squelch [skweltʃ] *vi*: **to ~ through mud** cruzar el barro chapoteando.

squib [skwɪb] *n* [firework] petardo *m*; **to be a damp ~** *fig* ser un chasco.

squid [skwɪd] (*pl inv* OR **-s**) *n* **-1.** ZOOL calamar *m* **-2.** *(U)* [food] calamares *mpl.*

squiggle ['skwɪgl] *n* garabato *m.*

squint [skwɪnt] ◇ *n* estrabismo *m*, bizquera *f.* ◇ *vi*: **to ~ at** mirar con los ojos entrecerrados.

squire ['skwaɪə^{r}] *n* [landowner] terrateniente *m* OR *f.*

squirm [skwɜ:m] *vi* **-1.** [wriggle] retorcerse **-2.** [wince]: **to ~ (with)** sentirse violento(ta) (por).

squirrel [*UK* 'skwɪrəl, *US* 'skwɜ:rəl] *n* ardilla *f.*

squirt [skwɜ:t] ◇ *vt* **-1.** [force out] sacar a chorro de **-2.** [cover with liquid]: **you've ~ed me with ketchup, you've ~ed ketchup over me** me has echado un chorro de ketchup. ◇ *vi*: **to ~ out of** salir a chorro.

Sr -1. *abbr of* **senior -2.** *abbr of* **sister.**

Sri Lanka [ˌsri:'læŋkə] *n* Sri Lanka.

SRN (*abbr of* **State Registered Nurse**) *n UK* enfermero diplomado *m*, enfermera diplomada *f.*

SS (*abbr of* **steamship**) *barco de vapor.*

SSA (*abbr of* **Social Security Administration**) *n organismo estadounidense de la seguridad social.*

ssh [ʃ] *excl* ¡chis!

St -1. (*abbr of* **saint**) Sto. (Sta.) **-2.** (*abbr of* **Street**) c/.

ST (*abbr of* **Standard Time**) *hora oficial.*

stab [stæb] (*pt* & *pp* **-bed**, *cont* **-bing**) ◇ *n* **-1.** [with knife] puñalada *f* **-2.** *inf* [attempt]: **to have a ~ (at sthg)** probar (a hacer algo) **-3.** [twinge] punzada *f.* ◇ *vt* **-1.** [with knife] apuñalar **-2.** [jab] pinchar. ◇ *vi*: **to ~ at sthg** [with finger] señalar algo con movimientos bruscos del dedo índice.

stabbing ['stæbɪŋ] ◇ *adj* punzante. ◇ *n* apuñalamiento *m.*

stability [stə'bɪlətɪ] *n* estabilidad *f.*

stabilize, -ise ['steɪbəlaɪz] ◇ *vt* estabilizar. ◇ *vi* estabilizarse.

stabilizer ['steɪbəlaɪzə^{r}] *n* estabilizador *m.*

stable ['steɪbl] ◇ *adj* **-1.** [unchanging] estable **-2.** [not moving] fijo(ja) **-3.** MED [condition] estacionario(ria); [mental health] equilibrado(da). ◇ *n* [building] cuadra *f.*

stable lad *n* mozo *m* de cuadra.

staccato [stə'kɑ:təʊ] *adj* entrecortado(da).

stack [stæk] ◇ *n* **-1.** [pile] pila *m* **-2.** *inf* [a lot, lots]: **~s** OR **a ~ of** montones OR un montón de. ◇ *vt* **-1.** [pile up] apilar **-2.** [fill]: **to be ~ed with** estar amontonado(da) de.

stadium ['steɪdjəm] (*pl* **-diums** OR **-dia** [-djə]) *n* estadio *m.*

staff [stɑ:f] ◇ *n* [employees] empleados *mpl*, personal *m.* ◇ *vt*: **the shop is ~ed by women** la tienda está llevada por una plantilla de mujeres.

staffing ['stɑ:fɪŋ] *n* contratación *f* de personal.

staff nurse *n UK* enfermero titulado *m*, enfermera titulada *f.*

staff room *n* sala *f* de profesores.

Staffs [stæfs] (*abbr of* **Staffordshire**) *condado inglés.*

stag [stæg] (*pl inv* OR **-s**) *n* ciervo *m*, venado *m.*

stage [steɪdʒ] ◇ *n* **-1.** [part of process, phase] etapa *f*; **to do sthg in ~s** hacer algo por etapas **-2.** [in theatre, hall] escenario *m*, escena *f*; **on ~** en escena; **to set the ~ for** preparar el terreno para **-3.** [acting profession]: **the ~** el teatro. ◇ *vt* **-1.** THEATRE representar **-2.** [event, strike] organizar.

stagecoach ['steɪdʒkəʊtʃ] *n* diligencia *f.*

stage door *n* entrada *f* de artistas.

stage fright *n* miedo *m* al público.

stagehand ['steɪdʒhænd] *n* tramoyista *m* OR *f.*

stage-manage *vt* **-1.** THEATRE dirigir **-2.** *fig* [orchestrate] urdir, maquinar.

stage name *n* nombre *m* artístico.

stagger ['stægə^{r}] ◇ *vt* **-1.** [astound] dejar atónito(ta); **to be ~ed by sthg** quedarse pasmado(da) por algo **-2.** [arrange at different times] escalonar. ◇ *vi* tambalearse.

staggering ['stægərɪŋ] *adj* asombroso(sa).

staging ['steɪdʒɪŋ] *n* **-1.** THEATRE puesta *f* en escena **-2.** [of event] organización *f.*

stagnant ['stægnənt] *adj lit* & *fig* estancado(da).

stagnate [stæg'neɪt] *vi* estancarse.

stagnation [stæg'neɪʃn] *n* estancamiento *m.*

stag party *n* despedida *f* de soltero.

staid [steɪd] *adj* recatado y conservador (recatada y conservadora).

stain [steɪn] ◇ *n* mancha *f.* ◇ *vt* manchar.

stained [steɪnd] *adj* **-1.** [marked] manchado(da) **-2.** [coloured - wood] teñido(da).

stained glass [ˌsteɪnd-] *n (U)* vidrio *m* de color; **~ window** vidriera *f.*

stainless steel [ˌsteɪnlɪs-] *n* acero *m* inoxidable.
stain remover [-rɪˌmu:vəʳ] *n* quitamanchas *m inv.*
stair [steəʳ] *n* peldaño *m*, escalón *m.*
◆ **stairs** *npl* escaleras *fpl*, escalera *f.*
staircase [ˈsteəkeɪs] *n* escalera *f.*
stairway [ˈsteəweɪ] *n* escalera *f.*
stairwell [ˈsteəwel] *n* hueco *m* OR caja *f* de la escalera.
stake [steɪk] ◇ *n* -**1.** [share]: **to have a ~ in** tener intereses en -**2.** [wooden post] estaca *f* -**3.** [in gambling] apuesta *f.* ◇ *vt* -**1.** [risk]: **to ~ sthg (on** OR **upon)** arriesgar OR jugarse algo (en) -**2.** [in gambling] apostar -**3.** [state]: **to ~ a claim to sthg** reivindicar algo.
◆ **stakes** *npl* -**1.** [prize] premio *m* -**2.** [contest] contienda *f.*
◆ **at stake** *adv*: **to be at ~** estar en juego.
stakeout [ˈsteɪkaʊt] *n esp US* [police surveillance] vigilancia *f.*
stalactite [ˈstæləktaɪt] *n* estalactita *f.*
stalagmite [ˈstæləgmaɪt] *n* estalagmita *f.*
stale [steɪl] *adj* -**1.** [bread] duro(ra); [food] rancio(cia), pasado(da); [air] viciado(da) -**2.** [athlete] agotado(da); [artist etc] falto(ta) de ideas.
stalemate [ˈsteɪlmeɪt] *n* -**1.** [deadlock] punto *m* muerto -**2.** CHESS tablas *fpl.*
staleness [ˈsteɪlnɪs] *n* [of bread] dureza *f*; [of food] rancidez *f*, deterioro *m*; [of air] lo viciado.
stalk [stɔ:k] ◇ *n* -**1.** [of flower, plant] tallo *m* -**2.** [of leaf, fruit] pecíolo *m*, rabillo *m.* ◇ *vt* [hunt] acechar, seguir sigilosamente. ◇ *vi*: **to ~ in/out** entrar/salir con paso airado.
stall [stɔ:l] ◇ *n* [in market, at exhibition] puesto *m*, caseta *f.* ◇ *vt* -**1.** AUT calar -**2.** [delay - person] retener. ◇ *vi* -**1.** AUT calarse -**2.** [delay] andar con evasivas.
◆ **stalls** *npl UK* platea *f.*
stallholder [ˈstɔ:lˌhəʊldəʳ] *n UK* propietario *m*, -ria *f* de un puesto (en un mercado).
stallion [ˈstæljən] *n* semental *m.*
stalwart [ˈstɔ:lwət] ◇ *adj* [loyal] leal, incondicional. ◇ *n* partidario *m*, -ria *f* incondicional.
stamen [ˈsteɪmən] *n* estambre *m.*
stamina [ˈstæmɪnə] *n* resistencia *f.*
stammer [ˈstæməʳ] ◇ *n* tartamudeo *m.* ◇ *vi* tartamudear.
stamp [stæmp] ◇ *n* -**1.** [gen] sello *m*, estampilla *f Amér*, timbre *m Méx* -**2.** [tool] tampón *m.* ◇ *vt* -**1.** [mark by stamping] timbrar, sellar -**2.** [stomp]: **to ~ one's feet** patear -**3.** [stick stamp on] sellar, poner un sello en, franquear, estampillar *Amér*, timbrar *Méx* -**4.** *fig* [identify, mark]: **to ~ sthg/sb as** identificar algo/a alguien como. ◇ *vi* -**1.** [stomp] patalear, dar patadas -**2.** [tread heavily]: **to ~ on sthg** pisotear OR pisar algo.
◆ **stamp out** *vt sep* [custom] erradicar; [fire, revolution] sofocar.
stamp album *n* álbum *m* de sellos OR de estampillas *Amér* OR de timbres *Méx.*
stamp collecting [-kəˌlektɪŋ] *n* filatelia *f.*
stamp collector *n* coleccionista *m* OR *f* de sellos OR de estampillas *Amér* OR de timbres *Méx.*
stamp duty *n UK* póliza *f*, impuesto *m* del timbre.
stamped addressed envelope [ˈstæmptəˌdrest-] *n UK sobre con sus señas y franqueo.*
stampede [stæmˈpi:d] ◇ *n lit & fig* estampida *f*, desbandada *f.* ◇ *vi* salir de estampida.
stamp machine *n* máquina *f* expendedora de sellos OR de estampillas *Amér* OR de timbres *Méx.*
stance [stæns] *n* -**1.** [way of standing] postura *f* -**2.** [attitude]: **~ (on)** postura *f* (ante).
stand [stænd] (*pt* & *pp* **stood**) ◇ *n* -**1.** [stall] puesto *m*; [selling newspapers] quiosco *m* -**2.** [supporting object] soporte *m*; **coat ~** perchero *m*; **music ~** atril *m* -**3.** SPORT tribuna *f*; **the ~s** las gradas -**4.** [act of defence]: **to make a ~** resistir al enemigo -**5.** [publicly stated view] postura *f*; **to take a ~ on sthg** adoptar una postura ante OR hacia algo -**6.** *US* JUR estrado *m*; **to take the ~** subir al estrado. ◇ *vt* -**1.** [place upright] colocar (verticalmente) -**2.** [withstand, tolerate] soportar; **I can't ~ that woman** no soporto a esa mujer; **he can't ~ being beaten** odia perder -**3.** [treat]: **to ~ sb sthg** invitar a alguien a algo -**4.** JUR: **to ~ trial** ser procesado(da). ◇ *vi* -**1.** [be upright - person] estar de pie; [- object] estar *(en posición vertical)*; **try to ~ still** procura no moverte; **he doesn't let anything ~ in his way** no deja que nada se interponga en su camino -**2.** [get to one's feet] ponerse de pie, levantarse -**3.** [liquid] reposar -**4.** [still be valid] seguir vigente OR en pie -**5.** [be in particular state]: **unemployment ~s at three million** la cifra de desempleados es de tres millones; **as things ~** tal como están las cosas -**6.** [have attitude]: **where do you ~ on ...?** ¿cúal es tu postura ante ...? -**7.** [be likely]: **I ~ to win/lose** es probable que gane/pierda -**8.** *UK* POL [be a candidate] presentarse; **to ~ for Parliament** presentarse para las elecciones al Parlamento -**9.** *US* AUT: **'no ~ing'** 'prohibido aparcar'.
◆ **stand aside** *vi* hacerse a un lado.
◆ **stand back** *vi* echarse para atrás.

◆ **stand by** ◇ *vt fus* **-1.** [person] seguir al lado de **-2.** [promise, decision] mantener. ◇ *vi* **-1.** [in readiness]: **to ~ by (for sthg/to do sthg)** estar preparado(da) (para algo/para hacer algo) **-2.** [remain inactive] quedarse sin hacer nada.

◆ **stand down** *vi* [resign] retirarse.

◆ **stand for** *vt fus* **-1.** [signify] significar; **PTO ~s for 'please turn over'** PTO quiere decir 'sigue' **-2.** [support - policy, ideas] defender **-3.** [tolerate] aguantar, tolerar; **I won't ~ for it!** ¡no pienso aguantarlo!

◆ **stand in** *vi*: **to ~ in for sb** sustituir a alguien.

◆ **stand out** *vi* sobresalir, destacarse.

◆ **stand up** ◇ *vt sep inf* [boyfriend etc] dejar plantado(da). ◇ *vi* **-1.** [rise from seat] levantarse, pararse *Amér* **-2.** [claim, evidence] ser convincente; **it won't ~ up in court** no servirá como prueba en un juicio.

◆ **stand up for** *vt fus* salir en defensa de.

◆ **stand up to** *vt fus* **-1.** [weather, heat etc] resistir **-2.** [person] hacer frente a.

standard ['stændəd] ◇ *adj* **-1.** [normal] corriente, estándar **-2.** [accepted] establecido(da) **-3.** [basic] clave, fundamental. ◇ *n* **-1.** [acceptable level] nivel *m*; **to be of a high ~** ser de un excelente nivel; **it's below ~** está por debajo del nivel exigido **-2.** [point of reference - moral] criterio *m*; [- technical] norma *f* **-3.** [flag] bandera *f*, estandarte *m*.

◆ **standards** *npl* [principles] valores *mpl* morales.

standard-bearer *n fig* portaestandarte *m* OR *f*, abanderado *m*, -da *f*.

standardize, -ise ['stændədaɪz] *vt* normalizar, estandarizar.

standard lamp *n UK* lámpara *f* de pie.

standard of living (*pl* **standards of living**) *n* nivel *m* de vida.

standard time *n* hora *f* oficial.

standby ['stændbaɪ] (*pl* **standbys**) ◇ *n* recurso *m*; **to be on ~** estar preparado(da). ◇ *comp*: **~ ticket** billete *m* en lista de espera.

stand-in *n* [stuntman] doble *m* OR *f*; [temporary replacement] sustituto *m*, -ta *f*.

standing ['stændɪŋ] ◇ *adj* [permanent] permanente; **a ~ joke** la broma de siempre; **~ invitation** invitación abierta. ◇ *n* **-1.** [reputation] reputación *f* **-2.** [duration] duración *f*; **friends of 20 years' ~** amigos desde hace 20 años.

standing committee *n* comité *m* permanente.

standing order *n* domiciliación *f* de pago *Esp*, débito *m* bancario *Amér*.

standing ovation *n* ovación *f* calurosa en pie; **she was given a ~** la ovacionaron de pie.

standing room *n (U)* [on bus] sitio *m* para estar de pie, sitio *m* para ir parado *Amér*; [at theatre, sports ground] localidades *fpl* de pie.

stand-off *n US SPORT* [tie] empate *m*.

standoffish [ˌstænd'ɒfɪʃ] *adj* distante.

standpoint ['stændpɔɪnt] *n* punto *m* de vista.

standstill ['stændstɪl] *n*: **at a ~** [not moving] parado(da); *fig* [not active] en un punto muerto, estancado(da); **to come to a ~** [stop moving] pararse; *fig* [cease] llegar a un punto muerto, estancarse.

stand-up *adj US* [decent, honest]: **a ~ guy** un tipo decente.

stank [stæŋk] *pt* ⊳ **stink**.

stanza ['stænzə] *n* estrofa *f*.

staple ['steɪpl] ◇ *adj* [principal] básico(ca), de primera necesidad. ◇ *n* **-1.** [item of stationery] grapa *f*, corchete *m Chile* **-2.** [principal commodity] producto *m* básico OR de primera necesidad. ◇ *vt* grapar, corchetear *Chile*.

staple diet *n* dieta *f* básica.

staple gun *n* grapadora *f* industrial.

stapler ['steɪplə^r] *n* grapadora *f*, corchetera *f Chile*.

star [stɑː^r] (*pt* & *pp* **-red**, *cont* **-ring**) ◇ *n* **-1.** [gen] estrella *f* **-2.** [asterisk] asterisco *m*. ◇ *comp* estelar. ◇ *vt*: **the film ~s Kevin Costner** la película está protagonizada por Kevin Costner. ◇ *vi*: **to ~ (in)** hacer de protagonista en.

◆ **stars** *npl* horóscopo *m*.

star attraction *n* atracción *f* principal.

starboard ['stɑːbəd] ◇ *adj* de estribor. ◇ *n*: **to ~** a estribor.

starch [stɑːtʃ] *n* **-1.** [gen] almidón *m* **-2.** [in potatoes etc] fécula *f*.

starched [stɑːtʃt] *adj* almidonado(da).

starchy ['stɑːtʃɪ] (*compar* **-ier**, *superl* **-iest**) *adj* [foods] feculento(ta).

stardom ['stɑːdəm] *n* estrellato *m*.

stare [steə^r] ◇ *n* mirada *f* fija. ◇ *vi*: **to ~ (at sthg/sb)** mirar fijamente (algo/a alguien).

starfish ['stɑːfɪʃ] (*pl inv* OR **-es**) *n* estrella *f* de mar.

stark [stɑːk] ◇ *adj* **-1.** [landscape, decoration, room] austero(ra) **-2.** [harsh - reality] crudo(da); [- fact] sin tapujos. ◇ *adv*: **~ naked** en cueros.

starlight ['stɑːlaɪt] *n* luz *f* de las estrellas.

starling ['stɑːlɪŋ] *n* estornino *m*.

starlit ['stɑːlɪt] *adj* iluminado(da) por las estrellas.

starry ['stɑːrɪ] (*compar* **-ier**, *superl* **-iest**) *adj* estrellado(da), lleno(na) de estrellas.

starry-eyed [-'aɪd] *adj* [optimism etc] iluso(sa); [lovers] encandilado(da).

Stars and Stripes *n*: **the ~** la bandera de las barras y estrellas.

star sign *n* signo *m* del horóscopo.

star-studded *adj*: **~ cast** reparto *m* estelar.

start [stɑ:t] ◇ *n* **-1.** [beginning] principio *m*, comienzo *m*; **at the ~ of the year** a principios de año; **to make a good/bad ~** tener un buen/mal comienzo; **for a ~** para empezar **-2.** [jerk, jump] sobresalto *m*, susto *m* **-3.** [starting place] salida *f* **-4.** [time advantage] ventaja *f*; **to have a ~ on sb** llevar ventaja a alguien. ◇ *vt* **-1.** [begin] empezar, comenzar; **to ~ doing** *OR* **to do sthg** empezar a hacer algo **-2.** [turn on - machine, engine] poner en marcha; [- vehicle] arrancar **-3.** [set up] formar, crear; [business] montar. ◇ *vi* **-1.** [begin] empezar, comenzar; **to ~ with sb/sthg** empezar por alguien/algo; **don't ~!** *inf* ¡no empieces! **-2.** [machine, tape] ponerse en marcha; [vehicle] arrancar **-3.** [begin journey] salir, ponerse en camino **-4.** [jerk, jump] asustarse, sobresaltarse.

◆ **start off** ◇ *vt sep* [discussion, rumour] desencadenar; [meeting] empezar; [person]: **this should be enough to ~ you off** con esto tienes suficiente para empezar. ◇ *vi* **-1.** [begin] empezar, comenzar; **to ~ off by doing sthg** empezar por hacer algo; **I ~ed off as a clerk** empecé de oficinista **-2.** [leave on journey] salir, ponerse en camino.

◆ **start on** *vt fus* empezar con.

◆ **start out** *vi* **-1.** [originally be] empezar, comenzar; **she ~ed out as a journalist** empezó como periodista **-2.** [leave on journey] salir ponerse en camino.

◆ **start up** ◇ *vt sep* **-1.** [business] montar; [shop] establecer, poner; [association] crear, formar **-2.** [car, engine] arrancar, poner en marcha. ◇ *vi* **-1.** [begin] empezar **-2.** [car, engine] arrancar, ponerse en marcha.

starter ['stɑ:təʳ] *n* **-1.** *UK* [of meal] primer plato *m*, entrada *f* **-2.** *AUT* (motor *m* de) arranque *m* **-3.** [person participating in race] participante *m OR f*, competidor *m*, -ra *f*.

starter motor *n* (motor *m* de) arranque *m*.

starter pack *n* paquete *m* de iniciación.

starting block ['stɑ:tɪŋ-] *n* puesto *m* de salida, bloque *m* de salida *Amér.*

starting point ['stɑ:tɪŋ-] *n lit & fig* punto *m* de partida.

startle ['stɑ:tl] *vt* asustar.

startling ['stɑ:tlɪŋ] *adj* sorprendente, asombroso(sa).

starvation [stɑ:'veɪʃn] *n* hambre *f*, inanición *f*.

starve [stɑ:v] ◇ *vt* **-1.** [deprive of food] privar de comida, no dar de comer a **-2.** [deprive]: **to ~ sb of sthg** privar a alguien de algo. ◇ *vi* **-1.** [have no food] pasar hambre; **to ~ to death** morirse de hambre **-2.** *inf* [be hungry]: **I'm starving!** ¡me muero de hambre!

state [steɪt] ◇ *n* estado *m*; **not to be in a fit ~ to do sthg** no estar en condiciones de hacer algo; **to be in a ~** [nervous] tener los nervios de punta; [untidy] estar hecho un asco. ◇ *comp* [ceremony] oficial, de Estado; [control, ownership] estatal. ◇ *vt* **-1.** [gen] indicar; [reason, policy] plantear; [case] exponer **-2.** [time, date, amount] fijar.

◆ **State** *n*: **the State** el Estado.

◆ **States** *npl*: **the States** los Estados Unidos.

state-controlled *adj* controlado(da) por el Estado.

State Department *n US* ≃ Ministerio *m* de Asuntos Exteriores.

state education *n UK* enseñanza *f* pública.

stately ['steɪtlɪ] (*compar* **-ier**, *superl* **-iest**) *adj* majestuoso(sa).

stately home *n UK* casa *f* solariega.

statement ['steɪtmənt] *n* **-1.** [gen] declaración *f* **-2.** [from bank] extracto *m OR* estado *m* de cuenta.

state of affairs *n* situación *f*.

state of emergency *n* estado *m* de emergencia.

state of mind (*pl* **states of mind**) *n* estado *m* de ánimo.

state-of-the-art *adj* vanguardista.

state-owned [-'əʊnd] *adj* estatal.

state school *n* escuela *f* pública.

state secret *n* secreto *m* de estado.

stateside ['steɪtsaɪd] *US* ◇ *adj* estadounidense. ◇ *adv* [travel] hacia Estados Unidos; [live] en Estados Unidos.

statesman ['steɪtsmən] (*pl* **-men** [-mən]) *n* estadista *m*, hombre *m* de Estado.

statesmanship ['steɪtsmənʃɪp] *n* arte *m OR* habilidad *f* de gobernar.

static ['stætɪk] ◇ *adj* estático(ca). ◇ *n (U)* interferencias *fpl*, parásitos *mpl*.

static electricity *n* electricidad *f* estática.

station ['steɪʃn] ◇ *n* **-1.** [gen] estación *f* **-2.** *RADIO* emisora *f* **-3.** [centre of activity] centro *m*, puesto *m* **-4.** *fml* [rank] rango *m*. ◇ *vt* **-1.** [position] situar, colocar **-2.** *MIL* estacionar, apostar.

stationary ['steɪʃnərɪ] *adj* inmóvil.

stationer's (shop) ['steɪʃnəʳz] *n* papelería *f*.

stationery ['steɪʃnərɪ] *n (U)* objetos *mpl* de escritorio.

station house *n US* comisaría *f* (de policía).

stationmaster ['steɪʃn,mɑːstəʳ] *n* jefe *m* de estación.
station wagon *n US* ranchera *f*.
statistic [stə'tɪstɪk] *n* estadística *f*.
◆ **statistics** *n (U)* estadística *f*.
statistical [stə'tɪstɪkl] *adj* estadístico(ca).
statistician [,stætɪ'stɪʃn] *n* estadístico *m*, -ca *f*.
statue ['stætʃuː] *n* estatua *f*.
statuesque [,stætjʊ'esk] *adj* escultural.
statuette [,stætjʊ'et] *n* figurilla *f*.
stature ['stætʃəʳ] *n* **-1.** [height] estatura *f*, talla *f* **-2.** [importance] talla *f*, categoría *f*.
status ['steɪtəs] *n (U)* **-1.** [position, condition] condición *f*, estado *m* **-2.** [prestige] prestigio *m*, estatus *m inv*.
status bar *n COMPUT* barra *f* de estado.
status quo [-'kwəʊ] *n*: **the ~** el statu quo.
status symbol *n* símbolo *m* de posición social.
statute ['stætjuːt] *n* estatuto *m*.
statute book *n*: **the ~** el código de leyes.
statutory ['stætjʊtrɪ] *adj* reglamentario(ria).
staunch [stɔːntʃ] ◇ *adj* fiel, leal. ◇ *vt* restañar.
stave [steɪv] (*pt* & *pp* **-d** *OR* **stove**) *n MUS* pentagrama *m*.
◆ **stave off** *vt sep* [disaster, defeat] retrasar; [hunger, illness] aplacar temporalmente.
stay [steɪ] ◇ *vi* **-1.** [not move away] quedarse, permanecer; **to ~ put** permanecer en el mismo sitio; **~ put!** ¡no te muevas! **-2.** [as visitor] alojarse, estar **-3.** [continue, remain] permanecer; **to ~ away from sb/somewhere** no acercarse a alguien/algún sitio; **to ~ out of sthg** mantenerse al margen de algo **-4.** *Scot* [reside] vivir. ◇ *n* estancia *f*, permanencia *f*.
◆ **stay in** *vi* quedarse en casa.
◆ **stay on** *vi* permanecer, quedarse.
◆ **stay out** *vi* **-1.** [from home] quedarse fuera, no volver a casa **-2.** [strikers] permanecer en huelga.
◆ **stay up** *vi* quedarse levantado(da).
staying power ['steɪɪŋ-] *n* resistencia *f*.
St Bernard [*UK* -'bɜːnəd, *US* -bər'nɑːrd] *n* (perro *m*) San Bernardo *m*.
STD *n* **-1.** (*abbr of* **subscriber trunk dialling**) *sistema de llamadas telefónicas directas de larga distancia* **-2.** (*abbr of* **sexually transmitted disease**) ETS *f*.
stead [sted] *n*: **to stand sb in good ~** servir de mucho a alguien.
steadfast ['stedfɑːst] *adj* [supporter] fiel, leal; [gaze] fijo(ja), imperturbable; [resolve] inquebrantable.
steadily ['stedɪlɪ] *adv* **-1.** [gradually] constantemente **-2.** [regularly - breathe, move] normalmente **-3.** [calmly - look] fijamente; [- speak] con tranquilidad.
steady ['stedɪ] (*compar* **-ier**, *superl* **-iest**, *pt* & *pp* **-ied**) ◇ *adj* **-1.** [gradual] gradual **-2.** [regular, constant] constante, continuo(nua) **-3.** [not shaking] firme **-4.** [voice] sereno(na); [stare] fijo(ja) **-5.** [relationship] estable, serio(ria); [boyfriend, girlfriend] formal; **a ~ job** un trabajo fijo **-6.** [reliable, sensible] sensato(ta). ◇ *vt* **-1.** [stop from shaking] mantener firme; **he steadied his hand** dejó de temblar; **to ~ o.s.** dejar de temblar **-2.** [nerves, voice] dominar, controlar; **to ~ o.s.** controlar los nervios.
steak [steɪk] *n* **-1.** *(U)* [meat] bistec *m*, filete *m*, bife *m Andes, RP* **-2.** [piece of meat, fish] filete *m*.
steakhouse ['steɪkhaʊs, *pl* -haʊzɪz] *n* restaurante *m* especializado en bistecs.
steal [stiːl] (*pt* **stole**, *pp* **stolen**) ◇ *vt* [gen] robar; [idea] apropiarse de; **to ~ sthg from sb** robar algo a alguien; **to ~ a glance at** echar una mirada furtiva a. ◇ *vi* **-1.** [take illegally] robar, hurtar **-2.** [move secretly] moverse sigilosamente; **he stole into the bedroom** entró sigilosamente en el dormitorio.
stealing ['stiːlɪŋ] *n (U)* robo *m*.
stealth [stelθ] *n* cautela *f*, sigilo *m*.
stealthy ['stelθɪ] (*compar* **-ier**, *superl* **-iest**) *adj* cauteloso(sa), sigiloso(sa).
steam [stiːm] ◇ *n (U)* vapor *m*, vaho *m*; **to let off ~** desfogarse; **to run out of ~** quemarse, quedarse sin fuerzas. ◇ *vt CULIN* cocer al vapor. ◇ *vi* [water, food] echar vapor.
◆ **steam up** ◇ *vt sep* **-1.** [mist up] empañar **-2.** *fig* [get angry]: **to get ~ed up about sthg** mosquearse por algo. ◇ *vi* empañarse.
steamboat ['stiːmbəʊt] *n* buque *m* de vapor.
steam engine *n* máquina *f* de vapor.
steamer ['stiːməʳ] *n* **-1.** [ship] buque *m* de vapor **-2.** *CULIN tipo de colador para hacer verduras etc al vapor*.
steam iron *n* plancha *f* de vapor.
steamroller ['stiːm,rəʊləʳ] *n* apisonadora *f*.
steamy ['stiːmɪ] (*compar* **-ier**, *superl* **-iest**) *adj* **-1.** [full of steam] lleno(na) de vaho **-2.** *inf* [erotic] caliente, erótico(ca).
steel [stiːl] ◇ *n* acero *m*. ◇ *vt*: **to ~ o.s. (for sthg)** armarse de valor (para algo).
steel industry *n* industria *f* del acero.
steel wool *n* estropajo *m* de acero.
steelworker ['stiːl,wɜːkəʳ] *n* obrero *m*, -ra *f* de la siderurgia.
steelworks ['stiːlwɜːks] (*pl inv*) *n* fundición *f* de acero.
steely ['stiːlɪ] (*compar* **-ier**, *superl* **-iest**) *adj* **-1.**

[steel-coloured] acerado(da) **-2.** [strong, determined] inflexible, duro(ra).

steep [sti:p] ◇ *adj* **-1.** [hill, road] empinado(da) **-2.** [considerable - increase, fall] importante, considerable **-3.** *inf* [expensive] muy caro(ra), abusivo(va). ◇ *vt* remojar.

steeped [sti:pt] *adj fig*: **~ in sthg** empapado(da) *OR* sumido(da) en algo.

steeple ['sti:pl] *n* aguja *f (de un campanario).*

steeplechase ['sti:pltʃeɪs] *n* carrera *f* de obstáculos.

steeply ['sti:plɪ] *adv* ***lit*** **&** ***fig*** vertiginosamente.

steer ['stɪəʳ] ◇ *n* buey *m.* ◇ *vt* **-1.** [vehicle] conducir **-2.** [person, discussion etc] dirigir. ◇ *vi*: **the car ~s well** el coche se conduce bien; **to ~ clear of sthg/sb** evitar algo/a alguien.

steering ['stɪərɪŋ] *n (U)* dirección *f.*

steering column *n* columna *f* de dirección.

steering committee *n* comité *m* de dirección.

steering wheel *n* volante *m*, timón *m* ***Andes.***

stellar ['steləʳ] *adj* estelar.

stem [stem] (*pt* & *pp* **-med**, *cont* **-ming**) ◇ *n* **-1.** [of plant] tallo *m* **-2.** [of glass] pie *m* **-3.** GRAMM raíz *f.* ◇ *vt* [flow] contener; [blood] detener, restañar.

◆ **stem from** *vt fus* derivarse de, ser el resultado de.

stench [stentʃ] *n* hedor *m.*

stencil ['stensl] (***UK*** *pt* & *pp* **-led**, *cont* **-ling**, ***US*** *pt* & *pp* **-ed**, *cont* **-ing**) ◇ *n* plantilla *f.* ◇ *vt* estarcir.

stenographer [stə'nɒgrəfəʳ] *n* ***US*** taquígrafo *m*, -fa *f.*

stenography [stə'nɒgrəfɪ] *n* ***US*** taquigrafía *f.*

step [step] (*pt* & *pp* **-ped**, *cont* **-ping**) ◇ *n* **-1.** [gen] paso *m*; **~ by ~** paso a paso; **to be in/out of ~** llevar/no llevar el paso; ***fig*** estar/no estar al tanto; **to watch one's ~** mirar por donde pisa uno; ***fig*** andarse con cuidado **-2.** [action] medida *f*; **to take ~s to do sthg** tomar medidas para hacer algo **-3.** [stair, rung] peldaño *m.* ◇ *vi* **-1.** [move foot] dar un paso; **watch where you ~!** ¡mira dónde pisas!; **he stepped off the bus** se bajó del autobús **-2.** [tread]: **to ~ on sthg** pisar algo; **to ~ in sthg** meter el pie en algo.

◆ **steps** *npl* **-1.** escaleras *fpl* **-2.** ***UK*** [stepladder] escalera *f* de tijera.

◆ **step aside** *vi* apartarse, hacerse a un lado.

◆ **step back** *vi* **-1.** [move backwards] dar un paso atrás **-2.** [detach o.s.]: **to ~ back and think** detenerse a pensar.

◆ **step down** *vi* [leave job] renunciar.

◆ **step in** *vi* intervenir.

◆ **step up** *vt sep* aumentar.

stepbrother ['step,brʌðəʳ] *n* hermanastro *m.*

stepchild ['steptʃaɪld] (*pl* **-children** [-,tʃɪldrənl]) *n* hijastro *m*, -tra *f.*

stepdaughter ['step,dɔ:təʳ] *n* hijastra *f.*

stepfather ['step,fɑ:ðəʳ] *n* padrastro *m.*

stepladder ['step,lædəʳ] *n* escalera *f* de tijera.

stepmother ['step,mʌðəʳ] *n* madrastra *f.*

stepping-stone ['stepɪŋ-] *n* **-1.** [in river] pasadera *f* **-2.** ***fig*** [to success] trampolín *m.*

stepsister ['step,sɪstəʳ] *n* hermanastra *f.*

stepson ['stepsʌn] *n* hijastro *m.*

stereo ['sterɪəʊ] (*pl* **-s**) ◇ *adj* estéreo *(inv).* ◇ *n* **-1.** [record player] equipo *m* estereofónico **-2.** [stereo sound] estéreo *m.*

stereotype ['sterɪətaɪp] ◇ *n* estereotipo *m.* ◇ *vt* estereotipar.

sterile ['steraɪl] *adj* **-1.** [germ-free] esterilizado(da) **-2.** [unable to produce offspring] estéril **-3.** ***pej*** [unimaginative] improductivo(va).

sterility [ste'rɪlətɪ] *n* [gen] esterilidad *f.*

sterilization [,sterəlaɪ'zeɪʃn] *n* esterilización *f.*

sterilize, -ise ['sterəlaɪz] *vt* esterilizar.

sterilized milk ['sterəlaɪzd-] *n* leche *f* esterilizada.

sterling ['stɜ:lɪŋ] ◇ *adj* **-1.** FIN esterlina **-2.** [excellent] excelente. ◇ *n (U)* libra *f* esterlina.

sterling silver *n* plata *f* de ley.

stern [stɜ:n] ◇ *adj* severo(ra). ◇ *n* popa *f.*

sternly ['stɜ:nlɪ] *adv* severamente.

steroid ['stɪərɔɪd] *n* esteroide *m.*

stethoscope ['steθəskəʊp] *n* estetoscopio *m.*

stetson ['stetsn] *n* sombrero *m* de vaquero.

stevedore ['sti:vədɔ:ʳ] *n esp* ***US*** estibador *m*, -ra *f.*

stew [stju:] ◇ *n* estofado *m*, guisado *m.* ◇ *vt* [meat, vegetables] estofar, guisar; [fruit] hacer una compota de. ◇ *vi*: **to let sb ~** ***fig*** hacer sufrir a alguien.

steward ['stjʊəd] *n* [on plane] auxiliar *m* de vuelo; [on ship, train] camarero *m.*

stewardess ['stjʊədɪs] *n* auxiliar *f* de vuelo, azafata *f.*

stewing steak ***UK*** ['stju:ɪŋ-], **stewbeef** ***US*** ['stju:bi:f] *n* carne *f* para guisar *OR* estofar.

stick [stɪk] (*pt* & *pp* **stuck**) ◇ *n* **-1.** [of wood, for playing sport] palo *m* **-2.** [of dynamite] cartucho *m*; [of rock] barra *f* **-3.** [walking stick] bastón *m* **-4.** ***phr***: **to get the wrong end of the ~** entender al revés. ◇ *vt* **-1.** [push]: **to ~ sthg in** *OR* **into sthg** [knife, pin] clavar algo en algo; [finger] meter algo en algo; **to ~ sthg through sthg** atravesar algo con algo **-2.** [make adhere]: **to ~**

sthg (on OR to sthg) pegar algo (en algo) -3. *inf* [put] meter -4. *UK inf* [tolerate] soportar, aguantar; **to ~ it** aguantarlo, soportarlo. ◇ *vi* -1. [adhere]: **to ~ (to)** pegarse (a) -2. [jam] atrancarse -3. [remain]: **to ~ in one's mind** permanecer en la mente de uno.

◆ **stick around** *vi inf* quedarse.

◆ **stick at** *vt fus* perseverar en.

◆ **stick by** *vt fus* [person] ser fiel a; [what one has said] reafirmarse en.

◆ **stick out** ◇ *vt sep* -1. [make protrude] sacar; **to ~ one's tongue out** sacar la lengua -2. [endure] aguantar. ◇ *vi* -1. [protrude] sobresalir -2. *inf* [be noticeable] llamar la atención, cantar.

◆ **stick out for** *vt fus UK* insistir hasta conseguir.

◆ **stick to** *vt fus* -1. [follow closely] seguir -2. [principles] ser fiel a; [promise, agreement] cumplir con; [decision] atenerse a; **if I were you, I'd ~ to French** yo que tú, me limitaría al francés.

◆ **stick together** *vi* [friends etc] apoyarse mutuamente.

◆ **stick up** ◇ *vt sep* [attach] pegar OR poner en la pared. ◇ *vi* salir, sobresalir.

◆ **stick up for** *vt fus* defender.

◆ **stick with** *vt fus* -1. [not change from] seguir con -2. [follow closely] seguir.

stickball ['stɪkbɔːl] *n US* béisbol *m* callejero.

sticker ['stɪkəʳ] *n* [piece of paper] pegatina *f*.

sticking plaster ['stɪkɪŋ-] *n* -1. [individual] curita® *f*, tirita® *f* -2. [tape] esparadrapo *m* *Amér*, tela *f* emplástica *CSur*.

stick insect *n* insecto *m* palo.

stick-in-the-mud *n inf* carroza *m* OR *f*.

stickleback ['stɪklbæk] *n* espinoso *m*.

stickler ['stɪkləʳ] *n*: **~ for sthg** maniático *m*, -ca *f* de algo.

stick-on *adj* adhesivo(va).

stick shift *n US* palanca *f* de cambios.

stick-up *n inf* atraco *m* a mano armada.

sticky ['stɪkɪ] (*compar* **-ier**, *superl* **-iest**) *adj* -1. [tacky] pegajoso(sa) -2. [adhesive] adhesivo(va) -3. *inf* [awkward] engorroso(sa) -4. [humid] bochornoso(sa).

stiff [stɪf] ◇ *adj* -1. [inflexible] rígido(da) -2. [door, drawer] atascado(da) -3. [aching] agarrotado(da); **to have a ~ neck** tener tortícolis; **to be ~** tener agujetas -4. [formal - person, manner] estirado(da); [- smile] rígido(da) -5. [severe, intense] severo(ra) -6. [difficult - task] duro(ra) -7. *inf* [strong in alcohol] cargado(da) -8. [breeze] fuerte. ◇ *adv inf*: **bored/frozen ~** muerto(ta) de aburrimiento/frío.

stiffen ['stɪfn] ◇ *vt* -1. [make inflexible - gen] poner rígido(da); [- clothes] almidonar -2. [make more severe, intense] reforzar, intensificar. ◇ *vi* -1. [become inflexible] endurecerse -2. [bones] entumecerse; [muscles] agarrotarse -3. [become more severe, intense] intensificarse, endurecerse -4. [wind] volverse más fuerte.

stiffener ['stɪfnəʳ] *n* contrafuerte *m*.

stiffness ['stɪfnɪs] *n (U)* -1. [inflexibility - of material, person] rigidez *f* -2. [inability to move freely] atasco *m* -3. [aching] entumecimiento *m* -4. [severeness, intensity] endurecimiento *m* -5. [difficulty] dureza *f*, dificultad *f*.

stifle ['staɪfl] ◇ *vt* -1. [prevent from breathing] ahogar, sofocar -2. [yawn etc] reprimir. ◇ *vi* ahogarse, sofocarse.

stifling ['staɪflɪŋ] *adj* agobiante, sofocante.

stigma ['stɪgmə] *n* estigma *m*.

stigmatize, -ise ['stɪgmətaɪz] *vt* estigmatizar.

stile [staɪl] *n* escalones *mpl* para pasar una valla.

stiletto heel [stɪ'letəʊ-] *n UK* tacón *m* fino OR de aguja.

still [stɪl] ◇ *adv* -1. [up to now, up to then, even now] todavía -2. [to emphasize remaining amount] aún; **I've ~ got two left** aún me quedan dos -3. [nevertheless, however] sin embargo, no obstante -4. [with comparatives] aún; **~ bigger** aún más grande -5. [motionless] sin moverse; **sit ~!** ¡siéntate y no te muevas! ◇ *adj* -1. [not moving] inmóvil -2. [calm, quiet] tranquilo(la), sosegado(da) -3. [not windy] apacible -4. [not fizzy] sin gas. ◇ *n* -1. PHOT vista *f* fija -2. [for making alcohol] alambique *m*.

stillborn ['stɪlbɔːn] *adj* nacido muerto (nacida muerta).

still life (*pl* **-s**) *n* bodegón *m*, naturaleza *f* muerta.

stillness ['stɪlnɪs] *n* quietud *f*.

stilted ['stɪltɪd] *adj* forzado(da).

stilts [stɪlts] *npl* -1. [for person] zancos *mpl* -2. [for building] pilotes *mpl*.

stimulant ['stɪmjʊlənt] *n* estimulante *m*.

stimulate ['stɪmjʊleɪt] *vt* [gen] estimular; [interest] excitar.

stimulating ['stɪmjʊleɪtɪŋ] *adj* [physically] estimulante; [mentally] interesante.

stimulation [ˌstɪmjʊ'leɪʃn] *n* estímulo *m*.

stimulus ['stɪmjʊləs] (*pl* **-li** [-laɪ]) *n* estímulo *m*.

sting [stɪŋ] (*pt* & *pp* **stung**) ◇ *n* -1. [by bee] picadura *f* -2. [of bee] aguijón *m* -3. [sharp pain] escozor *m*; **to take the ~ out of sthg** suavizar algo. ◇ *vt* -1. [subj: bee, nettle] picar -2. [cause sharp pain to] escocer -3. *fig* [subj: criticism] herir. ◇ *vi* picar.

stinging nettle ['stɪŋɪŋ-] *n UK* ortiga *f*.

stingray ['stɪŋreɪ] *n* pastinaca *f*.

stingy ['stɪndʒɪ] (*compar* **-ier**, *superl* **-iest**) *adj inf* tacaño(ña), roñoso(sa).

stink [stɪŋk] (*pt* **stank** *OR* **stunk**, *pp* **stunk**) ◇ *n* peste *f*, hedor *m*. ◇ *vi* **-1.** [have unpleasant smell] apestar, heder **-2.** *inf fig*: **it ~s** da asco.

stink-bomb *n* bomba *f* fétida.

stinking ['stɪŋkɪŋ] *inf fig* ◇ *adj* asqueroso(sa). ◇ *adv*: **to have a ~ cold** tener un resfriado horrible; **they're ~ rich** están podridos de dinero.

stint [stɪnt] ◇ *n* periodo *m*. ◇ *vi*: **to ~ on sthg** escatimar algo.

stipend ['staɪpend] *n* estipendio *m*.

stipulate ['stɪpjʊleɪt] *vt* estipular.

stipulation [,stɪpjʊ'leɪʃn] *n* **-1.** [stating of conditions] estipulación *f* **-2.** [condition] condición *f*.

stir [stɜːʳ] (*pt* & *pp* **-red**, *cont* **-ring**) ◇ *n* **-1.** [act of stirring]: **to give sthg a ~** remover algo **-2.** [public excitement] revuelo *m*, sensación *f*; **to cause a ~** causar revuelo. ◇ *vt* **-1.** [mix] remover **-2.** [move gently] agitar, mover **-3.** [move emotionally] impresionar, conmover **-4.** [move]: **to ~ o.s.** moverse. ◇ *vi* **-1.** [move gently] moverse, agitarse **-2.** [feeling, idea] despertar el interés.

◆ **stir up** *vt sep* **-1.** [water, sediment] levantar **-2.** [cause] [excitement, hatred etc] provocar.

stir-fry *vt freír rápidamente en aceite muy caliente y removiendo constantemente.*

stirring ['stɜːrɪŋ] *adj* conmovedor(ra).

stirrup ['stɪrəp] *n* estribo *m*.

stitch [stɪtʃ] ◇ *n* **-1.** *SEWING* puntada *f* **-2.** [in knitting] punto *m* **-3.** *MED* punto *m* (de sutura) **-4.** [stomach pain]: **to have a ~** sentir pinchazos (en el estómago) **-5.** *phr*: **to be in ~es** partirse de risa. ◇ *vt* **-1.** *SEWING* coser **-2.** *MED* suturar, poner puntos.

stitching ['stɪtʃɪŋ] *n* costura *f*.

stoat [stəʊt] *n* armiño *m*.

stock [stɒk] ◇ *n* **-1.** [supply] reserva *f* **-2.** *(U) COMM* [reserves] existencias *fpl*; [selection] surtido *m*; **in ~** en existencia, en almacén; **out of ~** agotado(da) **-3.** *FIN* [of company] capital *m*; **government ~** papel *m* del estado; **~s and shares** acciones *fpl*, valores *mpl* **-4.** [ancestry] linaje *m*, estirpe *f* **-5.** *CULIN* caldo *m* **-6.** [livestock] ganado *m*, ganadería *f* **-7.** *phr*: **to take ~ (of sthg)** evaluar (algo). ◇ *adj* estereotipado(da). ◇ *vt* **-1.** *COMM* abastecer de, tener en el almacén **-2.** [shelves] llenar; [lake] repoblar.

◆ **stock up** *vi*: **to ~ up (with)** abastecerse (de).

stockade [stɒ'keɪd] *n* estacada *f*, empalizada *f*.

stockbroker ['stɒk,brəʊkəʳ] *n* corredor *m*, -ra *f* de bolsa.

stockbroking ['stɒk,brəʊkɪŋ] *n* corretaje *m* de bolsa.

stock company *n US* ≃ sociedad *f* anónima.

stock cube *n UK* pastilla *f* de caldo.

stock exchange *n* bolsa *f*.

stockholder ['stɒk,həʊldəʳ] *n US* accionista *m OR f*.

Stockholm ['stɒkhəʊm] *n* Estocolmo.

stocking ['stɒkɪŋ] *n* [for woman] media *f*.

stock-in-trade *n* **-1.** [thing important for work] *cosa o cualidad indispensable para el trabajo* **-2.** [speciality] *fig* especialidad *f*.

stockist ['stɒkɪst] *n UK* distribuidor *m*, -ra *f*.

stock market *n* bolsa *f*, mercado *m* de valores.

stock phrase *n* frase *f* estereotipada.

stockpile ['stɒkpaɪl] ◇ *n* reservas *fpl*. ◇ *vt* almacenar, acumular.

stockroom ['stɒkrʊm] *n* almacén *m*.

stock-still *adv* inmóvil.

stocktaking ['stɒk,teɪkɪŋ] *n (U)* inventario *m*, balance *m*.

stocky ['stɒkɪ] (*compar* **-ier**, *superl* **-iest**) *adj* corpulento(ta), robusto(ta).

stodgy ['stɒdʒɪ] (*compar* **-ier**, *superl* **-iest**) *adj* [indigestible] indigesto(ta).

stoic ['stəʊɪk] ◇ *adj* estoico(ca). ◇ *n* estoico *m*, -ca *f*.

stoical ['stəʊɪkl] *adj* estoico(ca).

stoicism ['stəʊɪsɪzm] *n* estoicismo *m*.

stoke [stəʊk] *vt* [fire] avivar, alimentar.

stole [stəʊl] ◇ *pt* ▷ **steal**. ◇ *n* estola *f*.

stolen ['stəʊln] *pp* ▷ **steal**.

stolid ['stɒlɪd] *adj* impasible, imperturbable.

stomach ['stʌmək] ◇ *n* **-1.** [organ] estómago *m*; **to do sthg on an empty ~** hacer algo con el estómago vacío **-2.** [abdomen] vientre *m*. ◇ *vt* tragar, aguantar; **I can't ~ him** no lo trago.

stomachache ['stʌməkeɪk] *n* dolor *m* de estómago.

stomach pump *n* bomba *f* estomacal.

stomach ulcer *n* úlcera *f* de estómago.

stomach upset [-'ʌpset] *n* trastorno *m* gástrico.

stomp [stɒmp] *vi*: **to ~ in/out** entrar/salir pisando fuerte.

stone [stəʊn] (*pl sense 4 only inv OR* **-s**) ◇ *n* **-1.** [mineral] piedra *f*; **a ~'s throw from** a tiro de piedra de **-2.** [jewel] piedra *f* preciosa **-3.** [seed] hueso *m*, carozo *m RP*, cuesco *m*, pepa *f Col* **-4.** *UK* [unit of measurement] = *6,35 kilos*. ◇ *vt* apedrear.

Stone Age *n*: **the ~** la Edad de Piedra.

stone-cold *adj* helado(da).

stoned [stəʊnd] *adj v inf* **-1.** [drunk] mamado(da) **-2.** [affected by drugs] colocado(da), puesto(ta).

stonemason [ˈstəʊnˌmeɪsn] *n* abañil *m.*

stonewall [ˌstəʊnˈwɔːl] *vi* andarse con evasivas.

stonewashed [ˈstəʊnwɒʃt] *adj* lavado(da) a la piedra.

stonework [ˈstəʊnwɜːk] *n* mampostería *f.*

stony [ˈstəʊnɪ] (*compar* **-ier**, *superl* **-iest**) *adj* **-1.** [covered with stones] pedregoso(sa) **-2.** [unfriendly] muy frío(a), glacial.

stood [stʊd] *pt & pp* ▷ **stand.**

stooge [stuːdʒ] *n* **-1.** *inf* [manipulated person] monigote *m* OR *f* **-2.** [in comedy act] comparsa *f.*

stool [stuːl] *n* [seat] taburete *m.*

stoop [stuːp] ◇ *n* **-1.** [bent back]: **to walk with a ~** caminar encorvado(da) **-2.** *US* [of house] umbral *m* con escaleras. ◇ *vi* **-1.** [bend] inclinarse, agacharse **-2.** [hunch shoulders] encorvarse **-3.** *fig* [debase oneself]: **to ~ to sthg** rebajarse a algo; **I wouldn't ~ so low as to do that** no caería tan bajo como eso.

stop [stɒp] (*pt & pp* **-ped**, *cont* **-ping**) ◇ *n* [gen] parada *f*; **to come to a ~** pararse; *fig* detenerse, paralizarse; **to put a ~ to sthg** poner fin a algo. ◇ *vt* **-1.** [gen] parar; **to ~ doing sthg** dejar de hacer algo **-2.** [prevent] impedir; **to ~ sb/sthg from doing sthg** impedir que alguien/algo haga algo **-3.** [cause to stop moving] detener **-4.** [not pay - wages] suspender; [- cheque] anular, invalidar **-5.** [block - pipe] tapar, taponar. ◇ *vi* [gen] pararse; [rain, music] cesar; **to ~ at nothing (to do sthg)** no reparar en nada (para hacer algo).

◆ **stop off** *vi* hacer una parada.

◆ **stop over** *vi* pasar la noche.

◆ **stop up** ◇ *vt sep* [block] taponar, tapar. ◇ *vi UK inf* quedarse levantado(da).

stopcock [ˈstɒpkɒk] *n* llave *f* de paso.

stopgap [ˈstɒpgæp] *n* [thing] recurso *m* provisional; [person] sustituto *m*, -ta *f.*

stoplight [ˈstɒplaɪt] *n US* [traffic light] semáforo *m.*

stopover [ˈstɒpˌəʊvəʳ] *n* [gen] parada *f*; [of plane] escala *f.*

stoppage [ˈstɒpɪdʒ] *n* **-1.** [strike] paro *m*, huelga *f* **-2.** *UK* [deduction] retención *f.*

stopper [ˈstɒpəʳ] *n* tapón *m.*

stop press *n* noticias *fpl* de última hora.

stopwatch [ˈstɒpwɒtʃ] *n* cronómetro *m.*

storage [ˈstɔːrɪdʒ] *n* almacenamiento *m.*

storage heater *n UK calentador por almacenamiento térmico.*

store [stɔːʳ] ◇ *n* **-1.** *esp US* [shop] tienda *f* **-2.** [supply] provisión *f*, reserva *f* **-3.** [place of storage] almacén *m* **-4.** *phr*: **to set great ~ by** OR **on sthg** valorar mucho algo. ◇ *vt* **-1.** [gen & COMPUT] almacenar **-2.** [keep] guardar.

◆ **in store** *adv*: **there's a surprise in ~ for you** te espera una sorpresa.

◆ **store up** *vt sep* [provisions, goods] almacenar; [information] acumular.

store card *n* tarjeta *f* de cliente.

store detective *n* guardia *m* OR *f* de seguridad.

storehouse [ˈstɔːhaʊs, *pl* -haʊzɪz] *n esp US* [warehouse] almacén *m*, depósito *m.*

storekeeper [ˈstɔːˌkiːpəʳ] *n US* tendero *m*, -ra *f.*

storeroom [ˈstɔːrʊm] *n* [gen] almacén *m*; [for food] despensa *f.*

storey *UK* (*pl* **storeys**), **story** *US* (*pl* **-ies**) [ˈstɔːrɪ] *n* planta *f.*

stork [stɔːk] *n* cigüeña *f.*

storm [stɔːm] ◇ *n* **-1.** [bad weather] tormenta *f*; **a ~ in a teacup** una tormenta en un vaso de agua **-2.** [violent reaction] torrente *m.* ◇ *vt* MIL asaltar. ◇ *vi* **-1.** [go angrily]: **to ~ out** salir echando pestes **-2.** [say angrily] vociferar.

storm cellar *n US* refugio *m* para ciclones.

storm cloud *n lit* nubarrón *m.*

stormy [ˈstɔːmɪ] (*compar* **-ier**, *superl* **-iest**) *adj* **-1.** [weather] tormentoso(sa) **-2.** [meeting] acalorado(da); [relationship] tempestuoso(sa).

story [ˈstɔːrɪ] (*pl* **-ies**) *n* **-1.** [tale] cuento *m*, relato *m*; **it's the (same) old ~** es la misma historia de siempre; **to cut a long ~ short** en resumidas cuentas, para abreviar **-2.** [history] historia *f* **-3.** [news article] artículo *m* **-4.** *euphemism* [lie] cuento *m* **-5.** *US* = **storey.**

storybook [ˈstɔːrɪbʊk] *adj* de novela, de cuento.

storyteller [ˈstɔːrɪˌteləʳ] *n* **-1.** [teller of story] narrador *m*, -ra *f*, cuentista *m* OR *f* **-2.** *euphemism* [liar] cuentista *m* OR *f.*

stout [staʊt] ◇ *adj* **-1.** [rather fat] corpulento (ta), gordo(da) **-2.** [strong, solid] fuerte, sólido(da) **-3.** [resolute] firme. ◇ *n (U)* cerveza *f* negra.

stoutness [ˈstaʊtnɪs] *n* [portliness] corpulencia *f.*

stove [stəʊv] ◇ *pt & pp* ▷ **stave.** ◇ *n* [for heating] estufa *f*; [for cooking] cocina *f.*

stow [stəʊ] *vt*: **to ~ sthg (away)** guardar algo.

◆ **stow away** *vi* viajar de polizón.

stowaway [ˈstəʊəweɪ] *n* polizón *m.*

straddle [ˈstrædl] *vt* **-1.** [subj: person] sentarse a horcajadas sobre **-2.** [subj: bridge, town] atravesar, cruzar.

straggle [ˈstrægl] *vi* **-1.** [sprawl] desparramarse **-2.** [dawdle] rezagarse.

straggler [ˈstrægləʳ] *n* rezagado *m*, -da *f.*

straggly [ˈstræglɪ] (*compar* **-ier**, *superl* **-iest**) *adj* desordenado(da).

straight [streɪt] <> *adj* **-1.** [not bent] recto(ta); **sit up ~!** ¡siéntate derecho! **-2.** [hair] liso(sa) **-3.** [honest, frank] franco(ca), sincero(ra) **-4.** [tidy] arreglado(da) **-5.** [choice, swap] simple, fácil **-6.** [alcoholic drink] solo(la), sin mezclar **-7.** *inf* [conventional] ordinario(ria) **-8.** *gay sl* [heterosexual] heterosexual. <> *adv* **-1.** [in a straight line - horizontally] directamente; [- vertically] recto(ta); **~ ahead** todo recto; **it was heading ~ for me** venía directo hacia mí; **I couldn't see ~** no veía bien **-2.** [directly] directamente; [immediately] inmediatamente; **come ~ home** ven directamente a casa **-3.** [frankly] francamente **-4.** [tidy] en orden **-5.** [undiluted] solo(la) **-6.** *phr*: **let's get things ~** vamos a aclarar las cosas; **to go ~** [criminal] dejar la mala vida. <> *n* [of race track]: **the ~** la recta final.

◆ **straight off** *adv* en el acto.

◆ **straight out** *adv* sin tapujos.

straight away [ˌstreɪtəˈweɪ] *adv* en seguida.

straighten [ˈstreɪtn] <> *vt* **-1.** [tidy - room] ordenar; [- hair, dress] poner bien **-2.** [make straight - horizontally] poner recto(ta); [- vertically] enderezar. <> *vi*: **to ~ (up)** enderezarse, ponerse recto(ta).

◆ **straighten out** *vt sep* [mess] arreglar; [problem] resolver.

straight face *n*: **to keep a ~** aguantar la risa.

straightforward [ˌstreɪtˈfɔːwəd] *adj* **-1.** [easy] sencillo(lla) **-2.** [frank - answer] directo(ta); [- person] abierto(ta), sincero(ra).

strain [streɪn] <> *n* **-1.** [weight] peso *m*; [pressure] presión *f* **-2.** [mental stress] tensión *f* nerviosa; **to be under a lot of ~** estar muy agobiado(da) **-3.** [physical injury] distensión *f*, torcedura *f*; **eye ~** vista *f* cansada **-4.** [variety] tipo *m*, variedad *f*. <> *vt* **-1.** [overtax - budget] estirar; [- ceiling] forzar **-2.** [use hard]: **to ~ one's eyes/ears** aguzar la vista/el oído **-3.** [injure - eyes] cansar; [- muscle, back] distender, torcerse **-4.** [drain] colar. <> *vi*: **to ~ to do sthg** esforzarse por hacer algo.

◆ **strains** *npl literary* [of music] acordes *mpl*, compases *mpl*.

strained [streɪnd] *adj* **-1.** [worried] preocupado(da) **-2.** [unfriendly] tirante, tenso(sa) **-3.** [insincere] forzado(da).

strainer [ˈstreɪnəʳ] *n* colador *m*.

strait [streɪt] *n* estrecho *m*.

◆ **straits** *npl*: **in dire** *OR* **desperate ~s** en un serio aprieto.

straitened [ˈstreɪtnd] *adj fml*: **in ~ circumstances** en circunstancias apuradas.

straitjacket [ˈstreɪtˌdʒækɪt] *n* [garment] camisa *f* de fuerza.

straitlaced [ˌstreɪtˈleɪst] *adj pej* mojigato(ta), estrecho(cha).

Strait of Gibraltar *n*: **the ~** el estrecho de Gibraltar.

strand [strænd] *n* **-1.** [thin piece] hebra *f*; **a ~ of hair** un pelo del cabello **-2.** [theme, element] cabo *m*.

stranded [ˈstrændɪd] *adj* [ship] varado(da), encallado(da); [person] colgado(da).

strange [streɪndʒ] *adj* **-1.** [unusual] raro(ra), extraño(ña) **-2.** [unfamiliar] desconocido(da).

strangely [ˈstreɪndʒlɪ] *adv* **-1.** [in an odd manner] de manera extraña **-2.** [unexpectedly] inesperadamente **-3.** [surprisingly]: **~ (enough)** aunque parezca extraño.

stranger [ˈstreɪndʒəʳ] *n* **-1.** [unfamiliar person] extraño *m*, -ña *f*, desconocido *m*, -da *f*; **to be a/no ~ to sthg** no estar/estar familiarizado con algo **-2.** [outsider] forastero *m*, -ra *f*.

strangle [ˈstræŋgl] *vt* **-1.** [kill] estrangular **-2.** *fig* [stifle] ahogar, reprimir.

stranglehold [ˈstræŋglhəʊld] *n* **-1.** [round neck] collar *m* de fuerza **-2.** *fig* [strong influence] dominio *m* absoluto.

strangulation [ˌstræŋgjʊˈleɪʃn] *n* estrangulamiento *m*.

strap [stræp] (*pt* & *pp* **-ped**, *cont* **-ping**) <> *n* [of handbag, watch, case] correa *f*; [of dress, bra] tirante *m*, bretel *m* *CSur*. <> *vt* [fasten] atar con correa.

strapless [ˈstræplɪs] *adj* sin tirantes.

strapping [ˈstræpɪŋ] *adj* robusto(ta).

Strasbourg [ˈstræzbɜːg] *n* Estrasburgo.

strata [ˈstrɑːtəl] *pl* ▻ **stratum**.

stratagem [ˈstrætədʒəm] *n* estratagema *f*.

strategic [strəˈtiːdʒɪk] *adj* estratégico(ca).

strategist [ˈstrætɪdʒɪst] *n* estratega *m* *OR* *f*.

strategy [ˈstrætɪdʒɪ] (*pl* **-ies**) *n* estrategia *f*.

stratified [ˈstrætɪfaɪd] *adj* estratificado(da).

stratosphere [ˈstrætəˌsfɪəʳ] *n*: **the ~** la estratosfera.

stratum [ˈstrɑːtəm] (*pl* **-ta**) *n* estrato *m*.

straw [strɔː] *n* **-1.** *AGR* paja *f* **-2.** [for drinking] pajita *f*, paja *f*, pitillo *m* *Col*, popote *m* *Méx* **-3.** *phr*: **to clutch at ~s** agarrarse a un clavo ardiendo; **the last ~** el colmo.

strawberry [ˈstrɔːbərɪ] (*pl* **-ies**) <> *n* fresa *f*, frutilla *f* *Bol, CSur, Ecuad, Andes, RP*. <> *comp* de fresa, de frutilla *f* *Bol, CSur, Ecuad, Andes, RP*.

stray [streɪ] <> *adj* **-1.** [animal - without owner] callejero(ra); [- lost] extraviado(da) **-2.** [bullet] perdido(da). <> *n* [animal] animal *m* callejero. <> *vi* **-1.** [from path] desviarse; [from group] extraviarse **-2.** [thoughts, mind] perderse; **to**

~ **from the point** desviarse del tema, divagar.

streak [stri:k] <> *n* **-1.** [of hair] mechón *m*; **to have ~s in one's hair** tener un mechón en el pelo; [of lightning] rayo *m* **-2.** [in character] vena *f* **-3.** [period]: **a lucky ~** una racha de (buena) suerte. <> *vi* [move quickly] ir como un rayo.

streaked [stri:kt] *adj*: ~ **with** [colour] veteado(da) de; [dirt] manchado(da) de.

streaky ['stri:kɪ] (*compar* **-ier**, *superl* **-iest**) *adj* rayado(da), veteado(da).

streaky bacon *n UK* bacon *m* entreverado.

stream [stri:m] <> *n* **-1.** [small river] riachuelo *m*, quebrada *f Amér* **-2.** [of liquid, smoke] chorro *m*; [of light] raudal *m* **-3.** [current] corriente *f* **-4.** [of people, cars] torrente *m* **-5.** [continuous series] sarta *f*, serie *f* **-6.** *UK SCH* grupo *m*. <> *vi* **-1.** [liquid, smoke, light]: **to ~ into** entrar a raudales en; **to ~ out of** brotar de **-2.** [people, cars]: **to ~ into** entrar atropelladamente en; **to ~ out of** salir atropelladamente de **-3.** [phr] **to have a ~ing cold** tener un resfriado horrible. <> *vt UK SCH* agrupar de acuerdo con el rendimiento escolar.

streamer ['stri:məʳ] *n* [for party] serpentina *f*.

streamline ['stri:mlaɪn] *vt* **-1.** [make aerodynamic] dar línea aerodinámica a **-2.** [make efficient] racionalizar.

streamlined ['stri:mlaɪnd] *adj* **-1.** [aerodynamic] aerodinámico(ca) **-2.** [efficient] racional.

street [stri:t] *n* calle *f*, jirón *m Perú*; **to be right up one's ~** *UK inf* ser justo lo que a uno le interesa; **to be ~s ahead of sb** *UK* estar muy por delante de alguien; **to be on the ~s** estar en la calle.

streetcar ['stri:tkɑ:ʳ] *n US* tranvía *m*.

street-credibility *n (U) inf* imagen *f*, aceptación *f (entre la gente joven)*.

street lamp, street light *n* farola *f*.

street lighting *n* alumbrado *m* público.

street map *n* plano *m* (de la ciudad).

street market *n* mercado *m* al aire libre.

street plan *n* plano *m* (de la ciudad).

street value *n* precio *m OR* valor *m* en la calle.

streetwise ['stri:twaɪz] *adj inf* espabilado(da).

strength [streŋθ] *n* **-1.** [physical or mental power] fuerza *f* **-2.** [power, influence] poder *m*; **to go from ~ to ~** tener cada vez más éxito, prosperar **-3.** [quality] punto *m* fuerte **-4.** [solidity - of material structure] solidez *f* **-5.** [intensity - of feeling, smell, wind] intensidad *f*; [- of accent, wine] fuerza *f*; [- of drug] potencia *f* **-6.** [credibility, weight] peso *m*, fuerza *f*; **on the ~ of** a partir de, en base a **-7.** *(U)* [in numbers - gen] número *m*; [- army] efectivos *mpl*; **in ~** en gran número; **to be at/below full ~** estar/no estar al completo **-8.** [of currency] valor *m*.

strengthen ['streŋθn] <> *vt* **-1.** [gen] fortalecer **-2.** [reinforce - argument, bridge] reforzar **-3.** [intensify] acentuar, intensificar **-4.** [make closer] estrechar. <> *vi* **-1.** [improve - sales, currency] fortalecerse **-2.** [intensify] acentuarse, intensificarse **-3.** [become closer] estrecharse.

strenuous ['strenjʊəs] *adj* agotador(ra), extenuante.

stress [stres] <> *n* **-1.** [emphasis]: **~ (on)** hincapié *m OR* énfasis *m inv* (en) **-2.** [tension, anxiety] estrés *m*, tensión *f* nerviosa; **to be under ~** estar estresado **-3.** [physical pressure]: **~ (on)** presión *f* (en) **-4.** *LING* [on word, syllable] acento *m*. <> *vt* **-1.** [emphasize] recalcar, subrayar **-2.** *LING* [word, syllable] acentuar.

stressed [strest] *adj* [anxious] estresado(da).

stressful ['stresfʊl] *adj* estresante.

stretch [stretʃ] <> *adj* elástico(ca). <> *n* **-1.** [of land, water] extensión *f*; [of road, river] tramo *m*, trecho *m* **-2.** [of time] periodo *m* **-3.** [effort]: **by no ~ of the imagination** ni por asomo **-4.** [to move one's body] **to have a ~** estirarse. <> *vt* **-1.** [gen] estirar; **I'm going to ~ my legs** voy a estirar las piernas **-2.** [overtax - person] extender **-3.** [challenge] hacer rendir al máximo. <> *vi* **-1.** [area]: **to ~ over/from ... to** extenderse por/desde ... hasta **-2.** [person, animal] estirarse **-3.** [subj: clothing] dar de sí.

◆ **at a stretch** *adv* de un tirón, sin interrupción.

◆ **stretch out** <> *vt sep* [foot, leg] estirar; [hand, arm] alargar. <> *vi* **-1.** [lie down] tumbarse **-2.** [reach out] estirarse.

stretcher ['stretʃəʳ] *n* camilla *f*.

stretch limo ['stretʃ'lɪməʊ] *n inf* limusina *f* ampliada.

stretchmarks ['stretʃmɑ:ks] *npl* estrías *fpl*.

stretchy ['stretʃɪ] (*compar* **-ier**, *superl* **-iest**) *adj* elástico(ca).

strew [stru:] (*pt* **-ed**, *pp* **strewn** [stru:n], **-ed**) *vt*: **to be strewn on/over** estar esparcido(da) sobre/por; **to be strewn with** estar cubierto(ta) de.

stricken ['strɪkn] *adj*: **to be ~ by** *OR* **with** [illness] estar aquejado(da) de; [drought, famine] estar asolado(da) por; [grief] estar afligido(da) por; [doubts, horror] estar atenazado (da) por; **she was ~ with remorse** le remordía la conciencia.

strict [strɪkt] *adj* **-1.** [gen] estricto(ta) **-2.** [precise] exacto(ta), estricto(ta) **-3.** [faithful, disciplined] riguroso(sa).

strictly ['strɪktlɪ] *adv* **-1.** [severely] severamente **-2.** [absolutely - prohibited] terminantemente; [-

confidential] absolutamente, totalmente **-3.** [exactly] exactamente; **~ speaking** en el sentido estricto de la palabra **-4.** [exclusively] exclusivamente; **this is ~ between you and me** esto debe quedar exclusivamente entre tú y yo.

strictness ['strɪktnɪs] *n* [severity, rigidity] severidad *f*.

stride [straɪd] (*pt* **strode**, *pp* **stridden** ['strɪdn]) ◇ *n* zancada *f*; **to take sthg in one's ~** tomarse algo con calma. ◇ *vi*: **to ~ along** andar a zancadas; **he strode off down the road** marchó calle abajo dando grandes zancadas.

◆ **strides** *npl*: **to make ~s** hacer progresos.

strident ['straɪdnt] *adj* **-1.** [harsh] estridente **-2.** [vociferous] exaltado(da).

strife [straɪf] *n (U) fml* conflictos *mpl*.

strike [straɪk] (*pt* & *pp* **struck**) ◇ *n* **-1.** [refusal to work etc] huelga *f*; **to be (out) on ~** estar en huelga; **to go on ~** declararse en huelga **-2.** *MIL* ataque *m* **-3.** [find] descubrimiento *m*. ◇ *vt* **-1.** *fml* [hit - deliberately] golpear, pegar; [- accidentally] chocar contra **-2.** [subj: disaster, earthquake] asolar; [subj: lightning] fulminar, alcanzar; **she was struck by lightning** le alcanzó un rayo **-3.** [subj: thought, idea] ocurrírsele a **-4.** [give impression]: **to ~ sb as sthg** parecer a alguien algo **-5.** [impress]: **to be struck by** *OR* **with sthg** estar impresionado(da) por *OR* ante algo **-6.** [deal, bargain] cerrar **-7.** [match] encender **-8.** [find] encontrar; **to ~ a balance (between)** llegar a un punto medio (entre); **to ~ a serious note** tener un tono de seriedad **-9.** *phr*: **to be struck blind/dumb** quedarse ciego(ga)/mudo(da); **to ~ fear** *OR* **terror into sb** infundir temor en alguien; **to ~ (it) lucky** tener suerte; **to ~ it rich** hacerse rico(ca). ◇ *vi* **-1.** [stop working] estar en huelga **-2.** *fml* [hit accidentally]: **to ~ against** chocar contra **-3.** [hurricane, disaster] sobrevenir; [lightning] caer **-4.** *fml* [attack] atacar **-5.** [chime] dar la hora; **the clock struck six** el reloj dio las seis.

◆ **strike back** *vi* devolver el golpe.

◆ **strike down** *vt sep* fulminar; **to be struck down with sthg** estar sufriendo de algo.

◆ **strike off** *vt sep*: **to be struck off** ser inhabilitado(da).

◆ **strike out** ◇ *vt sep* tachar. ◇ *vi* [do something different] hacer algo diferente; **to ~ out on one's own** establecerse uno por su cuenta.

◆ **strike up** ◇ *vt fus* **-1.** [friendship] trabar; [conversation] entablar **-2.** [tune] empezar a tocar. ◇ *vi* empezar a tocar.

strikebound ['straɪkbaʊnd] *adj* paralizado(da) por la huelga.

strikebreaker ['straɪk,breɪkə^r] *n* esquirol *m OR f*.

strike pay *n (U)* subsidio *m* de huelga.

striker ['straɪkə^r] *n* **-1.** [person on strike] huelguista *m OR f* **-2.** *FTBL* delantero *m*, -ra *f*.

striking ['straɪkɪŋ] *adj* **-1.** [noticeable, unusual] chocante, sorprendente **-2.** [attractive] llamativo(va), atractivo(va).

striking distance *n*: **to be within ~ (of)** estar a corta distancia (de).

string [strɪŋ] (*pt* & *pp* **strung**) *n* **-1.** [thin rope] cuerda *f*, piolín *m Amér*; **a (piece of) ~** un cordón; **(with) no ~s attached** sin ninguna condición *OR* ningún compromiso; **to pull ~s** utilizar uno sus influencias **-2.** [of beads, pearls] sarta *f* **-3.** [series] serie *f*, sucesión *f* **-4.** [of musical instrument] cuerda *f*.

◆ **strings** *npl MUS*: **the ~s** los instrumentos de cuerda.

◆ **string along** *vt sep inf* [deceive] dar falsas esperanzas a.

◆ **string out** *vt fus*: **to be strung out** alinearse.

◆ **string together** *vt sep* [words] encadenar.

string bean *n* judía *f* verde, chaucha *f RP*, vainita *f Ven*, poroto *m* verde *Chile*, habichuela *f Col*.

stringed instrument ['strɪŋd-] *n* instrumento *m* de cuerda.

stringent ['strɪndʒənt] *adj* estricto(ta), severo(ra).

string quartet *n* cuarteto *m* de cuerda.

strip [strɪp] (*pt* & *pp* **-ped**, *cont* **-ping**) ◇ *n* **-1.** [narrow piece] tira *f*; **to tear a ~ off sb**, **to tear sb off a ~** *UK* echarle una bronca a alguien **-2.** [narrow area] franja *f* **-3.** *UK SPORT* camiseta *f*, colores *mpl*. ◇ *vt* **-1.** [undress] desnudar **-2.** [paint, wallpaper] quitar **-3.** [take away from]: **to ~ sb of sthg** despojar a alguien de algo. ◇ *vi* **-1.** [undress] desnudarse **-2.** [do a striptease] hacer un striptease.

◆ **strip off** ◇ *vt sep* quitarse. ◇ *vi* desnudarse.

strip cartoon *n UK* historieta *f*, tira *f* cómica.

stripe [straɪp] *n* **-1.** [band of colour] raya *f*, franja *f* **-2.** [sign of rank] galón *m*.

striped [straɪpt] *adj* a rayas.

strip lighting *n* alumbrado *m* fluorescente.

stripper ['strɪpə^r] *n* **-1.** [performer of striptease] artista *m OR f* de striptease **-2.** [for paint] disolvente *m*.

strip-search *vt registrar a alguien haciéndole desnudarse.*

striptease ['strɪpti:z] *n* striptease *m*.

stripy ['straɪpɪ] (*compar* **-ier**, *superl* **-iest**) *adj* a rayas, de rayas.

strive [straɪv] (*pt* **strove**, *pp* **striven** ['strɪvn]) *vi fml*: **to ~ for sthg** luchar por algo; **to ~ to do sthg** esforzarse por hacer algo.

strobe (light) ['strəʊb-] *n* luz *f* de discoteca, luz estroboscópica.

strode [strəʊd] *pt* ▷ **stride**.

stroke [strəʊk] ◇ *n* **-1.** MED apoplejía *f*, derrame *m* cerebral **-2.** [of pen] trazo *m*; [of brush] pincelada *f* **-3.** [in swimming] brazada *f*; [in rowing] palada *f* **-4.** [style of swimming] estilo *m* **-5.** [in tennis, golf etc] golpe *m* **-6.** [of clock] campanada *f* **-7.** *UK* TYPO [oblique] barra *f* **-8.** [piece]: **a ~ of genius** una genialidad; **a ~ of luck** un golpe de suerte; **not to do a ~ of work** no dar (ni) golpe; **at a ~** de una vez, de golpe. ◇ *vt* acariciar.

stroll [strəʊl] ◇ *n* paseo *m*; **to go for a ~** dar un paseo. ◇ *vi* pasear.

stroller ['strəʊlə(r)] *n US* [for baby] sillita *f* (de niño).

strong [strɒŋ] *adj* **-1.** [gen] fuerte; **to be still going ~** [person] conservarse bien; [group] seguir en la brecha; [object] estar todavía en forma **-2.** [material, structure] sólido(da), resistente **-3.** [feeling, belief] profundo(da); [opposition, denial] firme; [support] acérrimo(ma); [accent] marcado(da) **-4.** [discipline, policy] estricto(ta) **-5.** [argument] convincente **-6.** [in numbers]: **the crowd was 2,000 ~** la multitud constaba de 2.000 personas **-7.** [good, gifted]: **I've never been ~ at sums** las sumas nunca han sido mi fuerte; **one's ~ point** el punto fuerte de uno **-8.** [concentrated] concentrado(da).

strongarm ['strɒŋɑːm] *adj*: **to use ~ tactics** recurrir a la mano dura.

strongbox ['strɒŋbɒks] *n* caja *f* fuerte.

stronghold ['strɒŋhəʊld] *n fig* [bastion] bastión *m*, baluarte *m*.

strong language *n (U) euphemism* lenguaje *m* fuerte.

strongly ['strɒŋlɪ] *adv* **-1.** [sturdily] fuertemente **-2.** [in degree] intensamente **-3.** [fervently]: **to support/oppose sthg ~** apoyar/oponerse a algo totalmente; **I feel very ~ about that** eso me preocupa muchísimo.

strong man *n* forzudo *m*, hércules *m inv*.

strong-minded [-'maɪndɪd] *adj* firme, decidido(da).

strong room *n* cámara *f* acorazada.

strong-willed [-'wɪld] *adj* tozudo(da).

stroppy ['strɒpɪ] (*compar* **-ier**, *superl* **-iest**) *adj UK inf* con mala uva; **to get ~** cabrearse.

strove [strəʊv] *pt* ▷ **strive**.

struck [strʌk] *pt* & *pp* ▷ **strike**.

structural ['strʌktʃərəl] *adj* estructural.

structurally ['strʌktʃərəlɪ] *adv* estructuralmente; **the house is ~ sound** la estructura de la casa está bien.

structure ['stʌktʃə(r)] ◇ *n* **-1.** [arrangement] estructura *f* **-2.** [building] construcción *f*. ◇ *vt* estructurar.

struggle ['strʌgl] ◇ *n* **-1.** [great effort]: **~ (for sthg/to do sthg)** lucha *f* (por algo/por hacer algo) **-2.** [fight, tussle] forcejeo *m* **-3.** [difficult task]: **it will be a ~ to do it** hacerlo supondrá un gran esfuerzo. ◇ *vi* **-1.** [make great effort]: **to ~ (for sthg/to do sthg)** luchar (por algo/por hacer algo) **-2.** [to free o.s.]: **to ~ free** forcejear para soltarse **-3.** [fight]: **to ~ (with sb)** pelearse (con alguien) **-4.** [move with difficulty]: **to ~ with sthg** llevar algo con dificultad; **to ~ to one's feet** lograr levantarse a duras penas.

◆ **struggle on** *vi*: **to ~ on (with sthg)** continuar a duras penas (con algo).

struggling ['strʌglɪŋ] *adj* [likely to lose, fail] con dificultades.

strum [strʌm] (*pt* & *pp* **-med**, *cont* **-ming**) *vt* & *vi* rasguear.

strung [strʌŋ] *pt* & *pp* ▷ **string**.

strut [strʌt] (*pt* & *pp* **-ted**, *cont* **-ting**) ◇ *n* **-1.** CONSTR puntal *m* **-2.** AERON montante *m*. ◇ *vi* andar pavoneándose.

strychnine ['strɪkniːn] *n* estricnina *f*.

stub [stʌb] (*pt* & *pp* **-bed**, *cont* **-bing**) ◇ *n* **-1.** [of cigarette] colilla *f*; [of pencil] cabo *m* **-2.** [of ticket] resguardo *m*; [of cheque] matriz *f*. ◇ *vt*: **to ~ one's toe on** darse con el pie en.

◆ **stub out** *vt sep* apagar.

stubble ['stʌbl] *n* **-1.** *(U)* [in field] rastrojo *m* **-2.** [on chin] barba *f* incipiente OR de tres días.

stubborn ['stʌbən] *adj* **-1.** [person] terco(ca), testarudo(da) **-2.** [stain] rebelde, difícil.

stubbornly ['stʌbənlɪ] *adv* tercamente, obstinadamente.

stubby ['stʌbɪ] (*compar* **-ier**, *superl* **-iest**) *adj* rechoncho(cha).

stucco ['stʌkəʊ] *n* estuco *m*.

stuck [stʌk] ◇ *pt* & *pp* ▷ **stick**. ◇ *adj* **-1.** [jammed - lid, window] atascado(da); [- finger] pillado(da) **-2.** [unable to progress] atascado(da) **-3.** [stranded] colgado(da) **-4.** [in a meeting, at home] encerrado(da).

stuck-up *adj inf pej* engreído(da), que se lo tiene creído.

stud [stʌd] *n* **-1.** [metal decoration] tachón *m* **-2.** [earring] pendiente *m* **-3.** *UK* [on boot, shoe] taco *m* **-4.** [horse] semental *m*; **to be put out to ~** ser utilizado como semental.

studded ['stʌdɪd] *adj*: **~ (with)** tachonado(da) (con).

student ['stju:dnt] ◇ *n* **-1.** [at college, university] estudiante *m* OR *f* **-2.** [scholar] estudioso *m*, -sa *f*. ◇ *comp* estudiantil.

students' union *n* **-1.** [organization] sindicato *m* de estudiantes **-2.** [building] *lugar donde se reúnen los estudiantes*.

stud farm *n* cuadra *f*.

studied ['stʌdɪd] *adj* [look, smile] estudiado(da); [answer] premeditado(da).

studio ['stju:dɪəʊ] (*pl* **-s**) *n* estudio *m*.

studio apartment *US* = **studio flat**.

studio audience *n* público *m* invitado (al estudio).

studio flat *UK*, **studio apartment** *US* *n* estudio *m*.

studious ['stju:djəs] *adj* estudioso(sa).

studiously ['stju:djəslɪ] *adv* cuidadosamente.

study ['stʌdɪ] (*pl* **-ies**, *pt* & *pp* **-ied**) ◇ *n* estudio *m*. ◇ *vt* **-1.** [learn] estudiar; **to ~ for sth** estudiar para algo **-2.** [examine - report, sb's face] examinar, estudiar. ◇ *vi* estudiar.

◆ **studies** *npl* estudios *mpl*.

study hall *n* *US* **-1.** [room] sala *f* de estudio **-2.** [period] hora *f* de estudio.

stuff [stʌf] ◇ *n* *(U)* *inf* **-1.** [things, belongings] cosas *fpl*; **to know one's ~** saber uno lo que se hace; **and all that ~** y todo eso **-2.** [substance]: **what's that ~ in your pocket?** ¿qué es eso que llevas en el bolsillo?; **this whisky is good ~** este whisky es del bueno. ◇ *vt* **-1.** [push, put] meter **-2.** [fill, cram]: **to ~ sthg (with)** [box, room] llenar algo (de); [pillow, doll] rellenar algo (de) **-3.** [with food]: **to ~ o.s. (with** OR **on)** *inf* atiborrarse OR hartarse (de) **-4.** CULIN rellenar.

stuffed [stʌft] *adj* **-1.** [filled, crammed]: **~ with** atestado(da) de **-2.** *inf* [subj: person - with food] lleno(na), inflado(da) **-3.** CULIN relleno(na) **-4.** [preserved - animal] disecado(da) **-5.** *phr*: **get ~!** *UK v inf* ¡vete al cuerno!

stuffing ['stʌfɪŋ] *n* *(U)* relleno *m*.

stuffy ['stʌfɪ] (*compar* **-ier**, *superl* **-iest**) *adj* **-1.** [atmosphere] cargado(da); [room] mal ventilado(da) **-2.** [old-fashioned] retrógrado(da), carca.

stumble ['stʌmbl] *vi* **-1.** [trip] tropezar **-2.** [make mistake in speech] equivocarse; **to ~ at** OR **over sthg** trabársele la lengua con algo; **to ~ through sthg** decir algo sin parar de equivocarse.

◆ **stumble across, stumble on** *vt fus* [thing] dar con; [person] encontrarse con.

stumbling block ['stʌmblɪŋ-] *n* obstáculo *m*, escollo *m*.

stump [stʌmp] ◇ *n* [of tree] tocón *m*; [of limb] muñón *m*. ◇ *vt* **-1.** [subj: question, problem] dejar perplejo(ja); **I'm ~ed** no tengo ni idea; **he was ~ed for an answer** no sabía qué contestar **-2.** *US* POL [constituency, state] recorrer en campaña electoral.

◆ **stump up** *vt fus* *UK inf* apoquinar.

stun [stʌn] (*pt* & *pp* **-ned**, *cont* **-ning**) *vt lit* & *fig* aturdir.

stung [stʌŋ] *pt* & *pp* ▷ **sting**.

stunk [stʌŋk] *pt* & *pp* ▷ **stink**.

stunning ['stʌnɪŋ] *adj* **-1.** [very beautiful] imponente **-2.** [shocking] pasmoso(sa).

stunt [stʌnt] ◇ *n* **-1.** [for publicity] truco *m* publicitario **-2.** CINEMA escena *f* arriesgada OR peligrosa. ◇ *vt* atrofiar.

stunted ['stʌntɪd] *adj* esmirriado(da).

stunt man *n* especialista *m*, doble *m*.

stupefy ['stju:pɪfaɪ] (*pt* & *pp* **-ied**) *vt* **-1.** [tire, bore] aturdir, atontar **-2.** [surprise] dejar estupefacto(ta).

stupendous [stju:'pendəs] *adj inf* [wonderful] estupendo(da); [very large] enorme.

stupid ['stju:pɪd] *adj* **-1.** [foolish] estúpido(da), baboso(sa) *Amér* **-2.** *inf* [annoying] puñetero(ra).

stupidity [stju:'pɪdətɪ] *n* *(U)* estupidez *f*.

stupidly ['stju:pɪdlɪ] *adv* estúpidamente.

stupor ['stju:pə[r]] *n* estupor *m*, atontamiento *m*.

sturdy ['stɜ:dɪ] (*compar* **-ier**, *superl* **-iest**) *adj* [person, shoulders] fuerte; [furniture, bridge] firme, sólido(da).

sturgeon ['stɜ:dʒən] (*pl inv*) *n* esturión *m*.

stutter ['stʌtə[r]] ◇ *n* tartamudeo *m*. ◇ *vi* tartamudear. ◇ *vt* decir tartamudeando.

sty [staɪ] (*pl* **sties**) *n* [pigsty] pocilga *f*.

stye [staɪ] *n* orzuelo *m*.

style [staɪl] ◇ *n* **-1.** [characteristic manner] estilo *m*; **in the ~ of** al estilo de **-2.** *(U)* [smartness, elegance] clase *f* **-3.** [design] modelo *m*. ◇ *vt* [hair] peinar.

stylish ['staɪlɪʃ] *adj* elegante, con estilo.

stylist ['staɪlɪst] *n* [hairdresser] peluquero *m*, -ra *f*.

stylized, -ised ['staɪlaɪzd] *adj* estilizado(da).

stylus ['staɪləs] (*pl* **-es**) *n* [on record player] aguja *f*.

stymie ['staɪmɪ] *vt inf* [plan] fastidiar; [person] desconcertar.

styrofoam® ['staɪrəfəʊm] *n* *US* poliestireno *m*.

suave [swɑ:v] *adj* [well-mannered] afable, amable; [obsequious] zalamero(ra).

sub [sʌb] *n inf* **-1.** SPORT (*abbr of* **substitute**) reserva *m* OR *f* **-2.** (*abbr of* **submarine**) submarino *m* **-3.** *UK* (*abbr of* **subscription**) subscripción *f*.

sub- [sʌb] *prefix* sub-.

subcommittee [ˈsʌbkəˌmɪtɪ] *n* [gen] subcomité *m*; *POL* subcomisión *f*.

subconscious [ˌsʌbˈkɒnʃəs] ◇ *adj* subconsciente. ◇ *n*: **the ~** el subconsciente.

subconsciously [ˌsʌbˈkɒnʃəslɪ] *adj* de forma subconsciente.

subcontinent [ˌsʌbˈkɒntɪnənt] *n* subcontinente *m*.

subcontract [ˌsʌbkənˈtrækt] *vt* subcontratar.

subculture [ˈsʌbˌkʌltʃəʳ] *n* subcultura *f*.

subdivide [ˌsʌbdɪˈvaɪd] *vt* subdividir.

subdue [səbˈdjuː] *vt* **-1.** [enemy, nation] someter, sojuzgar **-2.** [feelings] contener, dominar **-3.** [light, colour] atenuar, suavizar.

subdued [səbˈdjuːd] *adj* **-1.** [person] apagado(da) **-2.** [emotion] ligero(ra) **-3.** [colour, light] tenue.

subeditor [ˌsʌbˈedɪtəʳ] *n* redactor *m*, -ra *f*.

subgroup [ˈsʌbgruːp] *n* subgrupo *m*.

subheading [ˈsʌbˌhedɪŋ] *n* subtítulo *m*.

subhuman [ˌsʌbˈhjuːmən] *adj pej* infrahumano(na).

subject [*adj, n & prep* ˈsʌbdʒekt, *vt* səbˈdʒekt] ◇ *adj* **-1.** [not independent] subyugado(da) **-2.** [affected]: **~ to** [taxes, changes, law] sujeto(ta) a; [illness] proclive a. ◇ *n* **-1.** [topic] tema *m*; **don't change the ~** no cambies de tema **-2.** *GRAMM* sujeto *m* **-3.** *SCH & UNIV* asignatura *f* **-4.** [citizen] súbdito *m*, -ta *f*. ◇ *vt* **-1.** [bring under control] someter, dominar **-2.** [force to experience]: **to ~ sb to sthg** someter a alguien a algo.
◆ **subject to** *prep* dependiendo de; **~ to approval** previa aprobación.

subjection [səbˈdʒekʃn] *n* sometimiento *m*, dominación *f*.

subjective [səbˈdʒektɪv] *adj* subjetivo(va).

subjectively [səbˈdʒektɪvlɪ] *adv* de forma subjetiva.

subject matter [ˈsʌbdʒekt-] *n (U)* tema *m*, contenido *m*.

subjugate [ˈsʌbdʒʊgeɪt] *vt fml* **-1.** [conquer] subyugar, sojuzgar **-2.** [treat as less important] supeditar.

subjunctive [səbˈdʒʌŋktɪv] *n GRAMM*: **~ (mood)** (modo *m*) subjuntivo *m*.

sublet [ˌsʌbˈlet] (*pt & pp* **sublet**, *cont* **-ting**) *vt & vi* subarrendar.

sublime [səˈblaɪm] *adj* [wonderful] sublime; **from the ~ to the ridiculous** de lo sublime a lo ridículo.

sublimely [səˈblaɪmlɪ] *adv* absolutamente, completamente.

subliminal [ˌsʌbˈlɪmɪnl] *adj* subliminal.

submachine gun [ˌsʌbməˈʃiːn-] *n* metralleta *f*, ametralladora *f*.

submarine [ˌsʌbməˈriːn] *n* **-1.** submarino *m* **-2.** *US* [sandwich] bocadillo *OR* sandwich hecho con una barra de pan larga y estrecha.

submerge [səbˈmɜːdʒ] ◇ *vt* **-1.** [in water] sumergir **-2.** *fig* [in activity]: **to ~ o.s. in sthg** dedicarse de lleno a algo. ◇ *vi* sumergirse.

submission [səbˈmɪʃn] *n* **-1.** [capitulation] sumisión *f* **-2.** [presentation] presentación *f*.

submissive [səbˈmɪsɪv] *adj* sumiso(sa).

submit [səbˈmɪt] (*pt & pp* **-ted**, *cont* **-ting**) ◇ *vt* presentar. ◇ *vi*: **to ~ (to sb)** rendirse (a alguien); **to ~ (to sthg)** someterse (a algo).

subnormal [ˌsʌbˈnɔːml] *adj* subnormal.

subordinate [*adj & n* səˈbɔːdɪnət, *vt* səˈbɔːdɪneɪt] ◇ *adj fml* [less important]: **~ (to)** subordinado(da) (a). ◇ *n* subordinado *m*, -da *f*. ◇ *vt fml* subordinar.

subordinate clause [səˈbɔːdɪnət-] *n* oración *f* subordinada.

subordination [səˌbɔːdɪˈneɪʃn] *n*: **~ (of sthg to sthg)** subordinación *f* (de algo a algo).

subpoena [səˈpiːnə] (*pt & pp* **-ed**) *JUR* ◇ *n* citación *f*. ◇ *vt* citar.

sub-post office *n UK estafeta de correos semiprivada*.

subroutine [ˈsʌbruːˌtiːn] *n COMPUT* subrutina *f*.

subscribe [səbˈskraɪb] *vi* **-1.** [to magazine, newspaper]: **to ~ (to)** suscribirse (a) **-2.** [to belief]: **to ~ to** estar de acuerdo con.

subscriber [səbˈskraɪbəʳ] *n* **-1.** [to magazine, newspaper] suscriptor *m*, -ra *f* **-2.** [to service] abonado *m*, -da *f* **-3.** [to charity] donante *m OR f*.

subscription [səbˈskrɪpʃn] *n* [to magazine] suscripción *f*; [to service] abono *m*; [to society, club] cuota *f*; **to take out a ~ to sthg** suscribirse a algo.

subsection [ˈsʌbˌsekʃn] *n* apartado *m*.

subsequent [ˈsʌbsɪkwənt] *adj* subsiguiente, posterior; **~ to this** con posterioridad a esto.

subsequently [ˈsʌbsɪkwəntlɪ] *adv* posteriormente.

subservient [səbˈsɜːvjənt] *adj* **-1.** [servile]: **~ (to sb)** servil (ante alguien) **-2.** [less important]: **~ (to sthg)** subordinado(da) (a algo).

subside [səbˈsaɪd] *vi* **-1.** [anger] apaciguarse; [pain] calmarse; [grief] pasarse; [storm, wind] amainar **-2.** [noise] apagarse **-3.** [river] bajar, descender; [building, ground] hundirse.

subsidence [səbˈsaɪdns, ˈsʌbsɪdns] *n CONSTR* hundimiento *m*.

subsidiarity [səbsɪdɪˈærɪtɪ] *n* subsidiariedad *f*.

subsidiary [səbˈsɪdjərɪ] (*pl* **-ies**) ◇ *adj* secundario(ria). ◇ *n*: **~ (company)** filial *f*.

subsidize, -ise [ˈsʌbsɪdaɪz] *vt* subvencionar.

subsidy [ˈsʌbsɪdɪ] (*pl* **-ies**) *n* subvención *f*.

subsist [səb'sɪst] *vi*: **to ~ (on sthg)** subsistir (a base de algo).

subsistence [səb'sɪstəns] *n* subsistencia *f*.

subsistence farming *n* agricultura *f* de autoabastecimiento.

subsistence level *n* nivel *m* mínimo de subsistencia.

substance ['sʌbstəns] *n* **-1.** [gen] sustancia *f* **-2.** [essence] esencia *f*.

substandard [ˌsʌb'stændəd] *adj* deficiente.

substantial [səb'stænʃl] *adj* **-1.** [large, considerable] sustancial, considerable; [meal] abundante **-2.** [solid] sólido(da).

substantially [səb'stænʃəlɪ] *adv* **-1.** [quite a lot] sustancialmente, considerablemente **-2.** [fundamentally] esencialmente; [for the most part] en gran parte.

substantiate [səb'stænʃɪeɪt] *vt fml* justificar.

substitute ['sʌbstɪtju:t] ◇ *n* **-1.** [replacement]: **~ (for)** sustituto *m*, -ta *f* (de); **to be no ~ (for)** ser un pobre remedo (de) **-2.** *SPORT* suplente *m OR f*, reserva *m OR f*. ◇ *vt*: **to ~ sthg/sb for** sustituir algo/a alguien por. ◇ *vi*: **to ~ for sb/sthg** sustituir a alguien/algo.

substitute teacher *n US* profesor *m*, -ra *f* suplente.

substitution [ˌsʌbstɪ'tju:ʃn] *n* sustitución *f*.

subterfuge ['sʌbtəfju:dʒ] *n* **-1.** [art of deception] engaño *m* **-2.** [trick] subterfugio *m*.

subterranean [ˌsʌbtə'reɪnjən] *adj* subterráneo(a).

subtitle ['sʌbˌtaɪtl] *n* subtítulo *m*.

subtle ['sʌtl] *adj* **-1.** [gen] sutil; [taste, smell] delicado(da) **-2.** [plan, behaviour] ingenioso(sa).

subtlety ['sʌtltɪ] *n* **-1.** [gen] sutileza *f*; [of taste, smell] delicadeza *f* **-2.** [of plan, behaviour] ingenio *m*.

subtly ['sʌtlɪ] *adv* **-1.** [not obviously] sútilmente **-2.** [cleverly] ingeniosamente.

subtotal ['sʌbtəʊtl] *n* subtotal *m*.

subtract [səb'trækt] *vt*: **to ~ sthg (from)** restar algo (de).

subtraction [səb'trækʃn] *n* resta *f*.

subtropical [ˌsʌb'trɒpɪkl] *adj* subtropical.

suburb ['sʌbɜ:b] *n* barrio *m* residencial.
◆ **suburbs** *npl*: **the ~s** las afueras.

suburban [sə'bɜ:bn] *adj* **-1.** [of suburbs] de los barrios residenciales **-2.** *pej* [boring] convencional, burgués(esa).

suburbia [sə'bɜ:bɪə] *n (U)* barrios *mpl* residenciales.

subversion [səb'vɜ:ʃn] *n* subversión *f*.

subversive [səb'vɜ:sɪv] ◇ *adj* subversivo(va). ◇ *n* subversivo *m*, -va *f*.

subvert [səb'vɜ:t] *vt* subvertir.

subway ['sʌbweɪ] *n* **-1.** *UK* [underground walkway] paso *m* subterráneo **-2.** *US* [underground railway] metro *m*, subte(rráneo) *m RP*.

sub-zero *adj* bajo cero; **~ temperatures** temperaturas bajo cero.

succeed [sək'si:d] ◇ *vt* suceder a; **to ~ sb to the throne** suceder a alguien en el trono. ◇ *vi* **-1.** [gen] tener éxito **-2.** [achieve desired result]: **to ~ in sthg/in doing sthg** conseguir algo/hacer algo **-3.** [plan, tactic] dar (buen) resultado, salir bien **-4.** [go far in life] triunfar.

succeeding [sək'si:dɪŋ] *adj fml* siguiente.

success [sək'ses] *n* **-1.** [gen] éxito *m*; **to be a ~** tener éxito **-2.** [in career, life] triunfo *m*.

successful [sək'sesfʊl] *adj* [gen] de éxito; [attempt] logrado(da); **to be ~ in sthg** tener éxito en algo.

successfully [sək'sesfʊlɪ] *adv* con éxito.

succession [sək'seʃn] *n* sucesión *f*; **to follow in quick** *OR* **close ~** sucederse rápidamente.

successive [sək'sesɪv] *adj* sucesivo(va), consecutivo(va); **he won on 3 ~ years** ganó durante tres años consecutivos.

successor [sək'sesə[r]] *n* sucesor *m*, -ra *f*.

success story *n* éxito *m*.

succinct [sək'sɪŋkt] *adj* sucinto(ta).

succinctly [sək'sɪŋktlɪ] *adv* sucintamente.

succour *UK*, **succor** *US* ['sʌkə[r]] *n literary* socorro *m*, auxilio *m*.

succulent ['sʌkjʊlənt] *adj* suculento(ta).

succumb [sə'kʌm] *vi*: **to ~ (to)** sucumbir (a).

such [sʌtʃ] ◇ *adj* **-1.** [like that] semejante, tal; **~ stupidity** tal *OR* semejante estupidez; **there's no ~ thing** no existe nada semejante **-2.** [like this]: **have you got ~ a thing as a tin opener?** ¿tendrías acaso un abrelatas?; **~ words as 'duty' and 'honour'** palabras (tales) como 'deber' y 'honor' **-3.** [whatever]: **I've spent ~ money as I had** he gastado el poco dinero que tenía **-4.** [so great, so serious]: **there are ~ differences that ...** las diferencias son tales que ...; **~ ... that** tal ... que. ◇ *adv* tan; **~ a lot of books** tantos libros; **~ nice people** una gente tan amable; **~ a good car** un coche tan bueno; **~ a long time** tanto tiempo. ◇ *pron*: **and ~ (like)** y otros similares *OR* por el estilo; **this is my car, ~ as it is** este es mi coche, aunque no sea gran cosa; **have some wine, ~ as there is** sírvete vino, si es que aún queda.
◆ **as such** *pron* propiamente dicho(cha).
◆ **such and such** *adj*: **at ~ and ~ a time** a tal hora.

suchlike ['sʌtʃlaɪk] *pron* [things] cosas por el estilo; [people] gente de este tipo.

suck [sʌk] ◇ *vt* **-1.** [by mouth] chupar **-2.** [subj:

machine] aspirar **-3.** *fig* [involve]: **to be ~ed into sthg** verse envuelto(ta) en algo. ◇ *vi US v inf* [be bad] [book, film]: **that really ~s!** ¡es una mierda!

◆ **suck up** *vi inf*: **to ~ up (to)** hacer la pelota (a).

sucker ['sʌkəʳ] *n* **-1.** [of animal] ventosa *f* **-2.** *inf* [gullible person] primo *m*, -ma *f*, ingenuo *m*, -nua *f*; **to be a ~ for punishment** ser un masoquista.

suckle ['sʌkl] ◇ *vt* amamantar. ◇ *vi* mamar.

sucrose ['su:krəʊz] *n* sacarosa *f*.

suction ['sʌkʃn] *n* [gen] succión *f*; [by machine] aspiración *f*.

suction pump *n* bomba *f* de aspiración.

Sudan [su:'dɑ:n] *n* (el) Sudán.

Sudanese [ˌsu:də'ni:z] ◇ *adj* sudanés(esa). ◇ *n* sudanés *m*, -esa *f*. ◇ *npl*: **the ~** los sudaneses.

sudden ['sʌdn] *adj* [quick] repentino(na); [unforeseen] inesperado(da); **all of a ~** de repente.

sudden death *n SPORT* muerte *f* súbita.

suddenly ['sʌdnlɪ] *adv* de repente, de pronto.

suddenness ['sʌdnnɪs] *n* [quickness] lo repentino; [unexpectedness] lo inesperado.

suds [sʌdz] *npl* espuma *f* del jabón.

sue [su:] *vt*: **to ~ sb (for)** demandar a alguien (por).

suede [sweɪd] ◇ *n* [for jacket, shoes] ante *m*; [for gloves] cabritilla *f*. ◇ *comp* [jacket, shoes] de ante; [gloves] de cabritilla.

suet ['sʊɪt] *n* sebo *m*.

Suez ['sʊɪz] *n* Suez.

Suez Canal *n*: **the ~** el canal de Suez.

suffer ['sʌfəʳ] ◇ *vt* sufrir. ◇ *vi* **-1.** [gen] sufrir **-2.** [experience negative effects] salir perjudicado(da) **-3.** *MED*: **to ~ from** [illness] sufrir *OR* padecer de.

sufferance ['sʌfrəns] *n*: **he was staying with us on ~** se quedó con nosotros porque se lo toleramos.

sufferer ['sʌfrəʳ] *n* enfermo *m*, -ma *f*; **cancer ~** enfermo de cáncer; **hay fever ~** persona que padece fiebre del heno.

suffering ['sʌfrɪŋ] *n* [gen] sufrimiento *m*; [pain] dolor *m*.

suffice [sə'faɪs] *vi fml* ser suficiente, bastar.

sufficient [sə'fɪʃnt] *adj fml* suficiente, bastante.

sufficiently [sə'fɪʃntlɪ] *adv fml* suficientemente, bastante.

suffix ['sʌfɪks] *n* sufijo *m*.

suffocate ['sʌfəkeɪt] ◇ *vt* asfixiar, ahogar. ◇ *vi* asfixiarse, ahogarse.

suffocation [ˌsʌfə'keɪʃn] *n* asfixia *f*, ahogo *m*.

suffrage ['sʌfrɪdʒ] *n* sufragio *m*.

suffuse [sə'fju:z] *vt*: **~d with** bañado de.

sugar ['ʃʊgəʳ] ◇ *n* azúcar *m OR f*. ◇ *vt* echar azúcar a.

sugar beet *n* remolacha *f* (azucarera).

sugar bowl *n* azucarero *m*.

sugarcane ['ʃʊgəkeɪn] *n (U)* caña *f* de azúcar.

sugar-coated [-'kəʊtɪd] *adj* [sweets] cubierto(ta) de azúcar; [almonds] garrapiñado(da).

sugared ['ʃʊgəd] *adj* azucarado(da), con azúcar.

sugar lump *n* terrón *m* de azúcar.

sugar refinery *n* refinería *f* de azúcar.

sugary ['ʃʊgərɪ] *adj* **-1.** [high in sugar] azucarado(da), dulce **-2.** *pej* [sentimental] sensiblero(ra).

suggest [sə'dʒest] *vt* **-1.** [propose] sugerir, proponer; **to ~ doing sthg** sugerir hacer algo; **to ~ that sb do sthg** sugerir que alguien haga algo **-2.** [imply] insinuar; **his work ~s a lack of care** su trabajo hace pensar que no se preocupa lo suficiente.

suggestion [sə'dʒestʃn] *n* **-1.** [proposal] sugerencia *f* **-2.** [implication] insinuación *f*; **there was no ~ of murder** no había nada que indicara que fue un asesinato **-3.** *PSYCH* sugestión *f*.

suggestive [sə'dʒestɪv] *adj* **-1.** [implying sexual connotation] provocativo(va), insinuante **-2.** [implying a certain conclusion]: **~ (of)** indicativo(va) (de) **-3.** [reminiscent]: **~ of** evocador(ra) (de).

suicidal [sʊɪ'saɪdl] *adj lit & fig* suicida.

suicide ['su:ɪsaɪd] *n lit & fig* suicidio *m*; **to commit ~** suicidarse.

suicide attempt *n* intento *m* de suicidio.

suit [su:t] ◇ *n* **-1.** [clothes - for men] traje *m*, tenida *f Chile*; [- for women] traje de chaqueta **-2.** [in cards] palo *m* **-3.** *JUR* pleito *m* **-4.** *phr*: **to follow ~** *fig* seguir el ejemplo, hacer lo mismo. ◇ *vt* **-1.** [look attractive on] favorecer, sentar bien a, embonar *Andes, Cuba & Méx*; **it ~s you** te favorece, te sienta bien **-2.** [be convenient or agreeable to] convenir, venir bien a; **that ~s me fine** por mí, estupendo; **~ yourself!** ¡como quieras! **-3.** [be appropriate to] ser adecuado(da) para; **that job ~s you perfectly** ese trabajo te va de perlas.

suitability [ˌsu:tə'bɪlətɪ] *n* [aptness] idoneidad *f*; [convenience] conveniencia *f*.

suitable ['su:təbl] *adj* adecuado(da); **the most ~ person** la persona más indicada; **to be ~ for sthg** ser adecuado(da) para algo.

suitably ['su:təblɪ] *adv* adecuadamente; **I was ~ impressed** como era de esperar, estaba impresionado.

suitcase ['su:tkeɪs] *n* maleta *f*, petaca *f Méx*, valija *f RP.*

suite [swi:t] *n* **-1.** [of rooms] suite *f* **-2.** [of furniture] juego *m*; **dining-room ~** comedor *m*.

suited ['su:tɪd] *adj*: **~ to/for** adecuado(da) para; **the couple are ideally ~** forman una pareja perfecta.

suitor ['su:tə^r] *n dated* pretendiente *m*.

sulfate *US* = **sulphate.**

sulfur *US* = **sulphur.**

sulfuric acid *US* = **sulphuric acid.**

sulk [sʌlk] <> *n*: **he went into a ~** le entró un arrebato de mal humor. <> *vi* estar de mal humor, enfurruñarse.

sulky ['sʌlkɪ] (*compar* **-ier**, *superl* **-iest**) *adj* malhumorado(da).

sullen ['sʌlən] *adj* hosco(ca), antipático(ca).

sulphate *UK*, **sulfate** *US* ['sʌlfeɪt] *n* sulfato *m*.

sulphur *UK*, **sulfur** *US* ['sʌlfə^r] *n* azufre *m*.

sulphuric acid *UK*, **sulfuric acid** *US* [sʌl'fjʊərɪk-] *n* ácido *m* sulfúrico.

sultan ['sʌltən] *n* sultán *m*.

sultana [səl'tɑ:nə] *n UK* [dried grape] pasa *f* de Esmirna.

sultry ['sʌltrɪ] (*compar* **-ier**, *superl* **-iest**) *adj* **-1.** [hot] bochornoso(sa), sofocante **-2.** [sexual] sensual.

sum [sʌm] (*pt* & *pp* **-med**, *cont* **-ming**) *n* suma *f*.
◆ **sum up** *vt sep* & *vi* [summarize] resumir.

summarily ['sʌmərəlɪ] *adv* sumariamente.

summa cum laude ['sʊmɑ:kʊm'laʊdeɪ] *adv US*: **to graduate ~** *licenciarse con la nota más alta en la escala de calificaciones.*

summarize, -ise ['sʌməraɪz] *vt* & *vi* resumir.

summary ['sʌmərɪ] (*pl* **-ies**) <> *adj fml* sumario(ria). <> *n* resumen *m*.

summation [sʌ'meɪʃn] *n* [sum] suma *f*; [summary] resumen *m*.

summer ['sʌmə^r] <> *n* verano *m*; **in ~** en verano. <> *comp* de verano.

summer camp *n US* colonia *f* de verano.

summerhouse ['sʌməhaʊs, *pl* -haʊzɪz] *n* cenador *m*.

summer school *n* escuela *f* de verano.

summertime ['sʌmətaɪm] *n*: **(the) ~** (el) verano.

Summer Time *n UK* hora *f* de verano.

summery ['sʌmərɪ] *adj* veraniego(ga), estival.

summing-up [ˌsʌmɪŋ-] (*pl* **summings-up**) *n JUR* resumen *m*.

summit ['sʌmɪt] *n* **-1.** [mountain-top] cima *f*, cumbre *f* **-2.** [meeting] cumbre *f*.

summon ['sʌmən] *vt* [person] llamar; [meeting] convocar.
◆ **summon up** *vt sep* [courage] armarse de; **to ~ up the courage to do sthg** armarse de valor para hacer algo; **to ~ up the strength to do sthg** reunir fuerzas para hacer algo.

summons ['sʌmənz] (*pl* **summonses**) *JUR* <> *n* citación *f*. <> *vt* citar.

sumo (wrestling) ['su:məʊ-] *n* sumo *m*.

sump [sʌmp] *n* cárter *m*.

sumptuous ['sʌmptʃʊəs] *adj* suntuoso(sa).

sum total *n* suma *f* total.

sun [sʌn] (*pt* & *pp* **-ned**, *cont* **-ning**) <> *n* sol *m*; **in the ~** al sol; **everything under the ~** todo lo habido y por haber. <> *vt* : **to ~ o.s.** tomar el sol.

Sun. (*abbr of* **Sunday**) dom.

sunbathe ['sʌnbeɪð] *vi* tomar el sol.

sunbather ['sʌnbeɪðə^r] *n* persona *f* que toma el sol.

sunbeam ['sʌnbi:m] *n* rayo *m* de sol.

sunbed ['sʌnbed] *n* camilla *f* de rayos ultravioletas.

sunburn ['sʌnbɜ:n] *n (U)* quemadura *f* de sol.

sunburned ['sʌnbɜ:nd], **sunburnt** ['sʌnbɜ:nt] *adj* quemado(da) por el sol.

sundae ['sʌndeɪ] *n helado con fruta y nueces.*

Sunday ['sʌndɪ] *n* domingo *m*; **~ lunch** *comida del domingo que generalmente consiste en carne asada, patatas asadas etc*; *see also* **Saturday.**

Sunday paper *n UK* (periódico *m*) dominical *m*.

Sunday school *n* catequesis *f inv*.

sundial ['sʌndaɪəl] *n* reloj *m* de sol.

sundown ['sʌndaʊn] *n* anochecer *m*.

sundries ['sʌndrɪz] *npl fml* [gen] artículos *mpl* diversos; *FIN* gastos *mpl* diversos.

sundry ['sʌndrɪ] *adj fml* diversos(sas); **all and ~** todos sin excepción.

sunflower ['sʌnˌflaʊə^r] *n* girasol *m*.

sunflower seed pipa *f* de girasol.

sung [sʌŋ] *pp* ▻ **sing.**

sunglasses ['sʌnˌglɑ:sɪz] *npl* gafas *fpl* de sol.

sunhat ['sʌnhæt] *n* pamela *f*.

sunk [sʌŋk] *pp* ▻ **sink.**

sunken ['sʌŋkən] *adj* hundido(da).

sunlamp ['sʌnlæmp] *n* lámpara *f* de rayos ultravioletas.

sunlight ['sʌnlaɪt] *n* luz *f* del sol; **in direct ~** a la luz directa del sol.

sunlit ['sʌnlɪt] *adj* iluminado(da) por el sol.

Sunni ['sʊnɪ] (*pl* **-s**) *n* [doctrine] sunna *f*.

sunny ['sʌnɪ] (*compar* **-ier**, *superl* **-iest**) *adj* **-1.** [day] de sol; [room] soleado(da) **-2.** [cheerful] alegre **-3.** *phr*: **~ side up** *US* [egg] frito.

sunrise ['sʌnraɪz] *n* **-1.** *(U)* [time of day] amanecer *m* **-2.** [event] salida *f* del sol.

sunroof ['sʌnru:f] *n* [on car] techo *m* corredizo; [on building] azotea *f*.

sunset ['sʌnset] *n* **-1.** *(U)* [time of day] anochecer *m* **-2.** [event] puesta *f* del sol.

sunshade ['sʌnʃeɪd] *n* sombrilla *f*.

sunshine ['sʌnʃaɪn] *n* (luz *f* del) sol *m*.

sunspot ['sʌnspɒt] *n* ASTRON mancha *f* solar.

sunstroke ['sʌnstrəʊk] *n (U)* insolación *f*; **to get ~** coger una insolación.

suntan ['sʌntæn] <> *n* bronceado *m*; **to have a ~** estar bronceado(da); **to get a ~** broncearse. <> *comp* [lotion, cream] bronceador(ra).

suntanned ['sʌntænd] *adj* bronceado(da).

suntrap ['sʌntræp] *n* lugar *m* muy soleado.

sunup ['sʌnʌp] *n (U) US inf* salida *f* del sol.

super ['su:pə^r] <> *adj* **-1.** *inf* [wonderful] estupendo(da), fenomenal **-2.** [better than normal - size etc] superior. <> *n US inf* [of apartment building] portero(ra).

superabundance [ˌsu:pərə'bʌndəns] *n* superabundancia *f*.

superannuation ['su:pəˌrænjʊ'eɪʃn] *n (U)* jubilación *f*, pensión *f*.

superb [su:'pɜ:b] *adj* excelente, magnífico (ca).

superbly [su:'pɜ:blɪ] *adv* de manera excelente.

Super Bowl *n US*: **the ~** *la final del campeonato estadounidense de fútbol americano.*

supercilious [ˌsu:pə'sɪlɪəs] *adj* altanero(ra).

superficial [ˌsu:pə'fɪʃl] *adj* superficial.

superfluous [su:'pɜ:flʊəs] *adj* superfluo(flua).

superglue ['su:pəglu:] *n* cola *f* de contacto.

superhuman [ˌsu:pə'hju:mən] *adj* sobrehumano(na).

superimpose [ˌsu:pərɪm'pəʊz] *vt*: **to ~ sthg on** superponer OR sobreponer algo a.

superintend [ˌsu:pərɪn'tend] *vt* supervisar.

superintendent [ˌsu:pərɪn'tendənt] *n* **-1.** *UK* [of police] ≃ subjefe *m*, -fa *f* (de policía) **-2.** *fml* [of department] supervisor *m*, -ra *f* **-3.** *US inf* [of apartment building] portero *m*, -ra *f*.

superior [su:'pɪərɪə^r] <> *adj* **-1.** [gen]: **~ (to)** superior (a) **-2.** *pej* [arrogant] altanero(ra), arrogante. <> *n* superior *m* OR *f*.

superiority [su:ˌpɪərɪ'ɒrətɪ] *n* **-1.** [gen] superioridad *f* **-2.** *pej* [arrogance] altanería *f*, arrogancia *f*.

superlative [su:'pɜ:lətɪv] <> *adj* [of the highest quality] supremo(ma). <> *n* GRAMM superlativo *m*.

supermarket ['su:pəˌmɑ:kɪt] *n* supermercado *m*.

supernatural [ˌsu:pə'nætʃrəl] <> *adj* sobrenatural. <> *n*: **the ~** lo sobrenatural.

superpower ['su:pəˌpaʊə^r] *n* superpotencia *f*.

supersede [ˌsu:pə'si:d] *vt* suplantar.

supersonic [ˌsu:pə'sɒnɪk] *adj* supersónico(ca).

superstar ['su:pəstɑ:^r] *n* superestrella *f*.

superstition [ˌsu:pə'stɪʃn] *n* superstición *f*.

superstitious [ˌsu:pə'stɪʃəs] *adj* supersticioso(sa).

superstore ['su:pəstɔ:^r] *n* hipermercado *m*.

superstructure ['su:pəˌstrʌktʃə^r] *n* superestructura *f*.

supertanker ['su:pəˌtæŋkə^r] *n* superpetrolero *m*.

supertax ['su:pətæks] *n* impuesto *m* adicional.

supervise ['su:pəvaɪz] *vt* [person] vigilar; [activity] supervisar.

supervision [ˌsu:pə'vɪʒn] *n* supervisión *f*; **under ~** bajo supervisión.

supervisor ['su:pəvaɪzə^r] *n* [gen] supervisor *m*, -ra *f*; [of thesis] director *m*, -ra *f*.

supper ['sʌpə^r] *n* **-1.** [evening meal] cena *f* **-2.** [before bedtime] *tentempié tomado antes de acostarse.*

supplant [sə'plɑ:nt] *vt fml* suplantar.

supple ['sʌpl] *adj* flexible.

supplement [*n* 'sʌplɪmənt, *vb* 'sʌplɪment] <> *n* suplemento *m*. <> *vt* complementar.

supplementary [ˌsʌplɪ'mentərɪ] *adj* suplementario(ria).

supplier [sə'plaɪə^r] *n* proveedor *m*, -ra *f*, suministrador *m*, -ra *f*.

supply [sə'plaɪ] <> *n* **-1.** [gen] suministro *m*; [of jokes etc] surtido *m*; **water/electricity ~** suministro de agua/electricidad; **to be in short ~** escasear **-2.** *(U)* ECON oferta *f*; **~ and demand** la oferta y la demanda. <> *vt*: **to ~ sthg (to)** suministrar OR proveer algo (a); **to ~ sb (with)** proveer a alguien (de); **to ~ sthg with sthg** suministrar a algo de algo.

◆ **supplies** *npl* MIL pertrechos *mpl*; [food] provisiones *fpl*; [for office etc] material *m*.

supply teacher *n UK* profesor *m*, -ra *f* suplente.

support [sə'pɔ:t] <> *n* **-1.** *(U)* [physical, moral, emotional] apoyo *m*; **in ~ of** en apoyo de **-2.** *(U)* [financial] ayuda *f* **-3.** *(U)* [intellectual] respaldo *m* **-4.** TECH soporte *m*. <> *vt* **-1.** [physically] sostener **-2.** [emotionally, morally, intellectually] apoyar **-3.** [financially - oneself, one's family] mantener; [- company, organization] financiar; **to ~ o.s.** ganarse la vida **-4.** SPORT seguir.

supporter [sə'pɔːtəʳ] *n* **-1.** [gen] partidario *m*, -ria *f* **-2.** SPORT hincha *m* OR *f*, seguidor *m*, -ra *f*.

supportive [sə'pɔːtɪv] *adj* comprensivo(va); **she has been very ~ to her** la ha ayudado mucho.

suppose [sə'pəʊz] ◇ *vt* suponer; **I don't ~ you could help me** [in polite request] ¿crees que podrías ayudarme, por favor?; **you don't ~ she's ill, do you?** [asking opinion] no estará enferma, ¿verdad? ◇ *vi* suponer; **I ~ (so)** supongo (que sí); **I ~ not** supongo que no; **I ~ you're right** supongo que tienes razón. ◇ *conj* si; **~ your father found out?** ¿y si se entera tu padre?

supposed [sə'pəʊzd] *adj* **-1.** [doubtful] supuesto(ta) **-2.** [intended]: **he was ~ to be here at eight** debería haber estado aquí a las ocho **-3.** [reputed]: **it's ~ to be very good** se supone OR se dice que es muy bueno.

supposedly [sə'pəʊzɪdlɪ] *adv* según cabe suponer.

supposing [sə'pəʊzɪŋ] *conj*: **~ your father found out?** ¿y si se entera tu padre?

supposition [ˌsʌpə'zɪʃn] *n* suposición *f*.

suppository [sə'pɒzɪtrɪ] (*pl* **-ies**) *n* supositorio *m*.

suppress [sə'pres] *vt* **-1.** [uprising] reprimir **-2.** [information] ocultar **-3.** [emotions] contener.

suppression [sə'preʃn] *n* **-1.** [gen] represión *f* **-2.** [of information] ocultación *f*.

supremacy [sʊ'preməsɪ] *n* supremacía *f*.

supreme [sʊ'priːm] *adj* supremo(ma).

Supreme Court *n*: **the ~** [in US] el Tribunal Supremo (de los Estados Unidos).

SUPREME COURT

El Tribunal Supremo es el máximo órgano de la administración de justicia en los Estados Unidos. Este tribunal, formado por miembros nombrados por el Presidente, tiene el poder de decisión final, así como el derecho a interpretar la Constitución.

supremely [sʊ'priːmlɪ] *adv* sumamente.

supremo [sʊ'priːməʊ] (*pl* **-s**) *n* **UK** *inf* jefe supremo *m*, jefa suprema *f*.

Supt. *abbr of* **superintendent**.

surcharge ['sɜːtʃɑːdʒ] ◇ *n*: **~ (on)** recargo *m* (en). ◇ *vt*: **to ~ sb (on)** cobrar un recargo a alguien (en).

sure [ʃʊəʳ] ◇ *adj* **-1.** [gen] seguro(ra); **I'm ~ I know him** estoy seguro de que lo conozco; **I'm not ~ why he said that** no estoy seguro de por qué dijo eso **-2.** [certain - of outcome]: **to be ~ of** poder estar seguro(ra) de; **it's ~ to happen** (es) seguro que pasará; **make ~ (that) you do it** asegúrate de que lo haces **-3.** [confident]: **to be ~ of o.s.** estar seguro(ra) de uno mismo **-4.** *phr*: **be ~ to lock the door!** ¡no te olvides de cerrar la puerta! ◇ *adv* **-1.** *esp* **US** *inf* [yes] por supuesto, pues claro **-2.** **US** [really] realmente.

◆ **for sure** *adv* con seguridad, a ciencia cierta; **I don't know for ~** no lo sé con total seguridad.

◆ **sure enough** *adv* efectivamente.

surefire ['ʃʊəfaɪəʳ] *adj inf* seguro(ra).

surefooted [ˌʃʊə'fʊtɪd] *adj* [steady on one's feet] de pie firme.

surely ['ʃʊəlɪ] *adv* sin duda; **~ you remember him?** ¡no me digas que no te acuerdas de él!; **~ not!** ¡no puede ser!

sure thing *excl* **US** *inf* por supuesto, claro.

surety ['ʃʊərətɪ] *n (U)* fianza *f*.

surf [sɜːf] ◇ *n* espuma *f (de las olas)*. ◇ *vt* COMPUT: **to ~ the Net** navegar por Internet. ◇ *vi* hacer surf.

surface ['sɜːfɪs] ◇ *n* **-1.** [gen] superficie *f* **-2.** *fig* [immediately visible part]: **on the ~** a primera vista; **below** OR **beneath the ~** debajo de las apariencias **-3.** *phr*: **to scratch the ~ of sthg** tocar algo por encima. ◇ *vi* **-1.** [gen] salir a la superficie **-2.** *inf hum* [person] aparecer.

surface mail *n* correo *m* por vía terrestre/marítima.

surface-to-air *adj* tierra-aire *(inv)*.

surfboard ['sɜːfbɔːd] *n* plancha *f* OR tabla *f* de surf.

surfeit ['sɜːfɪt] *n fml* exceso *m*.

surfer ['sɜːfəʳ] *n* surfista *m* OR *f*.

surfing ['sɜːfɪŋ] *n* surf *m*.

surge [sɜːdʒ] ◇ *n* **-1.** [of waves, people] oleada *f*; [of electricity] sobrecarga *f* momentánea **-2.** [of emotion] arranque *m*, arrebato *m* **-3.** [of interest, support, sales] aumento *m* súbito. ◇ *vi* **-1.** [people, vehicles] avanzar en masa; [sea] encresparse; **the blood ~d to his head** la sangre se le subió a la cabeza; **the angry mob ~d forward** la multitud encolerizada avanzó en tropel **-2.** [emotion]: **anger ~d inside him** la rabia se apoderó de él **-3.** [prices, current] aumentar súbitamente.

surgeon ['sɜːdʒən] *n* cirujano *m*, -na *f*.

surgery ['sɜːdʒərɪ] (*pl* **-ies**) *n* **-1.** *(U)* MED [performing operations] cirugía *f* **-2.** **UK** MED [place] consultorio *m*; [consulting period] consulta *f* **-3.** **UK** POL *consultorio de un diputado para atender los problemas de los vecinos*.

surgical ['sɜːdʒɪkl] *adj* **-1.** [gen] quirúrgico(ca) **-2.** [stocking, boot etc] ortopédico(ca).

surgical spirit *n* **UK** alcohol *m* de 90°.

surly ['sɜːlɪ] (*compar* **-ier**, *superl* **-iest**) *adj* hosco(ca), malhumorado(da).

surmise [sɜː'maɪz] *vt fml* conjeturar.

surmount [sɜː'maʊnt] *vt* **-1.** [overcome] superar, vencer **-2.** *fml* [top] coronar.

surname ['sɜːneɪm] *n* apellido *m*.

surpass [sə'pɑːs] *vt fml* [exceed] superar, sobrepasar.

surplus ['sɜːpləs] ◇ *adj* excedente, sobrante; **you are ~ to requirements** ya no requerimos tus servicios. ◇ *n* [gen] excedente *m*, sobrante *m*; [in budget] superávit *m*.

surprise [sə'praɪz] ◇ *n* sorpresa *f*; **to take sb by ~** coger a alguien desprevenido. ◇ *vt* sorprender.

surprised [sə'praɪzd] *adj* [person, expression] asombrado(da); **we were really ~** nos quedamos sorprendidos; **I'm ~ you're still here** me sorprende que todavía estés aquí; **she was ~ to find the house empty** se sorprendió al encontrar la casa vacía; **I wouldn't be ~ if she came** no me extrañaría que viniera.

surprising [sə'praɪzɪŋ] *adj* sorprendente.

surprisingly [sə'praɪzɪŋlɪ] *adv* sorprendentemente.

surreal [sə'rɪəl] *adj* surrealista.

surrealism [sə'rɪəlɪzm] *n* surrealismo *m*.

surrealist [sə'rɪəlɪst] ◇ *adj* surrealista. ◇ *n* surrealista *m* OR *f*.

surrender [sə'rendəʳ] ◇ *n* rendición *f*. ◇ *vt fml* [weapons, passport] rendir, entregar; [claim, right] renunciar a. ◇ *vi lit & fig*: **to ~ (to)** rendirse OR entregarse (a).

surreptitious [ˌsʌrəp'tɪʃəs] *adj* subrepticio(cia).

surrogate ['sʌrəgeɪt] ◇ *adj* sustitutorio(ria). ◇ *n* sustituto *m*, -ta *f*.

surrogate mother *n* madre *f* de alquiler.

surround [sə'raʊnd] ◇ *n* borde *m*. ◇ *vt lit & fig* rodear; **to be ~ed by** estar rodeado(da) de.

surrounding [sə'raʊndɪŋ] *adj* **-1.** [area, countryside] circundante **-2.** [controversy, debate] relacionado(da).

surroundings [sə'raʊndɪŋz] *npl* [physical] alrededores *mpl*; [social] entorno *m*.

surtax ['sɜːtæks] *n* recargo *m* (*en los impuestos*).

surveillance [sɜː'veɪləns] *n* vigilancia *f*.

survey [*n* 'sɜːveɪ, *vb* sə'veɪ] ◇ *n* **-1.** [of public opinion, population] encuesta *f*, estudio *m* **-2.** [of land] medición *f*; [of building] inspección *f*, reconocimiento *m*. ◇ *vt* **-1.** [contemplate] contemplar **-2.** [investigate statistically] hacer un estudio de **-3.** [examine - land] medir; [- building] inspeccionar.

surveyor [sə'veɪəʳ] *n* [of property] perito *m* tasador de la propiedad; [of land] agrimensor *m*, -ra *f*.

survival [sə'vaɪvl] *n* **-1.** [gen] supervivencia *f* **-2.** [relic] reliquia *f*, vestigio *m*.

survive [sə'vaɪv] ◇ *vt* sobrevivir a. ◇ *vi* **-1.** [person] sobrevivir; **how are you? – surviving** ¿cómo estás? – voy tirando **-2.** [custom, project] perdurar **-3.** *inf* [cope successfully]: **how will you ~?** ¿cómo te las arreglarás?

◆ **survive on** *vt fus* ir tirando con.

survivor [sə'vaɪvəʳ] *n* **-1.** [person who escapes death] superviviente *m* OR *f*; **there were no ~s** no hubo supervivientes **-2.** [resilient person] persona *f* que siempre sale adelante.

susceptible [sə'septəbl] *adj* **-1.** [to pressure, flattery]: **~ (to)** sensible (a) **-2.** MED: **~ (to)** propenso(sa) (a).

suspect [*adj & n* 'sʌspekt, *vb* sə'spekt] ◇ *adj* sospechoso(sa). ◇ *n* sospechoso *m*, -sa *f*. ◇ *vt* **-1.** [distrust] sospechar **-2.** [think likely] imaginar; **I ~ he's right** imagino que tiene razón **-3.** [consider guilty]: **to ~ sb (of)** considerar a alguien sospechoso(sa) (de).

◆ **suspected** *pp*: **to have a ~ed heart attack** haber sufrido un posible infarto; **the ~ed culprits** los presuntos culpables.

suspend [sə'spend] *vt* [gen] suspender; [payments, work] interrumpir; [schoolchild] expulsar temporalmente.

suspended animation [sə'spendɪd-] *n* muerte *f* aparente.

suspended sentence [sə'spendɪd-] *n* condena *f* condicional.

suspender belt [sə'spendəʳ-] *n UK* liguero *m*.

suspenders [sə'spendəz] *npl* **-1.** *UK* [for stockings] ligas *fpl* **-2.** *US* [for trousers] tirantes *mpl*, tiradores *mpl Bol & RP*, suspensores *mpl Andes & Arg*.

suspense [sə'spens] *n* [gen] incertidumbre *f*; CINEMA suspense *m*; **to keep sb in ~** mantener a alguien en vilo.

suspension [sə'spenʃn] *n* **-1.** [gen & AUT] suspensión *f* **-2.** [from job, school] expulsión *f* temporal.

suspension bridge *n* puente *m* colgante.

suspicion [sə'spɪʃn] *n* **-1.** [gen] sospecha *f*; [distrust] recelo *m*; **on ~ of** bajo sospecha de; **to be under ~** estar bajo sospecha; **to arouse ~** levantar sospechas **-2.** [small amount] pizca *f*.

suspicious [sə'spɪʃəs] *adj* **-1.** [having suspicions] receloso(sa) **-2.** [causing suspicion] sospechoso(sa).

suspiciously [sə'spɪʃəslɪ] *adv* **-1.** [behave] sospechosamente **-2.** [ask, look at] con recelo.

suss [sʌs] ◆ **suss out** *UK inf vt sep* [person] calar; [thing] pillar el tranquillo a; **to ~ out how to do sthg** descubrir cómo hacer algo.

sustain [sə'steɪn] *vt* **-1.** [gen] sostener **-2.** [subj: food, drink] sustentar **-3.** *fml* [injury, damage] sufrir.

sustenance ['sʌstɪnəns] *n (U) fml* sustento *m*.

suture ['su:tʃə^r] *n* sutura *f*.

SUV *n* (*abbr of* **Sport Utility Vehicle**) todoterreno *m* utilitario.

svelte [svelt] *adj* esbelto(ta).

SW **-1.** (*abbr of* **short wave**) OC **-2.** (*abbr of* **south-west**) SO.

swab [swɒb] *n* (trozo *m* de) algodón *m*.

swagger ['swægə^r] ◇ *n* pavoneo *m*. ◇ *vi* pavonearse.

Swahili [swɑ:'hi:lɪ] *n* suahili *m*.

swallow ['swɒləʊ] ◇ *n* **-1.** [bird] golondrina *f* **-2.** [of food] bocado *m*; [of drink] trago *m*. ◇ *vt* **-1.** [food, drink] tragar **-2.** *fig* [accept, hold back] tragarse; **I find that a bit hard to ~** me cuesta tragarme eso. ◇ *vi* tragar.
◆ **swallow up** *vt sep* [salary, time] tragarse.

swam [swæm] *pt* ▷ **swim**.

swamp [swɒmp] ◇ *n* pantano *m*, ciénaga *f*. ◇ *vt* **-1.** [flood - boat] hundir; [- land] inundar **-2.** [overwhelm]: **to ~ sthg (with)** [office] inundar algo (de); **to ~ sb (with)** agobiar a alguien (con); **we were ~ed with applications** nos vimos inundados de solicitudes.

swan [swɒn] *n* cisne *m*.

swap [swɒp] (*pt & pp* **-ped**, *cont* **-ping**) ◇ *n* cambio *m*, intercambio *m*. ◇ *vt* **-1.** [of one thing]: **to ~ sthg (for/with)** cambiar algo (por/con) **-2.** [of two things]: **to ~ sthg (over** OR **round)** [hats, chairs] cambiarse algo **-3.** *fig* [stories, experiences] intercambiar; **to ~ places** cambiarse de sitio. ◇ *vi* hacer un intercambio.

SWAPO ['swɑ:pəʊ] (*abbr of* **South West Africa People's Organization**) *n* SWAPO *f*.

swarm [swɔ:m] ◇ *n* [of bees] enjambre *m*; *fig* [of people] multitud *f*, tropel *m*. ◇ *vi* **-1.** [bees] enjambrar **-2.** *fig* [people] ir en tropel **-3.** *fig* [place]: **to be ~ing (with)** estar abarrotado(da) (de).

swarthy ['swɔ:ðɪ] (*compar* **-ier**, *superl* **-iest**) *adj* moreno(na).

swashbuckling ['swɒʃˌbʌklɪŋ] *adj* [person] intrépido(da); [film] de aventuras.

swastika ['swɒstɪkə] *n* esvástica *f*, cruz *f* gamada.

swat [swɒt] (*pt & pp* **-ted**, *cont* **-ting**) *vt* aplastar.

swatch [swɒtʃ] *n* muestra *f*.

swathe [sweɪð] *vt esp literary* [gen] envolver; [in bandages] vendar.

swathed [sweɪðd] *adj esp literary*: **~ (in)** envuelto(ta) (en).

SWAT (team) *n* (*abbr of* **Special Weapons and Tactics**) *unidad armada de la policía estadounidense especializada en intervenciones peligrosas*.

swatter ['swɒtə^r] *n* matamoscas *m inv*.

sway [sweɪ] ◇ *vt* **-1.** [cause to sway] balancear **-2.** [influence] convencer, persuadir. ◇ *vi* balancearse. ◇ *n fml*: **to hold ~ (over sthg/sb)** dominar (algo/a alguien); **to come under the ~ of** estar bajo el dominio de.

Swaziland ['swɑ:zɪlænd] *n* Suazilandia.

swear [sweə^r] (*pt* **swore**, *pp* **sworn**) ◇ *vt*: **to ~ (to do sthg)** jurar (hacer algo); **to ~ an oath** prestar juramento; **I could have sworn I saw him** juraría que lo vi. ◇ *vi* **-1.** [state emphatically] jurar; **I couldn't ~ to it** no me atrevería a jurarlo **-2.** [use swearwords] decir tacos, jurar; **to ~ at sb** insultar a alguien.
◆ **swear by** *vt fus inf* [method, remedy] confiar totalmente en.
◆ **swear in** *vt sep* JUR tomar juramento a.

swearword ['sweəwɜ:d] *n* palabrota *f*, taco *m*.

sweat [swet] ◇ *n* **-1.** [perspiration] sudor *m* **-2.** *(U) inf* [hard work] trabajo *m* duro **-3.** *inf* [state of anxiety]: **to be in a ~ about sthg** tener una neura con algo; **to be in a cold ~** sentir un sudor frío. ◇ *vi* **-1.** [perspire] sudar **-2.** *inf* [worry] estar aneurado(da). ◇ *vt* **-1.** MED: **to ~ out a cold** quitarse un resfriado sudando **-2.** [in difficult situation] **to ~ it out** aguantar.

sweatband ['swetbænd] *n* [for head] banda *f*; [for wrist] muñequera *f*.

sweater ['swetə^r] *n* suéter *m*, jersey *m*, chompa *f Andes*, chomba *f RP*.

sweatshirt ['swetʃɜ:t] *n* sudadera *f*.

sweatshop ['swetʃɒp] *n fábrica donde se explota al obrero*.

sweatsuit ['swetsu:t] *n US* chándal *m Esp*, buzo *m RP*, pants *m Méx*.

sweaty ['swetɪ] (*compar* **-ier**, *superl* **-iest**) *adj* **-1.** [skin] sudoroso(sa); [clothes] sudado(da) **-2.** [room, atmosphere] cargado(da); [activity] agotador(ra).

swede [swi:d] *n UK* nabo *m* sueco.

Swede [swi:d] *n* sueco *m*, -ca *f*.

Sweden ['swi:dn] *n* Suecia.

Swedish ['swi:dɪʃ] ◇ *adj* sueco(ca). ◇ *n* [language] sueco *m*. ◇ *npl*: **the ~** los suecos.

sweep [swi:p] (*pt & pp* **swept**) ◇ *n* **-1.** [movement - of broom] barrido *m*; [- of arm, hand] movimiento *m* OR gesto *m* amplio **-2.** [by police] redada *f*. ◇ *vt* **-1.** [with brush] barrer **-2.** [with light-beam] rastrear; [with eyes] recorrer **-3.** [move rapidly through - subj: ideas, disease] extenderse rápidamente por **-4.** [for bugs or bombs] registrar **-5.** [subj: sea, wave] arrastrar **-6.** [push]: **she swept the papers off her desk** apartó los papeles de su escritorio. ◇ *vi* **-1.** [wind, rain]: **to ~ over** *OR* **across sthg** azotar algo **-2.** [vehicle]: **to ~ along** ir a toda marcha **-3.** [emotion, laughter, rumour]: **to ~ through sthg** extenderse por algo; **the fire is ~ing through the country** el fuego se está propagando por el país **-4.** [person]: **to ~ past** pasar como un rayo.

◆ **sweep aside** *vt sep* [objections] rechazar.

◆ **sweep away** *vt sep* [destroy] destruir completamente.

◆ **sweep up** *vt sep & vi* barrer.

sweeper ['swi:pəʳ] *n FTBL* líbero *m*.

sweeping ['swi:pɪŋ] *adj* **-1.** [effect, change] radical **-2.** [statement] demasiado general **-3.** [curve] amplio(plia) **-4.** [gesture] amplio(plia).

sweepstake ['swi:psteɪk] *n lotería basada en carreras de caballos*.

sweet [swi:t] ◇ *adj* **-1.** [gen] dulce; [sugary] azucarado(da) **-2.** [smell - of flowers, air] fragante, perfumado(da) **-3.** [sound] melodioso(sa) **-4.** [character, person] amable **-5.** *US inf* genial. ◇ *n UK* **-1.** [candy] caramelo *m*, golosina *f* **-2.** [dessert] postre *m*. ◇ *excl US inf* genial.

sweet-and-sour *adj* agridulce.

sweet corn *n* maíz *m*.

sweeten ['swi:tn] *vt* endulzar.

sweetener ['swi:tnəʳ] *n* **-1.** [substance] edulcorante *m* **-2.** *inf* [bribe] especie *f* de soborno.

sweetheart ['swi:thɑ:t] *n* **-1.** [term of endearment] cariño *m* **-2.** [boyfriend or girlfriend] amor *m*, novio *m*, -via *f*.

sweetness ['swi:tnɪs] *n* **-1.** [gen] dulzura *f* **-2.** [of taste] dulzor *m* **-3.** [of smell] fragancia *f* **-4.** [of sound] melodía *f*.

sweet pea *n* guisante *m* de olor, alverjilla *f* ***Andes, Col, CSur, Ven***, chícharo *m* de olor ***CAm, Méx***, arvejilla *f* ***RP***, clarín *m* ***Chile***.

sweet potato *n* batata *f*, camote *m* ***Andes, CAm, Méx***.

sweet shop *n UK* confitería *f*.

sweet tooth *n inf*: **to have a ~** ser goloso(sa).

swell [swel] (*pt* **-ed**, *pp* **swollen** *OR* **-ed**) ◇ *vi* **-1.** [become larger]: **to ~ (up)** hincharse **-2.** [balloon, sails] inflarse **-3.** [population, sound] aumentar. ◇ *vt* [numbers etc] aumentar. ◇ *n* [of sea] oleaje *m*. ◇ *adj US inf* estupendo(da), fenomenal.

swelling ['swelɪŋ] *n* hinchazón *f*; **the ~ has gone down** ha bajado la hinchazón.

sweltering ['sweltərɪŋ] *adj* **-1.** [weather] abrasador(ra), sofocante **-2.** [person] achicharrado(da).

swept [swept] *pt & pp* ▷ **sweep**.

swerve [swɜ:v] *vi* virar bruscamente.

swift [swɪft] ◇ *adj* **-1.** [fast] rápido(da) **-2.** [prompt] pronto(ta). ◇ *n* [bird] vencejo *m*.

swiftly ['swɪftlɪ] *adj* **-1.** [quickly] rápidamente **-2.** [promptly] prontamente, con prontitud.

swiftness ['swɪftnɪs] *n* **-1.** [quickness] rapidez *f*, ligereza *f* **-2.** [promptness] prontitud *f*.

swig [swɪg] (*pt & pp* **-ged**, *cont* **-ging**) *inf* ◇ *vt* beber a grandes tragos. ◇ *n* trago *m*; **to take a ~ of sthg** tomar un trago de algo.

swill [swɪl] ◇ *n* [pig food] bazofia *f*. ◇ *vt UK* [wash] enjuagar.

swim [swɪm] (*pt* **swam**, *pp* **swum**, *cont* **-ming**) ◇ *n* baño *m*; **to go for a ~** ir a nadar *OR* a darse un baño. ◇ *vi* **-1.** [in water] nadar **-2.** [subj: head, room] dar vueltas. ◇ *vt*: **to ~ the English Channel** cruzar el canal de la Mancha a nado; **I swam 20 lengths** nadé veinte largos.

swimmer ['swɪməʳ] *n* nadador *m*, -ra *f*; **she's a good ~** nada bien.

swimming ['swɪmɪŋ] ◇ *n* natación *f*; **to go ~** ir a nadar. ◇ *comp* [club, lesson] de natación.

swimming baths *npl UK* piscina *f* municipal.

swimming cap *n* gorro *m* de baño.

swimming costume *n UK* bañador *m*, traje *m* de baño.

swimming pool *n* piscina *f*, alberca *f* ***Méx***, pileta *f* ***RP***.

swimming trunks *npl* bañador *m*.

swimsuit ['swɪmsu:t] *n* bañador *m* ***Esp***, traje *m* de baño, malla *f* ***RP***, vestido *m* de baño ***Col***.

swindle ['swɪndl] ◇ *n* estafa *f*, timo *m*, calote *m* ***Amér***. ◇ *vt* estafar, timar; **to ~ sb out of sthg** estafar a alguien algo.

swine [swaɪn] *n inf pej* [person] cerdo *m*, -da *f*, canalla *m OR f*.

swing [swɪŋ] (*pt & pp* **swung**) ◇ *n* **-1.** [child's toy] columpio *m* **-2.** [change] viraje *m*, cambio *m* brusco; **a ~ towards the Conservatives** un giro hacia los conservadores **-3.** [sway] meneo *m*, balanceo *m* **-4.** *inf* [blow]: **to take a ~ at sb** intentar golpear a alguien **-5.** *phr*: **to be in full ~** estar en plena marcha; **to get into the ~ of** cogerle la marcha a. ◇ *vt* **-1.** [move back and forth] balancear **-2.** [move in a curve - car etc] hacer virar bruscamente. ◇ *vi* **-1.** [move back and forth] balancearse, oscilar **-2.** [move in a curve] girar; **to ~ open** abrirse **-3.** [turn]: **to**

~ **(round)** volverse, girarse **-4.** [hit out]: **to ~ at sb** intentar golpear a alguien **-5.** [change] virar, cambiar.

swing bridge *n* puente *m* giratorio.

swing door *n* puerta *f* oscilante.

swingeing ['swɪndʒɪŋ] *adj esp UK* severo(ra).

swinging ['swɪŋɪŋ] *adj inf* **-1.** [lively] alegre **-2.** [uninhibited] liberal.

swipe [swaɪp] <> *n*: **to take a ~ at sthg** intentar golpear algo. <> *vt inf* [steal] birlar. <> *vi*: **to ~ at sthg** intentar golpear algo.

swirl [swɜːl] <> *n* remolino *m*. <> *vt* dar vueltas a. <> *vi* arremolinarse.

swish [swɪʃ] <> *n* [of curtains, dress] frufrú *m*, crujido *m*; [of tail] meneo *m*; [of whip] chasquido *m*. <> *vt* [tail] agitar, menear. <> *vi* [curtains, dress] crujir; [whip] dar un chasquido.

Swiss [swɪs] <> *adj* suizo(za). <> *n* [person] suizo *m*, -za *f*. <> *npl*: **the ~** los suizos.

swiss roll *n UK* brazo *m* de gitano.

switch [swɪtʃ] <> *n* **-1.** [control device] interruptor *m*, suiche *m Amér* **-2.** [change] cambio *m* completo, viraje *m* **-3.** *US* RAIL aguja *f*. <> *vt* **-1.** [change] cambiar de; **to ~ one's attention to sthg** dirigir la atención a *OR* hacia algo **-2.** [swap] intercambiar. <> *vi*: **to ~ (to/from)** cambiar (a/de).

◆ **switch off** <> *vt sep* [light, radio etc] apagar; [engine] parar. <> *vi inf* desconectar, dejar de prestar atención.

◆ **switch on** *vt sep* [light, radio etc] encender; [engine] poner en marcha.

Switch® [swɪtʃ] *n UK* tarjeta *f* de débito Switch.

switchblade ['swɪtʃbleɪd] *n US* navaja *f* automática.

switchboard ['swɪtʃbɔːd] *n* centralita *f*, conmutador *m Amér*.

switchboard operator *n* telefonista *m OR f*.

Switzerland ['swɪtsələnd] *n* Suiza.

swivel ['swɪvl] (*UK pt* & *pp* **-led**, *cont* **-ling**, *US pt* & *pp* **-ed**, *cont* **-ing**) <> *vt* hacer girar. <> *vi* girar.

swivel chair *n* silla *f* giratoria.

swollen ['swəʊln] <> *pp* ▷ **swell**. <> *adj* **-1.** [ankle, leg etc] hinchado(da); **my eyes were ~** tenía los ojos hinchados; **to be ~ with pride** *fig* estar henchido de orgullo **-2.** [river] crecido(da).

swoon [swuːn] *vi literary or hum* deshacerse.

swoop [swuːp] <> *n* **-1.** [of bird] calada *f*; [of plane] descenso *m* en picado; **in one fell ~** de un golpe **-2.** [raid] redada *f*; **a ~ on a flat** una redada en un apartamento. <> *vi* **-1.** [move downwards] caer en picado **-2.** [move quickly] atacar por sorpresa.

swop [swɒp] = **swap**.

sword [sɔːd] *n* espada *f*; **to cross ~s (with)** habérselas (con).

swordfish ['sɔːdfɪʃ] (*pl inv OR* **-es**) *n* pez *m* espada.

swordsman ['sɔːdzmən] (*pl* **-men** [-mən]) *n* espadachín *m*.

swore [swɔːʳ] *pt* ▷ **swear**.

sworn [swɔːn] <> *pp* ▷ **swear**. <> *adj* **-1.** [committed]: **to be ~ enemies** ser enemigos implacables **-2.** JUR jurado(da).

swot [swɒt] (*pt* & *pp* **-ted**, *cont* **-ting**) *UK inf* <> *n pej* empollón *m*, -ona *f*. <> *vi*: **to ~ (for)** empollar (para).

◆ **swot up** *inf* <> *vt sep* empollar. <> *vi*: **to ~ up (on sthg)** empollar (algo).

swum [swʌm] *pp* ▷ **swim**.

swung [swʌŋ] *pt* & *pp* ▷ **swing**.

sycamore ['sɪkəmɔːʳ] *n* **-1.** sicomoro *m* **-2.** *US* [plane tree] plátano *m*.

sycophant ['sɪkəfænt] *n* adulador *m*, -ra *f*.

Sydney ['sɪdnɪ] *n* Sidney.

syllable ['sɪləbl] *n* sílaba *f*.

syllabub ['sɪləbʌb] *n postre de nata o leche y claras de huevo.*

syllabus ['sɪləbəs] (*pl* **-buses** *OR* **-bi** [-baɪ]) *n* programa *m* (de estudios).

symbol ['sɪmbl] *n* símbolo *m*.

symbolic [sɪm'bɒlɪk] *adj* simbólico(ca); **to be ~ of** ser un símbolo de.

symbolism ['sɪmbəlɪzm] *n* simbolismo *m*.

symbolize, -ise ['sɪmbəlaɪz] *vt* simbolizar.

symmetrical [sɪ'metrɪkl] *adj* simétrico(ca).

symmetry ['sɪmətrɪ] *n* simetría *f*.

sympathetic [ˌsɪmpə'θetɪk] *adj* **-1.** [understanding] comprensivo(va) **-2.** [willing to support] favorable; **~ to** bien dispuesto(ta) hacia **-3.** [likable] agradable.

sympathize, -ise ['sɪmpəθaɪz] *vi* **-1.** [feel sorry]: **to ~ (with)** compadecerse (de) **-2.** [understand]: **to ~ (with sthg)** comprender (algo) **-3.** [support]: **to ~ with sthg** apoyar algo.

sympathizer, -iser ['sɪmpəθaɪzəʳ] *n* simpatizante *m OR f*.

sympathy ['sɪmpəθɪ] *n* **-1.** [understanding]: **~ (for)** comprensión *f* (hacia); [compassion] compasión *f* (por) **-2.** [agreement] solidaridad *f*; **in ~ (with)** de acuerdo (con) **-3.** [support]: **in ~ (with)** en solidaridad (con).

◆ **sympathies** *npl* **-1.** [support] simpatías *fpl* **-2.** [to bereaved person] pésame *m*.

symphonic [sɪm'fɒnɪk] *adj* sinfónico(ca).

symphony ['sɪmfənɪ] (*pl* **-ies**) *n* sinfonía *f*.

symphony orchestra *n* orquesta *f* sinfónica.

symposium [sɪm'pəʊzjəm] (*pl* **-siums** *OR* **-sia** [-zjə]) *n fml* simposio *m*.
symptom ['sɪmptəm] *n lit & fig* síntoma *m*.
symptomatic [ˌsɪmptə'mætɪk] *adj fml*: ~ **of sthg** sintomático(ca) de algo.
synagogue ['sɪnəgɒg] *n* sinagoga *f*.
sync [sɪŋk] *n inf*: **out of** ~ desincronizado(da); **in** ~ sincronizado(da).
synchronize, -ise ['sɪŋkrənaɪz] ◇ *vt*: **to** ~ **sthg (with)** sincronizar algo (con). ◇ *vi* ser sincrónico.
synchronized swimming ['sɪŋkrənaɪzd-] *n* ballet *m* acuático.
syncopated ['sɪŋkəpeɪtɪd] *adj* sincopado(da).
syncopation [ˌsɪŋkə'peɪʃn] *n* síncopa *f*.
syndicate [*n* 'sɪndɪkət, *vb* 'sɪndɪkeɪt] ◇ *n* sindicato *m*. ◇ *vt* sindicar.
syndrome ['sɪndrəʊm] *n* síndrome *m*.
synonym ['sɪnənɪm] *n*: ~ **(for** *OR* **of)** sinónimo *m* (de).
synonymous [sɪ'nɒnɪməs] *adj*: ~ **(with)** sinónimo(ma) (de).
synopsis [sɪ'nɒpsɪs] (*pl* **-ses** [-si:z]) *n* sinopsis *f inv*.
syntax ['sɪntæks] *n* sintaxis *f inv*.
synthesis ['sɪnθəsɪs] (*pl* **-ses** [-si:z]) *n* síntesis *f inv*.
synthesize, -ise ['sɪnθəsaɪz] *vt* sintetizar.
synthesizer ['sɪnθəsaɪzə^r] *n* sintetizador *m*.
synthetic [sɪn'θetɪk] *adj* **-1.** [man-made] sintético(ca) **-2.** *pej* [insincere] artificial.
syphilis ['sɪfɪlɪs] *n* sífilis *f inv*.
syphon ['saɪfn] = **siphon**.
Syria ['sɪrɪə] *n* Siria.
Syrian ['sɪrɪən] ◇ *adj* sirio(ria). ◇ *n* [person] sirio *m*, -ria *f*.
syringe [sɪ'rɪndʒ] (*cont* **syringeing**) ◇ *n* jeringa *f*, jeringuilla *f*. ◇ *vt* jeringar.
syrup ['sɪrəp] *n (U)* **-1.** *CULIN* almíbar *m* **-2.** *MED* jarabe *m*; **cough** ~ jarabe para la tos.
system ['sɪstəm] *n* [gen] sistema *m*; [of central heating etc] instalación *f*; **digestive** ~ aparato *m* digestivo; **transport** ~ red *f* de transportes; **to get sthg out of one's** ~ *inf* sacarse algo de encima.
systematic [ˌsɪstə'mætɪk] *adj* sistemático (ca).
systematize, -ise ['sɪstəmətaɪz] *vt* sistematizar.
system disk *n COMPUT* disco *m* del sistema.
systems analyst ['sɪstəmz-] *n COMPUT* analista *m OR f* de sistemas.
systems engineer ['sɪstəmz-] *n COMPUT* ingeniero *m*, -ra *f* de sistemas.
system software *n COMPUT* software *m* del sistema.

t (*pl* **t's** *OR* **ts**), **T** (*pl* **T's** *OR* **Ts**) [ti:] *n* [letter] t *f*, T *f*.
ta [tɑ:] *excl UK inf* ¡gracias!
TA *n abbr of* **Territorial Army**.
tab [tæb] *n* **-1.** [of cloth] etiqueta *f* **-2.** [of metal, card etc] lengüeta *f* **-3.** *US* [bill] cuenta *f*; **to pick up the** ~ *inf* pagar la cuenta **-4.** *COMPUT* (*abbr of* **tabulator**) tab **-5.** *phr*: **to keep** ~**s on sb** vigilar de cerca a alguien.
tabby ['tæbɪ] (*pl* **-ies**) *n*: ~ **(cat)** gato *m* atigrado.
tabernacle ['tæbənækl] *n* tabernáculo *m*.
tab key *n COMPUT* (tecla *f* del) tabulador *m*.
table ['teɪbl] ◇ *n* **-1.** [piece of furniture] mesa *f*; [small] mesilla *f* **-2.** [diagram] tabla *f* **-3.** *phr*: **to turn the** ~**s on** volver las tornas a. ◇ *vt* **-1.** *UK* [propose] presentar **-2.** *US* [postpone] aplazar, posponer.
tableau ['tæbləʊ] (*pl* **-x** ['tæbləʊz], **-s**) *n* cuadro *m* vivente.
tablecloth ['teɪblklɒθ] *n* mantel *m*.
table-hop *vi US* ir de mesa en mesa.
table d'hôte ['tɑ:blˌdəʊt] *n*: **the** ~ el menú.
table lamp *n* lámpara *f* de mesa.
table linen *n* mantelería *f*.
table manners *npl* modales *mpl* en la mesa.
tablemat ['teɪblmæt] *n* salvamanteles *m inv*.
table salt *n* sal *f* de mesa.
tablespoon ['teɪblspu:n] *n* **-1.** [spoon] cuchara *f* grande **-2.** [spoonful] cucharada *f* (grande).
tablet ['tæblɪt] *n* **-1.** [pill, piece of soap] pastilla *f* **-2.** [piece of stone] lápida *f*.
table tennis *n* tenis *m* de mesa.
table wine *n* vino *m* de mesa.
tabloid ['tæblɔɪd] *n*: **the** ~**s** los periódicos sensacionalistas; ~ **(newspaper)** tabloide *m*.

TABLOID

En los países anglosajones, el formato pequeño es característico de la prensa sensacionalista. Los periódicos británicos de este tipo son *Daily Express, Daily Mail, Daily Mirror, The Star* y *The Sun*. En los Estados Unidos también existe este tipo de periódico, aunque por lo general se publican semanalmente. Los más conocidos son *The National Enquirer, The Star* y *The Globe*.

taboo [tə'bu:] (*pl* **-s**) ◇ *adj* tabú. ◇ *n* tabú *m*.
tabulate ['tæbjʊleɪt] *vt* tabular.
tachograph ['tækəgrɑ:f] *n* tacógrafo *m*.
tachometer [tæ'kɒmɪtə^r] *n* tacómetro *m*.
tacit ['tæsɪt] *adj fml* tácito(ta).
taciturn ['tæsɪtɜ:n] *adj fml* taciturno(na).
tack [tæk] ◇ *n* **-1.** [nail] tachuela *f* **-2.** NAUT bordada *f* **-3.** *fig* [course of action] táctica *f*; **to change ~** cambiar de táctica. ◇ *vt* **-1.** [fasten with nail] fijar con tachuelas **-2.** [in sewing] hilvanar. ◇ *vi* NAUT virar.
◆ **tack on** *vt sep inf* añadir.
tackle ['tækl] ◇ *n* **-1.** FTBL entrada *f* **-2.** RUGBY placaje *m* **-3.** *(U)* [equipment] equipo *m*, aparejos *mpl* **-4.** [for lifting] aparejo *m*. ◇ *vt* **-1.** [deal with - job] emprender; [- problem] abordar **-2.** FTBL entrar, hacer una entrada a **-3.** RUGBY placar **-4.** [attack] atacar, arremeter **-5.** [talk to]: **to ~ sb about** OR **on sthg** discutir algo con alguien.
tacky ['tækɪ] (*compar* **-ier**, *superl* **-iest**) *adj* **-1.** *inf* [cheap and nasty] cutre; [ostentatious and vulgar] hortera **-2.** [sticky] pegajoso(sa).
taco ['tækəʊ] (*pl* **-s**) *n* taco *m*.
tact [tækt] *n (U)* tacto *m*, discreción *f*.
tactful ['tæktfʊl] *adj* discreto(ta).
tactfully ['tæktfʊlɪ] *adv* discretamente.
tactic ['tæktɪk] *n* táctica *f*.
◆ **tactics** *n (U)* MIL táctica *f*.
tactical ['tæktɪkl] *adj* estratégico(ca); [weapons] táctico(ca).
tactical voting *n UK* votación *f* táctica.
tactless ['tæktlɪs] *adj* indiscreto(ta), falto(ta) de tacto.
tactlessly ['tæktlɪslɪ] *adv* indiscretamente.
tadpole ['tædpəʊl] *n* renacuajo *m*.
Tadzhikistan [tɑ:ˌdʒɪkɪ'stɑ:n] *n* (el) Tayikistán.
taffeta ['tæfɪtə] *n* tafetán *m*.
taffy ['tæfɪ] (*pl* **-ies**) *n US* caramelo *m* de melaza.
tag [tæg] (*pt* & *pp* **-ged**, *cont* **-ging**) ◇ *n* **-1.** [of cloth, paper] etiqueta *f*; **price ~** etiqueta del precio **-2.** [game] pillapilla *m* **-3.** COMPUT código *m*, etiqueta *f*. ◇ *vt* etiquetar.
◆ **tag question** *n* cláusula *f* final interrogativa.
◆ **tag along** *vi inf*: **to ~ along (with)** pegarse (a), engancharse (a).
tag line *n US* frase *f* característica.
Tahiti [tɑ:'hi:tɪ] *n* Tahití.
tail [teɪl] ◇ *n* [gen] cola *f*; [of coat, shirt] faldón *m*; **with one's ~ between one's legs** [person] con el rabo entre las piernas. ◇ *vt inf* [follow] seguir de cerca.
◆ **tails** *npl* **-1.** [formal dress] frac *m* **-2.** [side of coin] cruz *f*.
◆ **tail off** *vi* **-1.** [voice] ir debilitándose; [sound] ir disminuyendo **-2.** [interest, sales etc] ir descendiendo.
tailback ['teɪlbæk] *n UK* cola *f*.
tailcoat ['teɪlˌkəʊt] *n* frac *m*.
tail end *n* parte *f* final.
tailgate ['teɪlgeɪt] ◇ *n US* [of car] puerta *f* trasera de un vehículo. ◇ *vt conducir pegado a, pisar los talones a.*
tailgate party *n US fiesta en un acontecimiento deportivo en la que la gente coloca comida y bebida en la puerta trasera de un vehículo.*
taillight ['teɪllaɪt] *n* luz *f* trasera, piloto *m*.
tailor ['teɪlə^r] ◇ *n* sastre *m*. ◇ *vt* adaptar; **it can be ~ed to your needs** se puede adaptar a sus necesidades.
tailored ['teɪləd] *adj* entallado(da).
tailor-made *adj* (hecho(cha)) a la medida.
tail pipe *n US* tubo *m* de escape.
tailplane ['teɪlpleɪn] *n* plano *m* fijo de cola.
tailwind ['teɪlwɪnd] *n* viento *m* de cola.
taint [teɪnt] *fml* ◇ *n* mancha *f*. ◇ *vt* viciar.
tainted ['teɪntɪd] *adj* **-1.** [reputation] manchado(da) **-2.** *US* [food] estropeado(da).
Taiwan [ˌtaɪ'wɑ:n] *n* Taiwán.
Taiwanese [ˌtaɪwə'ni:z] ◇ *adj* taiwanés(esa). ◇ *n* taiwanés *m*, -esa *f*.
take [teɪk] (*pt* **took**, *pp* **taken**) ◇ *vt* **-1.** [gen] tomar; **do you ~ sugar?** ¿tomas azúcar?; **~ a seat!** ¡siéntate!; **to ~ control/command** tomar control/el mando; **to ~ a photo** hacer OR tomar una foto; **to ~ a walk** dar un paseo; **to ~ a bath** bañarse; **to ~ a test** hacer un examen; **to ~ sthg seriously/badly/personally** tomarse algo en serio/a mal/personalmente; **to ~ pity on sb** compadecerse de alguien; **to ~ offence** ofenderse; **to be ~n ill** ponerse enfermo; **~ the second turning on the right** toma el segundo giro a la derecha **-2.** [bring, carry, accompany] llevar **-3.** [steal] quitar, robar **-4.** [buy] coger, quedarse con; [rent] alquilar; **I'll ~ the red one** me quedo con el rojo **-5.** [take hold of] coger; **let me ~ your coat** déjeme que le coja el abrigo; **to ~ sb prisoner** capturar a alguien **-6.** [accept - offer, cheque, criticism]

aceptar; [- advice] seguir; [- responsibility, blame] asumir; **the machine only ~s 50p pieces** la máquina sólo admite monedas de 50 peniques; **~ my word for it** *OR* **~ it from me** créeme **-7.** [have room for - passengers, goods] tener cabida para **-8.** [bear - pain etc] soportar, aguantar; **some people can't ~ a joke** hay gente que no sabe aguantar una broma **-9.** [require - time, courage] requerir; [- money] costar; **it will ~ a week/three hours** llevará una semana/tres horas; **it only took me 5 minutes** sólo me llevó cinco minutos; **it ~s guts to do that** hay que tener agallas para hacer eso; **it took 5 people to move the piano** hicieron falta 5 personas para mover el piano **-10.** [travel by - means of transport, route] tomar, coger **-11.** [wear - shoes] calzar; [- clothes] usar **-12.** [consider] considerar; **now, ~ John for instance ...** tomemos a John, por ejemplo ...; **to ~ sb for a fool/a policeman** tomar a alguien por tonto/por un policía **-13.** [assume]: **I ~ it (that) ...** supongo que ... ◇ *vi* [dye] coger; [vaccine, fire, cutting] prender. ◇ *n* CINEMA toma *f*.

◆ **take aback** *vt fus* dejar atónito(ta); **to be taken aback** estar atónito.

◆ **take after** *vt fus* parecerse a.

◆ **take apart** *vt sep* [dismantle] desmontar.

◆ **take away** *vt sep* **-1.** [remove] quitar **-2.** [deduct] restar, sustraer.

◆ **take back** *vt sep* **-1.** [return] devolver **-2.** [accept - faulty goods] aceptar la devolución de **-3.** [admit as wrong] retirar **-4.** [in memories]: **it ~s me back to when I was a teenager** me hace volver a mi adolescencia.

◆ **take down** *vt sep* **-1.** [dismantle] desmontar **-2.** [write down] escribir, tomar nota de **-3.** [lower - trousers] bajarse; [- picture] bajar.

◆ **take in** *vt sep* **-1.** [deceive] engañar; **to be ~n in by sb** ser engañado por alguien **-2.** [understand] comprender, asimilar; **I can't ~ it all in** no consigo asimilarlo todo **-3.** [include] incluir, abarcar **-4.** [provide accommodation for] acoger.

◆ **take off** ◇ *vt sep* **-1.** [clothes, glasses] quitarse **-2.** [have as holiday] tomarse; **to ~ time off** tomarse tiempo libre **-3.** *UK inf* [imitate] imitar **-4.** *inf* [go away suddenly]: **to ~ o.s. off** irse, marcharse. ◇ *vi* **-1.** [plane] despegar, decolar *Andes* **-2.** [go away suddenly] irse, marcharse **-3.** [career] consolidarse; [idea, fashion] cuajar.

◆ **take on** ◇ *vt sep* **-1.** [accept - work, job] aceptar; [- responsibility] asumir **-2.** [employ] emplear, coger **-3.** [confront] desafiar. ◇ *vt fus* [assume] tomar.

◆ **take out** *vt sep* **-1.** [from container, pocket] sacar **-2.** [delete] suprimir **-3.** [go out with]: **to ~ sb out** invitar a salir a alguien; **to ~ it** *OR* **a lot out of one** *inf* agotar a uno.

◆ **take out on** *vt sep* [feelings, anger] descargar contra; **don't ~ it out on me** ¡no la tomes conmigo!

◆ **take over** ◇ *vt sep* **-1.** [company, business] absorber, adquirir; [country, government] apoderarse de **-2.** [job] tomar, asumir. ◇ *vi* **-1.** [take control] tomar el poder **-2.** [in job] entrar en funciones.

◆ **take to** *vt fus* **-1.** [feel a liking for - person] coger cariño a; [- activity] aficionarse a **-2.** [begin]: **to ~ to doing sthg** empezar a hacer algo.

◆ **take up** *vt sep* **-1.** [begin]: **to ~ up singing** dedicarse a cantar; [job] aceptar, tomar **-2.** [continue] reanudar **-3.** [discuss] discutir **-4.** [use up - time, space] ocupar; [- effort] requerir.

◆ **take upon** *vt sep*: **to ~ it upon o.s. to do sthg** permitirse hacer algo.

◆ **take up on** *vt sep* **-1.** [accept]: **to ~ sb up on an offer** aceptar una oferta de alguien **-2.** [ask to explain]: **to ~ sb up on sthg** pedir que alguien se explique acerca de algo.

takeaway *UK* ['teɪkəˌweɪ], **takeout** *US* ['teɪkaʊt] *n* **-1.** [shop] *establecimiento donde se vende comida preparada para llevar* **-2.** [food] comida *f* para llevar.

take-home pay *n* sueldo *m* neto.

taken ['teɪkn] ◇ *pp* ▷ **take**. ◇ *adj*: **~ with** atraído(da) por.

takeoff ['teɪkɒf] *n* [of plane] despegue *m*, decolaje *m Amér*.

takeout *US* = **takeaway**.

takeover ['teɪkˌəʊvə^r] *n* **-1.** [of company] adquisición *f* **-2.** [of government] toma *f* del poder.

takeover bid *n* OPA *f*, oferta *f* pública de adquisición de acciones.

taker ['teɪkə^r] *n* persona *f* interesada *(en comprar algo etc)*; **there were no ~s** nadie aceptó la oferta.

takeup ['teɪkʌp] *n* grado *m* de aceptación, respuesta *f*.

takings *npl* [of shop] venta *f*; [of show] recaudación *f*.

talc [tælk], **talcum (powder)** ['tælkəm-] *n* talco *m*.

tale [teɪl] *n* **-1.** [fictional story] cuento *m* **-2.** [anecdote] anécdota *f*.

talent ['tælənt] *n*: **~ (for sthg)** talento *m* (para algo).

talented ['tæləntɪd] *adj* con talento.

talent scout *n* cazatalentos *m y f inv*.

talisman ['tælɪzmən] (*pl* **-s**) *n* talismán *m*.

talk [tɔːk] <> *n* **-1.** [conversation] conversación *f*, plática *f CAm, Méx*; **to have a ~** conversar **-2.** *(U)* [gossip] habladurías *fpl* **-3.** [lecture] charla *f*, conferencia *f*, plática *f CAm, Méx*; **to give a ~ on sthg** dar una charla sobre algo. <> *vi* **-1.** [gen] hablar; **to ~ to/of** hablar *OR* pláticar *CAm, Méx* con/de; **~ing of Sarah, I met her mum yesterday** hablando de Sarah, ayer me encontré a su madre; **to ~ on** *OR* **about** hablar *OR* pláticar *CAm, Méx* acerca de *OR* sobre; **they aren't ~ing to each other** no se hablan; **to ~ big** fanfarronear, farolear *Esp* **-2.** [gossip] chismorrear. <> *vt* hablar de.
◆ **talks** *npl* conversaciones *fpl*.
◆ **talk down to** *vt fus* hablar con aires de suficiencia a.
◆ **talk into** *vt sep*: **to ~ sb into doing sthg** convencer a alguien para que haga algo.
◆ **talk out of** *vt sep*: **to ~ sb out of doing sthg** disuadir a alguien de que haga algo.
◆ **talk over** *vt sep* discutir, hablar de.
talkative [ˈtɔːkətɪv] *adj* hablador(ra).
talker [ˈtɔːkəʳ] *n* hablador *m*, -ra *f*.
talking point [ˈtɔːkɪŋ-] *n* tema *m* de conversación.
talking-to [ˈtɔːkɪŋ-] *n inf* bronca *f*; **to give sb a (good) ~** echar una bronca a alguien.
talk show *US* <> *n* programa *m* de entrevistas. <> *comp* de programa de entrevistas.
talk time *n (U)* [on mobile phone] tiempo *m* de conversación.
tall [tɔːl] *adj* alto(ta); **she's 2 metres ~** mide 2 metros; **how ~ is he?** ¿cuánto mide?
tallboy [ˈtɔːlbɔɪ] *n* cómoda *f* alta.
tall order *n*: **it's a ~** es mucho pedir.
tall story *n* cuento *m* (increíble).
tally [ˈtælɪ] (*pl* **-ies**, *pt* & *pp* **-ied**) <> *n* cuenta *f*; **to keep a ~** llevar la cuenta. <> *vi* concordar, casar.
talon [ˈtælən] *n* garra *f*.
tambourine [ˌtæmbəˈriːn] *n* pandereta *f*.
tame [teɪm] <> *adj* **-1.** [domesticated] doméstico(ca) **-2.** *pej* [obedient] dócil **-3.** *pej* [unexciting] soso(sa), aburrido(da). <> *vt* **-1.** [domesticate] domesticar **-2.** [bring under control] dominar.
tamely [ˈteɪmlɪ] *adv* dócilmente, sumisamente.
tamer [ˈteɪməʳ] *n* domador *m*, -ra *f*.
Tamil [ˈtæmɪl] <> *adj* tamil. <> *n* **-1.** [person] tamil *m OR f* **-2.** [language] tamil *m*.
tamper [ˈtæmpəʳ] ◆ **tamper with** *vt fus* [lock] intentar forzar; [records, file] falsear; [machine] manipular.
tampon [ˈtæmpɒn] *n* tampón *m*.
tan [tæn] (*pt* & *pp* **-ned**, *cont* **-ning**) <> *adj* de color marrón claro. <> *n* bronceado *m*; **to get a ~** broncearse. <> *vi* broncearse.
tandem [ˈtændəm] *n* [bicycle] tándem *m*; **in ~** conjuntamente, en colaboración.
tandoori [tænˈdʊərɪ] *n* [cooking method] *método indio de asar la carne en un horno de barro*.
tang [tæŋ] *n* [smell] olor *m* fuerte; [taste] sabor *m* fuerte.
tangent [ˈtændʒənt] *n GEOM* tangente *f*; **to go off at a ~** salirse por la tangente.
tangerine [ˌtænˈdʒəriːn] *n* mandarina *f*.
tangible [ˈtændʒəbl] *adj* tangible.
Tangier [tænˈdʒɪəʳ] *n* Tánger.
tangle [ˈtæŋgl] <> *n* [mass] maraña *f*; *fig* [mess] enredo *m*, embrollo *m*, entrevero *m RP*. <> *vi* enredarse, enmarañarse; **to get ~d (up)** enredarse.
◆ **tangle with** *vt fus inf* meterse con.
tangled [ˈtæŋgld] *adj lit* & *fig* enredado(da).
tango [ˈtæŋgəʊ] (*pl* **-es**) *n* tango *m*.
tangy [ˈtæŋɪ] (*compar* **-ier**, *superl* **-iest**) *adj* fuerte.
tank [tæŋk] *n* **-1.** [container] depósito *m*, tanque *m* **-2.** *MIL* tanque *m*, carro *m* de combate.
tankard [ˈtæŋkəd] *n* bock *m*.
tanker [ˈtæŋkəʳ] *n* **-1.** [ship - gen] barco *m* cisterna, tanque *m*; [- for oil] petrolero *m* **-2.** [truck] camión *m* cisterna.
tankful [ˈtæŋkfʊl] *n* depósito *m* lleno.
tanned [tænd] *adj* bronceado(da).
tannin [ˈtænɪn] *n* tanino *m*.
Tannoy® [ˈtænɔɪ] *n* (sistema *m* de) altavoces *mpl*; **his name was called out over the ~** su nombre sonó por megafonía.
tantalize, -ise [ˈtæntəlaɪz] *vt* atormentar.
tantalizing [ˈtæntəlaɪzɪŋ] *adj* tentador(ra).
tantamount [ˈtæntəmaʊnt] *adj*: **~ to** equivalente a.
tantrum [ˈtæntrəm] (*pl* **-s**) *n* rabieta *f*; **to throw a ~** coger una rabieta.
Tanzania [ˌtænzəˈnɪə] *n* Tanzania.
Tanzanian [ˌtænzəˈnɪən] <> *adj* tanzano(na). <> *n* tanzano *m*, -na *f*.
tap [tæp] (*pt* & *pp* **-ped**, *cont* **-ping**) <> *n* **-1.** [device] grifo *m*, llave *f Amér*, canilla *f RP*, paja *f CAm*, caño *f Perú* **-2.** [light blow] golpecito *m* **-3.** [phr]: **to be on ~** [beer, water] ser de barril; **to have sthg on ~** *fig* tener algo a mano. <> *vt* **-1.** [hit] golpear ligeramente; **he tapped his fingers on the table** golpeaba ligeramente la mesa con los dedos **-2.** [strength, resources] utilizar, usar **-3.** [phone] intervenir. <> *vi* dar un golpecito; **he ~ped on the window** dio unos golpecitos en la ventana.
◆ **taps** *n US MIL* [at funeral] toque *m* de difuntos.
tap dancer *n* bailarín *m*, -ina *f* de claqué.

tap dancing *n* claqué *m.*

tape [teɪp] ◇ *n* **-1.** [cassette, magnetic tape, strip of cloth] cinta *f* **-2.** *SPORT* [at finishing line] cinta *f* de llegada **-3.** [adhesive plastic] cinta *f* adhesiva. ◇ *vt* **-1.** [on tape recorder, video recorder] grabar **-2.** [with adhesive tape] pegar con cinta adhesiva **-3.** *US* [bandage] vendar.

tape deck *n* pletina *f* del magnetófono.

tape measure *n* cinta *f* métrica.

taper ['teɪpəʳ] ◇ *n* [candle] vela *f.* ◇ *vi* afilarse.

◆ **taper off** *vi* ir disminuyendo.

tape-record [-rɪˌkɔːd] *vt* grabar (en cinta).

tape recorder *n* magnetófono *m.*

tape recording *n* grabación *f* en cinta.

tapered ['teɪpəd] *adj* ahusado(da).

tapestry ['tæpɪstrɪ] (*pl* **-ies**) *n* **-1.** [piece of work] tapiz *m* **-2.** [craft] tapicería *f.*

tapeworm ['teɪpwɜːm] *n* tenia *f*, solitaria *f.*

tapioca [ˌtæpɪ'əʊkə] *n* tapioca *f.*

tapir ['teɪpəʳ] (*pl inv* *OR* **-s**) *n* tapir *m.*

tar [tɑːʳ] *n* alquitrán *m.*

tarantula [tə'ræntjʊlə] *n* tarántula *f.*

target ['tɑːgɪt] ◇ *n* **-1.** [of missile, goal, aim] objetivo *m* **-2.** [in archery, shooting, of criticism] blanco *m*; **to be on ~ to do sthg** llevar el ritmo adecuado para hacer algo. ◇ *vt* **-1.** [aim weapon at] apuntar a **-2.** [channel]: **to ~ funds on** destinar fondos a.

tariff ['tærɪf] *n* tarifa *f.*

Tarmac® ['tɑːmæk] *n* [material] alquitrán *m.*

◆ **tarmac** *n AERON*: **the tarmac** la pista.

tarnish ['tɑːnɪʃ] ◇ *vt* [make dull] deslustrar; *fig* [damage] empañar, manchar. ◇ *vi* [become dull] deslustrarse.

tarnished ['tɑːnɪʃt] *adj* [dull] deslustrado(da); *fig* [damaged] manchado(da), empañado (da).

tarot ['tærəʊ] *n*: **the ~** el tarot.

tarot card *n* carta *f* de tarot.

tarpaulin [tɑː'pɔːlɪn] *n* lona *f* alquitranada.

tarragon ['tærəgən] *n* estragón *m.*

tart [tɑːt] ◇ *adj* **-1.** [bitter] agrio (agria) **-2.** [sarcastic] mordaz. ◇ *n* **-1.** [sweet pastry] tarta *f* **-2.** *v inf* [prostitute] furcia *f*, fulana *f.*

◆ **tart up** *vt sep UK inf pej* emperejilar; **to ~ o.s. up** emperifollarse.

tartan ['tɑːtn] ◇ *n* tartán *m.* ◇ *comp* de tartán.

tartar(e) sauce ['tɑːtəʳ-] *n* salsa *f* tártara.

tartness ['tɑːtnɪs] *n* **-1.** [of taste] acidez *f* **-2.** [of comment] mordacidad *f*, acritud *f.*

task [tɑːsk] *n* tarea *f.*

task force *n MIL* destacamento *m* de fuerzas.

taskmaster ['tɑːskˌmɑːstəʳ] *n*: **a hard ~** un tirano.

Tasmania [tæz'meɪnjə] *n* Tasmania.

Tasmanian [tæz'meɪnjən] ◇ *adj* tasmanio(nia). ◇ *n* tasmanio *m*, -nia *f.*

tassel ['tæsl] *n* borla *f.*

taste [teɪst] ◇ *n* **-1.** [physical sense, discernment] gusto *m*; **in bad/good ~** de mal/buen gusto **-2.** [flavour] sabor *m* **-3.** [try]: **have a ~** pruébalo **-4.** *fig* [for success, fast cars etc]: **~ (for)** afición *f* (a), gusto *m* (por) **-5.** *fig* [experience] experiencia *f.* ◇ *vt* **-1.** [notice flavour of] notar un sabor a; **I can't ~ the lemon in it** no noto el sabor a limón **-2.** [test, try] probar **-3.** *fig* [experience] conocer. ◇ *vi* saber; **to ~ of** *OR* **like** saber a.

taste bud *n* papila *f* gustativa.

tasteful ['teɪstfʊl] *adj* elegante, de buen gusto.

tastefully ['teɪstfʊlɪ] *adv* elegantemente, con gusto.

tasteless ['teɪstlɪs] *adj* **-1.** [offensive, cheap and unattractive] de mal gusto **-2.** [without flavour] insípido(da), soso(sa).

taster ['teɪstəʳ] *n* catador *m*, -ra *f.*

tasty ['teɪstɪ] (*compar* **-ier**, *superl* **-iest**) *adj* sabroso(sa).

tat [tæt] *n (U) UK inf pej* baratijas *fpl.*

tattered ['tætəd] *adj* [clothes] andrajoso(sa); [paper] desgastado(da).

tatters ['tætəz] *npl*: **in ~** [clothes] andrajoso(sa); *fig* [confidence, reputation] por los suelos.

tattoo [tə'tuː] (*pl* **-s**) ◇ *n* **-1.** [design] tatuaje *m* **-2.** *UK* [military display] desfile *m* militar. ◇ *vt* tatuar.

tattooist [tə'tuːɪst] *n* tatuador *m*, -ra *f.*

tatty ['tætɪ] (*compar* **-ier**, *superl* **-iest**) *adj UK inf pej* desastrado(da).

taught [tɔːt] *pt & pp* ▷ **teach**.

taunt [tɔːnt] ◇ *vt* zaherir a. ◇ *n* pulla *f.*

Taurus ['tɔːrəs] *n* Tauro *m*; **to be (a) ~** ser Tauro.

taut [tɔːt] *adj* tenso(sa).

tauten ['tɔːtn] ◇ *vt* tensar. ◇ *vi* tensarse.

tautology [tɔː'tɒlədʒɪ] *n* tautología *f.*

tavern ['tævn] *n dated* taberna *f.*

tawdry ['tɔːdrɪ] (*compar* **-ier**, *superl* **-iest**) *adj pej* de oropel.

tawny ['tɔːnɪ] *adj* leonado(da).

tax [tæks] ◇ *n* impuesto *m*, contribución *f*; **pay before** *OR* **after ~** salario antes/después de impuestos. ◇ *vt* **-1.** [goods, profits] gravar **-2.** [business, person] imponer contribuciones a **-3.** [strain, test] poner a prueba.

taxable ['tæksəbl] *adj* imponible.

tax allowance *n* desgravación *f* fiscal.

taxation [tæk'seɪʃn] *n (U)* **-1.** [system] sistema *m*

tributario **-2.** [amount] impuestos *mpl*, contribuciones *fpl*.
tax avoidance [-ə'vɔɪdəns] *n* evasión *f* fiscal.
tax collector *n* recaudador *m*, -ra *f* de impuestos.
tax cut *n* reducción *f* tributaria.
tax-deductible [-dɪ'dʌktəbl] *adj* desgravable.
tax disc *n UK pegatina del impuesto de circulación.*
tax evasion *n* fraude *m* fiscal, evasión *f* de impuestos.
tax-exempt *US* = **tax-free**.
tax exemption *n* exención *f* de impuestos.
tax exile *n UK* [person] *persona que vive en el extranjero, para evitar los impuestos.*
tax-free *UK*, **tax-exempt** *US adj* exento(ta) de impuestos.
tax haven *n* paraíso *m* fiscal.
taxi ['tæksɪ] ◇ *n* taxi *m*. ◇ *vi* [plane] rodar por la pista.
taxicab ['tæksɪkæb] *n* taxi *m*.
taxidermist ['tæksɪdɜ:mɪst] *n* taxidermista *m* OR *f*.
taxi driver *n* taxista *m* OR *f*.
taxing ['tæksɪŋ] *adj* [gen] agotador(ra); [problem, exam] abrumador(ra).
tax inspector *n* ≃ inspector *m*, -ra *f* de Hacienda.
taxi rank *UK*, **taxi stand** *n* parada *f* de taxis.
taxman ['tæksmæn] (*pl* **-men** [-men]) *n* **-1.** [tax collector] recaudador *m*, -ra *f* de impuestos **-2.** *inf* [tax office]: **the ~** ≃ Hacienda *f*, ≃ el Fisco.
taxpayer ['tæks,peɪə^r] *n* contribuyente *m* OR *f*.
tax relief *n (U)* desgravación *f* fiscal.
tax return *n* declaración *f* de renta.
tax year *n* año *m* fiscal.
TB *n abbr of* **tuberculosis**.
T-bone steak *n bistec con hueso en forma de T.*
tbs., tbsp. (*abbr of* **tablespoon(ful)**) *cucharada grande.*
tea [ti:] *n* **-1.** [drink, leaves] té *m* **-2.** *UK* [afternoon snack] té *m*, merienda *f* **-3.** *UK* [evening meal] merienda cena *f*.
teabag ['ti:bæg] *n* bolsita *f* de té.
tea break *n UK* descanso *m (durante la jornada laboral).*
tea caddy [-,kædɪ] *n* bote *m* del té.
teacake ['ti:keɪk] *n UK* bollito *m*.
teach [ti:tʃ] (*pt* & *pp* **taught**) ◇ *vt* **-1.** [give lessons to] [student] dar clases a; **to ~ sb sthg** enseñar algo a alguien; **to ~ sb to do sthg** enseñar a alguien a hacer algo; **to ~ (sb) that** inculcar a alguien que; **that will ~ you a lesson!** ¡eso te enseñará! **-2.** [give lessons in] [subject] dar clases de **-3.** [advocate, state] preconizar; **to ~ sb sthg**, **to ~ sthg to sb** predicar a alguien algo. ◇ *vi* ser profesor(ra), dar clases.
teacher ['ti:tʃə^r] *n* [at primary school] maestro *m*, -tra *f*; [at secondary school] profesor *m*, -ra *f*; **~'s pet** *pej* enchufado *m*, -da *f* de la clase.
teacher training college *UK*, **teachers college** *US n* escuela *f* normal.
teaching ['ti:tʃɪŋ] *n* enseñanza *f*; **I've got ten hours of ~** tengo diez horas de clases.
teaching aids *npl* materiales *mpl* pedagógicos.
teaching practice *n (U)* prácticas *fpl* de magisterio.
teaching staff *npl* personal *m* docente, profesorado *m*.
tea cloth *n UK* [tea towel] paño *m* de cocina.
tea cosy *UK*, **tea cozy** *US n* cubretetera *f*.
teacup ['ti:kʌp] *n* taza *f* de té.
teak [ti:k] ◇ *n* teca *f*. ◇ *comp* de teca.
tea leaves *npl* hojas *fpl* de té.
team [ti:m] *n* equipo *m*.
◆ **team up** *vi*: **to ~ up (with)** formar equipo (con).
team games *npl* juegos *mpl* de equipos.
teammate ['ti:mmeɪt] *n* compañero *m*, -ra *f* de equipo.
team spirit *n* espíritu *m* de equipo.
teamster ['ti:mstə^r] *n US* camionero *m*.
teamwork ['ti:mwɜ:k] *n (U)* trabajo *m* en equipo.
tea party *n* reunión *f* para tomar el té.
teapot ['ti:pɒt] *n* tetera *f*.
tear[1] [tɪə^r] *n* lágrima *f*; **in ~s** llorando.
tear[2] [teə^r] (*pt* **tore**, *pp* **torn**) ◇ *vt* **-1.** [rip] rasgar, romper; **to ~ sthg open** abrir algo rasgándolo; **to ~ sthg to pieces** *fig* poner algo por los suelos **-2.** [remove roughly] arrancar; **she tore a page out of her exercise book** arrancó una página de su libro de ejercicios **-3.** *phr*: **to be torn between** vacilar entre. ◇ *vi* **-1.** [rip] romperse, rasgarse **-2.** *inf* [move quickly]: **he tore out of the house** salió de la casa a toda pastilla; **they were ~ing along** iban a toda pastilla **-3.** *phr*: **to ~ loose** soltarse de un tirón. ◇ *n* rasgón *m*, desgarrón *m*.
◆ **tear apart** *vt sep* **-1.** [rip up] despedazar **-2.** *fig* [disrupt greatly] desintegrar **-3.** [upset greatly] desgarrar.
◆ **tear at** *vt fus* tirar de.
◆ **tear away** *vt sep*: **to ~ o.s. away from** separarse de.
◆ **tear down** *vt sep* [building, statue] echar abajo.

◆ **tear off** *vt sep* [clothes] quitarse precipitadamente.

◆ **tear up** *vt sep* hacer pedazos.

tearaway ['teərə,weɪ] *n UK inf* alborotador *m*, -ra *f*.

teardrop ['tɪədrɒp] *n* lágrima *f*.

tearful ['tɪəfʊl] *adj* **-1.** [person] lloroso(sa) **-2.** [event] lacrimoso(sa).

tear gas [tɪə^r-] *n (U)* gas *m* lacrimógeno.

tearing ['teərɪŋ] *adj inf*: **to be in a ~ hurry** tener mucha prisa.

tearjerker ['tɪə,dʒɜ:kə^r] *n hum* dramón *m*.

tearoom ['ti:rʊm] *n* salón *m* de té.

tease [ti:z] ◇ *n inf* puñetero *m*, -ra *f*. ◇ *vt* **-1.** [mock]: **to ~ sb (about)** tomar el pelo a alguien (acerca de) **-2.** *US* [hair] cardarse.

tea service, tea set *n* servicio *m* OR juego *m* de té.

tea shop *n* salón *m* de té.

teasing ['ti:zɪŋ] *adj* guasón(ona), burlón(ona).

Teasmaid® ['ti:zmeɪd] *n UK máquina de hacer el té automática*.

teaspoon ['ti:spu:n] *n* **-1.** [utensil] cucharilla *f* **-2.** [amount] cucharadita *f*.

tea strainer *n* colador *m* de té.

teat [ti:t] *n* **-1.** [of animal] tetilla *f* **-2.** [of bottle] tetina *f*.

teatime ['ti:taɪm] *n UK* hora *f* del té.

tea towel *n* paño *m* de cocina, repasador *m RP*.

tea urn *n cilindro o barril con grifo para servir té en grandes cantidades*.

technical ['teknɪkl] *adj* técnico(ca).

technical college *n UK* ≃ centro *m* de formación profesional.

technical drawing *n (U)* dibujo *m* técnico.

technicality [,teknɪ'kælətɪ] (*pl* **-ies**) *n* detalle *m* técnico.

technically ['teknɪklɪ] *adv* **-1.** [gen] técnicamente **-2.** [theoretically] teóricamente, en teoría.

technician [tek'nɪʃn] *n* técnico *m*, -ca *f*.

Technicolor® ['teknɪ,kʌlə^r] *n* tecnicolor® *m*.

technique [tek'ni:k] *n* técnica *f*.

techno ['teknəʊ] *n* MUS tecno *m*.

technological [,teknə'lɒdʒɪkl] *adj* tecnológico(ca).

technologist [tek'nɒlədʒɪst] *n* tecnólogo *m*, -ga *f*.

technology [tek'nɒlədʒɪ] (*pl* **-ies**) *n* tecnología *f*.

teddy ['tedɪ] (*pl* **-ies**) *n*: **~ (bear)** oso *m* de peluche.

tedious ['ti:djəs] *adj* tedioso(sa).

tedium ['ti:djəm] *n fml* tedio *m*.

tee [ti:] *n* tee *m*.

◆ **tee off** *vi* GOLF golpear desde el tee.

teem [ti:m] *vi* **-1.** [rain] llover a cántaros **-2.** [be busy]: **to be ~ing with** estar inundado(da) de.

teen [ti:n] *adj inf* adolescente.

teenage ['ti:neɪdʒ] *adj* adolescente.

teenager ['ti:n,eɪdʒə^r] *n* adolescente *m* OR *f*, quinceañero *m*, -ra *f*.

teens [ti:nz] *npl* adolescencia *f*; **he's in his ~** es adolescente.

teeny (weeny) [,ti:nɪ('wi:nɪ)], **teensy (weensy)** [,ti:nzɪ('wi:nzɪ)] *adj inf* pequeñito(ta), chiquitín(ina).

tee-shirt *n* camiseta *f*.

teeter ['ti:tə^r] *vi lit & fig* tambalearse.

teeter-totter *n US* balancín *m*, subibaja *m*.

teeth [ti:θ] *npl* **-1.** ▷ **tooth** **-2.** *fig* [power] poder *m*.

teethe [ti:ð] *vi* echar los dientes.

teething ring ['ti:ðɪŋ-] *n* chupador *m*.

teething troubles ['ti:ðɪŋ-] *npl fig* problemas *mpl* iniciales.

teetotal [ti:'təʊtl] *adj* abstemio(mia).

teetotaller *UK*, **teetotaler** *US* [ti:'təʊtlə^r] *n* abstemio *m*, -mia *f*.

TEFL ['tefl] (*abbr of* **teaching of English as a foreign language**) *n enseñanza de inglés para extranjeros*.

Teflon® ['teflɒn] ◇ *n* teflón® *m*. ◇ *comp* de teflón®.

Tehran, Teheran [,teə'rɑ:n] *n* Teherán.

tel. (*abbr of* **telephone**) tfno.

Tel-Aviv [,telə'vi:v] *n* Tel Aviv.

tele- ['telɪ] *prefix* tele-.

telecast ['telɪkɑ:st] *n* emisión *f* televisiva.

telecom ['telɪkɒm] *n*, **telecoms** ['telɪkɒmz] *npl UK inf* telecomunicaciones *fpl*.

telecommunications ['telɪkə,mju:nɪ'keɪʃnz] *npl* telecomunicaciones *fpl*.

telegram ['telɪgræm] *n* telegrama *m*.

telegraph ['telɪgrɑ:f] ◇ *n* telégrafo *m*. ◇ *vt* telegrafiar.

telegraph pole, telegraph post *UK n* poste *m* de telégrafos.

telepathic [,telɪ'pæθɪk] *adj* telepático(ca).

telepathy [tɪ'lepəθɪ] *n* telepatía *f*.

telephone ['telɪfəʊn] ◇ *n* teléfono *m*; **to be on the ~** *UK* [connected to network] tener teléfono; [speaking] estar al teléfono. ◇ *vt & vi* telefonear.

telephone banking *n* banca *f* telefónica.

telephone book *n* guía *f* telefónica.

telephone booth *n* teléfono *m* público.

telephone box *n UK* cabina *f* (telefónica).
telephone call *n* llamada *f* telefónica, llamado *m* telefónico *Amér.*
telephone directory *n* guía *f* telefónica.
telephone exchange *n* central *f* telefónica.
telephone number *n* número *m* de teléfono.
telephone operator *n* operador *m*, -ra *f*, telefonista *m* OR *f*.
telephonist [tɪ'lefənɪst] *n UK* telefonista *m* OR *f*.
telephoto lens [ˌtelɪ'fəʊtəʊ-] *n* teleobjetivo *m*.
teleprinter ['telɪˌprɪntəʳ], **teletypewriter** *US* [ˌtelɪ'taɪpˌraɪtəʳ] *n* teletipo *m*, teleimpresor *m*.
Teleprompter® [ˌtelɪ'prɒmptəʳ] *n* teleapuntador *m*.
telesales ['telɪseɪlz] *npl* ventas *fpl* por teléfono.
telescope ['telɪskəʊp] *n* telescopio *m*.
telescopic [ˌtelɪ'skɒpɪk] *adj* **-1.** [magnifying] telescópico(ca) **-2.** [contracting] plegable.
teletext ['telɪtekst] *n* teletexto *m*.
telethon ['telɪθɒn] *n programa televisivo de larga duración destinado a recaudar fondos para una obra benéfica.*
teletypewriter *US* = **teleprinter**.
televideo [telɪ'vɪdɪəʊ] *n* televídeo *m*.
televise ['telɪvaɪz] *vt* televisar.
television ['telɪˌvɪʒn] *n* televisión *f*; **on ~** en televisión; **to watch ~** ver la televisión.
television licence *n UK documento que prueba el pago del impuesto que da derecho al uso de un televisor.*
television programme *n* programa *m* de televisión.
television set *n* televisor *m*, (aparato *m* de) televisión *f*.
teleworker ['telɪwɜːkəʳ] *n* teletrabajador *m*, -ra *f*.
telex ['teleks] ◇ *n* télex *m*. ◇ *vt* [message] transmitir por télex; [person] mandar un télex a.
tell [tel] (*pt* & *pp* **told**) ◇ *vt* **-1.** [gen] decir; **to ~ sb (that)** decir a alguien que; **to ~ sb sthg, to ~ sthg to sb** decir a alguien algo; **to ~ sb to do sthg** decir a alguien que haga algo; **I told you so!** ¡ya te lo dije! **-2.** [joke, story] contar **-3.** [judge, recognize]: **to ~ what sb is thinking** saber en qué está pensando alguien; **to ~ the time** decir la hora; **there's no telling ...** es imposible saber ... **-4.** [differentiate]: **to ~ the difference between A and B** distinguir entre A y B; **it's hard to ~ one from another** son difíciles de distinguir. ◇ *vi* [have effect] surtir efecto.
◆ **tell apart** *vt sep* distinguir, diferenciar; **I can't ~ them apart** no consigo distinguirlos.
◆ **tell off** *vt sep esp US* reñir, reprender.
teller ['teləʳ] *n* **-1.** [of votes] escrutador *m*, -ra *f* **-2.** *esp US* [in bank] cajero *m*, -ra *f*.
telling ['telɪŋ] *adj* [remark, incident] revelador(ra).
telling-off (*pl* **tellings-off**) *n* bronca *f*; **to give sb a (good) ~** echar una bronca a alguien.
telltale ['telteɪl] ◇ *adj* revelador(ra). ◇ *n* chivato *m*, -ta *f*, acusica *m* OR *f*.
telly ['telɪ] (*pl* **-ies**) (*abbr of* **television**) *n UK inf* tele *f*; **on ~** en la tele.
temerity [tɪ'merətɪ] *n fml* temeridad *f*.
temp [temp] ◇ *n inf UK* (*abbr of* **temporary (employee)**) trabajador *m*, -ra *f* temporal. ◇ *vi*: **she's ~ing** tiene un trabajo temporal.
temp. (*abbr of* **temperature**) temp.
temper ['tempəʳ] ◇ *n* **-1.** [state of mind, mood] humor *m*; **to keep one's ~** mantener la calma; **to lose one's ~** enfadarse, perder la paciencia; **to have a short ~** tener genio **-2.** [angry state]: **to be in a ~** estar de mal humor **-3.** [temperament] temperamento *m*. ◇ *vt fml* templar, suavizar.
temperament ['temprəmənt] *n* temperamento *m*.
temperamental [ˌtemprə'mentl] *adj* [volatile] temperamental.
temperance ['temprəns] *n* templanza *f*.
temperate ['tempərət] *adj* templado(da).
temperature ['temprətʃəʳ] *n* temperatura *f*; **to take sb's ~** tomarle a alguien la temperatura; **to have a ~** tener fiebre.
tempered ['tempəd] *adj* templado(da).
tempest ['tempɪst] *n literary* tempestad *f*.
tempestuous [tem'pestjʊəs] *adj lit & fig* tempestuoso(sa).
tempi ['tempiː] *pl* ▷ **tempo**.
template ['templɪt] *n* plantilla *f*.
temple ['templ] *n* **-1.** RELIG templo *m* **-2.** ANAT sien *f*.
tempo ['tempəʊ] (*pl* **-pos** OR **-pi**) *n* **-1.** MUS ritmo *m* **-2.** [of an event] tempo *m*.
temporarily [ˌtempə'rerəlɪ] *adv* temporalmente, provisionalmente.
temporary ['tempərərɪ] *adj* [gen] temporal, temporarico *Amér*, provisional, provisorio *Andes, Col, CSur, Ven*; [improvement, problem] pasajero(ra).
tempt [tempt] *vt* [entice]: **to ~ sb (to do sthg)** tentar a alguien (a hacer algo); **to be** OR **feel ~ed to do sthg** estar OR sentirse tentado de hacer algo.
temptation [temp'teɪʃn] *n* tentación *f*.
tempting ['temptɪŋ] *adj* tentador(ra).
ten [ten] *num* diez; *see also* **six**.

tenable ['tenəbl] *adj* **-1.** [reasonable, credible] sostenible **-2.** [job, post]: **the post is ~ for one year** el puesto tendrá una duración de un año.

tenacious [tɪ'neɪʃəs] *adj* tenaz.

tenacity [tɪ'næsətɪ] *n* tenacidad *f.*

tenancy ['tenənsɪ] (*pl* **-ies**) *n* **-1.** [period - of house] alquiler *m*; [- of land] arrendamiento *m* **-2.** [possession] ocupación *f.*

tenant ['tenənt] *n* [of house] inquilino *m*, -na *f*; [of pub] arrendatario *m*, -ria *f.*

Ten Commandments *npl*: **the ~** los Diez Mandamientos.

tend [tend] *vt* **-1.** [have tendency]: **to ~ to do sthg** soler hacer algo, tender a hacer algo; **I ~ to think ...** me inclino a pensar ... **-2.** [look after] cuidar **-3.** *US*: **to ~ bar** atender en el bar.

tendency ['tendənsɪ] (*pl* **-ies**) *n* **-1.** [trend]: **~ (for sb/sthg to do sthg)** tendencia *f* (de alguien/algo a hacer algo); **~ towards** tendencia hacia **-2.** [leaning, inclination] inclinación *f.*

tender ['tendə'] ◇ *adj* [gen] tierno(na); [sore] dolorido(da); **at a ~ age** a una edad tierna. ◇ *n* **-1.** COMM propuesta *f*, oferta *f* **-2.**: **(legal) ~** moneda *f* de curso legal. ◇ *vt fml* [resignation] presentar.

tenderize, -ise ['tendəraɪz] *vt* ablandar.

tenderly ['tendəlɪ] *adv* [caringly] tiernamente, cariñosamente.

tenderness ['tendənɪs] *n* (*U*) **-1.** [care, compassion] ternura *f*, dulzura *f* **-2.** [soreness] sensibilidad *f.*

tendon ['tendən] *n* tendón *m.*

tendril ['tendrəl] *n* zarcillo *m.*

tenement ['tenəmənt] *n* *bloque de viviendas modestas*.

tenet ['tenɪt] *n fml* principio *m*, dogma *m.*

tenner ['tenə'] *n UK inf* **-1.** [amount] diez libras *fpl* **-2.** [note] billete *m* de diez libras.

tennis ['tenɪs] *n* tenis *m.*

tennis ball *n* pelota *f* de tenis.

tennis court *n* pista *f* de tenis.

tennis match *n* partido *m* de tenis.

tennis player *n* tenista *m* OR *f.*

tennis racket *n* raqueta *f* de tenis.

tenor ['tenə'] ◇ *adj* de tenor. ◇ *n* **-1.** [singer] tenor *m* **-2.** *fml* [meaning, mood] tono *m.*

tenpin bowling *UK* ['tenpɪn-], **tenpins** *US* ['tenpɪnz] *n* (*U*) bolos *mpl.*

tense [tens] ◇ *adj* tenso(sa). ◇ *n* tiempo *m.* ◇ *vt* tensar. ◇ *vi* tensarse, ponerse tenso(sa).

tensed up [tenst-] *adj* tenso(sa), nervioso(sa).

tension ['tenʃn] *n* tensión *f.*

ten-spot *n US* billete *m* de diez dólares.

tent [tent] *n* tienda *f* (de campaña), carpa *f Amér.*

tentacle ['tentəkl] *n* tentáculo *m.*

tentative ['tentətɪv] *adj* **-1.** [person] indeciso(sa); [step, handshake] vacilante **-2.** [suggestion, conclusion etc] provisional.

tentatively ['tentətɪvlɪ] *adv* **-1.** [hesitantly] con vacilación **-2.** [not finally] provisionalmente.

tenterhooks ['tentəhʊks] *npl*: **to be on ~** estar sobre ascuas.

tenth [tenθ] *num* décimo(ma); *see also* **sixth**.

tent peg *n* estaca *f.*

tent pole *n* mástil *m* de tienda.

tenuous ['tenjʊəs] *adj* [argument] flojo(ja), poco convincente; [evidence, connection] débil, insignificante; [hold] ligero(ra).

tenuously ['tenjʊəslɪ] *adv* ligeramente.

tenure ['tenjə'] (*U*) *fml n* **-1.** [of property] arrendamiento *m* **-2.** [of job] ocupación *f*, ejercicio *m.*

tepee ['ti:pi:] *n* tipi *m*, tienda *f* india.

tepid ['tepɪd] *adj* **-1.** [liquid] tibio(bia) **-2.** *pej* [welcome] poco caluroso(sa); [performance, speech] poco vehemente.

tequila [tɪ'ki:lə] *n* tequila *m.*

Ter., Terr. *abbr of* **Terrace**.

term [tɜ:m] ◇ *n* **-1.** [word, expression] término *m* **-2.** SCH & UNIV trimestre *m* **-3.** POL mandato *m*; **~ of office** mandato **-4.** [period of time] periodo *m*; **in the long/short ~** a largo/corto plazo. ◇ *vt*: **to ~ sthg sthg** calificar algo de algo.

◆ **terms** *npl* **-1.** [of contract, agreement] condiciones *fpl* **-2.** [basis]: **in international/real ~s** en términos internacionales/reales; **on equal** OR **the same ~s** en condiciones de igualdad; **to be on good ~s (with sb)** mantener buenas relaciones (con alguien); **to be on speaking ~s (with sb)** hablarse (con alguien); **to come to ~s with sthg** aceptar algo **-3.** *phr*: **to think in ~s of doing sthg** pensar hacer algo.

◆ **in terms of** *prep* por lo que se refiere a.

terminal ['tɜ:mɪnl] ◇ *adj* MED incurable, terminal. ◇ *n* **-1.** [transport] terminal *f* **-2.** COMPUT terminal *m.*

terminally ['tɜ:mɪnəlɪ] *adv*: **to be ~ ill** ser enfermo terminal.

terminate ['tɜ:mɪneɪt] ◇ *vt fml* [gen] poner fin a; [pregnancy] interrumpir. ◇ *vi* **-1.** [bus, train] finalizar el trayecto **-2.** [contract] terminarse.

termination [,tɜ:mɪ'neɪʃn] *n* **-1.** *fml* [ending] terminación *f* **-2.** [abortion]: **~ (of pregnancy)** interrupción *f* del embarazo.

termini ['tɜ:mɪnaɪ] *pl* ▷ **terminus**.

terminology [ˌtɜːmɪˈnɒlədʒɪ] *n* terminología *f.*
terminus [ˈtɜːmɪnəs] (*pl* **-ni** OR **-nuses**) *n* (estación *f*) terminal *f.*
termite [ˈtɜːmaɪt] *n* termita *f.*
Terr. = Ter.
terrace [ˈterəs] *n* **-1.** [gen] terraza *f* **-2.** *UK* [of houses] hilera *f* de casas adosadas.
◆ **terraces** *npl* FTBL: **the ~s** las gradas.
terraced [ˈterəst] *adj* **-1.** [hillside] a terrazas **-2.** [house, housing] adosado(da).
terraced house *n UK* casa *f* adosada.
terracotta [ˌterəˈkɒtə] *n* terracota *f.*
terrain [teˈreɪn] *n* terreno *m.*
terrapin [ˈterəpɪn] (*pl inv* OR **-s**) *n* tortuga *f* acuática.
terrestrial [təˈrestrɪəl] *adj fml* terrestre.
terrible [ˈterəbl] *adj* **-1.** [crash, mess, shame] terrible, espantoso(sa) **-2.** [unwell, unhappy, very bad] fatal.
terribly [ˈterəblɪ] *adv* [sing, play, write] malísimamente; [injured, sorry, expensive] horriblemente, terriblemente.
terrier [ˈterɪə^r] *n* terrier *m.*
terrific [təˈrɪfɪk] *adj* **-1.** [wonderful] fabuloso(sa), estupendo(da) **-2.** [enormous] enorme, tremendo(da).
terrified [ˈterɪfaɪd] *adj* aterrorizado(da); **to be ~ (of)** tener terror a.
terrify [ˈterɪfaɪ] (*pt* & *pp* **-ied**) *vt* aterrorizar.
terrifying [ˈterɪfaɪɪŋ] *adj* aterrador(ra), espantoso(sa).
terrine [teˈriːn] *n* [paté] tarrina *f.*
territorial [ˌterɪˈtɔːrɪəl] *adj* territorial.
Territorial Army *n UK*: **the ~** *el ejército voluntario de Gran Bretaña.*
territorial waters *npl* aguas *fpl* territoriales, aguas jurisdiccionales.
territory [ˈterətrɪ] (*pl* **-ies**) *n* **-1.** [political area] territorio *m* **-2.** [terrain] terreno *m* **-3.** [area of knowledge] esfera *f*, campo *m.*
terror [ˈterə^r] *n* **-1.** [fear] terror *m*; **to live in ~** vivir aterrorizado(da); **they ran out of the house in ~** salieron de la casa aterrorizados **-2.** *inf* [rascal] demonio *m.*
terrorism [ˈterərɪzm] *n* terrorismo *m.*
terrorist [ˈterərɪst] *n* terrorista *m* OR *f.*
terrorize, -ise [ˈterəraɪz] *vt* aterrorizar, aterrar.
terror-stricken *adj* aterrorizado(da), aterrado(da).
terse [tɜːs] *adj* seco(ca).
tersely [ˈtɜːslɪ] *adv* secamente.
tertiary [ˈtɜːʃərɪ] *adj fml* terciario(ria).
tertiary education *n (U)* estudios *mpl* superiores.
Terylene® [ˈterəliːn] *n* terylene® *m.*
TESL [ˈtesl] (*abbr of* **teaching of English as a second language**) *n enseñanza de inglés para extranjeros.*
TESSA [ˈtesə] (*abbr of* **tax-exempt special savings account**) *n plan de ahorro que ofrece exención de impuestos sobre el interés del capital depositado a plazo fijo.*
test [test] ◇ *n* **-1.** [trial] prueba *f*; **to put sthg to the ~** poner algo a prueba **-2.** [examination] examen *m*, prueba *f* **-3.** MED [of blood, urine] análisis *m inv*; [of eyes] revisión *f.* ◇ *vt* **-1.** [try out] probar, poner a prueba **-2.** [examine] examinar; **to ~ sb on** examinar a alguien de.
testament [ˈtestəmənt] *n* **-1.** [will] testamento *m* **-2.** [proof]: **~ to** testimonio *m* de.
test ban *n* suspensión *f* de pruebas nucleares.
test case *n* JUR juicio *m* que sienta jurisprudencia.
test-drive *vt* someter a prueba de carretera.
tester [ˈtestə^r] *n* **-1.** [person testing] probador *m*, -ra *f* **-2.** [sample] muestra *f (de perfume etc).*
test flight *n* vuelo *m* de prueba.
testicles [ˈtestɪklz] *npl* testículos *mpl.*
testify [ˈtestɪfaɪ] (*pt* & *pp* **-ied**) ◇ *vi* **-1.** JUR prestar declaración **-2.** [be proof]: **to ~ to sthg** dar fe de OR atestiguar algo. ◇ *vt*: **to ~ that** declarar que.
testimonial [ˌtestɪˈməʊnjəl] *n* [letter] carta *f* de recomendación.
testimony [*UK* ˈtestɪmənɪ, *US* ˈtestəməʊnɪ] *n* **-1.** JUR testimonio *m*, declaración *f* **-2.** [proof, demonstration]: **~ to** testimonio *m* de.
testing [ˈtestɪŋ] *adj* duro(ra).
testing ground *n* zona *f* de pruebas.
test match *n UK* SPORT partido *m* internacional.
test paper *n* SCH examen *m*, test *m.*
test pilot *n* piloto *m* OR *f* de pruebas.
test tube *n* probeta *f.*
test-tube baby *n* bebé *m* OR *f* probeta.
testy [ˈtestɪ] (*compar* **-ier**, *superl* **-iest**) *adj* **-1.** [person] irritable, irascible **-2.** [remark, comment] acre, agresivo(va).
tetanus [ˈtetənəs] *n* tétanos *m inv.*
tetchy [ˈtetʃɪ] (*compar* **-ier**, *superl* **-iest**) *adj* irritable.
tête-à-tête [ˌteɪtɑːˈteɪt] *n* conversación *f* confidencial *(entre dos personas).*
tether [ˈteðə^r] ◇ *vt* atar. ◇ *n*: **to be at the end of one's ~** estar uno que ya no puede más.
Texan [ˈteksn] ◇ *n* & *adj* tejano(na). ◇ *n* tejano *m*, -na *f.*

Texas ['teksəs] *n* Tejas.

text [tekst] *n* **-1.** [gen] texto *m* **-2.** [textbook] libro *m* de texto.

textbook ['tekstbʊk] *n* libro *m* de texto.

textile ['tekstaɪl] ◇ *n* textil *m*, tejido *m*. ◇ *comp* textil.

◆ **textiles** *npl* industria *f* textil.

texting ['tekstɪŋ] *n inf* mensajes *fpl* de texto.

text message *n* [on mobile phone] mensaje *m* de texto.

text messaging [-'mesɪdʒɪŋ] *n* [on mobile phone] mensajería *f* de texto.

texture ['tekstʃəʳ] *n* textura *f*.

TGWU (*abbr of* **Transport and General Workers' Union**) *n sindicato británico de mayor afiliación que acoge a trabajadores de diversos sectores industriales.*

Thai [taɪ] ◇ *adj* tailandés(esa). ◇ *n* **-1.** [person] tailandés *m*, -esa *f* **-2.** [language] tailandés *m*.

Thailand ['taɪlænd] *n* Tailandia.

thalidomide [θə'lɪdəmaɪd] *n* talidomida *f*.

Thames [temz] *n*: **the** ~ el Támesis.

than [*weak form* ðən, *strong form* ðæn] ◇ *prep* que; **you're older** ~ **me** eres mayor que yo; **you're older** ~ **I thought** eres mayor de lo que pensaba. ◇ *conj* que; **I'd sooner read** ~ **sleep** prefiero leer que dormir; **no sooner did he arrive** ~ **she left** tan pronto llegó él, ella se fue; **more** ~ **three/once** más de tres/de una vez; **rather** ~ **stay, he chose to go** en vez de quedarse, prefirió irse.

thank [θæŋk] *vt*: **to** ~ **sb (for sthg)** dar las gracias a alguien (por algo), agradecer a alguien (algo); ~ **God** *OR* **goodness** *OR* **heavens!** ¡gracias a Dios!, ¡menos mal!

◆ **thanks** ◇ *npl* agradecimiento *m*; **they left without a word of** ~ se marcharon sin dar las gracias. ◇ *excl* ¡gracias!; ~ **a lot** muchas gracias; **would you like a biscuit? – no** ~ ¿quieres una galleta? – no, gracias; ~ **for** gracias por.

◆ **thanks to** *prep* gracias a.

thankful ['θæŋkfʊl] *adj* **-1.** [relieved] aliviado(da) **-2.** [grateful]: ~ **(for)** agradecido(da) (por).

thankfully ['θæŋkfʊlɪ] *adv* **-1.** [with gratitude] con agradecimiento **-2.** [thank goodness] gracias a Dios.

thankless ['θæŋklɪs] *adj* ingrato(ta).

Thanksgiving ['θæŋks,gɪvɪŋ] *n US* Día *m* de Acción de Gracias *(el cuarto Jueves de noviembre)*.

THANKSGIVING

En los Estados Unidos, la fiesta de Acción de Gracias, el cuarto jueves de noviembre, conmemora el establecimiento de los primeros colonos en América. La cena en familia que generalmente se celebra ese día consiste en pavo con arándanos, con una guarnición de batatas, y, para terminar, pastel de calabaza. En Canadá se celebra una fiesta similar el primero de octubre.

thank you *excl* ¡gracias!; ~ **very much** muchas gracias; ~ **for** gracias por; **to say** ~ **(for sthg)** dar gracias (por algo); **tea? – no** ~ ¿té? – no, gracias.

◆ **thankyou** *n* agradecimiento *m*; **they left without so much as a** ~ se marcharon sin ni siquiera dar las gracias; **a** ~ **letter** una carta de agradecimiento.

that [ðæt, *weak form of pron and conj* ðət] (*pl* **those**) ◇ *pron* **-1.** *(demonstrative use: pl 'those')* ése *m*, ésa *f*, ésos *mpl*, ésas *fpl*; *(indefinite)* eso; ~ **sounds familiar** eso me resulta familiar; **who's** ~**?** [who is it?] ¿quién es?; **what's** ~**?** ¿qué es eso?; ~**'s a shame** es una pena; **is** ~ **Maureen?** [asking someone else] ¿es ésa Maureen?; [asking person in question] ¿eres Maureen?; **like** ~ así; **do you like these or those?** ¿te gustan éstos o ésos? **-2.** [further away in distance, time] aquél *m*, aquélla *f*, aquéllos *mpl*, aquéllas *fpl*; *(indefinite)* aquello; ~ **was the life!** ¡aquello sí que era vida!; **all those who helped me** todos aquellos que me ayudaron **-3.** *(to introduce relative clauses)* que; **a path** ~ **led into the woods** un sendero que conducía al bosque; **everything** ~ **I have done** todo lo que he hecho; **the room** ~ **I sleep in** el cuarto donde *OR* en (el) que duermo; **the day** ~ **he arrived** el día en que llegó; **the firm** ~ **he's applying to** la empresa a la que solicita trabajo. ◇ *adj (demonstrative: pl 'those')* ese (esa), esos (esas) *(pl)*; [further away in distance, time] aquel (aquella), aquellos (aquellas) *(pl)*; **those chocolates are delicious** esos bombones están exquisitos; **I'll have** ~ **book at the back** yo cogeré aquel libro del fondo; **later** ~ **day** más tarde ese/aquel mismo día. ◇ *adv* tan; **it wasn't** ~ **bad** no estuvo tan mal; **it doesn't cost** ~ **much** no cuesta tanto; **it was** ~ **big** fue así de grande. ◇ *conj* que; **he recommended** ~ **I phone you** aconsejó que te telefoneara; **it's time** ~ **we were leaving** deberíamos irnos ya, ya va siendo hora de irse.

◆ **at that** *prep* **-1.** [too]: **she's an artist, and a good one at** ~ es artista, y además de las buenas **-2.** [on saying/doing that]: **and at** ~**, he left** y en ese momento, se fue.

◆ **that is** *adv* es decir.

◆ **that's it** *adv*: ~**'s it, there's no more** ¡ya está!, ¡ya no quedan más!; ~**'s it, I'm leaving!** ¡se acabó!, ¡me marcho!

◆ **that's that** *adv* punto, se acabó.

thatched [θætʃt] *adj* con techo de paja.

Thatcherism [ˈθætʃərɪzm] *n* thatcherismo *m*.

that's [ðæts] = **that is**.

thaw [θɔː] ◇ *vt* [snow, ice] derretir; [frozen food] descongelar. ◇ *vi* [snow, ice] derretirse; [frozen food] descongelarse; *fig* [people, relations] distenderse. ◇ *n* deshielo *m*.

the [*weak form* ðə, *before vowel* ðɪ, *strong form* ðiː] *def art* **-1.** [gen] el (la); *(pl)* los (las); *(before feminine nouns beginning with stressed 'a' or 'ha'* = **el**; *'a' + 'el'* = **al**; *'de' + 'el'* = **del**): ~ **boat** el barco; ~ **Queen** la reina; ~ **men** los hombres; ~ **women** las mujeres; ~ **water** el agua; **to** ~ **end of** ~ **world** al fin del mundo; ~ **highest mountain in** ~ **world** la montaña más alta del mundo; ~ **monkey is a primate** el mono es un primate; **to play** ~ **piano** tocar el piano; ~ **Joneses are coming to supper** los Jones vienen a cenar; **you're not THE John Major, are you?** ¿no será usted John Major el político, verdad?; **it's THE place to go to in Paris** es EL sitio al que hay que ir en París **-2.** *(with an adjective to form a noun)*: ~ **old/young** los viejos/jóvenes; ~ **impossible** lo imposible **-3.** [in dates]: ~ **twelfth of May** el doce de mayo; ~ **forties** los cuarenta **-4.** *(in comparisons)*: ~ **more I see her,** ~ **less I like her** cuanto más la veo, menos me gusta; ~ **sooner** ~ **better** cuanto antes mejor **-5.** [in titles]: **Catherine** ~ **Great** Catalina la Grande; **George** ~ **First** Jorge Primero.

theatre, theater *US* [ˈθɪətəʳ] *n* **-1.** [for plays etc] teatro *m* **-2.** *UK* [in hospital] quirófano *m*, sala *f* de operaciones **-3.** *US* [cinema] cine *m*.

theatregoer, theatergoer *US* [ˈθɪətəˌgəʊəʳ] *n* aficionado *m*, -da *f* al teatro.

theatrical [θɪˈætrɪkl] *adj lit & fig* teatral.

theft [θeft] *n* [more serious] robo *m*; [less serious] hurto *m*.

their [ðeəʳ] *poss adj* su, sus *(pl)*; ~ **house** su casa; ~ **children** sus hijos; **it wasn't THEIR fault** no fue culpa suya OR su culpa; **they washed** ~ **hair** se lavaron el pelo.

theirs [ðeəz] *poss pron* suyo (suya); **that money is** ~ ese dinero es suyo; **our car hit** ~ nuestro coche chocó contra el suyo; **it wasn't our fault, it was THEIRS** no fue culpa nuestra sino suya OR de ellos; **a friend of** ~ un amigo suyo OR de ellos.

them [*weak form* ðəm, *strong form* ðem] *pers pron pl* **-1.** *(direct)* los *mpl*, las *fpl*; **I know** ~ los conozco; **I like** ~ me gustan; **if I were** OR **was** ~ si (yo) fuera ellos **-2.** *(indirect - gen)* les *mpl y fpl*; *(- with other third person prons)* se *mpl* OR *fpl*; **she sent** ~ **a letter** les mandó una carta; **we spoke to** ~ hablamos con ellos; **I gave it to** ~ se lo di (a ellos) **-3.** *(stressed, after prep, in comparisons etc)* ellos *mpl*, ellas *fpl*; **you can't expect THEM to do it** no esperarás que ELLOS lo hagan; **with/without** ~ con/sin ellos; **a few of** ~ unos pocos; **some of** ~ algunos; **all of** ~ todos ellos; **we're not as wealthy as** ~ no somos tan ricos como ellos.

thematic [θɪˈmætɪk] *adj* temático(ca).

theme [θiːm] *n* **-1.** [gen] tema *m* **-2.** [signature tune] sintonía *f*.

theme park *n parque de atracciones que gira alrededor de un tema.*

theme song *n* tema *m* musical.

theme tune *n* tema *m* musical.

themselves [ðemˈselvz] *pron* **-1.** *(reflexive)* se; *(after preposition)* sí; **they enjoyed** ~ se divirtieron; **they were talking amongst** ~ hablaban entre ellos **-2.** *(for emphasis)* ellos mismos *mpl*, ellas mismas *fpl*; **they did it** ~ lo hicieron ellos mismos **-3.** [alone] solos(las); **they organized it (by)** ~ lo organizaron ellas solas **-4.** [their usual selves]: **the boys aren't** ~ **today** hoy los chicos no se están portando como de costumbre.

then [ðen] ◇ *adv* **-1.** [not now] entonces; **'it starts at 8' 'I'll see you** ~**'** 'empieza a las 8' 'hasta las 8, entonces'; **up until** ~ **he had always trusted her** hasta entonces siempre había confiado en ella; **from** ~ **on** desde entonces **-2.** [next, afterwards] luego, después **-3.** [in that case] entonces; **I'll do it straight away** ~ entonces lo voy a hacer ahora mismo; **all right** ~ de acuerdo, pues **-4.** [therefore] entonces, por lo tanto; ~ **it must have been her!** ¡entonces tiene que haber sido ella! **-5.** [furthermore, also] además. ◇ *adj* entonces; **the** ~ **headmistress** la entonces directora.

◆ **then again** *loc conj* pero por otra parte.

thence [ðens] *adv dated* [from that place] desde allí.

theologian [θɪəˈləʊdʒən] *n* teólogo *m*, -ga *f*.

theology [θɪˈɒlədʒɪ] *n* teología *f*.

theorem [ˈθɪərəm] *n* teorema *m*.

theoretical [θɪəˈretɪkl] *adj* teórico(ca).

theoretically [θɪəˈretɪklɪ] *adv* en teoría.

theorist [ˈθɪərɪst] *n* teórico *m*, -ca *f*.

theorize, -ise [ˈθɪəraɪz] *vi*: **to** ~ **(about sthg)** teorizar (sobre algo).

theory [ˈθɪərɪ] *(pl* **-ies)** *n* teoría *f*; **in** ~ en teoría.

therapeutic [ˌθerəˈpjuːtɪk] *adj* terapéutico(ca).

therapist [ˈθerəpɪst] *n* terapeuta *m* OR *f*.

therapy [ˈθerəpɪ] *n* terapia *f.*

there [ðeəʳ] ◇ *pron* **-1.** [indicating existence]: **~ is/are** hay; **~'s someone at the door** hay alguien en la puerta; **~ must be some mistake** debe (de) haber un error; **~ are five of us** somos cinco **-2.** *fml (with vb)*: **~ followed an ominous silence** a continuación hubo un silencio amenazador. ◇ *adv* **-1.** [referring to place - near speaker] ahí; [- further away] allí, allá; **I'm going ~ next week** voy para allá *OR* allí la semana que viene; **~ it is** ahí está; **over ~** por allí; **it's six miles ~ and back** hay seis millas entre ir y volver; **we're nearly ~** ya casi hemos llegado **-2.** [in existence, available] ahí; **is anybody ~?** ¿hay alguien ahí?; **is John ~, please?** [when telephoning] ¿está John? **-3.** [point - in conversation, activity] ahí; **I can't agree with you ~** ahí no estoy de acuerdo contigo; **we're getting ~** estamos ya casi **-4.** *inf phr*: **all/not all ~** bien/no muy bien de la cabeza. ◇ *excl*: **~, I knew he'd turn up** ¡mira!, sabía que aparecería; **~, ~ (don't cry)** ¡venga, venga (no llores)!

◆ **there and then, then and there** *adv* en el acto.

◆ **there you are** *adv* **-1.** [handing over something] ahí tienes/tenéis etc **-2.** [emphasizing that one is right] ahí está, ahí lo tienes; **~ you are, what did I tell you!** ahí lo tienes, ¿qué te dije? **-3.** [expressing reluctant acceptance]: **it's not ideal, but ~ you are** no es lo ideal, pero ¿qué le vamos a hacer?

thereabouts [ˌðeərəˈbaʊts], **thereabout** *US* [ˌðeərəˈbaʊt] *adv*: **or ~** o por ahí.

thereafter [ˌðeərˈɑːftəʳ] *adv fml* después, a partir de entonces.

thereby [ˌðeərˈbaɪ] *adv fml* de ese modo.

therefore [ˈðeəfɔːʳ] *adv* por lo tanto, por consiguiente.

therein [ˌðeərˈɪn] *adv fml* **-1.** [in that place] allí dentro **-2.** [in that matter]: **~ lies the problem** ahí radica el problema.

there's [ðeəz] = **there is.**

thereupon [ˌðeərəˈpɒn] *adv fml* acto seguido.

thermal [ˈθɜːml] *adj* térmico(ca).

thermal reactor *n* reactor *m* térmico.

thermal underwear *n* ropa *f* interior térmica.

thermodynamics [ˌθɜːməʊdaɪˈnæmɪks] *n (U)* termodinámica *f.*

thermometer [θəˈmɒmɪtəʳ] *n* termómetro *m.*

thermonuclear [ˌθɜːməʊˈnjuːklɪəʳ] *adj* termonuclear.

Thermos (flask)® [ˈθɜːməs-] *n* termo *m.*

thermostat [ˈθɜːməstæt] *n* termostato *m.*

thesaurus [θɪˈsɔːrəs] (*pl* **-es**) *n* diccionario *m* de sinónimos y voces afines.

these [ðiːz] *pl* ▻ **this.**

thesis [ˈθiːsɪs] (*pl* **theses** [ˈθiːsiːz]) *n* tesis *f inv.*

they [ðeɪ] *pers pron pl* **-1.** [gen] ellos *mpl*, ellas *fpl*; **~'re pleased** (ellos) están satisfechos; **~'re pretty earrings** son unos pendientes bonitos; **~ love fish** les encanta el pescado; **THEY can't do it** ELLOS no pueden hacerlo; **there ~ are** allí están **-2.** [unspecified people]: **~ say it's going to snow** dicen que va a nevar; **~'re going to put petrol up** van a subir la gasolina.

they'd [ðeɪd] = **they had, they would.**

they'll [ðeɪl] = **they shall, they will.**

they're [ðeəʳ] = **they are.**

they've [ðeɪv] = **they have.**

thick [θɪk] ◇ *adj* **-1.** [not thin] grueso(sa); **it's 3 cm ~** tiene 3 cm de grueso; **how ~ is it?** ¿qué espesor tiene? **-2.** [dense - hair, liquid, fog] espeso(sa) **-3.** *inf* [stupid] corto(ta), necio(cia) **-4.** [indistinct]: **a voice ~ with emotion** una voz velada por la emoción **-5.** [full, covered]: **to be ~ with** estar lleno(na) de. ◇ *n*: **to be in the ~ of** estar en el centro *OR* meollo de.

◆ **thick and fast** *adv*: **questions came ~ and fast** llovían preguntas de todos los lados.

◆ **through thick and thin** *adv* a las duras y a las maduras.

thicken [ˈθɪkn] ◇ *vt* espesar. ◇ *vi* **-1.** [gen] espesarse **-2.** [forest, crowd] hacerse más denso(sa) **-3.** *phr*: **the plot ~s** la cosa se complica.

thickening [ˈθɪknɪŋ] *n* espesante *m.*

thicket [ˈθɪkɪt] *n* matorral *m.*

thickly [ˈθɪklɪ] *adv* **-1.** [cut bread] a rebanadas gruesas; [spread]: **he spread the butter ~** untó una buena capa de mantequilla **-2.** [densely] densamente **-3.** [indistinctly] con voz poco clara.

thickness [ˈθɪknɪs] *n* espesor *m.*

thickset [ˌθɪkˈset] *adj* fornido(da), robusto(ta).

thick-skinned [-ˈskɪnd] *adj* insensible.

thief [θiːf] (*pl* **thieves**) *n* ladrón *m*, -ona *f.*

thieve [θiːv] *vt* & *vi* robar, hurtar.

thieves [θiːvz] *pl* ▻ **thief.**

thieving [ˈθiːvɪŋ] ◇ *adj* ladrón(ona). ◇ *n (U)* robo *m*, hurto *m.*

thigh [θaɪ] *n* muslo *m.*

thighbone [ˈθaɪbəʊn] *n* fémur *m.*

thimble [ˈθɪmbl] *n* dedal *m.*

thin [θɪn] (*compar* **-ner**, *superl* **-nest**, *pt* & *pp* **-ned**, *cont* **-ning**) ◇ *adj* **-1.** [not thick] delgado(da), fino(na) **-2.** [skinny] delgado(da), flaco(ca) **-3.** [watery] claro(ra), aguado(da) **-4.** [sparse - crowd, vegetation, mist] poco denso (poco densa); [- hair] ralo(la); **to be ~ on top** estar quedándose calvo. <> *adv*: **to be wearing ~** [joke, story] estar perdiendo interés; **my patience is wearing ~** se me está acabando la paciencia. <> *vi*: **his hair is thinning** se le está empezando a caer el pelo.

◆ **thin down** *vt sep* [liquid] aclarar.

thin air *n*: **to appear out of ~** aparecer de la nada; **to disappear into ~** esfumarse.

thing [θɪŋ] *n* **-1.** [gen] cosa *f*; **the next ~ on the list** lo siguiente de la lista; **the (best) ~ to do would be ...** lo mejor sería ...; **first ~ in the morning** a primer hora de la mañana; **last ~ at night** a última hora de la noche; **the main ~** lo principal; **the whole ~ is a shambles** es un auténtico desasatre; **it's a good ~ you were there** menos mal que estabas allí; **I thought the same ~** lo mismo pensé yo; **for one ~** en primer lugar; **(what) with one ~ and another** entre unas cosas y otras; **the ~ is ...** el caso es que ...; **it's just one of those ~s** *inf* son cosas que pasan; **I have a ~ about ...** *inf* [like] me gusta muchísimo ...; [dislike] no puedo sufrir ...; **to make a ~ (out) of sthg** *inf* exagerar algo **-2.** [anything]: **not a ~** nada; **I didn't do a ~** no hice nada **-3.** [person]: **poor ~!** ¡pobrecito *m*, -ta *f*! **-4.** *inf* [fashion]: **the ~** lo último, lo que está de moda.

◆ **things** *npl* **-1.** [clothes, possessions] cosas *fpl*, corotos *mpl Carib*; **~s aren't what they used to be** las cosas ya no son lo que eran **-2.** *inf* [life]: **how are ~s?** ¿qué tal (van las cosas)?

thingamabob [ˈθɪŋəməˌbɒb], **thingamajig** [ˈθɪŋəmədʒɪg], **thingummy(jig)** *UK* [ˈθɪŋəmɪ-], **thingy** *UK* [ˈθɪŋɪ] *n* [thing] chisme *m*; [person] ése *m*, ésa *f*, fulano *m*, -na *f*.

think [θɪŋk] (*pt* & *pp* **thought**) <> *vt* **-1.** [believe]: **to ~ (that)** creer OR pensar que; **I ~ so** creo que sí; **I don't ~ so** creo que no **-2.** [have in mind] pensar; **what are you ~ing?** ¿en qué piensas?; **I didn't ~ to ask her** no se me ocurrió preguntárselo **-3.** [imagine] entender, hacerse una idea de; **I can't ~ what might have happened to them** no quiero ni pensar lo que les podría haber ocurrido; **I thought so** ya me lo imaginaba **-4.** [remember] recordar; **try to ~ where you saw them last** intentar recordar cuándo los viste por última vez **-5.** [in polite requests] creer; **do you ~ you could help me?** ¿cree que podría ayudarme? <> *vi* **-1.** [use mind] pensar; **let me ~** vamos a ver; **to ~ aloud** pensar en voz alta **-2.** [have stated opinion]: **what do you ~ of OR about his new film?** ¿qué piensas de su nueva película?; **to ~ a lot of sthg/sb** tener en mucha estima algo/a alguien; **to ~ well of sb** tener una buena opinión de alguien **-3.** *phr*: **to ~ better of sthg/doing sthg** pensarse mejor algo/lo de hacer algo; **he ~s nothing of doing it** para él es pan comido hacerlo; **to ~ twice** pensárselo dos veces. <> *n inf*: **to have a ~ (about sthg)** pensarse (algo).

◆ **think about** *vt fus* pensar en; **I'll have to ~ about it** tendré que pensarlo; **to ~ about doing sthg** pensar en hacer algo.

◆ **think back** *vi* volver la mente atrás; **~ back to your childhood** vuelve la mente a tu infancia.

◆ **think of** *vt fus* **-1.** [consider]: **to ~ of doing sthg** pensar en hacer algo **-2.** [remember] acordarse de **-3.** [conceive] pensar en; **how did you ~ of (doing) that?** ¿cómo se te ocurrió (hacer) esto? **-4.** [show consideration for]: **it was kind of you to ~ of me** fue muy amable de tu parte que te acordaras de mí.

◆ **think out, think through** *vt sep* [plan] elaborar; [problem] examinar.

◆ **think over** *vt sep* pensarse, meditar.

◆ **think up** *vt sep* idear.

thinker [ˈθɪŋkəʳ] *n* pensador *m*, -ra *f*.

thinking [ˈθɪŋkɪŋ] <> *adj*: **the ~ man** el hombre que piensa. <> *n (U)* opinión *f*; **I'll have to do some ~** tendré que pensármelo; **to my way of ~** en mi opinión.

think tank *n grupo de expertos convocados por una organización para aconsejar sobre un tema determinado.*

thinly [ˈθɪnlɪ] *adv* **-1.** [slice food] a rebanadas finas; [spread]: **he spread the butter ~** untó una ligera capa de mantequilla **-2.** [sparsely - forested] escasamente; [- populated] poco.

thinner [ˈθɪnəʳ] *n* disolvente *m*.

thinness [ˈθɪnnɪs] *n* delgadez *f*.

thin-skinned [-ˈskɪnd] *adj* susceptible.

third [θɜːd] <> *num adj* tercer(ra). <> *num n* **-1.** [fraction] tercio *m* **-2.** [in order] tercero *m*, -ra *f* **-3.** UNIV ≃ aprobado *m (en un título universitario)*; *see also* **sixth**.

third-class *adj UK* UNIV ≃ aprobado(da).

third-degree burns *npl* quemaduras *fpl* de tercer grado.

thirdly [ˈθɜːdlɪ] *adv* en tercer lugar.

third party *n* tercero *m*.

third party insurance *n* seguro *m* a terceros.

third-rate *adj pej* de poca categoría.

Third World *n*: **the ~** el Tercer Mundo.

thirst [θɜːst] *n lit & fig*: **~ (for)** sed *f* (de).

thirsty [ˈθɜːstɪ] (*compar* -ier, *superl* -iest) *adj* **-1.** [parched]: **to be OR feel ~** tener sed **-2.** [causing thirst] que da sed.

thirteen [ˌθɜːˈtiːn] *num* trece; *see also* **six**.

thirteenth [ˌθɜːˈtiːnθ] ◇ *num adj* decimotercero(ra). ◇ *num n* **-1.** [fraction] treceavo *m* **-2.** [in order] decimotercero *m*, -ra *f*; *see also* **sixth**.

thirtieth [ˈθɜːtɪəθ] *num* trigésimo(ma); *see also* **sixth**.

thirty [ˈθɜːtɪ] (*pl* **-ies**) *num* treinta; *see also* **sixty**.

thirty-something *adj típico de ciertas personas que sobrepasan la treintena y viven desahogadamente.*

this [ðɪs] (*pl* **these**) ◇ *pron* [gen] éste *m*, ésta *f*, éstos *mpl*, éstas *fpl*; *(indefinite)* esto; ~ **is/these are for you** esto es/éstos son para tí; ~ **can't be true** esto no puede ser cierto; **do you prefer these or those?** ¿prefieres éstos o aquéllos?; ~ **is Daphne Logan** [introducing another person] ésta es OR te presento a Daphne Logan; [introducing oneself on phone] soy Daphne Logan; **what's ~?** ¿qué es eso?; ~ **and that** esto y lo otro. ◇ *adj* **-1.** [gen] este (esta), estos (estas) *(pl)*; ~ **country** este país; **these thoughts** estos pensamientos; **I prefer ~ one** prefiero éste; ~ **morning/week** esta mañana/semana; ~ **Sunday/summer** este domingo/verano **-2.** *inf* [a certain] un (una); **there's ~ woman I know** hay una tía que conozco. ◇ *adv*: **it was ~ big** era así de grande; **you'll need about ~ much** te hará falta un tanto así.

thistle [ˈθɪsl] *n* cardo *m*.

thither [ˈðɪðəʳ] ▷ **hither**.

tho' [ðəʊ] *inf* = **though**.

thong [θɒŋ] *n* **-1.** [of leather] correa *f* **-2.** *US* [flip-flop] chancleta *f* **-3.** [underwear] tanga *f*.

thorn [θɔːn] *n* **-1.** [prickle] espina *f*; **to be a ~ in one's flesh** OR **side** ser un engorro para alguien **-2.** [bush, tree] espino *m*.

thorny [ˈθɔːnɪ] (*compar* **-ier**, *superl* **-iest**) *adj lit & fig* espinoso(sa).

thorough [ˈθʌrə] *adj* **-1.** [investigation etc] exhaustivo(va), completo(ta) **-2.** [person, work] minucioso(sa), concienzudo(da) **-3.** [idiot, waste] completo(ta).

thoroughbred [ˈθʌrəbred] *n* pura sangre *m* OR *f*.

thoroughfare [ˈθʌrəfeəʳ] *n fml* calle *f* mayor, avenida *f* principal.

thoroughly [ˈθʌrəlɪ] *adv* **-1.** [fully, in detail] a fondo, exhaustivamente **-2.** [completely, utterly] completamente, totalmente.

thoroughness [ˈθʌrənɪs] *(U) n* **-1.** [exhaustiveness] exhaustividad *f* **-2.** [meticulousness] minuciosidad *f*.

those [ðəʊz] *pl* ▷ **that**.

though [ðəʊ] ◇ *conj* aunque; **difficult ~ it may be** aunque sea difícil; **even ~** aunque; **as ~** como si. ◇ *adv* sin embargo; **she still likes him ~** y sin embargo le sigue gustando.

thought [θɔːt] ◇ *pt & pp* ▷ **think**. ◇ *n* **-1.** [notion, idea] idea *f* **-2.** [act of thinking]: **after much ~** después de pensarlo mucho **-3.** [philosophy, thinking] pensamiento *m* **-4.** [gesture] detalle *m*; **that was a nice ~** fue un detalle bonito.

◆ **thoughts** *npl* **-1.** [reflections] reflexiones *fpl*; **she keeps her ~s to herself** no expresa lo que piensa; **to collect one's ~s** orientarse, concentrarse **-2.** [views] ideas *fpl*, opiniones *fpl*; **what are your ~s on the subject?** ¿qué piensas sobre el tema?

thoughtful [ˈθɔːtfʊl] *adj* **-1.** [pensive] pensativo(va) **-2.** [considerate] considerado(da), atento (ta); **that was ~ of her** fue muy considerada.

thoughtfulness [ˈθɔːtfʊlnɪs] *n (U)* **-1.** [pensiveness] aire *m* pensativo **-2.** [considerateness] consideración *f*.

thoughtless [ˈθɔːtlɪs] *adj* desconsiderado(da).

thoughtlessness [ˈθɔːtlɪsnɪs] *n* desconsideración *f*.

thousand [ˈθaʊznd] *num* mil; **a** OR **one ~** mil; **two ~** dos mil; **~s of** miles de; **they came in their ~s** vinieron miles de ellos; *see also* **six**.

thousandth [ˈθaʊzntθ] ◇ *num adj* milésimo(ma). ◇ *num n* [fraction] milésima *f*; *see also* **sixth**.

thrash [θræʃ] *vt lit & fig* dar una paliza a.

◆ **thrash about, thrash around** *vi* agitarse violentamente.

◆ **thrash out** *vt sep* darle vueltas a, discutir.

thrashing [ˈθræʃɪŋ] *n lit & fig* paliza *f*; **to give sb a ~** darle una paliza a alguien.

thread [θred] ◇ *n* **-1.** [of cotton, argument] hilo *m* **-2.** [of screw] rosca *f*, filete *m*. ◇ *vt* **-1.** [needle] enhebrar **-2.** [move]: **to ~ one's way through** colarse por entre.

threadbare [ˈθredbeəʳ] *adj* raído(da), gastado(da).

threat [θret] *n*: **~ (to/of)** amenaza *f* (para/de); **they were just empty ~s** no eran más que amenazas vanas.

threaten [ˈθretn] ◇ *vt* amenazar; **to ~ sb (with)** amenazar a alguien (con); **to ~ to do sthg** amenazar con hacer algo. ◇ *vi* amenazar.

threatening [ˈθretnɪŋ] *adj* amenazador(ra).

three [θriː] *num* tres; *see also* **six**.

three-D *adj* tridimensional.

three-dimensional [-dɪˈmenʃənl] *adj* tridimensional.

threefold ['θri:fəʊld] ◇ *adj* triple. ◇ *adv* tres veces; **to increase ~** triplicarse.

three-legged race [-'legɪd-] *n carrera por parejas en la que cada corredor tiene una pierna atada a la de su compañero.*

three-piece *adj* de tres piezas; **~ suite** tresillo *m.*

three-ply *adj* [wood] de tres capas; [rope, wool] de tres hebras.

three-point turn *n UK* AUT: **to do a ~** hacer la ele.

three-quarter length *adj*: **~ jacket** tres cuartos *m.*

three-quarters *npl* tres cuartos *mpl*, tres cuartas partes *fpl.*

threesome ['θri:səm] *n* trío *m.*

three-star *adj* de tres estrellas.

three-wheeler [-'wi:lə[r]] *n* coche *m* de tres ruedas.

thresh [θreʃ] *vt* trillar.

threshing machine ['θreʃɪŋ-] *n* trilladora *f.*

threshold ['θreʃhəʊld] *n* **-1.** [doorway] umbral *m* **-2.** [level] límite *m*; **the pain ~** el umbral del dolor **-3.** *fig* [verge]: **to be on the ~ of** estar en los umbrales OR a las puertas de.

threshold agreement *n acuerdo concertado para compensar una subida inesperada de la inflación.*

threw [θru:] *pt* ▷ **throw.**

thrift [θrɪft] *n* [gen] *(U)* frugalidad *f*, economía *f.*

thrift shop *n US tienda de una entidad benéfica en la que se venden productos de segunda mano donados por simpatizantes.*

thrifty ['θrɪftɪ] (*compar* **-ier**, *superl* **-iest**) *adj* [person] ahorrativo(va); [meal] frugal.

thrill [θrɪl] ◇ *n* **-1.** [sudden feeling] estremecimiento *m* **-2.** [exciting experience]: **it was a ~ to see it** fue emocionante verlo. ◇ *vt* entusiasmar. ◇ *vi*: **to ~ to** entusiasmarse con.

thrilled [θrɪld] *adj*: **~ (with sthg/to do sthg)** encantado(da) (de algo/de hacer algo).

thriller ['θrɪlə[r]] *n* novela *f*/película *f*/obra *f* de suspense.

thrilling ['θrɪlɪŋ] *adj* emocionante.

thrive [θraɪv] (*pt* **-d** OR **throve**, *pp* **-d**) *vi* [plant] crecer mucho; [person] rebosar de salud; [business] prosperar.

thriving ['θraɪvɪŋ] *adj* [plant] que crece bien.

throat [θrəʊt] *n* garganta *f*; **to have a sore ~** tener dolor de garganta; **to ram** OR **force sthg down sb's ~** *fig* hacerle tragar algo a alguien; **to stick in sb's ~** *fig* atragantársele a alguien; **to be at each other's ~s** tirarse los platos a la cabeza.

throaty ['θrəʊtɪ] (*compar* **-ier**, *superl* **-iest**) *adj* ronco(ca).

throb [θrɒb] (*pt* & *pp* **-bed**, *cont* **-bing**) ◇ *n* [of heart] latido *m*; [of pulse] palpitación *f*; [of engine, music] vibración *f.* ◇ *vi* **-1.** [heart, pulse] latir; [head] palpitar **-2.** [engine, music] vibrar, resonar.

throes [θrəʊz] *npl*: **to be in the ~ of** estar en medio de.

thrombosis [θrɒm'bəʊsɪs] (*pl* **-boses** [-si:z]) *n* trombosis *f inv.*

throne [θrəʊn] *n* trono *m*; **the ~** el trono; **to be on the ~** ocupar el trono.

throng [θrɒŋ] ◇ *n* multitud *f.* ◇ *vt* llegar en tropel a. ◇ *vi* llegar en tropel.

throttle ['θrɒtl] ◇ *n* válvula *f* reguladora. ◇ *vt* [strangle] estrangular.

through [θru:] ◇ *adj* [finished]: **to be ~ with sthg** haber terminado algo. ◇ *adv* **-1.** [in place] de parte a parte, de un lado a otro; **they let us ~** nos dejaron pasar; **I read it ~** lo leí hasta el final **-2.** [in time] hasta el final; **we stayed ~ till Friday** nos quedamos hasta el viernes. ◇ *prep* **-1.** [relating to place, position] a través de; **to cut/travel ~ sthg** cortar/viajar por algo **-2.** [during] durante; **all ~ the night** durante toda la noche; **to go ~ an experience** pasar por una experiencia **-3.** [because of] a causa de, por **-4.** [by means of] gracias a, por medio de; **I got it ~ a friend** lo conseguí a través de un amigo **-5.** *US* [up to and including]: **Monday ~ Friday** de lunes a viernes.

◆ **through and through** *adv* de pies a cabeza; **to know sthg ~ and ~** conocer algo de arriba abajo.

throughout [θru:'aʊt] ◇ *prep* **-1.** [during] a lo largo de, durante todo (durante toda) **-2.** [everywhere in] por todo(da). ◇ *adv* **-1.** [all the time] todo el tiempo **-2.** [everywhere] por todas partes.

throve [θrəʊv] *pt* ▷ **thrive.**

throw [θrəʊ] (*pt* **threw**, *pp* **thrown**) ◇ *vt* **-1.** [gen] tirar; [ball, hammer, javelin] aventar *Andes, Cam & Méx*, lanzar; **to ~ one's arms around sb** abrazarse a alguien; **to ~ o.s.** tirarse, echarse; **to ~ o.s. into sthg** *fig* meterse de lleno en algo **-2.** [subj: horse] derribar, desmontar **-3.** *fig* [put]: **we were thrown into confusion** quedamos desconcertados; **they threw him into the job at short notice** le cargaron con el trabajo sin apenas avisarle **-4.** [cast - light, shadow]: **to ~ sthg on** proyectar algo sobre **-5.** [have suddenly]: **to ~ a tantrum/fit** tener una rabieta/un ataque **-6.** *fig* [confuse] desconcertar. ◇ *n* lanzamiento *m*, tiro *m.*

◆ **throw away** *vt sep* [discard] tirar; *fig*

[waste] botar *Amér*, desperdiciar.
◆ **throw in** *vt sep* [extra item] incluir.
◆ **throw out** *vt sep* **-1.** [discard] tirar **-2.** *fig* [reject] rechazar **-3.** [force to leave] echar.
◆ **throw up** ◇ *vt sep* [dust] levantar. ◇ *vi inf* [vomit] vomitar, arrojar.

throwaway ['θrəʊə,weɪl] *adj* **-1.** [bottle, product] desechable **-2.** [remark, gesture] hecho(cha) como quien no quiere la cosa.

throwback ['θrəʊbæk] *n*: ~ **(to)** retroceso *m* (a).

throw-in *n UK FTBL* saque *m* de banda.

thrown [θrəʊn] *pp* ⊳ **throw**.

thru [θru:] *US inf* = **through**.

thrush [θrʌʃ] *n* **-1.** [bird] tordo *m* **-2.** *MED* [vaginal] candidiasis *f*.

thrust [θrʌst] (*pt* & *pp* **thrust**) ◇ *n* **-1.** [of sword] estocada *f*; [of knife] cuchillada *f*; [of troops] arremetida *f* **-2.** *TECH* (fuerza *f* de) propulsión *f* **-3.** [main meaning] esencia *f*. ◇ *vt* **-1.** [shove]: **he ~ the knife into his enemy** hundió el cuchillo en el cuerpo de su enemigo; **he ~ the book at me** me dio el libro con un movimiento brusco **-2.** [jostle]: **to ~ one's way** abrirse paso a empujones.
◆ **thrust upon** *vt sep*: **to ~ sthg upon sb** imponer algo a alguien.

thrusting ['θrʌstɪŋ] *adj* [aggressive] agresivo(va).

thruway ['θru:weɪ] *n US* autopista *f*.

thud [θʌd] (*pt* & *pp* **-ded**, *cont* **-ding**) ◇ *n* ruido *m* sordo; **it landed with a ~** cayó haciendo un ruido sordo. ◇ *vi* dar un golpe seco.

thug [θʌg] *n* matón *m*.

thumb [θʌm] ◇ *n* [of hand] pulgar *m*; **to twiddle one's ~s** dar vueltas a los dedos pulgares; *fig* tocarse *OR* rascarse la barriga. ◇ *vt inf* [hitch]: **to ~ a lift** hacer dedo.
◆ **thumb through** *vt fus* hojear.

thumb index *n* uñeros *mpl (de libro)*.

thumbnail ['θʌmneɪl] *n* uña *f* del pulgar.

thumbnail sketch *n* descripción *f* breve.

thumbs down [,θʌmz-] *n*: **to get** *OR* **be given the ~** [plan] ser rechazado(da); [play] ser recibido(da) con descontento.

thumbs up [,θʌmz-] *n*: **we got** *OR* **were given the ~** nos dieron luz verde *OR* el visto bueno.

thumbtack ['θʌmtæk] *n US* chincheta *f*.

thump [θʌmp] ◇ *n* **-1.** [blow] puñetazo *m*, porrazo *m* **-2.** [thud] golpe *m* seco. ◇ *vt* **-1.** [punch] dar un puñetazo a **-2.** [place heavily]: **he ~ed the books down on the table** dio un golpe contundente con el libro sobre la mesa. ◇ *vi* **-1.** [person]: **to ~ in/out** entrar/salir con pasos pesados **-2.** [heart, head] latir con fuerza.

thunder ['θʌndə^r] ◇ *n (U)* **-1.** *METEOR* truenos *mpl* **-2.** *fig* [loud sound] estruendo *m*, estrépito *m*. ◇ *vt* vociferar. ◇ *v impers METEOR* tronar. ◇ *vi* [make loud sound] retumbar.

thunderbolt ['θʌndəbəʊlt] *n* rayo *m*.

thunderclap ['θʌndəklæp] *n* trueno *m*.

thundercloud ['θʌndəklaʊd] *n* nube *f* de tormenta.

thunderous ['θʌndərəs] *adj* atronador(ra), ensordecedor(ra).

thunderstorm ['θʌndəstɔ:m] *n* tormenta *f*, tempestad *f*.

thunderstruck ['θʌndəstrʌk] *adj fig* atónito(ta).

thundery ['θʌndərɪ] *adj* tormentoso(sa).

Thur, Thurs (*abbr of* **Thursday**) juev.

Thursday ['θɜ:zdɪ] *n* jueves *m inv*; *see also* **Saturday**.

thus [ðʌs] *adv fml* **-1.** [therefore] por consiguiente, así que **-2.** [in this way] así, de esta manera.

thwart [θwɔ:t] *vt* frustrar.

thyme [taɪm] *n* tomillo *m*.

thyroid ['θaɪrɔɪd] *n* tiroides *m inv*.

tiara [tɪ'ɑ:rə] *n* tiara *f*.

Tiber ['taɪbə^r] *n*: **the (River) ~** el (río) Tíber.

Tibet [tɪ'bet] *n* (el) Tibet.

Tibetan [tɪ'betn] ◇ *adj* tibetano(na). ◇ *n* **-1.** [person] tibetano *m*, -na *f* **-2.** [language] tibetano *m*.

tibia ['tɪbɪə] (*pl* **-biae** [-bii:], **-s**) *n* tibia *f*.

tic [tɪk] *n* tic *m*.

tick [tɪk] ◇ *n* **-1.** [written mark] marca *f OR* señal *f* de visto bueno **-2.** [sound] tictac *m* **-3.** *inf* [credit]: **on ~** a crédito. ◇ *vt* marcar (con una señal). ◇ *vi* **-1.** [make ticking sound] hacer tictac **-2.** *fig* [behave in a certain way]: **what makes her ~?** ¿qué es lo que le mueve?
◆ **tick away, tick by** *vi* pasar.
◆ **tick off** *vt sep* **-1.** [mark off] marcar (con una señal de visto bueno) **-2.** [tell off]: **to ~ sb off (for sthg)** echar una bronca a alguien (por algo) **-3.** *US inf* [irritate] fastidiar.
◆ **tick over** *vi* funcionar al ralentí.

ticked [tɪkd] *adj US* enfadado(da), afectado(da).

tickertape ['tɪkəteɪp] *n (U) cinta de papel que lleva impresa información bursátil*.

ticket ['tɪkɪt] *n* **-1.** [for bus, train etc] billete *m*, boleto *m Amér*; [for cinema, football match] entrada *f* **-2.** [for traffic offence] multa *f*, parte *m Chile* **-3.** *POL* lista *f* de candidatos.

ticket agency *n agencia de venta de entradas o billetes de tren, avión etc.*

ticket collector *n UK* revisor *m*, -ra *f*.

ticket holder *n* poseedor *m*, -ra *f* de billete

OR de entrada *OR* de boleto *Amér.*

ticket inspector *n UK* revisor *m*, -ra *f*.

ticket machine *n* máquina *f* automática para la venta de billetes *OR* boletos *Amér.*

ticket office *n* taquilla *f*, boletería *f Amér.*

ticking off ['tɪkɪŋ-] (*pl* **tickings off**) *n*: **to give sb a ~** echar una bronca a alguien; **to get a ~ (from sb)** recibir una bronca (de alguien).

tickle ['tɪkl] ◇ *vt* **-1.** [touch lightly] hacer cosquillas a **-2.** *fig* [amuse] divertir. ◇ *vi*: **my feet are tickling** tengo cosquillas en los pies.

ticklish ['tɪklɪʃ] *adj* **-1.** [sensitive to touch]: **to be ~** tener cosquillas **-2.** *fig* [delicate] delicado(da), peliagudo(da).

tick-tack-toe *n US* tres *fpl* en raya.

tidal ['taɪdl] *adj* de la marea.

tidal wave *n* maremoto *m*.

tidbit *US* = **titbit**.

tiddler ['tɪdləʳ] *n UK* [fish] pececillo *m*.

tiddly ['tɪdlɪ] (*compar* **-ier**, *superl* **-iest**) *adj UK inf* **-1.** [tipsy] piripi **-2.** [tiny] pequeñito(ta).

tiddlywinks ['tɪdlɪwɪŋks], **tiddledywinks** *US* ['tɪdldɪwɪŋks] *n* juego *m* de la pulga.

tide [taɪd] *n* **-1.** [of sea] marea *f*; **high/low ~** marea alta/baja; **the ~ is in/out** ha subido/bajado la marea; **the ~ is coming in/going out** la marea está subiendo/bajando **-2.** *fig* [of opinion, history] corriente *f* **-3.** *fig* [of protest, feeling] oleada *f*; **the rising ~ of crime** la creciente oleada de crímenes.

◆ **tide over** *vt sep* sacar del bache *OR* de un apuro.

tidily ['taɪdɪlɪ] *adv* ordenadamente.

tidiness ['taɪdɪnɪs] *n (U)* [of room, desk] orden *m*; [of appearance] pulcritud *f*.

tidings ['taɪdɪŋz] *npl literary* noticias *fpl*.

tidy ['taɪdɪ] (*compar* **-ier**, *superl* **-iest**, *pt* & *pp* **-ied**) ◇ *adj* **-1.** [room, desk etc] ordenado(da) **-2.** [person, dress, hair] arreglado(da) **-3.** *inf* [sum] considerable. ◇ *vt* ordenar, arreglar.

◆ **tidy away** *vt sep* poner en su sitio.

◆ **tidy up** ◇ *vt sep* ordenar, arreglar. ◇ *vi* ordenar las cosas, recoger.

tie [taɪ] (*pt* & *pp* **tied**, *cont* **tying**) ◇ *n* **-1.** [necktie] corbata *f* **-2.** [string, cord] atadura *f* **-3.** [bond, link] vínculo *m*, lazo *m* **-4.** *SPORT* [draw] empate *m* **-5.** *US RAIL* traviesa *f*. ◇ *vt* **-1.** [attach, fasten]: **to ~ sthg (to *OR* onto sthg)** atar algo (a algo); **to ~ sthg round/with sthg** atar algo a/con algo **-2.** [do up - shoelaces] atar; [- knot] hacer **-3.** *fig* [link]: **to be ~d to** estar ligado(da) a **-4.** *fig* [limited, restricted]: **to be ~d to** estar atado(da) a. ◇ *vi* [draw]: **to ~ (with)** empatar (con).

◆ **tie down** *vt sep fig* atar.

◆ **tie in with** *vt fus* concordar con.

◆ **tie up** *vt sep* **-1.** [gen] atar **-2.** *fig* [money, resources] inmovilizar **-3.** *fig* [link]: **to be ~d up with** estar ligado(da) a.

tiebreak(er) ['taɪbreɪk(əʳ)] *n* **-1.** *TENNIS* muerte *f* súbita, tiebreak *m* **-2.** [in game, competition] *pregunta adicional para romper un empate.*

tied [taɪd] *adj SPORT* [drawn] empatado(da).

tied up *adj* [busy] ocupado(da).

tie-dye *vt hacerle nudos a una prenda antes de teñirla para lograr un reparto desigual del color.*

tiepin ['taɪpɪn] *n* alfiler *m* de corbata.

tier [tɪəʳ] *n* [of seats] hilera *f*; [of cake] piso *m*.

tiff [tɪf] *n* pelea *f (de poca importancia)*.

tiger ['taɪgəʳ] *n* tigre *m*.

tiger cub *n* cachorro *m* de tigre.

tight [taɪt] ◇ *adj* **-1.** [gen] apretado(da); [shoes] estrecho(cha); **it's a ~ fit** queda muy justo **-2.** [string, skin] tirante **-3.** [painful]: **my chest feels ~** siento una opresión en el pecho **-4.** [budget, schedule] ajustado(da) **-5.** [rules, restrictions] riguroso(sa) **-6.** [corner, bend] cerrado(da) **-7.** [match, finish] reñido(da) **-8.** *inf* [drunk] cocido(da) **-9.** *inf* [miserly] agarrado(da). ◇ *adv* **-1.** [hold, squeeze] con fuerza; **to hold ~** agarrarse (fuerte); **to shut *OR* close sthg ~** cerrar algo bien **-2.** [pull, stretch] de modo tirante.

◆ **tights** *npl* medias *fpl*.

tighten ['taɪtn] ◇ *vt* **-1.** [hold, grip]: **to ~ one's hold *OR* grip on sthg** coger con más fuerza algo **-2.** [rope, chain] tensar **-3.** [knot] apretar; [belt] apretarse **-4.** [rules, system] intensificar. ◇ *vi* [rope, chain] tensarse.

◆ **tighten up** *vt sep* **-1.** [screw, fastening] apretar; [belt] apretarse **-2.** [rules, system, security] intensificar.

tightfisted [ˌtaɪt'fɪstɪd] *adj inf pej* agarrado(da).

tightknit [ˌtaɪt'nɪt] *adj* muy unido (muy unida).

tight-lipped [-'lɪpt] *adj* **-1.** [with lips pressed together] con los labios apretados **-2.** [silent] callado(da).

tightly ['taɪtlɪ] *adv* **-1.** [fit]: **the dress fitted her ~** el vestido le iba muy apretado **-2.** [hold, squeeze] con fuerza; [fasten] bien **-3.** [pull, stretch] de modo tirante **-4.** [pack] apretadamente.

tightness ['taɪtnɪs] *n* **-1.** [gen] estrechez *f* **-2.** [of budget] lo ajustado **-3.** [of chest, stomach] opresión *f* **-4.** [of rules, system] rigor *m*.

tightrope ['taɪtrəʊp] *n* cuerda *f* floja, alambre *m*; **to be on *OR* walking a ~** andar *OR* bailar en la cuerda floja.

tightrope walker *n* funámbulo *m*, -la *f*.
tigress ['taɪgrɪs] *n* tigresa *f*.
tilde ['tɪldə] *n* tilde *f*.
tile [taɪl] *n* **-1.** [on roof] teja *f* **-2.** [on floor] baldosa *f*; [on wall] azulejo *m*, baldosín *m*.
tiled [taɪld] *adj* [roof] tejado(da); [floor] embaldosado(da); [wall] alicatado(da).
tiling ['taɪlɪŋ] *n* **-1.** [act of tiling] colocación *f* de tejas/baldosas/azulejos **-2.** [tiled surface - of roof] tejas *fpl*; [- of floor] baldosas *fpl*; [- of wall] azulejos *mpl*, baldosines *mpl*.
till [tɪl] ◇ *prep* hasta; ~ **now/then** hasta ahora/entonces. ◇ *conj* hasta que; **wait ~ he arrives** espera hasta que llegue. ◇ *n* caja *f* (registradora).
tiller ['tɪlə^r] *n* NAUT caña *f* del timón.
tilt [tɪlt] ◇ *n* inclinación *f*, ladeo *m*. ◇ *vt* inclinar, ladear. ◇ *vi* inclinarse, ladearse.
timber ['tɪmbə^r] *n* **-1.** *(U)* [wood] madera *f (para la construcción)* **-2.** [beam - of ship] cuaderna *f*; [- of house] viga *f*.
timbered ['tɪmbəd] *adj* enmaderado(da).
timberland ['tɪmbəlænd] *n* **US** bosques *mpl* madereros.
time [taɪm] ◇ *n* **-1.** [gen] tiempo *m*; **a good ~ to go** un buen momento de irnos; **ahead of ~** temprano; **in good ~** con tiempo; **on ~** puntualmente; **to take ~** llevar tiempo; **it's (about) ~ to ...** ya es hora de ...; **to get the ~ to do sthg** coger el tiempo para hacer algo; **it's high ~ ...** ya va siendo hora de ...; **to get ~ and a half** recibir el pago establecido más la mitad de éste; **to have no ~ for** no poder con, no aguantar; **to make good ~** ir bien de tiempo; **to pass the ~** pasar el rato; **to play for ~** intentar ganar tiempo; **to take one's ~ (doing sthg)** tomarse uno mucho tiempo (para hacer algo); **take your ~!** ¡tómatelo con calma! **-2.** [as measured by clock] hora *f*; **what ~ is it?**, **what's the ~?** ¿qué hora es?; **the ~ is three o'clock** son las tres; **in a week's/year's ~** dentro de una semana/un año; **to keep ~** ir a la hora; **to lose ~** atrasar **-3.** [length of time] rato *m*; **it was a long ~ before he came** pasó mucho tiempo antes de que viniera; **for a ~** durante un tiempo **-4.** [point in time in past, era] época *f*; **at that ~** en aquella época; **in ancient ~s** en la antigüedad; **to be ahead of one's ~** adelantarse a su tiempo **-5.** [occasion] vez *f*; **three ~s a week** tres veces a la semana; **from ~ to ~** de vez en cuando; **~ after ~, ~ and again** una y otra vez; **I don't like children at the best of ~s** ya de entrada no me gustan los niños **-6.** [experience]: **we had a good/bad ~** lo pasamos bien/mal; **I had a hard ~ making myself understood** me costó mucho hacer que me entendieran **-7.** MUS compás *m*; **to keep ~** llevar el compás. ◇ *vt* **-1.** [schedule] programar **-2.** [race, runner] cronometrar **-3.** [arrival, remark] elegir el momento oportuno para.
◆ **times** ◇ *n*: **four ~s as much as me** cuatro veces más que yo. ◇ *prep* MATH: **4 ~s 5** 4 por 5.
◆ **about time** *adv*: **it's about ~** ya va siendo hora.
◆ **at a time** *adv*: **for months at a ~** durante meses seguidos; **one at a ~** de uno en uno.
◆ **at (any) one time** *adv* en cualquier momento.
◆ **at times** *adv* a veces.
◆ **at the same time** *adv* al mismo tiempo.
◆ **for the time being** *adv* de momento.
◆ **in time** *adv* **-1.** [not late]: **in ~ (for)** a tiempo (para) **-2.** [eventually] con el tiempo.
time-and-motion study *n estudio de métodos para mejorar el rendimiento laboral.*
time bomb *n* [bomb] bomba *f* de relojería; *fig* [dangerous situation] bomba *f*.
time-consuming [-kən,sju:mɪŋ] *adj* que requiere mucho tiempo.
timed [taɪmd] *adj* cronometrado(da); **well-~** oportuno(na); **badly-~** poco oportuno.
time difference *n* diferencia *f* horaria.
time-honoured *adj* consagrado(da).
timekeeping ['taɪm,ki:pɪŋ] *n* [punctuality] puntualidad *f*; **good/poor ~** mucha/poca puntualidad.
time lag *n* intervalo *m*.
timeless ['taɪmlɪs] *adj* eterno(na).
time limit *n* límite *m* de tiempo, plazo *m*.
timely ['taɪmlɪ] (*compar* **-ier**, *superl* **-iest**) *adj* oportuno(na).
time machine *n* máquina *f* del tiempo.
time off *n* tiempo *m* libre; **I'm owed ~ (from) work** me deben algunos días en el trabajo.
time out *n* **-1.** **US** SPORT tiempo *m* muerto **-2.** [break]: **to take ~ to do sthg** tomarse tiempo libre para hacer algo.
timepiece ['taɪmpi:s] *n dated* reloj *m*.
timer ['taɪmə^r] *n* temporizador *m*.
timesaving ['taɪm,seɪvɪŋ] *adj* para ahorrar tiempo.
time scale *n* tiempo *m* de ejecución.
time-share *n* **UK** multipropiedad *f*.
time sheet *n* ficha *f* (de asistencia al trabajo).
time signal *n* señal *f* horaria.
time switch *n* interruptor *m* de reloj.
timetable ['taɪm,teɪbl] *n* **-1.** [of buses, trains,

school] horario *m* **- 2.** [schedule of events] programa *m*.

time zone *n* huso *m* horario.

timid ['tɪmɪd] *adj* tímido(da).

timidly ['tɪmɪdlɪ] *adv* tímidamente.

timing ['taɪmɪŋ] *n (U)* **- 1.** [judgment]: **she made her comment with perfect ~** su comentario fue hecho en el momento más oportuno **- 2.** [scheduling]: **the ~ of the election is crucial** es crucial que las elecciones se celebren en el momento oportuno **- 3.** [measuring] cronometraje *m*.

timpani ['tɪmpənɪ] *npl* timbales *mpl*, tímpanos *mpl*.

tin [tɪn] *n* **- 1.** [metal] estaño *m*; **~ plate** hojalata *f* **- 2.** *UK* [can, container] lata *f*.

tin can *n* lata *f*.

tinfoil ['tɪnfɔɪl] *n (U)* papel *m* de aluminio.

tinge [tɪndʒ] *n* **- 1.** [of colour] matiz *m*, toque *m* **- 2.** [of feeling] ligera sensación *f*.

tinged [tɪndʒd] *adj*: **~ with** con un toque de.

tingle ['tɪŋgl] *vi*: **my feet are tingling** siento hormigueo en los pies; **to ~ with** estremecerse de.

tingling ['tɪŋglɪŋ] *n* cosquilleo *m*, hormigueo *m*.

tinker ['tɪŋkə[r]] *vi* hacer chapuzas; **to ~ with** enredar con.

tinkle ['tɪŋkl] <> *n* **- 1.** [sound] tintineo *m* **- 2.** *UK inf* [phone call]: **to give sb a ~** llamar a alguien (por teléfono). <> *vi* [ring] tintinear.

tin mine *n* mina *f* de estaño.

tinned [tɪnd] *adj UK* enlatado(da), en conserva.

tinnitus [tɪ'naɪtəs] *n (U)* zumbidos *mpl* (en los oídos).

tinny ['tɪnɪ] (*compar* **-ier**, *superl* **-iest**) *adj* **- 1.** [sound] metálico(ca) **- 2.** *inf pej* [badly made] poco sólido (poco sólida).

tin opener *n UK* abrelatas *m inv*.

tin-pot *adj UK pej* [country] de mala muerte; [politician, general] de pacotilla.

tinsel ['tɪnsl] *n (U)* oropel *m*.

tint [tɪnt] <> *n* tinte *m*, matiz *m*. <> *vt* [hair] teñir; [windows, glass] ahumar.

tinted ['tɪntɪd] *adj* [glasses, windows] tintado(da), ahumado(da).

tiny ['taɪnɪ] (*compar* **-ier**, *superl* **-iest**) *adj* diminuto(ta), pequeñito(ta).

tip [tɪp] (*pt* & *pp* **-ped**, *cont* **-ping**) <> *n* **- 1.** [end] punta *f*; **it's on the ~ of my tongue** lo tengo en la punta de la lengua **- 2.** *UK* [dump] vertedero *m* **- 3.** [gratuity] propina *f* **- 4.** [piece of advice] consejo *m*. <> *vt* **- 1.** [tilt] inclinar, ladear **- 2.** [spill, pour] vaciar, verter **- 3.** [give a gratuity to] dar una propina a. <> *vi* **- 1.** [tilt] inclinarse, ladearse **- 2.** [spill] derramarse **- 3.** [give a gratuity] dar propina.

◆ **tip off** *vt sep* informar (confidencialmente).

◆ **tip over** <> *vt sep* volcar. <> *vi* volcarse.

tip-off *n* información *f* (confidencial).

tipped [tɪpt] *adj* **- 1.** [cigarette] con filtro, emboquillado **- 2.** [spear etc]: **~ with stone/gold** con punta de piedra/oro.

Tipp-Ex® ['tɪpeks] *UK* <> *n* Tipp-Ex® *m*. <> *vt* corregir con Tipp-Ex®.

tipple ['tɪpl] *n inf* copa *f*, bebida *f* alcohólica.

tipsy ['tɪpsɪ] (*compar* **-ier**, *superl* **-iest**) *adj inf dated* piripi.

tiptoe ['tɪptəʊ] <> *n*: **on ~** de puntillas. <> *vi* ir de puntillas.

tip-top *adj inf dated* de primera.

tirade [taɪ'reɪd] *n* diatriba *f*.

tire ['taɪə[r]] <> *n US* = **tyre**. <> *vt* cansar. <> *vi*: **to ~ (of)** cansarse (de).

◆ **tire out** *vt sep* agotar.

tired ['taɪəd] *adj*: **~ (of sthg/of doing sthg)** cansado(da) (de algo/de hacer algo).

tiredness ['taɪədnɪs] *n* cansancio *m*.

tireless ['taɪəlɪs] *adj* incansable.

tiresome ['taɪəsəm] *adj* pesado(da).

tiring ['taɪərɪŋ] *adj* cansado(da).

tissue ['tɪʃu:] *n* **- 1.** [paper handkerchief] pañuelo *m* de papel **- 2.** *(U)* BIOL tejido *m* **- 3.** [paper] papel *m* de seda **- 4.** *phr*: **a ~ of lies** una sarta de mentiras.

tissue paper *n (U)* papel *m* de seda.

tit [tɪt] *n* **- 1.** [bird] herrerillo *m* **- 2.** *vulg* [breast] teta *f*.

titbit *UK* ['tɪtbɪt], **tidbit** *US* ['tɪdbɪt] *n* **- 1.** [of food] golosina *f* **- 2.** *fig* [of news] noticia *f* breve e interesante.

tit for tat [-'tæt] *n*: **it's ~** donde las dan las toman.

titillate ['tɪtɪleɪt] *vt* & *vi* excitar.

titivate ['tɪtɪveɪt] *vt*: **to ~ o.s.** emperifollarse, ponerse guapo(pa).

title ['taɪtl] *n* título *m*.

titled ['taɪtld] *adj* con título de nobleza.

title deed *n* título *m* de propiedad.

titleholder ['taɪtl,həʊldə[r]] *n* SPORT campeón *m*, -ona *f*.

title page *n* portada *f*.

title role *n* papel *m* principal.

titter ['tɪtə[r]] *vi* reírse por lo bajo.

tittle-tattle ['tɪtl,tætl] *n (U) inf pej* cotilleo *m*, chismes *mpl*.

titular ['tɪtjʊlə[r]] *adj* nominal.

T-junction *n* bifurcación *f* en forma de T.

TM *abbr of* **trademark**.

TNT (*abbr of* **trinitrotoluene**) *n* TNT *m.*

to [*unstressed before consonant* tə, *unstressed before vowel* tʊ, *stressed* tu:] ◇ *prep* **-1.** [indicating place, direction] a; **to go ~ Liverpool/Spain/school** ir a Liverpool/España/la escuela; **to go ~ the doctor's/John's** ir al médico/a casa de John; **the road ~ Glasgow** la carretera de Glasgow; **~ the left/right** a la izquierda/derecha; **~ the east/west** hacia el este/oeste **-2.** *(to express indirect object)* a; **to give sthg ~ sb** darle algo a alguien; **to talk ~ sb** hablar con alguien; **a threat ~ sb** una amenaza para alguien; **we were listening ~ the radio** escuchábamos la radio **-3.** [as far as] hasta, a; **to count ~ ten** contar hasta diez; **we work from nine ~ five** trabajamos de nueve a cinco **-4.** [in expressions of time]: **it's ten/a quarter ~ three** son las tres menos diez/cuarto **-5.** [per] por; **40 miles ~ the gallon** un galón (por) cada 40 millas **-6.** [of] de; **the key ~ the car** la llave del coche **-7.** [for] para; **a letter ~ my daughter** una carta para *OR* a mi hija **-8.** [indicating reaction, effect]: **~ my surprise** para sorpresa mía; **to be ~ one's advantage** ir en beneficio de uno; **to be ~ sb's liking** ser del gusto de alguien **-9.** [in stating opinion]: **~ me, he's lying** para mí que miente; **it seemed quite unnecessary ~ me/him** *etc* para mí/él *etc* aquello parecía del todo innecesario **-10.** [indicating state, process]: **to drive sb ~ drink** llevar a alguien a la bebida; **to shoot ~ fame** verse catapultado a la fama; **to lead ~ trouble** traer problemas **-11.** [accompanied by]: **we danced ~ the sound of guitars** bailábamos al son de las guitarras. ◇ *adv* [shut]: **push the door ~** cierra la puerta. ◇ *with infinitive* **-1.** *(forming simple infinitive)*: **~ walk** andar **-2.** *(following another verb)*: **to begin ~ do sthg** empezar a hacer algo; **to try/want ~ do sthg** intentar/querer hacer algo; **to hate ~ do sthg** odiar tener que hacer algo **-3.** *(following an adjective)*: **difficult ~ do** difícil de hacer; **ready ~ go** listos para marchar **-4.** *(indicating purpose)* para; **I'm doing it ~ help you** lo hago para ayudarte; **he came ~ see me** vino a verme **-5.** *(substituting for a relative clause)*: **I have a lot ~ do** tengo mucho que hacer; **he told me ~ leave** me dijo que me fuera **-6.** *(to avoid repetition of infinitive)*: **I meant to call him but I forgot ~** tenía intención de llamarle pero se me olvidó **-7.** [in comments]: **~ be honest ...** para ser honesto ...; **~ sum up ...** para resumir ..., resumiendo ...
◆ **to and fro** *adv* de un lado para otro, de aquí para allá.

toad [təʊd] *n* sapo *m.*

toadstool ['təʊdstu:l] *n* seta *f* venenosa.

toady ['təʊdɪ] (*pl* **-ies**, *pt* & *pp* **-ied**) *pej* ◇ *n* pelota *m OR f*, cobista *m OR f.* ◇ *vi*: **to ~ (to)** hacer la pelota *OR* dar coba (a).

toast [təʊst] ◇ *n* **-1.** *(U)* [bread] pan *m* tostado; **a slice of ~** una tostada **-2.** [drink] brindis *m*; **to drink a ~ to** hacer un brindis por **-3.** [person]: **the ~ of the town** el héroe de la ciudad. ◇ *vt* **-1.** [bread] tostar **-2.** [person] brindar por.

toasted sandwich [ˌtəʊstɪd-] *n* sándwich *m* tostado.

toaster ['təʊstəʳ] *n* tostador *m*, -ra *f.*

toast rack *n* soporte *m* para tostadas.

tobacco [tə'bækəʊ] *n* tabaco *m.*

tobacconist's (shop) [tə'bækənɪsts (ʃɒp)] *n* estanco *m.*

Tobago [tə'beɪgəʊ] ▻ **Trinidad and Tobago.**

toboggan [tə'bɒgən] ◇ *n* tobogán *m*, trineo *m.* ◇ *vi* deslizarse en tobogán.

today [tə'deɪ] ◇ *n* **-1.** [this day] hoy *m*; **~'s date** la fecha de hoy; **what is ~'s date?** ¿qué día es hoy?; **~'s paper** el periódico de hoy; **as from ~** a partir de hoy **-2.** [nowadays] hoy (en día). ◇ *adv* **-1.** [this day] hoy; **what's the date ~?, what date is it ~** ¿qué fecha es hoy?; **~ is the 6th of January** hoy es 6 de enero; **what day is it ~?** ¿qué día es hoy?; **it's Sunday ~** hoy es domingo; **a week ago ~** hoy hace una semana; **a week (from) ~** de aquí a una semana **-2.** [nowadays] hoy (en día).

toddle ['tɒdl] *vi* caminar con paso inseguro.

toddler ['tɒdləʳ] *n* niño pequeño *m*, niña pequeña *f* (que empieza a andar).

toddy ['tɒdɪ] (*pl* **-ies**) *n* ponche *m.*

to-do (*pl* **-s**) *n inf* jaleo *m*, follón *m.*

toe [təʊ] ◇ *n* **-1.** [of foot] dedo *m* (del pie) **-2.** [of sock] punta *f*; [of shoe] puntera *f.* ◇ *vt*: **to ~ the line** acatar las normas.

toehold ['təʊhəʊld] *n* [in rock] punto *m* de apoyo; *fig* [in market]: **to gain a ~ in** ganarse un hueco en.

toenail ['təʊneɪl] *n* uña *f* del dedo del pie.

toffee ['tɒfɪ] *n* caramelo *m.*

toffee apple *n UK* manzana *f* acaramelada.

tofu ['təʊfu:] *n* tofu *m.*

toga ['təʊgə] *n* toga *f.*

together [tə'geðəʳ] ◇ *adv* **-1.** [gen] juntos(tas); **all ~** todos juntos; **to stick ~** pegar; **to join ~** unir; **to go (well) ~** combinar bien **-2.** [at the same time] a la vez, juntos(tas). ◇ *adj inf* organizado(da).
◆ **together with** *prep* junto con.

togetherness [tə'geðənɪs] *n (U)* unión *f*, camaradería *f.*

toggle ['tɒgl] *n* botón *m* de una trenca.

toggle switch *n* COMPUT & ELECTRON conmutador *m* de palanca.

Togo ['təʊgəʊ] *n* Togo.

togs [tɒgz] *npl inf* ropa *f*.

toil [tɔɪl] *fml* ◇ *n* trabajo *m* duro. ◇ *vi* trabajar sin descanso.

◆ **toil away** *vi*: **to ~ away (at)** trabajar sin descanso (en).

toilet ['tɔɪlɪt] *n* [at home] wáter *m*, lavabo *m*; [in public place] servicios *mpl*, lavabo *m*; **to go to the ~** ir al wáter.

toilet bag *n* neceser *m*.

toilet paper *n (U)* papel *m* higiénico.

toiletries ['tɔɪlɪtrɪz] *npl* artículos *mpl* de tocador.

toilet roll *n* **-1.** [paper] papel *m* higiénico **-2.** [roll] rollo *m* de papel higiénico.

toilet soap *n* jabón *m* de tocador.

toilet-trained [-,treɪnd] *adj* [child] *que sabe ir solo al wáter.*

toilet water *n* (agua *f* de) colonia *f*.

to-ing and fro-ing [,tuːɪŋən'frəʊɪŋ] (*pl* **to-ings and fro-ings**) *n (U)* idas *fpl* y venidas.

token ['təʊkn] ◇ *adj* simbólico(ca). ◇ *n* **-1.** [voucher] vale *m*; [disk] ficha *f* **-2.** [symbol] muestra *f*, símbolo *m*; **as a ~ of our appreciation** como muestra de nuestro agradecimiento.

◆ **by the same token** *adv* del mismo modo.

Tokyo ['təʊkjəʊ] *n* Tokio.

told [təʊld] *pt & pp* ▷ **tell**.

tolerable ['tɒlərəbl] *adj* tolerable, pasable.

tolerably ['tɒlərəblɪ] *adv* medio.

tolerance ['tɒlərəns] *n* tolerancia *f*.

tolerant ['tɒlərənt] *adj* tolerante.

tolerate ['tɒləreɪt] *vt* **-1.** [put up with] soportar, tolerar **-2.** [permit] tolerar.

toleration [,tɒlə'reɪʃn] *n (U)* tolerancia *f*.

toll [təʊl] ◇ *n* **-1.** [number]: **death ~** número *m* de víctimas **-2.** [fee] peaje *m* **-3.** *phr*: **to take its ~** hacer mella. ◇ *vt* tañer, tocar. ◇ *vi* tocar, doblar.

tollbooth ['təʊlbuːθ] *n cabina donde se paga el peaje.*

toll bridge *n* puente *m* de peaje.

toll-free *US* ◇ *adj* gratuito(ta). ◇ *adv*: **to call a number ~** llamar a un número gratis.

tomato [*UK* tə'mɑːtəʊ, *US* tə'meɪtəʊ] (*pl* **-es**) *n* tomate *m*, jitomate *m CAm, Méx.*

tomb [tuːm] *n* tumba *f*, sepulcro *m*.

tombola [tɒm'bəʊlə] *n esp UK* tómbola *f*.

tomboy ['tɒmbɔɪ] *n* niña *f* poco femenina.

tombstone ['tuːmstəʊn] *n* lápida *f*.

tomcat ['tɒmkæt] *n* gato *m* (macho).

tomfoolery [tɒm'fuːlərɪ] *n* comportamiento *m* tonto.

tomorrow [tə'mɒrəʊ] ◇ *n lit & fig* mañana *f*; **~ is Sunday** mañana es domingo; **the day after ~** pasado mañana; **~ night** mañana por la noche; **he was drinking like there was no ~** bebía como si se fuera a acabar el mundo; **~'s world** el futuro. ◇ *adv* mañana; **see you ~** hasta mañana; **a week (from) ~** dentro de una semana a partir de mañana; **it happened a year ago ~** mañana hará un año que ocurrió.

ton [tʌn] (*pl inv* OR **-s**) *n* **-1.** [imperial] *UK* = *1016 kg*; *US* = *907,2 kg*, ≃ tonelada *f* **-2.** [metric] = *1000 kg*, tonelada *f* **-3.** *phr*: **to weigh a ~** *inf* pesar una tonelada; **to come down on sb like a ~ of bricks** [speak angrily] echar la gran bronca a alguien; [punish severely] dar un buen escarmiento a alguien.

◆ **tons** *npl inf*: **~s (of)** un montón (de).

tonal ['təʊnl] *adj* tonal.

tone [təʊn] *n* **-1.** [gen] tono *m* **-2.** [on phone] señal *f* **-3.** *phr*: **to lower the ~ of** dar mal tono a.

◆ **tone down** *vt sep* suavizar, moderar.

◆ **tone in** *vi*: **to ~ in (with)** ir bien OR armonizar (con).

◆ **tone up** *vt sep* poner en forma.

tone-deaf *adj* que no tiene (buen) oído.

toner ['təʊnə^r] *n* **-1.** [for photocopier, printer] virador *m* **-2.** [cosmetic] tónico *m*.

tongs [tɒŋz] *npl* [for coal] tenazas *fpl*; [for sugar] pinzas *fpl*, tenacillas *fpl*.

tongue [tʌŋ] *n* **-1.** [gen] lengua *f*; **to have one's ~ in one's cheek** *inf* no ir en serio; **to hold one's ~** *fig* quedarse callado(da); **~s will wag** seguro que la gente murmurará **-2.** [of shoe] lengüeta.

tongue-in-cheek *adj*: **it was only ~** no iba en serio.

tongue-tied [-,taɪd] *adj* incapaz de hablar *(por timidez o nervios).*

tongue twister [-,twɪstə^r] *n* trabalenguas *m inv.*

tonic ['tɒnɪk] *n* **-1.** [gen] tónico *m* **-2.** [tonic water] tónica *f*.

tonic water *n* agua *f* tónica.

tonight [tə'naɪt] ◇ *n* esta noche *f*. ◇ *adv* esta noche.

tonnage ['tʌnɪdʒ] *n* tonelaje *m*.

tonne [tʌn] (*pl inv* OR **-s**) *n* tonelada *f* métrica.

tonsil ['tɒnsl] *n* amígdala *f*; **to have one's ~s out** operarse de las amígdalas.

tonsil(l)itis [,tɒnsɪ'laɪtɪs] *n (U)* amigdalitis *f inv.*

too [tuː] *adv* **-1.** [also] también; **me ~** yo también **-2.** [excessively] demasiado; **~ much** demasiado; ~ **many things** demasiadas cosas; **it finished all** *OR* **only** ~ **soon** terminó demasiado pronto; **I'd be only** ~ **happy to help** me encantaría ayudarte; **not** ~ **...** no muy ...

took [tʊk] *pt* ⊳ **take**.

tool [tu:l] *n* **-1.** [implement] herramienta *f*; **garden** ~**s** útiles *mpl* del jardín; **to down** ~**s** *UK* dejar de trabajar como protesta **-2.** *fig* [means] instrumento *m*; **the** ~**s of one's trade** los instrumentos de trabajo de uno.

tool bar *n COMPUT* barra *f* de herramientas.

tool box *n* caja *f* de herramientas.

tool kit *n* juego *m* de herramientas.

toot [tu:t] ◇ *n* bocinazo *m*. ◇ *vt* tocar. ◇ *vi* tocar la bocina.

tooth [tu:θ] (*pl* **teeth**) *n* **-1.** [in mouth, of saw, gear wheel] diente *m*; **to brush one's teeth** cepillarse *OR* lavarse los dientes; **he had a** ~ **out** le sacaron un diente; **to be (a bit) long in the** ~ **for sthg** *UK pej* ser ya (un poco) mayorcito para algo; **to be fed up to the back teeth with sthg** *UK inf* estar hasta la coronilla de algo; **to grit one's teeth** apretar los dientes; **to lie through one's teeth** mentir como un bellaco **-2.** [of comb] púa *f*.

toothache ['tu:θeɪk] *n* dolor *m* de muelas.

toothbrush ['tu:θbrʌʃ] *n* cepillo *m* de dientes.

toothless ['tu:θlɪs] *adj* desdentado(da).

toothpaste ['tu:θpeɪst] *n* pasta *f* de dientes.

toothpick ['tu:θpɪk] *n* palillo *m*.

tooth powder *n* polvos *mpl* dentífricos.

tootle ['tu:tl] *vi inf* [move unhurriedly]: **to** ~ **off** irse sin prisas.

top [tɒp] (*pt* & *pp* **-ped**, *cont* **-ping**) ◇ *adj* **-1.** [highest - step, floor] de arriba; [- object on pile] de encima **-2.** [most important, successful] importante; **to be a** ~ **model** ser top model; **she got the** ~ **mark** sacó la mejor nota **-3.** [maximum] máximo(ma); **at** ~ **speed** a máxima velocidad; **to be** ~ **secret** ser altamente confidencial. ◇ *n* **-1.** [highest point] parte *f* superior *OR* de arriba; [of list] cabeza *f*, principio *m*; [of tree] copa *f*; [of hill, mountain] cumbre *f*, cima *f*; **at the** ~ **of the stairs** en lo alto de la escalera; **from** ~ **to bottom** de pies a cabeza; **on** ~ encima; **to go over the** ~ *UK* pasarse (de la raya); **at the** ~ **of one's voice** a voz en grito **-2.** [lid, cap - of jar, box] tapa *f*; [- of bottle, tube] tapón *m*; [- of pen] capuchón *m* **-3.** [upper side] superficie *f* **-4.** [blouse] blusa *f*; [T-shirt] camiseta *f*; [of pyjamas] parte *f* de arriba **-5.** [toy] peonza *f* **-6.** [most important level] cúpula *f* **-7.** [of league, table, scale] cabeza *f*. ◇ *vt* **-1.** [be first in] estar a la cabeza de **-2.** [better] superar **-3.** [exceed] exceder.

◆ **on top of** *prep* **-1.** [in space] encima de; **to be feeling on** ~ **of the world** estar en la gloria **-2.** [in addition to] además de; **on** ~ **of that** por si fuera poco **-3.** [in control of]: **to be on** ~ **of sthg** tener algo bajo control **-4.** *phr*: **to get on** ~ **of sb** abrumar a alguien.

◆ **top up** *UK*, **top off** *US vt sep* volver a llenar.

topaz ['təʊpæz] *n* topacio *m*.

top brass *n (U) inf*: **the** ~ los altos cargos, los mandamases.

topcoat ['tɒpkəʊt] *n* **-1.** [item of clothing] abrigo *m* **-2.** [paint] última mano *f* (de pintura).

top dog *n inf* mandamás *m OR f*.

top-flight *adj inf* de altos vuelos.

top floor *n* último piso *m*.

top gear *n* directa *f*.

top hat *n* chistera *f*, sombrero *m* de copa.

top-heavy *adj* demasiado pesado(da) en la parte de arriba.

topic ['tɒpɪk] *n* tema *m*, asunto *m*.

topical ['tɒpɪkl] *adj* de actualidad, actual.

topknot ['tɒpnɒt] *n* [in hair] moño *m*.

topless ['tɒplɪs] *adj* en topless.

top-level *adj* de alto nivel.

topmost ['tɒpməʊst] *adj* más alto(ta).

top-notch *adj inf* de primera.

top-of-the-line *adj US* de gama alta.

topography [tə'pɒgrəfɪ] *n* topografía *f*.

topped [tɒpt] *adj*: ~ **by** *OR* **with sthg** con algo encima.

topping ['tɒpɪŋ] *n* capa *f*; **with a** ~ **of cream** cubierto de nata.

topple ['tɒpl] ◇ *vt* [government, pile] derribar; [president] derrocar. ◇ *vi* venirse abajo.

◆ **topple over** *vi* venirse abajo.

top-ranking [-'ræŋkɪŋ] *adj* de alto nivel.

TOPS [tɒps] (*abbr of* **Training Opportunities Scheme**) *n programa de formación profesional del gobierno británico.*

top-secret *adj* sumamente secreto (sumamente secreta).

top-security *adj* de máxima seguridad.

topsoil ['tɒpsɔɪl] *n* capa *f* superficial del suelo.

topsy-turvy [ˌtɒpsɪ'tɜ:vɪ] ◇ *adj* **-1.** [messy] patas arriba *(inv)* **-2.** [haywire] loco(ca). ◇ *adv* [messily] en desorden, de cualquier manera.

top-up *n*: **can I give you a** ~**?** ¿quieres que te ponga más?

top-up card *n* [for mobile phone] tarjeta *f* de recarga.

torch [tɔ:tʃ] *n* **-1.** *UK* [electric] linterna *f* **-2.** [burning] antorcha *f*.

tore [tɔ:ʳ] *pt* ⊳ **tear**[2].

torment [*n* 'tɔ:ment, *vb* tɔ:'ment] ◇ *n* tormento *m*; **she waited in** ~ esperaba atormentada.

◇ *vt* **-1.** [worry greatly] atormentar **-2.** [annoy] fastidiar.

tormentor [tɔːˈmentəʳ] *n* hostigador *m*, -ra *f*.

torn [tɔːn] *pp* ⊳ **tear**.

tornado [tɔːˈneɪdəʊ] (*pl* **-es** *OR* **-s**) *n* tornado *m*.

torpedo [tɔːˈpiːdəʊ] (*pl* **-es**) ◇ *n* torpedo *m*. ◇ *vt* torpedear.

torpor [ˈtɔːpəʳ] *n* apatía *f*.

torque [tɔːk] *n* par *m* de torsión.

torrent [ˈtɒrənt] *n* torrente *m*.

torrential [təˈrenʃl] *adj* torrencial.

torrid [ˈtɒrɪd] *adj* [hot] tórrido(da); *fig* [passionate] apasionado(da).

torso [ˈtɔːsəʊ] (*pl* **-s**) *n* torso *m*.

tortoise [ˈtɔːtəs] *n* tortuga *f* (de tierra).

tortoiseshell [ˈtɔːtəʃel] ◇ *adj*: ~ **cat** gato *m* pardo atigrado. ◇ *n (U)* [material] carey *m*, concha *f*. ◇ *comp* de carey *OR* concha.

tortuous [ˈtɔːtʃʊəs] *adj* **-1.** [twisting] tortuoso(sa) **-2.** [over-complicated] enrevesado(da), retorcido(da).

torture [ˈtɔːtʃəʳ] ◇ *n* tortura *f*. ◇ *vt* torturar.

torturer [ˈtɔːtʃərəʳ] *n* torturador *m*, -ra *f*.

Tory [ˈtɔːrɪ] (*pl* **-ies**) ◇ *adj* tory, del partido conservador (británico). ◇ *n* tory *m OR f*, miembro *m* del partido conservador (británico).

toss [tɒs] ◇ *vt* **-1.** [throw carelessly] tirar **-2.** [move from side to side - head, boat] sacudir **-3.** [salad] remover; [pancake] dar la vuelta en el aire **-4.** [coin]: **to ~ a coin** echar a cara o cruz. ◇ *vi* **-1.** [with coin] echar a cara o cruz **-2.** [move rapidly]: **to ~ and turn** dar vueltas (en la cama). ◇ *n* **-1.** [of coin] tirada *f*; **to win/lose the ~** ganar/perder en el sorteo **-2.** [of head] sacudida *f*.

◆ **toss up** *vi* jugar a cara o cruz.

toss-up *n inf*: **it's a ~ whether they win or lose** igual ganan que pierden.

tot [tɒt] (*pt* & *pp* **-ted**, *cont* **-ting**) *n* **-1.** *inf* [small child] nene *m*, nena *f* **-2.** [of drink] trago *m*.

◆ **tot up** *vt sep inf* sumar.

total [ˈtəʊtl] (*UK pt* & *pp* **-led**, *cont* **-ling**, *US pt* & *pp* **-ed**, *cont* **-ing**) ◇ *adj* total. ◇ *n* total *m*; **in ~** en total. ◇ *vt* **-1.** [add up] sumar **-2.** *US inf* [wreck] dejar hecho una ruina. ◇ *vi* [amount to] ascender a.

totalitarian [ˌtəʊtælɪˈteərɪən] *adj* totalitario(ria).

totality [təʊˈtælətɪ] *n* totalidad *f*.

totally [ˈtəʊtəlɪ] *adv* [entirely] totalmente.

tote bag [təʊt-] *n US* bolsa *f* (de la compra).

totem pole [ˈtəʊtəm-] *n* tótem *m*.

toto [ˈtəʊtəʊ] ◆ **in toto** *adv fml* totalmente.

totter [ˈtɒtəʳ] *vi lit* & *fig* tambalearse.

toucan [ˈtuːkən] *n* tucán *m*.

touch [tʌtʃ] ◇ *n* **-1.** [sense, act of feeling] tacto *m* **-2.** [detail, skill, knack] toque *m*; **to put the finishing ~es to sthg** dar el último toque a algo **-3.** [contact]: **to get/keep in ~ (with)** ponerse/mantenerse en contacto (con); **to lose ~ (with)** perder el contacto (con); **to be out of ~ with** no estar al tanto de **-4.** *SPORT*: **in ~** fuera de banda **-5.** [small amount]: **a ~ (of)** un poquito (de) **-6.** *phr*: **to be ~ and go** ser dudoso *OR* poco seguro; **to be a soft ~** no saber decir que no. ◇ *vt* **-1.** [gen] tocar; **you haven't ~ed your food** no has tocado la comida **-2.** [emotionally] conmover **-3.** [equal] igualar; **nobody can ~ her for professionalism** nadie la iguala en profesionalismo. ◇ *vi* **-1.** [with fingers etc] tocar; **don't ~!** ¡no lo toques! **-2.** [be in contact] tocarse.

◆ **a touch** *adv* [rather] un poco.

◆ **touch down** *vi* [plane] aterrizar, tomar tierra.

◆ **touch on** *vt fus* tocar, tratar por encima.

touch-and-go *adj* dudoso(sa), poco seguro (poco segura).

touchdown [ˈtʌtʃdaʊn] *n* **-1.** [of plane] aterrizaje *m* **-2.** [in American football] ensayo *m*.

touched [tʌtʃt] *adj* **-1.** [grateful] emocionado(da) **-2.** *inf* [slightly mad] tocado(da).

touching [ˈtʌtʃɪŋ] *adj* conmovedor(ra).

touchline [ˈtʌtʃlaɪn] *n* línea *f* de banda.

touchpaper [ˈtʌtʃˌpeɪpəʳ] *n* mecha *f (de fuego artificial)*.

touchscreen [ˈtʌtʃskriːn] *n* pantalla *f* táctil.

touch-type *vi* mecanografiar al tacto.

touchy [ˈtʌtʃɪ] (*compar* **-ier**, *superl* **-iest**) *adj* **-1.** [person]: **~ (about)** susceptible (con) **-2.** [subject, question] delicado(da).

tough [tʌf] *adj* **-1.** [resilient] fuerte **-2.** [hard-wearing] resistente **-3.** [meat, regulations, policies] duro(ra); **to get ~ with sb** ponerse duro(ra) con alguien **-4.** [difficult to deal with] difícil **-5.** [rough - area] peligroso(sa) **-6.** *inf* [unfortunate] injusto(ta); **~ luck** mala suerte.

toughen [ˈtʌfn] *vt* endurecer.

toughened [ˈtʌfnd] *adj* endurecido(da).

toughness [ˈtʌfnɪs] *n (U)* **-1.** [of character, material] resistencia *f* **-2.** [of meat, regulations, policies] dureza *f* **-3.** [of problem, decision] dificultad *f*.

toupee [ˈtuːpeɪ] *n* peluquín *m*.

tour [tʊəʳ] ◇ *n* **-1.** [long journey] viaje *m* largo; **to go on a ~ of Germany** hacer un recorrido por Alemania **-2.** [of pop group etc] gira *f* **-3.** [for sightseeing] recorrido *m*, visita *f*. ◇ *vt* [museum] visitar; [country] recorrer, viajar por. ◇ *vi*

estar de gira; **to ~ round sthg** viajar por *OR* recorrer algo.
tourer ['tʊərə'] *n* coche *m* grande descapotable.
touring ['tʊərɪŋ] ◇ *adj* [exhibition] itinerante; [theatre, music group] que va de gira. ◇ *n* viajes *mpl* turísticos; **to go ~** hacer turismo.
tourism ['tʊərɪzm] *n* turismo *m*.
tourist ['tʊərɪst] *n* turista *m OR f*.
tourist class *n* clase *f* turista.
tourist (information) office *n* oficina *f* de turismo.
touristy ['tʊərɪstɪ] *adj pej* demasiado turístico(ca).
tournament ['tɔːnəmənt] *n* torneo *m*.
tourniquet ['tʊənɪkeɪ] *n* torniquete *m*.
tour operator *n* touroperador *m*, operador *m* turístico.
tousled ['taʊzld] *adj* despeinado(da), alborotado(da).
tout [taʊt] ◇ *n* revendedor *m*, -ra *f*. ◇ *vt* revender. ◇ *vi*: **to ~ for sthg** solicitar algo; **to ~ for business** tratar de captar clientes.
tow [təʊ] ◇ *n*: **to give sb a ~** remolcar a alguien; **on ~** *UK* [car] a remolque; **in ~ with sb** acompañado de alguien. ◇ *vt* remolcar.
towards *UK* [tə'wɔːdz], **toward** *US* [tə'wɔːd] *prep* **-1.** [gen] hacia; **~ 6 o'clock/the end of the month** hacia las seis/final de mes **-2.** [for the purpose or benefit of] para; **efforts ~ peace** esfuerzos encaminados hacia la paz; **£20 ~ the blind** 20 libras para los ciegos.
towaway zone ['təʊəweɪ-] *n US* ≃ zona *f* de estacionamiento prohibido.
towbar ['təʊbɑː] *n* barra *f* de remolque.
towel ['taʊəl] *n* toalla *f*.
towelling *UK*, **toweling** *US* ['taʊəlɪŋ] ◇ *n* *(U)* (tejido *m* de) toalla *f*. ◇ *comp* de toalla.
towel rail *n* toallero *m*.
tower ['taʊə'] ◇ *n* torre *f*; **a ~ of strength** *UK* un firme apoyo *OR* pilar. ◇ *vi*: **to ~ (over sthg)** elevarse (por encima de algo); **to ~ over sb** ser mucho más alto(ta) que alguien.
tower block *n UK* bloque *m (de pisos u oficinas)*.
towering ['taʊərɪŋ] *adj* altísimo(ma).
town [taʊn] *n* **-1.** [gen] ciudad *f*; [smaller] pueblo *m* **-2.** [centre of town, city] centro *m* de la ciudad; **to go out on the ~** irse de juerga; **to go to ~** *fig* [to put in a lot of effort] emplearse a fondo; [spend a lot of money] tirar la casa por la ventana.
town centre *n* centro *m* (de la ciudad).
town clerk *n* secretario del ayuntamiento *m*, secretaria del ayuntamiento *f*.
town council *n* ayuntamiento *m*.
town hall *n* ayuntamiento *m*.
town house *n* [fashionable house] casa *f* lujosa *(de un barrio alto)*.
town plan *n* plano *m* de la ciudad.
town planner *n* urbanista *m OR f*.
town planning *n* **-1.** [study] urbanismo *m* **-2.** [practice] planificación *f* urbanística.
townsfolk ['taʊnzfəʊk], **townspeople** ['taʊnz,piːpl] *npl*: **the ~** los habitantes *(de una ciudad)*, los ciudadanos.
township ['taʊnʃɪp] *n* **-1.** [in South Africa] *zona urbana asignada por el gobierno para la población negra* **-2.** [in US] ≃ municipio *m*.
towpath ['təʊpɑːθ, *pl* -pɑːðz] *n* camino *m* de sirga.
towrope ['təʊrəʊp] *n* cable *m* de remolque.
tow truck *n US* (coche *m*) grúa *f*.
toxic ['tɒksɪk] *adj* tóxico(ca).
toxin ['tɒksɪn] *n* toxina *f*.
toy [tɔɪ] *n* juguete *m*.
◆ **toy with** *vt fus* [idea] acariciar; [food, coin etc] juguetear con.
toy boy *n inf joven amante de una mujer mucho mayor que él*.
toy shop *n* juguetería *f*.
trace [treɪs] ◇ *n* **-1.** [evidence, remains] rastro *m*, huella *f*; **there's no ~ of her** no hay rastro de ella; **without ~** sin dejar rastro **-2.** [small amount] pizca *f*. ◇ *vt* **-1.** [find] localizar, encontrar **-2.** [follow progress of] describir **-3.** [on paper] calcar.
trace element *n CHEM* oligoelemento *m*.
tracer bullet ['treɪsə'-] *n* bala *f* trazadora.
tracing ['treɪsɪŋ] *n* [on paper] calco *m*.
tracing paper ['treɪsɪŋ-] *n (U)* papel *m* de calcar.
track [træk] ◇ *n* **-1.** [path] sendero *m*; **off the beaten ~** apartado(da), aislado(da) **-2.** *SPORT* pista *f* **-3.** *RAIL* vía *f* **-4.** [mark, trace] rastro *m*, huella *f*; **to hide** *OR* **cover one's ~s** no dejar rastro; **to stop dead in one's ~s** pararse en seco **-5.** [on record, tape] canción *f* **-6.** *phr*: **to keep/lose ~ of sb** no perder/perder la pista a alguien; **to lose/keep ~ of events** perder el hilo de/seguir los acontecimientos; **I've lost ~ of how many times I've told you** ya he perdido la cuenta de las veces que te lo he dicho; **to be on the right/wrong ~** ir por el buen/mal camino. ◇ *vt* **-1.** [follow tracks of] rastrear, seguir la pista de **-2.** [with radar] seguir la trayectoria de.
◆ **track down** *vt sep* localizar.
trackball ['trækbɔːl] *n COMPUT* trackball *m*, esfera *f* de arrastre/desplazamiento.
tracker dog ['trækə'-] *n* perro *m* rastreador.

track event *n* prueba *f* de atletismo (en pista).
tracking station ['trækɪŋ-] *n* estación *f* de seguimiento.
track record *n* historial *m*; **to have a good ~** tener un buen historial.
track shoes *npl* zapatillas *fpl* de atletismo.
tracksuit ['træksu:t] *UK n* chandal *m*, equipo *m* de deportes, buzo *m* *Chile, Perú*, pants *mpl* *Méx*, sudadera *f* *Col*, jogging *m* *RP*.
tract [trækt] *n* **-1.** [pamphlet] artículo *m* breve **-2.** [of land, forest] extensión *f* **-3.** MED: **digestive ~** aparato *m* digestivo.
tract house *n US* *casa en una urbanización en la que todas las casas son iguales.*
traction ['trækʃn] *n* tracción *f*; **to have one's leg in ~** tener la pierna escayolada en alto.
traction engine *n* locomotora *f* de tracción.
tractor ['træktəʳ] *n* tractor *m*.
tractor-trailer *n US* camión *m* articulado.
trade [treɪd] <> *n* **-1.** *(U)* [commerce] comercio *m* **-2.** [job] oficio *m*; **by ~** de oficio. <> *vt* [exchange]: **to ~ sthg (for)** cambiar algo (por). <> *vi* **-1.** COMM: **to ~ (with)** comerciar (con) **-2.** *US* [shop]: **to ~ at** OR **with** hacer sus compras en.
◆ **trade in** *vt sep* [exchange] dar como entrada.
trade barrier *n* barrera *f* comercial.
trade deficit *n* déficit *m* (en la balanza) comercial.
trade discount *n* descuento *m* comercial.
trade fair *n* feria *f* de muestras.
trade-in *n artículo usado que se entrega como entrada al comprar un artículo nuevo.*
trademark ['treɪdmɑ:k] *n* **-1.** COMM marca *f* comercial **-2.** *fig* [characteristic] rasgo *m* característico.
trade name *n* COMM nombre *m* comercial.
trade-off *n* equilibrio *m*.
trade price *n* precio *m* al por mayor.
trader ['treɪdəʳ] *n* comerciante *m* OR *f*.
trade route *n* ruta *f* comercial.
trade secret *n* secreto *m* comercial.
tradesman ['treɪdzmən] (*pl* **-men** [-mən]) *n* [trader] comerciante *m*; [shopkeeper] tendero *m*.
tradespeople ['treɪdz,pi:pl] *npl* comerciantes *mpl* OR *fpl*.
trade(s) union *n UK* sindicato *m*.
trade(s) unionist *n UK* sindicalista *m* OR *f*.
trade wind *n* NAUT viento *m* alisio.
trading ['treɪdɪŋ] *n (U)* comercio *m*.
trading estate *n UK* polígono *m* industrial.
trading stamp *n* cupón *m* del ahorro.
tradition [trə'dɪʃn] *n* tradición *f*.
traditional [trə'dɪʃənl] *adj* tradicional.
traditionally [trə'dɪʃnəlɪ] *adv* tradicionalmente.
traffic ['træfɪk] (*pt* & *pp* **-ked**, *cont* **-king**) <> *n* **-1.** [vehicles] tráfico *m* **-2.** [illegal trade]: **~ (in)** tráfico *m* (de). <> *vi*: **to ~ in** traficar con.
traffic circle *n US* glorieta *f*.
traffic island *n* refugio *m*.
traffic jam *n* embotellamiento *m*, atasco *m*.
trafficker ['træfɪkəʳ] *n*: **~ (in)** traficante *m* OR *f* (de).
traffic lights *npl* semáforos *mpl*.
traffic offence *UK*, **traffic violation** *US* *n* infracción *f* de tráfico.
traffic warden *n UK* ≃ guardia *m* OR *f* de tráfico.
tragedy ['trædʒədɪ] (*pl* **-ies**) *n* tragedia *f*.
tragic ['trædʒɪk] *adj* trágico(ca).
tragically ['trædʒɪklɪ] *adv* trágicamente.
trail [treɪl] <> *n* **-1.** [path] sendero *m*, camino *m*; **to blaze a ~** *fig* marcar la pauta **-2.** [trace, track] rastro *m*, huellas *fpl*; **a ~ of smoke** un rastro de humo; **they left a ~ of clues** dejaron un rastro de pistas; **to be on the ~ of sb/sthg** seguir la pista de alguien/algo; **they are hot on his ~** le están pisando los talones. <> *vt* **-1.** [drag] arrastrar **-2.** [lose to] ir por detrás de. <> *vi* **-1.** [drag] arrastrarse **-2.** [move slowly] andar con desgana **-3.** [lose] ir perdiendo.
◆ **trail away, trail off** *vi* apagarse.
trailblazing ['treɪl,bleɪzɪŋ] *adj* pionero(ra).
trailer ['treɪləʳ] *n* **-1.** [vehicle for luggage] remolque *m* **-2.** *esp US* [for living in] roulotte *m*, caravana *f* **-3.** CINEMA trailer *m*.
trailer park *n US* camping *m* para roulottes OR caravanas.
train [treɪn] <> *n* **-1.** RAIL tren *m*; **to go by ~** ir en tren **-2.** [of dress] cola *f*. <> *vt* **-1.** [teach]: **to ~ sb (to do sthg)** enseñar a alguien (a hacer algo); **to ~ sb in sthg** preparar a alguien para algo **-2.** [for job]: **to ~ sb (as sthg)** formar OR preparar a alguien (como algo) **-3.** [animal] amaestrar **-4.** SPORT: **to ~ sb (for)** entrenar a alguien (para) **-5.** [direct growth of] guiar **-6.** [aim - gun] apuntar; [- camera] enfocar; **to ~ a camera on sb** enfocar a alguien con una cámara. <> *vi* **-1.** [for job] estudiar, prepararse; **to ~ as** formarse OR prepararse como; **to ~ as a doctor** estudiar medicina; **to ~ to be a teacher** estudiar para ser profesor **-2.** SPORT: **to ~ (for)** entrenarse (para).
trained [treɪnd] *adj* cualificado(da).
trainee [treɪ'ni:] <> *adj* en período de prácticas. <> *n* aprendiz *m*, -za *f*, persona *f* que

está en período de prácticas.

trainer ['treɪnəʳ] *n* **-1.** [of animals] amaestrador *m*, -ra *f* **-2.** SPORT entrenador *m*, -ra *f*.

◆ **trainers** *npl UK* zapatillas *fpl* de deporte.

training ['treɪnɪŋ] *n (U)* **-1.** [for job]: ~ **(in)** formación *f* OR preparación *f* (para) **-2.** SPORT entrenamiento *m*; **to be in ~ (for sthg)** estar entrenando para algo.

training college *n UK* [gen] centro *m* de formación especializada; [for teachers] escuela *f* normal.

training course *n* cursillo *m* de formación.

training shoes *npl UK* zapatillas *fpl* de deporte.

train of thought *n* hilo *m* del razonamiento.

train set *n* tren *m* eléctrico de juguete.

train spotter [-ˌspɒtəʳ] *n aficionado a los trenes que en una estación apunta el número de las locomotoras al pasar.*

train station *n US* estación *f* de ferrocarril.

traipse [treɪps] *vi* andar con desgana.

trait [treɪt] *n* rasgo *m*, característica *f*.

traitor ['treɪtəʳ] *n*: ~ **(to)** traidor *m*, -ra *f* (a).

trajectory [trə'dʒektərɪ] (*pl* **-ies**) *n* trayectoria *f*.

tram [træm], **tramcar** ['træmkɑːʳ] *n UK* tranvía *m*.

tramlines ['træmlaɪnz] *npl UK* **-1.** [for trams] vías *fpl* de tranvía **-2.** TENNIS líneas *fpl* de banda.

tramp [træmp] ◇ *n* **-1.** [homeless person] vagabundo *m*, -da *f* **-2.** *US inf* [woman] fulana *f*. ◇ *vi* andar pesadamente.

trample ['træmpl] ◇ *vt* pisar, pisotear; **to be ~d underfoot** ser pisoteado(da). ◇ *vi* **-1.** [tread]: **to ~ on sthg** pisar algo **-2.** *fig* [act cruelly]: **to ~ on sb** pisar OR pisotear a alguien.

trampoline ['træmpəliːn] *n* cama *f* elástica.

trance [trɑːns] *n* trance *m*; **in a ~** en trance; **to go into a ~** entrar en trance.

tranquil ['træŋkwɪl] *adj literary* tranquilo(la), apacible.

tranquility *US* = **tranquillity**.

tranquilize *US* = **tranquillize**.

tranquilizer *US* = **tranquillizer**.

tranquillity *UK*, **tranquility** *US* [træŋ'kwɪlətɪ] *n* tranquilidad *f*.

tranquillize, -ise *UK*, **tranquilize** *US* ['træŋkwɪlaɪz] *vt* tranquilizar.

tranquillizer *UK*, **tranquilizer** *US* ['træŋkwɪlaɪzəʳ] *n* tranquilizante *m*.

transact [træn'zækt] *vt fml* hacer, llevar a cabo.

transaction [træn'zækʃn] *n* transacción *f*; **money ~s** transacciones de dinero.

transatlantic [ˌtrænzət'læntɪk] *adj* transatlántico(ca).

transceiver [træn'siːvəʳ] *n* transmisor-receptor *m* de radio.

transcend [træn'send] *vt fml* ir más allá de, superar.

transcendental meditation [ˌtrænsen'dentl-] *n* meditación *f* transcendental.

transcribe [træn'skraɪb] *vt* transcribir.

transcript ['trænskrɪpt] *n US* expediente *m* académico.

transept ['trænsept] *n* crucero *m*.

transfer [*n* 'trænsfɜːʳ, *vb* træns'fɜːr] (*pt* & *pp* **-red**, *cont* **-ring**) ◇ *n* **-1.** [gen] transferencia *f* **-2.** [for job] traslado *m* **-3.** SPORT traspaso *m* **-4.** [design] calcomanía *f* **-5.** *US* [ticket] *billete válido para transbordar a otro autobús, tren etc.* ◇ *vt* **-1.** [from one place to another] trasladar **-2.** [from one person to another] transferir **-3.** SPORT traspasar. ◇ *vi* **-1.** [to different job etc]: **he transferred to a different department** lo trasladaron a otro departamento **-2.** SPORT: **he transferred to Spurs** fichó por el Spurs.

transferable [træns'fɜːrəbl] *adj* transferible; **not ~** intransferible.

transference ['trænsfərəns] *n fml* transferencia *f*.

transfer fee *n UK* SPORT traspaso *m*.

transfigure [træns'fɪgəʳ] *vt literary* transfigurar.

transfix [træns'fɪks] *vt* [immobilize] paralizar; **~ed with** paralizado(da) por.

transform [træns'fɔːm] *vt*: **to ~ sthg/sb (into)** transformar algo/a alguien (en).

transformation [ˌtrænsfə'meɪʃn] *n* transformación *f*.

transformer [træns'fɔːməʳ] *n* ELEC transformador *m*.

transfusion [træns'fjuːʒn] *n* transfusión *f*.

transgress [træns'gres] *fml* ◇ *vt* [limit] traspasar; [law, rules] transgredir. ◇ *vi* cometer una transgresión.

transgression [træns'greʃn] *n fml* transgresión *f*.

transient ['trænzɪənt] ◇ *adj fml* [fleeting] transitorio(ria), pasajero(ra). ◇ *n US* [person] viajero *m*, -ra *f* de paso.

transistor [træn'zɪstəʳ] *n* transistor *m*.

transistor radio *n dated* transistor *m*.

transit ['trænsɪt] *n US* transporte *m*; **in ~** en tránsito.

transit camp *n* campamento *m* provisional.

transition [træn'zɪʃn] *n*: ~ **(from sthg to sthg)** transición *f* (de algo a algo); **in ~** en transición.

transitional [træn'zɪʃənl] *adj* de transición.

transitive ['trænzɪtɪv] *adj* GRAMM transitivo (va).

transitory [ˈtrænzɪtrɪ] *adj* transitorio(ria).

translate [trænsˈleɪt] ◇ *vt* **-1.** [languages] traducir **-2.** [transform]: **to ~ sthg into** convertir *OR* transformar algo en. ◇ *vi*: **it doesn't ~** no se puede traducir; **to ~ from sthg into** traducir de algo a.

translation [trænsˈleɪʃn] *n* traducción *f*.

translator [trænsˈleɪtəʳ] *n* traductor *m*, -ra *f*.

translucent [trænzˈluːsnt] *adj literary* translúcido(da).

transmission [trænzˈmɪʃn] *n* transmisión *f*.

transmit [trænzˈmɪt] (*pt* & *pp* **-ted**, *cont* **-ting**) *vt* transmitir.

transmitter [trænzˈmɪtəʳ] *n ELECTRON* transmisor *m*.

transparency [transˈpærənsɪ] (*pl* **-ies**) *n* **-1.** [quality] transparencia *f* **-2.** [slide] diapositiva *f*.

transparent [trænsˈpærənt] *adj* **-1.** [see-through] transparente **-2.** [obvious] claro(ra); **that's a ~ excuse** es claramente una excusa.

transpire [trænˈspaɪəʳ] *fml* ◇ *vt* : **it ~s that ...** resulta que ... ◇ *vi* [happen] ocurrir, pasar.

transplant [*n* ˈtrænsplɑːnt, *vb* trænsˈplɑːnt] ◇ *n* trasplante *m*; **he had a heart ~** le hicieron un transplante de corazón. ◇ *vt* [organ, seedlings] trasplantar.

transport [*n* ˈtrænspɔːt, *vb* trænˈspɔːt] ◇ *n* transporte *m*. ◇ *vt* transportar.

transportable [trænˈspɔːtəbl] *adj* transportable.

transportation [ˌtrænspɔːˈteɪʃn] *n esp US* transporte *m*.

transport cafe [ˈtrænspɔːt-] *n UK* bar *m* de camioneros.

transporter [trænˈspɔːtəʳ] *n* camión *m* para el transporte de vehículos.

transpose [trænsˈpəʊz] *vt* [change round] invertir.

transsexual [trænsˈsekʃʊəl] *n* transexual *m OR f*.

transvestite [trænzˈvestaɪt] *n* travestido *m*, -da *f*, travestí *m OR f*.

trap [træp] (*pt* & *pp* **-ped**, *cont* **-ping**) ◇ *n* trampa *f*; **to lay a ~ (for)** tender una trampa (a). ◇ *vt* **-1.** [catch - animals, birds] coger con trampa **-2.** [trick] atrapar, engañar **-3.** [in place, unpleasant situation]: **to be trapped in** estar atrapado(da) en **-4.** [energy, heat] almacenar **-5.** [finger]: **she ~ped her fingers in the door** se pilló los dedos en la puerta.

trapdoor [ˌtræpˈdɔːʳ] *n* [gen] trampilla *f*, trampa; *THEATRE* escotillón *m*.

trapeze [trəˈpiːz] *n* trapecio *m*.

trapper [ˈtræpəʳ] *n* trampero *m*, -ra *f*.

trappings [ˈtræpɪŋz] *npl* atributos *mpl*.

trash [træʃ] *n US lit* & *fig* basura *f*.

trashcan [ˈtræʃkæn] *n US* cubo *m* de la basura.

trashy [ˈtræʃɪ] (*compar* **-ier**, *superl* **-iest**) *adj inf* malísimo(ma), infame.

trauma [ˈtrɔːmə] *n* trauma *m*.

traumatic [trɔːˈmætɪk] *adj* traumático(ca).

traumatize, -ise [ˈtrɔːmətaɪz] *vt* [shock] traumatizar.

travel [ˈtrævl] (*UK pt* & *pp* **-led**, *cont* **-ling**, *US pt* & *pp* **-ed**, *cont* **-ing**) ◇ *n (U)* viajes *mpl*; **I'm keen on ~** me gusta viajar. ◇ *vt* [place] viajar por; [distance] recorrer. ◇ *vi* viajar.

◆ **travels** *npl* viajes *mpl*.

travel agency *n* agencia *f* de viajes.

travel agent *n* empleado *m*, -da *f* de una agencia de viajes; **~'s** agencia *f* de viajes.

travel brochure *n* catálogo *m* turístico.

traveler *etc US* = **traveller** *etc*.

travelled *UK*, **traveled** *US* [ˈtrævld] *adj* **-1.** [person] que ha viajado mucho **-2.** [road, route] muy recorrido (muy recorrida).

traveller *UK*, **traveler** *US* [ˈtrævləʳ] *n* **-1.** [person on journey] viajero *m*, -ra *f* **-2.** [sales representative] viajante *m OR f* (de comercio).

traveller's cheque *n* cheque *m* de viajero.

travelling *UK*, **traveling** *US* [ˈtrævlɪŋ] *adj* **-1.** [theatre, showman] ambulante **-2.** [clock, time, allowance] de viaje.

travelling expenses *npl* gastos *mpl OR* dietas *fpl* de viaje.

travelling salesman *n* viajante *m OR f* (de comercio).

travelogue, travelog *US* [ˈtrævəlɒg] *n* **-1.** [talk] conferencia *f* sobre un viaje **-2.** [film] documental *m* sobre viajes.

travelsick [ˈtrævəlsɪk] *adj* que se marea al viajar; **to be** *OR* **feel ~** estar mareado(da).

traverse [ˈtrævəs, ˌtrəˈvɜːs] *vt fml* atravesar.

travesty [ˈtrævəstɪ] (*pl* **-ies**) *n* burda parodia *f*.

trawl [trɔːl] ◇ *n* [fishing net] red *f* barredera. ◇ *vt* : **to ~ sthg (for)** [fish] rastrear algo (en busca de). ◇ *vi*: **to ~ for** [fish] pescar al arrastre en busca de.

trawler [ˈtrɔːləʳ] *n* trainera *f*.

tray [treɪ] *n* bandeja *f*, charola *f Bol, CAm, Méx, Perú*, charol *m Col, Perú*.

treacherous [ˈtretʃərəs] *adj* **-1.** [plan, action] traicionero(ra); [person] traidor(ra) **-2.** [dangerous] peligroso(sa).

treachery [ˈtretʃərɪ] *n* traición *f*.

treacle [ˈtriːkl] *n UK* melaza *f*.

tread [tred] (*pt* **trod**, *pp* **trodden**) ◇ *n* **-1.** [on tyre, shoe] banda *f* **-2.** [sound of walking] pasos *mpl*. ◇ *vt* [crush]: **to ~ sthg into** pisotear algo en; **to ~ water** flotar moviendo las piernas. ◇ *vi* **-1.** [step]: **to ~ on sthg** pisar algo **-2.** [walk]

andar; **to ~ carefully** *fig* andar con pies de plomo.
treadle ['tredl] *n* pedal *m*.
treadmill ['tredmɪl] *n* **-1.** [wheel] rueda *f* de molino **-2.** *fig* [dull routine] rutina *f*.
treason ['tri:zn] *n* traición *f*.
treasure ['treʒəʳ] ◇ *n lit & fig* tesoro *m*. ◇ *vt* guardar como oro en paño.
treasure hunt *n* juego *m* de la caza del tesoro.
treasurer ['treʒərəʳ] *n* tesorero *m*, -ra *f*.
treasure trove *n* JUR tesoro *m* escondido OR oculto.
treasury ['treʒərɪ] (*pl* **-ies**) *n* [room] *habitación donde se guarda el tesoro de un castillo, de una catedral etc.*
◆ **Treasury** *n*: **the Treasury** ≃ el Ministerio de Hacienda.
treasury bill *n* bono *m* del Tesoro.
treat [tri:t] ◇ *vt* **-1.** [gen] tratar; **to ~ sb well/badly** tratar bien/mal a alguien; **to ~ sb as/like** tratar a alguien como; **to ~ sthg as a joke** tomarse algo como si fuera broma; **to ~ sb for sthg** MED tratar a alguien de algo **-2.** [give sthg special]: **to ~ sb (to)** invitar a alguien (a). ◇ *n* [something special] regalo *m*; **he took me out to dinner as a ~** me invitó a cenar.
treatise ['tri:tɪs] *n fml*: **~ (on)** tratado *m* (sobre).
treatment ['tri:tmənt] *n* **-1.** MED: **~ (for)** tratamiento *m* (para) **-2.** [manner of dealing] trato *m*.
treaty ['tri:tɪ] (*pl* **-ies**) *n* tratado *m*.
treble ['trebl] ◇ *adj* **-1.** MUS de tiple **-2.** [with numbers] triple. ◇ *vt* triplicar. ◇ *vi* triplicarse.
treble clef *n* clave *f* de sol.
tree [tri:] *n* BOT & COMPUT árbol *m*; **to be barking up the wrong ~** equivocarse de medio a medio.
tree-lined *adj* bordeado(da) de árboles.
tree surgeon *n especialista en el cuidado de los árboles.*
treetop ['tri:tɒp] *n* copa *f* (de árbol).
tree-trunk *n* tronco *m* (de árbol).
trek [trek] (*pt & pp* **-ked**, *cont* **-king**) ◇ *n* viaje *m* largo y difícil; **it's quite a ~** es toda una caminata. ◇ *vi*: **we trekked round the museums** nos pateamos los museos.
trellis ['trelɪs] *n* enrejado *m*, espaldera *f*.
tremble ['trembl] *vi* temblar; **to ~ with cold/fear** temblar de frío/miedo.
tremendous [trɪ'mendəs] *adj* **-1.** [impressive, large] enorme, tremendo(da) **-2.** *inf* [really good] estupendo(da), magnífico(ca).
tremendously [trɪ'mendəslɪ] *adv* [impressively, hugely] enormemente.
tremor ['treməʳ] *n* **-1.** [of person, body, voice] estremecimiento *m* **-2.** [small earthquake] temblor *m*, remezón *m* *Andes & RP*.
tremulous ['tremjʊləs] *adj literary* [voice] trémulo(la); [smile] tímido(da).
trench [trentʃ] *n* **-1.** [narrow channel] zanja *f* **-2.** MIL trinchera *f*.
trenchant ['trentʃənt] *adj fml* mordaz.
trench coat *n* trinchera *f*, gabardina *f*, impermeable *m*.
trench warfare *n (U)* guerra *f* de trincheras.
trend [trend] *n* [tendency] tendencia *f*; [fashion] moda *f*; **to set a ~** establecer una moda.
trendsetter ['trend,setəʳ] *n* iniciador *m*, -ra *f* de modas.
trendy ['trendɪ] (*compar* **-ier**, *superl* **-iest**, *pl* **-ies**) *inf* ◇ *adj* [person] moderno(na); [clothes] de moda. ◇ *n* moderno *m*, -na *f*.
trepidation [,trepɪ'deɪʃn] *n fml*: **in** OR **with ~** con ansiedad OR agitación.
trespass ['trespəs] *vi* entrar ilegalmente; **to ~ on** entrar ilegalmente en; **'no ~ing'** 'prohibido el paso'.
trespasser ['trespəsəʳ] *n* intruso *m*, -sa *f*; **'~s will be prosecuted'** 'los intrusos serán sancionados por la ley'.
trestle ['tresl] *n* caballete *m*.
trestle table *n* mesa *f* de caballete.
trial ['traɪəl] *n* **-1.** JUR juicio *m*, proceso *m*; **to be on ~ (for)** ser procesado(da) (por); **to be brought to ~** ser llevado(da) a juicio **-2.** [test, experiment] prueba *f*; **on ~** de prueba; **by ~ and error** a base de probar **-3.** [unpleasant experience] suplicio *m*, fastidio *m*; **~s and tribulations** tribulaciones *fpl*.
trial basis *n*: **on a ~** en período de prueba.
trial period *n* período *m* de prueba.
trial run *n* ensayo *m*.
trial-size(d) *adj* en tamaño de muestra.
triangle ['traɪæŋgl] *n* **-1.** GEOM & MUS triángulo *m* **-2.** *US* [set square] escuadra *f*, cartabón *m*.
triangular [traɪ'æŋgjʊləʳ] *adj* triangular.
triathlon [traɪ'æθlɒn] (*pl* **-s**) *n* triatlón *m*.
tribal ['traɪbl] *adj* tribal.
tribe [traɪb] *n* tribu *f*.
tribulation [,trɪbjʊ'leɪʃn] ▷ **trial**.
tribunal [traɪ'bju:nl] *n* tribunal *m*.
tribune ['trɪbju:n] *n* tribuno *m*.
tributary ['trɪbjʊtrɪ] (*pl* **-ies**) *n* afluente *m*.
tribute ['trɪbju:t] *n* **-1.** [credit] tributo *m*; **to be a ~ to** hacer honor a; **to pay a ~ (to)** hacer un homenaje (a) **-2.** *(U)* [respect, admiration]: **to pay ~ (to)** rendir homenaje (a).
trice [traɪs] *n*: **in a ~** en un dos por tres.

triceps ['traɪseps] (*pl inv* OR **-cepses**) *n* tríceps *m.*

trick [trɪk] ◇ *n* **-1.** [to deceive] truco *m*; [to trap] trampa *f*; [joke] broma *f*; **to play a ~ on sb** gastarle una broma a alguien **-2.** [in magic] juego *m* (de manos) **-3.** [knack] truco *m*; **that should do the ~** eso es lo que necesitamos. ◇ *vt* engañar, timar; **to ~ sb into doing sthg** engañar a alguien para que haga algo. ◇ *comp* [joke] de broma.

trickery ['trɪkərɪ] *n (U)* engaño *m*, fraude *m.*

trickle ['trɪkl] ◇ *n* **-1.** [of liquid] hilo *m* **-2.** [of people, things] sarta *f*, rosario *m.* ◇ *vi* **-1.** [liquid] resbalar *(formando un hilo)* **-2.** [people, things]: **to ~ in/out** llegar/salir poco a poco.

trick question *n* pega *f*, pregunta *f* capciosa.

tricky ['trɪkɪ] (*compar* **-ier**, *superl* **-iest**) *adj* [difficult] difícil, embromado(da) *Amér.*

tricycle ['traɪsɪkl] *n* triciclo *m.*

trident ['traɪdnt] *n* tridente *m.*

tried [traɪd] ◇ *pt & pp* ▷ **try**. ◇ *adj*: **~ and tested** probado(da).

trier ['traɪə^r] *n*: **she's a ~** se esfuerza al máximo.

trifle ['traɪfl] *n* **-1.** *UK* CULIN *postre de bizcocho con gelatina, crema, frutas y nata* **-2.** [unimportant thing] pequeñez *f*, nadería *f.*

◆ **a trifle** *adv fml* un poco, ligeramente.

◆ **trifle with** *vt fus* tratar sin respeto.

trifling ['traɪflɪŋ] *adj pej* trivial, insignificante.

trigger ['trɪgə^r] ◇ *n* [on gun] gatillo *m.* ◇ *vt* desencadenar, provocar.

◆ **trigger off** *vt sep* desencadenar, provocar.

trigonometry [ˌtrɪgə'nɒmətrɪ] *n* trigonometría *f.*

trilby ['trɪlbɪ] (*pl* **-ies**) *n UK* sombrero *m* flexible OR de fieltro.

trill [trɪl] ◇ *n* trino *m.* ◇ *vi* [bird] trinar, gorjear; [woman] decir con voz cantarina.

trillions ['trɪljənz] *npl inf*: **~ (of)** montones *mpl* (de).

trilogy ['trɪlədʒɪ] (*pl* **-ies**) *n* trilogía *f.*

trim [trɪm] (*compar* **-mer**, *superl* **-mest**, *pt & pp* **-med**, *cont* **-ming**) ◇ *adj* **-1.** [neat and tidy] limpio y arreglado (limpia y arreglada) **-2.** [slim] esbelto(ta). ◇ *n* **-1.** [of hair] recorte *m*; [of hedge] poda *f* **-2.** [decoration] adorno *m.* ◇ *vt* **-1.** [nails, moustache] recortar, cortar **-2.** [decorate]: **to ~ sthg (with)** adornar algo (con).

◆ **trim away, trim off** *vt sep* cortar.

trimmed [trɪmd] *adj*: **~ with** adornado(da) con.

trimmings ['trɪmɪŋz] *npl* **-1.** [on clothing] adornos *mpl* **-2.** [with food] guarnición *f.*

Trinidad and Tobago ['trɪnɪdæd-] *n* Trinidad y Tobago.

Trinity ['trɪnətɪ] *n* RELIG: **the ~** la Trinidad.

trinket ['trɪŋkɪt] *n* baratija *f.*

trio ['tri:əʊ] (*pl* **-s**) *n* trío *m.*

trip [trɪp] (*pt & pp* **-ped**, *cont* **-ping**) ◇ *n* [gen] *drugs sl* viaje *m*; **to be (away) on a ~** estar de viaje; **a ~ to London/the seaside** un viaje a Londres/la costa. ◇ *vt* [make stumble] hacer la zancadilla a. ◇ *vi* [stumble] tropezar, dar un tropezón; **to ~ over sthg** tropezar con algo.

◆ **trip up** *vt sep* **-1.** [make stumble] hacer tropezar, hacer la zancadilla a **-2.** [catch out] coger a, pillar a.

tripartite [ˌtraɪ'pɑ:taɪt] *adj fml* tripartito(ta).

tripe [traɪp] *(U) n* **-1.** CULIN callos *mpl* **-2.** *inf* [nonsense] tonterías *fpl*, idioteces *fpl.*

triple ['trɪpl] ◇ *adj* triple. ◇ *adv*: **~ the quantity** el triple. ◇ *vt* triplicar. ◇ *vi* triplicarse.

triple jump *n*: **the ~** el triple salto.

triplets ['trɪplɪts] *npl* trillizos *mpl*, -zas *fpl*, triates *mpl Amér.*

triplicate ['trɪplɪkət] *n*: **in ~** por triplicado.

tripod ['traɪpɒd] *n* trípode *m.*

Tripoli ['trɪpəlɪ] *n* Trípoli.

tripper ['trɪpə^r] *n UK* excursionista *m* OR *f.*

tripwire ['trɪpwaɪə^r] *n* cable *m* trampa.

trite [traɪt] *adj pej* trillado(da), manido(da).

triumph ['traɪəmf] ◇ *n* triunfo *m.* ◇ *vi*: **to ~ (over)** triunfar (sobre).

triumphal [traɪ'ʌmfl] *adj fml* triunfal.

triumphant [traɪ'ʌmfənt] *adj* [exultant] triunfante.

triumphantly [trɪ'ʌmfəntlɪ] *adv* triunfalmente.

trivia ['trɪvɪə] *n (U)* trivialidades *fpl.*

trivial ['trɪvɪəl] *adj pej* trivial.

triviality [ˌtrɪvɪ'ælətɪ] (*pl* **-ies**) *n* trivialidad *f.*

trivialize, -ise ['trɪvɪəlaɪz] *vt* trivializar.

trod [trɒd] *pt* ▷ **tread**.

trodden ['trɒdn] *pp* ▷ **tread**.

Trojan ['trəʊdʒən] ◇ *adj* HISTORY troyano(na). ◇ *n* HISTORY troyano *m*, -na *f*; **to work like a ~** *fig* trabajar como un negro.

troll [trəʊl] *n* gnomo *m*, duende *m.*

trolley ['trɒlɪ] (*pl* **trolleys**) *n* **-1.** *UK* [for shopping, food, drinks] carrito *m* **-2.** *US* [tram] tranvía *m.*

trolleybus ['trɒlɪbʌs] *n* trolebús *m.*

trolley case *n* maleta *f* tipo carrito.

trombone [trɒm'bəʊn] *n* trombón *m.*

troop [tru:p] ◇ *n* [of people] grupo *m*, bandada *f.* ◇ *vi* ir en grupo.

◆ **troops** *npl* tropas *fpl.*

◆ **troop in** *vi* entrar en tropel.
◆ **troop out** *vi* salir en tropel.

trooper ['tru:pəʳ] *n* **-1.** MIL soldado *m* de caballería **-2.** *US* [policeman] *miembro de la policía estatal.*

troopship ['tru:pʃɪp] *n* buque *m* de transporte militar.

trophy ['trəʊfɪ] (*pl* **-ies**) *n* SPORT trofeo *m.*

tropical ['trɒpɪkl] *adj* tropical.

Tropic of Cancer ['trɒpɪk-] *n*: **the ~** el trópico de Cáncer.

Tropic of Capricorn ['trɒpɪk-] *n*: **the ~** el trópico de Capricornio.

tropics ['trɒpɪks] *npl*: **the ~** el trópico.

trot [trɒt] (*pt* & *pp* **-ted**, *cont* **-ting**) ◇ *n* **-1.** [of horse] trote *m* **-2.** [of person] paso *m* rápido. ◇ *vi* **-1.** [horse] trotar **-2.** [person] andar con pasos rápidos.
◆ **on the trot** *adv inf*: **three times on the ~** tres veces seguidas.
◆ **trot out** *vt sep pej*: **he trotted out the same old excuses** repitió las mismas excusas manidas.

Trotskyism ['trɒtskɪɪzm] *n* trotskismo *m.*

trotter ['trɒtəʳ] *n* [pig's foot] pie *m* de cerdo.

trouble ['trʌbl] ◇ *n (U)* **-1.** [bother] molestia *f*; [difficulty, main problem] problema *m*; **to tell sb one's ~s** contarle a alguien sus problemas; **would it be too much ~ to ask you to ...?** ¿tendría inconveniente en ...?; **to be in ~** tener problemas; **to have ~ doing sthg** tener problemas haciendo algo; **to take the ~ to do sthg, to go to the ~ of doing sthg** tomarse la molestia de hacer algo; **the ~ with sb/sthg is ...** lo malo de alguien/algo es ...; **to be asking for ~** estar buscándose problemas; **what seems to be the ~?** ¿cuál es el problema? **-2.** *(U)* [pain] dolor *m*; [illness] enfermedad *f*; **heart ~** problemas cardiacos; **back ~** problemas de espalda; **I'm having ~ with my leg** me está molestando la pierna **-3.** *(U)* [violence, unpleasantness] problemas *mpl.* ◇ *vt* **-1.** [worry, upset] preocupar **-2.** [disturb, give pain to] molestar.
◆ **troubles** *npl* **-1.** [problems, worries] problemas *mpl*, preocupaciones *fpl* **-2.** POL conflicto *m.*

troubled ['trʌbld] *adj* **-1.** [worried, upset] preocupado(da) **-2.** [disturbed, problematic] agitado(da), turbulento(ta).

trouble-free *adj* sin problemas.

troublemaker ['trʌbl,meɪkəʳ] *n* alborotador *m*, -ra *f.*

troubleshooter ['trʌbl,ʃu:təʳ] *n* [in organizations] *persona contratada para resolver problemas.*

troublesome ['trʌblsəm] *adj* molesto(ta), fregado(da) *Amér.*

trouble spot *n* lugar *m* OR punto *m* conflictivo.

trough [trɒf] *n* **-1.** [for drinking] abrevadero *m*; [for eating] comedero *m* **-2.** [low point] punto *m* más bajo.

trounce [traʊns] *vt inf* dar una paliza a.

troupe [tru:p] *n* compañía *f.*

trouser press ['traʊzəʳ-] *n* prensa *f* para pantalones.

trousers ['traʊzəz] *npl* pantalones *mpl.*

trouser suit ['traʊzəʳ-] *n UK* traje *m* pantalón.

trousseau ['tru:səʊ] (*pl* **-x** [-z], **-s**) *n* ajuar *m.*

trout [traʊt] (*pl inv* OR **-s**) *n* trucha *f.*

trove [trəʊv] ▷ **treasure trove**.

trowel ['traʊəl] *n* **-1.** [for the garden] desplantador *m* **-2.** [for cement, plaster] paleta *f*, palustre *m.*

truancy ['tru:ənsɪ] *n* el hacer novillos.

truant ['tru:ənt] *n* [child] alumno *m*, -na *f* que hace novillos; **to play ~** hacer novillos.

truce [tru:s] *n*: **~ (between)** tregua *f* (entre).

truck [trʌk] ◇ *n* **-1.** [lorry] camión *m* **-2.** RAIL vagón *m* de mercancías. ◇ *vt US* transportar en camión.

truck driver *n esp US* camionero *m*, -ra *f.*

trucker ['trʌkəʳ] *n US* camionero *m*, -ra *f.*

truck farm *n US puesto de verduras y frutas para la venta.*

trucking ['trʌkɪŋ] *n US* transporte *m* por camión.

truck stop *n US* restaurante *m* de carretera.

truculent ['trʌkjʊlənt] *adj* agresivo(va), pendenciero(ra).

trudge [trʌdʒ] ◇ *n* caminata *f* pesada. ◇ *vi* caminar con dificultad.

true [tru:] *adj* **-1.** [gen] verdadero(ra); **it's ~** es verdad; **to come ~** hacerse realidad **-2.** [genuine] auténtico(ca); [friend] de verdad **-3.** [exact] exacto(ta) **-4.** [TECH - wheel] centrado(da); [- window-frame] nivelado(da).

true-life *adj* basado(da) en la realidad.

truffle ['trʌfl] *n* trufa *f.*

truism ['tru:ɪzm] *n* truismo *m.*

truly ['tru:lɪ] *adv* verdaderamente; **yours ~** le saluda atentamente.

trump [trʌmp] ◇ *n* triunfo *m (en cartas).* ◇ *vt* fallar.

trump card *n fig* baza *f.*

trumped-up ['trʌmpt-] *adj pej* inventado(da).

trumpet ['trʌmpɪt] ◇ *n* trompeta *f.* ◇ *vi* [elephant] barritar.

trumpeter ['trʌmpɪtəʳ] *n* trompetista *m* OR *f.*

truncated [trʌŋ'keɪtɪd] *adj fml* truncado(da).

truncheon ['trʌntʃən] *n* porra *f*.

trundle ['trʌndl] ◇ *vt* empujar lentamente. ◇ *vi* rodar lentamente; **he ~d along to the post office** se arrastró lentamente hasta correos.

trunk [trʌŋk] *n* **-1.** [of tree, person] tronco *m* **-2.** [of elephant] trompa *f* **-3.** [box] baúl *m* **-4.** *US* [of car] maletero *m*, portaequipaje *m*, cajuela *f Méx*, baúl *m Col, RP*, maletera *f Perú*.

◆ **trunks** *npl* bañador *m* (de hombre) *Esp*, traje *m* de baño (de hombre).

trunk call *n UK* conferencia *f Esp*, llamada *f* interurbana.

trunk road *n* ≃ carretera *f* nacional.

truss [trʌs] ◇ *n* **-1.** MED braguero *m* **-2.** CONSTR armazón *m* OR *f*. ◇ *vt*: **to ~ (up)** atar.

trust [trʌst] ◇ *vt* **-1.** [believe in] confiar en **-2.** [have confidence in]: **to ~ sb to do sthg** confiar en alguien para que haga algo **-3.** [entrust]: **to ~ sb with sthg** confiar algo a alguien **-4.** *fml* [hope] esperar; **I ~ you slept well** espero que hayas dormido bien **-5.** [accept as safe, reliable] fiarse de. ◇ *n* **-1.** *(U)* [faith, responsibility]: **~ (in)** confianza *f* (en); **to take sthg on ~** creer algo sin cuestionarlo; **to put** OR **place one's ~ in** confiar en **-2.** FIN trust *m*; **in ~** en fideicomiso.

trust company *n* banco *m* fideicomisario.

trusted ['trʌstɪd] *adj* de confianza.

trustee [trʌs'ti:] *n* FIN & JUR fideicomisario *m*, -ria *f*.

trusteeship [ˌtrʌs'ti:ʃɪp] *n* fideicomiso *m*, administración *f* fiduciaria.

trust fund *n* fondo *m* de fideicomiso.

trusting ['trʌstɪŋ] *adj* confiado(da).

trustworthy ['trʌstˌwɜ:ðɪ] *adj* digno(na) de confianza.

trusty ['trʌstɪ] (*compar* **-ier**, *superl* **-iest**) *adj hum* fiel.

truth [tru:θ] *n* verdad *f*; **the ~** la verdad; **in (all) ~** en verdad, verdaderamente.

truth drug *n* suero *m* de la verdad.

truthful ['tru:θfʊl] *adj* **-1.** [person] sincero(ra), honesto(ta) **-2.** [story] verídico(ca).

try [traɪ] (*pt* & *pp* **-ied**, *pl* **-ies**) ◇ *vt* **-1.** [attempt] intentar; **to ~ to do sthg** tratar de OR intentar hacer algo **-2.** [sample, test] probar **-3.** JUR [case] ver; [criminal] juzgar, procesar **-4.** [put to the test - person] acabar con la paciencia de; [- patience] acabar con. ◇ *vi* intentar; **to ~ for sthg** tratar de conseguir algo. ◇ *n* **-1.** [attempt] intento *m*, tentativa *f*; **to have a ~ at sthg** intentar hacer algo **-2.** [sample, test]: **to give sthg a ~** probar algo **-3.** RUGBY ensayo *m*.

◆ **try on** *vt sep* probarse.

◆ **try out** *vt sep* [car, machine] probar; [plan] poner a prueba; **to ~ sthg out on sb** probar algo con alguien; **to ~ out for** *US* presentarse a una prueba de selección para.

trying ['traɪɪŋ] *adj* difícil, pesado(da).

tsar [zɑ:ʳ] *n* zar *m*.

T-shirt *n* camiseta *f*, remera *f RP*, playera *f Méx*, polera *f Chile*.

tsp. *abbr of* **teaspoon**.

T-square *n* escuadra *f* en forma de T.

tub [tʌb] *n* **-1.** [container - small] bote *m*; [- large] tina *f* **-2.** *inf* [bath] bañera *f*.

tuba ['tju:bə] *n* tuba *f*.

tubby ['tʌbɪ] (*compar* **-ier**, *superl* **-iest**) *adj inf* regordete(ta), rechoncho(cha).

tube [tju:b] *n* **-1.** [cylinder, container] tubo *m* **-2.** ANAT conducto *m* **-3.** *UK inf* RAIL metro *m*, subte *m CSur*; **by ~** en metro.

tubeless ['tju:blɪs] *adj* sin cámara.

tuber ['tju:bəʳ] *n* tubérculo *m*.

tuberculosis [tju:ˌbɜ:kjʊ'ləʊsɪs] *n* tuberculosis *f*.

tube station *n UK inf* estación *f* de metro.

tubing ['tju:bɪŋ] *n (U)* tubos *mpl*.

tubular ['tju:bjʊləʳ] *adj* tubular.

TUC *n abbr of* **Trades Union Congress**.

tuck [tʌk] ◇ *n* SEWING pliegue *m*. ◇ *vt* [place neatly] meter.

◆ **tuck away** *vt sep* **-1.** [money etc] guardar **-2.** [village, house]: **to be ~ed away** estar escondido(da).

◆ **tuck in** ◇ *vt sep* **-1.** [person - in bed] arropar **-2.** [clothes] meterse. ◇ *vi inf* comer con apetito.

◆ **tuck up** *vt sep* arropar; **to ~ sb up in bed** arropar a alguien en la cama.

tuck shop *n UK* confitería *f (emplazada cerca de un colegio)*.

Tudor ['tju:dəʳ] ◇ *adj* **-1.** HISTORY de la dinastía Tudor **-2.** ARCHIT de estilo Tudor. ◇ *n* Tudor *m* OR *f*.

Tue., Tues. (*abbr of* **Tuesday**) mart.

Tuesday ['tju:zdɪ] *n* martes *m inv*; *see also* **Saturday**.

tuft [tʌft] *n* [of hair] mechón *m*; [of grass] manojo *m*.

tug [tʌg] (*pt* & *pp* **-ged**, *cont* **-ging**) ◇ *n* **-1.** [pull] tirón *m* **-2.** [boat] remolcador *m*. ◇ *vt* tirar de, dar un tirón a. ◇ *vi*: **to ~ (at)** tirar (de).

tugboat ['tʌgbəʊt] *n* remolcador *m*.

tug-of-love *n UK inf lucha por la custodia de un niño*.

tug-of-war *n* juego *m* de la cuerda *(en el que dos equipos compiten tirando de ella)*.

tuition [tju:'ɪʃn] *n* enseñanza *f*; **private ~**

clases *fpl* particulares.

tulip ['tju:lɪp] *n* tulipán *m.*

tumble ['tʌmbl] ◇ *vi* **-1.** [person] caerse (rodando) **- 2.** [water] caer a borbotones **- 3.** *fig* [prices] caer en picado. ◇ *n* caída *f.*

◆ **tumble to** *vt fus UK inf* caerse en la cuenta de, percatarse de.

tumbledown ['tʌmbldaʊn] *adj* ruinoso(sa).

tumble-dry *vt* secar en secadora.

tumble-dryer [-ˌdraɪəʳ] *n* secadora *f.*

tumbler ['tʌmbləʳ] *n* [glass] vaso *m.*

tummy ['tʌmɪ] (*pl* **-ies**) *n inf* barriga *f.*

tumour *UK*, **tumor** *US* ['tju:məʳ] *n* tumor *m.*

tumult ['tju:mʌlt] *n fml* tumulto *m.*

tumultuous [tju:'mʌltjʊəs] *adj fml* tumultuoso(sa).

tuna [*UK* 'tju:nə, *US* 'tu:nə] (*pl inv* OR **-s**) *n* atún *m.*

tundra ['tʌndrə] *n* tundra *f.*

tune [tju:n] ◇ *n* **-1.** [song, melody] melodía *f* **- 2.** [harmony]: **in ~** *MUS* afinado(da); **out of ~** *MUS* desafinado(da); **to be out of/in ~ (with sb/sthg)** *fig* no avenirse/avenirse (con alguien/algo); **to the ~ of** *fig* por la friolera de; **to change one's ~** *inf* cambiar de opinión. ◇ *vt* **-1.** *MUS* afinar **- 2.** *RADIO & TV* sintonizar; **~ the TV to BBC1** pon la BBC1 (en la tele) **- 3.** [engine] poner a punto. ◇ *vi RADIO & TV*: **to ~ to sthg** sintonizar algo.

◆ **tune in** *vi RADIO & TV*: **to ~ in (to sthg)** sintonizar (algo).

◆ **tune up** *vi MUS* concertar OR afinar los instrumentos.

tuneful ['tju:nfʊl] *adj* melodioso(sa).

tuneless ['tju:nlɪs] *adj* poco melodioso(sa).

tuner ['tju:nəʳ] *n* **-1.** *RADIO & TV* sintonizador *m* **- 2.** *MUS* afinador *m*, -ra *f.*

tungsten ['tʌŋstən] *n* tungsteno *m.*

tunic ['tju:nɪk] *n* túnica *f.*

tuning fork ['tju:nɪŋ-] *n* diapasón *m.*

Tunis ['tju:nɪs] *n* Túnez (*capital*).

Tunisia [tju:'nɪzɪə] *n* Túnez.

Tunisian [tju:'nɪzɪən] ◇ *adj* tunecino(na). ◇ *n* [person] tunecino *m*, -na *f.*

tunnel ['tʌnl] (*UK pt & pp* **-led**, *cont* **-ling**, *US pt & pp* **-ed**, *cont* **-ing**) ◇ *n* túnel *m.* ◇ *vi* hacer un túnel.

tunnel vision *n MED* visión *f* de túnel; *fig & pej* [narrow-mindedness] estrechez *f* de miras.

tunny ['tʌnɪ] (*pl inv* OR **-ies**) *n* [fish] atún *m.*

turban ['tɜ:bən] *n* turbante *m.*

turbid ['tɜ:bɪd] *adj* [water] turbio(bia).

turbine ['tɜ:baɪn] *n* turbina *f.*

turbo ['tɜ:bəʊ] (*pl* **-s**) *n* turbina *f.*

turbocharged ['tɜ:bəʊtʃɑ:dʒd] *adj* provisto(ta) de turbina; [car] turbo (*inv*).

turbojet [ˌtɜ:bəʊ'dʒet] *n* turborreactor *m.*

turbot ['tɜ:bət] (*pl inv* OR **-s**) *n* rodaballo *m.*

turbulence ['tɜ:bjʊləns] *n (U) lit & fig* turbulencia *f.*

turbulent ['tɜ:bjʊlənt] *adj lit & fig* turbulento(ta).

tureen [tə'ri:n] *n* sopera *f.*

turf [tɜ:f] (*pl* **-s** OR **turves**) ◇ *n* **-1.** [grass surface] césped *m* **- 2.** [clod] tepe *m.* ◇ *vt* encespedar, cubrir con césped.

◆ **turf out** *vt sep UK inf* [person] dar la patada a, echar; [old clothes] tirar.

turf accountant *n UK fml* corredor *m*, -ra *f* de apuestas.

turgid ['tɜ:dʒɪd] *adj fml* [over-solemn] ampuloso(sa).

Turk [tɜ:k] *n* turco *m*, -ca *f.*

Turkestan, Turkistan [ˌtɜ:kɪ'stɑ:n] *n* (el) Turquestán.

turkey ['tɜ:kɪ] (*pl* **turkeys**) *n* pavo *m.*

Turkey ['tɜ:kɪ] *n* Turquía.

Turkish ['tɜ:kɪʃ] ◇ *adj* turco(ca). ◇ *n* [language] turco *m.* ◇ *npl* [people]: **the ~** los turcos.

Turkish bath *n* baño *m* turco.

Turkish delight *n* rahat lokum *m*, *dulce de una sustancia gelatinosa, cubierto de azúcar glas.*

Turkistan = **Turkestan.**

Turkmenistan [ˌtɜ:kmenɪ'stɑ:n] *n* Turkmenistán.

turmeric ['tɜ:mərɪk] *n* cúrcuma *f.*

turmoil ['tɜ:mɔɪl] *n* confusión *f*, alboroto *m*; **the country was in ~** reinaba la confusión en el país.

turn [tɜ:n] ◇ *n* **-1.** [in road, river] curva *f* **- 2.** [of knob, wheel] vuelta *f* **- 3.** [change] cambio *m*; **to take a ~ for the worse** empeorar **- 4.** [in game] turno *m*; **it's my ~** me toca a mí; **in ~** sucesivamente, uno tras otro; **to take (it in) ~s (to do sthg)** turnarse (en hacer algo) **- 5.** [of year, decade etc] fin *m*; **at the ~ of the century** a finales de siglo **- 6.** [performance] número *m* **-7.** *MED* ataque *m* **- 8.** *phr*: **to do sb a good ~** hacerle un favor a alguien. ◇ *vt* **-1.** [chair, page, omelette] dar la vuelta a **- 2.** [knob, wheel] girar **- 3.** [corner] doblar **- 4.** [thoughts, attention]: **to ~ sthg to** dirigir algo hacia **- 5.** [change]: **to ~ sthg into** convertir OR transformar algo en **- 6.** [cause to become]: **the cold ~ed his fingers blue** se le pusieron los dedos azules por el frío; **to ~ sthg inside out** volver algo del revés **-7.** [milk] cortar, agriar. ◇ *vi* **-1.** [car] girar; [road] torcer; [person] volverse, darse la vuelta **- 2.** [wheel] dar vueltas **- 3.** [turn page over]: **~ to**

page two pasen a la página dos **- 4.** [thoughts, attention]: **to ~ to** dirigirse hacia **- 5.** [seek consolation]: **to ~ to sb/sthg** buscar consuelo en alguien/algo; **she has nobody to ~ to** no tiene a quien acudir **- 6.** [change]: **to ~ into** convertirse *OR* transformarse en **- 7.** [become]: **it ~ed black** se volvió negro; **the demonstration ~ed nasty** la manifestación se puso violenta **- 8.** [go sour] cortarse, agriarse.

◆ **turn against** *vt fus* poner en contra de.

◆ **turn around** = **turn round**.

◆ **turn away** *vt sep* [refuse entry to] no dejar entrar.

◆ **turn back** ◇ *vt sep* [person, vehicle] hacer volver. ◇ *vi* volver, volverse.

◆ **turn down** *vt sep* **-1.** [offer, person] rechazar **- 2.** [volume, heating] bajar.

◆ **turn in** *vi inf* [go to bed] irse a dormir.

◆ **turn off** ◇ *vt fus* [road, path] desviarse de, salir de. ◇ *vt sep* [radio, heater] apagar; [engine] parar; [gas, tap] cerrar. ◇ *vi* [leave road] desviarse, salir.

◆ **turn on** ◇ *vt sep* **-1.** [radio, TV, engine] encender; [gas, tap] abrir **- 2.** *inf* [excite sexually] poner cachondo(da), excitar. ◇ *vt fus* [attack] atacar.

◆ **turn out** ◇ *vt sep* **-1.** [extinguish] apagar **- 2.** *inf* [produce] producir **- 3.** [eject] echar **- 4.** [empty - pockets, bag] vaciar. ◇ *vt fus*: **to ~ out to be** resultar ser; **it ~s out that ...** resulta que ... ◇ *vi* **-1.** [end up] salir **- 2.** [arrive]: **to ~ out (for)** venir *OR* presentarse (a).

◆ **turn over** ◇ *vt sep* **-1.** [turn upside down] dar la vuelta a; [page] volver **- 2.** [consider] darle vueltas a **- 3.** *UK RADIO & TV* cambiar **- 4.** [hand over]: **to ~ sthg/sb over (to)** entregar algo/a alguien (a). ◇ *vi* [roll over] darse la vuelta.

◆ **turn round** ◇ *vt sep* **-1.** [gen] dar la vuelta a **- 2.** [knob, key] hacer girar. ◇ *vi* [person] darse la vuelta, volverse.

◆ **turn up** ◇ *vt sep* [volume, heating] subir. ◇ *vi inf* aparecer.

turnabout ['tɜ:nəbaʊt] *n* cambio *m* radical.

turnaround *US* = **turnround**.

turncoat ['tɜ:nkəʊt] *n pej* chaquetero *m*, -ra *f*.

turning ['tɜ:nɪŋ] *n* [in road] bocacalle *f*.

turning point *n* momento *m* decisivo.

turnip ['tɜ:nɪp] *n* nabo *m*.

turnout ['tɜ:naʊt] *n* número *m* de asistentes, asistencia *f*.

turnover ['tɜ:nˌəʊvə[r]] *n (U)* **-1.** [of personnel] movimiento *m* de personal **- 2.** *UK FIN* volumen *m* de ventas, facturación *f*.

turnpike ['tɜ:npaɪk] *n US* autopista *f* de peaje.

turnround *UK* ['tɜ:nraʊnd], **turnaround** *US* ['tɜ:nəraʊnd] *n* **-1.** *COMM* tiempo *m* de carga y descarga *(de un barco, avión etc)* **- 2.** [change] cambio *m* radical.

turnstile ['tɜ:nstaɪl] *n* torno *m*, torniquete *m*.

turntable ['tɜ:nˌteɪbl] *n* plato *m* giratorio.

turn-up *n UK* [on trousers] vuelta *f*; **a ~ for the books** *inf* una auténtica sorpresa.

turpentine ['tɜ:pəntaɪn] *n* trementina *f*.

turps [tɜ:ps] (*abbr of* **turpentine**) *n UK inf* trementina *f*.

turquoise ['tɜ:kwɔɪz] ◇ *adj* turquesa. ◇ *n* **-1.** [mineral, gem] turquesa *f* **- 2.** [colour] turquesa *m*.

turret ['tʌrɪt] *n* torreta *f*, torrecilla *f*.

turtle ['tɜ:tl] (*pl inv OR* **-s**) *n* tortuga *f* (marina).

turtledove ['tɜ:tldʌv] *n* tórtola *f*.

turtleneck ['tɜ:tlnek] *n* cuello *m* (de) cisne.

turves [tɜ:vz] *UK pl* ▷ **turf**.

tusk [tʌsk] *n* colmillo *m*.

tussle ['tʌsl] ◇ *n* lucha *f*, pelea *f*. ◇ *vi*: **to ~ (over)** pelearse (por).

tut [tʌt] *excl* ¡vaya!

tutor ['tju:tə[r]] ◇ *n* **-1.** [private] profesor particular *m*, profesora particular *f*, tutor *m*, -ra *f* **- 2.** *UNIV* profesor universitario *m*, profesora universitaria *f (de un grupo pequeño)*. ◇ *vt*: **to ~ sb in sthg** dar clases particulares de algo a alguien. ◇ *vi* dar clases particulares.

tutorial [tju:'tɔ:rɪəl] ◇ *adj*: **~ group** *grupo reducido de estudiantes que asiste a una clase*. ◇ *n* tutoría *f*, clase *f* con grupo reducido.

tutu ['tu:tu:] *n* tutú *m*.

tux [tʌks] (*abbr of* **tuxedo**) *n inf* esmoquin *m*.

tuxedo [tʌk'si:dəʊ] (*pl* **-s**) *n* esmoquin *m*.

TV (*abbr of* **television**) ◇ *n* televisión *f*; **on ~** en la televisión. ◇ *comp* de televisión.

TV dinner *n comida completa precocinada y lista para el horno*.

twaddle ['twɒdl] *n (U) inf pej* tonterías *fpl*.

twang [twæŋ] ◇ *n* **-1.** [of guitar] tañido *m*; [of string, elastic] sonido *m* vibrante **- 2.** [accent] gangueo *m*, acento *m* nasal. ◇ *vt* [guitar] tañer; [wire, string] hacer vibrar (tirando y soltando). ◇ *vi* producir un sonido vibrante.

tweak [twi:k] *vt inf* [nose, ear] pellizcar, dar un tironcito a.

twee [twi:] *adj UK pej* cursi, siútico(ca) *Amér*.

tweed [twi:d] *n* tweed *m*.

tweet [twi:t] *vi inf* piar, hacer pío pío.

tweezers ['twi:zəz] *npl* pinzas *fpl*.

twelfth [twelfθ] *num* duodécimo(ma); *see also* **sixth**.

Twelfth Night *n* Noche *f* de Reyes.

twelve [twelv] *num* doce; *see also* **six**.

twentieth ['twentɪəθ] *num* vigésimo(ma); *see also* sixth.
twenty ['twentɪ] (*pl* **-ies**) *num* veinte; *see also* sixty.
twenty-one [twentɪ'wʌn] *n US* [game] veintiuna *f.*
twenty-twenty vision *n* vista *f* perfecta.
twerp [twɜ:p] *n inf* imbécil *m* OR *f.*
twice [twaɪs] *num adv* dos veces; ~ **a week** dos veces por semana; **it costs ~ as much** cuesta el doble; ~ **as big** el doble de grande; **he's ~ her age** le dobla en edad; **think ~** piénsalo dos veces.
twiddle ['twɪdl] <> *vt* dar vueltas a; **to ~ one's thumbs** *fig* holgazanear. <> *vi*: **to ~ with** juguetear con.
twig [twɪg] *n* ramita *f.*
twilight ['twaɪlaɪt] *n* crepúsculo *m*, ocaso *m.*
twill [twɪl] *n* sarga *f.*
twin [twɪn] <> *adj* gemelo(la), morocho(cha) *Andes & RP.* <> *n* gemelo *m*, -la *f*, morocho *m*, -cha *f Ven.*
twin-bedded [-'bedɪd] *adj* de dos camas.
twin carburettor *n* motor *m* de dos carburadores.
twine [twaɪn] <> *n (U)* bramante *m.* <> *vt*: **to ~ sthg round sthg** enrollar algo en algo.
twin-engined [-'endʒɪnd] *adj* bimotor.
twinge [twɪndʒ] *n* [of pain] punzada *f*; [of guilt] remordimiento *m.*
twinkle ['twɪŋkl] <> *n* brillo *m.* <> *vi* **-1.** [star] centellear, parpadear **-2.** [eyes] brillar.
twin room *n* habitación *f* con dos camas.
twin set *n UK* conjunto *m* de jersey y rebeca.
twin town *n* ciudad *f* hermanada.
twin tub *n* lavadora *f* de doble tambor.
twirl [twɜ:l] <> *vt* dar vueltas a. <> *vi* dar vueltas rápidamente.
twist [twɪst] <> *n* **-1.** [in road] vuelta *f*, recodo *m*; [in river] meandro *m* **-2.** [of head, lid, knob] giro *m* **-3.** [shape] espiral *f* **-4.** *fig* [in plot] giro *m* imprevisto. <> *vt* **-1.** [cloth, rope] retorcer; [hair] enroscar **-2.** [face etc] torcer **-3.** [dial, lid] dar vueltas a; [head] volver **-4.** [ankle, knee etc] torcerse **-5.** [misquote] tergiversar. <> *vi* **-1.** [person] retorcerse; [road, river] contorsionarse, serpentear, dar vueltas **-2.** [face] contorsionarse; [frame, rail] torcerse **-3.** [turn - head, hand] volverse.
twisted ['twɪstɪd] *adj pej* retorcido(da).
twister ['twɪstə^r] *n US inf* tornado *m.*
twisty ['twɪstɪ] (*compar* **-ier**, *superl* **-iest**) *adj inf* lleno(na) de curvas.
twit [twɪt] *n UK inf* imbécil *m* OR *f*, gil *m Amér*, gila *f RP.*
twitch [twɪtʃ] <> *n* contorsión *f*; **nervous ~** tic *m* (nervioso). <> *vi* contorsionarse.
twitter ['twɪtə^r] *vi* **-1.** [bird] gorjear **-2.** *pej* [person] parlotear, cotorrear.
two [tu:] *num* dos; **to break in ~** partirse en dos; **to do sthg in ~s** hacer algo en pares; **to put ~ and ~ together** atar cabos; *see also* **six.**
two-bit *adj US pej* de tres al cuarto.
two-dimensional *adj* en dos dimensiones.
two-door *adj* [car] de dos puertas.
twofaced [ˌtu:'feɪst] *adj pej* hipócrita.
twofold ['tu:fəʊld] <> *adj* doble; **a ~ increase** un incremento del doble. <> *adv*: **to increase ~** duplicarse.
two-handed [-'hændɪd] *adj* [sword, axe] que se usa con las dos manos; [backhand] de dos manos.
two-piece *adj* [suit] de dos piezas.
two-ply *adj* de dos capas.
two-seater [-'si:tə^r] *n* biplaza *m.*
twosome ['tu:səm] *n inf* pareja *f.*
two-stroke <> *adj* [engine] de dos tiempos. <> *n* motor *m* de dos tiempos.
two-time *vt inf* engañar, poner los cuernos a.
two-tone *adj* bicolor.
two-way *adj* **-1.** [traffic] en ambas direcciones; [agreement, cooperation] mutuo(tua) **-2.** TELEC: **~ radio** aparato *m* emisor y receptor.
tycoon [taɪ'ku:n] *n* magnate *m*; **an oil ~** un magnate del petróleo.
tyke [taɪk] *n US inf* [naughty child] pilluelo *m.*
type [taɪp] <> *n* **-1.** [gen] tipo *m*; **he's/she's not my ~** *inf* no es mi tipo **-2.** *(U)* TYPO tipo *m*, letra *f*; **in bold/italic ~** en negrita/cursiva. <> *vt* **-1.** [on typewriter] escribir a máquina, mecanografiar **-2.** [on computer] escribir en el ordenador; **to ~ sthg into sthg** entrar algo en algo. <> *vi* escribir a máquina.
◆ **type up** *vt sep* escribir a máquina, mecanografiar.
typecast ['taɪpkɑ:st] (*pt & pp* **typecast**) *vt*: **to ~ sb (as)** encasillar a alguien (como).
typeface ['taɪpfeɪs] *n* tipo *m*, letra *f.*
typescript ['taɪpskrɪpt] *n* copia *f* mecanografiada.
typeset ['taɪpset] (*pt & pp* **typeset**, *cont* **-ting**) *vt* componer.
typewriter ['taɪpˌraɪtə^r] *n* máquina *f* de escribir.
typhoid (fever) ['taɪfɔɪd-] *n* fiebre *f* tifoidea.
typhoon [taɪ'fu:n] *n* tifón *m.*
typhus ['taɪfəs] *n* tifus *m.*
typical ['tɪpɪkl] *adj*: **~ (of)** típico(ca) (de).
typically ['tɪpɪklɪ] *adv* **-1.** [usually] normalmente **-2.** [characteristically] típicamente.

typify [ˈtɪpɪfaɪ] (*pt* & *pp* **-ied**) *vt* tipificar.
typing [ˈtaɪpɪŋ] *n* mecanografía *f*.
typing error *n* error *m* mecanográfico.
typing pool *n* servicio *m* de mecanografía *(en una empresa)*.
typist [ˈtaɪpɪst] *n* mecanógrafo *m*, -fa *f*.
typo [ˈtaɪpəʊ] *n inf* error *m* tipográfico.
typographic(al) error [ˌtaɪpəˈgræfɪk(l)-] *n* error *m* tipográfico.
typography [taɪˈpɒgrəfɪ] *n* **-1.** [process, job] tipografía *f* **-2.** [format] composición *f* tipográfica.
tyrannical [tɪˈrænɪkl] *adj* tiránico(ca).
tyranny [ˈtɪrənɪ] *n* tiranía *f*.
tyrant [ˈtaɪrənt] *n* tirano *m*, -na *f*.
tyre *UK*, **tire** *US* [ˈtaɪəʳ] *n* neumático *m*.
tyre pressure *n* presión *f* de los neumáticos.
Tyrol, Tirol [tɪˈrəʊl] *n*: **the ~** el Tirol.
Tyrolean [tɪrəˈliːən], **Tyrolese** [ˌtɪrəˈliːz] ◇ *adj* tirolés(esa). ◇ *n* tirolés *m*, -esa *f*.
Tyrrhenian Sea [tɪˈriːnɪən-] *n*: **the ~** el mar Tirreno.
tzar [zɑːʳ] = **tsar**.

u (*pl* **u's** *OR* **us**), **U** (*pl* **U's** *OR* **Us**) [juː] *n* [letter] u *f*, U *f*.
◆ **U** *adv* (*abbr of* **universal**) *UK CINEMA* para todos los públicos.
U-bend *n* sifón *m*.
ubiquitous [juːˈbɪkwɪtəs] *adj fml* omnipresente, ubicuo(cua).
UDA (*abbr of* **Ulster Defence Association**) *n organización paramilitar protestante que defiende la permanencia de Irlanda del Norte en el Reino Unido.*
udder [ˈʌdəʳ] *n* ubre *f*.
UDI (*abbr of* **unilateral declaration of independence**) *n declaración unilateral de independencia.*
UDR (*abbr of* **Ulster Defence Regiment**) *n fuerzas de seguridad de Irlanda del Norte.*
UEFA [juːˈeɪfə] (*abbr of* **Union of European Football Associations**) *n* UEFA *f*.
UFO (*abbr of* **unidentified flying object**) *n* OVNI *m*.
Uganda [juːˈgændə] *n* Uganda.
Ugandan [juːˈgændən] ◇ *adj* ugandés(esa). ◇ *n* [person] ugandés *m*, -esa *f*.
ugh [ʌg] *excl* ¡puf!
ugliness [ˈʌglɪnɪs] *n* *(U)* **-1.** [unattractiveness] fealdad *f* **-2.** *fig* [unpleasantness] lo desagradable.
ugly [ˈʌglɪ] (*compar* **-ier**, *superl* **-iest**) *adj* **-1.** [unattractive] feo(a) **-2.** *fig* [unpleasant] desagradable.
UHF (*abbr of* **ultra-high frequency**) UHF.
UHT (*abbr of* **ultra-heat treated**) UHT; **~ milk** leche uperisada.
UK (*abbr of* **United Kingdom**) *n* RU *m*; **the ~** el Reino Unido.
Ukraine [juːˈkreɪn] *n*: **the ~** Ucrania.
Ukrainian [juːˈkreɪnjən] ◇ *adj* ucraniano(na). ◇ *n* **-1.** [person] ucraniano *m*, -na *f* **-2.** [language] ucraniano *m*.
ulcer [ˈʌlsəʳ] *n* úlcera *f*.
ulcerated [ˈʌlsəreɪtɪd] *adj* ulceroso(sa).
Ulster [ˈʌlstəʳ] *n* (el) Úlster.
Ulster Unionist Party *n partido político norirlandés que defiende la permanencia de Irlanda del Norte en el Reino Unido.*
ulterior [ʌlˈtɪərɪəʳ] *adj*: **~ motive** motivo *m* oculto.
ultimata [ˌʌltɪˈmeɪtə] *pl* ▷ **ultimatum**.
ultimate [ˈʌltɪmət] ◇ *adj* **-1.** [final, long-term] final, definitivo(va) **-2.** [most powerful] máximo(ma). ◇ *n*: **the ~ in** el colmo de.
ultimately [ˈʌltɪmətlɪ] *adv* finalmente, a la larga.
ultimatum [ˌʌltɪˈmeɪtəm] (*pl* **-s** *OR* **-ta**) *n* ultimátum *m*; **to issue an ~ to sb** dar un ultimátum a alguien.
ultra- [ˈʌltrə] *prefix* ultra-.
ultramarine [ˌʌltrəməˈriːn] *adj* azul de ultramar *OR* ultramarino *(inv)*.
ultrasonic [ˌʌltrəˈsɒnɪk] *adj* ultrasónico(ca).
ultrasound [ˈʌltrəsaʊnd] *n* ultrasonido *m*.
ultraviolet [ˌʌltrəˈvaɪələt] *adj* ultravioleta.
um [ʌm] *excl* [expressing hesitation] ¡humm!, ¡mm!
umbilical cord [ʌmˈbɪlɪkl-] *n* cordón *m* umbilical.
umbrage [ˈʌmbrɪdʒ] *n*: **to take ~ (at)** ofenderse (por).
umbrella [ʌmˈbrelə] ◇ *n* **-1.** [for rain] paraguas *m inv* **-2.** [on beach] parasol *m* **-3.**: **under the ~ of** *fig* bajo la protección de. ◇ *adj* que engloba a otros (otras).
umpire [ˈʌmpaɪəʳ] ◇ *n* árbitro *m*. ◇ *vt* & *vi* arbitrar.
umpteen [ˌʌmpˈtiːn] *num adj inf*: **~ times** la tira de veces.

umpteenth [ˌʌmp'ti:nθ] *num adj inf* enésimo(ma); **for the ~ time** por enésima vez.
UN (*abbr of* **United Nations**) *n*: **the ~** la ONU.
unabashed [ˌʌnə'bæʃt] *adj* imperturbable; **to be ~** no avergonzarse.
unabated [ˌʌnə'beɪtɪd] *adj* incesante; **to continue ~** continuar sin cesaar.
unable [ʌn'eɪbl] *adj*: **to be ~ to do sthg** no poder hacer algo.
unabridged [ˌʌnə'brɪdʒd] *adj* íntegro(gra).
unacceptable [ˌʌnək'septəbl] *adj* inaceptable.
unaccompanied [ˌʌnə'kʌmpənɪd] *adj* **-1.** [child] solo(la), que no va acompañado(da); [luggage] desatendido(da) **-2.** [song] sin acompañamiento.
unaccountable [ˌʌnə'kaʊntəbl] *adj* **-1.** [inexplicable] inexplicable **-2.** [not responsible]: **~ (for/to)** que no es responsable (de/ante).
unaccountably [ˌʌnə'kaʊntəblɪ] *adv* inexplicablemente.
unaccounted [ˌʌnə'kaʊntɪd] *adj*: **12 people are ~ for** hay 12 personas aún sin localizar; **£30 are ~ for** hay 30 libras que no aparecen.
unaccustomed [ˌʌnə'kʌstəmd] *adj* **-1.** [unused]: **to be ~ to** no estar acostumbrado(da) a **-2.** *fml* [not usual] desacostumbrado(da), inusual.
unacquainted [ˌʌnə'kweɪntɪd] *adj*: **to be ~ with sthg** no conocer algo.
unadulterated [ˌʌnə'dʌltəreɪtɪd] *adj* **-1.** [unspoilt] sin adulterar **-2.** [absolute] completo(ta), absoluto(ta).
unadventurous [ˌʌnəd'ventʃərəs] *adj* poco atrevido(da).
unaffected [ˌʌnə'fektɪd] *adj* **-1.** [unchanged]: **to be ~ (by)** no verse afectado(da) (por) **-2.** [natural] nada afectado(da), natural.
unafraid [ˌʌnə'freɪd] *adj* sin miedo.
unaided [ˌʌn'eɪdɪd] *adj & adv* sin ayuda.
unambiguous [ˌʌnæm'bɪgjʊəs] *adj* inequívoco(ca).
un-American ['ʌn-] *adj* antiamericano(na).
unanimity [ˌju:nə'nɪmətɪ] *n fml* unanimidad *f*.
unanimous [ju:'nænɪməs] *adj* unánime.
unanimously [ju:'nænɪməslɪ] *adv* unánimemente.
unannounced [ˌʌnə'naʊnst] ◇ *adj* no anunciado(da). ◇ *adv* sin anunciarlo.
unanswered [ˌʌn'ɑ:nsəd] *adj* sin contestar.
unappealing [ˌʌnə'pi:lɪŋ] *adj* desagradable.
unappetizing, -ising [ˌʌn'æpɪtaɪzɪŋ] *adj* poco apetitoso(sa).
unappreciated [ˌʌnə'pri:ʃɪeɪtɪd] *adj* poco apreciado(da).
unappreciative [ˌʌnə'pri:ʃɪətɪv] *adj* poco apreciativo(va); **to be ~ of sthg** no apreciar algo.
unapproachable [ˌʌnə'prəʊtʃəbl] *adj* inaccesible.
unarmed [ˌʌn'ɑ:md] ◇ *adj* desarmado(da). ◇ *adv* a brazo partido.
unarmed combat *n* lucha *f* OR combate *m* a brazo partido.
unashamed [ˌʌnə'ʃeɪmd] *adj* descarado(da).
unassisted [ˌʌnə'sɪstɪd] *adj* sin ayuda.
unassuming [ˌʌnə'sju:mɪŋ] *adj* sin pretensiones.
unattached [ˌʌnə'tætʃt] *adj* **-1.** [not fastened, linked] independiente; **~ to** que no está ligado a **-2.** [without partner] libre, sin compromiso.
unattainable [ˌʌnə'teɪnəbl] *adj* inalcanzable, inasequible.
unattended [ˌʌnə'tendɪd] *adj* desatendido (da); **to leave sthg ~** dejar algo desatendido.
unattractive [ˌʌnə'træktɪv] *adj* poco atractivo(va).
unauthorized, -ised [ˌʌn'ɔ:θəraɪzd] *adj* no autorizado(da).
unavailable [ˌʌnə'veɪləbl] *adj*: **to be ~** no estar disponible; **he was ~ for comment** no quiso hacer ningún comentario.
unavoidable [ˌʌnə'vɔɪdəbl] *adj* inevitable, ineludible; **~ delays** retrasos inevitables.
unavoidably [ˌʌnə'vɔɪdəblɪ] *adv* inevitablemente, ineludiblemente.
unaware [ˌʌnə'weəʳ] *adj* inconsciente; **to be ~ of** no ser consciente de.
unawares [ˌʌnə'weəz] *adv*: **to catch** OR **take sb ~** coger a alguien desprevenido(da).
unbalanced [ˌʌn'bælənst] *adj* desequilibrado(da).
unbearable [ʌn'beərəbl] *adj* insoportable, inaguantable.
unbearably [ʌn'beərəblɪ] *adv* insoportablemente, inaguantablemente.
unbeatable [ˌʌn'bi:təbl] *adj* [gen] insuperable; [prices, value] inmejorable.
unbecoming [ˌʌnbɪ'kʌmɪŋ] *adj fml* [unattractive] poco favorecedor(ra).
unbeknown(st) [ˌʌnbɪ'nəʊn(st)] *adv*: **~ to** sin conocimiento de.
unbelievable [ˌʌnbɪ'li:vəbl] *adj* increíble.
unbelievably [ˌʌnbɪ'li:vəblɪ] *adv* [extremely] increíblemente.
unbend [ˌʌn'bend] (*pt & pp* **unbent**) *vi* [relax] relajarse.
unbending [ˌʌn'bendɪŋ] *adj* resoluto(ta).
unbent [ˌʌn'bent] *pt & pp* ▷ **unbend**.
unbia(s)sed [ˌʌn'baɪəst] *adj* imparcial.

unblemished [ˌʌn'blemɪʃt] *adj fig* intachable, impecable.

unblock [ˌʌn'blɒk] *vt* [pipe] desobstruir, desatascar; [road, tunnel] desbloquear, abrir.

unbolt [ˌʌn'bəʊlt] *vt* [door] abrir el cerrojo de.

unborn [ˌʌn'bɔ:n] *adj* [child] no nacido(da) aún.

unbreakable [ˌʌn'breɪkəbl] *adj* irrompible.

unbridled [ˌʌn'braɪdld] *adj* desmesurado(da), desenfrenado(da).

unbuckle [ˌʌn'bʌkl] *vt* deshebillar.

unburden [ʌn'bɜ:dn] *vt*: **to ~ o.s.** desahogarse.

unbutton [ˌʌn'bʌtn] *vt* desabrochar, desabotonar.

uncalled-for [ˌʌn'kɔ:ld-] *adj* injusto(ta), inmerecido(da).

uncanny [ʌn'kænɪ] (*compar* **-ier**, *superl* **-iest**) *adj* extraño(ña).

uncared-for [ˌʌn'keəd-] *adj* abandonado(da), desamparado(da).

uncaring [ˌʌn'keərɪŋ] *adj* insensible, falto(ta) de sentimientos.

unceasing [ˌʌn'si:sɪŋ] *adj fml* incesante.

unceremonious ['ʌnˌserɪ'məʊnjəs] *adj* **-1.** [curt] brusco(ca) **-2.** [informal] poco ceremonioso(sa).

unceremoniously ['ʌnˌserɪ'məʊnjəslɪ] *adj* sin contemplaciones, sin ceremonias.

uncertain [ʌn'sɜ:tn] *adj* [gen] incierto(ta); [undecided, hesitant] indeciso(sa); **it's ~ whether they will accept the proposals** no se sabe si aceptarán las propuestas; **in no ~ terms** de forma vehemente.

unchain [ˌʌn'tʃeɪn] *vt* quitar la cadena a, desencadenar.

unchallenged [ˌʌn'tʃælɪndʒd] *adj* sin cuestionar.

unchanged [ˌʌn'tʃeɪndʒd] *adj* sin alterar.

unchanging [ˌʌn'tʃeɪndʒɪŋ] *adj* imutable, inalterable.

uncharacteristic ['ʌnˌkærəktə'rɪstɪk] *adj* inusual, insólito(ta).

uncharitable [ˌʌn'tʃærɪtəbl] *adj* mezquino(na).

uncharted [ˌʌn'tʃɑ:tɪd] *adj lit & fig* desconocido(da).

unchecked [ˌʌn'tʃekt] <> *adj* [unrestrained] desenfrenado(da). <> *adv* [unrestrained] libremente, sin restricciones.

uncivilized, -ised [ˌʌn'sɪvɪlaɪzd] *adj* [society] incivilizado(da); [person] inculto(ta).

unclassified [ˌʌn'klæsɪfaɪd] *adj* no confidencial.

uncle ['ʌŋkl] *n* tío *m*.

unclean [ˌʌn'kli:n] *adj* **-1.** [dirty] sucio(cia) **-2.** *RELIG* impuro(ra).

unclear [ˌʌn'klɪə^r] *adj* poco claro(ra); **to be ~ about sthg** no tener claro algo.

unclothed [ˌʌn'kləʊðd] *adj fml* desnudo(da).

uncomfortable [ˌʌn'kʌmftəbl] *adj* **-1.** [gen] incómodo(da) **-2.** *fig* [fact, truth] inquietante, desagradable.

uncomfortably [ˌʌn'kʌmftəblɪ] *adv* **-1.** [in physical discomfort] incómodamente; **to be ~ hot** [person] sentir un calor desagradable **-2.** *fig* [uneasily] inquietantemente.

uncommitted [ˌʌnkə'mɪtɪd] *adj* no comprometido(da).

uncommon [ʌn'kɒmən] *adj* **-1.** [rare] poco común, raro(ra) **-2.** *fml* [extreme] sumo(ma).

uncommonly [ʌn'kɒmənlɪ] *adv fml* extraordinariamente.

uncommunicative [ˌʌnkə'mju:nɪkətɪv] *adj* poco comunicativo(va), reservado(da).

uncomplicated [ˌʌn'kɒmplɪkeɪtɪd] *adj* sencillo(lla), sin complicaciones.

uncomprehending ['ʌnˌkɒmprɪ'hendɪŋ] *adj* incomprensivo(va).

uncompromising [ˌʌn'kɒmprəmaɪzɪŋ] *adj* inflexible, intransigente.

unconcerned [ˌʌnkən'sɜ:nd] *adj* [not anxious] indiferente.

unconditional [ˌʌnkən'dɪʃənl] *adj* incondicional.

uncongenial [ˌʌnkən'dʒi:njəl] *adj fml* [place] desagradable; [person] antipático(ca).

unconnected [ˌʌnkə'nektɪd] *adj* inconexo(xa), sin relación.

unconquered [ˌʌn'kɒŋkəd] *adj* [area, country] no conquistado(da); [people] invicto(ta).

unconscious [ʌn'kɒnʃəs] <> *adj* inconsciente; **to be ~ of sthg** ser inconsciente de *OR* ignorar algo; **he was knocked ~ by a falling brick** un ladrillo que caía lo dejó inconsciente. <> *n* inconsciente *m*.

unconsciously [ʌn'kɒnʃəslɪ] *adv* inconscientemente.

unconstitutional ['ʌnˌkɒnstɪ'tju:ʃənl] *adj* inconstitucional.

uncontested [ˌʌnkən'testɪd] *adj* [decision, judgment] incontestado(da); [seat, election] ganado(da) sin oposición.

uncontrollable [ˌʌnkən'trəʊləbl] *adj* [gen] incontrolable; [desire, hatred] irrefrenable; [laughter] incontenible.

uncontrolled [ˌʌnkən'trəʊld] *adj* [emotion] desenfrenado(da); [trend] incontrolado(da).

unconventional [ˌʌnkən'venʃənl] *adj* poco convencional.

unconvinced [ˌʌnkənˈvɪnst] *adj*: **to remain ~** seguir sin convencerse.

unconvincing [ˌʌnkənˈvɪnsɪŋ] *adj* poco convincente.

uncooked [ˌʌnˈkʊkt] *adj* crudo(da).

uncooperative [ˌʌnkəʊˈɒpərətɪv] *adj* nada servicial, no dispuesto(ta) a ayudar.

uncork [ˌʌnˈkɔːk] *vt* descorchar.

uncorroborated [ˌʌnkəˈrɒbəreɪtɪd] *adj* sin corroborar.

uncouth [ʌnˈkuːθ] *adj* grosero(ra).

uncover [ʌnˈkʌvəʳ] *vt* [gen] descubrir; [jar, tin etc] destapar.

uncurl [ˌʌnˈkɜːl] *vi* **-1.** [hair] desrizarse; [wire] desenrollarse **-2.** [animal] desovillarse, desenroscarse.

uncut [ˌʌnˈkʌt] *adj* **-1.** [film] sin cortes **-2.** [jewel] sin tallar, en bruto.

undamaged [ˌʌnˈdæmɪdʒd] *adj* [gen] intacto(ta); [goods] sin disperfectos.

undaunted [ˌʌnˈdɔːntɪd] *adj* impávido(da), impertérrito(ta).

undecided [ˌʌndɪˈsaɪdɪd] *adj* **-1.** [person] indeciso(sa) **-2.** [issue] pendiente, sin resolver.

undemanding [ˌʌndɪˈmɑːndɪŋ] *adj* **-1.** [task] poco absorbente, que requiere poco esfuerzo **-2.** [person] poco exigente.

undemonstrative [ˌʌndɪˈmɒnstrətɪv] *adj* poco expresivo(va), reservado(da).

undeniable [ˌʌndɪˈnaɪəbl] *adj* innegable.

under [ˈʌndəʳ] ◇ *prep* **-1.** [beneath] debajo de, abajo de *Amér* **-2.** [with movement] bajo; **put it ~ the table** ponlo debajo de *OR* bajo la mesa; **they walked ~ the bridge** pasaron bajo *OR* por debajo del puente **-3.** [subject to, undergoing, controlled by] bajo; **~ the circumstances** dadas las circunstancias; **~ discussion** en proceso de discusión; **he has 20 men ~ him** tiene 20 hombres a su cargo **-4.** [less than] menos de; **children ~ the age of 14** niños menores de 14 años **-5.** [according to] según, conforme a **-6.** [in headings, classifications]: **he filed it ~ 'D'** lo archivó en la 'D' **-7.** [name, title]: **~ an alias** bajo nombre supuesto. ◇ *adv* **-1.** [gen] debajo; **to go ~** [business] irse a pique **-2.** [less]: **children of 12 years and ~** niños menores de 13 años; **£5 or ~** cinco libras o menos **-3.** [under water] bajo el agua.

under- [ˈʌndəʳ] *prefix* **-1.** [beneath] inferior, bajo **-2.** [lower in rank] sub-, segundo(da) **-3.** [insufficiently] insuficientemente.

underachiever [ˌʌndərəˈtʃiːvəʳ] *n estudiante que no rinde todo lo que puede.*

underage [ʌndərˈeɪdʒ] *adj* [person] menor de edad; [sex, drinking] en menores de edad.

underarm [ˈʌndərɑːm] ◇ *adj* [deodorant] corporal, para las axilas. ◇ *adv* por debajo del hombro.

underbrush [ˈʌndəbrʌʃ] *n (U)* ***US*** maleza *f*, monte *m* bajo.

undercarriage [ˈʌndəˌkærɪdʒ] *n* tren *m* de aterrizaje.

undercharge [ˌʌndəˈtʃɑːdʒ] *vt* cobrar menos del precio estipulado a.

underclothes [ˈʌndəkləʊðz] *npl* ropa *f* interior.

undercoat [ˈʌndəkəʊt] *n* [of paint] primera mano *f OR* capa *f*.

undercook [ˌʌndəˈkʊk] *vt* no guisar suficientemente.

undercover [ˈʌndəˌkʌvəʳ] ◇ *adj* secreto(ta). ◇ *adv* en la clandestinidad; **to go ~** pasar a la clandestinidad.

undercurrent [ˈʌndəˌkʌrənt] *n fig* sentimiento *m* oculto.

undercut [ˌʌndəˈkʌt] (*pt* & *pp* **undercut**, *cont* **-ting**) *vt* [in price] vender más barato que.

underdeveloped [ˌʌndədɪˈveləpt] *adj* subdesarrollado(da).

underdog [ˈʌndədɒg] *n*: **the ~** el que lleva las de perder.

underdone [ˌʌndəˈdʌn] *adj* poco hecho(cha).

underemployment [ˌʌndərɪmˈplɔɪmənt] *n* subempleo *m*.

underestimate [*n* ʌndərˈestɪmət, *vb* ˌʌndərˈestɪmeɪt] ◇ *n* infravaloración *f*. ◇ *vt* subestimar, infravalorar.

underexposed [ˌʌndərɪkˈspəʊzd] *adj* PHOT subexpuesto(ta).

underfed [ˈʌndəˈfed] *adj* desnutrido(da).

underfinanced [ˌʌndəˈfaɪnænst] *adj* insuficientemente financiado(da).

underfoot [ˌʌndəˈfʊt] *adv* debajo de los pies; **it's wet ~** el suelo está mojado.

undergo [ˌʌndəˈgəʊ] (*pt* **-went**, *pp* **-gone**) *vt* [pain, change, difficulties] sufrir, experimentar; [operation, examination] someterse a.

undergraduate [ˌʌndəˈgrædʒʊət] ◇ *adj* [course, studies] de licenciatura; [gown, prospectus] para estudiantes no licenciados. ◇ *n* estudiante universitario no licenciado *m*, estudiante universitaria no licenciada *f*.

underground [*adj* & *n* ˈʌndəgraʊnd, *adv* ˌʌndəˈgraʊnd] ◇ *adj* **-1.** [below the ground] subterráneo(a) **-2.** *fig* [secret, illegal] clandestino(na). ◇ *adv*: **to go ~** pasar a la clandestinidad; **to be forced ~** tener que pasar a la clandestinidad. ◇ *n* **-1.** ***UK*** [railway system] metro *m*, subte(rráneo) *m* ***RP*** **-2.** [activist movement] resistencia *f*, movimiento *m* clandestino.

undergrowth [ˈʌndəgrəʊθ] *n (U)* maleza *f*, monte *m* bajo.

underhand [ˌʌndəˈhænd] *adj* turbio(bia), poco limpio(pia).

underinsured [ˌʌndərɪnˈʃʊəd] *adj que no está asegurado por una cantidad suficiente.*

underlay [ˈʌndəleɪ] *n* refuerzo *m.*

underline [ˌʌndəˈlaɪn] *vt* subrayar.

underlying [ˌʌndəˈlaɪɪŋ] *adj* subyacente.

undermanned [ˌʌndəˈmænd] *adj* sin suficiente personal.

undermentioned [ˌʌndəˈmenʃnd] *adj fml* abajo citado(da).

undermine [ˌʌndəˈmaɪn] *vt fig* minar, socavar; **to ~ sb's confidence/authority** minar la confianza/autoridad de alguien.

underneath [ˌʌndəˈniːθ] <> *prep* **-1.** [beneath] debajo de **-2.** [with movement] bajo. <> *adv* **-1.** [under, below] debajo **-2.** *fig* [fundamentally] por dentro, en el fondo. <> *adj inf* inferior, de abajo. <> *n* **-1.** [underside]: **the ~** la superficie inferior **-2.** *fig* [true personality]: **on the ~** en el fondo.

undernourished [ˌʌndəˈnʌrɪʃt] *adj* desnutrido(da).

underpaid [*pt & pp* ʌndəˈpeɪd, *adj* ˈʌndəpeɪd] <> *pt & pp* ▷ **underpay**. <> *adj* mal pagado(da).

underpants [ˈʌndəpænts] *npl* calzoncillos *mpl.*

underpass [ˈʌndəpɑːs] *n* paso *m* subterráneo.

underpay [ˌʌndəˈpeɪ] (*pt & pp* **-paid**) *vt* pagar mal.

underpin [ˌʌndəˈpɪn] (*pt & pp* **-ned**, *cont* **-ning**) *vt* apoyar, sostener.

underplay [ˌʌndəˈpleɪ] *vt* [minimize the importance of] minimizar.

underprice [ˌʌndəˈpraɪs] *vt* marcar con un precio muy por debajo del valor real.

underprivileged [ˌʌndəˈprɪvɪlɪdʒd] *adj* desvalido(da), desamparado(da).

underproduction [ˌʌndəprəˈdʌkʃn] *n* producción *f* insuficiente.

underrated [ˌʌndəˈreɪtɪd] *adj* subestimado(da), infravalorado(da).

underscore [ˌʌndəˈskɔːʳ] *vt lit & fig* subrayar.

undersea [ˈʌndəsiː] *adj* submarino(na).

undersecretary [ˌʌndəˈsekrətərɪ] (*pl* **-ies**) *n* subsecretario *m*, -ria *f.*

undersell [ˌʌndəˈsel] (*pt & pp* **-sold**) *vt* [sell at lower prices than] vender a precio más bajo que; **we are never knowingly undersold** vendemos más barato que nadie.

undershirt [ˈʌndəʃɜːt] *n US* camiseta *f.*

underside [ˈʌndəsaɪd] *n*: **the ~** la superficie inferior.

undersigned [ˈʌndəsaɪnd] *n fml*: **the ~** el/la abajo firmante; **we, the ~ ...** nosotros, los abajo afirmantes,...

undersize(d) [ˌʌndəˈsaɪz(d)] *adj* más pequeño(ña) de lo normal.

underskirt [ˈʌndəskɜːt] *n* enaguas *fpl.*

undersold [ˌʌndəˈsəʊld] *pt & pp* ▷ **undersell**.

understaffed [ˌʌndəˈstɑːft] *adj*: **to be ~** no tener suficiente personal.

understand [ˌʌndəˈstænd] (*pt & pp* **-stood**) <> *vt* **-1.** [gen] comprender, entender; **do you ~ French?** ¿entiendes francés?; **to make o.s. understood** hacerse entender; **is that understood?** ¿queda claro? **-2.** [know all about] entender de **-3.** *fml* [be informed]: **to ~ that** tener entendido que **-4.** [assume]: **it is understood that ...** se entiende que ... <> *vi* comprender, entender.

understandable [ˌʌndəˈstændəbl] *adj* comprensible.

understandably [ˌʌndəˈstændəblɪ] *adv* naturalmente, comprensiblemente; **she was ~ upset** como es lógico estaba disgustada.

understanding [ˌʌndəˈstændɪŋ] <> *n* **-1.** [knowledge] entendimiento *m*, comprensión *f* **-2.** [sympathy] comprensión *f* mutua **-3.** [interpretation]: **it is my ~ that** tengo la impresión de que **-4.** [informal agreement] acuerdo *m*, arreglo *m*; **on the ~ that** a condición de que; **we have a little ~** tenemos un pequeño acuerdo. <> *adj* comprensivo(va).

understate [ˌʌndəˈsteɪt] *vt* minimizar, atenuar.

understatement [ˌʌndəˈsteɪtmənt] *n* **-1.** [inadequate statement] atenuación *f*; **it's an ~ to say he's fat** decir que es gordo es quedarse corto **-2.** *(U)* [quality of understating]: **he's a master of ~** puede quitarle importancia a cualquier cosa.

understood [ˌʌndəˈstʊd] *pt & pp* ▷ **understand**.

understudy [ˈʌndəˌstʌdɪ] (*pl* **-ies**) *n* suplente *m* OR *f.*

undertake [ˌʌndəˈteɪk] (*pt* **-took**, *pp* **-taken**) *vt* **-1.** [task] emprender; [responsibility, control] asumir, tomar **-2.** [promise]: **to ~ to do sthg** comprometerse a hacer algo.

undertaker [ˈʌndəˌteɪkəʳ] *n* director *m*, -ra *f* de pompas fúnebres.

undertaking [ˌʌndəˈteɪkɪŋ] *n* **-1.** [task] tarea *f*, empresa *f* **-2.** [promise] promesa *f.*

undertone [ˈʌndətəʊn] *n* **-1.** [quiet voice] voz *f*

baja; **in an ~** en voz baja **-2.** [vague feeling] matiz *m*.

undertook [ˌʌndəˈtʊk] *pt* ▷ **undertake**.

undertow [ˈʌndətəʊ] *n* resaca *f* (marítima).

undervalue [ˌʌndəˈvæljuː] *vt* [person] subestimar, menospreciar; [house] subvalorar.

underwater [ˌʌndəˈwɔːtəʳ] ◇ *adj* submarino(na). ◇ *adv* bajo el agua.

underwear [ˈʌndəweəʳ] *n* ropa *f* interior.

underweight [ˌʌndəˈweɪt] *adj* flaco(ca), que no pesa lo suficiente.

underwent [ˌʌndəˈwent] *pt* ▷ **undergo**.

underworld [ˈʌndəˌwɜːld] *n* [criminal society]: **the ~** el hampa, los bajos fondos.

underwrite [ˈʌndəraɪt] (*pt* **-wrote**, *pp* **-written**) *vt* **-1.** *fml* [guarantee] suscribir **-2.** [in insurance] asegurar.

underwriter [ˈʌndəˌraɪtəʳ] *n* asegurador *m*, -ra *f*.

underwritten [ˈʌndəˌrɪtn] *pp* ▷ **underwrite**.

underwrote [ˈʌndərəʊt] *pt* ▷ **underwrite**.

undeserved [ˌʌndɪˈzɜːvd] *adj* inmerecido (da).

undeserving [ˌʌndɪˈzɜːvɪŋ] *adj* [person]: **to be ~ of sthg** no merecer algo.

undesirable [ˌʌndɪˈzaɪərəbl] *adj* indeseable.

undeveloped [ˌʌndɪˈveləpt] *adj* [country] subdesarrollado(da).

undid [ˌʌnˈdɪd] *pt* ▷ **undo**.

undies [ˈʌndɪz] *npl inf* paños *mpl* menores.

undignified [ʌnˈdɪgnɪfaɪd] *adj* indecoroso (sa).

undiluted [ˌʌndaɪˈljuːtɪd] *adj* **-1.** [joy etc] puro(ra) **-2.** [liquid] sin diluir.

undiplomatic [ˌʌndɪpləˈmætɪk] *adj* poco diplomático(ca), indiscreto(ta).

undischarged [ˌʌndɪsˈtʃɑːdʒd] *adj* **-1.** [debt] sin liquidar **-2.** [person]: **~ bankrupt** *persona en quiebra no rehabilitada*.

undisciplined [ʌnˈdɪsɪplɪnd] *adj* indisciplinado(da).

undiscovered [ˌʌndɪˈskʌvəd] *adj* no descubierto(ta); **it remained ~ for years** permaneció sin descubrir durante años.

undisputed [ˌʌndɪˈspjuːtɪd] *adj* indiscutible.

undistinguished [ˌʌndɪˈstɪŋgwɪʃt] *adj* mediocre.

undivided [ˌʌndɪˈvaɪdɪd] *adj* entero(ra), íntegro(gra); **you have my ~ attention** tienes toda mi atención.

undo [ˌʌnˈduː] (*pt* **-did**, *pp* **-done**) *vt* **-1.** [unfasten - knot] desatar, desanudar; [- button, clasp] desabrochar; [- parcel] abrir **-2.** [nullify] anular, deshacer.

undoing [ˌʌnˈduːɪŋ] *n (U) fml* ruina *f*, perdición *f*; **it was his ~** fue su perdición.

undone [ˌʌnˈdʌn] ◇ *pp* ▷ **undo**. ◇ *adj* **-1.** [coat] desabrochado(da); [shoes] desatado(da); **to come ~** desatarse **-2.** *fml* [not done] por hacer.

undoubted [ʌnˈdaʊtɪd] *adj* indudable.

undoubtedly [ʌnˈdaʊtɪdlɪ] *adv fml* indudablemente, sin duda (alguna).

undreamed-of [ʌnˈdriːmdɒv], **undreamt-of** [ʌnˈdremtɒv] *adj* inimaginable.

undress [ˌʌnˈdres] ◇ *vt* desnudar. ◇ *vi* desnudarse.

undressed [ˌʌnˈdrest] *adj* desnudo(da); **to get ~** desnudarse.

undrinkable [ˌʌnˈdrɪŋkəbl] *adj* **-1.** [unfit to drink] no potable **-2.** [disgusting] imbebible.

undue [ˌʌnˈdjuː] *adj fml* indebido(da), excesivo(va).

undulate [ˈʌndjʊleɪt] *vi fml* ondular.

unduly [ˌʌnˈdjuːlɪ] *adv fml* indebidamente, excesivamente.

undying [ʌnˈdaɪɪŋ] *adj literary* imperecedero(ra).

unearned income [ˌʌnˈɜːnd-] *n (U)* renta *f* (no salarial).

unearth [ˌʌnˈɜːθ] *vt* [dig up] desenterrar; *fig* [discover] descubrir.

unearthly [ʌnˈɜːθlɪ] *adj* **-1.** [ghostly] sobrenatural, misterioso(sa) **-2.** *inf* [hour] intempestivo(va).

unease [ʌnˈiːz] *n* malestar *m*.

uneasy [ʌnˈiːzɪ] (*compar* **-ier**, *superl* **-iest**) *adj* **-1.** [person, feeling] intranquilo(la) **-2.** [peace] inseguro(ra).

uneatable [ˌʌnˈiːtəbl] *adj* incomible.

uneaten [ˌʌnˈiːtn] *adj* sin comer.

uneconomic [ˈʌnˌiːkəˈnɒmɪk] *adj* poco rentable.

uneducated [ˌʌnˈedjʊkeɪtɪd] *adj* ignorante, inculto(ta).

unemotional [ˌʌnɪˈməʊʃənl] *adj* [person, voice] impasible; [statement, report] objetivo(va).

unemployable [ˌʌnɪmˈplɔɪəbl] *adj* que difícilmente puede encontrar trabajo.

unemployed [ˌʌnɪmˈplɔɪd] ◇ *adj* parado(da), desempleado(da). ◇ *npl*: **the ~** los parados.

unemployment [ˌʌnɪmˈplɔɪmənt] *n* desempleo *m*, paro *m*.

unemployment benefit *UK*, **unemployment compensation** *US* *n* subsidio *m* de desempleo *OR* paro.

unenviable [ˌʌnˈenvɪəbl] *adj* poco envidiable.

unequal [ˌʌnˈiːkwəl] *adj* desigual.

unequalled *UK*, **unequaled** *US* [ˌʌnˈiːkwəld]

adj sin par, inigualado(da).
unequivocal [ˌʌnɪˈkwɪvəkl] *adj fml* inequívoco(ca).
unerring [ˌʌnˈɜːrɪŋ] *adj* infalible.
UNESCO [juːˈneskəʊ] (*abbr of* **United Nations Educational, Scientific and Cultural Organization**) *n* UNESCO *f*.
unethical [ʌnˈeθɪkl] *adj* poco ético(ca).
uneven [ˌʌnˈiːvn] *adj* **-1.** [not flat - road] lleno(na) de baches; [- land] escabroso(sa) **-2.** [inconsistent, unfair] desigual.
uneventful [ˌʌnɪˈventfʊl] *adj* tranquilo(la), sin incidentes.
unexceptional [ˌʌnɪkˈsepʃənl] *adj* normal, corriente.
unexpected [ˌʌnɪkˈspektɪd] *adj* inesperado(da).
unexpectedly [ˌʌnɪkˈspektɪdlɪ] *adv* inesperadamente.
unexplained [ˌʌnɪkˈspleɪnd] *adj* inexplicado(da).
unexploded [ˌʌnɪkˈspləʊdɪd] *adj* [bomb] sin explotar.
unexpurgated [ˌʌnˈekspəgeɪtɪd] *adj* sin expurgar, íntegro(gra).
unfailing [ʌnˈfeɪlɪŋ] *adj* indefectible.
unfair [ˌʌnˈfeəʳ] *adj* injusto(ta).
unfair dismissal *n* despido *m* improcedente.
unfairness [ˌʌnˈfeənɪs] *n* injusticia *f*.
unfaithful [ˌʌnˈfeɪθfʊl] *adj* [sexually] infiel.
unfamiliar [ˌʌnfəˈmɪljəʳ] *adj* **-1.** [not well-known] desconocido(da), nuevo(va) **-2.** [not acquainted]: **to be ~ with sthg/sb** desconocer algo/a alguien.
unfashionable [ˌʌnˈfæʃnəbl] *adj* [clothes, ideas] pasado(da) de moda; [area of town] poco popular.
unfasten [ˌʌnˈfɑːsn] *vt* [garment, buttons] desabrochar; [rope, tie] desatar, soltar; [door] abrir.
unfavourable *UK*, **unfavorable** *US* [ˌʌnˈfeɪvrəbl] *adj* desfavorable.
unfeeling [ʌnˈfiːlɪŋ] *adj* insensible.
unfinished [ˌʌnˈfɪnɪʃt] *adj* sin terminar.
unfit [ˌʌnˈfɪt] *adj* **-1.** [injured] lesionado(da); [in poor shape] que no está en forma **-2.** [not suitable - thing] impropio(pia); [- person]: **~ to** incapaz de; **~ for** no apto para.
unflagging [ˌʌnˈflægɪŋ] *adj* incansable.
unflappable [ˌʌnˈflæpəbl] *adj esp UK* imperturbable.
unflattering [ˌʌnˈflætərɪŋ] *adj* poco favorecedor(ra).
unflinching [ʌnˈflɪntʃɪŋ] *adj* impávido(da).
unfold [ʌnˈfəʊld] <> *vt* **-1.** [open out] desplegar, desdoblar **-2.** [explain] exponer, revelar. <> *vi* [become clear] revelarse.
unforeseeable [ˌʌnfɔːˈsiːəbl] *adj* imprevisible.
unforeseen [ˌʌnfɔːˈsiːn] *adj* imprevisto(ta).
unforgettable [ˌʌnfəˈgetəbl] *adj* inolvidable.
unforgivable [ˌʌnfəˈgɪvəbl] *adj* imperdonable.
unformatted [ˌʌnˈfɔːmætɪd] *adj* COMPUT sin formato.
unfortunate [ʌnˈfɔːtʃnət] *adj* **-1.** [unlucky] desgraciado(da), desdichado(da), salado(da) *Amér* **-2.** [regrettable] inoportuno(na).
unfortunately [ʌnˈfɔːtʃnətlɪ] *adv* desgraciadamente, desafortunadamente.
unfounded [ˌʌnˈfaʊndɪd] *adj* infundado(da).
unfriendly [ˌʌnˈfrendlɪ] (*compar* **-ier**, *superl* **-iest**) *adj* poco amistoso(sa).
unfulfilled [ˌʌnfʊlˈfɪld] *adj* **-1.** [not yet realized] incumplido(da), sin realizar **-2.** [unsatisfied] insatisfecho(cha).
unfurl [ˌʌnˈfɜːl] *vt* desplegar.
unfurnished [ˌʌnˈfɜːnɪʃt] *adj* sin muebles, desamueblado(da).
ungainly [ʌnˈgeɪnlɪ] *adj* torpe, desgarbado (da).
ungenerous [ˌʌnˈdʒenərəs] *adj* **-1.** [parsimonious - person] poco generoso(sa); [- amount] miserable **-2.** [uncharitable] poco caritativo(va).
ungodly [ˌʌnˈgɒdlɪ] *adj* **-1.** [irreligious] impío(a) **-2.** *inf* [hour] intempestivo(va); **at an ~ hour** a una hora intempestiva.
ungrateful [ʌnˈgreɪtfʊl] *adj* desagradecido (da), ingrato(ta).
ungratefulness [ʌnˈgreɪtfʊlnɪs] *n* ingratitud *f*.
unguarded [ˌʌnˈgɑːdɪd] *adj* **-1.** [not guarded] sin protección **-2.** [careless]: **in an ~ moment** en un momento de descuido.
unhappily [ʌnˈhæpɪlɪ] *adv* **-1.** [sadly] tristemente **-2.** *fml* [unfortunately] lamentablemente, desafortunadamente.
unhappiness [ʌnˈhæpɪnɪs] *n (U)* tristeza *f*, desdicha *f*.
unhappy [ʌnˈhæpɪ] (*compar* **-ier**, *superl* **-iest**) *adj* **-1.** [sad] triste; [wretched] desdichado(da), infeliz **-2.** [uneasy]: **to be ~ (with** OR **about)** estar inquieto(ta) (por) **-3.** *fml* [unfortunate] desafortunado(da).
unharmed [ˌʌnˈhɑːmd] *adj* [person] ileso(sa); [thing] indemne; **he escaped ~** salió ileso.
UNHCR (*abbr of* **United Nations High Commission for Refugees**) *n* ACNUR *m*.
unhealthy [ʌnˈhelθɪ] (*compar* **-ier**, *superl* **-iest**) *adj* **-1.** [in bad health] enfermizo(za) **-2.** [causing bad health] insalubre **-3.** *fig* [interest etc] morboso(sa).

unheard [ˌʌnˈhɜːd] *adj*: **to be** *OR* **go** ~ pasar sin ser oído(da).

unheard-of [ʌnˈhɜːd-] *adj* **-1.** [unknown, completely absent] inaudito(ta) **-2.** [unprecedented] sin precedente.

unheeded [ˌʌnˈhiːdɪd] *adj*: **her warning went** ~ nadie hizo caso de su advertencia.

unhelpful [ˌʌnˈhelpfʊl] *adj* **-1.** [unwilling to help] poco servicial **-2.** [not useful] inútil.

unhindered [ʌnˈhɪndəd] *adj*: ~ **(by)** no estorbado(da) (por).

unhook [ˌʌnˈhʊk] *vt* **-1.** [unfasten hooks of] desabrochar **-2.** [remove from hook] descolgar, desenganchar.

unhurt [ˌʌnˈhɜːt] *adj* ileso(sa).

unhygienic [ˌʌnhaɪˈdʒiːnɪk] *adj* antihigiénico(ca).

UNICEF [ˈjuːnɪˌsef] (*abbr of* **United Nations International Children's Emergency Fund**) *n* UNICEF *f.*

unicorn [ˈjuːnɪkɔːn] *n* unicornio *m.*

unicycle [ˈjuːnɪsaɪkl] *n* monociclo *m.*

unidentified [ˌʌnaɪˈdentɪfaɪd] *adj* sin identificar, no identificado(da).

unidentified flying object *n* objeto *m* volador no identificado.

unification [ˌjuːnɪfɪˈkeɪʃn] *n* unificación *f.*

uniform [ˈjuːnɪfɔːm] ◇ *adj* uniforme, constante. ◇ *n* uniforme *m.*

uniformity [ˌjuːnɪˈfɔːmətɪ] *n* uniformidad *f.*

uniformly [ˈjuːnɪfɔːmlɪ] *adv* de modo uniforme.

unify [ˈjuːnɪfaɪ] (*pt* & *pp* **-ied**) *vt* unificar, unir.

unifying [ˈjuːnɪfaɪɪŋ] *adj* unificador(ra).

unilateral [ˌjuːnɪˈlætərəl] *adj* unilateral.

unimaginable [ˌʌnɪˈmædʒɪnəbl] *adj* inimaginable, inconcebible.

unimaginative [ˌʌnɪˈmædʒɪnətɪv] *adj* poco imaginativo(va).

unimpaired [ˌʌnɪmˈpeəd] *adj* [gen] intacto(ta); [health] inalterado(da).

unimpeded [ˌʌnɪmˈpiːdɪd] *adj* sin estorbos, libre.

unimportant [ˌʌnɪmˈpɔːtənt] *adj* sin importancia, insignificante.

unimpressed [ˌʌnɪmˈprest] *adj* no impresionado(da); **he was** ~ **by her performance** no le impresionó su actuación.

uninhabited [ˌʌnɪnˈhæbɪtɪd] *adj* deshabitado(da), desierto(ta).

uninhibited [ˌʌnɪnˈhɪbɪtɪd] *adj* desinhibido(da).

uninitiated [ˌʌnɪˈnɪʃɪeɪtɪd] *npl*: **the** ~ los no iniciados.

uninjured [ˌʌnˈɪndʒəd] *adj* ileso(sa).

uninspiring [ˌʌnɪnˈspaɪrɪŋ] *adj* nada inspirador(ra).

unintelligent [ˌʌnɪnˈtelɪdʒent] *adj* poco inteligente.

unintentional [ˌʌnɪnˈtenʃənl] *adj* involuntario(ria).

uninterested [ˌʌnˈɪntrəstɪd] *adj* no interesado(da).

uninterrupted [ˈʌnˌɪntəˈrʌptɪd] *adj* ininterrumpido(da); **to continue** ~ continuar sin interrupción.

uninvited [ˌʌnɪnˈvaɪtɪd] *adj* no invitado(da); **they turned up** ~ llegaron sin haber sido invitados.

union [ˈjuːnjən] ◇ *n* **-1.** [trade union] sindicato *m* **-2.** [alliance] unión *f*, alianza *f.* ◇ *comp* sindical.

Unionist [ˈjuːnjənɪst] *n UK POL* unionista *m OR f* *(partidario de que Irlanda del Norte siga siendo parte del Reino Unido).*

unionize, -ise [ˈjuːnjənaɪz] *vt* sindicar.

Union Jack *n*: **the** ~ *la bandera del Reino Unido.*

union shop *n US taller, fábrica etc donde todos los empleados tienen que pertenecer a un sindicato.*

unique [juːˈniːk] *adj* **-1.** [gen] único(ca) **-2.** *fml* [peculiar, exclusive]: ~ **to** peculiar de.

uniquely [juːˈniːklɪ] *adv* **-1.** *fml* [exclusively] exclusivamente **-2.** [exceptionally] excepcionalmente.

unisex [ˈjuːnɪseks] *adj* unisex *(inv).*

unison [ˈjuːnɪzn] *n* unísono *m*; **in** ~ [simultaneously] al unísono.

UNISON [ˈjuːnɪzn] *n sindicato grande que acoge a la gran mayoría de los funcionarios británicos.*

unit [ˈjuːnɪt] *n* **-1.** [gen] unidad *f* **-2.** [piece of furniture] módulo *m*, elemento *m.*

unit cost *n* costo *m* unitario.

unite [juːˈnaɪt] ◇ *vt* [gen] unir; [country] unificar. ◇ *vi* unirse, juntarse.

united [juːˈnaɪtɪd] *adj* unido(da); **to be** ~ **in** estar todos(das) de acuerdo en.

United Arab Emirates *npl*: **the** ~ los Emiratos Árabes Unidos.

united front *n*: **to present a** ~ **(on)** hacer frente común (ante).

United Kingdom *n*: **the** ~ el Reino Unido.

United Nations *n*: **the** ~ las Naciones Unidas.

United States *n*: **the** ~ **(of America)** los Estados Unidos (de América).

unit price *n* precio *m* unitario.

unit trust *n UK* fondo *m* de inversión mobiliaria.

unity [ˈjuːnətɪ] *n (U)* unidad *f*, unión *f*.

Univ. *abbr of* **University**.

universal [ˌjuːnɪˈvɜːsl] *adj* universal.

universe [ˈjuːnɪvɜːs] *n*: **the ~** el universo.

university [ˌjuːnɪˈvɜːsətɪ] (*pl* **-ies**) ◇ *n* universidad *f*. ◇ *comp* universitario(ria); **~ student** (estudiante) universitario *m*, universitaria *f*.

unjust [ˌʌnˈdʒʌst] *adj* injusto(ta).

unjustifiable [ʌnˈdʒʌstɪˌfaɪəbl] *adj* injustificable.

unjustified [ʌnˈdʒʌstɪfaɪd] *adj* injustificado(da).

unkempt [ˌʌnˈkempt] *adj* [person] desaseado(da); [hair] despeinado(da); [clothes] descuidado(da).

unkind [ʌnˈkaɪnd] *adj* **-1.** [uncharitable] poco amable, cruel **-2.** *fig* [inhospitable] riguroso(sa).

unkindly [ʌnˈkaɪndlɪ] *adv* cruelmente.

unknown [ˌʌnˈnəʊn] ◇ *adj* desconocido(da); **~ to him** sin que él lo supiera. ◇ *n* **-1.** [thing]: **the ~** lo desconocido **-2.** [person] desconocido *m*, -da *f*.

unlace [ˌʌnˈleɪs] *vt* [clothes] desenlazar; [shoes] desatar los cordones de.

unladen [ˌʌnˈleɪdn] *adj* vacío(a), sin carga.

unlawful [ˌʌnˈlɔːfʊl] *adj* ilegal, ilícito(ta).

unleaded [ˌʌnˈledɪd] *adj* sin plomo.

unleash [ˌʌnˈliːʃ] *vt literary* desatar, desencadenar.

unleavened [ˌʌnˈlevnd] *adj* ázimo, sin levadura.

unless [ənˈles] *conj* a menos que; **~ I say so** a menos que yo lo diga; **~ I'm mistaken** si no me equivoco.

unlicensed, unlicenced *US* [ˌʌnˈlaɪsənst] *adj* **-1.** [without a licence - person, vehicle] sin permiso; [- activity] sin licencia **-2.** [not licensed to sell alcohol] no autorizado(da).

unlike [ˌʌnˈlaɪk] *prep* **-1.** [different from] distinto(ta) a, diferente a **-2.** [differently from] a diferencia de **-3.** [not typical of] impropio(pia) de, poco característico(ca) de; **that's ~ him** no es propio de él.

unlikely [ʌnˈlaɪklɪ] *adj* **-1.** [not probable] improbable, poco probable; **it's ~ that he'll come now, he's ~ to come now** ahora es poco probable que venga; **to be highly ~** ser muy poco probable **-2.** [bizarre] inverosímil.

unlimited [ʌnˈlɪmɪtɪd] *adj* ilimitado(da), sin límites.

unlisted [ʌnˈlɪstɪd] *adj US* [phone number] que no figura en la guía telefónica.

unlit [ˌʌnˈlɪt] *adj* **-1.** [not burning] sin encender **-2.** [dark] no iluminado(da).

unload [ˌʌnˈləʊd] *vt* **-1.** [goods, car] descargar **-2.** *fig* [unburden]: **to ~ sthg on** *OR* **onto sb** descargar algo en alguien.

unlock [ˌʌnˈlɒk] *vt* abrir (con llave).

unloved [ˌʌnˈlʌvd] *adj*: **to be/feel ~** no ser/sentirse amado(da) por nadie.

unluckily [ʌnˈlʌkɪlɪ] *adv* desgraciadamente.

unlucky [ʌnˈlʌkɪ] (*compar* **-ier**, *superl* **-iest**) *adj* **-1.** [unfortunate] desgraciado(da); **to be ~** tener mala suerte **-2.** [number, colour etc] de la mala suerte; **to be ~** traer mala suerte.

unmanageable [ʌnˈmænɪdʒəbl] *adj* [vehicle, parcel] difícil de manejar; [situation] muy difícil, incontrolable.

unmanly [ˌʌnˈmænlɪ] (*compar* **-ier**, *superl* **-iest**) *adj* cobarde.

unmanned [ˌʌnˈmænd] *adj* no tripulado(da).

unmarked [ˌʌnˈmɑːkt] *adj* **-1.** [uninjured] ileso(sa), sin un rasguño **-2.** [unidentified - box, suitcase] sin marcar; **~ police car** coche camuflado de la policía.

unmarried [ˌʌnˈmærɪd] *adj* que no se ha casado.

unmask [ˌʌnˈmɑːsk] *vt* [gen] desenmascarar; *fig* [truth etc] descubrir, exponer.

unmatched [ˌʌnˈmætʃt] *adj* incomparable, sin par.

unmentionable [ʌnˈmenʃnəbl] *adj* que no se puede mencionar.

unmistakable [ˌʌnmɪˈsteɪkəbl] *adj* inconfundible.

unmitigated [ʌnˈmɪtɪgeɪtɪd] *adj* absoluto(ta).

unmoved [ˌʌnˈmuːvd] *adj*: **to be ~ by** permanecer impasible ante.

unnamed [ˌʌnˈneɪmd] *adj* anónimo(ma).

unnatural [ʌnˈnætʃrəl] *adj* **-1.** [unusual, strange] anormal **-2.** [affected] afectado(da).

unnecessary [ʌnˈnesəsərɪ] *adj* innecesario(ria).

unnerving [ˌʌnˈnɜːvɪŋ] *adj* desconcertante.

unnoticed [ˌʌnˈnəʊtɪst] *adj* inadvertido(da), desapercibido(da); **to go ~** pasar desapercibido(da).

UNO (*abbr of* **United Nations Organization**) *n* ONU *f*.

unobserved [ˌʌnəbˈzɜːvd] *adj* inadvertido(da), desapercibido(da).

unobtainable [ˌʌnəbˈteɪnəbl] *adj* inasequible.

unobtrusive [ˌʌnəbˈtruːsɪv] *adj* discreto(ta).

unoccupied [ˌʌnˈɒkjʊpaɪd] *adj* **-1.** [place, seat] libre; [area] despoblado(da); [house] deshabitado(da) **-2.** [person] desocupado(da).

unofficial [ˌʌnəˈfɪʃl] *adj* extraoficial, oficioso(sa).

unopened [ˌʌnˈəʊpənd] *adj* sin abrir.

unorthodox [ˌʌnˈɔːθədɒks] *adj* poco convencional, poco ortodoxo(xa).

unpack [ˌʌnˈpæk] ◇ *vt* **-1.** [box] desempaquetar, desembalar; [suitcases] deshacer **-2.** [clothes] sacar (de la maleta). ◇ *vi* deshacer las maletas.

unpaid [ˌʌnˈpeɪd] *adj* **-1.** [person, job, leave] no retribuido(da) **-2.** [not yet paid] por pagar.

unpalatable [ʌnˈpælətəbl] *adj* [food] incomible; [drink] imbebible; *fig* [difficult to accept] desagradable.

unparalleled [ʌnˈpærəleld] *adj* incomparable, sin precedente.

unpatriotic [ˈʌnˌpætrɪˈɒtɪk] *adj* antipatriótico(ca).

unpick [ˌʌnˈpɪk] *vt* descoser.

unpin [ˌʌnˈpɪn] (*pt* & *pp* **-ned**, *cont* **-ning**) *vt* [sewing] quitar los alfileres de; [clothes] desabrochar; [hair] quitar las horquillas de.

unplanned [ˌʌnˈplænd] *adj* **-1.** [event] imprevisto(ta) **-2.** [pregnancy] no planeado(da).

unpleasant [ʌnˈpleznt] *adj* **-1.** [disagreeable] desagradable **-2.** [unfriendly, rude - person] antipático(ca); [- remark] mezquino(na).

unpleasantness [ʌnˈplezntnɪs] *n* **-1.** [disagreeableness] lo desagradable **-2.** [rudeness - of person] antipatía *f*; [- of remark] mezquindad *f*.

unplug [ʌnˈplʌg] (*pt* & *pp* **-ged**, *cont* **-ging**) *vt* desenchufar, desconectar.

unpolished [ˌʌnˈpɒlɪʃt] *adj* **-1.** [furniture] sin encerar; [shoes] sin lustrar **-2.** [style etc] tosco(ca).

unpolluted [ˌʌnpəˈluːtɪd] *adj* sin contaminar.

unpopular [ˌʌnˈpɒpjʊləʳ] *adj* impopular, poco popular; **she was ~ with the other girls** las otras chicas no le tenían mucho aprecio.

unprecedented [ʌnˈpresɪdəntɪd] *adj* sin precedentes, inaudito(ta).

unpredictable [ˌʌnprɪˈdɪktəbl] *adj* imprevisible.

unprejudiced [ˌʌnˈpredʒʊdɪst] *adj* imparcial.

unprepared [ˌʌnprɪˈpeəd] *adj*: **to be ~ (for)** no estar preparado(da) (para).

unprepossessing [ˈʌnˌpriːpəˈzesɪŋ] *adj* poco atractivo(va).

unpretentious [ˌʌnprɪˈtenʃəs] *adj* sin pretensiones, modesto(ta).

unprincipled [ʌnˈprɪnsəpld] *adj* sin principios.

unprintable [ˌʌnˈprɪntəbl] *adj fig* que no se puede repetir (en la prensa).

unproductive [ˌʌnprəˈdʌktɪv] *adj* [land, work] improductivo(va); [discussion, meeting] infructuoso(sa).

unprofessional [ˌʌnprəˈfeʃənl] *adj* poco profesional.

unprofitable [ˌʌnˈprɒfɪtəbl] *adj* [company, product] no rentable.

unprompted [ˌʌnˈprɒmptɪd] *adj* espontáneo(a).

unpronounceable [ˌʌnprəˈnaʊnsəbl] *adj* impronunciable.

unprotected [ˌʌnprəˈtektɪd] *adj* sin protección, desprotegido(da).

unprovoked [ˌʌnprəˈvəʊkt] *adj* no provocado(da).

unpublished [ˌʌnˈpʌblɪʃt] *adj* inédito(ta), no publicado(da).

unpunished [ˌʌnˈpʌnɪʃt] *adj*: **to go ~** escapar sin castigo.

unqualified [ˌʌnˈkwɒlɪfaɪd] *adj* **-1.** [not qualified] sin título, no cualificado(da) **-2.** [total, complete] incondicional, completo(ta).

unquestionable [ʌnˈkwestʃənəbl] *adj* incuestionable, indiscutible.

unquestioning [ʌnˈkwestʃənɪŋ] *adj* incondicional.

unravel [ʌnˈrævl] (*UK pt* & *pp* **-led**, *cont* **-ling**, *US pt* & *pp* **-ed**, *cont* **-ing**) *vt lit* & *fig* desenmarañar.

unreadable [ˌʌnˈriːdəbl] *adj* **-1.** [difficult, tedious to read] pesado(da) de leer **-2.** [illegible] ilegible.

unreal [ˌʌnˈrɪəl] *adj* irreal.

unrealistic [ˌʌnrɪəˈlɪstɪk] *adj* [person] poco realista; [idea, plan] impracticable, fantástico(ca).

unreasonable [ʌnˈriːznəbl] *adj* **-1.** [person, behaviour, decision] poco razonable **-2.** [demand, price] excesivo(va).

unrecognizable [ˌʌnˈrekəgnaɪzəbl] *adj* irreconocible.

unrecognized [ˌʌnˈrekəgnaɪzd] *adj* no reconocido(da).

unrecorded [ˌʌnrɪˈkɔːdɪd] *adj* no registrado(da).

unrefined [ˌʌnrɪˈfaɪnd] *adj* **-1.** [not processed] no refinado(da) **-2.** [vulgar - person] vulgar; [- manner] poco refinado(da).

unrehearsed [ˌʌnrɪˈhɜːst] *adj* improvisado(da).

unrelated [ˌʌnrɪˈleɪtɪd] *adj*: **to be ~ (to)** no tener conexión (con).

unrelenting [ˌʌnrɪˈlentɪŋ] *adj* implacable, inexorable.

unreliable [ˌʌnrɪˈlaɪəbl] *adj* que no es de fiar.

unrelieved [ˌʌnrɪˈliːvd] *adj* crónico(ca), constante.

unremarkable [ˌʌnrɪˈmɑːkəbl] *adj* ordinario(ria), corriente.

unremitting [ˌʌnrɪ'mɪtɪŋ] *adj* incesante, continuo(nua).

unrepeatable [ˌʌnrɪ'pi:təbl] *adj* irrepetible.

unrepentant [ˌʌnrɪ'pentənt] *adj* impenitente.

unrepresentative [ˌʌnreprɪ'zentətɪv] *adj*: ~ **(of)** poco representativo(va) (de).

unrequited [ˌʌnrɪ'kwaɪtɪd] *adj* no correspondido(da).

unreserved [ˌʌnrɪ'zɜ:vd] *adj* **-1.** [wholehearted] incondicional, absoluto(ta) **-2.** [not reserved] libre, no reservado(da).

unresolved [ˌʌnrɪ'zɒlvd] *adj* sin resolver, pendiente.

unresponsive [ˌʌnrɪ'spɒnsɪv] *adj*: **to be ~ to** ser insensible a.

unrest [ˌʌn'rest] *n (U)* malestar *m*, inquietud *f*.

unrestrained [ˌʌnrɪ'streɪnd] *adj* incontrolado(da), desenfrenado(da).

unrestricted [ˌʌnrɪ'strɪktɪd] *adj* sin restricción.

unrewarding [ˌʌnrɪ'wɔ:dɪŋ] *adj* que no ofrece satisfacción.

unripe [ˌʌn'raɪp] *adj* verde, que no está maduro(ra).

unrivalled *UK*, **unrivaled** *US* [ʌn'raɪvld] *adj* incomparable, sin par.

unroll [ˌʌn'rəʊl] *vt* desenrollar.

unruffled [ˌʌn'rʌfld] *adj* [calm] imperturbable.

unruly [ʌn'ru:lɪ] (*compar* **-ier**, *superl* **-iest**) *adj* **-1.** [person, behaviour] revoltoso(sa) **-2.** [hair] rebelde.

unsafe [ˌʌn'seɪf] *adj* [gen] inseguro(ra); [risky] arriesgado(da).

unsaid [ˌʌn'sed] *adj*: **to leave sthg ~** dejar algo sin decir.

unsaleable, unsalable *US* [ˌʌn'seɪləbl] *adj* invendible.

unsatisfactory ['ʌnˌsætɪs'fæktərɪ] *adj* insatisfactorio(ria).

unsavoury, unsavory *US* [ˌʌn'seɪvərɪ] *adj* desagradable.

unscathed [ˌʌn'skeɪðd] *adj* ileso(sa).

unscheduled [*UK* ˌʌn'ʃedjʊld, *US* ˌʌn'skedʒʊld] *adj* imprevisto(ta).

unscientific ['ʌnˌsaɪən'tɪfɪk] *adj* poco científico(ca).

unscrew [ˌʌn'skru:] *vt* **-1.** [lid, top] abrir **-2.** [sign, hinge] desatornillar.

unscripted [ˌʌn'skrɪptɪd] *adj* sin guión, improvisado(da).

unscrupulous [ʌn'skru:pjʊləs] *adj* desaprensivo(va), poco escrupuloso(sa).

unseat [ˌʌn'si:t] *vt* **-1.** [rider] derribar, desarzonar **-2.** *fig* [depose] deponer.

unseeded [ˌʌn'si:dɪd] *adj* que no es cabeza de serie.

unseemly [ʌn'si:mlɪ] (*compar* **-ier**, *superl* **-iest**) *adj* impropio(pia), indecoroso(sa).

unseen [ˌʌn'si:n] *adj* [person, escape] inadvertido(da).

unselfish [ˌʌn'selfɪʃ] *adj* desinteresado(da), altruista.

unselfishly [ˌʌn'selfɪʃlɪ] *adv* desinteresadamente, altruistamente.

unsettle [ˌʌn'setl] *vt* perturbar, inquietar.

unsettled [ˌʌn'setld] *adj* **-1.** [person] nervioso(sa), intranquilo(la) **-2.** [weather] variable, inestable **-3.** [argument, matter, debt] pendiente **-4.** [situation] inestable.

unsettling [ˌʌn'setlɪŋ] *adj* inquietante, perturbador(ra).

unshak(e)able [ʌn'ʃeɪkəbl] *adj* inquebrantable.

unshaven [ˌʌn'ʃeɪvn] *adj* sin afeitar.

unsheathe [ˌʌn'ʃi:ð] *vt* desenvainar.

unsightly [ʌn'saɪtlɪ] *adj* [building] feo (fea); [scar, bruise] desagradable.

unskilled [ˌʌn'skɪld] *adj* [person] no cualificado(da); [work] no especializado(da).

unsociable [ʌn'səʊʃəbl] *adj* insociable, poco sociable.

unsocial [ˌʌn'səʊʃl] *adj*: **to work ~ hours** trabajar a horas intempestivas.

unsold [ˌʌn'səʊld] *adj* sin vender.

unsolicited [ˌʌnsə'lɪsɪtɪd] *adj* no solicitado(da).

unsolved [ˌʌn'sɒlvd] *adj* no resuelto(ta), sin resolver.

unsophisticated [ˌʌnsə'fɪstɪkeɪtɪd] *adj* **-1.** [person] ingenuo(nua) **-2.** [method, device] rudimentario(ria).

unsound [ˌʌn'saʊnd] *adj* **-1.** [conclusion, method] erróneo(a) **-2.** [building, structure] defectuoso(sa).

unspeakable [ʌn'spi:kəbl] *adj* [crime] incalificable; [pain] indecible.

unspeakably [ʌn'spi:kəblɪ] *adv* indescriptiblemente.

unspecified [ˌʌn'spesɪfaɪd] *adj* sin especificar.

unspoiled [ˌʌn'spɔɪld], **unspoilt** [ˌʌn'spɔɪlt] *adj* sin estropear.

unspoken [ˌʌn'spəʊkən] *adj* **-1.** [not expressed openly] no expresado(da) **-2.** [tacit] tácito(ta).

unsporting [ˌʌn'spɔ:tɪŋ] *adj* poco deportivo(va).

unstable [ˌʌn'steɪbl] *adj* inestable.

unstated [ˌʌn'steɪtɪd] *adj* no expresado(da).

unsteady [ˌʌn'stedɪ] (*compar* **-ier**, *superl* **-iest**) *adj* [gen] inestable; [hands, voice] tembloroso(sa); [footsteps] vacilante.

unstinting [ˌʌn'stɪntɪŋ] *adj* pródigo(ga).

unstoppable [ˌʌn'stɒpəbl] *adj* irrefrenable, incontenible.

unstrap [ˌʌn'stræp] (*pt* & *pp* **-ped**, *cont* **-ping**) *vt* desabrochar (las correas de).

unstructured [ˌʌn'strʌktʃəd] *adj* poco organizado(da).

unstuck [ˌʌn'stʌk] *adj*: **to come ~** [notice, stamp, label] despegarse, desprenderse; *fig* [plan, system, person] fracasar.

unsubstantiated [ˌʌnsəb'stænʃɪeɪtɪd] *adj* no corroborado(da), sin probar.

unsuccessful [ˌʌnsək'sesfʊl] *adj* [person] fracasado(da); [attempt, meeting] infructuoso(sa); **to be ~** [subj: person] no tener éxito.

unsuccessfully [ˌʌnsək'sesfʊlɪ] *adv* sin éxito, en vano.

unsuitable [ˌʌn'su:təbl] *adj* inadecuado(da), inapropiado(da); **he is ~ for the job** no es la persona indicada para el trabajo; **I'm afraid 3 o'clock would be ~** lo siento, pero no me va bien a las 3.

unsuited [ˌʌn'su:tɪd] *adj* **-1.** [not appropriate]: **to be ~ to** *OR* **for** ser inepto(ta) para **-2.** [not compatible]: **to be ~ (to each other)** ser incompatibles (uno con el otro).

unsung [ˌʌn'sʌŋ] *adj* no celebrado(da).

unsure [ˌʌn'ʃɔ:ʳ] *adj* **-1.** [not confident]: **to be ~ of o.s.** sentirse inseguro(ra) **-2.** [not certain]: **to be ~ (about** *OR* **of)** no estar muy seguro (de).

unsurpassed [ˌʌnsə'pɑ:st] *adj* insuperado(da).

unsuspecting [ˌʌnsə'spektɪŋ] *adj* desprevenido(da), confiado(da).

unsweetened [ˌʌn'swi:tnd] *adj* sin azúcar.

unswerving [ʌn'swɜ:vɪŋ] *adj* firme, inquebrantable.

unsympathetic ['ʌnˌsɪmpə'θetɪk] *adj*: **~ to** indiferente a.

untamed [ˌʌn'teɪmd] *adj* **-1.** [animal] indomado(da) **-2.** [place, land] sin cultivar **-3.** [person] indómito(ta).

untangle [ˌʌn'tæŋgl] *vt* desenmarañar.

untapped [ˌʌn'tæpt] *adj* sin explotar.

untaxed [ˌʌn'tækst] *adj* antes de impuestos.

untenable [ˌʌn'tenəbl] *adj* insostenible.

unthinkable [ʌn'θɪŋkəbl] *adj* impensable, inconcebible.

unthinkingly [ʌn'θɪŋkɪŋlɪ] *adv* sin pensar, irreflexivamente.

untidy [ʌn'taɪdɪ] (*compar* **-ier**, *superl* **-iest**) *adj* [room, desk] desordenado(da); [person, appearance] desaliñado(da).

untie [ˌʌn'taɪ] (*cont* **untying**) *vt* desatar.

until [ən'tɪl] ◇ *prep* hasta; **~ now/then** hasta ahora/entonces. ◇ *conj* **-1.** [gen] hasta que; **wait ~ everybody is there** espera a que haya llegado todo el mundo **-2.** *(after negative)*: **don't leave ~ you've finished** no te vayas hasta que no hayas terminado.

untimely [ʌn'taɪmlɪ] *adj* **-1.** [premature] prematuro(ra) **-2.** [inappropriate] inoportuno(na).

untiring [ʌn'taɪərɪŋ] *adj* incansable.

untold [ˌʌn'təʊld] *adj* [incalculable, vast] incalculable; [suffering, joy] indecible.

untouched [ˌʌn'tʌtʃt] *adj* **-1.** [scenery, place] no estropeado(da); [building etc] intacto(ta) **-2.** [food] sin probar.

untoward [ˌʌntə'wɔ:d] *adj* [event] adverso(sa); [behaviour] fuera de lugar.

untrained [ˌʌn'treɪnd] *adj* **-1.** [person, worker] no cualificado(da) **-2.** [voice, mind] no educado(da); **to the ~ eye/ear** para el ojo/oído poco avezado.

untrammelled *UK*, **untrammeled** *US* [ʌn'træməld] *adj fml* **-1.** [unbounded - joy etc] sin límites **-2.** [unrestricted]: **~ by** libre de.

untranslatable [ˌʌntræns'leɪtəbl] *adj* intraducible.

untreated [ˌʌn'tri:tɪd] *adj* **-1.** [illness, person] que no ha sido tratado(da) **-2.** [waste, effluent] sin tratar.

untried [ˌʌn'traɪd] *adj* no probado(da).

untroubled [ˌʌn'trʌbld] *adj*: **to be ~ by** no estar afectado(da) por.

untrue [ˌʌn'tru:] *adj* **-1.** [not true] falso(sa) **-2.** [unfaithful]: **to be ~ to** ser infiel *OR* desleal a.

untrustworthy [ˌʌn'trʌstˌwɜ:ðɪ] *adj* indigno(na) de confianza.

untruth [ˌʌn'tru:θ] *n* mentira *f*.

untruthful [ˌʌn'tru:θfʊl] *adj* falso(sa), mentiroso(sa).

untutored [ˌʌn'tju:təd] *adj* no educado(da).

unusable [ˌʌn'ju:zəbl] *adj* inútil, inservible.

unused [*sense 1* ˌʌn'ju:zd, *sense 2* ʌn'ju:st] *adj* **-1.** [not previously used] nuevo(va), sin usar **-2.** [unaccustomed]: **to be ~ to sthg/to doing sthg** no estar acostumbrado(da) a algo/a hacer algo.

unusual [ʌn'ju:ʒl] *adj* [rare] insólito(ta), poco común.

unusually [ʌn'ju:ʒəlɪ] *adv* **-1.** [exceptionally] extraordinariamente; **the exam was ~ difficult** el examen fue extraordinariamente difícil **-2.** [surprisingly] sorprendentemente.

unvarnished [ʌn'vɑ:nɪʃt] *adj fig* [straightforward] sin adornos.

unveil [ˌʌn'veɪl] *vt* **-1.** [statue, plaque] descubrir **-2.** *fig* [plans, policy] revelar.

unwaged [ˌʌn'weɪdʒd] *adj UK* desempleado(da).

unwanted [ˌʌn'wɒntɪd] *adj* [clothes, furniture] superfluo(flua); [child, pregnancy] no deseado(da).

unwarranted [ʌn'wɒrəntɪd] *adj* injustificado(da).

unwavering [ʌn'weɪvərɪŋ] *adj* [determination, feeling] firme, inquebrantable; [concentration] constante; [gaze] fijo(ja).

unwelcome [ʌn'welkəm] *adj* inoportuno (na).

unwell [ˌʌn'wel] *adj*: **to be/feel ~** estar/sentirse mal.

unwholesome [ˌʌn'həʊlsəm] *adj* **-1.** [unhealthy] insalubre **-2.** [unpleasant, unnatural] malsano(na).

unwieldy [ʌn'wi:ldɪ] (*compar* **-ier**, *superl* **-iest**) *adj* **-1.** [object] abultado(da); [tool] poco manejable **-2.** *fig* [system, organization] poco eficiente.

unwilling [ˌʌn'wɪlɪŋ] *adj* no dispuesto(ta); **to be ~ to do sthg** no estar dispuesto a hacer algo.

unwind [ˌʌn'waɪnd] (*pt* & *pp* **unwound**) ◇ *vt* desenrollar. ◇ *vi fig* [person] relajarse.

unwise [ˌʌn'waɪz] *adj* imprudente, poco aconsejable.

unwitting [ʌn'wɪtɪŋ] *adj fml* inconsciente.

unwittingly [ʌn'wɪtɪŋlɪ] *adv fml* inconscientemente, sin darse cuenta.

unworkable [ˌʌn'wɜ:kəbl] *adj* impracticable.

unworldly [ˌʌn'wɜ:ldlɪ] *adj* poco mundano(na).

unworthy [ʌn'wɜ:ðɪ] (*compar* **-ier**, *superl* **-iest**) *adj* [undeserving]: **to be ~ of** no ser digno(na) de.

unwound [ˌʌn'waʊnd] *pt* & *pp* ▷ **unwind**.

unwrap [ˌʌn'ræp] (*pt* & *pp* **-ped**, *cont* **-ping**) *vt* [present] desenvolver; [parcel] desempaquetar.

unwritten law [ˌʌn'rɪtn-] *n* ley *f* no escrita.

unyielding [ʌn'ji:ldɪŋ] *adj* inflexible.

unzip [ˌʌn'zɪp] (*pt* & *pp* **-ped**, *cont* **-ping**) *vt* abrir la cremallera de.

up [ʌp] (*pt* & *pp* **-ped**, *cont* **-ping**) ◇ *adv* **-1.** [towards a higher position] hacia arriba; [in a higher position] arriba; **to throw sthg ~** lanzar algo hacia arriba; **she's ~ in her room** está arriba en su cuarto; **we'll be ~ in just a moment** subiremos en un minuto; **we walked ~ to the top** subimos hasta arriba del todo; **a house ~ in the mountains** una casa arriba en las montañas; **put it ~ there** ponlo ahí arriba **-2.** [into an upright position]: **help me ~** ayúdame a levantarme; **~ you get!** ¡arriba! **-3.** [northwards]: **I'm going ~ to York next week** voy a subir a York la semana próxima; **~ north** en el norte **-4.** [along a road or river] adelante; **their house is 100 metres further ~** su casa está 100 metros más adelante **-5.** [close up, towards]: **to walk ~ to sb** acercarse a alguien. ◇ *prep* **-1.** [towards a higher position]: **we went ~ the mountain** subimos por la montaña; **let's go ~ this road** vamos por esta carretera; **I went ~ the stairs** subí las escaleras **-2.** [in a higher position] en lo alto de; **~ a tree** en un árbol; **halfway ~ a mountain** en mitad de la subida a una montaña **-3.** [at far end of] al final de; **they live ~ the road from us** viven más adelante en nuestra misma calle **-4.** [against current of river]: **~ the Amazon** Amazonas arriba. ◇ *adj* **-1.** [out of bed] levantado(da); **I was ~ at six today** hoy me levanté a las seis **-2.** [at an end] terminado(da); **time's ~** se acabó el tiempo **-3.** [under repair]: **'road ~'** 'carretera en obras' **-4.** *inf* [wrong]: **is something ~?** ¿pasa algo?, ¿algo va mal?; **what's ~?** ¿qué pasa? ◇ *n*: **~s and downs** altibajos *mpl*. ◇ *vt inf* [price, cost] subir.

◆ **up against** *prep*: **we came ~ against a lot of opposition** nos enfrentamos con mucha oposición; **to be ~ against it** vérselas y deseárselas.

◆ **up and down** ◇ *adv*: **to jump ~ and down** saltar para arriba y para abajo; **to walk ~ and down** andar para un lado y para otro. ◇ *prep*: **she's ~ and down the stairs all day** lleva todo el día subiendo y bajando por las escaleras; **she looked ~ and down the ranks of soldiers** inspeccionó las filas de soldados de arriba a abajo; **we walked ~ and down the avenue** estuvimos caminando arriba y abajo de la avenida.

◆ **up to** *prep* **-1.** [indicating level] hasta; **it could take ~ to six weeks** podría tardar hasta seis semanas; **it's not ~ to standard** no tiene el nivel necesario **-2.** [well or able enough for]: **to be ~ to doing sthg** sentirse con fuerzas (como) para hacer algo; **my French isn't ~ to much** mi francés no es gran cosa **-3.** *inf* [secretly doing something]: **what are you ~ to?** ¿qué andas tramando? **-4.** [indicating responsibility]: **it's not ~ to me to decide** no depende de mí el decidir; **it's ~ to you** de tí depende.

◆ **up until** *prep* hasta.

up-and-coming *adj* prometedor(ra), con futuro.

up-and-up *n*: **on the ~** *UK* [improving] cada vez mejor; *US* [honest] de confianza.

upbeat ['ʌpbi:t] *adj* optimista.

upbraid [ʌp'breɪd] *vt*: **to ~ sb (for)** reprender a alguien (por).

upbringing ['ʌpˌbrɪŋɪŋ] *n* educación *f*.

update [ˌʌp'deɪt] *vt* actualizar.

upend [ʌp'end] *vt* volcar.

upfront [ˌʌp'frʌnt] ◇ *adj*: **to be ~ (about)** ser franco(ca) (sobre). ◇ *adv* [in advance] por adelantado.

upgrade [ˌʌp'greɪd] <> *vt* [job, status] ascender, subir de categoría; [facilities] implementar mejoras a; COMPUT actualizar. <> *vi* implementar mejoras.
upheaval [ʌp'hi:vl] *n* trastorno *m*, agitación *f*.
upheld [ʌp'held] *pt & pp* ▷ **uphold**.
uphill [ˌʌp'hɪl] <> *adj* [rising] empinado(da), cuesta arriba; *fig* [difficult] arduo(dua), difícil. <> *adv* cuesta arriba.
uphold [ʌp'həʊld] (*pt & pp* **-held**) *vt* sostener, apoyar.
upholster [ʌp'həʊlstəʳ] *vt* tapizar.
upholstery [ʌp'həʊlstərɪ] *n* tapicería *f*, tapizado *m*.
upkeep ['ʌpki:p] *n* mantenimiento *m*.
upland ['ʌplənd] *adj* de la meseta.
◆ **uplands** *npl* tierras *fpl* altas.
uplift [ʌp'lɪft] *vt* inspirar.
uplifting [ʌp'lɪftɪŋ] *adj* inspirador(ra).
up-market *adj* de clase superior, de categoría.
upon [ə'pɒn] *prep fml* en, sobre; ~ **entering the room** al entrar en el cuarto; **question** ~ **question** pregunta tras pregunta; **summer is** ~ **us** ya tenemos el verano encima.
upper ['ʌpəʳ] <> *adj* superior. <> *n* [of shoe] pala *f*.
upper class *n*: **the** ~ la clase alta.
◆ **upper-class** *adj* de clase alta.
uppercut ['ʌpəkʌt] *n* gancho *m*, uppercut *m*.
upper hand *n*: **to have/gain the** ~ **(in)** llevar/empezar a llevar la ventaja (en).
uppermost ['ʌpəməʊst] *adj* **-1.** [highest] más alto(ta) **-2.** [most important]: **to be** ~ **in one's mind** ser lo más importante para uno.
Upper Volta [-'vɒltə] *n* (el) Alto Volta.
uppity ['ʌpətɪ] *adj inf* engreído(da), arrogante.
upright [*adj senses 1 & 2 & adv* ˌʌp'raɪt, *adj sense 3 & n* 'ʌpraɪt] <> *adj* **-1.** [erect - person, chair] derecho(cha) **-2.** [standing vertically - object] vertical **-3.** *fig* [honest] recto(ta), honrado(da). <> *adv* erguidamente. <> *n* poste *m*.
upright piano *n* piano *m* vertical.
uprising ['ʌpˌraɪzɪŋ] *n* sublevación *f*, alzamiento *m*.
uproar ['ʌprɔ:ʳ] *n* **-1.** *(U)* [commotion] alboroto *m* **-2.** [protest] escándalo *m*.
uproarious [ʌp'rɔ:rɪəs] *adj* [noisy] estrepitoso(sa).
uproot [ʌp'ru:t] *vt* **-1.** [person] desplazar, mudar; **to** ~ **o.s.** mudarse **-2.** BOT [plant] desarraigar.
upset [ʌp'set] (*pt & pp* **upset**, *cont* **-ting**) <> *adj* **-1.** [distressed] disgustado(da), afectado(da); **to get** ~ disgustarse **-2.** MED: **to have an** ~ **stomach** sentirse mal del estómago. <> *n*: **to have a stomach** ~ sentirse mal del estómago. <> *vt* **-1.** [distress] disgustar, perturbar **-2.** [mess up] dar al traste con, estropear **-3.** [overturn, knock over] volcar.
upsetting [ʌp'setɪŋ] *adj* inquietante, perturbador(ra).
upshot ['ʌpʃɒt] *n* resultado *m*.
upside down [ˌʌpsaɪd-] <> *adj* al revés. <> *adv* al revés; **to turn sthg** ~ revolver algo, desordenar algo.
upstage [ˌʌp'steɪdʒ] *vt* eclipsar a.
upstairs [ˌʌp'steəz] <> *adj* de arriba. <> *adv* arriba. <> *n* el piso de arriba.
upstanding [ˌʌp'stændɪŋ] *adj* ejemplar.
upstart ['ʌpstɑ:t] *n* advenedizo *m*, -za *f*.
upstate [ˌʌp'steɪt] *US* <> *adj*: ~ **New York** la parte norteña del Estado de Nueva York. <> *adv* en/hacia el norte del Estado.
upstream [ˌʌp'stri:m] <> *adj*: **to be** ~ **(from)** estar río arriba (de). <> *adv* río arriba, corriente arriba.
upsurge ['ʌpsɜ:dʒ] *n*: ~ **of** OR **in** aumento *m* considerable de.
upswing ['ʌpswɪŋ] *n*: ~ **(in)** mejora *f* notable OR alza *f* (en).
uptake ['ʌpteɪk] *n*: **to be quick on the** ~ cogerlas al vuelo; **to be slow on the** ~ ser un poco torpe.
uptight [ʌp'taɪt] *adj inf* tenso(sa), nervioso(sa).
up-to-date *adj* **-1.** [modern] moderno(na) **-2.** [most recent] actual, al día **-3.** [informed]: **to keep** ~ **with** mantenerse al día de.
up-to-the-minute *adj* de última hora.
uptown [ˌʌp'taʊn] *US* <> *adj* alejado(da) del centro. <> *adv* [live, work] en las afueras; [go] a las afueras.
upturn ['ʌptɜ:n] *n*: ~ **(in)** mejora *f* (de).
upturned [ʌp'tɜ:nd] *adj* **-1.** [nose] respingón(ona) **-2.** [upside down] volcado(da).
upward ['ʌpwəd] <> *adj* hacia arriba. <> *adv US* = **upwards**.
upwardly mobile ['ʌpwədlɪ-] *adj* ascendiendo socialmente.
upwards ['ʌpwədz] *adv* hacia arriba.
◆ **upwards of** *prep* más de.
upwind [ˌʌp'wɪnd] *adj*: **to be** ~ estar en el lado de donde sopla el viento.
Urals ['jʊərəlz] *npl*: **the** ~ los Urales.
uranium [jʊ'reɪnjəm] *n* uranio *m*.
Uranus ['jʊərənəs] *n* Urano *m*.
urban ['ɜ:bən] *adj* urbano(na).
urbane [ɜ:'beɪn] *adj* cortés, urbano(na).
urbanize, -ise ['ɜ:bənaɪz] *vt* urbanizar.

urban renewal *n* renovación *f* urbana.
urchin ['ɜ:tʃɪn] *n dated* pilluelo *m*, -la *f*.
Urdu ['ʊədu:] *n* urdu *m*.
urge [ɜ:dʒ] <> *n* impulso *m*, deseo *m*; **to have an ~ to do sthg** desear ardientemente hacer algo. <> *vt* **-1.** [try to persuade]: **to ~ sb to do sthg** instar a alguien a hacer algo **-2.** [advocate] recomendar encarecidamente.
urgency ['ɜ:dʒənsɪ] *n (U)* urgencia *f*.
urgent ['ɜ:dʒənt] *adj* **-1.** [pressing] urgente **-2.** [desperate] apremiante.
urgently ['ɜ:dʒəntlɪ] *adv* **-1.** [as soon as possible] urgentemente **-2.** [desperately] con insistencia.
urinal [ˌjʊə'raɪnl] *n* [place] urinario *m*; [vessel] orinal *m*.
urinary ['jʊərɪnərɪ] *adj* urinario(ria).
urinate ['jʊərɪneɪt] *vi* orinar.
urination [ˌjʊərɪ'neɪʃn] *n* micción *f*.
urine ['jʊərɪn] *n* orina *f*.
URL (*abbr of* **uniform resource locator**) *n* COMPUT URL *m*.
urn [ɜ:n] *n* **-1.** [for ashes] urna *f* **-2.** [for tea, coffee] *cilindro o barril con grifo para servir té o café en grandes cantidades*.
Uruguay ['jʊərəgwaɪ] *n* Uruguay.
Uruguayan [ˌjʊərə'gwaɪən] <> *adj* uruguayo(ya). <> *n* uruguayo *m*, -ya *f*.
us [ʌs] *pers pron* **-1.** *(direct, indirect)* nos; **can you see/hear ~?** ¿puedes vernos/oírnos?; **it's ~** somos nosotros; **he sent ~ a letter** nos mandó una carta; **she gave it to ~** nos lo dio **-2.** *(stressed, after prep, in comparisons etc)* nosotros(tras); **you can't expect US to do it** no esperarás que lo hagamos NOSOTROS; **with/without ~** con/sin nosotros; **they are more wealthy than ~** son más ricos que nosotros; **all of ~** todos (nosotros); **some of ~** algunos de nosotros.
US (*abbr of* **United States**) *n* EEUU *mpl*.
USA *n* **-1.** (*abbr of* **United States of America**) EEUU *mpl* **-2.** (*abbr of* **United States Army**) *fuerzas armadas estadounidenses*.
usable ['ju:zəbl] *adj* utilizable, aprovechable.
USAF (*abbr of* **United States Air Force**) *n fuerzas aéreas estadounidenses*.
usage ['ju:zɪdʒ] *n* uso *m*.
USB (*abbr of* **Universal Serial Bus**) *n* COMPUT USB *m*.
USB port *n* COMPUT puerto *m* USB.
USDI (*abbr of* **United States Department of the Interior**) *n ministerio estadounidense del interior*.
use [*n & aux vb* ju:s, *vt* ju:z] <> *n* uso *m*; **to be in ~** usarse; **to be out of ~** no usarse; **'out of ~'** 'no funciona'; **to make ~ of sthg** utilizar OR aprovechar algo; **he still has the ~ of his legs** todavía le funcionan las piernas; **to let sb have the ~ of sthg** dejar a alguien usar algo; **to be of/no ~** ser útil/inútil; **what's the ~ (of doing sthg)?** ¿de qué sirve (hacer algo)? <> *aux vb* soler, acostumbrar; **I ~d to go swimming** solía OR acostumbraba ir a nadar; **he ~d to be fat** antes estaba gordo. <> *vt* **-1.** [utilize, employ] usar, emplear **-2.** [exploit] usar, manejar.
◆ **use up** *vt sep* agotar.
used [*sense 1* ju:zd, *sense 2* ju:st] *adj* **-1.** [dirty, second-hand] usado(da) **-2.** [accustomed]: **to be ~ to** estar acostumbrado(da) a; **to get ~ to** acostumbrarse a.
useful ['ju:sfʊl] *adj* **-1.** [handy] útil, provechoso(sa); **to come in ~** servir, ser útil **-2.** [helpful - person] valioso(sa).
usefulness ['ju:sfʊlnɪs] *n (U)* utilidad *f*, valor *m*.
useless ['ju:slɪs] *adj* **-1.** [gen] inútil **-2.** *inf* [hopeless] incompetente.
uselessness ['ju:slɪsnɪs] *n (U)* inutilidad *f*.
user ['ju:zə^r] *n* usuario *m*, -ria *f*.
user-friendly *adj* fácil de utilizar.
usher ['ʌʃə^r] <> *n* [at wedding] ujier *m*; [at theatre, concert] acomodador *m*, -ra *f*. <> *vt*: **to ~ sb in** hacer pasar a alguien; **to ~ sb out** acompañar a alguien hasta la puerta.
usherette [ˌʌʃə'ret] *n* acomodadora *f*.
USN (*abbr of* **United States Navy**) *n armada estadounidense*.
USS (*abbr of* **United States Ship**) *buque de guerra estadounidense*.
USSR (*abbr of* **Union of Soviet Socialist Republics**) *n*: **the (former) ~** la (antigua) URSS.
usu. *abbr of* **usually**.
usual ['ju:ʒəl] *adj* habitual; **as ~** [as normal] como de costumbre; [as often happens] como siempre.
usually ['ju:ʒəlɪ] *adv* por regla general, normalmente; **we ~ go to church on Sunday** solemos ir a misa el domingo; **more than ~** más que de costumbre.
usurp [ju:'zɜ:p] *vt fml* usurpar.
usury ['ju:ʒʊrɪ] *n fml* usura *f*.
Utah ['ju:tɑ:] *n* Utah.
utensil [ju:'tensl] *n* utensilio *m*.
uterus ['ju:tərəs] (*pl* **-ri** [-raɪ], **-ruses**) *n* útero *m*.
utilitarian [ˌju:tɪlɪ'teərɪən] *adj* **-1.** [gen] utilitario(ria) **-2.** [functional] funcional.
utility [ju:'tɪlətɪ] (*pl* **-ies**) *n* **-1.** [gen] utilidad *f* **-2.** [public service] servicio *m* público.
◆ **utilities** *n US* [service charges] empresa *f* de servicios públicos.
utility room *n* trascocina *f*.
utilize, -ise ['ju:təlaɪz] *vt* utilizar.

utmost [ˈʌtməʊst] ◇ *adj* mayor, supremo (ma). ◇ *n*: **to do one's ~** hacer lo imposible; **to the ~** al máximo, a más no poder.
utopia [juːˈtəʊpjəl] *n* utopía *f*.
utter [ˈʌtəʳ] ◇ *adj* puro(ra), completo(ta). ◇ *vt* [word] pronunciar; [sound, cry] emitir.
utterly [ˈʌtəlɪ] *adv* completamente, totalmente.
U-turn *n lit & fig* giro *m* de 180°; **to do a ~** [in car] cambiar de sentido; *fig* dar un giro radical.
UV (*abbr of* **ultra-violet**) UV.
Uzbekistan [ʊzˌbekɪˈstɑːn] *n* (el) Uzbekistán.

v¹ (*pl* **v's** *OR* **vs**), **V** (*pl* **V's** *OR* **Vs**) [viː] *n* [letter] v *f*, V *f*.
v² **-1.** (*abbr of* **verse**) v **-2.** (*abbr of* **volt**) v **-3.** (*abbr of* **vide**) [cross-reference] v. **-4.** *abbr of* **versus**.
vac [væk] (*abbr of* **vacation**) *n UK inf* vacas *fpl*, vacaciones *fpl*.
vacancy [ˈveɪkənsɪ] (*pl* **-ies**) *n* **-1.** [job, position] vacante *f* **-2.** [room available] habitación *f* libre; **'no vacancies'** 'completo'.
vacant [ˈveɪkənt] *adj* **-1.** [room, chair, toilet] libre **-2.** [job, post] vacante **-3.** [look, expression] distraído(da).
vacant lot *n* terreno *m* disponible.
vacantly [ˈveɪkəntlɪ] *adv* distraídamente.
vacate [vəˈkeɪt] *vt* **-1.** [job, post] dejar vacante **-2.** [room, seat, premises] desocupar.
vacation [vəˈkeɪʃn] *US* ◇ *n* vacaciones *fpl*; **to be on ~** estar de vacaciones. ◇ *vi* pasar las vacaciones.
vacationer [vəˈkeɪʃənəʳ] *n US*: **summer ~** veraneante *m OR f*.
vaccinate [ˈvæksɪneɪt] *vt*: **to ~ sb (against sthg)** vacunar a alguien (de *OR* contra algo).
vaccination [ˌvæksɪˈneɪʃn] *n* vacunación *f*.
vaccine [*UK* ˈvæksiːn, *US* vækˈsiːn] *n* vacuna *f*.
vacillate [ˈvæsəleɪt] *vi*: **to ~ (between)** dudar *OR* vacilar (entre).
vacuum [ˈvækjʊəm] ◇ *n* **-1.** *TECH & fig* vacío *m* **-2.** [cleaner] aspiradora *f*. ◇ *vt* pasar la aspiradora por.
vacuum cleaner *n* aspiradora *f*.
vacuum-packed *adj* envasado(da) al vacío.
vacuum pump *n* bomba *f* neumática.
vagabond [ˈvægəbɒnd] *n literary* vagabundo *m*, -da *f*.
vagaries [ˈveɪgərɪz] *npl fml* caprichos *mpl*.
vagina [vəˈdʒaɪnə] *n* vagina *f*.
vagrancy [ˈveɪgrənsɪ] *n* vagabundeo *m*.
vagrant [ˈveɪgrənt] *n* vagabundo *m*, -da *f*.
vague [veɪg] *adj* **-1.** [imprecise] vago(ga), impreciso(sa) **-2.** [person] poco claro(ra) **-3.** [feeling] leve **-4.** [evasive] evasivo(va); **to be ~ about** ser impreciso respecto a **-5.** [absent-minded] distraído(da) **-6.** [outline] borroso(sa).
vaguely [ˈveɪglɪ] *adv* **-1.** [imprecisely] vagamente **-2.** [slightly, not very] levemente **-3.** [indistinctly]: **I could ~ make out a ship** apenas distinguía un barco a lo lejos.
vain [veɪn] *adj* **-1.** *pej* [conceited] vanidoso(sa) **-2.** [futile] vano(na).
◆ **in vain** *adv* en vano.
vainly [ˈveɪnlɪ] *adv* vanamente.
valance [ˈvæləns] *n* **-1.** [on bed] volante *m* **-2.** *US* [over window] galería *f* de cortina.
vale [veɪl] *n literary* valle *m*.
valedictorian [ˌvælɪdɪkˈtɔːrɪən] *n US persona que pronuncia el discurso de despedida en una ceremonia de graduación.*
valedictory [ˌvælɪˈdɪktərɪ] *adj fml* de despedida.
valentine card [ˈvæləntaɪn-] *n* tarjeta *f* que se manda el Día de los Enamorados.
Valentine's Day [ˈvæləntaɪnz-] *n*: **(St) ~** San Valentín *m*, Día *m* de los Enamorados.
valet [ˈvæleɪ, ˈvælɪt] *n* ayuda *m* de cámara.
valet parking *n aparcamiento del coche realizado por un mozo.*
valet service *n* **-1.** [for clothes] servicio *m* de lavandería **-2.** [for cars] lavado *m* y limpieza.
valiant [ˈvæljənt] *adj* valeroso(sa).
valid [ˈvælɪd] *adj* **-1.** [argument, explanation] válido(da) **-2.** [ticket, driving licence] en vigor; **to be ~ for six months** ser válido(da) durante seis meses.
validate [ˈvælɪdeɪt] *vt* validar, dar validez a.
validity [vəˈlɪdətɪ] *n* validez *f*.
Valium® [ˈvælɪəm] *n* valium® *m*.
valley [ˈvælɪ] (*pl* **valleys**) *n* valle *m*.
valour *UK*, **valor** *US* [ˈvæləʳ] *n (U) fml & literary* valor *m*.
valuable [ˈvæljʊəbl] *adj* valioso(sa).
◆ **valuables** *npl* objetos *mpl* de valor.
valuation [ˌvæljʊˈeɪʃn] *n* **-1.** [pricing, estimated price] evaluación *f*, valuación *f* **-2.** [opinion, judging of worth] valoración *f*.
value [ˈvæljuː] ◇ *n* valor *m*; **to lose/gain (in)**

~ disminuir/aumentar de valor; **to place a high ~ on** conceder mucha importancia a; **to be good ~** estar muy bien de precio; **to be ~ for money** estar muy bien de precio; **to take sthg/sb at face ~** tomarse algo/a alguien en su sentido literal. ◇ *vt* **-1.** [estimate price of] valorar, tasar; **a necklace ~d at £300** un colar valorado en 300 libras **-2.** [cherish] apreciar. ◆ **values** *npl* [morals] valores *mpl* morales, principios *mpl*.

value-added tax [-ædɪd-] *n* impuesto *m* sobre el valor añadido.

valued [ˈvælju:d] *adj* estimado(da), apreciado(da).

value judg(e)ment *n* juicio *m* de valor.

valuer [ˈvæljʊəʳ] *n* tasador *m*, -ra *f*.

valve [vælv] *n* [in pipe, tube] válvula *f*.

vamoose [vəˈmu:s] *vi US inf*: **vamoose!** ¡largo or fuera de aquí!

vampire [ˈvæmpaɪəʳ] *n* vampiro *m*.

van [væn] *n* **-1.** AUT furgoneta *f*, camioneta *f* **-2.** *UK* RAIL furgón *m*.

V and A (*abbr of* **Victoria and Albert Museum**) *n* *gran museo londinense de artes decorativas.*

vandal [ˈvændl] *n* vándalo *m*, gamberro *m*, -rra *f*.

vandalism [ˈvændəlɪzm] *n* vandalismo *m*, gamberrismo *m*.

vandalize, -ise [ˈvændəlaɪz] *vt* destruir, destrozar.

vanguard [ˈvæŋgɑ:d] *n* vanguardia *f*; **in the ~ of** a la vanguardia de.

vanilla [vəˈnɪlə] ◇ *n* vainilla *f*. ◇ *comp* de vainilla.

vanish [ˈvænɪʃ] *vi* desaparecer.

vanishing point [ˈvænɪʃɪŋ-] *n* punto *m* de fuga.

vanity [ˈvænətɪ] *n pej* vanidad *f*.

vanquish [ˈvæŋkwɪʃ] *vt literary* vencer.

vantage point [ˈvɑ:ntɪdʒ,pɔɪnt] *n* posición *f* ventajosa.

vapour *UK*, **vapor** *US* [ˈveɪpəʳ] *n (U)* vapor *m*.

vapour trail *n* estela *f* de humo.

variable [ˈveərɪəbl] ◇ *adj* variable. ◇ *n* variable *f*.

variance [ˈveərɪəns] *n fml*: **at ~ (with)** en desacuerdo (con).

variant [ˈveərɪənt] ◇ *adj* variante. ◇ *n* variante *f*.

variation [ˌveərɪˈeɪʃn] *n*: **~ (in/on)** variación *f* (en/sobre).

varicose veins [ˈværɪkəʊs-] *npl* varices *fpl*.

varied [ˈveərɪd] *adj* variado(da).

variety [vəˈraɪətɪ] (*pl* **-ies**) *n* **-1.** [gen] variedad *f*; **for a ~ of reasons** por razones varias; **a wide ~ of** una gran diversidad de **-2.** *(U)* THEATRE variedades *fpl*.

variety show *n* espectáculo *m* de variedades.

various [ˈveərɪəs] *adj* **-1.** [several] varios(rias) **-2.** [different] diversos(sas).

varnish [ˈvɑ:nɪʃ] ◇ *n* barniz *m*. ◇ *vt* [with varnish] barnizar; [with nail varnish] pintar.

varnished [ˈvɑ:nɪʃt] *adj* barnizado(da).

varsity [ˈvɑ:sɪtɪ] *n US uno de los principales equipos deportivos de un colegio o universidad.*

vary [ˈveərɪ] (*pt* & *pt* **-ied**) ◇ *vt* variar. ◇ *vi*: **to ~ (in/with)** variar (de/con).

varying [ˈveərɪɪŋ] *adj* variado(da), diverso(sa).

vascular [ˈvæskjʊləʳ] *adj* MED vascular.

vase [*UK* vɑ:z, *US* veɪz] *n* florero *m*.

vasectomy [vəˈsektəmɪ] (*pl* **-ies**) *n* vasectomía *f*.

Vaseline® [ˈvæsəli:n] *n* vaselina® *f*.

vast [vɑ:st] *adj* enorme, inmenso(sa).

vastly [ˈvɑ:stlɪ] *adv* enormemente.

vastness [ˈvɑ:stnɪs] *n* inmensidad *f*.

vat [væt] *n* cuba *f*, tina *f*.

VAT [væt, vi:eɪˈti:] (*abbr of* **value added tax**) *n* IVA *m*.

Vatican [ˈvætɪkən] *n*: **the ~** el Vaticano.

Vatican City *n* Ciudad del Vaticano.

vault [vɔ:lt] ◇ *n* **-1.** [in bank] cámara *f* acorazada **-2.** [in church] cripta *f* **-3.** [roof] bóveda *f* **-4.** [jump] salto *m*. ◇ *vt* saltar. ◇ *vi*: **to ~ over sthg** saltar por encima de algo.

vaulted [ˈvɔ:ltɪd] *adj* abovedado(da).

vaulting horse [ˈvɔ:ltɪŋ-] *n* potro *m*.

vaunted [ˈvɔ:ntɪd] *adj fml*: **much ~** ensalzado(da).

VC *n* **-1.** (*abbr of* **vice-chairman**) *vicepresidente* **-2.** (*abbr of* **Victoria Cross**) *(titular de la) máxima distinción británica al valor.*

VCR (*abbr of* **video cassette recorder**) *n US* aparato *m* de vídeo.

VD (*abbr of* **venereal disease**) *n* ETS *f*.

VDU (*abbr of* **visual display unit**) *n* monitor *m*.

veal [vi:l] *n (U)* ternera *f*.

veer [vɪəʳ] *vi* virar.

veep [vi:p] *n US inf* vicepresidente *m*.

veg [vedʒ] *n inf* **-1.** (*abbr of* **vegetable**): **meat and two ~** carne y dos tipos de verdura **-2.** (*abbr of* **vegetables**) verduras *fpl*.

vegan [ˈvi:gən] *n vegetariano que no consume ningún producto que provenga de un animal, como huevos, leche etc.*

vegetable [ˈvedʒtəbl] ◇ *n* **-1.** BOT vegetal *m*

-2. [food] hortaliza *f*, legumbre *f*; ~s verduras *fpl*. <> *adj* vegetal.

vegetable garden *n* huerto *m*.

vegetable knife *n* cuchillo *m* de verdura.

vegetable oil *n* aceite *m* vegetal.

vegetarian [ˌvedʒɪ'teərɪən] <> *adj* vegetariano(na). <> *n* vegetariano *m*, -na *f*.

vegetarianism [ˌvedʒɪ'teərɪənɪzm] *n* vegetarianismo *m*.

vegetate ['vedʒɪteɪt] *vi pej* vegetar.

vegetation [ˌvedʒɪ'teɪʃn] *n* vegetación *f*.

veggie ['vedʒɪ] (*abbr of* **vegetarian**) *n UK inf* vegetariano *m*, -na *f*.

veggieburger *n* hamburguesa *f* vegetariana.

vehement ['vi:əmənt] *adj* [person, denial] vehemente; [attack, gesture] violento(ta).

vehemently ['vi:əməntlɪ] *adv* [deny, refuse] con vehemencia; [attack] violentamente.

vehicle ['vi:əkl] *n* **-1.** [for transport] vehículo *m* **-2.** *fig* [medium]: **a ~ for** un vehículo para.

vehicular [vɪ'hɪkjʊlə^r] *adj fml* [traffic] rodado(da).

veil [veɪl] <> *n lit & fig* velo *m*. <> *vt* cubrir con un velo.

veiled [veɪld] *adj* velado(da).

vein [veɪn] *n* **-1.** ANAT & BOT vena *f* **-2.** [of mineral] filón *m*, veta *f* **-3.** [style, mood] estilo *m*; **he continued in this ~** continuó en el mismo tono; **in a lighter ~** en un tono más ligero.

Velcro® ['velkrəʊ] *n* velcro® *m*.

vellum ['veləm] *n* vitela *f*.

velocity [vɪ'lɒsətɪ] (*pl* **-ies**) *n* velocidad *f*.

velour [və'lʊə[r]] *n* veludillo *m*.

velvet ['velvɪt] <> *n* terciopelo *m*. <> *comp* de velludillo.

vendetta [ven'detə] *n* enemistad *f* mortal.

vending machine ['vendɪŋ-] *n* máquina *f* de venta.

vendor ['vendɔ:[r]] *n* vendedor *m*, -ra *f*.

veneer [və'nɪə[r]] *n* [of wood] chapa *f*; *fig* [appearance] apariencia *f*; **a ~ of** una apariencia de.

venerable ['venərəbl] *adj fml* venerable.

venerate ['venəreɪt] *vt fml &* RELIG venerar.

venereal disease [vɪ'nɪərɪəl-] *n* enfermedad *f* venérea.

Venetian [vɪ'ni:ʃn] *adj* veneciano(na).

venetian blind *n* persiana *f* veneciana.

Venezuela [ˌvenɪz'weɪlə] *n* Venezuela.

Venezuelan [ˌvenɪz'weɪlən] <> *adj* venezolano(na). <> *n* venezolano *m*, -na *f*.

vengeance ['vendʒəns] *n* venganza *f*; **with a ~** con creces.

vengeful ['vendʒfʊl] *adj literary* vengativo(va).

Venice ['venɪs] *n* Venecia.

venison ['venɪzn] *n* carne *f* de venado.

venom ['venəm] *n* [poison] veneno *m*; *fig* [spite] malevolencia *f*.

venomous ['venəməs] *adj* [poisonous] venenoso(sa); *fig* [spiteful] malvado(da).

vent [vent] <> *n* [opening] abertura *f* de escape; [grille] rejilla *f* de ventilación; **to give ~ to sthg** dar rienda suelta a algo. <> *vt*: **to ~ sthg (on)** desahogar algo (contra).

ventilate ['ventɪleɪt] *vt* ventilar.

ventilation [ˌventɪ'leɪʃn] *n* ventilación *f*.

ventilator ['ventɪleɪtə[r]] *n* ventilador *m*.

ventriloquist [ven'trɪləkwɪst] *n* ventrílocuo *m*, -cua *f*.

venture ['ventʃə[r]] <> *n* empresa *f*; **business ~** empresa comercial. <> *vt* aventurar; **to ~ an opinion** aventurarse a dar una opinión; **to ~ to do sthg** aventurarse a hacer algo. <> *vi* **-1.** [go somewhere dangerous]: **she ~d outside** se atrevió a salir **-2.** [take a risk]: **to ~ into** lanzarse a.

venture capital *n* capital *m* de riesgo.

venue ['venju:] *n* lugar *m (en que se celebra algo)*.

Venus ['vi:nəs] *n* [planet] Venus *m*.

veracity [və'ræsətɪ] *n fml* veracidad *f*.

veranda(h) [və'rændə] *n* veranda *f*.

verb [vɜ:b] *n* verbo *m*.

verbal ['vɜ:bl] *adj* verbal.

verbally ['vɜ:bəlɪ] *adv* verbalmente.

verbatim [vɜ:'beɪtɪm] <> *adj* literal. <> *adv* literalmente, palabra por palabra.

verbose [vɜ:'bəʊs] *adj fml* [person] verboso(sa); [report] prolijo(ja).

verdict ['vɜ:dɪkt] *n* **-1.** JUR veredicto *m*, fallo *m*; **a ~ of guilty/not guilty** un veredicto de culpabilidad/inocencia **-2.** [opinion]: **~ (on)** juicio *m* OR opinión *f* (sobre).

verge [vɜ:dʒ] *n* **-1.** [edge, side] borde *m* **-2.** [brink]: **on the ~ of sthg** al borde de algo; **to be on the ~ of doing sthg** estar a punto de hacer algo.

◆ **verge (up)on** *vt fus* rayar en.

verger ['vɜ:dʒə[r]] *n* sacristán *m*.

verification [ˌverɪfɪ'keɪʃn] *n* verificación *f*, comprobación *f*.

verify ['verɪfaɪ] (*pt & pp* **-ied**) *vt* **-1.** [check] verificar, comprobar **-2.** [confirm] confirmar.

veritable ['verɪtəbl] *adj hum or fml* verdadero(ra).

vermilion [və'mɪljən] <> *adj* bermejo(ja). <> *n* bermellón *m*.

vermin ['vɜ:mɪn] *npl* [insects] bichos *mpl*, sabandijas *fpl*; [animals] alimañas *fpl*.

vermouth ['vɜ:məθ] *n* vermut *m*.

vernacular [və'nækjʊlə^r] ◇ *adj* vernáculo(la). ◇ *n*: **the ~** la lengua vernácula.

verruca [və'ru:kə] (*pl* **-cas** *OR* **-cae** [-kaɪ]) *n* verruga *f*.

versa ▷ **vice versa**.

versatile ['vɜ:sətaɪl] *adj* **-1.** [person] polifacético(ca) **-2.** [machine, tool] que tiene muchos usos.

versatility [,vɜ:sə'tɪlətɪ] *n* **-1.** [of person] carácter *m* polifacético **-2.** [of machine, tool] diversidad *f* de usos.

verse [vɜ:s] *n* **-1.** *(U)* [poetry] versos *mpl*, poesía *f* **-2.** [stanza] estrofa *f* **-3.** [in Bible] versículo *m*.

versed [vɜ:st] *adj*: **well ~ in** versado(da) en.

version ['vɜ:ʃn] *n* versión *f*.

versus ['vɜ:səs] *prep* **-1.** SPORT contra **-2.** [as opposed to] en oposición a.

vertebra ['vɜ:tɪbrə] (*pl* **-brae** [-bri:]) *n* vértebra *f*.

vertebrate ['vɜ:tɪbreɪt] *n* vertebrado *m*.

vertical ['vɜ:tɪkl] *adj* vertical.

vertically ['vɜ:tɪklɪ] *adv* verticalmente.

vertigo ['vɜ:tɪgəʊ] *n* vértigo *m*.

verve [vɜ:v] *n* brío *m*, entusiasmo *m*.

very ['verɪ] ◇ *adv* **-1.** [as intensifier] muy; **he's not ~ intelligent** no es muy inteligente; **~ much** mucho; **I don't go out ~ often** *OR* **much** no salgo mucho; **is it good? – not ~** ¿es bueno? – no mucho **-2.** [emphatic] **the ~ same/next day** justo ese mismo día/al día siguiente; **the ~ first/last** el primero/mejor de todos; **the ~ best** el mejor (de todos); **at the ~ least** como muy poco; **a house of my ~ own** mi propia casa. ◇ *adj*: **in the ~ middle of the picture** en el mismísimo centro del cuadro; **the ~ thing I was looking for** justo lo que estaba buscando; **the ~ thought makes me ill** sólo con pensarlo me pongo enfermo; **fighting for his ~ life** luchando por su propia vida; **the ~ idea!** ¡vaya idea!
◆ **very well** *adv* muy bien; **you can't ~ well stop him now** es un poco tarde para impedírselo.

vespers ['vespəz] *n (U)* vísperas *fpl*.

vessel ['vesl] *n fml* **-1.** [boat] nave *f* **-2.** [container] vasija *f*, recipiente *m*.

vest [vest] *n* **-1.** *UK* [undershirt] camiseta *f* **-2.** *US* [waistcoat] chaleco *m*.

vested interest ['vestɪd-] *n*: **~ (in)** intereses *mpl* creados (en).

vestibule ['vestɪbju:l] *n* **-1.** *fml* [entrance hall] vestíbulo *m* **-2.** *US* [on train] fuelle *m*.

vestige ['vestɪdʒ] *n fml* vestigio *m*.

vestry ['vestrɪ] (*pl* **-ies**) *n* sacristía *f*.

Vesuvius [vɪ'su:vjəs] *n* Vesubio.

vet [vet] (*pt* & *pp* **-ted**, *cont* **-ting**) ◇ *n* **-1.** *UK* (*abbr of* **veterinary surgeon**) veterinario *m*, -ria *f* **-2.** *US* (*abbr of* **veteran**) excombatiente *m OR f*. ◇ *vt* someter a una investigación.

veteran ['vetrən] ◇ *adj* veterano(na). ◇ *n* veterano *m*, -na *f*.

veteran car *n UK* coche *m* de época *(de antes de 1905)*.

Veteran's Day *n 11 de noviembre, día en que Norteamérica conmemora el final de las dos guerras mundiales.*

veterinarian [,vetərɪ'neərɪən] *n US* veterinario *m*, -ria *f*.

veterinary science ['vetərɪnrɪ-] *n* veterinaria *f*.

veterinary surgeon ['vetərɪnrɪ-] *n UK fml* veterinario *m*, -ria *f*.

veto ['vi:təʊ] (*pl* **-es**, *pt* & *pp* **-ed**, *cont* **-ing**) ◇ *n* veto *m*. ◇ *vt* vetar.

vetting ['vetɪŋ] *n (U)* investigación *f (del historial de una persona)*.

vex [veks] *vt fml* molestar.

vexed question [,vekst-] *n* manzana *f* de la discordia.

vg (*abbr of* **very good**) MB.

VGA (*abbr of* **video graphics array**) *n* COMPUT VGA *m*.

vgc (*abbr of* **very good condition**) m.b.e.

VHF (*abbr of* **very high frequency**) VHF.

VHS (*abbr of* **video home system**) *n* VHS *m*.

VI *abbr of* **Virgin Islands**.

via ['vaɪə] *prep* **-1.** [travelling through] vía **-2.** [by means of] a través de, por; **~ satellite** por satélite.

viability [,vaɪə'bɪlətɪ] *n* viabilidad *f*.

viable ['vaɪəbl] *adj* viable.

viaduct ['vaɪədʌkt] *n* viaducto *m*.

vibrant ['vaɪbrənt] *adj* **-1.** [colour, light] fuerte, vivo(va) **-2.** [voice] vibrante; [person] dinámico(ca); [city, atmosphere] animado(da).

vibrate [vaɪ'breɪt] *vi* vibrar.

vibration [vaɪ'breɪʃn] *n* vibración *f*.

vicar ['vɪkə^r] *n* [in Church of England] párroco *m*; [in Roman Catholic Church] vicario *m*.

vicarage ['vɪkərɪdʒ] *n* casa *f* del párroco.

vicarious [vɪ'keərɪəs] *adj* indirecto(ta).

vice [vaɪs] *n* **-1.** [immorality, moral fault] vicio *m* **-2.** [tool] torno *m* de banco.

vice- [vaɪs] *prefix* vice-.

vice-admiral *n* vicealmirante *m*.

vice-chairman *n* vicepresidente *m*.

vice-chancellor *n* UNIV rector *m*, -ra *f*.

vice-president *n* vicepresidente *m*, -ta *f*.

vice squad *n* brigada *f* antivicio.

vice versa [,vaɪsɪ'vɜ:sə] *adv* viceversa.

vicinity [vɪ'sɪnətɪ] *n*: **in the ~ (of)** cerca (de).

vicious ['vɪʃəs] *adj* [dog] furioso(sa); [person, ruler] cruel; [criticism, attack] depravado(da), despiadado(da).
vicious circle *n* círculo *m* vicioso.
viciousness ['vɪʃəsnɪs] *n* [of dog] ferocidad *f*; [of person, system] crueldad *f*, perversidad *f*; [of crime] brutalidad *f*.
vicissitudes [vɪ'sɪsɪtju:dz] *npl fml* vicisitudes *fpl*.
victim ['vɪktɪm] *n* víctima *f*.
victimize, -ise ['vɪktɪmaɪz] *vt* [retaliate against] tomar represalias contra; [pick on] mortificar.
victor ['vɪktə[r]] *n literary* vencedor *m*, -ra *f*.
Victoria Cross [vɪk'tɔ:rɪə-] *n condecoración militar británica*.
Victoria Falls [vɪk'tɔ:rɪə-] *npl* las cataratas Victoria.
Victorian [vɪk'tɔ:rɪən] *adj* victoriano(na).
Victoriana [ˌvɪktɔ:rɪ'ɑ:nəl] *n (U)* antigüedades *fpl* victorianas.
victorious [vɪk'tɔ:rɪəs] *adj* victorioso(sa).
victory ['vɪktərɪ] (*pl* **-ies**) *n*: ~ **(over)** victoria *f* (sobre).
video ['vɪdɪəʊ] (*pl* **-s**, *pt* & *pp* **-ed**, *cont* **-ing**) ◇ *n* **-1.** [recording, medium, machine] vídeo *m* **-2.** [cassette] videocasete *m*. ◇ *vt* **-1.** [using video recorder] grabar en vídeo **-2.** [using camera] hacer un vídeo de.
video camera *n* videocámara *f*.
video cassette *n* videocasete *m*.
videoconference ['vɪdɪəʊˌkɒnfərəns] *n* videoconferencia *f*.
videoconferencing ['vɪdɪəʊˌkɒnfərənsɪŋ] *n (U)* videoconferencias *fpl*.
videodisc *UK*, **videodisk** *US* ['vɪdɪəʊdɪsk] *n* videodisco *m*.
video game *n* videojuego *m*, juego *m* de vídeo.
video machine *n* vídeo *m*.
videophone ['vɪdɪəʊfəʊn] *n* videófono *m*, videoteléfono *m*.
videorecorder ['vɪdɪəʊrɪˌkɔ:də[r]] *n* vídeo *m*.
video recording *n* grabación *f* en vídeo.
video shop *n* tienda *f* de vídeos.
videotape ['vɪdɪəʊteɪp] *n* videocinta *f*.
vie [vaɪ] (*pt* & *pp* **vied**, *cont* **vying**) *vi*: **to** ~ **(with sb for sthg/to do sthg)** competir (con alguien por algo/para hacer algo).
Vienna [vɪ'enə] *n* Viena.
Viennese [ˌvɪə'ni:z] ◇ *adj* vienés(esa). ◇ *n* vienés *m*, -esa *f*.
Vietnam [*UK* ˌvjet'næm, *US* ˌvjet'nɑ:m] *n* (el) Vietnam.
Vietnamese [ˌvjetnə'mi:z] ◇ *adj* vietnamita. ◇ *n* **-1.** [person] vietnamita *m* OR *f* **-2.** [language] vietnamita *m*.
view [vju:] ◇ *n* **-1.** [opinion] parecer *m*, opinión *f*; **what is your ~ on ...?** ¿cuál es tu opinión sobre ...?; **in my ~** en mi opinión; **to take the ~ that** pensar que **-2.** [attitude]: ~ **(of)** actitud *f* (frente a) **-3.** [scene] vista *f*, panorama *m* **-4.** [field of vision] vista *f*; **to come into ~** aparecer. ◇ *vt* **-1.** [consider] ver, considerar **-2.** *fml* [examine, look at - stars etc] observar; [- house, flat] visitar, ver.
◆ **in view of** *prep* en vista de.
◆ **with a view to** *conj* con miras OR vistas a.
viewdata ['vju:ˌdeɪtə] *n* videotexto *m*.
viewer ['vju:ə[r]] *n* **-1.** [person] espectador *m*, -ra *f* **-2.** [apparatus] visionador *m*.
viewfinder ['vju:ˌfaɪndə[r]] *n* visor *m*.
viewpoint ['vju:pɔɪnt] *n* **-1.** [opinion] punto *m* de vista **-2.** [place] mirador *m*.
vigil ['vɪdʒɪl] *n* **-1.** [watch] vigilia *f*; **to keep (a) ~** observar vigilia **-2.** RELIG Vigilia *f*.
vigilance ['vɪdʒɪləns] *n* vigilancia *f*.
vigilant ['vɪdʒɪlənt] *adj* vigilante.
vigilante [ˌvɪdʒɪ'læntɪ] *n persona que extraoficialmente patrulla un área para protegerla, tomándose la justicia en sus manos.*
vigor *US* = **vigour**.
vigorous ['vɪgərəs] *adj* enérgico(ca).
vigour *UK*, **vigor** *US* ['vɪgə[r]] *n* vigor *m*, energía *f*.
Viking ['vaɪkɪŋ] ◇ *adj* vikingo(ga). ◇ *n* vikingo *m*, -ga *f*.
vile [vaɪl] *adj* [person, act] vil, infame; [food, smell] repugnante; [mood] de perros.
vilify ['vɪlɪfaɪ] (*pt* & *pp* **-ied**) *vt fml* infamar.
villa ['vɪlə] *n* [in country] villa *f*; [in town] chalet *m*.
village ['vɪlɪdʒ] *n* aldea *f*, pueblecito *m*.
villager ['vɪlɪdʒə[r]] *n* aldeano *m*, -na *f*.
villain ['vɪlən] *n* **-1.** [of film, book] malo *m*, -la *f* **-2.** *dated* [criminal] canalla *m* OR *f*, criminal *m* OR *f*.
vinaigrette [ˌvɪnɪ'gret] *n* vinagreta *f*.
vindicate ['vɪndɪkeɪt] *vt* justificar; **his decision was ~d by the result** el resultado dio la razón a su decisión.
vindication [ˌvɪndɪ'keɪʃn] *n* justificación *f*.
vindictive [vɪn'dɪktɪv] *adj* vengativo(va).
vine [vaɪn] *n* [on ground] vid *f*; [climbing plant] parra *f*.
vinegar ['vɪnɪgə[r]] *n* vinagre *m*.
vineyard ['vɪnjəd] *n* viña *f*, viñedo *m*.
vintage ['vɪntɪdʒ] ◇ *adj* **-1.** [wine] añejo(ja) **-2.** [classic] clásico(ca) **-3.** [outstanding]: **a ~ year** un año excepcional. ◇ *n* cosecha *f (de vino)*.
vintage car *n UK* coche *m* de época *(de entre 1919 y 1930)*.

vintage wine *n* vino *m* añejo.
vinyl ['vaɪnɪl] ◇ *n* vinilo *m.* ◇ *comp* de vinilo.
viola [vɪ'əʊlə] *n* viola *f.*
violate ['vaɪəleɪt] *vt* **-1.** [law, treaty, rights] violar, infringir **-2.** [peace, privacy] invadir **-3.** [tomb, grave] profanar.
violation [ˌvaɪə'leɪʃn] *n* **-1.** [of law, treaty, rights] violación *f* **-2.** [of peace, privacy] invasión *f* **-3.** [of tomb, grave] profanación *f.*
violence ['vaɪələns] *n* violencia *f.*
violent ['vaɪələnt] *adj* **-1.** [gen] violento(ta) **-2.** [emotion, anger] intenso(sa); **to have a ~ dislike for sb** sentir una enorme antipatía hacia alguien **-3.** [weather] borrascoso(sa).
violently ['vaɪələntlɪ] *adv* **-1.** [gen] violentamente **-2.** [dislike] intensamente **-3.** [swear, react] furiosamente.
violet ['vaɪələt] ◇ *adj* violeta, violado(da). ◇ *n* **-1.** [flower] violeta *f* **-2.** [colour] violeta *m.*
violin [ˌvaɪə'lɪn] *n* violín *m.*
violinist [ˌvaɪə'lɪnɪst] *n* violinista *m* OR *f.*
VIP (*abbr of* **very important person**) *n* VIP *mf.*
viper ['vaɪpəʳ] *n* víbora *f.*
viral ['vaɪrəl] *adj* vírico(ca).
virgin ['vɜːdʒɪn] ◇ *adj literary* **-1.** [spotless] virgen **-2.** [olive oil] virgen. ◇ *n* virgen *m* OR *f.*
Virginia [və'dʒɪnjə] *n* Virginia.
Virgin Islands *npl*: **the ~** las islas Vírgenes.
virginity [və'dʒɪnətɪ] *n* virginidad *f.*
Virgo ['vɜːgəʊ] (*pl* **-s**) *n* Virgo *m*; **to be (a) ~** ser Virgo.
virile ['vɪraɪl] *adj* viril.
virility [vɪ'rɪlətɪ] *n* virilidad *f.*
virtual ['vɜːtʃʊəl] *adj*: **it's a ~ certainty** es casi seguro.
virtually ['vɜːtʃʊəlɪ] *adv* prácticamente, casi.
virtual memory *n* COMPUT memoria *f* virtual.
virtual reality *n* realidad *f* virtual.
virtue ['vɜːtjuː] *n* **-1.** [morality, good quality] virtud *f* **-2.** [benefit] ventaja *f*; **there's no ~ in** no hay ninguna ventaja en.
◆ **by virtue of** *prep fml* en virtud de.
virtuoso [ˌvɜːtjʊ'əʊzəʊ] (*pl* **-sos** OR **-si** [-siː]) *n* virtuoso *m*, -sa *f.*
virtuous ['vɜːtʃʊəs] *adj* virtuoso(sa).
virulent ['vɪrʊlənt] *adj lit* & *fig* virulento(ta).
virus ['vaɪrəs] *n* COMPUT & MED virus *m.*
visa ['viːzə] *n* visado *m*, visa *f Amér.*
vis-à-vis [ˌviːzɑː'viː] *prep fml* con relación a.
viscose ['vɪskəʊs] *n* viscosa *f.*
viscosity [vɪ'skɒsətɪ] *n* CHEM viscosidad *f.*
viscount ['vaɪkaʊnt] *n* vizconde *m.*
viscous ['vɪskəs] *adj* CHEM viscoso(sa).
vise [vaɪs] *n US* torno *m* de banco.
visibility [ˌvɪzɪ'bɪlətɪ] *n* visibilidad *f.*
visible ['vɪzəbl] *adj* visible.
visibly ['vɪzəblɪ] *adv* visiblemente.
vision ['vɪʒn] *n* **-1.** *(U)* [ability to see] visión *f*, vista *f* **-2.** *fig* [foresight] clarividencia *f* **-3.** [impression, dream] visión *f* **-4.** *(U)* TV imagen *f.*
visionary ['vɪʒənrɪ] (*pl* **-ies**) ◇ *adj* con visión de futuro. ◇ *n* visionario *m*, -ria *f.*
visit ['vɪzɪt] ◇ *n* visita *f*; **to pay sb a ~** hacer una visita a alguien; **on a ~** de visita. ◇ *vt* visitar.
◆ **visit with** *vt fus US* **-1.** [talk with] hablar OR charlar con **-2.** [go and see] visitar, ir a ver.
visiting card ['vɪzɪtɪŋ-] *n* tarjeta *f* de visita.
visiting hours ['vɪzɪtɪŋ-] *npl* horas *fpl* de visita.
visiting nurse *n US enfermera contratada por un hospital o repartición de servicios sociales que realiza visitas a enfermos.*
visitor ['vɪzɪtəʳ] *n* **-1.** [to one's home, hospital] visita *f*; **we've got ~s** [at home] tenemos visitas **-2.** [to museum, town etc] visitante *m* OR *f.*
visitors' book *n* libro *m* de visitas.
visitor's passport *n UK* pasaporte *m* provisional.
visor ['vaɪzəʳ] *n* visera *f.*
vista ['vɪstə] *n* [view] vista *f*, perspectiva *f*; *fig* [wide range] perspectiva.
visual ['vɪʒʊəl] *adj* [gen] visual; [of the eyes] ocular.
visual aids *npl* medios *mpl* visuales.
visual display unit *n* monitor *m.*
visualize, -ise ['vɪʒʊəlaɪz] *vt* visualizar; **to ~ (sb) doing sthg** imaginar (a alguien) haciendo algo.
visually ['vɪʒʊəlɪ] *adv* visualmente; **~ handicapped person** persona *f* con problemas visuales; **to be ~ impaired** tener una discapacidad visual.
vital ['vaɪtl] *adj* **-1.** [essential] vital, esencial **-2.** [full of life] enérgico(ca), lleno(na) de vida.
vitality [vaɪ'tælətɪ] *n* vitalidad *f.*
vitally ['vaɪtəlɪ] *adv* sumamente.
vital statistics *npl inf* medidas *fpl (del cuerpo de la mujer).*
vitamin [*UK* 'vɪtəmɪn, *US* 'vaɪtəmɪn] *n* vitamina *f*; **~ C** vitamina C.
vitamin pill *n* pastilla *f* vitamínica.
vitriolic [ˌvɪtrɪ'ɒlɪk] *adj fml* virulento(ta), mordaz.
viva ['vaɪvə] = **viva voce**.
vivacious [vɪ'veɪʃəs] *adj* vivaz, animado(da).
vivacity [vɪ'væsətɪ] *n* vivacidad *f.*
viva voce [ˌvaɪvə'vəʊsɪ] *n* examen *m* oral.
vivid ['vɪvɪd] *adj* **-1.** [colour] vivo(va) **-2.** [descrip-

tion, memory] vívido(da).
vividly [ˈvɪvɪdlɪ] *adv* **-1.** [brightly] con colores muy vivos **-2.** [clearly] vívidamente.
vivisection [ˌvɪvɪˈsekʃn] *n* vivisección *f.*
vixen [ˈvɪksn] *n* zorra *f.*
viz [vɪz] (*abbr of* **vide licet**) v. gr.
VLF (*abbr of* **very low frequency**) VLF.
V-neck *n* **-1.** [sweater, dress] jersey *m* con cuello de pico **-2.** [neck] cuello *m* de pico.
VOA (*abbr of* **Voice of America**) *n emisora gubernamental estadounidense que promociona la cultura estadounidense en el mundo.*
vocabulary [vəˈkæbjʊlərɪ] (*pl* **-ies**) *n* vocabulario *m.*
vocal [ˈvəʊkl] *adj* **-1.** [outspoken] vociferante **-2.** [of the voice] vocal.
◆ **vocals** *npl*: **on ~s** cantando.
vocal cords *npl* cuerdas *fpl* vocales.
vocalist [ˈvəʊkəlɪst] *n* [in orchestra] vocalista *m* OR *f*; [in pop group] cantante *m* OR *f.*
vocation [vəʊˈkeɪʃn] *n* vocación *f*; **to have a ~ for** tener vocación de.
vocational [vəʊˈkeɪʃənl] *adj* profesional.
vociferous [vəˈsɪfərəs] *adj fml* ruidoso(sa).
vodka [ˈvɒdkə] *n* [drink] vodka *m.*
vogue [vəʊg] ◇ *adj* de moda. ◇ *n* moda *f*; **there's a ~ for ...** ... está de moda; **in ~** en boga, de moda.
voice [vɔɪs] ◇ *n* voz *f*; **to raise/lower one's ~** elevar/bajar la voz; **to keep one's ~ down** no levantar la voz; **to give ~ to** expresar. ◇ *vt* [opinion, emotion] expresar.
voice box *n* caja *f* laríngea.
voice mail *n* correo *m* de voz; **to send/receive ~** mandar/recibir un mensaje de correo de voz.
voice-over *n* voz *f* en off.
void [vɔɪd] ◇ *adj* **-1.** [invalid] inválido(da) ▷ **null -2.** *fml* [empty]: **~ of** falto(ta) de. ◇ *n literary* vacío *m.*
voile [vɔɪl] *n (U)* gasa *f.*
vol. (*abbr of* **volume**) vol.
volatile [*UK* ˈvɒlətaɪl, *US* ˈvɒlətl] *adj* [situation] volátil; [person] voluble, inconstante.
vol-au-vent [ˈvɒləʊvɑ̃] *n* volován *m.*
volcanic [vɒlˈkænɪk] *adj* volcánico(ca).
volcano [vɒlˈkeɪnəʊ] (*pl* **-es** OR **-s**) *n* volcán *m.*
vole [vəʊl] *n* campañol *m.*
Volga [ˈvɒlgə] *n*: **the (River) ~** el (río) Volga.
volition [vəˈlɪʃn] *n fml*: **of one's own ~** por voluntad propia.
volley [ˈvɒlɪ] (*pl* **volleys**) ◇ *n* **-1.** [of gunfire] ráfaga *f*, descarga *f* **-2.** *fig* [rapid succession] torrente *m* **-3.** SPORT volea *f.* ◇ *vt* volear.
volleyball [ˈvɒlɪbɔːl] *n* balonvolea *m*, voleibol *m.*
volt [vəʊlt] *n* voltio *m.*
Volta [ˈvɒltə] *n*: **the ~** el Volta.
voltage [ˈvəʊltɪdʒ] *n* voltaje *m.*
voluble [ˈvɒljʊbl] *adj fml* locuaz.
volume [ˈvɒljuːm] *n* volumen *m*; **to speak ~s** decir mucho.
volume control *n* botón *m* del volumen.
voluminous [vəˈluːmɪnəs] *adj fml* voluminoso(sa).
voluntarily [*UK* ˈvɒləntrɪlɪ, *US* ˌvɒlənˈterəlɪ] *adv* voluntariamente.
voluntary [ˈvɒləntrɪ] *adj* voluntario(ria); **~ organization** organización *f* benéfica.
voluntary liquidation *n* liquidación *f* voluntaria.
voluntary redundancy *n UK* despido *m* voluntario.
volunteer [ˌvɒlənˈtɪəʳ] ◇ *n* [person who volunteers] voluntario *m*, -ria *f.* ◇ *vt* **-1.** [offer of one's free will]: **to ~ to do sthg** ofrecerse para hacer algo **-2.** [information, advice] dar, ofrecer. ◇ *vi* **-1.** [freely offer one's services]: **to ~ (for)** ofrecerse (para) **-2.** MIL alistarse.
voluptuous [vəˈlʌptjʊəs] *adj* voluptuoso(sa).
vomit [ˈvɒmɪt] ◇ *n* vómito *m.* ◇ *vi* vomitar.
voracious [vəˈreɪʃəs] *adj* [appetite, eater] voraz; [reader] ávido(da).
vortex [ˈvɔːteks] (*pl* **-texes** OR **-tices** [-tɪsiːz]) *n* **-1.** [whirlpool, whirlwind] vórtice *m* **-2.** *fig* [of events] torbellino *m.*
vote [vəʊt] ◇ *n* **-1.** [gen] voto *m*; **~ for/against** voto a favor de/en contra de **-2.** [session, ballot, result] votación *f*; **to put sthg to the ~, to take a ~ on sthg** someter algo a votación **-3.** [votes cast]: **the ~** los votos. ◇ *vt* **-1.** [person, leader] elegir **-2.** [choose]: **to ~ to do sthg** votar hacer algo. ◇ *vi*: **to ~ (for/against)** votar (a favor de/en contra de).
◆ **vote in** *vt sep* elegir.
◆ **vote out** *vt sep* rechazar.
vote of confidence (*pl* **votes of confidence**) *n* voto *m* de confianza.
vote of no confidence (*pl* **votes of no confidence**) *n* voto *m* de censura.
vote of thanks (*pl* **votes of thanks**) *n* palabras *fpl* de agradecimiento.
voter [ˈvəʊtəʳ] *n* votante *m* OR *f.*
voting [ˈvəʊtɪŋ] *n* votación *f.*
vouch [vaʊtʃ] ◆ **vouch for** *vt fus* **-1.** [person] responder por **-2.** [character, accuracy] dar fe de.
voucher [ˈvaʊtʃəʳ] *n* vale *m.*
vow [vaʊ] ◇ *n* RELIG voto *m*; [solemn promise]

promesa *f* solemne. ◇ *vt*: **to ~ to do sthg** jurar hacer algo; **to ~ that** jurar que.
vowel [ˈvaʊəl] *n* vocal *f*.
voyage [ˈvɔɪɪdʒ] *n* viaje *m*.
voyeur [vwɑːˈjɜːʳ] *n* mirón *m*, -ona *f*, voyeur *m* OR *f*.
voyeurism [vwɑːˈjɜːrɪzm] *n* voyeurismo *m*.
VP *abbr of* **vice-president**.
vs *abbr of* **versus**.
VSO (*abbr of* **Voluntary Service Overseas**) *n* *organización británica de voluntarios que ayuda a países en vías de desarrollo*.
vulgar [ˈvʌlgəʳ] *adj* **-1.** [in bad taste] ordinario(ria), vulgar **-2.** [offensive] grosero(ra), guarango(ga) *Chile & RP*.
vulgarity [vʌlˈgærətɪ] *n* *(U)* **-1.** [poor taste] ordinariez *f*, vulgaridad *f* **-2.** [offensiveness] grosería *f*.
vulnerability [ˌvʌlnərəˈbɪlətɪ] *n* vulnerabilidad *f*.
vulnerable [ˈvʌlnərəbl] *adj*: **~ (to)** vulnerable (a).
vulture [ˈvʌltʃəʳ] *n* *lit & fig* buitre *m*.

w (*pl* **w's** OR **ws**), **W** (*pl* **W's** OR **Ws**) [ˈdʌbljuː] *n* [letter] w *f*, W *f*.
◆ **W -1.** (*abbr of* **west**) O **-2.** (*abbr of* **watt**) w.
WA *abbr of* **Washington**.
wacky [ˈwækɪ] (*compar* **-ier**, *superl* **-iest**) *adj inf* estrafalario(ria).
wad [wɒd] *n* **-1.** [of paper] taco *m* **-2.** [of banknotes, documents] fajo *m* **-3.** [of cotton, cotton wool, tobacco] bola *f*.
wadding [ˈwɒdɪŋ] *n* relleno *m*.
waddle [ˈwɒdl] *vi* caminar como un pato.
wade [weɪd] *vi* caminar por el agua.
◆ **wade through** *vt fus fig*: **he was wading through the documents** le costaba mucho leer los documentos.
wadge [wɒdʒ] *n UK inf* [of food] tajada *f*; [of papers] fajo *m*; [of cotton wool] bola *f*.
wading pool [ˈweɪdɪŋ-] *n US* piscina *f* para niños.
wafer [ˈweɪfəʳ] *n* [thin biscuit] barquillo *m*.
wafer-thin *adj* finísimo(ma), delgadísimo(ma).
waffle [ˈwɒfl] ◇ *n* **-1.** CULIN gofre *m* **-2.** *UK inf* [vague talk] paja *f*. ◇ *vi* enrollarse; **to ~ on about sthg** enrollarse sobre algo.
waft [wɑːft, wɒft] *vi* flotar.
wag [wæg] (*pt & pp* **-ged**, *cont* **-ging**) ◇ *vt* menear; **the dog was ~ging its tail** el perro meneaba la cola. ◇ *vi* menearse.
wage [weɪdʒ] ◇ *n* [gen] salario *m*; [daily] jornal *m*. ◇ *vt*: **to ~ war** hacer la guerra.
◆ **wages** *npl* [gen] salario *m*; [daily] jornal *m*.
wage claim *n* reivindicación *f* salarial.
wage differential *n* diferencia *f* salarial.
wage earner [-ˌɜːnəʳ] *n* asalariado *m*, -da *f*.
wage freeze *n* congelación *f* salarial.
wage packet *n UK* **-1.** [envelope] sobre *m* de pago **-2.** *fig* [pay] paga *f*.
wager [ˈweɪdʒəʳ] *n* apuesta *f*.
waggle [ˈwægl] *inf* ◇ *vt* menear. ◇ *vi* menearse.
waggon [ˈwægən] *UK* = **wagon**.
wagon [ˈwægən] *n* **-1.** [horse-drawn vehicle] carro *m* **-2.** *UK* RAIL vagón *m*.
waif [weɪf] *n literary* niño abandonado *m*, niña abandonada *f*.
wail [weɪl] ◇ *n* lamento *m*, gemido *m*. ◇ *vi* lamentarse, gemir.
wailing [ˈweɪlɪŋ] *n* *(U)* gemidos *mpl*, lamentos *mpl*.
waist [weɪst] *n* cintura *f*.
waistband [ˈweɪstbænd] *n* cinturilla *f*.
waistcoat [ˈweɪskəʊt] *n esp US* chaleco *m*.
waistline [ˈweɪstlaɪn] *n* cintura *f*, talle *m*.
wait [weɪt] ◇ *n* espera *f*; **to lie in ~ for sb** estar al acecho de alguien. ◇ *vi*: **to ~ (for sthg/sb)** esperar (algo/a alguien); **I can't ~ for the holidays/to see her** estoy impaciente por comenzar las vacaciones/verla; **(just) you ~!** ¡me las pagarás!; **to ~ and see** esperar y ver lo que pasa; **~ a minute** OR **second** OR **moment** [interrupting sb] ¡espera un minuto OR segundo OR momento!; [interrupting o.s.] ¡espera!; **keys cut while you ~** se hacen llaves en el acto. ◇ *vt US* [delay] retrasar.
◆ **wait about, wait around** *vi* esperar.
◆ **wait for** *vt fus* esperar.
◆ **wait on** *vt fus* [serve food to] servir.
◆ **wait up** *vi* **-1.** quedarse despierto(ta) esperando **-2.** *US*: **~ up!** ¡un momento!
waiter [ˈweɪtəʳ] *n* camarero *m*, mesero *m Amér*, mesonero *m Ven*, mozo *m Andes, RP*.

waiting game ['weɪtɪŋ-] *n*: **to play a ~** esperar el momento oportuno.

waiting list ['weɪtɪŋ-] *n* lista *f* de espera.

waiting room ['weɪtɪŋ-] *n* sala *f* de espera.

waitress ['weɪtrɪs] *n* camarera *f*, mesera *f* *Amér*, mesonera *f* *Ven*, moza *f* *Andes, RP*.

waive [weɪv] *vt fml* [rule] no aplicar.

waiver ['weɪvəʳ] *n* JUR renuncia *f*.

wake [weɪk] (*pt* **woke** OR **-d**, *pp* **woken** OR **-d**) ◇ *n* [of ship, boat] estela *f*; **in its ~** *fig* tras de sí; **in the ~ of** *fig* tras. ◇ *vt* despertar. ◇ *vi* despertarse.

◆ **wake up** ◇ *vt sep* despertar. ◇ *vi* **-1.** [wake] despertarse **-2.** *fig* [become aware]: **to ~ up to** darse cuenta de, tomar conciencia de.

waken ['weɪkən] *fml* ◇ *vt* despertar. ◇ *vi* despertarse.

waking hours ['weɪkɪŋ-] *npl* horas *fpl* de vigilia.

Wales [weɪlz] *n* (el país de) Gales.

walk [wɔːk] ◇ *n* **-1.** [way of walking] andar *m*, paso *m* **-2.** [journey on foot] paseo *m*; **to go for a ~** dar un paseo; **it's ten minutes' ~ away** está a diez minutos andando **-3.** [route for walking]: **there are some nice ~s here** se pueden hacer unas buenas caminatas por aquí. ◇ *vt* **-1.** [accompany on foot]: **to ~ sb home** acompañar a alguien a casa **-2.** [dog] pasear **-3.** [streets] andar por; [distance] recorrer, andar. ◇ *vi* **-1.** [move on foot] andar, caminar **-2.** [for pleasure] pasear.

◆ **walk away with** *vt fus inf* llevarse.

◆ **walk in on** *vt fus* [meeting] interrumpir; [person] sorprender.

◆ **walk off** *vt sep* [headache, cramp] aliviar dando un paseo; **to ~ off one's lunch/dinner** dar un paseo para bajar la comida/cena.

◆ **walk off with** *vt fus inf* llevarse.

◆ **walk out** *vi* **-1.** [leave suddenly] salirse **-2.** [go on strike] declararse en huelga.

◆ **walk out on** *vt fus* dejar, abandonar.

◆ **walk over** *vt fus*: **to ~ all over sb** pisotear a alguien.

walkabout ['wɔːkəˌbaʊt] *n* **UK**: **to go ~** [Queen, president etc] pasearse entre la gente.

walker ['wɔːkəʳ] *n* caminante *m* OR *f*, paseante *m* OR *f*.

walkie-talkie [ˌwɔːkɪ'tɔːkɪ] *n* walki-talki *m*.

walk-in *adj* **-1.** [cupboard] *empotrado y suficientemente grande para entrar en él* **-2.** *US* [easy] fácil.

walking ['wɔːkɪŋ] ◇ *n (U)* [for sport] marcha *f*; [for pleasure] andar *m*; **he does a lot of ~** camina mucho. ◇ *adj*: **he's a ~ disaster** *hum* es un desastre andante.

walking shoes *npl* zapatos *mpl* para caminar.

walking stick *n* bastón *m*.

Walkman® ['wɔːkmən] *n* walkman® *m*.

walk of life (*pl* **walks of life**) *n*: **people from all walks of life** gente de toda condición.

walk-on *adj* de figurante.

walkout ['wɔːkaʊt] *n* huelga *f*.

walkover ['wɔːkˌəʊvəʳ] *n* victoria *f* fácil.

walkup ['wɔːkʌp] *n* *US* [building] edificio *m* sin ascensor *f*.

walkway ['wɔːkweɪ] *n* [on ship, machine] pasarela *f*; [between buildings] paso *m*.

wall [wɔːl] *n* **-1.** [inside building, of cell, stomach] pared *f* **-2.** [outside] muro *m*; **to come up against a brick ~** llegar a un callejón sin salida; **to drive sb up the ~** volverle loco a alguien; **it's like talking to a brick ~** le entra por un oído y le sale por el otro.

wallaby ['wɒləbɪ] (*pl* **-ies**) *n* ualabí *m*.

wallchart ['wɔːltʃɑːt] *n* (gráfico *m*) mural *m*.

wall cupboard *n* armario *m* de pared.

walled [wɔːld] *adj* amurallado(da).

wallet ['wɒlɪt] *n* cartera *f*, billetera *f*.

wallflower ['wɔːlˌflaʊəʳ] *n* **-1.** [plant] alhelí *m* **-2.** *inf fig* [person] *persona tímida que queda al margen de una fiesta*.

wallop ['wɒləp] *inf* ◇ *n* [to person] torta *f*; [to thing] golpazo *m*. ◇ *vt* [child] pegar una torta a; [ball] golpear fuerte.

wallow ['wɒləʊ] *vi* **-1.** [in liquid] revolcarse **-2.** [in emotion]: **to ~ in self-pity** revolcarse en la autocompasión.

wall painting *n* mural *m*.

wallpaper ['wɔːlˌpeɪpəʳ] ◇ *n* papel *m* de pared OR de empapelar. ◇ *vt* empapelar.

Wall Street *n* Wall Street *f*, *zona financiera neoyorquina*.

WALL STREET

Wall Street, en Nueva York, es el centro financiero más importante de los Estados Unidos. En esta calle se encuentra el edificio de la Bolsa. Por extensión, este nombre se utiliza para referirse al mundo financiero estadounidense.

wall-to-wall *adj*: **~ carpet** moqueta *f*.

wally ['wɒlɪ] (*pl* **-ies**) *n* *UK inf* majadero *m*, -ra *f*, imbécil *m* OR *f*.

walnut ['wɔːlnʌt] *n* **-1.** [nut] nuez *f* **-2.** [wood, tree] nogal *m*.

walrus ['wɔːlrəs] (*pl inv* OR **-es**) *n* morsa *f*.

waltz [wɔːls] ◇ *n* vals *m*. ◇ *vi* **-1.** [dance] bailar el vals **-2.** *inf dated* [walk confidently]: **to ~ in/out** entrar/salir tan fresco(ca).

wan [wɒn] (*compar* **-ner**, *superl* **-nest**) *adj* pálido(da).

wand [wɒnd] *n*: **(magic)** ~ varita *f* mágica.

wander ['wɒndəʳ] *vi* vagar; **my mind kept ~ing** se me iba la mente en otras cosas.

wanderer ['wɒndərəʳ] *n* errante *m* OR *f*.

wandering ['wɒndərɪŋ] *adj* [musician, nomad] ambulante.

wanderlust ['wɒndəlʌst] *n* pasión *f* por viajar.

wane [weɪn] ◇ *n*: **on the ~** en el ocaso. ◇ *vi* [influence, interest] disminuir, decrecer.

wangle ['wæŋgl] *vt inf* agenciarse, conseguir.

wanna ['wɒnə] *esp US* = **want a**, **want to**.

want [wɒnt] ◇ *n fml* **-1.** [need] necesidad *f* **-2.** [lack] falta *f*; **for ~ of** por OR a falta de **-3.** [deprivation] indigencia *f*, miseria *f*. ◇ *vt* **-1.** [desire] querer; **to ~ to do sthg** querer hacer algo; **to ~ sb to do sthg** querer que alguien haga algo **-2.** *inf* [need - subj: person] tener que; [- subj: thing] necesitar, requerir; **you ~ to be more careful** tienes que tener más cuidado; **the house ~s cleaning** hace falta hacer limpieza en la casa.

want ad *n US inf* anuncio *m* por palabras.

wanted ['wɒntɪd] *adj*: **to be ~ (by the police)** ser buscado(da) (por la policía).

wanting ['wɒntɪŋ] *adj fml* deficiente; **to be ~ in sthg** carecer de algo; **to be found ~** no dar la talla.

wanton ['wɒntən] *adj fml* gratuito(ta), sin motivo.

WAP [wæp] (*abbr of* **wireless application protocol**) *n* WAP *m*.

WAP phone *n* teléfono *m* WAP.

war [wɔːʳ] (*pt* & *pp* **-red**, *cont* **-ring**) ◇ *n lit* & *fig* guerra *f*; **to go to ~** entrar en guerra; **to be at ~** estar en guerra; **the ~ on drugs** la guerra contra las drogas; **to have been in the ~s** *UK* estar maltrecho. ◇ *vi* estar en guerra.

War., Warks. (*abbr of* **Warwickshire**) *condado inglés*.

warble ['wɔːbl] *vi literary* [bird] trinar, gorjear.

war crime *n* crimen *m* de guerra.

war criminal *n* criminal *m* OR *f* de guerra.

war cry *n* [in battle] grito *m* de guerra.

ward [wɔːd] *n* **-1.** [in hospital] sala *f* **-2.** *UK* POL distrito *m* electoral **-3.** JUR pupilo *m*, -la *f*.

◆ **ward off** *vt fus* protegerse de.

war dance *n* danza *f* guerrera.

warden ['wɔːdn] *n* **-1.** [of park] guarda *m* OR *f* **-2.** *UK* [of youth hostel, hall of residence] encargado *m*, -da *f* **-3.** : **(traffic)~** ≃ guardia *m* OR *f* de tráfico **-4.** *US* [prison governor] director *m*, -ra *f*.

warder ['wɔːdəʳ] *n* [in prison] carcelero *m*, -ra *f*.

ward of court *n* menor *m* OR *f* bajo tutela judicial.

wardrobe ['wɔːdrəʊb] *n* **-1.** [piece of furniture] armario *m*, guardarropa *m* **-2.** [collection of clothes] guardarropa *m*, vestuario *m*.

warehouse ['weəhaʊs, *pl* -haʊzɪz] *n* almacén *m*.

wares [weəz] *npl literary* mercancías *fpl*.

warfare ['wɔːfeəʳ] *n (U)* guerra *f*.

war game *n* **-1.** [military exercise] maniobras *fpl*, ejercicio *m* de maniobras **-2.** [game of strategy] juego *m* de estrategia militar.

warhead ['wɔːhed] *n* ojiva *f*, cabeza *f*.

warily ['weərəlɪ] *adv* con cautela, cautelosamente.

Warks. = **War.**

warlike ['wɔːlaɪk] *adj* belicoso(sa).

warm [wɔːm] ◇ *adj* **-1.** [pleasantly hot - gen] caliente; [- weather, day] caluroso(sa); [lukewarm] tibio(bia), templado(da); **it's/I'm ~** hace/tengo calor; **to get ~** [subj: person, room] calentarse; **they tried to keep ~** intentaron mantenerse calientes; **are you ~ enough?** no tendrás frío, ¿verdad? **-2.** [clothes etc] que abriga **-3.** [colour, sound] cálido(da) **-4.** [friendly - person, atmosphere, smile] afectuoso(sa); [- congratulations] efusivo(va). ◇ *vt* calentar.

◆ **warm over** *vt sep US* calentar.

◆ **warm to** *vt fus* [person, place] tomar simpatía a; **we ~ed to the idea at once** en seguida nos hizo gracia la idea.

◆ **warm up** ◇ *vt sep* calentar. ◇ *vi* **-1.** [gen] entrar en calor; [weather, room, engine] calentarse **-2.** [sportsperson] calentar.

warm-blooded [-'blʌdɪd] *adj* de sangre caliente.

war memorial *n* monumento *m* a los caídos.

warm front *n* frente *m* cálido.

warm-hearted [-'hɑːtɪd] *adj* afectuoso(sa), cariñoso(sa).

warmly ['wɔːmlɪ] *adv* **-1.** [in warm clothes]: **to dress ~** vestirse con ropa de abrigo **-2.** [in a friendly way] efusivamente, calurosamente.

warmness ['wɔːmnɪs] *n* [friendliness] cordialidad *f*, efusión *f*.

warmonger ['wɔːˌmʌŋgəʳ] *n* belicista *m* OR *f*.

warmth [wɔːmθ] *n* **-1.** [heat] calor *m* **-2.** [of clothes] abrigo *m* **-3.** [friendliness] cordialidad *f*, efusión *f*.

warm-up *n* precalentamiento *m*.

warn [wɔːn] ◇ *vt* prevenir, advertir; **to ~ sb of sthg** prevenir a alguien algo; **to ~ sb not to do sthg**, **~ sb against doing sthg** advertir a alguien que no haga algo. ◇ *vi*: **to ~ of sthg** prevenir contra algo.

warning [ˈwɔːnɪŋ] ◇ *adj* de aviso, de advertencia. ◇ *n* aviso *m*, advertencia *f*; **to give sb a ~** hacer una advertencia a alguien; **without ~** sin previo aviso.
warning light *n* piloto *m*.
warning triangle *n UK* triángulo *m* de avería.
warp [wɔːp] *vi* alabearse, combarse.
warpath [ˈwɔːpɑːθ] *n*: **to be** *OR* **go on the ~** *fig* estar buscando guerra.
warped [wɔːpt] *adj* **-1.** [wood] combado(da), alabeado(da) **-2.** [person] retorcido(da).
warrant [ˈwɒrənt] ◇ *n* orden *f OR* mandamiento *m* judicial. ◇ *vt fml* merecer.
warrant officer *n grado intermedio entre suboficial y oficial.*
warranty [ˈwɒrəntɪ] (*pl* **-ies**) *n* garantía *f*; **to be under ~** estar en garantía.
warren [ˈwɒrən] *n* red *f* de madrigueras.
warring [ˈwɔːrɪŋ] *adj* contendiente.
warrior [ˈwɒrɪəʳ] *n* guerrero *m*, -ra *f*.
Warsaw [ˈwɔːsɔː] *n* Varsovia; **the ~ Pact** el Pacto de Varsovia.
warship [ˈwɔːʃɪp] *n* buque *m* de guerra.
wart [wɔːt] *n* verruga *f*.
wartime [ˈwɔːtaɪm] *n* tiempos *mpl* de guerra.
war widow *n* viuda *f* de guerra.
wary [ˈweərɪ] (*compar* **-ier**, *superl* **-iest**) *adj*: **~ (of)** receloso(sa) (de).
was [*weak form* wəz, *strong form* wɒz] *pt* ▷ **be**.
wash [wɒʃ] ◇ *n* **-1.** [act of washing] lavado *m*, lavada *f*; **to have a ~** lavarse; **to give sthg a ~** lavar algo **-2.** [things to wash] ropa *f* para lavar, ropa sucia **-3.** [from boat] estela *f*. ◇ *vt* **-1.** [gen] lavar; [hands, face] lavarse; **she's ~ing her hair** se está lavando el pelo **-2.** [carry - subj: waves etc] arrastrar, llevarse; **it was ~ed ashore** el mar lo arrastró hasta la costa. ◇ *vi* **-1.** [clean oneself] lavarse **-2.** [waves, oil]: **to ~ over sthg** bañar algo.
◆ **wash away** *vt sep* **-1.** [subj: water, waves] llevarse, barrer **-2.** [dirt] quitar.
◆ **wash down** *vt sep* **-1.** [food] regar, rociar **-2.** [clean] lavar.
◆ **wash out** *vt sep* **-1.** [stain, dye] quitar lavando **-2.** [container] enjuagar.
◆ **wash up** ◇ *vt sep* **-1.** *UK* [dishes] lavar, fregar **-2.** [subj: sea, river]: **to ~ sthg up on the shore** arrojar algo a la playa. ◇ *vi* **-1.** *UK* [wash the dishes] fregar *OR* lavar los platos **-2.** *US* [wash o.s.] lavarse.
washable [ˈwɒʃəbl] *adj* lavable.
wash-and-wear *adj* de lava y pon.
washbasin *UK* [ˈwɒʃˌbeɪsn], **washbowl** *US* [ˈwɒʃbəʊl] *n* lavabo *m*.
washcloth [ˈwɒʃˌklɒθ] *n US* toallita *f* para lavarse la cara.
washed-out [wɒʃt-] *adj* **-1.** [pale] pálido(da), descolorido(da) **-2.** [exhausted] rendido(da).
washed-up [wɒʃt-] *adj inf* [person] acabado(da); [business, project] fracasado(da).
washer [ˈwɒʃəʳ] *n* **-1.** *TECH* arandela *f* **-2.** [washing machine] lavadora *f*.
washer-dryer *n* lavadora-secadora *f*.
washing [ˈwɒʃɪŋ] *n* (*U*) **-1.** [operation] colada *f*; **to do the ~** hacer la colada **-2.** [clothes - dirty] ropa *f* sucia *OR* para lavar; [- clean] colada *f*; **to hang up the ~** tender la colada.
washing line *n* tendedero *m*.
washing machine *n* lavadora *f*.
washing powder *n UK* detergente *m*, jabón *m* en polvo.
Washington [ˈwɒʃɪŋtən] *n* **-1.** [state]: **~ State** Estado *m* de Washington **-2.** [town]: **~ D.C.** ciudad *f* de Washington.
washing-up *n* **-1.** *UK* [crockery, pans etc] platos *mpl* para fregar **-2.** [operation] fregado *m*; **to do the ~** fregar los platos.
washing-up liquid *n UK* lavavajillas *m inv*.
washout [ˈwɒʃaʊt] *n inf* desastre *m*, fracaso *m*.
washroom [ˈwɒʃrʊm] *n US* lavabo *m*, aseos *mpl*.
wasn't [wɒznt] = **was not**.
wasp [wɒsp] *n* [insect] avispa *f*.
Wasp, WASP [wɒsp] (*abbr of* **White Anglo-Saxon Protestant**) *n inf persona de raza blanca, origen anglosajón y protestante.*
waspish [ˈwɒspɪʃ] *adj* mordaz, punzante.
wastage [ˈweɪstɪdʒ] *n* desperdicio *m*.
waste [weɪst] ◇ *adj* [land] yermo(ma); [material, fuel] de desecho. ◇ *n* **-1.** [misuse, incomplete use] desperdicio *m*, derroche *m*; **to go to ~** perderse; **a ~ of time** una pérdida de tiempo **-2.** (*U*) [refuse] desperdicios *mpl*; [chemical, toxic etc] residuos *mpl*. ◇ *vt* [time] perder; [money] malgastar, derrochar; [food, energy, opportunity] desperdiciar; **it would be ~d on me** no sabría aprovecharlo.
◆ **wastes** *npl literary* yermos *mpl*.
wastebasket *US* = **wastepaper basket**.
waste disposal unit *n* triturador *m* de basuras.
wasteful [ˈweɪstfʊl] *adj* derrochador(ra).
waste ground *n* (*U*) descampados *mpl*.
wasteland [ˈweɪstˌlænd] *n* yermo *m*.
waste paper *n* papeles *mpl* viejos *OR* usados.
wastepaper basket [ˌweɪstˈpeɪpəʳ-], **wastepaper bin** [ˌweɪstˈpeɪpəʳ-], **wastebasket** *US* [ˈweɪstˌbɑːskɪt] *n* papelera *f*.
watch [wɒtʃ] ◇ *n* **-1.** [timepiece] reloj *m* **-2.** [act

of watching]: **to keep ~** estar de guardia; **to keep ~ on sthg/sb** vigilar algo/a alguien **-3.** *MIL* [group of people] guardia *f.* <> *vt* **-1.** [look at - gen] mirar; [- sunset] contemplar; [- football match, TV] ver **-2.** [spy on] vigilar **-3.** [be careful about] tener cuidado con, vigilar; **~ what you say** ten cuidado con lo que dices; **~ it!** *inf* ¡cuidado!, ¡ojo! <> *vi* mirar, observar.
watch out *vi* tener cuidado, estar atento(ta).
watch over *vt fus* [look after] vigilar.

watchband ['wɒtʃbænd] *n US* correa *f* del reloj.

watchdog ['wɒtʃdɒg] *n* **-1.** [dog] perro *m* guardián **-2.** *fig* [organization] comisión *f* de vigilancia.

watchful ['wɒtʃfʊl] *adj* atento(ta).

watchmaker ['wɒtʃ,meɪkəʳ] *n* relojero *m*, -ra *f*.

watchman ['wɒtʃmən] (*pl* **-men** [-mən]) *n* vigilante *m*, guarda *m*, rondín *m Andes*.

watchword ['wɒtʃwɜ:d] *n* lema *m*.

water ['wɔ:təʳ] <> *n* **-1.** [gen] agua *f*; **to pour** *OR* **throw cold ~ on** echar un jarro de agua fría sobre; **that's ~ under the bridge** esto es agua pasada **-2.** [urine]: **to pass ~** orinar. <> *vt* regar. <> *vi* **-1.** [eyes]: **my eyes are ~ing** me lloran los ojos **-2.** [mouth]: **my mouth is ~ing** se me hace la boca agua.
waters *npl* aguas *fpl*.
water down *vt sep* **-1.** [dilute] diluir, aguar **-2.** *usu pej* [moderate] suavizar.

water bed *n* cama *f* de agua.

water bird *n* ave *f* acuática.

water biscuit *n tipo de galleta sin azúcar.*

waterborne ['wɔ:təbɔ:n] *adj* [disease] transmitido(da) a través del agua.

water bottle *n* cantimplora *f*.

water buffalo *n* búfalo *m* de agua.

water cannon *n* cañón *m* de agua.

water chestnut *n* castaña *f* de agua.

watercolour ['wɔ:tə,kʌləʳ] *n* acuarela *f*.

water-cooled [-,ku:ld] *adj* refrigerado(da) por agua.

watercourse ['wɔ:təkɔ:s] *n* cauce *m*.

watercress ['wɔ:təkres] *n* berro *m*.

watered-down [,wɔ:təd-] *adj usu pej* suavizado(da).

waterfall ['wɔ:təfɔ:l] *n* cascada *f*, salto *m* de agua.

waterfront ['wɔ:təfrʌnt] *n* muelle *m*.

water heater *n* calentador *m* de agua.

waterhole ['wɔ:təhəʊl] *n* balsa *f (donde acuden a beber los animales).*

watering can ['wɔ:tərɪŋ-] *n* regadera *f*.

water jump *n* ría *f (en carreras de caballos).*

water level *n* nivel *m* del agua.

water lily *n* nenúfar *m*.

waterline ['wɔ:təlaɪn] *n NAUT* línea *f* de flotación.

waterlogged ['wɔ:təlɒgd] *adj* inundado(da).

water main *n* cañería *f* principal.

watermark ['wɔ:təmɑ:k] *n* **-1.** [in paper] filigrana *f* **-2.** [showing water level] marca *f* del nivel del agua.

watermelon ['wɔ:tə,melən] *n* sandía *f*.

water pipe *n* [in house, building] tubería *f OR* cañería *f* de agua.

water pistol *n* pistola *f* de agua.

water polo *n* water-polo *m*, polo *m* acuático.

waterproof ['wɔ:təpru:f] <> *adj* impermeable. <> *n* impermeable *m*. <> *vt* impermeabilizar.

water rates *npl UK* tarifa *f* del agua.

water-resistant *adj* resistente al agua.

watershed ['wɔ:təʃed] *n fig* momento *m* decisivo.

waterside ['wɔ:təsaɪd] <> *adj* ribereño(ña). <> *n*: **the ~** la orilla.

water skiing *n* esquí *m* acuático.

water-soluble *adj* soluble en agua.

water supply *n* reserva *f* de agua.

water table *n* nivel *m* del agua.

water tank *n* reserva *f* de agua.

watertight ['wɔ:tətaɪt] *adj* **-1.** [waterproof] hermético(ca) **-2.** *fig* [agreement, plan] perfecto(ta); [argument, excuse] irrecusable, irrebatible.

water tower *n* arca *f* de agua.

waterway ['wɔ:təweɪ] *n* vía *f* navegable.

waterworks ['wɔ:təwɜ:ks] (*pl inv*) *n* [building] central *f* de agua.

watery ['wɔ:tərɪ] *adj* **-1.** [food] soso(sa); [drink] aguado(da) **-2.** [pale] desvaído(da), pálido(da).

watt [wɒt] *n* vatio *m*.

wattage ['wɒtɪdʒ] *n* potencia *f* en vatios.

wave [weɪv] <> *n* **-1.** [of hand] ademán *m OR* señal *f* (con la mano) **-2.** [of water] ola *f* **-3.** [of emotion, nausea, panic] arranque *m*; [of immigrants, crime etc] oleada *f* **-4.** [of light, sound, heat] onda *f* **-5.** [in hair] ondulación *f*. <> *vt* **-1.** [move about as signal] agitar **-2.** [signal to] hacer señales *OR* señas a; **she ~d them in** les hizo una señal para que entraran. <> *vi* **-1.** [with hand - in greeting] saludar con la mano; [- to say goodbye] decir adiós con la mano; **to ~ at** *OR* **to sb** saludar a alguien con la mano; **he ~d hello to us** nos saludó con la mano **-2.** [flag] ondear; [trees] agitarse.

◆ **wave aside** *vt sep fig* [dismiss] desechar.
◆ **wave down** *vt sep* hacer señas para que se pare.

waveband ['weɪvbænd] *n* banda *f* de frecuencias.

wavelength ['weɪvleŋθ] *n* longitud *f* de onda; **to be on the same ~** *fig* estar en la misma onda.

waver ['weɪvəʳ] *vi* **-1.** [falter - resolution, confidence] flaquear; [- person] vacilar, dudar **-2.** [hesitate] dudar, vacilar **-3.** [fluctuate] oscilar.

wavy ['weɪvɪ] (*compar* **-ier**, *superl* **-iest**) *adj* ondulado(da).

wax [wæks] ◇ *n* cera *f*. ◇ *vt* encerar. ◇ *vi* *dated or hum* [become] ponerse; **to ~ and wane** subir y bajar.

waxen ['wæksən] *adj* [pale] pálido(da).

wax paper *n esp US* papel *m* de cera.

waxworks ['wækswɜ:ks] (*pl inv*) *n* museo *m* de cera.

way [weɪ] ◇ *n* **-1.** [manner, method] manera *f*, modo *m*; **~s and means** medios *mpl*; **in the same ~** del mismo modo, igualmente; **this/that ~** así; **in a ~** en cierto modo; **in a big/small ~** a gran/pequeña escala; **she has fallen for him in a big ~** está locamente enamorada de él; **to get** *OR* **have one's ~** salirse uno con la suya; **to have everything one's own ~** salirse siempre uno con la suya; **to have a ~ with people** tener don de gentes; **to have a ~ with words** tener un pico de oro; **he had a ~ of making people laugh** tenía la costumbre de hacer reír a la gente; **to be in a bad ~** estar bastante mal **-2.** [route, path] camino *m*; **to lose one's ~** perderse; **to find one's ~ around** orientarse; **the ~ back** *OR* **home** el camino de vuelta a casa; **~ in** entrada *f*; **~ out** salida *f*; **it's out of my ~** no me pilla de camino; **it's out of the ~** [place] está algo aislado; **on the** *OR* **on one's ~** de camino; **I'm on my ~** voy de camino; **across** *OR* **over the ~** enfrente; **to be under ~** *fig* [meeting] estar en marcha; **to get under ~** [meeting] ponerse en marcha; **to be in the ~** estar en medio; **to get in the ~** ponerse en medio; **to get out of the ~** quitarse de en medio; **to get sthg out of the ~** [task] quitarse algo de encima; **to go out of one's ~ to do sthg** tomarse muchas molestias para hacer algo; **to keep out of the ~** mantenerse alejado; **to keep out of sb's ~** mantenerse alejado de alguien; **to make one's ~ to** dirigirse hacia; **to make ~ for** dar paso a; **to stand in sb's ~** *fig* interponerse en el camino de alguien; **to work one's ~ to** conseguir llegar a **-3.** [direction] dirección *f*; **come this ~** ven por aquí; **go that ~** ve por ahí; **which ~ do we go?** ¿hacia dónde vamos?; **which ~ is it to the cathedral?** ¿por dónde se va a la catedral?; **the wrong ~ up** *OR* **round** al revés; **the right ~ up** *OR* **round** del derecho **-4.** [distance]: **all the ~** todo el camino *OR* trayecto; **we're with you all the ~** *fig* te apoyamos incondicionalmente; **most of the ~** casi todo el camino *OR* trayecto; **it's a long ~ away** está muy lejos; **we have a long ~ to go** queda mucho camino por recorrer; **to go a long ~ towards doing sthg** *fig* contribuir enormemente a hacer algo; **we've come a long ~ since then** *fig* hemos avanzado mucho desde entonces **-5.** *phr*: **to give ~** [under weight, pressure] ceder; **'give ~'** *UK AUT* 'ceda el paso'; **no ~!** ¡ni hablar! ◇ *adv inf* [far] mucho; **it's ~ too big** es tela de grande.
◆ **ways** *npl* [customs, habits] costumbres *fpl*, hábitos *mpl*; **sb's funny little ~s** las curiosas costumbres de alguien.
◆ **by the way** *adv* por cierto.
◆ **by way of** *prep* **-1.** [via] (pasando) por **-2.** [as a sort of] a modo de, como.
◆ **in the way of** *prep*: **what do you have in the ~ of wine?** ¿qué clases de vino tiene?

waylay [ˌweɪ'leɪ] (*pt* & *pp* **-laid**) *vt* abordar.

way of life *n* modo *m* de vida.

wayside ['weɪsaɪd] *n* [roadside] borde *m* del camino; **to fall by the ~** *fig* quedarse a mitad de camino.

wayward ['weɪwəd] *adj* [person, behaviour] incorregible.

WC (*abbr of* **water closet**) WC.

we [wi:] *pers pron* nosotros *mpl*, -tras *fpl*; **WE can't do it** NOSOTROS no podemos hacerlo; **here ~ are** aquí estamos; **as ~ say in France** como decimos en Francia; **~ British** nosotros los británicos.

weak [wi:k] *adj* **-1.** [gen] débil; **to grow ~** debilitarse **-2.** [material, structure] frágil **-3.** [argument, tea etc] flojo(ja) **-4.** [lacking knowledge, skill]: **to be ~ on sthg** estar flojo(ja) en algo.

weaken ['wi:kn] ◇ *vt* debilitar. ◇ *vi* **-1.** [become less determined] ceder, flaquear **-2.** [physically] debilitarse.

weak-kneed [-'ni:d] *adj inf pej* pusilánime.

weakling ['wi:klɪŋ] *n pej* enclenque *m OR f*.

weakly ['wi:klɪ] *adv* débilmente.

weak-minded [-'maɪndɪd] *adj* débil de carácter.

weakness ['wi:knɪs] *n* **-1.** [gen] debilidad *f*; **to have a ~ for sthg** tener debilidad por algo **-2.** [imperfect point] defecto *m*.

weal [wi:l] *n* verdugón *m*.

wealth [welθ] *n* **-1.** [riches] riqueza *f* **-2.** [abundance] profusión *f*, abundancia *f*; **a ~ of sthg**

abundancia de algo.

wealth tax *n UK* impuesto *m* sobre el patrimonio.

wealthy ['welθɪ] (*compar* **-ier**, *superl* **-iest**) *adj* rico(ca), platudo(da) *Amér.*

wean [wi:n] *vt* **-1.** [from mother's milk] destetar **-2.** [discourage]: **to ~ sb from** OR **off sthg** apartar gradualmente a alguien de algo.

weapon ['wepən] *n* arma *f*.

weaponry ['wepənrɪ] *n (U)* armamento *m*.

wear [weəʳ] (*pt* **wore**, *pp* **worn**) ◇ *n (U)* **-1.** [use] uso *m*; **I've had a lot of ~ out of this jacket** le he sacado mucho partido a esta chaqueta; **to be the worse for ~** [thing] estar deteriorado; [person] estar hecho un trapo **-2.** [damage] desgaste *m*; **~ and tear** desgaste **-3.** [type of clothes] ropa *f*; **children's ~** ropa de niños; **evening ~** ropa de noche. ◇ *vt* **-1.** [clothes, hair, perfume] llevar; [shoes] calzar; **to ~ red** vestirse de rojo **-2.** [damage] desgastar; **to ~ a hole in sthg** acabar haciendo un agujero en algo. ◇ *vi* **-1.** [deteriorate] desgastarse **-2.** [last]: **to ~ well/badly** durar mucho/poco **-3.** *phr*: **to ~ thin** [joke] dejar de ser gracioso.

◆ **wear away** ◇ *vt sep* desgastar. ◇ *vi* desgastarse.

◆ **wear down** ◇ *vt sep* **-1.** [reduce size of] desgastar **-2.** [weaken] agotar. ◇ *vi* desgastarse.

◆ **wear off** *vi* desaparecer, disiparse.

◆ **wear on** *vi* transcurrir.

◆ **wear out** ◇ *vt sep* **-1.** [shoes, clothes] gastar **-2.** [person] agotar. ◇ *vi* gastarse.

wearable ['weərəbl] *adj* que se puede llevar.

wearily ['wɪərɪlɪ] *adv* fatigosamente.

weariness ['wɪərɪnɪs] *n* fatiga *f*, cansancio *m*.

wearing ['weərɪŋ] *adj* [exhausting] fatigoso(sa).

weary ['wɪərɪ] (*compar* **-ier**, *superl* **-iest**) *adj* fatigado(da), cansado(da); **to be ~ of sthg/of doing sthg** estar cansado de algo/de hacer algo.

weasel ['wi:zl] *n* comadreja *f*.

weather ['weðəʳ] ◇ *n* tiempo *m*; **what's the ~ like?** ¿qué tal tiempo hace?; **to make heavy ~ of sthg** complicar algo innecesariamente; **to be under the ~** no encontrarse muy bien. ◇ *vt* [crisis etc] superar. ◇ *vi*: **to ~ well** ser resistente.

weather-beaten [-ˌbi:tn] *adj* **-1.** [face, skin] curtido(da) **-2.** [building, stone] deteriorado(da) *(por la intemperie)*.

weather bureau *n US* servicio *m* meteorológico.

weathercock ['weðəkɒk] *n* veleta *f*.

weathered ['weðəd] *adj* deteriorado(da) *(por la intemperie)*.

weather forecast *n* parte *m* meteorológico, pronóstico *m* del tiempo.

weatherman ['weðəmæn] (*pl* **-men** [-men]) *n* hombre *m* del tiempo.

weather map *n* mapa *m* del tiempo.

weatherproof ['weðəpru:f] *adj* [clothing] impermeable; [building] resistente a la intemperie.

weather report *n* [on radio, TV] parte *m* meteorológico; [in newspaper] información *f* meteorológica.

weather vane [-veɪn] *n* veleta *f*.

weave [wi:v] (*pt* **wove**, *pp* **woven**) ◇ *n* tejido *m*. ◇ *vt* **-1.** [using loom] tejer **-2.** [move along]: **to ~ one's way (through)** colarse (por entre). ◇ *vi* [move]: **to ~ through** colarse por entre; **to ~ in and out of the traffic** avanzar zigzagueando en el tráfico.

weaver ['wi:vəʳ] *n* tejedor *m*, -ra *f*.

weaving ['wi:vɪŋ] *n* tejeduría *f*.

web [web] *n* **-1.** [cobweb] telaraña *f* **-2.** *fig* [of lies etc] urdimbre *f*, entramado *m* **-3.** COMPUT: **the Web** la Web.

webbed [webd] *adj* palmeado(da).

webbing ['webɪŋ] *n (U)* reps *m inv.*

web browser *n* COMPUT navegador *m*.

webcam ['webkæm] *n* cámara *f* web.

webcast ['webkɑ:st] *n* emisión *f* por la Web.

web designer *n* diseñador *m*, -ra *f* de páginas Web.

web-footed [-'fʊtɪd] *adj* palmípedo(da).

web page *n* página *f* web.

webphone ['webfəʊn] *n* teléfono *m* por Internet.

Web site *n* sitio *m* Web.

wed [wed] (*pt* & *pp* **-ded** OR **wed**) *literary* ◇ *vt* desposar. ◇ *vi* desposarse.

we'd [wi:d] = **we had, we would**.

Wed. (*abbr of* **Wednesday**) miérc.

wedded ['wedɪd] *adj* [committed]: **~ to sthg** entregado(da) a algo.

wedding ['wedɪŋ] *n* boda *f*, casamiento *m*.

wedding anniversary *n* aniversario *m* de boda.

wedding cake *n* tarta *f* nupcial, pastel *m* de bodas, torta *f* de boda OR matrimonio OR novios *Andes, Col, CSur, Ven*, torta *f* de casamiento *RP* OR de novia *Chile*.

wedding dress *n* traje *m* de novia.

wedding reception *n* fiesta *f* de bodas.

wedding ring *n* anillo *m* de boda, argolla *f Amér.*

wedge [wedʒ] ◇ *n* **-1.** [for steadying or splitting] cuña *f*; **to drive a ~ between** dividir a; **the**

thin end of the ~ la punta del iceberg **-2.** [triangular slice] porción *f*, trozo *m*. <> *vt*: **to ~ sthg open/shut** dejar algo abierto/cerrado con una cuña.

wedlock ['wedlɒk] *n (U) literary* desposorio *m*.

Wednesday ['wenzdɪ] *n* miércoles *m inv*; *see also* **Saturday**.

wee [wi:] <> *adj Scot* pequeño(ña); **a ~ bit** un poquito. <> *n v inf* pipí *m*; **to do a ~** hacer pipí. <> *vi v inf* hacer pipí.

weed [wi:d] <> *n* **-1.** [wild plant] mala hierba *f* **-2.** *UK inf* [feeble person] canijo *m*, -ja *f*. <> *vt* desherbar, escardar.

◆ **weed out** *vt sep* extirpar.

weeding ['wi:dɪŋ] *n* escarda *f*, limpieza *f* de malas hierbas; **to do the ~** escaradar.

weedkiller ['wi:dˌkɪlə^r] *n* herbicida *m*.

weedy ['wi:dɪ] (*compar* **-ier**, *superl* **-iest**) *adj* **-1.** [overgrown with weeds] cubierto(ta) de malas hierbas **-2.** *UK inf* [feeble] enclenque.

week [wi:k] *n* [gen] semana *f*; **a ~ on Saturday, Saturday ~** del sábado en ocho días; **this/next ~** esta/la próxima semana; **in 2 ~s' time** en dos semanas; **we haven't seen him for ~s** hace semanas que no lo vemos.

weekday ['wi:kdeɪ] *n* día *m* laborable.

weekend [ˌwi:k'end] *n* fin *m* de semana.

weekend bag *n* (bolsa *f* de) fin *m* de semana.

weekly ['wi:klɪ] <> *adj* semanal. <> *adv* semanalmente. <> *n* semanario *m*, periódico *m* semanal.

weep [wi:p] (*pt* & *pp* **wept**) <> *n*: **to have a ~** llorar. <> *vt* derramar. <> *vi* llorar.

weeping willow [ˌwi:pɪŋ-] *n* sauce *m* llorón.

weepy [wi:pɪ] (*compar* **-ier**, *superl* **-iest**) <> *adj* [tearful] lloroso(sa); **to feel ~** estar lloroso(sa). <> *n* [film] película *f* lacrimógena.

wee-wee = **wee**.

weigh [weɪ] *vt* **-1.** [gen] pesar **-2.** [consider carefully] sopesar; **she ~ed her words** sopesó sus palabras.

◆ **weigh down** *vt sep* **-1.** [physically] sobrecargar **-2.** [mentally]: **to be ~ed down by** *OR* **with** estar abrumado(da) de *OR* por.

◆ **weigh (up)on** *vt fus* abrumar; **it ~ed on his mind** le pesaba en la conciencia.

◆ **weigh out** *vt sep* pesar.

◆ **weigh up** *vt sep* **-1.** [consider carefully] sopesar **-2.** [size up] hacerse una idea de.

weighbridge ['weɪbrɪdʒ] *n UK* puente *m* basculante.

weighing machine ['weɪɪŋ-] *n* báscula *f*.

weight [weɪt] <> *n* **-1.** [gen] peso *m*; **to put on** *OR* **gain ~** engordar; **to lose ~** adelgazar; **to carry ~** tener peso; **it's a ~ off my mind** me ha quitado un peso de encima; **to pull one's ~** poner (uno) de su parte; **to take the ~ off one's feet** descansar; **to throw one's ~ about** comportarse de manera autoritaria **-2.** [metal object] pesa *f*. <> *vt*: **to ~ sthg (down)** sujetar algo con un peso.

weighted ['weɪtɪd] *adj*: **to be ~ in favour of/against** inclinarse a favor/en contra de.

weighting ['weɪtɪŋ] *n prima por vivir en una ciudad con alto coste de vida*.

weightlessness ['weɪtlɪsnɪs] *n* ingravidez *f*.

weightlifter ['weɪtˌlɪftə^r] *n* levantador *m* de pesos.

weightlifting ['weɪtˌlɪftɪŋ] *n* levantamiento *m* de pesos, halterofilia *f*.

weight training *n* levantamiento *m* de pesos.

weight watcher *n* persona *f* a dieta.

weighty ['weɪtɪ] (*compar* **-ier**, *superl* **-iest**) *adj* [serious] de peso.

weir [wɪə^r] *n* presa *f*, dique *m*.

weird [wɪəd] *adj* raro(ra), extraño(ña).

weirdo ['wɪədəʊ] (*pl* **-s**) *n inf* bicho *m* raro.

welcome ['welkəm] <> *adj* **-1.** [guest] bienvenido(da); **to make sb ~** acoger bien a alguien **-2.** [free]: **you're ~ to come** si quieres, puedes venir **-3.** [appreciated]: **to be ~** ser de agradecer **-4.** [in reply to thanks]: **you're ~** de nada. <> *n* bienvenida *f*; **to give sb a warm ~** dar una calurosa bienvenida a alguien. <> *vt* **-1.** [receive] dar la bienvenida a **-2.** [approve, support] recibir bien. <> *excl* ¡bienvenido(da)!

welcoming ['welkəmɪŋ] *adj* cordial.

weld [weld] <> *n* soldadura *f*. <> *vt* soldar.

welder ['weldə^r] *n* soldador *m*, -ra *f*.

welfare ['welfeə^r] <> *adj* de asistencia social. <> *n* **-1.** [state of well-being] bienestar *m* **-2.** *US* [income support] subsidio *m* de la seguridad social; **to be on ~** recibir un subsidio.

welfare state *n*: **the ~** el Estado de bienestar.

well [wel] (*compar* **better**, *superl* **best**) <> *adj* bien; **to be ~** [healthy] estar bien (de salud); **I don't feel well ~** no me siento bien; **to get ~** mejorarse; **all is ~** todo va bien; **(that's all) ~ and good** (eso está) muy bien; **(it's) just as ~** menos mal; **it would be as ~ to check first** sería mejor comprobar primero. <> *adv* **-1.** [satisfactorily, thoroughly] bien; **to go ~** ir bien; **he's doing very ~ at his new school** le va muy bien en el nuevo colegio; **~ done!** ¡muy bien!; **~ and truly** completamente; **to be ~ in with sb** *inf* ser muy amiguete de alguien; **to be ~ out of sthg** *inf* tener la suerte de haberse salido de algo **-2.** [definitely, certainly] claramente, definitivamente; **it was ~ worth it** sí que valió la pena **-3.** [as emphasis]: **you know perfectly ~ (that)** sabes de sobra (que) **-4.** [very possibly]: **it could ~ rain** es muy posible que llueva. <> *n* pozo *m.* <> *excl* **-1.** [gen] bueno; **oh ~!** ¡en fin! **-2.** [in surprise] ¡vaya!

◆ **as well** *adv* **-1.** [in addition] también **-2.** [with same result]: **you may** *OR* **might as ~ (do it)** ¿y por qué no (lo haces)?

◆ **as well as** *conj* además de.

◆ **well up** *vi* brotar.

we'll [wi:l] = **we shall, we will.**

well-adjusted *adj* muy integrado(da).

well-advised [-əd'vaɪzd] *adj* sensato(ta); **you would be ~ to do it** sería aconsejable que lo hicieras.

well-appointed [-ə'pɔɪntɪd] *adj* bien equipado(da).

well-balanced *adj* equilibrado(da).

well-behaved [-bɪ'heɪvd] *adj* formal, bien educado(da); **to be ~** portarse bien.

wellbeing [ˌwel'bi:ɪŋ] *n* bienestar *m.*

well-bred [-'bred] *adj* bien educado(da).

well-built *adj* fornido(da).

well-chosen *adj* atinado(da), acertado(da).

well-disposed *adj*: **to be ~ to sb/sthg, to be ~ towards sb/sthg** tener buena disposición hacia alguien/para algo.

well-done *adj* [thoroughly cooked] muy hecho(cha).

well-dressed [-'drest] *adj* bien vestido(da).

well-earned [-'ɜ:nd] *adj* bien merecido(da).

well-established *adj* [custom, tradition] arraigado(da); [company] de sólida reputación.

well-fed *adj* bien alimentado(da).

well-groomed [-'gru:md] *adj* bien arreglado(da).

well-heeled [-hi:ld] *adj inf* ricachón(ona).

wellies ['welɪz] *npl UK inf* botas *fpl* de agua.

well-informed *adj*: **to be ~ (about** *OR* **on)** estar bien informado(da) (sobre).

wellington boots ['welɪŋtən-], **wellingtons** ['welɪŋtənz] *npl* botas *fpl* de agua.

well-intentioned [-ɪn'tenʃnd] *adj* bienintencionado(da).

well-kept *adj* **-1.** [neat, tidy] bien cuidado(da) **-2.** [not revealed] bien guardado(da).

well-known *adj* conocido(da).

well-mannered [-'mænəd] *adj* de buenos modales, educado(da).

well-meaning *adj* bienintencionado(da).

well-nigh [-naɪ] *adv* casi.

well-off *adj* **-1.** [rich] acomodado(da), rico(ca) **-2.** [well-provided]: **to be ~ for sthg** tener bastante de algo; **not to know when one is ~** *inf* no saber uno la suerte que tiene.

well-paid *adj* bien pagado(da).

well-preserved *adj* bien conservado(da).

well-proportioned [-prə'pɔ:ʃnd] *adj* bien proporcionado(da).

well-read [-'red] *adj* instruido(da), culto(ta).

well-rounded [-'raʊndɪd] *adj* [varied] completo(ta).

well-spoken *adj* bienhablado(da).

well-thought-of *adj* de buena reputación; **to be ~** tener prestigio.

well-thought-out *adj* bien pensado(da).

well-timed *adj* oportuno(na).

well-to-do *adj* de dinero, adinerado(da).

wellwisher ['welˌwɪʃəʳ] *n* simpatizante *m OR f* (que da muestras de apoyo).

well-woman clinic *n UK centro sanitario para mujeres o tiempo dedicado a la atención sanitaria a mujeres en ambulatorios.*

Welsh [welʃ] <> *adj* galés(esa). <> *n* [language] galés *m.* <> *npl*: **the ~** los galeses.

Welshman ['welʃmən] (*pl* **-men** [-mən]) *n* galés *m.*

Welsh rarebit [-'reəbɪt] *n tostada cubierta de queso fundido.*

Welshwoman ['welʃˌwʊmən] (*pl* **-women** [-ˌwɪmɪn]) *n* galesa *f.*

welter ['weltəʳ] *n* revoltijo *m*, batiburrillo *m.*

welterweight ['weltəweɪt] *n* peso *m* wélter.

wend [wend] *vt literary*: **to ~ one's way towards** encaminar (uno) sus pasos hacia.

wendy house ['wendɪ-] *n UK casita de juguete del tamaño de un niño.*

went [went] *pt* ▷ **go.**

wept [wept] *pt & pp* ▷ **weep.**

were [wɜ:ʳ] *pt* ▷ **be.**

we're [wɪəʳ] = **we are.**

weren't [wɜ:nt] = **were not.**

werewolf ['wɪəwʊlf] (*pl* **-wolves** [-wʊlvz]) *n* hombre *m* lobo.

west [west] <> *n* **-1.** [direction] oeste *m* **-2.** [region]: **the West** el Oeste. <> *adj* del oeste. <> *adv*: **~ (of)** al oeste (de).

◆ **West** *n POL*: **the West** Occidente.

West Bank *n*: **the ~** Cisjordania.

westbound ['westbaʊnd] *adj* con rumbo al oeste.

West Country *n UK*: **the ~** el sudoeste de Inglaterra.

West End *n UK*: **the ~** *zona central de*

Londres, famosa por sus teatros, tiendas etc.

westerly ['westəlɪ] *adj* [wind] del oeste; **in a ~ direction** hacia el oeste.

western ['westən] ◇ *adj* occidental. ◇ *n* [film] película *f* del oeste, western *m*.

Westerner ['westənəʳ] *n* POL occidental *m* OR *f*.

westernize, -ise ['westənaɪz] *vt* occidentalizar.

West German ◇ *adj* de la Alemania Occidental. ◇ *n* [person] alemán *m*, -ana *f* occidental.

West Germany *n*: **(the former) ~** (la antigua) Alemania Occidental.

West Indian ◇ *adj* antillano(na). ◇ *n* [person] antillano *m*, -na *f*.

West Indies [-'ɪndi:z] *npl*: **the ~** las Antillas.

Westminster ['westmɪnstəʳ] *n barrio londinense en que se encuentra el parlamento británico; por extensión éste.*

WESTMINSTER

En este barrio londinense se encuentran el Parlamento británico y el palacio de Buckingham. Con esta misma denominación se hace referencia al mencionado Parlamento.

West Virginia *n* Virginia Occidental.

westward ['westwəd] ◇ *adj* hacia el oeste. ◇ *adv* = **westwards**.

westwards ['westwədz] *adv* hacia el oeste.

wet [wet] (*compar* **-ter**, *superl* **-test**, *pt* & *pp* **wet** OR **-ted**, *cont* **-ting**) ◇ *adj* **-1.** [soaked] mojado(da); [damp] húmedo(da); **to get ~** mojarse **-2.** [rainy] lluvioso(sa) **-3.** [paint, cement] fresco(ca); **~ paint** recién pintado(da) **-4.** [eyes] lleno(na) de lágrimas **-5.** *UK inf pej* [weak, feeble] ñoño(ña). ◇ *n inf* POL *político conservador moderado.* ◇ *vt* **-1.** [soak] mojar; [dampen] humedecer **-2.** [urinate in]: **to ~ the bed** orinarse en la cama; **to ~ o.s.** orinarse encima.

wetback *n US* espalda *m* OR *f* mojada.

wet blanket *n inf pej* aguafiestas *m* OR *f*.

wet-look *adj* brillante.

wetness ['wetnɪs] *n* humedad *f*.

wet nurse *n* nodriza *f*, ama *f* de cría.

wet rot *n pudrimiento de la madera causado por la humedad.*

wet suit *n* traje *m* de submarinista.

WEU (*abbr of* **Western European Union**) *n* UEO *f*.

we've [wi:v] = **we have**.

whack [wæk] *inf* ◇ *n* **-1.** [hit] castañazo *m*, cachetada *f* ***Amér*** **-2.** [share] parte *f*. ◇ *vt* [person] pegar, zurrar; [object] dar un porrazo a; ***US*** [murder] liquidar.

whacked [wækt] *adj* ***UK inf*** [exhausted] molido(da), hecho(cha) polvo.

whale [weɪl] *n* [animal] ballena *f*; **to have a ~ of a time** *inf* pasárselo bomba.

whaling ['weɪlɪŋ] *n* caza *f* de ballenas.

wham [wæm] *excl inf* ¡zas!

wharf [wɔ:f] (*pl* **-s** OR **wharves** [wɔ:vz]) *n* muelle *m*, embarcadero *m*.

what [wɒt] ◇ *adj* **-1.** *(in direct, indirect questions)* qué; **~ kind of car has she got?** ¿qué coche tiene?; **~ shape is it?** ¿qué forma tiene?; **he asked me ~ shape it was** me preguntó qué forma tenía; **~ colour is it?** ¿de qué color es? **-2.** *(in exclamations)* qué; **~ a surprise!** ¡qué sorpresa!; **~ a stupid idea!** ¡qué idea más tonta! ◇ *pron* **-1.** *(interrogative)* qué; **~ are they doing?** ¿qué hacen?; **she asked me ~ they were doing** me preguntó qué estaban haciendo; **~ are they talking about?** ¿de qué están hablando?; **~ is it called?** ¿cómo se llama?; **~ does it cost?** ¿cuánto cuesta?; **~ is it like?** ¿cómo es?; **~'s the Spanish for 'book'?** ¿cómo se dice 'book' en español?; **~ is this for?** ¿para qué es esto?; **~ about another drink/going out for a meal?** ¿qué tal otra copa/si salimos a comer?; **~ about me?** ¿y yo qué?; **~ if nobody comes?** ¿y si no viene nadie, qué? **-2.** *(relative)* lo que; **I saw ~ happened/he did** yo vi lo que ocurrió/hizo; **I don't know ~ to do** no sé qué hacer; **~ we need is ...** lo que nos hace falta es ... ◇ *excl* [expressing disbelief] ¿qué?; **~, no milk!** ¿cómo? ¿que no hay leche?

whatever [wɒt'evəʳ] ◇ *adj* cualquier; **eat ~ food you find** come lo que encuentres; **no chance ~** ni la más remota posibilidad; **nothing ~** nada en absoluto. ◇ *pron* **-1.** [no matter what]: **~ they may offer** ofrezcan lo que ofrezcan; **~ you like** lo que (tú) quieras; **don't touch this, ~ you do** hagas lo que hagas, no toques esto; **~ happens** pase lo que pase; **~ the weather** haga el tiempo que haga **-2.** [indicating surprise]: **~ do you mean?** ¿qué quieres decir? **-3.** [indicating ignorance]: **he told me to get a D.R.V., ~ that is** OR **may be** me dijo que consiguiera un D.R.V., sea lo que sea eso; **or ~** o lo que sea.

whatnot ['wɒtnɒt] *n inf*: **and ~** y cosas por el estilo.

whatsoever [ˌwɒtsəʊ'evəʳ] *adj*: **nothing ~** nada en absoluto; **none ~** ni uno.

wheat [wi:t] *n* trigo *m*.

wheat germ *n* germen *m* de trigo.

wheatmeal ['wi:tmi:l] *n* harina *f* semi-integral.

wheedle ['wi:dl] *vt* decir con zalamería; **to ~ sb into doing sthg** camelar OR engatusar a alguien para que haga algo; **to ~ sthg out of sb** sonsacarle algo a alguien.

wheel [wi:l] <> *n* **-1.** [gen] rueda *f* **-2.** [steering wheel] volante *m*; **to be at the ~** estar al volante. <> *vt* empujar *(algo sobre ruedas)*. <> *vi* **-1.** [move in circle] dar vueltas **-2.** [turn round]: **to ~ round** darse la vuelta.

wheelbarrow ['wi:lˌbærəʊ] *n* carretilla *f*.

wheelchair ['wi:lˌtʃeəʳ] *n* silla *f* de ruedas.

wheelclamp ['wi:lˌklæmp] *n* cepo *m*.

wheeler-dealer ['wi:ləʳ-] *n pej* zorro *m*.

wheeling and dealing ['wi:lɪŋ-] *n (U) pej* tejemanejes *mpl*.

wheeze [wi:z] <> *n* [sound] resuello *m*. <> *vi* resollar.

wheezy ['wi:zɪ] (*compar* **-ier**, *superl* **-iest**) *adj* que resuella.

whelk [welk] *n* buccino *m*.

when [wen] <> *adv (in direct, indirect question)* cuándo; **~ does the plane arrive?** ¿cuándo llega el avión?; **he asked me ~ I would be in London** me preguntó cuándo estaría en Londres; **I don't know ~ I'll be back** no sé cuándo volveré; **that was ~ I knew for sure that ...** fue entonces cuando me di cuenta que ...; **say ~!** ¡di basta! <> *conj* cuando; **tell me ~ you've read it** avísame cuando lo hayas leído; **on the day ~ it happened** el día (en) que pasó; **use less oil ~ frying food** utiliza menos aceite al freír comida; **you said it was black ~ it was actually white** dijiste que era negro cuando en realidad era blanco; **how can I buy it ~ I can't afford it?** ¿cómo voy a comprarlo si no tengo dinero?

whenever [wen'evəʳ] <> *conj* [no matter when] cuando; [every time] cada vez que; **~ you like** cuando quieras; **~ I call him he runs away** siempre que le llamo se marcha corriendo. <> *adv* cuando sea.

where [weəʳ] <> *adv (in direct, indirect questions)* dónde; **~ do you live?** ¿dónde vives?; **do you know ~ he lives?** ¿sabes dónde vive?; **~ are you from?** ¿de dónde eres?; **~ are we going?** ¿adónde vamos?; **I don't know ~ to start** no sé por dónde empezar. <> *conj* **-1.** [referring to place, situation] donde; **this is ~ ...** es aquí donde ...; **go ~ you like** vete (a) donde quieras **-2.** [whereas]: **children often understand ~ adults don't** los niños a menudo entienden en casos en los que los adultos no **-3.** [if]: **~ possible** siempre que sea posible.

whereabouts [*adv* ˌweərə'baʊts, *n* 'weərəbaʊts] <> *adv* (por) dónde. <> *npl* paradero *m*; **to know sb's ~** conocer el paradero de alguien.

whereas [weər'æz] *conj* mientras que.

whereby [weə'baɪ] *conj fml* según, el/la cual, por el/la cual.

whereupon [ˌweərə'pɒn] *conj fml* tras OR con lo cual.

wherever [weər'evəʳ] <> *conj* [no matter where] dondequiera que; **~ you go** dondequiera que vayas; **sit ~ you like** siéntate donde quieras. <> *adv* **-1.** [no matter where] en cualquier parte **-2.** [indicating surprise]: **~ did you hear that?** ¿dónde habrás oído eso?

wherewithal ['weəwɪðɔ:l] *n fml*: **to have the ~ to do sthg** disponer de los medios para hacer algo.

whet [wet] (*pt* & *pp* **-ted**, *cont* **-ting**) *vt*: **to ~ sb's appetite (for sthg)** despertar el interés de alguien (por algo).

whether ['weðəʳ] *conj* **-1.** [indicating choice, doubt] si; **she doesn't know ~ to go or stay** no sabe si quedarse o marcharse; **I doubt ~ she'll do it** dudo que lo haga **-2.** [no matter if]: **~ I want to or not** tanto si quiero como si no, quiera o no quiera.

whew [hwju:] *excl* ¡buf!

which [wɪtʃ] <> *adj* **-1.** *(in direct, indirect questions)* qué; **~ house is yours?** ¿cuál es tu casa?, ¿qué casa es la tuya?; **~ one?** ¿cuál?; **~ ones?** ¿cuáles? **-2.** [to refer back to]: **in ~ case** en cuyo caso; **we won't arrive until 6, by ~ time it will be dark** no llegaremos hasta la 6, hora a la cual ya será de noche. <> *pron* **-1.** *(in direct, indirect questions)* cuál, cuáles *(pl)*; **~ do you prefer?** ¿cuál prefieres?; **I can't decide ~ to have** no sé cuál coger **-2.** *(in relative clause replacing noun)* que; **the table, ~ was made of wood, ...** la mesa, que OR la cual era de madera, ...; **the world in ~ we live** el mundo en que OR en el cual vivimos **-3.** *(to refer back to a clause)* lo cual; **she denied it, ~ surprised me** lo negó, lo cual me sorprendió; **before ~** antes de lo cual.

whichever [wɪtʃ'evəʳ] <> *adj* **-1.** [no matter which]: **~ route you take** vayas por donde vayas **-2.** [the one which]: **~ colour you prefer** el color que prefieras. <> *pron* el que (la que), los que (las que) *(pl)*; **take ~ you like** coge el que quieras.

whiff [wɪf] *n* [smell] olorcillo *m*; **she caught a ~ of his after-shave** le llegó el olorcillo de su after-shave.

while [waɪl] <> *n* rato *m*; **it's a long ~ since I did that** hace mucho que no hago eso; **for a ~** un rato; **after a ~** después de un rato; **in a ~** dentro de poco; **once in a ~** de vez en cuando; **to be worth one's ~** merecerle la pena a uno. <> *conj* **-1.** [during the time that] mientras **-2.** [whereas] mientras que **-3.** [although] aunque.

◆ **while away** *vt sep* pasar; **to ~ away the**

time pasar el rato.

whilst [waɪlst] = **while**.

whim [wɪm] *n* capricho *m*.

whimper ['wɪmpəʳ] ◇ *n* gimoteo *m*, gemido *m*. ◇ *vt & vi* gimotear.

whimsical ['wɪmzɪkl] *adj* [idea, story] fantasioso(sa); [remark] extravagante, poco usual; [look] juguetón(ona).

whine [waɪn] ◇ *n* gemido *m*, lloriqueo *m*. ◇ *vi* **-1.** [child, dog] gemir; [siren] ulular **-2.** [complain]: **to ~ (about)** quejarse (de).

whinge [wɪndʒ] (*cont* **whingeing**) *vi UK inf*: **to ~ (about)** quejarse (de).

whip [wɪp] (*pt & pp* **-ped**, *cont* **-ping**) ◇ *n* **-1.** [for hitting] látigo *m*; [for horse] guasca *f CAm & Carib*, fusta *f* **-2.** *UK* POL *miembro de un partido encargado de asegurar que otros miembros voten en el parlamento*. ◇ *vt* **-1.** [gen] azotar **-2.** [take quickly]: **to ~ sthg out/off** sacar/quitar algo rápidamente **-3.** [whisk] batir.
◆ **whip up** *vt sep* [provoke] levantar.

whiplash injury ['wɪplæʃ-] *n* lesión *f* de cervicales por efecto de la inercia.

whipped cream [wɪpt-] *n* nata *f* montada.

whippet ['wɪpɪt] *n tipo de galgo pequeño*.

whip-round *n UK inf*: **to have a ~** hacer una colecta.

whirl [wɜːl] ◇ *n* **-1.** [rotating movement] remolino *m*; **to be in a ~** estar aturullado **-2.** *fig* [of activity, events] torbellino *m* **-3.** *phr*: **let's give it a ~** *inf* lancémonos. ◇ *vt*: **to ~ sb/sthg round** hacer dar vueltas a alguien/algo. ◇ *vi* **-1.** [move around] arremolinarse; [dancers] girar vertiginosamente **-2.** *fig* [head, mind] dar vueltas.

whirlpool ['wɜːlpuːl] *n* remolino *m*.

whirlwind ['wɜːlwɪnd] ◇ *adj fig* vertiginoso(sa). ◇ *n* torbellino *m*.

whirr [wɜːʳ] ◇ *n* zumbido *m*. ◇ *vi* zumbar.

whisk [wɪsk] ◇ *n* CULIN varilla *f*. ◇ *vt* **-1.** [move quickly]: **to ~ sthg away/out** llevarse/sacar algo rápidamente; **we were ~ed off to visit the museum** nos llevaron rápidamente a visitar el museo **-2.** CULIN batir.

whisker ['wɪskəʳ] *n* (pelo *m* del) bigote *m*.
◆ **whiskers** *npl* [of person] patillas *fpl*; [of cat] bigotes *mpl*.

whisky *UK* (*pl* -ies), **whiskey** *US & Irish* (*pl* -s) ['wɪskɪ] *n* whisky *m*.

whisper ['wɪspəʳ] ◇ *n* [gen] susurro *m*; [of voices] cuchicheo *m*. ◇ *vt* susurrar. ◇ *vi* cuchichear.

whispering ['wɪspərɪŋ] *n (U)* cuchicheos *mpl*.

whist [wɪst] *n* whist *m*.

whistle ['wɪsl] ◇ *n* **-1.** [sound] silbido *m*, pitido *m* **-2.** [device] silbato *m*, pito *m*. ◇ *vt* silbar. ◇ *vi* **-1.** [person] silbar, chiflar *Amér*; [referee] pitar; [bird] piar **-2.** [move quickly]: **to ~ past** pasar como un rayo **-3.** [kettle, train] silbar, pitar.

whistle-stop tour *n recorrido rápido con múltiples paradas*.

Whit [wɪt] *n UK* Pentecostés *m*.

white [waɪt] ◇ *adj* **-1.** [gen] blanco(ca); **to go** OR **turn ~** ponerse blanco **-2.** [coffee, tea] con leche. ◇ *n* **-1.** [colour] blanco *m* **-2.** [person] blanco *m*, -ca *f* **-3.** [of egg] clara *f* **-4.** [of eye] blanco *m*.
◆ **whites** *npl* ropa *f* blanca *(para tenis, críquet)*.

white blood cell *n* glóbulo *m* blanco.

whiteboard ['waɪtbɔːd] *n* pizarra *f* blanca, tablero *m* blanco *(para escribir con rotuladores)*.

white Christmas *n* Navidad *f* con nieve.

white-collar *adj* de oficina; **~ worker** oficinista *m* OR *f*.

white elephant *n fig* mamotreto *m (caro e inútil)*.

white goods *npl* **-1.** [household machines] línea *f* blanca (de electrodomésticos) **-2.** [linen] lencería *f*.

white-haired [-'heəd] *adj* canoso(sa), de pelo blanco.

Whitehall ['waɪthɔːl] *n calle londinense en que se encuentra la Administración británica; por extensión ésta*.

WHITEHALL

En esta calle de Londres se encuentran los principales centros de la Administración británica. Por extensión, este nombre se emplea también para referirse a la citada Administración.

white-hot *adj* candente, incandescente.

White House *n*: **the ~** la Casa Blanca.

WHITE HOUSE

La Casa Blanca es la residencia oficial y lugar de trabajo del presidente de los Estados Unidos. Se encuentra en Washington, que además de ser la capital del país es la sede del Gobierno federal. La Casa Blanca es un símbolo tanto de la presidencia como del ramo ejecutivo del Gobierno estadounidense.

white lie *n* mentira *f* piadosa.

white light *n (U)* luz *f* blanca.

white magic *n* magia *f* blanca.

white meat *n (U)* carnes *fpl* blancas.

whiten ['waɪtn] ◇ *vt* blanquear. ◇ *vi*

ponerse blanco(ca).
whitener ['waɪtnəʳ] *n* blanqueador *m.*
whiteness ['waɪtnɪs] *n* blancura *f.*
white noise *n (U)* ruido *m* blanco.
whiteout ['waɪtaʊt] *n pérdida total de visibilidad a causa de la nieve.*
white paper *n POL* libro *m* blanco.
white sauce *n* (salsa *f*) bechamel *f.*
white spirit *n UK especie de aguarrás.*
whitewash ['waɪtwɒʃ] <> *n* **-1.** *(U)* [paint] blanqueo *m,* lechada *f* (de cal) **-2.** *pej* [cover-up] encubrimiento *m.* <> *vt* **-1.** [paint] blanquear, encalar **-2.** *pej* [cover up] encubrir.
whitewater rafting ['waɪtˌwɔ:təʳ-] *n* descenso *m* (de rápidos) en piragua.
white wedding *n* boda *f* de blanco.
white wine *n* vino *m* blanco.
whiting ['waɪtɪŋ] *(pl inv* OR **-s)** *n* pescadilla *f.*
Whit Monday *n* lunes *m* de Pentecostés.
Whitsun ['wɪtsn] *n* [day] Pentecostés *m.*
whittle ['wɪtl] *vt* [reduce]: **to ~ down** OR **away** reducir gradualmente.
whiz (*pt* & *pp* **-zed**, *cont* **-zing**), **whizz** [wɪz] <> *n inf*: **to be a ~ at sthg** ser un genio OR prodigio en algo. <> *vi*: **to ~ past** OR **by** pasar muy rápido OR zumbando.
whiz(z) kid *n inf* genio *m,* prodigio *m.*
who [hu:] *pron* **-1.** *(in direct, indirect questions)* quién, quiénes *(pl)*; **~ are you?** ¿quién eres tú?; **~ is it?** [at door etc] ¿quién es?; **~ did you see?** ¿a quién viste?; **I didn't know ~ she was** no sabía quién era **-2.** *(in relative clauses)* que; **he's the doctor ~ treated me** es el médico que me atendió; **those ~ are in favour** los que están a favor.
WHO (*abbr of* **World Health Organization**) *n* OMS *f.*
who'd [hu:d] = **who had, who would.**
whodu(n)nit [ˌhu:'dʌnɪt] *n inf* historia *f* policíaca de misterio.
whoever [hu:'evəʳ] *pron* **-1.** [unknown person] quienquiera; *(pl)* quienesquiera; **~ finds it** quienquiera que lo encuentre; **tell ~ you like** díselo a quien quieras **-2.** [indicating surprise, astonishment]: **~ can that be?** ¿quién podrá ser? **-3.** [no matter who]: **come in, ~ you are** pasa, seas quién seas.
whole [həʊl] <> *adj* **-1.** [entire, complete] entero(ra); **we've had enough of the ~ thing** ya estamos hartos de todo esto **-2.** [for emphasis]: **a ~ lot of** muchísimos(mas); **a ~ lot taller** muchísimo más alto; **a ~ new idea** una idea totalmente nueva. <> *n* **-1.** [all]: **the ~ of the school/summer** el colegio/verano entero **-2.** [unit, complete thing] todo *m.*
◆ **as a whole** *adv* en conjunto, en su totalidad.
◆ **on the whole** *adv* en general.
wholefood ['həʊlfu:d] *n UK* comida *f* integral.
whole-hearted [-'hɑ:tɪd] *adj* incondicional.
wholemeal ['həʊlmi:l] *adj UK* integral.
wholemeal bread *n UK (U)* pan *m* integral.
whole note *n US* semibreve *f.*
wholesale ['həʊlseɪl] <> *adj* **-1.** COMM al por mayor **-2.** *pej* [indiscriminate] indiscriminado(da). <> *adv* **-1.** COMM al por mayor **-2.** *pej* [indiscriminately] indiscriminadamente.
wholesaler ['həʊlˌseɪləʳ] *n* mayorista *m* OR *f.*
wholesome ['həʊlsəm] *adj* sano(na), saludable.
whole wheat *US* = **wholemeal.**
who'll [hu:l] = **who will.**
wholly ['həʊlɪ] *adv* completamente, enteramente.
whom [hu:m] *pron* **-1.** *(in direct, indirect questions) fml* quién, quiénes *(pl)*; **from ~ did you receive it?** ¿de quién lo recibiste?; **for/of/to ~** por/de/a quién **-2.** *(in relative clauses)* que; **the man ~ I saw** el hombre que vi; **the man to ~ I gave it** el hombre al que se lo di; **several people came, none of ~ I knew** vinieron varias personas, de las que no conocía a ninguna.
whoop [wu:p] <> *n* grito *m* alborozado. <> *vi* gritar alborozadamente.
whoopee [wʊ'pi:] *excl* ¡yupi!
whooping cough ['hu:pɪŋ-] *n* tos *f* ferina.
whoops [wʊps] *excl* ¡uy!
whoosh [wʊʃ] *inf* <> *n* [of air] ráfaga *f*; [of water] chorro *m.* <> *vi* **-1.** [water]: **to ~ out** salir a chorro **-2.** [car, train]: **to ~ past** pasar a toda pastilla.
whopper ['wɒpəʳ] *n inf* **-1.** [big thing] bestialidad *f* **-2.** [lie] bola *f,* trola *f.*
whopping ['wɒpɪŋ] *inf* <> *adj* enorme. <> *adv*: **a ~ great lorry/lie, a ~ big lorry/lie** un camión/una mentira enorme.
whore [hɔ:ʳ] *n pej* puta *f,* cuero *m Amér.*
who're ['hu:əʳ] = **who are.**
whose [hu:z] <> *pron (in direct, indirect questions)* de quién, de quiénes *(pl)*; **~ is this?** ¿de quién es esto?; **I wonder ~ they are** me pregunto de quién serán. <> *adj* **-1.** [in direct, indirect questions] de quién; **~ car is that?** ¿de quién es ese coche? **-2.** *(in relative clauses)* cuyo(ya), cuyos(yas) *(pl)*; **that's the boy ~ father's an MP** ese es el chico cuyo padre es diputado; **the woman ~ daughters are twins** la mujer cuyas hijas son gemelas.
whosoever [ˌhu:səʊ'evəʳ] *pron dated* quienquiera que.

who's who [hu:z-] *n* [book] Quién es Quién *m*.
who've [hu:v] = **who have**.
why [waɪ] ◇ *adv* por qué; ~ **did you lie to me?** ¿por qué me mentiste?; ~ **don't you all come?** ¿por qué no venís todos?; ~ **not?** ¿por qué no? ◇ *conj* por qué; **I don't know** ~ **he said that** no sé por qué dijo eso. ◇ *pron*: **there are several reasons** ~ **he left** hay varias razones por las que se marchó; **that's** ~ **she did it** por eso es por lo que lo hizo; **I don't know the reason** ~ no se por qué razón. ◇ *excl* ¡hombre!, ¡vaya!
◆ **why ever** *adv*: ~ **ever did you do that?** ¿pero por qué has hecho eso?.
WI ◇ *abbr of* **Women's Institute**. **-1.** *abbr of* **West Indies -2.** *abbr of* **Wisconsin**.
wick [wɪk] *n* mecha *f*; **to get on sb's** ~ *UK inf fig* sacar de quicio a alguien.
wicked ['wɪkɪd] *adj* **-1.** [evil] malvado(da) **-2.** [mischievous, devilish] travieso(sa) **-3.** *inf* [very good] molón(ona), chachi *(inv)*.
wicker ['wɪkə^r] *adj* de mimbre.
wickerwork ['wɪkəwɜ:k] *n (U)* artículos *mpl* de mimbre.
wicket ['wɪkɪt] *n* CRICKET [stumps] palos *mpl*.
wicket keeper *n* guardián *mf* de los palos.
wide [waɪd] ◇ *adj* **-1.** [broad] ancho(cha); **how** ~ **is it?** ¿cuánto mide de ancho?; **it's 50 cm** ~ tiene 50 cm de ancho **-2.** [range, choice etc] amplio(plia) **-3.** [gap, difference, implications] grande, considerable **-4.** [eyes] muy abierto(ta) **-5.** [off-target] desviado(da). ◇ *adv* **-1.** [broadly]: **to open/spread sthg** ~ abrir/desplegar algo completamente **-2.** [off target]: **to go** OR **be** ~ salir desviado.
wide-angle lens *n* gran angular *m*.
wide awake *adj* completamente despierto(ta).
wide boy *n UK inf pej* pájaro *m* de cuenta.
wide-eyed [-'aɪd] *adj* **-1.** [surprised, frightened] con los ojos muy abiertos *(de miedo o sorpresa)* **-2.** [innocent, gullible] inocente, simple.
widely ['waɪdlɪ] *adv* **-1.** [smile, yawn] ampliamente **-2.** [travel, read] extensamente; **to be** ~ **read/travelled** haber leído/viajado mucho **-3.** [believed, known, loved] generalmente; **there is a** ~ **held view that ...** existe la creencia generalizada de que ... **-4.** [differ, vary] mucho.
widen ['waɪdn] ◇ *vt* [gen] ampliar; [road, bridge] ensanchar. ◇ *vi* **-1.** [gen] ampliarse; [river, road] ensancharse **-2.** [eyes] abrirse mucho.
wide open *adj* **-1.** [window, door] abierto(ta) de par en par **-2.** [eyes] completamente abierto(ta) **-3.** [spaces] extenso(sa).
wide-ranging [-'reɪndʒɪŋ] *adj* [changes, survey, consequences] de gran alcance; [discussion, interests] de gran variedad; [selection] amplio(plia).
widescreen TV ['waɪdskri:n-] *n* televisor *m* panorámico, televisor *m* de pantalla ancha.
widespread ['waɪdspred] *adj* extendido(da), general.
widow ['wɪdəʊ] *n* [woman] viuda *f*.
widowed ['wɪdəʊd] *adj* viudo(da).
widower ['wɪdəʊə^r] *n* viudo *m*.
width [wɪdθ] *n* **-1.** [breadth] anchura *f*; **it's 50 cm in** ~ tiene 50 cm de ancho **-2.** [in swimming pool] ancho *m*.
widthways ['wɪdθweɪz] *adv* a lo ancho.
wield [wi:ld] *vt* **-1.** [weapon] esgrimir; [implement] manejar **-2.** [power] ejercer.
wife [waɪf] (*pl* **wives**) *n* mujer *f*, esposa *f*.
wig [wɪg] *n* peluca *f*.
wiggle ['wɪgl] *inf* ◇ *n* **-1.** [movement] meneo *m*; [of hips etc] contoneo *m* **-2.** [wavy line] línea *f* ondulada. ◇ *vt* menear; [hips etc] contonear. ◇ *vi* menearse; [hips etc] contonearse.
wiggly ['wɪglɪ] (*compar* **-ier**, *superl* **-iest**) *adj inf* **-1.** [line] ondulado(da) **-2.** [tooth, chair leg etc] suelto(ta).
wigwam ['wɪgwæm] *n* tipi *m*.
wild [waɪld] ◇ *adj* **-1.** [gen] salvaje; [plant, flower] silvestre; [bull] bravo(va), chúcaro(ra) *Amér* **-2.** [landscape, scenery] agreste **-3.** [weather, sea] borrascoso(sa) **-4.** [crowd, laughter, applause] frenético(ca); **to run** ~ descontrolarse **-5.** [hair] alborotado(da) **-6.** [hope, idea, plan] descabellado(da) **-7.** [guess, exaggeration] extravagante **-8.** *inf* [very enthusiastic]: **to be** ~ **about** estar loco por. ◇ *n*: **in the** ~ en libertad, en su habitat natural.
◆ **wilds** *npl*: **the** ~**s** las tierras remotas.
wild card *n* COMPUT comodín *m*.
wildcat ['waɪldkæt] *n* [animal] gato *m* montés.
wildcat strike *n* huelga *f* salvaje.
wildebeest ['wɪldɪbi:st] (*pl inv* OR **-s**) *n* ñu *m*.
wilderness ['wɪldənɪs] *n* **-1.** [barren land] yermo *m*, desierto *m* **-2.** [overgrown land] jungla *f* **-3.** *fig* [unimportant place]: **in the political** ~ en el anonimato político.
wildfire ['waɪld,faɪə^r] *n*: **to spread like** ~ propagarse como un reguero de pólvora.
wild flower *n* flor *f* silvestre.
wild-goose chase *n inf* búsqueda *f* infructuosa.
wildlife ['waɪldlaɪf] *n (U)* fauna *f*.
wildly ['waɪldlɪ] *adv* **-1.** [enthusiastically] frenéticamente **-2.** [without discipline, inaccurately] a lo

loco **-3.** [very] extremadamente **-4.** [menacingly] salvajemente.

wild west *n inf*: **the ~** el salvaje oeste.

wiles [waɪlz] *npl* artimañas *fpl*.

wilful *UK*, **willful** *US* ['wɪlfʊl] *adj* **-1.** [stubborn] que siempre se tiene que salir con la suya **-2.** [deliberate] deliberado(da), intencionado(da).

will¹ [wɪl] <> *n* **-1.** [gen] voluntad *f*; **against one's ~** contra la voluntad de uno; **to do sthg of one's own free ~** hacer algo por propia voluntad; **at ~** a voluntad **-2.** [document] testamento *m*; **to make a ~** hacer testamento. <> *vt*: **to ~ sthg to happen** desear mucho que ocurra algo; **to ~ sb to do sthg** desear mucho que alguien haga algo.

will² [wɪl] *modal vb* **-1.** [to express future tense]: **they say it ~ rain tomorrow** dicen que lloverá *OR* va a llover mañana; **I'll be arriving at six** llegaré a las seis; **we ~ have arrived by midday** habremos llegado a mediodía; **when ~ we get paid?** ¿cuándo nos pagarán?; **~ they come? – yes, they ~/no, they won't** ¿vendrán? – sí/no; **you ~ come, won't you?** *emphatic* vas a venir, ¿no? **-2.** [indicating willingness]: **~ you have some more tea?** ¿te apetece más té?; **I won't do it** no lo haré **-3.** [in commands, requests]: **you ~ leave this house at once** vas a salir de esta casa ahora mismo; **close that window, ~ you?** cierra la ventana, ¿quieres?; **~ you be quiet!** ¿queréis hacer el favor de callaros? **-4.** [indicating possibility, what usually happens]: **the hall ~ hold up to 1,000 people** la sala tiene cabida para 1.000 personas; **this ~ stop any draughts** esto evitará las corrientes **-5.** [expressing an assumption]: **that'll be your father** ese va a ser *OR* será tu padre; **as you'll have gathered, I'm not keen on the idea** como ya os imaginaréis, a mí no me hace gracia la idea **-6.** [indicating irritation]: **well, if you ~ leave your toys everywhere ...** normal, si vais dejando los juguetes por todas partes ...; **she ~ keep phoning me** ¡y venga a llamarme!

willful *US* = **wilful**.

willing ['wɪlɪŋ] *adj* **-1.** [prepared]: **to be ~ (to do sthg)** estar dispuesto(ta) (a hacer algo) **-2.** [eager] servicial.

willingly ['wɪlɪŋlɪ] *adv* de buena gana.

willingness ['wɪlɪŋnɪs] *n*: **~ (to do sthg)** disposición *f* (para hacer algo).

willow (tree) ['wɪləʊ-] *n* sauce *m*.

willowy ['wɪləʊɪ] *adj* esbelto(ta).

willpower ['wɪl,paʊə^r] *n* fuerza *f* de voluntad.

willy ['wɪlɪ] (*pl* **-ies**) *n UK inf* pito *m*.

willy-nilly [,wɪlɪ'nɪlɪ] *adv* [carelessly] a la buena de Dios.

wilt [wɪlt] *vi* [plant] marchitarse; [person] desfallecer, extenuarse.

Wilts [wɪlts] (*abbr of* **Wiltshire**) *condado inglés*.

wily ['waɪlɪ] (*compar* **-ier**, *superl* **-iest**) *adj* astuto(ta).

wimp [wɪmp] *n pej inf* blandengue *m OR f*.

win [wɪn] (*pt* & *pp* **won**, *cont* **-ning**) <> *n* victoria *f*, triunfo *m*. <> *vt* ganar. <> *vi* ganar; **you/I** *etc* **can't ~** no hay manera.

◆ **win over, win round** *vt sep* convencer.

wince [wɪns] <> *vi* hacer una mueca de dolor; **to ~ at/with sthg** estremecerse ante/de algo. <> *n* mueca *f* de dolor.

winch [wɪntʃ] <> *n* torno *m*. <> *vt*: **to ~ sthg up/out** levantar/sacar algo con torno.

wind¹ [wɪnd] <> *n* **-1.** *METEOR* viento *m* **-2.** [breath] aliento *m*, resuello *m* **-3.** *(U)* [in stomach] gases *mpl*; **to break ~** *euphemism* ventosear **-4.** [in orchestra]: **the ~** los instrumentos de viento **-5.** *phr*: **to get ~ of sthg** *inf* enterarse de algo. <> *vt* **-1.** [knock breath out of] dejar sin aliento **-2.** *UK* [baby] hacer que eructe.

wind² [waɪnd] (*pt* & *pp* **wound**) <> *vt* **-1.** [string, thread] enrollar; **to ~ sthg around sthg** enrollar algo alrededor de algo **-2.** [clock, watch] dar cuerda a **-3.** *phr*: **to ~ its way** serpentear. <> *vi* serpentear.

◆ **wind down** <> *vt sep* **-1.** [car window] bajar **-2.** [business] cerrar poco a poco. <> *vi* **-1.** [clock, watch] pararse **-2.** [person] relajarse, descansar.

◆ **wind up** <> *vt sep* **-1.** [finish - activity] finalizar, concluir; [business] liquidar **-2.** [clock, watch] dar cuerda a **-3.** [car window] subir **-4.** *UK inf* [annoy] vacilar, tomar el pelo a. <> *vi inf* [end up] terminar, acabar; **to ~ up doing sthg** acabar haciendo algo.

windbreak ['wɪndbreɪk] *n* protección *f* contra el viento.

windcheater *UK* ['wɪnd,tʃi:tə^r], **windbreaker** *US* ['wɪnd,breɪkə^r] *n* cazadora *f*.

windchill ['wɪndtʃɪl] *n*: **~ factor** *efecto por el cual el viento reduce la temperatura efectiva*.

winded ['wɪndɪd] *adj* sin aliento.

windfall ['wɪndfɔ:l] *n* **-1.** [fruit] fruta *f* caída **-2.** [unexpected gift] dinero *m* llovido del cielo.

wind farm *n* parque *m* eólico.

winding ['waɪndɪŋ] *adj* tortuoso(sa), sinuoso(sa).

wind instrument [wɪnd-] *n* instrumento *m* de viento.

windmill ['wɪndmɪl] *n* molino *m* de viento.

window ['wɪndəʊ] *n* **-1.** [gen & *COMPUT*] ventana *f* **-2.** *AUT* ventanilla *f* **-3.** [of shop] escaparate *m*.

window box *n* jardinera *f* (de ventana).
window cleaner *n* **-1.** [person] limpiacristales *m* OR *f inv* **-2.** [product] limpiacristales *m inv.*
window dressing *n (U)* **-1.** [in shop] escaparatismo *m* **-2.** *fig* [non-essentials] pura fachada *f.*
window envelope *n* sobre *m* de ventanilla.
window frame *n* marco *m* de ventana.
window ledge *n* alféizar *m.*
window pane *n* cristal *m* (de la ventana).
window shade *n US* persiana *f.*
window-shopping *n*: **to go ~** ir de escaparates.
windowsill ['wɪndəʊsɪl] *n* alféizar *m.*
windpipe ['wɪndpaɪp] *n* tráquea *f.*
windscreen *UK* ['wɪndskri:n], **windshield** *US* ['wɪndʃi:ld] *n* parabrisas *m inv.*
windscreen washer *n* lavaparabrisas *m inv.*
windscreen wiper *n* limpiaparabrisas *m inv.*
windshield *US* = **windscreen.**
windsock ['wɪndsɒk] *n* manga *f* de aire.
windsurfer ['wɪnd,sɜ:fəʳ] *n* **-1.** [person] windsurfista *m* OR *f* **-2.** [board] tabla *f* de windsurf.
windsurfing ['wɪnd,sɜ:fɪŋ] *n* windsurf *m.*
windswept ['wɪndswept] *adj* **-1.** [scenery] azotado(da) por el viento **-2.** [person, hair] despeinado(da).
wind tunnel [wɪnd-] *n* túnel *m* aerodinámico.
wind turbine *n* aerogenerador *m.*
windy ['wɪndɪ] (*compar* **-ier**, *superl* **-iest**) *adj* [day, weather] ventoso(sa), de mucho viento; [place] expuesto(ta) al viento; **it's ~** hace viento.
wine [waɪn] ◇ *n* vino *m*; **red/white ~** vino tinto/blanco. ◇ *vt*: **to ~ and dine sb** agasajar a alguien.
wine bar *n UK bar de cierta elegancia especializado en vinos y que a veces suele servir comidas.*
wine bottle *n* botella *f* de vino.
wine cellar *n* bodega *f.*
wineglass ['waɪnglɑ:s] *n* copa *f* OR vaso *m* (de vino).
wine list *n* lista *f* de vinos.
wine merchant *n UK* vinatero *m*, -ra *f.*
winepress ['waɪnpres] *n* lagar *m.*
wine tasting [-,teɪstɪŋ] *n* cata *f* de vinos.
wine waiter *n* sommelier *m.*
wing [wɪŋ] *n* **-1.** [gen] ala *f* **-2.** AUT guardabarros *m inv* **-3.** SPORT [side of pitch] banda *f*; [winger] extremo *m*, ala *m.*
◆ **wings** *npl* THEATRE: **the ~s** los bastidores.
wing commander *n UK* ≃ teniente *m* coronel de aviación.
winger ['wɪŋəʳ] *n* SPORT extremo *m*, ala *m.*
wing mirror *n* retrovisor *m.*
wing nut *n* palometa *f*, tuerca *f* de mariposa.
wingspan ['wɪŋspæn] *n* envergadura *f* (de alas).
wink [wɪŋk] ◇ *n* guiño *m*; **to have forty ~s** *inf* echarse un sueñecito; **not to sleep a ~, not to get a ~ of sleep** *inf* no pegar ojo. ◇ *vi* **-1.** [eye]: **to ~ (at sb)** guiñar (a alguien) **-2.** *literary* [lights] titilar, parpadear.
winkle ['wɪŋkl] *n* bígaro *m.*
winner ['wɪnəʳ] *n* ganador *m*, -ra *f.*
winning ['wɪnɪŋ] *adj* **-1.** [team, competitor] vencedor(ra), victorioso(sa); [goal, point] de la victoria; [ticket, number] premiado(da) **-2.** [smile, ways] atractivo(va).
◆ **winnings** *npl* ganancias *fpl.*
winning post *n* meta *f.*
winsome ['wɪnsəm] *adj literary* atractivo(va), encantador(ra).
winter ['wɪntəʳ] ◇ *n (U)* invierno *m*; **in ~** en invierno. ◇ *comp* de invierno, invernal.
winter sports *npl* deportes *mpl* de invierno.
wintertime ['wɪntətaɪm] *n (U)* invierno *m*; **in ~** en invierno.
wint(e)ry ['wɪntrɪ] *adj* [gen] de invierno, invernal; [showers] con nieve.
wipe [waɪp] ◇ *n*: **give the table a ~** pásale un trapo a la mesa. ◇ *vt* [rub to clean] limpiar, pasar un trapo a; [rub to dry] secar.
◆ **wipe away** *vt sep* [tears, sweat] enjugar.
◆ **wipe out** *vt sep* **-1.** [erase] borrar **-2.** [eradicate] aniquilar.
◆ **wipe up** *vt sep* empapar, limpiar.
wiper ['waɪpəʳ] *n* [windscreen wiper] limpiaparabrisas *m inv.*
wire ['waɪəʳ] ◇ *n* **-1.** [gen] alambre *m*; ELEC cable *m* **-2.** *US* [telegram] telegrama *m.* ◇ *vt* **-1.** [connect]: **to ~ sthg to sthg** conectar algo a algo **-2.** [ELEC - house] poner la instalación eléctrica de; [- plug] conectar el cable a **-3.** *US* [send telegram to] enviar un telegrama a.
wire brush *n* cepillo *m* de raíces.
wire cutters *npl* cortaalambres *m inv.*
wireless ['waɪəlɪs] *n dated* radio *f.*
wire netting *n (U)* tela *f* metálica.
wiretap ['waɪəʳ,tæp] ◇ *n* escucha *f* telefónica. ◇ *vt* intervenir.
wire-tapping [-,tæpɪŋ] *n (U)* intervención *f* telefónica.
wire wool *n UK* estropajo *m* metálico.
wiring ['waɪərɪŋ] *n (U)* instalación *f* eléctrica.
wiry ['waɪərɪ] (*compar* **-ier**, *superl* **-iest**) *adj* **-1.** [hair] estropajoso(sa) **-2.** [body, man] nervudo(da).
wisdom ['wɪzdəm] *n* **-1.** [learning] sabiduría *f* **-2.**

[good sense] sensatez *f*.

wisdom tooth *n* muela *f* del juicio.

wise [waɪz] *adj* **-1.** [learned] sabio(bia); **to get ~ to sthg** *inf* caer en la cuenta de algo; **she's no ~r** *OR* **none the ~r** sigue sin entender **-2.** [sensible] prudente.

◆ **wise up** *vi US* enterarse, ponerse al tanto.

wisecrack ['waɪzkræk] *n pej* broma *f*, chiste *m*.

wish [wɪʃ] ◇ *n*: **~ (for sthg/to do sthg)** deseo *m* (de algo/de hacer algo); **to make a ~** pedir un deseo; **to do sthg against sb's ~es** hacer algo en contra de los deseos de alguien. ◇ *vt*: **to ~ to do sthg** *fml* desear hacer algo; **to ~ sb sthg** desear a alguien algo; **I ~ (that) you had told me before!** ¡ojalá me lo hubieras dicho antes!; **I ~ (that) I were** *OR* **was rich** ojalá fuera rico; **I ~ (that) you would shut up** ¿por qué no te calles? ◇ *vi* [by magic]: **to ~ for sthg** pedir (como deseo) algo.

◆ **wishes** *npl*: **(with) best ~es** [in letter] muchos recuerdos.

◆ **wish on** *vt sep*: **to ~ sthg on sb** desearle algo a alguien.

wishbone ['wɪʃbəʊn] *n* espoleta *f*.

wishful thinking [ˌwɪʃfʊl-] *n (U)*: **it's just ~** no son más que (vanas) ilusiones.

wishy-washy ['wɪʃɪˌwɒʃɪ] *adj inf pej* soso(sa), insípido(da).

wisp [wɪsp] *n* **-1.** [of hair] mechón *m*; [of grass] brizna *f* **-2.** [cloud] nubecilla *f*; [of smoke] voluta *f*.

wispy ['wɪspɪ] (*compar* **-ier**, *superl* **-iest**) *adj* [hair] ralo(la) y a mechones.

wistful ['wɪstfʊl] *adj* triste, melancólico(ca).

wit [wɪt] *n* **-1.** [humour] ingenio *m*, agudeza *f* **-2.** [funny person] chistoso *m*, -sa *f* **-3.** [intelligence]: **to have the ~ to do sthg** tener el buen juicio de hacer algo.

◆ **wits** *npl*: **to have** *OR* **keep one's ~s about one** mantenerse alerta; **to be scared out of one's ~s** *inf* estar muerto de miedo; **to be at one's ~s' end** estar a punto de volverse loco.

witch [wɪtʃ] *n* bruja *f*.

witchcraft ['wɪtʃkrɑːft] *n* brujería *f*.

witchdoctor ['wɪtʃˌdɒktə^r] *n* hechicero *m*, -ra *f*.

witch-hazel *n* [liquid] liquidámbar *m*.

witch-hunt *n pej* caza *f* de brujas.

with [wɪð] *prep* **-1.** [in company of] con; **we stayed ~ them for a week** estuvimos con ellos una semana; **~ me** conmigo; **~ you** contigo; **~ himself/herself** consigo **-2.** [indicating opposition] con; **the war ~ Germany** la guerra con Alemania **-3.** [indicating means, manner, feelings] con; **I washed it ~ detergent** lo lavé con detergente; **he filled it ~ wine** lo llenó de vino; **covered ~ mud** cubierto de barro; **she was trembling ~ fear** temblaba de miedo; **'all right', she said ~ a smile** 'vale', dijo con una sonrisa **-4.** [having - gen] con; **a man ~ a beard** un hombre con barba; **the woman ~ the black hair/big dog** la señora del pelo negro/perro grande; **I'm married ~ 6 children** estoy casado con 6 hijos **-5.** [regarding] con; **he's very mean ~ money** es muy tacaño con el dinero **-6.** [indicating simultaneity]: **I can't do it ~ you watching me** no puedo hacerlo contigo ahí mirándome **-7.** [because of] con; **~ the weather as it is, we have decided to stay at home** con el tiempo como está hemos decidido quedarnos en casa; **~ my luck, I'll probably lose** con la suerte que tengo seguro que pierdo **-8.** [indicating understanding]: **are you ~ me?** ¿me sigues?; **I'm sorry, I'm not ~ you** lo siento, me he perdido **-9.** [indicating support] con; **I'm ~ Dad on this** en eso estoy con papá.

withdraw [wɪð'drɔː] (*pt* **-drew**, *pp* **-drawn**) ◇ *vt* **-1.** [gen]: **to ~ sthg (from)** retirar algo (de) **-2.** [money] sacar. ◇ *vi*: **to ~ (from/to)** retirarse (de/a); **to ~ into o.s.** encerrarse en uno mismo.

withdrawal [wɪð'drɔːəl] *n* **-1.** [gen & *MIL*] retirada *f* **-2.** [retraction] retractación *f* **-3.** *MED* (síndrome *m* de) abstinencia *f* **-4.** *FIN* reintegro *m*.

withdrawal symptoms *npl* síndrome *m* de abstinencia.

withdrawn [wɪð'drɔːn] ◇ *pp* ▷ **withdraw**. ◇ *adj* [shy, quiet] reservado(da).

withdrew [wɪð'druː] *pt* ▷ **withdraw**.

wither ['wɪðə^r] ◇ *vt* marchitar. ◇ *vi* **-1.** [dry up] marchitarse **-2.** [become weak] debilitarse, decaer.

withered ['wɪðəd] *adj* marchito(ta).

withering ['wɪðərɪŋ] *adj* [remark] mordaz; [look] fulminante.

withhold [wɪð'həʊld] (*pt* & *pp* **-held** [-'held]) *vt* [gen] retener; [consent, permission] negar.

within [wɪ'ðɪn] ◇ *prep* **-1.** [gen] dentro de; **~ reach** al alcance de la mano; **~ sight of** a la vista de **-2.** [less than - distance] a menos de; [- time] en menos de; **it's ~ walking distance** se puede ir andando; **he was ~ five seconds of the leader** estaba a cinco segundos del líder; **~ the next six months** en los próximos seis meses; **it arrived ~ a week** llegó en menos de una semana. ◇ *adv* dentro.

without [wɪð'aʊt] ◇ *prep* sin; **~ sthg/doing sthg** sin algo/hacer algo; **~ making any mis-**

takes sin cometer ningún error; **it happened ~ my realizing** pasó sin que me diera cuenta. <> *adv*: **to go** *OR* **do ~ sthg** pasar sin algo.

withstand [wɪð'stænd] (*pt* & *pp* **-stood** [-'stʊd]) *vt* resistir, aguantar.

witness ['wɪtnɪs] <> *n* **-1.** [person] testigo *m OR f*; **to be ~ to sthg** ser testigo de algo **-2.** [testimony]: **to bear ~ to sthg** atestiguar algo, dar fe de algo. <> *vt* **-1.** [see] presenciar **-2.** [countersign] firmar (como testigo).

witness box *UK*, **witness stand** *US* *n* tribuna *f* (de los testigos).

witter ['wɪtə^r] *vi UK inf pej*: **to ~ (on)** parlotear.

witticism ['wɪtɪsɪzm] *n* agudeza *f*, ocurrencia *f*.

witty ['wɪtɪ] (*compar* **-ier**, *superl* **-iest**) *adj* ingenioso(sa), ocurrente.

wives [waɪvz] *pl* ▷ **wife**.

wizard ['wɪzəd] *n* **-1.** [magician] mago *m (en cuentos)* **-2.** [skilled person] genio *m*.

wizened ['wɪznd] *adj* marchito(ta).

wk (*abbr of* **week**) sem.

WO *n abbr of* **warrant officer**.

wobble ['wɒbl] *vi* [gen] tambalearse; [furniture] bambolearse, cojear; [legs] temblar.

wobbly ['wɒblɪ] (*compar* **-ier**, *superl* **-iest**) *adj inf* [jelly, flesh] bamboleante; [handwriting, legs] tembloroso(sa); [furniture] cojo(ja).

woe [wəʊ] *n literary* aflicción *f*, pesar *m*.
◆ **woes** *npl literary or hum* males *mpl*, penas *fpl*.

wok [wɒk] *n sartén abombada y profunda con dos asas y sin mango.*

woke [wəʊk] *pt* ▷ **wake**.

woken ['wəʊkn] *pp* ▷ **wake**.

wolf [wʊlf] (*pl* **wolves**) *n* ZOOL lobo *m*.
◆ **wolf down** *vt sep inf* zamparse, devorar.

wolf whistle *n* silbido *m (piropo)*.

wolves ['wʊlvz] *pl* ▷ **wolf**.

woman ['wʊmən] (*pl* **women**) <> *n* **-1.** [female] mujer *f* **-2.** [womanhood] la mujer. <> *comp*: **~ doctor** médica *f*; **~ prime minister** primera ministra *f*.

womanhood ['wʊmənhʊd] *(U) n* **-1.** [adult life] edad *f* adulta (de mujer) **-2.** [all women] la mujer.

womanize, -ise ['wʊmənaɪz] *vi pej* ser un mujeriego.

womanly ['wʊmənlɪ] *adj* femenino(na).

womb [wu:m] *n* matriz *f*, útero *m*.

wombat ['wɒmbæt] *n tipo de oso marsupial.*

women ['wɪmɪn] *pl* ▷ **woman**.

women's group *n* grupo *m* feminista.

Women's Institute *n UK*: **the ~** *organización cultural para mujeres.*

women's lib [-'lɪb] *n* liberación *f* de la mujer.

women's liberation *n* liberación *f* de la mujer.

won [wʌn] *pt* & *pp* ▷ **win**.

wonder ['wʌndə^r] <> *n* **-1.** [amazement] asombro *m*, admiración *f* **-2.** [cause for surprise]: **it's a ~ (that)** ... es un milagro que ...; **no** *OR* **little** *OR* **small ~** ... no es de extrañar que ... **-3.** [amazing thing, person] maravilla *f*; **to work** *OR* **do ~s** hacer maravillas *OR* milagros. <> *vt* **-1.** [speculate]: **to ~ (if** *OR* **whether)** preguntarse (si) **-2.** [in polite requests]: **I ~ if** *OR* **whether I could ask you a question?** ¿le importaría que le hiciera una pregunta? **-3.** [be surprised]: **I ~ (that) she hasn't left him** me pregunto cómo es que todavía no lo ha dejado. <> *vi* **-1.** [speculate]: **I was only ~ing** preguntaba sólo por curiosidad; **to ~ about sthg** preguntarse por algo **-2.** *literary* [be amazed]: **to ~ at sthg** quedarse maravillado ante algo.

wonderful ['wʌndəfʊl] *adj* maravilloso(sa), estupendo(da).

wonderfully ['wʌndəfʊlɪ] *adv* **-1.** [very well] estupendamente **-2.** [very] extremadamente.

wonderland ['wʌndəlænd] *n* mundo *m* maravilloso.

wonky ['wɒŋkɪ] (*compar* **-ier**, *superl* **-iest**) *adj UK inf* [table, chair etc] cojo(ja); [picture, tie etc] torcido(da).

wont [wəʊnt] <> *adj*: **to be ~ to do sthg** ser dado(da) a hacer algo, soler hacer algo. <> *n dated or literary*: **as is his/her** etc **~** como de costumbre.

won't [wəʊnt] = **will not**.

woo [wu:] *vt* **-1.** *literary* [court] cortejar **-2.** [try to win over] granjearse el apoyo de.

wood [wʊd] <> *n* **-1.** [timber] madera *f*; [for fire] leña *f*; **touch ~!** ¡toquemos madera! **-2.** [group of trees] bosque *m*; **I can't see the ~ for the trees** *UK* los árboles no me dejan ver el bosque **-3.** GOLF (palo *m* de) madera *f*. <> *comp* de madera.
◆ **woods** *npl* bosque *m*.

wooded ['wʊdɪd] *adj* arbolado(da).

wooden ['wʊdn] *adj* **-1.** [of wood] de madera **-2.** *pej* [actor] envarado(da).

woodland ['wʊdlənd] *n* bosque *m*.

woodpecker ['wʊd,pekə^r] *n* pájaro *m* carpintero.

wood pigeon *n* paloma *f* torcaz.

woodshed ['wʊdʃed] *n* leñera *f*.

woodwind ['wʊdwɪnd] *n*: **the ~** los instrumentos de viento de madera.

woodwork ['wʊdwɜ:k] *n* carpintería *f*.

woodworm ['wʊdwɜ:m] *n* carcoma *f*.

woof [wu:f] *n* ladrido *m*; **~!** ¡guau!

wool [wʊl] *n* lana *f*; **to pull the ~ over sb's eyes** *inf fig* dar a alguien gato por liebre.

woollen *UK*, **woolen** *US* ['wʊlən] *adj* de lana.
◆ **woollens** *npl* géneros *mpl* de lana.

woolly ['wʊlɪ] (*compar* **-ier**, *superl* **-iest**, *pl* **-ies**) ◇ *adj* **-1.** [woollen] de lana **-2.** *inf* [fuzzy, unclear] confuso(sa). ◇ *n inf* prenda *f* de lana.

woolly-headed [-'hedɪd] *adj inf pej* de ideas confusas *OR* vagas.

woozy ['wu:zɪ] (*compar* **-ier**, *superl* **-iest**) *adj inf* mareado(da).

Worcester sauce ['wʊstəʳ-] *n (U)* salsa *f* Perrins®.

Worcs (*abbr of* **Worcestershire**) *antiguo condado inglés.*

word [wɜ:d] ◇ *n* **-1.** *LING* palabra *f*; **we couldn't understand a ~ he said** no entendí ni una sola palabra de lo que dijo; **~ for ~** palabra por palabra; **in other ~s** en otras palabras; **in one's own ~s** (uno) con sus propias palabras ; **not in so many ~s** no con esas palabras; **in a ~** en una palabra; **too ... for ~s** de lo más ...; **by ~ of mouth** de palabra; **to put in a (good) ~ for sb** hablar en favor de alguien; **just say the ~** no tienes más que decirlo; **she doesn't mince her ~s** no tiene pelos en la lengua; **to have a ~ with sb** hablar con alguien; **to have ~s with sb** *inf* tener unas palabritas con alguien; **to have the last ~** tener la última palabra; **to put sthg into ~s** expresar algo con palabras; **to weigh one's ~s** medir (uno) sus palabras; **I couldn't get a ~ in edgeways** no pude meter baza **-2.** *(U)* [news] noticia *f*; **there is no ~ from them** no hemos tenido noticias de ellos; **~ has it that ...** se rumorea que ... **-3.** [promise] palabra *f*; **to give sb one's ~** dar (uno) su palabra a alguien; **I give you my ~** te lo prometo; **to keep/break one's ~** mantener/no cumplir la palabra de uno; **to be as good as one's ~, to be true to one's ~** cumplir lo prometido. ◇ *vt* redactar, expresar.

word game *n juego a base de palabras.*

wording ['wɜ:dɪŋ] *n (U)* términos *mpl*, forma *f* (de expresión).

word-perfect *adj*: **to be ~** saber perfectamente el papel.

wordplay ['wɜ:dpleɪ] *n (U)* juegos *mpl* de palabras.

word processing *n (U)* proceso *m* de textos.

word processor [-'prəʊsesəʳ] *n* procesador *m* de textos.

wordwrap ['wɜ:dræp] *n COMPUT* salto *m* de línea automático.

wordy ['wɜ:dɪ] (*compar* **-ier**, *superl* **-iest**) *adj pej* prolijo(ja).

wore [wɔ:ʳ] *pt* ▷ **wear**.

work [wɜ:k] ◇ *n* **-1.** *(U)* [employment] trabajo *m*, empleo *m*; **to be in ~** tener trabajo; **to be out of ~** estar desempleado; **at ~** en el trabajo **-2.** [activity, tasks] trabajo *m*; **at ~** trabajando; **to have one's ~ cut out doing sthg** *OR* **to do sthg** tenerlo muy difícil para hacer algo **-3.** [of art, literature etc] obra *f* **-4.** *phr*: **he's a nasty piece of ~** es un elemento de cuidado **-5.** [handiwork] obra *f*; **it was the ~ of a psychopath** fue obra de un psicópata. ◇ *vt* **-1.** [employees, subordinates] hacer trabajar; **she ~s herself too hard** trabaja demasiado **-2.** [machine] manejar, operar **-3.** [wood, metal, land] trabajar **-4.** [cause to become]: **to ~ o.s. into a frenzy** ponerse frenético **-5.** [force]: **to ~ one's way through** [crowd etc] abrirse camino por; **to ~ one's way up** [in career] llegar a un (alto) puesto a fuerza de trabajo. ◇ *vi* **-1.** [person]: **to ~ (on sthg)** trabajar (en algo); **he ~s as a gardener** trabaja de jardinero; **to ~ for sb** trabajar para alguien **-2.** [machine, system, idea] funcionar **-3.** [drug] surtir efecto **-4.** [have effect]: **to ~ against sb/sthg** funcionar contra alguien/algo **-5.** [become by movement]: **to ~ loose** soltarse; **to ~ free** desprenderse.
◆ **works** ◇ *n* [factory] fábrica *f*. ◇ *npl* **-1.** [mechanism] mecanismo *m* **-2.** [digging, building] obras *fpl* **-3.** *inf* [everything]: **the ~s** todo completo.
◆ **work off** *vt sep* [anger, frustration] desahogar.
◆ **work on** *vt fus* **-1.** [pay attention to] trabajar en **-2.** [take as basis] partir de.
◆ **work out** ◇ *vt sep* **-1.** [plan, schedule] elaborar **-2.** [total, amount] calcular; [answer] dar con. ◇ *vi* **-1.** [figure etc]: **to ~ out at** salir a **-2.** [turn out] resultar, resolverse **-3.** [be successful] salir bien, resultar bien **-4.** [train, exercise] entrenarse, hacer ejercicio.
◆ **work up** ◇ *vt sep* **-1.** [excite]: **to ~ o.s. up into a frenzy** ponerse frenético(ca) **-2.** [generate] despertar; **I can't ~ up much enthusiasm** no consigo entusiasmarme; **to ~ up an appetite** abrir el apetito. ◇ *vi*: **to ~ up to sthg** mentalizarse para algo.

workable ['wɜ:kəbl] *adj* factible, viable.

workaday ['wɜ:kədeɪ] *adj pej* prosaico(ca), corriente.

workaholic [ˌwɜ:kə'hɒlɪk] *n* adicto *m*, -ta *f* al trabajo.

workbench ['wɜ:kbentʃ] *n* banco *m* de trabajo.

workbook ['wɜ:kbʊk] *n* libro *m* de ejercicios.

workday ['wɜ:kdeɪ] *n* **-1.** [day's work] jornada *f* de trabajo **-2.** [not weekend] día *m* laborable.

worked up [ˌwɜːkt-] *adj* nervioso(sa); **to get ~** alterarse.
worker [ˈwɜːkəʳ] *n* [person who works] trabajador *m*, -ra *f*; [manual worker] obrero *m*, -ra *f*; **they're hard/slow ~s** trabajan duro/despacio; **a hard/fast ~** una persona que trabaja mucho/a prisa; **office ~** oficinista *mf*.
workforce [ˈwɜːkfɔːs] *n* mano *f* de obra.
workhouse [ˈwɜːkhaʊs] *n UK* [poor house] *asilo para pobres en la época victoriana*.
working [ˈwɜːkɪŋ] *adj* **-1.** [in operation] funcionando **-2.** [having employment] empleado(da); **a ~ mother** una madre trabajadora **-3.** [relating to work - gen] laboral; [- clothes] de trabajo; [- day] laborable.
◆ **workings** *npl* mecanismo *m*.
working capital *n* **-1.** [assets minus liabilities] capital *m* líquido **-2.** [available money] capital *m* disponible.
working class *n*: **the ~** la clase obrera.
◆ **working-class** *adj* obrero(ra).
working day = **workday**.
working knowledge *n* conocimientos *mpl* básicos.
working man *n* trabajador *m*.
working model *n* maqueta *f* operativa.
working order *n*: **to be in (good) ~** funcionar (bien).
working party *n* grupo *m* de trabajo, comisión *f* investigadora.
working week *n* semana *f* laboral.
work-in-progress *n* trabajo *m* en curso.
workload [ˈwɜːkləʊd] *n* cantidad *f* de trabajo.
workman [ˈwɜːkmən] (*pl* **-men** [-mən]) *n* obrero *m*.
workmanship [ˈwɜːkmənʃɪp] *n* artesanía *f*.
workmate [ˈwɜːkmeɪt] *n* compañero *m*, -ra *f* de trabajo, colega *m* OR *f*.
work of art *n lit & fig* obra *f* de arte.
workout [ˈwɜːkaʊt] *n* ejercicios *mpl* físicos.
work permit [-ˌpɜːmɪt] *n* permiso *m* de trabajo.
workplace [ˈwɜːkpleɪs] *n* lugar *m* de trabajo.
workroom [ˈwɜːkrʊm] *n* taller *m*.
works council *n* ≃ comité *m* de empresa.
worksheet [ˈwɜːkʃiːt] *n* hoja *f* de trabajo.
workshop [ˈwɜːkʃɒp] *n* taller *m*.
workshy [ˈwɜːkʃaɪ] *adj UK* vago(ga), gandul(la).
workstation [ˈwɜːkˌsteɪʃn] *n* COMPUT estación *f* de trabajo.
work surface *n* superficie *f* de trabajo.
worktable [ˈwɜːkˌteɪbl] *n* mesa *f* de trabajo.
worktop [ˈwɜːktɒp] *n UK* mármol *m*, encimera *f*.
work-to-rule *n UK* huelga *f* de celo.
world [wɜːld] ◇ *n* mundo *m*; **the best in the ~** el mejor del mundo; **the highest mountain in the ~** la montaña más alta del mundo; **what/where/why in the ~ ...?** ¿qué/dónde/por qué demonios ...?; **all over the ~** por todo el mundo; **the ~ over** en todo el mundo; **to be dead to the ~** dormir como un tronco; **to want the best of both ~s** querer estar en misa y repicando; **to think the ~ of sb** querer a alguien con locura; **to do sb the ~ of good** venirle de maravilla a alguien; **a ~ of difference** una diferencia enorme; **to see the ~** ver mundo; **it's a small ~** el mundo es un pañuelo; **the antique ~** el mundo antiguo; **what is the ~ coming to?** ¿a dónde vamos a ir a parar?; **they are ~s apart** hay un abismo entre ellos; **to have all the time in the ~** tener todo el tiempo del mundo. ◇ *comp* mundial.
World Bank *n*: **the ~** el Banco Mundial.
world-class *adj* de primera categoría.
World Cup FTBL *n*: **the ~** el mundial (de fútbol).
world-famous *adj* famoso(sa) en el mundo entero.
worldly [ˈwɜːldlɪ] *adj literary* mundano(na); **~ goods** bienes *mpl* materiales.
world music *n* música *f* étnica.
world power *n* potencia *f* mundial.
World Series *n*: **the ~** *la final de la liga estadounidense de béisbol*.

WORLD SERIES

La World Series es un conjunto de hasta siete partidos de béisbol en los que se enfrentan, al final de la temporada, los campeones de las dos ligas más importantes de los Estados Unidos (la *National League* y la *American League*). Se proclama campeón el primero en obtener cuatro victorias. Éste es uno de los acontecimientos deportivos anuales de mayor importancia en los Estados Unidos; la tradición establece que sea el presidente de la nación quien lance la primera bola del encuentro.

World War I *n* la Primera Guerra Mundial.
World War II *n* la Segunda Guerra Mundial.
world-weary *adj* hastiado(da), cansado(da) de la vida.
worldwide [ˈwɜːldwaɪd] ◇ *adj* mundial. ◇ *adv* en todo el mundo, a escala mundial.
World Wide Web *n*: **the ~** la (World Wide) Web.
worm [wɜːm] ◇ *n* [animal] gusano *m*; [earthworm] lombriz *f* (de tierra). ◇ *vt*: **to ~ one's way into sthg** [move] lograr colarse en algo; [wheedle] lograr atraer para sí algo.

◆ **worms** *npl* [parasites] lombrices *fpl*.

◆ **worm out** *vt sep*: **to ~ sthg out of sb** sonsacarle algo a alguien.

worn [wɔːn] ◇ *pp* ▷ **wear**. ◇ *adj* **-1.** [threadbare] gastado(da) **-2.** [tired] ajado(da).

worn-out *adj* **-1.** [old, threadbare]: **to be ~** estar ya para tirar **-2.** [tired] agotado(da).

worried [ˈwʌrɪd] *adj* preocupado(da); **to be ~ (sick) about** estar (muy) preocupado(da) por.

worrier [ˈwʌrɪəʳ] *n*: **to be a ~** preocuparse por todo.

worry [ˈwʌrɪ] (*pl* **-ies**, *pt* & *pp* **-ied**) ◇ *n* preocupación *f*. ◇ *vt* [trouble] preocupar. ◇ *vi*: **to ~ (about)** preocuparse (por); **not to ~!** ¡no importa!

worrying [ˈwʌrɪɪŋ] *adj* preocupante.

worrywort [ˈwɜːriwɔːrt] *n* ***US inf*** angustias *mf inv* ***Esp***, angustiado *m*, -da *f*.

worse [wɜːs] ◇ *adj* peor; **to get ~** empeorar; **to get ~ and ~** ir cada vez peor; **to go from bad to ~** ir de mal en peor; **to make things ~** empeorar las cosas; **they are none the ~ for their adventure** se sienten perfectamente a pesar de su aventura. ◇ *adv* peor; **~ off** [gen] en peor situación; [financially] peor económicamente; **you could do ~ than marry him** no harías tan mal casándote con él. ◇ *n*: **~ was to come** lo peor estaba aún por venir; **so much the ~** tanto peor; **a change for the ~** un cambio para peor; **to take a turn for the ~** empeorar.

worsen [ˈwɜːsn] *vt* & *vi* empeorar.

worsening [ˈwɜːsnɪŋ] *adj* cada vez peor.

worship [ˈwɜːʃɪp] (***UK*** *pt* & *pp* **-ped**, *cont* **-ping**, ***US*** *pt* & *pp* **-ed**, *cont* **-ing**) ◇ *vt* ***lit*** & ***fig*** adorar. ◇ *n* ***lit*** & ***fig***: **~ (of)** culto *m* (a), adoración *f* (por).

◆ **Worship** *n*: **Your/Her/His Worship** su señoría; **his Worship the Mayor** el Excelentísimo Señor alcalde.

worshipper ***UK***, **worshiper** ***US*** [ˈwɜːʃɪpəʳ] *n* RELIG & ***fig*** devoto *m*, -ta *f*.

worst [wɜːst] ◇ *adj* peor; **the ~ thing is ...** lo peor es que ...; **~ of all** lo peor de todo. ◇ *adv* peor; **the ~ affected area** la región más afectada. ◇ *n*: **the ~** [thing] lo peor; [person] el peor *m*, la peor *f*; **this is communism at its ~** esto es la peor manifestación del comunismo; **to fear the ~** temer lo peor; **if the ~ comes to the ~** en último extremo; **to bring out the ~ in sb** sacar lo peor de alguien.

◆ **at (the) worst** *adv* en el peor de los casos.

worsted [ˈwʊstɪd] *n* estambre *m*.

worth [wɜːθ] ◇ *prep* **-1.** [having the value of]: **it's ~ £50** vale 50 libras; **how much is it ~?** ¿cuánto vale?; **it isn't ~ that much** no vale tanto **-2.** [deserving of] digno(na) de, merecedor(ra) de; **the museum is ~ visiting** OR **a visit, it's ~ visiting the museum** el museo merece una visita; **it's not ~ it** no vale la pena; **it's ~ a try** vale la pena intentarlo; **for what it's ~, I think that ...** por si mi opinión sirve de algo, creo que ... ◇ *n* **-1.** [amount]: **£50,000 ~ of antiques** antigüedades por valor de 50.000 libras; **a month's ~ of groceries** provisiones para un mes **-2.** ***fml*** [value] valor *m*.

worthless [ˈwɜːθlɪs] *adj* **-1.** [object] sin valor **-2.** [person] despreciable.

worthwhile [ˌwɜːθˈwaɪl] *adj* que vale la pena; [cause] noble, digno(na).

worthy [ˈwɜːðɪ] (*compar* **-ier**, *superl* **-iest**) *adj* **-1.** [gen] digno(na) **-2.** [good but unexciting] encomiable.

would [wʊd] *modal vb* **-1.** *(in reported speech)*: **she said she ~ come** dijo que vendría **-2.** [in conditional phrases]: **if she couldn't come she ~ tell us** si no pudiera venir nos lo diría; **what ~ you do?** ¿qué harías?; **if he had known, he ~ have resigned** si lo hubiera sabido,habría dimitido **-3.** [indicating willingness]: **she ~n't go** no quiso/quería ir; **he ~ do anything for her** haría cualquier cosa por ella **-4.** *(in polite questions)*: **~ you like a drink?** ¿quieres beber algo?; **~ you mind closing the window?** ¿le importaría cerrar la ventana?; **help me shut this suitcase, ~ you?** ayúdame a cerrar esta maleta, ¿quieres? **-5.** [indicating inevitability]: **he WOULD say that, ~n't he?** hombre, era de esperar que dijera eso, ¿no? **-6.** [expressing opinions]: **I ~ have thought (that) it ~ be easy** hubiera pensado que sería fácil; **I ~ prefer ...** preferiría ...; **I ~ like ...** quisiera ..., quiero ... **-7.** [giving advice]: **I ~ report it if I were you** yo en tu lugar lo denunciaría **-8.** [indicating habit]: **he ~ smoke a cigar after dinner** solía fumar un puro después de la cena; **she ~ often complain about the neighbours** se quejaba a menudo de los vecinos **-9.** [in conjectures]: **it ~ have been around 2 o'clock** serían las dos.

would-be *adj*: **a ~ author** un aspirante a literato.

wouldn't [ˈwʊdnt] = **would not**.

would've [ˈwʊdəv] = **would have**.

wound[1] [wuːnd] ◇ *n* herida *f*; **to lick one's ~s** compadecerse de uno mismo tras la derrota. ◇ *vt* ***lit*** & ***fig*** herir.

wound[2] [waʊnd] *pt* & *pp* ▷ **wind**[2].

wounded [ˈwuːndɪd] ◇ *adj* herido(da). ◇ *npl*: **the ~** los heridos.

wounding [ˈwuːndɪŋ] *adj* hiriente.

wove [wəʊv] *pt* ⊳ **weave**.

woven ['wəʊvn] *pp* ⊳ **weave**.

wow [waʊ] *excl inf* ¡anda!, ¡caramba!

WP -1. *abbr of* **word processing -2.** *abbr of* **word processor**.

WPC (*abbr of* **woman police constable**) *n* (*mujer del*) *rango más bajo de la policía británica*, ≃ agente *f*; ~ **Roberts** agente Roberts.

wpm (*abbr of* **words per minute**) p.p.m.

WRAC [ræk] (*abbr of* **Women's Royal Army Corps**) *n sección femenina del ejército británico*.

WRAF [ræf] (*abbr of* **Women's Royal Air Force**) *n sección femenina de las fuerzas aéreas británicas*.

wrangle ['ræŋgl] ◇ *n* disputa *f*. ◇ *vi*: **to ~ (with sb over sthg)** discutir OR pelearse (con alguien por algo).

wrangler ['ræŋglə^r] *n US* vaquero *m*.

wrap [ræp] (*pt* & *pp* **-ped**, *cont* **-ping**) ◇ *vt* **-1.** [cover] envolver; **to ~ sthg in sthg** envolver algo en algo; **to ~ sthg around** OR **round sthg** liar algo alrededor de algo **-2.** [encircle]: **he wrapped his hands around it** lo rodeó con sus manos. ◇ *n* **-1.** [garment] echarpe *m*; **to keep sthg under ~s** *fig* mantener algo en secreto **-2.** *US* [food] *tipo de bocadillo servido en una torta de maíz y doblado por la mitad*.

◆ **wrap up** ◇ *vt sep* **-1.** [cover] envolver **-2.** *inf* [complete] cerrar, finiquitar **-3.** *US* [summarize] resumir. ◇ *vi* [put warm clothes on]: **~ up well** OR **warmly** abrígate bien.

wrapped up [ræpt-] *adj inf*: **to be ~ in sthg** estar absorto(ta) en algo; **to be ~ in sb** estar embelesado(da) con alguien.

wrapper ['ræpə^r] *n* envoltorio *m*.

wrapping ['ræpɪŋ] *n* envoltorio *m*.

wrapping paper *n (U)* papel *m* de envolver.

wrath [rɒθ] *n literary* ira *f*, cólera *f*.

wreak [ri:k] *vt* causar; **to ~ havoc** hacer estragos; **to ~ revenge** OR **vengeance** tomar la revancha.

wreath [ri:θ] *n* corona *f* (de flores).

wreathe [ri:ð] *vt literary* cubrir, envolver.

wreck [rek] ◇ *n* **-1.** [of car, plane] restos *mpl* del siniestro; [of ship] restos del naufragio **-2.** *inf* [person] guiñapo *m*; **to look a ~** estar hecho un trapo; **to be a nervous ~** estar hecho(cha) un manojo de nervios. ◇ *vt* **-1.** [destroy] destrozar **-2.** NAUT hacer naufragar; **to be ~ed** naufragar **-3.** [spoil] dar al traste con; [health] acabar con.

wreckage ['rekɪdʒ] *n (U)* [of plane, car] restos *mpl*; [of building] escombros *mpl*.

wrecker ['rekə^r] *n US* [vehicle] camión *m* grúa.

wren [ren] *n* chochín *m*.

wrench [rentʃ] ◇ *n* **-1.** *US* [tool] llave *f* inglesa **-2.** [injury] torcedura *f* **-3.** [cause of suffering]: **it was a ~ to leave her** fue doloroso dejarla. ◇ *vt* **-1.** [pull violently]: **to ~ sthg (off)** arrancar algo; **to ~ sthg open** abrir algo de un tirón **-2.** [twist and injure] torcer.

wrest [rest] *vt literary*: **to ~ sthg from sb** arrebatarle algo a alguien.

wrestle ['resl] ◇ *vt* luchar con OR contra. ◇ *vi lit & fig*: **to ~ (with)** luchar (con).

wrestler ['reslə^r] *n* luchador *m*, -ra *f*.

wrestling ['reslɪŋ] *n* lucha *f* libre.

wretch [retʃ] *n* desgraciado *m*, -da *f*, infeliz *m* OR *f*.

wretched ['retʃɪd] *adj* **-1.** [miserable] miserable **-2.** *inf* [damned] maldito(ta).

wriggle ['rɪgl] ◇ *vt* menear. ◇ *vi* **-1.** [move about] menearse **-2.** [twist] escurrirse, deslizarse.

◆ **wriggle out of** *vt fus*: **to ~ out of sthg/doing sthg** escaquearse de algo/de hacer algo.

wring [rɪŋ] (*pt* & *pp* **wrung**) *vt* **-1.** [wet clothes etc] estrujar, escurrir **-2.** *literary* [hands] retorcerse **-3.** [neck] retorcer.

◆ **wring out** *vt sep* estrujar, escurrir.

wringing ['rɪŋɪŋ] *adj*: **~ (wet)** empapado(da).

wrinkle ['rɪŋkl] ◇ *n* arruga *f*. ◇ *vt* arrugar. ◇ *vi* arrugarse.

wrinkled ['rɪŋkld], **wrinkly** ['rɪŋklɪ] *adj* arrugado(da).

wrist [rɪst] *n* muñeca *f*.

wristband ['rɪstbænd] *n* [leather] correa *f*; [metal, plastic] brazalete *m*, pulsera *f*.

wristwatch ['rɪstwɒtʃ] *n* reloj *m* de pulsera.

writ [rɪt] *n* mandato *m* judicial.

write [raɪt] (*pt* **wrote**, *pp* **written**) ◇ *vt* **-1.** [gen & COMPUT] escribir; **to ~ sb a letter** escribirle una carta a alguien; **to ~ sb a cheque** extender un cheque a nombre de alguien **-2.** *US* [person] escribir a. ◇ *vi* [gen & COMPUT] escribir; **to ~ (to sb)** *UK* escribir (a alguien).

◆ **write away** *vi*: **to ~ away for sthg** escribir pidiendo algo.

◆ **write back** *vt sep* & *vi* contestar.

◆ **write down** *vt sep* apuntar.

◆ **write in** *vi* escribir, mandar cartas.

◆ **write off** ◇ *vt sep* **-1.** [plan, hopes] abandonar **-2.** [debt] cancelar, anular **-3.** [person - as failure] considerar un fracaso **-4.** *UK inf* [wreck] cargarse, destrozar. ◇ *vi*: **to ~ off (to sb)** escribir (a alguien); **to ~ off for sthg** escribir pidiendo algo.

◆ **write up** *vt sep* redactar.

write-off *n*: **the car was a ~** el coche quedó totalmente destrozado.

write-protect COMPUT ◇ *adj* de protección contra la copia. ◇ *vt* proteger contra la copia.

writer ['raɪtəʳ] *n* **-1.** [as profession] escritor *m*, -ra *f* **-2.** [of letter, article, story] autor *m*, -ra *f*.

write-up *n inf* reseña *f*.

writhe [raɪð] *vi* retorcerse.

writing ['raɪtɪŋ] *n* **-1.** *(U)* [handwriting] letra *f*, caligrafía *f* **-2.** [something written] escrito *m*; **to put sthg in ~** poner algo por escrito **-3.** [activity] escritura *f*.

◆ **writings** *npl* escritos *mpl*.

writing desk *n* escritorio *m*.

writing paper *n (U)* papel *m* de carta.

written ['rɪtn] ◇ *pp* ▷ **write**. ◇ *adj* **-1.** [not oral] escrito(ta) **-2.** [official] por escrito.

WRNS (*abbr of* **Women's Royal Naval Service**) *n sección femenina de la armada británica.*

wrong [rɒŋ] ◇ *adj* **-1.** [not normal, not satisfactory] malo(la); **the clock's ~** el reloj anda mal; **what's ~?** ¿qué pasa?, ¿qué va mal?; **there's nothing ~** no pasa nada; **there's nothing ~ with me** no me pasa nada **-2.** [not suitable, not correct] equivocado(da); [moment, time] inoportuno(na); [answer] incorrecto(ta); **I got the ~ number** me equivoqué de número; **he has given me the ~ change** me ha dado el cambio equivocado; **I think we've gone the ~ way** creo que nos hemos equivocado de camino; **I always seem to say the ~ thing** parece que siempre digo lo que no debo; **to be ~** [person] equivocarse; **to be ~ about sth/sb** equivocarse con respecto a algo/alguien; **to be ~ to do sthg** cometer un error al hacer algo **-3.** [morally bad] malo(la); **it's ~ to steal/lie** robar/mentir está mal; **what's ~ with being a communist?** ¿qué tiene de malo ser comunista? ◇ *adv* [incorrectly] mal; **to get sthg ~** entender mal algo; **to go ~** [make a mistake] cometer un error; [stop functioning] estropearse; [plans] salir mal; **don't get me ~** *inf* no me malinterpretes. ◇ *n* **-1.** [evil] mal *m*; **to be in the ~** haber hecho mal; **he can do no ~** nada de lo que hace está mal **-2.** [injustice] injusticia *f*. ◇ *vt* ser injusto(ta) con, agraviar.

wrongdoer ['rɒŋˌduːəʳ] *n* malhechor *m*, -ra *f*.

wrong-foot *vt UK lit, fig* coger a contrapié a.

wrongful ['rɒŋfʊl] *adj* [dismissal] improcedente; [arrest, imprisonment] ilegal.

wrongly ['rɒŋlɪ] *adv* equivocadamente.

wrote [rəʊt] *pt* ▷ **write**.

wrought iron [rɔːt-] *n* hierro *m* forjado.

wrung [rʌŋ] *pt & pp* ▷ **wring**.

WRVS (*abbr of* **Women's Royal Voluntary Service**) *n organización británica de mujeres que ayudan voluntariamente a los necesitados y en emergencias.*

wry [raɪ] *adj* [amused] irónico(ca).

wt. *abbr of* **weight**.

WWW (*abbr of* **World Wide Web**) *n* WWW *f*.

WYSIWYG ['wɪzɪwɪg] (*abbr of* **what you see is what you get**) *n* COMPUT *lo que se ve en la pantalla es lo que aparece en la impresión.*

x (*pl* **x's** OR **xs**), **X** (*pl* **X's** OR **Xs**) [eks] *n* **-1.** [letter] x *f inv*, X *f inv* **-2.** [unknown quantity] equis *f inv*; **~ number of ...** un número equis de ... **-3.** [in algebra, to mark spot] x *f* **-4.** [at end of letter] besos.

◆ **X** *n* [unknown name]: **Mr ~** el señor X.

xenophobia [ˌzenəˈfəʊbjə] *n* xenofobia *f*.

Xmas ['eksməs] *n* Navidad *f*.

X-ray ◇ *n* **-1.** [ray] rayo *m* X **-2.** [picture] radiografía *f*; **to have a chest ~** hacerse una radiografía. ◇ *vt* examinar con rayos X, radiografiar.

xylophone ['zaɪləfəʊn] *n* xilofón *m*.

y (*pl* **y's** OR **ys**), **Y** (*pl* **Y's** OR **Ys**) [waɪ] *n* [letter] y *f*, Y *f*.

yacht [jɒt] *n* yate *m*; [for racing] balandro *m*.

yachting ['jɒtɪŋ] *n* balandrismo *m*.

yachtsman ['jɒtsmən] (*pl* **-men** [-mən]) *n*

balandrista *m.*

yachtswoman ['jɒts,wʊmən] (*pl* **-women** [-,wɪmɪn]) *n* balandrista *f.*

yak [jæk] *n* yak *m.*

Yale lock® [jeɪl-] *n* cerradura *f* de molinillo.

yam [jæm] *n* **-1.** boniato *m* **-2.** *US* [sweet potato] batata *f.*

yank [jæŋk] *vt* dar un tirón a.

Yank [jæŋk] *n inf pej* [estadounidense] yanqui *m* OR *f.*

Yankee ['jæŋkɪ] *n* *US término usado para designar a una persona del noreste de los EEUU.*

YANKEE

En sus orígenes, el término inglés *Yankee* se refería a los inmigrantes holandeses que se establecieron principalmente en el noreste de los Estados Unidos. Más tarde se utilizó para referirse a cualquier persona procedente del noreste, de tal manera que durante la guerra de Secesión se llamaba "yanquis" (*Yankees*) a los soldados que luchaban en el bando de los estados del norte. En nuestros días, algunos estadounidenses sureños aún utilizan el término en tono despectivo para referirse a la gente del norte.

yap [jæp] (*pt* & *pp* **-ped**, *cont* **-ping**) *vi* **-1.** [dog] ladrar **-2.** *pej* [person] parlotear, cotorrear.

yard [jɑ:d] *n* **-1.** [unit of measurement] = *91,44 cm*, yarda *f* **-2.** [walled area] patio *m* **-3.** [shipyard] astillero *m*; **builder's/goods ~** depósito *m* de materiales/de mercancías **-4.** *US* [attached to house] jardín *m.*

yardstick ['jɑ:dstɪk] *n* criterio *m*, pauta *f.*

yarn [jɑ:n] *n* **-1.** [thread] hilo *m*, hilaza *f* **-2.** *inf* [story]: **to spin sb a ~** contarle una batallita OR un cuento chino a alguien.

yashmak ['jæʃmæk] *n* velo *m (de musulmana).*

yawn [jɔ:n] <> *n* **-1.** [when tired] bostezo *m* **-2.** *UK inf* [boring event] rollo *m.* <> *vi* **-1.** [when tired] bostezar **-2.** [gap, chasm] abrirse.

yd *abbr of* **yard.**

yeah [jeə] *adv inf* sí.

year [jɪəʳ] *n* **-1.** [gen] año *m*; **~ in, ~ out** año tras año; **he's 25 ~s old** tiene 25 años; **all (the) ~ round** todo el año; **over the ~s** con los años **-2.** SCH curso *m*; **he's in (his) first ~** está en primero.

◆ **years** *npl* [ages] años *mpl*; **it's ~s since I last saw you** hace siglos que no te veo.

yearbook ['jɪəbʊk] *n* anuario *m.*

yearling ['jɪəlɪŋ] *n* potro *m* menor de dos años.

yearly ['jɪəlɪ] <> *adj* anual. <> *adv* **-1.** [once a year] una vez al año **-2.** [every year] cada año.

yearn [jɜ:n] *vi*: **to ~ for sthg/to do sthg** ansiar algo/hacer algo.

yearning ['jɜ:nɪŋ] *n*: **~ (for sb/sthg)** anhelo *m* (de alguien/algo).

yeast [ji:st] *n* levadura *f.*

yell [jel] <> *n* grito *m*, alarido *m.* <> *vt* & *vi* vociferar.

yellow ['jeləʊ] <> *adj* **-1.** [in colour] amarillo(lla) **-2.** [cowardly] cobarde. <> *n* amarillo *m.* <> *vi* ponerse amarillo(lla), amarillear.

yellow card *n* FTBL tarjeta *f* amarilla.

yellow fever *n* fiebre *f* amarilla.

yellow lines *n* líneas *fpl* amarillas (de tráfico).

Yellow Pages® *npl*: **the ~** las páginas amarillas.

yelp [jelp] <> *n* aullido *m.* <> *vi* aullar.

Yemen ['jemən] *n* Yemen.

Yemeni ['jemənɪ] <> *adj* yemení. <> *n* yemení *m* OR *f.*

yen [jen] (*pl sense 1 inv*) *n* **-1.** [Japanese currency] yen *m* **-2.** [longing]: **to have a ~ for sthg/to do sthg** tener muchas ganas de algo/de hacer algo.

yes [jes] <> *adv* sí; **~, please** sí, por favor; **to say ~** decir que sí; **to say ~ to sthg** consentir algo; **does he speak English? – ~, he does** ¿habla inglés? – sí; **he doesn't speak English – ~ he does!** no habla inglés – sí, sí que habla. <> *n* sí *m.*

yes-man *n pej* pelotillero *m.*

yesterday ['jestədɪ] <> *n* ayer *m.* <> *adv* ayer; **~ afternoon** ayer por la tarde; **the day before ~** antes de ayer, anteayer.

yet [jet] <> *adv* **-1.** [gen] todavía, aún; **have you had lunch ~?** ¿has comido ya?; **their worst defeat ~** la mayor derrota que han sufrido hasta la fecha; **as ~** de momento, hasta ahora; **not ~** todavía OR aún no **-2.** [even]: **~ another car** otro coche más; **~ again** otra vez más; **~ more** aún más. <> *conj* pero, sin embargo.

yew [ju:] *n* tejo *m.*

Y-fronts *npl UK* eslip *m.*

YHA (*abbr of* **Youth Hostels Association**) *n* *asociación internacional de albergues juveniles.*

Yiddish ['jɪdɪʃ] <> *adj* yídish *(inv).* <> *n* yídish *m.*

yield [ji:ld] <> *n* **-1.** AGR cosecha *f* **-2.** FIN rédito *m.* <> *vt* **-1.** [gen] producir, dar **-2.** [give up] ceder. <> *vi* **-1.** [shelf, lock etc] ceder **-2.** *fml* [person, enemy] rendirse; **to ~ to sb/sthg** claudicar ante alguien/algo **-3.** *US* AUT [give way]: **'~'** 'ceda el paso'.

yippee [*UK* jɪ'pɪ, *US* 'jɪpɪ] *excl* ¡yupi!

YMCA (*abbr of* **Young Men's Christian Association**) *n asociación internacional de jóvenes cristianos.*

yob(bo) ['jɒb(əʊ)] *n UK inf* gamberro *m.*

yodel ['jəʊdl] (*UK pt & pp* **-led**, *cont* **-ling**, *US pt & pp* **-ed**, *cont* **-ing**) *vi* cantar a la tirolesa.

yoga ['jəʊgə] *n* yoga *m.*

yoghourt, yoghurt, yogurt [*UK* 'jɒgət, *US* 'jəʊgərt] *n* yogur *m.*

yoke [jəʊk] *n lit & fig* yugo *m.*

yokel ['jəʊkl] *n pej* palurdo *m*, -da *f*, paleto *m*, -ta *f.*

yolk [jəʊk] *n* yema *f.*

yonder ['jɒndəʳ] *adv literary* acullá.

Yorks. [jɔ:ks] (*abbr of* **Yorkshire**) *condado inglés.*

Yorkshire pudding ['jɔ:kʃəʳ-] *n masa horneada hecha de harina, huevos y leche que se sirve tradicionalmente con el rosbif.*

Yorkshire terrier ['jɔ:kʃəʳ-] *n* Yorkshire terrier *m.*

you [ju:] *pers pron* **-1.** *(subject - sg)* tú, vos *(+ pl vb) esp CAm & RP*; *(- formal use)* usted; *(- pl)* vosotros *mpl*, -tras *fpl Esp*; *(- formal use)* ustedes *(pl)*; **~'re a good cook** eres/usted es un buen cocinero; **are ~ French?** ¿eres/es usted francés?; **~ idiot!** ¡imbécil!; **there ~ are** [you've appeared] ¡ya estás/está usted aquí!; [have this] ahí tienes/tiene; **that jacket isn't really ~** esa chaqueta no te/le pega **-2.** *(direct object - unstressed - sg)* te; *(- pl)* os OR los/las *Amér*; *(- formal use)* le *m* OR lo *Amér*, la *f*; *(- pl)* les *mpl* OR los *Amér*, las *fpl*; **I can see ~** te/os OR los/las *Amér* veo; **yes, Madam, I understand ~** sí, señora, la comprendo **-3.** *(direct object - stressed)*: **I don't expect YOU to do it** no te voy a pedir que TÚ lo hagas **-4.** *(indirect object - sg)* te; *(- pl)* os OR los *Amér*; *(- formal use)* le; *(- pl)* les; **she gave it to ~** te/os OR se *Amér* lo dio; **can I get ~ a chair, sir?** ¿le traigo una silla, señor? **-5.** *(after prep, in comparisons etc - sg)* ti OR vos *esp CAm, RP*; *(- pl)* vosotros *mpl*, -tras *fpl* OR ustedes *Amér*; *(- formal use)* usted; *(- pl)* ustedes; **we shall go with/without ~** iremos contigo/sin ti OR vos *esp CAm, RP*, iremos con/sin vosotros OR ustedes *Amér (pl)*; **I'm shorter than ~** soy más bajo que tú OR vos *esp CAm, RP*/vosotros OR ustedes *Amér* **-6.** [anyone, one] uno; **~ wouldn't have thought so** uno no lo habría pensado; **exercise is good for ~** el ejercicio es bueno.

you'd [ju:d] = **you had, you would.**

you'll [ju:l] = **you will.**

young [jʌŋ] ◇ *adj* [not old] joven; **his ~er sister** su hermana pequeña; **I'm ~er than her** soy más joven que ella; **I'm 2 years ~er than her** soy dos años menor que ella; **the ~er generation** la generación más joven. ◇ *npl* **-1.** [young people]: **the ~** los jóvenes **-2.** [baby animals] crías *fpl.*

youngish ['jʌŋɪʃ] *adj* bastante joven.

young man *n* joven *m.*

youngster ['jʌŋstəʳ] *n* joven *m* OR *f*, chico *m*, -ca *f.*

young woman *n* (mujer *f*) joven *f.*

your [jɔ:ʳ] *poss adj* **-1.** *(everyday use - referring to one person)* tu; *(- referring to more than one person)* vuestro(tra); **~ dog** tu/vuestro perro; **~ children** tus/vuestros niños; **what's ~ name?** ¿cómo te llamas?; **it wasn't YOUR fault** no fue culpa tuya/vuestra; **you didn't wash ~ hair** no te lavaste/os lavasteis el pelo **-2.** *(formal use)* su; **what are ~ names?** ¿cuáles son sus nombres? **-3.** *(impersonal - one's)*: **~ attitude changes as you get older** la actitud de uno cambia con la vejez; **it's good for ~ teeth/hair** es bueno para los dientes/el pelo; **~ average Englishman** el inglés medio.

you're [jɔ:ʳ] = **you are.**

yours [jɔ:z] *poss pron* **-1.** *(everyday use - referring to one person)* tuyo (tuya); *(- referring to more than one person)* vuestro (vuestra); **that money is ~** ese dinero es tuyo/vuestro; **those keys are ~** esas llaves son tuyas/vuestras; **my car hit ~** mi coche chocó contra el tuyo/el vuestro; **it wasn't her fault, it was YOURS** no fue culpa de ella sino TUYA/VUESTRA; **a friend of ~** un amigo tuyo/vuestro **-2.** *(formal use)* suyo (suya).

◆ **Yours** *adv* [in letter] un saludo; *see also* **faithfully, sincerely** *etc.*

yourself [jɔ:'self] (*pl* **-selves** [-'selvz]) *pron* **-1.** *(as reflexive - sg)* te; *(- pl)* os; *(- formal use)* se; **did you hurt ~?** ¿te hiciste/se hizo daño? **-2.** *(after prep - sg)* ti mismo (ti misma); *(- pl)* vosotros mismos (vosotras mismas); *(- formal use)* usted mismo (usted misma); **with ~** contigo mismo/misma **-3.** *(for emphasis)*: **you ~** tú mismo (tú misma); *(formal use)* usted mismo(ma); **you yourselves** vosotros mismos (vosotras mismas); *(formal use)* ustedes mismos(mas) **-4.** [without help] solo(la); **did you do it (by) ~?** ¿lo hiciste solo?

youth [ju:θ] *n* **-1.** [gen] juventud *f*; **in his ~** en su juventud **-2.** [boy, young man] joven *m.*

youth club *n* club *m* juvenil.

youthful ['ju:θfʊl] *adj* juvenil.

youthfulness ['ju:θfʊlnɪs] *n* juventud *f.*

youth hostel *n* albergue *m* juvenil.

youth hostelling [-'hɒstəlɪŋ] *n UK*: **to go ~** ir de vacaciones durmiendo en albergues juveniles.

you've [ju:v] = **you have.**

yowl [jaʊl] ◇ *n* aullido *m.* ◇ *vi* aullar.
yo-yo ['jəʊjəʊ] *n* yoyó *m.*
yr *abbr of* **year.**
YTS (*abbr of* **Youth Training Scheme**) *n programa gubernamental de promoción del empleo juvenil en Gran Bretaña.*
Yucatan [ˌjʌkə'tɑ:n] *n* Yucatán.
yuck [jʌk] *excl inf* ¡puaj!
Yugoslav = **Yugoslavian.**
Yugoslavia [ˌju:gə'slɑ:vɪə] *n* Yugoslavia.
Yugoslavian [ˌju:gə'slɑ:vɪən], **Yugoslav** [ˌju:gə'slɑ:v] ◇ *adj* yugoslavo(va). ◇ *n* yugoslavo *m,* -va *f.*
yuletide ['ju:ltaɪd] *n (U) literary* Navidad *f.*
yummy ['jʌmɪ] (*compar* **-ier**, *superl* **-iest**) *adj inf* riquísimo(ma), para chuparse los dedos.
yuppie, yuppy ['jʌpɪ] (*pl* **-ies**) (*abbr of* **young urban professional**) *n* yuppy *m* OR *f.*
YWCA (*abbr of* **Young Women's Christian Association**) *n asociación internacional de jóvenes cristianas.*

Z

z (*pl* **z's** OR **zs**), **Z** (*pl* **Z's** OR **Zs**) [*UK* zed, *US* zi:] *n* [letter] z *f,* Z *f.*
Zaïre [zɑ:'ɪəʳ] *n* (el) Zaire.
Zambia ['zæmbɪə] *n* Zambia.
Zambian ['zæmbɪən] ◇ *adj* zambiano(na). ◇ *n* zambiano *m,* -na *f.*
zany ['zeɪnɪ] (*compar* **-ier**, *superl* **-iest**) *adj inf* [humour, trick] disparatado(da); [person] loco(ca).
zap [zæp] (*pt* & *pp* **-ped**, *cont* **-ping**) *inf vt* [kill] cargarse, matar.
zeal [zi:l] *n fml* celo *m.*
zealot ['zelət] *n fml* fanático *m,* -ca *f.*
zealous ['zeləs] *adj fml* entusiasta, infatigable.
zebra [*UK* 'zebrə, *US* 'zi:brə] (*pl inv* OR **-s**) *n* cebra *f.*
zebra crossing *n UK* paso *m* cebra.
zenith [*UK* 'zenɪθ, *US* 'zi:nəθ] *n* ASTRON & *fig* cenit *m.*
zeppelin ['zepəlɪn] *n* zepelín *m.*
zero [*UK* 'zɪərəʊ, *US* 'zi:rəʊ] (*pl inv* OR **-es**) ◇ *adj* cero *(inv),* nulo(la). ◇ *n* cero *m;* **below ~** bajo cero.
◆ **zero in on** *vt fus* **-1.** [subj: weapon] apuntar a **-2.** [subj: person] centrarse en.
zero-rated [-ˌreɪtɪd] *adj UK* sin IVA.
zest [zest] *n (U)* **-1.** [enthusiasm] entusiasmo *m;* **her ~ for life** su entusiasmo por vivir **-2.** [of orange, lemon] cáscara *f.*
zigzag ['zɪgzæg] (*pt* & *pp* **-ged**, *cont* **-ging**) ◇ *n* zigzag *m.* ◇ *vi* zigzaguear.
zilch [zɪltʃ] *n US inf* **-1.** [zero] cerapio **-2.** [nothing] na', nada.
Zimbabwe [zɪm'bɑ:bwɪ] *n* Zimbabue.
Zimbabwean [zɪm'bɑ:bwɪən] ◇ *adj* zimbabuense. ◇ *n* zimbabuense *m* OR *f.*
Zimmer frame® ['zɪməʳ-] *n* andador *m* ortopédico.
zinc [zɪŋk] *n* cinc *m,* zinc *m.*
Zionism ['zaɪənɪzm] *n* sionismo *m.*
Zionist ['zaɪənɪst] ◇ *adj* sionista. ◇ *n* sionista *m* OR *f.*
zip [zɪp] (*pt* & *pp* **-ped**, *cont* **-ping**) ◇ *n* **-1.** *UK* [fastener] cremallera *f,* cierre *m* **Amér,** zíper *m* **CAm, Méx, Ven,** cierre *m* relámpago **CSur, Perú** OR eclair **Chile** **-2.** COMPUT comprimir. ◇ *vt* cerrar con cremallera OR con cierre **Amér** OR con zíper **CAm, Méx, Ven.** ◇ *vi:* **he zipped round the city in half an hour** dio la vuelta a la ciudad tan sólo en media hora.
◆ **zip up** *vt sep* cerrar la cremallera OR el cierre **Amér** OR zíper **CAm, Méx, Ven** de.
zip code *n US* código *m* postal.
Zip disk® *n* COMPUT disco *m* Zip®.
Zip drive® *n* COMPUT unidad *f* Zip®.
zip fastener *UK* = **zip.**
zipper ['zɪpəʳ] *US* = **zip.**
zit [zɪt] *n esp US inf* grano *m.*
zither ['zɪðəʳ] *n* cítara *f.*
zodiac ['zəʊdɪæk] *n:* **the ~** el zodiaco; **sign of the ~** signo del zodiaco.
zombie ['zɒmbɪ] *n lit* & *fig* zombi *m* OR *f.*
zone [zəʊn] *n* zona *f.*
zoo [zu:] *n* zoo *m.*
zoological [ˌzəʊə'lɒdʒɪkl] *adj* zoológico(ca).
zoologist [zəʊ'ɒlədʒɪst] *n* zoólogo *m,* -ga *f.*
zoology [zəʊ'ɒlədʒɪ] *n* zoología *f.*
zoom [zu:m] *vi inf* [move quickly]: **to ~ past** pasar zumbando.
◆ **zoom in** *vi:* **to ~ in (on)** enfocar en primer plano (a).
◆ **zoom off** *vi inf* salir zumbando.
zoom lens *n* zoom *m.*
zucchini [zu:'ki:nɪ] (*pl inv*) *n US* calabacín *m,* calabacita *f* **Méx,** zapallito *m* (italiano) **CSur.**
Zulu ['zu:lu:] ◇ *adj* zulú. ◇ *n* **-1.** [person] zulú *m* OR *f* **-2.** [language] zulú *m.*
Zürich ['zjʊərɪk] *n* Zúrich.

CONJUGACIÓN DE LOS VERBOS ESPAÑOLES
VERBOS IRREGULARES INGLESES

SPANISH VERBS
ENGLISH IRREGULAR VERBS

	1 amar	2 temer	3 partir
pres. de indicativo	amo ama amamos	temo teme tememos	parto parte partimos
pret. imperfecto	amaba amábamos	temía temíamos	partía partíamos
pret. indefinido	amé amó amamos amaron	temí temió temimos temieron	partí partió partimos partieron
fut. de ind.	amaré amará amaremos	temeré temerá temeremos	partiré partirá partiremos
condicional	amaría amaríamos	temería temeríamos	partiría partiríamos
pres. de subj.	ame amemos	tema temamos	parta partamos
imperfecto de subj.	amara, amase amáramos, amásemos	temiera, temiese temiéramos, temiésemos	partiera, partiese partiéramos, partiésemos
imperativo	ama (tú), ame (él, ella, usted) amemos (nosotros) amad (vosotros) amen (ellos, ellas, ustedes)	teme (tú) tema (él, ella, usted) temamos (nosotros) temed (vosotros) teman (ellos, ellas, ustedes)	parte (tú) parta (él, ella, usted) partamos (nosotros) partid (vosotros) partan (ellos, ellas, ustedes)
gerundio, participio	amando, amado	temiendo, temido	partiendo, partido

	4 haber	5 ser
presente de indicativo	he ha hemos	soy es somos
preterito imperfecto	había habíamos	era éramos
preterito indefinido	hube hubo hubimos hubieron	fui fue fuimos fueron
futur de indicativo	habré habrá habremos	seré será seremos
condicional	habría habríamos	sería seríamos
presente de subjuntivo	haya hayamos	sea seamos
imperfecto de subjuntivo	hubiera, hubiese hubiéramos, hubiésemos	fuera, fuese fuéramos, fuésemos
imperativo	he (tú) haya (él, ella, usted) hayamos (nosotros) habed (vosotros) hayan (ellos, ellas, ustedes)	sé (tú) sea (él, ella, usted) seamos (nosotros) sed (vosotros) sean (ellos, ellas, ustedes)
gerundio, participio	habiendo, habido	siendo, sido

	6 actuar	7 adecuar
presente de indicativo	actúo actúa actuamos	adecuo adecua adecuamos
preterito imperfecto	actuaba actuábamos	adecuaba adecuábamos
preterito indefinido	actué actuó actuamos actuaron	adecué adecuó adecuamos adecuaron
futuro de indicativo	actuaré actuará actuaremos	adecuaré adecuará adecuaremos
condicional	actuaría actuaríamos	adecuaría adecuaríamos
presente de subjuntivo	actúe actuemos	adecue adecuemos
imperfecto de subjuntivo	actuara, actuase actuáramos, actuásemos	adecuara, adecuase adecuáramos, adecuásemos
imperativo	actúa (tú) actúe (él, ella, usted) actuemos (nosotros) actuad (vosotros) actúen (ellos, ellas, ustedes)	adecua (tú) adecue (él, ella, usted) adecuemos (nosotros) adecuad (vosotros) adecuen (ellos, ellas, ustedes)
gerundio, participio	actuando, actuado	adecuando, adecuado

	8 cambiar	9 guiar
presente de indicativo	cambio cambia cambiamos	guío guía guiamos
preterito imperfecto	cambiaba cambiábamos	guiaba guiábamos
preterito indefinido	cambié cambió cambiamos cambiaron	guié guió guiamos guiaron
futuro de indicativo	cambiaré cambiará cambiaremos	guiaré guiará guiaremos
condicional	cambiaría cambiaríamos	guiaría guiaríamos
presente de subjuntivo	cambie cambiemos	guíe guiemos
imperfecto de subjuntivo	cambiara, cambiase cambiáramos, cambiásemos	guiara, guiase guiáramos, guiásemos
imperativo	cambia (tú) cambie (él, ella, usted) cambiemos (nosotros) cambiad (vosotros) cambien (ellos, ellas, ustedes)	guía (tú) guíe (él, ella, usted) guiemos (nosotros) guiad (vosotros) guíen (ellos, ellas, ustedes)
gerundio, participio	cambiando, cambiado	guiando, guiado

	10 sacar	11 mecer
presente de indicativo	saco saca sacamos	mezo mece mecemos
preterito imperfecto	sacaba sacábamos	mecía mecíamos
preterito indefinido	saqué sacó sacamos sacaron	mecí meció mecimos mecieron
futuro de indicativo	sacaré sacará sacaremos	meceré mecerá meceremos
condicional	sacaría sacaríamos	mecería meceríamos
presente de subjuntivo	saque saquemos	meza mezamos
imperfecto de subjuntivo	sacara, sacase sacáramos, sacásemos	meciera, meciese meciéramos, meciésemos
imperativo	saca (tú) saque (él, ella, usted) saquemos (nosotros) sacad (vosotros) saquen (ellos, ellas, ustedes)	mece (tú) meza (él, ella, usted) mezamos (nosotros) meced (vosotros) mezan (ellos, ellas, ustedes)
gerundio, participio	sacando, sacado	meciendo, mecido

	12 zurcir	13 cazar
presente de indicativo	zurzo zurce zurcimos	cazo caza cazamos
preterito imperfecto	zurcía zurcíamos	cazaba cazábamos
preterito indefinido	zurcí zurció zurcimos zurcieron	cacé cazó cazamos cazaron
futuro de indicativo	zurciré zurcirá zurciremos	cazaré cazará cazaremos
condicional	zurciría zurciríamos	cazaría cazaríamos
presente de subjuntivo	zurza zurzamos	cace cacemos
imperfecto de subjuntivo	zurciera, zurciese zurciéramos, zurciésemos	cazara, cazase cazáramos, cazásemos
imperativo	zurce (tú) zurza (él, ella, usted) zurzamos (nosotros) zurcid (vosotros) zurzan (ellos, ellas, ustedes)	caza (tú) cace (él, ella, usted) cacemos (nosotros) cazad (vosotros) cacen (ellos, ellas, ustedes)
gerundio, participio	zurciendo, zurcido	cazando, cazado

	14 proteger	15 dirigir
presente de indicativo	protejo protege protegemos	dirijo dirige dirigimos
preterito imperfecto	protegía protegíamos	dirigía dirigíamos
preterito indefinido	protegí protegió protegimos protegieron	dirigí dirigió dirigimos dirigieron
futuro de indicativo	protegeré protegerá protegeremos	dirigiré dirigirá dirigiremos
condicional	protegería protegeríamos	dirigiría dirigiríamos
presente de subjuntivo	proteja protejamos	dirija dirijamos
imperfecto de subjuntivo	protegiera, protegiese protegiéramos, protegiésemos	dirigiera, dirigiese dirigiéramos, dirigiésemos
imperativo	protege (tú) proteja (él, ella, usted) protejamos (nosotros) proteged (vosotros) protejan (ellos, ellas, ustedes)	dirige (tú) dirija (él, ella, usted) dirijamos (nosotros) dirigid (vosotros) dirijan (ellos, ellas, ustedes)
gerundio, participio	protegiendo, protegido	dirigiendo, dirigido

	16 llegar	17 distinguir
presente de indicativo	llego llega llegamos	distingo distingue distinguimos
preterito imperfecto	llegaba llegábamos	distinguía distinguíamos
preterito indefinido	llegué llegó llegamos llegaron	distinguí distinguió distinguimos distinguieron
futuro de indicativo	llegaré llegará llegaremos	distinguiré distinguirá distinguiremos
condicional	llegaría llegaríamos	distinguiría distinguiríamos
presente de subjuntivo	llegue lleguemos	distinga distingamos
imperfecto de subjuntivo	llegara, llegase llegáramos, llegásemos	distinguiera, distinguiese distinguiéramos, distinguiésemos
imperativo	llega (tú) llegue (él, ella, usted) lleguemos (nosotros) llegad (vosotros) lleguen (ellos, ellas, ustedes)	distingue (tú) distinga (él, ella, usted) distingamos (nosotros) distinguid (vosotros) distingan (ellos, ellas, ustedes)
gerundio, participio	llegando, llegado	distinguiendo, distinguido

	18 delinquir	19 acertar
presente de indicativo	delinco delinque delinquimos	acierto acierta acertamos
preterito imperfecto	delinquía delinquíamos	acertaba acertábamos
preterito indefinido	delinquí delinquió delinquimos delinquieron	acerté acertó acertamos acertaron
futuro de indicativo	delinquiré delinquirá delinquiremos	acertaré acertará acertaremos
condicional	delinquiría delinquiríamos	acertaría acertaríamos
presente de subjuntivo	delinca delincamos	acierte acertemos
imperfecto de subjuntivo	delinquiera, delinquiese delinquiéramos, delinquiésemos	acertara, acertase acertáramos, acertásemos
imperativo	delinque (tú) delinca (él, ella, usted) delincamos (nosotros) delinquid (vosotros) delincan (ellos, ellas, ustedes)	acierta (tú) acierte (él, ella, usted) acertemos (nosotros) acertad (vosotros) acierten (ellos, ellas, ustedes)
gerundio, participio	delinquiendo, delinquido	acertando, acertado

	20 tender	21 discernir
presente de indicativo	tiendo tiende tendemos	discierno discierne discernimos
preterito imperfecto	tendía tendíamos	discernía discerníamos
preterito indefinido	tendí tendió tendimos tendieron	discerní discernió discernimos discernieron
futuro de indicativo	tenderé tenderá tenderemos	discerniré discernirá discerniremos
condicional	tendería tenderíamos	discerniría discerniríamos
presente de subjuntivo	tienda tendamos	discierna discernamos
imperfecto de subjuntivo	tendiera, tendiese tendiéramos, tendiésemos	discerniera, discerniese discerniéramos, discerniésemos
imperativo	tiende (tú) tienda (él, ella, usted) tendamos (nosotros) tended (vosotros) tiendan (ellos, ellas, ustedes)	discierne (tú) discierna (él, ella, usted) discernamos (nosotros) discernid (vosotros) disciernan (ellos, ellas, ustedes)
gerundio, participio	tendiendo, tendido	discerniendo, discernido

	22 adquirir	23 sonar
presente de indicativo	adquiero adquiere adquirimos	sueno suena sonamos
preterito imperfecto	adquiría adquiríamos	sonaba sonábamos
preterito indefinido	adquirí adquirió adquirimos adquirieron	soné sonó sonamos sonaron
futuro de indicativo	adquiriré adquirirá adquiriremos	sonaré sonará sonaremos
condicional	adquiriría adquiriríamos	sonaría sonaríamos
presente de subjuntivo	adquiera adquiramos	suene sonemos
imperfecto de subjuntivo	adquiriera, adquiriese adquiriéramos, adquiriésemos	sonara, sonase sonáramos, sonásemos
imperativo	adquiere (tú) adquiera (él, ella, usted) adquiramos (nosotros) adquirid (vosotros) adquieran (ellos, ellas, ustedes)	suena (tú) suene (él, ella, usted) sonemos (nosotros) sonad (vosotros) suenen (ellos, ellas, ustedes)
gerundio, participio	adquiriendo, adquirido	sonando, sonado

	24 mover	25 dormir
presente de indicativo	muevo mueve movemos	duermo duerme dormimos
preterito imperfecto	movía movíamos	dormía dormíamos
preterito indefinido	moví movió movimos movieron	dormí durmió dormimos durmieron
futuro de indicativo	moveré moverá moveremos	dormiré dormirá dormiremos
condicional	movería moveríamos	dormiría dormiríamos
presente de subjuntivo	mueva movamos	duerma durmamos
imperfecto de subjuntivo	moviera, moviese moviéramos, moviésemos	durmiera, durmiese durmiéramos, durmiésemos
imperativo	mueve (tú) mueva (él, ella, usted) movamos (nosotros) moved (vosotros) muevan (ellos, ellas, ustedes)	duerme (tú) duerma (él, ella, usted) durmamos (nosotros) dormid (vosotros) duerman (ellos, ellas, ustedes)
gerundio, participio	moviendo, movido	durmiendo, dormido

	26 pedir	27 sentir
presente de indicativo	pido pide pedimos	siento siente sentimos
preterito imperfecto	pedía pedíamos	sentía sentíamos
preterito indefinido	pedí pidió pedimos pidieron	sentí sintió sentimos sintieron
futuro de indicativo	pediré pedirá pediremos	sentiré sentirá sentiremos
condicional	pediría pediríamos	sentiría sentiríamos
presente de subjuntivo	pida pidamos	sienta sintamos
imperfecto de subjuntivo	pidiera, pidiese pidiéramos, pidiésemos	sintiera, sintiese sintiéramos, sintiésemos
imperativo	pide (tú) pida (él, ella, usted) pidamos (nosotros) pedid (vosotros) pidan (ellos, ellas, ustedes)	siente (tú) sienta (él, ella, usted) sintamos (nosotros) sentid (vosotros) sientan (ellos, ellas, ustedes)
gerundio, participio	pidiendo, pedido	sintiendo, sentido

	28 reír	29 nacer
presente de indicativo	río ríe reímos	nazco nace nacemos
preterito imperfecto	reía reíamos	nacía nacíamos
preterito indefinido	reí rió reímos rieron	nací nació nacimos nacieron
futuro de indicativo	reiré reirá reiremos	naceré nacerá naceremos
condicional	reiría reiríamos	nacería naceríamos
presente de subjuntivo	ría riamos	nazca nazcamos
imperfecto de subjuntivo	riera, riese riéramos, riésemos	naciera, naciese naciéramos, naciésemos
imperativo	ríe (tú) ría (él, ella, usted) riamos (nosotros) reíd (vosotros) rían (ellos, ellas, ustedes)	nace (tú) nazca (él, ella, usted) nazcamos (nosotros) naced (vosotros) nazcan (ellos, ellas, ustedes)
gerundio, participio	riendo, reído	naciendo, nacido

	30 parecer	31 conocer
presente de indicativo	parezco parece parecemos	conozco conoce conocemos
preterito imperfecto	parecía parecíamos	conocía conocíamos
preterito indefinido	parecí pareció parecimos parecieron	conocí conoció conocimos conocieron
futuro de indicativo	pareceré parecerá pareceremos	conoceré conocerá conoceremos
condicional	parecería paraceríamos	conocería conoceríamos
presente de subjuntivo	parezca parezcamos	conozca conozcamos
imperfecto de subjuntivo	pareciera, pareciese pareciéramos, pareciésemos	conociera, conociese conociéramos, conociésemos
imperativo	parece (tú) parezca (él, ella, usted) parezcamos (nosotros) pareced (vosotros) parezcan (ellos, ellas, ustedes)	conoce (tú) conozca (él, ella, usted) conozcamos (nosotros) conoced (vosotros) conozcan (ellos, ellas, ustedes)
gerundio, participio	pareciendo, parecido	conociendo, conocido

	32 lucir	33 conducir
presente de indicativo	luzco luce lucimos	conduzco conduce conducimos
preterito imperfecto	lucía lucíamos	conducía conducíamos
preterito indefinido	lucí lució lucimos lucieron	conduje condujo condujimos condujeron
futuro de indicativo	luciré lucirá luciremos	conduciré conducirá conduciremos
condicional	luciría luciríamos	conduciría conduciríamos
presente de subjuntivo	luzca luzcamos	conduzca conduzcamos
imperfecto de subjuntivo	luciera, luciese luciéramos, luciésemos	condujera, condujese condujéramos, condujésemos
imperativo	luce (tú) luzca (él, ella, usted) luzcamos (nosotros) lucid (vosotros) luzcan (ellos, ellas, ustedes)	conduce (tú) conduzca (él, ella, usted) conduzcamos (nosotros) conducid (vosotros) conduzcan (ellos, ellas, ustedes)
gerundio, participio	luciendo, lucido	conduciendo, conducido

	34 comenzar	35 negar
presente de indicativo	comienzo comienza comenzamos	niego niega negamos
preterito imperfecto	comenzaba comenzábamos	negaba negábamos
preterito indefinido	comencé comenzó comenzamos comenzaron	negué negó negamos negaron
futuro de indicativo	comenzaré comenzará comenzaremos	negaré negará negaremos
condicional	comenzaría comenzaríamos	negaría negaríamos
presente de subjuntivo	comience comencemos	niegue neguemos
imperfecto de subjuntivo	comenzara, comenzase comenzáramos, comenzásemos	negara, negase negáramos, negásemos
imperativo	comienza (tú) comience (él, ella, usted) comencemos (nosotros) comenzad (vosotros) comiencen (ellos, ellas, ustedes)	niega (tú) niegue (él, ella, usted) neguemos (nosotros) negad (vosotros) nieguen (ellos, ellas, ustedes)
gerundio, participio	comenzando, comenzado	negando, negado

	36 trocar	37 forzar
presente de indicativo	trueco trueca trocamos	fuerzo fuerza forzamos
preterito imperfecto	trocaba trocábamos	forzaba forzábamos
preterito indefinido	troqué trocó trocamos trocaron	forcé forzó forzamos forzaron
futuro de indicativo	trocaré trocará trocaremos	forzaré forzará forzaremos
condicional	trocaría trocaríamos	forzaría forzaríamos
presente de subjuntivo	trueque troquemos	fuerce forcemos
imperfecto de subjuntivo	trocara, trocase trocáramos, trocásemos	forzara, forzase forzáramos, forzásemos
imperativo	trueca (tú) trueque (él, ella, usted) troquemos (nosotros) trocad (vosotros) truequen (ellos, ellas, ustedes)	fuerza (tú) fuerce (él, ella, usted) forcemos (nosotros) forzad (vosotros) fuercen (ellos, ellas, ustedes)
gerundio, participio	trocando, trocado	forzando, forzado

	38 avergonzar	39 colgar
presente de indicativo	avergüenzo avergüenza avergonzamos	cuelgo cuelga colgamos
preterito imperfecto	avergonzaba avergonzábamos	colgaba colgábamos
preterito indefinido	avergoncé avergonzó avergonzamos avergonzaron	colgué colgó colgamos colgaron
futuro de indicativo	avergonzaré avergonzará avergonzaremos	colgaré colgará colgaremos
condicional	avergonzaría avergonzaríamos	colgaría colgaríamos
presente de subjuntivo	avergüence avergoncemos	cuelgue colguemos
imperfecto de subjuntivo	avergonzara, avergonzase avergonzáramos, avergonzásemos	colgara, colgase colgáramos, colgásemos
imperativo	avergüenza (tú) avergüence (él, ella, usted) avergoncemos (nosotros) avergonzad (vosotros) avergüencen (ellos, ellas, ustedes)	cuelga (tú) cuelgue (él, ella, usted) colguemos (nosotros) colgad (vosotros) cuelguen (ellos, ellas, ustedes)
gerundio, participio	avergonzando, avergonzado	colgando, colgado

	40 jugar	41 cocer
presente de indicativo	juego juega jugamos	cuezo cuece cocemos
preterito imperfecto	jugaba jugábamos	cocía cocíamos
preterito indefinido	jugué jugó jugamos jugaron	cocí coció cocimos cocieron
futuro de indicativo	jugaré jugará jugaremos	coceré cocerá coceremos
condicional	jugaría jugaríamos	cocería coceríamos
presente de subjuntivo	juegue juguemos	cueza cozamos
imperfecto de subjuntivo	jugara, jugase jugáramos, jugásemos	cociera, cociese cociéramos, cociésemos
imperativo	juega (tú) juegue (él, ella, usted) juguemos (nosotros) jugad (vosotros) jueguen (ellos, ellas, ustedes)	cuece (tú) cueza (él, ella, usted) cozamos (nosotros) coced (vosotros) cuezan (ellos, ellas, ustedes)
gerundio, participio	jugando, jugado	cociendo, cocido

	42 regir	43 seguir
presente de indicativo	rijo rige regimos	sigo sigue seguimos
preterito imperfecto	regía regíamos	seguía seguíamos
preterito indefinido	regí rigió regimos rigieron	seguí siguió seguimos siguieron
futuro de indicativo	regiré regirá regiremos	seguiré seguirá seguiremos
condicional	regiría regiríamos	seguiría seguiríamos
presente de subjuntivo	rija rijamos	siga sigamos
imperfecto de subjuntivo	rigiera, rigiese rigiéramos, rigiésemos	siguiera, siguiese siguiéramos, siguiésemos
imperativo	rige (tú) rija (él, ella, usted) rijamos (nosotros) regid (vosotros) rijan (ellos, ellas, ustedes)	sigue (tú) siga (él, ella, usted) sigamos (nosotros) seguid (vosotros) sigan (ellos, ellas, ustedes)
gerundio, participio	rigiendo, regido	siguiendo, seguido

	44 argüir	45 averiguar
presente de indicativo	arguyo arguye argüimos	averiguo averigua averiguamos
preterito imperfecto	argüía argüíamos	averiguaba averiguábamos
preterito indefinido	argüí arguyó argüimos arguyeron	averigüé averiguó averiguamos averiguaron
futuro de indicativo	argüiré argüirá argüiremos	averiguaré averiguará averiguaremos
condicional	argüiría argüiríamos	averiguaría averiguaríamos
presente de subjuntivo	arguya arguyamos	averigüe averigüemos
imperfecto de subjuntivo	arguyera, arguyese arguyéramos, arguyésemos	averiguara, averiguase averiguáramos, averiguásemos
imperativo	arguye (tú) arguya (él, ella, usted) arguyamos (nosotros) argüid (vosotros) arguyan (ellos, usted, ustedes)	averigua (tú) averigüe (él, ella, usted) averigüemos (nosotros) averiguad (vosotros) averigüen (ellos, ellas, ustedes)
gerundio, participio	arguyendo, argüido	averiguando, averiguado

	46 agorar	47 errar
presente de indicativo	agüero agüera agoramos	yerro yerra erramos
preterito imperfecto	agoraba agorábamos	erraba errábamos
preterito indefinido	agoré agoró agoramos agoraron	erré erró erramos erraron
futuro de indicativo	agoraré agorará agoraremos	erraré errará erraremos
condicional	agoraría agoraríamos	erraría erraríamos
presente de subjuntivo	agüere agoremos	yerre erremos
imperfecto de subjuntivo	agorara, agorase agoráramos, agorásemos	errara, errase erráramos, errásemos
imperativo	agüera (tú) agüere (él, ella, usted) agoremos (nosotros) agorad (vosotros) agüeren (ellos, ellas, ustedes)	yerra (tú) yerre (él, ella, usted) erremos (nosotros) errad (vosotros) yerren (ellos, ellas, ustedes)
gerundio, participio	agorando, agorado	errando, errado

	48 desosar	49 oler
presente de indicativo	deshueso deshuesa desosamos	huelo huele olemos
preterito imperfecto	desosaba desosábamos	olía olíamos
preterito indefinido	desosé desosó desosamos desosaron	olí olió olimos olieron
futuro de indicativo	desosaré desosará desosaremos	oleré olerá oleremos
condicional	desosaría desosaríamos	olería oleríamos
presente de subjuntivo	deshuese desosemos	huela olamos
imperfecto de subjuntivo	desosara, desosase desosáramos, desosásemos	oliera, oliese oliéramos, oliésemos
imperativo	deshuesa (tú) deshuese (él, ella, usted) desosemos (nosotros) desosad (vosotros) deshuesen (ellos, ellas, ustedes)	huele (tú) huela (él, ella, usted) olamos (nosotros) oled (vosotros) huelan (ellos, ellas, ustedes)
gerundio, participio	desosando, desosado	oliendo, olido

	50 leer	51 huir
presente de indicativo	leo lee leemos	huyo huye huimos
preterito imperfecto	leía leíamos	huía huíamos
preterito indefinido	leí leyó leímos leyeron	huí huyó huimos huyeron
futuro de indicativo	leeré leerá leeremos	huiré huirá huiremos
condicional	leería leeríamos	huiría huiríamos
presente de subjuntivo	lea leamos	huya huyamos
imperfecto de subjuntivo	leyera, leyese leyéramos, leyésemos	huyera, huyese huyéramos, huyésemos
imperativo	lee (tú) lea (él, ella, usted) leamos (nosotros) leed (vosotros) lean (ellos, ellas, ustedes)	huye (tú) huya (él, ella, usted) huyamos (nosotros) huid (vosotros) huyan (ellos, ellas, ustedes)
gerundio, participio	leyendo, leído	huyendo, huido

	52 andar	53 asir
presente de indicativo	ando anda andamos	asgo ase asimos
preterito imperfecto	andaba andábamos	asía asíamos
preterito indefinido	anduve anduvo anduvimos anduvieron	así asió asimos asieron
futuro de indicativo	andaré andará andaremos	asiré asirá asiremos
condicional	andaría andaríamos	asiría asiríamos
presente de subjuntivo	ande andemos	asga asgamos
imperfecto de subjuntivo	anduviera, anduviese anduviéramos, anduviésemos	asiera, asiese asiéramos, asiésemos
imperativo	anda (tú) ande (él, ella, usted) andemos (nosotros) andad (vosotros) anden (ellos, ellas, ustedes)	ase (tú) asga (él, ella, usted) asgamos (nosotros) asid (vosotros) asgan (ellos, ellas, ustedes)
gerundio, participio	andando, andado	asiendo, asido

	54 caber	55 caer
presente de indicativo	quepo cabe cabemos	caigo cae caemos
preterito imperfecto	cabía cabíamos	caía caíamos
preterito indefinido	cupe cupo cupimos cupieron	caí cayó caímos cayeron
futuro de indicativo	cabré cabrá cabremos	caeré caerá caeremos
condicional	cabría cabríamos	caería caeríamos
presente de subjuntivo	quepa quepamos	caiga caigamos
imperfecto de subjuntivo	cupiera, cupiese cupiéramos, cupiésemos	cayera, cayese cayéramos, cayésemos
imperativo	cabe (tú) quepa (él, ella, usted) quepamos (nosotros) cabed (vosotros) quepan (ellos, ellas, ustedes)	cae (tú) caiga (él, ella, usted) caigamos (nosotros) caed (vosotros) caigan (ellos, ellas, ustedes)
gerundio, participio	cabiendo, cabido	cayendo, caído

	56 dar	57 decir
presente de indicativo	doy da damos	digo dice decimos
preterito imperfecto	daba dábamos	decía decíamos
preterito indefinido	di dio dimos dieron	dije dijo dijimos dijeron
futuro de indicativo	daré dará daremos	diré dirá diremos
condicional	daría daríamos	diría diríamos
presente de subjuntivo	dé demos	diga digamos
imperfecto de subjuntivo	diera, diese diéramos, diésemos	dijera, dijese dijéramos, dijésemos
imperativo	da (tú) dé (él, ella, usted) demos (nosotros) dad (vosotros) den (ellos, ellas, ustedes)	di (tú) diga (él, ella, usted) digamos (nosotros) decid (vosotros) digan (ellos, ellas, ustedes)
gerundio, participio	dando, dado	diciendo, dicho

	58 erguir	59 estar
presente de indicativo	irgo, yergo irgue, yergue erguimos	estoy está estamos
preterito imperfecto	erguía erguíamos	estaba estábamos
preterito indefinido	erguí irguió erguimos irguieron	estuve estuvo estuvimos estuvieron
futuro de indicativo	erguiré erguirá erguiremos	estaré estará estaremos
condicional	erguiría erguiríamos	estaría estaríamos
presente de subjuntivo	irga, yerga irgamos	esté estemos
imperfecto de subjuntivo	irguiera, irguiese irguiéramos, irguiésemos	estuviera, estuviese estuviéramos, estuviésemos
imperativo	irgue, yergue (tú) irga, yerga (él, ella) irgamos (nosotros) erguid (vosotros) irgan, yergan (ellos, ellas, ustedes)	está (tú) esté (él, ella, usted) estemos (nosotros) estad (vosotros) estén (ellos, ellas, ustedes)
gerundio, participio	irguiendo, erguido	estando, estado

	60 hacer	61 ir
presente de indicativo	hago hace hacemos	voy va vamos
preterito imperfecto	hacía hacíamos	iba íbamos
preterito indefinido	hice hizo hicimos hicieron	fui fue fuimos fueron
futuro de indicativo	haré hará haremos	iré irá iremos
condicional	haría haríamos	iría iríamos
presente de subjuntivo	haga hagamos	vaya vayamos
imperfecto de subjuntivo	hiciera, hiciese hiciéramos, hiciésemos	fuera, fuese fuéramos, fuésemos
imperativo	haz (tú) haga (él, ella, usted) hagamos (nosotros) haced (vosotros) hagan (ellos, ellas, ustedes)	ve (tú) vaya (él, ella, usted) vayamos (nosotros) id (vosotros) vayan (ellos, ellas, ustedes)
gerundio, participio	haciendo, hecho	yendo, ido

	62 oír	63 placer
presente de indicativo	oigo oye oímos	plazco place placemos
preterito imperfecto	oía oíamos	placía placíamos
preterito indefinido	oí oyó oímos oyeron	plací plació, plugo placimos placieron, pluguieron
futuro de indicativo	oiré oirá oiremos	placeré placerá placeremos
condicional	oiría oiríamos	placería placeríamos
presente de subjuntivo	oiga oigamos	plazca plazcamos
imperfecto de subjuntivo	oyera, oyese oyéramos, oyésemos	placiera, placiese placiéramos, placiésemos
imperativo	oye (tú) oiga (él, ella, usted) oigamos (nosotros) oíd (vosotros) oigan (ellos, ellas, ustedes)	place (tú) plazca (él, ella, usted) plazcamos (nosotros) placed (vosotros) plazcan (ellos, ellas, ustedes)
gerundio, participio	oyendo, oído	placiendo, placido

	64 poder	65 poner
presente de indicativo	puedo puede podemos	pongo pone ponemos
preterito imperfecto	podía podíamos	ponía poníamos
preterito indefinido	pude pudo pudimos pudieron	puse puso pusimos pusieron
futuro de indicativo	podré podrá podremos	pondré pondrá pondremos
condicional	podría podríamos	pondría pondríamos
presente de subjuntivo	pueda podamos	ponga pongamos
imperfecto de subjuntivo	pudiera, pudiese pudiéramos, pudiésemos	pusiera, pusiese pusiéramos, pusiésemos
imperativo	puede (tú) pueda (él, ella, usted) podamos (nosotros) poded (vosotros) puedan (ellos, ellas, ustedes)	pon (tú) ponga (él, ella, usted) pongamos (nosotros) poned (vosotros) pongan (ellos, ellas, ustedes)
gerundio, participio	pudiendo, podido	poniendo, puesto

	66 predecir	67 querer
presente de indicativo	predigo predice predecimos	quiero quiere queremos
preterito imperfecto	predecía predecíamos	quería queríamos
preterito indefinido	predije predijo predijimos predijeron	quise quiso quisimos quisieron
futuro de indicativo	prediré predirá prediremos	querré querrá querremos
condicional	prediría prediríamos	querría querríamos
presente de subjuntivo	prediga predigamos	quiera queramos
imperfecto de subjuntivo	predijera, predijese predijéramos, predijésemos	quisiera, quisiese quisiéramos, quisiésemos
imperativo	predice (tú) prediga (él, ella, usted) predigamos (nosotros) predecid (vosotros) predigan (ellos, ellas, ustedes)	quiere (tú) quiera (él, ella, usted) queramos (nosotros) quered (vosotros) quieran (ellos, ellas, ustedes)
gerundio, participio	prediciendo, predicho	queriendo, querido

	68 raer	69 roer
presente de indicativo	rao, raigo, rayo rae raemos	roo, roigo, royo roe roemos
preterito imperfecto	raía raíamos	roía roíamos
preterito indefinido	raí rayó raímos rayeron	roí royó roímos royeron
futuro de indicativo	raeré raerá raeremos	roeré roerá roeremos
condicional	raería raeríamos	roería roeríamos
presente de subjuntivo	raiga, raya raigamos, rayamos	roa, roiga, roya roamos, roigamos, royamos
imperfecto de subjuntivo	rayera, rayese rayéramos, rayésemos	royera, royese royéramos, royésemos
imperativo	rae (tú) raiga, raya (él, ella, usted) raigamos, rayamos (nosotros) raed (vosotros) raigan, rayan (ellos, ellas, ustedes)	roe (tú) roa, roiga, roya (él, ella, usted) roamos, roigamos, royamos (nos.) roed (vosotros) roan, roigan, royan (ellos, ellas, us.)
gerundio, participio	rayendo, raído	royendo, roído

	70 saber	71 salir
presente de indicativo	sé sabe sabemos	salgo sale salimos
preterito imperfecto	sabía sabíamos	salía salíamos
preterito indefinido	supe supo supimos supieron	salí salió salimos salieron
futuro de indicativo	sabré sabrá sabremos	saldré sadrá saldremos
condicional	sabría sabríamos	saldría saldríamos
presente de subjuntivo	sepa sepamos	salga salgamos
imperfecto de subjuntivo	supiera, supiese supiéramos, supiésemos	saliera, saliese saliéramos, saliésemos
imperativo	sabe (tú) sepa (él, ella, usted) sepamos (nosotros) sabed (vosotros) sepan (ellos, ellas, ustedes)	sal (tú) salga (él, ella, usted) salgamos (nosotros) salid (vosotros) salgan (ellos, ellas, ustedes)
gerundio, participio	sabiendo, sabido	saliendo, salido

	72 tener	73 traer
presente de indicativo	tengo tiene tenemos	traigo trae traemos
preterito imperfecto	tenía teníamos	traía traíamos
preterito indefinido	tuve tuvo tuvimos tuvieron	traje trajo trajimos trajeron
futuro de indicativo	tendré tendrá tendremos	traeré traerá traeremos
condicional	tendría tendríamos	traería traeríamos
presente de subjuntivo	tenga tengamos	traiga traigamos
imperfecto de subjuntivo	tuviera, tuviese tuviéramos, tuviésemos	trajera, trajese trajéramos, trajésemos
imperativo	ten (tú) tenga (él, ella, usted) tengamos (nosotros) tened (vosotros) tengan (ellos, ellas, ustedes)	trae (tú) traiga (él, ella, usted) traigamos (nosotros) traed (vosotros) traigan (ellos, ellas, ustedes)
gerundio, participio	teniendo, tenido	trayendo, traído

	74 valer	75 venir
presente de indicativo	valgo vale valemos	vengo viene venimos
preterito imperfecto	valía valíamos	venía veníamos
preterito indefinido	valí valió valimos valieron	vine vino venimos vinieron
futuro de indicativo	valdré valdrá valdremos	vendré vendrá vendremos
condicional	valdría valdríamos	vendría vendríamos
presente de subjuntivo	valga valgamos	venga vengamos
imperfecto de subjuntivo	valiera, valiese valiéramos, valiésemos	viniera, viniese viniéramos, viniésemos
imperativo	vale (tú) valga (él, ella, usted) valgamos (nosotros) valed (vosotros) valgan (ellos, ellas, ustedes)	ven (tú) venga (él, ella, usted) vengamos (nosotros) venid (vosotros) vengan (ellos, ellas, ustedes)
gerundio, participio	valiendo, valido	viniendo, venido

	76 ver	77 yacer
presente de indicativo	veo ve vemos	yazco, yazgo, yago yace yacemos
preterito imperfecto	veía veíamos	yacía yacíamos
preterito indefinido	vi vio vimos vieron	yací yació yacimos yacieron
futuro de indicativo	veré verá veremos	yaceré yacerá yaceremos
condicional	vería veríamos	yacería yaceríamos
presente de subjuntivo	vea veamos	yazca, yazga, yaga yazcamos, yazgamos, yagamos
imperfecto de subjuntivo	viera, viese viéramos, viésemos	yaciera, yaciese yaciéramos, yaciésemos
imperativo	ve (tú) vea (él, ella, usted) veamos (nosotros) ved (vosotros) vean (ellos, ellas, ustedes)	yace, yaz (tú) yazca, yazga, yaga (él, ella, usted) yazcamos, yazgamos, yagamos (nos.) yaced (vosotros) yazcan, yazgan, yagan (ellos...)
gerundio, participio	viendo, visto	yaciendo, yacido

Verbos defectivos

	78 abolir	79 balbucir
		Las formas que no se conjugan se substituyen por las correspondientes del verbo **balbucear**.
presente de indicativo	*no se conjuga* – – abolimos abolís –	*no se conjuga* balbuces balbuce balbucemos balbucís balbucen
preterito imperfecto	abolía abolías abolía abolíamos abolíais abolían	balbucía balbucías balbucía balbucíamos balbucíais balbucían
preterito indefinido	abolí aboliste abolió abolimos abolisteis abolieron	balbucí balbuciste balbució balbucimos balbucisteis balbucieron
futuro de indicativo	aboliré abolirás abolirá aboliremos aboliréis abolirán	balbuciré balbucirás balbucirá balbuciremos balbuciréis balbucirán
condicional	aboliría abolirías aboliría aboliríamos aboliríais abolirían	balbuciría balbucirías balbuciría balbuciríamos balbuciríais balbucirían
presente de subjuntivo	no se conjuga	no se conjuga
imperfecto de subjuntivo	aboliera, aboliese abolieras, abolieses aboliera, aboliese aboliéramos, aboliésemos abolierais, abolieseis abolieran, aboliesen	balbuciera, balbuciese balbucieras, balbucieses balbuciera, balbuciese balbuciéramos, balbuciésemos balbucierais, balbucieseis balbucieran, balbuciesen
imperativo	*no se conjuga* – abolid (vosotros) *no se conjuga* –	balbuce (tú) *no se conjuga* balbucid (vosotros) *no se conjuga* –
gerundio, participio	aboliendo, abolido	balbuciendo, balbucido

80 desolar	81 soler
Se usa solamente en infinitivo y como participio : desolado.	
presente de indicativo	suelo sueles suele solemos soléis suelen
preterito imperfecto	solía solías solía solíamos solíais solían
preterito indefinido	solí soliste solió solimos solisteis solieron
futuro de indicativo	*no se conjuga en ninguna de sus personas*
condicional	*no se conjuga en ninguna de sus personas*
presente de subjuntivo	suela suelas suela solamos soláis suelan
imperfecto de subjuntivo	soliera, soliese solieras, solieses soliera, soliese soliéramos, soliésemos solierais, solieseis solieran, soliesen
imperativo	*no se conjuga en ninguna de sus personas*
gerundio, participio	soliendo, solido

Infinitive	Past Tense	Past Participle
arise	arose	arisen
awake	awoke	awoken
be	was, were	been
bear	bore	born(e)
beat	beat	beaten
become	became	become
begin	began	begun
bend	bent	bent
beseech	besought	besought
bet	bet (*also* betted)	bet (*also* betted)
bid	bid (*also* bade)	bid (*also* bidden)
bind	bound	bound
bite	bit	bitten
bleed	bled	bled
blow	blew	blown
break	broke	broken
breed	bred	bred
bring	brought	brought
build	built	built
burn	burnt (*also* burned)	burnt (*also* burned)
burst	burst	burst
buy	bought	bought
can	could	-
cast	cast	cast
catch	caught	caught
choose	chose	chosen
cling	clung	clung
come	came	come
cost	cost	cost
creep	crept	crept
cut	cut	cut
deal	dealt	dealt
dig	dug	dug
do	did	done
draw	drew	drawn
dream	dreamed (*also* dreamt)	dreamed (*also* dreamt)
drink	drank	drunk
drive	drove	driven
dwell	dwelt	dwelt
eat	ate	eaten
fall	fell	fallen
feed	fed	fed
feel	felt	felt
fight	fought	fought
find	found	found
flee	fled	fled
fling	flung	flung
fly	flew	flown
forbid	forbade	forbidden
forget	forgot	forgotten
forsake	forsook	forsaken
freeze	froze	frozen
get	got	got (*Am* gotten)
give	gave	given

Infinitive	Past Tense	Past Participle
go	went	gone
grind	ground	ground
grow	grew	grown
hang	hung (*also* hanged)	hung (*also* hanged)
have	had	had
hear	heard	heard
hide	hid	hidden
hit	hit	hit
hold	held	held
hurt	hurt	hurt
keep	kept	kept
kneel	knelt (*also* kneeled)	knelt (*also* kneeled)
know	knew	known
lay	laid	laid
lead	led	led
lean	leant (*also* leaned)	leant (*also* leaned)
leap	leapt (*also* leaped)	leapt (*also* leaped)
learn	learnt (*also* learned)	learnt (*also* learned)
leave	left	left
lend	lent	lent
let	let	let
lie	lay	lain
light	lit (*also* lighted)	lit (*also* lighted)
lose	lost	lost
make	made	made
may	might	-
mean	meant	meant
meet	met	met
mistake	mistook	mistaken
mow	mowed	mown (*also* mowed)
pay	paid	paid
put	put	put
quit	quit (*also* quitted)	quit (*also* quitted)
read	read	read
rend	rent	rent
rid	rid	rid
ride	rode	ridden
ring	rang	rung
rise	rose	risen
run	ran	run
saw	sawed	sawn
say	said	said
see	saw	seen
seek	sought	sought
sell	sold	sold
send	sent	sent
set	set	set
shake	shook	shaken
shall	should	-
shear	sheared	shorn (*also* sheared)
shed	shed	shed
shine	shone	shone
shoot	shot	shot
show	showed	shown

Infinitive	Past Tense	Past Participle
shrink	shrank	shrunk
shut	shut	shut
sing	sang	sung
sink	sank	sunk
sit	sat	sat
slay	slew	slain
sleep	slept	slept
slide	slid	slid
sling	slung	slung
slit	slit	slit
smell	smelt (*also* smelled)	smelt (*also* smelled)
sow	sowed	sown (*also* sowed)
speak	spoke	spoken
speed	sped (*also* speeded)	sped (*also* speeded)
spell	spelt (*also* spelled)	spelt (*also* spelled)
spend	spent	spent
spill	spilt (*also* spilled)	spilt (*also* spilled)
spin	spun	spun
spit	spat	spat
split	split	split
spoil	spoiled (*also* spoilt)	spoiled (*also* spoilt)
spread	spread	spread
spring	sprang	sprung
stand	stood	stood
steal	stole	stolen
stick	stuck	stuck
sting	stung	stung
stink	stank	stunk
stride	strode	stridden
strike	struck	struck (*also* stricken)
strive	strove	striven
swear	swore	sworn
sweep	swept	swept
swell	swelled	swollen (*also* swelled)
swim	swam	swum
swing	swung	swung
take	took	taken
teach	taught	taught
tear	tore	torn
tell	told	told
think	thought	thought
throw	threw	thrown
thrust	thrust	thrust
tread	trod	trodden
wake	woke (*also* waked)	woken (*also* waked)
wear	wore	worn
weave	wove (*also* weaved)	woven (*also* weaved)
wed	wedded	wedded
weep	wept	wept
win	won	won
wind	wound	wound
wring	wrung	wrung
write	wrote	written

Achevé d'imprimer par l'Imprimerie
Maury-Eurolivres à Manchecourt
N° de projet : 11000454-11000455
Dépôt légal : janvier 2004 - N° d'imprimeur : 111140

Imprimé en France - (Printed in France)